区域经济研究丛书

河南区域经济协调发展研究

REGIONAL ECONOMIC
COORDINATION DEVELOPMENT OF
HENAN PROVINCE

主 编/完世伟 周纪昌
副主编/罗 煜 杨富堂 蔡 森

经济管理出版社
ECONOMY & MANAGEMENT PUBLISHING HOUSE

图书在版编目（CIP）数据

河南区域经济协调发展研究/完世伟，周纪昌主编. —北京：经济管理出版社，2015.12
ISBN 978-7-5096-2106-6
区域经济研究丛书

Ⅰ.①河…　Ⅱ.①完…　②周…　Ⅲ.①区域经济发展—研究—河南省　Ⅳ.①F127.61

中国版本图书馆 CIP 数据核字（2012）第 240459 号

组稿编辑：申桂萍
责任编辑：杨国强
责任印制：黄章平
责任校对：陈　颖

出版发行：经济管理出版社
　　　　　（北京市海淀区北蜂窝 8 号中雅大厦 A 座 11 层　100038）
网　　址：www. E-mp. com. cn
电　　话：（010）51915602
印　　刷：北京晨旭印刷厂
经　　销：新华书店
开　　本：720mm × 1000mm/16
印　　张：105（共六册）
字　　数：1762（共六册）
版　　次：2015 年 12 月第 1 版　2015 年 12 月第 1 次印刷
书　　号：ISBN 978-7-5096-2106-6
定　　价：498.00 元（共六册）

"区域经济研究丛书"
编撰人员名单

"区域经济研究丛书"总序

当前，我国区域经济发展进入了新的历史时期和发展阶段。由东向西，由沿海向内地，经济区、城市群等跨行政区划的发展板块已经成为区域经济发展的重要支撑，协调发展、联动发展、开放发展成为区域经济发展的主要思路，各地均在积极谋划布局区域发展战略，长三角、珠三角、京津冀等先行经济区力促新一轮腾飞，长江中游、中原经济区等新兴经济区聚力蓄势全面崛起。融入区域经济发展大势，增创区域经济发展优势，抢占区域经济发展高地，成为增强区域发展实力和综合竞争力的现实要求。与此同时，区域经济发展中也面临日益突出的难题和挑战。如何缩小区域发展差距并实现不同经济板块之间的良性互动、梯度发展，如何促进稳增长、调结构、转方式与区域经济发展提质增效升级互促并进，如何培育区域经济协调发展的基础支撑保障体系，如何推进区域协调发展体制机制创新，如何增强区域经济发展的协调性和可持续性，等等，成为区域经济研究中备受关注、亟需思考、有待破解的现实难题。

河南是人口大省、农业大省和新兴工业大省，也是中国的缩影和写照。作为国家重要的战略基地和经济腹地，已经从"中部四陷"走向"中部崛起"的核心区域，河南推进区域协调发展的路径探索事关全国经济社会发展全局和全面建设小康社会目标的实现。尤其河南肩负着实施国家粮食生产核心区、中原经济区和郑州航空港经济综合实验区三大国家战略规划的重大使命，承担了多领域的先行先试改革创新任务，在新时期探索区域经济协调发展道路中具有破题意义和示范效应。如何加快推动河南发展、融入新的区域经济格局，是具有重大理论和实践意义的研究课题。

这套"区域经济研究丛书"，由黄河科技学院省级重点学科建设基金重点支持，以该校省级重点学科——区域经济学学科团队为主要力量，邀请河南省社科院、华侨大学、中原工学院、河南教育学院、安徽建筑工业学院、郑州航空工业管理学院、郑州师范学院、河南省国有资产控股运营有限公司的专家学者参与，

是协同创新的学术力作。丛书立足于系统梳理河南推进区域发展的历史嬗变和演进脉络，深入剖析河南谋划区域发展中面临的主要矛盾和现实挑战，尝试提出河南探索区域发展的路径选择和对策建议，以期为实现中部崛起河南振兴，更好地服务全国大局和推动河南发展献智献力。

全部书稿撰写历时超过两年，期间经过数次讨论、修改与完善。目前呈现在大家面前的丛书共包括六册、近 200 万字，其中，《河南区域经济协调发展研究》从区域经济协调发展的理论分析着手，对长期困扰河南区域协调发展的主要问题进行了深入剖析和综合评价，重点研究和探讨了中原经济区、中原城市群、产业集聚区、县域经济发展、主体功能区等区域发展重大战略问题，为河南推动区域经济协调发展提出了路径规划和实施建议；《中原崛起与中原经济区建设研究》系统梳理了中原崛起的发展历程，深入研究如何推进中原经济区建设、加快中原崛起河南振兴这一关乎亿万中原人民福祉的宏伟事业，以期为理论研究和实践探索有所裨益；《河南经济发展方式转变研究》在进程回顾和问题总结的基础上，提出了河南转变经济发展方式的总体思路和实施框架，谋划了推动发展方式转变的体制机制创新路径，为河南省加快经济发展方式转变提供科学参考和决策依据；《河南构建开放型经济体系研究》从制约因素分析、战略模式架构、制度环境保障等切入，提出了构建开放型经济体系的总体思路和工作重点，并为河南加快构建开放型经济体系、提升对外开放层次和水平都提出了诸多有益的意见和建议；《河南生态文明建设研究》从多领域、多层次、多角度展开河南生态文明建设的系统分析和研究，并提出相应的解决策略和应对机制，为河南破解生态环境瓶颈制约，实现科学发展、可持续发展提供参考；《河南人力资源开发战略研究》系统考察了河南人力资源的历史嬗变、发展现状及难题，探讨了加快人力资源开发、实现从人口资源大省向人力资源强省迈进的路径和对策建议。

随着全球一体化进程不断推进，区域经济发展相关问题研究已经成为热点中的焦点问题，同时，也因其突出的复杂性、系统性、综合性特征，给相关理论研究和实践创新提出了诸多难题挑战。我们期望以这套"区域经济研究丛书"为开端，吸引更多的专家学者共同谋划献策，助力中原崛起，探索区域协调发展新路，打造区域经济研究的"升级版"。

喻新安

2015 年 11 月

目　录

第一章　区域经济协调发展基本理论

　　区域经济理论是在区位论以及发展经济学有关理论的基础上逐渐演化发展而来的，形成于 20 世纪 50 年代，并成为一个独立的经济学分支学科。区位选择与区域经济发展是西方区域经济理论的两大主题，微观经济活动主体理性的区位选择导致经济活动在某一优势区位的聚集和扩散，而中观和宏观上表现为区域经济增长。西方区域经济理论的形成和演进始终沿着区位论和区域经济发展两条线索进行，其间对区域经济理论的研究日益深化。

　　区域经济理论是研究生产资源在一定空间（区域）的优化配置和组合，以获得最大产出的学说。生产资源是有限的，但有限的资源在区域内进行优化组合，可以获得尽可能多的产出。由于不同的理论对于区域内资源配置的重点和布局主张不同，以及对资源配置方式选择的不同，形成了不同的理论派别。

第一节　区域经济协调发展空间原理

一、冯·屠能农业区位论

　　18 世纪末至 19 世纪初，德国仍然是一个封建割据的农业国，英法等国却已走上工业化道路。英国工业化前后，农产品价格上涨，一些目光敏锐的德国农场主通过与英国人进行农产品贸易而获利，于是尽量多买土地，扩大生产规模，德国农业开始向大型化、商品化过渡。为了研究德国农业经营模式和产业化问题，冯·屠能（Von Thunen）潜心经营农庄十载，收集了极为详细的资料，于 1826 年撰写了巨著《孤立国同农业和国民经济的关系》（以下简称《孤立国》）。冯·屠能设想了一个孤立于世界之外，四周为荒地所包围的孤立国，其中心是一个大城市。这个城市是孤立国制造品的唯一供给者，而城市的食品则完全由四周的土地

（一个农业大平原）供给；孤立国内各地自然条件和运输条件相同，农业生产的利润：$V = P - (C + T)$，其中 P 为农产品价格，C 为成本，T 为运费。冯·屠能以利润最大化为目标函数，得出这样的结论：为了利润最大化目标，农场生产的品种选择与经营方式的首要决定因素是距离，即生产地与市场的距离。农场种植什么作物获利最大主要不是由自然条件决定的，而和特定农场（或地块）与中心城市（农产品消费市场）的远近密切相关；农业经营规模也与距离密切相关，增加投入必须使价格与边际成本之差能偿付追加的成本与运费。当生产成本一定时，离中心城市越近，追加的运费越低；边际产量需偿付得越少，生产规模扩大的可能性就越大。

冯·屠能研究的是农业区位问题，他的理论离不开对土地利用和地租的研究，他认为地租与距离是负相关的。可以想象，从中心城市向外围平面延伸，随着可耕地与市场距离的不断增大，可耕地的地租是不断下降的，这样便可形成一个个以城市为中心的同心圆环，半径距离小的环上土地昂贵，宜种植运输成本大或单位面积产值高的作物，而半径距离大的环上则种植土地密集型或运输成本大的作物。于是他设计了孤立国六层农作物圈层结构，[①] 这就是著名的圈层布局论。而当时德国经济学家们对农业生产和农产品贸易发展的基本观点是：农业经营方式应该全面地从粗放经营转向集约经营，集约化程度越高越好；农业布局方面则应根据自然要素禀赋的不同，各地应种植最适合本地生长的作物。冯·屠能的理论使人耳目一新：农业经营方式上，并不是集约程度越高越好，离中心城市越近，集约化程度越高，离中心城市越远，经营越粗放；农业布局上，并不是哪个地方适合种什么就种什么，与距离有关的地租、运费却是最重要的决定性因素。

二、劳恩哈特和韦伯工业区位理论

19 世纪末，德国已完成了第一次产业革命，并迅速成为第二次产业革命的策源地之一。产业的大发展，使得产业迁徙和工业布局问题为学者们所重视。劳恩哈特（W.Launhardt）利用几何学和微积分，将网络结点分析方法应用于工厂的布局，并在德国《工程师协会期刊》上发表"确定工商业的合理区位"（1882）一文，第一个提出了在资源供给和产品销售约束下，使运输成本最小化的厂商最

---

① 冯·屠能设计的孤立国六层农作物圈层结构为：第一圈层为自由农作圈，主要生产鲜菜、牛奶；第二圈层为林业圈，主要生产木材；第三圈层为轮作物圈，主要生产谷物；第四圈层为谷草农作圈，主要生产谷物、畜产品，以谷物为重点；第五圈层为三圃农作圈，主要生产谷物、牧产品，以畜牧为重点；第六圈层是荒野。

优定位问题及其尝试性的解法。他构造了一个区位三角形，寻找使"里程运费在生产的区位中必须保持平衡"的最小值点，即区位三角形的极点。他的这种寻求最优化的"极点原理"方法被乔治·皮克（Georg Pick）给出规范的、更为一般的数学证明。于尔格·尼汉斯（Jurg.Niehans）认为：劳恩哈特的分析远比后来韦伯在《工业区位论》中的分析高超得多。这大概是指劳恩哈特的数学分析方法。作为一名建筑工程师，劳恩哈特把网络规划应用于公路、铁路运输最优化问题和工厂成本最小化定位问题，而他在 1885 年发表的《经济学的数学基础》，奠定了他在经济分析史上的显著地位。他研究运输对生产和消费的影响而建立了"劳恩哈特漏斗"，为解决异质双头垄断问题而建立了后来被称为"劳恩哈特—霍特林"的解法，先于霍特林 44 年。劳恩哈特研究了如下问题：两个位于街道不同地点的竞争供货商，在假定对方销售价已定的情况下如何使自己盈利最大。他还对位于同一地点的不同商品的销售商进行了类似的分析，表明他们的环形市场区域是如何由运输费用决定的。于尔格·尼汉斯认为，在 19 世纪的最后 30 年里，劳恩哈特的工作是德国最重要的、实际上也是唯一有意义的对"边际革命"的贡献。在对运输和区位经济学分析方面，这一贡献直至 20 世纪 30 年代都没有被人超过。[①]劳恩哈特的著作全部用德文写成，甚至没有被译成英文，而且他的第一身份是建筑工程师和道路、铁路及桥梁学教授而不是经济学教授，他是德国汉诺威高等技术大学的第一任校长。劳恩哈特的工作显示了 120 年前一个有能力的、注意经济问题且懂一些数学的工程专家在经济学上可以做到什么（以及不能做到什么）。他在微观经济学、运输经济学以及经济数学分析方法上均有建树，可惜他的有些出版物已很难找到，其出色的独创性的工作的重要性至今还没有得到经济学界应有的承认。

阿尔弗雷德·韦伯（A.Weber）则是中国读者更为熟悉的一位工业区位论的创始者，[②]其著作于 1997 年由商务印书馆翻译成中文并出版发行。他在集前人研究基础上于 1909 年撰写了《工业区位论》。在这部名著中，韦伯系统地建立了一系列概念、原理和规则，严谨地表述了一般的区位理论。当看到制造业规模庞大的迁徙，韦伯试图回答：什么原因使某个工业从一个区位移至另一个区位呢；决定迁徙的一般经济规律是什么？韦伯将影响工业区位的因素分为两类：区域性因素和集聚因素。工业是如何布局于各个区域的，受区域性因素影响；而在工业区域

①《新帕尔格雷夫经济学大辞典》（第三卷），第 151~153 页。
② 韦伯更为我国学者所熟悉，因为他的名著《工业区位论》，亦译为《工业区位纯理论》或《纯粹区位理论》）。

内，厂商为什么集中于此地而非彼处，则受集聚因素影响。工业在某个地方集中是集聚力和分散力相互作用直至均衡的结果。集聚力受技术发展、劳动力组织变化、市场化因素及经济环境因素影响；分散力则可归结为伴随工业集聚而带来的地租增长的影响。《工业区位论》对以后的区位理论、经济地理研究和发展产生了深远的影响。至于区位理论的重要性，奥林曾经大胆预言，"国际贸易上除了国际区位理论外没有别的什么了"。[①]

三、克里斯塔勒中心地理论

克里斯塔勒（Walter Christaller）于 1933 年出版了《德国南部的中心地区》，系统地阐明了中心地区理论（Central Place Theory），它基本说明了城镇为什么存在、决定城镇发展的因素是什么以及它们在区域的次序排列是如何产生的。克里斯塔勒假设有一块匀质平原，资源、人口密度均匀，运输费用不变，消费者偏好相同。厂商的定位原则需要考虑需求界限（满足正常利润的最低限度的需求界限），考虑市场范围（代表外部的地理限制，超出这个限制，消费者宁愿光顾其他较近的市场）。这样就会形成商品市场的地理分布范围，形成若干个大小不同的"中心地"。在一个区域内，高级的中心地只有一个，次一级的中心地较多。等级越小的中心地越多，规模越小。每一中心地的相对重要性取决于它所提供的商品和服务的数量与等级。中心地区理论从一开始就不断地受到批评，主要是认为模型的假设不现实，譬如统一的人口分布和线性运输成本的假设是不现实的，而有相同的偏好和相同的自然资源分布的假设也是不现实的，但是克里斯塔勒首创了以城市聚落为中心进行市场面与网络分析的理论，因而受到理论界的重视。勒施是最早试图对克里斯塔勒中心地区理论严格地按几何方法去描述市场规模并重新进行系统阐述的人。中心地区理论被认为是一个静态的新古典构架。

四、奥古斯特·勒施区位经济理论

农业区位理论、工业区位理论及中心地理论，探讨的都是静态局部均衡问题。1939 年，勒施（August Losch）出版了《区位经济学》。勒施以最概括性的描述将一般均衡理论应用于空间，距离本身成为中心。勒施从局部均衡转向一般均衡，并且是研究区域的结构而不是把它作为既定的，这涉及一系列一般化的假设代替通常的"其他条件不变"的假设。在劳恩哈特和韦伯等人的模型中，市场位

---

① 《工业区位论》英译者序言"区位理论与地租理论的关系"，第 16 页注解 3。

置、原材料和人口都是给定的外生变量；而在勒施的模型中，他假设人口和原材料是均等地分布，这是非常简单的一般化假定。在劳恩哈特和韦伯等人的模型中，并不考虑竞争者的影响。而勒施认为，工业布局首先会受到竞争者的影响，其次会受到消费者和供应商的影响。他认为，布局问题是一个经济单位互动的过程，如果考虑各种影响因素，找出各经济单位布局的相互关系，就要寻求整个区位系统的平衡。为此，勒施提出了区位的一般方程，用五组平衡方程表示，分别反映五组均衡条件。如何实现这种均衡呢？勒施建立了市场区位理论（这个市场区位理论与中心地理论在市场网络体系上的观点一致），并研究了市场网络对工业区位的作用。勒施表明，仅靠竞争力量自身而建立一个包括工业区、经济区和市场区的区位体系，这个区位体系反过来既可以被理解为生产集聚也可以被理解为或多或少的聚会中心地交叉，三个区位同时决定。勒施建立和发展了工业区位理论、经济区位理论和市场区位理论。

五、奥林区际贸易和生产布局理论

当奥林（Ohlin, B.G.）获得 1977 年诺贝尔经济学奖时，他的名著《区际贸易与国际贸易》（Interregional and International Trade，1933）被提名为他的主要贡献。这是第一本力图把贸易与布局问题结合起来的著作。奥林在该书第一版序言中明确表示，他将致力于解决四个方面的问题。其中第二个问题是：证实国际贸易理论仅仅是一般布局理论的一部分，对价格的空间（或区域）方面予以充分的考虑，对在国内生产要素的供应和运输费用方面的地区差别的影响予以适当的考虑。奥林首先在商品在国际间可以自由流动（无运费）而生产要素不能自由流动的假定条件下，讨论生产要素的丰歉如何决定商品相对价格和贸易格局。其次放弃商品贸易无运费的简单假设，讨论进口税和运费对贸易的影响。再次讨论了地理位置、规模经济对贸易的影响，并研究了资本移动的因果关系。最后放弃了生产要素不能自由流动的假设，讨论要素流动对国际贸易的影响。书中第十章和第十一章专门讨论了一般布局理论；第十二章讨论了作为区位理论的区际贸易理论。奥林在书中附录"对当代国际贸易理论的看法"中提到：国际贸易理论是一个"多边市场理论"，尤其重要的是，国际贸易理论是接近于布局理论的。布局理论比国际贸易理论更为广泛，贸易理论的一大部分可以看作是布局理论的一小部分。当把各种运输条件的影响和大规模生产的优点结合起来时，关于生产布局以及国际贸易的性质和影响所得出的结论，同只考虑生产要素的稀缺性所得出的结论就有很大的不同。① 西方经济学界认为，《区际贸易与国际贸易》不仅是对国际经济学的一大贡献，而且还对布局理论做出了贡献，开拓了贸易与生产布局关系的新领域。

第二节　区域经济协调发展产业集聚理论

一、马歇尔"内部经济"和"外部经济"产业集聚论

产业集聚是指同一产业在某个特定地理区域内高度集中，产业资本要素在空间范围内不断汇聚的一个过程。产业集聚问题的研究产生于 19 世纪末，马歇尔在 1890 年就开始关注产业集聚这一经济现象，并提出了两个重要的概念即"内部经济"和"外部经济"。

内部经济是指由于企业内部各种因素所导致的生产费用节约，这些影响因素包括劳动者工作热情、工作技能的提高以及内部分工协作的完善、先进设备的采用、管理水平的提高等。

内部经济与外部经济的同时均衡固然重要，但是，市场均衡毕竟是相对的，不均衡是绝对的。如果我们无法实现内部经济与外部经济的同时均衡的话，那么，内部平衡无疑应该得到优先考虑。

外部经济（External Economy）是指由于消费或者其他人和厂商的产出所引起一个人或厂商无法索取的收益。当整个产业的产量（因企业数量的增加）扩大时（企业外部的因素），该产业各个企业的平均生产成本下降，因而有时也称为外部规模经济（External Economy of Scale）或范围经济（Economy of Scope）。

二、韦伯区位集聚论

1909 年，德国经济学家阿尔弗雷德·韦伯在《论工业区位》中首次系统地论述了工业区位理论。他认为，运输成本和工资是决定工业区位的主要因素。韦伯理论的中心思想是区位因子决定生产场所，将企业吸引到生产费用最小、节约费用最大的地点。韦伯将区位因子分成适用于所有工业部门的一般区位因子和只适

---

① 贝蒂尔·奥林. 地区间贸易和国际贸易. 首都经济贸易大学出版社，2001 年.

用于某些特定工业的特殊区位因子，如湿度对纺织工业，易腐性对食品工业。他经过反复推导，确定三个一般区位因子：运费、劳动费、集聚和分散。他将这一过程分为三个阶段：

第一阶段，假定工业生产引向最有利的运费地点，就是由运费的第一个地方区位因子勾画出各地区基础工业的区位网络（基本格局）。

第二阶段，第二地方区位因子劳动费对这一网络首先产生修改作用，使工业有可能由运费最低点引向劳动费最低点。

第三阶段，单一的力（凝集力或分散力）形成的集聚或分散因子修改基本网络，有可能使工业从运费最低点趋向集中（分散）于其他地点。

（1）运输区位法则。假定铁路是唯一的运输手段，以吨公里的大小计算运费。已知甲方为消费地，乙方为原料（包括燃料）产地，未知的生产地丙方必须位于从生产—销售全过程看吨公里数最小的地点。吨公里数量小的地点在什么地方，是根据运费确定区位的核心问题。韦伯研究了原料指数（即原料重量与制品单位重量之比）与运费的关系，指数越小，运费越低。从而得出运输区位法则的一般规律：原料指数>1 时，生产地多设于原料产地；原料指数<1 时，生产地多设于消费区；原料指数近似为 1 时，生产地设于原料地或消费地皆可。几乎完全根据原料指数确定工业区位。

（2）劳动区位法则。某地由于劳动费低廉，将生产区位从运费最低地点吸引到劳动费用最低的地点。工业的劳动费是指进行特定生产过程中，单位制品中工资的数量。

（3）集聚（分散）区位法则。分散和集聚是相反方向的吸引力，将工厂从运费最小地点引向集聚地区或分散地区。如果集聚（分散）获得的利益大于工业企业从运输费用最小地点迁出而增加的运费额，企业可以进行集聚或分散移动。具体推算方法也可利用等费线理论。

韦伯的理论至今仍为区域科学和工业布局的基本理论，但在实践应用中有很大局限性。

三、熊彼特创新产业集聚论

熊彼特将技术创新与产业集聚的发展结合在一起进行研究，他在解释经济周期或经济波动时认为，除了战争、革命、气候等外部因素之外，技术创新的产业集聚和增长的非同期因素是经济波动的主要原因。

熊彼特认为，创新不是孤立事件，并且不在时间上均匀地分布，而是相反，它们趋于群集，或者说是成簇地发生。这仅仅是因为，在成功地创新之后，首先是一些，接着是大多数企业会步其后尘；其次创新甚至不是随机地分布于整个经济系统，而是倾向于集中在某些部门及其邻近部门。

可见，熊彼特主要是从创新角度来说明产业集聚现象的。他认为，产业集聚有助于创新，创新有赖于产业集聚，创新并不是企业的孤立行为，它需要企业间的相互合作和竞争，需要企业集聚才得以实现。

四、埃德加·M.胡佛产业集聚最佳规模论

美国区域经济学家埃德加·M.胡佛，在20世纪30年代论证了不同产业的区位结构之后，将规模经济区分为三个不同的层次。他认为，就任何一种产业来说，都有：①单个区位单位（工厂、商店等）的规模决定的经济；②单个公司（即联合企业体）的规模决定的经济；③该产业在某个区位的集聚体的规模决定的经济。而这些经济各自得以达到最大值的规模，则可以分别看作是区位单位最佳规模、公司最佳规模和集聚体最佳规模。

埃德加·M.胡佛的主要贡献在于指出了产业集聚存在一个最佳的规模，如果集聚企业太少，集聚规模太小的话，则达不到集聚能产生的最佳效果；如果集聚企业太多，则可能由于某些方面的原因使集聚区的整体效应反而下降。

五、波特企业竞争优势与钻石模型

20世纪80年代初，波特（Porter）的竞争战略理论成为战略管理的主流，理论的核心是五种竞争力量模型，即企业竞争者、购买者、供应商、替代者、潜在竞争者五种产业结构力量。该理论认为：公司制定战略与其所处的外部环境（市场）是高度相关的，并且最关键的环境因素是企业所处的产业。产业的结构影响着竞争的规则，五种竞争力量模型的综合作用随产业的不同而不同，其结果是使不同产业或同一产业在不同发展阶段具有不同的利润水平，进而影响着公司战略的制定。因此，企业战略分析的基本单位是行业、企业和产品，关键点是通过对五种竞争力量的分析，确定企业在产业中的合理位势，通过战略的实施对五种竞争力量产生影响，从而影响到产业结构，甚至可以改变某些竞争规则。产业的吸引力和企业在市场中获得的位势就成了竞争优势的来源。为了保持这种优势，必须不断地进行战略性投入，以构筑行业壁垒和保持优势位势（从这里看出这种优势是外生的）。

该理论实际上是将以结构—行为—绩效（SCP）为主要内容的产业组织理论引入企业战略管理领域中，有关产业理论，比如产业结构、产业内优劣对比、进

入壁垒、退出壁垒、壁垒后的相互勾结等，为解释企业如何制定战略和获取持续超额利润提供了较为可靠的经济分析依据。但理论致命的缺陷在于：

（1）仍然将企业作为"黑箱"，产业内企业是同质的，企业战略的选择取决于企业与外部力量的外部位势，未来企业的内部成长和自身力量的变化并不是现在企业制定战略所考虑的问题。对于这个问题，波特在《竞争优势》中做了一定的修订，他认为，企业的竞争优势来源于企业内部相互关联的活动，但从逻辑上讲，这是第二位的。

（2）波特是以产业作为研究对象。企业在进入一个新产业时，首先，根据产业的结构吸引力选择一个产业；其次，在竞争者理性的前提假设下，对其战略作一个合理判断后制定一个进入战略；最后，进行战略性投资，购买所需的资产，整合企业内部活动，参与竞争。因此，用该理论指导企业，很容易诱导企业进入一些看似利润高但缺乏经验或与自身竞争优势毫不相关的产业，进行无关联的多元化战略。进入 20 世纪 80 年代后期，出现的事实却是大量的企业开始"回归主业"。一些实证显示，同一产业内企业间的利润差距并不比产业间的利润差异小，在没有吸引力的产业中可以存在利润水平很高的企业，而在吸引力很高的产业，也有经营状况不佳的企业。

波特的钻石模型用于分析一个国家某种产业为什么会在国际上有较强的竞争力。波特认为，决定一个国家的某种产业竞争力有四个因素：生产要素——人力资源、天然资源、知识资源、资本资源、基础设施；需求条件——主要是本国市场的需求；相关产业和支持产业的表现——这些产业和相关上游产业是否有国际竞争力；企业的战略、结构、同业竞争的表现。波特认为，这四个要素具有双向作用，形成钻石体系，如图 1-1 所示。

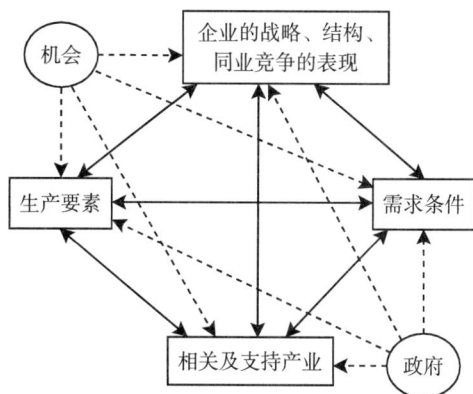

图 1-1　钻石体系

在四大要素之外还存在两大变数：政府与机会。机会是无法控制的，政府政策的影响是不可漠视的。波特将生产要素划分为初级生产要素和高级生产要素，初级生产要素是指天然资源、气候、地理位置、非技术工人、资金等；高级生产要素则是指现代通讯、信息、交通等基础设施，受过高等教育的人力、研究机构等。波特认为，初级生产要素的重要性越来越低，因为对它的需求在减少，而跨国公司可以通过全球的市场网络来取得（当然，初级生产因素对农业和以天然产品为主的产业还是非常重要的）。高级生产要素对获得竞争优势具有不容置疑的重要性。高级生产要素需要先在人力和资本上大量和持续地投资，而作为培养高级生产要素的研究所和教育计划，本身就需要高级的人才。高等级生产要素很难从外部获得，必须自己来投资创造。

从另一个角度讲，生产要素被分为一般生产要素和专业生产要素。高级专业人才、专业研究机构以及专用的软、硬件设施等被归入专业生产要素。越是精致的产业越需要专业生产要素，而拥有专业生产要素的企业也会产生更加精致的竞争优势。

一个国家如果想通过生产要素建立起产业强大而又持久的优势，就必须发展高级生产要素和专业生产要素，这两类生产要素的可获得性与精致程度也决定了竞争优势的质量。如果国家把竞争优势建立在初级与一般生产要素的基础上，它通常是不稳定的。

波特同时指出：在实际竞争中，一方面，丰富的资源或廉价的成本因素往往造成没有效率的资源配置；另一方面，人工短缺、资源不足、地理气候条件恶劣等不利因素，反而会形成一股刺激产业创新的压力，促进企业竞争优势的持久升级。一个国家的竞争优势其实可以从不利的生产要素中形成。

根据推测，资源丰富和劳动力成本低的国家应该发展劳动力密集的产业，但是这类产业对大幅度提高国民收入不会有大的突破，同时仅仅依赖初级生产要素是无法获得全球竞争力的。

第三节 区域经济协调发展中制度经济理论与政策

一、区域经济发展中市场机制和政府干预

经济是人类社会物质的生产和再生产的活动。在这个活动中，总体表现为生产和消费，或供给与需求，买和卖。为了实现这个活动，就出现了市场。市场，在字典中的解释是商品交换的场所。人们的交换是通过市场而完成的，因此人类经济管理的方式是自发的市场经济。在相当长的一段时间内，自由市场经济发展得不错，虽然也出现经济危机，但通过自身调节，在短时间内又恢复正常。随着市场经济规模的扩大及金融的发展，出现了以前没有出现过的情况。经济危机的规模扩大，衰退时间也延长，比如1929年出现的世界经济危机。为解决这个危机，英国经济学家凯恩斯提出了政府干预经济理论，通过美国总统罗斯福新政的实施，使美国摆脱了经济危机的影响，凯恩斯成了资本主义的救星。总体上，管理宏观经济的方式有两种：自由市场机制和政府干预机制。

首先，我国区域之间生产力层次差异大，东、中、西三大地带区域经济发展不平衡。由于我国区域性的制度还没有建立，在制度供给的初期，把区域经济协调发展的制度考虑进去，这样可以降低制度供给成本，并且可以提高制度的供给效率，从而带来很高的制度收益。从宏观层次上看，由于区域内发展必然存在不平衡，各地推进区域经济的能力有差异，尤其在经济相对落后的地区，由于很多因素的制约，资源不能有效利用。因此只有区域性的制度供给才能实现区域的协调和持续发展。

其次，市场失灵。市场失灵的第一个表现是市场的不完善。区域产品垄断打扰了正常的市场秩序；区域层次上产品生产同构化使产品大量积压，浪费资源；由于行政区划而造成的资源流动受到了限制；信息不完全，各经济主体和行政主体追逐本企业、地区的利益最大化，经济的信息得不到公开。市场失灵的第二个表现是市场的外部性。城乡分割和区域分割的制度和政策，使得在区域经济发展上只考虑自身利益和需要，不顾及其他地区；由于各个区域的经济主体都是为了实现自己区域的利益最大化，因此使得外部性由社会承担。

最后，政府失灵。第一是政府未能有效干预。这主要表现为区域基础设施不

配套，经济发展不协调。第二是政府干预政策的低效率或高成本。由于产业集聚受行政区划和地方政府干预的影响较大，影响跨区域制造业带和地区专业分工体系的形成。第三是政府干预政策的失灵。地方政府对本地企业的监督、控制不利，过度追求农产品增产，不适当地扩大耕作、灌溉面积，致使区域生态环境恶化。

二、区域经济协调发展政策学

（一）区域经济政策的含义及特征

1. 区域政策的概念

区域经济政策，简称区域政策，又称地区政策、区域发展政策等。人们对区域政策概念的理解可归纳为广义和狭义两种。广义的区域政策是指造成不同区域效应的一切政策，即包括了初始目标不是为了解决区域问题，但执行过程中会产生明显的区域影响的一般政策，如国家的一般财政与货币政策。狭义的区域政策是指那些专门为解决区域问题、缩小地区间差距和促进某些地区优先发展而制定的政策。

从区域政策的主体来看，存在中央政府和地方政府两种主体；从区域政策的宗旨来看，存在促进一部分地区经济优先发展和解决区域问题、缩小地区间差距两个宗旨，那些不是以此为宗旨但也能带来空间后果的经济政策不属于区域政策。

因此，区域政策是指中央政府或地方政府旨在改善一国范围或管辖范围内经济活动的地理分布和解决区域发展中存在的种种问题的所有公共干预行为。它有三方面的含义：①区域政策的实质是政府干预，区域政策力图纠正市场机制造成的某些空间后果，以此达到经济增长和区域均衡两个相互关联的总目标；②区域政策的主体是国家或地方政府，区域政策的制定者是中央政府或地方政府，区域政策的执行者也是中央政府或地方政府，其他个人或组织不能制定或执行区域政策；③区域政策属宏观经济范畴，它包括了区域计划，但又不同于区域计划，区域政策侧重于行动的准则和对策，而区域计划则侧重于方案和行动程序。

区域政策可分为三个层次，即超国家层次、国家层次和亚国家层次。超国家层次可以看作是"被扩大了的"国家层次，而亚国家层次可以被看作是"被缩小了的"国家层次。因此，研究国家层次的区域政策具有普遍意义。如果不加特别说明，"区域政策"一般是指国家层次的区域政策。

2. 区域政策的基本特征

与一般的经济政策相比较，区域政策具有如下几个突出特点：

（1）有限性。区域不论大小，它本身是一个相对独立和完善的系统，经济、社会、生态、政治、文化无所不包。区域政策只是其中的一个方面，它必须与区域其他政策配合运用，才能发挥更大的作用。

（2）系统性。区域政策本身是一个体系，尽管它的内容和手段十分庞杂，但是区域经济发展的目标是一致的，因此各项区域政策的作用方向是相同的。各项区域政策相互衔接、相互配合，体现了区域政策的系统性。

（3）阶段性。区域政策是针对区域问题而设计的。在经济不发达、中等发达和高度发达等不同的区域经济发展阶段，区域问题的类型和性质存在很大差异。不同的区域问题，需要采用不同的区域政策，一劳永逸的区域政策是不存在的。因此，适时更新、转换区域政策，是区域政策的阶段性要求。

（二）区域政策目标的界定

针对不同的区域问题，区域政策的目标往往是不同的。但总体来看，一个国家的区域政策往往有总目标和子目标之分。

1. 区域政策的总目标

区域政策的总目标是追求经济效率和社会公平的最大化。追求效率目标是在发展国民经济过程中，通过资源的空间有效配置，旨在取得最佳经济效益，实现区域经济的迅速发展，从而增强整个国家的经济实力。追求社会公平目标是在发展国民经济过程中，通过运用各种手段逐步缩小区际差异，旨在取得最大社会公平，实现区域之间的相对均衡发展，从而提高整个社会的和谐程度。经济效率与社会公平之间是既矛盾又统一的辩证关系，在经济发展的不同阶段，二者的关系又不尽相同。在经济不发达阶段，经济效率与社会公平相互矛盾，存在替换关系。要实现国民经济的高速增长，就不利于区域之间的平衡发展；而要实现区域之间的平衡发展，就可能影响国民经济的增长速度和效率。如图 1-2 所示，在 A′点，经济效率最高，但社会公平为零；在 B′点，社会公平最大，但经济效率为零；在 AA′之间，过于偏重经济效率，忽视社会公平；在 BB′之间，过于强调社会公平，忽视经济效率；恰当的组合在 AB 之间。在经济中等发达阶段，经济效率和社会公平由矛盾走向统一。在这一阶段的前期，经济效率和社会公平之间仍然是矛盾的，但矛盾的程度有所缓和；到了后半期，两者的统一迹象开始出现，尽管还存在矛盾，但矛盾的方面已经不起主导作用。因此必须准确把握政策的转换时期，及时调整政策的导向。在经济高度发达阶段，经济效率和社会公平是统一的。一方面，社会公平使每个社会成员都感到公平，因而愿意为区域的发展贡献力量，从而可以加速国民经济的高速增长，促进经济效率的提高；另一方面，经济效率创造社会公平，经济效率是实现公平的物质基础，经济效率决定公平的存在和发展，没有经济效率，就谈不上社会公平。这一阶段，区域政策的重心在于追求社会公平目标。

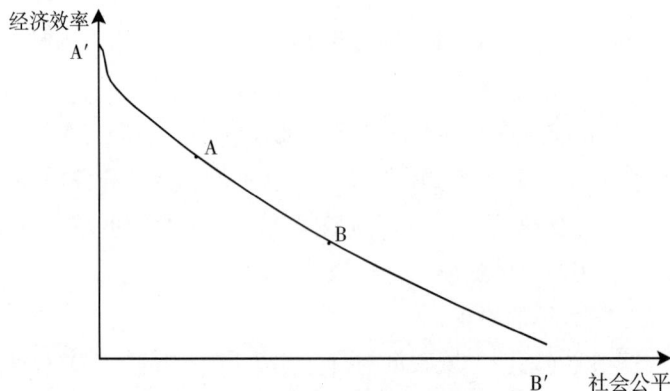

图1-2　经济效率与社会公平

2. 区域政策的子目标

不同的国家和地区，针对不同的区域问题，区域政策的子目标往往不尽相同，总的来说可以分为4类，即经济目标、社会目标、生态目标和政治目标，每一类子目标又可以分为若干种类的具体目标，如表1-1所示。

表1-1　区域经济政策子目标的宗旨和类型

区域政策的子目标	宗旨	具体目标
经济目标	解决区域经济问题	缩小区际经济发展水平差异 生产力的合理布局 经济空间的扩大和新区开发 促进落后地区经济增长 衰退地区的复兴 核心地区经济活动的扩散 提高衰退地区、落后地区就业率 降低衰退地区、落后地区迁移率 实现地区经济一体化
社会目标	解决区域社会问题	缩小区域社会发展水平的差异 缩小区际生活质量的差异 改善落后地区教育、文化、卫生状况

区域政策的子目标	宗旨	具体目标
生态目标	解决区域生态环境问题	环境保护 国土整治 资源的合理利用 "三废"的治理 生态环境的恢复和重建
政治目标	解决区域政治问题	区域政治一体化 国防安全 少数民族地区、边境地区的安全与稳定

区域政策的子目标是动态的，是随着经济发展阶段的演替而不断发生变化的。在经济发展的初级阶段，经济目标占主导地位；随着经济的发展，社会目标将上升为主导地位；在经济发达阶段，生态目标和政治目标占主导地位。

（三）区域政策目标选择的依据

1. 依据所面临的区域问题进行选择

区域政策的主要目标是要解决区域问题，针对不同的区域问题，区域政策的目标也不同。落后地区的产业结构以农业为主，社会经济结构发育度低，区域政策的目标在于推进产业开发，促进落后地区经济的起飞。萧条地区的产业结构是以传统的衰退产业为主，经济结构陈旧，区域政策的目标在于加快区域产业结构升级转换，消除结构危机，实现经济的复兴。过密地区的主要问题是产业布局过度拥挤，区域政策的目标在于引导产业向外扩散，控制和消除结构臃肿。

2. 依据区域所处的经济发展阶段进行选择

在经济发展的不同阶段，区域政策的目标也不相同。在经济不发达阶段，因为人力、财力、物力等资源有限，为促进经济高速发展，应该选择经济效率优先目标，将有限的资源投入到经济发展条件较好的地区，以取得较好的投资回报。在这一阶段，只要经济增长对实现其他目标的消极作用不至于严重威胁到国民经济的正常运行，便不必为此而牺牲经济增长。待经济发展到一定阶段并积累了较多的人力、物力、财力等资源之后，再实施对落后地区的开发而实现社会公平，并逐步转移到全面实现经济目标、社会目标和生态目标上来，并逐步走向一体化。

3. 依据当前的区际差异程度进行选择

在一国之内，区域差距存在一个"适度间距"问题，其上限应以不影响或很小影响国民经济的整体发展为界，其下限应以问题区域的可承受度及不发生社会矛盾为准。如果超过适度间距的上限，区域差距太大，不能被整个社会所接受，已经成为经济进一步发展的障碍，甚至有触发经济、社会、政治危机的可能，则无论总的经济形势如何，只能把社会公平目标放在首位，并不惜为此而牺牲经济效率；反之，如果低于适度间距的下限，区际差异太小，区域之间会产生平均主义而丧失提高经济效率的动力，不利于国民经济的发展。在不存在严重的区域差距的特定阶段，可暂时集中力量发展最有竞争力的区域；反之，如果区域差距过大，并进一步影响到经济、社会和政治的发展与稳定，则无论总的经济发展形势如何，国家都应将实现社会公平作为区域经济政策的主要目标，并不惜为此减缓经济发展速度。

4. 依据未来的经济发展趋势进行选择

如果预测在未来特定时期，经济将处于繁荣时期，则应以经济效率目标为主，社会公平目标为辅。因为一旦错过这个时机，经济就会落后几年甚至更长时间，再想赶上去就非常困难；反之，如果预测未来特定时期的经济将处于衰退期，则应以公平目标为主，经济效率目标为辅。因为在这种局势下，单个区域无论怎样努力也不可能高速度地发展，而且这种时候，区域之间、城乡之间的矛盾容易激化。在这种情况下，只有通过公平目标的实现，尽力缓解区域之间的矛盾，才能为下一轮经济起飞创造条件。另外，还要估计在规划期内，区域可用于经济开发的人力、物力、财力情况以及区域发展社会经济背景，使所选择的区域经济政策目标符合实际和顺应时代发展的潮流。

(四) 区域政策的主要目标

1. 区域发展援助

无论是发达国家还是发展中国家，往往都有一部分地区在经济发展方面存在严重的障碍。其中有些地区原先的经济发展是比较正常的，但因外部条件发生了变化，原有的产业逐渐衰落，而新的产业又未能及时发展起来，从而导致当地的经济发展陷入了困境。例如，英国的利物浦，在大英帝国的兴盛时期曾是世界上最大的造船基地之一。但在进入 20 世纪 50 年代以后，随着英国的造船业大量向日本、韩国等新兴工业化国家转移，利物浦的处境日渐困难，陷入了长期的经济萧条。情况类似的地区，还有美国的煤炭产地与冶金工业区阿巴拉契亚和法国的铁矿产地阿尔萨斯等地。而更多的地区之所以在经济发展方面存在严重的障碍，则是因为这些地区自身缺乏经济发展的某些必要条件。例如，美国的印第安人保护地和澳大利亚的土著居民保护地，由于地处边远地区，土地十分贫瘠，居民的各方面素质又很低，严重地制约了这些地区的经济发展。在中国，目前也有一些与上述两种情况相类似的地区，在经济发展方面存在严重的障碍。前者如东北老工业基地中的部分城市，尽管经济基础十分雄厚，但近年来由于产业结构调整缓慢，经济正处于严重的衰退之中；后者如西部面积广大的边疆少数民族地区，不仅与国内各主要经济中心相距遥远，周边所毗邻的国家和地区经济也十分落后，这使得它们与东部沿海地区之间在经济发展水平上的差距正在被拉大。

一般来说，在经济发展方面存在严重障碍的地区无论面积大小，其人口占所在国家的比重并不高。例如，美国的印第安人保护地和澳大利亚的土著人保护地的面积都多达数十万平方公里，但几乎都是人烟十分稀少的地区，人口密度往往每平方公里不足 1 人，总人口分别只有数 10 万和 10 多万；日本北海道的面积占了全国面积的一半以上，但其人口占全国的比重却仅为 5%。因此，即使有一部分地区的经济发展严重滞后，但对整个国民经济发展并不会产生太大的不利影响。

但是，从社会发展的角度来看，一部分地区经济发展的严重滞后，将带来一系列难以解决的社会问题。首先，由于当地经济不景气，居民就业机会很少，收入增长缓慢，甚至会有所下降，其结果必然是导致当地各种社会矛盾的加剧，并有可能引发当地高素质人口的大量外流，进一步破坏当地经济发展的社会基础。其次，在经济发展滞后的地区，地方政府的财政收入来源十分匮乏，政府各部门正常的开支难以得到满足，致使地方政府在其所管辖的行政区域内不能有效地行使其职能。更重要的是，对于一些多民族国家来说，经济发展严重滞后的地区，往往是国内少数民族集中居住的地区，如果这些地区的经济发展问题不能得到很好的解决，将引起严重的民族矛盾，直至影响整个国家的统一和领土安全。

影响每一个地区经济发展的内部条件和外部条件，一般在短时间内都是不可能被改变的。因此，一旦某个地区在经济发展方面遇到了严重的障碍，仅仅依靠经济系统自身的调节及地方政府的努力是很难解决这个地区的经济发展问题的。在这种情况下，有关国家的中央政府，必然要把解决在经济发展方面存在严重障碍地区的经济发展问题当作自己的重要任务，通过制定相应的区域政策，采取一切可能的手段来对这些地区的经济发展进行援助。由此，也就形成了区域政策的主要目标之一——区域发展援助。

从世界各国来看，中央政府将区域发展援助作为制定区域政策主要目标的情况十分普遍。尤其是在一些经济发展水平较高的国家，区域发展援助往往成为中央政府制定区域政策的唯一目标。如在美国，20 世纪 30 年代建立的田纳西河流域管理局和 60 年代建立的阿巴拉契亚等 10 个区域委员会，以及分布于洛基山地的许多印第安人保护区，都是联邦政府在实施区域发展援助的过程中建立的。除了以区域发展援助为主要目标的区域政策之外，美国联邦政府没再制定过其他有影响的区域政策。

在我国，自 1949 年以来中央政府一直将区域发展援助作为制定区域政策的主要目标。20 世纪 50~60 年代，中央政府组织的对黑龙江省的三江平原、新疆维吾尔自治区的天山南麓和北麓、云南省的西双版纳等地的大规模垦荒行动，就是在区域发展援助的目标之下实施的。进入 20 世纪 80 年代以来，为促进"老、少、边、穷"地区的经济发展，中央政府实施以区域发展援助为主要目标的区域政策的力度明显加大，而且所采取的许多措施已经制度化了。如中央财政对新疆、西藏、内蒙古、宁夏、广西 5 个民族自治区及一些少数民族人口较多省份的定额补贴已经实行多年了。

2. 区域均衡发展

几乎在所有国家，地区之间的经济发展水平都存在着差异。而且，往往在原先经济发展水平比较落后，但经济增长速度却比较快的国家，地区间经济发展水平的差距更大。在这些国家，有一小部分地区由于各方面的条件都比较适合，能够比其他地区从国内外吸引更多的人力、财力和物力，经济发展十分迅速。而在这些国家的其他大多数地区，由于各种原因导致了经济发展速度相对落后。特别是这些国家如果有一个强有力的中央政府，将会在其影响之下形成一个产业和人口高度密集的首都地区，与经济发展缓慢、人口不断减少的广大边缘地区形成十分鲜明的对照。

在短时间内地区经济差距迅速扩大的国家当中，最为典型的是日本。从 20 世纪 50 年代开始，日本经济进入高速增长时期。太平洋沿岸的东京湾、大阪湾、伊势湾和濑户内海等"三湾一海"地区随着重化工业的大规模发展，从国内其他许多地区吸引了大量的人口，经济迅速崛起。到 20 世纪 50 年代中期，面积仅占全国 5%左右的"三湾一海"地区，已经集中了占全国 2/3 以上的工业和 50%左右的人口。特别是在东京及其周围面积不足 1 万平方公里的"首都圈"内，竟然集中了全国一半以上的金融机构和多达 3000 万的人口。而日本的其他大部分地区，在此期间则经济发展缓慢，并出现了人口大量外流现象，有相当一部分町、村的人口甚至减少了 50%以上。

在我国，地区之间在经济发展水平上确实也存在着很大的差距，主要是在东部沿海地区和中西部内陆地区之间。但是，直到改革开放之前，产业和人口高度集中的现象并不十分明显。如中国最大的城市上海，在 1949 年时的市区人口就已经超过 600 万，但到 1979 年时仅增加到 700 万。而同期汉城市区人口则增加了 700 多万，雅加达和马尼拉的市区人口均增加了 400 多万。

在第二次世界大战之后的很长一个时期里，地区之间经济发展水平差距的扩大，常常被人们认为是一件不好的事情。一是认为产业和人口的高度集中既带来了严重的"城市病"，又制约了其他广大地区的发展；二是认为产业和人口的高度集中会使得原料产地与制造业中心在空间上产生较大的距离，不利于整个国民经济的发展；三是认为地区之间经济发展水平的差距过大，会带来社会的不稳定；四是认为产业和人口的高度集中容易在核战争中遭到沉重的打击，不利于国家的安全。于是，有一些国家的中央政府从实现区域均衡发展的角度出发，对国内经济发展水平较高的地区的经济发展采取了限制措施，同时给予国内经济发展水平较低的地区优先发展的权力。这就形成了区域政策的主要目标之二——区域均衡发展。

在日本，中央政府对产业和人口向"三湾一海"地区，特别是东京首都圈的高度集中现象一直十分担心，很早就制定了以实现区域均衡发展为目标的区域政策，试图彻底改变这一现象。为此，日本政府从 20 世纪 50 年代后期开始一直到 90 年代，先后 5 次制定全国性的国土综合规划，都把建设"分散化的国土"，也就是限制东京、大阪、名古屋等"大都市圈"地区的发展和促进本州岛其他地区及九州岛、四国岛、北海道岛的发展，作为其中的一项重要任务。

在前苏联、巴西、印度等一些国土面积较为辽阔，自然资源十分丰富的国家，中央政府对实现生产由消费地向原料产地转移十分重视，认为可以通过对自然资源的大规模开发，有效地带动整个国民经济的迅速增长。于是，这些国家的中央政府在 20 世纪 30~70 年代，也都实行了以区域均衡发展为主要目标的区域政策。其中在前苏联，在很长时间里中央政府是把面积辽阔、人口稀少的西伯利亚当作国家的重点开发地区，进行了包括秋明油田、叶尼塞河水电站、第二西伯利亚铁路等一大批能源和交通运输基础设施项目的建设，试图实现全国经济重心的东移；在巴西，中央政府为了开发巴西高原丰富的矿产资源和土地资源，于 1970 年把首都从大西洋沿岸的里约热内卢，迁到了位于巴西高原中部的巴西利亚；在印度，1947 年独立后也把资源丰富的印度高原作为重点发展地区，而对孟买、加尔各答等殖民时代成长起来的工商业城市的发展加以限制。

在新中国成立以后，中央政府在制定经济布局战略时，所持的观点与前苏联、巴西、印度这些国家基本相同。因此，从 20 世纪 50 年代开始，中央政府就开始实行以区域均衡发展为主要目标的区域政策，试图缩小中西部内陆地区与东部沿海地区之间的经济发展差距。在毛泽东 1956 年发表的《论十大关系》中，对实现区域均衡发展的目标就曾有过很充分的论述，其核心内容是限制较为发达的沿海地区的经济发展和加快大部分尚未开发的内陆地区的经济发展。因此，在 1953~1957 年的"一五"计划期间，国家就将经济建设的重点放在了地处内陆的京广铁路沿线、陇海铁路沿线和哈大铁路沿线的部分地区，而对沿海地区的各工业基地则主要是利用原有基础，很少进行新的投资。到了 20 世纪 60 年代中期至 70 年代中期的"三线"建设时期，中央政府把经济建设的重点进一步向中西部内陆地区推移，地处京广铁路以西的云、贵、川、陕、甘、宁、青等省，以及豫西、鄂西和湘西的部分地区成为"三线"建设的重点地区。在此期间，沿海地区的经济发展基本处于停滞状态，甚至还有一大批工业企业的设备和员工被搬迁到了内地。

3. 区域优先发展

20 世纪 60 年代以后，随着全球经济增长速度的加快，人们对国民经济发展的规律有了许多新的认识。因此，如何利用国家宏观经济政策来加快整个国民经济发展的问题开始引起大家的重视。许多人发现，在前苏联、巴西、印度这样一些国土面积较为辽阔、自然资源十分丰富的国家，尽管中央政府为促进自然资源的开发采取了许多积极的措施，但它们在经济发展方面依然遇到了许多问题，在经济增长速度上也远远落后于土地面积狭小、自然资源贫乏的韩国等亚洲"四小龙"。因此，以区域均衡发展为主要目标的区域政策的正确性，开始受到了人们的怀疑。

通过广泛深入的研究，人们逐渐认识到，20 世纪 60 年代以来，全球经济的迅速增长，在很大程度上是得益于世界经济全球化的步伐不断加快。在这种情况下，一个国家要实现国民经济的迅速发展，必须顺应世界经济全球化的潮流，加强国际经济联系、扩大对外贸易。而许多国家的中央政府原先所采取的国家宏观经济政策是以实现内向型经济发展为主的，往往把重点放在了国内自然资源的开发及相关产业的建立上，对经济增长的推动作用主要依赖于扩大内需，而对充分利用国际市场、实现国民经济发展的问题考虑得不够。因此，很难适应形势发展的需要，必须要用新的以实现外向型经济发展为主要目标的国家宏观经济政策来代替，使得区域政策的主要目标也发生相应的变化。于是，区域政策的主要目标之三——区域优先发展开始形成。

最早将区域优先发展作为区域政策主要目标的国家和地区是不多的，其中最典型的也是比较成功的国家是韩国。正是通过在沿海主要港口附近建立出口加工区，集中了国内的人力、财力和物力，使得韩国的进出口总值在很短的时期里迅速增长，从而带动了国民经济的迅速发展。中国的台湾地区，在 20 世纪 60 年代后期也制定了与韩国相类似的以区域优先发展为主要目标的区域政策，因而能与中国香港、新加坡和韩国一起成为亚洲"四小龙"。

在中国，随着 20 世纪 70 年代初中美关系的解冻和中日邦交正常化的实现，对外贸易开始了迅速地增长。尽管中央政府当时还没有认识到对以区域均衡发展为主要目标的区域政策进行调整的必要性，但已经开始注意到扩大对外贸易对推动国民经济发展的作用。因此，东部沿海地区作为对外贸易的重要基地，其经济发展问题重新受到重视，中央政府开始在这里进行大规模的港口码头基础设施建设。与此同时，胜利油田、华北油田、大港油田、辽河油田等一批大型油气田的开发，也为东部沿海地区的石油化学工业等新兴工业部门的发展提供了很好的机会。当时从国外引进了一批与此相关的先进技术和设备，如 30 万吨乙烯工程、大型聚酯工程、工业汽轮机和燃气轮机制造技术及设备等，也有相当一部分被中央政府安排在东部沿海地区进行建设。再加上大批乡镇企业开始在苏南地区及其他一些沿海地区崛起，因 20 世纪 50 年代支援内地建设、60 年代支援"三线"建设，受到削弱的沿海地区地方工业也在 70 年代初重新恢复了活力。而此时在中西部内陆地区，因"三线"建设的经济效果不佳，中央政府新开工的建设项目大幅度减少。因此，自"一五"计划以来，一直在中国实行的，以实现区域均衡发展为主要目标的区域经济政策在 70 年代中期逐渐名存实亡。尽管 1976~1980 年的"五五"计划仍然把"三线"建设作为经济布局的重点任务，但当时中央政府在东部沿海地区的投资已经开始超过中西部内陆地区。

中国区域政策在主要目标上的根本性转变，是在实行改革开放以后。韩国、中国台湾地区实施以区域优先发展为主要目标的区域经济政策的成功经验在 20 世纪 70 年代末传入内陆，靠近港澳的南部沿海地区首先成为中央政府实施新的区域政策的试验田。深圳、珠海、汕头、厦门 4 个经济特区的建立，是区域优先发展开始成为区域政策主要目标的第一个标志。由于经济特区建设在短时间内就取得了明显的进展，对整个国民经济发展的带动作用很大，新的区域政策很快就得到了广泛的实施。大连、天津、秦皇岛、烟台、青岛、连云港、南通、上海、宁波、温州、福州、广州、湛江、北海 14 个沿海城市的进一步开放，说明区域政策的主要目标已经彻底转到了区域优先发展方面。此后，在"六五"计划和"七五"计划期间，中央政府都把实施沿海地区经济发展战略放在了突出重要的地位，区域均衡发展则不再是区域政策所考虑的主要目标。特别是在 1992 年春天邓小平南方谈话之后，以区域优先发展为主要目标的区域政策在整个沿海地区得到了全面的实施并取得了很大的成效，并成为带动中国经济连续 4 年以每年 10%以上的速度增长的重要原因之一。

三、政府在区域经济协调发展中的作用和定位

（一）政府在促进区域经济协调发展中的作用

经济学理论和历史事实证明，"市场协调"和"政府协调"是区域经济协调发展的两种手段、两种机制。市场协调是基础，政府协调是补充，它以市场协调为对象，弥补市场失灵。两种协调手段、机制相互影响，相互作用，共同促进区域经济的协调发展。

政府行为主要从三个方面影响区域经济协调发展。

在微观层面，政府行为对区域经济协调发展的影响主要在于：政府的制度安排影响所有制结构和产权结构在区域之间的差异。国有企业在各地的分布比例与各地所有制结构、市场化程度密切相关。要发挥"市场协调"区域经济的作用，就必须确立产权的合法地位，实现公平、公正的"人格化"产权，使国有企业成为真正的市场主体。非国有经济的发展，需要政府提供更加宽松的社会环境。

在宏观层面，政府行为对区域经济协调发展的影响主要在于：政府的再分配行为不当，不仅不能抑制区域差距的扩大，反而会加大差距程度。只有通过建立公共分级财政，实施规范的转移支付制度，才有助于抑制区域差距，促进区域经济协调发展。在区域经济的发展过程中，不平衡普遍存在，并构成区域间竞争的基础，人为强化或消除区域差距的做法都是不正确的。从长期趋势看，只要能够实现资源配置的充分竞争和要素的充分流动，区域间投资的边际成本就会趋于平均化，人均收入也会趋于平均，就有可能达到区域发展的平衡。但是，在这个长期的过程中，假如区域经济差距超过一定的"限度"，则会导致区域间经济、社会的矛盾扩大，从而延缓发展，甚至发生停滞和倒退。这个"限度"就是"公共物品和公共服务"的均等化。政府行为要尊重市场规律，不能通过"办企业"来干扰市场竞争的有效领域，而应当通过提供均等化的文化教育、医疗卫生、社会保障等基本公共服务以及能源、交通、通讯等基础设施，使区域间市场主体的竞争公平化，实现区域之间的"竞争效率"。

在中观层面，政府行为对区域经济协调发展的影响主要在于：地方政府行为几乎可以影响到所有资源和要素的空间流动。如果有明确、一致的行为边界，就可以促进区域经济的协调发展，否则，狭隘的地方利益就可能膨胀，使市场信号

发生扭曲，误导资源和要素的空间流向。尤其是地方政府动用行政资源，限制外地商品销售、限制人力资源流动等行为，会严重影响区域经济的协调发展。笔者认为，地方政府的行为应当集中在五个方面：①弥补市场宏观缺陷，承接中央经济调节；②提供地方公共物品和服务；③维护公平竞争，搞好市场监管；④制定地方社会经济发展规划，搞好社会管理；⑤培育市场主体，促进市场发育。地方政府行为的规范，必须建立在事权与财权的法律性划分上。地方政府作为地方利益的代表与作为中央代理人的角色之间，需要达成新的均衡。而这个过程，最终要通过发展政治文明来实现。

我国多年的区域经济发展证明，政府主要是通过四方面的作为来促进区域经济的协调发展：

（1）区域经济政策要在因地制宜的基础上逐步向高级化方向发展，一要考虑当地的自然资源条件；二要依据地方已有的产业发展条件和基础。

（2）重视欠发达地区、特殊困难地区的经济发展。一是要注重解决欠发达地区交通运输业相对落后、地理环境条件相对闭塞等问题，加强交通运输、通讯等基础设施建设，打通欠发达地区对外联系的通道；二是要选择一些临近交通线且有一定基础的城镇或资源富集区作为"增长极"，并通过它们的辐射功能带动周边地区的发展。

（3）建立关于地区发展的法律体系，以便为各级政府实施地区发展计划提供法律依据。避免随意性、主观性和陷入无休止的讨价还价，避免用政策代替法律，维护地区发展政策的权威性和稳定性。

（4）注意中央和地方区域经济发展政策的协调性。在区域经济发展政策的制定和实施方面，应注意中央和地方的协调。地方的局部利益服从国家的总体利益，并兼顾当前利益和长远利益。

考虑到我国的现实情况，各级政府要促进区域经济协调发展，还需要从五方面做出努力：

（1）落实科学发展观，统筹区域经济发展；

（2）通过培育产权清晰的市场主体，促进区际间商品交换和要素流动；

（3）通过建立公共财政体制，规范政府间转移支付制度，控制区域经济差距；

（4）规范地方政府行为，维护全国统一大市场的顺畅运行；

（5）提高政府执政能力，推进民主法治建设。

（二）区域经济协调发展中的政府定位

区域经济是指在一定的空间地域内由各种生产要素的有机结合而形成的经济运行方式。构成区域经济的基本要素包括：

（1）以一定的经济区为依托；

（2）以一定的地域分工为基础；

（3）以有限资源的空间合理配置为基本内容；

（4）以各种资源要素间、产业间和地域间的经济技术、市场供求为联系的基本纽带。

区域经济需要政府以市场经济机制为基础，按照要素流动和利益相关的客观要求去选择区域发展战略。同时，由于区域经济是在跨行政区划的前提下进行的，因此，更需要相关的地方政府提出和执行有利于跨省区要素流动的各项政策，甚至实行打破行政区划的经济管理机制。只有在区域内建立起政府与市场的良性互动关系，才能更合理、更有效地进行资源配置。新中国成立以来，中国经历了从传统计划经济体制向市场经济体制的转变。与此同时，中央与地方的经济管理权限也出现了从中央集权到地方分权的多次变革。在这种经济体制转轨、中央与地方权力博弈的背景下，中国经济发展统一大市场和区域经济的内在要求与事实上的行政区经济的强化的冲突日益凸显。

随着地方自主权的扩大，地方政府作为一个权利主体的地位开始崛起，如果把市场的健康发育看成是我国区域经济的内生变量的话，那么，地方政府则是强化行政区经济的主导变量。在内生变量作用不力的情况下，政府权力便显得至关重要。

在中央放权的过程中，由于缺乏有效的约束机制和调控手段来规范地方政府行为，致使地方政府的经济权限产生了"放大效应"。地方政府的变异行为，导致了对区域经济发展的严重阻碍。

近年来，地方保护主义的行为和现象不断以公开或隐蔽的形式出现，大大加剧了建立区域市场的难度。在地区差距存在的情况下，地方政府作为投资和产业发展的主体，为"保护"自身利益通常采取一种"理性行为"——实行地方保护，保护本地市场，使本地利益最大化。

地方保护主义主要反映在地方政府对区际要素流动和商品贸易的行政性的不合理干预上。其具体表现是，在市场容量增长有限的情况下，地方政府不合理地运用行政手段、经济手段和法律手段，限制外地产品流入本地市场或限制资源商品、初级产品流出本地市场；运用经济政策倾斜、强化经济杠杆等手段，鼓励当地产品扩张市场容量，希图通过本地产品的扩张销售，最终实现本地企业利税的增长，抬高工业生产增长速度，增加地方财政收入；甚至实行全面干预，画地为牢，层层设卡，对商品流通进行"超经济强制性"封锁。这种与市场经济背道而驰的地方主义行为，加剧了市场割据，对区域经济的健康发展构成了极大障碍。

地方保护主义实际上是行政性关系在资源分配过程中占上风的结果，它缘于地方政府自主权的膨胀。在经济转轨时期，一方面，中央企图通过创造市场机制，强化市场导向的方式，给企业放权，逐步实现微观生产经营决策权从政府向企业的转移；另一方面，政府与企业之间长期以来就已存在的父子依赖关系等，随着中央将一大批经济管理权限下放给地方政府，大大增强了地方政府对企业的支配力量。由此相应地形成了两种类型的经济关系的冲突：一是以区域为利益主体，超越行政区划界限的市场性关系；二是以地方政府为利益主体、以行政区划为界限的行政性关系。在经济体制转轨时期，这两种关系一直处于较量和交锋中，地方保护主义正是在这一过程中，行政性关系占主导地位的产物。

鉴于在改革进程中地方政府权限的不断膨胀，已严重影响统一大市场和区域经济的形成发展，中央政府从20世纪90年代起就开始了中央权力再集中的尝试。开始时，中央政府曾经试图通过原有的计划程序与行政手段，调整和限制地方政府的权限，从而将一部分权限再集中到中央手中，另一部分权限则下放到企业手中，以达到削弱地方政府的目的。中央的作为遭到地方政府的抵触，地方政府拒绝交出已经得到的权限。1994年以后，地方政府的行为重点从市场封锁转移到反宏观调控上来。地方政府的反宏观调控行为是针对中央政府的宏观调控政策的一种"反政策"。

地方政府反宏观调控行为在实质上反映了新形势下中央与地方的博弈格局。主要表现有：上有政策下有对策，从本地狭隘利益出发对中央政府在投资与政策上进行讨价还价，曲解、变通甚至阻隔中央的宏观政策，使中央宏观政策在地区实施中受阻。如在财政上，一些地方政府随意扩大税收减免范围，放松对企业的财务监督，从而人为地造成财政收入下降；以基金等形式大搞预算外资金，使预算外资金成为地方财政收入的主要来源等。在金融上，地方政府直接干预贷款，定高社会经济发展目标，倒逼人民银行；违章进行集资；发行地方债券；乱设非金融机构；利用政策性贷款浑水摸鱼；授意、允许企业挪用流动资金贷款；允许公款私用等。

在市场经济条件下，中央政府促进区域协调发展的主要途径是宏观调控。在目前市场还不够发达的情况下，中央政府的宏观调控更是起到双重的作用：既要弥补市场缺陷，充当市场校正器的角色；又要促进市场体系的发育、完善和市场机制的健全，做区域市场的保护伞和助推器。因此，地方政府反宏观调控行为从根本上不利于区域经济的发展，它导致了地方割据，阻碍了区域内部的整合以及区域与区域之间的协调。如果说地方保护主义是地方政府在横向上对区域市场分割的话，那么，反宏观调控行为则是地方政府在纵向上对经济权限的割据，它们都具有经济与行政权力相结合的特征。地方政府的这种反宏观调控行为，缘于政策导向上的缺陷以及地方政府对自身经济利益最大化的不当追求，是地方政府和权利阶层"寻租"活动的外在化表现。

地方政府的反宏观调控行为，如果放在区域经济的背景下来考察的话，可以看作是在行政性关系与市场性关系的较量过程中，行政性关系的进一步强化。这表明，在市场不完善的情况下，地方政府权力的过大，会导致其行为的失范，市场经济扭曲为权力经济，从而不利于区域经济的良性发展。

实践证明，政府与市场的互补不可能自动实现。两者以什么方式耦合，在很大程度上取决于政府的存在方式与行为方式。特别是在不完全市场条件下，只有地方政府及时转换角色，它才能对区域经济的持续发展发挥积极的促进作用。地方政府的角色创新具体表现在：

（1）地方政府应当成为区域性调控主体。由于中国各地区的资源条件、社会和经济特点都具有较大差异，各区域经济发展水平和市场发育程度极不平衡，因此，中央不可能像地方政府那样对各个地区的具体情况和特点了解得那么清楚。如果由中央实行统一调控，不仅难度大，效果差，还会降低中央调控的权威性，所以应当充分考虑到地方政府在区域层面自主调控的必要性。而在区域调控方面，地方政府也确实比中央政府更具备有利条件，不仅熟悉本区域的社会经济情况，有利于加强宏观调控的有效性，而且可以充分发挥区域优势，保持本区域经济的灵活性和多样性。因此，应当构建一个多层次的宏观调控体系，在强调中央对全国市场的宏观调控时，也有必要赋予地方政府相应的区域调控权，使地方政府调控成为介于中央宏观调控与以经济杠杆为手段所进行的间接调控之间的中间环节，统一大市场和区域经济的建设者和维护者。

（2）在向市场经济全面过渡过程中，地方政府应当成为区域内制度变革的主体。在大一统体制下，实行什么政策、怎么实行政策统统由中央说了算。分权使得各地方政府开始有机会进行种种政策试验，从而更可能出现别开生面的思路和做法，促进新制度的传播和采纳。特别是在我国区域经济尚在摸索阶段时，地方政府更应积极主动地着手进行制度创新。

总之，角色创新是地方政府行为优化的首要前提。地方政府在区域经济的发展中，应当尽快转变政府观念，尽可能地减少对微观经济的行政性干预，同时有意识地培养自己成为在"区域"这个中观层面上的调控主体以及制度变革主体。

（三）机制与制度创新

市场化的进程也是一个制度创新的过程。在未来市场竞争和区域经济发展中，制度创新将越来越发挥着极其重要的作用。地方政府若要对区域市场真正起到推动和校正作用，有赖于它积极主动地履行制度创新的职能。

1. 区域市场机制的创新

根据我国目前区域市场发育迟缓的现状，地方政府所要推进的区域市场机制创新主要有：

（1）通过培育区域共同市场，建立起区域内统一的竞争性市场体系，并与全国统一市场相接轨。区域市场的形成与发展应当先于全国统一市场，首先是在经济范围内建立以城市为中心、开放式、竞争型的区域市场，然后才能构成全国共同市场。因此，只有通过地方政府去实现区域内部的整合、协调区际关系，才能促进全国统一市场的发育和完善。具体来说，就是要在区域内，打破行政性垄断和地区封锁，突破不合理的经营分工界限，建立起城乡市场开通、各地区之间物流畅通的区域共同市场；并进而打破区域内外的分割，加强区域市场之间的协调，从而最终走向统一市场。

（2）区域市场机制的培育最重要的是使地方政府从微观经济活动中撤离，减少对企业的不必要的行政干预，为企业走向区域市场创造条件，在区域市场内能够实现生产要素的自由流动和资源的优化配置。

（3）区域内的各个地方政府应当根据本区域的市场化进程，共同制定出有效的区域市场交易规则，完善区域市场竞争秩序制度。地方政府不仅要对市场竞争做出法律规范，还要对市场竞争可能产生的外部性问题做出法律规范，保障地方政府只能依法维持市场竞争秩序。

2. 区域调控机制的创新

我国的区域经济必须由政府的有力干预和宏观调控加以规范和推动，才能在利益、规模和产业结构方面得到合理的调整，因此建立区域调控机制已成为必要的议程。

区域调控是地方政府为了克服市场缺陷而在一定限度内对市场运行进行调节和控制的职能。区域调控既要兼顾区域内部各地区之间的相对平衡，使地区差距控制在适当的范围内；又要确保资源高效率的配置和区域经济潜力。作为区域经济的调节者，地方政府主要是通过立法、财政、金融等间接经济手段而不是直接的行政手段来对区域经济产生影响。在一个区域内部，各个地方政府除了具体执行中央制定的各项经济法规、各项宏观经济政策外，还应该共同研究和制定本区域经济的发展战略，编制和实施区域经济发展计划和有关的专门规划。应当有权在一定的范围内补充制定区域性的经济法规，如对中央的区域政策制定实施细则，或从本区域出发，在不违背中央宏观调控的前提下，制定在全国还没有出台的其他法规。地方政府还应当大力发展基础设施建设，调整和优化区域产业结构，积极推动跨行政区产业重组。同时，要进一步做好财政包干制向分税制的转变，避免地方政府在着手区域调控时缺乏相应的财力后盾。

3. 区域横向联合机制的创新

区域间的横向联合，其根本动因在于区域间生产要素的差异以及比较优势的存在。区域经济的横向联合，有利于突破生产力要素流动的行政性障碍。在条块分割的条件下，区域内企业难以借助区域外部的生产条件来克服资金、技术制约。而横向经济联合将企业从某部分某地区内孤立的一点变成了区域经济网络中的一个环节，从而使生产要素得以重新优化组合。因此，在市场经济条件下，从互利互惠原则出发，各地方政府应鼓励和支持本地企业和外地企业按市场原则处理相互关系，组建企业集团；废除造成地区封锁、市场分割的各种不合理的政策和规定，从税收、财政、信贷、计划、物资、外贸等方面，对促进横向经济联合的政策进一步加以完善；应制定相应的法律法规，确保合作各方的利益；巩固已有的区域经济协作组织，争取更大范围和更高层次上形成开放型区域市场；较发达地区还应当主动通过产业转移、技术转让和联合、联营、合作等形式，促进和带动不发达地区经济的发展，从而实现资源与市场的互补。同时，在横向联合管理上，各地方政府还应当加强联合项目决策的可行性研究，并督促项目的执行。

4. 区际利益协调机制的创新

在横向联合中，由于各地区的地位和作用不同，难免会出现区际利益分配的不均。为减少地区间的经济摩擦，促进区域经济的健康发展，必须建立一个有效的区际利益协调机制。对关系到区域经济全局、非一个行政区划所能解决的若干重大经济问题，如能源、交通、新兴工业、江河治理等，应通过各地方政府的相互协商和对话，合理地制定相关政策，统一安排部署，以协调各方利益，从而实现区域经济整体目标。

5. 政府行政的制度创新

在改革开放前，我国几乎没有什么市场，高度集权的计划经济是经济改革的逻辑起点，因此我们只能在政府的主导下创造性地培育市场经济。地方政府要想承担起区域整合和区域协调的重任，其自身行为就必须以制度的形式加以规范。特别是在经济体制转轨时期，由于地方政府的权力不合理地膨胀，往往在干预经济活动时会出现失控现象，导致非市场性缺陷，使区域经济的发展方向发生偏离。因此，在这一时期，政府行政的制度创新就显得尤为重要。地方政府在这方面创新的内容主要有：建立规范政府行政行为的机制，抑制地方政府的自我封闭性和自我膨胀性；建立政府行政权力的监督机制，防止地方政府官员的"寻租"行为。

总之，地方政府的制度创新，并不是要创造出超出自身范围的自主权，而是要弱化行政区经济特征，促进区域经济的发展，以制度变迁的形式来达到转变政府职能的目的，从而促进地方政府行为的优化，在最大限度上实现市场与政府的良性耦合。

第二章 河南省区域经济发展格局演变与评价

改革开放以来，国家在促进区域协调发展方面出台了一系列政策措施，如开发西部、振兴东北、中部崛起、功能区划分等，在这些政策措施的引导下，区域发展格局出现了新的变化。河南区域经济发展具有全国性特点，从总体上看，河南省区域经济布局的变迁，集中反映了由计划经济时代的均衡低效发展，到改革开放后的非均衡高效发展，再到新世纪的统筹协调健康发展的演变轨迹，折射了中国区域经济由计划向市场的转型和实现科学发展的历史过程。

第一节 河南省经济区域历史沿革

一、新中国成立初期至 20 世纪 60 年代初期生产力布局①

这一时期的经济建设基本奠定了河南省生产力布局的总体格局。根据国家充分利用、合理发展沿海老工业区和积极建设内地新工业区相结合的方针，河南成为国家重点建设地区之一。以"一五"时期 156 项重点建设项目中布局在河南的重大工程为代表的一批新建项目和沿海内迁企业初步奠定了河南的工业格局，形成了洛阳、郑州、平顶山等新兴工业城市和机械、纺织、煤炭、建材等现代工业部门和一大批大中型骨干企业。"一五"时期，河南共安排建设项目 2099 个，其中，大中型项目有 40 个。在原苏联援建我国的 156 个重点项目中，河南共有 9 项，其中 5 项集中在洛阳，其余 4 项分别在焦作、平顶山、郑州、三门峡。"二五"时期，除继续完成"一五"时期安排的续建项目外，冶金工业和机械工业得

---

① 王光鹏. 河南省情与 21 世纪经济发展趋势. 中国统计出版社，2000：346.

到很大发展。但由于盲目追求高速度、"大跃进"，基建规模过大过快，重复建设严重，比例失调，被迫进行国民经济调整。总的来看，这一时期对河南经济的发展和区域经济的形成具有重大意义。从产业上看，重点发展了机械、煤炭、电力、轻工、纺织等工业部门；从区域看，布局较多地考虑了集中布局与运输指向的因素，而布局的展开则完全按点—轴方式渐次推进。新建工业主要布局于京广、陇海两大铁路干线上几个大中城市和一些重点矿区，基本形成了以郑州、洛阳、焦作、新乡、安阳、平顶山、三门峡为代表的豫中北、豫西南占主导的区域经济格局。

二、20 世纪 60 年代初期到 70 年代中后期生产力布局

这一时期生产力布局有所扩散，但主要向中西部集中的格局没有根本改变。其中，20 世纪 60 年代，"三五"时期以"备战"为指导思想的"三线建设"壮大了豫西工业实力，军工企业得到较快发展，有大批沿海工业企业内迁，河南工业实力有了进一步发展。从工业分行业投资在各地区的分布情况看，煤炭工业投资主要集中在中部的郑州、安阳、焦作、许昌和西部的洛阳、平顶山、三门峡，有色冶金投资主要针对西部的三门峡，纺织工业投资分布在西部的平顶山、三门峡和东部的周口，电力工业投资投向中部的开封、新乡、焦作、西部的平顶山和东部的信阳，化工化纤业的投向为中部的郑州、新乡和西部的洛阳，机械设备制造业的投向为中西部的郑州、开封、安阳和洛阳、三门峡，仪表工业的投向为三门峡，电子电器工业的投向为开封和洛阳。全省总投资规模比 50 年代有所下降，区域结构有所调整，但仍然是以中西部为主。70 年代在工业投资地区分布上，煤炭工业投向除许昌外，与 60 年代相同，且焦作、洛阳、三门峡的投资额还有明显增加，黑色冶金工业投向为焦作和平顶山，有色冶金投向为郑州和三门峡，纺织工业投向为开封、平顶山和周口，电力工业投向为新乡、焦作、平顶山、商丘和周口，化工化纤工业投向为许昌、平顶山和南阳，建材工业投向为郑州、洛阳和平顶山，机械设备制造业投向为开封、漯河、洛阳、三门峡、信阳，仪表工业的投向为洛阳、南阳，电子电器工业的投向为郑州、焦作、洛阳、平顶山。全省总投资规模比 60 年代有所上升，区域投资结构向西、东部调整，但也仍然是以中西部为主。

三、改革开放到 20 世纪 90 年代末期生产力布局

改革开放以来，随着全省工业化进程的加快、市场体系的完善、第三产业的

补偿性发展，以及固定资产投资规模和水平的提高，新增固定资产不断形成，生产力布局出现了一些新的变化。

20世纪80年代初期的轻工业补偿性优先发展，食品、轻纺工业得到了加强，轻工业的布局由原有的几个中心城市向豫东南农副产品原料产地推进，这一趋势在90年代得到了延伸，逐渐形成了以农副产品加工业为依托、以县市和小城镇为聚集区的轻工业布局新格局。同时呈现出投资主体多元化和投资资金来源多样化的趋势，各种非国有资金成分越来越大，原有生产力布局由政府主导的局面受到一定程度的市场冲击。但财政和信贷资金仍然是国家生产力布局的主要资金来源，总投资规模大幅度上升，生产力布局受市场经济影响，向中部倾斜。

20世纪90年代，河南生产力布局随着国家布局在地区和行业上的调整，相对加强了国民经济中的基础产业、基础设施和重点项目建设。在交通、水利、电力、原材料、工业等方面上了一批大中型项目。特别是进入重化工业快速发展时期以来，河南的原材料、加工装配行业、高新技术产业地区格局出现新变化：①重化工业布局由中心城市向周边地区进一步拓展，一些新的原材料工业基地和大型知名企业相继涌现，带动了所在地区的主导产业发展；②随着工业化水平的提高和高新技术产业的成长，涌现出郑州、洛阳等一批高新技术产业开发区和郑州汽车工业、新乡电子工业等新兴工业聚集区，从而进一步改变了河南的工业布局面貌，并在一定程度上奠定了未来的河南工业布局基础。这一时期，区域投资总体结构基本稳定，布局进一步向中部集中，加快了以郑州为中心的中部地区的工业化发展步伐。尽管这一时期整个豫东南地区各种投资也有明显增加，形成了一定的生产力，出现了像周口味精厂那样的农副产品深加工企业，但这一区域的工业化任务仍相当艰巨。

四、进入21世纪四大经济区形成与发展

21世纪初期，河南的生产力分布区域差异已经非常明显，从生产力布局变迁历史看，主要是由长期计划经济条件下区域的投资倾斜引起的。在改革开放前的很长时间里，国家在河南投资的重点放在郑州、洛阳、平顶山、焦作、三门峡等少数几个市地，投资的行业主要是重工、军工、原材料工业，对于其他行业、其他地区，譬如豫东南等广大区域则投资较少。改革开放以后，投资的区域结构虽有所调整，注重了对工业以外的其他行业，如郑州、洛阳以外的其他市地的适当投资，但大的格局没有改变。这种格局，在一定时期内有利于带动全省总体经济的发展，但也表现出一定的局限性，使全省区域经济发展的不平衡性增大，对

区域间的产业衔接和配套、全省经济的协调发展存在不利影响。

(一) 发展思路的形成

2001年，时任河南省省长李克强在政府工作报告中提出，"加快以郑州为中心，以洛阳、开封等城市为重要支撑的中原城市群建设，增强辐射功能和聚集效应。在豫南、豫北、豫东、豫西南发展若干区域性中心城市，带动区域经济发展。各市都要抓紧制订定位准确、特色突出的发展规划。"随后，在2002年和2003年的政府工作报告中延续了这一发展思路，"围绕把郑州建成全国区域性中心城市的目标，加快郑东新区、绕城高速路建设和现有城区改造，增强省会城市对全省经济发展的带动作用。加快以郑州为中心的中原城市群和其他省辖市发展，形成若干省内区域性中心城市。"

(二) 四大经济区的划分

2003年8月，河南省政府通过了《河南省全面建设小康社会规划纲要》，将全省18个省辖市划分为四大经济区，分别为中原城市群地区、豫北地区、豫西和豫西南地区、黄淮地区。

1. 中原城市群经济隆起带

中原城市群经济隆起带是以郑州为中心，包括洛阳、开封、新乡、焦作、许昌、平顶山、漯河、济源在内的城市密集区。主要是统筹规划，加强基础设施和生态环境建设，建立城市间快速交通体系，结合南水北调工程，规划建设供水系统，构筑城市生态防护林和沿黄生态走廊；大力发展电力工业、信息产品制造业、汽车及装备制造业、食品、化学和新型建材工业等优势产业，抓好郑汴洛城市工业走廊建设，使中原城市群各城市在发展各自产业优势的过程中形成整体竞争优势，努力在全省率先实现全面建设小康的发展目标。到2020年，中原城市群经济隆起带非农劳动力占劳动力总数的比重达到80%左右，城镇人口占总人口的比重达到60%左右，国内生产总值占全省的60%以上，成为全省对外开放、东引西进的主要平台和全国重要的先进制造业基地，区域性商贸金融中心和科教文化中心，中西部综合竞争力较强的开放型经济区。

努力建设大郑州。以建设国家区域性中心城市为目标，科学规划城市发展布局，扩大城市规模，增强和完善城市功能，逐步形成多层次的现代都市格局；加快经济结构的战略性调整，大力发展先进制造业和现代服务业，加强航空港、铁路港、公路港、信息港和高新技术产业开发区、经济技术开发区、出口加工区建设，推进产业升级和经济的国际化进程；加强城市基础设施和公用设施建设，发展和提高社会化服务水平，优化发展环境和人居环境；努力建设生态郑州、数字郑州，进一步提高其在国内外的知名度和在全省的首位度，使其成为中原城市群经济隆起带发展的龙头、全省先进制造业和高新技术产业基地、现代服务业中心、现代农业示范区及经济社会的核心增长极。

2. 豫北、豫西和豫西南地区的经济发展

豫北地区的安阳、鹤壁、濮阳三市要充分发挥工农业基础较好，油气、煤炭资源比较丰富的优势，逐步建成我省重要的钢铁、煤化工和石油化工、装备制造业、电子信息产业基地。豫西地区的三门峡市要发挥矿产、林果等资源丰富的优势，搞好精深加工，建成全省重要的煤化工、黄金生产加工、铝工业和林果业生产加工基地。豫西南地区的南阳市要加快发展，形成中药生产、纺织基地和以非金属矿产开发利用、农副产品加工为主的产业带，确保如期实现全面建设小康的目标。

3. 黄淮地区的经济发展

黄淮地区的驻马店、商丘、周口和信阳市，要加快工业和服务业的发展，加大城市建设力度，加强对农村经济社会发展的带动，加快农区工业化步伐。以农产品精深加工为重点，大力发展食品、纺织、制药等产业，培育龙头企业。大力发展生态农业、绿色农业、外向型农业，将黄淮地区建设成为全国绿色农产品加工出口基地，生猪、肉牛、肉羊、油料生产加工基地。重视劳务培训，加大劳务输出，增加农民收入。省有关部门要加大对这一地区的扶持力度，力争使其如期实现全面建设小康的目标。

（三）四大经济区的发展建设

2004 年河南省政府工作报告中提出，要突出抓好中原城市群建设，完成中原城市群发展规划，建立中原城市群联动发展机制，加快郑东新区和洛南新区开发建设。进一步提高郑州市的首位度，增强对中原城市群的带动能力。

2005 年河南省政府工作报告四大经济区的发展有了更明确的定位，"着力抓好中原城市群建设。编制中原城市群发展规划，完善中原城市群联动机制。加快郑洛工业走廊建设，以汽车及零部件、煤电铝一体化、现代物流为突破口，推进产业整合，发展产业集群。加快城市群内一批高速公路项目建设，积极推进区域内交通互通。搞好黄河滩区生态防护和黄河标准化堤防建设，继续抓好郑、汴、洛城市防护林建设，加强水污染防治，推进生态环境治理工程共建。加强城市群共享的旅游、教育、卫生、文化等设施建设，优化水、天然气、煤制气等资源的配置。加快推进郑东新区、洛南新区建设。加强区域内户籍管理、劳动就业、社会保障等政策的协调衔接，促进人口自由流动。"

2006 年河南省政府工作报告在继续抓好中原城市群建设的同时提出，"加快地区性中心城市发展。积极支持和引导豫北、豫西、豫西南和黄淮地区城市，立足现有基础，发挥比较优势，培育支柱产业，扩大城市规模，提升城市综合经济实力和辐射带动能力。"

2008 年河南省政府工作报告中指出，"继续支持黄淮四市等地发展。落实好扶持政策，加大转移支付力度，支持黄淮四市加快现代农业基地和以农副产品精深加工为主的加工基地建设。继续在生产力布局、重大项目安排等方面，支持豫北、豫西、豫西南地区加快发展。"

随着河南区域经济发展差距的不断拉大，省委省政府的发展思路也在不断调整，从加快以郑州为中心的中原城市群和其他省辖市发展到支持黄淮四市的发展，以缩小各经济区之间的差距。

第二节 河南省区域经济发展特征描述

一、地理概况与资源分布

河南位于中国中东部、黄河中下游，界于北纬 31°23′~36°22′，东经 110°21′~116°39′，东接安徽、山东，北界河北、山西，西接陕西，南临湖北，呈望北向南、承东启西之势。因古时为豫州，故简称豫。

地理位置：河南地理位置优越，古时即为驿道、漕运必经之地，商贸云集之所。今天，河南地处沿海开放地区与中西部地区的接合部，是我国经济由东向西推进梯次发展的中间地带；境内京广、京九、焦柳与陇海、汤濮、新菏、漯阜在境内交会，形成三纵四横的铁路网；国道干线五纵五横，国家两纵两横高速公路中，京深和连霍一纵一横经过河南；全国光缆干线"八纵八横"中有"三纵三横"经过河南，是全国重要的铁路、公路大通道和通信枢纽。国家提出促进中部崛起，河南独特的区位优势必将发挥更大的作用。

面积：河南国土面积 16.7 万平方公里，居全国各省区市第 17 位，约占全国总面积的 1.73%。地势基本上是西高东低。北、西、南三南太行山、伏牛山、桐柏山、大别山沿省界呈半环形分布；中、东部为黄淮海冲积平原；西北部为南阳盆地。灵宝市境内的老鸦岔为全省最高峰，海拔 2413.8 米；最低处在固始县的淮河出省处，仅 23.2 米。

土地资源：河南耕地面积 7179.2 万公顷。在全省面积中，山地丘陵面积 7.4 万平方公里，占全省总面积的 44.3%；平原和盆地面积 9.3 万平方公里，占总面积的 55.7%。复杂多样的土地类型为农、林、牧、渔业的综合发展和多元经营提供了十分有利的条件。

矿产资源：河南地层齐全，地质构造复杂，成矿条件优越，蕴藏着丰富的矿产资源，是全国矿产资源大省之一。目前，已发现各类矿产 126 种（含亚矿种为 157 种）；探明储量的 73 种（含亚矿种为 81 种）；已开发利用的 85 种（含亚矿种为 117 种）。其中，能源矿产 6 种，金属矿产 27 种，非金属矿产 38 种。在已探明储量的矿产资源中，居全国首位的有 8 种，居前 3 位的有 19 种，居前 5 位的有 27 种，居前 10 位的有 44 种。其中，钼、蓝晶石、红柱石、天然碱、伊利石黏土、水泥配料用黏土、珍珠岩、霞石正长岩居第 1 位；铸型用砂岩、耐火黏土、蓝石棉、天然油石、玻璃用凝灰岩居第 2 位；镁、钨、铼、镓、铁矾土、水泥用大理岩居第 3 位；铝土矿、石墨、玻璃用石英岩居第 4 位；锂、铯、电石用灰岩、岩棉用玄武岩、玉石居第 5 位。河南还是重要的能源基地，石油保有储量居全国第 8 位，煤炭居第 10 位，天然气居第 11 位。

水资源：河南横跨黄河、淮河、长江三大水系，境内 1500 多条河流纵横交织，流域面积 100 平方公里以上的河流有 493 条。全省水资源总量 413 亿立方米，居全国第 19 位。水资源人均占有量 440 立方米，居全国第 22 位，为全国的 1/5，世界的 1/20。水力资源蕴藏量 490.5 万千瓦，可供开发量 315 千瓦。

目前，全省已修建水库 2347 座，总库容 270 亿立方米。农业有效灌溉面积 479 万公顷。中国跨世纪的特大型水利工程黄河小浪底水利枢纽已于 2001 年度全部竣工。

旅游资源：河南旅游资源丰富。少林寺、龙门石窟、龙亭、相国寺、殷墟等历史人文资源享誉海内外，嵩山、云台山、黄河等名山大川纵横。以古（古文化）、河（黄河）、拳（少林寺、太极拳）、根（寻根觅祖）、花（洛阳牡丹、开封菊花）为特色的旅游资源，是河南旅游业发展的一大优势。近年来开辟的"三点一线"沿黄之旅，已成为我省旅游精品线路。河南可供观赏、旅游的景区、景点有 100 多处。省内重点风景名胜区共 25 处，其中国家级的有鸡公山、嵩山、龙门、王屋山和云台山 5 处，省级的有石人山、环翠峪、黄河游览区等 20 处。自然保护区 23 处。丰富多彩的旅游资源，为河南旅游事业的发展提供了得天独厚的条件。

2003 年 8 月，河南省政府通过了《河南省全面建设小康社会规划纲要》，将全省 18 个省辖市划分为四大经济区，分别为中原城市群、豫北地区、豫西和豫西南地区、黄淮地区。其中，中原城市群是以郑州为中心，包括洛阳、开封、新乡、焦作、许昌、平顶山、漯河、济源在内的城市密集区；豫北地区包括安阳、鹤壁、濮阳三市；豫西地区为三门峡市；豫西南地区为南阳市；黄淮地区包括驻马店、商丘、周口和信阳市。

二、河南区域经济发展现状

(一) 综合经济实力显著增强

新中国成立以来，全省各经济区及省辖市综合经济实力不断增强，主要经济指标总量规模持续增加。中原城市群主要经济指标总量在全省处于领先地位，其后依次为黄淮经济区、豫西豫西南经济区和豫北经济区。

中原城市群在全省经济中处龙头地位。2009 年 GDP 为 11290 亿元，较 2008 年增长了 11.9%，占全省经济总量的 58%，地方财政一般预算收入 720 亿元，占全省的 63.9%；金融机构存款余额和城乡居民储蓄存款余额分别为 12557 亿元和 6438 亿元，分别占全省的 65.5% 和 57.4%。

豫北经济区 2009 年 GDP 为 2150 亿元，较 2008 年增长 11.5%，占全省经济总量的 11%，地方财政一般预算收入 99 亿元，占全省的 8.8%；金融机构存款余额和城乡居民储蓄存款余额分别为 1673 亿元和 1150 亿元，分别占全省的 8.7% 和 10.3%。

豫西豫西南经济区 2009 年 GDP 为 2417 亿元，占全省经济总量的 12.4%，较 2008 年增长 10.6%，地方财政一般预算收入 98 亿元，占全省的 8.7%；金融机构存款余额和城乡居民储蓄存款余额分别为 1655 亿元和 1146 亿元，分别占全省的 8.6% 和 10.2%。

黄淮经济区在全省经济中所占比重在 1/4 左右，第一产业比重较高，财政一般预算收入比重较低。2009 年 GDP 为 3890 亿元，较 2008 年增长 11.2%，占全省经济总量的 20.0%，地方财政一般预算收入 124 亿元，占全省的 11.0%；金融机构存款余额和城乡居民储蓄存款余额分别为 3197 亿元和 2472 亿元，分别占全省的 16.7% 和 22.1%。

(二) 人均经济水平不断提高

从人均 GDP 看，2009 年，中原城市群人均 GDP 为 28296 元，是全省平均水平的 1.37 倍，大大高于全省平均水平；豫北经济区、豫西豫西南经济区人均

GDP 分别为 21173 元和 19634 元，相当于全省平均水平的 102.8%和 95.3%，与全省平均水平大体相当；黄淮经济区人均 GDP 为 12072 元，是全省平均水平的 58.6%，则大大低于全省平均水平。

从城镇居民人均可支配收入看，2009 年，中原城市群为 14505 元，是全省平均水平的 1.009 倍；豫北经济区、豫西豫西南经济区和黄淮经济区略低于全省平均水平，分别为 14058 元、13484 元和 12109 元，相当于全省平均水平的 97.8%、93.8%和 84.3%。从农村居民纯收入看，中原城市群、豫北地区和豫西豫西南地区高于全省平均水平，2009 年分别为 5918 元、5315 元和 4988 元，是全省平均水平的 1.23 倍、1.11 倍和 1.04 倍；黄淮地区为 4199 元，远低于全省4807 元的平均水平。

从其他指标看，2009 年，全省财政一般预算收入为 1126 亿元，中原城市群720 亿元，较 2008 年增长 12.1%，占全省 63.9%；豫北经济区、豫西豫西南经济区分别为 99 亿元和 98 亿元，分别较 2008 年增长 8.0%和 11.0%；黄淮经济区为124 元，较 2008 年增长 14.8%。

（三）工业化和城镇化水平迅速提高

中原城市群产业结构优于全省，工业化、城镇化水平较高。2008 年，三次产业增加值占生产总值的比例关系为 9.3∶58.3∶32.4，第一产业比重低于全省5.3 个百分点，第二、三产业比重分别高于全省 3.1 和 2.4 个百分点；工业化率为53.2%，城镇化率为 42.3%，分别高于全省 3.2 和 8 个百分点。

豫北经济区产业结构中，第二产业比重较高，第三产业比重较低，工业化水平为全省最高。2007 年，三次产业增加值占生产总值的比例关系为 13.7∶62.4∶23.9，二产比重高于全省 7.2 个百分点，三产比重低于全省 6.1 个百分点；工业化率为 57.0%，高于全省 7 个百分点，城镇化率为 35.9%。

豫西豫西南经济区产业结构中，第一产业比重较高，第三产业所占比重较低。2007 年，三次产业增加值占生产总值的比例关系为 18.2∶55.8∶26.1，一产比重高于全省 3.6 个百分点，三产比重低于全省 3.9 个百分点；工业化率为51.0%，城镇化率为 34.8%。

黄淮经济区产业结构落后，工业化和城镇化水平远低于全省平均水平。2007年，三次产业增加值占生产总值的比例关系为 28.7∶41.5∶29.8，一产比重高于全省 13.9 个百分点，二产业比重低于全省 13.7 个百分点；工业化率为 36.1%，低于全省 13.9 个百分点；城镇化率为 28.1%，低于全省 6.1 个百分点。

三、河南省区域经济发展差异分析

四大经济区国民经济快速增长，人民生活水平有了较大的提高。但由于各经济区自然资源、发展基础、发展条件等方面的差异，致使不同区域之间经济发展水平存在差异。

（一）区域间相对差异呈扩大趋势[①]

1990~2007 年，全省区域间相对差异呈逐步扩大的趋势。各经济区发展水平的差异主要表现为中原城市群的快速发展与黄淮地区的差异，全省区域经济差异两极分化日益明显，差异程度进一步扩大。

1. 从总体上看

1990~2007 年，中原城市群 GDP 占全省的比重由 53.7%提高到 57.4%，提高了 3.7 个百分点；豫北经济区、黄淮经济区 GDP 占河南省的比重由 11.6%和 23.7%下降到 10.7%和 19.5%，分别下降了 0.9 个和 4.2 个百分点；豫西豫西南经济区 GDP 占河南省的比重稳定在 11.0%~13.1%。2000 年以来，中原城市群地方财政一般预算收入和金融机构存款余额占河南省的比重由 49.8%和 60.1%，分别提高到 2007 年的 69.3%和 63.8%。豫西豫西南经济区、黄淮经济区地方财政一般预算收入占河南的比重由 10.4%和 16.5%下降到 9.4%和 11.2%，分别下降 1 个和 5.3 个百分点，豫北经济区略有上升，由 9.5%提高到 10.1%。豫北经济区、豫西豫西南经济区金融机构存款余额所占比重下降，分别由 11.7%和 9.4%下降到 9.3%和 9.1%，黄淮经济区所占比重基本稳定在 16.1%~17.7%的水平。

2. 人均 GDP 的差距逐渐扩大

中原城市群人均 GDP 从 1990 年的 1455.10 元增加到 2007 年的 21778 元。1990 年，中原城市群人均 GDP 分别相当于豫北经济区、豫西南经济区、黄淮经济区的 1.23、1.41、2.03 倍。2007 年，中原城市群与豫西豫西南地区的差距基本不变，与豫北地区和黄淮地区之间的差距则进一步扩大到 1.37 倍、2.37 倍，分别扩大了 11.4%、16.7%，黄淮地区与中原城市群之间的差距越来越大。

3. 人均地方财政一般预算收入差距在拉大

1990 年，中原城市群人均地方财政收入 115.20 元，分别相当于豫北地区、豫西南地区、黄淮地区的 1.3 倍、1.9 倍、3.4 倍。2007 年，中原城市群人均地方财政收入 1374 元，分别相当于四大经济区的 1.8 倍、2.4 倍、5.5 倍，四大经济

---

① 刘永奇. 河南省情研究. 河南人民出版社，2008：258.

区人均地方财政收入的差距均呈扩大趋势。从全省 18 个省辖市来看，区域间人均地方财政收入的差距也在扩大，变异系数从 1990 年的 50.0%扩大到 2007 年的 83.0%，扩大了 33 个百分点。

4. 城乡居民收入的差异呈扩大趋势

1990 年，全省农民人均纯收入 526.95 元，18 个省辖市中最高的郑州市与最低的商丘市相差 297 元，最高是最低的 1.75 倍。2007 年，全省各省辖市农民人均纯收入中最高的郑州市达 6594 元，最低的周口市为 3122 元，相差 3472 元，最高是最低的 2.11 倍，与 1990 年相比，农民人均纯收入差异呈扩大趋势。2007 年，四大经济区农民人均纯收入极差、标准差和变异系数分别为 1237 元、512 元和 12.7%，城镇居民人均可支配收入极差、标准差和变异系数分别为 2371 元、1024 元和 9.4%，区域间绝对差异明显，但相对差异较小。2007 年，18 个省辖市农民人均纯收入的极差、标准差和变异系数分别为 3472 元、891 元和 20.8%，城镇居民人均可支配收入极差、标准差和变异系数分别为 4737 元、1170 元和 10.7%，各省辖市之间居民收入差距相对较小。

5. 县域经济发展水平的差异也反映了四大经济区之间的差异

县域经济是区域经济发展的基础，从全省县域经济发展评价结果中可以看出四大经济区经济发展水平之间的差异。2007 年，全省县域经济发展评价结果显示，位于前 20 位的县（市）中，中原城市群达 18 个，豫北地区 1 个，豫西豫西南地区 1 个，黄淮地区没有一个县位列前 20 位；而位于后 20 位的县（市）中，黄淮地区则达 10 个，中原城市群与黄淮地区的差异非常明显。

（二）经济增长速度的差距日趋明显

2007 年，全省实现地区生产总值 15012.46 亿元，是 1980 年的 65.5 倍，按可比价格计算增长 17.2 倍，年均增长 11.1%，其中一、二、三产业增加值年均分别增长 6.0%、13.4%、12.7%。

中原城市群和豫北经济区经济增长速度最快，处于领跑水平。1980~2007 年，中原城市群、豫北地区、豫西豫西南地区、黄淮地区年均增长速度分别为 11.9%、12.0%、11.3%、10.5%。分阶段看，1980~1989 年，全省 GDP 年均增长 10.5%，中原城市群年均增长 10.8%，豫北地区年均增长 11.7%，豫西豫西南地区年均增长 9.2%，黄淮地区年均增长 9.1%；1990~1999 年，全省 GDP 年均增长 11.8%，中原城市群、豫北地区、豫西豫西南地区、黄淮地区年均增长速度分别为 12.6%、11.9%、13.4%和 12.5%；2000~2007 年，全省 GDP 年均增长 12.3%，中原城市群、豫北地区、豫西豫西南地区、黄淮地区年均增长速度分别为

13.7%、13.7%、12.5%和10.6%。四大经济区经济增长速度之间的差距在逐步扩大，1980~1989年，GDP年均增长速度最高的豫北经济区与最低的黄淮地区相差2.6个百分点，2000~2007年，这一差距则扩大到3.1个百分点。

（三）对全省经济贡献的差距不断扩大

通过对各时期四大经济区对全省国民经济增长的贡献率进行实际测算，结果显示：1990~2007年，全省GDP年均增长11.8个百分点中，中原城市群拉动6.6个百分点，豫北地区拉动1.3个百分点，豫西豫西南地区拉动1.6个百分点，黄淮地区拉动2.3个百分点，四大经济区对全省国民经济增长的贡献率分别为55.9%、11.4%、13.2%、19.5%。

分阶段来看，1990~1999年全省GDP年均增长11.8%，中原城市群拉动6.2个百分点，豫北地区拉动1.2个百分点，豫西豫西南地区拉动1.7个百分点，黄淮地区拉动2.7个百分点，四大经济区对全省国民经济增长的贡献率分别为52.5%、10.4%、14.1%、22.9%。这一时期是全省农业快速增长时期。随着农业基础地位的加强，发展农业生产各项政策措施的实行，特别是农产品流通体制改革步伐的加快和一系列农业保护措施的实行，有力地推动了全省农业的发展。农业连年丰收，粮食总产连创历史最高水平，全省农业保持较高的增长速度，以农业为主的黄淮地区经济快速增长。

1990~1999年，GDP年均增长12.5%，比全省年均增速高0.7个百分点，对全省GDP增长的贡献率达22.9%。随着产业结构的不断调整和工业化进程的加快，工业为主导产业的中原城市群、豫北地区经济快速增长，对全省经济增长的贡献率呈上升趋势，而以农业为主的豫西豫西南地区和黄淮地区对全省经济增长的贡献率呈下降趋势。

2000~2007年，全省GDP年均增长12.3%，中原城市群拉动7.1个百分点，豫北地区拉动1.4个百分点，豫西豫西南地区拉动1.6个百分点，黄淮地区拉动2.2个百分点，四大经济区对全省国民经济增长的贡献率分别为57.6%、11.7%、13.0%、17.7%。总体上看，中原城市群对全省经济增长的贡献率最高，拉动最大，其次是黄淮经济区、豫西豫西南经济区，豫北经济区最小。中原城市群、豫西豫西南经济区对全省经济增长的贡献率逐渐提高，豫北经济区、黄淮经济区有所下降，且差距在不断拉大，如表2-1所示。

表 2-1　四大经济区对全省经济的拉动作用

	对全省 GDP 增长的贡献率（%）			对全省 GDP 增长拉动的百分数		
	1990~1999 年	2000~2007 年	1990~2007 年	1990~1999 年	2000~2007 年	1990~2007 年
中原城市群	52.5	57.6	55.9	6.2	7.1	6.6
豫北经济区	10.4	11.7	11.4	1.2	1.4	1.3
豫西豫西南经济区	14.1	13.0	13.2	1.7	1.6	1.6
黄淮经济区	22.9	17.7	19.5	2.7	2.2	2.3

（四）产业结构相差悬殊

2007 年，中原城市群第二、三产业增加值占 GDP 的比重达到 90.7%，是全省经济发展最好的地区；黄淮经济区第二、三产业增加值占 GDP 的比重仅为 71.3%，经济发展比较落后。

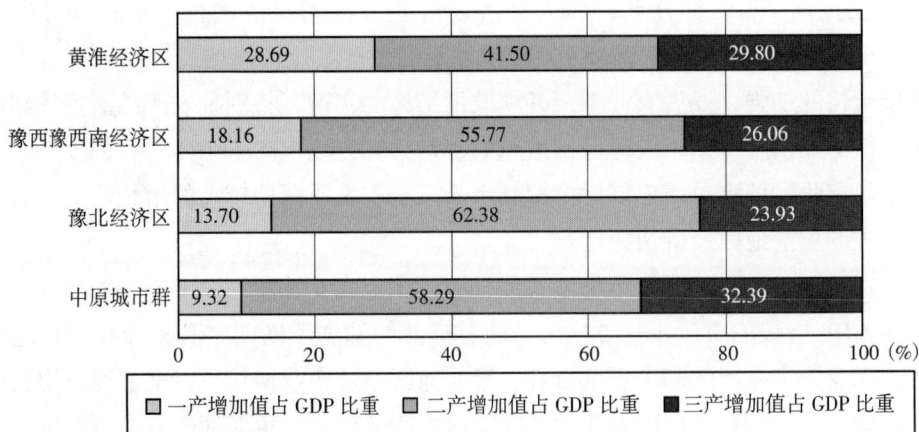

图 2-1　2007 年河南四大经济区产业结构

就全省 18 个省辖（管）市看，郑州市、洛阳市、焦作市、济源市 1978 年二、三产业增加值占 GDP 的比重在 70% 左右，到 2007 年达到 90% 以上，其中第二产业的比重在 60% 左右，经济发展水平较高；商丘市、信阳市、周口市和驻马店市第一产业比重较高，在 30% 左右，经济发展缓慢。三次产业结构悬殊，各个产业的投入产出效益不同，产业结构通过影响经济发展速度影响经济总量，进而影响人均指标，导致区域经济发展不协调。

第三节　河南省区域经济协调发展状况定量评价

一、区域经济协调发展状况评价指标体系构建

根据前文对区域经济协调发展内涵的界定，为科学、准确评价河南区域经济协调发展现状，我们试图在总结现有区域经济协调发展指标体系及相关评价模型基础上，构建河南区域经济协调发展评价指标体系。

（一）指标体系的构建原则

区域经济协调发展指标体系不是一些单指标简单堆砌或随意组合。一个科学合理和可行的区域经济协调发展指标体系的建立，首先需要有一个清晰、明确的设计原则，其次遵循这些重要原则精心设计区域经济协调发展指标体系的架构及体系中各项指标的具体内容，最后根据这一架构和指标内容确定具体的指标计算方法和数据获取方法。区域经济协调发展评价指标体系的构建应遵循以下原则：

1. 简明科学性和可操作性原则

一方面，指标体系必须立足客观现实，建立在准确、科学的基础上，所选指标的集合能够反映区域经济协调发展中的经济、社会、科教、生态等各个方面发展的真实水平。指标概念必须明确，并且有一定的内涵，能够真实度量和反映区域经济发展的结构和功能，以及主要的运行特征。

另一方面，指标体系要广泛适用于不同区域，指标具有可测性和可比性，易于量化，并且所需数据容易获得（最好尽可能利用现有统计资料），计算方法简单易行。

2. 系统性和全面性相结合原则

区域经济协调发展本身是一个复杂的系统，系统性要求把区域经济协调发展视为一个开放的系统，各子系统并不是孤立的，相互之间有物质、信息等的交换。全面性是指标的选取应尽可能从不同的角度反映区域经济协调发展的主要方面或主要特征。系统性和全面性相结合的原则是让那些与区域经济协调发展有关的内容都能在指标体系中得到比较充分的体现，并通过建立起各指标间的有机联系，形成一个相互依存、相互支持的全面的指标系统。

3. 特殊性原则

由于各区域的文化背景、自然条件、发展历史、地理区位等方面的差异，区域间社会经济发展的水平存在较大的差异。各区域在实施协调发展的过程中遇到的问题不一样，从而区域协调发展评价的重点也有所侧重，这会在指标的选取及权重的确定上有所体现。因此，在区域经济协调发展评价时遵循特殊性原则，以便客观、准确地对区域经济协调发展状况做出客观评价。

4. 动静相结合原则

区域经济系统具有动态开放性特点，在设计评价指标体系时应能够揭示系统的结构、功能及效益诸方面的演变规律，考察系统的发展趋势，分析系统结构的稳定性及缓冲能力，以掌握协调发展系统的运行规律，进而提出相应的对策思路，这需要动态指标。

评价指标体系还应反映当前系统的运行状况，衡量系统所达到的功能和效益水平，以反映系统的现实生产能力和水平，这就需要静态指标。只有将动态指标和静态指标相结合，才能从纵横两个方面综合反映区域经济协调发展的情况。

5. 相对独立性原则

描述区域经济协调发展状况的指标往往存在着信息重叠问题，因此，在选择指标时，应尽可能选择具有相对独立的指标，从而增加评价的准确性和科学性。

当然，在设计区域经济协调发展指标体系过程中，除了上述原因，还应注意构建指标体系时经常遇到的一些问题，如科学基础问题、风险与不确定性问题、政策的时滞问题等。

（二）指标体系构建

1. 指标选取思路

从理论上讲，一个科学的评价指标体系应满足两个基本条件：一是不重复；二是不遗漏。度量和评价区域经济协调发展是一个涉及诸多因素和诸多方面的连续过程，具有变量多、变量间关系复杂等特点。具体涉及经济、社会、资源、环境和科技等多方面的内容，简单的单指标线性结构很难描述指标的内在联系，不能从根本上把握区域经济协调发展内涵的各个方面，因此需要借助一定方法构建综合评价指标体系。

指标体系的构建是一个系统思考的过程。该过程可以通过定性分析、专家咨询来完成，也可以通过定量分析、数据测算来实现，以满足不重复和不遗漏两个条件。本书在设计区域经济协调发展指标体系时，借鉴目前普遍采用把区域经济系统划分为若干子系统的方法，本着以上构建指标体系的设置原则，依据河南区域经济发展实际情况，采用对社会经济大系统"三分法"——社会、经济、生态环境子系统协调发展，高度重视生态环境问题在现代化建设与可持续发展中的基础地位。

确定设计指标体系原则和经济社会系统"三分法"思路后，如何选择指标是一个首要问题。选择指标应注意两点：一是注重单个指标的意义；二是注重指标体系的内部结构。就前者来说，代表性最为重要，即所选取的指标最好能代表所评价对象某方面的特性，指标之间不相互影响，是相互对立的随机变量；就后者来说，全面性最为重要，即所选取的指标体系应能反映出研究对象在所研究问题上的全部信息。

在构建评价指标体系时，一个理想状态是所选取的指标体系既能满足代表性，又能满足全面性；既没有信息重叠，也没有信息遗漏，成为多维空间上相互独立的多维随机变量。但在实际构建指标体系中，这两者却是一个两难选择：增加指标个数，可以提高全面性，但却冒着代表性降低的风险；减少指标个数，可以减少独立性降低的风险，但却要影响到指标体系的全面性。

2. 指标筛选思路

在收集大量资料以及比较分析了国内不同研究者相关评价指标体系构建方法的基础上，依据河南区域经济发展特点，采用对社会经济大系统"三分法"——社会、经济、生态环境子系统协调发展的原则，采用频度统计法、理论分析法和专家咨询法筛选指标，以兼顾代表性和全面性两个要求。频度统计法是对目前有关区域经济协调发展水平测度与评价指标设计的报告、论文进行频度统计，选择那些使用频度较高的层次性指标；理论分析法是对区域经济协调发展内涵、特征进行分析综合，选择那些重要的结构性指标；专家咨询法是在初步提出评价指标的基础上，征询有关专家的意见，对指标进行调整。此外，还要对指标体系进行主成分性和独立性分析，选择符合指标筛选原则内涵丰富且比较独立的指标构成评价指标体系。指标筛选过程如图 2-2 所示。

3. 指标体系总框架

基于前述指标体系原则及筛选方法，参考国内具有代表性的区域经济协调发展指标选取及指标体系构建方法，本书采用经济社会大系统"三分法"——经济、社会、生态三大子系统方法，提出了河南区域经济协调发展评价指标体系。

以下对区域经济协调发展综合评价指标体系主要内容做简单介绍。其中大部分指标可以通过查阅统计年鉴直接获得或经简单计算获得（见表 2-2）。

（1）经济发展子系统（S1）：包括指标 x1-x13。经济子系统大部分指标可以

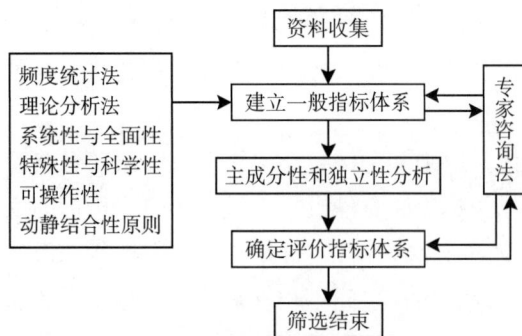

图 2-2 指标筛选过程

表 2-2 河南区域经济协调发展指标体系

领域层	子领域层	序号	指标	单位
经济子系统	经济发展水平及外向指标	x1	人均 GDP	元，当年价
		x2	GDP 增长率	%
		x3	人均地方财政收入	元
		x4	财政收入增长率	%
		x5	人均固定资产投资	元
		x6	人均进出口额	万元/平方公里
		x7	实际利用外资额	%
	经济结构效益指标	x8	经济密度	%
		x9	第二产业产值占 GDP 比重	%
		x10	第三产业产值占 GDP 比重	%
		x11	产业结构变化率	元/人年
		x12	工业成本费用利润率	亿元
		x13	工业企业全员劳动生产率	美元
社会子系统	人口发展质量指标	x14	人口自然增长率	%
		x15	非农产业从业人员比重	%
		x16	居民恩格尔系数	—
		x17	城乡居民收入差异	—
		x18	农村居民纯收入	元
		x19	城镇居民人均可支配收入	元
		x20	在岗职工平均工资	元
		x21	人均社会消费品零售总额	元
		x22	人均年末储蓄存款余额	元
		x23	每万人拥有病床数	张
	科教指标	x24	科教文卫支出占财政支出比重	%
		x25	每万人拥有的专业技术人员数	人
		x26	每万人拥有高校学生数	人

领域层	子领域层	序号	指标	单位
社会子系统	基础设施指标	x27	人均邮电业务量	万元
		x28	每公顷耕地农业机械总动力	千瓦/公顷
		x29	信息化综合指数	%
生态子系统	资源及利用指标	x30	人口密度	人/平方公里
		x31	人均可耕地面积	公顷
		x32	单位 GDP 能耗	吨标准煤/万元
		x33	单位工业增加值能耗	吨标准煤/万元
	环境发展指标	x34	城市人均公共绿地面积	平方米
		x35	建成区绿化覆盖率	%
		x36	环保与治理投资占 GDP 比重	%
		x37	工业固体废弃物综合利用率	%
		x38	工业废水排放达标率	%

从统计年鉴中查到或简单运算得到，少数特殊指标如经济密度和产业结构变化率需要对原始统计数据计算可得。x8 经济密度又称地均 GDP，用地区国内生产总值除以地区总面积可得；x11 产业结构变化率主要反映区域产业结构在一定时期的变化情况，其计算公式为：$r_s = \Sigma |Qj_1 - Qj_2|$，其中，$r_s$ 为区域产业结构变化率，Qj 为区域某产业部门在区域整个产业中所占的百分比，下标 1、2 分别表示考核起始年份和结束年份。

（2）社会发展子系统（S2）：包括指标 x14–x29。该项指标大部分可以从统计年鉴直接查到。

其中，x16 恩格尔系数是 1857 年德国统计学家恩斯特·恩格尔（Ernest Engel）提出了这样一个观点：一个家庭收入越少，总支出中用来购买食物的费用所占的比例越大。这一定律被称为恩格尔定律，我们常常用来衡量一个国家和地区人民生活水平的状况。其公式为：

恩格尔系数（%）=食品支出额/消费支出总额×100%

一般认为，恩格尔系数在 59% 以上为贫困，50%~59% 为温饱，40%~50% 为小康，30%~40% 为富裕，低于 30% 为最富裕。

x17 城乡居民人均收入差异反映城乡居民收入上存在的差距，其计算公式为：城镇居民与农村居民人均可支配收入之差除以该地区居民人均可支配收入。

x29 信息化综合指数：将彩色电视、电话和计算机三个普及率按层次分析法既定的权数加权，得到信息化综合指数。按照国家标准，将彩电、电话和计算机普及率按 0.2、0.4、0.4 权数来计算。

（3）生态子系统（S4）：包括：x30-x38。生态子系统是区域经济协调发展的保障，没有生态子系统良性发展，经济发展将无所依托。这包括资源利用与环境发展两个方面。之所以要强调资源的利用，是与当前落实科学发展观和实现经济发展方式转变的目标相一致的。河南经济一直以来呈现粗放型发展，资源消耗大且利用率低，而庞大的人口基数又使许多人均指标落后于许多省份，因此实现生态子系统的良性发展是实现本地区经济协调发展的重要一环。由于生态环境统计信息十分缺乏，本指标体系只选用少量指标作为代表。

二、区域经济协调发展状况评价模型建立

（一）评价思路

本书对区域经济协调发展内涵的定义包括两个方面：一是区域系统内部各个要素或变量实现发展上的优化，具体是经济、社会和生态环境等子系统之间实现发展上的和谐、结构上的合理和总效益的最优；二是区域之间在经济发展上形成相互联系、关联互动、正向促进的机制，从而实现区域间合作与良性发展，促使区域间经济利益保持同向增长，区域之间经济差异趋于缩小。鉴于此，本书对河南区域经济协调发展状况的评价将从各地市经济协调发展的空间差异状况和河南区域经济协调发展动态变化趋势两个方面分别做评价研究。本书的评价思路如图2-3所示。

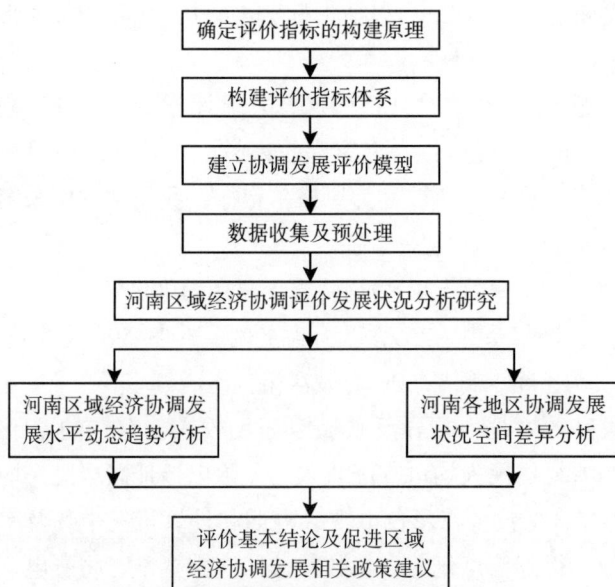

图 2-3 河南区域经济协调发展评价思路

（二）原始数据预处理及权重系数确定

1. 评价指标类型的一致化处理

从单个统计指标作用对评价目标影响的不同，统计指标分为正指标、逆指标和中性指标。正指标是指所谓数值越大越好的指标，逆指标是指数值越小越好的指标，而中性指标是指标的取值既不是越大越好，也不是越小越好。指标一致化处理主要是针对逆指标和中性指标而言的。不同性质的指标综合合成通常是把两个指标相加，这就破坏了综合指标的同质性原则，需要把逆指标和中性指标转换为正指标。逆指标转化成正指标可以用取原指标倒数的方法，即逆指标 x_t 可以通过取倒数 $1/x_t$ 转变为正指标。对于中性指标如上述指标体系中，"人口密度"为中性指标，因此需对"人口密度"指标进行指标类型一致化处理。对中性指标 x，令：

$$x^* = \begin{cases} \dfrac{2(x-m)}{M-m}L(m \leqslant x \leqslant \dfrac{m+M}{2}) \\[2ex] \dfrac{2(M-x)}{M-m}L(\dfrac{m+M}{2} \leqslant x \leqslant M) \end{cases}$$

式中，m 为指标 x 一个允许的下界，M 为指标 x 的一个允许上界（书中 $m = 500$，$M = 1000$），通过变换后 x^* 就都成为正指标了。

2. 评价指标的无量纲化处理

指标之间由于各自单位量级的不同而存在着不可共度性。对其进行综合评价时，为了尽可能地反映实际情况，必须排除由于各项指标的单位不同以及其数值量级间的悬殊差别所带来的影响，这就需要对评价指标做无量纲化处理，也称为指标数据的标准化、规范化。在主成分分析中，对原始数据进行标准化是为了避免各指标变量的量纲和数量级对协方差的影响，但同时它也消除了各指标在变异程度上的变异信息。一般地，原始数据中包含两部分信息：①各指标变异程度的差异信息，由各指标的方差大小反映；②各指标间相互影响程度上的相关信息，由相关矩阵体现。

采用数据无量纲化的方法很多，如直线型、折线型和曲线型的方法。直线型的方法是假定实际值和标准化值之间呈现线性关系，常用的处理方法有中心化法和 Z 值标准化法；折线法主要有功效系数、分段处理法等。为了研究的方便和客观，本书选取了一种基本无量纲化方法来处理：Z-Score 法，对原始数据进行标准化处理。

$$X_{ij}^* = \frac{X_{ij} - \overline{X}_j}{S_j}$$

式中，$\overline{X}_j = \dfrac{1}{n}\displaystyle\sum_{i-1}^{n} X_{ij}$，$S_j = \sqrt{\dfrac{\displaystyle\sum_{i-1}^{n}(X_{ij} - \overline{X}_j)^2}{n}}$ （i = 1，2，…，n；j = 1，2，…，m），m 为样本数，本书中 n = 17，m 为指标项数；$\overline{X}_j$，S_j 分别为第 j 项指标观测值的平均值和均方差，X_{ij} 表示第 i 个样本对第 j 个指标的观测值。

3. 权重系数的确定

考虑到作为层次分析法基础的判断矩阵的建立有一定的随意性和较大的主观性，导致在此基础上建立的数学评价模型的客观性及其科学性受到一定影响；同时层次分析法计算量大且有关数据不易获取等原因，本书采用突出局部差异的均方差方法，取权重系数为：

$$w_j = \frac{S_j}{\displaystyle\sum_{k=1}^{n} S_k}，（k = 1，2，…，j）$$

式中，j 为每个子系统中的指标项数，建立与各项评价指标项相应的权重系数 w_j。

（三）评价模型及其主要方法简介

前面已经构建了河南区域经济协调发展状况评价指标体系，这实质是一个多系统、多指标的综合评价问题。根据本书对区域经济协调发展内涵的界定及评价思路，对河南区域经济协调发展状况评价分为两部分：①采用 2006 年截面数据对河南各地区经济协调发展现状进行评价，通过综合评价值和协调发展指数两项指标从定量角度对河南区域经济协调发展水平空间差异状况有一个清晰的了解；②采用时间序列数据对河南区域经济协调发展状况进行动态变化趋势的评价，运用综合评价值和协调度两个方面考察河南 1995 年以来区域经济协调发展水平动态变化趋势。

值得说明的是，考虑到本书采用的主成分分析方法对样本和指标数量比例关系的要求，而经济协调发展指标体系包括近 40 个单一指标，若直接施以主成分法将对样本数量产生过高要求，本书采取对每个子系统所有指标分别施以主成分法以解决这个问题。通过主成分分析，我们可以得到经济子系统协调发展评价值、社会子系统协调发展评价值和生态子系统协调发展评价值，分别用 E_1、E_2、E_3 表示。

根据突出局部差异的均方差法，求出 E_1、E_2、E_3 的权数分别为 $f(1)$、$f(2)$、$f(3)$，再考虑到无论忽视哪一子系统都会对区域经济发展造成严重的不协调，采用线性加权方法，确定区域经济协调发展综合评价数学模型。其数学公式表述为：

$$G = E_1 \times f(1) + E_2 \times f(2) + E_3 \times f(3)$$

这样通过线性加权的方法，我们可以求出区域经济协调发展综合评价值 G。

1. 区域经济协调发展水平空间差异分析方法

本书在评价河南各地区经济协调发展现状时，主要采用主成分分析法对标准化数据进行计算。在根据突出局部差异均方差法确定各个系统权重基础上，求出各地区协调发展综合评价值，测算 2006 年河南各地市经济协调发展指数，比较各区域经济协调发展水平空间差异情况，从而对河南各地区经济发展的协调状况做出评价。

（1）主成分分析法（PCA）简介。在区域经济研究中，描述某种区域特征的可选统计指标往往比较多，而这些指标又常常相互相关，这就给研究带来很大不便。在具体研究过程中，选取指标过多不但会增加研究难度，而且会导致问题复杂化；选取指标过少又可能会导致对研究对象影响较大的指标未能入选，而影响结果的可靠性。主成分方法是解决这一问题的较为理想的多元统计工具。

A. 基本原理。主成分分析法是把反映样本某项特征的多个指标变量转化为少数几个综合变量的多元统计方法。其基本思想是从众多的观测变量中综合出携带原始数据信息最多且相互独立的几个因素来解释原有数据变量，其目的是使多维变量降维，从而简化数据结构，为分析问题、研究问题带来方便。

B. 分析步骤。

第一，将原始数据进行标准化处理。为了比较不同质的指标，消除变量量纲的影响，对全部指标进行无量纲化处理。

第二，求出无量纲化数据的相关系数矩阵 R。

第三，求 R 的特征值、特征向量和贡献率。

第四，确定主成分的个数。将特征值从大到小排序，计算其累计贡献率。当贡献率大于等于 85% 时，确定特征值的个数，其对应的特征向量就是所需要的主成分个数。

第五，对其经济意义做解释，其意义由各线性组合中权重较大的几个指标的综合意义来确定。

第六，各主成分值并计算综合分值，尤其对研究对象进行排序。

可以看出，主成分分析法既是一种权重确定方法，又是一种成熟的综合评价方法。其优点为：①可消除评价指标之间的相关影响；②可减少指标选择的工作量，相对于其他评价方法，由于主成分分析法可以消除评价指标间的相关影响，所以选取指标上相对容易些；③主成分分析中各主成分是按方差大小依次按顺序排列的，可以用方差较大的几个主成分来代表源变量，从而减少计算工作量。用主成分分析法做综合评价时，由于选择的原则是累计贡献率≥85%，不至于因为节省了工作量却把关键指标漏掉而影响评价结果。

（2）区域经济协调发展指数评价。运用主成分分析法可以得出各地市经济协调发展综合评价值，通过评价值大小及其在全省排名比较，我们可以对2006年河南区域经济协调发展水平的特征及其空间差异情况作初步了解。但综合评价值高并不完全表示其区域经济协调发展水平高，因为还存在三个子系统之间发展水平是否协调的问题。本书借鉴国内研究者在做可持续发展评价时采用协调发展指数方法，在对区域经济发展综合评价值评价结果分析基础上，考察各子系统之间是否协调问题，以便对2006年河南各地市经济协调发展的特征和空间差异情况有清晰的了解。其计算公式如下：

$$CI = \frac{E_1 + E_2 + E_3}{\sqrt{(E_1)^2 + (E_2)^2 + (E_3)^2}}$$

式中，E_1、E_2、E_3分别代表三个子系统的协调发展评价值。CI为协调发展指数，其值越大代表区域经济系统协调发展水平越高。

2. 区域经济协调发展水平动态变化趋势分析方法

对区域经济协调发展水平动态趋势变化情况的评价，依据前文建立的区域经济协调发展指标体系，本书采用对经过标准化方法处理的原始数据进行时序主成分分析，利用前面讲述突出局部差异的均方差方法，通过线性加权，首先求出1995~2006年河南12年间各子系统协调发展时间序列水平值及综合评价值。

时序主成分分析法是时间序列和主成分分析的综合。主成分分析法是把多个指标转化为少数几个综合指标的一种多元统计方法，即它可以实现对多维平面数据的有效降维，把原来多个指标转化为一个或几个综合指标，并且这些少量的综合指标能够包含原来多个指标的绝大部分信息（85%以上），其目的在于简化统计数据并揭示变量之间的关系。所以，时序主成分分析法是在主成分分析法的基础上，以一个综合变量来取代原有的全局变量，再以此为基础描绘出系统的总体水平随时间的变化轨迹。

利用时序主成分分析法求出的综合发展评价值反映的是各年度在整个评价体系中的相对水平，而不是绝对水平，具体是各系统和综合发展评价值有正有负。

当其为正值时，表明该年度的发展水平高于评价范围内的平均发展水平；当其为零时，表明为平均发展水平；当其为负值时，表明该年度发展水平低于评价范围内平均水平。系统发展水平越高的年度其评价值越大。协调是两种或两种以上系统间的一种良性相互关系，仅仅求出系统发展评价值不能真实反映系统之间协调发展的关系，为全面准确反映本地区经济协调发展状况，就需要引入协调度概念。

协调度是度量系统或系统要素之间协调状况好坏程度的定量指标。在评价某一系统的协调发展状况时，不能仅仅用协调和不协调来衡量。事实上，更多系统间的协调发展状况处于协调与不协调之间。因此，根据协调发展内涵具有内涵明确但外延并不明确的概念模糊的特点，可以利用模糊数学中隶属度概念，分别对区域经济系统两子系统之间的协调程度进行评价，从而达到对本地区协调发展水平动态趋势的考察。为此首先建立状态协调度函数：

$$U(i/j) = \exp[-(E_i - E')^2 / S^2]$$

式中，$U(i/j)$ 为 i 系统相对 j 系统的状态协调度；E_i 为 i 系统的实际值；E' 为 j 系统对 i 系统要求的协调值；S^2 为 i 系统实际值的方差。协调值 E' 表示第 i 系统与第 j 系统协调发展时，第 i 系统的协调发展水平，即当第 j 系统发展水平为 E_i 时，为了保持与第 j 系统协调发展时第 i 系统所应达到的发展水平，协调度大小由两个因素来决定：一是 E_i 的大小；二是 i、j 两个系统之间综合得分的比例关系。要研究两个系统之间综合得分的比例关系，就要考察其数量依存关系。为此建立一个系统对另一个系统的回归方程来探究其数量依存关系。运用 Eviews5.1 软件可以求出系统 i 与系统 j 的回归模型：

$$E_i = a + bE_j \quad (a、b \text{ 为待估参数})$$

上述回归模型表明，要做到系统 i 与系统 j 之间的协调发展，E_j 每变化一个单位就要求 E_i 变化 b 个单位，这样就可以确定协调值 $E' = bE_j$。

从状态协调度公式可以看出，实际值越接近于协调值，状态协调度 U 越大，说明系统协调发展水平越高。实际值与协调值差距越大，状态协调度 U 越小，说明系统协调发展水平越低。当实际值等于协调值时，状态协调度 U 为 1，说明系统完全协调。通过状态协调度可以对系统间的协调发展程度进行评价。

$$U(i, j) = \{\min[U(i/j), U(j/i)] / [\max(U(i/j), \max(U(j/i))]\}$$

式中，$U(i, j)$ 为 i、j 两个系统的协调度指数；$U(i/j)$ 为 i 系统对 j 系统的状态协调度；$U(j/i)$ 为 j 系统对 i 系统的状态协调度。

上式表明，$U(i/j)$ 与 $U(j/i)$ 的值越接近，$U(i, j)$ 的值越大，说明两系统间的协调发展的水平越高；反之，U(i/j) 与 U(j/i) 相差越大，U(i，j) 的值越少，说明两系统间协调发展的水平越低；当 U(i/j) 与 U(j/i) 相等时，说明两系统间完全协调。

三、河南区域经济协调发展空间差异状况分析

（一）区域经济协调发展水平定量化分析过程

1. 数据采集及预处理

考虑到主成分分析法对样本数的要求，结合数据的可得性原则，本书选取河南省 18 个地市（含省辖市）为样本，对 2006 年河南区域经济协调发展水平空间差异状况作出分析。按照前文分别对区域经济协调发展实证分析思路，即对各子系统分别做主成分分析，得到各子系统的评价值，然后根据突出局部均方差方法确定的权重，最后通过线性加权法求得区域经济协调发展综合评价值。本节分析所用指标原始数据均来自《河南统计年鉴》、2006 年各地市经济社会发展公报及2006 年各地市环境发展公报。部分指标如生态子系统指标环保与治理投资占GDP 比重、工业废水排放达标率由于相关地市统计年鉴难以查到或者出现数据缺失，故只好舍去；信息化综合指数由于彩电普及率数据难以获取而用电话普及率代替。通过数据整理，得到原始数据表，按照前文公式对有关数据进行一致化处理、无量纲化处理，得到标准化数据表。

2. 进行主成分分析及模型检验

应用 Spss13.0 软件中的主成分分析法，对 2006 年河南 18 个地市选择的各个指标的标准化数据进行处理，得到各子系统的主成分特征值、特征向量、贡献率与累计贡献率。我们令 E^1、E^2、E^3 分别代表经济、社会和生态子系统的协调发展水平，由于 3 个子系统的发展水平确定方法相同，所以只将经济子系统的主成分分析过程为例做出说明。

首先分别对区域经济协调发展指标体系中经济子系统所有 13 个指标数据能否用于主成分分析进行检验，得到 KMO 取样适当性度量以及 Bartlett 球形检验的统计参数值。如表 2-3 所示。

表 2-3 KMO 检验结果

KMO 取样适当性度量	Bartlett 球形检验		
	近似卡方分布	自由度	显著性
0.538	264.4	78	0

KMO 检验值为 0.538，表明指标之间有较多的共同因素，数据适合主成分分析；Bartlett 球形检验中的显著性小于 0.01（p = 0.000），拒绝单位相关原假设，数据适合主成分分析。将标准化数据输入 spss13.0 软件运算，采用四次最大正交法（Quartimax）进行旋转，计算结果如表 2–4 所示。

表 2–4 经济子系统主成分计算结果

主成分	主成分值	方差贡献率（%）	累计方差贡献率（%）
1	6.3	48.43	48.43
2	2.67	20.56	68.99
3	1.96	15.05	84.04
4	0.6	4.59	88.63
5	0.55	4.26	92.89
6	0.4	3.05	95.94
7	0.24	1.83	97.76
8	0.12	0.91	98.67
9	0.1	0.79	99.47
10	0.04	0.33	99.8
11	0.01	0.11	99.9
12	0.01	0.08	99.98
13	0	0.02	100

由表 2–4 可知，第一主成分的特征根值为 6.3，方差贡献率为 48.43%，前三个主成分累计方差贡献率为 84.04%，表明前三个主成分的数值变化就可以基本代表经济子系统 13 个原始变量的变化。我们将这 3 个主成分作为评价经济子系统综合发展评价值的综合变量。同时求得旋转后的主成分载荷矩阵如表 2–5 所示。

表 2–5 经济子系统主成分载荷矩阵

变量名	第一主成分	第二主成分	第三主成分
人均 GDP 元（当年份）	0.97	−0.09	0.09
人均固定资产投资	0.95	−0.19	0.04
产业结构变化率	0.03	0.88	0.09
第三产业产值占 GDP 比重	0.27	−0.86	−0.17
人均进出口额	0.73	0.14	−0.26
经济密度	0.69	−0.21	0.56
工业企业全员劳动生产率	0.03	0.13	0.95
工业成本费用利润率	0.06	0.21	0.86
GDP 增长率	0.77	0.37	0.02
第二产业产值占 GDP 比重	0.71	0.63	0.16

续表

变量名	第一主成分	第二主成分	第三主成分
人均地方财政收入增长率	0.94	−0.32	0.07
财政收入增长率	0.77	0.29	−0.27
全年实际利用外资额	0.84	−0.31	0.2

由表 2-5 可以看出，主成分 1 在人均 GDP、人均固定资产投资、人均进出口额、经济密度、GDP 增长率、第二产业产值占 GDP 比重、人均地方财政收入增长率、全年实际利用外资额中载荷较大，该主成分可以解释为经济发展水平指标；主成分 2 在产业结构变化率、第三产业产值占 GDP 比重、第二产业产值占 GDP 比重中载荷较大，该主成分可以解释为经济发展结构指标；主成分 3 在工业企业全员劳动生产率、工业成本费用利润率、经济密度占有较大的载荷，可以将该主成分解释为经济发展效益指标。

权重的确定影响到评价结果的合理与否，为了避免人为因素确定权重的随意性，本书进行因子分析后，用回归法计算出因子得分，并以各因子的方差贡献率占 3 个因子总方差贡献率的比重作为权重对各主成分进行加权求和，从而得出经济子系统综合得分 E^1。设 F_{11}、F_{12}、F_{13}，分别代表经济子系统的三个主成分，即 $E^1 = (48.43\% \times F_{11} + 20.56\% \times F_{12} + 15.05\% \times F_{13})/84.04\%$。

与经济子系统主成分分析过程类似，首先进行能否用于主成分分析的 KMO 取样适当性度量以及 Bartlett 球形检验，结果表明社会子系统和生态子系统的指标数据都通过了检验。根据特征值大于 1 和累计方差贡献率达到 85%以上的原则选取少数几个主成分来代表原来多个指标的绝大多数信息的方法，我们对社会子系统和生态子系统进行了主成分分析。为了统一说明条理清楚，汇集各子系统指标数据主成分提取及其权重确定结果如表 2-6 所示。

表 2-6 子系统主成分提取及其权重

子系统	主成分	主成分特征值	贡献率（%）	累计贡献率（%）	主成分权重
经济系统	1	6.3	48.43	48.43	57.63
	2	2.67	20.56	68.99	24.46
	3	1.96	15.05	84.04	17.91
社会系统	1	9.48	59.28	59.28	68.38
	2	2.01	12.54	71.82	14.47
	3	1.55	9.66	81.48	11.14
	4	0.83	5.21	86.69	6.01

子系统	主成分	主成分特征值	贡献率（%）	累计贡献率（%）	主成分权重
生态系统	1	2.68	38.22	38.22	42.99
	2	1.7	24.25	62.47	27.28
	3	1.27	18.2	80.68	20.47
	4	0.58	8.24	88.91	9.26

由表 2-6 可知，社会子系统前四个主成分和生态子系统前四个主成分的累积贡献率都大于 85%，故可以取它们反映原指标，通过进一步分别分析得到社会子系统和生态子系统的主成分载荷矩阵。为方便起见，我们以 F_{21}、F_{22}、F_{23}、F_{24} 代表社会子系统四个主成分，以 F_{31}、F_{32}、F_{33}、F_{34} 代表生态子系统的四个主成分，结合前面以 F_{11}、F_{12}、F_{13} 代表经济子系统三个主成分，得到各系统主成分表达式：

$$F_{11} = 0.97y1 + 0.77y2 + 0.94y3 + 0.77y4 + 0.95y5 + 0.73y6 + 0.84y7 + 0.69y8 + 0.71y9 + 0.27y10 + 0.03y11 + 0.06y12 + 0.03y13$$

$$F_{12} = -0.09y1 + 0.37y2 - 0.32y3 + 0.29y4 - 0.19y5 + 0.14y6 - 0.31y7 - 0.21y8 + 0.63y9 - 0.86y10 + 0.88y11 + 0.21y12 + 0.13y13$$

$$F_{13} = 0.09y1 + 0.02y2 + 0.07y3 - 0.27y4 + 0.04y5 - 0.26y6 + 0.20y7 + 0.56y8 + 0.16y9 - 0.17y10 + 0.09y11 + 0.86y12 + 0.96y13$$

$$F_{21} = -0.09y14 + 0.84y15 - 0.53y16 + 0.45y17 + 0.84y18 + 0.89y19 + 0.74y20 + 0.95y21 + 0.75y22 + 0.94y23 - 0.62y24 + 0.89y25 + 0.9y26 + 0.89y27 + 0.28y28 + 0.97y29$$

$$F_{22} = -0.13x14 - 0.23x15 - 0.58y16 - 0.21y17 - 0.24y18 - 0.2y19 + 0.08y20 + 0.12y21 + 0.6y22 - 0.12y23 + 0.38y24 - 0.11y25 + 0.27y26 + 0.29y27 - 0.81y28 - 0.04y29$$

$$F_{23} = -0.13x14 - 0.17x15 - 0.07y16 + 0.78y17 + 0.40y18 - 0.25y19 - 0.55y20 + 0.07y21 + 0.09y22 - 0.17y23 + 0.08y24 - 0.1y25 + 0.21y26 + 0.07y27 - 0.17y28 - 0.07y29$$

$$F_{24} = -0.94x14 - 0.03x15 - 0.32y16 + 0.25y17 + 0.04y18 - 0.14y19 - 0.07y20 + 0.11y21 - 0.03y22 - 0.01y23 + 0.18y24 - 0.28y25 + 0.001y26 + 0.06y27 - 0.05y28 - 0.05y29$$

$$F_{31} = -0.02y30 - 0.31y31 + 0.35y32 + 0.33y33 - 0.20y34 + 0.12y35 - 0.05y36$$

$$F_{32} = 0.18y30 - 0.06y31 + 0.16y32 - 0.02y33 - 0.58y34 + 0.69y35 - 0.11y36$$

$$F_{33} = 0.18y30 - 0.26y31 - 0.11y32 - 0.10y33 - 0.05y34 + 0.08y35 - 0.91y36$$

$F_{34} = 0.29y30 + 0.07y31 + 0.07y32 + 0.17y33 + 0.16y34 - 0.23y35 + 1.02y36$

根据前面求出的各系统各个主成分的权重，利用线性加权法求出河南各地市经济协调发展状况的各子系统评价表达式：

$E^1 = 0.5763F_{11} + 0.2446F_{12} + 0.1791F_{13}$

$E^2 = 0.6838F_{21} + 0.1447F_{22} + 0.1114F_{23} + 0.0601F_{24}$

$E^3 = 0.4299F_{31} + 0.2728F_{32} + 0.2047F_{33} + 0.0926F_{34}$

通过突出局部差异的均方差公式，求得三个系统的权重分别为：0.334、0.332、0.335。根据公式，可得协调发展综合评价值公式为：

$G = 0.334 \times E^1 + 0.332 \times E^2 + 0.335 \times E^3$

代入数据，进而可以计算各地市的各子系统协调发展水平和区域经济协调发展水平综合评价值 G_i(I = 1，2，…，18）。依据综合评价值 G_i 的大小，对河南 18 个地级市经济协调发展水平由大到小进行排序。根据主成分得分，运用协调发展指数计算公式，可以得出 2006 年河南各地市经济协调发展指数，其结果与综合评价值有一定区别，显示了各地市经济社会生态环境各子系统之间协调水平的不同。通过对综合评价值和协调发展指数进行对比分析，可以对河南区域经济协调发展水平空间差异及分布状况进行全面系统的综合评价。

表 2-7 河南各地市主成分得分、协调发展指数及排序

地市	经济子系统		社会子系统		生态子系统		综合得分排序		协调发展指数	排序
	评价值	排序	评价值	排序	评价值	排序	评价值	排序		
郑州	0.745	3	2.637	1	-0.453	15	0.971	1	1.0544	6
开封	-0.726	15	-0.337	14	-0.158	11	-0.41	15	-1.497	14
洛阳	0.212	8	0.267	3	-0.187	12	0.096	11	0.7496	10
平顶山	0.129	11	-0.144	10	0.457	4	0.148	8	0.8904	9
安阳	0.175	9	-0.105	9	0.787	2	0.287	4	1.0545	5
鹤壁	0.163	10	-0.095	8	0.262	7	0.11	9	1.0217	7
新乡	0.096	12	0.058	5	0.303	6	0.153	7	1.4148	3
焦作	0.866	2	0.313	2	0.604	3	0.595	3	1.619	1
濮阳	0.332	7	-0.351	15	0.322	5	0.102	10	0.5204	11
许昌	0.456	5	0.101	4	0.217	8	0.258	5	1.5037	2
漯河	0.531	4	-0.17	11	0.209	9	0.191	6	0.9576	8
三门峡	0.36	6	0.057	6	-0.212	13	0.068	12	0.4871	12
南阳市	-0.498	13	-0.224	12	-0.337	14	-0.35	13	-1.65	16
商丘	-0.589	14	-0.586	17	-0.67	16	-0.62	16	-1.729	18
信阳	-0.923	17	-0.27	15	-0.01	10	-0.4	14	-1.251	13
周口	-0.846	16	-0.622	18	-1.256	18	-0.91	18	-1.664	17
驻马店	-1.141	18	-0.526	16	-0.733	17	-0.8	17	-1.65	15
济源	1.042	1	-0.004	7	0.855	1	0.633	2	1.4047	4

为检验主成分分析的正确性，我们需要对评价结果进行聚类分析。本书样本距离采用欧式距离平方法（Squared Euclidean Distance），聚类方法为最远距离法（Furthest Neighbor），分析结果如表2-8所示。

表2-8 SPSS聚类分析的结果（Cluster Membership）

Case	4Clusters	Case	4Clusters
1. 郑州	1	10. 许昌	4
2. 开封	2	11. 漯河	4
3. 洛阳	3	12. 三门峡	3
4. 平顶山	3	13. 南阳	2
5. 安阳	3	14. 商丘	2
6. 鹤壁	3	15. 信阳	2
7. 新乡	3	16. 周口	2
8. 焦作	4	17. 驻马店	2
9. 濮阳	4	18. 济源	3

把两表进行对比，我们发现，聚类分析分类结果和主成分分析结果基本一致。聚类分析结果除了安阳、濮阳、济源三市的归类结果和综合评价值中结果不一样外（聚类分析结果中濮阳和安阳所在组与综合评价结果所在组恰好相反），其他划分结果基本一致。这可能是由于数据或者数据处理误差引起的，但是这并不影响综合评价法的可信性，因为从总体来说，两者结果是一致的。

（二）区域经济协调发展水平空间差异状况评价

协调发展综合评价值反映的是某一地区经济发展的系统整体发展水平，协调发展指数则是着重指出某一地区经济、社会、生态环境三大系统之间协调发展水平。协调发展指数对综合评价值的评价结果具有补充和放大作用，把综合评价结果和协调发展指数结合起来，可以更清楚地分析河南各地市经济协调发展水平的空间差异情况。由表2-9综合评价值来看，河南18个地市的区域经济协调发展水平可以分为三个档次。

表2-9 河南18个地市经济协调发展水平分类

分类	协调发展综合评价值	地市
Ⅰ类：协调发展水平较高的区域性城市	>0.19	郑州、济源、焦作、安阳、许昌、漯河
Ⅱ类：协调发展水平一般的区域性城市	0.06—0.16	新乡、平顶山、鹤壁、濮阳、洛阳、三门峡
Ⅲ类：协调发展水平较低的区域性城市	<-0.36	南阳、信阳、开封、商丘、驻马店、周口

根据协调发展指数公式计算可知，协调发展指数和综合评价值除去个别地市名次存在差别外（郑州和新乡差别较大），大部分地市分类一致。中原城市群地市和豫北地市协调发展指数较高，表明经济、社会、生态环境三大系统之间协调发展水平较高，地区经济整体发展水平也较高。而黄淮地区和豫南地区各地市不仅经济发展整体水平和河南中北部地市有较大的差别，区域之间差距明显，区域不协调现象显著，并且各地市经济、社会、生态环境三大系统之间的协调发展指数也排在全省各地市后列，这和河南区域经济发展特征分析结果相一致。就综合发展水平来说，中原城市群中的 8 个地市（郑州、济源、焦作、许昌、漯河、新乡、平顶山、洛阳）和豫北地区全部 3 个地市（安阳、濮阳、鹤壁）以及豫西南的三门峡市经济协调发展水平排在全省平均水平之上，经济发展状况较好。豫西南和黄淮地区 5 地市和开封市综合评价值为负值，经济协调发展水平在全省平均水平之下，经济发展状况较差。这说明河南各地市不仅在区域经济发展水平上存在较大差异，其各系统内部发展水平也很不协调。结合两者可以看出，河南区域经济协调发展水平存在明显的北高南低，自西北到东南存在明显的圈层地区递减现象。

所以下面分析主要依据各地区综合评价值划分结果，具体分析如下：

Ⅰ类地市的经济协调发展状况较高，郑州的综合评价值接近于 1，协调发展状况最好。其中郑州、济源、焦作、许昌、漯河位于中原城市群地区，安阳市是豫北地市，全部来自河南西北和中北部。郑州市既是河南省省会又是中原城市群的龙头城市，是全省的政治、经济、文化中心，发展水平在全省遥遥领先。中原城市群的焦作、许昌和豫北地区的安阳是河南省重要的煤炭、钢铁、烟草主要产地，综合经济实力强，基础设施完善，科技人才汇集，经济发展水平明显高于其他城市。济源作为河南新兴城市，经济发展迅速，经济、社会、生态环境各项人均指标位居全省前列，发展水平较高。

Ⅱ类地市经济协调发展状况处于中等水平，它们几乎全部位于河南中北部，新乡、洛阳、平顶山是中原城市群的重要城市，新乡、鹤壁位于豫北地区，只有三门峡市属于豫西南地市。它们的综合发展平均值均大于 0，发展水平位于全省平均水平之上。其中新乡发展水平最高，三门峡发展水平最低。

Ⅲ类城市和其他地市有较大的区分性，原因在于不仅其评价值是负数，低于全省平均水平，并且其评价值大小与第Ⅰ、Ⅱ类地市评价值有明显的断层。例如第Ⅱ类最后一名地市评价值为 0.06，而第Ⅲ类评价值最高的地市仅为 -0.35，两者相差 0.41，说明其差距过大。除了开封为中原城市群地市，南阳为豫西南地市外，其余为全部黄淮地区地市。

根据在综合评价过程中得到的各地市子系统评价值可知：

1. 经济发展子系统

经济发展子系统的权重低于生态发展子系统，并不是说明经济发展已不是影响河南区域经济协调发展水平的重要因素，而是强调在经济发展水平相似的地区，生态子系统发展水平成为影响区域协调发展水平的重要因素。把经济发展子系统排名和综合评价值排名进行对比可看出，除新乡、三门峡变动较大外，两者总排名相差不大。

第一类地区中除去安阳排名第9，变化较大外，经济子系统前三名济源、焦作、郑州也是综合发展水平前三名，只是名次发生了变化。经济子系统前十名地市中包括中原城市群5个地市，豫北全部3个地市，豫西为三门峡市，其评价值大于0，发展水平高于全省平均水平；后六名地市除了开封外，其余均为属于第三类的黄淮地市和豫南地市，综合发展评价值低于0，发展水平低于全省平均水平，其中驻马店经济发展水平最低，低于-1。这说明黄淮地区及豫南地区不仅经济子系统发展水平远远落后于全省其他地市，而且协调发展综合水平也排在全省最后，尽管其地区内部差异不大，但处于低水平均衡状况。

2. 社会发展子系统

区域社会发展状况也是影响区域经济协调发展水平的重要因素。除了洛阳、三门峡排名及类别划分与综合评价结果有较大区别外，其他地市分类变化不大，只是排名顺序稍有差别。其中，郑州社会发展子系统排名第一，评价值大于2，远远大于排名第二的焦作的0.3128评价值，洛阳排名结果与综合评价结果变化最大，其社会子系统排名第3，而综合评价值排名第11。中原城市群和豫北地区大部分地市排名靠前（除了濮阳排名第15，开封排名第14），黄淮地区和豫南地区几乎全部地市的社会发展水平排在全省后面，与经济发展水平状况排名相比几乎没有变化，其中位于黄淮地区的周口排名最低。

3. 生态环境子系统

生态子系统的权重最大，说明生态环境发展水平是影响河南各地市经济协调发展水平的重要因素，这一点在郑州最为明显。郑州综合发展排名第一，社会发展子系统排名第一，经济发展子系统排名第三，而生态发展子系统排名却为第15位，在全省倒数第三，不仅低于中原城市群内部其他地市，也低于黄淮地区的一些地市。这说明，近年来郑州市城市经济规模、人口数量迅速增加的同时，生态环境发展却滞后于经济社会发展，导致经济社会发展一条腿长，而生态环境发展一条腿短。洛阳、三门峡生态环境排名与经济社会排名相比相差较大，而综合评价值排名靠后的黄淮地区一些地市如信阳，经济社会排名在后三位，而生态环境发展排名却排在前十名。但总体上，河南北高南低，自西向东南发展水平依次递减的区域经济发展态势没有得到根本改变。

四、河南区域经济协调发展水平动态变动趋势分析

河南区域经济协调发展时间序列分析中大部分数据来自相关年份《河南统计年鉴》，个别年份数据来自《中国统计年鉴》。依据前文建立的河南区域经济协调发展评价指标体系，选取 1995~2006 年数据，作为协调发展时间序列评价的样本数据。其中，除一些复合指标需要对原始数据进行简单计算外，大部分数据可以直接从相关年份统计年鉴中获得；个别指标如经济密度指标在时间序列分析中与其他指标出现重复因而舍去；专业技术人员数指标由于统计年鉴个别年份统计口径出现变化导致前后不一致故此舍去；信息化综合指数、单位 GDP 能耗、单位工业增加值能耗等指标因大部分年份数据获取困难并且统计口径不同舍去。

（一）时序主成分分析结果评价

运用 SPSS 13.0 对经过无量纲化处理的原始数据进行时序主成分分析，时序主成分分析过程与前面主成分分析过程基本相似，所以对其分析过程及计算过程不再赘述。由此可以求出经济、社会、生态三大子系统协调发展水平综合评价值，该评价值代表着各子系统及系统整体的发展水平。各系统综合发展水平如表 2-10 所示。

表 2-10　1995~2006 年河南区域经济协调综合发展水平值

年份	经济子系统	社会子系统	生态子系统
1995	−0.253	−1.274	−1.102
1996	−0.341	−1.042	−1.100
1997	−0.459	−0.844	−1.053
1998	−0.661	−0.692	−0.510
1999	−0.754	−0.557	−0.416
2000	−0.452	−0.304	−0.225
2001	−0.481	−0.154	0.168
2002	−0.327	0.141	0.815
2003	0.050	0.519	0.781
2004	0.663	0.921	0.813
2005	1.208	1.382	0.909
2006	1.806	1.904	0.920

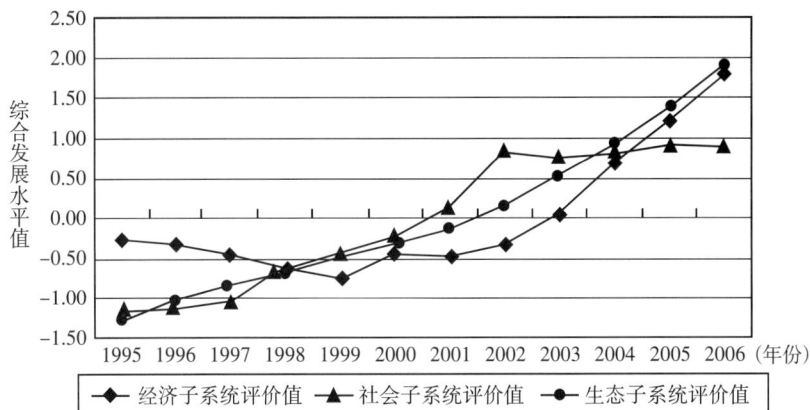

图 2-4 1995~2006 年河南区域经济协调发展状况曲线趋势

结合图 2-4 和表 2-10 可以看出，1995 年以来，河南区域经济发展水平总体上处于上升趋势。经济子系统发展水平在 1995~1999 年逐年下降，之后开始逐年上升；生态子系统发展水平除了 2002~2003 年出现短暂回落外，总体上保持着稳步上升态势；社会子系统则一直处于上升趋势，社会子系统发展水平和协调发展综合评价值变化趋势比较相似，说明社会子系统的发展对本地区经济系统总体发展水平提高起到较大的拉动作用；经济子系统则变化较大，起伏不定，其子系统发展水平值在 1999 年以前逐年下降，1999~2002 年稳中有升，2002 年以后则快速上升，开始与区域综合发展评价值保持一致水平，从某种程度上说明河南经济发展对本地区整体发展水平提高的影响力越来越大，开始成为影响本地区经济协调发展水平的关键因素。1995 年以来，生态子系统发展水平与经济子系统发展水平总共有两个交点，分别是在 1998 年和 2004 年，1995~1998 年经济子系统发展水平逐年下降，而生态子系统则保持上升趋势；1999~2004 年生态子系统发展速度先上升后下降，经济子系统发展速度先下降后上升；2004 年后经济子系统发展速度较快，而生态子系统发展速度较慢。12 年间，河南区域经济子系统发展水平与生态子系统发展水平存在此消彼长的发展态势，这一方面说明了河南经济发展与生态环境发展是不协调的，另一方面印证了本书的分析结果是符合实际本地区经济发展趋势的。

（二）区域经济发展协调度动态变化趋势分析

区域经济发展协调度是区域系统内部以及子系统优化协调的程度，是判断区域经济社会生态环境发展是否协调的标准。这里从经济子系统与生态子系统发展水平、经济子系统与社会子系统发展水平、社会子系统与生态子系统发展水平三个方面协调程度来分析河南区域经济发展的协调度。利用模糊数学中的隶属度概念，分别以经济子系统发展水平、社会子系统发展水平和生态子系统发展水平各自的得分值作为评价河南区域经济发展协调度评价的依据。按照公式计算协调度，一般定义 U > 0.95 为协调，0.85 < U < 0.95 为基本协调，0.5 < U < 0.85 为不协调，U < 0.5 为极不协调。

运用 Eviews5.0 进行回归分析，其中：

经济发展与社会发展的回归方程为：$Y = -1.32 + 1.43X$，自变量系数 t 值为 6.8986，在 0.05 显著性水平下，回归系数通过显著性检验，F = 392.87，P（F）= 0.00，R-Square = 0.9899。

经济发展与生态环境发展的回归方程为：$Y = -1.13E - 06 + 1.11X$，自变量系数 t 值为 2.79，在 0.05 显著性水平下，回归系数通过显著性检验，F = 7.8014，P（F）= 0.02，R-Square = 0.4383。

社会发展与生态环境发展的回归方程为：$Y = 7.38E - 07 + 1.09X$。

自变量系数 t 值为 6.91，在 0.05 显著性水平下，回归系数通过显著性检验，F = 747.7186，P（F）= 0.0004，R-Square = 0.8267。根据协调度公式进行计算，我们求出经济—社会协调度、经济—环境协调度、社会—环境协调度的时间序列变化值，如图 2-5 所示。

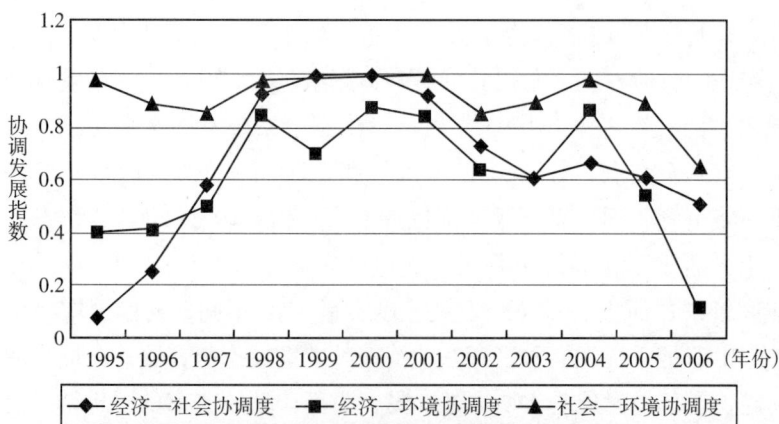

图 2-5　河南区域经济发展协调度时间序列趋势

总体上看，1995~2006 年，河南社会发展子系统与生态环境子系统协调水平最高，大部分年份处于基本协调水平；1995~1998 年，经济社会协调度处在不协调和极不协调状态，但协调度值上升较快，反映了这一时期经济社会发展不协调状况在逐年降低，1998~2002 年，经济社会协调度较高并保持在 0.8 以上为基本协调，2002 年以后，协调水平下降大部分年份处于不协调状态；经济发展与生态环境发展在 1995~1998 年由极不协调到不协调，表明经济发展与生态环境发展之间不协调的矛盾有所减弱，在 1999~2004 年，经济与生态环境发展协调度起伏不定，除个别年份处于基本协调状态，大部分年份为不协调状态，2004 年以后，经济发展与生态环境发展协调度急剧降低，由不协调到极不协调，反映了经济发展与生态环境发展不协调矛盾的加剧。经济—社会协调度变化曲线与经济—环境协调度变化曲线在总体轮廓上保持一致，由此反映了经济子系统发展在两者协调水平变化中支持作用的变化，也从一个侧面说明了河南经济发展对区域经济协调发展水平提高的支持作用并不稳定。总的来说，河南区域经济发展协调性较差，尤其是近年来经济发展与生态环境发展不协调性矛盾较大。

第三章 中原经济区建设与区域协调发展

中原经济区是指以河南为主体，以经济为主干，包括周边若干区域，涵盖经济、文化、社会等重要领域，具有鲜明特点、独特优势，经济相连、使命相近，又相对独立于其他经济区的区域经济综合体。河南地处中国版图中部，连南贯北、承东启西，恰在"长三角"、"京津冀"、"珠三角"这几个沿海最具活力经济区与西部开发板块的结合部。在这里构建"中原经济区"，可以与其他板块互动、联动、齐动，并加强与长三角的对接，强化对大西北的辐射，起到"四两拨千斤"的作用，推进沿海经济带向内陆地区纵深的战略任务，也是支撑着中部地区"东融西拓"的战略布局。这必将有力地撬动中部崛起，助推中国经济的新腾飞。

第一节 区域协调发展形势分析

经过全省人民的艰苦奋斗，河南经济社会发展保持了好的态势、好的趋势和好的气势，中原崛起已站在了一个新的历史起点上。在新的发展时期，要结合新形势，体现新要求，顺应新期待，完成新使命。

一、中原崛起面临的国际国内新形势

近年来，国内外政治经济环境发生了深刻变化，特别是 2008 年爆发的席卷全球的国际金融危机，对世界经济产生着广泛而深远的影响，对河南的发展也将产生深刻影响。

（一）从国际环境来看

经济全球化的大趋势不会改变，但世界经济增长模式将进入一个艰难的调整过程。全球经济复苏势头向好，但仍不稳固，且经济形势复杂性增强。全球资

源、市场争夺呈现不断加剧的态势，各国对市场的开放更趋谨慎，各种隐性的或变相的保护主义抬头。国际政治格局继续朝着多极化方向发展，但围绕气候变化等焦点问题的博弈更加激烈，对能源安全和粮食安全更加关注，改革国际货币金融体系、完善全球治理结构的斗争更加复杂，西方发达国家在对我国经济进行牵制和遏制上有可能达成默契和形成"战略同盟"。世界科技创新正孕育着新的突破，全球产业结构进入新一轮调整升级时期，既为我们在局部领域实现跨越式发展提供了难得契机，也使我们在抢占战略制高点方面面临着更加严峻复杂的挑战。

（二）从全国发展形势看

我国仍处于重要战略机遇期，科学发展观将发挥更加强大的指导和统领作用，经济社会发展将保持长期向好的基本态势，国家宏观调控在更加审慎的前提下日趋娴熟，作为发展中大国回旋余地大的优势将长期存在。但是，传统"大进大出"、粗放型增长模式越来越难以为继，经济社会进入了必须以转型促发展的新阶段，加快转变经济发展方式成为新阶段的重要历史任务；社会矛盾和社会风险可能进入高发期，和谐社会建设任务艰巨、难度明显加大；利益主体日趋多元，在利益格局基本形成的大背景下，改革攻坚更具复杂性和艰巨性。

（三）从省内看

当前，河南正处于工业化、城镇化加快推进的发展阶段，发展动能和发展潜力巨大，内生增长机制日益增强，真抓实干的发展氛围更加浓厚，发展理念和竞争意识提升，投资环境和产业承载能力日益改善，国家扩大内需战略和促进中部地区崛起战略深入实施，这都为加快中原崛起、顺利实现全面建设小康社会宏伟目标奠定了坚实基础。但同时也应看到，河南发展也面临着诸多挑战。

（1）在发展水平较低的阶段，要完成转变经济发展方式的历史任务，河南省面临着传统比较优势日益缩小、新的竞争优势形成缓慢的双重挑战。

（2）在人口多、底子薄、人均水平低的基本省情尚未根本改变的情况下，要与全国人民一道或提前完成全面建设小康社会的宏伟目标，河南面临弥补历史欠账、推进跨越式发展的双重任务。

（3）在担负着保障国家粮食安全重要责任的前提下，要完成在促进中部地区崛起中走在中西部地区前列的历史使命，河南面临着国家战略定位固化和区域经济布局边缘化的双重倾向。

（4）在利益主体多元化、利益格局基本形成的时期，深化体制改革、推进机制创新越来越多地涉及利益关系的深层次调整，改革攻坚需要更大的魄力、更高的智慧和更强的统筹协调能力。

二、中原崛起形势和压力

2009 年，国家制定了《促进中部地区崛起规划》，明确提出了中部崛起总体目标、重点任务和各项政策措施等，为中部各省加快发展提供了难得的机遇。

《促进中部地区崛起规划》明确指出，当前中部地区面临诸多制约长远发展的矛盾和问题："三农"问题突出，农业稳定发展和农民持续增收难度增大，统筹城乡发展任务繁重；工业化水平不高，发展方式依然粗放，产业亟待调整和振兴；城镇化水平较低，中心城市的辐射带动能力不强，农村富余劳动力转移和城镇就业压力较大；地区发展不平衡，革命老区、民族地区、贫困地区发展相对滞后，扶贫开发任务艰巨。基于上述基本判断，《规划》要求中部地区要"着力自主创新，调整优化结构，积极承接产业转移，大力推进新型工业化进程；着力优化空间布局，培育城市增长极，壮大县城和中心镇，积极稳妥地推进城镇化；着力加强农业基础，切实改善农村面貌，加快推进农业现代化，促进城乡一体化发展"。为今后一个时期，加快中部地区崛起、实现经济社会全面协调可持续发展指明了方向和路径。

作为经济总量最大、人口数量最多、人口密度最大的省份，河南必须走在中部崛起前列。因为，这既是中央对河南的要求，是亿万中原儿女的期待，也是现实的迫切需要。党中央、国务院一直高度重视河南的发展，胡锦涛总书记明确要求"河南贯彻科学发展观，抓住机遇，实现跨越式发展，在促进中部地区崛起中发挥更大作用，走在中部地区前列"。而河南辉煌的历史和卓越的实践，铸就了中原儿女自尊自强、奋发进取、不甘人后的宝贵精神；改革开放以来取得的巨大成就为走在前列打下坚实基础；人民群众希望河南总体上欠发达的状况能够尽快改变。当然，河南经济社会发展面临的矛盾和制约因素还相当突出，实现跨越式发展还面临诸多挑战，所以现实也要求加快实现中原崛起，河南振兴。

当前，促进河南走在中部崛起前列具有一系列优势和条件：比较优势明显，有好的发展态势；战略谋划能力不断提升，有好的发展气势；优势潜力得到进一步发掘，有好的发展趋势。但是，由于河南还存在产业结构不合理、投资结构亟待优化、要素结构不合理、外贸出口严重滞后和城镇化水平较低等问题，尤其是全国范围内的区域竞争日趋激烈，河南在发展中面临的竞争压力正在不断加大。

中部各省根据自身发展实际，制定了特色鲜明的区域性发展规划，湖北和湖南正在加快建设"资源节约型和环境友好型社会"，安徽大力推进"皖江城市带承接产业转移示范区"建设，江西围绕"鄱阳湖生态经济区"发展，积极探索经济与生态协调发展的新模式。

从河南发展形势看，受国际金融危机影响，全省经济增长势头有所减缓，主要宏观经济指标增速有所回落，在中部地区位次也出现了一定的下滑。地区生产总值增速由 2007 年的 14.6% 下降为 2009 年的 10.7%，位次由第 1 位下降到第 5 位；规模以上工业增加值增速由 2007 年的 24.2% 下降为 2009 年的 14.6%，位次由第 3 位下降到第 5 位；城镇固定资产投资增速由 2007 年的 36.4% 下降为 2009 年的 31.3%，位次由第 2 位下降到第 6 位；社会消费品零售总额增速虽然由 2007 年的 18.48% 上升为 2009 年的 19.14%，但在中部六省中的位次却由第 2 位下滑到第 5 位；地方财政收入增速由 2007 年的 26.93% 下降为 2009 年的 11.61%，位次由第 3 位下降到第 5 位（见表 3-1）。面对其他省份的激烈竞争，河南经济发展"不进则退，慢进亦退"。因此，河南需要采取更加有力的措施，加快发展速度、提升发展质量，实现经济社会又好又快发展，走在中部崛起前列。

表 3-1 2009 年中部六省主要经济发展指标比较

单位：亿元，元，%

指 标		河南	湖北	湖南	江西	安徽	山西
GDP	绝对值	19480	12961	13060	7655	10063	7358
	增长率	10.9	13.5	13.7	13.1	12.9	5.4
人均 GDP	绝对值	20477	22433	20226	17123	16391	21544
	增长率	10	12.8	13.1	16.3	13.5	6.1
财政收入	绝对值	1126.06	800.43	844.96	581.23	863.89	805.8
	增长率	11.6	12.7	16.9	19	19.2	7.7
城镇居民人均可支配收入	绝对值	14372	14367	15084	14022	14086	13997
	增长率	8.6	9.2	9.1	9	8.4	6.7
农民人均纯收入	绝对值	4807	5035	4909	5075	4504	4244
	增长率	7.9	8.1	8.8	8	7.2	3.6

数据来源：《中国统计年鉴（2010）》。

三、新形势赋予中原崛起新使命

新形势要求河南更加突出中央领导对河南发展的新要求，更加注重转变经济发展方式，更加注重"三化"协调发展，在继续解放思想上迈出新步伐，在坚持改革开放上实现新突破，在推动科学发展上取得新进展，在促进社会和谐方面见到新成效。总的来看，新的形势对中原崛起提出了以下几个方面的新要求：

（一）必须以科学发展观统揽中原崛起全局

党中央提出了科学发展观、构建和谐社会等一系列重大战略思想，更加强调全面协调可持续发展，更加强调转变经济发展方式。中原崛起第一要务是经济崛起，构建和谐社会、提前步入全面小康是中原崛起的落脚点，促进城乡、区域、经济社会、人与自然全面协调可持续发展是实现中原崛起的基本要求，推动经济结构转型升级和发展方式转变是实现中原崛起的重要途径。

（二）必须围绕支撑中部地区崛起战略实施来推动中原崛起

国家启动实施促进中部地区崛起战略和规划，进一步明确了中部地区在全国区域协调发展格局中的战略定位。中部各省都在根据形势变化，对自身发展目标进行调整。新的形势要求根据区域竞争格局的变化，对中原崛起的内涵主动进行调整。中原崛起要围绕"三个基地、一个枢纽"和构建"两横两纵"经济带，进一步提升中原城市群和沿陇海兰新经济带实力，增强发展活力、动力与竞争力，巩固在中部地区发展格局中的战略地位，形成支撑中部地区崛起的重要板块。

（三）必须服务于完善提升全国区域经济布局来谋划中原崛起

随着国家西部大开发、振兴东北老工业基地、促进中部地区崛起、支持东部地区率先发展等战略的实施，海峡西岸经济区、皖江城市带、关中—天水经济区等先后上升为国家战略。全国区域经济布局正在发生新的变化，客观上东部地区从南到北渐已形成泛珠三角经济区、海西经济区、泛长三角经济区。环渤海经济区。在这几大经济区环绕下，即河南所在的中原地区，需要构建中原经济区，实现中原崛起，从而打造连接东部地区和西部地区的经济通道，强化对国家扩大内需战略的支撑，加快承接国内外产业转移步伐，形成东中西互动、优势互补、相互促进、共同发展的区域发展新格局。

（四）必须立足于国际国内环境和中原地区经济社会发展现状来加快中原崛起

原来我们对于中原崛起内涵和目标的认识，是基于当时国际国内环境和全省经济社会发展基础做出的，也是符合当时河南实际的。但随着近年来的发展，国际国内环境和河南经济社会发展已发生了一些新的变化，有必要在此基础上，对未来10年的经济社会发展的奋斗目标加以提升。要充分结合基本省情，拓展区域范围，兼顾承担国家粮食安全的重任，支撑国家扩大内需战略，探索不以牺牲农业和粮食为代价，加快新型城镇化进程，推进"三化"协调发展的路子，振兴弘扬中原文化，构建和谐社会，促进中华文明和中华民族的伟大复兴。

第二节　建设中原经济区战略意义

河南在谋划"十二五"发展的过程中，提出了建设中原经济区的战略构想。中原经济区是一个区域经济的概念，也是一个总体战略的概念。河南提出建设中原经济区，是对中原崛起战略的持续、延伸、拓展、深化，是要充分发挥中原的比较优势，加快实现中原崛起，进而促进区域协调发展，支撑全国经济社会发展大局，因而具有十分重要的意义。

一、全国区域协调发展国之方略

我国的区域发展战略经历了一个与时俱进、不断完善、不断丰富的过程，区域经济布局逐步趋于合理。从我国区域发展战略的演进看，大体经历了三个阶段。

第一阶段，从新中国成立初期到改革开放前，是我国工业布局由沿海向内地推进的阶段。为了改变旧中国遗留下来的工业基础薄弱、沿海与内地布局畸轻畸重的格局，同时，鉴于新中国成立初期的国际政治环境和出于战备的考虑，当时工业布局的指导思想是，利用沿海的基础和适当利用外援，促使工业布局向内地推进，形成全国工业布局相对均衡、各大经济协作区自成体系、相互促进的格局。这一阶段由于国家投资的地区布局由沿海转向内地，有力地推进了内地的工业化进程，使旧中国遗留下来的工业布局极不平衡的格局得到初步改观。直到现在，内地的发展都有赖于这个基础。但是，由于未能充分发挥沿海老工业基地的作用，国家投资的效益没有得到充分发挥。

第二阶段，从改革开放初到20世纪90年代中后期，是沿海地区率先发展阶段。当时区域发展战略要优先解决的问题是，如何通过扩大开放，加快发展。国家通过设立经济特区、开放沿海城市等一系列对外开放措施，形成了沿海地区先走一步、率先发展，进而带动内地发展的格局。沿海地区的率先发展，加快了我国改革开放进程，使我国的经济实力迅速上升，缩小了与发达国家之间的差距。但是由于发展基础和条件的差异以及其他原因，使东部地区与中西部地区发展速度的差距逐步扩大，差幅最大的"八五"时期，东部地区生产总值的平均增幅，比中西部地区高5个百分点。

第三阶段，从20世纪90年代中后期到现在，是我国区域协调发展总体战略初步形成的阶段。20 世纪 90 年代中期，党中央审时度势，统揽全局，适时作出了完善区域发展战略的重大决策。1994 年，国家颁布实施了"八七"扶贫攻坚计划；1999 年，作出了实施西部大开发战略的决策；2003 年，中央决定实施振兴东北地区等老工业基地的战略。根据党的十六届五中全会精神，"十一五"规划《纲要》对促进区域协调发展作了全面阐述，明确了促进区域协调发展的内涵；明确了实施推进西部大开发，振兴东北地区等老工业基地，促进中部地区崛起，鼓励东部地区率先发展的区域发展总体战略。

区域总体发展战略的提出，比此前的东、中、西三大经济地带的划分更加符合我国现阶段区域发展的实际情况。"十一五"以来，实施区域发展总体战略呈现出良好的势头，制约各区域发展的突出问题得到缓解；区域协调互动机制正在逐步形成，对促进区域间优势互补发挥了积极作用。但是，在落实区域发展总体战略的过程中，也出现了一些实际问题，如东、中、西和东北内部的区域差异仍然较大，区域政策的空间尺度偏大，针对性还不够强。于是，近年来，以明晰区域定位、细化区域政策、规范地区发展走向为特征的新一轮区域布局悄然展开。随着北部湾经济区、海西经济区的设立，以及江苏沿海地区发展规划、辽宁沿海经济带发展规划获国务院批复，与原有的长三角、珠三角和环渤海经济区连成一线，我国东部沿海经济布局已经基本完成。在中西部地区，经济布局正在调整和完善中。中原地区是我国内陆战略腹地，建设中原经济区，其意义不仅在于促进当地的经济发展，更在于发挥贯通全国经济格局的"腹地效应"，形成全国经济增长的倍增器。

从完善全国区域经济布局的角度看，建设中原经济区，有以下几个方面的作用：

（1）强化内陆经济战略支撑。从全国的生产力布局来看，沿海、沿江、沿京广、沿陇海兰新经济带构成了我国区域经济带的主体。中原地区位于京广、陇海兰新两大经济带主轴的交会区域，也处于沿海经济带沟通西北内陆地区的关键位置。中原地区承东启西、联南通北的战略地位，为加强发达地区和欠发达地区的经济联系提供了良好的条件。要看到，分布于沿海地区的京津冀、长三角、珠三角经济区已经在改革开放的过程中占得先机。而武汉经济区、成渝经济区则沿长江向我国西南欠发达地区延伸，是我国追求相对平衡区域发展战略的重要体现。在沿海发达地区向欠发达的西北地区延伸的陇海兰新经济带的中段，也应当形成一个具有强力支撑作用的中原经济区，以完善自沿海向西北延伸的经济带，把西南和西北都涵盖于整个西部大开发的战略当中。进一步说，在沟通东部和西部的国土开发战略中，沿江经济带和陇海兰新经济带是两条带动我国经济发展的重要的东西经济走廊。武汉城市圈在沿江经济带中起到了关键支撑作用，而陇海兰新经济带中，河南的中原城市群，特别是郑州和洛阳具有明显的经济发展优势，将会是这一经济带中的关键节点。随着中原经济区的建设，我国的东西经济走廊上的武汉城市圈沟通西南，中原经济区贯通西北，二者发挥着各自不可替代的关键支撑点的作用。可以预期的是，随着构建中原经济区，内陆地区将形成与沿海三大经济区遥相呼应的四大经济区（圈），即中原经济区、武汉经济区、成渝经济区、关中—天水经济区。这些经济区（圈）共同支撑中国内陆地区经济发展，缺少其中任何一个都将不利于全国区域经济布局的完善。

（2）推动和加快中部崛起进程。促进区域协调发展已经成为当前我国经济发展的重要任务。从全国区域格局看，沿海地区已经形成了环渤海、长三角、珠三角以及海峡西岸的经济隆起带；受西部大开发战略的强力推动，近年来，西部地区发展迅速；然而连接东、西部的中部地区发展速度却相对较慢。作为中部地区经济总量最大和人口数量最多的省份，河南走在中部崛起前列，将有力地支撑并带动中部其他地区的发展，对促进中部崛起意义重大，进而对全国区域协调发展大局意义重大。从中部地区看，《促进中部崛起规划》提出了加快形成沿长江、陇海、京广和京九"两纵两横"经济带。其中：沿长江地带，正形成连接长三角、安徽皖江城市带、湖北和湖南"两型社会"综合配套改革试验区、成渝经济区等重点区域的经济隆起带；沿陇海铁路地带，河南位于陇海兰新经济带的核心区域，商丘、开封、郑州、洛阳、三门峡等市具有较强的发展优势，对陇海兰新经济带的整体发展和提升起着关键支撑作用；沿京广铁路地带，河南北连京津冀经济区，南接湖北和湖南"两型社会"综合配套改革试验区；沿京九铁路地带，河南北连京津冀，南接安徽皖江城市带、鄱阳湖生态经济区。总体上看，河南省处于陇海、京广和京九三大经济带的中间位置、关键节点上，战略地位突出。如果没有中原的崛起，这几大经济带就很难真正形成。因此，加快河南发展，走在中部崛起前列，将有利于形成我国北部地区承东启西、连南贯北的区域协调发展格局。

（3）大力促进区域间的经济合作。改革开放以来，经过30多年的发展，全国各地的发展呈现出一种相互竞争与相互协作并存的格局。在这一过程中，中西部地区的成渝地区、关中—天水地区、武汉都市圈等正在迅速崛起，形成了竞相加快发展的局面。构建中原经济区，加快中原崛起进程，有利于全国各地区，尤其是中西部地区各个经济体之间的相互协作。我国不同地区之间不仅存在经济发展的差距，而且存在着巨大的资源禀赋差异。人力资源、技术、资本及自然资源方面的差异要求各个区域之间进行相互的协作，只有这样才能充分发挥各种要素各自的比较优势，经济发展才能具有良好的效益。构建中原经济区，加快中原崛起进程，可以使中部地区成为一个各种要素及资源充分发挥协作作用的载体。中原地区的产业链特征与周边地区的产业链特征具有强烈的互补性。这些互补性表现为东部及南部地区以加工业为主导，但却缺少初级加工品和能源；西部地区的能源、原材料工业发达，但在加工业上却存在不足。中原经济区地处两大地区的交会处，一方面初级加工业表现突出，如铝锭和铝材；另一方面能源、重化工工业相对也较发达。这种产业链特征刚好成为联系东西部产业链的中间环节。中原经济区的建立，将为西部的原材料工业提供市场，也为东部地区的加工业提供供应链。正是产业链的这种联系，使得中原经济区演化成一个促进周边地区发展的倍增器。

二、有利于促进东中西部统筹协调发展

20世纪90年代初，邓小平提出"两个大局"的地区发展战略。这两个大局是：东部沿海地区要加快对外开放，先发展起来，中西部要顾全这个大局；当发展到一定时期，即到20世纪末全国达到小康水平时，就要拿出更多力量帮助中西部发展，东部沿海地区也要服从这个大局。根据邓小平"两个大局"的战略思想，国家通过设立经济特区、开放沿海城市等一系列对外开放措施，形成了沿海地区先走一步、率先发展，进而带动内地发展的格局。1978~1995年，沿海地区吸引外资占全国吸引外资总额的84.7%，基本建设投资占全国的比重也明显提高，沿海地区的生产总值年均增长11.6%，比内地高2.1个百分点。来自国家发改委的数据显示：2008年，长三角、珠三角、环渤海三大经济区以占全国20.6%的人口、1.1%的土地，创造了大约40%的经济总量，拉动全国GDP增长4.5个百分点。与此同时，国家也逐步加大了对贫困地区和少数民族地区发展的扶持力度。理论界通常把这一阶段称为梯次推进或不均衡发展战略阶段。

沿海地区的率先发展，加快了我国改革开放进程，使我国的经济实力迅速上升，缩小了与发达国家之间的差距，为20世纪末实现国内生产总值比1980年翻两番的战略目标，以及人民生活达到小康水平做出了巨大贡献。但是由于发展基础和条件的差异以及其他原因，东部与中西部区域经济社会发展差距过大。具体表现在：

（1）区域间经济发展水平的差距过大，且呈继续扩大态势。1979~2005年，

按可比价格计算，东部 10 省市生产总值年均增速为 11.9%，中部 6 省为 10.1%，西部 12 省（区、市）为 9.9%，东北 3 省为 8.8%。到 2005 年，东部、中部、西部和东北四大区域生产总值占我国国内生产总值的比重分别由 1978 年的 43.3%、21.7%、20.9% 和 14.1% 变为 55.6%、18.8%、16.9% 和 8.7%，东部地区提高 12.3 个百分点，中部、西部和东北地区分别下降 2.9 个、4.0 个和 5.4 个百分点，东部地区比重不断上升，中部、西部相对下降，东北地区下降最多。区域间人均生产总值差距也不断扩大。1978 年，东部地区人均生产总值是西部的 1.8 倍、中部的 1.7 倍，2005 年分别扩大到 2.6 倍和 2.2 倍。

（2）居民收入水平的区域差距小于经济发展水平的差距，但也呈扩大态势。1978 年，东部地区城镇居民人均可支配收入是西部的 1.1 倍，中部的 1.2 倍，到 2005 年，均扩大到 1.5 倍。同一时期，东部农村居民人均纯收入与西部、中部的差距，由均为 1.2 倍分别扩大到 1.9 倍和 1.5 倍。区域间农村居民收入水平差距扩大的幅度明显大于城镇，表明区域间农民收入差距是区域差距的主要方面。

（3）基本公共服务水平的区域差距依然显著，特别是中西部地区农村公共服务还比较落后。据统计，中西部 1800 多个县的农村初中学生宿舍、食堂和卫生厕所的实有面积分别只达到国家标准的 35%、15% 和 48%，西部地区初中生预算内公用经费仅为东部地区的 40%；中西部乡镇卫生院的危房率高达 33%，西部地区农村参加社会养老保险人数覆盖率不到 5%，仅为东部地区的 1/10，不到全国平均水平的 20%。

针对地区差距带来的突出矛盾，党中央统揽全局，适时做出了完善区域发展战略的重大决策。江泽民同志在十四届五中全会上的讲话中指出："应当把缩小地区差距作为一条长期坚持的重要方针"，"从'九五'开始，要更加重视支持中西部地区经济的发展，逐步加大解决地区差距继续扩大趋势的力度，积极朝着缩小差距的方向努力"。随着 1999 年实施西部大开发战略，2003 年实施振兴东北地区等老工业基地战略，2006 年实施促进中部地区崛起战略，我国区域经济呈现协调发展和产业由沿海向内地梯次推进的新格局。

加快产业梯次转移，加大沿海地区产业向内地转移的力度，也是由我国区域经济发展的新情况、新变化决定的。研究表明，东部发达地区随着持续的资本形成，资本要素出现了边际生产力递减的现象，最终表现为总资产的贡献率下降。自 2003 年以后，东部较发达地区的总资产贡献率出现了持续滑落的态势。国家统计局公布的全国分地区工业企业总资产贡献率数据显示，北京从 8.79% 下降到 6.22%，上海从 12.01% 下降到 8.8%，浙江从 12.44% 下降到 10.3%。与此形成鲜明对照的是：河南从 9.99% 上升到 22.32%，湖北从 7.4% 上升到 12.64%，黑龙江从 19.81% 上升到 29.18%。上升幅度最大的是具有一定工业基础的中部和东北地区。而中原经济区的主体河南则是全国各区域中总资产贡献率增长最快的省份。这充分说明了河南的人力资源等各种要素条件为产业转移提供了极为良好的条件。为了更明确地说明问题，我们把中原经济区的主体——河南与全国各地区进行了指标对比分析，如图 3-1 所示。

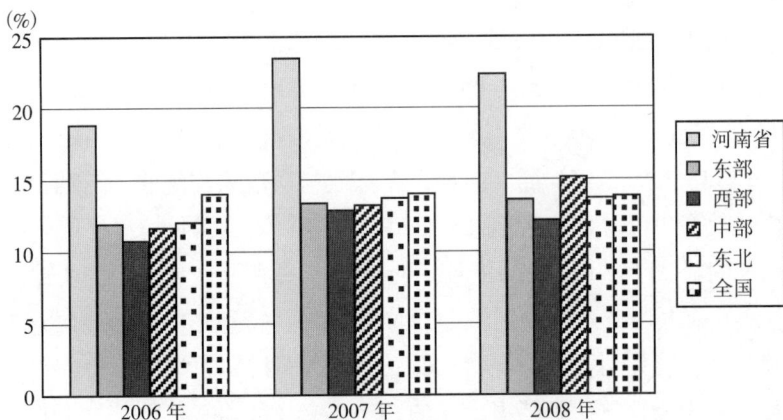

图 3-1 河南及全国各地区总资产贡献率

图 3-1 分析了河南省与全国各地区总资产贡献率 2006~2008 年的对比关系。其中，河南和全国的数据由国家统计局统计资料直接给出，而各地区数据则取地区所属省、市、自治区的中位数替代。从数据上可以看出，河南省的总资产贡献率远高于全国水平和各主要地区的水平，显示出河南在承接产业转移方面的独特的优势。西部欠发达地区的总资产贡献率最低，说明了产业发展和转移要依赖于一定的产业基础。而河南则凭借其优越的区位条件、工业发展基础及生产要素成本成为中部地区承接产业转移首当其冲的选择。当然，在承接产业转移方面，河南发挥的作用与河南的吸引力尚不匹配。通过对比河南及全国各地区工业企业固定资产净值年平均余额的增幅，可以大致地说明这些年来河南承接产业转移的基本态势，如图 3-2 所示。

图 3-2 的数据以 2000 年为基准年，计算了 2006~2008 年以来，河南及我国各地区工业企业固定资产净值年平均余额的增幅。数据显示，2006~2008 年，中部地区的工业企业固定资产净值年平均余额增幅在全国各地区中脱颖而出。但河南的增幅略低于中部地区，显示出河南尽管已经开始承担承接产业转移的重任，但其发挥的作用与河南优越的条件及总资产贡献率的水平不相符。这也要求加快

(%)

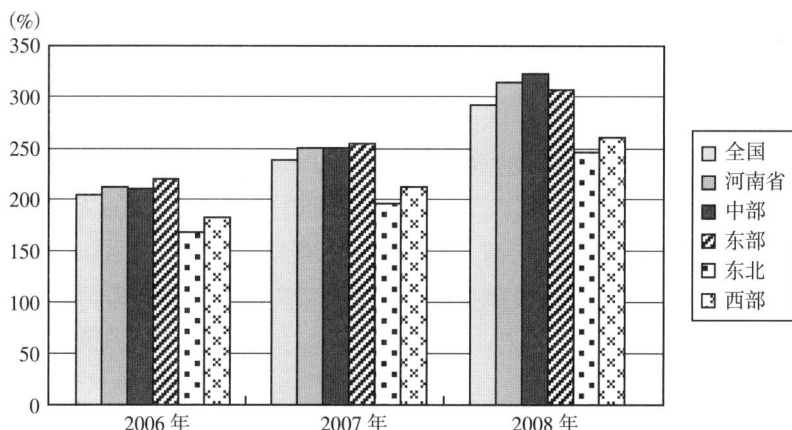

图3-2　河南及全国各地工业企业固定资产净值年平均余额增幅

构建中原经济区的进程，进一步促进中央关于承接产业转移和产业升级政策的顺利实施。

　　加快产业梯次转移，在当前显得尤为重要和紧迫。随着国际金融危机影响的继续深化，我国经济也面临着抵御国际经济负面影响的严峻挑战。长期以来，我国的外贸依存度较高，拉动经济的"三驾马车"中投资和出口成为经济增长的主要拉动力，消费、投资和出口的结构关系不平衡。2008~2009年，受国际金融危机的影响，我国对外出口急剧下降，虽然国家加大了投资，固定投资速度没有下降，但是，我国经济增长速度还是由2007年的13.3%下降到8.9%和8.0%。从当前形势来看，全球经济放缓的势头在短期内难以遏制，刺激内需对于我国经济增长至关重要。中央适时做出了扩大内需的决策，要求进一步释放城乡居民消费潜力，着力拓展内需增长新空间。国务院出台了《关于中西部地区承接产业转移的指导意见》，要求推动东部沿海地区经济转型升级，在全国范围内优化产业分工格局。这标志着我国产业梯次转移将进入新阶段，为中西部经济发展提供新机遇。

　　建设中原经济区，顺应了国家统筹协调梯次推进发展战略的需要。从全国的生产力布局来看，沿海、沿江、沿京广、沿陇海兰新经济带构成了我国区域经济带的主体。中原地区位于京广、陇海兰新两大经济带主轴的交会区域，也处于沿海经济带沟通西北内陆地区的关键位置，不仅在经济地理层面上具有承东启西的作用，而且在产业发展的层面上也具有承东启西的作用。从产业梯度看，因我国东、中、西部地区间经济发展水平、技术水平和生产要素禀赋的不同，形成了地区间在产业结构层次上的阶梯状差异。这种产业梯度导致了产业在地区间的转移也是依据梯度层次进行的。中原地区交通区位重要，基础设施完善，劳动力资源丰富，当前正处于承接产业转移、加速经济发展的关键时期。经济发展状况和资源禀赋的特点，使中原地区在产业转移过程中起到了承上启下的作用。构建中原经济区，加快中原崛起进程，是东部地区和西部地区之间梯次开发的关键，是东西部地区经济联系的枢纽。加之纳入中原经济区范围的周边省份的相邻地区，多处于各主体经济地域的边缘地带，其经济社会发展面临程度不同的困境。构建中原经济区，可以整合这些地区的力量，加快构建和完善区域市场体系，转变地方政府职能，改进区域资源配置方式，建立地区经济增长和社会发展的协调机制，实现和谐发展、共同繁荣。

三、有利于国家在中部地区形成新的经济增长板块

促进中部地区崛起，是党中央、国务院站在全局和战略高度作出的重大决策，是新时期我国区域发展总体战略的重要组成部分。区域协调发展以确保全国整体经济保持一定的快速增长为前提，以各地区间的共同富裕为目标。按照区域协调发展的要求，在市场经济条件下，应该对落后地区实施由优惠财税政策和其他有关经济政策组成的区域政策，以建立区域间大体一致的经济发展条件，求得区域间发展机会的相对均衡，为区域间共同富裕创造必要的条件。在我国东、中、西的区域板块中，中部地区对实现区域协调发展负有特殊的责任。从区域空间发展的角度来看，我国东部已进入网络发展阶段，中部则处于轴线聚集阶段，而西部尚处于驻点开发阶段。处于网络发展阶段的东部地区，工业化和城镇化水平比较高，空间市场体系比较发达，一体化程度较高，产品和要素交流比较频繁，区域整体经济效益较高。处于轴线聚集阶段的中部地区，工业化和城镇化处于加速阶段，区内交通主干线虽还不十分完整，但雏形已经形成且已具一定的规模，支干线则开始向四周延伸；生产要素已开始明显地向交通主干线两侧聚集，城镇体系和空间市场体系开始形成；区内各城镇间的分工协作关系初步建立，区域经济一体化的效益开始发挥作用。而处于驻点开发阶段的西部地区，工业化和城镇化尚处于起步阶段，交通干线尚未形成，区内各地发展还相对孤立，还谈不上整体经济效益的发挥；人口也较分散，城镇建设尚不成体系；经济增长极在区域上呈稀疏的、联系很少的点状分布。比较而言，中部地区经济发展水平从总体上居中，基础条件较好，未来经济增长的潜力和各种产业发展的可能性巨大，接受外界辐射的能力和与外界交往的能力也较强，这些均为中部崛起准备了充分和必要的条件。

（一）中部崛起的过程，也就是在中部形成新的增长板块的过程，中部新的增长板块的出现，对全国区域协调发展具有重要的意义

（1）有利于全国区域经济一体化的形成。中部是我国东西南北交往的通道，这个通道畅通与否，管理体制是否符合市场经济的要求，经营水平是否能让各方满意，直接关系到我国区域经济一体化的进程。从技术层次看，全国区域经济一体化的形成需要满足硬件和软件两个方面的条件。硬件条件是指完善便利的成网络状的交通通信基础设施；软件则是指区域间无人为障碍的自由贸易和交往的体制环境条件。显然，目前我国这两方面的建设都还有待改进和加强。而我国中部地区处于区域经济一体化硬件建设的交会点上，因此，随着中部新的增长板块的出现和超常规的大规模交通和通信基础设施的建设，必将在我国区域经济一体化形成中起到关键性作用。

（2）有利于东部的升级和西部的开发。东部的升级、中部的崛起和西部的开发是相辅相成的。中部崛起对东部升级的意义在于：为东部一般加工工业的转移提供适宜的接受地，保障东部产业结构升级顺利进行；为东部新兴产业的产品提供一定的市场需求。中部崛起对西部开发的意义在于：提供大量的商品粮食、饲料粮以及其他农副产品，为西部"退耕还林还草"，生态环境保护与建设，以及农牧业的结构调整，解决后顾之忧和创造良好的条件；发挥中部装备制造业的优势，为西部开发提供迫切需要的基础设施建设装备和各种产业装备；为西部特色经济的发展提供便利的市场、交通条件和相应的金融服务，为东西部的经济交流提供完善的通道。这一切都有赖于在中部形成新的增长板块，发挥其在中部崛起中的龙头和引领作用。

（二）中部地区新的经济增长板块应当为我国区域科学发展做出积极的贡献

（1）创造条件迎接东部的强力辐射。产业的空间扩散和转移，决定于转出地区的经济辐射强度和接受地区的吸收能力，两者缺一不可。从接受地区来看，接受地区本身的发展水平越高，它所能吸收的产业的广度就越大，所能接受和消化的技术水平就越高。显然，我国中部相对西部而言，具有较强的接受发达地区产业转移的能力。为进一步做好迎接东部强力辐射的工作，吸引更多的先进技术和资金，中部地区应该狠抓投资环境的建设，特别要为外部客商提供宽松的政策环境和周到的服务；对东部放开一切可以放开的领域，将中部的产业更好地与东部的技术结合起来，积极主动地推进与东部经济的融合，促进中东部经济的一体化。

（2）积极开拓西部市场空间。西部开发对中部带来的最大机遇就是西部的市场需求空间，特别是中部可以提供西部开发所需的机械设备、农副产品以及其他轻工业消费品。因此，积极开拓西部市场是中部对外扩张的一个重要选择。

（3）依托自身优势，全力培养有特色的支柱产业。我国中部地区的支柱产业是农业及农副产品加工工业、食品工业、装备制造业和以商贸金融为主的服务业。中部地区应该制定有利于这些支柱产业快速发展的政策和措施，尽快提高它们的市场竞争能力，真正起到带动整个区域经济发展的作用；努力培养支柱产业中的大型非国有企业，充分发挥它们责任心强、市场开拓意识强、竞取心强和生命力强的优点，以增强支柱产业的活力。

（4）依托中心城市，建立各类经济活动中心。我国中部地区是天然的东西南北的交通、信息、产品、物资、金融等经济生产要素和生产成果的汇集和扩散中心，即一种全方位的市场中心。中部地区应该依托中心城市，加速上述各类经济活动中心的硬件建设；加紧完善有关制度与法规，制定相应的规划和地方性扶持政策，让这些中心尽快地发挥它们带动中部崛起的重要作用。

（三）发挥中原的优势，建设中原经济区，有利于国家在中部地区形成新的经济增长板块

国务院《促进中部地区崛起规划》要求，要依托综合运输主通道，以资源环境承载能力强、经济社会发展基础好、发展潜力大的地区为开发重点，加快形成"两横两纵"经济带，培育六大集聚人口和产业的城市群。积极推进老工业基地城市振兴和资源型城市转型，支持革命老区、民族地区和贫困地区加快发展。其中和河南省相关的有：

（1）增强沿陇海经济带实力。发挥亚欧大陆桥的优势，加强与沿海和西北地区交流合作，进一步扩大东西双向互动、对内对外开放，发挥郑州区域中心城市的作用，培育形成郑汴洛工业走廊，壮大能源原材料、现代制造业、汽车等支柱产业，实现老工业基地振兴。

（2）提升沿京广经济带水平。提高京广通道综合运输能力，依托沿线的人力资源优势和产业基础，大力发展原材料工业、装备制造业、高技术产业和劳动密集型产业，形成我国重要的制造业基地。进一步巩固加强与京津冀和珠三角地区的经济联系，发挥中心城市的引领和支撑作用，构建沟通南北的经济带。

（3）培育壮大沿京九经济带。加强与京津冀、长三角、珠三角和海峡西岸地区的联系，加快东向交通通道建设，在重要的节点城市推进承接产业转移园区建设。立足特色资源优势，在豫东、皖西北、鄂东、赣南等地区形成资源性产品生产和加工基地。壮大商丘、阜阳、吉安、赣州等沿线城市实力，带动革命老区发展。

（4）培育城市群增长极。以客运专线和城际快速轨道交通等重要交通干线为纽带，重点以郑东新区、汴西新区、洛阳新区建设为载体，整合区域资源，加强分工合作，推进区域内城市空间和功能对接；率先在统筹城乡、统筹区域协调发展的体制机制创新方面实现新突破，提升区域整体竞争力和辐射带动力；把中原城市群建设成为沿陇海经济带的核心区域和重要的城镇密集区、先进制造业基地、农产品生产加工基地及综合交通运输枢纽。

（5）加强省际区域经济合作。鼓励晋陕豫黄河金三角地区突破行政界限，开展区域协调发展试验。根据《促进中部地区崛起规划》要求，以河南为主体建设中原经济区，将能在中部的陇海兰新经济带率先形成带动区域经济发展的核心增长极，加快中部重点地区的发展，在促进东中西互动方面发挥重要作用。

根据党的十七届五中全会精神，"十二五"期间要继续实施区域发展总体战略和主体功能区战略，要求各地区严格按照主体功能定位推进发展，对人口密集、开发强度偏高、资源环境负荷过重的部分城市化地区要优先开发，对资源环境承载能力较强、集聚人口和经济条件较好的城市化地区要重点开发。以河南为主体的中原经济区，位于沿京广、陇海、京九"两纵一横"经济带的交会地带，是中部人口最密集、经济总量最大、交通区位优势最突出、最具发展潜力的区域。中原城市群是中部六大城市群之一，近年来保持着持续、快速发展的良好态势，经济实力不断提高，城市功能不断完善，成为中部地区内具有较强支撑力的域性增长极。2009 年，其人口、经济总量、综合实力、社会消费品零售总额、固定资产投资总额和金融机构存款余额均居中部其他城市群之首，生产总值分别是长株潭城市群、武汉城市圈、皖江城市带、环鄱阳湖城市群、太原城市圈的1.2 倍、1.51 倍、1.81 倍、2.67 倍和 3.21 倍。加快中原经济区建设，促进中原城市群加快发展，可以在中部地区构筑具有强大集聚作用和辐射作用的核心增长极，促进中部经济社会的总体发展。

四、有利于河南发挥自身优势并明晰发展定位

作为中原经济区的核心区域，河南的区域比较优势，可以概括为五个字，即：大、根、粮、位、群。

（一）大省优势

（1）人口总量大。河南是全国第一人口大省，2009 年底 9967 万人，占全国的 7.5%，占中部六省的 26.6%。作为生产力第一要素的人力资源，在促进中原崛起、河南振兴中起着基础性、战略性和决定性的作用。

（2）经济规模大。河南是全国重要的经济大省，2009年全省生产总值接近2亿元，居全国第五位、中西部第一位，分别占全国和中部地区的5.8%和27.6%。财政收入、固定资产投资、社会消费品零售总额均居中部第一位。全国新兴工业大省，2009年，全部工业总产值达到9858.4亿元，位居全国第五位。全国粮食第一大省，截至2009年，河南粮食总产已连续4年超千亿斤，连续10年居全国第一，每年调出300亿斤原粮及加工制成品。

（3）文化资源丰度大。河南被史学家誉为"中国历史自然博物馆"。河南地下文物、馆藏文物、历史文化名城、重点文物保护单位数量均居全国第一；中国20世纪100项考古大发现中河南省有17项，全国八大古都河南有其四，洛阳龙门石窟、安阳殷墟、嵩山古建筑群是世界文化遗产。

（4）发展潜力大。河南经济正处于市场经济的转型时期和快速发展阶段，有着巨大的发展潜力。河南正处于工业化、城镇化加速阶段，城乡之间发展的不平衡性为经济发展提供了广阔的空间。

（二）民族血脉之根

中华民族血脉之根因黄河冲积形成的中原沃土而发端，因中原的引领而前进，因中原的勃兴而昌盛，因中原的先进而远播，因中原的坚韧而绵延。中原文明的发展轨迹是华夏文明的完美体现和浓缩。

河南是中华民族的主要发祥地。中华民族有伏羲、神农、黄帝、颛顼、帝喾等12大人文始祖，他们大都出自河南或主要活动于河南。在依人口多少而排序的前100个中华大姓中，有78个姓氏直接起源于河南，有98个姓氏的郡望地在河南，这些姓氏涉及当代华人的90%。因此，河南被全球华人公认为追思先祖懿德的祖根之地、传承中华文明的心灵故乡，成为海内外中华儿女魂牵梦萦的寻根谒祖圣地。

河南是中华文明的主要源头。中国最早的文字——甲骨文，在这里诞生；新石器时代的裴李岗文化、仰韶文化，都发生在河南。夏、商、周三代，被视为中华文明的根源，同样发端于河南。古往今来，在河南孕育和产生的众多思想学说，交相辉映，积淀升华，铸就了中国传统文化的灵魂，深刻影响着中华民族精神的形成。河南是华夏儿女的精神家园。历史的辉煌凝结着华夏儿女的伟大创造，是提升自信心的重要来源。厚重的根文化具有广泛的凝聚力，让人认同；具有强烈的震撼力，让人亲近；具有强大的穿透力，让人共鸣。

（三）粮食优势

河南是全国第一粮食大省，在确保国家粮食安全中发挥着至关重要的作用。

（1）总产量大。2011年，河南粮食总产达到1108.5亿斤，占全国粮食产量的 1/10。特别是从全国 13 个粮食主产区 30 年粮食产量的变化来看，河南粮食在全国所占的地位更加重要（见表 3-2）。

表 3-2 全国 13 个粮食主产区粮食生产地位的变化情况

地区	粮食生产总产量					
	1978 年			2009 年		
	总产量（万吨）	全国位次	占全国比重（%）	总产量（万吨）	全国位次	占全国比重（%）
四川	3000	1	9.84	3215	5	6.06
江苏	2290	2	7.51	3230	4	6.08
山东	2250	3	7.38	4316.3	3	8.13
河南	1900	4	6.23	5389	1	10.15
湖南	1900	5	6.23	3000	7	5.65
湖北	1725.5	6	5.66	2310	10	4.35
河北	1615	7	5.3	2910	8	5.48
黑龙江	1500	8	4.92	4350	2	8.19
安徽	1482	9	4.86	3070	6	5.78
辽宁	1175	10	3.86	1591	13	3
吉林	1056	11	3.46	2460	9	4.63
江西	1050	12	3.45	2000	11	3.77
内蒙古	180	13	0.59	1980	12	3.73

（2）增产潜力大。目前，全省还有 6000 多万亩的中低产田，玉米、水稻等秋季高产粮食作物种植面积和单产还有望进一步扩大和提高，随着国家粮食战略工程河南核心区建设的稳步推进，粮食增产潜能将进一步释放。按照国家规划，2020 年，河南粮食生产能力要新增 260 亿斤，占全国新增加 1000 亿斤的 1/4 多，稳定达到 1300 亿斤，占全国粮食生产能力 11000 亿斤的 1/9 以上，调出原粮和粮食加工制成品 550 亿斤以上。

（3）转化能力强。作为全国第一粮食大省，河南粮食加工能力位居全国首位，粮食加工能力、肉类总产量均居全国第一位，成为全国畜牧养殖大省和食品工业大省。全省各类粮食加工企业达 2624 家，所生产的面粉、挂面、速冻食品、方便面、味精等市场占有率均为全国第一。河南已成为全国最大的肉类生产加工基地、全国最大的速冻食品加工基地、全国最大的方便面生产基地、全国最大的饼干生产基地、全国最大的调味品生产加工基地。食品工业销售收入从 1994 年的全国第七位到 2005 年超越江苏升至第三位，2006 年一举超越广东排名第二位。

（四）区位优势

河南位于我国内陆腹地，具有承东启西、连南通北的区位优势，在全国现代综合运输体系和物流体系中具有重要地位，是全国重要的物质和产品集散交换中心，东中西互动的战略平台。

（1）综合交通运输枢纽。河南位于我国内陆腹地，具有承东启西、连南通北的区位优势，是中国多方向跨区域运输的交通要冲和多种交通运输网络交会的枢纽地区，承担着全国跨区域客货运输的重要任务，在全国现代综合运输体系和物流体系中具有重要地位。2009年底，河南铁路通车总里程达到4000多公里，居全国第一位；河南高速公路通车总里程达到4860公里，居全国第一位。高等级公路密度在中西部处于明显优势。中原地区的交通线路路网密度远高于全国平均水平，运输周转量在全国的比重也远高于其经济总量在全国的比重，2009年实现客运量14.5亿人，旅客周转量1645.2亿人公里。

（2）全国货物集散中心。作为综合交通枢纽，郑州在公路、铁路和航空到全国各地平均运输成本方面与武汉、西安、重庆相比具有明显的优势。独特的区位优势和发达的立体交通体系大大降低了河南对外交流的成本，使河南成为全国重要的物质和产品集散交换中心。以郑州商品交易所、郑州粮食批发市场、华中棉花交易市场为代表的期货和现货市场功能不断增强，一批大型专业批发市场不断壮大，大市场、大流通格局正在形成。郑州已成为全国重要的货物集散地。

（3）东中西互动战略平台。地处中部地区的中心地位，区位、交通、经济发展水平等决定了河南在东、中、西互动中的战略平台作用。一方面，河南将承接更大规模、更高层次的东部地区产业和资本的梯度转移，延伸和放大东部的辐射效应，支持西部大开发的推进，同时通过引进资金、技术、人才，进一步调整河南的资源配置和经济结构；另一方面，河南可以为西部地区原材料、产品以及资源、劳动力等向东部乃至海外输出发挥通道作用。同时，通过积极参与西部大开发，可以为河南经济发展赢得更大的市场空间和发展余地。

（五）城市群优势

中原城市群在经济密度、可达性、辐射带动等方面都优于中部其他城市群，是中部地区乃至全国的战略支点。中原城市群的优势表现在：

（1）经济密度高。2008年，中原城市群经济密度在全国七大城市群中仅次于山东半岛城市群；人口密度在七个城市群中位居第一。

（2）可达性强。中原城市群郑州到其余8个城市的交通总里程为896公里，是中原城市群内所有城市可达性最强的城市。此外，其他8个城市可达性总里程多在 1000~1500 公里。随着城际铁路、城际公路等快速交通的发展，有望率先形成半小时经济圈，进而有利于产业整合、资源整合和经济协作区的较快形成。

（3）带动作用大。中原城市群由于享有区位、资源、交通、文化等优势，在河南乃至中原经济区经济社会发展中处于核心和领先地位。建设与发展中原城市群，将其原有的种种优势在实现更大范围内优化整合成整体优势，以乘数的方式增强其集聚与辐射功能作用。同时，充分发挥中原城市群的支撑作用，对推进中原经济区的发展，实现中部地区崛起，促进东中西区域协调发展意义重大。

以上优势决定了河南在全国经济发展大局中的战略定位。主要包括：

（1）努力成为全国"三化"协调发展示范区。统筹安排城镇建设、产业集聚、农田保护、村落分布、生态涵养等空间布局，协调推进中原城市群与粮食生产核心区、现代城镇体系和现代产业体系建设，率先走出一条农业、粮食、人口大省协调推进新型工业化、新型城镇化和农业现代化发展的道路，为中西部地区转变经济发展方式、推动科学发展探索路子、积累经验。

（2）努力打造全国经济发展的重要增长极。力争在结构优化、效益提高的基础上，经济总量占全国的比重进一步提高，区位、市场、人力资源等优势得到充分发挥，到 2015 年，主要人均经济指标超过中部地区平均水平，与全国平均水平差距进一步缩小，成为支撑中部崛起的重要区域。到 2020 年，主要人均经济指标赶上并力争超过全国平均水平，成为中西部地区经济发展的主要引擎。

（3）成为全国综合交通枢纽和物流中心。以建设运输通道和交通枢纽为重点，加快构建以铁路网、高速公路网和航空枢纽港为骨架的综合交通体系，充分发挥中原经济区在全国综合运输大通道中的作用，凸显郑州交通、物流、商务中心地位，形成服务中西部、面向全国、连接国际的现代物流服务中心。

（4）成为华夏历史文明传承核心区。大力推动文化发展繁荣，深化文化体制改革，大力发展文化产业，打造一批地域特色明显、展现中原风貌、具有国际影响的文化品牌，突出根文化、思想文化、姓氏文化等中原文化的传承弘扬，建设全球华人寻根拜祖圣地，提高中原文化影响力，增强中华民族凝聚力，成为振兴弘扬中华优秀传统文化的核心区域。

五、有利于探索走出一条"三化"协调发展新路子

中原经济区是我国传统的农业大区，农业人口超过 1 亿人。河南作为中原经济区的核心部分，人多地少、农业比重大、农村人口多，"三农"问题在全国具

有代表性。建设中原经济区，加快中原崛起，有利于为我国统筹解决"三农"问题积累经验，探索传统农区推进农业现代化的路径，坚持走一条不以牺牲农业和粮食、生态及环境为代价的"三化"协调发展路子。

（一）可以为统筹解决"三农"问题积累经验

在我国"三农"问题中，农业的问题突出表现为农业基础设施薄弱，传统农业比重大，现代农业发展滞后；农村的问题突出表现为农村社会事业发展滞后；农民的问题突出表现为农民增收困难。这些问题，中原地区都具有典型性。

（1）从农业问题看。以河南为例，2009年，农业增加值居全国第2位，所占比重达14.3%；粮食产量达到1078亿斤，占全国1/10多，居全国第1位；油料产量居全国第1位，肉类产量居全国第3位，棉花产量居全国第4位，奶类产量居全国第4位。初步形成了一批以优质专用小麦、玉米和水稻为主的粮食生产基地；以黄河滩区绿色奶业、中原肉牛肉羊、京广铁路沿线生猪产业带以及豫北肉鸡、豫南水禽等为主的畜产品生产基地；以洛阳牡丹、开封菊花、许昌花木、信阳茶叶、焦作怀药、南阳柞蚕等为主的特色农业基地。但农业从业人员人均耕地面积仅为3.8亩，全省还有6000多万亩中低产田，占耕地面积的55%以上；旱涝保收田和有效灌溉面积仅占耕地面积的54.3%和68.3%，农业生产的基础还比较脆弱。

（2）从农村问题看。河南有158个县（市、区），1892个乡镇，4.75万个行政村。但与城市相比，农村在水电路气等基础设施和教育、卫生、文化等公共服务设施方面，还存在着相当大的差距。2008年，河南农村初中的生均预算内教育事业费全国倒数第3位，农村小学的生均预算内教育事业费全国倒数第1位。全省农村自来水受益村仅占行政村总数的47%。

（3）从农民问题看。2009年，河南农民人均纯收入4807元，比全国平均水平低346元。2000~2009年，河南城乡居民收入的绝对差距由2780元扩大到9525元，城乡居民收入之比由2.4：1扩大到3：1。

为解决"三农"中的突出矛盾，河南已经进行了一些探索。编制了国家粮食战略工程河南核心区建设规划，编制了花卉苗木、林业、现代水产、现代畜牧业、特色经济作物、林业、现代水产、水利设施、农业结构调整和农产品流通等现代农业发展规划；以解决农民实际问题为主，连续几年为人民群众办十大实事；开展了农村新型社区建设试点等。建设中原经济区，支持中原地区加强农业基础设施建设，改善农村社会事业，多渠道增加农民收入，有利于为中西部地区解决"三农"问题的突出矛盾提供示范。

（二）可以继续探索传统农区推进农业现代化的路径

当前农业生产和农村发展面临的发展环境复杂多变，促进农业生产上新台阶的制约越来越多，保持农民收入较快增长的难度越来越大，转变农业发展方式的要求越来越高。近年来，河南从实际出发，加快用先进适用技术改造传统农业，用先进适用工业产品装备农业，用现代科学方法管理农业，用发展工业的理念发展农业，在因地制宜推进农产品优质化、多样化的同时，大力推进农产品的精深加工和综合利用，逐步推进规模化经营和工厂化管理，扎扎实实地推进传统农业向现代农业转变，取得了初步成效。

（1）大力进行科技攻关和推广。针对制约全省粮食持续增产的关键、重大、共性技术难题，组织全省农业科技力量，开展农作物高产栽培技术研究，集成示范了一批先进实用技术。全省科技成果转化率达到40%以上。

（2）大力发展农业产业化经营。目前，全省各类农业产业化组织达到11674个，其中规模以上龙头企业6000多家，省级以上龙头企业366家。全省农产品加工已发展到24个行业、23个门类。目前，河南成为全国最大的"厨房"，规模以上食品工业产值居全国第2位，粮食加工能力居全国第1位，食品工业成为全省工业第一大支柱产业。

（3）着力推进标准化生产。通过完善农业标准体系，积极引导龙头企业和种养大户实施标准化生产；建立健全农产品质量可追溯制度，严格产地环境、投入品使用、生产过程等产品质量全程监控。

（4）大力发展循环农业。在平原地区、山区及丘陵地带、城市郊区和城镇推广不同模式的循环经济，大力发展无公害农产品，提高农产品质量安全水平。

同时，河南同全国一样，农业生产的耕作方式比较粗放，规模化标准化水平不高，市场竞争力不强。农产品精深加工发展任务艰巨，龙头企业数量少、规模小，产业链条短，知名品牌少，竞争力和带动能力不强；各类农村合作经济组织发展不平衡，组织化程度不高，农业社会化服务体系不健全。

建设中原经济区，加快中原崛起，支持中原地区坚持用工业理念发展农业，用工业成果装备农业，用现代科技改造农业，用现代社会化服务体系服务农业，用现代科学知识武装农民，有利于为全国传统农区推进农业现代化提供典型和示范。

（三）可以继续探索以工补农、以城带乡的新路子

统筹解决"三农"问题，还必须跳出"三农"解决"三农"，坚持统筹城乡发展，加大以工补农、以城带乡力度，"化"传统农业为现代农业、"化"农业社会为工业社会、"化"农民为市民。近年来，河南省委、省政府面对加快农业农村发展和加快工业化城镇化的双重任务，把加快工业化、城镇化，推进农业现代化作为全面建设小康社会的基本途径，坚持工农业两篇文章一起做，城市农村两幅画卷一起绘，粮食产量连续4年超过千亿斤，连续6年创新高；工业经济总量由全国第7位上升到第5位，成为全国重要的食品工业基地、能源工业基地、有色工业基地；城镇化率年均提高1.7个百分点左右，工业反哺农业、城市支持农村的能力显著增强，形成了"三化"相互支撑、共同顶托中原崛起的良好局面。

2008年以来，河南省委、省政府在全面推进粮食生产核心区建设的同时，围绕促进产业集聚发展，引导产业向城镇集中布局，实现产城融合、工业化与城镇化良性协调，明确提出以产业集聚区为载体构建现代产业体系、现代城镇体系和自主创新体系的战略任务，形成了进一步深入推进"三化"协调发展的基本思路。加快中原崛起，探索走出一条以不牺牲农业为代价的新型工业化、城镇化道路，进一步增强以工促农、以城带乡能力，有利于在加快工业化和城镇化进程中巩固提升农业基础地位，既为保障国家粮食安全作出更大贡献，也为全国粮食主产省份加快现代化进程探索路子；有利于构筑新型城乡关系，消除城乡二元结构，最终实现基本公共服务均等化，促进社会全面进步，不仅对中原的农民群众生活水平持续提高具有重大现实意义，也对在全国范围内探索统筹城乡发展新路子具有重要的示范意义。

（四）可以为国家生态和环境安全做出积极贡献

（1）有利于构筑全国生态屏障。中原经济区涵盖暖温带和亚热带，区域生态系统类型和生物多样性十分丰富，仅河南境内的高等植物就占全国总数的12.2%，脊椎动物种类占全国总数的23.9%，昆虫种类占全国总数的2/3。建设中原经济区，有利于统筹和加强区域生态保护与环境治理，为维护全国生态稳定和平衡提供重要支撑。

（2）有利于推进全国节能减排。由于历史的原因，河南省必须面对污染物排放总量大的问题。目前，河南工业能源消费占全省能源消费总量的81.6%，高于全国平均水平10个百分点，化学需氧量排放居全国第5位，二氧化硫排放居全国第2位，亩均化肥施用量比全国平均水平高90%。这些问题如不及时解决，不仅将制约河南经济社会的发展，也将影响中部地区的发展。

（3）有利于改善全国环境质量。全国7大水系中，中原经济区地跨海河、淮河、黄河、长江四大流域，是淮河、海河的源头和南水北调中线工程的水源地。处于中国南北气候过渡带，伏牛山、大别山—桐柏山、太行山三大山脉和黄河湿地对于涵养生态、调节气候、保护生物多样性具有非常重要的作用。加快中原经济区建设，加强生态保护与环境治理，提高生态涵养水平，将对维护全国生态稳定和平衡提供重要支撑，为广大下游地区生态环境改善提供重要保障，为京津地区的供水安全提供重要保障。

（4）有利于保障粮食安全。要达到 2020 年河南省粮食生产能力提高 300 亿斤的目标，让人民群众吃上放心食品，必须有一个完整、良好的自然生态系统。建设中原经济区，有利于保护粮食生产赖以持续的生态系统，对于保障国家粮食安全具有不可替代的重要作用。

六、有利于加快河南经济发展方式转变

按照建设中原经济区的总体构想，河南要积极发挥自身优势，加快经济发展方式转变，为中原崛起创造更加有利的条件。

（一）积极扩大消费和增加出口，保持经济持续较快增长

目前，支撑河南经济增长的方式比较单一，发展主要依靠投资拉动，消费和出口拉动能力小。2009 年，投资对经济增长的贡献率为 70%左右，而消费对经济增长的贡献率仅有 28%，出口对经济的贡献更小。这样的经济结构不可能长期支撑一个 GDP 近 2 万亿元巨大经济体的持续快速增长。近两年，由于外部经济环境的变化，河南经济增速明显放缓，总量指标和人均指标增速在中部位次都有所下降，经济发展面临瓶颈制约。2008 年，GDP 增长 12.1%，比 2007 年下降 2.5 个百分点；2009 年，GDP 增长 10.7%，比 2008 年又下降 1.4 个百分点，增速跌至中部第五位。因此，河南应加快推进经济增长由单一依靠投资拉动向投资、消费和出口协调拉动转变，以投资、消费和出口这"三驾马车"共同拉动河南省经济持续较快发展，支撑地区生产总值、人均 GDP、人均城镇居民可支配收入和人均纯收入增速保持中部前两位。

（二）加快产业结构转型升级，促进经济又好又快发展

当前，河南省产业结构正处于转型升级的关键时期，针对河南省产业结构存在的主要问题，要按照产业结构演进规律，加快调整产业结构。一方面，在三次产业之间，加快发展现代服务业，不断提高三产比重，加强现代服务业对一、二产业的促进作用；另一方面，着力改善三次产业内部结构。特别是面对不断加强的资源环境压力，要以"高端、高质"为目标，重点推进工业结构的优化升级，变"高投入、低产出，高消耗、高排放"为"低投入、高产出，低消耗、低排放"，促使万元地区生产总值能耗下降率、万元地区增加值用水量和工业固体废

物综合利用率等资源环境指标明显下降。

(三) 加快城镇化进程，统筹城乡协调发展

城镇化水平既是河南省的劣势，也是发展潜力。近年来，河南省城镇化率保持快速发展态势，2000~2009 年累计提高了 14.5 个百分点，年均提高 1.61 个百分点，比全国的年均提高量高出 1.28 个百分点。2009 年，河南省城镇化率达到了 37.7%，但仍低于全国平均水平 8.9 个百分点。未来，要以新型城镇化为发展内涵，来加快河南城镇化进程。要着力实施"五个结合"：产业集聚与人口集聚相结合；做大中心城市与发展中小城市相结合；新区建设与老城区建设相结合；城市建设与城市管理相结合；城镇化与新农村建设相结合，促进工业化、城镇化与农业现代化协调发展。

(四) 实现转变农业发展方式的新突破

要巩固提高粮食综合生产能力。以推进中低产田改造为重点，以巩固提升高产田为支撑，以打造吨粮田为方向，突出抓好水利基础设施建设，强化抗灾减灾，稳定播种面积，优化品种结构，努力提高单产、改善品质、增加总产。

加快构建现代农业产业体系。按照保障粮食等主要农产品供给和发挥比较优势的要求，加快推进农业结构战略性调整。搞好产业布局规划，科学确定区域农业发展重点，形成优势突出和特色鲜明的产业带，引导加工、流通、储运设施建设向优势产区聚集。

加强农产品市场体系建设，搭建农产品物流信息平台，发展农产品大市场大流通。

加快农业经营体制机制创新。在现有土地承包关系保持稳定并长久不变的前提下，加强土地承包经营权流转的管理和服务，在依法自愿有偿流转基础上发展多种形式规模经营，在实践中不断修正一家一户的分散经营所暴露出的经营规模小、抵御风险能力低等问题。

第三节　中原经济区建设目标定位

中原地区是我国传统的粮食主产区、能源原材料基地、现代制造业基地和综合交通运输枢纽。建设中原经济区，就是要通过扩大开放和创新体制机制，实现"三化"协调发展，更好地保障国家粮食安全，更大步伐地加快发展，更高层次

地转变发展方式，在支撑中部崛起、强化东中西联动、服务全国区域协调发展以及对外开放的全局中发挥更大作用。根据中原经济区发展的历史和现状，综合考虑发展的基础、特色、优势和潜力，建设中原经济区的"五个新"目标如下：

一、增创粮食生产新优势

中原经济区是我国重要的粮食核心区，在确保国家粮食安全中发挥着至关重要的作用。粮食生产不仅总产量大，而且增产潜力大。目前，河南还有6000多万亩中低产田，玉米、水稻等秋季高产粮食作物种植面积和单产还有望进一步扩大和提高。随着国家粮食战略工程河南核心区建设的稳步推进，粮食增产潜能将进一步释放。因此，提出增创粮食生产新优势的发展目标：粮食生产支撑条件明显改善，农业增长实现由粗放型向集约型转变，由主要依靠资源占用和消耗向主要依靠科技进步和农民素质提高转变，由家庭经营向适度规模经营转变，建成比较完善的现代农业产业体系，农业基础设施不断加强，粮食综合生产能力不断增强，农业综合效益明显提高，农民收入持续增加。

要扎实推进粮食生产核心区建设。认真组织实施《河南粮食生产核心区建设规划》，提高粮食综合生产能力。

加强农业基础设施建设，推进中低产田改造和高产田巩固提升，加快农村土地整理复垦，加快大中型灌区续建配套节水改造，完善农村小微型水利设施，大规模建设旱涝保收高标准农田，加强农田防护林体系建设，稳步提高农业防灾抗灾减灾能力。

实施科技支撑工程，加快种质资源创新利用和新品种选育，健全公益性农技推广体系，加快科技成果转化，提高粮食单产水平和土地产出率。加强农业现代物质装备，提高农业机械化水平。

健全农业支持保护制度，加大对产粮大县的转移支付力度，探索建立有利于农业持续发展、粮食稳定增长的长效机制。支持有条件的地方创建粮食高产示范区。

二、构筑"三化"协调新格局

当前及今后一个相当长的时期，河南农业人口多、工业基础弱、经济底子薄、人均水平低的基本省情不会有根本改变，工业化、城镇化任务仍然十分艰巨。河南这些年在经济发展中走出了一条以不牺牲粮食产量和农业的工业化、城市化发展路子。数据测算，河南"十一五"前四年工业对全省经济增长的贡献率达到 61.3%，城镇化率 2009 年为 37.7%。在工业化、城镇化迅猛发展的同时，河南粮食总产连续五年超千亿斤，2009 年底全省森林覆盖率达到 20.16%。工业化、城镇化、农业现代化涵盖了经济社会生活的方方面面。建设中原经济区仍然需要按照这样一个发展道路，继续探索走一条不以牺牲农业和粮食、生态和环境为代价的"三化"协调发展路子，构筑"三化"协调新格局，即产业、人口、生产要素集中度明显提高，基本建成生态高效的现代城镇体系和现代产业体系，形成以产带城、以城促产的良性互动局面；新型工业化带动和提升农业现代化的能力进一步增强，新型城镇化和社会主义新农村建设协调推进，工业反哺农业、城市支持农村的长效机制基本形成。

实现"三化"在更高水平上协调发展，要坚持把工业化作为城镇化的基础和前提，大力发展工业，能够提供大量就业岗位，积累城市发展财富、技术、人才，有效带动城镇化。同时，加快城镇化必然为二、三产业发展带来更大空间，促进产城融合，实现产城互动。工业化和城镇化互相促进、协调发展，共同带动农业现代化，从而实现"三化"协调发展。要把城镇化作为破解"三化"死结的金钥匙。在推进"三化"发展过程中，空间问题成了目前发展的突出矛盾，工业化需要空间，农业现代化发展也需要空间，而城镇发展本身就是空间不断拓展的过程。解决空间短缺和空间需求强度大这一矛盾，只能从提升空间使用效率上寻求突破口，这个突破口就是新型城镇化。因为农民向城镇转移，人均居住和生活用地空间将会减少，从而腾出工业项目落地的空间。同时，农民进城也腾出了农业用地空间，可以使留下来的农户扩大种植面积，实现规模经营和农业的现代化。

三、实现改革开放新突破

改革开放是经济社会发展的强大动力，先行试点、由点及面的渐进改革方式是 30 多年来改革开放攻坚克难、成功推进的重要经验。作为内陆地区，中原经济区外向型经济发展滞后，经济社会发展缺乏活力。建设中原经济区必须要加强改革开放，实现改革开放新突破，即社会主义市场经济体制更加完善，重点领域和关键环节改革取得重大突破，服务型政府建设卓有成效，率先建立有利于促进经济发展方式转变的制度环境；对外合作领域和空间不断拓展，与沿海和中西部地区的区域协作全面加强，外贸进出口和利用外资水平走在中西部地区前列。

必须以更大的决心和勇气全面推进各领域改革，努力在重点领域和关键环节取得突破性进展，建立健全有利于转变经济发展方式、促进科学发展的体制机制。

大力推进行政体制改革。以深入推进"两转两提"为重点加强服务型政府建设，改进经济调控方式，完善科学决策机制，强化社会服务，加强社会监管，推行政务公开。加强行政问责制，完善政府绩效评价制度。

不断深化国有企业改革。推进国有经济战略重组，健全国有资本有进有退、合理流动机制，引导国有经济从一般竞争性领域退出。

大力发展民营经济。改善政策、体制和投资环境，支持和引导民营经济健康快速发展。进一步放宽民间资本投资领域，支持民营企业参与国有企业改制重组，引导投资公共服务领域。

不断完善现代市场体系和深化财税金融改革。在完善商品市场的同时，加快构建多层次资本市场，健全土地、劳动力、技术、信息、产权交易等要素市场，最大限度地发挥市场在资源配置中的基础性作用。

推进社会事业体制改革。按照政事分开、事企分开、管办分开的原则，深化文化、教育、卫生等领域体制改革。完善政府社会公共服务投入保障机制，强化提供公共服务的责任。

四、取得转型发展新跨越

改革开放以来特别是近年来，河南经济社会保持了较高的增长速度，但主要是依靠投资拉动，消费和出口拉动有限。不加快转变经济发展方式，实现转型发展，资源难以为继、环境难以为继、民生难以为继、发展难以为继。转型发展的重要性突出表现在：

（1）转型发展是河南经济社会保持较快发展势头的需要。改革开放以来特别是近年来，河南经济社会保持了较高的增长速度。2003~2009年，河南省生产总值年增长速度分别达到10.8%、13.7%、14.2%、14.4%、14.4%、12.1%和10.7%，均高于全国GDP年增长速度。但是，在新的形势下，河南经济增长速度开始下滑。河南发展速度方面的问题出在粗放型经济增长模式上。国际金融危机导致外需减少，产业链的传导机制使河南的能源、原材料市场严重萎缩，河南经济结构的"软肋"暴露无遗。事实证明，河南如果不改变主要依赖物质投入、拼资源环境、靠外延扩张的传统发展方式，保持经济平稳较快发展的目标就难以实现。

（2）转型发展是提高河南经济发展质量和效益的需要。当前，河南经济增长质量和效益偏低，主要原因是产业结构不合理、投资消费失衡、经济发展严重依赖能源原材料等资源性产业。2008年，河南工业增加值前5位的行业分别为：建材、食品、煤炭、有色和钢铁，与2003年相比，以能源原材料为主的发展特征基本没有大的改变；河南能源原材料行业投资占工业投资的比重高于全国平均水平 13.4 个百分点，分别比湖北、湖南和安徽高 1.0 个、4.0 个和 3.4 个百分点；装备制造业投资占工业投资的比重比全国平均水平低 2.4 个百分点，分别比湖北、安徽和江西低 6.9 个、3.5 个和 0.5 个百分点。只有痛下决心，大力调整结构，转变经济发展方式，才能改变经济发展高速度低效益，甚至有速度无效益的窘况。

（3）转型发展是实现河南经济社会可持续发展的需要。河南经济总量已经达到较大规模，如果再依靠高投入、高消耗、高污染的增长模式，资源、环境将难以承受，经济社会发展的良好势头也将难以长期保持。这就要求在加快中原崛起的过程中，加快经济发展和发展方式转变，大力发展绿色经济、循环经济、低碳经济等战略性新兴产业，大力培育和发展新兴接续产业，实现由"高碳"模式向"低碳"模式转变，减少对自然资源的依赖。

总之，建设中原经济区必须要加快经济发展方式转变，取得转型发展新跨越。即经济转型加快推进，产业、需求、城乡、区域、要素等结构调整取得重大突破，综合实力、核心竞争力明显提高，经济发展由资源依赖型、投资驱动型向创新驱动型为主转变，人口、资源、环境与经济发展相协调，可持续发展能力显著增强。

五、开创和谐社会建设新局面

党的十六届六中全会通过的《中共中央关于构建社会主义和谐社会若干重大问题的决定》明确提出："社会和谐是中国特色社会主义的本质属性"。和谐社会建设的重点就是"以科学发展观统领经济社会发展全局，按照民主法治、公平正义、诚信友爱、充满活力、安定有序、人与自然和谐相处的总要求"，"解决人民群众最关心、最直接、最现实的利益问题"。党的十七大以来，河南省委、省政府按照中央的战略部署，坚持以科学发展观统领全省经济社会发展全局，高度重视和谐社会建设并且采取了一系列重要措施，取得了明显绩效。当前，河南社会总体上是和谐的，具备了建成和谐中原的众多有利条件。但不容回避的是，现实生活中也存在一些影响社会和谐的矛盾和问题，有些问题还比较突出，已经直接影响到人民群众的福祉，是加速实现中原崛起过程中必须着力解决的重要课题。而分析影响河南和谐发展因素的现实表现不难发现，制约河南社会和谐的原因是多方面的，可以说，既有主观方面的观念障碍，又有客观上全省经济社会发展的阶段性特征，更有历史形成的体制障碍以及人口和资源环境约束。从这个意义上说，破解影响社会和谐的矛盾和问题，切实把经济社会发展转到以人为本、关注民生上来，面对的是一项复杂系统的社会改革工程，是一场深刻的革命。

今后一段时期，中原经济区将进入中等收入国家的发展水平，这一时期也是社会矛盾凸显期，经济社会结构和各种利益格局面临深度调整，社会矛盾和风险因素日益增多。建设中原经济区必须要加强各项社会事业发展，促进社会转型，开创和谐社会建设新局面：社会转型迈出重要步伐，教育科技文化发达，社会事业全面进步，人民生活水平明显改善，收入分配更加合理，城乡差距缩小，贫困人口显著减少，社会保障体系更加完善，社会就业更加充分，社会主义民主法制更加健全，社会管理体系更加完善。

要实现"五个新"的发展目标，在具体实施中，可以分为两个步骤走：

第一步：五年彰显新优势。力争到2015年，主要人均经济指标超过中部地区平均水平，与全国平均水平差距进一步缩小，城镇化发展接近中等平均水平，中原城市群在中西部地区的竞争力与辐射力进一步提升，经济转型和社会转型迈出新步伐，区域一体化发展格局初步形成，成为支撑中部崛起的核心区域。

第二步：十年实现崛起。到2020年，主要人均经济指标赶上并力争超过全国平均水平，城镇化发展努力达到全国平均水平，中原城市群在全国的竞争力与辐射带动力明显提升，经济转型和社会转型实现新跨越，区域一体化发展格局基本形成，初步成为中西部地区经济发展的主要引擎。在此基础上，通过进一步努力，基本建成科学发展、团结和谐、统筹协调、对外开放、全面繁荣的中原经济区，成为全国经济发展的重要增长板块。

第四节　建设中原经济区的战略任务

构建中原经济区是立足长远、着眼全局的重要规划，也是一项庞大而复杂的系统工程。必须结合自身的鲜明特点和后发优势，紧紧抓住工业化、城镇化加速推进和东部地区产业加速转移的历史机遇，不断破解"钱从哪里来、人往哪里去、民生怎么办、粮食怎么保"四道难题，积极发挥"三个基地一个枢纽"作用。坚持发挥历史文化优势，进一步做大做强中原城市群，探索走出一条不以牺牲农业和粮食、生态和环境为代价的"三化"协调、科学发展的道路，努力把中原经济区加快建成全国经济发展的重要增长极。

一、坚持不以牺牲粮食和农业为代价的"三化"协调发展

农业现代化、工业化和城镇化，是我国现代化建设的基本组成部分，三者相辅相成、互为依托。如果不能实现农业现代化，工业化、城镇化发展就会失去基础和支撑，现代化进程就要走弯路，甚至可能影响国家长治久安；同样，如果不加速推进城镇化和工业化，国家整体实力不增强，各项支农、惠农政策就很难落实，农业特别是粮食生产基础地位就难以巩固。

改革开放以来，不管是珠三角还是长三角，我国沿海地区工业化、城镇化的发展普遍是以牺牲粮食和农业为代价的，因而出现了耕地减少、粮食减产、资源环境约束加剧等突出矛盾和问题。不过当时这样的发展模式有它的历史背景和条件，如果推广到全国范围，这条道路是不可持续，也是不现实的。因为，随着我国工业化、城镇化进程的不断加快，怎样保护好18亿亩耕地，怎样增强农业的可持续发展能力，怎样保障国家的粮食安全等问题都将变得越来越突出和重要，加上人口的逐步增加和居民消费水平的不断提高，对农产品也将提出更多更高的要求。

作为全国重要的粮食主产区和"三农"问题最突出的区域，中原经济区的发展显然不能再走牺牲粮食和农业的老路，必须坚持工农业两篇文章一起做、城市农村两幅画卷一起绘。通过城镇化、工业化和农业现代化的良性互动，实现以新型工业化带动和提升农业现代化，以新型城镇化带动和推进新农村建设，建立健全工业反哺农业、城市支持农村的长效机制，打造全国"三化"协调发展示范区，形成城乡统筹、以城带乡、以农兴工、以工促农、产城融合的新格局。这是中原经济区建设的重要任务和核心问题，也将为全国粮食主产省份加快推进现代化积累经验。

（一）推进新型农业现代化：为工业化和城镇化夯实根基

农业现代化是工业化、城镇化的前提和有力支撑。农业生产率持续提高、不断解放农业劳动力，能为工业化、城镇化的推进提供大量富余的农村劳动力；农业的发展，满足了城镇日益扩大的消费需求，也为工业发展特别是为农产品加工业的发展提供丰富的资源；农民收入的不断增加，使得农村市场需求不断扩大，从而不断拉动城镇经济或二、三产业的发展。而且，工业化、城镇化程度越高，农业的地位就越重要，就像水库里的水越多、水位越高，大坝就越需要加固、加

高，否则，就会崩坝、漫堤。^① 因此，要加快推进农业现代化进程，为工业化和城镇化发展夯实根基。

（1）加快农业结构调整。在狠抓粮食生产的同时，大力发展有效经济作物，优化农产品区域布局，积极发展以特色农业、生态农业、有机农业、循环农业、创意农业为主要内容的现代农业，加快形成优势突出、特色鲜明的农产品产业带，不断推动农业向高产、优质、高效、生态、安全转变。打造现代农业示范园区，并将其建设成为农业主导产业集聚的功能区、现代农业科技设施应用的核心区、生态型循环农业发展的样板区、农业经营机制创新的试验区，以点带面推动农业转型升级。

（2）加快农业科技进步。深化农业科技体制改革，加快农业科技创新体系建设，积极实施农村科技创业行动、科技富民强县专项行动、科普惠农兴村计划。不断加大对农作物和畜禽良种繁育、动植物疫病防控、节约资源和防治污染技术的投入力度，力争在农业重大领域、前沿科技的研发和应用上取得突破，增强农业发展的内生动力。加大农技推广投入，加强市场化农技推广组织的培育，提高农业科技成果转化应用水平。大力推进农业机械化，提高重要农时、重点作物、关键生产环节和粮食主产区的机械化作业水平。

（3）推进农业产业化经营。将现代工业的生产理念、经营方式、管理手段广泛移植和导入农业领域，构建"从田间到餐桌"的全景产业链，促进农产品转化增值。培育一批竞争力、带动力强的农业龙头企业和企业集群示范基地，推广龙头企业、合作组织与农户有机结合的模式，让农民从产业化经营中得到更多的实惠。注重品牌带动效应，提高农产品的知名度、美誉度和市场占有率。

（4）完善农业社会化服务。积极支持和引导大型国有农业企业、产业化龙头企业、农民专业合作组织等参与农业社会化服务，逐步建立多元化的社会化服务体系。完善农村人才的引进和开发利用机制，加强农业社会化服务人才队伍建设，逐步建立多渠道、多层次、多形式的农民教育和培训体系。着力全面提升农业经营主体素质。积极构建开放统一、竞争有序的农产品市场体系，降低流通成本、提高运行效率。

（二）推进新型工业化：为农业现代化和城镇化创造条件

世界著名发展经济学家、1976 年诺贝尔经济学奖得主刘易斯认为，没有工业发展就没有现代工业社会的产生，就没有现代城市的产生，更不会有农业现代

---

① 吴海峰.用工业化城镇化推进新农村建设［J］.农村经济，2006（6）.

化的出现。可见，工业化是"三化协调"发展的起点和核心内容。从理论上来说，工业化导致要素的空间聚集和大规模的人口迁徙，促进了城市的形成和发展，工业化所带来的先进技术，也彻底改造了传统农业生产方式。"无农不稳，无工不富"，建设中原经济区的基础是农业，关键却是工业。面对日益严峻的资源约束和环境压力，中原经济区必须建立创新驱动型、资源节约型和生态环保型的现代工业发展模式，不断提高工业质量和效益，从而带动农业现代化和城镇化快速发展。

（1）构建现代工业支撑体系。发展壮大战略支撑产业，加快培育战略性新兴产业，做强做优战略基础产业。大力发展食品加工业，将其打造成为中原经济区最具发展前景的战略支撑产业，[①]集中力量发展先进装备制造、精品原材料、中高端消费品三大优势板块，培育节能环保、新能源、新一代信息技术、生物、高端装备制造、新材料、新能源汽车七大战略性新兴产业，形成现代物流、文化、旅游、金融等一批区域服务业发展强势品牌，推动产业结构高级化、产业竞争力高端化。

（2）积极推动自主创新。企业是自主创新的主体，胡锦涛总书记视察洛轴时，就曾指示：企业发展一靠机制，二靠创新。要着力构建"以企业为主体、以市场为导向、产学研相结合"的技术创新体系，并为科技创新提供资金保障、制度保障、组织保障和人才保障，依靠技术创新带动产业链升级和产品多元化发展，实现工业发展由"要素驱动"向"科技驱动"、"人才驱动"转变。

（3）大力推进产业集聚。产业集聚，既承载工业化，又承载城镇化。[②]要加大工业园区服务平台、基础设施建设力度，努力实现以工业园区为平台的集群式发展。在量上扩大工业园区数目和规模，在质上培育一批示范带动强的重点园区和龙头企业，实现项目集中布局、产业集群发展、资源集约利用的有机融合。

（4）积极承接产业转移。国际金融危机对沿海经济的冲击和国家扩大内需战略的实施加快了国内产业转移的步伐。香港工业总会针对珠三角港商的一项调查显示：目前，珠三角8万家港企中，约有37.3%的企业正计划将全部或部分生产能力搬离珠三角。因此，中原经济区应把握承东启西、连南贯北的区位交通优势，品类齐全、蕴藏丰富的资源能源优势，数量庞大、成本较低的劳动力优势，持续做好"大招商，招好商"活动，加快引进与本地区成长性产业和竞争性产业

---

① 《河南统计年鉴2010》数据显示，2009年河南规模以上工业六大优势产业中，食品工业增加值最大，占到六大产业增加值总额的29%。

② 陈雪枫. 认清形势 积极行动 在中原经济区建设中勇担重任 [N]. 河南煤业化工报，2010-09-04.

相联系、与要素资源相匹配的产业，为工业经济发展注入新的活力。

（三）推进新型城镇化：为工业化和农业现代化提供助力

城镇化是工业化的必然产物，是现代生产方式和生活方式结合的必然选择，是经济社会现代化的重要标志。城镇化状况在一定程度上制约着农业产业化和工业化的发展水平。目前，河南的城镇化率约为 37.7%，低于全国城镇化率 9 个百分点。《促进中部崛起规划》提出，中部地区 2015 年城镇化率要达到 48% 的目标。据测算，未来 10 年间，通过加快推进城镇化过程，中原经济区将有 3360 万农村人口进入城镇，届时可新增投资需求达 3.36 亿元，拉动消费需求 4 万亿。所以，要把城镇化作为推进"三化"协调、科学发展的着力点和城乡统筹的结合点，发挥中原城市群和中心城市的支撑带动作用，着力破除城乡二元结构，率先走出一条以城市群为主体形态，大中小城市与小城镇、农村社区协调发展，互促共进的新型城镇化道路，争取将中原经济区打造成为全国新型城镇化发展试验区。

（1）强化加快城镇化的产业支撑。工业化是城镇化的第一动力，第三产业尤其是现代服务业能为工业发展提供良好服务，并具有较高的就业弹性。因此，要把发展二、三产业作为推进城镇化的中心任务，立足各地实际，合理确定产业发展战略，选择和培育主导产业。破除阻碍生产要素聚集的体制障碍，引导优势资源向优势区域、产业、企业集中，推动企业、非农产业向园区、产业带集聚，加快劳动力向城镇转移，使城镇发展节奏和规模与产业聚集速度及程度有机结合，从而带动农民进城就业不断扩大和居民生活水平逐步提高。

（2）构建现代城镇体系。按照循序渐进、节约土地、集约发展、合理布局的原则，积极探索"三农"服务型、工业型、商贸流通型、文化旅游型等多种类型的城镇建设模式。在发挥大城市和区域中心城市的集聚效应和辐射带动作用的同时，积极发展中小城市和县域经济，加快撤县建市、撤乡并镇步伐，推进有产业能力支撑的乡村城镇化，催生一批小城市和小城镇，充分发挥其在促进城乡物资交流、农业商品基地建设和乡镇经济发展等方面的积极作用，促进人口向小城市、县城聚集，从而形成经济支撑有力、基础设施完善、服务功能健全、人居环境优美、发展协调有序的现代城镇体系，[①]促进城乡经济的同步发展。

（3）以制度创新作为推进城镇化的重要动力。从历史来看，一个国家的城镇化，受工业化和制度两个因素的影响和制约。其中，制度创新有利于规范交易行为，节约城镇化的实施成本，也是不断调整城镇化目标定位与价值选择的需

---

① 王建国，完世伟，赵苏阳. 河南城乡区域协调发展研究 [M]. 河南人民出版社，2009（9）.

要。[1] 要通过实施有利于促进经济要素合理流动和资源合理配置的管理制度创新（包括户籍、土地、就业等）、产业制度与投融资制度创新以及服务制度创新，形成城镇化发展的制度合力。进一步推进统筹城乡改革，统筹城乡规划、产业发展、基础设施建设、要素市场和行政社会管理，积极探索通过统筹城乡改革发展加快城镇化进程的新途径。

二、发挥"三个基地、一个枢纽"作用

在《促进中部地区崛起规划实施意见》中，中央把中部崛起定位为打造"三个基地、一个枢纽"，即重要粮食生产基地、能源原材料基地、现代装备制造及高技术产业基地和综合交通运输枢纽，这样的定位充分考虑了中部地区的产业发展基础和区位优势。中原经济区具备建设"三个基地、一个枢纽"的条件，符合中央关于中部地区崛起的战略构想。因此，应充分考虑中原经济区自身发展的个性，发挥幅员宽广、人口众多、产业基础较好、消费潜力巨大的优势，通过基地建设和枢纽建设，承接沿海产业转移，培育现代产业体系，为工业化、城镇化、农业现代化提供持久动力。

（一）建设粮食生产基地

中原经济区覆盖的区域具有十分明显的粮食生产优势。目前，整个中原经济区粮食产量是全国的1/6，夏粮占1/2，仅河南一个省的粮食产量就占全国的1/10强。其中小麦产量超过全国的1/4。不仅解决了近亿人口的吃饭问题，每年还调出300多亿斤的原粮及加工制成品，粮食加工能力居全国第一位，对保证全国粮食安全和市场粮价基本稳定做出了巨大贡献。把中原经济区建设成保障国家粮食安全的战略生产基地，利在全国，惠及子孙。

（1）加强粮食生产重大工程建设。调整农业综合开发和土地开发整理等现有专项资金投向，重点向产粮大县倾斜。统筹实施骨干水利、基本农田、粮食科研创新、良种繁育和农技推广、农业机械化、防灾减灾、农业环保、粮食仓储物流等重大工程，按照田间设施齐备、服务体系健全、仓储条件配套的要求，建设区域化、规模化、集中连片的国家级商品粮生产基地。建设一批粮食储备和中转物流设施，重点支持郑州小麦物流节点建设。[2] 大力推进区域内散粮运输，形成散储、散运、散装、散卸的"四散化"粮食物流体系。推广农户科学储粮技术，实

① 刘国新，汪继福. 以制度创新推进城市化健康发展 [J]. 理论前沿，2009（2）.
② 国家发展和改革委员会. 促进中部地区崛起规划 [Z]. 2009.

施农户科学储粮专项，支持农户建设标准化储粮装具。

（2）提高粮食的加工能力。目前，河南食品工业增加值占全省规模以上工业增加值的 14.7%，带动了 600 万人从事食品工业及相关配套产业生产、2300 万农民从事原料生产。要继续通过"中国面粉城"（永城）、"中国食品城"（漯河）、"中国面粉博览会"、"中国食品博览会"等会展活动的发展和带动，进行粮食及粮食副产品的深加工，提高粮食加工能力，将中原经济区由"国人粮仓"变为"国人厨房"。

（3）稳定粮食播种面积。严格控制非农建设占用耕地，严格执行耕地先补后占、占补平衡的制度。稳定和完善农村基本经营制度，健全土地承包经营权流转市场，有条件的地方要培育专业大户、家庭农场、农民专业合作社等规模经营主体，稳步推进土地适度规模经营。

（4）提高粮食生产的科技贡献率。加快粮食作物良种繁育和推广，加强粮食作物有害生物监测防治，继续实施粮食丰产科技工程，开展粮食高产创建活动，集成、示范、推广先进实用的高产栽培技术。

（5）落实支农惠农政策。扎实推进粮食生产核心区建设，及时将粮食直补、农资综合补贴、良种补贴、农机具购置补贴等资金落实到位。认真执行小麦、水稻最低收购价等政策，不压级、压价，不拒收、限收，及时兑付现金，提供优质服务，调动和保护农民种粮积极性。继续实行粮食生产专项奖励政策，加大对粮食主产区的政策扶持力度，增加产粮大县的财政转移支付，调动产粮大县抓粮食生产的积极性。

（二）建设能源原材料基地

能源原材料同样是中原经济区的优势所在，中原经济区有多种矿产资源储量居全国前列，石油、煤炭、天然气储量丰富且开发强度居于全国前列，资源开发的组合条件好。以河南为例，其原煤、原油、天然气生产量均居全国前十位，电力装机规模居全国第 5 位，发达的能源输送管道和专线提升了能源保障能力。钼、钨、镓、铝土矿、天然碱等矿产资源储量位居全国前三，金、银、硅石、水泥灰岩、玻璃用砂等矿产储量也居于全国前列，氧化铝、电解铝、铅、钼、镁等产品产量均居全国首位，甲醇、纯碱、烧碱等化工产品产量分别位居全国第 1、3、4 位，粗钢、水泥、玻璃以及耐火材料等产业在全国有较强的竞争优势。但是从整体情况来看，中原经济区能源资源面临着产业结构单一、深加工不足、产业优势不突出的问题，需要构筑符合国家区域战略定位、满足市场需求、优势互补的原材料工业新格局,[①] 为其在后金融危机时代赢得发展的先机和空间奠定了坚实的基础。

（1）提高开发利用水平。加强大型煤炭基地建设和小型煤矿整合，鼓励优势企业跨区域、行业和所有制联合开发利用煤炭资源，支持"煤、电、铝"企业联姻重组，实现一体化发展。加快电力基地和电网建设，优化调整电源结构，合理规划开发水能资源，积极发展新能源和可再生能源，进一步加强三峡水电等电源基地西电东送能力，保障电力安全高效输出。大力推动镁、钨、钼、稀土、黄金等产业集约化发展，支持重点骨干企业横向并购，实现资源高效利用。

（2）调整优化产业布局。按照符合主体功能区定位、与资源禀赋、市场规模、环境承载能力等相协调的原则，加快推进钢铁、有色金属、石化、建材等优势产业的结构调整和布局优化，积极推动生产要素合理流动和配置，形成若干由大型企业集团主导、产业链完整、技术水平高、配套设施完善的产业集群。

（3）做好做强精深加工。能源和原材料的基地不仅仅简单地提供或输出初级资源品，而且要以市场为导向，以产品为龙头，严格控制初级资源类产品产能的盲目扩张，着力增加高技术含量、高附加值产品比重，不断优化产品结构，拉长产业链，这也是基地建设的核心所在。比如有色金属中的铝工业，不仅要发展氧化铝、电解铝，还要进行铝材加工，从而进一步提高产业的附加值，延伸产业链条。

（4）加快淘汰落后产能。在建设能源和原材料基地的同时要考虑如何按照低碳经济和循环经济的理念以及节能减排的要求，走出一条资源节约和环境友好的可持续发展新路子。坚持用高新技术和先进实用技术改造提升原材料工业，加快淘汰工艺技术落后、产品质量差、安全隐患大、能源资源消耗高、环境污染严重的落后产能。

（三）建设现代装备制造及高新技术产业基地

装备制造业是工业中的"母机"，高新技术产业则是未来发展的"制高点"。中原经济区装备制造业发展基础较好，河南生产能力位居全国第7位，其中输变电装备、大型矿山设备、农业机械、大型空分设备、轴承等领域主导产品技术水平全国先进，高新技术产业在超硬材料、电子信息材料方面形成比较优势。中原经济区加强现代装备制造业及高新技术产业基地建设，应当坚持"高端、高质、高效"战略取向，按照符合产业政策、具有一定发展基础和资源优势的要求，规

---

① 工业和信息化部. 促进中部地区原材料工业结构调整和优化升级方案 [Z]. 2009-12-11.

划布局一批重大装备本地化、高新技术产业化项目。

（1）提升装备制造业的整体实力。发挥中原经济区重大技术装备、交通设备制造业的优势，以核心技术、关键技术研发为着力点，增加对包括成套设备、工程设备、农业机械、汽车制造在内的一些产业的研发投入，增强自主创新、系统集成能力，提高企业的科技创新水平和核心竞争力，扩大国内市场占有率。以加强重大项目建设为重点，在资金投入、基础设施建设、土地使用等方面给予优先扶持，推进装备制造生产规模化、专业化。以发展现代制造服务业为新亮点，支持装备制造骨干企业在工程承包、系统集成、设备租赁、提供解决方案、再制造等方面开展增值服务，逐步实现由生产型制造向服务型制造转变。

（2）加快发展高新技术产业。作为中原经济区的主体，河南2008年高新技术产业增加值仅占全部工业增加值的3.6%，2009年高新技术企业利润仅增长2.8%，科技资源不足、产业规模较小、竞争力不强的矛盾依然突出。面对新的发展机遇，中原经济区应着力发展生物制药、电子信息、新能源、新材料等产业，推动企业联合重组，加强集成创新，加大产业链前端产品研发和后端推广应用支持力度，争取在创新药物、新型电池、节能环保、非金属功能材料等产业上实现突破，在新一轮竞争中占领制高点。进一步完善以专业孵化器和公共专业技术服务平台为核心的创业服务体系，发挥国家高新技术开发区和高技术产业基地的集聚、引领和辐射作用。

（3）改造传统制造业。利用高新技术和先进适用技术改造传统制造业是基地建设面临的一个重要任务。要加快对传统产业在技术装备、生产工艺和产品设计上的改造更新，应用现代生化技术，发展优质安全食品和绿色食品加工业；大力开发环保、节能、智能家电产品，提升电器制造业的竞争力；采用先进技术设备改造传统纺织服装业，鼓励发展高新技术纤维和生物质纤维；加强造纸原料基地建设，推进林纸一体化发展，加强污染治理，促进造纸产业可持续发展。

（四）建设综合交通运输枢纽

中原经济区位于我国东、中、西部三大地带的交界，也处于长三角、环渤海地区向内陆推进的要冲，全国主要的铁路、公路、航空、通讯网等在这里交会，是我国东西互动、南北交流的必经之地。国家《促进中部地区崛起规划》布局的"两横两纵"经济带中，就有"一横两纵"即陇海经济带、京广经济带和京九经济带贯穿这一区域。"交通活则满盘皆活"，完善的交通体系有利于提高区域通达程度、降低区域运输和通讯成本，以更低廉的商务成本吸引更多的产业向中原经济区转移。因此，中原经济区在抓好"三个基地"建设的同时，还要着力构筑现代交通运输体系，建设承东启西、连南贯北的综合交通运输枢纽。

（1）推进公路、铁路、民航等多种交通方式一体化发展。加快客运专线、中原城市群城际铁路建设，形成覆盖全区、辐射周边、服务全国的现代铁路网；抓住国家把郑州新郑国家机场列入国家八大枢纽机场的机遇，实施航空交通优先发展战略；以提高互联互通能力为重点，建设功能完善、结构优化、内联外畅的公路网络；建立覆盖中心城市和油气管道主干线沿线部分县级城市的管道网络，实现石油、天然气的网络化、安全化供应。

（2）完善和提升以郑州为枢纽的"米"字形交通网络。形成以郑州为中心，包括高速公路、国道、省道干线公路和铁路、轻轨、航空在内的，对外联系通畅高效、区内联系快捷紧密、各种运输方式充分衔接的现代综合交通运输体系。以城际快速轨道交通和高速铁路、公路为纽带，实现以郑州为中心，30~60分钟可以通达开封、洛阳、新乡、焦作、济源、平顶山、漯河等市；以高速公路、铁路为依托，形成以郑州为中心，2~3小时可以通达安阳、鹤壁、濮阳、三门峡、商丘、南阳、信阳、周口、驻马店、邯郸、长治、晋城、运城、徐州、菏泽、襄樊、淮北、阜阳、宿州、亳州等城市的快速交通网络。[①]

（3）推进现代物流设施建设。编制中原经济区现代物流业发展规划，立足河南，以郑州为中心，构建以郑汴新区为核心的集运输、仓储、加工、包装、配送、园区交易、商贸批发等于一体的高效快捷的现代物流体系；鼓励大型专业批发市场和物流企业建立物流资源交易平台，引导生产企业和商贸企业推广供应链管理和智能化、自动化管理，积极发展电子商务和网上交易，统筹建设一批保税物流中心。

三、不断破解"四难"

"钱从哪里来，人往哪里去、民生怎么办、粮食怎么保"，这"四难"是传统发展方式形成的困局，也是科学发展绕不过去的坎儿；是加快经济发展方式转变的出发点和构建中原经济区关注的焦点，也是今后相当长时期需要重点思考和破解的难题。改革开放以来，中原经济区经济社会发展取得了长足进步，但是与东部沿海地区相比，人均水平、民生水平和工业化、城镇化水平都明显偏低。2008年，中原经济区人均GDP只有17000元左右，比全国平均水平低5000多元，只是全国平均水平的3/4；人均财政收入只有800余元，仅为全国平均水平的1/5

---

① 吴海峰. 关于中原经济区发展布局的思考 [C]. "科学发展与区域转型"学术研讨会论文集，2010-09.

多；第一产业占 15%左右，比全国平均水平高出 4 个多百分点，第三产业只占 30%左右，比全国平均水平约低 10 个百分点；城镇居民可支配收入 12000 多元，比全国平均水平低近 3000 元；农民人均纯收入是 4300 多元，比全国平均水平低近 400 元；城镇化率 30%左右，不到全国平均水平的 2/3。立足于人口多、底子薄、基础弱、发展不平衡、总体上还是欠发达区域的现实，着力解决资金、土地、农村富余劳动力、粮食增产、农民收入水平和保障水平等问题，是加快中原经济区发展的有效途径。

（一）不断破解"钱从哪里来"

发展需要钱，转变需要钱，调整需要钱，民生需要钱。实现中原经济区重大战略设想，聚集资金是首要任务。有了资金，才能建设项目、壮大企业、发展产业、保障民生，才有实力、能力为国家担当更大的责任。如何破解资金瓶颈约束，让"钱袋子"鼓起来？除了积极争取更多的中央专项配套资金，更关键的是要加强金融支持和依靠自身发展，通过金融促进发展，通过发展吸引更多资金，形成金融与经济发展的良性互动。

（1）完善金融服务体系。加快农村信用社改革，大力发展小额贷款公司、村镇银行等新型组织，继续推进银企合作，鼓励金融机构积极开展票据业务、出口退税账户托管贷款业务、保全仓库业务、应收账款质押贷款业务、保付代理业务等。支持金融机构针对中小企业、县域经济、产业转移、节能减排、"三农"发展，设计和提供配套信贷产品，不断满足企业需求，提高金融服务水平。

（2）拓宽融资渠道。不断开发新的融资方式，对城建、交通、能源、水利等大型基础设施项目，通过采用"建设—运营—移交"（BOT）、"转让—运营—移交"（TOT）等形式，推动基础设施项目建设和经营的产业化、市场化；鼓励公司和企业通过资本市场开展以资本经营运作为核心的联合、参股、控股、收购、兼并、拍卖、转让等活动；进一步拓展股票市场、债券市场、信托公司以及金融资产管理公司的融资功能。

（3）加大招商引资力度。解决"钱从哪里来"，离不开招商引资。要把招商引资作为做大做强区域产业的"加速器"和"催化剂"，把中原经济区的资源、市场、劳动力、区位等优势，通过资本链接转化为发展的新优势。大力吸引跨国公司、大集团设立生产基地、区域性总部、研发中心、采购中心、利润核算中心等，引进外资银行、保险公司以及现代物流等服务业项目，增强经济区的辐射力和影响力。开展产业集群招商，创造条件使外资踊跃投向先进制造业、高新技术产业、高效农业和循环经济产业，推动金融资源集聚。

（4）营造良好的金融环境。从某种意义上说，现代区域经济的竞争就是金融及金融资源的竞争，进而更是金融生态环境的竞争。要进一步密切政银、银企关系，切实加快建设社会诚信体系，尽快建立信用资源共享和失信惩戒机制，加强对金融从业人员的职业道德和业务素质的培训以及对居民金融知识的普及，形成关心金融、支持金融、共同监督金融业健康有序发展的良好氛围，将中原经济区变为生产要素聚集的洼地、人才向往的高地、商务成本降低的盆地和经济效益提高的福地。

（二）不断破解"人往哪里去"

"人往哪里去"，最突出的就是农村劳动力的转移就业问题。中原经济区是我国人口最为稠密的地区之一，丰富的人力资源为本地区经济发展提供了支撑，也为全国输出了充足的劳动力。但同时，这一地区也存在农村人口基数大、劳动力素质偏低、就业压力大等问题。就河南而言，目前农村有 4700 多万劳动力，虽然已有 2000 万人实现转移就业，但这些转移就业的农村劳动力还有不少没能扎根城市、实现稳定就业，仍有 2700 多万农村劳动力从事第一产业，其中有 1200 多万人需要转移。从远景规划来看，整个中原经济区最终将吸引近 4000 万人转移到城镇，如何化人口压力为人力资源动力，任务相当艰巨。

（1）大力发展职业教育。职业教育是现代国民教育体系的重要组成部分，是改变目前劳动者素质偏低和技能型人才紧缺的重要措施。要打造职业教育的专业特色和区域特色，不断提高职业教育的质量，努力改变职业教育是"低等教育"的偏见。通过职业教育或职业培训，让农村富余劳动力、城市下岗企业职工掌握一技之长，切实加强其岗位动手能力和实际操作能力，真正实现人口包袱向人力资源优势的转变。

（2）做大做强劳务输出。把劳务输出作为农民增收最现实、最直接、最快捷、最强劲的支柱产业来培育，逐步实现劳务机构网络化、供求基地化、中介多元化、服务全程化，不断提高劳务输出的组织化程度和维权水平，引导、培训农村富余劳动力走出田埂、走向城市。同时，大力实施"回归工程"，吸引、鼓励能人返乡创业，逐步形成外出就业与返乡创业双向流动机制。

（3）以招商带动"家门口"就业。随着万达、富士康等企业大鳄进驻中原，意味着更多的务工人员将不用再过"候鸟式"的生活，能在家门口稳定就业。今后，中原经济区可以适当加大承接劳动密集型产业的力度，特别是那些占地少、用人多、无污染、科技含量高的产业。积极发展第三产业，努力增加就业岗位供应量。据有关资料统计，在河南近 2000 家外商投资企业中，直接从业人员达到

41.6 万人，与这些企业相配套、相关联的企业也提供了上百万个就业岗位。

（4）建立城乡一体化的劳动力市场。取消农民进城务工的各种"门槛"，构筑城乡平等的社会保障体系，解除农民进城务工的后顾之忧，使农民轻装上"镇"，就业安居；维护好农民工和失地农民的合法权益，实现城乡居民社会公平，变"候鸟型"农民工为"稳定型"城镇居民。

（三）不断破解"民生怎么办"

保障和改善民生是落实科学发展观、促进社会和谐的内在要求，是经济发展的出发点和落脚点。构建中原经济区，应按照重在为民的要求，着眼于人民群众最直接、最现实、最关心的问题。从"小事"抓起，从"柴米油盐酱醋茶、衣食住行教医保"入手，千方百计扩大就业，逐步完善覆盖城乡惠及全民的社会保障体系，合理调节收入分配，完善社会公共服务，加快建设保障性安居工程，维护社会稳定，让老百姓切身感受到建设中原经济区带来的实惠，生活得更有尊严。只有解决好民生问题，经济的增长才是真正的增长，这也是构建中原经济区的目的所在。

（四）不断破解"粮食怎么保"

当前及今后一个时期，我国粮食消费需求呈刚性增长，而耕地减少、水资源短缺、气候变化等因素对粮食生产的约束日益突出，粮食供求将长期处于偏紧状态。据国家有关部门测算，到 2020 年，全国必须再新增 1000 亿斤的粮食生产能力，才能确保届时 14 亿多人口的吃饭问题。站在全球化的角度来看，粮食早已经与美元、石油等经济战略武器紧紧捆绑在一起。可以说，谁拥有了充足的粮食，谁就拥有了世界经济体系的主导权。在某种程度上，粮食问题不仅是经济问题，也是社会问题，更是关系国家安危的政治问题。面对这个重大课题，作为传统农区和国家粮食生产基地，中原经济区责任重大。要加快改善粮食生产条件，落实支农惠农政策，稳定粮食播种面积，提高粮食生产的科技贡献率。

四、统筹城乡协调发展

统筹城乡发展是 21 世纪新阶段党中央做出的重大战略部署。统筹城乡发展的实质，就是要加快推进城乡一体化进程，破除城乡二元结构，形成以工哺农、以城带乡、城乡协调发展的新局面，让人民群众共享改革发展与现代文明成果。中原经济区是传统的农业区，农村人口比重大，城乡差距明显，是制约该区域形成城乡一体化发展新格局，促进中原地区崛起的重要因素。2009 年，中原经济区的主体河南省城镇居民人均可支配收入 14372 元，农村居民人均纯收入 4807

元，前者是后者的 2.99 倍，差距较大。加快中原经济区建设，必须坚持统筹兼顾，加大工业反哺农业和城市支持农村力度，逐步改变城乡二元经济结构，缩小城乡发展差距，促进城乡协调发展，形成城乡经济社会一体化发展、共同繁荣的新格局。

（一）加快推进城乡一体化进程

城乡一体化是一项长期复杂的社会系统工程，关键在于改善城乡关系，目的是建立统筹城乡协调发展的推进机制，实质是消除城乡二元结构，加速城乡融合，使城乡共享现代物质文明与精神文明，实现共同繁荣和发展。中原经济区建设要围绕构建城乡经济社会发展一体化新格局的目标，尽快实现城乡规划、产业布局、基础设施建设、公共服务和社会管理的一体化。统筹布局和整合全省产业、城镇、交通、生态等各类空间要素，合理安排县域城镇建设、农田保护、产业集聚、村落分布、生态涵养等空间布局。积极推动城乡产业融合，推动城市资本、技术优势与农村资源优势结合，促进生产要素在城乡间合理流动，逐步形成分工合理、产业对接、联动发展的格局。健全城乡统一的生产要素市场，实现城乡资源共享和生产要素的优化配置，把公共资源更多地投向农村。统筹城乡基础设施建设，加快发展覆盖城乡的社会事业，促进公共设施向农村延伸、公共服务向农村覆盖，加快建立城乡统一的劳动力市场，构建城乡一体的公共服务体系，逐步实现城乡社会统筹管理和基本公共服务均等化。

（二）建立以工补农、以城带乡长效机制

进一步调整国民收入分配结构，按照总量持续增加、比例稳步提高的要求，建立健全财政支农资金稳定增长机制，不断增加对"三农"的财政投入，确保各级财政对农业的投入增长幅度高于财政经常性收入增长幅度，确保财政支出优先支持农业农村发展，预算内固定资产投资优先投向农业基础设施和农村民生工程。大幅度增加对农村公益性建设项目的投入，如对病险水库除险加固、生态建设、农村饮水安全、大中型灌区配套改造等公益性建设项目，取消县及县以下资金配套。完善财政转移支付制度，加大对困难地区财政转移支付力度，有效改善传统农区和产粮大县的财政状况。进一步深化农村金融体制改革，增加农业信贷投入，减少农村资金的非农化流失。落实好强农、惠农、支农政策，较大幅度地增加农业生产环节的补贴，充分调动广大农户和集体经济组织增加投入的积极性。大中城市要发挥对农村的辐射带动作用。鼓励各种社会力量开展与乡村结对帮扶，参与农村产业发展和公共设施建设。推进城市教育、医疗等优质公共资源服务农村，鼓励教师、医生和各类专业技术人才在城乡间轮转换岗，深化文化科

技卫生"三下乡"活动,引导更多城市教师下乡支教、城市文化和科研机构到农村拓展服务、城市医师支援农村。充分发挥各民主党派、工商联、无党派人士和工青妇等群团组织在促进农业农村发展中的作用。

(三)推进统筹城乡综合配套改革试验

深入推进鹤壁、济源、巩义、义马等地城乡一体化试点,加快户籍管理、社会保障制度改革,放宽中小城市、小城镇落户条件,逐步实现农民工在劳动报酬、子女就学、公共卫生、住房租购以及社会保障方面与城镇居民享有同等待遇;积极稳妥地开展以土地承包经营权置换社会保障、以宅基地置换城镇房产试点工作,促进在城镇稳定就业和居住的农民有序转变为城镇居民。积极推进新乡市省级统筹城乡发展试验区建设,积极探索以产业集聚区和新型农村社区建设为载体,协调推进社会主义新农村建设、县域经济发展和中原城市群都市区建设的新路子。扎实推进信阳市省级农村改革综合试验区建设,创新农村土地流转、整合新农村建设资金、农村社会化服务体系、农村社会保障、创业人才回归、文化引领社会经济发展等体制机制。

(四)加快推进社会主义新农村建设

按照"生产发展、生活富裕、乡风文明、村容整洁、管理民主"的要求,努力建设具有区域特色的富裕、民主、文明、和谐的社会主义新农村。

(1)加强农村基础设施建设。继续实施农村饮水安全工程,逐步提高自来水入户率。完成农村电网改造续建配套工程,充分利用山区水电资源,搞好农村小水电建设。加强农村公路建设,所有行政村和部分自然村实现通水泥路(油路),大力发展农村客运市场,路、站、运同步发展,解决农民出行难问题。大力发展农村沼气,在适宜地区全面推进农村户用沼气建设,扶持养殖场(区)建设大中型沼气工程,推广沼气综合利用技术,加强沼气服务体系建设。积极推广使用太阳能和新型节能炉灶。大力发展农村通信,充分利用各种农业信息网络平台,为农民提供及时快捷的信息服务。搞好给排水、垃圾集中处理设施建设和村庄、村际通道绿化工程,加强沟、河、渠绿化,改善农村环境卫生和村容村貌。在尊重农民意愿的基础上,按照集约用地的原则,统一规划,改造旧村镇,重点建设中心村,合理归并自然村,引导农村住宅建设适当集中,提高供排水、电力、道路、卫生等设施配套水平,提高农民生活水平。

(2)加快农村社会事业发展。优先发展农村教育事业,巩固提高农村九年义务教育,建立健全农村教育经费保障机制,进一步改善办学条件,加强农村教师队伍建设,鼓励大中专毕业生到农村任教,建立城市教育支持农村教育的机制。

大力发展农村职业教育和成人教育，实施农民科技培训工程，培养有文化懂技术会经营、能适应分工分业发展要求的新型农民。积极发展农村卫生事业，完善农村卫生基础设施，加强农村卫生人才的培养，建立具有较高专业素质的农村卫生服务队伍。建立新型农村合作医疗制度，健全农村三级医疗卫生服务和医疗救助体系。加强农村体育场地设施建设和管理，开展适合农村特点的群众性体育活动。繁荣农村文化事业，实现自然村通广播电视，行政村建设文化活动室，乡镇建设综合文化站。积极探索建立农村居民基本养老保险制度。深入开展社会主义示范村建设，以点带面，推动全局，积极探索符合各地实际的新农村建设路子。

五、充分发挥文化优势

博大精深、源远流长的中原文化，是中华文明长河的源头和主流，是中华民族优秀传统文化的传承与根脉之所在。中原地区地下文物、馆藏文物、历史文化名城、重点文物保护单位数量均居全国第一位；考古学文化、中原历史文化、名人文化、红色文化等，博大精深；人文景观、山水景观，美不胜收；民间工艺、民俗文化，异彩纷呈。当今时代，文化越来越成为民族凝聚力和创造力的重要源泉，越来越成为综合实力竞争的重要因素。在构建中原经济区的战略规划中，必须高度重视文化在促进经济社会发展中的重要作用，充分发挥中原文化的独特优势。在继承、吸收传统文化精髓的基础上，创新文化表现形式，发展文化生产力，做大做强文化产业，努力建设全国文化改革发展实验区。

（一）加快文化资源整合

中原经济区虽然拥有文化资源优势，但存在严重的条块分割、行业分割和区域分割，造成许多具有开发潜力的文化资源开发低劣、保护不力、惨淡经营。还有大量资源干脆无人开发、白白浪费，文化资源在各种各样的分割中被消解，难以形成整体优势。如河南的许昌市、洛阳市、安阳市以及湖北的襄樊市都是三国时期的重镇，还有焦作市的温县以及邯郸市的永年县都是太极拳的发祥地。这些地区在文化资源的开发利用上都有不少动作，但是目前都处于各自为战的状态，没有形成规模效应和突出优势。因此，必须加快整合速度，加大整合力度，打破制约文化产业发展的体制束缚和行业壁垒，将历史的、潜在的、分散的优势，变成现实的、勃发的、综合的优势。对于具有广泛影响和重要价值的历史文化资源，要加强行政区之间的沟通和联动，促进政府层面的协作。由政府进行统一规划和资源整合，再借助市场之手调节各方利益，加快企业兼并重组，形成一批跨行业跨地区经营、有较强市场竞争力的骨干文化企业和企业集团，完成文化资源的强势整合。

（二）培育优势文化产业

重点发展传媒出版、文化旅游、武术健身、工艺美术和文博会展等优势产业。传媒出版业要积极发展传媒内容产业，注重原创节目、出版物的制作播映、出版发行和衍生产品的生产开发，改造传播模式，加快信息化、数字化、网络化建设，推动产业升级，努力建设国家重要的传媒出版产业基地。[①] 文化旅游业要进一步提升精品旅游的影响力，着力开发以古都、名寺、祖根、功夫为特色的文化观光、寻根朝觐旅游项目，大力发展文化旅游配套产业、关联产业，扩大中原文化旅游的规模和效益。武术健身产业要实现规模化、集约化经营，依托登封、温县、亳州、菏泽、永年等"武术之乡"，做大做强武术健身的教育、培训、中介服务、用品开发等系列产业。工艺美术业要提高自主创新能力，加大市场开拓力度，进一步扩大工艺美术产业的生产规模和市场份额，同时大力保护、挖掘民间艺术，如禹州钧瓷、南阳玉雕、阜阳剪纸、淮北雕塑等。文博业要认真抓好以河南博物院、安阳中国文字博物馆等为主的博物馆藏品展览业，同时加大文物外展力度，大力发展文物复仿制业等相关产业；会展业要依托中原经济区的区位和资源优势，吸引国际性和全国性的大型会展、节会，打造全国会展基地。

（三）发展文化创意产业

与制造业不同，文化创意产业的运营成本低，制作过程不需要很多厂房、设备的投入，形式灵活，影响广泛，通过网络、影视、书本就能广泛传播，形成巨大的社会和经济价值。[②] 中原经济区文化底蕴深厚、消费前景广阔、交通条件便利，具备发展文化创意产业的基础条件和巨大潜力，经过近几年的探索，也取得了一些成绩。如《禅宗少林·音乐大典》就是以嵩山少林佛教禅宗文化为背景，采用现代科学技术而创造出来的创意性文化旅游项目，为中原文化旅游产业向文化创意产业转型提供了示范；以郑州小樱桃卡通公司为"领头羊"的河南动漫业也得到了较快的发展。但是，总的来看，这种成功的范例还太少。"资源有限，而创意无限"。事实上，美国动画大片《花木兰》就是取材于河南的民间传说，科幻大片《侏罗纪公园》也是受到河南西峡恐龙蛋和云南禄丰侏罗纪恐龙化石资料的启发而创意成功的。他山之石，可以攻玉。中原文化不能只停留在"品美食、听戏曲、看功夫"上，要积极借鉴国内外发展文化创意产业的成功经验，用创新

---

① 中共河南省委、河南省人民政府. 河南省关于加快文化资源大省向文化强省跨越的若干意见 [Z]. 2007.

② 吴君. 文化创意产业在经济寒流中现出暖意 [N]. 中国知识产权报，2009-05-11.

的思路和创意的理念指导文化产业的开发方向，实现历史文化资源的高水平转化。充分利用郑州、洛阳等城市文化机构、科研院所、高等院校和文化高端人才相对集中的优势，集中精兵强将联合攻关，破解文化创新力不足的瓶颈，尤其是在对经济社会发展具有较强支撑力和带动力的影视、传媒、演艺、动漫、网游的制作上，可以将神话传说、历史典故、民俗文化等元素注入其中，充分利用现有文化资源优势发展创意文化产业。建设创意产业企业孵化器，在税收、融资等方面给予创意产业优惠政策支持，积极鼓励创意企业与国际著名创意制作、经纪、营销机构开展交流合作。

（四）打造文化知名品牌

文化品牌是文化软实力的重要标志，一个地方的竞争力、吸引力在很大程度上取决于文化的品牌效应。因此，中原经济区也要依托独特的文化资源，打造一批具有影响力的文化品牌。如以《大河报》、《梨园春》、《武林风》等为代表的现代传媒品牌，以《程婴救孤》、《风中少林》、《木兰诗篇》、《禅宗少林·音乐大典》等为代表的演艺品牌，以古都文化、武术文化、寻根文化、宗教文化等为代表的文化旅游品牌，以洛阳唐三彩、开封汴绣、阜阳剪纸、淮北雕塑等为代表的传统工艺美术品牌，以宝丰马街书会、濮阳周口杂技、邯郸皮影戏、宿州马戏等为代表的民间演艺品牌，以黄帝故里拜祖大典、中华姓氏文化节、国际华商文化节、中原文化行等为代表的文化活动品牌，充分挖掘品牌市场价值，开发衍生产品，形成产业链条，增强核心竞争力。

在打造品牌的同时，也要加强知识产权保护。近年来，河南不少地市文化品牌频遭抢注，如愚公故里、少林寺、清明上河园、包公祠、天波杨府、魏都、建安、灞陵桥、春秋楼等，十几个品牌均被外省企业或个人抢注。如今，越来越多的企业开始意识到技术、品牌、商业秘密等无形财产的巨大作用，而如何让这些无形资产逐步增值，就有赖于对知识产权的合理保护。

（五）建立和完善现代文化市场体系

要进一步打破条块分割、地区封锁、城乡分离的市场格局，构建统一、开放、竞争、有序的现代文化市场体系。发挥区位优势，尽快形成以郑州为中心的文化产品集散地，推动中西部地区出版物和文化产品大市场、大流通格局的形成。积极培育资金、人才、设备、技术和艺术设计等各类文化要素市场，加紧完善展览、咨询、版权、培训等各类文化服务市场，重点发展印刷品、电子产品、艺术品、工艺品等文化产品市场。完善现代流通体制，大力发展文化连锁经营、物流配送、电子商务和电影院线等现代流通组织形式，建立完善的文化产品现代市场营销系统，提升文化产品流通和消费领域的信息化水平。大力发展经纪、代理、策划、推介、评估、咨询、拍卖、产权交易等市场中介机构，为文化单位提供专业化、社会化的服务。大力培育居民文化消费意识。通过媒体等多种途径，宣传、倡导文化消费新观念，培养文化消费习惯，引导居民自觉进行文化消费。加快培育农村文化市场，逐步提高农民的文化素质和文化消费水平。

六、建设全国生态屏障

加快中原经济区建设，构筑区域生态安全体系，大力发展绿色经济和循环经济，建设全国生态文明示范区，促进人与自然和谐，形成经济发达、水清天蓝、山川秀美的生态区域，将对维护全国生态稳定和平衡提供重要支撑，也为广大下游地区生态环境改善和京津地区的供水安全提供重要保障。目前，由于中原经济区经济基础薄弱，环境承载能力有限，又处于工业化、城镇化加速发展的阶段，生态建设、环境保护的任务依然十分艰巨。

（一）加强生态保护和建设

坚持保护优先、开发有序，以控制不合理的资源开发活动为重点，强化对水源、土地、森林等自然资源的生态保护。限制开发重要水源保护地区、重要湿地和生态脆弱地区，禁止开发依法设立的各类自然保护区，引导超载人口逐步有序转移，建设国家区域性重要生态功能区。坚持以生态建设为主的林业发展战略，加快造林绿化步伐，大力培育、保护和合理利用森林资源。[1] 加强天然林保护、平原沙区综合治理、水土保持生态修复、山丘区退耕还林、黄河生态工程、南水北调中线绿化工程、太行山绿化等生态工程以及自然保护区、湿地保护区建设。坚持宜林则林、宜草则草原则，积极建设沿河、沿路生态保护带。有效保护生物多样性，防止外来物种侵害。按照谁开发谁保护、谁受益谁补偿的原则，加快建立生态补偿机制。加快实施平原绿化、人居生态环境建设工程，积极创建国家环境保护模范城市、生态园林城市、生态示范乡镇、环境优美乡镇，加快建设宜居区域。

（二）加强环境治理和保护

坚持预防为主、综合治理，强化从源头上防治污染和保护生态，坚决改变先污染后治理、边治理边污染的状况。着力解决流域水污染、矿区环境污染、大气污染和农村面源污染等突出环境问题。继续加强长江、黄河、淮河、海河流域和

---

① 河南省人民政府. 河南林业生态省建设规划［Z］. 2007.

南水北调中线工程水源地及沿线水污染防治。加强饮用水水源地的保护，控制入河污染物排放，加大城镇生活污水和垃圾收运处理设施建设，提高污水处理率和垃圾无害化处理率。加快工业污水处理与再生利用设施及电厂脱硫设施建设，淘汰落后工艺技术，依法关、停、并、转污染严重企业，加强重点污染区域治理。加强农村面源污染防治，引导农民合理使用化肥、农药，搞好畜禽养殖污染治理，特别要保护好饮用水源。严格执行国家大气污染物排放标准，努力改善区域空气环境质量。加强地质灾害防治、矿山环境恢复治理及城市地质、农业地质环境调查评价。健全环境监管体制，完善环境监测体系，提高环境监管能力。大力发展节能环保产业。加大环保执法力度，严格执行排放总量控制、点源浓度控制、排放许可和环境影响评价制度。探索并推行污控指标有偿调剂使用制度。加强环保宣传，增强全社会的环保意识。

（三）注重资源综合利用

坚持资源开发与节约并重，按照减量化、再利用、资源化的原则，以节能、节水、节地、节材和资源综合利用为重点，提高资源利用效率，大力发展循环经济。严格控制城乡建设用地总规模，科学合理安排村庄建设用地和宅基地，提高土地节约集约利用水平。大力实施农业节水工程，重点抓好火力发电、石油化工、钢铁、纺织、造纸、食品等高耗水行业节水。制定循环经济规划，搞好循环经济试点和示范推广工作，推动煤炭、建材、电力、冶金、化工等重点行业的资源综合利用，加快建设循环型城市和循环型工业生态园区、农业生态园区，构建全方位的循环经济体系。强力推行清洁生产，实施清洁生产审核，建设一批清洁生产企业。推进技术进步，加快资源节约新技术、新产品、新材料的开发和推广应用，实施一批示范工程。严格市场准入，控制高耗能、高耗水、高耗材产业的发展。完善再生资源回收利用体系，推进资源综合利用和循环利用。强化节约意识，提倡全民勤俭节约。制定党政机关节约制度，带头厉行节约。完善促进资源节约的法律法规和政策，建立资源节约和资源循环利用评价指标体系。综合运用法律、行政、经济、科技等手段，逐步形成节约型经济增长方式和消费模式。

（四）健全生态环境保护机制

建立政府主导、市场推进、公众参与的环境保护新机制，是建设生态屏障的必要保障。[①] 政府应做好生态环境保护的规划、监督和管理，制定和完善生态建

---

① 吴海峰.加强南水北调、城镇环境保护和绿地系统建设［C］."探索环境保护新道路 推动河南生态省建设"高峰论坛论文集，2010-06-04.

设的相关计划，建立一套完整、严密、可操作的法律综合体系，建设一支素质高、责任心强、公正廉洁的执法队伍，促进生态保护的法律化、制度化。引入价值观念和市场机制，建立健全生态环境再生产的经济补偿和相关激励政策，通过税收和环境产权的手段明确人与自然的关系、企业与自然的关系，配合宣传教育提高公众和企业的环保意识和契约意识，抑制生态环境资源的过度消耗、污染和破坏。进一步明确公民环境权，完善公民参与生态建设和环境保护制度。修改决策程序，使公众在决策过程中有必要的充分参与环节。建立公众评比的环境法律救济制度，在生态环境影响评价中赋予公民听证权和监督权，充分调动公众参与生态环境保护的积极性。

七、做大做强中原城市群

中原城市群是全国城镇规划体系提出的重点发展城市群之一，是河南实施中心城市带动战略、快速推进城镇化进程、加快中原崛起的重要战略举措。中原城市群与中原经济区是核心与腹地的关系，中原城市群作为核心区和增长极，在中原经济区建设中具有示范和辐射作用。可以说，构建中原经济区，中原城市群是基石。要抓住中央实施中部崛起规划的重要机遇，加快中原城市群建设，创新发展机制，优化空间结构，整合区域资源，完善城市功能，壮大优势产业，加速人口和产业集聚，提升中原城市群整体竞争力。

（一）优化中原城市群布局

统筹"郑汴新区"规划建设，加快体制机制创新，强化产业支撑，推动"郑州新区"和"开封新区"加快发展，经过5~10年的努力，将"郑汴新区"建设成为现代产业集聚区、城乡一体发展的现代复合型新城区、综合改革核心试验区、对外开放示范区、环境优美宜居区和为全省乃至中西部地区服务的区域服务中心。加快高速铁路、高速公路和机场等综合交通体系建设，打造以郑州为中心的中原城市群"半小时"和"1小时"交通圈，形成以郑汴一体化区域为核心层、半小时交通圈区域为紧密层、1小时交通圈内城市为辐射层，合理分工、功能互补、向心发展、协调推进、共同繁荣的"一极两圈三层"城乡统筹发展新格局。

（二）培育四条经济发展带

经济带的特点是通过发达而便捷的运输，把资源开发、商品生产、劳动服务和流通等基地连成一线，大大缩短空间距离并节省时间和降低成本，使其在区域发展中发挥辐射和带动作用。[1] 考虑到中原经济区和中部崛起的宏观背景，经济带的培育已经不能仅仅局限于中原城市群之内，要努力让经济带增宽加长，形成以中原城市群现有 9 个城市为重要节点、覆盖中原经济区多个城市、纵横交错的网络结构，实现以中原城市群各城市的发展辐射带动其他城市。同时，通过沿经济带各城市之间的分工协作、优势互补，支撑中原城市群进一步发展壮大。

（1）在郑汴洛城市工业走廊的基础上重点建设沿陇海经济带。除了郑州、开封、洛阳，还包括徐州、商丘、三门峡等节点城市，按照整体规划、点轴结合、分层推进的思路，以郑州、洛阳两市作为产业、技术、资金、人才等要素高势能的辐射源，壮大高新技术、能源原材料、先进制造业、生态文化旅游、汽车及其零配件等产业。

（2）以新郑漯产业带为基础加快发展沿京广经济带。除了新乡、郑州、许昌、漯河 4 市，积极将邯郸、安阳、鹤壁、驻马店、信阳等节点城市融入进来，重点发展食品加工、高新技术、轻纺、新型材料、生物医药等产业。

（3）发展沿焦枝铁路和公路经济带。以焦作、济源、洛阳、平顶山为中心环节，北接晋城、长治，南连南阳、襄阳，该经济带涉及山西、河南、湖北三省，沿线矿产资源非常丰富，要积极发展以能源、原材料工业、重化工业、汽车工业为主的产业。

（4）培育沿京九交通线经济带。以菏泽、濮阳、新乡、开封、阜阳、亳州、信阳为支点城市。与其他几条经济带相比，目前该产业带发展基础较为薄弱，新乡和开封还难以形成辐射带动能力。但是从长远看，可以依托便利的交通条件，加快能源基地和农副产品加工基地建设，同时积极承接东部沿海地区的产业转移。

可见，通过这四条经济带的培育和发展，未来中原城市群的范围，不仅会覆盖全省区域，还将辐射到山西、山东、安徽的部分地区，有望形成中原经济区内各区域之间的优势互补、相互融合、竞相发展的格局。

（三）加快中原城市群"三化"示范区建设

以新型城镇化为引领，带动城镇化、工业化、农业现代化协调发展。优化空间布局，推动产业和人口向城镇集聚，增强经济发展内生动力，推进城乡基本公共服务均等化，促进城镇化、工业化与农业现代化相协调、城市发展与农村发展

---

[1] 吴海峰. 关于中原经济区发展布局的思考 [C]. "科学发展与区域转型" 学术研讨会论文集，2010-09.

相协调。将中原城市群初步建成我国内陆重点开发地区科学发展先行区、宜居宜业复合型城镇密集区、全国重要的现代农业产业基地、重要的先进制造业基地、现代化综合交通枢纽和中西部地区经济发展核心增长极。

（四）推动中原城市群交通一体、产业链接、资源共享、生态共建

推动交通一体化，形成城市群基本"骨架"。立足于巩固和提升中原城市群交通枢纽地位，以高速化、网络化、一体化为目标，着力构建以郑州为中心，以客运专线为骨架、城际轨道交通为支撑的"半小时交通圈"和"1小时交通圈"，形成多种运输方式高效衔接的现代综合交通网络。

推动产业对接，夯实城市群发展基础。按照科学发展、跨越发展的要求，大力实施中心城市带动战略，以产促城、以城带乡、产城融合，加快推进复合型紧凑型中心城市建设，着力做大做强主导产业，促进资源共享、环境共建，形成核心层、紧密层、辐射层分工协作、互动发展新格局，全面提升城市群综合竞争力。

推动资源共享，实现城市群服务联通。打破各自为政的行政壁垒，坚决消除相互设卡的市场障碍，积极探索资源要素跨区域有偿使用的新途径，优化内部各种生产要素的配置，促进各种要素自由流动，塑造城市群整体发展优势。探索建立区域统一的基础设施和教育、医疗等公共服务共建、共营、共享。推动生态共建、环保同治，提高城市群资源环境承载能力。围绕实现城市群全面协调可持续发展，协调区域经济发展和环境保护，积极推进区域生态共建、污染同治，探索集约发展、循环发展和生态发展新模式。

八、努力构建和谐中原

构建以人为本的社会事业支撑体系，建设和谐中原是实现中原经济区繁荣发展的基本任务。要按照重在为民的要求，坚持着力民生、着力民心，从人民群众最直接、最现实、最关心的问题入手，加快完善社会公共服务，妥善处理好各方面利益关系，努力构建和谐中原。

（一）千方百计扩大就业

就业是民生之本、发展之要、和谐之基。要坚持把扩大就业摆在经济社会发展更加突出的重要位置，积极实施扩大就业的发展战略，努力扩大就业规模，改善就业结构，形成覆盖城乡的就业公共服务体系，努力实现经济增长与扩大就业的良性互动。

（1）实施更加积极的就业政策。深入贯彻《就业促进法》和《河南省就业促进条例》，按照劳动者自主择业、市场调节就业、政府促进就业的方针，强化政府职责，完善促进就业的政策体系，鼓励服务业、中小企业、非公有制经济更多吸纳就业，努力控制失业规模。统筹抓好高校毕业生就业、城镇新增劳动力就业、农业富余劳动力转移就业和失业人员再就业工作。

（2）多渠道开发就业岗位。抓住东部产业转移的机遇，主动承接东部产业转移，壮大产业规模，努力扩大吸纳就业能力，吸引外出务工人员来河南就业。抓住城镇化快速推进的机遇，大力发展服务业、中小企业、非公有制经济，努力增加就业岗位；大力开发公益性就业岗位，实施公益性岗位安置计划，安置就业困难人员。大力开展创建充分就业社区活动，扶持灵活就业。

（3）促进以创业带动就业。发挥创业就业的倍增效应，加快形成政策扶持、创业培训、创业服务"三位一体"的工作机制，努力创造更多的就业岗位。加大政策扶持创业力度，进一步落实税费减免政策，放宽创业领域和准入条件，改善创业环境，降低创业成本和创业门槛；强化创业服务，健全完善创业服务指导体系，大力开展创业指导、创业培训、小额担保贷款等一条龙创业服务。大力开展创业促进活动，推动创业孵化园区建设，开展创建创业型城市活动，推广各类有效的创业（培训）模式，带动全民创业深入开展。

（4）建立健全就业服务体系。坚持统筹城乡就业，充分发挥市场机制的基础性作用，加快建设统一规范的人力资源市场，进一步打破城乡分割、身份分割和地区分割，促进城乡劳动者就业机会更加均等、就业结构更加优化、就业环境更加宽松、就业保障更加健全、就业岗位更加稳定。规范劳动用工制度，保障劳动者合法权益。

（二）完善医疗卫生服务体系

构建覆盖城乡的公共卫生服务体系，提高人民群众健康保障水平。应高度重视人民群众身体健康和生命安全，坚持医疗卫生事业的公益性质，强化政府责任和投入，创新体制机制，鼓励社会参与，建立覆盖城乡居民的基本医疗卫生制度，不断提高全民健康水平，实现人人享有基本医疗卫生服务的目标。

（1）完善公共卫生服务体系。建立健全疾病预防控制、健康教育、妇幼保健、精神卫生、应急救治、采供血、卫生监督和计划生育等专业公共卫生服务网络，完善以基层医疗卫生服务网络为基础的医疗服务体系的公共卫生服务功能，加强对严重威胁人民健康的传染病、慢性病、地方病、职业病和出生缺陷等疾病的监测与预防控制，提高公共卫生服务水平。

（2）大力发展农村医疗卫生服务体系。进一步健全以县级医院为龙头、乡镇卫生院和村卫生室为基础的农村医疗卫生服务网络，积极推进农村医疗卫生基础设施和能力建设。大力改善农村医疗卫生条件。建立城市医院对口支援农村医疗卫生工作的制度，帮助农村卫生机构提高医疗水平和服务能力，使农民基本实现"小病不出村、大病不出县"。

（3）加快建立新型城市医疗卫生服务体系。优化配置城市医疗卫生资源，加快构建以社区卫生服务为基础的城市卫生服务体系。完善社区卫生服务功能，提供疾病预防控制等公共卫生服务、一般常见病及多发病的初级诊疗服务、慢性病管理和康复服务。采取增强服务能力、降低收费标准、提高报销比例等综合措施，引导一般诊疗下沉到基层，逐步实现社区首诊、分级医疗和双向转诊。城市新建和改建居民小区要实现社区卫生服务设施与居民住宅同步建设、同步启用。加强区域性医疗中心和城市综合性医院、专科医院建设。进一步提升城市综合医院和专科医院科研、医疗水平，扩大三甲医院队伍，扩充优质医疗卫生资源；加强中医临床研究基地和中医院建设，充分发挥中医药在防治重大传染病和疑难疾病方面的作用，满足人民群众多层次、多样化的医疗卫生需求。

（4）深入推进医药卫生体制改革。重点抓好基本医疗保障制度建设，初步建立国家基本药物制度，健全基层卫生服务体系，促进基本公共卫生服务均等化和公立医院改革试点等改革任务。扩大基本医疗保障覆盖面，稳步提高保障水平。加强药品质量和价格监管，严格治理医疗乱收费，减轻群众医药费负担。鼓励和引导社会资本发展医疗卫生事业。转变基层医疗卫生机构和公立医院运行机制，完善分配激励制度，构建和谐的医患关系。

（三）加快教育事业发展

百年大计，教育为本。从现在起到 2020 年，是河南全面建设小康社会、加快实现中原崛起的关键时期。同时，也面临着工业化、城镇化、农业现代化协调发展，以及科技、人口、资源、环境压力与调整经济结构，转变发展方式要求等诸多问题。必须要加快教育事业发展，提高人口素质，建设人力资源强省。

（1）促进义务教育均衡发展。坚持均衡配置义务教育资源，加快缩小城乡差距，建立城乡一体化的义务教育发展机制。落实新增教育经费主要用于农村义务教育的政策，抓好农村中小学寄宿制学校建设和校舍安全工程，优先满足留守儿童的住宿和学习需求。适应加快城镇化发展对义务教育的需要，加大城镇义务教育学校投资和建设力度，改善城镇薄弱学校办学条件，全面提高城镇义务教育质量。采取有效措施保障经济困难学生和进城务工人员子女平等接受义务教育，让更多的学生公平地享受到优质教育资源。

（2）大力发展职业技术教育。加强职业教育基础能力建设，提升职业教育办学水平，推动职业教育向规模化、特色化、品牌化发展，促进职业教育与市场需求、劳动就业紧密结合。提高专门职业技能型人才的社会地位和待遇，增进职业教育吸引力。积极吸引重点企业参股职业教育集团，促进校企之间资源共享、优势互补。大力发展农村职业教育，建立农村实用人才培训和劳动力转移培训长效机制。充分发挥国家职业教育改革实验区先行先试的功能，创新职业教育体制机制和人才培养模式。

（3）做大、做强、做优高等教育。积极扩大高等教育规模，保持高等学校数量和在校生规模适度增长，加快缩小与全国平均水平的差距。在积极培育和建立一批省属重点大学的基础上，倾力打造郑州大学和河南大学，使其成为有较大影响力、国内一流、国际知名的综合型高水平大学；把河南农业大学、河南科技大学、河南理工大学、河南师范大学、河南工业大学、河南财经政法大学建设成为各具特色优势、国内一流的名牌大学。

（4）高度重视学前教育、高中阶段教育和特殊教育。引导学前教育健康发展，建立政府主导、社会参与、公办民办并举的学前教育办园体制。稳定普通高中教育规模，推进多样、灵活、开放办学。关心和支持特殊教育，加强特殊教育学校建设工程，完善特殊教育体系，确保残疾少年儿童享受国民义务教育。有条件的地区，要逐步实现高中教育向县城集聚，初中教育向乡镇集聚，小学教育向中心村集聚。在大中城市化进程中，要科学规划教育资源布局，逐步推进和建成高职教育园区、高等教育园区、合作办学园区等现代教育新格局。

（四）完善覆盖城乡惠及全民的社会保障体系

按照广覆盖、保基本、多层次、可持续的原则，逐步建立社会保险、社会救助、社会福利、慈善事业相衔接的覆盖城乡居民的社会保障体系。

（1）着力健全社会保险制度体系。加快建立新型农村社会养老保险制度，完善被征地农民养老保障制度；完善城镇养老保险制度，探索推进事业单位养老保险改革；建立健全统筹城乡、保障基本医疗、满足多层次需要的医疗保障体系；完善失业、工伤、生育保险制度；逐步建立覆盖城乡退休人员的社会化管理服务体系。着力解决城乡之间和地区之间的制度衔接和关系转移问题。

（2）扩大社会保障覆盖范围。以非公有制经济从业人员、农民工、灵活就业人员、城镇居民为重点，做好扩面征缴工作，全面扩大社会保险覆盖面。力争到2020年，养老保险、医疗保险基本覆盖城乡全体居民。

（3）进一步提高社会保障能力。加强各项社会保险费征缴力度，努力做到应收尽收。建立健全社会保障待遇调整机制，稳步提高社会保障水平。着力强化社会保障基金监管，确保基金安全完整；着力加强社会保险经办能力建设，不断提升管理服务水平，努力实现对社保对象"记录一生、跟踪一生、服务一生、保障一生"的管理服务目标。

（4）完善各项社会救助体系。完善城乡居民最低生活保障制度和农村五保供养、特困户救助、灾民救助、流浪乞讨人员救助等制度。健全社会保障性住房、廉租房制度，切实解决城市低收入家庭住房困难。完善和落实优抚安置政策。发展以扶老、助残、救孤、济困为重点的社会福利事业。倡导和鼓励全社会关心支持残疾人事业。发展慈善事业，增强全社会慈善意识。

（五）提高城乡居民收入

稳妥推进收入分配制度改革，正确处理好公平和效率的关系，统筹机关和企事业单位工资收入分配工作，推动形成合理有序的收入分配格局，提高城乡居民收入。

（1）建立健全收入分配的激励和约束机制。坚持和完善以按劳分配为主体、多种分配形式并存的分配制度，健全劳动、资本、技术、管理等生产要素按贡献参与收入分配的制度，创造条件让更多群众拥有财产性收入，初次分配和再分配都要处理好效率和公平的关系，再分配更加注重公平。逐步提高居民收入在国民收入分配中的比重，提高劳动报酬在初次分配中的比重。稳步推进收入分配制度改革，建立与经济社会发展和财政收入增长同步、与企事业单位绩效相协调的收入分配调整机制，不断提高城乡居民收入，努力达到全国平均收入水平。稳步扩大中等收入群体比重，保护劳动者合法收入，有效调节过高收入。

（2）努力缩小收入差距。积极扭转和逐步缩小城乡收入差距。采用行之有效的措施，多渠道增加农民收入，不断提高农村居民的收入水平。建立以工促农、以城带乡长效机制，加大财政对农村的转移支付力度。通过实施有差别的区域经济政策和加大财政对传统农区、经济欠发达地区的转移支付力度，逐步缩小地区收入差距。采取经济手段和法律手段、必要的行政手段，调节部门和行业间的收入分配差距。

（3）逐步提高最低工资标准和中低收入群体收入水平。依据经济社会发展和财政收入状况，逐步提高最低工资标准，逐步提高企业退休人员基本养老金、部分优抚对象待遇和城乡居民最低生活保障水平。努力提高中低收入群体收入水平，着力解决低收入群体和特殊困难群体的医疗和子女就学就业等问题。加大对低收入阶层的教育和培训投入。

（4）完善国有企事业单位收入分配规则和监管机制，加强垄断行业收入监管。推进事业单位分配制度改革，完善国有企事业单位收入分配规则和监管机制。深化垄断行业收入分配制度改革，完善对垄断行业工资总额和工资水平的双重调控政策。严格规范国有企业、金融机构经营管理人员特别是高管的收入，完善监管办法。强化个人所得税征管，规范收入分配秩序，取缔非法收入。加强公共资源和公共资产监管，防止公共权益流失。

第五节　建设中原经济区的基本路径

一、河南经济社会发展基本路径回顾与分析

2003 年，河南省委、省政府出台了《河南省全面建设小康社会规划纲要》，首次明确提出："加快工业化、城镇化，推进农业现代化是河南省全面建设小康社会的基本途径，也是从根本上解决'三农'问题的必由之路。坚持以工业化为主导，以城镇化为支撑，以推进农业现代化为基础，统筹城乡经济社会协调发展。"

"三化"基本途径的提出，体现了对河南全面建设小康社会战略重点、战略步骤的科学认识，是对河南特色现代化建设道路的系统总结。关于"工业化为主导，城镇化为支撑，农业现代化为基础"的表述，体现了"三化"的客观演进规律和相互之间的内在逻辑关系，既是有机统一的整体，又有先后顺序。通过加快工业化、城镇化进程，"化"传统农业为现代农业，"化"农民为市民，"化"农业社会为工业社会，"化"乡村社会为城市社会，找到了一条从根本上破解"三农"问题的发展道路。

"三化"基本途径的提出，是对河南多年来经济建设经验的概括和总结，符合经济社会发展规律、国家战略需要和河南基本省情。《河南省全面建设小康社会规划纲要》出台以来，河南沿着"三化"基本途径，奋力实现中原崛起取得明显成效。全省上下突出工业主导地位，工业化进程不断加快，2009 年，全省工业增加值达到 9858 亿元，占 GDP 的比重达到 50.9%，二、三产业占 GDP 的比重达到 85.7%，比 2003 年提高 3.2 个百分点。坚持实施中心城市带动战略，着力推进中原城市群建设，大力发展县域经济，不断提高城市综合承载能力，全省城镇化

率达到 37.7%，比 2003 年提高 10.5 个百分点。农业基础地位在工业化、城镇化进程中得到加强，粮食生产连续 6 年增产、连续 4 年保持在 1000 亿斤以上。每年调出 300 多亿斤原粮和加工制成品，不仅为保障国家粮食安全做出了重要贡献，也为工业化、城镇化推进提供了基础支撑，走出了一条不以牺牲农业为代价的工业化、城镇化路子。

二、新形势下对中原经济区建设的新要求

在新的形势下，继续坚持工业化、城镇化、农业现代化基本途径不动摇，既是中央对包括河南在内的中部地区的明确要求，也是河南全面建设小康社会、奋力实现中原崛起的战略选择。

从国家层面看，《促进中部地区崛起规划》明确指出，当前中部地区面临诸多制约长远发展的矛盾和问题："三农"问题突出，农业稳定发展和农民持续增收难度增大，统筹城乡发展任务繁重；工业化水平不高，发展方式依然粗放，产业亟待调整和振兴；城镇化水平较低，中心城市的辐射带动能力不强，农村富余劳动力转移和城镇就业压力较大；地区发展不平衡，革命老区、民族地区、贫困地区发展相对滞后，扶贫开发任务艰巨。基于上述基本判断，《规划》要求中部地区要"着力自主创新，调整优化结构，积极承接产业转移，大力推进新型工业化进程；着力优化空间布局，培育城市增长极，壮大县城和中心镇，积极稳妥地推进城镇化；着力加强农业基础，切实改善农村面貌，加快推进农业现代化，促进城乡一体化发展"。《规划》为今后一个时期，加快中部地区崛起、实现经济社会全面协调可持续发展指明了方向和路径。

从河南来看，当前及今后一个相当长的时期，农业人口多、工业基础弱、经济底子薄、人均水平低的基本省情不会有根本改变。河南尚处于工业化中期偏前阶段，城镇化刚刚进入加速发展阶段，工业化、城镇化任务仍然十分繁重。在全面建设小康社会、奋力实现中原崛起的进程中，仍然需要坚持加快工业化、城镇化，推进农业现代化这一基本途径。①坚持"三化"基本途径是符合河南省基本省情的战略选择。作为农业大省，只有高度重视工业，加快工业化进程，才能壮大整体经济实力，才有财力、物力以工促农；作为农村人口大省，只有高度重视城镇化，做大做强城镇，才能提高城市集聚辐射能力，吸引更多农村人口向城市转移，才能增强以城带乡的实力。②坚持"三化"基本途径是后金融危机时期河南省加快发展、加快转型的必然选择。进入新时期，坚持工业化主导、城镇化支撑的基础背景没有变，只有加快新型工业化、新型城镇化，大幅度优化城乡结构

和一、二、三产业结构，才能科学统筹城乡发展，加快实现中原崛起。

同时应该看到，在推进工业化和城镇化过程中，容易出现耕地减少、粮食减产、资源环境约束加剧等突出矛盾和问题。破解这些矛盾和问题，是今后一个时期粮食主产区面临的重大课题。要继续走不以牺牲农业和生态环境为代价的工业化、城镇化道路，必须在推进"三化"全面提速的同时，更加重视发展方式的转变，在"三化"基本途径中注入科学发展、协调发展的新内容。

三、新形势下建设中原经济区基本途径

今后的一个时期，是河南经济社会跨越发展、转型发展、开放发展、绿色发展、和谐发展的关键时期。结合河南基本省情和发展阶段，清醒认识面临的突出矛盾和问题，建议将中原经济区建设的基本途径表述为：以新型城镇化为引领，以新型工业化为主导，以农业现代化为基础，推进"三化"全面提速、协调发展，加快形成以高新技术产业为先导、基础产业和制造业为支撑、服务业全面发展的产业发展格局。

（一）坚持以新型城镇化为引领

新型城镇化是扩大内需和调整结构的战略重点，是破除城乡二元结构的根本途径，对经济发展方式转变具有综合性、关键性、全局性意义，必须把加快新型城镇化作为推动中原崛起的重大战略来抓。应坚持中心城市带动，优先发展区域性中心城市，发展壮大县城和特色中心镇，优化城市和空间发展布局，推进产业和人口集聚，加快发展复合型、紧凑型、生态型城市，形成层次分明、结构合理、功能互补、协调发展的现代城镇体系。把加快新型城镇化进程作为统筹城乡发展的突破口，积极引导和推动农村人口向城镇转移，提高城乡居民收入和社会保障水平，让更多群众享受现代城市文明。

（二）坚持以新型工业化为主导

工业化是经济社会发展的基本动力，新型工业化是转变经济发展方式、提升产业竞争力、实现中原崛起的必由之路。坚持加快发展、扩张总量与优化结构、提升水平并举，坚持先进制造业与现代服务业双轮驱动，加快壮大战略支撑产业和基础产业，积极培育战略性新兴产业；加强自主创新能力建设，围绕产业结构调整升级、节能减排、环境保护等重点领域突破一批关键技术，提升核心竞争力；以产业聚集区为载体，加快产业集群和产业基地建设，推动产业集聚发展；坚持以信息化带动工业化，以工业化促进信息化，走出一条符合河南实际的新型工业化道路。

（三）坚持以新型农业现代化为基础

农业是国民经济的基础，事关国家粮食安全，必须不断巩固和加强农业基础地位。坚持以工业理念发展农业，转变农业发展方式，调整农业经济结构，推动农业产业化经营。加快国家粮食生产核心区建设，运用现代科技、物质装备和管理技术改造提升农业。在加快农村人口向城镇持续稳定转移的基础上，积极稳妥地推进农业规模化经营，提高劳动生产率和经济效益，促进传统农业向现代农业转变。

（四）坚持"三化"协调发展

始终坚持把新型工业化放在重要位置，为新型城镇化提供产业基础，为农业现代化提供物质装备和财力支持；始终坚持工业聚集发展，加快产城融合，推动工业发展与城镇建设有机结合、相互促进；始终坚持把新型城镇化作为重要支撑，发挥城镇聚集效应，为工业和服务业发展搭建载体，为农村人口向城镇转移、推进农业规模化创造条件；始终坚持加强农业基础地位不动摇，稳步提高粮食生产能力，为新型工业化城镇化提供基础支持。通过"三化"统筹协调，走一条不以牺牲农业和粮食、生态和环境为代价的"三化"协调科学发展的路子。

第四章　中原城市群地区崛起

　　中原城市群是介于北京、武汉、济南、西安之间，半径 500 公里区域内城市群体规模最大、人口最密集、经济实力较强、工业化进程较快、城镇化水平较高、交通区位优势突出的城市群。中原城市群与东部沿海地区长三角、珠三角、京津冀三大城市群及其他城市群发展相互呼应，并起着重要的支撑作用，是河南乃至中部地区承接发达国家及我国东部地区产业转移、西部资源输出的枢纽和核心区域之一。中原城市群不仅是促进中原崛起的核心和龙头，而且是我国中部地区经济发展的重点区域。加快中原城市群建设和发展，对于促进中原崛起、推动中部崛起具有十分重要的战略意义。

　　中原城市群是以郑州市为中心形成的经济隆起带，是河南经济发展的核心区域。中原城市群分为三个层次：第一层次是郑州都市圈，包括郑州下辖的中牟以及郑汴一体化区域；第二层次以郑州都市圈为中心，以洛阳、开封、焦作、新乡、许昌、平顶山、漯河、济源、巩义、禹州、新郑、新密、偃师等中心城市为结点，构成中原城市群紧密联系圈；第三层次为外围带。在实现"中原崛起"的过程中，中原城市群承担了集聚资源、推进产业协作、辐射和带动区域经济进步的重任。

第一节　中原城市群形成与目标任务

一、中原城市群发展酝酿与形成

　　改革开放以后，特别是 20 世纪 80 年代中后期，国家在生产力布局规划中突出了产业带和区域性产业基地的作用。著名学者费孝通来河南调研时，曾提出郑州、洛阳、焦作三个城市能否形成城市群，实现优势互补、协调发展。后来又有人提出，能否以郑州为中心，方圆百里以内的城市形成城市群，使之成为新的增长极，以带动周边城乡的发展。河南结合自身城市和产业布局现状，在1990年研究制定"八五"计划时，提出了构建以郑州为中心，包括洛阳、焦作、新乡、开封在内的核心经济区的初步设想，逐步形成了"中原城市群体"的概念。编制"九五"计划时又进一步提出，要统一规划协调中原城市群重大基础设施、产业布局、城镇体系和生态环境建设，让中原城市群在全省经济振兴中发挥辐射带动作用，促进区域内城市和产业加快发展。省政府在编制"十五"计划时，又将平顶山、许昌两市纳入中原城市群。

"十五"期间，随着全省工业化、城镇化进程的逐步加快，特别是随着交通网络体系的建设和完善，中原城市群原有七市之间以及七市与漯河、济源之间的经济联系日益紧密，城市布局和产业发展在空间上日趋紧凑，初步形成了以郑州为中心的快捷交通网络。因此，2003年8月，河南省委、省政府在出台的《河南省全面建设小康社会规划纲要》中，将中原城市群的范围又加以调整，提出：中原城市群经济隆起带是以郑州为中心，包括洛阳、开封、新乡、焦作、许昌、平顶山、漯河、济源在内的城市密集区。时任河南省委书记的李克强同志明确指出："以郑州为中心的中原城市群，是我省经济发展的核心区域，可以发展成为全国区域性范围内具有独特优势和重要影响的经济隆起带。要加快这一区域的发展步伐，从整体上率先实现全面建设小康社会的目标，使之成为带动全省经济发展、实现中原崛起的龙头。"自此，中原城市群在实现中原崛起中的战略核心地位得以确立。

河南曾有着辉煌的城市发展历史，城市数量众多，特别是在京广铁路与陇海铁路沿线分布密集。但是，由于改革开放以前长期维持城乡"二元结构"，致使河南城市发展缓慢，发展水平与数量不相符。直到1991年，河南城镇人口仅占全省总人口的17.9%，没有一个人口超过200万以上的超大城市，中心城市的区域聚集和辐射作用非常有限。特别是省会郑州，城市规模较小、实力较弱、首位度明显偏低。城市化滞后，缺乏有竞争力的核心城市，一直是河南走向现代化的"软肋"。而实施以"群"带动，把中原城市群作为牵动中原崛起的龙头，则巧妙地弥补了这一缺憾，同时又发挥了河南城市数量多、分布密集这一优势。无怪乎长期致力于城市群发展研究的中国区域科学协会副会长毛汉英称："河南将'城市群'写进规划，思维超前，领跑全国。"

2006年4月15日，中共中央、国务院印发的《关于促进中部地区崛起的若干意见》明确提出要"以中原城市群等为重点，形成支撑经济发展和人口集聚的城市群，带动周边地区发展"。这标志着作为一个省内的"次区域"，中原城市群已经同长三角洲地区、环渤海经济圈、泛珠三角地区以及成渝经济圈这样的跨省（市）区的"大块头"一样，正式进入了国家宏观发展战略的视野。战略地位的升格，不仅表明了中央对河南战略决策的尊重、对中原城市群发展成果的肯定，而且表明了中央对以城市群发展带动并加速中原崛起这一战略举措的鼓励、引导与支持。

中原城市群是以郑州为中心，包括洛阳、开封、新乡、焦作、许昌、平顶山、漯河、济源共9个省辖（管）市，14个县级市、33个县、340个建制镇。区域土地面积为5.87万平方公里，占全省的35.1%；总人口3972万人，占全省的40.2%。2007年，区域实现生产总值8581.6亿元、地方财政一般预算收入544.3亿元，占全省的比重分别为57.0%和63.2%；城镇化率43.0%（如图4-1所示）。

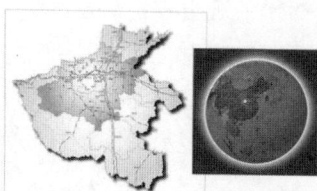

中原城市群以省会郑州为中心，包括洛阳、开封、新乡、焦作、许昌、平顶山、漯河、济源在内共9个省辖（管）市，下辖14个县级市，34个县城，374个建制镇。土地面积5.87万平方公里，人口3972万，分别占全省土地面积和总人口的35.1%和40.2%。

图4-1　中原城市群范围示意图

二、中原城市群发展总体思路和目标

依据现实基础与发展要求，中原城市群发展的总体思路是：坚持科学发展观，实施中心城市带动战略，创新发展机制，优化空间布局，提升城市功能，改善人居环境，加速人口和产业集聚，放大整体优势，增强竞争力、辐射力和发展活力，促进区域和城乡协调发展，将中原城市群建成全省对外开放、东引西进的主要平台，形成中西部地区经济发展的重要增长极，带动中原崛起，促进中部崛起。

按照统筹规划、分步实施的原则，"十一五"期间，中原城市群的发展目标是：郑州市的核心地位显著提升，九市功能和主导产业定位基本明晰，发展的整体合力明显增强；郑汴洛城市工业走廊等四大产业带初具雏形，培育形成一批优势企业；初步形成以郑州为中心，东连开封、西接洛阳、北通新乡、南达许昌的大"十"字形核心区，奠定了区域经济协调发展的基础；区域综合交通运输体系基本完善，形成区域内任意两城市间两小时内通达的经济圈；城市功能显著增强，人居环境进一步改善，和谐城市建设迈出实质性步伐。"十一五"期间，区域生产总值预期年均增长 12%；按 2005 年价格计算，2010 年生产总值突破10000 亿元，占全省的比重超过 60%；地方财政一般预算收入占全省的比重达到70% 左右；人均生产总值超过 24000 元；产业结构调整为 7.5∶55.5∶37；城镇化率达到 50% 左右，如图 4-2、4-3 所示。

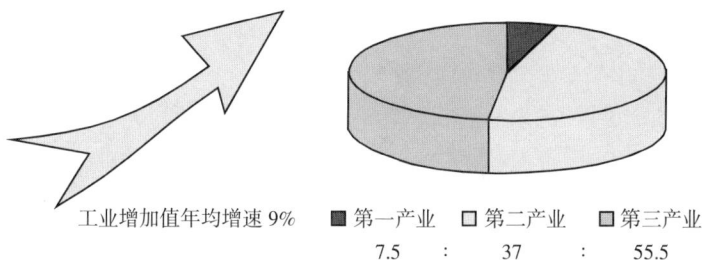

工业增加值年均增速9%　■第一产业　□第二产业　▨第三产业
　　　　　　　　　　　　7.5　　　∶　　37　　　∶　　55.5

图 4-2　中原城市群工业化发展目标

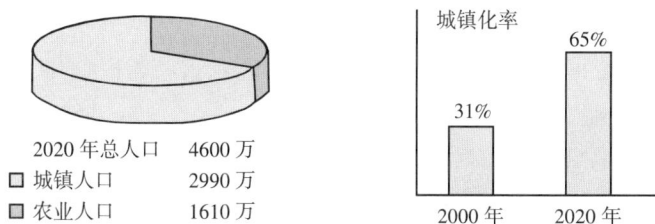

2020 年总人口　4600 万
□ 城镇人口　2990 万
▨ 农业人口　1610 万

城镇化率

31%　　65%

2000 年　　2020 年

图 4-3　中原城市群城镇化发展目标

随着交通条件的改善、产业关联度的提高和城市空间的调整变化，目前中原城市群向北部的鹤壁、安阳和西部的三门峡拓展趋势日益明显，周边省份相邻城市亦表现出融入的意愿。对此，应按照经济规律和城市发展规律的要求，引导城市群逐步拓展发展空间，提高聚集辐射效应。

经过十几年的发展，中原城市群将努力形成布局优化、结构合理、与周边区域融合发展的开放型城市体系，建成一批特色鲜明、适宜居住的资源节约型和环境友好型城市，进一步凸显城市经济在区域经济中的主体作用；产业竞争力、科技创新能力和文化竞争力显著提高，建成全国重要的先进制造业基地、能源基地和区域性现代服务业中心、科技创新中心；人力资源得到有效开发利用，经济与人口、资源、环境相协调的发展格局基本形成；城乡居民生活更加富裕，普遍享受较高质量的教育、文化和卫生服务，社会更加和谐。2020年，预期区域生产总值占全省的比重超过 70%，地方财政一般预算收入占全省的比重超过 75%，人均生产总值超过 5000 美元；二、三产业比重超过 95%，城镇化率达到 65% 左右，二、三产业从业人员比重达到 70%，要素集聚和承载能力全面增强，确立在中西部乃至全国城市群中的重要地位，更加有效地带动全省并辐射周边地区发展，如图 4-4 所示。

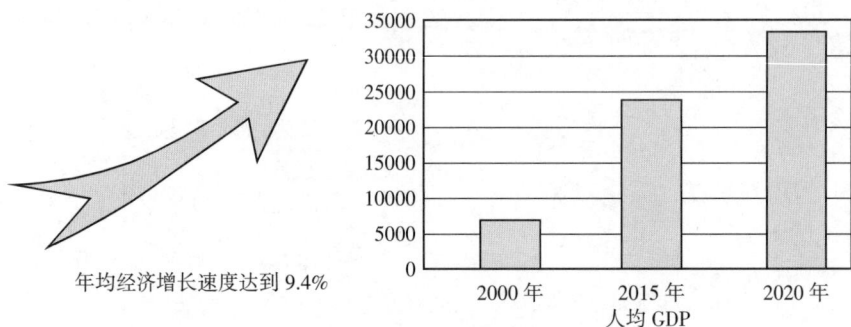

年均经济增长速度达到 9.4%

图 4-4 中原城市群经济增长目标

三、中原城市群空间发展布局

中原城市群空间发展布局包括城市体系、产业布局和核心区建设。

（一）构筑协调发展的城市体系

中原城市群的城市体系基本架构为：构建以郑州为中心、洛阳为副中心，其他省辖市为支撑，大中小城市相协调，功能明晰、组合有序的城市体系。

2020 年，预期郑州市中心城区人口规模突破 500 万，成为全国区域性中心城市；洛阳市中心城区人口规模达到 350 万~400 万；许昌、漯河两市进入特大城市行列；济源、巩义、偃师 3 市进入大城市行列。城市群体规模进一步发展壮大，与周边城市实现融合发展，如图 4-5 所示。

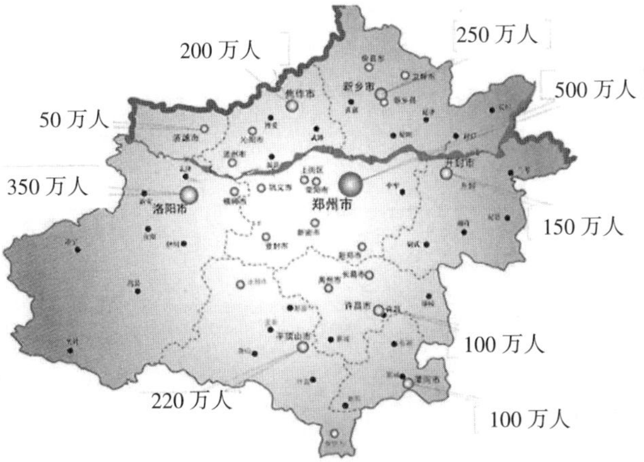

图 4-5　2020 年中原城市群城市人口分布示意图

　　根据各市现有基础、发展态势以及在中原城市群发展中承担的主要任务，提出了中原城市群九市的功能定位，以促进各市合理分工、发挥优势、形成合力、协调发展。

　　（1）郑州市：河南省会，中国历史文化名城，国际文化旅游城市，全国区域性中心城市，全国重要的现代物流中心，区域性金融中心，先进制造业基地和科技创新基地。

　　（2）洛阳市：中国历史文化名城，国际文化旅游城市，中原城市群副中心，全国重要的新型工业城市、先进制造业基地，科研开发中心和职业培训基地，中西部区域物流枢纽。

　　（3）开封市：中国历史文化名城，国际文化旅游城市，中原城市群纺织、食品、化工和医药工业基地，郑州都市圈重要功能区。

　　（4）新乡市：中原城市群高新技术产业、汽车零部件、轻纺和医药工业基地，职业培训基地，现代农业示范基地，北部区域物流中心。

　　（5）许昌市：中原城市群高新技术产业、轻纺、食品、电力装备制造业基地，农业科技示范基地和生态观光区。

　　（6）焦作市：国际山水旅游城市，中原城市群能源、原材料、重化工、汽车零部件制造基地。

（7）平顶山市：中国中部化工城，中原城市群化工、能源、原材料、电力装备制造业基地。

（8）漯河市：中国食品城，中原城市群轻工业基地，生态农业示范基地，南部区域物流中心。

（9）济源市：中国北方生态旅游城市，中原城市群能源基地和原材料基地。

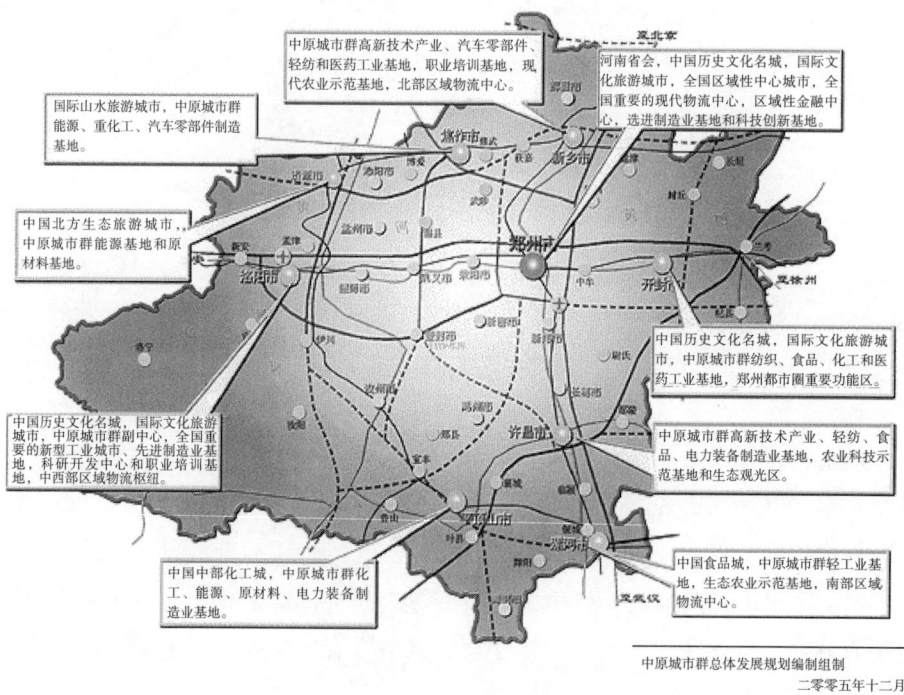

图4-6　中原城市群九城市功能定位示意图

与现有九市经济关联度较强的周边城市，特别是鹤壁、安阳、三门峡等市，要围绕中原城市群总体发展目标，积极调整城市功能定位和产业发展方向，加快与九市的融合发展，逐步融入中原城市群。

（二）培育四大产业发展带

以重要的交通干线为纽带，以城市为载体，整合区域资源，加强分工和协作，积极推动优势产业向基地化方向发展，传统产业和劳动密集型产业向集群化方向发展，高新技术产业向园区化方向发展。通过产业基地化、集群化和园区化发展，带动城市空间布局和城市外围空间形态的变化，努力培育形成四大产业发展带。

（1）重点建设郑汴洛城市工业走廊。按照整体规划、点轴结合、分层推进的思路，以郑州、洛阳两市作为产业、技术、资金、人才等要素高势能的辐射源，以开封、中牟等12个沿线城市（区）为节点，依托重要交通通道，在开封至义马之间长约300公里、310国道两侧宽约30公里范围内展开布局。重点规划建设高新技术、先进制造业、汽车、铝工业、煤化工、石油化工六大产业基地和中牟汽车零部件等14个工业园区及特色产业集群。

（2）加快发展新—郑—漯（京广）产业发展带。该产业发展带规划以轻纺、高新技术、食品产业为主，依托重要交通通道，在新乡至漯河南北长约250公里、107国道两侧宽约30公里范围内展开布局。重点布局电子电器、生物医药、新型材料、化纤纺织、电力装备、超硬材料、食品、造纸、汽车零部件等产业，规划建设高新技术、食品、造纸、化纤纺织四大产业基地和新乡电池等12个特色产业集群。

（3）发展壮大新—焦—济（南太行）产业发展带。该产业发展带规划以能源、原材料工业和重化工业为主，在新乡至济源东西长约120公里，省道309线和南太行旅游公路之间展开布局。重点规划建设煤炭、电力、铝工业、化工、汽车零部件、铅锌加工六大产业基地和焦作奶业等9个工业园区及特色产业集群。

（4）积极培育洛—平—漯产业发展带。该产业发展带规划以原材料工业和重化工业为主，以洛阳—南京高速公路、省道、焦枝线中段、孟宝铁路为依托，重点布局能源、煤化工、钢铁、盐化工、建材等产业。目前，该产业发展带还比较薄弱，但从长远看，通过加快能源重化工基地和农副产品加工聚集区建设，积极培育煤化工、盐化工、建材等产业集群。

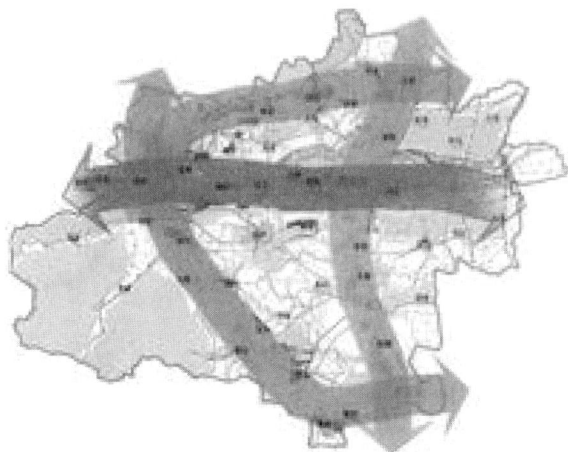

图4-7　中原城市群产业带示意图

（三）率先建设形成核心区

（1）重点依托郑汴洛城市工业走廊和新—郑—漯（京广）产业发展带，率先推动郑汴、郑洛、郑新、郑许之间的空间发展和功能对接。加强巩义、偃师、新郑、长葛等重要节点城市建设，努力形成以郑州为中心、产业集聚、城镇密集的"大十字"形基本构架，确立中原城市群核心区经济一体化发展的空间轮廓。

（2）优先推动郑汴一体化。重点推进六个对接：①突出城市特色，推进功能对接。强化开封的文化、教育、旅游、休闲、娱乐功能，加快郑州的休闲、娱乐等服务功能与开封衔接，实现郑汴两市功能互补。②加快郑汴快速通道建设，推进城区对接。在郑汴之间形成以两条高速公路、一条一级公路、一条城市道路以及陇海铁路为基本骨架的便利快捷的交通通道。适时规划建设郑州至开封的城市轻轨。③促进郑州、开封相向发展，推进空间对接。加快郑东新区建设，适时向东拓展，支持中牟组团和开封杏花营组团加快发展，进一步密切空间联系。④统筹产业布局，推进产业对接。突破中牟规划限制，引导郑州的制造业、物流业等产业向东布局，支持开封新上工业、物流、高新技术等产业向西集中，逐步形成紧密相连的新兴产业带。⑤率先推行教育、科技、文化、旅游资源共享和金融、电信同城化，推进服务对接。⑥加强两市间生态共建，推进生态对接。在郑汴之间初步形成基础设施共建、产业互补、资源共享、功能协调的一体化发展新格局。

（3）加快郑洛互动发展。建成郑州至西安铁路客运专线，全面完成连霍高速郑州至洛阳段拓宽改造和310国道郑州至洛阳段一级公路改造升级任务，连同郑少和少洛高速公路及既有陇海铁路形成五条郑洛之间的快速通道。依据郑汴洛城市工业走廊产业布局构架，促进荥阳、上街、巩义、偃师4个重要节点城市（区）发育，全面展开郑洛之间的产业布局。基本建成上街—巩义、伊川、新安铝工业基地，洛阳先进制造业基地和石化工业基地，巩义铝加工园区、偃师轻纺产业密集区、荥阳铝型材工业园区和纺织服装工业园区，培育形成一批特色产业集群。

（4）促进郑新呼应发展。建成郑州至北京铁路客运专线，完成京港澳高速郑州至新乡段拓宽改造和107国道郑州至新乡段扩建改造任务。加快原阳桥北新区建设，通过郑州黄河公路大桥和郑州黄河公路铁路两用桥（预留轻轨线路）。依据新—郑—漯（京广）产业发展带布局构架，逐步展开郑新之间的产业布局，基本建成新乡化纤工业基地和造纸工业基地，培育形成新乡电池、原阳汽车零部件等一批特色产业集群。

（5）密切郑许经济联系。建成郑州至武汉铁路客运专线，全面完成京港澳高速郑州至许昌段拓宽改造和 107 国道郑州至许昌段扩建改造任务，形成郑许之间的快速通道。加快实施郑许之间的产业布局规划，促进新郑、长葛等重要节点城市发育，基本建成以电子信息、电力装备制造为主的高新技术产业基地，培育形成长葛铝型材加工、超硬材料等一批特色产业集群。

四、中原城市群发展主要任务

根据总体思路、发展目标和空间布局，中原城市群发展的主要任务为：

（一）强化郑州中心城市地位

围绕建设全国区域性中心城市，提升城市发展理念，拓展城市发展空间，优化城市功能，促进人口集聚。重点抓好全国重要的现代物流中心、区域性金融中心两个中心和先进制造业基地、科技创新基地两个基地建设，全面提升郑州市的发展力、辐射力、带动力、创造力、影响力、凝聚力，力争 2010 年全市生产总值占城市群的比重达到或超过 1/3，努力形成带动区域经济发展的动力源和增长极，真正成为中原城市群的龙头。

（二）构建交通区位新优势

加快郑州国际航空港建设，巩固提升铁路枢纽地位，加快建设全国公路交通运输网络枢纽，建设郑州东区综合交通枢纽，积极提升中原城市群交通枢纽地位。全面拓展对外通道，完善区内交通网络，吸引生产要素向区域内集聚，增强对外辐射带动能力。

（三）建设全国重要的能源基地

按照集成化、大型化、多元化的原则，加快建设大型煤炭基地、全国重要火电基地，扩大石油、天然气供应能力，大力开发新能源和可再生能源，优化能源结构，构建稳定、安全的能源保障体系，提高区域能源保障和输出能力，把能源工业培育成为区域强势产业，建成全国重要的能源基地。

（四）提高产业竞争力

走新型工业化道路，大力发展高技术产业，加快发展汽车和装备制造业，做大做强食品工业，建设大型铝工业基地，加快发展石油化工和煤化工产业，积极发展劳动密集型产业，推动工业结构转型升级，促进城市间产业协调发展。以现代物流业、金融服务业、旅游业、会展业、信息服务业等为重点，大力促进新兴和现代服务业发展，加快改造提升传统服务业，服务城市发展和居民生活，促进农村富余劳动力转移。大力发展为城市服务的城郊型农业和高效生态农业，加快优势农产品基地和特色产业带建设，推进农业现代化和农村城镇化，建设社会主义新农村。

(五) 建设科教文化高地

突出科技、教育、文化在中原城市群发展中的先导和支撑作用。强化企业自主创新主体地位，整合科技资源，强化科技攻关，提高科技创新能力。提升高等教育规模和质量，大力发展现代职业教育，优化教育布局，推进教育现代化。大力发展文化产业和文化事业，整合文化资源，发掘拓展传统文化，培育发展现代都市文化和大众文化。

(六) 提升生态环境承载力

坚持生态保育、生态恢复与生态建设并重，加强区域生态建设，规划建设南水北调中线绿化工程、黄河生态建设工程等六大跨区域重大生态工程。加强环境治理和保护，提高水资源保障能力，大力推广应用节水技术，努力提高水资源保障能力。积极培育环保产业，大力提高环保技术装备水平。全面落实最严格的耕地保护制度和土地用途管制制度，促进土地保护和节约利用。大力推进节能降耗，积极发展循环经济。合理开发利用资源，促进区域可持续发展。

(七) 建设和谐城市

坚持以人为本，塑造开放多元的都市文化，按照高水平规划、高标准设计、高质量建设、高效率管理的原则，提高城市规划、建设和管理水平。继承文化传统，加强历史文化名城、历史传统街区和历史文脉保护，重视非物质文化遗产的保护。推动城市风格多元化，改变"千城一面"状况。完善城市服务功能，改善城市人居环境，建设节约型城市，加强道德法制和社会保障体系建设，把中原城市群建设成为环境优美、繁荣有序、安全文明、充满活力的宜居区域。

第二节　实现"双核""双环"并立互动格局

中原经济区城市群实施的区域战略布局是"一极两圈三层"，未来中原经济区建设可以围绕郑州和洛阳形成"双核""双环"的并立互动格局。"双核""双环"即构建以郑州为核心的环郑州城市圈和以洛阳为核心的环洛阳城市圈的经济板块，这将成为中原经济区具有全国性乃至世界性地理经济战略意义的隆起板块。郑汴新区核心增长极、双环经济板块和省辖市三个层面的划分，形成"一核双环三层"一体化发展的新战略格局。

一、实施郑州—洛阳双核带动战略

郑州都市区拥有雄厚的产业基础与科技资源,具有正在建设的全国重要的铝工业基地、现代装备制造和汽车产业基地、电子信息产业基地、新材料产业基地、食品加工业基地,是中原经济区无二选择的核心。但是,作为支撑和带动中国战略腹地区发展的核心增长极,其在全省的首位度、整体发展水平、经济规模和实力、综合竞争力和影响力,还不足以在更高层次、更高层面上辐射和带动整个中原经济区乃至中部地区的快速发展和未来崛起。

洛阳是全国重要的老工业基地,拥有丰富的物产资源和雄厚的产业基础与科技资源,正在建设具有世界先进水平的现代装备制造产业基地、全国重要的能源电力基地、新材料产业基地、硅光电产业基地、中西部最大的石油化工基地,在全省经济社会发展的地位非常重要。强化洛阳的中原区域副中心地位,对加快中原经济区建设及其区域战略板块新布局具有重要意义。

加快提升郑州和洛阳在中原经济区的核心增长极和副中心地位,充分发挥郑州和洛阳在中原经济区、中西部的辐射带动作用。郑州与洛阳要联合结成"双核"战略联盟,实施郑州—洛阳双核带动战略。

二、构建环郑州和环洛阳两大经济圈

(一)构建环郑州经济圈

规划设计中的大郑州都市区,无论是空间格局,还是产业布局,都在郑州市现有行政区划的范围,旨在提升郑州市辖区域的整体实力和影响力。大郑州都市区作为中原经济区的核心,对周边城市的辐射影响力日益扩大,除了开封,许昌、新乡都在主动靠近郑州,已经形成跨区域联合融城的良好局势。因此,从中原经济区发展战略出发,应围绕着大郑州都市区构建环郑州经济圈,即构建以郑州为核心,包括开封、许昌、新乡的环郑州城市圈,加快推进许昌、新乡与郑州的全面联合融城。这对强化中原经济区核心增长极的辐射带动作用具有重要意义。

(二)构建环洛阳经济圈

洛阳在中原经济区的副中心地位已经明确,其对所辖区域城市,以及对周边尤其是豫西城市,具有传统性的辐射影响力。济源、三门峡都在主动靠近洛阳市,已经在谋划跨区域构建"洛三济"经济区的战略合作,推进"洛三济"经济隆起带的建设。因此,从中原经济区发展战略出发,应围绕着洛阳市区构建环洛阳经济圈，即构建以洛阳为核心，包括三门峡、济源和焦作的环洛阳经济圈，加快推进豫西板块全面融合发展。这对强化中原经济区副中心的辐射带动作用也具有重要意义。

三、促进双核双环互动融合发展

(一) 促进郑州与洛阳结成"双核"战略联盟

为实现中原经济区建设的战略目标，实施郑州—洛阳"双核"带动战略，郑州与洛阳要结成"双核"战略联盟和兄弟城市，最大限度地降低行政区划的障碍作用，通过政府间、企业间、民间组织间和民众间的互动融合，还有政策方面、产业方面、市场方面、投资融资方面、人才人力方面和公共设施方面的对接，形成交通一体、城市融合、资源共享、产业分工、优势互补、角色分明、风险同御的协同关系，促进郑州与洛阳两个核心城市互动融合发展。

(二) 促进环郑州经济圈和环洛阳经济圈双环互动融合发展

环郑州经济圈和环洛阳经济圈地理上紧密相连，在中原经济区的战略格局中，各有比较优势和特色，分别拥有 28 个和 24 个城市。要运用好"有形之手"和"无形之手"，推动两大经济圈城市之间、乡镇之间、政府之间、企业之间，通过市场、产品、人才、技术的流通全面融合互动发展。

四、强化郑洛工业走廊纽带作用

作为连接郑州、洛阳两大经济圈的纽带，郑洛工业走廊在实现"双核""双环"并立融合发展格局中具有重要地位。郑洛工业走廊一带矿产资源丰富，产业基础雄厚，区位优势明显，工业文化浓郁，具有发展成为中原经济区重要工业密集区和城市连绵带的比较优势。应加快推进郑洛工业走廊转型升级，进一步强化其在中原经济区构建双环格局中的纽带作用。

(一) 要强化郑洛工业走廊的通道建设

工业走廊发展的基础是"通道+园区"，应立足于巩固与提升走廊交通枢纽地位，拓宽改造 310 国道作为工业走廊快速通道，在走廊南部工业密集区新建改建与 310 平行的产业大道，优先规划建设郑州—巩义—洛阳城市轻轨，加强新郑机场与洛阳机场航空港建设，构建工业走廊综合交通体系。

(二) 沿走廊通道改造提升产业园区

依托沿走廊通道国家级、省级、市级产业园区，合理优化产业布局，提高基础设施建设水平，加快产业承接步伐，重点推进郑州高新技术开发区、巩义民营科技园、巩义豫联工业园、洛阳高新技术产业开发区等一批加快发展步伐，形成布局合理、特色突出、各具优势的串珠式发展格局。

（三）布局一批高端装备制造业

挖掘现有产业基础与科技潜力，依托中信重机、郑州煤机、一拖、宇通等龙头企业，推进产业链向高端、高附加值环节延伸。优先发展与布局一批技术含量高、发展后劲足、市场空间大的优势高端装备制造产业，如高速铁路设备制造、轨道交通设备、油气运输管道设备、大型水利设施、综采设备、风电装备、有色金属冶炼设备、大断面盾构机、环保装备等。

第三节　高水平建设郑州都市区

2011 年，郑州市十三届人大三次会议提出了加快建设郑州都市区、打造中原经济区核心增长极的发展战略。建设大郑州都市区，就是以交通为纽带，以产业为桥梁，按照组团发展、产城融合、复合型和生态型的发展路径，将郑州周边的县（市）、乡（镇）统一纳入中心城区，按照新的城市功能区的标准，打造一个千万人口的现代化大都市。同时，积极呼应周边城市发展，着力打造中原经济区核心增长极和全国区域性中心城市。目前，大郑州都市区的初步范围包括郑州市区、周边县（市）、区、乡镇等，总面积约 1700 平方公里，形成以中心城区和外围组团为核心、中等城市为支撑、重点镇为节点、小城镇为拱卫的现代大都市。

一、提升郑州在全国区域性中心城市地位

2010 年 8 月，国务院正式批复郑州市城市总体规划，将郑州定位为中部地区重要的中心城市、国家重要的综合交通枢纽。未来一段时期内，郑州必须不断增强对中部地区的区域中心服务功能和对中原经济区的辐射带动能力，提升全国区域性中心城市地位，充分发挥郑州市的区位优势、生产要素成本优势和综合保税区的政策优势，全力打造"一基地、四区、一港"，进一步提高郑州都市区在全国区域经济发展的地位，提升郑州都市区对国内外高端生产要素的吸引力与集聚力。

（一）打造全国重要的先进制造业和现代服务业基地

以郑汴新区为核心，以信息产品制造业、汽车工业、装备制造业、铝精深加工业和食品工业为重点，通过发展总部经济、优势企业重组整合、重大项目招商、引进战略投资者等途径，加大招商引资力度。重点放在与富士康、格力配套的电子产品领域，与东风日产、宇通、海马、恒天等配套的汽车零部件领域，物流及关联企业和对物流依赖性强的企业，加大食品、服装等产业转移趋向明显领域、太阳能光伏等新兴产业领域的招商引资力度。要利用好航空城和综合保税区的区位、政策优势，积极引进和大力发展新型劳动密集型产业，努力把郑州建成先进制造业基地；以郑州金融商务集聚区建设为重点，整合金融资源，推动金融机构集聚，壮大金融业整体规模，增强竞争力和辐射力，努力把郑州建成区域性金融中心；以郑州中原国际物流园区建设为重点，积极推进物流资源、物流设施、物流企业向园区集聚，努力把郑州建成全国重要的现代物流中心。

（二）全力推进"四区"建设，即大都市区科学发展的示范区、中部地区承接产业转移的先导区、全国城乡建设的模范区、华夏文明历史传承的核心区

科学发展的示范区就是要坚持发展第一要义，探索以不牺牲农业和粮食、生态和环境为代价的"三化"协调科学发展的路子，遵循区域经济发展规律，深入贯彻落实科学发展观、加快转变经济发展方式；中部地区承接产业转移的先导区就是要挖掘河南的资源优势与区位优势，抓住当前国内外区域产业转移提速的历史机遇，提高产业承接的层次与水平，推进产业承接与产业升级协同发展；全国城乡建设的模范区就是把城镇化带动"三化"协调发展作为建设郑州大都市区的关键，统筹城乡发展，构筑以城市群为主体形态，国家区域性中心城市、地区中心城市、县域中心城市、中心镇、新型农村社区协调发展、互促共进的五级城乡体系，在推进城乡一体化进程中走在中原经济区前列；华夏文明历史传承的核心区就是要发挥大郑州都市区的历史文化优势，推进文化产业大繁荣大发展，提高文化软实力。

（三）打造内陆地区对外开放高地的国际陆港

2010 年 10 月，国务院已正式批准设立郑州新郑综合保税区，规划面积为5.073 平方公里，这是我国中部地区唯一的一个综合保税区，也是全国第 13 个综合保税区，标志着河南有了承接全球高新技术产业转移、发展现代物流业的重要基地。新郑综合保税区依托新郑航空口岸，以独特的"区港联动"优势，打造中部乃至全国的空运物流中心枢纽。此外，新郑综合保税区还紧邻京广、陇海铁路和郑西、石武客运专线，京珠、连霍高速公路在附近交叉通过，可以实现多种交

通方式零换乘、无缝隙衔接，具有陆空综合交通运输优势，必将带动中原经济区发展，发挥腹地辐射效应。目前，国际陆港的集聚效应已经显现，富士康基地开工建设，惠普、香港招商局等一批实力雄厚的企业集团即将进驻，联邦快递、俄罗斯空桥航空、顺丰速运也有意建立分拨中心，这将打开中原经济区直通国际市场的航空物流通道。

二、增强郑州省会中心城市辐射作用

郑州作为1亿人口大省的省会城市，中心城区户籍人口只有330多万，远低于武汉、西安等周边省会城市，全市经济总量占全省的比重只有17%，明显低于武汉的35.2%、西安的33.3%，在中原经济区建设中的辐射带动作用较弱。要充分发挥省会中心城市的辐射作用，真正体现中原经济区龙头的地位，增强郑州省会中心城市辐射作用需要从以下几个方面着手。

（一）加快中心城区和郑州新区发展

加大三环至四环以及四环至黄河南岸、郑州新区、西南绕城高速区域内的城市基础设施建设力度，拉大城市框架，实现延伸发展。延续高起点规划，重点推进郑州新区建设，按照"北部旅游、中部城市、南部农业"发展思路，紧扣"两轴、两带、多中心、六廊、六组团"空间布局，走高端、高效、高辐射力的产业发展之路，积极发展电子信息、现代物流、现代装备制造、金融、文化创意、都市农业、临空等高端产业，加快中央商务区（CBD）、商住物流区、龙湖区、龙子湖高校区和物流科技园区建设。进一步完善基础设施，加快CBD副中心、新郑州站、龙湖中央公园建设，建成以国家区域性金融中心、中部地区总部经济中心、国家中部会展之都、现代商务商贸中心、中原旅游集散中心等功能为主的现代新城区。

（二）加快推进产业转型升级

大力发展高新技术产业，在电子信息、新医药、新材料等已有比较优势的领域加快实现产业化。培育壮大汽车和装备制造业、信息产品制造业、食品工业、铝工业、石化和煤化工等优势产业和主导产业，加快全国先进制造业基地建设。积极发展劳动密集型产业，促进农村人口向城镇转移。促进各城市产业间的合理分工、协调发展和集聚发展，培育形成一批具有较强核心竞争力的大型产业基地、产业集群和企业集团，围绕物流基地与区域金融中心建设，提高现代服务业发展水平，促进高端要素、高附加值环节以及科技资源向郑州新区集聚，全面提升产业竞争力。

（三）大力发展总部经济

根据北京市社科院中国总部经济研究中心公布的数据，2010年全国35个主要城市总部经济发展能力排名，郑州列第18位，属于第三类，低于武汉、长沙、济南等城市。目前，郑州已经聚集了一大批世界500强企业和国内500强企业的区域性总部，有3000多家企业进驻东区，CBD已引进金融机构56家。未来要把吸引跨国公司区域总部与国内大型企业集团总部入驻作为重点，进一步把郑州打造为国内外企业进军中西部市场的指挥中心。

三、加快建设郑州经济圈外围组团

按照"一心四城、一带两轴"的空间格局，加快郑州经济圈外围组团建设。"一心"即郑州都市区，包括郑州市主城区、上街、荥阳和中牟组团；"四城"指巩义、新郑、新密、登封4个中等城市城区；"一带"指沿310国道、陇海线等交通线的中牟组团、郑州主城区、上街荥阳组团、巩义城市及重要城镇所构成的高密度均质化城镇发展带；"两轴"指东西轴由依托省级交通干线的登封、新密、新郑等城镇构成，南北轴为沿京广铁路方向的发展轴。重点推动新郑、荥阳、新密、上街、巩义、登封、中牟、航空港、高新技术开发区、郑州经济技术开发区等外围组团的开发建设，促进中心城区与外围组团形成特色突出、功能互补、产业对接、空间融合的基本架构，使外围组团成为郑州都市区建设的战略支撑。

（一）着力建设荥阳、新郑、上街三大功能组团

荥阳重点推进"宜居健康城"建设，围绕"一城五区一中心"的空间布局，通过集中郑州大学医学院等优势医疗资源和相关的休闲疗养产业，规划建设以现代医疗服务、医学高等教育、健康干预与管理、康复养生、养老护理、就医休闲和生物医药研发为核心的高端现代医疗服务业新区；新郑重点推进"宜居教育城"建设，围绕"一核两翼"的空间布局，优先安排中小学、特殊教育学校用地，规划建设集教育培训、商业服务、现代工业和休闲居住为一体的现代化宜居教育城市；上街重点推进"宜居职教城"建设，依托郑洛工业走廊雄厚的工业基础与丰富的人才优势，吸引国内外中高等职业教育院校入驻，形成以职教园区为中心，教育教学、科研开发、二产配套和三产服务为一体的综合性城市功能组团，发展成为中原地区最大的国际化新型宜居职教城。

（二）加快巩义、登封、新密等外围组团建设

巩义要围绕优势产业，积极培育以铝工业、建材工业为主的特色产业集聚区；登封依托独特的文化资源，建成文化旅游产业集聚区，打造"国际文化旅游

名城"；新密依托煤炭资源，建成重要的能源原材料产业集聚区。形成与中心城区的分工协作，强化基础设施网络对接，实施向心发展战略，实现一体化发展。

（三）强化中牟组团

围绕以汽车工业、轻工业为主的生态园林城市的建设目标，规划建设科教文产业园区、现代物流园区、现代农业产业园区、现代制造业工业园区，实施东西双向发展，发展成为中原经济区的汽车产业基地。

（四）高起点建设航空港组团

按照"一核两区"的空间规划，重点发展航空物流业以及高新技术产业，吸引大型物流企业区域总部以及高新技术企业生产基地入驻，发展成为以航空客货物流、临空制造业、现代商贸等为主要功能的现代化生态型航空新城。

（五）提高高新区与经济开发区发展水平

郑州高新技术开发区要以"新城市形态"规划建设"高新新城"，按照"一带一区一中心"布局，加快建设电子电器产业园、郑州IT产业园等3个百亿产业园，把高新区建设成为新兴产业之城、现代商务之城、科技创新之城、生态人文之城，成为郑州都市区连通荥阳和焦作发展的西部标志性新城区。郑州经济技术开发区围绕建设"开放型现代化工业新区"的发展定位，以海马汽车整车生产和配套项目为龙头，建立汽车工业园；以中铝板材项目为龙头，建立铝加工工业园；以晶诚科技园集成电路生产项目和安彩液晶基板项目为龙头，建立信息产业园；以绿色能源（瓦斯）开发利用、开采设备制造、LED照明器件、生物燃料、雅士利豆奶粉加工基地等环保、节能、减污项目为龙头，打造绿色生态园；建设成为一个以高新技术产业、现代制造业、出口加工企业为支撑的经济园。

第四节 提升洛阳"副中心"地位

《全国主体功能区规划》明确把中原经济区列入重点开发区域，并提出要"提升洛阳区域副中心的地位，重点建设洛阳新区。"作为全国重要的老工业基地，洛阳拥有雄厚的产业基础与丰富的科技资源，在全省经济社会发展的地位非常重要，提升洛阳副中心地位对中原经济区建设具有重要意义。要围绕建设具有世界先进水平的现代装备制造产业基地、全国重要的新材料产业基地、全国重要的硅光电产业基地、全国重要的能源电力基地、中西部最大的石油化工基地，发展壮大新能源、节能环保、生物医药、信息、新能源汽车五大新兴产业，进一步提升洛阳在中原经济区的副中心地位。

一、高起点建设洛阳新区

2009 年，河南省委、省政府通过了关于建设洛阳新区的总体方案，与郑汴新区一起纳入省级发展新区。洛阳新区空间范围扩大为：东起偃师市高龙镇西边界，西至洛阳西南绕城高速公路，南起偃师市伊川县边界，北至洛河南岸，包括洛龙区大部分、龙门文化旅游园区和偃师市西南部，规划面积达 438.7 平方公里。建设成为现代产业发展示范区、河洛文化旅游精品区、城乡统筹改革发展试验区、现代复合型新区和对外开放示范区，建成全省经济社会发展的重要增长极。

（一）严格按照规划加快基础设施建设

按照以洛河为轴线、南北对称发展的思路，全面推进核心区中轴线项目建设，加快推进伊河治理项目建设，依托龙门石窟、白马寺——汉魏故城、隋唐城遗址区重点项目加强国际文化旅游名城建设，夯实新区发展的基础，要加大基础设施建设力度，加快重要公共建筑建设，加快新区公共服务设施建设，加快推进滨河百栋高层建设，加强城市精细化管理。

（二）要严格按照功能定位加快产业发展

依托洛龙科技园区，大力发展光电产业、生物技术、环保产业、现代制造业等有巨大潜力的新兴产业和高新技术产业；依托关林商贸城、关林市场、中原康城和客运南站建设，大力发展商贸流通业；依托中心区域建设，大力发展中央商务区；依托现有公共服务设施和旅游资源，大力发展新区文化旅游产业；依托旅游景点，大力发展旅游观光业，不断增强新区的吸引力和影响力；加快发展新区服务业，快速聚集新区人气。

（三）着眼于优化空间布局推进项目入驻

依托洛阳新区内的洛龙科技园区、洛阳经济技术开发区和伊洛工业园区三个产业集聚区，按照"一谷三区六园"的建设思路，充分发挥洛阳市矿山设备、冶金装备、有色金属加工等领域的国内领先优势，大力发展以动力机械、大型成套装备、新能源装备为主的先进制造业。谋划和实施好 120 个总投资 1005 亿元的重大动力机械项目，努力打造国内一流、国际先进的节能环保新型动力机械制造业基地。

二、强化洛阳经济圈重点产业集聚区建设

2008 年，河南省委、省政府作出加快建设产业集聚区的战略决策，洛阳市17 家产业集聚区进入省级产业集聚区序列，数量居全省第一，另有 5 家市级产业集聚区，基本上每个县（市）区至少有一家产业集聚区。依托产业集聚区，新产业、新企业、新项目逐步发展成为经济发展的核心支撑，一批老国企重新焕发生机。各集聚区大力实施招商引资、投资倍增、基础配套、科学规划、升级竞赛五大行动计划，产业集聚区已经成为推动洛阳经济社会发展的新高地。

（一）协同推进产业集聚区建设与县城新区建设

以产业集聚区为依托，走产城融合、产业集群的发展道路，实现产业发展与县城新区发展相互依托、相互促进。落实鼓励农民进城的各项措施，用好经济适用房、廉租房政策，大力发展租赁房，加快城中村和城郊村改造，为农民工进城、产业集聚区更好地吸纳劳动密集型企业进驻提供有力支持。

（二）搭建融资平台推进基础设施建设

充分发挥政府融资平台作用和 BT、BOT 等融资模式作用，认真研究产业集聚区和县城新区基础设施建设资金问题。结合本地实际，积极完善和创新投融资机制，深入研究和熟练掌握 BT、BOT 等融资模式运作规律，在产业集聚区基础设施建设等方面积极探索，有效解决建设资金问题，并规避可能出现的风险。

（三）提高入驻项目的层次与水平

充分发挥好项目例会、联审联批会和每日重大项目现场协调会作用，以更高的效率解决项目前期工作和项目实施中的问题。建立和完善有效的工作推进机制，进一步加大项目前期工作推进力度，优化项目建设环境，千方百计加快项目建设进度，促使项目早落地、早开工、早投产。

（四）强化环境保护与资源节约工作

进一步强化环保意识，做好项目环评，杜绝污染项目进入产业集聚区，重点搞好土地集约节约利用工作。

三、提升洛阳经济圈重要节点城市发展水平

围绕"一中心五组团四支撑"的总体布局，即做大做强洛阳中心城市区，加快中心城市区与周边紧邻的吉利区、新安县、孟津县、宜阳县、伊川县融合发展、抱团发展、向心发展，充分发挥汝阳县、嵩县、栾川县、洛宁县的潜在优势、后发优势，形成对洛阳经济圈的强力支撑。

（一）提高吉利区、新安县、孟津县、宜阳县、伊川县五组团的发展水平

推进撤县建市，尽快启动从"一中心"到"五组团"的城际快速通道建设，构建30分钟快速交通网络，打造洛阳五大卫星城市。同时，加快"一中心五组团"的产业提升、产城融合，构建特色主导、分工明确、错位竞争、协调合作的区域发展格局。

吉利区重点加快建设吉利石化工业基地；新安县依托"一线三区"（310国道沿线和洛新工业区、万基工业区及万山湖工业园区）建设重要的铝工业、金属钠、耐火材料和陶瓷产业基地；孟津县围绕"一城两带五区四轴"打造全国历史文化名县、黄河中下游旅游目的地；宜阳县重点发展能源、化工、冶金、建材、装备制造、硅镁新材料六大支柱产业；伊川县围绕"一区两园"加快建设国内具有影响力的铝工业新城。

（二）增强汝阳县、嵩县、栾川县、洛宁县的支撑力

加强基础设施建设，壮大县域经济发展实力，围绕产业集聚区建设，优化空间布局，打造县域经济核心增长极，提升县域经济科学发展水平。

汝阳县按照"南矿北园中部布点"的思路，建设全省有影响的矿产品生产加工基地、中原地区有突出地位的新型建材基地、全国著名的白酒生产基地；嵩县以田湖、饭坡产业聚集区为平台重点发展现代制造业和氟化工产业，以黄金、钼项目建设为重点建设金城钼都，以风电、核电、太阳能开发建设为重点努力打造新能源基地，以车村、白河镇及白云山景区为重点打造嵩县休闲旅游度假区；栾川县重点打造在国内占有重要地位的钼钨产业基地、国内知名的山地旅游度假胜地、充满活力的伏牛山宜居城市；洛宁县着力打造全国知名的绿色能源基地、中原地区颇具特色的多金属基地、中原最大的玩具制造基地和中西部地区重要的农产品生产和精深加工基地。

第五节　推进郑汴一体化发展

中原经济区覆盖河南省十八个市以及河南周边地区，行政区划特征明显，所以，中原经济区建设的重点是实现一体化，难点是如何实现一体化。我们认为，整体"一体化"应先从局部开始，应率先推进空间接近、产业对接、功能互补的郑州与开封一体化发展，为中原经济区一体化发展积累经验，形成对中原经济区核心区的重要支撑。

一、提高郑汴新区发展水平

2009 年 6 月，河南省政府出台《郑汴新区建设总体方案》，郑汴新区规划范围包括郑州新区和开封新区，东起开封市金明大道，西至郑州市中州大道，南起中牟县、尉氏县南县界，北至黄河南岸，总面积约 2077 平方公里，打造全省经济和社会发展核心增长极。郑汴新区以"复合城区"为核心理念，采取轴线组团发展模式，形成"两轴两带九组团"的发展格局。"两轴"是东西走向的郑汴一体化产业发展轴，南北走向的郑东——航空港经济发展轴；"两带"是沿黄旅游产业带、东南部生态农业产业带。

（一）高起点建设复合型城区

"复合城区"理念具体体现为"五大复合"，即功能复合、产业复合、生态复合、空间复合、体制复合，通过区域"规划统筹、交通一体、产业链接、服务共享、生态共建"，提高产业集聚、产城融合、城乡统筹、城际开放能力，走出一条不以牺牲农业和生态为代价的新型工业化、城镇化和农业现代化道路，为中原经济区科学发展提供示范。

（二）优化升级产业布局

根据新区产业发展现状，综合考虑资源承载力、土地适应性、交通运输条件等因素，采取轴线组团发展模式，围绕九大组团优化升级区域产业布局，促进九大组团产业错位对接发展。"九组团"指郑东新区、经开区、航空港、白沙组团、刘集组团、官渡组团、九龙组团、中牟组团与汴西组团。其中，郑东新区强化商务、金融、会展、科研、教育等功能，经开区加快发展先进制造业、高新技术产业；航空港重点发展临空产业；白沙、刘集、官渡组团着重发展科教、旅游休闲、食品加工、环保等产业；九龙组团（国际物流园区）发展物流与配套工业；中牟组团发展机械制造、汽车制造、食品制造业；汴西组团发展综合性新城区，以金融商贸、休闲娱乐、行政办公、商住以及现代制造业功能为主。沿黄河发展生态、旅游产业，在新区东南部发展高效农业。

（三）提高基础设施水平

打造"六横六纵"的快速路骨干网络，"六横"东西贯穿新区，作为连接郑州和开封的区域骨干道路，承担区域内东西串联的功能。围绕高铁客运中心、航空港、铁路集装箱中心站、干线公路物流港与郑州火车站（市区站）共同构成的"五大枢纽"，打造以铁路（包括客运专线）、城际轨道、高速公路主干、国家干线公路、航空为支撑，各种交通方式有机衔接、高效安全的一体化综合交通运输体系。

二、加快发展郑汴产业带

作为郑汴一体化的重要支撑，郑汴产业带要打造成为中原城市群核心区的先导区、郑汴一体化发展的产业聚集区、全省节约用地的示范区，让郑汴产业带成为全省经济的重要增长极。

（一）集中发展三大高端产业

高起点布局高技术产业、现代制造业和现代服务业三大高端产业。高技术产业方面，重点发展计算机、应用软件、通信、微电子、新型元器件、光机电一体化等电子信息产业；发展壮大现代生物产业、医疗设备生产研发等产业；积极培育新材料和环保产业。现代制造业方面，重点发展汽车的关键零部件、大型成套设备、专用设备、特种设备制造等装备制造业；积极发展高加工度原材料工业以及农产品精深加工业。现代服务业方面，重点发展现代物流、金融保险、信息服务和会计、律师、咨询等中介服务；积极发展职业教育，建设一批国家级重点职业学校和职业教育实训基地；大力发展文化创意产业，积极发展旅游服务业。

（二）重点培育三大功能组团

以郑开大道、轻轨（预留）和其他交通通道所构成的交通轴为依托，由西向东规划布局白沙、官渡和汴西新区3大组团。白沙组团利用其紧邻郑东新区CBD和龙子湖高校区的区位优势，重点布局职业教育、现代服务业和高新技术产业；官渡组团呼应中牟县城，重点布局科技研发、现代制造业、农产品精深加工业、现代商贸和文化旅游服务业；汴西新区组团为综合性新城区，重点发展金融商贸、休闲娱乐、行政办公、商住等产业。

（三）着力打造综合交通网

打造"三横六纵"综合交通网络，"三横"为三条东西走向的道路，分别是豫兴大道（规划新建道路，连接郑州北四环与开封东京大道）、郑开大道（已有道路）、中央大道（规划新建道路，连接郑州中央大道与开封宋城路）；"六纵"为南北走向的六条道路，分别是：京珠高速（已有道路）、规划新107国道（原万三公路）、省道233线（已有道路）、仓狼公路（已有道路）、汴西大道（规划道路）、金明大道（已有道路）；已沿郑开大道南侧建设开通郑汴城际轻轨，与郑州城市轻轨1号相连接，同时预留4条铁路专用线。

三、推进郑州与开封对接发展

实施郑汴一体化，最关键的是搞好两市对接发展，促进生产要素在两市之间无障碍流动，实现两市功能互补、产业合理、市场融合，重点推进功能、城区、空间、产业、服务、生态"六个对接"。

（一）推进功能对接

突出城市特色，强化两市的功能定位，强化开封的文化、教育、旅游、休闲、娱乐功能，加快郑州的休闲、娱乐等服务功能与开封衔接，实现郑汴两市功能互补。

（二）推进城区对接

加快郑汴快速通道建设，在郑汴之间形成以高速公路、一级公路、城市道路以及陇海铁路为基本骨架的便利快捷的交通通道。适时规划建设郑州至开封的城市轻轨。推进郑汴公共交通同城化，构建统一高效的公共交通服务体系。

（三）推进空间对接

促进郑州、开封相向发展，加快郑东新区建设，适时向东拓展，支持中牟组团和开封杏花营组团加快发展。其中，中牟组团要根据自身实际，适时东进西扩，担当起连接郑汴两市的"桥梁"与"纽带"作用，进一步密切两市的空间联系。

（四）推进产业对接

引导两市产业错位发展、统一布局，引导郑州的制造业、物流业、高技术产业等产业向东布局，支持开封新上工业、物流、高新技术等产业向西集中，支持郑汴之间发展产业分工合作网络，逐步形成紧密相连的新兴产业带。

（五）推进服务对接

率先推行教育、科技、文化、旅游资源共享和金融、电信、邮政、公交同城化，为两市生产要素的自由、高效、无障碍流动提供统一服务体系的支撑。

（六）推进生态对接

加强两市间生态共建，科学规划郑汴之间的绿色走廊，推进生态与产业的合理布局，在郑汴之间形成基础设施共建、产业互补、资源共享、功能协调的一体化发展新格局。

四、加快推进周边县区发展

郑州的中牟、开封的杞县、通许、尉氏、兰考等县均为农业县，经济发展比较落后，城乡二元结构特征明显，推进郑汴一体化必须加快周边县区发展步伐，促进城乡一体化进程。

（一）推进周边县区优化空间布局

强化基础设施建设，加快形成以主要交通轴线为核心的城镇体系；优化区域空间结构，打破行政区域界限；进行跨行政区域的统一规划，对城镇及乡村发展合理布局；引导周边县区转变发展理念，提高周边县区与城镇的规划与布局水平，主动接受中心城市的辐射，沿主要产业带优化产业布局。

（二）加快推进城乡一体化进程

引导周边县区主动接受郑汴新区以及郑汴产业带的产业转移，与核心区及核心带形成协调互动发展的区域格局；加快特色小城镇的发展步伐，促进资本、技术、人才等要素向特色城镇的集聚，强化特色城镇的支撑与纽带作用；围绕核心区主导产业，加强农村富余劳动力的专业培训，推进产业与就业结构优化，加快城乡一体化进程。

第六节　推动五城联动促进郑州大都市经济圈格局形成

在重点推进郑汴一体化的基础上，还要加快推动郑、洛、汴、新、许五城的空间布局和功能对接。加强五城域内重要节点城、镇建设，实现郑州与毗邻四城的对接联动，逐步形成以郑州为中心、拥有 38 个城市、近 3000 万人口的超级大都市经济圈格局基本构架。

一、促进产业错位互补协调发展

推进实施中原经济区产业错位发展战略，有针对性地制定扶持各区域集中发展优势产业的政策措施，依托两纵一横经济带，促进产业布局优化。

（一）依托郑汴洛工业走廊推进郑汴洛之间的产业协同发展

重点加强郑洛两市在信息产品制造业、新材料、汽车工业、装备制造业、铝加工业等领域的分工协作，实现优势互补，加快建设郑州汽车及零部件工业基地、洛阳动力谷、吉利石化工业基地、上街铝工业基地、巩义铝加工园区、偃师轻纺产业密集区、荥阳建筑机械工业园和纺织服装工业园区等，培育形成一批特色产业集群。围绕推进郑汴一体化，构建郑汴两市产业错位发展格局。

（二）依托京广产业发展带推进郑新之间的产业协同发展

推进新乡市统筹城乡发展示范区、先进制造业基地、现代农业试验示范基地、高素质人力资源培育基地"一区三基地"建设，以生物与新医药、电池电动车与汽车零部件、电子信息、特色装备制造、制冷、现代煤化工等六大主导产业为支撑，构建与郑州错位发展的产业体系。

（三）推进郑许之间的产业布局统一规划

推进许昌加快发展电力装备、食品、发制品等主导产业，围绕风电装备制造、智能电网、电动汽车及关键零部件、超硬材料、生物医药五大工程培育发展战略性新兴产业，重点推进中原电气谷建设。按照"四区一基地"的功能定位和"主副两中心、四区加两翼"的空间布局，高水平规划建设许昌新区，着力培育形成长葛铝型材加工、超硬材料等一批特色产业集群。

二、推进五城基础设施联网对接

大力推进大都市经济圈基础设施支撑能力建设。突出抓好交通、能源、基础设施方面的重大工程建设，推进郑洛、郑新、郑许之间的基础设施联网对接，重点推动交通对接，加快形成畅通快捷的综合交通体系。

（一）推动郑州、洛阳基础设施联网对接

加大郑州至西安铁路客运专线运力，全面完成连霍高速郑州至洛阳段拓宽改造和 310 国道郑州至洛阳段一级公路改造升级任务，连同郑少和少洛高速公路及既有陇海铁路，形成五条郑洛之间的快速通道。

（二）推动郑州、新乡基础设施联网对接

建成郑州至北京铁路客运专线，全面完成京港澳高速郑州至新乡段拓宽改造和 107 国道郑州至新乡段扩建改造任务。加快原阳桥北新区建设，加快郑州花园口黄河生态旅游区、新乡桥北—韩董庄区域开发，通过郑州黄河公路大桥和郑州黄河公路铁路两用桥（预留轻轨线路），促进两岸呼应发展，进一步拓展郑州向北发展的空间。

（三）推动郑州、许昌基础设施联网对接

建成郑州至武汉铁路客运专线，全面完成京港澳高速郑州至许昌段拓宽改造和 107 国道郑州至许昌段扩建改造任务，形成郑许之间的快速通道。

三、增强五城间重要节点城镇支撑能力

在强化核心区建设、发展大都市区的同时，进一步加快中小城市以及特色小

城镇发展步伐，使中小城镇成为支撑郑州与周边城市发展的重要节点。着力构建特色突出、结构合理、层次分明、功能互补的新型城镇格局，强化重要节点城镇的支撑能力。

（一）培育发展一批中等节点城市

重点加快巩义、偃师、新郑、长葛等重要节点城市发展，力争早日进入大型城市行列，着力推进登封、长垣、尉氏等进入中等城市行列。

（二）支持小城市加快发展步伐

促进开封、中牟、荥阳、许昌、新乡、原阳等地区加快发展，尽快撤县建区。

（三）积极引导小城镇发展

以主要交通通道为依托，选择区位突出、特色明显、具有产业基础与发展潜力的节点城镇，合理规划中心镇功能定位，适时推进符合条件的乡镇撤镇建区和撤乡并镇，优化城镇布局，积极支持巩义回郭镇、竹林镇，荥阳市高山镇、新乡七里营、小冀镇，偃师岳滩镇、首阳山镇，许昌尚集镇、灵井镇、长葛大周镇、后河镇、辉县孟庄镇，长垣魏庄镇等提高发展水平。

四、创新五城联动发展机制

建立高效的联动协作机制，加强郑州与周边四市的联动与协作，通过建立联席会议制度，成立专家顾问委员会，推进五市在规划、产业、布局、项目、资源、基建、服务等方面的联动，最终形成以市场建设为契机，以区域利益共享为驱动，实现生产要素跨区域自由流动和最佳组合的合作方式，建立合理的利益分配与风险分担机制，提高区域整体竞争力。

（一）建立联席会议制度

建立五市联席会议制度，即成立五市联动发展领导小组，由各市相关领导组成，负责研究决策五市联动发展的有关重大问题，组长按年由各市轮流担任。领导小组下设办公室，办公室成员由各市发改委负责人组成，负责联动发展的日常事务的协调、组织。联席会议制度具有最高领导功能，能在政府层面上对五市的联动发展和相关问题进行宏观掌控和具体决策。

（二）成立专家顾问委员会

成立五市协同发展专家顾问委员会，成员由全国知名区域经济专家以及省内有关专家学者组成，为五市联动发展提供智力支撑。作为智囊团，负责调研、探讨五市协同发展的现状、理论、模式与对策，定期召开理论研讨会，为协同创新发展献计献策。

（三）组建五市产业合作联盟与园区共建联盟

产业合作是五市联动发展的重点，围绕五市的主导产业与优势产业，依托行业龙头企业与国家级、省级研发中心，组建五市产业合作联盟。以标准共享、资源共用、市场共有的方式，以项目实施带动产业发展，以产业发展带动核心技术的研发与投入，最终带动相关的制造业和供应链企业的积极参与。适时推进产业园区共建联盟，以园区为纽带，优化区域要素配置，加强五市间的产业联动发展，形成区域间分工布局合理的产业集群，提高五市产业一体化发展水平。

五、积极促进郑州大都市经济圈格局形成

中原经济区的核心区从地理经济视角看，已自然构成了以郑州为中心、洛阳、开封、新乡、许昌五城"十字"相连的大都市经济圈战略格局。在重点推进郑汴一体化的基础上，以郑汴新区为核心，加快推动郑洛、郑新、郑许之间的空间布局和功能对接，加强巩义、偃师、伊川、新郑、新密、荥阳、登封、中牟、长葛、禹州、鄢陵、原阳、获嘉、尉氏等重要节点城市建设，实现郑州与毗邻洛、开、新、许及其所属城市的全方位对接联动，形成以郑州为中心、多城对接、产业集聚、城镇密集的"十字"形大都市经济圈格局的基本构架。

郑州大都市经济圈格局是：以郑州为中心，东连开封，西接洛阳，北通新乡，南达许昌，构成五城相连的大"十字"形城市群。五城通过郑汴洛工业走廊发展带和京广产业发展带，连接区域内15个重要节点城市和重要乡镇，形成五城一核一廊一带两圈三层的大都市经济圈基本构架和"1+4+33"个城市的超大城市群，2020年超过5000万人。

从目前郑州的发展水平、经济规模和经济实力、综合竞争力来看，还不足以在更高的层次上、更高的层面上来辐射、带动周边城市乃至整个中原经济区的崛起，未来的快速发展，将以此成为中国内陆地区的重要增长极的核心区。所以，我们认为，必须强力推进大郑州都市区的建设，并积极促进郑州大都市经济圈战略格局的形成，使之成为中原经济区更具吸引力和辐射力的核心区。

第七节　加快黄淮四市发展

黄淮四市包括商丘、信阳、周口和驻马店市四个省辖市，位于河南省东南

部。由于发展起点、环境、条件等多种因素的影响，黄淮地区经济发展相对滞后，在全省区域经济发展的大格局中属经济欠发达地区。近年来，该地区经济总量占全省的比重不断缩小，与其他地区的发展差距不断拉大，已成为实现中原崛起的"木桶短板"，严重制约着河南经济发展的大局。因此，加快黄淮地区经济发展，实现全省区域经济的协调有致，对于保持河南经济的良好发展态势、实现由经济大省到经济强省的跨越、进而实现在中部地区率先崛起的目标至关重要。

一、黄淮四市区域经济发展历史和现状分析

(一) 黄淮四市发展的历史考察

新中国成立 60 多年来，特别是改革开放以来，黄淮四市在各级党委政府的领导下，在中国特色社会主义理论指引下，始终坚持以经济建设为中心，求实苦干，开拓进取，坚定不移地推进农区工业化进程，社会主义现代化建设取得了前所未有的辉煌成就。回顾 60 多年来的艰苦发展历程，大致可分为以下几个阶段：

1. 1949~1957 年的恢复时期

这一时期，经过三年恢复和第一个五年计划，在农村进行土地改革，实现了"耕者有其田"，在城镇进行没收官僚资本，归国家和集体所有，建立新型的社会主义生产关系。完成对农业、手工业、私营工商业的社会主义改造，贯彻执行党的过渡时期的总路线，从而极大地解放了生产力，广大人民群众的生产积极性空前高涨，工农业生产发展较快。1957 年，商丘市完成国内生产总值 26830 万元，比 1950 年的 18797 万元增长 42.8%；周口完成国内生产总值 32660 万元，比 1950 年增长 33.3%；驻马店实现工农业总产值达 31542 万元，比 1950 年增长 60.2%；信阳完成国内生产总值 40466 万元，比 1949 年的 12944 亿元增长 2.1 倍以上。为全区国民经济的发展奠定了良好的基础。

2. 1958~1978 年的曲折发展时期

(1) 1958~1965 年是第二个五年计划和三年调整时期。由于受极"左"思想的影响，盲目发动了"大跃进"和"人民公社化"运动，犯了"浮夸风"、"共产风"的错误，农业又受到连续三年的自然灾害，农业生产受到极大损失，使"二五"时期国民经济的发展受到严重的挫折，经济指标大幅下滑。1963~1965 年的三年调整时期，党中央纠正了工作中的失误，黄淮四市人民认真贯彻执行"调整、巩固、充实、提高"的方针，使国民经济得到较快的恢复。1965 年，黄淮四市完成国内生产总值 150864 万元，比 1957 年仅增长 13.7%。

（2）1966~1978 年"十年动乱"及其影响时期。这一时期也是我国第三、第四个五年计划的时期，受到"文化大革命"的严重影响，使刚刚摆脱困境，步入稳定发展的国民经济，又走上了艰险的道路。由于政治冲击经济，生产力遭到严重破坏，这一时期经济虽有所发展，但结构严重失调，整体效益较差，人民群众的生活长期得不到改善。极"左"路线严重压抑了生产力，制约了社会主义制度优越性的充分发挥。1978 年，黄淮四市完成国内生产总值 426578 万元，比 1965年增长 1.83 倍。

3. 改革开放后快速发展时期

（1）1979~1985 年的改革开放初始阶段。1978 年，党的十一届三中全会的召开，开创了我国社会主义建设的新时期。党的工作重心转移到以经济建设为中心上来，农村开始实行家庭联产承包责任制，农民获得了生产和分配的自主权，从根本上调动了农民的生产积极性，农村经济摆脱了长期停滞的困境。乡镇企业开始起步，个体经济、联营经济等形式也有所发展。城市经济体制改革也相继稳妥地进行，企业经营的自主权进一步扩大，鼓励开展竞争，多种经济形式和经营方式共同发展。有计划的商品经济得到一定的发展，商品流通扩大，城乡市场空前繁荣。改革有力地促进了生产力的发展，使原来落后、封闭的经济格局发生了根本性的变化，国民经济快速发展。1985 年，黄淮四市国内生产总值达 113.18 亿元，是 1978 年的 2.65 倍。

（2）1986~1991 年的改革开放纵深推进阶段。以党的十三大胜利召开为标志，全区的改革步伐进一步加快。在坚持以公有制为主体的前提下，积极探索多种所有制的协调发展途径，积极发展集体经济，鼓励个体私营经济和其他经济形式的发展。在农村延长土地承包期，农民对土地投资的积极性进一步增强，农民从单一经营走向多种经营，加快了农村经济从自给经济向商品经济迈进的步伐。在城市积极探索企业内部政企职责分开，企业财产所有权和经营权适当分离的路子，国有企业全面推行承包经营责任制，并对国有企业"放权让利"。同时，对分配体制、价格体系、流通体制、财税体制、金融体制、计划体制的改革全面铺开，使经济运行机制发生了较大的变化。市场在促进产需衔接、调节供求方面的作用增强，有计划的商品经济得到发展。特别是随着对外经济技术联系的扩大，全区封闭型经济开始向开放型经济转变，外商外资开始融入全区经济发展的大潮。这一时期，全区经济和社会的诸多方面发生了重大变化，经济体制改革不断深入，经济实力明显增强。1991 年，全区实现国内生产总值 218.28 亿元，是 1985 年的 1.93 倍。同时，城乡人民生活水平进一步提高，社会主义精神文明建设取得了新的进展。

（3）1992~2000 年的社会主义市场经济体制建立并不断完善时期。1992 年春，邓小平同志在南方发表重要讲话，科学地总结了十一届三中全会以来党的基本实践和基本经验，明确回答了多年来困扰和束缚我们思想的许多重大认识问题。黄淮四市上下思想进一步解放，坚持以"三个有利于"为标准，进一步解放和发展了生产力。通过认真学习贯彻小平同志南方讲话、党的十四大和十五大精神，突出抓住机遇，加快发展的主旋律，全区改革开放步伐进一步加快，经济持续、快速发展。

农村改革继续深化，以延长土地承包期，稳定以家庭承包经营为基础，建立统分结合的双层经营体制；农村社会化服务体系向农业产业化方向转化和发展，初步形成一些科工农贸一体化、产供加销"一条龙"的龙型经济，农业的种植、生产、加工、营销已逐步向专业化、社会化迈进。

企业改革开始进入以产权制度改革为突破口，以建立现代企业制度为目标的新阶段。按照"抓大放小"的要求，在抓大方面，突出抓好组建企业集团，国有小企业以股份制、股份合作制和出售、转让为主要形式的产权制度改革全面铺开。

"开放带动"战略取得新突破，在开放的范围上不断拓展和深入，从工业、农业扩大到第三产业，从商业扩大到科技、教育及文化事业，从国有、集体企业扩大到个体私营乡镇企业；在开放的对象上，从向境外、国外开放扩大到向沿海发达地区、向区外一切地方；在开放的层次上，由地区扩大到各县市和乡村；在开放的内容上，从引进资金、人才、项目、设备、技术等有形成果扩大到引进机制、观念、管理方法等无形成果。

这些都为全区经济的发展注入了新的活力。同时，按照建立社会主义市场经济体制的要求，不断深化和完善宏观管理体制；按照布局合理，规模适度，比例协调的原则，积极发展各类商品市场，市场体系建设步伐加快；积极推进以养老和医疗保险为主的社会保障制度改革；住房制度改革逐步深入。改革开放步伐的加快，使全区国民经济保持了良好的发展态势，乡村和城市、工业和农业、经济和社会呈现出相互促进、协调发展的局面。2000 年，黄淮四市国内生产总值达到 1170.26 亿元，是 1991 年的 5.36 倍，成为新中国成立以来全区经济发展最快的时期。科技、教育、文化、卫生等各项社会事业得到全面发展。在经济和社会发展的基础上，全区城乡人民的生活水平得到极大改善。

4. 进入新世纪后黄淮四市发展的崭新时期

2002 年，党的十六大提出"三个代表"重要思想和全面建设小康社会的奋斗目标，指出：20 世纪前 20 年，是一个必须紧紧抓住并且可以大有作为的重要战略机遇期。全面建设小康社会，最根本的是坚持以经济建设为中心，不断解放和发展社会生产力。经济建设和改革的主要任务是，完善社会主义市场经济体制，推动经济结构战略性调整，基本实现工业化，大力推进信息化，加快建设现代化，保持国民经济持续快速健康发展，不断提高人民生活水平。

2007年，党的十七大提出科学发展观和实现全面建设小康社会奋斗目标的新要求，要统筹城乡区域发展，转变发展方式，增强发展协调性，努力实现经济又好又快发展。

2004年，《河南省全面建设小康社会规划纲要》提出要加快黄淮地区发展，将黄淮地区建设成为全国绿色农产品加工出口基地，生猪、肉牛、肉羊、油料生产加工基地。2007年，中共河南省委、河南省人民政府联合出台《关于加快黄淮四市发展若干政策的意见》，加快黄淮四市发展，是从河南实际出发，全面落实科学发展观、构建社会主义和谐社会的客观要求，对于促进区域协调发展、全面建设小康社会、加快中原崛起具有重大意义，使黄淮四市经济社会发展进入崭新的发展时期。2009年，黄淮四市实现生产总值19748亿元，比2000年增长15.9倍。

（二）黄淮四市发展的现状分析[①]

1. 综合实力显著提升

黄淮四市工业经济发展迅速，产业结构不断优化，综合实力逐年提升。2009年，黄淮四市生产总值达到3890亿元，比2008年增长11.2%；三次产业结构比为30.3∶40.6∶29.1，第二、三产业所占比重比2008年提高1.1个百分点；工业企业整体实力明显增强，规模以上工业增加值达到1013亿元，比2008年增长16.9%。

2. 农村经济稳步发展

黄淮四市农业综合生产能力稳步提高，成为名副其实的粮食主产区。2009年，粮食总产量达到2546万吨，占全省粮食总产量的47.2%；畜牧业产值达444.2亿元，占全省畜牧业总产值的35.8%。农副产品加工业发展较快，打造出莲花味精、华英食品、科迪食品等一批享誉国内外的知名品牌。劳务经济快速发展，农民劳务收入增加较多。外出务工人员达到779万人，劳务收入417.2亿元，分别占全省的44.6%和43.7%，成为农民增收的重要来源。

---

① 刘永奇. 河南省情研究. 河南人民出版社，2008：309.

3. 基础设施更加完善

随着经济的发展、财力的增强，黄淮四市基础设施日趋完善，城乡面貌得到较大改观。2009 年，黄淮四市全社会固定资产投资 2804 亿元，比 2008 年增长 30.2%；交通运输建设迅速发展，农村生产生活条件不断改善。2007 年，四市公路通车里程达到 85177 公里，其中高速公路 1530 公里。2006 年，新增灌溉面积 142 万亩、节水灌溉面积 56 万亩，解决农村安全饮水 1972 万人；城市建成区面积由 155.9 平方公里增加到 208 平方公里；已建成 28 座污水处理厂和 2 座垃级处理场。

4. 人民生活明显改善

2010 年商丘、信阳、周口和驻马店四市农村居民人均纯收入依次为 3248 元、3737 元、3122 元和 3410 元，分别比 2009 年增加 503 元、584 元、481 元和 504 元，增幅分别为 18.3%、18.5%、18.2%和 17.3%。四市城镇居民人均可支配收入依次为 10165.92 元、9477.45 元、8955.23 元和 9762.10 元，分别比 2009 年增加 1820.31 元、1718.21 元、1737.04 元和 1860.97 元，增幅分别为 21.8%、22.1%、24.1%和 23.5%。同时，农村居民人均住房面积大幅增加，城乡居民社会保障逐步完善，生活水平不断提高。

二、黄淮四市区域经济发展困境

由于历史条件、基础薄弱、经济结构等多重因素，黄淮四市发展虽然取得了较大成就，但是从总体上看仍然滞后，经济社会发展水平不高，典型的传统农业地区、工业落后地区和财政困难地区的面貌没有从根本上改变。工业基础依然薄弱、经济发展缺乏活力，与全省平均水平相比，发展进程明显滞后。

(一) 经济总量较小，综合发展水平较低

黄淮地区经济与全省平均发展水平的差距在逐年扩大。2009 年，黄淮四市人口占全省近 40%，但 GDP 占全省比重不足 20%；人均 GDP 仅相当于全省平均水平的 58.5%。

县域经济发展相对滞后，在全省排位逐年下滑。黄淮四市所辖 33 个县市，国家级和省级贫困县占到 22 个。在全省县域经济综合实力排名中，黄淮四市县域经济位次不断后移。2005 年，县域经济综合实力前 20 位中黄淮四市为空白，而 2003 年有 2 个；全省排名 100 位之后的县有 6 个，较 2002 年增加 3 个，且包括了全省最后 4 位。

黄淮四市是典型的传统农业区，农业增加值总量多年居于全省首位，但农业

效益和竞争力并不突出。当前，黄淮四市为市场提供的产品以低附加值的粗放产品为主，农业生产的工业化水平和产业化程度还比较低。依据《河南省农业现代化评估指标及量化标准》，其中衡量农业现代化四个指标为第一产业增加值比重、非农就业人口比重和农民人均纯收入和恩格尔系数，现代化标准分别为10%、60%、8000元和36%，而2007年，黄淮四市这四项指标分别为30%、40.3%、3354元和48.3%。

（二）工业化水平偏低，城镇化进程滞后

2007年，黄淮四市仍处于工业化初期阶段，工业化进程远远落后于全省平均水平。黄淮四市第二产业增加值比重分别低于全省平均和中原城市群14个和18个百分点，第一产业增加值比重分别高于全省平均和中原城市群14个和20个百分点。黄淮四市工业化率为35.3%，低于全省平均水平14.6个百分点。总体上，黄淮四市工业结构尚未进入高度加工阶段，附加值较低，没有形成一定规模的产业集群和产业链条，企业生产配套成本较高。

与较低的工业化水平相适应，黄淮四市城镇化进程严重滞后。2007年，城镇化率仅为28.1%，低于全省平均水平6.2个百分点，并明显落后于其工业化进程；从事农业的劳动力所占比重为56%左右，高出全省平均水平3个百分点。黄淮四市城市发展水平较低，中心城市偏小、偏少，辐射带动能力薄弱。黄淮四市建成区面积占各市土地面积均只有1%左右，市区GDP占各市GDP总量均不到30%，市区财政收入所占比重不到40%。弱小的市区经济难以在金融、市场、科技等方面满足区域经济发展的需要。

（三）对外开放程度低，吸引外资少

黄淮四市对外开放程度低，外资在促进经济发展和产业结构优化升级方面作用微弱。2007年，黄淮四市进出口总额、外商直接投资分别仅占全省总额的4.7%和7.7%；外贸依存度为1.6%，低于全省和中原城市群6.5%和8.7%的水平；部分县市仍为出口或利用外资空白县。招商引资力度不够，在2007年4月下旬的第二届中博会上，黄淮四市签约项目仅25个，合同金额86亿元，仅占全省的4%，而与之近邻的漯河市签约项目达103个，总投资163亿元。两者相比，差距悬殊。

（四）县域经济发展慢，居民收入水平低

作为地方经济发展最具活力的县域经济，河南黄淮四市的发展差距悬殊。33个县市中，在2008年全省县域经济综合实力排名中，有1/3的县排在全省80位之后。2007年，黄淮四市居民储蓄存款余额仅占全省的22.5%，人均储蓄存款仅

为全省平均水平的 62.5%。城乡居民收入均低于全省平均水平。城镇居民人均可支配收入 9564 元，分别低于全省平均水平和中原城市群 1913 元和 2371 元，为全省和中原城市群平均水平的 83.3% 和 80.1%；农村居民人均纯收入 3354 元，分别低于全省平均水平 498 元和中原城市群 1237 元，为全省平均水平和中原城市群的 87.1% 和 73.1%；居民消费结构升级缓慢，恩格尔系数仍在 44% 以上，高于全省平均水平近 5 个百分点；贫困人口占全省总量的一半以上。

三、加快黄淮四市区域经济发展政策措施

（一）省委省政府出台加快黄淮四市发展若干政策的意见

为加快黄淮四市发展，缩小与其他地区的差距，在《河南省全面建设小康社会规划纲要》的基础上，2007 年 5 月，河南省委省政府出台了《中共河南省委河南省人民政府关于加快黄淮四市发展若干政策的意见》，明确提出：加快黄淮四市（商丘市、信阳市、周口市、驻马店市）发展，是从河南实际出发，全面落实科学发展观、构建社会主义和谐社会的客观要求，对于促进区域协调发展、全面建设小康社会、加快中原崛起具有重大意义。内容主要包括以下方面：

1. 支持黄淮四市建设现代农业基地

（1）加强粮食综合生产能力建设。从 2008 年起到 2010 年，继续按现有比例集中农业综合开发资金，重点支持黄淮四市粮食生产潜力较大的县（市）改造中低产田、建设高标准农田。将省财政集中的新增建设用地土地有偿使用费，重点用于黄淮四市基本农田建设、土地整治和耕地开发。优先在黄淮四市安排国家商品粮、棉基地建设，争取国家扩大对粮食主产县的奖励规模。省新增的小麦和玉米良种补贴、棉花补贴、农机具购置补贴、测土配方施肥补贴资金，拿出一半以上用于黄淮四市，到 2010 年，对区域内粮食种植面积达到 40 万亩以上的县（市），全部实施测土配方施肥项目。

（2）加快发展现代畜牧业。适时增加省畜牧业重点县（市）扶持资金，将黄淮四市发展条件具备的县（市）都纳入省畜牧业重点县（市）扶持资金支持范围，建设一批标准化的大型畜禽养殖小区。县域内成规模的养殖小区用电按农业用电价格执行。加大对黄淮四市动物疫病防控体系建设的支持力度。

（3）积极调整农业结构。适当集中省农业结构调整资金，支持黄淮四市建设以优质小麦为主的优质粮食生产加工基地、优质畜产品生产加工基地、特色农产品生产加工基地和优质林产品生产加工基地。

（4）大力推进农业产业化经营。适当放宽黄淮四市申报省级农业产业化龙头

企业的数量限制。省内外大中型农产品加工企业在黄淮四市建立的规模化农产品原料基地和加工企业，享受省级农业产业化龙头企业扶持政策。积极推动以财政参股、贴息方式扶持农业产业化龙头企业发展的试点工作，优先申报黄淮四市农业产业化龙头企业进入国家试点范围。集中 50% 以上的农民专业经济合作组织发展资金用于黄淮四市。鼓励黄淮四市进行农村土地流转的探索，发展农业集约化、规模化经营。

（5）加快建设品牌化劳务输出基地。指定郑州大学、河南农业大学、河南工业大学、中原工学院及几所重点职业技术学院分别与信阳、商丘、周口、驻马店对口合作，建立职业教育培训基地，培养技能型、高层次的劳务输出队伍。将新增"阳光工程"任务的 70% 以上和"农村劳动力技能就业计划"资金的 50% 以上用于黄淮四市，并允许黄淮四市由县（市）一级统筹使用各项农村劳动力培训资金，加大农村劳动力就业培训力度。省外事侨务办公室、省商务厅、省劳动和社会保障厅要积极疏通外派渠道，发展劳务中介，扩大国际劳务合作，逐步把黄淮四市建设成为具有较高水平和较强能力的外派劳务基地。

2. 支持黄淮四市加快工业化进程

（1）促进工业集聚发展。对黄淮四市的县（市）建设工业集聚区给予资金扶持，重点用于集聚区内的基础设施建设，逐步帮助所有县（市）都建成一个有特色的工业集聚区。从 2007 年起到 2010 年，对区域内省级开发区和县（市）工业集聚区内符合国家产业政策的工业企业用电，参照省外送电价（适当确定过网费）实行大用户直供或开展售电市场改革试点。

（2）培育支柱产业。采用贴息、补助等方式，对黄淮四市符合国家产业政策和区域污染物减排要求、技术含量较高的重点项目，特别是对带动黄淮四市农副产品精深加工业发展和扩大就业作用大的项目给予扶持。优先推荐黄淮四市符合条件的项目申报国家中小企业发展专项资金、企业创新基金。

（3）促进企业重组。鼓励、支持省内外大型企业在黄淮四市投资设立子公司、重组或并购现有企业。对在黄淮四市兼并收购现有工业企业且生产规模增加 1 倍及以上或者投资转产更高附加值新产品的，以及对破产停产企业进行兼并重组、生产规模超过原有企业并安置下岗失业人员超过用工 1/3 的，给予贷款贴息支持。

（4）壮大企业经营管理人才队伍。从省百户重点企业中选择部分企业对黄淮四市企业开展对口帮扶，有重点、有针对性地帮助企业搞好经营管理人员培训，提高素质、增强能力。组织协调黄淮四市企业中、高层管理人员到省对口企业任职锻炼，增长才干；鼓励黄淮四市企业聘请省对口企业的高层管理人员为顾问，进行经营管理决策咨询，促进企业家队伍快速成长壮大。

（5）优先保障建设用地。对黄淮四市符合条件的重点项目特别是工业项目的建设用地优先供应。支持和引导黄淮四市盘活存量土地，集约、节约用地。

3. 加大对黄淮四市的财政支持力度

（1）设立支持黄淮四市发展资金。在省政府原定 2006~2008 年每年扶持 13 个困难县发展专项资金 2 亿元的基础上，从 2007 年起增加 2 亿元，执行到 2010 年（不在本区域的原阳县、社旗县、台前县按原定政策执行到 2008 年），支持范围扩大到黄淮四市所有县（市、区），主要用于支持工业集聚区基础设施建设、符合条件的工业项目贴息或补助、农业产业化经营。

（2）增加对县（市）一般性转移支付。2007~2010 年，通过提高人口、人均支出、人均财力等因素的权重，增加对黄淮四市的县（市）一般性转移支付补助数额，并对增加税收、提高税收收入占一般预算收入比重的县（市）给予奖励。

（3）加大对市本级财政支持力度。完善市本级转移支付办法，重点考虑财政供养人员和管理范围等因素，增加对黄淮四市市本级的财力补助。对市本级负担的义务教育阶段农村中小学免杂费资金和新型农村合作医疗资金再给予一定数额的补助。省对黄淮四市农村低保的补助标准由月人均 18 元提高到 22 元。

（4）加大对财政性投资项目的支持力度，并降低市、县两级财政配套投资比例。申请国家财政拨款安排的大型商品粮棉基地、优质粮食产业工程、河道治理、生态防护林、灌区改造、病险水库除险加固、农村沼气、农村安全饮水、基层公检法司基础设施及县乡村三级社会事业投资项目，均向黄淮四市倾斜，优先申报，优先安排。需地方财政投资配套的，黄淮四市的市、县两级配套比例要低于其他市、县，或酌情研究免予配套。

4. 支持黄淮四市改善基础设施条件

（1）提高防洪除涝能力。加快黄淮四市低洼易涝地区提排站建设，完成涡河、沙颍河近期治理工程、小洪河治理工程和贾鲁河、部分淮干支流等主要平原排洪河道治理，将主要河道防洪标准提高到 10~20 年一遇。

（2）完善公路路网体系。加快建设列入省高速公路规划的项目，确保如期建成投用。改造完善区域内国道、省道等干线公路，尽快打通"卡脖子"路段，提高干线公路联通水平。国家和省农村公路补助资金重点用于黄淮四市和黄河滩区的农村道路建设；黄淮四市实现所有行政村通油路（水泥路）后，补助资金重点用于完善县乡公路及桥涵建设。

（3）加强骨干电网和电源项目建设。黄淮四市各建成 1 座 500 千伏变电站，共建成 11 座 220 千伏变电站。支持规划中的电源项目加快建设，重点支持驻马店、周口等黄淮四市大型热电联产项目进入国家电力建设规划。推进信阳鸡公山、天目山风电和四市生物质能发电项目建设。加快黄淮四市农村电网改造，消除农网改造"盲点村"。

（4）加快推进黄淮四市城镇化进程。引导黄淮四市准确定位城市功能，正确选择主导产业，科学编修城市规划，进一步完善城镇体系。支持黄淮四市深化城镇基础设施和市政公用设施建管体制改革，鼓励民营资本参与城镇基础设施、市政公用设施、社区服务体系建设与经营管理，改善城镇人居环境。支持黄淮四市符合条件的地方开展城乡一体化发展试点。

5. 加快黄淮四市社会服务体系建设和第三产业发展

（1）积极推动科技进步。鼓励省内高等院校、科研机构在黄淮四市设立科研开发基地及科技示范区，积极开展与黄淮四市各个产业领域的科研项目合作和科技成果转让。对促进黄淮四市经济发展有较大作用的产学研合作项目，省财政给予适当补助。黄淮四市引进人才带成果进行合作开发的，优先列入省级科技计划，给予经费支持。

（2）巩固和加强基础教育。在农村薄弱初中改造、农村中小学校舍维修改造、农村寄宿制学校和现代远程教育工程等方面给予黄淮四市倾斜支持，逐步改善农村中小学办学条件。

（3）完善职业教育体系。优先安排黄淮四市职教中心和技工学校建设项目，支持黄淮四市对现有职教中心和技工学校进行改造。鼓励黄淮四市发展民办职业教育，对投资规模较大、办学质量较高的民办职业技术学校，给予一定资金支持。推动一批普通初、高中转向职业教育，而基础教育学校转向职业教育以后，教师所享受的原有待遇不变。打破地区、部门界限，推动各类教育资源重组，走专业化、规模化、集团化办学的路子。加快推行"双证互认"，教育、劳动和社会保障部门要联合制定职业教育大纲、培训师资、考核并核发毕业证和职业资格证书。鼓励有条件的企业举办职业技术学校或与职业技术学校联合办学，促进厂、校资源共享。支持技工学校、职业中专和职业高中面向农村富余劳动力开展短期职业技能培训。鼓励学生顶岗实习和半工半读，大力发展"订单培训"。在黄淮四市的所有县（市）都建成能够满足劳动力培训需求的职业技术教育基地，使黄淮四市初中毕业未进入高中以及高中毕业未升入大学的学生都能够接受职业教育。

（4）完善医疗卫生服务体系。全面完成乡镇卫生院改造任务，优先安排黄淮四市县级综合医院、妇幼保健院、中医院改造等项目，加大对黄淮四市村卫生室改造和城市社区卫生服务体系建设的支持力度。加强重大传染病的预防控制。倾斜支持农村计划生育服务体系建设，扩大农村计划生育家庭扶助制度试点。

（5）繁荣文化事业和文化产业。倾斜支持黄淮四市县级文化馆和图书馆、乡镇文化站、村级文化活动室建设。加快实施广播电视"村村通"工程、文化信息资源共享工程、农村电影放映工程、文化下乡工程。省文化产业发展专项资金，要倾斜支持黄淮四市特色文化产业发展，并对省内大型文化企业到黄淮四市投资文化产业给予必要支持。

（6）完善物流配送体系。支持黄淮四市的区域物流枢纽、综合物流园区、专业物流市场和农产品市场体系建设。加强公共物流信息平台建设，培育农产品、棉纺、食品、邮政等行业物流，支持大型物流企业集团发展第三方物流，提高农区现代物流发展水平。

（7）加快金融业发展。推动黄淮四市城市信用社尽快改制为城市商业银行，支持在黄淮四市创建民间小额信贷组织、行业信用担保协会、农民互助担保协会和村镇银行。支持黄淮四市成立企业贷款担保中心，提高贷款担保能力。对在黄淮四市设立的民间贷款担保公司，经国家批准后免征 3 年营业税。支持四市扩大直接融资规模，在培育上市企业和发行企业债券等方面积极为黄淮四市创造条件、提供便利。省政府每年组织召开 1~2 次面向黄淮四市的银企洽谈会，加强项目推介和银企合作。积极推动黄淮四市开展农业保险。

（8）提升旅游业发展水平。支持黄淮四市加强特色旅游景区基础设施建设，挖掘、整合各类特色旅游资源，打造大别山红色旅游区、豫东平原文化旅游区和以南湾湖、嵖岈山、鸡公山为主的精品旅游线，加快创建一批优秀旅游城市、旅游名县、旅游名镇，促进黄淮四市旅游业扩大规模、提升档次。

6.支持黄淮四市扩大对外开放

（1）积极有效利用外资。支持黄淮四市利用国际金融组织和外国政府贷款，加快实施农发基金大别山农业综合开发、亚行北方旱作农业、日元贷款造林项目和世行资源培育、洼地治理、畜牧养殖等项目。认真实施"4+2"经济合作计划（即信阳、周口、驻马店、南阳四市与上海河南商会、广东河南商会两方的经济合作计划），建立豫南经济发展峰会制度，使之成为重要的招商引资平台。

（2）提高外贸出口水平。中央、省鼓励外贸出口的各项资金，倾斜用于建设和培育黄淮四市农产品出口加工基地。优先申报安排四市农产品质量标准及安全检验检测体系建设，扩大绿色无公害农产品出口，培育农产品出口知名品牌，加快鲜活农产品出口的通关速度。黄淮四市达到一定规模的农产品加工出口型企业可优先评定为省级农业产业化龙头企业，享受有关优惠政策，并由省给予必要资金支持。支持在黄淮四市设立海关、商检分支机构，完善"一次转关、一次申报、一次查验放行"的大通关机制。

（二）促进粮食生产的政策措施

近年来，河南始终把农业综合开发作为提高全省粮食综合生产能力的重要抓手，通过集中资金，规模开发，建设高标准农田，不断改善农业生产条件，打造粮食核心产区，稳定提高粮食综合生产能力，不断推进粮食生产上台阶。黄淮四市是全省粮食的主产区，河南24个粮食主产县有15个在黄淮四市。因此，促进粮食生产的政策也多惠及黄淮四市，主要包括：

1. 选好区域，科学规划

2005年，河南省委、省政府决定以粮食生产大县为重点，集中农业综合开发资金，统筹支农资金，实施规模开发，加快中低产田改造步伐，建设旱涝保收、高产稳产的高标准农田。农业综合开发项目投资方式相应作了调整，以县为单位，按照粮食产量在10亿斤以上、商品粮在6亿斤以上、耕地在130万亩以上、中低产田在100万亩以上的标准，在国家批准立项的121个农业综合开发县中选出24个重点县，集中力量打造粮食生产核心产区，并组织相关单位和专家对24个重点县的规划逐一进行评估论证，确保了项目区选择的准确性、规划的科学性、设计的合理性。

2. 统筹资金，重点投入

近年来，全省农业综合开发土地治理项目中70%的中央和省级财政资金集中使用，向24个重点县（滑县、浚县、封丘县、濮阳县、许昌县、鄢城县、唐河县、邓州市、方城县、永城市、虞城县、夏邑县、商水县、太康县、郸城县、淮阳县、鹿邑县、正阳县、新蔡县、上蔡县、汝阳县、西平县、固始县和息县，15个为黄淮地区）倾斜，每县连片规模开发12.5万亩；省财政在足额落实配套资金的同时，每年再筹措2400万元资金支持粮食核心产区建设，并统筹涉农资金3.6亿元用于农业综合开发。3年间，24个重点县共投入各类开发资金14.7亿元，建成299万亩旱涝保收、高产稳产的高标准农田。2008年，河南省将农业综合开发重点县扩展到27个，3年计划投入19.8亿元，再建设306万亩高标准农田。

3. 创新机制，强化管理

在推进粮食核心产区建设中，河南省建立了项目区专家评审、评估机制，创新了重点县"能进能出"和非重点县竞争轮休机制。同时，还创新了工程管护机制，24 个重点县都对宜拍卖、承包的工程，进行了公开拍卖承包。在项目建设中，始终坚持发动群众，依靠群众，充分听取农民意见，调动农民参与开发的积极性。

4. 构建促进粮食生产的长效机制

为了推进河南粮食核心区建设，2008 年 9 月国家农业部和河南省人民政府主办的"粮食危机与粮食核心区建设高峰论坛"召开。河南省委书记徐光春发表了题为"把中原粮仓打造成丰厚殷实的美好家园"的演讲，详细阐述了河南粮食核心区建设的六条路径。

（1）以科技为支撑，打造天下粮仓。要把河南建成全国最大的粮食新品种研发、繁育、高产栽培技术基地；使粮食核心区成为新品种的试验田、新方法的推广站、新型农民的大学校。

（2）以产业化为载体，做大"国人厨房"。要把企业做强，培育一大批效益好、规模大、带动能力强的食品加工企业集团；要把基地做大，建成食品加工业的第一车间；要把品牌做优，把安全、优质作为食品产业的生命。

（3）以知识为力量，培养产业大军。建设粮食核心区，用知识武装农民，打造一支高素质产业大军。

（4）以创新为动力，激活生产潜能。在坚持实行家庭联产承包责任制的前提下，积极培育土地流转市场；建立城乡一体的就业体系；为种粮农民提供优质服务。

（5）以市场为导向，构筑发展平台。实现产地与市场结合、生产和流通结合、要素和资源结合，形成优质品牌、达到优质优价，才能提高粮食商品率、市场占有率。

（6）以政策为保障，搭建致富金桥。农民增收的关键在政策。

同时，立足于工业化、城镇化和农业现代化的协调统一，河南省委、省政府编制了《国家粮食战略工程河南粮食核心区建设规划纲要》，构建了促进河南粮食核心区建设的十大机制，即获得国家集中资金的投资机制；使粮食生产区人均财力达到全国人均财力水平的补贴机制；解决粮食产业化问题的现代农业经营机制；解决规模经营的土地流转机制；农村人力资源开发机制；粮食流通机制；金融支持机制；粮食稳定增长科技创新机制；以工补农以城带乡机制；农村社会发展保障机制。

四、黄淮四市区域经济发展走势展望

(一) 打造全国一流的粮食基地

随着我国工业化城镇化的加快发展、资源环境压力的不断加大，维护粮食安全的问题日益凸显，粮食生产稳定增长的长效机制尚未形成。就河南而言，在粮食生产方面还存在一些不容忽视的问题：①农业基础设施依然脆弱，抗御自然灾害的能力不强，粮食生产条件亟待改善；②种粮机会成本上升、比较效益下降，难以持续调动农民种粮积极性；③粮食主产区往往财政拮据，导致经济困难，"高产穷县"问题突出，缺乏支持粮食生产的动力和能力。解决这些问题，需要加强粮食生产核心区建设，探索建立促进粮食生产稳定增长的长效机制。

为充分发挥河南作为全国重要粮食主产区的优势，河南省委、省政府初步编制了《国家粮食战略工程河南粮食核心区建设规划纲要》。根据规划纲要，粮食生产核心区的布局包括黄淮海平原、山前平原、南阳盆地，覆盖全省93个县。在现有1.08亿亩耕地中，用7500万亩作为粮食生产核心区，提高复种指数，全年粮食播种面积达到1.5亿亩。通过采取综合措施，稳定面积、提高单产，巩固夏粮、主攻秋粮，优化结构、增加效益，对其中2500万亩吨粮田进一步巩固提高，亩产稳定在2000斤；2500万亩中产田开发成高产稳产田，亩产提高到1800斤；2500万亩低产田改造为旱涝保收田，亩产提高到1600斤。到2020年，确保粮食产量达到1300亿斤，成为全国重要的粮食生产核心地区。

黄淮四市作为河南的农业大区，具有发展农业的历史传统和资源优势，在全省粮食生产中具有重要地位。2008年，黄淮四市粮食种植面积5840万亩，占全省粮食种植总面积的40.6%，全年粮食产量2403.5万吨，占全省全年粮食产量的44.8%；棉花产量40.4万吨，占全省总产量的62.1%；油料产量208.7万吨，占全省油料总产量的41.3%；烤烟产量4.74万吨，占全省总产量的17.7%；蔬菜产量1830.4万吨，占全省蔬菜总产量的28.6%；水果产量218.8万吨，占全省总产量的30.6%。黄淮四市要充分发挥农业资源优势，抓住河南粮食核心区建设的大好机遇，争取更多的政策条件，着力改善生产条件，夯实粮食生产稳定增长基础；建设科技创新体系，强化粮食生产科技支撑；发展循环农业，提高粮食生产可持续发展能力；推动农业产业化，形成以工促农发展格局；健全市场体系，构建粮食现代流通平台。同时，配套实施中低产田改造、大型商品粮基地建设、重点水库建设、低洼易涝地治理、骨干河道治理、灌区建设、良种繁育、现代农业产业体系建设、植保工程、农业机械化、沼气工程、畜牧养殖、生态林业建设、沃土工程、秸秆转化、粮食流通体系建设、土地整理等，提高粮食生产能力，努力打造成河南粮食生产核心区的主产区和全国一流的粮食生产基地。

(二) 加快农村工业化进程①

基于当前实际，黄淮四市要改变"塌陷"状况，必须在强化农业基础地位的同时，加快农区工业化进程。以工业园区为载体，以集群发展为方向，以科技进步为支撑，以农产品的精深加工为重点，以培育龙头企业为关键，走出一条经济效益比较好、资源消耗比较低、环境保护好、人力资源得到充分发挥的跨越式发展的农区新型工业化路子。

1. 立足农业，加快农村工业化

推进新型工业化进程，最艰巨的任务是在农村，在于推进农村工业化进程。要稳固黄淮四市的农业基础，必须大力调整农村经济结构特别是农村的产业结构来实现，单靠发展农业而发展农业，是摆脱不了目前的困境的。必须不断向农业的深度和广度进军，积极发展与农业联系密切的农产品加工业、畜牧养殖业、运输保鲜储藏业、绿色农业及农村的第三产业，并积极承接城市工业产业转移，发展与城市工业协作配套的产业门类，实现城乡协调发展。同时，以工业化反哺农业，以提高农业科技水平，走可持续发展之路，形成"农业—生态—工业"的良性循环。由于黄淮四市农村工业化比较落后，企业规模小，产品档次低，缺乏竞争力。在这种状况下，要实现跨越式发展，必须充分发挥后发优势，借鉴发达地区的农村工业化的模式、经验和做法，并根据新型工业化的要求，依靠体制和科技创新，基于本地的自然资源优势，宜农则农、宜林则林、宜药则药，大力发展农产品深加工业，构筑各地独具特色的农村新型产业体系，提高其产品竞争力。

2. 深化加工制造业，加快工业再工业化

黄淮四市要实现跨越式发展，必须克服地理、自然条件、人文因素和经济基础薄弱等方面的干扰和影响，认清本地区所处的工业化阶段，加速推进以信息化带动工业化的进程，发挥后发优势。针对黄淮四市在经济发展水平存在明显的多层次性，要适应多层次的要素禀赋，既要重视对传统工业的改造和升级，又要发展高新技术产业；既要立足国内市场，又应重视国际市场的开拓；既要充分发挥以比较优势为基础的区域分工，又要建立以规模经济和专业化生产为基础的国际分工。

---

① 喻新安. 传统农区新型工业化道路的内涵与实证分析. 河南大学学报, 2007 (6).

（1）要立足国内市场，开发和生产适销对路产品，根据自己的优势，选择主导产业，降低能耗、物耗，增加产品品种，提高产品质量，逐渐提高产品的市场占有率，增加产品的附加值。

（2）充分发挥比较优势，积极参与区域竞争和国际竞争，积极推动具有比较优势和自主经营的工业产品率先走向国际市场，形成自己的品牌，实现全球范围的资源优化配置。进一步把劳动密集性和技术密集性有机地结合起来，增加产品的技术、设计含量，实施"名牌战略"，积极主动地纳入跨国公司全球生产体系，在学习、合作竞争中不断升级。

3. 推进产业集聚，加快工业现代化

由于黄淮四市不同地区的工业化与信息化发展水平不尽一致，且工业不同类别及行业属性各不相同，不同行业中的企业组织类型及规模也有较大差异。因此，新型工业化中的产业集聚存在路径依赖。应根据不同地区、部门及不同类型企业的发展水平、信息化基础条件、中介服务机构完善与否等条件，选择进入新型工业化道路的切入点，在工业化与信息化互动的多个层面中寻找最适合自身实际的结合点，并作为新的经济增长点予以扶持。同时，根据各地经济发展的状况及产业结构调整、升级的要求，培育不同产业之间融合渗透的产业群。按照"自主、多元、共赢"的市场经济规则，组建新的产业集聚企业集团和跨地、跨国公司，推动产业集聚区内互相关联的产业和企业实现诸多生产要素的共享，使产业间产生共生效应，延长产业链、价值链，使企业间形成一种互动性的关联，获得规模经济和外部经济的双重效应，并由此带来一系列的技术和产品创新，加快工业现代化步伐。

（三）加快城镇化进程

黄淮四市要按照科学发展观的要求，通过区内和区外转移人口，走出一条不牺牲农业的与工业化协调互动的特色城镇化路子。

1. 拉大城市框架，推进城乡一体化发展

（1）抓好商丘、周口、驻马店和信阳四大中心城市和项城、永城、固始等小城市（镇）建设，拉大城市框架，提高承载能力，促进农村人口就地、就近转移，达到农民增收和平衡区域经济发展的目的。

（2）以城乡路网为纽带推进"城乡一体化"，大力构筑城乡路网，加快城乡"互融"步伐。

（3）以"配套合理，功能齐全，环境优美"为目标，抓城镇品位提升，增强城镇辐射能力。要抓好新区规划、开发和旧城改造，完善水、电等设施建设，加强城镇管理，增强城镇的人口吸纳能力。

（4）树立经营城市的理念，坚持市场化的改革方向，充分发挥财政资金的导向作用，逐步形成城镇建设投资主体多元化格局。

2. 加快工业企业发展速度，以项目建设引领农村劳动力向城镇转移

（1）壮大传统优势产业。对有一定基础、产品市场前景看好，但规模小、分散经营、技术工艺落后的工业企业，要抓好资源整合，实行集约式、规模化生产经营、集团化运作，使有限的资源得到充分开发利用。

（2）抓紧发展一批新工业。首要的是尽快解决制约工业发展的水、电、地等"瓶颈"问题；其次必须坚持市场导向原则引进、开发工业新项目。

（3）依托农业产业结构调整，大力发展适合当地需要的特色农副产品加工业，把农副产品加工业的产业链拉长，提高产品增加值。

（4）大力加强与工业发展相配套的信息、交通等服务行业建设，以推动"三产"的繁荣与兴旺。

3. 推进现代农业建设，为城镇化提供强大推力

（1）加大财政支持力度，集中农业综合开发资金，重点支持粮食生产潜力较大的县（市）改造中低产田、建设高标准农田，将省财政集中的新增建设用地土地有偿使用费，重点用于黄淮四市基本农田建设、土地整治和耕地开发。

（2）争取国家政策扶持，建设国家商品粮、棉基地，争取国家扩大对粮食主产县的奖励规模，加大省畜牧业重点县（市）扶持资金支持范围和力度，建设一批标准化的大型畜禽养殖小区，积极发展畜产品加工业，着力建设以优质小麦为主的优质粮食生产加工基地、优质畜产品生产加工基地、特色农产品生产加工基地和优质林产品生产加工基地。

（3）充分利用政策优势，创新农村土地流转模式，着力构建农业产业体系，推进农业集约化、规模化经营；探索以财政参股、贴息等方式扶持农业产业化龙头企业，积极推动农业产业化龙头企业上规模、上档次；承接高等院校及职业技术学院的对口合作，发挥知识、技术、信息优势，以建设职业教育培训基地为依托，在培育有文化、懂技术、会经营的新型农民的同时，加大农村劳动力就业培训力度，培养技能型、高层次的劳务输出队伍。

4. 加快农民工培训，为推动农村人口城镇化进程打造平台

（1）加强对劳务输出工作的领导和指导，建立劳务输出服务体系，重点是办好成人技术培训学校、培训班。

（2）建立劳务输出网站，广泛搜集、发布招工、择业信息，为农民外出就业

提供前瞻性、引导性的市场信息，减少外出盲目性。

（3）加快建立城乡统一的劳动力市场。要及时清理、废止限制和歧视外出务工人员的政策规定和不合理收费，简化农民进城务工的各种手续，引导农村富余劳动力在城乡之间合理流动。

（4）加强劳务输出人口的跟踪服务与管理，建立"一条龙"服务体系。此外，还要出台积极政策，鼓励有成就的人员把资金和技术带回家乡"二次创业"，带动区域经济发展。

5. 加快农业产业化，提高农民进入城镇市场的组织化程度

（1）创办农业示范园。通过建立农业科技园区、现代农业实验区等"科技龙头"带动高效、特色农业发展，形成示范园带基地、基地带农户的局面。

（2）谋划农业示范带。规划以交通要道为轴线，辐射周边区域的高优农业示范带。

（3）壮大专业农贸市场规模。以专业农贸市场为"销售龙头"，拉动乡镇集贸市场建设。

（4）大力实施"跨世纪青年农民培训工程"。培养专业农民经纪人，通过他们带动更多果农、菜农进入城镇市场参与农产品交易。

（四）大力发展劳务经济

黄淮四市要以党的十七大精神为指导，坚持统筹城乡就业，力争在农村劳动力培训、转移就业服务、农民工权益保障及回乡创业等方面取得明显进展，推动全区劳务经济不断实现量的扩大和质的飞跃。为此，要着力做好以下工作：

1. 强化就业服务，扩大农村劳动力转移就业规模

（1）加强农村劳动力就业服务网络建设，完善农村劳动力转移就业服务体系，将公共就业服务延伸到乡村，促进农村劳动力转移就业。

（2）建立农村劳动力信息统计制度，充实完善劳动力资源数据库，实现对农村劳动力转移就业的动态管理，及时为外出务工农民提供就业信息。

（3）强化农村劳动力转移就业服务，为农民工免费提供就业信息、政策咨询、就业指导和就业介绍服务，努力扩大有组织劳务输出的规模。

（4）搞好劳务输出基地县建设，推行服务、培训、维权"三位一体"工作模式，充分发挥劳务输出示范县的典型带动作用，指导和推动劳务输出基地县创建全国劳务输出示范县。

（5）强化境外就业服务，加强国际劳务协作，拓宽境外就业渠道，扩大境外就业规模。

2. 规范培训管理，提高农村劳动力转移就业层次

（1）组织实施"农村劳动力技能就业计划"，统一培训操作规程，严格监管，推广电子化培训台账，提高培训质量，引导农民工参加职业技能鉴定，获得职业资格证书。

（2）落实职业技能培训补贴政策，按照省劳、财两厅审批下达项目及资金额度，足额安排培训补贴资金，确保补贴资金的及时兑付。

（3）加大劳务品牌培育力度，制订劳务品牌的发展规划，依托技工学校和培训机构建立品牌孵化基地，提高劳务品牌技能含量，提升劳务输出的层次和水平。

（4）建立劳务品牌质量保障体系，开展劳务品牌推介活动，增强劳务的市场竞争力。

3. 加大督导协调，切实维护好农民工合法权益

（1）围绕解决农民工最关心、最紧迫、最现实的利益问题，完善用工管理，强化农民工技能培训和就业服务，积极解决农民工工伤和大病医疗等社会保障问题，依法保障农民工合法权益。

（2）发挥农民工办协调督导作用，协调有关成员单位妥善解决农民工安全生产和职业安全卫生、农村留守儿童及农民工同住子女教育问题，落实优秀农民工城镇入户政策，切实改善农民工居住条件。

（3）加强农民工工作协调机构建设，建立健全县级农民工工作协调机构，明确工作责任，开展农民工工作专项督察，加强农民工工作的督促指导。

（4）举办农民工工作人员培训班，提高各级工作人员的理论和业务素质。做好农民工工作宣传报道，推动农民工各项政策措施的落实。

（5）按照国务院农民工办的部署，开展优秀农民工评选表彰活动，树立农民工先进典型，为做好农民工工作营造良好和谐的社会氛围。

4. 落实相关政策，鼓励支持农民工回乡创业

（1）充分发挥联席会议的协调作用，推动农民工回乡创业工作。协调相关部门研究制定落实农民工回乡创业的具体政策和措施，确保涉及农民工回乡创业的各项政策措施落到实处，切实推动农民工回乡创业工作取得实效。协调财政部门安排农民工回乡创业专项扶持资金，鼓励金融服务机构积极给回乡创业农民工发放小额担保贷款。

（2）推进农民工回乡创业园区建设，大力引导和扶持外出农民工回乡创业。

（3）做好就业再就业政策的延伸和落实，积极对农民工回乡创业实行税费和小额担保贷款优惠；对回乡创业农民工免费开展创业培训，提供项目信息、开业

指导、小额贷款、政策咨询等服务，提高其创业能力和经营管理水平。

（4）将农民工回乡创办企业所招用的农村劳动力纳入"农村劳动力技能就业计划"的组织实施范围，给予相应的职业培训补贴和职业技能鉴定补贴。

（5）充分利用广播、电视、报刊、网络等新闻媒体大力弘扬创业精神，广泛宣传鼓励支持回乡创业的政策规定，为农民工回乡创业创造良好的舆论氛围。

（6）召开回乡创业现场会，做好回乡创业的评先表彰，积极宣传农民工回乡创业的好典型、好经验，有效推动农民工回乡创业。

5. 扩大开放，推进市场化进程

（1）实现黄淮四市新型工业化的跨越式推进，必须克服等靠要的依赖心理，破除墨守成规的消极思想，打破封闭保守狭隘的内陆观念，摒弃小进即满的小农意识，扩大对外开放，优化发展环境，大力实施开放带动主战略，努力形成全方位、多层次、宽领域、内外融通的大开放格局。

（2）要改善基础设施条件，加快道路、电力等基础建设步伐，加快城镇化进程，为积极承接国际、国内产业转移，大力引进省外、国外的资金、技术、人才等生产要素，推进工业集聚发展提供更大的发展空间。

（3）要切实推进政府管理体制改革，把经济管理职能转到主要为市场主体服务和创造良好发展环境上，转到履行社会管理和公共服务上，努力建设法治政府、服务政府、责任政府和效能政府，营造"亲商、富商、安商"的良好氛围，大力规范市场秩序，培育市场主体，加快国有企业的股份制改造步伐，鼓励和支持非公有制经济大发展、快发展，上规模、上水平。

第五章　河南省产业集聚区建设

　　产业集聚是一种高效的产业组织形式，它以产业的高密度集聚为内在规定性，通过产业规模的扩大以及企业之间联系的加强，获得规模经济与分工经济利益，提高区域内企业与产业的市场竞争力。河南省委、省政府审时度势，结合本省实际，做出加快产业集聚区建设的重大战略部署，使之成为河南省构建现代产业体系、现代城值体系和自主创新体系的载体，带动全省经济社会的发展与转型。把加快产业集聚区建设作为事关经济发展全局的中心工作和综合性举措，围绕"两提两扩"（提升速度、提高水平，扩大规模、扩大效果），抢抓国内外产业加速转移机遇，深入推进产业集聚发展、承接产业转移、基础设施建设、要素平台支撑，全面提升产城互动发展、科技进步和创新、人力资源保障水平。积极开展典型示范创建，进一步加大政策扶持力度，创新体制机制，促进"四集一转"（企业、项目集中布局，产业集群发展，资源集约利用，功能集合构建，人口向城镇转移），加快经济结构调整和发展方式转变，推动全省产业集聚区实现更大规模、更高水平的发展。

第一节　产业集聚区建设在区域协调
发展中的地位和作用

　　产业集聚区不是传统意义上的工业园区，它是以若干特色主导产业为支撑，产业集聚特征明显，产业和城市融合发展，产业结构合理，吸纳就业充分，以经济功能为主的功能区。空间集聚是集聚区的基本表现形式。区内企业关联、产业集群发展是集聚区与传统工业园区、开发区的根本区别。通过产业链式发展、专业化分工协作，增强集群协同效应，实现第二、三产业融合发展，形成特色主导产业集群或专业园区。促进节约集约用地发展、加快发展方式转变是集聚区的本质要求。推动产城一体、实现企业生产生活服务社会化是集聚区的功能特征。

一、产业集聚是产业竞争力的集中体现

产业集聚是在市场经济条件下，工业化进行到一定阶段的必然产物。美国著名管理学家迈克尔·波特在《国家竞争战略》中，通过对 10 个工业化国家的考察，提出了一个国家的产业竞争力集中表现在这个国家以产业集聚形态出现的产业上。在区域结构上，我国已形成环渤海湾、长三角、珠三角三大世界级制造中心，三大区域占全国制造业总产值的比重达到 66%，出口额比重更是超过 85%。东部发达地区产业的区位优势、技术优势和产品优势，对竞争力尚弱的河南制造业在开拓国内市场甚至本省市场方面产生较大压力。另外，在西部大开发和中部崛起的过程中，中西部各省份之间不但会在承接国际和东部发达地区产业转移方面形成竞争，而且在资金、技术、人才、市场等方面展开激烈争夺。

在河南省三次产业结构中，第三产业的发展总体上较为落后，所占比重偏低，一直在 30% 左右徘徊，比全国平均水平低 10 个百分点，也远远低于世界低收入国家 45% 的平均水平；就工业而言，仍以初级加工业为主，采掘业、原材料工业占重工业的比重近 60%，轻工业中以农产品为原料的加工业所占比重在 80% 以上。资源型和原材料工业居领军地位，主导产业主要位于产业链条前端，加工链条短，综合利用程度低，带动性强、关联度高、对长远发展有重要影响的产业和包括高新技术产业在内的新兴产业发展缓慢；农业结构不合理，畜牧业比重较低。

二、产业集聚是创新的重要动力

在具有和形成产业集聚形态的地方，由于同类企业高度密集，一个主机厂有若干家零部件（或服务）的厂商就近为其配套；一个零部件（或服务）的厂商也就近为多个主机厂配套。这些企业既近距离相互协作，又近距离相互竞争。就单个企业而言，为了维持或者争夺其他同类企业的市场份额，在公平的市场竞争条件下，只有通过技术创新，不断提高产品质量，进行产品的更新换代。同样，其他企业为了保住或者争夺现有市场，也要通过技术创新的手段，提升产品的层次、档次。这样在整个产业集聚网络内就形成了技术创新的便利和强劲动力，从而在整个产业集聚区，产品的生产成本和交易成本都降得很低，产品也在不断地更新换代。这种在地域上相对集中，专业化分工高度细密的产业集聚所具有的创新动力，是那些没有形成产业集聚或游离于产业集聚区以外的企业，以及"大而

全"、"小而全"的生产方式都无法比拟的。

目前，河南省科技进步与创新不能适应经济发展的矛盾比较突出，主要表现为科技投入严重不足，多元化的科技投入体系尚未形成。企业在科技创新中的作用发挥不足，还没有真正成为科技创新、科技投入、科技成果转化的主体；科技体制改革滞后，科技管理条块分割，科技资源分散且利用效率低下，科学研究质量不高；科技成果不能及时转化为现实生产力；高层次科技创新人才匮乏，创新环境有待于进一步优化等。

三、产业集聚是企业发展壮大的必然选择

在计划经济向市场经济过渡和市场经济完善的过程中，河南的许多企业患了市场经济不适应症，在激烈的竞争中被淘汰出局。分析这些企业被淘汰的原因，就是河南没有形成产业集聚。因为没有产业集聚，河南这些大企业只能孤立布点，而忽视了相关配套企业、产业以及服务业的建设，没有形成完整的链条式产业，相互之间的前向后向联系不紧密。这些点状企业发展的过程中，由于没有或少有关联性企业就近为其配套，一方面只有自己为自己配套，很难走出"大而全"、"小而全"的生产模式；另一方面，这些企业很难就近采购到零部件或者获得市场信息，企业的物流成本和信息成本相对于处在产业集聚区内的企业都较高。这也就丧失了与已经形成产业集聚的企业之间的竞争力，企业只能靠原有的底子或者增加新的投入来维持现有的生产水平。但是没有形成产业集聚，时间长了不但不能发展壮大，反而会被淘汰出局。事实证明，产业集聚是企业发展壮大的重要因素。

我国总体上还处于经济的较快增长期，相当多的产业仍有较大的增长空间。但是这种增长机会是否属于某些特定的区域，在很大程度上取决于这些区域是否具备了相关产业集聚的条件、集聚的进程是否开始、已经达到何种程度。如果我们不能通过企业改革、市场发育而形成新的专业化分工体系，实现由传统工业区向市场经济意义上的产业集聚转变，将会与这次机遇失之交臂。

目前，河南企业和产业集群的规模都相对偏小。河南多数行业缺乏竞争力强的全国性龙头企业，进入世界500强或国家500强的企业也不多。近年来，全省产业集群出现加速发展的趋势。但是，多数产业集群仍然处在初期发育阶段，企业布局分散、规模小、数量少，缺乏细致的专业化分工和协作，影响了产业快速做大做强。

四、发展产业集聚区可促进充分就业

2008 年底，河南城镇就业人口只有 976 万，占全部就业人口的 16.7%，乡村就业人口 4859 万，占全部就业人口的 83.3%。在 83.3% 的乡村就业人口中，只有 48.8% 是属于第一产业就业，其他 34.5% 的人口实际上已经实现非农就业。这说明，这些人生产方式与收入来源已经工业化了，但生活方式、消费方式和消费结构等还没有转变。非农就业机会的创造，要靠工业化、城镇化的发展；消费结构和消费水平转变在传统农业的居住生活方式下无法实现，只有在人口集中、居住方式转变的条件下才能实现。通过产业集聚区这一载体带动产业关联发展、带动产业规模扩大，自然会带来非农就业机会的增加。通过产业集聚区的发展，逐步推进这部分人口的居住方式由分散转向集中，实现工业化和城镇化的有效结合。

五、发展产业集聚区有利于实现循环经济和可持续发展

河南能源矿产包括煤、石油、天然气、铝土矿等，种类较多，储量比较丰富。例如，河南的煤炭资源丰富而且品种齐全，煤炭产量居全国前列。河南也有着丰富的铝土矿，其氧化铝和电解铝产量都居全国第一位。河南也是农业大省，不但农业产值居全国前列，而且粮棉油肉等主要农产品产量均居全国前列。这些为河南资源密集型工业的发展提供了物质基础。同时，我国经济发展普遍面临着资源约束和环境恶化的严峻形势。而河南目前投入高、消耗高、排放高、产出低的粗放型经济增长方式仍然没有得到根本性转变，资源利用效率与国内外先进水平相比还存在较大差距，生态环境仍然十分脆弱，局部地区污染严重等问题也没有从根本上得到解决。这给河南经济增长方式转变和产业结构优化与升级提出严峻挑战。

河南能源消耗增长快于经济增长，而且工业耗能偏大。从三次产业能源消耗看，工业部门消耗了 3/4 左右的能源。目前，河南省万元 GDP 能耗是国内先进地区的近 2 倍，工业万元增加值用水量是发达国家的 3~5 倍。另外，工业污染形势依然严峻。目前，全省二氧化硫年排放量居全国第一，工业废气的大量排放使一些城市的空气质量逐步恶化，河流污染严重，生态环境总体上仍趋于恶化之中。发展产业集聚区，可以占用较少的土地承载更大的生产力，为环境治理和资源循环利用创造基本前提条件，实现可持续发展，实现资源利用和环境保护的结合。

基于以上分析可以看出，提升河南产业竞争力的基本思路是：抓住国家实施中部崛起战略的机遇，以国际国内市场为导向，以结构调整为主线，充分发挥比较优势，加快河南省优势产业的发展；坚持走新型工业化道路，以信息化带动工业化，加快运用高新技术和先进适用技术改造提升传统产业；有选择地发展高新技术产业，大力发展具有一定技术含量的劳动密集型产业；巩固和加强农业，大力发展第三产业。

提升产业竞争力，应从产业内外部两方面入手，在切实搞好产业发展软硬环境优化的同时，积极推动产业结构高度化与产业组织合理化之间的良性循环。

发展产业集群，提升产业系统配套功能。产业集群是一种新的产业组织形式，具有低成本、学习与创新、自组织增长等竞争优势，是壮大产业规模、提升产业竞争力的重要途径。产业聚集度越高，产品配套能力越强，越能有效地降低企业的生产成本，提高产品的竞争力。"创新是产业集群竞争力的一个重要来源，产业集群的创新能力始终是支撑产业集群持续发展的决定力量"。

第二节　河南省产业集聚区发展现状

近年来，河南各产业集聚区按照省委、省政府加快产业集聚区建设发展的各项战略部署，强力推进，真抓实干，以项目带动为抓手，以基础设施建设为支撑，以体制机制创新为动力，产业集聚区建设成效显著，呈现良好快速发展态势，有力地支撑了全省经济的快速发展。

一、全省产业集聚区发展态势

（一）基础设施建设进展迅速，对集聚区内产业的发展构成有力支撑

2010 年，全省产业集聚区建设取得了超常规的增长，建成区面积大幅增加，标准化厂房、供水、供电、道路和消防等设施加快建设，发展速度高于全省平均水平。截至 2010 年底，全省产业集聚区建成区面积为 1099.88 平方公里，比 2009 年增长 30.1%，新增 254.79 平方公里；标准化厂房面积 4930.41 万平方米，比 2009 年增长 62.2%，新增 1891.25 万平方米；道路长度 7254.32 千米，比 2009 年增长 23.8%，新增 1393.13 千米；自来水供水管道长度 6650.97 千米，比 2009 年增长 21.1%，新增 1157.67 千米（见表 5–1）。产业集聚区基础设施建设的不断

加强，增强了综合承载能力，支持了产业集聚区产业的发展。例如，沁阳市沁北产业集聚区，2010 年累计投入 10 亿元基础设施建设资金，完成了焦克路大修改造、第二污水处理厂和配套管网工程、规划设计了燃气管网工程、地表水供水工程建设等，有力地提高了基础设施的承载能力。

表 5-1　2010 年河南省产业集聚区主要基础设施建设情况

指标	期末	比 2009 年末增加	比 2009 年末增长 （%）
建成区面积（平方公里）	1099.88	254.79	30.1
标准厂房面积（万平方米）	4930.41	1891.25	62.2
道路长度（千米）	7254.32	1393.13	23.8
自来水供水管道长度（千米）	6650.97	1157.67	21.1

（二）各类企业加快入驻，产业集聚区集聚效应不断增强

全省各地把产业集聚区作为承接产业转移的平台，通过招商活动，吸引一大批企业入驻产业集聚区。2010 年，产业集聚区内企业（单位）22472 家，其中，规模以上工业企业 5172 家，资质以上建筑业企业 453 家，限额以上批发和零售业企业 491 家，限额以上住宿和餐饮业企业 163 家，房地产企业 593 家。与 2009 年相比，企业数量增长 16.5%，新增单位 3180 家。其中，规模以上工业企业数量增长 12.0%，新增单位 556 家，产业集聚区的规模以上工业企业数量占全省规模以上工业企业总数的 25.2%。18 个省辖市中产业集聚区规模以上工业企业数量超过 400 家以上的有郑州、洛阳、新乡、南阳和驻马店，分别为 640 家、584 家、443 家、419 家和 450 家，如表 5-2 所示。

表 5-2　2010 年各省辖市产业集聚区入驻规模以上工业企业数量

省辖市	单位个数（个）	占各省辖市规模以上工业单位数的比重（%）
全省合计	5172	25.2
郑州市	640	23.5
开封市	332	27.5
洛阳市	584	32.1
平顶山市	136	13.6
安阳市	224	22.0
鹤壁市	117	22.3
新乡市	443	34.1
焦作市	308	27.0
濮阳市	150	21.3

省辖市	单位个数（个）	占各省辖市规模以上工业单位数的比重（%）
许昌市	294	22.4
漯河市	169	23.5
三门峡市	98	14.1
南阳市	419	28.4
商丘市	252	31.1
信阳市	275	22.8
周口市	238	21.8
驻马店市	450	30.6
济源市	43	15.8

随着企业加快入驻，产业集聚区集聚效应不断增强。如郑州高新技术产业集聚区，坚持实施"一区多园"战略，规划建设新材料产业园、光伏产业园、格力电器郑州产业园、动漫创意产业园等 10 个重点产业园区，突出产业园产业聚集作用，以园区为载体，促进产业化，促进高端项目集聚，打造产业集群。郑州马寨产业集聚区，强化产业集聚能力，围绕骨干企业集团，提升主导产品生产能力，增加产业关联度，开发上下游产品，推动食品产业链和现代装备制造产业链的纵向延伸，提高加工深度和产品附加值，食品加工和装备制造及相关产业的产值占全部总产值比重达到 81.18%。

2010 年底，全省产业集聚区内入驻的高新技术企业有 292 家，占全省高新技术企业总数的 56.5%。18 个省辖市中，高新技术企业相对集中在郑州和洛阳，分别有高新技术企业 130 家和 70 家。

（三）产业集聚区经济规模迅速扩大

2010 年，全省产业集聚区规模以上工业实现主营业务收入 12368.75 亿元，比 2009 年增长 37.2%，增长速度高于全省 7.9 个百分点，占全省规模以上工业企业主营业务收入的 34.3%，比 2009 年提高 2 个百分点。18 个省辖市中，产业集聚区规模以上工业主营业务收入超过 500 亿元的有 11 个市，主营业务收入增速在 35% 以上的有 10 个市。

180 个产业集聚区中，规模以上工业主营业务收入超过 300 亿元的有漯河经济技术产业集聚区、洛阳市石化产业集聚区、新安县产业集聚区和洛阳市先进制造业集聚区，主营业务收入分别为 548.88 亿元、438.83 亿元、329.97 亿元和 329.36 亿元，分别比 2009 年增长 27.3%、35.6%、25.4% 和 20.8%。同时，个别起步较晚的产业集聚区也得到了快速发展，如卢氏县产业集聚区 2010 年入驻工

表5-3　2010年各省辖市产业集聚区规模以上工业主营业务收入情况

省辖市	主营业务收入		主营业务收入区间分布集聚区个数（个）				
	绝对量（亿元）	比2009年增长（%）	10亿元及以下	10亿~50亿元	50亿~100亿元	100亿~200亿元	200亿元及以上
全省合计	12368.75	37.2	23	74	49	21	13
郑州市	1301.04	34.6	2	2	8	1	2
开封市	425.72	34.8	3	4	3	1	4
洛阳市	2039.38	35.4	3	3	5	2	2
平顶山市	607.92	29.6	2	3	2	2	2
安阳市	696.66	34.6	1	2	3	1	1
鹤壁市	223.78	57.4	1	1	1	4	1
新乡市	938.54	31.5	1	4	4	1	1
焦作市	929.89	36.4	1	2	3	1	
濮阳市	351.84	40.5	1	6	1	1	
许昌市	669.14	38.8	1	1	4	3	
漯河市	752.22	27.1	2	2	2	1	
三门峡市	626.13	46.9	2	1	2	1	
南阳市	704.09	48.3	2	8	3	2	
商丘市	318.71	62.8	1	8	1		
信阳市	443.60	46.8		11	1		
周口市	534.21	60.9		5	4		
驻马店市	493.22	22.7		10	2		
济源市	312.66	27.7		1			

业项目10个，有5个项目投产，全年规模以上工业企业主营业务收入比2009年增长4.2倍，集聚区经济规模迅速扩大。又如民权县产业集聚区，在集聚区内基本形成较为完备的制冷产业链，初步形成了产业集群效应，规模快速扩大，2010年规模以上工业企业主营业务收入比上年增长81.5%。

（四）固定资产投资快速增长，有力地支持了全省投资的增长

2010年，全省产业集聚区固定资产投资完成5330.83亿元，比2009年大幅增长，增速远高于全省投资增速。产业集聚区投资占全省城镇固定资产投资的38.3%，其中，基础设施投资完成1071.22亿元，占全省基础设施投资的33.4%，占集聚区投资完成额的20.1%；亿元及以上项目投资完成2798.12亿元，占全省亿元及以上投资的55.6%，占集聚区投资完成额的52.5%。产业集聚区固定资产投资施工项目个数为10019个，占全省城镇固定资产投资施工项目个数的29.4%。其中，亿元及以上项目1942个，占全省亿元及以上投资施工项目的

55.3%。18个省辖市中，产业集聚区固定资产投资额除济源市外，均超过100亿元。其中，超过400亿元的有郑州、商丘、洛阳和南阳，分别为545.63亿元、490.68亿元、474.35亿元和469.52亿元。

表5-4　2010年各省辖市产业集聚区固定资产投资情况

省辖市	施工项目个数（个）	固定资产投资完成额（亿元）	固定资产投资完成额区间分布集聚区个数（个）			
			10亿元及以下	10亿~20亿元	20亿~50亿元	50亿元及以上
全省合计	10019	5330.83	14	43	102	21
郑州市	620	545.63	2	5	4	4
开封市	281	209.12	2	2	3	1
洛阳市	1011	474.35	2	5	9	1
平顶山市	288	183.76	2	4	4	0
安阳市	338	310.44	1	1	7	1
鹤壁市	198	138.43	1	2	3	1
新乡市	833	378.82	1	2	9	1
焦作市	710	345.06	2	4	3	3
濮阳市	264	140.39	1	1	3	2
许昌市	564	280.02		3	5	2
漯河市	272	204.36		1	6	4
三门峡市	264	211.99		1	4	1
南阳市	1083	469.52		4	11	
商丘市	1169	490.68		6	6	
信阳市	619	348.60		2	8	
周口市	520	229.76			5	
驻马店市	893	311.89			10	
济源市	92	58.01			2	

在180个产业集聚区中，固定资产投资额超过80亿元的有4个产业集聚区，分别是郑州市白沙产业集聚区、郑州高新技术产业集聚区、郑州经济技术产业集聚区和新安县产业集聚区，分别为96.26亿元、94.58亿元、89.43亿元和84.98亿元。

（五）吸纳劳动力就业成效明显，促进了农村人口向城镇转移

全省产业集聚区发展，成为加快城镇化的重要推动力和劳动力就业的新增长点。2010年末，全省产业集聚区规模以上工业从业人员153.89万人，比2009年增长15.2%，增长速度高于全省8.2个百分点，占全省规模以上工业企业从业人员的33.6%，比2009年提高2.4个百分点。18个省辖市中，产业集聚区规模以上工业从业人员超过10万人的有4个市，增速高于20%的有5个市。

表 5-5　2010 年各省辖市产业集聚区规模以上工业从业人员情况

省辖市	从业人员数		从业人员数区间分布集聚区个数（个）			
	人数（万人）	比上年增长（%）	5000人及以下	0.5万~1万人	1万~2万人	2万人及以上
全省合计	153.89	15.2	66	59	43	12
郑州市	13.25	18.0	4	5	5	1
开封市	9.50	14.4	2	8	6	2
洛阳市	17.50	5.7	5	4	2	1
平顶山市	6.48	9.5	5	4	2	1
安阳市	6.16	9.4	3	4	1	2
鹤壁市	3.76	24.5	2	2	4	1
新乡市	15.22	11.5	3	2	4	1
焦作市	9.40	3.7	2	1	1	1
濮阳市	3.09	5.2	5	4	5	2
许昌市	9.12	8.7	2	4	2	
漯河市	6.89	19.0	1	4	2	
三门峡市	8.18	23.9	2	3	2	
南阳市	12.36	29.5	6	3	3	
商丘市	5.98	46.5	6	3	4	
信阳市	8.44	33.1	10	6		
周口市	6.71	16.2	5	2		
驻马店市	9.82	11.6	2			
济源市	2.03	4.4	1			

产业集聚区在发展中坚持产城互动，促进了农村人口向城镇转移。2010 年，在 180 个产业集聚区中规模以上工业从业人员超过 3 万人的有义马市煤化工产业集聚区、洛阳市先进制造业集聚区、漯河经济技术产业集聚区和洛阳高新技术产业集聚区，从业人员分别为 4.97 万人、4.17 万人、4.11 万人和 3.52 万人，分别比 2009 年增长 24.4%、0.8%、13.3% 和 2.7%。在发展中，有的产业集聚区根据发展现状，积极提供家电下乡补贴、户口办理、子女上学等方面的优惠政策，吸引农业人口及外出务工人员返乡务工，成效明显。

二、产业集聚区发展主要问题

产业集聚区经过近两年的发展，产业集聚效应日益显现，综合带动作用不断增强，已成为承接产业转移的主要平台，以及推进工业化、城镇化进程的重要载体，实现科学发展和转变经济方式的战略突破口。但是，当前发展还存在特色主导产业不突出、宏观经济效益不明显、体制机制不顺畅等问题。

（一）特色主导产业不突出

全省产业集聚区由于起步晚，有的产业集聚区主导产业规模小，行业不集中，产业链条发展不够完善，上下游企业衔接不紧密，企业间的关联性较弱，缺乏专业化分工协作和密切的经济联系，发展处于企业集中布局阶段，没有形成产业集群发展，产业关联带动能力差，特色主导产业不突出。

（二）税收增长低于全省平均增长水平

2010 年，全省产业集聚区税收收入为 336.34 亿元，比 2009 年增长 14.0%，占全省税收收入的 17.9%。税收增幅低于全省税收增速 5.3 个百分点。在全省 18 个省辖市中，产业集聚区税收收入增幅比 2009 年下降的有济源市、平顶山市、濮阳市和安阳市，分别下降 40.4%、16.1%、8.8%、0.1%。还有 6 个省辖市产业集聚区税收增速低于全省平均水平。

表 5-6　2010 年各省辖市产业集聚区税收收入情况

省辖市	税收收入		税收收入区间分布集聚区个数（个）				
	绝对量（亿元）	比上年增长（%）	1000 万元及以下	0.1 亿~0.5 亿元	0.5 亿~1 亿元	1 亿~5 亿元	5 亿元及以上
全省合计	336.34	14.0	18	63	40	45	14
郑州	44.86	23.3	3	4	1	5	2
开封	10.71	8.4	2	4	3	6	1
洛阳	98.47	21.4	2	3	3	4	3
平顶山	14.25	−16.1	1	2	2	3	2
安阳	8.76	−0.1	1	4	2	2	1
鹤壁	7.10	6.0	1	2	4	2	3
新乡	25.81	19.1	1	4	1	5	1
焦作	18.18	11.5	2	3	1	1	1
濮阳	5.14	−8.8	4	6	2	4	
许昌	11.14	3.3	1	2	1	1	
漯河	4.54	26.7		2	6	2	
三门峡	23.90	43.9		1	3	2	
南阳	18.30	20.6		4	4	1	
商丘	5.23	18.6		5	5	2	
信阳	8.95	8.0		5	5	3	
周口	5.10	16.5		5	1	2	
驻马店	20.03	7.6		7			
济源	5.87	−40.4					

（三）产业集聚区内集约用地需进一步加强

2010 年，全省产业集聚区"三上"单位营业收入与建成区面积增速基本一致，税收增长滞后于建成区面积的增长，表明总体上用地的集约化水平有待进一步提高。2010 年，全省产业集聚区单位平方公里建成面积产出 11.17 亿元，分省辖市看，差别很大，产出最高的济源市，产业集聚区单位平方公里建成面积产出 29.50 亿元，产出最低的商丘市和开封市，产业集聚区单位平方公里建成面积产出不足 5 亿元，相差近 6 倍。这反映出一些地方在产业集聚区产业和发展用地的集约水平不高，产出强度偏低。

（四）管理体制亟待理顺

部分产业集聚区，尤其是县域内的产业集聚区虽然具备一定的经济管理权限，但与相关部门职能交叉，在行政区划和责任权限上，与所在乡镇之间存在多头管理、职能不明、职责不清的问题。产业集聚区对区域范围内隶属于其他乡（镇、街道办事处）的村庄大都只有协调权，没有决策权，导致工作效率较低，影响了产业集聚区的发展。

第三节　河南省产业集聚区建设总体要求

一、指导思想

深入贯彻落实科学发展观，把加快产业集聚区建设作为事关经济发展全局的中心工作和综合性举措。围绕"两提两扩"（提升速度、提高水平，扩大规模、扩大效果），抢抓国内外产业加速转移机遇，深入推进产业集聚发展、承接产业转移、基础设施建设及要素平台支撑，全面提升产城互动发展、科技进步和创新、人力资源保障水平。积极开展典型示范创建，进一步加大政策扶持力度，创新体制机制，促进"四集一转"（企业、项目集中布局，产业集群发展，资源集约利用，功能集合构建，人口向城镇转移），加快经济结构调整和发展方式转变，推动全省产业集聚区实现更大规模、更高水平的发展。

二、建设重点

（一）加快推进产业集聚

把促进产业集聚发展与构建现代产业体系相结合，加快推进项目建设，壮大产业规模，提升产业集群化发展程度。

1. 建立产业集群培育机制

顺应产业转移规律，建立完善产业集群培育机制。突出龙头带动，大力引进龙头企业和龙头项目，以龙头带配套、促集群；突出市场带动，结合产业集聚区主导产业发展，集中建设一批辐射能力强的大型交易市场，以市场促产业、带物流、引集群；突出配套带动，吸引产业链条整体转移和关联产业协同转移，以产业链式延伸推动产业集群发展；突出技术带动，引进或突破一批对区域特色产业发展有重要影响的核心共性技术，以技术扩散带动产业集群发展。

2. 加快重大项目建设

将产业集聚区亿元以上新开项目全部纳入省辖市重点项目管理范围，实行联审联批，优先配置土地和环境容量。将产业集聚区符合主导产业定位、技术含量高的 5 亿元以上新开项目全部纳入省重点项目管理范围，省预留土地指标予以优先保障。超百亿元的产业集聚区要新开工 3 个以上 5 亿元以上重大项目，其他产业集聚区实施超过 5 个的亿元以上重大项目。

3. 推动项目达产达效

将产业集聚区的企业分别纳入省、市、县三级重点企业服务范围，帮助企业落实优惠政策和要素资源等生产条件，及时解决项目建设和生产经营中存在的突出问题，促进其扩大生产、加快发展。加强对在建项目的跟踪服务，力争竣工投产项目早日达到单位土地的投入强度和产出强度标准。

（二）大力促进产城互动发展

把产业集聚区建设与实施城乡建设三年大提升行动计划相结合，以基础设施和公共服务设施共建共享、组团捆绑联动开发为重点，统筹推进城市功能区与产业集聚区建设，改善群众生产生活条件，促进人口向城镇转移，全面提升产城互动发展水平。

1. 推进产业集聚区与城区联动开发

鼓励有条件的县（市）结合实施新一轮城市总体规划，按照现代城市标准，综合运用 BT（建设—移交）、BOT（建设—经营—移交）等模式，对产业集聚区组团与旧城区改造、新城区建设进行捆绑、联动开发，有效吸引社会资本参与产业集聚区建设，实现产业与城市组团功能互补、联动发展。争取80%以上县城实施连片综合开发项目，形成产城互动发展长效机制。推动城区道路、供排水和污水管网、供电、供气、供热、通信等基础设施以及公共服务设施向产业集聚区延伸，所有布局在县城周边的产业集聚区2012年实现与城区基础设施的无缝对接。

2. 满足产业集聚区职工住房需求

引导各地加大政府投入和政策扶持力度，加快推进公共租赁住房建设。支持各产业集聚区按照集约用地的原则，统筹规划、建设一批公共租赁住房，作为配套项目，面向产业集聚区用工单位或就业人员出租。鼓励用工量较大的企业和重大项目自建公共租赁住房，用于本单位符合条件的新就业职工、外来务工人员租住。将产业集聚区及区内企业建设的公共租赁住房纳入全省年度建设计划，享受各项优惠支持政策。在公共租赁住房布局上应充分考虑产业集聚区就业人员生产生活需要，优先在产业集聚区周边城市规划区内选址建设。各地可根据生产需要在产业集聚区建设少量集体职工宿舍形式的公共租赁住房，严格禁止在产业集聚区进行住宅区开发。

3. 加快推进人口向城镇转移

按照"群众满意、集中安置、转换身份、稳定生活"的原则，加快推进产业集聚区内村庄迁村并点。各地要以产业集聚区务工人员进城落户为重点，出台解决就业、安居、子女就学、社会保障、户籍等突出问题的实施办法，争取所有符合条件的务工人员早日全部转为城市居民。

（三）全面推进招商引资

以产业集聚区为主平台，以引进重大项目为核心，持续深入推进招商活动，差异化承接产业转移。

1. 大力开展产业集群招商

突出产业发展重点，支持每个产业集聚区选择一个主导产业，着力引进一批基地型、龙头型项目，吸引带动配套和关联企业跟进转移，扩大产业规模，优化产业结构。重点推进富士康电子信息、郑汴汽车、中原电气谷、洛阳动力装备、漯河绿色食品5个千亿元产业集群发展，推动省辖市重点培育一批超百亿元的产业集群，支持县域发展、壮大特色产业集群。

2. 提高招商引资实效

以产业集聚区为题材，结合主导产业发展，谋划包装一批特色鲜明的重大招商项目，依托省、省辖市组织的重大招商活动，积极进行宣传推介。把投资10

亿元以上招商和在谈项目以及重大新兴先导产业项目全部纳入省重大招商项目范围，明确责任单位、工作班子和责任人，采取"一对一"方式加强对接推介，提高项目履约率。瞄准重点区域，盯住合作对象，组织专业团队，制订合作方案，加强与重点企业、重点行业、重点区域的对接；完善客商资源库，采取驻地招商、区域招商、以商招商、委托招商、专业对口招商等行之有效的方式，提高招商引资成功率。改进招商引资考核方式，按季度对引进项目和实际到位资金进行累积考核，不再考核各地招商活动签约项目数量和合同引资额。

（四）深入推进基础设施建设

按照"统筹推进、适度超前、突出重点"的原则，持续扩大基础设施覆盖范围，重点完善对外联系通道、环保设施、供电设施，加强质检、信息、物流等公共服务平台建设，增强对产业发展的支撑能力。

1. 道路交通设施

结合实施国家、省公路网布局规划，加快产业集聚区外联道路、发展区主干道路建设，把产业集聚区交通项目优先纳入各级交通建设计划，优先安排补助资金，力争年内所有产业集聚区实现与高速公路、国道、省道的高标准快捷联通。

2. 供电和通信设施

结合实施新一轮农村电网改造工程，重点支持产业集聚区供配电设施建设和现有高压走廊迁建，优先保障产业集聚区用电需求，力争新增电网变电容量400万千伏安、输电线路610公里以上。加强通信配套设施建设优化，全面实现产业集聚区3G（第三代移动通信）和宽带网络覆盖。

3. 污水处理、供排水和供热、供气设施

优先支持产业集聚区环保设施建设，积极推进现有管网向产业集聚区延伸。加强热源建设，推动具备条件的产业集聚区建设背压式热电联产机组，提高供热、供气普及率。

4. 标准厂房

优先保障标准厂房建设用地，强力推进多层标准厂房建设，促进中小企业和配套企业集聚发展。

5. 公共服务设施

建立完善促进集群发展的产品检测检验体系，力争在产业集聚区新建40个省级质量检测中心。推动省内骨干物流企业向产业集聚区延伸发展物流网点。

（五）深入推进要素平台建设

加强投融资平台、担保平台和土地收储平台建设，创新发展机制，提升实力，做大规模，破解资金、土地等要素瓶颈制约。

1. 扩大融资规模

支持各地将上级财政补助以及本级财政安排用于产业集聚区的建设类专项资金，符合投融资平台经营范围的由财政补贴改为资本金注入，进一步壮大产业集聚区投融资平台资本实力，力争每个产业集聚区融资规模超过 3 亿元。依托省投资集团，建立产业集聚区融资平台、开发银行和省担保机构三方合作机制，融资规模超过 200 亿元；推进省财政融资平台、产业集聚区融资平台和农业发展银行深入合作，融资 50 亿元以上。探索将政府投资建设的公共租赁住房资产注入投融资平台的途径，依托其稳定收益发行债券，优化投融资平台债务结构。

2. 增强土地保障

建立健全土地整治、节约集约用地和强化监督管理三项机制，提高产业集聚区土地节约集约和高效利用水平。产业集聚区年度土地计划指标由省单列下达，城乡建设用地增减挂钩周转指标集中用于产业集聚区建设。出台产业集聚区投资强度、建筑容积率和投入产出率等方面的标准，建立相应激励机制，提高投资强度，促进节约用地，进一步加强各地土地整理储备平台建设，推动盘活闲置土地和低效使用土地，充分挖掘存量土地潜力。

3. 壮大担保平台实力

对政府出资的产业集聚区担保平台，加大各级财政投入，增补资本金；积极推进现有担保公司整合，鼓励引导社会资本参股担保平台，提高担保能力；积极推动银行与产业集聚区担保公司合作，开发适合产业集聚区发展的融资担保产品。

（六）强化人力资源保障

把人力资源开发与产业集聚区发展紧密结合，以培养高素质产业技能人才和实用人才为重点，大规模开展职业技能培训，积极引进急需高层次人才，增创产业集聚区承接产业转移的竞争新优势。

1. 开展劳动力定向培训

结合产业集聚区用工需求情况，定期公布急需、紧缺职工（工种）人才需求状况，定期组织针对产业集聚区的专场人才招聘会，方便企业招工和劳动力求职。支持各地发挥职教中心和中等职业学校作用，采取政府购买服务等方式，向企业免费提供订单培训、定向培训、定岗培训。实施"百校千企"定向合作计划，推动 100 所职业院校、技工学校与产业集聚区 1000 家企业建立合作关系，开展定向职业技能培训，探索形成稳定高效的人力资源培养使用机制。支持各地建立产业集聚区技能劳动者储备库，定向为产业集聚区培训劳动人员。将产业集聚区各类人才纳入专业技术人员继续教育规划，对在职人员培育进行补贴，全年培训管理人才和技工 20 万人以上。

2. 创新职业技能培训模式

开展校企合作共建，支持学校将实训基地设在产业集聚区企业，把生产过程作为学习项目和教育内容。实行弹性学习制度，鼓励学生采取工学交替、半工半学的方式，工学结合分阶段完成学业。学生累计学分达到规定要求，即可取得相应学历证书。支持县级职业技能鉴定机构工作范围和服务重点向产业集聚区企业拓展，进一步扩大企业技能人才评价试点范围，建立产业集聚区企业工人职业技能鉴定考核制度。

3. 加强职业技能培训能力建设

面向产业集聚区，创建 10 个技能人才培养示范基地、5 个民办学校短期培训示范基地、5 个示范性公共训练基地，对培训人员达到一定规模、解决产业集聚区用工问题贡献突出的，给予一定财政资金奖励。支持 10 个技工教育集团和10 个职业教育集团分别与产业集聚区龙头企业开展强强联合，建设 20 个产业发展急需、年培养规模 2 万人以上的教育培训集团。

4. 积极引进高层次人才

围绕促进产业集聚区发展，制定优惠政策，加快培养引进一批高级经营管理人才，积极推进企业经营管理人才的市场化和职业化，提高产业集聚区管理水平。

(七) 加快科技进步和创新

1. 加快产业集聚区创新平台建设

积极吸引优势企业在产业集聚区建立共性技术研发中心，依托产业集聚区骨干企业，新建 70 家省级企业研发中心、10 家国家级研发中心、30 个博士后科研基地。鼓励产业集聚区与国内外高水平院校、科研机构、行业协会建立产业创新联盟。

2. 加快重大技术联合攻关

支持产业集聚区依托骨干企业，开展多形式产学研合作，加快人才、资金、中介服务、公共技术和资源共享平台等支撑体系建设，引进或突破一批制约区域特色产业发展的核心关键共性技术，以技术进步壮大产业集群规模。实施一批重大科技专项，着力破解制约产业链关键环节发展的技术瓶颈。

(八) 开展专业示范产业集聚区创建

按照"重在培育、示范带动"的要求，在 10 个领域分别选择 10 个产业集聚区,省、市、县、区四级联动先行先试相应改革,完善扶持政策,培育树立一批示范典型,促进竞相发展。确定专业示范产业集聚区专业标准,明确创建目标,制订年度工作方案。

1. 节约集约利用土地示范集聚区

重点开展村庄迁并和存量用地挖潜改造,提高城乡建设用地增减挂钩指标年内周转效率,加快三层以上、单体建筑面积3000平方米以上多层标准厂房建设,使土地投入产出强度和土地利用效率达到国内先进水平。

2. 产城联动示范集聚区

重点推动产业集聚区与相邻城区整体联动开发,促进基础设施和公共服务设施共建共享;加快公共租赁住房和村民安置社区建设,使城市发展规模、产业集聚区就业规模、务工人员落户数量位居全省前列。

3. 环境友好型示范集聚区

重点推动环保设施集合共建,推进企业清洁生产和资源综合利用,建立环评快速审批机制,使产业集聚区污染物排放达到国内同行业先进水平。

4. 数字化示范集聚区

重点推动建立完善信息化综合平台,推广信息应用技术,使产业集聚区信息化水平达到国内先进水平。

5. 质量管理标准化示范集聚区

重点推动建设省级以上质量检验检测中心,促进提升产品质量,使产业集聚区标准化水平达到国内同行业先进水平。

6. 创新型示范集聚区

重点推动与国内知名院校和科研机构建立稳定的产学研合作关系,推进创新平台和高新技术产业化项目建设,实施重大科技攻关。每个产业集聚区新增2家以上国家或省级企业研发中心和5家以上高新技术企业,使产业集聚区创新能力达到国家级高新区水平。

7. 对外开放示范集聚区

重点推动谋划包装招商题材,加强与国外优势企业合作,加快推进"区中园"建设,力争每个产业集聚区引进2个以上国外优势企业或1个超过1亿美元以上的外资项目,使产业集聚区利用外资规模和出口规模位居全省前列。

8. 新型工业化示范集聚区

重点推动承接沿海产业链式集群式转移,加快企业技术改造,推进工业化和信息化融合。每个产业集聚区新引进3个以上行业龙头企业和10家以上关联配套企业，使产业集聚区发展水平达到国家新型工业化示范基地标准。

9. 农业产业化示范集聚区

重点推动引进食品行业龙头企业和品牌，提高农产品深加工规模和水平，加强配套原料基地和市场网络建设。每个产业集聚区新引进 3 家以上国家级农业产业化龙头企业，使产业集聚区农业产业化发展水平位居全省前列。

10. 文化产业示范集聚区

重点推动与国内外大型文化企业合作，加快发展创意设计、广告策划、动漫和游戏、新媒体服务、现代印刷等新兴文化产业，使产业集聚区文化产业规模位居全省前列。

三、保障措施

（一）加强组织领导

省有关部门要按照确定的目标任务，制定年度推进产业集聚区建设的具体工作方案，细化推进措施。各省辖市要加强对产业集聚区建设的统筹推动，明确各职能部门年度工作任务和目标节点，强化目标责任制，定期督促检查。省产业集聚区发展联席会议办公室按季度对省有关部门和各产业集聚区工作开展情况进行通报。开展专家巡回指导活动，举办产业集聚区专项培训班，及时总结推广各地创新发展经验，分析查找突出问题，提升产业集聚区管理和服务水平。

（二）深化完善规划体系

各地要按照产业集聚区总体规划布局，进一步完善综合交通、公共服务设施、绿地及景观系统等专项规划以及组团设计。在保持总体规划稳定的前提下，对个别由于空间布局不合理或无法满足重大招商项目落地需要，确需对规划进行调整的产业集聚区，按照"三规合一"（产业集聚区规划与土地利用总体规划、城市总体规划精准对接）的原则，经省产业集聚区发展联席办公会议审核同意后，可对规划进行适当调整。根据各地发展实际，支持产业基础好、产业特色突出、人口规模较大的中心镇规划建设一批专业园区，培育壮大一批集群优势明显的特色产业。

（三）强化考核激励

省有关部门要尽快完善产业集聚区考核评价指标体系，对全省 180 个产业集聚区进行考核综合评价，对综合实力排名前 10 位和发展速度排名前 10 位的 20 个产业集聚区进行表彰奖励。将年度考核结果与省财政奖励资金、建设用地指标、环境容量指标和管委会级别待遇等挂钩。各省辖市、县（市、区）要建立考核机制，将产业集聚区建设与发展情况纳入干部考核体系，作为考核干部的重要依据。

（四）创新管理体制机制

强化各县（市、区）主要负责同志推动产业集聚区建设的工作责任，建立完善第一责任人长效工作机制。省编办要按照"小机构、大服务"的管理模式，创新产业集聚区管理体制机制，尽快制定出台《关于产业集聚区机构编制管理的指导意见（试行）》，进一步明确产业集聚区管委会的主要职责、管理权限和人员编制。支持各地根据实际情况，采取委托管理和必要的行政区划调整等方式，实现产业集聚区与行政区划管理套合，妥善解决产业集聚区与所在乡镇政府职能交叉问题。

（五）落实扶持政策

各级、各部门要深入贯彻落实省出台的促进产业集聚区发展的有关政策。凡省明确规定下放一级和简化手续的审批事项必须落实到位，坚决纠正要求项目多头报备、多头审核等政策棚架问题；省有关部门和各省辖市制定出台落实"直通车"制度的实施细则，产业集聚区"三税"（省级分成市县营业税、企业所得税、个人所得税）超核定基数部分全部返还到位；省产业集聚区发展联席会议办公室对各部门和各省辖市政策落实情况进行督查，凡落实不力的，对相关责任单位给予通报批评。

第四节　加快产业集聚区建设对策建议

一般来说，工业化是由农业经济转向工业经济的一个历史过程，存在一定的规律性，但不同区域，在工业化的不同阶段，可以有不同的发展道路和模式。当前，面临着国内外经济发展环境的剧烈变化，中原经济区建设必须坚持走出一条不以牺牲农业和粮食生产的生态和环境为代价、协调推进新型工业化、新型城镇化和农业现代化发展的道路，为中西部地区推动科学发展积累经验。而国内外的区域发展经验表明，新型工业化是推进区域经济发展的核心任务，尤其是对于尚处于工业化中期加速阶段的中原经济区来说，必须把推进新型工业化作为"三化"协调科学发展的核心，作为建设中原经济区的重要支撑。

按照"企业（项目）集中布局、产业集群发展、资源集约利用、功能集合构建、促进农村人口向城市转移"的要求，大力实施产业集聚区提升工程，完善投融资、中小企业贷款担保和土地整理储备平台，着力提高基础设施、公共服务、产业支撑和集聚发展四大保障能力，全面推进河南 180 个产业集聚区建设，推进产业集聚区与城市新区互动发展，使产业集聚区成为支撑中原经济区发展的支柱。

一、发展壮大一批特色产业集群

按照"特色主导、错位发展"的思路，根据区域资源禀赋、产业配套条件和要素成本优势，围绕主导产业定位，重点引进关联度高、辐射力大、带动力强的龙头型、基地型项目，促进同类和关联企业、项目高效聚集，带动配套企业发展，发展各具特色的产业集群。

（一）做大做强装备制造、汽车零部件、食品、铝精深加工等一批具有比较优势的产业集群

培育一批大型企业集团，促进大中小企业发展分工合作网络，提高集群发展水平，提高产业集群核心竞争力。围绕京广、京九、陇海"两纵一横"经济带，培育壮大四大优势产业集群发展带：陇海产业带以郑汴洛城市工业走廊为核心重点发展能源原材料、现代装备制造业、高新技术产业、汽车等优势产业集群；京广产业带重点发展原材料工业、装备制造业、高技术产业和劳动密集型产业；京九产业带重点发展化工、新材料、新能源、生物制药等优势产业集群，沿焦枝铁路产业带重点发展能源原材料电气设备、建材等优势产业集群。

（二）培育发展新能源汽车、生物医药、新能源、新材料、节能环保等一批新兴产业集群

新能源汽车重点建设郑州电动汽车整车、新乡和三门峡整车及电源、洛阳动力电源系统等特色产业园区；生物产业加快郑州生物国家高技术产业基地以及新乡、焦作、周口、驻马店、南阳省级生物高技术产业基地建设；新材料产业加快建设洛阳新材料国家高技术产业基地以及鹤壁镁合金、郑州和许昌超硬材料等特色产业园区。

（三）积极承接服装、家电、制鞋、陶瓷、家具、玩具、五金等劳动密集型产业集群式转移，提高吸纳就业能力

重点建设郑州、新乡、民权家用电器产业集群，长葛、新安、焦作等卫生洁具产业集群，郑州、洛阳、信阳、濮阳等家具产业集群，孟州桑坡毛皮、鄢陵箱包皮具、平舆制革、周口制鞋产业集群。

（四）创建国家新型工业化产业基地

推进洛阳高新技术产业开发区、汤阴县产业集聚区、漯河经济开发区、郑州经济技术开发区、长垣产业集聚区等国家级新型工业化产业示范基地建设。支持产业集聚区申报国家级新型工业化产业示范基地，对于申报成功的产业集聚区给予奖励。加快建设一批省级新型工业化产业示范基地，加快郑州高新区、郑州经开区、新乡高新区等首批25家省级新型工业化产业示范基地建设。

二、加快建成一批优势产业基地

发挥传统优势产业优势，打造一批在全国有重要地位与影响力的产业基地。

（一）打造全国重要的先进制造业基地

依托许昌电力设备产业建设中原电气谷，依托洛阳动力机械产业建设洛阳动力谷，依托郑汴汽车产业建设郑汴汽车基地、依托洛阳南车集团建设轨道交通装备基地，推进制造业向高端环节、高附加值环节攀升，建设一批全国重要的先进制造业基地。

（二）打造全国具有国际竞争力的高端原材料工业基地

中原经济区有着制造业、采矿业等工业基础，有着丰富的矿产、能源等自然资源，煤炭、焦炭等系列产品以及电力等能源产品市场份额巨大。有色金属产业规模国内领先，重点依托巩义市、长葛市、上街区3个铝工业园区建设具有国际竞争力的铝工业基地。加快济源铅锌加工、鹤壁镁加工和洛阳钨钼钛特色产业基地建设。加快建设安阳优质钢和舞钢宽厚板基地，建设平漯、焦济、濮阳、南阳盐化工基地和平顶山尼龙化工基地。

（三）建设全国重要的食品工业基地，充分发挥全国最大的粮食生产基地和畜禽养殖大省的优势，推动食品工业"二次创业"

加快漯河中国食品名城和郑州综合食品产业基地建设，积极引进中粮、华润、卡夫等国内外龙头企业建设生产基地，培育具有国际影响力的沿京广食品产业带。

（四）打造全国重要的纺织服装工业基地

加快推进郑州纺织服装产业基地建设，重点培育郑州中原、新密曲梁、淇县新纯等8个服装加工产业基地。

（五）建成一批特色新兴产业基地

在先导产业领域依托资源优势与产业基础，加快培育具有较强影响力的新能源汽车、生物、新能源、新材料等特色新兴产业基地，大力培育新乡电动汽车产业基地、南阳光电产业基地、安阳光伏产业基地、郑州生物国家高技术产业基地、洛阳新材料国家高技术产业基地、鹤壁电子信息产业基地等。

三、提高承接产业的层次与水平

当前，国内外产业转移明显提速，中原经济区进入国家战略，为区域经济发展带来了新的机遇，成为区域规划的热点，引发了沿海地区企业家的关注。未来一段时期，河南要进一步创新产业承接的思路，提高承接产业的层次与水平。

（一）引导产业链与产业网络整体转移，依托资源优势打造特色产业园区

鼓励沿海地区的整条产业链上的企业群整体转移过来，尤其是要与世界500强及国内大型企业集团对接，发展成为他们的区域性产业基地。

（二）要提高产业承接的规模与层次，推进区域产业跨越式发展

严格控制传统产能的简单移植，从弥补河南战略支撑产业的短板链条出发，在纺织服装、食品、装备制造、有色金属、电子信息、新能源新材料等方面加快引进大项目，着力承接战略新兴产业的空白领域和薄弱环节。这需要在政策措施上进行大力支持，打造一批承接产业转移的知名品牌，出台配套政策引导沿海企业通过"转移+升级"的模式迁入，避免迁入产业成为新一轮区域经济发展的包袱。

（三）要引导本地企业强化与大型企业集团的配套协作能力

随着沿海大型企业与知名品牌纷纷入驻河南，产业链与价值链重构将为本地企业带来新机遇，本地企业要抛弃自我发展的落后思想，在与大型企业的配套合作中做精、做专、做强。要出台具体措施支持中小企业、民营企业提升自身与大企业的链接、协作、配套能力，构建"双赢"格局，避免本地企业陷入与入驻大企业的竞争中丧失发展机遇，使迁入的大型企业集团成为带动河南产业升级的新引擎。

（四）要推进实施承接产业转移行动计划

积极与国内外500强企业、跨国公司等投资者开展战略合作和产业对接，优先承接先进制造、现代服务、服务外包等知识技术密集型产业，积极承接食品、纺织、服装、轻工、电子、医药、机械和装备制造等劳动密集型产业。依托郑州综合保税区，瞄准珠三角、长三角、环渤海、港澳台、新马泰、日韩等重点地区，大力引进出口型项目，加快发展高新技术产业的劳动密集型区段。

四、着力推进产城互动发展

按照"四集一转"的要求，统筹现有城区与产业集聚区功能布局，推进产城互动融合发展，促进城乡一体化进程。

（一）以产业集聚加快城市发展，坚持"三规合一"

高水平做好产业集聚区发展规划，科学合理摆布产业、商业以及配套设施，提升单体建筑的规划层次。严格按照产业规划与空间规划布局项目，以产业集聚区为载体，以主导产业为支撑，以项目建设为抓手，大力推动产城融合、产城互动、产城一体，带动第三产业繁荣发展，使产业集聚区成为各区域提升城市发展水平的新载体。

（二）以城市功能提升推进产业升级

坚持复合型城市建设理念，加大投入，提高城市基础设施水平与管理水平，发挥中心城市集聚高端要素的核心作用，积极推动城区基础设施向产业集聚区延伸，加快完善配套区内道路、水、电、气、通信等基础设施，以城市功能完善促进产业集聚，以产业集聚增强农村转移人口的吸纳能力。通过迁村并点推进集聚区内村庄向城镇社区转化，进一步完善户籍、就业、社保、教育、医疗等配套政策，加快城乡基本公共服务一体化，打造宜居、宜业、宜商的复合型产业集聚区。

第六章　河南省县域经济发展

县域经济是整个国民经济的重要经济基础，是构成国家和省级经济的重要组成部分。县域经济作为一个独立的经济层次，又是一个经济系统。目前，在这个系统中，农业仍是河南县域经济的主体，农业不仅是县域工业、第三产业发展的依据，也是整个社会发展的物质基础。河南县域经济主要还是单一的以自然资源的初级加工、利用为主导的高投入、高消耗、高污染、低效益的发展模式，具有产业规模小而散，产业关联度低，产业链短，产业发展对自然资源的依赖性强等特点，基本上属于资源消耗型的低层次的工业扩张。这种粗放式的增长方式，造成了经济发展同资源环境的尖锐矛盾，使经济发展难以为继。因此，县域经济的发展需要转变经济发展方式，大力发展县域循环经济。对于河南来说，县域经济发展与中心城市带动是实现中原崛起总体战略部署的两个重要方面，都是统筹工业化、城镇化和农业现代化的重要载体。河南作为发展中的人口大省、农业大省，加快发展县域经济是促进城乡协调发展、全面建设小康社会的必然选择，是提高河南省综合经济实力、缩小与先进省的发展差距、实现中原崛起的战略举措。

第一节　县域经济在区域协调发展中的地位和作用

县域经济发展与中心城市带动是实现中原崛起总体战略部署的两个重要方面，都是统筹工业化、城镇化和农业现代化的重要载体。河南作为发展中的人口大省、农业大省，加快发展县域经济是促进城乡协调发展、全面建设小康社会的必然选择，是提高我省综合经济实力、缩小与先进省的发展差距、实现中原崛起的战略举措。当前，县域经济发展正面临着国家投入力度加大、地区之间产业转移步伐加快、城市辐射带动作用增强的历史性机遇，又存在着农民增收缓慢、县乡财政困难、人才资金短缺、县级政府调控乏力等矛盾与问题。全省上下要从实践"三个代表"重要思想的高度，充分认识加快发展县域经济的重大意义，把发展壮大县域经济与加快中原城市群建设、推进城市化进程紧密结合起来。提高中心城市劳动能力，强化城乡经济的内在联系，以城带乡，城乡互动，优势互补，推动全省县域经济持续快速协调健康发展。

一、县域经济已经成为河南省国民经济的重要组成部分

县域经济是区域经济的基本单元，不仅是我国整个国民经济的基础层次和重要组成部分，也是国民经济最基本的运行单元，更是宏观经济与微观经济结合的关键层次，在整合农村经济资源、推动农村工业化和现代化进程中起着特别重要的作用。同时，县域也是国家政策实施最主要、最直接的操作平台，是劳动力资源的主要供应地。改革开放30多年来，河南省县域经济取得了长足发展。2007年，河南县域经济生产总值突破1万亿元，占全省生产总值比重的70.6%，对经济增长的贡献率达到77%，县域经济已成为河南省经济发展的重要支撑。

二、县域经济是实现中原崛起河南振兴的重要支撑力量

县域经济处于城市经济与农村经济的连结点，是国民经济的重要组成部分。河南省县域国土面积占全省国土面积90%以上，大量转移农业富余劳动力和农村人口，很大程度上要靠县域第二、三产业的发展和城镇化步伐的加快。因此，必须坚持中心城市辐射带动和县域经济推动，实现城乡经济良性互动。要用发展工业的理念发展农业，积极推进农产品的区域化布局、专业化生产和产业带建设，大力发展农产品的精深加工和综合利用，推进传统农业向现代农业转变。必须以现有优势资源为依托，打造县域特色产业和特色经济，并使之具有强有力的竞争力。

三、加快发展县域经济是解决"三农"问题、全面建设小康社会的必然要求

河南是农业大省，农业、农村和农民问题始终是该省社会主义现代化建设的重大问题，解决好"三农"问题是经济和社会发展的重中之重。农业是国民经济的基础，农业兴才能百业兴，没有农业的持续稳定发展，就没有整个国民经济的持续快速健康发展；农村活才能全国活，没有农村的社会稳定，就没有整个国家的长治久安；农民是最大的群体，农民富才能全国富，没有农民收入的不断增长，就没有全国人民的安康富裕。绝大部分人口分布在县域，因此"三农"问题

主要集中在县域。全面建设小康社会，重点在县一级，难点也在县一级。只有加快县域经济发展，才能繁荣农村经济，增加农民收入，才能从根本上改变农村面貌，从而促进"三农"问题的解决，促进全面小康社会的早日实现。

第二节　河南省县域经济发展历史与现状

一、河南县域经济发展历史阶段

河南县域经济的发展，始于新中国成立。但在改革开放前，河南与全国一样，实行的是国家调配资源的计划经济体制，农村主要实行的是人民公社体制，城市主要实行完成计划指标的工厂制，战略目标是建立独立的国民经济体系，保证国家独立与领土完整。

改革开放以来，河南省县域经济的发展大体经历了四个阶段：

（一）第一阶段（1978~1984 年）：着眼增加有效供给，突出发展粮食生产阶段

从 1949 年新中国成立到 1978 年的 30 年间，国家粮食生产和农产品供给始终处于短缺状态，解决温饱问题一直是县域经济发展的突出矛盾，这是经济形势和政治大局的需要。因此，改革开放之初，县域经济发展的工作重心或主要任务就是增加农产品特别是粮食的有效供给。

从 1978 年党的十一届三中全会召开到 1984 年，全省县域主要是在经济体制上突破人民公社"三级所有、队为基础"的一大二公体制，陆续实行家庭联产承包责任制，从调整生产关系入手，调动县级政府和农民发展粮食生产积极性。到 1980 年底，全省绝大多数的村社普遍实行了家庭联产承包责任制。这期间，全省粮食产量连续突破 200 亿斤，结束了粮食生产长期低速徘徊的历史，河南成为国家商品粮大省。

在农村改革的同时，县域全民企业和集体企业也逐步引入农村家庭承包的经验，实行了以承包为主的多种形式的经济责任制，着力解决企业长期存在的"生产靠计划、产品靠包销、物资靠调拨、亏损靠补贴"，企业吃国家大锅饭，职工吃企业大锅饭的问题，企业活力逐步增强。农村社队企业开始由曲折缓慢发展步入较快发展的时期。但总体来看，县域工业在经济中占有份额还很少，尤其是社队工业的附属地位依然没有改变。

（二）第二阶段（1985~1991年）：因地制宜，全面发展县域经济阶段

由于全省粮食生产取得突破性发展，温饱问题基本得到解决，加快富县裕民步伐成为县域经济发展的重大课题，客观上要求县域工作重点转移，由解决温饱转向增加收入。据此，河南省委省政府及时提出了"决不放松粮食生产，积极发展多种经营，大力发展二三产业"的县域工作指导思想。

从1985年开始，全省县域农村进行了第二步改革，着重改革了农产品的统购统销制度，逐步放开部分农产品市场。从搞活农产品流通入手，进一步完善承包制，调整农村产品结构，运用间接调节方式，促进经济发展；企业改革也由试验探索进入以增强活力为中心的产权关系改革阶段，针对承包中出现的生产经营的短期行为及经营者与职工收入分配差距过大等问题，制定不同承包办法。比如对重点利税大户实行"目标上缴、递增包干"；对微利企业实行"目标管理、超收全留"；对政策性亏损企业实行"定额补贴、减亏自理"；对部分重点国有流通企业主要推行抵押承包，逐步把竞争机制、风险机制、激励机制引入承包经营等。

从这时期开始，全省县域经济才从根本上打破了长期计划经济体制下形成的"以粮为纲、单一经营"的传统经济格局，促进了全省县域一、二、三产业全面发展。1991年，全省县域农业总产值达531.05亿元，二、三产业产值达658.47亿元，分别比1985年增长1.20倍和1.37倍。农民人均收入539.29元，比1985年增加64.2%。县域经济开始由温饱阶段向基本小康目标迈进。

（三）第三阶段（1992~2001年）：加快发展市场经济，奋力实现小康阶段

改革的深化和全面发展方针的贯彻实施，使全省县域农产品产量大幅度增长，结构性剩余和阶段性卖难时有发生，买方市场初步形成，客观上要求调整县域经济发展思路，加快向市场经济转变。特别是1992年小平同志南方讲话和党的十四大召开，确立了社会主义市场经济体制的框架和目标，为发展县域经济指明了方向。

适应新形势，1992年，河南对全省综合经济实力排名前18位的强县进行扩权试点，出台了一系列特别的政策措施，包括扩大县级审批权、稳定"一把手"任职期限、县委书记和县长归省委组织部管理、县项目直接报省里审批等。这次改革被形象地称为"十八罗汉闹中原"。

1996年，省委省政府又提出坚持"抓两头，带中间"，即"一手抓18个综合改革试点县（市），一手抓34个贫困县，分类指导，积极开展创建小康乡、小康县活动，大力推动县域经济的发展。"此次改革有力地促进了县域经济发展，县域经济呈现出快速发展的局面。

这期间，粮食生产再上新台阶，基本稳定在 300 亿斤以上的阶段性水平上，最高年份达到 454.2 亿斤。县域工业保持了较快增长的良好势头，"七五"以来的 10 多年，乡镇工业增长速度一直保持在 30% 以上。到 2001 年，二、三产业增加值达到 439.50 亿元，农民人均纯收入达到 2097.86 元，全省县域小康目标综合实现程度上了一个新台阶。

（四）第四阶段（2002 年至今）：实施县域突破战略，实现河南省经济跨越式发展阶段

按照党的十六大确定的发展壮大县域经济，全面建设小康社会，实现中华民族伟大复兴的宏伟战略要求，开始了向全面小康社会跨越的历史征程。河南省委、省政府根据河南实际，提出了中原城市群带动和县域经济发展突破两大战略，把发展壮大县域经济作为河南实现跨越式发展的重大战略来实施，于 2004 年、2006 年和 2008 年先后三次召开全省县域经济工作会议进行动员部署，制定发展县域经济的政策措施，同时在规划、项目、资金、政策等方面向县域经济倾斜，促进了县域经济快速发展，经济社会发生了较大变化。主要表现为：

1. 县域经济快速增长，综合实力不断增强

2002 年以来，河南省县域经济一直保持高速增长，综合实力不断增强。主要表现为"六个突破"：

（1）2007 年，县域生产总值突破 1 万亿元，达到 10624.4 亿元，比 2002 年增长 99.1%，占全省生产总值的比重达到 70.6%，已经"三分天下有其二"，对全省经济增长的贡献率达到 77%。

（2）县域工业增加值突破 5000 亿元，达到 5427 亿元，比 2002 年增长 152.9%，占县域 GDP 的比重达到 51.1%，比 2003 年提高 12.5 个百分点，对县域经济增长的贡献率达到 65.3%。

（3）粮食产量连续两年突破 1000 亿斤大关，连续 4 年创历史新高。

（4）农村公路总里程突破 21 万公里，居全国第一位，在中西部地区率先实现了所有行政村通水泥路或柏油路。

（5）县均财政一般预算收入突破 3 亿元、支出超过 8 亿元，分别是 2002 年的 2.9 倍和 3 倍，收入超 5 亿元的县（市）20 个、超 10 亿元的 4 个。

（6）农民人均纯收入增幅连续两年突破两位数，2007 年达到 3852 元，比 2002 年增加 1637 元。全省涌现出了一批经济强县（市），2006 年河南省县域经济前 10 强县（市）全部进入全国县域经济 200 强行列，其中巩义市、新郑市进

入全国百强县行列，分列第 52 位和第 100 位。在第 7 届中部 6 省百强县（市）排位中，河南省占了 42 个，其中在前 10 位中占了 6 个。

2. 县域工业势头强劲，工业化进程步伐加快

河南各县（市）大力实施工业强县（市）战略，成功实现了由传统农业大县（市）向新兴工业大县（市）的历史性转变。

（1）市场主体众多。就拿巩义、新郑、长葛三市来说，巩义市规模工业企业达到 386 家，2007 年完成规模工业增加值 165 亿元；新郑市有规模工业企业 268 家，2007 年实现规模工业增加值 112 亿元；长葛市有规模工业企业 267 家，2007 年实现规模工业增加值 110 亿元。

（2）骨干企业支撑作用明显。2007 年河南县域主营业务收入超 100 亿元的企业有 20 家，超 300 亿元的企业 5 家。从三个县级市看，巩义市年销售收入过亿元企业达到 134 家，过 10 亿元企业 8 家，过 100 亿元企业 1 家（豫联集团实现销售收入 116.3 亿元，纳税 4.87 亿元），有上市公司 6 家，募集资金额已逾 40 亿元（包括首发、增发、配股和债券），是中西部地区拥有上市公司最多的县级市。新郑市年销售收入过亿元企业达 37 家，过 5 亿元的企业 12 家。长葛市年销售收入过亿元企业达 25 家，过 10 亿元企业 5 家，拥有 2 家上市公司（黄河旋风、众品食业）。

（3）产业特色鲜明。巩义市拥有煤炭电力、铝及铝加工、特钢、耐火材料、化工化纤、机械设备、水泥建材、净水材料八大支柱产业，八大产业 2007 年完成销售收入 568 亿元，占全市的 89.3%。新郑市拥有烟草、食品、化工、医药、电力、非金属矿物六大支柱产业，六大产业 2007 年实现增加值 69 亿元，利税 65 亿元，分别占全市的 59% 和 72%。长葛县域工业形成了以金刚石制造及制品、农用车及机械配件，高压电瓷电器、高中低档卫生建筑陶瓷、棉毛纺织加工，有色金属加工冶炼、塑料编织、食品加工及保鲜、木质板材为主的九大支柱产业，年销售收入近 400 亿元。

3. 食品产业迅猛发展，成为重要的经济增长点

河南充分利用农副产品丰富的资源优势，大力发展农业产业化，成为全国第一粮食转化加工大省。目前全省有省级以上农业产业化龙头企业 3918 家，年销售收入过亿元的 100 家，过 5 亿元的 24 家，粮食、肉类、乳品年加工能力分别达到 3450 万吨、578 万吨和 255 万吨，食品工业年销售收入突破 2500 亿元。

目前，国内市场上每 10 箱方便面中就有 3 箱出自河南，每 10 根火腿肠中就有 5 根出自双汇（河南漯河），每 10 个汤圆中就有 6 个出自三全（河南郑州），

每 10 个饺子中就有 5 个出自思念（河南郑州）。漯河市共有各类食品加工企业 6871 家，其中销售收入过 100 亿元的企业 1 家，超 20 亿元的企业 3 家，超 10 亿元的企业 6 家，超亿元的企业 98 家。

规模以上食品工业增加值占规模以上工业增加值的比重达到 55.4%，贡献率 58.8%。培育出了世界第四、亚洲最大的肉类加工企业双汇集团，2007 年，销售收入 303 亿元，品牌价值 106.4 亿元，居全国食品工业企业榜首；培育出了全国最大的方便面生产企业之一南街村集团、全国第一家葡萄糖饮料生产企业澳的利集团等一大批国内外知名食品企业。

2008 年，经国家食品工业协会批准，漯河市中原食品节正式升格为国家级盛会，定名为"第六届中国漯河食品博览会"。长葛市众品食业成立于 1993 年，从一家县级国有小肉联厂起步，现已成为集农产品加工、食品制冷和冷链物流服务于一体的综合性食品企业，是中国食品行业第一家在美国纳斯达克上市的公司，2007 年实现销售收入 36 亿元，利税 2 亿元，其两大主导产品冷鲜肉和低温肉制品是中国名牌产品。新郑市"好想你"枣业从 20 世纪 90 年代的一家濒临倒闭的乡果品厂起步，逐步发展为全国规模最大的红枣加工企业。该公司集红枣科技开发、示范种植、冷藏保鲜、加工出口、枣园风情旅游于一体，开发出"好想你"枣片、枣干、枣粉、保鲜枣、香酥枣、脆枣、红枣醋饮品、新郑红酒等十大系列 200 多个品种的产品，带动了 3000 多户枣农致富。孟庄镇农民收入的 80% 来源于枣，每个农户种一亩多地（10 多棵枣树），年可增收 6000 多元。

4. 园区建设成效显著，县域工业聚集发展

河南各县市工业发展的一个突出特点就是企业向园区集中，产业聚集发展。巩义市有 15 家工业园，其中市级工业园 6 家、镇办特色工业园 5 家、重点企业工业园 4 家，工业园企业总数达到 600 多家。新郑市有 6 家工业园，共有企业 835 家。其中，龙湖科技教育产业园规划面积 22 平方公里，已建成 11 平方公里，入驻各类项目 126 个，其中过亿元项目 30 个；中原食品工业园规划面积 6 平方公里，已建成 5 平方公里，入驻企业 160 多家，拥有白象食品、爱厨植物油、思念食品、四季胖哥、兰州小二黑等一批知名品牌，2007 年实现税收 1.25 亿元，被列为河南省重点产业集群。

二、河南县域经济发展现状

在 2008 年评选出的"第八届中国中部县域经济基本竞争力百强县（市）"中，河南以 41 席几乎占据半壁江山；在前 10 名中，河南有 8 个县（市）入围。

对占据河南经济总量"三分天下有其二"的县域经济，时任省委书记徐光春曾寄予重托："随着全省发展新跨越步伐的加快，中原崛起这座大厦越来越宏伟，既迫切需要中心城市这个柱石更加高大，也迫切需要县域经济这个基石更加坚实。县域经济的发展步伐决定着全省跨越的步伐，决定着中原崛起的进程。"

河南的县域经济发展形态，大致可归结为"六大模式"：以荥阳、伊川等为代表的开放带动型；以许昌、偃师为代表的非公有经济推动型；以固始、新县为代表的劳务经济型；以巩义、沁阳为代表的工业强县型；以长垣、禹州为代表的产业集聚型；以尉氏、鄢陵为代表的农业产业化推动型。无论是哪种发展形态，都拥有在放大特色基础上隆起的产业集群。即便放在全国的产业格局中，这些具有鲜明特色的产业群，地位都举足轻重。

县域经济综合实力的明显增强，成为促进河南由农业社会向工业社会转变、由农业大省向经济大省跨越的重要载体。

统计数据显示，与2003年相比，2007年，河南省县域生产总值年均增长16.2%，高出全省经济平均增速2个百分点；对全省经济增长的贡献率由57.8%提高到77%，年均提高4.8个百分点。县域经济，已经成为河南经济发展最具活力的生长点、增长点。

县域经济综合实力的不断提升，也成为河南破解"三农"难题、推进新农村建设、促进城乡协调发展的重要途径。

第三节　河南省县域经济发展总体要求

一、指导思想

县域经济发展与中心城市带动是实现中原崛起总体战略部署的两个重要方面，都是统筹工业化、城镇化和农业现代化的重要载体。河南作为发展中的人口大省、农业大省，加快发展县域经济是促进城乡协调发展、全面建设小康社会的必然选择，是提高全省综合经济实力、缩小与先进省的发展差距、实现中原崛起的战略举措。当前，县域经济发展正面临着国家投入力度加大、地区之间产业转移步伐加快、城市辐射带动作用增强的历史性机遇，又存在着农民增收缓慢、县乡财政困难、人才资金短缺、县级政府调控乏力等矛盾与问题。全省上下要从实践"三个代表"重要思想的高度，充分认识到加快发展县域经济的重大意义，把发展壮大县域经济与加快中原城市群建设、推进城市化进程紧密结合起来，提高中心城市劳动能力，强化城乡经济的内在联系，以城带乡，城乡互动，优势互补，推动全省县域经济持续快速协调健康发展。

二、基本原则

坚持市场导向，培育市场主体，充分发挥市场机制对资源配置的基础性作用，营造公平、竞争、有序的发展环境；坚持体制与机制创新，尊重人民群众的首创精神，调动好、保护好、发挥好方方面面发展县域经济的积极性；坚持因地制宜、分类指导，从实际出发，充分发挥比较优势，选择适合自己的发展模式，培育特色经济；坚持科教兴县，注重依靠科技进步和提高劳动者素质，改善经济增长的质量和效益；坚持"五个统筹"，把发展作为第一要务，在发展中谋求协调，在协调中推进发展。

三、发展目标

力争经过几年的不懈努力，使县域经济发展迈上一个新台阶：经济实力明显增强，经济结构明显优化，财政状况明显好转，居民收入明显增加，社会文明程度明显提高，努力实现县域经济向更大规模、更高水平的新跨越。

四、发展重点

（一）坚持工业强县，加快工业化进程

以建立现代产权制度为重点，加快国有企业改革步伐。县属国有资产要退出一般性竞争领域，集体企业要完成改制任务，盘活资产存量，促使资产向优势企业集中，做大做强骨干企业和优势产业。加大投资力度，强化项目带动，充分利用丰富的农产品、矿产资源和劳动力资源，大力发展资源加工工业和劳动密集型产业，搞好产品系列开发，使优势产业尽快形成比较完整的产业链条。积极引导中小企业加入大企业、优势企业的分工协作体系，利用大型企业集团和优势企业所提供的市场份额、技术支持，增强自我发展能力，培育新的增长点。对工业园区进行整合、提升，构筑有利于企业集聚的良好平台，引导资金、技术、人才等生产要素向园区汇集，促进产业集群的形成与发展。用先进适用技术和高新技术改造提升传统产业，走科技含量高、经济效益好、资源消耗低、环境污染少、人力资源优势得到充分发挥的新型工业化道路。

（二）调整优化农业和农村经济结构，推进农业产业化进程

继续抓好粮食生产，确保粮食安全，重点建设一批以优质专用小麦为主的粮食生产基地，提高粮食转化与加工能力，把粮食产业做大做强。努力抓好绿色奶业产业示范带、中原肉牛肉羊产业带、猪禽规模化养殖等优质畜产品生产基地建设，把畜产品的生产、转化、加工、流通作为完整的产业链条，进行系列开发和精深加工，提高综合效益。大力发展蔬菜、林果、花卉、中药材等特色产品，集中布局，连片开发，规模经营，培育特色农业。根据国际市场需求，调整结构，组织生产，促使更多的农产品进入国际市场。用工业的理念发展农业，加快农业产业化进程，各级财政要采取贷款贴息、补贴补助等措施，培育壮大农业产业化龙头企业，重点抓好优质专用小麦加工、肉制口加工、乳制品加工、果蔬加工、中药材加工和林纸一体化等项目建设。建立健全农业社会化服务体系，支持发展农村各类专业合作经济组织、购销大户和农民经纪人队伍，搞好农产品流通，提高农业组织化程度。大力推进农产品标准化生产，进一步完善农产品安全监测、质量认证体系，开展无公害食品、绿色食品的生产与认证，培育优质名牌产品。制定完善动物疫情应急预案，加强动物疫病防治工作。

（三）放手发展非公有制经济，增强县域经济发展活力

非公有制经济是县域经济最具活力的增长点。要继续认真贯彻落实《中共河南省委、河南省人民政府关于进一步促进非公有制经济发展的决定》，继续清理和修订阻碍非公有制经济发展的规定和政策，落实放宽市场准入的措施，尽快制定鼓励非公有制企业参与国有企业改组改造、进入基础设施和公用事业等领域的具体办法。要进一步放宽个体工商户、私营企业注册条件和经营范围，凡法律法规未禁止的，可自主选择经营项目，允许一照多业。积极创造更加有利于非公有制经济发展的政策环境，在财政支持、税收优惠、投资立项、用地用电、银行信贷、发行股票债券等方面做到与其他企业一视同仁。进一步整顿和规范市场经济秩序，严厉查处乱检查、乱摊派、乱收费、乱罚款等行为，切实保护非公有制企业的合法权益。要加强与非公有制企业的联系，建立制度化、规范化的沟通渠道，及时发布传递产业政策、发展规划和市场需求信息，搞好服务和指导。支持引导非公有制经济从传统服务业和低层次加工业向现代服务业、先进制造业拓展；引导支持非公有制企业由小规模、粗放型向规模化、外向型发展；引导非公有制企业讲信誉、重质量、合法经营，提高整体素质。要把非公有制企业家联合体建设摆在更加突出的位置，加大培训力度，提高科学管理和经营决策水平。

（四）加大招商引资力度，提高对外开放水平

各地要立足本地特色，精心筛选一批资源开发项目、基础设施项目、公用事业项目和工业项目对外招商，推出一批资产优、效益好、潜力大的企业向外商转让。充分发挥企业在招商引资中的主体作用，树立全方位开放思想，鼓励企业走出去到县外、省外、国外招商引资，寻求合作伙伴。努力办好现有的外商投资企业，引导鼓励外资企业增资扩股和再投资，发挥其示范效应，以商招商，以外引外。依托劳动力资源优势和现有的制造业基础，大力发展加工贸易，融入跨国公司的产业链条，坚持以质取胜，优化出口商品结构，多元化、多渠道开拓国际市场，努力促进对外贸易的快速增长。继续实施东引西进，积极承接东部地区的经济辐射和产业转移，吸引东部企业到县域建立生产与加工基地。要不折不扣地贯彻落实河南扩大开放的一系列政策措施，努力提高服务意识和服务水平，不断降低商务成本，着力营造良好的投资环境，吸引更多的外来投资者参与县域经济发展。

（五）加快县域和中心镇建设，发挥城镇的集聚带动作用

经济实力较强的县域和县级市可按中等城市、一般县域按小城市规模进行科学规划，中心镇建设要合理布局，突出特色。进一步完善城镇基础设施，健全城镇功能，强化城镇管理，提高城镇品位，优化人居环境。实行以实际居住地登记户口的政策，取消限制农民到城镇居住的不合理规定和收费，鼓励农村人口向城镇转移。城镇建设要与市场建设、产业集群发展相结合，大力发展二、三产业，引导各类企业向县城和中心镇集中，以产业集聚带动城镇发展。对城镇具有投资效益的土地、市政公用事业实行市场化动作，通过特许经营、项目法人招标、产权转让等途径，吸引支持民间资本和外资参与城镇基础设施、公用事业建设和运营。

（六）积极发展劳务经济，促进农村劳动力转移

外出务工经商是增加农民收入的重要渠道。各市、县（市）要建立完善劳务输出管理服务组织，健全地区间劳务协作机制和信息网络，引导农民走出农业、走出农村、走出河南，提高劳务输出的规模和层次。加快建立城乡统一的劳动力市场，取消针对农民工的一切歧视性规定和不合理的限制，实现城乡劳动力平等就业。农民工已成为产业工人的重要组成部分，城市政府要解决好进城农民工落户入籍、子女教育、社会保障、工资拖欠、劳动安全等问题，切实维护农民工的合法权益。建立和完善农民工培训制度，各级财政预算要安排一定资金专门用于农村劳动力职业技能培训，整合现有各类教育资源，办好职业技术学校，发展民

间职业教育和远程教育，建立多渠道、多层次、多形式的农民技术培训体系和培训网络，提高农村劳动力素质和就业能力，培育具有地方特色的劳务品牌。要积极创造条件，鼓励支持外出务工人员回乡创业。

（七）　改善对县域经济的金融服务

建立对金融机构支持县域经济发展情况的评价激励机制，鼓励各商业银行调整贷款审批权限，扩大对县域经济的信贷投放。各商业银行县域分支机构吸收的储蓄应主要用于支持县域经济发展。省和省辖市中小企业信用担保机构要把担保业务的重点放在支持县域中小企业发展上，鼓励支持县（市）和民间经济组织按市场运行方式建立担保机构。加快信用社管理体制和产权制度改革，把信用社办成由农民、农村工商户和各类经济组织入股的社区性地方金融机构，充分发挥信用社农村金融主力军作用。通过吸引社会资本和外资，积极兴办直接为"三农"服务的多种所有制的金融组织。培育完善多层次资本市场，进一步拓宽融资渠道。建立企业和个人信用信息征集体系、信用市场监督管理体系和失信惩戒制度，防止和打击各种形式的逃废债行为，创建金融安全区。

（八）　改进建设用地管理

在实行最严格的耕地保护制度的前提下，从促进县域经济发展的长远目标出发，科学调整和修订完善土地利用总体规划。新增建设用地土地有偿使用费除按规定上缴中央财政外，其余由县（市）征收并用于耕地开发复垦。通过空心村治理、砖瓦窑场整治和工矿废弃地复垦等形成的集体建设用地可作为存量建设用地异地置换使用。优先保证县域重点项目、重点产业集群和招商引资项目的建设用地。允许依法取得的集体建设用地以转让、租赁、作价出资（入股）等形式进行有序流转。完善土地征用补偿机制妥善安置失地农民。

（九）　加强基础设施和公用事业建设

加大财政对县、乡基础设施建设投资力度，改善农村生活生产条件。各级财政每年新增加的教育、卫生、文化事业经费主要用于农村。加强农村医疗卫生基础设施和卫生队伍建设；加快各县（市）突发公共卫生事件救治设施建设，年内各县（市）要建成疾病预防控制中心，不断完善设施，提高疾控水平；建立功能比较完善的农村公共卫生服务体系和农村医疗救助体系，搞好新型农村合作医疗制度试点。积极筹措资金，重点抓好大型灌区续建配套、机井灌溉、节水灌溉、河道整治、水土保持和新建灌区建设，提高农业抗旱防涝能力，加强黄河滩区治理和安全建设，加快解决农村安全饮水问题。继续支持城镇化重点县（市）和重点镇的建设，重点搞好水、电、气、道路、通信、污水及垃圾处理等基础设施建设。

（十）加大对扶贫开发重点县的扶持

继续增加扶贫投入，支持贫困地区经济发展，促进贫困农民增收。中央、省、省辖市和县（市）安排的各类扶贫资金要足额落实到位，严禁截留挪用。鼓励支持社会力量参与扶贫开发。扶贫开发重点县引进省外项目，按实际到位资金或形成固定资产的一定比例，对有功人员给予奖励。对生存条件特别恶劣、居住过于分散的贫困人口，有计划、有组织地进行自愿移民搬迁，搬迁费用由省、省辖市、县（市）和搬迁户共同负担，移民所在县（市）政府要做好搬迁善后工作，确保迁得出、稳得住，解决好移民的脱贫问题。建立健全扶贫开发激励约束机制，扶贫开发重点县自加压力、艰苦奋斗、真抓实干，增强自我造血功能，尽快改变贫困面貌。提前实现脱贫目标的，原定扶贫期限内享受的扶贫政策保持不变；对扶贫开发多年未见明显成效的扶贫开发重点县，予以通报批评，其党政领导班子要相应调整。

第四节　河南省县域经济发展对策建议

当前，我国总体上已经进入了以工促农、以城带乡的发展阶段，进入加快改造传统农业、走中国特色农业现代化道路的关键时刻。就中原经济区而言，经济社会发展、区域发展、城乡发展不平衡的问题更为突出，持续激发县域经济活力，以转变发展方式为主线，以体制机制创新为动力，加快产业集聚区建设，突出发展特色经济，大力发展民营经济，实现农民增收、财政增长、综合实力增强，有利于形成城乡协调发展的良好格局，从而为实现中原崛起奠定坚实基础。

一、积极稳妥推进扩权强县改革

扩权强县的重点，是把省、市两级的一些审批权力下放到县，使县一级政府拥有更多的自主发展权，加速县域经济的发展。2001 年，浙江开始实施扩权强县政策后，吉林、河北、湖北、江苏、黑龙江、广东、江西、辽宁、山东、福建以及河南等省从 2002 年起先后开始扩权强县改革。在现行行政层次结构下，将权力直接下放到县一级，能够减少管理层次，降低行政成本，提高管理效率，带动县域经济驶入高速发展的快车道。但是，河南在强县扩权改革中也暴露出了一些需要引起重视的问题，尤其是扩权县与地级市的关系处理上，以及扩权县与省直部门的有效对接上。一些应赋予扩权县的权力没有真正放开，应由扩权县享受的政策没有真正落实，存在"先放后收、放小不放大、放虚不放实、明放暗不放"的现象。同时，中心城市与扩权县的协调发展问题显现。中心城市化水平高的地区，长期实行市管县体制，使得这些县域经济与中心城市之间存在着较密切的分工和协作。强县扩权，不一定完全适用于这种在经济上已依附于中心城市的县。此外，越来越多的政府部门实行垂直管理，一定程度上增加了县市政府的行政管理难度，削弱了地方经济发展的主动性和创造性。

中原经济区作为一个跨省域的经济区，从统一规划、协调发展的角度看，扩权强县的改革，可以走先经济权限再社会权限最后过渡到省直管县。

（1）进一步下放经济社会管理权限，将可能下放给基层的事权尽快下放，尽可能减少行政审批，使简政放权工作得到真正落实。如在扩权政策扶持上，针对县域经济发展普遍存在的共性问题，实行普惠制，在优惠政策上共有共享；同时，根据县域经济发展的特殊情况，实行分类制，在优惠政策上分类对待。对大城市边缘区的县，强化与大城市的一体化发展；对于边缘山区县，加大生态建设的财政转移支付；对于农业大县，加强优质农产品生产的扶持；对于区域独立性大、区位较好的县，扩大公共服务权、市场监督权、经济管理权和社会管理权；对城市化发展前景好、工业发展潜力大的县，下放项目审批权，扩大土地征用权，鼓励率先发展；对于资源比较丰富的县，加强资源管理、促进资源合理开发；对于贫困县，加大扶贫和农村富余劳动力转移力度等。

（2）在中央允许的框架下，逐步推进行政体制改革，在下放经济社会管理权限的同时，合理设置机构和配备人员编制以及完善干部考核和业绩评估体系。

（3）扩大省直管县实施范围，逐步实行县和地级市都直接由省管辖的体制。

二、加大政策性支持力度

县域经济发展至今，已经取得了长足的进步。在中原经济区范围内，县域经济已经支撑起了半壁江山，但是县域经济面临转型发展的压力和发展方式转变的难度要远远高于城市经济，特别是重化工业为主导的产业结构让县域经济的土地、水等资源约束和环境约束的瓶颈日益严重。为了加快县域经济的转型发展，政策设计应该实现从传统发展的政策体系向促进转型的政策体系转变，在财政、投融资、用地以及科教和人才方面给予支持。

（一）改进和完善财政管理体制，深入实施财政支持政策

与扩权强县改革相匹配，加大对县域经济发展的支持力度。按照"性质不改、渠道不变、突出重点、综合投入"的原则，重点在技术改造、科技创新、循环经济、旅游、农业产业化、绿色食品、农业开发、中小企业发展、重大项目前期资金以及产业集聚区建设等方面设立财政专项资金和信用担保资金等，加大对骨干财源项目和科技项目的支持。

（二）改进建设用地管理

在实行严格的耕地保护制度的前提下，全面开展土地利用总体规划修编工作，改革用地报批管理，优先保证产业集聚区、工业园区的用地需要。县域内土地利用年度计划不足的，由省国土资源管理部门从预留的建设用地计划指标中优先调剂解决。工业项目建设占用耕地，所在县政府和建设用地单位因土地后备资源匮乏不能落实耕地占补平衡的，可由所在县政府采取依法缴纳耕地开垦费的方式，申请省国土资源管理部门在省内易地落实耕地占补平衡，并依据规模和效益对重点项目的用地价格给予优惠。

（三）鼓励和引导国有商业银行、股份制商业银行和城市商业银行拓展业务领域，为县域经济发展提供多样化的金融产品

建立信贷投放激励机制，设立专项资金，奖励为县域经济发展做出贡献的银行机构。进一步增强省、市政策性担保实力，鼓励有条件的县组建政策性担保机构，支持民营资本进入融资担保领域，支持各级供销合作社参与组建农信担保机构，提高为县域经济发展融资担保能力。

（四）加大科技、人才支持力度

支持县域企业进一步拓展产学研合作，提升自主创新能力。支持农业新品种、新技术、新成果的转化、应用和推广。鼓励和吸引科研院所、高等院校的科技人员通过兼职、技术开发、项目引进、科技咨询等方式，为基层提供技术服务。支持科技要素参与分配，切实落实收益分成、技术入股、股权激励等分配政策。

三、推进特色产业发展

中原经济区范围内的多地政府长期致力于县域特色产业的培育和发展，把小产品做成大产业，占领大市场，形成了若干个专业化特色显著、市场规模庞大的优势特色产业集群，已经走出了一套特色发展的道路，发挥了资源禀赋，积聚了资金技术人才，推动了工业化进程，拉动了当地经济快速发展。但是，就县域经济的特色产业而言，还存在一些问题，特别是生产方式落后，管理水平低；产业耦合度低，缺乏专业化的分工；组织化程度低，缺少大型企业集团；产品层次不高，竞争压力较大；技术创新能力不强，资金专业人才匮乏等。

推进转型发展，集群发展，是县域特色产业未来努力的方向。

（一）要加快专业化发展，形成合理的分工体系

企业要在特色产业集群内培育基于产业链的专业化分工与协作，信息资源共享，优势互补，降低企业创新的风险和成本，形成一种有效的竞争合作新机制。要推动特色产业集群内企业分工协作的深化，鼓励大中企业围绕自身的核心资源展开技术改造和规模扩张，重点做好技术研发，开发新产品，形成自有品牌。将一般的零部件及半成品，通过产业集群的专业化分工网络层层扩散到集群内中小企业中去，引领产品相同、相似的中小企业向"专、精、特、新"方向发展，形成龙头带动，中小企业配套的专业化分工生产体系。

（二）培育龙头，优势资源向优势企业集中

加快推进大企业及大企业集团发展，集中力量扶优扶强，使优势资源向优势企业集中，使其成为做大做强特色产业的重要支撑。经过一定阶段的扩展和资本积累，一些中小企业的生产能力迅速壮大，创出了一定的品牌，具备了龙头企业的雏形。对于这样的企业，要进一步整合资源，积极鼓励和诱导企业抓住品牌和核心技术，做强做大，把周边企业吸纳、整合到产业分工体系和配套产业链上来，提升特色产业集群的核心竞争力。

（三）打造品牌，提高产品附加值

知名品牌的形成是特色产业走向成熟的标志。积极导入名牌工程，实施品牌战略，创立区域品牌，通过展会、推介会和各类媒体集中宣传报道等形式积极推介自主品牌，叫响县域"特色品牌"，将本地企业的知名品牌打造成县域经济的名片。利用龙头企业已形成的品牌和声誉，以品牌为纽带与区块内的中小企业形成协作，有偿许可本集群中的企业使用该品牌或以该企业为核心组建不同行业、不同产品类型的无形资产参股的经济联合体，集中发挥品牌优势，提高组织化程度。

（四）搭建平台，构建技术创新网络

将特色产业集群与区域创新体系建设紧密结合起来，建立以特色产业集群为基础的技术创新平台，形成具有较强创新能力的技术创新网络。要增强企业创新能力，积极地利用先进技术，推动自主创新，形成并不断提高自己的核心竞争能力。要构建集聚区创新文化，倡导各经济主体之间的相互学习及同类企业之间竞争与合作并存，以产生较强的协同效应，促进知识和创新成果的扩散和再创新。要引入技术创新的源头，自身拥有研发机构和研发能力的大中型企业，要在基础性研究和高层次人才培养方面与大学和科研院所进行合作。要完善技术中介服务体系，通过优惠的财税政策、设立专项资金等方式支持建立和发展区域科技服务中心、信息服务机构、公共科技信息平台等创新中介服务机构。

四、加快产业集聚区建设

发展产业集聚区是快速提升工业化、城镇化水平的必然选择，可促进充分就业，带动人口集中，创造更大规模、更高层次生产和消费需求，有利于实现循环经济和可持续发展。同时，中原经济区又具备人力资源、交通区位、矿产资源、县域经济基础较好的优势。新阶段要加快产业集聚区建设，突出解决发展模式较为粗放，特色主导产业不突出，产业之间缺乏有效的关联，产业链条较短，基础设施、服务设施等配套能力还很不完善等问题。

（一）选好特色主导产业

建设产业集聚区要根据竞争力最强、成长性最好、关联度最高的原则，选择最具优势的行业，培育形成产业体系和产业集群，造就较强竞争力，支撑当地经济发展。在明确产业定位、确定特色主导产业时，要充分考虑资源禀赋、区位优势、产业基础和区域分工协作等因素，以及产业升级和产业转移。不同的产业集聚区有不同的优势，各个产业集聚区可以发挥比较优势，做好产业定位，做大做强优势产业。对特色主导产业的选择一定要充分论证，要与十大产业调整振兴规划充分衔接，明确发展重点，避免盲目无序、方向不明或多头出击、力量分散，力争发挥优势，错位发展，尽量避免产业同构，缺乏特色。

（二）培育龙头企业

产业集聚区要想实现规模化发展，必须实施大型龙头企业带动战略，以此在企业之间形成有效的产业分工与协作体系。一方面，可以从产业集聚区内的骨干企业中选择市场占有率高、发展前景广、辐射带动能力强的企业，加大政策扶持力度，尽快将其打造成行业龙头企业，也可以通过引导鼓励企业采取收购、兼并、合作等方式进行战略重组，做大龙头企业规模。另一方面，可以通过招商引资、承接产业转移，直接引进龙头企业，通过龙头企业带动一批配套企业入驻。

（三）完善配套政策

以财税、环保、土地、金融等政策为重点，充分发挥政府的主导作用，通过推动产业集聚区建设，培育特色主导产业，建立战略支撑，增强区域竞争优势。

政府扶持培育主导产业并不排斥在集聚区外发展非主导产业，要充分把市场调节灵活性和自动性的优点发挥出来，把政府的主导性和市场的多样性有机结合起来，既要支持特色主导产业在产业集聚区内加快发展，又要适应市场的多样性，鼓励符合产业政策的非主导产业项目，在适宜的地方通过市场的力量去发展。

（四）构筑创新体系

不断培育壮大创新主体，实施重大科技专项，鼓励企业建设研发中心、工程研究中心等，引导集聚区依托企业与重点高等院校、科研单位建立创新联盟，推进科技成果转化，提高企业的自主创新能力。特别要鼓励有条件、有能力的产业集聚区设立专项资金或建设科技孵化平台，提升集聚区的企业集聚、产业集约的持续发展能力。

五、加速工业化并促进产业结构优化升级

"十二五"时期是中原经济区重要的战略机遇期，各县（市）要合理确定三次产业结构的比例关系，把非农产业作为县域产业发展的主要方向。第一产业要提升层次，第二产业要提速增效，第三产业要加快发展。加速推进农业产业化和工业化进程，通过农业产业化着力解决农民问题，通过农村工业化着力解决农业问题。要充分重视加强县域经济中三次产业间的内在联系，进一步提高三次产业之间的关联度，形成相互促进、共同提高的良性循环格局。

（一）加快农业产业化进程，推进农村经济结构调整

加快农业产业化进程，推进农村经济结构的调整，增加农民收入，是县域经济的基础和着力点。从整体上看，目前中原经济区农业产业化水平还不高，与现代农业还有较大差距。应当把推进农业产业化经营作为经济工作的一个重点，落实好有关政策，找准主攻方向，加大扶持力度。要加快培育有竞争优势和带动力强的龙头企业，把农业开发的文章做足、做好，努力提高农产品加工的精度和深度。大力提高农业生产的组织化程度，继续发展多样化的利益联结机制，加强农产品基地建设，发展农村专业合作经济组织，发挥行业协会的作用，努力扩大农业产业化经营组织带动农户的面。加大农业科技创新和技术推广的力度，引导龙头企业走产学研相结合的路子或自办研发机构，构建农业科技创新的主体；继续加大对农业科技的投入，为农业产业化发展提供必要的资金支持。

（二）积极发展工业，壮大县域经济实力

以工业化为突破口，带动农业产业化、城镇化共同发展，这是县域经济发展过程中不可逾越的阶段，也是县域增强发展后劲，增加财政收入，解决农村劳动

力转移的关键所在。通过发展工业促农业、围绕农业上工业，将大大提高工业与农业之间的关联度，拉长农业深加工产业链，变农产品资源优势为经济发展优势。当然，也不是说所有县（市），县域所有乡、村都有条件或者都要大办工业。发展县域工业，必须坚持因地制宜、适当集中，切忌遍地开花、盲目布点、重复建设。关键是要按照分类指导原则，合理调整生产力布局，集聚工业资源，整合工业园区。特别是要重点扶持地理区位好，有一定经济基础，地处交通要道等"关节点"上的县（市）；鼓励有条件的山区县（市），在城关和中心镇集中发展1~2个工业园区，鼓励企业向工业园区集中，鼓励县（市）、重点乡镇联合创办工业园区，发挥集群效应，壮大园区经济。

（三）鼓励民间投资，壮大县域经济发展主体

县域经济主体是农业、乡镇企业、县属国有企业或集体企业、个私经济等。从发展趋势看，农业经济将相对稳定，县属企业随着改革的深入逐步淡出，个私经济在县域经济中的作用将日益凸显。因此，要把鼓励民间投资作为一项长期政策，并做好政策上的引导工作。鼓励和引导民间资金利用县域农业资源优势，从事农业综合开发和农业产业化经营，重点发展食品工业。引导民营企业"以退为进"，从高能耗、低效益、重污染的领域中退出，发展具有技术支撑的高效农业和农产品深加工、精加工企业；从缺乏市场竞争力的大路、低质产业产品中退出，发展特色经济和高技术含量、高附加值的产品。鼓励各类股份制银行、商业银行、城乡信用社、信托投资公司等通过增资扩股，吸引更多的民间资本进入。

六、加快城镇化并促进城乡经济协调发展

工业化与城市化是互为依存、相互促进的，工业化是城市化的经济内容和发展的原动力，城市化是工业化的载体和空间落实。同时，增加农民收入，最终只有依靠加快农业劳动力向非农产业转移、农村居民向城镇居民转变，通过减少农民数量才能达到富裕农民的目的。因此，在推进工业化的同时加快城镇化进程，也应成为县域经济的重头戏。

（一）要以县城和中心镇为依托，加速推进县域城镇化

郑州、洛阳等城市密集区周边的"城郊型"县（市），要着力融入城市经济，以提高城市化水平为重点，"扩容提质"，加快推进城乡一体化进程；地处交通要道、有一定工业基础和城关依托的"区域中心型"县（市），要以推进工业化和城镇化为动力，做大做强县城和中心镇，增强城市对农村的集聚和带动能力；山

区或边远欠发达县（市），要集中有限力量发展"大城关"，引导生产要素向城关集聚，通过扩大规模，提高档次，完善功能，增强其经济辐射力与带动力，使之成为欠发达县（市）的发展极和增长点。各县（市）应当依托现有基础，认真规划建设好县城和以县城为中心的城镇圈，有计划地扩容，增加人口，壮大县域经济规模。

（二）要发挥政策引导功能，加快农村城镇化进程

推进农村城镇化的进程，关键是政策引导，即制定并实施有利于加快城镇化进程的各项政策，并扫清有碍城镇化进程的种种制度性障碍。中原经济区农村城镇化必须建立在市场化的基础之上。这意味着从本质而言城镇化是市场化经济逐步深化的自然演进，而不单纯是政府行为，但政府的宏观政策导向仍然具有决定性的作用。对此，具体提出以下建议：

（1）改革城镇户籍管理制度。户口至今仍是障碍农民落户城镇的重要因素。县城在这方面可以先行一步，实行"无门槛"的城镇自由定居政策，这也是加快县域民营经济发展的必要条件。

（2）制定鼓励农民向城镇投资和无歧视性的就业政策。

（3）建立社会保障机制。农民落户城镇，即使城镇无就业歧视，也不可能消除失业现象，同时，还有养老、医疗等问题。因此，完善的社会保障机制对于解除农民落户城镇的后顾之忧至关重要。

为了加快农村城镇化进程，应该采取一些过渡性的变通政策，最终的出路还是要尽快建立起全面覆盖、城乡一体的社会保障体系。

七、加快体制机制创新并增强县域经济发展保障能力

（一）创新县域经济管理体制

发展县域经济需要体制和机制创新，为县域经济创造宽松的环境，增强发展的活力。

（1）扩大县级经济管理权限。省和设区市两级都应当按照"决策权力下放，管理重心下移"要求，下决心简政放权，把现有部分审批权限直接"放权"给县（市），赋予县（市）更大的工作自主权和决策权。

（2）建立扩权的动态机制和保障机制。扩权的根本目的在于"激活"，为此可以考虑建立扩权的动态机制和激励机制，根据县（市）经济发展的具体情况，适时增加扩权县（市）的数量。同时，完善配套政策和监督机制，使省、设区市有关部门的权力能够真正"下放"，县（市）能够"接权"并有效"行使"权力，

保证下放权限的落实。

（二）完善县域经济发展绩效评价机制

依据区域主体功能定位，不同的县资源环境承载能力、集聚人口容量的能力以及发展经济的潜力均不同，发展的内涵和要求就应该不同。因而对不同国土空间功能区的县，应施以不同的绩效评价和政绩考核标准：对优化开发区域，要强化经济结构、资源消耗、自主创新等的评价；对重点开发区域，要综合评价经济增长、质量效益、工业化和城镇化水平；对限制开发区域，要突出生态环境保护的评价，弱化工业化城镇化水平的评价；对禁止开发区域，主要评价生态环境保护。可先对农业县和工业县分开考核，对农业大县的主要评价指标由经济总量增长转向农业发展。

（三）建立县域经济发展的扶持机制

当前，中原经济区县域经济发展极其不平衡，以河南为例，在全省108个县市中，GDP和财政收入最高的巩义市分别是最低县的12倍和13倍，中原城市群的大部分县（市）发展水平远远高于黄淮地区县（市）。为改变这种状况，迫切需要完善县域经济发展的扶持机制。

（1）积极完善帮扶机制。完善经济强县（市）与经济欠发达县（市）对口帮扶机制；调整充实省领导和省直部门与山区经济欠发达县（市）的定点挂钩扶持。

（2）对部分欠发达县（市）应主要实行政策倾斜。按照"多予、少取、放活、促发展"的思路，在省级财力允许的限度内，尽可能加大对后进县的转移支付力度。

（四）建立县级财政稳定增长机制

从1993年开始，河南县级财力占全省比重呈逐年下降趋势，财政收支矛盾突出，县级财政困难面扩大。妥善解决这一问题，关键是要健全财政体制，调整省、市、县的财权和事权分配格局，大力培养财源，建立鼓励发展的激励机制。为此，需要进一步完善省对县（市）财政体制。新的省对县（市）财政体制，应当朝着有利于涵养县域税源方向发展。在已经出台的财政体制微调的基础上，积极探索建立"省管县"的财政体制，减少财政管理级次，提高财政资源的配置效率。省对县的财政体制不仅要合理确定县级财政收支内容和基数，还要有必要的激励机制和制约机制，提高县级在财政增量的分配比例，以充分调动基层政府和财政部门开拓财源、增收节支的积极性。

（五）建立农村资金有效回流机制

积极盘活、整合现有存量金融资源，通过改革实现存量机构的功能增进，建立和完善"国有商业银行＋农村信用社＋政策性金融机构＋其他非银行金融机构"的县域金融服务体系。国有商业银行要减少管理层次，改进授权授信操作模式，扩大县支行信贷权限，建立合理的奖惩机制，调动基层信贷人员贷款的积极性。积极开拓适应中小企业和县域经济特点的信贷品种、融资产品，建立和完善适合中小企业特点的评级和授信制度。有条件的地方要积极探索发展村镇银行、资金互助社小额贷款公司等新型农村金融机构。农村信用社要进一步明晰产权关系，完善法人治理结构，积极推广农户小额信用贷款、农户联保贷款，切实有效地解决农村发展生产的资金困难。城市商业银行也要积极探索向县（市）延伸开展业务。

第七章 河南省主体功能区规划和开发

党的十七大报告提出，"加强国土规划，按照形成主体功能区的要求，完善区域政策，调整经济布局"。这标志着我国区域规划思路的重大调整，以主体功能区思路破解了传统区划的困境，旨在规范空间开发秩序、优化空间结构和促进区域协调发展。主体功能区分为优化开发区、重点开发区、限制开发区和禁止开发区四类，国务院《关于编制全国主体功能区规划的意见》（国发〔2007〕21号文件）还明确规定，全国主体功能区规划由国家主体功能区规划和省级主体功能区规划组成，这两级主体功能区规划当前正在积极编制之中。河南应科学编制主体功能区规划，按主体功能区思路推进河南区域协调发展。

目前，河南区域人地关系地域系统的稳定性和可持续性已经受到严重影响，致使系统各因素之间的关系不协调，如生态退化、环境污染、资源枯竭、水循环破坏等整体系统出现逆向演替的迹象。在系统结构优化、顺向演替的同时，时刻存在着恶化、逆向演替的可能。在这种情况下，亟须对全省地域空间进行功能划分。河南作为全国进行省级主体功能区研究的试点省份之一，通过对全省自然资源、环境和社会经济发展等人地关系的各个子系统的现状和潜力进行深入分析和客观评价，对全省主体功能区进行划分与定位。

第一节 河南省生态经济现状特征

党的十七大把"建设生态文明"提到了发展战略的高度，要求到2020年我国成为生态环境良好的国家。我国第十二个五年规划纲要进一步强调：坚持保护优先和自然修复为主，加大生态保护和建设力度，从源头上扭转生态环境恶化趋势。这就要求我们以创建林业生态省为载体，建成高效益的农业生产生态防护体系、城乡宜居的森林生态环境体系、持续稳定的国土生态安全体系，为促进人与自然和谐，建设秀美中原做出新的贡献。根据中原地区的地形、地貌、气候、植被、土壤等自然区域特征及决定区域分异的主导因素、林业建设现状及其主导功能差异，参照全国生态功能区划，河南要积极进行四大生态体系建设，即山地丘陵生态经济体系建设、平原地区生态经济体系建设、城镇乡村生态经济体系建设、廊道网络生态经济体系建设。

一、山地丘陵生态经济体系建设

山地丘陵地区包括西北部的太行山、西部的伏牛山以及南部的大别山和桐柏山等山地丘陵区，总面积为 11287.25 万亩，占全省国土面积的 45.4%。该区担负着保持水土、涵养水源和保障生态安全的重任。地势自西向东呈阶梯状下降，中山一般海拔 1000 米以上，高者超过 2000 米；低山 500~1000 米；丘陵低于 500 米。气候属北亚热带和暖温带气候区，具有明显的过渡性特征，多年平均降水量 600~1200 毫米。土壤类型主要有棕壤、黄棕壤、黄褐土、褐土等，区内植被类型多样，会聚了极其丰富的植物资源，是河南生物多样性最丰富的地区。森林覆盖率 29.6%。

该区域目前存在问题主要是：区域森林资源分布不均，水土流失严重；天然次生林较多，林地生产力较低；局部无规划采石采矿较为严重；植被破坏后难以恢复。

该区是河南林业生态建设的重点区域，建设重点是大力加强对天然林和公益林的保护，重点营造水源涵养林、水土保持林、名优特新经济林、生态能源林等。在局部地区有步骤地实施生态移民，加速矿区生态修复，同时加强中幼林抚育和低质低效林改造。

山地丘陵生态体系建设，具体包括三大亚区：

（一）太行山生态亚区

太行山生态亚区位于河南省西北部，属太行山的南麓和东坡，构成黄淮海平原西北部的天然屏障，涉及安阳、鹤壁、新乡、焦作、济源 5 个省辖市 21 个县（市、区），总面积为 1156.39 万亩。太行山生态亚区矗立在晋、冀、豫三省交界上，地理位置十分重要，可御西北寒流袭击，可纳东南暖湿气流。主体山系呈东西向展布，坡度多在 30° 以上。海拔高度多在 600~1200 米，年均气温 14.3℃，年均降雨量 695 毫米，降雨年相对变率 16.9%。日照时数 2367.7 小时，年均太阳辐射量 118.25 千卡燉平方厘米。土壤类型以棕壤、褐土类为主。植被属暖温带落叶阔叶林，区内植物类群有 163 科、734 属、1689 种。森林覆盖率 21.5%。

太行山生态亚区存在问题是，多为基岩裸露的石质山地，生境破碎、植被覆盖率低；降雨量少、蒸发量大，土壤瘠薄，植被恢复困难，林木生长缓慢，生态环境极为脆弱，是全省治理难度最大、任务最艰巨的地区。

太行山生态亚区的建设重点是在保护好现有森林资源的基础上，注重提高生态系统的自我修复能力，重点对浅山、丘陵立地条件差、植被破坏严重的地段，因地制宜、综合治理，多林种、多树种科学配置，实行"封、飞、造"一齐上，加快治理速度和提高治理质量，有步骤地实施生态移民，有效遏制生态环境恶化的趋势，使生态环境、生存环境步入良性发展轨道。

(二) 伏牛山生态亚区

伏牛山生态亚区位于河南的西部，包括黄河以南，京广线以西及南阳盆地以北山丘区的大部分地区，涉及郑州、洛阳、平顶山、许昌、三门峡、驻马店、南阳7个省辖市48个县（市、区），总面积为7436.33万亩。伏牛山生态亚区是秦岭山脉西部的延伸，主要山脉之间有相对独立的水系分布，山脉与水系相间排列。海拔高度一般在1000~2000米，部分山峰海拔高度超过2000米。年均气温13.1~15.8℃，降水量500~1100毫米，日照时数1495~2217小时，年均太阳辐射量108.83~120.186千卡燉平方厘米。土壤主要有棕壤、黄棕壤、黄褐土、山地草甸土等。区内植被类群丰富，广泛分布有南北过渡带物种，主要植被类型有以栎类为主的落叶阔叶林、针叶林、针阔混交林、灌丛植被、草甸、竹林以及人工栽培植被等。森林覆盖率31.4%。

伏牛山生态亚区存在问题是，总体生态状况良好，南北生态环境存在明显差异。现有宜林地造林难度较大；旅游和矿山等开发对生态环境造成不良影响，水土保持、水源涵养功能降低。

伏牛山生态亚区的建设重点是保护好现有森林资源，搞好中幼林（尤其是飞播林）抚育和低质低效林改造；有步骤地实施生态移民，以减轻生态压力；加快林业重点工程建设，提高林地生产力和防护效能，改善生态环境，充分发挥森林的综合效益。

(三) 大别桐柏山生态亚区

大别桐柏山生态亚区位于河南的南部，秦岭淮河以南地区，涉及驻马店、南阳、信阳3个省辖市14个县（市、区），总面积为2694.53万亩。桐柏山和大别山脉分布在河南南部边境地带，自西北向东南延伸。桐柏山脉主要由低山和丘陵组成，海拔多在400~800米。大别山脉近东西向延伸，地势自山脉主脊向北逐渐降低，海拔多在800~1000米之间。气候属北亚热带湿润季风气候，阳光充足，年均日照时数 1990~2173 小时，年均气温 15.1~15.5℃。年均降水量 900~1200 毫米，降雨年相对变率 14%~20%，年蒸发量 1355~1650 毫米。地带性土壤为黄棕壤，土壤类型主要有黄褐土、棕壤、砂姜黑土、水稻土等。植被类型属北亚热带常绿落叶、阔叶混交林。森林覆盖率 28.0%。

目前，大别桐柏山生态亚区存在的问题主要是，森林资源分布不均，林种结构不合理，难以发挥森林的防护效能，后继资源严重不足。旱涝等自然灾害及人为活动频繁，水土流失日趋严重，对当地和下游的生态环境及经济社会发展构成较大的威胁。

大别桐柏山生态亚区的建设重点是实行综合治理，结合森林资源结构和林业产业结构的调整，在充分利用现有宜林地的基础上，积极拓展可利用空间，加快山区生态体系建设，尽快恢复和扩大森林资源，有效提高涵养水源和保持水土能力，确保区域生态安全。

二、平原地区生态经济体系建设

平原地区生态区包括黄淮海平原及南阳盆地，是我国重要的粮、棉、油生产基地和经济作物的重要产区，涉及郑州、开封、洛阳、平顶山、安阳、鹤壁、新乡、焦作、濮阳、许昌、漯河、南阳、商丘、信阳、周口、驻马店、济源 17 个省辖市 131 个县（市、区），总面积为 13577.05 万亩，占全省国土面积的 54.6%。该区地域辽阔，地形、地貌较为复杂，大致划分为堆积平原、沙丘、堆积盆地三种地貌类型。地势起伏不大，海拔一般在 40~200 米。季风性气候特征明显，干旱、暴雨、干热风、大风与沙暴等自然灾害较为严重。年均气温 13~15℃，光、热、水资源充足，年降水量一般为 600~1000 毫米，年蒸发量为 1500~2100 毫米。主要土壤种类有潮土、砂姜黑土、风沙土、黄褐土、盐碱土、水稻土等，土层深厚，肥力较高。森林覆盖率 7.3%。

该区域目前存在的问题主要是，区域森林资源总量少，林业发展不能满足区域经济社会发展的需要；生物多样性低，抗逆性差；针阔混交、乔灌（花）结合的林带比例较低，已建的农田林网局部不够完整，部分林带残缺不全，特别是在县与县、乡与乡接合部缺乏有效的管护机制。

该区域的建设重点是按照"配网格、改品种、调结构、强产业、增效益"的要求，建设高效的农田防护林体系；通过完善政策机制，拓展林业发展的领域和空间，大力营造防风固沙林，积极发展用材林及工业原料林、园林绿化苗木花卉基地等；在低洼易涝区着力营造用材林及工业原料林。

平原地区生态体系建设，具体包括下面三大亚区：

(一) 一般平原农业生态亚区

本亚区是指淮河以北，基本上是京广铁路线以东的广大平原地区及南阳盆地，总面积为11788.27万亩，占平原区土地面积的86.8%。该亚区淮河以北地势平坦，属暖温带气候区；南阳盆地由边缘向中心和缓倾斜，地势具有明显的环状和梯级状特征，属北亚热带气候区，海拔在80~200米，年日照时数1945.5~2100小时，年均气温14.5~5.5℃，年均降水量790~1100毫米。区内土壤类型主要有潮土、砂姜黑土、黄褐土、褐土等。森林覆盖率6.7%。

目前该区存在的问题主要是，森林植被较少，部分农田林网进入成熟期，网格不完整，断带现象严重，防护效能低下。局部地区起步较晚，绿化标准不高，树种单一，病虫害严重，个别地方管护不到位。

该区建设的重点是抓好农田防护林体系建设，大力发展用材林及工业原料林、经济林、苗木花卉等基地，高标准建设生态廊道，提升绿化的档次和质量；大力推进城乡绿化一体化进程，改善城乡宜居环境；全面提高绿化美化水平，实现生态、社会和经济效益的稳步增长。

(二) 风沙治理亚区

本亚区主要分布在豫北黄河故道区及豫东黄河泛淤区，是河南省主要的农业低产区，总面积为1240.57万亩，占平原区土地面积的9.1%。该亚区系黄河历史决口和改道时，沉积的大量泥沙在风力作用下形成的一种特殊风沙地貌。沙丘一般高3~5米，最高可达10米，区内分布有波状沙地、平沙地和丘间洼地，风沙和盐碱危害较为严重。年均降水量600~700毫米，年蒸发量2000毫米左右。大风日数多在20天以上，且多集中在冬春旱季。土壤类型主要有风沙土、潮土、盐碱土。森林覆盖率12.7%。

目前该区存在问题主要是，部分地区重治理、轻保护，对防沙治沙的重要性、紧迫性、艰巨性认识不足；小树多，大树少，现有森林植被的屏障作用和防护效能日趋低下，自然灾害频繁，严重制约着当地工农业生产的发展。

该区建设的重点是大力营造防风固沙林，在沙化耕地上高标准建设农田林网和农林间作，拓展生存与发展空间，积极发展用材林及工业原料林、经济林，着力改善生态环境，促进沙区经济发展，维护沙区社会稳定。

(三) 低洼易涝农业生态亚区

该亚区是全省最低的地区，涉及新乡、濮阳、许昌、漯河、信阳、周口、驻马店7个省辖市25个县（市、区），总面积为548.21万亩，占平原区土地面积的 4.0%。该亚区是由近代河流冲击物和第四纪上更新统湖积物堆积形成的一种低缓平原，海拔一般为 40~50 米，新蔡、淮滨一带的东北部，海拔只有 33 米，坡降大部分为 1 燉 6000~1 燉 8000。土壤主要为砂姜黑土，质地黏重，潜在肥力较高，土地利用潜力很大。森林覆盖率 9.0%。

该区存在问题主要是，经济发展相对滞后，加之地势多为浅平凹地和湖洼地，河道曲折，排水不畅，容易发生水涝灾害。平原林业建设基础比较薄弱，局部农田林网不完整，绿化水平不高。

该区生态建设的重点是结合农田水利基本建设，实施农田防护林体系改扩建工程；在河道两岸结合护岸固堤，着力营造用材林及工业原料林和经济林。

三、城镇乡村生态经济体系建设

城镇乡村生态体系建设，包括城市绿化美化和村镇绿化美化两大体系。

城市绿化美化体系，涉及全省 18 个省辖市和 107 个县（市、区）城市，建成区总面积 460.51 万亩，其中已绿化面积 113.81 万亩，城市绿化覆盖率 24.7%。

该区存在问题主要是，可绿化用地规模有限，城市森林总量不足，植物配置和结构层次单一，没有构成复合稳定的植物群落，绿化美化水平不高。城市周围的森林公园、环城防护林带及城郊森林较少，且发展不平衡。

该区生态建设的重点是按照改善城市生态环境，建设生态文明城市的总体要求，建设以廊道绿化、城中绿岛、环城林带、城郊森林为主要内容的城市森林生态防护体系，提高城市居民的生活环境质量。在城市建成区内，高标准绿化、美化街道及庭院，扩大街头公园、滨河公园、植物园、休闲游憩园等城中绿岛建设规模；在城郊生态环境较脆弱的地段营造城郊森林和环城防护林带。

村镇绿化美化体系，涉及全省 1895 个乡镇和 47603 个行政村建成区总面积 2199.13 万亩，其中已绿化面积 688.26 万亩，村镇绿化覆盖率 31.3%。

该区存在问题主要是，村镇绿化大多尚可，但由于缺乏统一规划，整体绿化质量、档次不高。局部存在绿化"盲点"，区域绿化水平不平衡；村镇中心建筑密集，绿地不足，绿化标准有待于进一步提高。

该区生态建设的重点是以县（市、区）为单位，以村镇为基础、以农户为单元，乔灌结合，村庄周围、街道和庭院绿化相结合，扎实抓好围村林、行道树、庭院绿化美化，推进城乡绿化一体化进程。要根据分类指导的原则，对不同类型的村镇采用不同的绿化布局和绿化重点。抓好围村林建设，采用混交、多层的树种配置模式，形成复杂多样、生态功能与景观效果俱佳的村镇植被生态系统。

四、廊道网络生态经济体系建设

生态廊道网络体系建设即生态廊道网络，在河南包括南水北调中线干渠及全省范围内所有铁路（含国铁、地方铁路）、公路（含国道、高速公路、省道、县乡道、村道、景区道路等）、河渠（含黄河、淮河、长江、海河四大流域的干支流河道及灌区干支斗三级渠道）及重要堤防（主要指黄、淮河堤防）。河南现有廊道总里程 20.17 万公里，其中现有廊道里程 19.15 万公里，规划期内新增廊道里程 1.01 万公里。在现有廊道里程中，适宜绿化里程 16.32 万公里，已达标绿化里程 4.25 万公里，已绿化但未达标里程 6.08 万公里，未绿化里程 5.99 万公里。

该区存在问题主要是，投入不足，政策、机制不完善，各地建设进展不平衡，缺乏科学规划设计，造林树种单一，配置不合理，廊道建设质量较低，景观效果较差。

该区生态建设的重点是以增加森林植被，构建森林景观为核心，高起点、高标准、高质量地建成绿化景观与廊道级别相匹配，绿化布局与城乡人文环境相协调，集景观效应、生态效应和社会效应于一体的生态廊道。①

第二节　主体功能区规划建设的意义

任何一个有人类经济活动的区域，都会承担某些特定的区域功能，其中最主要的功能就是区域的主体功能。主体功能区是根据不同区域的资源环境承载能力、现有开发密度和发展潜力，将特定区域确定为特定主体功能定位的一种空间单元。按照主体功能定位不同区域的发展方向、调整和完善区域政策和绩效评价，规范空间开发秩序，在河南形成合理的空间开发结构，是贯彻落实科学发展观的重大战略举措，也是促进区域协调发展的一个新思路，对我省经济社会发展具有重要的现实意义。

---

① 河南省人民政府.河南林业生态省建设规划. 2007，11，23；吴海峰，陈明星，郑鑫.农业功能区划的理论与实践［M］.哈尔滨：黑龙江人民出版社，2010.

一、促进区域协调发展的战略举措

科学发展观的内涵之一是区域之间的协调，即在完善统筹和转移支付机制的基础上，使地区间人均 GDP、居民生活水平和公共服务的相对差距逐步缩小。主体功能区划具有战略性、全局性、引导性、约束性的特征，是对国土空间的中长期开发和布局，是国民经济和社会发展总体规划、人口规划、区域规划、城市规划、土地利用规划、环境保护规划的基本依据。河南国土辽阔，但是真正可利用的地域相对有限，必须规范开发秩序，促进资源合理配置。推进形成主体功能区，在那些开发密度已经比较高、资源环境承载能力正在减弱的地区，实行优化开发，有利于提高经济发展的质量和效益；在那些资源环境条件比较好、发展潜力比较大的区域，实行重点开发，有利于逐步缩小区域发展差距；在那些重要生态功能区、生态环境比较脆弱的地区，通过限制开发或禁止开发，有利于促进环境保护和社会进步。

综观世界，一些已经实现现代化的国家和地区，其主要企业及人口往往集中在部分资源环境承载能力较强的区域，形成工业和服务业密集区；其他大部分国土为农林牧渔产业区，或保持自然状态。例如，按工业、居住、交通等建设用地占国土总面积比重这一开发强度来衡量，日本只有 8.3%，德国只有 12%，荷兰只有 13%，人多地少的中国香港地区也只有 25%。

当前，河南工业化、城镇化进程明显加快，必须合理规划国土开发，引导不同区域产业相对集聚发展、人口相对集中居住，这有利于促进经济社会和人口资源环境相协调，促进生产要素空间优化配置和跨区域合理流动，形成区域分工协作、优势互补、良性互动、共同发展的格局。

二、实现可持续发展的必然要求

长期以来，河南形成了传统的区域经济发展思路与模式，就是普遍把经济增长作为区域发展的首选甚至唯一目标，从而导致了一些地方政府片面地把做大当地 GDP 作为其中心工作，忽视了当地的自然条件，盲目地开发建设，破坏了生态环境。其结果，一方面，经济增长缺乏竞争力，效益低下，无法从根本上改善社会生活质量、提高人民生活水平的目的；另一方面，付出了昂贵的资源环境代价，不但危害了当前人的居住环境，破坏了相关区域发展的生态屏障和环境基础，而且还危及子孙后代的生存和发展基础。与此同时，也出现了空间结构失衡的问题。

未来一段时期，是河南全面建设小康社会、奋力实现中原崛起的关键时期，也是工业化、城镇化加快发展的时期，国土空间开发将呈现一些新的趋势。比如，工业化进程加快，服务业、能源、水利、环保等用地需求大幅度增加，部分区域的工业用地需求将持续增加；城镇化进程加快，城市居住、基础设施、公共服务等建设用地需求将较大幅度增加。再比如，随着人民生活水平的提高，汽车更加普及，旅游休闲等长距离出行增多，交通用地保持旺盛需求；人们的环境意识增强，对人居环境和绿色空间的要求更高，生态用地需求将增加。

特别是未来十几年，河南将有1000多万的农村人口从农村转移到城市，为这些农村人口开辟新的生活和发展空间，这在世界发展史上也是史无前例的，也必将引起河南空间结构的急剧变动。在这种情况下，只有科学规划国土空间开发，加强指导和约束，才能妥善应对这些压力和挑战，增强可持续发展的能力。

推进形成主体功能区就是要前瞻性地谋划好河南未来1亿人口、几万亿经济在16.7万平方公里国土空间的分布。要通过合理规划国土空间，处理好十分有限的国土空间与日益扩大的需求之间的矛盾，引导人口相对集中居住，产业相对集聚发展，形成以中原城市群为主体形态的城镇化发展模式，构建均衡、和谐和可持续的国土空间格局。

三、优化区域资源空间配置的现实选择

区域的自然资源禀赋不同是形成区域差异的客观基础之一。依据区域资源承载能力划分主体功能区，就是根据不同地区的资源开发条件、优势及潜力，赋予其不同的主体功能定位，明确各区域的主体功能定位和发展方向。这样将对区域资源的开发程度、开发速度和如何开发进行客观的评估和规划，将有利于优化区域资源空间配置，提高资源空间配置效率，推动形成各具特色的区域结构和分工格局。

根据主体功能区规划精神，将国土空间划分为优化开发、重点开发、限制开发和禁止开发四类主体功能区。其中，优化开发区是指国土开发密度已经较高，资源环境承载能力开始减弱的区域。在这一区域，原有的较快的经济增长主要是依靠大量占用土地、大量消耗资源和大量排放污染来实现的。将这种状况的区域确定为优化开发区，意味着经济增长方式的根本性转变，即把提高经济增长质量和效益放在首位，提升参与全球分工与竞争的层次，使这一区域能够保持经济增长的后劲，继续成为带动全省经济社会发展的龙头和河南参与经济全球化的主体区域。

重点开发区是指资源环境承载能力较强，经济和人口集聚条件较好的区域，这一区域未来将成为支撑全省经济发展和人口集聚的重要载体。在重点开发区域内，需要进一步充实基础设施，改善投资环境，发展产业集群，壮大经济规模，加快工业化和城镇化，使之能够承接优化开发区的产业转移以及限制开发区和禁止开发区的人口转移。

限制开发区是指资源环境承载能力较弱，大规模集聚经济和人口条件不够好，并关系到全省或较大区域范围生态安全的区域。对这一区域，应按照保护优先、适度开发、点状发展的原则，因地制宜发展资源环境可承载的特色产业，加强生态修复和环境保护，引导超载人口逐步有序转移，使之逐步成为全省或区域性的重要生态功能区。

禁止开发区是指依法设立的各类自然保护区域。对禁止开发区，要依据法律法规和相关规划，实行强制性保护，控制人为因素对自然生态的干扰，严禁不符合主体功能定位的开发活动。可见，推进主体功能区建设，就是根据经济、人口、资源和环境条件优化经济布局，合理发挥不同区域经济发展、人口集聚、社会事业和生态保护的功能，有利于促进经济发展方式转变，提高资源空间配置效率，实现集约节约发展、清洁发展、安全发展和可持续发展。

四、促进公共服务均等化的有效途径

河南区域发展的差距，不仅表现为各地区人均可支配财力的不平衡，而且表现为人均公共服务的差距。中原城市群与黄淮四市人均 GDP 的比例约为 2.37∶1，人均财政收入及人均地方财政支出的比例差距大。中原城市群经济总量约占全省的 57.4%，而常住人口只占全省的 42% 左右，与豫西、豫西南地区相比，人均收入和人均财政收支差距甚大。同时，由于城乡二元结构以及体制、政策等方面原因，流动劳动人口及其家庭享受不到就业地提供的公共服务，也导致了差距拉大。

尽管河南在推进区域协调发展、促进基本公共服务均等化方面采取了不少措施，特别是出台了专门扶持欠发达地区发展的政策措施，但由于大量传统的区域调控手段如政府投资、财政转移支付等，仍以条条和行业为主，缺乏针对不同区域分类指导的政策措施。加之河南自身财力有限，统筹区域发展、缩小地区差距的任务仍然十分艰巨。

按照推进形成主体功能区的精神，促进区域协调发展的根本目的不是单纯缩小区域间生产总值的差距，实现地区生产总值的均等化，而是要促进经济发展与人口、资源、环境相协调，使生活在不同区域的人民享有大体相当的生活水平和公共服务水平。实现这一目标，就要继续支持欠发达地区因地制宜地发展经济；引导发展条件欠缺和人口超载地区的人口转移；同时，要加大财政转移支付力度，提高当地人均财政收入和公共服务水平，逐步实现公共服务均等化，促进区域协调发展，最终实现共同富裕。

五、推进区域经济一体化的关键环节

主体功能区划的确定是根据各区域的资源环境承载能力、开发密度和发展潜力进行的，即根据各地区的自然条件和经济因素而定，并不受行政区划的制约。尽管在实际操作中，主体功能区划在一定程度上仍然要依托现有的行政区划，考虑到现有的行政边界，但是，打破行政区划来确定主体功能区是推行主体功能区划的根本要求和理想目标。因此，实际操作中，应大胆打破行政区划，构建跨行政区的主体功能区。随着主体功能区划的逐步推进，政府将根据不同功能区制定和实施相应的区域政策，从而改变过去依赖行业政策进行经济管理和调控的模式，这有利于区域经济的协调发展。

同时，不同主体功能区必然要求采取不同的考核和绩效评价体系，因此，一味注重经济增长的单一评价方式将会得到改变。随着考核和绩效评价体系的多样化，行政区划的经济限制将被逐渐打破，商品和生产要素将会自由流动，有利于加快区域经济一体化进程。

主体功能区的提出，也必然导致定位不同的功能区致力于发挥自身的优势。例如，工业化程度较高的地区，将致力于加强功能区内产业链的分工，以此为纽带，扩大与其他区域的商品流动和要素流动，提升区域经济合作的水平。

六、保持经济平稳快速发展的重要措施

当前，河南一些地区仍然存在盲目攀比、重复建设、产业结构趋同等状况，不利于产业结构和布局结构的优化，不利于经济增长质量和效益的提高，不利于地方和全省经济又好又快发展，加强和改善宏观调控的任务繁重。而河南地域辽阔，各地发展条件和发展基础差异较大，发展的阶段和发展中存在的问题也不尽相同，宏观调控不能"一刀切"。如果不考虑地区的特点和差别，用同一标准去衡量各地发展，评价就难以做到客观公正；用同一政策去指导各地发展，措施也往往缺乏针对性和有效性。推进形成主体功能区，有利于按照区别对待、分类指导的原则，明确各区域的主体功能和发展方向，有针对性地制定区域政策、实行绩效评价，从而有利于促进区域科学发展、和谐发展、协调发展。

第三节 河南省主体功能区规划定位和划分

一、河南主体功能区划分主导因素分析

河南由于地理位置的居中性，自然条件和经济社会发展具有明显的过渡性特征。根据经纬度和海陆分布等地理位置的差异、地势轮廓及新构造运动和生物气候基本特征的差异等，全国划分为三大自然区。河南属其中的东部季风区，自南向北，地跨北亚热带和暖温带，分属长江、淮河、黄河、海河四大流域。以秦岭—淮河为界，全省自北向南自然景观变化非常明显。过渡性是河南最为典型的自然特征，在地形条件、地貌类型、气候条件、土壤等方面的过渡性特征表现突出。我国大尺度的经济分区，形成了东、中、西三个经济地带，客观上形成了经济的过渡区域。包括河南、湖北等省区在内的中国中部过渡带无论是经济技术发展水平、人口密度，还是自然资源的丰富程度，都处于三级阶梯中的中间一级，带有明显的过渡性，[1] 这条过渡带既是经济上的贫困带又是环境上的危急带，这条大致西北—东南走向的地带是我国土地退化最典型的地带，是人地矛盾最为突出的地区。[2]

因此，在进行主体功能区规划时，应当充分考虑河南自然条件和经济社会发展特征的特殊性，在对全省资源环境及经济发展等各方面进行综合分析评价的基础上，抓住影响主体功能区划分的主导因素进行深入分析，才能保证全省主体功能区划分成果的科学性和合理性。

（一）自然条件的过渡性

1. 地形条件和地貌类型的过渡

河南地处我国第二阶梯向第三阶梯的过渡地带，地貌类型深受地区构造的控制，表现为不同的构造体系和构造形态，制约着全省山脉、水系的分布格局。全省低山丘陵和平原分异明显，地形呈西高东低之势。复杂多样的地貌类型为河南自然地理环境特征的形成奠定了多种多样的物质基础。因此，地形地貌特征及其

---

① 谢冰. 中国过渡区域经济运行协调和发展机制分析 [J]. 地域研究与开发, 2000, 19（1）: 37–41.

② 张莉，冯德显. 河南省主体功能区划分的主导因素研究 [J]. 地域研究与开发, 2007, 26（2）: 30–34.

分异规律成为全省进行主体功能区划分需要考虑的一个本底因素。

2. 气候条件南北过渡特征

河南处于北亚热带向暖温带过渡地带，具有明显的大陆性气候特征，气候温和，冬冷夏热。全省大致以伏牛山南坡和淮河干流为界，以南属亚热带，以北属暖温带。南北地区的年平均气温、日照时数、年均降雨量、无霜期等各项气候指标分异明显，直接影响着全省经济社会的发展，尤其是对农业生产水平和方向以及土地、水等资源的开发利用等方面的影响更为显著。

（二）资源禀赋及其开发利用强度

1. 资源丰度

区域资源如水资源、土地资源、矿产资源和森林资源等的丰裕程度尤其是不可贸易的资源直接影响着全省经济社会发展的基础、水平和方向，对全省主体功能区划分有着决定性的作用（见表 7-1）。在进行全省主体功能区划分时，结合河南实际，重点对水资源、土地资源等的丰裕程度进行深入分析。

水资源严重缺乏。河南是水资源严重短缺的省份之一，人均水资源量仅为全国的 1/5，全省正常年份缺水 40 亿~50 多亿立方米，而且时空分布不均，尤以许昌、鹤壁、新乡、焦作和濮阳等市缺水严重，给区域经济发展造成一定困难。据有关学者研究，至 2020 年，全省水资源安全状况将迅速恶化，出现全省性缺水局面。[①] 因此，全省水资源总量及分布情况、人均水资源占用量，各评价单元的水资源供需平衡等因素是主体功能区划分需要考虑的重要因素。

土地资源供应紧张。河南国土面积 16.7 万平方公里，约占全国总面积的 1.73%，人均耕地面积不足 0.07 平方公里，仅为全国平均水平的 75%。土地资源作为主体功能区规划中最为刚性的因素之一，评价单元的土地资源总量、人均土地面积或人均耕地面积、土地资源结构构成、土地资源的质量评价结果等均需在主体功能区划分中进行综合考虑。

矿产资源丰富但分布不均。目前，全省已发现矿产资源中，居全国首位的有钼矿、蓝晶石、铸型用砂岩、天然碱等 8 种，居前 5 位的有 27 种，居前 10 位的有 47 种。河南省矿产资源的分布明显不均、相对集中。如煤炭资源，60.3% 分布在豫西，26% 在豫北，12.8% 在豫东，而豫南不足 1%。优势矿产资源的储量、分布和潜在价值在主体功能区划分时应重点进行分析。

---

① 宫少燕，管华，陈沛云. 河南省水资源安全度的初步分析 [J]. 河南大学学报，2005，35（1）：46-51.

表 7-1 河南省人口与主要自然资源占全国的比重

	人口（万人）	耕地（万公顷）	水资源（亿立方米）	石油（万吨）	天然气（亿立方米）	煤（亿吨）	铁（亿吨）
河南省	9820.0	792.66	329.43	5370.67	110.42	123.3	0.91
全国	131448.0	13004.00	25330.10	275856.80	3009.20	3334.8	220.90
占全国比重（%）	7.5	6.10	2.00	1.90	0.40	3.7	0.40

2. 资源开发强度

河南是我国的人口大省，对于自然系统的开发历史悠久，开发强度比较高。河南人口总数 2014 年底达 13.6 亿人，居全国第 1 位，全省城镇人口规模达到 3389 万人，城镇化水平达到 34.3%。GDP 总量 15012.46 亿元，居全国第 5 位，实现了从人口大省和农业大省向经济大省和新兴工业大省的历史性跨越。长期以来，作为我国重要的能源原材料基地，河南区域开发以经济建设为中心，主要表现在资源开发上，基本上未顾及资源环境的承受能力，更未能顾及自然生态环境发展和演替的需要。因此，区域人地系统出现了一系列问题，尤其是在一些资源环境承受力较差的地区，人地关系之间的矛盾更加尖锐。

河南的主要城市和国民经济布局主要沿铁路沿线分布，矿产资源主要分布在河南西部、西北部山地丘陵区。如河南 96% 的煤炭资源集中分布在京广线以西，99% 的钼矿资源集中分布在栾川县境内，石油、天然气资源集中分布在豫东北和豫西南，铝土矿集中分布在郑州以西到三门峡一带，耕地资源主要集中在东部黄淮海平原，水资源则是南多北少，中北部多个城市属于严重缺水区。

由于长期以来，缺乏对国土空间开发利用秩序的有效管理，河南国土空间开发利用结构不甚合理，主要表现在：生产空间偏多，特别是工矿生产占用空间偏多，生态空间偏少；国民经济布局与资源环境失衡，一些地区不顾资源环境承载能力肆意开发，带来耕地减少、森林破坏、湿地萎缩、河湖干涸、水土流失加剧、地质灾害频发等生态环境问题，面临水土资源和能源严重短缺以及环境危机。

（三）环境质量和生态建设

1. 环境污染现状

河南人口密集，气候较干燥，环境自净能力较差，环境保护任务艰巨。随着工业化进程的不断加快，城市化水平不断提高，工业污染正在成为一种十分突出的环境公害，废气、废水、废渣的排放直接带来了河南十分严重的环境污染现状。区域环境污染现状和存在的主要问题反映了评价单元的资源环境压力的大小，从而决定了区域资源环境的承载能力。因此，对评价单元进行环境质量评价和污染物排放总量的比较计算成为进行主体功能区划分的重要考虑因素。

2. 生态环境脆弱性和敏感性

河南由于所处地理位置的居中性，使得其自然条件具有显著的过渡型特征，东西地貌、南北气候类型差别明显。地貌类型和气候条件等自然条件的多样性和多变性使该区域成为我们国家典型的生态环境脆弱带，自然系统本身结构复杂，表现出较强的敏感性和脆弱性。长期以来，不合理开发和利用使自然生态环境有不断恶化趋势。集中表现为山丘、黄土地区水土流失严重，沿黄地带风沙再起和次生盐渍化扩展。[①] 如全省有水土流失面积 6.09 万平方公里，其中，中度流失面积约占 60%。

3. 环境保护和生态建设

为了改善日益严重的环境问题，河南各级政府十分重视环境保护和生态建设问题，环境污染和生态破坏的趋势减缓，重点流域污染治理取得明显成效，部分城市和地区环境质量得到改善。生态建设取得长足发展。大力实施退耕还林、天然林保护、长江及淮河防护林、太行山绿化等国家重点林业生态工程及平原绿化、通道绿化和野生动植物保护及自然保护区建设工程。2007 年，全省自然保护区达到 35 个，其中，国家级自然保护区 11 个，省级自然保护区 24 个，总面积 75.69 万平方公里，占国土总面积的 4.2%。2005 年，风景名胜区达到 28 个，总面积 32 万平方公里；地质公园达到 15 个，总面积 5.8 万平方公里；森林公园达到 76 个，总面积 20 万平方公里；湿地保护区达到 14 个，总面积 25.38 万平方公里。全省林木覆盖率达到 22.64%。在全省主体功能区划分时，已经建立和即将建设的各级各类自然保护区、森林公园、地质公园、水源涵养区等对限制开发区和禁止开发区的划定有着至关重要的作用。

（四）经济社会发展水平及潜力

21 世纪以来，河南进入了经济起飞阶段，经济总量连续突破 5000 亿、6000 亿、8000 亿、10000 亿大关，多年居中西部第一，全国第五。实现从人口大省和农业大省向经济大省和新兴工业大省的历史性跨越，中原崛起之势日益显现。

2007 年，总体经济实力迈上新台阶。全省生产总值突破 1.5 万亿元，比 2006 年增长 14.5%，是 2002 年的 2.5 倍。人均生产总值 1.5 万元，是 2002 年的

---

① 冯德显，张莉，杨瑞霞，赵永江. 基于人地关系理论的河南省主体功能区规划研究 [J]. 地域研究与开发，2008，27（1）：1-5.

2.4 倍，由全国第 21 位上升到 2006 年的第 16 位。规模以上工业实现利润 1959 亿元，是 2002 年的 10.6 倍。地方财政一般预算收入 861.5 亿元、支出 1868.4 亿元，均是 2002 年的近 3 倍。

农业、工业和服务业持续发展。2007 年，粮食总产量达到 1039 亿斤，增长 2.8%，创历史新高。工业增加值 7500 亿元，第三产业增加值 4400 亿元，分别是 2002 年的 3.1 倍和 2.2 倍；二、三产业增加值占生产总值的比重由 78.7% 提高到 84.3%。

投资、消费和进出口快速增长。2007 年，全社会固定资产投资 8010 亿元，社会消费品零售总额 4598 亿元，进出口总值 128 亿美元，分别是 2002 年的 4.4 倍、2 倍和 4 倍。

城镇化建设快速发展。2007 年底，全省共有 38 个城市，占全国城市总量的 5.77%，在全国各省区内居第 4 位。全省城镇人口规模 2007 年达到 3385 万人，城镇化水平达到 34.3%，比 2000 年提高 11.1 个百分点。

人民生活水平显著提高。2007 年，城镇居民人均可支配收入 11477 元，农民人均纯收入 3852 元，分别是 2002 年的 1.8 倍、1.7 倍。在岗职工平均工资 21000 元，是 2002 年的 2.3 倍，由全国第 31 位上升到 2006 年的第 23 位。年末城乡居民储蓄存款余额 7812 亿元。

基础设施建设成效显著。2007 年，全社会固定资产投资达到 8010.1 亿元，由 2000 年的全国第 7 位上升到第 5 位，居中部地区第 1 位。农村公路总里程 21.4 万公里，居全国第 1 位。高速公路通车总里程 4556 公里，由 2002 年的全国第 8 位跃居第 1 位。全省发电装机总容量 4069 万千瓦，火电基地建设已具规模。信息网络快速发展，服务水平不断提高。

社会事业全面进步。普通高等教育在校生规模达到 109.5 万人，是 2002 年的 2.3 倍。"两基"顺利通过国家验收。科技进步贡献率明显提升。公共卫生体系不断健全。文化体育事业繁荣发展。社会保障体系由城市向农村延伸。人口自然增长率控制在 6% 以下。

区域经济发展的新格局逐渐形成。伴随着整体经济水平的提升，河南区域经济的发展呈现出新格局，中原城市群发展势头强劲，黄淮四市、豫北、豫西豫西南地区加快发展，沿边中心城市辐射带动能力进一步增强。

开放型经济发展进入新阶段。与 2002 年相比，国有及国有控股工业企业户数减少 60%，资产总额增长 63%，利税增长 2.2 倍。非公有制经济增加值占生产总值的比重达 60% 左右，非公有制工业增加值占全部工业比重、民间投资占全社会投资比重均达 70% 左右。对外开放水平不断提高，2007 年，实际利用外商直接投资 30.6 亿美元，对外承包工程合同金额 10.4 亿美元，分别是 2002 年的 6.8 倍和 3.3 倍。

体制机制取得重大突破。随着市场取向改革的深化，河南基本建立了社会主义市场经济体制的框架。并在此基础上，推动了劳动就业、社会保障、收入分配、财政税收、金融体制等宏观经济体制改革，推动了科技、教育、文化、卫生等社会领域体制改革和行政管理体制改革，促进了政府职能的转变和经济调节、市场监管、社会管理、公共服务职能的全面履行。这些成就，标志着河南经济社会发展实现了重大突破和跨越，标志着河南向建设小康社会、奋力实现中原崛起迈出了坚实步伐。

二、河南主体功能区定位

河南作为全国进行省级主体功能区研究的试点省份之一，我们对全省自然资源、环境和社会经济发展等人地关系的各个子系统的现状和潜力进行了深入分析和客观评价，现对全省各类主体功能区定位进行如下分析:[①]

(一) 优化开发区

优化开发区是指国土开发密度已经较高、资源环境承载能力开始减弱的地区。这类地区也是城镇化和工业化水平较高的区域，一般是提升国家竞争力的重要区域，也是带动全国经济社会发展的龙头区域。

目前，河南省经济处在中工业化时期，一方面，全省整体的工业化和城镇化水平还比较低，2007 年，全省二、三产业增加值占 GDP 的比重为 85.2%，与全国平均水平相比差近 3.2 个百分点，与工业化发展水平较高地区如江苏相比差近 7.7 个百分点，工业的主导地位仍需进一步加强；另一方面，全省的城镇化建设任务十分艰巨。2007 年，全省城镇化水平为 34.3%，比全国平均水平相差了 10.6 个百分点。按照《河南省国民经济和社会发展"十二五"规划纲要》目标，"十二五"期间新增城镇人口 900 万人以上，其中中心城市和县城占 80% 左右，2009 年底，河南城镇化率为 37.7%，比全国低 8.9 个百分点，城镇化水平低已经成为我省经济社会发展各种矛盾的聚焦点。

通过对河南区域的资源环境承载力、经济结构和发展潜力等因素进行分析，

---

① 冯德显，张莉，杨瑞霞，赵永江. 基于人地关系理论的河南省主体功能区规划研究[J]. 地域研究与开发，2008，27 (1): 1-5.

河南总体上仍需要加快发展速度，扩大生产规模，加快人口聚集，提升经济实力。目前，河南局部地区和个别城市发展水平接近沿海发达地区，但不具备设立连片优化开发区的条件。种种问题的存在加重了河南区域人地关系地域系统的脆弱性和敏感性，使该地区的人地关系地域系统受到了严重干扰，并且这种干扰已经反过来影响到人类自身的生存和可持续发展。

（二）重点开发区

重点开发区是指资源环境承载能力较强，经济和人口积聚条件较好，对现代工业发展的资源环境条件有较大的承载能力的地区。河南主要集中在以中原城市群、洛平漯产业带、宁西产业带、环太行山产业带等为代表的地区。

这些地区约占河南省面积的30%左右，但却集中了河南工业的60%强。以中原城市群为例，该地区的国内生产总值由2000年的2682.99亿元已提高到2007年的8581.6亿元，占全省的比重由53.1%提高到57.0%；地方财政一般预算收入达到544.3亿元，占全省比重达到63.2%；规模以上工业企业利润1274.69亿元，占全省的65.1%。

这些地区具有一定的城镇化和工业基础，将作为全省人口和经济的积聚区，加快经济发展，加快基础设施建设，创造良好开发环境，积极承接限制开发区和禁止开发区的人口转移，扩大城市规模，增强中心城市辐射带动能力，将其发展成为支撑全省经济发展的重要增长极。与此同时，也要事先做好生态环境、基本农田等的保护规划，减少工业化和城镇化对生态环境的影响，避免出现生态退化和环境污染等问题。

（三）限制开发区

限制开发区是指资源环境承载能力较弱或生态环境恶化问题严峻，在本省具有较高生态功能价值和食物安全意义的区域。这是河南最大面积的区域，约占总面积的60%以上，集中在东部广阔的黄淮海平原和西南部的南阳盆地，地形平坦，气候适宜，土壤肥沃，自古以来都是我国最重要的粮食生产基地，素有"中国粮仓"的美誉，全省粮食产量占全国1/10强，几年来连续稳获第一。除此之外，全省的退耕还林还草地区、天然林保护区、重要水源涵养地区、水土流失严重地区、自然灾害频发地区等生态环境退化和脆弱地区都要作为限制开发区。

这些地区不适合大规模地推进工业化和城镇化，坚持保护优先、点状开发的原则，以生态修复和环境保护为首要任务，因地制宜地进行农业、农林产品加工业、生态旅游等低密度的开发，禁止发展没有资源优势并有损生态环境的产业。将全省大部分地域空间划为限制开发区，进行基本农田和生态环境等保护，对于全国的粮食安全和全省的生态安全具有重大的战略意义。

（四）禁止开发区

禁止开发区是指依法设立的各类自然保护区、历史文化遗产、重点风景区、森林公园、地质公园和重要水源地等。

这些地区约占河南总面积的 5%，主要分布在西部山地尤其是伏牛山森林保护区、太行山水土流失地区和丹江口南水北调中线水源地保护区和东部平原各类历史文化遗迹。作为禁止开发区，今后要实行强制保护，禁止一切对自然生态的人为干扰活动，维持生态平衡和自然特色，社会发展和经济需求主要靠政策转移和扶持以及有限的旅游服务业活动等。

三、中原城市群地区已经进入国家级规划层面

国家级主体功能区在省（市）区的布局情况，关系到一个省（市）区在国家区域发展总体战略中的地位，对于一个省（市）区的长远发展具有重大战略意义。正因如此，各省（市）区都在积极争取国家级主体功能区设在本省（市区）。但这种争取必须符合国家的区域发展总体战略思路，才合理且有可能。河南是中西部地区的接壤地带，通过多年的积累和发展，河南已涌现一批发展势头良好的优势产业和具有相对比较优势的快速成长地区。着眼于国家区域发展总体战略和河南的长远发展，河南应抓住编制全国主体功能区规划的机遇，在省级主体功能区与国家级主体功能区的合理衔接中，争取将若干地区进入国家级主体功能区的规划层面，这是河南当前应该深入研究的一个重大问题。

自从国家明确提出"西部开发、东北振兴、中部崛起、东部率先"的区域发展总体战略后，一个省区要提高在国家战略布局中的区域地位，主要是通过获得国家级试验区的途径。这些试验区又称为"新特区"，每个试验区突出一个主题，获得某些方面的自主改革试验权，从而会大大加快这些地区的经济社会发展。目前，国务院已批准了四个试验区，即 2005 年 6 月 21 日批准的上海浦东新区，试验的主题是政府体制改革创新；2006 年 4 月 26 日批准的天津滨海新区，试验的主题是金融与土地管理改革创新；2007 年 6 月 7 日批准的成渝试验区，试验的主题是统筹城乡发展的配套改革创新；2007 年 12 月批准的长株潭和武汉试验区，试验的主题是建设资源节约型和环境友好型社会。2008 年 2 月 21 日，广西壮族自治区政府宣布，国务院批准了《广西北部湾经济区发展规划》，目标是建设"重要国际区域经济合作区"。

2011 年 1 月，国务院印发《全国主体功能区规划》，中原经济区正式纳入规

划，标志着中原经济区建设已正式上升到国家战略层面。《全国主体功能区规划》明确提出，中原经济区作为国家层面重点开发区域，位于全国"两横三纵"城市化战略格局中陆桥横轴和京哈京广通道纵轴的交会处，包括河南以郑州为重心的中原城市群部分地区。该区域的功能定位是：全国重要的高新技术产业、先进制造业和现代服务业基地，能源原材料基地、综合交通枢纽和物流中心，区域性的科技创新中心，中部地区人口和经济密集区，使之成为支撑全国经济又好又快发展的新的经济增长板块。这将为河南加快中原经济区建设，推进工业化城镇化带来重大战略机遇，也对河南促进"三化"协调科学发展具有十分重要的意义。《全国主体功能区规划》将中原经济区纳入国家层面的重点开发区域中，这是国家第一次将中原经济区写入国家文件，标志着中原经济区建设已正式上升到国家战略层面。同时，《全国主体功能区规划》将中原城市群的部分地区列为国家重点开发区域。重点开发区域是有一定经济基础、资源环境承载能力较强、发展潜力较大、集聚人口和经济条件较好，从而应该重点进行工业化城镇化开发的城市化地区。

2011年2月，《中华人民共和国国民经济和社会发展第十二个五个规划纲要（草案）》（以下简称纲要）中说，中部地区要发挥承东启西的区位优势，壮大优势产业，发展现代产业体系，巩固提升全国粮食重要生产基地、能源原材料基地、现代装备制造业及高技术产业基地和综合交通运输枢纽地位。改善投资环境，有序承接东部地区和国际产业转移。提高资源利用效率和循环经济发展水平，加强大江大河综合治理。进一步细化和落实中部地区比照实施振兴东北地区等老工业基地和西部大开发的有关政策。加快构建沿陇海、沿京广、沿京九和沿长江中游经济带，促进人口和产业的集聚，加强与周边城市群的对接和联系。重点推进太原城市群、皖江城市带、鄱阳湖生态经济区、中原经济区、武汉城市圈、环株长潭城市群等区域发展。

2011年是"十二五"的开局之年，也是中原经济区建设的起步之年在国家级主体功能区规划中，河南有一些地区会被列为限制开发区，对此，应积极争取国家支持，加大省、市、县政府的投入，保障限制开发区居民的发展权。限制开发区是为了保护资源环境、实现可持续发展而划定的，体现了以人为本的发展理念。应该看到，这些地区被限制的是资源开发，而不是人的发展，限制开发区的居民与其他开发区的居民一样，具有同等的发展权。在这些区域，某些产业的发展可以受到限制，但居民的发展权不能受到限制，如果因为限制资源开发而限制了他们的发展权，政府应通过财政转移支付来"购买"他们的发展权。这种"购买"或是体现在当地，如改善那里的基础设施条件，增加那里的公共品供给，提高当地的物质文化生活水平等；或是体现在人口与劳动力向外地的转移上，如免费提供技能培训、对劳动力异地就业和迁居给予财政补贴，引导那里的超载人口逐步有序地转移到其他适宜地区，使他们到迁居地获得应有的发展权。从这个意义上讲，限制开发区域农民的外出打工、举家迁移，会促进主体功能区建设，有助于实施国家区域发展总体战略。因此，政府对限制开发区的财政转移并不是"恩赐"，也不是"援助"，而是对那里的居民牺牲发展权的"等价补偿"，是他们应有的权利。问题是，政府在这些方面的财政转移支付，并不等价于他们牺牲发展权而应获得的补偿。因此，从保障限制开发区居民发展权的角度看，政府加大对限制开发地区的财政转移支付和居民外迁（包括外出打工）的财政补偿，才符合和谐社会"公平正义"的原则。对此，河南应积极争取国家的财政支持，省、市、县政府也要加大投入，逐年增加对这些地区的财政转移支付，多方面地保障限制开发区的居民在定居或迁移中的发展权。

第四节　按主体功能区要求推进区域协调发展

主体功能区建设是河南促进区域协调发展的创新，在指导思想、基本思路与具体工作方式等方面都与以往有很大区别。必须在科学发展观指导下，用全新的思路引领各项工作，才能使主体功能区建设科学、顺利地开展，才能最终达到区域协调发展的目的。

一、切实做好主体功能区的规划工作

主体功能区建设是一项复杂的系统工程，必须在充分认识其长期性、艰巨性和复杂性的基础上，逐步推进，才能最终达到建设的目的。区域规划是区域开发的前提与依据，它的目的是为区域开发制定科学的依据和方案，从而促进区域协调。从系统论的观点出发，区域规划是对区域系统优化设计的过程。因此，主体功能区划是前提与基础，主体功能区规划是关键。编制主体功能区域规划，加强对经济社会活动引导是主体功能区建设的重要环节，是促进区域协调的重要途径。

主体功能区规划和一般的区域规划不同，涉及经济、社会、自然环境等各个方面，是一个高层次、战略性、综合性的中长期国土或空间规划，它是河南以科学发展观统领经济社会发展的一个重要实践，必须认真做好这项工作。进行主体功能区规划时，要注意与以往区域规划有所不同，它除了涉及常规的经济发展方面内容外，还涉及落实科学发展观和与建设和谐社会密切相关的人文和社会、城市和区域、结构和效益、资源和环境、公共事业和公共服务等诸多方面。其重要内容是把经济中心、城镇体系、产业聚集区、基础设施建设等落实到具体的地域空间，着眼于适度打破行政区划，发挥各自优势，统筹重大基础设施、生产力布局和生态建设，提高区域整体竞争力。

二、着力完善、细化主体功能区配套发展政策

主体功能区建设是我国对经济社会发展规律认识深化的必然结果，区划与规划只是推进形成主体功能区的一个开始。划分主体功能区的根本目的是实施分类管理的区域政策和规范空间开发秩序，优化空间开发格局，促进区域协调发展、人与自然和谐发展。因此，针对不同主体功能区制定差别化的区域政策和绩效评价，是主体功能区建设工作的重要任务。事实上，伴随着主体功能区建设设想的提出，我国将针对主体功能区建设特点与要求，制定特别的区域政策，在财政、投资、产业、土地、人口、绩效评价方面，分别对四类主体功能区域做出政策性引导。这必将有效推进主体功能区建设，为区域协调发展奠定良好的基础。

（一）财政政策

财政政策，主要针对限制开发区和禁止开发区公共服务水平较为落后、区域经济活动存在外部性等问题。政策供给的重点在于，驱动区域利益协调机制，完善中央和省以下财政转移支付制度，保障生态补偿机制正常运行，实现基本公共服务均等化。主体功能区建设中，要通过财税制度改革，明确限制开发区分阶段财政转移支付的标准、规模、用途和调整办法，建立健全财政的横向转移支付制度，确保限制开发区、禁止开发区凭借开发区权转让、凭借自然生态财富生产，分享优化开发区和重点开发区的经济发展成果。禁止开发区要建立规范合理的财政维持养护机制，严格执行财政经费的总额保障、规范使用、控制开支等制度。

河南地处中原，又是第一人口大省。河南的发展，可有力促进中部崛起和全国区域经济的协调发展。加快中原地区新型工业化和新型城市化进程，促进农村人口向城镇积聚区的合理有序转移。相对来讲，除了对产粮区给予一定扶持外，国家对河南经济发展给予的政策支持力度明显不足。因此，配合主体功能区规划的实施，建议中央财政对河南的国家级层面重点开发区如中原城市群在政策上给

予特殊支持和照顾。对这类地区确定土地优先供给的额度、速度指标并简化程序，制订土地置换的优惠办法，出台吸引产业项目进入和集聚的投资补贴、税收减免等实施办法，加大交通、能源、水利、污水垃圾处理等基础设施和公用事业发展的财政投入，从就业安置、社会保障、教育文化、医疗卫生等方面制定鼓励和吸引人口进入的优惠政策。

（二）投资政策

投资政策，主要针对限制开发区和禁止开发区资本形成能力不足、政府期望的社会资本投向和市场自发形成的资本投向存在差异等问题。政策供给的重点在于，加强政府投资的导向作用，按功能区安排投资和按领域安排投资相结合，引导社会资本合理流动，使不同主体功能区有充足的资本发挥其主体功能；利用政府投资，重点支持限制开发、禁止开发区域公共服务设施建设、生态建设和环境保护，支持重点开发区域基础设施建设。

优化开发区要制定扶持自主创新、循环经济、清洁生产等方面的税收优惠标准，明确对高新技术产业、吸纳就业型产业、外地转移型产业的信贷优惠额度、期限和利率标准，以政府投资带动区域投资结构优化。

重点开发区要制定吸引产业项目进入和集聚的投资补贴、税收减免、信贷优惠等实施办法；制定加大交通、能源、水利、水电气热供应、污水垃圾处理等基础设施和公用事业发展的财政资金、国际资金、民间资金等投入的优惠力度和标准。

限制开发区要出台投资补贴、税收减免、信贷投放等方面优惠政策扶持符合主体功能的特色优势产业发展。

（三）产业政策

产业政策，主要针对区域产业选择和区域资源禀赋不协调、产业区际转移以及产业结构优化升级存在障碍等问题。政策供给的重点在于，提出不同主体功能区的产业指导目录及措施，加强对产业转移的引导，确保不同区域的产业选择、产业发展规模、产业布局符合区域主体功能定位；引导优化开发区域增强自主创新能力，提升产业结构层次和竞争力；引导重点开发区域加强产业配套能力建设，增强吸纳产业转移和自主创新能力；引导限制开发区域发展特色产业，限制不符合主体功能定位的产业扩张。

（四）土地政策

河南国土面积16.7万平方公里，约占全国总面积的1.73%，人均耕地面积不足0.07平方公里，仅为全国平均水平的75%。土地资源作为主体功能区规划中最为刚性的因素之一，评价单元的土地资源总量、人均土地面积或人均耕地面积、土地资源结构构成、土地资源的质量评价结果等均需在主体功能区划分中进行综合考虑。

土地政策，主要针对土地开发过快，土地利用效益不高，土地使用不当，保障粮食安全的基本农田受到侵蚀等问题。政策供给的重点在于，用土地供应数量和土地供应结构引导经济主体的行为，规范空间开发秩序，通过土地用途控制，保障区域主体功能的发挥。对优化开发区域实行更加严格的建设用地增量控制，明确优化开发区城镇、产业和园区单位面积土地承载量的集约用地标准。适当扩大重点开发区域建设用地供给，严格对限制开发区域和禁止开发区域的土地用途管制，严禁改变生态用地用途，确保 18 亿亩耕地数量不减少、质量不下降。

（五）人口管理政策

人口管理政策，主要针对经济布局和人口布局失衡、人口城镇化和土地城镇化失衡等问题。政策供给的重点在于，引导人口有序流动，引导人口在国土空间内合理分布，逐步形成人口与资金等生产要素同向流动的机制；引导限制开发和禁止开发区域的人口逐步自愿平稳有序转移，缓解人与自然关系紧张的状况；鼓励优化开发区域、重点开发区域吸纳外来人口定居落户，促使经济集聚和人口集聚协同发展，使经济聚集区成为相应的人口聚集区。优化开发区和重点开发区要从就业安置、社会保障、教育文化、医疗卫生等方面分别制定优惠政策。限制开发区要制定居住、就业、社保、教育、卫生等方面补助政策，引导当地居民向外迁移或在当地集中生活。

（六）环境保护政策

环境保护政策，主要针对环境保护不力，区域经济活动选择不符合环境保护的要求，环境的自我恢复能力受到侵害等问题。政策供给的重点在于，依据主体功能，明确环境保护的重点。

优化开发区域要实行更严格的水耗、能耗、污染物排放和环保标准，颁布不同行业的资源回采率、综合利用率、回收率以及污染废弃物综合处理率等强制性标准。

重点开发区域要保持环境承载能力，做到增产减污。限制开发区域要坚持保护优先，确保生态功能的恢复和保育，制定资源消耗、环境影响、生产规模、工艺技术等方面的强制性产业准入门槛。

禁止开发区域要依法严格保护，明确区域的人口容量、建筑、旅游、探险等开发活动的标准。加强法律、执法、舆论、公示、听政等监管体系建设，实行游客数量控制、人类活动超载预警制度。

三、建立健全主体功能区管理体制

许多国家的实践表明，区域管理机构设置在很大程度上决定了区域政策的效应与效益。在发达国家，区域政策的决策权主要由中央当局掌握，中央政府一般有专门的机构负责区域政策的制定与实施。如美国1965年出台了《阿巴拉契亚区域开发法案》，在法案的基础上又成立了经济开发署，直接参与政府提供的开发资金的使用和管理。专门的区域开发法案的制订及专门的管理、执行机构的建立，在美国地区经济发展、区域经济协调方面发挥了重要作用。虽然河南明确了主体功能区划规划研究工作由省发展和改革委员会牵头，但这并不意味着省发改委是唯一的划分和管理机构。目前，河南涉及区域管理的部门有二十多个，这些部门在主体功能区划分与管理方面的分工不明确，难免出现部门间利益矛盾与冲突。由于管理部门过多，出现管理主体难以落实的现象。河南目前存在的官方管理机构分工不合理、职能不明确及地方性组织缺少独立性、经费支撑及立法保障等突出问题，影响了河南区域政策的贯彻与落实，也不利于区域协调发展。要使主体功能区建设的区域政策落到实处，必须结合河南省情，借鉴美国等发达国家区域开发与协调发展的成功经验，明确主体功能区建设的管理协调机构，可以考虑设立包括省管理协调机构与地方相关组织相结合的管理体制。各管理机构之间及其与其他民间区域性组织之间，合理分工、相互协调。

健全地方法规体系和动态跟踪机制。市场经济是法制经济，法律法规是规范各种市场主体经济行为的有力武器。主体功能区的建设需要健全的法律法规提供保障，只有依靠法律的威严，才能保证区域经济政策的落实，才能调节区域之间的利益关系，才能保证主体功能区建设各项工作的顺利开展，将环境保护措施落到实处。因此，结合河南主体功能区的功能定位和整体规划，积极制定相关的地方法规，以法律的形式将其固定下来，使具体的实际操作做到有法可依，这是非常必要的。此外，还需要建立动态跟踪机制。根据动态指标的变化及时掌握区域生态环境的信息，及时分析，并结合实际调整政策，以保持对空间开发秩序的有效调控，杜绝污染环境、破坏生态等恶性事件的发生。

四、加强各部门和区域之间的密切合作

主体功能区建设的系统性特点，决定了它的建设不仅包括经济的发展，还包括生态的治理、环境的改善，是人居环境不断优化和人民生活水平不断提高的一个过程，最终使不同主体功能区的人民都能享受小康社会的幸福生活。根据劳动

地域分工理论及系统论的观点，不同主体功能区分别承担发展经济、集聚人口、生态治理、改善环境等功能，需要包括中央和地方政府、各种类型的主体功能区域、所有建设者等各方力量明确分工、积极合作。

从全省大局来看，只有每个区域都按照科学发展观的要求科学发展，才能实现区域协调发展。由于不同类型主体功能区的发展条件不同，基本定位与发展方向因而也不一样，各地政府都期望自己所在的区域能够划分成为以后能够大力发展经济的重点开发区域，而不是经济发展受到一定限制的限制开发区域和禁止开发区。对于各主体功能区来说，要从全省区域协调发展大局出发，勇于接受科学划分的结果，在政府部门的科学引导下，积极建立合作机制，按照自愿互利共赢的原则，开展多形式、多部门的经济技术协作和人才交流等合作，实现分工协作、优势互补；努力消除生产要素跨地区流动的障碍，加强产业合作，在更广的领域和更高的层次上促进区域经济优化布局和产业集聚发展；健全互助、扶持机制，发挥社会主义的优越性，加强优化开发区尤其是重点开发区对限制开发区和禁止开发区的帮助与扶持，达到公共服务均等化的要求。不同功能区之间实现资源共享、利益互惠，是实现区域经济互动协调、共同发展的基本前提。

五、建立科学完善的生态补偿机制

保护生态环境是主体功能区的重要出发点，而且发展要求的限制使某些地区保护生态和发展经济的冲突更加明显，不同主体功能区之间生态联系更加紧密。因此，生态补偿变得尤为重要。重点解决限制类和禁止类开发区面临的生态环境保护问题，恢复、改善、维护生态系统的生态服务功能，更要重视调整不同区域相关利益主体间的环境与经济利益的分配关系，协调生态环境保护与发展的矛盾。

主体功能区建设过程中，涉及两个层面的生态补偿问题。①宏观层面上对资源开发、生产过程中造成生态损失的补偿。主要的直接补偿主体是企业，许多方面可以通过市场途径解决，而且已经有了一定的基础，但是机制尚不完善，许多领域的生态补偿标准与规范尚未出台，补偿的力度不够。今后，应进一步加以完善，让生态破坏行为必须承担应有的补偿。从而可以更好地减少生态破坏，保障各个主体功能区定位的顺利实现。②不同主体功能区之间的生态补偿，这将是主体功能区建设中的重点。其中，优化开发区和重点开发区是主要的补偿主体，限制开发区和禁止开发区是主要的被补偿主体。应结合被补偿区的损失和补偿区的收益，统筹国家宏观发展需要，合理测算补偿标准；明确中央政府、地方政府、企业、居民等不同主体在生态补偿中的责任；完善相关法律法规保障生态补偿的实施，使以生态保护为重要功能的地区，通过生态补偿可以获得维持、提升地区发展与居民生活水平的资金来源。

建立省以下财政转移支付机制，加强限制开发区的财政转移支付力度，以激励限制开发区的生态环境保护工作。加强省级政府对省及省以下自然保护区的管理力度，将人员工资和日常管理费用纳入省级财政预算。

六、完善地方政绩考核体系

地方政府是区域经济管理的主体，在现有以 GDP 为主的考核体制下，地方政府对于限制开发区和禁止开发区的主体功能难有兴趣。正如诺贝尔经济学奖得主布坎南对新政治经济学的描述，官员也是理性人，他们也会考虑能使自己获得晋升机会的政府行为。

建设区域主体功能区，要针对河南各个区域主体功能和具体功能的定位，实行不同的绩效评价指标和政绩考核办法，使不同功能区的经济、社会、环境等指标占有不同的权重，这样便于划清责任，有针对性地对地方政府进行考核。

区域的主体功能定位不同，就要依据不同的主体功能定位建立有差异的地方政绩考核指标，不能采用"一刀切"的办法对不同的主体功能区采用统一的考核指标，考核指标应该是多元的，除经济指标外，还应该包括社会、生态等多方面指标，如 HDI、产业结构、基尼系数、城市化水平、环境承载能力等。优先开发区域要强化经济结构、资源消耗、自主创新等的评价，弱化经济增长的评价；重点开发区域要对经济增长、质量效益、工业化和城镇化水平以及相关领域的自主创新等实行综合评价；限制开发区域要突出生态建设和环境保护等的评价，弱化经济增长、工业化和城镇化水平的评价；禁止开发区域主要评价生态建设和环境保护。

第八章 河南省区域经济一体化与机制创新

社会经济发展系统的各组成部分必须运行有序、相互激励、迸发活力，才能形成共同推动形成跨越式发展的合力。随着我国市场经济的不断发展和经济、政治体制改革的不断深入，长期以来受计划经济模式束缚的区域经济运行机制已经发生深刻的变化。作为一项跨越式发展的系统工程，河南的区域经济发展要实现良性运作，也需要有强有力的机制作支撑。这一机制，必须能够保障社会经济发展的主体具有发展活力和动力，具有快速发展的积极性。为此，必须准确把握河南区域经济目前存在的深层次矛盾和问题，着力推进机制创新，推进河南区域经济又好又快发展。

第一节 区域经济一体化发展

一体化是指多个原来相互独立的国家或区域，通过某种方式逐步结合成为一个单一实体的过程。一体化过程既涉及经济，也涉及政治、法律和文化，或整个社会的融合，是政治、经济、法律、社会、文化的一种全面互动的过程。由于中原经济区是沿海产业向内陆扩散的转换点，是一个枢纽，一个带动各方的发动引擎。同时，中原经济区是一个人口比较密集的板块，也是一个产业比较综合的板块，又是连接东西南北的一个板块。中原经济区的一体化发展，既是中原经济区内各区域协调发展的内在需要，也是全国实施区域总体发展战略的客观要求。

一、中原地区区域合作历程与经验

随着我国改革开放步伐的加快和市场经济的推进，全国各地区逐渐认识到加强区域合作、建立一体化市场的重要性。"八五"以来，全国共形成了 100 余个区域合作组织，但大多数区域合作组织的组织制度建设处于松散型、低层次上，其中仅有 1/3 处于活跃状态。为了促进区域经济的蓬勃发展，中原地区也先后建立了不同层面、涵盖不同区域的合作机制。

（一）中原地区区域合作组织的建立和发展

1980 年出台的《国务院关于推动经济联合的暂行规定》，对区域合作做出了明确的制度安排，在政策的鼓励和支持下，区域合作机制日趋完善。这个时期，中原经济区区域合作主要包括中原地区经济技术协调会、淮海经济区和黄河经济协作区。

1. 中原地区经济技术协调会

成立于 1985 年 9 月，是当时的邯郸市市长白录堂和新乡市市长刘仲轩倡议，并协商兄弟地、市同意，在平等自愿基础上成立的，历经 20 年风雨，包括山西、山东、河南、河北四省接壤区 13 个地（县级）市组成，包括山西省的长治、晋城，河北省的邯郸、邢台，山东省的聊城、菏泽、临清，河南省的新乡、安阳、焦作、濮阳、鹤壁、济源。中原地区经济技术协调会是自愿参加、跨地区、开放性的区域性经济联合组织。"中原经济区联络处"是经济区唯一的常设办事机构，办公地点设在邯郸市，干部由邯郸市选派管理，其主要任务是负责处理日常工作，牵头筹备各种活动和会议，收集传递信息，组织协调包括各市联合协作项目在内的多种事项的落实，搞好服务等。

各成员市联席会议的职能主要有，交流各成员市经济和社会发展情况和经济经验，相互借鉴，相互促进，商讨本经济区发展中共同关心的问题，就有关问题做出相关的决议，并共同遵守和执行，组织协调经济区内外多行业、多形式、多层次、多方位的联合协作，组织各方面力量，调动各方面积极因素，实现人际资源共享，加快开发和合理利用本区域资源，变资源优势为经济优势。同时，组织本经济区经济和社会发展战略方面的研究和论证，协调本经济区产业结构调整，促进区域经济健康、快速、持续发展。实行合格产品无条件准入制，建设"绿色通道"，推进区域性乃至全国性大市场的形成和发展，并以经济区的名义向中央、国务院及有关方面反映情况，争取项目和政策支持。

2. 淮海经济区

1986 年成立，由鲁南的泰安、莱芜、济宁、菏泽、临沂、日照、枣庄，苏北的徐州、淮安、连云港、盐城、宿迁，豫东的开封、商丘、周口，皖北的淮北、蚌埠、亳州、阜阳、宿州 20 个地级城市及所辖范围组成，面积 17.8 万平方公里。淮海经济区联络处是淮海经济区的常设工作机构，在各成员市的一致同意下设在徐州市，并委托徐州市政府管理。淮海经济区联络处下设淮海经济区发展研究中心、经联处办公室、淮海经济区信息中心等工作部门。

成立以来，经济区各成员市不断创新合作机制，通过共建合作载体，总结交流各地发展的新经验，扩大人才交流，研究区域合作的新思路，推出区域发展的新举措，促进了淮海经济区的科学发展、和谐发展，取得了令人瞩目的成就。2010年，淮海经济区核心区城市市长会议，形成了《关于加快淮海经济区核心区一体化建设的意见》，通过了《2010年淮海经济区核心区一体化建设重点工作方案》和《淮海经济区核心区一体化建设合作与发展协调机制（试行）》，进一步完善了淮海经济区的制度建设。

3. 黄河经济协作区

成立于1988年，是以黄河为纽带形成的区域性经济联合组织，由山东、河南、山西、陕西、内蒙古、宁夏、甘肃、青海、新疆、新疆生产建设兵团和黄河水利委员会11方组成，其土地面积和人口分别约占全国的1/2和1/4。协作区具有许多区域上的独特优势——工业基础坚实，发展后劲显著。协作区在机械、化工、冶炼、纺织等产业有相当规模，原油产量和煤炭产量均占全国比重一半左右，是我国重要的能源、重化工工业基地。

黄河经济协作区每年召开一次省区负责人会议，主要任务是制定联合协作规划，组织交流联合协作经验，讨论研究事关协作区发展全局的重大问题，探索市场经济条件下加强联合协作的途径和方式，提出促进各方改革开放和经济建设中带有共性的政策、措施，协调联合协作中出现的各种关系。各方可以相互设立办事机构，鼓励协作区内各方所属市、地、县（市）跨省区组建区域性经济合作组织。办事机构所在地省区要为办事机构的业务活动和日常生活提供方便。

黄河经济协作区的合作机制主要包括：联合建设跨省区基础设施，各方应当统一行动，共同上报协作区内重大基础设施项目，请求国家支持。

毗邻方应当加强协调，统一标准，按照属地原则，各自负责接壤处基础设施中未竣工工程的建设。各方资源相互开放，鼓励利益主体跨省区勘查，开发利用各种资源，对取得资源勘查权的，应当优先取得资源开发、利用权，并保护利益主体的勘察权、开发权不受侵犯。

建立灾害互防互助制度，共同研究防治重大自然灾害的办法，共同治理协作区内的带有共性的重大自然灾害。一方因地震、洪涝、干旱等自然灾害遭受重大经济损失的，其他方应当提供经济援助。

坚持对口支援（扶贫）制度，鼓励协作区内东部对中西部地区、沿海地区对内地进行各种物资技术支援及相互间开展多形式、多层次、多渠道、多元化的经济联合协作。支持到对口支援（扶贫）方兴建名优产品生产基地、培训人才、输送生产技术和技术人才。

实行污染物排放总量控制制度，联合制定跨省区的重点区域环境综合整治、重点行业和重点污染源限期治理计划，相互配合、监督计划的实施。

联合开展黄河流域的综合治理，按照上下游兼顾、统一规划、标本兼治的原则，合理开发利用黄河水资源，进行水土保持、防洪安全、引黄灌溉等全流域开发与整治，重点是中上游水土流失治理和下游地区防沙治沙工作。

开展生态工程建设，优化黄河流域的生态环境。统筹开发黄河旅游资源，共同编制或分段编制跨省区的精品旅游线路，建立旅游线路网络体系，争取纳入国家对外旅游宣传促销规划，作为国家级旅游线路向海内外市场推出；共同或分段制作对外宣传品，通过参加旅游交易会或举办有关活动等途径，联合开拓国内外主要客源市场。

鼓励和支持企业间通过兼并、联合、收购等多种形式进行资产重组，形成各具特色的优势产业和支柱产业。联合限制高消耗、高污染和其他不符合国家产业政策的落后产品，淘汰落后生产设备。

（二）区域竞合新趋势下中原地区区域合作的新探索

进入 21 世纪以后，区域竞争要素、竞争模式、竞争手段和竞争理念发生了变化。特别是近两年来，先后有 14 个区域规划上升为国家战略，区域合作与竞争呈现出新的趋势。在此背景下，中原地区区域合作也进行了一些新探索。

1. 上升为国家战略的区域规划特征分析

近两年来，先后有 14 个区域规划上升为国家战略。按照区域规划参与主体数目分类，可分为单一主体型和复合主体型。单一主体型包括鄱阳湖生态经济区、皖江城市带、海南国际旅游岛建设、甘肃省循环经济示范区、武汉城市圈、江苏沿海地区、辽宁沿海经济带、黄河三角洲经济区、珠江三角洲地区；复合主体型包括中国图们江区域、关中—天水经济区、成渝经济区、海峡西岸经济区、长江三角洲地区。

按照发展型和提升型的分类，东部的珠江三角洲地区、江苏沿海地区、长江三角洲地区、辽宁沿海经济带属于提升型。如辽宁沿海经济带发展规划中提出，到 2012 年，空间布局和产业结构进一步优化，地区生产总值和财政收入增长速度超过全国沿海地区平均水平，人均地区生产总值超过 50000 元。广大中西部地区的区域发展规划则属于发展型。

按此分类，中原经济区涉及多省，发展目标主要是力争人均指标超过全国平均水平，提前实现全面建设小康社会的奋斗目标；经济发展方式转变实现重大突破，基本实现工业化；经济、文化、社会、生态全面发展，成为畅通、宜居、创新、文化、绿色、和谐的新中原；区域竞争力和影响力显著提升，经济社会发展走在中西部地区前列；"腹地效应"进一步凸显，在中国经济发展中的战略地位得到显著提升，成为全国转型升级高地、内陆经济增长高地、内陆开放高地、人才高地，在加快河南发展、支撑中部崛起、强化东中西联动、服务全国大局中发挥更大作用。因此，中原经济区作为区域规划，其合理定位是复合功能、复合主体和发展型的经济合作区域。

2. 区域合作与竞争的新特征

总的来看，当前区域合作与竞争呈现出一些新的趋势，主要体现在：

（1）区域竞争要素的变化。在传统区域竞争要素中，资源禀赋、地理区位、政治因素为主要构成部分，单一的竞争要素可以使区域在全国格局中占据有利地位。但是，在市场全球化、生产全球化和资源全球化的背景下，区域竞争不仅仅是针对要素资源的直接争夺，已经演变发展成为受多种因素制约和影响的复合系统。其中，除原有的资源环境、基础设施等构成要素外，完善的金融市场体系、发达的金融服务业、强大的科技创新能力、有效的企业制度、成熟的市场制度、合理的监管制度和健全的法制环境、绿色生态以及经济活动的聚集形成的规模经济、范围经济、X效率，这些日益成为维系区域比较优势和竞争优势的关键因素。

（2）区域竞争模式的变化。在改革开放后的一个时期内，区域竞争可以概括为是以"让利竞争"为主的模式，地区之间竞相出让好处或利益给投资商的一种竞争方式。这种好处或利益包括：以低于成本的价格出让土地、减免所得税、增值税地方留成部分先征后返、高耗能企业的电价补贴、免除应交的各种规费。从区域竞争的阶段和层次看，"让利竞争"与企业的削价竞争相似，是一种初级的、低层次的竞争模式。按照新时期科学发展观的要求，区域竞争的模式将向新型的"服务竞争"模式转型，特别是沿海发达地区已经成为率先转型的典范。区域之间的竞争从招商引资的让利竞争向改善综合环境的"服务竞争"转变，是中国区域竞争不断深化、走向成熟的趋势和要求。

（3）区域竞争手段的变化。原有的区域竞争手段一般包括鼓励类和限制类两个方面的措施。在鼓励类方面，主要是实施土地、税收、租金、水电等优惠政策，以争取外商及区外投资者进入，并采取"待遇留人、事业留人、感情留人"

等措施，吸引并留住各类专业技术和管理人才。在限制类方面，则主要通过设置一定的技术标准或政策壁垒，限制外地产品、外协件以及建筑、商贸等服务型企业的进入，以保护本地产品和服务市场（以往还有采取封关设卡限制紧俏物资和原材料流出，以及利用户籍和档案管理限制专业技术人才流出等做法）。但是近两年，从国务院已经批复的区域经济发展规划来看，在我国新的区域经济版图逐渐成形的同时，也反映出区域竞争手段开始向区域的主题竞争、文化竞争、功能竞争、载体竞争的转变。

（4）区域竞争理念的变化。区域竞争载体的变化主要是区域竞争政府化发展的产物。在中国现有区域竞争中，各行政区政府围绕改善投资环境，吸引可流动的生产要素而展开竞争，目的在于通过吸引资本、劳动和其他生产要素以及争取上级特殊政策以尽可能提高本行政区内居民的福利和人均收入。在政府主导的行政区竞争格局下，地方政府试图通过改善基础设施、强化城市集聚和辐射能力、承接产业转移、提高文化软实力支撑的措施来打造区域竞争的新载体，借以形成差别化的竞争手段，明确自身定位，在国家区域发展规划部署中寻求突破，将发展理念、发展模式、发展路径印在区域发展的名片上。

（三）区域竞合新趋势下中原经济区一体化发展的探索

在区域竞合的新趋势下，中原经济区一体化发展也进行了一些有益的探索，如晋陕豫黄河金三角经济区。2010 年，运城市、临汾市、渭南市和三门峡市组成晋陕豫黄河金三角经济区。这 4 个市分别位于山西西南部、陕西东部、河南西北部，除了地域上的接近性，它们在经济上所处的落后地位也很相似。在西部大开发和中部崛起战略的大背景下，黄河金三角区域的发展诉求日益强烈。经过漫长的探索，现在，他们找到了一个发展的突破口：4 市抱团突围。特别是随着豫晋陕黄河金三角地区大交通运输网的逐步形成，特别是郑（州）西（安）高速铁路的开通，三个城市的协作领域将日益扩大，合作程度将不断加深。

黄河金三角试验区最重要的区域协调发展目标是"六个统一"：统一规划，区域生产力布局和经济社会发展规划由国家层面编制；统一产业政策准入门槛和政府政策执行标准；统一社会公共服务基础设施建设，如通信、供（输）电、交通运输等网络建设；统一组建社会中介服务组织，如行业协会、担保公司、技术政策咨询服务公司等；统一环境治理和监管，提高环境承载能力；统一资源配置，提升资源承载能力，实现可持续发展，希望为中西部地区，尤其是中西部结合带，探出一条新路，寻求一种发展模式，促进带动中西部的整体发展。

（四）中原地区区域合作的基本经验

区域合作组织的建立和运行，推动了区域合作的纵深发展，取得了具有长远意义的积极成效。特别是在一定程度上打破了行政分割的体制性顽症，促进了区域经济的发展。总体来看，中原地区推进区域合作的历史经验，主要在于三个方面：

（1）合作区域多是历史自然形成的经济区域。山水相连、习俗相似、道路相接、商旅相通，自古以来区域内就保持和延续着密切的人际交往、经济贸易、文化往来和社会联系。从地域认同基础看，各个地区且具有较长的历史存在。新中国成立以来，某些城市之间也在较长时间内存在一定的行政隶属关系。长期存在的密切行政联系所产生的直接影响是：无论是历史上和计划经济时代，还是现阶段具有中国特色的市场经济体制的条件下，这些地市之间都存在着密切的经济联系、社会联系，这是立足于全省、着眼于中部构建经济区或协作区的基础条件。

（2）率先成立制度性的协调推进机构。建立了由政府主导，包括战略研究、政策指导、组织协调、监督执行在内的推进机构，定期不定期地开展协调会议，有重点地推进经济、社会、文化、科技、基础设施等项工作的协调和衔接。如黄河经济协作区联合建设跨省区基础设施、建立灾害互防互助制度、坚持对口支援（扶贫）制度、共同编制或分段编制跨省区的精品旅游线路、建立旅游线路网络体系、实行污染物排放总量控制制度等。

（3）积极争取国家政策扶持。区域合作组织成立之前和成立之后，都积极要求国家在资金、政策、舆论等方面给予明确的支持。如淮海经济区区域合作与发展事业受到国家领导人的关注。成立之初，在时任中顾委委员、著名经济学家于光远的倡导下，苏鲁豫皖接壤地区城市在北京举行了经济社会发展战略讨论会，成立了淮海经济区。原国家计委在1989年第60期简报中专门介绍淮海经济区的工作情况。费孝通曾四次参加淮海经济区市长（专员）会议，在北京主持召开区域发展战略研讨会，并结合区域合作的实际，向江泽民总书记提出了五点建议。国家计委在给费老的复函汇报中肯定了淮海经济区是全国百余个区域经济合作组织中发展比较好的，并将淮海经济区确定为国家计委、经贸委重点联系和指导的经济协作组织。2005年5月，国家统计局权威发布了题为《淮海经济区发展新突破，GDP总量超万亿》的统计报告。2006年11月，国家商务部主办的《国际商报》通版刊登了淮海经济区发展研究中心苏汪撰写的《淮海经济区发展优势与对策》，引起了社会的广泛关注。

二、推进中原经济区跨省区域合作

中原经济区跨省区域合作的战略目标是通过开展双边、多边及多层次、多形式、多领域的合作，通过地区之间、行业之间、企业之间的联合与协作，促进生产要素的优化组合和生产力布局、产业结构调整的合理化，努力实现资源共享。

（一）编制和完善中原经济区发展规划

中原经济区作为一个多功能、复合主体的发展型区域合作组织，其发展规划的制定是整合区域资源、加快区域发展的基本前提。中原经济区的发展规划，既要包括产业体系、城镇体系、自主创新体系，也要包括各类社会事业、重大基础设施建设等专项规划。区域协调发展规划编制完成后，以该规划为指导，以各专业部门为主，共同研究编制区域交通、旅游等专项规划。通过规划引导，促进生产要素合理流动，实现资源有效利用和环境生态安全。中原经济区总体规划及相关区域专项规划，要本着各地统筹、合理布局、节约土地、集约发展、环境和谐、结构开放、标准适度的原则，改善生态环境，促进资源、能源节约和综合利用，保护耕地等自然资源和历史文化遗产，保持地方特色和传统风貌，防止污染和其他公害，符合区域人口发展、国防建设、防灾减灾和公共卫生、公共安全的需要。

（二）构建统一的中原经济区市场体系

建立统一有序、市产联动的商品市场体系。积极推进专业市场建设与产业集群发展、商品市场与物流配送中心建设、外贸发展与内贸发展的紧密结合，建设发展一批各具特色的跨省区域共同市场，促进人流、物流、资金流、信息流的畅通流动。着力打造郑州国际采购中心和交易中心，依托欧亚大陆桥、郑州出口加工区、河南 B 型保税物流中心和铁路、航空一类口岸，积极构建"大通关"平台，逐步建立面向中亚、俄罗斯和美日欧地区的国际贸易平台。提升中心城市的市场服务功能和辐射力，深入挖掘中原经济区产业、产品优势，加快发展业态先进、集聚辐射力强、发展潜力大的大宗商品集散市场和各类专业市场。重点加强郑州期货、粮食和小商品交易市场，冀南、豫北地区生产资料市场，晋东能源产品交易市场，豫东、豫南、皖北等农产品市场，豫西豫西南、鄂北工业品市场建设。推动现实交易与虚拟交易共同发展，提升区域中心城市的商品集聚辐射能力，形成中原地区优势互补、各具特色、产市互动的区域性市场体系。加快交易方式升级，推广连锁经营、物流配送、电子商务等新型流通方式，支持骨干市场完善网上磋商、网上竞价、电子结算、交易分析与监控等系统，提高中原地区市场整体流通效率。

构建共赢互利、高效有序的要素市场体系。依托中心城市和交通信息设施，加快建设以郑州、洛阳和徐州为中心的要素市场，促进区域资本、土地、人才、技术、产权等各类专业市场和特色市场的合理布局，加速生产要素向大中城市、优势产业和产业集聚区集聚，提升区域人口、产业承载能力。统筹推动地方商业银行改制重组，加快组建中原银行，建立统一、互联、高效、安全的区域金融服务平台。构建统一的中原经济区企业信用信息数据库，完善跨区信贷机制，推进省际、城际互投融资，形成安全稳定、规范有序的金融生态环境。营造人才"柔性流动"的政策环境，统一规范人才职业资格培训和认证工作，建立健全人才吸引机制、人才评估体系和激励机制，建设中原人才市场的公共服务平台，打造全国人力资源高地。制定完善产权交易政策，积极开展区域技术合作交流，统一规范产权交易行为，强化知识产权保护，构建覆盖多种经济成分和多层次的中原地区产权交易市场和网络化交易平台。加强与区域内外行业协会与会展机构的交流合作，举办具有产业特色和地方特色的常设性会展，促进信息、技术交流，建成区域内一体化、辐射中西部地区的市场服务网络，提升区域综合影响力。

统筹市场监管、优化市场环境。健全区域内政府间沟通磋商机制，合作编制实施中原地区市场体系建设发展规划。进一步打破行政性垄断和地区封锁，对地方性政策法规进行梳理和整合，统一市场准入、地方标准等规范，探索制定适应区域一体化的市场政策措施。完善行政执法、行业自律、舆论监督、群众参与相结合的市场监管体系。加快社会信用体系建设，建立和完善以组织机构代码和身份证号码等为基础的实名制信用信息体系，探索适度开放的信用服务市场。建立健全企业信用警示、惩戒以及信用预警机制，营造诚实守信的社会环境。规范市场经济秩序，健全产品质量监管机制，建立稳定规范的政策和法制环境。

（三）加快整合中原经济区产业体系

以创建中原地区多个跨省界"产业经济协作区"为载体，不断完善区域经济合作机制和合作规划，创新合作模式和合作方式，搭建产业合作平台，促进产业合作链接，形成中原地区产业布局合理、结构优化、层次较高，各区域产业互动、协调发展的良好格局。

首先，推进工业合作链接。中原城市群以能源原材料基地、现代装备及高技术产业基地建设为重点，加快发展先进制造业和战略性支撑产业，强化与周边省份的产业联系，发挥引领带动作用，转变发展方式，实现转型升级。豫北等地区，要发挥煤铁油气资源优势，以煤炭、油气等能源合理开发利用为纽带，调整产业结构，延伸产业链条，重点发展钢铁、有色、化工、装备制造、建材等产业，联合打造全国重要的重化工基地。其中，焦作等地区以煤炭等能源合理利用为纽带，重点探索资源型城市转型发展之路；濮阳等地区以油气资源开发利用为纽带，重点探索资源加工工业发展之路。豫东等地区，以食品加工和能源产业发展为纽带，加强产业联系，主动承接东部发达地区产业转移，重点发展食品、煤化工、纺织等优势产业，大力培育高端煤化工和农产品精深加工龙头企业，建设特色资源产品生产加工基地，探索多省交会的传统农区加速工业化、城镇化发展之路。南阳等地区，进一步发挥产业综合基础较好的优势，整合提升汽车及零部件工业，纺织、医药、光电子等优势产业，加强两地经济技术联系，加快工业化步伐，促进产业集聚发展，形成全国重要的医药、纺织、光电和汽车及零部件产业基地。

其次，推进农业合作链接。发挥中原经济区的传统农业优势，豫东、豫南、豫北地区分别与周边省份市县合作，加快推进农业现代化进程。提高中原地区粮食综合生产能力，合力建设全国最重要的粮食生产核心区，保障国家粮食安全。根据相邻地区的产业特点，有效整合资源，联合组建一批水稻、小麦和玉米等合作联社，实现各地产销衔接。共同组建一批跨省的农业科技示范园、农业合作基地，开展农业技术合作，实现优势互补。

最后，推进服务业合作链接。以产业结构优化升级为主要目标，加强服务业跨省合作，促进中原地区服务业加快发展。重点加强商贸物流业合作链接，充分发挥中原地区承东启西、联南通北的区位交通优势，以一体化的交通、通信等基础设施建设为重要支撑，加强河南与晋鲁苏皖鄂11市商贸物流合作，共同建立中原地区商贸物流绿色通道及合作有效机制。重点加强旅游产业合作链接，充分发挥中原文化的纽带作用，整合文化旅游资源，推进河南与陕西、山西、河北、山东、安徽、湖北等周边省份的合作。建立中原城市旅游圈，加强旅游圈内旅游开发建设规划的衔接与协调，相互输送客源，实施联合营销，共同推出富有特色、连接经济区各市主要景区景点的精品旅游线路，联合打造中原旅游品牌，逐步形成大融合、大开发、大市场、大发展的格局。

（四）联合扩大对外开放

借助中部地区建设沿长江、陇海、京广和京九"两纵两横"经济带的契机，加强与东部沿海、港澳台地区和中西部其他地区的经济合作。打造贸易大通道，搭建对内、对外开放平台，积极承接产业转移，形成内外联动、优势互补、协调发展的区域合作新格局。

首先，促进与东部沿海地区呼应对接。充分发挥沿陇海线欧亚大陆桥及京广、京九铁路大动脉的内外联通作用，进一步加强面向长三角、珠三角、环渤海和海峡西岸等的市场开拓和招商引资，主动承接沿海产业转移。依托农产品资源、矿产资源、能源资源和劳动力资源等综合优势，加快建设一批以承接沿海产业转移为特色的产业集聚区，积极参与垂直分工，主动接受沿海地区的辐射和带动。推进产业水平分工，形成与沿海地区优势互补、互动发展的格局。加强粮食生产区与沿海销售区的合作，建立长期稳定的供销合作关系。

其次，密切与港澳台地区的交流与合作。以文化交流为纽带，广泛团结港澳台胞，与香港贸易发展局、澳门中华总商会、台海两岸企业家商务文化联谊会等机构合作，组建常态化的招商引资服务机构。经常举办大型专题定向招商活动，搭建企业家商务合作平台，建设台商工业园和港商工业园，不断提高引进港澳台企业的效果。

最后，深化与中西部其他地区的合作。发挥中原地区承东启西、联南通北的区位交通优势，加强与中部其他地区交通设施、市场体系等对接，深化劳动力市场、旅游市场、现代物流、绿色农产品通道和口岸大通关等方面的合作，着力建设一体化区域市场，共同推动"三个基地一个枢纽"建设。充分利用"中博会"、"中部论坛"、"西洽会"和"西博会"等经贸合作平台，促进要素流动和信息共享，实现中西部联动发展。加强与中西部毗邻地区合作，联合开展电力、煤炭、天然气、油品供应和运输，合理利用水资源，推进生态环保共建等，共同推动黄河、淮河流域的协调发展。

三、构建中原经济区区域合作机制

在区域竞争的新趋势下，加快推进中原经济区建设，将其打造成为中部区域经济合作的新载体，是支撑中部崛起、完善全国区域发展格局的重大战略选择。但是，中原经济区要实现了由"虚"到"实"、由"河南一省提出"到"多省认同推进"的历史性跨越，必须在政府、行业、企业三个层次上建立刚性的行政型的跨区行政组织和柔性的协商型的非行政组织。

（一）构建政府合作机制

在政府层面，形成"省级政府明确任务、联络办公室协调、专项办公室推进、联席会议落实"的政府合作机制。1980年出台的《国务院关于推动经济联合的暂行规定》就是一个具有较高强制力的制度安排，但这一制度安排是在计划体制的背景下出台的。考虑到目前市场机制的发育情况，政府协商的方式应该有较大的改变。根据我国区域经济合作与发展的特点，可以考虑借鉴国际经济合作及经济一体化的经验来启动和深化区域经济合作。由中原经济区涉及的六省党政主要负责人在磋商中确定的区域合作重点，明确工作任务，由联络办公室负责综合协调，专项合作工作办公室负责对共同确定的重大专项合作问题进行研究，提出实施方案，并加以监督实施过程，以此将高层领导磋商确定的重大问题协调、落实。在省级政府明确重点任务的基础上，联络办公室、专项合作办公室和中原经济区各市定期举行联席会议，贯彻落实重大生产力布局、重要资源开发、生态保护和建设、资源整合与共享等项决议。同时，由中原经济区涉及省级政府邀请相关专家组织专家咨询委员会，参与各项区域发展政策的制定，对发展决策进行评议，对各项政策的执行情况提出质疑，必要时由专家委员会负责组织各省市科研、统计等部门编制中原经济区发展年鉴，为省级政府提供依据。

（二）构建行业性跨区域共建共享合作机制

在行业层面，形成有关职能部门牵头组织沟通协商的行业性跨区域共建共享合作机制。中原经济区各市的职能部门，要贯彻落实省级领导沟通协商确定的区域合作重点，围绕共同关心的跨区域重大事项，相应建立行业性的联席会议或联络制度，通过多种形式的沟通、协商、协调达成共识，然后付诸实施，逐步形成行业性跨区域的共建共享合作机制。特别是要根据中原经济区构建现代产业体系的要求，充分发挥比较优势，在装备制造、汽车及零部件、有色金属、化工、食品、纺织服装以及现代农业、旅游等优势服务业领域，借鉴旅游部门编制的跨区域旅游一体化发展规划，在统一旅游标识、统一对外宣传和旅游投诉异地处理等方面的经验，充分发挥社会中介组织的协调作用，强化利益主体的自律与协调，加快建立跨区域同业、行业协会，协调企业在中原经济区内的竞争，通过自治和自律的方式规范企业行为，倡导企业间良性竞争，达到区域内行业资源优化配置的目的。另外，由行业协会承担区域行业内相关标准、资格认证和质量检测方面的统一制定和执行工作，提高效率，降低成本。

（三）构建行业合作为基础、企业自主参与的区域合作机制

在企业层面，形成行业合作为基础、企业自主参与的区域合作机制。在各级政府的积极推动下，中原经济区各级政府充分发挥企业在区域合作中的主体作用，以重大项目为抓手，引导企业运用市场机制在产业、技术和资本等方面自我决策、自主参与，引导企业之间在重大项目上积极开展多领域、深层次的经济技术合作，切实把政府的战略意图落实到企业层面。先期开展工业、农业、基础设施、旅游等行业的合作项目，并逐步延伸到科技、教育、人才、卫生等社会公共领域中。

第二节 与相关经济区 (圈) 互动与合作

任何一个区域都不是孤立存在的，而是整体发展的有机组成部分，其发展离不开周边地区乃至更广大地区的支持。中原经济区周边分布着长三角经济圈、京津冀都市圈、山东半岛蓝色经济区、关中—天水经济区、武汉城市圈以及晋陕豫黄河金三角六个或大或小的经济区 (圈)。它们与中原经济区空间相邻，经济、文化等联系较为密切，如何与这些经济区 (圈) 实现合作共赢，协调发展，是推进中原经济区快速健康发展的又一重要内容。只有准确把握中原经济区的自身定位，明确自身在各个体系中的位置，发挥优势，取长补短，借力壮大自身，才能使中原经济区实现科学跨越式发展，成为中国区域经济发展新的增长极。

一、相关经济区 (圈) 概况

(一) 长三角经济圈

2010 年 5 月，国务院正式批准实施长三角区域规划。按照此规划，长三角经济圈由原来的上海、南京、苏州、宁波、杭州、绍兴、台州、湖州、舟山、嘉兴、无锡、常州、镇江、南通、扬州、泰州 16 个城市扩大为上海、江苏、浙江二省一市。这一地区区位条件优越，自然禀赋优良，经济基础雄厚，体制比较完善，城镇体系完整，科教文化发达，已成为全国发展基础最好、体制环境最优、整体竞争力最强的地区之一，在我国社会主义现代化建设全局中具有十分重要的战略地位。当前，长三角经济圈面临着提高自主创新能力、缓解资源环境约束、着力推进改革攻坚等方面的繁重任务，正处于转型升级的关键时期，其未来发展的方向是调整经济增长结构，优先发展现代服务业及高新技术产业，同时为中西部经济发展让路。

长三角区域规划给出的战略定位是：亚太地区重要的国际门户、全球重要的现代服务业和先进制造业中心、具有较强国际竞争力的世界级城市群。

(1) 亚太地区重要的国际门户。主要指围绕上海国际经济、金融、贸易和航运中心建设，打造在亚太乃至全球有重要影响力的国际金融服务体系、国际商务服务体系、国际物流网络体系，提高开放型经济水平，在我国参与全球合作与对外交流中发挥主体作用。

（2）全球重要的现代服务业和先进制造业中心主要指围绕培育区域性综合服务功能，加快发展金融、物流、信息、研发等面向生产的服务业，努力形成以服务业为主的产业结构，建设一批主体功能突出、辐射带动能力强的现代服务业集聚区。加快区域创新体系建设，大力提升自主创新能力，发展循环经济，促进产业升级，提升制造业的层次和水平，打造若干规模和水平居国际前列的先进制造产业集群。

（3）具有较强国际竞争力的世界级城市群主要指发挥上海的龙头作用，努力提升南京、苏州、无锡、杭州、宁波等区域性中心城市国际化水平，走新型城市化道路，全面加快现代化、一体化进程，形成以特大城市与大城市为主体，中小城市和小城镇共同发展的网络化城镇体系，成为我国最具活力和国际竞争力的世界级城市群。

根据这样的战略定位，规划强调长三角经济圈要重点发展三大产业：现代服务业（重点包括金融、地产、航运）、先进的制造业及战略性新兴产业（信息技术、新材料、生物医药、节能减排与环保产业等）。其发展目标是在保持原有优势的基础上，成为中国率先实现新型工业化的先行区域、中国产业升级和自主创新的基地、沿海和长江经济带的产业带动和辐射源、服务长江中下游乃至全国的现代服务业集聚区、发展循环经济体系的示范区。

（二）京津冀都市圈

京津冀都市圈按照"8+2"的模式制定，地域范围涵盖北京、天津两个直辖市和河北省的石家庄、秦皇岛、唐山、廊坊、保定、沧州、张家口、承德 8 个地市。据了解，即将出台的京津冀都市圈区域规划对三地未来发展方向有明确定位，其中北京和天津的定位分别是：

北京城市功能定位是国家首都、国际城市、文化名城、宜居城市。重点发展第三产业，以交通运输及邮电通信业、金融保险业、房地产业和批发零售及餐饮业为主。同时，充分发挥大学、科研机构林立、人才高度密集的优势，与高新技术产业园区、大型企业相结合，积极发展高新产业，以发展高端服务业为主，逐步向外转移低端制造业。

天津城市的功能定位是国际港口城市、北方经济中心和宜居生态城市。主要发展航空航天、石油化工、装备制造、电子信息、生物医药、新能源新材料、国防科技和轻工纺织等先进制造业和现代物流、现代商贸、金融保险、中介服务等现代服务业，并适当发展大运量的临港重化工业。

(三) 关中—天水经济区

关中—天水经济区包括陕西的西安、铜川、宝鸡、咸阳、渭南、杨凌、商洛（部分区县）和甘肃天水所辖行政区域。经济区地处亚欧大陆桥中心，多条铁路、公路、航线、管线在此交会，是全国交通、信息大通道的重要枢纽和西部地区连通东中部地区的重要门户，战略区位重要；拥有国家级和省级开发区 21 个、高新技术产业孵化基地 5 个和大学科技园区 3 个，是国家国防军工基地、综合性高新技术产业基地和重要装备制造业聚集地，工业基础良好；拥有 80 多所高等院校、100 多个国家级和省级重点科研院所、100 多万科技人才，科教综合实力居全国前列；是华夏文明的重要发祥地，著名的丝绸之路源头和羲皇故里，也是 13 个王朝古都所在地，拥有大量珍贵的历史文化遗产和丰富的人文自然资源。根据国家发展和改革委员会制定的关中—天水经济区发展规划，经济区战略定位为：

全国内陆型经济开发开放战略高地。优化对外开放格局，创新区域合作机制，拓展对外开放空间，提升对外开放水平。

统筹科技资源改革示范基地。推进科技创新体制改革，加快产学研一体化，统筹军民科技互动发展，促进科教优势向经济优势转化，为建设创新型国家探索新路径。

全国先进制造业重要基地。以装备制造业和高技术产业为重点，打造航空航天、机械制造等若干规模和水平居世界前列的先进制造业集群，培育具有国际竞争力的企业和知名品牌。

全国现代农业高技术产业基地。以杨凌国家级农业高新技术产业示范区为依托，发展新型农业生产方式，建设现代农业技术推广服务平台。

彰显华夏文明的历史文化基地。充分发挥历史文化资源集聚优势，建设国际文化交流平台，打造一批具有世界影响的历史文化旅游品牌，展现和弘扬中华优秀传统文化。

(四) 武汉城市圈

武汉城市圈是以武汉市为中心，由武汉及周边 100 公里范围内的黄石、鄂州、孝感、黄冈、咸宁、仙桃、天门、潜江共 9 市构成的区域经济联合体。该圈域地处我国经济腹地，承东启西、连南接北，除极为便捷的公路、铁路、航空运输之外，还有黄金水道长江纵贯本区，能与上海形成江海联运大格局，经济基础较好，环境及自然条件优越，科教实力雄厚，是湖北人口、产业、城市最为密集的地区，也是我国中部最具发展潜力和活力的城市密集地区之一。

2007 年，国家发展和改革委员会印发了《关于批准武汉城市圈和长株潭城市群为全国资源节约型和环境友好型社会建设综合配套改革试验区的通知》（发改经体〔2007〕3428号）。武汉城市圈由此被确定为全国资源节约型和环境友好型社会（"两型社会"）建设综合改革配套试验区，其主要任务和主要目标分别是：

（1）主要任务。围绕"两型社会"建设的要求，综合配套改革试验的根本任务集中体现"三个着力"：着力转变经济发展方式，增强区域综合实力和可持续发展能力；着力推进综合性制度创新，构建促进资源节约和环境友好的体制机制；着力推进城乡协调发展，走新型工业化、城市化发展道路。重点推进资源节约、环境保护、科技、产业结构优化升级、统筹城乡发展和节约集约用地六个方面的体制机制创新，配套推进财税金融、对内对外开放和行政管理三个方面的体制机制创新，为"两型社会"建设提供有效的支撑平台和制度保障。

（2）主要目标。按照中央关于"两型社会"建设的总体战略部署，创新体制机制，增强可持续发展能力，实现区域经济一体化，把武汉城市圈建设成为全国宜居的生态城市圈，重要的先进制造业基地、高新技术产业基地、优质农产品生产加工基地、现代服务业中心和综合交通运输枢纽，成为与沿海三大城市群相呼应、与周边城市群相对接的充满活力的区域性经济中心，成为全国"两型社会"建设的典型示范区。

（五）山东半岛蓝色经济区

山东半岛蓝色经济区以山东省沿海7市（青岛、烟台、威海、潍坊、日照、东营和滨州）为依托，着力优化涉海生产力布局，在黄河三角洲着力打造沿海高效生态产业带，在胶东半岛着力打造沿海高端产业带，以日照钢铁精品基地为重点构建鲁南临港产业带。围绕这三个特色产业带，形成青岛—潍坊—日照、烟台—威海、东营—滨州三个城镇组群。

山东半岛蓝色经济区的战略定位是：黄河流域出海大通道经济引擎、环渤海经济圈南部隆起带、贯通东北老工业基地与长三角经济区的枢纽、中日韩自由贸易先行区。

山东半岛蓝色经济区城镇的发展目标被明确为：面向日韩开拓国际市场，拓展广大西部内陆腹地。其中，青岛将被培育成国家级中心城市，成为山东和黄河流域经济社会发展的"龙头"城市；烟台、威海、日照、潍坊、东营和滨州等区域中心城市的地位和作用将被强化，成为蓝色经济区发展的重要战略节点。依据区域产业布局、城镇发展现状等因素，经济区域内七大中心城市各自确定了未来主要发展方向和区域定位：到2020年，作为龙头城市，青岛将成为我国东部沿海区域经济中心、现代化服务中心、文化中心，国家海洋科研及海洋产业开发中心，国家重要的现代化制造业及高新技术产业基地，东北亚国际航运中心，国家重要的区域性航空港，国际滨海旅游度假胜地；烟台将成为重要的制造业基地和港口城市、区域性金融、贸易、服务中心，全国重要的旅游度假胜地；威海将被打造成为中韩经济带的桥头堡；日照将借助新亚欧大陆桥东方桥头堡和鲁南城市带出海门户，成为我国东南沿海重要的临海产业基地；潍坊的城市职能将重点倾斜海洋化工以及现代制造业；东营以石油化工为基础，成为山东省重要的工业城市，以及具有生态特色的中心城市；滨州则要成为以鲁北地区机械制造、纺织、印染为主的现代产业基地和工商中心。

（六）晋陕豫黄河金三角区域协调发展综合试验区

晋陕豫黄河金三角包括河南的三门峡市、陕西的渭南市、山西的运城市和临汾市。该区域位于黄河中游，地处我国中部、西部结合带，是华北、西北、中原的接合部，也是山西、陕西、河南三省的接壤地区，还处在陇海经济带中段，与中原经济区及关中—天水经济区在空间上又相互契合。能源、矿产、特色农业和旅游资源十分丰富，相关产业已形成一定规模，为共同打造我国重要的能源、原材料、特色农产品生产加工基地和精品旅游目的地及文化产业集聚地，奠定了良好的基础。

在20世纪80年代改革开放的大背景下，山西运城、河南三门峡和陕西渭南三地市于1986年成立了"晋陕豫黄河三角经济协作区"。经过20多年的区域合作实践，"黄河金三角经济协作区"在共同编制发展规划、建立合作机制、共建基础设施、产业合作等方面取得了较为显著的成效，积累了丰富的经验。目前，在有关各方的支持下，晋陕豫黄河金三角四地区提出了争取设立国家区域协调发展综合试验区的目标和构想，以整合区位优势、资源禀赋优势、产业基础优势、人文环境优势和市场辐射优势为基点，以搭建合作平台、创新合作模式、协调区域关系为突破口，以机制创新、体制创新和技术创新为动力，努力把晋陕豫黄河金三角区域建设成为全国区域协调发展的改革试验先行区。

二、互动合作基础条件

（一）资源基础

中原经济区与相关经济区（圈）有着互惠互利的资源基础。例如，长三角经济总量位居全国各区域第一，且资本、技术等生产要素丰富，高素质的管理人才众多，但能源、矿产、土地等不可再生资源的严重匮乏，导致了该地区的资源供给矛盾。从 2002 年开始的煤荒、电荒、地荒等问题，正困扰着长三角经济圈。中原经济区的农业和矿产资源相对丰富，并且具有人力和土地等优势，但在资本、技术、管理和人才方面却相对匮乏。不同的资源禀赋，为区域间的互动与合作奠定了物质基础。又如，京津冀都市圈、山东半岛蓝色经济区和长三角经济圈都拥有优越的港口资源和条件，在综合交通基础设施的有力保障和支撑下，中原经济区能够借助这些港口资源，更有效地实现对外开放和发展；而中原经济区可以作为腹地，为港口提供货源，提升沿海港口竞争力。因此，中原经济区与这几个沿海经济区（圈）之间在港口和腹地的互动发展方面，有着广阔的合作空间和前景。再如，京津冀都市圈、长三角经济圈、关中—天水经济区和武汉城市圈都拥有丰富的科教资源，中原经济区在这方面的资源相对较少，可以通过各种互动合作借助这些"外脑"来发展，同时这些"外脑"也可以借此拓展自身的发展空间。

（二）发展阶段差异

梯度推移理论认为，任何国家或地区都处在一定的经济技术梯度上。世界上出现的新产业、新产品、新技术，都会由其自身的生命周期决定，而且随着时间的推移由高梯度区向低梯度区转移。长三角经济圈处于我国区域经济发展的第一梯队，当前经济发展已经由量的扩张阶段，进入到了质的提升与量的扩张共同推进的阶段。其未来发展的方向是调整经济增长结构，优先发展现代服务业及高新技术产业，同时为中西部经济发展让路。中原经济区的发展步伐晚于长三角经济圈，目前仍处于重点扩张经济总量阶段。二者在经济发展阶段和产业结构上的差异，使得两者在原料、技术人员、市场份额和产业布局上各有各的空间，这为两地的区域分工和协作奠定了基础。而长三角经济圈等发达先进地区经济发展的扩张冲动和对中原经济区的示范作用，也为二者互动合作带来了动力。此外，京津冀都市圈，其发展情况在某些方面与长三角经济圈相近，与中原经济区的互动合作也存在着同样的基础。

（三）市场潜力

从市场来看，中原经济区与周边相关经济区（圈），特别是沿海的京津冀都市圈、山东半岛蓝色经济区和长三角经济圈开展互动与合作的潜力亦十分巨大。以长三角经济圈为例，其核心城市上海的市场潜力，不仅表现在自身经济的容量上，更为重要的是体现在它作为国内国外两个市场的枢纽功能上。随着城市功能的转变和"四个中心"（航运、经济、金融和贸易中心）地位的确立，上海将逐步建设成为国内外资金流、商品流、技术流、信息流的集散地和交会枢纽，率先成为国内最大的市场化资源配置中心，辐射长江流域，服务全国。所以，对中原经济区而言,上海是走向全国市场和世界市场的重要途径。中原经济区地处我国经济腹地,具有承东启西、连南接北的区位优势,面积广阔,人口众多,其市场容量具有较大规模,在全国也有相当影响。这种影响在中部地区更为明显,可谓潜力巨大,是长三角经济圈拓展内需空间的重要战略场所。二者具有互补性,合作前景看好。

(四)地缘联系

中原经济区与关中—天水经济区、山东半岛蓝色经济区和晋陕豫黄河金三角同属黄河流域,其间又有陇海铁路线和高速公路干线将这三大经济区连带长三角经济圈贯穿为一体,为整个流域经济的开放架起桥梁,并填补了国家空间发展战略的空白。中原经济区与京津冀都市圈和武汉城市圈则由京广、京九铁路和京港澳高速公路以及即将贯通南北的高速铁路等交通大动脉串联在一起,是纵贯我国南北经济增长轴的重要组成部分。地缘上的紧密联系,是中原经济区和周边经济区(圈)互动合作发展的又一基础条件。

(五)国家战略导向

中共中央在十六届三中全会提出要统筹区域发展、形成促进区域经济协调发展机制的战略部署,并明确指出区域经济协调发展是保证我国国民经济快速健康发展的必要条件,也是社会主义市场经济建设的一个重要的政策目标。在之后的"十一五"期间,国家一直致力于促进区域协调发展,形成合理的区域发展格局,这也仍将是"十二五"时期全国区域发展的战略导向。由此可以看出,当前我国的区域经济发展战略导向已经出现了转变:不再是以某一个地区为重点,各区域之间不再有先后、主次之分,而是处于平等的地位;各地区的发展不再是孤立的,而是通过合理分工、优势互补,形成紧密的社会、经济联系;任何地区的发展都不是以牺牲其他地区的利益为代价的,而是通过良性的互动使得各地区都能有所收获,实现自身进一步的发展;各地区的发展虽不是要达到同一水平,但都是根据自身条件及所处的发展阶段,各自有着不同的目标。在这一导向下,区域间协调发展将成为我国区域经济发展的主旋律,地区之间的互动合作发展在这一大背景下正在逐步展开。这样的战略背景,更有助于中原经济区与相关经济区(圈)开展互动与合作。

三、互动合作主体及其功能定位

互动合作主体的明确是经济区(圈)之间开展互动合作的首要问题。互动合作之所以难以落到实处并取得实效,一个最重要原因就是主体模糊和不统一,利益主体、规划主体、决策主体和操作主体不一致。区域经济的发展并不是由单一主体或其单一行为所推动，而是多个主体的各种行为共同作用的结果。跨地区互动合作的主体基本上可分为三类：一是政府；二是企业；三是非政府组织。[①] 然而，它们又是代表不同利益的主体。其中，政府是地区整体利益的代表和相对独立的行为主体，推进互动合作的目的主要在于增进本地区的整体利益以及互动地区之间的共同利益；企业之间的互动合作，则旨在实现互动企业利益的最大化；非政府组织之间的互动合作，旨在实现互动组织的利益最大化。因此，它们在地区互动合作发展中的地位和作用也有所不同。

以作用和效能而言，政府是区域互动合作发展中最有效的协调主体，欧盟各国合作发展的成功经验，清楚地表明了这一点。民间或半官方的组织，如跨地区的商会和行业协会等，具有一定的协调作用，但它们对政府的行为以及该商会、协会之外的其他组织，难以形成约束。企业是市场组织构架的微观基础，也不可能完全承担区域协调的功能。所以，在现阶段条件下，只有政府才是最有效的协调主体。政府的决策和调控，不仅对本地的发展具有重大影响，而且也直接关系到跨行政区划、跨行政层级的利益协调。离开了政府的这种协调，全面、有效的互动合作是难以实现的。

但是，在中原经济区与相关经济区（圈）互动合作中，还必须注意政府的越位、错位和缺位问题，这是影响企业或非政府组织互动合作的突出问题。投资的流向和产业的选择是资源市场配置、企业自主选择和竞争的结果，政府的越位和错位只会增加交易成本，降低经济效益。同时，政府在为企业提供服务和创造良好发展环境方面不同程度的缺位，也会严重阻碍互动发展的进程。另外，规范区域竞争行为，降低区域竞争成本，也必须通过政府间的互动合作才能实现。企业之间有竞争，政府之间也有竞争。这种竞争既有正当的行为，也可能有不正当的行为；既有正面效应，也可能有负面效应。地方保护主义和不计成本的招商引资等恶性竞争，不仅造成了资源浪费，而且扰乱了竞争秩序。而规范区域竞争行为，降低区域竞争成本，都离不开政府间的协调与合作。

综合以上的分析，我们可以看到，中原经济区与相关经济区（圈）开展互动合作，政府、企业和非政府组织都应该成为互动合作的主体，但又应各有偏重、各有所为。特别是除政府作用以外，如何按照市场规律，注意发挥非政府组织对企业各种活动的协调作用十分重要。同时，在我国目前市场机制还不够健全的情

① 葛立成等.长三角地区联动发展新思路研究 [J]. 浙江学刊，2004（3）.

况下，需要进一步转变政府职能，建立适应市场经济要求的职能体系，维护市场秩序，并把规划和政策导向同市场机制结合起来，通过引导、服务和监管，为企业提供服务和创造良好的发展环境，促进区域互动和协调发展。

四、深化互动合作总体思路

中原经济区与相关经济区（圈）开展互动合作，要适应建立社会主义市场经济体制的要求和新的对外开放的环境，充分考虑国内外市场需求的变化，按照市场经济规律和科学的方法，遵循优势互补、互惠互利，讲求实效和共同发展的原则，立足于各自的实际情况，以市场为导向和动力，以政府联合推进为依托，先从条件最成熟的领域入手，然后由浅入深地实施全方位、多层次、宽领域的合作联动。

（一）以市场为导向，大力加强企业间的合作

在计划经济体制下，区域经济合作的特点是政府占主导地位。其运作机制通常是：中央政府通过统一财税将各地财力集中起来，然后经过周密计划，组建国有企业，落实到目标地区，再以计划调拨的方式抽调其他经济要素到目标地区的指定企业里。实践已经证明，这种方式的经济效率往往难以尽如人意。随着我国市场经济体制的逐步确立，区域间的互动合作不再是由行政指令控制，而是建立在优势互补和对利益的共同追求基础上的一种战略行动。因此互动合作的开展，必然需要从市场的角度充分挖掘合作的基础。市场导向具有内在地冲破区域分割、实现区域资源和产业优化配置的功能，在这其中，作为市场经济活动的主体，企业也必将成为实施区域经济合作和联动发展的主体。对于企业来说，组合何处何种资源，完全由市场信号尤其是价格信号来决定，企业出于资本增值动机和适应市场需求，会加以合理选择。所以，以市场为导向，加强企业间的合作，是促进区域互动合作发展的重要途径。

（二）以政府联合推进为依托，优化互动合作的环境

政府应当从对微观经济领域和一般竞争性领域的直接干预中退出。改革开放以来的实践已经证明，在这些领域中，市场配置资源的能力远远高于政府。因此要大力减少对微观项目的行政审批和微观事务的具体管理。这种不合理、低效率的审批和管理制度，已成为影响地区联动和竞争能力的一个严重问题。按照中央精神，适应WTO规则的要求，集中解决政府干预过多、权力过大的问题，加快由"无限政府"、"全能政府"向"有限政府"、"法治政府"的过渡，是经济区（圈）互动合作的首要任务。当然，政府的退出应当是一种共同的退出，因为，如果有的地方政府退出，而有的地方政府继续充当"运动员"的角色，必然会导

致新的不公平竞争。政府的任务是要着眼于更好地体现"发起者"、"服务员"、"协调员"和"监督员"的角色。政府机构的各个层面，从决策部门、实施部门、监督部门和服务部门，都应纳入推进互动合作发展"服务一体化"的框架体系内，在创造良好的互动合作环境和纠正市场失效两方面发挥作用。

(三) 由浅入深、循序渐进地开展互动合作

区域间的互动合作不可能一步到位，需要有一个双方逐步认识和磨合的过程，因此会是一个由浅入深、由简单到复杂的渐进过程。先从有基础的领域入手，再逐步拓展互动合作的范围和深度，最终实现全方位、多层次、宽领域的合作联动与协调发展：

(1) 从单一领域、具体项目合作开始，逐步转向多领域合作。具体可以首先从投资办厂等生产性合作项目开始，然后逐步拓展到技术管理、市场拓展、教育培训、咨询信息以及金融等各种生产性服务领域，从而实现资金、人才、技术和信息等双向流动、互补和联动发展。

(2) 从单个企业之间的协作逐步转向产业整体联动型的合作。以产业联动发展为主线，推动生产要素双向流动，推进跨地区产业结构的战略性调整和升级，从而形成合理的产业分工和协作体系。

(3) 从短期项目合作逐渐过渡到长期资产纽带型合作互动。通过兼并、收购、参股、控股、合资合作等方式，促进资产跨地区的流动和优化组合，拓展资源优化配置的空间，提高资源优化配置效率。为此，要通过资产向优势企业和名牌产品集中，形成一批跨地区、实力强、技术水平高、经济效益好、有发展前途的龙头企业，壮大区域整体经济实力，迅速提高参与国际经济竞争的水平。

(四) 从松散的合作逐渐向紧密有序的联动发展推进

市场经济体制下的互动合作发展不能搞行政命令式的"拉郎配"，因此在起步阶段，区域间的互动合作主要表现为个别企业在个别项目上的合作。随着互动的深入，必然会出现各种矛盾和问题，这就需要制定统一的规划和形成完善的协调管理机制，来规范和约束各互动主体的行为，从而形成紧密有序的区域联动发展格局。并且，这种规划和协调管理机制不是从一开始就能形成，而必然是在互动发展的实践中逐步摸索出来的，并将在未来的实践中继续得到改进。

五、深化互动合作重点领域

按照上述的总体思路，依据中原经济区与周边相关经济区（圈）的实际情况，中原经济区与周边相关经济区（圈）互动合作可以首先从以下几个方面着

手，进而构筑经济联动发展新格局。

（一）构建对接交通物流网络

交通物流领域的交流与合作，既是区域互动合作发展的重要领域，也是区域互动合作发展的助推器。因此，中原经济区与周边经济区（圈）的互动合作，首先要依托现有交通资源，搞好交通规划，加强对接，协调中原经济区与周边经济区（圈）的铁路、公路、水运、航空等多种现代化运输方式，最终组成高效便捷的交通运输网络。在此基础上，各经济区（圈）应加快物流领域的交流与合作，按照"政府引导、市场导向、企业运作"的原则，以公路、铁路主枢纽建设为依托，以货运信息网络为纽带，健全货运站网络系统，构筑物流服务平台，促进传统运输方式向专业化、信息化、标准化的现代物流转变。与此同时，借助天津、上海、青岛、日照、连云港等各大港口实现与海外的畅通，如此既有利于中原经济区进出口业务的拓展，又支持了港口发展。

（二）实施产业空间转移

产业跨地区转移是发达地区保持竞争力和进行产业结构调整的客观需要。而产业转移往往伴随着大量的资本、技术、设备及其他无形要素的整体转移。因此，欠发达地区能够通过承接产业转移迅速积累起相对稀缺的生产要素，为区域经济的跨越发展创造条件。长三角经济圈作为我国发达地区，未来的发展重点是调整经济增长结构，优先发展现代服务业及高新技术产业，同时为中西部经济发展让路，这为中原经济区承接其产业转移创造了良好机遇。对于中原经济区而言，要紧密结合区域内产业的优势和未来发展方向，充分考虑生态成本和经济成本，有选择、有重点地承接长三角等发达地区的产业转移，以夯实产业基础、提升产业层次，实现区域经济跨越式发展。

（三）共同开发资源

中原经济区自然资源富集，尤其是各种矿产和农副产品资源储量和产量都很大，但资金短缺、开发力量薄弱，导致这些资源尚未得到更有效合理的开发与利用。中原经济区可以积极引进长三角、京津冀经济圈等发达地区的资金和先进工艺技术，合作实施资源开发和深加工，把资源优势转化为产业优势，从卖资源转变为卖产品，拉长本地产业链条、提升产业层次。而长三角、京津冀经济圈等发达地区的企业，亦能够借助这样的方式有效降低成本，更好地拓展内地广大市场。

（四）接轨现代服务业

中原经济区周边这几大经济区（圈），科教资源十分丰富，像北京、天津、上海、南京、杭州、武汉、西安等城市是全国重要的高等教育和科研基地，人才高度密集。而北京、上海作为全国的核心城市，现代服务业特别是其中的生产性服务业已经较为发达，上海有比较完备的金融市场体系、金融机构体系和金融业务体系，有先进的现代航运基础设施网络，未来的功能定位是成为全球重要的现代服务业中心；北京生产性服务业发展强劲，以生产性服务业为主导的经济格局已经形成，其中金融服务、信息服务、科技研发服务、商务服务等行业发展尤为突出，未来的功能定位也是以发展高端服务业为主。这些恰恰是中原经济区的弱项所在，中原经济区应当积极采取接受辐射、资源共享等方式，大力开展与这些地区的科技交流与合作，加快现代服务业接轨，积极吸引北京、上海、天津等城市的金融、物流、信息咨询、教育培训、商务服务等行业到中原经济区来开办分支机构，共享服务资源。而对于这些地区和城市而言，发展现代服务业，亦需要广阔的经济腹地作为支撑，双方互惠互利，合作前景广阔。

（五）合作推进旅游文化产业发展

中原经济区与周边经济区（圈）空间相邻，在历史文化、地理文化、古国文化、古都文化、军事文化、生态文化、交通文化、旅游文化等资源上都有共生、同一的领域，同时也互为重要的旅游客源市场，再加上沿海发达地区在旅游文化开发利用方面的先进经验，这些都为中原经济区与周边经济区（圈）共同推进旅游文化产业发展，提供了坚实的资源基础和广阔的合作平台。以旅游业为例，合作推进区域旅游业可以分阶段进行：第一阶段应是共同协调规划和开发各地的旅游资源，突破现有范围，联手共建旅游圈，并突出重点和特色，相互推荐和宣传区域内的特色旅游景点；第二阶段应把无障碍旅游推进到合作领域；第三阶段可以是共同开发旅游景点，合作建设旅游基础设施、旅游度假区，联手共建一批符合现代休闲、娱乐需求的休闲、生态旅游景区等。

（六）联合共建基础设施项目

在当前市场经济日趋发育的情况下，中原经济区除极少数重大高新技术和基础设施项目由国家投资兴建外，其余都需要通过各种渠道吸引社会资本。作为欠发达地区，中原经济区建设资金尚不充足，而长三角、京津冀经济圈等发达地区经过多年的快速发展，已经集聚了大量的金融资本和产业资本，另外还有大量的民间游资需要寻求出路。如果能够引导这些资本投入中原经济区建设，既可以解决其基础设施建设过程中的资金不足问题，又可以为这些发达地区的资本寻找到新的投资渠道。同时，这些发达地区还有着设计、施工和管理等方面的经验和优势，可以充分利用这一有利时机，参与重大基础设施项目的建设和管理，与中原经济区携手联建一批能够产生较好经济效益和社会效益的重大基础设施项目，互取所需、合作共赢。

（七）推进中原经济区所有制改革

非公有制经济是区域经济发展具有活力的重要制度性因素。中原经济区非公有经济比重较低，民营经济还不够活跃，经济发展的活力不足，国企改革改制和市场体系建设的任务都还十分艰巨。因此，调整产权结构，进一步深化国有企业改革，积极推进投资主体多元化，大力发展非公有制经济特别是民营经济，是中原经济区经济崛起的重要环节之一。但是中原经济区在发展非公有制经济中存在不少问题，如束缚先进生产力发展的体制性障碍等问题还比较严重，政府职能转变步伐不够快，"等、靠、要"等妨碍发展的思想观念还有着一定的影响力，创业氛围还有待培养，企业经营管理人才、创业人才和民营企业家更是比较缺乏等。而长三角经济圈等发达地区有着国企改革和民营经济蓬勃发展的经验，因此可积极开展在该领域的合作。例如，长三角等发达地区的民营企业可以通过到中原经济区投资，进行跨地区、跨行业、跨所有制的联合，形成一批上规模、上档次、上水平的民营企业集团，为中原经济区民营经济的发展发挥示范推动作用。同时，也可以对中原经济区国有企业进行并购重组和结构调整，利用原有资产存量，激发国有企业的经济活力。

（八）探索政府层面的协作与联动

以我国的现实国情而言，行政区政府对区域互动合作发展仍然有着深刻的影响。因此，必须加强政府层面上的协作与联动，这是中原经济区与周边经济区（圈）互动合作发展顺利推进的重要保障。但是要在政府联动、资源共享、利益分配等问题上形成有效的合作协调机制，不是一蹴而就的事情，需要在实践中不断探索和尝试。国家将在晋陕豫黄河金三角设立"区域协调发展综合试验区"，探索省际边缘区协调发展的机制和对策。该经济区处于三省交界处，仅包括四市，范围较小，有利于各类政策的争取和运用。同时它又是中原经济区和关中—天水经济区之间的过渡地带，与两大经济区相互牵连，因此这一地区的合作经验对于指导中原经济区同周边经济区（圈）开展区域合作具有十分重要的现实意义和实践价值。对此，河南应当高度重视，大力支持这一地区作为先导区，开展试验并及时总结经验，以在中原经济区的建设发展及其与周边经济区（圈）互动合作中加以推广。

六、深化互动合作方式途径

(一) 营造良好的互动合作发展环境

市场是要素流动和优化配置的基本手段。因此，区域市场发育程度的差距，是影响区域互动合作顺利展开的重要因素。要促进中原经济区与相关经济区（圈）的互动发展，必须加快推进中原经济区的市场化进程，着力构建以诚信为本、公平竞争的市场环境和宽松的发展氛围，缩小与长三角经济圈等发达地区市场化水平的差距。一方面，中原经济区要按照 WTO 规则和转变政府职能的要求，学习借鉴发达地区的经验，进一步强化政府服务意识，改进政府服务方式，提高政府管理水平和办事效率；另一方面，中原经济区和相关经济区（圈）要采取联合行动，增强区域之间政策的公开性和透明度，在政策和制度方面，加强行政协调，营造互动合作发展的良好环境。

(二) 建立广泛的信息交流平台

利用现代信息技术特别是互联网技术，积极建立中原经济区和相关经济区（圈）之间的信息服务网络，及时收集相关信息。通过强化沟通联系，为政府、企业和非政府组织这些互动合作的主体建立信息交流、合作洽谈的活动服务平台，包括政策平台、信息平台和项目平台等，为主体决策提供信息、咨询等服务，形成推进区域合作与互动的有效载体。

(三) 制定和实施专项规划对接

区域发展规划的制定决定着区域的发展方向和发展重点。在中原经济区与相关经济区（圈）的互动中，各地政府应加强协同与合作，在协调各地区区域发展规划的基础上，由制定相互衔接的专项规划入手，如交通规划、旅游规划、环保规划等，逐步促进区域联动协调发展。在规划编制中，应建立相应的法规，以保证规划的权威性和约束力。

(四) 构建多形式、多层次的协商框架

中原经济区与相关经济区（圈）开展互动合作，需要构建多形式、多层次的协商框架，并规范协商程序，扩大协商范围，充实协商内容。具体设想是：

（1）由于牵涉过广，从目前来看，中原经济区与相关经济区（圈）之间的互动，尚不能形成规范的讨论与协商制度，未采用有约束力的协调方式。所以，在起步阶段，应当主要采用对话协商方式，定期进行高级别领导的互访和发展思路的对接，然后再逐步深入。

（2）建立具有广泛代表性的互动发展咨询委员会，及时捕捉机遇、调动资

源，推进区域联动发展。该委员会的成员组成除各地政府代表之外，还应包括工商企业、非政府组织和专家学者等多个层面的代表，对区域组织结构、经济政策、社会政策等涉及跨地区发展的重大决策进行审议。委员会还应有对政府决策的建议权，政府则有义务在规定的期限内予以公开回应，以形成有效的互动。

（3）鼓励建立各类半官方及民间的跨区域合作组织，多方面推进互动合作发展。例如，建立区域性联合商会和行业协会、大企业联合会和经济联合体、企业联谊会、产权交易联合中心和证券交易分中心等。

第三节　强化区域自主创新和机制创新

一、增强区域自主创新能力

自主创新能力是衡量区域竞争力的关键指标，也是建设中原经济区的有效支撑。中原经济区要充分利用创新资源、区位条件和产业基础，丰富主体，完善平台，营造环境，加强合作，构建要素完备、配置高效、支撑有力的区域自主创新体系，增强原始创新、集成创新和引进消化吸收再创新能力，打造全国重要的自主创新高地，推动区域发展由要素驱动向创新驱动转变。

（一）培育壮大自主创新主体

（1）提高企业自主创新能力。大力实施企业创新能力培育科技工程，着力提高企业自主创新能力，强化企业在技术创新体系中的主体地位和关键作用。引导和支持企业建立研发中心，并以此为平台推动自主创新和产学研用相结合。培育一批拥有自主知识产权核心技术和持续创新能力的创新型企业，并以此为示范引导广大企业走创新驱动型发展道路。引导社会资源和创新要素向企业特别是创新型企业流动，通过企业自主创新能力的提高，促进企业和产业核心竞争力的增强。

（2）发挥科研机构骨干作用。深化科研机构改革，推动建立现代院所制度，充分发挥科研机构在自主创新中的引领和骨干作用。稳定和壮大科研机构人才队伍，支持鼓励科研机构和科技人员积极面向经济社会发展主战场开展科技创新活动，同时支持科研机构提高自身的科技创新能力。支持中央驻豫和军口科研机构积极参与河南自主创新活动。支持发展民办科研机构。

（3）强化高等院校生力军功能。根据河南自主创新体系建设需要，调整学科建设和科学研究方向，探索建设研究型大学。改革高等院校科研绩效评价机制，引导高等院校科研人员更加积极主动地投身到经济社会发展主战场，与企业联合开展能够提升企业和产业核心竞争力的应用开发研究和成果转化。同时，支持高等院校在基础前沿技术、社会公益技术领域开展原始创新和集成创新。

（4）加强科技创新人力资源建设。抓好"培养、引进、用好"三个环节，培养造就自主创新人才队伍。实施创新型科技人才队伍建设工程，培育一批科技领军人才、一批科技创新团队和一支创新型科技人才骨干队伍。实施中原崛起百千万海外人才引进工程，积极引进海外及省外高层次科技创新人才，壮大科技创新人才队伍的规模，优化人才队伍的结构，提升人才队伍的层次。加强农村实用人才队伍建设和农村科技人力资源开发，着力培养一大批创新型农业生产经营人才和农村科技服务人才。在高等院校和职业院校开展创新精神和创新知识教育，为科技创新提供大批高素质的人力资源。同时，动员社会创新人才积极投身创新活动，促进全社会创新活力竞相迸发。

（二）丰富发展自主创新载体

（1）加快发展企业研发中心。围绕中原经济区现代产业体系建设，以主导产业和高新技术产业的骨干企业为核心，优先布局产业集聚区，加快建设和发展工程技术研究中心、工程研究中心、企业技术中心等各类企业研发中心，积极引进世界500强以及国内大型企业集团的区域性研发中心入驻，引导支持河南省内企业与周边地区企业联合创建行业研发中心，打造一批自主研发基地和联合研发平台。力争到2020年，中原经济区内大中型工业企业全部建立研发中心，研发中心支撑企业发展的创新能力大幅度提高。

（2）加强重点实验室建设。为提高原始创新能力，应开展事关中原经济区可持续发展的基础前沿技术和战略高新技术的研发和学术交流，培养高层次科技创新人才，依托重点高等院校、科研机构和有条件的企业及事业单位，加强重点实验室、工程实验室、高校重点实验室等建设。到2020年，新建省级以上重点实验室60个、工程实验室100个。实验室建设水平和质量大幅度提高。

（3）大力发展创新型产业集聚区。以培育具有国际竞争力的高新技术企业和产业集群为目标，推动高新技术产业开发区实施以增强自主创新能力为核心的"二次创业"，做强做大高新技术产业开发区，充分发挥其引领示范作用，建设区域创新基地和高新技术产业集群化发展基地。重点围绕省定200个产业集聚区建设科技创新支撑平台和服务设施，加强科技支撑能力，选择有条件的产业集聚区予以重点支持，培育一批走创新驱动型科学发展道路的创新型产业集聚区。到

2020 年，培育 50 个创新型产业集聚区。

（4）积极发展创业孵化基地。以国家大学科技园、国家"863"软件孵化器、中部软件园、留学生创业园、创业服务中心等为依托，积极发展科技创业孵化基地。完善功能，提高服务能力，为中小科技企业和大学生等个体创业者提供全方位服务，提高科技成果转化为新产品、新工艺、新服务的能力，帮助中小企业快速成长。

（5）探索建立产业技术创新战略联盟。选择关联度高、带动性强、发展前景好、具有一定比较优势的产业领域，组织相关企业、高等院校和科研机构建立产业技术创新战略联盟，实现创新资源的有效分工和合理衔接，围绕产业技术创新的关键技术问题开展紧密的技术合作和联合攻关。各成员单位以开放合作促进互利共赢，共同突破产业发展的核心技术，形成技术标准，共同提高核心竞争力，共同打造和壮大新兴产业集群，提升产业的整体竞争力。

（三）建立健全自主创新机制

（1）坚持市场导向机制。明确科技创新成果的商品属性和商品价值，根据市场需求开展科技创新，取得的科技成果由市场配置。充分发挥市场在资源配置中的基础性作用，促进全社会科技资源的有效整合和合理配置。科技成果和科技资源效能的评价要以产业化、市场化和商品化为主要标准。

（2）完善科技成果权益保护机制。实施《河南省知识产权战略纲要》，支持创新主体在重点领域和关键技术、工艺和产品方面创造和形成自主知识产权。制定知识产权许可、技术转移等制度和政策，推动核心技术的专利化和标准化，促进知识产权的转化和应用。健全知识产权保护体系，加大保护知识产权的执法力度，严厉查处和打击各种侵权、假冒等违法行为，切实保护知识产权所有人的合法权益。探索建立防止滥用知识产权保护制度，促进公平竞争和不断创新。知识产权、科技成果的转让和成果创造者的合法权益要以市场经济和法律手段提供保证。

（3）强化科技成果转化机制。改革科技成果评价标准，把科技成果的转化应用作为自主创新活动的根本目的和主要评价指标。政府科技资金支持的科研项目要把转化应用前景作为重要依据，政府科技奖励要把成果转化应用效果作为重要标准。在专业技术职务评聘中，要将科研人员开展自主创新及其成果产业化情况作为重要评价内容。落实有关规定，鼓励知识、技术、管理等要素参与分配，引导和激励科技人员从事科技成果转化和产业化。鼓励支持各类创业风险投资机构的发展，引导其把投资重点投向科技成果转化和产业化。积极推动科技保险创新发展，逐步建立高新技术企业创新产品研发、科技成果转让的保险保障机制。

（4）创新产学研用紧密结合机制。鼓励以企业为中心，与高等院校、科研机构及重要用户建立以产权为纽带的各类技术创新合作组织；在应用研究和成果转化领域，建立企业牵头组织、高等院校和科研机构共同参与实施的有效机制。创新产学研用结合组织形式，以契约化为保障，以利益为纽带，引导和推动科研机构和高等院校的研究人员更加积极主动地投身于经济建设主战场，开展能够支撑产业和企业发展的应用技术研究。政府科技资金优先支持产学研用结合开展的研发平台建设、引进消化吸收再创新、集成创新和有较明确应用前景的原始创新。

（5）形成自主创新协调联动机制。建立健全组织重大创新活动的联动机制，围绕中原经济区经济社会发展战略，策划和凝练各类重大自主创新项目，国家、省、地方形成合力联合推进，提高科技资源的集成度和使用效率。完善重大创新项目的部门配合联动机制，在资金、技术、土地、环境容量等重要资源配置上加强协调。探索建立自主创新与产业发展的联动机制，促进产业界、科技界、资本市场有机配合联动，加速科技成果产业化和新兴产业的形成壮大，引导自主创新、知识产权保护和标准化的良性互动。

二、强化区域自主创新环境建设

（一）积极营造自主创新环境

（1）优化创新政策环境。落实国家企业研究开发费用加计扣除政策，做好高新技术企业认定及通过认定的高新技术企业减征企业所得税工作，用足用好国家支持企业自主创新的政策措施，引导和支持企业进一步加大科技投入。把研发投入和技术创新能力作为企业申请政府科技经费支持和认定高新技术企业的条件，作为国有企业及其法定代表人绩效考核的重要指标。政府有关专项资金要注意引导带动企业加大对自主创新的投入，使其逐步成为科技创新和创新资源投入的主体。

（2）加大科技投入。一方面，加大财政投入，提高政府资金使用效益。把财政科技投入作为预算保障的重点，在预算编制和预算执行中都要体现法定增长的要求，确保财政科技投入增幅明显高于财政经常性收入的增幅。优化科技投入结构，集中优势科技资源，重点支持重大应用技术研究和自主知识产权核心技术开发，逐步增加重大科技专项经费等在科技投入中的比重，提高财政科技资金的使用效益。另一方面，完善支持体系，引导社会资金投入自主创新。进一步加大培育力度，优先支持创新型企业上市融资。建立健全鼓励中小企业技术创新的信用担保制度，引导金融机构和中小企业信用担保机构支持中小企业科技创新和产业化。建立和完善创业风险投资机制，拓宽创业风险投资的退出渠道，促进社会资本机构整合、重组，形成一批骨干创业风险投资公司。建立完善技术产权交易市场，创新交易模式和运作机制，为成长性较好的科技型企业的产权交易提供服务。充分发挥政府各类投融资平台和投资公司的作用，引导社会有关方面加大对自主创新的投入。

（3）完善创新服务体系。大力发展技术转移、技术产权交易、风险投资、创业孵化及技术经纪等创新服务机构，完善科技公共服务平台。加强高等院校和科研机构技术转移中心建设，拓宽科技成果转化渠道；完善技术产权交易市场，创新交易模式和运作机制，畅通技术产权流通渠道；积极引进和培育风险投资机构，扩大科技型中小企业融资渠道。建立健全知识产权管理、服务和保护体系。完善专利资助办法，鼓励职务发明专利，重点向涉外发明专利倾斜，对获得的涉外专利给予奖励。

（4）弘扬创新文化。大力宣传在自主创新中涌现出的先进人物和先进典型，特别是科技创新的领军人物，引导和鼓励科技人员创新创业。积极倡导创新价值观，形成尊重知识、尊重人才、鼓励创新、宽容失败的创新氛围。培养团队精神，大力提倡团结协作、开放包容、博采众长、兼容并蓄。发挥政府奖励的杠杆和引导作用，对在自主创新工作中做出突出贡献的人员给予奖励，并落实相应待遇。广泛开展各类学术交流活动，形成"百花齐放、百家争鸣"的学术氛围。实施全民科学素质行动计划，加强科学技术普及，积极弘扬科学精神，传播科学思想，普及科学知识，倡导科学方法，不断提高公众的科学文化素质。鼓励和支持开展群众性发明创造、技术革新和技术推广活动，开展科技领域学术交流与培训，普及科学知识，提高市民科学素养。

（二）大力推动开放式创新与跨区域合作

（1）以开放式创新平台为支点，撬动全球科技资源。充分利用全球科技资源，提高创新起点，缩短创新周期。依托国家级重点实验室、各级企业研发中心打造开放式创新平台，加强与美国、日本、俄罗斯、欧盟等国家和地区的科技合作，抓住国际产业转移和人才流动加快的机遇，努力引进海外科技资源，支持跨国公司和国外知名高等院校、科研机构来河南建立研发中心。大力支持河南企业引进国外先进技术，通过消化吸收再创新提高自主创新能力，获取核心关键技术，培育创新团队。大力引进海外高层次人才，依托产业集聚区、骨干企业、高等院校和科研机构，建立一批海外高层次人才创新创业基地，集聚一批海外高层次创新创业人才和团队。鼓励支持河南企业到国外建立研发机构或与国外机构联合开展研发活动，提高企业开拓海外市场的核心竞争力。

（2）以产学研合作平台为载体，强化跨区域创新合作。加强与国内创新力量的合作。通过省部会商等有效渠道，争取国家及有关部委对河南科技创新的更大支持。加强与中国科学院、中国工程院、中国科协及中直和省外高等院校、科研机构、企业的合作与交流，鼓励和支持其在河南建立成果转移中心或研发、成果转化基地，开展科技创新活动。积极支持中央驻豫和驻豫军口高等院校、科研机构参与河南科技创新，进行成果转化。发挥河南的区位优势，进一步强化与北京、上海等创新资源密集区域的科技合作。积极推进省内区域合作，结合河南现代城镇体系建设建立科技创新协作区和创新资源密集区。

三、积极推进体制机制创新

优化发展软环境，必须按照科学发展观的要求，坚持用改革与创新的思路，推进体制与机制创新，努力在解放思想上有新突破，在转变职能上有新举措，在服务水平上有新提高，在推进各项工作上有新成效，为中原经济区又好又快发展营造良好的发展环境。

（一）建立各尽其职的责任机制

目前，中原经济区的软环境建设与发达地区相比，与又好又快发展的形势要求相比，与投资者、经营者和人民群众的愿望相比，还存在一定的差距，突出表现在发展不够平衡、工作不够深入等问题。这些问题的存在，与一些领导干部的责任意识不强不无关系。因此，抓软环境建设，必须切实强化好各级部门及其工作人员的责任意识。

（1）明确党委和政府的责任。要从实现中原经济区快速发展的全局高度，来认识加强软环境建设的极端重要性和紧迫性，真正把软环境建设纳入到各级党委、政府的重要日程，锲而不舍地抓下去。

（2）明确各部门责任。要树立全局观念，真正从狭隘的部门功利主义的盲区中解放出来，在想问题、办事情、作决策过程中，不能局限于部门利益、局部利益，从根本上解决"部门权力化、权力利益化、利益个人化"问题。

（3）明确具体人员责任。各级领导干部、部门工作人员特别是执纪执法人员，要培养服务意识，切实把加强软环境建设作为落实科学发展观的重要内容；要树立大局意识，自觉地把履行职责放到经济发展这个大局中来认识和把握；要树立正确的权力观，实现好、维护好、发展好群众的根本利益。

（二）建立高效通畅的运行机制

制度建设是检验一个地区软环境建设水平和实际成果的重要标准。在制度建设上，应注重把握好制度的制定和执行两个环节。制度要有用、管用，真正体现公正、透明、客观、严密的原则，具有可操作性。制度的执行必须一视同仁，坚持制度面前人人平等。结合中原经济区软环境建设的现状，应重点加强五个方面的制度规范。

（1）在体制方面，要转变工作方式，处理好管理与服务、监督与保护的关系，切实发挥社会管理和公共服务职能。

（2）在政策方面，要保证优惠政策的实用性、系统性和稳定性，能够让投资者真正得到实惠，形成本地的比较优势，避免政策之间的矛盾，消除投资者后顾之忧。

（3）在管理方面，继续深化行政审批制度改革，减少行政审批人员的自由裁量权力，增强行政审批透明度。

（4）在政务方面，继续推行政务公开，进一步增加公开事项。

（5）在服务方面，继续推行首问责任制、首办负责制和服务承诺制；继续实行"一条龙审批、一站式办公"，实行阳光作业，推进行政审批提速。

（三）建立科学合理的监督机制

软环境建设，仅仅依靠人的自觉是不能够持久的，必须加强相应的监督。过去我们不是没有软环境建设的相关规定，但在执行上还不是很到位，原因之一就在于因为缺乏监督或监督力度不够，许多制度和措施没有真正落到实处，往往是一阵风，或者是仅仅体现在口头上。要加强软环境建设，就必须建立有效的监督机制。

（1）构建畅通有序的诉求受理机制。构建多层面、全覆盖、快速反应的诉求体系，畅通诉求渠道，及时受理、答复民众诉求问题。

（2）建立健全社会监督机制。通过聘请社会各界人士作为软环境建设监督员，对各地区、各单位软环境建设情况进行监督；充分发挥新闻媒体的监督作用，对那些损害发展环境、破坏城市形象以及各种不文明、不道德的反面典型进行公开曝光。

（3）建立科学的考评机制。建立和完善科学的评价体系，将本单位、本部门、本行业开展软环境建设工作中的领导重视程度、履行职责情况、优质服务工作、制度建设情况及整改承诺情况五个方面内容作为评议重点，严格评议标准，实行一票否决，并充分运用好评议结果，真正实现以评促纠、以评促建。

（四）强化执行有力的组织保障机制

提高服务经济发展软环境建设的能力，是纪检监察机关适应市场经济体制的基本要求。各级纪检监察机关应进一步增强服务地方经济发展的主动性，自觉把党风廉政建设与经济建设结合起来，把反腐倡廉与改革、发展、稳定结合起来，把履行纪检监察的职能作用与软环境建设结合起来，切实发挥纪检监察部门的组织协调作用，保证软环境建设各项任务的顺利完成。

（1）强化思想教育，坚决破除影响软环境建设的思想障碍。重点加强对领导干部树立正确科学发展观的教育，坚决制止"形象工程"和"政绩工程"，牢固树立抓好软环境是天职、抓不好软环境是失职的责任意识。加强对行政执法机关、司法机关和经济管理部门及其工作人员职业道德和责任意识教育，树立正确的发展理念、执政理念、管理理念和执法理念。

（2）强化案件查处，主动为经济发展排清障碍。明确查办案件的重点，重点查办违反行政审批制度、财政管理体制的案件；推诿扯皮、办事拖拉，向企业乱收费、乱摊派、乱罚款的案件；在项目建设上贪污受贿、挪用公款等违纪违法案件及为黑恶势力充当"保护伞"案件。对社会上欺行霸市、蓄意阻挠等恶意破坏软环境的行为，及时督促有关职能部门有效运用经济、法律等手段，坚决予以打击。

（3）强化保护职能，调动和凝聚一切有益于经济发展的积极因素。保护广大党员干部干事创业的积极性，把由于经验不足造成的失误与失职渎职严格区分开来；要保护企业的合法权益，减轻企业负担，排除企业生产经营中的各种障碍；要保护广大群众的切身利益，对侵害群众利益的坚决查处。

第九章　河南省区域经济协调发展支撑体系

改革开放以来，河南经济持续快速发展，与此同时，区域内经济发展的差异也在日趋扩大，如何缩小差异以促进区域经济协调发展是当前的重要任务。河南在建设中原经济区、加快中原崛起的进程中应着眼于破解面临的突出矛盾和问题，从着力构建传统优势支撑体系、基础服务支撑体系、战略支撑体系和政策支撑体系等着手，逐步缩小区域经济差异，实现区域经济协调发展。

第一节　传统优势支撑

一、粮食安全与发展

（一）河南粮食总产连续 10 年居全国首位

河南是全国重要的粮食生产与加工基地。河南粮食总产占全国粮食总产量1/10，连续 4 年超 1000 亿斤、连续 6 年创新高、连续 10 年位居全国首位，除满足本省近 1 亿人的粮食需求外，每年还外调 300 亿斤原粮及其加工制成品。与中部省份相比，河南粮食生产基地的地位不断巩固，在全国的位次和比重不断提升，不仅为河南工业化、城镇化提供了基础支撑，而且对保障全国粮食安全做出重要贡献（见表 9-1、表 9-2、表 9-3）。目前，河南已被批准为国家粮食生产核心区，粮食生产已被纳入国家粮食战略工程，未来河南粮食生产方面将会获得国家更多的政策支持，粮食增产潜力将得到充分发挥，预计到 2020 年，河南粮食生产能力达到1300 亿斤。同时，河南稳定的粮食生产能力有力地支持了食品工业的发展，围绕农业上工业，河南已走出一条适宜农区发展的工业化道路。2008 年，食品工业增加值位列全省六大支柱产业之首，实现增加值 1043.3 亿元，总量稳居全国第 2 位。

表 9-1　全国 13 个粮食主产区粮食生产地位的变化情况

单位：万吨，%

	1978 年			2009 年		
	总产量	全国位次	占全国比重	总产量	全国位次	占全国比重
四川	3000.0	1	9.84	3215.0	5	6.06
江苏	2290.0	2	7.51	3230.0	4	6.08
山东	2250.0	3	7.38	4316.3	3	8.13
河南	1900.0	4	6.23	5389.0	1	10.15
湖南	1900.0	5	6.23	3000.0	7	5.65
湖北	1725.5	6	5.66	2310.0	10	4.35
河北	1615.0	7	5.30	2910.0	8	5.48
黑龙江	1500.0	8	4.92	4350.0	2	8.19
安徽	1482.0	9	4.86	3070.0	6	5.78
辽宁	1175.0	10	3.86	1591.0	13	3.00
吉林	1056.0	11	3.46	2460.0	9	4.63
江西	1050.0	12	3.45	2000.0	11	3.77
内蒙古	180.0	13	0.59	1980.0	12	3.73

表 9-2　河南粮食生产和消费变化情况

年份	粮食种植面积（亿亩）	平均亩产（斤）	粮食总产量（亿斤）	粮食消费量（亿斤）	产消盈余（亿斤）
1996	1.32	571	768	679	89
1997	1.34	584.8	779	669	110
1998	1.33	587.4	802	670	132
1999	1.35	627.8	851	697	154
2000	1.35	605.6	820	700	120
2001	1.32	622.6	824	708	116
2002	1.35	625.4	842	710	132
2003	1.34	347.8	714	715	111
2004	1.35	633.2	852	725	127
2005	1.37	667.4	916	729	187
2006	1.4	721	1002	737	265
2007	1.42	738.6	1049	742	307
2008	1.44	745.2	1073	751	322

资料来源：粮食产量数据来自历年《中国统计年鉴》、《河南农村统计年鉴》；粮食消费量 1996~2001 年数据来自"河南省粮食供求变化趋势及总量平衡问题研究"，http://www.cngrain.com，2002-11-26，中华粮网；2002~2007 年数据来自年度粮食供需平衡测算表。

表9-3　河南跨省粮食（原粮）调出量现状及预测

单位：万吨

跨省粮食物流通道	2006~2008 年均调出量	2010 年预测调出量	2015 年预测调出量
河南—华南	440	500	750
河南—华东	190	200	320
河南—华北	190	200	320
河南—西南	80	100	160
合计	900	1000	1550

"十一五"期间，河南的粮食总产连续六年创历史新高，连续 10 年居全国首位。

全省粮食总产从 2006 年起，连续四年稳定在 1000 亿斤以上。河南用占全国 1/16 的耕地生产了占全国 1/10 的粮食、1/4 的小麦。河南的粮食生产不仅满足了全省 1 亿人口的粮食需求和粮食加工企业的原料需求，而且每年调出 300 亿斤的商品粮和粮食制成品，为保障国家粮食安全做出了重大贡献。

此外，河南省扶持建设了一批优质、高产、高效、生态和安全农作物生产基地，促进了大宗农产品向主产区集中，优势特色农产品向适宜区集中。

目前，河南是全国最大的肉类生产加工基地，全国最大的速冻食品加工基地，全国最大的方便面生产基地，全国最大的饼干生产基地，全国最大的调味品生产加工基地。河南已经成为名副其实的中国"大粮仓"和国人"大厨房"。

（二）粮食核心区建设

河南粮食核心区建设的总体目标是：经过 10 多年的努力，粮食生产的支撑条件明显改善，抗御自然灾害能力进一步增强，粮食综合生产能力和农业综合效益显著提高，成为全国重要的粮食稳定增长的核心区、体制机制创新的试验区、农村经济社会全面发展的示范区。规划到 2020 年，通过对现有高产田进一步巩固提高，使粮食亩产平均提高到 2100 斤，吨粮田面积由现在的近 1000 万亩扩大到 2500 万亩；对 3200 万亩中产田实施高标准开发，使其粮食亩产提高到 1800 斤以上；对 1800 万亩低产田实施综合改造，使其粮食亩产提高到 1600 斤以上。到 2020 年，在各种生产要素具备、没有不可抗御的自然灾害、农民种粮积极性充分调动的前提下，确保全省粮食净增 260 亿斤，总产量达到 1300 亿斤，调出原粮和粮食加工制成品 550 亿斤以上。这既是保障国家粮食安全的重大任务，也是河南作为人口大省消费和食品工业大省发展的实际需要。

河南粮食核心区建设，要围绕粮食生产能力达到 1300 亿斤的目标，稳定面积，主攻单产，调整结构，走内涵式、集约化的粮食增产道路。要创新机制、完善政策，把发展粮食生产与促进农民增收、实现富民强省结合起来，建立起粮食生产稳定增长的长效机制。要以强力推进中低产田改造为重点，以巩固提升高产田为支撑，以打造吨粮田为方向。加快除害兴利水利工程建设，大幅提升抗灾能力。大力推进农业科技创新，配套完善科技推广体系。不断提高粮食稳定增产的支撑能力，努力提高农村劳动力综合素质，改善农业生态环境，完善粮食流通体系，增强以工补农能力，为粮食生产稳定增长提供可靠保障，带动农村经济社会全面发展，走出一条工业化城镇化与粮食安全"双赢"的全新发展道路。

（三）特色农业发展

农业的发展，有特色才有优势、有特色才有市场、有特色才有竞争力。河南作为传统的农业大省，农业资源和农产品丰富多样，其得天独厚的自然和人文环境为农产品特色的形成提供了坚实的基础。河南属于北亚热带向南暖温带的过渡区域，南北气候交替，光热水土资源丰富，使得河南宜农生物物种资源极为丰富。而且，河南人民在漫长的农业发展历史中积累了大量独特的农业生产技术，形成了精耕细作的农业文化，厚重的农业历史文化也是特色农产品发展的宝贵资源。改革开放以来，河南不断推进农业科技进步，积极调整农业农村经济结构，注重发挥农业的区域优势，使特色农业不断发展、特色农产品产业带已初步形成，这为河南新时期进一步加快发展特色优势农产品奠定了良好基础。

（1）初步形成了豫北、豫西北地区土壤质地偏黏、肥力水平较高、小麦全生育期特别是抽穗后降雨量偏少、光照相对充足的优质强筋小麦种植区；豫南淮河沿岸中低产沙土地和稻茬土区的弱筋小麦种植区；豫中、豫东和豫西南以中筋小麦为主、兼种强筋小麦的种植区。

（2）形成了不同的玉米优势产区。饲用玉米优势区分布在从东北部到西南的黄淮海平原及南阳盆地。青贮玉米作为养牛、养羊的青饲料，重点布局在养牛、养羊集中的地区。工业加工玉米优势区，包括高淀粉、高油玉米等，重点布局在淀粉、味精、酒精等加工企业较为集中的地市。食品加工玉米优势区，主要集中在城市近郊和大食品加工企业周围。

（3）基本形成了豫东、南阳盆地和豫北三大棉区，种植面积分别占全省总种植面积的 68%、19% 和 11%。

（4）形成了西部黄土高原和东部黄河故道两个苹果优势产区。两大苹果产区的果园面积合计达 92.69 千公顷，占全省苹果果园面积 164.45 千公顷的 56.4%。

（5）肉牛和肉羊带已经大致形成。商丘、南阳、周口、驻马店、平顶山、许昌、洛阳、三门峡 8 市所属的 32 个县为河南牛肉主要生产基地；郑州、开封、商丘、周口、南阳、驻马店、许昌、安阳、鹤壁、新乡、焦作、三门峡、济源等 14 个地市所属的 34 个县（市）为河南肉羊的优势产区。

同时，河南形成了一批标准化特色农产品种植和养殖基地。目前，已建立了国家、省、市、县（区）四级农业标准化示范基地项目 581 个，涉及粮食、油料、蔬菜、水果、畜禽、水产、花卉、食用菌、中药材、林产品等。重点发展了新郑大枣、灵宝苹果、信阳毛尖、西峡猕猴桃、山茱萸、中牟大蒜、泌阳蘑菇、鹤壁肉鸡、龙云蔬菜、原阳大米、新乡强筋小麦、漯河生猪、焦作四大怀药、平舆白芝麻、鄢陵花卉等突出地方特色的农产品项目。

河南还初步形成了一批知名的特色农业品牌，这些品牌产品在国内外市场具有较强的竞争力。在企业品牌方面，如漯河龙云集团通过对无公害农业生产的严格标准化管理，打响了"龙云无公害蔬菜"的品牌；信阳市依靠"信阳毛尖"的知名原产地品牌优势，催生出"文新"、"五云"、"新霖"等知名企业品牌；卢氏通过保护和利用卢氏鸡这一宝贵品种资源，依托三特公司打造了"山特牌"绿壳蛋。在原产地品牌方面，河南的一些著名传统特色农产品如洛阳牡丹、新乡金银花等，已取得了原产地标记；方城县的"方娇"牌小辣椒在国家商标局注册，其品质超过国家一级标准；固始的"固始鸡"、"固始鸡蛋"获得了国家绿色食品认证、原产地标记认证。

虽然河南发展特色农业取得了很大成就，但还存在着不少制约因素，如农民的教育水平偏低，农户生产规模小、布局分散，农业基础设施不完善，农民积极性还没有充分调动起来等。由于这些制约因素及其他一些因素的影响，河南在特色农业的发展中出现了一些突出问题：特色农产品开发的产业链条短而单一；名牌产品少，对原产地品牌开发和保护力度不够；特色农产品的经营管理粗放，基层政府的服务功能有待完善；地区农业的主导行业和主导特色产品不够明确，特色农业发展的区域布局有待调整等。

当前，河南正处在发展特色农业的重要时期，必须加快发展步伐，实现特色农业发展的大跨越，这对于提高农业竞争力、增加农民收入，具有重大现实意义。

河南特色农业发展的总体思路和目标可表述为：以服务农户生产和增加农民收入为中心，以提高农业的分工、市场化和产业集群化为主要手段；进一步调整农业的产品结构和区域结构，积极促进特色农产品的产业开发进程，在纵向、横向上延长和拓展农业产业链条，做大做强特色农业，形成一批驰名中外的特色农产品原产地品牌和企业品牌；不断增强河南农产品的市场竞争力，促进河南由农业大省向农业强省的转变。

为此，需采取以下措施：增加对特色农业发展的资金投入，保护和整合特色农业资源，完善特色农产品开发相关的农业农村基础设施，加强特色农业科技支撑体系建设，切实保护农民利益，提高农民组织化程度，提高特色农业综合生产能力，推进特色农业产业化，提高特色农业的附加值和效益。①

（四）农业功能拓展

随着市场经济发展，农业的多功能性特征越来越凸显，从衣食保障、原料供给和就业增收等传统功能，正向更广阔的生态调节、文化传承、休闲观光等领域扩展。这些功能的发挥，有利于经济社会进步、农耕文化传承和可持续发展。在中原经济区建设中，要积极拓展农业传统的经济功能之外的社会功能、保障功能、生态功能、文化功能等其他功能，这对于优化农业区域分工、促进农业现代化，具有重要意义。河南境内分布四大山脉与四大水系，即太行山脉、伏牛山脉、桐柏山脉、大别山脉和淮河流域、黄河流域、海河流域和长江流域，鉴于地形地貌的特殊性和实际条件，在农业功能区可分为以下四大区域：

1. 黄淮平原和南阳盆地农产品供给功能主导区

该区域农业资源丰富，农业生产条件较好，农业现有发展水平较高，农业发展潜力较大，农产品供给功能突出，是农产品的重要产区，农产品供给功能是该区域农业的主导功能。

该区域的发展思路是以市场为导向，以农业增效、农民增收为中心，加大农业基础建设投入，进一步提升产品商品率和外向度。

应采取的措施包括：调整和升级农业结构，充分发挥农业区域资源优势，通过规划引导、政策扶持和项目支撑等综合性手段，加快优势农产品产业带、特色农产品经济区和专业化基地建设；运用政府信用担保、财政贴息等扶持政策，支持农业产业化企业的发展，进一步发挥龙头企业的带动效应，推进农产品产业化；完善市场服务体系，加快推进农业品牌化、标准化，开展无公害农产品、绿色产品、有机食品和名牌产品认证；完善农产品质量安全标准体系，加强农业面源污染治理和农村环境整治，提高农业农村生态环境质量。

2. 黄海平原农业就业和农产品供给功能主导区

该区域从农业资源角度看，与农产品供给功能主导区很相近，农业资源丰

---

① 吴海峰，郑鑫. 中国发展方式转型期的特色农业发展道路探索［J］. 中国农村经济，2010（12）.

富、禀赋较高，也是农产品的重要产区，虽然农业现有发展水平一般，但农业发展潜力较大，农业的就业与生活保障功能突出。因此，就业和农产品供给功能构成该区域农业的主导功能。

该区域的发展思路是充分挖掘当地资源优势，着眼于农产品品种和结构的调整创新，加大农村劳动力转移力度，形成具有明显特色和区域优势的主要产品和产业区。

应采取的措施包括：投入更多的资金支持农业基础设施建设；对农业结构实行战略性调整，以财政补贴和税收优惠鼓励特色优势农业发展；完善土地流转制度，促进土地适度规模经营；利用自然资源多样性，进行农业的深度和广度开发，不断培育农业新的增长点；把发展劳务经济作为促进农民增收的一大战略，以更多的财政资金支持进行农业劳动力技能培训，以财政补贴和税收优惠鼓励更多的农村劳动力转移就业。

3. 山地丘陵农业生态调节功能主导区

在山地丘陵地区，农业生态调节功能是区域农业的主导功能。

该区域的保护发展的思路是，坚持保护优先、适度开发、有选择开发，使农业逐步成为该区域主要的生态屏障。

应采取的措施包括：以公共财政资金为主，结合林业生态省的建设，在天然林保护地区、生态功能区、退耕还林地区、水源保护地区、水资源严重短缺地区、自然灾害频发地区、水土流失严重地区等地区，建立一批以保护和恢复自然生态环境为中心的重点工程；加强农业资源和生态环境的保护，建立健全农村环境保护法制建设，进一步完善农业生态环境管理和监测系统；落实农业生态环境管理和保护的优惠政策，加大财政对生态环境保护和建设支持力度，推动农业生产废物资源化利用和灾害化处理；扩大用于生态移民和扶贫的财政资金的规模，增加用于公共服务和生态环境补偿的财政转移支付，逐步使当地农民享有均等化的基本公共服务，促进当地群众收入有所增长和生活平稳提高。

4. 城区周边农业文化传承和休闲功能主导区

该区域基于结构调整和农业比较收益原则，农业的发展主要承担着文化传承和休闲功能。随着这一功能的不断提升，要高度关注其农业自然资源与环境承载能力。

该区域要注意有序发展，防止各类主要发挥文化传承和休闲功能的景观、园区过度和无序扩张，并强化农业文化传承和休闲功能的整合。

应采取的措施包括：加大财政资金支持，支持农村交通、通信、生态环境工程等基础设施建设，保护具有独特的地域、民族农业文化特征的农业非物质文化；营造良好的投资环境，鼓励企业等社会各方面力量参与农业文化和休闲农业的开发；增强区域性公共服务能力，建立以科技、信息为主体的观光农业服务体系；严禁破坏耕地、森林、自然景观、古代灌溉工程设施等具有农业景观特色的农业物质文化遗产；推广无公害农业生产技术，积极发展生态农业和休闲观光农业。①

二、人力资源与人才优化

以河南为主的中原经济区劳动力资源十分丰富，该区域仅占用了全国约 1/32 的国土面积，却承载了全国约 1/8 的人口，是我国人口最为稠密的地区之一。丰富的人力资源不仅能为本地区经济发展提供支撑，而且为全国输出充足的劳动力。同时，这一地区也存在农村人口基数大、劳动力素质偏低、就业压力大等问题。因此，要坚持人力资源是第一资源的发展理念，实施以人力资本提高为核心的劳动力资源二次开发，以国家职业教育改革试验区建设为抓手，大力发展职业教育，加强系统性技能培训、农村转移劳动力技能培训、城镇就业人员岗位培训和失业人员再就业培训，培育形成一批以技能型、实用型为特色的区域劳动力品牌。加强人力资源开发，把沉重的人口负担转化为人力资源优势，构筑服务中原经济区建设和全国经济社会发展大局的人才高地。

（一）全面发展教育事业

教育是民族振兴，社会进步的基石，是提高国民素质、促进人的全面发展的根本途径。必须牢固树立科学发展观，大力推进"科教强省"和"人才强省"战略，坚持把教育摆在优先发展的位置，坚持以育人为根本，以改革创新为动力，以促进公平为重点，以提高质量为核心，全面实施素质教育，提高教育现代化水平，建设人力资源强省。

（1）全面发展教育事业，把优先发展教育作为促进人的全面发展、提高人力资源素质和提升人力资本价值的核心途径，促进各级各类教育全面、协调、健康发展。积极推进义务教育均衡发展，促进教育资源配置的合理化、均衡化，高水平、高质量普及九年义务教育。以就业为导向，大力发展职业教育。推进职业教育从政府直接管理向宏观引导、从计划培养向市场驱动、从传统的升学导向向就业导向转变，更好地面向社会、面向市场办学。坚持规模与质量并重，加快发展

---

① 吴海峰，陈明星，郑鑫. 农业功能区化的理论与实践 [M]. 哈尔滨：黑龙江人民出版社，2010.

高等教育。继续扩大高等教育规模，进一步优化高等教育结构，争取建设 1~2 所全国重点大学。高度重视学前教育、高中阶段教育和特殊教育。

（2）培养高素质的教师队伍。创新教育教学管理体制，改革专业技术职务聘任制，建立优秀教师脱颖而出的机制。改进教师考评机制，建立教师转岗和退出机制，完善教师流动机制。增加教师岗位编制，扩大教师队伍规模，适应课程改革、素质教育和大班额教学对教师的需要。制定教师培养培训规划，加强教师培养培训，努力造就一支师德高尚、业务精湛、结构合理、充满活力的高素质教师队伍。

（3）继续加大财政投入力度，建立健全教育投入增长机制，保障学校办学经费的稳定来源和增长。完善以政府投入为主、社会捐资、学校自筹等多渠道筹集教育经费的体制。大幅度增加教育投入，保证年度教育经费在全省财政支出中所占比例逐年有计划增长。坚持改革投资体制与推进多元办学方式的有机结合，大力支持民办教育依法办学，完善非义务教育阶段培养成本分担机制，通过吸引金融资本、民间资本、利用外资和社会捐资等多渠道增加教育投入。

（二）积极培养各类人才

以培养和造就规模宏大、结构优化、布局合理、素质优良的人才队伍为目标，以大中型企业、科研单位和高等院校为平台，突出培养造就创新型科技人才，大力开发重点领域急需、紧缺的专门人才。紧紧围绕加快转变经济发展方式，提高自主创新能力，建设创新型河南的实际需要，努力造就一批具有较强创新能力、为经济社会发展贡献突出、在国内外具有较强影响力的科学家、科技领军人才、工程师和高水平创新团队。调整优化高等院校学科专业设置，在装备制造、信息技术、生物技术、新材料、能源资源、现代交通运输、农业科技、金融财会、国际商务、生态环境保护以及教育、医疗卫生、政法、宣传、文化等经济和社会发展重点领域，造就数量充足、整体素质显著提高的专业技术人才队伍。统筹各类人才队伍建设，大力推进党政干部队伍、企业经营管理人才队伍、专业技术人才队伍、高技能人才队伍、农村实用人才队伍和社会工作者人才队伍建设。

（三）营造人才发展的良好环境

坚持尊重劳动、尊重知识、尊重人才、尊重创造，统筹经济社会发展和人才发展，努力提高人才工作领导水平和管理水平，完善政府宏观管理、市场有效配置、单位自主用人、人才自主择业的人才管理体制，使人才在激烈的竞争中充分施展才华，脱颖而出，做到人尽其才，才尽其用。做到用事业凝聚人才，用实践造就人才，用机制激励人才，用法制保障人才。注重在实践中发现人才、培养人才，构建人人能够成才、人人得到发展的人才培养开发机制。建立科学化、社会化的人才评价发现机制。坚持实施更加开放的人才政策，大力吸引海外和省外高层次人才到河南工作。建立健全吸引海外高层次人才、海外留学人员到河南创业、就业的政策体系，加强国外引智工作力度。

（四）建立和完善人才市场体系

树立开放型人才工作思维，坚持促进人才流动的工作方针。加强政府在人才流动方面的推进、引导和监督作用，深化人才管理体制改革，进一步破除影响人才流动的体制性障碍，制定和完善充分发挥市场在配置人才资源方面基础性作用的政策体制，形成管好用活人才、充分发挥人才聪明才智的政策导向。进一步建立和完善人力资源市场体系，健全专业化、行业性人才市场，培育专业化人才服务体系，鼓励做大做强人才服务市场主体。坚持以重大产业、重要企业和重点项目的人才需要为纽带，促进人才合理流动和人才资源优化配置。鼓励支持重点企业、重点院校、重要科研单位形成产学研联盟。针对河南农业和农村人口大省实际，鼓励高校毕业生到农村工作，鼓励城市企业管理人才以及教学、医疗等方面人才到农村开展定期轮岗服务，完善通过人才流动促进城乡协调发展的政策体系。

三、"大人口"到"大市场"

加快河南区域经济协调发展建设，就是要充分发挥省内人口、区位、市场等综合优势，在处理好扩大内需与稳定外需关系、增加投资与扩大消费关系的前提下，着力扩大居民消费需求，形成全国最具活力的内需市场，促进消费、投资、出口协调发展，为中国经济持续发展提供强大动力。

（一）加速推进城镇化进程

把加快新型城镇化作为建设中原经济区的关键性、全局性战略举措，以中心城市和县城为重点，以新型农村社区建设为契机，优化城镇化空间布局，强化中原城市群的支撑带动能力，加快中小城市发展，加快产业和人口向城镇集聚，加快推进城镇化进程。

1. 优化城镇化布局

完善城乡开发空间布局，加快构建国家区域性中心城市、地区中心城市、中小城市、中心镇和新型农村社区协调发展、互促共进的五级城乡体系，形成以城带乡、城乡统筹的城镇化新格局。坚持集群化、组团式发展，构筑城市组团与中心城区的便捷交通联系，推动形成以中心城市为核心、周边小城市和中心镇为依托的城镇集群。增强郑州全国区域中心城市功能，加快洛阳、开封等地区中心城市发展，加强中小城市和县城建设，大力发展中心镇，稳妥推进新型农村社区建设，促进城乡一体化发展。

2. 深化中原城市群发展

深入实施中心城市带动战略，将安阳、商丘等9个城市纳入中原城市群，提升城市群整体竞争力和辐射带动能力，提升沿陇海经济带、京广经济带整体实力，打造全国重要的城镇密集区、先进制造业基地、农产品生产加工基地及综合交通运输枢纽。

3. 加快中小城市发展

提升中小城市和县城规划建设标准，提高综合承载能力，吸纳农村人口就近转移。把小城镇作为城乡统筹发展的重要节点，按照合理布局、适度发展的原则，因地制宜发展中心镇，支持已经形成一定产业和人口规模、基础条件好的中心镇发展成为小城市，其他乡镇逐步发展成为服务周边农村生产生活的社区中心。

4. 推进人口城乡有序转移

完善户籍管理制度，推进人口有序转移。加快城镇户籍制度改革，以把符合落户条件的农业转移人口逐步转化为城市居民为重点，全部放开县城以下中小城市户籍限制。积极创造条件放开中等以上城市户籍限制，同步解决进城务工人员的就业、安居、子女就学、社会保障问题。鼓励将符合条件的农民工纳入城镇住房保障体系，逐步使进城落户农民真正变成市民，享有平等权益。整户转为城市居民的农村居民，允许继续保留承包地、宅基地及农房的收益权或使用权，做好农村社保与城市社保的衔接转换。鼓励进城农民将土地承包经营权、宅基地采取转包、租赁、互换、转让等方式进行流转。

（二）加快推进农村改革发展

把推进农业现代化、稳定提高农业综合生产能力作为中原经济区建设的重要任务，以粮为基，统筹"三农"，推动全局，加快转变农业发展方式，构建现代农业产业体系，在工业化、城镇化深入发展中加快推进农业现代化，提高农民收入和农民生活水平，加快推进农村改革发展。

1. 大力发展现代农业

稳定提高粮食综合生产能力，深入推进农业结构调整，切实抓好粮食核心区建设，积极发展高产、优质、高效、生态、安全农业，大力发展新型农业经营主体，着力完善现代农业服务体系，积极运用现代科技、物质装备和管理技术改造提升传统农业，不断提高农业生产经营专业化、标准化、规模化、集约化水平。

2. 扎实推进新农村建设

按照"规划先行、就业为本、量力而行、群众自愿"的原则，通过多元化投入、示范性带动、标准化建设，加大农村基础设施建设和环境综合整治力度，提高农村公共服务水平，不断改善农村生产生活条件和村容村貌，扎实推进社会主义新农村建设。

3. 完善农村发展体制机制

推进农村土地流转改革，在稳定完善农村基本经营制度的前提下，积极探索多种土地流转形式，发展适度规模经营。加强土地权属管理，稳步推进农村集体建设用地使用制度改革，加快建立农村土地承包经营纠纷调解仲裁机制，完善征地补偿安置机制，探索建立农村土地交易所和农村产权交易所。完善农业投入保障机制，健全"三农"投入稳定增长机制，加大对农业大县的奖励补助和转移支付力度，健全农村金融服务体系。创新农业风险防范机制构建多元化的新型农业保险体系，增加农业保险费补贴的品种并扩大覆盖范围，提高农业生产抗风险能力。继续深化农村综合改革，探索建立新形势下农村公益事业建设的有效机制，协调推进集体林权和国有林区林权制度、供销社和农垦体制改革；加快水利体制改革，完善水资源管理体制，促进水资源优化配置，加快水利工程建设和管理体制改革，继续推进水价改革；继续深化乡镇机构改革、直管县财政管理体制改革和乡村债务清理化解等农村综合改革。

（三）积极寻求投资与消费热点

投资与消费是推动中原经济区快速发展的主要动力。加快中原经济区发展，一定要把寻求投资与消费热点放在更加突出的位置，积极寻求二者的结合点，着力培育和扩大服务性消费，适度鼓励投资型消费，培育和扩大农村消费需求，培育和巩固信用消费增长点，不断增强中原经济发展动力。

1. 寻求投资与消费的结合点

努力实现投资与消费之间的良性循环，以投资带消费，以消费促投资，把扩大投资和增就业、惠民生有机融合，创造更多的国内需求，从而最终形成中原经济区经济结构实现以内生性增长为主导的良好发展局面。

2. 着力培育和扩大服务性消费

着力推进旅游、交通通信、休闲、健身、社区服务等发展型和享受型消费，尤其要重点发展旅游和社区服务，把扩大服务性消费作为今后一个时期中原经济区新的消费增长点，以满足不同层次消费群体和个性化消费需求的需要。

3. 适度鼓励投资型消费

鼓励投资型消费，把房地产市场、汽车市场和股票市场联动作为扩大投资型消费的重点，发挥财富效应对扩大消费需求的积极作用。

4. 培育和扩大农村消费需求

以新农村建设和城镇化建设为契机，在继续普及家用电器、交通通信、摩托车等一般耐用消费品消费的基础上，把汽车、住宅、电脑等信息产品以及休闲旅游等作为扩大农村消费的着力点，促进农村居民消费普遍由生存型逐步向发展型、享受型转变。

5. 培育和巩固信用消费增长点

加快个人诚信体系建设，强化风险控制和防范，规范发展消费信贷，发挥消费信贷对普通大众家庭的支持力度，激发城乡中低收入阶层的购买能力。鼓励银行扩大消费信贷范围，增加消费信贷资金，扩大现有消费信贷产品，开发新的消费信贷产品；积极开办小城镇个人住房按揭贷款、二手房贷款及汽车消费信贷业务；向农民自建房提供贷款，为农村住房提供消费信贷；为农民购买交通通信等生产生活两用型产品、家用电脑等耐用消费品、农机具等大件产品提供消费信贷。

（四）扩大居民消费需求

中原经济区人口超过 1.5 亿，潜在的消费需求非常巨大。中原经济区要充分挖掘消费需求的巨大潜力，完善消费政策，优化消费环境，提高居民收入水平，加大公共服务和社会保障投入力度，提振居民消费信心，激发居民潜在消费需求，提高中原经济区居民消费水平。

1. 增加居民可支配收入

完善收入分配制度，优化收入分配结构，提高居民收入在国民收入分配中的比重和劳动报酬在初次分配中的比重，努力做到城乡居民收入增长、劳动报酬增长与经济增长相协调，提升居民消费能力。千方百计增加就业，建立扩大消费需求的长效机制，完善市场主导就业、政府促进就业、个人自谋职业相结合的长效机制，切实提高居民就业水平。加大财政支持"三农"力度，提高农村居民收入水平，努力扩大农村消费。加大对低收入群体的转移支付力度，扩大城乡低保范围，调高最低工资标准和最低生活保障、失业保障、优抚对象生活补助标准等，继续提高企业退休人员基本养老金水平，切实保障低收入群体的基本生活。

2. 加大财政对公共服务和社会保障的投入

调整财政支出结构，切实扩大公共服务投入规模，增加教育、医疗、社会保障、就业等公共服务领域财政支出规模，完善公共产品和服务的供给。加强社会保障制度建设，建立健全社会保障体系，重点完善医疗、教育、养老、住房、失业五大保障体系，解除居民后顾之忧，激发居民消费需求。

3. 完善消费政策，优化消费环境

总结家电下乡等刺激消费政策的经验，探索多方法、多途径的政策体系，建立长效机制，不断丰富和完善相关政策。优化消费环境，建立健全消费法规标准、市场流通体系，整顿和规范市场秩序，保障食品和药品安全。同时，要完善信用体系，发展消费信贷，提供优质服务，让群众安心消费、方便消费。

第二节　基础服务支撑

一、强化金融资源支持

建立多元化、多层次、市场化的投融资模式，是推进地方政府融资机制改革的必然趋势。我们在着力提升政府融资平台融资能力的同时，还要积极利用银行、基金、信托、资本市场等多种融资渠道，充分挖掘民间金融潜力，吸引更多的社会资金参与经济建设和社会发展。

（一）整合政府资源，做强做大政府投融资平台

在新的时期，政府投融资平台要主动适应经济和社会环境的变化，不断更新、完善自己，满足新需要，肩负新的历史使命。后金融危机时期，全球经济发展进入了更为科学和更加严格的管理时代，一切自由主义的发展模式、粗放式的经营模式、作坊式的管理模式都要有所创新，形成科学的可持续成长之路。为此，必须深化政府投融资平台建设，促进投融资平台的转型升级。

1. 推进政府投融资平台的融资能力建设

目前，河南已有10家省级投融资平台，但大部分仍处在初期运作阶段，由于注册资本金不到位且自身净资产规模较小，所发挥的融资能力和经营实力有限。特别是准备新开工的重点项目需要后续资金保障，而利用各种金融工具扩大融资功能尚未全面启动，融资方式仅局限于向银行融入资金，融资效果不够理

想。因此，各融资平台要做到：

（1）结合自身特点，在充分盘活在手资源的基础上，继续挖掘平台内部可经营资源。

（2）做好国有资产基础管理工作，通过对平台内企业和资产进行清产核资动态监控，摸清企业和主要资产的真实状况，按照收益能力和盘活难度进行分类，有的放矢地开展管理工作。同时，加强国有资产管理的制度建设，保证国资产安全有效运营。

（3）深入推进改革，构建公平高效、催人奋进的管理体制和用人机制。

2. 创新融资模式，壮大融资规模

稳定、低成本的资金来源是政府投融资平台发挥作用的前提条件。中原经济区要把创新融资模式放在更加突出的位置，不断拓展融资渠道，创新融资方式，壮大融资规模。

（1）加强对土地出让金的管理，注重以土地为主体的资本运营，包括土地储备经营和土地融资。通过土地综合开发和市场化运作，努力获取土地级差收入，最大限度地挖掘土地价值。

（2）充分利用资本市场，通过"BOT"（建设—经营—移交）、"BT"（建设—移交）和股权合作等项目融资模式，积极引进外来资本参与城市的建设和发展。

（3）利用投资基金筹资。投资基金是一种典型的市场行为的资本运营方式。河南可根据投资项目的不同性质和用途，设立不同种类的城建基金，如交通投资基金、环保投资专项基金等，筹集相应的项目建设资金。

（二）推进金融创新，加大资本市场直接融资力度

尽管目前河南上市公司数量和规模均比较小，但辩证地看，这也意味着在资本市场上还有较大的发展潜力。在中原经济区建设中，积极推进金融创新，着力构建多层次资本市场，扩大直接融资渠道和规模，也是保障中原经济区建设所需资金的有效途径。

1. 积极争取银行信贷资金支持

银行信贷是地方政府融资的主要渠道。针对大量资金受利益导向机制的影响流向发达地区这一难题，一方面要鼓励各股份制商业银行到河南设立分支机构，同时出台有关政策（如存贷款比例考核、存差考核等），限制商业银行将中部地区的资金转移出去；另一方面应有区别地执行资产负债比例管理。放松全国性商业银行在河南分支机构的资产负债比例管理要求，扩大资产比例和中长期贷款比例，其资产负债的总体平衡，由总行负责进行。

2. 着力扩大企业直接融资规模

加快资本市场建设，拓宽政府融资渠道，加强对政府和投融资平台的运作和财务监督，有效控制地方政府债务的恶性增长。

（1）要积极利用现有上市公司资源，结合河南产业发展规划，鼓励国有或者控股上市公司通过增资扩股进行融资，募集发展资金，优化债务结构，壮大企业规模。

（2）要做好规划，加大培训服务和指导力度，支持企业上市融资。

（3）要制定相应财税优惠政策，支持和推动符合条件的企业改制或者借壳上市。

（4）要积极支持上市公司发行各类债券，优化投融资结构。要鼓励和支持上市公司发行与重点项目、基础设施、民生工程、生态环境建设等相关的各类债券，如发行可转债、分离交易可转债等，寻求新的筹资渠道。

3. 规范和引导非正规金融的发展

非正规金融融资已成为河南主要的融资方式之一，建议国家立法机关出台专门的民间融资制度及相关条例，为非正规金融发展提供必备的法律制度环境。从政策上合理区分非正规金融与非法金融，坚决取缔非法高利贷等金融犯罪活动，对于合法民间融资予以肯定。对非正规金融实现由过去单方面打压向有针对性地疏堵并举的方式过渡，赋予非正规金融合法的法律地位。同时，注重非正规金融的规范化引导，完善自由借贷双方完善借款手续，建立必要的资金借贷登记制度并加以相应的法律规制，减少各类民事纠纷、刑事案件，维护当事人合法权益和金融秩序稳定，促使非正规金融走上公开化、规范化的发展轨道。

（三）优化财税政策，进一步扩大社会投资规模

河南经济社会的发展，光靠财政自身实力是不够的，既要借助金融机构的力量，更要充分利用社会资金。

（1）充分发挥各级开发区作为招商引资主阵地的作用，切实落实好各项优惠政策，突出招大引强，着眼世界 500 强、跨国公司和国内知名大企业的引进，扩大合作领域和规模。

（2）放开民间投资城镇基础设施、公用事业建设的限制，除国家法律法规明确规定外，企业、个人及外商均可投资城市基础设施、旧城改造和新城区建设。

（3）建立公共公用品合理投资补偿机制，鼓励和促进社会资金投入公共公用事业项目建设。

（4）运用税收优惠政策，鼓励和引导社会各种投资主体将更多的社会资源投入到基础设施建设之中。如在企业所得税的有关法规中，可以考虑对企业使用国产设备，投资于农村基础设施的，允许将设备的全部投资款在企业每年的新增所得税额中进行抵扣。

（四）重视信用担保体系建设，破解民营经济融资难题

建立健全信用担保体系，理顺政府、银行、担保机构、企业四方关系，是破解中小企业融资难题，构建多元化融资体系的重要举措。

（1）建立联动的担保体系。引导民间资金投入，鼓励大公司、大集团投资担保机构，采取多元化、多形式、多层次组建融资担保机构，扩大担保机构规模，增强担保机构实力。

（2）建立有效的补偿机制。根据财政增长的速度，设立一定比例的专项基金，对担保公司的担保贷款实行贴息政策，对所担保贷款发生的坏账进行一定比例的贴补。积极落实国家有关税收优惠政策，对担保机构实行税收减免。

（3）建立多部门合作机制。积极争取金融部门的支持与合作，建立担保机构与协议银行间真正的合作关系，建立健全风险分散和规避机制，同时简化信贷环节，避免重复审查。

（4）建立全省企业征信体系，加快中小企业信用评级体系的建设。该体系可由企业联合征信机构、中小企业信用评价机制、信用奖罚机制等组成。通过企业联合征信机构搜集企业的财务报表、合同履约、纳税、还债等情况，再由信用评价机制对企业信用情况进行评价，对信用好的企业进行奖励，差的予以处罚，以降低信用担保机构的经营风险。

（五）切实改善金融生态环境，打造区域"资金洼地"

在开放的市场经济金融中，资金是在全社会自由流动的，外界不能做出硬性的规定，画地为牢。因此，区域金融生态环境决定着资金流向，决定着资金生产要素资源的配置。构建多元化、市场化的投融资体系，就必须重视改善区域金融生态环境，从而吸引更多的资金流入。

（1）加强经济发展的相关法制建设。以法制建设的严肃性、强制性和规范性明确河南经济发展的目标、步骤、方法以及各方面的权利义务、优惠政策和投资者的权益等，形成与市场经济相适应的投资激励机制，鼓励私人资本投资，并强化投资主体的责任，减少失误，提高效率。

（2）加快社会信用体系建设。以信用担保体系建设为核心，积极培育社会信用文化。

（3）建立和完善守信激励、失信惩戒机制。对信用好的市场主体，政府有关部门在集中采购、工程招投标、项目审批中给予优先考虑，金融机构在授信额度、期限、利率上给予优惠；对不讲信用的市场主体，除金融机构联合予以信用制裁外，情节严重者应依法追究其法律责任。

二、强化规划导向支持

规划是政府履行宏观调控、经济调节和公共服务职责的重要依据，是区域发展的指向标，对一个地方的经济社会发展起着统领作用。中原经济区列入国家"十二五"规划和主体功能区规划，不仅事关亿万中原人民切身福祉，也关系到全面建设小康社会的大局。当前要按照"四个河南"的总体要求，有效运作，求实求效。在建设中原经济区的过程中，突出规划引导作用，不断提高发展的协调性和可持续性，提升中原经济区的综合竞争力。

（一）深化重大问题研究

深入开展重大问题研究，厘清发展思路，是科学编制中原经济区发展规划的前提和基础。结合中原经济社会发展实际，充分吸收 21 世纪以来河南省委、省政府一系列重大决策和研究成果，重点加强对未来中原经济区发展环境、思路目标、结构调整、产业布局、城乡区域、科教文化、改革开放、人民生活和资源环境等重大问题开展前瞻研究，厘清长远发展思路。同时，借助课题研究，充分调动国内外各方面的研究力量和资源，使更多的机构、更多的专家、更多的人士关注中原，研究中原，宣传中原。

（二）研究编制总体规划

研究编制中原经济区总体规划，要突出经济社会发展的重大战略，进行全局性、前瞻性展望和部署。要突出体现时代背景，反映创新驱动、绿色增长、协调发展等时代要求。要突出体现以人为本，把改善民生、提高人民生活水平作为根本的出发点和落脚点，促进社会和谐。要突出体现政府经济调节、市场监管、社会管理和公共服务的职能。真正使中原经济区规划成为战略清晰、目标明确，反映新阶段、新需求，战略性、指导性、约束性和可操作性强的规划。

（三）研究编制区域规划

区域规划是以跨行政区的特定经济区为对象，以统筹协调跨行政区域发展为目的的规划，是总体规划在特定经济区的空间细化和落实，是编制区域内其他各类规划的依据，也是区域经济调控的重要依据，具有战略性、空间性和约束力。未来一个时期，着重对中原经济区核心区、主体区、合作区等一些主要区域进行规划。

（四）研究编制重点专项规划

重点专项规划是以国民经济和社会发展的关键领域、先导行业及薄弱环节等重大问题为对象编制的规划，是总体规划在特定领域的延伸和细化。根据中原经济区国民经济和社会发展特点，以及总体规划架构要求，组织编制重点产业、特定领域的专项发展规划，使之成为指导该领域发展、决定重大工程项目建设和安排政府投资的依据。重点围绕构建现代产业体系，加强水利、能源、交通等基础设施建设，开发利用与保护土地、水、矿产等重要资源，建设与保护生态环境，发展科技、教育、人才、就业、卫生、防灾减灾等公共事业编制规划。

（五）研究编制县（市、区）规划

县（市、区）规划要做到重点突出，产业结构优化升级目标明确，体现制度创新和政策创新。要立足本地实际，编制总体规划和必要的专项规划，并做好与市级规划的衔接工作。在编制规划中，要立足当地实际，谋划提出一批关系本区域经济社会发展、带动作用强、有示范作用、促进就业、关系群众生活生产的重大建设工程和重点建设项目；要加强经济社会发展规划、主体功能区规划、城镇体系规划、城市规划、土地利用规划之间的衔接协调，保证规划目标、生产力布局、投资安排以及政策措施能够有机对接。使规划成为最贴近人民、有约束力、可操作的规划。

（六）研究编制重大项目规划

加强重大项目建设，是保持经济健康稳定快速增长的重要保证，也是实施中原经济区总体规划的重要支撑。各县（市、区）、各部门要做好重大项目的筛选论证工作，要结合实际研究提出一批关系全局、意义深远、带动作用强的重大工程；县（市、区）规划、企业规划要以结构调整为主线，项目建设为支撑，优化资源配置，合理规划生产力布局，提出关系本地区、本行业、本企业长远发展、符合国家产业政策的重大建设项目和结构调整项目。

三、强化现代化综合交通体系支持

河南位于我国内陆腹地，具有承东启西、连南通北的区位优势，是中国多方向跨区域运输的交通要冲和多种交通运输网络交会的枢纽地区，承担着全国跨区域客货运输的重要任务，在全国现代综合运输体系和物流体系中具有重要地位。加快构建河南现代化综合交通体系，建设畅通中原，对完善国家综合交通体系，促进中原经济区建设发展具有全局性关键意义。今后一个时期，河南将以枢纽设施和综合运输通道建设为重点，优化各种交通方式资源配置，统筹各种交通方式协调发展，构建以全国综合交通枢纽（郑州）为核心，以民航为先导，干线铁路和高速公路为骨架，区域铁路和一般干线公路为补充，省内各中心城市快速通达、网络完善、衔接高效、覆盖全省、辐射周边、服务全国的现代综合交通体系，全面提升河南综合交通运输基础设施对全国的服务保障能力。

（一）坚持民航优先发展战略

推进郑州国际航空枢纽建设，加快构建以郑州机场为中心，洛阳、南阳、商丘、明港、鲁山、豫北、周口等机场为辅助，干支协调、客货并举的民用机场体系和中枢航线网络，打造全省对外开放的重要平台和融入全球经济的重要通道。

（1）建设郑州机场国际大型复合型交通枢纽。加快郑州机场跑道、航站楼、综合交通换乘中心、大型机场货运场站等基础设施建设。增加航线，拓展郑州机场服务范围。加大政策扶持力度，支持郑州机场开辟通往国内中小型机场的支线航班，建成国内最大的中转换乘航运中心；加大航线开发力度，支持郑州机场开拓国际航运市场，构建国际国内航线、干支航线紧密衔接的枢纽网络；充分利用郑州的交通区位优势，积极引进新的货运航空公司，开辟货运航线，加快航空物流发展，建成中部地区货运空地集散枢纽。

（2）加快中小机场发展。改造提升洛阳、南阳机场，完善客货运设施，争取达到干线机场服务水平。将洛阳机场建成豫西地区主要的旅游机场、郑州航空枢纽的备降机场和全国主要的飞行训练基地；将南阳机场建成以服务豫西南地区为主的重要支线机场和飞行训练辅助机场。加快明港、商丘军民合用机场建设，争取鲁山、豫北、周口等机场列入国家规划并尽快开工建设，将其建成郑州机场客货集散的辅助机场。

（3）加快发展通用航空。制定河南通用航空发展规划，对河南支线机场及各省辖市发展通用航空的条件进行认真研究，合理布局。在政策导向和决策上对通用航空给予应有的重视，引导资金、人才投入通用航空产业。理顺市场机制，规范行业发展，促进河南通用航空企业迅速做大做强。

（二）建设现代化铁路运输网络

将铁路建设作为河南实现跨越式发展和率先崛起的战略突破口，强力推进客运专线、城际铁路、干线铁路及主要客货枢纽建设，进一步巩固和强化郑州铁路中心枢纽地位，实现"客运高速化、货运重载化、区域城际化、路网系统化"，为构建河南现代城镇体系、提升区域综合竞争优势提供有力支撑。

（1）全面加快中原城市群城际铁路网建设。尽快构建中原城市群城际铁路网，形成以郑州为中心的中原城市群"半小时"交通圈。以郑州为中心建设辐射洛阳、开封、平顶山、许昌、漯河、新乡、焦作和济源 8 市，连接新乡、焦作、济源、洛阳、平顶山 5 市的半环形线路，形成"放射线+半环"的线网构架，预留辐射其他省辖市的衔接线网。

（2）重点推进客运专线建设。依托客运专线网络形成以郑州为中心、快速通达全省各中心城市的"1 小时"交通圈和衔接周边省会城市的"2 小时"交通圈。强力推进石家庄至武汉客运专线、郑州至徐州客运专线工程建设，加快构建郑州客运专线"十"字通道；争取商丘至杭州、郑州至重庆客运专线尽快开工，争取郑州至济南、郑州至合肥、郑州至太原客运专线列入国家规划，完善客运专线网络。

（3）加快大能力货运通道建设。进一步完善全省大能力铁路通道网络，全面提升铁路通道运输能力。加快晋豫鲁铁路通道和宁西铁路增建二线工程建设，尽快缓解河南能源运输紧张状况；建设运城至三门峡至十堰铁路，形成河南豫西地区纵向运输大通道；建设三门峡至平顶山铁路，与孟平—漯阜铁路共同构成横贯全省，实现与华东便捷联系的铁路通道；适时启动月山至随州铁路建设，缓解焦柳、京广铁路运输压力。

（4）完善区域铁路网络。建设兰考至菏泽、新密至永城、禹州经许昌至亳州至永城铁路、南阳至商丘至济宁、开封至潢川铁路、濮阳至菏泽、洛阳至侯马等铁路项目，提高河南路网运输调度灵活性，扩大路网覆盖面，强化与周边地区的便捷联系。

（三）完善覆盖城乡的公路网络

以打通中原地区对外通道和区域内省际通道、提升主干道通行能力为重点，加快国家高速路网、国省干线公路等级提升工程建设。疏通干线公路省际断头路，完善连接各县城、重要旅游区、重大产业基地的高速公路连接线，建成以高速公路网和一级公路网为骨架的高密度、网络化的高效便捷公路运输体系。

（1）进一步完善高速公路网。加快在建高速公路建设，构建形成河南"六纵、八横、六通道"高速公路网，实现所有县市通高速，路网通行能力和服务水平得到全面提升，继续保持全国领先地位。省会郑州与各县市、与周边外省市、各重要城市之间形成布局合理、快速便捷的"中原大通道"，以适应中部地区崛起和全国经济社会发展对高速公路网的运输需求。

（2）改造提升干线公路。改造提升国道主干线，加强干线公路养护维修，加快"卡脖子"路段升级改造，确保国省干线公路畅通。以中原城市群为重点，加快低等级路段改造和中原城市群之间快速连接道路的建设，促进中原城市群交通一体化进程。统筹安排沿黄河经济通道和南太行快速通道的规划建设，全面提升干线路网等级，提高道路服务水平。加大养护投入，提升管养水平。建立规范合理的养护管理体制。

（3）加强农村公路建设。以"乡乡连、县县畅"工程为重点，加强县乡道路建设，抓好通村公路建设养管工作。逐步对县道进行改造，进一步提高农村公路的通达深度和县乡公路的网络化水平，加强县乡道危桥改造，逐步实现"乡联县畅、路通桥畅"。继续完善通村公路，抓好农村公路管养工作，进一步提高农村公路通达深度和技术标准。建成与干线公路相匹配，适应农村经济社会发展需要的农村公路网络和运输体系。

（四）构建以郑州为中心的综合交通枢纽体系

加强公路、铁路、民航、水运及城市交通的衔接，重点建设综合交通枢纽，实现客运"零换乘"和货运"无缝衔接"，提高运输效率。

（1）加快郑州全国性综合交通枢纽建设。以铁路、民航综合交通枢纽建设为重点，优化客运专线、城际铁路、公路、航空、地铁、城市道路等运输方式的规划布局和资源配置，改善交通设施条件，强化各种交通方式高效衔接，最大限度地发挥路网功能，提高运输效率和服务水平。要把郑州建成交通基础设施完备、相关配套设施健全，多种交通运输方式立体交会、高效衔接，多个枢纽站点布局合理、分工明确、内捷外畅的全国性交通枢纽城市。

（2）推进区域性综合交通枢纽建设。结合机场、客运专线、国家公路运输枢纽建设和既有场站改造，合理规划布局全省各类场站。以洛阳、南阳、商丘、信阳等地公路、铁路、民航机场建设为重点，加强铁路、公路、航空、水运及城市交通等运输方式间的高效衔接与快捷转换；对既有铁路车站进行改造，强化客运专线、既有铁路之间的衔接；建设洛阳、开封、新乡、商丘等国家公路运输枢纽城市的场站，继续推进市、县、乡公路场站建设；铁路、公路场站与机场建设统筹设计，加强各类场站的互联互通。加强区域性综合交通枢纽与郑州综合交通枢纽的对接，共同形成功能完善、衔接高效、集疏方便的综合交通枢纽体系。

（五）构建智能化快速城市交通体系

与城镇化进程相呼应，同步规划建设轨道交通，加快提高城市交通智能化管理水平，提升城市交通运输效率，构建适应全省城镇发展需要的快速城市交通体系。

（1）加快城市轨道交通建设。加快郑州、洛阳等城市轨道交通建设，加快郑州市6条轨道交通线路建设，积极构建城区"三横两纵一环"的棋盘放射状线网结构，与郑州—开封线、郑州—机场线、郑州—洛阳线，构建城镇密集区的轨道交通线网。实现城市轨道交通的规划与城市发展规划相结合，构建合理的轨道线路布局。实现轨道线路间、站点内的换乘通道合理性，轨道交通系统与公共交通系统、铁路、民航等整体协调。利用各种轨道交通间的独立性与互补性，让各种轨道交通得到有机的协调发展。

（2）积极推动交通智能系统的应用。应用信息、通信、计算机、控制等先进技术对传统交通运输系统进行改造和整合，加强人、车、路之间的联系和互动，提高交通管理水平和交通系统运行效率。以构建智能交通体系为重点，加快城市交通智能化进程，以交通智能化促进全省交通资源整合、出行需求规范、通行能力和服务水平提升，力争建成全国智能交通示范区。

（3）全面提高城市交通管理水平。区域中心城市注重规划，提高交通地下、地上空间的利用效率，建设城市地下通道或高架道路。提高交通系统使用效能，创建良好的道路交通秩序。提升道路交通组织水平，优化交通流运行质量，最大限度地提高路网的通行能力和效率。实施"公交优先"的城市交通发展策略。发展绿色交通，采取综合措施构建和谐的绿色交通体系，缓解交通拥挤，降低交通污染，促进城市与交通可持续发展。加强交通法制建设，完善法规体系，进一步规范城市交通的运行秩序。

四、强化现代物流支持

依托中原经济区沟通南北、连接东西的区位优势，充分发挥核心枢纽和物流中心作用，加强物流中心建设，加快现代物流业发展，强化综合交通网络和物流通道建设，不断增强平台、载体和通道功能，为促进东中西区域联系和服务全国发展大局发挥重要作用。

（一）发挥核心枢纽作用

中原经济区位于我国内陆腹地，具有承东启西、连南通北的区位优势，在全国现代综合运输体系和物流体系中具有重要地位，是全国重要的物质和产品集散交换中心，东中西互动的战略平台。中原经济区要依托优越的区位优势和便捷的交通优势，强化综合交通枢纽地位，加强物流体系建设，发挥战略平台作用，不断增强核心枢纽地位，为密切东中西联系和服务全国发展大局发挥重要作用。

（1）加强综合交通枢纽建设。加快客运专线、中原城市群城际铁路建设，形成覆盖全区、辐射周边、服务全国的现代铁路网；抓住国家把郑州新郑国际机场列入国家八大枢纽机场的机遇，实施航空交通优先发展战略；以提高互联互通能力为重点，建设功能完善、结构优化、内联外畅的公路网络；建立覆盖中心城市和油气管道主干线沿线部分县级城市的管道网络，实现石油、天然气的网络化、安全化供应。完善和提升以郑州为枢纽的"米"字形交通网络，逐步形成以郑州为中心，包括高速公路、国道、省道干线公路和铁路、轻轨、航空在内的，对外联系通畅高效、区内联系快捷紧密、各种运输方式充分衔接的现代综合交通运输体系。

（2）推进现代物流设施建设。编制中原经济区现代物流业发展规划，立足河南，以郑州为中心，构建以郑汴新区为核心的集运输、仓储、加工、包装、配送、园区交易、商贸批发等于一体的高效快捷的现代物流体系；鼓励大型专业批发市场和物流企业建立物流资源交易平台，引导生产企业和商贸企业推广供应链管理和智能化、自动化管理，积极发展电子商务和网上交易，统筹建设一批保税物流中心。

（3）发挥战略平台作用。加强与东部地区的呼应对接，强化与东部地区合作与交流，积极承接东部地区产业转移。密切与西部地区区域联系，着力建设一体化区域市场，加强与中西部地区交通设施、市场体系的对接。

（二）加强物流中心建设

依托中原经济区区位交通优势，加快郑州国际物流中心建设，强化物流节点城市发展，加强物流园区和配送中心建设，完善物流运输网络，加快推进物流中心建设。

（1）加强郑州国际物流中心建设。以郑州为龙头，以国际物流园区、航空港物流园区、西部物流区、北部物流服务区、南部物流服务区五大物流功能区为重点，着力建设辐射中西部地区的内陆"无水港"、连接中亚欧洲的"东方陆港"和国际多式联运中心、国内集散分拨中心、区域物流配送中心，强化公、铁、海、航等多种运输方式的有效衔接，加快物流园区和专业物流中心建设，构建与国际接轨的现代物流服务体系，不断扩大物流辐射半径和覆盖范围，发展成为连接世界、辐射中西部地区的国际物流中心。

（2）加快其他物流节点城市发展。中原经济区其他城市要根据自身产业特色和区位、市场优势，差异化发展专业物流和区域内物流配送，发展成为服务本地、辐射周边的重要物流节点城市，形成郑州物流中心与各物流节点城市分工合理、配合紧密、互为支撑、互动发展的物流节点城市网络。

（3）加强物流园区和配送中心建设。加强物流园区建设，强化物流基础设施建设，疏浚物流通道，引导物流企业、物流设施向物流园区集聚，实现物流资源优化配置和集聚规模效应。加强物流配送中心建设，打造一批运行高效、服务便捷的配送中心。

（4）加强物流通道网络建设。积极发展多式联运体系，统一协调公路、铁路、航空等货运场站布局和货运道路的规划建设，提高物流设施的系统性和兼容性，促进各种运输方式的衔接和配套，实现公路、铁路、机场"无缝对接"。构建以铁路运输为重点，公路、航空运输为支撑的多式联运体系。做好各种运输方式相互衔接，发挥组合效率和整体优势，形成布局合理、发展协调、便捷高效的现代综合交通体系。构筑以郑州为中心，覆盖全省、辐射周边、服务全国的快速物流通道。

（三）加快现代物流业发展

（1）优化现代物流业布局。实施大交通大物流战略，建设以郑州为中心，地区性中心城市为节点，物流园区为载体，第三方物流企业为支撑的现代物流体系。推进郑州国际物流中心建设，优化物流功能区布局，完善多式联运公共设施，形成服务中原、面向全国、连接世界的物流枢纽。加强洛阳、安阳、商丘、信阳、南阳等区域物流枢纽建设。加快建设区域性分拨中心和配送网络，大力引进和培育第三方物流企业。

（2）加快重点物流行业发展。大力发展食品冷链、医药、钢铁、汽车、家电、纺织服装、邮政、粮食、花卉、建材等行业物流，推进物流业与制造业、现代农业联动发展。

（3）培育壮大市场主体。依托重点物流行业，通过政策引导和扶持，加大资源整合力度，推动物流企业创新服务模式，提升核心竞争力，支持物流企业做大做强，培育壮大一批物流业龙头骨干企业。

（4）加快重点项目建设。加快重点物流项目建设，重点做好新加坡物流园区、航空港物流园区、商丘豫东综合物流园区、周口水运港口物流园区等大型综合物流园区建设，着力推进双汇冷链物流中心、郑州雨润农副产品全球采购中心、华润爱生医药冷链物流园、国药控股河南物流中心、美的物流园、格力电器物流配送中心、中南邮政物流集散中心、华丰钢铁物流园区、中国（郑州）国际汽车后市场、郑州花卉综合物流园、鹤壁煤炭储配园等专业物流园区及分拨中心建设，形成以重大项目建设推动现代物流发展的良好格局。

（5）加快现代物流业支撑体系建设。加快重大物流基础设施建设，促进物流公共信息平台建设和物流装备技术应用，形成多式联运相衔接的物流集疏运网络；推进体制机制创新，强化政策措施支持，优化发展环境，构筑全方位、多层次、强支撑的承载体系，推动全省现代物流业跨越发展。

第三节 战略支撑

20世纪90年代以来，河南省委、省政府相继提出了7大发展战略，对加快中原崛起发挥了重要作用。考虑到一个地区的发展战略是指导经济社会发展的根本性、基础性、全局性方针，应该具有连续性、稳定性。同时，在新形势下，国家更加突出加快经济发展方式转变、加强自主创新、统筹城乡发展、加快城镇化进程、促进内外需平衡、促进社会和谐等。河南建设中原经济区，加快中原崛起应着眼于破解面临的突出矛盾和问题，按照突出重点、注重实效、着眼长远的原则，重点坚持实施科教强省、文化强省、人才强省和开放强省四大发展战略。

一、坚持科教强省战略

进入21世纪以来，国际国内形势发生了显著而深刻的变化，知识创新成为推动经济发展和社会进步的主要动力，自主创新能力成为国家竞争力的核心，人力资源成为提升综合国力和国际竞争力的战略性资源，教育成为实现民富国强的关键因素。随着科教兴豫战略的深入实施，河南科技教育事业取得了长足发展，为实现中原崛起和建设创新型河南发挥了重要的支撑和引领作用。但是仍然存在着自主创新能力不强、教育质量不高等问题，亟须进一步深入实施科教强省战略，加强自主创新体系建设，推进科技进步和创新，全面实施素质教育，推进科技教育事业在新的历史起点上科学发展，为促进中原经济区建设，实现河南振兴提供更加有力的智力支持。

（一）科教兴豫战略的提出及实施

1990年，河南省第五次党代会正式提出要坚持"科技兴豫、教育为本"的战略方针，是全国较早提出实施"科技兴省"战略的省份之一。全省科研机构按照"科技兴省"战略和"稳住一头、放开一片、人才分流、加强转化"的方针要求，进一步加大科技体制改革力度，通过机制转变进一步推动科技力量进入经济建设主战场，科研机构和科技人员市场意识进一步增强，开始创办领办企业或主动为企业提供技术服务。

1995年，河南省委、省政府正式做出了实施"科教兴豫"战略的决定，先后制定、颁布了关于依靠科技进步推动经济发展，建立和完善技术市场，加快高新技术研究开发与产业化，发展民营科技企业，加强技术创新，改革科学技术奖励办法，加强专利技术保护等相关的一系列文件、法规，用政策和制度引导、推动、支持科技机构特别是技术开发类科研院所转制为企业，培育企业的技术创新能力和新技术、新工艺、新产品开发能力，将企业真正提升为技术创新的主体。1999年，河南按照中央统一部署，从实际出发，抓住有利时机，明确提出教育事业"优先、超前、加快发展"。

2004年和2006年，河南省委、省政府分别召开了全省科技大会，研究部署科技创新工作，出台了《关于加强科技创新促进中原崛起的意见》、《关于增强自主创新能力建设创新型河南的决定》等政策文件，颁布了《河南省中长期科学和技术发展规划纲要（2006~2020年）》。省八次党代会将实施自主创新跨越发展战略，建设创新型河南列为新一届省委的中心工作之一。2009年10月，河南省委、省政府召开全省自主创新体系建设大会，通过了《河南省自主创新体系建设和发展规划（2009~2020年）》，提出要坚定不移走中国特色自主创新道路，推动创新型河南建设取得新进展，为实现跨越发展、加快中原崛起做出新的更大贡献。2010年9月20日，《河南中长期教育改革和发展规划纲要（2010~2020年）》（征求意见稿）公布，提出了"到2020年，基本实现教育现代化，基本形成学习型社会，进入人力资源强省行列"的战略目标。

改革开放，特别是科教兴豫战略实施以来，河南整体科教实力显著增强，科技进步对经济社会发展贡献大幅提升，人口素质大幅度提高，科学技术和教育成为推动经济社会发展的强大动力，为中原崛起提供了强有力的人才支撑和智力支持。其具体表现有：

（1）科技创新实力不断增强。截至2008年底，全省共拥有各类科研机构794家，其中省属科研机构64家，中央驻豫科研机构31家，大中型企业研发机构618家。拥有国家级工程技术研究中心8家，省级工程技术研究中心172家，省级重点实验室47家。从事科技活动人员19.6万人，长期在豫工作的"两院"院士16人，省属单位自行培养中科院院士和工程院院士均实现了历史性突破。2008年，全省科学研究与试验发展（R&D）经费支出111.7亿元，占全省GDP的0.61%；全省地方财政科技投入30.44亿元，占地方财政支出的1.33%。国家级创新型试点企业8家，位居中部各省第1位。全省共建设了2个国家级和9个省级高新技术产业开发区，1个国家级和9个省级农业科技园区，5个国家级和11个省级可持续发展试验区，13个省级民营科技园区。全省规模以上高新技术产业实现增加值 1290 亿元。

（2）科技创新成果不断涌现。实施了一批重大科技专项，特高压输变电装备、多晶硅产业化、大采高液压支架等实现了重大突破。在全国率先解决了纯低温余热发电等关键技术难题。输变电装备、电解铝、超硬材料、客车等重点产业技术达到国内领先水平。2000~2009 年，全省共取得省级奖励的科技成果 2730 项。国家级奖励成果 108 项，其中获国家科学技术进步一等奖 4 项，获国家技术发明二等奖 4 项。2008 年，全省专利申请量 18411 件，专利授权量为 9133 件。科研机构进一步进入经济建设主战场。目前，省属技术开发类科研机构已全部改制为股份制企业，企业技术创新主体地位日益突出。高新技术产业发展迅速。在电子信息、生物医药、新材料等高新技术领域，河南已形成技术和市场优势，成为全国重要的超硬材料、多晶硅、电池生产基地。中科院发布的《中国科学发展报告 2009》，通过对"创新发展指数"等重要的综合考核标准进行定量分析，对我国内地各省区市科学发展能力进行总评估和总排序，河南位居前十。

（3）教育改革和发展取得了巨大成就，保障了广大人民群众的受教育权利。教育优先发展的战略地位进一步得到落实，教育投入大幅增长，办学条件显著改善，教育改革逐步深化，办学水平不断提高。进入 21 世纪以来，基础教育蓬勃发展，完成了基本普及九年义务教育、基本扫除青壮年文盲的历史任务。城乡免费义务教育全面实现。职业教育快速发展，职教攻坚成效显著，职业教育在校生和招生规模居全国第一。高等教育进入大众化阶段，办学规模迅速扩大，结构不断优化，办学水平和服务能力明显提高。民办教育发展迅速，已成为全省教育事业的重要组成部分。中外合作办学健康发展，继续教育、终身教育体系逐步完善。农村教育得到加强，教育公平迈出重大步伐。教育事业的跨越式发展，极大地提高了全省人民的整体素质，推进了科技创新、文化繁荣，为经济发展、社会进步和民生改善做出了不可替代的重要贡献。

（二）河南科教事业发展中存在的问题

在看到成绩的同时，我们也清醒地看到，与全面贯彻落实科学发展观的要求相比，与建设创新型河南、支撑中原经济区建设、加快中原崛起的要求相比，河南科技创新和教育工作还存在诸多薄弱环节，技术创新能力还亟待提高。

（1）研发投入不足，创新能力差。据全国科技进步统计监测报告分析，河南省科技进步水平、科技进步环境指数、高新技术产业指数、科技促进经济社会发展指数等均处于全国中下游。2008 年，全省全社会研究开发费用占生产总值的比例为 0.67%，远远低于全国 1.52% 的平均水平。创新主体发展水平低，全省大中型企业建有研发机构的仅为23%。高水平研发团队和领军人才缺乏，国家重点实验室至今尚为空白。能够解决全省经济社会发展重大关键问题的高新技术和自主创新成果少。

（2）支持和鼓励创新的环境有待进一步优化。经济和科技体制改革有待深化，创新主体的活力和动力不足，特别是自主创新的内生机制尚未形成，推动自主创新的体制机制不完善。企业尚未真正成为技术创新主体，产学研紧密结合的机制尚未真正建立。科技创新管理的统筹协调不够，有限的科技资源没有得到优化配置。国家和省激励科技创新的政策有些没有得到很好落实。有利于培养、吸引、留住人才，支持创新人才脱颖而出的社会环境尚未形成。此外，社会也尚未形成鼓励创新、支持创新的意识和氛围，对创新重要性的认识还有待提高。

（3）教育发展还不能很好地适应经济社会发展和人民群众接受良好教育的要求。对教育的认识还有待进一步深化；教育质量有待进一步提升；素质教育推进困难，优质教育资源供给不足；学生适应社会和就业创业能力不强，创新型、实用型、复合型人才紧缺；教育体制、机制还不够完善，学校办学活力不足；教育结构和布局不尽合理，城乡、区域教育发展不平衡；教育投入还不能很好地适应教育事业改革发展的需要，多渠道筹措教育经费的机制还没有形成；教师队伍建设有待加强。接受良好教育成为人民群众强烈期盼，深化教育改革成为全社会共同心声。

（三）深入实施科教强省战略的重大举措

当今世界，科技革命迅猛发展，不断引发新的创新浪潮，科技成果转化和产业技术更新换代的周期越来越短，科技与经济、文化的一体化发展趋势越来越明显。要继续深入实施科教强省战略，建立自主创新体系、增强自主创新能力，推动经济结构调整和发展方式转变，优先发展教育，提高教育现代化水平，为中原经济区的构建提供坚强的人才支撑和智力保证。

（1）培育壮大自主创新主体。实施企业创新能力，培育科技工程，着力提高企业自主创新能力，强化企业在技术创新体系中的主体地位和在自主创新体系中的关键作用。培育一批拥有自主知识产权核心技术和持续创新能力的创新型企业，引导和支持企业建立研发中心。发挥科研院所骨干作用，强化高等院校生力军功能。加强科技创新人力资源建设。抓好"培养、引进、用好"三个环节，培养造就一支门类齐全、梯次合理、素质优良、规模宏大的创新人才队伍，改善人才结构、提升人才层次。

（2）丰富发展自主创新载体。努力形成一批能够开展高起点应用基础研究、培养高层次科技人才和促进高水平学术交流的实验基地。围绕河南现代产业体系建设，以主导产业和高新技术产业的骨干企业为重点，优先布局产业集聚区，加快建设和发展工程技术研究中心、工程研究中心、企业技术中心等各类企业研发中心。加强重点实验室、工程实验室、高校重点实验室等建设。大力发展创新型产业集聚区和其他科技园区。积极发展创业孵化基地，探索建立产业技术创新战略联盟，围绕产业技术创新的关键技术问题开展紧密的技术合作和联合攻关。

（3）着力突破一批科技专项关键课题。①紧贴经济社会发展实际来明确重大科技专项，进行核心技术、关键技术攻关，带动相关领域技术水平整体提升。②整合全社会资源来攻克重大科技专项，通过多部门协作、多学科集成，共同搞好重大科技攻关。③发展产业集群来深化重大科技专项，大力培育有竞争力的高新技术企业和产业集群，加快科技资源优势向科技经济优势转化。目前，科技专项关键课题要支撑现代农业发展，推动工业主导产业振兴升级，加快高新技术产业化，引导支持现代服务业，改造提升基础产业，加强民生科技创新。

（4）改革自主创新体制机制。坚持市场导向机制，完善科技成果权益保护机制，强化科技成果转化机制，创新产学研用紧密结合机制，形成自主创新协调联动机制。要更加注重市场导向，激励科技人员面向市场进行创新。更加注重鼓励激励，既要大力实施创新供给促进政策，加大金融支持、启动资金扶助、专项奖励的力度，又要完善创新需求激励政策，有效扩大创新产品的市场需求。开展科技创新计划项目绩效评估，更好地保护和激励创新积极性。更加注重资源共享，推进科技资源在全社会的开放、流动、联合、共享，为创新活动提供系统、准确的信息服务和及时、全面的技术支撑，实现科技资源的优化配置和高效利用。

（5）强化政策支持。加大投入力度，推动形成以财政投入为引导、企业投入为主体、社会投资为补充，多元化、多层次、多渠道、高效率的自主创新投入体系，为河南自主创新体系建设提供充足的资金保证和支持。抓好政策落实，用足、用活、用好国家和省里关于鼓励自主创新的一系列政策。营造良好环境，切实改善条件、优化环境，使创新人才脱颖而出、创新成果竞相涌现。同时，要加强宣传引导，努力营造支持创新、鼓励创新、勇于创新的良好氛围。

（6）全面发展教育事业。教育是基础、教育是未来、教育是民生。必须全面贯彻党的教育方针和"优先发展、育人为本、改革创新、促进公平、提高质量"的工作方针，始终坚持把教育摆在优先发展的位置。按照面向现代化、面向世界、面向未来的要求，坚持以人为本、以改革创新为动力、以促进公平为重点、以提高质量为核心，全面实施素质教育。认真破解"钱从哪里来，人往哪里去，质量怎么保，学校怎么办"的难题，推进教育事业在新的历史起点上科学发展，加快河南从教育大省向教育强省、从人力资源大省向人力资源强省迈进，为实现中原崛起、河南振兴做出更大贡献。

二、坚持文化强省战略

河南是中华文明的重要发祥地，中原文化源远流长、博大精深，是中华民族传统文化的根源和主干。应积极适应经济文化一体化的新趋势，以马克思主义中国化的最新成果引领先进文化建设，加快河南由文化资源大省向文化强省跨越，是河南经济社会发展的必然选择。

（一）文化强省战略的提出及实施

2004 年 12 月召开的河南省委工作会议提出，要努力把河南建设成为一个文化产业大省，推进文化大省向文化强省的跨越。2005 年 8 月，中共河南省委、河南省人民政府下发了《关于大力发展文化产业的意见》，明确提出河南要实现"从文化资源大省向文化产业大省、从文化大省向文化强省"的跨越，把文化产业打造成河南经济社会发展的新亮点。《意见》明确了发展河南文化产业的总体思路：以文化资源为依托，以结构调整为主线，以改革创新为动力，全面规划，重点突破，使文化产业成为全省国民经济的重要支柱产业之一；推出了 7 项重要举措：加快改革步伐，大力推动文化产业发展；整合文化资源，走集团化发展之路；实施品牌带动，促进产业发展；放宽市场准入，放手发展民营文化企业；加强市场建设，完善市场体系；加大对外开放力度，拓展文化产业发展的市场空间；创新人才机制，大力培养和引进人才。

2005 年 9 月，中共河南省委、河南省人民政府印发了《河南省建设文化强省规划纲要（2005~2020）》的通知，《纲要》以大力发展社会主义先进文化、实现河南由文化大省向文化强省的跨越为宗旨，提出了建设文化强省的总体目标和发展战略。《纲要》明确了建设文化强省的指导思想、基本原则、总体目标和发展战略，提出 6 项具体措施，即提高公民整体思想道德水平，全面繁荣文化事业，加快发展文化产业，推进文化领域的改革开放，规划建设一批标志性文化工程，建立健全文化强省建设的保障机制。《纲要》按照建设社会主义先进文化的要求，明确地把文化分为事业和产业两大部分，区分了文化事业与文化产业的不同属性，区别对待，同步推进，保证文化强省建设沿着正确的方向前进。2006 年 10 月，中共河南省第八次代表大会召开，第一次提出了河南加快经济大省向经济强省跨越和加快文化资源大省向文化强省跨越即"两大跨越"的发展思路。

　　"两大跨越"不仅是在特殊背景下提出的具有时代意义的发展战略，而且反映出河南在发展理念、发展思路、发展方式等方面发生的重大变化。首先，"两大跨越"的提出，把文化作为软实力和生产力单独提了出来，与经济硬实力并驾齐驱，打破了唯GDP是瞻的传统观念，破除了重经济轻文化和唯经济论的思想束缚，为河南经济、社会、文化的进一步健康发展打开了广阔的空间。其次，"两大跨越"的提出，破除了文化属于消费而不属于产业的观念，鲜明地把文化作为推动社会发展的生产力，视之为促进经济、社会发展的重要力量，改变了传统的发展思路，为河南的进一步快速发展拓展了广阔的空间。最后，"两大跨越"在强调发展经济的同时，强化了文化的功能和地位，充分肯定了文化在社会发展中不可替代的作用，把发展方式由单纯的经济驱动，转变为经济、文化双轮驱动，为中原崛起启动了新的引擎，增添了新的动力。

　　文化强省发展战略提出之后，河南省委、省政府采取了一系列行之有效的措施，强力推进文化资源大省向文化强省的跨越，努力构建社会主义核心价值体系和公共文化服务体系，构建具有中原特色的优势文化产业体系，培育文化市场竞争主体，优化文化产业格局，开辟文化改革发展试验区。通过"中原文化沿海行"、"中原文化港澳行"等文化推介活动，向海内外强力推介中原文化，宣传河南改革开放的新形象，提升河南的文化软实力，增强中原文化的感召力、向心力和影响力。经过全省上下的共同努力，河南的文化强省建设取得了丰硕成果。

　　（二）河南文化发展中存在的问题与不足

　　河南文化强省虽然取得了很大成绩，但也存在一些不足和问题，与实现文化强省的目标相比还有不小的差距。主要表现在两个方面：

　　1. 由于人口多、基础差、底子薄的制约，河南文化事业发展中存在着一些不容回避的矛盾和问题

　　（1）长期以来公共财政对文化建设投入偏少，特别是农村文化事业欠账较多，制约了文化事业的快速发展。从文化事业费总量看，河南在全国位次居中。作为全国人口第一大省，2005年，河南文化事业费在全国排第13位。从人均文化事业费来看，河南已连续多年全国倒数第一。投入严重不足造成了文化事业特别是农村文化事业基础设施薄弱、服务能力和水平亟待提高。

　　（2）文化领域的管理体制和运行机制不适应现代社会经济社会发展要求。由于长期受计划经济体制的影响，全省上下级文化行政主管部门的关系条块分割，以构建公共文化服务体系为目标的文化事业整体发展战略尚待进一步落实。国有文化企事业单位改革滞后，缺乏有效的监管和考核、惩罚机制，活力不足。

（3）文化人才短缺。目前，河南受过高等教育的人数在整体人口中所占的比例偏低，直接影响了文化建设的发展。从人才结构看，单一型人才多，复合型人才少；文化艺术人才多，经营管理人才少。同时，因体制、机制原因，急需的人才留不住、引不来，富余人员推不出去。在人才培养方面也缺乏相应的机构和政策，不能适应文化强省建设的需求。因此，虽然近年来，全省各级财政不断加大文化投入，但彻底改变文化事业发展滞后的面貌，还需付出更大的努力。

2. 河南文化产业发展也存在明显的不足和问题

（1）文化产业总量规模偏小，人均水平有待提高。2007 年，河南文化产业增加值 480.08 亿元，占 GDP 的比重为 3.2%，文化产业成为河南经济支柱产业还有一定的距离。2007 年，全省文化产业人均增加值为 3.75 万元，比 2006 年增长了17.2%，但仍低于全国人均 4.52 万元的平均水平。文化产业三个层次间的人均经济效能水平差距较大。2007 年，相关层人均创造增加值 5.42 万元，核心层为2.98 万元，外围层仅为 1.07 万元。属于第三产业的核心层和外围层人均创造增加值 2.0 万元，比第三产业的平均水平 3.3 万元低 1.3 万元。

（2）文化产业的主体部分实力有待增强。近两年，河南文化产业核心层的发展速度低于相关层，使得全省文化产业结构不够协调，直接影响着全省文化产业的发展规模、发展层次和整体素质。

（3）文化消费总量偏低。目前，全省城乡居民消费支出中，文化消费相对比重下降、总量过低的状况比较突出。2007 年，在人均消费支出中，城镇居民文化娱乐消费所占的比重为 6.1%，农村居民文化娱乐消费占 2.2%，均比 2006 年有所下降。目前，河南省人均 GDP 超过 2000 美元，恩格尔系数为 36%，但文化消费在全部消费支出中仅占 4.59%。居民文化消费市场需求不旺盛，消费不足制约了文化产业的快速发展。

（4）企业集约化和产业集中程度偏低。目前，全省虽然通过联合、重组、兼并等方式，跨媒体、跨行业组建大型文化传媒集团，先后组建了 5 家文化企业集团，但实力强的文化产业集团还比较少。大多数文化产业单位处于单一媒体、单一资源、单一业务经营状态，开展多媒体兼营、拓展产业链和跨地区经营的能力不强。

（5）文化产业投入不足。文化产业投资不足仍是河南省文化产业所面临的一个重大问题。2007 年，在城镇固定资产投资额中，文化产业投资额为 234.84 亿元，所占比重为 3.55%，比 2006 年提高 1.35 个百分点；其中文化、体育和娱乐业投资额为 59.13 亿元，虽然增幅 46.5%，但由于基数小，增幅较大总量并不大，在城镇固定资产投资中仅占 0.89%，低于全国 0.96%的平均水平。

以上情况表明，河南实现文化资源大省向文化强省跨越，还面临许多困难，任务还十分艰巨，还有很长的路要走。

（三）深入实施文化强省战略的重大举措

为贯彻落实党的十七大精神，进一步加快文化强省建设步伐，推动文化大发展大繁荣，满足人民群众多样性多方面多层次的精神文化需求，提高河南文化软实力，推动中原崛起、河南振兴，需要采取一系列重大举措。

1. 以服务经济发展为着眼点，不断提供强大的精神动力和文化支撑

要大力营造正面、向上、和谐、求进的社会氛围，在全省形成干事创业、建功立业的生动局面。加强互联网、手机等新媒体的管理和运用，努力占领舆论宣传制高点，营造强势主流舆论。正确引领多样化的社会思潮，尊重差异、包容多样，最大限度地达成共识。加强宣传思想文化阵地建设，用社会主义先进文化占领各级各类宣传思想文化阵地。大力弘扬河南人文精神。大力宣传焦裕禄精神、红旗渠精神、愚公移山精神和"平凡之中的伟大追求、平静之中的满腔热血、平常之中的极强烈的责任感"的新时期河南人精神，动员全省干部群众积极投身中原崛起、河南振兴的伟大建设事业。提高全民科学文化素质。实施人力资源素质提升行动计划，推进人口优势向人力资源优势转化。合理配置公共教育资源，推进义务教育均衡发展。深入实施职业教育攻坚计划，大力发展职业教育，建设一批国家级示范性高等职业院校。优化高等教育结构，提高办学质量和水平，为中原崛起、河南振兴培养合格人才。

2. 以挖掘保护和开发利用优势文化资源为突破口，提升中原文化的影响力

要打响以"根"文化为代表的知名文化品牌。整合和优化根源文化资源，以黄帝故里拜祖大典、中华姓氏文化节、河洛文化节为龙头，大力开展海内外百家姓河南民间祭祖活动，吸引海内外炎黄子孙到河南来寻根问祖。精心打造一批反映河南历史文化，具有河南特色、河南气派的艺术精品和知名文化品牌。要做好大遗址保护和利用。进一步建好、用好隋唐洛阳城考古遗址公园、汉魏洛阳城遗址植物园、安阳殷墟遗址公园，以旅游营销、项目带动、产业集聚、环境治理、公共服务为杠杆，抓好其他大遗址的建设、运行和管理。

要建设中华历史文化保护核心区。以"华夏文明之源、炎黄子孙之根"为主题，以河南是中华农耕文化、都城文化、商业文化、思想文化、宗教文化、汉字文化、科教文化、姓氏文化等文化的源头和发源地为依据，构建以河南为中心、辐射传统中原文化圈的中华历史文化保护核心区，发挥集聚效应、联动效应、整体效应，提升中原文化的影响。要打造一批世界级文化旅游目的地。以古都开封为依托，以清明上河园为龙头，打造大宋文化旅游园区，使开封古城成为演绎大宋文化的著名国际旅游目的地。以嵩山历史建筑群为依托，以儒、释、道文化圈为主轴，打造大嵩山旅游区。以龙门石窟、白马寺、玄奘故里、汉魏故城、隋唐遗址为依托，打造以佛教文化为主题的世界级文化旅游目的地。以殷墟大遗址公园和中国文字博物馆为依托，整合二帝陵、羑里城、曹操高陵等资源，打造以殷商文化为代表的世界级文化旅游目的地。

3. 以做大做强文化产业为着力点，提高河南文化整体实力和竞争力

要组织实施重大文化项目。着重加强"三网融合"、国家动漫产业发展基地（河南基地）、殷墟国家大遗址公园、大河动漫城、濮阳东北庄杂技文化旅游园区、贾湖文化旅游产业开发等重大项目建设。鼓励国内外大型文化企业在河南建立地区总部、文化产品生产基地、研发和营销中心。要着力培育大企业、大集团。优化资源配置，鼓励和支持大型国有文化企业进行跨地区、跨部门、跨行业、跨所有制的兼并、联合与重组，引导有条件的文化企业面向资本市场融资，重点做大做强河南日报报业集团、中原出版传媒集团、河南文化影视集团、河南影视制作集团、河南有线电视网络集团、河南歌舞演艺集团等一批骨干文化企业集团。要加强文化产业园区和产业集聚区建设。鼓励各地依据资源优势和产业发展基础，在基础设施建设、土地使用、税收政策等方面给予支持，规划建设一批文化产业园区和文化产业集聚区。要建立和完善现代文化市场体系。加快建设门类齐全的文化产品市场和文化要素市场。加强市场监管和服务，保护经营者合法权益，形成依法经营、诚实守信、活泼有序的市场秩序。加快培育大众性文化消费市场，繁荣城乡文化市场，构建统一开放、竞争有序的现代文化市场体系。

4. 以公共文化服务体系建设为立足点，保障人民群众基本文化权益

要加快公共文化设施建设。加强重点文化设施建设和基层文化基础设施建设。完成中国文字博物馆二期工程、中原文化艺术学院等标志性文化设施建设。大力推动公共博物馆、纪念馆、美术馆、体育馆、文化馆、图书馆、基层文化活动中心的建设，不断提高公共文化服务能力和水平。要加大文化产品生产供给。优先扶持代表国家水准和反映时代精神的文艺作品以及具有示范性、导向性的重点文艺项目，推出一批具有在全国有影响的精品力作。加强包装和策划，保持文学、书法、绘画、戏曲等艺术门类的比较优势。提高"三农"文化产品供给，对服务"三农"的文化产品在各方面予以倾斜和支持。扎实推进文化惠民工程。深入实施广播电视村村通、文化信息资源共享、社区和乡镇综合文化站、农家书

屋、农村电影放映等重大文化惠民工程，研究实施一批新的文化惠民工程，建立健全"建"、"管"、"用"的长效机制，满足人民群众读书看报、听广播看电视、进行公共文化鉴赏、参加公共文化活动的基本文化需求。

5. 以建设高素质人才队伍为关键点，为文化强省建设提供智力支持

要加快人才培养。培养造就一批优秀理论人才、优秀出版人才和名记者、名编辑、名主持人，推出一批专业贡献突出、引领作用明显、在全国有重要影响的文化名家、文化大师。建立健全文化人才培养体系，大力发展职业教育和在职培训教育，为文化强省建设培养各类专业人才。要引进高端人才。采取特聘专家制、高级雇员制、客座荣誉制、协议签约制、项目合作制和设立工作室等灵活形式，大力引进全国知名的大师级高端文化人才和拔尖人才。运用单位聘任制、项目聘任制、外聘制、兼职制等灵活选人用人机制，延揽省内外各领域优秀人才进入河南省文化领域创业发展。鼓励和支持文化企事业单位面向国内外有计划、有重点地引进各类高层次人才。创造良好用人环境。创新文化人才选拔任用制度。坚持以公开、竞争、择优为导向，以业绩为重点，综合考虑品德、知识、能力等要素，选拔任用优秀文化人才。创新文化人才激励机制。在职称评聘、成果评奖、工作考核等方面，打破学历和资历的界限，以创新能力、创作研究成果和经营管理实绩为主要衡量标准。深化分配制度改革，积极探索以知识产权、无形资产、技术要素和管理要素参与收益分配的新路子。

三、坚持人才强省战略

人才资源是第一资源，人才是经济社会发展最重要的决定力量。2004 年，省委、省政府首次召开全省人才工作会议，提出实施人才强省战略。近年来，河南经济社会发展呈现出好的态势、好的趋势、好的气势，人才支撑坚强有力，人才工作贡献突出。目前，全省人才规模进入全国前 10 名，人才贡献率居全国第 12 位。人才，正在中原崛起的进程中释放出巨大的能量。但是，全省的人才发展还存在人才总量偏小、结构不合理、环境不优等一些突出问题，需要更加坚定的深入实施人才强省战略，进一步扩大人才总量、提高人才素质、发挥人才作用、创新人才机制、营造人才环境，为中原经济区建设提供强有力的人才支撑。

（一）人才强省战略的提出及实施

2004 年 4 月 20 日，全省人才工作会议隆重召开，这是河南省委、省政府第一次全面研究部署人才工作，会议鲜明地提出：实施人才强省战略，靠人才兴中原崛起大业。时任省委书记李克强强调："必须把人才作为实现中原崛起的第一

要素。"2010 年 9 月，河南省委、省政府召开第二次全省人才工作会议，公布了《河南省中长期人才发展规划纲要（2010~2020 年）》，明确提出，要从"人口红利"转向"人才红利"，从"资源河南"转向"人才河南"。

近年来，河南省委、省政府结合新形势新任务新要求，以科学发展观为统领，坚持党管人才，坚持服务"第一要务"，坚持"四个重在"，不断完善和提升人才工作思路，坚定不移地实施人才强省战略，人才工作步入全面推进、整体提升的新阶段。

1. 人才培养、引进、使用、激励的政策体系初步形成

以高层次人才和高技能人才培养引进为重点，河南先后出台了贯彻落实中央《关于进一步加强人才工作的决定》的实施意见、河南省《"十一五"人才队伍建设规划纲要》、《河南省中长期人才发展规划纲要（2010~2020 年）》等一系列文件，形成了人才培养、引进、使用、激励的框架体系。其中，引进人才的优惠政策前所未有：建立人才引进"绿色通道"，大学本科以上毕业生可在省内任何地方先落户再择业；两院院士享受相当于副省级医疗待遇，配备工作助手和工作用车；对纳入海外高层次人才"百人计划"人选，省委、省政府给予每人高额奖金资助，并授予"河南省特聘专家"称号等。对人才的激励政策前所未有：从 2005 年开始，省委、省政府每两年对全省高层次优秀人才进行一次隆重表彰，对其中杰出贡献者给予重奖。此外，通过职称评审政策改革，健全市场配置体系，完善人事代理服务，人才观念更加开放，人才选用打破了身份、学历、资历、地域等限制。

2. 高层次人才队伍建设取得突破性进展

（1）通过"创新型科技人才队伍建设工程"、"中原崛起百千万海外人才引进工程"等一系列举措，高层次人才数量显著增加。作为一个区域核心竞争力的重要体现，2009 年，两位中青年学者当选两院院士，在豫两院院士达到 17 人，全省专业技术人才总量达 248 万人，比 2004 年增长 77%。引才引智取得突破，5 人入选国家海外高层次人才引进"千人计划"，12 人入选省"百人计划"。2004 年以来，共实施引进国外人才项目 2000 余项、国外专家 3 万人次，大批博士、硕士、专业人才充实到急需岗位和企事业单位，有效缓解人才瓶颈制约。2009 年，全省共有 5 家企业实验室获批"国家重点实验室"，郑州高新技术产业开发区被批准为国家级海外高层次人才创新创业基地，均实现了零的突破。全省博士后科研流动站、工作站总量达到 128 个。

（2）人才带动自主创新，人才支撑产业成长。"十一五"以来，河南获得国

家科技奖励达 74 项，2009 年全省专利申请量就接近 2 万件，带动了全省战略支撑产业加快升级、新兴产业快速成长、基础产业迅速发展。

3. 职教攻坚，带动高技能人才队伍建设

河南实施的全民技能振兴工程带动了职业教育攻坚。全省组建数控技术、电气技术、现代服务等 20 个省级技工教育集团，进一步增强职教能力。目前，全省高技能人才共有 126 万人，富士康等一批大项目落户河南，其中关键的一个原因，就是看中了河南雄厚的技能人才基础。

4. 统筹城乡，农村人力资源得到大开发

2009 年出台的《河南省关于加强农村实用人才队伍建设和农村人力资源开发的实施意见》，使农村实用人才队伍建设和人力资源开发局面焕然一新。2009 年以来，全省已招聘优秀高校毕业生 1 万人充实到农村教师队伍，已招录 1443 名医学院校毕业生到县以下卫生院工作。阳光工程、绿色证书、入户培训，旨在培养新型农民的各项培训工程，使全省农村实用人才总量由 2005 年的 27 万人增至 130 万人，成为新农村建设的一支生力军。

5. 人才机制改革创新力度加大

创新人才选拔机制、交流合作机制、引进使用机制。近年来，人才工作的创新之举比比皆是，彰显了河南开放胸襟、栽梧桐引凤凰的诚意和魄力。不求所有、但求所用的柔性引才政策在"兴豫之光"行动计划中体现得淋漓尽致。从省到市，都有院士担任党委政府的高参、顾问。各地配备博士科技副县长 42 人、硕士科技副乡（镇）长 388 人，省管企业已聘高级专家顾问 185 人，带来了高效益、高回报。省政府与农业部签订协议，共建河南农业大学；与国家粮食局签约共建河南工业大学；与中科院合作为地方引英才。人才的聚集，赢来了观念更新、发展升级。

（二）河南人才发展中存在的问题

河南实施人才强省战略方面取得了一定成效。但是，当前河南人才发展中仍存在着人才规模与人口总量不相称、人才结构布局与经济社会协调发展的要求不相称、人才发展体制机制与创新创造的要求不相称、人才资源开发投入与人才发展的要求不相称等一些突出问题，不能适应中原经济区建设发展的需要。

1. 人才队伍总量较小

河南是全国第一人口大省，但远不是人才大省和强省。人口素质较低，高素质人才匮乏。2009 年，河南省高中学历以上人口占 6 岁以上人口的比重为 13.4%，不仅远远低于北京（22.8%）、上海（25.2%）、天津（24.1%）等地区，也低于全国平均水平（13.8%）。大专及以上学历人口与全国的差距更大。2009年，河南省大专及以上学历人口占 6 岁以上人口的比重为 5.2%，低于全国平均水平（7.3%），与北京（30.8%）、上海（23.7%）、天津（17.0%）相比更是差距巨大。2009 年，河南每 10 万人口高等学校在校学生 1774 人，比全国（2128 人）平均水平少 354 人。这与河南人口大省的地位极不相称。

2. 人才结构和分布不合理

突出表现在高级人才少，中初级人才多；高学历人才少，低学历人才多；创新型人才少，继承型人才多；高新技术人才少，传统专业人才多；复合型人才少，单功能型人才多；企业人才少，事业单位人才多；外向型人才少，内向型人才多。

近期急需重点领域专门人才：中原经济区建设急需的高层次战略研究人才，开展大招商急需的熟悉国际规则的高层次谈判人才，加快城镇化进程急需的高层次城市规划、城市建设、城市管理人才，以及发展现代经济急需的金融、期货、物流等方面专业人才。

3. 人才体制机制不健全

人才工作机制尚不完善，与市场经济体制相配套的人才工作运行机制有待进一步健全。人才环境不优，人才流失现象仍然存在，引进人才方面仍需加强。人才资源开发投入不足，人才资源开发管理水平有待进一步提高，实现人口资源大省向人才资源强省跨越的任务仍然十分艰巨。

（三）深入实施人才强省战略的重大举措

人才兴则中原兴。建设人才大省是崛起之基、是转型之需、是竞争之本、是创新之源、是执政之要。在"十二五"乃至更长时期，要加快建设中原经济区，比以往任何时期都更加呼唤人才、渴望人才、需要人才。要继续深入实施人才强省战略，以人才能力建设为核心，以体制机制创新为动力，以创新型、创业型高层次人才和高技能人才为重点，统筹推进各类人才队伍建设，打造中原人才高地，加快中原经济区建设，实现中原崛起、河南振兴。

1. 确立人才优先发展战略布局

坚持人才资源优先开发，坚持以用为本，提高人才使用效能，盘活和扩大人才存量；坚持人才结构优先调整，坚持人才投资优先保证，坚持人才制度优先创新，让人才的潜能充分释放，让创新的智慧竞相涌流。坚持以用为本，通过多种形式、多种渠道对现有人才进行再培训、再提升、再开发，提高人才使用效能，盘活和扩大人才存量。

2. 统筹推进各类人才队伍建设

紧紧围绕河南经济社会发展的迫切需求，着重抓好创新型科技人才和重点领域急需紧缺专门人才的培养开发，同时要统筹抓好各类人才队伍建设。以县处级以上领导干部为重点，建设高素质党政人才队伍；培养具有战略眼光、市场开拓精神、管理创新能力、社会责任感的优秀企业家及高水平经营管理人才队伍；以高层次人才和紧缺人才为重点，建设高素质专业技术人才队伍；以技师和高级技师为重点，建设规模相当、能够满足产业发展需要的高技能人才队伍；以农村实用人才带头人和农村生产经营型人才为重点，建设示范带头能力强、推动农村经济社会发展的农村实用人才队伍；以人才开发和岗位开发为基础，中高级社会工作人才为重点，建设专业化、职业化社会工作人才队伍；建设打造高水平宣传思想文化人才队伍。

3. 改革创新人才发展体制机制

加快推进人才工作领导体制和工作机制创新，形成不拘一格选拔人才、鼓励人才脱颖而出以及有利于干事创业的人才发展体制机制。要坚持把有利于促进人才成长、有利于促进人才创新创造创业、有利于促进人才工作和经济社会发展相协调，作为创新人才发展体制机制的出发点和落脚点。创新人才培养开发机制、人才评价发现机制、人才选拔任用机制、人才流动配置机制、人才激励保障机制，不断激发人才活力。探索试行聘任制公务员管理制度，建立组织选拔、市场配置和依法管理相结合的国有企业领导人员选拔任用制度，全面推行事业单位公开招聘、竞聘上岗，使人岗相适、用当其时、人尽其才。

4. 完善健全人才发展政策体系

完善人才投资优先保证政策、人才创业的扶持政策、高层次急需紧缺人才的引进政策、有利于优秀人才脱颖而出的选拔政策、有利于人才到农村和边远贫困地区工作的激励政策、人才合理流动的配置政策、有利于科研人员潜心研究的保障政策、突出贡献人才的表彰奖励政策等。形成健全的人才发展政策体系，引导人才为基层服务、向一线流动，以人才政策的新突破带动人才队伍建设的新突破，努力把中原经济区打造成为"人才特区"，形成人才会聚的好环境。

5. 积极实施重大人才建设工程

紧紧围绕现代产业体系建设、现代城镇体系建设、自主创新体系建设实施重大人才工程。

现代产业体系人才工程：着眼于发展现代工业，重点在装备制造、冶金、化工、食品、服装纺织等战略支撑产业，电子信息、新材料、生物医药等战略性新兴产业，以及能源、水利、交通、环保和信息化等战略基础产业培育高层次人才；着眼于发展现代服务业，在现代物流、金融保险、文化、旅游等领域，集聚具有国际视野、通晓国际规则、熟悉现代管理的高端人才；着眼于粮食生产核心区建设和发展现代农业，扩大农业科技研发人才队伍，壮大农业技术推广人才规模，培养更多国家级农业科学家和大批"土专家"、"田秀才"，充分发挥科技和人才在农业增产增效中的支撑作用。

现代城镇体系建设人才工程：着眼于提高城市发展水平和城市品位，培养造就一大批高水平的城市规划、建设、管理人才；着眼于加快城镇化进程，培养造就一批适应城市新区、产业集聚区、专业园区发展需要的领导干部和专业技术人才；着眼于提高城市综合承载能力，培养造就一大批城市基础设施建设和公用事业发展方面的项目运作人才、经营管理人才和专业技术人才。

实施自主创新体系建设人才工程：以建设一批国家级重点学科、重点实验室、工程技术研究中心为重点，加强高水平科研平台建设和创新型人才基地建设。同时，还要围绕资源环境、社会事业、社会管理等经济社会发展的重点领域，着力造就一批绿色技术人才、低碳技术人才、节能环保人才、教育名师名家、文化文艺大家、高层次医疗卫生人才、社会工作人才。

四、坚持开放强省战略

改革开放以来，河南认真贯彻对外开放的基本国策，全省开放水平不断提高，开放型经济快速发展。进入 21 世纪，特别是 2003 年实施开放带动主战略以来，全省对外开放进入了加快发展的新时期，对外开放层次和水平明显提升，全省开放型经济呈现出超常规、跨越式发展新态势，初步形成了全方位、多层次、宽领域的对外开放新格局。但与沿海发达地区相比，仍然存在着外贸依存度低，外贸发展方式粗放，出口结构不合理，招商引资大项目偏少等问题，需要进一步深入实施开放强省战略，"引进来"和"走出去"相结合，充分利用好"两个市场"、"两种资源"，不断拓展对外开放的深度和广度。

（一）开放带动战略的提出及实施

河南作为内陆地区，对外开放的时间和程度都远不及沿海地区，但河南省委、省政府紧紧抓住历史机遇，适时提出了开放带动主战略，推出了一系列政策措施，促进河南对外经济快速发展。河南省委、省政府先后召开了五次对外开放工作会议：1991 年 3 月，河南省第一次对外开放工作会议召开，提出"优化环境、外引内联、四面辐射、梯次发展"的扩大对外开放的基本思路；1998 年 5

月，河南省第二次对外开放工作会议召开，出台了《中共河南省委、河南省人民政府关于提高利用外资水平，进一步扩大对外开放的意见》，明确了对外开放的指导思想和目标；2001年4月，河南省第三次对外开放工作会议召开，研究制定进一步扩大对外开放的政策措施，出台了《关于进一步扩大对外开放的决定》；2003年8月，河南省第四次对外开放会议召开，出台了《中共河南省委、河南省人民政府关于加快发展开放型经济的若干意见》，首次明确提出把开放带动作为加快河南经济社会发展的主战略，把对外开放提到了前所未有的突出位置和战略高度；2008年5月召开的第五次对外开放工作会议，进一步实施开放带动主战略，开创中原崛起新局面。

一系列政策措施的出台，推动河南省对外开放的力度不断加大，对外经济快速发展。2009年，在国际金融危机的严重冲击下，河南省开放型经济发展仍然取得了较大成就。

（1）利用外资发展迅速。改革开放后，河南利用外资的数额不断增加，利用外资的方式逐渐转变，利用外资的范围逐步扩大，为河南经济发展带来了大量资金和技术。2009年，河南实际利用外资48.0亿美元，增长19%，居中西部首位。河南逐步扩大外商投资领域，外商直接投资由原来集中于工业逐步向多行业扩展。在河南利用外资来源地中，港澳台地区一直占据很大的比重。随着对外开放进程的推进，来自其他国家和地区的外商直接投资逐步增多。2009年，除中国香港外，英国、美国、新加坡、马来西亚和英属维尔京群岛等国家和地区直接投资也较多，河南利用外资来源地进一步扩大化。

（2）对外贸易成效明显。近年来，河南进出口规模不断扩大。在促进出口的同时，河南积极优化产品结构，努力拓展外贸市场，对外贸易对经济增长的拉动作用逐步增强。2008年，河南进出口总额达到174.8亿美元。2009年，由于受到国际金融危机的影响，进出口总额出现大幅下降的情形，但是年底已经企稳回升。进出口降幅逐步收窄，11月降幅收至4%，12月一举扭转下滑局面，当月增长21.3%，其中出口增长17%，进口增长27%，实现了省政府提出的同比增速由"负"转"正"的目标。全年全省进出口总额完成134.4亿美元，下降23.1%。漯河、许昌、开封、商丘、周口五市出口超额完成全年目标，驻马店市、信阳市出口正增长。

（3）对外经济合作成果丰硕。近年来，河南大力发展对外承包工程和劳务合作，不断扩大对外承包工程和劳务队伍，营业额逐步扩大。同时积极实施"走出去"战略，对外投资不断增加。2009年，新签对外承包工程和劳务合同额17亿美元，增长 23.9%；完成营业额 17.9 亿美元，增长 40.2%；外派劳务 4.9 万人次，增长 13.6%，新增境外直接投资 3.7 亿美元，增长 95.7%，各项指标均居中西部前列。郑州、洛阳、南阳、商丘、许昌、开封、焦作 7 市超额完成各项外经工作目标。

(二) 河南省开放型经济发展中存在的问题

在看到对外经济发展取得显著成效的同时，我们也要清醒地认识到，目前全省对外开放取得的成绩是在总量小、起点低的情况下实现的，对外开放工作基础依然薄弱，对外经济结构有待优化，对外经济效益仍需提高。

（1）对外经济总量小，对全省经济发展的推动作用不够。2009 年，河南进出口总额 134.76 亿美元，排全国第 17 位，仅占全国进出口总值的 0.6%。2009 年，河南外贸依存度为 4.7%，与全国外贸依存度平均 44.2%左右的水平仍有巨大差距。实际利用外资 48.0 亿美元，占全国的 5.3%。对外经济发展水平低，对促进河南经济快速发展的推动力不足，河南的开放带动能力亟待提升。

（2）外贸结构不合理，发展方式粗放。2009 年，河南排在前 10 位的大宗出口商品有：人发制品、新的充气橡胶轮胎、未锻造银、精炼铜管、其他毛皮制品、其他光敏半导体器件（太阳能电池除外）、其他碳电极、粘胶纤维单纱、石油或天然气钻机的零件、聚酰胺—6 等，10 类商品合计 20.5 亿美元，占出口总额的 77.4%。这 10 类商品很大部分是传统型的初级产品和资源类产品，附加值低，竞争力不强，出口效益不高，不利于出口贸易快速发展的长远性和持续性。可见，河南外贸发展方式粗放，资源型出口商品比重偏大，结构不合理、可持续发展能力亟待提高。

（3）利用外资流向结构不合理，不利于产业结构升级。河南利用外商投资的行业主要集中在制造业、房地产业与电力、燃气及水的生产和供应业，利用外资占全省比重分别为 51.1%、15.7%和 12.3%。作为农业大省的河南，建设社会主义新农村、建设农产品出口生产基地都需要大量的资金投入和先进的管理和技术，但第一产业利用外资的比重仅占全省利用外资的 1.9%。外商直接投资过多流向制造业，不利于河南省第一、三产业的发展，难以有效促进产业结构升级和经济发展方式转变。

(三) 深入实施开放强省战略的重大举措

对外开放是加快河南经济社会发展、实现中原崛起的必由之路，也是河南省的潜力所在、希望所在。要抓住后危机时代世界经济逐步复苏的有利时机，继续深入实施开放强省战略，采取更有力的措施发展对外经济，"引进来"和"走出去"相结合，充分利用好"两个市场"、"两种资源"，不断拓展对外开放的深度和广度，为经济社会又好又快发展提供强大动力。

（1）拓宽领域，创新方式，提高引资的质量和水平。扩大利用外资规模，以城市新区、产业集聚区为主要载体，以重大项目引进为核心，以承接国际国内产业转移为重点，强力推动与境内外大型企业集团的战略合作，瞄准世界500强企业，大力引进外来资本、技术、管理、人才等生产要素。提升利用外资质量和水平，鼓励外商投资新能源、节能环保、电动汽车、新材料、新医药、信息产业等新兴产业和高新技术产业，为促进产业转型升级和拉动经济增长提供强大支撑。创新招商引资方式，坚持政府推动与企业主体招商相结合，突出企业主体招商。

（2）提高外贸依存度，优化出口结构。扩大出口是今后河南发展外向型经济的重要着力点，也是河南经济实现又好又快发展的重要潜在优势。实施科技兴贸、以质取胜和品牌发展战略，积极扩大进出口规模。重点支持高新技术产品、机电产品的研发和技术改造。扩大传统优势产品出口，支持劳动密集型轻纺、服装等产品出口，支持优势和特色农产品与文化产品出口。进口国内市场紧缺的资源、先进技术、先进设备和软件等，提升产业发展水平。加强出口产业基地和品牌建设。把出口产业基地和出口品牌建设与产业调整和振兴规划相结合、与产业集聚区建设和国际市场开拓相结合，加强政策引导，推动产业聚集优势向出口优势转变，增强外贸发展后劲。

（3）大力实施"走出去"战略，扩大对外经济技术合作。"走出去"是企业适应经济全球化趋势，利用国际市场、国外资源发展壮大的必然选择。充分利用国际市场和资源，以短缺资源开发、优势产业、产能过剩产业为重点，以大型企业集团为主体，以发展中国家为主要目的地，积极开展境外投资和跨国经营，扩大国际间经济技术合作领域，形成产业结构内外互补、生产要素全球配置的发展格局，培育一批具有国际品牌的跨国公司。提高对外承包工程的质量和水平。抓住《对外承包工程条例》和《对外承包工程资格管理办法》实施的机遇，鼓励有条件的企业申报经营资质，扩大对外承包工程队伍。扩大对外劳务输出规模。积极开拓新的劳务市场和领域，提高外派劳务人员档次，改善外派劳务结构。抓好外派劳务基地县、专业基地、培训中心建设，实行动态管理。继续整顿外派劳务市场秩序，维护外经企业和劳务人员合法权益。

（4）大力实施东引西进，推进区域经济合作。借助中部地区建设沿长江、陇海、京广和京九"两纵两横"经济带的契机，加强与东部沿海、港澳台和中西部其他地区的经济合作。打造贸易大通道，搭建对内、对外开放平台，积极承接产业转移，形成内外联动、优势互补、协调发展的区域合作新格局。进一步加强面向长三角、珠三角、环渤海和海峡西岸等的市场开拓和招商引资，主动承接东部沿海产业转移，利用东部地区的资金、技术、品牌、人才和先进管理方式，加快河南产业升级。加强与中西部毗邻地区合作，联合开展电力、煤炭、天然气、油品供应和运输，合理利用水资源，推进生态环保共建等，共同推动黄河、淮河流域的协调发展。加强与央企合作，充分发挥央企资金实力雄厚、管理技术先进、产业层次较高的优势，促进河南经济结构调整和发展方式转变，为推动科学发展、加速中原崛起不断注入新的动力。

（5）完善对外开放的政策体系，进一步优化发展环境。要吸引优质资金和项目，必须要有优越的投资环境。提高服务水平，进一步强化开放意识和服务意识，加强协调，提高办事效率和服务水平，为外资进驻营造良好的氛围。简化项目审批程序，下放审批权限，规范审批行为，全面推行外商投资项目无偿代理制和联审联批制。完善利用外资政策支持体系，发挥政策促进作用。优化土地、环境、电力等重要资源配置，保障重大招商项目落地。提高劳动力素质，为投资者提供人力资源支撑。进一步优化投资环境，营造良好的法制环境、服务环境、社会环境、生活环境。健全招商引资项目跟踪服务机制，加大外商投诉案件查处力度，保护外来投资者合法权益。

第四节　政策支撑

一、先行先试政策

"创新发展，先行先试"是我国改革开放稳步推进的经验总结，也是新阶段深化改革开放、推动区域全面发展的科学选择。中原经济区要以科学发展观为指导，解放思想，大胆探索，敢干敢试，紧紧围绕区域建设的重点任务，吸收其他经济区"先行先试"的经验，在"三化"协调、新型城镇化、人力资源开发、中原文化开发与弘扬等方面争取先行先试政策，尽快在各个领域形成浓厚的创新氛围。

（一）在"三化"协调发展方面先行先试

工业化、城镇化和农业现代化，既是经济发展的客观趋势，又是强国富民的必由之路，三者之间存在循环演进又良性互动的关系。工业化程度低，城镇化就缺乏强力的产业支撑，农业现代化就缺乏先进物质装备；城镇化和农业现代化慢，工业化就缺乏必要的载体和厚实的基础。如何实现工业化、城镇化与农业现代化的互动协调发展，一直是困扰发展中国家的一个难题，我国也不例外。长期以来，我国的城镇化滞后于工业化，同时农业现代化也落后，这就延缓了我国的农业现代化进程。

中原经济区"三化"协调发展应着重在以下方面先行先试：

1. 在统筹城乡发展上先行先试

率先探索城乡统筹发展新机制，在推进新型城镇化过程中推进农业现代化，保护好农民利益。

（1）建立完善统筹城乡的土地利用制度。稳步开展城乡建设用地增减挂钩试点，逐步建立城乡统一的建设用地市场，设立"河南农村土地交易所"；在土地利用总体规划控制指标内，允许省级政府批准各市土地年度利用计划，探索建立土地利用总体规划实施动态监测与评价机制；探索建立重点建设项目省域内跨区域补偿耕地机制；探索建立财政投入与社会投入相结合的土地开发整理多元投入机制。

（2）建立耕地保护补偿机制和激励机制。构建以保护农民权益和推进农村发展为核心的土地动态调控管理机制。合理控制土地开发强度，健全节约集约用地新机制。探索建立多种补偿安置渠道，解决好被征地农民就业、住房和社会保障问题。

（3）探索建立城乡一体的基本公共服务体系。积极推进医疗、教育、养老等基本社保的城乡一体化。

（4）有效解决农民工变市民问题。对农民工进城住房问题进行统筹考虑，在资金和政策方面给与支持。

2. 在走新型工业化、信息化道路上先行先试

立足于高起点，立足于提高工业企业的产品质量、效益和在国内外市场的竞争力，走新型工业化和信息化道路，把中原经济区建成全国重要的高新技术产业、先进制造业和现代服务业基地。

（1）在中原经济区设立承接产业转移示范区。进一步加大对河南承接产业转移的支持力度，将赋予安徽皖江城市带承接产业转移示范区的相关财税、投资、金融、土地、对外开放等政策，允许中原经济区比照执行，进一步引导产业有序转移和科学承接。

（2）设立涉农工业产业投资基金。通过设立涉农工业产业投资基金，推动中原经济区涉农工业的发展，支持中原经济区在涉农工业产业方面，积极创建国家新型工业化产业示范基地。

3. 在更好发挥农业优势方面先行先试

（1）建立粮食生产利益平衡和激励机制。尽快建立和完善合理的国家粮食安全责任分担机制，做到粮食调入地与调出地共同分担国家粮食安全的责任。

（2）加快推进现代农业的发展。探索建立具有明确指向的、更为完整的、有粮食生产核心区独享的粮食生产补偿制度，加大对农业基础设施建设的投入；鼓励社会资金，特别是一些企业加大对农业生产经营方面的投资，推进农业集约经营和农业生产方式的改变。

4. 在统筹经济发展与生态环境保护方面先行先试

抓住国家支持重点生态功能区生态建设的机遇，率先构建全方位、多层次的生物多样性保护体系，逐步建立完善区域生态补偿机制，加大中原经济区内海河、黄河、淮河、长江流域生态建设投入力度，为国家生态安全提供保障。建设沿黄生态区建设，提升防灾、减灾能力。

（二）在走新型城镇化道路上先行先试

城镇化是人类社会发展的一次深刻变革，是产业结构从农业经济向工业经济、社会结构从农村社会构成向城镇社会构成、人类聚居场所从农村空间形态向城镇空间形态转化的过程。新型城镇化是与传统城镇化相对而言的，根本上是要适应科学发展的要求，总结和借鉴国内外城市化的经验教训，坚持以人为本，形成产业支撑，创新城市形态，突出城乡统筹，集约节约用地，实现人口、经济、社会、资源、环境等协调可持续发展。

（1）必须坚持产城互动，大力发展二三产业，有效接纳从农业生产中分离出来的农村剩余劳力人，使他们能够转得出、留得下，就业有保障、生活有提高。

（2）要创新城市发展形态，突出发展城市群，合理布局、复合设计、连接高效、合力发展，既要注重克服大城市病，也要有效提高区域竞争力。

（3）要突出城乡统筹发展，坚持以工促农、以城带乡，统筹城乡人口、经济、社会、资源、环境等协调、一体化发展。

近年来，河南借鉴国内外城镇化的经验教训，结合自身实际，在走新型城镇化道路上进行了一些有益的探索，特别是在实施中心城市带动战略，建设中原城市群方面；坚持以城带乡、统筹城乡发展；建设复合型城市、节约利用土地资源等方面已经积累了一些经验。在多年探索与实践的基础上，2006年6月，河南编制并开始实施《中原城市群总体规划纲要（2006~2020）》。2009年，国务院制定的《促进中部崛起规划》明确提出，把中原城市群列入重点支持发展的城市群。中原城市群经过多年发展，已经具备规模，已经成为带动中原地区加快发展的龙头，对周边的辐射带动能力日益增强。

中原经济区在走新型城镇化道路上应着重在以下几个方面先行先试：

（1）将郑汴新区上升为国家级新区，探索建设复合型新城区。珠三角在发展过程中以深圳特区为龙头，长三角在发展过程中以浦东新区为龙头，京津冀在发展过程中以滨海新区为龙头，形成了新的增长极，有力带动了全区经济发展，也带动了全国经济发展。中原经济区是一个大经济区，人口、面积、发展潜力都不亚于珠三角、长三角、京津冀经济区。郑汴新区位于郑州和开封之间，面积约2077平方公里，是实现郑汴一体化的空间连接带。规划已经完成，道路设施基本具备，起步区建设已初具规模。建议将郑汴新区上升为国家级新区，支持将其建设成为现代产业集聚区、现代复合型新区、城乡统筹改革发展核心试验区、对外开放示范区、环境优美宜居区和区域服务中心。

（2）创新城市形态，加快推进中原城市群一体化进程。城市群是一种创新的城市发展形态，符合中原地区城市化发展的实际。希望国家在推进中原城市群加快发展和一体化进程上给予倾斜和支持，建立一体化协调机制，加强中心城市之间的高速铁路、高速公路和城际轨道建设，促进区域内城市空间和功能对接，率先在统筹城乡、统筹区域协调发展的体制机制上实现突破，把中原城市群建设成为沿陇海经济带的核心区域和重要的城镇密集区、先进制造业基地、农产品生产加工基地及综合交通运输枢纽。

（3）在构建新型城镇体系方面先行先试，促进统筹城乡、以城带乡。中原经济区不仅人口多、人口密度大，而且等待转移的农村人口数量大，只有统筹城乡、以城带乡，节约高效用地，才能有效推进城镇化。①按照"向心布局、集群发展、两规（城镇体系规划和村镇规划）衔接"的要求，构建国家区域性中心城市、省域中心城市、中小城市、中心镇、新型农村社区五级城乡体系，有效衔接城乡建设，促进城乡统筹发展。②需要支持根据区域发展实际和特点进行产业集聚区建设，促进产业集聚发展、人口集中居住，走集中集约发展道路，高效节约用地。对进入产业集聚区的企业在项目审批、用地供给、税收减免、电价优惠等方面给予支持，鼓励企业向产业集聚区和城镇集中。

（4）率先建立有效的制度和机制，鼓励农民转市民。中原经济区的城市化率不仅大大低于全国平均水平，也严重滞后于工业化进程。一方面，由于人口多、起点低，需要有一个发展的过程；另一方面，由于制度制约，许多在城市已经有了稳定职业和收入的打工者或个体经营者没有养老医疗保障，仍然把农村的一亩地、三分宅基地作为最后的保障，严重制约了城镇化进程。鼓励农民转市民，需要创新制度机制，实行"两衔接"、"两置换"，即探索建立城乡对接的养老保险和医疗保险等社会保障制度，在农民转为市民时将其在农村的养老、医疗保险等折算为城镇养老和医疗保险；对上交农村承包地的，置换为城镇养老保险，为其计算一定时限（如5年或8年）的城镇养老保险交费；对上交宅基地的农村居民，置换为城镇住房，奖励其一定的城镇住房面积（如每人30平方米）。同时，要尽快实行农民工跨省转移养老保险和医疗保险制度。鼓励农村居民转化为永久性城镇居民，提高城镇化的质量。

（三）在人力资源开发上先行先试

人力资源是指在一定范围内能够推动国民经济和社会发展、具有智力劳动和体力劳动能力的人口总和。人力资源是"活"的资源，具有能动性、周期性、耐磨性、无限性和战略性。人力资源开发就是把人的智慧、知识、经验、技能、创造性、积极性当作一种资源加以发掘、培养、发展和利用的一系列活动，是一个复杂的系统工程。

充分开发和利用人力资源是加快区域经济发展的战略性任务。农业现代化最终要靠有文化、懂技术、会经营的新型农民；加快工业化进程亟须大批经过专门训练、技能娴熟、能够适应现代化大生产和专业化分工需要的产业工人；而农村劳动力要想真正离开土地向第二、三产业转移，实现在城市定居，必须具备相应的技能素质。中原经济区是我国人口最为稠密的地区，农村人口资源十分丰富。开发利用好这一宝贵资源，一是能够变人口负担为人力资源优势，提高区域竞争力，吸收外来投资，加快区域经济发展，缩小地区发展差距和贫富悬殊；二是能够有效延长中国的人口红利期，有效缓解招工难、用工荒问题；三是能够带动和影响广大中西部地区的人力资源的开发利用，为其提供有益的借鉴。

在人力资源开发上先行先试，中原经济区可以在以下四个方面进行探索：

（1）率先推行义务教育均衡制度，加快义务教育发展。实行义务教育均衡制度，需要进行教育资源共享等区域性改革实验，探索实行城乡教育一体化，特别是应该在县域内实行以县为单元、城乡统一的义务教育制度，按照相对集中、提高水平的要求统一调整和优化中小学布局。同时，需要加大对落后地区和农村教育的投入，加大教育经费保障力度，加强教师队伍建设，深化课程改革。目前，河南在推行义教育均衡制度上，已计划实施中小学标准化学校建设工程和第二期农村中小学现代远程教育工程，建议中央财政给予支持。同时，为建立政府多渠道筹措财政性教育经费的长效机制，借鉴全国大多数省份的做法，建议财政部允许河南开征地方教育费附加，按照实际缴纳"三税"（增值税、营业税、消费税）税额的 2% 征收，主要用于义务教育。

（2）创新职业教育模式，构建终身教育体系。构建具有鲜明特色、灵活开放、满足人民群众多样化需求的中高职相衔接、普通教育和职业教育相沟通、职前职后相融合的终身教育新体系，大力发展职业教育，是大面积提高生产、经营、管理一线劳动者素质的基础性工程，事关经济社会发展，事关民生的改善和提高。面向农村大力发展职业教育，一是建议国家支持在每个百万人口的大县重点办好 1 所在校生规模达到 3000 人以上的职教中心或中等职业学校，探索实行职业教育与义务教育相衔接的教育制度；二是建议国家重点支持河南建设 30 个服务于全省或当地支柱产业的校企合作型龙头职教集团，推动职业教育集团化发展，壮大办学规模，提高办学水平；三是建议增加"阳光工程"、"雨露计划"的投入，实行农村免费职业教育，加大对农民工的培训力度。

（3）改革高等院校管理体制，扩大人才培养规模。河南人口多、生源多，高校少、名校更少，改革高等院校管理体制，加快高等院校发展，扩大人才培养规模，是建设中原经济区的紧迫需要。一是争取把郑州大学列入"985 工程"、河南大学列入"211 工程"，提高河南大学教育的水平和质量；二是建议国家支持北京大学、清华大学等国内名校在河南创设分校，或者组织若干国内著名大学在河南创办联合大学，带动河南高等教育发展；三是建议按照"南科大模式"引入国际名校来河南创办学校，创新高端人才培养模式；四是加快河南本省高等院校发展，加强学科建设，增设硕士、博士学位点。

（4）创新高端人才培养平台，扩大高端人才培养规模。建设中原经济区需要大量的高端人才，扩大高端人才培养规模是一项紧迫的任务。一是支持中国科学院、中国社科院、中国农科院等机构到河南设立分支机构或研究所，一方面带动高端人才流入，为建设中原经济区提供智力支撑；另一方面带动高端人才的培养，扩大高端人才队伍。二是支持河南省科学院、河南省社科院、河南省农科院、河南省委党校等增设硕士、博士学位点或创办研究生院，扩大高端人才培养规模。三是支持河南煤化集团等大型现代化骨干企业设立博士后流动站，容纳大量的高端人才为中原经济区建设服务。

（四）在中原文化开发和弘扬上先行先试

中原文化也是中原经济区的一个独有优势。中原文化代表了中国古文明以及由此而延伸的整个中国历史文化，十分宝贵，也是重要的软实力。开发和弘扬中原文化具有十分重大的意义。

（1）能够有效增强民族凝聚力。华夏民族发端于黄河中下游的中原地区，中原是华夏儿女永远的精神家园。中原文化代表了华夏文明，是华夏儿女的精神向往，是凝聚华夏儿女的精神力量。弘扬中原文化，传播中华文明，将会进一步增强民族的吸引力和凝聚力，增强海内外中华儿女的团结，促进振兴中华大业的早日实现。

（2）能够有效提高综合竞争力。文化是重要的软实力，在综合国力竞争中的地位和作用越来越突出。挖掘和整理文化资源，宣传和弘扬中原文化，促进文化大发展大繁荣，不仅会大幅提高河南及整个中原经济区的影响力和竞争力，也将有力提高全中国在世界上的影响力和竞争力。

（3）能够有效提升经济发展动力。当今社会，文化与经济日益交融，相互促进、共同发展和繁荣的趋势越来越显著。中原文化内涵丰富、积淀深重，是一个取之不竭、用之不尽的资源宝藏，挖掘、整理、保护、利用中原文化，大力发展文化产业，能有效促进经济发展，增加就业，改善民生，满足人民群众日益增长的文化需要。

开发和弘扬中原文化，可以重点在以下方面先行先试：

（1）加强对中原文化的保护。河南历史文化资源极其丰富，地下文物、馆藏文物、历史文化名城、重点文物保护单位数量均居全国第一，许多历史文化遗址亟待勘察、开发和保护，一些非物质文化遗产亟待整理。建议设立中原文化保护开发基金，专项用于挖掘和整理中原文化资源，加强文物开发与保护，收集整理非物质文化资源和非物质文化遗产。

（2）进一步传承和弘扬中原文化。依托中原经济区作为全球华人寻根拜祖圣地的优势，扩大中原文化交流，增强中原文化影响力。实施中原经济区文化品牌打造工程，充分挖掘根文化、姓氏文化、都城文化、商业文化、汉字文化、功夫文化等中原文化资源，进行有效的整合和开发，培育和打造以"根文化"为重点的中原文化品牌。争取国家将中原文化纳入实施中的"中华文化走出去工程"，把少林功夫和陈氏太极拳列入世界各地建立的孔子学院教学内容，推动少林、太极、根亲、姓氏等中原文化的传播，建设全球根文化圣地。加强历史文化遗迹的勘探、发掘、抢救、保护和开发利用，支持中原经济区分区域建设一批主题文化旅游基地，提高中原文化国际知名度。

（3）探索公共文化体系建设新机制。以机制创新为动力，加快博物馆、文化馆、图书馆、乡镇（街道）综合文化站、城镇影剧院、农村文化室等公益性文化设施建设，推进广播电视村村通、文化信息资源共享、农村电影放映、农家书屋等惠民工程，推广文化信息资源共享。实施基础文化设施覆盖工程，在资金、项目上给予重点倾斜，鼓励社会力量积极参与公益性文化建设，加快构建完善的市、县（市、区）、乡镇（街道）、行政村（社区）四级公共文化设施网络，在中西部地区率先建成覆盖城乡的公共文化服务体系，打造全国公共文化建设示范区。支持开展建立公共文化服务体系财政保障机制试点，对基层公共文化机构日常运行经费及博物馆免费开放给予补助。

二、财政税收政策

（一）充分发挥财政的资源配置职能，促进科技进步和产业升级

实现经济发展方式的根本性转变，归根结底要依靠科技进步，依靠产业升级和培育新的经济增长点。为此，就要充分发挥财政的资源配置职能，促进科技进步和产业升级。

（1）要加大财政科技投入力度，加快实施科技重大专项，大力支持基础研究、前沿技术研究、社会公益研究和重大共性关键技术研究开发。

（2）要实施促进企业自主创新的财税优惠政策，加快高新技术产业和装备制造业发展，鼓励企业增加科研投入。

（3）要引导和支持企业培育自主创新能力，对企业技术改造项目、技术创新活动给予政策性导向的信贷支持和财政补贴与税收优惠。完善促进企业自主创新的股权激励政策，健全有利于科技成果产业化的分配制度。

（4）要通过注入资本金、财政贴息等手段，对新能源、新材料、新工艺等战略性新兴产业给予支持，促进产业结构优化升级和节能降耗。

（5）要坚决淘汰落后产能，对污染环境、生产技术落后、产品供大于求的企业，通过提高税费标准、加大处罚力度，实行限制性政策，坚决予以淘汰。

（6）要加大对节能减排领域的投入力度，支持重点节能减排工程建设，加强生态保护和环境治理。

（7）要加大对新能源、节能汽车、医药和生物工程等领域的投资，形成新的投资热点，努力培育新的经济增长点。

（二）充分发挥财政的收入分配职能，扩大消费需求

（1）增加财政对城乡低收入群体的补助力度，落实好城乡低保等各项补助政策，逐步建立保障标准与经济增长同步提高的长效机制。

（2）要加大就业投入，实施积极的就业政策，通过职业技能培训和公共就业服务，促进解决失业人员就业问题，以就业促进增收。

（3）增加社会保障财政投入，加快社会保障体系建设，消除城乡居民后顾之忧，为提高城乡居民的持续消费能力创造有利条件。

（4）支持落实最低工资制度，促进提高低收入者劳动报酬。

（5）继续加大对"三农"的补贴力度，改善农业生产条件，促进农民持续增收。

（6）支持义务教育学校、公共卫生和基层医疗卫生事业单位实施绩效工资，促进事业单位人员增收。

（7）充分发挥税收等政策工具的收入调节作用，抑制不合理的收入分配悬殊现象。

（8）继续实施、完善并研究新的刺激消费措施，落实好家电下乡、汽车及摩托车下乡、家电以旧换新等政策措施，保持政策的连续性、稳定性。

（三）充分发挥财政的宏观调控职能，支持产业结构和经济结构优化

转变经济发展方式，就要优化经济结构。产业和经济结构优化的核心是提高第三产业占 GDP 的比重，促进非公有制经济发展，缩小发达地区与欠发达地区的发展差距。充分发挥财政的宏观调控职能，支持产业结构和经济结构优化，促进区域协调发展，财政宏观调控应重点突出以下几个方面：

（1）通过税收、财政贴息、政府采购、信用担保等政策扶持中小企业和第三产业发展，对规模较小的企业，落实好各项税收优惠政策；扩大中小企业发展专项资金规模和支持范围，向科技企业和困难地区的中小企业倾斜。

（2）从税收政策、行政管理、信息服务等方面，为各种所有制经济发展创造公平、公正和透明的政策环境，实现优胜劣汰。进一步拓宽社会投资的领域和渠道，除法律特别规定的外，应允许社会资本以参股等方式进入金融、铁路、公路、航空、电信、电力以及城市供水等多个行业。

（3）支持发展专为中小企业服务的金融机构，为解决中小企业融资难问题提供快捷便利的金融服务。扩大中小企业发展专项资金规模，支持建立完善中小企业金融服务体系，引导社会资金促进中小企业发展。

（4）抓住国家实施中部崛起的机遇，落实好各项推动区域协调发展的财税政策，结合主体功能区建设，完善财政转移支付制度，增加对地方的均衡性转移支付规模，提高财力薄弱地区落实各项民生政策的保障能力。

(四) 综合运用财政政策措施,坚定不移地支持推进改革创新

加快转变经济发展方式,必须加大改革力度,消除转变经济发展方式的体制和机制障碍。

(1) 以实现财政科学化、精细化管理为目标,继续推进财政体制改革,建立有利于科学发展的财政体制机制。

(2) 积极推进收入分配制度改革,逐步提高居民收入在国民收入分配格局中的比重、劳动报酬在初次分配中的比重,同时加大税收对收入分配的调节作用,深化垄断行业收入分配制度改革。

(3) 大力支持关键领域和关键环节的改革,包括资源价格、垄断行业、行政管理体制、城乡管理体制、社会保障体系等改革,为实现经济发展方式转变创造有利的体制机制。

三、产业政策

按照高端、高质、高效的方向,着眼于抢占未来制高点与增强产业竞争力,推进工业发展高端化、集群化、服务化、生态化,发展壮大高成长性产业,改造提升传统优势产业,积极培育先导产业,把中原经济区建设成为现代装备制造业和消费品工业主导地位更加突出、原材料工业竞争力显著提高的全国重要的先进制造业基地。

(一) 发展壮大高成长性产业

抓住当前全球产业调整与国内产业转移的新机遇,适应消费结构升级和城镇化进程加快的新要求,大力发展市场空间大、增长速度快、转移趋势明显的汽车、电子信息、装备制造、食品、轻工、建材六大高成长性产业,依托产业集聚区和重点企业,提高承接产业的层次与水平,使高成长性产业成为推动中原经济区经济增长的主动力。

汽车产业要围绕经济型轿车、轻型商用车、中高端客车和中重卡车四大系列优势产品以及专用车,扩大冷藏车、工程养护车、特种运输车等优势专用汽车,重点加快百万辆汽车基地、郑汴百亿元汽车零部件产业园以及焦作、许昌、南阳、新乡、鹤壁等一批特色零部件产业园区建设,发展成为中西部汽车制造和服务贸易中心。

电子信息产业围绕做大做强光伏、新型电池两大优势产业,鼓励发展电子元器件、信息安全、绿色照明、应用电子、软件及服务外包五大特色产业,积极发展消费电子、新型网络通信、新型显示三大潜力型产业,重点打造手机及关联配

套、光电产业、LED 照明、新型平板显示、物联网和软件及服务外包 6 条产业链，逐步形成以郑州、洛阳为一体，以南阳、许昌、漯河和新乡、安阳、鹤壁为两翼的"一体两翼"的产业布局。

装备制造产业重点建设冶金矿山大型成套装备、工程机械及轨道交通装备、现代农业装备和输变电及智能电网装备 4 条优势产业链，着力打造石油化工装备、纺织食品专用装备、新型能源装备、数控机床和新型环保装备 5 条特色产业链，重点推进围绕洛阳动力谷、许昌电力谷以及南车集团轨道交通车辆装备基地等"两谷一基地"建设。

食品产业重点打造面制品、肉制品、乳制品、油脂加工、休闲食品、果蔬加工、饮料、调味品 8 条优势产业链，加快漯河中国食品名城和郑州综合食品产业基地建设，培育具有国际影响力的沿京广食品产业带。

轻工业重点发展现代家居和劳动密集型产品，着力打造家用电器、家具厨卫、皮革皮具、包装印刷、塑料制品 5 个产业，加快推进格力电器产业园、海尔创新产业园、美国纬伦制鞋基地等一批重大项目建设。

建材产业围绕陶瓷、水泥、玻璃、其他非金属建筑材料等重点行业，培育安阳和鹤壁陶瓷、焦作塑料建材等特色产业集群，建设我国重要的建筑陶瓷产业基地。

（二）改造提升传统优势产业

突破产业发展瓶颈制约，进一步改造提升化工、有色、钢铁、纺织等传统优势产业，推动产品向系列化、品牌化、高端化发展，加快把中原经济区建设成为全国重要的精品原材料工业基地和新兴服装产业基地。

化工产业重点推进煤化工、盐化工、石油化工融合发展，着力实施百万吨煤制烯烃及乙二醇工程、百万吨聚氯乙烯、百万吨尼龙化工工程。

有色工业重点打造铝、镁、铅锌、钨钼、铜、钛 6 大产业链，加快巩义百万吨铝深加工示范基地、长葛大周百万吨金属铝再生利用示范基地、10 个铝加工特色园区、济源铅锌加工、鹤壁镁加工和洛阳钨钼钛特色产业基地建设。

钢铁工业重点发展高强度建筑和机械用钢，扩大专用宽厚板、优质棒线材、汽车用钢、精密钢管等优钢系列品种，推动"一区（安阳钢铁工业园区）五点（舞阳钢铁、济源钢铁、南阳龙成集团、信阳钢铁、郑州永通特钢）"建设。

纺织工业重点突破织、染等瓶颈制约，壮大服装、面料和家用纺织品规模，重点培育郑州中原、新密曲梁、淇县新纯等 8 个服装加工集聚区，支持印染行业在郑州、安阳、新乡、南阳、睢阳、扶沟形成 6 个染整集群。

（三）积极培育先导产业

挖掘资源优势与产业潜力，抢占科技和产业发展制高点，大力培育新能源汽车、生物、新能源、新材料和节能环保五大先导产业，培育支撑中原经济区未来发展的新支柱产业。

新能源汽车产业重点发展纯电动客车、轿车、低速微型车，以驱动电机、动力电池和电子控制技术为突破口，重点打造新乡百亿动力锂离子电池产业基地、豫西南电动汽车电机及驱动系统生产基地、郑州电动汽车电机及动力总成生产基地、许继智能充电站系统生产基地等。

生物产业重点推进新型疫苗和诊断试剂、化学创新药物、现代中药、生物育种、生物制造等产业发展，加快郑州生物国家高技术产业基地以及新乡、焦作、周口、驻马店、南阳省级生物高技术产业基地建设，建成全国重要的生物产业基地。

新能源产业重点发展太阳能光伏、新型电池、LED 照明及生物质能产业，打造太阳能光伏、锂电池、光热能、风电产业 4 条特色产业链，重点打造洛阳国家级太阳能光伏产业基地、郑州薄膜太阳能电池产业基地、南阳国家级生物质能等新能源高技术产业基地、新乡国家级新型电池产业基地等。

新材料产业重点打造超硬材料及其制品、新型及复合材料 2 条产业链，加快建设洛阳新材料国家高技术产业基地以及鹤壁镁合金、郑州和许昌超硬材料等特色产业园区，重点突破钼钨合金、钛合金、特种玻璃、功能陶瓷、特种纤维、二氧化碳全降解塑料等关键技术。

节能环保产业重点发展电解槽不停电检修、低温余热发电、高效电机、大型水泥窑处理生活垃圾、新型含氮废水处理等高效节能环保技术、成套装备和产品，提升有色金属、电力、造纸、医药等行业工业废弃物的综合利用水平。

（四）大力发展现代服务业

以提高工业企业服务增值能力为导向，培育更多的生产性服务供给主体，为加快推进新型工业化提供强有力支撑，重点提高物流、金融、信息服务、科技服务、会展五大现代服务业的发展水平。

物流业重点发展食品冷链、医药、钢铁、汽车、家电、纺织服装、邮政、粮食、花卉、建材等行业物流，高水平建设郑州综合保税区，加快郑州国际物流中心建设，逐步形成以郑州为枢纽、各物流节点城市为支撑的中原经济区一体化物流发展格局，打造内陆"无水港"。

金融业重点推进郑州区域性金融中心建设，积极发展地方金融机构，鼓励有条件的地区以县为单位建立社区银行，继续实施上市后备企业培育工程，推动设立产业投资基金和创业投资机构，完善担保体系，提高郑州商品交易所发展水平，支持产权交易市场发展，优化金融生态环境，构建与中原经济区建设相适应的现代金融服务体系。

信息服务业要围绕钢铁、机械、石化、冶金、食品等重点行业的信息化需求，重点支持网络增值服务、信息安全、数字内容和软件服务外包、电子商务等产业发展，加快建设郑州软件服务外包基地和物联网产业基地。

科技服务业重点围绕科技研发、技术交易、信息咨询等服务，推动科技、创意企业孵化园区建设。

会展业围绕打造食品、医药、汽车、机械装备、花卉等知名会展品牌，重点提升郑州全国区域性会展中心地位。

(五) 适度超前发展基础产业

按照适度超前的要求，加快交通运输、能源等基础产业的发展，为中原经济区未来发展提供有力支撑。

交通运输产业以综合枢纽建设和交通网络化为重点，加快铁路、民航、公路、水运、管道、邮政及城市交通建设，加快郑州东站、郑州新郑国际机场和郑州火车站三大客运综合枢纽建设改造，加快客运专线、城际铁路、大能力运输通道建设，强力推进郑州国际航空枢纽建设，形成以郑州为中心、地区性枢纽为节点，多种交通方式高效衔接、紧密联系、功能互补的现代综合交通运输体系。

能源产业以煤炭、电力为重点，优化煤炭开发布局，稳定焦作、鹤壁、义马、永城矿区产量，高效开发郑州、平顶山矿区，增强煤炭保障能力，深入推进煤炭资源整合和企业兼并重组，实施煤炭企业走出去战略，提高煤炭产业集中度。

电力行业重点加强主网架和城市电网建设，强化省际联络，全面完成新一轮农村电网升级改造，发展智能电网，形成以 1000 千伏特高压电网为支撑的 500 千伏骨干网架，实现市市 220 千伏双环网和县县 110 千伏多电源供电，建设坚强、保障、兼顾的现代化电网，构建安全、稳定、经济、清洁的现代能源产业体系，建设全国重要的综合能源基地。

四、投资政策

（一）建立健全投资合作体系

1. 建立政府有关涉外部门联席会议制度

投资促进是政府的公共服务职能，各级政府部门掌握着国家吸收外资政策、规定以及审批环节，应根据自身的职能范围积极支持推动投资促进工作。针对目前部门招商引资各自为政的现状，应由政府牵头，建立各部门的投资促进联席会议制度，形成部门合力，定期研究投资促进的重大事项，解决外资进入过程中的各类突出问题和难题。尤其是行政审批环节效率低下、乱收费等问题，形成高效透明和可预见性的行政环境。

2. 建立健全专业的投资促进机构

按照投资促进战略的要求，参照沿海省市和中部省份投资促进的成功做法，成立省级的投资促进局（中心），为行政或参照公务员管理的事业单位，挂靠在商务厅。根据国别（地区）设立不同的招商部门，招录各类新型专业人员，充实招商队伍。省投资促进局（中心）统领全省的招商引资工作，负责制定政策、承办大型活动、项目跟踪落实、管理招商联络处、人员培训和国内外组织机构的联络等工作。各市县根据自身情况，整合机构，设立投资促进局（中心），建立健全队伍，有条件的乡镇建立招商引资办公室，形成省、市、县、乡四级联动体制。

河南投资促进协会为非营利性民间机构，要吸引国际投资机构、知名国际商协会、跨国公司、国内投资促进机构、外商投资企业及政府部门为会员，由省领导任会长，协会日常工作归口省商务厅。协会定期举办活动促进和发展投资促进机构之间的了解和合作；印发刊物，加强投资促进机构之间的信息收集系统和信息交流；独立组织或与其他国际组织和私人公司合作组织一系列的培训实习班，协会会员可以免费参加这些实习班；向政府提出制定适当的投资促进政策和策略的建议。

3. 筹建海内外投资促进代表处

抓紧制定《河南省政府驻外投资促进代表处管理办法》，结合河南的实际情况和产业资源优势，分别在欧洲、美国、东南亚、日韩、我国港澳台地区设立驻外投资促进代表处，在珠三角、长三角和环渤海地区设立国内投资促进代表处，与目标区域签订"产业转移促进协议"，加大引导国际、国内产业向我省转移。投资促进代表处核定编制，派驻专人负责，分配目标任务，建立奖惩机制。

4. 完善联谊会机制

加大对已成立的联谊会的财政支持力度，完善效能考核体系。加强与海内外投资促进机构、国内外商（协）会、重点企业的交流与合作，建立广泛长期的联系。在条件成熟的地区，有计划、有步骤地设立联谊会，充分利用联谊会举办专业招商活动，推介项目，促进合作。

省商务厅牵头统筹组织或参与"中国河南国际投资贸易洽谈会"、"豫港投资贸易洽谈会"、"中国国际投资贸易洽谈会"、"中国中部投资贸易博览会"、"中国国际高新技术成果交易会"等全国性、区域性的大型投资促进活动，支持协助举办"洛阳牡丹花会"、"漯河中原食品节"、"黄帝故里拜祖大典"、"少林武术节"、"开封菊花节"、"信阳茶叶节"等投资促进活动。出台投资促进活动管理办法，从政策上、人员上、资金上给予充分保障，形成大型活动招商制度化、经常化。以大型活动为主要依托，构建河南投资促进大平台，编织投资促进大网络，创出我省投资促进大品牌，促进我省投资促进的大发展。

5. 构建双边长效合作机制

积极寻求与国外各类机构和企业以及其驻华代表机构的合作，建立长期稳定的战略合作关系，实现合作共赢。应主要在三个层面建立合作关系：

（1）与国外政府部门建立良好的合作关系。各国政府在对外经贸交往中发挥着重要的作用，通过制定政策引导本国企业对外合作。因此，积极加强与政府部门的合作至关重要，特别是与国外省州、市级地方政府建立密切的经贸合作关系。目前，河南已与德国巴伐利亚州建立了经贸合作小组，与新加坡建立了经贸合作理事会等机构。

（2）与国外中介机构建立良好的合作关系。国外各类投资促进机构、商会、行业协会和咨询公司等在企业对外投资过程中也发挥着重要的支持作用，掌握着大量的资源和信息，是投资促进的重要桥梁。通过与这些机构建立合作关系，可以实现从企业"一对一"的交流，扩大到"一对多"的交流，迅速扩展引资的渠道。

（3）与国外跨国公司建立战略合作关系。积极与世界500强企业建立合资合作关系，重点引进大项目。发挥本省资源优势，扩大食品加工、煤化工、铝的深加工等行业利用外资，推进资产并购和产业升级；以现代物流业为重点，加大服务贸易领域利用外资工作力度；要采取切实可行的措施大力引进跨国公司投资。坚持以市场换技术的方针，研究制定鼓励高科技产业吸收外商投资的具体措施，鼓励跨国公司投资设立研究开发中心；积极促进跨国公司投资设立地区总部，认真研究制定相应的政策措施。

（二）进一步优化投资环境

1. 强力推进开放带动主战略

深入贯彻落实河南实施开放带动主战略行动计划，强力推进开放带动主战略实施。继续实行对外开放工作"一把手"工程，各级党政"一把手"要亲自抓，负总责，真正把发展开放型经济摆上突出位置，提上重要议事日程，认真研究、协调和解决工作中遇到的困难和问题，确保领导力量到位、研究部署到位、工作责任到位、政策措施到位；继续实行对外开放工作目标责任制，完善发展开放型经济的考核、评价、激励机制，按照省委组织部和省开放办制定下发的《关于发展开放型经济的考核办法》，责任到人，层层抓落实，定期考核目标完成情况；进一步扩大宣传，营造有利于对外开放的舆论环境；加强组织协调，形成合力，在全省掀起新一轮对外开放的高潮。

2. 进一步优化投资环境

要以优化软环境为重点，以建立长效机制为根本，尽快构建涵盖全省的投资环境责任追究体系；标本兼治，综合治理，真正形成"成本低、回报快、信誉好、效率高"吸引外来投资的综合优势，吸引更多企业来河南投资创业。进一步改善投资硬环境，加快公路、铁路、航空交通网络、能源、通信、城市基础设施、生态环境等的投资与建设。努力优化投资软环境，坚持依法办事，规范政府行为，提高服务质量，继续加大"四乱"整治力度，切实解决诚信程度低、基层执法不规范的问题，维护外来投资者的合法权益。做好投资环境考评工作，实行投资环境评价制度和责任追究制度，定期有针对性地开展投资环境专项整治活动。继续加大外商投诉案件查办处理力度，实行外商投诉处理责任制和领导包案制，加强对外商的服务和权益保护。努力办好现有的外商投资企业，发挥其示范作用。加大宣传力度，牢固树立"人人都是投资环境"的意识，全力营造宽松开明的政策环境、廉洁高效的政务环境、守信公平的市场环境、公正严明的法制环境、文明和谐的人文环境，努力建设平安河南、效率河南、法治河南、诚信河南。

3. 建立健全投资环境评价监督体系和责任追究制度

全省各级纪检监察部门每年对省、市、县有关部门的工作效率、服务质量、执法水平、落实政策、外商投诉处理情况等进行综合考评，将考评结果通过媒体向社会公布。对评价好的地方和部门给予表彰和奖励，对评价差的地方和部门给予批评和鞭策，并作为各地各部门年度工作目标和干部实绩考核的重要依据。

五、土地政策

(一) 提高土地集约利用效率

如何使土地资源在未来工业化、城镇化快速发展的过程中得到优化配置,耕地资源得到有效的保护,从而保护农业综合生产能力、保障国家粮食安全,协调好稳粮保粮与富民强区的关系,最关键的环节就是要集约用地。

1. 推广紧凑型城市建设理念

城市建设要按照循序渐进、节约土地、集约发展、合理布局的原则,科学确定城市定位、功能目标和发展规模,把节地落实到城市建设管理的全过程。通过对土地的混合使用和密集开发,提高土地利用效率和效益,用足城市存量空间,减少盲目扩张,由此保持城区人口较高密度的聚集,可以使城市配套的基础设施、公共服务得到充分的利用。减少重复建设,不仅能节约土地资源而且还能极大地节约城市的开发成本,同时聚集人气为发展第三产业创造良好的条件。

2. 加快农村土地整理

利用新农村建设配套做好农村宅基地的管理,严控用地面积,严控非农建设占用耕地。对非农建设占用耕地,依照土地管理法规,实行有保有压、重点对待。对违法用地严格查处,杜绝占用农村耕地行为。坚持最严格的耕地保护制度,运用法律、行政、经济等综合手段,建立健全共同责任机制,完善耕地保护责任体系,坚守住耕地红线。

3. 深化土地流转制度改革

健全土地承包经营权流转市场,促进耕地相对集中,发展适度规模经营;严格执行耕地先补后占、占补平衡的制度,鼓励对空心村等宜农土地后备资源进行开发和复耕,确保基本农田总量不减少、用途不改变、质量有提高,保证粮食生产能力稳步提升;加快开展农村集体土地所有权、农村建设用地使用权、土地承包经营权确权登记,健全城乡建设用地增减挂钩的体制机制,设立土地交易所,开展土地实物交易和指标交易,逐步形成城乡统一的建设用地市场。

4. 强化土地资源管控

加强土地政策与产业政策的协调,在土地供应总量、结构、布局、时序等方面实施调控,优先保障重点项目和民生项目用地,严格限制高能耗、高排放、产能过剩以及低水平重复建设项目用地,助推经济结构调整和发展方式转变。在确保耕地保有量、基本农田面积和严控城乡建设用地总规模的基础上,把经济社会发展、城乡建设等规划紧密地与土地利用总体规划统一结合起来,健全节约土地标准，探索建立节约集约用地的激励机制、责任机制、用地全程监管机制，大力推广节地型项目建设模式和产业发展模式，有效抑制建设用地过度扩张，促进土地利用方式的根本转变。加大闲置土地处置力度，对批而未供、供而未用、用而未尽的土地进行彻底清理，坚决收回，积极开发空闲、废弃、闲置和低效利用土地，盘活存量土地，切实提高单位面积土地利用强度。

（二）合理规划土地开发利用

1. 在土地规划层面上

中原城市群用地要与河南土地利用总体规划以及粮食生产核心区建设用地的规划相统一，应防止不同的规划相互打架，影响空间统筹。在河南粮食核心区规划建设中，已投资 20 亿元建设信阳、南阳、开封三个大型商品粮生产基地，又续建安阳、商丘和濮阳三个大型商品粮基地，并投资 20 亿元建设良种繁育基地、测土配方施肥工程等，完善粮食核心区的科技支撑体系。

2. 在土地空间开发模式上

实行节能节地的都市圈战略，按照都市圈来组织经济活动，提升经济辐射力，更好地发挥中心城市的增长极的带动作用，形成以郑州为核心，包括洛阳、开封、新乡、焦作、许昌等城市的中原城市群的"大集中，小分散"的空间格局，从而达到耕地保护、城镇化有序健康发展和区域经济协调发展的目的。

3. 在土地利用模式上

优先鼓励和引导粮食生产核心区形成多种形式的土地承包经营权流转，发展适度规模化经营，提高粮食生产资源利用效率，大力培育和扶持专业种粮大户，推动粮食生产由粗放型向集约型转变。在土地的利用模式上完善农村集体土地流转制度，有利于形成粮食生产核心区建设和工业化、城镇化土地的统筹利用。在粮食核心区建设和区域经济发展协调上，坚持效率与公平兼顾。在土地管理方面，政府通过总量管理控制土地供给。

（三）合理规划产业布局和空间布局

1. 合理规划主导产业

根据主导产业的理论及产业区位熵、影响力系数、感应度系数等，建议各经济区发展以下主导产业。

中原城市群应发挥资源优势、技术优势、人才优势，积极发展通信设备计算机及其他电子设备制造业、黑色金属冶炼及压延加工业、烟草制品业、电气机械及器材制造业、橡胶制品业、专用设备制造业、通用设备制造业、石油加工炼焦及核燃料加工业、有色金属冶炼及压延加工业、食品制造业、电力热力的生产和供应业、煤炭开采和洗选业等主导产业。

豫北地区应加快资源型工业向深加工方向发展，积极发展石油和天然气开采业、黑色金属冶炼及压延加工业、纺织业、石油加工炼焦及核燃料加工业、化学原料及化学制品制造业、医药制造业、烟草制品业、天然气生产和供应业、电力热力的生产和供应业等主导产业。

豫西豫西南地区应着重发展有色金属矿采选业、工艺品及其他制造业、有色金属冶炼及压延加工业、纺织业、纺织服装鞋帽制造业、煤炭开采和洗选业、非金属矿物制品业、医药制造业、金属制品业、饮料制造业等主导产业。

黄淮地区应加速农业产业化、加速劳动力转移，发展农产品深加工、精加工，建设以农产品精深加工为主的绿色农产品加工制造的产业中心，继续大力发展皮革毛皮羽毛（绒）及其制品业、木材加工及木竹藤棕草制品业、纺织服装鞋帽制造业、医药制造业、家具制造业、食品加工业、纺织业、食品制造业、塑料制品业、饮料制造业等主导产业。

2. 合理规划空间布局

区域经济发展的空间布局是经济发展在区位上的选择。在理论方法上通常根据经济发展水平的差异性选择经济增长极或经济增长核心区。根据各地投资比重与全省投资比重的对比分析，比值大于 1 的，中原城市群中有郑州、济源、新乡，豫北地区有濮阳，豫西豫西南地区有三门峡，黄淮地区有商丘、信阳；根据人均 GDP 计算的经济核心区标准值分析，人均 GDP 标准化值大于 0.5，处于核心区的城市有郑州、洛阳、焦作、许昌、三门峡、济源，过渡区城市有安阳、新乡、濮阳、洛阳、南阳、济源、鹤壁、平顶山，处于外围区的城市为开封、商丘、信阳、周口、驻马店。按区域经济增长率与全省经济增长率的比值分析，增长率大于全省的有 12 个省辖市。根据这些指标综合判断，中原城市群内部的增长极应当是以郑州为核心，形成洛阳、焦作、许昌三足拱卫的隆起区；豫北地区的增长极应当是安—鹤工业带；豫西豫西南地区的增长核心分别是南阳市、三门峡市；黄淮地区的增长极定位比较困难，可以考虑重点发展经济实力强的中小城市。

六、人口、资源与环境政策

在中原经济区建设与发展过程中，在社会经济条件、资源环境压力和人口现实状况下，缓解资源供给矛盾、保护生态环境、统筹解决人口问题，就需要坚持以人为本，按照和谐社会的发展要求，以人口均衡、资源节约、环境友好、生态和谐为核心目标，构建人口、资源、生态、环境持续协调发展的系统工程。

（一）统筹协调人口调控与全面发展

从人口发展来看，中原经济区仅占用了全国约 1/32 的国土面积，却承载了全国约 1/8 的人口，是我国人口最为稠密的地区之一。丰富的人力资源不仅能为本地区经济发展提供支撑，而且能够为全国输出充足的劳动力。但是同时要注意以下几个问题：

（1）在人口基数过大的情况下，低增长率、高增长量带来的人口惯性增长势头依然强劲。2010 年，河南已经成为全国首个人口过亿省份，与此同时，河南已进入第四次人口出生高峰。"十二五"期间，河南年均出生人口将达到 145 万人，人口总量还将继续增长。

（2）人口结构性失衡给可持续发展带来重大影响。以老龄化为特征的人口年龄结构失衡，以出生性别比偏高为特征的人口性别结构失衡，以及人口分布失衡等人口结构性矛盾日益突出，都给中原经济区经济发展和和谐社会建设带来严峻挑战。

（3）人口素质难以适应中原经济区建设发展需求。劳动力人口受教育水平总体不高已经成为影响中原经济区加快调结构促转型、增强综合竞争力的主要制约因素。

（4）城镇化进程加快带来的新挑战。到 2015 年河南城镇化率将达到 48%，城镇人口将达到 5000 万人，比 2010 年增加 1000 万人。随着中原经济区建设全面推进，数量巨大的农村人口加快向城镇转移，由此带来的城市公共服务、迁移人口社会保障以及社会管理、社会融入等一系列问题都给中原经济区实现持续平稳较快发展带来巨大压力。

中原经济区要促进人口全面发展、构建人口均衡型社会，就需要实现人口内部均衡、人口外部均衡和人口总均衡。人口内部均衡通过不断实现以人口规模适度为重点的人口数量均衡、以人口质量符合经济社会发展需求为重点的人口素质均衡、以人口年龄结构和性别结构合理为重点的人口结构均衡和以人口有序流动、科学布局为重点的人口分布均衡等人口供给发展目标。人口外部均衡通过不断实现人口系统与经济、社会、资源、环境等外部系统之间的持续协调发展等人口需求发展目标。人口总均衡在促进人口系统与社会、经济、资源、环境系统供给与需求相互匹配、总体效益最大化的过程中，不断向着促进人的全面发展终极目标攀升，最终构建人口均衡型社会。

在中原经济区建设进程中，构建人口均衡型社会的重点和难点主要包括在调结构促转型的同时进一步完善促进就业、鼓励创业、扶助失业等相关政策，大力发展第三产业、技术密集型和劳动密集型并举产业以及中小企业，通过扩大就业最大限度地发挥、利用人口红利。加大对提高人口素质、开发人力资源的投入，坚持人才优先发展，教育优先发展，实现人口质量对人口数量的替代、人口压力向人力资源优势的转化，努力建设全国人力资源高地。持续探索符合中原经济区发展阶段和发展特征需求的新型城镇化、新型工业化协调发展道路，坚持人口城镇化的速度和质量同步提升，确保人口有序流动与中原经济区的功能定位、空间布局以及经济社会发展、资源环境承载相适应。

（二）统筹协调生态保护与生态建设

中原经济区统筹协调生态保护与生态建设，需要围绕生态和谐型社会建设，以山脉、丘陵、水系为骨干，以山、林、河、田为要素，推进建设桐柏大别山地生态区、伏牛山地生态区、南太行生态区、平原生态涵养区，构建横跨东西的黄河滩区生态涵养带和纵贯南北的南水北调中线生态走廊，构建"四区两带"的区域生态格局，为保障生态安全提供重要支撑。

重点实施造绿工程，加强植树造林，山区重点营造水源涵养林、水土保持林和经济林等；平原地区重点营造防风固沙林，积极营造围村林；南水北调干渠沿线两侧重点营造宽防护林带和高标准农田林网，构建南水北调中线生态走廊；城市外围重点营造环城防护林，保护原有森林生态带。

重点实施小流域治理工程，大力开展豫西、桐柏山区、大别山区、伏牛山区和太行山区等地区小流域综合治理，改善山区植被和生态现状，加强长江、淮河流域防护林体系建设，建设黄河中下游、淮河中上游生态安全保障区。重点实施湿地保护工程，加大投入，全面实施沿黄滩地生态修复工程，建设沿堤防护林带，构建沿黄生态涵养带，加强黄河湿地保护。

重点实施生态补偿工程，以自然保护区、生态涵养区以及矿区、地下水超采区等重点，建立健全生态补偿机制，积极保护、修复生态环境，巩固强化中原经济区作为国家生态屏障的功能作用。

（三）统筹协调资源保护与集约利用

从资源禀赋来看，中原经济区许多自然资源总量位居全国前列，原煤、原油、天然气生产量均居全国前十位，电力装机规模居全国第5位，钼、钨、镓、铝土矿、天然碱等矿产资源储量位居全国前三，金、银、硅石、水泥灰岩、玻璃用砂等矿产储量也居全国前列。中原经济区虽然矿产资源总量丰富，但人均资源占有水平相对不足，土地供需矛盾进一步加剧，人均耕地面积比全国平均水平少

0.16 亩，人均水资源占有量仅为全国平均水平的 1/5。目前，河南工业能源消费占全省能源消费总量的 81.6%，高于全国平均水平 10 个百分点；由于资源消耗过快，铝矾土只够开采 14~17 年，煤也只够开采几十年。随着重化工业阶段的经济快速增长和消费结构的升级，中原经济区已经面临着更为严峻的化石能源有限性瓶颈制约，资源能源安全隐患已经不容忽视，加快构建节约型产业结构、增长方式和消费模式，深入推广节能降耗工作势在必行。

统筹协调资源保护与集约利用、构建资源节约型社会应做到：

（1）要在消费方面着力引导居民均衡物质消费、精神消费和生态消费，以低碳化、科学化为导向，通过消费结构优化升级着力构建新型低碳消费生活方式。

（2）在产业发展方面，由于中原经济区化石能源密集型高碳工业特征极为突出，也不可避免地带来了高能耗、高污染和高排放问题。在这种形势下，就需要加速推进新型工业化进程，将发展先进技术、提高经济效益、集约利用资源、防治环境污染贯穿于转型升级之中。加强节能新技术、新工艺、新设备推广应用，实施热电联产、余热利用、建筑节能、绿色照明等节能工程，通过开展高耗能企业综合治理。加强工业重点领域节能减排，着力提高资源生产率和能源利用率。加强清洁能源生产和利用研发，以替代以煤炭、石油等化石能源为基础的粗放型能源技术系统和利用系统，逐步扭转中原经济区经济增长与能源消费对煤炭等高碳能源的依赖。

（3）要集约利用能源、土地、淡水和矿产等各种资源，大力强化资源节约和管理，落实最严格的耕地保护和节约用地制度。在确保耕地面积不减少、质量不降低的同时，着力提高工业用地投入产出强度，健全节约土地标准、评价体系和激励约束机制；优化配置水资源，推广高效工业节水和循环利用技术，建设节水型社会，提高水资源利用效率；统筹规划各类矿产资源的勘察、开发、利用与保护工作，充分运用市场机制，提高矿产开发规模效益，增强矿产资源保障能力。

（四）统筹协调环境保护与污染治理

中原经济区要大力发展循环经济，构建环境友好型社会，需要以发展循环经济为重点，让循环经济与加快经济发展方式转变和经济结构战略性调整协调推进，与新型工业化、新型城镇化和农业现代化发展协调推进。按照减量化、再利用、资源化原则，坚持大循环、中循环、小循环同步发展，构建循环经济体系。坚持科技创新，以接环补链技术和综合利用技术为重点，依靠技术进步提升循环经济发展能力和水平。坚持"污染者付费，利用者补偿，开发者保护，破坏者恢复"原则，将市场机制引入环境保护事业之中，推广排污权交易，着手构建碳交易体系。在重点领域、重点行业和重点项目，抓好以企业和城市新区、产业集聚区等为平台载体的循环经济试点工作，发挥先行先试和示范带动作用，重点构建有色、煤炭、非金属矿、农业和再生资源领域五大循环产业链，积极培育循环经济新兴产业。综合运用经济、行政、法律手段，建立健全法律法规保障体系，进一步完善促进循环经济发展的激励机制和监管保障体系。

坚持预防为主，加强综合治理，加大工业污染防治力度，重点实施高排污行业的污染治理，严格控制工业污染物排放量。加大黄河、淮河、海河等重点流域水污染防治力度，不断优化提升河流、湖泊等水体生态功能。加大中原经济区重点城市大气污染防治力度，推进污水处理厂升级扩容。继续坚持城市河道景观化发展，加强村镇环境综合整治和农村面源污染治理，切实解决危害人民群众身体健康和影响经济社会发展的突出环境问题，提高居民生活环境质量，建设环境友好型社会。

（五）加强生态省和循环经济试点省建设

中原经济区地跨海河、淮河、黄河、长江四大流域，是淮河、海河的源头和南水北调中线工程的水源地。区域生态系统类型和生物多样性十分丰富，伏牛山、大别山—桐柏山、太行山三大山脉和黄河湿地对于涵养生态、调节气候、保护生物多样性具有非常重要的作用，仅河南境内的高等植物就占全国总数的12.2%，脊椎动物种类占全国总数的23.9%，昆虫种类占全国总数的2/3。由于中原经济区所具有的特殊的地理位置和生态功能，强化区域生态保护与环境治理，提高生态涵养水平，构筑坚强生态屏障，是为全国生态安全以及下游地区生态环境改善提供重要支撑和保障的必然要求。

由于中原经济区在生态安全建设和循环经济发展等方面所面临问题的多样性和复杂性，加强生态省建设，设立循环经济试点，进而在可持续发展战略和能力建设上进行探索和创新并进而展开示范和推广就成为行之有效的重要方法。从提高生态省和循环经济试点省建设推进的科学性、有效性来看，按照"试点先行、示范带动、以点带面、逐步推进"的思路。在深入调查、认真研究的基础上，选取不同资源环境、不同生态特色同时具有一定生态建设基础的地区进行先行先试，带头解决生态建设和循环经济发展中的重点难点问题，培育典型、总结经验，从而探索出带有普遍意义和规律性的生态发展或循环经济发展路径，带动中原经济区可持续发展向全局深入推进。

参考文献

［1］安虎森. 区域经济学通论 ［M］. 北京：经济科学出版社，2004.

［2］柏程豫. 大武汉与长三角城市圈联动发展研究 ［D］. 华东师范大学 2005 年硕士学位论文.

［3］柏程豫. 建设紧凑型城市的若干思考 ［J］. 中州学刊，2010（4）.

［4］陈朝伦，刘林国. 努力克服经济发展方式转变的"最大障碍" ［N］. 贵州日报，2010-03-11.

［5］陈栋生. 区域协调发展论 ［M］. 北京：经济科学出版社，2005.

［6］陈俐艳. 如何推进省级主体功能区建设 ［J］. 宏观经济管理，2008（8）：63-64.

［7］陈锡文. 资源配置与中国农村发展 ［J］. 中国农村经济，2004（1）.

［8］陈修文. 西部大开发青海重大项目布局研究 ［J］. 青海社会科学，2003（1）.

［9］陈秀山，张可云. 区域经济理论 ［M］. 北京：商务印书馆，2003.

［10］陈秀山. 中国区域经济问题研究 ［M］. 北京：商务印书馆，2005.

［11］陈雪枫. 认清形势 积极行动 在中原经济区建设中勇担重任 ［N］. 河南煤业化工报，2010-09-04.

［12］崔晓黎. 新中国城市关系的经济基础与城市化问题 ［J］. 中国经济史研究，1997（4）.

［13］邓玲，杜黎明. 主体功能区建设的区域协调功能研究 ［J］. 经济学家，2006（4）.

［14］邓小平. 邓小平文选（第3卷）［M］. 北京：人民出版社，1993.

［15］杜黎明. 推进形成主体功能区的区域政策研究 ［J］. 西南民族大学学报（人文社科版），2008（6）：241-244.

［16］杜黎明. 主体功能区划与建设 ［M］. 重庆：重庆大学出版社，2007.

［17］樊杰. 我国主体功能区划的科学基础 ［J］. 地理学报，2006，62（4）：

339–350.

[18] 范钦臣. 略论中原城市群 [J]. 中州学刊, 1997 (2): 10–14.

[19] 冯德显, 贾晶, 杨延哲. 中原城市群一体化发展战略构想 [J]. 地域研究开发, 2003 (6): 43–48.

[20] 冯德显, 张莉, 杨瑞霞, 赵永江. 基于人地关系理论的河南省主体功能区规划研究 [J]. 地域研究与开发, 2008, 27 (1): 1–5.

[21] 高瞻. 河南省县域经济发展战略研究 [J]. 现代商贸工业, 2008 (7): 95–96.

[22] 葛立成, 等. 长三角地区联动发展新思路研究 [J]. 浙江学刊, 2004 (3).

[23] 耿明斋, 王亚明. 中原城市群如何隆起 [N]. 河南日报, 2004–04–16.

[24] 工业和信息化部. 促进中部地区原材料工业结构调整和优化升级方案 [Z]. 2009–12–11.

[25] 顾益康, 邵峰. 全面推进城乡一体化改革——新时期解决"三农"问题的根本出路 [J]. 中国农村经济, 2003 (1): 21–27.

[26] 郭庚茂. 关于加快转变经济发展方式促进河南经济社会又好又快发展的调研报告 [N]. 河南日报, 2009–01–09.

[27] 郭文轩, 王彩霞. 中原城市群的相对优势与战略地位 [J]. 河南科技大学学报 (社会科学版), 2005 (02).

[28] 国家发展改革委. 长江三角洲地区区域规划 [Z]. 2010 (5).

[29] 国家发展改革委发展规划司. 统筹城乡发展促进城乡经济社会一体化 [J]. 宏观经济管理, 2008 (6): 18–22.

[30] 国家发展和改革委员会. 促进中部地区崛起规划 [Z]. 2009.

[31] 国家统计局. 改革开放十七年的中国地区经济 [M]. 北京: 中国统计出版社, 1996.

[32] 国家统计局国民经济综合统计司. 新中国五十年统计资料汇编 [M]. 北京: 中国统计出版社, 1999.

[33] 国务院关于编制全国主体功能区规划的意见, 国发 [2007] 21 号.

[34] 韩俊. 推进新农村建设需要把握的若干问题 [J]. 宏观经济研究, 2006 (4).

[35] 河南省城镇体系规划编制组. 河南省城镇体系规划 (2007~2020) [R]. 2008.

[36] 河南省代省长郭庚茂在省委八届八次全会上的讲话: 努力夺取经济社

会又好又快发展新胜利 [N]. 河南日报，2008-08-09.

[37] 河南省发展与改革委员会. 中原城市群发展总体规划 [R]. 2005.

[38] 河南省全面建设小康社会规划纲要 [N]. 河南日报，2003-08-20.

[39] 河南省人民政府. 河南林业生态省建设规划 [Z]. 2007.

[40] 河南省人民政府. 河南省中长期科学和技术发展规划纲要 （2006~2020）[Z]. 2006.

[41] 河南省人民政府. 河南省中长期人才发展规划纲要 （2010~2020）[Z].

[42] 河南省人民政府. 河南中长期教育改革和发展规划纲要 （2010~2020）[Z]. 2010.

[43] 河南省社会科学院课题组. 河南省"十一五"发展战略与对策研究. 2005 （12）.

[44] 河南省统计局，国家统计局河南调查总队. 2010 河南统计年鉴 [Z]. 北京：中国统计出版社，2010.

[45] 河南省统计局. 河南五十年 [M]. 北京：中国统计出版社，1999.

[46] 河南省统计局. 历年统计年鉴 [M]. 北京：中国统计出版社.

[47] 河南省委政策研究室"加快县域经济发展课题组". 河南省县域经济发展情况分析 [N]. 河南日报，2004-03-09.

[48] 河南统计年鉴 （2006）[M]. 北京：中国统计出版社，2006.

[49] 河南县域经济发展大事记 [J]. 决策探索 （上半月），2008 （2）：23-24.

[50] 贺海峰. 河南县域经济政策解读 [J]. 决策探索，2007 （2）：13-15.

[51] 洪银兴. 工业和城市反哺农业、农村的路径研究——长三角地区实践的理论思考 [J]. 经济研究，2007 （8）.

[52] 侯景新. 区域经济分析方法 [M]. 北京：商务印书馆，2004.

[53] 湖北省党政考察团. 中原崛起的坚实基石——河南省县域经济发展考察报告 [J]. 政策，2008 （6）：53-58.

[54] 黄桂荣. 从社会结构转换视角看城乡经济社会一体化 [J]. 社会主义研究，2010 （5）.

[55] 王辑慈. 地方产业群战略 [J]. 中国工业经济，2002 （3）.

[56] 加快构建中原经济区：科学定位是崛起的重要前提 [N]. 河南日报，2010-09-16.

[57] 贾学锋，高西耀. 论河南省县域经济发展 [J]. 安阳师范学院学报，2006 （5）：113-116.

[58] 江浩. 对我国区域经济发展战略的思考 [J]. 中共合肥市委党校学报, 2004 (4).

[59] 江浩. 论中国区域经济发展战略的演进和布局调整 [J]. 合肥工业大学学报 (社会科学版), 2005, 19 (3).

[60] 姜爱林. 城镇化与工业化互动关系研究 [J]. 南京审计学院学报, 2004 (2).

[61] 姜山清, 张晓英. 对中原城市群经济发展的分析与思考 [J]. 学习论坛, 2004, 20 (9): 25-28.

[62] 焦锦淼. 中原崛起正当时 [M]. 郑州: 河南人民出版社, 2005.

[63] 孔丽频. 各地资源优势将面临重新定位 [N]. 中国改革报, 2010-09-13.

[64] 孔玉芳. 提升认识强力推进加快中原经济区的战略谋划 [N]. 河南日报, 2010 年 8 月 13 日.

[65] 孔玉芳. 县域经济发展理论与实践——兼论河南县域经济发展的思路与对策 [M]. 郑州: 河南人民出版社, 2006.

[66] 李成玉. 着力推动我省县域经济再上新台阶 [J]. 农村·农业·农民, 2006 (4): 7-9.

[67] 李建平. 中国省域竞争力蓝皮书: 中国省域经济综合竞争力发展报告 [M]. 北京: 社科文献出版社, 2011.

[68] 李杰. 河南构筑中原城市群经济隆起带 [N]. 人民日报, 2004-05-21.

[69] 李克强. 增强经济增长内生动力, 促进发展方式加快转变——在中国发展高层论坛 2010 年会开幕式上的致辞 [J]. 中国发展观察, 2010 (4).

[70] 李丽雅. 我国大城市地区现代都市农业与农村可持续发展研究——以上海为例 [D]. 华东师范大学, 2006.

[71] 廖为鲲, 蔡国梁, 涂文桃. 基于因子分析法的城市经济发展评价 [J]. 统计与决策, 2005 (12): 52.

[72] 林喜庆. 角逐"中国经济第四增长极"研究——对各竞争主体的 SWOT 分析 [J]. 重庆大学学报 (社会科学版), 2009 (1).

[73] 刘传明, 李伯华, 曾菊新. 湖北省主体功能区划方法探讨 [J]. 地理与地理信息科学, 2007, 23 (3): 66-68.

[74] 刘东勋. 中原城市群九城市的产业结构特征和比较优势分析 [J]. 经济地理, 2005, 25 (3): 343-347.

[75] 刘国新，汪继福.以制度创新推进城市化健康发展 [J].理论前沿，2009（2）.

[76] 刘洪彬.基于集群理论的统筹城乡发展研究 [D].东北林业大学，2006.

[77] 刘会莲.关于尽快建设晋陕豫黄河金三角国家区域协调发展综合实验区的建议 [EB/OL].http：//www.sxrd.gov.cn/0/1/6/33/963.htm.

[78] 刘琴.壮大县域经济推进中原崛起 [J].经济管理论坛，2005（2）：78-79.

[79] 刘荣添.冲突与协调：中国区域经济发展差异的计量研究 [D].华侨大学，2006.

[80] 刘伟，张士运，等.我国四个直辖市城乡一体化进程比较与评价 [J].北京社会科学，2010（4）.

[81] 刘相，朱健.完善转变经济发展方式的体制机制 [N].人民日报，2007-08-10.

[82] 刘新智.开放型区域经济发展理论研究 [D].东北师范大学，2006.

[83] 刘勇.关于制定"十二五"时期城乡区域协调发展战略的若干建议 [J].中国发展观察，2009（8）.

[84] 刘玉，冯建.中国经济地理：变化中的区域格局 [M].首都经济贸易出版社，2008（5）.

[85] 龙同胜，邓志军，等.呼唤中原城市群 [J].决策探索，2000（10）：5-6.

[86] 隆少秋.县域经济发展及结构优化的理论与实践 [M].广东：华南理工大学出版社，2006.

[87] 娄杰海.加速中原城市群一体化进程，打造河南经济增长极 [J].决策探索，2006（6）：31-33.

[88] 陆学艺."三农论"——当代中国农业、农村、农民研究 [M].北京：社会科学文献出版社，2002.

[89] 农民日报编辑部.全面小康和现代化进程的关键一步——深刻理解"三化同步"战略思想的科学内涵 [N].农民日报，2010-03-03.

[90] 彭岚兰.成渝经济区与长三角联动发展的机制和对策研究 [D].华东师范大学 2005 年硕士学位论文.

[91] 彭荣胜.中部城市群在区域崛起战略中的目标定位与对策研究 [J].经济问题探索，2006（2）：17-21.

[92] 彭再德.大都市持续发展的理论与实践研究——以上海为例 [D].华东

师范大学，2000.

[93] 秦绍德. 发展中国的十大课题 [M]. 上海：复旦大学出版社，2005.

[94] 秦尊文. 中部地区的战略定位：中国经济增长的第四核 [J]. 郑州航空工业管理学院学报，2005（6）.

[95] 任军. 增长极理论的演进及其对我国区域经济协调发展的启示 [J]. 内蒙古民族大学学报（社会科学版），2005（4）.

[96] 史育龙. 继续以改革创新精神探索中国特色城镇化道路 [J]. 中国发展观察，2008（6）.

[97] 宋华茹. 人才强省进行时——近年来河南省人才工作回眸 [N]. 河南日报，2009-09-15.

[98] 宋衍涛. 对中国区域经济平衡发展的理性思考 [J]. 理论导刊，2007（10）.

[99] 孙建国. 对欠发达地区县域经济发展状况的思索——以河南县域经济发展为例 [J]. 经济论坛 2007（17）：29-31.

[100] 孙久文. 区域经济规划 [M]. 北京：商务印书馆，2004.

[101] 孙中才. 理论农业经济学 [M]. 北京：中国人民大学出版社，1998.

[102] 童中贤. 中国经济第四增长极构建及对比分析 [J]. 求索，2008（7）.

[103] 完世伟. 河南省进行城乡一体化改革试点的总体思路与对策 [J]. 领导参阅，2005（72）.

[104] 王发曾，刘静玉，等. 中原城市群整合发展研究 [M]. 北京：科学出版社，2007.

[105] 王建国，完世伟，赵苏阳. 河南城乡区域协调发展研究 [M]. 河南人民出版社，2009（9）.

[106] 王景新，李长江，曹荣庆，等. 明日中国：走向城乡一体化 [M]. 北京：中国经济出版社，2005.

[107] 王倩. 建设中原经济区 河南"十二五"规划基本思路圈定 [OL]. 大河网，2010 年 10 月 12 日.

[108] 王琴梅. 转型期区域非均衡协调发展的机制及其构建制度创新 [D]. 西北大学，2006.

[109] 王冉. 河南县域新政 [J]. 决策探索（上半月），2008（4）：28-35.

[110] 王松霈. 跨进 21 世纪的城市生态经济管理 [J]. 环境保护，1998（1）.

[111] 王松霈. 论经济生态化 [J]. 中国特色社会主义研究，2001（6）.

[112] 王松霈. 生态经济学 [M]. 西安：陕西人民教育出版社，2000.

[113] 王松霈主编. 走向 21 世纪的生态经济管理 [M]. 北京：中国环境科学出版社，1997.

[114] 王伟光. 建设社会主义新农村的理论与实践 [M]. 北京:中共中央党校出版社，2006.

[115] 王彦武. 发展河南服务业的分析与思考 [J]. 中州学刊，2007 (4).

[116] 王彦武. 发展县域经济的分析与思考 [J]. 江汉论坛，2004 (8)：36-39.

[117] 王彦武. 中原城市群几个问题的探讨 [J]. 中州学刊，2004 (5).

[118] 王一鸣. 加快推进经济发展方式的"三个转变" [J]. 宏观经济管理，2008 (1).

[119] 王玉珍. 30 年来我国区域发展战略政策沿革 [J]. 四川行政学院学报，2009 (3).

[120] 王泽强. 改革开放以来我国区域发展战略回顾及展望——基于效率与公平的分析视角 [J]. 中共宁波市委党校学报，2009 (2).

[121] 王占国，柴艳宏. 新农村建设与县域经济发展 [M]. 北京：中国农业出版社，2006.

[122] 王正伟. 转变经济发展方式推进新型工业化 [N]. 人民日报，2007-08-20.

[123] 温家宝. 我对中原经济区建设和河南发展寄予厚望 [N]. 河南日报，2011-01-24.

[124] 吴殿廷. 区域分析与规划高级教程 [M]. 北京：高等教育出版社，2004.

[125] 吴海峰. 关于中原经济区发展布局的思考 [C]. "科学发展与区域转型"学术研讨会论文集，2010-09.

[126] 吴海峰. 加强南水北调、城镇环境保护和绿地系统建设 [C]. "探索环境保护新道路 推动河南生态省建设"高峰论坛论文集，2010-06-04.

[127] 吴海峰. 用工业化城镇化推进新农村建设 [J]. 农村经济，2006 (6).

[128] 吴海峰. 在新的起点上壮大河南县域经济 [J]. 中州学刊，2008 (11)：76-77.

[129] 吴敬琏，江平. 洪范评论 (第 2 卷第 2 辑) [M]. 北京：中国政法大学出版社，2005.

[130] 吴君. 文化创意产业在经济寒流中现出暖意 [N]. 中国知识产权报, 2009-05-11.

[131] 武力. 1949~2006 年城乡关系演变的历史分析 [J]. 中国经济史研究, 2007（1）：23-30.

[132] 西奥多·W.舒尔茨. 改造传统农业 [M]. 北京：商务印书馆，1987.

[133] 夏永祥. 改革开放 30 年来我国城乡关系的演变与思考 [J]. 苏州大学学报（哲学社会科学版），2008（6）：18-20.

[134] 谢冰. 中国过渡区域经济运行协调和发展机制分析 [J]. 地域研究与开发，2000，19（1）：37-41.

[135] 徐晖. 从我国区域经济发展战略的演变看西部大开发 [J]. 湖南教育学院学报，2000（6）.

[136] 徐三朋. 加强黄河三角洲与周边经济区关系的研究 [J]. 中国石油大学学报（社会科学版），2009（3）.

[137] 薛昊旸. 区域工业化与城镇化关系问题研究 [J]. 生产力研究，2005（3）：35-37.

[138] 闫恩虎. 县域经济论纲 [M]. 广州：暨南大学出版社，2006.

[139] 闫国祥，王彦武. 河南全面建设小康社会研究 [M]. 郑州：河南人民出版社，2004.

[140] 杨欢进. 论转变经济发展方式 [J]. 河北经贸大学学报，2008（1）.

[141] 杨迅周，杨延哲，刘爱荣. 中原城市群空间整合战略探讨 [J]. 地域研究与开发，2004，23（5）：33-37.

[142] 叶飞文. 海峡经济区：中国经济第四增长极的形成与发展构想 [J]. 发展研究，2006（8）.

[143] 余学友. 发展县域经济的几点思考 [N]. 河南日报，2004-03-19.

[144] 喻新安，陈明星. 中原崛起目标的提出与深化 [J]. 中州学刊，2010（3）.

[145] 喻新安，陈明星. 转变农业发展方式要有新思路 [N]. 经济日报，2010-05-24.

[146] 喻新安，龚绍东，陈明星，等. 工农业协调发展的河南模式 [M]. 郑州：河南人民出版社，2009.

[147] 喻新安，蒋晓明. 中原城市群一体化研究 [M]. 北京：经济管理出版社，2007.

[148] 喻新安. 建设中原经济区若干问题研究 [J]. 中州学刊，2010 (5).

[149] 喻新安. 破解河南经济发展资源环境约束的思考 [J]. 黄河科技大学学报，2007 (2).

[150] 喻新安. 建设大郑州：实现中原崛起的强力引擎 [J]. 河南社会科学，2005，13 (6)：134-136.

[151] 喻新安. 中原经济区策论 [M]. 北京：经济管理出版社，2011.

[152] 喻新安. 中原经济区研究 [M]. 郑州：河南人民出版社，2010.

[153] 喻新安. 转型崛起：河南的必然选择与理性决断 [J]. 黄河科技大学学报，2010 (3).

[154] 袁政. 区域平衡发展优势理论探讨——城市相互作用理论视角 [J]. 武汉大学学报，2010 (5).

[155] 曾祥炎. 工业反哺农业应遵循农业经济发展次序 [J]. 南华大学学报，2005 (8).

[156] 曾翔. 实施差异化发展战略推进武汉城市圈综合配套改革 [J]. 江汉大学学报，2008 (6).

[157] 张广海，李雪. 山东省主体功能区划分研究 [J]. 地理与地理信息科学，2007，23 (4)：57-61.

[158] 张可云. 主体功能区的操作问题与解决办法 [J]. 中国发展观察，2007 (3).

[159] 张可云. 区域经济政策 [M]. 北京：商务印书馆，2005.

[160] 赵保佑，李军法，完世伟. 统筹城乡经济协调发展与科学评价 [M]. 北京：社会科学文献出版社，2009.

[161] 赵锋. 对我国十个"五年计划"中区域经济发展战略思想变迁的思考 [J]. 西北民族大学学报（哲学社会科学版），2004 (4).

[162] 赵弘. 中国总部经济发展报告（2010~2011）[M]. 北京：社科文献出版社，2010.

[163] 赵洪祝. 同步推进"三化"加快城乡发展一体化 [N]. 人民日报，2011-03-28.

[164] 浙江省发展和改革委员会. 城市化：统筹城乡新发展 [M]. 杭州：浙江大学出版社，2004.

[165] 郑州为"中原经济区"建设贡献什么 [N]. 郑州日报，2010-08-06.

[166] 中共河南省委，河南省人民政府. 河南省关于加快文化资源大省向文

化强省跨越的若干意见［Z］. 2007.

［167］中共河南省委河南省人民政府关于推进社会主义新农村建设的实施意见. 2006（3）.

［168］中共中央关于推进农村改革发展若干重大问题的决定［N］. 人民日报，2008-10-20.

［169］中共中央文献研究室编.新时期经济体制改革重要文献选编（上册）［Z］. 北京：中央文献出版社，1999.

［170］中国共产党第十七次全国代表大会文件汇编［G］. 北京：人民出版社，2007.

［171］中国社会科学院，中央档案馆合编. 中华人民共和国经济档案资料选编（工业卷）［Z］. 北京：中国物资出版社，1995.

［172］中华人民共和国国家统计局. 2010中国统计年鉴［Z］. 北京：中国统计出版社，2010.

［173］中华人民共和国国民经济和社会发展第十一个五年规划纲要学习参考［M］. 北京：中共党史出版社，2006.

［174］中原城市群研究课题组.中原城市群如何隆起［N］. 河南日报，2004-04-16.

［175］周运清，吴淑凤. 双重增长极与长江流域有序发展研究［J］. 中南民族学报（人文社会科学版），2009（7）.

［176］朱斌. 统筹城乡发展制度创新研究［D］. 苏州大学，2006.

［177］朱四海.工业反哺农业实现机制刍议［J］. 中国农村经济，2005（10）.

［178］G. Myrdal. Economic Theory and Underdeveloped Regions. London：Duckworth，1957.

后　记

　　统筹区域发展是在中国区域差距不断扩大、区域经济冲突频繁发生以及各种区域病同时并发的背景下提出的。统筹区域发展是区域经济发展到一定阶段的必然要求，是市场经济制度下政府区域管理的重要内容。统筹区域发展不是短期的权宜之计，而是一个长期的战略过程。

　　从国家层面上讲，区域经济的协调发展主要是东中西部的协调、不同省份的协调，而一个省行政辖区内的经济协调发展具有一定的挑战性和特殊性。从河南省情来讲，目前一些不协调因素带有一定的历史性、典型性，同时也是相当难以克服的。基于这种认识，本书以长期困扰河南区域协调发展的问题为研究对象，深入调查、研讨，凝练出河南区域协调发展研究的框架结构。

　　本书共分为九章，第一章以较有代表性的空间经济理论、产业集聚理论以及制度经济学理论为基础，并采纳了生态省建设的生态经济理论，这为本书奠定了理论基础；第二章对河南区域经济发展格局演变进行了综合评价；第三章围绕已经成为国家战略的中原经济区国家战略展开分析；第四章对中原城市群建设进行较为全面的审视；第五章重点论述河南产业集聚区建设的重点和难点；第六章对河南县域经济发展进行较为深入的客观分析；第七章结合国家正在逐步实施的主体功能区建设，对河南主体功能区规划及其建设进行了探讨；第八章从区域经济一体化的视角探讨区域经济协调发展机制创新；第九章对河南区域经济协调发展的四大支撑体系进行了梳理和分析。

　　本书由河南省社会科学院完世伟、中原工学院周纪昌担任主编，黄河科技学院罗煜、郑州航空工业管理学院杨富堂、中原工学院蔡森任担任副主编，参加撰稿人员如下：第一章，杨富堂、罗煜；第二章，杨富堂、张志娟；第三章，杨富堂、罗煜；第四章，罗煜、蔡森；第五章，蔡森、王小平；第六章，周纪昌、董学良；第七章，周纪昌、刘芳；第八章，完世伟、魏瑞；第九章，周纪昌、罗煜。完世伟、周纪昌对全书内容做了统稿、修改和审定，罗煜、杨富堂、蔡森参与统稿、审定工作。在本书编撰过程中，河南省社会科学院院长喻新安研究员在研究方向、确定提纲、组织编撰等方面付出了大量心血，在此谨表示衷心的感谢！

在河南省全面实施区域经济协调发展的战略进程中，我们期待本书能为河南的区域经济规划和改革发展提供有益的参考。但由于水平所限，书中的不周之处、浅薄粗陋之处在所难免，敬请读者批评指正。

作 者

2015 年 11 月

"区域经济研究丛书"立足于系统梳理河南推进区域发展的历史嬗变和演进脉络，深入剖析河南谋划区域发展中面临的主要矛盾和现实挑战，尝试提出河南探索区域发展的路径选择和对策建议，以期为实现中部崛起、河南振兴，更好地服务全国大局和推动河南发展献智献力。

本册从区域经济协调发展的理论分析着手，对长期困扰河南区域协调发展的主要问题进行了深入剖析和综合评价，重点研究和探讨了中原经济区、中原城市群、产业集聚区、县域经济发展、主体功能区等区域发展重大战略问题，为河南推动区域经济协调发展提出了路径规划和实施建议。

区域经济研究丛书

◎ 河南区域经济协调发展研究

◎ 中原崛起与中原经济区建设研究

◎ 河南经济发展方式转变研究

◎ 河南构建开放型经济体系研究

◎ 河南生态文明建设研究

◎ 河南人力资源开发战略研究

ISBN 978-7-5096-2106-6

责任编辑：杨国强
装帧设计：文　丰

经济管理出版社网址：www.E-mp.com.cn

9 787509 621066 >

定价：498.00元（共六册）

中原崛起与中原经济区建设研究

RISING OF THE MIDDLE CHINA AND CONSTRUCTION OF THE ECONOMIC REGION OF

CENTRAL CHINA

主　编/罗　煜　柏程豫
副主编/刘晓慧　张怡辉

经济管理出版社

区域经济研究丛书

中原崛起
中原经济区建设研究

RISING OF THE MIDDLE CHINA AND
CONSTRUCTION OF THE ECONOMIC REGION OF

CENTRAL CHINA

主 编/罗 煜 柏程豫
副主编/刘晓慧 张怡辉

经济管理出版社
ECONOMY & MANAGEMENT PUBLISHING HOUSE

图书在版编目（CIP）数据

中原崛起与中原经济区建设研究/罗煜，柏程豫主编. —北京：经济管理出版社，2015.12
ISBN 978-7-5096-2106-6

区域经济研究丛书

Ⅰ.①中…　Ⅱ.①罗…　②柏…　Ⅲ.①区域经济发展—研究—河南省　　Ⅳ.①F127.61

中国版本图书馆 CIP 数据核字（2012）第 240459 号

组稿编辑：申桂萍
责任编辑：张巧梅　申桂萍
责任印制：黄章平
责任校对：超　凡

出版发行：经济管理出版社
　　　　　（北京市海淀区北蜂窝 8 号中雅大厦 A 座 11 层　　100038）
网　　址：www. E-mp. com. cn
电　　话：(010) 51915602
印　　刷：北京晨旭印刷厂
经　　销：新华书店
开　　本：720mm×1000mm/16
印　　张：105（共六册）
字　　数：1762（共六册）
版　　次：2015 年 12 月第 1 版　　2015 年 12 月第 1 次印刷
书　　号：ISBN 978-7-5096-2106-6
定　　价：498.00 元（共六册）

"区域经济研究丛书"
编撰人员名单

丛 书 顾 问：胡大白

丛书编委会主任：杨雪梅

丛书编委会成员：喻新安　完世伟　周纪昌　罗　煜　杨富堂
　　　　　　　　蔡　森　柏程豫　刘晓慧　宋　歌　孙常辉
　　　　　　　　梁　丹　郭军峰　赵　然　王玲杰　马红芳
　　　　　　　　马　欣　冯少茹　武迎春　薛桂芝　张　舰
　　　　　　　　陈明星　张怡辉　胡翠平

丛 书 总 编：喻新安　杨雪梅

"区域经济研究丛书"总序

当前，我国区域经济发展进入了新的历史时期和发展阶段。由东向西，由沿海向内地，经济区、城市群等跨行政区划的发展板块已经成为区域经济发展的重要支撑，协调发展、联动发展、开放发展成为区域经济发展的主要思路，各地均在积极谋划布局区域发展战略，长三角、珠三角、京津冀等先行经济区力促新一轮腾飞，长江中游、中原经济区等新兴经济区聚力蓄势全面崛起。融入区域经济发展大势，增创区域经济发展优势，抢占区域经济发展高地，成为增强区域发展实力和综合竞争力的现实要求。与此同时，区域经济发展中也面临日益突出的难题和挑战。如何缩小区域发展差距并实现不同经济板块之间的良性互动、梯度发展，如何促进稳增长、调结构、转方式与区域经济发展提质增效升级互促并进，如何培育区域经济协调发展的基础支撑保障体系，如何推进区域协调发展体制机制创新，如何增强区域经济发展的协调性和可持续性，等等，成为区域经济研究中备受关注、亟需思考、有待破解的现实难题。

河南是人口大省、农业大省和新兴工业大省，也是中国的缩影和写照。作为国家重要的战略基地和经济腹地，已经从"中部凹陷"走向"中部崛起"的核心区域，河南推进区域协调发展的路径探索事关全国经济社会发展全局和全面建设小康社会目标的实现。尤其河南肩负着实施国家粮食生产核心区、中原经济区和郑州航空港经济综合实验区三大国家战略规划的重大使命，承担了多领域的先行先试改革创新任务，在新时期探索区域经济协调发展道路中具有破题意义和示范效应。如何加快推动河南发展、融入新的区域经济格局，是具有重大理论和实践意义的研究课题。

这套"区域经济研究丛书"，由黄河科技学院省级重点学科建设基金重点支持，以该校省级重点学科——区域经济学学科团队为主要力量，邀请河南省社科院、华侨大学、中原工学院、河南教育学院、安徽建筑工业学院、郑州航空工业管理学院、郑州师范学院、河南省国有资产控股运营有限公司的专家学者参与，

是协同创新的学术力作。丛书立足于系统梳理河南推进区域发展的历史嬗变和演进脉络，深入剖析河南谋划区域发展中面临的主要矛盾和现实挑战，尝试提出河南探索区域发展的路径选择和对策建议，以期为实现中部崛起河南振兴，更好地服务全国大局和推动河南发展献智献力。

全部书稿撰写历时超过两年，期间经过数次讨论、修改与完善。目前呈现在大家面前的丛书共包括六册、近200万字，其中，《河南区域经济协调发展研究》从区域经济协调发展的理论分析着手，对长期困扰河南区域协调发展的主要问题进行了深入剖析和综合评价，重点研究和探讨了中原经济区、中原城市群、产业集聚区、县域经济发展、主体功能区等区域发展重大战略问题，为河南推动区域经济协调发展提出了路径规划和实施建议；《中原崛起与中原经济区建设研究》系统梳理了中原崛起的发展历程，深入研究如何推进中原经济区建设、加快中原崛起河南振兴这一关乎亿万中原人民福祉的宏伟事业，以期为理论研究和实践探索有所裨益；《河南经济发展方式转变研究》在进程回顾和问题总结的基础上，提出了河南转变经济发展方式的总体思路和实施框架，谋划了推动发展方式转变的体制机制创新路径，为河南省加快经济发展方式转变提供科学参考和决策依据；《河南构建开放型经济体系研究》从制约因素分析、战略模式架构、制度环境保障等切入，提出了构建开放型经济体系的总体思路和工作重点，并为河南加快构建开放型经济体系、提升对外开放层次和水平都提出了诸多有益的意见和建议；《河南生态文明建设研究》从多领域、多层次、多角度展开河南生态文明建设的系统分析和研究，并提出相应的解决策略和应对机制，为河南破解生态环境瓶颈制约，实现科学发展、可持续发展提供参考；《河南人力资源开发战略研究》系统考察了河南人力资源的历史嬗变、发展现状及难题，探讨了加快人力资源开发、实现从人口资源大省向人力资源强省迈进的路径和对策建议。

随着全球一体化进程不断推进，区域经济发展相关问题研究已经成为热点中的焦点问题，同时，也因其突出的复杂性、系统性、综合性特征，给相关理论研究和实践创新提出了诸多难题挑战。我们期望以这套"区域经济研究丛书"为开端，吸引更多的专家学者共同谋划献策，助力中原崛起，探索区域协调发展新路，打造区域经济研究的"升级版"。

喻新安

2015年11月

目　录

第一章　中原与中原崛起

"中原"从地域概念上有广义和狭义之分，而目前最常用的是中原的狭义概念，即今河南省。"崛起"是指一个国家或地区成长为具有世界影响力的大国或对全局有重要影响力的强势地区。所谓中原崛起，简而言之，就是经过长期努力，使河南成为与其历史传承、地理位置、人口数量相适应的中国经济强省、文化强省，区域综合竞争力显著提高，实现经济、社会、政治、文化、生态的全面、协调、可持续发展。

一、中原的由来与嬗变

中原地区自古以来就是主导中华文明发展的核心区，是中国大多数历史时期的政治中心、经济重心和文化核心。但"中原"作为一个特定的地域概念，它的提出和最终被认可，却经历了相当长的历史过程。而且，随着时代的变化，"中原"一词不断被赋予不同的历史文化意义，成为国家正统、先进文明和精神家园的象征。中原有过值得骄傲的辉煌，也经历了不堪回首的衰落，再现辉煌，已经成为一代又一代中原人的梦想。

（一）中原的概念

在殷墟甲骨文和西周金文中，"中"和"原"都是作为单音节词出现的。"中"字最早出现在殷墟甲骨文，意为徽帜，"古时有大事，聚众于旷地，先建中焉，群众望见中而趋赴，群众来自四方，则建中之地为中央矣，然则中本徽帜，而其所立之地，恒为中央，遂引申为中央之义，因更引申为一切之中"。"原"字最早出现在西周金文,《尔雅》云"广平曰原"。"中"与"原"连在一起作为词组使用,最早出现于《诗经》,如《诗经·吉日》云"瞻彼中原,其祁孔有",《诗经·小宛》云"中原有菽,庶民采之",其含义都是原之中,是指宽广平坦之地,即平原或原野,是一个通用的地理名词。春秋时期,中原一词仍有原野之意,越王勾践在会稽之围解除后,向百姓谢罪时说:"寡人不知其力之不足也,而又与大国执雠,以暴露百姓之骨于中原,此则寡人之罪也。寡人请更"。(《国语·越语上》)这里是说因战争使百姓死后尸骨暴露在原野。经过数十年的休养生息以后,越国逐渐强大起来,在与吴国作战时,面对吴军一日五次挑战,越王准备答应时,范蠡进谏曰:"夫谋之廊庙,失之中原,其可乎?王姑勿许也。"这里的中原仍然有野外之意。战国末年的儒家代表人物荀况在《荀子·王制》中有"兵革器械者,彼将日日暴露毁折之中原,我今将修饰之,拊循之,掩盖之於府库"之语。这里虽然是教统治者如何治国,但观作者之意"中原"在这里显然是原野之意。《孙子兵法·作战篇》云:"国之贫于师者远输,远输则百姓贫;近师者贵卖,贵卖则百姓财竭,财竭则急于丘役。力屈财殚,中原内虚于家。百姓之费,十去其七;公家之费,破车罢马,甲胄矢弩,戟楯蔽橹,丘牛大车,十去其六。"这里的中原也不是指中原地区,中是中心之意,原是原野之意,泛指国内农业发达的中心地区。《吕氏春秋·孟冬纪·安死》云:"以宝玉收,譬之犹暴骸中原也。"意即人死后用宝玉殓死者,就像是把尸体暴露在原野上一样。《楚辞·九思·悼乱》中有"便旋兮中原,仰天兮增叹"之句,所指也是在原野中盘桓。

大约在春秋时期出现了特指的中原地域概念,但是并没有被人们所普遍接受。先秦秦汉时期,中原地区多用"中国"一词,而较少用中原一词,如周成王秉承武王遗志,欲将都城迁至洛阳,何尊青铜器铭文谓之"宅兹中国",说明古代中原又称"中国",是天下之中心。秦汉时期,随着疆域的扩大,汉族的活动范围扩大到华北地区,中原指的就是华北地区,如《史记·主父堰传》所载"身为禽于中原"。经过两汉时期的发展,中原一词仍然是原野和地理概念并存。直至魏晋,中原地区作为一个相对完整、固定的地理概念逐渐为人们所接受,特别是在六朝时期,由于西晋王朝覆亡,黄河流域被少数民族占领,大批居民南迁,这些背井离乡的人虽然漂泊在异乡,但仍然时时刻刻不忘故土,因而过去不被人们提起或看重的"中原"开始作为一个地区概念频频出现在人们的口头上,中原一词作为特定地理区域的意义才最终明晰起来,并得到全社会的认同,得到强化固定。据不完全统计,《晋书》中出现"中原"近百次,而以东晋时期出现的频率最高,且大多与东晋君臣光复中原之志有关。

(二) 中原的地理意义

在漫长的发展历程中,中原的地理意义也形成了广义和狭义之分。广义的中原地域范围比较模糊,《辞源》说"指黄河中下游地区或整个黄河流域";《辞海》说"或指黄河中、下游地区,或指整个黄河流域。"但在通常意义上,广义的"中原"主要指以古豫州为主的黄河中下游地区。《尚书·禹贡》分中国为冀州、兖州、青州、徐州、扬州、荆州、豫州、梁州、雍州九州。豫州因居于九州之中而称"中州"。其境东接兖、徐、扬,西以荆山与雍、梁接界,南以荆山和荆州分界,北至黄河与冀、兖分界,今河南全境、山东西部、湖北北部,皆古豫州之地,面积约 40 万平方公里。东汉时期,豫州成为一级行政区域,所辖区域较《禹贡》之豫州缩小了很多,约略相当于今河南淮河以北、黄河以南、伏牛山以东的广大地区,向东至安徽北部、江苏西北部和山东西南部,向西至晋南部分地区。从地域构成来看,中原大约由三块平原组成。一是河洛地区。即以黄河与洛河交汇处和以伊洛平原为中心的豫西一带,南为外方山、伏牛山,北临黄河,西接秦岭和关中平原,东达豫东大平原。这里是中华文明的肇始之地,也是夏商周等九朝的京畿之所。二是黄淮平原。郑州北郊的桃花峪,是黄河中游和下游的分界处,这里是黄土高原的终点,黄淮冲积扇平原的顶点,由此向东,便是黄淮平原,这是中原的主干,由黄河、淮河冲积而成,故可细分为黄河平原和淮河平原两块,沃野千里,广袤无垠,黄土深厚,水源充足,多为宜耕的良田。三是南阳盆地。位于河南的西南,为唐河、白河冲积而成,面积 2.6 万平方公里,和黄淮平原一样土地肥沃,为重要的粮仓。"豫州"所以被称为"中原",除了其地理位置居于天下之中,还由于这里拥有这三块平原沃土。

从文化地理的角度来划分,和中原文化对举的周边文化有:北面的燕赵文化、东面的齐鲁文化、东南的吴越文化、南面的楚文化、西面的秦晋文化。由此可见,中原向西不能超过华山以西,因为那里属于秦文化,向东不能越过泰山,因为那里属于齐鲁文化和吴越文化,因此广义的中原概念并非整个黄河流域,或者黄河中下游,而是指今河南及其与周边省份交会之处,地跨黄河中游和下游的一段。依据战国习称,参照两汉政区划分,结合汉晋文化归属,可以从政区和文化上对中原的四界作出大致界定：西临华山，北至太行山—漳河一线，南界沔水—淮河一线，东达泰山—泗水一线，即以今河南为主包括河北南部、山西南部、山东西部、安徽西北部、湖北北部、陕西东部部分地区。由此也可见，中原的地理涵盖较广，与周边地区，尤其是与安徽北部、江苏西北部、山东西南部、湖北北部渊源甚深，政治、经济联系一直比较紧密。

狭义的"中原"，即今河南省行政区划所属之地。河南第一次设省是在元代，当时称河南江北等处行省，简称河南行省，治汴梁（今开封市），领汴梁等12路和南阳等7府，辖境相当于今河南黄河以南、长江以北与今河南接壤的江苏、安徽、湖北部分地区，以及黄河以北延津、原武，湖北长江以南的石首和长阳等地。黄河以北的大名、彰德、卫辉、怀庆等路和濮州则直属中书省。明初改为河南承宣布政使司，原直属中书省的彰德、卫辉、怀庆划归河南，河南省的行政区划分从此基本形成。如今，人们习惯上称河南为"中原"，使用的就是"中原"的狭义概念。

（三）中原的历史文化内涵

中原不仅是一个区域地理概念，也是一个历史文化概念。随着时代的变化，"中原"一词不断被赋予不同的历史文化意义，成为国家正统、先进文明和精神家园的象征。

（1）国家正统的象征。中原居天下之中，是中华民族的发祥地，又是多个王朝的都城所在地。所以，中原自古以来就是国家正统的象征，尤其是在国家处于分裂状态之时，中原作为国家正统的象征意义就更加为人们所认同了。三国时期，魏、蜀、吴三足鼎立，虽然有人主张以刘备为代表的蜀汉为正统，但人们真正认可的还是曹魏，重要的原因就是曹魏据有中原。所以，自陈寿以来的史学家都把曹魏作为这一时期的国家正统。东晋、南朝和南宋时期，汉族虽然迫于形势在江南建立政权，但始终不免有偏安心理，实际上也是把中原作为国家正统的象征。

（2）先进文明的象征。中原是中华文明的主要发祥地，中华文化的核心区。在中华文化的发展进程中，中原文化至少在北宋之前一直处于领风气之先的地位，是中华文化的典型代表。所以，一提起中原，人们不仅会想到它处于天下之中的地理位置，更会想到它的文明和文化。战国时期出现的"夷夏之辨"，以及后来鸿儒大贤对中原文化的推崇，都强化了人们对中原文化的认同。唐朝大文豪韩愈在称赞南岳衡山的时候，不忘突出中原文化的滋润与影响："衡山之神既灵，而郴之为州，又当中州清淑之气，蜿蜒扶舆，磅礴而郁积。"（《送廖道士序》）中原作为先进文明的象征，已经深深植根于人们的文化意识中。

（3）精神家园的象征。中原一直是中华民族精神家园的象征，在国家分裂或南北分治的时候，这种精神家园的象征意义就更为明显。自三国时期开始，中国曾经出现过几次南北分治的局面。那些被迫南渡的中原人士身在异乡，心系中土，把中原作为精神家园，始终放不下那一份眷恋。翻一翻《晋书》，就会不时看到"中原沦没"、"中原乱离"、"中原覆没"、"中原丧乱"、"中原大乱"、"克复中原"等词汇，看到南渡士人北望神州、感慨万端、新亭对泣的场景。至于南宋著名诗人陆游"王师北定中原日，家祭无忘告乃翁"的诗句，更是寄托了一代诗人对故国的情思与眷恋，对祖国统一的强烈渴望。

（四）中原的历史兴衰

中原居天下之中，北以黄河与太行山为依托，南以桐柏山与大别山为拱卫，西以伏牛山为锁钥，连接秦岭，东面是一望无际的大平原，可谓是"八荒争凑，万国咸通"。许多王朝看重中原的地理优势，选择在中原建都，中原自然而然地长期处于全国政治、经济、文化中心地位。然而，这样一种独特的地位，也使中原成为战争之地，中国历代发生的大规模战争，有许多都与中原相联系。在中华民族长达5000年的发展历程中，中原有过曾经的辉煌，也有不堪回首的败落。

三皇五帝时期，中原代表着文明。黄帝建都在今天的新郑，其后裔颛顼、帝喾主要活动在今濮阳一带。《颛顼历》是当时自然科学研究成果的代表作，一直沿用到西汉武帝时期，因误差积累太大，才推出新历。中原是裴李岗文化、仰韶文化和龙山文化的核心区域，农耕文明的发轫地，科技文明的开辟地。夏商周时期，中原代表着国家。中华文明在这里闪现出第一道曙光，中国的国家雏形在这里形成。三代都城多选址在中原，自此开始，中原长期处于全国政治、经济、文化的中心地位。这一时期，中原思想文化熠熠生辉，作为元典思想文化代表的《周易》成书于中原，"道"、"儒"两大思想流派的创始人——老子与孔子的主要活动在中原，许多先贤名家在中原文化的哺育下著书立说，沾溉百代。东汉和魏晋时期，中原代表着融合。这一时期，中华民族开始了大流动与大融合。在中华民族的流动与融合中，儒学深入人心，佛教传入中土，玄学盛行一时，初步形成了儒家、道家和佛教在思想文化领域三分天下的局面，而道教在中原地区的兴盛及其对道家文化的皈依，也一定程度上促进了中华传统文化的形成。唐宋时期，中原代表着繁荣。唐朝以洛阳为东都，突出了中原的战略地位。唐太宗贞观时，河南道的户籍在全国所占比重已上升到9.47%，唐玄宗天宝期间上升为19.28%。中原科学文化得到了迅速发展，尤其是在文化方面，出现了以杜甫、白居易、韩愈、李贺为代表的一大批著名文学家，河南籍诗人约占唐代诗人总数的一半以上。北宋建都汴梁（今开封市），称东京，洛阳改称西京，应天府（今商丘）为南京，大名府（今河北省大名）为北京，中原作为国家政治、经济中心的规模空前扩展。北宋一朝，政治制度、法律制度、经济制度、教育制度、文官制度等多有建树，从而促进了经济、社会、文化、科技的快速发展。四大发明中的指南针、活字印刷、火药均完成于北宋时期。北宋末年，全国人口已达一亿，东京开封的常住人口超过百万，为世界第一大都市。至此，中原文明达到了前所未有的繁荣。中国八大古都，中原有其四，即郑州、安阳、洛阳、开封。作为政治经济中心，中国历史上有近20个王朝建都于中原，先后形成了洛阳和开封相互呼应的两大中心。洛阳除了先秦的夏、商、东周外，秦汉以后又有东汉、曹魏、西晋、北魏、隋、唐、后梁、后唐、后晋9个王朝在此建都，是中国建都最早、历时最长、朝代最多的古都。隋唐时期，洛阳的繁荣达到高峰，所以，北宋史学家司马光说："若问古今兴废事，请君只看洛阳城。"（《过洛阳故城》）开封号称七朝古都，战国时期的魏、五代时期的后梁、后晋、后汉、后周以及北宋和金均在此建都。特别是北宋，这里历经9帝168年，繁荣兴旺达到鼎盛，不仅是全国政治、经济、文化的中心，也是当时世界上最繁华的大都市之一。此外，南阳、商丘作为区域性政治、经济中心，在汉代以前就曾经辉煌过，汉代以后对周边的经济发展仍有一定的辐射能力。处于水陆交通要冲的中原土地肥美，经济发达，人口繁盛，长期处于全国的经济中心。秦始皇统一中国后，曾苦心经营洛阳，在洛阳以东、成皋关附近，修建了全国最大的粮仓——敖仓，储备了沿黄河漕运而来的大批粮食，成为经营东方的军粮重地。敖仓储粮在楚汉战争期间以及西汉初年，仍继续发挥着重要的经济职能。秦汉时期，黄河和洛水水路交通十分繁忙，"大船万艘，转漕相过"，航运贸易遍于三江五湖，西汉每年从洛阳运往长安的粮食多达400万石。东汉时期，洛阳城东太仓附近的码头，是当时全国最大的内河航运港口。隋大业元年，在洛阳城东北部建含嘉仓，用作储存京都以东州县所交租米。依托隋唐大运河航运的支撑，含嘉仓历经隋、唐、北宋 3 个王朝，沿用500 余年。贯穿南北的隋唐大运河，以洛阳为中心，南达余杭，北通涿郡，全长4000 余公里，沟通了海河、黄河、淮河、长江、钱塘江五大水系，直到北宋，洛阳仍是京西、陕西、河东向汴京运送物资的枢纽。作为"丝绸之路"的起点之一，中原的贸易和经济辐射力西达中亚乃至欧洲地区。

除了值得骄傲的辉煌，中原也曾经历过不堪回首的衰落。北宋之前，中原的衰落是与战争联系在一起的。起自东汉桓灵之世的汉末大乱，对中原是一场浩劫，董卓焚烧洛阳宫，许多珍贵文献付之一炬。曹操诗歌"白骨露于野，千里无鸡鸣。生民百遗一，念之断人肠"（《蒿里行》），描写的就是经历了汉末大乱之后的中原景象。西晋末年的"永嘉之乱"，使中原再遭劫难，士族南渡，十室九空，衰败之相惨不忍睹。晚唐五代和北宋末年的战乱，把中原经历唐宋两代呈现出来的辉煌损毁殆尽。"河南，古所称四战之地也。当取天下之日，河南在所必争；及天下既定，而守在河南，则岌岌焉有必亡之势矣。"（顾祖禹《读史方舆纪要·河南方舆纪要序》）中原长期是全国政治、经济中心，也是历代兵家必争之地，自古以来便兵连祸结，战乱不断，加之黄河水患不断，兴衰沉浮，令人感叹。北宋以后，随着全国政治、经济、文化中心的南下和北上，中原逐步走上衰落之路。南宋以后，历经元、明、清三代，中原衰落，一蹶不振。特别是在元朝，统治者极端的民族歧视政策，使曾经的政治中心——中原处于被边缘化的状态，而元末明初的长期战乱，致使人民流离失所，沃土成为荒原，中原破败不堪。再加上黄河泛滥频繁，灾害连绵不绝，自然环境日渐恶化，运河改道他行，迫使中原士民不断外迁，中原日渐凋敝。再现辉煌，已经成为一代又一代中原人的梦想。

二、中原崛起的背景

改革开放之初，中央政府实施的是以东部沿海地区为重点的非均衡区域经济发展战略，希望通过率先发展具有绝对优势或具有相对优势，且具有较强带动作用的重点地区和重点部门，取得较高的投资效率和较快的增长速度，以促进国内经济的快速增长。这一时期，我国经济社会发展中的主要任务是尽快提高自身的经济实力，因此区域发展战略是以经济效率为重心。东部沿海地区在国家区域政策的支持下，凭借自然区位优势和经济社会基础，吸引了大量生产要素流入，促进了当地经济的发展和产业升级，经济增长率持续保持在全国的领先水平，也使国民经济整体水平有了较大的提高。但由于这一时期国家对中西部的援助相对减弱，使中西部经济发展受到严重影响，而各种政策上又向东部地区倾斜，东部取得了先发优势，与中西部的经济发展差距不断拉大。

面对这一现状，中央政府在注重经济效率的同时开始兼顾公平，首次提出了要促进区域经济的协调发展，在继续发挥东部地区增长优势的同时，逐步促进中西部地区的发展。并在"八五"（1991~1995 年）计划中明确指出：正确处理发挥地区优势和全国统筹规划、沿海与内地、经济发达地区与较不发达地区之间的关系，促使地区经济朝着合理分工、各展其长、优势互补、协调发展的方向前进。为此，在继续考虑沿海发展需要的同时，把较多的项目和国家预算投资安排在中西部，并加快了对中西部的开发开放。但此时在市场经济条件下，市场机制开始发挥作用，更多的生产要素仍然流向了投资回报率较高的东部地区，到"八五"中后期，中西部与东部沿海地区之间的经济差距进一步扩大。[①]

此后的"九五"（1996~2000 年）计划延续了这一战略思想，确定"坚持区域经济协调发展，逐步缩小地区发展差距"为指导方针，提出从"九五"时期开始，"要更加重视支持内地的发展，实施有利于缓解差距扩大趋势的政策，并逐步加大工作力度，积极朝着缩小差距的方向努力"。这一时期国家对中西部地区的援助力度明显加大，对地区差距问题也越来越重视，并于 1999 年底正式提出了西部大开发战略，从此区域协调发展战略的目标更为明确。[②]

进入"十五"（2001~2005 年）时期以后，国家在继续实施西部大开发战略的同时又于 2002 年 11 月召开的"十六大"正式提出了"支持东北等老工业基地加快调整和改造"的战略；2003 年 10 月，十六届三中全会通过了《中共中央关于完善社会主义市场经济体制若干问题的决定》。《决定》提出了统筹区域协调发展这一科学发展观的指导思想，还要求"加强对区域发展的协调和指导，积极推进西部大开发，有效发挥中部地区综合优势，支持中西部地区加快改革发展，振

---

① 刘乃全，贾彦利. 中国区域政策的重心演变及整体效应研究 [J]. 经济体制改革，2005（1）.
② 张可云主编. 区域经济政策 [M]. 北京：商务印书馆，2005：443–445.

兴东北地区等老工业基地，鼓励东部有条件地区率先基本实现现代化"。

自从西部大开发与东北振兴战略提出之后，素有能源原材料和农产品基地之称的中部地区"不东不西"、"东西夹击"的失落感弥漫，讨论声骤起，在安徽合肥、湖北武汉等地召开的有关中部地区发展战略研讨会上不少与会代表都发出了"谨防中部塌陷"的呼吁。2003年3月19日，《经济日报》的"从增长比较看区域经济走势"一文，第一个标题就是"东、西部地区经济增长快于中部地区"。该文指出"全国已统计的30个省、区、市国内生产总值最新数据表明，我国以往东快西慢的经济增长的基本格局已被打破。目前，经济发展呈现出东部最快、西部居中、中部较慢的增长态势……"这种权威媒体的声音，使人感到"中部塌陷"之危确实令人担忧。

2004年3月，时任国务院总理的温家宝同志在全国人民代表大会上的《政府工作报告》中指出："促进区域协调发展，是我国现代化建设中的一个重大战略问题。要坚持推进西部大开发，振兴东北地区等老工业基地，促进中部地区崛起，鼓励东部地区加快发展，形成东中西互动、优势互补、相互促进、共同发展的新格局。"报告还提出："加快中部地区发展是区域协调发展的重要方面。国家支持中部地区发挥区位优势和经济优势，加快改革开放和发展步伐，加快现代农业和重要商品粮基地建设，加强基础设施建设，发展有竞争力的制造业和高新技术产业，提高工业化和城镇化水平"。至此，中部人民孜孜以求的中部崛起的期望进入中央决策，中国区域发展政策进入第四次调整阶段，中部崛起迎来了曙光，而中原人民关注"中原崛起"的梦想也历史性地迎来奋力实现的希望。

近几年，中部各省都在结合自身实际，谋划发展，江西提出在中部崛起中崛起，湖北提出要构筑中部崛起的增长极。河南作为中部最具代表性的省份，更是超前谋划部署，2003年中共河南省委发出了全面建设小康社会、奋力实现中原崛起的号召。中部崛起是针对中部地区发展相对落后而提出来的，其目的是要实现中部地区的快速发展。在中国经济东中西的区域发展格局中，中部崛起并不是要超过东部，成为中国经济增长和发展的高峰，而是要逐步填平"中部塌陷"以促进中国区域经济更加全面协调地向前发展。中部地区在发展中虽然与东部地区存在很大差距，但中部地区也拥有许多优势和发展的巨大潜力，特别是中央已经明确提出要"促进中部地区崛起"，全国都在关注着"中部崛起"，这对中部地区的广大干部群众是有力的鞭策和鼓舞，中部地区发展面临着新的机遇。近些年的实践表明，中部崛起是完全有可能的。以河南为例，近年来河南已连续多年实现经济发展速度高于全国平均水平和人口增长率低于全国平均水平，经济总量在全国排序中已上升到第5位。如果中央能加大支持中部发展的力度，东部地区能加大与中部合作的力度，中部地区自强不息加大奋起的力度，中部地区就一定能够逐步缩小与东部的差距，早日实现中部崛起的目标。

随着中部崛起战略的逐步实施，必将给中原崛起带来更多的发展机遇，河南要以此为契机，抓住机遇，以科学发展观为指导，树立和落实科学的发展观，注重政府科学引导，强化市场机制驱动，以加快转变经济发展方式为主线，以富民强省为中心任务，以科技创新与改革开放为抓手，以发挥人力资源优势为支撑，以推进工业化、城镇化和农业现代化协调发展为基本途径，求真务实，转变作风，奋力实现中原崛起。

三、中原崛起的发展历程

振兴河南、实现中原崛起是党中央、国务院对河南的殷切期望，是亿万河南人民的美好期待和福祉所在，也是历届省委、省政府砥砺奋斗的宏伟目标。河南省委、省政府探索推动中原崛起，最早可追溯到1990年。这一历程大致可分为探索起步、破题启动、大力推进、全面提升四个阶段。

（一）探索起步阶段

从1990年到2002年，河南省委、省政府针对河南人口多、经济发展水平低的基本省情，确立了"团结奋进、振兴河南"的指导思想，制定了"一高一低"的战略发展目标，提出了开放带动、科教兴豫、可持续发展和城市化四大战略。

第一，1990年3月~1992年12月，河南省委、省政府确定了"团结奋进、振兴河南"的指导思想和"一高一低"的战略发展目标，首次提出要实现"中原崛起"。

一是提出了"团结奋进、振兴河南"指导思想。时任省委书记侯宗宾在1990年11月召开的省五次党代会上，提出了"团结奋进、振兴河南"的指导思想。会议提出，在经济工作上，必须坚持"科教兴豫、教育为本"的战略方针；必须坚持以农业为基础、工业为主导；必须坚持深化改革，扩大开放，努力探索计划经济与市场调节相结合的路子。在战略布局上，要以黄河经济带为龙头，重点发展中州平原，积极开发丘陵山区。

二是确定了"一高一低"的战略发展目标。1991 年 1 月，省委五届二次全会确定了"一高一低"的战略发展目标，即经济发展速度和效益要略高于全国平均水平，人口增长速度要低于全国平均水平。

三是首次提出要实现"中原崛起"。时任省长李长春 1992 年 1 月以《加快改革开放，实现中原崛起》（刊于 1997 年中共中央党校出版社出版的《团结奋进、振兴河南》，第 386 页）为题撰文，提出："中西部地区是我国能源、原材料工业生产基地，又是广大的工业消费品市场，这都是促进沿海工业发展不可缺少的因素。实际上，沿海与内地在经济上是一种相互依存、互惠互利、共存互荣的关系。因此，从全国一盘棋的战略出发，为促进东、中、西部经济的协调发展，必须加快中原的振兴和崛起"，并指出，"在党的十四大精神指引下，中原一定能够再度崛起"。这是目前可以查到的最早提出"中原崛起"概念的文献。

第二，1992 年 12 月~1998 年 2 月，河南省委、省政府围绕"一高一低"战略发展目标，大力发展县域经济，全面实施开放带动、科教兴豫和可持续发展三大战略，提出了加快中原城市群发展、加快全省工业化进程的思路。

一是首次提出使河南成为中西部发展较快的地区之一。在 1995 年 12 月召开的省六次党代会上，时任省委书记李长春提出，"九五"时期河南省经济社会发展的基本思路是：积极实施科教兴豫战略、开放带动战略、可持续发展战略，着力加强第一产业，强化提高第二产业，积极发展第三产业，加快基础设施建设，加速工业化、城市化进程，保持经济发展速度略高于全国平均水平、人口自然增长率略低于全国平均水平，使河南成为中西部发展较快的地区之一。其中，科教兴豫战略、可持续发展战略首次列为河南省的经济社会发展战略。

二是把发展县域经济作为加快河南发展的重要突破口。1993 年 3 月底，河南省委、省政府决定将巩义、偃师、禹州等综合实力排名前 18 位的县（市）确定为改革、开放、发展的"特别试点县（市）"，赋予其部分省级经济管理权限，实行特殊政策，让它们实现高起点、超常规、大跨度、跳跃式发展。这就是当时著名的"十八罗汉闹中原"。1993 年 5 月，李长春在《奋进》杂志上撰文指出，从河南实际情况出发，加速县域经济发展，是关系到振兴河南战略全局的大事，也是我们抓住机遇、加速发展的一个重要突破口。

三是提出要探索出一条农业省加快工业化进程的新路子。1993年1月，李长春在全省农村工作会议上强调，农业大省实现工业化，必须首先立足于丰富的农副产品所提供的工业原料，坚持强农兴工的路子，把两者统一到"围绕农字上工业"上。1995年8月，在同全省理论界部分专家座谈时，他再次指出，就河南的实际来讲，必须围绕"农"字上工业，上了工业促农业。强农兴工，协调发展，走出一条农业省加快工业化进程的新路子。这条路子，既强化了农业基础，又找到了加速工业化进程的突破口。

四是提出了加快中原城市群发展的思路。在1995年12月召开的省六次党代会上，李长春提出，必须进一步优化和拓展生产力布局：抓紧抓好郑州商贸城建设，使其逐步成为有较强吸引力、辐射力的经济中心城市，在全省发挥龙头作用；加快以郑州为中心的中原城市群的发展步伐，着力培育主导产业，逐步成为亚欧大陆桥上的一个经济密集区，在全省经济振兴中发挥辐射带动作用。

五是全面实施"开放带动战略"。1994年，省委五届九次全会首次作出了全面实施开放带动战略的重大决策，李长春提出要把对外开放提高到振兴河南的战略高度，摆到经济工作的突出位置。

第三，1998年2月~2000年10月，河南省委、省政府提出"东引西进"战略。

1999年，根据党中央、国务院提出"国家要实施西部大开发战略"要求，省委、省政府提出了"东引西进"战略。"东引"就是充分发挥河南区位、市场、劳动力资源丰富等优势，吸引东部产业、技术、资金等，推动河南省产业改组、改造和升级；"西进"就是积极参与西部大开发，加强河南省与西部省区的经济技术合作，大力开拓中西部市场，努力提高河南省农产品、工业消费品等投资类产品在西部市场的份额。

第四，2000年10月~2002年12月，河南省委、省政府制定了"两个较高"目标，提出加强粮食基地建设，推进城市化战略。

一是提出了"两个较高"目标。在2001年省人大代表会上，通过了省"十五"期间经济社会发展的总体思路，即以发展为主题，以经济结构调整为主线，以改革开放和科技进步为动力，以提高人民生活水平为根本出发点，继续坚持

"一高一低"目标，实施科教兴豫、开放带动、可持续发展战略，推动经济发展和社会全面进步。会议指出，要在保持经济快速增长的同时，把质量和效益放在突出位置，实现国民经济较高的增长速度和较高的增长质量。

二是作出了建设全国粮食基地的决定。2001年8月，省委、省政府作出"建设全国重要优质小麦生产和加工基地与建设全国重要畜产品生产和加工基地"的决定。当年，河南粮食总产首次跃居全国第一位。

三是首次提出城市化战略。2001年10月，省七次党代会指出，"十五"及今后一个时期，河南省的经济社会发展要继续坚持科教兴豫、开放带动、可持续发展战略，积极实施城市化战略，推进工业化进程，认真落实"十五"计划提出的"八项措施"。

（二）破题启动阶段

2002年12月~2004年12月，河南省委、省政府明确了中原崛起的标志，制定了总体目标，确定了"三化"基本途径，系统阐述了中原崛起的内涵。

一是正式提出中原崛起概念。2003年3月，时任河南省委书记李克强在参加全国人代会期间接受《人民日报》记者采访时提出"中原崛起"，指出："目前我国经济正由东向西梯度推进，世界性产业转移也由我国沿海向内地延伸，河南这样一个中部省份要紧紧抓住这个机遇，充分发挥区位优势和比较优势，加快工业化和城镇化，推进农业现代化，努力实现中原崛起"。

二是以省委全会和全会决议的形式，系统地提出了中原崛起的总体目标、基本途径、发展布局、战略举措。2003年7月，河南省委七届五次全会通过了《关于兴起学习贯彻"三个代表"重要思想的新高潮，全面建设小康社会的决议》和《河南省全面建设小康社会规划纲要》，第一次以省委全会的名义和全会决议的形式向全省人民发出了实现中原崛起的号召。会议确定河南省全面建设小康社会的总体目标是：在优化结构和提高效益的基础上，确保人均国内生产总值到2020年比2000年翻两番以上，达到3000美元，基本实现工业化，努力使河南的发展走在中西部地区前列，实现中原崛起。基本途径是：加快工业化进程，走新型工业化道路；加快城镇化进程，充分发挥城市的聚集辐射带动作用；用工业理念发展农业，推进农业现代化。发展布局是：实施中心城市、中心城镇带动战略，发展县域经济，在全省形成中原城市群经济隆起带和豫北、豫西、豫西南、黄淮地区各展所长、优势互补、竞相发展的格局。战略举措是：坚持扩大内需，不断深化改革；强力实施开放带动，千方百计扩大就业；坚持科教兴豫，坚持可持续发展。

三是首次明确中原崛起三个标志。2003 年 11 月 24 日，新华社《瞭望》周刊第 47 期发表了对李克强的专访。在这次专访中，李克强明确表述了中原崛起有三个标志：首先，一个重要标志就是，再经过近 20 年的努力，经济发展水平要达到全国当时的平均水平；这不仅使河南的发展水平上了一个大台阶，对国家的发展也是一个重大贡献。其次，就是要在全省基本实现工业化；到 2020 年，非农业劳动力要占到 60% 以上，城市人口占 50% 以上，使河南真正由农业社会进入工业社会。最后，河南的发展要走在中西部地区前列；使主要经济指标，特别是质量和效益指标经过努力走在前列。一个月后，省委召开七届六次全会，通过了《关于深入学习贯彻党的十六届三中全会精神，进一步动员全省人民奋力实现中原崛起的决议》，又一次阐述中原崛起的内涵问题，指出："中原崛起的目标，核心是经济内容，也包括了人文指标和社会稳定的内容。实现中原崛起，加快经济发展是第一要务，同时，必须推进经济政治文化协调发展，必须改革发展稳定全面推进。"①

四是围绕中原崛起的宏伟目标，确定把开放带动作为加快河南经济发展的主战略。2003 年 8 月，省委、省政府召开了全省第四次对外开放工作会议，首次明确提出把开放带动作为加快河南经济社会发展的主战略，并出台了《关于加快发展开放型经济的若干意见》。

（三）大力推进阶段

2004 年 12 月~2009 年 11 月，河南省委、省政府进一步拓展丰富了中原崛起的任务和目标，全面推进中原城市群发展，提出了加快"两大跨越"、推进"两大建设"的发展思路。

一是提出了"中原崛起总目标"。2005 年 4 月，时任省委书记徐光春在鹤壁、安阳调研时提出了"中原崛起总目标"，包括"农业先进、工商发达、文化繁荣、环境优美、社会和谐、人民富裕"六个方面的内容。这六个方面既相对独

① 喻新安.建设大郑州：实现中原崛起的强力引擎 [J].河南社会科学，2005（6）.

立，又紧密联系、相互影响，共同构成中原崛起的总目标。

二是制定了中原崛起的阶段性目标和"两大跨越、两大建设"的发展思路。2006 年 10 月召开的省八次党代会明确了中原崛起的历史任务、今后 5 年的奋斗目标和加快"两大跨越"（经济大省向经济强省跨越，文化资源大省向文化强省跨越）、推进"两大建设"（和谐社会建设和党的建设）的发展思路。会议提出，中原崛起与中央促进中部崛起战略部署相统一，与全面建设小康社会相一致，是包括经济、政治、文化和社会建设在内全面发展的综合目标。实现中原崛起，就是要按照科学发展观的要求，经过坚持不懈的努力，基本实现工业化，人均生产总值等主要发展指标赶上或超过全国平均水平，建成惠及全省人民更高水平的小康社会，建成农业先进、工业发达、文化繁荣、环境优美、社会和谐、人民富裕的新河南。实现这一目标，需要分两步走：经过 5 年努力，经济强省、文化强省、和谐中原建设取得重大进展；再经过近 10 年努力，实现全面建设小康社会的目标，建成经济强省、文化强省，保持社会和谐，实现中原崛起。

2007 年 10 月，省委八届四次会议通过了《关于认真学习宣传贯彻落实党的十七大精神，奋力开创中原崛起新局面的决定》，提出建成"农业先进、工业发达、政治民主、文化繁荣、社会和谐、环境优美、人民富裕"的新河南。与省八次党代会提出的目标相比，增加了政治民主内容，由六个方面变成了七个方面。

在 2008 年 1 月召开的省第十一届人代会第一次会议上，时任省长李成玉指出，今后 5 年，政府工作的总体要求是，以科学发展观统领经济社会发展全局，坚持实施科教兴豫、开放带动、可持续发展和人才强省战略，进一步加快工业化、城镇化，推进农业现代化，加快"两大跨越"；再经过 5 年，力争实现人均生产总值在 2000 年的基础上翻两番，为确保到 2020 年与全国同步实现全面建成小康社会目标夯实基础。

三是全面推进中原城市群建设。为全面实施中原城市群发展战略，2006 年 3 月，河南省出台了《中原城市群总体发展规划纲要》，明确了中原城市群发展的总体思路、主要目标、空间布局和主要任务，提出要构建以郑州为中心、洛阳为副中心，其他省辖市为支撑，大中小城市相协调，功能明晰、组合有序的城市体系，加快培育郑汴洛、新郑漯（京广）、新焦济（南太行）、洛平漯四大产业带。在中原城市群核心区建设上，首次提出优先推动郑汴一体化发展的思路，重点推进功能、城区、空间、产业、服务、生态"六个对接"，加速郑汴一体化进程。

四是提出了加快黄淮四市发展的区域经济发展思路。2007年2月，省政府召开会议，专题研究区域经济协调发展问题。5月，省委、省政府召开加快黄淮四市发展工作会议，印发了《关于加快黄淮四市发展若干政策的意见》，提出了加快黄淮四市发展的总体要求和目标。加快黄淮四市发展，是省委、省政府在新时期促进全省区域经济协调发展、推进经济强省建设、加快实现中原崛起的重大战略举措。

五是提出建立文化改革发展试验区。2008年12月，在全国率先建立"文化改革发展试验区"，力争在文化改革发展上闯出一条新路，推进文化强省建设。

六是确立了旅游立省战略。2009年5月出台了《关于实施旅游立省战略加快旅游产业发展的意见》，确立了旅游立省战略，指出旅游业要为实现中原崛起提供有力支撑。

（四）全面提升阶段

2009年11月以来，围绕河南区域战略上升至国家层面，河南省委、省政府在系统梳理历届领导班子关于加快河南发展战略思路的基础上，充分认识新的历史条件下河南在全国的比较优势和战略地位，广开言路，集思广益，高瞻远瞩，提出了建设中原经济区的战略构想，并正式上升为国家战略。这一阶段又可大致分为四个阶段：[①]

第一，思想发动（2009年12月~2010年3月）。在这一阶段，时任河南省委书记卢展工进行了大量调研，他敏锐地洞察并及时纠正了一些干部认识、看待问题的局限性，如有的干部不能全面准确地理解行政区和经济区的概念，导致行政区划意识浓厚而区域经济意识淡薄。他在与干部交换意见时提出：要突破行政思维的束缚，用区域经济的发展理念，站在全局和战略的高度审视自己。他认为，对离省会比较远的市县来说，从行政区的角度来看可能比较偏远，但从经济区的角度来看，就成了区域经济开放和发展的前锋、前沿，是全省与沿海地带衔接、对中西部辐射引领的重要地区。2009年12月24~25日，河南省委召开经济工作会议，卢展工在会议上提出：要坚持"重在持续、重在提升、重在统筹、重在为民"的实践要领，强调"要在中原崛起总体战略的基础上，研究形成一个比较完

---

① 喻新安. 中原经济区研究 ［M］. 河南人民出版社，2010.

整、比较系统的和中央促进中部地区崛起规划相呼应、相衔接的总体纲要、总体规划，把这些年河南省在发展中形成的、经过实践证明是正确的发展思路整合起来，持续地做下去。"2010年2月21日，卢展工到河南省社会科学院调研座谈，在听取了部分专家学者的发言后，卢展工发表重要讲话，提出要重点研究一些问题，包括中原崛起总体思路的系统化问题、区域经济发展新格局下的河南定位问题、河南的比较优势研究、中原崛起战略布局问题、河南转变经济发展方式问题、中原文化对河南经济社会发展的影响力、带动力、支撑力问题、将河南的一些弱势转化为优势问题等。在3月初的一次省委常委会上，卢展工提出要深入思考和研究"什么是中原"、"什么是中原崛起"、"为什么要中原崛起"、"怎样实现中原崛起"、"河南能否走在中部崛起前列"等基本问题。这一阶段有一条清晰的线条，就是河南省委主要领导用全局的眼光、系统的思维和区域经济的理念，提出问题，开启思路，引导、启发各级干部审视自我，谋划未来。

第二，系统研究（2010年3~6月）。主要是依靠智囊机构、职能部门、专家学者深入研究，拿出可供选择的方案。根据省委要求，从3月下旬开始，省政府组织了由河南省社会科学院、河南大学、河南省科学院、河南省委研究室、河南财经学院、河南日报报业集团、郑州大学、河南省政府发展研究中心以及省发改委、省统计局、省财政厅、省农办、省金融办、省农业厅、省工信厅、省住建厅、省商务厅、省人保厅、省能源局等职能部门的研究人员共50余人组成的课题组，开始了为期3个多月的集中研究。在此期间，省领导与课题组专家多次直接交换意见，进行指导。2010年4月7日，卢展工在全省主要领导干部"深入贯彻落实科学发展观：加快经济发展方式转变"专题研讨班的讲话中指出：当前，要结合"十二五"规划的编制，认真总结梳理河南省这些年来的发展思路，形成与国务院促进中部地区崛起规划相衔接的比较系统的中原崛起实施纲要。在研究制定实施纲要时要注意几个问题：一要把握优势，认真研究、充分发挥河南在区位、文化、人口、粮食等方面的优势；二要准确定位，明确河南在全国发展大局中特别是在中部地区崛起中的影响、带动和示范作用；三要弄清概念，科学界定中原、中原崛起、中原城市群的内涵，引导各级各地在中原崛起中找准位置、作出贡献；四要持续思路，坚持重基础、重集思广益、重科学决策，始终围绕中原崛起、河南振兴、"三化"协调发展、推进"两大跨越"等重大战略方针来研究，以思路的持续确保加快经济发展方式转变的持续。按照省委的要求，课题组进行了艰苦的研究工作，形成了中原经济区研究、中原新型城镇化研究等资料翔实、有理有据的研究报告，为中原崛起战略思路的选择奠定了坚实基础。

第三，形成共识（2010年7月~11月中旬）。7月2日，省委召开专题研究河南发展战略思路问题的常委扩大会议，省委常委、副省长、省直有关厅局负责人、有关专家学者参加会议。省发改委代表课题组做了专题汇报，提交三份汇报材料：《关于建立河南"三化"协调示范区初步设想的汇报》、《关于河南省建设中原经济区初步设想的汇报》、《关于中原新型城镇化示范区初步设想的汇报》。专家学者、有关领导先后发言，多数同志赞成将建设中原经济区作为河南的战略选择。在听取大家发言的基础上，卢展工发表了重要讲话，他在比较了可供选择的几种方案后，深刻阐述了构建中原经济区的初步考虑、基本目的和重要意义。"7·2"会议事实上为河南战略思路的选择确定了基调，会议明确要求进一步深化研究，适时启动《中原经济区建设纲要》的编制工作。7月16日，河南省委召开经济形势分析会，卢展工进一步强调：牢牢把握国家加大促进中部地区崛起力度这一宝贵机遇，坚持把完成"十一五"规划与制定"十二五"规划结合起来，从全国发展大局出发，找准河南的定位，发挥河南的优势，做出河南的贡献。从7月上中旬开始，各类谈论中原经济区建设的活动频繁举办。省委宣传部、统战部、政研室分别召开了多次座谈会、研讨会、论坛。省政协把为建设中原经济区建言献策列为常委会议题。建设中原经济区的战略构想得到了经济学界、各民主党派和全省上下的广泛赞同，成为几个月里河南各地街谈巷议的话题和亿万人民的基本共识。建设中原经济区的构想，也得到了中央领导的高度关注，引起了海内外的强烈反响。从8~10月，河南省及国家有关学术机构在北京举办了五次学术研讨会和汇报座谈会。全国人大、全国政协领导人韩启德、陈昌智、罗富和、厉无畏、蒋正华，著名经济学家刘国光、吴敬琏、厉以宁、王梦奎、李京文、郑新立、张卓元、韩康、卢中原等参加了上述活动。参加会议的领导和经济学家不约而同力挺中原经济区，异口同声呼吁把中原经济区上升为国家战略。经过几个月的努力，课题组完成了《中原经济区建设纲要（草稿）》，10月30日、11月12日，河南省委先后两次召开常委（扩大）会议，对《纲要草稿》进行讨论研究，又广泛征求了各省辖市党委、省委各部委、省直机关各单位党组（党委）、各人民团体党组的意见。卢展工同志、时任河南省长郭庚茂同志还分别召开了民主党派、无党派人士、工商联负责同志座谈会和省级老干部座谈会、专家学者、基层干部群众座谈会，充分听取了对《纲要草稿》的意见和建议。显然，这一阶段，是发扬民主、凝聚共识、深化认识的阶段。

第四，决策实施（2010 年 11 月中旬以来）。2010 年 11 月 15~17 日，河南省八届十一次全会审议并原则同意《中原经济区建设纲要（试行）》。至此，建设中原经济区进入具体实施阶段。全会提出，中原经济区是中原崛起、河南振兴的载体和平台，是探索一条不以牺牲农业和粮食、生态和环境为代价的"三化"协调科学发展路子的载体和平台，是明晰定位、整合优势、凝聚合力的载体和平台，是河南扩大对外开放、加强交流合作、实现互利共赢的载体和平台。2011 年初，中原经济区被正式纳入《全国主体功能区规划》和国家"十二五"规划，2011 年9 月，国务院发布《国务院关于支持河南省加快建设中原经济区的指导意见》，标志着中原经济区建设正式纳入国家战略层面。2011 年 10 月，省九次党代会将贯彻落实国务院《指导意见》与河南实际相结合，在对全省过去多年实践积累宝贵经验的深刻总结和升华的基础上，准确把握全省进入发展新阶段面临新形势新任务，自觉遵循发展规律，积极顺应国际国内发展大势，创造性地指出：走好"三化"协调发展的路子，必须充分发挥新型城镇化的引领作用、新型工业化的主导作用、新型农业现代化的基础作用，必须增强新型农村社区战略基点作用，将新型农村社区建设作为统筹城乡发展的结合点、推进城乡一体化的切入点、促进农村发展的增长点。2012 年 1 月，《中原经济区建设纲要》经省十一届人大五次会议审议并通过，从而成为全省人民加快中原崛起河南振兴的共同的行动纲领。

四、中原崛起的坚实基础

新中国成立以来，河南人民在全面振兴河南，加快中原崛起的征程上，经过艰苦奋斗和探索追求，经济社会发展取得了巨大成就，综合实力显著增强。目前，河南已成为全国重要的经济大省、新兴工业大省、第一粮食生产大省和全国有影响的文化大省，为实现中原崛起、全面建设小康社会奠定了坚实基础。

（一）综合实力不断增强

统计数据表明，20 世纪 90 年代以来，河南凭借其良好的区位优势、丰富的自然资源、较好的经济基础等有利条件，经济总量已跨入全国经济大省的行列，成为我国中西部经济发展的"领头羊"。

2010 年，河南全省地区生产总值 23092 亿元，居中部第一位，遥遥领先于中部其他五省。三次产业增加值也位居中部首位，尤其是第二产业增加值突出，2010 年达到 13226 亿元，是排名第二位湖北省（7767 亿元）的近 2 倍。固定资产投资持续增加，连续 6 年保持中部首位，2010 年全省固定资产投资达 16943 亿元。社会消费品零售总额连续 6 年居中部第一，突破 8000 亿元，比山西和江西两省的总和还多 1730 亿元。与 GDP 增长相对应，河南省财政收入也保持较快增长，始终排在中部第一的位置，2008 年突破 1000 亿元，2010 年达到 1381 亿元（见表 1.1）。

表 1.1　2010 年中部六省主要总量指标

单位：亿元

地区	GDP		第二产业		全社会固定资产投资		社会消费品零售总额		地方财政一般预算收入	
	增加值	位次	增加值	位次	总量	位次	总量	位次	总量	位次
河南	23092	1	13226	1	16943	1	8004	1	1381	1
湖北	15968	3	7767	2	11275	3	7014	2	1011	4
湖南	16038	2	7343	3	10290	4	5840	3	1081	3
安徽	12359	4	6437	4	12267	2	4198	4	1149	2
山西	9201	6	5234	5	6148	6	3318	5	970	5
江西	9451	5	5123	6	9933	5	2956	6	778	6

同时，产业结构也在持续优化，2011 年三次产业结构为 12.9∶58.3∶28.8（见表 1.2），第一产业比重已经下降到 20% 以下，第二产业比重高于第三产业而在 GDP 中占最大比重，进入工业化中期阶段。总体上来看，河南省经济社会发展成绩突出、综合实力较强，在中部占有举足轻重的地位，河南省经济社会发展已走出了缓慢发展期，经济增长已不再是量的点滴积累，发展的边际效用大大提高，进入了一个快速赶超期。中原城市群的发展也促使河南省城镇化率在不断增长，自 2007 年始年均增长约为 1.5 个百分点，2011 年，全省城镇化率达到 40.6%。

表 1.2　河南省三次产业的结构状况（1980~2011 年）

单位：%

年份	第一产业	第二产业	第三产业
1980	40.7	41.2	18.1
1990	34.9	35.5	29.6
2000	23.0	45.4	31.6
2011	12.9	58.3	28.8

（二）农业基础稳固

一直以来河南的农业基础都比较稳固，全省粮食总产占全国粮食总产量的 1/10，连续 4 年超 1000 亿斤、连续 6 年创新高、连续 10 年位居全国首位（见表 1.3），除满足本省近 1 亿人的粮食需求外，每年还外调 300 亿斤原粮及其加工制成品，是全国重要的粮食生产与加工基地。尤其是目前，河南省已被批准为国家粮食生产核心区，粮食生产已被纳入国家粮食战略工程，未来河南省粮食生产方面将会获得国家更多的政策支持，粮食增产潜力将得到充分发挥，预计到 2020 年，河南粮食生产能力将达到 1300 亿斤。而在政策扶持等因素带动下，河南的畜牧业生产亦稳定增长。同时，河南稳定的粮食生产能力有力地支持了食品工业的发展，围绕农业上工业，食品工业已成为全省六大支柱产业之一，走出一条适宜农区发展的工业化道路。农业生产特别是粮食生产的稳定增长不仅为河南工业化、城镇化提供了基础支撑，奠定了河南总体经济进一步提速的基础，扩展了宏观调控的运作空间，而且对保障全国粮食安全作出重要贡献，是促进中原崛起的又一重要支撑。

表 1.3　全国 13 个粮食主产区粮食生产地位的变化情况

单位：万吨

省份	粮食生产总产量					
	1978 年			2010 年		
	总产量	全国位次	占全国比重（%）	总产量	全国位次	占全国比重（%）
四川	3000.0	1	9.84	3222.9	5	5.90
江苏	2290.0	2	7.51	3235.1	4	5.92
山东	2250.0	3	7.38	4335.7	3	7.93
河南	1900.0	4	6.23	5437.1	1	9.95
湖南	1900.0	5	6.23	2847.5	7	5.21
湖北	1725.5	6	5.66	2315.8	10	4.24

省份	粮食生产总产量					
	1978 年			2010 年		
	总产量	全国位次	占全国比重(%)	总产量	全国位次	占全国比重(%)
河北	1615.0	7	5.30	2975.9	8	5.45
黑龙江	1500.0	8	4.92	5012.8	2	9.17
安徽	1482.0	9	4.86	3080.5	6	5.64
辽宁	1175.0	10	3.86	1765.4	13	3.23
吉林	1056.0	11	3.46	2842.5	9	5.20
江西	1050.0	12	3.45	1954.7	12	3.58
内蒙古	499.0	13	0.59	2158.2	11	3.95

(三) 制造业发展态势良好

河南省是全国矿产资源大省之一，矿产资源丰富，钼、铝、镁、天然碱等储量位居全国前 3 位，另有 27 种居前 5 位，有 47 种居前 10 位。优势矿产可归纳为煤、石油、天然气"三大能源矿产"，分别居全国第 3 位、第 10 位、第 7 位；钼、金、铝、银"四大金属矿产"；天然碱、盐、耐火黏土、蓝石棉、珍珠岩、水泥灰岩、石英砂岩等"七大非金属矿产"。依托丰富的资源，河南发展起了以轻纺、食品、冶金、建材、机械、电子、石油、化工为主体，门类齐全，具有一定规模的工业体系。2011 年全省发电量 2598.4 亿千瓦时，10 种有色金属产量 564.3 万吨，水泥产量 1.37 亿吨，均居中部第 1 位（见表 1.4）。

表 1.4　2011 年河南省主要工业产品产量

产品名称	单位	产量	比上年增长（%）
纱	万吨	464.7	17.4
布	亿米	32.4	-4.1
化学纤维	万吨	53.1	5.4
卷烟	亿支	1676.1	1.6
畜肉制品	万吨	139.3	15.0
速冻米面食品	万吨	254.0	26.7
味精	万吨	35.4	36.5
原煤	万吨	20935.1	-1.1
天然原油	万吨	485.5	-2.5
发电量	亿千瓦时	2598.4	13.8
粗钢	万吨	2370.7	1.1

产品名称	单位	产量	比上年增长（%）
钢材	万吨	3551.2	12.3
10 种有色金属	万吨	564.3	10.9
#原铝	万吨	388.4	6.3
氧化铝	万吨	1041.7	9.0
铝材	万吨	528.1	40.2
水泥	万吨	13666.0	22.3
平板玻璃	万重量箱	2153.5	-6.6
硫酸（折 100%）	万吨	329.3	34.2
碳酸钠（纯碱）	万吨	280.8	49.3
农用化肥（折含 N100%）	万吨	474.0	17.0
金属切削机床	台	8728	9.3
大型拖拉机	台	12287	66.2
中型拖拉机	台	80818	8.9
汽车	万辆	36.6	55.0
发电设备	万千瓦	92.2	17.6
家用电冰箱	万台	406.4	10.9
彩色电视机	万部	3.8	133.6

丰富的能源原材料资源和较大的产业规模为河南省进一步延伸能源原材料产业链条，发展精深加工奠定了坚实基础。同时，河南的装备制造业也已取得了长足发展。2010 年，全省规模以上装备制造业增加值达 1466.8 亿元，占全省工业增加值的 12.3%，装备制造业总量已位居全国第 7 位，中部地区首位。装备制造业中，输变电装备、农业机械、大型矿山设备、大型空分设备、轴承等领域主导产品技术水平居国内前列，已研发生产出世界上最大的自磨机和球磨机、支护高度最大的矿用液压支架、第一套特高压开关和直流输电控制保护系统等一大批重大标志性产品和技术装备，良好的装备制造业基础有利于河南省在新形势下培育出新的竞争优势。

（四）区位交通条件优越

河南省是我国承东启西、连南贯北的重要交通枢纽，拥有航空、公路、铁路、水运、管道等相结合的综合交通运输体系，全国重要的综合交通枢纽地位已基本确立。郑州机场是全国八大航空枢纽港之一，现在已拥有洛阳、南阳两个支线机场，信阳、商丘机场规划在建，全省空中交通网络正在形成。高速公路从无到有，快速发展，2011 年底通车里程已达 5196 公里，连续 5 年保持全国第一。铁路运输优势突出。河南地处全国铁路网中心，共有 9 条铁路干线和 4 条铁路支线在河南境内交会。高速铁路和城际轨道交通发展迅速。根据河南省交通发展规划，至 2020 年，全省高速公路总通车里程达 6800 公里；铁路长度 8000 公里左右，形成现代化的综合交通运输体系。

综上所述，新中国成立以来特别是改革开放以后，在党中央的正确领导下，河南省委、省政府带领全省人民开拓创新、奋勇前进，经济社会与全国一样加快发展，发生了沧桑巨变，成功实现了由经济落后省份向全国重要经济大省的转变，由温饱不足省份向全国第一粮食生产大省的转变，由传统农业大省向新兴工业大省的转变，由文化资源大省向全国有影响的文化大省的转变。实现中原崛起是中央的嘱托，是河南人民的梦想，也是河南省委、省政府根据我国全面建设小康社会要求和河南省情作出的战略部署。只要深入贯彻落实科学发展观，坚定信心，不畏艰难，开拓创新，团结奋进，就一定能早日全面建成小康社会、实现中原崛起目标，一个农业先进、工业发达、政治文明、文化繁荣、环境优美、社会和谐、人民富裕的新河南必将再次给人们以惊喜。

五、新形势下中原崛起的内涵

经过全省人民的艰苦奋斗，河南经济社会发展保持了好的态势、好的趋势和好的气势，已站在了一个新的历史起点上，中原崛起铿锵有力、令人振奋。在新的发展时期，必须在充分领会历届省委、省政府关于中原崛起的表述、采取的举措和认真总结实践经验的基础上，结合新形势，体现新要求，顺应新期待，进一步完善中原崛起的内涵，为加快中原崛起的伟大实践奠定更加坚实的思想基础。

(一) 研究新形势下中原崛起的内涵必须把握好的重要方面

(1) 中央领导对河南的指示精神是研究的指导方针。2005 年 8 月时任中共中央总书记、国家主席胡锦涛同志视察指导河南工作，明确要求河南"实现跨越式发展，在促进中部地区崛起中发挥更大作用、走在中部地区前列"。2010 年 3 月 10 日，胡锦涛同志参加十一届全国人大三次会议河南代表团审议时，对河南提出了"四个大力"、"四个新"的要求，即大力推动经济发展方式转变、大力推动农业发展方式转变、大力保障和改善民生、大力推动文化发展繁荣，希望河南在继续解放思想上迈出新步伐，在坚持改革开放上实现新突破，在推动科学发展上取得新进展，在促进社会和谐上见到新成效。

温家宝同志 2006 年 7 月视察河南时，明确要求河南要全面贯彻落实科学发展观，抓住和利用好难得机遇，认清省情，找准优势，实现更大规模、更高水平的发展，在促进中部地区崛起中发挥更大作用。

李长春同志 2010 年 3 月 2 日看望河南参加全国"两会"的代表时指出：河南是全国第一农业大省，"三农"问题在全国很有代表性，可以说全国"三农"看河南。希望河南认真搞好调查研究，探索总结出更多的经验，走一条强农兴工、第一、二、三产业协调发展、工业化城镇化加快推进的发展道路。同时，还要进一步发展壮大中原城市群，大力推动县域经济的发展。河南是中部大省，在全国经济发展中有重要作用。希望河南深入贯彻落实科学发展观，进一步解放思想、开拓进取，加强经济发展方式转变，实现由经济大省向经济强省的跨越。

李克强同志 2009 年 6 月在河南调研时指出：希望河南深入贯彻落实科学发展观，紧紧抓住国家促进中部崛起的战略机遇，加快推进工业化、城镇化和农业现代化，谱写出中原崛起的篇章。在 2010 年 3 月 2 日看望出席十一届全国人大三次会议的河南代表团时，李克强同志指出：河南是中国的缩影，是全国第一人口大省而且是农业人口比重最大的省份，河南实现工业化和城镇化，就能在中部地区探索出一条具有典型意义的路子。河南承东启西、连南贯北，区位优势十分突出，战略位置极其重要，中原城市群发展起来不仅可以辐射河南本身，而且可以连接东部地区、辐射中西部地区。

（2）国家《促进中部地区崛起规划》关于中部崛起内涵的界定是研究的重要遵循。国家《促进中部地区崛起规划》，把中部地区的发展目标分成 2015 年和 2020 年两个阶段。

2015 年的目标包括四个部分：一是经济发展水平显著提高。重点地区开发开放取得成效，"三个基地、一个枢纽"地位进一步提升，经济发展方式明显转变，经济总量占全国的比重进一步提高，人均地区生产总值力争达到全国平均水平，城镇化率提高到48%。二是经济发展活力明显增强。公有制经济不断巩固和发展，非公有制经济加速发展，承接产业转移取得积极成效，自主创新能力显著提高。三是可持续发展能力不断提升。万元地区生产总值能耗累计下降25%，万元工业增加值用水量累计减少30%，单位地区生产总值和固定资产投资新增建设用地消耗量持续下降，耕地保有量保持稳定，大江大河防洪体系基本形成，生态环境质量总体改善。四是和谐社会建设取得新进展。社会主义新农村建设取得显著成效，高中阶段教育基本普及，城乡公共卫生和公共文化服务体系基本建立，城乡就业更加充分，覆盖城乡居民的社会保障体系逐步形成，城乡居民收入年均增长率均超过9%。

2020年的目标是：中部地区现代产业体系基本建立，创新能力显著增强，体制机制更加完善，区域内部发展更加协调，与东西部合作更加紧密，人与自然和谐发展，基本公共服务趋于均等化，城乡一体化发展格局基本形成，整体经济实力大幅提升，对全国经济发展的支撑作用明显增强，全面实现建设小康社会目标。使中部地区成为彰显发展优势、充满发展活力、城乡欣欣向荣、人民安居乐业、社会和谐稳定、生态环境良好，支撑全国发展的重要产业承载地区。

（3）已经上升为国家层面的区域发展规划是研究的重要参考。2009年以来，国家不断出台"细分式"的区域经济发展规划，突出特色，向多元化发展，陆续批复了珠江三角洲地区、海峡西岸经济区、江苏沿海地区、关中—天水经济区、中部地区崛起、黄河三角洲高效生态经济区、海南国际旅游岛等十多个区域发展规划。国家发改委有关人士表示，今后将结合一些重点地区的实际情况，把一些应该在国家层面加以研究推进的重点区域纳入国家发展战略，研究制定一些区域发展规划和政策性文件。归纳来看，近年来出台的这些区域规划和政策性文件都有很强的针对性，有的放矢，这些区域规划和政策性文件主要集中在四类区域：一是有利于培育经济增长极和提高国家综合国力和国际竞争力的区域，比如长江三角洲的指导性意见，珠江三角洲的规划纲要、江苏和辽宁沿海地区的区域规划等。二是有利于推进国际区域合作和提升对外开放能力的区域，如广西北部湾经济区发展规划、图们江合作开发规划纲要等。三是有利于解决特殊困难和提升自我发展能力的地区，如广西、新疆、西藏、宁夏、青海等地区，国家先后提出了一些促进这些民族地区加快发展的政策性文件和指导性意见。四是有利于探索区域发展、区域管理先进模式的地区，比如上海浦东新区、天津滨海新区、成渝统筹城乡综合配套改革试验区、武汉城市圈和长株潭"两型社会"的试验区等。这些已上升为国家战略的区域发展规划或意见中提出的区域发展目标和战略定位，对研究新形势下中原崛起的内涵和标志具有十分重要的参考意义。

（4）省内外经济发展环境及其变动趋势是研究的重要背景。近年来，国内外政治经济环境发生了深刻变化，特别是 2008 年爆发的席卷全球的国际金融危机，对世界经济产生了广泛而深远的影响，对河南的发展也将产生深刻影响。

从国际环境来看：经济全球化的大趋势不会改变，但世界经济增长模式将进入一个艰难的调整过程，全球资源、市场争夺呈现不断加剧的态势，各国对市场的开放更趋谨慎，各种隐性的或变相的保护主义抬头。国际政治格局继续朝着多极化方向发展，但围绕气候变化等焦点问题的博弈更加激烈，对能源安全和粮食安全更加关注，改革国际货币金融体系、完善全球治理结构的斗争更加复杂，西方发达国家在对我国经济进行牵制和遏制上有可能达成默契和形成"战略同盟"。世界科技创新正孕育着新的突破，全球产业结构进入新一轮调整升级时期，既为我们在局部领域实现跨越式发展提供了难得契机，也使我们在抢占战略制高点方面面临更加严峻复杂的挑战。

从全国发展形势看：我国仍处于重要战略机遇期，科学发展观将发挥更加强大的指导和统领作用，经济社会发展将保持长期向好的基本态势，国家宏观调控在更加审慎的前提下日趋娴熟，作为发展中大国回旋余地大的优势将长期存在。但是，传统"大进大出"、粗放型增长模式越来越难以为继，经济社会进入了必须以转型促发展的新阶段，加快转变经济发展方式成为新阶段的重要历史任务；社会矛盾和社会风险可能进入高发期，和谐社会建设任务艰巨、难度明显加大；利益主体日趋多元化，在利益格局基本形成的大背景下，改革攻坚更具有复杂性和艰巨性。

从河南省自身情况看：河南省正处于工业化、城镇化加快推进的发展阶段，发展动能和发展潜力巨大，内生增长机制日益增强，真抓实干的发展氛围更加浓厚，发展理念和竞争意识提升，投资环境和产业承载能力日益改善，国家扩大内需战略和促进中部地区崛起战略深入实施，这都为加快中原崛起、顺利实现全面建设小康社会宏伟目标奠定了坚实基础。同时，河南省发展也面临着诸多挑战。一是在发展水平较低的阶段，要完成转变经济发展方式历史任务，河南省面临着传统比较优势日益缩小、新的竞争优势形成缓慢的双重挑战。二是在人口多、底子薄、人均水平低的基本省情尚未根本改变的情况下，要与全国人民一道或提前完成全面建设小康社会的宏伟目标，河南省面临弥补历史欠账、推进跨越发展的双重任务。三是在担负着保障国家粮食安全重要责任的前提下，要完成在促进中部地区崛起中走在中西部地区前列的历史使命，河南省面临着国家战略定位固化和区域经济布局边缘化的双重倾向。四是在利益主体多元化、利益格局基本形成的时期，深化体制改革、推进机制创新越来越多地涉及利益关系的深层次调整，改革攻坚需要更大的魄力、更高的智慧和更强的统筹协调能力。

（5）省委省政府关于当前及今后一个时期河南发展的思路是研究的重要依据。结合新形势、新要求，河南省委、省政府对河南经济社会发展进行了一系列战略谋划，站在全局高度，对中原崛起进行战略考量。主要包括：

首先提出了"四个重在"的要领。在 2009 年 12 月召开的省委经济工作会议上，时任河南省委书记卢展工同志对河南经济社会的发展提出了"重在持续，重在提升，重在统筹，重在为民"的要领，并提出要系统梳理中原崛起的总体思路，完善提升中原崛起的总体布局，认真总结中原崛起的总体举措。在 2010 年 1 月 14 日河南省军区党委第十一届二次全体（扩大）会议上，卢展工同志指出，要坚持"四个重在"，做到求实求效，着力民生、着力民心，不断推动河南经济社会又好又快发展。

在 2010 年 2 月 28 日全省学习实践科学发展观活动电视电话总结大会上，卢展工同志强调，坚持"四个重在"是省委、省政府对今后一个时期全省工作的总体要求，也是我们深入贯彻落实科学发展观、推动河南经济社会又好又快发展的实践要领，必须在实践工作中贯彻好落实好。第一，重在持续谋发展。在任何时候任何情况下，都必须紧紧抓住发展这个第一要务不放松。要持续推进科学发展的思路和举措。紧紧围绕实现中原崛起的战略目标，进一步丰富中原崛起的内涵，完善中原崛起的规划布局，梳理中原崛起的政策举措，使中原崛起这一总体战略更加符合科学发展观要求、更加符合河南实际情况。要持续科学发展的进程。继续坚持"一高一低"的要求，即经济发展速度高于全国平均水平、人口增长速度低于全国平均水平，努力使河南省人均水平达到全国平均水平。第二，重在提升促转变。对河南省来讲，重在提升，关键是把加快经济发展方式转变作为一项重要而紧迫的任务切实抓紧抓好。要提高认识，增强加快经济发展方式转变的信心。要突出创新，包括科技、体制、领导方式和工作方法等方面的创新。要注重运作，立足于学，学习好中央精神，学习好新经验新知识；立足于做，说到做到、说好做好；立足于实，从实际出发，实事求是；立足于效，既注重经济效益又注重社会效益、生态效益，既注重生产效率又注重工作效率。第三，重在统筹增合力。要统筹推进经济发展，统筹工业和农业发展，统筹推进"三化"进程，统筹中心城市和县域经济协调发展，统筹各项事业发展。要统筹各方面力量，把全社会的力量统筹起来，齐心协力地推动发展的强大合力。第四，重在为民讲实效。把科学发展观落到实处、取得实效，最根本的就是要坚持保障和改善民生这个发展的最终目的，时刻牢记全心全意为人民服务的宗旨，坚持以人为本、以民为重，做到立党为公、执政为民。

2010年3月19日，卢展工同志主持召开省委常委会，学习贯彻胡锦涛同志在十一届全国人大三次会议期间参加河南代表团审议时的重要讲话精神。要求深刻领会胡锦涛同志提出的"四个大力"的深刻内涵，指出这是实现中原崛起、河南振兴的重要途径，深刻领会胡锦涛提出的"四个新"的殷切期望，这是对河南工作提出的更新更高的目标要求。他要求在河南省的发展实践中，一定要把"四个大力"和"四个新"的重要要求贯彻好落实好。坚持以胡锦涛同志重要讲话精神统领河南经济社会发展和各方面工作。在谋划未来发展上，把重要讲话精神充分体现在"十二五"规划研究制定和实施的全过程中，体现在研究制定中原崛起建设纲要中，体现在突出发挥河南人口、区位、农业、文化优势中，使我们的决策部署更加符合中央精神、更加符合科学发展观的要求、更加符合河南实际。

其次，提出了四个需要重点思考和破解的难题。2010年4月7日，卢展工同志在全省主要领导干部深入贯彻落实科学发展观加快经济发展方式转变专题研讨班上指出：破解经济社会发展中的矛盾和问题，根本途径在于转变经济发展方式。改革开放以来，河南省已经有了翻天覆地的变化，取得了显著成就，但人口多、底子薄、基础弱、发展不平衡的基本省情并没有从根本上改变，"钱从哪里来，人往哪里去，民生怎么办，粮食怎么保"仍将是我们今后相当长一个时期需要重点思考和破解的难题。

再次，提出了构建"一个载体、三个体系"的发展思路。2008年12月，郭庚茂同志在省委召开的八届九次全体（扩大）会议上提出，要把扩需求、保增长与调结构、促转型有机结合起来，集中要素资源配置，加快构建现代产业体系，推动工业主导产业升级，加快发展高新技术产业，大力发展服务业；加快构建现代城镇体系，大力实施中心城市带动战略，扎实推进城乡区域一体化发展；加快构建自主创新体系；大力发展产业集聚区，为加快中原崛起构筑发展基础。在2009年政府工作报告中指出，实现中原崛起既是党中央、国务院对河南的殷切期望，也是亿万河南人民的美好期待和福祉所在。越是在困难形势下，越要坚定信心和决心，努力加快中原崛起步伐。他提出，要着力推进"一个载体、三个体系"建设，即以产业集聚区为载体，加快构建现代产业体系、培育壮大战略支撑产业；构建现代城镇体系、形成新型城乡关系；构建自主创新体系、增强核心竞争力。

最后，提出构建"一极两圈三层"发展格局。在2009年政府工作报告中指出，完善中原城市群规划，以"郑汴新区"为核心增长极；以郑州综合交通枢纽为中心，打造"半小时交通圈"和"一小时交通圈"；以郑汴一体化区域为核心层、"半小时交通圈"区域为紧密层、"一小时交通圈"内城市为辐射层，积极构建合理分工、功能互补、向心发展、协调推进、共同繁荣的"一极两圈三层"发展格局。

总的来看，新形势对中原崛起的内涵提出了以下几个方面的新要求：第一，必须以科学发展观统览中原崛起全局。党中央提出了科学发展观、构建和谐社会等一系列重大战略思想，更加强调全面协调可持续发展，更加强调转变经济发展方式。在研究制定中原崛起建设纲要过程中，有必要对中原崛起的内涵和目标加以丰富与拓展，使之更好地体现鲜明的时代特征。中原崛起第一要务是经济崛起，构建和谐社会、提前步入全面小康是中原崛起的落脚点，促进城乡、区域、经济社会、人与自然全面协调可持续发展是实现中原崛起的基本要求，推动经济结构转型升级和发展方式转变是实现中原崛起的重要途径。第二，必须围绕支撑中部地区崛起战略实施来推动中原崛起。国家启动实施促进中部地区崛起战略和规划，进一步明确了中部地区在全国区域协调发展格局中的战略定位。中部各省都根据形势变化，对自身发展目标进行调整，新形势要求根据区域竞争格局的变化，对中原崛起的内涵主动进行调整。中原崛起要围绕"三个基地、一个枢纽"和构建"两横两纵"经济带，进一步提升中原城市群和沿陇海兰新经济带实力，增强发展活力、动力与竞争力，巩固在中部地区发展格局中的战略地位，形成支撑中部地区崛起的重要板块。第三，必须服务于完善提升全国区域经济布局来谋划中原崛起。随着国家西部大开发、振兴东北老工业基地、促进中部地区崛起、支持东部地区率先发展等战略的实施，海峡西岸经济区、皖江城市带、关中—天水经济区等十多个区域发展战略先后上升为国家战略。全国区域经济布局正在发生新的变化，客观上东部地区从南到北逐渐已形成泛珠三角经济区、海西经济区、泛长三角经济区、环渤海经济区。在这几大经济区环绕下，就是河南所在的中原地区，这一区域需要构建中原经济区，实现中原崛起，从而打造连接东部地区和西部地区的经济通道，强化对国家扩大内需战略的支撑，加快承接国内外产业转移步伐，形成东中西互动、优势互补、相互促进、共同发展的区域发展新格局。第四，必须立足于国际国内环境和中原地区经济社会发展现状来加快中原崛起。以前我们对于中原崛起内涵和目标的认识，是基于当时国际国内环境和全省经济社会发展基础作出的，也是符合当时河南实际的。但随着近年来的发展，国际国内环境和河南经济社会发展已发生了一些新的变化，有必要在此基础上，对未来的经济社会发展的奋斗目标加以提升。要充分结合基本省情，拓展区域范围，兼顾承担国家粮食安全的重任，支持国家扩大内需战略，探索不以牺牲农业和粮食为代价，加快新型城镇化进程、推进"三化"协调、"四化"同步发展的路子，振兴弘扬中原文化，构建和谐社会，促进中华文明和中华民族的伟大复兴。

（二）界定新形势下中原崛起内涵的基本原则

（1）要体现"四个重在"。紧紧围绕实现中原崛起的战略目标，把改革开放以来河南省在发展实践中形成的好思路、好举措坚持下来、持续下去，并进一步丰富中原崛起的内涵，完善中原崛起的规划布局，使中原崛起这一总体战略更加符合科学发展观要求，更加符合河南实际，更能体现重在持续谋发展、重在提升促转变、重在统筹增合力、重在为民讲实效。

（2）要与小康规划对接。始终把实现中原崛起与全面建设小康社会目标紧密联系在一起，这不仅在于初始的关于河南实现中原崛起的基本途径、战略布局、重要举措等就是首先通过《河南省全面建设小康社会规划纲要》表述传递的，而且中原崛起与全面建设小康社会本身就是互动的、一体的、密不可分的。

（3）要着眼全国大局。界定中原崛起的内涵，应充分考虑并自觉融入到国家经济战略、中部崛起规划中去，应科学分析周边相邻地区的发展基础和发展趋势，能够与周边相邻区域形成经济互动，站在与"长三角"、"珠三角"、"环渤海"、"新成渝"等大经济区共同支撑全国经济发展的角度去认识。

（4）要突出经济崛起。崛起不同于生存，也不同于正常状态下的发展。中原崛起的目标，核心是经济内容。因此，中原崛起的首要内涵或第一要务是中原经济的崛起，是在经济发展方式转变基础上人均水平的赶超，是中原社会生产力在新形势、新阶段、新起点上的新解放、新创新、新跨越。

（5）要注重全面协调发展。中原崛起是包括经济、政治、文化和社会建设在内全面发展的综合目标。实现中原崛起，就是要按照科学发展观的要求，以经济崛起为基础，全面协调推进社会建设、文化建设、政治建设和生态建设。

（三）新形势下中原崛起的内涵

发展意义上的"崛起"，一般是指大国或经济区的兴起。研究谋划新形势下的中原崛起，其中一个很重要的问题就是要从全局的角度、从自身发展的角度，弄清楚什么是中原崛起，也就是要研究回答中原崛起后的状态、水平和地位作用等问题。根据前面的回顾总结和分析判断，新形势下的中原崛起应包括以下四个方面的组成元素：

（1）完成发展使命的核心要求。中原经济区在全国区域经济布局中的特色和独特性，就在于这一区域是全国重要的粮食生产核心区，担负着保障国家粮食安全的重要职责。处理好加快工业化、城镇化与推进农业现代化、稳定提高粮食综合生产能力之间的关系，是加快中原崛起始终要把握好的首要原则，是党中央、国务院对中原经济区发展的核心要求。因此，在新的发展阶段，必须始终坚持走不以牺牲农业和粮食为代价、加快新型城镇化和工业化的发展路子，走出一条"三化"协调、"四化"同步推进科学发展、中原崛起的新路子。可以说，推进和实现"三化"协调发展、"四化"同步，既是加快中原崛起的必由之路，也是描绘新形势下中原崛起"蓝图"的第一要义。

（2）发展使命的完成程度。全面建设小康社会是 21 世纪头 20 年全国各地共同的奋斗目标。加快中原崛起与全面建设小康社会是统一的、相一致的。研究回答中原崛起后的状态、水平，就必须回答全面建设小康社会目标的实现程度。根据全国经济发展态势，结合自身的发展基础和条件，加快中原崛起，不仅要完成全面建设小康社会的目标，而且要争取比全国提前完成这一目标。否则，谈"崛起"就很勉强，"崛起"的水平就难以保障。

（3）发展水平和状态的横向对比。"崛起"本身就是一个对比的范畴，可以是纵向对比，但在全国各地竞相发展的大背景下，具有决定性意义的还是横向对比。加快中原崛起，可以看作两步：一步是"填平"洼地，一步是"隆起"高地。这两步又是紧密相连、密不可分的。从全国各地的发展态势和发展趋势判断，中原崛起"填平"的任务依然很重、"隆起"的任务更加艰巨。缩小与东部沿海发达地区的差距，走在中西部地区的前列，是中原崛起的应有之义。

（4）在全国区域经济布局中的地位和作用。中原地区覆盖着沿陇海经济带的核心区域，在我国区域经济发展布局中起着连南贯北、承东启西的枢纽作用，战略位置十分突出。加快中原崛起，将进一步发挥中原的区位优势，加快构建沿陇海经济带的核心增长极，促进中部地区形成完善的"两纵两横"区域经济布局。因此，加快中原崛起的过程，就是中原地区在支撑中部崛起、强化东西联动、服务全国大局中发挥更大作用的过程。描绘新形势下中原崛起的"蓝图"，必须包含、体现中原地区在全国区域经济布局中的地位和作用。

概括起来讲，实现中原崛起，就是在加快转变经济发展方式的前提下，保持人均GDP年均增速比全国高2个百分点以上，力争到2020年实现比2000年翻三番，提前1~2年实现全面建设小康社会目标，建成与沿海三大经济区相呼应、引领中西部地区发展的战略平台，在支撑中部地区崛起、促进东中西良性互动和服务全国大局中发挥更大作用。

具体对河南省做以下分析：

（1）关于人均GDP年均增速比全国高2个百分点以上。"十五"期间河南省人均GDP年均增长11.3%，比全国的增速高2.4个百分点，"十一五"期间河南省人均GDP年均增长12.6%，比全国的增速高2.6个百分点。考虑到河南正处于城镇化、工业化加快发展的阶段，未来较长时期内保持人均GDP年均增速高出全国的年均增速2个百分点以上是有可能的。

（2）关于2020年人均GDP比2000年翻三番。20年翻三番以上，需要的年均增速为11.0%。2011年，河南省人均GDP为27232元，2000~2011年的年均增速为11.8%。如要实现2020年比2000年翻三番，余下9年需要的年均增速约为10.1%，从河南省所处的发展阶段和趋势看是有可能的。

（3）关于提前实现全面建设小康社会目标。按照上述增速测算并考虑国家全面建设小康社会统计监测指标体系，预计到 2017 年，我省将基本实现全面建设小康社会的目标（总体进程达到 90%以上）；到 2018 年或 2019 年，除"服务业占生产总值比重"、"城镇化率"、"研发投入占生产总值比重"外，其余指标均可达到或超过标准值的 100%；同时，按照河南的发展态势，到 2019 年"研发投入占生产总值比重"有望达到标准值，"三产比重"、"城镇化率"也可接近标准值。

第二章　加快中原崛起的必要性

"中原定，天下安"。中原地区是我国的人口大区、经济腹地和重要市场，在我国地域分工中扮演着重要角色，加快中原地区发展是提高我国国家竞争力的重大战略举措，是东西融合、南北对接，推动区域经济发展的客观需要。促进中原地区崛起，是我国促进区域协调发展总体战略的重大任务，事关我国经济社会发展全局，事关全面建设小康社会全局。

一、加快中原崛起是河南发展的需要

加快中原崛起是深入贯彻科学发展观的重大实践，是贯彻落实中央对河南工作要求的具体行动，是河南实现全面建设小康社会奋斗目标的战略选择，是凸显河南地位、服务全国大局的重大举措。

（一）河南基本概况

河南省位于黄河中下游，因大部分地区在黄河以南，故称河南。因古为"豫州"，简称"豫"，又因古时豫州位于九州中心，因此又有"中州"、"中原"之称。河南自古以来就是中华民族政治、经济、文化发展的重要区域，历史素有"得中原者得天下"之说，可谓具有得天独厚的发展优势。全省总人口按照2010年第六次全国人口普查主要数据公报公布的数据是常住人口为94023567人，是全国第三人口大省，但加上出省半年以上的流动人口，河南人口超过1个亿，仍是全国人口最多的省份之一。

1. 地理位置优越

从政区和交通地位来看，河南处于居中的位置，位于长三角、京津冀、珠三角和成渝城市群之间，且是进出西北六省的门户，以河南为中心，北至黑龙江畔，南到珠江流域，西至天山脚下，东抵东海之滨，大都跨越两至三个省区。若以省会郑州为中心，北距京津塘，南下武汉三镇，西至关中平原，东至沪、宁、杭，其直线距离大都在 600~800 公里。河南承东启西、通南达北的地理位置，决定了其在全国经济社会活动中的重要地位，使其成为全国举足轻重的铁路、公路、航空、通信和能源枢纽。三横五纵的铁路网络在河南交会；公路交通发达，9 条国道经过河南，高速公路全里程已经超过整个英国；全省共有郑州新郑国际机场、洛阳机场和南阳机场三个民用机场，并正在努力把郑州建成国际性航空枢纽（国家民航总局已经把郑州列为全国八大航空枢纽之一）；省会郑州是我国重要的通信枢纽之一，国家骨干公用电信网"八纵八横"有"三纵三横"途经河南，加上南北、东西两条架空光缆干线从河南穿过，构成全省"四纵四横"的信息高速公路基本框架；西气东输等至少四条天然气管道和至少四条石油管道在河南交会，河南尤其是郑州将成为我国极其重要的能源枢纽。

2. 资源丰富

河南全省土地面积 16.7 万平方公里（居全国第 17 位，占全国总面积的1.74%），耕地资源 8110.3 千公顷（实有耕地面积 7262.8 千公顷，合 1.089 亿亩），占全国的 6.24%，仅次于黑龙江、四川和内蒙古，居全国第 4 位。处于亚热带向暖温带过渡地带，由南向北年平均气温为 15.5℃~9.5℃，年均降雨量1380.6~526.0 毫米，气候温和、雨量适中，无霜期 265~332 天，适宜多种农作物生长，是全国小麦、玉米、棉花、油料、烟叶等农产品重要的生产基地之一。粮食产量大体占全国的 1/10，油料产量占全国的 1/7，牛肉产量占全国的 1/7，棉花产量占全国的 1/6，小麦、玉米、烟叶、豆类、芝麻等农产品和肉类、禽蛋、奶类等畜产品产量也都居全国前列。

河南地形呈西高东低之势，西部海拔高而起伏大，东部地势低且平坦。省境之西耸立着太行山和豫西山脉。豫西山脉是秦岭的东延部分，秦岭进入豫西向东呈扇状展开，伏牛山是豫西山地的主体，山势雄伟高耸，海拔 1000~2000 米，被誉为全省的屋瓴，桐柏山脉、大别山脉拱卫于省境之南，海拔一般在 1000 米以下，为淮河、长江的分水岭。太行山脉与豫西山脉之间的黄河两岸分布有黄土丘陵区。豫中屹立着巍峨峻峭的中岳嵩山。省境东部为辽阔的黄淮平原。全省最高处与最低处相差2390.6米，正是这样的地势构造了丰富多彩的自然景观。并且，由于地质构造复杂、成矿条件优越，河南还蕴藏着丰富的矿产资源，是全国矿产资源大省之一。目前全省已发现的矿种达102种，其中名列全国首位的有天然碱、钼、蓝石棉等；名列全国前10位的有铝、钨、金、锑、煤、石油、珍珠岩、膨润土、硅石等47种。优势矿产可归纳为煤、石油、天然气"三大能源矿产"，钼、金、铝、银"四大金属矿产"，天然碱、盐、耐火黏土、蓝石棉、珍珠岩、水泥灰岩、石英砂岩"七大非金属矿产"。

除了丰富的自然资源，河南还拥有极为丰厚的文化资源。河南是中华民族的主要发祥地之一，其历史可以追溯到距今五六十万年以前。我们的祖先生息繁衍在中原大地上，创造了裴李岗文化、仰韶文化、龙山文化等令世人赞叹的史前文化。"中华第一大帝"的轩辕黄帝，据说就诞生在今天郑州的新郑市，并在这里建立都城。悠久的历史给河南留下了大量宝贵的历史文化遗产，河南的地下文物居全国第1位，地上文物居全国第2位，馆藏文物占全国的1/8，有国家重点文物保护单位54处，成为河南旅游业发展得天独厚的优势。

3. 经济社会稳健发展

改革开放，特别是党的十六大以来，河南不断解放思想，抢抓机遇，开拓进取，实现了由传统农业大省向全国重要的经济大省、新兴工业大省和有影响的文化大省的重大转变，经济社会发展进入了历史上最好的时期之一。

（1）总体经济实力和财政实力显著增强。改革开放30多年来，河南生产总值除了"七五"时期外，其他时期年均增长均高于10%，且各个时期的年均增幅均高于全国平均水平。特别是进入21世纪，全省经济发展进入相对稳定的成熟增长期，增长速度略有加快，保持着持续稳定快速的增长势头。2010年，河南生产总值已达到22942.68亿元，是1978年的30.2倍，经济总量连续四年位居全国第5，中西部地区之首，占全国比重也由1978年的4.5%上升到2010年的5.8%，经济大省地位逐步确立。全省财政实力亦随之显著增强，2010年全省地方财政总收入达2293.37亿元，占全国比重为2.8%，排在全国的第9位。

（2）产业结构调整取得重大进展。改革开放初期，河南三次产业的比例关系为39.8∶42.6∶17.6，第一产业比重过高，第三产业比重过低。改革开放30多年来，河南产业结构发生了巨大变化，第一产业比重不断下降，第二产业比重稳定上升，第三产业迅速崛起，到 2010 年三次产业结构已调整为 14.1：57.3：28.6，三大产业间的比例关系进一步趋向合理，已逐步形成了以农业为基础，能源、机械、化工、建筑业为主体的第二产业和以交通、电信、商贸为主体的第三产业全面发展的新格局。

（3）工业经济实现新跨越。近年来，河南在工业化进程中依托传统优势产业，在原有工业体系基础上逐步形成了食品工业、有色工业、化学工业、汽车及零部件产业、装备制造业、纺织服装工业六大优势产业。工业经济规模迅速壮大，2010 年河南工业增加值 11950.88 亿元，占 GDP 的比重也呈稳步上升的趋势，达到 51.8%，较 1978 年提高了 15.5 个百分点，其中规模以上工业增加值达到 9239.70 亿元，较上年同期提高 4.4 个百分点，高于全国平均水平 3.3 个百分点。工业经济发展质量亦明显提高，2010 年全省工业企业利润总额、利税总额等主要效益指标均创历史最高水平，其中规模以上工业企业利润总额 3166.68 亿元，增长 35.9%，占全国规模以上工业企业利润总额的 9% 左右，跃居全国前列，新兴工业大省的地位基本确立。

（4）农村经济取得新突破。一直以来，河南始终坚持认真贯彻落实中央在农村的一系列方针政策，立足实际，积极探索，加大了对农业的投入，农村基础设施不断完善，农业生产条件极大改善。因此，尽管河南第一产业比重不断下降，但第一产业增加值的绝对数量却是稳步提升，2010 年达到 3263.20 亿元，占全国总量的 8.1%，仅次于山东，排在全国第 2 位。全省以稳定粮食生产面积为基础，以提高粮食综合生产能力为核心，强化科技投入，落实惠农政策，形成了粮食生产单产不断提高，总产不断增加，效益不断提升，粮食产量增长幅度不断上升的态势，2010 年粮食总产量高达 5437.10 万吨，占全国的 10% 左右，连续 9 年居全国榜首，已成为全国最大的粮食生产和农产品加工基地，作为农业大省的地位不断得到巩固。同时，河南的农业产业化也在稳步推进，用工业的理念发展农业，推进农产品精深加工，拉长农业产业链条，提高农业附加值，努力把农产品资源优势转化为产业优势和经济优势。目前全省已有农业产业化龙头企业 3918 家，还培育出漯河双汇、金象麦业、郑州思念、郑州三全、南阳天冠、华英肉鸭等一批龙头加工企业。

（5）外向型经济取得新进展。招商引资成效显著。河南地处内陆，全省吸引外资在经历了从无到有、从小到大的过程后，日益朝着集团化、国际化的方向发展。引资规模持续扩大，2010 年全省实际利用外商直接投资 62.47 亿美元，增长 30.2%，实际利用省外资金 2743.40 亿元，增长 24.6%。同时，外来资金构成由港澳台地区为主发展到东南亚、日本、韩国、欧洲、美国 10 多个国家或地区，外资来源逐渐趋于多元化。对外贸易稳步增长。1978 年全省进出口总额仅为 1.18 亿美元，其中出口 1.02 亿美元，进口 0.16 亿美元，出口结构单一，主要以商品出口为主。经过 30 多年的努力，河南对外贸易总量迅猛发展，2010 年全省实现进出口总额 177.92 亿美元，其中出口总额为 105.35 亿美元，进口总额达到 72.57 亿美元。外贸出口从数量增长型向质量效益型转变，市场多元化战略成效显著，目前贸易伙伴遍布亚、非、欧、美洲等 50 多个国家和地区。出口产品结构有所改善，从以初级产品出口为主逐步转向以工业制成品为主，范围也在逐步扩大，涵盖了商品、加工、工程外包和劳务等多个领域。

（6）人民生活水平不断提高。城乡居民收入持续增长，2010 年河南城镇居民家庭人均可支配收入达到 15930.26 元，农村居民家庭人均纯收入上升至 5523.73 元。消费水平稳步提高，2010 年城镇居民家庭人均消费支出 10838.49 元，农村居民家庭人均生活消费支出 3682.21 元，城镇居民家庭人均恩格尔系数已由 1978 年的 59.5%下降为 2008 年的 33.0%，农村居民家庭人均恩格尔系数则由 60.7%下降为 37.2%，恩格尔系数的变化趋势显示出经济的发展确实给人民带来了实惠。而随着居民收入的增长和市场商品供应的丰富，以体现提升生活质量的汽车、住宅、健康等为主的消费热点基本形成，以移动通信和信息为代表的通信信息成为消费中扩张最快的新兴领域，以教育、旅游、休闲为代表的精神文化消费明显增加，金银珠宝饰品等持续热销，居民消费结构升级显著加快。

（7）社会文化事业全面进步。2010 年，河南科学研究与试验发展（R&D）经费内部支出达到 220 亿元，科技进步贡献率进一步提高。财政教育经费预算支出居各项财政支出首位，基础教育办学条件显著改善。全省共有卫生机构（含村卫生室）75742 个，其中，医院、卫生院 3282 个，妇幼保健院、所、站 167 个，疾病预防控制中心（防疫站）180 个，专科防治院（所、站）20 个，卫生监督检验机构 146 个，公共卫生体系进一步健全。人口自然增长率连年低于全国平均水平。以基本养老保险、医疗保险、失业保险和城镇居民最低生活保障为主要内容的社会保障体系初步形成，农村合作医疗覆盖面逐年扩大，目前已覆盖 7928.09 万农村人口。文化产业正日益成为河南经济增长的新亮点，涌现出"少林武术节"、"梨园春"等一批享誉国内外的文化品牌。

(二) 河南面临的问题

尽管已经取得了相当的成绩，但必须看到，河南人口多、底子薄、基础弱、发展不平衡的省情和阶段性特征仍未根本改变，面临着"钱从哪里来、人往哪里去、民生怎么办、粮食怎么保"这四大难题。而从全国经济发展的大格局出发，河南经济发展面临着前有"标兵"（东部及沿海发达省份），后有"追兵"（中部其他省份及西部大开发迅速崛起的省份），不进则退的严峻形势。因此必须重新审视自身的劣势，增强忧患意识：

1. 人均指标落后，经济运行质量不高

河南省的总量经济指标与人均指标在中部地区地位不相协调。经过改革开放30多年的发展，河南经济已经积累了相当的实力，经济总量的一些标志性指标在中部6省中名列前茅，但从人均指标看，只能处于中下游位置。如2010年全国各地人均GDP排名中，河南23898.63元，排名第23位。中部六省中，湖南23046.55元，排名第24位；湖北26609.58元，排名第16位；山西25244.61元，排名第21位；江西21210.37元，排名第27位；安徽19684.37元，排名第29位。河南人均GDP低于湖北、山西，排在中部地区第3位。

经济发展速度较快，但运行质量不高。以2010年1~6月的经济运行情况为例，工业生产：规模以上工业增加值累计增速，各省按累计增长率排名依次为山西30.4%、湖北27.8%、安徽26.3%、湖南26.2%、江西25.1%、河南24.8%。投资：城镇固定资产投资累计增速，各省按增速排名依次为湖北36.0%、江西31.1%、安徽29.6%、湖南25.7%、山西23.7%、河南22.3%；房地产投资累计增速，各省按增速排名依次为湖北43.9%、河南37.4%、湖南34.1%、安徽28.0%、山西24.4%、江西22.1%。财政：地方财政收入累计增速，各省按增速排名依次为江西34.3%、安徽32.2%、湖南26.7%、河南21.4%、湖北20.6%、山西12.6%。对外经济：实际利用外商直接投资使用额累计增速，各省情况按增速排名依次为山西41.5%、河南29.6%、安徽25.0%、湖南20.0%、江西15.1%、湖北14.5；外贸出口累计增速，各省按累计增速排名依次为江西74.7%、山西74.5%、湖北54.5%、河南45.6%、湖南40.8%、安徽36.4%。市场：社会消费品零售总额累计增速，各省情况按增速排名依次为安徽与江西19.1%、河南与湖北18.5%、湖南 18.4%、山西 18.0%。

2. 产业结构不合理

三次产业结构是衡量一个国家或地区发展水平和结构高度化的基本指标。河南省无论是三次产业结构，还是三次产业内部结构都不合理，与中部其他省份相比，有不小差距。特别是国际金融危机背景下，河南省产业结构的不合理对经济发展速度和效益的影响显著，走在中部崛起前列面临很大的挑战。从河南省三次产业结构分析，农业比重高、服务业比重低的特征十分明显。2010 年河南省三次产业结构为 14.2：57.7：28.1，其中，一产比重高于全国平均水平 4.1 个百分点，分别比湖北、湖南、江西和安徽高 0.6、0.9、0.2 和 0.6 个百分点。三产比重低于全国平均水平 15 个百分点，分别比湖北、湖南、江西和安徽低 11.4、11.7、5.2 和 7.2 个百分点。在二产内部，突出表现为"一高两低"的特征，即资源性工业比重高，高新技术产业占比低、装备制造业占比低。2010 年河南省工业增加值前 5 位的行业分别为：建材、食品、煤炭、有色金属和钢铁，与 2003 年相比，以能源原材料为主的发展特征基本没有大的改变。而同期湖北省汽车工业发展迅猛，工业增加值增长 1.4 倍，主营业务收入达到 2387 亿元，占规模以上工业增加值的 18.2%，成为拉动工业增长的新兴主导力量；安徽省电气机械及器材制造业、汽车、通用设备制造业发展势头强劲，工业增加值分别增长 4.63 倍、3.14 倍和 5.98 倍，占规模以上工业增加值的 22.4%，成为全国重要的家电制造、汽车生产和工程机械制造基地；江西省汽车业、电气机械及器材制造业增加值分别增长 1.2 倍和 3.38 倍，在工业发展中的地位显著提升。

3. 投资结构亟待优化

近几年来，特别是国际金融危机以来，投资一直是河南省经济增长的动力支柱。从全社会固定资产投资占 GDP 的比率来看，2003 年河南省仅为 33.6%，到了 2009 年已高达 70.8%。然而，虽然投资总量较大，但河南省投资结构不优的特征亦非常明显：

一是对道路等硬件设施的投资多，对公共文化、医疗卫生服务等软件设施投资少。

二是工业投资增速快，服务业投资增速慢。2003~2009 年，河南省工业投资年均增长 51.5%，高于全国平均水平 7.8 个百分点；而服务业投资年均增长 27.8%，低于全国平均水平 0.76 个百分点。

三是工业投资中能源原材料行业投资占比高、装备制造业投资占比低。2008年，河南省能源原材料行业投资占工业投资的比重高于全国平均水平13.4个百分点，分别比湖北、湖南和安徽高1.0、4.0和3.4个百分点；装备制造业投资占工业投资的比重比全国平均水平低2.4个百分点，分别比湖北、安徽和江西低6.9、3.5和0.5个百分点。"一高一低"，前者对后者的资金挤出效应不利于河南省在后危机时代培育新的竞争优势，占领新一轮经济发展制高点。

4. 要素发育不健全

资金、技术、劳动力等生产要素结构的合理性决定经济结构的合理性，要素配置效率决定着区域经济竞争力。当前河南省要素发育与全国平均水平有很大差距，一些要素甚至在中部地区处于落后位置，对经济发展制约作用突出。一是资金"瓶颈"制约明显。河南省金融业发展相对较慢，存在着融资总量小、融资渠道单一等问题，使得金融对实体经济发展的支撑力较弱。2003~2009年，河南省贷款年均增长13.1%，低于全国平均水平3.5个百分点，在中部六省位居倒数第二，仅高于山西。二是科技创新能力不强。河南省创新人才较少，每万名从业人员中从事科技活动人员数仅为20人，不到全国平均水平的一半；创新成果较少，2008年全省专利申请量和授权量分别为广东的18.4%和14.7%，江苏的14.9%和20.6%；技术市场交易额只有25.4亿元，仅占全国的1%。根据国家科技部测算，2008年河南省科技进步指数为37.4%，低于全国平均水平17个百分点，居全国第25位。三是劳动力质量不高。河南是人口大省，劳动力资源丰富，但劳动力技能水平亟待提高，全省城镇从业人员中技能人才仅占1/3，高技能人才短缺，外出务工的农村劳动力接受过技能培训的仅占1/5，有活找不到人和有人找不到活的问题比较突出。四是资源环境压力大。由于人口基数大，河南省人均资源占有量较少：人均矿产资源占有量仅为全国平均水平的1/4，人均水资源仅为全国平均水平的1/5，世界平均水平的1/20。在已探明的矿产资源储量中，石油已消耗67%，天然气已消耗53%，铝土矿仅满足14~17年的开发需求，如此下去，河南省目前主打的能源原材料工业前景不容乐观。同时，河南省生态环境承载能力也在不断下降，化学需氧量（COD）年排放量居全国第5位，二氧化硫排放量居全国第2位；1000多万人面临饮水不安全问题等。

5. 开放型经济发展滞后

长期以来，开放型经济一直是河南省经济发展的短腿。以2011年为例，河南省进出口总额为 326.42 亿美元，仅占全国的 0.89%。其中出口 192.40 亿美元，占全国的 1.01%，外贸依存度为 7.5%，约为全国的 1/6，远远落后于江苏、广东、浙江、山东等中国沿海地区省份。此外，河南省的出口商品结构层次也比较低，比重最大的是资源性大宗商品，而层次相对较高的产品所占比重较低。而在利用外资方面，河南省利用外商直接投资的总额也一直远远落后于沿海发达地区，2011 年全年新批准外商投资企业 355 个，实际利用外商直接投资 100.82 亿美元，增长 61.4%，同比提高 31.2 个百分点，但占全国的比例仅为 8.7%；实际利用省外资金 4016.30 亿元，增长 46.4%。

6. 城镇化水平较低

城镇化通过空间结构的转变，以城市所特有的规模经济和集聚经济效应吸引各种经济要素持续不断地向城市集中，为非农产业发展提供有利的空间环境，创造市场需求，从而能够反作用于工业化、促进工业化发展，同时带动农业现代化。城镇化是经济社会发展的客观趋势，也是解决"三农"问题的重要途径。多年来，河南省城镇化率一直处于全国靠后位置。2011 年河南省城镇化率仅为 40.6%，排在全国倒数第 5 位，中部地区倒数第 1 位，比全国平均水平低约 10 个百分点。由于城镇化水平低，城市规模小，城市经济实力弱，综合承载力不强，既难以吸纳大量的农村人口向城市转移，也难以形成对农村发展的有效辐射带动。

（三）加快中原崛起是河南经济社会稳健快速发展的必然要求

破解河南发展中面临的难题，缩小与发达地区的发展差距、全面建设小康社会、再现河南发展的辉煌、归根结底有赖于加快发展、科学发展、跨越发展。而实现中原崛起，正是新时期河南加快发展、科学发展、跨越发展的战略目标和必然要求。

1. 河南积极应对区域激烈竞争的必然要求

改革开放以来，古老的中原由沉寂到奋起，从追赶到跨越，大步跨入全国重要的经济大省、新兴工业大省行列，但人口多、底子薄、基础弱、发展不平衡的基本省情没有根本改变，人均水平、财政收入、社会事业等方面指标在全国处于后列的状况没有显著改变。而当前，全国范围内的区域竞争日趋激烈，河南在发展中面临的竞争压力正在不断加大。近几年来，天津滨海新区、广西北部湾经济区、海峡西岸经济区等重点板块快速崛起，成为支撑区域经济社会又好又快发展的重要力量。中部各省根据自身发展实际，湖北、湖南、安徽等省纷纷提出走在中部崛起的前列，制定了切实可行的发展战略，并上升到国家层面。湖北和湖南正在加快建设"资源节约型和环境友好型社会"，安徽大力推进"皖江城市带承接产业转移示范区"建设，江西围绕"鄱阳湖生态经济区"发展，积极探索经济与生态协调发展的新模式。从河南的发展形势看，受国际金融危机影响，经济增长势头有所减缓，主要宏观经济指标增速有所回落，在中部地区位次也出现了一定的下滑：地区生产总值增速由 2007 年的 14.6% 下降为 2009 年的 10.7%，位次由第 1 位下降到第 5 位；规模以上工业增加值增速由 2007 年的 24.2% 下降为 2009 年的 14.6%，位次由第 3 位下降到第 5 位；城镇固定资产投资增速由 2007 年的 36.4% 下降为 2009 年的 31.3%，位次由第 2 位下降到第 6 位；社会消费品零售总额增速虽然由 2007 年的 18.48% 上升为 2009 年的 19.14%，但在中部六省中的位次却由第 2 位下滑到第 5 位；地方财政收入增速由 2007 年的 26.93% 下降为 2009 年的 11.61%，位次由第 3 位下降到第 5 位。面对其他省份的激烈竞争，河南发展"不进则退、慢进亦退"。因此，河南省亟须采取更加有力的措施，借助于"中原崛起"的经济发展战略加快发展速度、提升发展质量，实现经济社会稳健快速发展。

2. 河南缩小同发达地区发展差距的必然要求

目前河南的经济总量已居中西部地区首位，但人均 GDP 在全国却居第 23 位，虽然已经比 20 世纪 90 年代初前进了 10 个位次，但在中西部地区省份中仍居中下水平，低于湖北、山西。如不加快发展，不仅现有的一些优势将逐步丧失，而且也会丧失新的发展机遇。因此，河南必须加快发展，加快中原崛起，才能缩小与发达地区的发展差距。中原崛起意味着河南的吸引力、凝聚力、辐射力、带动力实现突破性大的提高，随之带来巨大的人流、物流、资金流、信息流等生产要素的集聚，更能凸显河南的地位与作用。河南人口众多，资源丰富，农业特别是粮食生产优势明显，工业基础比较雄厚。河南不仅是全国粮食生产基地，而且是全国重要的能源和原材料基地、现代装备制造业基地，为全国发展提供粮食、能源、原材料和装备工业等重要支撑。加快中原崛起，有利于促进河南成为承东启西、接南通北的关键枢纽。

3. 河南发挥后发优势的必然要求

加快中原崛起，可以充分发挥河南的后发优势，积极进取，在东中西部地区互联互动中发挥作用。当前，东部发达地区随着持续的资本形成，资本要素出现了边际生产力递减的现象。从总资产的贡献率来看，自 2003 年以后，东部较发达地区的总资产贡献率出现了持续滑落的态势。国家统计局公布的全国分地区工业企业总资产贡献率数据显示，北京从 8.79% 下降到 6.22%、上海从 12.01% 下降到 8.8%、浙江从 12.44% 下降到 10.3%。与此形成鲜明对照的是：河南从 9.99% 上升到 22.32%、湖北从 7.4% 上升到 12.64%、黑龙江从 19.81% 上升到 29.18%。上升幅度最大的是具有一定工业基础的中部和东北地区，而河南则是全国各区域中总资产贡献率增长最快的省份。河南凭借其优越的区位条件、工业发展基础及生产要素成本较低等优势成为产业转移的重要承接地，未来还要进一步加快中原崛起步伐，为河南充分发挥后发优势创造更好的环境和条件。

4. 河南开创和谐社会建设新局面的必然要求

河南曾经是全国最贫困的省份之一。经过 30 多年的改革开放，河南取得的成就有目共睹，河南正在迈向全面小康，但目前河南人均水平仍然明显落后于全国及东部先进省份，远远未达到全面建设小康社会的目标。在新的形势和时代背景下，党中央提出全面建设小康社会的重大方针。这要求河南必须深入贯彻落实科学发展观，把中原崛起战略谋划好，努力实现跨越式发展，在促进中部地区崛起中发挥更大作用、走在中部地区前列，努力实现经济社会发展速度高于全国平均水平，成为中西部地区经济发展的主要引擎。而这将为河南建设和谐社会打下坚实基础，有利于河南开创和谐社会建设新局面。

总之，加快中原崛起是基于对河南发展现状、存在差距和我国区域竞争态势的清醒认识而得出的正确决策。尽管这些年河南经济有长足的发展，但欠发达仍是河南当前的主要特征。实施中原崛起战略是河南更好地深入贯彻落实科学发展观、加快转变经济发展方式的现实选择，也是河南实现改革开放新突破、取得转型发展新跨越、开创和谐社会建设新局面的必然要求。实现中原崛起既意味着河南彻底改变贫穷落后的面貌，以崭新的姿态走在中西部地区前列；也意味着河南建设经济强省的宏愿得以实现，多灾多难的中原大地重现历史辉煌；更意味着"全面小康"在中华文明的发祥地成为现实。

二、加快中原崛起是中部崛起的需要

中部地区是我国经济发展的重要区域。总的来看，中部地区经济发展水平在全国属欠发达的中间层次。促进中部地区崛起，是党中央、国务院站在全局和战略高度作出的重大决策，是新时期我国区域发展总体战略的重要组成部分。而中原地区又是中部地区中的重要区域，中原不崛起，中部将难以崛起，发挥中原的优势，实现中原崛起对于加快中部地区崛起步伐有着特殊的意义。

(一) 中部地区概况

中部地区包括湖北、湖南、河南、安徽、江西、山西6个相邻省份，地处我国内陆腹地，起着承东启西、接南进北、吸引四面、辐射八方的作用。区域内人口众多，自然、文化资源丰富，科教基础较好，便捷通达的水陆空交通网络初步形成，农业特别是粮食生产优势明显，工业基础比较雄厚，产业门类齐全，生态环境容量较大，集聚和承载产业、人口的能力较强，具有加快经济社会发展的良好条件。中部依靠全国10.7%的土地，承载全国28.1%的人口，创造全国19.5%的GDP，是我国的人口大区、经济腹地和重要市场，在中国地域分工中扮演着重要角色。从我国整体发展的角度考虑，中部就是我国的"腰"，只有"腰板"直了，中国这个巨人才能走得正、走得稳，中国经济才能协调健康发展。从这个意义上来说，加快中部地区发展是提高我国国家竞争力的重大战略举措，是东西融合、南北对接，推动区域经济发展的客观需要。

(二) 中部崛起概述

为促进中部地区经济加速健康发展，中共中央提出了"中部崛起"的战略。2004年3月，温家宝同志在政府工作报告中，首次明确提出促进中部地区崛起。2004年12月，中央经济工作会议再次提到促进中部地区崛起。2005年3月，温家宝同志在政府工作报告中提出：抓紧研究制定促进中部地区崛起的规划和措施。2006年2月15日，温家宝同志主持召开国务院常务会议，研究促进中部地区崛起问题。2006 年 4 月，中共中央、国务院发出了《关于促进中部地区崛起的若干意见》，要求把中部地区建设成为全国重要的粮食生产基地、能源原材料基地、现代装备制造及高技术产业基地和综合交通运输枢纽，使中部地区在发挥区位优势、产业优势、资源优势的过程中实现崛起。2007 年 4 月，国家发展改革委员会设立国家促进中部地区崛起工作办公室，中部崛起战略进入更具操作性的实施阶段。2008 年 1 月，国务院正式同意建立由国家发改委牵头的促进中部地区崛起工作部际联席会议制度，其目的是研究促进中部地区崛起的有关重大问题，向国务院提出建议贯彻落实党中央、国务院关于促进中部地区崛起的战略部署、政策措施协调促进中部地区崛起，推动政府部门间的交流与合作。2009 年 9 月，时任国务院总理温家宝同志主持召开国务院常务会议，讨论并原则通过《促进中部地区崛起规划》，会议指出在应对国际金融危机冲击，保持经济平稳较快增长过程中，要进一步发挥中部地区比较优势，增强对全国发展的支撑能力。[①]

加快中部地区崛起，继东部沿海地区开放、西部大开发和振兴东北地区等老工业基地之后，中部崛起成为又一重要的国家经济发展战略，是落实促进区域协调发展总体战略、实现区域经济协调发展战略的重要举措。有利于发挥中部地区综合优势，优化人口和产业布局，扩大对内对外开放，挖掘发展潜力，增强整体竞争力，克服国际金融危机带来的不利影响，实现经济社会又好又快发展；有利于进一步完善促进中部地区崛起的政策体系，切实加大支持力度，加快推进中部地区"三个基地、一个枢纽"建设，更好地发挥承东启西的重要作用，不断增强对全国发展的支撑能力；有利于完善我国区域发展分工，优化区域开发结构，加快形成区域协调发展新格局，确保实现全面建设小康社会的宏伟目标。

（三）加快中原崛起是促进中部崛起的必然要求

中原地区是我国中部崛起的基地和重心，中原崛起关乎中部崛起的大局，是中部崛起不可或缺的一环，可以说没有以河南为代表的中原地区的崛起，就不会有中部崛起。

1. 中部地区联动发展、共同繁荣的必然要求

自中央做出实施促进中部地区崛起的战略决策以来，中部六省抢抓机遇、乘

---

① 参见国家发展和改革委员会. 中部地区崛起规划. 2010.

势而上，加快发展的积极性、主动性和创造性进一步增强，发展活力竞相迸发，呈现出经济持续快速增长、社会全面进步、人民生活明显改善的良好局面。但也应该看到，随着战略实施的不断深入，中部地区存在的产业发展基础不牢、基础设施支撑能力薄弱、城乡公共服务能力不足、资源环境压力不断加大等制约长远发展的矛盾和问题逐步凸显出来。同时随着国家扩大内需、保持经济平稳较快发展一揽子计划的全面实施，对中西部地区的支持力度进一步加大，广阔的市场资源、辐射周边的区位潜力也使中部地区面临着加快发展、迎头追赶的空前机遇。在这种情况下，按照中央关于促进中部地区崛起的要求，奋力实现中原崛起，有利于巩固和提升中部地区在全国发展格局中的战略地位；有利于有效化解各种错综复杂的矛盾和问题，逐步消除制约发展的"瓶颈"和障碍，切实增强发展后劲和活力；有利于继续发挥综合优势，尽快提升总体发展水平和竞争力，不断开创中部地区发展的新局面。

《促进中部地区崛起规划》提出：到 2015 年，中部地区整体经济实力进一步增强，经济总量占全国的比重进一步提高，粮食综合生产能力达到 16800 万吨，城镇化率达到 48%，人均 GDP 达到 36000 元，城镇居民人均可支配收入达到 24000 元，农村居民人均纯收入达到 8200 元。2010 年，河南省地区生产总值达到 27232 亿元，占中部地区生产总值的 27.6%，高于第二位的湖南省 9.8 个百分点，是山西、江西的两倍多。2010 年，河南省人口数量突破 1 亿人，占全国人口总量的 7.1%，占中部地区人口总量的 26.6%。但是，2011 年河南省城镇居民人均可支配收入是 18195 元，农村居民人均收入是 6604 元，都低于中部平均水平。从这个角度来看，如果河南不能崛起，中部就不能真正崛起。河南能否走在中部地区前列，将直接影响到整个中部地区经济总量的提升。在城乡人口结构方面，河南省农村人口较多，农村人口数量达到 6209 万人，占河南省人口总量的 59.4%，农村人口所占比重位居中部六省首位。在一定程度上，河南能否走在中部崛起前列，将直接关系到中部地区"三农"问题的解决和惠及全体人民的更高水平小康社会的实现程度。加快中原崛起，有利于深化、细化《促进中部地区崛起规划》提出的各项要求，加快发展速度，提升发展质量，确保中部崛起规划总体发展目标的实现。

河南作为中部崛起的关键板块，实现科学发展、奋力率先崛起既具有必然性、可行性和优势条件，又责无旁贷。一是河南经济总量规模大。从经济发展上看，已连续 7 年居中西部地区首位，人均生产总值的位次大幅前移，主要经济指标多年来也居中部省份之首，具备了一定的实现经济持续增长的物质条件。二是工业基础较好，交通、能源条件大为改善，现代服务业发展迅速。河南已形成了门类比较齐全的工业体系，五大支柱产业发展势头强劲，特别是拥有一批"国字号"的大型、特大型企业和在国内同行业屈指可数的新兴企业。依托这些高新技术产业和优势企业，加快企业改造、结构调整和技术升级，将不断培育和壮大新的经济增长点，使之成为中部地区的产业创新区和提升区域经济竞争力的"龙头"。三是投资、消费总量较大，经济发展空间广阔。河南是我国第一人口大省，常住人口近亿，拥有庞大的消费市场。而近年来不断扩大的投资规模，为河南经济的快速增长提供了有力支撑。更重要的是，通过深化改革、调整结构，河南经济持续快速增长的动力机制正在形成，经济增长的内在活力不断增强。四是具有超前意识。在"中部崛起"尚未成为国家战略之前，2003 年河南就率先在中部正式提出"实施中原崛起"战略。党和国家领导人在视察河南时明确提出，河南省要走在中部崛起的前列，发挥带动作用。河南必须贯彻落实这一要求，加快中原崛起，巩固提升河南在中部和全国的地位，不辜负中央领导同志的嘱托。

2. 建设"三个基地、一个枢纽"的必然要求

在《中共中央国务院关于促进中部地区崛起的若干意见》中，将中部地区定位为全国重要粮食生产基地、能源原材料基地、现代装备制造及高技术产业基地和综合交通运输枢纽（简称"三个基地、一个枢纽"）。这既是国家从宏观层面对中部地区提出的总体要求，也是中部地区实现崛起的有效途径。相对于中部其他区域，河南在建设"三个基地、一个枢纽"的目标中，有利条件最多，基础条件最好。河南是全国第一粮食大省，粮食总产量占全国的 1/10，连续 4 年超千亿斤，稳居全国第 1，连续 6 年创新高，连续 10 年居首位；一批重大产业项目建成投产，2009 年全省电力装机达到 4680 万千瓦、钢铁产量 5211 万吨、原铝产量 317.7 万吨、水泥产量 1.17 亿吨，均居中部第 1；中原电气谷、洛阳动力谷、郑州百万辆汽车等重大产业基地建设取得明显成效，高新技术产业在超硬材料、电子信息材料方面形成了比较优势，全国重要的装备制造和高技术产业基地初步建立。中原经济区是全国的陆路交通中心，多条贯穿全国的公路和铁路大动脉在该区域纵横交叉形成交通枢纽，郑州是全国屈指可数的综合交通中心枢纽之一。2009 年底，河南公路通车总里程达到 24.2 万公里，高速公路达到 4860 公里，均居全国第 1

位，郑西、石武客运专线建成通车，郑徐、郑渝、郑合等一批客运专线开工建设或即将开工建设，郑州新郑机场旅客吞吐量超过千万人次。加快中原崛起，有利于继续发挥河南的综合优势，为中部地区建设"三个基地、一个枢纽"夯实基础。

3. 中部生态建设和经济社会协调发展的必然要求

河南地跨淮河、长江、海河、黄河四大流域，是南水北调中线工程的源头，是我国传统的农业大省，"三农"问题突出，环境保护和生态建设压力大。尽管近年来河南在推动科学发展、民生改善、社会和谐方面取得了相当的成效，但由于起点低、底子薄，河南在教育、卫生、医疗、文化、体育等很多方面与中部地区和全国平均水平相比仍有较大差距：2008 年，河南省农村初中的生均预算内教育事业费为 2414 元，居全国倒数第 3 位，农村小学的生均预算内教育事业费为 1605 元，居全国倒数第 1 位；每 500 万人拥有普通高等学校数量 5 个，居全国倒数第 1 位；人均文化事业费为 8.25 元，居全国倒数第 2 位；每千人医疗机构床位数仅有 2.55 张，居全国倒数第 8 位；人均社会保障和就业支出为 350 元，居全国倒数第 7 位。社会保障覆盖面窄，城镇基本养老、医疗、失业参保人数仅占城镇人口的 27%、23.1% 和 20.2%；贫困人口还有近 600 万人，占全国的 1/10；全省单位生产总值、单位工业增加值能耗分别比全国平均水平高 10.6%、40.7%，工业能源消费占全省能源消费总量的 81.6%，高于全国平均水平 10 个百分点，化学需氧量排放居全国第 5 位，二氧化硫排放居全国第 2 位，亩均化肥施用量比全国平均水平高 90%。这些问题如不及时解决，不仅将制约河南经济社会的发展，也将影响中部地区的发展。发挥河南优势，加快中原崛起，有利于推动教育、卫生、文化、体育等各项社会事业的发展，扩大社会就业，完善社会保障体系，提高占中部近 1/2 人口的福利水平，有利于推动中部地区经济发展方式转变，改善生态环境，建设社会主义和谐社会。

三、加快中原崛起是全国经济发展大局的需要

河南是经济技术由东向西梯度转移和资源要素由西向东梯度转移的交汇区，承东启西、连南贯北、资源禀赋非常丰富，在新一轮区域发展进程中，着力培育经济

区域优势，提高辐射带动能力，促进区域均衡发展，加快中原崛起，把河南这个经济洼地填起来，是发展河南的迫切需要。不仅能够增益中原，而且能够兼济天下。

（一）国家区域经济布局进一步完善的必然要求

无论是东部、西部还是东北开发战略，都是特定历史阶段的必然选择，均是独立提出的，缺少全局性和系统性。而中部崛起战略的提出，自开始就很明确地要与其他战略相协调呼应，创造共同发展新格局。在我国区域发展总体战略中，中部地区起着"承东启西"的作用。如果忽视中部，出现中部塌陷，这不仅是中部地区的损失，也会直接影响到全国经济的发展。如果中部地区发展缓慢，东部地区的发展会受到严重影响，近年来出现的民工荒、资源紧张、环境恶化等已经给东部地区敲响了警钟。没有中部崛起，西部大开发进程也会受到制约。经济发展依赖产业群和生产要素，而要实现生产要素从东部转移至西部，从历史渊源和发展水平等方面考虑，中部地区的摆渡角色显然难以被忽略。

加快中原崛起是发挥中原"腹地效应"，完善全国区域经济布局的需要。"腹地效应"是指在区域经济协调发展的过程中，区际经济联系中心部位的经济区域是整个区域，经济体系的倍增器。这一区域的加速发展，能够促进各个经济区域之间的优势互补，从而对整个区域经济体系具有重大意义。中原地处中国经济发展格局中的腹地。加快中原崛起，其意义不仅在于促进当地的经济发展，更在于发挥出贯通全国经济格局的"腹地效应"，形成全国经济增长的倍增器。

（二）实施国家统筹协调梯次推进发展重大战略的必然要求

我国不同地区之间不仅存在着经济发展的差距，而且存在着巨大的资源禀赋差异。人力资源、技术、资本及自然资源方面的差异要求各个区域之间进行相互协作，只有这样才能充分发挥各种要素各自的比较优势，经济发展才能具有良好的效益。中原地区不仅在经济地理层面上具有承东启西的作用，而且在产业发展的层面上也具有承东启西的作用。中原崛起有利于东中西互动，推进中西部工业化进程。

首先，东中西部地区间经济发展水平、技术水平和生产要素禀赋的不同，形成了地区间在产业结构层次上的阶梯状差异。这种产业梯度导致了产业在地区间的转移也是依据梯度层次进行的。中原地区交通区位重要、基础设施完善、劳动力资源丰富，当前正处于承接产业转移，加速经济发展的关键时期。同时，中原地区的产业链特征与周边地区的产业链特征具有强烈的互补性。这些互补性表现为东部及南部地区以加工业为主导，但却缺少初级加工品和能源；西部地区的能源、原材料工业发达，但在加工业上却存在不足。中原地处两大地区的交汇处，一方面初级加工业表现突出，如铝锭和铝材，另一方面能源、重化工工业相对也较发达。这种产业链特征刚好成为联系东西部产业链的中间环节。中原崛起，为西部的原材料工业提供了市场，也为东部地区的加工业提供了供应链。正是产业链的这种联系，使得中原崛起会发挥出巨大的"腹地效应"，演化成一个促进周边地区发展的新经济增长板块。经济发展状况和资源禀赋的特点使中原地区在产业转移过程中起到了承上启下的作用，有利于国家统筹协调梯次推进发展重大战略的实施。

其次，从全国的生产力布局来看，沿海、沿江、沿京广、沿陇海兰新经济带构成了我国区域经济带的主体。分布于沿海地区的京津冀、长三角、珠三角经济区已经在改革开放过程中占得先机。而武汉经济区、成渝经济区则沿长江向我国西南欠发达地区延伸，是我国均衡协调区域发展战略的重要体现。中原地区位于京广、陇海兰新两大经济带主轴的交汇区域，也处于沿海经济带沟通西北内陆地区的关键位置，强力推动中原崛起，能够完善自沿海向西北延伸的经济带，把西南和西北都涵盖于整个西部大开发的战略当中，为加强发达地区和欠发达地区的经济联系提供了良好的条件。在沟通东部和西部的国土开发战略中，沿江经济带和陇海兰新经济带是两条带动我国经济发展的重要的东西经济走廊。武汉城市圈在沿江经济带中起到了关键支撑作用，而陇海兰新经济带中，河南省的中原城市群，特别是郑州市和洛阳市具有明显的经济发展优势，将会是这一经济带中的关键节点。我国的东西经济走廊上武汉城市圈沟通西南，中原城市群贯通西北，二者发挥着各自不可替代的关键支撑点的作用。中原，连南贯北、承东启西，恰在"长三角"、"京津冀"、"珠三角"这几个沿海最具活力经济区与西部开发板块的接合部，中原崛起，可以与其他板块互动、联动、齐动，起到"四两拨千斤"的作用，必将有力地撬动中部崛起，助推中国经济的新腾飞。

（三）拓展全国内需增长空间的必然要求

"十一五"期间，我国消费市场很红火。据国家统计局数据，这5年是新中国成立以来国内贸易增长最快、市场最为繁荣活跃的 5 年。2010 年，我国全社会消费品零售总额达 154554 亿元，是 5 年前的 2.3 倍，比上一年增长 18.4%。但是，与世界上一些发达国家相比，我国消费量仍有较大差距，消费总量还不到美国的 1/6。坚持扩大内需是我国长期的战略方针，也是拉动我国经济持续发展的主导力量，而保持全国经济持续稳定发展，潜力在中西部。河南人口总量大，目前正处于工业化、城镇化加速推进与消费结构升级的重要时期，内需增长潜力巨大。2009 年末，河南省人口总量占中部的 26.6%，经济总量占 27.6%。据测算，未来 10 年间，通过加快推进城镇化进程，这一区域将会有 3300 多万农村人口进入城镇，可新增投资需求 3.3 万多亿元，拉动消费需求约 4 万亿元。加速中原崛起就是要充分发挥区域内人口、区位、市场等综合优势，推动潜在需求转化为现实需求，形成全国最具活力的内需市场，促进内外需协调发展，为我国经济持续发展提供强大动力。这既是促进中部地区崛起的"加速器"，也是实现中部地区崛起的关键；既事关亿万中原人民切身福祉，也关系到全国全面建设小康进程的大局。

（四）加快促进中华民族复兴的必然要求

中原大地在中国历史上绝大部分时间是政治经济和文化中心，也是数千年来我们中华民族凝聚力的核心。几千年的历史早已经证明，当中原兴盛的时候，中国人的凝聚力大大增强；而中原衰落的时候，中国人的凝聚力也会相应削弱。从目前我国区域经济社会发展现状来看，全面建设小康社会重点在中西部，难点在农村，焦点在解决人均问题。河南位于内陆腹地，是一个传统农区，人口总量大，经济欠发达，多项主要指标落后于全国平均水平。因此，加快中原崛起，对于我国全面建设小康社会，实现中华民族伟大复兴，具有深远的历史意义。

新中国成立以来，特别是改革开放以后，河南经济社会发展取得了巨大成就，但仍未摆脱欠发达地区的特征，经济社会发展低于全国平均水平。当前的河南在全国的地位，与中国在国际上的地位大体相当：中国是世界人口最多的国家，占全球总人口的 20% 左右。河南是中国人口最多的省份之一，占全国人口的 7.1%；中国是世界上最大的农业国，农业比重达到 11.3%，农村人口占总人口的 54.3%，河南是中国最大的农业省，农业比重达到 14.4%，农村人口占总人口的 64.0%；中国的经济总量在世界上名列第 3，但人均处于全球中下游水平，河南的经济总量位居全国第 5，而人均只排在全国的第 18 位；等等。可以说河南是

"缩小版的中国"。

而在全面建设小康进程中，河南面临的主要问题和挑战也与全国基本一致：一是产业层次低。消耗大、附加值低的产业比重高，技术知识密集型附加值高的产业比重低；产业集中度偏低，资源利用率低于国际先进水平 10 个百分点以上；自主创新能力不强，技术水平落后国际水平 5~10 年。二是区域发展不平衡问题突出。据研究资料显示，1991 年以来，全国经济发展差距呈现上升趋势，目前我国经济发展地区差距处于新中国成立以来最严重的时期。同样，河南地区经济发展差异系数也呈扩大趋势。2000~2009 年，全省人均生产总值较高的郑州市与最低的周口市之间的差距由 3.53 倍扩大到 4.15 倍。三是资源供给和环境保护压力大。我国主要资源总量居于世界前列，但人均指标大部分处于世界后列。同样，河南能源、耕地、水资源等总量很大，但人均仅为全国平均水平的 1/3、4/5 和 1/5。同时，经济增长方式粗放、产业结构不合理、技术装备水平低和管理水平落后等，导致高投入低产出、资源利用率低、浪费严重，又进一步加剧了资源环境对经济社会发展的"瓶颈"约束。在全面建设小康社会进程中，我国必须有效破解这些难题。而河南作为我国的一个缩影，最有条件、最适宜作为全面建设小康社会的试验区，为全国小康社会建设提供重要借鉴。

河南经济发展水平较低，人口负担巨大，小康建设总体进程明显低于全国平均水平。在评价全面建设小康的主要指标中，2008 年河南经济发展类指标只达到 53.2%，低于全国 14.6 个百分点，尚不及 2002 年全国平均水平；城镇化率只有 36.0%，落后全国 9.7 个百分点。同时，研发投入、三产比重、城乡居民收入、基本社会保险覆盖率、文化教育事业和生活质量等项指标的实现程度都比较靠后。加快中原崛起，使 1 亿人口的河南实现全面小康，是我国全面建设小康社会不可或缺的重要组成部分。如果 1 亿人口的大省延缓全面建设小康社会进程，将拖住全国的后腿，严重影响全国实现全面建设小康社会的总体进程，阻碍中华民族的复兴步伐。

总之，中原是中华民族的集中体现和真实写照，始终与祖国同命运、共兴衰。中原兴，中华兴；没有中原的振兴，就没有中华民族的伟大振兴。中原迅速崛起，将为国家现代化建设和中华民族的伟大复兴做出重大的贡献。

第三章　中原崛起与中原经济区

中原崛起战略要提升到国家层面，就不宜局限在河南省域。建设中原经济区，可以从新的角度和高度认识中原崛起。中原崛起是建设中原经济区的战略目标，中原经济区建设为实现中原崛起提供更加具体有效的战略保障。

一、中原经济区战略构想的提出

考虑到历史地理与经济社会发展等多方面的综合因素，河南省委、省政府提出在中原地区建设以河南省为主体延及周边地区的中原经济区，作为实施中原崛起战略的地域承载平台。

（一）中原经济区的历史地理区域

从前文的分析可知，作为特定地域概念的中原，历史所指范围并不一致，以古豫州为起点，以河洛地区为重心，其地理范围不断扩大，遍及整个黄河中下游地区，当然也包括黄河故道的皖北和苏北地区。同时依据中原地区历代政区的变迁和文化影响，大致可以将中原的四至界定为：西临华山、北至太行山—漳河一线、南界沔水—淮河一线、东达泰山—泗水一线。主要包括现在的河南省全部，河北邯郸以南，湖北枣阳、襄阳、郧县以北（襄阳以北与南阳联系密切，属南阳管辖）、陕西华山以东（包括陕西洛南）、山西临汾以南（运城地区）、山东菏泽、聊城以西，安徽亳州市、宿州市，江苏徐州市、宿迁市所辖区域。

这一界定主要考虑的是，南沿秦岭—淮河一线，是历史上通常意义的南北分界处；东南到皖北、苏北，是因为自从北宋末年黄河改道南流后，这一地区就和豫东南、鲁西南一起成为黄河下游地区，其经济发展水平、民风民俗都有很高的相似度，这里由于屡遭水灾，经济发展滞后，民风民俗强悍，同时在元朝时，这一地区都属归德府管辖，相当于今河南商丘市、安徽亳州市、宿州市，江苏徐州市、宿迁市所辖区域；东到山东西部菏泽、聊城（新中国成立初期的平原省即包括当时的菏泽、聊城专区），因为大运河改道后，山东就与北京、河北联系密切；北到河北南部，西到汾河、渭河平原。

综上所述，无论在河南省视野内、中部地区视野内或全国视野内，中原地区均超出河南省域，是以河南省为主体的并与周边省份相邻地区所组成的我国中部偏北的一片广袤的地域。为了给中原崛起构建一个坚实的地域承载平台，在全国区域经济发展中发挥独特的重要作用，河南省委、省政府以超出河南省域的战略眼光，提出构建以郑州为核心，以京广—陇海黄金十字架为骨架，以中原城市群为牵引，以河南省为主体并与周边省份的相邻地区共同组成的"中原经济区"。其地域范围应该包括河南全部以及晋东南、冀南、鲁西南、皖西北、鄂北、苏北等周边地区。

（二）中原经济区的先期经济协作

商者无疆。自古以来，相连的土地、相同的文化背景、相似的成长基因成就了中原地区各类经济体之间多层次、相互依存共生的区域经济联合体，行政区划的版图早已被密集的商流物流路线交织覆盖，各地围绕加强合作共赢、互动发展，开展了多层次、多形式的交流活动，先后建立豫晋冀鲁4省13市共同组成的中原经济协作区、豫皖苏鲁4省20市组成的淮海经济协作区、豫晋陕3省交界的黄河金三角经济协作区等合作平台，在加强区域合作上进行了积极探索，为建设中原经济区积累了宝贵经验，也奠定了广泛的经济社会基础。

在豫北，1982年安阳、新乡、濮阳、晋城、邯郸、邢台、聊城等晋冀鲁豫四省13市共同组建了"中原经济协作区"。中原经济协作区以开发中原地区资源为重点，以促进区域经济繁荣为目的，开展了多形式、多内容、多层次、多渠道的横向联合与协作。一是举办各种类型的商品交易会，促进区域内商品流通。也先后举办了安阳春节物资调剂会、长治轻纺产品交易会、聊城农副产品交易会、邢台协作项目洽谈会、邯郸食品博览会、国际建材博览会，等等。二是协进协出各类物资，调剂余缺、互通有无。三是积极交流经济技术协作项目。四是为建设项目争取贷款和拆借资金，争取国家低息横向联合贷款 1800 万元，拆借融通资金 37 亿元。2003 年河南省濮阳市与山东省聊城市密切协作，共同争取国家支持，顺利实施了金堤河干流疏通和彭楼引黄入鲁灌溉工程，较好地解决了区域灌溉排水问题。2004 年初禽流感期间建立了区域内百县联防联控机制。2005 年河北省邯郸市与河南省安阳市联合查处了岳城水库上游的一些污染企业，解决了饮用水源地跨省界污染问题，保证了邯郸、安阳两市人民的饮水安全。同时，在交通运输、行业工作网络建设方面凸显成效，已经形成的旅游网络、统计网络实现了资源的共享、沟通了区域间信息交流，促进了多方合作。"中原知名企业家联谊会"等行业协会、"中原民间艺术节"、"中原人才交流大会"等活动对区域内经济的发展都起到了极好的推动作用。目前该区域内已先后组建了 30 多条行业网络，涵盖了交通、旅游、商业、金融、科技等行业以及相关行政管理部门。①

在豫东，淮海经济协作区成立于 1986 年 3 月，成员包括徐州、盐城、连云港、淮安、宿迁、泰安、枣庄、莱芜、济宁、菏泽、临沂、日照、周口、商丘、开封、蚌埠、淮北、宿州、亳州、阜阳 20 个城市，区域面积 17.8 万平方公里，人口 1.2 亿。作为苏鲁豫皖四省接壤地带的区域性经济合作组织，淮海经济区成立 20 年来，在各成员市的共同努力下，区域联合取得丰硕成果，发展活力明显增强，区域经济实力有了较大提升。2010 年 5 月 7 日，淮海经济区核心区 8 个城市市长在徐州共同签署了《关于加快淮海经济区核心区一体化建设的意见》，讨论并通过了《淮海经济区核心区一体化建设合作与发展协调机制》和《2010 年淮海经济区一体化建设重点工作方案》。淮海经济区的一体化建设经济效果明显。一是区域交通设施建设合作，尤其是各成员市携手推进生产要素的高效流通，建立了具有各自特点的农产品公路运输"绿色通道"，核心区内国道、省道及主要公路均纳入"绿色通道"范围。连云港市与徐州、宿迁等成员市积极衔接沟通，签订了共建共用连云港的合作框架协议，港口基础设施建设加快实施，各项优惠政策及服务承诺进一步落实。二是区域市场的融合。淮北市、徐州市研究建立金融运行机制，积极推进银行本票区域一体化，促进影像支票广泛运用和个人支票发展，打造便捷高效的支付结算通道。三是开展了有序的区域会展活动。四是区域合作体系不断完善，在科技创新、人力资源、环境保护方面积极合作，促进经

---

① 党涤寰.中原崛起［J］.领导萃文，近日时政（下），2010（11）：33.

济的快速发展。五是建立了区域工作的协调机制，为各市之间的互惠合作提供制度保障。这些都为中原经济区的发展提供了良好的可供借鉴的建议。

在豫西，黄河金三角区域，其前身是 1986 年成立的"晋陕豫黄河金三角经济协作区"，包括山西省运城市、临汾市和陕西省渭南市及河南省三门峡市四个市，共辖 47 个县（市、区）。总面积 5.78 万平方公里，占全国的 0.6%，占三省的 10.97%。总人口 1686.84 万，占全国的 1.27%，占三省的 9.91%。2009 年该区域人均 GDP 为 16825 元，比全国低 8300 元，比东部地区低 23361 元，比中部地区低 2612 元，比西部地区低 1264 元。该地区的资源优势明显：煤炭开采规模形成约 1 亿吨的生产能力，占全国的 4%；焦炭形成 4100 万吨的生产能力，占全国的 14%；氧化铝产能 610 万吨，约占全国的 35%；金属镁产能 35 万吨，占全国的 50% 以上；钼精粉产量 3 万吨，占全国的 50% 以上；黄金产量 35 吨，约占全国的 15%。农业优势：运城、临汾粮食产量占山西省的 1/3，棉花产量占 90% 以上；渭南粮食产量占陕西省的 17%，棉花产量占 3/4；区域内苹果种植面积近 700 万亩，年产苹果 700 余万吨，浓缩果汁产能 90 万吨，分别占全国的 1/5、1/4、3/4。目前，黄河金三角地区的经济协作已成为连接东部中原经济区和西部关中一天水经济区的新的经济增长带，而金三角的大部分又是中原经济区的西部构成板块。

（三）对中原经济区的基本认识

中原经济区是以河南为主体，涵盖周边，支撑中部，北依环渤海，南承珠三角，东接长三角，西连大西北，具有自身特点、独特优势、经济相连、使命相近、客观存在的经济区域。该区域山水相连、血缘相亲、语言相通、民俗民风相近，同属中原历史文化支脉，历史上经济、文化联系较为密切；地处长三角、珠三角、环渤海等经济区中间地带，距离北京、上海、武汉等中心城市相对较远，难以接受辐射和带动，经济社会发展相对独立；发展阶段大体相近，面临的发展难题和发展任务基本相同，初步形成以河南为核心、体系相对完整、内部联系密切的经济区域。

1. 中原经济区是客观存在的

从历史和现实来看，中原经济区不是人为划分的，而是历史发展中自然形成的，是一个经济相连、使命相近、客观存在的经济区域，它和国家区域发展战略密切相关，并且已经具备了基本的规模。特别是新中国成立以来，随着经济社会快速发展和现代交通方式的发展，区域内经济联系日益紧密，合作交流不断加强，逐步形成了一个具有内在联系的经济区域。中原经济区战略的提出，符合区域发展的基本特征，符合河南的实际情况。从事区域研究的专家认为，由于中原经济区内部联系比较紧密，作为经济区的增长极及辐射区域都已形成，且这一区域相对于我国东部地区已有的经济区是比较独立的，因而从这个意义上说，中原经济区不是人为划分的，而是在历史发展中自然形成的，是客观存在的。同时中原经济区正处于工业化、城镇化加速发展阶段，具有良好的基础设施、产业基础和人力资源条件，开发成本相对较低，在全国发展格局中具有典型代表性，能够解决的问题最多，综合性最强。

2. 中原经济区是相对独立的

中原经济区是以河南为主体，涵盖周边，支撑中部，北依环渤海，南承珠三角，东接长三角，西连大西北，具有自身特点和独特优势的经济区域。这一区域以河南为主体，涵盖周边地区，山水相连、血脉相亲、文脉相承，自古以来就是一个在经济、文化等方面具有紧密联系的地理区域。中原经济区距离珠三角、长三角、环渤海等全国经济高地比较远，受其辐射、带动和影响比较小，所以这个区域内产业特别是工业门类比较齐全、完整，自我配套能力和自我修复能力比较强，是全国经济格局中一个相对独立的经济单元。

从全国经济发展大局的角度来看以及经济区成立的必要条件来看，该区域空间范围内各点之间自然地理环境、历史文化、区位、产业结构、经济发展水平等基本相同，而与外部并存的其他区域比又有着显著的差异。该区域面临着大体上同样的问题，而与外部其他区域比，这些问题又是极不相同的。该区域范围无论在空间上还是在人口总量、经济总量上都足够大，以至于这一区域共性问题的解决足以影响国家全局。因此中原经济区是独立存在的。

从主体功能区划分角度看，河南为主体的中部平原，是我国最大的平原农区，其功能是独特的。中原经济区以保障农业和粮食安全为前提，立足城乡统筹，努力实现工业化、城镇化和农业现代化协调发展。该区是全国"三化"协调发展实验区，积极推进新型城镇化、新型工业化和农业现代化。

3. 中原经济区欠发达

改革开放以来，中原经济区经济社会发展取得了长足进步，已经具备较好的产业基础，能源工业、食品工业、装备制造业等在我国具有重要的地位。但与东部沿海地区相比，人均经济水平、民生水平和工业化、城镇化水平明显偏低，呈现出明显的"塌陷"现象。2008 年中原经济区人均 GDP 只有 17000 元左右，比全国平均水平低 5000 多元，只是全国平均水平的 3/4；人均财政收入只有 800 余元，仅为全国平均水平 4600 元的 1/5 多；第一产业占 15%左右，比全国平均水平高出 4 个多百分点，第三产业只占 30%左右，比全国平均水平约低 10 个百分点；城镇居民可支配收入 12000 余元，比全国平均水平低近 3000 元；农民人均纯收入是 4300 多元，比全国平均水平低近 400 元；城镇化率 30%左右，不到全国平均水平的 2/3。[①]

从全国区域发展大局中，可以认识到这是一个发展相对滞后、欠发达特征明显的区域。中原经济区地处欠发达的中部地区，发展水平更低于中部其他地区，整体发展水平低于全国平均水平。在评价全面建设小康社会的主要指标中，中原经济区的主体——河南省，由于受各种主客观因素制约，目前该区域经济社会发展水平低，主要人均指标落后于全国平均水平，"三农"问题十分突出，工业化、城镇化发展滞后、人口多、基础差、底子薄、发展不平衡的基本特征尚未根本改变，可以说是全国的"经济洼地"。

4. 中原经济区承载着重大历史使命

放眼中国经济版图，区域经济的勃兴成为新一轮发展的最大亮点。建设中原经济区，符合实际、顺应时势，能够有力地促进国家区域协调发展，推动经济发展方式转变，推进中部地区加快崛起，较好地解决"三农"和"三化"协调发展问题，更好地承接国际国内产业转移。专家指出，现代社会是一个需要设计的社会，改革开放需要设计，中原崛起源于设计，需要用大战略统一思想，凝聚力量，推动发展。中原经济区是一个事关全局的战略性设计，承载发展的历史，肩负振兴的责任。建设中原经济区有利于更好地把握和发挥河南省及中原地区的比较优势，有利于以区域经济的理念来谋划推动中原发展，把本地发展放在区域、全国乃至世界的背景下去认识、去审视，放在未来 10 年经济发展梯度转移的背景下找准用好比较优势，并在此基础上形成各地各部门有机协作、互动发展的整体合力。建设中原经济区具有重大的全局意义，可以在中部地区构筑具有强大集

---

① 喻新安. 2010 年 4 月 18 日专题研究报告之一：中原与构建中原经济区研究. 42.

聚作用和辐射作用的核心增长极，形成我国区域发展新的重要增长极，为加强发达地区和欠发达地区的经济联系提供良好的条件。建设中原经济区，能够促进农业发展方式转变，保障国家粮食安全，统筹"三化"协调发展，推进"四化"同步，完善国家区域发展战略，具有较大的示范意义和带动作用。总之，构建中原经济区是加快中原崛起、河南振兴的必然选择，是河南人民的呼唤，也是国家发展的需要。

二、中原经济区的特点与优势

改革开放以来，中原经济区经济社会发展取得了长足进步，已经具备较好的产业基础。从其自身发展和在全国的地位看，这一区域具有以下特点和优势：

（一）区位特点与优势

中原经济区以河南省为主体，河南省东近上海，南临武汉，北靠北京、天津，西接西安，位于全国心脏部位，四通八达，是全国重要的人流、物流、资金流、信息流的集散地。铁路方面，四纵五横，贯通全境，四条国际集装箱运输线路通过郑州，郑州北站是亚洲最大的编组站，郑州东站是全国最大的零担中转站。公路方面，高速公路通车里程居全国之首，国家两纵两横高速公路中，京深和连霍一纵一横经过河南，以省会郑州为中心的米字形高速公路网络正在形成中，郑州、洛阳、开封、三门峡四座黄河公路大桥沟通黄河南北的交通运输。航空方面，以新郑机场为中心，1.5小时航程内覆盖了全国2/3的主要城市，3/5的人口，3/4的GDP。而随着全国经济发展的战略西移以及西部大开发的实施，特别是近年来随着高速铁路、城际轨道交通等现代交通方式的发展，区域内逐步形成航空、铁路、公路、水运等多种运输方式高效衔接的综合交通运输体系，河南交通在全国的枢纽地位又得到了进一步强化，为进一步密切区域内外经济联系提供了更加便利的条件。借助这样优越的区位交通条件，河南通过日益完善的市场建设，加速了国内市场与国际市场的融合，促进了资本、技术、劳动力、信息等生产要素市场的形成和发育。从运输市场看，河南拥有的重要铁路枢纽城市、航空港口城市数量在中部六省均位居榜首。从商品市场看，有各类集市贸易批发市场和大型商品交易市场，数量不仅在中部六省中名列前茅，也均居全国前列，初步形成了在中西部地区有特色、在全国有影响的国际国内机电产品、电子信息产品、服装和农产品等多个交易中心。从服务平台看，河南有国内规模比较大的金融、保险、咨询产业和正在建设中的高速、宽带、大容量的信息网络。

（二）自然人文资源特点与优势

中原经济区地处我国暖温带及其向亚热带过渡地带，黄河、淮河、海河、汉水四大流域在此区域流淌，气候宜人，自然景观荟萃，融南秀北雄于一体。该区域有多种矿产资源储量居全国前列。石油、煤炭、天然气储量丰富且开发强度居于全国前列，资源开发的组合条件好，是我国重要的能源原材料基地。中原地区是中华民族的主要发祥地，我国公认的八大古都有其四，历史源远流长，文化积淀丰厚，曾经演绎过无数的历史篇章。厚重的历史文化、源远流长的文化传统、丰富多彩的旅游资源，成为中原经济区发展文化、旅游产业得天独厚的优势和珍贵的无形资产。

（三）人口特点与优势

中原经济区劳动力资源十分丰富。实际拥有人口不少于 1.65 亿，其中，农业人口达 1.11 亿，全部劳动力人口超过 1.1 亿人。换言之，该区域仅占用了全国约 1/32 的国土面积，却承载了全国约 1/8 的人口，是我国人口最为稠密的地区之一。丰富的人力资源不仅能为本地区经济发展提供支撑，而且能为全国输出充足的劳动力。同时，这一地区也存在农村人口基数大、劳动力素质偏低、就业压力大等问题。但是，随着科教兴省战略的进一步实施，河南省劳动者的素质正在不断提高。

（四）农业特点与优势

中原经济区是我国有着悠久传统的农业大区，也是当今中国最重要的粮食生产核心区。全区耕地面积约 1.9 亿亩，占全国耕地资源的 1/10 以上，是全国土地耕种强度最高、农副产品供给能力最高的地区，无论粮食生产，还是肉蛋奶产量在全国都具有举足轻重的地位。特别是河南省，作为全国第一粮食大省，在确保国家粮食安全中发挥着至关重要的作用：首先是总产量大，2009 年河南粮食总产达到 1078 亿斤，占全国粮食产量的 1/10。其次是增产潜力大，目前全省还有 6000 多万亩的中低产田，玉米、水稻等秋季高产粮食作物种植面积和单产还有望进一步扩大和提高，随着国家粮食战略工程河南核心区建设的稳步推进，粮食增产潜能将进一步释放。按照国家规划，2020 年河南粮食生产能力要新增 260 亿斤，占全国新增加 1000 亿斤的 1/4 多，稳定达到 1300 亿斤，占全国粮食生产能力 11000 亿斤的 1/9 以上，调出原粮和粮食加工制成品 550 亿斤以上。最后是转化能力强，作为全国第一粮食大省，河南粮食加工能力位居全国首位，粮食加工能力、肉类总产量均居全国第一位，成为全国畜牧养殖大省和食品工业大省。食品工业销售收入从 1994 年的全国第 7 位到 2005 年超越江苏升至第 3，2006 年一举超越广东排名第 2 位。全省各类粮食加工企业达 2624 家，所生产的面粉、挂面、速冻食品、方便面、味精等市场占有率均为全国第一，已成为全国最大的肉类生产加工基地、全国最大的速冻食品加工基地、全国最大的方便面生产基地、全国最大的饼干生产基地、全国最大的调味品生产加工基地。

（五）城市群特点与优势

中原经济区以中原城市群为牵引。中原城市群以郑州为中心，以洛阳为副中心，包括开封、平顶山、新乡、焦作、许昌、漯河、济源、巩义、新密、禹州、新郑、偃师、荥阳、登封、舞钢、汝州、辉县、卫辉、沁阳、孟州、长葛 23 个城市，34 个县城，374 个建制镇。土地面积 5.87 万平方公里，人口 3950 万，分别占全省土地面积和总人口的 35.3% 和 40.3%。中原城市群是半径 500 公里区域内规模最大的城市群，在中国 15 个城市群中综合实力名列第 7 位，位列中国中西部第 1 位，是中部地区乃至全国的战略支点，在经济密度、可达性、辐射带动等方面都优于中部其他城市群。建设与发展中原城市群，将其原有的种种优势在实现更大范围内优化整合成整体优势，以乘数的方式增强其集聚与辐射功能作用。充分发挥中原城市群的支撑作用，对推进中原经济区的发展，实现中部地区崛起，促进东中西区域协调发展意义重大。

三、中原经济区的建设目标

从前文的分析可知，中原崛起最核心的内涵就是在党和国家政策指引下，通过正确选择发展途径、合理实施区域布局、加快完善市场体制、高度重视人才强省等一系列战略措施的实施，从而缩小中原地区与东部沿海发达地区的差距，促使其发展走在中西部地区的前列。从内涵的要求来看，新形势下中原崛起的主要标志应包括四个方面，而这也正是中原经济区的建设目标。

（一）中原崛起的主要标志

（1）经济发展水平超过全国平均水平，主要民生指标达到全国平均水平。这两个方面的目标要求，把加快中原崛起的第一要务即加快经济发展，与加快中原崛起的出发点和落脚点即改善民生有机结合起来，主要体现加快发展、率先崛起的意思。与原有的提法相比，增加了"主要民生指标达到全国平均水平"，并将经济发展水平的目标提升为"超过全国平均水平"，有利于更好地体现加快发展、科学发展、以人为本的理念。在转变发展方式的基础上实现这两个方面的目标，不仅使中原地区的发展水平上了一个大台阶，而且对国家的发展也是一个重大贡献。

（2）发展方式转变取得重大突破，基本实现工业化。具体体现在以下四个方面：①基本建成现代城镇体系。在加快新型城镇化进程、统筹城乡发展的基础上，到 2020 年，中原经济区非农劳动力要占到 60% 以上（河南省达到 65% 以上），城市人口占 50% 以上（河南省达到 55% 左右），中原城市群的集群优势和引领作用更为突出。②基本建成现代产业体系。在降低农业比重的基础上，实现经济增长由主要依靠工业拉动向依靠第二产业、第三产业协调拉动转变，力争服务业比重提高到 40% 以上。③基本建成自主创新体系。④基本建成"两型"社会。单位生产总值能耗和主要污染物排放量低于全国平均水平。

与原有"基本实现工业化"的提法相比，这一提法内涵更为丰富。实现这一目标，对于中原这样一个传统农业核心区来说，将是一个历史性的转变，对于广大中西部地区乃至全国来说都具有典型意义。

（3）中原文化影响力明显增强。中原文化历史悠久、积淀深厚，在中华文化中具有根源性的特征。加快中原文化繁荣振兴，不仅是中原崛起的重要内容，也是加快中原崛起的必由之路。新的历史时期，在继承和创新基础上中原文化影响力的释放程度，将在很大程度上体现着中原经济区的软实力和综合竞争力。

（4）综合竞争力走在中西部地区前列。主要是体现跨越发展、和谐崛起的意思，与原有提法相比，进一步明确要使"综合竞争力"走在中西部地区前列。实现这一目标，就是要求加快中原崛起必须在"四个大力"上下硬功夫，在"四个新"上见大成效（2010 年 3 月 10 日，胡锦涛同志参加十一届全国人大三次会议河南代表团审议时，对河南提出了"四个大力"、"四个新"的要求，即大力推动经济发展方式转变、大力推动农业发展方式转变、大力保障和改善民生、大力推动文化发展繁荣，希望河南在继续解放思想上迈出新步伐，在坚持改革开放上实现新突破，在推动科学发展上取得新进展，在促进社会和谐上见到新成效），使主要经济指标，特别是质量和效益指标走在中西部地区前列、转型升级走在中西部地区前列、统筹城乡协调发展走在中西部地区前列、市场环境和政府服务优化走在中西部地区前列、对外开放走在中西部地区前列、创新发展走在中西部地区前列。

（二）主要目标的设定意义

关于上述主要目标的设定意义，做进一步分析如下：

（1）经济发展水平超过全国平均水平的标志性意义。以河南为主体的中原经济区是华夏文明的重要发源地，在北宋以前一直是全国政治、经济文化中心，但由于战乱、灾荒等原因，中原几度衰落，到新中国成立时，已成为全国最贫穷的地区之一。改革开放以来，中原经济区的发展速度和成就有目共睹，但由于历史原因和全国发展水平特别是与东部先进地区相比，仍处于"洼地"。对于人口众多、经济基础相对薄弱、人均水平偏低的中原经济区来说，到 2020 年超过全国的平均发展水平，届时中原经济区的经济总量将更加突出。

以河南省为例：2009 年，河南省人均 GDP 为 20477 元，与全国人均水平相差 4711 元，是全国平均水平的 81.3%（见表 3.1），若要到 2020 年超过全国平均水平，此后 11 年每年差距要缩小 1.7 个百分点。

表3.1 河南省与全国人均GDP比较

单位：元

年份	计价水平	全国	河南	河南与全国的差距	河南占全国比重（%）
2000	当年价	7858	5450	2408	69.4
2009	当年价	25188	20477	4711	81.3
	2000年价	17350	14516	2834	83.6

具体来讲，按照我国到2020年人均国内生产总值比2000年翻两番的要求，即按照2000年的不变价，2020年我国人均生产总值要达到31432元，年均增长7.1%。但实际上，2000~2009年，我国的人均GDP年均增长9.4%，河南年均增长11.8%，河南的年均增速比全国高2.4个百分点（见表3.2），这意味着即使考虑到国际环境的变化和我国发展方式的转变，2010~2020年全国的人均GDP增速比前9年略微降低，只要超过7.1%，人均GDP翻两番的目标将会提前实现。

表3.2 河南省和全国人均GDP增长速度比较

单位：%

年份	全国	河南	河南高出全国
2000	7.6	8.5	0.9
2001	7.5	8.9	1.4
2002	8.4	9.2	0.8
2003	9.4	10.6	1.2
2004	9.4	13.9	4.5
2005	9.8	13.8	4.0
2006	11.0	13.7	2.7
2007	12.5	14.7	2.2
2008	8.4	11.9	3.5
2009	8.2	10.0	1.8
2000~2009年均	9.4	11.8	2.4

假定2010~2020年我国人均GDP年均增长7.5%~8.5%，即全国人均GDP达到按2000年价计算的38440~42562元，河南要超过这一水平，接下来11年的年均增长速度就要超过9.3%~10.3%，即河南年均增速需要高出全国平均水平1.8个百分点。这样，河南就可以与全国一样，人均GDP可提前2~3年超过全面建设小康社会统计监测指标体系要求的31400元。如果河南的发展再快一些，比全国提前1年达到这一水平，则接下来10年的年均增速就要超过10.2%~11.4%，即河南年均增速需要高出全国平均水平2.7个百分点以上，这意味着可提前3年

超过全面建设小康社会统计监测指标体系要求的 31400 元。

如果河南的人均 GDP 能够超过全国平均水平，在 38440~42562 元以上，按 2000 年汇率计算，约合 4500~5100 美元，取中间值在 4800 美元左右；按 2009 年的汇率计算，约合 6110~6882 美元，取中间值在 6500 美元左右。若人口按全省每年增加 50 万人计算，届时河南经济总量若按 2000 年汇率折算将达到 5040 亿美元，按 2009 年汇率折算达到 6825 亿美元，与亚洲"四小龙"中的韩国 2000 年的经济总量（5117 亿美元）相当，河南在全国的比重将比现在再提高 1 个百分点以上，达到 7% 左右。

（2）民生主要指标赶上全国平均水平的标志性意义。中原经济区城乡居民收入在全国排位较为落后。特别是城镇居民收入，2009 年，河南省城镇居民人均可支配收入 14372 元，18 个省辖市中，水平最高的郑州也仅为 17117 元，明显低于全国平均水平 17175 元。

假定 2010~2020 年，全国城镇居民人均可支配收入年均增长 9% 左右，按 2009 年的价格计算，2020 年全国城镇居民人均可支配收入将达到 44300 元，考虑到城乡统筹发展和收入分配制度改革对农民收入的推动，以及全国全面建设小康规划中城乡居民收入比控制在 2.8 以内的要求，农民人均纯收入需要达到 15800 元。中原经济区的主要民生指标赶上全国平均水平，意味着中原经济区的城乡收入也要达到这一水平，也就意味着在此后的十多年里，城乡居民收入增长将保持一个高出全国平均水平的速度，这将极大地改善中原经济区城乡居民的生活质量，让广大人民群众最大程度地分享改革发展的成果。这不仅是中原经济区居民进入全面小康社会的重要基础，更是对全国进入小康社会的重要支撑。

（3）城镇化率超过 50% 的标志性意义。中原经济区人口密集，但由于经济发展水平的落后，这一地区的城镇化水平比较低，2008 年城镇化率只有 33.1%，比全国平均水平低了 12.6 个百分点。城镇化水平低，严重制约着这一地区的发展。如果到 2020 年中原经济区的城镇化率能够超过 50%，就意味着这一地区一半以上的人口将在城市生活，人口自然增长率按 5‰ 计算，到 2020 年中原经济区人口将达到 1.78 亿人，城镇人口 8911 万人，比目前新增加 3360 万人，相当于目前全部加拿大人口的数量。如此巨大数量的人口进入城镇生活，一方面可以极大地改善中原经济区居民的生活质量，另一方面可以极大地增强这一区域的需求能力，推动中原崛起。

具体分析，从全国的平均数据看，2008 年农村居民人均消费支出为 8869元，地级市 10599 元，36 个大中城市 14326 元，农民转化为城镇居民，消费明显增加。按照上述数据计算，按 2008 年的水平，平均每个由农村转移到城市的居民每年增加消费约 3000 元，考虑到随着收入的增长消费也会增长，假定和城镇居民收入同步增长，到 2020 年这一数据将达到 8000 元以上，再加上城镇化率提高后，有助于推进农业适度规模经营，进而推动农民收入和农民消费水平的提高，城镇化水平超过 50%对中原经济区消费水平的直接拉动将达到 4 万亿元以上。

城镇化水平的提高，还会推动这一地区的城镇基础设施、公共服务设施建设和房地产开发，据有关部门研究，近年来每增加一个城镇人口，可以带动至少10 万元城镇固定资产投资。3360 万新增城镇人口，形成的就是 3.36 万亿元以上的巨大投资需求，这将对中原崛起形成强大的推动力。

（三）中原经济区建设的目标体系

根据新形势下中原崛起的内涵和主要标志，设定中原经济区建设的目标体系应遵循以下原则：一是保持连续性，要充分吸纳历届河南省委、省政府关于中原崛起的主要量化指标；二是突出主要的人均指标，体现在人均水平上达到或超过全国平均水平；三是体现结构优化和发展方式转变方面的主要指标；四是体现节能和生态环境建设方面的主要指标；五是体现民生改善和社会和谐方面的主要指标；六是参考已上升到国家层面的区域规划，主要目标不宜太多，应控制在 10个左右，以便于在实际工作中发挥引领作用。

综合考虑，中原经济区建设的目标体系应由三类共 10 个指标构成：一是经济发展方面。选择人均 GDP、城镇化率、服务业增加值占 GDP 比重、R&D 投入占 GDP 比重四个指标，其中，人均 GDP 反映发展水平，另外三个指标体现发展方式的转变情况，要求通过城乡结构、产业结构、技术结构的提升和优化来实现经济的增长。二是民生改善方面。选择城镇居民人均可支配收入、农村居民人均纯收入、城镇调查失业率、15 岁以上人口平均受教育年限四个指标，分别反映收入、就业和教育情况。三是绿色发展方面。选择万元 GDP 能耗、万元 GDP 二氧化碳排放量两个指标，用以体现节能减排。

在设定经济发展指标的目标值时，主要遵循以下几点原则：第一，按照国家全面建设小康社会统计监测指标体系和河南省全面建设小康社会纲要，确保主要目标的实现；第二，确保经济发展水平超过全国平均水平、主要民生指标达到全国平均水平等目标的实现；第三，参考"十二五"规划纲要及其他中长期专项规划的主要目标测算情况；第四，适当留有余地，把困难考虑得更充分一些；第五，为转变发展方式留出空间，处理好稳增长和转方式的关系，在保持总量扩张的同时，更加注重发展方式的转变。

这些指标的具体目标值设定情况如下（利用河南省的基数进行测算）：

（1）人均 GDP。按照 2000 年价格折算，2009 年河南省人均 GDP 是 2000 年的 2.74 倍，2000~2009 年均增长 11.9%。考虑实际趋势，按照 2010 年和"十二五"期间年均增长 10.5%、"十三五"期间年均增长 10% 左右测算，2020 年河南省人均 GDP 可达到 43600 元，实现比 2000 年翻三番的目标。其中，2013 年可达到 22235 元，比原定的 2020 年提前 7 年实现比 2000 年翻两番。

（2）城镇化率。近年来，河南省城镇化率保持快速发展态势，2000~2009 年累计提高了 14.5 个百分点，年均提高 1.61 个百分点，比全国的年均提高量高出1.28 个百分点。2009 年河南省城镇化率达到了 37.7%，仍低于全国平均水平 8.9个百分点。根据国家全面建设小康社会统计监测体系，2020 年我国城镇化率要达到 60% 以上，河南省实现这一目标，城镇化率需要年均提高 2.03 个百分点，难度非常大。建议按照年均提高 1.6 个百分点左右考虑，2020 年河南省城镇化率可达到 55% 左右。

（3）服务业增加值占 GDP 比重。近年来，河南省服务业发展逐步提速，但服务业增加值占 GDP 的比重仍然偏低，是河南省产业体系中的"短板"。2005~2009 年河南省服务业增加值比重分别为 30%、30.1%、30%、28.6% 和 29.1%，连续多年居于全国末位，2009 年全国平均水平为 42.6%，高出河南省 13.5 个百分点。根据国家全面建设小康社会统计监测体系，2020 年我国服务业增加值比重要达到 50% 以上，河南省要实现这一目标，服务业增加值比重需要年均提高 2 个百分点，难度非常大。考虑到目前河南省所处的产业发展阶段，建议按照年均提高 1 个百分点考虑，2020 年河南省服务业增加值可达到 40%。

（4）R&D 投入占 GDP 比重。2009 年，河南省 R&D 投入占 GDP 比重为0.77%，低于全国平均水平 0.85 个百分点。根据国家全面建设小康社会统计监测体系，2020 年我国 R&D 投入占 GDP 比重要达到 2.5% 以上，河南省要达到这一目标，还要提高 1.73 个百分点以上，实现的难度较大。加大 R&D 投入是构建自主创新体系的必然要求，建议 2020 年河南省 R&D 投入占 GDP 比重按照力争达到全国平均水平考虑。

（5）城镇居民人均可支配收入。2009 年，河南省城镇居民可支配收入为 14372 元，比全国少 2803 元。2000~2009 年，河南省城镇居民人均可支配收入年均增长 9.4%，比全国的增速低 0.1 个百分点，其中，"十一五"前 4 年河南年均增长 10.3%，比全国的增速高 0.1 个百分点。假定 2009~2020 年年均增长 9% 左右，2020 年全国城镇居民可支配收入可达到 44300 元（2009 年价格），河南要赶上全国平均水平，2009~2020 年全省城镇居民人均可支配收入需要保持年均 10.8% 的增速，比全国的增速高 1.8 个百分点以上。

（6）农村居民人均纯收入。2009 年，河南省农民人均纯收入为 4807 元，是全国平均水平的 93.3%，比全国平均水平少 346 元，城乡居民收入比（以农为 1）为 2.99，比全国平均水平低 0.34。2000~2009 年，河南省农村居民人均纯收入年均增长 6.8%，比全国的增速高 0.6 个百分点。根据国家全面建设小康社会统计监测体系，2020 年城乡居民收入比要达到 2.8 以内，这意味着，如果城镇居民人均可支配收入达到 44300 元（2009 年价格），农村居民人均纯收入需要达到 15800 元以上，2009~2020 年的年均增速全国需要达到 10.7%，河南需要达到 11.4%，河南的增速需高出全国 0.7 个百分点以上。

（7）15 岁以上人口平均受教育年限。2007 年，河南省 15 岁以上人口平均受教育年限为 8.5 年，比全国平均水平低 0.1 年。根据国家全面建设小康社会统计监测体系，2020 年我国 15 岁以上人口平均受教育年限要达到 10.1 年。加快推进人才强省建设，是实现中原崛起的必然要求。建议 2020 年河南省 15 岁以上人口平均受教育年限按照 10.3 年考虑，略高于全国平均水平。

（8）城镇调查失业率。2009 年，河南省城镇调查失业率为 3.5%，全国城镇登记失业率为 4.3%。根据促进中部地区崛起规划，2015 年中部地区城镇登记失业率要控制在 4% 以内。根据国家全面建设小康社会统计监测体系，我国城镇登记失业率要控制在 6% 以内。建议 2020 年河南省城镇调查失业率按照 4.5% 控制。

（9）万元 GDP 能耗。1980~2009 年，河南省万元 GDP 能耗年均下降 4.3%，其中，"十一五"以来年均下降 4.55%。2009 年，河南省万元 GDP 能耗预计为 1.146 吨标准煤，仍比全国平均水平高 6.33%。根据国家全面建设小康社会统计监测体系，2020 年我国万元 GDP 能耗要低于 0.84 吨标准煤，未来 11 年河南省还需要再下降 27.7% 以上。考虑到加快转变经济发展方式的要求，建议 2020 年河南省万元 GDP 能耗按照略低于全国平均水平控制。按照 2010 年下降 4% 左右和 2020 年比 2010 年累计下降 30% 以上、年均下降 3.5% 左右测算，2020 年河南省万元 GDP 能耗可降低到 0.77 吨标准煤。

（10）万元 GDP 二氧化碳排放量。根据国家提出的 2020 年单位 GDP 二氧化碳排放量比 2005 年降低 40%~45% 的目标，建议河南省 2020 年万元 GDP 二氧化碳排放量按照比 2005 年降低 45% 左右确定，具体指标以国家下达的任务为准。

（四）中原经济区建设中河南省要实现的目标

作为中原经济区的主体，综合考虑其发展基础和发展潜力，着眼于未来河南在中国经济版图中的地位和作用，建设中原经济区过程中河南省的总体目标应定位为"五新"即增创粮食生产新优势、构筑"三化"协调新格局、实现改革开放新突破、推动转型发展新进展、构建和谐社会取得新成就。

（1）增创粮食生产新优势。粮食生产支撑条件明显改善，规模化、集约化、产业化、标准化水平走在全国前列，到 2020 年建成全国粮食生产核心区、全省粮食综合生产能力达到 1300 亿斤，建成比较完善的现代农业产业体系，农业综合效益明显提高，为保障国家粮食安全做出新的更大的贡献。

（2）构筑"三化"协调新格局。新型城镇化和新型工业化加快推进，产业、人口、生产要素集中度明显提高，基本建成生态高效的现代城镇体系和现代产业体系，形成以产带城、以城促产的良性互动局面；新型工业化带动和提升农业现代化的能力进一步增强，新型城镇化和社会主义新农村建设协调推进，工业反哺农业、城市支持农村的长效机制基本形成，实现城乡共同繁荣。

（3）实现改革开放新突破。社会主义市场经济体制更加完善，重点领域和关键环节改革取得重大突破，率先建立充满活力、富有效率、有利于科学发展的体制机制；对外合作领域和空间不断拓展，与沿海和中西部地区的区域协作全面加强，外贸进出口和利用外资水平走在中西部地区前列。

（4）推动转型发展新进展。经济转型加快推进，产业、需求、城乡、区域、要素等结构调整取得重大突破，经济发展方式基本实现由粗放型向集约型转变，资源利用效率明显提高，基本建成全国工农业复合型循环经济示范省；生态环境明显改善，基本建成生态省；人口、资源、环境与经济发展相协调，可持续发展能力显著增强，基本建成资源节约型、环境友好型社会。

（5）构建和谐社会取得新成就。社会转型迈出重要步伐，社会事业全面进步，人民生活水平明显改善，收入分配更加合理，社会保障体系更加完善，社会就业更加充分，社会主义民主法制更加健全，社会管理体系更加完善，社会秩序良好，人民群众更多地共享改革发展成果，实现社会和谐和公平正义。

在具体实施中，可以分两步走：第一步：5 年彰显优势。力争到 2015 年，河南省人均生产总值和城镇居民人均可支配收入接近全国平均水平，农民人均纯收入超过全国平均水平，城镇化发展达到中部平均水平，中原城市群在中西部地区的竞争力与辐射带动力进一步提升，经济转型和社会转型迈出重要步伐，区域一体化发展格局初步形成，成为支撑中部崛起的核心区域。第二步：10 年实现崛起。力争到 2020 年，河南省主要人均经济指标全面超过全国平均水平，提前 1~2 年实现全面建设小康社会的奋斗目标，城镇化发展达到全国平均水平，中原城市群在全国的竞争力与辐射带动力明显提升，经济发展和社会发展全面实现转型，区域一体化发展格局基本形成，经济社会发展走在中西部地区前列，实现中原崛起、河南振兴，成为全国经济发展的重要增长极。

第四章　建设中原经济区的重大意义

促进中原崛起，建设中原经济区，无论从全国发展大局还是从河南自身发展来看都极为必要，对保障国家粮食安全、推进区域合作、拉动内需、促进中部崛起、破解"三农"问题等都具有十分重要的意义。

一、有利于更好地保障国家粮食安全

民以食为天，保障国家粮食安全，始终是人民生存的首要问题，治国安邦的头等大事。建设中原经济区有利于通过加快整个国民经济的健康持续发展，进一步巩固农业的基础地位，加快农业现代化进程，打造保障国家粮食安全的坚实平台和有效载体。

20 世纪 90 年代以来，我国粮食生产格局发生很大变化，沿海发达地区的粮食产量不断减少，已经从过去"南粮北调"转变为"北粮南运"，全国 13 个粮食主产省（区），现在能够调出粮食的仅有 6 个，许多过去的粮食调出省，已经成为产销平衡省，甚至有些已转为粮食净调入省，保持全国粮食总量平衡和结构平衡的难度越来越大。同时，国际粮价自 2006 年下半年开始持续上涨，之后不断突破历史高位，已进入高粮价时期。就国内来看，在连续 6 年取得粮食好收成的基础上，继续实现高增产的难度越来越大。随着工业化、城镇化的加速发展，人口增加、人民生活水平提高和加工用途不断拓展，粮食消费需求呈刚性增长；耕地减少、水资源短缺、气候变化等因素对粮食生产的约束日益突出，粮食供求将长期处于偏紧状态。据《国家粮食安全中长期规划纲要》预测，2020 年粮食需求总量 11450 亿斤，比 2007 年增加 1200 亿斤，年均增加 100 亿斤。在未来 12 年内，全国只有再新增 1000 亿斤的粮食生产能力，才能确保届时 14 亿多人口的吃饭问题。

表 4.1 河南省粮食生产和消费变化情况

年份	粮食种植面积（亿亩）	平均亩产（斤）	粮食总产量（亿斤）	粮食消费量（亿斤）	产消盈余（亿斤）
1996	1.32	571.0	768	679	89
1997	1.34	584.8	779	669	110
1998	1.33	587.4	802	670	132
1999	1.35	627.8	851	697	154
2000	1.35	605.6	820	700	120
2001	1.32	622.6	824	708	116
2002	1.35	625.4	842	710	132
2003	1.34	347.8	714	715	−1
2004	1.35	633.2	852	725	127
2005	1.37	667.4	916	729	187
2006	1.40	721.0	1002	737	265
2007	1.42	738.6	1049	742	307
2008	1.44	745.2	1073	751	322

资料来源：粮食产量数据来自历年《中国统计年鉴》、《河南农村统计年鉴》。粮食消费量 1996~2001 年数据来自《河南省粮食供求变化趋势及总量平衡问题研究》，http://www.cngrain.com 2002–11–26，中华粮网；2002~2007 年数据来自年度粮食供需平衡测算表。

中原经济区是我国有着悠久传统的农业大区，也是当今中国最重要的粮食生产核心区。全区耕地面积约 1.9 亿亩，占全国耕地资源的 1/10 以上，是全国土地耕种强度最高、农副产品供给能力最高的地区。2008 年，该区域粮食总产量 9000 多万吨，占全国粮食总产量 17%，即 1/6 强，其中夏粮产量占全国夏粮总产量的近 1/2。中原经济区的主体——河南省是全国第一农业大省，用全国 6% 的耕地生产了全国 10% 以上的粮食，其中夏粮产量占全国 1/4，不仅解决了全国第一人口大省的吃饭问题，而且每年还向省外调出粮食 300 多亿斤，为保障国家粮食安全做出了重大贡献（表 4.1 和表 4.2 显示了河南粮食生产情况及跨省调粮情况）。但是，中原地区粮食生产仍面临一些突出的矛盾和问题。主要表现在：一是农业基础依然薄弱。以河南为例，大中型水库病险率高，水利骨干工程完好率不足 50%；小型农田水利设施建设滞后，有效灌溉面积为 7434 万亩，只占耕地面积的 63%，还有近 40% 的耕地望天收。而随着气候变暖，重大气象灾害具有

"提早、增多、加重"的发生趋势，气象灾害造成粮食产量减产率将由正常年景的 10% 左右升至 20%~30%，从而使粮食增产的限制性因素增大，这对防御自然灾害的能力与水平都提出了更高要求。二是粮食比较效益低。农民从事农业生产获得的收入远低于从事其他行业的收入。由于农业属于财政补贴性弱质产业，农业对地方财政的直接贡献小，粮食主产区"粮食大县、财政穷县"的现状难以得到改变，地方政府发展农业生产的积极性不高，再加上城乡差距和地区差距的因素，导致资金、人才等生产要素外流加剧，例如河南省农村就存在资金、人才等生产要素净流出现象。确保国家粮食安全，必须解决好这些问题。

表 4.2 河南跨省粮食（原粮）调出量现状及预测

单位：万吨

跨省粮食物流通道	2006~2008 年均调出量	2010 年预测调出量	2015 年预测调出量
河南—华南	440	500	750
河南—华东	190	200	320
河南—华北	190	200	320
河南—西南	80	100	160
合计	900	1000	1550

注：此表来源于河南省社科院喻新安院长专题研究报告之三：加快中原崛起重大意义研究（2010 年 4 月 18 日），第 30 页。

河南从保障国家粮食安全的高度，编制了国家粮食战略工程河南核心区建设规划，规划到 2020 年通过实施兴利除害水利工程，加快中低产田改造，推进高标准农田建设，完善科技推广体系，加快农业科技创新，发展循环农业，加强农村劳动力培训，创新体制机制等措施，进一步提高粮食综合生产能力，使河南省的粮食生产能力由目前的 1000 亿斤提高到 1300 亿斤。建设中原经济区，加快中原崛起，以河南粮食核心区建设为重点，加强中原地区粮食生产基地建设，有利于稳定提高粮食生产能力，逐步建立起粮食稳定增长的长效机制；有助于进一步联结以河南为主体的内陆平原农区，在更大范围内和更高层次上对粮食生产进行统筹、规划和建设，为保障国家粮食安全做出新的更大贡献。

二、有利于推进区域合作、强化区域经济功能

构建中原经济区，探索省际边缘区协调发展的机制和对策，推进中原地区多领域多层次的合作，是适应中原地区经济发展规律的客观要求，也是中原地区经济实现跨越发展的必然选择。对全国推进市场化进程，推进区域合作，强化区域经济功能，也具有相当的典型意义。

中原地区作为我国的内陆腹地，强势的行政区划观念已经对市场经济的开放性与统一性的原则形成严重冲击，成为制约中原区域经济共同繁荣的重要因素。第一，市场分割加剧。各级地方政府为了追求和保护自身利益，往往以行政区为依托，构筑贸易壁垒，实行市场封锁，阻碍经济要素资源的自由流动。比如，对外埠商品流入的阻碍，对本埠项目、资金、人才、企业的流出设置有形或无形的关卡，等等。第二，产业同构严重。各行政区重复建设，产业结构趋同，区域之间在比较优势基础上的分工和协作难以寻觅，经济要素资源配置效率低下，浪费严重。更令人忧虑的是，区域内城市产业结构的调整路径又呈现惊人的相似，这势必会使产业同构的局面继续维持下去，不可避免地形成新的产业恶性竞争。第三，城际软硬件设施衔接乏力。经济区内各城市在制度与政策安排、基础设施建设等方面理应通力合作，从制度和空间上促进内部一体化，与外部竞争时用一个声音说话。但是，在行政区划观念的牵引下，城市管理者缺乏整体观念和协作精神，在经营城市中局于一隅，未能充分认识到只有依托区域整体优势，才能有效壮大自己，往往不顾自身实际情况或区域整体利益，陶醉于"躲进小楼成一统"。行政区经济"重合、重复、重构、重叠"而产生种种弊端，形成了行政区划内"计划性太强"而跨行政区的经济区"市场性太弱"的怪圈。构建中原经济区，有利于跨越行政壁垒，促进区域融合，拓宽对内连接通道，有利于建立统一开放的大市场，有利于实现资源共享和优化配置，建立互利共赢的经济体系，有利于实现行政区经济向经济区经济的转变，奋力实现中原崛起。

20世纪90年代初，邓小平提出"两个大局"的地区发展战略。这两个大局是：东部沿海地区要加快对外开放，先发展起来，中西部要顾全这个大局；当发

展到一定时期，即到 20 世纪末全国达到小康水平时，就要拿出更多力量帮助中西部发展，东部沿海地区也要服从这个大局。现在，中央正在实施"促进中部崛起"战略，就是贯彻"两个大局"思想的体现。但仅有中央的积极性还不够，还必须有中部的主动性。而建设中原经济区，正是贯彻中央提出的"树立和落实科学发展观，统筹区域协调发展"，推动东中西部地区互联互动、协调发展的重要举措，地处中国之中的中原经济区，在全国经济格局中占有承东启西、连接南北的重要战略地位，区域内既有东部地区省区，又有中部和西部省区。纳入中原经济区范围的周边省份的相邻地区，多处于各主体经济地域的边缘地带，其经济社会发展面临程度不同的困境。建设中原经济区，可以整合这些地区的力量，加快构建和完善区域市场体系，转变地方政府职能，改进区域资源配置方式，建立地区经济增长和社会发展的协调机制，实现和谐发展、共同繁荣。

中原经济区国土面积约 28 万平方公里，区域人口 1.7 亿。用全国约 1/32 的国土面积，承载全国约 1/8 的人口，是我国人口最为稠密的地区之一。其中，仅农业人口达 1.11 亿，占全国农业人口的 15.4%。中原经济区是我国传统的农业大区，也是当今中国的粮食核心生产区。由于长期以来农业比重较大，这一区域的"三农"问题比全国其他地方都显得突出，城乡二元结构矛盾大。解决好这一区域农业、农村、农民问题，统筹城乡协调发展，事关全国全面建设小康社会的大局，事关全国现代化进程。河南作为一个农业比重大、农村人口多的传统农业大省，面对粮食生产连创辉煌同时工业化、城镇化步履却异常沉重的局面，从"围绕'农'字上工业，上了工业促农业"到工业化、城镇化、农业现代化协调推进，走出了一条在不以牺牲和削弱农业为代价的前提下加快推进工业化、城镇化、农业现代化的路子，初步形成了符合新型工业化基本要求、颇具时代特色和创新意义的发展模式。这对传统农区又好又快地推进经济发展，有着重要的借鉴价值。建设中原经济区，河南将发挥主体作用，以一个经济大省的责任和义务，与周边地区形成和谐发展的邻里关系，缩小地区差距，共同顶托中原崛起。这是深入贯彻科学发展观、统筹区域发展、促进全面小康社会建设的具体体现，也是率先落实国家促进中部地区崛起规划的实践行动，通过探索走出一条特色鲜明的传统农区合作发展道路，为全省乃至全国传统农区的发展提供有益的经验借鉴。

三、有利于促进我国内外需协调发展

纵观世界经济发展史，内需外需协调拉动、相得益彰，是一个国家或地区经济持续快速发展的强大引擎。然而长期以来，我国内需不足，国内最终消费需求和投资需求占 GDP 的比重持续下降，由 2000 年的 97.6% 下降到 2008 年的 92.1%。其中，国内最终消费需求占 GDP 的比重由 2000 年的 62.3% 下降到 2008 年的 48.6%。随着出口持续大于进口，外贸顺差不断攀升，内外需失衡逐渐成为制约我国经济发展的一个突出问题。2001 年，我国净出口需求占 GDP 比重仅有 2.1%，此后这一比重大幅上升，2008 年已达 7.9%。外贸顺差由 2001 年的 226 亿美元上升至 2008 年的 2954 亿美元。由于出口持续大于进口，国际贸易争端日益增多，外汇储备不断扩大，造成国内流动性过剩，影响了我国经济的稳定。

河南是人口大省、经济大省，人口数量占全国人口总量的 7.1%，经济总量占全国的 6.1%，消费总量与投资总量很大，河南省消费需求、投资需求能否扩大对我国扩大内需具有重要的作用。经过新中国成立，尤其是改革开放 30 多年来的高速发展，河南经济已经具有了较为雄厚的基础，市场需求总量已经达到很大规模。2008 年，河南省最终消费支出总量达到 7759 亿元，居中部六省第 1 位、全国第 5 位；全社会固定资产投资额达到 10490.6 亿元，位居中部地区第 1 位、全国第 4 位。由此来看，河南省在拉动全国内需方面做出了较大贡献。

但是，由于经济发展水平较低，河南省人均消费支出额和人均投资额不仅大大低于全国平均水平，而且在中部地区也处在较后位置。2008 年，河南省人均最终消费支出只相当于全国的 73%、湖北的 80%、湖南的 85% 和山西的 94%；居民人均消费支出只相当于全国的 72%、湖北的 79%、湖南的 82%、安徽的 92% 和山西的 95%；城镇居民人均消费支出只相当于全国的 78%、湖北的 90%、湖南的 92% 和安徽的 99%；农民人均消费支出只相当于全国的 86%、湖北的 83%、湖南的 82%、安徽的 93% 和山西的 98%。从投资来看，河南在人均投资指标方面也比较靠后，大大低于全国平均水平。2008 年，河南省全社会人均固定资产投资额为 11125.9 元，低于全国平均水平 14.5 个百分点，在全国各省市中位居第 17 位。其中，城镇人均固定资产投资只有 9249.3 元，低于全国平均水平 17.4 个百分点，在全国各省市中排第 21 位。

2007 年，最终消费需求拉动河南省经济增长 3.98 个百分点，对河南省经济增长的贡献率只有 27.26%；投资需求拉动河南省经济增长 10.65 个百分点，对河南省经济增长的贡献率高达 72.97%；净出口需求拉动河南省经济增长 -0.03 个百分点，对河南省经济增长的贡献率 -0.24%。由于消费水平和出口水平都很低，河南省经济增长主要依靠投资需求拉动。但是，主要由投资拉动的经济增长稳定性较弱。2008 年、2009 年，河南省全社会固定资产投资增长率降幅较大，所以，经济增长速度由 2007 年的 14.6% 很快地回落到了 12.1% 和 10.7%，在中部六省也由 2007 年正数第一的位次落到了倒数第二。

与河南省不同，我国经济增长主要由投资和出口拉动。2003 年以来，最终消费需求对我国经济增长的贡献率在 35%~45%，投资需求对我国经济增长的贡献率在 38%~64%，净出口需求对我国经济增长的贡献率在 1%~24%。主要由投资和出口拉动的经济增长稳定性更弱。2008~2009 年，受世界金融危机的影响，我国对外出口急剧下降，虽然国家加大了投资，固定投资速度没有下降，但是，我国经济增长速度还是由 2007 年的 13.3% 下降到 8.9% 和 8.0%。

作为发展中大国，我国经济发展方式亟须由主要依靠投资和出口拉动向消费、投资和出口协调拉动转变。坚持扩大内需是我国长期的战略方针，也是拉动我国经济持续发展的主导力量。中原经济区人口总量大，目前正处于工业化、城镇化加速推进与消费结构升级的重要时期，内需增长潜力巨大。据测算，未来 10 年间，通过加快推进城镇化进程，这一区域将会有 3300 多万农村人口进入城镇，可新增投资需求 3.3 万多亿，拉动消费需求约 4 万亿。建设中原经济区，就是要充分发挥区域内人口、区位、市场等综合优势，推动潜在需求转化为现实需求，形成全国最具活力的内需市场，促进内外需协调发展，为我国经济持续发展提供强大动力。

四、有利于落实中部地区崛起规划

中部地区崛起是国家经济重心多极化发展的必然趋势，是实现国家经济良性循环和可持续发展的重要一环。发挥中原的优势，加快建设中原经济区，有利于深化、细化《促进中部地区崛起规划》提出的各项要求，加快发展速度，提升发展质量，促进中崛起规划总体发展目标的实现，对落实中部地区崛起规划，加快中部地区崛起步伐具有特殊意义。

《促进中部地区崛起规划》提出：到 2015 年，中部地区整体经济实力进一步增强，经济总量占全国的比重进一步提高，粮食综合生产能力达到 16800 万吨，城镇化率达到 48%，人均 GDP 达到 36000 元，城镇居民人均可支配收入达到 24000 元，农村居民人均纯收入达到 8200 元。以河南为主体的中原经济区拥有人口 1.65 亿，占中部地区的 47%；2008 年，该区域粮食总产量 9000 多万吨，占全国粮食总产量的 17%，占中部的 55%。但人均经济水平、民生水平和工业化、城镇化水平明显偏低，呈现出明显的"塌陷"现象。2008 年，中原经济区人均 GDP 只有 17000 元左右，城镇居民可支配收入 12000 余元，农民人均纯收入是 4300 多元，城镇化率 30% 左右，都低于中部平均水平。如不加快中原经济区建设，实现中原崛起，将影响到中部崛起规划总目标的实现。反过来看，今后如果中原地区经济得到较好发展的话，则中部地区能够有一半的人口直接受益，这也会大大有利于中部崛起战略目标的实现。

另外，《促进中部地区崛起规划》（以下简称《规划》）对河南省、中原城市群寄予重托。《规划》确定了中部地区作为全国重要粮食生产基地、能源原材料基地、现代装备制造及高技术产业基地和综合交通运输枢纽的战略定位，是国家对中部地区崛起提出的总体要求。与中部其他地区相比，中原经济区具备建设"三个基地、一个枢纽"的条件，是中部地区完成国家战略任务的重点区域。《规划》还提出，河南省要以客运专线和城际快速轨道交通等重要交通干线为纽带，整合区域资源，加强分工合作，推进区域内城市空间和功能对接，率先在统筹城乡、统筹区域协调发展的体制机制创新方面实现新突破，提升区域整体竞争力和辐射带动力，把中原城市群建设成为沿陇海经济带的核心区域和重要的城镇密集区、先进制造业基地、农产品生产加工基地及综合交通运输枢纽。建设以河南省为主体、以中原城市群为牵引的中原经济区，是落实《规划》的有效途径。

此外，加快重点地区发展，率先形成带动区域经济发展的核心增长极，不仅是发达国家的重要经验，也日益成为发展中国家和地区实现跨越式发展的必然选择。《规划》提出依托综合运输主通道，以资源环境承载能力强、经济社会发展基础好、发展潜力大的地区为开发重点，加快形成"两横两纵"（两横即中国东西交通大动脉陇海铁路和长江通道，两纵即中国南北交通大动脉京广和京九铁路）经济带，培育六大集聚人口和产业的城市群。以河南为主体的中原经济区，位于沿京广、陇海、京九"两纵一横"经济带的交汇地带，是中部人口最密集、经济总量最大、交通区位优势最突出、最具发展潜力的区域。中原城市群是中部六大城市群之一，近年来保持着持续快速发展的良好态势，经济实力不断提高，城市功能不断完善，成为中部地区内具有较强支撑力的区域性增长极，2009年其人口、经济总量、综合实力、社会消费品零售总额、固定资产投资总额和金融机构存款余额均居中部其他城市群之首，生产总值分别是长株潭城市群、武汉城市圈、皖江城市带、环鄱阳湖城市群、太原城市群的1.2倍、1.51倍、1.81倍、2.67倍和3.21倍。加快中原经济区建设，促进中原城市群加快发展，可以在中部地区构筑具有强大集聚作用和辐射作用的核心增长极，促进中部经济社会的总体发展。

五、有利于统筹解决我国"三农"问题

农业、农村、农民问题关系党和国家事业发展全局。没有农业现代化就没有国家现代化，没有农村繁荣稳定就没有全国繁荣稳定，没有农民全面小康就没有全国人民全面小康。中原经济区是我国传统的农业大区，实际拥有人口1.7亿左右，其中，农业人口达1.1亿，约占全国农业人口的15.4%。由于长期以农业这个弱势产业为主，这一区域的"三农"问题比全国其他地方都显得更加突出，城乡二元结构的矛盾比全国其他任何地方也要更加尖锐。其中，河南作为中原经济区的核心部分，是全国第一农业大省、第一粮食大省、第一农村劳动力输出大省、第一粮食转化加工大省，人多地少、农业比重大、农村人口多，"三农"问题在全国极具代表性。建设中原经济区，加快中原崛起有利于为我国统筹解决"三农"问题积累经验，探索新路。

有利于为统筹解决"三农"问题积累经验。在我国"三农"问题中，农业的问题突出表现为农业基础设施薄弱，传统农业比重大，现代农业发展滞后；农村的问题突出表现为农村社会事业发展滞后；农民的问题突出表现为农民增收困难。这些问题，中原地区都具有典型性。以河南为例，从农业问题看，2009年，河南农业增加值居全国第2位，所占比重达14.3%；粮食产量达到1078亿斤，占全国1/10多，居全国第1位；油料产量居全国第1位，肉类产量居全国第3位，棉花产量居全国第4位，奶类产量居全国第4位。初步形成了一批以优质专用小麦、玉米和水稻为主的粮食生产基地，以黄河滩区绿色奶业、中原肉牛肉羊、京广铁路沿线生猪产业带以及豫北肉鸡、豫南水禽等为主的畜产品生产基地，以洛阳牡丹、开封菊花、许昌花木、信阳茶叶、焦作怀药、南阳柞蚕等为主的特色农业基地。但农业从业人员人均耕地面积仅为3.8亩，全省还有6000多万亩中低产田，占耕地面积的55%以上；旱涝保收田和有效灌溉面积仅占耕地面积的54.3%和68.3%，农业生产的基础还比较脆弱。从农村问题看，河南有158个县（市、区），1892个乡镇，4.75万个行政村。但与城市相比，农村在水电路气等基础设施和教育、卫生、文化等公共服务设施方面，还存在着相当大的差距。2008年，河南农村初中的生均预算内教育事业费全国倒数第3位，农村小学的生均预算内教育事业费全国倒数第1位。全省农村自来水受益村仅占行政村总数的47%。从农民问题看，2009年河南农民人均纯收入4807元，比全国平均水平低346元，2000~2009年，河南城乡居民收入的绝对差距由2780元扩大到9525元，城乡居民收入之比由2.4∶1扩大到3∶1。为解决"三农"中的突出矛盾，河南已经进行了一些探索：编制了国家粮食战略工程河南核心区建设规划，编制了花卉苗木、林业、现代水产、现代畜牧业、特色经济作物、林业、现代水产、水利设施、农业结构调整和农产品流通等现代农业发展规划；以解决农民实际问题为主，连续几年为人民群众办十大实事；开展了农村新型社区建设试点等。建设中原经济区，支持中原地区加强农业基础设施建设，改善农村社会事业，多渠道增加农民收入，有利于为中西部地区解决"三农"问题的突出矛盾提供示范。

有利于探索转变农业发展方式、推进农业现代化的新路子。当前农业生产和农村发展面临的发展环境复杂多变，促进农业生产上新台阶的制约越来越多，保持农民收入较快增长的难度越来越大，转变农业发展方式的要求越来越高。近年来，河南从实际出发，加快用先进适用技术改造传统农业，用先进适用工业产品装备农业，用现代科学方法管理农业，用发展工业的理念发展农业，在因地制宜推进农产品优质化、多样化的同时，大力推进农产品的精深加工和综合利用，逐步推进规模化经营和工厂化管理，扎扎实实地推进传统农业向现代农业转变，在转变农业发展方式方面进行了一些有益的探索，取得了初步成效：一是大力进行科技攻关和推广。针对制约全省粮食持续增产的关键、重大、共性技术难题，组织全省农业科技力量，开展农作物高产栽培技术研究，集成示范了一批先进实用技术。全省科技成果转化率达到40%以上。二是大力发展农业产业化经营。目前，全省各类农业产业化组织达到11674个，其中规模以上龙头企业6000多家，省级以上龙头企业366家。全省农产品加工已发展到24个行业、23个门类。目前河南成为全国最大的厨房，规模以上食品工业产值居全国第2位，粮食加工能力居全国第1位，食品工业成为全省工业第一大支柱产业。三是着力推进标准化生产。通过完善农业标准体系，积极引导龙头企业和种养大户实施标准化生产；建立健全农产品质量可追溯制度，严格产地环境、投入品使用、生产过程等产品质量全程监控。四是大力发展循环农业。在平原地区、山区及丘陵地带、城市郊区和城镇推广不同模式的循环经济，大力发展无公害农产品，提高农产品质量安全水平。同时，河南同全国一样，农业生产的耕作方式比较粗放，规模化标准化水平不高，市场竞争力不强；农产品精深加工发展任务艰巨，龙头企业数量少、规模小，产业链条短，知名品牌少，竞争力和带动能力不强；各类农村合作经济组织发展不平衡，组织化程度不高，农业社会化服务体系不健全。建设中原经济区，加快中原崛起，总结推广河南转变农业发展方式的经验，支持中原地区坚持用工业理念发展农业，用工业成果装备农业，用现代科技改造农业，用现代社会化服务体系服务农业，用现代科学知识武装农民，有利于为全国转变农业发展方式提供典型和示范。

有利于探索"三化"协调发展，以工补农以城带乡新路子。统筹解决"三农"问题，还必须跳出"三农"解决"三农"，坚持统筹城乡发展，加大以工补农、以城带乡力度，"化"传统农业为现代农业、"化"农业社会为工业社会、"化"农民为市民。近年来，河南省委、省政府面对加快农业农村发展和加快工业化城镇化的双重任务，把加快工业化、城镇化，推进农业现代化作为全面建设小康社会的基本途径，坚持工农业两篇文章一起作，城市农村两幅画卷一起绘，粮食产量连续 4 年超过千亿斤，连续 6 年创新高；工业经济总量由全国第 7 位上升到第 5 位，成为全国重要的食品工业基地、能源工业基地、有色工业基地；城镇化率年均提高 1.7 个百分点左右，工业反哺农业、城市支持农村的能力显著增强，形成了"三化"相互支撑、共同顶托中原崛起的良好局面。2008 年以来，河南省委、省政府在全面推进粮食生产核心区建设的同时，围绕促进产业集聚发展，引导产业向城镇集中布局，实现产城融合、工业化与城镇化良性互动，明确提出以产业集聚区为载体构建现代产业体系、现代城镇体系和自主创新体系的战略任务，形成了进一步深入推进"三化"协调发展的基本思路。加快中原崛起，探索走出一条以不牺牲农业为代价的新型工业化、城镇化道路，进一步增强以工促农、以城带乡能力，有利于在加快工业化和城镇化进程中巩固提升农业基础地位，既为保障国家粮食安全作出更大贡献，也为全国粮食主产省份加快现代化进程探索路子；有利于构筑新型城乡关系，消除城乡二元结构，最终实现基本公共服务均等化，促进社会全面进步，不仅对中原的农民群众生活水平持续提高具有重大现实意义，也对在全国范围内探索统筹城乡发展新路子具有重要的示范意义。

第五章　建设中原经济区的总体要求

在中部崛起大格局下，身处全国经济"洼地"的河南省科学谋划发展思路，积极实施中原经济区战略。2011年初，中原经济区被正式纳入《全国主体功能区规划》和国家"十二五"规划，2011年9月，国务院发布《国务院关于支持河南省加快建设中原经济区的指导意见》，标志着中原经济区建设已正式上升到国家战略层面。建设中原经济区，必须以科学发展为主题，以加快转变经济发展方式为主线，以富民强区为中心任务，以加速新型工业化、新型城镇化、农业现代化协调发展为抓手，坚持八大基本原则，积极落实战略布局，着力完成八大重点任务，分步实现最终的建设目标。

一、指导思想与基本原则

（一）指导思想

高举中国特色社会主义伟大旗帜，以邓小平理论和"三个代表"重要思想为指导，深入贯彻落实科学发展观，适应国内外形势新变化，贯彻落实国家促进中部地区崛起战略，以科学发展为主题，以加快转变经济发展方式为主线，以富民强区为中心任务，以加速新型工业化、新型城镇化、农业现代化协调发展为抓手，加快构建现代产业体系、现代城镇体系和自主创新体系，形成"三化"协调、科学发展、社会和谐、全面崛起的新格局。着力推进区域协作联动，着力完善全国区域经济发展布局；着力推动经济结构战略性调整，提高经济发展质量；着力深化改革开放，增强经济发展动力；着力创新体制机制，激发经济发展活力；着力统筹城乡发展，提高经济社会发展的协调性；着力发挥自身优势，推动文化发展繁荣；着力保障改善民生，构建社会主义和谐社会；着力加强生态文明建设，建设资源节约型、环境友好型社会。通过各方的共同努力，把中原经济区建设成为中部地区核心增长极、促进东中西部互动发展的重要枢纽、带动全国经济又好又快发展的重要增长板块，在支撑中部崛起、密切东中西联系、服务全国大局中发挥更大作用。

（二）基本原则

建设中原经济区，是顺应区域经济发展规律的重大战略构想，符合中央政策的要求，符合国家大局的需要，符合河南自身的发展规律。在推进过程中，要坚持常抓不懈、以民为本、市场导向、统筹兼顾、科学规划、集约发展、改革创新、合作共赢八项基本原则：

（1）坚持常抓不懈。建设中原经济区，是一个事关全局和长远的重大战略构想。将宏大的发展构想转化为生动实践、发展成果，不是一朝一夕之事，不是一蹴而就之功。从概念的提出到各方面接受、认可，是一个长期艰苦的过程，需要花时间，需要一砖一瓦的垒砌，一点一滴的汇集。因此，要做好打持久战的准备，一切都要从实际出发，按规律办事，做到求真、求实、求效。

（2）坚持以民为本。保障改善民生既是建设中原经济区的目的，也是事关中原经济区长远发展的能力。始终把人民群众的根本利益、长远利益作为一切工作的出发点，始终把提高人民生活水平作为落脚点，始终把人民愿意不愿意、满意不满意、赞成不赞成、高兴不高兴作为检验标准，通过科学发展的实践来体现对人民负责。坚持着力为民、着力民心，解决好涉及群众切身利益的现实问题，大力发展各项社会事业，加强社会公共服务，千方百计扩大就业，合理调节收入分配，完善社会保障体系。

（3）坚持市场导向。对中原经济区自身的市场条件进行深入的分析和研究后发现，可以向北发展环渤海市场，可以向东南发展长三角市场，还可以向南发展珠三角市场，同时国家扩内需的战略、中部崛起的战略、西部大开发的战略、自身的工业化和城镇化，又使河南内部的市场在成长，把内外市场结合起来，就不至于搞重复建设和盲目生产。实施中原经济区战略，要以市场为导向，与需求相衔接。

（4）坚持统筹兼顾。中原经济区战略是一项全局性、综合性的系统工程，涵盖经济社会发展的各个方面、各个领域。推进该战略中，一定要深入思考、深化研究，谋划和解决一系列重大问题，凝聚方方面面的智慧和力量，正确处理好各种关系，使构建中原经济区成为上下共识、一致行动。一是正确处理中原经济区与中部地区崛起的关系，找准两者的结合点、共生点，使中原经济区与中央促进中部地区崛起的重大战略相协调、相一致。二是正确处理中原经济区与周边区域发展的关系。要进一步研究中原经济区与周边区域发展的互补性、融合性，推动中原经济区植根中部，覆盖周边，成为经济相连、优势互补、产业结构衔接配套、生产要素自由流动、资源禀赋充分发挥的共同体。三是注重城市与农村、人与自然、经济发展与社会进步相协调，实现经济社会可持续发展，推动经济社会发展与资源节约、生态环境保护相互协调、相互促进。四是根据各成员的功能定位和发展目标，统筹协调产业布局、生态环保、公共服务和基础设施建设，不断提升发展水平。

（5）坚持科学规划。中原经济区必须依托传统经济优势，打造出自己能区别于其他经济区的特色。要按照国家区域发展总体战略，遵循区域经济发展规律，正确把握资源禀赋、产业布局、生态环境和发展趋势，确立发展方向、战略目标和实现途径，明确各成员在区域合作中的功能定位、产业分工及城市间重点合作领域，优化空间布局，促进人口、产业、资源集聚，最大限度地整合利用各种资源，加快制定体现历史传承，又承载未来发展，体现国家需要，又反映区域特色的科学规划。

（6）坚持集约发展。坚持最严格的耕地保护制度和最严格的节约集约用地制度，充分挖掘现有城镇用地潜力，加强对现有城区的优化和现有设施的充分利用，促进城镇从外延式扩大占地规模向内涵式合理利用土地转变，建立现代产业体系和现代城镇体系，不断增强集约发展的带动力。大力推进产业集聚区建设，实现项目集中布局、产业集群发展、资源集约利用、功能集合构建的有机融合。

（7）坚持改革创新。创新是中原经济区建设的动力之源。要始终保持革故鼎新的锐气，大力培育创新意识、创新思维，大力支持科技创新、管理创新、体制机制创新，做到思想上不断有新境界、实践上不断有新创造、发展上不断有新突破。加快行政管理体制改革、经济体制改革和文化体制改革，建设以企业为主体、市场为导向、产学研紧密结合的自主创新体系，优化创新环境，增强自主创新能力，破解发展"瓶颈"。

（8）坚持合作共赢。中原经济区是一个跨行政区划的区域概念，它主要是指河南省，但又不只是河南省。中原经济区虽然地跨河南和周边数省，但完全具备整合发展的基础条件，特别是相似的地理条件和地缘人文因素，是构成中原经济区的内在纽带，更容易实现中原经济区不同地区之间的深度融合，更容易使不同地区在战略取向、产业结构优化、要素合理流动、统一市场形成、资源有效利用等方面实现合作与多赢，也更易于在获取中央政府的政策支持方面达成共识。我国即将进入高铁时代，高铁、城际铁路半小时经济圈的形成，使得跨区域的经济合作更为便捷，也为中原经济区实现大市场、大流通、大分工、大合作提供了更好的条件。建设中原经济区中，各地各部门要从大局出发，密切配合，创新合作机制，拓展合作领域，创新合作形式，增强互补性、融合性，推动各地经济相连、成果共享、优势整合、一体发展。

二、战略布局

经济区是在劳动地域分工基础上形成的不同层次和各具特色的地域经济单元，是以中心城市为核心，以农业为基础，以工业为主导，以交通运输和商品流通为脉络，具有发达的内部经济联系，并在全国经济联系中担负某种专门化职能的地域生产综合体。建设经济区时，要根据资源环境承载能力、现有开发强度和发展潜力，统筹考虑生态保护、经济布局和人口分布，科学确定功能分区，优化经济区人口分布、生产力布局、产业结构和城乡布局，促进人与自然的和谐发展。

中原经济区是以河南省为主体，包含山西东南部、河北南部、山东西南部、安徽西北部的综合性经济区。具体包括河南省的18个省辖市，安徽的淮北、宿州、阜阳、亳州，山东的菏泽、聊城，河北的邯郸、邢台，以及山西的晋城、长治、运城。中原经济区地处长三角、京津冀、关中—天水经济区和长江中游经济带的中间地带，是衔接东西部和南北区域发展的核心枢纽和战略腹地。按照《促进中部地区崛起规划》形成"两横两纵"经济带的总体要求，根据《中原经济区建设纲要》提出的"强化核心，拓展外延；提升两轴，对接周边；贯通东西，服务全局"的总体发展态势，中原经济区可以依托两河（黄河、淮河）、三线（陇海线、京广线、京九线）和高速路网，形成"一极两带三区"的空间战略布局。其中，"一极"即郑州都市区，将成为带动中原经济区发展的核心增长极；"两带"即陇海经济带（郑州、开封、商丘、洛阳）和京广经济带（安阳、新乡、郑州、许昌）；"三区"即河南省的省会城市郑州和与之毗邻城市洛阳、开封、商丘等为核心区，河南省其他十几个省辖市（新乡、许昌、焦作、平顶山、漯河、安阳、南阳、三门峡、济源、信阳、驻马店等）为主体区，联动发展的周边省份部分地区（邯郸、邢台、晋城、长治、运城、菏泽、聊城、亳州、阜阳、淮北等）为协作区。

（一）强化核心增长极

经济区是靠中心城市的辐射作用组织起来的。建设经济区，关键是要推进生产要素的集聚，形成新的区域经济增长极，而其核心就是要做大做强中心城市。中原经济区也需要一个中心城市来支撑，需要一个核心来带动示范。郑州作为河南的省会城市，地处京广与陇海两大铁路线的交会处，被国家定位为"中部地区重要的中心城市"，是中部地区人口与经济总量仅次于武汉的第二大城市。中原经济区要成为未来支撑中国经济持续稳定快速发展的新增长极，就要把郑州做大、做强、做高、做精、做美，使之成为中原经济区的核心和龙头城市，成为国家级区域中心城市。

目前，郑州与国内先进城市相比还有一定差距。第一是产业结构层次不够优化，第三产业比重偏低。2010年，郑州市三次产业结构为3.1∶56.7∶40.2，武汉市为3.1∶45.9∶51.0，深圳市为0.1∶47.5∶52.4。第二是经济现代化水平和对外开放程度不高。按照现代化指数、国际化指数、创新型指数和生态型指数等40项指标进行综合测度，郑州在全国35个省会城市和计划单列市中，综合指数为45.93，列第17位，总体上处于第三梯队的前列位置。在中国海关总署公布的"2008~2009中国城市外贸竞争力100强"城市榜单中，郑州市排名第28位。第三是综合实力不强。在中国社科院发布的2011年城市竞争力排名中，郑州的综合竞争力位列第43位，排在中部省会城市长沙、武汉、合肥之后。从郑州目前的综合实力和影响力来看，还不足以带动整个中原经济区发展。必须着力建设郑州都市区，提升郑州全国区域性中心城市的地位，努力增强辐射能力和带动能力，打造中原经济区核心增长极，在中原经济区建设中发挥好龙头、重心和示范带动作用。按照时任郑州市市长赵建才同志的描述，建设郑州都市区，就是以中心城区、郑州新区为核心，以发达的交通通道为依托，以一体化的规划为指导，以组团发展、产城融合、复合型、生态型为发展路径，吸引带动其他区域快速发展，促进各功能区之间相互联系与协作，构筑功能布局合理、空间利用高效、产业特色突出、社会和谐、环境友好、对周边辐射带动作用明显的现代化城市集群。建设郑州都市区，要突破行政区划的限制，将目前郑州所辖的县（市），如中牟、荥阳、新郑、新密和登封调整为市辖区；巩义为全国百强县（市）和省直管县试点单位，可暂不改区，作为单列市，这样开封市和巩义市构成大郑州都市区的东西两翼，形成"一体两翼"格局；从长远来看，要推进郑州市的跨河发展，可以考虑将黄河以北的温县、武陟、原阳等县的部分地区纳入大郑州都市区范围。为此，郑州要推进城乡规划一体化，树立复合型、生态型和共生型的有序规划理念。推进基础设施一体化，统一规划城市主要市政设施，实现城市共建、共享。推进交通建设一体化，早日形成以郑州交通枢纽为中心的"半小时交通圈"和"一小时交通圈"。以产业集聚区建设为载体，大力发展汽车和装备制造、物流商贸、电子信息和文化创意旅游等战略支撑产业，加快发展先进制造业、现代服务业和都市型农业，逐步形成产业结构高级化、产业布局合理化、产业发展集聚化、产业竞争高端化的现代产业体系。未来大郑州都市区依托良好的区位条件，优良的资源禀赋，明显的人口优势，必将发展成为上千万人口规模、城乡一体化的大都市区，成为组团式、网络化的复合型城镇密集区。

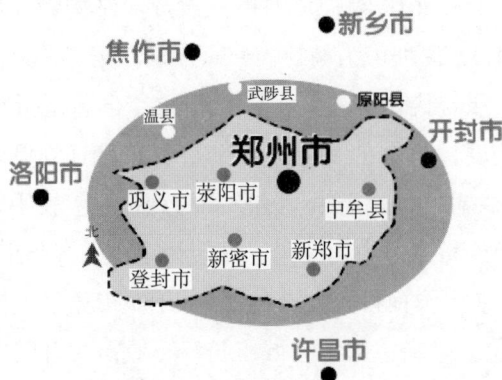

图 5.1 大郑州都市区范围

（二）提升两大经济带

《促进中部地区崛起规划》中提出了"两纵两横"经济带概念。2011 年的《全国主体功能区规划》明确提出，中原经济区位于中国"两横三纵"城市化战略格局中，陆桥通道横轴和京哈京广通道纵轴的交会处，包括河南省以郑州为中心的中原城市群部分地区。结合国家层面的规划，建设中原经济区，要以陇海经济带（郑州、开封、商丘、洛阳）和京广经济带（安阳、新乡、郑州、许昌）为支撑。

（1）陇海经济带。充分发挥陇海铁路亚欧大陆桥的优势，建设郑汴商洛沿亚欧大陆桥工业走廊，壮大能源原材料、现代制造业、汽车、新能源等支柱产业，建设高新技术、装备制造业、汽车、电力、铝工业、煤化工、石油等产业基地，实现老工业基地（郑州、洛阳）振兴和新兴工业基地（商丘、开封）崛起，加强与江苏沿海经济区、长三角和西北地区交流合作，形成贯穿东西、呼应长三角、辐射西部地区的城市连绵带和产业密集区。

（2）京广经济带。提高京广通道综合运输能力，大力发展原材料工业、装备制造业、高技术产业和食品工业，形成我国重要的制造业基地，加强与京津冀和武汉城市圈进而和珠三角地区的经济联系，构建沟通南北的经济带。以京广经济带为中轴，向西以焦作、济源、三门峡、平顶山、南阳等为西翼，要充分发挥矿产资源和制造业等优势，建成全国重要的能源原材料基地、现代装备制造业及高技术产业基地，建设一批产业集聚区和特色产业集群，进一步加强与成渝经济区、关中—天水经济区等西部重点开发地区的互动合作。向东以濮阳、商丘、周口、信阳东部等为东翼，发挥农产品和人力资源丰富的优势，加强国家粮食生产核心区建设，建立现代农业产业体系，培育新兴工业基地，发展新型战略产业及高新技术产业，积极与环渤海、长三角、海西等经济区对接，主动承接产业转移，集聚生产要素，优化资源配置，加速提高区域经济发展水平。

（三）实现三区联动发展

1. 核心区

在中原经济区建设中，开封、洛阳要主动对接郑州，推动郑汴、郑洛一体化发展。提升洛阳区域副中心的地位，重点建设洛阳新区，依托郑西高铁和郑州机场—登封—洛阳城际铁路，推进郑洛一体化。重点建设郑汴新区，深入推进郑汴一体化，推动两市电信、金融等公共服务对接，加快郑汴融城步伐。建设郑汴洛（郑州、开封、商丘、洛阳）工业走廊，打造郑汴商洛产业集聚区。

商丘地处东部沿海发达地区和中部地区的过渡地带，是中国东引西进、通达南北的桥头堡和国家促进中部地区崛起的"两纵两横"经济带的四大交会城市之一。商丘要积极与郑汴核心城市相呼应、与豫鲁苏皖四省周边地区相连接，打造豫鲁苏皖接合部区域性中心城市、中原经济区综合交通枢纽，构筑中原经济区东部战略支撑，建设国家大型能源基地、石油化工基地、煤化工基地，国家重要粮食核心区生产基地、新兴工业基地及全国商贸物流集散基地。

2. 主体区

根据 2011 年的《全国主体功能区规划》，中原经济区要壮大许昌、新乡、焦作、平顶山、安阳等重要节点城市的经济实力和人口规模，促进城市功能互补。建设沿京广、南太行、伏牛东产业带，加强产业分工协作与功能互补，加快产业聚集发展步伐，共同构建中原城市群产业集聚区等。主体区各城市要以广阔的视野、开放的理念来谋划其在中原经济区中的战略定位。

（1）许昌。建设"三区两基地"，即以新型城镇化为引领的"三化"协调发展的先行区、创新创业的示范区、环境友好型社会建设的试验区，全国重要的电力装备制造业基地和全国重要的优质花木生产交易基地。

（2）新乡。要打造成为中原经济区统筹城乡发展示范区、先进制造业基地、高素质人力资源培育基地、区域现代物流中心、现代农业试验示范基地，实现建设中原经济区强市的目标。

（3）焦作。要走出一条"三化"协调发展的路子，成为中原经济区的重要支撑。大力发展特色农业，建设农业标准化生产示范基地；坚持以新型工业化为龙头，建设国家重要的能源原材料基地和汽车零部件特色产业基地；创建云台山全国旅游服务标准化示范景区；加强与郑州、洛阳两个国家级高新区及新乡一个省级高新区的沟通合作，将焦作新区建设成为老工业基地振兴和资源型城市转型示范区。

（4）平顶山。要建设中原电气城、中原化工城，建设全国重要的电力产业、能源化工业生产基地和全国重要的新能源基地、新材料基地、农产品加工基地，实现"三化"协调发展。

（5）安阳。按照《中原经济区安阳发展纲要》，安阳在中原经济区建设中的战略定位是中原经济区"三化"协调发展示范区、中原经济区综合实力领先城市和豫北区域性中心强市。打造"两个支点"即中原经济区北部重要的战略支撑点，晋冀鲁豫周边地区辐射、合作、交流、开放的制高点和"两个区"即中原经济区"三化"协调发展示范区，中原经济区及全国"低空经济"发展试验区。

（6）濮阳。要立足资源优势和豫鲁冀三省交界的区位优势，建设国家重要的化工基地和商品粮生产基地，做中原经济区与环渤海经济圈对接的桥头堡，尽快打通通往沿海的东大门，致力于成为中原经济区重要出海通道、中原经济区与环渤海经济圈衔接融合的前沿、省际交会区域性中心城市。

（7）三门峡。要充分发挥能源、煤化工、装备制造产业优势，建设河南省乃至全国重要的贵金属、有色金属及能源矿产基地。着力做大战略性新兴产业，建设中原经济区新型工业化示范区。充分发挥地处河南"西大门"和中西部接合部的优势，加强与洛阳、济源的合作发展，加快豫西经济板块崛起，强化跨省区域合作，加强与关中—天水经济区的对接与协作，努力把三门峡建成中原经济区重要支撑、区域合作示范城市、豫晋陕黄河金三角区域中心城市。

（8）南阳。南阳是豫鄂陕三省接合部的区域性中心城市，是南水北调中线工程的渠首和主要水源地、淮河源头，伏牛山、桐柏山横亘全境，生态环境优良，要充分发挥自身优势，努力成为中原经济区重要增长板块、中原高效生态经济示范区和中原经济区连南启西的开放合作平台，建设国家新能源、光电高技术产业基地和重大制造基地，创建中原现代农业先行区和粮食主产区，打造对外开放新高地。

（9）漯河。要由中国食品名城向国际食品名城转变，由中原生态宜居名城向中部生态宜居名城转变，建设国家重要的食品工业基地、现代农业产业化示范基地，创建中原经济区"三化"协调发展先行区。

（10）信阳。按照区域自然条件、资源环境承载能力、经济社会发展基础，贯彻落实中部崛起、中原经济区建设和主体功能区战略，凸显生态优势，强化主体功能分区，打造中原经济区区域增长极、战略支撑点和改革试验区。

（11）济源。要成为中原经济区豫西经济增长极、中原经济区城乡统筹发展示范区、南太行生态建设示范区。

（12）驻马店。建设豫南区域中心城市、全国重要的农产品加工基地、原生态旅游基地。

(13) 周口。建设全国重要的粮、棉、油、肉、烟生产基地。

3. 协作区

发挥河南的安阳、三门峡、濮阳、商丘、南阳等与周边地区的经济合作优势，在强化京广、陇海两大轴向通道的基础上，规划建设郑州至济南、重庆、合肥、太原等四大综合通道，深化经济、社会、文化等交流合作，探索推动跨省际的区域协调发展，逐步形成中原经济区区域联动发展新格局。

(1) 城市组团式发展。组团主要包括：豫晋陕黄河金三角地区（包括三门峡、运城等）；焦晋长地区（包括焦作、晋城、长治等）；安邯地区（包括安阳、邯郸等）；濮菏地区（包括濮阳、菏泽等）；商周阜地区（包括商丘、周口、阜阳等）；南襄盆地（包括南阳、襄阳等）。

(2) 产业联动式发展。黄河以北的安阳可以与邯郸连在一起发展钢铁产业。河南西北地区的煤矿产业和山西连在一起发展。河南西部，洛阳以西地区的有色冶金金属产业和陕西连在一起。漯河、信阳包括东部的商丘，农业发展可与湖北、山东紧密相连。

(3) 提升巩固邯郸四省交界区域中心地位，作为中原经济区加强与环渤海经济区、山东半岛都市圈交流合作的主要纽带，以装备制造、商贸物流、文化旅游、钢铁煤炭、白色家电、新型材料为主要产业，以冀南新区为主要平台，综合发展航空、高铁、高速公路、国道，提升交通枢纽作用。

三、重点任务

建设中原经济区，是河南省发挥比较优势，实现又好又快发展的迫切需要，是保障中原崛起和中部崛起的重要战略支撑点，是全国区域经济协调发展的着力点，是国家经济均衡发展的必然要求。建设中原经济区目标是要建设一个支撑中部崛起、引领中西部发展的现代化新中原，建设一个全国经济发展的新增长极，这需要着重抓好八大重点任务：

（一）构建现代城镇体系

城镇化对一个国家和地区的经济、社会发展至关重要，也是衡量经济发展水平的重要标志之一。以城镇化带动"三化"协调发展是建设中原经济区、加快中原崛起和河南振兴的关键性、全局性战略举措。中原经济区要统筹推进城镇化与新农村建设，必须构建以城市群为主体形态，全国区域中心城市、省域中心城市、县城、中心镇与农村社区协调发展的五级城乡体系，努力走出一条全面开放、城乡统筹、经济高效、资源节约、环境友好、社会和谐的新型城镇化道路。新型城镇化需要建立一个分工合理、层次分明、结构优化、功能互补、协调发展的现代化城镇体系。构建现代城镇体系既是城镇化健康发展的客观要求，又是促进经济社会可持续发展的客观要求。

1. 加快中原城市群发展

完善城市群一体化发展机制，构建以郑州为中心，以郑汴一体化区域为核心层、以"半小时经济圈"城市为紧密层、以"一小时交通圈"城市为辐射层的"一极两圈三层"的空间开发格局。发展壮大中心城市，推动集群、组团式发展，构筑外围组团与中心城区的便捷交通联系，形成以中心城市为核心、周边小城市和中心镇为依托的城镇集群。

（1）提升郑州全国区域性中心城市地位，强化郑州的龙头带动作用。这是提升中原城市群的辐射带动能力，进而加快中原经济区建设的关键所在。强化郑州先进制造、科技教育、商贸物流和金融服务功能，重点建设郑汴新区，深入推进郑汴一体化，推动郑汴电信、金融等服务对接，建设上千万人的现代复合型城市。

（2）增强省域中心城市功能。建设中心城市复合型新区，优化城市空间布局，完善城市功能，提高综合承载能力，加速产业和人口向中心城区集聚，加快城市产业特色化发展，建设一批国家级特色产业基地，壮大城市规模和经济实力，增强在区域经济发展中的承接、传导作用，成为区域经济文化服务中心。充分发挥规模效应和辐射带动作用，促进传统产业向周边城市和小城镇转移和集聚，在周边城市和小城镇推动形成与区域中心城市主导产业配套的加工、生产和制造基地。

（3）重视发展中小城市、县城。城镇化是大中小城市并存和协调发展的过程。要把中小城市和县城发展作为推进城镇化的重点，根据实际放宽中小城市户籍限制，鼓励有条件的农民进城落户，并在就业、安居、教育、社会保障上加大政策支持，鼓励进城农民将土地承包经营权、宅基地采取多种方式进行流转，让进城农民真正变成市民。

（4）积极发展小城镇，培育中心镇。小城镇处于乡村之首、城市之尾，是统筹城乡发展的关键节点。构建现代城镇体系，就要把中心镇发展放到重要位置。依托大中城市、大型企业、重要商品集散地和旅游区，坚持高水平规划、高标准建设一批集聚辐射功能较强、特色鲜明的中心镇，合理安排城镇建设、农田保护、产业集聚、村庄分布、生态环境等空间布局，优化调整农村居民点，增强特色产业和人口集聚能力，力争每个县（市）培育若干个具有一定规模的中心镇、重点镇。推进中心城市周边的小城镇组团式布局，发展成为中心城市服务的卫星城镇。

2. 加大统筹城乡发展力度

统筹城乡发展是建设中原经济区的内在要求。坚持以工补农、以城带乡，协调推进城乡改革，积极推进城乡规划、产业布局、基础设施、公共服务、社会保障等一体化，促进基础设施向农村延伸、公共服务向农村拓展、社会保障向农村覆盖，消除城乡要素流动障碍，优化城乡资源配置，形成城乡互促共进机制。这既是城镇化的需要，也是新形势下推进农村改革发展，解决"三农"问题的根本出路。把扎实建设一批功能完备、环境优美、特色明显的新型农村社区作为统筹城乡发展的结合点、促进城乡一体化的切入点、促进农村发展的增长点，积极稳妥推进新型农村社区建设，促进土地节约利用、农业规模经营、农村产业发展、农民就近就业。

3. 大胆进行城镇化改革试验，探索城镇化新模式

设立国家层面的新型城镇化综合配套改革试验区——郑汴新区新型城镇化综合配套改革试验区，全面加快行政管理、户籍管理、住房建设、社会保障等体制综合配套改革的步伐。支持信阳农村综合改革发展试验区、新乡统筹城乡发展试验区积极探索、先行先试，争取设立跨省区的农村改革综合试验区，探索建立农村土地交易制度。

（二）构建现代产业体系

现代产业体系是指以高科技含量、高附加值、低能耗、低污染、自主创新能

力强的产业群为核心，以技术、人才、资本、信息等高效运转的产业辅助系统为支撑，以环境优美、基础设施完备、社会保障有力、市场秩序良好的产业发展环境为依托，并具有创新性、开放性、融合性、集聚性和可持续性特征的新型产业体系。构建现代产业体系是推动经济发展方式转变的主攻方向，是建设中原经济区的主要支撑。中原经济区要以"低碳、低排、低耗"和"高质、高端、高效"为目标，以产业集聚区和工业园区为载体，积极承接国内外产业转移，着力培育特色产业集群，推动产业发展集聚化和产业布局合理化。按照"结构优化、技术先进、清洁安全、附加值高、吸纳就业能力强"的要求，加快传统优势产业升级，培育发展战略性新兴产业，做强做大战略支撑产业，大力发展战略基础产业，推动产业结构高级化和产业竞争力高端化，建设全国重要的高新技术产业、先进制造业和现代服务业基地，形成以高新技术产业为引领、先进制造业和现代服务业为主体、现代农业和基础产业为支撑的现代产业体系。

1. 加快新型工业化，构建现代工业体系

坚持新型工业化道路，用高新技术和先进适用技术改造提升传统工业，加快发展高新技术产业、先进制造业，推动工业结构优化升级，构建具有区域特色的新型化、多元化现代工业体系。着力提升装备制造、有色钢铁、化工、食品、纺织服装五大战略支撑产业竞争力，建设全国重要的先进制造业基地。做优做强先进装备制造、精品原材料、中高端消费品三大优势板块，培育高端装备制造、新能源汽车等一批区域强势品牌。立足钢铁、石油等主导产业优势，积极探索行之有效的联合、协作、配套发展方式，延伸产业链条，巩固其在全国经济发展中的地位。

2. 大力发展现代农业，推进农业结构调整

现代农业主要包括优质粮食、特色园艺业、畜牧业、渔业、现代林业和农产品深加工业等产业。大力发展优质畜产品和特色高效农产品生产，重点发展农产品加工业，扶持特色农产品深加工示范企业和重点项目，培育壮大特色农产品产业集群，建设一批特色农产品基地。做大做强农业产业化龙头企业，完善包括农业科技创新与推广、农业标准化、农村商品流通等在内的农业社会化服务体系，促进农业生产经营专业化、标准化、规模化、集约化。大力发展高产、优质、高效、生态、安全农业，重点打造优质小麦、玉米、水稻、肉类、乳品、林产品、果蔬、花卉园艺、中药材、茶叶十大现代农业产业链，努力建设特色高效农产品

生产基地、国家现代农业示范区和全国优质安全农产品核心产区。

3.优化服务业结构，提升服务业发展水平

服务业主要包括交通运输业、物流业、旅游业、餐饮业、商贸业、会展业、金融服务业、信息服务业、科技服务业、外包服务业、商务服务业、文化创意产业、批发和零售业。与传统服务业相比，现代服务业具有智力要素密集度高、产出附加值高、资源消耗少、环境污染少等产业特征，是未来的主要发展方向。中原经济区应该以制造业两端延伸和中间分离为突破口，加快拓展生产性服务业；适应居民消费结构升级趋势，丰富消费性服务业。第一，优先发展交通运输业，大力发展现代物流业，加快郑州综合交通枢纽和国际物流中心建设，统筹规划一批现代化物流园区，形成高效便捷的立体交通网络和物流网络，打造全国重要的综合交通枢纽和物流中心。第二，加快发展现代金融服务业，健全壮大现代金融体系，推动郑州区域性金融中心建设，优化金融生态环境。第三，建设一批文化旅游基地，重点培育古都等世界级文化旅游品牌，积极发展山水休闲旅游，着力打造沿太行山游、沿黄河游、中原文化游等精品线路，大力推介大中原旅游品牌，推动旅游业做大做强，促进第三产业繁荣。第四，加快发展信息、商务、科技、创意和会展服务，积极承接服务外包，培育壮大新兴服务业。改造提升商贸、餐饮等传统服务业，推进业态创新。

（三）建设自主创新体系

增强自主创新能力，是实现科学发展的内在要求，也是全面落实科学发展观的重要内容。建设自主创新体系是激发创新活力、提高自主创新能力和核心竞争力的重要保障，是推动经济结构调整和发展方式转变、实现科学发展的重要途径，是实现跨越式发展的重要支撑。中原经济区要以建设区域性的科技创新中心为目标，以企业、高校和科研机构为主体，以企业研发中心、重点实验室、产业集聚区和其他各类科技园区为载体，以创新体制机制为动力，以产学研结合为捷径，以应用开发研究为重点，以实施重大科技项目为抓手，引进和研发关键核心技术，支撑现代产业体系建设。

（1）建设自主创新人才队伍。实施创新型科技人才建设工程，抓好"培养、引进、用好"三个环节，努力造就科技创新人才骨干队伍。围绕结构调整、产业升级、研发中心建设和高新技术产业发展，认真落实人才引进政策，做到待遇引人、事业留人、情谊感人、服务到人，大力引进科技领军人才和实用创新人才。开展创新精神和创新知识教育，为自主创新提供高素质的人力资源。鼓励企业与高等院校、科研机构合作，开展专业技术人才培养，引导企业不断提高科技工作者的各种待遇，最大限度地激活存量人才。

（2）搭建自主创新平台。强化企业在技术创新中的主体地位和关键作用，着力支持企业科技创新体系建设，加快建设一批高水平的企业研发中心，围绕主导产业、优势产业、高新技术产业开发具有自主知识产权的产品和关键技术。深化科研机构改革，推动建立现代院所制度，推进建设研究型或教学—研究型大学，加强重点实验室建设，大力培育创新型产业集聚区和科技园区。引导和鼓励企业、高等院校和科研机构联合组建国家和省级重点实验室、工程技术研究中心、产业技术创新战略联盟等。

（3）完善自主创新机制。建立自主创新资源共享机制，完善知识产权保护机制，强化科技成果转化机制，创新产学研用紧密结合机制，完善重大创新项目的部门配合联动机制，探索自主创新与产业发展的联动机制，加速科技成果产业化和新兴产业的形成壮大。

（4）重视发挥政府的作用。政府是推进制度创新、文化创新、管理创新等创新配套环境的主导力量。加大财政科技投入，完善支持创新的财税政策和政府采购政策，加强知识产权保护，引导技术、资本、人才等创新要素的集聚，培育创新文化，积极营造良好的创新环境，激发创新动力和活力。

（四）构建高素质的人力资源体系

高素质的人力资源是建设中原经济区的根本保证。目前，中原经济区的人才资源总量和专业技术人才数量低于全国平均水平，高层次、高技能人才和复合型创新人才尤为缺乏，难以满足中原经济区建设的巨大需求。人才培养靠教育，科技创新也要靠教育。把人口优势转化为巨大的人力优势，需要教育为之提供强有力的支撑。中原经济区建设，关键在人才，基础在教育。中原经济区必须树立人力资源是科学发展第一资源的观念，把教育摆在优先发展的战略地位，率先实现教育现代化，把人口压力转化为人力资源优势，努力建设全国人力资源高地。

（1）扩大高等教育规模，提高高等教育质量。欧美等发达国家开发经济欠发达地区的成功经验有一个共同点就是优先发展高等教育。加紧制定《中原经济区高等教育规划》，适度增加高等学校数量、扩大在校生规模，加强若干所骨干高等学校建设，尽快缩小与全国平均水平的差距。把郑州大学列入"985 工程"、河南大学列入"211 工程"，建设若干具有较强竞争力的大学，支持国内、国际知名大学在中原经济区设立分校或创办联合大学，积极探索符合学校实际、体现时代特点、具有地方特色的多元化人才培养模式，建立高等学校与科研院所、行业企业联合培养创新型人才的新机制。推进与国内外知名高校、科研机构合作开展学科基地建设和重点实验室、科研基地建设，在若干领域抢占制高点，提高高校服务经济社会发展能力。

（2）大力发展职业教育，培育区域劳动力品牌。把职业教育与中原经济区发展密切联系起来，使其专业设置与区域经济相适应、与区域产业发展相衔接，推动职业教育向规模化、集团化、品牌化发展，培养一批实用型、技能型人才，为中原经济区输送各类高素质技术人才，不断提高职业教育对中原经济区发展的人才支撑能力。加大对河南职业教育和劳动力技能培训的支持力度，支持在每个百万人口的大县重点办好一所职教中心或中职学校，重点支持河南建设 30 个服务于全省或当地支柱产业发展的校企合作型龙头职教集团，加大投入力度，实行农村免费职业教育，加大农民工培训力度。

（3）实施高层次人才培养工程，集聚海外优秀人才。培养造就一批以院士和院士后备人才为主的"中原学者"、科技创新杰出人才，打造一支创新型科技人才骨干队伍和科技领军人才队伍。提高经济待遇和社会地位，积极引进海外高层次创新创业人才、海外专家智力，大力引进具有全日制博士、硕士学位的海外留学人员。

（4）设立人力资源开发与利用试验区。人力资源开发试验区的政策制定要把握以下几点：①在高校招生方面给予特殊的政策，为中原经济区培养创业型和创新性的人才。②允许海外著名大学或港台名校进入中原经济区办分校。③允许与职业教育发展较好的国家合作办学，为中原经济区甚至全国培养高级技工人才。④位于中原经济区和国家粮食核心产区的农业高等院校，在招生、减免学费及学科建设等方面采取灵活优惠的政策和较充足的经费支持。

（五）构筑内外互动的新型开放格局

对外开放是建设中原经济区的重要途径。把扩大对外开放、提高开放水平、打造开放新高地作为中原经济区建设和区域经济发展的主战略，贯穿于中原经济区建设的各领域和全过程，以引进项目的结构优化促进产业结构的优化，进而实现中原经济区建设的大突破、大跨越、大发展。

随着改革开放不断向纵深推进，国家对外开放的重点正逐步由沿海向内地转移，中原经济区的区位、文化、农业、劳动力、资源和基础设施等优势正逐渐显现出来。面对日趋激烈的区域竞争，中原经济区要抓住产业转移的历史机遇，以大开放促进大发展，以大招商促进大跨越，构筑内陆开放型经济新高地。第一，以城市新区和产业集聚区建设为扩大开放的重要突破口。以郑州和中原城市群为依托，以近两年获得国家批复的郑州新区、开封新区、洛阳新区、焦作新区、新乡平原新区、许昌新区六大城市新区和重点建设的一批产业集聚区作为扩大交流、互利共赢的开放平台，最大限度地降低准入门槛，拓宽境内外投资的领域和范围，创造良好的投资和发展环境，吸引更多客商，汇集更多资源。第二，建设一批承接产业转移示范区。探索承接产业转移新模式，多引进成长型产业、延长产业链的产业、更多吸纳劳动力的产业，紧盯对产业转型升级有重大带动作用的战略项目，提高项目准入门槛，高起点承接沿海地区和国外产业转移，把承接产业转移与调整结构、培育集群、构建现代产业体系结合起来，努力建设国内外产业转移的首选地与集聚地。第三，加强出海大通道能力建设。增开郑州通往北美、欧洲、东北亚、东南亚国际航线，建设郑州综合保税区，条件成熟时推动洛阳、南阳、商丘等建设出口加工区和保税物流中心。第四，不断拓展新的开放领域和空间，加快形成全方位、多层次、宽领域的开放格局。扩大金融、物流、文化、旅游等服务业对外开放，加大教育、卫生、科技等社会事业领域开放力度，大力推进城乡建设、现代农业等领域对外开放。

（六）加强生态文明建设

党的十七大报告提出要"建设生态文明，基本形成节约能源资源和保护生态环境的产业结构、增长方式、消费模式。循环经济形成较大规模，可再生能源比重显著上升。主要污染物排放得到有效控制，生态环境质量明显改善，生态文明观念在全社会牢固树立"。党的十八大报告进一步提出"必须树立尊重自然、顺应自然、保护自然的生态文明理念，把生态文明建设放在突出地位，融入经济建设、政治建设、文化建设、社会建设各方面和全过程，努力建设美丽中国，实现中华民族永续发展。"中原经济区处于我国第二阶梯和第三阶梯的过渡地带，自然环境复杂多样，生态环境敏感，生态系统类型和生物多样性都十分丰富。中原经济区横跨了海河、淮河、黄河、长江四大流域，是淮河、海河的源头以及南水北调中线工程的水源地。中原经济区的水环境质量如何，直接关系着下游省份的饮水安全，对全国水环境质量的整体状况有着举足轻重的影响。中原经济区内，分布着南水北调中线工程国家级生态功能保护区和河南省淮河源国家级生态功能保护区两个国家级生态功能保护区，已建立湿地类型自然保护区17处。加强中原经济区的生态保护，除对京津地区的生态安全、淮河下游的水资源利用有着重要作用外，还将为维护全国生态平衡和全国的生态安全提供重要支撑。

加快中原经济区生态文明建设，意义重大，任务艰巨。需要伦理价值观、生产和生活方式、制度和机制等多方面的转变。第一，健全生态教育机制。广泛宣传生态文明建设的科普知识，从细微之处抓起，从关键环节抓起，从青少年抓起，让生态文明观、道德观、荣辱观在全社会牢固树立。将生态文明的理念渗透到生产、生活各个层面，让勤俭节约、生态消费成为全社会的一种习惯、一种时尚。第二，建设生态网络构架。依托山体、河流、干渠等生态空间，构建"四区两带"区域生态网络，建设黄河中下游、淮河中上游生态安全保障区。加强伏牛山、桐柏山、大别山区生态保护与建设，在豫西南连绵起伏的山地丘陵地区实施还林、生态移民、天然林保护，构建豫西豫南山地生态区。加强太行山区绿化，改善植被和生态现状，构建太行山地生态区。依托黄河标准化堤防和黄河滩区加强黄河生态保护，搞好南水北调中线工程沿线绿化，推进平原地区和沙化地区的土地治理，构建横跨东西的黄河滩区生态涵养带和纵贯南北的南水北调中线生态走廊等。第三，研究制定综合性环境功能区划，探索"分区管理、分类指导"的环境管理新思路，建立水陆一体化、区域一体化的环境功能分区体系，配套相应政策。第四，强化产业政策、环境影响评价制度、环境准入和污染物排放总量控制和环境标准的约束作用，引导合理布局。第五，加强在环保规划、生态建设等方面的协调合作，探索建立区域内生态保护和合理开发合作机制、环境安全预警报制度和区域环境重大灾害事故通报制度，开展水系、水域环境污染联防联控和综合整治联合行动，加大对受污染农用地的综合整治力度。

（七）加快城市群一体化进程

城市是重要的要素集聚区和经济辐射源泉。城市群是促进城市合理分工和拓展功能的有效形式，在促进经济增长和推动城镇化进程中发挥着不可或缺的重要作用。发展城市群以带动周边地区的发展进而培育新的增长极是实现工业化、城镇化和农业现代化的必由之路。目前，在北京、武汉、济南、西安之间，半径500公里区域范围内，中原城市群已成为城市群体规模最大、人口最密集、经济实力最强的都市圈，省会郑州已成为中部地区重要的中心城市。中原城市群已初步具备为建设中原经济区发挥重要牵引功能的条件。但也存在中心城市辐射带动作用不强、资源要素整合有限、产业集聚度不高、创新能力较弱、城市间分工协作程度较低等突出问题。引导和支持中原城市群加快发展，能够促进中原地区和中部地区崛起，提升中原经济区整体竞争力，增强中原经济区对全国经济发展的支撑能力。

目前，中原城市群比较迫切的任务是：完善城市群一体化发展机制，推进交通一体、产业链接、服务共享、生态共建，合力成为带动中原经济区发展的强大引擎。首先，形成密织的城际轨道交通网络，构建便捷的城际交通通道。加快郑州与洛阳、开封、焦作、许昌等城市的城际铁路规划建设，把各个城市紧密结合起来，缩短城市之间的"时间距离"，加速城市之间的"同城化"步伐，进而形成更明确的产业分工和更紧密的区域协作，实现资源优化配置，放大城市群整体效应。其次，推进市场一体化。清理和废除阻碍城市间要素和商品自由流动的规章制度，统一市场标准，打破行政壁垒，逐步建立健全区域性市场体系。依托全国集中统一的征信系统，建立公共信用信息交换平台，加快社会信用体系建设，推进金融市场一体化。建立统一的人力资源市场，大力发展人力资源服务业，实现人力资源跨城市合理流动和优化配置。最后，推进产业一体化。整合产业资源，强化产业分工协作，注重产业配套与产业链延伸，促进产业互补发展和错位发展，科学谋划产业布局，从营造产业集聚环境、完善配套服务体系等多方面入手，延长产业链，提升竞争力，着力构建特色鲜明的现代产业体系。

（八）建立健全多层次合作机制

中原经济区以河南省为主体，延及山水相连、地缘相近、人缘相亲、文脉相承、经济相连、使命相近的晋东南、冀南、皖西北、鲁西南、鄂北、苏北等周边地区。建设中原经济区，不仅需要河南全省的不懈努力，也需要周边兄弟省份的共同努力。各省要在推进发展方式转变、经济结构调整、生态环境保护、基础设施建设等方面进一步加强合作，彻底打破行政区的概念，突破行政区域对资源有效配置的"瓶颈"限制，有步骤、分阶段地建立不同层次的协调机制，努力形成政府推动、企业主体、市场导向相结合的区域合作机制体系，加快区域经济、社会、文化、生态环境的一体化进程。首先，加强政府层面的交流，建立跨省新型合作机制。在充分发挥中原经济区市长联席会作用的基础上，逐步推动建立区域高层领导定期会晤制度，定期研究探讨中原经济区各城市合作的方向、内容和重点，努力在交通、产业、贸易、社会事业等方面加强交流、扩大合作。其次，建立有关职能部门沟通协商机制。根据重点合作领域，强化职能部门的对接协商机制，组建专题工作组，专门负责相关领域合作任务的落实工作，推动重大合作项目的落实。再次，充分发挥行业协会的桥梁作用，协力推动跨地区的企业重组、产业整合，鼓励企业相互参加对方城市举办的各种经贸洽谈活动，鼓励支持企业之间以项目为纽带，加强技术交流、产业协作，加快建立信息资源共享平台，实现产业发展信息、对外合作项目信息、人才技术信息、产品销售信息等资源的共享。最后，加强学术交流。鼓励成员市大专院校、科研单位和企业研发机构开展科技交流和联合攻关，开展多层次、多领域的以企业为主体的产学研合作，推进技术创新和科研成果转化。

四、实施步骤

按照中原经济区的建设目标和任务部署，具体实施分两步走：

（一）2010~2015 年：取得突破、初步彰显优势阶段

力争到 2015 年，中原经济区主要人均经济指标超过中部地区平均水平，工业化超过中部地区平均水平，城镇化达到中部平均水平，中原城市群在中西部地区的竞争力与辐射带动力进一步提升，经济转型和社会转型迈出重要步伐，区域

一体化发展格局初步形成，"三化"协调发展新模式初步建立，成为支撑中部崛起的核心区域。

（二）2016~2020年：深入推进、全面实现崛起阶段

力争到2020年，主要人均经济指标超过全国平均水平，城镇化发展达到全国平均水平，中原城市群在全国的竞争力和辐射带动力明显提升，产业集聚不断升级，经济发展和社会发展全面实现转型，区域一体化发展格局及"三化协调、科学发展、社会和谐、全面崛起"新格局基本形成，成为全国经济发展新的重要增长极。

第六章　中原经济区的战略定位

中原经济区是一个具有鲜明特点、独特优势、客观存在、相对独立、欠发达而又亟待崛起的区域经济综合体。中原经济区的战略定位，既要立足发挥中原的区位、产业、人口、资源等比较优势，更要从服务全国大局的角度准确谋划，凸显中原在全国的定位。按照 2011 年《全国主体功能区规划》，中原经济区的功能定位为：建设全国重要的高新技术产业、先进制造业和现代服务业基地，能源原材料基地、综合交通枢纽和物流中心，区域性的科技创新中心，中部地区人口和经济密集区，支撑全国经济又好又快发展的新的经济增长板块。

一、全国重要的高新技术产业、先进制造业和现代服务业基地

高新技术产业是国民经济和社会发展的战略性、先导性产业。随着世界经济一体化趋势的发展，无论是发达国家还是发展中国家，都纷纷把发展高新技术产业作为本国经济发展战略的重点。高新技术产业已成为经济竞争的制高点和经济增长及社会进步的主要推动力。"十一五"期间，河南省设立高新技术产业化专项资金，实施 67 项"双百工程"、"双千工程"高新技术产业化项目，加快高新区和特色产业基地，有力引导和支持了高新技术产业加快发展。2010 年安阳、南阳两家省级高新区正式获批为国家级高新技术产业开发区，这是继 20 世纪 90年代初郑州国家高新区、洛阳国家高新区建设后，河南省国家级高新区建设的一项重大突破。至此，河南省拥有国家级高新区已达 4 家，数量居中部第 1 位，全国第 4 位。培育形成了洛阳硅材料及光伏、新乡生物医药等 11 个国家级高新技

术特色产业基地。2009 年河南省高新技术产业实现增加值 1522 亿元，占全省工业增加值比重达到 19.2%。2010 年河南省高新技术产业产值增速达到 24%，超过河南省规模以上工业增速 6 个百分点。中原电气谷、洛阳动力谷、郑州百万辆汽车等重大产业基地建设取得明显成效，超硬材料、电子信息材料形成了比较优势，全国重要的装备制造和高技术产业基地初步建立。

未来中原经济区要进一步加快高新技术产业发展，促进产业结构优化升级。以高端装备制造、新能源、生物及新药、电子信息、新材料、新能源汽车等产业为重点，实施一批高新技术产业化项目。以高新区、产业集聚区为主要依托，加快高新技术特色产业基地建设，逐步打造完善高新技术产业链。中原经济区要立足大型装备制造、汽车制造等现有制造业基础，充分利用中西部地区投资持续升温、开发建设条件日益成熟的良好趋势，依托中心城镇和产业集聚区，进一步优化创新资源配置，积极承接国内外产业转移，扩大先进制造业发展规模，做强做优先进制造业。着力提升装备制造、有色钢铁、化工、食品、纺织服装五大战略支撑产业竞争力，大力发展金融、保险、物流、信息和法律服务、会计、知识产权、技术、设计、咨询服务等现代服务业，促进工业化和信息化、制造业和服务业融合发展。培育一批具有核心竞争力、规模和水平居全国前列的优势企业和在全国乃至国际具有影响力的优势品牌，形成一批具有核心竞争力的先进制造业和现代服务业集群，培养区域性产业集群品牌，加快建成科技含量高、经济效益好、资源消耗低、环境污染少、人力资源优势得到充分发挥的在全国具有竞争力的全国重要的先进制造业和现代服务业基地。其中，现代装备制造业重点建设中原电气谷、洛阳动力谷和郑州、新乡、安阳、南阳四大新型装备制造业基地。推进开封、洛阳、新乡、焦作、许昌、南阳、鹤壁等汽车及零部件产业集聚发展，建成全国重要的汽车制造基地。

二、能源原材料基地

中原经济区是我国重要的能源原材料基地，石油、煤炭、天然气储量丰富，且开发强度居于全国前列，资源开发的组合条件好。河南省是全国大型煤炭基地，拥有中平能化集团、河南煤化集团、义煤集团、郑煤集团、神火集团和河南省煤层气开发利用有限责任公司等多家大型煤炭企业。河南不仅利用丰富的煤炭优势发展火电建设，成为中国华中电网重要的火电基地，三门峡水电站、黄河小浪底水利枢纽还为河南"水中取电"。2009 年河南省能源生产总量为 17002 万吨标准煤，其中原煤、原油、天然气、水核风电产量分别为 15884.97 万吨标准煤、678.3798 万吨标准煤、132.6156 万吨标准煤、306.036 万吨标准煤，占河南省能源生产总量的比重分别为 93.4%、4.0%、0.8%、1.8%。[①] 2009 年河南省能源生产总量占全国的比重为 6.19%，原煤、原油、天然气、水核风电产量占全国的比重分别为 7.48%、2.50%、1.18%、1.28%。2009 年河南省石油、天然气、煤炭基础储量分别为 5051.9 万吨、84.1 亿立方米、114.7 亿吨，分别占全国的 1.71%、0.23%、3.60%。[②] 2009 年河南省原煤、原油、天然气生产量均居全国前 10 位，电力装机规模居全国第 5 位。晋东南地区依托丰富的煤炭资源，形成了以能源化工业为主的重工业结构；冀南充分利用铁矿石储量丰富的优势，协调了以钢铁和装备制造业为主的产业结构；鲁西南和皖西北依托优良的土地资源和较为丰富的煤炭资源，形成了以粮食和农产品生产加工为主，煤炭化工业快速发展的产业发展格局。全国众多的能源管道包括西气东输等至少四条天然气管道以及至少四条石油管道，南水北调和北煤南运，在中原经济区交会。未来来自中国西北和中亚的石油，将与来自中国东北和俄罗斯远东的石油管道，在郑州交会。发达的能源输送管道和专线提升了能源保障能力。中原经济区尤其是郑州，必将成为我国极其重要的能源枢纽。

除了能源保障有力外，中原经济区的矿产资源也十分丰富。以河南省为例，河南省地质构造复杂，成矿条件优越，矿产资源种类多、储量大。从种类来看，2009 年河南省主要矿产如铁矿、铜矿、铅矿、锌矿、铝土矿基础储量分别为 1.7 亿吨、13.9 万吨、30.1 万吨、35.6 万吨、21811.8 万吨，分别占全国的 0.80%、0.47%、2.25%、0.93%、25.99%。[③] 2010 年末河南省已发现的矿种增至 127 种，已探明资源储量的矿种 90 种，已开发利用的矿产 90 种。其中，能源矿产 7 种，金属矿产 20 种，非金属矿产 61 种，水气矿产 2 种，全年新发现大中型矿产地 14 处。从储量来看，河南省多种矿产资源储量居全国前列，钼、钨、镓、铝土矿、

①②③ 以上数据来自《河南统计年鉴 2010》或根据《河南统计年鉴 2010》计算而得。

天然碱等矿产资源储量位居全国前三，金、银、硅石、水泥灰岩、玻璃用砂等矿产储量也居于全国前列，氧化铝、电解铝、铅、钼、镁等产品产量均居全国首位。

未来，中原经济区要重点以河南的郑州、平顶山、焦作、鹤壁、济源、三门峡，山西的运城、长治、晋城及河北的邯郸、邢台为依托建设能源原材料基地。重点发展郑州、洛阳、焦作、三门峡、商丘等地的铝精深加工产业基地，推进济源铅锌、鹤壁镁加工、洛阳钼钨钛铜、新乡铜加工等特色产业发展。大力推进煤化工、盐化工、石油化工融合发展，重点建设洛阳、濮阳、商丘三大石油化工基地，豫北、豫西、豫东三大煤化工基地，以及平（顶山）漯（河）、焦（作）济（源）、濮阳和南阳四大盐化工基地。推动安阳优质钢基地建设和安钢、舞钢等重点企业改造升级，积极发展适应区域市场需求的产品，大力发展钢铁深加工，成为中西部地区重要的钢铁生产基地。

三、综合交通枢纽和物流中心

《促进中部地区崛起规划》布局的"两横两纵"经济带中，有"一横两纵"即陇海经济带、京广经济带和京九经济带贯穿中原经济区。中原经济区在我国交通网络中处于东西交会、南北沟通的中枢地区，全国主要的铁路、公路、航空、通信网等都在这里交会，交通基础设施比较完善。2009 年底河南省的公路通车总里程达到 24.2 万公里，高速公路通车里程达到 4860 公里，连续 4 年位居全国各省市第 1 位。郑州是全国八大铁路枢纽之一，全国七大公路主枢纽之一，全国八大区域性枢纽机场之一。目前，从郑州市出发 3 小时内可达全省任何一个省辖市，6 小时内可达周边 6 省任何一个省会城市。以高铁为代表的我国新一轮铁路规划中，郑州也是重要的枢纽之一。四通八达的高速公路、高速铁路已在郑州搭建了全国重要的"双十字"快运中心。方便、快捷的立体交通体系，使中原经济区成为全国重要的人流、物流、资金流、信息流的集散地。未来中原经济区还要以建设连通东西、纵贯南北的运输通道和交通枢纽为重点，加快构建以铁路网、高速公路网和航空枢纽港为骨架的综合交通体系，构筑东出西联的综合交通新格局，形成服务于中部崛起的对外开放通道，充分发挥中原经济区在全国综合运输大通道中的作用；建设石家庄至武汉、郑州至徐州、郑州至重庆、商丘至杭州客运专线，推动郑州至合肥、至济南、至太原客运专线建设，构建以郑州为中心的"米"字形高速客运网；实施中原城市群城际铁路网建设规划，建设郑州至焦作、开封、新郑机场、新乡，新郑机场至许昌、登封、洛阳等支线，以及焦作至济源、洛阳，许昌至平顶山城际铁路，形成以郑州为中心、高速铁路和城际铁路为纽带，半小时左右通达开封、洛阳、许昌、新乡、焦作、漯河、平顶山、济源，一小时左右通达其他中心城市的便捷交通格局；推进郑州国际航空枢纽建设，构建以郑州机场为中心，洛阳、南阳、商丘、明港、鲁山、豫北等机场为辅助的民用航空运输体系。

区位优越，再配合便捷的交通，中原经济区物流业发展有着得天独厚的条件。从区位条件来看，中原经济区地处我国的心脏腹地，北接京津冀，南连两湖直至珠三角，并且是西部地区通往我国沿海最具活力的三个主要经济区的重要通道，承东启西、连南接北。随着河南保税物流中心的成立，提高了外贸型企业的通关效率，降低中转费用，拉近和沿海的物流成本差距，使中原流通区在全国物流中的地位更加重要。从交通条件来看，中原经济区便捷的交通也为物流业的繁荣创造了条件。早在 2008 年日立物流株式会社就入驻河南，成为首家进入河南省物流领域的世界 500 强企业，美国联邦快递、中外运集团、中远集团等一批国内外知名物流企业也纷纷加入。在 2009 年国务院出台的《物流业调整和振兴规划》中，郑州成为全国性的物流节点城市。物流业也是河南省"十二五"规划中产业结构调整的重点。未来中原经济区要围绕打造环渤海腹地支撑，加强在物流产业的合作，共同谋划和推进内陆港、铁路物流中心等一批中原地区乃至北方最大的物流基地项目。协调建立中原经济区的区域联运机制，消除物流壁垒，促进铁路、公路、机场等多种方式的衔接，打造区域内快速联运的物流通道。加快物流信息的联网与共享，探索建立中原经济区物流发布网，建立连接东西、贯穿南北、辐射全国的现代流通网络体系，建设全国重要的区域物流枢纽节点。着力打造物流配送、仓储运输和公共物流信息三大平台，构建以郑州为中心的 1 小时配送物流圈、6 小时分拨及终端配送物流圈、24 小时干线区域分拨与中心城市终端配送物流圈、72 小时国际终端配送物流圈，高标准、高起点建设中原国际物流园区、铁路集装箱中心站、国家干线公路物流港及空港物流园区，建成辐射国内外的"内陆无水港"。推进郑州国际物流中心建设，凸显郑州物流中心地位，加强洛阳、安阳、商丘、信阳、南阳等区域物流枢纽建设，形成服务中西部、面向全国、连接国际的现代物流中心。

四、区域性科技创新中心

当前，以河南为主体的中原经济区的科技创新能力不断增强，科技创新对经济社会发展的支撑作用明显增大。近年来，河南省深入实施科教兴豫、人才强省和自主创新跨越发展战略，不断推进科技创新。河南的良种培育、粮食稳产丰产、新品种推广应用、粮食深加工等农业科技走在了全国前列，装备制造业及部分新兴产业技术水平达到国内领先水平，特高压输变电装备、盾构、锂离子电池、超硬材料、多晶硅、生物疫苗等领域达到国内领先或先进水平。河南省的自主创新体系不断完善，科技创新成果明显增加，科技创新人才队伍快速扩军。到2011年，河南省省级以上企业研发中心达到1013家，其中国家级58家；省级以上重点实验室75家，其中国家级5家，省部共建3家；省级工程技术研究中心330家，国家级工程技术研究中心9家；国家级创新型（试点）企业达到16家，数量居中西部地区前列。河南省共有4个国家级和5个省级高新技术产业开发区，2个国家级和13个省级农业科技园区，7个国家级和12个省级可持续发展实验区，1个国家级和20个省级民营科技园区。"十一五"期间，河南省共获得国家科技奖励75项，获奖数量和质量5年中4次创造历史新高，先后实现了国家技术发明奖、工业领域国家科技进步一等奖和国家自然科学奖"零"的突破。2010年河南省专利申请量突破20000件，专利授权量突破15000件。洛阳市、郑州市进入国家创新型试点城市行列，安阳高新区、南阳高新区被国家批准为国家级高新区。中信重工、华兰生物等一批骨干企业和省农科院、郑州大学等科研院所、高等院校创新能力进入全国同行业先进行列，一批重大科技成果和关键技术装备在西电东输、高速铁路、载人航天、北京奥运、上海世博等国家重点工程中应用。启动实施了"创新型科技人才队伍建设工程"，以领军人才培养和使用为突破口，建设高层次科技创新人才队伍。初步构成了高层次科技创新人才培养、引进、使用的体系。到2011年，河南省有"中原学者"16人、科技创新杰出人才和杰出青年 624 人，创新型科技团队 107 个。

建设中原经济区中，突出科学发展这个主题、加快转变经济发展方式这条主线，就离不开科技进步和创新的强力支撑。建设中原经济区，要以科技创新为动力，构建引领发展的区域自主创新支撑体系，依靠科技进步发展战略性新兴产业，把自主创新能力贯穿到"三化"协调、"四化"同步推进的各个方面，建设全国重要的创新区域，推动中原经济区发展由要素驱动向创新驱动转变。充分发挥农业科技优势，大力推进农业科技进步，建设国家粮食生产核心区。实施重大科技专项，依靠科技创新改造传统产业，带动传统产业转型升级，打造战略性新兴产业，培育新的经济增长点。培育一批拥有自主知识产权核心技术和持续创新能力的企业，引导更多企业走创新驱动的发展道路。以企业为主体，以企业研发中心和重点实验室为平台，与国外知名高校、研究院所和创新型企业合作，共建一批工程（技术）研究中心、重点实验室和产业技术创新战略联盟，建设科技优势互补、科技要素自由流动、科技资源禀赋充分发挥的中原经济区科技共同体，鼓励跨国公司和国外著名高校科研机构来中原经济区建立研发机构。加大政府科技投入，引导形成全社会多元化科技创新投入体系。

五、中部地区人口和经济密集区

中原经济区是全国人口最密集的区域之一，仅河南就拥有 1 亿人口，占全国的 1/13，劳动力资源极为丰富，拥有较好的城市群规模，尤其是拥有郑州和洛阳两个人口超过 100 万的特大型城市。中原经济区中人口最密集、城市最集中、综合实力最强的地区就是中原城市群。2008 年中原城市群经济密度为 1799.3 万元/平方公里，在全国七大城市群中仅次于山东半岛城市群的 2743.5 万元/平方公里（见图 6.1）；人口密度为 679.9 万人/平方公里，在七个城市群中位居第一，是最低的沈阳经济区人口密度的两倍（见图 6.2）。[①] 2009 年中原城市群的人口、经济总量、综合实力、社会消费品零售总额、固定资产投资总额和金融机构存款余额

---

① 喻新安. 建设中原经济区若干问题研究 [J]. 中州学刊，2010（5）.

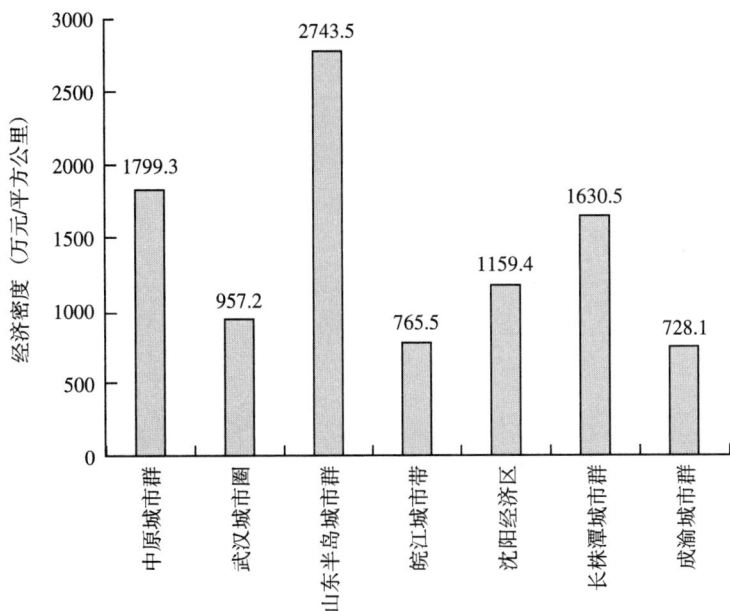

图 6.1　我国七大城市群经济密度比较（2008 年）

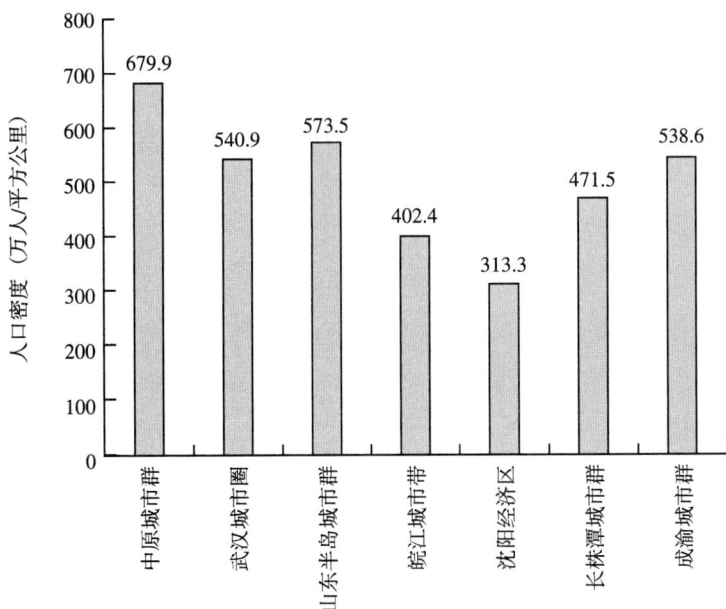

图 6.2　我国七大城市群人口密度比较（2008 年）

均居中部各城市群之首。

建设中原经济区，优势在于人口，潜力也在于人口，关键也在于人口。但中原经济区存在农村人口基数大、劳动力素质偏低、就业压力大等问题。今后，中原经济区要提高人口素质，改善人口结构，优化人口分布，建立健全促进人口长期均衡发展的五大长效机制：一要建立健全人口工作的领导机制；二要完善与城乡一体化和公共服务均等化相适应的公共财政投入体制；三要统筹协调各项社会经济政策，建立有利于实行计划生育的经济、社会、福利制度；四要加强基础设施和技术服务、信息服务、配套设施建设；五要稳定基层的工作机构和队伍。中原经济区是中部人口最密集、优势最突出、最具发展潜力的区域。为进一步促进中部地区崛起，更好地服务全国发展大局，中原经济区必须推动人口优势向人力资源优势转变。加大对职业教育和劳动力技能培训的投入力度，加大对高等教育发展的支持力度，扩大高端人才培养规模，满足中原经济区建设对人才的需求。中原经济区还要以中原城市群"一极两圈三层"空间结构为依托，加强与周边地区的合作，做到东西兼顾、南北融合，促进"企业集中布局，产业集聚发展，资源集约利用，功能集合构建，人口向城镇转移"，持续集聚生产要素，提高发展效益。

六、支撑全国经济又好又快发展的新的经济增长板块

过去 30 年，珠三角、长三角和环渤海地区快速发展，拉动了我国经济的增长。但是，未来仅靠这些地区来支撑中国经济持续快速增长是不够的，下一步支撑中国经济持续平稳增长的力量显然在中部，必须在中部培育一批新的增长极。从实现中部崛起的角度来看，建设中原经济区可以加快在沿陇海、京九与京广经济带交会区域形成新的经济增长板块，与长江中游经济带形成南北呼应格局，共同支撑中部崛起战略目标的实现。中原经济区地处我国东、中、西部的交会处，又是长三角、环渤海地区向内陆推进的要冲，恰在经济较发达地区和资源丰富地区的接合部，是我国东、西、南、北经济对流的中转站和交会点，连南通北、承东启西。中原经济区独特的区位优势，既有利于承接东部地区产业转移，又有利于更好地辐射和带动中西部的发展。建设中原经济区对拓展全国内需增长空间、

培育国家新的增长极意义重大。建设中原经济区，有利于促进国家统筹协调梯次推进总体发展战略的实施，提升全国重要综合交通枢纽地位，加快发展成为新的经济增长极，增强战略腹地效应。建设中原经济区有利于释放中原经济区潜在的投资需求和消费需求，拉动全国内需持续快速增长，从而推动我国发展方式的转变和经济的持续增长。中原经济区优势明显、功能特殊，产业门类比较齐全，经济基础较好，自我配套能力和自我修复能力比较强，区域内联系比较紧密，辐射区域比较明确，经济区的特征比较突出，相对于我国东南部已有的经济区来说也是比较独立的，能够发挥其战略腹地效应，能够形成我国区域发展新的重要增长极。

目前，中原区域普遍处于工业化、城镇化加速推进与消费结构升级的关键时期，内需增长潜力巨大。建设中原经济区可以充分发挥区域人口资源优势和邻近全国市场优势，增强城乡居民消费能力，激发区域整体消费需求，从而达到进一步扩大国内需求的效果。根据城镇化的理论，城镇化率超过30%以后则会处在一种加速发展的状态中。预计到2020年中原经济区城镇化率将由目前的30%多提高到50%多，这一地区将有一半以上的人口生活在城市。城镇化水平的提高会推动这一地区的城镇基础设施、公共服务设施建设和房地产开发。据有关部门专门研究，每增加一个城镇人口，可以至少带动10万元的城镇固定资产投资。一旦将中原地区的潜在需求转化为现实需求，将形成国内极具活力的内需市场，成为国家经济增长的强大动力，并且有力地促进我国经济增长主要由投资、出口拉动向三大需求协调拉动转变，从而推动全国经济持续增长。

中原经济区是经济技术由东向西梯度转移和资源要素由西向东梯度转移的交会区，在实现沿海经济带向内陆纵深不断拓展、产业转移由东到西梯度推进中具有重要地位和作用，具有优越的市场区位优势。随着我国人口老龄化和"刘易斯拐点"的到来，剩余劳动力无限供给的时代面临终结，人口红利日渐减少。中原经济区是我国人力后备资源最为富集的地区，该地区劳动力素质的提高和供给能力的扩大，一方面将为我国劳动密集型产业的持续发展提供保障；另一方面将有力推动劳动力就地吸纳转移，减轻沿海大中城市人口承载压力。中原经济区拥有着人力资源丰富、潜在市场广阔的突出优势，使其具备了承接产业战略转移的优越条件。通过实施统一的产业政策，大规模承接国外和我国沿海地区的产业转移，分散沿海地区资源环境压力，实现要素、产业、市场的良性互动和集聚集约发展，促进产业结构转型升级，中原经济区必将能够成为国家扩大内需战略的重要支撑，成为支撑中部崛起、引领中西部经济发展的新的增长极，为中国经济发展注入新的活力。

第七章　中原经济区一体化发展

随着经济全球化进程的不断加快，区域经济的一体化发展已经成为世界经济发展的一个重要特征。加强中原经济区内各区域经济的联合与协作，是参与国际经济竞争，尽快与世界经济接轨的迫切需要，是建立和完善社会主义市场经济体制的内在要求，是促进地区之间经济协调发展的有效手段，对整合区域资源，优化产业布局，实现中原崛起具有重大意义。

一、区域经济一体化理论概述

世界范围内区域经济一体化的理论研究是从欧洲经济一体化的实践中开始的。区域经济一体化这一专有名词最早出现是在 20 世纪 40 年代的西欧。

（一）区域经济一体化的概念及内涵

作为区域经济一体化理论核心部分的关税同盟理论，公认是由瓦伊纳（Viner）创立的。经济学家艾尔·阿拉（AiiM.EL-Agrua）对区域经济一体化的描述是将不同经济实体结合成较大经济区的一种事务状态或者一种过程。在今天这个名词的用法也仅限于这一含义。更具体地说，国际经济整合能消除参与国之间的所有贸易障碍，并建立一定的合作协调机制。后者完全依赖于一体化采取的具体形式。美国经济学家贝拉·巴拉萨（BelaA.Balassa）在其名著《经济一体化理论》一书中对"经济一体化"的定义也做了明确的阐述："我们将经济一体化定义为既是一个过程，又是一种状态。就过程而言，它包括采取种种措施消除各国经济单位之间的歧视；就状态而言，则表现为各国间各种形式差别的消失。"巴拉萨的这一定义在西方经济学中具有经典性意义。

此后许多经济学家关于区域经济一体化的解释，基本上是围绕着"过程"和"状态"而展开的。1952年7月，欧洲煤钢共同体正式成立，1958年1月，《欧洲经济共同体条约》（简称《罗马条约》）生效，标志着欧洲经济共同体正式成立。从此，经济一体化不是一纸概念，而是有丰富实践的实体，从而引起经济学家的极大兴趣。经济学家维多利亚·柯森（Vi.toriaCurson）在1974年从生产要素配置的角度解释了经济一体化，他把一体化"过程"理解为趋向全面一体化的成员国之间的生产要素的再配置，把一体化"状态"理解为一体化成员国的生产要素的最佳配置。经济学家彼得·林德特给区域经济一体化下的定义是：通过共同的商品市场、共同的生产要素市场，或两者的结合达到生产要素价格的均等。对此，经济学家彼得·罗伯逊（PeterRobson）则强调："区域经济一体化是一种手段，而不是目的，并认为区域经济一体化的安排应该体现三个方面的特征：一是在某种条件下，成员国之间的歧视消失；二是维持对非成员国的歧视；三是成员国之间在企图拥有持久的共同特性和限制经济政策工具的单边使用上有一致的结论。"

在我国，有一大批学者在关注和研究全球经济一体化的基础上，对国内的区域经济一体化发展也进行了一系列的分析研究，并从各个角度来阐述推动区域经济一体化的观点和建议。周予鼎认为：区域经济一体化建设的目标和重点在于转变政府管理的评估标准，加强区域经济一体化的立法建设，成立区域经济一体化的合作联盟，开展区域内部的贸易政策审议，分离政府的经济职能和行政职能。沈丹阳等人认为：亚洲经济一体化对促进亚洲及全球经济的发展意义深远，建议构建一个"泛亚洲经济共同体"，消除关税壁垒和进口配额；建立共同的对外关税体系；制定共同的贸易政策和产业政策；逐步形成一个货物、劳务和资本自由流通的市场。王晓辉认为：无论是国际还是国内区域经济一体化，两者追求的目的都是通过逐步取消妨碍各国各地区生产要素在区域内自由流动的障碍，建立一个包括商品、资本和劳动力在内的统一市场，充分发挥各国或地区生产要素优势，实行区域内生产要素的优化配置，促进区域内专业分工、协作生产，发挥规模经济效益，从而促进本区域的共同繁荣。石忆邵认为：区域经济一体化的实质在于以区域为基础，提高资源配置的效率。实现这一目标的必要条件是：在一体化区域内，消除阻碍商品和生产要素自由流动的一切障碍，以及一切以区域界限为依据的歧视政策和行为；区域中心城市有较强的综合经济实力，经济整合程度高，并形成区域之间合理的利益分配机制。罗笙认为：信息社会发展与全球化趋势，出现了区域竞争、区域创新和学习型区域等新特征，创新地方政府管理体制，实现地方利益与区域整体利益均衡将是推动区域经济一体化的重要途径。

从上面各经济学家已经给出的定义，可以得出这样的结论：经济一体化的实质就是生产要素不断趋向自由流动的一个动态化的过程，在过程的每一个阶段，则表现为具体的生产要素流动程度的一种状态。对于其内涵主要包含以下几个方面：第一，一体化的主体，这个主体是应该具有独立国民经济的实体，可以是一个国家或其中的某些城市。第二，一体化进程进展的驱动力，也就是参与区域经济一体化实体的目的和动机。这种目的和动机应该是在一体化区域内，消除阻碍货物与生产要素自由流动的一切障碍及集团成员间一切以国籍或城市级别为依据的歧视，使资源得到最优配置，各成员获得最大利益（经济利益、政治利益）。这种利益的驱使，使各成员积极参与经济一体化的活动，这就成为区域经济一体化过程中的驱动力。第三，集团的组成一般应是地缘相邻的国家或地区。第四，区域经济一体化是一个动态化的过程，具有一系列的区域经济一体化形式。如自由贸易区、共同市场、货币联盟、经济与货币联盟和完全经济一体化等。综合上述所包括的四点，区域经济一体化可概述为：地缘相邻或相近的国家或地区集团，为了获得最大利益组合成为更大规模的经济集团或共同体，其发展是一个动态的过程，是不断地从低级向高级发展的过程。

（二）区域经济增长与发展理论

一个区域的经济增长与发展不仅受区域内的因素影响，而且也受区域外因素的影响。区域经济增长与发展既有联系又有区别。经济增长是指一国家或区域内在一定时期内产品与服务总产出量的增加，它可以用国民生产总值或人均国民生产总值计量。决定经济增长的因素是多方面的。在一个封闭的国民经济或区域经济内，国民生产总值是现存的生产能力和需求的函数。除此之外，经济增长还取决于其他一系列因素，其中主要包括技术进步、空间结构、产业结构、基础设施体系、政治体制、社会体制以及这些因素随时间而发生的变化。上述因素的相互作用决定了一个国民经济或区域经济的内生增长。当前，技术进步在经济增长中的作用越来越突出，在新增长理论中，把技术进步因素作为内生变量纳入生产函数之中。经济发展与经济增长既有联系又有区别，经济增长是产出的增加，而经济发展不仅是产出的增加，还要伴随着产出结构的改善和资源配置的优化。

一个区域的经济增长与发展取决于区域内的各因素之间相互作用和区域要素流动与货物和服务流动产生的外部作用。在一个国民经济的各区域之间通常不存在市场壁垒和其他经济限制，因此区域间存在经常性的生产要素流动和货物与服务交换。在一个开放的区域中，经济增长与发展在很大程度上受外部因素的影响，特别是区域间生产要素流动以及货物与服务的运动。生产要素的流入会提高流入地区的生产能力，同时使技术知识得到扩散，而区域间货物交换的加强可以在供给和需求两个方面影响增长效应。

（三）区域分工与要素流动理论

区域分工的形成与演进，是区域经济增长与发展的重要源泉。区域分工促进了区域经济增长与发展，提升了区域竞争力。在国民经济和世界经济范围内，形成合理的区域分工，会提高资源的空间配置效率。区域分工的形成与发展，引起了区域之间的要素流动，反过来又推动和强化了区域分工。区域分工在发展过程中，伴随着经济活动空间分布格局和区域经济利益格局的变动，贯穿着激烈的区域竞争。

古典经济学家提出的分工理论起先是针对国际分工与贸易的，后被区域经济学家用于解释区域分工。斯密的绝对成本优势理论强调不同国家将分别专业化生产具有绝对成本优势的产品并用以交换具有绝对成本劣势的产品，市场范围的扩大将促进分工并带来规模经济，从而有利于各国的经济增长和国民福利的增进。李嘉图的比较成本优势学说论证了在资本和劳动不能在国家之间完全自由流动的前提下，只能按照比较成本进行国际分工与贸易；各国应集中生产相对优势较大或者劣势较小的商品，这样的国际分工对各国都有利。而要素享赋理论认为各国或地区的要素资源享赋的不同，在生产要素使用具有替代性的前提下，一国或地区密集使用相对低廉的生产要素就拥有由成本优势所决定的国家或区域竞争优势，通过国际或区际贸易，各自都可以获得比较利益。

二、中原经济区一体化发展的必要性

20 世纪 80 年代以来，世界经济全球化的发展趋势不断加快。经济全球化指的是全球范围内以资源自由流动的优化配置为目的的经济一体化过程，是生产、贸易、投资、金融等经济行为在全球范围内的大规模活动，以及随之而来的各国经济制度整合、政策协调与商品和要素价格均等化的趋势。[①] 这个一体化过程随着生产力发展水平的提高，范围不断扩大，程度不断加深。之所以如此是因为生产力的发展要求不断扩大经济活动的空间范围即市场范围：从一国国内的经济融合、形成全国统一市场到区域内若干个国家或独立经济体的经济融合并结成区域性经济组织，再到全球范围内的经济融合。它是生产力和生产关系发展的必然结果，也是不可逆转的历史趋势。

经济全球化要求最终在全球范围内降低和消除关税壁垒与国别障碍，实现资源的自由流动和优化配置，与区域化是相辅相成的。一方面，它需要加强地区间的合作与协调，而这种合作与协调并不是一开始就能在全球范围内形成的，必然是从个别地区的合作与协调开始，从而促进了区域经济的一体化发展；另一方面，经济全球化导致了全球竞争的加剧，而加强区域间的合作与分工协作，推进区域联动与协调发展，是避免恶性竞争的有效途径，各区域也能够借此寻求有序合作与共赢的结果，从而提升更大范围区域的经济组织水平和竞争能力。在这一大背景下，区域联动与协调发展最终实现一体化已是当今世界的必然趋势，同时也是各区域获得进一步发展的必要选择。

从全球范围看，目前世界上共有各种形式和规模的区域性经济集团（不包括单纯合作开发自然资源和论坛性质的组织）24 个，参加的国家共有 140 多个。区域经济一体化运动已遍布全世界，并在明显加快的步伐中，呈现出"区域重叠、区内套区"的特点，突破了区域性经济一体化只能根据相同的经济发展程度组成的传统模式，即发展程度不同也完全可以组成经济一体化组织。而无论是国

[①] 薛敬孝，曾令波. 论经济全球化的内涵和表现形式 [J]. 北华大学学报（社会科学版），2000（1）.

际还是国内，都有运作较成熟和成功的一体化组织。在国际方面，欧洲醒悟最早，动作最快。多个欧洲国家组成一体化的欧盟，优势互补、聚散为整，以总体实力参与国际竞争成为敢与美国抗衡的庞然大物。欧洲诸国联合制造的"空中客车"巨型喷气飞机已成为美国波音公司的强劲对手；欧元的出现，显示了欧洲的联合进入了货币统一的更紧密的新阶段。在亚太地区，除东盟外，以多元、松散、民间、层次形式不一的经济合作模式运作的区域组织就有东北亚的"增长三角"、东南亚的"共同开发区"和我国南部的"黄金三角"。还有中、日、韩三方提出形成"环黄海、环渤海经济圈"，通过共同合作打造东北亚国际经济合作的核心。

从国内方面看，区域经济发展向一体化迈进，也已逐步进入实质操作阶段。其中有较成熟的"地域经济共同体"，如长三角、珠三角，也有正处于发展期的环渤海经济圈。与以上三大经济区（圈）相比较，地处内陆的广大中西部地区，长期以来受区位、体制、机制等因素制约，城市化、工业化进程相对缓慢，在区域经济竞争中处于明显弱势。特别是受城市化进程缓慢的影响，大部分地区仍处于传统农业经济为主向现代城市经济为主的过渡阶段，在生产要素配置和生产力布局中处于明显的低端。实践中突出表现为，地方政府企业化倾向仍然较强，行政区划和经济区划的矛盾日益尖锐，邻近地区间的产业同构，重复建设日益严重，极大地增加了区域经济发展的成本。建设中原经济区，首先就是要破除行政区划对经济发展的干扰，推进区域经济一体化发展。

三、深化中原城市群一体化发展

中原城市群以郑州为中心，包括洛阳、开封、平顶山、新乡、焦作、许昌、漯河和济源共9个省辖市，是北京、武汉、济南、西安之间，半径500公里区域内城市群体规模最大、人口最密集、经济实力较强、工业化进程较快、城镇化水平较高、交通区位优势突出的城市群，是中原经济区的核心区域。中原经济区的一体化发展，迫切要求把中原城市群作为先行先试的示范区，创新发展机制，优化空间结构，整合区域资源，完善城市功能，壮大优势产业，加速人口和产业集聚。

（一）中原城市群各城市概况

依据现实基础与发展要求，初步考虑今后一个时期，中原城市群发展的总体思路是：坚持科学发展观，实施中心城市带动战略，创新发展机制，优化空间布局，提升城市功能，改善人居环境，加速人口和产业集聚，放大整体优势，增强竞争力、辐射力和发展活力，促进区域和城乡协调发展。按照统筹规划、分步实施的原则，中原城市群的发展目标是：郑州市的核心地位显著提升，9 市功能和主导产业定位基本明晰，发展的整体合力明显增强；郑汴洛城市工业走廊等四大产业带初具雏形，培育形成一批优势企业；初步形成以郑州为中心，东连开封、西接洛阳、北通新乡、南达许昌的"大十字"形核心区，奠定区域经济协调发展的基础；区域综合交通运输体系基本完善，形成区域内任意两城市间两小时内通达的经济圈；城市功能显著增强，人居环境进一步改善，和谐城市建设迈出实质性步伐，确立在中西部地区城市群的领先地位。

（1）郑州市。郑州市地处中原腹地，是河南省省会，也是全国重要的交通枢纽。郑州以占全省 4.5% 的土地面积、8% 左右的人口，创造了全省 17.4% 的生产总值和 28% 的财政收入，在全省的首位度持续增强。城市功能定位为：河南省省会、中国历史文化名城、国际文化旅游城市、全国区域性中心城市、全国重要的现代物流中心、区域性金融中心、先进制造业基地和科技创新基地。

（2）洛阳市。洛阳市是中国历史文化名城、中原城市群副中心城市、全国重要的新型工业城市和先进制造业基地、中西部区域物流枢纽。近年来，洛阳市大力实施工业强市、旅游强市、科教强市和项目引资双带动战略，成为全省最具发展活力的地区之一。洛阳工业基础雄厚，是新中国重点建设的工业城市，现已形成了装备制造、能源电力、石化、有色金属加工、新材料五大优势产业。资源相对富集，探明矿产 55 种。目前，洛阳已与世界 144 个国家和地区建立了贸易往来，40 多个国家和地区的客商在洛投资兴业。城市功能定位为：中国历史文化名城、全国重要的装备制造业、原材料和能源生产基地、全国著名的旅游城市、中西部区域物流枢纽、中原城市群的先进制造业基地、高新技术产业基地、职业培训基地、科研开发中心。

（3）开封市。开封市具有"文物遗存丰富、城市格局悠久、古城风貌浓郁、北方水城独特"的显著特色，不仅有便利的交通条件、丰富的文化旅游资源、得天独厚的农业优势、较好的工业基础，更为重要的是，开封具有深厚的文化内涵、良好的人文环境和人才优势。近年来，开封加快由老工业基地向新型工业化城市跨越、传统农业向现代农业跨越、文化旅游大市向文化旅游强市跨越，全市经济呈现出又好又快发展的势头，正在成为中原城市群最具活力的经济区之一。城市功能定位为：中国历史文化名城、中原城市群文化和旅游中心、轻纺、食品、医药和化工基地。

（4）平顶山市。平顶山市资源丰富，目前探明各类矿产57种，其中煤炭储量103亿吨，有"中原煤仓"之称；钠盐储量3300亿吨，被授予"中国岩盐之都"；铁矿石储量9.7亿吨，占河南省储量的76.3%。以此为基础，平顶山现已成为以能源、原材料工业为主体，煤炭、电力、钢铁、纺织、化工等工业综合发展的新兴工业城市。此外，平顶山市拥有各类水库175座，年均蓄水量达30亿立方米；旅游资源单体达2500个，居全省第2位。城市功能定位为：中国中部重化工城，中原城市群的重化工、能源、原材料、电力装备制造业基地。

（5）许昌市。许昌市资源也十分丰富，现已探明的矿产资源有30多种，其中煤炭储量35亿吨，铝矾土储量4295万吨，耐火黏土666万吨，石灰岩2亿吨，主要矿产集中、储量大、易于开采，发展电力、建材、陶瓷等行业前景广阔。城市功能定位为：中原城市群的高新技术产业基地，轻工、食品、电力装备制造业基地，特色高效农业示范基地和生态观光区。

（6）漯河市。漯河市是中原城市群洛—平—漯和新—郑—漯两大产业带的节点城市。借碧水穿城、林茂花艳、建筑精巧、环境秀美的独特城市风貌，漯河先后摘取国家园林城市、全国绿化模范城市、中国特色魅力城市等桂冠。漯河培育了亚洲最大的肉类加工企业双汇集团、驰名中外的南街村集团等一批知名食品加工企业。年加工生猪1400万头，占全省的23%；年加工转化粮食400万吨，占全省的11%；鲜冻猪肉出口占全省的90%以上，占全国的1/4，正在努力打造食品加工、交易、消费、研发四大基地。城市功能定位为：中国中部食品工业城、中原城市群的食品工业基地、造纸工业基地、生态农业示范基地和南部区域物流中心。

（7）焦作市。焦作市工业基础较好，铝工业、汽车零部件产业已被纳入河南省战略支撑产业的大布局中，生物产业已获批为河南省高新技术产业基地。焦作毗邻晋东南煤海，地下水储量可观，南水北调穿越焦作，被誉为"晋煤焦水、天赐良缘"。西气东输和煤层气开发项目可提供充足的燃气。沿太行山坡地规划了57.6平方公里的工业集聚区，土地供应充足。城市功能定位为：国际山水旅游城市，中原城市群的能源、原材料、重化工、汽车零部件制造基地。

（8）新乡市。新乡市地处河南省北部，南临黄河，与省会郑州、古都开封隔河相望；北依太行，与鹤壁、安阳毗邻；西连煤城焦作，与晋东南接壤；东接油城濮阳，与鲁西相连，是豫北的经济和交通中心。目前，新乡已发现和开采的矿藏有20余种，其中水泥石岩储量最丰，达100亿吨；煤炭储量达84亿吨；大理石储量20亿立方米；白奎土和黏土矿储量均在2亿立方米以上。新乡的定位为：中原城市群高新技术产业、汽车零部件、轻纺和医药工业基地，职业培训基地，现代农业示范基地，北部区域物流中心。城市功能定位为：中原城市群的高新技术产业基地，家电、汽车零部件、轻纺和医药工业基地，职业培训基地，现代农业科技示范基地，北部区域物流中心。

（9）济源市。济源市位于河南省西北部，北依太行、王屋二山，南临黄河，西与山西相邻，东接华北平原，面积1931平方公里，人口66万。济源产业优势明显：全市已形成钢铁、铅锌、能源、化工、矿用电器五大支柱产业，是全国最大的铅锌基地、国家级矿用电器基地和河南省重要的钢铁基地、能源基地、煤化工基地。城市功能定位为：山水自然景观旅游城市、中原城市群的能源基地和原材料基地。

（二）中原城市群区域合作的历程及成就

中原城市群的提出和建设，是河南省委、省政府在中央区域政策引导下，根据河南省经济社会发展状况，顺应市场经济和城市化发展需要，经过多方调研论证，从现有城市群建设中借鉴经验的基础上，提出的重大战略决策。中原城市群不仅是我国中部地区经济发展的重点区域，而且在全国区域发展格局中也同样占有重要的地位。为了加快中原城市群的发展，河南省有关方面组织编制了《中原城市群总体发展规划纲要》，对城市群内各城市的功能定位、产业布局、重大交通基础设施等进行了统筹规划。2006年3月，河南省人民政府印发了《关于实施中原城市群总体发展规划纲要的通知》。各方达成合作共识：要想做大做强城市，就要懂得合作，懂得相互协调，在合理竞争下共赢。因此，在《中原城市群总体发展规划纲要》座谈会召开之时，9市市长不约而同地提出了一个建议：今后定期召开"联席会议",商讨、交流中原城市群各地的发展情况。可见他们不但有合作的愿望,而且很迫切。在"资源共享、生态共建、产业互补、交通同城、各具特色、协调发展"的总体要求下,河南省政府成立了由省长任组长、常务副省长和主管副省长任副组长、9市和省直有关部门主要负责同志参加的中原城市群协调发展领导小组,领导小组下设办公室,由省发改委主任兼任办公室主任,制定了中原城市群市长联席会议制度,制订了议事规则,对重大问题进行协调。领导小组办公室印发了《关于明确 2006 年中原城市群建设目标任务和责任单位的通知》,对年度工作目标任务进行了分解细化,实行目标管理,并与九市政府、领导小组成员单位建立了沟通联络机制和信息反馈机制;与武汉城市圈、皖江城市带、长株潭城市群等中部地区其他城市群建立了日常联系渠道;编发了《中原城市群发展动态》初步方案。

河南省统计局建立了中原城市群统计指标体系。另外,中原城市群协调发展领导小组办公室已经陆续编发《中原城市群发展动态》,对城市群发展中的重大事件作了记录分析,并发给 9 个市的相关部门和领导,供参考。在郑汴一体化发展阶段,9 市联席会议制度已经得到了实践,在郑汴一体化重要问题的协调方面效果非常明显。而随着交通条件的改善、产业关联度的提高和城市空间的调整变化,河南省的其他城市如北部的鹤壁、安阳和西部的三门峡也正在积极调整城市功能定位和产业发展方向,加快与 9 市的融合发展,逐步融入中原城市群。

(三) 中原城市群一体化发展的基础

(1) 经济社会发展基础良好。中原城市群地区已经形成了机械、纺织、食品、化工、能源、煤炭、电力等工业为主的传统优势产业和综合发展的多门类工业体系,生物制药、有色金属、电子信息、大型客车、输变电设备、矿山机械、化学纤维以及装备制造等产品也在全国占有重要的地位。目前,整个区域工业化水平较高,产业结构趋于合理。虽然与武汉都市圈、山东半岛城市群、皖江城市带、沈阳经济区相比,存在中心城市实力弱,城镇化率低,产业结构重型化特征明显等问题,但作为以城镇密集为主要特征的城市—区域系统,中原城市群的经济密度达到 1799.3 万元/平方公里,分别高于武汉都市圈、皖江城市带、沈阳经济区的 1201.1 万元/平方公里、765.5 万元/平方公里和 1159.4 万元/平方公里,仅低于山东半岛城市群的 2743.5 万元/平方公里。由此可见,中原城市群将是我国城市群发展战略格局中的重要一环。

（2）城镇历史文化底蕴浓厚。中原城市群地区是我国古文明的发源地之一，是我国最早出现城市的地区之一，也是历史上城市分布最为密集的区域。我国八大古都中有 3 座（洛阳、开封、郑州）坐落于此。此外，洛阳是丝绸之路的起点，印度高僧伽叶摩腾和竺法兰更是体现了洛阳开放的文化气度。开封的宋朝盛世、漯河的贾湖遗址、许昌的钧瓷文化和曹魏文化、平顶山的应国文化、新乡的卫文化、焦作的太极文化、济源的"愚公移山"精神等文化资源都在中原城市群区域内荟萃闪耀。在经济全球化和竞争区域化趋势下，生产要素的流动能力大大增强，区域之间的竞争异常激烈，使得城镇只有塑造良好的品位和综合形象，才能更有效地吸引生产要素集聚。深厚的历史文化底蕴，使中原城市群区域内城镇在精神活动、管理活动、经济活动、形象塑造、品牌营销等环节上，易于形成一个有机的主题文化组织体系和价值链条，从而有利于整个城市群形成鲜明的主题文化和共同的地域观念，增强文化对城市群发展的支撑能力。

（3）城镇等级和空间结构合理。城市群的形成发展依赖于群内城市之间以及城市和区域之间的空间相互作用强度的不断加大，而城镇等级规模结构的合理性和空间分布的科学性，是影响城市群内聚力和发展力的主要因素。合理的城镇职能分工和空间分布，将提高交通网络功能，促进城市群的快速发展。中原城市群作为我国中部城镇最为密集的地区，拥有特大城市 2 座、大城市 4 座、中等城市 2 座、小城市 15 座、镇 371 个，形成了大、中、小城市以及建制镇在内的城市体系，城镇密度高达 72.7 个/万平方公里，且距离中心城市郑州大都在 150 公里以内。从城市可达性看，郑州到其余 8 个城市的交通总里程为 896 公里，是城市群内所有城市可达性最强的城市。可以说，郑州作为中原城市群的中心城市，不仅是经济发展的需要，更是城镇空间组织优化的客观要求。相比较而言，作为山东半岛城市群的中心城市，济南到其他 7 个城市的交通总里程为 1994 公里，青岛超过 2000 公里。郑州作为中心城市，和其他城市群中心城市相比，区位居中、交通发达，对群内城市的作用强度更大、影响范围更广。

（4）城市经济层次性强。从经济总量上看，中原城市群 9 个城市可以划分为 3 个层次。郑州生产总值在 3000 亿元以上，洛阳、平顶山、焦作、许昌、新乡在 1000 亿~3000 亿元，开封、漯河、济源在 1000 亿元以下。从产业结构上看，各城市有各自的特点，人均生产总值、三次产业和主要工业行业的区域差异系数并不大，有利于产业整合、资源整合，从而可以在形成若干经济协作区的基础上，建立合理的产业分工，促进城市网络体系形成，成为中原崛起的龙头和中部崛起的支撑。

（5）区域交通优势明显。中原城市群和其他城市群相比，其区域优势不具备唯一性，但是由于其位于全国铁路网、高速公路网、国道省道网的中枢，特别是随着高速铁路的发展，决定了中原城市群必将成为我国交通干线的必经之路，尤其是华北、华东、华中通向西北的要冲和咽喉。群内大中城市多沿京广线、陇海线、焦柳线分布，郑州和洛阳分别位于铁路大动脉的交叉点上，其余大中城市和小城镇也多分布于国道、省道等主要交通干线附近，尤其是发展基础较好的小城镇，周围更是有多条交通干线通过。同时，区域内城际铁路、城际公路等快速交通的发展，使得高密度城镇之间、城镇与腹地之间的联系将更加紧密，通勤时间大大缩短，有望率先形成半小时经济圈和生活圈。

（四）中原城市群一体化发展优化设计

城市是人、房屋以及道路、供排水管网等基础设施在一个空间点上的聚集，为各类经济活动主体提供一个可以共享基础设施的平台。通过城市这个平台，各类经济主体可以大大降低自己的经济活动成本，提高经济活动的效率。在一定发展阶段和一定限度内，城市规模越大，共享平台越大，经济活动的效率就越高。但是，由于基础设施建设需要成本，基础设施的规模大小又受到城市规模的制约，这就是规模较小的城市有些基础设施欠缺的原因。在这种情况下，如果能使大城市完善的基础设施为周边小城市所共享，就能大大提升大城市的基础设施利用率，也能提升小城市经济活动的效率，并进一步实现不同地区之间资源的优化配置，整体上提高经济运行效率，从而提升整个区域的竞争力。借鉴国内外城市群发展的一般规律和先进理念，深化中原城市群一体化发展要以加强城市之间的经济联系为基础，以提高郑州中心城市带动作用为首要任务，以推动空间对接、功能对接和产业对接为重点努力实现空间优化、功能互补，形成合力。

（1）优化中原城市群城市布局。按照统筹规划、合理布局、完善功能、以大带小的原则，遵循城市发展客观规律，以大城市为依托，以中小城市为重点，科学规划中原城市群各城市功能定位和产业布局，加强城镇间的内在联系，促进大中小城市和小城镇协调发展。一是特大城市用组团方式进行空间布局和功能定位，中心城区要不断完善金融、现代物流、科教文化、各类中介服务等高层次服务功能，每个组团要发展合理的人口规模、产业功能和基本的服务功能，从而形成中心城区与各组团有机分散又功能互补、紧密联系的发展格局。二是强化中小城市产业功能。一方面要进一步解放思想，转变观念，放宽条件，放开领域，放活主体，强化服务，完善政策，不断优化发展环境，繁荣民营经济；另一方面要抓住经济全球化和世界经济格局调整、国际国内产业转移的战略机遇，进一步改善投资环境，完善政策服务体系，创新招商方式，积极承接产业转移。三是增强小城镇公共服务和居住功能。改善其基础设施、发展社会事业，一方面使其通过疏散人口、转移功能、承接产业等形式与大城市进行互动，另一方面使其成为开展农村产业化经营和社会化服务的中心，吸纳农村地区第二产业、第三产业及农村人口集聚，成为"以城带乡"过程中大中城市辐射农村的重要节点，充分发挥其在一定区域内沟通城乡联系、协调城乡发展的纽带作用，带动广大农村地区的经济社会发展，实现城乡统筹。

（2）建设郑汴新区推进郑汴一体化。在中原城市群诸城市中，郑州与开封之间的空间距离最近。目前两市建成区之间的直线距离仅30公里左右，并且相对于郑州北、西、南的黄河屏障及崎岖地貌来说，郑州以东具有广阔平坦的土地和便捷的交通条件，其更适合发展成为要素密集的都市区。加之两市在城市定位上存在明显的互补性，在人员交往、文化交流等方面也有着最为密切的传统联系，这些都为率先推进一体化发展打下良好的基础。因此，以郑汴一体化作为切入点推进中原城市群一体化进程是最合适的，而建设郑汴新区是推进郑汴一体化的重要举措。郑汴新区规划建设的重点可以放在三个方面：一是以快速交通线路为基础，进行城镇和产业空间规划布局。充分考虑快速交通运输方式将引发的时空收敛效应、等级联系效应和节点集聚效应，合理规划建设郑汴新区快速交通网络，在交通线路布局的基础上，按照功能分区和组团发展的原则，科学布局中小城市和小城镇，加快发展原有基础较好的中小城镇，促进新城区节点有机生长。二是加快"五区一中心"建设。加快推进先进生产要素向园区集聚，争取"十二五"期间加大招商力度，布局更多更大的项目，重点发展现代服务业、高新技术产业、现代农业，引领全省现代产业体系建设，使之成为中西部最大的产业集聚区。按照"复合城市"理念和"紧凑型城市"模式进行开发，建设既有城市又有农村，第一产业、第二产业、第三产业复合，经济、人居、生态、交通功能复合的现代复合新区。加快统筹城乡协调发展，率先推行城乡一体、公共资源共享等综合配套改革，深入推进公交、电信同城，使之成为全省城乡统筹改革发展的先行区。进一步深化郑汴新区的对外开放，大力引进战略投资者，使之成为全省对外开放的主平台和承接高水平产业转移的主导区。重视生态环境保护和建设，增强人口集聚功能，使之成为环境优美、宜居宜业的新城区。发挥郑州新区的综合交通枢纽优势，强化物流、信息、金融、会展、教育、商务等现代服务功能，使之成为全省乃至中西部地区经济社会发展的服务中心。三是积极推进一体化，实现全区全方位无缝对接。在交通方面，形成同城一体的交通格局；在产业合作方面，形成产业发展一体化格局；在社会公共资源共享方面，深入开展金融、文化、教育、电信等公共服务设施的共建共享；在生态和环境保护方面，使之逐步成为可持续发展的节约型新区。

（3）促进郑洛、郑新、郑许互动。郑州、洛阳分别是中原城市群的中心城市和副中心城市。从产业发展现状看，郑州在服务业发展上占有明显优势，而洛阳在工业发展基础和潜力方面则略占上风。进一步密切两市的经济联系，尽快形成中原城市群发展的两大动力源和发展主轴线，对于加快中原城市群一体化发展具有十分重要的意义。郑洛一体化互动发展应突出以下三个基本着力点：一是通过郑州至西安铁路客运专线建设、连霍高速郑州至洛阳段拓宽改造和310国道郑州至洛阳段一级公路改造升级，形成三条郑州和洛阳之间的快速通道。二是以郑州、洛阳两市市区为辐射源，加快促进荥阳、上街、巩义、偃师四个重要节点城市（区）发育，增强郑洛两市之间发展的战略支撑。三是积极培育形成一批具有明显特色的产业集群，在郑洛两市之间努力形成城镇连绵带和产业密集区。

新乡是中原城市群北部重要的支点城市，在中原城市群发展中承担着北部区域物流中心以及襟带豫北等重要功能。新乡与郑州间空间距离较短，通过交通体系的连接，易于形成与郑州的呼应发展之势。同时，加快郑新呼应发展，亦有利于依托京广铁路和京珠高速，打通郑州向北发展的通道，对于中原城市群北部产业发展布局的展开，具有十分重要的意义。郑新一体化发展应突出以下三个基本着力点：一是通过郑州至北京铁路客运专线建设、京港澳高速郑州至新乡段拓宽改造和107国道郑州至新乡段移线改建，形成三条郑州和新乡之间的快速通道。二是通过加快桥北新区建设，依托郑州黄河公路大桥和郑州黄河公路铁路两用桥，进一步拓展郑州向北发展通道。三是加快郑州花园口黄河生态旅游区建设、新乡桥北—韩董庄区域开发、新乡化纤工业基地和造纸工业基地建设，积极培育新乡电池、原阳汽车零部件等一批规模优势明显、特色鲜明的产业集群，进一步密切两市产业发展的联系。

许昌是中原城市群南部重要的支点城市。许昌与郑州之间交通便利、空间距离较短，随着郑州航空港组团向南延伸和新郑卫星城建设，易于与长葛等城市形成空间对接。从两市功能分工看，二者存在明显的差距性和互补性。同时，加快郑许经济联系，亦有利于依托京广铁路和京珠高速，打通郑州向南发展的通道，对于中原城市群南部产业发展布局的展开，具有十分重要的意义。郑许一体化发展应突出以下三个基本着力点：一是通过郑州至武汉铁路客运专线建设，京港澳高速郑州至许昌段拓宽和107国道郑州至许昌段移线改建，形成郑州和许昌之间的快速通道。二是通过郑州航空港组团向南延伸和新郑卫星城建设，加快推进新郑与长葛的空间对接。三是加快许昌电子信息、电力装备制造等高新技术产业基地建设，积极培育长葛铝型材加工、长葛超硬材料等一批具有明显特色的产业集群，进一步密切两市产业发展的联系。

（4）健全中原城市群一体化发展机制。一是创新产业协同发展机制。科学制定产业布局综合规划，为产业对接提供政策导向。建立利益平衡机制，对参与城市群产业分工合作中积极服务大局的城市，通过多种途径给予必要的支持和奖励，使其各有所得、共赢发展。建立企业对话机制，搭建企业交流研讨平台，通过直接对话，找准利益的交会点、发展的契合点，推动产业融合发展、一体发展。二是创新设施服务联通机制。建立共建机制，打破区域界限，建立中原城市群设施服务共建组织体制、责任体系和工作机制，探索设施服务建设的途径和办法，形成中原城市群设施服务共同规划、共同筹资、共同建设的格局。建立共营机制，积极创新设施服务经营运作模式，做到共同管理、共同经营、共同受益，让公共设施、公共服务发挥出最大效益。建立共享机制，大力推进中原城市群教育、科技、文化、旅游、金融、电信等公共服务对接，逐步形成资源共享、功能互补的一体化发展新格局。三是创新要素高效配置机制。建立畅通机制，认真清理现行政策规定，消除各地对人才、资本、资源跨地区流动的限制和市场准入等方面的歧视政策，为企业发展提供平等竞争的机会和条件，促进商品和要素自由流动。建设市场体系，完善区域市场一体化制度，推动市场统一开放、高度融合，让资金流、技术流、人员流、产品流等在市场中自由流动，以大市场促进中原城市群的大融合。四是创新沟通协调工作机制。建立联席会议和高层论坛制度，定期就有关重大问题进行沟通，研究出台促进中原城市群发展的政策措施，解决涉及全局发展的重大问题，形成共同建设、共同发展的合力。完善沟通联络机制，定期召开城市之间协调会议，探讨共同关心的话题，协调各方利益使之成为城市之间交流互动、求同存异、解决问题与合作共赢的平台。建立信息反馈机制，注重收集社会对城市群发展的意见和建议，汇集专家和群众智慧，为中原城市群发展献计献策。

四、加快黄淮地区发展

黄淮四市是指位于黄河以南、淮河流域的河南省商丘、信阳、周口、驻马店四个省辖市，总人口占全省的36%，耕地面积占40%，主要农产品产量占40%以上，在河南经济社会发展全局中的地位十分重要。同时，由于发展起点、环境、条件等多种因素的影响，黄淮地区经济发展相对滞后，是典型的农业大区、粮食大区、工业小区、财政穷区，在河南省乃至中原经济区区域经济发展的大格局中属经济欠发达地区。加快黄淮四市经济发展，实现河南省区域经济协调发展，对于推进中原经济区一体化建设也起着至关重要的作用。

（一）加快城镇化进程，推进城乡一体化

加强规划引导。按照城市发展转型升级要求，准确定位城市规模、内涵和功能，丰富城市的文化内涵，突出历史文化特色，提升城市的品位。科学构筑城镇体系。继续坚持区域性中心城市、县城和小城镇协调并进的方针，实施中心城市带动战略，增强县城建设的带动作用，积极发展小城镇。强化产业支撑。依据城镇优势搞好产业定位，引导企业向城镇产业基地集聚，共享城镇资源。加强基础设施建设。从完善城镇功能、改善人居环境入手，加强"城中村"治理和老城区改造，盘活城市闲置土地资源，拓展城市发展空间。建立健全长效机制。充分发挥市场机制在资源配置中的基础性作用，突破制约城镇化发展的体制机制障碍，加快推进城乡一体化进程。

（二）夯实基础，推进现代农业建设

加大财政支持力度，集中农业综合开发资金重点支持粮食生产潜力较大的县（市）改造中低产田、建设高标准农田，将河南省财政集中的新增建设用地土地有偿使用费，重点用于黄淮四市基本农田建设、土地整治和耕地开发。争取国家政策扶持，建设国家商品粮、棉基地，争取国家扩大对粮食主产县的奖励规模，加大省畜牧业重点县（市）扶持资金支持范围和力度，建设一批标准化的大型畜禽养殖小区，积极发展畜产品加工业，着力建设以优质小麦为主的优质粮食生产加工基地、优质畜产品生产加工基地、特色农产品生产加工基地和优质林产品生产加工基地。充分利用政策优势，创新农村土地流转模式，着力构建农业产业体系，推进农业集约化、规模化经营；探索以财政参股、贴息等方式扶持农业产业化龙头企业，积极推动农业产业化龙头企业上规模、上档次；承接高等院校及职业技术学院的对口合作，发挥知识、技术、信息优势，以建设职业教育培训基地为依托，在培育有文化、懂技术、会经营的新型农民的同时，加大农村劳动力就业培训力度，培养技能型、高层次的劳务输出队伍。

（三）突出重点，加快工业发展

采用贴息、补助、申报专项资金或基金等方式，重点扶持符合国家产业政策和区域污染物减排要求、技术含量较高的项目，特别是对带动黄淮四市农副产品精深加工业发展和扩大就业作用大的项目。依托高等院校、科研机构，积极建设科研开发基地和科技示范区，推动科技成果的推广和应用，提高产业发展的科技含量和质量。鼓励、支持省内外大型企业在黄淮四市投资设立子公司、重组或并购现有企业，提升企业的竞争力。加强经营管理人才队伍建设，加快完善现代企业制度，健全公司治理机制，提高经营决策的水平，促进现代企业和企业家队伍快速成长壮大。

（四）完善配套，加快发展第三产业

积极发展物流、金融等现代服务业，为新型工业化提供强有力的支撑。大力建设区域物流枢纽、综合物流园区、专业物流市场和农产品市场体系，加强公共物流信息平台建设，培育农产品、棉纺、食品、邮政等行业物流，支持大型物流企业集团发展第三方物流，提高农区现代物流发展水平。加快城市信用社改制步伐，着力创建民间小额信贷组织、行业信用担保协会、农民互助担保协会和村镇银行，为加快农村工业化提供资金支持。着力成立企业贷款担保中心，提高贷款担保能力，大力培育上市企业和发行企业债券，扩大直接融资规模。

（五）集约开发，加强循环经济建设

加强经济手段和技术手段的结合，推动工业集聚发展，引导黄淮四市盘活存量土地，集约、节约用地，合理开发和节约使用各类自然资源，重视新能源和可再生能源的开发利用，大力发展循环经济，提高环境的承载能力。要以生态和环境成本最小化、资源消耗减量化、循环利用和成本内生为原则，严格限制能源消耗高、资源浪费大、污染严重产业的发展，大力扶持"质量效益型、科技先导型、资源节约型"产业发展，建立绿色工业产业制度，积极推广清洁生产，用绿色技术改造传统工业产业体系，促进黄淮四市工业产业制度和产业结构变革，增强工业发展的持续能力。同时，逐步完善法制建设，增强全民环保意识，全面推进生态环境保护和治理，实现可持续发展。

（六）扩大开放，优化经济发展环境

实现黄淮四市新型工业化的跨越式推进，必须克服等、靠、要的依赖心理，破除墨守成规的消极思想，打破封闭保守狭隘的内陆观念，摒弃小进即满的小农意识，扩大对外开放，优化发展环境，大力实施开放带动主战略，努力形成全方位、多层次、宽领域、内外融通的大开放格局。要改善基础设施条件，加快道路、电力等基础建设步伐，加快城镇化进程，为积极承接国际、国内产业转移，大力引进省外、国外的资金、技术、人才等生产要素，推进工业集聚发展提供更大的发展空间。同时，要切实推进政府管理体制改革，把经济管理职能转到主要为市场主体服务和创造良好发展环境上，转到履行社会管理和公共服务上，努力建设法治政府、服务政府、责任政府和效能政府，营造"亲商、富商、安商"的良好氛围，大力规范市场秩序，培育市场主体，加快国有企业的股份制改革步伐，鼓励和支持非公有制经济大发展、快发展、上规模、上水平。

五、促进中原经济区城乡统筹协调发展

以转变发展方式为主线，以体制、机制创新为动力，加快产业集聚区建设，突出发展特色经济，大力发展民营经济，着力增强县域经济综合竞争力，实现农民增收、财政增长、实力增强，形成城乡协调发展的良好格局，为中原经济区城乡协调发展奠定坚实基础。

（一）加快产业集聚区建设，加快推进县域工业发展

按照"四集一转"的要求，进一步加强规划引导，加强产业集聚区基础设施和公共服务设施，完善"集聚机制、积累机制、服务机制和激励机制"，优化要素配置，降低生产成本，提高经济效益，引导企业和资金、人才等要素向产业集聚区集聚；推动县域工业结构调整，推动产品结构由低向高、产业链条由短向长、创新能力由弱向强转变。在做大总量的同时，着力提高工业经济的质量和效益。依据本地优势，按照竞争力最强、成长性最好、关联度最高的原则，积极培育特色主导产业，大力发展物流、技术咨询、研发设计、中介服务等行业。抓住当前产业转移由我国沿海发达地区向中西部延伸、东部产业向内地转移的机遇，积极承接产业转移，把发展配套经济和劳动密集型产业作为主攻方向，鼓励外来资金投向先进制造业、现代农业、特色产业和现代服务业，建设县域生产制造基地和农产品加工业基地。创新招商引资方式，充分发挥企业、中介组织的主体作用，大力开展专业招商、集群招商、区域招商、产业链招商和对口招商等多种形式的招商引资活动，提高招商水平和质量。

（二）加快县域城镇化步伐，增强县域经济发展的带动力

按照城市总体规划、土地利用总体规划、产业集聚区规划"三规合一"的原则，科学编制和完善县城和镇总体规划以及近期建设规划。强化城镇发展的产业支撑，以产业集聚区为载体，引导各类生产要素向城镇集中，促进城镇建设和产业耦合发展。坚持统一规划、适度超前、突出重点、配套建设，以人为本、讲求

实效的原则，加快推进市政公用基础设施建设，重点抓好公共交通、水电气暖、科教文卫和商贸物流等基础设施建设，并推动市政设施向乡镇和农村社区延伸，大幅度提升城镇综合服务功能。改革现行户籍管理体制，完善城镇社保制度，推动农民就近转移。积极探索农民以宅基地置换小城镇规划区内商品住房和土地承包权置换城市社保的有效办法，鼓励长期在城镇经商、务工的农民用宅基地在城镇换房。

（三）深化管理体制改革，增强县域经济发展动力

开展省直管县试点。赋予试点县与省辖市相同的经济社会管理权限，积极探索符合河南省实际的省直管县模式。全面推行扩权强县改革。赋予省直管试点县以外的其他县（市）省辖市级经济管理权限和部分社会管理权限。除国家法律、法规明确规定由省、市行使的管理权限，其他一律下放县（市）管理，全面实现省对县（市）项目、资金、计划、信息直达，减少中间环节，降低行政成本。建立省直部门与县（市）对口部门联系制度，提高对口部门业务工作水平，理顺省、市和县（市）事权，建立相互协调运转的机制。合理划分省、市、县三级财政的收入范围和支出责任。

（四）加大统筹城乡发展的力度

坚持统筹兼顾，加大工业反哺农业和城市支持农村力度，逐步改变城乡二元经济结构，缩小城乡发展差距，促进城乡协调发展，形成城乡经济社会一体化发展、共同繁荣的新格局。要协调推进工业化、城镇化和农业现代化，加快建立以工促农、以城带乡长效机制，促进公共资源在城乡之间均衡配置、生产要素在城乡之间自由流动，推动城乡经济社会发展融合，使农民获得平等的教育、就业、公共服务和社会保障等权益，提高农民的社会地位，让农民平等参与现代化进程，共享改革发展成果。为此，要建立健全包括财政、金融、产业、就业、土地、户籍等方面政策在内的配套完善的政策支撑体系，在推进城乡发展规划、产业布局、基础设施、公共服务一体化等方面取得突破，推动形成城乡良性互动、协调共进的良好局面。要大力推动资源要素向农村配置，加快推进城乡基本公共服务均等化，协调推进城镇化和新农村建设，促进城乡协调发展和共同繁荣。

六、推进中原经济区省际区域合作

中原经济区一体化发展，还涉及跨省区域合作，其战略目标是通过开展双边、多边及多层次、多形式、多领域的合作，通过地区之间、行业之间、企业之间的联合与协作，促进生产要素的优化组合和生产力布局、产业结构调整的合理化，努力实现资源共享。

（一）编制和完善中原经济区发展规划

中原经济区作为一个多功能、复合主体的发展型区域合作组织，其发展规划的制定是整合区域资源、加快区域发展的基本前提。中原经济区的发展规划，既要包括产业体系、城镇体系、自主创新体系，也要包括各类社会事业、重大基础设施建设等专项规划。区域协调发展规划编制完成后，以该规划为指导，以各专业部门为主，共同研究编制区域交通、旅游等专项规划。通过规划引导，促进生产要素合理流动，实现资源有效利用和环境生态安全。中原经济区总体规划及相关区域专项规划，要本着各地统筹、合理布局、节约土地、集约发展、环境和谐、结构开放、标准适度的原则，改善生态环境，促进资源、能源节约和综合利用，保护耕地等自然资源和历史文化遗产，保持地方特色和传统风貌，防止污染和其他公害，符合区域人口发展、国防建设、防灾减灾和公共卫生、公共安全的需要。

（二）构建统一的中原经济区市场体系

（1）建立统一有序、市场联动的商品市场体系。积极推进专业市场建设与产业集群发展、商品市场与物流配送中心建设、外贸发展与内贸发展的紧密结合，建设发展一批各具特色的跨省区域共同市场，促进人流、物流、资金流、信息流的畅通流动。着力打造郑州国际采购中心和交易中心，依托欧亚大陆桥、郑州出口加工区、河南 B 型保税物流中心和铁路、航空一类口岸，积极构建"大通关"平台，逐步建立面向中亚、俄罗斯和美日欧地区的国际贸易平台。提升中心城市的市场服务功能和辐射力，深入挖掘中原经济区产业、产品优势，加快发展业态先进、集聚辐射力强、发展潜力大的大宗商品集散市场和各类专业市场。重点加强郑州期货、粮食和小商品交易市场，冀南、豫北地区生产资料市场，晋东能源产品交易市场，豫东、豫南、皖北等农产品市场，豫西、豫西南、鄂北工业品市场建设。推动现实交易与虚拟交易共同发展，提升区域中心城市的商品集聚辐射能力，形成中原地区优势互补、各具特色、产市互动的区域性市场体系。加快交易方式升级，推广连锁经营、物流配送、电子商务等新型流通方式，支持骨干市场完善网上磋商、网上竞价、电子结算、交易分析与监控等系统，提高中原地区市场整体流通效率。

（2）构建共赢互利、高效有序的要素市场体系。依托中心城市和交通信息设施，加快建设以郑州、洛阳和徐州为中心的要素市场，促进区域资本、土地、人才、技术、产权等各类专业市场和特色市场的合理布局，加速生产要素向大中城市、优势产业和产业集聚区集聚，提升区域人口、产业承载能力。统筹推动地方商业银行改制重组，加快组建中原银行，建立统一、互联、高效、安全的区域金融服务平台。构建统一的中原经济区企业信用信息数据库，完善跨区信贷机制，推进省际、城际互投融资，形成安全稳定、规范有序的金融生态环境。营造人才"柔性流动"的政策环境，统一规范人才职业资格培训和认证工作，建立健全人才吸引机制、人才评估体系和激励机制，建设中原人才市场的公共服务平台，打造全国人力资源高地。制定完善产权交易政策，积极开展区域技术合作交流，统一规范产权交易行为，强化知识产权保护，构建覆盖多种经济成分和多层次的中原地区产权交易市场和网络化交易平台。加强与区域内外行业协会与会展机构的交流合作，举办具有产业特色和地方特色的常设性会展，促进信息、技术交流，建成区域内一体、辐射中西部地区的市场服务网络，提升区域综合影响力。

（3）统筹市场监管、优化市场环境。健全区域内政府间沟通磋商机制，合作编制实施中原地区市场体系建设发展规划。进一步打破行政性垄断和地区封锁，对地方性政策法规进行梳理和整合，统一市场准入、地方标准等规范，探索制定适应区域一体化的市场政策措施。完善行政执法、行业自律、舆论监督、群众参与相结合的市场监管体系。加快社会信用体系建设，建立和完善以组织机构代码和身份证号码等为基础的实名制信用信息体系，探索适度开放的信用服务市场。建立健全企业信用警示、惩戒以及信用预警机制，营造诚实守信的社会环境。规范市场经济秩序，健全产品质量监管机制，建立稳定规范的政策和法制环境。

（三）加快整合中原经济区产业体系

以创建中原地区多个跨省界"产业经济协作区"为载体，不断完善区域经济合作机制和合作规划，创新合作模式和合作方式，搭建产业合作平台，促进产业合作链接，形成中原地区产业布局合理、结构优化、层次较高，各区域产业互动、协调发展的良好格局。

（1）推进工业合作链接。中原城市群以能源原材料基地、现代装备及高技术产业基地建设为重点，加快发展先进制造业和战略性支撑产业，强化与周边省份的产业联系，发挥引领带动作用，转变发展方式，实现转型升级。豫北等地区，要发挥煤铁油气资源优势，以煤炭、油气等能源合理开发利用为纽带，调整产业结构，延伸产业链条，重点发展钢铁、有色、化工、装备制造、建材等产业，联合打造全国重要的重化工基地。其中，焦作等地区以煤炭等能源合理利用为纽带，重点探索资源型城市转型发展之路；濮阳等地区以油气资源开发利用为纽带，重点探索资源加工工业发展之路。豫东等地区，以食品加工和能源产业发展为纽带，加强产业联系，主动承接东部发达地区产业转移，重点发展食品、煤化工、纺织等优势产业，大力培育高端煤化工和农产品精深加工龙头企业，建设特色资源产品生产加工基地，探索多省交会的传统农区加速工业化、城镇化发展之路。南阳等地区，进一步发挥产业综合基础较好的优势，整合提升汽车及零部件工业，纺织、医药、光电子等优势产业，加强两地经济技术联系，加快工业化步伐，促进产业集聚发展，形成全国重要的医药、纺织、光电和汽车及零部件产业基地。

（2）推进农业合作链接。发挥中原经济区的传统农业优势，豫东、豫南、豫北地区分别与周边省份市县合作，加快推进农业现代化进程。提高中原地区粮食综合生产能力，合力建设全国最重要的粮食生产核心区，保障国家粮食安全。根据相邻地区的产业特点，有效整合资源，联合组建一批水稻、小麦和玉米等合作联社，实现各地产销衔接。共同组建一批跨省的农业科技示范园、农业合作基地，开展农业技术合作，实现优势互补。

（3）推进服务业合作链接。以产业结构优化升级为主要目标，加强服务业跨省合作，促进中原地区服务业加快发展。重点加强商贸物流业合作链接，充分发挥中原地区承东启西、联南通北的区位交通优势，以一体化的交通、通信等基础设施建设为重要支撑，加强河南与晋鲁苏皖鄂11省商贸物流合作，共同建立中原地区商贸物流绿色通道及有效合作机制。重点加强旅游产业合作链接，充分发挥中原文化的纽带作用，整合文化旅游资源，推进河南与陕西、山西、河北、山东、安徽、湖北等周边省份的合作。建立中原城市旅游圈，加强旅游圈内旅游开发建设规划的衔接与协调，相互输送客源，实施联合营销，共同推出富有特色、连接经济区各市主要景区景点的精品旅游线路，联合打造中原旅游品牌，逐步形成大融合、大开发、大市场、大发展的格局。

（四）联合扩大对外开放

借助中部地区建设沿长江、陇海、京广和京九"两纵两横"经济带的契机，加强与东部沿海、港澳台和中西部其他地区的经济合作。打造贸易大通道，搭建对内、对外开放平台，积极承接产业转移，形成内外联动、优势互补、协调发展的区域合作新格局。

（1）促进与东部沿海地区呼应对接。充分发挥沿陇海线欧亚大陆桥及京广、京九铁路大动脉的内外联通作用，进一步加强面向长三角、珠三角、环渤海和海峡西岸等的市场开拓和招商引资，主动承接沿海产业转移。依托农产品资源、矿产资源、能源资源和劳动力资源等综合优势，加快建设一批以承接沿海产业转移为特色的产业集聚区，积极参与垂直分工，主动接受沿海地区的辐射和带动。推进产业水平分工，形成与沿海地区优势互补、互动发展的格局。加强粮食生产区与沿海销售区的合作，建立长期稳定的供销合作关系。

（2）密切与港澳台地区的交流与合作。以文化交流为纽带，广泛团结港澳台胞，与香港贸易发展局、澳门中华总商会、台海两岸企业家商务文化联谊会等机构合作，组建常态化的招商引资服务机构。经常举办大型专题定向招商活动，搭建企业家商务合作平台，建设台商工业园和港商工业园，不断提高引进港澳台企业的效果。

（3）深化与中西部其他地区的合作。发挥中原地区承东启西、联南通北的区位交通优势，加强与中部其他地区交通设施、市场体系等对接，深化劳动力市场、旅游市场、现代物流、绿色农产品通道和口岸大通关等方面的合作，着力建设一体化区域市场，共同推动"三个基地一个枢纽"建设。充分利用"中博会"、

"中部论坛"、"西洽会"和"西博会"等经贸合作平台，促进要素流动和信息共享，实现中西部联动发展。加强与中西部毗邻地区合作，联合开展电力、煤炭、天然气、油品供应和运输，合理利用水资源，推进生态环保共建等，共同推动黄河、淮河流域的协调发展。

七、构建中原经济区区域合作机制

在区域竞争的新趋势下，加快推进中原经济区建设，将其打造成中部区域经济合作的新载体，是支撑中部崛起、完善全国区域发展格局的重大战略选择。但是，中原经济区要实现由"虚"到"实"、由"河南一省提出"到"多省认同推进"的历史性跨越，必须在政府、行业、企业三个层次上建立刚性的行政型的跨区行政组织和柔性的协商型的非行政组织。

（一）构建政府合作机制

在政府层面，形成"省级政府明确任务、联络办公室协调、专项办公室推进、联席会议落实"的政府合作机制。1980年出台的《国务院关于推动经济联合的暂行规定》就是一个具有较高强制力的制度安排，但这一制度安排是在计划体制的背景下出台的。考虑到目前市场机制的发育情况，政府协商的方式应该有较大的改变。根据我国区域经济合作与发展的特点，可以考虑借鉴国际经济合作及经济一体化的经验来启动和深化区域经济合作。由中原经济区涉及的六省党政主要负责人在磋商中确定的区域合作重点，明确工作任务，由联络办公室负责综合协调，专项合作工作办公室负责对共同确定的重大专项合作问题进行研究，提出实施方案，并加以监督实施过程，以此将高层领导磋商确定的重大问题协调、落实。在省级政府明确重点任务的基础上，联络办公室、专项合作办公室和中原经济区各市定期举行联席会议，贯彻落实重大生产力布局、重要资源开发、生态保护和建设、资源整合与共享等项决议。同时，由中原经济区涉及省级政府邀请相关专家组织专家咨询委员会，参与各项区域发展政策的制定，对发展决策进行评议，对各项政策的执行情况提出质疑，必要时由专家委员会负责组织各省市科研、统计等部门编制中原经济区发展年鉴，为省级政府提供依据。

（二）构建行业性跨区域共建共享合作机制

在行业层面，形成有关职能部门牵头组织沟通协商的行业性跨区域共建共享合作机制。中原经济区各市的职能部门，要贯彻落实省级领导沟通协商确定的区域合作重点，围绕共同关心的跨区域重大事项，相应建立行业性的联席会议或联络制度，通过多种形式的沟通、协商、协调达成共识，然后付诸实施，逐步形成行业性跨区域的共建共享合作机制。特别是要根据中原经济区构建现代产业体系的要求，充分发挥比较优势，在装备制造、汽车及零部件、有色金属、化工、食品、纺织服装以及现代农业、旅游等优势服务业领域，借鉴旅游部门编制的跨区域旅游一体化发展规划，在统一旅游标识、统一对外宣传和旅游投诉异地处理等方面的经验，充分发挥社会中介组织的协调作用，强化利益主体的自律与协调，加快建立跨区域同业、行业协会，协调企业在中原经济区内的竞争，通过自治和自律的方式规范企业行为，倡导企业间良性竞争，达到区域内行业资源优化配置的目的。另外，由行业协会承担区域行业内相关标准、资格认证和质量检测方面的统一制定和执行工作，提高效率，降低成本。

（三）构建行业合作为基础、企业自主参与的区域合作机制

在企业层面，形成行业合作为基础、企业自主参与的区域合作机制。在各级政府的积极推动下，中原经济区各级政府充分发挥企业在区域合作中的主体作用，以重大项目为抓手，引导企业运用市场机制在产业、技术和资本等方面自我决策、自主参与，引导企业之间在重大项目上积极开展多领域、深层次的经济技术合作，切实把政府的战略意图落实到企业层面。先期开展工业、农业、基础设施、旅游等行业的合作项目，并逐步延伸到科技、教育、人才、卫生等社会公共领域。

第八章　构建中原经济区的支撑体系

中原经济区是内陆地区重要的经济板块，承东启西贯通南北，自古以来就是我国的地理腹地和战略腹地，而今更是我国实现中等发达国家经济发展战略的重要经济腹地和可持续发展的生态腹地。建设中原经济区需要相应的支撑体系，包括现代化的产业支撑体系、合理有序的城镇支撑体系、强有力的自主创新支撑体系、现代化的综合交通支撑体系以及独具特色的中原文化支撑体系。

一、构建现代化的产业支撑体系

建设中原经济区的首要任务是大力发展生产力，强化经济区建设的产业支撑。构建中原经济区现代产业支撑体系要以产业集聚区为载体，发展壮大战略支撑产业，加快培育战略性新兴产业，做强做优战略基础产业。在稳步提高粮食综合生产能力的基础上，重点打造优质小麦、玉米、水稻、肉类、乳品、林产品、果蔬、花卉园艺、中药材、茶叶十大现代农业产业链；做优做强先进装备制造、精品原材料、中高端消费品三大优势板块，培育节能环保、新能源、新一代信息技术、生物、高端装备制造、新材料、新能源汽车七大战略性新兴产业；形成现代物流、文化、旅游、金融等一批区域服务业发展强势品牌，从而推动产业发展集聚化、产业结构高级化、产业竞争力高端化。构建中原经济区的现代产业支撑体系要遵循选择产业的五个原则：第一，尊重市场规律，选择在市场上有竞争力，可以实现商业性盈利和可持续发展的产业；第二，尊重自然环境，选择环境能容纳、资源能支撑、生态有保障的产业；第三，选择能够大量吸纳劳动力的产业；第四，选择有成长性、有市场前景和增长潜力的行业；第五，按照关联度高的要求，选择可以为现有重点产业提供配套服务的产业。

（一）招商引资，夯实中原经济区发展的产业支撑

2010 年 2 月 21 日，河南省人民政府办公厅颁布了《2010 年河南省招商引资行动计划》。计划指出："坚定不移地实施开放带动主战略，抓住世界经济复苏和产业转移步伐加快的机遇，转变理念，创新方式，拓宽渠道，办实大活动，抓住大项目，培育好载体，突出跟踪问效，以大招商推动大发展。"中原经济区的建设要把加强招商引资、承接产业转移作为扩大开放的重要突破口，充分发挥劳动力、市场、资源等优势，优化投资环境，以城市新区和产业集聚区为载体，积极承接发达国家和沿海地区产业转移，加强与央企战略合作，努力建设后国际金融危机时期外资和沿海地区产业转移的首选地与集聚地。提高贸易便利化水平，大力发展对外贸易，支持有条件的企业"走出去"，提高经济外向度。

1. 以各类园区为招商载体，大力推进产业集聚

产业集聚一方面是相关产业集中布局，另一方面是人口集中转移，同时还有集中提供公共服务和基础设施的含义。因此，产业集聚区一方面承载的是工业化，另一方面承载的是城镇化，成为新型工业化和新型城镇化的平台。构建中原经济区的产业支撑体系，必须强化郑州新区的龙头带动作用，依托河南省 180 个产业集聚区，充分发挥其筑巢引凤功能。高水平策划集聚区招商概念，按照"大项目—产业链—产业集群"的思路，以"区中园"建设为切入点，引导产业关联度大、成长性好的项目向产业集聚区集中。认真办好中国香港、中国台湾、日本、韩国等境外专业招商工业园；重点推进中粮郑州食品工业园、鹤壁（深圳）电子产业园、孟津空港产业聚集区浙商工业园、中国兵器工业集团新乡中兵光电产业园等央企和沿海发达省份在河南省产业集聚区设立的多种形式的区域性产业园区建设，积极承接发达地区链式和集群式产业转移，促使招商引资、项目建设、产业发展同步推进。大力推进开封潮商产业园项目、河南新加坡物流产业园项目、香港招商局集团综合物流保税区项目和郑州中兴通讯产业园项目，积极承接国内外产业转移，增强辐射带动能力。同时，加大政策支持力度，重点搞好郑州国际物流中心园区等首批 24 个对外开放重点集聚区建设。积极做好河南省级开发区升级工作，争取开封、漯河、许昌、鹤壁 4 个省级经济开发区升级为国家级经济开发区，搭建新的高层次招商平台。在产业集聚的过程中，龙头企业要发

挥引领作用，最终实现项目集中布局、产业集群发展、资源集约利用、功能集合"四个要素"的有机融合。

2. 落实招商政策，推进新型工业化进程

新型工业化是建设中原经济区的必由之路。走新型工业化道路，必须大力推动经济增长方式由粗放型向集约型转变，全面提升区域竞争力。要认真贯彻落实《中共河南省委河南省人民政府关于进一步加强招商引资工作的意见》（豫发〔2008〕14 号）、《河南省人民政府关于承接产业转移加快开放型经济发展的指导意见》（豫政〔2009〕77 号），用足、用好现有政策，发挥招商引资专项资金激励作用，充分调动各方面招商引资的积极性。要把调整优化工业结构作为转变经济增长方式最紧迫的任务。坚持以信息化带动工业化，以工业化促进信息化，优先发展电子信息、生物技术和新材料等高新技术产业，积极运用高新技术和先进适用技术改造提升传统产业，培育壮大食品、有色金属、石油和煤化工、汽车及零部件、装备制造、纺织服装等支柱产业。拉长产业链条，支持老工业基地改造升级和资源型城市发展接续产业，努力把中原经济区建设成为全国重要的先进制造业基地和原材料工业基地。大力发展建筑业和具有一定技术含量的劳动密集型产业。在技术升级、结构调整中推动内涵深化，在外延拓展、存量扩张中调整优化工业结构，推进工业总量扩张与结构优化升级协调发展，着力打造品牌，降低消耗，提高效益，壮大总量规模，提升发展素质。加强产业政策引导，认真实施行业标准，规范市场准入制度，加快淘汰落后生产能力，以市场需求为导向，发挥比较优势，加快发展重化工业，积极发展装备制造业，提升传统优势产业竞争力，培育发展高新技术产业，努力掌握核心技术，提高关键零部件的自我配套水平。注重开发和应用数字化设计与制造系统、过程自动控制系统、企业管理与电子商务系统、集成制造和网络系统，提高企业信息化水平。坚持以信息化带动工业化，走出一条科技含量高、经济效益好、资源消耗低、环境污染少、人力资源优势得到充分发挥的新型工业化路子。

3. 围绕十大产业调整振兴规划，强化主导产业招商

坚持自主研发与消化吸收再创新相结合、深化内涵与拓展外延相结合、重点突破与全面提升相结合，着力引导发展一批关联性大、带动作用强的龙头企业和骨干项目，延伸产业链，壮大产业规模，提升产业整体发展水平。食品工业领域，围绕粮食核心区建设，积极开展现代农业招商，以打造"国人厨房"、"世界

餐桌"为目标，加强与中国香港华润集团、中国台湾统一集团、美国百事公司等境内外知名公司的合作；纺织服装工业领域，加强与江苏强民集团、中国香港裤都集团、浙江杉杉集团、上海晋爵服饰公司、中国香港锦艺集团、福建劲霸时装公司等企业合作；汽车工业领域，以打造我国重要制造基地为目标，加强与日本日产公司、日本铃木公司、意大利菲亚特集团、安徽奇瑞汽车公司等境内外著名汽车及汽车零部件制造企业的合作；有色工业领域，以打造具有世界影响的产业基地为目标，加强与加拿大铝业集团、美国铝业公司、青岛地恩地公司、中国香港协鑫集团、法国圣戈班集团合作；装备制造领域，加强与日本东芝公司、日本小松集团、中国香港和合实业公司、美国德尔福公司等国际跨国公司合作，加快中原电气谷、洛阳动力谷建设，提升中原经济区装备制造业水平；电子信息产业领域，以打造重要电子信息产业大省为目标，与中国香港协鑫集团、中国台湾鸿海集团、台塑集团、日本三井物产株式会社、日本富士通、韩国三星、新加坡庆隆集团、中兴集团、华强集团合作，吸引其投资光伏、新型电池及电子元器件、绿色照明、应用电子、软件、信息服务和消费电子、新型网络通道、新型显示器等领域。

4. 发挥区位优势，扩大现代服务业招商引资规模

中原经济区地处我国中部，承东西、联南北，具有良好的通达性能，在商流、物流、信息流等方面处于有利地位，接近原料地和消费地，有利于发展物流中心及配送中心。四通八达的交通运输网，有利于降低物流成本，提高服务质量。招商引资要把服务业发展放在突出位置，加大力度推进服务业发展。坚持产业化、社会化、市场化方向，加强现代商贸流通体系建设，改造提升传统服务业，积极发展信息、文化、中介、房地产等现代和新型服务业，重点抓好物流、旅游和金融业发展，使现代物流业成为优势产业，文化、旅游业成为支柱产业，金融业成为经济社会发展的重要支撑，显著提高服务业增加值和从业人员比重。完善服务业发展政策，制定有效的措施，扩大和引导消费需求，加快拓展生产性服务业和充实消费性服务业，大力发展主要面向生产者的服务业，推进专业化分工，降低社会交易成本，提高资源配置效率。现代物流业要整合现有物流资源，推进公共物流信息平台和物流技术标准化体系建设，统筹规划建设一批现代化物流园区，扶持一批大中型综合性现代物流中心，加快传统物流企业向第三方物流企业发展。依托郑州国际物流中心建设，加强与日本永旺株式会社、美国联邦快递公司、丹麦马士基集团、德国联邦铁路公司、中国香港中集集团、中国香港招

商局集团、中铁铁龙公司等境内外著名物流企业的沟通联系，争取在郑汴新区建设配送中心、仓储车间和物流中转基地、综合保税区，打造辐射国内外的物流平台。交通运输业要统筹规划、合理布局交通设施，做好各种运输方式相互衔接，发挥组合效率和整体优势，建设便捷、通畅、高效、安全的综合运输体系。加强旅游招商引资项目库建设，策划包装和推出一批资源禀赋高、市场前景好、带动能力强的重点旅游招商项目。加强与海内外旅游企业集团、投资机构、国际知名酒店和旅游管理公司的合作，提升旅游产业综合竞争力。加大引进高端人才工作力度，努力引进国际先进技术。围绕文化改革发展试验区建设，谋划推出一批文化产业招商引资重点项目，加强与跨国文化集团合作，引导境内外资金参与文化产业建设和经营。加强与美国沃尔玛公司、法国家乐福集团、德国麦德龙集团、美国百思买集团等世界 500 强商业企业合作，引导其商业网点加快向省辖市覆盖。改善消费环境，培育消费热点，扩大消费需求。

综上所述，实施中原经济区发展战略，需要凸显开放带动理念，打造中原开放新高地，为建设中原经济区提供强大的动力和活力。要在思想和行动上紧跟建设中原经济区的节拍，深入开展大招商活动，把招商引资作为做大做强区域产业的"加速器"和"催化剂"，把资源、市场、劳动力、区位等优势，通过资本链接转化为中原经济区发展的新优势。大力吸引跨国公司、大集团设立生产基地、区域性总部、研发中心、采购中心、利润核算中心等，引进外资银行、保险公司以及现代物流等服务业项目，增强经济区的辐射力和影响力。要利用国际国内两个市场、两种资源，增强中原经济区的国际竞争力。积极引进大个头出口项目，培育出口基地，开拓国际市场。推动钢铁、火电、水泥等产业"走出去"，搞好境外矿产资源勘察开发和回运，为中原经济区建设拓展空间。总之，要通过大招商、大开放，增加新要素、新资源、新动力，大力推动中原经济区建设。

（二）强化中原经济区发展的农业基础

2007 年中央 1 号文件提出：要用现代物质条件装备农业，用现代科学技术改造农业，用现代产业体系提升农业，用现代经营形式推进农业，用现代发展理念引领农业，用培养新型农民发展农业，提高农业水利化、机械化和信息化水平，提高土地产出率、资源利用率和农业劳动生产率，提高农业素质、效益和竞争力。十七届三中全会进一步提出要实现农业规模化、精准化、设施化等要求，加快开发多功能、智能化、经济型农业设备设施，重点在田间作业、设施栽培、健康养殖、精深加工、储运保鲜等环节上取得突破。要强化中原经济区发展的农业基础，就必须发展现代农业，必须加快转变农业发展方式，推进农业科技进步和创新，加强农业物质技术装备。

1. 充分发挥政府支持和引导作用，推进农业现代化发展

要坚持"强基础、调结构、抓特色、树品牌、壮龙头、重民生、促增收"这一农业农村工作的永恒主题和核心要求，发挥中原经济区综合优势，找准突破口，创新农业农村经济发展方式、发展途径和发展机制，加快转变农业发展方式，全面推进经济区农业现代化发展。一方面，依据我国东部沿海地区的发展历程，在工业化、城镇化的发展过程中，大部分粮田已经不可逆地成为城镇和工业区，许多当年连片的平原和鱼米之乡，今日却早已不再。中原经济区的粮食生产需要土地，工业化和城镇化建设也需要土地，建设中原经济区，要切实保护大平原，建设国家大粮仓。高度重视农业农村基本建设，高度重视耕地保护和中低产田改造，任何情况下都不要忽视粮食生产。既要保证耕地面积总量动态平衡，又要大力整理工业用地和城建用地，实行工业聚集发展、城市紧凑发展、用地集约发展。认真落实《国家粮食战略工程河南核心区建设规划》，不断提高粮食综合生产能力。另一方面，作为"国家粮食安全的重要保障区"，中原经济区不应该单一定位为粮食主产区，还要在此基础上努力成为粮食的储备、中转、交易中心。全面推进经济作物、园艺产品生产水平提升，积极扶持畜牧业、水产业发展，大力发展农产品加工业，提高农产品质量安全水平。着力培育龙头企业、生产基地、农民合作组织，推进农村土地承包经营权流转，提升农业规模化、集约化、组织化水平，提高农业综合效益。此外，先进的基础设施和物质装备条件是农业现代化的重要基础和标志。必须着力解决制约农业发展的薄弱环节，推进农业基础设施建设，提高农业抵御自然灾害的能力；推进农业科技创新，提高科技进步对农业发展的支撑能力；推进农业技术推广、市场信息、农产品质量安全等服务体系建设，提高农业公共服务能力；推进农业经营体制机制创新，提高资源利用率、劳动生产率和土地产出率。

2. 坚持科学管理，促进农业产业化发展

推进中原经济区农业产业化发展，一是要树立中原经济区农业一盘棋思想，搞好农业区划和布局，努力构建多层次、多形式、多功能的农产品市场体系。二是要积极培育中介组织，加大对农民专业合作组织的支持力度，逐步完善其自我发展机制、利益分配机制和民主管理机制；鼓励和引导龙头企业与基地和农户建立稳定的产销协作关系和多种形式的利益联结机制，促进农业企业以资本为纽带的利益机制的形成。三是要大力实施农业名牌优质战略，要按照农业产业化发展的要求，深化农业科研和技术推广体制改革，鼓励各级农业技术推广机构和农业技术人员积极投身农业产业化经营第一线，建立农业科技服务体系和示范网络，加强农产品标准和质量管理体系建设，严格农产品质量安全市场准入制度，全面提高农产品质量安全水平，增强农产品市场竞争力。四是要延伸产业链，提高附加值，努力打造农业产业化集群。要以市场为基础，以乡村农民企业家、城市科技实业家、外资、港台资本家和国有企业等为驱动主体，以农业科技园和现代农业示范区为依托，立足当地资源优势，通过发展特色农产品开发链延伸模式以及循环经济发展模式等，重点围绕"特色、优势、潜力"，大力发展区域特色强、竞争优势强、科技含量高、成长空间大、带动作用强的农业产业化集群，不断创建新的农业龙头企业，打造地域品牌。五是要加强对农村劳动力的技术、技能培训、信息服务、法律服务、政策扶持和组织管理，进一步创造适应农村劳动力转移的政策环境，鼓励和支持龙头企业跨区域发展，吸纳和转移更多的农村劳动力。

3. 坚持以农民为本，走群众路线发展农业

推进中原经济区农业的发展，始终要坚持走群众路线，充分尊重群众，以农民为本，善待农民，把农民的利益作为一切工作的出发点和落脚点，不断满足广大农民的各方面需求。研究农民的现实需要，充分尊重农民的意愿，着眼农村的发展远景，立足当地的具体条件，在积极、科学地引导下，围绕农民这个核心，着力解决农民生产生活中最迫切的实际问题（持续增收、农村社会保障及农村教育等问题），切实让农民得到实惠，极大地调动广大农民的积极性和创造性，加快新农村建设的步伐。一是要加快构建完善的农村社会保障制度，以满足农民需要为根本。土地是农民的命根子，在没有社会保障的情况下，土地可以说是农民抵御未来风险最基本、最可靠的保障，具有社会保障功能。建立和完善我国农村的社会保障制度，有利于逐步弱化和替代土地的社会保障功能，使社会保障利益补偿大于土地给予每个农民家庭的收益，可以使土地通过市场机制得到有效配置，加快流转，推动农村生产要素的合理流动，实现农业机械化和农业产业化。完善的农村社会保障制度可以使农民获得基本的生活和医疗保障，让农民放下包

袄，选择最有利的生产和生活方式，促进生产发展。在各项措施实施之初，充分征求农民的意见和建议，激发起他们参与支持农业发展的主动性。二是要加大对农业农村的支持力度，改善农民生存环境。长期以来，多数地区农村的乡村道路、生活饮水、通讯、水利、能源、商业和文化体育落后，制约着中原经济区农村经济的发展。而农业的发展也取决于科技进步和农产品市场信息的把握。要充分发挥政策的作用，加大农村公用基础设施建设的力度，特别是在经济区建设过程中着力解决农村的信息网络建设问题。要推广现代农业装备，发展农业生产力，把国家对农民购买使用农机具的补贴政策落到实处，加快农业机械化的步伐，提高农业生产率，使从事农业劳动的人口比例下降，把农民从繁重的体力劳动中解放出来。要大力发展乡镇工业，吸收农村剩余劳动力，促进他们从第一产业向第二产业、第三产业转化，并从第二产业、第三产业中获得稳定的、比农业更高的收入。发展乡镇工业，必须从农村人力资源丰富的实际出发，发挥劳动密集型产业和资本技术密集型产业中的劳动密集生产环节的竞争优势，大力发展食品加工、农畜产品深加工、服务业和劳动密集型的制造业，帮助农民就地实现职业非农化。三是要不断提高农民素质，培养大批创新型现代农民队伍。中原经济区农业的发展，需要加强对新形势下农民的素质教育。在加强农村基础教育，大力推进普及高中阶段教育，进一步优化和提高农民群众的学历结构层次的基础上，要贴近农民的实际，想农民所想，教农民所需，送农民所求，增强农民教育的实效性，广泛开展农科知识普及教育，提高广大农民的科学文化水平，增强科技致富本领。分步骤、分类别对农村富余劳动力进行职业技能培训，教育农民更新就业观念，为农民提供就业指导，提高农民的就业能力，促进农民加快向非农产业转移，实现由农民向产业工人和市民的跨越。要把农民教育贯穿于农村三个文明建设的全过程，渗透"双百共建文明村"活动的各个环节。支持鼓励农民参加各类学习培训，做"有文化、懂技术、会经营的新型农民"。通过对农民开展的各种教育，不断增强共建活动的影响力、感召力和说服力，推动农民综合素质的提高。

（三）提升中原经济区工业层次

经过多年的发展，中原经济区工业经济快速发展，在国民经济发展中的主导地位日益增强，形成了以丰富的矿产资源和农副产品为依托，以铝、汽车、机械、食品、轻纺为支柱，高新技术产业为先导的产业结构框架。但现阶段仍然存在整体工业布局聚集效应不强、各市之间工业结构趋同严重、产业层次低、要素流动不顺畅、以资源开采及加工为主的重型工业结构占比太大这些难题。综合考虑中原经济区工业发展基础和未来发展方向，提升其工业发展层次的思路为：

1. 大力发展高科技产业

推动区域内高技术产业的跨越式发展，加快整合郑州、洛阳等地科技资源，在电子信息、新医药、新材料等已有比较优势的领域加快实现产业化，努力形成郑州电子信息产业集群、洛阳信息材料产业集群、许昌超硬材料产业集群、新乡电池产业集群，将政府引导和市场配置资源紧密结合起来，形成区域内科技成果研究、推广和技术创新的高地。

2. 加快发展汽车和装备制造业

支持骨干整车厂与国内外大型汽车企业集团合资、合作，扩大中高档客车的竞争优势，推进汽车零部件企业整合，提高零部件产品的配套能力；围绕国内重大超高压输电工程，发挥平高、许继专业制造输变电设备的优势，提高电力装备成套化、专业化水平，提升核心竞争力；通过与国内外公司的技术合作，适应装备工业的大型化、数字化、集成化的发展趋势。

3. 做大做强食品工业

紧紧围绕消费升级、精深加工、创新引领、食品安全的总体要求，着力打造国内一流的面制品、肉制品和乳制品三大主导优势产业，建设国内具有较强竞争力的果蔬、油脂、饮料三大区域优势产业，培育国内具有重要影响力的休闲食品、调味品等成长性产业，形成结构优化、布局合理、特色明显、优势突出的现代食品产业基地。具体措施的实施中要注意几个方面：一是抓好一个试点。继续抓好食品工业企业诚信体系全国试点省建设，持续提升肉制品产品质量。二是做好两个优化。优化产业结构和优化产业布局，打造沿京广食品产业带，建设豫东粮油肉酒精深加工、豫西及豫西南特色食品产业两大基地。三是实施三个"100"工程。重点培育100户重点食品企业、100个知名品牌和100个优秀创新产品。四是推动两个集约。支持建设10个省级食品产业集聚区，推动产业集群发展；加快培育20个大型全产业链企业集团，推动企业集约发展。

4. 加快发展铝工业、石油化工和煤化工工业

进一步优化资源配置，集约化发展氧化铝，加快郑州、焦作、豫西三大氧化铝生产基地建设，推进电解铝行业整合，提高生产集中度，突出发展铝的深加

工，实现产品结构由初级原料为主向精深加工为主转变，进一步建设洛阳石化基地。利用"西气东输"、"西油东送"等油气资源，把洛阳石化总厂扩建成年加工原油千万吨以上的大型石化联合企业。同时加快煤炭转化沿着焦炭和精细化工方向发展，依托平煤集团、郑煤集团、豫港焦化等大型企业产业优势，促进区域内煤化工产业大型化、规模化的发展。

5. 加快发展劳动密集型产业

承接沿海发达地区的产业转移，加快发展技术含量高的劳动密集型产业，重点发展电子、IT和新兴家电等高科技产品终端环节或外部配套的劳动密集型加工组装产业。引导传统劳动密集型产业从中心城区有序退出，向经营成本低的城市郊县和具有原料优势的地区转移，使其在中小城市和中心城镇以工业园区形式集聚发展。

（四）优化中原经济区服务业发展

中原经济区由于其独特的区位优势及交通优势，区域内和周边辐射区拥有人口近亿，因而其服务业的发展空间巨大。改革开放以来，中原经济区服务业虽已获得了长足的发展，并成为国民经济的重要支撑和新的增长点，但依然存在经济总量有限，比重偏低、结构不尽合理，传统产业比重偏大，现代与新兴服务产业份额较小、优势资源开发利用率不足，新兴服务业发展滞后、整个行业总体竞争力不强、国有经济比重大、垄断程度高、利用外资数量偏少等这些不容忽视的问题。因此应当大力优化中原经济区新兴和现代化服务业发展，加快改造提升传统服务业，促进农村富余劳动力有效转移，加快其服务业的市场化、社会化、国际化和现代化进程，全面提升服务业整体素质和绩效水平。具体措施如下：

1. 大力发展现代物流业

作为全国的大市场和物流中心，在中原经济区的建设中，政府有关部门应转变职能，强化服务意识，研究制定一系列促进大物流发展具体政策措施，尽快出台中原经济区大物流发展扶持相关政策，逐步建立起与国际接轨的、面向现代物流企业的服务体系，促进大物流要素的合理流动和优化配置，为现代物流企业参与市场竞争创造良好的宏观环境。具体建议：一是努力加快构建立体综合交通运输体系。积极规划好航空、铁路、公路、水路、管道运输等通道资源，加快航空港建设；加快陆路交通建设，打造以郑州为中心的陆路交通半小时、一小时、两小时经济圈，增强经济区聚集力和辐射力；加强综合交通运输体系建设，实现旅客的"零距离换乘"和货物的"无缝隙衔接"。二是努力加快交通运输领域薄弱环节建设。组建交通投资集团，加快豫西山区高速公路、省际断头路和中原城市群间的快速通道建设，加快实施"畅通郑州"工程建设，重点支持徐兰、郑渝、郑合等高速客运专线建设，加快客运专线与城际轨道沿线的市、县综合客运枢纽场站建设，加快内河航运工程的规划和建设工作。三是努力加快发展现代物流业。加快郑州等九个国家公路运输枢纽城市场站建设，促进内陆无水港发展；积极构建物流枢纽—综合物流园区—专业物流市场三级物流结点网络，支持有条件的货运站场向物流园区转型；支持发展冷链物流、甩挂运输、仓储配送物流等；发挥具有资源优势和产品特色的行业物流体系，有效激活物流市场，培育和开发农村物流市场；完善区域物流信息网络，推进公共物流信息平台建设，逐步形成公路、铁路、港口、航空互相呼应、连贯一体的大物流立体格局。

2. 加快发展金融服务业

首先要完善金融机构体系，支持国有商业银行的改革，积极引进国内外商业银行，发展壮大股份制商业银行，完善政策性银行。其次要大力发展和利用资本市场，支持经济效益好、偿债能力强的企业发行企业债券，拓宽企业融资渠道，依托现有的产权交易机构，建设中西部地区有影响力的区域性产权交易中心。再者要强力推进金融业的改革开放，完善商业银行、保险公司等金融机构的治理机构，鼓励金融企业对外合资合作，整合金融资源，完善服务网络，创新服务产品，发展综合理财等多种金融服务形式。

3. 大力发展旅游综合产业

首先要延伸旅游产业链条，深度开发具有地方特色和文化内涵的旅游产品；其次要完善旅游基地的设施，在城市机场、火车站及高速公路出口处到郊区旅游景点之间建立便捷的公路网，建设郑州、开封、洛阳、焦作、新乡、平顶山等重点旅游城市综合的旅游服务中心，完善服务体系；再者要推动旅游资源的整合，加强区域内跨城市的旅游线路整合和对外统一推荐，促进资源共享，加快建立跨区域旅游市场合作体系，实现优势互补的共赢发展战略。

4. 合理发展房地产业

首先要调整房地产开发结构，优化房地产产业布局，引导其与新城建设、旧城改造结合起来；其次要优化城市商品住宅的供应结构，扩大公租房与廉租房等的开发规模，完善公租房与廉租房制度，满足社会多层次住房需要；再者要注重改善人民的居住环境，加强物业管理，提高服务质量和管理水平，进而提高房地产业的质量和效益。

5. 积极发展中介、信息等其他服务业

支持科研机构、高等院校和其他社会力量创办中介服务机构，努力把郑州建设成为中介服务机构的集聚区。同时，加强信息基础设施建设，尽快建成以郑州为中心，联通各地市的骨干传输网和市到县、县到乡的有线广播电视覆盖网；壮大基础电信业，扩大互联网的应用，促进区域广电网、电信网相互融通，尽快建成中原经济区门户网站，实现信息资源的互联和共享；大力发展电子商务，加强企业的信息化和农业的信息化，扩大信息技术的普及和应用。

二、构建合理有序的城镇支撑体系

城镇化是中国当前及未来一段时期经济增长的一个主动力，而河南省较低的城镇化水平孕育着巨大的发展空间。统计部门测算，河南城镇化率每提高 1 个百分点，可带动 GDP 增长 1.3%，居民消费增长 1.2%、投资增长 1.37%。如果到了 2020 年，河南省城镇化率超过了 50%，就可带动 1.6 万亿元城镇固定资产投资。以河南为主体的中原经济区，最大的需求潜力在城镇化，最大的发展动力也在城镇化。从全球范围看，凡是完成工业化、高度发达的国家和地区，要素都聚集在少数城市群区域。从全国范围看，沿海地区率先崛起对产业和人口也产生很强的吸附能力，并形成珠三角、长三角、环渤海三大城市群。中原经济区人口众多，城镇化水平却不高，同时保护耕地的任务很重。建设中原经济区，必须要探索适合区情的新型城镇化道路，走集约型的、生态发展和经济发展高度融合的科学发展道路，构建统筹协调的城乡支撑体系，破解二元经济结构矛盾。近年来，河南现代城镇体系建设扎实推进，"一极两圈三层"的城镇空间格局基本形成，但也存在城镇化率低、布局不合理等问题。建设中原经济区亟须进一步加快现代城镇体系建设，形成层次分明、结构合理、功能互补、协调发展的现代城镇体系。

（一）中原经济区城镇体系的发展现状

1. 现代城镇体系的总体框架基本形成

2010 年 6 月，《河南省城镇体系规划（2010~2020 年）》通过了中国科学院、北京大学、建设部、科技委等 8 个成员单位的技术评审，由国务院审批后开始实施，现代城镇体系的总体框架基本形成，"一极两圈三层"建设稳步推进。"一极"即构建带动全省经济社会发展的核心增长极，就是"郑汴新区"，由"郑州新区"和"开封新区"两个部分构成，涵盖中牟县。"两圈"即加快城市群轨道交通体系和高速铁路建设，在全省形成以郑州综合交通枢纽为中心的"半小时交通圈"和"一小时交通圈"。"三层"即中原城市群核心层、紧密层、辐射层。核心层指郑汴一体化区域，包括郑州、开封两市市区和"郑汴新区"，紧密层包括洛阳、新乡、焦作、许昌、平顶山、漯河、济源 7 市，辐射层包括南阳、鹤壁、濮阳、三门峡、安阳、商丘、信阳、周口、驻马店周边 9 个省辖市。近年来，河南省大力推进"一极两圈三层"建设，目前总体格局已经基本形成。同时，河南省拥有较为完备的城镇体系。截止到 2013 年底，全省有设市城市 38 个（居全国第四位），包括 17 个省辖市和 21 个县级市（含省管济源市），此外还有 88 个县城、50 个区和 1085 个建制镇。其中，特大城市 2 座（郑州、洛阳），大城市 7 座，中等城市 15 座，全省城镇人口达到 4123 万，占全国城镇人口总数的 6.5%，已经初步形成了大中小城市协调发展的现代城镇空间格局。

2. 中原城市群建设成效显著

近几年，河南省持续推进中原城市群建设，相继出台了《中原城市群发展战略构想》、《中原城市群总体发展规划纲要（2006~2020 年）》，焦作新区、新乡平原新区、许昌新区同时获得"通行证"。2009 年郑州新区、开封新区、洛阳新区规划获批，河南六大城市新区规划蓝图一一呈现，规划建设的"郑汴新区"被河南省委、省政府列为"一号工程"。2010 年 8 月国家发改委印发了《关于促进中部地区城市群发展的指导意见》，明确提出了中原城市群作为中部地区六大城市群之一。近几年，中原城市群的经济增长速度一直高于全省平均水平，成为引领河南省经济发展的重要增长极，已经发展成为中部六大城市群的领跑者。

3. 城镇基础设施建设取得明显进展

近年来，河南省大力实施"现代城镇体系建设工程"，进一步强化城市基础设施建设，提高城市的承载能力，仅在 2009 年，河南就完成城建投资 780 亿元，同比增长 66%。除了电力、电信、供水、供气等外，城市交通设施建设亦有重大突破。2009 年国家发改委批准了《中原城市群城际轨道交通线网规划》，河南城际铁路有限公司在郑州正式成立，首批规划建设郑州至开封、郑州至焦作、郑州至新郑机场等总里程近 500 公里的 7 条城际线路，采用时速为 200 公里的动车组列车，总投资将超过 600 亿元，一个以郑州为中心的"米"字结构高速铁路网正在形成。与此同时，已经建设完成的郑州地铁 1 号线，正在实施中的洛阳等城市的交通综合规划，也在迅速拉伸着城市框架。

（二）中原经济区城镇体系建设中存在的主要问题

1. 大中城市数量少，中心城市规模优势不突出

河南省会郑州城市规模偏小、辐射带动作用不明显，在全国城镇体系中的等级地位不高；全省中等城市数量偏少，承上启下的节点作用不够突出；小城镇数量多，但规模小、功能不全，服务带动乡村地区发展的功能较弱；城镇间互补性不强，经济联系不够紧密。

2. 核心城市首位度较低，辐射带动能力不强

发达国家的城镇化实践表明，城镇化发展存在着"先聚集，再扩散"的一般规律，即在城镇化的初期和中期，人口首先向大中城市集中，然后再向周边地区扩展，形成都市区或大都市区。然而，河南省大城市发展却很不够，郑州作为河南城镇体系的核心城市，无论是从经济总量、质量、结构、环境，还是从地理位置、人才资源、城市功能等因素来看，都已具有核心增长极的一定条件和基础，但是由于其首位度较低，经济实力较弱，集聚和辐射能力不强，导致其对全省城镇的辐射带动作用不明显。

3. 城镇化进程缓慢，水平偏低

目前，无论是与经济发达的沿海省份相比，还是与全国平均水平相比，河南城镇化进程滞后和水平较低的问题都十分突出。2009 年，河南省城镇化水平为 37.7%，而同期全国平均水平为 46.6%，落后了 8.9 个百分点。可以看出，河南城镇化率偏低，并且河南农业人口众多，未来一段时期农村人口向城市人口转化的压力比较大，加之河南城市发展的公共服务能力仍然不强，对城镇承载力形成较大的挑战，提高城镇化水平牵涉到基础设施建设、公共服务能力建设以及教育、

医疗、社会保障等领域，这些均将加大河南城镇化率提升的难度。

4. 职能分工不尽合理，专业化职能不突出

由于受到地方利益的驱使，河南城镇体系中各城镇职能分工不尽合理，专业化职能不突出，产业同构和经济结构雷同现象比较严重，导致各城市之间对资源和产品销售市场的无序竞争，结果彼此制约，互补性差，经济联系弱，城镇体系处于一种松散状态，在很大程度上制约了整个区域经济的发展和社会效益的提高。

5. 空间布局还有待优化

目前，河南省城镇体系初步形成了"一极两圈三层"的空间布局结构。但是随着经济社会的快速发展以及交通条件的改善，特别是高速铁路、高速公路、轻轨等的相继开工和建设，这种空间布局结构仍需进一步的优化和调整。

（三）中原经济区框架下现代城镇体系的建设重点

从中原经济区实际情况出发，按照合理分工、发挥优势、形成合力、协调发展的原则，应建设"向心布局、集群发展、两规衔接、五个层次"的现代城镇体系。向心布局，就是大力实施中心城市带动战略，在全省形成以郑州为中心的"一极两圈三层"的空间布局；集群发展，就是指全省18个省辖市构成中原城市群，省辖市以上中心城市实行集群、组团发展；两规衔接，就是城镇体系规划和村镇体系规划要有机衔接，为实现城乡统筹创造条件；五个层次，就是尽快形成国家区域性中心城市、地区中心城市、中小城市、中心镇和新型农村社区协调发展、互促共进的现代城镇体系。

1. 提升郑州全国区域性中心城市地位

中心城市作为中原经济区的政治、经济、文化中心和知识创新基地，能够广泛地吸引和聚集人流、物流、信息流和资金流，形成产业聚集效应和区域经济的核心增长极，从而有力地辐射带动整个经济区发展，增强区域的竞争优势。中心城市带动形成的产业聚集效应，可以促进各类产业要素在更大范围内、更高层次上实现整合和优化配置，为走新型工业化道路创造有利条件。

在中原经济区这样一个农业、农村人口占绝大多数的区域，实施中心城市带动战略，能够大量转移农村富余劳动力，带动农村经济全面繁荣，从根本上解决"三农"问题。历史和现实证明，要根本解决与"三农"有关的一系列问题，必须跳出"农"字做文章，把数以千万计的农业劳动力转向非农产业，使数以千万

计的农村人口走向城市，大幅度提高农业劳动生产率。在这方面，中心城市具有不可替代的作用和优势：既能够大量吸纳农村富余劳动力，使其转入城市、转入非农产业，又能够向农村扩散、输送高级形态的发展要素，为农村工业化、城镇化注入动力。借助农民进城、城市发展要素下乡，农村的工业化、城镇化，农业的现代化，农民的市民化进程会不断加快，"三农"问题也会得到根本解决。

郑州作为中原经济区的中心城市，对这一区域乃至全区发展能够产生不可估量的推动作用。实施中心城市带动战略，必然要重点建设大郑州，增强其带动作用。国务院刚刚批复的郑州市城市总体规划，将郑州定位为中部地区重要的中心城市、国家重要的综合交通枢纽。要认真组织实施这一总体规划，加快建设新区各组团，扩大城市规模，增强、完善城市功能。加快建设现代综合交通枢纽，强力推进铁路网建设，加快郑州航空港建设，完善公路网络，加快建立内外互联、各种运输方式充分衔接的现代化综合交通运输体系。全面提升环境质量，着力推进产业结构向高端发展，不断增强对中部地区的区域中心服务功能和对中原经济区的辐射带动能力。要加快推进郑汴新区规划建设，努力把郑汴新区打造成中原城市群核心增长极，2015 年，郑汴一体化区域城镇人口力争超过 600 万人，2020 年达到 800 万~1000 万人。要以交通一体为突破口，加快建设干线铁路、干线公路和城际轨道交通、城际快速客运通道、城际快速货运通道"两干三城"交通体系，积极推进产业链接、服务共享、生态共建，尽快实现开封、许昌、新乡、焦作、洛阳与郑州发展的对接，积极推进大郑州都市圈建设。

2. 推动省域中心城市加快发展

按照规模做大、实力做强、功能做优、环境做美的原则，发挥比较优势，加快发展，壮大各省辖市规模，增强聚集和辐射带动作用，使之成为各区域空间组织的核心。加强省辖市城市建设，优化空间布局，提升城市品位，强化中心市区的综合服务功能。促进中心城市各组团产业集聚发展、完善城市基本功能，形成相对独立的城市区。构筑各组团与中心城区的便捷交通联系，推动形成以中心城市为核心、周边小城市和中心镇为依托的城镇集群，使中心城市成为区域政治、经济、文化服务中心。要进一步增强洛阳全省副中心城市作用，其他省辖市城市要尽快进入大城市行列，基础条件好的要发展成为特大城市。

3. 以县城为重点加快发展中小城市

通过建设各具特色的产业集聚区，积极培育特色产业，壮大支柱产业，加强基础设施和社会服务设施建设，提升城镇功能和综合承载力。今后一个时期，力争使县城成为全省吸纳农村人口转移的主渠道。因为不仅农民在县城落户的成本比到大城市要低得多，而且人文环境相近，进城农民有较强的归属感。要把中小城市和县城发展作为推进城镇化的重点，提升规划建设标准，提高综合承载能力，促进农村人口就近转移。为此，每个县都要努力做到"三个一"：建设好一个产业集聚区，培育一个超百亿的特色主导产业，形成一个人口规模超20万的城市，有条件的县城要努力向大城市发展。

4. 因地制宜发展中心镇

发挥小城镇连接城乡的关键节点作用，合理布局，适度发展。支持已经形成一定产业和人口规模、基础条件好的中心镇，通过加快专业园区建设，进一步提升发展质量，逐步发展成为10万人以上的小城市。支持具有资源和产业基础条件的特色镇，发展特色明显的矿产资源、农产品加工和文化旅游服务业，逐步做大城镇规模。引导不具备产业集聚条件的小城镇，逐步发展成为周边农村提供生产生活服务的社区中心。

5. 稳妥推进新型农村社区建设

积极推广新乡市建设农村社区服务中心的经验，按照"规划先行、就业为本、农民自愿、量力而行"的原则，在具备条件的农村通过"迁村并点"，积极稳妥推进新型农村社区建设。加强水、电、路、电话、广播电视、互联网等基础设施建设，发展社会事业，以生产生活方式的改变，促进农民思想观念的转变，不断提高农民素质，增加农民收入。

三、构建强有力的自主创新支撑体系

作为加快经济发展方式转变的核心环节，近几年来，河南自主创新体系建设取得突破性进展，在自主创新体系五大层次上均有重大突破，即以企业为主体，以研发中心、重点实验室为载体，以重大科技专项为抓手，以高新技术产业集聚区为基地，以技术研发联盟创新机制，从而提升自主创新能力和核心竞争力，显著提高了科技进步对经济增长的拉动力。建设中原经济区离不开强有力的自主创新体系的支撑。

(一) 中原经济区科技发展的现状

这里以河南省为例来阐述。改革开放以来，河南科技按照面向现代化建设、面向广大人民需求，把经济发展、社会进步、民生改善等亟待科技提供支撑的领域作为重点，把科技进步和创新与提高人民生活水平和质量、提高人民科学文化素质和健康素质紧密结合起来，集中力量在解决制约经济社会发展的重大科技问题、关系国民经济命脉和国家安全的关键领域取得突破，努力掌握关键技术和共性技术、解决重大公益性科技问题。

近几年来，科技创新围绕中原崛起做了大量的工作，取得了明显的成效。截至 2008 年底，全省共拥有各类科研机构 794 家，其中省属科研机构 64 家，中央驻豫科研机构 31 家，大中型企业研发机构 618 家。拥有国家级工程技术研究中心 8 家，省级工程技术研究中心 172 家，省级重点实验室 47 家。从事科技活动人员 19.60 万人，长期在豫工作的"两院"院士 16 人。2008 年全省科学研究与试验发展（R&D）经费支出 111.7 亿元，占全省 GDP 的 0.61%；全省地方财政科技投入 30.44 亿元，占地方财政支出的 1.33%。国家级创新型试点企业 8 家，位居中部各省第 1 位。全省共建设了 2 个国家级和 9 个省级高新技术产业开发区，1 个国家级和 9 个省级农业科技园区，5 个国家级和 11 个省级可持续发展实验区，13 个省级民营科技园区。全省规模以上高新技术产业实现增加值 1290 亿元。全省专利申请量 18411 件，专利授权量为 9133 件。2008 年全社会 R&D 投入中，企业投入已占到 78.6%；172 家省级工程技术研究中心建在企业的有 158 家，省百户重点企业和 50 户高成长性企业基本都已建立自己的研发中心；民营科技企业迅速崛起，企业总数超过 1.4 万家，技工贸总收入达到 3600 多亿元，综合实力居全国第 7 位，居中部六省首位。2008 年，经认定的 5 家国家级特色产业基地内共入驻企业 554 家，工业增加值 105 亿元；经认定的科技企业孵化器 17 个，其中国家级高新技术创业服务中心 10 个，省级创业服务中心 7 个，在孵企业 2742 家，工业增加值 36 亿元；规模以上高新技术产业实现工业增加值 1290 亿元。全省 2 个国家级和 9 个省级高新区实现工业增加值 686 亿元。在电子信息、生物医药、新材料等高新技术领域，河南已形成技术和市场优势，成为全国重要的超硬材料、多晶硅、电池生产基地。河南省会郑州市于 2009 年 10 月跻身"全国科技进步示范市"行列。据统计，郑州市全社会科技研发经费支出2009年为39亿元；全市专利申请量和授权量分别为6636件和4000件；全市高新技术产业总产值1665.5亿元，科技进步贡献率54%。

河南的科技创新实践证明：越是先进，越懂得创新；越是滞后，越需要创新；谋求发展，唯有创新。要实现"走在中部地区前列"的目标，关键在科技，希望在科技，潜力也在科技。为了充分发挥科技创新在引导和支撑经济社会发展中的决定性作用，必须要依靠科技创新，依靠自主创新能力的提高，真正把中原经济区的建设转移到依靠科技进步和提高劳动者素质的轨道上来，解决制约经济快速发展的重大问题，如农业和农村经济的科技水平还比较低，提高农业综合生产能力缺乏强有力的技术支撑；传统产业优化升级的任务十分繁重，高新技术产业在整个经济增长中占的比例还不高；拥有自主知识产权的科技成果数量不足，一些重大领域的关键技术对外依赖严重；特别是粗放型经济增长方式没有得到根本解决，人口、资源、环境对经济发展的压力越来越大等。通过科技进步与创新，实现提升核心竞争力，促进产业升级，结构优化，经济发展，社会进步。

（二）中原经济区自主创新体系建设已取得的成就

1. 明确了自主创新体系建设的总体思路

2009年出台的《河南省自主创新体系建设和发展规划（2009~2020年）》，提出了明确的建设目标与重点任务。到2020年，河南省要基本形成要素完备、配置高效、协调发展、充满活力的自主创新体系。其核心是以企业为主体、市场为导向、产学研用紧密结合的技术创新体系。全社会研究开发投入占生产总值的比重达到2.5%；科技进步贡献率达到60%；高新技术产业增加值占工业增加值比重达到33%；年专利申请量超过3万件，发明专利授权量进入全国前10位；取得一大批在全国乃至国际上具有重大影响的科技成果；总体自主创新能力进入全国先进行列，完成建设创新型河南任务。2009年10月河南省委、省政府召开全省自主创新体系建设大会，安排部署全省自主创新体系建设工作，大力推动自主创新跨越发展战略深入实施。

2. 自主创新体系建设工程取得新突破

近几年，河南省自主创新体系建设明显提速，2009年重大科技专项实现重大突破，由郑煤机集团承担的重大科技专项"大采高可靠性液压支架及电液控制系统",开发出世界最大采高 7 米的液压支架,并攻克了电液控制系统,胡锦涛同志批示"谨表祝贺";"粮食丰产科技工程"实现万亩连片小麦、夏玉米一年两熟平均亩产 1548.6 公斤,单产达到国内领先水平;华兰生物的"甲型 H1N1 流感疫苗"已向国家供应 4000 万人份,占全国总数的 45%。高水平科技成果创历史新高,2009 年河南省获国家科技进步特等奖 1 项,占全国总数的 1/3;获国家科技进步一等奖 3 项,接近全国总数的 1/6;获国家科技进步奖总数达到 25 项。高层次科技人才培养结出硕果,首批 3 位中原学者中的张改平、申长雨分别当选为中国工程院院士、中国科学院院士。企业技术创新实力大幅提高,河南省依托企业申报的"高压输变电装备"、"粮食加工机械"和"兽用药品" 3 个国家工程技术研究中心获得批准,占全国总数的 1/9。2010 年河南省申报的"矿山重型装备国家重点实验室"、"盾构及掘进技术国家重点实验室"、"先进耐火材料国家重点实验室"、"新型钎焊材料国家重点实验室"、"浮法玻璃技术国家重点实验室"成功入选新一批国家重点实验室建设计划名录。

3. 科技投入不断增大

河南省政府于 2006 年颁布《河南中长期科学和技术发展规划纲要(2006~2020 年)》,重大科技专项正式启动实施。首批重大科技专项包括:主要农作物新品种选育、农副产品深加工、特高压输变电装备关键技术、有色金属深加工关键技术及装备、数字化装备关键技术、新型功能材料及制品关键技术等 11 项。近年来,河南省重大科技专项的政府支持力度不断加大,新启动的重大科技专项数量由开始的每年 5~6 项增加到 18 项,投入财政经费总额由 5000 万元提高到 1.5 亿元,引导企业新增研发投入 8.87 亿元,建设投入 85.42 亿元,年新增销售收入达到 185.73 亿元,2009 年全年研究与试验发展(R&D)经费支出 149 亿元,比上年增长 20.1%。通过一系列关键技术的突破,带动形成和壮大了一批新兴战略支撑产业。目前,河南省实施的重大科技专项主要围绕新型电力电气装备产业、硅—光伏产业、煤化工产业、生物及新医药产业、数字化装备产业、有色金属精深加工产业、新型功能材料及制品产业、光电产业、生物能源产业和节能环保技术产业。2009 年全省实施的 20 项重大科技专项,使企业大大增强了自主创新能力和核心竞争力,在应对金融危机和促进经济转型升级中发挥了重要作用。

4. 自主创新能力明显提高

"十一五"以来,河南认真实施自主创新跨越发展战略,加快创新型河南建设，自主创新能力明显提高；共获得国家科技奖励 49 项，其中国家科技进步一等奖 3 项，国家技术发明奖 3 项。截止到 2009 年 12 月底，河南省全年专利申请达 19589 件，位居国内第 11 位。在 3 种专利申请中，发明专利申请为 4951 件，占专利申请总量的 25.3%。同时，2009 年河南省专利授权量亦实现了历史性突破，首次突破万件大关，达到 11428 件，位居国内第 9 位，在获得授权的 3 种专利中，发明专利为 1130 件，较上年同期增长 69.2%。从总体上看，2009 年专利申请和授权结构日渐合理，专利质量得到了进一步提升。创新主体不断壮大，截至 2009 年底，全省共有国家级企业技术中心 40 个，省级企业技术中心 521 个，省重点实验室 62 个，国家级创新型试点企业 14 家，省级创新型试点企业 140 家，拥有科学研究与技术开发机构 1900 个，从事科技活动人员 22.65 万人。创新环境逐步优化，公布了一批地方性科技法规，制定了一系列促进自主创新的政策，出台了一批加快自主创新的重大措施。科技创新对经济发展的支撑作用进一步显现。

（三）中原经济区构建自主创新体系面临的主要障碍

1. 全社会自主创新意识相对比较薄弱

由于河南的产业结构偏重，本土企业很难掌握技术前沿，技术改造与提升方面长期侧重于引进与模仿，加之自主创新体系建设并非一朝一夕之功，面临较大的投资风险，造成全社会尤其是企业自主创新的意识与沿海相比比较薄弱。由于所处的发展阶段，地方政府抓经济发展主要着眼于扩大投资规模，更加缺乏依靠自主创新推动发展的自觉意识，政策引导上对自主创新缺少激励，不少企业单纯追求数量和速度，缺乏依靠自主创新实现可持续发展的意识和动力。社会也尚未形成鼓励创新、支持创新的意识和氛围，对创新重要性的认识有待提高。

2. 自主创新能力不强

虽然近几年科技投入连年增加，自主创新体系建设有所进步，但是从全国范围来看，河南的自主创新能力仍然较弱。2008 年河南省高新技术产业占规模以上工业增加值的比重仅为 19.2%，全省科技投入强度仅为 0.77%，不到全国平均水平的一半，位居全国第 21 位，中部地区倒数第 1 位，研究与试验发展经费支出占生产总值的比重只有 0.8%，不足全国平均水平（1.62%）的一半，企业研发投入占销售收入的比重仅为 0.83%，低于全国平均水平 0.39 个百分点，高技术产业增加值仅占工业增加值的3.8%。据国家科技部测算，2008年河南科技进步指数仅为37.4%，居全国第25位，专利申请量与授权量均不足广东、江苏等省的20%，全省大中型企业建有研发机构的仅为23%。能够解决河南省经济社会发展重大关键问题的高新技术和自主创新成果少，自主创新能力明显偏弱。

3. 自主创新的激励机制尚不完善

创新是一项创造性的工作，并且其社会效益大于私人效益，如果缺乏有效的激励机制，则创新主体的活力和动力不足，就目前河南的情况看，企业尚未真正成为技术创新主体，产学研紧密结合的机制尚未真正建立，科技创新管理的统筹协调不够，有限的科技资源没有得到优化配置，支持和鼓励创新的环境有待进一步优化，国家和省激励科技创新的政策有些没有得到很好落实，有利于培养、吸引、留住人才，支持创新人才脱颖而出的社会环境尚未形成。

4. 创新型人才较为缺乏

2009年，河南省专业技术人才占全省总人口的2.5%，低于全国3.4%的平均水平。高水平研发团队和领军人才缺乏，目前在河南工作的两院院士仅有17人，而周边的湖北、山东、陕西分别为55人、31人、37人。河南省地处内陆，对于人才尤其是高新技术人才的吸引力与沿海城市相比较弱。吸引人才方面的政策也落后于沿海城市，即使与地处内地的四川、陕西相比，河南人才储备也没有优势，陕西科研单位有1760家、高等院校50多所，而目前河南省高新技术产业从业人数23万人，其中科技人员仅为7.6万人，无论从数量上，还是技术实力上，差距都是巨大的。

（四）中原经济区框架下构建自主创新体系的着力点

1. 支持设立一批重点领域的产业技术联盟

当前，产业技术发展模式已经发生了巨大变化，引发了产业竞争格局的重新"洗牌"，开放式创新成为企业加快提升创新能力的一个重要途径，国内外许多企业通过参与和创建各类产业联盟从中受益，其示范效应、扩散效应和联动效应也会带动更多企业自主创新能力的不断提升。可以说，产业联盟目前已经成为一种重要的产业组织形式，它对区域产业发展、企业成长特别是高新技术企业的快速成长深具意义。河南已经建立了河南省超硬材料产业战略联盟、河南省电动汽车产业联盟等，取得了不俗的成绩。中原经济区跨越七省，该区域内资源禀赋与产业基础相近，技术合作空间巨大，创新体系建设需要在跨省层面加强合作，企业间的产业技术联盟在其中必然要发挥更大的作用，政府应出台一些优惠政策，推动跨省跨市的产业技术联盟设立，强化技术合作。

2. 积极培育引进一批高端创新人才

河南 2007 年启动实施的创新型科技人才队伍建设工程，目前已支持"中原学者"15 人，科技创新杰出人才 221 人，科技创新杰出青年 352 人，创新型科技团队 67 个。其中，已有 2 名"中原学者"分别当选中国科学院、中国工程院院士，16 人获得国家科技进步奖，3 人领衔的实验室被认定为国家重点实验室，可以说取得了较大成绩。未来一段时期，河南更要借助中原经济区这一战略平台，培养和引进一批具有国际先进水平或在国内得到广泛认可的技术领军人才、领军后备人才，带动形成一批创新团队，造就一支综合素质过硬、专业贡献重大、团队效应突出、引领作用明显的创新型科技人才队伍。为此，必须改革和完善企业分配激励机制，组织实施一批人才开发重点项目，加大引进高端人才力度。鼓励创新人才通过兼职、定期服务、技术开发、项目引进、科技咨询等方式自由流动，吸引和留住各类人才服务经济区建设。依托高等院校、科研院所和大中型企业，以重大科研项目为载体，加快建设创新型人才培养基地。加强国际合作交流，发展和完善多种形式的科技创新人才国际化培养模式。

3. 构建适合中原经济区产业特点的自主创新体系

中原经济区地处内陆，资源特色与比较优势明显，产业结构特征突出。在产业内分工、产品内分工日趋发展的当今世界，区域自主创新体系建设并不是要面面俱到，而是要发挥比较优势，依托主导产业，集中在重点领域里寻求技术突破，占领技术制高点。如在食品工业、有色金属、煤化工、粮食加工业等领域，河南及其周边地区已经成为全国最大的产业基地，具有雄厚的产业基础与技术积累，具有突破技术前沿的能力，应加快科研资源向这些产业领域倾斜，吸引全国乃至全球技术要素向中原经济区集聚。而对于本区域不具有优势的技术领域，如电子信息、汽车等，则应以吸引产业转移为主，关键科技资源要集中在产业链的某一具有比较优势的环节上，实现重点突破。河南有关部门有必要对中原经济区的产业特点、资源禀赋、技术积累、人才储备、市场空间等进行一次梳理，找准一批本区域具有优势的关键技术领域，加大投入力度，构建适合中原经济区产业特点的自主创新体系。

4. 加快科技成果产业化进程

由于历史原因，河南省区域内缺少国家级的科研机构，学科布局与河南的整体科技需求有较大差距，要借助中原经济区这个高层次平台，吸引大型科研机构如中国科学院及各领域的国家级科研院所在河南设立成果转化基地。2010 年 4 月，在郑州揭牌的河南省中国科学院科技成果转移转化中心，同时揭牌的还有中国科学院河南矿产资源勘探研究示范基地，这是河南省搭建起的科技成果转移转化新平台，河南中心围绕河南重点领域和支柱产业，先期建立绿色化工、新材料、现代农业、生态环境、光机电和矿产资源探测装备研制与应用等 6 个分中心，累计实现向河南转移转化中科院科技成果 200 项以上。"十二五"期间，河南中心将再建立 5 个转移转化分中心，建立 8~10 个转移转化示范基地，逐步形成覆盖全省 18 个地市的科技成果转移转化体系，到"十二五"末，向河南省转移转化的中科院科技成果累计将达到 500 项以上。同时，要大力发展技术中介机构以及技术交易中心与产权交易中心，推进科研机构改制，加快产学研合作平台建设，使科技投入更加贴近市场，缩短科技成果产业化进程。

5. 改善创新服务环境

落实国家企业研究开发费用加计扣除政策，做好高新技术企业认定及通过认定的高新技术企业减征企业所得税工作，用足用好国家支持企业自主创新的政策措施，引导和支持企业进一步加大科技投入。把研发投入和技术创新能力作为企业申请政府科技经费支持和认定高新技术企业的条件，作为国有企业及其法定代表人绩效考核的重要指标。政府有关专项资金要注意引导带动企业加大对自主创新的投入，使其逐步成为科技创新和创新资源投入的主体。

（1）加大科技投入。一方面，加大财政投入，提高政府资金使用效益。把财政科技投入作为预算保障的重点，在预算编制和预算执行中都要体现法定增长的要求，确保财政科技投入增幅明显高于财政经常性收入的增幅。优化科技投入结构，集中优势科技资源，重点支持重大应用技术研究和自主知识产权核心技术开发，逐步增加重大科技专项经费等在科技投入中的比重，提高财政科技资金的使用效益。另一方面，完善支持体系，引导社会资金投入自主创新。进一步加大培育力度，优先支持创新型企业上市融资。建立健全鼓励中小企业技术创新的信用担保制度，引导金融机构和中小企业信用担保机构支持中小企业科技创新和产业化。建立和完善创业风险投资机制，拓宽创业风险投资的退出渠道，促进社会资本机构整合、重组，形成一批骨干创业风险投资公司。建立完善技术产权交易市场，创新交易模式和运作机制，为成长性较好的科技型企业的产权交易提供服务。充分发挥政府各类投融资平台和投资公司的作用，引导社会有关方面加大对自主创新的投入。

（2）完善创新服务体系。大力发展技术转移、技术产权交易、风险投资、创业孵化及技术经纪等创新服务机构，完善科技公共服务平台。加强高等院校和科研机构技术转移中心建设，拓宽科技成果转化渠道；完善技术产权交易市场，创新交易模式和运作机制，畅通技术产权流通渠道；积极引进和培育风险投资机构，扩大科技型中小企业融资渠道。建立健全知识产权管理、服务和保护体系。完善专利资助办法，鼓励职务发明专利，重点向涉外发明专利倾斜，对获得的涉外专利给予奖励。

（3）弘扬创新文化。大力宣传在自主创新中涌现出的先进人物和先进典型，特别是科技创新的领军人物，引导和鼓励科技人员创新创业。积极倡导创新价值观，形成尊重知识、尊重人才、鼓励创新的创新氛围。培养团队精神，大力提倡团结协作、开放包容、博采众长、兼容并蓄。发挥政府奖励的杠杆和引导作用，对在自主创新工作中做出突出贡献的人员给予奖励，并落实相应待遇。广泛开展各类学术交流活动，形成"百花齐放、百家争鸣"的学术氛围。实施全民科学素质行动计划，加强科学技术推广，积极弘扬科学精神，传播科学思想，普及科学知识，倡导科学方法，不断提高公众的科学文化素质。鼓励和支持开展群众性发明创造、技术革新和技术推广活动，开展科技领域学术交流与培训，普及科学知识，提高市民科学素养。

6. 推动开放式创新与跨区域合作

以开放式创新平台为支点，充分利用全球科技资源，提高创新起点，缩短创新周期。依托国家级重点实验室、各级企业研发中心打造开放式创新平台，加强与美国、日本、俄罗斯、欧盟等国家和地区的科技合作，抓住国际产业转移和人才流动加快的机遇，努力引进海外科技资源，支持跨国公司和国外知名高等院校、科研机构来中原经济区建立研发中心。大力支持中原经济区企业引进国外先进技术，通过消化吸收再创新提高自主创新能力，获取核心关键技术，培育创新团队。大力引进海外高层次人才，依托产业集聚区、骨干企业、高等院校和科研机构，建立一批海外高层次人才创新创业基地，集聚一批海外高层次创新创业人才和团队。鼓励支持河南企业到国外建立研发机构或与国外机构联合开展研发活动，提高企业开拓海外市场的核心竞争力。

以产学研合作平台为载体，强化跨区域创新合作。加强与国内创新力量的合作。通过省部会商等有效渠道，争取国家及有关部委对河南科技创新的更大支持。加强与中国科学院、中国工程院、中国科协及中直和省外高等院校、科研机构、企业的合作与交流，鼓励和支持其在河南建立成果转移中心或研发、成果转化基地，开展科技创新活动。积极支持中央驻豫和驻豫军口高等院校、科研机构参与河南科技创新，进行成果转化。发挥河南的区位优势，进一步强化与北京、上海等创新资源密集区域的科技合作。积极推进省内区域合作，结合河南现代城镇体系建设建立科技创新协作区和创新资源密集区。

四、构建现代化的综合交通支撑体系

中原经济区位于我国内陆腹地，具有承东启西、连南通北的区位优势，是中国多方向跨区域运输的交通要冲和多种交通运输网络交汇的枢纽地区，承担着全国跨区域客货运输的重要任务，在全国现代综合运输体系和物流体系中具有重要地位。加快构建中原经济区现代化综合交通支撑体系，建设畅通中原，对完善国家综合交通体系，充分发挥中原经济区的区位优势，促进中原经济区建设发展具有全局性的关键意义。今后一个时期，中原经济区将以枢纽设施和综合运输通道建设为重点，优化各种交通方式资源配置，统筹各种交通方式协调发展，构建以郑州全国综合交通枢纽为核心，以民航为先导，干线铁路和高速公路为骨架，区域铁路和一般干线公路为补充，区内各中心城市快速通达、网络完善、衔接高效、覆盖全省、辐射周边、服务全国的现代综合交通体系，全面提升经济区综合交通运输基础设施对全国的服务保障能力。

（一）坚持民航优先发展战略

推进郑州国际航空枢纽建设，加快构建以郑州机场为中心，洛阳、南阳、商丘、明港、鲁山、豫北、周口等机场为辅助，干支协调、客货并举的民用机场体系和中枢航线网络，打造全省对外开放的重要平台和融入全球经济的重要通道。

1. 建设郑州机场国际大型复合型交通枢纽

加快郑州机场跑道、航站楼、综合交通换乘中心、大型机场货运场站等基础设施建设。增加航线，拓展郑州机场服务范围。加大政策扶持力度，支持郑州机场开辟通往国内中小型机场的支线航班，建成国内最大的中转换乘航运中心；加大航线开发力度，支持郑州机场开拓国际航运市场，构建国际国内航线、干支航线紧密衔接的枢纽网络；充分利用郑州的交通区位优势，积极引进新的货运航空公司，开辟货运航线，加快航空物流发展，建成中部地区货运空地集散枢纽。

2. 加快中小机场发展

改造提升洛阳、南阳机场，完善客货运设施，争取达到干线机场服务水平。将洛阳机场建成豫西地区主要的旅游机场、郑州航空枢纽的备降机场和全国主要的飞行训练基地，将南阳机场建成以服务豫西南地区为主的重要支线机场和飞行训练辅助机场。加快明港、商丘军民合用机场建设，争取鲁山、豫北、周口等机场列入国家规划并尽快开工建设，将其建成郑州机场客货集散的辅助机场。

3. 加快发展通用航空

制定河南通用航空发展规划，对河南支线机场及各省辖市发展通用航空的条件进行认真研究，合理布局。在政策导向和决策上对通用航空给予应有的重视，引导资金、人才投入通用航空产业。理顺市场机制，规范行业发展，促进河南通用航空企业迅速做大做强。

（二）建设现代化铁路运输网络

将铁路建设作为河南实现跨越式发展和率先崛起的战略突破口，强力推进客运专线、城际铁路、干线铁路及主要客货枢纽建设，进一步巩固和强化郑州铁路中心枢纽地位，实现"客运高速化、货运重载化、区域城际化、路网系统化"，为构建中原经济区现代城镇体系、提升区域综合竞争优势提供有力支撑。

1. 全面加快中原城市群城际铁路网建设

尽快构建中原城市群城际铁路网，形成以郑州为中心的中原城市群"半小时"交通圈。以郑州为中心建设辐射洛阳、开封、平顶山、许昌、漯河、新乡、焦作和济源8市，连接新乡、焦作、济源、洛阳、平顶山5市的半环形线路，形成"放射线＋半环"的线网构架，预留辐射其他省辖市的衔接线网。

2. 重点推进客运专线建设

依托客运专线网络形成以郑州为中心、快速通达全省各中心城市的"一小时"交通圈和衔接周边省会城市的"两小时"交通圈。强力推进郑州至徐州客运专线工程建设，加快构建郑州客运专线"十"字通道；争取商丘至杭州、郑州至重庆客运专线尽快开工，争取郑州至济南、郑州至合肥、郑州至太原客运专线列入国家规划，完善客运专线网络。

3. 加快大能力货运通道建设

进一步完善全省大能力铁路通道网络，全面提升铁路通道运输能力。加快晋豫鲁铁路通道和宁西铁路增建二线工程建设，尽快缓解河南能源运输紧张状况；建设运城至三门峡至十堰铁路，形成河南豫西地区纵向运输大通道；建设三门峡至平顶山铁路，与孟平—漯阜铁路共同构成横贯全省，实现与华东便捷联系的铁路通道；适时启动月山至随州铁路建设，缓解焦柳、京广铁路运输压力。

4. 完善区域铁路网络

建设兰考至菏泽、新密至永城、禹州经许昌至亳州至永城铁路、南阳至商丘至济宁、开封至潢川铁路、濮阳至菏泽、洛阳至侯马等铁路项目，提高河南路网运输调度灵活性，扩大路网覆盖面，强化与周边地区的便捷联系。

（三）完善覆盖城乡的公路网络

以打通中原地区对外通道和区域内省际通道、提升主干道通行能力为重点，加快国家高速路网、国省干线公路等级提升工程建设。疏通干线公路省际断头路，完善连接各县城、重要旅游区、重大产业基地的高速公路连接线，建成以高速公路网和一级公路网为骨架的高密度、网络化的高效便捷公路运输体系。

1. 进一步完善高速公路网

加快在建高速公路建设，构建形成河南省"六纵、八横、六通道"高速公路网，实现所有县市通高速，路网通行能力和服务水平得到全面提升，继续保持全国领先地位。省会郑州与各县市、与周边外省市、各重要城市之间形成布局合理、快速便捷的"中原大通道"，以适应中部地区崛起和全国经济社会发展对高速公路网的运输需求。

2. 改造提升干线公路

改造提升国道主干线，加强干线公路养护维修，加快"卡脖子"路段升级改造，确保国省干线公路畅通。以中原城市群为重点，加快低等级路段改造和中原城市群之间快速连接道路的建设，促进中原城市群交通一体化进程。统筹安排沿黄河经济通道和南太行快速通道的规划建设，全面提升干线路网等级，提高道路服务水平。加大养护投入，提升管养水平，建立规范合理的养护管理体制。

3. 加强农村公路建设

以"乡乡连、县县畅"工程为重点，加强县乡道路建设，抓好通村公路建设的养管工作。逐步对县道进行改造，进一步提高农村公路的通达深度和县乡公路的网络化水平，加强县乡道危桥改造，逐步实现"乡联县畅、路通桥畅"。继续完善通村公路，抓好农村公路管养工作，进一步提高农村公路通达深度和技术标准。建成与干线公路相匹配，适应农村经济社会发展需要的农村公路网络和运输体系。

（四）构建以郑州为中心的综合交通枢纽体系

加强公路、铁路、民航、水运及城市交通的衔接，重点建设综合交通枢纽，实现客运"零换乘"和货运"无缝衔接"，提高运输效率。

1. 加快郑州全国性综合交通枢纽建设

以铁路、民航综合交通枢纽建设为重点，优化客运专线、城际铁路、公路、航空、地铁、城市道路等运输方式的规划布局和资源配置，改善交通设施条件，强化各种交通方式高效衔接，最大限度地发挥路网功能，提高运输效率和服务水平，把郑州建成交通基础设施完备、相关配套设施健全，多种交通运输方式立体交会、高效衔接，多个枢纽站点布局合理、分工明确、内捷外畅的全国性交通枢纽城市。

2. 推进区域性综合交通枢纽建设

结合机场、客运专线、国家公路运输枢纽建设和既有场站改造，合理规划布局全省各类场站。以洛阳、南阳、商丘、信阳等地公路、铁路、民航机场建设为重点，加强铁路、公路、航空、水运及城市交通等运输方式间的高效衔接与快捷转换；对既有铁路车站进行改造，强化客运专线、既有铁路之间的衔接；建设洛阳、开封、新乡、商丘等国家公路运输枢纽城市的场站，继续推进市、县、乡公路场站建设；铁路、公路场站与机场建设统筹设计，加强各类场站的互联互通。加强区域性综合交通枢纽与郑州综合交通枢纽的对接，共同形成功能完善、衔接高效、集疏方便的综合交通枢纽体系。

（五）构建智能化快速城市交通体系

与城镇化进程相呼应，同步规划建设轨道交通，加快提高城市交通智能化管理水平，提升城市交通运输效率，构建适应全省城镇发展需要的快速城市交通体系。

1. 加快城市轨道交通建设

加快郑州、洛阳等城市轨道交通建设，构建城镇密集区的轨道交通线网。实现城市轨道交通的规划与城市发展规划相结合，构建合理的轨道线路布局。实现轨道线路间、站点内的换乘通道合理性，轨道交通系统与公共交通系统、铁路、民航等整体协调发展。利用各种轨道交通间的独立性与互补性，让各种轨道交通得到有机的协调发展。

2. 积极推动交通智能系统的应用

应用信息、通信、计算机、控制等先进技术对传统交通运输系统进行改造和整合，加强人、车、路之间的联系和互动，提高交通管理水平和交通系统运行效率。以构建智能交通体系为重点，加快城市交通智能化进程，以交通智能化促进全省交通资源整合、出行需求规范、通行能力和服务水平提升，力争建成全国智能交通示范区。

3. 全面提高城市交通管理水平

区域中心城市注重规划提高交通地下、地上空间的利用效率，建设城市地下通道或高架道路。提高交通系统使用效能，创建良好的道路交通秩序。提升道路交通组织水平，优化交通流运行质量，最大限度地提高路网的通行能力和效率。实施"公交优先"的城市交通发展策略。发展绿色交通，采取综合措施构建和谐的绿色交通体系，缓解交通拥挤，降低交通污染，促进城市与交通的可持续发展。加强交通法制建设，完善法规体系，进一步规范城市交通的运行秩序。

五、构建独具特色的中原文化支撑体系

建设中原经济区，宣传思想文化战线责任重大，必须充分发挥职能作用，为建设中原经济区提供有力的精神文化支撑。河南是中华文明的重要发祥地，中原文化底蕴深厚、积淀丰富、辐射广泛，是中华文化的正根、正道、正宗、正统。所谓"得中原者始得天下"，中原素有"中华历史文化摇篮"之誉。深厚的文化积淀易于积聚经济要素，形成经济区域，中原地区是华夏文明的核心区，历来就是一个相互联系、相互依赖的经济地理区域，而且文化传承持续稳定、人员交往频繁密切，"大中原"的文化认同积聚出"天然的"中原经济区文化。中原经济区文化建设在支撑和推动中原崛起、河南振兴中有着重要作用。要增强历史责任感，进一步明确中原经济区建设的目标和任务，解放思想，提高认识，更好地体现中原文化的力量，把一切可以调动的因素充分调动起来，保护、传承优秀传统文化，增强中原文化的硬实力和软实力。让文化作为科学发展的重要内容，为中原经济区建设、强省建设、现代化建设做出更大的贡献。

（一）中原文化的深厚底蕴

中原历史文化以它震惊世界的博大精深成为中国文化的代表。从夏代起至鸦片战争期间，黄河儿女所创造的古代文化，十几个世纪以来，她的辉煌成就使我们一直走在世界前列。五千年中华文明史，前四千年全国政治、经济和文化中心一直在中原。这里诞生了人文始祖轩辕黄帝，是民族之根；这里孕育了举世闻名的"四大发明"，是科技之根；这里占据了中国八大古都的半壁江山，是城市之根；这里创造了古老而优美的汉字，是文字之根；这里是佛教最早的传承地和道教的发源地，是宗教之根；这里繁衍了最早的商业文化，是商业之根。"根文化"将中原文化浇铸得无比厚重而丰盈。这种绵延千年、生生不息的人文精神早已深深浸润到河南人的头脑里、血液中，滋养了河南人勤奋、朴实、肯干、厚道的民风，造就了河南人普普通通、踏踏实实、不畏艰难、侠肝义胆的形象，形成了包容、宽容、和谐、和睦的良好氛围，铸就了河南的大气、正气、平实、醇和。

关于中原文明，有这样一种说法：看中国200年历史，去上海；看中国1000年历史，去北京；看中国3000年历史，去山西、陕西；看中国5000年文明史，还得去中原河南。20多个朝代先后在河南定都。中国八大古都中，河南就占了4个。经历了朝代的更迭，河南收获了丰厚的历史积淀和宝贵的文化财富。作为文物资源大省，河南现在有各类文物古迹3万多处，各类博物馆78个，收藏各类文物140多万件，占全国文物总数的1/8。区内有世界文化遗产、各级地质公园及风景名胜，在全国 19 个世界地质公园中，占全国面积仅 1/60 的河南就占了 4 个。同时，河南也是民族民间文化大省，民间曲艺、民间舞蹈、民间音乐和杂技表演历史悠久，如信阳的歌舞、登封的少林武术、陈家沟的太极拳等，都有着深厚的生存土壤和发展潜力。在中原这个区域范围内的诸多城市（包括河南省内以及周边共 30 多个城市）之间，之所以能够构成一个相对独立的经济发展区域，既非简单随意的地理聚合，也不是纯粹经济学意义上的彼此勾连，文化上的同一性是维系中原经济区的内在精神素质。这种同一性实际上是制度、价值、精神上的基本一致，是同质文化熏陶下锻造出来的具有一致性的自我认同。这种文化上的浑然一体对中原经济区的内在维系力量是异常持久和坚韧的。中原文化作为中华文明的源头、基干、核心、正统和主流，绵延数千年，对中国历史的发展与经济社会的进步产生了巨大影响，并远播海外，成为连接海内外华人的重要精神纽带。把传统文化的精髓挖掘、培养成具有时代特色的新中原经济区文化精神，必将为中原经济区的经济社会发展提供强有力的精神动力和文化支撑。

（二）增强中原文化软实力的重点任务

文化是建设中原经济区的强大力量，充分发挥中原文化"兼容并蓄、生生不息、刚柔相济、革故鼎新"的优势，推动文化创新，形成优势彰显、充满活力、全面繁荣的文化发展新局面，建设华夏历史文明重要传承区，全面提升中原文化的吸引力和影响力。

1. 提升中原文化影响力

中原文化是建设中原经济区的一个独特优势，充分挖掘中原文化资源，培育和打造以"根文化"为代表的中原文化品牌，能够形成优势彰显、充满活力、全面繁荣的文化发展新局面，增强凝聚力，提升竞争力。

（1）培育和打造以"根文化"为重点的中原文化品牌。整合和优化"根文化"资源，依托中原经济区作为全球华人寻根拜祖圣地的优势，加强"根文化"、姓氏文化、汉字文化等中原文化的传承弘扬，以黄帝故里拜祖大典、中华姓氏文化节、河洛文化节为龙头，大力开展海内外百家姓中原民间祭祖活动，吸引海内外炎黄子孙到中原来寻根拜祖，扩大中原文化交流，增强中原文化影响力。精心打造一批反映中原历史文化，具有中原特色、中原气派的艺术精品和知名文化品牌。

（2）加大对外文化宣传力度。增强中原文化在国内外的传播力、影响力。一要宣传、文化、教育、新闻、出版、广播、影视、旅游、文博会展等相关部门、单位结合各自行业的特点和职能分工，向国内外宣传、展示中原丰富的文化资源及其特色，促进国内外受众对中原文化的全面了解。二要利用网络、讲座、展览等形式，面向全国开展文化科普宣传活动，以通俗易懂的直观手段帮助公众了解中原文化中那些专业性很强或以前鲜为人知的文化知识。如宣传伏羲文化、老子文化、黄帝文化、龙门石窟文化、开封宋文化、安阳殷墟文化以及钧瓷、汝瓷和官瓷等瓷器文化，帮助人们了解中原文化的源远流长、璀璨辉煌。三要以对外文化交流为载体，向世界宣传中原文化。争取国家将中原文化纳入到实施中的"中华文化走出去工程"，把少林功夫和陈氏太极拳列入世界各地建立的孔子学院教学内容，推动少林、太极、根亲、姓氏等中原文化的传播，建设全球根亲文化圣地。要积极鼓励、引导民营企业和民间组织等社会力量参与对外文化交流，将活跃在民间的魔术、杂技、陶瓷等民间艺术推向全国和世界，展现中原文化的巨大魅力。

（3）加强历史文化资源的保护和开发利用。一要强调文化传承作用，通过发掘整理文化资源，营造文化氛围。二要建设中华历史文化保护核心区。以"华夏文明之源、炎黄子孙之根"为主题，以河南是中华农耕文化、都城文化、商业文化、思想文化、宗教文化、汉字文化、科教文化、姓氏文化等文化的源头和发源地为依据，构建以河南为中心、辐射传统中原文化圈的中华历史文化保护核心区，发挥集聚效应、联动效应、整体效应，提升中原文化的影响力。三要积极推进世界文化遗产申报和非物质文化遗产的保护传承工作。

2. 全面繁荣文化事业

加强哲学社会科学建设，积极开展面向中原经济区建设和社会发展的应用理论研究和决策咨询研究，推进理论创新。繁荣文学艺术创作，推出一批思想性、艺术性、观赏性俱佳的精品力作。振兴豫剧、曲剧、京剧、越调等传统剧种，保护地方特色剧种，发展歌舞剧、交响乐等现代艺术形式，继续保持文学、书法、戏剧、曲艺、武术、民间艺术等在全国的领先地位。加快地市级图书馆、文化馆、博物馆建设和社区文化活动中心、行政村文化活动室建设，加大文化设施向全民开放力度。加强体育设施建设，大力开展全民健身运动，增强人民体质，提高竞技运动水平。

3. 推进文化领域改革开放

深化公益性文化事业单位内部劳动人事、收入分配和社会保障制度改革，逐步建立与社会主义市场经济体制相适应的文化管理体制和运行机制。扩大文化领域对外开放，加强对外文化交流，吸收借鉴世界文化成果，推动文化与外贸、援外、旅游相结合，创新文化"走出去"形式，提高中原文化国际知名度。

4. 提高中华民族凝聚力

中原经济区是中华文明的主要发祥地和中华民族的血脉之根，全球华人前100个大姓中有78个源自中原。在中原这个区域内，孕育和产生的众多思想学说积淀升华，铸就了中国传统文化的灵魂，深刻影响着中华民族精神的形成。建设中原经济区能够充分发挥中原文化的独特优势，在继承、吸收传统文化精髓的基础上，创新文化表现形式，发展文化生产力，构建社会主义核心价值体系，推动社会主义文化大发展、大繁荣，提升我国的软实力和综合活力，能够打造一批展现中原风貌的文化品牌，增强华人华侨归属感，扩大对外合作交流，提升中华民族凝聚力，成为传承弘扬中华优秀传统文化重要区域，在促进祖国统一和中华民族伟大复兴中发挥更大作用。将弘扬传承中原传统文化与加强社会主义先进文化建设有机结合起来，充分发挥中原文化"兼容并蓄、生生不息、刚柔相济、鼎故革新"的优势，突出开放，包容发展，尽快形成优势彰显、充满活力、全面繁荣的文化发展新局面。加强中原传统文化与国际先进文化的融合互动，拓展国际文化市场，支持中原经济区设立国际文化交流合作中心。大力支持河南文化改革试验区建设，将河南文化改革发展试验区列为全国试点，从重大文化产业项目布局、服务业引导资金、文化旅游专项资金和金融机构信贷资金等方面给予倾斜。培育和弘扬以爱国主义为核心的民族精神和以改革创新为核心的时代精神，发扬新时期中原人民"平凡之中的伟大追求、平静之中的满腔热血、平常之中的强烈责任感"的"三平"精神，激励优秀文化作品创作，不断推进先进文化发展，形成积极向上、特色鲜明、结构优化的文化发展格局，使中原经济区成为弘扬和传播社会主义先进文化的重要基地。

（三）发挥中原文化优势支持中原经济区经济结构调整

中原文化除了有助于提升中原经济区的文化软实力，还能为改善中原经济区的经济结构提供强大的支持。中原经济区有着天然的优势，这里是中华文明的重要发祥地之一，人文古迹众多，是我国传统文化的富集区，还具有文化传播承接东西和南北的区位优势。充分利用区内文化优势，大力发展文化产业对调整区域产业结构具有重要意义。因此，应积极提炼中原文化地域特色，配置重组文化资源，发挥经济资本、文化资本、社会资本、人力资本及自然资本联动运作的整体效应及综合效应，努力打造可以纵横驰骋的中原文化产业链，把中原地区历史的、潜在的、分散的优势，变成现实的、勃发的、综合的优势。要确立品牌意识，实施品牌战略，着力打造黄河文化、黄帝文化、中原文化品牌，推出更多具有中原特色、反映时代风貌、在社会上叫得响的文化品牌，以品牌扩大影响、吸引资本、开拓市场。要鼓励支持文化企业开发拥有自主知识产权、市场占有率高的原创性精神文化产品，打造具有核心竞争力的知名文化品牌，努力把文化资源优势转化为文化产业优势。具体可以从两个方面入手：

1. 构建文化旅游基地

中原地区的文化资源不仅数量多，而且门类齐全，故都文化、遗址文化、红色文化、花卉文化、名人文化、宗教文化、武术文化、姓氏文化、戏曲文化、民俗文化等类型几乎全部涵盖，是中原经济区旅游业最具比较优势的资源。文化旅游资源的丰富性和多样性为区域旅游整合开发实现产品、项目的多样化提供了可能性。

（1）推进文化与旅游的融合。一要大力推进旅游资源文化化和文化资源旅游化。通过演艺、绘画、节会等多种创新载体，充实旅游内涵，提升旅游品位，使无形的文化形象化、零碎的文化系统化、高雅的文化通俗化、精英的文化大众化。二要集聚发展。要以做大做强优势产品为方向，推动资金、资源、人才、技术向郑州、洛阳、开封、焦作、平顶山、信阳、南阳、安阳等优势景区、优势企业、优势地区集中，实现布局合理、产业集聚、功能完善，不断放大旅游产业的规模效应和辐射效应。三要拉长链条。着力实现由门票经济向产业经济的转变，以旅游业的大发展带动第一、二、三产业的大繁荣。[①]

（2）加快文化旅游资源整合。将散点化的文化旅游因子聚合成内容丰富、特色突出、主题鲜明的文化旅游产品，发挥区域文化旅游的整体效应，把文化旅游

---

① 李庚香．"旅游立省"战略与河南文化旅游产业［J］．华北水利水电学院学报（社科版），2010（2）：49-54．

资源变为文化旅游产业。如围绕郑州（商都）、洛阳（华夏圣城）、开封（大宋皇城）、安阳（殷都）等古都和历史文化名城，探源中华文化，开发中原古都探访游、名城古镇体验游、名人遗迹寻访游等旅游产品，打造国际化的中原古都文化品牌。依托黄帝遗迹、二帝陵、历代圣贤遗存等祖根资源，开发黄帝故里、中华姓氏文化园、二帝陵园旅游区等祖根文化旅游区，开展三皇五帝圣迹游、姓氏名人寻踪游等文化旅游产品，打造中华根文化旅游品牌。整合白马寺、少林寺、大相国寺和佛教文化综合艺术的宝库龙门石窟这"三寺一窟"资源，开辟中原佛教圣地旅游黄金线路。开发登封中华少林武术城、温县陈家沟中华太极武术圣地等文化旅游精品，打造河南"武林圣地"的新形象。

（3）打造文化旅游品牌。要构建文化旅游基地，中原经济区必须打造几个像北京故宫、西安兵马俑、云南丽江、四川九寨沟等享誉世界的旅游品牌。少林寺、龙门石窟、开封大宋文化旅游区、殷墟等都是世界级旅游资源，目前已经具备较好的发展基础，要按照国际标准抓紧进行规划建设。发挥戏曲、杂技、武术等资源优势，打造诸如《禅宗少林·音乐大典》、《大宋·东京梦华》、《大河秀典》等剧目的演艺品牌。中原各地的民俗文化异彩纷呈，无处不体现着中原的厚重文化。要继续加大如清明上河园此类民俗文化旅游品牌的培育力度。在品牌塑造的过程中，既要突出黄河文化、嵩山文化、河洛文化等历史文化品牌，又要努力打造个性化、时尚化旅游品牌。

2. 做大做强文化产业

文化产业是朝阳产业，富具"优结构、扩消费、增就业、促跨越、可持续"的独特优势和突出特点，加强文化建设应是加快中原经济区经济增长方式转变的重要途径与突破口。开发利用传统文化，可以提升中原文化的影响力，可以做大文化产业，既有社会效益，又有经济效益。以文化产业为突破口，大力促进经济发展方式的转变，能够改善中原经济区的资源型和传统型产业结构，吸引更多的现代化产业聚集到中原经济区，促进和带动产业结构的调整与完善。建设中原经济区要大力推动文化繁荣，深化文化体制改革，发展壮大文化产业，争取国家支持建设全国文化发展改革试验区、全国重要的文化产业基地。

（1）依靠重大文化产业项目带动。按照中原经济区建设的布局需要，围绕全省产业结构调整和转变经济发展方式这一核心，实施重大文化产业项目带动战略。科学论证一批具有中原文化特色、区域优势和市场前景的文化产业重大项目，重点推出一批关系河南经济社会发展、保障人民群众文化权益共享，同时又与中原经济区建设互为促进的重大项目。支持中原经济区加快发展以文化创意、影视制作、出版发行、演艺娱乐、文化会展和动漫等为重点的文化产业，建设一批重点文化产业项目。

（2）发展大型文化产业集团。重点做大做强河南日报报业集团、河南影视制作集团、河南歌舞演艺集团、中原出版传媒集团、河南文化影视集团等骨干文化企业集团。鼓励国内外大型文化企业在河南建立地区总部、文化产品生产基地、研发和营销中心。鼓励和支持大型国有文化企业进行跨地区、跨行业、跨所有制的兼并、联合与重组，提高集约化经营水平，促进文化领域资源整合与结构调整，努力建设一批包括报业传媒、广播影视、网络传媒、出版发行、演艺娱乐等实力强大的大型文化产业集团，形成规模优势、资本优势、产品优势、效益优势。同时，应发挥政府财政资金的引领作用，促进文化产业投资主体多元化，培育一批重点民营文化企业、合资文化企业和股份制文化企业，增强其实力，扩大其影响，加快形成以国有资本为主导、多种所有制文化企业共同发展、共同繁荣的新格局。

（3）促进文化产业集聚发展。为推动文化大发展大繁荣，河南省委、省政府于 2008 年选择开封、登封、宝丰、禹州、浚县、镇平、淮阳、新县 8 个文化资源独特、产业化基础较好的市（县），设立河南省文化改革发展试验区，2010 年又命名郑州嵩山文化产业园区、开封宋都古城文化产业园区、镇平县石佛寺镇玉文化产业园区、龙门文化旅游园区、社旗县赊店商埠文化产业园区、禹州市（神垕）钧瓷文化产业园区 6 个园区为"河南省文化产业示范园区"。文化改革发展试验区和文化产业示范园区的设立，为河南省实现文化产业集聚发展提供了很好的基础和平台。财政资金应发挥导向和引领作用，在省委、省政府规定的支持规模之外，对改革发展试验区和文化产业示范园区的好企业、好项目、好产品应提供必要的资金支持，尽快形成若干具有较强竞争力的特色文化产业集群。

第九章　建设中原经济区的保障措施

建设中原经济区，促进中原崛起，是实现我国经济持续发展和区域协调发展的战略选择，是落实中央促进中部地区崛起规划的重大举措，是加快转变经济发展方式的积极实践，具有十分重大的意义。中原经济区建设涉及经济、社会的各个方面，必须从解放思想、优化发展环境、拓宽投融资渠道、开发人力资源、建设两型社会和和谐社会等多个方面出发，采取有力措施以保障中原经济区建设的顺利推进。

一、解放思想、更新观念，形成强大精神动力

在经济全球化和区域一体化趋势进一步加快，我国与世界各国之间的联系越来越紧密的当今时代，一个地区、一个城市要发展，必须要认清形势，把握时局，乘势而为，因时而变，争取主动。建设中原经济区，对解放思想提出了新的迫切要求，只有在解放思想上率先、彻底，才能在发展中赢得主动。"不谋全局者不足谋一域。"中原经济区的建设，要用开放的思维和发展的眼光，把经济区的发展置于全国的大背景来认识、思考和谋划。

（一）解放思想，抓好机遇，科学决策

河南要在中部崛起中走在前列，就必须在新一轮解放思想浪潮中走在前列，始终把解放思想作为建设中原经济区的总开关，开启改革发展思路，推进改革发展进程，破解改革发展难题，增强改革发展远见，提高改革发展能力。到2020年，要建设一个"农业先进、工业发达、政治文明、文化繁荣、环境优美、社会

和谐、人民富裕"的中原经济区，就必须彻底解放思想，加大中原经济区建设的力度。不可否认，中原经济区在经济社会发展中面临着巨大的压力，长三角经济圈、环渤海经济圈、西部大开发、东北振兴等快马加鞭，方兴未艾，与东部发达地区相比，还有很大差距，与中西部地区相比，发展速度不快。但中原经济区也面临着难得的发展机遇。从经济发展阶段来看，2013 年河南人均生产总值达到 5519 美元，发展经济学理论表明，这意味着经济发展开始进入加速成长阶段。从经济发展布局来看，国家实施中部崛起战略，在产业发展、重大基础设施建设、资金投入、改革开放等方面，加大对中部的支持力度。同时，河南省委、省政府积极推进中原崛起、郑汴一体化等，都提供了难得的发展机遇。从产业转移来看，随着经济全球化趋势深入发展，国外产业向国内、东部地区产业向中西部转移步伐明显加快，作为拥有独特的交通、区位和资源优势的中原经济区，必将成为商家投资兴业的热土。河南要实现跨越式发展，在促进中部崛起中发挥更大作用，走在中部地区的前列。面对挑战，需要继续解放思想，只有进一步解放思想，才能在发展中调控，有保有压，有进有退，冷静观察，科学决策；面对机遇，只有进一步解放思想，才能牢牢抓住机遇，敢想敢闯，大胆创新，勇于开拓，实现跨越式发展。

（二）更新观念，创新体制，勇于突破

党的十八大明确提出要："解放思想、实事求是、与时俱进、求真务实，是科学发展观最鲜明的精神实质。"解放思想是要认清何种发展模式才能更好地实现发展，如何进行体制改革，形成更有创新能力、创业能力、充满生机和活力的市场经济体制机制，解决思想上政治权力与经济利益相结合的问题，改革阻碍经济发展的一部分政治体制，从而促进经济社会又好又快发展。河南在建设中原经济区的过程中，要重点把握、深刻领会中央关于继续抓住和用好我国发展重要战略机遇期，准确把握科学发展主题，加快转变经济发展方式，转变新观念，探讨新方法，寻求新路径，创新新体制，实现新突破。聚精会神搞建设，一心一意谋发展，营造发展氛围，在全局形成解放思想、勇于实践、干事创业的发展合力。

要建立各尽其职的责任机制：一是明确党委和政府的责任。从实现中原经济区快速发展的全局高度，来认识加强软环境建设的极端重要性和紧迫性，真正把软环境建设纳入到各级党委、政府的重要日程，锲而不舍地抓下去。二是明确各

部门责任。要树立全局观念，真正从狭隘的部门功利主义的盲区中解放出来，从根本上解决"部门权力化、权力利益化、利益个人化"的问题。三是明确具体人员责任。各级领导干部、部门工作人员要培养服务意识，切实把加强软环境建设作为落实科学发展观的重要内容；要树立大局意识，自觉地把履行职责放到经济发展这个大局中来认识和把握；要树立正确的权力观，实现好、维护好、发展好群众的根本利益。

要强化执行有力的组织保障机制：一是强化思想教育。重点加强对领导干部树立正确科学发展观的教育，牢固树立抓好软环境是天职、抓不好软环境是失职的责任意识。加强对行政执法机关、司法机关和经济管理部门及其工作人员职业道德和责任意识教育，树立正确的发展理念、执政理念、管理理念和执法理念。二是强化案件查处。明确查办案件的重点，重点查办违反行政审批制度、财政管理体制的案件；推诿扯皮、办事拖拉，向企业乱收费、乱摊派、乱罚款的案件；在项目建设上贪污受贿、挪用公款等违纪违法案件以及为黑恶势力充当"保护伞"案件。三是强化保护职能。要保护企业的合法权益，减轻企业负担，排除企业生产经营中的各种障碍；要保护广大群众的切身利益，对侵害群众利益的坚决查处。

（三）营造氛围，实现大发展，大跨越

中原作为内陆人口和经济密集区域，区域优势突出，无论是粮食生产、经济总量、人口规模还是历史文化底蕴、自然条件等，都在全国发展大局中具有举足轻重的地位。但是中原经济区的崛起和繁荣，仅仅依靠河南，依靠中原地区、中部地区的力量是不够的，还需要国家的支持。中原经济区的建设，一定要结合"十二五"期间整个国家发展的大战略。如何动员一切可能的力量加入到中原经济区建设的行列中来，关系到中原经济区的未来，关系到中部崛起战略的实施，同时也影响着整个中华民族振兴的宏伟大业。在这个问题上，如何解放思想，更新观念，营造各方关注中原经济区发展的氛围，是实现跨越式发展的关键所在。各级政府部门应加强对中原经济区的宣传报道，宣传各方面发展成果，更加广泛地研究经济区发展的新情况、新问题，营造合作发展氛围，增强认知度。积极组织国家和相关机构举办有关中原经济区发展的会议、论坛等研讨、交流活动，并支持经济区相关各方适时争取自主举办相关活动，创造条件，抓住机遇，促

进合作发展。

跨越式发展不只是量的增加，更是质的飞跃，仅靠生产要素的传统发展模式是无法完成的，必须切实转变发展观念、创新发展模式、提高发展质量，使经济社会发展转入主要依靠科技进步、劳动者素质提高、管理创新的科学发展轨道。要实现跨越式发展，必须实现干部群众观念的大解放、大跨越，要把思想从陈旧的观念、做法和体制的束缚中解放出来，牢固确立"敢想新招，敢走新路，敢担责任，敢冒风险"的发展意识，旗帜鲜明地鼓励创新、正视挫折、激励成功、宽容失误，让想干事的人有机会、能干事的人有舞台、干成事的人有地位，切实解除他们干事创业的后顾之忧，宽容和帮助探索失败者，以此激励广大干部群众始终保持奋发向上的朝气、开拓进取的锐气、不畏艰险的勇气，冲破一切不利于发展思维"瓶颈"，冲破一切不利于发展的惯例定式，让更多的创业者闯关开路、勇创新业，真正让解放思想成为推动经济社会又好又快发展的"助推器"，在解放思想的过程中解放生产力，提升思想境界，转变工作作风，务实苦干，增强促进发展的本领，实现跨越式发展。

二、充分运用法律法规和政策手段，优化发展软环境

实践证明，经济发展环境好的地区经济发展水平也较高，而经济发展水平较高的地区也更加重视环境的优化，建设中原经济区也必须创造适宜发展的优质环境。

（一）加大执法力度，净化法制环境

市场经济是法制经济，在社会主义市场经济条件下，无论是市场调节还是政府的宏观调控，都离不开法律法规的作用。中原经济区建设、河南振兴需要坚强的法治保障。抓住中部崛起的机遇，优化经济发展软环境、强化法制建设就显得极为重要。在优化法制环境方面，要着力克服一些地方和部门存在的有法不依、执法不严、违法不究，甚至执法违法的现象，强化司法公正观念，克服地方保护主义，平等保护国内外各类投资者的合法权益，建立公平的竞争秩序。要增强法

治理念，不断提高依法决策、依法行政的能力，使法律手段成为执政行政的根本性手段。要加强司法执法队伍建设，深入开展社会主义法治理念教育，使法治观念内化于心、外践于行，做到公正、文明、和谐的司法执法。要提高执法人员的法治观念，用"服务"观念来替代传统的"行政"观念，提高法律素质，为依法行政打下良好基础。要把评价经济发展环境的总标准统一到以法律为准绳上来，维护法律权威，运用法律手段，促进科学发展。

（二）转变政府职能，优化政策、政务环境

发达地区和经济发展较快城市的经验表明：优化政策环境，建立一个好的政策平台，才能更好地吸引和聚集境内外的资金、技术、人才等各种生产要素。政府是改善投资软环境的主导，在经济发展的过程中，各级政府和部门必须进一步解放思想，充分认识政策环境在中原经济区建设过程中的重要作用，把坚持"发展是硬道理"的观点和坚持"三个有利于"的标准体现在对政策的理解和落实上，切实加强政策环境建设，要从满足投资者的需求出发，切实服务于投资者。努力营造重商、亲商、扶商、护商的投资创业环境，努力营造保障经营、交易安全、公平竞争的市场环境，努力营造行为规范、运转协调、公开透明、廉洁高效的政务环境，努力营造严格、公正、文明执法的法制环境，努力营造治安良好、诚实守信、和谐稳定的社会环境。

（三）完善政府决策机制，推进行政决策的科学化和稳定性

要在依法行政的基础上不折不扣地落实促进经济发展的各项优惠政策，充分运用政策的潜力，为经济发展服务。要坚决废止妨碍中原经济区经济发展的各项措施和办法；凡上级明令废止的政策，必须令行禁止，落实到位；国家没有废止仍在执行的政策，要努力保持政策的稳定性和连续性。提高经济政策和经济管理行为的稳定性，防止和消除政府的不公开行政管理造成的歧视待遇和自由贸易障碍。改革执法体制，实现政府行政执法的公开化。同时要与时俱进、勇于创新、结合实际，制定并实施有利于中原经济区经济和社会事业发展的优惠措施和优惠办法。通过营造灵活宽松的政策环境，增强对生产要素的吸引力，促进对外开放，促进招商引资，促进中原经济区的快速发展。

（四）提高政府行政效率，降低行政成本

优化经济发展环境，就要求各级行政部门在经济活动中，提高依法行政的自觉性、把握依法行政的规律性，对广大公务员进行行政法制知识的培训、考核，促进行政管理者更新知识和观念，养成依法行政的习惯，进而以优质高效的行政服务促进中原经济区经济的发展。一要深化行政审批制度改革。继续清理现有行政许可项目和非行政许可审批项目，减少和规范行政审批事项，简化和规范行政审批程序，将各部门、各环节的分散审批改为集中审批或整合审批，减少办事环节，加快审批速度。要以转变政府职能、转变工作作风和提高行政效能、提高公务员素质的"两转两提"为重点，大力推进服务理念、服务内容、服务方式和服务手段的全面创新，切实解决好政府职能存在的错位、越位、缺位、不到位问题，强化政府的社会管理和公共服务职能，把政府经济管理职能转变到主要为市场主体服务和创造良好发展环境上来，努力在服务中实现管理、在管理中体现服务。对重大投资项目、重点企业包括重点民营企业实行派驻政府特派员、治安联络员挂牌保护，建立执法过错责任追究制度和行政赔偿补偿制度。二要加强对公共产品生产的监督。深入整顿规范市场秩序，反对不正当竞争，严厉打击侵犯知识产权、制假售假等违法行为，规范市场主体准入行为，打破地方保护主义和经济封锁、行业垄断，加强对涉及人民生命财产安全领域的监管。加快建立企业诚信评价体系，构筑诚信社会，形成优胜劣汰的市场竞争机制，营造良好的、公平竞争的市场环境。

（五）努力提高政府公信力，自觉接受社会监督

政府不仅要提高政策公信力，还要致力于促进公众之间的凝聚力和信任度。坚持以人为本、人民至上，做决策、定政策、干工作都要始终把人民群众呼声作为第一信号、把人民群众利益作为第一原则、把人民群众满意作为第一标准。坚持不懈地改善民生，切实解决好就业、社保等涉及群众切身利益的问题。认真做好新形势下的群众工作，创新工作理念和方式方法，妥善协调各种利益关系，积极主动地化解矛盾、理顺情绪，坚持发展为了人民、发展依靠人民、发展成果由人民共享，努力做到科学发展、和谐发展。创造公平的经济发展环境，建立一种合理的治理机制，使各种利益能够得到充分的表达，防止任何一个特定的利益集

团形成特殊的影响力。通过新闻媒体向社会公布政府各职能部门的职能、办事程序和依法行政的工作情况，接受广大人民群众的监督。

三、改善金融环境，拓宽投融资渠道

中原经济区建设，离不开强大的资金支持。要善于利用内资和外资两种资金，制定适应经济规律的投融资政策，确保区域性重点交通、能源、通信等基础设施项目的资金来源。全社会共同努力，政府、银行、企业必须加强沟通，协调联动，把中原经济区建成"效率高、成本低、服务优"的投融资环境最好的经济区域之一。

（一）构建规范的制度环境

搭建政府、银行、企业交互平台，建立完善政府部门、金融机构联席会议制度，研究掌握国家金融政策，分析判断金融运行态势，协调解决金融运行中的有关问题，为金融机构支持地方经济发展，调整信贷结构，确定信贷投向，促进银行、企业合作提供依据。政府职能部门按照国家产业政策要求，及时筛选有市场、有效益、有信用的企业和项目，多渠道促进银行、企业合作，有效满足企业项目建设资金和流动资金的需求。增强政府、银行、企业合作的深度和广度，建立新型政府、银行、企业关系，为拓宽融资渠道创造宽松的政务环境。

（二）加强社会诚信体系建设

全力打造"诚信中原经济区"建设发展规划，成立信用评估机构。建设诚信网络平台，尽快启动中原经济区诚信体系建设工作，相关部门要密切配合、通力协作，拟订诚信体系建设方案，大力开展诚信社会宣传，通过全社会的共同努力，把中原经济区诚信平台建设成既可服务于政府、服务于银行，又可服务于社会个人、团体的现代网络平台。

（三）充分发挥金融机构的作用

随着市场经济不断地加深，资本体系不断地完善，大的企业会通过直接融资的方式来获得资金。银行作为间接融资的金融企业，必须向中小企业投入更多的精力，支持中小企业的发展。金融机构要在中原经济区的建设中，八仙过海、各显神通，为中原经济区建设提供强大的资金支持。如中原证券作为河南省资本市场发展的重要载体，在帮助企业融资和加快经济发展中发挥着日益重要的作用。要不断拓展项目，争取为中原经济区内更多的企业筹措更多的资金。2010年5月，中原证券正式被中国证券业协会授予三板市场主办券商。经过充分的准备和扎实有效的工作，中原证券与英国最大的金融集团英杰华集团已签署协议，共同组建合资基金公司，中原证券控股51%，英方参股49%。再如，河南投资集团作为省政府重要的投融资平台企业，肩负着支持河南省重点项目建设投融资的重要任务。要深入贯彻落实科学发展观，以资本运作为手段，以产融结合为支撑，进一步发挥自身投融资优势，为中原经济区项目建设和快速发展提供服务。在发展思路上，要尽快完成三个转变：一是产业布局从实业为主向产融结合转变。二是经营对象实现从管控国有资本向管控国有资本与管理社会资本并重转变。三是盈利模式从债权与股权投资收益为主向债权、股权投资收益与资本市场获益并重转变。作为河南省政府的投融资平台，要紧紧围绕省政府的重大战略决策，坚决贯彻省政府战略部署，以更加积极的态度来支持重点项目建设，支持全省产业结构的调整和升级，支持产业集聚区建设，支持各级投融资平台建设，从而实现服务中原经济区建设的目标。

（四）努力积聚金融资源

中原经济区建设的关键是河南的发展，河南只有先崛起，才能吸引各种资源进入中原，而河南要加快发展，就需要把龙头郑州做大做强，如果龙头不发展、辐射力不强，就不能有效带动整个经济区的发展。郑州要把经济搞上去，金融是关键，应把郑州作为中原经济区的金融中心来发展。把建设郑州区域性金融中心作为中原经济区的核心工程。建设大郑州，使之成为建设中原经济的龙头。深入改革、扩大开放、优化环境。大力发展多种所有制的金融，将加强监管与深化改革有效结合起来。要采用新思路、新体系、新机制、新方式，对区域金融体系进行重构和创新，构建起新型产业金融体系，通过发挥聚集资本存量、提高综合要素生产率、改善公司治理和带动其他部门经济的成长等功能来促进郑州金融发展。形成大金融区域中心的发展格局，这既是郑州市金融业整体优势的需要，也是增强区域金融中心辐射功能的需要。高起点、大手笔规划建设金融中心区（街），打造金融中心城市形象。大力推进以资本市场为重点的现代金融体系建设，促进金融资源的聚集和整合，加强中原经济区各市金融合作，鼓励金融创新，改进服务，完善金融基础设施和改善金融发展环境，以建设金融创新的示范区、金融服务的优质区、金融运行的安全区为目标，进一步探索金融业综合经营的有效方式，优化整合地方金融机构，引进和组建新兴金融机构，进一步集聚国内外金融机构和人才。要以实力较强的郑州市商业银行为依托，吸收全国性股份制银行、保险公司和国有大型企业入股，再逐步吸收合并省内其他地方商业银行，组建区域性的地方商业银行，到省外其他城市设立分支机构，待条件成熟后发行股票上市，逐步提高辐射力和影响力。要做大做强地方银行业，努力将地方法人银行打造成河南省具有较强竞争力的龙头银行，按照"增资扩股、更名改制、跨区域经营、上市融资"的发展路径，加快郑州商业银行发展壮大步伐。要根据郑州市的实际情况和资源状况搭建投融资平台，如地铁、道路、水务、大型公益设施、城市基础设施改造等，项目投资周期长短不一，投资额大小、收益多少不一，管理模式也不尽相同，因此可采用不同方式融资。

（五）强化政府的支持引导作用

理论上，区域金融中心的建设由于起始机制的不同可以分为：内生成长模式和外生成长模式。外生成长的金融中心是在遵循市场规律的前提下，政府结合自身特点和优势，通过政策推动而形成的。郑州区域性金融中心的建设可以采用外生成长模式，政府积极发挥支持引导作用，在尊重客观规律的基础上，加强产业对金融的支持，改善地区金融生态环境，加大对外开放的力度和范围，着力拓展多层次融资渠道，完善金融基础设施，健全金融体系，短期内强化郑州地区金融对周边地区的辐射力和影响力，长期目标是将郑州金融的辐射和影响力扩大到周边省份，并最终形成郑州区域金融中心。

四、发挥人口优势，加强人力资源开发与利用

中原经济区是我国人口最为稠密的地区之一，用全国约 1/32 的国土面积承载了约 1/8 的人口，区域人口超过 1.5 亿人，其中约 70%为农业人口。其主体河南省也已经成为我国第一个人口过亿的省份。中原经济区在面临巨大人口压力的同时也拥有着丰富的人力资源，可以说是我国人力后备资源最为富集的地区。该地区劳动力素质的提高，一方面将为劳动密集型产业的持续发展提供保障；另一方面将有力推动劳动力就地吸纳转移，减轻沿海大中城市人口承载压力。建设中原经济区，必须发挥这一优势，加强人力资源的开发与利用，为建设中原经济区提供人才保证。

（一）高素质的人力资源是中原经济区发展的坚实基础

实现科学发展，最重要、最宝贵的资源是人才资源，最根本、最关键的优势是人才优势。人力资源是当代经济发展最宝贵的资源，人力资源所具有的创造性和可持续利用性，是世界上任何一种物质资源所无法比拟和替代的。任何区域经济的发展，必须具有一定数量的劳动力。而且，一个地区的人力资源素质的提高对经济发展具有重要影响。较高素质的人力资源对经济发展的贡献主要体现在其具有较强的创新能力，同时较高素质的人力资源能较快接受新技术，适应新的生产工具，转化为生产力，从而增加产出。

中原经济区丰富的劳动力资源具有无可争议的优势。以主体河南省为例，根据《2011 年河南省国民经济和社会发展统计公报》，河南 2011 年年末总人口 10489 万人，常住人口 9388 万人。全年研究生招生 10891 人，在学研究生 30908 人，毕业生 8856 人。全年普通高等学校招生 47.14 万人，在校生 150.01 万人，毕业生 43.30 万人。成人高等教育招生 11.94 万人，在校生 25.65 万人，毕业生 11.51 万人。中等职业技术教育招生 68.02 万人，在校生 184.72 万人，毕业生 60.40 万人。普通高中招生 64.63 万人，在校生 189.51 万人，毕业生 66.55 万人。拥有科学研究与技术开发机构 1800 个，从事科技活动人员 15.16 万人。年末从

业人员 6090 万人。资料显示，河南 15~64 岁劳动年龄人口占总人口比重超过 70%，从业人员占总人口的比例接近 60%，同时，河南人口的自然增长率为 4.9‰，未来人力资源的供给量将会继续增长，加上人口基数大，受人口增长惯性的影响，目前河南每年的人口总量依然在以年均 50 万人左右的规模增长，这必然使得未来人力资源的总量保持继续增长的趋势。充裕的人力资源经过各种教育和培训后，必将成为中原经济区发展的坚实基础。

（二）要把建设高素质人力资源队伍放在优先位置

近几年来，河南对人才建设十分重视，人才建设成效明显。人才总量增速较快，高层次人才队伍不断壮大。目前，全省现有专职院士 16 人，双职院士 52 人，国家级有突出贡献的中青年专家 88 人，享受国务院政府特殊津贴的专家 2101 人。专业技术人才中有博士毕业的 4089 人，硕士毕业的 22659 人。局部人才建设成绩突出，以郑州大学为代表的高等院校聚集了一大批高层次人才，成为河南高层次人才培养和开发的重要基础。2012 年全省财政教育经费支出 800 多亿，同比增长 41%，占公共财政支出的 22.3%，比重占据全国第一位。国家财政性教育经费对教育的支撑能力明显提高。为改变农村学校的面貌，先后启动实施了"二期国家贫困地区义务教育工程"等"十大工程"。省委、省政府每年向全省人民承诺办好的"十件实事"，先后将"农村中小学危房改造工程"、"农村中小学现代远程教育工程"、"农村初中校舍改造工程"、"农村中小学课桌凳更新配置工程"、"农村中小学教学仪器设备充实工程"、"中小学校舍安全工程"列入其中。

但就目前来看，河南还仅仅是一个人力资源大省，与人力资源强省相比还存在着很大的差距。首先，河南这些年由于各个方面的原因，教育投入还是明显不足。从教育投入占 GDP 的比率来看，目前世界发达国家平均水平大致为 8.8%，发展中国家平均水平为 4.2%，我国在 4% 左右。教育投入的不足，在很大程度上会影响河南人口文化素质的提升。其次，人力资源的结构性矛盾突出。人才培养主要还是靠大学教育来实现，缺少应用知识以及社会实践的锻炼，人才的社会适应性差。高技能人才不能满足市场需求，全省 5981 万从业人员中，技能人才仅占 1/3。

加强中原经济区人力资源的开发与利用，就要认真学习并贯彻落实《国家中长期教育发展规划纲要（2010~2020 年）》和《国家中长期人才发展规划纲要

（2010~2020 年）》，更新观念，把优先发展教育作为贯彻科学发展观的一项基本要求，切实保证经济社会发展规划优先安排教育发展、财政资金优先保障教育投入、公共资源优先满足教育和人力资源开发需要，充分调动全社会关心支持教育，并尽快形成科学规范的制度。加大人力资本的开发力度，提高人力资源的整体素质。

（三）全方位、多渠道进行人力资源开发与利用

2010 年 7 月，河南人口突破 1 亿，同时拥有 3000 多万富余劳动力，这样一个庞大的数字曾经被经济学家们公认为中国劳动力市场的"蓄水池"。在东南沿海屡遭"用工荒"、"人口红利"时代即将终结之时，河南的"人之势"将成为中原经济区发展的有力保障。把人力资源大省变为人力资源强省，为中原经济区构建高素质的人力资源支撑，就要全方位、多渠道地进行人力资源建设。

1. 大力开展教育培训

一要加大基础教育投资，特别是在农村基础教育方面，政府要尽快完成城乡普及九年义务教育和扫除青壮年文盲的目标，实现基础教育的全面覆盖。二要优化高等教育。河南省高等教育发展相对滞后，普通高等院校数量少，招生数量有限，还远远满足不了社会与经济发展的需要，这就要求省委、省政府尽快转变战略投资方向，加大高等教育投资力度，重点发展一批中原经济区社会经济发展急需的高科技专业，要进一步深化高等教育培养体制的改革，根据社会经济发展的需要定位高等教育，搞好对高等专业教育总量规模和专业培养方向的引导。要围绕"中原经济区"宏观规划，加快高水平大学建设步伐，在若干领域抢占制高点，加强若干所骨干高等学校建设，争取进入"中西部地区高等教育振兴计划"。同时按照河南省政府提出的把河南大学、郑州大学建成全国一流高校的指导思想，加大高校学科专业的结构调整力度。利用现有的教学设施，再组建一些适合地级市发展的本科院校，提高教育资源的利用率。这样既有助于提高高等教育投资的社会收益率，又可以为中原地区经济发展培养更多的高层次人才。三要大力发展职业教育，推动职业教育向规模化、集团化、品牌化发展，着力培养学生的就业创业能力；逐步实行中等职业教育免费，重点加快发展农村中等职业教育，培养适应农业和农村发展需要的专业人才，要实行职前教育与在职培训相结合，学历教育与非学历教育培训相结合，学历证书与职业资格证书并重的制度，形成

学校、行业、企业、社会等多方面参与的、多元化的教育体系，努力增加人力资本的存量，来应对中部崛起带来的挑战和对人力资源更高的要求。四要深化教育体制改革。河南省劳动力素质低，文盲、半文盲还占有一定的比重。这种现状客观上要求深化教育体制改革，鼓励行业、企业等社会力量多形式参与办学，大力发展民办教育，创新教学理念，建立科学、多样的评价标准，发展学生优势潜能。

2. 建立合理的人才流动和引进机制

正确发挥政府的主导作用，打破现存的不适应人才引进与合理流动的一切障碍，拆除人才流动的"围墙"。在引进高层次和紧缺人才上，不仅采取团队引进、核心人才带动引进等方式，还要积极主动地实施"走出去"战略去寻求所需的高级人才，积极参加国家、省市政府组织的各类国内外人才招聘活动，利用一切机会把急需的人才招聘进来。引进的高级人才不仅能为中原经济区的建设发挥应有的作用，而且可以带动区内人才队伍的建设，形成人才成长的良好氛围。

3. 提升人力资源的利用效益

第三产业从业人员数对国内生产总值的影响最显著，第二产业从业人员数次之，第一产业从业人数最弱。第二产业、第三产业的从业人员数与国内生产总值呈正相关，由此必须加快第一产业从业人员向第二产业、第三产业转移的步伐，同时加大对第三产业的投入。第三产业由于就业范围广泛，就业门槛相对较低，比较适合河南人口多、人力资源素质整体不高的实际情况。大力发展第三产业，有利于广大得不到充分利用的农村富余劳动力转移出来，有利于河南城镇化、现代化的发展，也符合社会经济发展的规律。既要围绕经济和社会发展的需求，大力发展传统服务业；还要不断调整服务业的结构，提升服务业的水平和档次，大力发展现代服务业。此外，还要大力发展高新技术产业，促进高层次人才的成长。大力发展高新技术产业，能为高层次人才的成长创造一个好的平台，从而吸引高层次人才，带动人力资源整体素质的提高。发展高新技术产业必须以企业为中心，以市场为导向，结合自身优势来进行。以开发应用新技术、新产品、新工艺、新装备为方向，增强自主研发能力，形成一批具有自主知识产权的核心技术，提高企业核心竞争力。同时政府还应当为高新技术产业提供一个好的发展环境，在融资、人才引进等方面给予政策上的扶持。整合科技资源，健全中原经济区技术创新体系，构建以高等学校和科研机构为主的知识创新系统，以企业为主体、产学研相结合的技术创新系统和社会化服务支撑系统。

（四）建立统一规范的人力资源市场

建立统一规范的人力资源市场应该遵循市场规律，充分发挥市场的主导作用，让人力资源市场自行整合成长。目前，中原经济区劳动力就业市场还不完备，各种就业中介机构和服务组织尚未建立起来并有效投入运作。要加快建立统一、开放、竞争、有序的人力资源大市场，尽快适应中原经济区建设的需要。要加强劳动就业服务体系建设，建立职业介绍、就业指导与培训、人才测评与咨询等全方位的社会化服务体系，大力拓展包括人事咨询与代理、人才评价和培训等在内的人才市场化服务功能，形成一个服务功能齐全的人力资源市场体系。要利用现代互联网技术，实现中原经济区人力资源供求信息的互联和共享；建立一个涵盖各层次、各职业群体的信息平台，实现"一网式"服务。同时，建立统一规范的人力资源市场还必须要有相关部门的配合，做好相关配套政策的建立和完善。在这一过程中政府应发挥引导、规范、监管的作用，要完善人力资源市场监管政策法规，确保人力资源市场规范运行；进一步推进户籍制度和社会保障制度改革，完善人力资源流动的体制和机制等。

（五）营造爱才、识才、聚才、用才的良好氛围

人才竞争实际上是人才发展环境的竞争，一个有活力、有竞争力的城市必然是一个人才集聚的城市。我们必须坚持人才优先、以人为本，努力营造爱才、识才、聚才、用才的政策环境和社会环境。要把人才工作置于突出位置，发挥职能部门作用，确保人才政策、人才工程落到实处。建立人才创业扶持机制，通过知识产权质押、创业贷款、技术参股、税收优惠、财政贴息、担保融资等方式，解决高端人才创业资金"瓶颈"问题；对海外高层次人才，在居留签证、社会保障、信用贷款、职业认定、知识产权保护等方面，实行联批联办，开辟"绿色通道"。要建立适宜人才创新创业的社会化服务体系，完善城市综合配套功能，不断改善人才的工作、生活条件，最大限度地激发人才创新活力。建立基层人才创业政府津贴制度，在工资、职务、职称等方面实行重点倾斜。优先选拔使用基层一线优秀人才，引导各类人才到基层一线艰苦岗位创业发展。确立唯才是举、任人唯贤的理念，鼓励创新、宽容失败，在全社会形成知识崇高、人才宝贵、劳动光荣、创造伟大的生动局面。要围绕高成长区域、高成长产业、高成长企业的

"三高"优先发展要求，以郑州新区、高新技术开发区为平台，建立人才创新创业试验区，引进高层次创新型科技人才，形成人才集聚高地。要采取"人才 + 产业"、"人才 + 项目"等模式，吸纳引进产业领军人才，形成人才创业团队。要以高层次创新创业人才和高技能人才为重点，着力加强产业领军人才、核心技术研发人才和研发团队培养，实现人才与市场、与产业、与项目高效对接，以人才高地建设支撑中原经济区建设。跨越式发展是超常规发展，需要高素质人才做先导。必须把人才这个第一资源转化为跨越式发展的第一动力，实行人才投入优先保证、人才资源优先配置、人才结构优先调整，着力实施重大人才工程，优化人才发展环境，释放人才创新活力，使各类人才在推进跨越式发展中展现才华、发挥作用。

五、注重资源节约和环境保护，建设两型社会

中原经济区地跨海河、淮河、黄河、长江四大流域，是淮河、海河的源头和南水北调中线工程的水源地。处于中国南北气候过渡带，伏牛山、大别山—桐柏山、太行山三大山脉和黄河湿地对于涵养生态、调节气候、保护生物多样性具有非常重要的作用。加快中原经济区建设，必须要按照建设两型社会的要求，坚持开发与保护并重、节约与利用并举，以生态省建设为核心，加强资源节约集约利用，大力发展循环经济和绿色经济，加大环境保护力度，努力建设资源节约型、环境友好型社会，全面增强区域可持续发展能力，建设绿色经济发达、居住环境优美、资源永续利用、生态环境良好、人与自然和谐发展的绿色中原。

（一）全面推进节能减排

坚持源头控制与存量挖潜相结合，通过结构调整、工程建设和管理创新等，实现节能减排。

1. 坚持从源头上落实节能减排

严格执行固定资产投资项目节能评估审查和环境影响评价制度，提高节能环保市场准入门槛，新上项目节能环保指标必须达到国内先进水平。加快淘汰落后

产能和高耗能、高污染的工艺、技术和设备，推广应用先进适用节能减排新技术、新产品、新装备，提高企业技术装备水平。落实限制高耗能、高排放产品出口的各项政策。在招商引资和承接产业转移过程中，禁止引进高耗能、高排放和产能过剩行业低水平重复建设项目。

2. 加强重点领域节能减排

实施强制性清洁生产审核，落实清洁生产方案，实现污染防治由以末端治理为主的被动治理方式向以生产全过程污染物减量化为主的主动治理方式转变。加强高耗能、高排放行业节能减排技术改造，组织实施节能减排重点工程。加强建筑节能，加快既有建筑节能改造，因地制宜推广应用太阳能、风能和地热能等可再生能源，加强农村建筑节能标准化建设，推进农村节能省地住宅产业化。发展绿色运输方式，减少运输过程中能源浪费和污染排放。鼓励节能环保型小排量轿车，限制高油耗、大排量轿车。公共机构要在节能减排中发挥模范带头作用。

3. 强化节能减排监督考核

完善污染处理设施在线监测监控措施，有效控制二氧化硫和化学需氧量等主要污染物排放总量。健全落后产能退出和淘汰机制。加强用电需求管理，建立节电管理长效机制。完善节能减排统计、监测和考核体系，强化节能减排目标责任制，加强节能减排监督检查和行政执法。

(二) 大力发展循环经济

按照减量化、再利用、资源化原则，促进经济发展方式向低投入、低消耗、低排放和高效益转变，努力建设全国循环经济发展示范省。

1. 着力提升循环经济发展水平

抓好资源开发、资源消耗、废弃物产生、再生资源利用和社会消费等关键环节，构建资源循环利用体系。打造有色、煤炭、非金属、农业和再生资源等循环产业链，积极培育再生资源利用产业、机电再制造产业和节能环保产业等循环经济新兴产业，加快壮大循环经济规模。以冶金、建材、火电、煤炭、食品、造纸等行业为重点，延长产业链条，提高资源利用效率。鼓励现有工业企业向园区转移，引导新建工业项目向园区布局，实现集聚生产、集中治污、集约发展。

2. 加强废旧资源综合利用

加强资源综合利用和再生利用，推进废金属、废纸、废塑料、废旧轮胎、废弃电子电器产品、废旧机电产品、废弃包装物等的回收处理，实施"城市矿山"工程，建立和完善再生资源回收利用体系，实现废旧物资"分散回收、集中处理、综合利用"。推进农业秸秆肥料化、饲料化、原料化和能源化利用，发展户用沼气和规模化畜禽养殖场沼气工程，支持建设一批重点生态农业示范园区，形成以秸秆综合利用和沼气为纽带的农业循环经济产业链。

3.健全循环经济发展激励机制

加快推进循环经济试点建设，扩大循环经济试点，创新循环经济发展模式，形成一批各具特色的循环经济示范区和示范企业。加快循环经济法规和标准体系建设，完善循环经济相关政策措施，有效利用财税、价格、投融资等机制，促进循环经济加快发展。

（三）促进自然资源合理开发利用与保护

加强土地、水、矿产等重要资源的管理，实行有限开发、有序开发，加强重要矿产资源整合，推进资源资产化，努力提高资源对中原经济区建设的保障程度。

1.节约和集约利用土地

实行最严格的耕地保护制度，加强土地整理、复垦和土地后备资源的开发，确保2020年全省耕地面积稳定在789万公顷以上，基本农田保护面积稳定在678万公顷以上。规范整合农村建设用地，开展城乡建设用地增减挂钩，完善农村土地流转机制。

2.合理利用和节约水资源

合理调整产业结构布局，优化水资源配置。依法淘汰电力、钢铁等高耗水行业耗水超标的落后工艺、设备和产品，推广高效工业节水和循环利用技术，减少结构性耗水。加强城市污水再生利用设施建设。积极发展替代水源，搞好雨水综合利用。严格控制地下水开采。提高农业灌溉水有效利用系数。搞好水资源供需预测，统筹安排城市用水、农业用水和生态用水，提高水资源的综合利用效率。加强水资源梯级利用、循环利用，推行阶梯式水价和季节性水价，建设节水型社会。

3.加强矿产资源的开发和保护

加大能源和重要矿产资源勘察力度，实施矿产资源"走出去"战略，提高矿产资源保障能力。推行煤炭、铝土矿等重要资源整合，提高资源利用效率。加强技术攻关，推广先进技术工艺，实现煤、铝、钼、金、石油、天然气、天然碱、萤石、耐火黏土等河南省优势资源的保护性开发和高效利用。坚持在保护中开发、在开发中保护的方针，搞好矿山生态环境的保护。健全资源有偿使用制度和合理补偿机制。严格矿业准入标准，建立矿业权交易制度，打击非法开采、乱采滥挖行为，整治矿产资源开发秩序。

（四）加强环境保护和生态建设

坚持"预防为主、保护优先、综合治理、突出重点"的原则，实施更加严格有力的措施，降低污染物排放总量，加强重点领域、重点区域综合治理，实施生态保护工程，努力改善生态质量，维护生态安全，提高环境综合承载能力。

1. 加强污染防治和综合治理

有效控制水污染，继续实施重点流域环境综合整治。加强大气污染综合治理，加快重点行业脱硫设施建设，确保稳定运行。实施燃煤电厂氮氧化物治理试点示范工程。实施城市大气污染综合治理，提高城市空气质量。强化固体废物的控制与管理，提高垃圾无害化处理率和可利用物质的综合利用率。加强农村面源污染治理，完善"村收集、镇转运、县处理"的建制镇垃圾处理体制。防止重污染企业和落后生产能力向农村转移。

2. 加快生态恢复和生态建设

实施水土流失综合治理，提高生态涵养能力。加强对南水北调中线工程国家级生态功能保护区和河南省淮河源国家级生态功能保护区的保护。加强国家级黄河湿地自然保护区等重点湿地的恢复与保护，改善湿地生态环境。加强城市绿化，逐步改善城市生态环境质量。加强资源性区域生态恢复和生态重建。加强农村生态环境建设，建立可持续发展的农村生态系统。加强植树造林，增加森林碳汇。调整生态功能保护区内的产业结构，发展生态友好型产业。按照"谁开发谁保护、谁受益谁补偿"的原则，加快建设生态补偿机制。

3. 积极推进重点生态工程建设

结合国家和河南省生态功能区划，在江河源头区、重点水源涵养区、水土保持重点区、江河洪水调蓄区、防风固沙区等地区建立生态功能保护区，实施黄河生态建设工程、南水北调中线绿化工程、豫西山地生态建设工程、南太行绿化工程、平原防护林工程、沙化土地治理工程、环城防护林工程、矿山生态修复工程八大工程，尽快恢复与重建生态功能。

（五）积极推进低碳经济发展模式

低碳经济是一种以低能耗、低污染、低排放为特点的发展模式，是以低碳产业、低碳技术、低碳能源、低碳生活、低碳管理、低碳城市等为表征的经济形态，是人类社会继农业文明、工业文明之后的又一次重大进步。发展低碳经济，不仅是一场大规模的环境革命，更是一场深刻的经济变革。要全面实施应对气候变化的国家方案，大力推进低碳经济发展模式，加快构建以低碳排放为特征的工业、建筑、交通体系，不断增强减缓和适应气候变化的能力。

1. 加快建设以低碳排放为特征的产业体系

调整优化产业结构，加快传统产业升级改造，大力发展高新技术产业，积极推进低碳科技服务业、旅游业等现代服务业发展，努力构筑低投入、高产出、低消耗、少排放、能循环、可持续的低碳产业体系。加快用低碳技术改造提升有色、钢铁、煤炭、电力、建材、化工、造纸、纺织等高碳排放产业，积极发展低碳装备制造业。完善机动车尾气排放控制标准，加强公共交通设施的技术改造和更新，发展新型能源交通工具，控制交通运输业碳排放过快增长。扩大环境友好、可再生利用的低碳建筑材料应用比例，建设以低碳为特征的建筑体系。

2. 加强低碳技术的开发和推广

加快减缓和适应气候变化领域重大技术的研发和示范，提高常规能源、新能源和可再生能源开发和利用技术的自主创新能力，以技术创新和产业升级实现经济社会向低碳化发展。实施煤的清洁高效开发和利用技术，加快发展可再生能源技术，加快智能电网建设，鼓励开发清洁发展机制项目。加强生物固碳、土壤固碳和物理固碳技术研究与推广。加强气候变化基础科研工作和区域合作。

3. 增强应对气候变化的能力

加强对各类极端天气与气候事件的监测、预警、预报，完善气象灾害应急体制机制，科学防范和应对极端天气与气候灾害及其衍生灾害。逐步建立碳排放统计和监测体系，建立和完善碳交易市场和管理机制。落实支持低碳产业发展的产业政策、财税政策、信贷政策、投资政策，形成有利于积极应对气候变化的政策导向和体制机制。加强低碳教育和宣传，引导全社会形成低碳生产方式和消费模式，建设低碳生态文明。

（六）形成互促互补的主体功能格局

在中原经济区建设中，不同区域的资源环境承载能力不同，集聚经济和人口的能力不同，发展的内涵和要求就应该不同，必须遵循这一方针，构筑区域经济优势互补、主体功能定位清晰、国土空间高效利用、人与自然和谐相处的发展局面，才能走好不以牺牲农业、生态和环境为代价的"三化"协调的可持续发展之路，真正实现可持续的协调发展。为此，必须因地制宜，充分发挥不同地区比较优势，协调推进产业集聚区建设、粮食核心区建设、生态保护区建设、文化开发区建设，实施主体功能区分类的管理与发展政策，依据主体功能定位完善绩效评价和政绩考核。

1. 合理划分"四大区"

这里所谓"四大区"，是指产业集聚区、粮食核心区、生态保护区、文化开发区。第一，关于产业集聚区建设，河南首批确定了180个省级产业集聚区。建设产业集聚区，就是要实现"企业集中布局、产业集群发展、资源集约利用、功能集合构建"的有机融合，这是培育新的经济增长极、促进城镇化、推动自主创新、发展循环经济的重要途径，是优化经济结构、转变发展方式、实现节约集约发展的基础工程，是第二产业和第三产业发展的重要载体。第二，粮食核心区建设是保障国家粮食安全的重大任务，也是河南作为人口大省、消费和食品工业大省发展的实际需要。第三，建设的生态保护区，是指资源环境承载能力较弱、大规模集聚经济和人口条件不够好并关系到较大区域范围生态安全的区域，如黄河生态功能区、太行山生态功能区、伏牛山生态功能区、桐柏山生态功能区、大别山生态功能区、南水北调中线工程水源保护区等。尤其是那些依法设立的各类自然保护区、风景名胜区、森林公园、文化自然遗产、地质公园等，要着力强化环境保护和生态建设。第四，在文化开发区方面，中原文化博大精深、源远流长，是中华传统文化的主干。中原地区具有得天独厚的文化资源，历史文化名人众多，文化遗址不胜枚举，地下文物资源和地上文物资源在全国都举足轻重。丰厚而悠久的文化遗产蕴藏着巨大的无形财富。要充分发挥中原历史文化的独特优势，努力发掘文化资源，使之在中原经济区建设中转化为巨大的产业优势和经济社会发展优势。

2. 协调推进"四大区"建设

必须树立运用区域主体功能定位促进经济发展的科学理念。要明确缩小地区差距和城乡差距的导向，主要不是缩小经济总量的差距，不是要求各个经济总量的排名提升，而是缩小享有公共服务和生活水平的差距，使不同地区的居民都能享有均等化的基本公共服务、享有大体相当的生活水平。要改变以往东西南北中所有地方都要加快经济发展的思维方式，在中原经济区实行宜农则农、宜工则工、宜三产则三产、宜生态则生态的发展方针，有些地区主要承担发展经济的功能，有些地区则主要承担保护生态环境的功能，有些地区主要承担发展农业的功能，有些地区则以发展工业为主导，还有些地区则以保护和开发文化资源为根本。如西南部和南部的一些山区，尤其是那些区位欠佳的县、边缘的县、流域上游的县、自然条件恶劣的县或经济发展潜力小的县，不适宜大规模集聚经济，不适宜大规模推进工业化城镇化，就不应该苛求县域经济总量的增长，这些地区发展的含义主要不是做大经济总量，而是要保护好生态环境，把生态建设、绿化美化放在首位，农民的增收主要应通过大规模的劳务经济来实现。东部的黄淮海平原有着发展农业的天然条件，就不要过于鼓励工业发展。而区位较好又交通便捷的地区、工业条件较好的地区，作为优化开发区域和重点开发区，应率先发展经济和推进工业化、城镇化，着力增强自主创新能力，推进产业结构优化升级，增强国际竞争力和可持续发展能力。同时，要更加注重节约利用土地、水资源和能源，更加注重环境保护。坚决告别"遍地开花"办企业的老路，抓好产业集聚区建设，促进工业集群化、规模化、集团化发展，着力优化产业结构、节约利用资源、保护生态环境。这样，才能实现中原经济区全面、协调、可持续发展。

3. 实施主体功能区分类的管理与发展政策

为规范空间开发秩序、形成合理的空间开发结构，必须根据不同的主体功能定位，在中原经济区内实施有针对性的、差别化的分类区域管理与发展政策，这样才能科学引导中原经济区协调发展。在财政政策上，要增加对限制开发区域、禁止开发区域用于公共服务和生态环境补偿的财政转移支付，逐步使当地居民享有均等化的基本公共服务，保证当地群众生活平稳、收入有所增长。在投资政策上，要重点支持限制开发区域、禁止开发区域公共服务设施建设和生态环境保护，支持重点开发区域基础设施建设。在产业政策上，要引导优化开发区域转移占地多、消耗高的加工业和劳动密集型产业，提升产业结构层次；引导重点开发区域加强产业配套能力建设；引导限制开发区域发展特色产业，限制不符合主体功能定位的产业扩张。在土地政策上，要对优化开发区域实行更严格的建设用地增量控制，在保证基本农田不减少的前提下适当扩大重点开发区建设用地供给，对限制开发区域和禁止开发区域实行严格的土地用途管制，严禁生态用地改变用途。在人口管理政策上，要鼓励在优化开发区域、重点开发区域有稳定就业的外来人口安家落户，引导限制开发区域和禁止开发区域的人口逐步自愿有序向外转移。要着力促进企业集中布局、产业集群发展、资源集约利用、功能集合构建、人口向城镇转移，推动产业集聚区健康有序发展。在加快产业集聚区建设中，要按照投资额、投资密度、从业人员数量，合理确定土地供应量，提高土地利用效率。

4. 依据主体功能定位完善绩效评价和政绩考核

不同区域的资源环境承载能力不同，集聚经济和人口的能力不同，发展的内涵和要求就应该不同，对不同主体功能区的评价内容和重点也应该不同。在中原经济区内，应当允许那些生态脆弱和敏感的地区（主要是限制开发和禁止开发功能区），因地制宜地制定当地的发展目标，适当放慢增长速度，一些乡村甚至可以保持零增长或负增长，以牺牲局部利益、保护全局利益，牺牲眼前利益、着眼长远可持续发展。为此，对列出的国土空间四类功能区的发展状况，应施以不同的绩效评价和政绩考核标准：对优化开发区域，要强化经济结构、资源消耗、产业升级、自主创新等的评价；对重点开发区域，要突出综合评价经济增长、质量效益、工业化城镇化水平优先的绩效，突出承接产业和人口转移方面的考核；对限制开发区域，要突出生态环境保护的评价，弱化经济增长、工业化和城镇化水平的评价；对禁止开发区域，主要评价生态环境保护、自然资源和文化资源保护。这种考核体系体现了科学发展观，如果能够得以实施，就是对 GDP 或者说数字出政绩、出干部的传统干部任用方式的突破，也是有效保护生态脆弱和敏感地区生态环境、促进人与自然和谐、促进经济社会可持续发展的重要措施。

六、以人为本，建设和谐社会

促进社会和谐是实现中原经济区建设目标的基本任务，同时也是确保中原经济区持续健康快速发展的重要保障。坚持以人为本的科学发展观，就是要推进人的全面发展，真正把人放在社会主体地位，实现好、维护好、发展好人民群众的利益，真正做到"权为民所用、情为民所系、利为民所谋"。以人为本，构建中原经济区的和谐社会支撑体系，就要重视思想道德建设，加快完善社会公共服务，不断改善人民生活，妥善处理好各方面利益关系，促进社会公平和正义，努力形成经济区人民各尽其能、各得其所而又和谐相处的社会环境。

（一）协调区域发展

能否做到坚持以人为本是检验全社会是否实现和谐发展的一个重要标志。人既是发展先进生产力和先进文化的主体，又是先进生产力和先进文化发展的最终受益者。物质、文化条件越充分，就越能促进人的全面发展。反过来，人越是得到全面发展，就越能为社会创造更多的物质财富和精神产品，就越能促进社会和谐。构建和谐社会必须坚持以人为本，把人民群众的利益追求作为发展的立足点与出发点，从尊重、理解、爱护和关心人的角度出发想问题、办事情、做工作，妥善解决经济区建设中因利益调整引发的各种社会矛盾，正确处理眼前利益与长远利益、局部利益与整体利益、具体利益与根本利益的关系，让各阶层的人在中原经济区建设中都得到实实在在的好处，才能最广泛最充分地发挥一切积极因素，动员和组织广大人民群众投身于中原经济区建设事业，激发各行各业人们的创造活力，形成中原人民各尽所能、各得其所、和谐共处的局面。

《河南省全面建设小康社会规划纲要》将全省划分为中原城市群、豫北地区、豫西、豫西南地区和黄淮地区四个经济片区。改革开放特别是 20 世纪 90 年代以来，由于资源条件、发展基础和经济结构不同，各经济区域之间经济发展的不平衡性特征更加明显，城乡差距、地区差距较大，并且这种特征有加速发展的趋势。按照落实科学发展观的要求，实现区域经济之间协调发展是构建和谐中原经济区的重要任务，关系到全面建设小康社会、实现中原崛起的大局。中原城市群位于河南省中部，各城市之间距离较近，距离中心城市郑州大都在 100 公里以内；区域内矿产资源丰富，煤炭、铁矿石、铝土矿、钼矿等储量居全省前列，工业门类齐全，发展基础较好；公路、铁路交通便利，全省 90% 以上的高等院校和一些具有国内一流水平的科研院所聚集此地，区位优势显著。豫北地区包括安阳、鹤壁、濮阳 3 个省辖市，该经济区位于河南省北部，与山西省、河北省和山东省相邻，油气、煤炭资源比较丰富。豫西、豫西南地区包括三门峡和南阳2个省辖市，该经济区位于河南省西部、西南部，与山西省、陕西省和湖北省相邻，工业有一定基础，煤炭、有色金属资源比较丰富。黄淮地区包括驻马店、商丘、周口和信阳4个省辖市，该经济区位于河南省东南部，与湖北省、安徽省和山东省相邻，以平原为主，河网密布，农业发展条件优越，但矿产资源比较匮乏。中原城市群以40.2%的人口创造了全省一半以上的GDP，各项经济指标均优于其他经济区，豫北地区、豫西、豫西南地区居中游水平，黄淮地区经济发展严重滞后。四个经济区经济总量及结构、工业化、城镇化水平存在较大差异，并且这种差距有继续扩大的态势，中原城市群作为全省经济发展的龙头，有率先崛起并走在中西部发展前列的势头，黄淮地区发展滞后，则有被边缘化的危险。因此，在建设中原经济区过程中，必须坚持统筹区域协调发展，制定促强扶弱的区域经济发展政策，将发展的差距控制在合理的限度内。如在政策上鼓励中原城市群加快发展的同时，更要支持黄淮等发展滞后的地区加快工业化进程。各区域应根据自身条件，发展不同类型的工业，以工业化促进城镇化，以工业化带动经济的长期较快增长。要坚持做大做强资源型工业，延伸产品链条，实现资源型产品的深加工、精加工，逐步改变资源的粗放型生产方式、以资源消耗来换取增长的发展模式。要通过引进技术改造提升以石油及天然气加工、煤化工、精细化工为主体的化工业，扩大石油炼能，建设化学燃料产业基地，加快以煤为原料的精细化工产品发展，提升装备制造业的整体能力和大型化、系列化水平，突破核心技术，形成具有国际竞争力的产品。要把农民技能培训作为加快城镇化、工业化的一个重要手段，造就大批产业工人，为实现农村劳动力大量向第二产业、第三产业转移，向城市转移创造基础性条件。黄淮地区等经济区可通过借助外部资源和先进技术，结合本地资源，选准发展突破口，形成各自鲜明的产业特色，实现产业的跨越式、跳跃式发展。四个经济区是相互联系而非相互割裂的，既要有分工，又要有合作。促进区域间加强沟通，形成集聚效应，实现规模效应。

（二）积极扩大就业

千方百计扩大就业，多渠道开发就业岗位，把全力促进就业作为中原经济区实现富民目标的首要任务。

1. 促进农村人口向非农产业转移

将中原经济区人口数量优势转变为人力资源优势，关键之一就是要促进大量农业富余人口向非农产业转移。从中原经济区现有的发展基础、发展水平来看，短时期内将数量如此庞大的农村人口机械地转移至城市不仅不利于新型城镇化进程的有序、合理推进，反而会带来交通拥堵、环境恶化、公共服务资源短缺等一系列问题。因此，中原经济区农村人口的转移就业也要立足于中原特色，不能脱离农业农村发展。通过不断拓宽与农村建设有关的各种就业空间和增收渠道，吸纳更多的农民就地创业，将特色农业、生态农业、高效农业等科技含量高、附加值高的现代农业产业作为优先考虑的就业方向，在促进农村人口创业就业的同时构建现代农业产业体系，延伸农业产业链条，推动中原经济区的农业向深度和广度发展，这样既可以促进农村富余劳动力的就地转移，又可以在保障农村发展的同时使经济布局更加合理，对于稳定经济社会发展大局具有重要意义。

2. 积极发展劳动密集型产业

劳动密集并不等同于落后、低端和污染，劳动密集与高科技也并不是完全矛盾对立的关系。劳动密集和技术密集相结合的企业既具有发展潜力，又对扩大就业容量具有明显效果，在推进产业结构调整中发挥重要作用。因此，在中原经济区全力扩大就业过程中，可以结合国家实施扩大内需政策的重要机遇，同时在承接产业转移过程中充分发挥后发优势，根据地区特色，优化资源配置，利用本地原材料和能源价格优势，合理创办劳动密集型中小企业，能够有效缓解就业压力。

3. 深化创业就业培训指导

以提高劳动技能为核心，开展富有针对性的创业就业培训指导，是提高就业能力和水平的重要工作。培训的针对性关键包括两点：一是培训内容要满足劳动技能知识升级能够配合中原经济区产业结构优化升级要求，能够配合区域产业结构的变化、升级而成功就业；二是培训内容要增强经营性、技术性和社会服务性。同时，劳动技能培训形式上应该以多样化为主，既包括短期强化，又包括长期培训；既注重实践操作，又注重理论学习。通过一系列系统、全面、科学的专门培训，培养造就一批具备生产技能乃至经营管理等多方面创业、就业能力的实用人才队伍，不仅在数量上，更要在质量上真正发挥出中原经济区所具有的人力资本优势。

（三）加大收入分配调节力度

收入分配问题是影响经济健康、有序运行的重要环节。中原经济区目前正处于经济转型、社会转型的关键时期，不仅面临着创造更多财富、全面建设小康社会的迫切要求，而且还面临着改善财富分配、保障社会公平的现实压力。如何避免或缓解由于收入分配差距过大或是社会不公平造成一些矛盾的激化和社会不和谐问题，如何应对内需不足、就业水平偏低和贫富差距扩大等矛盾挑战，都需要认真研究中原经济区的自身特点，深入研究经济规律，制定正确的调控政策，增加贫困阶层的收入，促进社会稳定，把加大收入分配调节力度作为实现惠民目标的重要手段。就中原经济区而言，加大收入分配调节力度，需要做好以下三个方面的工作：

1. 进一步推进收入分配制度改革

在初次分配领域更加注重社会公平，缩小贫富差距。在再分配领域，通过再分配政策，调节收入水平，将收入差距维持在社会各阶层所能接受的范围内，缓和社会矛盾。尤其要重视统筹城乡收入分配，一方面是增加财政支农资金额度，增加对农业、农村的投放比例；另一方面还要注重提高支农资金使用效益，继续执行"多予、少取、放活"政策，提高农业生产环节支持力度，提高农村生产力，增加农民收入。

2. 充分利用转移支付调节收入差距

发挥政府财政支出政策对经济结构优化调整的重要作用，着重增强对科技、教育、高新技术产业等方面的投入力度，着重增强对城乡教育、医疗、卫生、环境等均等化发展的投入力度，缩小城乡差距，构筑社会安全防线。

3. 不断强化收入分配优化调控政策

通过税收手段调节企业、个人收入水平，通过财政手段、法律手段等政策工具，采取提高最低工资标准等办法，增加低收入者的收入水平。

（四）加快发展各项社会事业

1. 优先发展教育事业

着力缩小城乡义务教育差距，推进义务教育均衡发展。全面实施素质教育，重视发展学前教育、特殊教育、民族教育。稳步推进教育资源整合，加大城乡学校布局的调整力度，合理调整中小学布局。加强师资队伍建设，加大教师培训力度，提高教师整体综合素质，提升教育水平。深化教育体制改革，逐步建立完善有利于城乡之间、学校之间师资力量充分流动的、城市有效支援农村的教师管理体制。坚持义务教育政府办学为主、社会力量办学为补充，推动民办教育和中外合作办学，形成公办、民办、中外合作办学等多种形式协调发展的新格局。

2. 积极完善公共卫生和基本医疗服务

重点加强农村三级卫生服务网络建设，完善农村卫生服务体系。进一步完善新型农村合作医疗制度，逐步提高参合农民医疗费用的报销比例。加强母婴保健工作，拓展妇幼保健服务领域。建立多层次、全方位的人才培养体系，提高卫生队伍的整体素质，重点提高乡、村医疗机构常见病、多发病的诊疗水平。加强基础设施建设、提高装备水平，建立健全功能完善、反应灵敏、运转协调、持续发展的突发公共卫生事件医疗救治体系。

3. 大力发展公共文化事业

加强文化基础设施建设，将文化事业发展纳入中原经济区经济社会发展的总体布局，高起点、高水平建设一批标志性重点文化工程。以农村为重点，广泛开展农村文明创建活动，推进农村文化惠民工程。积极开发中原特色文化资源，推进文化产业基地和文化市场建设，促进中原经济区文化产业发展，凸显中原文化优势特色，塑造中原文化形象。

（五）完善社会保障体系

把健全和完善社会保障体系作为中原经济区保障民生的必要支撑，坚持广覆盖、保基本、多层次、可持续的方针，加快推进覆盖城乡居民的社会保障体系建设。以非公有制经济从业人员、农民工、灵活就业人员为重点人群，扩大社会保障覆盖范围，争取实现应保尽保。实现新型农村社会养老保险制度全覆盖，完善实施城镇职工和居民养老保险制度，积极配合做好基础养老金全国统筹。以最低生活保障为基础，实现城乡社会救助全覆盖。以扶老、助残、救孤、济困为重点，逐步拓展社会福利保障范围，推动社会福利由补缺型向适度普惠型转变，逐步提高福利水平。加大公共财政对社会保障的投入，多渠道充实社会保障基金，尤其要加大对农村社会保障的资金投入，重点推广完善新型农村合作医疗、农村低保制度以及新型农村养老保险试点工作，提高社会保障水平。健全企业退休人员基本养老金、失业保险金标准正常增长机制，加强城乡低保与最低工资、失业保险和扶贫政策的衔接平衡，不断健全和完善中原经济区的社会保障体系，提高社会保障水平，促进经济生活和谐、稳定的发展。

（六）优化社会管理

创新社会管理体制，提高社会管理水平，形成党委领导、政府负责、社会协同、公众参与的社会管理格局。

1. 创新社会管理体制，大力培育发展社会组织

整合社会管理资源，增强基层自治功能。健全社会组织建设和管理，积极培育各类服务性民间组织。营造和谐稳定的投资平台，大力引导社会资金流入公益性事业。鼓励社会组织和企业参与提供公共服务，形成多元化的公共服务供给模式，提高公共服务的能力和效率。简化社会组织的注册办法，积极培育志愿服务队伍。

2. 推进和谐社区、和谐村镇建设

扎实推进城乡社区建设以及和谐村镇建设，完善综合服务功能，健全基层党组织领导的社区民主管理和村民自治制度。引入激励机制，充分调动社区民主管理和村民自治的积极性。加强政策宣传和指导，使社区民主管理和村民自治观念深入人心。

3. 完善信访维稳工作机制和突发事件应急管理机制

健全党和政府主导的维护群众权益机制，拓宽民意表达渠道，及时反馈社情民意。加强和改进信访工作，加强矛盾纠纷排查调处，推进人民调解、行政调解和司法调解的有机结合。建立突发事件预警机制，定期进行突发事件应急演练。建立信息交流平台，积极吸纳社会各界对应急处理的意见和建议，优化突发事件应急管理机制。

4. 建立健全安全生产长效机制，加大安全生产监督力度

完善安全生产相关法律法规，建立安全生产法制秩序。加大安全生产在资金、人才和科技方面的投入，强化"安全发展"理念，坚持"安全第一、预防为主、综合治理"的方针，进一步落实安全生产责任制，深化专项整治，加大安全生产投入，强化监督管理，坚决遏制重、特大安全生产事故发生。

（七）加强民主法治建设

坚持党的领导、人民当家作主和依法治国有机统一，健全完善社会主义民主法制，保障人民在政治、经济、文化、社会等方面的权益，引导公民依法行使权利、履行义务，逐步实现中国特色社会主义民主政治的制度化、规范化和程序化。积极推进科学立法、民主立法，创新立法工作机制，提高立法质量。全面推进依法行政，建立权责明确、行为规范、监督有效、保障有力的执法体制，加快推行行政指导，严格依照法定权限和程序行使权力、履行职责，努力做到严格执法、文明执法、公正执法。加强对权力的监督制约，坚持对人民代表大会及其常委会负责并报告工作，自觉接受人大法律监督和工作监督，执行人大的决定、决议。重视发挥新闻舆论和社会公众的监督作用。落实维护社会稳定的目标管理责任制，坚持标本兼治，从源头上消除不稳定因素。进一步加强社会治安综合治理工作，依法打击各种违法犯罪活动。建立公共突发事件预警处置机制，进一步做好预测、预警、预案工作，确保出现情况时，做到责任、措施明晰，应对及时有效。

参考文献

［1］加快中原崛起重大意义研究［R］.郑州，2010（4）.

［2］中原与构建中原经济区研究［R］.郑州，2010（4）.

［3］丁同民.加强中原经济区建设法治保障的对策建议［J］.中州学刊，2011（1）.

［4］王建国，赵西三，唐晓旺，左雯.加快中原崛起的关键点与着力点［J］.中州学刊，2010（3）.

［5］张永健.论实现中原崛起的目标和战略［J］.经济师，2006（12）.

［6］2010年全国各地GDP数据排名一览［EB/OL］.http：//finance.eastmoney.com/news/1350，20110215119687895.html，2011-02-15.

［7］河南经济转型铿锵迈步［EB/OL］.http：//newpaper.dahe.cn/dhcf/html/2010-06/29/content_337995.htm，2010-06-29.

［8］中共河南省委，河南省人民政府.中原经济区建设纲要（试行）（豫发〔2010〕16号）［Z］.2010-12-21.

［9］何平.论构建"中原经济区"［N］.河南日报，2010-08-26.

［10］孔玉芳.提升认识强力推进 加快中原经济区的战略谋划［N］.河南日报，2010-08-13.

［11］张高峰.构建中原经济区紧迫性 晋陕三市向中原靠拢［N］.河南商报，2010-09-13.

［12］喻新安.建设中原经济区若干问题研究［J］.中州学刊，2010（5）.

［13］加快构建中原经济区：科学定位是崛起的重要前提［N］.河南日报，2010-09-16.

［14］尚若云，董畅岩.构建"中原经济区"：郑州有能力升格为副省级城市［N］.大河报，2010-09-18.

[15] 倪鹏飞.2011 年中国城市竞争力蓝皮书：中国城市竞争力报告 [M].北京：社会科学文献出版社，2011.

[16] 赵建才.把郑州都市区打造成为中原经济区核心增长区 [N].河南日报，2011-04-26.

[17] 中原经济区安阳建设纲要解读 [N].安阳日报，2010-12-03.

[18] 陈伟.建设中原经济区濮阳要做桥头堡 [N].大河报，2011-02-15.

[19] 吴烨.把三门峡打造成为中原经济区重要支撑 [N].河南日报，2011-03-10.

[20] 辛晓青.中原经济区弥补河南区域规划缺憾 [N].郑州晚报，2010-08-06.

[21] 中共广东省委，广东省人民政府.广东省关于加快建设现代产业体系的决定 [Z].2008-07-02.

[22] 刘丹.打造中原经济区　市长联席论纵横 [N].河南日报，2010-10-25.

[23] 河南省人民政府.河南省自主创新体系建设和发展规划（2009~2020 年）（豫政〔2009〕78 号）[Z].2009-09-11.

[24] 冯芸，谢建晓.中原经济区建设纲要解读：变人力资源为人才高地 [N].河南日报，2011-01-14.

[25] 张渝，田园.建设中原经济区　把人口优势转为人力资源优势 [N].大河报，2011-03-14.

[26] 王倩.中原经济区是服务全国的大手笔 [N].大河报，2010-08-03.

[27] 刘怀廉，欧继中.中原经济区发展报告（2011）[M].北京：社会科学文献出版社，2011.

[28] 尹江勇.科技创新强力支撑中原经济区建设——访河南省科技厅党组书记、厅长赵琛 [N].河南日报，2011-01-04.

[29] 黄亮.关注中原经济区四优势　打造中原经济增长极 [N].东方今报，2010-07-23.

[30] 刘涌，叶一剑.中原经济区：超大城市群构想 [N].21 世纪经济报道，2010-10-09.

[31] 刘小辉.基于区域经济一体化的黑龙江省产业结构研究 [D].哈尔滨工程大学，2006.

［32］刘静玉.当代城市化背景下的中原城市群经济整合研究［D］.河南大学，2006.

［33］杨介宁.东三省区域经济一体化的边界效应分析与对策研究［D］.哈尔滨工业大学，2008.

［34］胡新明.河南产业结构调整与高等职业教育布局问题研究［D］.河南理工大学，2008.

［35］李淑香.河南省承接区域产业转移的实证研究［D］.河南大学，2008.

［36］阎明.核心城市在城市群建设中的地位和作用的研究——以郑州市为例［D］.西北大学，2009.

［37］李曼.京津冀区域经济一体化发展研究［D］.天津大学管理学院，2005.

［38］谢江南.欠发达地区产业承接的影响因素及模式选择研究——以永州为例［D］.湘潭大学，2008.

［39］彭荣胜.区域经济协调发展的内涵、机制与评价研究［D］.河南大学，2007.

［40］王微微.区域经济一体化的经济增长效应及模式选择研究［D］.对外经济贸易大学，2007.

［41］杜红.区域性中心城市的发展分析——以郑州市为例［D］.天津大学管理学院，2006.

［42］刘焱.区域一体化进程中的改革与创新——兼论天津滨海新区功能区与行政区联动体制机制［D］.华东师范大学，2008.

［43］毛瑞芬.郑州市产业结构调整研究［D］.福建师范大学，2008.

［44］王思明.中原城市群建设中的政府合作机制研究［D］.河南大学，2009.

［45］张媛媛.中原城市群产业结构分析和优化调整［D］.河南大学，2010.

［46］西蒙·库兹涅茨.各国的经济增长［M］.北京：商务印书馆，1985：25-30.

［47］罗斯托.从起飞到进入持续增长的经济学［M］.成都：四川人民出版社，1988：52-60.

［48］河南省人民政府办公厅.2010年河南省招商引资行动计划［EB/OL］.http：//www.dahe.cn/xwzx/zt/hnzt/dazhaoshang/xingdong/t20100619_1820366.htm，2010-06-19.

［49］新中国 60 年河南科技创新助推经济大发展［EB/OL］. http：//www.ha.stats.gov.cn/hntj/zwgk/ztxx/xzglsn/webinfo/2009/09/1257860203249033.htm，2009-09-12.

［50］喻新安主编.中原经济区策论［M］.北京：经济管理出版社，2011.

［51］喻新安主编.中原经济区研究［M］.郑州：河南人民出版社，2010.

［52］国家统计局河南调查总队.河南农业产业化快速推进　农产品品牌优势显现［EB/OL］. http：//www.stats.gov.cn/tjfx/dfxx/t20080630_402489488.htm，2008-06-30.

［53］李红见.河南人力资源的现状、问题与开发对策分析［J］.就业杂志，2009（5）.

［54］喻新安.中原经济区建设的意义和路径［N］.郑州日报，2010-08-13（3）.

［55］喻新安.破解河南经济发展资源环境约束问题的思考[J].黄河科技大学学报，2007（2）.

后 记

　　中原地区自古以来就是主导中华文明发展的核心区，是中国大多数历史时期的政治中心、经济重心和文化核心。但"中原"作为一个特定的地域概念，它的提出和最终被认可，却经历了相当长的历史过程。中原有过值得骄傲的辉煌，也经历了不堪回首的衰落，再现辉煌，已经成为一代又一代中原人的梦想。

　　"实现中原崛起"凝聚了河南决策层励精图治、在中原大地书写壮丽诗篇的坚定决心，道出了亿万中原儿女的共同心声，它不是一般的经济目标，而是立足省情、深思熟虑作出的政治决断。所谓中原崛起，简言之，就是经过长期努力，使河南成为与其历史传承、地理位置、人口数量相适应的中国经济强省、文化强省，区域综合竞争力显著提高，实现经济、社会、政治、文化、生态的全面、协调、可持续发展。

　　近年来，围绕河南区域战略上升至国家层面，河南省委、省政府在系统疏理历届领导班子关于加快河南发展战略思路的基础上，充分认识新的历史条件下河南在全国的比较优势和战略地位，广开言路，集思广益，高瞻远瞩，提出了建设中原经济区的战略构想，并上升为国家战略。当前，中原经济区建设全面展开，古老的中原大地正焕发新的生机和活力。

　　本书以中原崛起和中原经济区建设为主题，系统梳理中原崛起的发展历程，从全局和自身发展的角度，全面阐释什么是中原崛起、为什么要实现中原崛起以及什么是中原经济区、为什么要建设中原经济区等问题，并从总体要求、战略定位、区域一体化发展、支撑体系、保障措施等方面，深入研究如何推进建设中原经济区、加快中原崛起河南振兴这一关乎亿万中原人民福祉的宏伟事业，以期为理论研究和实践探索有所裨益。

　　本书由黄河科技学院罗煜、河南省社会科学院柏程豫担任主编，黄河科技学院刘晓慧，郑州师范学院张怡辉担任副主编，参加撰稿人员如下：第一章，潘丽丽、冯英歌、刘峥；第二章，罗煜、张怡辉；第三章，罗煜、冯英歌、刘峥；第四章，刘峥、潘丽丽；第五章、第六章，罗煜、刘晓慧、张怡辉；第七章，欧阳艳蓉；第八章、第九章，罗煜、张怡辉。罗煜、柏程豫对全书内容做了统稿、修改和审定。

由于水平所限，书中的不周之处、浅薄粗陋之处在所难免，敬请各位读者批评指正。

作 者

2015 年 11 月

区域经济研究丛书

河南经济发展方式转变研究

STUDY ON TRANSFORMATION OF
HENAN'S ECONOMIC

DEVELOPMENT MODE

主 编/杨雪梅 宋 歌
副主编/王玲杰 孙常辉

经济管理出版社
ECONOMY & MANAGEMENT PUBLISHING HOUSE

区域经济研究丛书

河南经济发展方式转变研究

STUDY ON TRANSFORMATION OF
HENAN'S ECONOMIC
DEVELOPMENT MODE

主 编/杨雪梅 宋 歌
副主编/王玲杰 孙常辉

经济管理出版社
ECONOMY & MANAGEMENT PUBLISHING HOUSE

图书在版编目（CIP）数据

河南经济发展方式转变研究/杨雪梅，宋歌主编. —北京：经济管理出版社，2015.12
ISBN 978-7-5096-2106-6
区域经济研究丛书

Ⅰ.①河…　Ⅱ.①杨…　②宋…　Ⅲ.①区域经济发展—研究—河南省　Ⅳ.①F127.61

中国版本图书馆 CIP 数据核字（2012）第 240459 号

组稿编辑：申桂萍
责任编辑：杨照光　申桂萍
责任印制：黄章平
责任校对：李玉敏

出版发行：经济管理出版社
　　　　　（北京市海淀区北蜂窝 8 号中雅大厦 A 座 11 层　　100038）
网　　址：www.E-mp.com.cn
电　　话：(010) 51915602
印　　刷：北京晨旭印刷厂
经　　销：新华书店
开　　本：720mm×1000mm/16
印　　张：105（共六册）
字　　数：1762 千字（共六册）
版　　次：2015 年 12 月第 1 版　　2015 年 12 月第 1 次印刷
书　　号：ISBN 978-7-5096-2106-6
定　　价：498.00 元（共六册）

"区域经济研究丛书"
编撰人员名单

丛 书 顾 问：胡大白

丛书编委会主任：杨雪梅

丛书编委会成员：喻新安　完世伟　周纪昌　罗　煜　杨富堂
　　　　　　　　蔡　森　柏程豫　刘晓慧　宋　歌　孙常辉
　　　　　　　　梁　丹　郭军峰　赵　然　王玲杰　马红芳
　　　　　　　　马　欣　冯少茹　武迎春　薛桂芝　张　舰
　　　　　　　　陈明星　张怡辉　胡翠平

丛 书 总 编：喻新安　杨雪梅

"区域经济研究丛书"总序

当前，我国区域经济发展进入了新的历史时期和发展阶段。由东向西，由沿海向内地，经济区、城市群等跨行政区划的发展板块已经成为区域经济发展的重要支撑，协调发展、联动发展、开放发展成为区域经济发展的主要思路，各地均在积极谋划布局区域发展战略，长三角、珠三角、京津冀等先行经济区力促新一轮腾飞，长江中游、中原经济区等新兴经济区聚力蓄势全面崛起。融入区域经济发展大势，增创区域经济发展优势，抢占区域经济发展高地，成为增强区域发展实力和综合竞争力的现实要求。与此同时，区域经济发展中也面临日益突出的难题和挑战。如何缩小区域发展差距并实现不同经济板块之间的良性互动、梯度发展，如何促进稳增长、调结构、转方式与区域经济发展提质增效升级互促并进，如何培育区域经济协调发展的基础支撑保障体系，如何推进区域协调发展体制机制创新，如何增强区域经济发展的协调性和可持续性，等等，成为区域经济研究中备受关注、亟需思考、有待破解的现实难题。

河南是人口大省、农业大省和新兴工业大省，也是中国的缩影和写照。作为国家重要的战略基地和经济腹地，已经从"中部凹陷"走向"中部崛起"的核心区域，河南推进区域协调发展的路径探索事关全国经济社会发展全局和全面建设小康社会目标的实现。尤其河南肩负着实施国家粮食生产核心区、中原经济区和郑州航空港经济综合实验区三大国家战略规划的重大使命，承担了多领域的先行先试改革创新任务，在新时期探索区域经济协调发展道路中具有破题意义和示范效应。如何加快推动河南发展、融入新的区域经济格局，是具有重大理论和实践意义的研究课题。

这套"区域经济研究丛书"，由黄河科技学院省级重点学科建设基金重点支持，以该校省级重点学科——区域经济学学科团队为主要力量，邀请河南省社科院、华侨大学、中原工学院、河南教育学院、安徽建筑工业学院、郑州航空工业管理学院、郑州师范学院、河南省国有资产控股运营有限公司的专家学者参与，

是协同创新的学术力作。丛书立足于系统梳理河南推进区域发展的历史嬗变和演进脉络，深入剖析河南谋划区域发展中面临的主要矛盾和现实挑战，尝试提出河南探索区域发展的路径选择和对策建议，以期为实现中部崛起河南振兴，更好地服务全国大局和推动河南发展献智献力。

全部书稿撰写历时超过两年，期间经过数次讨论、修改与完善。目前呈现在大家面前的丛书共包括六册、近200万字，其中，《河南区域经济协调发展研究》从区域经济协调发展的理论分析着手，对长期困扰河南区域协调发展的主要问题进行了深入剖析和综合评价，重点研究和探讨了中原经济区、中原城市群、产业集聚区、县域经济发展、主体功能区等区域发展重大战略问题，为河南推动区域经济协调发展提出了路径规划和实施建议；《中原崛起与中原经济区建设研究》系统梳理了中原崛起的发展历程，深入研究如何推进中原经济区建设、加快中原崛起河南振兴这一关乎亿万中原人民福祉的宏伟事业，以期为理论研究和实践探索有所裨益；《河南经济发展方式转变研究》在进程回顾和问题总结的基础上，提出了河南转变经济发展方式的总体思路和实施框架，谋划了推动发展方式转变的体制机制创新路径，为河南省加快经济发展方式转变提供科学参考和决策依据；《河南构建开放型经济体系研究》从制约因素分析、战略模式架构、制度环境保障等切入，提出了构建开放型经济体系的总体思路和工作重点，并为河南加快构建开放型经济体系、提升对外开放层次和水平都提出了诸多有益的意见和建议；《河南生态文明建设研究》从多领域、多层次、多角度展开河南生态文明建设的系统分析和研究，并提出相应的解决策略和应对机制，为河南破解生态环境瓶颈制约，实现科学发展、可持续发展提供参考；《河南人力资源开发战略研究》系统考察了河南人力资源的历史嬗变、发展现状及难题，探讨了加快人力资源开发、实现从人口资源大省向人力资源强省迈进的路径和对策建议。

随着全球一体化进程不断推进，区域经济发展相关问题研究已经成为热点中的焦点问题，同时，也因其突出的复杂性、系统性、综合性特征，给相关理论研究和实践创新提出了诸多难题挑战。我们期望以这套"区域经济研究丛书"为开端，吸引更多的专家学者共同谋划献策，助力中原崛起，探索区域协调发展新路，打造区域经济研究的"升级版"。

喻新安

2015 年 11 月

目　录

第一章 经济发展方式转变的内涵

转变经济发展方式，是我党总结 30 余年来经济发展和改革开放的实践，在探索和把握经济发展规律的基础上提出的重要方针，也是从当前我国经济发展的实际出发，科学分析我国在新世纪、新阶段面临的新课题、新矛盾而提出的重大战略。近几年来，在党中央的领导下，我国经历了推进科学发展、促进社会和谐的丰富实践，经历了有效应对国际金融危机和战胜重大自然灾害的严峻考验，我们对经济发展方式转变的基本内涵、重大意义等的认识也更为全面、深入。

第一节 经济增长方式与经济发展方式

要科学全面地理解经济发展方式转变的内涵，首先有必要厘清经济增长方式与经济发展方式之间的联系和区别。

一、经济增长与经济发展的关系

经济增长是经济学最早研究的问题之一。在古典经济学时期，经济学家就特别关注对经济增长的分析。到 20 世纪四五十年代，经济理论研究中一般还把经济增长与经济发展视为同一概念。之后，经济学家开始把经济增长和经济发展区别开来，一些经济学家将经济增长定义为产出的增加，并认为这是发达国家经济学的研究课题；将经济发展定义为结构的改变，并认为这是发展中国家经济学的研究课题。后来，由于经济增长成为一个全球性现象，经济发展成为世界各国面临的共同问题，人们认识到继续将二者割裂开来，认为经济增长只属于发达国家，经济发展只属于发展中国家，是不可取的。

经济增长与经济发展是两个既相互联系又有所区别的概念。经济增长是一个偏重于数量的概念，主要指一个国家或地区经济量上的增加，即由投入变化导致产出数量的增加。经济增长的核算通常使用国内生产总值总量、国内生产总值增长率和人均国内生产总值三个指标。这三个指标分别具有不同的作用。国内生产总值（GDP）是总量概念，衡量的是一个国家或地区的经济规模；国内生产总值增长率是速度概念，衡量的是经济增长速度；人均国内生产总值是衡量一个国家生活水平和富裕程度的综合指标，也是判断一个国家经济发展阶段、经济发展水平和现代化进程的总体性、综合性指标。世界各国的政府和学者都非常关注经济增长指标。然而，如果不顾条件片面追求 GDP 的增长，就会造成经济发展的严重失调和重大损失。

经济发展指一个国家随着经济增长而出现的经济、社会和政治的整体演进和改善。具体地说，经济发展的内容包括三个方面：一是经济数量的增长，即一个国家或地区的产品通过增加投入或提高效率获得更多的产出，构成经济发展的物质基础；二是经济结构的优化，即一个国家或地区投入结构、产出结构、分配结构、消费结构等各种结构的协调和优化，这是经济发展的必然环节；三是经济质量的提高，即一个国家或地区的经济效益水平、社会和个人福利水平、居民实际生活质量的提高、经济稳定程度、自然生态改善程度以及政治、文化和人的现代化，这是经济发展的最终标志。

经济增长是一个传统的观念，重在追求经济总量的扩张、速度加快和投入产出效率；经济发展包含经济增长，但是经济增长不一定包含经济发展。经济发展所涉及的面更广，不仅重视经济规模扩大和效率提高，突出经济发展质量，经济发展还要求经济增长过程的协调性、可持续性和成果的共享性。其中，协调性是指各种要素的使用要有机整合，供求总量和结构平稳合理，产需衔接连贯密切；可持续性是指经济发展与人口资源环境的承受能力相适应；共享性是指全体人民充分享受经济发展的成果。

经济增长与经济发展的关系是辩证的联系。经济增长包含在经济发展之中，它是促成经济发展的基本动力和物质保障。一般而言，经济增长是手段，经济发展是目的；经济增长是经济发展的基础，经济发展是经济增长的结果；没有经济增长就谈不上经济发展，但经济增长并不必然带来经济发展。对我国来说，一方面，作为一个发展中的人口大国，要积极地扩大经济总量，保持国民经济快速增长。没有一定的增长速度，经济发展中的问题，如就业问题、贫困问题、城乡以及区域经济发展不平衡问题等都难以解决；没有一定的增长速度，全面建设小康社会的目标就会落空；没有一定的增长速度，社会主义的优越性就难以充分体现。但另一方面，我们所要实现的增长速度是在显著提高经济增长质量、讲求效益前提下的增长速度，是扎实的没有水分的增长速度，是有过硬的发展后劲的增长速度。也就是说，我们要实现的是速度和效益的统一，我们要走的是一条既有较高发展速度又有较好效益的国民经济发展路子。

二、经济增长方式与经济发展方式的界定

如同经济增长不同于经济发展，经济增长方式也不同于经济发展方式。一直以来，我国经济学界对经济增长方式这一概念提出了各种不同的界定，比较普遍的一种，即经济增长方式是指一国实现经济增长所依赖的增长源泉或途径的构成，其单纯地追求和实现国民经济更快的增长速度和总量的扩张。经济增长的源泉或途径包含生产要素的投入数量和生产要素的使用效率，也就是通常所说的要素生产率。虽然经济增长是这两种源泉共同作用的结果，但这两种增长源泉构成方式的不同，则反映了增长方式的本质区别。经济增长方式大体分为两种，经济增长主要依靠扩大要素投入量来实现的被认为是粗放型经济增长方式；经济增长主要依靠提高要素生产率来实现的被认为是集约型经济增长方式。依据这种有关增长方式概念的界定，衡量增长方式变化的客观标准就应是要素投入量与要素生产率在经济增长中的相对重要性的变化。

经济发展方式是指经济发展的方法、路径，也就是指实现经济发展的方法、手段和模式，其中不仅包含经济增长方式，还包括结构优化、环境改善、技术不断创新、人民生活水平提高、资源配置趋于合理等方面的内容，其实质在于全面地追求和实现国民经济更好的发展质量和整体的协调。经济发展的内涵比经济增长更广泛、更深刻，特别是指经济系统由小到大、由简单到复杂、由低级到高级的变化。它是一个量变和质变相统一的概念，不仅包含生产要素投入变化，而且包括发展的动力、结构、质量、效率、就业、分配、消费、生态和环境等因素，涵盖生产力和生产关系、经济基础与上层建筑的各个方面。经济发展方式是描述经济发展总体性质和特征的一个概念，是指经济发展诸多因素的配置方式和利用方法。

从"经济增长方式"到"经济发展方式"，更好地体现了落实科学发展观的要求。经济增长方式主要是就经济增长本身的投入产出而言的，经济发展方式的内涵更丰富、更全面。党的十七大报告中所提及的"转变经济发展方式"，就是要在注重实现要素生产率的增长率对经济增长率的贡献度达到或超过50%的同时，更注重经济发展质的提高，注重质和量的统一，包括经济增长、结构改善、人民群众物质和文化生活水平的不断提高、环境的改善等。党的十八大则进一步

明确"转变经济发展方式"的目标就是"加快形成新的经济发展方式",而新的经济发展方式,是一种更多依靠内需特别是消费需求拉动的发展方式,是战略性新兴产业和现代服务业带动的发展方式,是依靠科技进步、劳动者素质提高、管理创新驱动的发展方式,是节约资源和循环经济推动的发展方式,也是城乡区域发展协调互动的发展方式。就转变增长方式而言,只转变经济增长方式很难收到预期的效果,必须从本源上抓好产业结构和需求结构的调整,要把粗放型经济增长方式转变为集约型经济增长方式,把盲目地单纯追求 GDP 的量的扩张转变到更加注重优化经济结构、提高经济效益和经济增长质量上来,更加注重不断提高人民群众的物质文化生活水平,让广大人民群众分享改革发展的成果。用发展来代替增长,可以更好地体现我国现阶段经济发展的特征,解决问题的针对性更强,更有现实意义。

三、从经济增长方式转变到经济发展方式转变

改革开放 30 多年来,我国经济发展取得了全球瞩目的巨大成就。坚持科学发展观,促进经济社会又好又快发展,在发展的过程中更加注重全面性、协调性和持续性,不仅经济总量有了快速发展,而且发展的质量和效益也有了明显的提高。连续多年保持国民经济年均两位数的增长,高于同期世界年均增长水平的一倍以上。在改革开放、结构调整、节能减排和环境保护等方面均迈出了新的步伐。在此发展的关键时期,党的十七大报告中用"转变经济发展方式"代替过去的"转变经济增长方式",这一变化折射出经济发展内涵的重大变化,具有重要的理论意义和实践意义。

(一) 从经济增长方式转变到经济发展方式转变是历史的必然

传统的经济增长方式是早期工业文明的产物,本质上蕴涵了人与自然对立的理论。近代欧洲随着科学技术的发展、工业革命的推进、货币向资本的转化,追求经济增长的观念日益凸显。这一时期,西方学术界和公众认同的一个基本观点是:社会发展离不开人对自然的统治和奴役。世界工业主义之父圣西门更是明确指出:社会进步应当是科学技术对工业社会的牵引,工业革命的本质在于"把人力作用于物"。物即自然,对物的占有和开发就是对自然的占有和开发。经济增长的神话似乎可以通过人的主体性扩张,并利用科技工具的理性手段,对自然资源进行疯狂掠夺和消费而成为可能。[①] 在这种形势下,判断社会进步的主要依据是

---

① 周振华:《中国经济分析丛书》,上海人民出版社 2007 年版。

经济指标的量度，它意味着向自然界索取多少，机器转动次数多高，工厂烟囱冒烟多长，人力资源投入多少和企业产品利润的多少。这种单一的、片面的增长方式，直接导致了大规模投资、大规模生产和对不可再生资源的大规模开采和利用。随着时间的推移，贫富悬殊、社会不稳定、资源短缺、环境污染、生态失衡等严重后果开始逐渐显现。而平民教育、社会福利、医疗保健、环境改善、社会公平等进步因素，则作为经济增长的代价而被牺牲掉了。这种经济增长方式，从根本上说不利于人类自身文明的进步和生存条件的改善，需要在引起检讨和反思的同时实现经济的转型。因此，实现经济发展方式的转变成为历史的必然。

（二）经济发展方式转变包含经济增长方式转变的内容

经济发展方式，是实现经济发展的方法、手段和模式，其中包括结构（经济结构、产业结构、城乡结构、地区结构等）、运行质量、经济效益、收入分配、环境保护、城市化程度、工业化水平以及现代化进程等诸多方面的内容，同时也包含经济增长方式。经济发展方式转变包含经济增长方式转变的内容，但不等同于经济增长方式转变，发展是积极的推动，强调经济发展对社会的正向作用和影响，而经济增长方式转变更多地强调数字的量度，它对社会既可以产生正向作用又可以产生负向作用。经济增长率主要是以要素投入增长为基础，一般以劳动力、机器、能源和其他物质生产要素的投入来推动经济的增长。用"发展"代替"增长"，在更符合事物发展规律的同时，更有利于进一步统一大家对发展的认识，统一对科学发展观的认识。转变经济发展方式的提法，更注重经济质量意识。所谓质量意识，主要是指经济发展必须能够表达如何衡量一个国家或地区的安全度和寻求衡量一个国家和地区的可持续度。经济发展能够表达如何衡量一个国家或地区的和谐度，而且必须能够表达如何衡量一个国家或地区的共同富裕度。从唯物史观的角度揭示社会进步的本质，就是社会进步必然要遵循生产力发展的铁律，受人类利益、需求的驱使和生产实践活动的支配。

（三）从经济增长方式转变到经济发展方式转变更好地体现了当前我国的主要矛盾和突出问题

改革开放后的实践证明，单纯地就转变经济增长方式而抓转变经济增长方式难以收到令人满意的预期效果。资源短缺、环境污染、生态失衡已成为我国在工业化和现代化发展道路中越来越严重的制约因素。消费、投资、出口不协调，收入分配不够合理，收入差距过大等问题已经显现，必须从本源上抓好产业结构、需求结构、资源结构和人才结构的调整，抓好自主创新能力的提高，不断增强消费需求、现代服务业发展以及科技进步对经济增长的带动和推动作用。衡量社会进步的尺度，主要就是生产力水平和人力资源的解放程度。党的十七大报告在全面把握我国经济发展规律的基础上，从发展实际出发，提出要"加快转变经济发展方式，推动产业结构优化升级"，用"转变经济发展方式"代替了过去的"转变经济增长方式"。用"发展"代替"增长"，更好地体现出我国现阶段经济与社会发展的特征和导向。

（四）从经济增长方式转变到经济发展方式转变有利于正确区分政府和市场的作用

在社会主义市场经济条件下，要充分发挥市场配置资源的基础性作用，政府就要积极地引导市场，把扩大国内需求、调整优化经济结构、提高自主创新能力等作为编制规划、制定政策、安排政府投资、进行宏观调控和深化改革的出发点，推动经济社会又好又快发展。无论是发展战略性新兴产业，还是改造提升传统产业，都应当坚持以企业为主体，以公平、有序、有效竞争的市场为基础，政府的职能在于正确引导企业投资和结构调整的方向。总之，转变经济发展方式要求注重经济社会综合协调发展的内涵，更全面更直接地体现了科学发展观的理念，体现了发展的耦合性、关联性、价值性和人文性的统一。

第二节　经济发展方式转变的深刻含义

党的十七大报告以科学发展观为指导，总结改革开放以来特别是提出转变经济增长方式以来的实践，科学分析当前经济发展中的矛盾和问题，提出了转变经济发展方式的任务。党的十八大再次强调，加快转变经济发展方式不是一个局部性问题，而是"关系我国发展全局的战略抉择"，进一步明确了加快转变经济发展方式的目标、思路及任务等。由"转变经济增长方式"到"转变经济发展方式"，不仅仅是两个字的改变，而是包含了更加丰富的内容，在涵盖经济增长方式的同时，体现了对新世纪、新阶段我国经济发展理念上的深化，道路上的拓展，国际环境认识上的提升。

一、要求发展观念从传统发展观向科学发展观转变

任何发展战略的确定、发展规律的认识、发展方式的选择，都涉及发展观念问题，因此，实现经济发展方式转变首要的是发展观念的转变。科学发展观是我

国经济社会发展的重要指导方针，它的第一要义是发展，核心是以人为本，基本要求是全面协调可持续，根本方法是统筹兼顾。从"增长"到"发展"的改变，蕴涵着发展观念要从传统发展观转变到科学发展观；要使传统经济增长方式转变到新的经济发展方式，必须要以科学发展观为指导，坚持和贯彻科学发展观理论。

（一）传统发展观

传统发展观偏重于物质财富的增长而忽视人的全面发展，简单地把经济增长等同于经济发展而忽视社会的全面进步，相应地，也把国内生产总值的增长作为衡量一个国家和地区经济社会发展的核心标尺而忽视人文的、资源的、环境的指标，单纯地把自然界看做人类生存和发展的索取对象而忽视自然界首先是人类赖以生存和发展的基础。在传统发展观的影响下，尽管人类曾创造了历史上从未有过的经济奇迹，积累了丰富的物质财富，但也为此付出了巨大的代价，资源浪费、环境污染和生态破坏的现象屡见不鲜，人们的生活水平和质量往往不能随着经济增长而相应提高，甚至出现严重的两极分化和社会动荡。

20 世纪 50 年代以来，伴随着科技进步的浪潮，生产力获得了飞速发展，发展几乎成为所有国家特别是发展中国家的共同任务。发展一般被视为经济增长，工业化成为一个国家和地区发展的"第一"标志。国民生产总值被看成是衡量一个国家和地区经济增长的重要标尺，追求国民生产总值就成为一个国家或地区发展的主要指标。这种发展观对促进经济增长、迅速积累财富起到了积极作用。但是，经济的增长并不能体现收入分配的改善和社会结构的完善，相反，却出现了高增长下的分配不公、两极分化、社会腐败、政治动荡、环境污染和生态破坏。学术界把这种现象归纳为"有增长而无发展"或"无发展的增长"，并把这种单纯追求经济增长的发展观称为传统发展观或工业文明的发展观。传统发展观的基本特征是增长至上，把发展简单理解为经济发展，等同于经济增长，认为只要经济增长了，其他都可以忽略。传统发展观轻视全面协调发展，重经济增长，轻社会发展；重经济总量扩张，轻经济结构优化；重物质财富获取，轻生态环境保护。传统发展观忽视可持续发展，在传统发展观的影响下，人类活动对自然资源的消耗越来越大，对环境的污染越来越严重。生态环境恶化的趋势已经对人类的生存繁衍以及经济和社会的可持续发展构成了巨大威胁，这正是人类面临着严重的生态危机和恶劣的生存环境的根本原因。

在以经济增长为至上目标的发展观指导下，必然导致盲目追求物质产品最大限度地增长，以致不顾资源环境承载能力；强调整体利益至上，追求社会效用最大化，忽视个体利益；追求短期增长最大化，忽视代际平衡，无意甚至有意地牺牲下一代人的发展空间；忽视区域协调发展，以邻为壑甚至陷邻于病。

（二）科学发展观

科学发展观的提出是发展观的深刻变革，是对传统发展观的扬弃。科学发展观进一步回答了为谁发展、怎样发展、发展什么等重大问题。以人为本的科学发展观是对马克思主义哲学的创新与发展。科学发展观是指导我国现代化建设的崭新的思维理念。科学发展观是坚持以人为本，树立全面、协调、可持续的发展观，促进经济社会和人的全面发展。科学发展观的基本特征有：第一，科学发展观是以人为本的发展观。以人为本是科学发展观的出发点和落脚点，这是传统发展观所没有重点提的。坚持以人为本，就是要以实现人的全面发展为目标，从人民群众的根本利益出发谋发展、促发展，让发展的成果惠及全体人民。第二，科学发展观是全面、协调、可持续的发展观。全面发展就是要以经济建设为中心，全面推进经济、政治、文化建设，实现经济发展和社会全面进步。协调发展就是要统筹城乡发展、统筹区域发展、统筹经济社会发展、统筹人与自然和谐发展、统筹国内发展和对外开放，推进生产力和生产关系、经济基础和上层建筑相协调，推进经济、政治、文化建设的各个环节、各个方面相协调。第三，科学发展观是可持续的发展观。可持续发展是既满足当代人的需求，又不危及后代满足其需求能力的发展。根据布伦特兰夫人的定义，可持续发展的核心思想是健康的经济发展应建立在生态可持续能力、社会公正和人民积极参与自身发展决策的基础之上。它所追求的目标既要使人类的各种需要得到满足，个人得到充分发展，又要保护资源和生态环境，不对后代人的生存和发展构成威胁。

（三）传统发展观与科学发展观的区别

第一，两种发展观产生的时代背景不同。发展观作为关于发展的本质、目的、内涵和要求的总的看法和根本观点，对发展的目标和思路具有全局视野和统领作用。人们从理论上提出并研究"发展"问题是在自由资本主义时代，这也是传统发展观产生的基本时代背景；科学发展观的提出是基于对我国现阶段的基本国情和新的发展要求新的判断。我国当前最大的国情，是仍然处于并且将长期处于社会主义初级阶段，社会主要矛盾仍然是人民日益增长的物质文化需要同落后的社会生产之间的矛盾。进入 21 世纪后，我国经济社会发展也遇到了资源约束加剧、社会矛盾突出、国际竞争压力加大、经济安全等方面前所未有的挑战。这就要求我们一是继续发展，二是必须提升发展理念。这也是我国提出科学发展观的基本时代背景。

第二，两种发展观根本目的不同。传统发展观认为，发展就是经济的快速运行，就是国内生产总值的高速增长，它忽视甚至损害人民群众的根本需要和利益。这种发展观"见物不见人"，其实质是一种"以物为本"的思想。改革开放以来我国实行的基本上是这种发展观，在取得伟大成就的同时，也产生了不协调的负效应。科学发展观并不否认经济发展、GDP增长，但它所强调的是经济发展、GDP增长归根结底都是为了满足广大人民群众的物质文化需要，保证人的全面发展，人是发展的根本目的。

第三，实现发展的方式方法不同。科学发展观作为崭新的发展观，是对传统发展观的反思和超越，它意味着要建立全新的社会生产方式，而这种全新社会生产方式的建立必将开启一种有别于传统工业文明的新文明，即生态工业文明，并形成一整套有别于传统工业文明的政治、经济、文化体制，从而推动社会朝着生态化的趋势发展。

第四，两种发展观指导下的发展结果不同。传统的发展观，把发展仅仅看做经济的发展，甚至只是经济的增长，以GDP为核心；科学发展观要求全面发展、协调发展和可持续发展。总之，发展观的演进和发展是世界各国谋求发展的必然，也是各国经济、社会发展过程中发展观念的必然转变和提升。在当今世界经济不断动荡的外部环境下，树立和贯彻科学发展观对于我国以及志在谋求本国经济、社会全面发展的发展中国家来说，都具有十分重要的理论意义和现实意义。

（四）科学发展观与转变经济发展方式

转变经济发展方式，是科学发展观在我国经济领域的体现和应用，它们存在内在统一性，它们都要求转变发展观念、创新发展模式、提高发展质量。科学发展观与转变经济发展方式是全局与局部的关系，是理论与实践的关系。

第一，科学发展观与转变经济发展方式，在马克思主义关于人得到全面而自由发展理论上存在内在统一性。马克思主义认为，生产力发展的根本目标是人类自身的发展；科学发展观的核心是以人为本，就是要以人民的根本利益为本，促进人的全面发展。转变经济发展方式，即经济发展不仅涉及生产力的发展，还涉及生产关系的发展；不仅包括经济数量的增长，还包括经济效益的提高；不仅包括社会财富的增长，还包括社会财富分配的公正、合理；不仅包括经济效益的提高，还包括社会效益的提高。这正是科学发展观以人为本理念的反映。

第二，科学发展观与转变经济发展方式，在发展观念和发展模式上存在内在统一性。科学发展观要求必须坚持协调可持续发展，要求现代化建设各个环节、各个方面协调发展，实现速度和结构质量效益相统一，走出一条节约能源资源、科技含量高、经济效益好、资源消耗低、环境污染少、人力资源优势得到充分发挥的可持续发展新路子。转变经济发展方式不仅包括生产从粗放型向集约型的转变，还包括经济结构优化升级、经济发展与人口资源环境相协调、实现经济社会永续发展，这一切正是科学发展观的内在要求。

第三，科学发展观与转变经济发展方式，在现代化建设的总体设计上存在内在统一性。为了贯彻落实科学发展观，我国目前将中国特色社会主义事业的总体设计安排由原来的经济、政治、文化三位一体发展目标，转变为经济、政治、文化、社会和生态五位一体的发展目标，以发展内涵的全面性为出发点，要求在发展中兼顾整个社会，包括物质文明、政治文明、精神文明、生态文明的全面进步。而转变经济发展方式同样包括经济、政治、文化、社会等方面的内容，其目标是推动经济、政治、社会、文化、生态的全面发展，即除了 GDP 的增长之外，还有整个社会的发展和进步，这同样体现了科学发展观全面发展的精神。

二、要求经济增长方式实现"三个转变"

十七大报告对我国经济发展方式转变进行了完整的理论阐述，并着重指出：转变经济发展方式，要"坚持走中国特色新型工业化道路，坚持扩大国内需求特别是消费需求的方针，促进经济增长由主要依靠投资、出口拉动向依靠消费、投资、出口协调拉动转变，由主要依靠第二产业带动向依靠第一、第二、第三产业协同带动转变，由主要依靠增加物质资源消耗向主要依靠科技进步、劳动者素质提高、管理创新转变"。这是我们党在深入探索和全面把握我国发展规律基础上确定的重要方针，也是从当前我国经济发展实际出发提出的重大战略。

（一）促进经济增长向投资、消费、出口的协调拉动转变

近年来，我国经济增长过于依赖投资和出口带动，需求结构中投资率偏高、消费率较低。由于投资与消费的比例失衡，使得居民生活不能随着经济快速增长而同步提高，导致国内市场规模受限，生产能力相对过剩。消费率的持续下降，对扩大内需造成严重制约，使经济增长对出口的依赖程度不断提高。较高的出口依存度意味着我国 GDP 的增长已严重依赖国外市场，同时也表明经济的平稳运行和高速增长在很大程度上取决于国际经济的繁荣和金融市场的稳定。一旦国际市场发生波动，我国经济形势必会受到威胁。美国"次贷"危机所引发的国际金融危机对我国经济发展产生的严重冲击就很能说明该问题。它导致我国外贸出口、工业生产和经济增速的大幅回落以及失业人数的大幅增长。经济增长主要依赖出口拉动也不利于我国的技术进步和产业升级。对外贸易的发展为我国经济发展提供了资金和技术，但是，在出口拉动经济增长的模式中，中国更多的只是扮

演了初级产品"加工厂"的角色，产品的技术含量较低。长此以往，不利于我国的技术进步和产业升级。外贸顺差过大和国际收支盈余过多，还会造成国内资金流动性过剩，反过来又助长了投资的高增长。因此，无论是着眼于改善民生，还是着眼于产业结构调整和国际收支平衡，都要坚持扩大国内需求，鼓励合理消费，把经济发展建立在开拓国内市场的基础上，形成消费、投资、出口协调拉动经济增长的局面，促进国民经济良性循环和人民生活水平不断提高。

加大消费对经济增长的拉动作用。首先要完善收入分配政策，持续增加城乡居民收入。坚持和完善按劳分配为主体、多种分配方式并存的分配制度，逐步提高居民收入在国民收入分配中的比重，提高劳动报酬在初次分配中的比重，改变"金字塔型"分配方式，着力提高低收入者的收入，逐步提高扶贫标准和最低工资标准，建立企业职工工资正常增长机制和支付保障机制。扩大中等收入者比重，使社会阶层拥有的社会财富呈"鸭蛋型"，即绝大多数是中产阶级。取缔非法收入。调整和健全消费政策，通过加快社会保障体系建设，稳定居民消费预期；通过改善消费环境，增强居民的消费信心，促进居民扩大消费。要拓宽服务性消费领域，不断开拓城乡消费市场，继续拓展住房、汽车、通信、旅游、文化和健身等热点消费。同时，要适度控制投资规模，优化投资结构，提高投资效益，合理降低投资率。要转变外贸增长方式，调整进出口结构，促进对外贸易和国际收支基本平衡，使消费、投资、出口"三驾马车"协调发挥拉动增长的作用。

（二）促进经济增长向第一、第二、第三产业协同带动转变

目前，我国产业结构仍处于初级化阶段。农业基础薄弱，工业大而不强，服务业发展滞后，三次产业比例不合理。农业"靠天吃饭"的局面没有根本改变；经济增长主要依靠第二产业带动的格局不仅没有改变，反而继续强化，进一步加重了资源环境的压力。第二产业增加值占国内生产总值的比重从 2002 年以来一路攀升，对经济增长的贡献率到 2009 年高达 52.5%。第二产业中又以制造业为主，而制造业技术含量和附加值普遍不高，缺乏世界名牌和核心技术，依靠资源和要素投入推动的生产扩张，与我国土地、淡水、能源、矿产资源和环境约束之间的矛盾日益突出。低附加值制成品的出口扩张对世界市场也构成了一定冲击，导致越来越频繁的贸易冲突。产业集中度低、企业个体实力弱、产业布局不合理的情况还普遍存在。自主创新能力较弱，引进技术仍然是工业技术进步的主要途径，核心技术受制于人，产业技术水平不高，使得我国在国际分工中处于相对不利的地位。就第三产业来看，尽管其增加值占 GDP 的比重在 2009 年已达到了43.4%，但这一比重仍然大大落后于发达国家的水平，也明显低于同等发展程度的发展中国家。产业结构不合理，加大了资源环境的压力，影响经济整体素质和效益的提高，不利于缓解就业压力，影响经济的稳定性。因此，必须把调整产业结构作为推动发展的主线。

推动三次产业的协同发展，必须巩固第一产业，做大第三产业，提升第二产业，发展现代产业体系。首先，要加强农业基础地位。巩固、完善、加强支农惠农政策，逐步做到用现代物质条件装备农业，用现代科学技术改造农业，用现代经营形式推进农业，用培养新型农民发展农业。提高农业水利化、机械化和信息化水平，提高土地产出率、资源利用率和农业劳动生产率，提高农业效益和竞争力，走中国特色农业现代化道路。其次，加速发展服务业，实现服务业由慢变快发展。要不失时机地发展现代服务业。坚持市场化、产业化、社会化方向，在继续发展商贸服务、社区服务、旅游文化、住宅产业等生活性服务业的同时，加快发展综合运输、现代物流、金融保险、信息服务、科技服务、商务服务等生产性服务业，提高服务业比重和水平。最后，提高工业技术水平，实现工业由大变强。要大力发展先进制造业，依托重大项目，集中组织攻关，加快振兴装备制造业；培育产业集群，积极发展节能环保、新一代信息技术、生物技术、高端装备制造、新能源、新材料、新能源汽车等战略性新兴产业；抓住结构调整的契机，加快淘汰钢铁、有色、化工、建材、煤炭、电力等行业落后生产能力，用高新技术改造提升传统产业，促进工业的转型升级。

（三）促进经济增长向主要依靠科技进步、劳动者素质提高和管理创新转变

在带动我国生产力发展的要素中，发挥主要作用的是劳动力因素。我国是人口大国，劳动力成本低是我们的比较优势。而在我国发展的新阶段，要提升我国的核心竞争力，就要在继续保持我们的劳动力优势、提高劳动者素质的同时，更多地依靠技术进步。同时，我国发展方式要从高投入、高耗能的粗放型发展模式转为高效益的集约型发展模式，也必须依靠技术进步。因此，提高自主创新能力，以此增强我国的综合国力，成为新时期的重要任务。

经过多年努力，我国科技创新取得明显成效，但从总体上看，自主创新不足，转化水平不高，劳动生产率和经济效益与国际先进水平相比还有较大差距。我国经济增长付出的能源、资源代价过大。我国缺乏核心技术，缺乏自主知识产权，缺少世界知名品牌，不得不更多地依靠廉价劳动力的比较优势换来微薄的利益，成为加工产品的"世界工厂"。我国出口商品中90%是贴牌产品。以纺织服装为例，我国纺织服装出口占全球纺织服装贸易总额的24%，但自主品牌不足1%，而且没有一个世界名牌。不论是从国际科技竞争加剧的趋势来看，还是从国内低成本竞争优势减弱的现实来看，都到了必须要更多地依靠科技进步、劳动者素质提高和管理创新带动经济发展的新阶段。影响我国科技创新的因素较多，但最主要的是科技与经济的结合不够紧密。

增强科技自主创新能力，就必须加快制度变革和增加财政投入，并着力在培育创新机制、创新队伍和创新人才等方面下工夫。要按照建设创新型国家的要求，认真落实国家中长期科学和技术发展规划纲要，加大对自主创新的资金投入和政策支持，抓紧组织实施重大科技转型，着力突破制约经济社会发展的关键技术。要推动国家创新体系建设，支持基础研究、前沿技术研究和社会公益性技术研究。要加快建立以企业为主体、市场为导向、产学研相结合的技术创新体系，使企业真正成为研发投入和自主创新的主体。积极鼓励创新环境的营造和培育，突破制约经济社会发展的关键技术"瓶颈"，在进一步深化科技管理体制改革的同时，加快引进市场化的自主创新机制和体制，将现代企业真正塑造成我国自主创新的基地和主体。引进和支持创新要素向现代企业集聚，促进科技成果向现实生产力的转化。要继续实施全民科学素质行动计划，大力提高劳动者科学文化素质，充分发挥我国人力资源优势在经济发展中的作用。

三、经济发展方式转变是经济社会领域的深刻变革

2008 年，国际金融危机爆发，对受经济全球化深刻影响的中国经济构成严重威胁。2009 年底，全球经济进入后危机时代，推动着世界产业变革与结构调整，世界经济开始新一轮大调整、大变革，我国经济发展面临的外部环境更加复杂。当前，我国经济回升的基础还不牢固，经济运行中的新老矛盾和问题相互交织，诸多深层次的结构性、体制性矛盾和问题亟待破解，国际金融危机对我国经济表面上是经济增长速度的冲击，实质上是对经济发展方式的冲击。短期政策虽然防止了 GDP 大幅下滑，但是真正要改变的是我国过去靠投资和出口支撑经济增长的经济发展模式，真正实现经济发展方式转变，为我国经济长远发展营造良好条件，提高中国在国际市场上的竞争力。转变经济发展方式涉及理念的更新、模式的转型、路径的创新，实现经济发展方式转变必须加快改革开放的步伐，深化经济社会领域改革，建立健全有利于科学发展的体制机制，为促进经济社会长期平稳较快发展提供有力保障。因此，经济发展方式转变是一场广泛而深刻的变革。

（一）经济发展方式转变是我国经济社会发展新的历史起点

十六大以来，基于改革开放的伟大实践，党对我国经济发展规律的认识取得

了新的重大进展，最终形成了指导我国社会主义建设的科学发展观。与之相适应，十七大明确提出了加快转变经济发展方式的战略任务，要求我们通过科技进步和创新，在优化结构、提高效益和降低能耗、保护环境的基础上，实现包括速度、质量、效益相协调，投资、消费、出口相协调，人口、资源、环境相协调，经济发展和社会发展相协调在内的全面协调，真正又好又快地发展。党的十八大再次强调，加快经济发展方式转变是"关系我国发展全局的战略抉择"，要适应国内外经济形势变化，加快形成新的经济发展方式，把推动发展的立足点转到提高质量和效益上来，着力激发各类市场主体发展新活力，着力增强创新驱动发展新动力，着力构建现代产业发展新体系，着力培育开放型经济发展新优势，不断增强长期发展后劲。

经济发展方式涉及生产力和生产关系的关系、经济基础和上层建筑的关系，需要政治建设、文化建设、社会建设的配合。提出转变经济发展方式，将使人们更加重视处理好生产力和生产关系、经济基础和上层建筑之间的关系等问题，更有利于经济建设、政治建设、文化建设、社会建设互相配合、互相协调、互相促进，保证国民经济又好又快发展。党自十七大以来提出转变经济发展方式有多方面的重大意义。它是党中央立足我国经济社会发展的现实，为国家和社会长远发展提出的一个与我国社会发展阶段相适应的新的发展模式；它反映了我们党对经济发展规律的认识更加全面和深刻，对实际工作的针对性、指导性更强，也是对马克思主义发展理论的充实和发展。从这个意义上看，实现我国国民经济发展方式的转变不仅标志着我国国民经济发展层次的提高，而且标志着我国经济社会发展进入了一个新的历史起点，必将有力地推动中国经济社会迈向新的更高的发展阶段。

（二）经济发展方式转变是一次理念的革新

经济发展方式转变是我国经济发展理念的一次革新。从以 GDP 为中心的发展理念转向以人的发展为中心；从以做大"蛋糕"为主转向做大"蛋糕"和切好"蛋糕"并重；从"国富优先"转到"民富优先"。

社会发展到今天，只有解决了人的自身发展问题，才有可能实现公平和可持续发展的目标。我国还是发展中大国，经济发展是中心任务，但对政府来说，在市场主体已经形成的条件下，政府继续以经济建设为中心，并且充当投资建设的主体，难以创造全社会稳定发展的良好的社会环境和制度环境。彻底转变我国经济发展方式要求我们要从以 GDP 为中心的发展理念转向以人的发展为中心。因此，把民生问题放在一切工作的出发点、落脚点，应成为发展方式转变的指导思想。现在有一些地区表面上是为了民生，但实际工作还是落到保 GDP 增长上来。很多问题表面上看起来是经济问题，实质上却是社会问题。因此，要大力发展以民生为重点的社会建设。要把解决民生问题强化到农村、强化到全民，无论是公共服务体系，还是行政体制等，都需要尽快完善。目前迫切需要建立市场经济条件下的利益均衡机制，同时营造一种可预期的、具有确定性的经济社会环境。

从以做大"蛋糕"为主的发展理念转向以做大"蛋糕"和切好"蛋糕"并重的发展理念。我国过去发展的主要目标是追求经济总量的增加，今天面对社会发展的阶段性特征和社会突出矛盾，需要从以经济总量增长为目标转到以公平和可持续发展为目标。公平不仅是社会发展的目标，也是可持续发展的基础性条件。现在既有做大"蛋糕"的任务，也有切好"蛋糕"的任务。而且，切好"蛋糕"更重要。切好"蛋糕"是做大"蛋糕"的前提，切不好就做不大，切好是做大的约束性条件，因此，做大"蛋糕"和切好"蛋糕"并重。

从"国富优先"的发展理念到"民富优先"的发展理念。我国改革开放到现在，是继续坚持国富优先的发展方针，还是实行民富优先的发展方针是一个非常关键的问题。就目前我国经济现状来看，我国已进入到以扩大国内需求为基础的发展新阶段，继续坚持国富优先，不仅会造成社会总需求的减少，也会进一步扩大贫富差距。只有民富优先才有可能提高老百姓的消费能力和消费倾向，扩大社会总需求，缩小贫富差距，才可能实现以消费为主导的可持续增长，并解决公平发展问题。

（三）经济发展方式转变是我国经济发展模式的一次重要转型

改革开放前，中国大体状况为：一是拥有世界上独一无二的人口规模，农村人口占据相当大的比重。二是人均自然资源并不丰裕，承载能力较弱。三是经济发展水平较低，经济结构失衡。特别是城乡间实行二元结构体制，非人性化的户籍鸿沟、工农产品价格剪刀差等，限制城乡间生产要素的流动。四是计划经济体制根深蒂固，企业、国民的积极性长期被压抑。五是长期闭关锁国，对外开放程度较低。六是封建文化影响较重，民主法制传统薄弱。中国在这样的基础上进行了经济体制转型，从 1978 年开始至今，社会主义市场经济体制的雏形已经建成，形成了中国特有的经济发展模式。然而，这种经济发展模式存在不少缺陷。第一，在工业化方面，虽然中国在世界上是一个"加工大国"，但实际上是一个"创新小国"。国际上通常将研究与试验发展（R&D）经费支出占国内生产总值比重超过 2% 的国家称为"创新型国家"，而中国 2010 年的这一比重仅为 1.76%。同时，与工业化相关的研发、设计、金融、物流等服务业支撑不足，距离新型工业化还有较大差距。第二，在城镇化方面，城乡二元结构突出。虽然目前进城务工者已经占到产业工人总数的 1/3 以上，但是，这些进城务工人员，仍然无法享有与城市居民同等的福利待遇。第三，在国际化方面，对外出口的依赖程度过大。主要表现为储蓄——投资缺口的持续扩大；在国际贸易规则、国际金融秩序等方面发言权很小，尤其是在全球货币体系格局中，人民币仍处于边缘地位。在世界银行成员国投票权方面，虽然已经调整，但比重仍不足 4%。第四，在体制支撑方面，一些关键环节和重点领域的改革仍然滞后。就经济领域的改革而言，"政府主导型"的经济增长模式没有根本改观。至于政治体制改革，更是严重滞后于经济体制改革，成为整个中国改革的"短板"。第五，劳动力成本优势渐失，这一传统优势面临严峻挑战。从未来发展趋势看，中国的低要素成本优势将会逐步发生变化。特别是劳动力资源将可能从无限供给发展到供求趋于平衡再到出现结构性短缺并导致工资成本的相应提升。有预测认为，从 2013 年开始，中国的"人口红利"将耗尽，劳动力供给的优势将不复存在。[①]

在这种发展环境下，党的十七大提出了加快转变经济发展方式的战略任务，强调要促进经济增长由主要依靠投资、出口拉动向依靠消费、投资、出口协调拉动转变，由主要依靠第二产业带动向依靠第一、第二、第三产业协同带动转变，由主要依靠增加物质资源消耗向主要依靠科技进步、劳动者素质提高和管理创新转变。这意味着转变经济发展方式就是要在我国目前的发展模式上进行一次重大转型，由"中国制造"向"中国创造"转型，由"出口导向"向消费主导型的内外联动转型，由"工业立国"向产业协同转型，由"板块崛起"向区域协调转型，由"城乡二元"向城乡一体化转型。

第一，由"中国制造"向"中国创造"转型。在当代，技术创新及其产业化，是推动先进生产力发展的动力源泉。目前中国面临一个历史性的尴尬，即虽然中国是一个"加工大国"，实际上却是一个"创新小国"。过去 30 多年，中国给外部的一个印象是"世界工厂"，就技术而言，自主创新不足。下一步应促进从"中国制造"向"中国创造"转型，由"加工基地"向"创新高地"转变。具体来说，应在三个方面努力：其制高点在于重构国家创新体系，应缔造支持创新的政策法制环境，重构战略性技术和产业共性技术研发及工程化平台。其基础在于提高企业的自主创新能力，应改变创新资源企业薄弱的现状，使企业真正成为研究开发投入的主体、技术创新活动的主体和创新成果应用的主体。其关键在于

---

① 蔡昉：《失衡世界经济背景下的中国经济调整》，《中国社会科学院院报》2007 年 1 月 25 日。

人力资源开发，应建立良好的培养人才、吸引人才和用好人才的机制，注意通过技术入股、重奖原始创新、个人所得税优惠等机制设计，鼓励和激励创新。

第二，由"出口导向"向消费主导型的内外联动转型。2008年国际金融危机爆发后，中国面临的国际环境更加复杂。无论是全球经济再平衡，美国转变增长方式，还是各种贸易保护主义和对中国的出口壁垒不断增加，都凸显了外部依赖的脆弱性和不可持续性，这使得中国不能过度依靠外需来推动经济增长，需要研究如何调整"出口导向型"经济结构，构建内需外需协调拉动经济增长的新模式。实现由"出口导向"向内外联动转型，一方面要更积极参与经济全球化的进程，以实现最大化的战略利益；另一方面应着力挖掘内需潜力，特别是扩大居民消费内需。从横向看，2007年中等收入国家居民消费率为60%，而中国仅为34%，差距达26个百分点。从纵向看，中国居民消费率2000年为46.4%，2008年为35.3%，下降了11.1个百分点。① 由此可以看出，居民消费率处在一个低迷的状态，中国到了创造消费大国的时候了。

第三，由"工业立国"向产业协同转型。目前我国仍处于工业化中期阶段，工业占较高比重有客观原因，但第三产业发展滞后则成为产业短板。第三产业滞后主要是生产性服务业发展不足。2007年，中国生产性服务业占全部服务业的比重只有45%，占GDP的比重不到20%。而发达国家生产性服务业占全部服务业的比重普遍在60%~70%，占GDP的比重也大都在43%左右。即使是与和中国经济发展程度接近、人口规模也较接近的印度相比，差距也不小。由工业立国向产业协同转变，应该以现代服务业发展作为切入点，高度重视服务业特别是生产性服务业对产业结构优化升级的推动作用，放松市场准入限制，推进产权多元化，在市场性整合中扩大企业规模，促进现代制造业与服务业的互动发展，争取5年内使第三产业比重提高到45%~46%。

第四，由"板块崛起"向区域协调转型。区域结构的核心问题是避免"板块碰撞"。21世纪初，中国区域总体发展战略是以"四大板块"，即东（"率先"）、西（"开发"）、中（"崛起"）和东北（"振兴"）为主要载体的，侧重从抑制地区发展差距扩大方面推动区域协调发展，这是很有发展价值的，但这一战略也需要进一步完善。首先，这些战略是在区域发展不平衡的基础上提出的，较少顾及各地区具体的发展定位、产业分工和人与自然的和谐相处。这里"四大区域板块"与"四个主体功能区"的关系问题尚未理顺。其次，这些战略形成于不同的历史

---

① 常修泽：《中国经济发展模式转型提升论》，《中共中央党校学报》2010年第4期。

时期，针对的是 20 世纪 80~90 年代或 21 世纪初的区域发展现状，在 21 世纪 20~30 年代如何发展，需要有升级性战略诉求。最后，这些战略主要是以省（自治区、直辖市）行政区划为基础的，不便于区域战略和政策的细化和具体化。促进区域协调发展，除了考虑生产力的差异因素外，应特别重视空间布局因素和民族人文等政治因素。从空间布局因素看，"主体功能区"是实现空间布局的一个新构思，其特点是"大均衡、小集聚"，即在较小空间尺度的区域集中开发、密集布局，在较大空间尺度的区域形成若干个小区域集中的增长极。它立足于当前的资源环境承载能力、现有开发密度和开发潜力，在统筹考虑全国开发情况的前提下，明确区域发展的战略布局、功能定位，有利于空间上相对均衡分布。从民族人文等政治因素考虑，还要确保西北和西南地区的战略稳定。

第五，由"城乡二元"向城乡一体转型。中国的城乡二元结构问题，远比刘易斯提出的关于发展中国家经济二元结构的理论模型复杂得多。中国的问题，除了发展的结构性问题外，还有深刻的体制性问题。在传统计划经济体制下，中国城乡之间存在严重的制度性鸿沟。改革开放以来，中国城镇化率从 1978 年的 17.9% 提高到 2008 年的 45.7%，城镇人口从 1.72 亿人增加到 6.07 亿人，这 6.07 亿城镇常住人口中，有大量进城的农民工。当前，城乡之间的制度性"鸿沟"应该填平了。破除城乡二元分隔体制的突破口，应在使符合条件的农民工享有与原住市民同等权利方面考虑。为此，需要改革创新相关体制，加快农民身份的转换，应考虑让技术型、稳定就业的进城务工人员作为户籍制度改革的先行者，再逐步扩大共享范围。在城镇化的速度上，可按每年 1% 的比例来推进。在发展格局上，可按"立体网络"形状来铺陈，即以大城市为中心、中等城市为骨干、小城市及小城镇为基础，以大带小、协调并举，走大中小城市和小城镇协调发展的道路。

伴随 2008 年国际金融危机的爆发，世界各国争夺未来发展制高点的竞赛开始启动，加快结构调整、技术进步和产业升级步伐成为世界经济进入新一轮增长周期的前奏，谁转得快、转得好，谁就能在未来全球经济政治版图中占牢一席之地。过去那种靠过度依赖外向型经济、过度消耗资源环境、过度比拼低成本"比较优势"、过度牺牲社会福利求得经济增长的传统发展模式更加难以为继，解决经济社会发展不平衡、不协调、不可持续的问题，只能依靠以更大的力度加快发展方式转变，加快形成新的发展方式。正是基于此，党的十八大围绕加快转变经济发展方式，提出要"加快形成新的经济发展方式"，在具体操作上，则细分为"一个立足点"、"四个着力"和"五个更多"的要求：把推动发展的立足点转到提高质量和效益上来，着力激发各类市场主体发展新活力，着力增强创新驱动发展新动力，着力构建现代产业发展新体系，着力培育开放型经济发展新优势，使经济发展更多依靠内需特别是消费需求拉动，更多依靠现代服务业和战略性新兴产业带动，更多依靠科技进步、劳动者素质提高、管理创新驱动，更多依靠节约资源和循环经济推动，更多依靠城乡区域发展协调互动，不断增强长期发展后劲。党的十八大报告对加快形成新的经济发展方式的要求，体现了对党的十七大报告关于加快转变经济发展方式的继承和深化。

（四）经济发展方式转变涉及发展路径的创新

传统的经济发展方式使我国目前的经济发展面临诸多问题，比如，经济发展受资源环境的"瓶颈"约束，投资、消费、出口占GDP比重的结构性矛盾，产业结构不合理，技术进步与自主创新不足，对经济增长贡献率低等问题。要解决这些问题，实现经济发展方式的转变就涉及我国发展路径的创新。

第一，转变经济发展方式涉及要在制度上创新，消除体制性障碍。制度是指一系列被制定出来的规则、守法程序和行为的伦理道德规范，旨在约束追求主体福利或效用最大化的个人行为。当把制度作为经济增长最为重要的变量时，则经济增长主要表现为制度变迁的结果。在制度不变的情况下增加生产要素也可能增加社会财富，但一个国家没有实现经济增长，则必定与社会没有为经济方面的创新活动提供足够的刺激有关。而体制的变化具有既改变收入分配，又改变经济中资源使用效率的潜在可能性。体制因素不仅决定了经济增长的绩效，而且决定了经济增长的方式。转变发展方式需要消除体制性障碍，注重相关制度的创新和有关政策法规的出台，去除经济社会体制存在的不利于经济发展的因素，形成有利于经济发展、有利于创新创业的经济、社会和政治体制。政府应该对技术创新和新产品进行引导，制定扶持性政策，不设立过多的行政许可和市场准入。制定鼓励发展绿色经济、低碳经济的政策措施，大力发展绿色经济、低碳经济，改善资源和环境的限制；进一步改革投资体制，改善投资与消费关系失衡的状态；适时进行收入分配制度改革，调整分配结构，逐步扩大中等收入者的比重，形成"鸭蛋型"收入分配结构，完善二次分配制度，加大社会保障力度，进而提高城乡居民的消费水平；进行户籍制度改革，促进农民工进城，提高城市化率；加快构建以企业为主体、市场为导向、产学研相结合的技术创新体系，制定鼓励创新人才成长的政策措施，形成有利于自主创新的体制机制等。

第二，通过技术进步和自主创新实现经济发展的转变。储蓄率、人口增长率和技术进步速率是影响人们长期生活水平的三个因素，三个影响因素中只有技进步具有无限潜力。经济增长方式转换的标志在很大程度上是由技术进步对经济增长的贡献率来度量的。教育、培训、企业进行的创新活动对经济增长有着重要的影响。国际金融危机刺激了科技进步和创新步伐的加快，推动着世界产业的变革与结构的调整。发达国家加快调整科技和产业发展战略，把绿色、低碳技术及其产业化作为突破口。2009 年，美国推出以绿色经济促进美国经济复苏和创造就业计划；欧盟委员会则宣布，将投资 32 亿欧元，用于创新型制造技术、新型低能耗建筑与建筑材料、环保汽车及智能化交通系统三个领域的科技研发。因此，我国应进一步加大对教育、培训、科技、研发的资金投入，提升对于重要产业、重要领域的核心技术的原始创新能力，掌握自主知识产权，形成新的竞争优势。

第三，通过优化产业结构和产业升级相结合实现经济发展方式转变。产业结构的优化升级是实现经济结构优化的关键。在后国际金融危机时期，国内国外市场需求发生变化，应及时调整产业结构、产品结构，面向市场需求，把优化产业结构同推动产业升级相结合，适应全球经济结构和产业结构调整的大趋势，增强综合国力和国际竞争力。农业是整个国民经济长期稳定发展的基础，经济增长不能超过农业的支撑力。要进一步加强农业基础地位，提高农业的资本有机构成，调整农业内部产业结构，培育壮大现代产业体系，促进三次产业协同发展。产业升级重要的是必须依靠科技进步，核心的是发展新兴产业和提升占我国经济比重高的加工制造业。

第四，通过发展创新现代服务业实现经济发展方式转变。服务业的繁荣发展是现代化的重要标志，也是产业结构优化升级的重要内容。大力发展服务业特别是生产性服务业，对于加强和改善供给，扩大就业，拓宽服务消费，减轻资源环境压力，具有十分重要的战略意义。我国无论是生产性服务业还是生活性服务业都有着旺盛的市场需求，但服务业的供给能力和水平还难以满足这种需求。要用现代化的新技术、新业态和新服务方式改造传统服务业，创造需求，引导消费，向社会提供高附加值、高层次、知识型的涵盖生产服务和生活服务的服务业。

第二章　河南经济发展方式的评述

改革开放以来，河南的经济发展取得了令人瞩目的成就，但从发展方式上看，仍然未能从根本上摆脱传统经济发展方式的困扰。特别是进入21世纪以来，粗放型经济发展方式呈进一步强化之势。粗放经营维持了较高的经济增长速度，缓解了就业压力，但也使我们赖以生存的生态环境难以承载，经济增长受环境、市场和资源的约束日益增强。近年来，河南为推动经济发展方式转变进行了一系列探讨和摸索，从多方面出台了相应的政策、措施，但经济发展中一些突出的矛盾和问题仍制约着经济发展方式的转变。

第一节　河南经济发展取得的成效

改革开放以来，河南积极贯彻落实国家各阶段经济发展战略，以科学发展观为指导，紧紧围绕实现中原崛起目标，大力实施开放带动、科教兴豫、可持续发展战略，加快工业化、城镇化，推进农业现代化，成功实现了由传统农业大省向全国重要的经济大省、新兴工业大省和有影响的文化大省的历史性转变，经济社会发展呈现出良好的态势。2009年，河南地区生产总值达19480.46亿元，比上年增长10.9%，连续第五年居全国第5位。其中：第一产业增加值2769.05亿元，增长4.2%；第二产业增加值11010.50亿元，增长12.4%；第三产业增加值5700.91亿元，增长11.1%；三次产业结构比为14.2∶56.5∶29.3，第二、三产业占GDP比重达到85.8%，产业结构逐步调整；全部工业增加值9900.27亿元，总量位居全国第5位，装备制造、有色、食品、化工、纺织服装等行业主要产品产量均居全国前列；全年全社会固定资产投资13704.65亿元，比上年增长30.6%；金融机构人民币各项存款余额19175.06亿元，增长25.7%，人民币各项贷款余额13437.43亿元，增长29.6%；城镇化率达到37.7%。总体来看，河南具备了良好的基础设施、产业基础和人力资源条件，正处于经济、工业化、城镇化加速发展阶段，在经济规模、增长速度、结构调整、投资规模、农业发展、工业化进程等方面均取得了巨大成绩。

一、经济规模快速扩张

从地区生产总值、一般预算财政收入、金融机构存贷款余额等反映经济发展规模的指标来看，河南经济社会发展已走出了缓慢发展期，进入了一个经济快速发展期。改革开放以来，河南 GDP 规模不断扩大（见图 2-1），从 1978 年的 162.92 亿元增长到 2009 年的 19480.46 亿元，其中在 1991 年突破 1000 亿元，2000 年突破 5000 亿元，2005 年突破 10000 亿元。我们发现，从 1990 年以来，GDP 净增 5000 亿元分别用了 10 年、5 年、3 年的时间，经济社会发展进入了一个快速赶超期，GDP 稳居中西部第一、全国第五的位次。

同时，河南财政收入逐年增加（见图 2-2），一般预算收入从 1978 年的

（亿元）

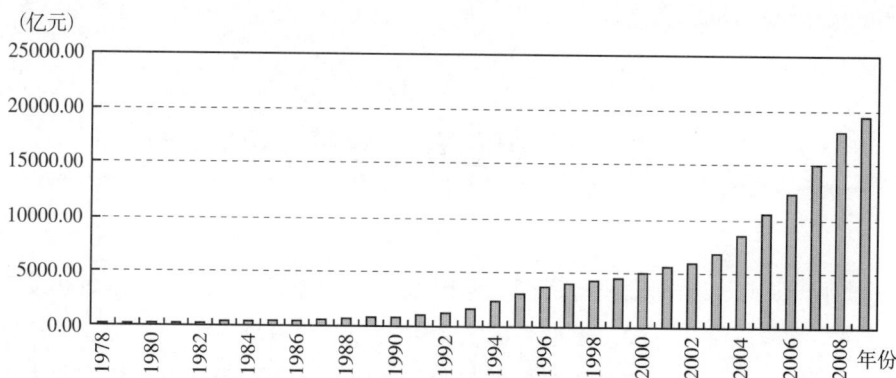

图 2-1　1978~2009 年河南 GDP 变化趋势

（亿元）

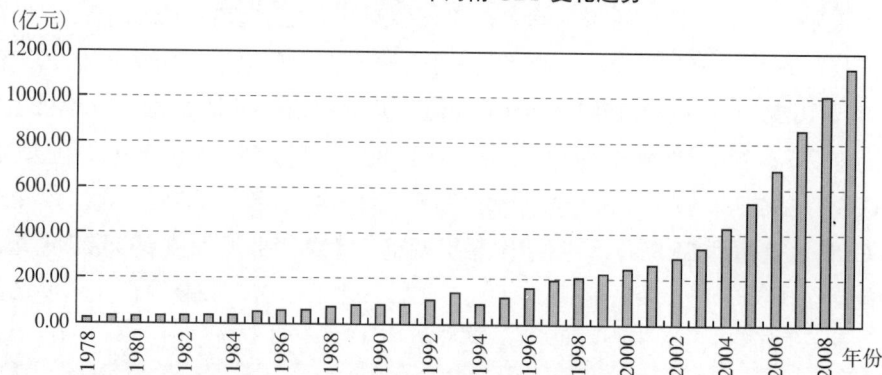

图 2-2　1978~2009 年河南财政收入变化趋势

注：财政收入 1993 年以前为分税制前老口径，1994 年以后为分税制后新口径。

33.73 亿元增加到 2009 年 1126.06 亿元，1992 年突破 100 亿元，1998 年突破 200 亿元，2004 年突破 400 亿元，2008 年则突破 1000 亿元。

河南存贷款额也在逐年增加（见图 2-3），从 1978 年的 145.70 亿元增加到 2009 年的 32612.49 亿元。尤其是 20 世纪 90 年代以后，存贷款规模呈加速度增长。1990 年为 1367 亿元，2001 年突破 1 万亿元，达 10415.89 亿元，从 1000 亿元到 1 万亿元大关，基本用了 10 年时间。2006 年为 20059.88 亿元，突破 2 万亿元，2009 年则突破 3 万亿元；从 1 万亿元到 2 万亿元，用了 5 年时间，从 2 万亿元到 3 万亿元，只用了 3 年时间。

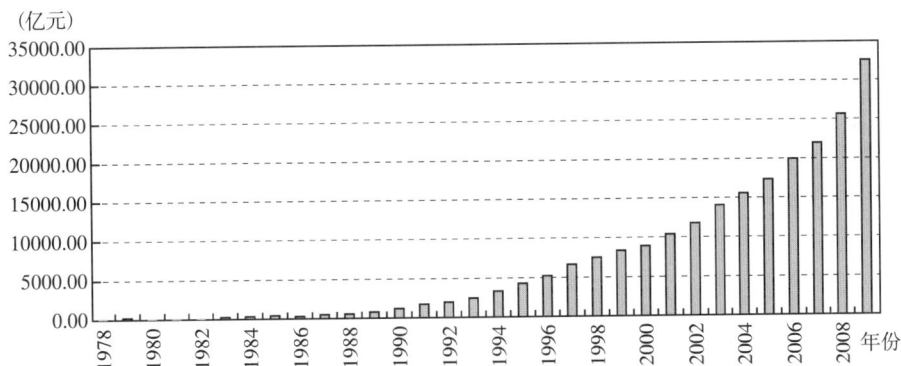

图 2-3　1978~2009 年河南金融机构存贷款变化趋势

二、经济增长速度保持稳定

改革开放以来，河南经济增长速度保持了持续高速的增长速度（见表 2-1）。"八五"期间，河南 GDP 年均增长达 13%；"九五"期间，年均增长 10.1%；"十五"时期，年均增长 11.4%。"十一五"期间，2006~2010 年河南省生产总值分别增长 14.4%、14.6%、12.1%、10.9%、12.2%，尤其是 2008 年以来，尽管受到世界性金融危机的影响，但生产总值增长速度仍然保持 10% 以上，河南经济发展的稳定性显著增强。这样一个稳定运行的经济周期，为河南省着力解决经济社会发

表 2-1　河南省经济增长速度的历史变化

年　份	1983	1984	1985	1986	1987	1988	1989	1990	1991	1992	1993	1994	1995	1996
增长率 (%)	23.8	10.1	13.5	4.6	15	9.8	7	4.5	6.9	13.7	15.8	13.8	14.8	13.9
年　份	1997	1998	1999	2000	2001	2002	2003	2004	2005	2006	2007	2008	2009	2010
增长率 (%)	10.4	8.8	8.1	9.5	9	9.5	10.7	13.7	14.2	14.4	14.6	12.1	10.9	12.2

展中存在的深层次矛盾、缓解就业压力、促进统筹协调发展、加快推进经济转型、着力转变经济增长方式，提供了有利的环境。

三、产业结构调整取得实质性进展

改革开放以来，尤其是 20 世纪 90 年代以来，随着对可持续发展观念的逐步深入，科学发展观重大战略思想的提出，面对转变经济发展方式的新要求，河南也开始了对现有粗放式经济增长模式的反思。配第—克拉克定理证明了随着经济的发展，第一产业的比重会不断降低，第二、三产业的比重将不断增长。20 世纪 90 年代以前的河南显然处于威廉·配第所界定的第一产业比重过高，第二产业尤其是第三产业发展滞后的工业化初期阶段。现代区域经济发展的过程表明：一个区域的经济发展，不仅表现为产值或收入等总量指标的上升，而且必然伴随着产业结构的演变，在发展过程中，区域经济总体发展水平与区域产业结构是密切相关、相互影响的，而且产业结构在一定程度上决定了区域经济增长的速度。因此，加快产业结构调整，推进产业结构优化升级，是实现经济可持续发展的关键所在，是实现经济社会又好又快发展的需要，也是转变经济发展方式的客观要求。近年来，伴随河南经济的快速发展，产业结构也逐步由不合理向合理慢慢调整，实现了由"二、一、三"到"二、三、一"的历史性转变（见表2-2）。一、二、三产业比例由 1981 年的 61.5：6.9：31.6 演变为 2010 年的 14.1：57.3：28.6。这一变化是河南省委、省政府在经济发展各个阶段相适宜地调整经济结构的战略规划和部署的结果。早在"八五"时期，河南省委、省政府就提出了"一高一低"的发展战略，即"力争经济发展速度略高于全国平均水平、人口自然增长率略低于全国平均水平"。"九五"时期，提出推进两个根本性转变，即"由计划体制向社会主义市场经济体制转变、由粗放型经营向集约型转变"。"十五"时期，提出调整"五个结构"、实现"两个较高"，即调整产品结构、产业结构、城乡结构、人才培养结构和所有制结构，努力实现较高的增长速度和较高的增长质量。"十一五"时期，进一步提出了"两个加快、四个转变"，即加快发展和加快转

表 2-2　1978~2010 年河南三次产业结构历史变化

年　份	第一产业	第二产业	第三产业
1980	40.7	41.2	18.1
1990	34.9	35.5	29.6
2000	23.0	45.4	31.6
2010	14.1	57.3	28.6

型，促进经济发展由投资拉动为主向投资与消费、出口拉动并重转变，由工业推动为主向三次产业协调推动转变，由资源主导型向创新主导型转变，由粗放型向集约型转变。

不仅三次产业结构比重逐步调整，产业内部结构也有所改善。农业虽然在三次产业中的比重下降，但河南农业并没有减少对河南经济甚至全国经济作出的贡献。河南不仅粮食产量保持在全国第一的水平，同时还不断扩大棉花、油料、烟叶、蔬菜、药材、花卉等经济作物面积，大力发展畜牧养殖业，注重农副产品深加工，重点扶持农产品加工企业，推进农业产业化，大大提高了农产品附加值；第二产业内部，高新技术企业在工业企业中所占比例逐步提高；第三产业内部，物流、会展、旅游、金融等现代服务业快速发展，这些现代服务业形式的发展充分利用河南地处中原的地理位置以及深厚的历史文化底蕴，为河南未来实现由"二、三、一"到"三、二、一"的结构转变提供了强有力支撑。

四、固定资产投资总量逐年增加

改革开放以来，河南省的固定资产投资规模逐步扩大（见图2-4），由1990年的206.12亿元增加至2009年的13934.82亿元。2009年，全省全社会固定资产投资比上年增长32.8%，其中，第一产业投资增长8.2%，第二产业投资增长18.1%，第三产业投资增长26.1%，城镇投资增长21.6%。投资成为拉动河南经济快速增长的主要力量。

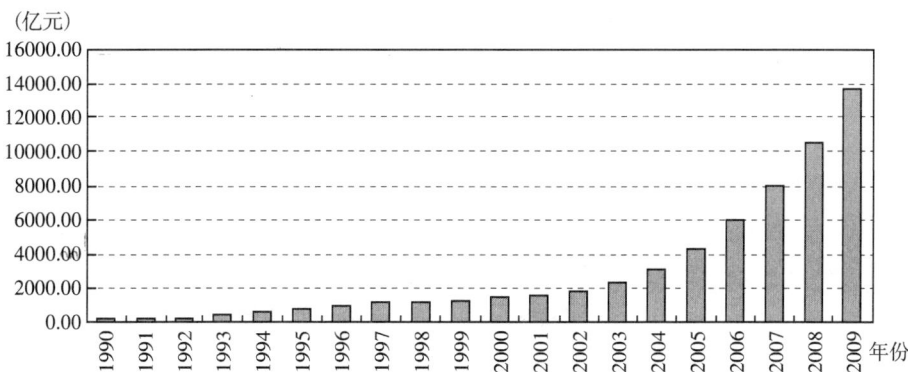

图2-4 1990~2009年河南省全社会固定资产投资总额变化趋势

五、农业和农村经济持续稳步发展

"民以食为天"，农业始终是国家经济和工业化发展的基础和关键，任何时候都不能忽略农业发展。河南是农业大省，保障粮食安全是河南的重要使命。改革开放 30 年来，河南粮食总产连续跨上 500 亿斤、600 亿斤、700 亿斤、800 亿斤、900 亿斤、1000 亿斤 6 个台阶。2009 年达到 1078 亿斤，连续 4 年稳定在1000 亿斤以上，连续 6 年总产、单产刷新纪录，连续 10 年稳居全国首位（见表2-3）。河南用占全国 1/16 的耕地，生产了全国 1/4 以上的小麦、1/10 以上的粮食，养活了全国 1/13 的人口，同时每年还输出原粮及制成品近 300 亿斤，为保障国家粮食安全做出了重大贡献。与此同时，近年来河南棉花、油料、烟叶、蔬菜、茶叶、花卉等经济作物面积扩大，产量提高。"十一五"期间，河南的油料总产、食用菌产量产值均居全国第一位，棉花居全国第四位，蔬菜面积、产量分别居全国第二位和第三位。目前，在省内大、中城市周围已经形成了地方名优特色蔬菜基地，在大别山、太行山和伏牛山区形成了茶叶、食用菌、中药材生产基地，在豫西和沿黄故道形成了优质果品生产基地，以及形成了杞县大蒜、鄢陵苗木、夏邑食用菌、淅川辣椒等一大批具有地方支柱产业的特色农产品生产基地，创出了一大批有市场竞争力的品牌。

表 2-3　2001~2009 年河南粮食产量及占全国比重

单位：万吨

年份	2001	2002	2003	2004	2005	2006	2007	2008	2009
全国	45263.7	45705.8	43070	46946.9	48402.2	49747.9	50150	50250	50255
河南	4119.9	4210.0	3570	4260	4582	5055.0	5245.2	5370	5390
比重（%）	9.1	9.2	8.3	9.9	9.5	10.2	10.5	10.7	10.7

河南省农业的快速发展得益于农业科技实力的逐步提高。全省农作物新品种选育和栽培技术居国内领先地位，先后有 5 个农作物新品种获国家科技进步奖，其中，小麦新品种"郑麦 9023"和玉米新品种"郑单 958"均获国家科技进步一等奖。新培育的超级小麦新品种 50 亩连片平均亩产达到 735.1 公斤，创我国黄淮小麦区单产最高纪录。目前，全省主要农作物良种覆盖率达 98% 以上。农作物兼作套种、小麦精播、水稻旱育稀植、保护栽培、化肥深耕、旱作农业、配方施肥、测土施肥等先进适用技术得到广泛应用，科技进步对农业增长的贡献率超过40%。2008 年，全省农业从业人员人均创造农业增加值 9373 元，比 1985 年的678 元增长近 13 倍；平均每公顷耕地的种植业增加值 210 万元，比 1985 年的19.9 万元增长 9.6 倍。

伴随着农业的发展，河南省的食品工业迅猛崛起。从 20 世纪 90 年代起，河南就提出要"围绕农业上工业、上了工业促农业"。进入 21 世纪，又明确提出要把河南建成"全国重要的优质小麦生产和加工基地及全国重要的优质畜产品生产和加工基地"。2006年，进一步提出，河南不仅要做"中国大粮仓"，还要做"国人大厨房"。也正是依靠这些战略举措，河南不仅形成了在全国极其重要乃至举足轻重的优质专用小麦、优质专用玉米、优质稻米、优质高蛋白大豆等大型农产品生产基地，而且大大促进了食品工业苗壮成长，促使全省成为全国最大的肉类生产加工基地，全国最大的速冻食品加工基地，全国最大的方便面生产基地，全国最大的饼干生产基地，全国最大的调味品生产加工基地。近些年来，河南的食品工业每年以30%以上的速度递增。2008年，全省食品工业企业销售收入达到3514亿元，居全国同行业第二位。粮食、肉类、乳品精深加工能力分别达到3450万吨、703万吨和300万吨，肉制品、味精、面粉、方便面、挂面、面制速冻食品等产量均居全国首位，成为全国第一粮食加工转化大省、全国第一肉制品大省和全国最大的面粉及面制品、肉类和调味品的生产基地，形成了粮食制品、肉制品、乳制品、果蔬、油脂和休闲食品六大农产品加工业体系，农产品加工业增加值已占工业增加值的1/4，成为全省第一大支柱产业。具有河南特色的"中国味道"正在成为世人餐桌上的健康美味，"河南造"食品已飘香世界各地，正在由"国人厨房"挺进到"世界餐桌"。

近些年来，河南"农内"、"农外"一起抓，千方百计促进农民增收，业已见到了比较明显的成效：2009年与2001年相比，河南农民人均纯收入增长了129.15%，这一增幅高于全国平均水平，切实实现了粮食增产、农民增收"双重目标"。特别是2004~2008年，河南农民人均纯收入实现并连续保持了两位数的增长，且增长幅度有逐步加大的趋势（见表2-4）。

表2-4 2001~2009年河南农民人均纯收入情况

年 份	2001	2002	2003	2004	2005	2006	2007	2008	2009
人均纯收入（元）	2098	2216	2236	2553	2871	3261	3852	4454	4807
比上年增长（%）	5.6	5.6	0.9	14.2	12.5	13.6	18.1	15.8	7.9

六、工业化进程明显加快

河南在中华文明发展史中，曾经不仅是中国的经济、政治、文化中心，也是制造中心，工业居于中国的中心地位。后由于历史的变迁、战争的破坏，河南工业逐渐衰落，沦落为贫穷落后的农业省份。新中国成立时，河南已衰落为一穷二白的农业省。新中国成立之后，在中国共产党的领导下，全省从上到下坚定不移地发展工业，快速推进工业化进程。在经历了1979~1983年的轻、重工业不协调调整阶段、1984~2002 年国企大力改革阶段、2002 年到现在的新型工业化道路发展阶段等几个阶段的调整、改革、发展之后，今天的河南已经成为走在中西部前列的重要经济大省和新兴工业大省。经过 60 多年的建设和发展，特别是改革开放以来 30 多年的发展，河南工业增加值在全国工业经济的比重逐步上升（见图2-5）。到 2009 年，河南工业增加值连续多年排在全国第 5 位。河南工业在全省国民经济中的主导地位进一步增强。按当年价格计算，河南工业增加值 1952 年仅为 4.77 亿元，1978 年为 59.20 亿元，2009 年已快速增长至 9900.27 亿元（见图 2-6）。按可比价格计算，河南工业增长的速度远远大于农业和全部生产总值的增长速度，从 1952~2009 年，工业增加值增长了 773.8 倍，农业增加值增长了10.3 倍，国民生产总值增长了 82.2 倍（见图 2-7）。工业在整个国民生产总值中的比重稳步攀升（见图 2-8）。2009 年，工业增加值占全省 GDP 的比重高达50.8%，比 2001 年提高 11.3 个百分点，是第一产业所占比重的 3.6 倍；河南工业对全省 GDP 增长的贡献率达到自 2003 年以来均保持在 50% 以上，2008 年高达65.3%。

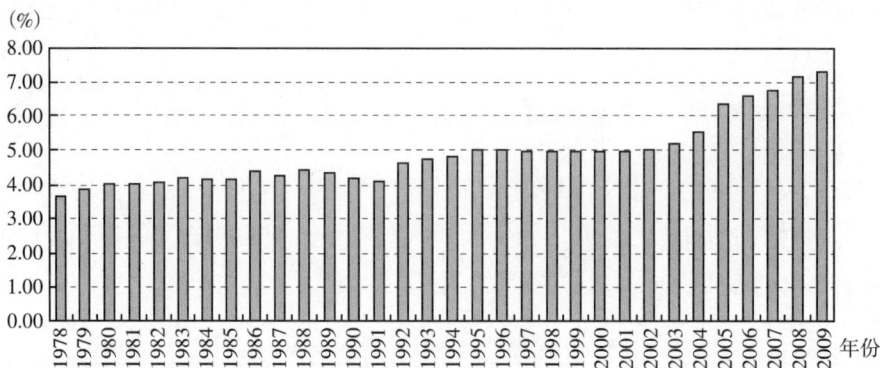

图 2-5　1978~2009 年河南省工业增加值在全国工业所占比重的变化

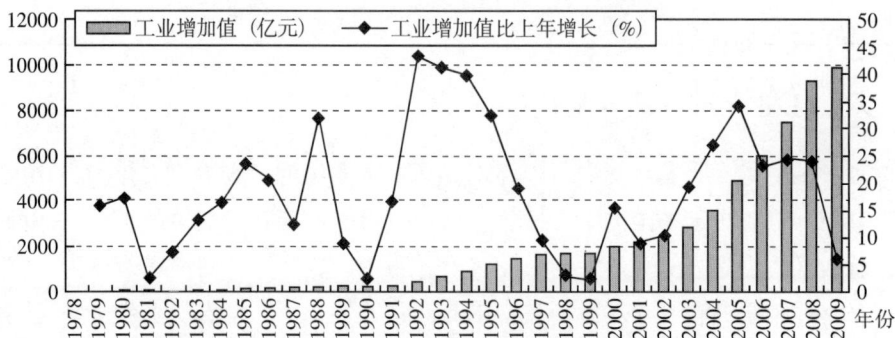

图 2-6　1978~2009 年河南省工业增加值规模及增长速度

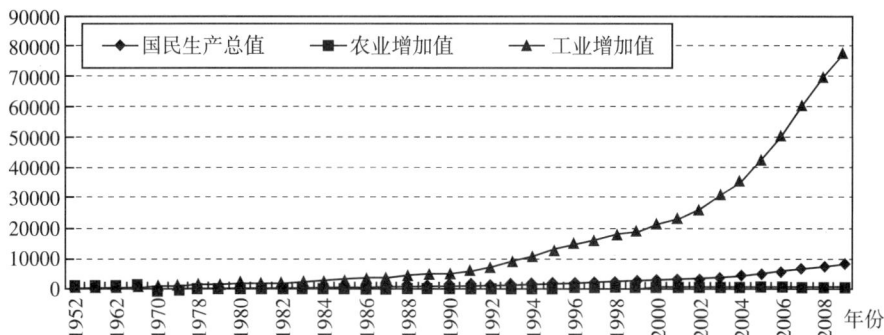

图 2-7　1952~2009 年河南省国民生产总值及农业、工业增加值增长趋势

注：按可比价格计算，1952 = 100。

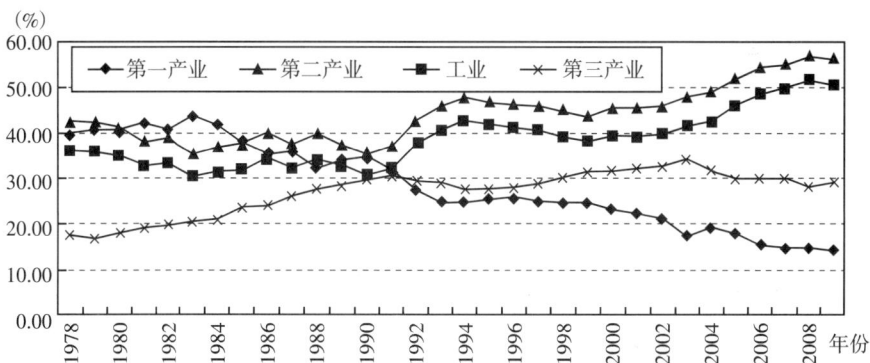

图 2-8　1978~2009 年河南省三大产业及工业在国内生产总值中的构成变化

新型工业化道路不仅要求工业发展的速度，更应重视发展的质量和效益。河南工业在工业规模快速发展的同时，产业结构调整方面也取得一定进展。河南逐步培育出自己的优势产业。"十一五"期间，河南确立了食品、有色金属、化工、汽车及零部件、装备制造、纺织服装六大优势产业，2009 年，全省六大优势行业同比增长 15.5%；河南高技术制造业稳步发展，在超硬材料、电子信息材料方面形成了较强的竞争能力，2009 年，高技术产业实现增加值同比增长 18.5%，增幅分别高出全省工业平均增速 0.9 个、3.9 个百分点。工业部门装备水平也在稳步提高，科技实力大大增强。河南已经拥有了一大批具有现代化水平的新的技术装备企业，拥有全国最大的铝厂、铜加工厂、单晶硅厂、拖拉机厂、轴承厂、矿山机械厂、纺织机械厂和砂轮厂等，拥有特种钢板的轧机设备、一流的浮法玻璃生产线等。

伴随工业经济的飞速发展，河南形成了一批规模大、效益好、市场竞争力强的大企业集团。目前，煤炭及化工行业的河南能化集团、中平能化集团，食品行业的双汇集团、华英禽业、莲花味精，钢铁行业的安钢集团、舞钢集团，有色金属行业的神火集团、伊川电力、新安电力、金龙铜管、栾川钼业、豫光金铅，汽车行业的宇通客车、郑州日产，非金属矿物制品业的天瑞集团、同力集团，化工行业的昊华宇航、金山化工等公司已经成为国内外知名企业。在大企业的带动下，全省工业经济效益大幅提升。2009 年，全省规模以上工业企业主营业务收入达到 2.8 万亿元，是 2005 年的 2.8 倍，年均增长 29.4%；利润总额达到 2444 亿元，是 2005 年的 3.8 倍，年均增长 39.6%；利税总额 3836 亿元，是 2005 年的 3.2 倍，年均增长 33.7%。非公有制经济获得蓬勃发展，2009 年，全省非公有制规模以上工业企业数达到 16591 家，较 2005 年增加 2.3 倍；规模以上非公有制工业企业占全省工业比重达到 68.5%，较 2005 年提高 23.9 个百分点。与此同时，大型企业联合重组步伐加快。2009 年，营业收入超百亿的工业企业达到 27 家。这些优势企业凭借自身的规模优势和品牌影响力，领衔优势产业的成长，成为河南工业经济发展的主力军和排头兵。

第二节　河南经济发展方式转变的历史回顾

总体上看，我国经济发展方式先后经历了两次历史性转变，第一次是从"粗放型经济增长方式"到"集约型经济增长方式"的转变，这一转变贯穿了改革开放 30 年；第二次是以胡锦涛同志 2007 年 6 月 25 日在中央党校省部级干部进修班上提出把转变经济发展方式作为实现国民经济又好又快发展的重要手段为标志，开始了从"转变经济增长方式"到"转变经济发展方式"的转变。与之相应，河南经济发展方式转变历程的回顾清晰地展示了一条既符合国家发展要求，又富有河南特色的从速度到质量、从外延到内涵、从粗放到集约，分别围绕以财富增长到重视资源环境到人的全面发展为核心的发展方式转变道路。

一、新中国成立至改革开放前

1. 政府主导经济

新中国成立后，河南现代工业几乎为零，民族工业发展也极度滞后，技术落后、设备短缺，同时面临资本主义的封锁，割断了利用国际分工发展的道路。在百业待兴而资源极其缺乏的情况下，为了尽快建立国民经济体系，在当时的计划经济体制下，政府主导经济发展既必要又可行，对改变落后的生产面貌，增强经济实力，缓解供给严重不足，快速提高人民生活水平，起到了积极的作用。

2."多快好省"、"多、快"为主

新中国成立初期，面对恢复国民经济和工业化的任务及人口众多的基本生活压力，党的八大制定了"鼓足干劲，力争上游，多快好省地建设社会主义"总路线，1958年下半年"多快好省"发展为"跑步进入共产主义"的"大跃进"和人民公社运动，提出了"赶英超美"、"以钢为纲"等口号，把"多"、"快"放在"好"、"省"之前。从河南的发展来看，解放前，河南是全国最贫穷落后的省份之一。新中国成立后，河南的经济虽然获得了恢复和巨大发展，然而，随之而来的自然灾害以及后来发生的十年"文化大革命"，又严重地影响了河南经济的发展。"三五"到"四五"时期，全省地方财政收入10年中有6年比上年减少。由于国营企业亏损严重，全民所有制职工年均工资也由1965年的599元降为1976年的578元，而1976年城市职工生活费水平比1965年提高10%左右，全省物价总水平提高20%左右，严重影响了人民生活。"文化大革命"结束后，由于长期以来"左"倾错误的影响不容易在短期内消除，河南经济建设中一些"左"倾政策继续存在，甚至还提出苦战3年，把全省1/3的县建成大寨县，1/3的企业建成大庆式企业，到1985年建成工业省，1978~1980年全省工业产值平均每年递增14.5%等不切实际的口号和指标。在这种"左"的思想指导下，河南省经济发展中原已存在的比例失调状况更加严重，河南经济再度出现徘徊局面。

3.三产比例失调

新中国成立之初，河南是个落后的农业大省，经济成分中95%以上是分散的个体农业和手工业。1949年河南人口已达4174万人，占全国总人口的7.7%，为全国第三人口大省，但河南粮食亩产仍停留在110斤，比江南地带大约低一半，为全国平均粮食亩产的60%左右，人均粮食产量只有342斤，比全国平均的417斤低18%左右。同期，河南工业经济主要由分散、技术落后的手工业和工场手工业构成，集中于食品（主要是卷烟）、纺织等轻工部门，能源（尤其是电力）、冶金、化工等基础工业比重十分低微，全省工业总产值仅占全国的1/60，工业基础极端弱小，工业结构残破不全，商品经济极不发达。

1950~1952年是河南国民经济恢复阶段，全省工农业总产值（按1952年不变价格计算）平均每年递增22.9%，其中农业总产值年均递增17.9%，工业总产值年均递增56.9%。到1952年底，全省工农业总产值（按1980年不变价格计算）达66.76亿元，超过了新中国成立前的最好水平，财政经济状况也得到好转。这不仅使刚刚建立起来的人民政权得到了巩固，而且为转入大规模的经济建设创造了良好的条件。"一五"时期，全省基本建设投资总额 21.06 亿元，新增固定资产 16.26 亿元；工农业总产值（按 1957 年不变价格计算）年平均递增 6.7%，其中农业总产值年均递增 4.1%，工业总产值年均递增 14.1%。到 1957 年底，全省工农业总产值（按 1980 年不变价格计算）已达 87.27 亿元，农、轻、重的产值比重分别由 1949 年的 89.1%、8.7%、2.2% 改变为 77.4%、18%、4.6%。由于发展重工业的同时，注意了轻工业和农业的发展，恰当地安排了积累和消费的比例关系，不但农业和纺织、轻工、机械、煤炭、电力等工业得到了迅速发展，人民生活也有了较大改善。此后，经历了"大跃进"和经济调整、"三年自然灾害"、"文化大革命"这近 20 年遭受严重破坏和曲折发展的时期，"三五"时期（1966~1970 年）比三年调整时期降低 6.7%，其中工业总产值降低 5.4%，农业总产值降低 7.5%。"四五"时期（1971~1975 年）又比"三五"时期降低 3.6%，其中工业总产值降低 5.4%，农业总产值降低 1.8%。农、轻、重之间的比例关系再次失调。1976 年全省预算内国营工业企业亏损面达 57%，亏损额达 6.99 亿元；全民所有制职工年平均工资由 1965 年的 599 元下降为 578 元，减少 21 元。而全省市场价格总水平却提高 21.7%。由于重工业畸形发展、农业受到严重损害、服务业十分落后，河南国民经济主要比例严重失调，全省经济和社会发展遭到重大挫折，人民生活也深受影响。

4. 内向型经济为主

新中国成立后，受当时国际形势的严重制约和国内"左"的思想的影响，中国在对外经济关系方面实行的是闭关自守、自给自足的战略。河南由于地处内陆，基础设施落后，对外经济交流发展更为缓慢，仅存在少数商品的进出口贸易，形式极其单一，数量极为有限。

二、改革开放至"十五"期间

1. 向社会主义市场经济转型

改革开放后，随着基本国情和国际环境的变化，政府主导型经济发展方式的弊端不断凸显。按照从高度集中的计划经济到充满活力的市场经济转变的要求，同全国许多省市一样，河南把大力发展和完善社会主义市场经济作为改革的重要取向。在 1979 年开始的国民经济第二次大调整和 1981 年开始的"六五"计划中，河南进入改革经济体制第一阶段，扩大企业自主权，贯彻"按劳分配"原则，打破"大锅饭"、"铁饭碗"和"平均主义"，市场经济规律开始在全省国民经济发展中发挥日益重大的作用。1985~1988 年 9 月为第二阶段，进行了由直接管理向间接管理转变为特征的较深层次的改革，改革的主要内容是放权，重点是在生产、建设、流通、分配等领域进行探索性改革。1989~1992 年 2 月为第三阶段，在治理整顿期间计划管理得到强化，有的放下去的权利又被收回。1992 年 3 月，特别是中共十四大以后为第四阶段，1992 年 3 月省政府印发了《河南省计划体制改革若干意见》，提出了深化计划体制改革的基本方向，确立了全省"八五"期间计划体制改革的基本原则。1993 年 12 月省委关于贯彻《中共中央关于建立社会主义市场经济体制若干问题的决定》的实施意见中，提出了加快计划体制改革的要求：计划要以市场为基础，总体上应是指导性计划；要进一步转变计划管理部门的职能，由长期以来偏重于计划指标等事务性管理，转向制定中长期发展规划和产业政策，调整重大经济结构和生产力布局。20 世纪 90 年代中期，市场决定价格的机制基本形成，在河南省社会商品零售总额中，国家定价的比重仅占 5%；在农民出售的农副产品总额中，国家定价的比重只占 10%；在工业企业销售的生产资料总额中，国家定价的比重仅占 15%。市场经济并不能脱离政府调控，必须注意的是，在建立和完善社会主义市场经济过程中，河南始终将宏观调控贯穿于改革开放和现代化建设的全过程，全面贯彻中央各阶段宏观调控政策，在发展中顺应调控，在调控中谋求发展，防止经济发展的失控、失重、失力、失败。

2. 经济增长"又快又好"、"快"重于"好"

改革开放之初，面对拨乱反正、社会主义处于低潮的局面，邓小平同志提出"发展才是硬道理"，强调手里东西多一些总好办，党和国家的工作重心由过去的"以阶级斗争为纲"转移到了"以经济建设为中心"，加快经济发展仍是发挥社会主义优越性的重要条件之一。改革开放前学习苏联，20 世纪 90 年代后又学习亚洲"四小龙"，"又快又好"的表述，依然延续了赶超型经济发展方式，整个经济发展呈现出明显的速度型、数量型特征。在 1979 年开始的国民经济第二次大调整和 1981 年开始的"六五"计划中，河南国民经济发生了重要变化，制定了以"翻两番"为基本目标的新一轮国民经济长期发展规划，其中人民生活改善明确成为经济发展的重要战略目标之一。"六五"时期，河南省国内生产总值年均增长 11.7%，是国民经济发展较快的 5 年，也是全省经济实力显著增强的 5 年。从 20 世纪 90 年代开始，随着社会主义市场经济体制的发展，河南经济进入了一个快速增长时期。特别是 90 年代"一高一低"（经济发展高于全国平均速度，人口增长低于全国平均速度）和"两个较高"（较高的质量和效益，较高的发展速度）

发展战略的实施，河南连续 7 年实现国民经济增长速度略高于全国平均水平，人口自然增长率略低于全国平均水平。到 2005 年即"十五"的最后一年，河南GDP 总量达到 10535 亿元，成为全国第五个经济总量超万亿元的省份。但是同时，在这一经济高速增长期，速度虽然上去了，但因消耗过大、成本过高，主要依靠增加要素投入和物质消耗来推动经济增长，带有明显的高投入、高增长、低效益的粗放特征，不仅经济增长生产的产品缺乏竞争力，也给河南的资源和环境带来难以承受的巨大压力。

3. 产业比例趋于协调

在 1979 年开始的国民经济第二次大调整和 1981 年开始的"六五"计划中，河南国民经济发生了重要变化，纠正了"重工业优先发展"的路线，工业生产转上了以提高经济效益为中心的轨道，全省工农之间以及轻重工业之间的比例关系开始趋于协调。1990 年以来，河南省委、省政府制定了"以农兴工、以工促农、农工互动、协调发展"的发展战略，坚持"跳出农业抓农业、围绕农业上工业、上了工业促农业"，做出了"大力发展食品工业、振兴河南经济"等一系列重大战略部署，河南连续四个五年计划把食品工业作为支柱产业培育，带动了河南经济的深刻转型。"八五"期间，河南提出"工业、农业两篇文章一起做"和"两道难题（工业化缓慢、农民增收缓慢）一起解"，开始探索工农业协调发展的新道路，"九五"和"十五"期间，进一步提出"用发展工业的理念发展农业"，以工业化为先导，大力推进工业化、城镇化和农业现代化的"三化"发展思路，河南工农业协调发展的整体思路逐步成熟。

4. 投资拉动作用明显

从 20 世纪 80 年代开始，河南投资规模不断扩大，投资总量连续跃上新台阶；全社会固定资产投资规模之大、增长速度之快为历史所少有。2007 年河南城镇投资增速超过全国平均水平 10.6 个百分点，居全国第 5 位。投资即期拉动作用得到了充分发挥，成为全省经济发展的坚实支撑，明显拉动了工业经济增长，城乡就业增加，为促进中部崛起和建设社会主义新农村的良好开端奠定了基础。但是同时，河南的经济增长明显表现出投资、消费、出口拉动力不协调的问题和特征，不是靠"三驾马车"拉动的，而是主要靠投资这"一驾马车"，出口拉动几乎忽略不计，消费需求拉动相当有限。

5. 扩大对外开放

1978 年，党的十一届三中全会决定把工作重点转移到社会主义现代化建设上来，改革经济体制，实行对外开放。"六五"计划中，改革开放正式成为河南经济发展的战略措施，国民经济开始发生由封闭型向开放型的转变。1980 年姚孟电厂成功利用比利时政府贷款，1983 年全省第一家中外合资企业——洛艺彩印中心成立。1989 年 2 月召开的中共河南省委工作会议提出，要"加快对外开放步伐，广泛开展横向联合"，同年 3 月，中共河南省委办公厅、省政府办公厅联合发出关于《深入开展生产力标准和沿海地区经济发展战略大讨论》的通知，要求"努力实现'两个打出去'（把名优产品打入国际和沿海城市）、'两个引进来'（从国外和沿海引进先进技术、引进资金，发展国内外市场替代产品）、'两个一起上'（增加出口创汇、加速企业技术改造），加速经济发展"。但是到 1990 年，河南省对外承包工程和劳务合作新签合同只有 36 项，签订合同金额只有 2466 万美元，完成营业额只有 2410 万美元，派出人次只有 814 人。这一时期河南利用外资发展缓慢，外商投资还限于一般加工业，向外向型经济发展模式的转变依然处于起步阶段。

1991 年 3 月，河南召开第一次全省对外开放工作会议，通过了《中共河南省委、河南省人民政府加快全省对外开放工作的决定》和 14 个配套性政策文件，确立了河南省对外开放的指导思想，并提出了"五破五树"，即破除因循守旧、僵化保守思想，树立改革开放、开拓进取观念；破除小农经济、产品经济思想，树立有计划的商品经济观念；破除自我封闭、自成体系思想，树立互惠互利、全面对外开放观念；破除消极畏难、无所作为思想，树立勇于拼搏、敢打必胜观念；破除故步自封、盲目自满思想，树立学先进、找差距、努力改变落后面貌观念。1992 年 8 月，党中央、国务院批准包括郑州在内的 17 个省会为内陆开放城市，河南对外开放进入快速发展阶段。1998 年 5 月，第二次全省对外开放工作会议召开，会议出台了《中共河南省委、河南省人民政府关于提高利用外资水平，进一步扩大对外开放的意见》，明确了对外开放的指导思想和目标，讨论了《河南省鼓励外商投资优惠政策》、《河南省关于鼓励扩大出口、对外经济技术合作的若干政策》、《河南省关于加强豫港合作的实施意见》、《河南省人民政府关于加快发展旅游业的决定》等配套文件。2000 年底，河南对外贸易出现大幅增长，全年进出口总额 22.75 亿美元，比上年增长 30.0%。其中，出口总额 14.93 亿美元，增长 32.3%；进口总额 7.82 亿美元，增长 25.7%。利用外资增长势头较好，全年签订利用外资协议 382 份，比上年增长 28.2%，合同外资金额 10.36 亿美元，增长 17.5%；实际利用外商直接投资 10.39 亿美元，增长 1.7%。

进入 21 世纪，2001 年，面对世界经济全球化趋势的不断增强和我国加入世贸组织的新形势，河南召开了全省第三次对外开放工作会议，讨论并修改了《关于进一步扩大对外开放的决定》，无论是从对外开放的深度和广度上，从政策面上，还是从可操作面上，都有创新和突破，对全省的对外开放工作乃至整个经济工作都产生了深远影响。2003年7月，河南把"强力实施开放带动，不断扩大东引西进"作为重大战略举措写入《河南省全面建设小康社会规划纲要》。2003年8月，河南召开了全省第四次对外开放工作会议，出台了《中共河南省委、河南省人民政府关于加快发展开放型经济的若干意见》，首次明确提出把开放带动作为加快河南经济社会发展的主战略，把对外开放提到了前所未有的突出位置和战略高度。"十五"期间，河南累计完成进出口总额251亿美元，其中出口164亿美元，年增速达到27.85%，高于全国的平均增速，进出口对经济增长的贡献率为8.0%；全省累计批准外商投资企业1788家，合同利用外资82.9亿美元，实际利用外资39.0亿美元。

6. 以资源消耗驱动经济增长

河南人口众多、人均资源不足是基本省情，同时，河南工业主要是资源、原材料产业，轻工业比重偏低且主要依赖农产品原料，重工业比重偏大且主要集中在采掘业和原料工业，这些产业存在着严重的资源依赖性，其相对优势主要来自于对资源的消耗和环境的损害。此外，由于资源存量水平比较低，河南大多数资源的人均占有量低于全国平均水平，据估算，按照目前的开采速度，铝矾土只够开采17年，煤也只剩几十年的开采时间。随着经济社会的发展，生产要素的有限性逐步显现，规模扩张与资源消耗、环境污染、劳动力成本上升之间的矛盾凸显，不但严重制约了河南发展速度，也带来了一系列生态环境问题。

三、"十一五"时期

1. 确保"又好又快"、"好字当头"

党的十七大报告提出的实现国民经济又好又快发展，要求"好"字当头，把"好"放在"快"之前，是由好而快、由发展而增长的经济发展方式。河南作为全国经济大省和新兴工业大省，经济发展求"好"、求"快"的任务都非常重，一方面注意保持较快的速度，实现在中部率先崛起的目标；另一方面更加坚持好中求快，保持较高的经济增长质量和效益，努力实现速度、质量、效益相协调，下大决心和气力，不断提高科技进步和自主创新能力，大力发展高新技术产业和现代服务业，大胆舍弃高污染、高能耗项目，加快建设资源节约型、环境友好型社会，努力实现人口、资源、环境协调发展的跨越式发展目标。

2. 实行"三化"协调发展

2006年，河南省委八次党代会把"农业先进、工业发达"纳入中原崛起总目标和建设新河南的新蓝图，在工农业协调发展道路上迈出了新的步伐。2009年，河南粮食总产达到1078亿斤，再创历史新高，连续4年稳定在千亿斤以上，在迎战金融危机之年为保障国家粮食安全作出了特殊贡献。同时，河南省粮食深加工能力也位居全国首位，成为全国最大的肉类加工基地和最大的速冻食品加工基地，食品工业主营业务收入跃居全国第二，实现了由传统农业大省向经济大省和新兴工业大省的历史性跨越，在工业化进程加快的同时，农业基础地位不仅没有削弱，而且得到了巩固和加强，走出了一条强农兴工的具有河南特色的发展道路。在《河南省人民政府2010年政府工作报告》中，强调把加快工业化、城镇化与推进农业现代化结合起来，促进"三化"协调发展。从保障国家粮食安全大局和自身发展需要出发，进一步强化农业基础地位，稳定农业特别是粮食生产。同时，坚持把加快新型工业化、城镇化作为扩大内需的战略重点和解决"三农"问题的根本途径，以工促农、以城带乡，推动"三化"相互促进、协调发展，"三化"协调发展战略成为新时期河南加快发展方式转变和加速中原崛起的重要发展战略。

3. 推动消费拉动经济

近年来，随着河南省"一个载体、三个体系"建设的不断推进和应对危机"8511"投资计划的积极实施，河南固定资产投资继续保持高位增长。2009年全省经济10.7%的增速中，投资拉动GDP增长估计在8个百分点以上，出口总额仅有73亿美元，人均消费支出仅是全国平均水平的75.7%，人均存款是全国平均水平的45.1%。虽然河南目前所处的发展阶段确实需要加大投资力度，但是河南省委、省政府也充分认识到了河南经济发展过度依赖投资增长这一不协调性的影响，认识到仅靠投资拉动经济增长的不可持续性。尤其是在国际金融危机冲击影响下，河南经济下滑趋势得到遏制并转入回升通道后，依靠投资拉动经济增长所可能产生的负面作用逐渐显露出来，扩大消费对于河南经济持续稳定增长具有格外重要的意义。2009年以来，河南采取了一系列刺激消费政策，加大国民收入分配调整力度，切实提高普通劳动者和中低收入阶层收入水平，增强居民特别是低收入群众消费能力；继续实施家电和汽车以旧换新政策，进一步做好家电、汽车摩托车下乡工作，提高粮食收购价格，增加农机购置补贴，加大农村危房改造支持力度，提高农村消费水平；促进劳动密集型产业、中小企业、民营企业等吸纳劳动力多的产业的发展，千方百计扩大就业；在加快城镇化进程的同时，加快全民社保建设，增加社保投入，完善社会保障体系，消除城乡居民消费的后顾之忧等，扩大内需政策使消费环境不断改善，内需对河南经济增长的拉动作用也在不断增强，从依靠投资拉动经济增长逐步向消费拉动经济增长转变，努力实现消费、投资、出口"三驾马车"的协调拉动。

4. 实施开放带动主战略

"十一五"期间，河南省委、省政府于 2006 年出台了《河南省加快实施开放带动主战略指导意见》，进一步明确了加快实施开放带动主战略的指导思想、总体要求、目标任务、工作重点以及保障措施。此后，成功举办了第四届中国河南投洽会，并组团参加了高交会、厦洽会、第一届中部博览会等大型展会，签约一批高质量的利用外资项目，确保了全省利用外资的高速增长。2008 年，河南第五次全省对外开放工作会议提出要坚持"四个必须"，即必须把解放思想作为先导工程，必须把重点工作作为主攻方向，必须把创新载体作为主要抓手，必须把优化环境作为重要保障。2009 年虽然受到世界金融危机严重冲击，外需大量减少，但河南全年实际利用外资仍达到 48 亿美元，其中省外资金 2202 亿元，分别增长 19%、19.1%。随着开放带动主战略的深入实施，河南外向型经济发展能力和水平均得到了持续提升。

5. 向创新驱动转变

为了适应世界科技进步日新月异以及经济可持续发展的要求，为了缓解日益加大的资源约束和生态环境压力，为了改变工业竞争力不强的局面，也为了发挥人力资源特别丰富的省情，走新型工业化道路成为河南在资源环境约束下实现中原崛起的现实选择。河南摒弃了高投入、高消耗、高污染、低产出的传统发展模式，选择了以信息化带动工业化，走一条科技含量高、经济效益好、资源消耗低、环境污染少、人力资源优势得到充分发挥的新型工业化道路，着手建立科技依赖型、资源节约型和生态环保型的现代发展模式。进入"十一五"末期，河南加快转变经济发展方式，走新型工业化道路，推动高新技术产业发展，实施创新驱动，建设创新型河南的政策措施更加明晰，开始了由主要依靠增加物质资源消耗向主要依靠科技进步、劳动者素质提高和管理创新的转变。2006 年，河南专利申请量首次突破万件大关，专利申请量达 11538 件，增长 28.5%，有 13 项成果获得国家科技进步奖奖励，获奖数量和质量创历史新高，规模以上高新技术产业工业总产值突破 2000 亿元大关，达 2360 亿元，产业规模总量在中部六省居于首位。2009 年，河南进一步加快构建自主创新体系，制定实施了自主创新体系规划，全年研究与试验发展经费增长 20.1%；新增 3 家国家级工程技术研究中心、5 家国家级企业技术中心和 3 个国家质检中心；2 人当选两院院士；5 个国家重点实验室获得批准，实现河南零的突破，科技进步对河南经济发展的贡献力不断增强。

6. 强化资源集约利用

进入 21 世纪，河南提出了建设生态大省的奋斗目标，走科技先导型、资源节约型、清洁生产型、生态保护型、循环经济型的经济发展之路，同时启动河南"蓝天工程"、"碧水工程"、"安静工程"和"绿色工程"，要求转变资源利用方式，强调通过提高资源利用效率来增加经济总量。"十一五"期间，河南将节能减排作为促进经济发展，特别是促进经济结构调整和转变经济发展方式的主要抓手，为加强对全省主要污染物总量减排工作的领导，河南省成立了主要污染物总量控制领导小组，围绕实现主要污染物减排的总体目标，对高能耗、高污染重点行业加快结构调整步伐，严格建设项目的环境准入，同时加大对重点流域、区域环境综合整治工作力度。2007 年，河南省环境质量持续改善，两项主要污染物排放总量分别比 2006 年减排 3.76%、3.7%，首次实现"双下降"。2009 年，河南进一步推进节能减排和生态建设，编制实施了循环经济试点省方案，大力淘汰落后产能，关停小火电 300 万千瓦，实施工业领域重点节能项目 178 个，完成 150 万千瓦电机系统节能改造，全面开展尾矿库专项治理工作，重点流域、区域、行业环境综合整治成效明显。全省单位生产总值能耗下降 5% 左右；化学需氧量、二氧化硫排放量分别下降 3.79% 和 6.68%，提前一年实现"十一五"减排目标，努力向建设资源节约型、环境友好型社会目标迈进。

第三节　河南经济发展方式的现状

在第一节，我们用数据展现了改革开放以来河南经济增长取得的巨大成绩，主要体现在经济规模快速扩张，经济速度稳步持续增长，产业结构逐步调整，农村经济稳步发展，工业化进程明显加快等诸多方面。但根据经济发展的内涵，经济发展不仅体现在经济规模的增长，还体现在经济结构的调整，社会结构的优化，人民福利的改进，自然环境的保护，生活水平的提高。从这些方面来看，河南经济真的发展了吗？再依据转变经济发展方式的三个关键：由主要依靠投资、出口拉动向依靠消费、投资、出口协调拉动转变；由主要依靠第三产业带动向依靠第一、第二、第三产业协调带动转变；由主要依靠物质资源消耗向主要依靠科技进步、劳动者素质提高和管理创新转变。那么，河南的经济发展方式转变了吗？本节，我们在上一节的基础上试图对河南当前的经济发展方式进行分析。

一、经济规模总量大，人均占有量少

由于人口多、农业比重大，河南人均经济指标普遍落后。近几年来，河南GDP总量稳居全国第5位，但人均GDP同兄弟省份相比却相对较低。2009年，河南人均GDP达20597元，居于全国第28位，而广东、浙江、江苏等东部发达省份人均GDP分别为39978元、44895元、43907元，中部邻省湖北省人均GDP为22050元，也居于河南之前。改革开放以来，河南人均GDP始终低于全国平均水平（见图2-9）。

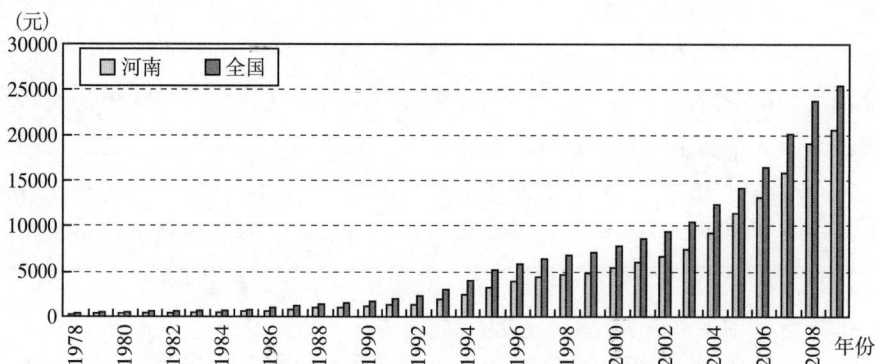

图2-9 1978~2009年河南及全国人均GDP变化趋势

2009年，河南城镇居民人均可支配收入14372元，比全国低2803元，居全国第16位；农村居民人均纯收入4807元，比全国低346元，居全国第17位。

2008年及2009年，河南财政一般预算收入总额均居全国第9位，但2008年，河南人均财政收入为1070元，居全国倒数第4位；2009年则为1133元，居全国最后一位，远低于全国平均水平。

二、经济增长以投资为主，消费需求的拉动作用不足

消费、投资、出口是拉动经济增长的"三驾马车"，只有"三驾马车"紧密配合，共同协调拉动，一个国家或地区的经济增长才能获得又好又快的发展。十七大报告中提出转变经济发展方式的三个转变中第一个转变，即"促进经济增长主要由依靠投资、出口拉动向依靠消费、投资、出口协调拉动转变"。从目前河

南消费、投资、出口三者关系来看，由于河南省地处内陆，外向型经济发展滞后，外贸依存度远远低于全国平均水平，出口对经济的拉动作用几乎可以忽略不计，经济增长主要靠投资和消费拉动，而投资又明显占主导作用，以下数据可以说明：2003~2008年，河南省地区生产总值从6867.70亿元增长到18407.78亿元，年均增长13.3%；而全社会固定资产投资总额从2310.54亿元增长到10490.65亿元，年均增长33.9%；社会消费品零售总额从2539.33亿元增长到5662.55亿元，年均增长16.3%。2008年，投资拉动GDP增长9.8个百分点，消费拉动只有2.4个百分点。数据显示，河南省固定资产投资的增长速度远远高于地区生产总值的增长速度和消费的增长速度。同时，消费需求内部构成也存在着不合理的现象。从居民消费与政府消费的关系来看，居民消费比重较低，且呈递减趋势。从农村居民与城镇居民消费的关系来看，河南城镇居民消费居主导地位，涨幅高于农村居民，并且占居民消费支出的比重呈逐年上升趋势，而农村居民消费严重不足。因此，总体来看，河南投资、消费、出口"三驾马车"拉动力不协调，经济拉动主要靠投资，消费需求拉动相当有限，可以说河南经济增长不是靠"三驾马车"拉动的，而是主要靠"一驾马车"。

造成投资、消费比例不协调以及结构不合理的原因有很多。多年来河南经济发展的目标主要为追求GDP的增长，而投资是可短时间内实现该目标的主要方式，且投资于城市比投资于农村见效快得多，这是导致投资比例过高，投资结构不合理的重要原因。另外，现有教育体制以及医疗社保体制的不健全是居民消费水平难以提升的一个原因。高等教育的高收费使得家庭要较早为子女教育费用做打算，影响了其消费能力。现有医疗体系与社会保障体系下，仍有很多百姓看不起病，养老没保障，因此，广大居民不得不做预防性储蓄，这也影响了其日常消费能力。且多年来侧重于城市发展的发展战略使得农村落后的局面没有根本上得到改善，城乡收入差异也日益扩大，造成农民消费不足，消费结构不合理。

不可否认，投资为拉动河南经济的快速增长起了重要作用，但这种单靠投资所营造的持续增长的态势能够保持多久值得提出疑问。河南作为内陆省份，在出口回升明显滞后且速度缓慢的情况下，扩大消费对于河南经济持续稳定增长具有格外重要的意义。要从依靠投资拉动经济增长向消费拉动经济增长转变，最终实现消费、投资、出口"三驾马车"的协调拉动，最重要的是要发挥消费对经济的拉动作用，并逐步将投资型的政府，转变成为提供社会保障等公共服务的政府。这是转变经济发展方式的正确选择，是实现河南产业结构优化升级、经济可持续发展的第一步。

三、三次产业比重不协调，产业内部结构发展不合理

十七大报告中提出转变经济发展方式三个转变中的第二个转变，即"促进经济增长由主要依靠第二产业带动向依靠第一、第二、第三产业协同带动转变"。经济学家斯蒂格利茨（Stigliz）把经济增长要素总结为资本、劳动、技术和生产结构，不同于传统观点，这里把产业结构作为经济增长内生变量，也是调整优化产业结构的理论依据。事实上，不少经济学家如西蒙·库兹涅茨、钱纳里、刘易斯及我国的学者葛新元、汪红丽、覃成林等已经通过实证分析支持了这种观点。产业结构优化应成为我国经济持续发展的根本途径之一。作为结构性矛盾尤为突出的河南，实现三次产业协调发展的转变道路更为崎岖。2009 年，河南三次产业比为 14.2∶56.5∶29.3，相比较改革开放初期经济增长主要由农业带动，第二产业尤其是第三产业发展不足的产业结构状况而言，经过 30 年的发展，第二产业比重迅速攀升，第三产业比重也稳步持续上升；但相比于全国三次产业结构比 10.3∶46.3∶43.4，河南第一、第二产业比重偏高，分别高于全国 3.9 个和 10.2 个百分点，第三产业比重偏低，低于全国 14.1 个百分点。因此，河南三次产业结构演进程度尚低于全国平均水平。相应的，三次产业对经济增长拉动贡献率也不协调，表 2-5 反映了历年来河南三次产业对经济增长拉动的变化。从表中可以看出，自河南经济进入快速增长时期以来，第二产业对经济增长的拉动作用日益加大，2007 年高达 9.8%，而第三产业对经济增长的拉动一直徘徊在 3%~4%，第一产业对经济增长的拉动近几年来甚至不足 1%。

表 2-5　河南省 1981~2009 年三次产业对经济增长的拉动

年　份	生产总值	第一产业	第二产业	第三产业
1981	7.8	4.8	0.5	2.5
1991	6.9	−0.9	4.8	3
2000	9.5	1	5.9	2.6
2001	9	1.3	4.5	3.3
2002	9.5	1	5.3	3.2
2003	10.7	−0.5	8	3.2
2004	13.7	2.4	8	3.3
2005	14.2	1.4	8.8	4
2006	14.4	1.3	9.2	3.9
2007	14.6	0.6	9.8	4.2
2008	12.1	0.8	8.3	3
2009	10.9	0.6	7.1	3.3

从三次产业内部结构构成来看，首先，在农业内部：①种植业占主导地位的农业产值结构比仍未改变。以 2008 年为例，河南种植业产值比重虽已下降至57.48%，但仍居于主导地位，高于全国 9.13 个百分点，牧业发展形势较好，但林业、渔业发展缓慢，产值占比过低，林业产值占比只有 2.83%，低于全国 0.88 个百分点，渔业产值占比只有 1.35%，低于全国 7.62 个百分点。②农业生产方式粗放。目前，河南农业生产仍然以一家一户分散经营为主，现代化、专业化、规模化、机械化的集约式农业生产方式在农村没有得到广泛应用，很大程度上影响了农业生产的经济效益，农民种植小麦、玉米的亩均收益不足 300 元。③农业基础设施薄弱，全省近 40% 的耕地还是"靠天收"。

其次，在第二产业内部，资源开发型产业比重过大，高新技术产业发展不足。工业发展处于资源的初加工阶段，以资源开发型产业为主，煤炭、电力、冶金、建材等能源、原材料基础产业和以农产品为原料的初级加工业的比重过大，而这类产业大多属于高耗能产业，在国家淘汰落后产能之列。2009 年，全省要淘汰的电解铝产能达 8.5 万吨，占全国的 27.1%；造纸 5.2 万吨，占到 10.3%；酒精 2.5 万吨，占到 7.0%；焦炭、铁合金也分别占到 2.2% 和 2.0%。而带动性强、关联度高、对长远发展有重要影响、代表当今国际产业竞争焦点的新型制造产业，如电子信息、生物制药、新材料等相对较弱。

最后，在第三产业内部，仍以传统服务产业为主，现代服务业比重较小，新兴服务业拓展不足，制约着第三产业整体的发展。2009 年，河南省交通运输、仓储、邮电通信业及批发和零售贸易、住宿和餐饮业等传统服务业完成增加值2407.89 亿元，占服务业增加值总量的 42.2%。而信息软件业、金融保险、房地产等现代服务业和新兴服务业的比重较低，信息传输、计算机服务和软件业仅占服务业增加值的 4.4%，金融保险业仅占服务业增加值的 8.8%，房地产业占服务业增加值的 10.9%。传统服务业占的比重较高，而现代服务业的比重偏低，特别是具有比较优势、代表产业发展方向的金融保险、房地产开发、信息传输、计算机服务和软件业、旅游会展、现代物流、科技文化、教育卫生等现代服务业发展不足，产业层次有待提升。

总之，河南国民经济三大产业比例不合理，存在农业基础薄弱、工业大而不强、服务业发展滞后的问题，经济整体素质和效益亟待提高。转变经济发展方式，就要把河南的经济增长从依赖第二产业调整到一、二、三产业全面发展，由过分依赖制造业向更多依赖服务业转变，特别是要发挥第三产业中尤其是现代服务业的作用，促进经济增长由一、二、三产业协调推动，逐步形成以农业为基础、以高新技术产业为先导、以制造业为支撑、服务业全面发展的现代产业格局。

四、区域差异日益扩大，地区经济发展不平衡

伴随中国经济快速增长，区域经济差异问题也日益凸显，关于区域经济差异的研究也成为学术界关注的热点。河南作为人口规模大省、经济规模大省，省内部区域差异问题也不容忽视。河南拥有 18 个地级市，2008 年人口总量达 9918 万人，居于中国第一。我们选择 1978~2008 年作为研究时段，以 18 个地级市行政单元作为基本空间单元，以人均 GDP 作为衡量区域经济发展的指标，计算出人均 GDP 标准差、极值比和加权变异系数来分别测度河南区域经济发展水平的绝对差异和相对差异，以对河南区域经济差异状况有更客观的评价。

（一）区域经济差异变化的时间特点

1. 绝对差异呈扩大趋势

图 2-10 反映了 1978~2008 年河南各地区人均 GDP 标准差变化趋势，总体来看，各地区人均 GDP 绝对差异呈加速扩大趋势，1978 年各地区人均 GDP 标准差为 89 元，2008 年扩大到 10436 元。分阶段来看，1978~1990 年，地区经济绝对差异不明显，1990 年扩大到 414.9 元，年均增幅只有 27 元；1990~2000 年地区经济绝对差异呈现较为明显的扩大趋势，2000 年扩大到 2124.7 元，年均增幅为 171 元；2000 年以后，地区经济绝对差异呈加速扩大趋势，年均增幅达 1039 元。

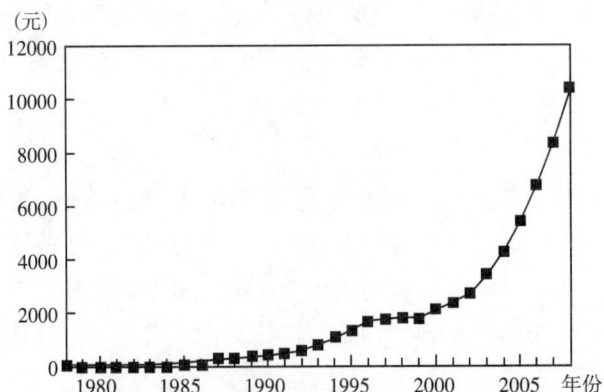

图 2-10　1978~2008 年河南人均 GDP 标准差

1978~2008 年各地区人均 GDP 的极值比（人均 GDP 最大值与最小值之比）的变化趋势与标准差变化趋势基本相符（见图 2-11），总体呈扩大趋势，从 1978 年的 3.14 扩大到 2008 年的 5.0。2000 年之前，河南地区人均 GDP 极值均值差率变化不明显，除个别年份，基本在 2.5~3.5 范围内波动；2000 年以后，地区人均

GDP 极值比明显扩大，2008 年，人均 GDP 最高的地区郑州与最低地区周口相差5 倍。

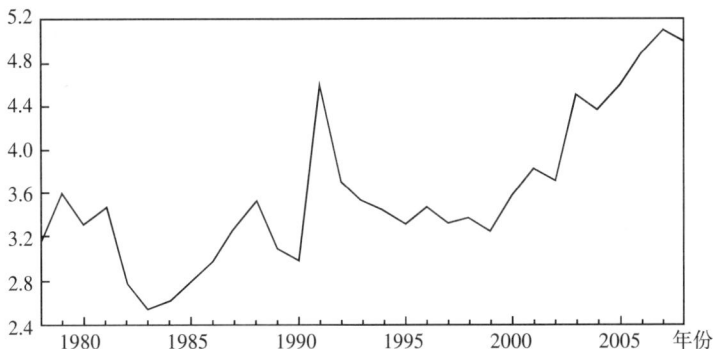

图 2-11　1978~2008 年河南人均 GDP 极值比

2. 相对差异呈波浪式扩大趋势

我们计算出 1978~2008 年各地区人均 GDP 变异系数以反映各地区经济相对差异，从表 2-6 和图 2-12 总体来看，自 1978 年以来，河南区域经济相对差异呈波浪式扩大趋势，人均 GDP 变异系数从 1978 年的 0.33 扩大到 2008 年的 0.48。分阶段来看，以 1990 年为界，大致经历了两个波动期。

表 2-6　1978~2008 年河南人均 GDP 变异系数值

年　份	人均 GDP 变异系数	年　份	人均 GDP 变异系数
1978	0.33	1994	0.38
1979	0.34	1995	0.36
1980	0.33	1996	0.37
1981	0.28	1997	0.36
1982	0.29	1998	0.35
1983	0.25	1999	0.34
1984	0.26	2000	0.36
1985	0.26	2001	0.38
1986	0.28	2002	0.39
1987	0.28	2003	0.43
1988	0.31	2004	0.43
1989	0.32	2005	0.44
1990	0.34	2006	0.46
1991	0.37	2007	0.48
1992	0.37	2008	0.48
1993	0.39		

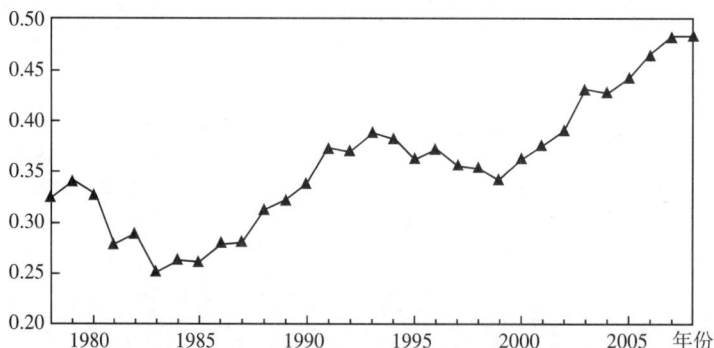

图 2-12 1978~2008 年河南人均 GDP 变异系数变化趋势

1978~1993 年，区域经济相对差异经历了先缩小后扩大的变化过程。1978~1983 年，区域经济相对差异从 0.33 缩小到 0.25。1984~1993 年，区域经济差异开始扩大，从 0.26 扩大到 0.39。

1994~2008 年，区域经济相对差异经历了缓慢缩小继而快速扩大的变化过程。1994~1999 年，区域经济相对差异从 0.38 缩小到 0.34。2000~2008 年，区域经济差异呈现较为显著的扩大趋势，从 0.36 扩大到 0.48。

（二）区域经济差异变化的空间格局

为更进一步描述河南区域经济差异的空间格局，我们按照人均 GDP 低于全省平均水平的 75%、处于全省平均水平的 75%~100%、为全省水平的 100%~150%、大于全省平均水平的 150% 的标准，对 2008 年各地区人均 GDP 划分为低收入区域、中低收入区域、中高收入区域、高收入区域四种类型。具体划分情况如表 2-7 所示。数据显示，高收入组成员主要分布于郑州、济源、焦作、洛阳等中部及西北边缘地区，人均 GDP 分别为 45309 元、42429 元、29760 元、29334 元，居于全省前四位，平均人均 GDP 达 36708 元。中高收入组成员主要分布在高收入组地区周围，包括平顶山、许昌、漯河、鹤壁、三门峡等地区，平均人均 GDP 达 23753 元。中低收入组主要分布在豫北以及西南地区包括安阳、新乡、濮阳、南阳等地区，平均人均 GDP 为 17283 元。低收入组成员主要分布于开封、信阳、周口、驻马店、商丘等豫东平原地区，平均人均 GDP 只有 10985 元，其中周口、驻马店人均 GDP 不足 10000 元，分别只有 9062 元和 9578 元。我们发现，高收入组和低收入组地区人均 GDP 相差 3.34 倍，且均以连片趋势扩张，河南区域经济差异呈现两极化趋势。

表 2-7　2008 年河南区域经济类型地区分布

区域经济类型	地区分布	平均人均 GDP
高收入组	郑州、济源、焦作、洛阳	36708
中高收入组	平顶山、许昌、漯河、鹤壁、三门峡	23753
中低收入组	安阳、新乡、濮阳、南阳	17283
低收入组	开封、信阳、周口、驻马店、商丘	10985

用同样的标准与划分办法，我们选择 1978 年、1990 年、2000 年、2008 年为时点，对河南区域经济进行划分，结果如表 2-8 所示。

表 2-8　1978 年、1990 年、2000 年、2008 年河南区域经济类型地区分布

经济增长类型	1978 年	1990 年	2000 年	2008 年
高收入组	郑州、鹤壁、洛阳、济源、焦作	郑州、焦作、济源	郑州、济源	郑州、焦作、济源、洛阳
中高收入组	开封、平顶山、洛阳、新乡、许昌、漯河、三门峡	洛阳、平顶山、安阳、鹤壁、新乡、濮阳、许昌、三门峡	洛阳、平顶山、鹤壁、焦作、濮阳、许昌、漯河、三门峡	平顶山、鹤壁、许昌、漯河、三门峡、南阳
中低收入组	南阳、信阳、驻马店	开封、南阳、漯河	开封、安阳、新乡、南阳	安阳、新乡、濮阳
低收入组	濮阳、商丘、周口	商丘、信阳、周口、驻马店	商丘、信阳、周口、驻马店	开封、信阳、周口、驻马店、商丘

我们发现，1978~2008 年，高收入组成员比较稳定，主要分布于郑州、济源、焦作、洛阳等中部及西北边缘地区。低收入组成员数量增加，从 3 个增加到 5 个，主要分布于豫东平原地区，呈现连片扩张趋势。中高收入组成员主要分布在高收入组地区周围，包括平顶山、洛阳、许昌、新乡、鹤壁、三门峡等地区。中低收入组主要分布在豫北，包括安阳、新乡、濮阳等地区。

五、对能源依赖过大，环境污染问题严重

根据发展经验，在经济增长过程中，技术进步应占 75%，能源、原材料和劳动力的投入应占 25%，而河南省则相反，多年来走的是高投入、高消费、高污染的粗放式发展道路，经济总量的增长相当程度上依赖资源的大量消耗和环境的不断污染。"十一五"期间，河南耕地和非农建设用地、水资源、原煤、原油等供应均产生不小的缺口，矿产资源储量和利用方面也不容乐观。河南能源产量快速上升，2000 年为 6590.75 万吨标准煤，2008 年达到 15487.36 万吨标准煤。能源消费量也迅速增加，2000 年为 7919 万吨标准煤，2008 年达 18784.25 万吨标准煤，

能源消费量超过了能源产量。利用率低下是粗放型增长方式的一大特征，河南省的情况尤其明显，每万元 GDP 能耗、每万元工业增加值能耗均高于全国平均水平，与沿海一些省份相比差距更大。2008 年，河南省单位 GDP 能耗、单位工业增加值能耗分别比全国平均水平高 10.6%、40.7%，二氧化硫排放量居全国第 2 位。自 2009 年下半年以来，受各种因素的影响制约，河南经济特别是能源、原材料工业生产大幅回升，全省规模以上工业能源消费强势增长，节能减排、降耗压力越来越大。在矿产资源开发中，河南还存在着乱采滥挖、采富弃贫、采厚弃薄、采易弃难等问题，造成了资源浪费与破坏。在进行主矿产开发时，不注意对伴生矿的综合回收，致使大量宝贵资源白白地浪费掉。

六、创新意识仍较弱，自主创新能力不足

长期来看，产业结构的演变史是由技术创新所决定的。[①] 早在 1912 年，经济学家熊彼特在其著作《经济发展理论》中就提出创新理论，他认为，创新是生产要素和生产条件的新组合，即建立一种"新生产函数"，生产函数是生产要素的一种组合比例（$P = f(a, b, c, \cdots, n)$），创新就是将生产要素的"新组合"引入生产体系。[②] 因此，在完全竞争经济中，最初存在着一种无利润、无利息、无投资的静止均衡状态，称之为"循环流转"。而经济发展会打破该均衡状态，这里所指的经济发展不仅仅指财富的增加，而且包括内部自行发生的变化，推动这种内部变化的力量就是创新。区域创新是指特定地域范围内发生的具有创新活动和创新发展成果的总称。区域创新具有路径依赖和锁定特征，使区域保持其以往发展路径，积累以往发展特征，呈现出区域差异性。[③] 因此，要走在经济发展的前列，提高区域竞争力，创新是重要途径。传统发展模式下，区域竞争力主要依赖于投资与地方资源的开发，形成一个收入——投资——地方资源开发——竞争力的循环（见图 2-13），可以看出，这种发展模式以大量消耗物质资源为代价，其发展受到资源能源的"瓶颈"约束，因此难以实现可持续发展。而现代发展模式，更强调创新的作用，强调研发投资和自主创新，创新能力的增强可以大大提高区域竞争力，形成一个收入——研发投资——创新——竞争力——收入的良性循环（见图 2-14），实现区域经济可持续发展。

---

① 陈秀山、张可云：《区域经济理论》，商务印书馆 2003 年版。
② 彭刚、黄卫平：《发展经济学教程》，中国人民大学出版社 2007 年版。
③ 魏后凯：《现代区域经济学》，经济管理出版社 2006 年版。

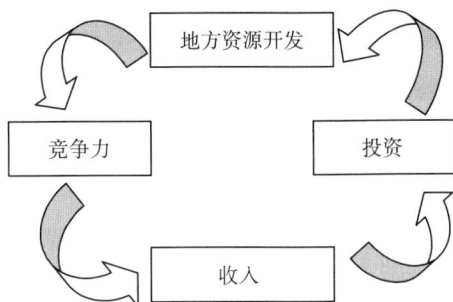

图 2-13 传统模式下的区域竞争力

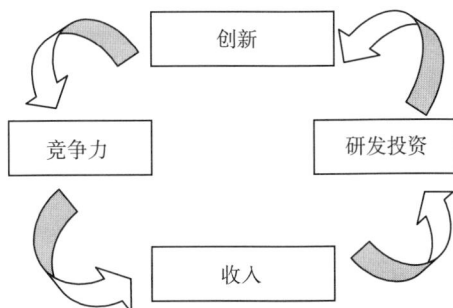

图 2-14 现代发展模式下的区域竞争力

当前经济形势下,河南如何体现其区域竞争优势?如何实现发展方式转变?如何实现产业结构升级?只能通过自主创新来实现。

近年来,河南省创新成果数量持续增长,高新技术产业迅速发展,自主创新能力不断增强,但也应该看到,河南省创新基础总体还比较薄弱,自主创新能力不强。2009 年,河南省高新技术产业增加值仅占全省规模以上工业增加值的比重为 19.2%,比 2005 年下降 0.6 个百分点,比 2006 年下降 0.3 个百分点;全省实现高技术工业总产值仅占全国高技术工业总产值的 1.6%,占全省制造业的比重为 3.7%,高技术产业比重过低,远低于全国平均水平。而且,高科技产业技术含量不高,市场竞争力不强。许多高技术企业仍然只具有高技术产品加工功能,缺少核心技术。此外,河南企业缺乏自主创新意识,创新投入、创新产出等指标与先进省份都存在较大差距,制约了河南工业技术升级步伐。2009 年,河南省工业企业研究与试验发展(R&D)经费 133.49 亿元,仅占全国的 3.5%,分别为广东、江苏、山东的 24.2%、23.4% 和 29.2%;工业企业完成新产品销售收入 1771.04 亿元,仅占全国的 2.7%,分别为广东、江苏的 21.3%、20.8%。河南在知识产权方面也存在巨大差距。2009 年,河南省全年申请专利 19090 项,仅占全国受理数的 2.0%；全省专利授权量首次突破万件，获得授权专利 11428 项，其中发明专利 1130 件，但两者占全国的比重分别仅为 2.0%和 0.9%，[①] 远低于河南省地区生产总值占全国 5.7%的比重。

由此可以看出，创新能力与发展方式密切相关。河南省由于缺乏核心技术和自主知识产权，造成经济结构不合理；结构不合理又造成资源消耗高、环境污染重。因此，转变发展方式必须依靠自主创新，自主创新必须与转变发展方式紧密结合。要加快科技创新，大幅度提高自主创新能力，推动科学技术跨越式发展，推动经济发展由资源依赖型向创新驱动型转变，由粗放型向集约型转变，推动经济社会全面协调可持续发展，建设创新型河南。

---

① 根据中华人民共和国国家知识产权局网站公布的数据显示，2009 年我国共受理国内外专利申请 976686 件，共授予专利权 581992 件，其中，发明专利 128489 件。

第三章 河南加快经济发展方式转变的必要性与紧迫性

2010年2月3日，在中央党校省部级主要领导干部深入贯彻落实科学发展观加快经济发展方式转变专题研讨班开班式上，胡锦涛同志指出，"综合判断国际国内经济形势，转变经济发展方式已刻不容缓。我们必须见事早、行动快、积极应对，为我国加快转变经济发展方式、保持经济平稳较快发展增添推动力。"对于河南来说，当前，经济社会发展面临的矛盾和制约因素还相当突出，实现跨越式发展还面临诸多挑战，"破解经济社会发展中的矛盾和问题，根本途径在于加快经济发展方式转变"。加快经济发展方式转变，既是深入贯彻落实科学发展观的应有之义，又是促进经济社会又好又快发展的必然要求，更是加快两大跨越、实现中原崛起的重要途径。

第一节 实现经济又好又快发展必须转变经济发展方式

美国、日本等发达国家的发展经验表明，人均GDP从5000美元向10000美元过渡期间，通常是经济结构的转型期和经济发展的黄金期，这一阶段经济发展往往呈现出"重化工业、高加工、知识经济和知识技术密集型"梯度演变的特征，产业结构将出现大幅调整，城市化进程将大大加快，但往往也对应着人口、资源、环境等"瓶颈"约束最为严重的时期，同时也是经济容易失调、社会容易失序、心理容易失衡、社会伦理需要调整重建的关键时期。在这种情况下，要实现经济社会又好又快发展，就必须通过加快经济发展方式转变，推动产业层次的提升，提高经济运行的质量，加速新型城镇化和新型工业化的互动，促进社会和谐稳定。

一、又好又快发展理念的提出

"好"与"快",是对经济发展一种通俗的说法,"好"讲的是发展的质量和效益,"快"讲的是发展的速度。如何处理"好"与"快"的关系,是我国社会主义建设中一直面临的一个重要课题。我国是在经济文化比较落后的基础上建设社会主义的,这就决定了"快"始终是我们面对的一个突出任务。新中国成立后特别是进入全面建设社会主义时期,我们党曾较好地处理了"快"与"好"的关系,但后来由于受"左"的影响,也有过深刻教训。多年来,中国经济发展中一直以"快"为主,"快"在"好"之前。依据"又快又好发展"要求,中国经济从1990年至2008年平均增速为9.9%,经济总量从1990年的全球第11位上升到2008年的第3位。与此同时,我国也为多年来的"粗放型"快速增长方式付出了代价。能源的高消耗以及由此造成的环境污染和生态破坏,成为制约经济社会发展的突出问题。落实科学发展观,在"好"字上做文章已成为当务之急。在这种形势下,我们党深刻总结历史经验,开始正确认识、处理"快"与"好"的关系,胡锦涛同志在2006年10月党的十六届六中全会上提出,要促进经济又好又快发展。2006年12月在中央经济工作会议中进一步提出,又好又快发展是全面落实科学发展观的本质要求。党的十七大报告指出,要促进国民经济又好又快发展,实现未来经济发展目标,关键要在加快转变经济发展方式、完善社会主义市场经济体制方面取得重大进展。要大力推进经济结构战略性调整,更加注重提高自主创新能力、提高节能环保水平、提高经济整体素质和国际竞争力。要深化对社会主义市场经济规律的认识,从制度上更好地发挥市场在资源配置中的基础性作用,形成有利于科学发展的宏观调控体系。"快"是对经济发展速度的强调,"好"是对经济发展质量和效益的要求,从"又快又好发展"调整为"又好又快发展";把原来的"经济增长方式"改提为"经济发展方式",由强调发展的速度到注重发展的效益和增长的质量,反映了中国经济发展理念的一大转变。发展速度应当是经济效益比较好、人民群众得到实惠的速度;是资源消耗比较少、环境得到保护的速度;是经济波动比较小、增长得以持续的速度。我们既要求保持经济平稳较快增长,防止大起大落,更要坚持好中求快,注重优化结构,努力提高质量和效益。又好又快发展要求在经济发展中把质量和效益放在突出位置,在注重质量和效益的基础上求得发展的速度,是体现科学发展观本质要求的经济发展指导思想，是今后引领中国经济发展的指导思想。[①]

二、转变经济发展方式才能实现又好又快发展

实现经济又好又快发展，是对经济建设规律认识的深化。从"又快又好"到"又好又快"，表面上只是"好"与"快"顺序的变化，但含义十分深刻。它体现了科学发展观的内在要求，反映了经济建设指导思想的升华，使我们对新阶段发展规律的把握更加全面，指导发展的方针更加符合实际，破解发展难题的途径更加明确。

加快转变经济发展方式，是我们党在深入探索和全面把握我国经济发展规律基础上提出的重要方针，是关系国民经济全局紧迫而重大的战略任务。党的十四届五中全会通过的关于"九五"计划的建议中，把经济增长方式从粗放型向集约型转变作为具有全局意义的两个根本性转变之一，强调要把提高经济效益作为经济工作的中心，向结构优化、规模经济、科技进步、科学管理要效益。经过多年努力，我国经济增长方式转变取得明显进步，经济效益不断提高。但由于我国人口多、底子薄、地区发展差距较大，并且由于受经济发展阶段的制约，我国经济增长方式的转变还没有取得根本性突破。党的十七大与十八大以科学发展观为指导，科学分析当前经济运行中的矛盾和问题，提出了转变经济发展方式的目标、思路及任务等。由转变经济增长方式到转变经济发展方式，涵盖了转变经济增长方式的全部内容，同时还对经济发展理念、目的、战略、途径等提出了新的更高的要求，体现了我们党和国家经济发展理念的新变化、经济发展道路的新拓展以及对于国际环境认识的新提升。

加快转变经济发展方式，是坚持又好又快发展的必然要求。衡量经济发展得好不好，要看是否具有高的质量和好的效益。一是看经济增长主要靠增加物质资源消耗还是靠科技进步、劳动者素质提高和管理创新。如果主要靠增加物质资源消耗来实现经济增长，是粗放型的增长、低质量的增长，不是好的经济发展。二是看经济增长是否建立在产业结构优化和升级的基础上。如果伴随着经济增长不能同时实现产业结构的优化和升级，经济增长只能是在低层次、低水平上重复，经济效益难以有实质性的提高，这样的经济发展不是好的发展。三是看经济增长主要是由投资和出口拉动，还是由消费、投资、出口协调拉动。主要靠投资和出口拉动的经济增长，难以扩大人民的消费需求、提高人民的生活水平，不利于改

---

① 奚洁人：《科学发展观百科辞典》，上海辞书出版社2007年版。

善民生，这样的经济发展也不是好的发展。

实现经济又好又快发展与转变经济发展方式之间具有内在联系，前者是后者的目的，后者是前者的基础。经济又好又快发展是符合客观经济规律的发展，其中就包含着必须要符合经济发展方式转变的规律。经济发展方式转变所呈现的规律，就是社会总需求结构、产业结构、要素结构随经济增长而不断优化和升级，这些结构的优化和升级过程，也就是不断推动经济又好又快发展的过程。离开了经济发展方式的转变，没有需求结构、产业结构、要素结构的优化和升级，经济发展既好不起来，也快不起来。因此，我们要努力适应国际环境的新变化，适应我国发展的新要求，在转变经济发展方式上取得重大突破，牢牢把握发展的主动权，在较长时期内继续保持经济平稳较快发展。

三、河南经济又好又快发展必须转变经济发展方式

改革开放以来特别是近几年来，河南经济社会保持了较高的增长速度，尤其是 20 世纪 90 年代以后，河南经济进入稳定高速发展期，增长速度均高于全国 GDP 增长速度（见图 3-1）。"十五"期间，河南 GDP 年均增长速度达到 11.4%，"十一五"期间，即 2005~2009 年，河南省生产总值年增长速度分别达到 14.2%、14.4%、14.4%、12.1% 和 10.9%，人均生产总值占全国平均水平的比重由 80.0% 增至 80.5%，总体呈上升趋势。但河南也为经济的高速增长付出了代价，经济发展中的一些深层次矛盾特别是结构性矛盾非常突出，经济发展只能称得上"快"不能称得上"好"。如果只求"快"不求"好"，那么这种高的经济增长速度还能持续几年？国际金融危机的爆发导致河南 2009 年经济增长速度下滑，2009 年，河南 GDP 增长速度为 10.9%，列全国第 22 位，在中部列第 5 位（安徽 12.9%，江西 13.1%，湖北 13.2%，湖南 13.6%）。2009 年第一季度，河南省规模以上工

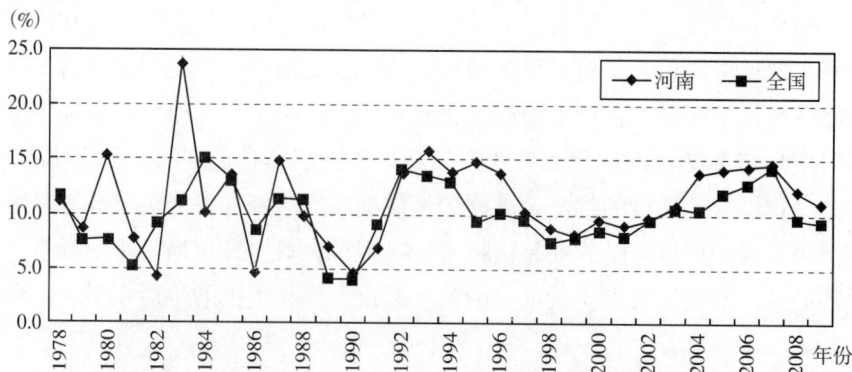

图 3-1　1978~2009 年河南与全国 GDP 增长速度变化趋势

业增加值增速滑落到 3.1%，全年增长只有 14.6%。结构性矛盾正是河南深受国际金融危机冲击的重要根源，充分暴露出河南这些年过于追求经济增长速度的粗放型经济增长模式存在的问题。促进国民经济又好又快发展，涉及诸多方面的工作。就当前来说，其中一个重要方面就是加快转变经济发展方式。河南迫切需要通过转变经济发展方式解决实现经济又好又快发展的问题。

中部崛起的历史使命决定了河南必须转变经济发展方式，实现经济又好又快发展。2003 年 7 月召开的中共河南省委七届五次全会上，第一次以省委全会的名义和全会决议的形式，向全省人民发出"实现中原崛起"的号召。"实现中原崛起"，是基于对河南发展现状、存在差距和我国区域竞争态势的清醒认识而得出的正确决策。随之国家出台《促进中部地区崛起规划》，《规划》提出了到 2015 年中部地区的发展目标，要求人均生产总值达到 36000 元，城镇化率达到 48%，城镇居民人均可支配、农村居民人均纯收入分别达到 24000 元、8200 元。2009 年，河南人均 GDP 为 20597 元，居全国第 28 位；城镇化率只有 37.7%，城镇居民可支配收入 14372 元，居全国第 16 位，农村居民人均纯收入为 4807 元，居全国第 17 位；人均财政收入只有 1133 元，居全国倒数第一。经测算，河南要达到 2015 年的发展目标，考虑到人口增长的因素，2010~2015 年生产总值年均增速应在 11% 以上，城镇化率需年均提高 1.72 个百分点，城镇居民可支配收入、农民人均纯收入年均增长应分别保持在 8.9% 和 9.3% 以上。这对河南经济社会发展提出了巨大挑战，要担当起实现中部崛起的使命，实现跨越式发展，在促进中部地区崛起中发挥更大作用、走在中部地区前列，河南必须转变经济发展方式，实现经济又好又快发展。

河南省情也决定了河南必须转变经济发展方式，实现经济又好又快发展。河南传统粗放型经济增长模式的惯性不断加剧经济增长中的资源、能源、环境约束，再加上河南是人口大省这样一个基本省情，导致与全国及其他省份相比，河南资源能源供给紧张局面更为明显。从表 3-1 中可以看出，2009 年，河南石油、天然气、煤炭、铁矿等主要矿产资源人均基础储量均低于全国平均水平。其中，河南石油人均基础储量占全国人均水平的 23.1%，天然气人均基础储量占全国的 3.0%，煤炭人均基础储量占全国的 48.2%，铁矿人均基础储量占全国的 10.7%。尽管河南人均资源基础储备量远远低于全国平均水平，但同其他省份相比，能源消耗量却明显较高。从表 3-2 中可以看出，2009 年，河南单位生产总值能耗指标达 1.156 吨标准煤/万元，不仅远远高于江苏、浙江、广东等发达省份，同时也高于山东、江西、安徽等邻近省份。河南单位工业增加值能耗指标达 2.708 吨标准煤/万元，是广东的 3.35 倍、江苏的 2.45 倍、浙江的 2.41 倍，而山东、湖北、湖南、安徽、江西等省份该指标也均低于河南。河南单位地区生产总值电耗指标达 1218.36 千瓦时/万元，尽管低于山西省，但仍高于表中所列浙江、江苏、山东、湖北、湖南、江西、安徽等省份。因此，河南能源供给日益紧张，同时能源消耗量日益增加，照此发展下去，河南资源将难以为继，从这点上来讲，河南必须加快转变经济发展方式，实现经济又好又快发展。

表 3-1　2009 年河南和全国人均主要矿产资源基础储量的对比

	石油（吨）	天然气（立方米）	煤炭（吨）	铁矿（矿石，吨）
河南	0.51	84.38	115.08	1.71
全国	2.21	2777.63	238.97	15.96

表 3-2　2009 年河南和其他省份能源消耗指标对比

	单位生产总值能耗（等价值）（吨标准煤/万元）	单位工业增加值能耗（规模以上，当量值）（吨标准煤/万元）	单位地区生产总值电耗（千瓦时/万元）
河南	1.156	2.708	1218.36
江苏	0.761	1.107	1064.25
浙江	0.741	1.123	1176.50
广东	0.684	0.809	1002.09
山东	1.072	1.543	972.49
湖北	1.230	2.350	1018.45
湖南	1.202	1.570	911.00
江西	0.880	1.674	922.46
安徽	1.017	2.100	1088.76
山西	2.364	4.550	1921.93

第二节　加快经济结构调整必须转变经济发展方式

经济结构状况是衡量区域经济发展水平和运行质量的主要指标之一，也是实现中原崛起的重要标志之一。进入新世纪新阶段，河南在保持经济社会良好发展态势的同时，调整经济结构和转变经济增长方式也取得了积极成果。但是从总体上看，问题并没有得到根本解决，经济结构特别是产业结构仍然处于较低层次，经济增长方式仍然比较粗放，有些领域、有些环节的问题甚至更加突出。金融危机导致河南经济增长速度迅速下滑，这已经暴露了河南这些年过于追求经济增长速度的粗放型经济增长模式存在的问题。可以说表面上是增长速度问题，实际上是经济结构问题，诸如经济拉动过于依赖投资、三次产业结构不协调、城乡区域发展不协调等结构不均衡问题。河南迫切需要通过转变经济发展方式调整经济结构。

一、不转变经济发展方式，经济拉动将难以持续

地区生产总值从使用的角度看，由最终消费支出、资本形成总额和净出口三部分组成。最终消费支出反映消费需求，包括居民消费支出和政府消费支出；资本形成总额反映投资需求，包括固定资本形成总额和存货增加；货物和服务的净出口额反映净出口需求，即出口的货物和服务与进口的货物和服务的差额。消费、投资和净出口"三大需求"的共同作用决定了地区经济增长的态势。投资、消费和净出口总量及结构变动直接影响经济增长。

上一章我们已经通过数据分析得出结论，河南投资、消费、出口"三驾马车"拉动力不协调，经济拉动主要靠投资，消费需求拉动相当有限，河南经济增长不是靠"三驾马车"拉动的，而是主要靠"一驾马车"。这样一种投资拉动型经济增长方式其质量并不高，同时也产生了许多问题，如收入分配问题、环境问题和技术进步滞后等问题。无疑，这样一种经济增长方式在经济起飞的初期有其合理性，毕竟它为我们安置了大量的剩余劳动力。但是，随着经济的发展，这样一种经济增长方式未来是否具有可持续性？从我国来看，1978~2008年的30年间，消费、投资和出口在总需求中的变化对经济的影响越来越大，最终消费率近些年来呈下降趋势。在消费率逐步下降的同时，投资率逐步上升。从2003年以后，我国国民经济进入新一轮上升期，在基础设施建设和房地产业的拉动下，钢铁、水泥、电解铝、技术装备业迅速增长，带来了投资率长期居高不下。投资率过高，消费率过低，带来的直接影响是居民消费水平不能随着经济发展得到同步提高。而且大量产品用于投资和出口，还会在一定程度上造成生产能力闲置，贸易摩擦不断增加。过去几年，我国出口遇到来自许多国家的反倾销和贸易纠纷。国际金融危机使发达国家的市场萎缩，估计近三五年内，发达国家的市场不可能再出现危机之前较快增长的局面，对我国商品的吸纳能力下降，出口对经济增长的拉动作用将下降。实践证明，过度依赖出口和投资拉动经济增长，已经不能持续下去了，要促进经济增长由主要依靠投资、出口拉动向依靠消费、投资、出口协调拉动转变。

2009 年，河南的投资对经济增长的贡献率达到 85.9%，比上年的 33.7%提高了 52.2 个百分点，是经济增长最主要的拉动力；消费对经济增长的贡献率仅为 22.7%，比上年的 81.9%下降了 59.2 个百分点；出口对河南经济增长的贡献率一直偏小，但是，河南的能源原材料工业受出口间接拉动的比重很大，这在金融危机期间河南经济增速急速下滑就是一个很好的例证。因此，在 2009 年河南的经济增长中，投资扮演了主要角色；净出口对经济增长的贡献率较小，波动不大，而居民消费对经济增长的贡献率一直处于弱化地位。在外部环境和发展条件发生重大变化的情况下，靠高出口、高投资拉动经济增长的发展模式已经难以为继，我们不得不对河南过于依赖投资的经济拉动模式进行反思。河南还有多少土地可供投资商开发？还有多少资源可供维持高额的投资？当高投资模式出现资源"瓶颈"时，河南经济的发展动力又来自哪里？从实际情况来看，欧美发达市场经济国家居民最终消费对 GDP 的贡献率在 70%以上，我国居民最终消费对 GDP 的贡献仅为 46.9%，这说明从投资推动转向消费拉动还有很大的空间。因此，对河南来说，要保持经济持续较快发展势头，必须加快经济发展方式转变，立足扩大内需，积极寻求投资与消费的结合点，努力使经济增长从主要依靠投资拉动向依靠消费、投资、出口协调拉动转变，不断增强经济发展的内在动力和可持续性。

二、不转变经济发展方式，产业结构将难以优化

产业结构是一个国家或地区经济发展状况的重要标志之一，反映了生产要素的投入方向和使用效率，决定着经济增长的质量和竞争力水平。经济发展规律和历史经验证明，产业结构的优化调整能够有力地促进经济社会发展出现质的变化。从党的十七大提出加快转变经济发展方式的战略任务以来，近年来我国经济经历了国际金融危机的洗礼，产业结构与经济发展方式中的薄弱环节与内在矛盾日益凸显，产业结构调整已刻不容缓。产业结构调整是加快转变经济发展方式的重要途径和主要内容，是适应国际需求结构调整和国内消费升级新变化，提高经济增长质量、效益和国际竞争力的战略重点。

2009 年，河南省三次产业结构比为 14.2：56.5：29.3，与全国平均水平相比，第一产业比重过高、第三产业比重过低。在三次产业内部，农业偏向于传统种植业，比较效益低；林牧副渔产业发展相对较慢，新型高效农业比重较小。工业中占绝对比重的是能源原材料产业，位于产业链前端和价值链低端，附加值低下。高新技术产业增加值只占 3.8%，产业规模均不大，优势不甚明显。研究与试验发展（R&D）经费支出 149 亿元，占全省国民生产总值的比重仅有 0.8%，

低于全国 1.62% 的平均水平，企业研发投入占产品销售收入的比重仅为 0.83%，低于全国平均水平 0.39 个百分点。第三产业长期发展缓慢，特别是现代服务业滞后。2009 年，全省交通运输、批发零售、住宿餐饮等三大传统服务行业占第三产业增加值的 47%，高于全国平均水平 9.4 个百分点。但金融、信息服务、科技服务、商务与租赁服务等现代服务业仅占 15.7%，低于全国平均水平 7.6 个百分点。生产服务业，如产品设计、市场咨询、金融、保险和技术服务等行业相当薄弱。从产品结构上来说，河南产品整体上层次偏低，资源类、粗加工的初级产品多，高附加值、深加工的中高端产品少；高能耗、高污染产品多，低能耗、低污染产品少；一般农产品多，优质高效农产品少；大路工业品多，名优工业品少。多数工业品消耗能源、原材料高，生产工艺距环境保护的要求差距大，对环境的负面影响较大，而高技术、高附加值产品和高关联度的产品少，主要依赖外部供给。目前，河南产业结构存在的主要矛盾和突出问题是第二产业实力不强、第三产业的比重明显偏低。

产业投资结构也存在严重问题。近年来，河南省第一产业的固定资产投资占全社会固定资产投资总额的比重逐年下降，而二、三产业的投资占全社会固定资产投资总额的比重保持在 90% 以上，构成固定资产投资的主体。其中，在河南省的工业产业结构中，非金属矿物制品业、化学原料及化学制品制造业、纺织业、通信设备、计算机及其他电子设备制造业、医药制造业等产业对河南经济增长的贡献较大；有色金属冶炼及压延加工业、医药制造业、化学原料及化学制品制造业、电力、热力生产和供应业、煤炭采选业等产业的投资效果明显。当前，河南省传统产业仍然占据主导地位，工业投资以重工业投资为主，重工业以高耗能、高污染的能源、原材料产业为主，技术含量不高，投资的外延性扩张特点依然突出，呈现明显的粗放型特征。2008 年，河南能源原材料行业投资占工业投资的比重高于全国平均水平 13.4 个百分点，分别比湖北、湖南和安徽高 1.0、4.0 和 3.4 个百分点；装备制造业投资占工业投资的比重比全国平均水平低 2.4 个百分点，分别比湖北、安徽和江西低 6.9、3.5 和 0.5 个百分点。就第三产业的投资来说，从投资规模上看，其占全社会固定资产投资的比重逐年下降，由 2001 年的 60.1% 到 2008 年的 43.2%，下降了 16.9 个百分点，年均增速为 21.11%，不仅远远低于同期第二产业投资的年均增长率（34.82%），而且低于同期全社会固定资产投资的年均增长率（26.22%）；从投资的内部结构上看，第三产业投资主要以房地产业，交通、运输、仓储和邮政业，水利、环境和公共管理业为主，自 2001 年以来，以上三者每年占第三产业投资的比重都在 70% 以上，而用于金融、信息传输、计算机服务和软件业、科研等生产性服务业方面的投资则明显不足。

三、不转变经济发展方式，国民收入分配格局将难以改变

国民收入分配格局是指一个地区或国家的政府、企业和居民三者在国民收入初次分配和再分配中的分配比例关系。加快调整国民收入分配格局是经济结构调整的重要方面，深化收入分配制度改革，既是优化需求结构、促进经济发展方式转变的重要举措，又是保障和改善民生、促进经济按客观经济规律要求健康发展的重要途径。近年来，我国国民收入分配格局存在着明显的"三个集中"的趋向：从社会和政府角度看，国民收入不断向政府集中；从劳方和资方角度看，国民收入分配不断向企业集中；从普通行业和垄断行业角度看，国民收入不断向垄断行业集中。国民收入分配格局的"三个集中"趋向最终导致"两个比重"即劳动报酬在初次分配中所占比重和居民收入在国民收入分配中所占比重不断降低。由此导致中国经济多年高速增长的成果未能被社会各阶层共享，而是聚集在少数人手里，两极分化日趋严重。贫富差距的扩大，既与过于依赖要素投入的经济增长方式有关，亦受到经济社会体制中扭曲性因素的催化。如果不采取措施解决社会贫富差距过大问题，社会矛盾很可能加剧甚至引起社会动荡。如菲律宾、阿根廷、墨西哥等国家由于对贫富差距应对失当至今仍挣扎在原有的发展水平上。

从发展的目的和动力来看，随着经济社会快速发展，广大人民群众对过上更加富裕、更有公平生活的要求越来越强烈，城乡居民要求提高生活水平和质量的呼声越来越迫切。加快发展社会事业、着力保障改善民生，提高城乡生活水平和质量，不仅是我们发展经济的最终目的，也是扩大内需的重要途径、是发展经济的根本动力，必须统筹兼顾，努力实现增投资、扩消费、惠民生一举多得。比如，要实现经济增长由主要依靠物质资源消耗向主要依靠科技进步、劳动者素质提高、管理创新转变，就必须发展科技、教育、文化、卫生、体育等社会事业，推动人力资源向人力资本转变。要实施扩大内需战略、推动经济良性循环，就必须加快调整国民收入分配格局，逐步提高居民收入在国民收入分配中的比重和劳动报酬在初次分配中的比重，提高社会保障的整体水平，有效提高居民消费能力。要为经济发展创造长期稳定的社会环境，就必须妥善协调和处理各方面利益关系，切实解决好人民群众最关心、最直接、最现实、最迫切需要解决的利益问题。如果社会事业、民生改善不能与经济发展相协调，那么不仅经济发展难以持续，社会和谐稳定也无法保证。因此，我们必须加快经济发展方式转变，切实把发展社会事业和改善民生作为贯彻落实科学发展观的重要任务，更加注重满足人

民群众日益增长的物质文化需要，保持社会和谐稳定，努力实现全面建设小康社会的目标。河南是人口大省、财政穷省，保障和改善民生的要求更为紧迫，任务更为艰巨。如果不在增加居民收入、保障和改善民生上下工夫，推动经济发展方式加快转变，不仅有悖于发展目的，难以扩大消费需求，而且难以实现社会和谐，甚至会影响社会稳定，最终经济也难以保持稳定增长。只有坚持以最广大人民的根本利益为出发点和落脚点，统筹经济发展和民生改善，转变经济发展方式才能获得根本动力与保障，构建和谐社会才能真正落到实处。

四、不转变经济发展方式，城乡区域发展将难以协调

统筹城乡和区域经济社会发展，是党中央在正确把握我国新阶段经济社会发展的新趋势、新矛盾、新挑战、新机遇和遵循经济社会发展规律的基础上提出的，具有极强的时代性、创新性和针对性，具有极为重要的战略意义。当前，我国经济社会生活中存在的许多问题和困难都与城乡经济社会结构不合理有关，农村经济社会发展滞后已经成为制约国民经济持续快速健康发展的最大障碍。首先，城乡差距呈现扩大的趋势，突出表现在城乡居民收入差距方面，占我国人口绝大多数的农村居民收入增长幅度下降，收入水平和消费水平远远低于城镇居民，直接影响到扩大内需、刺激经济增长政策的实施效果。同时，还表现在城乡劳动生产率、技术装备水平、社会保障、医疗卫生、文化、基础教育等方面。其次，城镇化相对滞后，农村人口仍占很大比例。尽管 20 世纪 80 年代以来，我国城镇化水平大大加快，但是整体水平还不高，滞后于工业化，不仅低于同等发达国家的水平，甚至落后于一些处于工业化初期国家的水平。计划经济体制下形成的城乡二元分割制度阻碍了农村人口向城市的迁移，这其中有几个关键的制度障碍：户籍制度障碍，与户籍制度障碍相伴生的就业制度障碍与社会保障制度障碍，以及土地制度障碍。这些制度障碍的存在，使得很大一部分农村人口虽然在就业上实现了向城市非农产业的转移，但却不能真正转为城镇人口。最后，城乡建设过程中出现一系列环境和社会问题。农村人地矛盾激化；工业发展盲目占地造成严重的土地（尤其是耕地资源）浪费，土地未能得到有效利用，也无法产生相应的经济和社会效益；不少有污染的项目从城市向农村蔓延，城市在向农村提供制成品的同时，也将污水、工业垃圾转移到农村；农村农业化肥、农药污染增加，在向城市提供原材料的同时，也承受工业废弃物污染的危害，城乡环境支撑能力下降，尤其在城乡接合部环境污染有恶化的趋势，环境问题日益突出。

就河南来说，改革开放尤其是 1984 年后，为了保证城市改革的顺利推进，

财政资金和各种资源配置向城市倾斜，改革中心开始向城市转移。这一阶段城乡关系的调整，城市利益占据主导地位，农村的财政资金被削减，农民的利益被侵蚀，突出表现在收入分配和公共服务方面。1993 年后，河南进入由计划经济向市场经济过渡的转型时期，随之由城市和农村分别进行了一系列以市场化为取向的改革。改革的不断深入，使城市和农村利益主体出现多元化，市场力量对城乡二元结构的影响加大。同时，由于在改革开放后的很长一段时间，国家一直实施"控制大城市规模"的城市发展方针，再加上传统农业大省的思维定式，河南对城镇化的推进重视不够，忽视甚至人为抑制了大城市的正常发展。这种做法不仅延缓了河南城镇化的步伐，更降低了河南城镇化的内在质量，城乡差距日益扩大，城乡关系进入不和谐阶段。

实践表明，我国城乡区域协调发展的进度比较缓慢，收效不很显著，原因之一就在于传统的经济增长方式阻碍了城乡协调发展。传统的经济增长方式是一种粗放型的经济增长方式，在这种经济增长方式之下，为了追求增长速度，不惜以过度消耗资源和严重损害环境作为代价。由此引起的人口、资源、环境的矛盾越来越尖锐，使我国面临严峻的挑战。无论对农村居民还是对城市居民来说，环境的恶化必然导致生活条件的恶化和生产条件的恶化，而资源的不足（包括土地资源、淡水资源、草场资源等）又必然加剧城乡居民的困难。结果，一部分居民的收入难以增长，甚至还出现绝对下降的情况。再以就业状况来说，我国人口众多，适龄劳动人口持续增长，国有企业改制和重组过程中有一部分职工会分流出来，此外年年都有大量农民离乡进城，寻找工作，因此城镇就业压力很大，这个问题如果得不到妥善解决，城乡协调发展也必定困难重重。然而就业问题的妥善解决又是同经济发展方式的转变紧密地联系在一起的。这是因为，一方面，粗放型的经济增长方式之下，固然可以增加一些人就业，但由于大量消耗资源，持续的、较快的经济增长难以为继，结果不得不使城镇就业门路越来越窄，城镇无法吸纳更多的人就业；另一方面，粗放型的经济增长方式严重损坏环境，使一些地区的农村生产条件和生活条件恶化，当地的农民在这种情况下无法在农村增加收入，甚至无法生存，于是就会迫使大量劳动力涌入城镇，寻找工作机会，从而增加了城镇就业的压力。农民在农村难以生存，农民大量涌入城镇，农业生产条件恶化，而城镇的就业压力越来越大，这样也就谈不上城乡的协调发展了。由此可见，及时转变经济发展方式是促进城乡区域协调发展不可缺少的条件。如今，河南已经是新兴工业大省，正在向工业强省迈进。在新的发展阶段，为加快经济发展方式转变，以其他诸多省份以损害农业为代价的工业化发展道路作为前车之鉴，河南正在努力探索一条工业化、城镇化、农业现代化"三化"协调、"四化"同步发展的路子。

第三节　确保经济可持续发展必须转变经济发展方式

资源环境问题已成为制约发展的突出矛盾，是全人类共同面对的重大课题。从全国来看，不加快转变经济发展方式，资源难以为继、环境难以为继、民生难以为继、发展难以为继。目前，我国年碳排放量全球第一，大量资源消耗和温室排放不仅成为制约经济发展的主要"瓶颈"，而且使我国面临很大的国际压力。从河南来看，经过近些年的努力，可持续发展工作取得了明显成效，但从总体上看，经济增长与人口、资源、环境之间的矛盾仍未缓和，经济的快速增长与资源大量消耗、生态破坏之间的矛盾日渐突出，特别是粗放型的经济增长方式加剧了人口与资源、环境的矛盾。今后一个时期，随着河南城镇化和工业化的快速推进，对资源、环境的压力将越来越大，转变经济发展方式、实现经济可持续发展的要求也变得更加迫切。

一、可持续发展的内涵

传统经济学观点认为经济增长即经济发展，即经济总量或人均量的增长，20世纪50年代以后伴随发展中国家的迅速发展暴露出来的贫富差距问题、失业问题、环境污染问题、城乡二元结构问题等，促使经济学家开始从更广泛、更深刻意义上理解经济发展。很多发展经济学家一致认为，经济发展不仅仅包括经济增长，还应包括经济结构的优化和体制的改革。与新的经济发展观念相吻合，可持续发展的概念应运而生，世界环境与发展委员会将其定义为"既满足当代人的需要，又不对后代人满足其需要的能力构成危害的发展"。通过对可持续发展的概念可以看出可持续发展包括生态可持续发展、经济可持续发展和社会可持续发展，遵循的是"生态——经济——社会"这个复杂系统的持续、稳定和健康发展。[①]因此，可持续发展追求的是人与自然、人与社会的协调、均衡发展。

---

① 段潋：《区域可持续发展评价指标体系及综合评价》，《技术经济与管理研究》2005年第3期。

二、河南可持续发展状况分析

基于可持续发展的内涵，一些学者构建了可持续发展指标体系以评价全国以及各区域可持续发展状况。段澈（2005）将可持续发展目标总系统分为生态可持续发展、经济可持续发展、社会可持续发展三个子系统。其中，生态可持续发展系统又包括生态平衡状况、环境保护、环境改善、自然资源状况四个子系统；经济可持续发展系统又分为经济总体发展水平、农业与农村经济、工业与交通运输三个子系统；社会可持续发展系统分为人口、收入与消费、教育及精神文化、医疗保健与体育、社会保障五个子系统。每个子系统由包含若干个指标，构成了一个较为全面的可持续发展指标体系。不少学者基于"人地关系地域系统"研究从"人"、"地"关系的角度将可持续发展系统分为人口、经济、社会、资源、环境五个子系统，每个子系统由若干个指标构成，它们之间存在着相互制衡的互动关系，即若它们之间相互协调，则区域将处于可持续性发展状态；反之，则区域发展将不可持续。

有学者提出构建指标体系应遵循的原则，[1] 即①系统性与层次性统一的原则，照顾到系统各主要方面和各主要层次。②全面性与重点性统一的原则，既要相对全面，又要突出重点。③精确性与模糊性统一的原则。社会内部、人与自然的关系是否协调，有的指标可以精确度量，有的指标只能指明趋势或方向。④科学性、动态性、可操作性原则。具体指标选择应结合区域实际，随历史变化相应变化，且具有可操作性。在已有研究的基础上，按照以上原则，结合河南实际，我们构建了河南可持续发展指标体系，包括五个子系统，生态、经济、社会、资源、环境，共计22个指标。其中人口系统包括4个指标：人口密度、非农业人口占总人口比例、人口自然增长率、大专以上人口占总人口比例。经济系统包括5个指标：国内生产总值、人均国内生产总值、经济增长率、第二产业占GDP比例、第三产业占GDP比例；社会系统包括5个指标：居民人均可支配性收入、居民人均消费性支出、失业率、人均教育经费、每千人拥有医生数。资源系统包括3个指标：人均耕地面积、人均水资源拥有量、人均能源拥有量；环境子系统包括5个指标：人均公共绿地面积、工业废水排放达标率、工业固体废物处置率、水土流失治理面积、环境污染治理投资占GDP比重。以下以2008年作为分析年，对河南可持续发展总体状况做统计描述，并与全国平均水平做比较（见表3-3）。

---

① 李正发：《区域可持续发展评价指标体系》，《数量经济技术经济研究》2000年第4期。

表 3-3　2008 年河南及全国可持续发展相关指标统计描述

指　标	河　南	全　国
人口密度/人/平方公里	594	138
人口自然增长率/%	5	5.08
非农业人口占总人口比例/%	36	45.68
大专学历以上人口占总人口比例/%	4.7	6.7
生产总值/亿元	18407.78	300670
经济增长速度/%	12.1	9
人均生产总值/元	19593	22698
第二产业占国内生产总值的比例/%	56.90	48.6
第三产业占国内生产总值的比例/%	28.60	40.1
居民人均可支配收入/元	8843	10271
居民人均消费性支出/元	5938	8002
失业率/%	0.62	1.13
人均教育经费/元	141	915
每千人拥有医生数/人	1.2	1.58
人均耕地面积/亩/人	1.2	1.4
人均水资源拥有量/立方米/人	395.2	2071.1
人均能源拥有量/吨标准煤/人	1.56	1.96
人均公共绿地面积/亩/人	—	9.7
工业废水排放达标率/%	94.87	92.44
工业固体废物处置率/%	25.6	25.4
水土流失治理面积/千公顷	4347.98	—
环境污染治理投资占 GDP 比重/%	0.6	0.18

从表中可以看出，2008 年，河南除了经济增长速度、失业率、工业废水排放达标率等个别指标优于全国平均水平以外，其他大部分反映可持续发展能力的指标均低于全国平均水平。河南人均生产总值只有 19593 元，是全国平均水平的86.3%；人均可支配收入只有 8843 元，是全国平均水平的 86%；居民人均消费性支出只有 5938 元，是全国平均水平的 74%；第三产业占比只有 28.60%，低于全国 11.5 个百分点；人均耕地面积只有 1.2 亩，相当于全国平均水平的 87.7%；人均水资源拥有量只有 395.2 立方米，仅为全国平均水平的 1/5；大专学历以上人口占总人口比例只有 4.7%，低于全国 6.7% 的平均水平；另外，人均教育经费、每千人拥有医生数量也均低于全国平均水平。自 20 世纪 90 年代提出可持续发展战略以来，我国已经在可持续发展方面取得了一定的成就，但是局部有所好转、总体仍在恶化是我国目前经济高速发展过程中面临的环境、资源和生态的现实状况，可持续发展仍面临严峻形势。河南在可持续发展中的多个指标尚与全国

平均水平存在差距，经济社会可持续发展的状况和能力可见一斑。

三、经济发展方式转变与可持续发展

加快经济发展方式转变是适应全球需求结构重大变化、增强我国经济抵御国际市场风险能力的必然要求，是提高可持续发展能力的必然要求，是在后国际金融危机时期国际竞争中抢占制高点、争创新优势的必然要求，是实现国民收入分配合理化、促进社会和谐稳定的必然要求，是适应实现全面建设小康社会奋斗目标新要求、满足人民群众过上更好生活新期待的必然要求。转变经济发展方式，就是要在发展理念上正确处理好与快的关系，不仅要继续保持国民经济快速发展，而且要更加注重推进经济结构战略性调整，努力提高经济发展的质量和效益，实现质量、效益与速度的统一，达到又好又快的发展。转变经济发展方式，在发展道路上要从根本上改变过去依靠高投入、高消耗、高污染来支撑的经济增长，坚持走科技含量高、经济效益好、资源消耗低、环境污染少、人力资源优势得到充分发挥的新型工业化道路，实现可持续发展。因此，转变经济发展方式与可持续发展的本质相同，目标一致，都是为了实现经济协调、持续、快速发展。

近年来，河南在建设资源节约型、环境友好型社会方面取得了比较好的成效，但由于受发展基础、发展阶段等多种因素制约，河南经济发展方式总体上仍然较为粗放，经济发展与人口、资源、环境的矛盾日益突出。当前，其可持续发展面临以下主要问题：一是人口规模过大、综合素质不高，老龄化问题日益显现。由于人口规模大，人均资源占有量减少，环境负载量增大，人口与资源、环境的矛盾加剧。同时，教育、医疗等公共服务投入不足，使河南人均占有的公共服务资源与全国平均水平有较大差距。此外，人口结构性矛盾突出，出生婴儿性别比偏高，人口老龄化进程加快，人口区域分布不合理，大量农村富余劳动力亟待转移。二是资源短缺与浪费并存，开发利用和保护的矛盾仍然突出。由于人口多，河南主要资源人均占有量远低于全国平均水平，如人均耕地只相当于全国平均水平的87.7%，人均水资源仅相当于全国平均水平的20%。随着经济发展对资源需求的快速增加，资源短缺的问题越来越突出，铁矿石基本依赖进口和从其他省购进，石油已消耗2/3，天然气已消耗一半以上，铝土矿储量虽然居全国第2位，但是按目前的消耗速度，仅能满足10~15年的需要，即使是储量很大的煤炭资源，河南也从净流出省变为净输入省。因此，建设用地、石油、天然气及铝土矿等主要矿产资源供求矛盾加剧，已对经济社会发展形成严重制约。与此同时，自然资源开发利用中的浪费现象突出，土地利用集约程度低，水资源有效利用系数不高,煤炭、铝土矿等主要矿产资源采富弃贫等浪费现象严重,资源的保护、有效开发和节约利用任务繁重。三是环境污染负荷高,污染物排放强度大,环境污染比较严重。2008年,河南省单位GDP能耗、单位工业增加值能耗分别比全国平均水平高10.6%、40.6%,二氧化硫排放量居全国第二位,化学需氧量居全国第五位。水环境污染尤为突出,全省四大水系中属严重污染水质的河段占1/3左右。城镇集中式饮用水源地有不同程度的污染物超标,农村饮用水源污染问题更加突出。由于燃煤量持续增加,二氧化硫也成为河南大气污染的突出问题。城镇污水处理设施运行不佳,生活垃圾无害化处理率较低,农村生活污水和垃圾处理总体上属于空白,居民生活环境污染严重。四是生态系统比较脆弱,生态恶化的趋势尚未有效控制。土地开荒、毁林和矿产资源的私采滥挖造成地表植被大量破坏,水土流失治理任务仍很艰巨,泥石流等环境灾害隐患较大;天然林比重下降,森林生态功能衰退,抵御病虫害、鼠害和自然灾害的能力降低;生态用水被挤占,一些河流天然水源补给不足,丧失自净能力,水质污染严重,破坏了原有的自然生态功能。农业生态环境呈继续恶化趋势,农田生态质量下降,耕层土壤大多受到了不同程度的污染,水体、土壤污染影响着农畜产品质量。

在新的发展阶段和新的形势下,上述问题如果不能有效解决,经济增长和人口、资源、环境之间的矛盾就愈加难以调和,经济社会就难以持续发展。事实证明,传统高消耗、高污染的发展道路已经走不通,否则,我们的资源支撑不住,环境容纳不下,社会承受不起,经济发展也不可持续。河南必须采取切实有效的措施,更加积极主动地加快经济发展方式转变,统筹推进经济发展与人口控制、资源节约、环境保护,努力以较小的资源环境代价,实现更长时间、更高水平、更好质量的发展。

第四章 河南转变经济发展方式的总体思路

改革开放 30 多年来，我国经济总量获得了持续高速增长，与 1978 年相比，GDP 总量已经翻了约四番，人均 GDP 翻了三番多。但是，由于经济增长方式粗放，利益分配关系不尽合理，也引起了资源供给日益短缺、环境压力日益加大、收入差距不断扩大等一系列问题。党的十七大报告提出要用科学发展观指导经济社会发展，加快推动经济发展方式转变。党的十八大明确要求，要准确判断重要战略机遇期内涵和条件的变化，全面深化经济体制改革，加快形成新的经济发展方式。本章结合河南省经济发展的实际情况，重点探讨河南转变经济发展方式的指导思想、原则和方针等总体思路设想，对于河南省"十二五"时期及今后更长时期的经济社会发展具有重要意义。

第一节 河南转变经济发展方式的指导思想

结合河南经济社会发展现状，其转变经济发展方式的指导思想如下：以邓小平理论和"三个代表"重要思想为指导，全面贯彻落实科学发展观，紧密围绕加快经济发展方式转变这一目标，坚持重在持续、重在提升、重在统筹、重在为民的实践要领，以建立现代产业体系为根本途径，实现由传统工业推动为主向三次产业协调推动转变；以扩大内需为战略取向，形成消费、投资、出口协调拉动的增长格局；以自主创新为核心推动力，促进增长方式由资源依赖型向创新驱动型转变；以深化改革为主要手段，构建推动科学发展的长效机制，为建设中原经济区、加快中原崛起和河南振兴奠定坚实基础。

一、全面贯彻落实科学发展观

党的十六大提出在经济领域的科学发展要实现五个统筹，即统筹城乡发展、统筹区域发展、统筹经济社会发展、统筹人与自然和谐发展、统筹国内发展和对外开放。党的十七大进一步丰富了科学发展观的内涵，提出经济社会发展必须坚持统筹兼顾。要正确认识和妥善处理中国特色社会主义事业中的重大关系，在原来的五个统筹基础上，又提出要统筹中央和地方关系；统筹个人利益和集体利益、局部利益和整体利益、当前利益和长远利益，充分调动各方面的积极性；统筹国内、国际两个大局，树立世界眼光，加强战略思维，善于从国际形势发展变化中把握发展机遇，应对风险挑战，营造良好国际环境。这就把十六大提出的科学发展观中的五个统筹扩展成了八个统筹。这八个统筹，实质上就是要处理好两大关系，实现社会和谐和可持续发展。

(一) 处理好人与人之间的物质利益关系，实现和谐社会

人类社会是一个有组织的社会。任何一个组织内部或组织与组织之间都存在利益关系，这种利益关系决定了组织内部每个个体分享利益的多寡。古语云："天下熙熙，皆为利来；天下攘攘，皆为利往。"利益分配制度决定了每个人获取利益的方式，或在共同劳动中获取利益的多少。人类社会经济活动的核心目标是实现人类自身幸福，在商品经济社会中，人类的幸福往往与拥有财富的多寡及其差别大小紧密联系在一起。因此，利益分配关系便成为人类社会中最重要的关系。利益关系处理好了，社会就会比较和谐，处理不好，就会产生各种矛盾。当矛盾发展到一定程度，就会发生严重的利益摩擦，最终导致社会动乱。在一个动乱的社会中，每个人都会缺乏稳定的安全感，幸福感就会降低。

在十七大报告所提出的八个统筹中，统筹城乡发展、统筹区域发展、统筹经济社会发展、统筹国内发展和对外开放、统筹中央和地方关系、统筹个人利益和集体利益、局部利益和整体利益、当前利益和长远利益，其主要目的都是为了处理好人与人的物质利益关系。

统筹城乡发展，是为了处理好城市和农村居民的物质利益关系，以便缩小城乡差距，使农村居民也能与城市居民一样获得经济增长带来的利益；统筹区域发展，是为了处理好不同地区人民的物质利益关系，以便缩小地区差距，使落后地区得到发展，也像发达地区人民一样从经济增长中获得相应利益；统筹经济社会发展，是为了使经济与社会平衡发展，弥补市场机制下经济增长的利益分配不均等，为广大人民提供公平的机会，享受比较均衡的社会公共服务；统筹国内发展

和对外开放，统筹国内国际两个大局是为了处理好国内外的利益关系，使对外开放服务于国内经济发展，让广大人民从对外开放中获得更大利益，实现国际间的利益均衡；统筹中央和地方关系，是为了理顺中央政府和地方政府在财权和事权上的关系，以便处理好国家利益和地区利益的关系，在考虑地区利益的同时实现国家利益最大化；统筹个人利益和集体利益、局部利益和整体利益、当前利益和长远利益，是为了处理好各方面的利益关系，实现整体利益最大化，并使各方利益可持续提高。

人是经济发展的主体，经济发展的最终目标是为了人的幸福。人与人之间的物质利益关系和谐，是社会稳定的基础，也是人类社会幸福的基础。虽然物质利益的丰裕程度不是幸福的唯一原因，但物质贫乏和利益分配不均却是社会动荡和不幸福的主要原因之一。

（二）处理好人与自然的关系，实现可持续发展

人类是自然的一个组成部分，但人类又是与自然相对的主体。物质利益是人与自然之间发生关系的根本原因。人类的一切物质财富均来自于自然界。由于人类具有无穷的欲望，当人类把拥有物质财富作为满足欲望的条件时，自然界就成为人类掠夺的对象。时至今日，人类终于认识到，自然界能够提供给人类的物质条件是有限的。一方面，过度地开采自然资源，向有限空间排放过多的污染物，会毁坏自己赖以生存的基础；另一方面，人类过度地繁衍自己，并不断地扩张人均消费资源的数量，终究会使自然界失去平衡，使自己能够利用创造财富的资源枯竭。坚持科学发展观，就要求人类必须改变对自然界的利用方式和利用强度，在利用自然的同时修复自然，使自然界的变化保持在人类生存能够适应的范围内。也就是说，科学发展观要求的第七个统筹，即统筹人与自然的和谐发展，实质上是要求我们处理好人与自然的关系，以便实现可持续发展。

二、坚持"四个重在"的实践要领

河南省委八届十一次全会上指出，推动河南经济社会持续较快发展，必须坚持重在持续、重在提升、重在统筹、重在为民的实践要领。以"四个重在"作为推动发展必须坚持的实践要领，是与中央重大战略方针一脉相承而又结合河南实际的新论断，是一个有机的统一整体，也是对科学发展观的深刻理解。要实现加快经济发展方式转变这一目标，必须落实"四个重在"，用这一实践要领来指导经济发展实践。

第一是重在持续。要有持续发展的意识。发展是硬道理，发展是第一要务，

发展是第一要义，发展是人民群众的根本利益，必须始终把发展摆在十分突出的位置，用发展的办法解决发展中存在的矛盾和问题。要着眼于河南的基本省情，着眼于解决钱从哪里来、人到哪里去、粮食怎么保、民生怎么办等现实问题，坚持以经济建设为中心，牢牢抓住发展第一要务不放松，把保持当前经济平稳较快发展与为长远发展营造良好条件有机结合起来，做到在发展中转变、在发展中调整、在发展中提升、在发展中增效。要清醒认识加快经济发展方式转变的长期性、艰巨性、复杂性，始终持续加快转变的力度和韧劲，做到不动摇、不懈怠、不折腾。要把握优势，认真研究、充分发挥河南在区位、文化、人口、粮食等方面的优势；要准确定位，明确河南在全国发展大局中特别是在中部地区崛起中的影响、带动和示范作用；要持续思路，坚持重基础、重集思广益、重科学决策，始终围绕中原崛起、河南振兴、"三化"协调、"四化"同步、推进"两大跨越"等重大战略方针来研究，以思路的持续确保加快经济发展方式转变的持续。

第二是重在提升。要注重改革开放和科技创新。对外开放要立足河南实际，把工作的重心放在招商引资和扩大出口上，通过深入开展大招商活动，大力引进省外境外资金，通过不断扩大出口，努力提高河南经济外向度，使其成为河南经济发展的重要支撑。作为领导干部，要始终保持头脑清醒，把更多的精力放在分析问题和研究问题上。要遵循事物发展的客观规律，在实际工作中，把领导机关的作为、市场经济规律、坚持依法依规办事和尊重人民群众的意愿这四个方面很好地结合起来。运作要到位，想好了再说，说了就要做，做到说到做到、说好做好。运作要有抓手，要通过项目带动、品牌带动、创新带动、服务带动，使运作能够切实到位、真正有效。

第三是重在统筹。统筹协调是科学发展观的重要内容。重在统筹，要始终把握好人民日益增长的物质文化需要同落后的社会生产之间的矛盾这一社会主要矛盾，始终把握好河南人口多、底子薄、基础弱、人均水平低、发展不平衡这一基本省情，实事求是、从实际出发，始终保持清醒。只有坚持统筹协调，才能在全社会形成加快经济发展方式转变最广泛的共识，才能凝聚起方方面面加快经济发展方式转变的智慧和力量。要统筹经济与社会发展，切实把文化、科技、教育、卫生、体育等社会事业发展融入经济发展中，不断增强可持续发展和持续创造财富的能力，推动经济发展进入更高阶段。要统筹经济发展和民生改善，坚持把民生改善作为发展的目的、发展的动力、发展的保障和评价发展成果的标准，充分调动人民群众的积极性、主动性、创造性，促进经济社会又好又快发展。要统筹"三化"进程，认真研究如何统筹协调"三化"进程，使之更符合河南实际，把农业农村、工业生产与城镇建设更好地衔接起来。要统筹中心城市与县域经济发展，既要充分发挥中心城市的辐射、带动、引领、集聚功能和作用，又要高度重视县域经济发展，以体制机制创新激发县域经济活力，以城镇化为切入点加快县域经济发展，为中心城市和中原城市群发展提供有力支撑，为新农村建设和农民增收创造更大空间。要统筹经济建设与生态文明建设，把生态文明建设作为经济社会可持续发展的重要条件，作为加快经济发展方式转变的重要着力点，作为扩大内需、拉动增长的重要途径，更加重视节约能源资源、保护生态环境，有力推进资源节约型、环境友好型社会建设。

第四是重在为民。重在为民是科学发展观的本质所在，要坚持以人为本、执政为民，始终牢记我们党全心全意为人民服务的宗旨。要做到发展为了人民。这是我们做好一切工作的根本出发点和落脚点。各级领导干部要学会换位思考，要把自己作为普通老百姓、作为困难群体的一员，经常站在他们的立场上来看待问题、理解问题。只有这样，才能进一步增强为民的自觉性，在做决策、定规划、谋发展时真正想着老百姓、真心为了老百姓，才能认认真真、扎扎实实地为老百姓做事，真正做到执政为民、发展为民。要做到发展依靠人民。人民群众是历史发展的决定力量，是科学发展的主体和主力，推动发展必须凝聚广大人民群众的集体智慧和力量。各级党委、政府和领导干部要花更多的心思、想更多的办法，调动方方面面的积极因素，最大限度地激发人民群众参与和推动发展的积极性、主动性、创造性。要做到发展成果由人民共享。要在注重人民群众长远利益、根本利益的前提下，从人民群众最关心、最直接、最现实的利益问题入手，从柴米油盐酱醋茶、衣食住行教医保，到安定稳定、生态环境等方面入手，着力解决好人民群众的实际利益、具体利益。要着力做好三件事，一是把党中央、国务院关于保障和改善民生的一系列措施落实到位；二是坚持雪中送炭，着力解决好老百姓最关心、反映最强烈的问题，让人民群众得到实惠；三是集中财力办大事，并使之制度化、规范化，长期坚持下去、持续下去，使涉及群众切身利益的重点难点问题逐步得到解决，使民生不断得到改善。

第二节　河南转变经济发展方式的原则

河南在转变经济发展方式的过程中，要正确处理转变经济发展方式与保持经济平稳较快发展的关系，努力做到在发展中加快转变、在转变中推动又好又快发展，要把加快经济发展方式转变建立在产业发展、城市建设、生态涵养、和谐发展基础上，切实做到当前利益和长远利益相统一，实现当前发展目标和长期发展目标相衔接，要加大改革攻坚力度，实现重点领域和关键环节改革重大突破，着力提高各个领域创新发展的水平，增强经济社会发展的动力和活力，最终让人民群众过上更加美好的生活。因此，转变经济发展方式应遵循以下原则：

一、坚持又好又快的原则

正确处理经济发展中"好"与"快"的关系，实现速度、质量和效益相协调。经济增长速度是经济社会发展的一个重要指标，但不是唯一指标。衡量经济发展的状况，一个指标是速度即增长率，另一个指标是质量和效益。速度是显性的，质量和效益则是内在的。实现科学发展，需要保持一定的经济增长速度，但更需要提高经济发展的质量和效益。加快经济发展方式转变，在很大程度上就是要切实提高经济发展的质量和效益。把"好"放在"快"前，就是要在"好"中求"快"，把质量和效益放在第一位，显著提高经济的质量和效益，又要保持较高的发展速度，积极扩大经济的数量和规模。实现经济又好又快发展，是"好"与"快"的有机统一。"好"与"快"互为条件，既相互促进又相互制约，不能把二者割裂开来和对立起来。又好又快，要求"快"以"好"为前提，坚持"好"字当头，好中求快，把握发展的节奏和步伐，使较快的增长速度长期保持下去。如果单纯追求快速增长，忽视质量、效益、结构和发展的可持续性，就有可能出现盲目追求高指标，攀比高速度，导致经济大起大落，结果欲速则不达。因此，只有在好的前提下，才能实现长期持续的快速增长。同时，"快"也是"好"的必要条件。较快增长本身就是较好发展的重要基础。只有保持较快增长，才能抓住机遇，不断增强经济实力，更好地解决发展中出现的矛盾和问题。我们要把握好经济发展中"好"与"快"的辩证关系，促进全面协调可持续发展。

又好又快发展是全面落实科学发展观的本质要求。坚持又好又快发展，是落实科学发展观、实现全面建设小康社会目标的必然要求，是调动各方面积极性、发挥各类生产要素潜力的有效途径，是紧紧抓住发展机遇、实现综合国力整体跃升的必由之路。近年来，我国经济一直保持高速发展，即使在国际金融危机影响下，也保持了较高的增长速度。同时，投资主导型经济增长、产业结构不协调等问题尚未解决。还应看到，经济结构调整仍然滞后，投资和消费比例关系还不合理，资源消耗和环境污染的压力明显加大。我国仍然是一个发展中国家，人均

GDP 水平还很低，完成现代化的任务依然艰巨。无论是增强综合国力，提高人民生活水平，还是促进社会进步，建设全面小康社会，都需要加快经济发展，保持一个较快的经济增长速度。但是，我们要的速度应当是经济效益比较好、人民群众得到实惠的速度，是资源消耗比较少、环境得到保护的速度，是经济波动比较小、增长得到持续的速度。又好又快，就是既要求保持经济平稳较快增长，防止大起大落，更要坚持好中求快，注重优化结构，努力提高质量和效益。

二、坚持统筹兼顾的原则

（一）处理好几个关系

统筹兼顾是科学发展观的根本方法，是我们处理各方面矛盾和问题必须坚持的重要原则。加快经济发展方式转变是深入贯彻落实科学发展观的重要目标和战略举措，意义重大，任务艰巨。在加快经济发展方式转变的过程中，同样必须始终坚持统筹兼顾，正确处理经济社会发展中的若干重要关系。

一是当前与长远的关系。立足当前实际，是解决问题的重要前提和基础；着眼长远发展，是解决问题的重要目标和原则。如果不从当前实际出发，就无法找准问题的症结，难以提出解决问题的有效办法；如果不从长远发展考虑，就容易急功近利，难以从根本上解决问题。无论研究解决什么问题，都应当统筹兼顾当前实际和长远发展，加快经济发展方式转变也是这样。当前，我国经济社会发展面临一系列突出矛盾和问题，如经济结构不合理、能源资源消耗过大、环境污染严重等。加快经济发展方式转变必须标本兼治，既着力解决现实中存在的突出矛盾和问题，又着力构建有利于科学发展的体制机制，努力实现经济长期平稳较快发展。

二是重点与全面的关系。坚持重点论与两点论相结合，是坚持统筹兼顾的必然要求和具体体现。它要求既善于抓住主要矛盾，抓住牵动全局的主要工作、事关群众利益的突出问题，着力推进、重点突破；又不能忽视次要矛盾，而是要做到总揽全局、统筹谋划。具体到加快经济发展方式转变的问题上，就是要坚持用马克思主义的立场、观点、方法观察和分析问题，善于在纷繁复杂的矛盾中抓住根本，在不断变化的形势中把握趋势，努力在重要领域和关键环节取得突破；同时，着眼于实现经济社会科学发展，协调推进加快经济发展方式转变与其他各方面工作。

三是局部与整体的关系。整体由局部构成，局部在整体之中；整体影响局部，局部关系整体。按照统筹兼顾的原则处理局部与整体的关系，既不能以整体代替局部，而应当根据局部的实际情况，有针对性地解决具体问题；也不能以局部代替整体，而应当根据整体的根本利益，注重搞好战略谋划，防止"只见树木，不见森林"。河南人口众多、情况复杂，各地各部门在加快经济发展方式转变中面临的形势不尽相同，需要解决的问题也不尽相同。这就需要各地各部门一方面从自身实际出发，坚持具体问题具体分析，拿出行之有效的方案和措施；另一方面从全国大局出发，在大局下行动，特别是当局部利益与整体利益发生矛盾时，一定要以整体利益为重。

（二）认真贯彻落实"五个统筹"

统筹城乡发展。农业产业化、工业化、城镇化是统筹城乡发展的结合点，必须从统筹城乡经济社会发展、打破城乡壁垒、改变城乡二元结构的高度来推进涉及"三农"问题的各项改革，将解决农业、农村和农民问题作为全面建设小康社会的重点。落实对农业"多予、少取、放活"的方针，政策倾斜，增加投入，加大对农业和农村发展的支持和保护力度。千方百计推进农业现代化，增加农民收入，繁荣农村经济，实行以城带乡、以工促农、城乡互动、协调发展。

统筹区域发展。扭转地区差距扩大的趋势，促进地区协调发展，关系全局发展、社会稳定和国家的长治久安，必须高度重视，狠抓落实。使发达地区和贫困地区在区域协调发展中逐步实现共同富裕，形成区域互动、优势互补、相互促进、共同发展的新格局。

统筹经济社会发展。社会发展是经济发展的重要目标和有力保障。要把促进经济社会协调发展摆到更加突出的位置，在发展规划中加以体现，在工作部署中加以落实。要加大社会事业发展力度，逐步增加各项社会发展、生态资源、环境建设的投入，特别是要加大对社会管理和公共卫生、公共服务方面的投入，形成经济与社会协调发展的新格局，创造有利于人的全面发展的良好环境。

统筹人与自然和谐发展。加强对自然资源的合理开发利用，保护生态环境。坚持经济发展与控制人口两手抓，把人口与计划生育工作作为重要内容纳入到发展规划中，确保经济增长与人口、资源、环境相协调。

统筹国内发展和对外开放。在经济全球化快速发展的新形势下，要加速市场化进程，增强自主发展能力。同时，积极搞好对外开放，扩大交流与合作，充分利用好国际国内"两种资源"、"两个市场"，在外引内联、招商引资、发展外向型经济等方面取得实质性进展。

三、坚持改革创新的原则

着力推动科技创新和体制改革，努力提高技术、人才等创新要素的贡献率，加快形成有利于转变经济发展方式的体制机制，创造河南发展新优势。加快经济发展方式转变必须通过坚定不移深化改革来推动。经济发展方式转变中存在的一系列问题，根源在于体制机制不合理，突出表现在市场体制不完善、调节导向机制不合理、政府职能转变不到位。实现经济发展方式的转变，涉及宏观到微观领域的各个方面，但关键是形成和完善有利于经济发展方式转变的体制和机制。因此，推进经济发展方式转变，必须深化重大相关领域改革，形成和完善有利于经济发展方式转变的体制和机制。我们必须坚持社会主义市场经济改革方向，着力推进财税金融体制、收入分配体制、资源性产品价格形成机制等重点领域的改革创新，着力创造公平竞争的体制环境；深化行政管理体制改革，进一步转变政府职能，加强公共服务和社会管理，建立健全符合科学发展观要求的干部考核体系，为加快经济发展方式转变提供制度保障。

加快经济发展方式转变根本出路在自主创新。科学技术是第一生产力。产品质量和效能、资源开发和环保水平、生产成本和效益以及人民群众的生活质量和水平，在很大程度上都取决于科技进步水平。自主创新能力弱是河南经济转型升级的主要制约因素。必须把增强自主创新能力作为调整经济结构、加快转变经济发展方式的中心环节，加快培育壮大创新主体，积极搭建创新平台，建立健全创新机制，切实用好创新载体，着力培养创新人才，以谋求经济长远发展主动权、形成长期竞争优势。创新能力与发展方式密切相关。河南由于缺乏核心技术和自主知识产权，造成经济结构不合理；结构不合理又造成资源消耗高、环境污染重。因此，转变发展方式必须依靠自主创新，自主创新必须与转变发展方式紧密结合。要加强自主创新体系建设，大幅度提高自主创新能力，推动经济发展由资源依赖型向创新驱动型转变。

四、坚持以人为本的原则

目前，许多人对以人为本的解读，只是停留在人是发展的动力、发展的目的上。而我们把以人为本作为一种发展方式，直指发展的本质、发展的核心，与工具论和目的论等浅薄的人本观念划清了界限。经济发展方式转变的内涵虽然十分丰富，但是我们可以简单明确地概括为从以物为本向以人为本的转变。只有转变了发展观念，才能转变发展方式。只有真正树立了以人为本的发展观，才能实现发展方式从以物为本向以人为本的转变。

因此，必须坚持以人为本，把发展社会事业和改善民生作为转变经济发展方式的重要内容和途径，尽力而为、量力而行，切实解决好人民群众最关心、最直接、最现实的利益问题。始终坚持发展为了人民、发展依靠人民、发展成果由人民共享，努力实现经济持续发展、社会全面进步、资源永续利用和环境不断改善，加快建设惠及全省人民的小康社会。

第三节　河南转变经济发展方式的基本要求

党的十七届五中全会提出："坚持把经济结构战略性调整作为加快转变经济发展方式的主攻方向；坚持把科技进步和创新作为加快转变经济发展方式的重要支撑；坚持把保障和改善民生作为加快转变经济发展方式的根本出发点和落脚点；坚持把建设资源节约型、环境友好型社会作为加快转变经济发展方式的重要着力点；坚持把改革开放作为加快转变经济发展方式的强大动力。"这"五个坚持"不仅向我们揭示了转变经济发展方式的内涵，同时向我们提出了转变经济发展方式的基本要求。

一、坚持把经济结构战略性调整作为加快转变经济发展方式的主攻方向

对经济结构进行战略性调整体现了加快经济发展方式转变的内在必然要求。经济结构是指国民经济各组成部分的地位和相互比例关系。从宏观上来看，它包括社会总需求结构、所有制结构、分配结构、产业结构、区域经济结构等；从微观上来看，它包括企业组织结构、产品结构等。对经济结构进行战略性调整，其实质就是通过结构的变动，使同等数量的要素和资源投入，获得更大的产出。把经济结构战略性调整作为加快转变经济发展方式的主攻方向，这是解决国内经济发展深层次矛盾的根本要求。由于我国经济结构不合理的矛盾长期积累，发展不平衡、不协调、不可持续的问题日益显现，突出表现在需求结构失衡、供给结构不协调、要素利用效率低下、环境损害大、空间布局不够合理等方面。这些结构性问题是我国经济增长质量和效益不高的主要根源。"十二五"时期，这些结构性矛盾更加凸显。不调整经济结构，就难以保持经济平稳运行，就难以实现经济持

续发展。转变经济发展方式，就是要转变过多依赖要素和资源投入推动经济增长的模式，转变过多关注经济规模的扩张而忽视经济增长质量的做法，转变过多关注经济增长速度而忽视社会协调发展的行为，更加注重经济质量和效益的提高，更加注重资源的节约、环境的改善，更加注重区域差距、城乡差距的缩小，更加注重人民生活水平的提高。从本质上讲，这些都是对经济结构的调整和优化。随着国内外环境的新变化和世界经济格局的新调整，如果不从根本上对经济结构进行战略性调整，就不可能从根本上加快转变经济发展方式。

调整经济结构对加快经济发展方式转变具有决定性意义。结构不仅决定需求、创造需求、满足需求，而且决定效能、决定机制。经济结构不合理是河南经济发展方式存在诸多问题的主要症结。我们必须把调整经济结构作为加快转变经济发展方式的战略重点，积极调整需求结构、产业结构、要素投入结构、城乡结构、国民收入分配结构等，通过经济结构调整着力解决内需不足、产业竞争力弱、发展不可持续、城乡差距大、居民收入偏低等突出问题，为经济不断迈上新台阶、保持长期平稳较快发展创造条件。

调整经济结构既是长期的战略任务，也是现实的迫切要求。一要合理调整需求结构。处理好扩大内需与稳定外需、增加投资与扩大消费的关系，坚持以内需为主、内外需结合，着力扩大居民消费需求，在保持投资适度增长的基础上大力优化投资结构，积极拓展外需增长空间，努力实现消费、投资、出口协调拉动经济增长的格局。二要推动产业结构优化升级。加快发展现代农业，巩固农业基础地位，积极培育发展战略性新兴产业，运用高新技术改造提升传统产业，继续淘汰落后产能，促进工业由大变强。加快发展服务业，提高服务业的比重和水平。三要积极稳妥推进城镇化。把城镇化作为扩大内需的战略重点，把符合条件的农业转移人口逐步转为城镇居民作为推进城镇化的重要任务，为经济发展开拓持续增大的内需空间。统筹城乡经济社会发展，加快建设社会主义新农村。实施区域发展总体战略和主体功能区战略，充分发挥各地比较优势，促进区域协调发展和基本公共服务均等化。四要促进要素投入结构优化。增强自主创新能力，坚持优先发展教育，充分发挥科技第一生产力和人才第一资源的作用，加快建设创新型国家，促进经济增长向主要依靠科技进步、劳动者素质提高、管理创新转变。继续加强节能减排，推广应用低碳技术，加快建设资源节约型、环境友好型社会，促进经济发展与人口、资源、环境相协调。五要合理调整收入分配结构。着力提高居民收入在国民收入分配中的比重、劳动报酬在初次分配中的比重，加强税收对收入分配的调节，处理好效率与公平的关系，走共同富裕道路，使全体人民共享改革发展成果。六要继续调整和优化所有制结构。按照平等竞争和平等保护产权的要求，根据是否有利于生产力发展的基本判断标准，一方面要做强国有企业，继续对国有企业进行战略重组，培育一批在国际市场有巨大影响力和竞争力的大企业和企业集团；另一方面要大力发展民营经济，形成国有经济和民营经济平等竞争、共同发展新格局。

二、坚持把科技进步和创新作为加快转变经济发展方式的重要支撑

科学技术是第一生产力，科技进步是经济发展的决定性因素。从人类社会发展趋势来看，无论是生产还是生活领域，科技含量越来越高，虽然追求传统成为不少人的时尚，但不可改变的是，人们对科学技术利用的步伐始终在向前，高科技产品日益成为人们生活不可或缺的一部分。未来人类社会的进步，科学技术将会产生更加重要的影响。要加快转变经济发展方式必须把科技进步和创新作为重要支撑。因为无论在现代生产还是生活中，只有推进科技进步和创新，才能够把人从繁重的劳动中解放出来，真正实现以人为本；才能够不断降低资源和能源消耗，走资源节约型经济增长之路；才能够减少排放并实现废物利用，走循环经济之路；才能够大幅度增加产品的附加值，实现我国由制造大国向创造大国的根本转变。因此，加快自主创新体系建设，是转变经济发展方式、促进产业结构升级的根本途径，是培育新经济形态、占领未来发展制高点的重要基础，是提高区域竞争力、实现跨越式发展的有力支撑，是鼓励创新创造、增强发展活力的重大举措；必须深入实施科教兴国战略和人才强国战略，充分发挥科技第一生产力和人才第一资源作用，提高教育现代化水平，增强自主创新能力，壮大创新人才队伍，推动发展向主要依靠科技进步、劳动者素质提高、管理创新转变，加快建设创新型国家。

河南自实施科教兴豫战略以来，科技创新对经济社会发展的支撑作用有效发挥，应用性科技成果转化率不断提高，高新技术产业增加值占全省工业增加值的比重达到18%，科技进步对经济增长的贡献率超过40%。但是，由于缺乏核心技术和自主知识产权，造成河南经济结构不合理；结构不合理又造成资源消耗高、环境污染重。河南科技发展和科技创新能力还不能满足全面建设小康社会、实现中原崛起的要求，科技与经济的结合还不够紧密，企业还没有真正成为技术创新的主体，产业发展的科技含量还不高，高新技术产业还未真正成为经济发展的主导产业。面对日益激烈的以科技创新为主导的国际国内两个市场竞争，我们必须认清形势，转变观念，增强责任感和紧迫感，加快科技创新，大幅度提高自

主创新能力，推动科学技术跨越式发展，推动经济发展由资源依赖型向创新驱动型转变，由粗放型向集约型转变，推动经济社会全面协调可持续发展，建设创新型河南。

因此，创新能力与发展方式密切相关。转变发展方式必须依靠自主创新，自主创新必须与转变发展方式紧密结合。推动科技进步和创新，一要着力培育壮大自主创新主体。突出企业在自主创新体系中的关键地位，培育一批拥有自主知识产权和自主品牌的"双自"创新型企业，鼓励和支持河南"双百"企业率先发展成为创新驱动型企业。发挥科研院所骨干作用，强化高等院校生力军功能。二要着力打造自主创新载体。加快发展企业研发中心，切实加强重点实验室建设，大力发展创新型产业集聚区和其他科技园区，积极发展创业孵化基地，探索建立产业技术创新战略联盟。三要加强科技创新人力资源建设。大力实施人才强省战略，造就一支门类齐全、梯次合理、素质优良、规模宏大的创新人才队伍，改善人才结构、提升人才层次。四要着力改革自主创新体制机制。坚持市场导向机制，完善科技成果权益保护机制，强化科技成果转化机制，创新产学研用紧密结合机制。五要着力突破一批科技专项关键课题，支撑现代农业发展，推动工业主导产业振兴升级，加快高新技术产业化，引导支持现代服务业，改造提升基础产业，加强民生科技创新。六要加强组织协调，强化政策支持，营造支持创新、鼓励创新、勇于创新的良好氛围，促使创新人才脱颖而出、创新成果竞相涌现。

三、坚持把保障和改善民生作为加快转变经济发展方式的根本出发点和落脚点

保障和改善民生是加快转变经济发展方式的必然选择。多年以来，河南经济的发展主要是依靠投资拉动的，投资与消费之间的失衡问题长期存在。在拉动经济的"三驾马车"中，内需占比一直是比较低的。2000~2009年，河南投资对经济增长的贡献率从33.7%上升到85.9%，而消费对经济增长的贡献率则从81.9%下降到22.7%，出口对经济增长的贡献率一直偏低。面对国际国内需求结构变动格局，单靠高投资拉动经济增长已经难以为继，这种状况如果不能尽快得到改变，势必会影响河南经济平稳较快发展。国内外经济发展经验表明，消费需求对经济的稳定增长和良性循环具有决定性作用。投资是一种派生性的需求，唯有消费才是最终需求。作为一种最终需求，消费需求是拉动经济增长、促进经济发展方式转变的最稳定、最持久的力量。在拉动经济增长的"三驾马车"中，消费需求对经济增长的贡献最大。在当前外部需求疲软、省内投资增长很难持续处于高

位的情况下，扩大居民消费对保持经济平稳较快增长具有关键作用。而要发挥消费的作用，就必须高度重视和着力解决民生问题。保障和改善民生客观上要求扩大消费，而消费需求的不断扩大客观上就促进了经济发展方式的转变。

加快转变经济发展方式，不仅要加快需求结构、产业结构和要素结构的转变，同时也要进一步满足社会主体的利益需求。这就要求我们必须着力保障和改善民生。保障和改善民生，既解决民生问题，又能扩大消费、解决就业，具有三位一体的作用。没有民生的保障和改善，社会消费需求就难以持续扩大。只有不断增强消费的拉动力，才能持续实现经济的内需循环与良性互动。因此，我们要加快转变经济发展方式，就必须更加重视保障和改善民生，以扩大消费需求作为优化需求结构的首要任务和着力点，通过多种途径和方式不断提高居民收入，合理引导居民消费转型升级，促进经济增长由主要依靠投资拉动向依靠消费、投资、出口协调拉动转变，不断提高发展的全面性、协调性和可持续性，推动经济社会又好又快发展。

从根本上说，转变经济发展方式就是要通过改善民生来增进人民福祉。这是我们加快转变经济发展方式的本质要求。从河南的具体情况看，目前比较突出的民生问题主要是涉及就业、教育、医疗、住房等问题。"就业难"、"上学难"、"看病难"、"安居难"等问题，已经成为亟待解决的发展难题。这些民生问题很多都是源于传统的经济发展方式，都需要通过转变经济发展方式这一重要途径来解决。与此同时，保障和改善民生，也为经济发展方式的转变提供了强劲的动力。解决好这些民生问题，不仅能够直接促进和拉动社会需求，而且能够有力地促进和推动经济发展方式转变。

因此，保障和改善民生是转变经济发展方式的根本目的和重要内容。保障和改善民生既是经济发展的出发点和落脚点，也是转变发展方式的根本目的，同时又是经济发展的动力，也关系到社会的和谐稳定。着力保障和改善民生，必须下大气力切实解决好一些突出的民生问题。发展是最大的民生，就业是最大的民生，保障供给是最大的民生，让群众生活在有秩序、有安全感的环境中也是最大的民生。要建立健全基本公共服务体系，强化政府基本公共服务职能，完善基本公共服务均等化体制，切实解决好基本公共服务非均等化问题。要实施更加积极的就业政策，创造更多的就业岗位，促进充分就业，改善就业环境，提高就业质量。建立健全劳动关系协调机制，切实加强劳动保护，积极发展和谐的劳动关系。要更加注重社会公平正义，合理调整收入分配结构。按照国家统一部署，积极推进收入分配体制改革，提高居民收入在国民收入分配中的比重和劳动报酬在初次分配中的比重。要按照广覆盖、保基本、多层次、可持续方针，加快推进覆盖城乡居民的社会保障体系建设。要按照保基本、强基层、建机制的要求，深化医药卫生体制改革，促进基本公共卫生服务均等化。要着力推进社会管理创新，健全基层社会管理和服务体制机制，建立科学的群众诉求表达、利益协调和权益保障机制，完善社会治安防控体系，切实维护社会和谐稳定。

四、坚持把建设资源节约型、环境友好型社会作为加快转变经济发展方式的重要着力点

资源节约和环境友好关系到广大人民群众的切身利益，关系到中华民族的生存。伴随着我国经济总量的不断增大，资源和环境约束日益成为未来经济发展的"瓶颈"。从环境约束而言，为增长而增长的发展模式已经走到尽头，而且从世界各个国家的情况来看，曾经有过先增长后治理的沉痛教训，不仅付出了沉痛的经济代价，而且付出了沉痛的社会代价，不少国家因为环境污染问题引发了严重的社会危机和政治危机。从资源约束来看，在经济总量比较小的情况下，我国不少资源能够满足国民经济发展的需要，而随着经济总量的不断增大，越来越多的资源难以满足需求，大量资源需要从国外进口，不仅直接制约国内经济增长，而且直接威胁到我国的经济安全。然而，一个时期以来，我国经济增长方式比较粗放，每万元 GDP 对资源和能源的消耗强度不仅远远高于发达国家，而且也远远高于不少发展中国家。只有把建立资源节约型和环境友好型社会作为转变经济发展方式的重要着力点，才能促进经济社会又好又快发展。

对于河南来说，重点是要实现经济发展由"高碳"模式向"低碳"模式转变。低碳经济是以低能耗、低污染、低排放为基础的经济模式。低碳经济实质是能源高效利用、清洁能源开发、追求绿色 GDP 的问题，核心是能源技术和减排技术创新、产业结构和制度创新以及人类生存发展观念的根本性转变。发展低碳经济，有利于河南省改变高消耗、高排放、低效益的社会经济发展模式，缓解经济增长与资源环境之间的尖锐矛盾，促进河南省转变经济发展方式和建设生态大省。

目前，河南经济的"高碳"特征明显。河南的产业结构主要是以资源型产业为主导的，经济增长相对更倚重于资源、原材料工业（煤炭、电力、建材、有色、化工、钢铁等），多年来河南工业的快速增长一直靠资源型工业支撑。2008年，河南能源、原材料工业占工业经济总量的 63.2%，这也决定了河南经济的高碳特征。2008 年，河南工业能源消费总量 1.53 亿吨标准煤，占全省能源消费总

量的81.6%，高于全国平均水平10个百分点。能源和环境问题已成为制约河南经济快速发展的"瓶颈"，节能减排和低碳发展成为未来发展的必然选择。要以大力发展低碳经济为契机，加快河南经济发展方式转变，实现经济发展由"高碳"模式向"低碳"模式转变。

首先，积极倡导发展低碳经济。河南的工业以重工业为主导，以大量消耗能源为特征，实际上是"高碳"发展模式。在未来一个时期，河南将继续处于工业化中期"重化工业"加速发展、工业化与城镇化并举的阶段，这个阶段也是能源资源需求快速增长的时期，生产领域、消费领域、流通领域都处于高碳经济的状况，面临"高碳"发展模式惯性的挑战。为此，一是要在指导思想上确立在发展低碳经济方面走在全国前列，在中部做低碳经济"领头羊"的指导思想。二是在路径选择方面，明确中原经济区建设不能走高碳能源时代的老路，要以低碳经济大发展为特征。要研究中原经济区建设与低碳经济实现耦合的问题，及早制定河南发展低碳经济的总体计划和行动路线图。三是在工作指导方面，明确郑汴新区既要成为河南的核心增长极，也应当是河南低碳经济的示范区、先导区；各地的产业集聚区，应当是以低碳工业为主的园区和集聚区；中原城市群核心城市，应当成为低碳示范城市。四是在具体部署方面，要宣传低碳理念、弘扬低碳文化；通过产业结构的调整、能源结构的调整、科学技术的创新、消费过程的优化、政策法规的完善等，全面推行低碳经济。

其次，大力发展循环经济。循环经济不仅是实施可持续发展战略的主要途径和方式，也为传统经济向可持续发展经济转化和落实科学发展观提供了保证。为此，一要确立循环经济发展观。循环经济把经济效益、社会效益和环境效益统一起来，要求经济发展不仅要考虑经济总量的提高，还要考虑生态承载能力；不仅要关心经济的发展，还要关心子孙后代的生存。二要抓好关键环节。在资源开发上提高资源综合回收利用率；在资源消耗上提高资源利用率；在废物产生上提高资源综合利用率；在再生资源产生上提高资源循环利用率；在社会消费上倡导有利于节约资源和保护环境的消费方式。三要创新体制机制。进一步制定和完善财政、税收、金融、投资、技术进步等促进循环经济发展的经济技术政策，借助经济技术政策这一杠杆作用，形成有利于低投入、高产出、少排污、可循环的政策环境和发展机制。四要强化循环经济的技术支撑。要加强技术创新和开发，推行清洁生产和开展资源综合利用，构建以替代技术、再利用技术、废弃物无害化处理技术、资源化技术和系统化技术为重点的循环经济技术支撑体系，开发降低能耗和物耗的新工艺，推广节能、节水、节材新技术等。

五、坚持把改革开放作为加快转变经济发展方式的强大动力

改革开放是我国长期坚持的一项基本国策。1978 年，党的十一届三中全会作出了改革开放这一伟大决策，由此揭开了我国各领域改革开放的大幕。30 多年来，中国的面貌有了翻天覆地的变化。党的十七届五中全会指出，制定"十二五"规划，必须以科学发展为主题，以加快转变经济发展方式为主线，深化改革开放，为全面建成小康社会打下具有决定性意义的基础。全会强调，"十二五"时期是我国全面建设小康社会的关键时期，是深化改革开放、加快转变经济发展方式的攻坚时期，要坚持把改革开放作为加快转变经济发展方式的强大动力。此次全会再次提出深化改革开放，并且以"更大决心和勇气"加以强调，深刻揭示了改革开放在"十二五"这个重要战略机遇期中对于促进我国经济长期平稳较快发展和社会稳定的重要意义。

改革开放是我国经济社会发展的强大动力，是加快转变经济发展方式的根本途径。加快转变经济发展方式，无论就其转变领域的广度还是就其变革内容的深度来说，都是我国经济社会领域的一场深刻变革。我国经济发展方式存在的诸多矛盾和问题，既有其深刻的社会历史根源，也有其深刻的体制机制原因。种种情况表明，制约经济发展方式转变的最大症结在于体制机制不合理。因此，推动科学发展根本上要靠强有力的制度保障。改革开放是发展的强大动力，也是加快转变经济发展方式的强大动力。只有坚持改革开放，才能破解转变经济发展方式中的各种难题，破除制约科学发展的体制机制障碍。在全球化深入发展的条件下，进一步扩大开放，是加快我国现代化建设的必然选择。对外开放与改革相辅相成，相互促进。深化经济体制改革，必须毫不动摇地坚持市场化取向的改革方向和对外开放的基本国策。经济体制改革为对外开放创造条件，对外开放促进改革与发展的深入。坚持社会主义市场经济的改革方向，必须与国际经济接轨，融入经济全球化浪潮，按照国际通行规则搞活经济，学习和吸收人类文明的一切先进成果，长期坚持对外开放的基本国策。

深化改革开放，一是要坚定推进经济、政治、文化、社会等领域改革，加快构建有利于科学发展的体制机制。要坚持和完善基本经济制度，深化国有企业和垄断行业改革，完善国有资产管理制度，支持国有经济在关系国家安全和国民经济命脉的重要行业和关键领域发挥作用。同时要努力消除制约非公有经济发展的体制机制障碍，增强各类经济主体平等参与市场竞争的活力。要积极推进行政体制、财税体制、金融体制、资源性产品价格机制改革，使行政体制与宏观经济体

系中的重要体制部位更加适应市场经济体制的要求。要加大统筹城乡发展力度，着力破解城乡二元结构体制，使新农村建设与城镇化更好地结合起来，消除制约城镇化的体制机制障碍。要深化收入分配制度改革，按照"提低、扩中、限高"的要求，促进初次分配的规范与公正，理顺再分配调节关系，完善城乡社会保障制度，提高居民收入在国民收入分配中的比重，提高劳动报酬在初次分配中的比重，促进社会公平正义。要加大生产要素市场改革力度，完善资本、劳动力、土地、资源、管理、技术等要素的市场配置机制。要积极稳妥地推进政治体制改革，促进政府职能转变，加快推进文化体制、社会体制改革，更加注重各项改革的协调配套，使政治、文化、社会管理更加适应经济基础的深刻变革，为科学发展构建坚实的体制机制保障。

二是要进一步扩大对外开放。对外开放是我国一项长远发展战略。新形势下的对外开放，要着眼于与世界各国互利共赢和积极参与全球经济治理，与国际社会共同应对全球性挑战、共同分享新的发展机遇。在外贸领域，要优化对外贸易和利用外部资源的结构，创新外贸增长和利用外部资源的方式，加快对外贸易发展转型升级，提高对外贸易的竞争力，促进对外贸易稳定平衡发展。要加快省内企业的国际化经营，提高企业利用两个市场、两种资源的能力，进一步拓展经济发展空间。在开放范围方面，要继续提高河南的开放水平，加快相对落后地区融入经济全球化格局的步伐，带动这些地区更好更快发展。要实行全方位、更高水平的对外开放，以开放促发展、促改革、促创新，积极创造河南参与国际经济合作和竞争的新优势。

第五章 河南转变经济发展方式的目标和举措

当前，国际国内经济形势以及我国经济发展的阶段性特征都表明，转变经济发展方式已刻不容缓。对河南而言，加快转变经济发展方式是关系全省改革发展全局，实现中原崛起、跨越发展目标的重大而紧迫的战略任务。但同时，转变经济发展方式是一个复杂的系统工程，需要经历一个长期的渐进的历史过程，不可能一蹴而就，需要经过长期的努力。在这一过程中，面对种种制约和困难，我们必须明确转变经济发展方式的目标，并以目标为指引采取切实有效的措施，坚持在发展中促转变，在转变中谋发展，才能真正完成转变经济发展方式这项重大战略任务。

第一节 河南转变经济发展方式的目标

以加快转变经济发展方式为主线，是推动科学发展的必由之路，符合我国基本国情和发展阶段性新特征。转变经济发展方式，就是要重构经济发展的目标体系、结构体系和动力系统，实现发展理念和发展路径的创新、经济效益和经济结构的提升、资源消耗和环境影响的降低、社会福利和居民生活的改善等。在这里，我们对转变经济发展方式的目标体系及分阶段目标进行探讨。

一、转变经济发展方式的目标体系

在过去一段时期内，我们为了在短时期内迅速解决庞大的贫困群体、保障人民基本生活水平，采取必要的措施做大经济总量是一条现实的路径。所以，经济建设中一切以增长为目标，奉行的是增长主义，发展的主要目标是追求经济总量。而转变经济发展方式有其特定的内涵，并不仅仅局限于经济发展中数量的增长。面对发展的阶段性特征和经济社会突出矛盾，需要把发展目标从追求经济总量转到公平和可持续发展上来。因此，经济发展方式转变的基本目标是实现公平与可持续发展。同时，转变经济发展方式的内涵至少包括：优化经济结构，完善分配体系，保护资源环境，提高教育、医疗、卫生、社会保障等事业的发展水平。因此，转变经济发展方式，在公平与可持续发展的基本目标下，还包含有具体的发展指标，构成一个完整的目标体系。这些指标应包括：经济结构（包括产业结构、城乡结构、区域结构等）的优化程度；公平分配和消灭贫困程度；资源

表 5-1　河南转变经济发展方式的目标体系框架

指标类别	指标名称
经济发展（6 项）	地区生产总值（亿元）
	人均 GDP（元）
	地方财政收入（亿元）
	全社会固定资产投资（亿元）
	社会消费品零售总额（亿元）
	进出口总额（亿美元）
结构调整（4 项）	服务业增加值比重（%）
	城镇化率（%）
	高技术产业增加值占 GDP 比重（%）
	经费（研究与开发经费）占 GDP 比重（%）
人民生活（6 项）	年末总人口（万人）
	人口自然增长率（‰）
	恩格尔系数（%）
	居民消费价格指数（%）
	城镇居民人均可支配收入（元）
	农民人均纯收入（元）
公共服务（7 项）	国民平均受教育年限（年）
	五年累计新增城镇就业（万人）
	五年累计转移农村劳动力（万人）
	新型农村合作医疗覆盖率（%）
	城镇职工基本养老保险覆盖人数（万人）
	专利授权量（件）
	城镇登记失业率（%）
资源环境（5 项）	单位 GDP 综合能耗（吨标煤/万元）
	森林覆盖率（%）
	主要污染物排放总量减少（%）
	城市（含县城）垃圾无害化处理率（%）
	城市（含县城）污水处理率（%）

和环境对经济发展的承载程度；减少失业的程度。除以上经济指标外，一些社会政治指标通常也被列入发展目标之中，如教育水平、预期寿命、婴儿死亡率、人民参与国家管理的程度和水平，以及个人的发展程度等。

按照上述指标体系构建的重要依据与基本原则，参照国家的"十二五"规划纲要，结合河南实际，借鉴目前有关经济社会发展状况指标体系研究的理论，在大量调查研究和广泛听取各方面意见的基础上，我们初步构建了由经济发展、结构调整、人民生活、公共服务和资源环境五个方面共计28个指标组成的河南转变经济发展方式的目标体系基本框架。在实践中，要围绕以下目标，通过对这些指标的衡量来考量河南转变经济发展方式的绩效与进程。

二、河南转变经济发展方式的分阶段目标

当前，转变经济发展方式业已成为摆在我们面前一项重大而紧迫的任务，但经济发展方式转变内涵丰富，涉及面广，且其各部分内容和各环节之间相互联系、相互制约，是一项综合系统的艰巨任务。推进发展方式转变，既要考虑需要，又要考虑可能；既要有紧迫感，又不可操之过急。通过分析发展方式存在的矛盾和问题的性质、严重程度，以及影响发展方式转变的因素及其制约强度，我们认为，实现发展方式实质性转变这一目标要经历两个阶段：

（一）"十二五"时期

"十二五"时期，我国经济社会发展将总体进入工业化、城市化的加速期和社会转型的关键期，加快推进经济发展方式转变，是河南不断适应新形势，争创新优势，实现跨越式发展、可持续发展的必然选择。综合考虑河南的基础条件和未来发展趋势，"十二五"时期总体目标是，转变经济发展方式取得实质性进展，实现老工业基地全面振兴迈出更加坚实的步伐，全面建成小康社会的基础更加牢固，城乡居民生活得更加美好。具体来说：

第一，产业结构优化调整取得重大进展。至2015年，产业结构与空间布局明显优化，传统产业优化升级取得重大突破，高成长产业占全省工业的比重达到65%，形成一批在国内甚至国际上具有较强竞争力的知名品牌、优势骨干企业和优势产业集群，生产性服务业发展水平全面提升，服务业增加值占全省生产总值比重达到33%以上，现代农业发展水平明显提高，能源、交通、水利和信息等基础设施明显改善，初步形成具有较强竞争优势的现代产业体系。

第二，增强自主创新能力取得重大进展。至2015年，基本建立比较完善的区域创新体系和人才支撑体系，全社会科技投入、科技活动人员、发明专利授权

量和高新技术产业增加值均在"十一五"的基础上实现翻一番，力争 R&D 经费支出占生产总值比重达到 1.8%，以企业为主体的技术创新体系基本建立，重大技术、关键材料和零部件的省内保障能力明显增强，科技对经济转型升级的推动作用明显增强。

第三，资源节约和环境保护取得重大进展。至 2015 年，生态文明建设有效推进，耕地和水资源得到有效保护，资源利用效率大幅提高，循环经济示范园区、示范企业建设成效显著，单位生产总值能耗、工业二氧化碳、二氧化硫、化学需氧量及氨氮等主要污染物排放量明显下降，规模以上企业清洁生产率达 100%，生态环境质量明显改善。

第四，统筹城乡区域协调发展取得重大进展。城镇化率达到 48% 左右；城乡和区域间居民收入差距扩大趋势得到有效遏制，基础设施和公共服务加速向农村延伸覆盖，城乡区域间教育、医疗卫生、文化、体育、社会保障等公共服务差距明显缩小。

第五，发展社会事业和改善民生取得重大进展。就业岗位持续增加，覆盖城乡居民的社会保障体系逐步完善，基本公共服务均等化程度提高，民主法制更加健全，人民权益得到切实保障，社会管理制度趋于完善，居民收入增长和经济发展同步、劳动报酬增长和劳动生产率提高同步，城镇居民人均可支配收入与全国平均水平差距进一步缩小，人民生活质量和水平不断提高，社会更加和谐稳定。

第六，改革开放取得重大进展。重要领域和关键环节的改革取得突破，政府职能加快转变，开放型经济快速发展，进出口总额、实际利用外商投资年均分别增长 20%，五年累计分别比"十一五"时期增加 1.2 倍左右和 1.8 倍左右。

从现在起到"十二五"时期末，河南省围绕以上目标，要突出重点，着力消除制约发展方式转变的深层体制性因素，努力构建支撑科学发展的体制机制，推动转变发展方式取得实质性进展，使发展方式面临的突出矛盾得到明显缓解，与我国国情特点的协调性明显提高，与发展新阶段要求的适应性显著增强，为在下一个五年规划期间实现发展方式的根本性转变奠定良好的基础。

（二）"十二五"之后的一个时期

可以预期，这一阶段主要是从 2015~2020 年，通过全面部署，统筹推进，进一步完善体制机制，有望从根本上消除制约科学发展的体制和政策因素，基本形成与河南发展阶段和发展环境相适应，全面、协调、高效、普惠、可持续和应变能力强的经济发展方式。

第二节 河南转变经济发展方式的形势分析

转变经济发展方式必须同河南所处的发展阶段、面临的发展环境联系起来，同时，也为了更好地贯彻实施转变经济发展方式这个宏大的发展战略，有必要对河南转变经济发展方式的条件和制约因素进行分析。

一、河南转变经济发展方式的有利条件

（一）科技进步为转变经济发展方式提供了强劲的内在动力

国际经验表明，当人均 GDP 达到 2000 美元左右时，国家的经济社会进入一个重要的转型期。如果说 2000 美元以前主要是靠开放、靠技术引进和合作的话，那么之后的发展就看这个国家是不是有继续创新的能力。当前，国家要求全面贯彻落实科学发展观，加强自主创新，建设创新型国家，并对实施国家中长期科技发展规划纲要做出了重大部署，提出建设以企业为主体，市场为导向，产学研相结合的技术创新体系。全国各地均十分重视自主创新能力建设，河南也制定了省中长期科学和技术发展规划纲要（2006~2020 年），并从税收、金融等方面给予科技发展足够的政策扶持。近年来，河南在制定了十大产业调整和振兴规划后，集中资源实施了一批重大科技专项，带动形成和壮大了一批特色鲜明、优势明显的新主导产品和新兴产业，其中新产品和新技术的研制等（研究与开发）活动成为企业研发的重点，企业已逐步成为 R&D 活动的主体，形成了良好的发展势头。当前，河南已经建立起比较完备的学科研究体系，拥有丰富的人才资源，部分重要领域的研发能力已跻身全国先进行列，具备了科学技术大发展的基础和能力。各级党和政府对科学技术发展的重视，为河南各地经济发展方式的转变注入了强大的内在动力，这是最重要的有利条件。

（二）市场机制的不断完善为经济发展方式转变创造了重要条件

切实转变经济发展方式必须遵循市场经济规律，客观上要求建立健全现代市场体系，因此有利于进一步完善社会主义市场经济体制；同时，不断完善社会主义市场经济体制，不断改革阻碍市场经济发展的体制和机制，有助于实现稀缺资源的合理配置和高效利用，从而促进经济发展方式的转变。21 世纪初，河南省委、省政府在关于全面建设小康社会规划纲要中提出："必须深化改革，扩大开

放，完善社会主义市场经济体制，创新发展机制，在更大程度上发挥市场在资源配置中的基础性作用，提高国民经济发展的市场化运作程度……"通过多年来的努力，各项经济体制改革不断深化，"十二五"时期，河南将进一步深化资源性产品价格改革，完善要素市场体系，建设现代市场体系，更好地发挥市场配置资源的基础性作用。当前，社会主义市场经济体制的不断完善，为经济发展方式的转变创造了重要的条件。

（三）资源环境约束日益强化，增加了转变经济发展方式的紧迫性和必要性

目前，河南在人均资源占有水平相对不足的同时，资源利用效率偏低，经济发展与人口、资源、环境的矛盾日益突出。资源环境的承载力是经济发展方式的重要节点。在资源环境约束日益加剧的背景下，再靠过去那种以过度消耗资源和牺牲环境为代价来推动经济增长已难以为继。这是河南及各地迫切需要转变经济发展方式的一个重要原因。

（四）我国的宏观经济管理模式为各地转变经济发展方式提供了重要的制度保障

我国的宏观经济管理体制为我国的经济发展方式转变，创造了有别于其他国家的模式，为我国的经济发展方式转变提供了重要的制度保障。主要表现为既有市场机制的逐步完善，又有国家发展规划的宏观控制以及各级党和政府对经济发展的正确引导。特别是党的十七大提出了科学发展观指导纲领的情况下，配合贯彻落实科学发展观，将全党和全社会的思想统一到科学发展的轨道上来，就会形成合力，朝既定的发展目标迈进，并成为各地转变经济发展方式的动力和保障。

（五）国际金融危机对各地经济发展方式的转变客观上起到了催生的作用

首先，国际金融危机的大背景给我国提供了加速产业布局、加快经济结构调整与产业升级的机会。长期以来，我国产业结构存在一个突出问题，即产业技术水平和产品附加值较低。在经济不景气或相对低迷的时期，市场竞争往往更为激烈。技术落后、劳动生产率低、不符合市场需求的产品及相关产业很容易被淘汰；劳动生产率高、产品质量好、符合市场需求的产品及相关产业才能得到发展和壮大。2008年爆发的国际金融危机为我国各地切实推进产业结构优化和升级、转变经济发展方式，提供了很好的机遇，需要我们自觉地利用经济不景气时所带来的压力，将压力转为动力。虽然在后金融危机时期，国内经济增长下滑态势可能还会继续，但是我国目前依然存在着城市化、工业化、市场化、国际化和人口红利较大发展空间。其次，为扩大内需带来机遇，有利于启动拉动经济增长新的动力源。政府投资在一定程度上能够带动社会投资。2009年，为应对国际金融危机，中央政府出台了 4 万亿的投资计划，在中央扩大投资政策带动下，全社会投资增长势头强劲。就河南来说，面对国际金融危机，同样快速出台投资计划保增长；在政府投资带动下，2009 年全社会固定资本投资总额将近 1.4 万亿元，比上年增长 30.6%，2010 年至 2012 年增长幅度仍在 20%以上，这对进一步扩大内需提供了有力的保障。

二、河南转变经济发展方式的制约因素

当前形势下，河南及各地都具备许多转变经济发展方式的有利条件，但同时也存在很多制约经济发展方式转变的不利因素，主要有：

（一）发展观念的束缚

发展实践需要发展观进行指导，什么样的发展观决定采取什么样的发展模式。我国传统的经济发展方式与不合理的发展观念密切相关。问题集中表现为我们把发展的认识更多集中在单纯的经济增长速度上，为了实现快速增长，不惜消耗资源、损害环境。新中国成立后我国制定的追赶型、跨越式的国家发展战略，以及改革开放以后提出的"加速发展"战略，都是以经济增长速度的"快"为核心的，在追求"快"的同时必然忽视或忽略质量的提高和效益的改善。而要真正推进经济发展方式转变，就不能继续把保增长放在首位，就不能追求过高的经济增速。国内相当多的地方政府在经济社会发展中把追求 GDP 的短期快速增长作为主要任务，上了一大批"两高一资"项目，放弃这些项目就会影响 GDP 增速，影响财政收入。正因如此，在仍然把追求 GDP 的增速放在第一位的想法和做法下，难以看到转变经济发展方式的实际行动。2009 年全国各地应对金融危机的实践表明，把保增长放在首位导致的是不少地方又一轮的粗放扩张，投资消费结构进一步恶化，居民收入差距扩大趋势也难以扭转。

（二）发展阶段的制约

理论与实践证明，不同的经济发展阶段，发展的目标和任务不同、拥有的发展条件也不一样、产业结构也具有不同的特点，这些不同的阶段性特征又会导致经济发展方式也不同。从发展的目标和任务来看，如果人们主要追求数量扩张、高速发展，采用的发展方式也必然与这种要求相适应；如果人们更加注重质量改进、效率提高，则会采用与追求数量和速度不同的发展方式。另外，不同发展阶段拥有的发展条件不一样，由此决定的发展方式也会不一样。当经济发展处于较低水平时，靠提高生产效率推动经济增长的条件尚不充分，主要是依靠投入较多的劳动和初级资源；而随着经济发展水平的提高，靠要素投入增加推动经济增长

的空间相对缩小，经济的增长将逐步转变为依靠技术进步和全要素生产率的提高。改革开放以后，伴随着市场化步伐，我国经济快速发展，但是总体上仍处于工业化中期，主要发展目标是解决温饱问题、基本实现小康，劳动力充足价廉，资本在更多的时间内是严重短缺，技术通过引进有了较大提高但总体水平仍然不高，以劳动密集型制造业为主导，产业结构层次比较低，人均收入不高，工业化进程没有完成，城市化进程加速。在这种情况下，依靠较多劳动和初级资源投入的传统经济发展方式还有一定空间，不可能在短时期内完全改变。

（三）科技创新能力依旧较低

经济增长有两个来源：要素投入的增加和要素生产效率的提高。效率的提高来源于技术进步，一般用全要素生产率来表示技术进步带来的产出的增加。科技进步不仅可以推动经济总量的增加，而且可以使经济增长的结构与质量发生深刻变化。区域间竞争实力的消长，企业间核心竞争力的强弱，经济增长方式转变的快慢，归根到底取决于科技水平的高低。发达国家劳动生产率提高主要依靠技术进步，技术进步的作用已经上升为 60%~80%。我国经济增长率虽然维持在较高位上，但经济效益仍在低位徘徊，在很大程度上是由于科技一直是我国国家实力增长中的薄弱环节，科技缺乏竞争力。要实现经济增长方式的转变，就是要把经济增长由要素投入增加转到技术进步提高生产率上来。而河南经济增长的一个重要特点却是投资拉动经济的快速增长，科技的总体水平同先进水平相比仍有较大差距，关键技术自给率低，自主创新能力不强，特别是企业核心竞争力不强；农业和农村经济的科技水平还比较低，高新技术产业在整个经济中所占的比例还不高，产业技术的一些关键领域存在着较大的对外技术依赖，不少高技术含量和高附加值产品主要依赖进口；科学研究实力不强，优秀拔尖人才比较匮乏；科技投入不足，体制机制还存在不少弊端。总之，河南省科技事业发展的现状，与完成调整经济结构、转变经济发展方式的迫切要求还不相适应，与把经济社会发展切实转入以人为本、全面协调可持续的轨道的迫切要求还不相适应，与全面建设小康社会、不断提高人民生活水平的迫切要求还不相适应。

（四）产业结构升级难

产业结构升级难主要表现在工业产业结构调整方面，长期以来，河南经济增长对生产要素高投入和资源能源高消耗的粗放型的增长模式过度依赖，既使河南成为金融危机的重灾区之一，也为河南应对危机增加了困难。在"保增长"的目标下，一些高投入、高消耗、高污染、低水平、低产出、低效益的项目以及落后产能项目出现"搭便车"现象，钢铁、水泥、电解铝、平板玻璃等部分行业产能过剩问题突出，影响到全省经济复苏的态势和质量，也使产业结构转型升级压力加大。从工业回升的基础看，相当大程度上仍然依靠传统产业的拉动。2009年，在规模以上工业38个大类中，增加值增速排在前几位的分别是：非金属矿物制品业比上年增长20.7%，通用设备制造业增长19.8%，专用设备制造业增长15.9%，化学原料及化学制品制造业增长14.9%；食品、有色、化工、汽车及零部件、装备制造、纺织服装等传统产业对全省规模以上工业增长的贡献率为57.5%。这些反映出目前河南经济增长主要是依赖传统产业，新兴产业、高技术产业对经济的支撑作用不强，产业结构升级压力较大。

（五）扩大消费需求难度加大

由于消费需求的扩大涉及因素较多，并且短期效应不明显，因此对推进发展方式由主要依靠投资和出口转向发挥消费的作用也增加了难度。当前，居民收入持续增长难度加大，消费增长后劲不足。国际金融危机爆发之后，在2009年的一到三季度，全省农民人均现金收入各季度累计增速为12%、8.9%和9.4%，前三季度增速同比下降幅度达12.9个百分点，降幅是城镇居民的两倍。总体上，城乡居民的收入增长仍未跟上经济回升步伐。而即便在这样的情况下，受家电下乡等政策推动，全省农民消费支出快速增长，2009年上半年全省农村居民人均生活现金支出增长14.2%，农村市场增幅连续9个月快于城市。这反映了城市消费市场的疲软，同时也揭示了随着家电下乡等政策效应的递减，农村消费市场也将后继乏力。在外需上，虽然河南的外贸依存度不高，但在外需大幅萎缩的背景下，不仅使得河南本省的进出口总额大幅下降，外贸企业经营环境艰难，也使得河南一些为沿海外向型经济地区提供上游能源资源类产品服务的企业承受更大的间接压力。2009年，河南全年出口总额下降了31.5%，比全国平均水平多下降15.5个百分点。

（六）体制机制的约束

经济制度和经济运行机制或管理体制是经济发展方式形成和演进的关键因素，广义的经济发展方式甚至包括经济制度和管理体制。经济发展方式属于人们的行为方式，制度直接制约人们的行为或决定人们的利益，进而影响人们的经济行为，从而制约发展方式的选择和转换。改革开放以来，市场取向的改革和对外开放的实行，传统计划经济体制向社会主义市场经济体制的转变，国有国营的企业制度向现代企业制度的变革，使中国的经济发展方式发生了重大变化。但是，改革的任务还没有完成，社会主义市场经济体制还不健全、不完善，这种制度缺陷又是造成经济发展方式转变困难并且还没有根本转变的深层原因。如市场机制的不健全，资源、环境、劳动力的不完全市场定价、人为压低，使高投入、高消耗、低工资、低消费、粗放型、数量规模扩张的发展方式难以转变；企业制度的不完善，创新机制的不健全，导致企业自主创新动力不足、技术进步不快；收入分配制度存在的不合理，社会保障制度的不健全，收入差距扩大，劳动收入占国民总收入比重下降、过低，使得国内消费需求难以扩大，造成劳动和创新以及经济增长的动力不足。

第三节　河南转变经济发展方式的战略举措

后危机时期，复杂的经济环境不仅给河南转变经济发展方式提出了挑战，而且也给河南转变经济发展方式提供了机遇。要在复杂多变的经济环境中实现河南经济发展方式的转变，就必须抓住机遇，积极迎接挑战，提前做好战略部署，唯此才能保证河南区域经济的平稳较快发展，加速实现转变经济发展方式的目标要求。

一、加快新型工业化进程，构建现代产业体系

现代产业体系是产业结构优化升级的方向，是转变发展方式的产业载体。目前，河南正在经历着由传统产业体系向现代产业体系转换的重要时期，通过推进新型工业化来加快构建现代产业体系，对于实现河南省经济和社会的全面、协调、可持续发展显得极为迫切和重要。

当前是河南在未来的区域经济竞争格局中能否获得竞争优势的关键时期，加快推进新型工业化建设是获取竞争优势的重中之重，必须不断解放思想，打破产业发展的传统路径依赖，在积极构建现代产业体系的框架下，以世界眼光和战略思维高度重视和持续推进新型工业化。根据河南的产业特点与比较优势，在新型工业化建设中要突出以下几个战略重点：一是全面推动传统产业的转型升级。抓好传统产业的转型升级工作，大力推动传统优势产业向现代制造业转变。利用高新技术、先进适用技术、信息化技术改造提升机械装备、纺织服装、食品、有色、建材、能源等传统优势产业，促使传统制造业向高附加值制造业方向发展，推动重点优势传统产业的转型、升级、整合、提高。二是积极培育发展战略性新兴产业。要依托河南的比较优势，在现有产业基础与资源优势上，在七大新兴产

业领域圈定一批具有比较优势与可持续发展潜力的产业、产品与技术，实现重点突破，占领产业制高点，加快形成新的支柱性产业。三是加快发展生产性服务业。以推进产业服务化为导向，就是要加快发展生产性服务业，营造有利于生产性服务业发展的政策和体制环境，构建适用于河南省情的生产性服务业体系，鼓励制造业企业往服务增值环节延伸价值链，推进先进制造业与生产性服务业互动协调发展。通过区域经济合作和国际经济合作的平台，依据河南省具有的比较优势，全面扩大商贸流通、现代物流、专业市场、运输仓储、专业会展、金融保险，以及商务旅游、餐饮、娱乐等领域的服务产品对省外和境外输出，有效扩大生产性服务业总量。四是加快资源循环利用产业发展。大力发展循环经济，积极打造区域性循环经济产业链。要因地制宜探索发展循环经济、探索节能减排的不同模式，并逐步推广。政府部门要进一步研究制定相应的循环经济法规体系，制定规划，对不能实现循环经济产业链构建或对接的企业，限制生产、限时整改。五是加快信息化和工业化深度融合。持续推进工业企业信息化改造，推进信息技术与研发、生产、经营、管理四大环节的融合，重点推进轻工、纺织、石化、装备制造、建材、冶金、煤炭、电力、医药和现代物流十大行业的两化融合。积极发展电子商务，加强信息系统建设，加快物联网研发与应用，推进电子政务网络建设，整合提升公共服务体系，以信息化提升产业发展的质量与效益。六是积极发展现代能源产业。要充分发挥现代能源产业对河南产业升级与经济发展方式转变的战略支撑作用，推动能源生产和利用方式变革，构建安全、稳定、经济、清洁的现代能源产业体系，推进传统能源清洁高效利用，加快新能源开发，在确保安全的基础上大力发展核电、风电、生物质能、太阳能等新型能源，为推动新型工业化建设提供强大的战略支撑。

二、加快优化投资结构，为经济结构调整打牢基础

在当前及今后一个相当长时期内，河南的出口和消费需求还难以成为保持经济平稳较快增长的主导力量，投资仍然是拉动经济增长的主动力，必须保持一定的投资规模。但是仅靠扩大投资规模难以实现国民经济良性循环，难以长期保持经济快速增长，必须高度重视优化投资结构，通过优化投资结构来优化产业结构、优化经济结构、加强经济社会发展薄弱环节，加快经济发展方式转变。

优化投资结构，要做到四个结合：一是把扩大投资与培育新的经济增长点、促进产业升级相结合，重点支持传统产业技术改造、战略性新兴产业培育、自主创新等领域的项目建设，用投资增量推动经济发展方式加快转变。二是把扩大投

资与建设资源节约型和环境友好型社会相结合，重点支持节能环保型项目建设，支持节能环保产业发展，严格控制低水平重复建设和"三高"行业项目。三是把扩大投资与提高公共服务能力、保障和改善民生、扩大消费需求相结合，积极寻求投资与消费的结合点，突出抓好保障性住房、民生工程等方面的建设，以投资促消费，以投资促民生改善。四是把扩大投资与完善基础设施、增强综合承载和支撑能力相结合，重点支持综合交通体系、综合能源基地、水利基础设施、城市基础设施以及信息化等领域的重大项目建设。

优化投资结构，要着力启动民间投资。今后政府投资的重点主要放在基础设施、公共服务、民生改善、资源环境、公益性技术开发等领域；经营性产业发展和服务项目要更多依靠民间和企业投资，政府主要是给予引导和必要的支持。要加快推进公共事业领域体制改革，打破垄断，降低门槛，引导更多民间资本进入。2010 年 3 月，国务院常务会议研究部署了进一步鼓励和引导民间投资健康发展的政策措施，核心是鼓励和引导民间投资进入基础设施、市政公用事业、保障性住房、商贸流通产业和社会事业项目建设。河南也研究制定了具体实施办法，努力扩大民间投资。2010 年，河南在教育、卫生、文化等 10 个领域集中推出了一批项目，面向民间资本公开招标。

要把项目建设作为扩大投资规模、优化投资结构的载体和加快经济发展方式转变的具体抓手。仅在 2010 年，河南组织实施了"转型升级双千工程"，重点选择 1000 个技术含量高、创新能力强的重大产业升级项目和 1000 个重大基础产业、基础设施项目，全年完成投资 5000 亿元左右，带动城镇固定资产投资 1.3 万亿元以上。对这批事关全局的项目，各级政府优先保障资源要素配置，加快联审联批，继续开展观摩点评活动，确保了早开工、早投产、早见效。同时，结合"十二五"规划纲要的实施，在影响经济社会发展全局的领域及早谋划、储备了一批重大项目，积极向国家汇报衔接，争取更多项目列入国家规划。

从中长期来看，消费需求是拉动经济增长、促进经济发展方式加快转变最稳定、最长久的力量。在扩大投资规模、优化投资结构的同时，要落实好国家鼓励消费的各项政策，积极培育新的消费热点，着力促进消费结构升级，不断改善消费环境和条件，逐步增强消费对经济增长的拉动力。

三、加快产业集聚区建设，优化生产力空间布局

要按照"四集一转"的要求准确把握产业集聚区建设内涵，促进"企业（项目）集中布局、产业集群发展、资源集约利用、功能集合构建，人口向城镇转

移"，推动产业集聚区快速健康有序发展。

推进产业集聚区建设，要着力抓好四个重点：一要把握好"三个层次"，做到"三规合一"。科学发展载体包括城市新区、集聚区、专业园区三个层次，要按照不同的标准对规划进行规范审批，确保名副其实。要按照集聚区规划与土地利用总体规划、城市总体规划"三规合一"的要求，加强规划衔接，确保集聚区布局和用地范围与城市总体规划、土地利用总体规划精准对接，为产业集聚区合法合规、规范发展打牢基础。二要建好"三个服务平台"。要继续通过发展投融资平台，解决基础设施投资问题；通过建立中小企业担保平台，解决中小企业融资难问题；通过建立土地开发整理平台，解决项目建设用地问题。同时，抓好检验检测、信息网络、职业培训、环保监测等公共服务体系建设，为招商引资、项目建设、企业发展创造良好环境。三要建立完善"四个机制"。产业集聚区既是新型工业化先导区，又是改革创新试验区，建设和运作中必然会遇到各种困难，必须勇于创新，着力完善"四个机制"：建立"集聚机制"，加快落实有利于促进产业集聚发展的优惠电价、优先用地、异地投资、成果分享等有关政策，推动产业向集聚区集聚；建立"积累机制"，落实税收超收返还政策，引入基础设施和服务项目建设市场机制，切实增强产业集聚区的自主发展能力；建立"服务机制"，积极推动社会化服务，实现区内企业原材料和零配件供应、物流、后勤服务设施等企业生产生活服务社会化；建立"激励机制"，设立升级标准，落实考核办法，开展升级竞赛，实行动态管理、优胜劣汰。四要理顺管理体制。按照"小机构、大服务"模式建立产业集聚区管理机构，减少行政层次，使其能够统筹、高效、创新运行。一般来讲，产业集聚区要具有县级权限，城市新区要具有市级权限，项目可直报上一级行政机关，并在本级对口部门备案。

四、加快城镇化步伐，构建现代城镇体系

城镇化既是扩大内需和调整结构的战略重点，又是破除城乡二元结构的根本途径，对经济发展方式转变具有综合性、关键性、全局性意义。据统计部门测算，河南城镇化率每提高 1 个百分点，可带动 GDP 增长 1.3%、居民消费增长 1.2%、投资增长 1.37%；到 2020 年如果河南城镇化率超过 50%，可带动 1.6 万亿元城镇固定资产投资，新增 3000 多亿元消费支出。因此，河南最大的需求潜力在城镇化，最大的发展动力在城镇化，最大的发展方式转变在城镇化。

加快推进城镇化进程，必须坚持中心城市带动战略，按照统筹城乡发展的要求，加快形成国家区域性中心城市、地区中心城市、中小城市、小城镇、农村社

区层次分明、结构合理、功能互补、协调发展的现代城镇体系。根据河南省情和国际经验，城镇布局应坚持向心发展、集群发展，加快形成"一极两圈"的三层空间布局。要以交通互联互通为突破口，尽快形成以郑州为中心的中原城市群"半小时"交通圈和"一小时"交通圈；加快推进郑汴新区建设，努力把郑州建成全国区域性中心城市，把郑汴新区打造成中原城市群核心增长极。要加快实施洛阳、许昌、焦作、新乡等市新区规划，加快编制和批复其他有条件的省辖市新区规划，把省域中心城市做大做强。要把县城建设成为人口规模在20万以上的中等城市。要合理规划布局中心镇建设，承担农村区域服务中心功能。要扎实推进新农村建设，使之与城镇化相互促进、协调发展。

加快推进城镇化进程，必须更新发展理念，推动城市发展方式转变。一要用复合型城市理念进行城市建设，促进一、二、三产业复合，经济功能、生态功能、宜居功能复合，城市与产业耦合发展。二要推动城市建设由粗放型向紧凑型转变，把节地、节水、节材、节能等落实到城市规划建设管理的全过程，特别要建立起集约用地、高效用地的新机制，鼓励发展城市集合体、高层建筑等，为未来发展预留空间。三要促进形成城市集群，省域区域中心以上城市尽可能地按集群规划布局，特大城市按组团方式进行空间布局和功能定位。中心城区要具备金融、文化、物流等高层次服务功能，每个组团要具备相应的人口规模和基本的服务功能，这样中心城区与每个组团功能互补，既可以提高城市综合承载能力和运行效率，又能避免出现交通拥堵等大城市病。

加快推进城镇化进程，必须创新城市发展机制。一要坚持产业为基、产城互动。要以产业聚集创造的就业岗位来决定人口转移的规模，以产业发展的规模和程度来决定城市发展的规模和进度，以城市功能的完善促进产业集聚发展，增强对农村转移人口的吸纳能力。二要注重通过市场机制加快城市发展。要加强投融资平台建设和管理，真正建立起"政府引导、社会参与、市场运作"的社会投融资机制，缓解城镇建设资金约束。充分发挥土地整理储备中心的作用，为城市发展提供土地保障。三要创新城市管理体制。城市化是深刻的经济社会变革，随着城市化推进，必须不断创新城市管理体制。提高城市公共服务能力，实行精细化管理，建设宜居城市。着力提高城市数字化、信息化管理水平。加强新形势下城市社区建设，尤其要改善和加强流动人口管理。

加快推进城镇化进程，根本要素在农民转市民，要把符合条件的农业人口逐步转变为城市居民。农民工已经成为产业工人的重要主体，但在公共服务等方面还没享受与城镇居民相同的待遇。今后推进城镇化的一个重要任务，就是把符合条件的农业人口逐步转变为城市居民，核心是要解决好进城农民工的就业、安居、子女就学、社会保障四个关键问题，逐步使进城农民落户后享有公共服务、享受平等权益。要加快城市户籍制度改革，研究制定农民到城市落户的政策，促进符合条件的农民早日融入城市文明、分享城市文明。

五、加快技术进步，构建自主创新体系

紧紧抓住科技为经济社会发展服务的中心任务，坚持自主创新、重点跨越、支撑发展、引领未来的方针，加快构建自主创新体系，为经济发展方式转变提供强力科技支撑。

2009年，河南组织力量编制了自主创新体系建设和发展规划，这是指导河南今后科技工作的纲领性文件。围绕规划目标，河南从2010年起每年都要实施"自主创新体系建设工程"，并要持之以恒地把这项工作抓下去，经过几年努力，力争到2015年全社会研究开发投入占生产总值的比重达到1.5%以上，科技进步贡献率达到50%以上，高新技术产业增加值占工业增加值比重达到25%以上，总体自主创新能力达到中西部地区先进水平。

提高自主创新能力要重点抓好五个方面工作：一要培育创新主体。注重发挥企业的关键作用、科研院所的骨干作用和高等院校的生力军作用，积极引导和支持企业开展自主创新和产学研用结合，着力培育一批拥有自主知识产权核心技术和持续创新能力的创新型企业。加快创新型科技人才队伍建设，特别要抓住当前海外人才回流的机遇，引进一大批急需的高层次科技人才。二要打造创新平台。围绕构建现代产业体系，加快建设和发展工程研究中心、技术研究中心、企业技术中心，加强重点实验室、工程试验室、高校重点实验室建设，积极发展创业孵化基地，着力打造不同层级、不同层次的创新平台。三要完善创新机制。完善科技成果转化机制，鼓励知识、技术、管理等要素参与分配，引导和激励科技人员从事科技成果转化和产业化，加强知识产权保护体系建设。建立健全科技创新投融资机制，充分发挥政府各类投融资平台的作用，优先支持创新型企业上市融资，建立、完善创业风险投资和技术产权交易市场，多渠道增加创新投入。完善科技成果评价和奖励机制，科技成果和科技资源效能的评价要以产业化、市场化和商品化为主要标准。积极探索建立产业技术创新联盟，组织相关企业、高校和科研院所围绕关键技术开展技术合作和联合攻关。河南已经建立了风电产业技术联盟和电动汽车产业联盟，还要继续在功能性耐火材料、生物疫苗等领域组建一批新的产业技术联盟。四要用好创新载体。注意发挥产业集聚区、城市新区以及

各类开发区在资产、资源、环境、技术、人才等方面的集聚优势，努力将其建成高新技术产业集群发展基地、产学研结合平台和科技成果转化中心，发挥其示范引领作用。五要抓好重大科技专项。突出重点，长短结合，整合集成科技资源，组织实施重大科技专项，努力在重要领域关键技术上取得突破。

六、加快农业发展方式转变，提高农业现代化水平

对河南而言，抓好农业生产不仅是保障国家粮食安全的需要，而且是河南推进工业化、城镇化的基础支撑。虽然河南粮食生产已连续多年保持在 1000 亿斤以上，但农业基础仍不巩固，抗灾能力不强，农业经营规模偏小、生产方式粗放的格局没有大的改观，粮食稳定增产的机制尚不健全，与发展现代农业要求不相适应，必须加快农业发展方式转变。

加快农业发展方式转变，要以确保粮食安全、增加农民收入、实现可持续发展为目标，大幅提高农业综合生产能力，大幅降低农业生产经营成本，大幅增强农业可持续发展能力，实现"高效农业"，全面提高农业现代化水平。突出抓好以下几点：一要巩固提高粮食综合生产能力。围绕国家粮食战略工程河南核心区建设，以推进中低产田改造为重点，以巩固提升高产田为支撑，以打造吨粮田为方向，强化抗灾减灾，通过稳定面积、主攻单产、改善品质、增加总产，确保到2020 年粮食综合生产能力达到 1300 亿斤。二要加快推进农业结构调整。在确保粮食生产的前提下，按照高产、优质、高效、生态、安全的要求，积极推进农业结构调整。在种植业内部，积极发展花卉园艺业和特色高效经济作物；在大农业内部，大力发展畜牧业特别是草食类畜牧养殖，加快推动优质畜产品生产加工基地、优势产业带和规模化养殖场建设；在农村经济内部，大力发展农产品精深加工业和农产品保鲜、储藏、冷链物流等服务业。同时，积极发展循环农业、特色农业、乡村旅游业，发挥农业多种功能，提高产业竞争能力和农业整体效益。三要加快推进农业科技创新。根据河南现实需要，重点抓好五项关键技术研发推广：运用生物技术加大种植业、畜牧业、园艺及食用菌优良品种的培育和推广，努力推进良种产业化；突出解决好玉米收割、水稻插秧等技术问题，降低劳务成本；抓好农业资源节约利用，降低消耗，保护环境；推广抗灾防灾技术，降低农业风险；研发农产品加工、储藏和保鲜技术，提高农业收益。四要加快农业经营体制机制创新。继续推进农业产业化经营，实现农工贸一体化、产供销一条龙，提高农业经济效益和市场化程度。在现有土地承包关系保持稳定并长久不变的前提下，加强土地承包经营权流转的管理和服务，在依法自愿有偿流转基础上发展

多种形式规模经营。积极发展各种类型的农民专业合作组织，加快建设覆盖全程、综合配套、便捷高效的农业社会化服务体系，提高农业组织化程度。

七、加快对外开放步伐，积极承接产业转移

河南作为内陆欠发达省份，必须把握对外开放的阶段性特点，大力实施开放带动主战略，通过扩大开放获得更多自然资源、人力资源、技术资源、市场资源，推动产业转型升级，加快发展方式转变。

今后一个时期，扩大开放要突出抓好三个重点：一要积极承接产业转移。要把招商引资作为今后一个时期全局性和战略性的工作来抓，建立健全推进机制，加快承接境内外产业转移。要创新招商方式，提倡专业招商、集群招商、区域招商，积极承接发达地区集群式或链式产业转移。要提高招商水平，按照产业发展规划和产业集聚区目标定位，有选择地重点招商，积极引进战略投资者。二要积极利用国际国内两个市场、两种资源。在后国际金融危机时期，虽然我国总体出口规模不会有大的增长，但是就国内而言会出现区域性转移，因此我们绝不能因为强调扩大内需而放弃国际市场。要抓住境外和沿海地区加工贸易企业加快向内地转移的机遇，积极承接一批出口型企业转移，大力引进一批出口企业集团和拳头产品，打造一批特色明显、具有较强国际竞争力的出口基地，扩大河南出口规模。支持具备条件的企业"走出去"，积极利用国外的人才、技术、市场和资源能源，拓展发展空间。加快综合保税区、通关口岸建设，优化对外开放环境。三要积极推进与国家部委和央企的战略合作。近年来，河南积极推动省部合作，加强与央企合作，签署了一批战略合作协议，促成了一批战略合作项目，增强了发展后劲。今后央企重组整合的进程将进一步提速，我们要抢抓机遇，主动出击，争取每年都与一批大型骨干央企建立战略合作关系，促进河南结构优化和转型升级。

八、加快推进资源节约和环境保护工作，努力实现可持续发展

集约节约利用资源、保护生态环境，既是加快转变经济发展方式的必然要求和重要着力点，又是拉动经济增长的重要途径。要坚持资源开发和节约并重、把节约放在首位的方针，把节能增效和生态环保作为加快经济发展方式转变的重要抓手，大力发展绿色经济、循环经济、低碳经济，努力实现可持续发展。

今后要抓好以下几个重点：一要加强土地、矿产等资源集约节约利用。河南人地矛盾突出，建设用地非常紧张，从未来发展看，土地对经济社会发展的约束

将越来越大。各方面对此一定要有清醒认识，一定要注重在节约集约用地和挖掘潜力上下工夫，按照"两保一高"要求，认真落实最严格的耕地保护制度和最严格的节约用地制度，"有限指标保重点、一般项目靠挖潜"。要以产业集聚区为重点，完善节约集约用地考核评价机制，真正使产业集聚区成为节约集约利用土地资源的示范区。继续大力推进重要矿产资源特别是煤炭资源的整合。早在2010年，河南省政府印发了"煤炭企业兼并重组实施意见"，提出要重点抓好对年生产规模在15万~30万吨煤矿的兼并重组，提高煤矿安全保障能力，促进煤炭资源优化配置和合理开采利用。各地一定要认真执行，确保政策落实到位。二要大力推进节能降耗和污染防治。严格落实节能减排目标责任制，严格实施排放总量控制、排污许可和环境影响评价制度，加快企业节能降耗技术改造，加强节能减排重点工程建设，全面推行清洁生产和节能技术，抓紧淘汰落后生产能力。加大污染物排放控制力度，重点控制工业污染物排放，加快重点流域、重点区域、重点城市环境治理，加快环境基础设施建设，完善环境监管制度。三要加强生态建设。继续抓好林业生态省建设规划落实，大力培育、保护和合理利用森林资源，增加森林碳汇。启动生态省建设规划编制，明确生态省建设的基本思路、目标任务和主要措施，力争5年内初步搭建起生态经济、资源支撑、环境安全、自然生态等生态省建设框架。同时，逐步理顺资源性产品价格形成机制。积极落实国家推进资源要素价格改革政策，逐步使水、电、气等资源性产品价格反映市场供求，反映资源稀缺程度和环境损害成本，推动结构调整、资源节约和环境保护。

九、加快推动文化发展繁荣，不断提升软实力

当今时代，文化越来越成为一个国家和地区核心竞争力的重要组成部分。河南是中华民族和华夏文明的重要发祥地，是全国有影响的文化资源大省，必须充分发挥这一优势，加快推进文化体制改革，推动文化发展繁荣，加快文化强省建设步伐。

推动文化发展繁荣要突出以下三点：一要充分认识文化发展的地位和作用。"文化是一个民族的精神和灵魂，是一个民族真正有力量的决定性因素"。加强文化建设直接关系民族素质提高，关系人民群众精神需求和精神状态，关系社会文明进步，文化越来越成为增强凝聚力和创造力的重要源泉。实现中原崛起、跨越式发展，不仅需要强大的经济力量，更需要强大的文化力量。在现代经济中，文化因素越来越重要，经济与文化越来越融为一体。我们必须重视这一趋势，积极促进文化与经济、产业和产品的融合，用文化软实力提升经济综合竞争力。二要

加快公共文化服务体系建设。坚持把发展公益性文化事业作为保障人民基本文化权益的主要途径，构建覆盖全社会的公共文化服务体系。优先安排涉及群众切身利益的文化建设项目，抓好重点文化惠民工程，建设基本文化设施，提高基层公共文化服务供给能力，满足群众基本文化需求。三要大力发展文化产业。发展文化产业不仅有利于优化经济结构和产业结构，而且能够拉动居民消费结构升级，扩大就业和创业，是推动经济发展方式转变的"绿色引擎"。大力发展主导文化产业、新兴文化产业、社会文化产业，抓好一批文化产业重大项目建设，加快文化产业园区和基地建设，大力发展文化产业集群，培育一批骨干文化企业和文化集团，打造一批具有竞争力的知名文化品牌，力争到2020年，文化产业增加值占生产总值的比重达到7%左右。

十、加快推进公共服务能力建设，着力保障和改善民生

坚持以人为本，把发展社会事业和改善民生作为转变经济发展方式的重要内容和途径，尽力而为、量力而行，切实解决好人民群众最关心、最直接、最现实的利益问题。重点抓好以下几个方面：

第一，积极解决就业和收入分配问题。当前，河南面临着新成长劳动力就业、经济转轨失业人员再就业和农村富余劳动力转移就业"三峰叠加"的就业压力。据测算，今后一个时期，河南每年城镇需要就业再就业人员都在220万人以上，农村还有将近1000万富余劳动力需要转移就业。就业问题是民生之首，也是各级党委、政府必须长期高度重视和解决的重大问题。解决就业问题，根本途径还是发展经济，实现经济增长与扩大就业的良性互动。按照近年来就业增长弹性系数测算，河南经济每增长一个百分点就能新增就业岗位8万个。要通过大力发展服务业、劳动密集型产业，支持中小企业、微型企业和非公有制经济发展，广开就业渠道，创造更多的就业岗位。鼓励劳动者自主创业和自谋职业，以创业带动就业。

合理的收入分配制度是社会公平正义的重要体现，也是扩大消费需求的重要条件。目前收入分配制度存在的问题主要是：劳动报酬在初次分配中占比偏低，社会成员收入差距过大，收入分配秩序不规范，人民群众对此意见较大。加快收入分配制度改革，逐步解决收入差距过大问题，有利于刺激消费、扩大内需，促进经济平稳较快发展，也有利于平衡不同群体利益关系，维护社会和谐稳定。国家今后将加快调整国民收入分配格局，主要是逐步提高居民收入在国民收入分配中的比重、劳动报酬在初次分配中的比重；重点是提高城乡居民收入特别是中低

收入者的收入水平，逐步提高最低工资标准和社会保障标准；建立企业职工工资正常增长机制和支付保障机制；解决农民和农民工两个群体收入增长较慢的问题等。

第二，加快完善社会保障体系。社会保障是社会的安全网，也是经济的调节器，在调节收入分配、缓解社会矛盾、推动经济发展、促进社会和谐方面具有强大功能。要按照"广覆盖、保基本、多层次、可持续"这一基本方针，加大公共财政投入，加快完善社会保障体系，全面扩大城镇职工基本养老保险、基本医疗保险、失业及工伤等保险和城镇居民基本医疗保险覆盖面，做好新型农村社会养老保险试点各项工作，加大低收入群众帮扶救助力度，切实解决好失地农民生活保障问题。

医药卫生既是社会事业问题，也是社会保障问题。2009 年，国家作出了深化医药卫生体制改革的重大决策，计划从 2009 年到 2011 年各级政府投入 8500 亿元，重点推进基本医疗保障制度、国家基本药物制度、基层医疗卫生服务体系、基本公共卫生服务、公立医院改革试点五项改革。为此，省财政需筹集 100 亿元配套资金推进改革。我们要按照国家要求，力争到 2020 年基本建立覆盖城乡居民的基本医疗卫生制度，实现人人享有基本医疗卫生服务。

第三，切实提高公共服务能力。在社会主义市场经济条件下，政府的主要职责就是保障人民群众的基本需求、保障公共利益。河南人口多、底子薄，公共服务水平低。今后要进一步转变政府职能，切实提高公共服务水平，加快健全覆盖全民的基本公共服务体系，推进基本公共服务均等化。在社会事业特别是涉及基本民生方面，包括就业、社保、教育、文化、医药卫生等，政府都要建立健全保障人民基本需求的制度，提供基本公共服务。要科学界定政府与市场的职责，合理区分"基本"和非"基本"。政府主要保"基本"，非"基本"的交给社会和市场。要通过改革开放放宽准入，调动全社会参与的积极性，提高公益性社会服务供给能力和水平。这样不仅可以为社会资本开辟更大的投资空间，利用社会资本加快社会事业发展，而且也有利于政府集中力量解决好最基本的民生问题。

第四，提高劳动者素质，促进人的全面发展。提高劳动者素质，既是转变经济发展方式的迫切需要，也是增强就业能力、提高收入水平、实现人的全面发展的根本途径。做好这一工作，根本出路在于抓好教育。要把教育摆在优先发展的位置，在继续巩固义务教育、着力提高高等教育质量的同时，近期突出发展职业教育，对河南这样的人口大省有着特殊的意义，办好职业教育可以提高劳动者素质，有利于缓解技能型、应用型人才紧缺的矛盾，有利于农村劳动力转移，又可以增强承接产业转移吸引力。我们必须坚定不移地大力实施职业教育攻坚计划，创新职教资源配置方式和利益导向机制，创新办学体制，创新教学模式，大力开展订单培养和定向培养，加快人力资源大省向人力资源强省转变。

人口多始终是河南经济社会可持续发展进程中需要解决的一大难题，也直接制约着经济发展方式的转变。我们必须从战略高度把握好人口发展问题，继续稳定低生育水平，统筹解决人口数量与素质、结构问题，促进人口与经济、社会、资源、环境相协调。

第五，建立健全安全生产长效机制。安全生产直接关系人民群众生命财产保障，是实现人的全面发展最基本的条件，也是转变发展方式的必然要求。工业化、城镇化加快推进的时期也是安全事故的高发期。要牢固树立安全发展理念，按照以人为本、加快发展方式转变的要求，抓紧落实安全河南建设规划，深入实施"安全发展行动计划"，加快建立安全生产长效机制，有效防范和坚决遏制重特大安全事故发生。

第六章 加快河南工业经济发展方式的转变

世界经济发展历程充分表明，工业发展快则经济发展快，工业经济兴则全局经济兴，工业经济强则综合实力强。经过改革开放 30 多年的快速发展，河南工业综合实力稳步提升，对于全省整体经济的支撑和主导作用更为明显，推动河南从一个传统农业大省发展成为新兴的工业大省。"十二五"时期，是河南从工业大省向工业强省跨越的关键时期，转变工业经济发展方式刻不容缓。但同时，河南工业经济面临的形势依然复杂，发展机遇与严峻挑战并存，现实矛盾与长期问题交织，需要我们冷静观察、科学分析、准确判断、积极应对。

第一节 河南工业经济发展的历程

千年前曾经傲世辉煌的河南，自北宋中原沦陷以后，历经数百年衰落，在近现代时期已经衰退成贫穷落后的农业省。到了新中国成立前夕，破败萧条的河南工业更是支离破碎不成体系。新中国成立后，河南工业在短短 60 年里发生了天翻地覆的巨变，取得了举世瞩目的发展成就，昂然立于中国工业第一方阵。

一、新中国成立前河南工业的基本概况

在半封建、半殖民地的旧中国，由于外受经济实力相对雄厚的资本主义国家工业的排挤和干扰，内受国内的长期战乱与横征暴敛，河南工业的发展极为缓慢。民国时期河南工业经济发展最好的年份是 1936 年，但是当时全省的工业企业尚不足 300 家，其中，近代工业企业仅有 30 多家，绝大多数都是作坊式生产加工小企业；企业职工 4 万余人，仅占全省人口的 0.1%；工业总产值约为 4.4 亿元，占全省工农业总产值的 16.8%；工业总产值中，近代工业产值占 30%，手工

业产值占 70%；近代工业主要集中在煤炭、棉纺、卷烟、面粉、机械等少数几个生产部门。抗日战争期间，河南工业受到致命打击，近代工业的损失尤为严重，一些企业搬迁到了大后方，一些企业关闭停产，沦陷区的企业遭到日军的疯狂掠夺与破坏，全省工业发展处于一片萧条之中。抗战胜利后，回迁企业和留在河南的企业又因为内战陷入了生产萎缩、停产以及半停产困境。工业企业由于受恶性通货膨胀的影响，正常的生产经营已不能维持，处于日渐衰落境地。按可比价格计算，1949 年河南工业总产值比 1936 年下降 36.8%，工业生产能力始终未能恢复到抗战前的水平。

新中国成立时，河南工业的基本状况是：①工业不发达，是当时全国工业最为落后的地区之一。1949 年，河南工业总产值仅 3 亿元（1952 年价格），只占全省工农业总产值的 14.8%，远低于全国工业总产值占工农业总产值 30% 的平均水平。河南工业经济在全国工业经济中影响很小，河南工业总产值占全国工业总产值的 1.6%，这时全国工业仍高度集中在东北及沿海地区的大、中城市，西部几省的工业经济因抗战大后方建设也得到较快发展，许多省工业产值超过河南。②工业结构畸形，工业部门残缺不全。1949 年，河南工业集中在食品（主要是卷烟、面粉、白酒）、纺织等轻工部门，能源、冶金、化工等基础工业比重十分低微，轻重工业产值比重 83.3:16.7。当时全国近 40 种主要工业产品中，河南仅能生产 5 种，其余均为空缺。③工业技术水平和经营管理落后。1949 年，河南工业经济主要由分散、技术落后的手工业和半机器工业构成，以大机器生产为标志、代表先进生产力的近代工业占全省工业总产值的比重不到一半。近代工业基础薄弱，机械工业企业数量极少。据郑州、开封、洛阳等 11 个城市统计，1949 年，机械工业户占工业总户数的 0.8%；近代工矿企业规模很小，全省工业固定资产总额只有 6000 万元左右，且大多机器设备陈旧破烂，生产技术水平落后、劳动生产率低下。

二、新中国成立后河南工业的发展成就

河南工业的落后是河南经济落后的主要根源，新中国成立后，勤劳肯干的河南人民就在战争的废墟和荒芜的土地上开始了工业化征程。经过 60 多年的建设和发展，特别是改革开放以来 30 多年的发展，工业经济取得了巨大成就：按当年价格计算，河南工业增加值从 1952 年的 4.77 亿元增长到 2009 年的 9900.27 亿元；按可比价格计算，河南工业增长的速度远远大于农业和全部生产总值的增长速度，从 1952 年到 2009 年，工业增加值增长了 773.8 倍，农业增加值增长了

10.3 倍，全部国民生产总值增长了 82.2 倍；从增长态势看，工业的波动幅度在1990 年以前大于生产总值的波动幅度，在 1991 年以后，工业增加值的年增长速度接近或大于生产总值的增长速度，且河南工业增长与 GDP 增长表现出同步变化的规律，一旦工业经济进入快速增长周期，则 GDP 也进入快速增长周期，一旦工业增长进入低谷，则 GDP 增速也跟着下滑，说明河南工业经济发展的快慢对全省国民经济发展起着越来越重要的支撑和带动作用（见图 6-1）。"十一五"前四年即 2006~2009 年，河南省全部工业增加值年均增长 16.3%，其中规模以上工业年均增长 20.4%，高于全国平均速度 5.7%，超出同期 GDP 平均增速 7.4%。据测算，"十一五"前四年工业对全省经济增长的贡献率达到 61.3%，比"十五"时期提高 7.7%。2009 年，全省工业经济总量占全国的比重为 7.3%，比 2005 年上升 1%，居全国第五位，仅排在广东、山东、江苏、浙江之后，河南工业在全国工业占据了重要位置。河南工业增加值在全国工业经济的比重逐步上升。

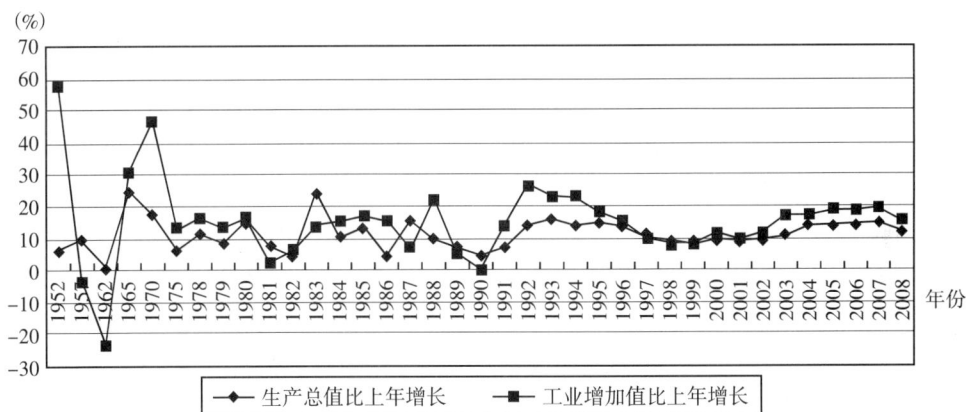

图 6-1　新中国成立以来河南工业经济增长态势

第二节　河南工业经济发展方式转变的态势分析

进入 21 世纪以来，尤其是"十一五"时期，面对国内外环境的复杂变化，河南工业遵循"垂直整合、错位发展、技改提升"的发展理念，坚持发展与调整并重的核心思想，加快推动工业经济发展方式的转变，积极应对国际金融危机带来的不利影响，工业经济保持又快又好的发展态势，新兴工业大省的地位不断巩固。在此过程中，河南工业经济发展中长期积累下来的一些突出矛盾问题也日益显现出来，制约着工业发展方式的转变；同时，面对后危机时期复杂的国际国内形势，河南转变工业经济发展方式挑战与机遇并存。

一、河南工业经济发展方式转变的现状

"十一五"以来，河南工业总量再创新高，产业结构进一步优化，产业集聚效应凸显，自主创新能力增强，产业组织结构不断优化。整体而言，河南工业在推进发展方式转变上取得新进展，在平稳健康发展上呈现新态势。

（一）经济规模不断扩大，总量首次超万亿

"十一五"以来，工业对于河南省整体经济的支撑和主导作用更为明显，工业经济发展取得了重大成就，整体上呈现出平稳健康的发展态势（见图6-2）。工业经济规模发展迈上新台阶，工业增加值连续五年都保持在双位数增长，2008年首次突破9000亿元，达到了9546亿元。在全球金融危机的影响下，2009年，全省全部工业增加值仍然完成9900.27亿元，占GDP比重达到50.8%，比"十五"末提高了4.6个百分点，在全国的位次由2005年的第6位上升到目前的第5位。其中，规模以上工业增加值达到7764.45亿元，较2005年增加4564.22亿元，"十一五"前四年平均增速达到20.5%，高出全国7个百分点。2010年河南工业再创佳绩，全部工业增加值突破10000亿元，相比2005年工业总量翻了一番。"十一五"以来，全省工业经济效益总水平持续提升。2009年，全省规模以上工业实现主营业务收入28246.65亿元，居全国第5位；盈亏相抵后实现利润

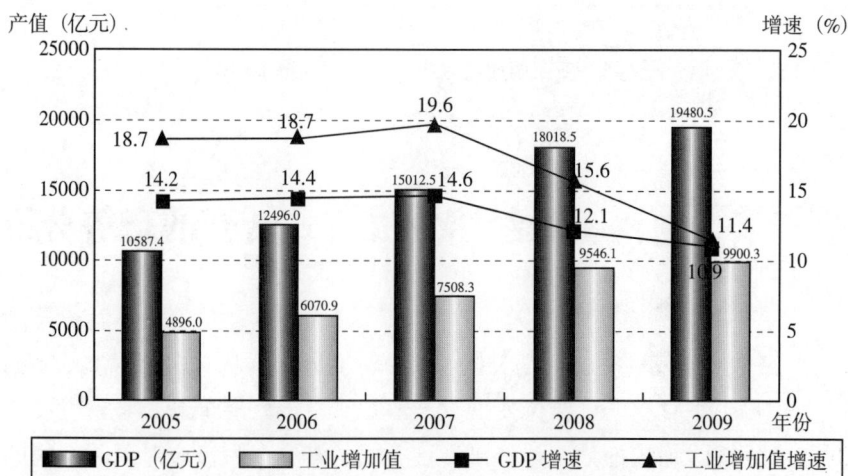

图6-2 "十一五"期间河南工业发展态势

总额 2444.18 亿元，居全国第 4 位；实现利税 3835.99 亿元，居全国第 4 位，三项指标分别为 2005 年的 2.8 倍、3.18 倍和 3.8 倍。

（二）产业结构持续优化，产业发展齐头并进

产业结构优化取得新进展，轻、重工业之比由 2005 年的 29.0∶71.0 调整为 2009 年的 31.8∶68.2，占比结构有所改善。"十一五"期间，河南把产业结构调整作为加快转变工业经济发展方式的重要任务，改造提升传统优势产业，着力做强支柱产业，大力发展循环经济，持续调整优化产业结构。"十一五"期间，河南共争取国债资金、安排省工业结构调整资金 25.9 亿元，支持了 637 个重大结构升级项目，总投资超过 1500 亿元。这些项目的实施，有利于推动产业结构的升级，并带动工业投资的快速增长。五年内，全省工业累计完成投资将达到 2.4 万亿元，是"十五"的 5.6 倍。金融危机以后，河南把加快转变工业经济发展方式作为工业发展的首要任务，推动传统产业以产业内升级为重点，拉长产业链条，提高产品附加值；推动优势支柱产业以链式发展为重点，培养企业群体链式发展，提高产业链竞争力；积极培育战略新兴产业，以产业集群建设为载体，积极承接沿海产业转移。有色、食品、化工、装备制造、汽车及零部件、纺织服装六大优势产业支柱作用持续增强，产业增长速度总体上高于整个工业，六大优势产业实现增加值占全省工业增加值的比重由 2005 年的 48.9% 提高到 2009 年的 51.7%（见表 6-1）。高技术产业持续快速增长，2009 年实现增加值占全部工业的比重 3.8%，比 2005 年 3.3% 提高 0.5 个百分点。

表 6-1　"十一五"期间河南规模以上工业中六大优势产业增加值及其比重

年　份	六大优势产业工业增加值（亿元）	全部规模以上工业增加值（亿元）	比重（%）
2006	2123.70	4150.60	51.2
2007	2790.50	5438.06	51.3
2008	3276.78	7305.39	51.0
2009	4304.42	8371.98	51.7

（三）产业集聚区建设进展顺利，规模集群优势凸显

作为转变经济发展方式的载体，"十一五"期间，河南加大了产业集聚区的建设力度，加快促使资源和生产要素向优势产业集中，推动主导产业链式发展。2009 年以来，河南大力支持 180 个产业集聚区发展，大力发展洛阳动力谷、中原电气谷、郑州百万辆汽车生产基地、现代煤化工等产业基地，在布局、用地、资金等方面给予优惠政策。漯河食品产业集群成为全国最大的市级食品工业基

地，长葛人造金刚石产业集群成为亚洲最大的金刚石超硬材料生产基地，虞城钢卷尺产业集群成为全国最大钢卷尺生产加工基地，随着产业的发展，产业集聚效应充分彰显。富士康等一批高技术大项目的相继开工，进一步增强了产业集聚区的承载能力。此外，河南以实施中心城市带动产业集聚区建设为依托，围绕集聚调结构，推进产业和生产要素向城镇和产业带集聚。以郑州综合交通枢纽为中心，打造中原城市群"半小时交通圈"、"1 小时交通圈"、县乡经济圈，充分发挥城市的集聚和辐射带动作用。从全省战略布局出发，把 8 个省辖市全部纳入中原城市群规划布局，依据城市特点和产业基础进行合理的产业分工，拉开了中原城市群大范围内的产业调整、集聚的序幕。

（四）自主创新能力不断提高，产业发展支撑能力增强

加快技术进步，加强自主创新能力，是推动工业发展方式转变的内在动力。2009 年，全省研究与开发费用达到 174.76 亿元，比"十五"末增长 214%，占 GDP 的 0.9%，比"十五"末提高了 0.37 个百分点。"十一五"期间，自主创新能力的不断增强，发挥了对加快工业经济发展方式转变的支撑作用。装备制造业及部分新兴产业领域，技术水平已经达到国内领先水平，特高压输变电装备、盾构、锂离子电池、超硬材料、多晶硅、生物疫苗等多项产品也达到国内外先进水平。高新技术产业保持了良好的发展势头，占全省工业比重持续上升，2009 年高技术产业实现增加值占全部工业的比重为 3.8%，比 2005 年的 3.3%提高 0.5 个百分点。较为完善的区域创新体系，为转变发展方式提供了制度保障。截至"十一五"末，省级工程技术研究中心 330 家，是"十五"末的 6.6 倍；省级以上重点实验室 75 家，是"十五"末的 3.13 倍；专利授权量五年累计 4.73 万件，是"十五"期间的 3.1 倍。2010 年，依托企业和转制院所建设的 5 家国家重点实验室获准组建，结束了河南没有国家重点实验室的历史。荣获 2010 年度国家科技进步一等奖的"石脑油催化重整成套技术的开发与应用"项目及"超高压直流输电重大成套技术装备开发及产业化"项目，更有力地证明了河南省工业领域科技实力的迅速崛起。科技成果产业化进程明显加快，一些关键技术和新产品研发的突破带动形成一批独具特色、优势明显的新兴产业。华兰生物在国内首先研制生产出甲型 H1N1 流感疫苗，安阳新能公司突破了薄膜太阳能电池产业化技术，中航锂电攻克了大容量锂电池关键技术，在国内率先实现了规模化生产。此外，技术进步在推动工业节能减排方面发挥了至关重要的作用，技术效应的发挥在相当程度上抵消了规模效应对节能减排的负面影响。

（五）产业组织逐步优化，龙头竞争力明显提高

"十一五"期间，河南加强对行业的分类指导，提高规模经济行业的产业集中度，积极培育具有国际竞争力的大型企业集团，鼓励资源型优势企业实施强强联合、跨地区兼并重组；支持中小企业和微型企业健康发展，加快发展"专精特新"中小企业，引导有条件的中小企业进入生产性服务业和战略性新兴产业，推动形成适合各行业技术经济特点和市场需求的产业组织结构。从 2004 年起，河南着力培育百户重点企业和 50 户高成长企业，通过支持加快企业自主创新、兼并重组、产业升级、实施节能减排等，实现要素资源优先向重点企业配置，龙头企业竞争力明显提高。从 2009 年开始，为加快全省工业经济转型升级步伐，充分发挥重点企业的主导和引领作用，河南确定了 142 家省转型升级重点企业，引导推动企业技术创新和改造升级。2009 年，全省营业收入超百亿元的工业企业达到 26 家，河南煤业化工集团和中国平煤神马能源化工集团双双进入中国企业500 强的前 100 位，成为河南工业发展的重要支撑。此外，继河南煤业化工集团2009 年成为河南首家"双千亿"企业，实现河南省企业历史性突破之后，2010年 12 月河南中平能化集团也跻身"双千亿"企业序列。同时，纺织、汽车、装备制造、食品等具有较大外部规模经济的行业，在市场和政府的双重推动下，围绕龙头企业进行配套生产的专业化中小企业增多，已经形成链式产业集群板块，龙头带动效应充分显现。

（六）节能减排取得新进展，持续发展后续动力增强

"十一五"期间，全省节能减排工作扎实推进，生态建设取得新进展。前四年，全省规模以上单位工业增加值能耗分别下降了 5.9%、7.1%、10.8%、11.6%（见图 6-3）。截至 2010 年，化学需氧量和二氧化硫排放总量较 2005 年分别下降13.8% 和 17.6%，主要工业污染物排放总量大幅减少。淘汰落后产能任务超额完成，淘汰高耗能设备产品 172 台，炼铁、电力、玻璃、印染、制革等行业分别淘汰落后产能 11763.91 万吨、2029.86 万千瓦、1267.2 万重量箱、5.06 亿米、100万标张，其他行业淘汰落后产能 60058.2 万吨。关停水泥机械化立窑、湿法旋窑等水泥产能 2300 万吨以上，淘汰了全部立窑水泥生产线，新型干法水泥比例从2000 年的 8% 提高到 95% 以上。关停小火电机组 1000 余万千瓦，拆除实心粘土砖瓦窑厂 3109 个，整治复垦土地 8.76 万亩。积极推行节能减排技术应用，大力推广清洁生产，对八大高耗能产业执行标准进行监督检查。2010 年全省在钢铁、有色、煤炭、电力、化工、建材等高耗能行业推广了 55 项先进适用节能技术。推进资源综合利用，大力发展循环经济，在矿产资源、大宗固体废物、农作物秸

秆和农产品深加工等综合利用取得突出成效。

增速（%）

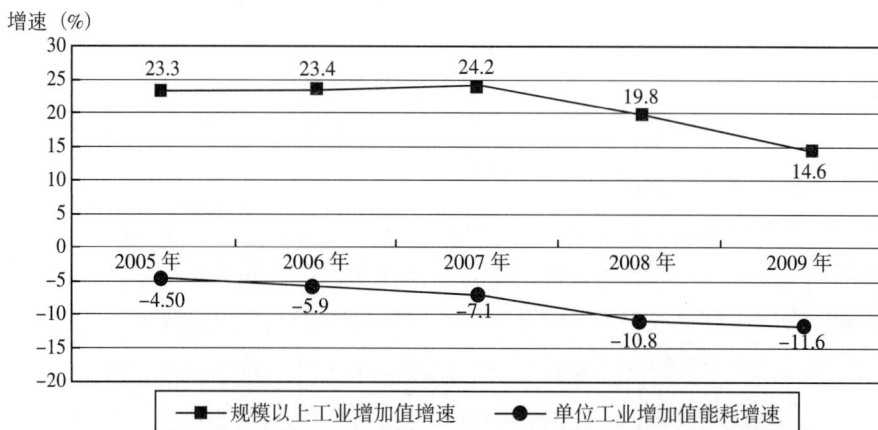

图 6-3 "十一五"期间河南规模以上工业增加值增长及能耗增长走势比较

（七）"两化融合"不断深化

"十一五"以来，全省信息化建设取得了较大进展，信息技术在工业企业管理和产品研发、生产、营销领域应用不断深入。"十一五"期间企业信息化年度投入增长平均在23%以上，郑州市被列为国家级制造业信息化试点城市，"158"两化融合工程稳步实施。通过采取政府贴息、补贴等方式，灵活使用信息化专项资金，拉动投资10多亿元。选定新乡、巩义两市作为省级"两化融合"试点，加大信息技术在现代装备制造、食品、有色、化工、纺织五大工业主导产业普及应用。建立"两化融合"项目库，已编录110家企业和单位的两化融合项目209个。实施了"中小企业信息化推进工程"，建设"中小企业河南网分网站"，为全省30多万家中小企业提供综合信息服务。此外，电信运营商和软件企业以ASP模式为中小企业提供外包服务，基本可以满足中小企业信息化需求。中华粮网已成为全国粮食行业最大的门户网站，是全国粮食企业开展网上交易的重要载体，"中华粮网及其粮食竞价交易系统"已经成为粮食行业信息化示范项目。确立全省电子商务发展思路，明确了以发挥郑州市区位优势和辐射效应为重点的电子商务发展思路。目前，河南省大型骨干企业普遍采用了ERP等信息化应用系统，先后有43家企业入选中国企业信息化500强，双汇集团、平煤神马集团、许继集团等一些企业走在了全国信息化前列。同时，信息产业持续快速发展，产业规模不断壮大，对经济增长贡献度稳步上升。多晶硅、锂电子电池、镍氢电池、电池材料、信息安全等领域具有了一定产业优势，形成了洛阳中硅、中光学集团、凯瑞数码、天空能源等一批骨干企业，许昌电力电子等四个国家级电子信息产业园及洛阳硅电子等三个省级电子信息产业基地建设取得新成效。

二、河南工业经济发展方式转变中存在的问题

"十一五"时期，河南工业经济在保持持续快速发展的同时，传统工业发展模式也进入到严重约束期，制约工业经济发展的深层次矛盾日益凸显。

（一）"重、低、少、小、差"的产业结构阻碍发展方式的转变

河南加快转变工业经济发展方式以来，产业结构有了一定的变化，但是仍然没有摆脱以传统产业为主的基本架构，整体上仍然呈现出"结构重、层次低、企业少、个头小、环境差"的发展态势，仍然是产业结构上偏重化工业，产业链位置上偏上游，价值链上偏低端，发展方式上偏传统，发展路径上依然是"干我们熟悉的、干我们会干的、干我们能干的"，仍然是重投资、重规模，不重产业新型化，产业发展版图仍被固定在狭窄的空间内。当前，河南资源型重化工业比重达 70% 左右，有色、化工等六大高耗能行业实现增加值占全省工业的比重为41.4%。新兴产业发展相对滞后，装备制造业仅占规模以上工业的 16.2%，高新技术产业增加值只占 3.8%，电子信息产业比重仅为 0.5%。产品大多数处于价值链中低端，产品附加值低，河南在全国产量排名靠前的工业产品主要是煤、铝、水泥等初级产品，汽车、集成电路、电脑、手机、空调等终端高端工业品产量排名均比较靠后。长时间的过度依赖自身资源禀赋，造成了河南资源产业比重大、高新技术比重小的产业结构。在经济上行期，资源需求旺盛，经济发展收益较大，但是，在经济下行期，国际金融危机冲击产业链末端向上游传导，并最终反映、沉淀到能源原材料工业上，使得本不合理的产业结构缺陷问题更加凸显。当前这种不健康的结构发展态势严重地阻碍了发展方式的转变，是不可持续的。要想推进工业发展方式转变，必须打破河南工业发展的路径依赖，向"轻、高、多、大、好"发展，以承接产业转移为契机，加快产业结构调整，构建现代产业体系。

（二）区域产业同构引发资源低效率配置

基于国内高度强调 GDP 增长的政府考核机制，地方政府的相互竞争成为推动经济高速发展的主要原因之一。由于固有考核模式的限制，地方政府都将各种资源集中投入到能快速拉动 GDP 增长的部分行业，相应这些行业也就成为拉动经济增长的主导行业。与中部其他地区相比，河南在纺织、塑料、化工和建材等产业上都与相邻省份存在产业同构现象。即使在河南省内，不同区域间的产业相

似度也很高，这种相似度不仅体现在资源型、初加工型传统产业，在光伏发电、风电等新兴产业领域也出现各地区一哄而起的现象。而在"十二五"发展规划中，电子信息、新材料、生物医药、汽车等战略性新兴产业又成为多个地市重点发展的主导产业。产业同构是以牺牲资源配置效率为代价的。由于各地区都发展类似或者相同的产业，必然在资金、劳动力等生产要素方面形成激烈的竞争，而大量的重复建设必然带来资源的低效率配置。在微观经济层面上，直接造成低水平重复建设和企业规模不经济。在宏观层面上，导致生产能力严重过剩，加剧能源和原材料的短缺，各地市产业结构无法形成独特优势，削弱了区域经济的互补性，割裂了区域经济的协同发展。

（三）高端要素积累薄弱减缓产业升级步伐

在经济全球化的今天，只有掌握高端生产要素才能在全球价值链竞争中取得主动权。受路径依赖、体制环境等因素的影响，河南工业长期以来走的是高投入、高消耗、低产出的发展模式，专注于发展能源原材料行业以及为能源原材料提供装备的重型制造业，属于河南优势产业的食品、纺织、有色、煤化工以及装备制造业都属此类，高新技术产业比重明显偏低。这些传统产业的企业专注于生产加工环节，在资本、技术、信息及人才等高端生产要素积累方面比较薄弱，重点表现为高端人才相对不足，技术水平较低，技术储备不足，技术装备更新速度慢，高新技术应用程度不高，新产品比重低，高附加值产品比重不高。当前，河南在集成电路芯片、大型科学仪器、高端数控机床等产品上，尚未掌握核心技术，主要依赖购买国外产品，高精尖加工能力和重大技术装备制造比较薄弱。企业普遍缺乏具有自主知识产权的技术和名牌产品，全省年专利授权数量不足广东、浙江、江苏等东部发达省份的五分之一。特别是中小企业缺乏自主创新能力，普遍缺乏具有自主知识产权的技术和产品，经不起要素和市场变化的冲击。在河南工业结构调整升级特别是战略性新兴产业的培育过程中，高端生产要素积累薄弱将直接导致经济发展后劲不足。

（四）生产性服务业滞后影响产业协同发展

生产性服务业的发展程度能够直接影响制造业的生产成本和交易成本，进而影响制造业的生产率。制造业与生产性服务业融合是全球经济发展的重要趋势，河南工业结构的优化升级必须顺应这一趋势。然而，目前河南生产性服务业的发展明显滞后，与制造业的产业协同效果不佳。一方面，因为目前"河南制造"仍处于价值链低端，仍是以加工贸易和代工生产为主，这种外向型经济发展模式隔断了制造业和生产性服务业之间的产业关联，制造业的繁荣发展并未形成有效的服务业需求，生产性服务业的需求非常有限。另一方面，对于生产性服务业，尤其是知识密集型服务业，在研发、品牌、设计等环节的高端人力要素和技术要素都把控在国外，很难转移到国内。在受到代工模式和服务业 FDI 双重挤压的大环境下，只能赢取低廉绝对利润的企业就没有足够的动力去发展生产性服务业。

（五）资源与环境约束强化限制传统产业发展

河南工业发展在相当程度上依赖于高耗能、高污染及产能过剩产业，能源资源消耗较大、环境污染问题严重。从数据上看，2010 年上半年，全省高耗能行业增加值增长 25.2%，高出规模以上工业 0.4 个百分点。截至第三季度，六大高耗能行业占规模以上工业比重仍为 42.2%。从政府指导政策看，2009 年底颁布的《河南省十大产业调整振兴规划》，六大高耗能产业占据了三个席位。在"化石类"能源仍占主导地位的时代，伴随着资源储采量下降及开采成本上升，河南固有资源优势减弱，且资源与环境约束日益强化，河南传统产业转型的内在压力越来越大。此外，在发展"两型"工业的大环境下，2010 年 8 月，国家工信部公告了 18 个工业行业淘汰落后产能的 2087 家企业名单中，河南涉及 15 个行业 230 家企业，涉及企业数占全国总数的 1/9，列全国第一，河南转变工业发展方式迫在眉睫。

三、河南工业经济发展方式转变面临的机遇与挑战

"十二五"时期是全球大调整、大变革时期，也是河南加快转变经济发展方式的攻坚时期，河南经济发展方式转变面临难得的发展机遇，也要面对各种复杂环境和风险挑战。

（一）河南工业经济发展方式转变面临的主要机遇

（1）全球经济增长模式面临重大调整，促使中国加快内需型社会发展。自 20 世纪 90 年代，伴随着世界分工，大量制造业生产从发达国家向低成本国家和地区转移，在这种大氛围下，中国利用丰富的资源优势承接了大量的国际产业转移，加工贸易和出口能力大幅提高，制造业也有了突飞猛进的发展。国际金融危机爆发后，发达国家消费急剧萎缩，以出口拉动为支撑的中国经济增长模式受到了重大冲击。但是同时，这也成为中国加快增长方式转变、经济增长由出口拉动向内需拉动转变的重要契机。为应对金融危机，国家采取了一系列扩大内需的政策，尤其是中央出台的"家电下乡"、"汽车摩托下乡"等多项政策，对扩大农村消费、推动农村消费结构转型升级起到了明显的促进作用。作为农业人口大省，河南农村蕴涵着巨大的消费市场和消费潜力，随着农村居民消费观念逐步向现代

消费观念转变，消费能力随着"三农"问题的破解而不断提升，农村消费市场的拉动和示范效应将给河南发展带来更多的机会。

（2）全球资产价格持续调整，为河南企业"走出去"创造有利条件。受国际金融危机影响，发达国家的汽车、钢铁、化工、机械制造等多个行业受到重创，不少知名企业陷入发展困境之中，资产价格大幅缩水，企业游走在破产边缘。但是在技术、品牌、人才、营销、管理甚至原材料把控上，这些企业都还具有很强的竞争力。近些年，资本流动模式已经由单项流入演变为双向流动，国内企业境外投资已经成熟。例如食品、煤炭、纺织、生物医药等产业，在某些领域中河南已经形成了一定的国际竞争力，应该鼓励龙头企业进行国外并购，通过境外投资降低出口成本、避开贸易壁垒、占领国外资源、拓展国外市场。国际金融危机导致的全球资产价格下降，为河南龙头企业获取优质资产、抢占世界资源、提高国际竞争力带来了难得的机遇。

（3）以要素为对接点的产业转移模式正在形成，河南承接产业转移仍有较大空间。在经济全球化及国际产业大规模转移作用下，国际分工方式正在由产业间分工向产业内部产品分工和要素分工延伸，价值链中的每个环节都要配置到最优竞争，国际分工的对接点已由产品转变为要素。在要素分工模式下，"中国制造"已经成为全球要素配备的重要环节，中国正在由全球化的接受者转变为推动者。但是，目前要素的全球化流动还存在一定的障碍，相对于商品、技术、管理、营销等一些软要素，劳动力在国际间的流动仍存在限制。在这种环境下，工业生产能力必然向劳动力丰富且成本较低的国家和地区转移，目前作为中原经济区建设四大难题之一的"人往哪去"的广大农村劳动力必将成为河南工业发展的最大优势和独特资源。产业梯次转移进程仍将继续，河南承接新一轮产业转移仍有较大优势。

（4）中原经济区建设全面启动，为河南工业发展提供新环境。2010年，河南省委、省政府提出了建设中原经济区的重大发展规划，提出以加快转变经济发展方式为主线，以建设中原经济区为总体战略，以持续探索不以牺牲农业和粮食为代价的"三化"协调、"四化"同步科学发展的路子为基本途径，以构建"一个载体、三个体系"为基本任务，着力调整结构，着力扩大内需，着力改革开放，着力改善民生，形成区域发展新的经济增长点。在此基础上，河南积极谋划新的崛起和跨越之路，加快转变经济发展方式：进一步加快产业集聚区建设；着力实施"转型升级双千工程"，在结构调整中解决产量过剩问题，为新型工业化腾出发展空间；积极发展战略性新兴产业，通过现代产业体系的构建为工业平稳健康发展奠定基础。在全省上下一心建设中原经济区的大氛围下，河南工业必将取得长足的发展。

（二）河南工业经济发展方式转变面临的主要挑战

（1）全球经济调整仍存在不确定性，新的经济增长点尚未形成。全球经济在各国增加政府投入及政策刺激的双重作用下，初步显现出了好转的迹象，但是导致危机爆发的制度性原因并未解决，产能限制、消费增长乏力、就业形势严峻等仍在阻碍全球经济复苏。此外，全球资源领域竞争加剧，国际市场初级产品价格震荡上扬，国际贸易保护主义再现抬头趋势，人民币持续升值，中国企业出口难度增加。同时，被发达国家寄予厚望的新兴产业，虽然掀起了一轮新增长，但是成为拉动世界新一轮经济增长的动力源还有一个过程，世界范围内新的产业增长点尚未完全形成。在未来一段时间内，经济危机的影响在全球范围内仍然存在，加之全球复杂的经济环境和经济发展的不确定因素，世界经济缺乏足够的复苏动力。

（2）"河南制造"仍处于全球价值链末端，国内外市场竞争日益激烈。当前，全球价值链仍由发达国家控制，他们以跨国集团为载体，依托全球资源，利用各国生产要素比较优势，采取海外直接投资、离岸外包等手段，在全球范围内扩展其资源边界，占领着价值链的高端环节，保持着其在全球范围内的绝对优势地位。虽然，在承接国内外产业转移中，"河南制造"已崭露头角，在装备制造业及部分新兴产业领域，技术水平、产品市场占有率已经达到国内领先水平，也逐步向价值链高端环节发展，但是在很多领域，发达国家在技术升级和产品创新上更具优势。并且，河南在工业技术水平、产品创新、组织管理等方面长期落后，劳动生产率不高，产品附加值较低，很多新兴产业在发展上都依赖于国外技术，国际竞争力还处于低位。

（3）国家区域发展新规划布局，制约河南进一步承接高层次产业。国家区域发展新规划布局将制约高层次产业往河南转移。近年来，特别是2008年以来，国家先后出台了20多个区域发展规划，其中大部分地区被赋予"先行先试"的任务，其获得的政策支持不言而喻。而以中原经济区纳入《全国主体功能区规划》以及写入国家"十二五"规划纲要为标志，建设中原经济区才刚刚正式上升为国家战略。从某种意义上说，中原经济区是地方发展战略上升到国家战略层面的"末班车"，争取优惠政策的难度加大。同时，区域内的抱团发展也使沿海地区产业的转移承接更加内部化，河南吸引高层次产业的难度比较大。

（4）沿海地区"再重工业化"，严重削弱河南传统产业竞争力。有研究表明，根据"十一五"时期以来工业结构的变化情况综合判断，目前中国正处于重化工业的深化发展阶段。在这个阶段，消费结构正逐步从"吃、穿、用"为主向住房、汽车等为代表的"住、行"为主升级，必然带动重化工业和高附加值、高加工度、高技术含量的制造业进一步发展。同时，由于受国际金融危机的影响，外需严重萎缩，以代工和加工贸易制造业为主的沿海地区，企业发展环境恶化。在现有产业不景气、"再重工业化"的双重因素影响下，沿海地区利用其资本、人才、技术、交通等一系列资源优势，掀起了一股"再重工业化"的发展浪潮。因为沿海的独特优势，新一轮重工业化体现了靠近沿海、靠近终端市场的发展趋势，这对河南原来具有优势的化工、钢铁等产业形成了竞争压力。最终，沿海地区的"再重工业化"将从很大程度上削弱河南传统工业的竞争力。

第三节　加快河南工业经济发展方式转变的思路及对策

从今后一个时期来看，加快河南工业经济发展方式转变就要在保持总量增长和规模扩张的同时，更加注重质量效益提升和产业结构优化，更加注重技术改造和技术创新，以承接产业转移为途径，以提高资源利用率为着力点，以两化融合为突破口，加快推进工业经济向集群发展、链式发展、协调发展、开放发展、创新发展、绿色发展、融合发展转型，实现在发展中转型升级，在转型升级中加快发展，为建设工业强省迈出坚实步伐。

一、加快河南工业经济发展方式转变的思路

（一）加快产业转型升级是转变工业经济发展方式的实现方式

依据产业特点，选择正确升级路径。传统优势产业以产业内升级为方向，利用技术改造提升传统产业，通过工艺升级、产品升级、功能升级等路径，提高技术水平与产业层次，延伸产业链条，深入推进传统产业信息化进程，在具有比较优势的产业上增强链条竞争力。优势支柱产业以链式发展为重点，以产业集聚区为载体，坚持"龙头＋基地"的发展方向，形成产业链竞争力。战略性新兴产业，以产业间升级为重点，坚持以产品为纽带，因"行"制宜，制定符合每一行业的发展方式。对新能源、新材料等具有比较优势的领域要提升新竞争力，培育

新增长点；对新医药、节能环保等尚处于起始阶段、发展薄弱的新兴产业则应加快培育，提供政策支持。大力发展生产性服务业，加快生产性服务业与制造业的融合、互动，以知识、技术、信息密集型的生产性服务业发展改造传统工业，提高生产性服务业在服务业中的比重、提高服务业在三次产业结构中的比重。

（二）加强自主创新是转变工业经济发展方式的根本动力

进一步加强自主创新工作，坚持以企业为主体、市场为导向、技术中心为载体的基本原则，建设全省区域创新体系，集聚创新资源。由政府相关部门牵头成立河南工业技术研究院，由各行业建立产业技术联盟，构建以研究院牵头，技术联盟为支撑，各企业成员为主体的多层次技术研发创新体系。通过各产业联盟的内部成员企业在非关键竞争技术联合研究、关键零部件研发、创新型人才培育、先进管理组织构建等环节的交流、研讨，推动各行业整体技术发展，进而形成技术"抱团"发展，形成行业自主创新合力，促进工业技术框架构建。大力推进产学研联合，支持企业进行工艺技术和装备的研究开发，形成拥有自主知识产权的主导产品和专有技术，推进技术成果转化。充分发挥政府的主导作用，通过经济、行政、法律等手段优化创新机制和环境。

（三）依托传统优势产业发展战略性新兴产业是转变工业经济发展方式的突破口

传统产业在一定时期内仍然是河南国民经济的重要组成部分，是支撑河南经济增长的基本力量。河南发展战略性新兴产业离不开传统产业。我们认为，河南发展战略性新兴产业必须依托传统优势产业，并将其作为重要的发展基础或平台。洛阳、郑州、安阳等老工业基地要依托传统优势产业，发展高端装备制造业、新材料及新能源等战略性新兴产业。一是有利于依托产业优势加快战略性新兴产业的发展。在传统产业的基础上通过嫁接、提升等手段发展战略性新兴产业，使战略性新兴产业的发展并不是空中楼阁，而是建立在牢固的基础上，同时，缩短时间、减少成本、充分发挥比较优势，大大加快战略性新兴产业的发展步伐。二是有利于带动产业结构的优化、升级。依托传统产业发展战略性新兴产业，是解决当前所面临的传统产业改造升级和战略性新兴产业培育与发展双重任务的有效路径，具有"一石二鸟"的作用，将加快实现产业结构的调整。

（四）积极推进产业集聚区建设是转变工业经济发展方式的重要载体

遵循"特色主导"战略，加快产业集聚区建设，发挥产业集聚效应。突出各区特色主导产业，逐步形成能够体现自己和发挥自己优势的产业集群，形成特色园区和后发优势。坚持"大基地、大项目、大品牌"建设，以集聚区重点项目建设为抓手，以大企业集团为龙头，以产业链的构建为核心，围绕把规模做大，把水平做高，把成本、消耗、污染做低，提升产业的国际竞争力，促进产业聚集。发挥产业集聚区的集聚效应和规模效应，依托现有的产业基础和比较优势，强力推动集聚区装备制造、有色、化工、食品、纺织服装等战略支撑产业技术改造升级，积极发展电子信息、新能源、生物医药、新材料等战略先导产业，强化相同产业的空间整合，加快发展集中度高、关联度大、竞争力强的支柱产业群。

（五）大力优化产业组织结构是转变工业经济发展方式的主要途径

建立在各类企业竞争合作基础上共同发展的产业组织格局，形成一批具有较强国际竞争力的企业集团，建立一批服务于龙头企业的"专、精、特"中小企业。推进具有核心竞争力的大型企业集团在全国、全世界范围的战略布局，形成产业链核心增长带。抓好重点企业的科技创新，大力促进企业战略性重组，推进龙头企业产能整合，以购并引领企业超常规成长，培育更多产业集聚力和带动力强的"蜂王型"大型企业。强化中小企业与大型企业集团的配套合作能力，培育一批产业内的隐形冠军，丰富产业链构成，增强产业链竞争力。积极发挥龙头企业的技术和产业溢出效应，强化产业链衔接，促进大中小企业协作配套，给中小企业创造共同抗御风险成长壮大的平台。放宽中小企业设立条件，规范使用中央财政中的小企业发展资金，建立起多层次的中小企业信用担保机构，完善与中小企业发展相适应的金融机构体系。

（六）深入推进"两化融合"是转变工业经济发展方式的重要手段

以高新技术改造传统产业、推动依托信息技术的生产性服务业发展、推动重点行业信息化、完善"两化融合"平台为重点，指导企业信息化，推进"两化融合"试点工作，从区域、行业、企业三个层次大幅度提升"两化融合"程度。以信息技术改造传统产业，在产品设计、设备改造、技术更新、组织管理及市场营销等环节，通过提高信息化水平降低生产成本、提高生产效率，进而提高传统产业竞争力。推动电子技术应用广泛的现代物流、软件服务和创意产业发展，使涵盖在制造业之下的生产配套环节演变为生产性服务业，推动产业结构调整。加大信息技术在纺织、化工、装备制造、食品等行业的应用，进而推进重点领域和企业的两化融合进程。

二、河南工业经济发展方式转变的目标与任务

（一）河南工业经济发展方式转变的目标

（1）提高产业的核心竞争力。一直以来河南主要把规模扩张作为工业增长的

主要推动力，倾向于把一个产业的规模大小作为产业竞争力的标志，而当前全球产业发展的趋势是产品内分工，产业竞争力由原来的规模竞争力向现在的主导企业竞争力转变，一个主导企业可以控制整条产业链，获取大部分利润，所以在产业发展的目标选择上一定要抛弃强调片面做大产业规模的思想，把重点放在培育产业链的主导企业上，提高产业的核心竞争力。

（2）挖掘动态比较优势。河南正是通过发挥区域资源优势的比较优势发展战略，逐步形成了一批具有竞争力的主导产业。但是当前中国经济正进入新的转型期，金融危机冲击下劳动力、资源、环境的低成本优势正在失去竞争力，河南主要工业产业的发展要准确把握区域要素禀赋结构的变化，把新兴产业发展与本区域的比较优势转化有效衔接起来，因此，挖掘出河南的动态比较优势对于构建新的产业竞争力非常重要，所谓动态比较优势就是现在优势不明显而在未来一段时期逐渐成为新的比较优势，只有现在就开始培育动态比较优势才能先人一步，抢占产业发展先机。

（3）培育新的产业支撑。任何产业都有其生命周期，一个区域的发展必须不断的寻求新的产业支撑，才能保持稳定的发展势头，当前河南的一些传统产业已经进入到利润微薄、增长乏力的阶段，难以支撑区域经济的发展，因此，要对新的产业支撑做出前瞻性的预测并根据其发展强化政策引导。当然，新产业不仅仅来自于新兴产业，传统产业中同样可以培育出来，如纺织服装产业往设计、品牌、营销等环节延伸就可以催生一批新产业出来。尤其是河南传统产业比重比较大，应把加快传统产业的新产业、新产品培育作为重点，把资源优势进一步发挥出来。

（4）探求产业发展的新驱动力。产业发展的不同阶段需要的驱动力不同，初期资源驱动可以催生一个大的产业，但是随着规模的扩展，资源的驱动力将会逐步减弱，如果没有新的驱动力如技术进步等，产业必将逐步萎缩，金融危机暴露了河南主要工业产业的资源驱动特征，因此，必须为未来一段时期的工业发展寻求新的驱动力来源，这种新驱动力将更多的来自于新技术、新产品、新产业以及新知识等领域，驱动力的转换不会一蹴而就，甚至将会是一个痛苦的漫长过程。

（二）河南工业经济发展方式转变的任务

（1）结构调整。河南主要工业产业的结构调整主要集中在两个方面：一是产业间的调整，即逐步提高强带动力、高附加值的产业比重，如汽车及零部件产业、装备制造业、高技术产业等；二是产业内的调整，即推动主要产业环节和主导产品向高端延伸，如由原材料及初加工型向深加工、高附加值为主导调整，由高耗能、重污染环节向节能环保型方向调整，由低档次、一般化产品向高档、品牌产品调整。

（2）产业升级。产业升级一般是指一个区域由低层次产业向高层次产业的演进过程，美国学者 Humphrey 和 Schmitz（2000）提出了产业升级的四种路径，即工艺升级、产品升级、功能升级和链条升级，河南主要工业产业以重工业为主，能源原材料工业举足轻重，应该把工艺升级和产品升级作为重点，在这两个路径上河南工业提升的空间很大，阻力较小，而一些具有绝对优势的产业如食品、纺织服装等可以推进功能升级和链条升级，选择正确的升级路径对区域产业升级成功是至关重要的。

（3）布局优化。河南在主要工业产业的区位布局上存在很多问题，优化产业布局能够给工业增长带来新的动力，金融危机下大规模的产业转移正在导致区域经济的地理重塑，河南应该抓住机遇从存量与增量上优化全省产业布局，一是要明确各区域的功能定位，从全省角度把产业特点与区域优势结合起来，强化区域间工业布局中的协调；二是要关注次区域内的布局优化，尤其是要引导 18 个地市依托比较优势构建合理的产业布局；三是要依托产业集聚区，促进企业间的布局优化，以合理的企业布局提高产业链竞争力。

（4）技术提升。技术进步已经成为推动产业发展的主动力，国际金融危机冲击对河南工业的最大启示是要通过技术提升提高产业竞争力：一是要提高自主创新能力，自主创新不是自我创新，而是把创新建立在外部技术资源的基础上，其关键是要提高河南工业对关键技术环节的掌控能力；二是把握技术趋势与河南产业优势的结合点，放大技术的产业化能量，技术研发要与比较优势结合起来；三是产学研结合要建立在产业化基础上，提高技术成果的转化率；四是要强化技术管理水平，完善技术交流平台，实现从技术到市场的无缝连接。

三、加快河南工业经济发展方式转变的对策

（一）推进全省工业经济由重化工业为主向多元支柱产业协调发展转变

按照垂直整合、错位发展的理念，在产业集聚区内全力引进大企业、大项目，培育特色主导产业，构建"大项目——配套园区——原料基地"的发展模式。在产业发展上，坚持改造提升传统产业和发展新兴产业"双轮"驱动。

（1）改造提升四大传统优势产业。以有色、化工、钢铁、纺织服装产业为重点，加强技术改造，淘汰落后产能，着力培育产业发展新优势。有色工业，强化骨干电解铝企业节能降耗技术改造和煤电铝一体化发展，建设洛阳、巩义两个百

万吨铝工业精深加工基地。化学工业，突出抓好煤化工产品和工艺改造提升，重点发展永城、义马、濮阳百万吨甲醇深加工项目。钢铁工业，建设安阳水冶精品钢生产基地，推动骨干企业工艺技术改造和新产品开发，提升产品本地市场占有率，推动钢铁企业向生产服务型企业转变。纺织服装，建设郑州服装加工生产基地和纺织面料生产基地，加快纺织服装产业园建设，承接高水平印染项目，新增服装生产能力 2 亿件。

（2）加快发展六大高成长性产业。以市场空间大、转移趋势明显的汽车、电子信息、装备制造、食品、轻工、建材等产业为重点，坚持龙头带动、基地支撑、高端突破，培育形成一批千亿元产业集群。电子信息产业，要把富士康项目建设当成展示形象、提升水平的重大机遇，继续全力以赴抓紧推进，带动全省智能终端产业发展。汽车工业，重点建设郑汴产业带百万辆汽车基地，加快中原内配等骨干零部件产业园建设，实现整车与零部件集聚发展、互动发展，力争形成整车产能 50 万辆以上。装备制造业，以洛阳动力谷、中原电器谷建设为重点，加快中信重工、平高、许继、郑煤机、南车洛阳公司等龙头企业项目建设，形成500 亿元以上产业集群规模。食品工业，重点发展双汇、众品、三全、大用等 20家全产业链大型龙头食品企业，推进思念食品新工业园、众品食品中原冷链港等基地型项目建设，形成面制品、肉制品、饮料三个千亿元产业。轻工业，实施格力电器郑州产业园、周口皮革和制鞋基地等一批重大项目，重点发展现代家居和劳动密集型产品。建材工业，积极引进沿海家居建材龙头企业，加快发展中高端建筑陶瓷、化学建材等新型建筑材料，力争两年形成中国北方建筑陶瓷重要生产基地。

（3）培育发展先导产业和生产性服务业。以电动汽车为引领，积极推进生物医药、新能源、新材料等产业发展，组建产业联盟突破关键技术，以应用促发展。实施三门峡速达电动汽车、新乡新能电动汽车、金龙集团电动汽车及电池、中航电动汽车动力总成系统等重大项目，培育动力电池及材料产业链，提升核心零部件配套能力。在全省投入 100 辆新能源公交车和 1000 辆乘用车示范运营。同时，加快南阳新能源、洛阳光伏、新乡生物、鹤壁镁合金、许昌超硬材料等特色产业园区发展，抓好生物医药、太阳能电池、半导体照明等一批重大项目建设，加强物联网产业实体和应用示范工程建设。大力发展生产性服务业，制造业发展到一定阶段，其附加值和市场竞争力的提升更多是依靠生产性服务业的支撑。要以制造业的两端延伸和中间分离为突破口，以工业软件为重中之重，加快发展工业设计、管理咨询和软件服务，推动企业主辅分离发展生产性服务业，鼓励服务外包。制定软件与信息服务业发展鼓励政策，加快软件产业园建设，力争软件服务业主营业务收入年均增长 25%以上。

（二）推进全省工业经济由低水平粗放经营向高效、集约、集聚转变

（1）推动实施项目带动战略，积极做大工业总量。要把项目建设作为提高即期带动能力、增强工业发展后劲的重要抓手。要高度重视技术改造在推动工业转型发展中的作用，加快建立全省技术改造工作体系，发挥技术改造项目投资省、用地少、周期短、见效快的优势，每年坚持实施一批重大技改工程，推进技术创新重点项目建设，用好工业结构调整专项资金，引导各地和企业加大技术改造和技术创新投入。

（2）加快产业集聚区建设，提高产业集聚发展水平。以国家和省级新型工业化产业示范基地创建为抓手，以创建带动产业集聚区建设，提高产业集中度。要突出主导产业，坚定不移地按照"竞争力最强、成长性最好、关联度最高"的原则，搞好规划衔接，着力优化示范基地的区域分工和产业布局，明确其特色定位和发展方向，着力促进产业集群化发展，最大限度地体现产业集聚区的综合效应。要突出承载功能强大，坚持高起点、高标准、适度超前建设基础设施。要突出服务体系完善，率先探索建设和管理体制，健全管理机构，切实提高服务水平和质量，对落地项目实行一个机构管理、一个窗口对外、一条龙服务。要突出示范作用，省内各示范基地必须要在全省产业结构调整和转变发展方式上走在前列，在研发投入、企业技术改造、产学研用联合、公共技术服务平台建设等方面走在前列。要率先推行节约生产、清洁生产，推广节能减排共性技术，探索集中排污方式，大力发展资源节约型和环境友好型集聚区。力争通过几年的发展，把新型工业化示范基地建成河南两化融合的推进基地、科技创新的先导基地、节能减排的实施基地、区域经济的重要增长极。

（3）着力培育一批大企业集团，优化企业组织结构。加快重点行业兼并重组步伐，继续深化落实河南与央企和行业优势企业的战略合作，支持有条件的企业通过兼并重组做强做大，实现低成本扩张和跨越式发展，带动和支撑产业发展。总结河南能化、中平能化的重组经验，进一步推进省内煤炭化工、铝工业、钢铁、装备制造、食品工业等优势板块的重组，加快培育一批大型企业集团。

（三）推进全省工业经济由高污染、高耗能向绿色经济、可持续发展转变

（1）加快建立淘汰落后产能长效机制。落后产能耗费能源资源多、环境污染重，优化产业结构，必须加快淘汰落后产能。要针对河南工业能源原材料企业多、重化结构偏重的实际，探索建立落后产能退出机制，细化资金补贴、职工安置、资产处置、债权债务处置、企业后续发展等配套政策，完善差别电价、区域限批等约束性政策措施。开展对全省落后产能情况专项清查，据此制定新一轮的淘汰落后产能计划。对于落后产能企业产业转型项目，要纳入省市重点建设项目进行扶持，在税收、土地、信贷等方面给予倾斜。

（2）积极推进工业节能与综合利用。在电力、煤炭、有色、建材、化工、钢铁、造纸、纺织等重点耗能行业，加快推广实施高效适用先进节能技术。继续落实差别电价政策，制定化工、纺织、造纸等行业单位产品能耗限额地方标准，完善高耗能行业地方节能标准体系。高度重视中小企业节能降耗，加大支持力度，完善政策措施，有效解决中小企业装备差、能耗高、效率低等问题。全面推进循环经济试点省建设，加快建设以五大循环链、八大工业行业、循环经济新兴产业等为重点的循环经济产业体系。抓紧编制全省节能环保产业发展规划，研究制定促进节能环保产业发展的政策措施。

（3）积极承接产业转移。突出集群承接和产业链承接，继续围绕国家产业政策和河南十大产业调整振兴规划，以河南优势产业为依托，以珠三角、长三角、闽东南、环渤海地区为重点，以拉长产业链条、提高附加值、集群集聚发展为目的，瞄准河南产业发展的薄弱环节，大力承接有色、化工、装备制造、食品、纺织、服装等战略支撑产业，弥补短板；积极承接电子信息、生物医药、节能环保、电动汽车、新能源、新材料等战略性新兴产业，填补空白。做到在承接中提升，在提升中优化，通过高效有序的产业承接，大力振兴装备制造业，加快提升原材料产业，加速壮大食品、轻纺产业，着力培育高技术产业，构建特色鲜明的现代产业体系。

（四）推进全省工业经济由资源依赖型向创新驱动型转变

（1）着力推进企业技术创新。加快技术创新平台建设，在行业层面，建立10家左右工业公共技术研发设计中心，以优势企业为主体组织联合攻关；在企业层面，研究开展国家和省技术创新示范企业认定。着力突破关键技术，梳理出100项制约行业发展的共性关键技术集中攻关，以技术突破带动传统产业技术改造和产品结构调整。制定《加快工业产品创新的指导意见》，组织省内重点企业与省内外知名大学、科研院所开展产学研合作，促进科研成果转化。实施质量兴企工程，实施重点工业产品达标备案管理，制定重点工业产品目录，建立达标备案审查考核体系。组织制定和实施行业标准，积极推行全面质量管理。推进服装家纺、家电等行业自主品牌建设，开展优势自主品牌评价。全面推动食品工业诚信体系试点省建设，提高食品安全保障能力。

（2）加快"两化融合"步伐。从区域、行业、企业三个层面推动"两化融合"。出台推进两化融合的若干意见，实施两化融合示范工程，建立企业信息化等级评测体系。推进重点行业信息化，以现代装备制造、食品、有色、化工、纺织服装等产业为重点，探索组建省级"两化融合"推进中心，加快信息化在重点行业的应用步伐，引导信息技术企业与工业企业开展多层次的合作，逐步推动企业设计研发信息化、生产装备数字化、生产过程智能化和经营管理网络化。加快信息技术在研发设计、工业生产、企业管理、产品流通、技术改造等环节的应用，提高企业运行效率和管理水平。不断完善"两化融合"项目库，充分发挥大型龙头企业信息化建设带动行业信息化的示范作用。加强以中小企业经济运行监测管理服务平台和全程电子商务服务平台建设，提高中小企业信息化水平。

第七章 加快河南农业经济发展方式的转变

转变农业发展方式是转变经济发展方式的重要内容，关系到新形势下经济发展的全局。河南自"十一五"规划实施以来，农业经济发展始终坚持以促进农民增收为目标，以农业结构调整和深化农村改革为重点，强化农业基础设施建设，不断提升农业综合生产能力，农业和农村经济发展取得了较为显著的成就。尽管近年来河南省农业发展较快，在转变农业发展方式上也取得了明显成效，但必须看到，农业发展仍然面临一些深层次的矛盾和问题，尤其是当前河南农业发展已进入只有转变发展方式才能促进持续发展的关键时期，不加快农业发展方式转变，农业发展就难以为继。

第一节 加快农业经济发展方式转变的必要性及紧迫性

农业是国民经济的基础，始终得到党和国家的高度重视。十六大以来，党中央连续出台一号文件，要求加快农业发展，促进农民增收，推进社会主义新农村建设。当前，加快转变农业发展方式既是整个经济社会发展在现阶段对农业的要求，也是农业自身面临的一个重大挑战。

一、现代农业成为世界农业发展的必然选择

（一）发达国家农业的转型

综观当今世界，按照自然资源禀赋的差异，发达国家农业可以粗略地分为三类：以美国、加拿大为代表的地多人少国家；以荷兰、日本、韩国为代表的人多地少国家；介于二者之间的法国、德国等多数欧洲国家。上述发达国家创造了各自不同的农业发展方式，在农业现代化建设方面取得了突出的成就，农业已由资

源依附型转化为智能依附型的高效率、高附加值、高效益的现代产业。尽管各国在实现农业现代化的道路选择上有所不同，但是都走过了从传统农业向现代农业转变的路线。[①]

一是如美国、加拿大等人少地多、劳动力短缺的国家，以提高劳动生产率为主要目标，凭借发达的现代工业优势，大力发展农用机械取代人力和畜力，通过扩大单位农场种植面积和经营规模，提高农产品的总产量。

二是如日本、荷兰等人多地少、耕地资源短缺的国家，以提高土地生产率为主要目标，把科技进步放在重要位置，通过改良农作物品种、加强农田水利建设、增加化肥和农药使用量等措施，提高单位面积产量。

三是如法国、德国等土地、劳动力比较适中的国家，以提高劳动生产率和土地生产率为主要目标，既重视用现代工业装备农业，又重视科学技术推广应用，其农业劳动生产率的增长速度快于二类国家，而低于一类国家，土地生产率则相反。

同时，发达国家都是通过产业结构调整来实现农业现代化的。美国、英国、法国、德国、加拿大、澳大利亚等先后在 20 世纪 50~70 年代，韩国、巴西等在 20 世纪 80~90 年代，步入现代农业的行列。在现代农业国家，其产业结构是：种植业的主导产业是人工牧草，畜牧业的主导产业是奶牛业，农业的主导产业是畜牧业，而以畜牧业为基础的食品加工业在整个国民经济中占有非常重要的地位。植物通过生物加工变为动物产品后，再进入食品加工业，拉长了生物链和产业链，增加了附加值和就业机会，构成现代农业的一大特点。此外，这些国家通过上述产业结构的调整促进了农业劳动力的转移，而农业劳动力的转移是农业现代化的本质。农业劳动力转移就是资本替代劳动，其过程主要体现为：资本有机构成提高，农业人均固定资产超过工业；土地规模经营；农产品主要为了销售，而且销售的是按照市场需要进行加工的产品，形成生产、加工、销售的产加销一体化。

(二) 世界农业发展的趋势

从发达国家农业转型的实践来看，当前世界农业发展主要体现出八个趋势：

(1) 农业生产日益科技化，高新技术成为农业发展的强大动力。现代农业与传统农业不同，它是建立在全面应用现代科技基础上的高效农业。目前，现代农

---

① 范新宇：《实践科学发展观，转变经济发展方式——以发展现代农业为例》，人民网—理论频道 2010 年 8 月。

业科技正迅速地向宏观和微观两个领域全面发展，由生物技术占主导地位的农业科技革命正促进农业面貌发生根本性变化。

（2）各国政府都把发展农业科技作为振兴农业的一项重要事业来抓。尽管在一些发达国家，农业只占国民生产总值的很小比重，但考虑到农业的特殊地位与作用，各发达国家的政府都很重视农业科技工作，鼓励和支持农业高新技术的研究和开发，积极建立各自庞大的农业科研机构和技术推广体系。如第二次世界大战后，日本建立了以国立农业科研机构为主导的科研体系，并与地方政府和全国"农协"的科研推广组织相配合，成为"科技立国"的一个重要组成部分。

（3）运用科学技术对传统农业实行技术改造，推动现代农业的发展。一些发达国家不断创新农业技术，在作物栽培、畜禽和水产养殖的各个环节，包括土壤调查与环境控制、配方施肥和配合饲料、品种选用、栽培与饲养管理、病虫害与疫病防治以及产后处理等过程，都已实现了工厂化，并应用计算机进行管理和调控；各种形式的设施农业，如温室、塑料大棚、地膜覆盖等广泛应用于蔬菜、花卉、瓜果生产，无土栽培和植物快繁脱毒等密集型高新技术正开始在实际中应用。

（4）农业正面临着新技术革命的挑战。以农业生物技术和农业信息技术为主导技术的农业高新技术革命，正使未来农业由"资源依存型"向"科技依存型"转变。农业面临着观念更新、内涵深化、外延扩大的挑战。

（5）农业日益走向商品化、国际化。世界农业正朝着国际化方向发展，各国都在利用自己的比较优势参与国际经济分工和经济循环。农业国际化趋势对各国农业既是挑战又是机遇，各国只有调整农村经济结构，优先吸纳先进技术，才能适应国际市场的形势。农业日益商品化、国际化的趋势是农业采用高新技术的强大动力，它把各国的农业生产逐步推向世界市场。

（6）农产品朝多品种、高品质、无公害方向发展。质量和品种成为农产品竞争的首要因素。未来农业不仅满足人们追求物质生活的需要，同时还能给人们提供健康向上的精神享受，"无公害"、"无污染"、"反季节"水果蔬菜以及工艺型、观光型、保健型农产品将会应运而生，为农业开发和科技应用展现了诱人的前景。

（7）从专业化生产向农工商一体化发展。农业生产内部的许多环节逐步从农业中分离出来，成为独立的专业化农业部门，随之出现了市场竞争、商品流通、各专业化农业部门供求之间的矛盾。为解决这一矛盾，"农工综合体"、"农工商联合企业"应运而生，促使世界农业向农工商一体化发展。这一趋势于20世纪50年代最先在美国兴起，60年代波及西欧各国，到70年代扩散到原苏联、东欧及世界各地。

（8）世界农业向"高效、低耗、持续"的农业发展模式发展。近年来，世界农业发展的新目标集中在全球农业低耗、持续发展这个主题上，许多国家的农业经济学家和有识之士都认识到，农业绝不是可有可无的短期产业，重视农业持续发展，增强农业的持续发展后劲，这是每一个国家在发展农业时都必须考虑的一个基本原则。

（三）发展现代农业是转变农业发展方式的必由之路

综观国际国内农业发展形势，无论从理论上还是从实践上来讲，转变农业发展方式与过去提出的转变农业增长方式相比，都有着更高更全面的要求。现阶段制约农业发展方式转变的因素很多，但主要有科技因素、资本因素、组织管理因素和体制因素等。如何推进农业发展方式加快转变，其根本路径是要加快发展现代农业，把农业的发展切实转到依靠科技进步、调整产业结构、强化组织创新和体制机制改革上来。2007年，中央一号文件提出："推进现代农业建设，顺应我国经济发展的客观趋势，符合当今世界农业发展的一般规律，是促进农民增加收入的基本途径，是提高农业综合生产能力的重要举措，是建设社会主义新农村的产业基础。"2010年，中央一号文件又指出："构建现代农业产业体系是当前三农工作的重要任务。只有加快推进农业发展方式转变，才能确保粮食安全、农民增收，突破资源环境约束，实现可持续发展。"

所谓现代农业即要用现代物质条件装备农业，用现代科学技术改造农业，用现代产业体系提升农业，用现代经营形式推进农业，用现代发展理念引领农业，用培养新型农民发展农业，提高农业水利化、机械化和信息化水平，提高土地产出率、资源利用率和农业劳动生产率，提高农业素质、效益和竞争力。建设现代农业的过程，就是改造传统农业、不断发展农村生产力的过程，就是转变农业增长方式、促进农业又好又快发展的过程。为使传统农业向现代农业转变，必须打破传统农业均衡的基础，其核心就是改变现有的技术状况，通过注入现代农业科技，促使农业结构发生变化，改变农业的收入来源，以此改变生产要素的投入结构，提高农业生产要素的生产力，刺激外部资金投向农业，从而达到农业发展方式的转变。

现代农业突出的是"一体化"。它不仅包括传统农业的种植业、林业、畜牧业和水产业等，还包括产前的农业机械、农药、化肥、水利和地膜，产后的加工、储藏、运输、营销以及进出口贸易等，实际上贯穿了产前、产中、产后三个领域，成为一个庞大的产业群体。西方把它称作农业与食品业经济，或叫农业一体化。

现代农业依托的是高科技投入。传统农业主要依赖资源的投入，而现代农业则日益依赖不断发展的新技术投入，包括生物技术、信息技术、耕作技术、节水灌溉技术等农业高新技术。现代生物技术、基因工程技术和胚胎移植技术将是应用最广阔、最活跃、最具挑战性的领域，节水灌溉技术则是旱作农业亟须推广的。新技术的应用，使现代农业的增长方式由单纯地依靠资源，转到主要依靠提高资源利用率、节能降耗和可持续发展能力的方向上来。

现代农业依靠的是市场导向。与传统农业的自给为主的取向和相对封闭的环境不同，现代农业的大部分经济活动都纳入市场交易之中，农产品的商品率很高，生产主要是为了满足市场的需求，具有高度的规模化、计划化和一体化。必须建立起购买、销售等现代农业的市场体系，尤其要建立农业流通领域合作社，使农民在现代农业的大市场中占有一席之地。

现代农业提倡的是多功能发展。随着经济的发展和人们生活水平的提高，现代农业已不仅仅局限于传统农业的农产品供给功能，其广度和深度大大增加了。比如，通过农业产业链的延伸，农业对农村劳动力的吸纳功能和就业增收功能明显增强；通过开发利用各类农业资源，发展"一村一品"的特色经济，农业开始承担起生活休闲、生态保护、旅游度假、文化传承等功能，由此也形成了生态保护农业、休闲观光农业、循环农业、服务型农业等多种新型农业形态。

二、加快转变我国农业经济发展方式意义重大

我国正处在现代化建设的重要时期，工业化、城镇化、市场化进程加快推进，城乡之间、农业与非农产业之间联系日趋紧密，国内外经济形势变化对农业发展的影响越来越大，对农业基础性支撑作用的要求越来越高。在此背景下，进一步强化农业基础地位，加快推进农业发展方式转变，发展现代农业，显得尤为重要和迫切。

第一，加快转变农业发展方式有利于巩固农业基础地位、推进农业现代化。农业是国民经济的基础，是安天下、稳民心的战略产业。尽管目前我国农业产值在国内生产总值中的比重有所降低，但农业在国民经济中的基础地位没有变，农业依然是衣食之源、发展之本。经济越发展，城镇化、工业化水平越高，越要转变农业发展方式、强化农业的基础地位，这是保障工业化、城镇化顺利进行的必然要求。2008年我国人均国内生产总值超过3000美元，这是经济发展阶段的重要分水岭。从国际经验看，这一时期既是农业现代化建设的重要机遇期，也是农业发展的风险期。美国、西欧各国在进入这个阶段后，都注重农业发展方式转

变。因此，在我国工业化、城镇化加速推进期，只有加快农业发展方式转变，才能有效地保障国家粮食安全和经济安全，实现经济社会又好又快发展。

第二，加快转变农业发展方式有利于扩大国内需求、缩小城乡差距。扩大国内需求特别是消费需求，是实现我国未来经济发展目标的战略举措。扩大消费需求，潜力在于扩大农村消费需求，这就需要增加农民收入，使农民有消费能力。目前，我国农村消费较为滞后，农村消费水平低，根本原因是农民收入水平不高。农民收入增长相对迟缓主要源于农业内外两个方面。从农业内部看，传统农业经营方式很难大幅度提高劳动生产率，制约了农民的农业收入；从农业外部看，外出农村劳动力的文化素质和就业技能还难以满足就业岗位的需要，制约了农村劳动力外出就业的规模扩大和充分就业。因此，无论是提高农业劳动生产率、增加农民的农业收入，还是促进农村劳动力稳定转移就业、拓宽农民的非农收入来源，都迫切需要加快农业发展方式转变。

第三，加快转变农业发展方式有利于应对国际市场挑战、增强农业竞争力。随着对外开放的不断扩大，我国农业面临着激烈的国际竞争。一方面，国外低价农产品的进口压力始终存在；另一方面，园艺、畜禽、水产等优势农产品出口难度加大，竞争优势面临挑战。当前，发达国家正在大力推动农业尖端科技研发应用，跨国公司正在加快产业布局和资本渗透，在关键领域抢占发展制高点，给我国农业产业安全带来新的风险。特别是 2008 年国际金融危机爆发以来，发达国家不仅没有放松农业，反而把转变农业发展方式、提升农业发展水平作为克服危机的重要战略，在新能源、低碳经济等领域培育新的经济增长点，这将对未来国际农业发展格局产生深刻影响。因此，只有加快转变我国农业发展方式，充分利用"两种资源、两个市场"改善要素结构，提高资源配置效率，大力提高农业科技自主创新能力，推动产业结构优化升级，才能增强我国农业的核心竞争力，在激烈的国际竞争中赢得主动。

第四，加快转变农业发展方式有利于突破资源环境约束、实现可持续发展。农业是高度依赖资源条件、直接影响自然环境的产业，农业的资源利用方式对实现可持续发展具有重要影响。新中国成立以来特别是改革开放 30 多年来，我国农业发展取得了举世瞩目的成就，但也要看到，我国农业发展方式粗放、资源消耗过大等问题也日益突出。只有加快转变农业发展方式，提高资源和投入品使用效率，发挥农业的多功能性，才能突破资源环境约束，实现可持续发展。

三、河南急需转变农业经济发展方式

加快农业发展方式的转变，既是一项具有全局性战略意义的研究课题，也是加快传统农业向现代农业推进和实现农业可持续发展的重大战略举措。河南是全国第一人口大省、第一农业大省，当前，转变农业发展方式的要求更加迫切。

第一，农业基础仍较薄弱。据调查，全省40%以上的机电井为20世纪80年代以前所建，70%以上的小型水库为20世纪70年代以前所建，经过几十年的运行，年久失修，毁坏严重，效益衰减，难以发挥作用。大中型灌区骨干建筑完好率不足40%。农田水利建设发展滞后，农田水利工程建设标准低，防洪除涝工程标准低，灌溉设施不配套，抗灾能力不强。全省仍有1/3以上的耕地没有灌溉条件。目前，还有5000多万亩中低产田，约占全省耕地面积的一半，近3000万亩不能得到有效灌溉，还有1519万亩低洼易涝地需要治理，改造任务十分艰巨。

第二，生产方式明显落后。河南人多地少，农户土地的小规模分散经营与发展现代农业的要求不相适应。目前全省农业经济和农村发展中仍然以家庭经营为主，多数农户家庭耕地不足10亩，多是兼业经营，这种传统的分散经营客观上会造成生产成本增加，不利于大型机械推广应用、先进农业科技推广、扩大农业投入以及规模化、集约化经营。

第三，农业产业化水平低。除少数企业外，全省大部分龙头企业规模不够大，产品质量档次较低，与农业生产和消费大省的地位不相称。产品研发能力低，新开发产品少，产品深加工度不够，加工转化增值率低。龙头企业生产的产品，大多以鲜（活）货、原材料、粗加工品出售为主，致使产品销售市场的半径不大，竞争力不强，经济效益不高。品质好、科技含量高、深加工、高附加值的"高、精、尖、新"产品不多，有广阔市场前景的产品不多，销往省外、国外的产品不多。不少农民还处在零散种养阶段，产业化规模效应和集约效应没有完全发挥。不少地方"农字号"龙头企业经济实力较弱，带动能力还很有限。部分村农业经济和农村发展还处在"随大溜"状态，还没有形成产业优势。

第四，农业科技水平落后。当前，农业科技推广管理体制不顺，基层重视不够，经费得不到保障，农业科技推广人员专业素质不高，农村科技推广工作被弱化、边缘化的趋势越来越明显，同时，留守农村劳动力老化严重、素质低，致使河南农业科技水平较低。

第五，农民收入较低。2009年，河南省城镇居民人均可支配收入为14372元，农民居民人均收入4807元，前者是后者的2.99倍，差距较大。另外，尽管纵向比较，河南农民人均纯收入增长较快，但总体水平相对较低，与全国平均水平相差近7个百分点，更无法与浙江、广东、江苏、山东、北京、上海等高水平的省市相比。近年来，河南农民收入增幅缓慢，农业收入仍为河南农民收入的主要来源。同时，由于受石油等能源、原材料价格上涨，工资、运输等成本费用增加的共同影响，以化肥为主的农资价格持续大幅度上涨，在很大程度上抵消了中央一系列惠农政策给予农民的补贴，减少了农民的收入。加之社会保障体系不健全，河南农民收入尚处于较低水平。

可以说，河南农业的弱质性、农村的薄弱性、农民的弱势性仍然没有从根本上得到解决，粮食生产大省仍然是喜忧参半。农业的现代化、农村的基础设施及公共服务建设、农民的增收致富仍然存在许多制约因素。

随着我国工业化、信息化、城镇化、市场化、国际化的深入发展，农业的发展越来越开放。发展现代农业、促进农业农村经济上新台阶，保持农民收入较快增长的难度越来越大。面对国内外复杂多变的发展环境和自然灾害频发的不利因素，要确保粮食生产不滑坡、农民增收不徘徊、农村经济发展的好势头不逆转，必须进一步提高现代农业装备水平，加快推进农业发展方式转变，增强农业可持续发展的支撑能力，实现河南农业和农村经济又好又快发展。

第二节　河南农业经济发展方式转变的态势分析

作为农业大省的河南，近年来在转变农业发展方式上进行了卓有成效的探索，其在实践中的具体做法和遇到的挑战，对其他地区进一步推动农业发展方式转变，具有重要的借鉴意义。

一、河南推动农业经济发展方式转变的实践

近年来，河南省围绕加快农业发展方式转变，千方百计稳定粮食生产，以加快构建现代农业产业体系为支撑，着力统筹工农业发展，大力深化体制机制创新，取得了显著成效，尤其在应对国际金融危机冲击和严重自然灾害中，保持了农业农村发展的良好态势，为经济平稳较快发展提供了基础支撑。

（一）以稳定粮食生产为基础，增强农业供给能力

2006年以来，河南粮食总产量首次突破并连续保持在1000亿斤以上。2009

年，在遭遇特大自然灾害的背景下，全省粮食总产量仍达 1078 亿斤，实现连续 6 年增产，连续 10 年居全国首位（见图 7-1）。2010 年，全省夏粮总产量达到 618.14 亿斤，比上年增长 5.14 亿斤，实现连续 8 年增产，连续 7 年创历史新高。河南用占全国 1/16 的耕地生产出占全国 1/10 的粮食，成为全国最大的粮食生产基地，不仅确保了 1 亿人口的吃饭问题，每年还向省外调出商品粮和粮食制成品 300 多亿斤，为国家粮食安全作出了贡献。与此同时，2009 年，全省油料、棉花、水果产量分别达到 532.98 万吨、51.75 万吨、755.9 万吨，分别居全国第 1 位、第 4 位、第 6 位，全省肉、蛋、奶产量也分别达到 615.01 万吨、382.85 万吨和 301.28 万吨，分别居全国第 3 位、第 1 位和第 4 位；花卉、食用菌、茶叶、中药材等特色农产品进一步发展，创造了一大批有市场竞争力的品牌。

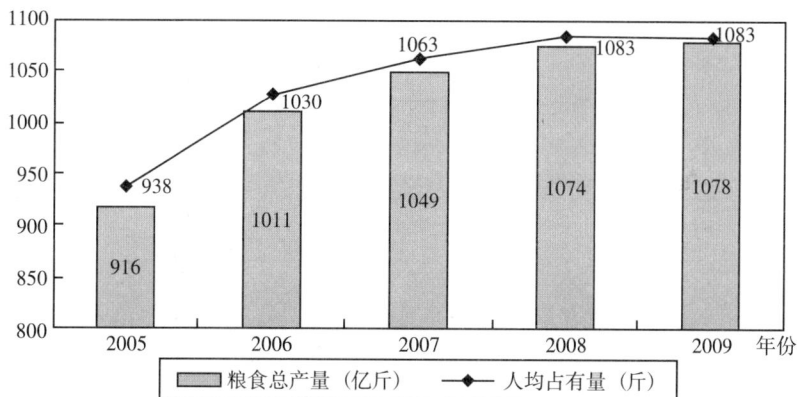

图 7-1 2005~2009 年河南粮食总产量与人均占有量变动情况

（二）以构建现代农业产业体系为支撑，提高农业竞争力

近年来，河南加快推进农业科技创新和农业产业化经营，大力发展农业生物育种创新、资源节约型和环境友好型科技创新及其推广应用体系。粮食、肉类、乳品精深加工能力分别达到 3500 万吨、807 万吨、370 万吨，肉制品、味精、面粉、方便面、挂面、面制速冻食品等产量均居全国首位，成为全国第一粮食加工转化大省、全国第一肉制品大省和全国最大的面粉及面制品、肉类和调味品的生产基地，形成了粮食制品、肉制品、乳制品、果蔬、油脂和休闲食品等六大农产品加工业体系，农产品加工业增加值已占工业增加值的 1/4，成为全省第一大支柱产业。

（三）以统筹工农业发展为重点，提升对农业的反哺能力

自 20 世纪 90 年代初开始，河南坚持工农业互动协调，把加快工业化、城镇

化，推进农业现代化作为加快发展的基本途径，探索"以农兴工、以工促农"的有效方式，在坚持以工业化为核心，促进产业素质和竞争力明显提升的同时，毫不动摇地坚持农业的基础地位，抓紧抓好粮食生产，大力发展现代农业，实现了由传统农业大省向经济大省和新兴工业大省的历史性跨越，实现了工农业两大产业的双跃升，走出了不以削弱农业基础地位为代价的现代化路子，基本形成了工农业互动协调发展的新格局，提升了工业对农业的反哺能力，并有力地带动了农民增收（见表7-1）。

表7-1 2005~2009年河南农业农村发展情况

年 份	粮食总产量		农业增加值		农民人均纯收入	
	总量（亿斤）	占全国比重（%）	总值（亿元）	占GDP比重（%）	收入（元）	与城镇居民可支配收入之比
2005	916.4	9.5	1892	17.9	2871	1:3.02
2006	1011	10.2	1917	15.5	3261	1:3.01
2007	1049	10.5	2218	14.8	3852	1:2.98
2008	1074	10.2	2659	14.4	4454	1:2.97
2009	1078	10.2	2769	14.3	4807	1:2.99

（四）以深化改革创新为保障，增强农业发展方式转变的内生动力和能力

近年来，河南加快推进农业经营体制机制创新，稳步推进农村金融体制改革，积极发展各种类型的农民专业合作组织，加快建设覆盖全程、综合配套、便捷高效的农业社会化服务体系，成立了全国第一支农业产业投资基金——河南农业开发产业投资基金，专用于农业产业化发展；建立了省、市、县三级中小企业担保服务机构，担保体系得到明显加强；全省农民专业合作社目前已发展到10970家，覆盖了农、林、牧、渔、农机等各个领域；在信阳市、新乡市设立了省农村改革发展综合试验区和省统筹城乡发展试验区进行探索，取得了初步成效。

二、河南农业经济发展方式转变中存在的突出矛盾和问题

尽管目前河南省在转变农业发展方式上取得了明显成效，但必须看到，农业发展中存在着的一些深层次矛盾和问题，仍未从根本上得到解决。

（1）农业弱质高风险特征明显。一是自然灾害越来越频繁，造成的后果越来越严重。近几年，河南水灾、旱灾、冰（风）雹灾、霜（冻）灾、病虫害灾等自然灾害几乎年年样样俱全，自然灾害较轻的年份受灾面积占年底常用耕地面积的

20%以上，自然灾害较重的年份受灾面积占年底常用耕地面积的90%以上；全省易涝面积多年维持在2000千公顷以上，占常用耕地面积29%左右的水平上，居高不下。全省自然灾害仍然较重的实情，势必对农业持续稳定发展造成威胁。二是农业抗御自然灾害的能力仍然较低。到2008年年底，全省旱涝保收田面积400多万公顷，只占全省耕地面积的1/2强。但即便如此，其中仍有一些面积未能实现旱涝保收。大灾大减、小灾小减的状况在全省仍然没有从根本上得到扭转。以粮食生产为例，2003年以来全省每年因旱、涝灾害减产的粮食产量平均达到800万吨左右。

（2）农产品精深加工发展任务艰巨。2009年，全省规模以上龙头企业达6000多家，421家企业销售收入超亿元，食品工业销售收入达到3800多亿元，居全省工业行业之首，排全国同行业第二位，成为全省战危机、保增长的一大亮点。但同时，全省龙头企业数量少、规模小、产业链条短，知名品牌少，竞争力和带动能力不强，仅与邻省山东相比，仍有较大差距。从龙头企业数量看，河南的国家级农业产业化龙头企业有39家，山东为45家；从企业规模看，河南年销售收入亿元以上的龙头企业为421家，山东达900多家；从农业的外向度来看，河南农产品出口额为6亿多美元，山东则达130亿美元。

（3）农业资源环境压力越来越大。先以耕地为例，2008年，河南按年底耕地总资源计算的人均耕地面积为1.1亩，而全国人均耕地面积为1.3公顷，河南仅为全国平均水平的84.6%。不少地方的人均耕地已经超出了FAO联合国粮食及农业组织所规定的0.8亩的警戒线。而且，全省已进入了第四个人口高生育期，随着人口刚性增长和耕地刚性减少的悖逆变动趋势的加大，人口与耕地的矛盾将越来越大突出。再以水资源为例，2008年河南人均水资源近440立方米，而全国人均水资源约2200立方米，河南仅为全国平均水平的1/5。耕地、水等主要自然资源日益紧缺，致使全省农业经济和农村发展的外部环境越来越紧狭。与此同时，农村地区环境状况日益恶化，环境质量明显下降，规模化畜禽养殖业发展迅猛，由于缺乏相应的污染防治设施，成为农村面源污染的主要因素之一；全省化肥平均用量达每亩44.5公斤，相当于全国平均水平的1.7倍，农药年施用总量在10万吨左右，化肥和农药的使用效率均在30%左右。河南依靠科技进步促进节约农业、集约农业发展的任务更加迫切。

（4）纯农民素质急需提高。当前直接从事农业生产的农民大多是妇女、儿童和老人，致使目前真正务农的农民科技文化素质、综合素质普遍较低，接受新知识、新技术的能力差，与中央所要求的有文化、懂技术、会经营的新型农民尚有不小的差距。在全省农村劳动力中，小学及以下文化程度占 23.63%，初中文化程度占 61.81%，高中及以上文化程度占 14.56%。而在中国农村劳动力中，小学及以下文化程度占 33.02%，初中文化程度占 52.81%，高中以上文化程度仅占 14.17%。河南与全国相比，小学及以下文化程度低 9.39 个百分点，初中文化程度高 9.00 个百分点，高中及以上文化程度高 0.39 个百分点。与先进省份相比，河南高中及以上文化程度的劳动力所占比重就明显落后，见表 7-2。

表 7-2　河南与全国及其他省份农村居民家庭劳动力文化状况比较

文化程度	小学及以下文化程度所占比重（%）	初中文化程度所占比重（%）	高中及以上文化程度所占比重（%）
河南省	23.63	61.81	14.56
全国	33.02	52.81	14.17
江苏省	27.89	54.06	18.05
浙江省	37.12	46.61	16.27
山东省	23.07	56.29	20.64
河南与全国比较（±）	-9.39	+9.00	+0.39
河南与江苏比较（±）	-4.29	+7.75	-3.50
河南与浙江比较（±）	-13.49	+15.20	-1.71
河南与山东比较（±）	+0.56	+5.52	-6.08

（5）农村科技推广存在阻碍。目前，全省的农业科技推广体系确有不少方面难以适应现代农业发展的要求。这突出表现在：承担的职能和支持的力度不适应；推广工作的内容不适应；推广人员的素质不适应；推广机构的运行机制不适应；管理体制上的不适应等。尤其是每一次的乡镇机构改革，都会给农业科技推广体系建设造成"重创"。全省基层农技服务推广体系普遍存在着专业人员少、素质不高、体制不健全、保障不力等问题。许多地方基层农技站"空壳"现象比较突出，还没有彻底摆脱"线断、网破、人散"的危险，农业科技服务体系、畜牧防疫体系和农产品质量安全体系建设还不完善，致使不少地方农业先进适用技术在农村难以推广普及，存在着比较严重的"科技棚架"现象。

三、河南农业经济发展方式转变面临新的挑战与机遇

（一）"十二五"时期河南加快农业发展方式转变面临新挑战

当前，由于河南工业化、城镇化水平还不高，财力有限，投入水平与农业发展的要求不相适应，还存在一些城乡二元分割的体制机制性障碍，受市场属性、制度惯性、思维习性等因素的影响，资金、人才等要素不断向工业和城镇集聚，

农业农村发展"失血"现象比较严重。"十二五"期间，随着工业化、城镇化的推进和农民进城规模的扩大，农业兼业化、农村空心化、农民老龄化"三化"趋势将更加突出，一些地方农业生产缺人手、新农村建设缺人才、抗灾救灾缺人力"三缺"现象将更加凸显，加之农业生产成本和劳动力成本的不断攀升，转变农业发展方式面临基础性制约。

国际金融危机加剧了世界经济发展的复杂性和不确定性，未来世界经济的复苏很可能是一个缓慢而又充满波动的过程，同时国际金融危机也倒逼经济发展方式和农业发展方式转变，从而推进产业结构优化升级和增长方式、发展模式的转变，也将可能因此导致经济增长对劳动力素质的要求不断提高，加之城镇新成长劳动力较多、农民工技能与岗位需求矛盾加剧，而形成对农民就业和非农收入增长的抑制效应。此外，影响农产品价格的因素日益复杂，农产品价格走势的不确定增强，农业面临着较大的市场风险，这些都增加了转变农业发展方式的难度。

（二）"十二五"时期河南加快农业发展方式转变迎来难得机遇

"十二五"时期，河南农业发展方式转变也将迎来前所未有的难得机遇：

（1）国家对农业发展高度重视，提出粮食安全的警钟要始终长鸣，巩固农业基础的弦要始终绷紧，解决好"三农"问题作为全党工作重中之重的要求要始终坚持。并已初步建立起强农惠农的政策框架，农业支持保护水平不断提高，尤其是国家粮食最低收购价的进一步提高，粮食直补等各项涉农补贴力度的进一步加大，农村医疗、教育、保险等体系的逐步健全，惠农力度不断加大，这些都为转变农业发展方式奠定了良好基础。

（2）国家粮食战略工程河南核心区建设深入推进，农业综合开发和农业基础设施建设投入力度将不断加大，贷款贴息和补助等财政扶持方式将更加完善，这必将进一步巩固河南农业基础地位。加上《促进中部地区崛起规划》的发布，以及中原经济区建设的展开，意味着河南经济迎来新的发展阶段，随着国家对中部地区投入的进一步加大，政策支持将更加直接，发展环境将更加优化，为转变农业发展方式提供了坚实的物质和政策保障。

（3）随着应对国际金融危机各项政策措施的落实，一系列涉农基础设施的建设将极大改善农业基础薄弱的状况，同时随着经济结构战略性调整的逐步深入，产业梯度转移的趋势越来越明显，沿海发达省份民营资本、工商资本向内地劳动密集型、资源密集型产业投资的数量越来越大、流速越来越快，这种趋势将极有利于河南农业龙头企业实施引进来、走出去战略，利用外部资源、先进科技和管理模式，在加快自身发展的同时，也促进农业发展方式转变。

（4）转变经济发展方式将成为"十二五"时期经济社会发展的主线，贯穿于经济社会发展全过程和各领域，作为转变经济发展方式的重要内容，农业发展方式转变也必将从整个国家政策层面得到更有力的关注和支持，从而为加快农业发展方式转变提供有利的政策氛围。

第三节　加快河南农业经济发展方式转变的思路及对策

转变农业发展方式是转变经济发展方式的重要内容，关系到新形势下经济发展的全局。作为一项系统工程，"十二五"时期河南农业发展方式转变要寻求新突破、取得新成效，必须着力以转变农业发展方式寻求高起点上的农业稳定发展、强约束下的农业持续发展、新格局中的农业跨越发展，抓住关键环节，巩固提高粮食综合生产能力，加快构建现代农业产业体系，加快农业科技创新和推广能力建设，加快推进资源要素向农村配置，加快农业经营体制机制创新。

一、加快河南农业经济发展方式转变的思路

对河南来说，转变农业发展方式必须要有新思路。结合河南农业农村发展现状，今后一个时期，河南转变农业发展方式应按照高产、优质、高效、生态、安全的要求，以提高农业综合生产能力为目标，积极发展现代农业，推进农业科技进步和创新，提高土地产出率、资源利用率、劳动生产率，增强农业抗风险能力、国际竞争能力、可持续发展能力，加快形成资源节约型、环境友好型农业生产体系。

（一）总体思路

未来一段时期，河南转变农业发展方式的总体思路是：认真贯彻落实科学发展观，坚持统筹城乡发展战略，深化农村改革，扩大对外开放，突出科技兴农，强化农业基础设施建设，把推进农业现代化、稳定提高农业综合生产能力作为"三化"协调科学发展的基础，作为中原经济区建设的重要任务，以粮为基，统筹"三农"，推动全局，加快转变农业发展方式，构建现代农业产业体系，在工业化、城镇化深入发展中加快推进农业现代化，提高农民收入和农民生活水平，建设农民幸福生活的美好家园。

按照高产、优质、高效、生态、安全的总体要求,未来几年,河南农业经济发展的预期目标是:确保全省粮食播种面积稳定在1.45亿亩以上,力争粮食综合生产能力到"十二五"末达到600亿公斤。在粮食主产区的95个县(市、区),实施水利设施、基本农田、防灾减灾、农业科技创新、农业技术推广、农业生态、粮食物流、农业机械化等八大工程,大规模建设旱涝保收高标准农田,改造中低产田1000万亩,建设高产稳产田1000万亩,实施土地整理1000万亩,全省有效灌溉面积达到7850万亩,以建设"吨粮田"为目标力争每个主产县(市、区)建设1~2个万亩高产示范方。加快推进农业机械化,促进农机农艺融合,农业机械化综合作业率达到75%,秋粮机械化收获水平达到50%。完善粮食生产支持政策,探索建立有利于粮食稳定增长的长效机制。

(二)具体思路

与转变农业经济增长方式相比,转变农业经济发展方式有着更新的、更高的要求。必须看到,与"转变农业经济增长方式"相比,"转变农业发展方式"内涵更为丰富和深刻,"增长方式"主要是研究经济增长过程中土地、劳动、资本等生产要素投入的效率,而"发展方式"则不仅包括经济效益的提高、资源消耗的降低,还包含着经济结构的优化、生态环境的改善、发展成果的合理分配等内容。延伸说来,应实现以下几大转变:

(1)从"就农业抓农业"向统筹城乡发展转变。当前,河南总体上已进入以工促农、以城带乡的发展阶段。新的发展阶段,必然有着新的发展要求,转变农业和农村经济发展方式,已经成为当前农业经济发展的必然选择。因此,必须跳出就农业抓农业的传统思维和做法,坚持统筹城乡发展战略,深化农村改革,创新体制机制,突出科技兴农,强化农业基础设施建设,鼓励农民创业创新,加紧推进农业现代化、农村工业化、农民市民化进程,不断提升农业社会化服务水平,着力缩小城乡发展差距,加快形成城乡经济社会一体化发展新格局,开创农业增产、农民增收、农村繁荣的新局面。

(2)从传统农业向现代农业转变。发展现代农业要做的事很多,重点是要按照高产、优质、高效、生态、安全的要求,用现代物质条件装备农业,提高农业水利化、机械化、信息化水平;用科学技术改造农业,提高土地产出率、资源利用率和农业劳动生产率;用培育新型农民和新的合作经济组织发展农业,增强农业抗风险能力、国际竞争力和可持续发展能力。

(3)从产业结构调整向优化升级转变。一是以质量和效益为中心,通过资源利用方式的转变,把提高资源的利用率与产出率作为发展农业生产的根本原则,特别是要依靠科技进步努力提高资源的产出率。二是以产业兴农为核心，充分发挥区域资源优势和区位优势，面向市场需求，优化农村产业结构，形成具有区域特色的专业化生产和有比较优势的主导产业。三是以规模经营为突破口，加快培育现代农业经营主体，积极推进土地流转，促进农业从分散经营向规模经营转变。四是以可持续发展为动力，建设生态自我维持、资源多级循环利用、产业效益提升的可持续发展农业，加快形成资源节约型、环境友好型农业和农村产业体系。

（4）从调整经济结构向调整社会结构转变。一个和谐的社会，应该是社会体制合理和社会规范有序的社会，是经济结构和社会结构协调的社会。不仅在河南，我国总体上经济结构和社会结构存在着严重的结构差，成为我国社会发展中最大的不协调，是产生当今诸多经济社会矛盾和问题，而且久解不决的结构性原因。现阶段的任务就是要加快社会结构调整步伐，构建与经济结构相适应、相协调的现代社会结构，改变"一条腿长，一条腿短"的状况，促进经济社会协调发展。

二、河南农业经济发展方式转变的要求及路径

（一）"十二五"时期河南加快转变农业发展方式的新要求

作为一项系统工程，"十二五"时期河南农业发展方式转变要寻求新突破、取得新成效，必须着力以转变农业发展方式，寻求高起点上的农业稳定发展、强约束下的农业持续发展、新格局中的农业跨越发展。

（1）高起点上实现农业稳定发展。目前，河南粮食产量已处于高位，自2006年连续4年超千亿斤，连续6年创新高。但由于全省农业基础设施依然薄弱，抗御自然灾害的能力不强，在高起点上实现稳定发展的难度更大，全省中低产田占全部耕地面积的一半左右，高标准基本农田不足30%，有效灌溉面积占全部耕地面积的比重只有60%多，还有近40%的耕地"靠天收"。然而，与此同时，全球粮食供求关系偏紧，粮食库存不断下降，总体粮价持续上涨。特别是国际石油价格不断攀升，不仅刺激了粮食的能源化利用，而且增加了粮食运输成本，全球粮食贸易地理格局正在改变，局部地区粮食供求失衡状况逐步加剧。这决定了河南必须克服困难，努力在高起点上实现农业稳定发展。

（2）强约束下实现农业持续发展。农业资源与环境压力越来越大，人增、地减、水缺的趋势难以逆转，同时，极端天气气候明显增多，加大了农业防灾减灾、灾后恢复生产的难度，全球气候变暖还明显增加了病虫害发生频度、重度和

防治难度。这就决定了河南必须加大耕地保护力度，依靠科技进步促进节约农业、集约农业发展，加大农业面源污染防治力度，杜绝伴随产业梯度转移向农村可能带来的"污染转移"，着力形成城乡一体的节能减排格局，努力在资源环境强约束下实现农业持续发展。

（3）新格局中实现农业跨越发展。国际金融危机加速了世界经济格局的重构，推动了产业梯度转移和经济结构战略性调整，"十二五"时期将是形成区域发展新格局和城乡经济社会发展一体化新格局的关键时期。作为全国农业第一大省、粮食生产第一大省、粮食转化加工第一大省，河南应从农业基地的传统定位中解脱出来，突破传统的农业发展惯性思维和路径模式，以"中心"代"基地"谋划超常规跨越式发展，着力建设全国现代农业中心，在现代农业基地的基础上，形成集农产品生产、加工、流通全过程于一体，并充分发挥对周边乃至全国农产品生产、加工的辐射和带动作用的核心区域，以进一步彰显农区特色优势，提升农区竞争力。

（二）"十二五"时期河南加快转变农业发展方式的路径选择

加快转变农业发展方式既是整个经济社会发展在现阶段对农业的要求，也是农业自身面临的一个重大挑战。河南作为农业大省，"十二五"时期要在提高农业综合生产能力上取得新进展、在转变农业发展方式上取得新突破、在发展现代农业上取得新成效，必须着力加快"五个转变"：

（1）加快导向转变。促进农产品供给由注重数量增长向总量平衡、结构优化和质量安全并重转变，坚持推进产业结构、产品结构、区域结构调整，不断提升农产品质量安全与竞争能力。

（2）加快内涵转变。促进农业发展由主要依靠资源消耗向资源节约型、环境友好型转变，切实加大农业资源和生态环境保护力度，深入推进农业生态文明建设，促进资源永续利用和农业永续发展。

（3）加快手段转变。促进农业生产条件由主要"靠天吃饭"向提高物质技术装备水平转变，用现代物质条件装备农业，用现代科学技术改造农业，强化农业防灾减灾体系建设，提高农业科技进步贡献率，增强农业抵御自然风险的能力。

（4）加快主体转变。促进农业劳动者由传统农民向新型农民转变，大力发展农村职业教育，积极开展农民培训，切实加强农村实用人才开发，培养一大批有文化、懂技术、善经营、会管理的新型农民。

（5）加快组织方式转变。促进农业经营方式由一家一户分散经营向提高组织化程度转变，形成多元化、多层次、多形式的经营方式，切实提高农业组织化程度，把农户引领到农业商品化、专业化、社会化的发展轨道上来。

三、加快河南农业经济发展方式转变的对策

大力推动农业发展方式转变，是党中央对河南农业发展的新要求，是践行省委"四个重在"要求的具体体现，也是推动河南由农业大省向农业强省跨越的根本途径，意义十分重大。推进现代农业发展，促进农业发展方式转变，应从河南的实际出发，重点采取以下措施：

（一）巩固提高粮食综合生产能力

要以粮食核心区建设为契机，加强农业农村基础建设和科技创新，突破农业资源环境约束。要全面落实强农惠农政策，加强农业基础设施建设，基于比较优势，抓好优势农产品产业带建设，不断夯实农业基础，增强新型工业化发展动力。大力发展农业科技，进一步加强农业科技投入力度，提高粮食稳产、高产的综合生产能力。支持新型农用工业的发展，扶持开发新型肥料、低毒高效农药、多功能农业机械及可降解农膜等新型农业投入品，提高土地生产率和资源利用率，为改造传统农业提供质优价廉的现代生产要素。积极发展各类农民专业合作组织，健全农村社会化服务体系，开拓农产品市场；引导农民充分利用自然、生态资源优势，发展休闲农业和高效农业。要着力培育农业品牌，提高农产品的品牌知名度和在国内外市场的竞争力，将更多的农产品推向国际市场。

（二）加强农业基础设施建设

作为粮食生产大省，河南省目前仍有近50%以上的中低产田，不少地方农田水利设施年久失修，老化严重，重建轻管，毁坏严重。因此，要提高农业抗御自然灾害的能力，夯实农业发展的基础。要加强农业重大工程项目建设和农田水利建设，大力推进中低产田改造。要抓住实施国家粮食战略核心区建设的机遇，提高设施装备水平。要大力加强土地整治、土壤改良和农田林网路建设，大力推广保护性耕作技术，扩大测土配方施肥面积，重视耕地质量和耕作制度，加快建设旱涝保收、高产稳产的高标准农田。要加快农村安全饮水工程建设，力争到2015年全面解决农村饮水安全问题，提高农村自来水普及率。

（三）加快农业内部结构调整

在扎实推进国家粮食战略工程、确保粮食生产的前提下，按照"高产、优质、高效、生态、安全"的要求，积极推进农业结构调整。在种植业内部，积极发展花卉园艺业和特色高效经济作物；在大农业内部，大力发展畜牧业特别是草食类畜牧养殖，加快推动优质畜产品生产加工基地、优势产业带和规模化养殖场

建设；在农村经济内部，大力发展农产品精深加工业和农产品保鲜、储藏、冷链物流等服务业。按照保障粮食等主要农产品供给和发挥比较优势的要求，搞好产业布局规划，科学确定区域农业发展重点，形成优势突出和特色鲜明的产业带，引导加工、流通、储运设施建设向优势产区聚集。

（四）加快构建现代农业产业体系

要依托龙头企业发展农产品加工，着力扶持国家和省级龙头企业，延伸农业产业链条，促进农产品加工转化增值。加大对农产品加工业的财政支持，设立农产品加工业发展专项资金，加强对重点优势农产品加工业的基础设施建设、关键技术研发、引进和推广的扶持，加强对农产品加工业创业的扶持，加强对农产品加工综合利用的扶持，促进农民就业创业。以当前税制改革为契机，对农产品加工企业开展综合利用、建设加工专用原料基地实行税收优惠政策。积极协调金融部门推行积极的金融政策，通过探索仓单质押等办法，不断扩大对企业流动资金的支持；加大政策性银行对农产品加工业的支持力度，增加中长期贷款；争取扩大农业政策性保险的试点范围。以重点工程建设为带动，建立和完善技术创新服务、质量标准服务、信息服务、人才培训服务、指导行业协会服务等社会化服务体系，健全农产品质量监管体系，实施全程监控，加大监管力度，切实落实各环节质量安全监管责任，全面提升农产品质量安全和监管水平。要围绕农产品优势产业带建设，建立一批产业关联度大、精深加工能力强、规模集约水平高、辐射带动面广的龙头企业集群，进一步提升现有企业的规模和技术水平，完善产业链条，形成发展合力。

（五）加快发展功能多样、资源节约、环境友好型现代农业

农业已不仅仅只是"吃饭产业"，更不必然地与"落后"、"低效率"、"负担"等连在一起，也不再是传统意义上的一个狭小的产业范畴。事实上，农业和农村除了提供国家需要的农产品，确保国家粮食安全外，还有其他价值和贡献，在原料供给、就业增收、生态保护、观光休闲、文化传承等方面具有重要功能。要适应降低能源消耗和发展生态农业的要求，依托区位优势和环境优势，积极拓展农业，大力发展以"农家乐"为主的休闲旅游业，特别是要把特色文化与旅游业融合起来，把产业做大做强。要适时推进农业和农村结构调整，采取贷款贴息、投资参股等措施，重点扶持粮食加工企业、畜牧企业和农户。要按照建设资源节约型、环境友好型社会的要求，以切实转变农业发展方式为重点，大力开展节地、节水、节种、节肥、节药活动，发展循环农业。要发展保护性耕作，建立和完善森林生态效益补偿机制。大力推广节本增效技术，积极发展节约型农业，提高投入品利用率，降低农业生产成本，努力控制和减轻农业面源污染。大力推进农村生态循环经济，加快发展生态农业和生物产业。要围绕主导产品，因地制宜拓展农业的多功能性，构建产业之间相互依存、产品和中间产品及废弃物交换利用的产业循环体系，并积极引导构建企业内部循环体系、农业内部循环体系以及农户家庭循环体系，促进农业可持续发展，打造功能多样、资源节约、环境友好的可持续发展的现代农业。

（六）积极培养新型农民

发展现代农业固然必须提高农业的设施和装备水平，但归根到底，还必须依靠现代农民。近年来，农业兼业化和农民老龄化的趋势已现端倪，必须下大力气培育有文化、懂技术、会经营的新型农民，造就现代化的农业经营主体。要切实加大投入和扶持力度，多渠道、多层次、多形式加强农村劳动力知识、技能培训，普遍开展农业生产技能培训，扩大新型农民科技培训工程和科普惠农兴村计划规模，组织实施新农村实用人才培训工程，积极培育有文化、懂技术、会经营的新型农民，全面提升农民的自我发展能力，把更多的农民培养成现代农业经营主体。要积极探索建立政府扶助、面向市场、多元办学的教育培训机制。要整合农业职业教育资源，充分发挥职业学校、农广校、农函大等农民技术教育培训主渠道的作用，广泛运用现代媒体和远程教育手段，扩大农民科技培训的覆盖面。要按照"以需定培、长短结合"的思路，加大农村劳动力技能培训力度，开放培训市场，鼓励各类培训机构和用人单位开展"定向培训"、"订单培训"，力争培养出一批种养专业大户、科技示范大户，为现代农业发展提供智力支持。要大力发展农村第二、三产业，带动和引导农村劳动力就地就近转移。积极引导和支持农民发展各类专业合作经济组织，落实财政扶持、信贷服务等优惠政策，扶持一批服务功能强、内部运作规范的农民专业合作经济组织，提高农民的组织化程度。

（七）加强农产品市场体系建设

要积极培育和完善农产品物流主体，加强农产品物流的基础设施建设，支持重点农产品批发市场建设和升级改造，落实农产品批发市场用地等扶持政策，搭建农产品物流信息平台，发展农产品大市场大流通。在粮食主产区和优势特色农产品产区，重点建设一批设施先进、特色突出、功能完善、交易规范的农副产品批发市场，实现货畅其流。加大力度建设粮棉油糖等大宗农产品仓储设施，完善鲜活农产品冷链物流体系，支持大型涉农企业投资建设农产品物流设施。加快发展农产品期货市场，逐步拓展交易品种，鼓励生产经营者运用期货交易机制规避市场风险。继续大力促进产销衔接，发展农业会展经济，全面推进双百市场工程和农超对接，支持农产品营销。加快培育农村经纪人、农产品运销专业户和农村各类流通中介组织，积极发展多元化市场流通主体。

（八）加快农业经营体制机制创新

要以农村改革发展综合试验区、农业多功能试验区等各类试验区建设为纽带，树立现代大农业产业理念，在农业稳定增产和农民持续增收基础上加快工业化、城镇化进程，绝不因农业形势稍有好转就忽视农业和粮食生产。要加大体制机制创新扶持力度，深化农村土地承包经营、基层管理体制等创新，激活农民专业合作经济组织、回乡创业者、农村经纪人等农村经济发展主体，盘活土地、资金、劳动力等资源。健全农村金融体系、市场体系。充分发挥市场配置资源的基础性作用，推进征地、户籍等制度改革，逐步形成城乡统一的要素市场。大力引导人才、智力和资金等资源流向农村、支持农业、服务农民。继续深化以乡镇机构改革、农村义务教育体制改革、县乡财政管理体制改革为主要内容的农村综合改革，增强农村经济发展活力，促进农村和谐发展。要以建设现代农业、加快新型工业化统筹工农业发展，转变农业、工业发展方式，创新"以工补农、以城带乡"的途径和模式，完善对工农业协调发展及农业发展方式转变的综合评价体系。

（九）完善农业投入保障机制

资金供给短缺是制约农业发展方式转变的主要因素之一。坚持工业反哺农业、城市支持农村和"多予少取放活"的方针，以落实强农惠农政策为重点，健全"三农"投入稳定增长机制，加大财政投入力度，确保用于农业的投入总量和增量均有提高。完善城乡平等的要素交换关系，促进土地增值收益和农村存款主要用于农业农村。加大对农业大县的奖励补助和转移支付力度，使其人均财力接近全省县级平均水平。鼓励县级整合使用涉农资金，提高资金使用效率。建立健全农村金融服务体系，开发新型农村金融产品，扩大农村信贷规模。鼓励和引导社会资本投向现代农业和新农村建设。

第八章　加快河南现代服务业的发展

20世纪后半叶以来，全球服务业迅猛发展，国际产业结构呈现出"以工业为主导"向"以服务业为主导"转型的大趋势，服务业尤其是现代服务业的发展对促进经济增长、优化经济结构以及提升城市竞争力的作用日益显著，其发展水平已成为衡量一个国家和地区经济社会发达程度的重要标志。当前，在我国，加快发展服务业有利于促进经济发展方式转变、有利于扩大就业、有利于培育新的经济增长点、有利于推进城镇化进程、有利于提高我国的国际竞争力。在新形势下，要深入贯彻落实科学发展观，将现代服务业发展作为转变经济发展方式、调整经济结构的重大战略举措。

第一节　河南省服务业发展现状

"十一五"以来，河南省把发展服务业作为经济增长的重要动力，坚持以科学发展观为统领，认真贯彻落实国家关于促进服务业发展的各项政策措施，加大力度推动服务业发展，在国际金融危机蔓延和全球经济增长放缓的影响下，服务业仍保持稳定快速增长，对保增长、保民生、保发展以及优化产业结构，缓解就业压力，保持社会稳定等做出了重要贡献。

一、服务业稳定增长，总体规模不断扩大

近年来，全省服务业增加值一直以高于10%的速度稳定增长。"十一五"前四年，年均增长速度12.2%，比"十五"时期10.7%高出1.5个百分点，其中，2007年达到14.1%，为近10年以来最高。尽管增速落后于国内生产总值0.8个百分点，但2009年服务业增加值比上年同期增长11.1%，其增幅比国内生产总值高出0.2个百分点。从1978年到2009年的32年间，服务业增加值年均增幅

13.2%，比国内生产总值年均增幅高出 2 个百分点。

伴随着增幅的提升，服务业总体规模快速扩大。2009 年，河南服务业增加值总量达到 5700.9 亿元，为 2005 年的 1.79 倍，年均增加 629.9 亿元，为"十五"期间年增加量的 1.99 倍（见图 8-1）。服务业总量居全国第九位，在中部六省居第一位。服务业较好地发挥了贯穿整个国民经济链条的作用，有力地支持了工农业生产的发展，推动了国民经济结构调整和工业化、城镇化、农业现代化水平的提高。

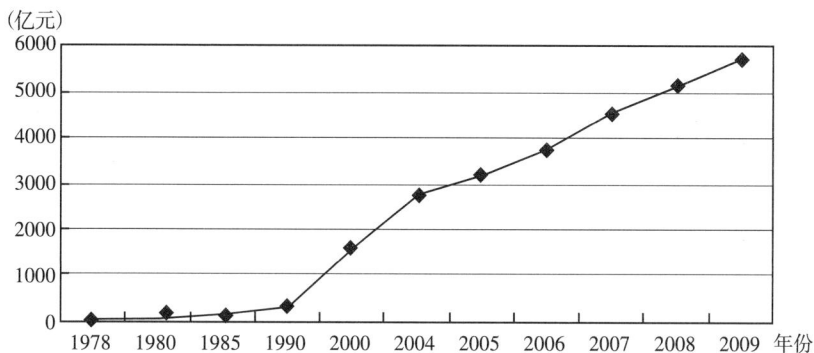

图 8-1　1978~2009 年河南省服务业增加值情况

二、服务业对经济发展的支撑作用进一步增强

在改革开放初期，河南产业结构尚不协调，三次产业对地区生产总值的贡献较为平均。服务业由于规模小、起点低，处在起步时期，对经济增长的贡献率相对较高。随着改革开放的深入和产业结构的不断调整，三次产业对地区生产总值的贡献呈现出第一产业逐期下降，第二、三产业逐步上升的趋势。"十一五"时期，全省地区生产总值年均增长 13.0%，其中第一产业拉动 0.8 个百分点，第二产业拉动 8.6 个百分点，第三产业拉动 3.6 个百分点，三次产业对国民经济增长的贡献率分别为 6.2%、66.1% 和 27.7%。第三产业对国民经济的拉动作用不断增强（见表 8-1）。其中，2009 年服务业占全省 GDP 的比重为 29.3%，拉动 GDP 增长 3.3 个百分点，对 GDP 的贡献率是 30%。

三、产业结构不断优化，现代服务业得到较快发展

"十一五"期间，伴随着新型工业化的推进和城市化进程的加快，在传统服务业保持快速增长的同时，现代服务业、新兴服务业也得到较快发展，河南服务业产业结构不断优化。

表 8-1 各时期河南三次产业对生产总值的拉动作用

	年平均增长速度（%）				三次产业对 GDP 增长拉动的百分点数			三次产业对 GDP 的贡献率（%）		
	地区生产总值	第一产业	第二产业	第三产业	第一产业	第二产业	第三产业	第一产业	第二产业	第三产业
"六五" 时期	12.7	8.6	12.8	20.2	3.4	4.4	4.9	26.8	34.6	38.6
"七五" 时期	8.3	7.0	6.8	12.3	2.5	2.7	3.1	30.1	32.5	37.4
"八五" 时期	14.5	5.8	21.5	12.2	2.0	9.3	3.2	13.8	64.1	22.1
"九五" 时期	10.1	7.5	11.1	10.4	1.2	4.1	3.7	18.4	49.00	32.6
"十五" 时期	11.4	5.4	14.4	10.7	2.0	6.0	3.4	13.0	55.80	31.2
"十一五" 时期 (2006~2009)	13.0	5.2	15.8	12.1	0.8	8.6	3.6	6.2	66.1	27.7

　　一方面，传统服务业保持稳定增长。交通运输仓储邮政业、批发零售业、住宿餐饮业等传统服务业规模稳步扩大，升级改造步伐加快，服务水平和质量明显提高。特别是近年来形成了一批在全国有一定影响力的行业和企业，如以建设郑州商贸城为契机迅速发展壮大起来的批发零售贸易业，对周边地区有较强的辐射带动作用，目前在郑州地区已形成数家批发市场，零售业中丹尼斯、大商等大型百货引领潮流，卜蜂莲花、家乐福、国美、世纪联华等国内外著名连锁超市纷纷进驻。"十一五"期间，批发零售业增加值年均增长 11.1%，2009 年增加值 1057.8 亿元，占全省服务业增加值的 18.6%，占 GDP 的 5.4%；交通运输、仓储和邮政业增加值年均增长 5.3%，2009 年增加值 823.6 亿元，占全省服务业增加值的 14.4%，占 GDP 的 4.2%（见表 8-2）。近年来，国家利用国债资金对全国流通业结构调整项目予以支持。这些项目的启动和建成，提高了所在地区农产品流通效率，促进了流通产业结构升级和结构调整，有力地推进了河南流通业的快速发展。

表 8-2 2005~2009 年河南传统服务业增加值分行业构成、速度

指标 \ 年份	2005	2006	2007	2008	2009
构成（服务业增加值为100）	100	100	100	100	100
交通运输、仓储及邮电通信业	19.7	19.9	19.2	15.7	14.5
批发零售业	19.4	18.3	17.0	18.0	18.6
住宿餐饮业	9.5	10.2	10.9	10.0	9.2
合计	48.6	48.4	47.1	43.7	42.3
指数（上年=100）服务业增加值	112.8	112.9	114.1	110.7	111.1
交通运输、仓储及邮电通信业	109.2	108.9	112.0	98	102.7
批发零售业	111.3	109.7	107.5	111.3	116.1
住宿餐饮业	112.8	122.6	114.4	101.7	99.0

另一方面，现代服务业及新兴服务业获得较快发展。"十一五"时期，信息传输计算机服务和软件业、租赁和商务服务业、教育、公共管理和社会组织等行业年均增长速度均在 15% 以上，显示了较好的发展势头。2009 年，现代服务业增加值 3293 亿元，占服务业增加值的 57.8 %，超过传统服务业，四大支撑行业物流、旅游、金融、文化产业竞相齐发。2009 年，全省物流业增加值 685.7 亿元，比上年同期增长 7.6%，占全省服务业增加值总量的 12.2%。全省接待海内外旅客和旅游总收入分别由 2006 年的 13139 万人次和 1039 亿元增加到 2009 年的 23325 万人次和 1985 亿元，年均分别增长 15.4% 和 17.6%。全省金融业增加值由 2006 年的 219.7 亿元增加到 2009 年的 474.4 亿元，年均增长 22.9%，由占服务业总量和国内生产总值的 5.9% 和 1.8% 分别提高到 8.4%、2.5%。经过培育和发展，全省已形成了以政策性银行、国有商业银行、股份制商业银行为主体，保险、证券以及非银行金融机构互为补充，功能齐全、分工合理的多元化金融体系。金融业越来越显示出较强的发展实力，成为全省国民经济的重要支柱产业。2009 年全省文化产业增加值比去年同期增长 15.1%，文化产业品牌建设成效显著（见表 8-3）。

表 8-3　2005~2009 年河南现代及新兴服务业增加值分行业构成、速度

指标 \ 年份	2005	2006	2007	2008	2009
构成（服务业增加值为100）	100	100	100	100	100
信息传输、计算机服务和软件业	4.5	4.8	4.6	4.8	4.5
金融业	5.7	5.9	6.7	8.1	8.8
房地产业	9.4	9.4	9.9	10.0	10.9
租赁和商务服务业	2.8	2.5	2.4	2.6	2.9
科学研究技术服务和地质勘查业	2.4	2.2	2.0	2.2	2.1
水利、环境和公共设施管理业	1.0	0.9	1.0	1.0	1.0
居民服务和其他服务业	4.0	4.5	4.0	2.2	2.6
教育	7.2	7.3	8.1	8.0	8.8
卫生、社会保障和社会福利业	4.2	3.9	3.9	4.0	3.7
文化、体育和娱乐业	1.0	1.0	1.1	1.3	1.1
公共管理和社会组织	9.2	9.2	9.2	12.1	11.3
合计	51.4	51.6	52.9	56.3	57.7
指数（上年=100）服务业增加值	112.8	112.9	114.1	110.7	111.1
信息传输、计算机服务和软件业	117.2	120.1	113.4	128.4	102.8
金融业	104.5	113.6	123.9	126.7	127.8
房地产业	110.0	114.2	116.5	105.5	113.2

续表

指标 ＼ 年份	2005	2006	2007	2008	2009
租赁和商务服务业	121.1	102.5	112.2	121.8	126.2
科学研究技术服务和地质勘查业	117.9	106.2	112.2	116.0	109.4
水利、环境和公共设施管理业	131.6	102.7	122.2	116.3	118.9
居民服务和其他服务业	109.2	122.7	104.1	61.1	138.2
教育	118.5	115.8	128.7	108.2	120.9
卫生、社会保障和社会福利业	117.6	108.2	115.5	113.3	105.1
文化、体育和娱乐业	119.9	111.5	126.1	129.8	92.7
公共管理和社会组织	119.0	114.8	115.0	146.0	106.2

四、从业人数稳步增长，成为吸纳就业的主渠道

随着河南服务业的快速发展以及服务业领域的进一步扩大，服务业吸纳劳动力的功能得到更好的发挥。"十一五"期末，全省服务业从业人员总数1509万人，"十一五"期间年均增长4.4%，比"十五"高0.1个百分点；占全省从业人数的25.4%，比"十五"期末高2.9个百分点。第一产业从业人数逐渐减少，从"六五"期末的81.2%减少到现在的46.5%，第二产业和第三产业从业人数所占比重均呈上升趋势（见表8-4）。

表8-4 河南省各个时期三次产业从业人员及比重

年份	第一产业		第二产业		第三产业	
	从业人数（万人）	比重（%）	从业人数（万人）	比重（%）	从业人数（万人）	比重（%）
1980	2378	81.2	304	10.4	247	8.4
1985	2571	73.0	523	14.9	426	12.1
1990	2833	69.3	671	16.4	582	14.2
1995	2814	62.4	929	20.6	766	17.0
2000	3564	64.0	977	17.5	1031	18.5
2005	3139	55.4	1251	22.1	1272	22.5
2009	2765	46.5	1675	28.2	1509	25.4

2009年，在全省服务业法人单位602.1万人员中，从业人数超过40万人的行业主要集中在公共管理和社会组织、教育、批发和零售业、交通运输仓储和邮政业、卫生、社会保障和社会福利业，共占服务业法人单位从业人数的76.8%。其中公共管理和社会组织、教育行业法人单位从业人数超过100万人，是服务业法人单位中容纳从业人员较多的行业。

五、服务业投资增长较快，房地产业、水利环境和公共设施管理业、交通运输仓储和邮政业尤为明显

"十一五"以来，河南省服务业投资一直以 20% 左右的速度增长，年均增长 28%，尽管增速低于全省平均水平，但比"十五"时期高出 7 个百分点。服务业投资占全社会固定资产投资总额的 44.7%，尽管比第二产业低 5.8 个百分点，但高于第一产业 40.1 个百分点。"十一五"期间，服务业各行业中固定资产投资额最大的行业是房地产业，其前四年的投资总额已经超过了 8000 亿元，占全省四年间服务业固定资产投资额的 49.3%；水利、环境和公共设施管理业、交通运输仓储和邮政业，分别占服务业固定资产投资总额的 13.7%、13.3%（见表 8-5）。

表 8-5 "十一五"时期河南服务业固定资产投资情况表

单位：亿元

年份 指标	2006	2007	2008	2009	"十一五"期间	
					投资总额	占比（%）
服务业	2952.46	3608.42	4530.67	5962.7	17054.25	100
交通运输仓储邮政业	696.68	508.38	485.48	583.9	2274.44	13.3
信息传输、计算机服务和软件业	53.91	59.01	55.58	76.1	244.6	1.4
批发和零售业	191.03	235.83	280.21	370.2	1077.27	6.3
住宿和餐饮业	48.14	77.90	114.09	166.3	406.43	2.4
金融业	3.90	7.23	8.09	12.7	31.92	0.2
房地产业	1199.26	1802.21	2424.29	2987.5	8413.26	49.3
租赁和商务服务业	20.41	24.08	22.46	31.0	97.95	0.6
科学研究、技术服务和地质勘查业	20.39	19.06	23.85	41.2	104.5	0.7
水利、环境和公共设施管理业	340.67	456.66	612.26	934.3	2343.89	13.7
居民服务其他服务业	47.88	38.08	52.34	66.0	204.3	1.2
教育	139.41	149.50	162.55	235.5	686.96	4.0
卫生、社会保障和社会福利业	43.24	63.26	84.75	132.8	324.05	1.9
文化、体育和娱乐业	44.60	69.59	90.68	149.7	354.57	2.1
公共管理和社会组织	102.94	97.63	114.04	175.5	490.21	2.9

第二节 转变经济发展方式必须大力发展现代服务业

现代服务业有别于传统服务业。当前，发展现代服务业有利于突破资源约束

"瓶颈"，减轻环境压力；有利于培育新的经济增长点，提升城市功能和综合实力；有利于提升人们生活质量和生活水平，实现充分就业。加快构建和谐社会，必须以现代服务业的发展推动经济发展方式的转变。

一、现代服务业的内涵

现代服务业又称新兴服务业，是在工业化较发达阶段产生的，它区别于传统服务业，指伴随现代信息技术和知识经济的发展产生，用现代化的新技术、新业态和新服务方式改造提升传统服务业，创造需求、引导消费，向社会提供高附加值、高层次、知识型的生产服务和生活服务的国民经济新领域。世贸组织的服务业分类标准界定了现代服务业的九大分类，即商业服务，电讯服务，建筑及有关工程服务，教育服务，环境服务，金融服务，健康与社会服务，与旅游有关的服务，娱乐、文化与体育服务。因此，现代服务业既包括为现代生产活动提供服务的生产性服务，如金融保险业、房地产业、信息服务业、管理咨询业、中介服务业、科研和综合技术服务业、国际商务、现代物流业、会展业等，也包括一些新型的满足个人更高精神需求的现代消费性服务业，如文化产业、移动通信、网络、传媒、现代远程教育等，[①]是现代经济的重要组成部分，是衡量一个国家或地区现代化水平、可持续发展能力和综合竞争力的重要标志。"现代服务业"的提法最早在1997年9月党的十五大报告中，2000年，中央经济工作会议提出，"既要改造和提高传统服务业，又要发展旅游、信息、会计、咨询、法律服务等新兴服务业"。

现代服务业大体相当于现代第三产业，其发展本质来自社会进步、经济发展、社会分工的专业化等需求，它具有新的时代特征：一是适应现代城市和现代产业的发展需求，突破了消费性服务业领域，形成了新的生产性服务业、智力（知识）型服务业和公共服务业的新领域；二是通过服务功能换代和服务模式创新而产生新的服务业态；三是高文化品位和高技术含量，高增值服务，高素质、高智力的人力资源结构，高感情体验、高精神享受的消费服务质量；四是在发展过程中呈现集群性特点，主要表现在行业集群和空间上的集群。

现代服务业已成为当代世界各国国民经济和社会发展的重要组成部分，是人类社会经济文化发展到一定阶段的必然产物，它的发展有力地推动了人类社会经济文化的发展，特别是加快了社会生活质量、社会精神文明程度和社会控制程度

---

① 茹莉：《河南现代服务业发展及对策探讨》，《地域研究与开发》2006年第6期。

的提高。世界经济发展史表明，经济增长和结构变化之间具有相关性。经济发展过程也是经济结构变革的过程，发达的经济都有很高的服务业就业人口。经济发展最重要的现象，是劳动人口从农业到制造业、再从制造业到服务业的转移。产业革命中很重要的一部分就是金融、运输和通信等服务业的发展。服务业相对地位的提升只能放在与经济增长同时发生的结构变化中去考察理解。自 20 世纪 80 年代开始，全球产业结构呈现出"工业型经济"向"服务型经济"转型的总趋势，并由发达国家向发展中国家扩展。服务业在世界经济中的地位越来越重要，门类越来越全，就业人数越来越多，占 GDP 的比重也越来越大。现代服务业已经或正在成为世界各国经济的支撑。

二、发展现代服务业是转变经济发展方式的战略重点

服务业是国民经济的重要组成部分，具有涉及领域广、带动就业多、消耗资源少、拉动增长作用强等特点。大力发展服务业，是推进经济结构调整、加快转变经济发展方式的必由之路，对于落实科学发展观，推动我国经济又好又快发展具有重大意义。《中共中央关于制定国民经济和社会发展第十二个五年规划的建议》在"坚持把经济结构战略性调整作为加快经济发展转变方式的主攻方向"中，要求"加快发展服务业"。

（一）加快发展现代服务业是走新型工业化道路的必然选择

随着产业结构不断调整，现代服务业已经成为现代产业体系的前沿领域，是当代最重要、最活跃的产业形态，对工业发展的促进和保障作用越来越突出。从产业发展的进程中看，服务业与工业始终是相互促进、相辅相成的。工业的迅速发展带动了服务业的兴起和繁荣，同时服务业又支持了工业发展，增强了工业产业的竞争力。随着工业化的发展，在工业产品的附加值构成中，纯粹制造环节所占的比重越来越低，而现代服务业特别是物流、研发、信息服务等专业化生产服务所占的比重越来越高，成为企业提高效益的主导因素。服务业的快速发展，特别是物流、咨询、科技等专业服务机构的不断涌现，将为工业企业提供更好更多的服务，许多企业可以把过去自己从事的一些业务活动交给外部专业服务机构去完成。业务外包可以使复杂的业务得到更专业化的操作或在经济方面获得更合算的成本构成，使企业可以在更具比较优势的业务领域中扩大竞争优势，将更多的资源和精力集中于核心业务上。这种变化使得社会分工日益细化、专业生产日益规模化，社会总成本下降，从而增强工业企业的核心竞争能力，因此，服务资源成了新型工业化的生命线。发展现代服务业可以提高工业企业的信息化水平。由

于信息化技术落后，我国许多工业企业内部管理效率低，科技进步相对缓慢，企业技术创新能力不足，对工业化推进的制约日趋严重。新型工业化是以信息化带动的工业化。这将引起工业部门对信息服务业的强烈需求。工业企业用信息技术来装备生产手段，改善制造工艺和生产流程，实现信息流、物流、资金流的"三流合一"，优化企业资源配置，全面提升生产、经营、管理效率；在企业客户关系管理、供应链管理、价值链管理中实行信息化，推动业务流程和生产要素的重组；用信息技术开发新产品，提高企业的自主创新能力。目前信息产业已成为世界经济发展的一个新支点，要把握这个新的机遇和挑战，积极发展信息产业，并对传统产业进行渗入、融合或改造，促进传统产业的提升和发展，真正走一条科技含量高的新型工业化道路。

可见，推动工业集约发展，取决于科技、信息、金融、商务、物流等生产型服务的支撑和配套水平。可以说，没有现代服务业，就没有现代工业。因此，有效地利用服务资源是工业企业增强市场竞争力的必然选择。连锁经营、物流配送、工程总包、服务外包、动漫产业等新的服务业态不断涌现，深化了产业分工协作，提高了经济发展的质量和效益。

（二）加快发展现代服务业是推动城市化的强大动力

加速城市化建设必须调整城市的经济结构和提升城市的服务功能，而现代服务业具有强大的就业效应和服务效应，现代服务业的发展对于提高一个城市的综合竞争力有着重要的推动作用，大力发展现代服务业是提高一个城市的现代服务业水平、增强城市竞争力的十分重要的战略举措之一。经济结构的优化与服务业强大的就业效应、服务效应是城市化对服务业依赖性日益增强的三个主要因素；城市的集聚规模影响服务业的需求规模，城市化越高对服务业的需求越大；服务业越发达，城市化进程就越快、水平就越高。发达的发展服务业是推动城市化的持续的强大动力。目前河南城市化正处于加速发展的阶段，迫切需要发展与城市功能相协调的生产性和生活性服务业，以壮大城市规模、提高城市品位、提升城市功能、增强城市的聚集力、辐射力和带动力。

（三）加快发展服务业是推进农业现代化的必由之路

提高农业综合生产能力，更需要技术研发、产中服务、市场营销等专业化服务的支持。同样可以说，没有现代服务业，就没有现代农业。农业现代化不仅仅是农业生产的现代化，真正意义上的农业现代化必须要有相应的农业服务业的发展，相匹配的产业发展形态。河南围绕"三农"的服务业相对滞后，农村社会化服务体系不够完善。这在一定程度上制约了农业的发展、农民的增收，影响了农业现代化的进程。我们要大力发展农业服务业，提高农业的营销能力、市场占有能力和价值创造能力，让农业现代化真正成为全面建设小康社会的重要途径。

（四）加快发展服务业是改善民生、构建和谐社会的必然选择

随着经济社会发展和人均收入水平的不断提高，河南居民消费结构逐步升级。城乡居民消费支出中，用于吃、穿、用等产品性支出的比重下降，住、行、娱乐等服务性支出的比重上升，人民群众生活需要由生存型向享受型、发展型转变，由物质型向服务型、文化型转变，服务性消费热点不断涌现，必须适应消费需求变化的新形势，加快服务业发展，提供更多的服务性产品。坚持以人为本、解决民生问题，也要求扩大公共服务范围，发展文化、教育、医疗卫生事业，健全社会保障体系，完善社会管理，不断满足人民群众对政治、文化、社会等方面生活改善的新期待。同时，现代服务业门类多、就业方式灵活多样化，能够直接有效地为化解就业矛盾开辟多元就业空间。因此，我们必须加快发展服务业，努力创造就业岗位，增加劳动收入，更好地改善人民生活，构建和谐社会。

（五）加快发展服务业是实现经济可持续发展的必然要求

改革开放以来，我国经济获得高速发展，但高增长主要是由高投入拉动的，GDP随全社会固定资产投资的增长而增长。新型工业化道路强调可持续发展，注重生态建设和环境保护，资源消耗低、环境污染少，这就要改变传统的单纯依靠增加投入，以消耗资源、污染环境为代价的粗放式增长方式，要求在工业的中间产品投入中降低非再生性资源消耗的比重，提升再生性资源消耗的比重，由此导致第二产业对服务资源需求相对上升。实现人均GDP 1000美元后，我国的服务业发展处在一个加速期，为第二产业提供中间服务和支撑的物流、信息、中介等行业也蓬勃发展，工业产品增值构成中，与制造环节紧密关联的设计、研发、广告、营销、管理、信息、金融、会计、审计、律师等专业化生产服务和中介服务所占的比例越来越高，服务资源逐渐构成工业生产投入的重要部分。因此，现代服务业的发展对加快经济发展方式从粗放型向集约型转变，继续推进经济结构的战略性调整和经济运行质量的提高，将发挥重要的推动作用。

现代服务业主要以人的智力、体力等非物质投入为主，具有智力要素密集度高、产出附加值大、资源消耗低、污染排放少等特点。同时，科技、环保等服务业的发展，还能够通过提供有关专业服务，促进其他产业节约资源、保护环境。20世纪60~70年代以来，发达国家服务业比重不断提高，为这些国家能耗降低、改善环境做出了重要贡献。我国正处在工业化和城镇化加快发展阶段，经济快速增长的同时也付出了巨大的资源和环境代价，产业结构总体偏重、重工业发展偏快，能源消耗强度较高，消费规模不断扩大，加剧了能源供求矛盾和环境污染状况，资源环境矛盾已经成为制约经济和社会发展的重要因素。现代服务业是无烟产业，对环境损害程度小，对资源依赖性低，有利于形成节约能源资源和保护生态环境的产业结构，有利于减轻对自然环境的损害，保护自然资源。因此，必须加快现代服务业发展，用现代服务业对第一、二产业内部结构进行优化和重组，推进资源综合利用和循环利用，促进经济社会发展切实转入全面协调可持续发展的轨道，推进资源节约型、环境友好型的社会建设。

发展现代服务业可使我国人力资源得到充分发挥。我国是一个人口大国，随着工业化的推进，工业资本劳动比率持续上升，资本对劳动的吸纳能力减弱，就业和社会稳定的压力将逐渐增大，发展现代服务业，对于缓解就业压力意义重大。据测算，服务业增加值增长1个百分点，可以使新增劳动就业人员增长2个百分点，解决约40万人的就业问题。有关资料显示，1978年中国服务业就业人数为4890万，到2006年已达到2.4亿，28年中净增1.9亿，平均每年增加682万人就业，而同期制造业增加的就业人数是1亿，平均每年增加357万。这些数据表明，服务业提供的新增就业机会大约是制造业的两倍。但与发达国家相比，还有很大差距。这说明我国第三产业尚有巨大的吸纳劳动力的潜力。因此，服务业是我国由人口大国转变为人力强国的根本条件，只有大力发展服务业，才能实现人力资源优势得到充分发挥的可持续发展的工业化。

三、加快发展现代服务业推动河南经济发展方式转变

当前河南经济增长仍主要依靠第二产业拉动，尤其是工业对经济增长的贡献居高不下，产业层次不高成为制约河南经济发展方式转变的主要因素之一。尽管第三产业即服务业近年来发展有所加快，但受原有基础较为薄弱、起步较晚等因素影响，服务业尤其是现代服务业发展仍较为滞后，对经济增长的拉动作用不强，已成为制约河南经济发展方式转变的一个重要因素。当前，经济形势的变化为现代服务业发展带来了重大的战略机遇，必须抓住机遇，加快发展现代服务业以推动河南经济发展方式转变。

（一）河南服务业发展仍较为滞后

近年来，虽然河南服务业有了较快发展，服务业水平明显提升，但由于多种因素的制约，河南服务业仍是国民经济与社会发展的薄弱环节。

（1）服务业比重偏低。目前，服务业占生产总值的比重世界平均水平为60%，其中澳大利亚、法国、德国、英国和美国等发达国家服务业比重达到

70%。长期以来，河南省第三产业占 GDP 的比重一直低于全国平均水平，改革开放初期，河南省服务业占 GDP 的比重与全国平均水平相差较小，"七五"以后差距呈现逐步扩大趋势。2009 年，河南服务业增加值占地区生产总值的 29.3%，三次产业增加值结构为 14.2∶56.5∶29.3，产业结构仍处于二、三、一阶段。而且这一发展水平与世界低收入水平国家 20 世纪 90 年代初的水平大体相当，比全国平均水平低 13.52 个百分点，在全国 31 个省市自治区中位居下游，在中部六省中倒数第一。人均服务业增加值 5934 元，比全国平均水平 10761.2 元低 4827元，在全国 31 个省（市、自治区）中居倒数第 7 位。

（2）投资结构不合理。"十一五"前四年，河南对房地产业、交通运输业等资本密集型为主的服务业投资比例大、增幅高，特别是房地产业总投资达 8413.3亿元，占服务业总投资额的近 50%，而生产性服务业固定资产投资占整个服务业投资的比重呈逐年下降之势。此外，对金融业、科学研究技术服务和地质勘查业、文化、体育和娱乐业等现代服务业投资少。

（3）现代服务业拉动作用不强。2009 年，河南传统的交通运输业、批发和零售业、住宿和餐饮业占全省服务业增加值总量的 42.3%。而金融业、房地产业、通信业、教育、文化体育和娱乐业、卫生、社会保障和社会福利业等现代服务业占服务业的总量不足 60%。

（4）生产性服务业优势不突出。2009 年，河南信息传输计算机服务和软件业，科学研究、技术服务和地质勘查业等知识密集型的行业增加值增长速度分别为 2.8%、9.4%，均低于 GDP 10.9%、服务业 11.1%的增速。在河南全部服务业增加值中，批发和零售业占 18.6%，交通运输、仓储和邮政业占 14.4%，两行业共占 33%，传统服务业仍是大头。

总体上看，河南服务业的发展与全国和沿海经济发达地区相比仍较落后，与河南经济大省、人口大省的地位和工业化、城镇化发展的要求不相适应，在三次产业中比重徘徊不前，明显存在着规模偏小、结构不优、竞争力不强等问题，对经济社会发展的带动作用十分有限，已成为制约经济发展方式转变的"短板"。因此，必须站在全面建设中原经济区、加快实现中原崛起的战略高度，推动全省服务业上规模、上水平，充分发挥服务业支撑作用，走出一条服务业与工农业相互结合、相互促进、共同发展的新型工业化道路，使服务业成为国民经济新的主导产业，加快河南经济发展方式的转变。

（二）加快服务业发展面临重要的战略机遇

服务业发展水平是经济社会发展繁荣的标志之一。从世界范围来看，随着生产力的提高，三次产业的产值、就业排序或者说在国民经济中的地位，由最初的一、二、三到二、三、一，最终达到三、二、一排序。越是经济发达的国家，服务业越发达，其服务业占生产总值的比重越高。这意味着服务业在国民经济中的地位不断提高，对整个世界经济社会发展的作用日益突出。同时也表明，第一、二产业对经济发展的推动力的减弱，和服务业推动力的增强，使世界经济走向了高效、低耗、优质的更高水平。从经济发展阶段来看，根据美国经济学家钱纳里提出的经济发展阶段和工业化阶段的判断标准，人均 GDP 超过 1000 美元，服务业的发展将成为拉动经济有效增长的主要动力。就河南而言，人均 GDP 已突破 3000 美元，进入了工业化中后期阶段，无论外部环境还是内部条件，无论是发展趋势还是现实需求，都有许多实现服务业快速发展的利好因素。

（1）世界服务贸易蓬勃兴起。经济全球化的发展推动了各地扩大对外开放的进程，更多的服务业生产要素在全球范围内流动，国际服务业转移步伐不断加快。目前，全球服务业外商直接投资已占全部投资的 2/3 以上，服务贸易成为世界贸易最具活力的增长引擎，极大地扩展了服务业的发展空间。

（2）国家和省里的支持力度不断加大。中央相继出台了一系列加快发展服务业的政策文件，明确了服务业发展目标和任务，指出到 2020 年要基本实现经济结构向以服务经济为主的转变。河南省委、省政府高度重视，成立了服务业发展领导小组，制定了一系列发展规划，为加快服务业发展提供了有力保障。

（3）对服务业的引致需求日益旺盛。河南正处于工业化、城镇化加速发展时期，农业现代化更是硕果累累，粮食产量连续十年位居全国首位，居民收入的持续提高和消费结构的不断升级，都为服务业发展提供了巨大的市场需求，再加上新兴技术的广泛应用，服务业发展动力日趋强劲。总体看来，河南服务业如能抓住发展机遇，加快发展，将有力推动经济发展方式的转变。

第三节　加快河南现代服务业发展的重点及对策

现代服务业是全球经济发展的必然趋势，也是河南未来 20 年实现小康社会目标的必由之路。河南要想进一步提升综合经济实力，加快经济发展方式转变，实现建设中原经济区、中原崛起的目标，就必须真真正正把加快服务业发展当做一种发展战略提上日程，明确重点，多措并举，实现现代服务业的跨越式发展。

一、把握重点，加快形成现代服务业的发展优势

(一) 旅游业

旅游业作为一个整体并不属于现代服务业，但近几年发展迅速，会展旅游业、生态农业、现代工业观光等成为新兴的旅游业，符合现代服务业的基本特征。目前，河南文化产业和服务型经济比较滞后，河南是旅游大省但不是旅游强省，旅游知名度和吸引力还有差距。作为全省国民经济新的增长点和支柱产业，河南省应优先发展旅游业。①加快旅游基础设施建设，加强旅游资源开发整合。完善郑、汴、洛为中心的沿黄旅游黄金线路建设，继续推进嵩山、南太行山区、伏牛山区、桐柏—大别山区旅游连线连片开发。②大力发展红色旅游，继续开发节庆会展、寻根朝觐、武术、生态农业、现代工业观光等旅游产品。③实现旅游业的多元化投资，改变过分依赖政府投资旅游业的现状。广泛吸纳海内外各类资本，促使市场经济条件下投资多元化，改善旅游设施与环境，提升旅游品位。④完善旅游服务体系。围绕"食、住、行、游、购、娱"六要素形成多元化的市场结构，拉长旅游产业链条，形成多层次的旅游产业体系。⑤加强旅游资源保护。旅游资源具有文物不可替代性质，需要实施严格的保护政策，以形成古迹观光与文物保护相结合、景观开发与自然环境相和谐的良好局面。⑥根据河南省的具体实际，走旅游规模化、产业化、集团化之路。以政府为主导，以资本为纽带，通过收购、兼并、改制组建大的旅游集团公司；以大的旅游企业为核心，通过资本扩张的模式，发展旅游产业链，形成大的旅游集团公司。

(二) 现代物流业

现代物流业是传统服务业和现代服务业结合的产物，是指原材料、产成品从起点至终点及相关信息有效流动的过程，是将运输、仓储、装卸、加工、整理、配送和信息等方面有机结合的综合服务，它既需要传统服务业提供的普通劳动力，又需要现代服务业中的信息、技术、人才。现代物流业作为极具发展潜力的新兴产业，正在迅速成长为促进国民经济与社会发展，特别是推动第三产业快速增长的主要力量。河南是全国交通通信、商贸物流、生产要素汇集和扩散的中心，是东部地区产业转移、西部地区资源输出的枢纽，具备地理优势；在物流企业的运作成本中，河南省人力资源成本较低，发展物流业优势突出。加快河南现代物流发展，要充分利用河南的地理优势、交通优势来提升物流服务功能，完善物流服务。全力推进郑州国际物流中心建设；把食品冷链、医药、钢铁、汽车、家电、纺织服装、邮政、粮食、花卉、建材十大物流行业作为河南省发展现代物

流业的主要抓手和建设郑州国际物流中心的突破口；实现物流、产业、市场的联合，物流中心、分拨中心、配送终端的联网，对外集输与对内集配的联动；优化城市配送网络体系，构建有商贸批发、连锁零售两个层次和生产资料、日用工业品、农产品三类产品组成的物流配送体系。

（三）金融保险业

金融是现代经济的核心。随着市场经济的发展，金融日益成为现代经济的主导产业和经济发展的持续动力。加快经济发展，实现中原崛起，实现经济跨越式发展，就必须加快金融业的发展，充分发挥金融在资源配置、经济结构调整、城市功能强化等方面的作用。要鼓励制度创新和产品创新，不断拓宽金融服务领域，提高资本配置效率和服务水平，吸纳更多的金融机构落户河南开展业务。以郑州金融商务区建设为突破口，大力发展银行、证券、保险、期货、信托等金融产业，保持金融总量的快速增长，提高金融效率，增强金融业的竞争力，把郑州建设成为我国中西部地区重要的区域性金融中心，更好地发挥金融对经济发展的整体服务性。深化金融体制改革，加快金融资源配置的市场化进程，对城市商业银行、农村信用社等地方金融机构进行以产权制度改革为重点的股份制改造，整合、提升地方金融机构的经营活力，支持地方经济发展。加强社会信用建设，优化金融生态环境。继续为金融保险业提供软环境保护和技术支持，保持和扩大金融服务手段领先地位，保证金融行业安全运行。

（四）信息服务业

信息服务业是以电子设备销售和租赁、信息传输服务、计算机服务与软件业以及数字内容产业为主要内容的新兴服务业。科技与信息服务业是第三产业走向现代化的先驱，是经济社会进步的力量源泉。发展信息服务业要抓好以下几个方面的工作：①构建完整的信息服务体系。依托光缆城域网和县乡光缆网，整合社会信息资源，构筑各类信息服务系统，包括教育、文化、医疗卫生、劳动保障、旅游信息、社会信用信息等服务系统。②加强信息服务业基础设施建设。整合现有通信资源，加快高速宽带网络建设，促进电信、广电、互联网三网融合，积极发展第三代移动通信和新一代互联网，建立为全省发展服务的统一开放、高效快捷的多媒体公用信息综合传输平台。③加强政府信息服务的建设。大力发展综合办公、行政审批、公共管理、应急联动、智能决策、信息安全，以及数据采集、加工、挖掘、管理、交换、应用等政务软件，提高软件标准化、产品化水平，培育一批在国内具有一定知名度的政府信息化解决方案提供商和集成商。积极推进电子政务建设咨询与外包服务，鼓励软件企业从传统的产品销售向提供信息服务的经营模式转变，为电子政务项目建设提供咨询、规划、设计、监理、测试、运行维护等服务，培育一支市场化的专业咨询与外包服务队伍。④加强企业信息服务的建设。坚持以信息化带动工业化，以提高企业整体素质、综合竞争力和推进先进制造业大省建设为目标，加快推进企业信息化进程，加快企业信息资源的开发和利用，实现产品设计、采购、生产、管理、市场营销等工作数字化、网络化、智能化，提高生产效率和竞争能力。从河南中小企业创新能力不足、人才缺乏、块状经济特征明显的实际出发，坚持"政府引导、市场驱动"的原则，整合资源，大力推进中小企业面向区域、面向行业的信息技术公共服务平台建设，提供产品协同设计、网络化制造、质量检测、工艺指导、行业数据库共享、客户关系管理、供应链管理、电子商务、人才培训等不同种类的公共信息服务与技术支持。培育一批信息资源服务企业，建成一批重点行业大型应用数据库、一批行业及综合电子商务服务平台、一批面向区域特色经济的信息资源公共服务平台。

（五）文化产业

党中央多次指出，发展文化产业是社会主义市场经济条件下满足人民群众多样化、多层次、多方面精神文化需求的必然选择，也是加快经济结构调整、转变发展方式的重要抓手，更是现代经济发展的新增长点和国民经济的支柱性产业，是综合国力竞争的重要因素，是国家经济政治文化社会发展的重要支撑。河南是中华文明的重要发祥地之一，文化资源十分丰富。当前，河南要加快文化改革实验区建设，加快传统文化产业改造，培育新兴文化产业，积极发展文化产业。①顺应未来中国文化产业发展的大趋势，走大区域文化产业集群发展道路。区域文化一体化是指文化市场一体化，实现文化产业发展形式上的资源共享、共赢，绝不是抹杀文化的多样性和文化个性，而是需要通过各个文化个性来表现。因此，河南文化产业发展的重点是加快推动郑汴洛形成统一的文化大市场，形成一个文化产业发展的战略共同体。②大力发展文化品牌。要抓住具有世界影响的区域性品牌，如少林功夫、豫剧、河南旅游等品牌，借助于影视和演艺力量，扩大影响。国际性、全国性、区域性品牌三者互动，促进河南文化产业的快速发展。③鼓励民间资本发展文化产业。河南有丰富的民间文化艺术，实现中原文化产业的战略性崛起，必须鼓励和支持民间的、民营的及各种力量发展文化产业，投资文化产业，通过保护和鼓励政策，把各种发展文化产业的积极性调动起来。④培育文化企业集团。支持国有大型文化企业跨地区、跨行业、跨媒体经营，培育发展一批实力雄厚、具有较强竞争力和影响力的"航母型"文化企业集团。⑤推动文化与旅游结合。把旅游和文化紧密结合起来，扩大二者共生点，形成产业联合体，可以大力提升河南省旅游景区景点的文化内涵，推动产业升级，形成品牌效应。

二、多策并举，全面推动现代服务业的跨越发展

（一）提高认识，转变发展观念

提高认识、转变发展观念，是推动服务业加快发展的前提条件。服务业具有覆盖领域宽、产业带动强、经济效益高、吸纳就业多、受环境容量约束小、对能源和资源依赖程度低、可持续发展能力强的功能和特点，其作用的发挥程度直接关系着全省经济发展环境的优劣。必须把服务业的发展摆到学习科学发展观以及经济结构战略性调整的重要战略地位加以认识，摆在与开放带动战略、文化强省战略等同等重要的位置加以认识，彻底打破重生产、轻流通、轻服务的传统意识，把服务业放在与工业同等甚至优先的位置加以发展。运用全局的、系统的、战略的思维，通盘考虑，在把握服务业发展的世界趋势中谋划未来，深刻领会服务业与工业、农业互动发展的重要性，坚定不移地走三产融合的新型工业化道路，紧紧围绕《中共河南省委、河南省人民政府关于加快发展服务业的若干意见》（豫发〔2008〕10号）文件精神，提高认识，创新理念，明确思路，发挥优势，强力推进，形成服务业跨越式发展的好势头。

（二）优化环境，营造发展氛围

针对当前河南服务业规模小、发展慢、竞争力差的局面，要进一步加大扶持力度，积极营造成长发展的良好环境。要用足、用好、用活、用透国家的扶持政策，加大对服务业的税收优惠、用地保障、要素价格和财政资金投入的扶持力度。研究编制服务业特别是现代服务业发展规划，制定服务业发展指导目录，明确鼓励发展方向、发展领域和发展重点，出台配套性政策保障措施，确保服务业健康发展。合理运用服务业发展引导资金，重点用于服务业基础设施建设投入。积极鼓励引导社会和金融机构加大对重点行业进行信贷支持，改善其对服务业企业的融资服务，同时加大服务业国内外招商引资力度，支持服务业企业上市融资。建立健全服务业标准体系和服务规范，推行标准化服务。整顿和规范服务市场秩序，在行业自律、纠纷仲裁和社会监督等方面，加强法制建设，做到有章可循、有法可依，促进服务业健康发展。

（三）加快产业结构调整，促进产业转型升级

长期以来，河南服务业比重偏低，严重影响制约着河南经济的发展。因此，加快服务业发展要把产业结构调整放在突出位置。

（1）改造提升传统服务业。交通运输、贸易餐饮等传统服务业总量大、基础好，对经济发展和人民生活水平的提高贡献大，仍是河南服务业的主体，要推进传统服务业向现代业态转变，大力发展连锁经营、特许经营、专业配送等新业态，加大商贸、餐饮资源整合，积极引进国际知名品牌，培养发展一批竞争力强的龙头企业，保持传统服务业稳定发展。

（2）大力发展现代服务业。大力发展信息服务、居民服务、房地产、教育等科技含量高、附加值高的现代服务业，努力提高现代服务业的比重。

（3）培育战略支撑产业。全面落实物流业发展规划，培育一批区域性物流中心，形成高效便捷的物流网络；加强企业改革改制，壮大物流企业规模，切实增强物流企业竞争力。积极实施重大项目带动战略，以影视、动漫、演艺产业为突破口，推动新兴文化产业快速发展；加强金融支持力度，探索建立文化消费信贷产品，填补文化产业发展"短板"。加强精品景区建设，树立河南旅游品牌，不断创新旅游业态，结合国家旅游休闲业发展规划，加快休闲业发展，积极培育新的旅游经济增长点。

（4）加大对世界级投资财团、外资银行的引进力度。加快发展金融保险证券业，大力培育和发展金融中介机构，建立金融竞争新秩序。

（5）逐步分离工业、建筑业、教育、公共管理等机构办社会职能，把属于经营性质的服务业纳入市场化发展体系参与竞争，构建合理、规范的服务业发展体系，盘活分离企事业单位办社会这盘棋，优化服务业发展结构，增强服务业发展活力。

（四）统筹协调，促进服务业与制造业的融合发展

制造业与服务业的融合是全球经济发展的趋势。一方面，当工业尤其是制造业发展到一定阶段后，其附加值和核心竞争力的提高在很大程度上依靠专业分工的细化，从而带动服务业发展；另一方面，发达和完善的服务业体系可以促进工业技术进步，促进产业结构优化升级和生产效率提高。目前，河南处于工业化发展中期阶段，地区经济、城乡经济还不平衡，特别是一些县区还处于工业化初期。因此，发展服务业必须立足经济发展阶段，走服务业与新型工业共同发展之路。首先，要以国家大力发展战略性新兴产业为契机，加快工业产业结构调整步伐，大力发展制造业特别是高端装备制造业，要把发达地区制造业中具有核心竞争力的要素吸引过来，把龙头型、基地型且具有核心技术的大项目抓到手，提高制造业的技术水平，为服务业发展提供基础支撑。其次，要注重工业设计，延长制造业产业链。制造业产业链向上拓展就是研发、金融、信息、教育和培训等，向下延伸就是物流、会展、中介、商贸服务等，这些都是服务业的重要内容，特别是生产性服务业的重要组成部分。因此，要以发展生产性服务业为中心，加快发展现代物流、金融保险、研发、商务服务、教育培训等，围绕产业发展需要，以大型企业机构及科研机构为基础，组建工业设计中心、技术研究中心、信息服务中心、物流配送中心、产品展示中心、应用人才培训中心等服务平台，为现代制造业的发展提供支撑和推动，实现服务业与制造业共同发展。

（五）加大投资力度，增强服务业发展后劲

投资不足是制约河南省服务业发展的重要因素，要采取有效措施，加大投入，切实增强服务业发展后劲。①提高服务业投资份额。在安排投资规划时，要特别考虑服务业投资比重要高于服务业增加值所占比重，以投资拉动服务业较快发展。②突出投资重点。要把有限的资金用到最关键的地方，交通、科技、教育、文化、卫生、体育等，每年抓一批带动力强，示范效应好的服务业重点项目。要设立服务业发展引导专项资金，主要用于服务业重点企业、重点项目以及重点课题研究、规划编制、重大项目的包装、宣传、培训、检查、监测、考核和奖励等。③积极拓宽服务业融资渠道。我国经济要实现快速增长，必须寻找新的经济增长动力，面向生产和民生的金融、物流、信息、文化、商务等必将得到国家的重点扶持，要创造条件，积极争取国家扶持资金。同时，启动民间投资，尽快制定具体详尽的、具有可操作性的鼓励民间投资进入垄断行业的实施细则，并由相关部门组成专门机构履行落实和监督之责，为扩大民间投资范围提供必需的规则保障和制度环境，引导民间投资投向新兴服务业，为新兴服务业的发展提供资金保证。④加大科技创新投入力度。要成立孵化种子基金、中试基金和大规模的产业化基金，保障企业科技创新以及科技创新成果转化的资金来源。对于高新技术研发项目，应创造条件引导风险投资公司对企业科技创新进行投资，使风险投资资金成为企业科技创新的助推器和发动机。建立融资担保或中小企业相互担保机制，争取金融机构信贷资金支持企业科技创新，切实提高服务业企业科技创新能力。

（六）加大对服务业的扶持力度，支持优势企业做大做强

在坚持市场化导向的前提下，通过政策扶持，支持符合行业发展趋势、代表市场发展方向的优势服务企业加快发展，不断增强服务企业的综合竞争力是非常必要的。一是要破除服务业发展的体制障碍，按照现代服务业发展的客观要求，对一些部门垄断的服务行业以及适宜市场化经营的社会事业单位加快改革步伐，增强发展活力。二是要在财政税收、土地政策、价格政策等方面制定优惠措施，对服务业发展进行引导扶持。三是要进一步加大金融对服务业的支持力度，开发

适应服务业发展的金融产品，支持符合条件的服务企业通过发行股票和企业债券等方式进入资本市场融资，拓宽融资渠道。四是要积极推进服务业标准化和规范化工作，加强服务业领域的诚信建设，推动并鼓励企业争创服务业品牌。五是要鼓励企业技术创新，设立政府技术创新基金，支持生产性服务业科技创新体系和重点科技工程建设，促进服务业优化升级。六是要支持重点企业"走出去"，引导推动服务业企业走规模经营之路，不断扩大在行业内的影响力。

（七）深化体制改革，增强发展动力

深化服务业体制机制改革，引入新的组织方式和现代管理理念，才能充分激发服务业发展活力。要按照产业化、社会化、市场化的要求，引入竞争机制，降低企业进入服务领域的门槛，建立公平、平等、规范的行业准入制度和现代产权制度，鼓励非国有资本进入现代服务部门，实现投资主体多元化。加快垄断性行业改革和经营性事业单位转企改制，实行政企分开、政事分开、事业企业分开、公益性与经营性分开、非营利性与营利性分开，将服务业国有资本集中在重要公共产品和服务领域，政府部门退出服务业经营领域。要打破中介组织部门所有、部门管理、业务分割的现状，逐步实现以执业资格管理代替行政审批、以行业管理代替行政管理，真正成为独立的市场经济服务组织。进一步扩大服务业开放领域，利用国际国内两个市场、两种资源，吸引资金、技术、人才和管理经验为己所用。积极承接国际服务业转移，加快服务业外包基地建设，吸引跨国公司地区总部以及研发中心、设计中心、管理营运中心等落户省内城市。

（八）推进城市化进程，扩宽发展空间

城市是服务业发展的载体，服务业的规模和结构，取决于城市化的水平和城市规模结构。要坚持统筹城乡经济发展，进一步调整农业结构，使农民增产增收，促进农业人口向非农业转移，壮大人口集聚规模，为服务业发展创造需求条件。完善劳动和就业社会保障体制，改善进城务工农民的生活条件和劳动保障条件。加大城市基础设施建设投资力度，加强城市管理，把发展服务业与增强和完善城市功能、构建现代城镇体系紧密结合起来，形成良性互动发展。丰富服务业载体建设，把城中村改造与加速发展楼宇经济结合起来，把商务楼宇打造成人才流、信息流、资金流等聚集的服务业发展高地。发展休闲娱乐、时尚消费、商务服务等特色园区和专业街，在引入国际国内商业、餐饮、娱乐和旅游知名企业的同时，扶持和培育本土品牌企业、龙头企业，引领带动其他服务行业加速发展。各地还应根据各自城市化发展的水平和特点，探索实践适合自身实际的服务业发展模式，以此来扩大服务业的规模需求，为服务业发展提供更广阔的市场空间。

第九章 加快河南外贸发展方式的转变

近年来，河南省对外贸易发展迅速，进出口结构不断优化。但总体上看，外贸发展方式粗放问题还很突出。由于经济发展方式决定外贸发展方式，外贸发展方式转变要适应经济发展方式转变，同时，外贸发展方式转变对经济发展方式转变也有先导促进作用，因此，在后金融危机时代，河南外贸发展方式只有率先转变才有可能促进河南经济发展方式的转变，才有可能实现"消费、投资、净出口"这"三驾马车"协调拉动河南经济的快速发展，为实现河南省走在中部前列增加动力。

第一节　河南省外贸发展现状

进入 21 世纪以来，为了改变河南对外开放水平低对全省经济发展形成的"瓶颈"制约，河南省委、省政府采取了一系列的措施，特别是从 2003 年开始在全省实施开放带动主战略，促进了对外贸易的快速增长。但河南外贸发展在全国仍处于总量少、占比小的态势，在中部六省中也只是处于中游水平。

一、河南对外贸易的总体情况

自从中国加入世贸组织以来，河南省出口规模日益扩大，对外开放的程度不断加深，外贸对河南省经济发展的推动作用越来越明显。根据郑州海关网的数据显示，2006~2009 年，河南省进出口总额基本呈逐渐增长的态势，2007 年进口441347 万美元，与 2006 年同期相比增长了 39.6%，出口 839145 万美元，同比增长 26.5%；2008 年进口 681438 万美元，同比增长 54.5%，出口值 1071386 万美元，同比增长 27.9%；2009 年，受金融危机影响，世界经济大幅下滑，国际市场需求严重萎缩，河南省外贸发展遇到严峻的挑战，河南进出口总额有所减少，累计进口 609191 万美元，同比下降 9.9%，出口 734648 万美元，同比下降 31.5%。

据统计，2010 年，在克服了人民币持续升值、国家对"两高一资"（高污染、高能耗、资源性）产品出口加征关税、加工贸易政策总体趋紧等不利因素影响后，河南进出口总值增长 32%。其中，进口 72.6 亿美元，增长 18.4%，出口 105.3 亿美元，增长 43.4%。传统市场仍是河南外贸的主阵地，欧盟、美国、东盟等十大出口市场占河南出口总值的近七成。2010 年，河南对欧盟、美国和东盟三市场的出口均在 10 亿美元以上，对上述三市场出口增长分别达到 49.4%、43.4%和 56.2%。数据显示，相对于金融危机前河南的进出口水平，进口恢复较好，出口则还没有走出危机的阴影。

二、河南外贸发展的态势分析

（一）在全国对外贸易中占比较小

受国际金融危机的影响，我国各地对外贸易都出现了不同程度的下滑，河南的进出口情况与全国相比下降程度较重，恢复较慢。2009 年，全国进出口总额 22072.19 亿美元，同比下降 13.9%，出口额 12016.63 亿美元，下降 16.0%，进口 10055.55 亿美元，下降 11.2%；河南与全国平均水平相比，进出口总值和出口额下降幅度加深 9.2 个和 15.5 个百分点；据统计，2010 年，进出口总体增幅比全国平均水平低了 2.7 个百分点，其中进口增幅低于全国平均 20.3 个百分点，出口增幅高于全国平均 12.1 个百分点（见表 9-1、表 9-2）。河南作为内陆省区，外向度较低，出口额占全国平均水平不足 1%，从近五年来河南出口所占比重来看，有逐年下滑趋势。

表 9-1　2006~2009 年河南省进出口总额

单位：万美元

年　份	进出口总额	出口额	进口额
2006	979594	663497	316097
2007	1280493	839145	441347
2008	1752825	1071386	681438
2009	1343839	734648	609191

表 9-2　河南出口与全国对比情况

年　份	出口额（亿美元）			增幅（%）		出口额位次	增幅位次
	全国	河南	比重（%）	全国	河南		
2005	7619.99	50.9	0.67	28.4	21.9	13	18
2006	9690.73	66.96	0.69	27.2	31.6	14	14

续表

年 份	出口额（亿美元）			增幅（%）		出口额位次	增幅位次
	全国	河南	比重（%）	全国	河南		
2007	12180.15	89.92	0.74	25.7	26.5	15	23
2008	14285.46	107.14	0.75	17.2	27.9	16	13
2009	12016.63	73.47	0.61	−16.0	−31.5	18	20

（二）与中部六省的对比

2009 年，在中部六省中，河南省对外贸易进出口总额列安徽和湖北之后，位居第三；与 2008 年对比，河南省进出口下降幅度仅好于山西省。出口额分别低于湖北、安徽和江西 26.34 亿美元、15.44 亿美元和 0.18 亿美元，出现了略微下滑的态势。以湖北为例，从近几年来的进出口发展情况来看，河南与湖北的差距在逐步拉大，2005 年河南进出口总额与湖北相差 13.28 亿美元，2008 年相差 30.39 亿美元，到 2009 年，河南落后湖北 37.91 亿美元。从两省在中部六省的位次上看，湖北省 2008 年、2009 年全年进出口额已跃居中部第一，河南则变化不大（见表 9-3、表 9-4）。

表 9-3　2009 年中部六省进出口情况

省 份	绝对额（亿美元）			增长（%）		
	进出口	出口	进口	进出口	出口	进口
湖北	172.29	99.78	72.50	−16.8	−14.8	−19.4
安徽	156.35	88.87	67.48	−22.5	−21.8	−23.5
河南	134.38	73.46	60.92	−23.1	−31.5	−9.9
江西	126.65	73.64	53.01	−7.0	−4.7	−10.0
湖南	101.51	54.92	46.59	−19.1	−34.7	12.7
山西	85.54	28.38	57.16	−40.6	−69.3	11.2
河南位次	3	4	3	5	4	3

表 9-4　近年来中部六省进出口情况

单位：亿美元

省 份	2009 年		2008 年		2007 年		2006 年		2005 年	
	进出口	增幅（%）	进出口	增幅（%）	进出口	增幅（%）	进出口	增幅（%）	进出口	增幅（%）
湖北	172.3	−16.8	205.67	38.3	148.58	26.3	117.63	29.9	90.55	33.8
安徽	156.4	−22.5	204.35	28.3	159.27	30.1	122.57	34.4	91.19	26.4
河南	134.38	−23.1	175.28	37.1	128.04	30.7	98.57	27.6	77.27	16.7
江西	126.65	−7.0	137.49	45.5	94.79	53.0	61.94	52.4	40.59	15.1
湖南	101.51	−19.1	125.66	29.7	96.87	31.8	73.49	22.5	60.01	10.2

续表

省 份	2009 年		2008 年		2007 年		2006 年		2005 年	
	进出口	增幅 (%)	进出口	增幅 (%)	进出口	增幅 (%)	进出口	增幅 (%)	进出口	增幅 (%)
山西	85.54	−40.6	143.90	24.3	115.70	74.6	66.28	19.5	55.46	3.0
河南位次	3	5	3	3	3	4	3	4	3	3

（三）河南外贸发展的特点

（1）资源性产品进口价格大幅下跌，对外贸影响明显。受国际市场需求减弱、竞争更加激烈以及大宗商品价格持续大幅下降等因素的影响，进出口价格同比持续下降，主要资源性产品进口价格降幅均超过两位数。2009 年，进口价格下降 23.9%，导致全年进口总值下降 9.9%；扣除价格因素，进口商品实物量实际增长 18.4%。

（2）纺织服装出口下滑程度较轻，农产品和高新技术产品出口逆势增长。纺织服装等劳动密集型产品由于需求弹性较小，加上提高出口退税率等政策措施带动，受金融危机的冲击相对较轻。2009 年，河南出口服装及衣着附件 5.03 亿美元，同比下降 16.9%，降幅明显小于同期河南总体出口降幅；针纺织品出口 5.40亿美元，下降 16.1%；鞋靴类出口 7630 万美元，同比增长 27.6%；家具出口 1.14亿美元，增长 53.4%。

2009 年，河南农产品出口大起大落，经过多方努力，在全省出口大幅下降的情况下，全年实现出口 5.05 亿美元，增长 11.4%，其中干香菇出口增长109.8%。河南农产品从年初的月度出口 3000 万美元左右逐步上升至年中的 4000万美元左右，年末已经达到 5000 万美元。继 9 月份河南农产品月度出口突破5000 万美元以后，11 月份河南农产品出口达到 5227 万美元，创 23 个月以来河南农产品月度出口新高。尽管 10 月份河南农产品出口 4245 万美元，没有到达月度出口 5000 万美元的水平，但是其月度出口增幅为 38.4%，成为近 23 个月以来的最高增幅。2009 年，河南农产品出口增幅从年初的下降 31.1%到 11 月份增长36.4%，农产品月度出口最高增幅与最低增幅之间的差距高达 69.5 个百分点，出口增速变化可谓大落大起。

由于投资品和高端消费品需求受金融危机影响更加明显，机电产品出口和高新技术产品出口涨跌互现，机电产品出口有所下降，高新技术产品出口保持快速增长。2009 年，河南出口机电产品 22.07 亿美元，与上年同比下降 17.7%；高新技术产品出口 4.22 亿美元，同比增长 71.4%（见表 9-5、表 9-6）。

表 9-5 2009 年河南省重点出口商品

商品名称	出口额（万美元）	增幅（%）
人发制品	70478	31.3
新的充气橡胶轮胎	28225	−4.9
纯度≥99.99%未锻造银	23607	11.8
带有螺纹或翅片的精炼铜管，外径≤25mm	22808	−39.5
其他毛皮制品	13975	−12.4
其他光敏半导体器件（太阳能电池除外）	13193	0.0
其他碳电极	8611	−46.8
粘胶纤维单纱，未加捻或捻度每米不超过 120 转	8537	0.0
石油或天然气钻机的零件	7929	2.7
聚酰胺-6，6（尼龙-6，6）纺制的高强力纱	7579	−45.3

表 9-6 2009 年河南省重点进口商品

商品名称	进口额（万美元）	增幅（%）
铅矿砂及其精矿	84487	17.0
平均粒度≥0.8mm，<6.3mm 未烧结铁矿砂及精矿	65150	−29.1
黄大豆	43333	−26.4
未锻轧铜含量>99.9935%的精炼铜阴极	28362	31.8
其他制造平板显示器用的机器及装置	27671	0.0
氧化铝	16710	−19.1
锌矿砂及其精矿	15029	101.1
平均粒度≥6.3mm 未烧结铁矿砂及其精矿	12914	−50.5
平均粒度<0.8mm 未烧结铁矿砂及其精矿	12111	−18.2
带毛的绵羊或羔羊生皮	11757	−25.9

（3）加工贸易降幅逐步缩小，一般贸易出口降幅有所扩大。由于加工贸易产业链相对较短，在危机爆发初期所受冲击较大，2009 年前六个月加工贸易累计出口降幅一直在 25%以上。下半年以来，随着外部需求状况改善和稳定，加工贸易发展政策逐步见效，订单有所恢复，加工贸易出口明显回升，同比降幅不仅小于一般贸易以及出口总体降幅，且降幅逐月收窄。2009 年，加工贸易出口 14.46 亿美元，下降 2.7%，进口 10.71 亿美元，下降 25.0%；一般贸易出口 54.62 亿美元，同比下降 39.2%，与年初相比，降幅呈现扩大的态势，主要原因是 2008 年一般贸易保持较快增长导致基数相对较高；进口 48.80 亿美元，下降 8.0%；12 月份一般贸易进、出口分别增长 41.8%和 8.8%，为 2009 年以来首次实现正增长。

随着"走出去"战略的深入实施，河南企业"走出去"步伐明显加快，一批优势企业纷纷走出国门，在全球范围内积极开展对外投资、工程承包和劳务合作，利用两个市场、两种资源的能力不断增强，在发展当地经济和就业的同时也带动国内产品出口，逐渐成为带动产品出口的重要渠道。2009 年，对外承包工程出口是河南对外贸易的一大亮点，全年出口额 3.54 亿美元，同比增长 61.5%；占全部商品出口的比重达到 4.8%，较上年末提高 2.8 个百分点（详见表 9-7）。

表 9-7 2009 年河南进出口贸易方式和经营主体情况

		出口		进口	
		金额（亿美元）	同比（%）	金额（亿美元）	同比（%）
总值		73.47	−31.5	60.92	−9.9
贸易方式	一般贸易	54.62	−39.2	48.80	−8.6
	加工贸易	14.64	−2.7	8.00	−25.0
	其他方式贸易	4.20	79.4	4.13	−49.0
企业性质	国有企业	23.36	−49.1	24.10	−31.1
	外商投资企业	18.27	6.8	19.30	29.5
	其他企业	31.83	−27.9	17.25	−1.2

（4）外商投资企业进出口逆势增长，国有企业大幅下滑。2009 年，河南国有企业进出口 47.46 亿美元，下降 41.3%，其中进口 24.10 亿美元，下降 31.1%；出口 23.36 亿美元，下降 49.1%，国有企业进口额、出口额降幅仍在继续扩大。民营企业经营机制灵活，竞争力进一步提升，加上出口以劳动密集型产品为主，受危机的影响程度相对于国营企业较轻。2009 年，民营企业进出口 49.35 亿美元，下降 20.2%；外商投资企业一枝独秀，进出口继续保持增长，全年进出口总值为 37.57 亿美元，增长 17.3%，其中进口 19.30 亿美元，同比增长 29.5%，出口 18.27 亿美元，同比增长 6.8%。

（5）对美国、中国香港出口降幅缩小，对部分新兴市场出口降幅较大。河南前十大贸易伙伴中，对中国香港、美国、澳大利亚、日本等国家和地区出口降幅持续低于出口总体降幅。2009 年，河南对香港出口 5.88 亿美元，同比下降 6.7%；对美国出口 11.47 亿美元，同比下降 21.9%；对澳大利亚出口 11.31 亿美元，同比下降 21.5%；对日本出口 3.61 亿美元，下降 28.4%；对欧盟、东盟、韩国以及俄罗斯等新兴经济体出口下降幅度更大，分别下降 48.8%、33.7%、64.8% 和 51.5%（见表 9-8）。

表 9-8　2009 年河南与主要贸易伙伴贸易情况

国家（地区）	金额（万美元）			同比（%）		
	进出口	出口	进口	进出口	出口	进口
全球	1343839	734648	609191	-23.1	-31.5	-9.9
欧盟	205165	117653	87512	-35.8	-48.8	-15.6
美国	174239	114699	59540	-17.6	-21.9	-7.8
日本	101104	36101	65003	-12.4	-28.4	0.0
澳大利亚	97948	11306	86641	-16.6	-21.5	-15.9
东盟	93648	65573	28111	-32.0	-33.7	-27.7
加拿大	61349	9427	51922	34.9	-49.8	94.6
中国香港	60729	58761	1968	-13.9	-6.7	-74.1
巴西	58352	10537	47814	-9.7	-30.2	-3.5
印度	54409	23960	30448	-44.4	-28.8	-52.6
韩国	44742	32930	11812	-57.2	-64.8	6.3

第二节　河南外贸发展方式转变的态势分析

2009 年，面对国际金融危机的冲击，河南的外贸发展退至 2007 年的水平。从上一节中的数据分析可以看出，河南外贸正在经历严峻的考验。金融危机对外贸的冲击表面上看是数字的下滑以及倒退 2 年的贸易萎缩，但实质上是对过去所依赖的外贸发展方式乃至经济发展方式的冲击。河南外贸在长期以来的发展中形成的粗放型增长模式严重制约着外贸发展方式的转变，同时，面对后危机时期的经济形势，河南外贸转变发展方式挑战与机遇并存。

一、河南外贸发展方式转变中存在的问题

（一）出口产品结构落后

近年来，河南省出口的工业制成品主要是化学品、橡胶制品、非金属矿物制品、有色金属、特种工业专用机械、陆路车辆和服装及纺织品等。出口产品中深加工产品少，品质、档次、附加值、科技含量均处于产业链的底端，出口产品主要是肉及肉制品、蔬菜及水果、金属矿砂和金属废料等初级产品。据海关统计，2009 年，河南省 10 大出口商品分别是：人发制品、精炼铜管、橡胶轮胎、白银、毛皮制品、热轧非合金钢板、光敏半导体器件、碳电极、粘胶纤维单纱和石

油或天然气钻机的零件。这些出口商品大多属于高消耗、高污染和资源性产品，技术含量低、附加值低。一旦全球经济下滑，市场需求下降，这些产品将首当其冲。从我国整体的出口情况来看，已经充分证明了这一点。据中国海关统计，在2008年的经济危机当中，我国高耗能产品（包括钢材、铁合金、钢坯、生铁、铝、铜、水泥、肥料8种主要品种）累计出口1.03亿吨，比上年下降16.2%；价值898亿美元，增长31.4%（见表9-9）。

表 9-9　2008 年全年及 12 月当月我国高耗能产品出口情况

产品名称	2008 年全年		2008 年 12 月当月	
	出口量（万吨）	同比（%）	出口量（万吨）	同比（%）
钢材	5923.3	−5.5	317.0	−33.7
水泥	2603.8	−21.1	179.7	−3.2
肥料	945.4	−30.1	18.7	−91.8
其中：尿素	436.0	−16.9	3.7	−97.6
铁合金	302.6	−5.7	13.7	−51.5
未锻造的铝及铝材	273.8	13.9	18.4	−19.5
钢坯	128.6	−80.0	1.5	−87.7
未锻造的铜及铜材	62.0	−0.8	3.6	−34.0
生铁	25.1	−63.8	0.1	−97.5

出口产品的结构效益有待提升。2009 年，河南省资源性大宗商品占全省出口额的35%以上，钢铁、有色金属类出口分别占河南全部出口的3.6%和11.1%，受国际危机影响，上述产品出口同比下降84.5%和45.2%。机电产品和高新技术产品属于技术含量和附加值都比较高的产品类型。但是，河南机电产品和高新技术产品的出口规模一直偏小，占全省外贸出口的比重一直偏低，与全国平均水平相比存在较大差距。2009 年，河南省机电产品出口22.07亿美元，占全省出口总额的30.04%，比全国平均水平低29.26个百分点；高新技术产品出口4.22亿美元，占全省出口总额的5.74%，比全国平均水平低25.66个百分点（见表9-10）。而且，在河南出口的机电产品和高新技术产品中，初加工、低技术含量的产品所占比例较大，整体的附加值偏低，市场竞争力相对较弱。

受国际市场需求减弱、竞争更加激烈以及大宗商品价格持续大幅下降等因素的影响，进出口价格同比持续下降，主要资源性产品进口价格降幅均超过两位数。2009 年，进口价格下降23.9%，导致全年进口总值下降9.9%；扣除价格因

表9-10　2005~2009年河南省机电产品、高新技术产品出口比较

产品	年　份	全　国		河　南		
		出口额（亿美元）	占外贸出口比重（%）	出口额（亿美元）	占全省外贸出口比重（%）	占全国比重（%）
机电产品	2005	4267.5	56	9.3	18.3	0.3
	2006	5494.3	57	13.6	20.3	0.26
	2007	7011.7	57.6	18.2	21.7	0.31
	2008	8229.3	57.6	24.4	22.8	0.28
	2009	7131.1	59.3	22.07	30.04	0.31
高新技术产品	2005	2182.5	28.6	9.7	19.0	0.44
	2006	2814.9	29	1.06	1.58	0.038
	2007	3478.3	28.6	1.80	2.15	0.052
	2008	4156.1	29.1	4.04	5.93	0.097
	2009	3769.1	31.4	4.22	5.74	0.112

素，进口商品实物量实际增长18.4%。[①]

（二）出口产品品牌化程度偏低

对外技术依赖已成为我国企业提高竞争能力的重大"瓶颈"。在2007年召开的科博会"自主创新与高新企业发展国际论坛"上，全国人大常委会副委员长蒋正华指出，目前我国对外技术的依存度依然超过50%。中国目前是绝对数量上的全球专利大国，但在相对数量上，全国将近99%的企业没有一件专利，大量的企业都还是依靠外国的技术，或者其他企业开发的技术在生产。

我国企业的差距主要体现在三方面：首先，自主创新能力比较低，很多企业普遍重生产、轻研发，重引进、轻消化，重模仿、轻创新，尤其是含金量高的发明专利相对较弱；其次，企业知识产权应用水平相对较低；最后，很多企业缺乏足够的知识产权保护意识，普遍存在有制造、无创新，有创新、无产权，有产权、无应用，有应用、无保护的状况。来自国家统计局的资料说明，目前我国2/3的大中型企业没有自己的科研开发机构，3/4的企业没有科研开发活动，完全依靠照抄别人的产品。而在发达国家，大企业的研发费用一般不低于销售收入的5%，甚至高达10%以上。

改革开放30多年来，河南省通过引进国外先进技术给本省的科技和经济发展带来很大好处。但是，对外技术依存度过高，关键技术和设备大部分依赖进口，资源能源问题日益突出，出口产品的大部分利润为外商所得。河南是一个工

---

① 河南省统计局：《2009年河南对外贸易形势发展报告》，2010年2月。

业大省，工业产品出口规模却很小。2005~2009 年，河南出口的工业制成品在全国出口工业制成品中的比重很低，都在 1%以下，且出口产品多为资源型或劳动密集型产品，无自主品牌，缺少国际定价权和国际竞争力，价格低廉。总体上看，河南出口产品还处于原料型、初加工、低制造这一低增值环节。出口满足于来样加工和定牌生产，在产品品质、款式和服务等各方面始终处于追随者的水平，大部分出口商品在国际市场属于"有品无牌"的状态。例如，河南一些纺织、服装、鞋类生产企业，由于它们的产品多供应东南沿海的服装加工企业和外贸企业，而一旦这些下游企业减产甚至倒闭，上游的纺织企业就会跟着受牵连，目前这些企业的生存状况不容乐观。

（三）对外贸易市场分布相对集中

欧盟、美国和东盟一直是河南对外贸易中最重要的三大贸易伙伴，这三个地区的出口一直在出口总额中占据半壁江山。这些市场一旦出现危机，便会迅速影响到河南出口，这在金融危机中表现得非常明显。据郑州海关数据显示，2009年，河南省进出口总额为 1343839 万美元，较去年同期下降 23.1%。其中，出口额为 734648 万美元，较去年同期下降 31.5%。欧美市场成了河南省出口下滑的"重灾区"：2009 年，河南对欧盟、美国和东盟分别出口 117653 万美元、114699万美元和 65573 美元（见表 9-11），与上年同期相比，分别下降了 48.8%、21.9%和 33.7%。

表 9-11 河南省 2009 年出口值主要国别（地区）

国别（地区）	出口值（万美元）	占总出口值比重（%）
1. 欧盟（27 国）	117653	16.0
2. 美国	114699	15.6
3. 东盟	65573	8.9
4. 中国香港	58761	8.0
5. 日本	36101	4.9
6. 韩国	32930	4.5
7. 印度	23960	3.3
8. 阿联酋	17377	2.4
9. 中国台湾	15379	2.1
10. 俄罗斯	15301	2.1

（四）农产品出口值太低

比较优势理论认为，各国的贸易商品结构是由其比较优势决定的，各国应该出口其拥有比较优势、进口相对劣势的商品，以取得贸易利益的最大化。河南省具有人口众多，廉价劳动力资源丰富，气候适宜，农业生产条件优越，交通便利，工业庞大，轻工业基础较好等比较优势。因此，河南应该发展优势农业和特色农业，提高农产品的技术含量，增加农产品出口，解决农村"卖粮难"的问题，提高农民收入。但从河南省统计年鉴上看，农产品并不在近几年河南省出口值居前十位的产品之列。农产品出口值太低，显示了河南省的比较优势没有得到充分的发挥，从而对河南经济增长、经济结构调整的带动作用相应就不高。近年来，河南涌现了一大批外向型农业产业化龙头企业，如双汇、华英、省粮油集团、莲花、大用、永达等，这些企业有力地带动了当地经济的发展，也带动了河南农产品食品质量的提升。2009 年，在外贸出口总额比上年大幅下降的情况下，农产品食品出口总额达 6.69 亿美元，比上年增长 34.6%，创历史新高。其中，深加工食品出口额 3.32 亿美元，比上年增长 41.7%。尽管如此，2009 年河南省农产品出口仅为全国的 1.3%，占全省外贸出口的 6.9%，同比 2005 年下降 1.2 个百分点。从根本上看，这是由于河南大宗农产品竞争力较弱，农产品结构偏重于内销，出口意识不强，技术水平含量较低等造成，但总体上看，河南省农产品出口还是具有较大潜力的。

（五）各地区对外贸易发展不平衡

对外贸易与一个地区的经济发展水平及产业结构密切相关。经济发展水平不同，对外贸易的规模与结构就不同。河南各地经济发展水平差异较大，产业结构各不相同，造成对外贸易发展的不平衡。以出口为例，"十五"时期，全省出口年平均增长 27.8%，其中焦作、济源年均增幅超过 50%，而周口、商丘等地的出口增长低于平均水平，周口为 19.1%，商丘为 21.3%。从 2009 年的情况来看，郑州、洛阳、安阳等地出口优势明显，名列前茅，而信阳、漯河、鹤壁等地出口值明显偏低，其中，出口值最大的郑州和最低的信阳之间整整相差了将近 40 倍，各地差距仍比较大（见表 9-12）。

表 9-12　2009 年 1~12 月河南省月度累计出口总值分省辖市

	出口值（万美元）		
	累计	同期	同比±（%）
全省合计	734648	1071890	−31.5
郑州市	218861	296156	−26.1
许昌市	85957	68675	25.2
焦作市	67973	88635	−23.3
洛阳市	65019	135342	−52.0
新乡市	56934	79907	−28.8

续表

	出口值（万美元）		
	累计	同期	同比±（%）
南阳市	42908	69307	−38.1
濮阳市	32324	34206	−5.5
济源市	28160	38084	−26.1
安阳市	28124	122090	−77.0
平顶山市	26245	53049	−50.5
开封市	16188	13938	16.2
周口市	13695	12286	11.5
驻马店市	12911	11818	9.3
漯河市	11605	7617	52.4
三门峡市	8080	11967	−32.5
鹤壁市	7658	15194	−49.6
商丘市	6410	7999	−19.9
信阳市	5597	5622	−0.5

（六）市场集中度仍然偏高

近几年来，欧盟、美国、东盟、韩国等一直是河南出口比重最大的前几位贸易伙伴，进口比重较大的国家和地区主要是澳大利亚、日本和欧盟等地。主要进口商品中，铁矿砂、铅矿砂、氧化铝等绝大部分来自澳大利亚和美国；主要出口商品中，人发制品、非合金铝、精炼铅、橡胶轮胎等对美国、日本、韩国的市场依赖程度也很高，存在很大的政治风险和贸易风险。

（七）加工贸易发展缓慢

2009年，河南加工贸易进出口22.7亿美元，仅占全部出口商品的16.9%，远低于全国平均水平。在江苏、福建、上海、广东等沿海发达省市，加工贸易所占比重高达45%~75%。我国东部沿海地区从改革开放之初就开始发展加工贸易，而河南省1993年才开始引进加工贸易，比东部地区落后10余年。目前，河南加工贸易尚处于简单的加工和组装阶段，这种发展模式，使生产能力处于下游产业，而零部件和原材料过分依赖进口，对上游带动作用小，组装环节的加工增加值率比较低，随着劳动力成本的上升，它将逐渐失去发展后劲。虽然河南18个省辖市都开展了加工贸易，但发展极不平衡，加工贸易业务高度集中在以郑州为中心的沿黄河经济带上，如郑州、新乡、焦作等地，其他大部分地市，加工贸易出口微乎其微。

二、制约河南外贸发展方式转变的因素分析

对外贸易是经济发展水平的客观反映，从总体上说，河南省经济发展方式粗放是导致外贸发展方式粗放的根本原因。具体来说，造成河南省外贸发展方式粗放的原因主要有以下几点：

（1）产业结构层次不合理。近年来，河南省第一产业比重大，第三产业占生产总值的比重一直比全国平均水平低 10 个百分点左右，与发达省区的差距更大。服务业发展滞后，客观上影响了第二产业的管理和技术装备水平，也影响到河南省经济发展中综合要素生产率水平的提高，从而影响了河南省外贸发展的质量。

（2）工业经济中能源原材料工业比重大。能源消耗量大、资源利用率低、浪费严重，是河南省工业经济的突出特点。目前，河南省能源原材料工业占工业经济总量的 60%左右。一个国家或地区的工业经济结构水平，直接决定了其对外贸易的结构和水平。河南省的工业经济结构不合理，导致全省对外贸易结构的落后。

（3）科技研发投入少、产品技术含量低。多年来，河南省科技研发经费支出占生产总值的比重一直比较低，不仅低于全国平均水平，而且在中部六省中是最低的。客观上造成科技贡献率低，外贸产品的附加值小，出口产品竞争力不高。

（4）国有企业进出口所占比重较大。河南省国有企业进出口一直高于外商投资企业和民营企业，2009 年，国有企业、外商投资企业和民营企业进出口分别为 51.6 亿美元、37.9 亿美元和 45.2 亿美元。在金融危机中，全国不同性质的企业受影响的程度具有明显差别，外商投资企业一枝独秀，竞争力进一步提升，进出口继续保持增长，全年进出口增长 17.6%。民营企业经营机制灵活，加上出口以劳动密集型产品为主，受危机的影响程度相对于国有企业较轻，全年进出口下降 21.7%。国有企业进出口下降 39.4%，且国有企业进口额、出口额降幅有继续扩大趋势。

三、河南外贸发展方式转变面临的挑战与机遇

随着国际金融危机之后世界经济贸易的复苏，我国各地的外贸发展形势也发生了变化。当前，转变外贸发展方式必须正确认识形势，判断未来，既要看到挑战，也要看到机遇。[①]

---

① 海关统计资讯网：《转变外贸发展方式　促进河南外贸崛起》，2011 年 1 月。

(一) 河南外贸发展方式转变面临的挑战

1. 一旦外部需求萎缩，河南省外贸应对乏力

当 2008 年金融危机袭来时，随着外部市场需求减少，2009 年河南省外贸开始下滑，一度衰退了两年，至今河南省的出口尚未完全恢复。而近两年来世界经济复苏的推动力量主要来自于力度空前的刺激政策，发展中国家经济的强劲反弹，以及库存调整的周期性因素，充分反映了经济复苏艰难、曲折和不平衡的特点。近几年，河南省外需市场环境更为严峻和复杂。如果延续以往的外贸发展模式，当风险再次来临时，河南外贸将难以避免跌入新的低谷。因此，必须落实中央经济工作会议的要求，下决心调整产业结构，推动外贸发展方式转变，进而促进经济发展方式转变。

2. 贸易保护主义愈演愈烈，转变外贸发展方式更为迫切

为促进本国经济尽早复苏，各主要经济体采取贸易保护主义措施，目前中国是全球遭遇贸易保护主义危害最大的国家。自 2009 年 9 月 11 日起，美方对从中国进口的所有小轿车和轻型卡车轮胎实施为期 3 年分别为 35%、30% 和 25% 的惩罚性关税。世界贸易组织 (WTO) 2010 年 12 月 13 日宣布，美国对从中国进口的轮胎采取的过渡性特保措施并未违反该组织规则，中方败诉。欧盟也对中国输欧轮胎征收 22.3% 的进口税，为期 5 年。此外，欧盟出台的轮胎安全法规和标签法两个法规，美国和日本也出台了类似法规，对轮胎的燃油效率、湿抓力等方面做了具体规定，并陆续开始实施。2010 年 1~11 月，河南出口轮胎 4.18 亿美元，增长 59.4%，其中以加工贸易方式出口占 99.3%，这或许能够规避对方的关税壁垒，但是要想突破欧美等国在生产技术、质量、安全方面设置的技术性壁垒，只有提高轮胎行业的科技水平和创新能力。2010 年 9 月 27 日，美商务部公布了对中国输美无缝精炼铜管反倾销案终裁结果。美商务部认定强制应诉企业反倾销税率为 11.25%~60.85%；5 家企业适用平均税率为 36.05%；其他企业的反倾销税率为 60.85%。11 月 19 日，美国际贸易委员会公布对中国和墨西哥输美无缝精炼铜管反倾销案损害终裁，认为上述产品对美国内产业造成实质损害威胁。据此，美商务部将对中国输美无缝精炼铜管征收 11.25%~60.85% 的反倾销税。2010 年截至 11 月份，河南省出口铜管 2.8 亿美元，增长 4.1%，但是 1~11 月对美国出口 0.8 亿美元，下降 42%，其中 9 月份下降 35.3%，10 月份下降 58.2%，11 月份下降 48.6%。随着外部市场对轮胎、铜管的贸易保护越来越强，如果不能及时转变贸易发展方式，河南省轮胎、铜管行业出口前景将不容乐观。而且，令人担忧的是，轮胎特保案中国败诉的裁决可能会产生一定的负面"示范效应"，其他国家

可能陆续效仿，并进一步对我国其他商品采取更为严格的贸易保护措施。如此一来，推动贸易发展方式的转变就显得更加迫切。

3. 经济指标增速在中部落后，河南外贸竞争力下降

第一，河南省在中部 6 省外贸进出口的位次下滑。2010 年 1~11 月，河南省进出口总值在中部 6 省中排第 4 位，比去年同期下降 1 位，已被江西省超越。其中，进口排中部第 5 位，下降 2 位；出口排中部第 4 位，下降 1 位。第二，河南省与中部 6 省排名靠前的省份的差距在拉大。2010 年 1~11 月河南省进出口值比中部第 1 的湖北少 74.3 亿美元，比去年同期的差距拉大了 39.8 亿美元。与今年超越河南省的江西省相比，河南省进出口值比中部第 3 的江西省少 26.7 亿美元，其中进口少 8 亿美元，出口少 18.7 亿美元。第三，增长速度在中部垫底。2010 年 1~11 月，河南省外贸进出口增速为 33.3%，排名中部最后一位。江西省进出口增速 67%，中部排名第 1 位，高出河南省外贸进出口增速 33.7 个百分点。其中，河南省进口增速为 19.5%，在中部排名最后 1 位，比进口增速第 1 的安徽省少 56.8 个百分点；河南省出口增速 44.9%，在中部排名第 5 位，比出口增速第一的江西省少 35 个百分点。河南省外贸在中部 6 省中的竞争力明显下滑。近年来，河南省 GDP 在全国排第 5 位，在中部 6 省排第一位，但是 2009 年河南省经济增速位居中部地区倒数第二位。特别是 2010 年前三季度，河南省的多项指标的增长速度在中部 6 省中出现"三个倒数第一、两个倒数第二"。2010 年 1~9 月，河南省生产总值增长 12.3%、规模以上工业增加值增长 20% 和城镇固定资产投资增长 20.6%，3 项指标都是中部地区倒数第一位；社会消费品零售总额增长 18.7%、地方财政一般预算收入增长 21.8%，2 项指标均居中部地区倒数第二位。河南经济在中部有被其他省份赶超的趋势，而河南外贸已经先于其他指标被其他省份超越，而且还存在不断被边缘化势头。河南省通过转变外贸发展方式来推动河南经济发展的任务更加紧迫。

4. 应对国家退税政策调整，河南省产业结构调整尚未见效

近两年来，我国出口退税政策调整频繁，企业适应起来难度不小，甚至存在订单亏损执行的情况。2010 年 6 月 22 日，财政部、税务总局下发《关于取消部分商品出口退税的通知》，决定从 7 月 15 日起取消部分钢材、有色金属加工材等 406 个税号的退税率。河南省涉及上述商品 2009 年累计出口 2.6 亿美元，占全年出口的 3.5%；2010 年 1~11 月累计出口 3.1 亿美元，占全省出口的 3.2%，尽管河南省涉及取消退税的产品出口的份额略有下降，但是仍然大幅增长 40.6%，河南省出口产业结构调整势在必行。此外，2010 年 1~11 月，河南省"两高一资"

（高污染、高能耗、资源性）产品出口 11 亿美元，增长 77.6%，增速高出全省平均 32.7 个百分点，占全省出口的 11.7%。这意味着河南省有超过 1/9 的出口还在依赖"两高一资"产品，与国家倡导的外贸发展模式背道而驰。国家加快产业结构调整和推进外贸发展方式转变的政策意图非常明显。河南省需要尽快引导企业优化产业结构，提高出口产品质量和档次，提高精深加工程度，促进低碳排放、节能环保产品出口。

（二）河南外贸发展方式转变面临的机遇

1. 承接产业转移面临六大利好政策

2010 年 8 月 31 日，国务院发布了《国务院关于中西部地区承接产业转移的指导意见》（国发〔2010〕28 号），对中西部地区有序承接产业转移提出了指导意见。《指导意见》从财税、金融、产业与投资、土地、商贸、科教文化六个方面明确了若干支持政策。依照《指导意见》规定，在财税政策方面，对中西部地区符合条件的国家级经济技术开发区和高新技术开发区公共基础设施项目贷款实施财政贴息；在金融政策方面，鼓励金融机构在风险可控的前提下为东部地区企业并购、重组中西部地区企业提供支持；在产业与投资政策方面，修订产业结构调整指导目录和政府核准投资项目目录，强化对产业转移的引导和支持；在土地政策方面，要优先安排产业园区建设用地指标，探索工业用地弹性出让和年租制度；在商贸政策方面，支持在条件成熟的地区设立与经济发展水平相适应的海关特殊监管区域或保税监管场所，培育和建设一批加工贸易梯度转移重点承接地等；在科教文化政策方面，鼓励东部地区转让先进技术，大力发展跨区域产业技术创新联盟，促进中西部地区完善产业技术创新体系。这些利好政策的落实将为河南省承接产业转移添加新动力。

2. 七大战略性新兴产业带来新的机遇

2010 年 9 月 8 日，国务院常务会议审议并原则通过《国务院关于加快培育和发展战略性新兴产业的决定》，表示现阶段主要选择节能环保、新一代信息技术、生物、高端装备制造、新能源、新材料和新能源汽车七个产业作为战略性新兴产业，在重点领域集中力量，加快推进。至 2015 年，节能环保、新一代信息技术等战略性新兴产业增加值占国内生产总值的比重力争达到 8% 左右，到 2020 年，这一比重力争达到 15% 左右。2010 年，这个比重仅为 3% 左右。目前，全国各省市基本上处于同一起跑线上，谁能率先抓住先机，谁就将掌握今后发展的主动权，河南省产业升级正面临难得的机遇。

3. 海关特殊监管区将成为外贸发展方式转变的"催化器"和"主战场"

在与中西部地区的外贸对比分析中，河南省在海关特殊监管区建设方面要明显落后于中西部的一些省份。在省、市政府有关部门与海关的共同努力下，河南保税物流中心于 2010 年 1 月 7 日正式获得批复，12 月 8 日，河南保税物流中心顺利通过海关总署等四部委的正式验收。河南保税物流中心的封关运作，将加快招商引资的步伐，有利于开展对东部产业转移的承接。同时，有助于落实河南省"十二五"规划，加快推进物流业的发展，实现中原经济区整体产业升级。2010 年 10 月 24 日，国务院批复同意设立郑州新郑综合保税区。此外，郑州出口加工区 B 区、洛阳出口加工区也在紧张筹划中。由于具有独特的政策功能，海关特殊监管区对跨国公司的吸引力越来越大。国际金融危机之后，一些外资企业关闭了海外生产基地，优先选择海关特殊监管区域，向我国集中转移。据了解，美国惠普、思科集团已与重庆签约，把 2500 万台笔记本电脑、4000 万台打印机和手机的生产以及相关采购与结算中心约 4500 亿元人民币产值项目从境外转移至重庆西永综合保税区。重庆西永综合保税区的今天或将成为郑州新郑综合保税区的未来。海关特殊监管区的建设对于河南省外贸发展方式转变意义非凡，必将成为推动企业转型升级的"催化器"和承接产业转移的"主战场"。

4. 大招商为河南省外贸大发展奠定坚实的基础

招商引资对促进河南省经济转型升级和实现跨越式发展都具有十分重要的意义。2010 年以来，河南省继续实施开放带动主战略，办好大活动、抓住大项目，4 月 16 日在郑州举办世界华商高峰论坛，8 月 26~28 日在郑州举办第六届中国河南国际投资贸易洽谈会，12 月在郑州举办河南—东盟投资贸易洽谈会，都在扎扎实实以大招商推动河南省经济的大发展，富士康项目落户郑州就是大招商的主要成果之一。河南省委、省政府近年来开展的企业服务年、大招商活动，必将为河南省外贸大发展奠定坚实的基础，为今后实现全省经济跨越式大发展创造良好的条件。

第三节　加快河南外贸发展方式转变的思路及对策

对外贸易作为带动经济发展的"三驾马车"之一，必然是建设中原经济区，实现河南跨越式发展的重要途径之一。因此，制定正确的外贸发展思路与对策是河南发展对外贸易的关键，必须清醒认识国际经济环境的深刻变化，采取切实有效的措施，以实现河南外贸的可持续发展。

一、加快转变外贸发展方式的思路

转变外贸发展方式是经济发展方式转变的一项重要内容。当前，我们要善于抓住外部机遇，明确外贸发展的思路和方向，加快转变外贸发展方式，提高对外贸易的质量和效益。

1. 从规模速度到质量效益转变

在积极应对后国际金融危机中的未来一段时期，河南对外贸易要在保持稳定增长速度的同时，更要把着力点转移到提升质量和综合效益上来。加强成本控制，改进流程方式，创新营销模式，充分利用规模优势，提升经济比较效益。要根据经济社会的发展要求，适时调整企业资源使用成本、环境成本、劳动力成本，强化企业社会责任，使出口产业的资本收益与劳动收益、经济效益与社会效益、短期利益与长远利益更加协调，提升社会效益。

2. 从外生动力到内生动力转变

培育贸易内生主体，鼓励和培育企业开展对外贸易，从事外贸出口，使河南有更多的企业融入国际产业链，通过市场、产业和技术层面的合作，逐步提升自身竞争力；加快培育战略型、领军型产业，发展高端制造业，扩大具有自主知识产权的机电、高新技术产品出口，巩固和扩大劳动密集型产品、农产品出口；加快建立境外营销网络，鼓励企业通过多种方式到境外建立营销网络，发展直接面向境外消费者的营销模式，掌握营销主动权。

3. 从市场广度到市场深度转变

通过品牌拓展市场深度，大力支持企业开展品牌国际推广，在境外开展商标注册、品牌收购，并重点提升传统优势产品的品牌价值；通过提升质量拓展市场深度，注重出口产品质量，在市场中树立良好的区域制造形象。引导外贸经营方式向规模化、集约化、优质化发展，提高外贸的行业集中度；通过投资拓展市场深度，发挥河南纺织、家电、轻工等行业生产优势，结合境外市场特点，鼓励出口企业对外投资设厂，深度开拓当地和周边市场。

4. 从低端要素到高端要素转变

加快调整发展模式，逐步扭转过度依靠初级要素的竞争方式。要培育科技竞争新优势，通过完善相关政策，增强企业自主创新、自我转型的内生动力；要加快加工贸易转型升级，推动加工贸易从组装加工为主的低端，向研发、设计、核心器件制造以及物流等中高端方向升级，从劳动密集型向技术密集型、从资源密集型向资源节约型转变；要大力发展服务贸易，顺应新形势，把发展服务贸易作为提升河南参与国际竞争层次的重要抓手，确立服务贸易在新一轮经济发展中的重要地位。

二、加快河南外贸发展方式转变的重点

（一）优化出口产品结构，提高出口产品质量

河南外贸出口产品结构较为落后，出口后劲不足。出口规模大的产品主要集中在未经加工或加工很少的初级产品上，具有高技术含量、高附加值、高价格的商品出口量不多。提高出口产品的技术含量和附加值是关键所在。在当今世界国际分工日益细化、产业重组加快的背景下，国际市场的竞争已由价格为中心转为以质量、品牌为中心的竞争，技术差价、质量差价日益扩大，出口依靠价格低廉的优势尽管在一定时期和程度仍有市场，但这种优势难以持续，与建立贸易强省的目标尚有距离。

河南地处内陆，通往国际市场的运输距离长、运输费用高，以附加值低、技术含量低的产品出口渐失竞争优势。只有依靠科技，全面提升出口产品技术含量，才能创造持续的国际竞争力。河南实施"科技兴贸"的核心是科技进步和创新，积极调整出口商品结构，提高出口产品的技术含量和附加值，将重点出口商品立足于创汇农产品、工业制成品以及机电产品上。对于传统的劳动密集型加工产业如纺织服装，要以增强其技术含量和产业集群化为重点，加大科技投入，由初级加工、粗加工向深加工、精加工转变，提高单位出口产品的附加值。

从政府层面上讲，要重点支持高新技术产品、机电产品的研发和技术改造；发挥河南农业大省的特色，支持优势和特色农产品出口。加强出口产业基地和出口产品公共服务平台建设，充分发挥产业优势，打造一批产业链条完整、带动影响力强的产业集群，全面提升出口产品的质量、附加值和综合竞争力。从企业层面上讲，企业只有增加产品的科技含量，提高产品的附加值，才能增强国际竞争力。

（二）积极发展加工贸易，促进加工贸易转型升级

河南的出口贸易方式已由单一的一般贸易发展到加工贸易等多种贸易方式，加工贸易持续增长。当前，河南省加工贸易发展不足，比重偏低，加工贸易亟待转型升级。

目前河南省出口加工贸易行业中，电解铝、毛发制品、皮毛制品三类商品的

出口额占全省加工贸易出口额的 71%。这些商品均为资源、劳动密集型产品，技术含量低、产业链条短，初级加工对环境有污染，不适合进入出口加工区。同时，河南省的加工贸易还处在最初的组装生产阶段，只是利用自己最便宜的劳动力比较优势，借助外商的资金、技术、营销等渠道参与国际分工，获取非常微薄的贸易利益。要想实现加工贸易产业和产品结构升级，提高加工贸易产品技术含量，首先要提高关键零部件的加工制造能力，逐步做到零部件的分包生产和出口，即进入加工贸易生产的第二阶段，随着资金、技术优势的逐步积累和关联产业的形成与发展，再实现到中间产品的生产和出口，整件产品的生产和出口、国外品牌产品的出口的阶梯提升，最终实现产业升级和产品结构的更新换代。

东部沿海发达地区加工贸易产业集群的实践显示，加工贸易的发展主要聚集在几个主要城市，具有明显的群聚效应，如浙江集中在杭州、宁波、台州等地。而在产业集群的形成过程中，具有比较优势的大型企业成为核心，也成为吸引众多小企业形成产业集群的关键。河南由于经济发展相对落后，缺少对大型龙头企业的吸引力，因此，政府应发挥应有的作用，加大招商引资力度，制定更加优惠的政策，吸引大企业落户河南。富士康落户郑州就形成一个好的态势，通过富士康带动有纵向和横向联系的其他投资者的跟进，进而形成区域性主导产业的上下游企业的空间聚集，促进集聚群体的不断扩大和完善，为河南加工贸易的发展提供坚实的产业支撑。

虽然具有区位优势和便利的交通优势，但地处内陆、不临海带来的运距远、运费高的问题，依然影响招商引资的进行。河南工业项目虽然门类较完整，但工业结构不完善、产品配套能力较差，制约了龙头项目的进驻。实现出口加工区加工贸易转型升级，应综合运用政策手段，完善管理，改进服务，吸引跨国公司把更高技术水平、技术含量、增值空间的加工制造环节和研发机构转移到出口加工区。通过延伸产业链，提高加工企业的国内采购比例，发挥辐射效应，提高产品附加值。为改变出口加工区"加工制造"的单一功能，应逐步赋予出口加工区保税物流功能，实现向"加工制造为主，保税物流为辅"转变，把出口加工区建设成为承接国际现代服务业转移、开展保税物流业务的重要节点，为区内企业提供便利，保证货物进出畅通。此外，快速发展的民营企业也在加工贸易发展中发挥着日益重要的作用。培育多元投资主体，吸引民营企业投入加工贸易发展成为河南发展加工贸易的当务之急。

（三）发展循环经济，协调国际贸易与环境

长期以来，河南省只注重出口的数量扩张，忽视了出口商品结构对资源的过度依赖问题，且资源利用率较低，表现在出口商品主要以劳动密集型产品或者粗加工产品为主，而具有高科技含量和高附加值的产品比重偏低。在现行的线性经济模式下，出口越多，资源浪费也越多，对环境污染也越严重。从某种程度而言，目前出口产品是资源的出口，不利于可持续发展。为实现经济的可持续发展，提高资源的利用效率，外贸企业必须大力发展循环经济，否则这种出口商品模式将难以持续。

面对粗放的外贸增长方式与循环经济之间的矛盾，必须树立循环经济的思想和理念，将改善环境质量和加强资源利用作为提高国际贸易竞争力的重要内容。正确认识循环经济与外贸可持续发展的关系。应将贸易与循环经济协调发展纳入可持续发展战略中考虑，追求贸易、经济发展和生态环境的统一，统筹人与自然和谐发展。提高环境质量，促进科技进步，提高出口产品的竞争力，从而促进对外贸易的可持续发展。要逐步改变大进大出的粗放型贸易发展模式，在重视发展对外贸易的同时，加快培育循环经济模式的形成。全面参与、参照国际环境标准，努力提高地区环境标准、企业环境管理标准和环境质量标准，使之与国际标准接轨，实现对外贸易与循环经济的协调发展。调整产业政策和产品结构，建立可持续的进出口商品结构。加快调整产业、产品结构和能源消费结构是发展循环经济的重要途径。增加高附加值商品在出口总额中的比例，加强部分能源和原材料的进口，特别是我国稀缺、开发成本高、对环境影响大、国际市场价格相对便宜的商品来改善贸易结构。一是要遏制部分行业的低水平重复建设，特别要严格限制高耗能、高耗水、高污染和浪费资源的产业，限制和淘汰能耗高、物耗高、污染重的落后工艺、技术和设备。二是要加快低耗能、低排放产业的发展。三是加强进口商品检验检疫力度，限制或拒绝进口重污染的产品设备、对高耗能的出口品和污染重的进口品征收环境附加税。

三、加快河南外贸发展方式转变的对策

（一）提高对转变外贸发展方式重要性的认识，加快建立有利于外贸发展方式转变的有效机制

依靠劳动力、资金、土地、资源等要素粗放投入，靠数量扩张的粗放型外贸发展方式已与当前经济发展不相适应，必须实现外贸发展方式的转变。根据河南省产业发展和经济发展现状，不断深化对转变外贸发展方式重要性的认识，把握对外贸易的基本特点和规律，科学制定操作性强的政策，明确支持重点和放开、限制、禁止范围。要完善考核评价体系，改进过去那种重创汇轻效率、重速度轻

质量、重规模轻效益的考核评价办法，引导各级政府和领导干部树立正确的政绩观。积极探索建立质量提高、效益改善、资源节约、结构优化的外贸绩效评价机制，引导各地各企业外贸科学发展。建立纵向联动、横向合作、高效协调的工作服务机制，增强政策的针对性和执行的协调性，提升公共服务能力和贸易便利化水平。建立分工合理、相互协作、运转高效的贸易促进机制，形成良好的贸易促进体系。建立反应迅速、应对有效、反制有力的贸易摩擦应对协调机制，提高贸易摩擦应对能力。

（二）加大研发投入，提升产品附加值

河南省要抓住国家发展新兴产业的战略机遇，针对国家重点推出的七大战略性新兴产业，积极做好产业承接和研发。特别在新能源汽车和新能源产业等方面，各省的起步条件差异不大，只有率先创造出良好的行业发展环境，才有可能成为国家产业布局的重点，也才有可能抢占战略发展的先机。通过加大研发的力度，不断降低初级产品的比重，提高原材料产品的加工深度，不断提高制造业生产中的科技含量与知识含量，进而提高出口产品的附加值，为实现外贸发展方式的转变奠定基础。

（三）强化政策支持，培育出口自主品牌

通过财政、税收和信贷政策的支持引导，加快技术进步和技术创新的步伐，增强企业自主创新能力，逐步减少高耗能、高污染、低附加值产品的出口，由低效益、低附加值的数量型增长向高效益、高附加值的出口战略转变。提升、营造出口商品创牌理念和氛围，继续鼓励企业在国外市场注册商标，积极开展各类出口品牌申报工作。动员企业在国外建立家电品牌专卖店，扩大产品直销份额，努力培植一批具有一定市场占有率的自主品牌企业。同时，鼓励企业并购具有一定知名度、一定市场份额的国外品牌，加速品牌建设。

（四）承接产业转移，延长产业链条

结合河南省发展的实际情况，认真研究国家《中西部承接产业转移指导意见》的六大利好政策，出台河南省的具体配套落实措施，争取承接食品、电子信息、装备制造、有色金属深加工、纺织服装、制鞋、玩具、家电、仪器仪表和医药化工等行业落户河南。同时，也要坚持引领河南省传统优势产业转型升级，推动煤、电、铝、钢铁与设备加工制造等一体化整合，拉伸产业链条，努力从原来简单的贴牌生产向产品设计和市场研发转变。

（五）既要引进来，又要走出去

在河南省大招商活动和企业服务年活动初步取得成果的情况下，仍然不能放

松工作标准，争取引进更多全国500强乃至世界500强的龙头企业落户河南。通过海关特殊监管区的优惠政策可以拓展企业发展的空间，有助于推动河南省外贸发展方式的转变，富士康落户河南就是一个较好的例证。一个龙头企业的成功引进，往往意味着一条产业链的成功引进，可以带动河南省经济逐步向高附加值、有创造力、具备产业竞争优势的经济发展方式转变，逐步提高河南省经济的内生动力。在引进的同时，还要鼓励有条件的企业走出去，培育河南本土的跨国公司，有利于掌控境外上游资源，有利于培育一批具有大视野，且熟悉国际市场风险和运作经验的人才，从而更好地开拓国际市场。

（六）发展产业聚集区，培育新的增长点

随着低碳经济时代的到来，过去依赖"两高一资"（高污染、高能耗、资源性）等附加值较低产品来推动经济发展的产业结构将难以为继。节能环保、新一代信息技术、生物、高端装备制造产业将成为国民经济的支柱产业，新能源、新材料、新能源汽车产业将成为国民经济的先导产业。对河南来说，急需提升本省的科技创新能力，搭建新兴产业集聚区，争取在新能源汽车、高端装备制造、新材料等方面有所突破，使今后河南外贸发展与经济发展出现更多的亮点与热点。

（七）坚持以进带出，扩大进口贸易规模

河南省要充分利用国际国内经济环境变化的有利时机，把扩大进口贸易作为改善河南省对外贸易结构、加快传统产业技术升级的重要措施，大力引进国外高新技术和设备，把扩大进口与加快技术改造、产品更新换代结合起来，鼓励企业参与各类进口贸易展会，大力引进大型进口公司，推动进口贸易。在促进进口贸易的同时提升和促进河南外贸出口，促进河南省工业企业技术水平的提高和产业结构的调整与升级换代，促进全省经济发展质量的进一步提高。

（八）加强人才的培养和引进，提升外贸人才的数量和质量

深化外贸单证员、报检员、外贸财会等各类外贸人才的培训，进一步拓展外贸人才实习基地建设，邀请上级各类商务、信用证、WTO规则、知识产权、市场营销等方面专家进行授课、辅导。广泛招聘高级外贸人才，提升河南外贸人才的数量和质量。

第十章 河南转变经济发展方式的
保障体系

加快转变经济发展方式，是我们党在深入探索和全面把握我国经济社会发展规律的基础上确定的重要方针，也是从当前我国经济社会发展的实际出发提出的重大战略决策，充分体现了深入贯彻落实科学发展观的要求，深刻反映了破解我国经济发展深层次矛盾的客观需要。转变经济发展方式是一项宏大且复杂的系统工程，涉及经济、社会的各个方面，必须从组织、人才、政策、法治建设等多方面出发，构建河南转变经济发展方式的保障体系，切实推动河南经济又好又快的发展。

第一节 组织保障

领导机关和领导干部是一个地方和行业发展思路、发展举措的制定者、引领者和实施者。"十二五"及今后时期，加快经济发展方式转变作为河南经济社会发展的主线，如何转得好、转得快，关键要靠领导干部去部署、去落实、去监督。因此，加快发展方式转变，各级领导班子和领导干部是关键。

一、加快领导方式转变

加快经济发展方式转变，关键在领导干部，关键在领导方式的转变。领导干部的思想观念、认知水平、行为素质，领导干部的思维方式、工作方法、工作作风、工作效果等，是加快经济发展方式转变取得实效的重要因素。思想是行动的先导，加快转变经济发展方式，必须坚持用科学发展观武装头脑，要以理论武装为先导，切实把各级领导班子和领导干部的思想和行动统一到"用领导方式转变加快发展方式转变"的重要思想上来。抓好党性教育和中国特色社会主义理论体系教育，使各级干部坚定理想信念，自觉运用科学发展观指导实践、推动工作。进一步拓宽领导干部的知识面，重点加强"十二五"规划、中原经济区建设等专题培训，增加城市建设、经济建设、企业管理、金融服务、文化创意等方面的知识，着力增强领导干部谋划发展、统筹发展、优化发展、推动发展的本领。通过开展教育培训，努力解决广大干部思想上"不愿意转"、行动上不知道"怎么转"的问题，为加快转变经济发展方式提供坚强的思想和政治保证。各级领导干部要加强对党和国家的路线、方针和政策的学习，特别是仔细研读中央关于"转变经济发展方式"的论述，在掌握基本原理、领会精髓实质上下工夫。

观念是行动的先导，有什么样的发展观念，就会有什么样的发展方式。转变经济发展方式，不仅局限于产业结构、需求结构、投入结构的调整转变，更是经济发展理念、思路、方法与工作方式的深刻变革，这就要求党员干部特别是各级领导干部在全球经济回暖的后危机时代，深入贯彻落实科学发展观，真正做到在"加快"上下工夫、在"转变"上动真格、在"发展"上见实效。为此，领导干部必须有"等不起"的紧迫感、"慢不得"的危机感、"坐不住"的责任感，加快转变发展观念，变革思维方式；必须彻底改变和摆脱既有思维方式的束缚和路径依赖，绝不能以牺牲环境和浪费资源为代价求得快速发展，绝不能以扩大社会矛盾为代价求得快速发展，绝不能以增加历史欠账为代价求得快速发展，要始终坚持以经济建设为中心不动摇，咬定科学发展不放松，充分发挥政府和市场"两只手"的作用，一心一意谋科学发展，坚定不移地坚持协调推进工业化、城镇化和农业现代化，坚持谋大、谋深、谋远，坚持统筹兼顾，坚持把扩大内需与改善民生紧密结合，坚持城乡区域协调发展，坚持经济效益、社会效益和生态效益相统一的科学发展观念和思维方式，为加快经济发展方式转变提供坚实的思想基础。

二、加强领导班子和领导干部队伍建设

加快经济发展方式的转变，关键在人，重点在各级领导干部。要真正实现经济发展方式转变，首要是抓好班子，带好队伍，选准用好领导干部。实践证明，用好一个干部就等于树立起一面旗帜，可以激励更多的干部奋发进取。要积极稳妥推进干部人事制度改革，围绕改进干部考察测评、畅通交流渠道等重点课题，探索适合河南的改革推进措施，不断建立健全有利于科学发展的选人用人机制，提高选人用人公信度。领导班子配备中，要进一步加强对领导班子的职能研究，围绕本地区党委政府中心工作，通盘考虑调整使用干部，科学布局干部资源，促进人岗相宜，做到择优而选、因适而用，不断提高领导班子执政水平，增强领导

班子整体合力。在领导班子选拔使用过程中，要进一步树立注重品行、科学发展、崇尚实干、重视基层、鼓励创新、群众公认的用人导向，积极引导广大干部树立正确的政绩观、事业观、工作观，支持鼓励领导干部多干打基础、利长远、惠民生的事，坚持褒奖那些一心一意干事业、心无旁骛抓发展的人，切实把贯彻落实科学发展观态度坚决又有能力的干部选拔上来，真正形成"人人想干事、人人会干事、人人能干事"的良好局面，为加快转变经济发展方式提供坚强的组织保障。同时，要抓好后备干部培养，健全完善后备干部定期分析、定期谈话、动态管理制度。深入整治用人上的不正之风，着力营造风清气正的选人用人环境。

干部考核评价机制是各级领导干部工作的"指挥棒"，在引导干部树立科学发展观和正确的政绩观方面具有重要作用。按照中央关于干部考核评价的要求，从河南实际出发，抓紧研究制定配套实施办法，进一步完善考核评价指标体系、方式方法和成果运用，使干部考核评价体系更加科学有效。要转变单一考核方式，注重考核评价标准的全面性，注重从经济与社会、人口与自然等综合、协调、系统发展的角度进行全方位考核，激发广大干部推动经济发展的内在动力，使加快经济发展方式转变成为一项自觉行动。认真开展领导班子和领导干部日常考察、年度考核、领导干部日常监督等工作，纪检监察部门做好对重大任务落实情况、经济发展方式转变情况的巡视监察，注重过程控制和对重点环节的管理监督，从体制和机制上建立推动经济发展方式"持续转"的支撑体系，为加快转变经济发展方式提供制度保障。

三、加强基层党组织和党员队伍建设

基层党组织是党的执政组织基础，加快转变经济发展方式能否落到实处，基层党组织的战斗堡垒作用和党员的先锋模范作用发挥如何至关重要。因此，各级党委要以系统总结学习实践科学发展观活动为契机，建立健全深入学习实践科学发展观的长效机制，形成有利于贯彻落实科学发展观、加快转变经济发展方式的政策导向、舆论导向和体制机制。

在适应新要求中健全机关基层党组织体系。健全机关党的基层组织体系，是服务经济社会发展的需要，是夯实党的执政基础的需要。经过"十一五"时期的经济高速增长，我国各地社会结构发生了深刻变动、利益结构发生了深刻调整、思想观念也发生了深刻变化。随着"十二五"规划的实施，这些深刻变动、变化在进一步加深。与此同时，河南的未来发展空间也将会进一步拓展，健全和完善党的基层组织体系更加重要。各级机关党组织要坚持有利于加强对党员教育管理、有利于发挥党的领导作用、有利于巩固党的执政地位的原则，全面推进机关党的基层组织建设。按照便于党员参加活动、党组织发挥作用的要求，丰富机关党组织的基层组织设置形式，加大建立健全基层党组织工作力度，积极探索新的更加务实管用的模式和做法，形成与经济社会发展要求相适应的党的基层组织设置格局。真正做到哪里有群众哪里就有党的工作、哪里有党员哪里就有党组织、哪里有党组织哪里就有健全的组织生活和作用的发挥，形成科学严密的组织架构，实现党的组织和党的工作在机关的全覆盖，以坚强的战斗力、凝聚力把人民群众紧密团结在党的组织周围。此外，还要通过普遍开展党员教育培训，在党员队伍中形成推动科学发展、促进经济发展方式转变的共识，为加快转变经济发展方式凝心聚力。紧密结合农村、社区、机关、非公等各领域的特点，加强分类指导，创新活动载体，扎实开展党员承诺和主题实践活动，引导基层党组织和党员立足岗位，创先进、争先锋，全力推动经济发展方式的转变。积极发挥基层党组织推动发展、服务群众、凝聚人心、促进和谐的作用。

第二节　人才保障

面对日趋激烈的国际人才竞争形势，面对建设创新型国家和加快转变经济发展方式对人才的迫切要求，我们应当牢固树立人才资源是科学发展第一资源的理念，切实增强抓人才的长远意识、责任意识和机遇意识，大力实施人才强省战略，加大人才资源开发力度，加强紧缺人才的培养引进，加快建立人才竞争比较优势，努力在未来经济发展中把握先机、赢得主动。

一、转变经济发展方式关键在人才

科技发展史表明，人才是科技的载体，创新的主体；特别是其中的高层次创新型科技人才，是新学科的创建者、新技术的发明者，是科技自主创新的开拓者和引领者。加快转变经济发展方式的关键在于人才，尤其是高层次创新型人才，在于人才的自主创新能力，在于人才结构与经济社会结构的对应度。

当前，尽管我国人才资源及专业技术人才总量均居世界第一位，然而我国高层次创新人才匮乏，人才自主创新能力不强，人才结构问题突出。就人才自主创新能力而言，我国人才更多的是传承型人才，习惯于重复性和模仿性劳动，因而人才自主创新能力不适应加快转变经济发展方式的要求。据《中国现代化研究报告》（2008 年）表明，2005 年我国"知识创新"指数，只有高收入国家的 28%，世界平均水平的 63.6%；又据 2010 年第九届《全球城市竞争力国际论坛》发布的研究成果显示，58 个国家的人才创新竞争力排名，我国排在第 21 位。就人才结构而言，我国高层次人才和高技能人才在人才能级结构中比例偏低，2008 年全国高层次创新型人才仅有 1 万人左右，高技能人才只占技能人才总量的 5% 左右（2007 年）；东、中、西部人才队伍自主创能新能力差距很大，若东部地区自主创新能力指数为 100，则中、西部分别为 40 和 39。基于上述的状况，要加快转变经济发展方式，就要大幅度提升人才自主创新能力，战略性调整人才结构，突出培养造就高层次创新型科技人才。

　　具体到河南，截至 2009 年底，人口数量达 9967 万，常住人口 9487 万。从受教育程度看，河南作为人口大省，低级人力资源和初级人力资源所占比重较大，高级人力资源则相对较少。例如，2008 年河南初级人力资源和低级人力资源占到了河南人力资源总数的 81.82%，中级人力资源和高级人力资源只占到 18.18%。而同期全国的数据为 20.39%，高出河南 2.21%。尤其是高素质人才严重短缺，从事科技活动人员偏少，同期河南的人口接近全国的 8%，而河南科技活动人员仅是同期全国的 4.82%，其中高等院校科技活动人员仅为同期全国的 2.46%。高素质人才短缺已成为河南经济社会发展的一个重要制约因素。从科技进步贡献率看，目前河南科学技术对经济增长的贡献率为 49%，欧、美、日等国家的科学技术在经济发展中的贡献率占 70%~80% 以上。因此，尽管人口众多，但从实际情况上看，河南还不是人力资源强省，更不是人才强省，民众科学文化素质总体水平还不够高，现有的人才总量、规模、结构和素质还远远不能满足经济社会发展的需求。

　　金融危机之后，世界竞争更加倚重于知识和智力的竞争，而河南也倍加感受到发展的资源环境"瓶颈"约束。2010 年 3 月 5 日，温家宝同志在十一届全国人大四次会议上作政府工作报告时明确指出，"要加快转变经济发展方式，调整优化经济结构"、"要全面实施科教兴国和人才强国战略。突出培养创新型科技人才、经济社会发展重点领域专门人才和高技能人才，积极引进海外高层次人才"、要"建设人力资源强国"。报告深刻阐述了转变经济发展方式对人才工作提出的新要求，进一步明确了新形势下人才队伍建设的重点和目标任务。对河南来说，"十二五"乃至更长时期，我们要加快建设中原经济区，着力破解"钱从哪里来、人往哪里去、粮食怎么保、民生怎么办"四道难题，走出"三化"协调、"四化"

同步科学发展的路子，比以往任何时期都更加需要人才。

二、加强职业教育

加快转变经济发展方式，推动产业结构优化升级，核心是生产一流的产品，根本是具备一流的技术，关键是拥有大批高素质劳动者和技能型人才。因此，职业教育正在日益成为各类人才培养的重要路径。

从发达国家兴衰历程来看，进入 20 世纪以来，西方国家在工业化、城镇化进程中，对职业教育所采取的不同策略，导致了两种完全不同的发展局面。德国、日本较早地认识到大力发展职业教育的重要性，也因此创造了"二战"后的经济奇迹，而英国在两次世界大战后，职业教育不能为经济发展提供足够数量的熟练技术工人正是其经济日渐走向衰落的重要原因之一。从我国发达地区的成功经验来看，职业教育均已成为当地促进经济发展和招商引资的一大"法宝"。在加快经济发展方式转变过程中，职业教育的基础性、先导性地位和支撑、牵引、助推作用比任何时候都更加突出，加快发展职业教育比任何时候都更为紧迫。当前形势下，河南也把职业教育摆在更加突出的位置，提出要大力实施职业教育攻坚计划，提高劳动力素质，建成全国重要的职业教育基地。2010 年，河南省政府公布的一号文件即为《关于加快推进职业教育攻坚工作的若干意见》。加强职业教育，河南必须着力推动以下几方面的工作：

（一）完善职业教育体系

把职业教育作为重要的发展工程和民生工程，加大财政投入，完善支持政策，形成适应经济发展方式转变和产业结构调整要求、体现终身教育理念、中等和高等职业教育协调发展的现代职业教育体系。加强基础能力建设，优化布局结构和专业设置，构建覆盖城乡、满足人民群众需求的职业教育培训网络，使各类城乡社会群体，特别是青壮年农民和下岗、待岗、转岗工人都能接受职业教育和技能培训。大力发展中等职业教育，逐步实现中等职业教育全免费，让未能进入高中、大学的初高中毕业生都能接受中等职业教育，学到一技之长。

（二）加快发展面向农村的职业教育

把加强职业教育作为服务现代农业和新农村建设的重要内容。加强基础教育、职业教育和成人教育三教统筹，促进农科教结合。办好县级职教中心，加强农业类职业院校和涉农专业建设。改革农业类职业院校办学模式和人才培养模式，采取灵活的学制和教学方式"送教下乡"，为农民提供多样化的职业教育与培训服务。支持各级各类学校积极参与新型农民、进城务工农民和农村劳动力转移培训。

（三）创新职业教育发展方式

建立健全政府主导、行业指导、企业参与的办学机制，制定促进校企合作办学法规，推进校企合作制度化。鼓励行业组织、企业举办职业学校，促进校企双方在实习实训、专业建设、招生就业和教师队伍建设等方面全面合作，培养高技能人才。推进教育教学改革，根据河南产业发展需要调整专业设置，根据岗位需求调整课程设置和教学内容，根据不同的教育对象调整教学方式。创新人才培养模式，实行工学结合、校企合作、顶岗实习和订单培养，增强技能人才培养的针对性和实用性。加强对人才培养的质量监控，定期开展教学质量评估。把毕业生的职业道德、职业能力和就业质量、用人单位满意度作为考核职业院校教育教学质量的主要指标。

三、实施人才强省战略

人才优先发展，是经济社会发展的客观需要。人才资源是一种可持续开发、最具潜力、最可依靠的资源。河南人口多，密度大，人均资源少，经济社会发展面临严重的资源、能源和环境约束。转变经济发展方式，通过人才优先发展来形成新的经济社会发展优势，是符合河南实际的战略选择。

（一）优化人才结构

在加快转变经济发展方式，推动产业结构优化升级的进程中，要及早谋划和率先调整人才的专业素质结构、层级结构、分布结构，以适应和引领经济发展方式转变、产业结构优化升级、区域协调发展、经济社会协调发展。目前，河南的人才结构存在"四多四少"现象，即一般性人才多，高层次人才少；继承型人才多，创新型人才少；传统学科与产业人才多，新兴学科与产业人才少；教育卫生领域人才多，其他行业特别是企业管理人才、农村实用人才和社会工作人才少。这与加快经济发展转变方式的人才要求即高层次、创新型、新兴产业、复合型人才的要求极不适应。因此，要根据河南转变经济发展方式的目标任务和人才需求情况，把人才结构的调整置于更加突出的位置，充分发挥市场在人才资源配置中的基础性作用，统筹抓好党政人才、企业经营管理人才、专业技术人才、高技能人才、农村实用人才、社会工作人才等人才队伍建设，特别是要积极引进国内外高层次、高新技术和战略性新兴产业的领军人才及其团队，以带动整个人才队伍结构的调整和优化，促使河南人才辈出、才尽其用。

（二）加强人才培养投入

人才投入是效益最好的投入，要加大对人才发展的投入力度，提高投资效益，促进人才优先发展。要建立健全政府、社会、用人单位和个人等多元化的人才培养投入机制，建立健全与经济社会发展相匹配的人才投入动态增长机制，不断加大对人才发展的投入，实现人才资源向人才资本的转化。特别是各级政府和部门要把人才投入作为经济社会发展总投入的重要组成部分，做到人才经费优先筹措、人才投入优先安排、人才支出优先保证，真正确保人才发展资金的正常需要。

（三）注重人才引进

引进人才是提高本地人力资源整体素质的重要途径，也是人力资源开发的重要方式。加快引进人才应坚持高起点与现实相结合，不断开拓人才引进的新途径、新思路。第一，面向国际制定并实施区域人力资源开发的全球战略，共享全球智慧。第二，要创新人才吸引机制，积极吸引海外高层次留学人才回国服务和工作。第三，要进一步用优惠政策吸引国内、国际智力资源，引进更多的著名科学家、学者、学术技术带头人、工程技术专家、高级经营管理人才。第四，要创造"海纳百川、人才汇集"的新平台，把人力资源的引进不断向高端、深层推进，积极引进经济社会发展急需的各类人才，特别是高层次人才和紧缺人才。

（四）优化人才发展环境

优化人才发展环境是建设人力资源强省、人才强省的重要条件。因此，要着力构建多方位、多层面的良好软硬环境：一是加强人才强省战略的舆论宣传，营造尊重劳动、尊重知识、尊重人才、尊重创造的浓厚舆论环境。二是加强创业环境建设，通过加大政府政策支持力度、加强人才市场监管、调整就业政策、完善就业服务体系和立法等措施营造人才干事创业的良好环境。三是通过强化公务员的服务意识和能力、改进服务手段、提高服务质量等举措，形成人才干事创业的社会环境。四是加强人文环境建设，大力弘扬中原文化中的亮点，发挥情感的吸引力；建立健全硬件文化设施，培育高雅多样的文化消费市场。五是通过完善社会保障体系等加强生活环境建设，为人才提供便利的生活条件。六是完善人才工作法律法规体系和政策体系，建立多元投入的人才资本稳定投入机制，与时俱进地加强人才工作基础、工作设施和工作条件建设，为人才提供良好工作环境。

第三节　政策保障

建立健全政策支持体系，是市场经济条件下政府推动经济发展方式转变的主要手段。当前国家高度重视转变经济发展方式，不断出台引导和支持经济发展方式转变的政策措施，在国家政策的框架下，河南还要结合实际省情，进一步细化、补充，最终构建出适合自身需要的政策体系。

一、财政税收政策

基于公共财政的基本职能和目前经济形势的变化，河南在财政和税收方面要不断加大对产业结构优化升级、扩大内需、自主创新体系建设、环境保护等方面的支持力度，进一步完善财政体制机制，加快经济发展方式转变的步伐。

（一）加大支农力度，推进农业结构调整

农业是生产周期长、环境影响大、回报见效慢、经济效益差的弱质产业，农业结构调整是财政政策实施的重点领域。要综合运用政府预算、政府投资、税收调控和转移支付等多种财政政策手段，推进农业结构调整。作为粮食生产大省，首要的是推进国家粮食生产核心区建设，增加省级财政对粮食主产区的转移支付，支持粮食生产的政策措施向主产区倾斜，建立主产区利益补偿制度，加大对产粮大县财政奖励和粮食产业建设项目扶持力度，健全农业补贴制度，逐年较大幅度增加农民种粮补贴。健全农业投入保障制度，调整财政支出、固定资产投资结构，保障各级财政对农业投入增长高于经常性收入增长幅度；综合运用财税杠杆和货币政策工具，定向实行税收减免和财政补贴，引导更多信贷资金和社会资金投向农业。运用财政补贴手段，健全农产品价格保护制度，完善农产品市场调控体系，稳步提高粮食最低收购价，改善其他主要农产品价格保护办法，完善与农业生产资料价格上涨挂钩的农资综合补贴动态调整机制。增加预算安排投入，加大财政投入，加快农业科技创新体系和现代农业技术体系建设，加强农业技术推广普及。推进农业产业化进程，强化主要农产品生产大县财政奖励政策，完善农产品加工业发展税收支持政策，加强农业基础设施建设，利用政府投资大规模实施土地整治，搞好水利基础设施建设；创新投资机制，采取财政以奖代补等形式，鼓励和支持农民开展小型农田水利设施、小流域综合治理等项目建设，改善

农业生产条件。

（二）推进工业结构优化升级，构建现代产业体系

运用财政政策手段推进工业结构调整，要积极推进增值税转型，减少企业购进固定资产中的重复征税，增加企业财力，提高企业投资及技术升级的积极性，增强河南企业尤其是骨干企业的发展后劲。对于战略支撑产业中的薄弱环节、重点项目、重点企业，探索运用贴息贷款等财政补贴方法进行扶持，运用产业引导基金方式进行引导，增强河南省优势产业的战略支撑作用。对于高新技术产业，选择河南省基础好、发展潜力大、具有比较优势的领域，综合运用政府投资带动社会投资、税收优惠、财政补贴等方式进行扶持，使其尽快成为河南省经济发展的先导产业。对以基础设施为主的基础产业，紧紧抓住国家加快能源、交通、水利等重大基础设施项目建设的机遇，以政府投资为主，注意发挥各方面的积极性，运用财政补贴、税收优惠等方式带动社会投资进入，努力形成适度超前现代化基础产业和基础设施体系，对河南省经济社会发展起到稳固的支撑作用。

鼓励企业加强员工培训，建议大幅度提高企业员工培训费比例，但只针对实际发生的培训费允许按规定比例抵扣企业所得税，没有发生的不得抵扣，以保证企业把培训工作落到实处；充分运用技改贴息和科技专项资金，促进企业加强科技研发和科技成果转化；清理整顿行政事业性收费，按照中央统一部署取消和停止征收多项行政事业性收费，进一步减轻企业负担。除了运用法律手段、行政手段外，还要运用专项转移支付、递减性补贴等多种财政手段促进节能减排、淘汰落后产能，实现河南省工业结构的优化升级。

（三）实施财政投资倾斜政策，促进第三产业快速增长

由于河南投资生产结构以及增长方式中存在的问题，能够大量吸收就业的服务业发展严重不足，财政要重点加大对现代服务业的支持力度。如增加对现代服务业投入，通过建立服务业发展专项奖励资金、贷款贴息、直接补助等方式，支持传统服务业优化升级，加快零售业、餐饮业、生活服务业等的劳动密集型产业发展。同时，也要加快发展信息产业、咨询业、文化服务业、非正规教育服务业、体育服务业等劳动密集型和知识密集型的产业，以生产性服务业推动全省制造业持续创新发展，增强全省经济实力和增长后劲。要研究制定有关促进服务业发展的企业所得税优惠政策；要进一步扩大扶持现代物流业发展的营业税政策和鼓励技术先进性服务企业发展有关税收政策的试点范围；对生产性服务企业自营出口产品按现行政策实行出口退税；对服务业企业购置符合国家鼓励项目规定的高技术设备，按现行进口税收政策执行。

（四）增强内需对经济增长的拉动作用，实现经济增长由"投资拉动为主"逐步向"内需驱动、消费支撑、均衡发展"的模式转变

要着力改善扩大内需的环境，一是增加财政补助规模，继续完善增加农民收入的政策，健全企业职工工资正常增长和保障机制，增加对城市和农村低保补助标准，增加居民收入特别是农民和城市低收入群体的收入。二是完善税费制度，清理取消涉及消费的不合理收费，完善有助于消费结构升级的税收和收费政策，落实减税政策，减轻企业税收负担，促进企业投资。三是财政支出向保障和改善民生倾斜，全面实施城乡免费义务教育，提高新型农村合作所医疗、城镇居民基本医疗保险参保率；妥善解决关闭破产企业退休人员基本医疗保障问题。同时，投资在今后一个时期内，仍将是经济发展的重要支撑。河南省要在加大投资力度的同时，注重调整投资结构，省财政建设资金重点投向省级重大公益性项目、对全省经济发展具有全局性和战略性的非经营性基础设施项目等。

（五）加大财政对自主创新的支持力度，推动经济发展由资源依赖型向创新驱动型转变

各级政府都要把科技投入作为预算保障的重点，年初预算编制和预算执行中的超收分配，都要体现法定增长的要求，财政科技投入增幅要明显高于财政经常性收入增幅。财政科学技术支出占财政支出的比例逐年提高。市、县财政科技投入也要按照国家和省的有关规定实现增长。要引导企业和社会资金投向科学研究与技术开发，形成多元化、多渠道的科技投入体系，使全社会研发投入占生产总值的比例逐年明显提高。扩大政府扶持企业自主创新资金份额，着力提高企业创新能力。改变政府以无偿资助和贷款贴息资助方式对科技型中小企业技术创新的支持模式，采取"以奖代投"方式，支持科技型中小企业开展技术创新和科技成果产业化活动，激发中小企业自主创新的动力。认真落实国家有关自主创新产品政府采购预算管理办法、首购和订购办法，充分发挥政府采购政策对高技术产业发展的支持作用。

（六）大力发展低碳经济，实现经济发展由"高碳"模式向"低碳"模式转变

加大对环境保护的投入。各级政府要将环保投入列为本级财政支出的重点内容并逐年增加，加大对污染防治、生态保护、环保试点示范和环保监管能力建设的资金投入。建议设立节能减排专项资金，引导企业投入，加快构建政府引导、企业为主和社会参与的节能减排投入机制，支持和鼓励高耗能、高污染企业加强节能减排技术改造。完善税收优惠政策，支持资源综合利用率高的产业发展。通过直接补贴、财政贴息，政策性银行提供低息优惠贷款等形式，重点扶持清洁生产、循环经济和节能降耗的示范和技术推广项目，以鼓励和带动企业参与资源节约和环境友好型社会建设。积极探索建立新的有利于生态环境保护的补偿机制，通过完善财政转移支付制度，把生态补偿、环境保护、耕地保护等纳入转移支付因素，保证不同地区的基本公共服务水平均等化，促进不同功能地区围绕各自功能发展经济。

二、收入分配政策

近几年来，收入分配问题成为热点，国家收入分配改革方案正在酝酿之中，北京、上海、广东、浙江等地纷纷提高最低工资标准，收入分配改革已是渐行渐近。河南要以此为契机，通过调整与优化收入分配结构推动经济发展方式转变。

（一）落实强农惠农政策，确保农民收入稳步提高

无论从河南目前的发展阶段看，还是从社会稳定的角度考虑，都应将城乡居民收入差距作为河南收入分配中的首要问题予以重视，逐步加以解决。农民收入问题需要从两方面考虑，一方面是保障农业的合理收入，建立与完善农业保护政策，加大农业补贴力度，保证国家有关惠农政策的有效落实，执行稳定农产品价格保护政策，加大农村基础设施投入，努力增加对农业的科技和资金投入，科学地调整农业生产结构等；另一方面则是通过积极发展非农产业，大力发展农副产品加工业与食品制造业，推进农业产业化进程，鼓励与支持农民改善种植结构，增加经济作物种植面积，把农田变成食品工业的第一车间，有效扩展农民的收入来源渠道。

（二）优化财政支出结构，缩小收入分配差距

通过优化财政支出结构对收入分配产生影响的做法，世界各国积累了丰富的经验。从其他发展中国家的经验看，越来越多的国家倾向于增加在教育和医疗卫生方面的支出，以对收入分配状况的改善产生积极影响。因此，重视对教育，尤其是初等教育的支出，对于全面提高年轻一代人的基本素质十分重要，是一种着眼于改善收入分配状况的具有远见的做法。当前，河南基础教育尤其是农村基础教育水平不高，增加了居民负担，同时也不利于未来人力资本的提高。同样，加强政府在公共医疗卫生方面的支出，对于改善收入分配状况也有着现实和长远的意义。医疗卫生条件的改善，能够避免一些家庭因为疾病而再次陷入贫困，尤其是能够带来劳动力素质的提高，长期来看有助于改善收入分配状况。特别在广大农村，农民改善医疗卫生条件的要求更为迫切，努力增加这方面的投入，将会产

生更为明显的效果。此外，应更加重视公共设施建设和公用事业的发展，促进公共服务均等化，使之能在更多领域和更大程度上惠及穷人，减少因收入不同带来生活水平上的差距。

（三）完善社会保障体系，切实改善民生

目前在相当一部分发达的农村地区，基本养老保障制度建设的时机已经成熟，要把解决农村的养老保障问题作为破除城乡二元结构、实现城乡一体化的重要突破口。而河南在这方面还存在着不小的差距。要继续加大财政对社会保障的投入，调整支出结构，建立规范的社会保障预算制度，进一步提高社会保障支出的比重，扩大保障覆盖面，真正实现"应保尽保"；探索新的制度建设，针对不同群体增加新的保障项目，如建立符合农民工特点的社会保障制度、农村养老保险制度等。同时，坚持加快发展经济和大力改善民生有机统一，不断完善"小财政"支撑"大民生"的政策和制度体系，建立被征地农民社会保障制度，提高城镇职工基本医疗保险统筹层次，建立村干部养老保险补助制度，全面推进医疗卫生体制改革，扩大基本药物试点范围，改善县乡和城市社区基层医疗机构办医条件，强化公共卫生服务体系建设，提高教育基础设施投资，增强经济社会发展的协调性。

（四）加强法治监管力度，规范收入分配秩序

要加强税源监控和税收征管，加大对高收入的调节力度，加强个人收入信息体系和个人信用体系建设，减少税收流失。要坚决打击取缔非法收入，规范灰色收入，逐步形成公开透明、公正合理的收入分配秩序。堵住国企改制、土地出让、矿产开发等领域的漏洞，深入治理商业贿赂。严厉打击走私贩私、偷税漏税、内幕交易、操纵股市、制假售假、骗贷骗汇等经济犯罪活动，切断违法违规收入渠道。加大党政机关和事业单位"小金库"治理工作力度，并向社会团体和国有企业延伸。推进事业单位工资制度改革，清理和规范工资外的各种津贴补贴、非货币性福利等。加强反腐倡廉建设，深化政务公开，严禁国家机关和教育、卫生等事业单位以及供水、供气、供电等企业乱收费、乱罚款、乱摊派、乱涨价，严厉查处官商勾结、以权谋私、权钱交易的行为。大力加强反腐倡廉制度建设，从源头上消除腐败行为滋生的土壤。

三、科技创新政策

当前，河南正处在必须转变经济发展方式、调整经济结构才能实现可持续发展的重要阶段，迫切需要把自主创新摆在更加突出的位置，构建支撑河南加快经

济发展方式转变的科技政策体系,加快推进科技进步,努力提高创新能力,大幅度提高科技进步对经济增长的贡献率,为加快转变经济发展方式提供重要支撑。

(一)全面提升科技创新能力

充分利用河南的区位优势和资源优势,加大对科技基础条件建设的投入,加强重点实验室、工程技术研究中心、企业技术中心等平台的资源整合,形成面向产业和企业开放的创新平台,促进科技资源共享,增强科技发展的后劲。一是加强重点实验室建设。为提高原始创新能力,开展事关河南可持续发展的基础前沿技术和战略高新技术的研发和学术交流,培养高层次科技创新人才,要依托重点高等院校、科研机构和有条件的企业及事业单位,加强重点实验室、工程实验室、高校重点实验室等建设。二是大力发展创新型产业集聚区和其他科技园区。以培育具有国际竞争力的高新技术企业和产业集群为目标,推动高新技术产业开发区实施以增强自主创新能力为核心的"二次创业",做强做大高新技术产业开发区,充分发挥其引领示范作用,建设区域创新基地和高新技术产业集群化发展基地。三是积极发展创业孵化基地。以国家大学科技园、国家"863"软件孵化器、中部软件园、留学生创业园、创业服务中心等为依托,积极发展科技创业孵化基地。完善功能,提高服务能力,为中小科技企业和大学生等个体创业者提供全方位服务,促进科技成果转化为现实生产力,帮助中小企业快速成长。四是探索建立产业技术创新战略联盟。选择关联度高、带动性强、发展前景好、在河南具有一定比较优势的产业领域,组织相关企业、高等院校和科研机构建立产业技术创新战略联盟,实现创新资源的有效分工和合理衔接,围绕产业技术创新的关键技术问题开展紧密的技术合作和联合攻关。各成员单位以开放合作促进互利共赢,共同突破产业发展的核心技术,形成技术标准,共同提高核心竞争力,共同打造和壮大新兴产业集群,提升产业的整体竞争力。近期可以选择风力发电装备、汽车及零部件、功能性耐火材料、生物疫苗等领域开展试点。五是发展其他各类有效的创新载体。围绕自主创新体系建设的需要,建设和发展农业科技创新服务平台、大型科学仪器设备共享平台、自然种植资源共享平台、科技文献资源共享平台、科学数据共享平台、科技成果转化和推广公共服务平台、公共检测技术平台、科技和人才信息服务网络、技术贸易和技术产权交易网络、生产力促进网络、知识产权服务网络等能有效服务各类创新主体,帮助完成创新目标任务的创新载体。

(二)强化企业自主创新主体地位

要把企业作为科技投入与开发的主体,建立完善企业技术创新服务平台。围绕河南企业科技发展需求，在有条件的大企业、技术开发类科研院所加强以重点实验室和工程技术研究中心为主要载体的行业技术研发平台建设，加快科技成果向企业转移，提升行业整体的产业化规模和水平。围绕河南现代产业体系建设，以主导产业和高新技术产业的骨干企业为重点，优先布局产业集聚区，加快建设和发展工程技术研究中心、企业技术中心等各类企业研发中心。争取到2020年，全省大中型工业企业全部建立研发中心，使企业发展的创新能力大幅度提高。逐步完善面向企业的科技服务体系，开展科技特派员企业创新创业试点，以多种形式组织和引导高校和科研院所的专家和科技人员深入企业，为企业的技术创新提供帮助和支持，引导各类科技中介服务机构为企业广泛开展技术咨询、诊断、信息和中介服务，推动产学研结合，为科技与经济的结合架起桥梁。

（三）加强科技创新人才队伍建设

抓好"培养、引进、用好"三个环节，切实加强自主创新人才队伍建设。实施创新型科技人才队伍建设工程，培育一批科技领军人才、一批科技创新团队和一支创新型科技人才骨干队伍。实施中原崛起百千万海外人才引进工程，积极引进海外及省外高层次科技创新人才，壮大科技创新人才队伍的规模，优化人才队伍的结构，提升人才队伍的层次。加强农村实用人才队伍建设和农村科技人力资源开发，着力培养一大批创新型农业生产经营人才和农村科技服务人才。在高等院校和职业院校开展创新精神和创新知识教育，为科技创新提供大批高素质的人力资源。

第四节　法治保障

加快转变经济发展方式是一项复杂的系统工程，需要通过多种手段或途径加以推进。随着改革开放和社会主义现代化建设事业的不断发展，河南省社会经济成分、组织形式、就业方式、利益关系和分配方式日益多样化，社会阶层结构出现新的变化，人民群众的利益要求和愿望也日益多样化，有些法律制度已经不能适应新形势，不利于经济发展方式的转变。积极推进制度创新，严格依法行政，充分运用法律手段解决经济发展中的实际问题，是加快转变经济发展方式的重要手段和保障。

一、围绕经济发展方式转变全面推动法治建设

为适应转变经济发展方式的需要，当前，地方政府立法工作要更加突出重点，及时把党和国家关于加快转变经济发展方式的方针政策转化为法律制度，增强政府立法的针对性。要进一步增强立法的科学性、民主性，不断提高制度建设的质量。同时，还要加强法规清理工作，及时修改和废止不符合转变经济发展方式要求的有关规定。要进一步强化备案审查，坚决纠正违反法律规定、不符合转变经济发展方式政策的规章和规范性文件。要运用法律手段解决经济发展方式转变过程中产生的社会矛盾和争议，充分发挥行政复议在化解行政纠纷中的作用，切实维护社会稳定。要正确处理好局部和全局的关系，防止政出多门、各自为政、各行其是，要特别警惕以改革创新为名，随意突破法律禁区、不严格依法行政等问题，一切有关转变经济发展方式的制度创新，都必须严格依照法定的权限和程序进行，切实维护法律权威。

二、切实抓好司法工作保障和服务经济发展方式转变

一是最大限度地预防和减少社会矛盾纠纷。创新司法服务举措，充分利用司法调解与人民调解、行政调解三位一体调解工作体系预防和化解纠纷，通过及时了解经济发展动向，自觉地从大局出发谋划工作。通过审判工作中发现的问题，及时向党委、政府和有关部门提出工作建议和司法建议。建立重点项目提前介入工作机制，建立完善人民法院与企业沟通机制，运用多种方式规范市场主体的法律行为。二是充分发挥司法的能动作用，依法审理民商事案件。通过相关民事案件审判，促进诚实信用、规范有序的市场环境形成。审理好企业破产、重组等相关商事案件，促进企业转型，推动企业发展方式转变和结构调整。以节能减排、关注民生为出发点，依法妥善处理环境污染案件。妥善处理涉及金融企业案件，促进良好金融生态环境生成。进一步加大知识产权案件审理，积极推动企业自主创新。依法审理相关行政案件，加强对行政行为的支持与监督力度。三是为经济发展方式转变创造良好的治安环境。依法严厉打击黑恶势力，依法从严惩处各种破坏市场经济秩序的犯罪，依法严厉打击破坏企业正常生产经营的犯罪，对具有法定从轻、减轻处罚情节的，依法从宽处理；加强对刑事被害人救助、轻微刑事案件和解工作，减少社会对抗，促进社会和谐。

三、努力营造转变经济发展方式的良好法治环境

要强化法律监督，依法解决经济发展方式转变、经济结构调整中的涉法问题，着眼于推动产业结构优化升级，加大打击破坏市场经济秩序犯罪力度，严肃查办国企改制、企业重组中的职务犯罪，妥善处理因企业兼并破产造成的劳资纠纷案件；着眼于做大做强高新技术产业，加大知识产权保护力度，严厉打击各类侵犯知识产权的违法犯罪活动；着眼于发展绿色环保产业，依法打击造成重大环境污染、严重破坏环境资源的犯罪行为；着眼于推进城镇化建设和"三农"工作，严肃查办征地拆迁、土地流转和惠农资金管理等领域的职务犯罪，坚决惩治制售假农药、假化肥、假种子和哄抬农资价格等坑农害农的违法犯罪行为；着眼于优化发展环境，以政府投资项目和使用国有资金项目为重点，抓住项目审批、土地征用、工程建设招标、贷款发放等关键环节，深入做好公共资金使用、公共资源配置、公共项目实施等领域的查办和预防职务犯罪工作，为加快转方式、调结构营造良好的法治环境。同时，加强法制宣传教育，通过典型案例引导等多种方式，不断提高公民自行解决纠纷的自觉性，为经济发展方式转变创造良好的社会氛围。

第十一章 河南转变经济发展方式的
体制机制创新

加快转变经济发展方式，已成为当前和今后河南省经济社会发展面临的一项重大战略任务。经济发展方式转变的过程实质上就是制度变迁和制度创新的过程。只有着力构建充满活力、富有效率、更加开放、有利于科学发展的体制机制，实现重要领域和关键环节的改革新突破，形成有利于加快转变经济发展方式的制度安排，并确保其得到有效实施，才能够使加快发展方式转变成为政府、企业和个人的自觉行为，才能解决经济社会发展中存在的一些深层次矛盾和问题，从而真正实现经济发展方式的转变。

第一节 转变经济发展方式与体制机制创新

我国不仅提出转变经济发展方式，而且在实践中也为此进行了不少努力，但当前我们的经济发展方式问题却更加凸显。经济发展方式转变之所以困难，在于受到发展观念、社会发展阶段以及体制机制等多方面的制约，而最根本的还是在于其深刻的体制机制性根源。

一、转变经济发展方式关键在于体制机制创新

与发展观念、基本国情、经济发展阶段、科教水平和管理水平等因素相比，经济体制和运行机制对经济发展方式制约性更大，这种制约性不仅反映在微观层面的企业经营机制上，而且体现在宏观层面的经济调控体系和调控手段上。

实践证明，尽管经济发展方式及其转变不仅与一个国家（或地区）的国情和经济发展阶段有关，而且也涉及经济结构、技术进步等方面的问题，涉及指导思想、发展战略、产业政策乃至人们的观念问题，但对其起决定性作用的，也是最

根本的原因是体制问题。综观世界各国的经济发展，有一个共同的特征：不同的经济体制就会产生不同的经济运行机制，进而影响其经济效率和增长方式。因此，有什么样的经济体制，就必然会有与之相对应的经济增长方式。也就是说，经济制度的变迁与创新——包括经济组织形式的革新、市场制度的变化、经营管理方式的创新、产权制度的变革等，不仅是影响经济长期增长的一个重要因素，而且对资源配置效率和经济效率的提高会产生重大影响，因而，也会对经济发展方式的转变产生重大影响。

2010 年 2 月，胡锦涛同志在省部级主要领导干部贯彻落实科学发展观加快经济发展方式转变专题研讨班上的讲话中强调，要坚持社会主义市场经济改革方向，深化经济体制、政治体制、文化体制、社会体制以及其他各方面体制改革，努力在重要领域和关键环节实现改革的新突破，着力构建充满活力、富有效率、更加开放、有利于科学发展的体制机制，形成有利于加快经济发展方式转变的制度安排。当前，要把社会体制改革摆到突出位置，改革开放 30 多年来，我国的改革实际上是以经济体制改革为主线的。我国之所以要改革开放，就是因为长期以来经济发展严重落后，人民生活水平低下，尽快把蛋糕做大是当时最紧迫、最主要的任务。这就决定了我国的改革要以经济体制改革为主线，尽快破除影响生产力发展的体制和机制障碍。经过 30 多年的快速发展，我国的经济发展和综合国力都迈上了一个大台阶，现在的问题不但是要考虑怎么继续把蛋糕做大，还要考虑怎样把蛋糕分好，也就是说，效益和公平要兼顾，再分配中要更加注重公平。这就要求把社会体制改革摆上重要议事日程。转变经济发展方式必须把工作的着力点放在扩大内需上，农民、农村是扩大内需的最大潜力所在。提高农民收入，加快农村发展，把农民、农村的潜在购买力变为现实购买力，就必须解决城乡二元结构，加快城镇化建设，加快社会保障体系建设，逐步实现公共服务的均等化等，这就要求相应地改革现有的户籍制度、土地制度、教育体制、社会保障体制等。我国已经进入了 GDP 人均 4000 美元的发展阶段，根据国际经验，这是一个社会矛盾凸显的危险期，很多国家没有闯过这一关，落入"中等收入陷阱"，经济发展迟缓，社会矛盾增多，甚至导致社会动荡。中国能否闯过这一关，关键取决于社会问题的解决。这也要求把社会体制改革摆上重要议事日程。构建社会主义和谐社会，要求更加重视社会的公平公正问题，实现社会的公平、公正在很大程度上也取决于社会体制的改革和完善。因此，当前及今后相当长一个时期，要更加重视社会体制的改革，至少要把社会体制改革摆到与经济体制改革同等重要的位置，使社会体制改革与经济体制改革成为推动经济发展方式转变的两个主要制度引擎。

二、阻碍经济发展方式转变的体制机制问题

阻碍我国经济发展方式转变的体制机制问题可以归纳为以下几个方面：

（一）从资源配置来看，生产要素市场还很不完善，市场机制还不能充分发挥作用

突出问题是，资本、土地等生产要素市场发育滞后，价格形成机制过多的受到行政干预，价格杠杆很难有效地发挥作用。比如土地，作为最重要的生产要素之一，成为政府的主要收入来源和招商引资的手段之一。一些地方政府为了招商引资，不惜人为压低土地出让价格，往往是一届政府就把几十年的土地都批出去了。土地价格不能反映其价值，结果就是鼓励企业扩张规模，大量的土地利用效率很低，浪费严重。再比如，由于水价形成机制不健全，用水结构不合理，在一定程度上导致了我国水资源利用效率不高，水污染严重，水资源短缺和浪费现象并存，严重制约了经济发展。此外，煤、电、油等能源的价格也没有放开，总体价格水平偏低，不能反映其稀缺程度。在我国目前的矿产资源开采体制下，获取开采权的成本很低，也使得价格和成本的严重脱离，这种扭曲的价格机制不能反映我国资源稀缺情况，造成了使用中的大量浪费。另外，我国的资本市场还不发达，导致社会资金分配不当。目前企业所需资金主要来自银行贷款。但是，我国利率还没有实现市场化，利率水平偏低，不能反映资金供求关系，并且信贷资金的配置往往受到行政干预。国有企业、银行和政府三者之间，国有企业依赖于银行、银行听命于政府、政府受制于国有企业的关系并没有发生根本性改变。其后果是，这种特殊的三位一体的关系减少了三者承担甚至不承担资本借贷的风险。没有风险的借贷，使企业想当然地不会考虑从技术等层面扩大生产、提高效率，而导向了更为容易带来利益的低效率投资。相比之下，个体企业、民营企业要获得银行资金则要困难得多，即众多国有企业的存在及其特权，对非国有企业特别是个体企业和私有企业形成极大的挤压效应。再加上国有企业同非国有企业相比存在制度缺陷，使流向国有企业的资金的使用效率低下。总的结果是，由于资金配置的这种非市场化方式的存在，带来了资源使用上的低效率，甚至是无效率。

（二）从市场中的主体看，政府对经济干预程度大，甚至直接干预经济活动

在政府管理和调控经济中存在着大量的疏漏和失当，其中最突出的是两个错位现象。

一是角色错位。政府本是超然于各个利益群体之上的社会整体利益的代表，

在市场经济竞争格局中应扮演第三者仲裁的角色，为各经济主体创造公平规范的制度环境。但在现实生活中，我们看到，这种角色是模糊的，甚至是错乱的。"裁判"往往成为"运动员"，与其他主体经济不平等竞争。政府行政垄断、与民争利的现象大量存在。迄今为止，仍有约30个行业不能对民间资本开放。这又使企业感到，既然自己的产品供不应求，何必管它是什么方式生产出来的，又何必急于转变经济增长方式呢？

政府行使"裁判权"时，也不能一视同仁，带有明显的利益偏向。例如，在处理劳资关系时，往往偏袒资方。在大、中、小企业关系上偏袒大资本，以"做大做强"为口号，给大企业以各种优惠和便利，鼓励集中和垄断。在国有企业与非国有企业关系上，长期偏袒国有企业，如此等等。这样的人为扭曲市场机制，造就了不公平、不合理的竞争格局。

二是调节功能错位。对于市场运行过程，政府应该尊重经济规律，按照市场运行的内在机理，运用经济手段实施"顺市场调节"。但政府调节却往往变成逆市场而动，仍然沿用计划经济条件下的数量控制办法，运用行政力量配置资源，人为造成价格机制失灵。其中最典型的是招商引资过程中的土地管理行为。另外，市场经济与生俱来的弊端会造成收入分配的贫富差距，有可能形成两极分化。政府对市场经济运行的这种后果应该实行"逆市场调节"，建立起国民收入再分配的调节机制，协调全社会的利益关系，实现利益和谐，但这方面的政府调节又恰恰是"顺市场"行为，结果造成事实上的贫富差距日益扩大。

（三）目前的财税政策等制度安排不利于经济发展方式转变

财税体制在很大程度上决定经济发展方式。现行财税体制以增加财政税收为导向，促使各地热衷于粗放式发展财税收入高的工业特别是重工业，甚至有些地方政府会容忍一些高污染的项目，对发展高技术产业和第三产业重视不够，不利于经济发展方式的转变。资源税费不合理，也导致企业缺乏节约资源、集约发展的动力。目前，我国资源类税费征收标准过低，很难达到循环利用、节约资源的目的。例如，国外石油天然气矿产资源补偿费征收率为10%~16%的标准，我国资源税处于绝对低的水平，过低的资源类税费征收标准，不利于资源的合理开发和节约使用，其中，新疆的石油天然气矿产资源补偿费，其征收率仅为1%，难以发挥促进资源合理开发利用、避免资源浪费和配置不合理的作用。在国际资源性产品日益紧缺的大背景下推进资源税改革，提高长期过低的资源税迫在眉睫。

（四）现行干部政绩考核和提拔任用体制影响着经济发展方式的转变

长期以来，中央对地方政绩的考核过于看重产值和经济增长率，而忽视资源消耗率和环境受损害程度等内在的综合考核，忽视对经济增长质量的考核，干部的政绩考核标准都过于重视经济指标，尤其是过于重视 GDP 的增长，这极大地影响到经济发展方式。在一些地方，政绩考核就看 GDP 增长，就看招商引资的完成数额，就看财税报表的上缴数据，而其他如教育、文化、卫生、环保等发展状况，都要为之让路。有些地方把 GDP 指标与干部政绩简单挂钩，把它作为干部晋升的主要甚至唯一依据。作为衡量经济发展的指标，GDP 增长率是最常用的，也是有效的。但 GDP 本身是有缺陷的，它代表的是数量，无法体现增长的质量和效益，也无法剔除重复性甚至是破坏性的增长，更无法完全体现经济发展对人民福利和社会保障的促进。在这样的考核制度下，作为地方政府来讲，最佳的选择就是大力发展能使 GDP 快速增长的工业尤其是高能耗、高污染的重化工业，而对发展高技术产业和服务业则缺乏足够的兴趣，对提供优良的公共服务、节约资源和环境保护也缺乏足够的动力。因此，为追求政绩，政府官员忙于招商引资上项目，并且由于官员任期较短，投资往往集中在短期见效的项目上，主要是市政建设和基础投资，甚至不惜引入对当地环境造成严重污染的项目。而真正需要政府关注的教育、医疗、农业等领域，却投入不足。这使得我国投资率居高不下，并且投资结构扭曲，导致资源配置的低效率。

第二节　加快经济增长方式转变，推进经济体制改革

近年来，我国深化经济体制改革的目标和任务主要是：鼓励支持和引导非公有制经济发展；深化国有企业和垄断性行业改革；深化资源性产品价格和环保收费改革；深化金融体制改革，协调推进城乡改革；深化民生保障体制改革；深化社会领域改革；深化涉外经济体制改革；深化行政管理体制改革；积极推进综合配套改革试点。通过深化经济体制改革，建立健全有利于自主创新和全面协调可持续发展的体制机制，才能为科学发展提供制度基础。

一、坚持和完善基本经济制度

坚持和完善公有制为主体、多种所有制经济共同发展的基本经济制度，为发展中国特色社会主义提供了坚实基础。党的十七大报告指出，要"坚持和完善公有制为主体、多种所有制经济共同发展的基本经济制度"，党的十八大报告再次

提出，要继续完善基本经济制度。因此，我们必须继续坚持和完善公有制为主体、多种所有制经济共同发展的基本经济制度，毫不动摇地巩固和发展公有制经济，毫不动摇地鼓励、支持、引导非公有制经济发展，为经济增长、全面建设小康社会提供切实保障。

（一）继续深化国有企业改革

加快推进国有企业公司制、股份制改革步伐，完善公司治理结构，在全省普遍建立起适应市场经济体制要求的、规范的现代企业制度，形成比较合理的国有经济布局和结构。加快国有企业调整重组，深入贯彻落实《国务院关于促进企业兼并重组的意见》，坚持"政府引导、企业自愿、市场运作"的原则，以河南的食品、装备制造、汽车、化工、煤炭、有色金属、钢铁、建材等行业为重点，充分发挥大型企业集团在管理、技术、资金、人才等方面的优势，围绕打造全产业链，通过企业并购、转让、联合重组、控股等多种方式，推动优势企业强强联合与跨地区兼并重组，大力培育发展大型现代企业和企业集团，着力提高产业集中度。引导企业通过兼并重组推进管理创新、技术改造、资源整合与业务流程再造，淘汰落后产能，压缩过剩产能，促进节能减排，实现优势互补与产业链对接，提高企业发展的质量和效益。

（二）继续改善非公有制经济的发展环境

继续促进非公有制经济又好又快发展，需要进一步贯彻平等准入、公平待遇的原则，破除体制障碍，进一步清理限制非公有制经济发展的法规规章和政策文件，鼓励和引导民间资本进入法律法规未明确禁止准入的行业和领域，放宽和规范非公有制经济发展在市场准入、财政税收、信用担保和融资等方面的政策措施，按规定落实非公有制企业在投资、税收、土地使用和对外贸易等方面与其他企业享受同等待遇，努力营造良好的市场环境、政策环境、法治环境和社会环境，维护非公有制企业的合法权益；完善民营企业发展的体制机制，加强和改进对非公有制企业的服务和监管，引导个体、私营企业制度创新，特别是要引导私营企业从家族制逐步走向现代公司制。

二、加快财税体制改革

财税体制对于社会经济活动具有重要的调节和引导作用，是加快转变经济发展方式的重要基础和保障；财税体制改革涉及国家、企业、个人之间以及中央和地方之间、地区之间、部门之间等的利益关系，在经济体制改革中占有重要地位，是完善社会主义市场经济体制的关键环节。

（一）推动财政体制改革

规范省以下财政收入和政府支出责任划分，将部分适合更高一级政府承担的事权和支出责任上移。强化省级政府在义务教育、医疗卫生、社会保障等基本公共服务领域的支出责任，提高民生支出保障程度。在注意处理好与现行行政管理体制和其他经济管理权限关系的基础上，积极推进省直管县财政管理方式改革。强化乡镇财政管理，因地制宜深化乡财县管改革。加快完善县级基本财力保障机制。把加强县级政府提供基本公共服务财力保障放在更加突出的位置，以满足县级基本财力保障需要，实现保工资、保运转、保民生为目标，在中央和省级财政加大支持力度的基础上，通过建立和完善奖补机制，建立县级基本财力保障机制，逐步提高保障水平。

（二）完善政府预算体系

健全公共财政预算，提高公共财政收入质量，增加公共服务领域投入，着力保障和改善民生。强化政府性基金预算管理，提高基金预算的规范性和透明度。健全预算管理制度，深化政府收支分类改革，完善支出标准体系，加强项目库建设，夯实预算编制的基础。继续规范预算编制程序，细化预算内容。建立完善预算编制与预算执行、结余结转资金管理和行政事业单位资产管理有机结合的制度。进一步增强地方预算编制的完整性。加强预算执行管理。依法加强税收征管，强化非税收入管理，建立规范的收入管理体系。完善各单位部门预算执行管理制度，健全预算支出责任制度，提高预算支出执行的均衡性和效率。

（三）加大税制改革方案实施的力度

要加快河南增值税转型的步伐，在增值税转型试点的基础上，认真总结转型中的成功经验和存在的问题，积极争取在河南尽早实施消费性的增值税。在改革的策略上仍可实行分步走的路径。第一步是全面允许抵扣外购机器设备所支付的税金，全面扩大增值税的抵扣范围，既有利于公平税收负担，又有利于切实保护纳税人的权利。第二步是加快扩大增值税征收范围的步伐，首先应包括交通运输与建筑安装这两个与货物生产、销售密切相关的行业；其次在此基础上，将纳税人外购房屋建筑物及应税劳务所支付的税金全部给予抵扣。此外，要加大促进现代服务业发展的税收扶持力度，降低相关企业税收负担，鼓励企业进行技术改造或技术研发投资，提高企业自主创新能力，培育发展高技术和新兴的高附加值行业。

三、深化金融体制改革

作为现代经济的核心和第三产业的重要组成部分，金融业的发展和结构优化，不仅是转变经济发展方式的重要内容，对改善投资、消费和储蓄结构，促进科技成果向现实生产力转化，增强经济发展的动力和活力，也具有不可替代的作用。

(一) 加快构建区域性金融支持体系

单纯依靠商业金融资源是无法满足欠发达地区的资金需求的。因此，应当建立区域性政策金融机构，完善政策性金融体系，配合河南经济发展目标，弥补河南资金的匮乏。区域政策性银行通过提供中长期优惠利率资金，加快新兴产业过度发展初期边际收益较低阶段，为区域经济结构的改善提供资金支持。同时，要加大对金融服务业的培育力度，做大做强河南省的商业性金融体系，在较为发达的地市合理引导国外资本、民间资本等进入金融领域，丰富金融体系的资本构成；鼓励地方商业银行、农村信用社开展跨区域收购、兼并或重组，整合区域内的金融资源；在欠发达的地市发展适应中小企业、乡镇企业需求的区域性股份制商业银行，为产业结构的梯次转移创造条件；要大力发展各种保险公司、证券公司、企业集团公司等非银行金融机构，进一步提高金融对经济发展的支持力度。

(二) 完善地方政府金融管理体制

我国在"十二五"规划纲要中提出"深化金融体制改革"的明确要求，并将"完善地方政府金融管理体制，强化地方政府对地方中小金融机构的风险处置责任"作为其中的主要内容之一，因此，必须加快建立规范且高效的地方政府金融管理体制。地方政府要将金融管理工作的重点从争取资金投入转向协调和服务，以市场化的金融资源配置为主导，不干涉资金在地区间的正常流动，不干预金融机构的具体业务；要依据地区实际情况和经济发展规律制定本地区的金融业发展规划，充分吸收民间资金促进地方金融业的发展；要以适当的政策倾斜引导金融资源流向经济发展水平较低的农村，提高金融服务均等化水平，促进城乡经济协调发展；要维护地方金融秩序，着力加强地方金融生态和信用环境建设，为地方金融体系整体功能的发挥创造良好的外部条件。此外，还要规范地方金融管理机构职能，提高其专业化、市场化水平，并通过强化金融服务（工作）办公室的管理职能、稳定职能，逐步剥离其融资功能，支持其建立健全金融稳定基金，用于金融机构的兼并、重组、救助和退出等金融风险处置，提升金融风险的规避与处置能力，促进地方金融机构稳定发展。

四、推动投资体制改革

要按照"谁投资、谁决策、谁收益、谁承担风险"的原则，着力构建充满活力、富有效率、更加开放、有利于科学发展的投资体制机制。

（一）改善投资宏观调控

综合运用经济的、法律的和必要的行政手段，对全社会投资进行以间接调控方式为主的有效调控，逐步建立以规划、产业政策和信息引导为基础，以土地、环保、经济安全为约束，与金融、财政、税收、价格等密切配合的投资调控体系。明确各级政府的投资范围，政府投资主要用于公益性和公共基础设施建设等市场不能有效配置资源的经济和社会领域，能够由社会投资建设的项目，尽可能利用社会资金建设。要合理划分省政府与地方政府的投资事权，省政府投资除本级政权等建设外，主要安排跨地区、跨流域以及对全省经济和社会发展有重大影响的项目。各级投资主管部门要会同其他有关部门，根据经济和社会发展中长期规划，编制水利、能源、交通、生态建设、资源开发、环境保护、社会事业、城市基础设施等重要领域的发展规划，建立健全项目储备库，做好重大项目前期工作，还要密切关注行业发展和重大项目建设中的热点和难点问题，协调解决项目建设、运营中遇到的困难和问题。实践证明，按照规定程序批准的发展建设规划是投资决策的重要依据。

（二）改革投资项目审批制度

这是投资体制改革的一项重要决策，是真正落实企业投资自主权的关键举措。对不使用政府资金的企业投资项目不应当再采取审批的管理方式，而是根据项目具体情况分别实行备案制和核准制。实行备案管理的社会投资项目的市场前景、经济效益、资金来源和产品技术方案等，均由企业自主决策、自担风险。对不使用政府投资的重大社会投资项目和限制类社会投资项目，各级政府投资主管部门需要进行核准管理，由各级投资主管部门签发政府核准文件，不再进行项目建议书、可行性研究报告、初步设计等审批。而对于全部或部分使用政府投资的固定资产投资建设项目，仍实行审批制度。在扩大企业投资决策权的同时，还要规范投资项目的审批程序、简化投资项目的审批环节。

（三）建立健全投资监管体系

各级政府要建立分工协作、相互制衡的投资监管体系，对政府投资要实行全过程的责任追究制度，鼓励公众和新闻媒体对政府项目进行监督。要建立健全协同配合的企业投资监管体系，国土资源、环境保护、城市规划、质量监督、银行监管、证券监管、外汇管理、工商管理、安全生产监管等部门，要依法加强对企业投资活动的监管，凡不符合法律法规和国家政策规定的，不得办理相关许可手续。各级政府投资主管部门要加强对企业投资项目的事中和事后监督检查，对于不符合产业政策和行业准入标准的项目，以及不按规定履行相应核准或许可手续而擅自开工建设的项目，要责令其停止建设，并依法追究有关企业和人员的责任。审计机关依法对国有企业的投资进行审计监督，促进国有资产的保值增值。

五、建立健全资源有偿使用制度和生态环境补偿机制

转变发展方式必须处理好经济发展、资源利用、环境保护三者之间的关系，解决好资源有限和环境容量对经济发展的制约。因此，必须深化资源价格改革，建立促进资源节约和生态环境保护的体制机制。

（一）深化资源和环境有偿使用制度改革

深化资源和环境有偿使用制度改革，让企业承担资源和环境的真实成本，从根本上建立起企业珍惜资源、保护环境的长效机制。在矿产资源方面，全面实行矿业权有偿取得制度，除煤炭资源有偿使用外，其他资源有偿使用改革同步推行。凡出让新设的探矿权、采矿权，除特别规定以外，一律以招标、拍卖等市场竞争方式取得。全面实行矿山生态恢复保证金制度，采矿权人严格按照规定的标准，占用矿区需预先缴纳矿山生态环境恢复保证金，建立矿区环境治理和保护的长效机制。推进排污权有偿取得和排污权交易制度，引入市场机制督促企业将环境成本纳入企业生产成本，使环境外部成本内部化，社会成本企业化。改革排污许可证的行政授予方式，实行有偿取得，并通过一级市场实现对排污总量的有效控制。同时，探索建立排污权交易二级市场，积极开展排污权交易试点，通过市场机制促进企业减少污染排放。

（二）建立健全资源性产品价格形成机制

资源价格合理与否，关系到经济结构的优化，关系到产业升级的成败，也关系到经济能否可持续发展，以及资源和环境的安全。充分发挥价格机制在促进发展方式转变方面的基础性作用，逐步完善资源价格形成机制，重点推进矿产资源价格、水价、电价、石油和天然气价格改革，将污染治理、生态保护、安全生产等成本纳入价格构成因素。加快资源垄断行业的体制改革，打破市场垄断，逐步减少行业禁入的限制，对社会资本逐步开放。研究建立反映资源和能源消耗水平的价格机制。按照产业政策、产品单耗限额和单位产值能耗限额标准，实施差别化能源价格政策。加强电力需求的价格管理，对居民生活用电实行分档累进加

价，实行高耗能差别电价政策。完善水价形成机制，对居民生活用水实行阶梯式计量水价。而对于关系民生和群众日常生活的产品，要采取财政补贴、价格优惠、社会保障等各种切实有效的措施，确保困难群众的实际生活水平不因产品价格上涨而降低。

（三）构建生态环境保护补偿机制

生态环境补偿是指对损害生态环境的行为进行收费或对保护生态环境的行为进行补偿，以提高该行为的成本或收益，达到保护生态环境的目的。建立生态环境保护补偿机制有利于调动社会各方面保护生态环境的积极性，有利于促进优化经济结构和转变经济发展方式，促进树立科学发展观和建立资源节约型社会，促进区域均衡发展和社会的公平、和谐与稳定，具有十分重要的意义。因此，要积极探索建立新的有利于生态环境保护的补偿机制，从生态环境保护的补偿依据、标准，补偿资金的筹措、分配、使用，生态环境税费的征收使用等方面进一步研究提出切实可行的措施办法，通过完善财政转移支付制度，把生态补偿、环境保护、耕地保护等纳入转移支付因素，保证不同地区的基本公共服务水平均等化，促进不同功能地区围绕各自功能发展经济。

第三节　适应社会公共需求，推进社会体制改革

现阶段中国社会建设中的突出问题，是体制性问题严重制约着社会建设的发展，社会体制改革的延宕和滞后，成为今天社会建设有待突破的一个"瓶颈"。继党的十七大报告中提出"推进社会体制改革，扩大公共服务，完善社会管理，促进社会公平正义"之后，十八大报告中再次强调，"必须加快推进社会体制改革"。没有社会体制问题的解决，就不可能真正有效地解决现阶段诸多的社会问题，也不可能实现科学发展。

一、创新社会管理体制

社会管理体制创新，是指运用现有的资源和经验，运用现代管理理念、技术、方法和机制等，对现有管理模式及相应的管理方式和方法进行改造、改进和改革，建构新的社会管理机制和制度，以实现社会管理体制创新目标的活动和过

程。^①创新社会管理体制，做好社会管理工作，促进社会和谐稳定，既是社会发展的基础，又是全面建设小康社会、坚持和发展中国特色社会主义的基本条件。

（一）健全多主体构成的社会管理机制^②

社会管理的发展趋势是主体的多元化发展。社会管理体制的管理主体，应由党委、政府、社会组织和公众四部分组成。党委领导、政府负责、社会协同、公众参与的社会管理格局，是中国共产党关于创新社会管理体制的基本原则。在这一社会管理格局中，党委领导是根本，政府负责是前提，社会协同是依托，公众参与是基础。通过政府与社会的良性互动，实现政府、社会、公民的共治，已成为当代重要的社会治理模式。坚持党的领导，是社会主义建设必须始终坚持的根本原则。在社会建设和管理中，党委领导主要表现为统筹兼顾，在经济和社会发展中总揽全局，全面筹划，兼顾各方，协调发展，有效地实现社会整合。实行政府负责，是国家履行社会管理职能的必然要求。在建设新型的社会管理格局过程中，政府应更加注重发挥在社会管理和公共事务中的职能作用，负责具体的组织管理，强化各类企事业单位社会管理和服务职责，引导各类社会组织加强自身建设、增强服务社会能力，支持人民团体参与社会管理和公共服务，发挥人民群众参与社会管理的基础作用。加强和完善党和政府主导的维护群众权益机制，形成科学有效的利益协调机制、诉求表达机制、矛盾调处机制、权益保障机制，统筹协调各方面利益关系。通过健全信访工作责任制，健全社会舆情汇集和分析机制，健全重大工程项目建设和重大政策制定的社会稳定风险评估机制，有效加强社会矛盾源头治理，妥善处理人民内部矛盾，坚决纠正损害群众利益的不正之风，切实维护人民群众的合法权益。

（二）充分发挥民间组织的作用

依法管理社会组织是社会建设和管理的重要内容，是完善市场经济体制，促进社会和谐和推动社会全面进步的必要手段。在社会建设和管理进程中，社会组织要以民间组织服务经济社会发展为核心，以提高民间组织能力建设为重点，推进管理体制创新，建立与河南经济社会发展水平相适应，布局合理、结构优化、功能到位、作用明显的民间组织发展体系；建立法制健全、管理规范、分类管理、分级负责的民间组织管理体系。从加强社会建设和管理，推进社会管理体制创新的高度，充分认识民间组织的地位和作用，着力培育发展经济类、公益类、

---

① 夏学銮：《社会管理体制如何创新》，《人民论坛》2011年第10期。
② 杨宜勇：《怎样创新社会管理体制》，《解放日报》2011年5月31日。

农村专业经济协会和社区民间组织，引导成立科、教、文、卫、体以及随着人民生活水平的提高而逐渐涌现的新型组织。

（三）注重公众参与

社会管理服务于公众，也离不开公众的支持。社会管理和服务要想让公众满意，就要吸收公众参与。从了解公众的要求和需求的角度来看，应进一步加强和完善网络信息管理，提高对虚拟社会的管理水平，健全网上舆论引导机制。从公众主体建设的角度来看，应进一步加强和完善思想道德建设，加强社会主义精神文明建设，加强社会主义核心价值体系建设，增强全社会的法制意识和诚信意识。从保障和改善民生的角度来看，它不仅是政府的基本社会管理职能，也是需要社会和公众共同努力才能解决的问题。应通过引导和鼓励公众参与，消除社会隔阂，促进社会融合。

二、深化就业与收入分配制度改革

就业和收入分配对于社会、经济的和谐发展有着重大影响，就业是民生之本，收入分配的效率和公平是民生的重要保证。当前及今后一个时期，促进充分就业，推进收入分配制度改革，形成合理分享经济增长成果的机制，是扩大内需和消费的根本。

（一）进一步完善促进就业长效机制

保障民生的第一件大事，就是保障就业。一是完善新增劳动力特别是大学毕业生就业帮扶制度，各地劳动保障、人事、教育、民政、财政等部门应加强联系，建立新增劳动力就业工作协作机制，完善新增劳动力公共就业信息网络。鼓励新增劳动力面向基层就业和创业，引导大学毕业生到农村、社区、中小企业、民营企业和中西部地区就业，鼓励新增劳动力参加职业培训，加强退役士兵和随军家属就业的政策扶持。二是完善城镇就业困难人员帮扶制度，鼓励用人单位吸纳城镇就业困难人员就业，对用人单位吸纳就业困难人员的，给予税收、财政补贴等优惠政策，鼓励城镇就业困难人员灵活就业，加大资金投入，开发公益性岗位安排城镇就业困难人员就业。三是完善农村富余劳动力转移就业制度，建立健全农村劳动力求职登记制度，引导和帮扶农村劳动力特别是农村就业困难人员转移就业，加强农民工工作统筹协调机制建设，建立农民工综合服务平台。四是完善以创业带动就业扶持制度，进一步完善自主创业、自谋职业的政策支持体系，建立健全政策扶持、创业培训、创业服务"一条龙"的工作机制，实行鼓励下岗失业人员创业的税费扶持政策，促进创业带动就业。五是创新就业工作管理机制，加快培育统一开放、竞争有序的人力资源市场，理顺公共就业服务管理体制，整合人力资源市场和人才市场，加强乡镇人力资源市场建设，大力推进基层人力资源社会保障平台垂直管理。健全完善就业失业登记制度，推行就业失业实名登记制，建立就业失业人员数据库，定期发布人力资源市场供求分析报告。建立失业调查统计制度，在统计城镇登记失业率的基础上开展城乡失业状况抽样调查，并按照国家规定适时发布。

（二）加快收入分配制度改革

合理的收入分配制度是社会公平正义的重要体现。一要深化垄断行业收入分配制度改革。深化垄断行业改革，引入竞争机制，改革国有企业工资总额管理办法，加强对垄断行业企业工资监管。对垄断性公共服务行业，应推行价格听证制度，使其利润水平控制在合理范围之内；对非营利性事业单位和执法管理部门，应加强作风评议和舆论监督，健全投诉和举报受理机制，坚决纠正各种非法牟利行为。二要加快建立健全最低工资标准正常调整机制，建立与 GDP 和职工平均工资增长挂钩的最低工资标准定期上调机制，提高最低工资占社会平均工资的比例，促进最低工资水平持续稳定提高。三要加快完善有关的法规政策，真正提升农民工待遇。改革现有的户籍管理制度，逐步将农民工纳入统一的城镇社会保障体系，保证农民工与城市职工有同样的社保待遇；建立平等竞争的劳务市场，取消对农民工的不公正限制条件，让农民工与城市职工有同样的就业机会；取消对农民工子女入学的户籍歧视，确保农民工子女接受教育，在入校、交费等方面让农民工的子女与城市职工子女享有同样的待遇；依法保护农民工的合法权益，依据《劳动法》规定，确保农民工休息权利。四要进一步规范收入分配秩序。要加强对重点人员的监督。健全领导干部个人收入申报制度，规范职务消费；严厉打击贪污受贿行为，加大对商业贿赂的惩处力度，坚决取缔非法收入；健全企业财务管理制度，完善国有企业经营管理人员考核办法，形成规范的按经营绩效确定收入的分配机制。

三、进一步完善社会保障制度

"十二五"时期是河南城镇化进程不断加快的重要发展阶段，应加快推进覆盖城乡居民的社会保障体系建设，逐步缩小相关群体之间和城乡之间的待遇差距，提高社会保障统筹层次，确保河南社会保障水平持续增长。

（一）完善社会保障制度体系

党的十七届五中全会提出，"十二五"期间健全覆盖城乡居民的社会保障体系，必须坚持"广覆盖、保基本、多层次、可持续"的方针。要着力解决城镇居民养老保险问题，积极开展城镇居民养老保险试点；着力解决农村居民养老保险问题，继续开展新型农村养老保险试点，全面建立失地农民的社会保障制度；着力解决灵活就业人员、农民工以及民营、个体企业职工参加社会保险问题，落实养老保险关系转移接续办法。在完善保障制度上有新突破，实现政策制度的全覆盖。在着力解决现实突出问题和历史遗留问题的同时，着眼长远，统筹协调，探索建立长效机制，保持社会保障事业长期、稳定、可持续发展。

（二）扩大社会保障覆盖范围

覆盖面大小是反映社会保障制度可及性和有效性的首要指标。解决历史遗留问题，将应参保未参保人员纳入基本养老保险覆盖范围，解决他们的"老有所养"问题；研究制定城镇无工作老年居民养老保险制度，将城镇无工作老年居民纳入养老保险范围；妥善解决好农民工养老保险和被征地农民社会保障问题。完善城镇职工基本养老保险省级统筹，推动养老保险全国统筹；逐步做实养老保险个人账户。完善社会保险关系转移接续政策，解决好参保人员跨地区或跨制度流动时社会保障权益的接续问题。妥善解决关闭破产企业退休人员的医疗保障问题，实现人人都能享受基本的社会生活保障。

（三）提升社会保障水平

随着经济持续快速发展，我国社会保障的水平不断提高。"十二五"及今后一个时期，还要进一步提高社会保障待遇水平，使人民群众切实分享经济社会发展成果。对河南来说，要继续提高企业退休人员养老金待遇水平，建立随工资增长、物价上涨等因素调整退休人员基本养老金待遇的有效机制，力争年均提高10%以上。继续提高医疗保险、工伤保险的待遇水平，全面提高城镇居民医疗保险门诊医疗费用统筹，稳步提高住院、重大疾病的保障支付水平；根据职工平均工资和生活费用变化等情况，及时调整工伤保险待遇水平，逐步完善规范工伤待遇项目。

四、建立统筹城乡发展体制机制

坚持统筹城乡发展的基本方略，是破除城乡二元体制、有效解决"三农"问题、实现经济发展方式转变的战略举措。当前，尽管统筹城乡发展取得了一些实质性进展，但总体上讲，统筹城乡发展的体制机制仍没有解决。

（一）构建城乡统一的新型户籍制度

户籍制度是历史形成的，改革不可能一蹴而就，需要立足国情、省情、市情，统筹规划，分类推进。当前，必须加快立法进程，确保户籍制度改革依法有序进行，建立与市场经济体制相适应、城乡统一的新型户籍管理制度，更好地发挥户籍制度在促进城乡经济社会发展和保护公民合法权益方面的积极作用。同时，应以实现城乡居民权利平等为核心，进行综合配套改革。清理、取消一些过时的、与新体制不适应的法律、法规、政策，推广我国江苏、浙江等地构建城乡统一的新型户籍制度的经验，尽快制定新的统筹城乡户籍制度改革的意见，以及构建土地、住房、社保、教育、卫生等方面的配套机制。

（二）构建城乡统一的公共服务体制

城乡居民基本公共服务严重失衡的主要原因在于城乡二元公共服务结构，积极推进城乡基本公共服务均等化，首先必须打破城乡分割的二元公共服务结构，完善城乡一体均衡发展的制度环境，改变城乡二元制度的政策和城乡分治的管理模式，尽快建立城乡统一的公共服务体制。具体包括：建立城乡统一的义务教育体制；协调城乡公共医疗卫生事业的发展；逐步建立城乡可衔接的农村社会保障体系；统筹城乡劳动力就业，促进农村剩余劳动力转移；统筹城乡基础设施建设，改善农民的生产生活条件和农村面貌。通过深化体制改革，强化政府为农村提供公共服务的职能，加快建成能够适应促进农村社会发展的服务型政府体系，提高政府基本公共服务供给能力。在公共财政资源配置上，统筹考虑城乡发展，加大对农业、农民、农村发展的支持力度，使城乡居民均等享受公共财政所提供的公共产品。

（三）深化农村体制机制改革

一是稳定完善农村基本经营制度。坚持以家庭承包经营为基础、统分结合的双层经营体制，赋予农民更加充分且有保障的土地承包经营权，确保农村现有土地承包关系保持稳定并长久不变。继续做好土地承包管理工作，加强土地承包经营权流转管理和服务。二是推进农村土地管理制度改革。落实政府耕地保护目标责任制，加快农村集体土地所有权、宅基地使用权、集体建设用地使用权等确权登记颁证工作，有序开展农村土地整治。按照严格审批、局部试点、封闭运行、风险可控的原则，规范农村土地管理制度改革试点。三是加快农村金融改革。深化农村信用社改革，拓展农业发展银行支农领域。大力开展农村金融创新，将农村金融产品和服务方式创新试点扩大到全省。引入市场机制，利用基金、保险、期货等金融手段筹集资金。完善农村担保体系，鼓励发展民间担保机构。加强农村信用体系建设，营造良好的农村金融生态环境。四是深化农村综合改革。深入推进乡镇机构改革。巩固完善省直管县财政管理体制改革，探索建立新形势下村级公益事业建设的有效机制。五是推进城镇化发展。着力解决新生代农民工问题。大力发展县域经济，落实加快小城镇发展的财税、投融资等配套政策，继续推进城乡一体化试点。

第四节　加快政府转型，推进行政管理体制改革

转变经济发展方式，其目的就是要促进经济增长由主要依靠投资、出口拉动向依靠消费、投资、出口协调拉动转变，由主要依靠第二产业带动向依靠第一、第二、第三产业协同带动转变，由主要依靠增加物质消耗向主要依靠科技进步、劳动者素质提高、管理创新转变。这既是对各级政府工作的重大考验，也是对传统行政管理理念和方式提出的新的挑战。当前，我国各级政府的行政管理方式还存在诸多与经济发展方式转变不相适应的方面，必须进一步解放思想、更新理念，不断创新行政管理方式，提高行政管理效能，确保经济发展方式的转变。

一、创新政府管理机制

推进行政管理体制改革，必须创新政府管理机制，加快政府职能转变。走科学发展道路的主导力量是政府，政府在实现全面、协调、可持续发展中负有特殊责任，发挥着关键作用，特别在体制转轨时期更为明显。因此，必须按照精简、统一、效能的原则和决策、执行、监督相协调的要求，深化机构改革，使政府组织机构更加合理、科学、高效，有效地解决职能交叉、权责脱节、多重管理、多头执法的问题。首先，政府职能要"到位"。在社会主义市场经济条件下，政府的主要职能是经济调节、市场监管、社会管理和公共服务。坚决贯彻实施《行政许可法》，加快转变政府职能，使各级政府把精力转到全局性、战略性事务的谋划上来，实现由微观管理向宏观管理、由直接管理向间接管理的转变。其次，加快从"越位"的地方"退位"。要改变过去政府包揽一切的管理体制，把不该由政府管的事交给企业、社会组织和中介机构。特别是在经济管理上，管理方式必须由指挥经济变为服务经济，管理的目的在于纠正"市场失灵"，弥补"市场缺陷"。要强化"看不见的手"，弱化"看得见的手"，充分发挥市场机制的作用，增强经济的活力和效率。凡是市场能运作的，政府不包揽；凡是企业能自主经营

的，政府不干预；凡是该社会办理的，政府不插手。再次，在"错位"的地方"正位"。主要是理顺各个地方、部门之间的职能关系，合理界定各自的职责范围，避免因分工不当、责任不明导致政出多门、交叉错位。最后，在"缺位"的地方"补位"。主要是避免管理出现"断档"，服务出现"真空"。通过改善管理，转变职能，提高效率，加快建设"责任政府"、"阳光政府"和"服务政府"。

二、创新领导决策机制

推进行政管理体制改革，必须建立一种科学的、负责任的决策机制，保证决策的科学性。要顾全大局、统筹兼顾、立足当前、着眼长远，坚决制止各种"形象工程"，防止违背客观经济规律、社会规律和自然规律的重大决策失误的发生。要建立健全重大问题集体决策制度和专家咨询制度，完善科学化、民主化、规范化决策机制和程序，深入了解民情、充分反映民意、广泛集中民智、切实珍惜民力，坚决改变目前决策行为上存在的"位子决定脑袋，脑袋决定政策"，甚至一切从领导偏好出发进行决策的错误方法，避免决策的随意性、盲目性。要建立决策失误追究制度，对因盲目决策而造成重大失误、导致重大损失的，要追究责任，直至引咎辞职、责令辞职。实行社会公示和社会听证制度，充分利用社会智力资源和现代信息技术，提高重要决策的公开性、透明度和公众参与度，保证公民了解和参与决策的权利，使政府的决策以人民群众首创精神和实践为基础，得民心、顺民意，符合客观经济发展规律，切实把人民群众的利益实现好、维护好、发展好。

三、创新政绩考核机制

推进行政管理体制改革，要尽快改变过度强调 GDP 的考核评价机制，形成有利于加快经济发展方式转变的体制机制和政策导向，增强加快经济发展方式转变的自觉性和主动性。一是在考核指标体系设置上要"全面"。要能够反映经济、社会和人的全面发展。不仅要看经济增长的速度和经济的总量，还要看经济增长的质量和效益，看财政收入和群众收入增长以及社会保障情况；不仅要考核经济发展的成效，还要考核环境保护、生态建设的情况，关注今后长远的发展；不仅要评价经济建设情况，还要评价精神文明建设、社会稳定方面的情况等。二是在评价标准上要"客观"。坚持考核指标的"数量化"原则，特别是对现行的"德能勤绩"等指标进一步量化优化，避免考核指标的空洞、抽象和不完善。既要看在创造政绩过程中的能动性，也要看客观条件的优劣；既要看上级党组织的认可度，也要看群众的满意度；既要看领导班子集体的作用，又要看领导成员在集体领导中发挥的作用；既要看数字，又不唯数字，坚决防止"干部出数字"、"数字出干部"。三是在考核结果上要"公正"。坚持考核指标体系的公开性以及透明度原则，使各项有关全面发展的责任、考核指标体系能始终受到群众的公开监督。坚持对群众负责以及由群众考核的原则，让人民群众成为对各级官员的考核主体，将人民群众"拥护不拥护、赞成不赞成、高兴不高兴、答应不答应"作为衡量政绩的最终标准。

在加快经济发展方式转变中，应重点将节能减排和环境保护作为目标考核，明确各级政府节能工作目标，建立节能目标责任评价考核体系，制定一系列相关约束和奖励政策。同时将产业结构、消费模式、增长方式与节能减排结合起来，正确引导领导干部讲成本、重质量、求效益，在注重经济增长速度的同时，更加注重资源节约和环境保护。引导干部树立正确的政绩观，把积极进取精神同科学求实态度紧密结合起来，自觉地在指导实践、创造政绩、加快发展上下工夫，把精力放在为民干实事上，而不是放在树自我形象上；把精力放在让老百姓得实惠上，而不是放在追求表面数字上；把精力放在解决热点难点问题上，而不是放在搞急功近利上；把精力放在讲求工作实效上，而不是放在追求轰动效应上，真正做到求真务实，真抓实干，使一切工作都经得起实践、群众和历史的检验。

四、创新干部监督机制

推进行政管理体制改革，必须积极探索干部监督渠道，创新干部监督机制，形成一套纪律严明、制度完备、群众参与的监督体系。要着力健全发现问题的机制和及时纠错的机制，监督关口前移，促使问题得到及时发现与解决，防止小错拖成大错，以对事业、对干部负责。要与贯彻《中国共产党党内监督条例（试行）》和《中国共产党纪律处分条例》结合起来，强化对干部特别是主要领导干部的监督。要拓宽监督工作的领域和范围，对领导干部实行全方位、全过程的监督。既要了解干部在"思想圈"中的政治表现、道德修养，又要了解干部在"工作圈"、"社交圈"和"生活圈"中的情况，真正做到领导干部权力行使到哪里、活动延伸到哪里，监督就实行到哪里，不留"空白地带"。要坚持全面监督与重点监督相结合，抓住薄弱环节，认真解决一些地方存在的"无人监督"、"不让监督"、"不敢监督"、"监督不了"等问题。要继续坚持并不断完善经过实践证明行之有效的制度规定，如行风评议、社会服务承诺、政务公开、财务公开等制度，对问题多发的领域、部位和环节，分门别类出台文件，建立健全规章制度，规范各项行政和执法执纪行为，进一步加大治本力度。要充分发挥党内监督、群众监督、法律监督、部门监督、舆论监督的作用，对群众反响强烈的虚假政绩、形象工程，要坚决、及时地进行曝光和查处，从而真正实现"为人民群众负责"以及"由人民群众监督"的机制和目标。

参 考 文 献

1. 周振华:《中国经济分析丛书》,上海人民出版社 2007 年版。

2. 蔡昉:《失衡世界经济背景下的中国经济调整》,《中国社会科学院院报》2007 年 1 月 25 日。

3. 常修泽:《中国经济发展模式转型提升论》,《中共中央党校学报》2010 年第 4 期。

4. 陈秀山、张可云:《区域经济理论》,商务印书馆 2003 年版。

5. 彭刚、黄卫平:《发展经济学教程》,中国人民大学出版社 2007 年版。

6. 魏后凯:《现代区域经济学》,经济管理出版社 2006 年版。

7. 国家统计局:《2010 中国统计年鉴》,中国统计出版社 2010 年版。

8. 河南省统计局、国家统计局河南调查总队:《2010 河南统计年鉴》,中国统计出版社 2010 年版。

9. 简新华:《中国经济结构调整和发展方式转变》,山东人民出版社 2009 年版。

10. 赵振华:《加快经济发展方式转变十讲》,中共中央党校出版社 2010 年版。

11. 伍长南、黄继炜:《转变经济发展方式研究》,中国计划出版社 2010 年版。

12. 王一鸣:《加快推进经济发展方式的"三个转变"》,《宏观经济管理》2008 年第 1 期。

13. 张玉台:《转变经济发展方式实现又好又快发展》,《政策》2007 年第 10 期。

14. 段澂:《区域可持续发展评价指标体系及综合评价》,《技术经济与管理研究》2005 年第 3 期。

15. 李正发:《区域可持续发展评价指标体系》,《数量经济技术经济研究》2000 年第 4 期。

16. 杜时国、王磊、郭津:《切实转变经济发展方式——八届八次全会精神解读之四》,《河南日报》2008 年 8 月 3 日。

17. 张百新、林嵬:《再吹"中原突围"冲锋号——河南转变经济发展方式的报告》,《河南日报》2010 年 5 月 24 日。

18. 国家发展和改革委员会:《促进中部地区崛起规划》,2009 年。

19. 郭庚茂:《关于加快转变经济发展方式,促进河南经济社会又好又快发展的调研报告》,《河南日报》2009 年 1 月 9 日。

20. 平萍、杨凌:《省委经济工作会议召开 卢展工、郭庚茂讲话》,《河南日报》2009 年 12 月 24 日。

21. 河南省人民政府:《河南中长期科学和技术发展规划纲要 (2006~2020)》,2006 年。

22. 河南省人民政府:《河南省自主创新体系建设和发展规划 (2009~2020 年)》,2009 年。

23. 河南省人民政府:《河南省煤炭企业兼并重组实施意见》,2010 年。

24. 张锐:《河南经济发展报告 (2010)》,社会科学文献出版社 2010 年版。

25. 河南统计网:《河南省粮食、蔬菜、水果生产成本及收益比较分析》,2010 年 8 月。

26. 茹莉:《河南现代服务业发展及对策探讨》,《地域研究与开发》2006 年第 6 期。

27. 杨建:《积极推进河南产业结构高级化进程》,《学习论坛》2005 年第 10 期。

28. 河南省统计网:《"十一五"河南省服务业发展分析及"十二五"发展建议》,2011 年 1 月。

29. 河南省统计局:《2009 年河南对外贸易形势发展报告》,2010 年 2 月。

30. 刘志彪:《现代服务业的发展:决定因素与政策》,《江苏社会科学》2005 年第 6 期。

31. 海关统计资讯网:《转变外贸发展方式 促进河南外贸崛起》,2011 年 1 月。

32. 张克俊、邱云生:《西部内陆省份扩大外贸出口的战略思考》,《经济体制改革》2005 年第 4 期。

33. 杨正住:《加快转变外贸增长方式》,《中国经贸导刊》2005 年第 6 期。

34. 李双菊、戴翔:《循环经济——我国外贸可持续发展的路径选择》,《国际贸易问题》2006 年第 6 期。

35. 安体富、蒋震:《加快资源税改革有利于转变经济发展方式》,《中国税务报》2008 年 3 月 19 日。

36. 河南省人民政府:《河南省中长期人才发展规划纲要 (2010~2020 年)》,2010 年。

37. 宋华茹：《人才强省进行时——近年来河南省人才工作回眸》，《河南日报》2009 年 9 月 15 日。

38. 夏学銮：《社会管理体制如何创新》，《人民论坛》2011 年第 10 期。

39. 杨宜勇：《怎样创新社会管理体制》，《解放日报》2011 年 5 月 31 日。

40. 河南省人民政府：《河南省 2010 年就业促进行动计划》，2010 年 5 月。

41. 刘相、朱健：《完善转变经济发展方式的体制机制》，《人民日报》2007 年 8 月 10 日。

42. 杨晶晶、林长华：《以制度创新加快转变经济发展方式》，《光明日报》2010 年 5 月 6 日。

后 记

　　转变经济发展方式是党中央在准确把握发展规律、深刻总结发展经验、深入分析我国发展阶段的基础上提出的一个全新的、具有重大理论和实践意义的战略思想。与过去强调的转变经济增长方式相比，转变经济发展方式的内涵更加丰富，现实针对性更强。新时期新阶段，国内各地都在积极调结构、促转型。河南要加快推进中原经济区建设，在促进中部崛起中发挥更大作用，走在中部地区发展的前列，加快经济发展方式转变，对河南而言就显得尤为迫切。

　　改革开放三十余年，河南发展取得了巨大的成就，但是发展方式粗放问题尚未根本转变，综合竞争力不强问题尚未根本转变。不加快推进经济发展方式转变，就难以保持河南经济持续快速增长的势头，难以提升自身综合竞争力，难以实现可持续发展。只有加快经济发展方式转变，才是有效应对河南经济社会发展中长期存在的不全面、不平衡、不协调、不可持续等深层次矛盾的根本途径，也是河南当前和今后一个时期需要重点思考和破解的难题。

　　本书立足当前，着眼未来，创新地引入一些新思想、新方法，在深刻剖析经济发展方式转变的内涵基础上，回顾和总结了河南经济发展方式转变的历程，明确了河南要加快经济发展方式转变的必要性与紧迫性，进而从指导思想、基本原则、总体目标和战略举措等方面提出了河南转变经济发展方式的总体要求和实施框架，并对河南工业、农业、现代服务业、外贸等主要领域加快经济发展方式转变进行了系统论述，构建了河南转变经济发展方式的保障体系，谋划了推动经济发展方式转变的体制机制创新路径，以期为河南省加快经济发展方式转变提供科学参考和决策依据。

　　本书由黄河科技学院杨雪梅、河南省社会科学院宋歌担任主编，河南省社会科学院王玲杰、黄河科技学院孙常辉担任副主编，参加撰稿人员如下：第一章，叶亚丽；第二章、第三章，豆晓利；第四章，何海霞；第五章，孙常辉；第六章，李红欣；第七章，孙常辉；第八章、第九章，夏林；第十章，李红欣；第十一章，孙常辉。初稿形成后，杨雪梅、宋歌修改审定了全部书稿，王玲杰、陈括参与修改工作。在本书编撰过程中，河南省社会科学院院长喻新安研究员在拟定选题、确定提纲、组织编撰等方面付出了大量心血，在此谨表示衷心的感谢！

　　加快转变经济发展方式，是河南坚持科学发展，加快中原经济区建设，实现中原崛起、河南振兴的必然要求和重要途径，需要全省上下凝心聚力、克难攻坚。我们希望本书能够为河南加快转变经济发展方式提供有益参考，同时，也希望同行专家和各界朋友对本书存在的不足给予批评指正。

作　者

2015 年 11 月

"区域经济研究丛书"立足于系统梳理河南推进区域发展的历史嬗变和演进脉络，深入剖析河南谋划区域发展中面临的主要矛盾和现实挑战，尝试提出河南探索区域发展的路径选择和对策建议，以期为实现中部崛起、河南振兴，更好地服务全国大局和推动河南发展献智献力。

本册在进程回顾和问题总结的基础上，提出了河南转变经济发展方式的总体思路和实施框架，谋划了推动发展方式转变的体制机制创新路径，为河南省加快经济发展方式转变提供科学参考和决策依据。

区域经济研究丛书

◎ 河南区域经济协调发展研究

◎ 中原崛起与中原经济区建设研究

◎ 河南经济发展方式转变研究

◎ 河南构建开放型经济体系研究

◎ 河南生态文明建设研究

◎ 河南人力资源开发战略研究

ISBN 978-7-5096-2106-6

责任编辑：杨照光　申桂萍
装帧设计：文　丰

经济管理出版社网址：www.E-mp.com.cn

9 787509 621066 >

定价：498.00元（共六册）

区域经济研究丛书

河南构建开放型经济体系研究

CONSTRUCTION OF THE
OPEN ECONMIC SYSTEM OF

HENAN PROVINCE

主　编/梁　丹　薛桂芝
副主编/郭军峰　赵　然

经济管理出版社
ECONOMY & MANAGEMENT PUBLISHING HOUSE

区域经济研究丛书

河南构建开放型经济体系研究

CONSTRUCTION OF THE
OPEN ECONMIC SYSTEM OF

HENAN PROVINCE

主 编/梁 丹 薛桂芝
副主编/郭军峰 赵 然

经济管理出版社
ECONOMY & MANAGEMENT PUBLISHING HOUSE

图书在版编目（CIP）数据

河南构建开放型经济体系研究/梁丹，薛桂芝主编. —北京：经济管理出版社，2015.12
ISBN 978-7-5096-2106-6

区域经济研究丛书

Ⅰ.①河…　Ⅱ.①梁…　②薛…　Ⅲ.①区域经济发展—研究—河南省　Ⅳ.①F127.61

中国版本图书馆 CIP 数据核字（2012）第 240459 号

组稿编辑：申桂萍
责任编辑：谢　进　申桂萍
责任印制：黄章平
责任校对：蒋　方

出版发行：经济管理出版社
　　　　　（北京市海淀区北蜂窝 8 号中雅大厦 A 座 11 层　　100038）
网　　址：www. E-mp. com. cn
电　　话：(010) 51915602
印　　刷：北京晨旭印刷厂
经　　销：新华书店
开　　本：720mm × 1000mm/16
印　　张：105（共六册）
字　　数：1762 千字（共六册）
版　　次：2015 年 12 月第 1 版　　2015 年 12 月第 1 次印刷
书　　号：ISBN 978-7-5096-2106-6
定　　价：498.00 元（共六册）

"区域经济研究丛书"
编撰人员名单

丛 书 顾 问：胡大白

丛书编委会主任：杨雪梅

丛书编委会成员：喻新安　完世伟　周纪昌　罗　煜　杨富堂
　　　　　　　　蔡　森　柏程豫　刘晓慧　宋　歌　孙常辉
　　　　　　　　梁　丹　郭军峰　赵　然　王玲杰　马红芳
　　　　　　　　马　欣　冯少茹　武迎春　薛桂芝　张　舰
　　　　　　　　陈明星　张怡辉　胡翠平

丛 书 总 编：喻新安　杨雪梅

"区域经济研究丛书"总序

当前，我国区域经济发展进入了新的历史时期和发展阶段。由东向西，由沿海向内地，经济区、城市群等跨行政区划的发展板块已经成为区域经济发展的重要支撑，协调发展、联动发展、开放发展成为区域经济发展的主要思路，各地均在积极谋划布局区域发展战略，长三角、珠三角、京津冀等先行经济区力促新一轮腾飞，长江中游、中原经济区等新兴经济区聚力蓄势全面崛起。融入区域经济发展大势，增创区域经济发展优势，抢占区域经济发展高地，成为增强区域发展实力和综合竞争力的现实要求。与此同时，区域经济发展中也面临日益突出的难题和挑战。如何缩小区域发展差距并实现不同经济板块之间的良性互动、梯度发展，如何促进稳增长、调结构、转方式与区域经济发展提质增效升级互促并进，如何培育区域经济协调发展的基础支撑保障体系，如何推进区域协调发展体制机制创新，如何增强区域经济发展的协调性和可持续性，等等，成为区域经济研究中备受关注、亟需思考、有待破解的现实难题。

河南是人口大省、农业大省和新兴工业大省，也是中国的缩影和写照。作为国家重要的战略基地和经济腹地，已经从"中部凹陷"走向"中部崛起"的核心区域，河南推进区域协调发展的路径探索事关全国经济社会发展全局和全面建设小康社会目标的实现。尤其河南肩负着实施国家粮食生产核心区、中原经济区和郑州航空港经济综合实验区三大国家战略规划的重大使命，承担了多领域的先行先试改革创新任务，在新时期探索区域经济协调发展道路中具有破题意义和示范效应。如何加快推动河南发展、融入新的区域经济格局，是具有重大理论和实践意义的研究课题。

这套"区域经济研究丛书"，由黄河科技学院省级重点学科建设基金重点支持，以该校省级重点学科——区域经济学学科团队为主要力量，邀请河南省社科院、华侨大学、中原工学院、河南教育学院、安徽建筑工业学院、郑州航空工业管理学院、郑州师范学院、河南省国有资产控股运营有限公司的专家学者参与，

是协同创新的学术力作。丛书立足于系统梳理河南推进区域发展的历史嬗变和演进脉络，深入剖析河南谋划区域发展中面临的主要矛盾和现实挑战，尝试提出河南探索区域发展的路径选择和对策建议，以期为实现中部崛起河南振兴，更好地服务全国大局和推动河南发展献智献力。

全部书稿撰写历时超过两年，期间经过数次讨论、修改与完善。目前呈现在大家面前的丛书共包括六册、近200万字，其中，《河南区域经济协调发展研究》从区域经济协调发展的理论分析着手，对长期困扰河南区域协调发展的主要问题进行了深入剖析和综合评价，重点研究和探讨了中原经济区、中原城市群、产业集聚区、县域经济发展、主体功能区等区域发展重大战略问题，为河南推动区域经济协调发展提出了路径规划和实施建议；《中原崛起与中原经济区建设研究》系统梳理了中原崛起的发展历程，深入研究如何推进中原经济区建设、加快中原崛起河南振兴这一关乎亿万中原人民福祉的宏伟事业，以期为理论研究和实践探索有所裨益；《河南经济发展方式转变研究》在进程回顾和问题总结的基础上，提出了河南转变经济发展方式的总体思路和实施框架，谋划了推动发展方式转变的体制机制创新路径，为河南省加快经济发展方式转变提供科学参考和决策依据；《河南构建开放型经济体系研究》从制约因素分析、战略模式架构、制度环境保障等切入，提出了构建开放型经济体系的总体思路和工作重点，并为河南加快构建开放型经济体系、提升对外开放层次和水平都提出了诸多有益的意见和建议；《河南生态文明建设研究》从多领域、多层次、多角度展开河南生态文明建设的系统分析和研究，并提出相应的解决策略和应对机制，为河南破解生态环境瓶颈制约，实现科学发展、可持续发展提供参考；《河南人力资源开发战略研究》系统考察了河南人力资源的历史嬗变、发展现状及难题，探讨了加快人力资源开发、实现从人口资源大省向人力资源强省迈进的路径和对策建议。

随着全球一体化进程不断推进，区域经济发展相关问题研究已经成为热点中的焦点问题，同时，也因其突出的复杂性、系统性、综合性特征，给相关理论研究和实践创新提出了诸多难题挑战。我们期望以这套"区域经济研究丛书"为开端，吸引更多的专家学者共同谋划献策，助力中原崛起，探索区域协调发展新路，打造区域经济研究的"升级版"。

喻新安

2015 年 11 月

目　录

第一章 开放型经济概述

构建河南的开放型经济体系是进一步促进河南开放型经济发展、为中原经济区建设提供重要战略支撑的客观要求，而河南的开放型经济发展又是在中央统一部署以及全国开放型经济发展的大环境之下推进的，因此，在本书的第一章要对构建开放型经济体系的理论基础、我国开放型经济体系形成与构建的历程以及开放型经济体系的内涵和特征等问题进行总结、回顾和分析。

第一节 构建开放型经济体系的理论基础

构建开放型经济体系是发展开放型经济的基础性工作，也是提高开放型经济发展水平的客观要求。对开放型经济体系的相关理论及专家文献进行研究和梳理，对构建河南的开放型经济体系是十分必要的。根据研究的需要和篇幅的限制，这里仅就有关学科中与开放型经济体系相关的内容进行分析和梳理。

一、区域经济学中的相关理论

区域经济学（Regional Economics）是研究经济活动在一定自然区域或经济、行政区域中变化或运动的规律及其作用、机制的科学。20 世纪 60 年代以来，各国政府相继加强了对区域经济发展的管理和干预，学术界对区域经济的研究也开始由微观向宏观领域扩展。著名的经济学家胡佛在构筑区域经济学理论体系的过程中，提出了区域经济学的三个理论支柱。

1. 自然禀赋的差异性

自然禀赋的差异性包括自然条件的异质性、资源的稀缺性、生产要素分布的不均衡性和不完全流动性。人类的经济活动总要最终落脚到一定的地域空间之上，而地球上的每个地域空间都是唯一且不可复制的。它们的自然条件千差万别，资源分布各有不同。有一些地方的自然条件比较适合人类生存，而另一些则相反。由于每个地方的地理环境所造成的资源差异，导致每个地域形成了区域差异、区位优势或区位劣势，这可以理解为自然形成的区域"级差地租"。因此，自然禀赋的差异和要素的不完全流动性是区域经济的一个重要基石，也是区域经济学的灵魂与活力所在。自然禀赋的差异和要素的不完全流动性是区域经济分异的前提，也是区域经济多样性、互补性和区域分工的重要基础。

2. 经济活动的极化性

由于自然因素在区域经济中起着不可忽视的作用，从一定的角度来看，自然因素对于区域经济的发展甚至能够起到决定性的作用。然而，这些因素毕竟都只是一种客观的自然存在，如果没有人类的有意识的经济活动，自然因素永远都不可能变成经济因素，而某些区域的自然资源优势也永远不可能转变成经济资源优势。因此，无论自然资源在一定范围内的分布是否均质，从根本上来看，区域性的经济差异主要还是由人的活动决定的，即区域差异取决于人为因素，这就是经济活动的极化性。从表现形式来看，经济活动的极化性主要有两种表现形式，即规模经济和集聚经济。从根本上来看这两种表现形式都是由人的趋利性和人的节约性决定的。在市场经济条件下，任何的资源要素都有趋利性，其中也包含自然要素，它总是会流向高产值、高效率的方向。这种有目的、有方向的自然资源流动一般都会在一定的时间内让一个企业规模迅速扩大，从而起到节省单位产品生产的时间和成本的作用，这就是我们熟知的规模经济。而若干个有关联的企业聚集在一起，也能降低一定区域范围内的企业生产成本，让各个企业都能够提高效率，这就是我们熟知的集聚经济。规模经济和集聚经济的作用在于，自然因素能够在一定的空间内形成人为的不均质，并形成一个或者多个经济增长极，或者形成经济增长的极化点。这些经济增长极或者经济增长的极化点不断发展和壮大的结果，就是其所在的城市将逐渐演变成区域经济的核心。

3. 空间距离的不可消灭性

地域空间对经济发展的影响在任何社会背景下都不可能消除，只可能随着科技的进步逐渐减弱。在古代，人们的活动半径受限于交通和信息传播的途径，往往是在方圆百里以内，且因自给自足的农业经济的稳定性，很多人终老一生也没能走出这个范围，经济活动也自然会受限在人的活动范围之内。到了现代，随着科技的不断发展，地球甚至都已经发展成了"地球村"，空间距离对于人类经济活动的影响似乎已经变小了，但是，这种影响绝对不会消失。因为任何经济活动都会有因为距离产生的成本，例如原材料的运输、产品的运输，这些最简单的基于空间距离的限制，都会产生成本方面的影响，距离因子成为经济活动中非常重要的一个影响因素。

二、发展经济学中的相关理论

发展经济学（Development Economics）是 20 世纪 40 年代后期开始在西方国家逐步形成的一门综合性的经济学分支学科，主要研究贫困落后的农业国家或发展中国家如何实现工业化、摆脱贫困、走向富裕。进入 90 年代，发展经济学也获得了快速的发展。值得注意的是，目前研究发展中国家经济发展问题的主流力量仍然是西方经济学家，因此相关研究中运用的主要是西方经济理论。

现代西方发展经济学的理论基础是传统的西方经济学和以马歇尔为代表的新古典主义。持新古典主义观点的发展经济学家认为，发展是一种渐进、连续、累积的过程，这种发展的进展是依靠边际调节以及市场机制的调节来实现的。同时，发展又是一种和谐、平稳的过程，它是以自动的均衡机制为基础的，它的前景是乐观的，经济发展产生的所有利益都会自动地、逐步地分配到社会各个阶层。按照这样的前提，必然得出经济发展所要求的仅仅只是恰当的刺激、完善的市场机制和启动会自行运转的增长机器的结论。

也有学者认为，当代发展经济学是西方新古典经济学的一个分支或派生部分，是对新古典主义经济学的纯粹推广与具体应用。按照这一部分学者的观点，西方发展经济学由于强调发展模式以及道路的单一性和唯一性，排斥政府的干预和管理，因此在未来必然会否定发展的多样性以及多种前途的可能性。比如，美国经济学家萨克斯就曾提出："发达国家发展初期的发展机制与当今发展中国家的发展机制是相同的，发展中国家的发展模式和发达国家的发展模式基本上并无不同，自由资本主义发展模式是永恒的、世界统一的发展模式。"

邓小平在推进中国改革开放进程中提出的有关中国经济发展模式和经济发展道路选择的思想为发展经济学研究的进一步深入做出了重要贡献。邓小平否定所有机械的"拿来主义"，他认为任何一个国家和地区的经济发展都有其自身的独特性，经济发展确实有一些共同的规律，但是，这并不代表任何国家和地区的经济发展道路和模式都是固定的、一成不变的。他主张，任何国家和地区的经济发展模式和道路的选择都应该根据自己国家和地区的实际情况来确定，不能照搬其他国家的发展模式，更不能直接套用西方国家在以前发展过程中采用的模式和路径。

三、制度经济学中的相关理论

制度经济学（Institutional Economics）是把制度作为研究对象的一门经济学分支。它的研究对象主要是制度对于经济行为和经济发展的影响以及经济发展如何影响制度的演变。一般认为制度经济学正式形成于 19 世纪末 20 世纪初，其发展历程可以分为前制度经济学时期、旧制度经济学时期和新制度经济学时期。制度经济学的理论基础在于制度本身的价值或者说制度本身的一般功能，如果制度本身不具备相应的功能，一切的制度经济学研究都只是空中楼阁。一般认为，制度本身具有如下的功能：

（1）社会约束作用。制度首先具有社会整合作用。人们在日常的交换活动中或者在发生日常联系时都必须依照一定的规矩，这个规矩就是制度。制度的产生实际上是人们自主的选择，在人们自主地选择了制度之后，制度又反过来约束人们的行为，并决定一个制度环境下人们行为的特殊方式和社会特征。

（2）社会保障作用。制度具有社会保障作用，这种保障不但包括经济上的保障，同时还具有广泛的社会意义。制度在经济方面的保障作用主要是指通过制度的安排满足人们的物质需要，进而在一定的程度上满足人们的精神需要。制度的社会保障作用主要体现在制度能够使社会有序地存在和发展。

（3）认识作用。制度具有认识作用，这种认识作用主要是指制度能够通过强有力的力量把社会成员的认识和行为统一到社会制度上来，使在一定制度作用范围内的人们能够以社会制度的眼光认识和观察事物，理解和解释对象，解决和处理问题。

（4）伦理教化作用。任何一种制度都内在地包含着其伦理基础，否则这种制度根本无法建立。正因为如此，任何制度一旦确立，它就会将其内在的伦理基础释放出来，并要求其约束的个人或群体具备与其相适应的道德、价值观或人格。

（5）文化传承作用。每种文明和社会制度都是人类文化成果的结晶，同时许多文化成果是凭借各种正式、非正式的社会制度留传给后代的。任何阶段的人类文化活动都是在一定的社会制度的作用下完成的，现代的社会甚至会专门就文化传承制定相关制度。因此，可以说制度是人类传递文化的重要工具。

（6）资源配置作用。制度具有配置资源的作用，任何制度都具有将人力、财力和物力通过一定的方式和比例组合起来，以发挥其作用的功能。这种资源的配置作用是不会因为制度的不同而有所改变的。任何社会都需要资源的配置，因而任何的制度也都有自己的资源配置作用，只是不同的制度在资源配置方面的作用大小和方式会有所不同。这也是制度经济学研究的一个重要方面，即如何才能使人尽其才、财尽其利、物尽其用、地尽其力，任何资源都没有被闲置和浪费，而且各种资源组合的比例也是恰当的、效率最高的。

（7）利益分配作用。利益可以分为物质利益和精神利益或非物质利益，任何社会阶段的人类的实践活动总是指向一定的目的，或者也可以将这个目的理解成一定的利益。一般认为，纯粹的超功利的实践活动是不存在的，只要有利益存在，就必然要有分配利益的规则，这个规则就是制度。在任何社会形态下，制度都具有确立人们之间利益分配的权利和方式的作用。

（8）激励作用。制度具有激励作用是因为任何制度的设置都需要有一定的激励措施，激励措施的成功与否直接关系到一种制度能否成功。从一般意义来看，激励效果好的制度往往也是较为成功的制度，反之则制度本身的其他设置再好，制度实施起来可能也会遇到许多问题。

（9）信息传递作用。制度具有信息传递作用。制度也是一个复杂的系统，这个系统也像其他任何系统一样，合理的、科学的制度必须能够保证信息真实、充分、及时、全面地上下左右传递。

（10）节约交易费用功能。制度具有节约交易费用的功能。从制度本身来看，任何制度的实施都要有一定的成本或者费用，但是这样的付出是有一定回报的，任何制度成本的付出都是为了节省更多的付出。交易费用也就是制度成本或费用，制度一方面要耗费一定的费用，但又在更大程度上节约交易费用。但是，制度并不能消灭所有的交易费用，而只能够将交易费用无限地减少。

四、国外学者的相关重要学术观点

亚当·斯密在其《国民财富的性质和原因的研究》中提出，各国的对外贸易利益取决于各国生产商品的绝对成本优势，而只有当一国生产的产品成本较其他国家的成本低时，它的产品才有绝对的优势。因此，他认为，在国际贸易中，一个国家应当注重生产在本国生产效率最高、成本最低的产品，而进口国外生产效率最高、成本最低的产品。

大卫·李嘉图在其著作《政治经济学及赋税原理》中提出，每个国家都应当专注于生产自己具有相对成本优势的产品，并在此基础上进行国际贸易，只有这样各个贸易参加国才能都获取利润。这就是李嘉图的比较成本理论。

诺斯提出，出口基地是影响区域经济增长的一个决定性因素。他认为，区域出口产品的需求影响面广，不仅直接关系出口地的人均收入，还影响了相关产业的性质、城市化的类型以及就业波动的敏感性等。

波特认为，具有成本比较优势的国家在国际竞争中未必具有绝对的竞争优势，他认为，一国要在国际竞争中获取绝对的竞争优势，需要依赖四个要素，即生产要素、主导产业、企业战略和结构、需求状况。

格林沃尔德在其主编的《现代经济词典》中设立了"开放经济"词条，他认为开放经济是指一种贸易不受限制的地区经济。在这种类型的经济中，任何的国境交易和生产要素的流动都不受限制，任何个人都可以和本地区之外的任何一个人发生自由的业务关系和贸易关系。

威廉在1965年就已经证明了对外贸易的发展会打破大城市的主导，[①]打破大城市的主导也就说明了对外贸易会在总体上促进产业从大城市向着周边分散。赫德森通过对韩国的实证研究发现，韩国随着对外经济的开放，其制造业从首尔分散到周边地区，该研究从理论上对于对外经济与空间之间的关系提供了较为有力的佐证。另外，1997年美国社会学家经济学家联盟[②]对85个国家进行分析以后发现，一个国家最大城市的人口与该城市的进口份额成反比，与关税水平成正比，这从一定程度上说明了经济一体化能够促进产业区位的分散，这些研究对于开放型经济来说影响深远，因为其能够证明，开放型经济不是在沿海城市或是在一些与邻国接壤的城市才可以发展，在很多的国家，开放型经济都形成了区位的扩散，甚至这种扩散对于内陆城市也形成了很大的影响。

五、国内学者的相关重要学术观点

我国改革开放初期，国内学者关注的焦点是外向型经济发展问题，开放型经济这个概念是在我国加入世界贸易组织以后才开始出现的。目前，国内关于开放型经济的研究还不是很多，主要集中在开放型经济的内涵、特征、开放型经济与制度以及相关的基础理论研究方面。

关于开放型经济的内涵问题，张幼文在其所著的《入世后改革开放的新阶段》一书中，对开放型经济的基本内涵进行了较为系统的研究，他认为外向型经济实现的是政策性开放，制度性开放是开放型经济的本质特征。李贯歧在其《开放型经济的含义及其与相邻概念的关系》一文给出了开放型经济的含义，他还在该文中指出了开放型经济与商品经济、市场经济以及外向型经济之间的区别与联系。

---

① Henderson. The Effdrt of Urban Concentration on Economic Growth, Brown University, 1999.
② Ades. Trade and Circuses Quarterly, Journal of Economics, 1997.

关于开放型经济的特征问题，马伯钧在其所著的《开放经济学》一书中，较为系统地研究了开放型经济的普遍性和特殊性，并对开放型经济中的生产、交换、收入分配、消费以及开放中的人口问题等各个因素的特性进行了深入的研究。

关于开放型经济与制度问题，王绍熙在其《中国开放型经济制度创新》一书中，较为系统地研究了中国开放型经济政策及法律体系的完善与创新问题。他认为，中国加入世界贸易组织之后，开始进入对外开放的新时期，从那时候开始才能称之为开放型经济发展时期。而与世界上市场经济已经比较成熟的国家相比，我国市场经济的发展时间很短，在这样的基础上发展开放型经济，要求我们根据国际规则的要求对国内法律、政策体系进行较大规模的调整。王绍熙着眼于从世界范围的大视角对开放型经济的普遍特征进行研究，而不是仅局限于一国的情况，在研究方法上也充分体现了开放的特点。其研究是在借鉴世界贸易组织的贸易政策审议机制的基础上，运用经济学的成本—收益比较理论对政策、法律的实施效果进行评估，分析制定政策和法律的成本，提出衡量政策和法律收益的若干指标，在此基础上对建立与完善我国政策与法律的绩效评估体系提出了建议。

关于开放型经济的基础理论研究，刘新智博士在其博士论文《开放型区域经济发展理论研究》中对开放型经济的基础理论进行了深入的研究。他认为，开放型经济应该是在开放的基础上，充分运用市场规律，通过自由、广泛而深入的经济交流而形成的发展水平较高、内外经济协调、内部运行机制较为有效、具有较强自主创新和自我发展能力的一种经济形态。

六、我国对外开放理论的形成

1. 我国对外开放理论的提出

"文化大革命"结束之后，我国的国民经济接近崩溃的边缘。在这个时刻，邓小平对我国近百年来的积弱积贫进行了深入的反思，他认为："现在的世界是开放的世界。中国在西方国家产业革命以后变得落后了，一个重要原因就是闭关自守。新中国成立以后，人家封锁我们，在某种程度上我们也还是闭关自守，这给我国带来了一些困难。三十几年的经验是，关起门来搞建设是不行的，发展不起来。"不开放，只能是死路一条。他还指出："发展经济，不开放是很难搞起来的。世界各国的经济发展都要搞开放，西方国家在资金和技术上就是互相融合、交流的。"因此，邓小平认为，中国必须顺应时代发展潮流，在世界经济开放的大环境下，关起门来搞建设是不能成功的，中国的发展离不开世界，中国需要对外开放。在这种主导思想之下，1978 年邓小平提出了改革开放的思想。1980 年

6月，邓小平在接见外宾时第一次正式使用"开放"一词，并将它与对外经济政策相联系。随后，邓小平逐步提出了一系列对外开放的重要思想并形成了完善的对外开放理论。

2. 发展开放型经济是对外开放理论在我国不断完善的必然结果

建立社会主义市场经济体制，是对外开放的应有之义，只有在国内建立起了市场经济体制，才能够与国际市场接轨。而建立社会主义市场经济体制的一个必然要求就是发展开放型经济。改革开放的不断深化使中国的经济走上高速发展的道路，但是，对外开放理论在不断完善的同时也面临着国内企业参与国际竞争和国际交换受到的限制较大、经济结构不合理以及环境破坏严重等问题，这就要求我国的对外开放必须由以发展外向型经济为主向发展开放型经济转变。可以说，发展开放型经济是对外开放理论在我国不断完善的必然结果，发展开放型经济也是对对外开放理论的一种实践和补充。

第二节　我国构建开放型经济体系的基本目标及其内涵和特征

对外开放理论的提出，确实大大促进了我国的经济发展，但是简单的对外开放还解决不了我国经济发展面临的诸多问题。因此，中共十四届三中全会通过的《关于建立社会主义市场经济体制若干问题的决定》中提出了"发展开放型经济"的对外开放新思路。中共第十五届五中全会通过的《关于制定国民经济和社会发展第十个五年计划的建议》进一步明确了"发展开放型经济"在我国未来的经济发展中的地位。至此，加快构建我国的开放型经济体系成为我国对外开放进入新阶段的一项重要任务。

一、构建我国开放型经济体系的基本目标

构建开放型经济体系是保障我国开放型经济健康发展的重要条件。为了完善开放型经济的基本目标，我国自中共十六大以来，进行了不懈的探索。中共十六大报告明确提出必须"建成完善的社会主义市场经济体制和更具活力、更加开放的经济体系"。中共十七大报告提出，"要拓展对外开放的广度和深度，提高开放型经济水平，形成经济全球化条件下参与国际经济合作和竞争新优势"，并把

"内外联动、互利共赢、安全高效"作为完善开放型经济体系的目标和要求。中共十八大报告要求必须实行更加积极主动的开放战略，完善互利共赢、多元平衡、安全高效的开放型经济体系。要加快转变对外经济发展方式，推动开放朝着优化结构、拓展深度、提高效益方向转变。在中共十八大报告相关精神的基础上，中共十八届三中全会《决定》进一步提出，"适应经济全球化新形势，必须推动对内对外开放相互促进、引进来和走出去更好结合，促进国际国内要素有序自由流动、资源高效配置、市场深度融合，加快培育参与和引领国际经济合作竞争新优势，以开放促改革"。构建我国开放型经济体系的基本要求和目标至此更加明确。

二、开放型经济体系的内涵及特征

发展开放型经济，构建开放型经济体系是我国对外开放发展到一定阶段的产物，是认识逐步深化的结果。明确开放型经济体系的内涵和特征是构建开放型经济体系的前提。

1. 开放型经济体系的内涵

开放型经济体系是一个具有特定结构和功能的有机整体，它是由开放的战略体系、开放的制度保障体系、开放的环境保障体系、开放的基础设施体系、开放的产业体系、开放的产品和要素流动体系等内容组成的。此外，我们还可以通过对开放型经济的分析进一步加深对开放型经济体系的认识。

首先，开放型经济不同于外向型经济。外向型经济是一种以对外贸易为主的开放经济，这种经济一般以出口导向为主，以扩大创汇为目的，总体上还是属于政策性的开放经济。开放型经济是与封闭型经济相对立的概念。在开放型经济中，要素、商品与服务可以较自由地跨国界流动，从而实现最优资源配置和最高经济效率。一般而言，一国经济发展水平越高，市场化程度越高，就越接近于开放型经济。在经济全球化的趋势下，发展开放型经济已成为各国的主流选择。

开放型经济与外向型经济的不同在于：外向型经济以出口导向为主，开放型经济则以降低关税壁垒和提高资本自由流动程度为主。在开放型经济中，既出口，也进口，基本不存在孰重孰轻的问题，关键在于发挥比较优势；既吸引外资，也对外投资，对资本流动限制较少。

开放型经济是一种根植于市场经济体制的制度性的开放经济，它是市场经济的一种典型的形态和高度社会化的形式。其实质是一国或一个地区做出的一种与世界各国或地区进行经济交流的制度安排，而不仅仅是简单的对外贸易。发展开放型经济的主要目的在于利用国内外市场的资源配置作用加快自身的发展，其优越性在于市场机制的灵活性和无限扩张性，还在于它通过权利平等的规则对一切要素持有者、利益主体所具有的普遍动员性和激励作用。从外向型经济向开放型经济发展也是对外开放循序渐进发展的一种必然的选择。

其次，开放型经济包括对内开放和对外开放。开放型经济包括对内开放和对外开放两方面的内容，是一种"内外联动"的经济。因此，一个区域开放型经济发展的好坏很大程度上取决于区域的开放度，即对外开放与对内开放的程度。开放型经济不仅需要对外开放，吸引国际市场的各种资源，利用国际市场的资源配置作用壮大自身，还要有效地利用国内市场，利用国内市场的资源配置作用促进经济发展。所以发展开放型经济的最终目标是为了建立起区域的经济体系，形成一个以区域为中心的开放环境，利用市场的资源配置效率实现区域经济的稳定发展。

2. 开放型经济体系的特征

关于开放型经济体系的特征，我们可以从以下两个方面来认识：

（1）要素流动。开放型经济是相对于封闭经济而言的。在封闭型经济条件下，所有的资源都在内部流动，经济体系以"内循环"为基础，追求整个经济体的内部平衡，基本不与外界经济体或者资源发生交流。而开放型经济体系则强调内外互动的循环，不仅要有"内循环"，还要有"外循环"，通过内外联动的大循环，在更广阔的空间里配置资源，具有较强的内在激励作用，运作节奏快，配置效率高。因此，开放型经济最显著的特征就是它的要素流动性。开放型经济的实质是通过商品、资本与服务等经济要素较自由地跨区域流动，实现最优资源配置和最高经济效率。因此，在开放型经济中，外部资源向内流动和内部资源向外扩张都是较为常见的形态，也是开放型经济体系的最显著特征。

（2）内外联动（内外互动）。中共十七大报告曾用"内外联动、互利共赢、安全高效"定位我国的开放型经济体系。所谓的"内外联动"，就是要处理好国内发展与对外开放的关系，具体内容包括：不仅要发展货物贸易，还要发展服务贸易和技术贸易；不仅要发展出口贸易，还要进一步发展进口贸易；不仅要继续引进外资，实施"引进来"战略，还要到境外去投资，加快国内企业"走出去"的步伐；不仅要深化沿海开放，还要推进内地和沿边开放，实现对内、对外开放相互促进；不仅要努力推动多边贸易体制的发展，也要积极参与区域经济合作与交流；等等。最终是要实现中共十八大报告和中共十八届三中全会《决定》提出的"多元平衡"及"对内对外开放相互促进"。

第三节　我国开放型经济发展的实践与开放型经济体系的构建

中共十一届三中全会确立了我国改革开放的基本国策，拉开了我国改革开放的序幕，从此打开了对外开放的国门，开始了对外开放的伟大实践。对如何构建我国的开放型经济体系这一重大问题的认识也逐步深化。

一、我国开放型经济发展的实践

从 20 世纪 80 年代开始，国家实施了梯度对外开放战略——由东向西、由沿海到内地逐步推进。在初期，国家借助行政手段，分层次促使资金、技术、劳动力等生产要素向沿海、沿江等地区聚集，强化了这些地区发展开放型经济的区位优势。此时，国内开放的地域仅限于经济特区、经济技术开发区、沿海开放城市，开放的国家和地区主要集中在当时我国还未收回主权的港澳地区，日本、美国、联邦德国和新加坡等国。

1992 年 8 月，党中央、国务院决定以上海浦东为龙头，开放重庆、岳阳、武汉、九江、芜湖 5 个沿江城市，同时，开放哈尔滨、长春、呼和浩特、石家庄 4 个边境和省会城市及太原、合肥、南昌、郑州、长沙、成都、贵阳、西安、兰州、西宁、银川等 11 个内陆省会城市。随后又陆续开放了一大批符合条件的内陆市县。

我国的开放型经济在发展之初，强调从国外引进技术、资金、人才，力求通过外部"增量"在短时间内改变贫困落后的局面。20 世纪 80 年代是我国实施外向型发展战略的时期，外商在我国的投资领域仅限于工农业生产领域和流通领域，而进入 90 年代以后，对外开放领域已由工业、农业扩大到旅游、交通、金融等服务业领域。加入世界贸易组织以后，我国的对外开放向宽领域、纵深度发展。主要是按照我国加入世界贸易组织的承诺扩大市场准入范围，减少与放宽对外商投资领域的限制。许多过去对外商投资亮"红灯"的禁区逐步亮起"绿灯"，除关系国家安全与国民经济命脉的战略性产业外，所有一般竞争性产业与部分基础产业项目，外商均可参股、合资、合作与独资经营。拓宽了对外开放的领域，扩大了生产要素的流动和交换，在注重工业和贸易领域国际联系的基础上，加快其他产业的对外开放，促进服务贸易的发展，并且将吸收外资同产业结构调整、国有企业改革和西部大开发紧密结合起来。有步骤地推进银行、保险、电信、外贸、内贸、旅游等服务领域的开放，逐步对外商投资实行国民待遇。积极吸收外资特别是跨国公司投资高新技术产业、参与国有企业改组改造和基础设施建设。总的来说，开放型经济的这种发展模式不仅使国内外市场之间的联系日益紧密，而且国内经济对外部要素注入的依赖程度也不断提高。

我国的开放型经济在地域上不断放开的同时，在内涵上也渐进式扩展。中共十四届三中全会第一次提出了"发展开放型经济"的概念；十五届五中全会把"发展开放型经济"确定为我国市场经济发展的目标之一；十六大把"建立更加开放的经济体系"作为全面建设小康社会目标的重要内容；十六届五中全会提出"开放型经济达到新水平"，并列入"十一五"时期经济社会发展的七大目标之一；十七大指出开放型经济进入新阶段，明确了"拓展对外开放广度和深度，提高开放型经济水平"的新目标，并创造性地提出"完善内外联动、互利共赢、安全高效的开放型经济体系"，更加强调"对外开放和对内开放的联动和相互促进"。这是新的发展阶段对外开放的总要求。十八大提出"全面提高开放型经济水平"，"创新开放模式，促进沿海内陆沿边开放优势互补，形成引领国际经济合作和竞争的开放区域，培训带动区域发展的开放高地"。至此，我国的改革开放由有限范围、领域、地域内的开放，转变为全方位、多层次、宽领域的开放。我国已形成了一个由点连线、以线串面、点面结合、城乡一体的全方位、全国性的对外开放格局。

二、我国开放型经济体系的构建

构建开放型经济体系，是中国改革开放进入新阶段的标志，同时也是中国政府正视国内发展不平衡以及国际产业分工新趋势而做出的一项战略部署。构建开放型经济体系，必须对自身的优势和劣势做出客观的评估，准确的定位，因地制宜选择科学的发展道路和发展模式。具体分析，构建开放型经济体系的过程中应特别注意以下几个问题：

1. 构建开放型经济体系首先要确立新的开放观

构建开放型经济体系是我国在经历了一系列探索后逐步形成的战略性决策。中国的国情与西方发达国家不同，而且西方国家经济体系的弊端也日益暴露。实践证明，由经济全球化推动、发达资本主义国家主导的世界生产体系，不仅没有从根本上克服其内在的失衡，反而加重了世界经济的不稳定性。2008年国际金融危机爆发后，资本主义经济危机通过金融领域逐步转向生产、贸易领域，宣告了新自由主义主导的资本主义黄金时代的结束，也使中国对外经济发展面临着新的抉择。要构建开放型经济体系，加快转变对外经济发展方式，首先要确立适应发展新阶段的新开放观。

2. 构建开放型经济体系要坚持"内外统筹"原则，促进均衡发展

新的开放观，需要综合考虑国内外市场、资源、技术竞争态势和外贸政策环境等因素，加快推进内外贸一体化和内外资平等化。从内外资的平等化来看，尽管内外资企业在所得税方面实现了统一，但外资企业的"超国民待遇"问题并没有解决，各地招商引资中的优惠政策并没有惠及国内企业，对我国民族产业形成了巨大的压力。就内外贸一体化而言，我国目前国内外贸易的不平等，表面看起来是体制、机制、政策法规、观念和管理等方面的问题，但根源还在于部门分割、地区封锁和行业垄断等国内因素。加快推进内外贸一体化，关键是要扩大对内开放，形成全国统一市场，规范政府、市场和企业的关系，促进内外贸的实质融合和协调发展。因此，必须按照"内外统筹"的要求及时转换思路，充分利用我国庞大的国内市场作为战略性筹码，以国内市场换国际市场，以国内市场换国外先进技术，以国内市场换国外资源，以国内市场换国外政策利益，使对外开放适应世界经济新一轮变革和调整的需要，使对外开放有利于提高国民生活水平和国家长期的发展。

3. 构建开放型经济体系要毫不动摇地巩固和发展公有制经济，不断增强国有经济活动的控制力、影响力

金融危机的发生预示着资本主义生产体系的问题不仅没有从根本上克服，而且有加重的趋势。而我国开放型经济发展的实践表明，发挥公有制经济的作用是化解开放经济中资本主义的不利因素的法宝，是我国抵御国际金融危机、快速实现经济复苏的重要原因。

要更好地发挥公有制经济的作用，一是要推动国有资本更多投向关系国计民生和国家经济命脉的重要行业和关键领域，使国家有能力把握对外开放的主动权，增强国家对开放经济的调控能力和驾驭能力。二是要推行公有制多种实现形式，深化国有企业改革，积极发展混合所有制经济，使公有制经济的国际竞争力有质的提高。三是要发挥公有制经济的国际影响力，提高我国在国际经贸规则中的话语权和规则制定权。四是协调国内部门、地区和不同企业的利益关系，在能源进口、资源出口、国际大宗产品市场价格的决定等方面避免内部竞争损耗，争取最大的开放利益。

4. 构建开放型经济体系要坚持实施"自主创新"战略，加快提升国际竞争力

一是要通过实施"自主创新"战略，扭转我国国内产业在国际产业分工中的不利地位。改革开放以来，我国通过扩大开放，积极参与国际分工，有效地提升了国内产业的发展水平。然而，虽然外资进入中国的同时带来了许多先进技术，但其实质还只是跨国公司内部的技术转移，真正的技术外溢并不明显。导致我国与国际技术水平差距整体上仍然较大，局部还呈现进一步拉大的趋势。只有坚持自主创新，才能提高我国经济的国际竞争力和抗风险能力，并最终在开放中实现国家长远利益。二是通过实施"自主创新"战略，提升民族产业竞争力。不能因为一些地区或经济部门暂时的和局部的商业利益而忽略技术创新，削弱经济的自主性。需要加强本国技术研发力量和相应的政策扶持力度，从技术依附发展逐步转变为技术创新发展。三是通过实施"自主创新"战略，转变对外经济发展方式。不仅要实现"量"的扩张，也要在贸易层次、产品附加值和企业竞争力等"质"的方面不断提升，在本国内部培育创新能力，避免走单纯的技术引进、消化吸收或者与国外进行合作的老路。

5. 构建开放型经济体系要注重维护国家整体利益，更加重视国家经济安全

新的开放观必须是建立在国家整体利益基础上的开放观。在实践中，就是要统一各地区、各部门在开放中的思想和做法，制定完善的政策和措施，在产业安全、金融安全、生态安全和能源安全等方面加强风险意识，提高维护国家经济安全的能力。民族产业是国家经济的根本，在对外开放过程中维护国家经济安全的核心是要维护民族产业的利益，壮大民族产业，提高国际竞争力。根据国家商务部公布的资料，截至 2010 年，我国利用外资规模已经连续 19 年居发展中国家首位，"十一五"期间累计利用外资 4200 亿美元，约为"十五"期间的 1.5 倍。目前在能源、基本原材料、交通等基础产业和金融、流通等关键行业，外资市场控制率过高的问题都比较突出。因此，我们需要调整对外经济政策，完善涉外管理和监控体制，克服外资主导造成的弊端，积极发展中方控股的民族企业集团和跨国公司，提升国家主导产业的核心技术能力，打造民族企业品牌，在开放中实现持续快速协调的自主式增长。

第二章 河南构建开放型经济体系的必要性及现实意义

河南是一个发展中的内陆省份，同时也是中原第一人口大省。基于河南省的基本现状，仅仅依靠自身的积累是不可能实现经济腾飞、中原崛起的，单纯依靠国家不断地给予财政拨款和贷款来带动经济发展也不现实。因此，要想促进省内经济快速发展，必须摒弃"关起门来搞建设"的做法，借助外力，大力发展开放型经济。实际上，早在20世纪80年代，河南省的对外经济联系已有了明显进展，但真正意义上确立对外开放战略、形成对外开放格局是在20世纪90年代。而如何抓住国际国内经济格局调整的机遇，大力促进开放型经济体系的构建则是目前摆在我们眼前的一项重要任务。

第一节 河南构建开放型经济体系的必要性

河南作为全球经济格局中的一个局部，自身经济发展不可避免地会受到外部经济的影响。从这个意义上讲，构建开放型经济体系是更好地利用外部市场和资源，应对外部冲击，增强自我发展能力的要求。

一、是应对经济全球化对河南省对外经济贸易影响的要求

经济全球化的发展使各国、各地区之间的联系大大加强，经济往来日益密切，这为我国包括河南在内对外贸易的发展带来了机遇。同时，经济全球化发展中出现的问题、外部经济体出现的经济动荡也会对我国包括河南在内的对外贸易发展造成冲击。例如这次国际金融危机对我国、对河南对外贸易发展的影响就是一个例证。

经济全球化也会直接或者间接地对河南省利用外资产生积极或者消极的影

响。这种影响一般是通过国际商品市场和国际资本市场来传递的,从这个角度来看,任何国家和地区的经济发展状况都可能直接或者间接地对河南省利用外资产生影响。一方面,世界经济发展的状况趋好,将带动发达国家和地区对河南省的投资。发达国家和地区在国际直接投资领域占据着主导地位,如果其国内或者区域内的经济发展态势良好,势必会加强资本的对外输出,河南省的利用外资工作在上述条件下将会受益。另一方面,国际经济形势的消极变化也将直接导致发达国家和地区对外投资的减少,同时也将直接影响河南省的利用外资工作。

经济全球化的发展状况也会对河南省对外经济技术合作的发展产生直接或者间接的影响。在世界经济发展比较顺利的情况下,有关国家国内经济发展在工程承包、劳务合作等方面的需求量就会比较大,从而带动我国包括河南在内的对外工程承包和劳务输出。反之,当世界经济发展出现波动,有关国家国内经济发展出现问题时,在工程承包和劳务合作方面的需求就会减少,从而对我国包括河南在内的对外经济技术合作的发展形成不利影响。

因此,构建开放型经济体系,完善"内外联动"机制是河南省在经济全球化条件下趋利避害的明智选择。为此要抓好几个结合:一是扩大开放要与提高自主创新能力相结合。既充分利用全球智力资源,不断扩大和深化国际科技交流和合作,支持有条件的企业到境外设立研发中心,并购境外中小型科技企业,又要提升自主创新能力。二是扩大开放要与推进区域协调发展相结合。要通过扩大开放,使不同地区从实际出发有效承接国际产业转移,更加主动地参与国际分工和合作。三是扩大开放要与推动服务业的发展相结合。推进金融、现代物流、科技信息、文化旅游、房地产和商务服务等六大现代服务产业扩大开放,加快发展。四是扩大开放要与节能环保相结合。在扩大开放的同时实现现代产业的升级,推进节能环保产业的发展。以此为突破,将各个领域与开放型经济相互结合,形成新的局面。同时,要继续为吸引外资营造良好环境,大力营造稳定透明的政策环境、统一开放的市场环境和规范高效的行政环境,进一步加大改革创新力度,提高贸易投资便利化程度,创造更加开放、优化的投资环境,促进利用外资水平的全面提高。

二、是应对后国际金融危机时期影响的要求

后国际金融危机时期一方面对河南开放型经济发展带来了各种挑战,另一方面也带来了各种发展的机遇。应对挑战、利用机遇都需要加快构建河南的开放型经济体系。

1. 后国际金融危机时期对河南开放型经济发展的挑战

（1）国际市场萎缩的挑战。开放型经济的一个重要特征就是要通过国际、国内两个市场配置国际、国内两种资源，在国内市场较为低迷的情形下，国际市场的不景气给河南省的开放型经济发展带来了巨大的挑战。

（2）国际投资减少的挑战。由于发达国家在这次金融危机中受到的打击很严重，许多跨国企业在这次金融危机中破产倒闭，发达国家和地区的对外投资能力大幅削弱，直接影响到了河南省引进外资的数量和质量。

（3）产业结构调整压力增大的挑战。金融危机过后，劳动密集型的出口企业面临着越来越大的生存压力，在这种情况下，河南省要保持经济快速、健康、稳定的发展，必须加快产业结构的调整。在本身产业结构调整就十分困难的情况下，金融危机过后河南省的产业结构调整压力将进一步增大。

2. 后国际金融危机时期河南开放型经济发展面临的机遇

（1）可以利用"内循环"，充分发挥内需的拉动作用。改革开放以来，河南省一直着力扩大外需，而外需的增长也确实对河南省的经济拉动功不可没。但是，通过这次金融危机，河南省清楚地认识到，投资和消费更是拉动经济的主要动力。在世界经济不景气的环境下，河南省应该抓住这个机遇利用好"内循环"，培育和发掘国内市场的需求，更加注重发挥内需在经济增长中的重要作用。这样的开放型经济才是完整的开放型经济，也是抵御风险能力较强的开放型经济。

（2）可以利用危机产生的影响加速产业结构调整。目前，河南总体上还处于工业化中期阶段，产业结构调整的任务较重，在危机过后，国家及时出台了十大产业调整振兴规划，河南省应该利用这种机遇，大力推进产业结构的调整，这也是构建开放型经济体系的一个重要机遇。

（3）要利用"后危机"时代国家的宏观调控政策加强技术创新。增强技术创新能力在开放型经济体系的构建中占有很重要的地位，依据开放型经济的基本理论，只有自己的产品成本低、附加值高，在国际上的竞争力才可能强。而这一切都依赖于技术的进步和创新。"后危机"时代，国家更加强调创新发展的概念，在宏观调控方面也将创新技术发展摆在了重要的地位，不断加大对自主创新的支持力度，不断提高研发能力，努力在制约经济社会发展的关键技术、核心技术方面取得突破性进展，支撑战略性新兴产业发展。河南省应该抓住这种机会，加强技术创新，提升全省的竞争力。

（4）要利用"后危机"时代国际市场格局变动的机遇拓展国际市场份额。这次金融危机使许多发达国家正在失去或已经退出一部分市场，同时各国的经济刺激计划也增加了新的市场。这就使河南省有了更多的可供争取的市场空间，应该努力从国际国内条件的变化中抢抓新的发展机遇，从国际国内优势的互补中创造新的发展条件，在不断强化的国际国内竞争中加快转变发展方式，更充分地利用好国际国内两个市场、两种资源。一方面，要抓住机遇，在支持劳动密集型出口企业发展的同时，着力加快转变外贸增长方式，促进加工贸易转型升级，提高出口产品的科技含量和附加值。并利用技术设备和关键零部件等重要的原材料国际低成本的机遇，增加重要物资的战略储备。另一方面，要支持各类有条件的企业对外投资或开展跨国并购，充分发挥大型企业在"走出去"中的主力军作用，把工厂转移到贸易对象国，由"产地销"变为"销地产"。

三、是应对国际经贸关系新态势的要求

1. 中欧经贸关系新态势对河南省开放型经济的影响

近年来，欧盟对中国的经贸态度从"协助中国融入全球经济体系和全球化潮流之中，同时也让欧洲人融入中国"，转向了要求中国进一步扩大市场开放和创造公平竞争的条件。这几年，欧盟开始在贸易摩擦中不断地指责我国不仅低价销售商品，而且由于在知识产权保护、劳工标准、环境保护等方面的不完善而取得了对欧盟企业的竞争优势。近年来，河南对欧盟的出口获得了快速增长，如2010年河南对欧盟出口达到17.34亿美元，与2009年相比增长了49.3%。随着欧盟对华经贸政策的调整，河南省内企业出口欧洲的产品可能会面临欧盟更加苛刻的反倾销和反补贴措施和政策。

2. 中美经贸关系新态势对河南省开放型经济的影响

美国也是河南对外开放的主要对象国。从贸易方面看，美国是河南主要的出口市场。2010年，河南对美国市场出口达到16.43亿美元，与2009年相比增长了43.8%。从利用外资方面看，2010年河南新批来自美国的直接投资项目15个，实际利用资金达到1.3亿美元，与2009年相比增长了56.8%。在全球性经济危机和中美建交30周年等背景下，中美经贸关系呈现出一些新的特点，如美方更加重视美中经贸关系，中美经济领域的对话范围更加广泛，着眼点更具全球性和战略性等，这些都可能给河南省对美国的经贸合作带来新的机遇。为了抓住这些机遇，河南就应该在完善产业支撑体系、推进产业升级、转变对外贸易发展方式、调整对外贸易和利用外资战略等各个方面做好准备。

3. 中国与东北亚经贸关系新态势对河南省开放型经济的影响

东北亚地区有着较为丰富的自然资源和人力资源，同时，像日本、韩国等国

经济科技实力都比较强，市场潜力巨大，发展基础良好，是亚洲经济最为活跃的地区之一。近年来，东北亚区域内各国经济结构调整步伐加快，为更深层次地参与国际分工与合作，实现区域经济一体化奠定了基础。目前中国与东北亚地区的经济合作已经出现了新态势，主要是合作理念有新的突破，合作领域逐步拓宽，合作方式更加灵活。日本和韩国也是河南重要的贸易伙伴，2010年河南对日本和韩国的出口分别为4.76亿美元和5.36亿美元，分别比2009年增长了31.7%和62.8%。与贸易相比，近年来日本和韩国对河南的投资规模一直偏小，2010年分别只有4029万美元和910万美元。河南如何通过构建对外开放体系，加强和东北亚地区的合作，促进自身开放型经济的发展已经成为一项紧迫的任务。

第二节 河南构建开放型经济体系的现实意义

河南构建开放型经济体系不仅是应对外部环境变化的客观要求，也是加快自身经济社会发展的现实需要。

一、是河南加快转变经济发展方式，提升自身可持续发展能力的要求

1. 河南要加快转变经济发展方式必须构建开放型经济体系

经济发展方式是指一个国家或地区的经济发展的实现模式，一般可以分为两种形式，即粗放型和集约型。集约型经济发展方式是指在生产规模不变的基础上，通过采用新技术、新工艺，改进机器设备、加大科技含量的方式来增加产量，这种经济发展方式又称内涵型发展方式，其基本特征是依靠生产要素的质量和利用效率的提高来实现经济发展。这种经济发展方式消耗较低，成本较低，产品质量能不断提高，经济效益较高。而粗放型经济发展方式主要是通过扩大生产规模来增加产量，其基本特征是通过增加生产要素的数量来实现经济的发展。这种经济发展方式消耗较高、成本较高、产品质量不能得到提升，经济效益不好。但是，由于种种原因，目前河南省的经济发展方式还是以粗放型为主。

从理论上来说，实现集约型经济发展的微观基础是有效的市场竞争，因而推动开放型经济体系的建设是实现经济发展方式转变的重要途径之一。这是因为，市场结构在相当大的程度上决定着企业的竞争行为，进而决定市场竞争的效果。

只有在合理的市场结构下，才能充分发挥市场竞争在优化资源配置和有效利用资源方面的基本功能。而开放型经济首先是一种市场经济，是一种利用国内外两个市场进行资源配置的经济，因此，开放型经济体系的建立对于促进经济发展方式的转变具有重要的意义。

2. 河南要提升可持续发展能力必须构建开放型经济体系

对河南的经济可持续能力进行评价不能简单地采用定性分析方法，还需要采用定量分析。在这里采用 DEA 数据包络分析法，以相对效率概念为基础，利用观察到的数据样本，以投入和产业指标的权重为变量，对目前河南区域经济的可持续发展能力进行模型基础上的简单分析。

DEA 模型最基础的模型为 CCR 模型。即假设共有 j 个城市（DMU）的技术效率待评价，$DMU_j = 1, 2, \cdots, n$；每个城市有 m 组输入数据：$i = 1, 2, \cdots, m$；S 组输出指标：$S = 1, 2, \cdots, S$；X_{ij} 为 j 城市 i 指标的投入量，$X_{ij} > 0$；Y_{ij} 为 j 城市 i 指标的输出量，$Y_{ij} > 0$；v_i 为对第 i 种输入的一种度量（或称权）；u_s 为第 S 种输出的一种度量（或称权）。为方便，记 $X_j = (X_{1j}, X_{2j}, \cdots, X_{mj})$ T，$j = 1, 2, \cdots, n$，$Y_j = (Y_{1j}, Y_{2j}, \cdots, Y_{sj})$ T，$j = 1, 2, \cdots, n$，$v = (v_1, v_2, \cdots, v_m)$ T，$u = (u_1, u_2, \cdots, u_s)$ T。对于权系数 $v \in E_m$ 和 $u \in E_s$，目标城市 $DMU_j = 1, 2, \cdots, n$ 的效率评价指数 $h_j = uTY_j / vTX_j$，$j = 1, 2, \cdots, n$。

首先依据《河南统计年鉴》提供的数据对河南 1949~2009 年 60 年间的资源环境可持续发展能力进行 DEA 分析。

这里选取的输入变量有三组共八项：

第一组——耕地 + 林地

第二组——水耗 + 能耗

第三组——废水 + 废气 + 废渣 + 噪声

这里选取的输出变量也有三组（均由多项分指标综合而成）：

第一组——经济发展指数

第二组——人口发展指数

第三组——社会发展指数

上述输入、输出指标分别用 I_1，I_2，I_3，O_1，O_2，O_3 表示。这里输入指标和输出指标都使用了综合后的值。一是考虑到样本较少（决策单元个数，11 个），因而指标个数不宜太多，否则各决策单元的评价差异不明显。二是为了尽量包含更多的信息，全面反映 SDS 涉及的多方面、多因素，因此对变量进行了相应地综合，综合之前需要进行标准化处理。

表 2-1 河南经济可持续发展能力 DEA 评价结果

方案			1949 年	1959 年	1969 年	1979 年	1989 年	1999 年	2009 年
编号	输入 I	输出 O							
1	1，2，3	1，2，3	1.000	0.983	0.949	0.963	1.000	0.983	1.000
2	1，3	1，2，3	1.000	0.983	0.949	0.961	0.997	0.971	1.000
3	1，2	1，2，3	1.000	0.781	0.281	0.281	0.281	0.988	1.000
4	2，3	1，3	0.660	0.602	0.161	0.191	0.199	0.781	1.000
5	1，2，3	1	0.230	0.506	0.206	0.276	0.266	0.161	1.000
6	2，3	1	0.255	0.481	0.281	0.212	0.242	0.286	1.000
7	3	1	0.231	0.121	0.161	0.161	0.161	0.292	1.000
8	2	1	0.513	0.254	0.204	0.223	0.254	0.161	1.000

对输入和输出进行不同的组合，得到各种不同方案。表 2-1 给出了部分方案及其 DEA 评价结果（DEA 有效性系数）和在这些方案下各年份的平均有效性系数值。

总体上看，河南省经济可持续发展轨迹波动大，总体呈上升趋势。从数据看，相对而言，2009 年在各方案下，全部为 DEA 有效，如果用发展作为产出，用资源、环境作为投入，用二者的相对效益作为可持续发展能力的度量，2009 年的可持续发展能力是相对最强的。但是，通过分析也可以看出河南经济可持续发展的总体支撑力不强，主要是因为可持续发展的支柱型产业支撑和资源支撑不够强。

为了能够客观评价区域经济可持续发展状况，建议建立一套行之有效的经济可持续发展指标评价体系。指标体系建立应以科学发展观为指导，体现"以人为本，全面协调可持续发展"的要求，兼顾经济与社会，城市与农村，人口、资源与环境等各个方面，遵循全面性、简明性、易操作性、客观性原则，指标体系以 30~40 个指标为宜。当然，指标的多少可以根据实际情况确定，但一旦确定，应在一定时期内保持稳定。可持续发展综合指数可以准确、客观、直观地反映一个地方的可持续发展水平，也非常便于进行纵向和横向比较，具有很强的操作性。指标权重的确定，对于综合指数的计算十分重要。指标权重可以随着人们认识水平的发展和各个时期强调的重点不同而有所变化。同时，建议考核干部政绩标准不能片面地只看短时期内的经济发展水平指标，而要看增长与发展是否可以较长时期地持续下去，是否可以避免大起大落，还要把可持续发展的资源、生态、环境保护和污染治理等指标统一起来进行考核。

二、是河南适应我国"十二五"开放型经济发展趋势的需要

2010 年 10 月 18 日，中共十七届五中全会通过了《关于制定国民经济和社会发展第十二个五年规划的建议》。《建议》提出："适应我国对外开放由出口和吸收外资为主转向进口和出口、吸收外资和对外投资并重的新形势，必须实行更加积极主动的开放战略，不断拓展新的开放领域和空间，扩大和深化同各方利益的会合点，完善更加适应发展开放型经济要求的体制机制，有效防范风险，以开放促发展、促改革、促创新。"对河南省来说，要适应我国"十二五"开放型经济发展的趋势，就需要进一步推进开放型经济体系的建设，促进对外开放水平的全面提升。

三、是建设中原经济区的要求

中共河南省委八届十一次全会审议通过的《中原经济区建设纲要》，提出中原经济区建设要五年彰显优势、十年实现崛起目标。建设中原经济区对充分发挥中原的比较优势，加快实现中原崛起，进而促进区域协调发展，支撑全国经济社会发展大局都具有十分重要的战略意义。但是，要实现这一目标，仅靠自身力量肯定不行，根本途径是靠改革开放。中原经济区建设也需要有一个支撑体系，其中，构建河南的开放型经济体系，加快开放型经济发展，打造内陆对外开放高地就是一个必不可少的支撑。

为了适应建设中原经济区的战略需要，在今后河南开放型经济的发展过程中，要确立以下几个着力点：

1. 利用好国际国内两个市场、两种资源

由于中原经济区地域深处内陆，没有沿海地区的地理优势，要想大力促进经济发展，只能实施开放带动战略，通过扩大开放获得更多的自然资源、人力资源、技术资源、市场资源。在 2010 年 12 月召开的河南省对外开放工作会议上，郭庚茂同志在讲话中动员全省上下对新时期的对外开放工作要提高认识、抢抓机遇、承接转移，扩大领域、推进全方位开放，进一步提升开放水平，以全面开放推动中原经济区建设。从河南的实际出发，构建开放型经济体系，加快开放型经济发展的核心点有两个：一是更多更好地利用外资，二是大幅度提升贸易依存度。

近年来，河南省委、省政府多次召开会议对推进大招商活动进行动员部署，及时出台一系列促进招商引资的政策措施，推广"五个三"招商方法，举办了一系列重大招商活动，大力推动区域招商、产业对接、战略合作，引进了一批对全

省经济社会发展具有重要支撑作用的大项目、大企业，使这两年成为来豫客商最多、签约项目和合同金额最多、招商规模最大、招商成效最为显著的时期，富士康等企业的成功引进，标志着河南开放程度、承接能力、整体环境达到了新的水平。"十二五"时期是中原经济区建设五年彰显优势的奠基时期，在这一时期，招商引资工作也要与河南对外开放面临的新形势、新机遇、新要求、新挑战相适应，不断创新工作机制和工作方法，使招商引资工作再上新台阶。

如何提高进出口贸易总额占河南省国内生产总值的比重，提高河南的外贸依存度也是河南开放型经济发展面临的一个突出问题。为此，主要应做好六个方面的工作：①提高机电产品和高新技术产品出口占全省出口总值的比重。在进一步开发美国、欧盟、日本、东南亚、韩国等传统出口市场的同时，积极开拓俄罗斯、澳大利亚、新西兰、中东、非洲、南美等新兴市场，推进市场多元化。②以扩大进出口经营权登记为切入点，以抓重点企业为基础，鼓励和支持各类企业扩大出口，推进经营主体多元化。③以抓重点出口商品为切入点，以手机、发制品、轮胎、服装及衣着附件、汽车及零配件等为基础，培育出更多的出口"拳头"商品，扩大大宗农副产品出口，推进出口商品多元化。④进一步加大政策支持力度。继续实施机电产品推进计划、科技兴贸计划和外贸出口奖励办法；国家安排的中小企业国际市场开拓资金，省、市财政要按1：1配套；外贸发展基金可适当扩大适用范围，各省辖市也要更好地发挥外贸发展基金的作用；实行出口退税账户托管贷款并对贷款予以贴息，省财政对省属企业和省重点出口企业退税账户托管贷款利息给予70%的补助；建立省出口信用保险专项扶持资金，按企业实际缴纳保费金额的50%给予资助，帮助企业规避出口风险；扩大反倾销应诉专项资金的规模，用于企业反倾销应诉，维护出口企业的合法权益；把出口加工区建设成为河南省招商引资、扩大出口的示范区。⑤扩大农产品出口规模，提高农产品出口竞争力。要加强农产品质量安全体系建设，帮助出口企业在国外进行品牌注册认证和卫生注册认证，大力发展外向型农业中介服务组织，建立健全农业社会化服务体系，建立农产品贸易快速反应机制，综合运用农产品的准入限制、产品技术质量标准、反倾销、反补贴和保障措施等符合国际规则的手段，保护河南省农业安全。中小企业国际市场开拓资金要优先支持符合条件的农产品出口企业。⑥通过企业"走出去"带动出口。要鼓励和支持各种所有制企业在境外投资办厂，带动河南省技术、商品、设备出口；开展工程承包，带动成套设备、技术和服务出口；开展劳务合作，重点支持对外研修生、渔工、海员、建筑劳务、厨师等各类劳务输出，建立省外派劳务基地县和重点联系县。在外贸发展基金中安排专项资金，奖励和补助在对外经济技术合作中取得显著成绩的企业和个人。

2. 学习借鉴其他省份完善开放型经济体系的做法，将外源经济本土化

例如，广东省是我国的进出口大省，每年的外贸顺差已经超过 1000 亿美元，然而，由于规模以上工业产值仍然有 60% 属于外商投资企业，这些通过出口获得的巨大利益大多被外商拿走。为了解决这个问题，近年来广东省加快了外源经济的本地化步伐，努力提升本土企业与居民参与利益分配的能力。国际金融危机的爆发也给广东省提供了这样的良机。随着一些加工贸易生产企业的经营困难，广东省通过兼并与重组用最低的成本最大限度地将一些原来属于外商投资的工厂本土化。这些经验对于河南来说都可以借鉴学习。

3. 实现对外出口效益化

有资料显示，河南的外商投资企业（包括港澳台企业）多数属于"两头在外、大进大出"的加工贸易企业，而且全员劳动生产率比较低。如 2008 年河南外商投资企业的全员劳动生产率不足 11 万元，比本土的规模以上企业低 20% 以上。在资源与能源都有限的前提下，河南要通过出口获得更好的收益与回报，必须改变对外源型经济的过度依赖，出口从外资企业为主转为以本土企业为主，从欧美低端市场为主转为重点开发周边国家市场，尤其是人口与资源可观的东亚市场。对于现有的加工贸易与"三来一补"企业，要通过产业政策引导加快转型升级的步伐，取消对加工贸易与"三来一补"企业的出口退税；对于资源与能源消耗较大的企业，要征收资源与能源占用税；对于一般贸易中的真正高新技术产品出口，要给予更大力度的政策扶持。要彻底改变过去只讲数量不讲效益的对外贸易政策。

4. 加强区域经济合作

要主动搞好与周围地区各省市的合作，加强与长江三角洲、珠江三角洲的交流与协作，探索与周边功能区和内陆腹地之间的联动发展机制，形成优势互补、共同发展的局面。一是要在统一的规划指导下，充分发挥各自的比较优势，体现各自特色的前提下，实现区域间优势互补、互利共赢、和谐发展，避免产业趋同甚至恶性竞争。二是要通过建立联席会议制度和联动机制，强化政府间协调，同时积极组织和支持企业、社会团体间的合作交流。

第三章 河南开放型经济发展的
历史与现状

构建河南的开放型经济体系，首先要了解河南开放型经济发展的历史和现状。相对于全国特别是东部发达地区开放型经济的发展而言，河南开放型经济一是起步较晚，二是目前的整体发展水平还比较低，发展过程中存在的困难和问题也比较多。

第一节　河南开放型经济的发展历程

在全国开放型经济逐步深入发展的大环境下，地处内陆的河南也与全国一起，逐步打破封闭，走上了开放之路，目前已经形成了以进出口贸易和利用外资为中心，引进技术、输出劳务和技术、对外承包工程、跨国投资等多种形式共存的开放型经济发展新格局。河南开放型经济发展大体经历了三个阶段。

一、起步阶段（1978~1991年）

在1978年至1985年期间，中国对外开放处于初步发展和政策框架初步形成时期，国家对外开放处于初级阶段，首先在东部沿海地区实行对外开放。河南省作为一个内陆省份，在这一阶段对外经济很不发达。值得注意的是，河南从1979年开始尝试利用外资，1980年姚孟电厂成功利用比利时政府贷款，1983年全省第一家中外合资企业——洛艺彩印中心成立。但由于当时外商对我国的对外开放政策还存有疑虑，河南对利用外资和兴办外资企业还缺乏经验，国家绝大部分的涉外法规政策正在制定之中，中外双方还处于一个相互理解、相互探索的时期，因此全省利用外资工作进展缓慢，项目规模不大，水平也不高。

进入20世纪80年代中期以后，中国进入改革开放阶段，河南也打开省门，积极探索发展外向型经济的途径和手段。1989年2月召开的中共河南省委工作会议提出，要"加快对外开放步伐，广泛开展横向联合"，同年3月，中共河南省委办公厅、省政府办公厅联合发出关于《深入开展生产力标准和沿海地区经济发展战略大讨论》的通知，要求"努力实现'两个打出去'（把名优产品打入国际和沿海城市）、'两个引进来'（从国外和沿海引进先进技术、引进资金，发展国内外市场替代产品）、'两个一起上'（增加出口创汇、加速企业技术改造），加速经济发展"。1991年3月，中共河南省委、省政府在郑州首次召开全省对外开放工作会议。这次会议形成了《中共河南省委、河南省人民政府加快全省对外开放工作的决定》和14个配套性政策文件，并针对全省思想观念落后的现实，提出了"五破五树"，即破除因循守旧、僵化保守思想，树立改革开放、开拓进取观念；破除小农经济、产品经济思想，树立有计划的商品经济观念；破除自我封闭、自成体系思想，树立互惠互利、全面对外开放观念；破除消极畏难、无所作为思想，树立勇于拼搏、敢打必胜观念；破除故步自封、盲目自满思想，树立学先进、找差距、努力改变落后面貌观念。1991年3月召开的第一次全省对外开放工作会议还确立了河南省对外开放的指导思想，提出把"优化环境、外引内联、四面辐射、梯次发展"作为扩大对外开放的基本思路。

到1991年底，全省对外贸易大幅增长，全年进出口总额达到12.15亿美元，比上年增长21.1%。其中，出口总额10.43亿美元，增长20.3%；进口总额17192万美元，增长25.5%。利用外资增长势头良好。全年签订利用外资协议167份，比上年增长2.15倍，合同外资金额23371万美元，增长9.7倍；实际利用外商直接投资14425万美元，增长11.7倍。对外承包工程和劳务合作合同数70份，合同金额达3186万美元。

这一时期河南的对外开放，是从酝酿、起步，进入到发展的一个时期。特别是首届全省对外开放会议提出的"五破五树"，对全省解放思想、转变观念，推动对外开放工作的开展起到了巨大的促进作用，标志着河南的对外开放工作开始进入新的阶段。

二、深度开放阶段（1992~2000年）

这一阶段，是我国建立市场经济体制、大力发展市场经济的阶段，也是河南开放型经济发展进入深度开放的阶段。

1992年，邓小平同志南方谈话及中共十四大的召开，使我国对外开放的进程稳步推进，关税开始大幅度自主降低，对外商投资限制的服务贸易领域也有条件地放开，促进了河南对外经济的发展。1992年8月，中共中央、国务院批准包括郑州在内的 17 个省会城市为内陆开放城市，至此，我国的对外开放城市已遍布全国所有省区，河南的对外开放也进入快速发展阶段。

这一时期，河南省高度重视对外开放工作，全面实施开放带动战略，着力完善地方性涉外经济法规和政策体系，加强涉外管理和服务，努力改善投资的软、硬环境，不断提高对外开放水平。为了适应对外开放和对外经济贸易发展的需要，河南还建立和完善了海关、出入境检验、口岸办、金融、外汇管理、商品仓储、保险、运输、对外信息咨询、涉外法律和会计事务、商会、外商服务、外商投诉等多种对外经济贸易服务体系。

1992 年 2 月，中共河南省委常委召开会议，专题研究进一步加快全省对外开放工作。会议要求：思想再解放一些，胆子再大一些，步子再快一些，效果再好一些。会议认为，河南作为一个内陆省份，首先要痛下决心，克服内陆意识，增强大外贸、大外经、大旅游意识，全方位对外开放。

1992 年 11 月，中共河南省委五届五次全会通过的《关于贯彻落实中共十四大精神，加快改革开放和现代化建设的决定》指出，要"抓住关键环节，扎扎实实地做好对外开放工作"，"调动一切积极因素，加快形成多层次、多渠道、全方位对外开放格局"。

1993 年 4 月，中共河南省委五届六次全会指出，要"抓住关键，主动出击，全面扩大对外开放。要努力提高利用外资的规模和水平，努力扩大出口创汇"。

1994 年 7 月，中共河南省委五届九次全会做出了实施开放带动战略的重大举措。同年，河南省政府为了配合我国贸易体制的重大改革，又结合河南实际制定了 13 条相应配套措施，决定实行有利于外贸出口的信贷政策、鼓励出口的分配政策，不断拓宽外贸经营领域，有秩序地放开进出口商品的经营权，实行针对外贸企业的三项制度改革等。同年，为了进一步鼓励外商投资、引进先进技术，促进全省经济发展，河南对 1987 年发布的《外商投资条例》进行认真修改并重新颁布《河南省鼓励外商投资条例》。

1998 年 5 月，全省第二次对外开放工作会议召开，会议出台了《中共河南省委、河南省人民政府关于提高利用外资水平，进一步扩大对外开放的意见》，明确了对外开放的指导思想和目标。讨论了《河南省鼓励外商投资优惠政策》、《河南省关于鼓励扩大出口、对外经济技术合作的若干政策》、《河南省关于加强豫港合作的实施意见》、《河南省人民政府关于加快发展旅游业的决定》等配套文件。

在这一阶段，全省把引进外资作为对外开放的重头戏，多渠道、多形式地引进外资，使全省外商投资企业的发展呈现出前所未有的高速发展局面。1992~

2000 年这 9 年间全省共批准外商投资企业 6286 家，其中投产开业企业 2100 家，合同利用外资额 86 亿美元，并与世界 160 多个国家和地区建立了贸易往来，各类商品出口展销活动频繁。到 2000 年底，全省进出口总额达 22.75 亿美元，比 1999 年增长 30.0%。其中，出口总额 14.93 亿美元，增长 32.3%；进口总额 7.82 亿美元，增长 25.7%。利用外资增长势头较好。全年签订利用外资协议 382 份，比上年增长 28.2%，合同外资金额 10.36 亿美元，增长 17.5%，实际利用外商直接投资 10.39 亿美元，增长 1.7%。

三、全方位开放阶段（2001 年至今）

进入 21 世纪，我国对外开放的广度和深度进一步扩展，特别是加入世界贸易组织，标志着我国已经由政策性开放逐步向法律框架下的制度性开放转变，要求对外开放的一切工作都要与国际接轨。河南的对外开放工作面临世界经济发展新环境的机遇和挑战，开放逐步向全方位、多层次、宽领域转变。这一时期河南正式提出实施"走出去"战略，这标志着河南在对外开放中开始实施经济国际化战略，也标志着河南进入了一切运作都要以世界贸易组织规则为依据，遵守制度、用好制度，创新开放新思维的全新时期。这一时期的显著特点是全省的经济、社会开始呈现全方位、多层次、宽领域的对外开放格局。

2001 年，面对世界经济全球化趋势的不断增强和我国加入世界贸易组织的新形势，中共河南省委、省政府召开了全省第三次对外开放工作会议。讨论并修改了《关于进一步扩大对外开放的决定》，无论从对外开放的深度和广度上，从政策面上，还是在可操作性方面，都有创新和突破，对全省的对外开放工作乃至整个经济工作都产生了深远影响。同年 11 月批转了河南省经贸委《河南省实施东引西进工作方案》。

2002 年 2 月，河南省人民政府办公厅批转了省对外开放工作领导小组办公室关于 2002 年对外开放工作要点，同年 12 月河南省人民政府办公厅批转了省对外开放工作领导小组办公室关于进一步扩大农业对外开放的意见。

2003 年 7 月，省委和省政府把"强力实施开放带动，不断扩大东引西进"作为重大战略举措写入《河南省全面建设小康社会规划纲要》。2003 年 8 月，中共河南省委、河南省人民政府召开了全省第四次对外开放工作会议，对全省对外开放进行再动员、再部署，号召全省上下进一步统一思想，提高认识，要认清形势，抢抓机遇，进一步增强扩大对外开放的紧迫感和责任感。针对河南省对外开放程度和水平仍然比较低，并且已经成为经济发展"瓶颈"这一现实，这次会议提出要把"开放带动"战略作为河南省经济发展的"主战略",把"开放带动"战略提到了更加重要、更加突出的位置。这次会议出台了《中共河南省委、河南省人民政府关于加快发展开放型经济的若干意见》,共40条,内容分为总体要求、大力引进外资、扩大出口贸易、实施"走出去"战略、优化发展环境、加强组织领导6个部分。河南省委办公厅、省政府办公厅也出台了关于分解落实《关于发展开放型经济的若干意见》的通知。2003年12月,为强力推动"开放带动"主战略各项政策措施和目标任务的落实,中共河南省委组织部和河南省对外开放工作领导小组办公室联合制定了《关于发展开放型经济的考核办法》,将发展开放型经济列入干部政绩的考核内容,作为干部考评和使用的依据之一;每年分两次对全省18个省辖市开放型经济目标完成情况进行考核督查,有力促进了各项政策的落实。这些措施在全省掀起了强力实施"开放带动"主战略、努力扩大对外开放、大力发展开放型经济的高潮,对加快河南经济社会发展、实现全面建设小康社会目标产生了深远影响。

2006年,中共河南省委、省政府出台了《河南省加快实施开放带动主战略指导意见》,进一步明确了加快实施"开放带动"主战略的指导思想、总体要求、目标任务、工作重点以及保障措施。随后相继出台了外商投资项目代理制、外商投资便利化等一系列优惠措施,并实行重大外资项目跟踪制度。成功举办了第四届中国河南国际投资贸易洽谈会,并组团参加了"中国国际高新技术成果交易会"、"厦门中国投资贸易洽谈会"、"第一届中部博览会"等大型展会,签约一批高质量的利用外资项目,确保了全省利用外资的高速增长。

2007年5月,时任中共中央总书记、国家主席的胡锦涛同志在河南视察工作期间,针对河南的对外开放问题提出,河南要"积极扩大对内对外开放,加强与国内其他地区的横向经济联系,不断提高对外贸易和利用外资的质量和水平"。这对河南的对外开放工作是一个有力的促进。

2008年,河南第五次全省对外开放工作会议在郑州举行。会议认为,对外开放实现大跨越,要坚持"四个必须",即必须把解放思想作为先导工程,必须把重点工作作为主攻方向,必须把创新载体作为主要"抓手",必须把优化环境作为重要保障。这次会议充分体现了河南省委、省政府对开放工作的高度重视,体现了河南实施"开放带动"主战略的坚定信心。

2010年4月,时任河南省省长的郭庚茂同志在全省主要领导干部深入贯彻落实科学发展观加快经济发展方式转变专题研讨班上讲话时提出,河南省加快对外开放步伐,必须积极承接产业转移。在今后一个时期,扩大开放要突出抓好三个重点：一要积极承接产业转移；二要积极利用国际国内两个市场、两种资源；三要积极推进与国家部委和央企的战略合作。这就为河南省开放型经济今后一个时期的发展指明了方向和重点。

2010年12月，郭庚茂同志在全省对外开放工作会议上总结了河南省2008年以来贯彻落实科学发展观，大力实施开放带动主战略所取得的成绩和经验，提出了新时期扩大对外开放的方向和重点。他的讲话明确了今后一个时期河南省对外开放工作的基本思路，即认真贯彻落实中共十七届五中全会和省委八届十一次全会精神，以建设中原经济区、加快中原崛起和河南振兴为总体战略，以富民强省为中心任务，坚持"四个重在"实践要领，围绕"一个载体、三个体系"建设，更加积极主动地实施"开放带动"主战略，坚持把扩大开放作为带动全局的综合性战略举措，着力承接产业转移，全方位拓宽开放领域，进一步加大对外开放力度，提高对外开放水平，努力把河南打造成为最具活力、最有吸引力、最富竞争力的内陆开放高地。郭庚茂同志在讲话中还提出，今后一个时期扩大开放要着力抓好四个方面的工作，包括：承接转移，培育集群，加快构建现代产业体系；拓宽领域，弥补短板，加快形成全方位开放格局；统筹协调，内外兼顾，推进对外贸易与合作快速发展；完善功能，提升水平，增强对外开放、承接转移承载能力。

在这一阶段特别是"十一五"期间，河南开放型经济发展取得了显著的成绩，进一步为建设中原经济区，实现中原崛起做出了重要贡献。

第二节　河南开放型经济发展现状

河南开放型经济虽然相对于沿海发达地区而言起步较晚，基础也较差，但近年来全社会对发展开放型经济的重视程度明显提高。特别是中共河南省委、省政府在1994年提出要在全省实施"开放带动"战略，并于2003年进一步把"开放带动"战略提升为全省经济社会发展的"主战略"之后，全省开放型经济发展的条件和环境明显改善，开放型经济取得了长足的发展。全省商品进出口额由小到大，引进外资从无到有，利用省外资金的规模由小到大，进出口结构从单一到相对多样化，"走出去"步伐不断加大，旅游收入不断增加，对外经济合作不断加强，初步形成了对外开放的基础构架。特别是"十一五"期间，河南开放型经济发展取得了显著的成绩。河南在发展开放型经济方面取得的成绩已经得到了国家商务部领导的充分肯定，在2010年底召开的全国商务工作会议上，商务部领导把河南与江西、湖南、四川、重庆、吉林五省并称为"正在形成"的内陆对外开放高地，对河南建设内陆对外开放高地的努力给予充分的肯定，这同时也是对河南极大的鼓舞。具体分析，河南开放型经济发展取得的成效主要表现在以下几个方面：

一、对外贸易发展成效明显

改革开放以来，河南省进出口贸易从1978年的1亿美元到2009年134.38亿美元，增长了133倍，年均增速为17.1%。2009年，河南省外贸进出口在全国排在第17位，实现了进出口贸易的跨越式发展。在促进出口的同时，全省积极优化产品结构，努力拓展外贸市场，使对外贸易对全省经济增长的拉动作用逐步增强。2009年，全省实现进出口总值134.38亿美元，其中实现进口总值为60.92亿美元，实现出口总值为73.46亿美元（见表3-1）。

表3-1 1980~2009年河南省进出口总值

单位：万美元

年份	进出口总值	出口值	进口值
1980	22644	20448	2196
1985	44991	36710	8281
1990	100385	86689	13696
1995	222918	135759	87159
2000	227486	149338	78148
2001	279256	171548	107708
2002	320351	211876	108475
2003	471640	298041	173599
2004	661346	417610	243736
2005	773604	510093	263511
2006	985717	669913	315804
2007	1280493	839145	441347
2008	1747934	1071890	676044
2009	1343839	734648	609191

资料来源：河南省郑州海关统计资料。

河南省对外贸易的发展呈现出以下特点：

1. 进出口规模不断增加，增幅波动趋稳

从表3-1中可以看出，改革开放后河南省的进出口总值不断增加，规模不断扩大。在改革开放初期，全省进出口总值规模较小，加上对外开放环境还不够完善，受各种相关因素影响，波动较为激烈。从我国加入世界贸易组织后到2008年，河南省进口和出口的波动幅度较前期趋缓，并且进口和出口都表现为正增长。但受到美国次贷危机的影响，2009年河南省进出口值有了不同程度的下降。为了应对国际金融危机的冲击，河南省坚持把转变对外贸易发展方式、扩大出口作为"战危机、保增长"的重要举措，实施了一系列的商务促进政策，形成了一整套促进出口的长效机制，对巩固对外贸易的企稳回升发挥了重要作用。"十一五"期间全省进出口总额累计突破700亿美元，是"十五"期间的2.8倍，年均增长17.1%，高出全国平均水平3.2个百分点。出口商品结构也进一步优化（见图3-1）。

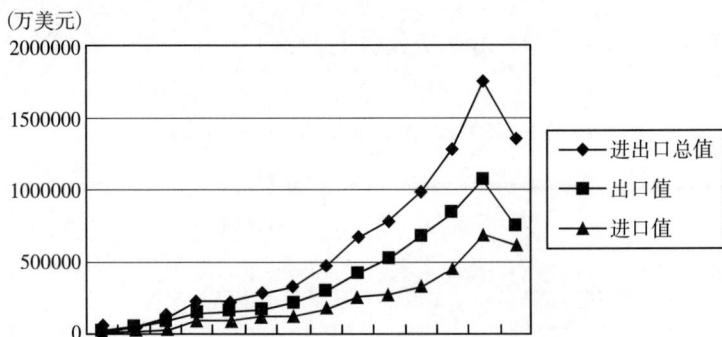

图3-1　1980~2009年河南进出口基本情况

资料来源：根据河南省海关统计数据制作。

2. 进出口结构不断优化

随着河南省工业化进程的不断推进，出口商品结构不断优化。1991年，全省出口产品中工业制成品出口占60.1%；2003年出口商品中工业制品占87.1%；到2007年工业制品的出口比重上升到91.4%，比2003年提高了4.3个百分点。高附加值产品出口比重日渐增大，2007年机电产品出口达18.22亿美元，占全省出口总值的21.7%；高新技术产品出口从无到有，2007年出口总值已达1.80亿美元，占比重为2.1%。2009年，河南省积极实施机电产品推进计划和科技兴贸战略，着力支持机电产品、高新技术产品研发和技术创新，支持农轻纺出口产品质量可追溯体系和公共服务平台建设。机电产品、高新技术产品、农产品出口占全省出口总额的比重较2008年分别提高1.6个百分点、4.1个百分点、2.7个百分点。出口商品结构进一步优化。

在进口商品中,资源性商品进口比重加大。2003年,占进口比重最大的商品是机器机械电器设备等,比重为23.0%;2007年,该类商品在进口商品中的地位有所下降,比重为16.6%;进口商品价值最大的是矿产品,比重为31.7%,较2003年提高了18.2个百分点,贱金属及其制品进口2007年所占比重为13.1%,比2003年提高了3.4个百分点。2008年,进口值居前20位的商品多是矿产品,所占比重为38.85%。

3. 进出口企业类型多样化

改革开放初期,我国进出口贸易由国有企业垄断,主要由外贸系统的专业公司经营,随着进出口权的逐步放开,河南省进出口也由国有企业独立支撑向多类型企业共同发展迈进。1991年,全省对外贸易中的85.8%均为出口,其中外贸系统专业公司的出口占全省出口量的80.7%。在2003年,国有企业进出口总值占全省进出口的59.6%;外商投资企业为22.6%;集体企业和其他企业分别为16.4%和1.4%。在2007年,各经济类型中的国有企业、外商投资企业、集体企业和其他企业在全省进出口占的比重分别为43.0%、20.2%、23.9%和12.9%,集体企业和其他企业进出口总值占的比重明显增大。2009年,河南省国有企业进出口47.46亿美元,下降41.3%,2009年民营企业进出口49.35亿美元,下降20.2%。外商投资企业全年进出口总值为37.57亿美元。民营企业在全省进出口中所占的比重已经超过国有企业,进出口企业类型趋向多样化。

4. 进出口贸易市场多元化

过去,亚洲市场一直是河南省进出口贸易的主要市场领域,但随着全省对进出口市场的积极拓展,欧洲、大洋洲、拉丁美洲等市场也快速发展起来。2007年,对亚洲的进出口总值比2003年增长了1.4倍,对非洲、欧洲、大洋洲的进出口分别增长了2.5倍、2.0倍和2.4倍,对拉丁美洲和北美洲的增幅也均在1.7倍以上。1991年,河南省的出口市场中,出口额超过1亿美元的国家和地区仅为2个;2003年进口和出口超过1亿美元的国家和地区均为6个;2007年则分别增加到12个和15个;2008年出口额超过1亿美元的国家和地区达到18个。

5. 进出口企业大型化

在市场经济条件下,拥有资金、技术、管理等优势的企业逐渐占据进出口市场的较大份额。2003年,河南省进口和出口排位前20名的企业占全省进口和出口的比重分别为60.9%和38.0%,2007年这一比重分别上升到79.5%和48.4%。2009年豫光金铅股份公司全年铅材出口量占全国铅材总出口量的95%,河南瑞

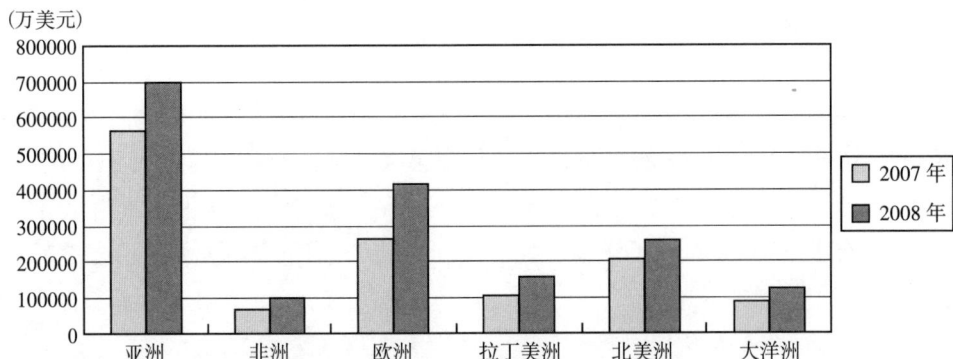

图 3-2 2007 年、2008 年河南对主要市场的进出口情况

资料来源：河南省海关统计数据。

贝卡发制品股份有限公司在全球发制品市场中占据绝对的优势，这些都表明河南省进出口企业逐步走向大型化。

二、利用外资发展迅速

2007 年以来，在推动开放型经济发展特别是促进招商引资工作的过程中，河南全省上下形成"省外即外、域外即外"的新思路，积极铲除保守封闭的小农意识，采取各项措施变革影响开放型经济发展的一切旧体制、旧政策、旧办法，形成了国内、国际发展"两个轮子一起转"的经济模式，不仅重视对国外资金的引进和利用，同时加快对省外资金的吸引。"十一五"期间，河南一改以往只把眼光盯向境外资金的做法，树立了"省外即外"的招商理念，将长三角、珠三角等地区作为招商重点，大力联络浙商、闽商来豫投资，五年间，河南利用省外资金年均增长超过 40%。

1. 利用国外资金情况

在改革开放初期，河南省利用外资规模非常小。1985 年，全省实际利用外资仅为 0.12 亿美元，外商直接投资不足 0.06 亿美元。到 2007 年，全省实际利用外商直接投资达 30.62 亿美元，是 1985 年的 542 倍，年均增长 33.1%，为河南省经济的发展带来了大量资金和技术。2009 年利用境外资金达到 48 亿美元。30 多年来，河南省利用外资的数量不断增加，利用外资的方式逐渐转变，利用外资的范围逐步扩大。

（1）外商直接投资方式转变。在改革开放初期，外商对我国及河南投资环境不熟悉加上外商投资政策不够完善，外商直接投资更多采用的是合资经营、合作经营等方式。至 2000 年，合资经营仍是河南外商直接投资的主要方式，全省实际利用外资占外商直接投资的 80.2%，合作经营和独资经营的比重分别为 11.6% 和 8.3%。随着我国市场经济的发展，对外开放程度的提高，利用外资环境的逐步改善，外商直接投资方式逐步向独资经营转变，独资经营成为外商直接投资的主要方式之一。2007 年，外商直接投资的主要方式为独资企业，比重上升至 49.3%，合资经营比重下降至 32.0%，合作经营比重仅为 6.1%。2009 年 1~11 月，河南省利用外资以独资企业为主，新批独资企业、中外合资企业、中外合作企业分别为 132 家、89 家、18 家，分别占总数的 55.2%、37.2%、7.5%。新增巴西淡水河谷、英国吉凯恩、德国麦德隆等 6 家世界 500 强企业在河南投资。

（2）利用外资领域拓宽。近年来，河南利用境外资金的领域进一步扩展。目前，除国家明令禁止的领域外，河南所有的投资领域已全面向境内外投资者开放。改革开放 30 多年来，河南省逐步扩大外商投资领域，外商直接投资从原来集中于工业逐步向多行业拓展，服务行业利用外资比重上升。1991 年，外商直接投资中合同利用外资为 1.27 亿美元，其中，工业项目占 98.9%，农林牧渔业项目占 0.4%。2000 年，合同利用外资 6.99 亿美元中，工业项目比重下降至 75.4%，农林牧渔业项目比重上升至 3.0%，服务行业项目比重也逐步上升；实际利用外资中工业项目占 89.7%，农林牧渔业项目占 1.1%。2007 年，工业项目占合同利用外资的比重进一步下降至 60.1%，农林牧渔业项目比重为 2.4%，服务业项目比重上升至 33.5%；实际利用外资中工业项目占比重为 71.6%，服务业项目占比重为 26.2%。2009 年 1~11 月，利用外资主要集中在第二产业，第一、第三产业有所增长。前 11 个月，第一、第二、第三产业分别新批外商投资企业 15 家、142 家、82 家，分别占新批外商投资企业总量的 6.3%、59.4%、34.3%；第一、第二、第三产业实际利用外资分别为 15930 万美元、294352 万美元、118980 万美元，分别占实际利用外资总量的 3.7%、68.6%、27.7%。

（3）外资来源地逐步拓展。在河南省利用外资来源地中，来自港、澳、台地区的外资一直占据较大比重。随着对外开放进程的推进，来自其他国家和地区的外商直接投资逐步增多。2000 年合同利用外资中，来自香港的资金比重为 28.5%，来自新加坡和美国的资金比重为 18.3%；实际利用外资中，来自香港的资金比重为 69.8%，来自新加坡和美国的资金比重为 8.5%。2007 年，来自香港地区的资金仍占据最大比重，合同利用外资和实际利用外资的比重分别为 57.2% 和 54.4%，除中国香港外，英国、美国、新加坡、马来西亚和英属维尔京群岛等国家和地区直接投资也较多，河南省利用外资来源地在进一步拓展。

但是，2009 年，河南省利用外资来源地又表现出集中化趋势。①新批项目方面：项目主要集中在中国香港、中国台湾、美国等国家和地区，在河南省设立企业数占全省的72.6%。新批港资企业、台资企业、美资企业分别为152家、31家、16家，分别占总数的55.5%、11.3%、5.8%。②新增合同资金方面：资金主要集中在香港地区、台湾地区，分别为331965万美元、41516万美元，分别占总额的67.5%、8.4%。此外，新加坡、日本、英国、加拿大、美国等国家的新增合同资金均超过1亿美元。③实际到位资金方面：资金主要集中在中国香港、英属维尔京群岛、新加坡等国家和地区，分别为253080万美元、54541万美元、34341万美元，分别占总额的52.7%、11.4%、7.2%。

值得注意的是，"十一五"期间河南在利用外资方面的成效也是非常显著的。这期间，河南坚持把引进境外、省外资金作为扩大对外开放的突破口，制定了一系列的促进政策和措施，并将工作重心向大招商倾斜，通过大招商增加新资本、新要素和新动力，把引进外来资金与推进结构调整、产业升级和企业改组密切结合起来，不断创新招商引资方式，拓宽招商引资领域，大力引进战略投资者，引进境内外资金、技术、人才等生产要素。"十一五"期间，全省共设立外商投资企业近2000家，累计实际利用外资198亿美元，年均增长37.3%，是"十五"期间累计利用外资规模的5倍。目前世界500强企业已经有68家在河南投资。

2. 利用省外资金情况

早在2003年，河南省商务厅就针对大规模引进省外资金工作在全省建立了规范的统计系统和网络，对引资成果及时进行汇总和评价。2003~2006年，河南共引进省外资金2178亿元，引入了一批如中国铝业、国电集团、大唐公司、中钢集团、宝钢、邯钢、广州本田、厦门宝龙集团、香江集团、北京汇源集团等国内大企业来河南投资。

特别是近年来，引进省外资金面迅速拓宽，已扩展到浙江、广东、上海、山东、江苏和福建等沿海发达地区和中央企业，全省目前已基本形成以沿海地区和中央企业为主的内资引进格局。2006年，全省签订引进省外资金项目4415项，合同利用省外资金总额3413.8亿元，实际到位省外资金1004亿元，增长99%。其中，亿元以上项目324项，到位资金331.7亿元，占全省全年实际利用省外资金总额的33.1%。2008年上半年，河南省实际到位省外资金累计已达966.2亿元，同比增长25.3%，已完成了省定目标的57.7%，省外资金的大量投入为河南省经济社会发展注入了新的力量。这些资金主要来自北京及东部地区。位居前六位的区域是北京、浙江、广东、江苏、上海、福建，六省市合计资金累计为583.4亿元，占全省上半年实际到位资金量的60.3%。2009年实际利用省外资金

2201.90 亿元，增长 19.1%。2010 年前三季度，河南实际利用境外资金 43.5 亿美元，同比增长 28.9%，增速居中部地区首位。

目前，房地产、冶金、机械电子、石化、能源、建筑等行业都已成为省外投资商投资的主要领域，这 6 个行业分别位居全省实际到位省外资金的前六位。此外，2008 年上半年全省亿元以上项目资金到位 629.4 亿元，占全省上半年实际到位省外资金量的 65.1%，带动作用明显。从项目带动来源看，格力空调、中国电力、中国国电、大唐发电、辽宁希瑞、中石化、中国铝业、浙江锦江、中信、海马等一批大企业纷纷投资河南，极大地带动了实际到位省外资金的较快发展。2009 年，河南省房地产、冶金、机械电子、轻工纺织、新能源、石油化工等行业依然为外省企业和客商投资的热门行业。据统计，2009 年河南全省全年实际到位省外资金中位居前三位的分别是房地产、冶金、机械电子行业，分别到位 386.2 亿元、260.1 亿元、234.8 亿元。

河南在关注继续引进省外资金工作的同时，也采取多项措施组织企业积极参加国家和兄弟省、市、区举办的各类经贸活动，并主动走出省门，先后在上海、广州、杭州、哈尔滨、乌鲁木齐等地成功举办了经济技术合作项目洽谈会，积极承接东部发达地区产业、资本转移，进一步加强与长江三角洲、珠江三角洲和环渤海经济圈等地区的经济技术合作。"十一五"期间，河南累计利用省外资金项目 2.14 万项，实际到位省外资金 9276.7 亿元，年均增长 39.9%，是"十五"期间实际利用省外资金规模的 6 倍多。国内 500 强企业已经有 128 家在河南投资，并且与 44 家央企签署了战略合作协议。

三、国际旅游发展势头良好

旅游是提升地区影响力的重要载体。旅游活动能够加深不同地区、不同民族、不同文化、不同社会之间的沟通与交流，能够直接展现一个国家和地区的国际形象和地位。2009 年底，国务院正式颁布了《关于加快发展旅游业的意见》，明确提出"要把旅游业培育成国民经济的战略性支柱产业和人民群众更加满意的现代服务业"。之后，作为旅游资源大省的河南，一直致力于要把旅游业打造成为经济的支柱型产业。

河南省历史久远，文化底蕴深厚，旅游资源丰富，旅游产业前景广阔。为把旅游业培育成为支柱产业，河南出台了一系列政策措施，加大对旅游业的投资，改善旅游环境，扩大旅游宣传，加强旅游管理，促进了旅游业的迅速发展。目前，以沿黄"三点一线"为重点的旅游业得到长足发展，对经济发展和促进就业起到了积极的推动作用。一些旅游资源是国际级的知名品牌，郑、汴、洛三点一线是国内著名的精品旅游线路。2005 年河南省接待海内外游客达 1.01 亿人次，其中国际旅游人数 60 万人次，分别是 2000 年的 1.93 倍和 1.85 倍；2005 年实现国内旅游收入 782.3 亿元，旅游外汇收入 2.2 亿美元，分别是 2000 年的 2.26 倍和 1.83 倍。旅游业是河南近年来经济增长最快的产业之一。

自 2008 年首届"世界旅游城市市长论坛"在郑州举办以来，河南吸引了海内外大批投资商前来投资，旅游产业已成为新的投资热点。截至 2010 年 6 月，河南省在建项目投资已完成 95 亿元，旅游招商引资合同签约超亿元项目 38 个，合同金额 245 亿元，相当于 2005~2008 年的旅游业引资总和，接近全省招商引资的十分之一。2009 年，河南省累计接待海内外游客 2.3 亿人次，旅游总收入 1985 亿元，同比分别增长 17%、25%。2009 年河南省接待海内外游客数量以及旅游总收入，在全国分别排在第 6 位和第 8 位。但是入境游人数仅 126 万人次，在全国排第 18 位。

2010 年 6 月，"2010 世界旅游城市市长论坛"在郑州举行，吸引了来自世界 22 个国家的城市代表及 43 个国内城市市长。此次"论坛"活动期间就有旅游签约项目 18 项，签约金额 449.6 亿元。其中，合同项目 7 项，合同金额 95.9 亿元；协议项目 11 项，协议金额 353.7 亿元。这些项目涉及旅游景区、星级酒店、旅游餐饮、旅游购物等旅游服务设施建设及汽车露营地等旅游新业态和旅游商品开发等方面。合同与协议项目投资方均为美国、日本、新加坡等国家和中国香港、澳门、台湾等地区的企业及部分省外大企业。这些巨额投资项目陆续启动以后，将极大地提升旅游业在河南经济中的比重，同时对周边产业形成巨大的刺激，为未来河南更加开放，向世界旅游目的地过渡打下基础。

尽管河南省的旅游整体势头良好，但发展尚不均衡。如入境游人数偏低、组团出游数量大于地接数量、各地区发展不平衡等。同时，河南游客数量虽然比较可观，但结构不合理。如存在高端游客少、消费水平低、停留时间短等问题。

四、对外经济技术合作不断扩大

改革开放以来，河南省大力发展对外承包工程和劳务合作，对外承包工程和劳务输出，完成营业额逐步扩大；同时积极实施"走出去"战略，对外投资不断增加。

1. 对外承包工程和劳务合作规模不断扩大

河南省对外承包工程和劳务合作开始于 20 世纪 80 年代初期，随着各项开拓国际市场措施的实施，对外承包工程和劳务合作规模不断扩大。1991 年，对外承包工程和劳务合作签订合同金额仅为 0.32 亿美元，仅实现营业额 0.26 亿美元。随着国际市场的不断开拓，签订合同金额于 1996 年突破 1 亿美元，营业额于 2000 年突破 1 亿美元。2002 年，河南的"走出去"战略初见成效，全年全省签订对外承包工程合同金额 3.2 亿美元，是 1990 年的 13 倍；完成营业额近 1 亿美元，是 1990 年的 4 倍；外派劳务近 1.3 万人次，是 1990 年的 5 倍多。2004 年外经合同额和营业额两项指标在全国排名分别由 1997 年的第 24 位、第 22 位，提升到第 10 位、第 16 位。2006 年，河南省商务厅制定并实施了"出国门、富万家 521 工程"，计划通过 3~5 年时间，在全省重点培育 5 家外派劳务企业、20 个外派劳务基地县和 10 个外派劳务专业基地，以达到全省外派人数在"十一五"期间翻一番以上的目标，实现外派劳务的跨越式发展。为配合"521 工程"实施，河南省出台了一系列扶持政策，正式确定了 5 家重点企业，考核命名了 22 个外派劳务基地县（市）和 11 个外派劳务专业基地，统一认定了 14 个外派劳务培训中心，争取国家"走出去"扶持资金 910 万元。2006 年全省对外承包工程和劳务输出新签合同额 8.81 亿美元，完成营业额 7.82 亿美元，外派劳务 2.47 万人次。营业额和外派劳务人次均居全国第 8 位、中西部地区第 1 位。2007 年，河南对外劳务承包新签合同额 10.42 亿美元，劳务承包完成营业额 10.03 亿美元，派出劳务 32671 人次。全年新签合同额、完成营业额均取得历史性突破，创河南改革开放以来对外经济合作业务的历史新高。2008 年河南对外劳务承包新签合同额 13.72 亿美元，劳务承包完成营业额 12.77 亿美元，派出劳务 43366 人次。2009 年河南对外劳务承包新签合同额达到 17 亿美元，完成营业额 17.9 亿美元，派出劳务 49247 人次。2010 年河南对外劳务承包新签合同额达到 25.26 亿美元，完成营业额 23.23 亿美元，派出劳务 60394 人次。其中，中原石油勘探局、中国河南国际合作集团公司已跻身世界跨国承包工程企业 225 强行列，成为河南省开拓国际承包工程市场的主力军。一拖集团整合外部资源，先后在省外的衡阳以及境外的非洲等地投资建厂。思念集团 2007 年开始在香港设立销售分公司，产品大批量进入美国、加拿大、法国、意大利等国外市场，成为知名的国际食品品牌。2010 年重点推动中铁十五局在沙特阿拉伯签订的塔布克别墅项目、中铁七局在坦桑尼亚签订的 154 公里道路项目、中铁隧道集团在波兰签订的高速公路建设项目、河南国际合作集团在坦桑尼亚签订的道路建设项目和在莫桑比克签订的 95 公里道路升级项目及在尼泊尔签订的米兰姆齐饮水项目、中原石油勘探局在阿尔及利亚签订的油田建设项目等，努力开拓国外承包工程市场。

"十一五"期间,河南抓住国际金融危机带来的特殊机遇,大力实施"走出去"战略,在承包工程、外派劳务等方面都获得了长足发展。5年间全省对外承包工程完成营业额70.9亿美元,是"十五"期间的5.6倍,年均增长35%;累计外派劳务19.4万人次,是"十五"期间的5.94倍,年均增长38%。

2. 对外投资逐步发展

河南省自改革开放以来积极探索对外投资的渠道,进入20世纪90年代后开始取得实质性进展。1991年,河南省在国外和中国港、澳、台地区实际投资额仅为26.50万美元,年末已建成投产(开业)企业数为40家。2000年,实际投资额和年末已建成投产(开业)企业数分别达到350万美元和117家。从2003年起对外投资统计范围扩大到民营企业和个体户的对外投资。2006年河南新核准设立境外企业37家,中方协议投资4793.1万美元。其中在亚洲设立境外企业16家,中方协议投资3542万美元,占投资总额的74%。境外资源勘探开发成为年度投资热点,新核准境外资源勘探开发企业6家,中方协议投资2545万美元。2007年,全省签订对外投资项目个数为35项,协议投资额14454万美元,实际投资额为3516万美元,年末已建成投产(开业)企业数为200个。同时,还积极推动企业境外上市步伐。郑州永通特钢有限公司通过外资并购在香港实现上市后,又通过增发方式筹集资金收购印度尼西亚矿山,调整了产业结构;河南众品在美国纳斯达克成功上市,成为中国首家在美国上市的食品企业;栾川钼业2007年4月在香港联合交易所上市,一次募集资金81亿港元,一举跨入世界矿业30强行列。截至2007年,全省已有16家企业通过多种方式实现境外上市,为利用国际资本实现跨越式发展打下了良好的基础。

2010年,立足于破解资源约束、市场约束和环境压力难题,河南省有针对性地重点推动钢铁、水泥、纺织、火电和轻工建材等产业加大对外投资,盘活现有生产能力和资产,释放经济发展空间,促进经济结构调整。根据我国政府对非合作八项新举措,鼓励企业到非洲投资创业。利用河南省农业技术优势,争取援外农业科技示范中心项目获得国家批准,推动优势农业企业"走出去"。利用勘探开发优势,扩大资源类项目投资,为河南省经济持续发展提供资源保障。搞好跟踪服务,推动永通特钢印度尼西亚钢厂项目、金龙铜管墨西哥项目、林德公司收购德国帕希姆机场等境外大项目顺利实施。2010年,全年签订对外直接投资协议额5.3亿美元,实际完成对外直接投资1.5亿美元。

3. 对外交流合作全面发展

河南自改革开放以来一直致力于不断扩大开放范围、提升开放层次,推动多领域对外开放。截至 2010 年底，河南省已与 180 多个国家和地区建立了经贸文化联系，与 40 多个国家结成了 73 对友好城市关系。在金融领域，汇丰、东亚、百年人寿等一批境内外银行、保险机构落户河南，河南省有 31 家企业在境外成功上市、融资 227.8 亿元。在教育方面，河南省与 13 所国外高校、86 所境外院校举办中外合作办学项目 168 项，爱国华侨捐助的中原文化艺术学院开工建设。在科技方面，全省实施国际科技合作项目 110 多项，实施引智项目 659 项。在文化旅游方面，成功举办了中原文化澳洲行、港澳行、宝岛行等一系列重大文化经贸交流活动，引进港中旅等一批大企业投资开发文化旅游项目。省内各地市利用自身经济、文化、旅游各方面的优势举办招商活动，搭建经贸合作平台。中国河南国际投资贸易洽谈会、豫港投资贸易洽谈会、拜祖大典、世界传统武术节、郑州商品交易会、豫商大会都取得了良好的效果。特别是多次赴美国、日本、韩国、欧洲、中国台湾、东南亚等国家和地区举办的一系列大型经贸活动，已成为河南招商引资的经典之作。

在对外开放中，河南不仅注意经济的对外开放，同时也致力于实现文化社会等全方位、宽领域的对外开放。特别是近年来，河南发挥文化底蕴厚重的优势，加速拓展开放领域对外交流与合作的形式和途径，利用省内省外、国内国外市场向世界推介中原文化。以豫剧、杂技、文物、少林功夫为强项，打造对外文化交流的品牌。通过各种文化体育活动和现代传媒手段，向世界展示河南源远流长、博大精深的优秀文化，扩大河南文化的影响力，反映中原文化厚重的发展历史，推动更多的优秀文化产品和艺术团体进入国际市场。同时，重视港、澳、台地区和华人华侨在对外文化交流中的特殊作用，吸引国外文化资本进入河南文化市场，积极引进国外优秀文化产品，扩大文化贸易。通过推进中原文化走向世界，使河南文化软实力大步幅提升，使外界对河南省刮目相看。如今，中原文化中的伏羲文化、黄帝文化、少林文化、龙门石窟文化、安阳殷墟文化、周易文化、开封宋代文化、三门峡虢国文化、老子文化、庄子文化、朱载堉文化、黄河文化等，已经在海内外产生了广泛的影响。俄罗斯总统普京造访少林寺，极大地提高了少林文化的美誉度；新郑黄帝祭祖大典，更是增强了中原文化的凝聚力和影响力。中国功夫、黄河母亲、5000 年文明的发祥地，可以说在全球知晓度大增，极大地提高了河南文化在世界上的知名度，推动了河南对外开放的跨越式发展。

五、县域经济对外开放水平不断提高

河南是农业大省，县域经济占全省经济总量的将近 70%。没有县域经济对外开放水平的提高，要在全省实施开放带动主战略，构建河南完善的开放型经济体系，是一件不可想象的事情。

为了推进县域经济对外开放水平的提高，2002 年以来河南省先后出台了《关于支持省对外开放重点县（市）发展的意见》、《关于进一步落实省对外开放重点县（市）支持措施的意见》等重要文件，明确提出了计划直接上报、经费直接安排、项目直接申报、证照直接发放、政策直接享有、信息直接获得的"六个直接"扶持政策，从资金倾斜、审批程序、信息沟通、经贸活动联办、客户资源等方面给予大力支持。2003 年，河南省对外开放工作领导小组在全省认定了巩义、孟州等 23 个县（市）为首批省对外开放重点县（市），并决定对这些对外开放重点县市进行动态管理。经过 2004 年以来的多次调整，到 2010 年全省对外开放重点县市达到 55 个。

2010 年，55 个对外开放重点县（市）完成出口金额 27.69 亿美元，与 2009年相比增长 43%，占全省出口总额的 28.2%；新批外商投资企业 93 家，与 2009年相比增长 24%；实际利用外资 24.23 亿美元，与 2009 年相比增长 31%，占全省实际利用外资总额的 38.8%。2010 年对外开放重点县市中出口超过 1 亿美元的县市有 7 个，出口超过 3 亿美元的有 3 个；实际利用外资超过 5000 万美元的有 16 个，超过 1 亿美元的有 7 个。

目前，县域城市已成为河南对外开放的中坚力量，对外开放重点县（市、区）通过实施开放带动主战略，依托扶持政策，积极扩大对外开放，大力发展开放型经济，县域经济实力明显增强。

六、开放环境日趋优化

近年来，河南坚持"内抓环境、外树形象"，不断加强开放载体、基础支撑条件建设，使河南的对外开放环境日趋优化。

1. 载体建设成效明显，基础支撑条件不断改善

在全省加快建设 180 个产业集聚区的同时，开封、漯河、鹤壁、许昌经济开发区升级为国家级经济技术开发区，河南省国家级经济技术开发区达到 5 家，位居中西部前列，南阳、安阳高新区升级为国家级高新区，河南省国家级高新区达到 4 家，增加了扩大开放、招商引资的国家级"金字招牌"。2010 年又获准设立了中部地区首个综合保税区，河南保税物流中心也顺利通过验收，河南（郑州）新加坡国际物流产业园项目已列入中新双边合作联委会议题，提升至国家层面推动。2013 年 3 月 7 日，《郑州航空港经济综合试验区发展规划（2013—2020 年）》

获得国务院批复，成为全国首个上升为国家战略的航空港经济发展先行区，形成了河南扩大对外开放的战略平台。

2. 优化投资环境的努力获得回报

几年来，河南全面推行外商投资项目无偿代理制，完善外来客商投诉处理机制，开展外来投资企业大回访活动，全省重商、亲商、富商、安商氛围更加浓厚。富士康、嘉里集团、美国联合包裹服务公司、天宇手机等跨国企业的成功引进，标志着河南开放程度、承接能力、整体环境提升到了新的水平。

第三节 河南开放型经济发展存在的问题

尽管改革开放以来，河南省开放型经济发展取得了令人瞩目的成绩，但还存在不少的问题。2009 年，河南省外贸进出口在全国排在第 17 位，比 2008 年下降 1 位；作为 GDP 在全国排名第 5 位的经济大省，外贸小且弱，外贸在全国的地位与河南经济大省的地位相比还存在不小的差距。河南省进出口在中部 6 省中尽管仍然能够排在第 3 位，但比中部外贸第 1 位的湖北少了 37.9 亿美元，差距比 2008 年拉大了 5.6 亿美元，这意味着在中部崛起的竞争中河南在外贸领域与中部第一的差距在进一步拉大。长期以来，开放型经济发展一直是河南省经济发展的瓶颈。开放型经济发展的差距，突出表现为"三低"，即外贸依存度低、出口总量低、出口商品层次低，同时，多层次、宽领域、全方位的开放格局尚未全面形成。

归纳起来，主要存在以下几个问题：

一、经济开放度不高

经济开放度是指一国或地区自身经济发展与外部经济的联系程度，它是衡量区域经济对外开放程度的综合性指标，也可以反映区域经济融入国际经济的程度以及对国际经济的依存程度。在测度一国或地区的开放程度时，常常使用"对外依存度"的概念，主要选取对外贸易占 GDP 的比重来表示对外依存度，即对外依存度等于对外贸易总额与国民生产总值的比值。比重的变化意味着对外贸易在国民经济中所处地位的变化。

河南省与沿海发达地区甚至中西部一些省份相比，开放型经济发展不够，对外开放层次、水平、程度不高，已成为经济社会发展的薄弱环节和突出问题。2010 年，河南省出口总额占全国的比重只有 0.6%，只相当于经济总量排在河南省前面的广东、江苏、浙江、山东四省的 2.2%、4%、7.2% 和 9.7%，在中部六省中仅高于山西；利用外资总额仅占全国的 5.3%，只相当于江苏、广东、浙江、山东四省的 19%、24.6%、48.5% 和 59.9%。

笔者认为用区域开放度来衡量河南的开放度更为合理。区域开放度是指在开放经济条件下区域内与区域外（其他区域或国外）交换要素和产生经济往来的活跃程度，反映了这个区域利用国际、国内两种资源的水平和资源配置的能力。这个指标体现了开放型经济发展的程度。曾海鹰在《欠发达地区开放型经济发展动力研究》一书中从对内开放度、对外开放度和旅游开放度三方面分别选取指标用主成分分析法计算出三个开放度的指标，再用主成分分析法计算总开放度。得出 2005 年河南的区域开放度为 0.08，处于区域开放度低的水平。

尽管这几年河南的开放度有很大的提高，但不管用哪个指标来衡量河南的经济开放度，结果是一样的，即河南的开放度仍然处于较低的水平，开放型经济对经济的拉动贡献率非常低，开放型经济的作用还远没有发挥出来，还有很大的发展空间和提升潜力。

二、进出口企业规模小，出口产品结构层次低，出口国家及地区较集中

郑州海关数据显示，2009 年河南实际发生进出口业务的企业 2900 多家，真正能够形成一定规模的大企业不多，进出口在 1000 万美元以上的企业只有 185 家，进出口在 100 万美元以上的企业有 1035 家，其余近 66% 的企业进出口在 100 万美元以下。

河南正处于工业化中期阶段，工业化和农业生产的工业化水平不高，能够为市场提供的主要是低附加值的粗放产品，外贸出口没有强有力的工业做支撑，产品缺乏国际竞争力。出口的产品中低附加值产品比重过大，工业制成品特别是高新技术产品出口比例过低，缺乏高技术含量、高附加值、高价格的商品。2008 年，在河南 21 类出口产品中，纺织原料及纺织制品出口额为 10.58 亿美元，占河南当年出口额的 9.9%；贱金属及其制品出口额为 31.19 亿美元，占河南当年出口额的 29.1%；科技含量较高的机电产品出口额仅为 14.50 亿美元，占河南当年出口额的 15.4%。2009 年，河南资源性大宗商品占出口总额的 35%，出口额前 20 位的商品中，14 种为原材料产品。机电产品占出口总额的 27.3%，低于全国

平均水平 32 个百分点,高新技术产品出口占比为 5.7%,低于全国平均水平 25.7 个百分点。长期以来,在出口业务中,贴牌经营成为普遍现象。

河南主要出口市场集中在北美、日本、中国香港、欧盟和东南亚等国家和地区,尤其是对中国香港、日本、美国和欧盟的出口占一半以上,主要出口假发制品、非合金铝、精炼铅、橡胶轮胎等商品,对美国、日本的市场依赖程度很高,出口市场过于集中,使经营风险也相对加大,很可能在复杂多变的市场竞争中受制于人。

三、利用外资规模偏小,结构不合理

河南利用外资的规模和结构与沿海发达地区有明显差距。利用外资规模偏小,尚未摆脱主要依靠能源类和一般制造业项目的局面。外资项目产业结构、布局结构不合理,外向型项目、高新技术项目和服务业项目少,一些地区的投资环境还有待进一步优化。2006 年,河南省三资企业数量只有全国平均水平的 0.5%,实际利用外资占全国的 27%,投资依存度 25%,比全国平均水平低 25%。2008 年河南外商投资企业进出口额 32.02 亿美元,占进出口总额的 18.3%,低于全国平均水平。外资利用效果不明显,国际知名的大企业很少进入河南市场。对外经济发展的滞后不仅影响到河南经济发展,还直接影响到管理、文化理念等与国际接轨,不利于形成兼容并蓄、竞争开放的社会人文环境,这又制约了经济社会的发展。

河南外来资金主要来自中国香港和拉美地区,投资首选制造业。2006 年,中国香港在河南省设立外商投资企业 315 家,实际利用外资 6.22 亿美元,占实际利用外资总额的 33.7%,居第 1 位。拉美地区在河南省投资设立了 39 家企业,实际利用外资 4.48 亿美元。2008 年,中国香港在河南的直接投资占河南实际利用外商直接投资的 64.6%。从行业看,2006 年投资于制造业的项目 325 个,实际利用外资 9.67 亿美元,占实际利用外资总额的一半以上。2008 年,投资于制造业的直接投资金额占实际投资金额的 45.6%。外商来豫投资大项目偏少,外商投资规模多在 100 万美元以下,投资金额与技术含量极为有限,大多带有试探性,因此形不成以跨国公司为先导的产业链。

四、"走出去"水平低,规模小

河南企业规模普遍较小,实力较弱,具有跨国生产经营能力的企业数量有限,加之对国际投资环境研究不足,对外投资意识不强,所以在境外投资的规模

很小。2006 年，河南新签的对外投资项目只有 37 项，实际投资额 8666 万美元。至 2006 年底，河南在境外的投资企业 160 家，占全省国有及规模以上工业企业的比重不到 1%。2007 年，河南省新设立对外直接投资企业 35 家，中方协议出资 14453.6 万美元，同比增长 202%；设立境外企业 32 家，中方协议出资 14440 万美元；设立境外机构 3 家，中方协议出资 13.5 万美元。2008 年，河南新签的对外投资项目只有 38 项，实际投资额 6718 万美元。2010 年，全年新核准设立对外直接投资企业 92 家，中方协议出资金额 5.3 亿美元，实际完成对外直接投资 1.5 亿美元。

当前，在国际舞台上唱主角的是大型跨国公司。一国拥有大型公司的多少是其经济实力的标志，知名企业和知名品牌成为一个国家的象征，大企业已成为强国的经济支柱。而中国特别是河南就恰恰缺少这种企业和品牌。如何增强企业在全球市场进行资源和生产要素优化组合的能力，已成为河南发展开放型经济面临的难题。

五、有效带动开放型经济发展的载体建设还需要进一步加强

目前，工业园区和开发区已成为国内各地区吸引外资的主要载体。开发区和工业园区作为招商引资的主要窗口和载体，其发展的严重滞后是影响河南对外开放发展的重要因素。河南虽然也建立了国家级开发区和多个省级开发区及工业园区，但河南省各类工业园区普遍存在着产业规划、产业布局不尽合理的问题，项目分布存在较大的随意性，项目引进也存在较大的盲目性。各类开发区（园区、工业聚集区）数量少，规模小，优势不突出，出口加工型项目少，利用外资的规模小，产业聚集力不强，辐射效应不明显，缺乏有效管理，布局不合理，规划滞后，利用外资是河南省开发区（园区）工作"短腿"的问题始终没有得到有效解决。河南省已经充分意识到这些缺陷，正在加快产业集聚区的建设，希望能有效建立起带动对外经济发展的载体。

近年来，产业集聚区已经成为河南开放型经济发展的新特色，是"转变发展方式，促进中原崛起"的主力军，但是在产业集聚区建设过程中也已经暴露出一些问题，如区内项目层次低，低水平重复引进现象严重，各个产业集聚区之间缺乏分工协作机制，存在重视引进项目数量、投资规模、融资规模而忽视引进项目质量的倾向，主导产业不突出、产业关联性差的问题也比较严重。

六、产业配套能力不强、大型企业少

要引进优势项目特别是战略性新兴产业项目，自身必须有较强的产业配套能力和相应的集聚程度。但从目前河南的实际情况看，首先是产业链条较短的问题比较突出。河南工业增加值排在前几位的产业大多是从事初级产品生产的产业。食品工业是河南第一大工业门类，但高附加值产品比重偏低，方便、功能性产品发展不足，不适应消费结构升级的需要。装备制造业中缺乏具有核心竞争力的大型企业集团，区域配套能力不强。纺织服装产业链发展不均衡，新产品开发和品牌建设相对滞后。再就是河南大型企业少，名牌产品少，供应链的各个环节衔接不紧密，整体市场机制优势难以提高。2009 年河南规模以上工业企业 18592 家，其中大企业只有 193 家，仅占规模以上工业企业总数的 1%。在 2009 年中国 500强企业中，河南只有 16 家企业入选，占 500 强的 3.2%。

第四章　河南发展开放型经济的基础条件及制约因素

国家在"十一五"期间把河南的发展定位在"三个基地一个枢纽"(即全国重要的粮食生产基地，能源、原材料基地，现代装备制造及高技术产业基地，综合交通运输枢纽)上，这一定位也会影响到河南未来开放型经济发展的方向。河南开放型经济的发展不能背离这个方向，否则与国家对河南的定位不统一，难以得到政策的支持，对拓展发展空间也是不利的。分析河南开放型经济发展的优势条件和制约因素也不能离开这一点。

第一节　河南发展开放型经济的基础条件分析

与东部和中西部其他省份相比，河南开放型经济发展在区位优势、资源条件、市场、劳动力等方面都有自己的特点，同时各级政府对发展开放型经济的重视程度较高，在全社会已经形成的发展开放型经济的良好氛围等，这些都是河南发展开放型经济的巨大优势。

一、河南的区位优势

1. 河南具有明显的区位优势

河南所具有的区位优势主要表现在以下五个方面：

从历史渊源看，西周初年 (约公元前 1037 年)，周公欲迁都洛阳，遭到强烈反对，于是周公决定测日影定"地中"，为迁都洛阳寻找天象根据。经测量，周公在登封告成镇找到了"地中"，创立了"天地之中"学说。河南也因登封"地中"位置成就了"天地之中"的美名。3000 年后，地处中国腹地的河南嵩山凝聚了全球的目光。2010 年 8 月 1 日，联合国教科文组织第 34 届世界遗产大会将登封"天地之中"历史建筑群列为世界文化遗产。负责评估验收"天地之中"历史建筑群的澳大利亚文化遗产专家朱丽叶·拉姆齐说:"少林寺、观星台、中岳庙、嵩阳书院的碑刻上总是出现'中'字,这充分说明了一个民族在人文方面对'天地中'的崇拜和认可。"成就河南"天地之中"美名的绝不只是一个传说,从多个视角看,河南"天地之中"的独特地位都名副其实。

从区域划分看,如果把中国从东向西划分为东部、中部和西部三大区域,河南恰好位于中部地区的要冲地带,且是扼守该地带的咽喉,区域之"中"当之无愧。

从经济地理看,2009年9月23日国务院常务会议讨论并原则通过的《促进中部地区崛起规划》提出了"两纵两横"经济带概念:"两纵"为京广、京九两条铁路线,"两横"则是陇海铁路线和长江沿线。而河南地理位置几乎与"两纵两横"四线都搭界。

从交通布局看,"三横五纵"的铁路网络在河南交会,河南还坐拥铁路"双十字",是独一无二的铁路枢纽。同时,河南的高速公路主枢纽作用日渐显现。此外,2008年,郑州机场已进入全国机场20强,在国家公共航空运输体系中被定位为全国八大区域性枢纽机场之一。2013年国家民航局把郑州机场定位为北京、上海、广州三大航空枢纽的重要补充。目前,郑州航空港正在朝着国际航空物流中心的目标努力。

从自然条件看,河南省位于我国中东部,黄河中下游,黄淮海平原的西南部。全省总面积约16.7万平方公里,耕地1.1亿亩,2009年河南总人口为9967万。河南以其特殊的区位优势,连接东西,贯穿南北。河南有得天独厚的地理位置和优越的自然条件,处于温带与亚热带地区,气候温和,全省年平均气温为摄氏13~15度,四季分明,雨量充沛,年平均降水量700毫米。全年无霜期200~236天,土地肥沃,动植物资源、矿产资源极其丰富,宜于工农业发展。河南省的地势西高东低,北、西、南三面有太行山、伏牛山、桐柏山、大别山四大山脉环绕,间有陷落盆地,中部和东部为辽阔的黄淮海冲积大平原。山区丘陵面积占44.3%,平原面积占55.7%。境内的1500多条河流分属黄河、淮河、海河、长江四大水系。

总之,河南是全国的腹地、心脏地带和重要枢纽,具有承东启西、连南携北的枢纽作用,区位优势无与伦比。正因为河南拥有如此独特的区位优势,中共中央政策研究室原秘书长纪玉祥同志曾经表示,以河南为主体的中原经济区承东启西、连南接北的区位特点,是该经济区除了人口、面积、资源以及劳动力等优势外不同于其他区域的最大优势。

2. 河南省所具有的区位优势随着河南经济的发展日益得到认可

在中原大地，一个以郑州为中心的"中原城市群"正在悄然崛起。这是改革开放以来，继"长三角"城市群、"珠三角"城市群、京津唐为中心的城市群之后的一个很有希望的经济带。中原城市群居沿海开放地区与中西部的结合部，承东启西，连贯南北，区位优势突出，资源、产业等基础条件较好。无论从战略布局、发展需要，还是从经济优势、现有基础看，中原城市群有条件发展成为继沿海三大经济区之后的又一大经济区，成为欧亚大陆桥经济走廊的中心枢纽，进而促进经济崛起。党中央、国务院关于"加快中原崛起"的战略方针出台后，河南省委、省政府遵循科学发展观，很快做出了构筑中原城市群隆起带并以此带动区域经济发展的决策。中原城市群集中了郑州、洛阳、开封、新乡、焦作、许昌、平顶山、漯河、济源9个城市。这一区域土地面积和人口分别占全省的35.1%和40.4%，创造了全省55.2%的生产总值和55%的财政收入，城镇化水平较高，是河南经济发展的核心区。中原城市群是我国中西部地区城镇空间分布和人口密度最大的地区，也是河南省城镇化进程最快的地区。区域内集聚了全省60%的城市，城市空间布局紧密，大中城市相互间距均在70公里以内，城镇分布密度为7.2个/千平方公里，人口密度为678人/平方公里，均为全省平均水平的1.4倍。2005年，城镇化率达到40%，高出全省平均水平7.5个百分点。区域内城市基础设施条件较好，供电、供暖、燃气设施、城市公交系统完备。集中供水普及率达到95%，污水集中处理率达到60%，均高于全省平均水平。郑东新区和洛阳新区建设已初具规模，一些城市通过老城改造和新区建设改变了面貌。这些相对完善的城市基础设施条件，将成为吸引国内外各类生产要素向其中集聚发展的"硬环境"，同时城市功能和配套服务功能的不断完善，将为外来投资者的投资兴业提供良好的生活环境。

总之，随着河南经济的发展特别是"中原城市群"的崛起，河南省所具有的区位优势正日益得到国内外的认可。

3. 四通八达的陆空交通优势进一步强化了河南的区位优势

河南地处东西结合部，承东启西、连南贯北，是我国内陆交通运输的重要枢纽。全省铁路通车里程3428公里，京广、陇海、京九等铁路干线纵横交错，新开通的从我国江苏连云港至荷兰鹿特丹港的亚欧大陆桥横穿全省。省会郑州位于京广、陇海两大铁路干线的交汇处，是亚欧大陆桥东端最大的客货转运站。郑州北站是亚洲最大的货运编组站，中转吞吐能力和作业手段已达到世界一流水平，通过铁路出口的商品可以在郑州直接联检封关。郑州东站是全国最大的集装箱中转站之一，五条国际集装箱运输线路从郑州直通上海、九龙、连云港、天津、青岛港口。郑州铁路东站货运口岸是国务院批准设立的我国内陆一类口岸，2006年1月20日，中亚—郑州国际物流通道正式开通，该通道开通后，来自乌兹别克斯坦等中亚国家的货物可以直接运抵郑州，在郑州报关、清关，简化了手续，减少了中转环节，时间也比原来提前了10天左右。

全省公路四通八达，实现了乡乡通公路。省会到市、市到县、县到乡公路客运网络初步形成。目前一个以高速公路为主骨架，以国道、省道干线公路为依托，以县乡公路为支脉，公路、铁路、水运齐头并进的交通格局已经基本形成。北京至珠海、连云港至霍尔果斯高速公路"一纵一横"经过河南，河南境内段已修通600公里。

河南的航空事业也已进入新的发展时期。郑州新郑国际航空出口货运量增长迅猛。目前，郑州新郑国际机场的国际航空出口货运量在中国国内机场的排名已位列第七，货运知名度明显提高。据了解，2009年4月17日货运航线开通后至当年11月20日，郑州国际机场总出口货物量达到8745吨，报关货物总值约3亿美元，转关货物约10亿美元，主要以通信器材、机电产品、石油管件、纺织品、日用品等为主。郑州新郑国际机场已成为中国货运通往印度、中东、非洲区域最主要的通道和运力最大的机场之一。目前已有DAS货运航空公司、MK航空公司、约旦皇家航空公司、阿拉伯联合酋长国联合航空公司4家开通直航的航空公司。它们与15家国际航空公司一起形成了覆盖南亚、中东、非洲、独联体、欧洲的航空市场网络。货源来自北京、上海、浙江、江苏、广东、山东、湖北、河南、陕西、江西、四川、辽宁等全国各主要生产腹地，从郑州起运后由各条直达航线运抵印度的马德拉斯、孟买、加尔各答，阿拉伯联合酋长国的迪拜，孟加拉国的达卡，哈萨克斯坦的阿拉木图，尼日利亚的拉各斯，肯尼亚的内罗毕，乌干达的恩德培以及卢森堡等世界各主要航空港，然后中转至世界各地。

总之，随着河南陆空交通条件的快速改善，河南地处内地的地理位置劣势正逐步弱化，相反，河南的区位优势正被不断强化。

二、河南土地资源状况与农业优势

1. 河南土地资源的基本情况

河南国土面积16.7万平方公里，居全国各省区市第17位，约占全国总面积的1.73%；全省常用耕地面积10801.77万亩。2009年河南省总人口为9967万人，人口密度为 594 人/平方公里，是全国平均水平的 4 倍多；人均土地资源量仅为 0.07 公顷，不及全国平均水平的 1/4。全省以占全国 1.7%的土地承载着占全国 7.5%的人口。根据河南的自然地理条件，全省土地可按照土地类型分为以下几个区域：东部黄淮海平原、南阳盆地中部和东南部，耕地集中，水热土组合条件较好，是全省耕作农业的主体，是水浇地和水田的集中分布区，开发条件优越。豫西丘陵山区和南阳盆地边缘岗地区，水土条件相对较差，特别是大部分地区水资源严重不足，是全省主要的旱作农业区，土地资源开发难度大，投入产出率低，适宜发展林果业。南部亚热带湿润丘陵山地则有较好的水热条件，土地开发潜力较大，具有发展亚热带林果业的优越条件。

从开放型经济发展的角度看，目前河南土地资源优势的一个突出表现即河南土地价格相对便宜。如 2010 年第一季度，北京工业用地平均地价约为每亩 59 万元，而河南省大部分县域工业用地价格在每亩 6 万元左右。2010 年上半年郑州市以"招拍挂"方式出让的工业用地均价为每亩 23.91 万元。

2. 河南土地资源的利用情况

对河南土地资源的利用情况，这里从农用地、建设用地、未利用土地三个方面进行分析。

全省农用地面积 1183.20 万公顷，占全省土地总面积的 71.48%。耕地面积 811.03 万公顷，占全省农用地面积的 68.55%。其中旱地面积 412.90 万公顷，灌溉水田、水浇地和菜地面积 389.56 万公顷。耕地集中分布在黄淮海平原、南阳盆地及豫西黄土区，其中水田集中分布在水热条件优越的淮河以南和用水条件较好的黄河两岸地带。园地面积 30.83 万公顷，占全省农用地面积的 2.61%。其中果园分布广泛，尤以苹果园最为突出，果园面积 2 万公顷以上的有三门峡、商丘和南阳三市，占全省果园面积的 40.08%。林地面积 283.16 万公顷，占全省农用地面积的 23.93%。林地在全省各地均有分布，分布面积最大的是南阳市，最少的是漯河市。牧草地面积 1.45 万公顷，基本属于天然草地类，占全省农用地面积的 0.12%，占全省土地总面积的 0.09%。主要分布在丘陵山区，分布面积最大的是信阳市。水面面积 56.73 万公顷，占全省农用地面积的 4.79%，占全省土地总面积的 3.43%。全省水面分布不平衡，分布面积最大的是信阳市，其次是南阳市。

全省建设用地面积 251.45 万公顷，占全省土地总面积的 15.19%。居民点及工矿用地面积 183.42 万公顷。其中城镇用地面积 22.56 万公顷，占居民点及工矿用地总面积的 12.30%；农村居民点面积 136.75 万公顷，占 74.56%；独立工矿用地面积 19.42 万公顷。交通用地面积 38.00 万公顷。其中农村道路面积 29.50 万公顷，全省公路密度为每平方公里 0.31 公里。水利设施用地面积 30.03 万公顷。其中沟渠面积 26.40 万公顷，水工建筑物面积 3.63 万公顷。

全省未利用土地面积 220.71 万公顷，占全省土地总面积的 13.33%。其中荒草地面积 87.92 万公顷；苇地面积 0.97 万公顷；滩涂面积 33.15 万公顷。

3. 河南土地资源利用过程中存在的问题及解决办法

存在的问题主要有以下五个方面：

（1）耕地数量锐减，人地矛盾加剧。据统计，全省耕地面积由 1954 年的 906.20 万公顷下降到 1996 年的 678.13 万公顷，年均减少 5.43 万公顷，相当于每年减少一个中等县的耕地面积；人均耕地由 1953 年的 0.205 公顷下降到 1996 年的 0.074 公顷，人均耕地减少量为 0.131 公顷。

（2）耕地生产潜力挖掘不足。全省低产田面积占耕地总面积的 35% 以上，现有中高产田的利用也不充分。全省农副产品综合利用率低，农业生产结构、种植结构不尽合理，耕地利用中一定程度上存在着高产低效、低产低效的问题，从而直接影响着农村经济的快速发展和农民收入水平的不断提高。

（3）土地集约利用不够。全省未成林造林地和疏林地共 35.35 万公顷，占林地总面积的 12.48%；可供淡水养殖的水面有 26.95 万公顷，实际利用面积仅占可养殖水面的 50%。除涝土地面积仅占易涝土地面积的 80%。治碱地面积占盐碱地面积的 80% 左右。虽然全省整体水热条件优越，但耕地复种指数不足 150%。居民点及独立工矿用地中，尚有 40 万公顷左右的闲散地和废弃地未被再利用。

（4）水土流失现象严重。全省水土流失面积约 3 万平方公里，占丘陵山区面积的 41%。重度水土流失区主要分布在浅山丘陵区和黄土丘陵区，严重制约着山区经济的发展。广大平原区的农田防御系统有待进一步完善，黄泛区林木覆盖率相对较低，加之不适当的毁林开垦，导致地面裸露，水土不能保持，生态系统比较脆弱。

（5）乱占滥用、浪费土地问题突出。据全省非农业建设用地大清查提供的资料，1991~1996 年全省未经依法批准占地 51 万多宗，面积 5.07 万公顷，其中耕地 3.60 万公顷，闲置土地 0.21 万公顷。

河南要发展开放型经济，特别是要大规模的招商引资、城市化扩容、项目建设用地的规模会大量增加。针对河南开放型经济发展的需要和目前河南在土地资源开发利用方面存在的问题，今后全省一方面要在有效保护和整治农用地，农村宅基地整理、适度开发土地后备资源方面做更多的工作；另一方面，要有效控制非农建设用地，使城乡居民点用地总规模逐步缩小，实现对耕地占补平衡有余，努力做到耕地总量不减少甚至微有增加。同时进一步优化土地利用结构和布局结构，提高土地利用率和产出率，实现土地资源的可持续开发利用，并与经济社会协调发展。

4. 河南农业优势突出

河南的农业优势主要表现在以下几个方面：

河南是我国重要的农副产品产区之一，主要种植的粮食作物有：小麦、稻谷、玉米、大豆、绿豆、红薯等。主要种植的油料作物有：花生、芝麻、油菜子等。粮食产量、小麦、芝麻产量居全国第 1 位；棉花、油料、烟叶产量居全国第 2 位。林果资源比较丰富，苹果、大枣、板栗、猕猴桃、西瓜等有较高声誉。中药材也久负盛名。全省植物约 1700 种，经济价值较高的用材树种有泡桐、马尾松、华山松、栓皮栎、杉木、油松、五角枫、水曲柳、杨树、榆树、槐树等。畜牧业比较发达，大牲畜畜栏居全国首位，肉类产量居全国第 3 位。南阳黄牛、泌阳驴、固始鸡、密县寒羊、周口槐山羊等久负盛名。

河南的粮食产量常年稳定在 4000 万吨以上，棉花、油料、水果、烟叶、肉类等主要农畜产品产量多年来稳居全国前三位。近年来，河南以建设全国优质专用小麦生产加工基地和畜产品生产加工基地为重点，大力推进农业结构战略性调整，初步形成了区域化布局、规模化种植的格局。蔬菜、瓜类、药材、花卉等经济作物和特色农作物种植面积稳步扩大。畜牧业快速发展，并对主要畜牧业进行了重点扶持，促进了农副产品深加工迅速发展，拉长了农副产品生产加工链条，提高了附加值。

河南省部分种植业产品的价格具有比较优势。20 世纪 80 年代中期以来，伴随种植结构的调整，河南省蔬菜、水果、瓜类、花卉等产品和食用菌生产发展迅速，目前价格大都低于国际市场价格。在畜牧业方面，河南畜产品除禽肉外，其他肉类价格均低于国际市场价格 20%~60%，在国内外市场都已占有一席之地，可扩大出口。同时国外玉米等粗粮的进口增加，可降低饲料成本。另外，作为人口大省，能够为农产品加工提供充裕的劳动力。莲花、双汇等名牌企业已初步具备了参与国际竞争的条件。

"九五"以来，河南省农业部门根据国际市场需求，结合自身的农业生产条件和资源优势，因地制宜培育和发展了一批产品档次高、质量效益好、国际竞争力强的农产品出口基地和创汇农业龙头企业。这些基地和企业正逐步向区域化、规模化、标准化、产业化方向发展。截至目前已形成了一大批初具规模的农产品出口基地和创汇农业企业。例如，淅川辣椒出口基地、泌阳香菇出口基地、三门峡湖滨果汁有限责任公司、周口市润鹏罐头食品有限责任公司、河南大用食品有限责任公司等。

三、河南气候资源状况

1. 河南气候资源基本情况

河南以秦淮自然地理分界线为界，北部为暖温带，南部为亚热带气候，具有比较明显的过渡特征，季节变化大，冬季寒冷少雨雪，春季干燥多风沙，夏季炎热雨量充沛，秋季晴朗日照长。最冷月份平均气温在零度左右，全省各地最热月都出现在 7 月，6 月、7 月全省平均气温在 25℃~28℃，不少地区极端最高气温可达 40℃以上，全省个别年份持续出现过 40℃高温一周左右。全省平均气温为 12℃~16℃，西部地区稍低，淮河以南偏高。气温分布有利于农作物生长。

河南省全年可得太阳辐射的总时数为 4428.1~4432 小时，全省实际日照时数在 2000~2600 小时，日照率大致为 45%~55%。其分布趋势为北部多于南部，平原多于山区。黄河以北大部在 2400~2600 小时，西部山地为 2000 小时，其余地区都在 2000~2400 小时。河南省全年太阳辐射量在 113~510.7KJ/cm²。各地区之间的差异比较明显。

河南的降雨与气温同步，多年平均降雨量为 784.8 毫米，年降雨总量为 1296 亿立方米，并由东南向西北逐渐减少。淮河以南地区 1000~1400 毫米，黄河沿岸和豫北平原仅 600~700 毫米，其他地区在 700~1000 毫米。因受季风影响，降雨年内很不均匀，雨量集中在 6 月、7 月、8 月，占全年降雨量的 50%~60%。冬季全省降水量都很少。

2. 河南气候分区情况

根据光热和水资源状况的地域差异，可以将全省划分为北亚热带、暖温带两个气候带，其中又包含七个气候区。

河南北亚热带大致是由西向东沿伏牛山主脉南麓海拔 600~700 米到沙颍河一线以南地区，约为 49535 平方公里，占全省面积的 29.9%。河南省北亚热带可以分为三个区：①淮南温热湿润、春雨丰沛区。本区位于河南省最南部，包括淮河以南的平原、岗地、丘陵和大别山、桐柏山地，水热资源丰富。该区春季阴雨天气多，日照少，湿度大。②南阳盆地温热半湿润、夏季多旱涝区。本区位于伏牛山南侧，西、北、东三面环山，热量资源丰富。其水热资源仅次于淮南。夏季雨水集中，变化大，夏秋季节旱涝交替出现。③伏牛山山地温凉湿润、少旱区。本区位于河南西部伏牛山地区，主要包括卢氏和洛宁、嵩县、西峡、鲁山的部分地区，气候温凉湿润。由于地形起伏变化大，气候条件的区域差异和垂直变化也比较明显，不论水、热和光照条件均随高度、坡向而有显著不同。

河南省属于暖温带的地域比较广阔，基本上属于旱作为主的农业地带。其东北部的平原地区以耕作业为主，西半部的山地丘陵地区林、牧、副业比重较大。河南省暖温带可以划分为四个区：①中部黄土丘陵温和半湿润、夏季多旱区。本区包括河南中部京广铁路以西、黄河以南及伏牛山东麓丘陵区。年平均气温为14℃~15℃，年平均降雨量 700 毫米左右。区内地形复杂，沟壑纵横，植被覆盖率小，地表径流强度大，保水性能差。②淮北平原温和半湿润、春雨适中、夏季易涝区。本区包括临颍、周口至郸城以南，淮河以北，京广铁路以东的平原区。年平均气温 14℃~15℃，年降雨量 800~900 毫米，春雨多于秋雨。夏季雨水集中，加之洼地较多，排水不畅，易造成洪涝灾害。③豫东平原温和半湿润、春季多旱、夏季易涝交替区。本区主要指沙颍河以北、黄河以南、京广铁路以东的平原区。年平均气温 14℃左右，年降雨量平均 600~800 毫米。由于降雨量年内分配不均，常出现季节性旱涝。④豫北平原、豫西黄河谷地温和半干旱，全年少雨多旱区。本区主要包括黄河以北、太行山东麓及豫西黄河谷地。霜期较长，热量条件稍差。年平均气温 13℃~14℃，年平均降雨量 600~700 毫米。降雨集中 6 月、7月、8 月三个月，占全年降雨量的 60%~70%，春雨只占 15%，加上蒸发量大，春旱频繁发生。夏季降雨量虽比较大，但变化也大，因此夏季常有旱涝发生。

3. 河南不利的气候条件

河南地处中原，冷暖空气交流频繁，易造成旱、涝、干热风、大风、沙暴以及冰雹等多种自然灾害。干旱是河南省的主要气象灾害之一。一年四季都可能发生干旱。但春季最为频繁，占 37%，干旱期也相当长。初夏干旱出现较多，占 29%，居第二位。秋旱最少，只占 14%。全省春旱分布北部较多，南部较少；伏旱则南部较多，北部较少。暴雨也是河南省的主要气象灾害之一。由于降雨急骤会带来洪涝。淮河两岸及遂平以南的驻马店、确山、泌阳一带，豫西的鲁山，豫东的永城是全省暴雨发生较多的地区，平均每年发生 3~4 次；豫北、豫东和豫东南平原，登丰平均每年发生 2~3 次暴雨。大风是指不小于 8 级的风，全省大风出现在冬、春两季，其分布为：5 级以上的大风区主要分布在鹿邑、周口、遂平、方城、三门峡一线以北的地区和淮河两岸及南阳盆地。10 级以上大风区基本处于长葛、平顶山、舞阳、鲁山、汝阳、伊川以及渑池一线以北地区。郑州、平顶山、永城等地区每年出现 20 次以上大风。沙暴是一种水平能见度不大于 1000 米的沙尘风暴。黄河两地的沙丘、砂地为沙暴提供了物质基础，并由大风引起沙暴。郑州是全省出现沙暴日最多的城市之一。

四、河南水资源状况

广阔的中州大地，奔流着众多的河流，境内 1500 多条河流纵横交织，流域面积在 100 平方公里以上的河流就有 493 条，这些河流分属黄河、淮河、海河、长江四大水系，水资源可以从多流域、多河流汇入，来路较广。全省水资源总量 413 亿立方米，居全国第 19 位。水资源人均占有量 440 立方米，居全国第 22 位，为全国的 1/5，世界的 1/20。水力资源蕴藏量 490.5 万千瓦，可供开发量 315 万千瓦。

1. 河南水资源基本情况

全省多年平均降水量为 785 毫米，相当于 1296 亿立方米的水量。约有 76% 的水量被植物、土壤吸收和水面蒸发，只有 24% 的水量形成了地表河川径流。全省天然地表水资源约有 313 万立方米，居全国各省区 20 位左右，人均占有量仅相当于全国人均量的 1/6，按耕地计算也大体相当。浅层地下水资源多年平均总量约 204.6 亿立方米，另有中层地下水 30 亿立方米。全省多年平均过境水量为 474 亿立方米。根据河南首次开展的水资源平衡展望计算，地表水实际可利用量为 120 亿立方米，地下水年开采利用量为 130 亿立方米。可见，河南水资源并不丰富，真正可供利用的水资源更少。受降水的影响，全省的水量季节分配不均，年际变化较大。一年之内，往往夏秋暴雨成灾，水量过多，而冬春则往往长期干旱，甚至中小河流干涸。从年际变化来看，平原地区的最大年径流量与最小的年径流量相差 20~40 倍，山区相差 5~15 倍，年际变化较大。这说明河南水资源利用的可靠性不大，常常造成年际间旱涝不均的现象。由于河南降水量地区分布的不均衡，造成地表水和地下水资源分布不均，区域差异性明显。全省地表水资源由南向北递减，南部山地丘陵区径流深 300~600 毫米，干旱指数小于 1，水量较充沛，属多水带。豫北平原径流深小于 50 毫米，干旱指数小于 2，水量偏少，属少水带。其他地区径流深 50~300 毫米，属过渡带。山区与平原地表水量差别也比较大，在占全省耕地面积仅 1/4 的山地丘陵地区却分布了占全省 70% 的地表水量，而占全省 3/4 耕地的平原地区仅分布了全省地表水量的 30%，分布极不均衡。全省浅层地下水主要分布在黄淮海冲积平原、南阳盆地和伊洛河盆地，具有储量大、埋藏浅、增补快、易开采的特点，但补给量有限，不宜超采或远距离调用。

2. 河南水资源利用方面存在的问题

主要有四个方面的问题：①资源意识仍很淡薄。尽管一再强调水资源的重要性，但在实际工作中并没有真正引起广泛重视，所以管理不力、法规条例贯彻不到位、用水浪费等现象仍大量存在。②水污染严重，特别是河流水质较差，水环境恶化。根据 2010 年监测资料，全省 19 个大中型水库中 16 个水质较好，2 个水库仅可作为农灌用水，1 个水库水质劣于 V 类，丧失供水功能。对全省 13 个水系的 64 条主要河流进行水质监测评价，控制河流总长 5094 公里，结果是劣于 V 类标准的河流总长 2766 公里，占 54.3%，好于 III 类的河流长度 1401 公里，占 27.5%，余下的 IV 类占 8.6%、V 类占 9.6%。山区河流水质相对较好，进入平原后由于接纳城镇工业和生活排放的废污水，水质恶化，平原河流大多是季节性，枯季河水基本上是废污水。③用水浪费严重而且较普遍。前述数据差距很大，丰水年农灌毛用水量高达 800 立方米以上，县城人均日用水量超过 200 升，工业用水浪费现象也十分严重，主要是重视不够，管理不善造成的。④地下水开采不合理，局部严重超采。由于水资源时空分布不均，加上和用水量之间的不协调，又没有进行合理调配，导致部分地区，特别是豫北平原西部的温县、孟州市和卫河下游、徒骇马颊河一带超量开采浅层地下水造成大面积漏斗区。河南省大部分城市因地表水源不足或水质不好，而同样大量开采中深层地下水，出现面积和深度不等的漏斗区，个别严重的如许昌市已产生地面下陷开裂等地质环境问题。

3. 对策与措施

当前主要应采取五个方面的措施：①要加强宣传，强化资源意识。水资源短缺制约着经济发展和生活水平的提高，水环境和生命息息相关，在日常生活和活动中要处处注意，保证水资源的有关条例法规得以全面贯彻落实。②加强管理，合理运用水资源。由于河南省水资源时空分布不均，必须进行合理调配，特别是跨区域调配，同时还必须进行各种水源如地表水和地下水、当地水和过境水、浅层地下水和中深层地下水的联合运用，而且要运用经济杠杆来制约，以保证得到合理、优化供水和用水。③要节约用水。河南省各市和各行业的节水潜力很大。农业可以通过种植节水型作物、推行节水耕作措施和节水灌溉措施；工业可以通过调整产业结构减少用水量和提高重复利用率达到减少取水量的目的；生活特别是城市生活可以通过采用节水型洁具、分功能分类供水，也同样可以通过一水多用达到节约用水的目的。工业和生活节约用水不但可以减少用水量，还能减少污水的排放量，对提高水质和改善水环境都有作用。④要加强水污染防治，改善水环境，提高水功能作用。河南省靠河流部分城镇，不是因水量不足而是因水质达不到要求而缺水。所以水环境的保护非常重要，可以提高水的功能，提高水的重复利用率，从而实现水的合理利用和节约保护。⑤加快水利工程建设，增强对水资源的控制能力。在枯水年水资源利用效率比较高，但丰水年就比较低，这与缺少大型蓄水工程有关。同时跨区域和各种水源的联合运用也必须有相应的工程措施作保证。

五、河南矿产资源状况

1. 河南矿产资源种类及分布情况

河南地层齐全，地质构造复杂，成矿条件优越，蕴藏着丰富的矿产资源，是全国矿产资源大省之一。截至 2008 年末，全省已发现的矿种为 127 种，查明资源储量的矿种共计 75 种；已开发利用的为 90 种，其中能源矿产 7 种，金属矿产 20 种，非金属矿产 61 种，水气矿产 2 种。其中，钼、蓝晶石、红柱石、天然碱、伊利石粘土、水泥配料用粘土、珍珠岩、霞石正长岩居全国第 1 位，铸型用砂岩、耐火粘土、蓝石棉、天然油石、玻璃用凝灰岩居全国第 2 位，镁、钨、铼、镓、铁矾土、水泥用大理岩居第 3 位，铝土矿、石墨、玻璃用石英岩居全国第 4 位，锂、铯、电石用灰岩、岩棉用玄武岩、玉石居第 5 位。河南石油保有储量居全国第 8 位，煤炭居全国第 10 位，天然气居全国第 11 位。矿业产值连续多年处于全国前 5 位，是我国重要的矿业大省。

河南省储量与开发具有较大优势的矿产有煤、石油、天然气、铝土矿、钼、金、银、耐火粘土、萤石、水泥灰岩、玻璃用砂、玉石、天然碱等，其中煤、铝土矿、耐火粘土、钼、金等矿产采选加工业在全国占有重要地位，对河南省的社会经济发展有重大影响。

全省矿床组成复杂，共伴生矿产多。例如，铝土矿常常与耐火粘土、熔剂灰岩、煤等矿产共生，金矿常与银、铜、铅、锌、钨等多种矿产共生，说明河南省在矿产资源综合利用方面大有作为，在矿产资源的开发时注意综合回收，变一矿为多矿。全省矿产储量丰富，但部分矿种资源缺乏，铁矿 95% 为贫矿；磷矿资源贫乏；锰、镍、金刚石等矿产严重不足；铜、铅、锌的资源比较紧张。优势矿产可归纳为煤、石油、天然气"三大能源矿产"；钼、金、铝、银"四大金属矿产"；天然碱、盐矿、耐火粘土、蓝石棉、珍珠岩、水泥灰岩、石英砂岩等"七大非金属矿产"。

全省矿产资源主要分布在京广线以西和豫南地区，豫东平原上探明仅有中原油田和永城煤田。煤炭资源集中分布在京广线以西；钼矿资源主要集中分布在洛阳市栾川县、汝阳县境内，豫南信阳市钼矿勘查工作已取得重大突破，显现了豫西、豫南连片的发展前景；石油、天然气资源集中分布在豫东北—濮阳市和豫西南—南阳市；铝土矿集中分布在郑州以西到三门峡一带。

表4-1　2008年底河南省已发现矿产种类统计

矿产类别	矿种（亚矿种）	矿种数（亚矿种数）
能源矿产	石油、天然气、煤、煤层气、石煤、油页岩、铀、钍、地热	9
金属矿产	铁、锰、铬、钒、钛、铜、铅、锌、铝土矿、镍、钴、钨、钼、锑、镁、金、银、铂、钯、铌、钽、铍、锂、铷、铯、锆、锶、铈、钇、铊、锗、镓、铟、铼、铊、镉、硒、碲	38
非金属矿产	金刚石、石墨、磷、硫铁矿、硼、水晶（压电水晶、熔炼水晶、工艺水晶）、刚玉、蓝晶石、硅线石、红柱石、硅灰石、滑石、石棉、蓝石棉、云母、长石、石榴子石、透闪石、叶蜡石、蛭石、沸石、明矾石、芒硝、石膏、重晶石、天然碱、方解石、冰洲石、菱镁矿、萤石（普通荧石）、宝石、玉石、电气石、玛瑙、颜料矿物、石灰岩（电石用灰岩、制碱用灰岩、熔剂用灰岩、水泥用灰岩、建筑石料用灰岩、制灰用岩、饰面用灰岩）、泥灰岩、白垩、含钾岩石、白云岩（冶金用白云岩、化肥用白云岩、玻璃用白云岩、建筑用白云岩）、石英岩（冶金用石英岩、玻璃用石英岩）、砂岩（玻璃用砂岩、水泥配料用砂岩、铸型用砂岩、陶瓷用砂岩）、天然石英砂（玻璃用砂、铸型用砂、建筑用砂、砖瓦用砂）、脉石英（玻璃用脉石英）、粉石英、天然油石、含钾砂页岩、页岩（陶粒用页岩、水泥配料用页岩）、高岭土、陶瓷土、耐火粘土、凹凸棒石粘土、海泡石粘土、伊利石粘土、膨润土、铁矾土、其他粘土（砖瓦用粘土、陶瓷用粘土、陶粒用粘土、水泥配料用粘土、水泥配料用红土、水泥配料用黄土）、橄榄岩（建筑用橄榄岩）、蛇纹岩（化肥用蛇纹岩）、玄武岩（铸石用玄武岩、岩棉用玄武岩）、辉绿岩（建筑用辉绿岩）、安山岩（建筑用安山岩、饰面用安山岩）、闪长岩（建筑用闪长岩）、花岗岩（建筑用花岗岩、饰面用花岗岩）、麦饭石、珍珠岩、浮石、霞石正长岩、凝灰岩（玻璃用凝灰岩、建筑用凝灰岩、水泥用凝灰岩）、火山灰、大理岩（饰面用大理岩、建筑用大理岩、水泥用大理岩）、板岩、泥炭、矿盐（岩盐）、碘、溴、砷、透辉石	78（109）
水气矿产	地下水、矿泉水	2
合计		127（158）

资料来源：河南省国土资源局。

表4-2　2008年底河南省已有探明资源储量矿产种类统计

矿产类别	矿种（亚矿种）	矿种数（亚矿种数）
能源矿产	石油、天然气、煤、油页岩、铀、地热	6
金属矿产	铁、锰、钒、钛、铜、铅、锌、铝土矿、钴、钨、钼、锑、镁、金、银、铌、钽、铍、锂、铷、铯、铈、锗、镓、铟、铼、镉	27

矿产类别	矿种（亚矿种）	矿种数（亚矿种数）
非金属矿产	石墨、磷、硫铁矿、水晶（压电水晶、熔炼水晶）、蓝晶石、硅灰石、红柱石、长石、透闪石、叶蜡石、蛭石、石榴子石、方解石、菱镁矿、泥灰岩、含钾岩石、滑石、蓝石棉、云母、沸石、石膏、重晶石、天然碱、萤石（普通萤石）、玉石、石灰岩（电石用灰岩、熔剂用灰岩、水泥用灰岩）、白云岩（冶金用白云岩、玻璃用白云岩、建筑用白云岩、陶瓷用砂岩）、石英岩（冶金用石英岩、玻璃用石英岩）、砂岩（玻璃用砂岩、水泥配料用砂岩、铸型用砂岩）、天然石英砂（建筑用砂）、脉石英（玻璃用脉石英、冶金用脉石英）、天然油石、页岩（砖瓦用页岩）、橄榄岩（耐火用橄榄岩）、闪长岩（建筑用闪长岩）、含钾砂页岩、高岭土、陶瓷土、耐火粘土、伊利石粘土、膨润土、铁矾土、其他粘土（水泥配料用粘土、水泥配料用黄土）、蛇纹岩（化肥用蛇纹岩）、玄武岩（岩棉用玄武岩）、花岗岩（饰面用花岗岩）、珍珠岩、霞石正长岩、凝灰岩（玻璃用凝灰岩、建筑用凝灰岩、水泥用凝灰岩）、大理岩（饰面用大理岩、水泥用大理岩、建筑用大理岩）、建筑用角闪岩、矿盐（岩盐）、砷、透辉石	54（69）
水气矿产	地下水、矿泉水	2
合计		89（104）

资料来源：河南省国土资源局。

表4-3 2008年底河南省已开发利用矿产种类统计

矿产类别	矿种（亚矿种）	矿种数（亚矿种数）
能源矿产	石油、天然气、煤、煤层气、石煤、铀、地热	7
金属矿产	铁、锰、铬、钒、钛、铜、铅、锌、铝土矿、钼、钨、锑、镁、金、银、铌、钽、锂、铷、铯	20
非金属矿产	石墨、磷、硫铁矿、水晶（压电水晶、熔炼水晶、工艺水晶）、蓝晶石、硅线石、红柱石、硅灰石、滑石、石棉、蓝石棉、云母、长石、透闪石、叶蜡石、蛭石、沸石、电气石、石榴子石、石膏、重晶石、天然碱、方解石、菱镁矿、萤石（普通萤石）、玉石、石灰岩（电石用灰岩、制碱用灰岩、熔剂用灰岩、水泥用灰岩、建筑石料用灰岩、制灰用灰岩、饰面用灰岩）、泥灰岩、白垩、含钾岩石、白云岩（冶金用白云岩、化肥用白云岩、玻璃用白云岩、建筑用白云岩）、石英岩（冶金用石英岩、玻璃用石英岩）、砂岩（玻璃用砂岩、水泥配料用砂岩、陶瓷用砂岩）、天然石英砂（玻璃用砂、铸型用砂、建筑用砂、砖瓦用砂）、脉石英（玻璃用脉石英、冶金用脉石英）、粉石英、天然油石、页岩（陶粒页岩、水泥配料用页岩、砖瓦用页岩）、高岭土、陶瓷土、耐火粘土、海泡石粘土、伊利石粘土、膨润土、铁矾土、其他粘土（砖瓦用粘土、陶瓷用粘土、陶粒用粘土、水泥配料用粘土、水泥配料用红土、水泥配料用黄土）、橄榄岩（耐火用橄榄岩、建筑用橄榄岩）、蛇纹岩（化肥用蛇纹岩）、玄武岩（铸石用玄武岩、岩棉用玄武岩）、辉绿岩（建筑用辉绿岩）、安山岩（建筑用安山岩、饰面用安山岩）、闪长岩（建筑用闪长岩）、花岗岩（建筑用花岗岩、饰面用花岗岩）、麦饭石、珍珠岩、浮石、凝灰岩（玻璃用凝灰岩、建筑用凝灰岩、水泥用凝灰岩）、火山灰、大理岩（饰面用大理岩、建筑用大理岩、水泥用大理岩）、矿盐（岩盐）、建筑用角闪岩	61（94）
水气矿产	地下水、矿泉水	2
合计		90（123）

资料来源：河南省国土资源局。

表4-4 2008年底河南省矿产保有查明资源储量在全国的位次

位次	矿 种	矿种数
1	钛矿（金红石矿物）、镁矿、钼矿、蓝晶石、红柱石、天然碱、化肥用橄榄岩、玻璃用灰岩、水泥配料用粘土、水泥混合材用玄武岩、伊利石粘土、建筑用灰岩、建筑用页岩、饰面用安山岩、珍珠岩	15
2	铝土矿、铸型用砂岩、耐火粘土、含钾岩石、玻璃用凝灰岩、水泥用大理岩、建筑用白云岩、建筑用砂岩、蓝石棉、天然油石	10
3	钨矿、镓矿、铼矿、铁矾土、耐火用橄榄岩、方解石、水泥用灰岩、泥灰岩、水泥配料用黄土、建筑用凝灰岩、建筑用玄武岩、建筑用闪长岩	12
4	普通萤石（矿石）、熔剂用灰岩、建筑用砂、建筑用角闪岩、建筑用安山岩	5
5	玻璃用石英岩、海泡石粘土、片麻岩、石墨（晶质）、岩棉用玄武岩	5
6	钛矿（金红石 TiO_2）、金矿、锂矿（Li_2O）、铯矿（Cs_2O）、玉石、硅灰石、滑石、陶瓷用砂岩、水泥用凝灰岩、建筑用辉绿岩、建筑用花岗岩、饰面用灰岩	12
7	铷矿（Rb_2O）、冶金用石英岩、电石用灰岩、含钾砂页岩、盐矿（$NaCl$）、饰面用大理岩、饰面用板岩、陶粒用粘土	8
8	玻璃用脉石英、砖瓦用页岩、石墨（隐晶质）、蛭石、沸石、铸石用玄武岩	6
9	煤炭、石煤、钛矿、原生钛（磁）铁矿 TiO_2、铍矿（BeO）、轻稀土矿（稀土氧化物）、铟矿、石榴子石、制灰用灰岩、建筑用大理岩、透辉石	10
10	普通萤石（萤石矿物或 CaF_2）、饰面用辉绿岩	2
11	油页岩、铁矿、钽矿（Ta_2O_5）、菱镁矿、冶金用白云岩、硫铁矿、叶蜡石、水泥配料用砂岩	8
12	石油、锑矿、重晶石、石膏	4
13	钒矿、铌矿（Nb_2O_5）、长石	3
14	铅矿、锗矿、冶金用脉石英、化肥用蛇纹岩、砖瓦用粘土	5
15	银矿、玻璃用白云岩	2
16	天然气、锌矿、磷矿、饰面用花岗岩、云母	5
17	镉矿、压电水晶、高岭土	3
18	砷、熔炼水晶	2
19	锰矿、膨润土	2
20	钴矿	2
21	玻璃用砂岩	1
23	铜	1
24	陶瓷土	1

资料来源：截至2008年底全国矿产资源储量汇总表。

2. 河南矿产资源开发利用状况

2007年度，全省固、液体矿石产量为24191.95万吨，比2006年减少635.82万吨。其中：国有及国有控股矿山企业固体矿产年产量5551.86万吨，比2006年减少了1951.44万吨；其他经济类型矿山（点）固体矿产年产量为18155.08万吨，比2006年增加了834.61万吨。原油年产量485.01万吨，比上年减少14.26

万吨；天然气年产量15.5亿立方米，比上年减少1.01亿立方米。2007年，全省矿山企业采选工业总产值8925142.55万元，比2006年度增加了2288171.22万元。矿山企业工业总产值中，国有及国有控股企业为1553556.85万元，占全省矿业总产值的44.98%，其他经济类型矿山（点）为4910517.2万元，占55.02%。石油、天然气开采业现价工业总产值为2460677.00万元，占全省矿山企业现价工业总产值的27.57%。

3. 河南煤炭资源及其开发利用状况

河南煤炭资源比较丰富，全省垂深2000米以浅含煤面积约有18900平方公里，其中已探明面积约3800平方公里。计有19个矿区（或煤田），主要分布于京广铁路以西地区。预计垂深1500米以浅赋存煤炭储量600.69亿吨，其中保有储量237.34亿吨，预测储量363.35亿吨（可靠级为218.72亿吨）。2004年开始，河南省就率先对煤炭等重要矿产资源进行整合。经过多次整合，河南的小煤矿数量从原来的1569个减少到670个。2008年底，河南省组建了河南煤业化工集团和中国平煤神马能源化工集团，这两大煤炭业"航母"正式起航。到2010年5月，河南共有煤矿793家，小煤矿约占83.5%，河南煤炭企业兼并使河南煤炭资源进一步集中。但6家省骨干煤炭企业产量仅占总产量的50%左右，与国内外先进水平有很大差距，实现规模化发展势在必行。从安全生产的实际情况来看，小煤矿安全投入少，管理水平低，开采方式落后，兼并重组是提升安全生产水平的迫切需要。截至2008年，河南省的煤炭资源保有储量是270亿吨，仅占全国煤炭资源保有储量的2.4%，重组对提高河南煤炭的装备水平，加大资源勘查投入，提高资源保障程度都有重大意义。

4. 河南石油、天然气资源及其开发利用状况

河南是我国重要的能源基地，石油保有储量居全国第8位，煤炭居第10位，天然气居第11位。河南境内有石油、天然气勘探价值的地方约8万平方公里。适于油气勘探的大小盆地有25个，加上大小凹陷共49个，这些区域蕴藏着丰富的石油天然气资源。河南是全国重要的产油区，主要有中原油田和河南油田，年产原油800余万吨，居全国第四。其中中原油田为我国第五大油田和第二大气田。

从河南石油发展的历史看，河南的原油产量在1988年以前是逐年增加的，每年增长19.8%，从此以后逐年下滑，截至2003年，年均减产3.95%，2003年的原油产量仅相当于20年前的水平。此后，河南对原油的消费一直是增加的，每年增加15.4%。一方面是产量减少，另一方面是消费增加，短缺是显而易见

的。在 2000 年以前，河南的成品油基本上是净调入，只有煤油能够满足本省的需要，但也是在 1993 年以后。尽管河南有中原、河南两个油田，但两个油田合计年产原油只有 580 万吨，而 2003 年的原油消费量已达到 631.77 万吨，相对于逐年增长的消费量，产能和储量都非常有限，不可能实现自给自足。自 2000 年以后，河南开始进口原油，进口量基本保持在 100 万吨左右。自此以后，河南已直接感受到国际原油市场的波动和冲击。河南已无法实现辖区内石油供需的平衡。高度开放的市场经济体制也不可能使石油的供需限制在一个省的范围内。

5. 矿产业在河南经济中的地位

2007 年，全省规模以上矿产采选企业共 1307 家，当年完成工业增加值 800.61 亿元；矿产原料加工制品业共有限额以上工业企业 3902 家，当年完成工业增加值 1868.54 亿。矿产采选和矿产加工制品业合计限额以上企业 5209 家，共完成工业增加值 2669.15 亿元，占全省规模以上工业企业工业增加值的 49.10%。

2007 年，全省分行业全部矿产采选企业当年完成工业增加值 1036.67 亿元；矿产原料加工制品业当年完成工业增加值 2387.06 亿元。矿产采选和矿产加工制品业合计共完成工业增加值 3423.73 亿元，占全省规模以上工业企业工业增加值的 45.60%。矿产采选及矿产加工制品业在全省工业中仍占有重要地位。

表 4-5　2007 年、2008 年河南省分行业工业增加值

行　业	2007 年		2008 年	
	增加值（亿元）	指数（上年=100）	增加值（亿元）	指数（上年=100）
一、矿产采选业合计	1036.67	—	1449.58	—
1. 煤炭开采和洗选业	493.49	110.3	736.96	113.2
2. 石油和天然气开采业	127.22	109.6	169.48	99.4
3. 黑色金属矿采选业	38.15	130.7	52.35	118.1
4. 有色金属矿采选业	192.26	134.6	266.49	135.7
5. 非金属矿采选业	184.84	118.6	223.38	117.0
6. 其他采选业	0.71	82.1	0.92	111.7
二、矿产原料加工制品业合计	2387.07	—	2971.73	—
1. 石油加工、炼焦业及核燃料加工业	136.51	101.2	180.64	102.7
2. 化学原料及化学制品制造业	336.95	125.1	416.62	110.5
3. 非金属矿物制品业	913.83	127.1	1146.65	112.1
4. 黑色金属冶炼及压延加工业	415.01	165.3	520.61	105.8
5. 有色金属冶炼及压延加工业	414.52	132.7	481.75	119.9
6. 金属制品业	150.59	118.9	201.08	121.3

续表

行　　业	2007 年		2008 年	
	增加值 （亿元）	指数 （上年=100）	增加值 （亿元）	指数 （上年=100）
7. 煤气生产和供应业	9.53	167.9	13.08	136.7
8. 水的生产和供应业	10.13	114.4	11.30	100.9
总计	3423.74	—	4421.31	—

由表 4-5 可知，2007 年全省矿业企业和后续加工产业工业增加值继续呈现整体上涨势头，非金属矿物制品业以 913.83 亿元位列第一。煤炭开采和洗选业较 2006 年增加了 45.96 亿元，达到 493.49 亿元，居表中第二。黑色金属冶炼及压延加工业排名第三。

规模以上工业企业是全省矿业工业经济的主导力量，规模以上工业企业年度创造的工业增加值占全部矿业经济工业增加值的 77.96%。其中，规模以上矿产采选业创造工业增加值占全部矿产采选业工业增加值的 77.22%。河南省矿产采选业已走上规模化道路。

六、河南交通资源状况

河南交通资源总体情况：河南省地处中原，区位优势十分明显，是全国承东启西、连南贯北的重要交通枢纽，拥有铁路、公路、航空、水运、管道等相结合的综合交通运输体系。尤其是公路交通成为全国公路交通枢纽中心。国家规划并正在实施的"五纵七横"12 条国道主干线中的北京至珠海、连云港至霍尔果斯两条高速公路在郑州交汇，国务院公布的《国家高速公路网规划》中的 30 条国家重点干线公路中有 7 条亦从河南经过，另外还有 9 条国道穿越河南。可以说，河南交通的发展，不仅仅关系到河南省的经济发展和人民生活水平的提高，而且还关系到国家交通和经济发展的全局。近年来，在河南省委、省政府和交通运输部的正确领导下，河南省交通系统认真贯彻落实科学发展观，紧紧围绕"发展、改革、质量、廉政、安全"工作主旋律，全面加快交通改革和发展步伐，交通基础设施建设保持了快速发展的良好态势，路网服务水平、交通运输质量不断提高。"十一五"期间，全省交通基础设施累计完成投资 1678 亿元，较"十五"增长 25%，多项统计指标保持全国领先地位，为全省经济社会发展提供了有力的支撑。

1. 公路

在全国公路网中，河南有着得天独厚的区位优势，为把其独特的区位优势转化为经济优势，满足区域经济发展的需要，实现中原崛起，近年来，河南省紧紧抓住国家加快基础设施建设，扩大内需，拉动经济发展的战略决策，抢抓机遇，加快发展。全省公路部门认真贯彻落实河南省委、省政府和省交通厅党组关于公路发展的一系列战略部署，坚持科学发展观，深化公路养护管理、加快管理体制改革，强化行业管理，公路建设事业取得长足发展，有力拉动了河南省经济社会的快速发展。

截至 2007 年底，全省公路通车总里程达到 23.8 万公里，居全国第 1 位，全省公路密度达到每百平方公里 142.9 公里，居全国第 2 位，形成了纵贯南北、连接东西、辐射八方的公路网络。全省公路中按行政等级分：有国道 4814 公里、省道 1.76 万公里、县道 2.01 万公里、乡道 3.91 万公里、专用公路 1457 公里、村道 15.6 万公里；按技术等级分：有高速公路 4556 公里、一级公路 541 公里、二级公路 2.29 万公里、三级公路 1.46 万公里、四级公路 12.22 万公里、等外公路 7.38 万公里。全省一般干线公路通车里程 1.78 万公里，二级以上公路里程占干线公路总里程的比例达到 88.5%，二级以上公路里程居全国第 2 位，干线公路水泥、沥青路面里程居全国第 2 位，仅低于山东省。农村公路通车总里程 21.5 万公里，居全国第 1 位，全省 48081 个建制村全部通水泥（油）路，在我国中西部地区率先实现了"村村通"的目标。"十一五"期间全省公路总里程达到 24.4 万公里，公路密度达到 146 公里/百平方公里，居全国第 2 位。

近年来，全省开展了对主要国省干线公路、旅游公路、城市出入口和高速公路连接线范围内干线公路和高速公路文明示范路创建活动，全面提升了公路的管养水平。到 2007 年底，共完成干线公路创建里程 1870 公里，高速公路 1645 公里。如今的河南省干线和高速公路已达到"看景观赏心悦目，车行驶平稳舒服，看标志不用问路，开车走安全无阻"的优良服务水平。"十一五"期间，全省普通国省干线公路总里程达 1.8 万公里，二级及以上公路比重达到 88%。新建、改建农村公路 9.4 万公里、桥梁 9 万延米，在中西部地区率先实现所有建制村村村通水泥（油）路。

2. 高速公路

1994 年，全长 81 公里的郑州至开封高速公路建成通车，结束了河南省无高速公路的历史，标志着河南省的公路建设跨入了新的时代，成为全国第十个拥有高速公路的省份。"九五"期间建成高速公路 277 公里，进入"十五"后，高速公路建设步入快速发展阶段。2007 年底河南省高速公路通车总里程达到 4556 公里，成为全国第一个突破 4000 公里，当年通车里程超过 1000 公里的省份。全省建成了全国最长的"一网相连"的高速公路收费网络，实现了"一卡在手，踏遍中原无红灯"；京港澳、连霍国道主干线河南段实现了全程电子监控。全省18个省辖市已全部实现高速公路连接，18个省辖市已形成不超过3小时的高速公路经济圈，初步形成了以郑州为中心，纵贯南北、连接东西、辐射八方的高速公路网络。"十一五"期间全省高速公路通车里程突破5000公里，达到5016公里，连续五年居全国第一。

3. 内河航运

河南省具有较丰富的水运资源，境内河流众多，分属长江、淮河、黄河、海河四大水系。天然河流达490多条，河道总里程26000多公里。河南省通航或规划通航航道里程2656公里，其中现通航里程1439公里。2005年12月，断航40年的沙颍河实现了复航，河南省有了一条沟通长三角经济发达地区的水上绿色运输通道。商丘境内的沱浍河、周口境内的涡河、沙颍河至漯河段、信阳境内淮河淮滨以下至省界和南阳境内的丹江库区航运开发工程是"十一五"计划纲要中的5个重点航运建设开发项目，已被列入交通运输部规划，正逐步进入到实施阶段。5条河流通航后，向下与淮河水系、长江水系等水网地区相贯通，向上与铁路、公路、航空主通道和主枢纽相连接，与能源产业基地相衔接，将对推动河南经济发展，促进河南航运事业的繁荣产生积极的影响。"十一五"期间全省内河航运建设航道里程达到1439公里，高等级航道实现零的突破。

4. 道路运输服务保障能力

"十一五"期间，全省公路客运量、旅客周转量、货运量、货物周转量年均增长分别为12%、16%、16%、19%，在综合运输体系中所占比重分别为94%、56%、89%和64%，公路运输在全省社会资源的高效配置中发挥了重要作用。需要特别强调的是，"十一五"期间，河南省交通运输系统较好地完成了春运、奥运会、世博会等关键时期和抗震救灾、应对自然灾害等特殊时期的运输保障任务，在保证河南畅通的同时也给兄弟省市提供了有力帮助，多次受到交通运输部等部委的嘉奖，赢得了社会各界的广泛好评。城乡客运快速发展，开通了10条城际公交线路，中原城市群城际客运网络初步形成；农村实现了"乡乡有客运场站"的目标，全省行政村通客车率达98%，高出全国10个百分点。

5. 行业管理水平

"十一五"期间，交通基础设施工程质量进一步提升，全省高速公路、干线公路和水运、农村公路工程优良率分别达93%、90%、82%以上。交通运输部门与公安部门建立了"联合指挥、联合巡逻、联合执法、联合施救"的路警"四联合"工作机制，提高了反应速度，增强了应急救援能力。牢固树立"施工服从于保通，保通服务于施工"的理念，京港澳、连霍等高速公路改扩建施工实现了"不断行、不分流、不堵车"的目标，得到原交通运输部部长张春贤等领导同志和广大司乘人员的充分肯定。推行规范化、智能化交通管理，开展高速公路服务区 ISO 国际标准化认证，河南高速公路在全国率先实行全省联网收费。相继颁布了《河南省高速公路条例》、《河南省农村公路条例》、《河南省交通行政处罚裁量标准》等地方性法规和规章制度，初步构建了符合河南实际的交通运输法规体系，依法行政能力不断提高。

七、河南旅游资源状况

1. 河南旅游资源的基本情况

主要从自然景观和人文景观两个方面介绍。

从自然景观方面看，河南省地貌种类齐全，复杂多样。太行山奇峰耸立；伏牛山重峦叠嶂；桐柏山冈峦起伏，溪流蜿蜒；大别山林木茂密，郁郁葱葱；邙山风景秀丽。河南境内有数百条河流分属黄河、淮河、海河、汉江四大水系，形成不少峡谷、险川。黄河流经河南 700 多公里，其间从中游到下游，既有三门峡水库的碧波荡漾，又有郑州黄河游览区的波澜壮阔，更有开封高出地面 14 米的"悬河"奇观。黄河小浪底水利枢纽工程已成为长江以北最大的水面，宽 3 公里，长 132 公里，出现高峡平湖的壮丽景观。近年来开辟的"大黄河游"和"黄河漂流"，被游客誉为"充满野趣和史诗般的辉煌"。郑州嵩山、洛阳龙门、信阳鸡公山、焦作云台山、济源王屋山、鲁山尧山、林州林虑山都是国家级风景名胜区，加之近几年陆续开辟、推出的新乡八里沟、嵩县白云山、焦作青龙峡等名山秀水，更吸引着大批国内外游客。河南稀有植物和珍禽异兽种类繁多，如植物银杏、紫箕、连香树、香果树、垂柳云杉、青檀等，动物金钱豹、猕猴、麝、娃娃鱼、金雕、红腹锦鸡等，并形成了嵩山龙池曼、商城金刚台、桐柏太白顶、新县连康山、西峡老界岭、栾川老君山等十多个自然保护区，不但有较高的研究价值，而且旅游事业发展潜力很大。洛阳牡丹甲天下，开封的菊花、郑州的月季、鄢陵的蜡梅、信阳的卜里集等花卉，淮阳的树木造型等已经成为吸引游客的重要项目。

从人文景观方面看，河南以拥有丰富的古文化旅游资源而著称。黄河流域是中华民族的摇篮，华夏文明的发祥地。最早的文字、青铜器、天文台、禅宗寺院等都出自河南。"裴李岗文化"、"仰韶文化"、"龙山文化"村落遗址遍布中原大地。

"九朝古都"洛阳、"七朝古都"开封、殷都安阳、商都郑州、新郑郑韩故城、淮阳的陈楚故城、上蔡蔡国故城、商丘宋国故城、许昌魏都城等文物古迹都是重要旅游资源。少林寺、龙门石窟、龙亭、相国寺、殷墟等历史人文资源享誉海内外。对于广大海内外旅游者，特别是对那些醉心探寻东方文化和华夏文明源流的旅游者来说，河南如同一座浩瀚的天然历史博物馆，蕴藏着内涵丰富精深的东方文化，风貌珍贵独特。

2. 河南旅游资源的开发利用情况

河南丰富多彩的旅游资源为旅游事业的发展提供了得天独厚的条件。郑州、开封、洛阳、三门峡沿黄旅游线位于我国东西部旅游发展的结合部，交通便利，旅游资源丰富，产业体系协调配套，作为旅游重点发展区域的优势十分明显。以古（古文化）、河（黄河）、拳（少林武术、太极拳）、根（寻根觅祖）、花（洛阳牡丹、开封菊花）为特色的旅游资源，是河南旅游业发展的一大优势。近年来开辟的"三点一线"沿黄之旅，已成为河南省旅游精品线路。以太行山、伏牛山、桐柏—大别山为重点和主体，大力发展的休闲度假、生态观光以及特种旅游项目，加速了全省旅游产品结构的调整。

近年来，河南省的旅游服务业已经发展到一定的水平。河南省旅游总公司是由国家旅游局批准的一类旅行社，是河南省旅游局的大型骨干企业，分别在纽约、香港、北京、西安等地设立了办事处，与海外400多家旅行社建立了业务联系。接待游客数量每年增加，创汇节节攀升。省内接待游客的设施逐年改善，接待能力不断提高。全省有星级酒店和旅游涉外饭店338家，其中五星级酒店5家，四星级酒店15家，三星级酒店113家。

同时，河南的交通优势也十分有利于河南对旅游资源的开发利用。河南是全国重要的交通枢纽。郑州、洛阳、南阳三个民航机场每周有800多个航班往返全国各主要城市，其中包括香港、澳门和台北。郑州新郑机场的飞行区等级为4E级，是内陆地区的一流航空港，已批准为国际机场。河南公路交通四通八达，形成了以郑州为中心的"十"字形高速公路架构。以郑州、洛阳、商丘为枢纽的铁路交通网连接京广、陇海、焦柳、京九四大铁路干线，郑州火车站每天有218趟旅客列车通向全国各地。

八、河南的市场优势

河南作为我国第一人口大省、新兴的工业大省和有影响的旅游大省，本身就是一个巨大的市场。近年来，河南在招商引资方面取得的成绩也说明，河南这个大市场对外部资本是有很大吸引力的。同时，近年来，河南在拓展市场空间、加强市场基础设施建设方面也做了大量有益的尝试。

郑州国际会展中心位于郑东新区 CBD 中央商务区中心，与 107 国道和京珠高速公路相邻，距郑州新郑国际机场 26 公里，交通便捷，会展中心拥有先进的智能化的会展管理信息系统、通信网络系统、建筑设备监控系统、闭路电视监控系统、安全防范系统、火灾自动报警与消防联动控制系统等八大系统及其 26 个子系统，是集展览、会议、商务、餐饮、休闲、观光为一体，功能齐备、设施先进、服务完善的大型综合性现代会议展览设施。郑州国际会展中心已经承办了郑州国际车展，郑州全国商品交易会，河南家禽交易会，中原国际医疗器械（秋季）展览会，中国（郑州）国际酒店、餐饮、泳池沐浴 SPA 设备及用品博览会，中国（郑州）国际家纺、布艺及工艺品、礼品家居装饰博览会，中国（郑州）国际节能环保产品与技术展览会，郑州机电产品博览会，中国河南国际投资贸易洽谈会，中国郑州糖酒食品交易会等。

郑州中博家具批发市场是最好的建材家居行业平台，是河南建材家居网络第一品牌，是建材家居网络企业最佳销售平台，是河南最好的建材家居网络采购平台，从这里批发出去的建材用品以及家具成品分销到全国各地。

郑州糖酒会现在已成为河南省政府和郑州市政府两级政府重点扶持和保护的展会之一，是中部地区最具活力的交易型盛会。在"服务厂商、立足市场需求"的办会方针指导下，"中国郑州糖酒食品交易会"已经连续走过六个年头。

九、河南的文化优势

文化不仅是软实力，也是综合实力的重要组成部分。文化是根，是民族之根、文明之根、发展之根；文化是魂，是民族之魂、人类之魂、发展之魂；文化是力，是时代发展、人类进步的推动力、凝聚力、提升力；文化是效，不但产生经济效益，更重要的是产生社会效益、社会效应、社会效果。河南的文化资源优势不仅为扩大文化领域的对外开放奠定了良好基础，也将极大地促进河南开放型经济的发展。

自古以来，河南大地上孕育的风流人物灿若群星。如古代哲学家、思想家老子、庄子、墨子、韩非、程颐，政治家、军事家姜子牙、商鞅、苏秦、李斯、刘秀、张良、司马懿、岳飞，科学家、医学家张衡、张仲景、僧一行，文学家、艺术家杜甫、韩愈、白居易、李贺、李商隐、司马光、褚遂良、吴道子，佛学家玄奘等，还有现当代史上的抗日英雄吉鸿昌、吴焕先、杨靖宇，革命先辈邓颖超、彭雪枫、许世友以及"县委书记的好榜样"焦裕禄等。

河南突出的文化优势有以下特点：

1. 资源丰富、类型齐全

河南地处中原，是中华民族的发祥地之一，文化旅游资源十分丰富，其历史文物古迹之多、时代连续性之强，在全国都是罕见的。全国八大古都河南就有四座，是全国馆藏文物最多的省。不同历史时期的古人类遗址、宗教寺庙、居民建筑、陵寝建筑、石窟石刻、革命遗址、风土民情、节日庆典、城市风貌等几乎应有尽有。河南文化资源的类型主要有古都文化、遗址文化、红色文化、花卉文化、名人文化、宗教文化、武术文化、姓氏文化、特产文化、民俗文化等十个大类，几乎涵盖了中国旅游文化资源的全部类型。

2. 历史悠久、文化品位高

河南的文化旅游资源大部分都具有悠久的历史。从万年前的南召猿人到夏商周秦汉三国两晋南北朝、隋唐宋元明清，在河南都有大量的历史遗存和出土文物。因此，河南的文化资源一般都具有较高的历史价值和文物价值，很多都是全国之最。例如，华夏第一文字——安阳殷墟出土的甲骨文，华夏第一寺——洛阳白马寺，华夏第一关——灵宝函谷关等，都是全国著名的人文景观。另外，从国家旅游局推出的以文物古迹游为主题的几条专项文物古迹旅游线路也可以看出河南旅游文化资源地位之高。

3. 分布广、组合佳、地区差异明显

河南省文化资源的分布极广，全省所有县市均有分布。同时，又具有相对集中的特点，即文化旅游资源相对集中于陇海铁路沿线、京广铁路沿线、大小城市及其周围地区。这种空间分布特点十分有利于旅游资源的开发利用。另外，河南的文化旅游资源大多都与自然旅游资源复合存在，二者相得益彰，从而使旅游资源的价值增强、吸引力增大。同时，河南文化资源的地区差异也十分明显，安阳和郑州等城市的殷商文化、开封的宋文化、信阳的楚文化、南阳的汉文化、许昌的三国文化、洛阳的多朝代文化等，都很富有地方文化特色。

综合起来分析，河南的文化优势可以提炼为"深"、"厚"、"重"、"实"四个字。

"深"，就是深远、深刻；"厚"，就是历史积淀深厚。中国是世界四大文明古国之一，河南是中华民族的发祥地之一。河南位于中国的中原腹地，长期作为全国的政治、经济、文化的中心，自古就有"得中原者得天下"之说。从夏代到北宋，先后有 20 个朝代建都或迁都于此，长期是全国政治、经济、文化中心。另外，河南文物古迹众多，地下文物和馆藏文物均居全国首位，有记载着人类祖先在中原大地繁衍生息的裴李岗文化遗址、仰韶文化遗址、龙山文化遗址；有"人祖"伏羲太昊陵、黄帝故里和轩辕丘；有最古老的天文台周公测景台；有历史上最早的关隘函谷关、最早的禅宗寺院白马寺；有"中国第一名刹"嵩山少林寺和闻名中外的相国寺；等等。

"重"，就是内涵厚重、地位重要。全省共有全国重点文物保护单位189处。洛阳龙门石窟和安阳殷墟分别被列入世界文化遗产名录。河南还是中国姓氏的重要发源地，当今的300个大姓中根在河南的有171个，依人口数量多少而排列的100个大姓中有78个姓氏的源头或部分源头在河南，有"陈林半天下，黄郑排满街"之称的海外四大姓氏均起源于河南。近些年来，到河南寻根谒祖的海内外游客络绎不绝。

"实"，就是中原文化自古形成，不仅有丰富的历史文化资源，也有实实在在的现实成果。2005年，河南省文化产业已实现增加值339.64亿元，比2004年实际增长26.7%，占全省生产总值的3.2%，比2004年提高0.1个百分点；河南省文化产业从业人员120万人，占全部从业人员的2.1%。为了加快河南文化产业"走出去"的步伐，2006年11月，河南省选定200个文化产业项目，涵盖了众多文化产业领域，建成了"河南文化产业招商项目库"，并把这些项目库在网络上发布，随时等待外来资本精挑细选。如郑州歌舞剧院用高雅艺术演绎古老传统题材的原创舞剧《风中少林》，摘取了中国舞蹈界最高奖项"荷花奖"金奖。

十、国内外经济发展环境变化和国家政策调整带来的发展机遇

1. 经济全球化带来的发展机遇

全球化发展趋势扩大了各国（地区）市场的对外开放，增强了各国（地区）经济之间的相互往来，为河南对外贸易发展特别是利用外资创造了更多的机会。随着发达国家经济状况趋好必将进一步带动全球投资增加。发达国家在国际直接投资资本流出额中居绝对主导地位。发达国家经济发展快，跨国投资活动就活跃；反之亦然。因此，发达国家经济的繁荣与衰退将直接影响国际直接投资资本的多少，同时影响河南省利用外资的规模和国别结构。今后几年，世界经济将呈现持续增长的势头，国际直接投资也将有较大幅度的增加，尤其是跨国公司投资将有新的发展。这将非常有利于河南省进一步吸引外商直接投资，特别是国际著名跨国公司来河南省投资办厂，提高利用外资的质量和档次。

2. 国家实施中部崛起战略带来的发展机遇

2009年9月，国务院通过了《促进中部地区崛起规划》，"促进中部崛起"

战略进入实施阶段。该战略的实施首先是支持中部农业、能源、原材料以及支持中部发展一批特殊产业，再就是加强综合运输体系建设，使中部在全国的经济体系中发挥承东启西、连南接北的枢纽作用。河南是全国农业大省和粮食生产大区，是全国有色金属行业的重点产区之一，省内的化工农机、机械设备工业等都具有雄厚的基础。这些都给河南省的奋力崛起提供了绝好的机遇。

3. 区域整合带来的发展机遇

在中部崛起战略思想指导下，中部地区出现了联合发展的新势头。如 2004 年，安徽、湖南、湖北、江西、河南联合推出五省旅游合作协议《赤壁宣言》，标志着五省将联手打造中部旅游经济共同体，这是一次跨区域的旅游大合作，这对于地理位置优越、文化资源、旅游资源丰富的河南省来说是比较有利的，是一次很好的机遇。

而随着以河南为主体的中原经济区建设上升为国家战略，也必将加强河南与周边地区的合作，形成区域内的统一大市场，实现优势互补，为在更大范围内优化资源配置提供有利条件。同时，中原城市群经过近 10 年的发展，优势凸显，已具备成为中原经济区经济增长极、发挥重要牵引功能的条件。

第二节　制约因素

河南发展开放型经济有很多可以利用的优势，但是制约因素也很多。要构建河南的开放型经济体系，加快开放型经济发展，必须认真分析存在的问题并采取积极的对策。

一、国际金融危机造成的负面影响

2008 年，由美国"次贷"危机引发的"金融海啸"迅速演变成为全球性的金融危机，各国经济相继滑入衰退的泥潭，甚至让一些国家濒临国家破产的边缘。中国作为已经融入世界经济体系中去的世界贸易大国，虽然金融体系相对独立，但在当前世界如此紧密地缠绕在一起的前提下，作为一个外贸依存度高达60%的开放性贸易大国，中国的经济也受到深刻的影响。此次金融危机的爆发使得我国开放型经济体系建设的外部环境更加严峻。国际金融危机对河南省开放型经济体系构建的负面影响主要体现在以下三个方面：

1. 淡化了河南在劳动力成本、自然资源等方面的优势

自美国"次贷"危机爆发以来，随着美元的疲软，人民币的不断升值，劳动力价格不断提高，原材料价格暴涨，能源成本上升，而且国际贸易保护主义盛行。这些情况都对以一般劳动密集型产品、资源密集类产品出口为主的河南对外贸易中的发展造成不良影响，使得家电、纺织服装和制鞋业这些典型的传统产业制造成本大幅提升，价格优势减弱。

2. 导致外需萎缩并进一步挤压国内市场

美国、欧盟和日本是中国最主要的三大贸易伙伴，占到我国出口总量的60%。这三大经济体的同时衰退，将极大地影响我国的出口市场。虽然河南对外贸易的规模目前还比较小，但由于外贸依存度比较高的沿海地区的出口受到挤压，其出口企业必然会回到国内市场来寻找出路，从而与河南产品在国内的销售形成竞争，挤压河南企业在国内的市场份额。

3. 贸易保护主义抬头使得出口、对外投资的难度进一步加大

根据模型论证，经济景气指数是与贸易争端成反比的。经济景气时，贸易争端就少；经济不景气时，贸易争端就增多。受此次国际金融危机的影响，世界经济陷入衰退，全球贸易市场也因此遭受打击。而与此同时，始于2001年的多哈回合全球贸易谈判再次受挫。在这种背景下，部分国家为了保护国内市场和本土企业，纷纷出台各种贸易保护措施，向他国的进口产品"开刀"，不仅传统的配额和反倾销措施被大量使用，技术壁垒和环保标准等新的限制措施也更趋严厉。而且，出于保护国内产业的目的，近年来发达国家对外来投资的警惕性也越来越高。这些情况都使河南企业扩大出口以及"走出去"对外投资的难度进一步加大。

二、经济全球化造成的负面影响

经济全球化对河南构建开放型经济体系具有极大的外部促进作用，但同时也不可避免地带来了一些负面影响。

1. 河南高新技术产业的发展面对更强劲的全球竞争挑战

发达国家依托新科技革命成果建立起来的新技术产业，谋求新一轮的国际竞争优势。同时建立起以技术进步为动力的全球化创新、生产和销售体系，使之成为国际贸易领域增长最快、争夺最激烈的部分。在这种情况下，河南省高新技术产业的发展和国际化经营战略将面对强劲的挑战。

2. 机电等制造业的发展面对跨国公司全球化战略的挑战

在经济全球化进程中，跨国公司利用其技术和市场竞争优势，加快了全球市

场扩张速度。尤其是日本和东亚国家地区加大了机电产品的出口和全球化扩张速度，河南省机电部门的出口增长将面临越来越严峻的形势。

三、区域经济发展过程中形成的障碍

中部地区是资源富饶、农业发达的地区，但技术创新和可持续发展两大趋势使得技术和资本在发展中的权重提高了，这对中部地区通过开发资源形成产业优势的工业化模式无疑是一个障碍。

东部沿海地区具有制度创新的"先行者优势"，而地区间的经济竞争，经常会演变为地区间制度改革和创新的竞赛，这就让中部走进了一个怪圈：吸引外资需要良好的投资环境和市场环境，良好的投资环境、市场环境又需要改革开放的步伐迈得更大。如何走出这个怪圈，是形成中部崛起需要突破的另一个障碍。

经济发展特别是在起飞阶段，资本和人才是不可或缺的重要因素，由于市场化差异所导致的要素收益水平差异，一方面中西部地区经济发展中资金、技术、人才等要素特别缺乏；另一方面这些中西部缺乏的要素不但不能从内部更多地得以积累，反而大量流入外部。这样的局面如果不能迅速得到扭转，中部地区腾飞就会欠缺最基本的生产要素。

长期以来，欠发达区域与经济相对发达区域之间形成了前者提供资源性产品、初加工产品，后者生产最终加工制成品的垂直分工体系。在这样的分工格局中，不论中西部地区怎样调整其产业结构，仍然是国内的资源生产地区、粗加工工业地区、东部的原材料供应地，而东部则是深加工工业地区。在一个较短的时期内，国内东、中、西部之间，外围与中心的区位分工格局很难改变。

四、省内存在的不利因素

1. 旱涝灾害频繁，重要资源缺乏，基础设施落后，生态环境脆弱的情况比较严重

河南气候条件虽然比较好，但灾害性天气较多，其中主要是旱涝威胁比较大。新中国成立以来，平均每年有 1/4 的耕地遭受不同程度的水旱灾害。河南耕地面积从总量来看不算少，但人均耕地面积不到 0.034 公顷，是全国平均数的 1/2。同时，风沙地、盐碱地、低洼易涝等贫瘠土地较多。另外，河南铁矿、磷矿等主要矿产缺乏的情况也比较突出。近年来，河南的基础设施建设尽管取得了一定的成就，但能源、通信、信息、供水、供电、供气等方面的发展仍滞后，并成为制约开放型经济发展的重要因素和"瓶颈"。

2. 高等教育落后，开放型经济发展的人才支撑不足

河南省由于经济基础薄弱，资金缺乏，致使普通高等教育和中等专业教育规模小，教育水平低。2009 年，全省研究生培养机构 23 处，普通高等学校 99 所（按照教育部统一规定，自 2009 年独立学院按本科院校计算）。其中，本科院校 43 所，高职院校 56 所。另外还有成人高等学校 18 所。全省高校和科研机构共有博士学位授权一级学科点 11 个，博士点 106 个；硕士学位授权一级学科点 103 个，硕士点 845 个。每万人口中接受高等教育的在校生人数为 230 人，其中，接受普通高等教育的在校生人数为 138 人。这些指标在中部六省都处于落后位置，也低于全国平均水平，导致人力资本短缺、人才匮乏成为与劳动力资源丰富并存的现象。这种情况在县域经济范围内有比较突出的反映，再就是导致企业里的高层次技术人才严重不足。总之，由于劳动者总体受教育程度较低，劳动者素质不能完全适应开放型经济发展的需要，使河南省的劳动力资源优势大打折扣。

3. 政府行政管理效率不高

近年来，河南省政府部门职能转换工作取得了显著效果，但是政府部门机构庞大，服务意识淡漠，管理体制落后，办事程序繁琐，管理职能分散，政出多门，人浮于事的情况仍然比较严重。一些职能部门在投资项目审批、咨询服务、接待条件方面还不能适应需要，不能把投资者的利益作为工作的出发点和归宿点，也不能真正帮助企业解决生产经营活动中出现的各种问题。一些地方和部门受利益驱动，重收费轻管理，政府权力部门化，部门权力个人化，个人权力腐败化的现象还不同程度地存在，导致部门之间互相推诿扯皮，老爷作风严重，办事效率低下，直接影响了投资者的投资积极性。外企反映强烈的问题主要有：个别部门政策执行不力，一些地方性收费项目太多，企业负担重；由于缺乏宏观的规划和指导，行业之间存在无序的竞争；个别地方办事效率低、服务差；有些地方的地方保护主义严重，当地政府对外资企业的支持力度不够等。

4. 吸引外资手段单一，引进项目质量不高

过去一个时期，河南在招商引资工作中对传统的大组团外出招商、综合性推介洽谈、大规模节会等招商方式运用较多，对专业化招商、产业链招商、集群式招商、园区招商等招商方式应用不够。河南省直到 2009 年 9 月才进行了第一次针对特定行业组织的专业化、产业化招商尝试，在郑州举办了河南省承接纺织服装玩具产业转移洽谈会。而且招商引资工作仍然较多依赖政府主导和组织，招商主体的积极性和内生动力不足，一些企业在政府组织的招商活动中还只是配角，甚至有少数企业为完成任务而消极应付。这种情况直接影响到招商引资项目的质

量。引进外资的领域和项目对本省产业结构的调整和升级作用不大，由于引进项目规模普遍较小，档次不高，引进的低层次加工装配项目又主要集中于劳动密集型领域，而且外销为主的外商投资项目比例偏小，这对解决劳动就业问题有帮助，但对外贸出口的促进作用较弱，提高招商引资推进河南产业升级的效果也受到很大的影响。

5. 环境不优的问题仍然存在

河南地处中原，深受传统文化影响，小农意识较浓，喜欢纵观，不善横视，长于怀旧，短于求新，盲目乐观，夜郎自大，害怕风险，患得患失，等级观念、宗法观念根深蒂固，缺乏商品意识、投资意识、竞争意识、开放意识等，小进则满，小富即安。这种封闭、保守的文化氛围是构建公平、公正、公开、充分竞争的市场环境的严重障碍。河南市场体系建设滞后，各种要素市场、商品市场、期货市场、人才市场、信息市场、区域性市场无论在内容、功能、结构等方面都比较落后，现有生产资料市场、商品市场规模小，设施落后，市场运行效率低，交易成本高。

在政府职能管理部门的管理工作中也存在着制度不完善，有法不依、执法不严、执法标准不统一的现象，社会综合治理工作发展不平衡，强装强卸、强揽工程，吃拿卡要以及"三乱"现象还不同程度地存在，投资者的合法权益还不能得到有效的保护。

第三节　对策建议

针对河南开放型经济发展的现状特别是目前存在的制约因素，要加快河南开放型经济体系的构建，有必要采取以下措施。

一、加强环境保护和治理，优化生产生活环境

政府要加强宏观管理，调控和规划新的工业布局和经济发展格局，目前应抓紧调整城市和重点经济区的经济结构、产业结构和工业布局。对污染型工业企业实行技术改造，对严重污染又无力治理的混杂在城市居民区、风景区、水源区的污染型工业，坚决实行关、停、并、转、迁。对新城镇的兴建要实行区域环境评价制度，积极学习国内外先进的经验和技术，大力发展节水型工业和节水型农

业。要加大力度开发水能、电能、太阳能等清洁能源，发展能源综合利用技术，上一批环境保护工程，切实解决环境问题。继续开展园林城市创建和城市环境综合整治工作，高标准做好城市的绿化、亮化、美化工作，并抓住当前粮食等农产品充裕的有利时机，采取退耕还林还草、封山育林、以粮代赈、个体承包等综合性措施，增加植被，绿化山丘，并进行小流域治理，防止水土流失。努力营造适合各类引进企业生产需要、满足中外人士及其子女居住、受教育、医疗、休闲、娱乐的生产和生活环境。

二、转变政府职能，提供优良的社会服务

1. 要进一步明确政府职能，将以管理为主真正转变为以提供服务为主

适应开放型经济发展的需要，各级政府官员必须增强服务意识，改掉官僚主义和衙门恶习，摆正自己的位置，明白官员就是纳税人的公仆这一道理。正确看待和运用人民赋予的权力，主动为投资者排忧解难，千方百计为投资者保驾护航。同时，要进一步明确政府与企业的关系，即：你投资，我欢迎；你申请，我注册；你经营，我监督；你纳税，我保护；你有难，我帮助；你违法，我执法；你破产，我清算。为企业生产、经营创造良好的氛围。

2. 尽快建立起相对集中、统一协调、灵活高效的投资管理体制

一是要定期清理招商引资政策，进一步改革行政审批制度。着重解决政策规定不明确，解释不清晰，条文不统一，落实不到位等问题。应根据中共十八届三中全会《决定》关于下放和取消行政审批事项的有关精神，分清哪些审批可以保留，哪些应进一步改进，哪些应尽快取消。对保留的审批事项应当明确程序，规范行为，量化责任、简化程序，提高办事效率。"一门、一窗式"办理手续，"一条龙"跟踪服务，"一站式"管理到位，为投资者提供便利快捷的服务。二是要建立相应的责任制，即政府要对其不正当行为与不法侵害行为承担相应的责任，对于不当审批所造成的所有权人的财产损失，主管部门还要从经济上给予补偿。对不利于招商引资的政策和有碍开放型经济发展的政策要坚决废除和调整，对新情况、新问题要及时制定新政策，及时给予解决。同时要建立项目全程式跟踪服务制度，进一步完善"项目跟踪责任制"、"企业定期走访制"、"重大事项协调制"、"政策信息反馈制"、"服务承诺制"等制度。

3. 要加强执法队伍的教育管理，不断提高文明执法水平

要坚持以正面教育为主，对执法人员进行岗位培训，竞争上岗，解决好部分执法人员不懂法律法规、不懂执法程序、言行举止粗暴、执法随意性大的问题，

不断提高执法人员的素质和能力。要把对投资者的优惠政策以法律形式固定下来，从而有利于增强国内外投资者的信心，有利于国内外投资者心理预期的稳定。要坚决杜绝执法人员吃拿卡要和不文明的执法现象，统一规定收费标准，对应收项目，必须坚持应收尽收，做到执法到位，对不该收的项目，要坚决清理。不准在政策上打埋伏、搞截留，彻底解决乱收费、乱罚款、乱摊派的问题。要加大辖区刑事、治安案件的查处力度，最大限度地防范和控制各类案件的发生，同时对强揽工程、强装强卸、断水断电等阻拦项目建设的人和事采取坚决措施，予以严厉打击。要加大执法检查力度，形成巡视制度，加强督导，发现问题，限期整改，并适时组织专项整治，把经常性工作与阶段性任务有机地结合起来，对执法犯法、利用手中权力谋求个人私利的执法人员和执法行为严肃查处，确保依法行政，切实保护企业和投资者的合法权益。

三、加快改革开放步伐，不断完善市场环境

要继续加大开放省内市场的力度，并加强市场调查，掌握市场动态和信息，建立反应灵敏的情报信息网络。一方面可由规模较大的外向型企业独自在国内外开设贸易办事处，另一方面可由政府在国内外开设贸易促进机构，以便广泛收集市场信息。

逐步健全生产资料市场和消费品市场，完善资金市场、劳动力市场、外汇市场等各种要素市场，健全市场体系，促进市场机制的发育，为投资者创造充分利用市场机制和按国际惯例办事的良好环境。

四、实施科教兴省战略，创造良好的人才环境

1. 要大力发展教育事业，充分利用现有的教育资源发展高等教育，不断提高人口素质

不仅现有高等院校要进一步扩大招生规模，还要广开资金来源，鼓励社会力量办高等教育，走郑州黄河科技学院和郑州大学升达经贸学院的办学路子，使高等教育满足河南经济发展的需要。要注重对学生竞争意识、投资意识、风险意识、创新意识和能力的培养，突出培养企业战略策划管理型人才和高科技人才，突出培养能适应外向型经济发展的各类人才。要大力培训招商引资人员，进一步提高招商引资人员的素质。

2. 制定富有吸引力的人才政策

（1）加快提高专业技术人员的社会地位和待遇，对有突出贡献的专业技术人

才要给予更优厚的待遇，遏制专业技术人员奔官场甚至大量外流的不良现象。

（2）按照社会主义市场经济的规律办事，进一步完善技术产权政策，允许技术要素、知识要素、管理要素以多种方式参与收益分配，并制定明确的细则，确定收益分配比例，使科技研究成果转化为经济效益，使管理人员、专业技术人员的贡献同企业效益挂钩，摆脱现行工资制度的束缚，做到贡献与收入按比例增长。

（3）针对河南人才外流、海外学子回豫创业者少的现状，制定优惠的引进人才政策，鼓励留学生学成归国回省工作，鼓励在外省工作的河南籍学生投身家乡建设，吸引外省人才来河南投资、工作、定居，从而形成开发人才、发现人才、培养人才、使用人才、保护人才的机制，营造宽松、良好的人才环境。

五、转变思想观念

河南与沿海省市相比，最大的差距是在思想观念上。思想是行动的先导，思想解放的程度决定着改革开放的程度，改革开放的程度决定着经济发展的速度。因此只有消除禁锢人们思想的疑虑和困惑，创造一个开放的经济增长环境，才能促进河南开放型经济体系的形成。近年来，省委、省政府高度重视解放思想问题，但在一些地方和部门，总是"解放"在口头上、会议上、文件上，落实不到行动上。针对这些现象，在今后一个时期推进思想解放的过程中要坚决做到：破除自我封闭思想，牢固树立大开放、大发展意识；破除怕担风险、求稳怕乱思想，牢固树立敢为人先、开拓创新意识；破除自我发展、消极等待思想，牢固树立积极招商，主动服务意识；破除怕丢位子、怕抢饭碗、怕占市场思想，牢固树立"亲商、安商、扶商、富商"意识；破除患得患失，自给自足思想，牢固树立互惠互利、双赢多赢意识；破除地方保护主义和部门利益至上思想，牢固树立整体意识和全局观念。

第五章 河南发展开放型经济的战略方向与目标

开放型经济整体发展水平较低是制约河南构建开放型经济体系的重要因素。对河南目前的经济开放度进行系统测算并以此为基础制定出下一个阶段提高开放型经济发展水平的具体战略目标，是构建河南开放型经济体系的一个重要环节。

第一节 河南的经济开放度及其横向比较

经济开放度又称经济外向度或依存度。经济开放度与一个国家或地区的资源禀赋特点、经济发展阶段、企业的国际竞争能力等因素密切相关，同时受到国际经济形势和国内经济发展格局的影响。有学者认为，经济开放度是指进出口总额占 GDP 的比重，它反映一个国家或地区的经济与国际经济联系的紧密程度，是一个国家或地区开放型经济发展规模和发展水平的宏观指标之一。也有学者指出，经济开放度是一个国家或地区的经济活动逐步融入全球生产价值链、进入国际经济循环的过程，既包括对国际的产品、服务、资本等要素的输出，又包括国际的产品、服务、资本等要素的输入。一般认为，经济开放度是指一个国家或地区在国民经济发展过程中，本地区经济要素与外部经济要素相互渗透、融合的能力，是衡量经济发展水平的一个重要的综合性指标。

依据河南开放型经济发展的实际情况，这里主要是从贸易依存度、投资开放度、生产开放度三个方面对河南目前的经济开放度进行测算和比较。

一、河南的外贸依存度及其横向比较

国外学者最早提出经济开放度的概念，并最早以对外贸易依存度来表示经济开放度。贸易依存度即一国或地区一定时期内的进出口总额占 GDP 的比重，反

映一国或地区的经济发展与外部经济之间相互联系、相互依存的程度，体现一国或地区对外贸易发展对整个国民经济增长的贡献率。这种方法比较简单易懂，直观易算，但存在局限性，因为一国或地区的外贸依存度水平不仅受到自身经济发展水平、产业竞争力状况等因素的制约，也受到来自外部经济的各种因素的影响，因此，单纯使用外贸依存度指标并不能准确反映一国或地区的经济开放度。

表 5-1 2000~2009 年河南省外贸依存度与全国的比较

单位：%

年份	河南省			全 国		
	外贸依存度	进口依存度	出口依存度	外贸依存度	进口依存度	出口依存度
2000	3.7	1.3	2.4	43.9	20.8	23.1
2001	4.2	1.6	2.6	44.0	21.0	23.0
2002	4.4	1.5	2.9	50.1	23.8	26.3
2003	5.7	2.1	3.6	60.4	31.1	29.3
2004	6.4	2.4	4.0	70.0	34.0	36.0
2005	5.9	2.0	3.9	63.2	29.3	33.9
2006	8.7	3.9	4.7	65.6	29.5	36.1
2007	6.5	2.3	4.3	64.3	28.3	36.0
2008	6.8	2.6	4.2	57.9	25.6	32.3
2009	4.7	2.1	2.6	44.7	20.4	24.3

资料来源：根据海关统计数据和年均汇率计算。

从纵向分析可以看出，2000~2009 年，河南省的外贸依存度处在 3.7%~8.7% 之间，外贸依存度一直不高，2006 年达到最高值 8.7%。河南省的外贸依存度在过去 10 年中并没有得到大幅度提高，年际变动幅度较小，曲线相当平缓。说明

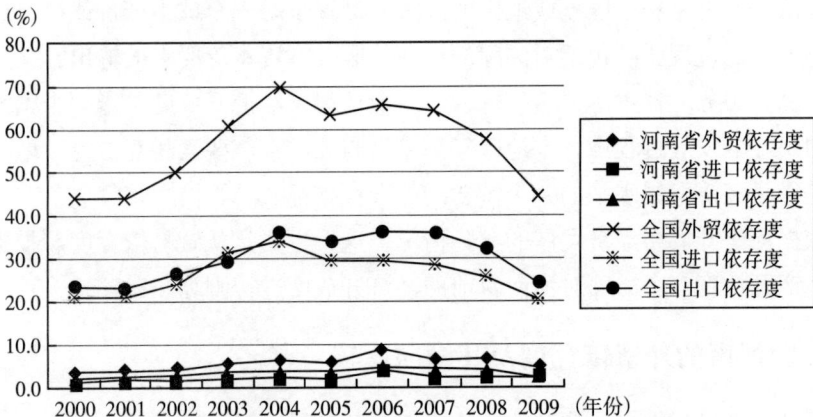

图 5-1 2000~2009 年河南省外贸依存度走势与全国比较

资料来源：根据表 5-1 数据制作。

河南省对外贸易只是基本实现了与国民经济的同步增长，并没有明显超前于经济发展，不具备对经济增长的拉动作用。

从横向分析可以看出，河南省外贸依存度只有全国平均水平的一成。河南省的贸易开放度与国内平均水平相比差距太大。如此低水平的进出口贸易与河南省国民经济的规模不相称，与区域经济快速增长的需要不相符，说明过去一个时期河南经济的国际化进程还比较缓慢，国民经济发展模式从总体上看内向型模式的特征仍然比较突出。

二、河南的投资开放度及其横向比较

投资开放度包括的指标比较多，如利用外商直接投资开放度、利用省外资金开放度、对外投资开放度等。受数据资料和篇幅的限制，这里用河南省利用外商直接投资（FDI）与 GDP 比重来表示河南省的投资开放度。

表 5-2　2000~2009 年河南省投资开放度与全国比较

单位：%

年　份	2000	2001	2002	2003	2004	2005	2006	2007	2008	2009
河南省	0.88	0.54	0.62	0.68	0.84	0.94	1.16	1.49	1.52	1.68
全　国	3.40	3.54	3.63	3.26	3.14	2.67	2.32	2.14	2.04	1.81

资料来源：全国及《河南省统计年鉴》的数据计算。

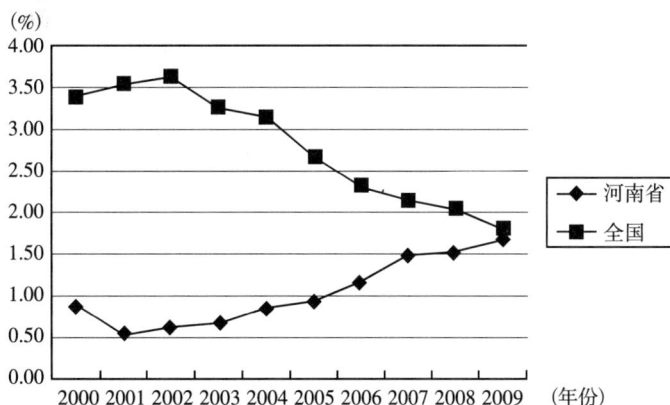

图 5-2　2000~2009 年河南省投资开放度走势与全国比较
资料来源：根据表 5-2 的数据制作。

从上图可以看出，2001 年以来，河南省的投资开放度呈上升趋势，而全国的投资开放度从 2002 年开始呈下降趋势，2009 年河南省的投资开放度与全国平均水平基本接近，说明近年来河南省的宏观投资环境已经实现了明显的改善，但河南省的投资开放度整体上还需要进一步提高。

三、河南的生产开放度及其横向比较

生产开放度反映的是一国或地区生产力发展对资金、人力、管理及设备技术引进的依赖程度。这里用全部规模以上工业企业增加值中外商投资企业所占的比重来表示河南的生产开放度（见表 5–3）。

表 5–3　2000~2009 年河南省生产开放度

单位：%

年　份	2000	2005	2006	2007	2008	2009
生产开放度	7.43	5.68	5.95	6.18	6.60	6.25

资料来源：根据《河南省统计年鉴》的数据计算。

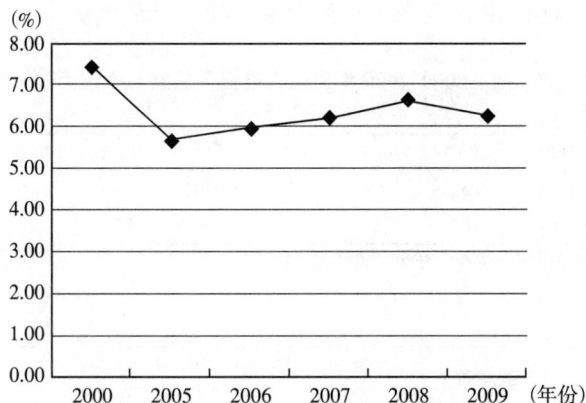

图 5–3　2000~2009 年河南省生产开放度走势

资料来源：根据表 5–3 的数据制作。

从图 5–3 可以看出，河南省 2000 年生产开放度为 7.43%，2005 年下降到 5.68%，2005 年以后河南省生产开放度稳步提升。这表明河南省在不断融入国际分工体系中，在外向型经济发展中取得了一定成绩，但综合来看，生产开放度还比较低，需要进一步提高。

第二节 河南省发展开放型经济的战略方向及具体目标

以上主要是对河南过去一个时期的贸易依存度、投资开放度、生产开放度进行了测算和横向比较，这里主要分析下一个阶段加快河南开放型经济发展的战略方向并确定提升经济开放度的具体目标。

一、河南提升经济开放度的战略方向

1. 对外贸易依存度有待大幅度提高

近年来我国的对外贸易有了长足的发展，出口贸易促进了我国经济的高速增长。我国在世界贸易中的地位也由 1978 年的 25 位升至 2009 年的第 3 位。但对外贸易一直是河南经济发展中比较薄弱的环节，与位列全国第五的经济大省地位极不相称。外贸控制力和竞争力弱，在一定程度上制约了河南经济的进一步发展。

2000~2008 年，河南省进出口总额的绝对数呈迅速上升趋势，河南省 2008 年全年进出口总额 175.28 亿美元，比上年增长 36.5%，增速比上年提高 7.2 个百分点，其中出口总额 107.14 亿美元，增长 27.9%；进口总额 68.14 亿美元，增长 54.5%。机电产品、高新技术产品分别出口 26.79 亿美元和 4.04 亿美元，增长 52.9%和 72.7%。2009 年受国际金融危机影响，全年进出口总额 134.38 亿美元，比上年下降 23.1%，其中：出口总额 73.46 亿美元，下降 31.5%；进口总额 60.92 亿美元，下降 9.9%。机电产品出口 20.07 亿美元，下降 17.7%；高新技术产品出口 4.22 亿美元，增长 71.4%。但河南省进出口总额占全国的比重变化不是很大，一直处在 0.5%~0.7%这样一个较低的水平上（见表 5-4、图 5-4）。

表 5-4 2000~2009 年河南省进出口总额占全国的比重

单位：万美元

年 份	河南省	全 国	河南占比重（%）
2000	227486	47429000	0.48
2001	279256	50965000	0.55
2002	320351	62077000	0.52
2003	471640	85098800	0.55

续表

年　份	河南省	全　国	河南占比重（%）
2004	661346	115455000	0.57
2005	773604	142191000	0.54
2006	979594	176039600	0.56
2007	1280493	217372602	0.59
2008	1747934	256325523	0.68
2009	1343839	220753500	0.61

资料来源：海关统计数据。

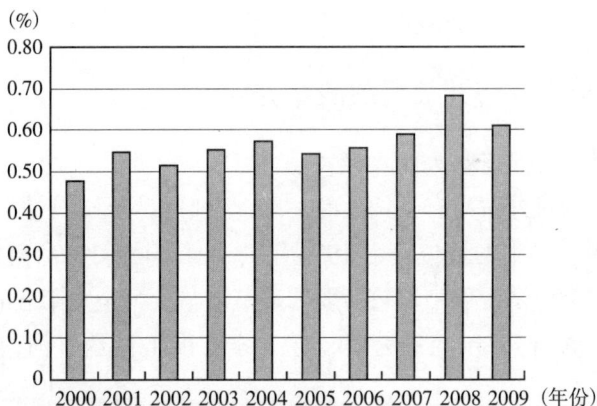

图 5-4　2000~2009 年河南省进出口总额占全国的比重
资料来源：根据表 5-4 数据制作。

2. 利用外资工作亟待进一步加大力度

近 10 年来，河南省利用外资总量呈直线上升趋势，从最初的 2000 年利用外资 53999 万美元，到 2009 年利用外资 479858 万美元，是 2000 年的 8.9 倍，平均每年增长 47317 万美元，平均每年增长率为 27.5%。河南利用外资呈现以下突出特点：一是制造业利用外资项目逐渐从传统领域向新能源、生物技术等领域延伸，涌现出一批如周口优普生物质能发电有限公司、钻石电子科技（漯河）有限公司等新型制造业企业。二是服务业利用外资领域进一步拓宽。香港诺文贝国际有限公司在鹤壁设立天海教育发展有限公司，提供教育咨询服务。外资首次通过并购进入河南广告领域，设立河南好机会广告有限公司（见表 5-5、图 5-5）。

随着外商投资规模的迅速扩大和投资领域的进一步拓宽，吸引外资对我国国民经济的促进作用已越来越明显。吸收和利用外资有利于弥补国内建设资金的短缺，促进投资增长。最近 10 年来，河南省利用外资占全国比重呈现逐渐上升趋势，从 2000 年的 0.91% 增加到 2009 年的 5.23%，说明河南省在引进外资方面做

表 5-5　2000~2009 年河南省实际利用外资占全国的比重

单位：万美元

年　份	河　南	全　国	比重（%）
2000	53999	5935600	0.91
2001	35861	4967200	0.72
2002	45165	5501100	0.82
2003	56149	5614000	1.00
2004	87367	6407200	1.36
2005	122960	6380500	1.93
2006	184526	6707600	2.75
2007	306162	7833900	3.91
2008	403266	9525300	4.23
2009	479858	9180400	5.23

资料来源：河南商务统计资料、国家商务部公布的资料。

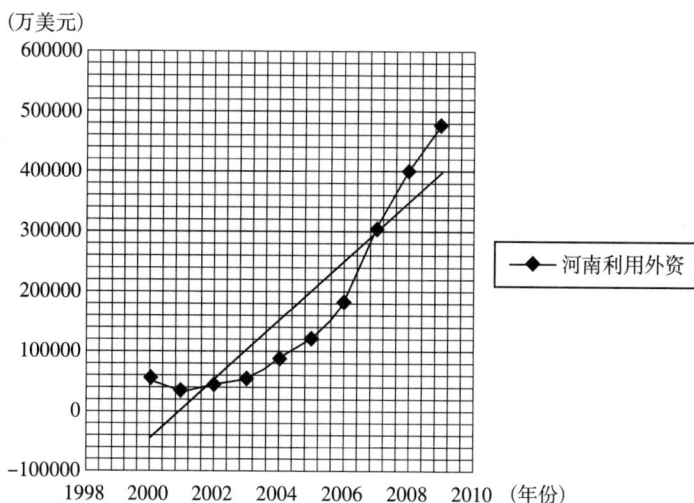

图 5-5　2000~2009 年河南省实际利用外资走势

资料来源：根据表 5-5 数据制作。

了很多努力，河南省加大改善投资环境也吸引了越来越多的外商来豫投资。但总体来说，河南省利用外资的水平不高，不管是从总量还是从比重上，都有待实现更大的提高（见图 5-6）。

二、提升河南经济开放度的目标设计

根据上述对河南外向型经济各项指标发展态势的分析，2000~2008 年，河南进出口额年均增长 29%，实际利用外资年均增长 27.5%，规模以上三资工业企业

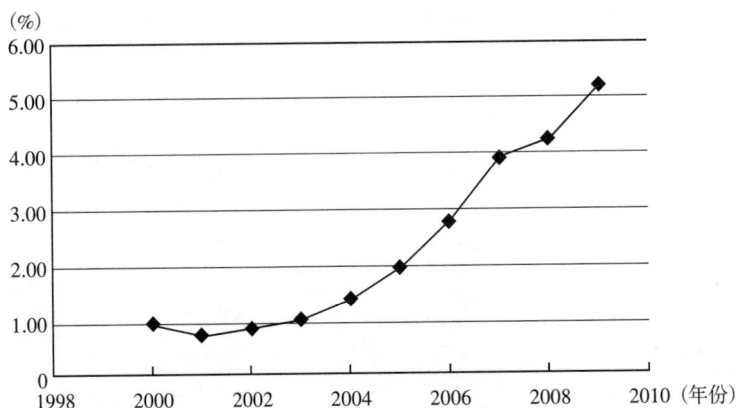

图 5-6 2000~2009 年河南省利用外资占全国比重

资料来源：根据表 5-5 数据制作。

增加值年均增速为 24.1%；同期河南 GDP 年均增速为 12%，规模以上工业企业增加值年均增速为 25.1%。我们在设定 2015 年河南经济开放度短期提升目标和 2020 年河南经济外向度长期提升目标时，GDP 年均增速仍然设定为 12%，规模以上工业企业增加值年均增速设定为 20%，同时将进出口年均增速设定为 30%，对外承包工程和劳务合作营业额年均增速设定为 38%，实际利用外资年均增速设定为 27.5%，规模以上三资工业企业增加值年均增速设定为 30%，那么，到 2015 年和 2020 年三项主要指标将有可能实现如表 5-6 所示的增长水平。

表 5-6 河南省经济外向度主要指标分阶段提升目标

单位：%

	贸易依存度	资本开放度	生产开放度
2015 年	18.8	3.7	11.6
2020 年	40.0	7.2	17.2

河南经济开放度的其他指标，如输出劳务占从业人员的比例、国际旅游外汇收入占 GDP 的比重、对外投资占 GDP 的比重，我们根据各种情况的变化预测，到 2015 年和 2020 年将分别达到 0.2% 和 0.4%，1% 和 2.7%，0.005% 和 0.01%。

考虑到近年来河南开放型经济发展的环境逐步得到改善，河南在国际国内的影响力逐步提升，河南的产业发展规划思路逐步清晰，开放型经济发展的步伐逐步加快等方面的情况，以上所设定的具体目标可能比较保守。比如，由于招商引资规模的扩大，特别是出口型大项目的引进，都极有可能使相关指标获得大幅度的提升。

第三节　构建河南开放型经济发展的产业支撑

分析河南开放型经济发展的战略方向和目标离不开对河南三次产业的分析。没有三次产业竞争力的提升，开放型经济的快速发展就没有牢固的产业支撑。

一、河南三次产业总体发展情况

2009 年，河南省全年生产总值 19480.46 亿元，比上年增长 8.1%。其中：第一产业增加值 2769.05 亿元，增长 4.1%；第二产业增加值 11010.50 亿元，增长 7.3%；第三产业增加值 5700.91 亿元，增长 11.8%。人均生产总值 20597 元，增长 7.4%（见表 5-7）。

表 5-7　河南省 2009 年各产业生产总值及构成

按产业分组	增加值（亿元）	比重（%）
第一产业	2769.05	14.2
第二产业	11010.50	56.5
第三产业	5700.91	29.3
合计	19480.46	100.0

资料来源：《河南省统计年鉴》。

改革开放以来，河南产业结构实现了由"二、一、三"到"二、三、一"的历史性转变。第一产业占 GDP 的比重由 1980 年的 40.7%下降到 2009 年的 14.2%；第二产业的比重由 1980 年的 41.2%上升到 2009 年的 56.5%；第三产业的比重由 1980 年的 18.1%上升到 2009 年的 29.3%后，近年来一直在 30%左右徘徊。

从与全国比较的情况看，2009 年全国三次产业结构的平均水平为 10.6：46.8：42.6，相比之下，河南产业结构存在较大差别。具体来说，河南作为农业大省，第一产业比重略高于全国平均水平是合理的，高了 3.6%，与同样是农业大省的山东相比，山东 2009 年第一产业增加值低于河南 4.6 个百分点，在本省三次产业结构中仅占 9.6%。可见河南第一产业的比重还是相对较高。河南第二产业比重在全国各省、市、自治区中排序第一，比重高于全国平均水平 9.8 个百分点，增加值超过第一、第三产业总和的 30.6%，充分说明第二产业比重明显过大,反映了主要依靠第二产业拉动经济增长的态势。第三产业则是比重过低。河南第三产业比重低于全国平均水平 13.5 个百分点,在全国各省、市、自治区比重排序中列倒数第一。

从贡献率变化看,工业主导地位明显、带动作用不断增强。在工业主导作用发挥的同时,传统优势行业不断壮大,新兴产业加快发展。食品、有色、化工、汽车及零部件、装备制造、纺织服装等六大优势产业在全省工业经济中的比重由 2003 年的 47.5% 提高到 2009 年的 51.7%。

尽管改革开放特别是进入新世纪以来,河南持续不断地推进结构调整,但长期形成的产业结构粗放、发展水平低、质量效益差,尤其是主导产业竞争力不强、技术水平低以及过于依赖能源原材料行业的状况目前还没有得到根本性改变。

二、第一产业发展情况分析

河南是全国重要的农业生产基地,粮食产量占全国的 10%,为保证国家粮食安全和经济发展做出了突出贡献。

1. 第一产业增加值占 GDP 比重呈下降趋势,但比重仍然偏高

河南省统计公报资料表明,2009 年河南省第一产业增加值为 2769.05 亿元,第一产业增加值占河南省 2009 年生产总值的比重为 14.2%。比全国平均水平 10.6% 高 3.6 个百分点(见表 5-8、图 5-7、图 5-8)。

表 5-8　2000~2009 年河南省第一产业增加值及其占比情况

年　份	第一产业增加值(亿元)	占 GDP 比重(%)
2000	1161.58	23.0
2001	1234.34	22.3
2002	1288.36	21.3
2003	1198.70	17.5
2004	1649.29	19.3
2005	1892.01	17.9
2006	1916.74	15.5
2007	2217.66	14.8
2008	2658.78	14.8
2009	2769.05	14.2

资料来源:《河南省统计年鉴》。

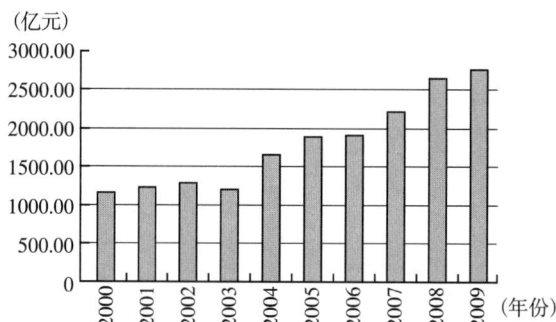

图 5-7 2000~2009 年河南省第一产业增加值增长情况

资料来源：根据表 5-8 数据制作。

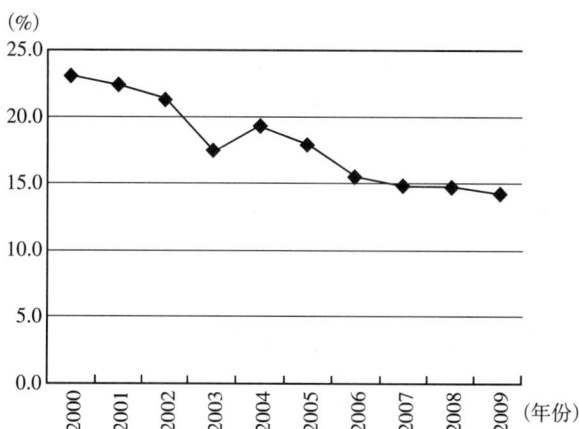

图 5-8 2000~2009 年河南省第一产业增加值占 GDP 比重走势

资料来源：根据表 5-8 数据制作。

从以上几个图表可以看出，河南省第一产业增加值从 2003 年以来稳定增长，从 2003 年的 1198.70 亿元增加到 2009 年的 2769.05 亿元，年均增长率为 14.9%。第一产业增加值占当年 GDP 的比重逐渐减小，这与最近 10 年来河南省工业和第三产业的发展是分不开的。但总的来说，第一产业总量是增加的，第一产业所占比重还是偏高。

与以上情况相适应，近十年来，河南省第一产业从业人员总数和所占总从业人员的比重逐渐减少，2009 年从事第一产业的为 2765 万人，比 2000 年减少了 799 万人，每年平均减少 88.8 万人。2009 年从业人员占总从业人员的 46.5%，比 2000 年下降了 17.5 个百分点，但比全国的平均水平 38% 还是高了 8.5 个百分点（见表 5-9）。

表 5-9　2000~2009 年河南省第一产业从业人员及比重变化

单位：%

年　份	2000	2001	2002	2003	2004	2005	2006	2007	2008	2009
从业人员（万人）	3564.0	3478.0	3398.0	3332.0	3246.0	3139.0	3050.0	2920.0	2847.0	2765.0
比重（%）	64.0	63.0	61.5	60.2	58.1	55.4	53.3	50.6	48.8	46.5

资料来源：《河南省统计年鉴》。

2. 农业产业化快速发展

河南省农业产业化经营从 20 世纪 80 年代末探索起步，经过不懈的努力，全省龙头企业建设步伐明显加快。河南省通过财政扶持、加强银企对接等措施，支持农业产业化龙头企业做大做强，使农业产业化经营迈出新步伐。

2009 年，河南省加大了财政扶持农业产业化经营的力度，落实农业综合开发产业化经营项目资金 1.9 亿元，农业结构调整专项资金 7000 万元，设立了 1 亿元农产品加工专项资金；积极引进战略投资者，设立河南农业综合开发专项基金。河南省还通过组织开展农业产业化、畜牧业、粮食、农机等多个银企合作与招商引资对接会，累计合同金额达 960 亿元，为龙头企业发展注入了活力。2009 年河南省规模以上龙头企业达 6000 多家，涌现出了双汇、众品、华英、大用、永达、金丝猴、志元等一大批名牌企业，不仅成为带动河南标准化规模养殖快速发展、畜牧业转型升级的"火车头"，而且成为加速农业产业化进程的"助推器"，更成为地方经济发展的"增长极"。

2010 年，河南省加大对农业产业化龙头企业的财政投入力度，落实税收优惠、品牌创建奖励等各项政策，鼓励食品企业通过收购、兼并、控股和承包等形式进行规模扩张，并通过自主创新、品牌经营等形式，培育一批有核心竞争力的知名品牌，着力打造河南食品工业品牌，加快河南实现由产粮大省向食品强省的转变。

3. 生态建设全面推进，资源保护不断加强

近年来，河南省全面启动了退耕还林、天然林保护、太行山绿化、长江及淮河防护林、防沙治沙、野生动植物保护与自然保护区建设、通道绿化、环城防护林、外资造林等一批国家和省级重点工程项目，造林绿化步伐不断加快，近 5 年共完成成片造林 100 多万公顷。平原绿化在实现全省整体达标后，到 2001 年有 16 个县（市、区）达到县级平原绿化高级标准。全省共制定林业地方法规和规章 11 件；建立各级森林公安机构 220 个，木材检查站 100 个，森林专业消防队 63 个，森林病虫害防治检疫站 120 个；建立国家和省级自然保护区 19 处，占全

省总面积的 1.97%；组织开展了一系列林业严打专项斗争；加强了木材采伐限额和林地管理；森林火灾受害率低于 0.05‰；森林病虫害防治率达到 69.60%。

三、第二产业发展情况分析

河南已经是一个工业大省，工业增加值位居全国第 5 位，煤炭、铝、大中型拖拉机等产品产量在全国名列前茅，是重要的能源基地和原材料基地，为全国现代化建设做出了重要贡献。但河南工业总体上是大而不强，其中结构不合理是主要原因。

1. 第二产业的增长率和贡献率都比较高

2009 年河南省第二产业增加值为 11010.50 亿元，占河南省 GDP 的 56.5%，高出全国 10.3 个百分点。其中，工业增加值 9858.40 亿元，比上年增长 11.4%，增速比上年回落 4.2 个百分点。规模以上工业增加值增长 14.6%，回落 5.2 个百分点，其中：轻工业增长 13.7%，重工业增长 15.0%，轻、重工业比例为 31.7：68.3。产品销售率 98.2%。

从增长率上看，2009 年河南省第二产业比上年增长了 12.4%，高于第一产业和第三产业的增长率，与全国 9.5%的增长率相比高出 2.9 个百分点（见表 5-10）。

表 5-10 2009 年河南省与全国第一、第二、第三产业贡献率比较

单位：%

	国内生产总值	第一产业	第二产业	第三产业
全 国	100	10.3	46.3	43.4
河南省	100	14.2	56.5	29.3

资料来源：《中国统计年鉴》、《河南省统计年鉴》。

从第二产业对经济的贡献率来看，2009 年河南省第二产业的贡献率是第一产业贡献率的 4 倍，是第三产业贡献率的近 2 倍，比全国第二产业的平均贡献率高出 10.2 个百分点。

从第二产业在国内生产总值中的比重来看，从 2000 年的 45.4%增加到 2009 年的 56.5%，上升了 11.1 个百分点，但比 2008 年下降了 0.4 个百分点，2006 年以后所占比重趋于稳定（见表 5-11）。

河南省第二产业所吸纳的就业人数不断增加，从 2000 年的 977 万人增加到 2009 年的 1675 万人，年平均增长量为 75 万人。就业比重从 2000 年的 17.5%增加到 2009 年的 28.2%，2000~2005 年第二产业就业人数的增长率逐渐提高，2007 年达到最高值 10.1%，2009 年降低到 7.1%。但从总就业人数上看，第二产业吸

纳劳动力总数远低于第一产业，比第三产业略高。河南省第二产业的主导地位还是无法动摇的（见表5-12）。

表5-11 河南省历年生产总值分行业构成

单位：%

年 份	第一产业	第二产业	第三产业
2000	23.0	45.4	31.6
2001	22.3	45.4	32.3
2002	21.3	45.9	32.8
2003	17.5	48.2	34.3
2004	19.3	48.9	31.8
2005	17.9	52.1	30.0
2006	15.5	54.4	30.1
2007	14.8	55.2	30.0
2008	14.8	56.9	28.3
2009	14.2	56.5	29.3

资料来源：《河南省统计年鉴》。

表5-12 河南省2000~2009年从业人员变化

年 份	合 计（万人）	第一产业（万人）	第二产业（万人）	第三产业（万人）	第二产业比重（%）	增长率（%）
2000	5572	3564	977	1031	17.5	—
2001	5517	3478	997	1042	18.1	2.1
2002	5522	3398	1038	1086	18.8	4.1
2003	5536	3332	1084	1120	19.6	4.4
2004	5587	3246	1142	1200	20.4	5.4
2005	5662	3139	1251	1272	22.1	9.5
2006	5719	3050	1351	1318	23.6	8.0
2007	5773	2920	1487	1366	25.8	10.1
2008	5835	2847	1564	1424	26.8	5.2

资料来源：《河南省统计年鉴》。

2. 各行业发展不均衡

2009年河南规模以上工业38个大类中，前10大行业的增速为：非金属矿物制品业比上年增长20.7%，煤炭开采和洗选业增长11.9%，农副食品加工业增长9.6%，电力热力的生产和供应业增长3.9%，黑色金属冶炼及压延加工业增长13.7%，有色金属冶炼及压延加工业增长9.9%，通用设备制造业增长19.8%，化学原料及化学制品制造业增长14.9%，专用设备制造业增长15.9%，纺织业增长10.4%。

"十一五"期间着力培育打造的食品、有色金属、化工、汽车及零部件、装备制造、纺织服装等六大优势行业比上年增长 15.5%，对全省规模以上工业增长的贡献率为 57.5%，比上年回落 2.9 个百分点。高技术产业增长 18.5%。煤炭、化工、建材、钢铁、有色金属、电力等六大高耗能行业增长 13.4%，比规模以上工业增长速度低 1.2 个百分点。

主要工业产品产量中，畜肉制品产量比上年增长 7.5%，速冻米面食品增长 21.9%，原煤增长 10.2%，发电量增长 4.9%，钢材增长 12.1%，铝材增长 24.0%，汽车增长 52.4%（见表 5–13）。

表 5–13　2009 年河南省主要工业产品产量

产品名称	单位	产　量	比上年增长（%）
纱	万吨	340.4	19.3
布	亿米	31.7	12.6
化学纤维	万吨	52.5	12.1
卷烟	亿支	1613.5	1.7
畜肉制品	万吨	111.6	7.5
速冻米面食品	万吨	181.4	21.9
味精	万吨	44.4	−3.4
原煤	万吨	23018.1	10.2
天然原油	万吨	474.5	−0.4
发电量	亿千瓦/小时	2068.0	4.9
粗钢	万吨	2329.0	6.5
钢材	万吨	2882.5	12.1
十种有色金属	万吨	481.6	1.4
原铝	万吨	317.7	0.9
氧化铝	万吨	852.1	−0.5
铝材	万吨	322.0	24.0
水泥	万吨	11710.7	14.5
平板玻璃	万重量箱	2764.7	−12.9
硫酸（折纯 100%）	万吨	207.6	19.7
碳酸钠（纯碱）	万吨	212.2	−2.9
农用化肥（折含 N100%）	万吨	554.8	6.7
金属切削机床	台	5847.0	−14.2
大型拖拉机	台	10639.0	8.4
中型拖拉机	台	60737.0	49.4
汽车	万辆	12.5	52.4
发电设备	万千瓦	50.6	−24.9

产品名称	单位	产　量	比上年增长（%）
家用电冰箱	万台	319.2	9.8
彩色电视机	万台	43.5	−57.1

资料来源：《河南省统计年鉴》。

全年规模以上工业企业主营业务收入28219.43亿元，比上年增长12.1%，增速比上年回落21.4个百分点；利润总额2376.99亿元，增长10.7%，增速回落2.2个百分点。分所有制看，国有控股工业利润181.67亿元，下降31.1%；集体控股工业利润170.56亿元，增长13.7%；非公有制工业利润2024.76亿元，增长16.9%。分行业看，38个行业大类中利润总额居前10位的行业为：非金属矿物制品业359.98亿元，增长25.2%；煤炭开采和洗选业275.98亿元，增长3.9%；农副食品加工业209.07亿元，增长16.4%；专用设备制造业111.54亿元，增长20.5%；化学原料及化学制品制造业111.35亿元，下降0.1%；通用设备制造业105.70亿元，增长10.2%；食品制造业103.79亿元，增长18.1%；交通运输设备制造业97.67亿元，增长29.3%；纺织业94.90亿元，增长22.4%；有色金属矿采选业94.01亿元，下降10.7%。

全年全社会建筑业增加值1110.23亿元，比上年增长21.3%。全省具有资质等级的建筑企业利润总额115亿元，增长23.8%；税金总额117亿元，增长18.5%。

3. 技术结构落后，核心技术少，创新能力不足

从高技术产业比重看，2008年河南高技术制造业增加值为262.32亿元，仅为规模以上工业企业增加值的3.57%，与广东、山东、江苏30%左右的比例相比差距悬殊。从研究与实验发展经费投入强度（该项经费占GDP的比重）看，2009年河南为0.76%，而江苏为2%，广东为1.6%，中部省份湖南为1.62%，安徽为1.3%，全国平均数为1.62%，河南仅为全国平均水平的46.9%。从发明专利情况看，2008年河南发明专利授权量为668项，广东为7604项，是河南的11.4倍。2008年河南大中型工业企业专利申请4073项，平均每个企业2.2项；拥有发明专利1523项，平均每个企业仅0.8项。而全国大中型工业企业专利申请数为122076项，平均每个企业3.22项，拥有发明专利55723项，平均每个企业1.38项。相比之下，河南的差距还很大。

4. 企业规模结构不合理，国际竞争力不强

总体来说，河南工业企业规模小，产业集群少，专业化协作程度低，产业组

织不合理。河南大型工业企业的平均规模仅相当于全国大型工业企业平均规模的3/4 左右，在全国 500 强中只有 16 家。从同行业比较看，2008 年安阳钢铁公司销售收入仅相当于宝钢集团的 20.7%，相当于世界巨头米塔尔集团的 5.97%；洛阳石化总厂销售收入相当于镇海石化总厂的 34%，相当于世界巨头埃克森美孚公司的 1.01%；新飞集团销售收入相当于海尔集团的 4.2%，相当于世界最大的家电制造商西门子公司的 0.71%。规模结构不合理的状况严重削弱了河南企业的竞争力。

四、第三产业发展情况分析

1. 第三产业发展滞后已经成为制约河南经济快速发展的一大"瓶颈"

研究表明，第三产业在国民经济中的比重与国民经济整体发展水平存在着密切关系。大力发展第三产业，对促进经济结构优化升级、增加劳动就业、财政和国民收入都具有重要作用。目前，第三产业占生产总值的比重世界平均水平为60%，许多发达国家第三产业占生产总值的比重高达 70% 以上，中等发达国家也在 50% 以上。河南省近年来加大了对第三产业的投入，第三产业增速加快，第三产业增加值的绝对数不断增大，但仍是河南发展中的薄弱环节。第三产业在经济总量中的比重偏低，在全国的位次靠后。2009 年河南省第三产业增加值为5700.91 亿元，占 GDP 的比重为 29.3%，比全国的平均水平 43.4% 要低 14.1 个百分点。第三产业从业人员为 1509 万人，占总从业人员的比重为 25.3%，比全国平均水平 34.1% 低了 8.8 个百分点。目前河南省第三产业发展的相对滞后已经成为制约河南经济发展的一大瓶颈（见表 5-14）。

表 5-14　2000~2009 年河南省第三产业增加值及比重

年　份	第三产业增加值（亿元）	占 GDP 比重（%）
2000	1597.26	31.6
2001	1788.22	32.3
2002	1978.37	32.8
2003	2358.86	34.3
2004	2722.40	31.8
2005	3181.27	30.0
2006	3721.44	30.1
2007	4511.97	30.1
2008	5099.76	28.3
2009	5700.91	29.3

资料来源：《河南省统计年鉴》。

2. 第三产业内部结构不合理

河南第三产业不仅总体水平低，而且内部结构也很不合理（如表5–15所示）。如2007年河南第三产业构成中，属于传统服务业的交通运输、住宿餐饮等比重分别高于全国平均水平4.96个和5.6个百分点，而代表现代服务业的信息传输、计算机服务和软件服务业，金融业，房地产业，租赁和商务服务业等，河南的比重分别比全国平均水平低1.22个、6.73个、1.9个和1.25个百分点，这充分反映了河南第三产业中传统服务业比重大、现代服务业发展滞后的状况。其中金融业状况较为典型。2008年河南金融业增长速度为5.7%，比河南生产总值增长速度（12.1%）低6.4个百分点；河南金融业2008年增加值为345.36亿元，比2004年（170.8亿元）增加1倍多，但在全国金融业的比重却从3.17%下降为2.05%，在第三产业中的比重差距也从2个百分点扩大到7.4个百分点；同期河南的贷款占存款的比重从82.16%降低为67.96%，存贷差从1539.48亿元增加到4887.37亿元。这从一个侧面反映出河南金融业落后于全国金融业的发展，也不能适应经济社会发展的需要。

表5–15　2007年河南与全国第三产业内部构成比较

单位：%

第三产业分类	全国平均构成	河南构成	比重差距
交通运输、仓储和邮政业	14.25	19.21	4.96
信息传输、计算机服务和软件业	5.78	4.56	−1.22
批发和零售业	18.16	16.97	−1.19
住宿和餐饮业	5.34	10.94	5.60
金融业	12.83	6.10	−6.73
房地产业	11.82	9.92	−1.90
租赁和商务服务业	3.63	2.38	−1.25
科学研究、技术服务和地质勘查业	2.82	2.08	−0.74
水利、环境和公共设施管理业	1.06	0.95	−0.11
居民服务和其他服务业	3.85	4.01	0.16
教育	7.01	8.15	1.14
卫生、社会保障和社会福利业	3.66	3.87	0.21
文化、体育和娱乐业	1.46	1.09	−0.35
公共管理和社会组织	8.32	9.18	0.86

资料来源：《中国统计年鉴》、《河南省统计年鉴》。

第六章　河南开放型经济体系的战略选择

在全面分析河南开放型经济发展状况的基础上，科学选择适合自身发展需要的开放型经济发展战略和发展模式，对构建河南的开放型经济体系具有至关重要的作用。

第一节　开放带动主战略

20世纪90年代以来，河南省已经逐步形成了推动全省经济社会发展的战略体系，主要战略包括科教兴豫战略、"开放带动"战略、可持续发展战略、城市化战略、中心城市带动战略、中原经济区发展战略、粮食核心区发展战略、郑州航空港经济区发展战略等。其中的"开放带动"战略是于1994年提出，在九年后的2003年被进一步提升为全省经济社会发展的主战略，并由此启动了河南开放型经济快速发展的新阶段。近年来，推动开放带动主战略的实施已经成为河南开放型经济发展的主旋律。

所谓主战略就是首要的战略，就是要渗透到各个领域、可以发挥主导作用、可以影响全局的战略，就是能够对其他战略的实施提供动力和活力，带动、促进其他战略实施的战略。河南省委、省政府把开放带动战略提升为主战略的目的就是要借此推动全省开放型经济的发展，并进一步带动全省经济社会的快速发展。

一、河南实施开放带动主战略的原因

河南把开放带动战略提升为主战略的原因主要包括以下几个方面：

1. 是加快自身开放型经济发展的需要

近年来，在河南全省上下形成的共识之一就是整体对外开放水平低已经成为

制约河南省经济发展的瓶颈。过去一个时期，河南自己跟自己比，发展还是比较快的，但是由于地理位置、政策环境、市场环境、产业和产品竞争力等方面的限制，把河南开放型经济的发展状况放在全国的大格局中比较，就会清楚地看到，河南在利用两个市场和两种资源方面的能力还相当差，对外开放的整体水平比较低，对外开放对全省经济发展的支撑作用、带动作用还不明显。沿海地区经济发展的实践已经证明，加快发展开放型经济是提高经济发展质量、加快经济发展速度的重要途径。广东的顺德、东莞、中山等市经济发展的势头很好，其中开放型经济发挥了极为重要的作用，这几个市的经济外向度都已经超过了100%。而且已经有不少省份把对外开放作为拉动经济增长的突破口，各个省份都把对外开放摆在了十分突出的位置上。

2. 河南实施追赶战略，实现中原崛起，需要开放带动主战略这一重要的战略支撑

实现中原崛起的过程实际上也是一个省际间的竞争过程。长期以来，河南与东中西部各省在资源利用、资金引进、外贸出口、经济发展速度等方面客观上存在着竞争关系。今后一个时期，在河南力争加快发展的过程中，其他省份也决不会停滞不前。沿海发达地区有地理优势、政策优势和劳动者素质优势，而且起步早，基础扎实，今后一个时期的发展速度仍然会比较快。西部一些省份凭借西部大开发的政策优势和自然资源优势，近年来已经呈现出良好的发展势头。中部其他省份，这几年也在寻找各种加快发展的契机。

相比较，处于几面夹击中的河南并没有绝对的优势。河南靠什么缩短与东部的差距？靠什么走在中西部前列？靠常规的思路，常规的发展肯定不行，必须有特殊措施，否则一切目标都会落空。

3. 在全省实施开放带动主战略的大环境已经形成

在开放型经济发展水平仍然比较低的情况下，开放带动战略能否发挥主战略的作用，的确是一个值得怀疑的问题。这里有必要厘清一下开放带动主战略发挥作用的机理。

通过实施开放带动主战略带动全省经济社会发展，理所当然要靠实体经济形态带动，即通过发展对外贸易、利用外商直接投资、利用省外资金、对外工程承包、劳务输出等带动省内经济发展。但同时，更重要的是要依靠开放的观念、开放的经济社会环境、开放的市场、开放的政策体系来带动全省经济社会发展。事实上，近年来，以上这些方面的条件都已经具备。如果因为河南开放型经济发展水平低，因此就认为河南没有条件实施开放带动主战略，这种认识显然是错

误的。

近年来，河南实施"开放带动"主战略的有利条件越来越突出，主要表现在三个方面。

其一，有利的国际环境。近年来，国际产业结构调整仍然在加速推进，尽管受到金融危机的影响，但贸易投资活动仍然十分活跃，外商投资的信心日益增强，河南一些传统产业对外投资的市场空间也比较大。

其二，有利的国内发展战略环境。国家提出中部崛起发展战略，在政策、资金和重大项目的建设方面加大对河南的支持力度；东部沿海地区由于受资源、能源和劳动力的约束，劳动密集、资源密集类产业需要向中西部地区转移，国家也在政策上支持"万商西进，产业转移"；"中原经济区"已经被正式纳入《全国主体功能区规划》，中原经济区战略与粮食核心区战略和郑州航空港经济区发展战略已经成为河南上升到国家战略层面三大发展战略，为河南实施"开放带动"主战略提供了良好机遇。

其三，河南自身具有的明显优势。河南具有明显的交通优势、区位优势、自然资源优势、劳动力成本优势、基础设施优势等。特别是在国家鼓励扩大消费、家电下乡、汽车摩托车下乡、家电汽车以旧换新等政策措施的带动下，河南消费结构不断升级，市场潜力巨大。同时，近年来，河南的市场主体不断壮大，已经培育了一大批较有竞争力的企业，"三外"联动的积极效应也开始显现，内外贸一体化步伐逐步加快。所有这些都是河南实施开放带动主战略的有利条件。

河南实施开放带动主战略也面临一些不利因素。主要有以下两个方面：

其一，国际市场竞争加剧。目前，国际上不稳定因素还很多，世界经济发展不平衡性加剧，围绕资源、技术、市场、人才的竞争加剧，贸易保护主义又有新的动向。

其二，河南自身发展方面存在的薄弱环节。主要是河南发展开放型经济的基础还比较薄弱，开放程度还很低，开放意识不是很强，出口商品结构不合理，转变贸易发展方式任务艰巨。全省出口商品仍然以传统产业为主，技术含量低，缺乏自主品牌，缺乏核心竞争力，企业的组织化程度也偏低等。

二、河南实施开放带动主战略要解决的几个重大问题

河南要实施"开放带动"主战略，必须解决好以下几个重大问题：

1. 要不断解放思想，确立新的开放发展观念

牢固树立"开放程度有多高，发展空间就有多大"的思想，进一步强化开放

意识，竞争意识和危机意识，以开放促发展。

2. 强化跨越式发展的理念

牢固树立以对外开放工作服务全省经济发展的大局意识，坚持对外开放的各项指标增长速度高于全省 GDP 增长速度，高于全国 GDP 增长速度，力争在全国的位次不断前移，努力实现跨越式发展，不断增强外经贸发展对全省经济的拉动作用。

3. 坚持把招商引资作为扩大开放的突破口

要以项目为重点，积极承接两个转移，大力实施东引西进，把引进外商直接投资、引进国外的技术和人才等生产要素与引进外省的资金、技术、人才等生产要素结合起来，鼓励企业发展同东部企业的战略合作，促进资源、技术、人才和品牌的共享；把招商引资与调整优化产业结构、提高产业技术水平结合起来；把促进经济发展和企业改革结合起来。

4. 加快内外贸一体化进程

要树立国内统一大市场的概念，统筹国内发展和对外开放，正确认识内需和外需的联系，有效利用两个市场和两类资源。当前要重点发展出口创汇型行业，提高河南产品在国内外市场的份额；重点引进高技术含量、高附加值，有对外投资潜能的项目，加大省内优势行业、优势企业与世界 500 强、国内 500 强和央企的对接力度。

5. 加快转变开放型经济的发展方式

要继续加大力度实施科技兴贸、以质取胜、贸易方式多元化和市场多元化战略，以自主创新为核心，以自主品牌、自主知识产权、自主研发和营销为重点，提升河南企业和河南出口产品的国际竞争力，提升招商引资的质量，加快河南开放型经济从追求数量规模到追求质量效益的转变。

三、河南实施开放带动主战略的主要内容

从当前河南开放型经济发展的现状出发，为了进一步加大开放带动主战略对全省经济社会发展的带动作用，今后应该加强以下几个方面的工作。

1. 进一步扩大招商引资的规模，提高招商引资的质量

（1）要进一步拓宽投资领域和引资渠道，结合河南省产业结构调整重点和方向，积极引导外资投向。要坚决打破地区、部门、所有制和行业垄断，除国家明令禁止的领域外，其他领域一律向境内外客商开放。要鼓励优势企业重点引进大项目，引进能带动产业结构升级、引发产业裂变的项目，为产业发展集聚优势。

要加强与国内外 500 强和大型央企的战略合作，积极推动跨国公司在河南省设立地区总部、区域配送中心和结算中心等，通过引进新的战略投资者，落实一批新的重大战略重组项目，加大引进跨国公司投资项目的力度，积极与世界 500 强企业建立合作关系。把招商引资与培植主导产品、优势企业结合起来。河南省具有良好的食品工业基础，纺织、电子、机械也有明显优势，对这些优势行业的产业链要认真梳理，集中策划一批与之相关的配套项目，做好项目的包装和推介，增强招商项目的吸引力。

（2）要实现引进外资形式的多样化。继续鼓励外资参与国有企业改革，鼓励和支持外商采取收购、兼并、联合、重组等形式，嫁接、改造国有企业，推出一批资产优、效益好、潜力大的国有企业向外商转让；鼓励外资参与传统产业和老工业基地的技术革新和改造；鼓励外商投资能源、交通、城市公用设施、教育、科技、医疗和其他社会公益性事业；高新技术产业的项目用地，土地出让金应当给予优惠；鼓励外资企业在沿海地区建立研发机构，使其成为引资、引智的窗口和平台。同时，引进省外资金兴办的企业在土地使用、规费减免、奖励等方面享有与外商投资企业同样的待遇。

2. 努力扩大河南产品在国际市场的份额

（1）要千方百计扩大出口，提高出口依存度。主要途径包括：通过大力实施科技兴贸战略，提高企业的科技能力，提高产品的技术含量和附加值，增强出口产品的竞争力；以抓重点出口企业为基础，以农业、有色工业、化学工业、装备制造、汽车及其零部件产业和服装业为基础，鼓励和支持各类企业扩大出口，推进经营主体多元化；以抓重点出口商品为切入点，培育出口名优产品，扩大大宗农副产品出口，推进出口商品多元化；以市场为导向，以优化产品结构为重点，大力发展外向型农业中介服务组织，加强信息服务，加强农产品质量安全体系建设，优先支持符合条件的农产品出口企业，建立各具特色的农产品出口基地。

（2）要大力发展加工贸易，促进加工贸易转型升级。充分利用国家对加工贸易政策进行重大调整、向中西部倾斜的机遇，建设好加工贸易的生产基地，主动吸引、承接沿海地区加工贸易的梯度转移；促进加工贸易转型升级，提高加工贸易产品技术含量，提高关键零部件的加工制造能力，鼓励发展配套产业，提高承接产业转移能力，引导加工贸易向产业链高端发展；发挥加工贸易企业的技术溢出效应，促进消化、吸收和自主创新；加快出口加工区的建设，使之尽快成为拥有核心技术、附加值高、关键零部件配套能力强的加工贸易出口产品基地和引领加工贸易转型升级的龙头。

（3）要进一步完善外贸出口鼓励政策，积极开拓国际市场。要进一步完善"一次转关、一次申报、一次查验放行"的快速通关机制，实施机电产品推进计划、科技兴贸计划和外贸出口奖励办法，推进外贸经营主体多元化；进一步拓展美国、欧盟、日本、东南亚、韩国等传统出口市场，拓展俄罗斯、澳大利亚、新加坡、中东、非洲、南美等新兴市场，推进市场多元化。

3. 加快服务业对外开放，提高服务业发展水平

主要措施包括以下三个方面：

（1）要放宽服务业市场准入。积极鼓励外商在更广泛的领域参与服务业发展，开放金融业、信息产业、旅游业以及教育卫生业、育婴养老、会计审计等领域。通过对外开放，广泛吸引投资，引进先进服务技术和服务标准，创新服务品种，发展现代服务业。同时，要在土地使用、税收、融资等方面对所有投资者实行同等待遇。

（2）要加大服务业招商引资的力度。把服务业招商引资工作与工业、农业、基础设施等行业的招商引资工作摆在同等重要的地位，通过采用灵活的招商方式扩大利用外资，力争在商贸物流、信息咨询、旅游服务、酒店管理、教育培训、文化娱乐、体育产业等方面取得突破。

（3）要鼓励有条件的服务业企业走出国门，开拓国际市场。主要是鼓励在旅游、文化、商贸、餐饮等领域有较强实力的河南企业集团充分发挥特色优势，开展国际合作与交流，并为金融、保险、人才、法律、信息服务等领域的河南企业开拓国际市场打好前站。

4. 加大实施"走出去"战略的力度

"走出去"战略是党中央、国务院根据经济全球化新形势和国民经济发展的内在需要做出的重大决策，是发展开放型经济、全面提高对外开放水平的重大举措。加大力度实施"走出去"战略是实施开放带动主战略的重要内容，而且从开拓市场空间，优化产业结构，获取经济资源，争取技术来源等方面看，加大实施"走出去"战略的力度是促进河南开放型经济发展的必然选择。从河南的实际情况出发，当前实施"走出去"战略的重点应放在以下两个方面：

（1）要拓宽项目筹资渠道，建立适应对外经济技术合作业务需要的金融服务体系。要在商务部门、金融机构与企业之间建立协调协作机制，落实现有金融扶持政策，解决项目融资难题，推进河南省内各商业银行与中国进出口银行建立代理关系，争取利用国家各种援外资金，支持河南省企业开展境外投资合作业务，重点鼓励和支持有比较优势的河南企业在省外、境外发展，带动河南省的设备、

技术、资金、服务等参与更广泛的合作与发展。

（2）要以加强管理和市场开拓为导向，促进外派劳务合作健康快速发展。主要是减少政府对企业的过多干预，以保护河南省劳务人员的权益为出发点，建立有利于劳务输出产业发展的管理体制；同时利用政府间协商、民间合作等多种途径拓宽外派劳务合作领域，使外派劳务与境外加工贸易、资源开发、承包工程相结合；通过政策扶持、提高劳务人员素质等途径重点支持研修生、渔工、海员、建筑劳务、厨师等各类技术型劳务的输出。

5. 突出重点，进一步优化发展环境

要彻底解决投资环境方面的问题，需要从以下三个方面入手：

（1）要进一步加强对全省开放型经济发展的总体规划和领导。各级党委、政府要从战略全局的高度，充分认识发展开放型经济的重要意义，充分发挥对外开放工作领导小组的作用，认真研究制定本地的发展规划、目标和举措，研究、协调和解决重大问题，推进各部门之间加强沟通协调，步调一致，相互配合，通力协作，整合资源，形成合力。

（2）要进一步营造有利于开放型经济发展的舆论环境和监督管理体制。要发挥舆论宣传的导向作用，利用报纸、电视、广播、互联网等各种传媒，采取多种方式宣传河南省经济社会发展取得的成就和良好的投资环境，展示河南对外开放的新形象，宣传优秀的外商投资企业、企业家和发展开放型经济的先进典型；继续实行投资环境评价制度和责任追究制度，由省、市对外开放领导小组负责，每年对省、市、县有关部门的工作效率、服务质量、执法水平、政策落实程度、外商投诉处理情况等进行综合评价，并向社会公开通报评价结果。

（3）高度重视人才培养和引进工作，造就一支适应开放型经济发展需要的高素质人才队伍。主要是建立全省涉外专业人才培训体系，培养河南省急需的国际经济、法律、外语等复合型人才；继续对省直有关部门及市、县（市、区）领导班子成员进行国际经贸知识及世贸组织规则培训；大力引进包括留学人员在内的国内外人才和智力资源，努力营造一个引进人才、留住人才、用好人才的良好环境。

第二节　对外开放战略的模式选择

经济的发展是一个连续的动态过程，在不同的阶段为达到不同的经济发展目标，就应采取不同的发展措施。河南开放型经济发展水平低有其历史原因，在目前开放的大环境下，要加快开放型经济的发展，应当根据河南的实际情况对发展模式做出科学的选择。一般而言，在开放型经济发展初期，应采取极点开放模式；当开放型经济发展到一定程度时通常采用点轴开放模式；当开放型经济发展程度较高时采用网状开放模式。即通常所说的由点到线再到面的开放思维。

一、极点对外开放

这种开放模式要求抓住重点地方、重点行业或企业优先发展，形成经济的增长极，形成示范效应，发挥辐射作用，带动一方经济的发展。在交通便利、发展潜力大的地方重点投资，发展外向型经济；在交通不是十分便利的地方，要发挥地方自身优势，以特色经济促进开放型经济发展。例如可以围绕郑汴路、郑开大道加快郑汴新区建设，加快以洛阳为中心的经济增长极的建设，加快以安阳、濮阳为中心的经济增长极建设等等。

二、点轴对外开放

当经济取得一定发展时，可以适当延伸经济发展带动作用的范围，沿着经济增长极点逐步开放，形成经济开放带，即产业带，形成轴开放。目前河南省已经基本形成四大产业带，即陇海产业带、京广产业带、南太行产业带和洛平漯产业带。陇海产业带是指郑、汴、洛城市工业走廊，这是河南省产业密集度最高的区域。京广产业带是指新乡、许昌、漯河产业带，该产业带范围内，电子电器、生物制药、新材料、化纤纺织、电力装备、超硬材料、食品、汽车零部件等产业渐成"气候"。随着这个产业带的延伸壮大，还将承载辐射鹤壁、安阳、濮阳、驻马店、信阳等市的功能。长远看，它将与京、津、冀城市群、珠三角城市群、武汉都市圈南北呼应，发挥其"连南贯北"的作用。南太行产业带是指新乡、焦作、济源产业带。该区域内水、煤炭资源丰富，具有发展能源、原材料、重化工等得天独厚的优势。其拥有的粮食机械、汽车配件、铸造加工、皮毛加工、怀药加工等各产业集群各具特色，成为外来资本投资兴业的一片热土。洛一平一漯产业带是指以洛阳—南京高速公路、焦枝铁路、孟宝铁路为依托，依次穿越洛阳、平顶山、漯河三个市所辖的汝州、宝丰、叶县、舞钢等县（市），向西南连接辐射南阳等豫西南经济区，向东连接辐射周口等豫东地区，大型煤电、钢铁、盐化工、建材等产业"成熟"度高。加快这四个产业带的发展对中原城市群乃至全省的经济、区域产业布局都起到了积极的促进和协调作用。

三、网状对外开放

当开放型经济发展到一定程度时就应采用网状对外开放模式。具体到河南而言，全省的对外开放应以中原城市群的开放为中心，中原城市群的"增长极"应是以郑州为核心。同时要加快"大郑州都市区"建设，形成洛阳、焦作、许昌、济源四足"拱起"隆起区；豫北加快以安阳—濮阳工业带的"增长极"发展；豫西、豫西南打造以南阳为核心的"增长极"发展；黄淮经济区的"增长极"是信阳和商丘。加快各级"增长极"的发展，尤其是加快中原城市群的发展，是符合河南发展实际的现实选择，对于构筑河南乃至中部地区具有强劲集聚效应和辐射带动作用的核心增长极，带动中原崛起具有十分重要的意义。

第七章 构建河南开放型经济体系的制度保障

构建开放型经济体系，是充分利用国内外两个市场、两种资源，参与国际国内竞争的必然选择，也是深化改革，推进体制机制创新、增强全省经济发展的动力和活力的必然要求。河南要加快构建开放型经济体系，特别是要加大招商引资力度，关键是要增强投资者的信心，这就要求建立和完善构建开放型经济体系的制度保障，其主要内容包括投资环境评价制度、对外开放服务制度、责任追究制度和外商投诉查处制度。

第一节 投资环境评价制度

一、投资环境评价制度的含义

最早对投资环境进行真正意义上的研究的是美国学者伊西·利特法克和比特·班廷，他们在 1968 年发表的《国际商业安排的概念框架》一文中最先提出了"投资环境"的概念。而目前国内外文献中关于什么是投资环境，分别从不同角度给出了定义，其中有代表性的定义有以下几种：

在《中国百科大辞典》中把投资环境定义为：投资环境是指工程项目建设和生产运营所必须的各项条件的综合，又称投资气候。

北京大学教授厉以宁认为：投资环境是指投资者进行投资活动所具备的外部条件，包括投资硬环境和投资软环境。

中国人民大学教授张敦富认为：投资环境是指某一地区的区域系统，特别是经济系统与投资或资本流动之间的关系的中介。

天津财经大学教授郭信昌着重强调在定义投资环境时应明确投资行为为跨国

直接投资，并强调投资环境各因素作为有机整体发挥作用。因此，他把投资环境定义为东道国（地区）拥有的影响和决定国际直接投资进入并取得预期效益的各种因素的有机整体。

中国社会科学院教授戴园晨认为：投资环境是指资金得以有效运营的外部条件，它是一个包括地理区位、资源禀赋、政策环境、基础设施环境、经济社会和市场环境诸多系统的整体。

华中师范大学教授邓宏兵认为：投资环境是指在一定时间内，特定区域或行业所拥有的影响和决定投资运行系统健康成长并取得最优预期效益的各种主客观因素的有机复合体。

世界银行前副总裁和首席经济学家 Stern 认为：投资环境影响回报和风险，是由政策、制度和具体执行行为组成的环境，包括现存环境和期望环境。广义上来讲，投资环境包括三个范畴：首先是宏观的或国家层面的因素；其次是政府机构和制度层面的因素；最后是基础设施层面的因素。

综合上述关于投资环境的定义，本书认为投资环境是指围绕投资主体、投资活动所提供的各种条件（因素）的集合。也就是影响或制约投资活动及其结果的一切外部条件的总和。它包括与一定投资项目相关的政治、经济、自然、社会等诸方面的因素，是各种因素相互交织、相互作用、相互制约而成的有机整体。

投资环境评价制度就是由相应的机构负责对投资地区的投资环境进行评价，分析投资地区的自然环境、基础设施环境、经济环境、政治环境、文化环境、法律环境等并向投资企业提供这些信息的制度。

二、投资环境评价方法

某一地区或者城市投资环境的评价方法有许多种，如环境参数评价体系、投入产出法、系统动力法等。但是迄今为止，这些方法由于操作难度大等问题，一直没能取代"因素打分法"，即先找出影响投资的数量、结构、方向等最重要的若干因素，然后再对这些因素进行分析、分配权重，采用专家评定、对投资者的问卷等形式进行调查，给各个因素打分，最后算出投资环境总分，分数的高低意味着该城市或地区的投资环境的优劣，又称为多因素评估法，这是香港中文大学的闵建蜀教授提出的。这种方法首先要对特定地区或城市投资环境的影响因素进行分析，全面、系统、多层次地描述各环境因素的性状，反映该地区或城市投资环境的整体状况。

1. 指标的选取

主要是选择自然环境、经济环境和社会环境方面的相应指标。

（1）自然环境指标：该一级指标由地理位置、自然资源、环境状况三个二级指标来反映。

（2）经济环境指标：该一级指标由基础设施、经济实力、经济结构、市场环境四个二级指标来反映。基础设施反映了经济发展与社会、环境的协调程度，是构成投资环境不可或缺的物质硬件。在经济实力中，用国内生产总值反映经济的规模，人均国内生产总值反映经济的发展水平，用社会消费品零售总额反映地区的市场容量，用年末城乡居民人均储蓄存款余额来反映居民购买力水平。市场环境反映了地区市场化进程程度和市场规模、居民购买力水平等，是投资者决策投资与否时要重点考虑的因素。在经济结构方面，用第二产业比重和第三产业比重反映经济结构以及产业配套能力和服务水平。

（3）社会环境指标：该一级指标由社会状况、科技文化、政策环境三个二级指标来反映。社会状况指标用在岗职工年平均工资指标反映；科技文化指标用专业技术人员数量、地方教育经费支出数量等来反映；政策环境指标难以直接量化，本文用一些相关量化指标如"实际利用外资总额"、"外贸进出口总额"、"非国有企业占工业总产值比重"三个指标来对其间接量化（见表7-1）。

表7-1　区域投资环境评价指标体系

第一层指标	第二层指标	第三层指标
自然环境	地理位置	区域中心距省会城市公路里程（公里）
	自然资源	人均耕地面积（公顷/人）
	环境状况	人口密度（人/平方公里） 工业废水排放达标量（万吨）
经济环境	基础设施	客运量（万人） 货运量（万吨）
	经济实力	GDP（亿元） 人均GDP（元/人） 固定资产投资总额（万元）
	经济结构	第二产业比重（%） 第三产业比重（%）
	市场环境	社会消费品零售总额（亿元） 年末城乡居民人均储蓄存款余额（万元）
社会环境	社会状况	在岗职工年平均工资（元/人）
	科技文化	专业技术人员数（人） 地方教育经费支出（万元）
	政策环境	实际利用外资总额（万美元） 外贸进出口总额（万美元） 非国有企业占工业总产值比重（%）

2. 模型的构建

拟采用因子分析模型。

模型构建思路：通过因子分析模型计算出各个样本地区的主因子指标系数值进而确定每一方面的权重，便于对区域投资环境的总体情况做出合理的评价，比较出样本地区与其他待投资区域之间的差异和排名情况。由于计算过程清楚明了，我们可以很方便地找出造成评价结果地区间差异的原因。通过各因子的得分值和各因子的载荷值可以确定评价样本区域在哪些方面具有优势，在哪些方面需要改进，从而为制定改善区域投资环境的政策提供决策方向。

因子分析模型的基本原理是从一组具有复杂关系的变量出发，把原始变量分成两部分，一部分是所有变量共同具有的公共因素（简称公共因子），另一部分是各变量独自具有的特殊因素（简称特殊因子）。公共因子一般较原始变量的个数较少，对原始变量起着重要的支撑作用，他们之间互不相关，用这些公共因子来描述原始变量，能够尽量保持和合理解释原始变量之间的复杂关系。其数学模型的出发点是用较少的相互独立的因子变量来代替原有变量的绝大部分信息。

因子分析的一般模型如下：

$x_1 = a_{11}F_1 + a_{12}F_2 + \cdots + a_{1n}F_n + \varepsilon_1$

$x_2 = a_{21}F_1 + a_{22}F_2 + \cdots + a_{2n}F_n + \varepsilon_2$

$\cdots$

$x_m = a_{m1}F_1 + a_{m2}F_2 + \cdots + a_{mn}F_n + \varepsilon_m$

其中，x_1, x_2, $\cdots$, x_m 为实测变量，a_{ij}（$i = 1, 2, 3, \cdots, m$，$j = 1, 2, 3, \cdots, n$）为因子载荷；F_i 为公共因子，ε_i 为特殊因子。且 $n < m$。

也可以表示成矩阵的形式：

$X = AF + ae$

在这个数学模型中，F 为因子变量或公共因子，可以把它们理解为在高维空间中的相互垂直的 m 个坐标轴；A 为因子载荷矩阵。

为了使找到的主因子更易于解释，往往需要对因子载荷矩阵进行旋转。其目的就是要使因子载荷矩阵中因子载荷的平方值向 0 和 1 两方向分化，使大的载荷更大，小的载荷更小。

将因子表示为变量的线性组合时，所计算的结果为因子得分，它是对公共因子的估计值。利用它，可以做进一步分析。因子得分函数如下：

$F_j = \beta_{j1}x_1 + \beta_{j2}x_2 + \cdots + \beta_{jm}x_m$　$j = 1, 2, \cdots, p$

其中：F_j（$j = 1, 2, \cdots, m$）为因子得分；β_{jm}（$j = 1, 2, \cdots, p$）为因子得

分系数；x_1，x_2，$\cdots$，x_m 为实测变量。

三、河南省主要城市投资环境状况

这里选择的评价样本为以河南省省会郑州为中心，含洛阳、开封、新乡、焦作、许昌、平顶山、漯河、济源共9市的城市密集区。主要采用的指标是从《河南省统计年鉴》（2008）中选取的当年的GDP、人均GDP、固定资产投资总额、外贸进出口总额、实际利用外资总额、社会消费品零售总额、年末城乡居民人均储蓄存款余额、在岗职工平均工资、客运量、货运量、地方教育经费支出、专业技术人员数、人均耕地面积共13个指标。

该指标体系的各个指标数据的量级和单位各不相同，在进行数量统计之前，需要进行处理，使数据在更加平等的条件下进行分析。目前进行数据处理的方法大致有三种，即标准化、级差标准化和正规化。在SPSS11.5中运用的是数据标准化的方法。标准化：

$$x_{ij} = \frac{x_{ij} - \bar{x}_i}{s_i} \quad (i = 1, 2, \cdots, p; \ j = 1, 2, \cdots, n)$$

其中：x_{ij} 为数据原始值。

$$\bar{x} = \frac{1}{n} \sum_{i=1}^{n} x_{ij} \quad (i = 1, 2, \cdots, p)$$

$$S_i = \sqrt{\frac{1}{n-1} \sum_{i=1}^{n} (x_{ij} - \bar{x}_i)^2} \quad (i = 1, 2, \cdots, n)$$

在对数据进行因子分析时，首先要对数据进行相关统计检验，以检测数据能否满足进行因子分析的条件。在统计分析中一般使用KMO（抽样适度测定值）来进行判断，如果计算出的KMO值大于0.5说明可以进行因子分析，一般认为此值越大，进行因子分析的效果越好。表7-2给出了检验结果，数值0.706，此值大于0.5，说明本数据可以进行因子分析。将有关数据综合到一起，运用SPSS11.5软件进行因子分析，得到以下结果。

表7-2　KMO检验与Bartlett's检验结果

Kaiser–Mcyer–Olkin Measure of Sampling Adequacy		0.706
Bartlett's Test of Sphericity	Approx.Chi–Square	198.644
	df.	28.000
	Sig.	0.000

资料来源：运用SPSS11.5软件进行因子分析得出。

表 7-3 旋转后的因子载荷矩阵〔Rotated Component Matrix（a）〕

	Component		
	1	2	3
地方教育经费支出（万元）	0.966	0.232	0.083
客运量（万人）	0.966	0.227	−0.014
专业技术人员数（万人）	0.933	0.229	0.261
社会消费品零售总额（万元）	0.912	0.356	0.095
GDP（亿元）	0.908	0.367	0.104
在岗职工年平均工资（元/人）	0.885	0.375	−0.071
固定资产投资（亿元）	0.883	0.373	0.250
利用外资总额（万美元）	0.849	0.483	−0.009
货运量（万吨）	0.836	0.028	0.474
进出口总额（万美元）	0.676	0.622	0.380
人均GDP（元/人）	0.113	0.973	0.065
人均耕地面积（公顷/人）	−0.279	−0.918	0.104
城乡居民人均收入情况（元）	0.442	0.870	0.176

资料来源：Extraction Method：Principal Component Analysis. Rotation Method：Varimax with Kaiser Normalization. A Rotation Converged in 5 Iterations.

表 7-4 因子得分系数表（Component Score Co-efficient Matrix）

	Component		
	1	2	3
GDP（亿元）	0.141	−0.016	−0.135
人均GDP（元/人）	−0.189	0.405	0.147
固定资产投资（亿元）	0.062	−0.005	0.292
进出口总额（万美元）	−0.109	0.146	0.765
利用外资总额（万美元）	0.155	0.045	−0.423
社会消费品零售总额（万元）	0.149	−0.021	−0.163
城乡居民人均收入情况（元）	−0.127	0.297	0.304
在岗职工年平均工资（元/人）	0.217	−0.011	−0.619
专业技术人员（万人）	0.100	−0.078	0.296
地方教育经费支出（万元）	0.194	−0.086	−0.224
人均耕地面积（公顷/人）	0.049	−0.345	0.411
客运量（万人）	0.242	−0.090	−0.499
货运量（万吨）	0.009	−0.143	0.942

资料来源：Extraction Method：Principal Component Analysis. Rotation Method：Varimax with Kaiser Normalization. Component Scores.

根据原有变量总方差情况选取 3 个主因子。表 7-4 是对于各个指标变量 3 个主因子旋转后的载荷值，载荷值实际是指各主因子与指标间的相关系数，设这 3 个主因子分别为 F_1，F_2，F_3。为了更有利于描述各个地区投资环境的特征，有必要对各个因子的得分情况进行计算。根据因子得分系数表可以写出因子得分函数如下：

$$F_1 = 0.141X_1 - 0.189X_2 + 0.062X_3 + \cdots + 0.009X_{13}$$

$$F_2 = -0.016X_1 + 0.405X_2 - 0.005X_3 + \cdots - 0.143X_{13}$$

$$F_3 = -0.135X_1 + 0.147X_2 + 0.292X_3 + \cdots + 0.942X_{13}$$

根据该部分计算出的因子载荷矩阵（见表 7-3）可以看出：第一主因子 F_1 主要与 GDP、固定资产投资、利用外资总额、社会消费品零售总额、在岗职工年平均工资、专业技术人员数、地方教育经费支出、人均耕地面积、客运量、货运量这些指标的相关系数较大。该组指标包含了一个地区总体状况的总量指标，主要反映了自然环境、基础设施建设中的交通条件与经济环境中的经济实力和市场环境以及社会科技环境。第二主因子 F_2 中主要与人均 GDP、城乡居民人均收入情况、相关系数较大，主要反映了社会经济的发展情况。第三主因子 F_3 的指标为进出口总额，反映了一个地区对外贸易与投资情况。SPSS11.5 会根据因子得分函数自动计算出各个样本的因子得分（见表 7-4）。

在因子得分的基础上，可以对中原城市群内部的投资环境进行综合分析。将经过标准化的各变量数值代入上述因子得分函数，可以计算出各主因子得分，如表 7-5 所示。

表 7-5 河南省主要城市投资环境得分因子

城市	F_1	F_2	F_3	总体得分
郑州	1.545865	0.183992	0.007866	1.737722
洛阳	0.706830	0.029400	-0.013870	0.722358
开封	0.090557	-0.233810	0.000084	-0.143170
新乡	0.046664	-0.132240	0.046436	-0.039140
焦作	-0.442840	0.081593	0.021217	-0.340030
许昌	-0.410620	-0.041180	0.007509	-0.444290
平顶山	0.154943	-0.066440	-0.032390	0.056111
漯河	-0.415800	-0.023170	-0.039580	-0.478560
济源	-1.275600	0.201863	0.002898	-1.070830

利用三个主因子变量，以它们各自的方差贡献率为权数，构建起区域投资环境综合质量评价模型：

$Z_i = 0.79815F_{1i} + 0.14185F_{2i} + 0.02632F_{3i}$

其中，Z_i 为各市投资环境综合得分，F_{1i}、F_{2i}、F_{3i} 为各市的因子得分，其系数为各因子的方差贡献率，由此可以得到中原城市群区域投资环境的综合得分，总体得分值高表明地区的区域投资环境综合质量高。

主要主因子 F_1[①] 列前四名的是郑州、洛阳、平顶山、开封，其中郑州得分远远高于其他城市。这说明这四个城市的自然环境、基础设施建设中的交通条件与经济环境中的经济实力和市场环境以及社会科技环境较好。其他城市相对落后，但差别不大；主因子 F_2[②] 较高的是济源、郑州、焦作、洛阳，这些城市由于整体平均，具有良好的社会经济发展情况，未来投资发展潜力看好；主因子 F_3[③] 较高的是新乡、焦作、郑州、许昌，上述城市进出口额较大，利用外资水平较强。表7-5列出了2007年中原城市投资环境的因子得分值及排名。从该表可以看出，投资环境综合因子得分值大于零的有郑州、洛阳、平顶山，说明这三个城市的整体投资环境比较好，在中原城市群中具有一定优势。其中郑州综合得分最高，投资环境位居第一，在自然环境、经济环境、社会环境方面都具有绝对优势，是河南省构建开放型经济体系的龙头，具有明显的中心带动作用。但在人均 GDP 和城乡居民人均收入情况两项指标中落后于济源市，应该进一步提高城乡居民收入。位于第二梯队的是洛阳和平顶山市，这两个城市相对于其他八个城市投资环境较好，但是这两个城市的主要薄弱环节在于进出口总额和利用外资情况这两方面，这两项指标在九个城市中比较靠后。第三类的是新乡、开封、焦作、许昌、漯河、济源，这六个城市投资环境综合情况与上述三个城市相比有较大差距，尤其在基础设施建设和社会科技环境中比较薄弱。

通过对河南省区域投资环境的分析，我们发现河南省的投资环境还存在着诸多问题，这些问题对投资行为起到了很大的制约作用，这说明了河南省投资环境的优化工作任重而道远，更需要我们加以全盘的、综合的考虑。

---

① 该组指标包含了一个地区总体状况的总量指标，反映了自然环境、基础设施建设中的交通条件与经济环境中的经济实力和市场环境以及社会科技环境。

② 改组指标主要与人均 GDP、城乡居民人均收入情况相关系数较大，主要反映了社会经济的发展情况。

③ 指标为进出口总额，反映了一个地区对外贸易与投资情况。

第二节　对外开放服务制度

目前，许多地方政府部门的工作方式还是自上而下的层层审批，政府管企业，管生产单位，而不是为企业、生产单位创造条件。发展开放型经济体系，加快对外开放步伐，必须从"管"的观念中跳出来，真正变成为企业服务。地方政府要把主要精力用到公共服务、市场监管、社会管理、保护环境上去，要精简机构和下放取消审批权，并最终落实到对外开放工作和加快经济的跨越式发展中去。

一、建立和完善对外开放服务制度的必要性

目前，河南省对外开放服务制度方面还存在很多问题，除了原有的乱收费、乱摊派、乱罚款等情况时有发生外，还有以下几个方面的问题也比较突出：

1. "三难"现象仍然比较突出

尽管政府职能在逐步转变，但一些部门"人难找、脸难看、事难办"的现象仍突出存在。这些部门依旧习惯于指挥命令，习惯于被人求，主动为企业服务的意识淡薄，能方便的不方便，能简化的不简化，有时甚至人为设置障碍。还有部门是门好进，但事难办，领导好见，具体经办人员难缠。外商普遍反映有问题找市长好办，找处长难办。还有个别垂直管理部门大局意识淡薄，一些地方在国家和省级政策规定的范围之内制定的很多优惠政策，因为个别垂直部门不配合而难以实施。

2. 行政审批制度改革力度不够

主要是保留的审批事项仍然较多，审批手续仍较繁琐复杂，审批权限下放的力度不够。近年来，各地区向市县下放了一批审批权限，但基层认为力度还不够，特别是与广东等沿海省份相比有较大差距，不利于基层推进行政管理体制改革，难以调动地方发展经济的积极性。

3. 中介服务不完善

无论是投资决策，还是日常经营，投资者都需要中介服务，包括投融资、法律、风险管理、市场调查、信用调查、审计、资产评估等。当前许多地方中介服务组织发展不完善，落后于外商对中介服务的需求。同时许多中介服务机构严重缺乏职业道德，信用低下。以往大量存在的虚报注册资本、虚假出资、抽逃出资

行为之所以能够得逞，均与相关中介机构违规、违纪甚至违法经营有直接的关系。

由以上分析可以看出，目前存在的问题还是比较严重的，因此，进一步建立和完善对外开放服务制度已经成为构建河南开放型经济体系的一个主要内容。

二、构建对外开放服务制度的主要内容

1. 进一步完善吸引外资的各项服务制度

主要包括以下四个方面的内容：

（1）要继续推进服务型政府建设。政府要强化缺位的职能，弱化微观管理职能，转化部分社会职能，特别是要将外经贸政府部门由原来的行政管理者转变为公共管理的组织者和服务者。

（2）要加强战略研究和政策管理。要开展对外开放领域的难点、热点问题调研，为决策提供支持；要以企业需求为中心，努力为企业营造公平、透明、符合国际惯例的政策环境和竞争环境。

（3）要加快数字口岸系统建设。海关、检验检疫、港口、银行、外汇管理等部门都开发了了高效的信息系统，下一步要做实需求调研，按照全口岸、全企业、全配套的思路，遵循物流规律和顺势监管原则，对各类信息系统进行有效整合，打造符合"大服务、大通关、大物流"要求的、世界一流的数字口岸系统。

（4）要建设系统化投资服务中心。要整合外商投资促进、外商投资服务、外商投诉处理、外资企业协会、企业家联谊会、公平贸易服务、生产力促进、海外投资和贸易支持等机构资源，建设综合性的外商投资服务中心，为投资者提供全方位、系统化的服务。

2. 进一步完善对外直接投资的各项服务

主要包括以下六个方面的内容：

（1）要建立统一的管理和服务机构。应建立一个统一的对外直接投资管理部门，改变多头管理的现状。其他部门仅参与政策制定，而将审批权限集中于对外直接投资管理部门，其主要职能为：负责研究制定境外投资发展规划和指导政策，协调境外投资的管理政策；审议通过海外投资的战略规划，加强对境外投资的总体规划、政策导向。通过制定有关规划、政策，确定投资行业、投资地区、投资主体、投资方式重点，引导企业进行正确选择，避免境外盲目投资和无序竞争；通过建立对外投资研究信息咨询中心和对外直接投资保险公司，为企业提高信息服务。

（2）要放宽对外直接投资审批制度。审批标准方面，应确定具体的、量化的审批标准，通过量化指标进行宏观评价，防止审批过程中的主观随意性。在行业

选择和导向方面，应依据"走出去"的总体战略和对外直接投资产业指导目录，划分为鼓励投资产业、一般投资行业和禁止投资行业三类。投资主体监管方面，将民营企业或私人企业、"三资企业"均纳入对外直接投资主体的范围内。

（3）要完善事后监管制度。改变重审批、轻管理的状况，将管理重心由事前审批向事后管理转变。主要是完善对外投资统计制度和对外投资企业信息披露制度，建立对外投资管理部门的联合检查机制，形成监管合力，以保障对外投资项目的健全经营，防止国有资产及民间资产的流失。特别对那些对于绩效长期不佳，甚至已经陷入财务危机、完全依靠国内输血方能维持的企业，应建立合理的处罚和退出机制，从而尽可能地保全企业资产，防止境外危机向国内蔓延。对于发现的违规境外投资，应采取限期整改、行政处罚乃至追究法律责任等一系列必要措施。此外，还要加强政府部门之间的协调，建立政府、行业协会等多层次的组织协调机制，制止企业的恶性竞争和欺诈行为，维护经营秩序，维护中国企业的整体商誉和形象。

（4）要加强对境外投资企业的信息服务和人才培养。要设立对外投资信息咨询服务中心，建立集中的信息库。商务部各地区司、驻外使馆商务处、各行业协会等要全力为企业提供信息服务，协助企业编制对外投资立项建议书和可行性研究报告，组织各种形式的投资洽谈活动，加强对企业相关人员的政策、管理培训，尽快培养一批具备国际商务、法律等知识的人才，同时采取有效措施大力吸引人才特别是海外人才，为企业"走出去"服务。

（5）要建立和完善金融服务体系。对中央外贸发展基金、援外优惠贷款、合资合作项目基金的使用应取消主体限制和降低使用门槛。应单独设立国家对外投资基金，该基金应包括对外投资信贷基金和对外投资保险基金，专门用于支持和鼓励包括符合境外投资基本战略目标的对外投资。

对外投资信贷基金由有关政策性银行或商业银行专门负责对外投资基金的具体运营。该基金对从事对外投资的企业提供中长期贷款和短期贷款或贴息，对项目进行评估，按有关规定安排放款和回收等。在贷款对象选择上，应侧重有助于带动和增加我国出口的境外加工贸易项目、资源开发项目及其他项目。在提供贷款条件上应适当放宽期限，程序上应简明、规范、透明。

对外直接投资保险本质上是一种国家保证。因此，建议在对外直接投资局下设立具备政府部门和经济组织双重性质的对外直接投资保险公司，赋予其独立法人地位。其主要任务是运作对外投资保险基金，承办政治风险（战争险、转移险、征用险、违约险）的保险、再保险业务，借以协助实施对外直接投资相关政策，并以《对外直接投资保险法》确认其保险人的资格。对外直接投资保险公司要完善对外投资信息咨询服务，加强前期信息的收集、分析和风险预报，通过对外投资保险制度的建立对风险进行分担，通过与商务部门、驻外使馆的经贸商务处、行业协会、企业之间的协调运作尽可能减少企业所遭受的风险。另外，要扩大国内企业在境外的商业信贷资源。要加快以中国银行为主的商业银行在中国投资较多的国家和地区的网点建设，尽快建立中国企业对外投资风险评估体系，并以此作为提供信贷的基础。同时，要帮助企业拓宽融资渠道，鼓励境外投资企业利用外资银行和国际资本市场的信贷资源，帮助企业争取国际银团贷款，特别是世界银行、亚洲开发银行等国际金融组织针对具体投资项目设立的项目贷款。

（6）要加大对中小企业、民营企业境外投资的支持力度。对外投资的鼓励政策不应该仅仅局限于国有企业。部分中小企业特别是民营企业治理结构合理，产权改革较为完善，已具备一定的国际竞争力，由于缺乏资金支持，因此在对外投资的进程中困难重重。政府可以加大对这些企业的政策倾斜度，通过项目推荐、市场调研、咨询、资金扶持等细致周到的服务推动它们规范地对外投资。

第三节　责任追究制度

建立责任追究制度是为构建开放型经济体系创造良好的政务环境的一个重要组成部分。新闻媒体和社会舆论讨论热烈的"官员问责制"，其实质就是我国正在推行的公务员责任追究制度，它是民主政治的一个组成部分，是宪政民主政体下有限政府和责任政府的一个重要实现途径。

一、责任追究制度的内涵

公务员责任追究制度主要包括以下基本内涵：①要求政府对公众有所"交代"。宪政体制下的责任政府的首要责任就是对其所做的一切向公众有所交代。②要求公务员必须对人民负责，由选举和任命产生的公务员有责任首先向公众报告他们的行为，并为其言论和行为承担责任。③责任的完整性、体系性。在民主政治下，"问责制"不仅仅局限于行政部门内部的上下级之间，而是由公众追究各级政府的责任，各级政府逐级追究各级公务员的责任，环环相扣，确保责任的完整性、体系性。

二、实施责任追究制度的条件及具体措施

1. 实现责任追究制度的条件

要建立并实施真正意义上的公务员责任追究制度即"官员问责制"，必须从以下几个方面着手：一是要严格划分职责。责任追究的前提是在不同的部门与官职之间有严格的职责划分，并以宪法和法律来规定何种官员所负何责，谁来问责，何人依何种程序判定官员失责。二是要实现政府透明，政务公开。责任追究的前提是公开与知情。只有政府透明、政务公开，才能把政府及公务员置于公众监督之下。三是要将立法机关作为责任追究的最终主体。责任追究的主体依据责任性质、程度不同而有不同的主体，但最终落实的主体应该是立法机关。

2. 实施责任追究制度的具体措施

实施责任追究制度应从以下几个方面采取措施：①完善和扩大问责范围、问责对象。"问责"不仅仅针对"安全领域"和事故，还体现在为政者为政的所有领域中。对那些不负责、不尽职的公务员，对那些滥用责、误用职的公务员，对那些失了责、渎了职的公务员，都要实施"问责制"，要依照不同情况进行处理。②完善责任追究路径，注重自律和他律相结合，增强"问责"力度。当前尤其需要进一步完善自律机制即"引咎辞职制"，使之不仅适用于行政机构工作人员，也有利于对其他公共权力机构领导干部的"问责"。③规范和完善"问责"程序。"问责"如果不按规章和程序进行，则失去了其本来的意义，还可能导致上级领导裁量权的扩大，甚至主要领导一言而定，也可能带来负面影响，如地方领导变动过于频繁，以及下级公务员人心惶惶，战战兢兢。④规范和完善"问责"退出机制。对被"问责"公务员的生活待遇和政治待遇应进一步明确，包括对其后续使用再上岗等情况做出详细、具体的规定。

三、建立和完善公务员责任追究制度对构建河南省开放型经济体系的现实意义

针对目前河南开放型经济发展过程中存在的各种情况，特别是仍然大量存在的"三乱"、"三难"对扩大出口、招商引资、对外经济技术合作等工作造成的影响以及重大决策失误屡屡发生，最终却无人负责的情况，建议河南尽快建立和完善公务员责任追究制度，对加快河南开放型经济发展，提高开放型经济发展的水平和质量，构建河南的开放型经济体系必定会产生积极的作用。

第四节 外商投诉查处制度

为切实维护外商投资企业及其投资者的合法权益，建立外商投诉查处制度是一项被实践证明十分有效的措施。

一、建立和完善外商投诉查处制度的必要性

1. 维护政府诚信形象，扩大对外开放的需要

诚信意识差首先会损害政府的公信力。过去一个时期在河南省存在的招商心切、急功近利、越权承诺、违规承诺，开门迎商、关门损商的现象，严重损害了政府形象。这种"小问题影响大环境，一件事影响一大片"的情况如果不下大决心加以解决，就势必影响和损害全省改革开放的大局。为了强化责任，近年来河南省逐步建立外商投诉中心和外商投诉查处制度，任何机构和个人一旦被外商投诉，基本都能够依法快查、快审、快结。今后还应进一步加大力度，一旦外商的投诉被查实，就要坚决追究有关责任人的责任，该免的免，该撤的撤，触犯刑律的要移交司法机关追究刑事责任，以儆效尤，切实保护投资者的合法权益。

2. 优化投资环境的需要

一些地方，外商投资办企业，往往遭遇"蝗虫扑青"。各色人等、各个部门蜂拥而至，无所不在的审批，无所不在的收费，结果把一个又一个好企业都搞垮了，政府权力商品化已经成为影响投资环境的最大障碍。建立和完善外商投诉查处制度可以及时处理外商投诉案件，有效杜绝"门难进、脸难看、事难办"等影响开放型经济发展的不良现象，使投资环境不断优化。

二、外商投诉查处制度的主要内容

为切实维护外商投资企业及其投资者的合法权益，创造良好的投资环境，根据有关法律、法规，根据各地制定的关于外商投诉处理办法、外来投资者权益保障条例等，结合本地区的实际情况，外商投诉查处制度主要应包括七项内容：

1. 界定外商投诉的含义

外商投诉是指外商投资企业及其投资者就下列事项提请政府协调处理的行为：认为其合法权益受到各级人民政府或政府工作部门及其工作人员的侵害；投

资者之间产生争议及其他投资纠纷；认为公民、法人或其他组织影响其正常经营秩序；认为其合法权益受到损害的其他事项。

2. 建立投诉受理、查处机构

各地可由当地最高政府（省或人民政府）直接设立外商投诉中心或指定专门机构负责受理和处理本地区外商投诉。其主要职责是：指导、协调、监督外商投诉工作；受理外商投诉；监督投诉处理决定的执行情况；定期通报外商投诉受理、处理情况；组织与外商投诉有关的政策调研、经验交流活动；为外商投资企业及其投资者提供法律、政策咨询服务。

3. 明确投诉受理范围

受理对党政机关、行政执法机关、司法机关、事业单位、中央驻地方单位以及其工作人员的举报投诉。

4. 投诉形式

外商可以对侵害其合法权益的行为进行投诉，也可以依法申请行政复议或者提起诉讼。外商投诉可采用书面、口头、电话和网上等多种形式。以书面形式投诉的，应向投诉机构提交投诉书，投诉书应当包括投诉人和被投诉人的名称、地址，投诉的事实、理由和请求等内容。投诉书应当以中文书写，以其他文字投诉的，应当附有正式中文译本。口头、电话的网上投诉，投诉受理机构应当当场记录投诉人的基本情况以及投诉对象、请求、事实、理由和时间，外商应在投诉受理后补交书面投诉书。投诉人应当提供必要的证明材料，投诉机构可要求投诉人提供企业设立的批准文件、批准证书、营业执照以及其他必要材料。投诉机构在收到投诉后，对属于其受理范围且符合相关要求的投诉，应在3个工作日内向投诉人下达受理通知书。对不属于受理范围的投诉，投诉机构应在3个工作日内向投诉人下达不予受理通知书。不予受理通知书应注明不予受理的理由，并告知投诉人依照法定程序向有关部门申请解决。投诉人对不予受理决定不服的，可直接向上一级投诉机构投诉。

5. 投诉受理内容

受理违反当地有关加快招商引资决定等对外开放条例的举报投诉；受理违反行政审批制度规定，自行设立审批事项，扩大审批范围，提高收费标准的举报投诉；受理政务不公开、不履行承诺的举报投诉；受理向企业的投资者乱罚款、乱摊派、乱收费或不适当检查的举报投诉；受理利用职务之便，向企业投资者吃、拿、卡、要等行为的举报投诉；受理擅自离岗、脱岗，对企业的投资者提出的项目审批不受理，应告知而不告知理由的举报投诉；受理工作人员对企业和投资者办事推诿、拖拉、刁难、延误办事时限，服务态度冷漠、语言生硬，不能提供方便、快捷服务的举报投诉；受理其他违纪行为的举报投诉。

6. 投诉处理时限

各级投诉机构应当对外商投诉事项进行审查，在投诉人同意的情况下，依据审查结果，对投诉事项进行调解、协调。自投诉受理之日起，调解、协调期限一般不超过 30 个工作日；需要延长办理时限的，可以适当延长，并向投诉人说明情况，投诉受理机构调查完毕后，可以进行调解；涉及重大问题，应当提出处理意见，报同级人民政府决定。投诉机构可适当延长调解、协调时限，但延长期限不能超过 60 个工作日。

经调解、协调投诉事项不能得以解决的，投诉机构根据不同情况分别按以下方式处理：①对事实清楚、责任明确的投诉事项，移交有关部门处理。有关部门应在 2 个工作日内签收。自签收之日起 10 个工作日内办结，并将处理结果书面通知投诉机构。投诉机构应在收到处理结果后 3 个工作日内将处理结果书面告知投诉人。②投诉机构对情况复杂、涉及多部门的投诉事项，可直接协调有关部门研究，也可按职责权限先行交有关部门提出处理意见；有关部门对交办的投诉事项，应在 2 个工作日内签收，10 个工作日内提出处理意见书面答复投诉机构。投诉机构在收到有关部门提出的处理意见后 10 个工作日内，综合各有关部门意见作出处理决定，并在投诉处理决定做出之日起 3 个工作日内告知投诉人。③对重大外商投诉事项，投诉机构应在查清事实的基础上，在 20 个工作日内，提出处理意见，报河南省优化经济发展环境工作领导小组做出决定，投诉机构自河南省优化经济发展环境工作领导小组做出决定之日起 3 个工作日内书面通知投诉人。有关部门对投诉机构移交的投诉事项进行调查、处理时，有关单位及人员应当予以配合。对于与投诉事项相关的证明材料，有关单位及人员应当予以提供。投诉人和被投诉人有权要求与投诉事项有利害关系的处理投诉的工作人员回避。投诉人和被投诉人对投诉事项以及在处理投诉过程中涉及的本企业的商业秘密或者其他资料要求保密的，投诉机构应采取适当措施予以保密。

7. 工作人员违反查处制度的处理

行政机关及其工作人员违反有关条例，尚不构成犯罪的，对直接负责的主管人员和其他直接责任人依法给予行政处分；给外来投资者造成损失的，应当依法给予赔偿。行政机关、司法机关工作人员玩忽职守、滥用职权、徇私舞弊、收受贿赂，侵害外来投资者合法权益，尚不构成犯罪的，依法给予行政处分。

三、外商投诉查处制度的相关内容

1. 设立外商投诉举报协调中心

办公室可设在对外经济技术合作办（或招商局）。举报协调中心的主要职责是：受理外商投诉举报的违纪违规等案件，维护外商合法权益；检查外商投资、生产、经营环境；监督、检查各职能部门在外商企业中从事的各项业务工作，促其依法、依规行政；协调解决发生在外商企业的各类纠纷，妥善处理外商投资。

2. 完善外商投诉中心的投诉、协调、监督功能

为了切实维护投资者的合法权益，要加强外商投诉中心建设，建立举报、投诉受理、督办、处理、反馈的有效工作机制，重点查处故意刁难投资者，吃拿卡要、勒索企业等违法乱纪行为，重点打击欺行霸市、敲诈勒索、强搬硬卸等违法行为，对典型案件要从重从快予以查处，及时公开曝光。

第八章　河南省构建开放型经济体系的环境保障

构建河南的开放型经济体系不仅需要科学选择适合自身发展需要的开放型经济发展战略、发展模式和制度保障，还需要提供相应的环境保障，包括要营造良好的人文环境、文明的法治环境、公平透明的市场环境、务实高效的政务环境等。

第一节　为开放型经济体系建设营造良好的人文环境

市场经济不是单纯的经济范畴，它蕴涵着大量的人文因素，并且人文环境在市场经济发展中的作用越来越突出。河南要构建开放型经济体系必须营造良好的人文环境。

一、人文环境概述

无论在西方还是在中国，人文都包含"人"和"文"两方面的含义。"人"是"人性"、"人格"，"文"是"文化"、"教化"。英文的"人文"Humanism 来源于拉丁文 Humanitas，即对理想人性的培养，优雅艺术的教育和训练。汉语的"人文"一词，最早出现于《易经·债》中"观乎天文以察时变，关乎人文以化成天下"，这里的人文就是指内外兼修的教化。

广义的人文环境通常指人类社会的各种文化现象，是人类在改造自然和改造社会过程中所创造的一切物质文明成果和精神文明成果的总和。狭义的人文环境特指人类的语言、文化及各种意识形态领域的活动所形成的物质的、精神的环境和氛围，它是人类精神文化产品中的一部分。这里所指的河南开放型经济发展营造的人文环境主要是指狭义的区域人文环境，是区域社会环境的一部分。

区域人文环境也叫本土人文环境，综合理论界的观点大体包括两方面内容，一是区域文化精神、风格、价值观念、经济伦理、职业道德以及相应的生活和文化氛围。二是区域人口的素质、心态、地域性格等因素。两者构成特定区域的人文环境，生成独特的人文动力。由于人创造了文化，文化又塑造了人，因此，一定的区域文化也就代表了一定区域的人文环境。

二、人文环境的主要内容

随着社会文明的发展，人文环境的内涵和外延都得到了不同程度的扩充，主要内容包括思想观念、制度、社会心理、风俗习惯、伦理道德、宗教信仰等，而且各个部分之间又互相影响、互相制约。

1. 思想观念

思想观念是指人类对客观事物的一种理性认识。思想观念的范围极其宽泛，既包括社会政治思想、法律思想，也包括哲学思想、逻辑思想、文学思想、科学思想、美学思想、教育思想等。由于受经济条件和自然条件等客观存在的制约，一定的地区和一定的民族都有特定的思想观念和民族心理，构成特有的思想观念环境，其中某些思想观念和民族心理起着推动社会发展的作用，但某些思想观念和民族心理已经落后于经济生活，起着相反的作用。

2. 制度

制度是由道德约束力、禁忌、习惯、传统和行为准则等非正式约束和正式的法规所组成，具体包括社会制度、政治制度、家庭制度、法律制度、经济制度、教育制度等。制度也有主流制度和非主流制度之分，在一定的社会通过法律、法规取得支配地位的政治制度、法律制度、经济制度等是主流制度；一定地域存在的没有法律依据的制度，如家族制度、某些管理部门存在的与社会主义民主政治制度相抵触的家长制、形形色色的专制制度、禁忌、习惯、传统等则是非主流制度。评价制度优劣的根本标准在于其是否有利于调动大多数人的积极性、主动性、创造性，是否有利于培养和提高人的文化素质。

3. 社会心理

社会心理是指特定区域、民族中大多数人具有的社会心理特征。社会心理是人文环境的一个重要方面，是导致地区经济发展不平衡的重要变量。社会心理现象主要包括：个体社会心理、群体社会心理、大众社会心理。社会心理涉及特定民族的个体、群体和大众的社会动机、社会认识、社会态度、人际关系；从众行为、侵犯行为、利他行为等社会心理和社会行为，对国家、民族和地区的社会经济发展有着重要的影响。如在社会形成良好道德风尚的情况下，利用从众行为，就会形成强大的社会心理气氛，有助于社会秩序的维护和经济发展。如果一个地区形成群体内聚力，社会成员就会产生认同感、归属感，就会心情舒畅，干劲十足，服从领导，从而同心同德把地区经济发展起来。

4. 风俗习惯

风俗习惯是指人们在群体生活中逐渐形成并且共同遵守的习惯和风俗，是人们在日常活动中世代沿袭和传承的社会行为模式。不同民族、不同地区各异的习俗构成了独特的风俗习惯环境。风俗是一个群体历代沿袭、积久而成的风尚。习惯具有个体性，而风俗具有群体性。习惯虽然以个体表现出来，但以传统为先决条件的习惯也受群体规范的制约。习俗构成一个民族的民风，涉及社会成员遵守或违禁的规范，一个地区和民族的传统文化大量地显现在习俗当中。习俗的内容极其丰富，它渗透到人类社会活动的各个领域，表现在物质文化和精神文化生活的各个方面。

5. 伦理道德

所谓道德是人们共同生活及其行为的准则和规范，是评价人们行为善与恶、美与丑、正义和非正义、光荣和耻辱的标准。道德是依靠社会舆论、人们的信念、习惯、传统和教育等精神力量来维持和起作用的。社会舆论和内心信念是评价与维护社会道德的两种精神力量。一个社会要保持良好的秩序和高效率的运转，主要依靠公民崇高的道德修养和完备的法律约束。如果一个社会道德失范，实践道德的社会环境不佳，必定导致社会秩序混乱。职业道德缺乏，经济信用缺失，就无法使市场经济正常运行。

6. 宗教信仰

宗教是社会意识形态的重要组成部分，是受生产方式制约，并随着社会物质生活条件和社会经济制度的变化而变化的精神文化。马克思主义经典作家认为，"一切宗教都不过是支配着人们日常生活的外部力量在人们头脑中的幻想的反映，在这种反映中，人间的力量采取了超人间的力量的形式"。宗教是自然力量和社会力量在人们意识中的一种虚幻的、歪曲的反映，并通过道德、哲学、文学、艺术、习俗等形式对人类发生实际作用，影响着人们的思想情趣和行为方式，成为人类社会精神文化的一个重要组成部分。

三、人文环境的特征

人文环境有四个方面的特征：

1. 民族性

民族是在历史上经过长期发展而形成的有着共同语言、共同地域、共同经济生活以及具有共同心理素质的人们结成的共同体。其中，共同的文化是民族的重要标志。在一定时空条件下的民族必定创造出一定民族的文化，同一个民族大致有着共同的人文环境。一个民族及其人文环境在发展中必然也要形成独特的文化传统和文化生态，这种文化传统和文化生态世代影响着该民族群体及其每个成员，而一个民族群体又靠这种传统文化和文化生态紧紧地凝聚在一起。在当今世界，人文环境都是民族的，民族是人文环境的载体。

2. 区域性

人文环境的区域性与民族性密切地联系在一起，民族群体总是在一定的地域中生活，这使民族文化及其文化构成的人文环境带上了特定的地域特征。不同民族所处的经济生活和地理环境不同，使人文环境呈现出鲜明的区域特色，大山下的民族创造出山神庙宇，大河边的民族幻想出河神偶像，草原上的民族在辽阔的草原上造就了豪放的性格等。可见，人们在什么样的地理和生态环境中从事物质生产，就会产生什么样的物质生活和精神生活以及由此形成的文化形态，共同地域是同一民族文化产生的基础条件，所以人文环境具有区域性的特征。

3. 历史继承性

人文环境的发展具有历史继承性。每一时期特有的人文环境，除了受本时期经济生活和社会生活的制约外，还会继承以前历史时期的宗教信仰、思想观念、风俗习惯、伦理道德、制度文化、社会心理等。所以，研究现存人文环境，不能仅仅从现在的社会生活和经济生活中寻求解释，还必须从以往的社会生活和经济生活中寻找其根源。

4. 相对独立性

人文环境作为一种复杂的精神文化现象，有自身独特的发展规律。精神文化的主体是具有思维的个人，但某种思想、观念、理论、信仰一经产生，它就脱离了思维着的个人而用于社会，不再随着个人在社会生活中的消失而消失。同时，精神文化通过语言、文字和其他形式表现出来以后也会脱离思维着的个人而传扬于社会，并传给后代，显示出其明显的独立性。人文环境的发展变化与社会物质生产过程的发展变化不完全同步，人文环境的发展水平同社会经济的发展水平有时并不平衡，这些都是人文环境相对独立性的具体表现。

四、人文环境对区域经济发展的作用

区域人文环境是一个地区经济发展的精神动力，是形成区域精神和区域凝聚力的重要源泉。人文环境对一个地区经济社会的发展具有双重影响。

1. 积极作用

主要包括整合功能、导进功能、约束功能和激励功能。

（1）整合功能也可以称之为凝聚功能，具体表现在价值整合、结构整合、规范整合，意见和行动的整合四个方面。处在一个具体社会中的人们，价值观往往存在着差异，但经过相同的人文环境精神文化的熏陶，必定在社会生活的基本方面形成大体一致的价值观念，这就是价值整合。社会是一个多元的结构，所有制的多元化和分配制度的多元化，导致了阶级结构的多元化和职业多元化。社会多元化的程度越强，社会的异质性也越强，分化的程度也就越高，只有发挥人文环境对社会结构的整合功能，才能对整个社会的运行发挥作用，达到功能互补。规范整合则是通过精神文化的整合使规范系统化和协调一致，并使规范内化为个人的行为准则，使公民懂得什么是合法的，什么是不合法的，什么能做，什么不能做，进而把社会成员的行为纳入一定的轨道和模式，以维持一定的社会秩序。有了统一的价值观和统一的规范，加上结构的协调一致，必然带来社会成员意见和行动的高度一致。因此，精神文化组成的人文环境也有整合一定团队成员意见和行动的作用。

（2）导进功能即引导、推进社会进步的功能，具体表现在引导方向、提供知识、调适社会系统三个方面。社会沿着什么样的方向发展、前进，取决于文化的引导。如社会主义精神文明建设理论的提出就为中国社会主义现代化建设指明了前进的方向，我们不但要建设高度的社会主义物质文明，也要建立高度的社会主义精神文明，这才能发展全面的社会主义。社会的前进必须以新的知识为动力，而新的知识，包括新的理论、新的方法、新的科学技术，都依赖精神文化上的发明、发现和进步。有计划地推动社会进步是一项巨大的社会系统工程，包括决策、规划、组织、实施四个阶段。在总体系统工程中又包括了许多子系统。各阶段和各子系统必须协调配合，这也有赖于发挥文化的调适功能，包括目标调适机构、制度的调适。

（3）约束功能即约束个人行为和社会团体行为的功能。任何社会为了保持良好的社会秩序，都有一套必要的社会规范，包括法律法规、团体纪律、伦理道德、风俗习惯等。对每一个社会成员来说，要做一个合格的成员，都必须按照一定的社会规范约束个人行为；从社会整体而言，社会结构中的每个职位和每个方面都有一套行为模式，这是维持社会结构完整和社会秩序的必要条件。

（4）激励功能即激发人的内驱力，实现个人社会化的功能。人的内驱力是人的个性心理的重要特征，是由自我意识所推动的实现待定目标的一种动力。由人的内驱力驱使竞争，最终达到自我实现的满足感。因此，竞争对于人的个性心理的成长有相当的好处。但是竞争意识的培养有赖于精神文化的激励功能。长期生活在激励的人文环境中，人的自我意识就强，意志坚定，聪明能干，心灵手巧；反之，长期生活在非激励的人文环境中，则容易产生懈怠心理，造就懒散的行为方式，不但对个性成长不利，而且最终会影响社会的发展与进步。

2. 消极作用

主要包括离散功能、迟滞功能和抑制功能。

（1）人文环境的离散功能与整合功能正好相反，它使社会成员和社会群体之间不团结，不容易形成凝聚力，是导致社会成员和社会群体呈离散趋势的不良功能。如果不能对这一功能加以抑制和纠正，就会影响社会群体价值观的统一，使社会成员价值观的差异越来越大，社会规范形同空文，社会成员和社会团体各行其是，社会经济秩序和社会生活秩序混乱，社会各个结构功能不能协调，最终导致民族的不团结和国家的四分五裂。

（2）迟滞功能是指人文环境所具有的影响、阻碍社会进步的功能。迟滞功能主要通过以下几个途径阻碍社会发展：一是向社会提供错误的知识或过时的知识，使社会前进缺乏动力；二是破坏社会进步中各阶段和各系统的协调以及有效机构和有效制度的建立；三是阻碍社会成员之间协调关系的建立；四是引导社会向错误的方向发展。

（3）抑制功能是指人文环境所具有的弱化甚至反对竞争，抑制人们的进取心、创造力的功能。由于人的活动领域和能力有限，人们在竞争的过程中，为了获得更大的利益，往往要合作。但是不良的人文环境带来的不是合作，而是内耗，社会成员之间形不成合力，个人的才能得不到发挥，极大地抑制了人的积极性和创造性。

五、河南省人文环境建设的途径分析

当前，河南省人文环境的营造，还存在诸多问题和不足，对引进外资企业带来的影响也不容小视，甚至有些外商认为人文环境的不足已成为制约河南省进一步发展的最大瓶颈。今后一个时期，应从以下几个主要方面建设河南省的人文环境。

1. 实施人才战略，改善人力资源供给状况

河南省是人力资源的大省，但还不是人力资源的强省。人才缺乏尤其是高等技术工人缺乏已经成为推进产业升级的制约因素。今后，应主要从三个方面改善人力资源供给状况。①要加大力度培养本地的科技人才和管理人才，健全、完善专业技能培训体系，重点强化对高级企业管理人员、高级技术研发人员、高级投资分析人员、高级技术工人的培训。②要针对高级技术人员和高级管理人才缺乏的现状，制订和落实有关吸引国内外高层次专门人才的政策，利用自身优势和灵活的机制加快引进外来人才。河南省还可以利用其优越的自然条件引入一些高校或和其他城市的知名高校建立人才合作培养计划，提升人才储备。③要切实优化技术人才和管理人才的创业和生活环境，把河南省建成为适于人们居住发展的宜居城市，切实解决他们的后顾之忧，从而留住人才。

2. 建立一个终身教育的环境

要积极鼓励社会资本投资教育，在发展基础教育的同时，尽快实现高中教育普及化、高等教育大众化。支持技工学校建设，大力发展在职教育、社会教育和网络教育，营造终身教育的学习环境。无论是政府公务员还是企业的经营管理与工程技术人员，无论是常住人口，还是外来务工人员，都需要通过终身教育使其跟上河南省的发展进程。营造城市的学习氛围，要把终身教育的理念引入学校、机关、企事业单位、社区和家庭。

3. 积极改善人居环境，培育积极向上的主流文化理念

投资者在河南省长期从事生产经营活动，融入当地生活的愿望比较强烈。河南省要在提高城市规划建设管理水平上下功夫，按照规划科学化、建设集约化、管理精细化的原则，坚持依托老城区、建设新城区以及组团发展、形成各具特色城市群的思路，加快构建"一主三辅多组团"的城市框架，使城市功能更加完善，更加体现以人为本，更加适宜居住。大力营造中原特色、最适合人居的新型生态住宅，依托科技进步，采用无害或低害新工艺、新技术，大力降低建筑材料和能源的消耗，加强城市的绿化，达到环境宜人、富有亲和力。不断完善社区功能，增设相应的教育、医疗、文娱、体育等设施，为外来投资者提供配套完备、文明和谐、安全舒适的生活环境。营造城市文化特色，培养和发扬独具特色的都市文化，并赋予其新的时代内涵，努力提升整个都市文化档次。

4. 提高城市文明形象

城市市民的综合素质即人文表现，体现着城市的个性和魅力，是竞争力和吸引力的核心。河南省要塑造的文明形象，从根本上说，就是人的文明，只要有了人的文明，就会有物质文明和精神文明。因此，河南省要将文明城市创建活动与构建和谐社会紧密结合起来，不断提升市民整体素质和城市文明程度。要深入挖掘城市文化内涵，营造艰苦奋斗、勇于创业、积极向上、敢为人先、诚实守信、文明和谐的浓厚氛围。

5. 创新城市管理理念和机制

近年来，河南省大力整治城市环境，取得了显著成效，但由于城市管理的理念、体制、手段与评价标准相对落后，交通违规、违章建筑、治安问题仍不同程度地存在，影响了城市的形象。为此，河南省要进一步创新城市管理理念和体制机制，推进城市管理信息化建设，提高城管执法效率，完善长效管理机制，实现精细化、人性化管理，营造最佳人居、创业和发展环境。

6. 营造良好的舆论氛围

在注意保护新闻媒体及其记者采访权和舆论监督权的同时，要相应加强对新闻媒体及记者的教育管理，提高新闻从业人员的职业道德素质，始终坚持正确的舆论导向，扬善抑恶，催人奋进，坚决防止出现针对外资企业的捕风捉影的失实报道和恶意炒作。同时，积极宣传河南省日益改善的投资环境，积极宣传河南的产业引导政策，推荐政府鼓励发展的产业。

第二节　为开放型经济体系建设营造文明的法治环境

市场经济是法制经济，法制环境的优劣同样也会对开放型经济体系建设产生重大影响。

一、法治环境的内涵及其特征

法治环境是指存在于法治主体之外，直接或间接地作用和影响法治建设、法治过程与效果的各种因素的总和。法治环境是社会大环境的一个部分或一个子系统。法制环境作用于与法治相关的一切活动，既给我们带来积极影响，也会产生消极的作用。一般而言，法治环境有以下基本特征：

1. 复杂性

法治环境是一个庞大的国家工程和社会工程，各种环境构成因素通过各种方式直接或间接地影响着法治建设。因此，在法治建设过程中要充分认识这一点。尤其是在进行重大决策时，要考虑到公众反应、法治主体态度、经济基础和基本国情等。稍有不慎，就可能在某些环节或方面出问题，导致不良影响和严重后果。

2. 层次性

虽然法治建设受多种环境因素的影响，但是这种影响在程度上是不同的。有些环境因素的作用和影响更直接、更重要，甚至在特定条件下具有决定性；有些环境因素的作用和影响则是间接的、次要的，甚至在特定条件下可忽略不计。这就使复杂的法治环境呈现出一定的层次性。如法治环境中的政治、经济因素对法治建设影响主要是间接的，但人权保障等因素对法治环境建设的作用则是直接的，这一特点告诉我们对待法治环境的影响要分清主次，抓住关键的影响因素。

3. 变异性

环境因素不是固定不变的，它们将随着时间、空间以及其他因素的变化而变化。如政治环境、文化环境、人的观念意识等方面的变化都会影响到法治环境的状况。随着法治主体社会实践活动的不断扩大和深化，也会引起法治环境的变化。

4. 综合性

法治环境的各组成要素之间不是彼此孤立的，而是相互联系、相互影响的。因此，法治建设不可能只受单一环境因素的影响，而是受多种因素的共同作用和影响。

二、河南省法治环境的现状

近年来，河南省的法制环境有很大的改善，但仍然存在一些问题，甚至有些问题比较突出。主要有以下几个方面：

1. 执法检查过多

省市多头执法、重复检查现象严重，企业为应付检查，浪费了大量的精力。

2. 执法行为不够规范

个别执法部门受部门利益的驱使，不能公正执法，甚至执法违法，把执法当做一种产业经营，变相发展"执法产业"。从行政执法的过程看显得随意性太大，存在"办事凭感情，宽严凭心情"的现象。对一些中介机构在评估、审计、验资、仲裁等服务过程中存在的有失公正的行为缺乏法律追究等监督措施。

3. 在司法效率和司法公正方面还有差距

部分外资企业认为河南省司法部门的办案水平还比较差。一些并不复杂的经济纠纷案往往也要花上很长的时间审理，判决后又常常由于诸多因素一拖再拖，无法执行。企业花费大量金钱、时间、精力，要么无法讨回公道，要么讨回一张"法律白条"。这类现象虽然只是局部、个别的，但对河南投资环境的影响极其恶劣。

4. 对外资企业合法权益保护不力

河南省虽然建立了专门的外商投诉受理机制，但在实际运行中存在投诉处理力度不够、人手不足，投诉受理应急机制不灵活等问题，常使外商投诉不能得到及时妥善解决，对外商在豫投资的合法权益保护不力。

5. 依法治省、依法治市水平有待提高

一些外商认为河南省一些地区（市）存在"法规不如会议纪要，更抵不上领导批示"的现象，久而久之，就养成了遇事找领导，搞特事特办的习惯，法律规定反而并不重要，这也使他们有时很难把握。

三、河南省建设文明法治环境的途径

在投资系统中，法治环境起着调整投资关系、保障投资者利益和安全、调节投资行为的作用。健全的法律制度不仅可以规范投资行为，降低经济活动中的交易成本，而且可以使投资者形成合理的经济预期，增强投资信心。河南省要吸引外商投资，必须致力于外商最为关注的问题，不断健全完善政策法规体系，依法规范市场行为，严格执法，热情服务，为外资企业提供一个公正、高效的法治环境。

1. 切实提高依法行政水平

要进一步规范政府规章和政策措施的制定程序，进一步完善政府规章和行政措施，做好政府规章的制定、修改、废止工作，及时清理不利于优化发展环境的政府规章和行政措施，以适应形势发展需要和投资者的合理要求，形成平等、有序、有效的市场竞争，保护投资者的利益。

2. 严格规范行政机关的行政执法行为

县级以上政府法制机构要按照有关规定对行政执法主体及其执法依据进行认定，并将认定的行政执法主体及依据及时向社会公布。各级行政机关在行政管理活动中，不得任意设置行政处罚或行政限制行为。探索实行行政执法审批和公告制度、执法告知制度，严格规范执法行为。企业或者个人的行为，凡是法律、法

规和规章没有明文禁止的，行政机关不得追究。在行政执法过程中，公平对待各类市场主体。完善行政执法中的工作标准、规范、程序和相应的责任制度，杜绝行政执法人员滥用自由裁量权，防止行政执法的任意性和随意性。对企业和个人的任何罚款处罚，执法人员必须出示和说明处罚依据和标准，否则，企业和个人有权拒缴。进一步推行和完善行政执法责任制，加强对行政执法部门的执法监督和过错追究，严肃查处执法犯法、徇私枉法的行为。

3. 依法规范各种检查行为

要全面清理河南省的各种检查行为，对无法律依据的检查一律取消，如确有需要的，要报请政府批准方可进行。对法定检查实行公告制度，由河南省政府定期向外来外资企业告知法定检查的内容、时间和要求。实行执法持证检查制度，任何单位和个人没有执法证不得进入企业进行检查。建立科学的检查制度，统筹安排检查工作，积极探索实行合并检查、联合检查，严格控制检查次数，避免多头和重复检查，干扰企业的正常生产经营活动，增加企业的额外负担。

4. 保证司法公正，保护外来投资者的合法权益

要加强河南省的司法队伍素质建设，加强对法官的业务和能力培训，严格实行职业准入制度。对国家法律、法规规定的外来投资者应该享有的权益，以及市、区两级政府依法准许外来投资者享有的优惠政策都要依法予以保护；对侵害外来投资者合法权益的行为，司法机关要依法及时处理或制裁；对侵犯外来投资者人身、财产权益的犯罪行为，司法机关要依法予以惩处。

5. 重视保护知识产权

当前，保护知识产权对于推动国际投资的发展具有极其重要的意义。知识产权保护既是各国外资法的重要组成部分，也是一国投资软环境好坏的重要评判标准。因此，知识产权保护不力往往被投资者看作贸易壁垒和投资障碍。目前，在引进外资方面，河南省缺少高科技大项目，其中一个原因是在一些地区（市）对知识产权的保护不力，纵容当地企业仿冒。因此，要强化知识产权保护意识，建立专项资金，加大政府对知识产权保护投入，严厉打击侵犯外资企业知识产权的违法行为。

第三节　为开放型经济体系建设营造公平透明的市场环境

现代市场经济是统一开放、公平竞争的市场经济，营造公平透明的市场环境对开放型经济体系建设具有重要意义。

一、市场环境的内涵

广义的市场环境是指经济发展所处的自然条件、物质技术条件、经济条件、社会条件等，一般包括不变环境和可变环境。不变环境主要指自然资源、物质条件等，是经济发展的基础部分，通常包括气候环境、地理环境、生态环境、自然资源环境、国土资源环境、设施环境、产业环境和人居环境。可变环境指政策、法制、服务等方面，通常包括制度环境、体制环境、政治环境、行政环境、法制环境、政策环境、服务环境、诚信环境和人文环境。因为不变环境是相对稳定的环境，所以对于经济发展而言，市场环境中的可变环境起着尤为重要的作用。

广义的市场环境可以划分为要素市场环境、正式制度环境和非正式制度环境三个大方面。

1. 要素市场环境

要素市场一般指成为生产要素的资本、土地、劳动力、技术等市场的总称。在我国社会主义市场经济条件下，要素市场主要是指金融市场、劳动力市场和技术市场，它们具有高度的关联性。发达的要素市场环境应该具有经济关系竞争化、企业行为自主化、宏观调控间接化和经营管理法制化等特征。建立发达的要素市场环境对优化资源配置起着重要作用，是建立和完善社会主义市场经济体制的重要条件，是加快河南省民营经济市场化进程的基本要求。

2. 正式制度环境

正式制度环境是指人们有意识建立起来的并以正确方式加以确定的各种制度环境，主要包括经济体制环境、产权制度环境、政策环境和法制环境，作为一个整体，它们共同影响着企业的发展，在市场环境中起主要作用。

3. 非正式制度环境

非正式制度环境是指人们在长期的社会生活中逐步形成的那些对人们行为产

生非正式约束的规则或不成文的限制。其主要内容是诚信环境和人文环境等。

二、建立公平透明的市场环境的途径

市场环境是市场主体生存和市场经济发展的基础，也是衡量一个地区开放型经济发展水平的标志。河南省应突出做好以下几个方面的工作：

1. 优化信用环境

市场经济就是信用经济，在现代市场经济条件下，信用已经成为企业的立足之本、发展之源。良好的信用环境是市场秩序、条件完备的基础，也是一个地方开放型经济发展的无形资源。从河南实际出发，主要应从四个方面进一步优化信用环境。

（1）要加强信用道德建设。基础教育、高等教育以及各种有关的培训，都要把信用观念的宣传、教育贯彻始终；各级政府要率先垂范，积极建设诚信政府。

（2）要加强信用网络建设，为打造"诚信河南"提供先进的信息技术服务。应组织专门班子进行深入的考察、研究，按照"市场开发、资源整合、信息共享、滚动发展"的要求进行统筹规划，整合政府部门掌握的企业信用信息，建立统一的检索平台，实现互联互通，便于投资者了解和监督。培育信用中介市场，鼓励中介机构开展企业信用评估、评级等业务，着力搭建包括中介机构在内的企业信用数据网络和个人信用数据网络两个信息平台。各商业银行和工商、税务、质监、社保、公安、法院、海关等部门按照地方法规以及与诚信中介机构的约定，向其提供信用信息，并可以建立自身的信用信息网络，形成政府组织的公益性诚信体系与社会化的商业性征信体系的并存和互通。

（3）进一步加强地方立法，为打造"诚信河南"提供法律保障。一方面要建立和完善失信惩罚机制方面的立法。通过失信惩罚机制的建立，加大企业和个人失信的成本，迫使其行为趋向守信，让守信成为守信者的"通行证"。另一方面要进行信用数据管理和公开方面的立法。对信用信息征集、评价的内容、程序、标准，信用信息披露、查询的内容、载体、程序，企业或者个人对信用信息申请更正的程序，以及信用信息从业人员的条件、守则等做出规定，确保信用信息市场的发展有章可循，规范、审慎运行。在加强地方立法的同时，切实做到有法必依、执法必严、违法必究，对失信违法行为严格依法惩处，让"失信者"付出其应有的代价。

（4）加强信用队伍建设，为打造"诚信河南"提供组织保证。政府相关部门特别是信用管理、执法部门，诚信中介机构以及企事业单位，都要高度重视信用人才建设，精心选择、培养一批骨干力量，建设一支具备现代信息技术、现代管理知识的专业人才队伍。

2. 加强市场监管，整顿、规范市场秩序

重点要注意三个方面的问题：①放宽市场准入。主要是运用市场化手段选择确定投资主体，打破地方、部门和行业垄断，建立统一、公开的市场准入制度，凡是具有自然垄断性、排他性的重大基础设施、基础产业项目，有多家潜在投资者参加竞争的，采取国内外公开竞争招标方式确定投资主体。②依法保护市场主体的合法权益。对制假贩假的企业和个人，禁止其进入市场从事任何生产经营活动；加大市场执法力度，大力整治金融秩序、税收征管秩序，消除地方保护主义，打破行业垄断，严厉打击走私贩私、偷税漏税的违法行为，规范市场经济秩序，建立健全公平公正的市场竞争体系。③规范企业年审。对无法律、法规依据的企业年审一律取消；对法律、法规规定的企业年审实行公告制度，由年审实施部门对外公布年审的对象、内容、时间和要求；对同一企业有多项年审的，统一年审时间，并由工商行政管理部门牵头，会同其他相关部门实行联合年审。

3. 积极引进、培育中介组织

大力培育律师事务所、会计师事务所、评估机构、咨询机构等经济鉴证类中介机构，积极推进国有经济成分的中介机构的脱钩改制和规范工作，加强行业协会自律管理，尽快建立符合社会主义市场经济体制要求的中介机构运营体制，为投资者提供咨询和联络沟通服务。同时，将政府承担的部分社会服务职能逐步从政府行政职能中剥离出来，制定行业协会和社会中介机构管理办法，逐步规范社会中介组织行为。

4. 营造良好的产业发展环境，降低经营成本

完整的产业配套和产业聚集有利于降低外商投资企业的营运成本，提高投资回报率。河南省应立足自身的比较优势，突出引资的重点产业，紧紧围绕电子信息、汽车电子、旅游开发、金融保险、现代农业等主导产业，加大产业链招商，积极争取产业链上游的配套件厂商来河南投资，重视外资企业最终产品的配套协作件的进口替代，通过加快其产品的国产化进程来降低企业的成本。

5. 形成金融机构的"群聚效应"

要增强河南省引进外资的综合竞争力，必须进行金融环境的创新，尤其要争取形成金融业的"群聚效应"。一方面，不仅要引进通常所熟知的银行、证券、保险业，其他金融衍生产品的开发和业态也都是形成良好金融环境所必需的。另一方面，要支持各种所有制的金融机构，使其得到同样良好的支持和发展。再一

个重要方面就是通过争取国家政策支持，以及自身金融体制改革，在产业投资基金、创业风险投资、金融业综合经营、多种所有制金融企业、离岸金融业务等方面进行创新，从而最大限度地降低商务成本，增强外商在本地融通资金的能力。

第四节　为开放型经济体系建设营造务实高效的政务环境

政府环境作为投资软环境的一个重要内容，对一个区域的开放型经济发展具有重要影响。营造务实高效的政务环境，对开放型经济体系的建议具有重要意义。

一、政务环境的内涵及作用

1. 政务环境的含义

政务环境是投资软环境中的一个重要因素，政务环境本身包括静态因素和动态因素两个方面。政务环境的静态因素包括政府及其职能部门政策法规的制定、公布和执行情况以及为企业和公众提供公共服务、保障其权益的措施，还包括对政府监管、投诉机制的建设情况。政务环境中的动态因素则是指政府公务员的行为即政务行为，它包含政务行为的效率、透明度、公平、公正、廉政程度等各个子因素。从政务环境的内容我们可以看出，政务环境中静态因素是根本，法律法规建设是否完善，行政管理程序是否合理科学都直接影响到公众对政务环境的评价。当然，作为动态因素的政务行为也有着重要作用，一个政府政务环境的好坏都要靠政务行为来体现，公务员能否提供高效、公平、透明、廉洁的服务也将在很大程度上影响政务环境的质量。

2. 政务环境的作用

政务环境对整个开放型经济发展都有重大影响，尤其是对招商引资活动的影响非常大。在近年来外商投资进入新阶段以后，外商更多的是出于战略考虑来寻找商业机会和投资领域，而并不会过多地考虑政策的优惠程度。优惠政策对于外商已经不再是一种稀缺资源，对外商的吸引力已经大大降低，投资者考虑更多的是投资环境的状况，而作为投资环境要素之一的政务环境自然是投资者考察的重要因素。所以，良好的政务环境具有吸引外商投资的作用。

那么，什么是良好的政务环境呢？良好的政务环境应该是政府及其职能部门本着"公开程序、提高效率、简化手续、强化服务"的原则为公众提供"高效、透明、廉政、公平、公正"的服务。良好的政务环境能增强外商的投资信心，降低企业的投资经营成本。我们都知道"商机易逝"，如果外商想到某地进行投资，批准审批项目就花费几个月，那么这些繁杂的审批环节、拖沓冗长的审批时限，很可能会使外商丧失良好的投资机会，而最终让外商望而却步。另外，外商在投资时如果经常无法及时了解有关的政策法规和有关的办事程序，经常遇到政令不一、执法不公的现象，这不仅会增加企业的投资成本，也会打击外商的投资信心，造成撤资现象的发生，更不用说追加投资了。相反，如果我们有着良好的政务环境，外商在考察投资环境，验证投资项目可行性时不仅可以清楚地了解地方的政策法规，政府还可以提供"高效、透明、廉洁、公平、公正"的服务，审批环节简化，时间短，效率高，不仅可以使外商抓住良好的投资机会，减少不必要的成本支出，增强外商的投资信心，还可以改善外商与地方政府的关系，给外商吃下"定心丸"，使企业能够放心大胆地进行投资经营，从而形成长期稳定的经营行为，使外商真正融入地方经济的发展中，为地方经济的发展做出大的贡献。总之，政务环境在外商投资中具有重要的作用，良好的政务环境能够吸引外商投资，增强外商的投资信心，促进企业的经营发展。

二、建立务实高效的政务环境的途径

良好的投资软环境往往得益于科学有序的行政行为。改进政府工作，提高行政管理水平，优化行政服务，是降低企业投资的商务成本尤其是综合商务成本的有效途径。当前，河南省进一步改善投资软环境根本上要靠深化改革，转变政府职能。尤其要在以下几个方面争取实现突破。

1. 提高政府机关行政管理效能

坚持有效行政原则，以"效率"和"效益"为价值取向，一方面积极推进管理的科学化、规范化、信息化，不断提高工作效率，为企业投资发展提供优质高效的服务；另一方面积极开展绩效管理，从以过程为本转向以结果为本，努力以最低成本求得最高的管理效率。

（1）简化和规范投资项目审批事项。认真贯彻落实《行政许可法》，对于不符合政企分开、政事分开，妨碍市场开放和公平竞争，实际上难以发挥有效作用的审批事项，坚决予以取消。凡是可以用市场机制代替的审批事项，要通过市场机制来运作；能够用法律、法规来规范的审批事项，要依法行政。按照这一总体原则，一是要进一步缩小投资项目审批范围。企业投资项目，除关系国家安全和生态安全、涉及全国重大生产力布局、战略性资源开发和重大公共利益等项目外，一律由企业依法依规自主决策，政府不再审批。二是要取消行业准入审批。根据国家的要求，各行业主管部门制定并公布明确的行业准入标准和条件，凡符合标准和条件的项目，取消行业准入审批，实行登记备案。三是要实行项目审批主办部门负责制度。政府各部门不管是否具有行政审批职能，都是投资项目审批的承办者，主要负责承办属于本部门、本行业范围内的投资项目的所有审批事项。对涉及两个或两个以上部门，或不能明确界定对应部门的投资项目，按照"首问服务"的原则，由第一个接到投资者项目审批申请的部门协调所有审批事项。四是要合理调整审批职能，缩短审批时限。合理划分和调整部门之间的审批职能，简化程序和审批环节，尽可能变分散审批为集中审批，对涉及多个部门审批的事项，可由主办部门牵头召集有关部门集中审批，提供便利服务。凡是符合受理条件的审批项目，受理部门必须一次性向投资者告知需报材料，承诺最长审批时限，及时审批。五是要积极推行行政过错责任追究制度，加强对审批行为的监督和审批后实施执行情况的监管，坚决查处行政审批中的违规违纪行为。

（2）以建设中原经济区为契机，形成全省统一、规范的招商引资优惠政策，切实降低外来投资的进入成本。为整合全省招商引资力量，避免地区（市）为了自身利益在招商引资优惠政策上出现相互攀比、恶性竞争等情况，应对全省现有的招商引资政策进行全面清理，及时废止有悖于现行法律法规、损害整体利益、长远利益的"优惠政策"，同时根据全省招商引资总体情况，按照各区（市）的经济发展条件和产业布局，制定统一的招商引资优惠政策，切实降低外来投资进入成本。①要降低投资项目土地成本。除国家法律规定的耕地开垦费、征地管理费等收费项目外，不向外来企业征收其他费用。各类开发区和城镇工业区用地，属新征土地的，由当地政府以征地费和上缴的土地有偿使用费等征地成本为基础，确定合理的出让金额。符合《划拨用地目录》的用地项目，可采取行政划拨方式供地。对鼓励发展项目的用地，一次性缴纳土地出让金有困难的，可以分期缴纳，并减免部分费用。企业再投资的新增用地，可以享受进一步的地价优惠。采取灵活的供地方式。②要实行鼓励投资的电价政策。清理影响供电价格的不合理因素，合理调整供电价格，降低整体电价水平，鼓励工业用电大户和高耗能企业通过各种方式参与电源项目开发，直接获得稳定和廉价电能，过网费按保本微利的原则核定。③降低综合运价。完善交通基础设施，增强综合运营功能，提高流通效率，进一步规范铁路、公路等交通运输行业的价格行为，降低综合运价。④取消对企业和投资者的一切不合理收费。除国家规定的收费项目外，其他对企业和投资者的收费项目,一律按程序予以取消。国家规定的收费项目实行目录管理,收费标准有上下限的,一律按下限收费,凡目录以外的收费,一律视为乱收费。

(3)建立投资软环境评估监督机制。进行投资软环境评估,可以直接了解区域投资软环境的状态、存在问题以及努力的目标等,将本地的投资软环境置于投资者的监督之下,督促各级政府改善投资软环境。对投资软环境进行质量评估应设计一套评估指标体系。评估的方法主要包括:①企业评估。企业家、企业管理干部对投资软环境、政府管理部门、主要负责人进行投票、打分、评估。②学者评估。各专业学者对政府部门、主要负责人、投资软环境进行投票、打分、评估。③民众评估。通过互联网络、电子邮箱、问卷等形式征求普通民众对政府部门管理、主要负责人、办事效率、廉政建设、为民服务、投资软环境质量等方面的意见,并进行打分、评估。对评估情况与结果适时公布,让社会各界了解投资软环境质量的动态变化情况,形成"公示压力",迫使相关部门及其负责人切实重视行政效能,以实际行动改进投资软环境。同时,在综合评估体系下,对全省及各区(市)投资软环境进行分类量化测评,其测评结果纳入年终目标绩效考核的重要内容,与领导干部考核考察、晋职晋级挂钩。

2. 优化行政服务

改善河南省的政务环境,降低商务成本,首先要确定政府行政就是服务行政之理念,将服务视为政府管理的本质,加快政府职能转变。要从无限政府转为有限政府,凡是市场能够自我调节的领域,政府都要退出来,充分发挥市场作用,给企业更多的自主空间。同时,要把主要精力放在为市场经济提供制度基础,为市场主体提供公平竞争的条件上来。河南省应积极借鉴先进地区的经验,依照服务行政的理念,把服务贯穿在行政管理工作的始终,不断提高服务水平,改善服务环境。

(1)建立重大项目统一协调、调度机制。凡属全省重点引资项目,都由相关机构和专门工作人员帮助选址,帮助办理审批手续,协调解决用地、配套等问题,各行政管理部门及时解决重点项目在审批、建设和生产经营中遇到的问题,凡属政府职责范围内的,积极采取措施帮助解决。

(2)进一步完善"大通关"措施。健全完善口岸工作联席会议制度,加强海关、商检、外汇管理、口岸、税务、外经贸、银行等部门间的协调,建立跨部门的口岸工作联络协调机制,实行联合办公和联合查验制度,建设通关信息化作业平台,完善"无纸通关"方式,减少人工操作和纸单流转,提高进出口货物当天放行率，实现快速通关。

（3）实行政务公开制度。各行政管理部门应通过免费提供办事指南、制作公示栏等形式，对外公开行政管理的有关内容、工作制度和责任人，方便投资者办理有关事宜。

（4）建立投资环境监督中心。目前，一些地方为改善投资软环境，成立了投资环境监督中心，并推出投资环境"110"，此举旨在建立一个快速、高效的反应机制，及时受理企业和投资者对投资环境方面的投诉和求助，十分有助于提升政府的服务质量和水平，树立良好的投资形象。河南省应借鉴和采纳，制定和出台投资环境投诉电话制度，实行24小时值班制，配置投资环境"110"专车，接到投诉举报，立即赶赴现场受理，经初步了解情况后，交给投资环境监督中心进一步核查、处理和落实。

3. 推行电子政务，建立电子政府

伴随着知识经济、信息经济时代的到来，尤其是我国加入世界贸易组织之后，政府在社会经济发展中的作用越来越重要，而且民众对政府的要求也越来越高，不仅需要政府提供高效、快捷的服务，更需要公平、透明的服务。在这个背景下建设服务型政府，加快服务流程创新必须加快发展电子政务。政府应结合公众的满意度需求、政府及电子政府的服务能力、社会环境以及不同行业服务标准的比较，设计出最好的管理相关服务流程，建立网络及电子政府的服务标准，促进政府行政行为更规范，政府工作更透明，真正实现依法行政。

（1）要努力构建五大体系。①网络体系，其作用定位为一个满足应用的网络基础平台，力争实现添平补齐、互联互通、避免低水平重复浪费。②安全体系，其作用定位为构建合理的安全界面，实现不同需要的安全策略和手段。③信息资源体系，其作用定位为有效地开发利用信息资源，形成并实现共享机制，促进应用效益的最大化。④规范标准体系，其作用定位为形成完备的服务功能和互动机制，体现使用价值。⑤应用体系。五大体系中，网络是基础、安全是保障、标准是支撑、资源是核心、应用是目的。

（2）制定并完善政务信息化制度，逐步实现政府管理在线服务。实现政府管理在线服务，首先应当抓紧做好制定规范性要求的工作，督促各职能部门积极有序地推进电脑自动化办公，进而由内而外达到政府在线服务的目标。具体而言，①全面开通局域网，实现微机办公。目前，河南省政府局域网已经包含了绝大多数职能部门，建立了一个基本的工作平台，今后应进一步加以规范和建设，充分利用现有资源，积极探索联网办公的有效方式和运行模式，提高公务员网上办公的能力，为政府在线服务推向外网打好基础。②要实现外网信息公开。充分利用互联网上的政务公开平台，及时公布财政预决算、行政收费、许可、发照、登记、处罚、政府采购、重大工程招投标等行政决策事项和投资贸易政策，提高政务服务的统一性和透明性。同时公布政府机关的管理职能、办事程序、办事指南、收费标准和责任规范，方便投资者办理有关事宜。③要内外网两个资源共用，循序渐进地推行在线服务。可以按照"外网受理、内网办理、外网反馈"的模式，尽快实现与公众关系比较密切的公共行政事务的网上办公，加强实践探索和经验积累，为实现政府所有管理措施的在线服务奠定基础。

4. 加强公务员队伍建设

政府作为权威性的组织机构，其人力资源状况直接关系着政府的能力。建设服务型政府必须建立一支政治坚定、业务精通、清正廉洁、作风优良的公务员队伍，以适应政府建设的需要。

(1) 要转变思想观念，强化服务意识。长期以来，政府工作人员有一种高高在上的优越感，把自己看做是人民的主人，一方"父母官"，把人民赋予的权力用来"管"人民，而不是"服务"于人民，形成一种倒置的主仆关系。事实上，人民才是真正的主人，一切权力来源于人民，政府工作人员必须树立强烈的服务意识与服务理念，明确自己的角色地位。思想是行动的指南，只有树立正确的思想，才能有积极主动为人民群众服务的实际行动。现实中常有这样的深刻体会：当我们购买一件商品时，工作人员会为你提供热情、周到、便捷的服务；而我们去政府部门办事时，经常遇到"门难进，脸难看，事难办"的现象。究其原因，一是政府部门缺乏竞争，办这件事非他莫属，人们没有选择的余地；二是工作人员的官僚主义作风相当严重，服务观念、服务意识淡薄。政府工作人员必须转变思想观念，明确自己的服务对象是社会与人民，而不是上级领导，手中的权力是人民赋予的，要真心实意为人民提供服务，而不是利用手中的权力为自己谋利益。要想人民所想，急人民所急。胡锦涛同志曾经说过"国家机关的公务员，无论从事何种工作，无论职位高低，都是人民的勤务员，都要坚持实践全心全意为人民服务的宗旨，把人民群众满意不满意作为自己全部工作的出发点和归宿，把人民利益放在大于一切、高于一切、重于一切的位置上"。他要求"任何一个公务员，都要坚持用权为民，绝不能以权谋私"。

(2) 加强培训，不断提升公务员能力与素质。公务员的能力与素质决定着政府的管理水平与效率，他们的人生观、世界观、价值观，他们的公仆意识、勤政廉政意识、创新意识，他们的文化素养、科学知识、应用能力等都关系到政府的执政能力和服务效能。所以建设服务型政府必须建立一支高素质的公务员队伍。为此，一方面要根据社会经济、政治发展状况以及工作的客观需要，加大对现有公务员的培训力度，搞好公务员的政治、理论、文化学习和业务培训。按照《公务员法》的有关规定，公务员的培训主要包括新录用人员的培训、晋升领导职务的任职培训、根据专项工作需要进行的专门业务培训以及全体在职公务员更新知识的培训，通过培训不断提高其整体素质和为人民服务的本领。培训将贯穿公务员的整个职业发展生涯。另一方面要做好公务员的录取任用工作，严把入口，从源头上保证公务员的素质与能力。同时，还要做好公务员的考核工作，通过考核发现和选拔优秀的公务员，辞退不合格的公务员，实现优胜劣汰，提高公务员队伍的整体素质。

（3）加强公务员伦理道德建设。适应服务型政府建设需要，加强公务员的伦理道德建设至关重要。公务员的伦理道德包括个人品德和职业道德两个方面。在个人品德方面，培养公务员对自己所从事的行政管理职业的热爱，培养其在行政管理活动中所具有的乐观、勇敢、忠实、耐心、仁慈、诚恳等优良品质。一个在个人品德方面有问题的公务员，即使他的专业知识再丰富、业务能力再强，也不能算是合格的公务员。在职业道德方面，要做到奉公、守法、忠诚、负责。与服务型政府建设的要求相比，公务员在职业道德方面还存在许多问题，比如，有些公务员的职业责任意识淡薄，在工作中玩忽职守、办事拖拉、随意决策、搞形式主义等；有些公务员不能依法行政，秉公办事，而是利用手中的一点权力，为自己为亲朋好友办事；还有一些公务员的职业道德理想严重丧失，不努力工作，而是投机钻营、上蹿下跳，有的甚至一味追求个人享乐、不断腐化堕落，完全不顾广大人民群众的利益。这些问题的存在与公务员的伦理道德建设严重滞后有很大关系。因此，要加快公务员伦理道德建设的步伐，使其尽快适应新形势的要求。通过加强公务员的伦理道德建设，不仅可以强化整个公务员队伍建设，而且有利于促进政府的行政效率和廉政建设，塑造良好的政府形象和行政道德风尚，从而促进良好社会风尚和道德文明的形成，促进社会主义精神文明建设目标的实现。

第九章　河南对外贸易研究

积极发展对外贸易，充分利用外部资源和外部市场，弥补国内、省内资源和市场的有限性，带动省内产业结构调整和产业升级，是河南发展开放型经济的一个重要内容。同时，对外贸易结构的不合理，外贸依存度比较低，也是河南对外贸易发展中存在的突出问题。本章主要分析河南对外贸易发展现状、存在的突出问题以及提高河南对外贸易竞争力的对策和措施。

第一节　河南货物贸易发展状况

按照贸易对象形态的不同，对外贸易可以划分为货物贸易和服务贸易两大类别。这两个方面相比较，货物贸易是河南对外贸易的主要内容。

一、河南货物贸易进出口的基本情况

在过去一个较长的时期内，河南货物对外贸易一直处于缓慢发展状态，出口结构不合理的问题也比较严重。但"十一五"以来，河南货物贸易进入快速发展阶段，在优化出口结构方面也取得了显著成效。

据海关统计，2005~2010年，河南货物进出口年均增长18.1%。2011年河南货物贸易进出口完成326.42亿美元，比2010年增长83.1%。其中，出口192.4亿美元，增长82.7%；进口134.02亿美元，增长83.5%；进出口、出口、进口增幅分别超过全国平均水平60.6个、62.4个、58.6个百分点；进出口额在全国排第十四位，进出口增幅在全国排第二位，仅次于重庆市。在中部六省范围内看，2011年河南的进出口额仅次于湖北，在中部排第二位；出口额仅次于湖北和江西，在中部排第三位；进出口、出口增幅均居第一位。

二、河南货物贸易进出口结构分析

货物贸易进出口结构主要表现在贸易方式结构、贸易企业结构、贸易产品结构和出口市场结构四个方面。

1. 贸易方式结构仍然以一般贸易为主，但加工贸易占比重快速提高

由于地理位置和后开放等因素的影响，在过去较长一个时期内，一般贸易方式长期处于绝对优势地位。1997年，河南一般贸易方式进出口占全部进出口的比例为86.5%，加工贸易占2.3%，其他贸易方式占比重不足12%。2005年，河南一般贸易方式进出口占全部进出口的比重下降到65.5%，加工贸易进出口占比扩大到30.5%，其他贸易方式占4%。2011年，河南一般贸易方式进出口占全部进出口的比重进一步下降到56.6%，加工贸易占比扩大到39.3%，其他贸易方式占4.1%。从加工贸易的增长态势方面看，2011年河南加工贸易进出口达到128.2亿美元，同比增长308%，占全省进出口总值的比重比2010年提高21.7个百分点，比全国加工贸易进出口占进出口总值的比重高出3.5个百分点，占比首次超过全国平均水平。可以看出，近年来，河南的对外贸易方式结构已经发生了巨大的变化，更加趋于合理，这种变化是近年来河南推进大招商带来的。从目前看，一般贸易方式仍然是河南进出口贸易的主要方式，但从发展势头上看，随着产业的进一步转移，一大批类似富士康这类大进大出的加工贸易企业在河南投产运营，加工贸易进一步扩大规模，加工贸易进出口占全省进出口总值的比重进一步提升的空间还很大，加工贸易有望成为河南最重要的贸易方式。

2. 进出口企业的所有制结构发生根本逆转，外商投资企业和民营企业成为河南对外贸易的绝对主力

2000年以前，河南外商投资企业数量较少，进出口规模较小，国有企业在全省进出口贸易中占70%以上。随着我国加入世界贸易组织后进出口经营权的逐步放开和河南招商引资工作力度的逐步加大，外商投资企业和民营企业在进出口贸易中的作用逐年加大，进出口主体结构逐步优化。2005年，全省国有企业进出口占全省进出口总额的比例为52.8%，非公有企业进出口占全省进出口总额的比例已经达到47.2%，比2000年提高了17.3个百分点，其中集体企业进出口占比为20.7%，外商投资企业进出口占比为19.4%。2011年，发生出口业务的企业合计达到3311家，其中国有企业180家，占6%；外商投资企业386家，占12%；民营企业2745家，占82%。同年，国有企业进出口占全省进出口总额的比例已经大幅下降到23.7%，外商投资企业进出口占全省进出口总额的比例大幅

提高到 45.9%，民营企业进出口占全省进出口总额的比例也提高到 30.4%。可以看出，河南进出口企业的所有制结构已经与 10 年前甚至是 5 年前发生了根本的逆转，外商投资企业和民营企业已经取代国有企业成为河南对外贸易的绝对主力。

3. 出口产品的技术含量和附加值不断提高，引进大企业对河南进出口产品结构的调整已经发挥了重要作用

2005 年，河南初级产品出口占出口总值的 12.3%，比全国平均水平高出 5.9 个百分点；工业制成品出口占出口总值的 87.8%，比全国平均水平低 5.9 个百分点。同年，全省机电产品出口额 9.32 亿美元，占全省出口总值的 18.3%；高新技术产品出口额 9.69 亿美元，占全省出口总值的 19.0%。2011 年，全省机电产品进出口额为 147.04 亿美元，比 2010 年增长 249.9%，占全省进出口总额的 45.0%，其中机电产品出口 84.1 亿美元，比 2010 年增长 226.8%，占全省出口总值的 43.7%。高新技术产品进出口额为 47.8 亿美元，占全省进出口总额的 14.7%。近年来，河南进出口产品结构发生的变化主要得益于大招商和承接产业转移，特别是已经引进的一批大企业，正在发挥对进出口的带动效应。以富士康集团为例，富士康的引进，不仅对河南进出口贸易方式结构的变化发挥了巨大的作用，同时也改变了河南的进出口商品结构。2011 年，富士康集团下辖的鸿富锦精密电子（郑州）有限公司、富泰华精密电子（郑州）有限公司和富鼎精密工业（郑州）有限公司三家企业合计完成进出口 94.7 亿美元，占全省进出口总值的 29%，其中进口 44.8 亿美元，占全省进口总值的 33.4%；出口 49.9 亿美元，占全省出口总值的 25.9%。在富士康集团投产以后，手机已经成为河南出口值排在首位的单项出口产品。2011 年，河南出口手机 49.7 亿美元，占全省出口总额的 25.8%。据河南省商务厅进行的测算，2011 年全省进出口、进口和出口的增幅中分别有 52.6 个、60.2 个和 47.4 个百分点是由富士康拉动的。机电产品和高新技术产品进出口规模的扩大，使河南出口产品的国际竞争力得到明显的提升。

4. 市场结构进一步优化，但市场集中度仍然较高

2005 年，美国、韩国和欧盟是河南出口比重最大的前三位贸易伙伴，对这三大市场的出口占河南总出口的 42.3%，在主要出口商品中，发制品、非合金铝、精炼铅、橡胶轮胎等对美国、日本、韩国市场的依赖程度较高。同年，美国、日本和欧盟是河南进口比重最大的前三位贸易伙伴，从这三大市场的进口占河南总进口额的 41.1%，在主要进口商品中，铁矿砂、铅矿砂、氧化铝等绝大部分来自澳大利亚和美国。由于对特定市场的依赖程度较高，相应地存在的风险也较大。2011 年，河南出口额超过 10 亿美元的四大出口市场分别是欧盟（55.86

亿美元)、美国 (35.22 亿美元)、东盟 (14.27 亿美元) 和中国香港 (10.14 亿美元),与 2010 年相比分别增长了 217.9%、114.3%、39.3% 和 57.8%,对四大出口市场的出口合计占当年出口总额的 59.8%。同年,河南进口超过 10 亿美元的五大进口市场分别是韩国 (15.64 亿美元)、日本 (15.58 亿美元)、澳大利亚 (15.39 亿美元)、欧盟 (14.78 亿美元)、东盟 (11.19 亿美元),从五大进口市场的进口合计占当年河南进口总额的 54.1%。可以看出,河南进出口贸易的市场集中度仍然较高。

第二节　河南服务贸易发展状况

依据"服务贸易总协定"对服务贸易的定义和国际服务贸易发展的实际情况,国际服务贸易的基本类型主要有四种:一是人员流动,即自然人到别国境内提供服务,如承包建筑工程、劳务输出等。二是实体存在,即通过在别国境内建立机构提供服务,如开办百货商店、律师事务所等。三是消费者移动,即在本国境内向外国的消费者提供服务,最典型的如旅游业。四是过境贸易,指服务提供者从本国境内向在另一国境内的消费者直接提供服务,如电讯服务,以及借助于电讯手段实现的跨国的咨询、信息、金融、设计等方面的服务。服务贸易是各国(地区)对外贸易发展的一个重要领域,而且服务贸易快速发展是近年来国际贸易发展的一个突出特点。

一、当前国际服务贸易发展的新特点和新趋势

研究河南服务贸易发展问题不能脱离国际服务贸易发展的大环境,尤其要注意当前国际服务贸易发展的新特点和新趋势,这是认识河南服务贸易发展现状的必要前提。

1. 以发达国家为主导的贸易格局特点日益突出

发达国家的服务业产值占 GDP 的比重高达 60%~80%,由此奠定了其在国际服务贸易领域的主导地位。从国际服务贸易的地理分布上看,西欧和北美的国际服务贸易较为活跃。发达国家在国际服务贸易领域的优势十分突出。这种优势反映在出口产品结构方面,主要表现为发达国家和新兴工业化国家与地区的出口产品主要是知识、技术和资本密集型的服务产品,如专业咨询、计算机软件设计

等，出口竞争力比较强，出口市场广阔。而广大发展中国家出口的服务产品主要是劳动密集型的，如劳务输出等，不仅面对着自身高素质劳务人员短缺的限制，还受到进口国对人员移动的严格限制。

2.技术进步使服务贸易的方式、内容和构成都发生了质的变化，已经成为推动服务贸易发展的核心动力

一方面，随着现代电信技术和传递技术的发展，在相当大的程度上减轻了时间和空间因素对服务贸易发展的制约，使得服务的可储存性、可运输性和可贸易性大大增强。一些原来必须使生产和消费同步进行的服务，现在可以实现生产与消费的分离。如银行、保险、医疗、咨询和教育等方面的服务，原来都需要供需双方直接接触，生产与消费同步进行，现在都可以用远距离信息传递的方式来进行贸易。另一方面，技术进步扩大了服务贸易的范围，推动了服务贸易结构的变化。技术进步不仅极大提高了交通、运输、通信和信息处理等方面的能力，为信息、咨询等专业服务提供了新的手段和方法，扩大了服务贸易的范围，而且使得服务贸易的主要内容从运输、工程建筑等传统领域迅速转向知识、技术和数据处理等新兴领域，推动了服务贸易结构的变化，使得以劳动密集为特征的传统服务贸易地位逐渐下降，以资本密集、技术密集和知识密集为特征的新兴服务贸易逐渐发展壮大。同时，技术进步还为服务贸易的发展提供了许多新的工具和手段，大大降低了服务交易的费用，促进了服务贸易的发展。

3.发达国家都十分重视与服务贸易相关的科技投入和科技进步

当前的国际服务贸易主要集中在金融保险、咨询、通信、计算机软件等技术密集型、知识密集型和资本密集型服务贸易方面。为了增强这些行业的国际竞争力，发达国家政府和企业都十分重视与服务贸易相关的科技投入和科技进步。历届美国政府都十分重视基础设施和相关的科研投入，在应用信息技术等知识、技术和资本密集型服务行业方面的公共投资也一直居于各国之首。比如，由于美国在"信息高速公路"建设上的大量投入，建成了世界上最先进的服务基础设施，成为美国企业在世界信息产业发展及服务贸易竞争中的竞争优势地位的最强有力的支持系统。

4.服务贸易壁垒森严

国际服务贸易壁垒种类繁多，形式各异，通常从阻碍服务贸易的要素，即人员、资本、服务产品、信息在国际市场上流动的角度可以分为以下六大类：①资本移动壁垒。主要涉及的是商业存在问题，即东道国是否允许外国企业在本国设立机构开展业务。②人员移动壁垒。主要涉及各国移民限制的法律。由于各国移

民法及工作许可，专业许可的规定不同，限制的内容和方式也不同。③服务产品移动壁垒。涉及市场准入的限制，即东道国允许外国服务者进入本国市场的程序。这类限制常规定服务供给的最高限度，当外国服务者提供的服务超过限度时，完全阻止外国服务产品进入国内市场，只使用本国服务。④信息移动壁垒。由于信息传递模式涉及国家主权、垄断经营和国家公用电信网、私人秘密等敏感性问题，因此各国普遍存在各种限制，如技术标准、网络进入、价格与设备的供应、数据处理及复制、储存、使用和传送、补贴、税收与外汇控制和政府产业控制政策等限制或歧视性措施。由于信息流动同时又是金融、旅游、运输、仓储、建筑、会计、审计、法律等服务者提供服务的先决条件，所以信息移动壁垒同时也制约着其他服务贸易的进行。⑤开业权壁垒。包括禁止外国服务进入的法令以及东道国对本地成分的规定等。如禁止外国服务提供商进入某些行业或者地区设立机构或者提供服务，或者对某些行业实行政府垄断，或者禁止外国服务人员进入本国从事职业服务工作等。据调查，2/3 以上的美国服务业厂商认为开业权限制是其开展服务贸易的最主要壁垒。⑥经营权限壁垒。主要是通过规定外国服务实体在本国的活动权限来限制其经营范围、经营方式等，甚至干预其具体的经营决策。随着服务贸易自由化的逐步推进，以开业权限制等形式的壁垒正面临越来越大的国际压力，而对具体经营权限的限制既体现了适度的对外开放，又有效地削弱了外国服务经营者在本国的竞争力和获利能力，而且"可调性"较强，被越来越广泛地采用。各种形式的服务贸易壁垒已经成为国际服务贸易发展的重要障碍。

二、河南服务贸易进出口基本情况

服务贸易是河南对外贸易的一个弱项，由于其发展规模过小，在过去相当长一个时期内，甚至连完善的贸易统计数据都很难找到。近年来，河南服务贸易也进入了快速发展时期。2007 年，河南服务贸易进出口额为 4.81 亿美元，2011 年达到 26.6 亿美元，只有当年货物贸易进出口总值的不到 1/12。2007~2011 年间，河南服务贸易进出口年均增长 53.3%，2011 年服务贸易进出口额比 2010 年增长 98.6%，超出了当年货物贸易进出口 83.3%的增幅。2011 年，河南服务贸易出口额为 13.1 亿美元，同比增长 64.5%；服务贸易进口额为 13.4 亿美元，同比增长 149.1%；出口增幅低于货物贸易 82.7%的增幅，但进口增幅远高于货物贸易 83.5%的增幅。总体上看，河南服务贸易发展规模虽然还比较小，但增长态势比较好。

三、河南服务贸易进出口结构分析

河南服务贸易进出口结构状况主要可以从进出口产业结构、区域结构等方面进行分析。

1. 传统服务是河南服务贸易进出口的主要内容

河南的服务贸易以传统服务业为主，对货物贸易和对外承包工程的依赖性较强，贸易活动主要集中在同货物进出口和对外承包工程直接关联的传统的劳动密集型和低附加值服务贸易领域，如其他商业服务、建筑安装及劳务承包服务、国际运输服务、旅游服务等。2011 年，河南服务贸易出口总额为 13.1 亿美元，其中出口规模排在前四位的是其他商业服务（100261.7 万美元），建筑、安装及劳务承包服务（26213.8 万美元）、运输（2627 万美元）和旅游（1803.1 万美元），合计占出口总额的 99.6%。而在属于技术密集型、高附加值的现代服务贸易领域，如金融、保险、计算机和信息服务、专有权利使用和特许等方面，河南的进出口贸易规模都很小。2011 年，河南金融服务出口额只有 4.6 万美元，保险服务、计算机和信息服务、专有权利使用费和特许费三项的服务出口额也分别只有85.7 万美元、161.2 万美元和 169.5 万美元。造成这种情况的原因主要是河南现代服务业发展滞后，同时也受到政策、地理位置和文化社会环境等方面的影响。

2. 部分省辖市服务外包迅速发展

服务外包是指企业以信息技术为依托，利用外部专业服务商来完成原来由企业内部完成的非核心的业务，从而使其专注核心业务，达到降低成本、提高效率、增强企业核心竞争力，提升企业对市场环境迅速应变能力的一种管理模式。服务外包分为信息技术外包服务（ITO）和业务流程外包服务（BPO），它们都是基于 IT 技术的服务外包。通俗地说，服务外包分为"蓝领外包"和"白领外包"。"蓝领外包"主要指制造业，"白领外包"主要指计算机软件业。目前提到外包多指软件行业将相对低端的业务外包给其他一些专业团队制作。目前，郑州、洛阳和焦作已经具备承接服务外包业务的条件，郑州市高新技术产业开发区汇聚了全省 20% 的高新技术企业，高新技术产品占到全省的 22%，经信息产业部认定的软件企业 125 家，占全省的 60%，年产值在 2000 万元以上的软件企业占全省的 70%。郑州市经济技术开发区累计已经投入 1000 万元用于支持服务外包业的发展，开辟了 15000 平方米的服务外包产业基地，引进服务外包企业 20 多家，从业人员 3500 多人，销售收入超过 3 亿元，出口及境外收入突破 1000 万美元。郑州市惠济区设立了中国郑州信息创意产业园，规划面积 2400 多亩，以信息技术、创意经济、服务外包等新兴产业为主导。洛阳市专业从事软件开发的企业有30多家，600多人，年产值近1亿元。洛阳软件园中经信息产业部认定的软件企业有29家，软件产品74项，专利授权数量达到126项，承担省级以上技术创新项目30多项。焦作市高新技术创业服务中心2004年12月已经晋升为国家级高新技术创业服务中心，截至2010年第一季度，创业中心在册企业已经达到120家，其中开展服务外包业务的企业26家，从业人员近1000人，年产值1亿元。

3. 区域发展不平衡，部分省辖市服务贸易发展较快

由于河南服务贸易发展的特点是高度依赖货物进出口和对外承包工程的发展，而货物进出口和对外承包工程的发展具有区域不平衡的特点，因此，河南服务贸易发展的区域不平衡特点也比较突出，服务贸易出口规模比较大的主要是新乡、郑州、商丘、濮阳等省辖市，服务贸易进口规模比较大的主要是郑州、新乡、洛阳、商丘、许昌等省辖市。2011年，服务贸易进出口排全省前四名的省辖市分别是新乡（111586.6万美元）、郑州（96799.3万美元）、商丘（15854.6万美元）、洛阳（10941万美元）。2011年服务贸易进出口增长较快的省辖市主要有5个，分别是新乡市同比增长705.2%，商丘市同比增长386.3%，许昌市同比增长84.9%，南阳市同比增长50.0%，郑州市同比增长34.1%。

第三节　河南对外贸易发展的主要制约因素及对策措施

尽管"十一五"以来河南对外贸易取得了快速发展，也有许多有利的条件，但客观分析，也面临各种制约。清醒认识河南在发展货物贸易、服务贸易方面存在的制约因素，才能有针对性的判定相应的对策。

一、河南发展货物贸易进出口的主要制约因素及对策

1. 河南货物贸易发展的制约因素

近年来，河南货物贸易进出口虽然发展迅速，但仍然面临许多重要的制约。主要有以下几个方面：①贸易结构不优的问题仍然比较突出，转变外贸发展方式任务艰巨。2011年河南货物贸易进出口的贸易方式结构、产品结构、所有制结构等都发生了较大变化，但这主要是得益于富士康项目的引进。如果剔除富士康

项目的因素，原有外贸结构不优的问题并没有得到根本性的变化。②中小企业"三高一难"的问题仍然比较突出。所谓"三高一难"即生产成本高、融资成本高、税负比较高、招工难。这些问题的存在极大地制约着中小企业的发展。③国外的贸易保护主义对企业出口的威胁仍然比较严重。由于欧美发达国家经济不景气，失业率上升，中国出口产品面对的贸易摩擦由劳动密集型传统出口产品蔓延到资本技术密集型产品，一些新兴产业也开始遭受国外的贸易调查。比如美国对中国出口太阳能电池进行的反倾销和反补贴调查就使河南太阳能电池的出口增速明显下降，光伏产品的销售市场面临严重威胁。此外还有人民币升值带来的企业经营风险等。

2. 促进河南货物贸易发展的对策措施

针对目前存在的制约因素，要使河南的货物贸易进出口实现可持续的快速发展，必须采取有效的措施。

（1）以产业价值链为坐标系，鼓励河南的产业、企业加快技术进步，追求技术创新，掌握自主知识产权，提升河南出口产业的竞争力。河南出口企业的数量也不少，产品生产了很多，也卖出去很多，但赚钱不多。原因何在？这里试从产业价值链的角度进行分析。

产业价值链主要研究产业链上、中、下游各个组成部分在价值创造、价值增值方面的内在关系，反映产业链的价值属性。我们把上游、中游、下游的价值创造和价值增值能力在坐标轴上描述出来，形成一条曲线，叫价值增值曲线，又被称为"微笑曲线"。曲线的底端代表着价值产生的中间环节，是劳动力最为密集的环节，它产生的附加值最低。曲线的两端，左端代表价值链的上游，集中表现为设计和研发环节，具有较高的附加值；右端代表营销、提供服务的价值链下游环节，附加值相对也较高。

"微笑曲线"反映了一种现实的价值分配格局。很多人认为这种情况不合理，对这种分配格局持批评态度。下面来分析这种格局形成的原因及其合理性：由于发展中国家和地区的企业缺少核心技术，主要从事制造加工环节的生产。无论加工贸易还是贴牌生产，制造加工环节投入的主要是土地、厂房、设备、水、电等物化要素和简单的活劳动，虽然投入也很大，但在不同国家间具有可替代性，竞争比较激烈，企业为争取订单，常常被压低价格，而且按照合同完成订单生产即可分享利润的制造加工环节并不负责产品销售，市场风险极低，因而从事加工生产环节的收益就差。而跨国公司掌握的研发环节和流通环节，其所投入的信息、技术、品牌、管理、人才等知识密集要素，比制造加工环节更复杂，具有不可替代性。同时，面对复杂多变的国际市场，研发和流通环节要承担更大的市场风险，按照成本与收益、风险与收益正比匹配原则，跨国公司作为生产过程的最大投资者和最终产品销售的风险承担者，自然成为最大的受益者。

既然产业价值链是一种客观存在，我们应该做的就不是一味地批判，而是要积极地顺应，要鼓励河南的产业、企业加快技术进步，追求技术创新，掌握自主知识产权，向价值链的两端迈进。

（2）大力实施竞争优势。在过去相当长一个时期，河南在对外贸易发展中，比较多地强调要发挥自身的比较优势，扩大劳动密集和资源密集类产业的出口，其实这也是河南出口产品结构不优、竞争力不强的一个主要原因。要提升河南出口产业和出口产品的竞争力，从贸易发展战略的角度出发，就是要注重培育动态比较优势和竞争优势，大力实施竞争优势战略。

首先，要实现河南货物贸易可持续的快速发展，仅靠发挥现有的初级劳动力和资源方面的静态比较优势是远远不够的，必须更加注重对动态比较优势的培育。以劳动力为例。有大量初级劳动力是一种静态比较优势，但还远远不够。有专家认为，有许多产品我们不是设计不出来，而是生产不出来。究其原因是缺乏高级熟练技工。从实践方面看，熟练工人往往是决定产品成本和质量的主要因素，也是决定出口产品是否具有较强竞争力的决定性因素。同样，河南熟练劳动力的供应状况对河南能否承接高水平的产业转移项目也是一个至关重要的因素。富士康科技集团总裁郭台铭说过：我们下一步的发展，就是围绕着将来河南的基础人力、中间人力与高水准、高水平的人力，河南广大的土地，以及它本身又是一个很大的市场，所以我们把我们的技术从世界各地引到河南、引到郑州，将郑州作为我们富士康鸿海集团往后 10 年发展的最重要的一个基地。郭台铭的这段话里有一个核心意思，下一步产业转移的内容是依据河南基础人力、中间人力与高水准、高水平的人力的供应状况来决定的。河南要想引进好项目，必须大量培养技术工人，把劳动力资源转化成劳动力资本，增加中间人力和高水准、高水平的人力供应。

其次，仅有比较优势战略是远远不够的，必须大力实施竞争优势战略。竞争优势战略是与比较优势战略相对应的一种经济贸易发展战略，它是以不完全竞争和规模经济作为理论前提，以技术进步和制度创新为动力，以产业结构升级为特征，以追求贸易动态利益为方向和目标，以具有竞争优势的产品参与市场竞争，全面提高产业竞争力的一种新型的经济贸易发展战略。它强调贸易利益的动态性和长期性，为了获得稳定的、长期的贸易利益，甚至可以牺牲一些中短期的利益。当前，对企业而言，实施竞争优势战略的关键问题就是要树立科学的产业升级理念，做有灵魂的企业。只有那些不断积累自己的知识资本、知识资产，不断追赶领先企业、不断提升自己的企业才是有灵魂的企业。有灵魂的企业也许不能保证一定会取得成功，但是成功的企业一定都是有灵魂的企业。

再次，把培育有灵魂的企业作为实施竞争优势战略的关键举措。要培育有灵魂的企业，需要注意三个方面的问题：①由 GDP 导向转向创新导向。产业升级主要包括两层含义：一层是产品的升级换代；另一层是在产业链上由低端制造向高附加值的研发及现代服务业的爬坡。要实现这两个层次的产业升级，首先都要培育企业的创新能力。②注重提升产品的技术含量和附加值。没有不好的产业，只有不合理的产品结构。没有夕阳产业，只有夕阳产品。劳动密集型产业不等于技术上不先进，也不一定没有市场。但目前在这方面认识上有些偏颇。利用先进技术尤其是当前的信息技术改造传统劳动密集型产业是欠发达国家（地区）赶超先进国家（地区）的捷径。特别是随着科学技术的发展，传统产业与现代产业，劳动密集型与资本密集型、技术密集型产业之间的界限趋于模糊。不管是哪个产业，要长远发展，都必须不断提高产品的技术含量和附加值。无论多么先进的产业，如果忽视了技术进步和产品创新，都必然要被市场淘汰。③充分发挥市场信号的作用。有什么样的发展环境，企业就会选择什么样的发展模式。在市场经济条件下，企业是依据市场信号来调整自身的经营行为和发展模式的。近年来，我国转变经济发展方式的进展整体不理想是由多种原因造成的，其中一个重要原因是政府成为了市场和企业之间的一个夹心层，正常由企业可感受到的市场压力（能源价格上涨压力、土地稀缺压力、资源税费上调压力、环境成本内部化压力、劳动力成本上升压力、人民币升值压力等）被隔在了政府层面，没有充分转变为市场信号和管理法规措施，没有成为发展方式转变的推动力。

（3）在进一步优化服务方面下功夫。主要应注意三个方面：

首先，在提升政府部门的服务水平、服务层次和服务能力方面下功夫。要尽快缩小政府部门在服务企业的水平、层次、能力等方面与沿海发达地区的差距，特别是通过进一步增强服务意识，提高工作效率，优化河南的整体环境，增强对外部企业的吸引力。

其次，在为中小企业搭建融资平台，落实支持鼓励政策，促进中小企业发展方面下功夫。一方面，要加大对中小企业的信贷支持力度，扩大中小企业专项资金的规模，加大对中小企业技术改造项目的支持力度；另一方面，要完善信用担保体系和信用再担保机构，拓展中小企业融资渠道，搭建省级、市级融资服务平台；同时，要进一步改善中小企业的融资环境和经营环境，加大金融创新的力度，加强金融风险的防范和监管。

再次，进一步完善产品信息服务和市场信息服务，发挥进出口监测预警机制的作用。

二、河南发展服务贸易进出口的主要制约因素及对策

从当前河南服务贸易发展的实际情况看，还存在许多重要的制约因素，如专业人才储备缺口较大，尤其是高端人才严重缺乏；河南第三产业发展滞后，发展服务贸易的产业基础较差；传统服务业仍然处于低附加值发展阶段，新兴服务业起步较晚，竞争力不强，服务贸易行业发展不平衡现象严重等。针对存在的这些制约因素，主要应加强以下几个方面的工作。

1. 尽快培养各类专门人才是提高河南服务业整体素质的当务之急

在服务产品的价值构成中，人力素质起到了决定性的作用，特别是随着国际服务贸易结构的变化，人力资本对保持服务贸易竞争优势的重要意义日益引起各国的关注，各类国家对服务贸易人才的培养都投入了大量的人力、物力和财力。长期高水平的教育投入和人才的引进，为美国带来了丰裕的人力资本，形成了世界上规模最大、最具优势的科技人才队伍。因为有了这样的人才队伍，才取得了美国人获得诺贝尔奖最多、美国科学家在世界主要科技文献上发表论文最多、美国公民在国内外获得的专利最多、美国服务贸易最发达这样的成就。同样，我们也看到，印度之所以能成为发达国家软件市场的主要供给者，软件服务多年保持印度第一大服务出口产业的地位，也主要是因为印度有大量低成本、高素质的软件人才，已经形成了仅次于美国的软件人才储备库。

相比较而言，由于高素质服务人才匮乏，河南服务产业结构不合理的现象十分突出。目前河南的服务贸易出口主要集中在与货物进出口、劳务工程承包有关的领域以及旅游等劳动密集型部门，在现代国际服务贸易的主要领域如金融保险、咨询、通信、计算机软件等技术密集型、知识密集型和资本密集型服务贸易方面，服务企业竞争力普遍较弱。要顺应国际服务贸易发展的新趋势、新内容、新机遇，增强河南服务贸易企业的国际竞争力，必须十分重视服务领域的人力资源开发，抓紧培养服务行业的各种专门人才，主要包括熟悉服务贸易的研究人员、工商企业家、金融家、会计师、审计师、律师和工程承包商等，尤其要培养熟悉服务贸易的复合型人才。同时，要坚持开放的人才观，注重对国外管理人才的引进和对国外先进管理理念的吸收，注重在开放的环境下培养人才。

2. 确定重点服务出口行业, 并对重大服务出口项目实施重点支持

服务业门类众多, 确定重点服务出口行业从而突出发展和扶持的重点十分必要。目前, 河南低附加值的劳务输出还有一定的市场优势, 继续保持这部分优势对于服务贸易的稳定发展十分必要, 但从长远发展的需要来看, 应该以发展高附加值的服务出口为导向。借鉴发达国家和地区的经验, 在服务贸易发展的初期一般都是把旅游、运输、对外投资等高利润的服务作为发展重点, 还要把与对外投资、引进外资、货物贸易等相关联的国际咨询、金融保险服务、跨国技术服务、工程设计服务和计算机软件服务等作为发展重点并予以重点支持。同时, 从发挥河南文化资源优势的需要出发, 也应把文化艺术服务作为支持的重点。

3. 规避服务贸易壁垒

综合分析发达国家的服务贸易壁垒, 主要有五大特点：①服务贸易壁垒一般以非关税的形式出现, 以国内政策为主。②服务贸易壁垒的目标有时与其他国内管制目标互相交叉, 甚至服务贸易壁垒只是其他国内管制措施的副产品, 在国内合理的规则与服务贸易壁垒之间很难画出明确的界线, 而且较多针对"人"(自然人、法人及其他经济组织) 的资格与活动进行限制。③限制措施由国内各个不同部门制定, 内容庞杂, 缺乏统一协调。④灵活隐蔽, 选择性强, 保护力强。⑤除了商业贸易的利益外, 还强调要以国家的安全与主权利益等作为政策目标。

针对服务贸易壁垒的以上特点和河南服务贸易企业的竞争力现状, 要规避国外的服务贸易壁垒, 首先要及时追踪和研究各类国家的各种贸易壁垒的内容和倾向, 有针对性地采取规避措施。其次要认真研究《服务贸易总协定》, 旨在推动服务贸易国际化、自由化的各项规则, 包括无条件的最惠国待遇原则、市场准入原则、国民待遇原则和透明度原则等, 还应积极利用我国政府已经与有关国家签订的相关协议, 以便更好地参与国际服务贸易, 获得市场准入机会, 充分发挥目前河南在劳务输出和工程承包方面拥有的比较优势。

4. 用足用好国家服务贸易促进政策, 同时尽快完善河南的服务贸易政策体系

"十二五"期间, 我国服务贸易对外开放的水平进一步提高, 国家扶持重点领域服务出口的政策力度进一步加大, 支持服务贸易出口的财政税收政策、信用保险机制进一步完善, 适合服务贸易企业需求的金融产品种类进一步增多。如何用好国家的支持政策, 需要进行研究。同时, 从河南实际出发, 要尽快研究、出台支持跨境服务贸易的财税政策和金融政策, 完善支持服务外包的政策支持体系, 重点支持郑州、洛阳申报国家等服务外包示范城市, 使其成为推动全省服务贸易发展的主要推动力量。

5. 积极培育服务贸易中介组织，强化行业自律

行业协会作为民间机构，其主要职能包括实行行业自律，向政府部门反映行业、企业诉求，参与相关法律法规、政策措施的制定，提供行业公共服务，与国际、国内相关行业协会建立合作机制，指导、协助会员企业开拓市场等。2007年，国务院批准成立了中国服务贸易协会，之后，国内各地都在积极组建当地的服务贸易中介机构，相比较，河南在这个方面的工作也比较滞后，尽快成立服务贸易协会已经成为当务之急。

第十章 河南承接产业转移问题研究

积极承接产业转移是加快河南开放型经济发展，推进河南产业升级的重要战略举措。做好承接产业转移的工作对构建河南开放型经济体系具有重要意义。本章主要分析河南承接产业转移的主体、资源、产业以及政策等。

第一节 产业转移概述

产业转移是指由于资源供给或产品需求条件的变化，引起产业在一国内部或国家之间进行的以企业为主导的转移活动，是一个具有时间和空间维度的动态过程，是通过生产要素的流动从一个区域转移到另一个区域的经济行为和过程，是国家或地区产业结构调整和升级的重要途径。在经济全球化和区域经济一体化进程加快的大背景下，积极主动地承接产业转移，已成为后发展地区加快转变经济发展的方式，实现跨越式发展的重要助推器。产业转移往往以投资形式出现，但本质上是现有生产能力在空间上的整体或部分转移。产业转移对承接地区经济发展具有重要推动作用。

一、国际国内产业转移的基本情况

从历史上考察，迄今为止世界上完成过三次产业中心的转移：第一次是德国从英国手里接过了制造业中心的地位；第二次是美国形成高附加值的精细化工产业，取代了德国的合成化学时代；第三次发生在 20 世纪 60 年代，以机械电气为代表，包括电子工业在内，世界的制造业中心从美国转到日本。目前正在进行的第四次转移就是世界加工制造中心向中国转移，特别是世界电子信息产品的制造向中国转移。

改革开放以来，我国东部地区利用率先开放和地域上的有利条件，抓住发达国家和港澳台地区产业转移的机遇，承接和发展了大量以劳动密集型产业为主的加工工业，不仅有力地推动了当地经济发展，而且成为拉动我国经济增长的重要力量。近30年来，我国东部地区承接了三次大的产业转移。第一次是20世纪80年代，香港的大部分轻纺、玩具、钟表、消费电子、小家电等轻工和传统加工业的转移；第二次是20世纪90年代初，主要是中国台湾以及日本、韩国的电子、通讯、计算机产业的低端加工和装配的大规模转移；第三次是从2002年开始直到现在还在进行中的欧美及日本等发达国家跨国公司以制造中心、产品设计中心、研发中心、采购中心为代表的高端产业的转移。目前东部地区集中了全国80%左右的加工工业，以电子、信息、汽车及零部件制造为主导的国际产业形成了加速向东部地区转移的新态势。

随着东部地区经济高速发展，产业结构调整、优化、升级已经成为必然要求，再加上近年来东部地区加工工业开始出现土地、劳动力等生产要素供给趋紧、产业升级压力增大、企业商务成本不断提高、资源环境约束矛盾日益突出等问题，"腾笼换鸟"成为必然，东部地区加工工业向中西部地区转移的趋势日益明显。从总体上看，东部产业转移呈现这样几个特点：一是产业转移规模越来越大。据测算，到2010年，仅广东、上海、浙江、福建四省市需要转出的产业产值就高达14000亿元；二是转移的产业主要以加工制造业为主，尤其是劳动密集型加工工业转移的势头强劲；三是对资源能源依赖较强的上游产业转移趋势明显；四是来源地相对集中，大都来自长三角、珠三角、闽三角等地；五是与东部地区相邻且交通运输条件较好的中西部省区，在吸引产业转移方面明显占优势。

二、产业转移的特点及规律

1. 产业转移的特点

综合分析国际国内的产业转移，一般具有三个特点：

（1）产业转移具有综合性。产业转移是直接投资下的资本、技术、劳动力及其他生产要素的集体流动，与单个生产要素（如资本、技术、劳动力等）的流动不同，产业转移是综合的生产的转移，具有单个生产要素流动所不具有的特征和功能。产业转移包括许多层次的生产的转移：一方面，不仅整个产业的生产可以发生转移，而且同一产业内部的不同层次、不同方式、不同规模、不同阶段的生产都可以发生转移，并且在转移的时间、方式等方面具有各自的特性；另一方面，许多生产技术和生产工艺相似的产业以及要素密集度相近的产业在发生转移时具有许多相同或相近的特征。

（2）产业转移具有阶段性。从国内外产业转移发生发展的现实来看，产业转移与区域产业结构的演进具有很强的一致性。20世纪60年代，伴随着发达国家产业结构的调整，纺织、食品等劳动密集型产业开始向外转移；70年代发达国家的产业结构向技术密集型转化，钢铁、造船、化工等资本密集型产业也开始向外转移；80年代以来，发达国家进一步加强了对高新技术产业的研究和开发，汽车、家电等产业的一些生产部门又开始向外转移。区域产业结构的阶段性导致了发生产业转移的阶段性，从而决定了产业转移是一个随着区域经济发展而不断深入的动态过程。

（3）产业转移具有梯度性。由于存在多种不同经济发展水平的区域，区域间经济发展水平的差异构成了不同的发展梯度，使得区域间存在着错综复杂的产业转移关系。一般来说，产业总是从发达区域移出，移入发展中区域。产业从发展中区域转移到发达区域的现象是很少的，通常只是孤立的生产要素如资本、劳动力等从发展中区域流入发达区域。发达区域不仅可以向次发达区域转移产业，也可以向发展中区域转移产业，而次发达区域也可以向发展中区域转移产业。

2. 产业转移的一般规律

从国内外产业转移的历程来看，产业转移主要呈现以下规律：

（1）产业转移一般经历了从劳动密集型、资本密集型到技术密集型转移的过程。产业转移一般从纺织等劳动密集型产业开始，随后逐渐转向钢铁、石化、冶金等资本密集型产业，然后是电子、通信等一些较低层次的技术密集型产业的转移。从国际产业转移的历程来看，20世纪60年代，美国、日本等发达国家进行产业结构调整，将一部分纺织工业、食品工业等劳动密集型产业逐步转移到一些发展中国家和地区，如韩国、中国台湾、中国香港、新加坡等。20世纪70年代，发达国家的钢铁、造船、化工等产业逐步失去了在国民经济中的主导地位，部分产业也开始向外转移。韩国、中国台湾、中国香港、新加坡等国家和地区抓住发达国家产业结构调整和产业转移带来的机会，有效的促进区域经济的发展。

（2）产业转移主要是由相对发达国家或地区转移到次发达国家或地区，然后由次发达国家和地区转移到发展中国家和地区。从第二次世界大战以来国际产业区际转移的历程来看，第一轮国际产业转移发生在20世纪60年代，美国、日本等发达国家和地区将一部分产业转移到亚洲新兴工业化国家，到了20世纪80年代，这些新兴的工业化国家又将产业转移到东亚一些发展中国家和地区，形成一个产业转移的浪潮。从国内来看，我国东部地区首先接受韩国、日本、中国台湾等国家和地区转移过来的产业，发展到一定程度后又将一部分劳动密集型产业及高耗能、高成本产业向中西部低梯度发展地区转移。

（3）产业转移一般经历由加工装配，资本、技术、管理经验等的积累过渡到零部件和原材料的本地化生产，进而实现产业转移。发达国家在向发展中国家转移产业时，是以加工贸易为开端，在发展中国家设立加工基地，输出装配技术和中间产品，最终将产品销往各地。随着发达国家的技术、资本等向发展中国家转移以及发展中国家本身经验的累积，发展中国家的技术水平不断上升，发达国家增加了零部件和原材料等中间产品的采购，又进一步刺激了发展中国家的产业发展。最后，中间产品与最终产品的生产都落户于发展中国家，从而实现了产业的完整转移。而发达国家将淘汰该产业，发展高技术的产业。

（4）跨国公司已经成为国际产业转移的主要载体。随着国际化大生产的发展，跨国公司在世界经济全球化中所起的作用越来越大。据统计，全球跨国公司总数已达 6.5 万家，设在国外的分支机构雇员约有 5400 万人。跨国公司的国外分支机构完成的 GDP 和出口量分别占全球的 1/10 和 1/3，形成了一个庞大的全球生产和销售体系。

三、产业转移与相关概念的联系与区别

1. 产业转移与产业空心化

所谓产业空心化，目前尚有争议。一种观点认为，产业空心化是指国民经济的服务化或超工业化，因为随着一个国家整个经济的服务化的发展，国内制造业逐渐丧失国际竞争力，进而物质生产的重要性不断地下降。换言之，他们认为产业空心化就是第一、第二产业比重的下降和第三产业比重的上升。另一种观点认为，产业空心化特指制造业的空心化，即由于对海外直接投资而使国内制造业生产减少或消失，这样才出现产业空心化。还有一种观点是折中观，认为产业空心化包含以上两层含义。

日本经济企划厅在 1994 年度的《经济白皮书》中从三个方面阐述了产业空心化：①本国产品竞争力下降，进口品大量涌入排挤本国产品，在一定程度上出口生产由海外生产所替代。②出口不如海外生产合算，生产基地移往海外或增加海外生产，在一定程度上出口生产由海外生产所替代。③由于国内生产由进口生产和海外生产所替代，国内制造业生产规模缩小，国内生产资源配置由制造业向非制造业转移，制造业生产被非制造业所替代。从这个角度看，产业空心化与产业转移在研究对象上具有很大的一致性，都是对由于发达区域对发展中区域的直接投资而导致部分产业逐步衰退的现象的研究。但是产业空心化往往只考虑制造

业的转移对发达区域的影响，基本上不分析对发展中区域的影响；同时产业空心化主要研究发达国家对发展中国家和地区的直接投资，不涉及一个国家内部的跨区域投资。产业转移把发达区域与发展中区域联系在一起，研究的角度和范围更为广泛，同时也更具有普遍性，因而有利于对产业转移（也包括产业空心化）的发生发展做更深入的研究。

2. 产业转移与技术转移

技术转移通常是指作为生产要素的技术通过无偿或有偿的各种途径从一个地区流向另一个地区的过程。技术转移只分析作为单个生产要素的技术的转移，研究技术转移的特点与规律，而产业转移则分析某个产业整体的转移（包括资金、技术、劳动力等生产要素的集体转移），在转移的动因、形式、规律等方面，与技术转移显然具有不同的特征。但是产业转移与技术转移之间又存在着密切的联系，一般说来，产业转移必定包括技术的转移，但是技术转移还存在其他的途径。

3. 产业转移与跨区域直接投资

跨区域直接投资是指企业跨区域界限到其他区域去投资设厂，进行生产和销售。跨区域直接投资反映的是生产要素的跨区域流动和重新配置。企业投入的可以是资金和实物（如机器设备）等有形资产，也可以是专利、商标、管理经验等无形资产。产业转移在数量上表现为不同区域之间产业比重的此消彼长，在运行上表现为发达区域企业对发展中区域的投资行为。

产业转移发生发展的主要形式是跨区域直接投资，但是产业转移性质的直接投资只是企业众多跨区域直接投资行为中的一种，即使是发达区域企业对发展中区域的直接投资也不一定都是产业转移性质的直接投资。从产业转移发生发展的动因来看，发达区域的产业往往随着区域经济的发展变化，其原有的比较优势逐步丧失，企业为了顺应区域比较优势的这种变化，通过跨区域直接投资，把部分产业转移到发展中区域。因此产业转移性质的直接投资往往是成本导向型的，但事实上发达区域企业对发展中区域的直接投资还存在着市场导向等其他类型。

第二节　国内外有关产业转移的理论研究

产业转移作为开放型经济发展过程中的一种重要经济现象，国内外学者进行了大量深入系统的研究，形成了一系列研究成果。

一、国外有关产业转移的相关理论

1. 劳动密集型产业转移理论

在研究中最早触及国际产业转移机制问题的是美国发展经济学家阿瑟·刘易斯。他通过对劳动密集型产业国际转移现象的探讨后认为，发达国家由于人口自然增长率下降，熟练劳动力不足，劳动力成本趋于上升，这种成本的变化导致劳动密集型产业比较优势的逐步丧失，最终使得发达国家的劳动密集型产业向发展中国家转移。显然，他把劳动密集型产业作为产业转移的主体，并且把产业转移与比较优势的变化相联系。

2. 产品生命周期理论

美国跨国公司研究专家雷·弗农对产业转移的研究有其独到之处。他认为，发达国家之所以向发展中国家转移产业是由于企业为了顺应产品生命周期的变化，回避某些产品在生产上的劣势。在他看来，产业区际转移是产业生命周期演化到一定阶段的产物，是产业演化的空间表现。

雷·弗农把产品生命周期划分为产品创新、产品成熟和标准化三个阶段，具体经过为新产品开发—国内市场—形成出口—资本和技术出口—进口—新一轮产品开发的过程。每一循环包括四个过程：第一个过程为新产品问世、扩大国内市场直至国内市场饱和，这一阶段生产主要集中在国内进行，产品由创新进入成熟，逐步标准化。第二个过程是将这一产品出口至国外，开拓国外市场，此时价格竞争上升到主导地位。第三个过程则是随着国外市场的形成，产品技术及式样等完全标准化，厂商独占优势不复存在。对低成本的追求带动了资本和技术出口，结果促成了资本、技术与当地廉价劳动力以及其他资源的结合，推动了跨国经营的发展。第四个过程是国外生产能力形成后，使该产品以更低的价格返回本国市场，结果使得最初开发并生产这种产品的国家不得不放弃这种产品的生产而去开发更新的产品，进一步推动了新一轮创新。由于产业存在的基础是产品，从而也形成了产业的生命周期。

虽然雷·弗农并没有直接使用"产业转移"这一概念，但从企业生产自发达国家到不发达国家的转移过程来看，这种"产业生命周期"的实质就是产业在不同国家之间的梯度转移。

3. 雁行产业发展形态说

较早涉及产业转移的理论是日本经济学家赤松要于20世纪30年代提出的雁行产业发展形态说。雁行产业发展形态说主要是通过对日本棉纺工业的考察，进而分析产业跨国梯度转移的过程。该学说认为,在工业化初期阶段,一些发展中国家由于经济和技术落后,不得不向发达国家开放某些工业产品的市场。当这种工业产品的国内需求达到一定数量时,就为本国生产该种产品准备了基本的市场条件与技术条件。而随着国内企业逐步掌握了该产品的生产技术,并由于其所拥有的资源和劳动力价格优势,从而逐步占领国内市场,并最终实现该产品的出口,实现经济发展和产业结构升级的目的。基于这一行业产品的成长经历了从进口到国内生产,最后再到出口几个主要过程,在一个以横轴为年代、纵轴为市场的直角坐标上,表现为像三只大雁在飞翔,因此将这一过程称为雁行产业发展形态。其中第一只雁代表该行业进口的浪潮,第二只雁代表国内生产的浪潮,第三只雁代表出口的浪潮。这三只大雁形象地显示了工业化过程中,某一产业在次发达国家或发展中国家由进口、国内生产到出口的全过程,实质上也间接说明了该产业由较发达(高梯度)国家转移到本国(中梯度)、再转移到不发达(低梯度)国家的梯度转移过程。如图 10-1 所示。

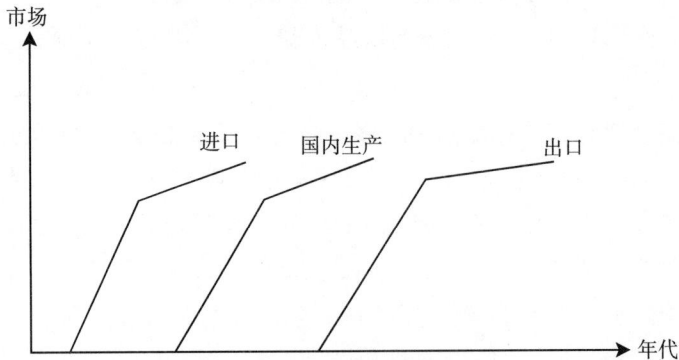

图 10-1　雁行产业发展形态示意

4. 边际产业扩张论

该理论是由日本的小岛清教授于 1978 年提出的。小岛清教授根据日本对外直接投资的实践,在比较优势原理的基础上提出了边际产业转移扩张理论这一有重要影响的产业转移理论。小岛清教授认为,对外直接投资应从本国(投资国)已经处于或即将陷于比较劣势的产业(称为边际产业,这也是对方国家具有潜在比较优势的产业)依次进行,通过产业的空间移动,以回避产业劣势或者说扩张边际产业,显现其潜在的比较优势。小岛清教授认为,投资国从具有比较劣势的产业开始对外直接投资,而接受投资的国家接受并采用先进的生产技术,从而使潜在的比较优势显现出来。小岛清教授在该理论中引入了"产业移植的比较优势"这一概念，建议在投资国与接受国之间能够"从技术差距最小的产业开始依次移植"，同时最好是"由技术差距较小的投资国的中小企业作为这种移植的承担者"。

小岛清的边际产业扩张论揭示了经济发达国家对发展中国家进行直接投资的动机，他以日本为研究对象，揭示了日本对外直接投资的原因，包括获得廉价的自然资源、低成本劳动力、寻求市场和生产销售的国际化等几个方面。

5. "中心—外围"理论

该理论是由来自发展中国家的经济学家劳尔·普雷维什提出的。"中心—外围"理论主要是从依附角度分析了处于中心的发达资本主义国家和处于外围的发展中国家之间的经济关系。劳尔·普雷维什认为，由于原材料和初级产品的需求弹性低而工业制成品的需求弹性高，导致发展中国家贸易条件的不断恶化和巨额贸易逆差，发展中国家被迫实行进口替代战略，试图通过国内工业化替代大量进口工业品。为加速工业化进程，发展中国家向跨国公司打开了大门，虽然跨国公司转让的技术在发展中国家的工业生产中起到了主导作用，但是他们同时攫取了巨额利润，阻碍了发展中国家的资本积累。普雷维什关于"中心"和"外围"之间经济关系的分析，部分地反映了发达国家和发展中国家之间产业转移的现实，同时也较早地注意到了产业转移的消极影响。但是普雷维什没有认识到产业转移是区域间经济关系发展变化的必然产物，对于产业转移能够加快欠发达区域经济发展的积极影响认识不足。

6. 梯度转移理论

区域经济学者把产品生命周期理论引用到区域经济学中，从而建立起梯度转移理论。梯度转移理论认为，创新活动所包括的新产业部门、新产品、新技术、新的生产管理和组织方法等大都发源于高梯度地区，之后随着时间的推移和产品生命周期的变化，逐步由高梯度地区向低梯度地区转移。根据梯度转移理论，每个国家和地区都处在一定的经济发展梯度，处在高梯度上的区域，其经济发展的关键在于不断创新，即通过不断发明新产品，建立新产业，从而保持本区域在技术上的领先地位。处在低梯度上的区域，首先应该发展那些具有较大比较优势的初级产业和劳动密集型产业，积极引进外资和先进技术，通过接受从高梯度区域转移出来的产业来加速本区域的经济发展，进而从较低的经济发展梯度向较高梯度攀登，最终进入发达区域的行列。梯度转移理论的研究表明了区域间经济发展水平的梯度差异是产业转移发生发展的客观基础。

二、国内有关产业转移问题的相关研究

我国学者对于产业区域转移的研究由于实践的滞后，目前还处于初始阶段。1997年卢根鑫博士从马克思主义经济学理论的角度研究了国际产业转移问题，是我国较早对产业转移问题进行研究的学者，随后许多学者和专家从不同层面对产业转移进行了研究。目前，国内对产业转移问题的研究主要集中在产业转移的概念及类型、对国外产业转移的理论学习和借鉴、产业转移的动力机制、产业转移的效应、从承接地角度探讨产业转移等几个方面。关于产业转移机理及模式的研究还没有形成一个比较清晰的分析框架。

从国外产业转移的理论学习与借鉴角度，针对克鲁默和海特等人创立的区域发展梯度推移理论，何钟秀、夏禹龙、冯之浚等国内学者明确提出了一种经济发展战略理论——梯度理论。该理论认为，区域之间存在着经济技术梯度，推动经济发展的创新活动（包括新产品、新技术、新产业、新制度和管理方法等）主要发生在高梯度区域，然后依据产品周期循环的顺序由高梯度区域向低梯度区域逐步推移，梯度推移主要通过城市系统来进行。张可云从汤普森的"区域生命周期理论"与弗农的"产品生命周期理论"两个方面探讨了区域产业转移的客观必然性，并推导出两个基本结论：一是经济与技术发展的区域梯度差异是客观存在的；二是产业与技术存在着由高梯度地区向低梯度地区扩散与转移的趋势。陈建军将赤松要的雁行发展模式和弗农的产品周期理论结合起来，发现了一个相对完整的国际间产业转移模式。

从产业转移的动因角度，王先庆认为由不同经济—地理空间存在的"成长差"与不同区域产业主体之间的相关"利益差"共同构成的"产业差"是产业转移的基础。正是由于"利益差"的存在，各类产业总是向着能获取最大利益的区域转移。邹篮等指出由于我国东西部区域经济发展差距所造成的势差，给区域间的产业转移创造了条件，由于在工资、房租、地租、原材料价格、公用事业费用等方面存在着很大的区域差，产业主动或被迫向低成本地区流动以控制成本上升。陈刚等人认为在撤退产业转移中，发达区域的衰退性产业是主体，而区域产业竞争优势的消长转换则是衰退性产业空间移动的内在根源和基本动机。郦瞻、谭福河、沈肖媛认为引起浙江省三大产业转移的因素是产业结构的调整、追求经营资源的边际效益最大化、企业成长的需要。陈建军认为地区之间发生产业转移最基本的条件是两地区之间具有较为密切的经济联系，这种经济联系的主要纽带是产品和要素的流动。魏后凯从产业转移的微观主体企业角度，认为影响企业迁

移的决定性因素不仅包括来自现有区位的推力和来自目标市场区位的拉力的大小，还包括那些使企业决定继续留在现有区位的因素，这些因素主要涉及企业迁移所造成的固定资本和可变资本的损失，维持现有劳动就业关系，来自地方政府的压力以及管理者旅行成本增加等因素。李小建等通过对区域基础、国家政策、发展战略等因素的研究，认为我国经济发展水平从东部沿海地区向西部内陆地区逐步降低，存在梯度差异，而东部地区产业结构的高级化将导致一些传统产业向其他欠发达地区转移。

从区域产业转移的模式角度，曹荣庆认为区域产业转移和结构优化的模式大致有六种，即整体迁移型、商品输出型、市场拓展型、资本输出型、产业关联型和人才联合型。郑胜利认为当前区域产业转移中出现了一种产业"集群式"转移的现象，即一些有着内在产业联系的上、下游的生产企业相继由某一地区转移到另一地区。

陈建军通过分析浙江和西部省区各自的资源优势和市场特点，认为浙江和西部地区产业分工的主要模式应该是水平分工模式而不应是垂直分工模式，通过产业转移，合理地进行产业分工与协作，达到提升企业竞争力和区域产业结构优化的目标。马海霞分别从区域传递的空间指向特征、地域变化特征出发，提出了区域传递的梯度推进模式与中心辐射模式两种主要的区域传递空间模式，前者主要是强调传递的梯度指向，后者则强调传递的空间邻近性，认为应将中心辐射模式与梯度推进模式相结合，通过小范围多中心辐射实现大范围梯度推进。毛蕴诗、汪建成通过对广东49家大型重点企业的问卷调查，分析了大企业集团的扩展路径，认为不同的扩展维度，其拓展的路径选择不同，资金运作维度以银行贷款、内部积累为主；空间维度以国内为主、积极开拓国际市场；组建方式维度以创建、合资控股、参股为主；业务活动维度以横向一体化和相关多元化为主。

从区域产业转移的效应角度，陈红儿认为，区域产业转移对转出和转入双方的经济发展都有重要作用。对发达区域而言，它是区域产业结构调整升级的重要途径，也是区域产业竞争优势转换升级的有效方式。对欠发达区域而言，产业转移是区域经济启动与发展的良好契机，也是区域产业结构升级转换的可行方略。聂华林专门研究了我国东部向中西部产业转移的效应问题，认为东部向中西部的产业转移为中西部产业结构调整和升级提供了契机，有利于提高中西部产业的科技水平和形成规模经济，有利于缓解西部的产业趋同现象。王先庆认为产业转移的效应主要是整合升级效应，不仅会使转移方自身的结构优化和内部空间联系有机化，而且会优化被转移方的产业结构，从而强化转移方与被转移方之间的外部联系，并指出产业转移是一种"双赢"而非"单赢"。魏后凯从竞争力的视角，指出产业转移对转出区一般会降低转移产业的竞争力，减少就业机会，而转入区通常会提高转移产业的竞争力，增加就业机会和产业配套能力，形成集聚经济效应。

从承接产业转移的角度，王珺指出，没有自主创新，单纯地依靠承接产业转移是不能成为世界工厂的。徐毅认为，江西承接沿海发达地区产业转移必须促进产业集群化发展，以服务业作为有力支撑，高度重视跨国公司的作用。邓利方认为，广东在承接新一轮国际产业转移的过程中将受到低附加值、劳动密集型产业结构、资本、技术市场滞后、区位优势逐渐丧失、某些产业的竞争力不足、高素质人才缺乏等因素的制约，提出要调整产业结构、培植具有核心竞争力的本土企业、实现优秀人才的本土化。徐向红等考察了美国中小企业产业转移动因的孕育和形成过程后认为，山东在承接美国中小企业产业转移方面具有产业基础优势、廉价成本优势、市场空间优势、长期商贸合作优势、体制环境优势。戴宏伟等人认为承接产业转移的路径主要通过城市（镇）来完成，并且内陆与沿海城镇存在明显的地域差异。

第三节　河南承接产业转移的意义、优势与特点

承接产业转移是河南省反映产业结构调整，推进产业开放的重要战略举措，如何更好地发挥自身优势，不断提高承接产业转移的质量，对河南开放型经济健康发展具有重要现实意义。

一、承接产业转移对河南经济发展的意义

目前，河南省经济发展正处于推进产业结构调整、加快经济发展方式转变的重要阶段，无论从尊重生产力发展自身规律的角度考虑，还是为优化生产力空间布局、形成合理产业分工体系的目标考虑，把握好当下国际国内产业分工调整的关键机遇期都相当重要。河南省资源丰富、要素成本低，而且市场潜力大，如果能够积极承接国内外产业转移，不仅有利于加速河南省新型工业化和新型城镇化进程，促进区域协调发展，而且有利于推动河南省经济转型升级，优化产业分工格局。"十二五"河南省发展的快慢与好坏，很大程度上将取决于产业转移顺利与

否。河南省产业转移承接与消化水平、服务与发展能力，将对整个地区产业的转型升级产生重要的影响。

二、河南承接产业转移的优势

河南在承接产业转移方面有很多独特的优势。河南地处中原，交通发达，区位优势特殊，基础设施日臻完善，要素成本优势明显，内需市场广阔，发展潜力巨大；河南在经济、教育、科技、基础设施建设等方面具备了相当的基础和水平；河南是我国第一人口大省，丰富的人力资源、人才资源优势日益凸显；河南是农业大省，农业和粮食优势十分突出；河南是文化大省，是中华文明的重要发祥地，随着文化对经济发展的带动，支撑作用进一步加强；在实施扩大内需、落实产业调整和振兴规划等政策措施的强力推动下，承接东部沿海地区和国外产业转移的步伐明显加快；河南与东部地区产业转移区位选择的契合度较高，双方互补性很强。

基于以上有利条件，近年来，河南在承接产业转移方面取得了显著成绩。在2010年11月12日举行的中国郑州2010产业转移系列对接活动上，河南省共签约项目381个，投资总额1371.3亿元，其中，新材料、新能源、电子信息、高端装备制造等新兴产业成为亮点。这次产业转移系列对接活动有两个特点：①承接项目质量高。食品、有色、化工、汽车及零部件、装备制造、纺织服装等河南省六大优势行业承接项目195个，投资总额549.1亿元，占总签约金额的40%，其中，代表产业升级方向的装备制造、汽车及零部件项目最多、数额最大，签约项目83个，投资总额260.7亿元；承接的43个纺织服装项目、15个有色项目、40个化工项目，集中在弥补短板链条和精深加工方面。另外新材料、新能源、电子信息、高端装备制造等新兴产业签约项目96个，投资总额280亿元，成为此次活动的亮点。②集群承接效应明显。从转出地看，港、澳、台地区及美国、日本、英国、加拿大、瑞士等境外项目32个，投资总额297.3亿元，占总签约金额的21.7%；长三角、珠三角、京津冀地区项目239个，投资总额759.7亿元，占总签约金额的55.4%，抱团转移、整体转移态势明显。从转入地看，郑州、洛阳、新乡、南阳、安阳5个省辖市承接转移项目142个，签约总额640.1亿元，占总签约金额的46.7%；河南省重点产业集聚区承接产业转移项目322个，投资总额1091.6亿元，占总签约金额的79.6%，板块承接态势明显。

河南承接产业转移应立足于自身现有的比较优势，重点培养经济发展的内生力，最大程度地发挥承接转移产业的有利影响。从区域竞争的角度看，河南的某些传统比较优势还不明显，因此要进一步挖掘潜力，将资源、劳动力成本、交通、市场需求等优势进行整合，发挥整体作用。要挖掘河南商贸和物流潜力，发挥政府对相关专业市场、行业的规划引导作用，大力发展现代物流业，构建区位竞争新优势。同时，要积极提升产业竞争要素的质量和层次，实现依赖于要素禀赋的低成本比较优势向依赖于区域创新和技术变革的高级竞争要素的转变。

三、河南省承接产业转移的特点

综合分析前一个时期河南承接产业转移的实际情况，主要有七个特点：

1. 外资利用总额稳步增长，单个项目利用外资规模扩大

"十一五"以来，河南省合同利用外资额和实际利用外资额稳步增长，其中2009年因为国际金融危机的影响，合同利用外资额有所回落，但实际利用外资额仍然保持稳步增长态势。

"十一五"期间，全省新批外资项目2000多个，合同利用外资累计约249亿美元，实际利用外资累计约为200亿美元，年均增长38.4%。其中，2010年全省新批外商投资企业362个，比2009年增长32.1%；合同利用外资58亿美元，同比增长17.5%；实际利用外资62亿美元，同比增长30.2%。合同利用外资和实际利用外资分别是2006年的1.7倍和3.3倍（见表10-1）。

表 10-1　2006~2010 年河南省外资利用情况

单位：万美元

年　份	新批外资项目（个）	合同利用外资	实际利用外资
2006	497	336788	184526
2007	516	483538	306162
2008	364	604146	403266
2009	274	492055	479858
2010	362	578385	624669
合　计	2013	2494912	1998481

资料来源：根据河南省商务厅利用外资档案整理。

2005~2010年，河南省每年新增利用外资项目在数量上有所减少，但外资利用总额稳步上升，反映了河南省引进外资项目质量有所提高，单个项目资金量稳步增加。

2. 外资来源地集中度较高

"十一五"期间，共有20个国家和地区来河南省投资，主要集中在港台地

区，其中，新批港资项目 946 个，占全省总数的 47%；合同利用外资金额 142 亿美元，占全省合同利用外资额的 57.03%；实际到位资金 107 亿美元，占全省总额 54%（见表 10-2）。

表 10-2　"十一五"期间河南省利用外资来源地情况

国家和地区	新批项目（个）	占比（%）	合同利用外资（亿美元）	占比（%）	实际利用外资（亿美元）	占比（%）
中国香港	946	47	142	57.03	107	53.77
中国台湾	166	8	15	6.02	8	4.02
美国	151	7	8	3.21	4	2.01
日本、韩国	116	6	6	2.41	2	1.01
欧盟	103	5	8	3.21	8	4.02
其他	531	26	71	28.51	69	34.67
合计	2013	—	250	—	198	—

资料来源：根据河南省商务厅利用外资档案整理。

近年来，来河南省的外资来源地主要集中在中国香港、中国台湾、新加坡、加拿大和欧盟等国家和地区。其中 2010 年批准外商投资项目 362 个，其中港资项目 220 个，占总额的 60.7%；台资项目 31 个，占总额的 8%。实际利用香港地区资金 25 亿美元，占总额的 52.7%；实际利用新加坡资金 42 亿美元，占总额的 21%。实际利用台湾地区资金 3.5 亿美元，占总额的 1%。

3. 投资方式仍以外商独资为主

"十一五"期间共设立外商投资企业近 2000 家，其中，中外合资企业 696 家，中外合作企业 139 家，外商独资企业 1024 家，占全省新批外资企业的 50.9%，股份制企业 7 家，其他类型企业 147 家。2010 年，全省新批外商独资企业 216 家，占新批外企的 59.6%（见表 10-3）。

表 10-3　2006~2010 年河南省外商投资企业注册登记情况

单位：家

年　份	中外合资企业	中外合作企业	外商独资企业	股份制企业	其他企业
2006	232	40	223	2	—
2007	153	25	271	2	65
2008	93	26	161	2	82
2009	100	21	153	0	—
2010	118	27	216	1	0
合计	696	139	1024	7	147

资料来源：根据河南省商务厅利用外资档案整理。

从外商投资方式来看，外商独资企业一直占据着一半以上的份额。从 2000 年外商独资企业利用外资首次超过合资经营企业以来，外商独资比重不断增大。2006 年，外商独资企业实际投资 462.8 亿美元，比 1999 年增长 7.7%，增幅高于全国实际利用外商直接投资 3.2 个百分点；占全国实际利用外资的 73.4%，比 1999 年增加了 2.2 个百分点，比 2000 年增加 26.1 个百分点。外商投资股份制企业比重逐渐增大，尤其是 2009 年 1~6 月，外商投资股份制企业比重从 2008 年的不足 1% 跃升至 3.1%；合资经营企业比重则呈逐年递减趋势，从 2006 年的22.8% 下降到 2009 年 1~6 月的 18.26%；合作经营企业比重较小，一直维持在 2%左右。以上数据表明，越来越多的外商以独资方式进行投资。

4. 外资利用领域仍以第二产业为主，向第一、第三产业拓宽

"十一五"期间，河南省农林牧渔行业外商投资项目 97 个，占外资项目总数的 4.8%；合同利用外资 9.6 亿美元，占合同外资总额的 3.9%；实际利用外资 5亿美元，占实际利用外资总额的 2.5%。采掘业项目 26 个，占外资项目总数的1.3%；合同利用外资 3.1 亿美元，占合同外资总额的 1.3%；实际利用外资 13.7亿美元，占实际利用外资总额的 6.9%。制造业项目 1111 个，占外资项目总数的55.2%；合同利用外资 139.7 亿美元，占合同外资总额的 56%；实际利用外资99.7 亿美元，占实际利用外资总额的 50%。服务业外资项目 127 个，占外资项目总数的 6.3%；吸引合同外资 14.1 亿美元，占合同外资总额的 5.6%；实际利用外资 4.2 亿美元，占实际利用外资总额的 2.1%（见表 10-4）。

表 10-4 "十一五"期间外资主要投资行业分布情况

行　业	项目数（个）	占比（%）	合同利用外资（万美元）	占比（%）	实际利用外资（万美元）	占比（%）
农林牧渔业	97	4.8	96427	3.9	50055	2.5
采掘业	26	1.3	31453	1.3	137045	6.9
制造业	1111	55.2	1397573	56.0	997197	50.0
纺织	34	1.7	29857	1.2	32929	1.7
电子及通信设备制造	71	3.5	83542	3.3	50922	2.6
电力、煤气及水的生产和供应	57	2.8	120333	4.8	262193	13.1
建筑业	28	1.4	73134	2.9	35838	1.8
交通运输、仓储及邮电	31	1.5	54276	2.2	19355	1.0
房产业	130	6.4	249228	10.0	277935	14.0
社会服务业	127	6.3	140722	5.6	42338	2.1
其他	301	15.0	218367	8.8	86674	4.4
合计	2013		2494912		1998481	

资料来源：根据河南省商务厅利用外资档案整理。

2010 年，全省第二产业领域新批外资项目 240 个，占全省新批外企的 66.3%；新增合同外资 43 亿美元，占全省的 95.7%；实际到位资金 48 亿美元，占全省的 71.4%。其中制造业居各个行业首位，新批制造业项目 199 个，占全省的 54.97%；合同外资 33 亿美元，占全省的 56.9%；实际利用外资 33 亿美元，占全省的 53.22%。除传统的制造业外资利用进一步增加外，外商投资向供水、供气等城市基础设施、房地产领域发展，教育、医疗、商业项目利用外资取得了进一步的成效，西亚斯商学院、升达大学、博爱眼科医院、丹尼斯百货、易初莲花超市、沃尔玛大型仓储超市、中陆物流等不仅方便了人们的生活，还引进了先进的管理理念。

5. 郑州、洛阳等中心城市继续成为实际利用外商直接投资的首选地域

河南省外资利用仍然集中在郑州、洛阳等中心城市，"十一五"期间，郑州市外商投资项目 576 个，占全省"十一五"外商投资项目的 28.61%；合同利用外资 89 亿美元，占全省合同利用外资的 35.87%；实际利用外资 65 亿美元，占全省实际利用外资的 32.69%。省级以上经济开发区的外资利用额在逐年上涨，2010 年全省省级以上经济开发区新批外商投资企业 56 家，合同利用外资 12.7 亿美元，实际利用外资 6 亿美元，分别占全省的 15.5%、5.1% 和 3%（见表 10-5）。但这个数字仍然远远低于沿海发达省开发区利用外资占总额的比重，同时各类园区、开发区管理落后混乱，已经严重影响了河南省利用外资的整体发展。

表 10-5 "十一五"期间河南省利用外资分地区情况

地 区	项目（个）	占比（%）	合同利用外资（万美元）	占比（%）	实际利用外资（万美元）	占比（%）
郑州	313	15.55	511151	20.49	460109	23.02
郑东新区	51	2.53	107250	4.30	61885	3.10
郑州经济区	90	4.47	190498	7.64	95227	4.76
郑州高新区	122	6.06	86051	3.45	36175	1.81
开封	87	4.32	73948	2.96	35268	1.76
洛阳	166	8.25	256527	10.28	352317	17.63
洛阳高新区	40	1.99	120453	4.83	34552	1.73
平顶山	55	2.73	62318	2.50	57837	2.89
安阳	69	3.43	57218	2.29	49043	2.45
鹤壁	60	2.98	71374	2.86	57368	2.87
新乡	172	8.54	120717	4.84	103367	5.17
焦作	63	3.13	51410	2.06	82273	4.12
濮阳	45	2.24	33773	1.35	28328	1.42

续表

地　区	项目 （个）	占比 （%）	合同利用外资 （万美元）	占比 （%）	实际利用外资 （万美元）	占比 （%）
许昌	96	4.77	68171	2.73	66696	3.34
漯河	76	3.78	128447	5.15	106966	5.35
三门峡	54	2.68	124847	5.00	122145	6.11
南阳	142	7.05	112978	4.53	60172	3.01
商丘	64	3.18	57544	2.31	30951	1.55
周口	66	3.28	46162	1.85	48305	2.42
驻马店	98	4.87	132548	5.31	38327	1.92
信阳	64	3.18	55985	2.24	44624	2.23
济源	20	0.99	25548	1.02	26546	1.33

资料来源：根据河南省商务厅利用外资档案整理。

6. 跨国公司在豫投资持续增加，利用外资质量进一步提高

"十一五"期间，河南省积极承接"两个转移"，加大了对世界跨国企业公司招商引资的力度，新增世界 500 强企业 30 家，大型跨国企业和国际知名企业如德国西门子、美国沃尔玛、英国吉凯恩、法国电力、百事可乐、富士康、家乐福、麦德龙、百思买等落户河南。目前世界 500 强企业在河南投资的达到 68 家。

7. 利用外资方式开始向多元化发展

"十一五"期间，除了传统意义上的外商直接投资（FDI）外，河南省也开始探索并实施利用收购、并购、兼并、风险投资、投资基金和证券投资等方式吸收外资。

截至 2010 年年底，全省已有 32 家企业在境外成功上市，融资近 228 亿元人民币。企业上市主要集中在 2006 年以后，其中，2009 年 3 月郑州鸽瑞材料有限公司在美国 OTCBB 板块上市，11 月成功转板纳斯达克市场并募集资金 1.88 亿元人民币；10 月 29 日，郑州神阳科技在美国纳斯达克首发上市，募集资金 1.7 亿元人民币；11 月 16 日，中阀科技也成功实现转板纳斯达克。12 月 8 日，河南心连心化肥有限公司在中国香港成功上市，公司股票在中国香港联合交易所主板正式挂牌交易，此前该公司曾于 2007 年 6 月 20 日在新加坡股市上市，至此，其成为中国第一家在香港地区和新加坡双重上市的化肥企业，也是河南省首家实现境外两地挂牌的上市企业。2010 年，四维机电、天伦燃气、正力聚合物等 3 家企业在境外成功上市，耕生耐材、泓利煤焦在美国转板纳斯达克。

永煤集团、河南天冠、中原内配、漯河奥的利饮料等一批企业通过外资并购引进了新的战略合作伙伴；双汇集团、天方药业、辅仁药业、河南华润电力首阳

山、河南新飞电器、益海（周口）粮油、河南裕达置业、郑州新力电力等一批企业通过外资增资扩股，实现了规模扩张。耕生耐材、栾川钼业、新东方能源化工、心连心化工、郑州燃气、天海雪城汽车、鑫苑置业、中国阀门控股、灵宝黄金等企业在美国、新加坡以及我国香港实现成功上市，拓宽了引资渠道，募集资金逾 100 亿元人民币。

第四节　河南省承接产业转移的宏观管理主体分析

承接产业转移是一项复杂的工作，要求政府部门与企业密切配合。政府在其中发挥宏观管理职能，是承接产业转移的宏观管理主体，主要职能是营造环境，提供服务。企业是承接产业转移的微观主体，是承接产业转移的主角，是实质上的运作者和决策者。

一、河南政府部门对招商引资工作的突出贡献

在承接产业转移的工作中，河南各级政府作为宏观管理主体，在许多方面都发挥着重要的作用，并取得了显著的成效。主要表现在以下三个方面：

1. 政府对招商引资工作的支持力度不断加大

近年来，河南省委、省政府和各级政府部门对招商引资工作的支持力度不断加大，主要体现在重视程度、财政支持和组织保障三个方面。

（1）重视程度方面：近年来，省委、省政府把招商引资作为拉动全省经济快速发展的重大战略举措，2008 年召开的全省第五次对外开放工作会议明确提出要把招商引资作为实施开放带动主战略的突破口。国际金融危机爆发后，省委、省政府又把招商引资作为"战危机、保增长"的重要战略举措来抓，在全省强力实施"大招商"活动，省委、省政府连续出台了《关于进一步加强招商引资工作的意见》《关于承接产业转移，加快开放型经济发展的指导意见》，对全省的招商引资工作进行布置和安排。

（2）财政支持方面：省级财政建立了 5000 万元的招商引资专项奖励资助和 5000 万元的承接产业转移专项资金，同时还从税收、资金、项目建设用地等各个方面对全省的招商引资工作实施全方位的支持。市县财政部门和相关管理机构

也都制定了相应的资金支持措施。

（3）组织保障方面：各级政府都把招商引资作为"一把手工程"来抓。各市县都成立了由主要领导任组长的招商活动领导机构，一些大型招商引资活动一把手亲临第一线；重大招商项目信息，一把手亲自掌握，亲自参与研究；重大客户，一把手亲自拜访，亲自参与谈判；招商引资过程中出现的重大问题，一把手亲自过问，亲自落实。"一把手工程"为招商引资工作的顺利开展提供了组织保障。

2. 各级政府部门都把优化投资环境作为招商引资的生命线来抓

在加大对招商引资工作支持力度的同时，河南各级政府十分重视优化投资环境，把优化投资环境作为招商引资的生命线来抓。特别是省政府有关职能管理部门，认真研究国家有关政策的发展变化趋势，研究我国加入世界贸易组织的各项承诺，在全国率先取消外资企业项目建议书和一般利用外资项目的可行性研究报告审批，对合同、章程实行备案制，下放外资项目审批权限，实现外商投资项目无偿代理制和投资便利化措施，开通运行投资促进网络管理系统，在全国率先实现招商引资和项目评估跟踪管理信息化。省政府先后出台了《河南省损害经济发展环境责任追究办法》和《河南省外商投诉处理应急机制》，建立了投资环境评价机制、外商投诉处理分级负责制和责任追究制、"零投诉"责任制、领导包案制、限期解决重大和久拖不决案件责任制等，对维护河南的良好形象、优化河南的投资环境发挥了重要作用。

3. 各政府部门协调联动帮助企业招商，取得了良好的效果

省政府各有关职能管理部门充分发挥自身的管理职能和有利条件，主动与市县有关部门和企业沟通，形成招商引资合力。省发改委注重加强与央企的对接，促成了河南企业与中核、中电投、南航、中铁总公司、兵器集团、南车集团等央企的合作。省商务厅发挥自身在政策、信息、渠道、专业人员等方面的优势，为省内企业招商引资做好前期项目储备、信息服务、牵线搭桥工作，中期提供项目无偿代理服务，后期协调服务、投诉受理等多元化的服务职能，为全省的大招商活动做出了突出贡献。省工信厅围绕河南十大产业调整振兴规划，指导省内企业招商引资和产业集聚区建设。省工商局积极融入全省的大招商活动，会同有关部门组织企业赴浙江等地开展坐地招商，坐地回访，一对一接洽项目，面对面交换意见，现场协商解决问题。省外侨办、省委统战部、省贸促会等部门也都从本部门的实际情况出发，发挥自身优势，为推进全省的大招商活动做出了积极的贡献。

二、政府部门的宏观管理职能还需要进一步加强

近年来，河南各级政府部门纷纷加大招商引资力度，在支持、协调、参与招商活动，减免税费，简化审批登记手续等方面做了许多工作。但从整体上看，政府的宏观管理职能发挥得还远远不够，特别是在宏观协调、投资软环境改善方面的工作还有待进一步加强。今后一个时期，河南各级政府如果能够积极推进各项改革，更好地发挥政府的宏观管理职能，进一步优化投资软环境，降低产业转移的综合商务成本，对增强河南在承接产业转移方面的竞争力将是十分有益的。具体来讲，政府主要应在以下方面发挥宏观管理主体职能。

1. 通过政府调控这只"看得见的手"来弥补市场失灵

市场决定资源配置是市场经济的一般规律，但这只"看不见的手"也并不是万能的，存在市场失灵的问题。市场失灵是在不完全竞争和非竞争环境下，市场不能有效地配置资源，引导供求平衡的一种状态。由于市场失灵的存在，如果单纯依靠市场机制，无法避免在产业转移过程中的收入与财富分配不公、环境负效应、竞争失败和市场垄断、失业、区域经济不协调、公共产品供给不足、公共资源过度使用等现象的发生。这些问题要通过政府作用才能得到有效解决。因此，要运用政府调控这只"看得见的手"来弥补市场失灵。

2. 通过政府宏观调控优化产业结构和资源配置，为引进高层次项目创造条件

产业结构优化是一个动态的过程，其目的在于使某一区域的资源配置效率达到最优。这是一项复杂的社会系统工程。在产业转移过程中，市场配置资源的作用也具有滞后性，容易导致大量的资源浪费，导致重复建设。政府通过宏观调控，实现事先调节，避免不必要的资源闲置与浪费。通过制定和实施产业政策，可以有效地支持和引导各类生产要素向区域未来的主导产业与支柱产业转移，从而加速区域产业结构的合理化与高度化，实现产业资源的优化配置。

当前，东部地区产业转移更多看中的是河南丰富的能源、资源、劳动力供给和优惠的土地、税收、环保政策，转移的产业层次比较低，容易给承接地区造成能源资源的大量消耗，使环境污染加重，土地资源大量占用等问题。在这种情况下，也要求政府部门发挥宏观调控职能，组织上下游企业，围绕产业链条重构进行联合重组，鼓励源头企业与深加工企业就地配套、就地协作，促进企业的规模化发展。通过技术改造、大企业兼并小企业、优势企业兼并弱势企业等方式，促进同类行业企业整合重组。通过各种形式的重组和整合，提高河南企业自身的实力，为引进高层次项目创造条件。

3. 营造有利于承接产业转移的环境

适宜的制度环境、市场环境和人文环境是承接产业转移的基础性条件。政府在这个方面有大量的工作需要做。要提高政府办事效率,转变政府职能,强化服务意识,提高政府各部门整体办事效率,为企业提供完善便捷的服务,降低企业的信息、融资、营销等环节的成本。要进一步完善产权制度,促进要素的自由流动。要针对产业转移中存在的产权纠纷和利益分配、金融信贷、土地使用权等方面的实际障碍,调整和明确不相适应的政策法规,提高司法效率,构建公正、透明的市场规则和法律、法规体系,设立有效的监督机构,保证竞争的公平性。为产业转移提供良好的交通、通讯、电力、邮政等基础设施和公共服务。大力发展各种教育,加速培养具有较高素质的管理人才、营销人才和各类技术工人,加强人才的储备,重视"能人"的效应,大力推动外出务工人员的"回流工程"建设,并主动承担起包括创业精神、信任和合作文化、高效的产业文化等区域人文环境的培养。

4. 把好引进项目关

产业转移主要是沿着两个方向展开的。一是发达国家或地区向欠发达国家或地区的扩张性转移。二是发达国家或地区向落后国家或地区的衰退性转移。在承接产业转移中,地方政府应该加强项目的筛选和取舍,对于那些衰退性转移的产业,即使目前利润率和市场占有率很高,也不能不加选择地接纳。应充分利用跨国公司的技术转移和技术扩散,提高自身的自主研发能力,催生一批具有比较优势的产业和行业。同时,集中优势力量,对这些产业加大研发费用投入,加大政策支持力度,增强研发能力,加速其发展。特别是要利用国际金融危机提供的契机,掀起新一轮承接境外及国内沿海地区产业转移的新高潮。要依托工业开发区和园区,围绕产业延伸、配套,高水平承接国内外产业转移项目,要以产业引资,以项目引资。要严格准入门槛,坚决避免低水平重复引进。要创新承接产业转移工作机制,建立省际间的高层产业转移统筹协调机制和重大承接项目促进服务机制,引导发达地区产业向河南各地有序转移。

5. 坚持以科学发展观指导招商引资的各个环节

河南承接产业转移工作坚持以科学发展观为指导,紧紧围绕国家产业政策,以开发区、产业集聚区为主要载体,以优势产业为主要依托,组织和动员各方面力量,强化招商意识,细化责任,落实任务,办好重要招商引资活动,推动与国内外500强企业的战略合作,积极承接国内外产业转移,促进经济平稳较快增长。

要以大型招商引资活动为平台,以客商邀请和项目对接为重点,周密组织,精心筹划，办好省内、省外、境外重点招商引资活动，迅速掀起招商引资新高潮。加强园区投融资、信用担保、信息咨询、人才交流、技术研发、第三方物流等综合服务平台建设，积极培育优势产业、骨干企业和配套中小企业，强化资本、资源、人才、技术等相关保障要素建设，落实好土地利用、资源配置、税费优惠、招商引资等园区促进政策，着力打造若干个主导产业明确、优势特色突出、关联产业集聚、资源设施共享、污染治理集中、废物循环利用的工业集中发展区，为工业向园区集中、生产要素向园区集聚、发达地区产业整体转移落地创造条件。

要制订实施中小企业成长计划。在具有增长潜力的传统优势产业加工制造领域和新兴产业领域，支持和引导技术创新，推广应用先进适用技术、工艺和设备，开发新产品，提高产品质量和市场开拓能力。优先支持工业园区、创业基地内的中小企业加快产业升级、产品升级，优化产业结构、产品结构。

加大工作力度，争取扩大批量承接项目的规模。主要是抓好各地在省外举办的招商活动。以往，郑州市在北京举办的针对境内外 500 强企业的招商活动，在广东、福建、浙江举办的承接产业转移招商活动，开封市在福建举办的专业招商会，洛阳市在石狮市、绍兴市举办的承接产业转移洽谈会，济源市在珠三角地区举办的经济技术合作洽谈会等一系列承接产业转移招商活动在批量承接项目方面都获得了较好的成绩。在这个方面今后要采取更加有效的措施，比如可以采取高层次、小规模的形式，定期赴京津地区、长三角、珠三角等地拜访国内外 500 强公司总部、办事处，介绍河南省投资环境，推介河南省重点招商引资项目，了解国内外 500 强企业投资意向，吸引国内外 500 强企业来豫投资。同时，要办好鹤壁市石林陶瓷产业园区，吸引广东佛山陶瓷产业集群落户；办好安阳市太阳能光伏产业园，充分利用当地石英砂资源及现有的光伏太阳能企业优势，形成光伏产业链；办好洛宁玩具产业园，发挥当地劳动力成本优势，承接玩具产业转移；办好偃师多晶硅及太阳能光伏产业园，形成以多晶硅为主的硅材料产业链，带动太阳能光伏发电组件等下游产品和相关配套产品的快速发展；加快慧图科技园建设，推动惠济区软件服务外包产业发展；进一步加强与美国玮伦集团的合作，争取更多的制鞋企业落户周口，打造鞋业出口基地；积极争取深圳联创科技集团联合韩国企业在郑州经济技术开发区投资建设光电产业园。以举办河南省承接纺织服装玩具产业转移洽谈会为契机，引进一批优势服装生产项目，加快郑州纺织工业园、新密市曲梁服装工业园等服装产业园区建设。总之，要通过办好已有项目，进一步带动国内外 500 强企业增资扩股，推进与国内外大企业、大集团的战略合作。

第五节　河南省承接产业转移的微观主体分析

企业是产业转移的微观主体，不管是从产业转出地还是从产业转入地看，企业都是产业转移的主角，是实质上的运作者和决策者。从企业的角度分析，产业转移就是以企业为主体的跨区域投资活动，如转移总部，设立分支机构，建立加工基地或兼并收购等行为。企业不仅是产业转出的主体，也是承接产业转移的主体。发挥企业的主体作用，更好地调动企业的积极性，对河南承接产业转移是十分重要的。

一、产业转移（转出）主体分析

跨国公司和大公司由于能够通过扩大规模将一些交易纳入企业内部，以降低组织和交易成本，一度成为发达国家对外直接投资的主体。随着经济全球化进程的加速，中小企业很快也加入对外扩张的轨道上来。一些国家和地区发挥中小企业的特定优势开展对外直接投资，已经成为国际产业转移的新趋势。20 世纪 90年代初，西欧的中小跨国公司占世界中小跨国公司总数的 60%左右，其中德国最多，瑞典次之，它们中约有 70%属于高新技术企业或具备技术专长。台湾对外直接投资也以中小企业为主，占 70%左右。中国香港的对外直接投资主体也是中小企业，但它的主要竞争优势在于管理、营销以及原有的贸易网络。

现代经济中，企业是建立在制造业大发展的基础之上的，制造业的特点决定了在其发展过程中专业化分工会进一步深化，往往围绕一个大型企业，跟进众多中小企业，与之形成配套协作关系，资本密集度越高的制造业大企业对中小企业订货的依赖程度就越强。

我国在计划经济体制下发展起来的重型制造业，不是在市场力量作用下形成的产业聚集，而是在行政主导下形成的，而且区域内部专业化分工水平低，为生产服务的第三产业不发达，都形成产业结构升级的障碍。如果各地在吸引跨国公司投资的同时，能够围绕当地的产业特点，有针对性地吸引国外中小企业，加快区域内专业化分工的形成，延长产业链，就能在促进产业结构升级的同时，推动生产服务业的发展，使整个产业水平全面提升。

二、承接产业转移的主体分析

河南要扩大招商引资规模，提升招商引资的质量，发挥企业的积极性是十分重要的。但是，河南在过去一个时期的招商引资工作中存在一个普遍现象，即地方政府的积极性往往高于企业，政府部门长期在各项招商引资活动中扮演主角，甚至利用行政权力督促企业参加各种形式的招商活动，硬性分配招商指标等。企业整体上只是一个配角，难以按照自身的实际需求自主开展资本运作和招商引资活动，甚至有一部分企业在政府组织的各项活动中为完成任务而采取各种应付策略。这种情况的存在，与完善市场经济体系的要求不适应，同时还形成一系列的负面影响，比如，导致招商引资的成本越来越高而效率却越来越低，使相当一部分意向性合同在后期难以落实，招商引资的质量很难保证等，特别是企业通过招商引资推动技术进步和产业升级的效果也由此大打折扣。

要改变这种状况，必须尽快把企业推向招商引资的前台，强化企业的主体地位、主体意识和效率观念，使企业能够依据技术进步、产品升级、市场拓展、品牌提升等各方面的实际需求，自主选择招商引资的时机和项目，高效地开展招商引资活动。与之相对应的一个问题，就是政府的支持、协调、服务要以发挥企业的积极性为前提，政府的支持、协调、服务不能形成对企业的强制和包办，不能干预企业的微观决策。

第六节 河南省承接产业转移的产业和政策分析

在河南承接产业转移的过程中，依据国家产业政策和河南自身推进产业结构调整和产业升级的需要，科学确定承接产业的重点和方向，并实施科学的政策引导和扶持，对河南产业竞争力的长远提升是一个十分重要的问题。

一、产业分析

产业的迁入与技术的发展和应用都是有条件的。一方面，承接的产业必须适合河南的基本情况和目标产业发展的实际需要，最先进的未必是最适用的，因此承接的产业一定要与河南的产业基础相适应。另一方面，承接的产业要与国家和河南的产业政策相匹配，与国家在产业布局中对河南的定位相匹配，与河南的产业规划重点相匹配。

今后一个时期，河南承接产业转移首先要立足于转变经济发展方式、提高现有产业的发展质量和素质，走内涵式集约节约循环发展之路。

1. 加强产业结构调整力度，推进产业优化升级

推进产业结构的优化升级是承接产业转移的战略重点。为此，一是要突出延伸产业链，加快产业循环链建设，提高资源综合利用水平；二是要大力发展循环经济，构建以循环型工业为载体，农业、服务业全面参与的循环经济产业圈；三是要大力发展现代服务业，优化提升传统服务业，促进先进制造业发展，加强公共服务业。

2. 培育战略性新兴产业，加快经济转型

重点应抓好三个方面的工作：一是加快发展装备制造业，要加大关键技术攻关力度；二要积极提升电子产业，要引导设计、研发企业与整机制造企业加强合作，积极围绕国内整机配套调整元器件产品结构，着力依靠整机升级扩大国内有效需求；三要加快发展节能环保产业，真正把节能环保产业作为重点产业甚至支柱产业来优先发展。

3. 河南省承接产业转移不能遍地开花，要选择一些高起点、高标准的地区作为承接产业转移的示范区

建立承接产业转移示范区应注意以下四点：①要发挥产业链在招商引资中的整体作用，加强配套设施建设。以优势产业为核心，利用产业链来承接转移产业；以配套产业引龙头企业，以龙头企业带配套产业。②要以中原城市群规划的四大产业带为重点，特别是依据《中原城市群总体发展规划纲要》对四大产业带详细规划来进行选择和支持。同时在其他经济区也要选择具有明显优势的产业带，成为承接相关产业转移的重点。在产业集群及产业园区层次上，点缀在中原城市群四大产业带上的众多产业集群及园区应该成为重点。③其他经济区产业带上具有良好产业基础、形成一定规模、符合招商引资重点行业的产业集群和园区也应成为重点。④河南应围绕优势地区的主导产业及其上下游产业来招商引资，扩展、延长、完善产业链，实现承接东部地区产业转移由单个产业承接向产业集群及园区、产业带再向城市群承接逐步升级的转变。

4. 结合河南产业发展规划，制定产业引进指导目录，提高产业引进的门槛

可以考虑建立对引进产业的可行性、市场前景评估分析制度，充分考虑自身条件，有计划、有条件的合理引进。可以考虑调整和弱化在政府目标考核体系中的招商引资目标，引导各地转变招商方式和手段，降低招商引资的行政成本。在

强调合同签约率的同时更加注重资金实际到位率，提高招商的成功率。

案例：河南省政府推动下的纺织工业产业承接

　　纺织工业是我国国民经济的传统支柱产业和重要的民生产业，也是国际竞争优势明显的产业，在繁荣市场、扩大出口、吸纳就业、增加农民收入、促进城镇化发展等方面发挥着重要作用。2008 年以来，我国纺织品出口出现了较大波动并呈下降趋势，出口增速已降至 2003 年 1 月以来的最低水平。切实转变经济发展方式、探寻产业升级和产业转移之路已成为我国纺织服装产业适应国际经济大趋势和我国经济社会发展要求的必然选择。我国 2008 年出台的《纺织工业调整和振兴规划》，重点强调了中西部地区应发挥资源优势，积极承接产业转移，发展纺织服装加工基地，形成东中西部优势互补的区域布局。

　　纺织工业是河南省传统优势产业和重要的民生产业，是省政府确定的 5 大战略支撑产业之一。河南作为产棉大省，承接纺织工业项目转移的优势明显。河南一直是国家重要的纺织工业基地和棉花种植大省，棉花种植面积是全国的十分之一，产量占全国棉花产量的 8%；河南也是全国重要的麻类、蚕丝、羊毛生产基地；与此同时，河南省的棉纱产量占全国总产量的 14.2%，位居中部第一；河南的布匹产量也高达全国总产量的 4.36%。而且河南在人力资源、区位和市场等方面也有明显的优势。因此，"十一五"期间，河南省以承接纺织工业项目转移为契机，大力推动由纺织工业大省向纺织工业强省的历史性跨越。为此政府发挥了非常积极的作用，继出台了《河南省纺织工业调整振兴规划》之后，又以该规划为基础编制了《纺织服装产业近期提升计划》，不断加大对纺织工业项目引进的支持力度，并定期组织大型招商引资活动。

　　2009 年 9 月，省政府和中国纺织工业协会在郑州举办了"河南省承接纺织服装玩具产业转移洽谈会暨合作项目签约仪式"，签约项目 102 个，合同引进省外、境外资金 171 亿元。其中香港锦艺集团（下称锦艺集团）在河南的大手笔投资十分引人注目。锦艺集团是闽商陈氏家族在香港注册的以纺织和房地产为主业的大型企业集团投资控股公司。其旗下的纺织产业发源于福建省长乐市，已拥有 30 多年经营史。2006 年以来，锦艺集团先后整体收购了郑州国棉二厂、一厂和六厂，并在新郑市龙湖镇征地近千亩建设两家纺织企业郑州宏业纺织有限公司（新二厂）和郑州第一纺织有限公司（新一厂）。一期工程已于 2009 年 8 月 31 日正式投产。据锦艺集团董事长陈锦焰介绍，锦艺集团将进一步加大对郑州纺织产业的投资力度，陆续完成在郑州的纺织产业投资累计约 50 亿元，逐步形成 100

万锭、4000 台高档织机的生产规模（相当于郑州原有 6 家国有棉纺企业总规模的 5 倍），年产量将达 17 万吨高档棉纱和 4 亿米高档棉布，年销售收入预计可达 100 亿元以上，年创税利 15 亿元，安置吸收就业人员 1.5 万人左右，成为河南省规模最大、产业链配套最完整、品质档次最高的产值超 100 亿元的纺织工业龙头企业，并争取在国内 A 股市场上市。

2010 年 11 月，河南省政府与国家工业和信息化部共同主办的"中国郑州2010 产业转移"系列对接活动，有 43 个纺织服装项目花落河南，投资总额达107 亿元。郑州与温州共建纺织服装产业园，香港裕隆投资股份公司、华芳集团、上海文卿制衣有限公司以及浙江绍兴宏集纺织品有限公司落户河南项目都进展顺利。河南政府部门还协调中国服装协会把河南确定为中西部地区承接服装产业转移试点地区。

在政府部门的大力支持和扶助下，近年来河南纺织服装工业承接产业转移取得了明显的成效。截至 2010 年 6 月底，河南纺织产业承接产业转移已经签约项目 417 个，投资总额 1145 亿元，合同引进省外资金 911 亿元；在建项目 594 个，到位资金 364 亿元，其中到位省外资金 304 亿元；竣工项目 178 个，完成投资177 亿元，预计新增销售收入 212 亿元，新增利税 26 亿元，新增就业近 5 万人。

二、政策分析

产业转移的承接绝不只是几家企业搬迁的问题，背后涉及一整套系统的政策与服务体系。从原则上说，必须强化市场导向，而不能依赖行政意志，同时，还需要坚持因地制宜，坚持节能环保，坚持节约用地，坚持深化重点领域的改革。在坚持上述原则的基础上，技术层面也需要多花心思，及早布局，多做准备，才有可能真正实现在承接转移产业的过程中推动经济发展方式的转变。

引进产业必须与国家促进中部崛起政策、中原经济区建设发展、河南探索"三化协调、四化同步"科学发展之路、河南"十二五"发展规划以及河南全面建设小康社会目标相结合。具体分析，要注意以下几个方面的问题：

1. 注重整体规划和政策引导，防止低水平重复引进

（1）在各个地市、县招商引资积极性都十分高涨的情况下，加强对招商引资工作的整体规划和政策引导对河南具有重要的现实意义。具体分析，对全省承接产业转移要进行整体规划，将各个产业尤其是重点发展的优势产业、主导产业在全省的布局勾画出一个基本的框架，排出各地区支持发展和限制发展的产业序列。从各地实际情况出发，通过政策引导，改善投资环境，完善公共服务，立足

比较优势，合理确定产业承接发展重点。同时，进一步优化产业空间布局，引导产业集聚，推动重点地区加快发展。

（2）采取切实措施解决低水平重复引进问题。低水平重复引进是前一个阶段河南招商引资工作中存在的一个突出问题。河南一些地方政府在招商引资工作中存在短期行为，热衷于见效快的项目，片面追求数量，不计能源及环境成本，搞恶性竞争等，导致严重的重复引进。如多晶硅产业的规模在几年的时间内过度扩张，已经形成产能过剩。大量的外商投资项目技术含量不高，带来的技术外溢作用也不够突出，影响了经济发展的可持续性。如在河南省引进的华侨华人投资中，来自港澳台地区的资金占70%以上，中小资本居多，技术设备多为适用技术，技术含量高的大项目不多。"市场换技术"的发展战略并未取得预期的效果，反而导致省内企业对国外技术产生一定的依赖性，形成了"引进—落后—再引进"的恶性循环。为此，在今后一个时期，必须加强对引进项目的引导，严格产业准入要求，提高市场准入门槛，加大节能环保项目引进的力度，严禁污染产业和落后生产能力转入，促进资源的节约集约利用，提高产业承载能力。

2. 因地制宜承接发展优势特色产业

（1）要依托中西部地区产业基础和劳动力、资源等优势，推动重点产业承接发展，进一步壮大产业规模，加快产业结构调整，培育产业发展新优势，构建现代产业体系。要承接、改造和发展纺织、服装、玩具、家电等劳动密集型产业，充分发挥其吸纳就业的作用。要引进具有自主研发能力和先进技术工艺的企业，吸引内外资参与企业的改制改组改造，推广应用先进适用技术和管理模式，加快传统产业改造升级，建设劳动密集型产业接替区。

（2）要积极吸引国内外有实力的企业，参与能源、矿产资源、农业资源的开发和精深加工。要加强资源开发整合，允许资源富集地区以参股等形式分享资源开发收益。发挥农产品资源丰富的优势，积极引进龙头企业和产业资本，承接发展农产品加工业、生态农业和旅游观光农业，推进农业结构调整和发展方式转变，加快农业科技进步，完善农产品市场流通体系，提升产业化经营水平。

（3）引进优质资本和先进技术，加快企业兼并重组，发展壮大一批装备制造企业和服务业企业。积极承接关联产业和配套产业，加大技术改造投入，提高基础零部件和配套产品的技术水平；鼓励有条件的地方发展新能源、节能环保等产业所需的重大成套装备制造，提高产品科技含量；积极培育软件及信息服务、研发设计、质量检验、科技成果转化等生产性服务企业，发展相关产业的销售、财务、商务策划中心，推动服务业与制造业的有机融合、互动发展；依托省会等中心城市，承接国际服务外包，培育和建立服务贸易基地；发挥国家级经济技术开发区、高新技术产业开发区的示范带动作用，承接发展电子信息、生物、航空航天、新材料、新能源等战略性新兴产业；鼓励有条件的地方加强与东部沿海地区创新要素的对接，大力发展总部经济和研发中心，支持建立高新技术产业化基地和产业"孵化园"，促进创新成果转化。

3. 促进承接产业集中布局

统筹规划全省180个产业集聚区和园区，合理确定产业定位和发展方向，形成布局优化、产业集聚、用地集约、特色明显的产业园区体系；把产业园区作为承接产业转移的重要载体和平台，加强园区交通、通信、供水、供气、供电、防灾减灾等配套基础设施建设，增强园区综合配套能力，引导转移产业和项目向园区集聚，形成各具特色的产业集群；发挥园区已有重点产业、骨干企业的带动作用，吸引产业链条整体转移和关联产业协同转移，提升产业配套能力，促进专业化分工和社会化协作；支持符合条件的产业园区扩区升级，支持发展条件好的产业园区拓展综合服务功能，促进工业化与城镇化相融合；因地制宜发展特色产业园区，大力推进园区整合发展，避免盲目圈地布点和重复建设，防止一哄而起。

4. 改善承接产业转移环境

完善基础设施保障，加强公共服务平台建设，打破地区封锁，消除地方保护，为承接产业转移营造良好的环境。①完善承接地交通基础设施。加强区域间交通干线和区域内基础交通网建设，加快发展多式联运，构建便捷高效的综合交通运输体系。②促进物流基础设施资源整合和有效利用，完善现代物流体系，进一步降低物流成本。③发展跨区域产业技术创新战略联盟，建立完善公共信息、公共试验、公共检测、技术创新等服务平台，强化公共服务支撑，规范发展技术评估、检测认证、产权交易、成果转化等中介机构。④加快社会诚信体系建设，建立区域间信用信息共享机制。⑤规范政府行为，防止政府越位和错位，不得采取下硬性指标等形式招商引资，清理各种变相优惠政策，避免盲目投资和恶性竞争，整顿和规范市场秩序，促进投资贸易便利化，推进依法行政，加强知识产权保护，完善法制环境，保障投资者权益。

5. 完善承接产业转移的体制机制建设

完善政府管理与服务，提高行政效能，深化经济体制改革，推动区域合作向纵深发展，创新产业承接模式，探索建立合作发展、互利共赢新机制；深化行政管理和经济体制改革，加快转变政府职能，减少行政审批，简化办事程序，提高服务效率；推动相关行政许可跨区域互认，做好转移企业工商登记协调衔接；继续推进国有企业改革，大力发展非公有制经济，进一步放宽市场准入，扩大民间投资的领域和范围；发展和完善土地、资本、劳动力、技术等要素市场，促进生产要素优化配置，加快资源型产品价格和环保收费改革；创新园区管理模式和运行机制，加强区域互动合作，鼓励各地区通过委托管理、投资合作等多种形式与东部沿海地区合作共建产业园区，积极探索承接产业转移新模式，实现优势互补、互利共赢；推动建立省际间产业转移统筹协调机制、重大承接项目促进服务机制等，引导和鼓励东部沿海地区产业向中西部地区有序转移；充分发挥行业协会、商会的桥梁和纽带作用，搭建产业转移促进平台。

6. 强化人力资源支撑

大力发展职业教育和培训，加强人才开发和就业服务，完善社会保障制度，为承接产业转移提供必要的人力资源和智力支持。主要措施如下：加强职业技能培训，加快职业教育基础能力建设步伐，健全职业教育培训网络，重点建设一批高水平职业院校，推进公共实训基地建设；落实就读中等职业学校逐步免学费政策和职业培训补贴政策，支持职业院校面向产业转移需要，新增和调整相关专业，定向培养中高级技工和熟练工人；落实农民工培训补贴政策，切实做好农民工培训工作；完善就业和社会保障服务，健全就业服务体系，培育和完善统一开放、竞争有序的人力资源市场；鼓励各地引导社会资金投资建设适合农民工租住的住房，改善农民工居住条件；创新高层次人才引进、使用、激励和服务保障机制，积极为高层次人才搭建创新创业平台，推动人才合理流动，实行来去自由的政策，吸引东部沿海地区和海外高层次人才根据本人意愿在河南落户。

7. 加大各级政府的支持力度

各级政府部门主要应着力解决好以下两个问题：

（1）要加大中央政府的支持力度。为进一步改善河南的投资环境，引导和支持产业有序转移和科学承接，应建议中央出台一批包括河南在内、针对中西部地区、针对中部崛起战略实施、针对中原经济区的财税、金融、投资、土地等方面的政策支持。主要包括如下内容：一是加大中央政府的财政支持力度。中央财政通过加大转移支付等政策，支持河南省改善民生和促进基本公共服务均等化，优化产业承接环境。对中西部地区符合条件的国家级经济技术开发区和高新技术开发区公共基础设施项目贷款实施财政贴息，对投资中西部地区国家鼓励类产业和外商投资优势产业的项目，在投资总额内进口的自用设备，按规定免征关税。完善和规范物流企业营业税差额纳税办法。二是鼓励和引导金融机构加大支持力度。对符合条件的产业转移项目提供信贷支持，鼓励金融机构在风险可控的前提下为企业并购、重组中西部地区企业提供支持，支持中西部地区金融机构参与全国统一的同业拆借市场、票据市场、债券市场、外汇市场和黄金市场的投融资活动，鼓励和引导外资银行到中西部地区设立机构和开办业务，有序推进村镇银行、贷款公司等新型农村金融机构试点工作，支持符合条件的企业发行企业债券、中期票据、短期融资券、企业集合债券和上市融资。三是加大产业政策支持力度。修订产业结构调整指导目录和政府核准投资项目目录，强化对产业转移的引导和支持。根据河南省地区产业发展实际，研究制定差别化产业政策，适当降低河南省鼓励类产业门槛，适当下放核准权限。根据《外商投资产业指导目录》修订情况，加快修订《中西部地区外商投资优势产业目录》，增加劳动密集型产业类别。对符合国家产业政策的产业转移项目，根据权限优先予以核准或备案。支持在有条件的地方建设国家高技术产业基地。四是鼓励东部地区高校、科研机构、企业与中西部地区开展多种形式的产学研合作，推动有条件的企业在中西部地区建立研发机构和中试基地；支持中西部地区高等学校提升人才培养与创新服务能力，结合产业转移重点办好特色专业；支持中西部地区文化产业振兴发展，加强公共文化服务体系建设，合理开发利用和保护历史文化资源，营造良好的人文环境。

（2）要加大省级政府的支持力度。①鼓励省级财政将省级技术改造等财政专项资金优先用于符合条件的产业转移项目，设立产业投资基金和创业投资基金，同时加大对产业园区技术创新体系建设、知识产权运用以及自主知识产权产业化的支持力度，提高集成创新和再创新能力。②在坚持节约集约用地的前提下，进一步加大对新增建设用地年度计划指标的支持力度，优先安排产业园区建设用地指标，严格执行工业用地最低出让价标准，进一步完善体现国家产业政策导向的最低价标准实施政策，探索工业用地弹性出让和年租制度。③支持在条件成熟的地区设立与经济发展水平相适应的海关特殊监管区域或保税监管场所，培育和建设一批加工贸易梯度转移重点承接地，对加工贸易重点企业给予贷款支持。

第十一章 河南企业"走出去"问题研究

在经济全球化和中国出口产业结构已经转变的背景下,中国企业向海外发展已成为大势所趋。随着世界经济一体化进程的不断深化和中国企业国际竞争力的不断提高,越来越多的企业都已经或将要"走出去"。近年来,河南已经有一批企业正在进行"走出去"的尝试,对相关问题进行深入研究,对于促进更多的河南企业健康、顺利地"走出去"具有重要现实意义。

第一节 "走出去"战略概述

要实现中原崛起,使河南能够真正走在中西部前列,并明显缩短与东部地区的差距,在今后一个时期内河南必须比其他省份有更快的发展,特别是要比中西部各省有更快的发展。

那么,河南到底靠什么加快发展?在省内发展空间有限的情况下,加快实施开放带动主战略,通过提升经济外向度来带动整个经济的快速增长和发展无疑是具有重要战略意义的特殊措施。提升全省经济的外向度的途径不外乎两条:一是积极"引进来",即引进国外的资金、技术、人才、管理经验,进口高技术产品、重要原材料等;二是主动"走出去"。

一、"走出去"战略的内涵

所谓"走出去",即有计划、有步骤地走出去,到国外投资办厂,承包工程,发展劳务输出等,与各国特别是发展中国家发展经济技术合作。实施"走出去"战略的目的在于利用"两个市场、两种资源",强化一个国家和地区的后发优势,以加快经济发展。实施"走出去"战略的途径很多,进出口贸易、对外投资、技术转让、对外援助、对外承包工程和劳务合作等，都是"走出去"的重要方式和内容。与"引进来"相比较，"走出去"的潜力更大：可以到国外投资，输出成熟技术和产品，开发利用国外的市场和资源；承包工程并带动国内成套设备、机电产品的出口；开发国外的技术咨询和服务市场；向国外输出劳务等。因此可以说，"走出去"战略是开放带动主战略的一个重要战略支撑，实施"走出去"战略是实施开放带动"主战略"的一个重要内容。

近年来，河南企业在实施"走出去"战略方面已经取得了显著成绩，但"走出去"的整体水平还比较低，与发达省份相比还存在不小的差距。

二、"走出去"战略在我国的历史形成过程

党的十七大报告明确指出："坚持对外开放的基本国策，把'引进来'和'走出去'更好地结合起来，扩大开放领域，优化开放结构，提高开放质量，完善内外联动，互利共赢、安全高效的开放型经济体系，形成经济全球化条件下参与国际经济合作和竞争的新优势。"预示我国"走出去"、"引进来"的双向开放向纵深发展。"走出去"战略是党中央、国务院根据经济全球化新形势和国民经济发展的内在需要做出的重大决策，是发展开放型经济、全面提高对外开放水平的重大举措，是实现我国经济与社会长远发展、促进与世界各国共同发展的有效途径。

在我国，"走出去"战略的形成经历了一个很长的历史过程。大体上可以分为四个时期：

1. 我国改革开放初期"走出去"战略的孕育阶段

邓小平同志深刻总结了我国建设社会主义的历史经验教训，把对外开放提高到社会主义事业兴衰规律的高度，明确指出了对外开放是我国的长期国策，并科学阐述了对外开放的内涵，提出了对外开放的步骤和发展格局，开创了中国改革开放的全新局面。邓小平同志曾明确指出："不坚持社会主义，不坚持改革开放，只能是死路一条。""经验证明，关起门来搞建设是不能成功的，中国的发展离不开世界。"因此，党的十一届三中全会明确提出："在自力更生基础上，积极发展同世界各国平等互利的经济合作。"在这一重要方针指引下，我国企业开始勇敢地迈向世界。因此，可以说，是邓小平的对外开放思想为"走出去"战略的孕育和形成提供了坚实的理论基础。

2. 20 世纪 90 年代我国正式提出并实施"走出去"战略的阶段

江泽民同志承前启后，在总结了我国对外开放的历史经验后，正式提出"走出去"战略并发表了一系列精辟的论述。1992 年，江泽民同志在党的十四大报

告中明确指出，要"积极扩大我国企业的对外投资和跨国经营"。这个概念就比较清楚。其实，再往前追溯，胡耀邦同志曾经提出过"两个市场、两种资源"。这个思想实际就已经有了"走出去"的理论基础在里面。

1997年，在党的十五大上，江泽民同志进一步提出："更好地利用国内国外两个市场、两种资源，积极参与区域经济合作和全球多边贸易体系，鼓励能够发挥我国比较优势的对外投资。"

同年，在全国外资工作会议上，江泽民同志提出："我们不仅要积极吸引外国企业到中国来投资办厂，也要积极引导和组织国内有实力的企业走出去，到国外投资办厂，利用当地的市场和资源。'引进来'和'走出去'，是我们对外开放方针的两个紧密联系、相互促进的方面，缺一不可。"所以，江泽民同志在1997年就提出了"引进来"和"走出去"相结合的概念，认为二者缺一不可。

3. 2000年把"走出去"战略上升为国家战略后的一个阶段

2000年初，江泽民总书记在向中央政治局通报"三讲"情况的讲话中，在全面总结我国对外开放经验的基础上，首次把"走出去"战略上升到"关系我国发展全局和前途的重大战略之举"的高度。

同年2月，江泽民同志在广东考察工作时指出："当今世界经济的发展，要求我们必须勇于和善于参与经济全球化的竞争，充分利用好国外和国内两种资源、两个市场。随着我国经济水平的提高和现代化建设的推进，我们必须加快实施'走出去'的战略。这同西部大开发一样，也是关系我国经济和整个现代化建设发展全局的的战略。""'走出去'和'引进来'是对外开放政策相辅相成的两个方面，二者缺一不可。现在情况与二十多年前不同了，实施'走出去'战略的条件更具备了，要求也更迫切了。我国加入世贸组织后，将会为实施这一战略带来更多的机遇。必须不失时机地'走出去'，让我们的企业到国际经济舞台上去施展身手。这个战略实施好了，对增强我国经济发展的动力和后劲，促进我国的长远发展，具有极为重大的意义。"

2000年3月，江泽民同志在全国人大九届三次会议上基本上就把"走出去"战略提高到国家战略层面上来了。2001年，就把它写入了我国《国民经济和社会发展第十个五年计划纲要》。《纲要》是这样阐述的："鼓励能够发挥我国比较优势的对外投资，扩大国际经济技术合作的领域、途径和方式。继续发展对外承包工程和劳务合作，鼓励有竞争优势的企业开发境外加工贸易，带动产品、服务和技术出口。支持到境外合作开发国内短缺资源，促进国内产业结构调整和资源置换。鼓励企业利用国外智力资源，在境外设立研究开发机构和设计中心。支持有实力的企业跨国经营，实现国际化发展。健全对境外投资的服务体系，在金融、保险、外汇、财税、人才、法律、信息服务、出入境管理等方面，为实施'走出去'战略创造条件。完善境外投资企业的法人治理结构和内部约束机制，规范对外投资的监管。"

2002年，在党的十六大报告中，江泽民同志提出："坚持'走出去'与'引进来'相结合的方针，全面提高对外开放水平。"

4. 2003年以来加快实施"走出去"战略的阶段

2003年10月，党的第十六届三中全会通过的《关于完善社会主义市场经济体制的若干重大问题的决定》指出："继续实施'走出去'战略……'走出去'战略是建成完善的社会主义市场经济体制和更具活力、更加开放的经济体系的战略部署，是适应统筹国内发展和对外开放的要求的，有助于进一步解放和发展生产力，为经济发展和社会全面进步注入强大动力。"之后，胡锦涛同志有一系列的指示："要积极鼓励和支持有条件的企业'走出去'，更多更好地利用国外资源和国际市场，要进一步完善相关政策法规，加强对境外投资的统筹协调，改善服务和监管，务求实效。""要积极稳妥地实施'走出去'战略，在取得实效上下功夫。这既是新形势下充分利用两个市场、两种资源的重要途径，也是扩大国际经济技术合作、提高企业竞争力的重大举措。"

2005年，温家宝同志在政府工作报告中提出："要进一步实施'走出去'战略。鼓励有条件的企业对外投资和跨国经营，加大信贷、保险外汇等支持力度，加强对'走出去'企业的引导和协调。建立健全境外国有资产监管制度。"

吴仪同志在2005年全国对外经济合作工作会议上的讲话指出："新形势下进一步做好对外经济合作工作，必须按照党中央、国务院的统一部署，以科学发展观为统领，准确把握国内外经济发展的新趋势、新特点，明确发展方向和目标；必须充分发挥自身优势，提高综合实力和国际竞争力，向更宽领域，更深层次、更高水平发展；必须不断完善体制机制，加强法制建设，提高管理协调能力，健全促进、保障、服务和监管等政策体系；必须坚持互利共赢、共同发展的原则，切实维护国家利益和经济安全。"

曾培炎同志也在多个场合谈到"走出去"问题。他曾经指出："要统筹国内发展和对外开放。要统筹利用两个市场、两种资源，提高利用外资质量和水平，积极实施'走出去'战略，参与经济全球化和区域经济一体化。"

总结一下"走出去"战略提出和形成的四个时期，第一个时期是孕育了基本思想，第二个时期是正式提出，第三个时期是上升为国家战略，第四个时期是加快实施。

三、实施"走出去"战略的重要意义

实施"走出去"战略是发展我国外向型经济的必由之路，是我国企业参与国际市场竞争的重要途径，也是我国企业国际扩张的必然选择。通过实施"走出去"战略，我们从中可以获得更多的利益。当前，无论是开拓市场空间，优化产业结构，获取经济资源，争取技术来源，还是突破贸易保护壁垒，培育具有国际竞争力的大型跨国公司，"走出去"都是一种必然选择，也是我国对外开放提高到一个新水平的重要标志。科学认识"走出去"的战略意义对提高我国的对外开放水平和企业国际竞争能力是十分有益的。

1."走出去"可以更好地迎接经济全球化的挑战

实施"走出去"战略，有助于中国企业在国际分工体系中占据有利地位。从世界范围来看，经济全球化必将伴随着国际产业链各环节区域分布的动态调整，凡是能够融入全球化生产网络的国家和企业都将大有作为，而游离在外则将被边缘化。就一国而言，融入经济全球化既可能使其受益，也可能使其受损。只有积极应对，主动实施"走出去"战略，在更广阔的空间进行产业结构调整和资源优化配置，一国才有可能在国际分工体系中占据有利地位。中国企业"走出去"开展国际化经营，能够改变出口产品的结构和方式，推动国内产业的结构升级和优化。中国东南沿海较发达地区的企业可以充分利用自身的比较优势，通过对外直接投资的方式，将劳动密集型产业和资源消耗型产业转移到其他发展中国家，集中资源在本地区发展高新技术产业和新兴产业。作为中部内陆省份的河南现在正在积极承接国际和国家的产业转移，快速融入到国际分工中去迎接经济全球化。

2."走出去"是企业提高国际竞争能力和成长为具有较强实力跨国公司的必由之路

跨国公司是经济全球化的重要载体。在经济全球化背景下，一国拥有的跨国公司数量和规模是衡量其经济发展水平的重要标志，也是该国赢得国际竞争优势，获取支配全球资源权利的重要工具，这对于一个省份、地区来说作用是雷同的。随着经济的持续快速增长，许多中国企业的国际竞争能力迅速提升，形成了一大批资本实力雄厚、技术管理水平先进和具备"走出去"能力的企业，有可能成长为具有全球影响力的跨国公司。在国内市场竞争日趋国际化、资源短缺、产业结构不尽合理、与其他国家的贸易摩擦日益增多的背景下，中国企业按照国际惯例参与全球化生产和资源配置的要求更为紧迫。因此，中国企业"走出去"不仅是自身发展壮大的内在要求，也是适应经济全球化趋势的现实选择。目前河南的许继、双汇等一批企业通过国际研发合作、国际战略联盟、产权国际化、技术国际化等多种国际化形式利用外国资源、技术和竞争优势。

3. "走出去"有利于扩大对外贸易规模，有利于减少国际贸易纠纷

一方面，企业"走出去"是缓解人民币升值压力和突破贸易壁垒的有效手段，通过企业"走出去"，在国外投资设厂，在当地或国际市场上销售产品，以境外企业作为交易和结算主体，以外币作为记账本位币，可以在很大程度上避免人民币升值产生的不利影响。另一方面，中国企业"走出去"可以形成原产地多元化，对外直接投资既可以选择那些对中国企业设置贸易壁垒的国家，也可以选择第三国。中国境外企业在东道国销售产品或出口，替代境内企业出口，就可以绕过目标国的贸易壁垒。中国企业"走出去"，可以降低对外贸易顺差，改善与相关国家的经贸关系。中国企业可以选择贸易目标国进行投资，并在当地市场销售产品。作为东道国的法人，中国的境外企业在当地市场销售产品，维护和扩大了当地市场份额，但并不直接表现为中国企业对该东道国的出口贸易。对外直接投资产生的出口替代效应，在一定程度上减少了中国与东道国之间的贸易顺差，从而改善与该国的双边贸易关系。

4. "走出去"有利于学习国外先进技术

处于主流地位的国际投资理论认为，发达国家的跨国公司向发展中国家直接投资所转移的并不是先进技术，而是已标准化的或即将淘汰的技术，其目的在于维护和增强其垄断优势。中国引进外资的实践也充分证明了这一点。20世纪90年代中期以来，在中国企业技术水平显著提高和国际竞争日趋激烈的背景下，发达国家跨国公司对华直接投资的技术含量明显提高，但技术外溢效应仍不显著。具体来讲，发达国家跨国公司对技术含量较高的对华投资一直倾向于采用独资方式，技术保密措施极为严格；发达国家跨国公司在华设立的研究与开发型外资企业规模小、层次低，并不进行基础研究和应用研究，而是只进行试验开发研究，与中国的研究机构也极少有关联，其主要目标在于利用中国廉价的技术资源和为满足消费者偏好而对所销售的产品加以改进。与引进外国直接投资相比，鼓励中国企业"走出去"，发展"追赶型"对外直接投资是获得国外先进技术更为有效的途径。所谓"追赶型"对外直接投资，是指发展中国家的跨国公司在发达国家高新技术企业和研究机构聚集区进行研究与开发性投资，通过利用反向技术外溢效应获取发达国家先进技术的一种投资方式。中国企业通过发展"追赶型"对外直接投资设立境外企业，能够最大限度地获取发达国家技术集聚区所产生的溢出

效应。同时，此类境外企业能将大量技术信息及时传递到国内公司总部，从而有助于中国企业及时了解世界前沿技术动态，增强国内企业研究与开发的能力。发展"追赶型"对外直接投资，还有助于更好地培养高技术人才。中国企业"走出去"，在发达国家设立研究与开发性企业，可以使中国企业的技术人员更为便捷地进入技术创新源头，增强与国外技术人员的交流，进而提高自身的技术水平。

5. "走出去"有利于保障矿产资源供应

改革开放以来，中国经济持续快速增长，然而，中国长期以来的粗放型经济增长方式也造成了资源的过度消耗，中国经济增长正处于严重资源依赖阶段，资源安全已经成为影响中国经济、政治和军事的重要因素。在难以根本改变国内矿产资源严重匮乏这一格局的条件下，中国企业"走出去"是保障矿产资源供应，保持经济可持续发展的重要途径。中国企业"走出去"，有助于稳定矿产资源的供应渠道和价格水平。目前，中国企业所需的一些主要矿产资源大量依赖贸易方式进口，无疑会增加矿产资源供应的不确定性，并且要承担矿产资源价格波动带来的风险。因此，中国的资源型企业亟须通过"走出去"战略，来降低资源供应渠道的不确定性和价格波动带来的风险。中国资源型企业"走出去"还有助于形成一批有实力的资源型跨国企业。

第二节 河南企业"走出去"的发展历程及现状

尽管存在地理位置、产业基础、后开放等诸多不利因素，但是基于对实施"走出去"战略的重要意义的理解和河南开放型经济发展的现实需要，20 世纪 80 年代以来河南进行了"走出去"的不懈探索，并取得了显著成绩。

一、河南省企业"走出去"的历程

参照克里思多弗·科斯对企业国际化经营的划分方法，结合河南省企业特点，河南省企业"走出去"也可划分为四个阶段：

第一阶段（1984~1986），我们称之为萌芽期。这一时期，企业"走出去"的主要活动内容以商品与劳务的出口贸易为主，初步在境外设立简单企业，从事承包工程项目等。在这一阶段，仅在境外设立企业 4 家，中方投资额也仅为 43 万美元。

第二阶段（1987~1993），我们称之为幼苗期。这时企业也从承包工程向专业外贸公司扩展。这一阶段，在境外设立企业59家，中方投资935万美元。

第三阶段（1994~2002），我们称之为成长期。企业境外经营的主要活动内容除了商品与劳务出口之外还在国外投资建厂生产。这一阶段，设立境外企业107家，中方投资2865万美元。企业主要以贸易公司和对外承包工程企业设立驻外机构为主。开始出现非国有企业参与投资，开始在境外投资设立生产企业。投资领域主要分布在亚洲和东欧。

第四阶段（2003年至今），我们称之为发展期。这一时期，境外投资呈多元化特征，民营、集体、股份制快速发展，国有企业数量下降。企业的主要活动内容是在以上基础上进一步增加了对外资本运营，包括对外直接投资和跨国经营。这一时期，设立境外企业的数量和中方投资的规模都有较快的增长，投资领域不断扩大，并且已经由以贸易企业为主转向以生产企业为主，包括境外资源开发、研发设计、工贸园区建设、畜牧养殖、农业开发等。

二、河南省企业"走出去"的现状

1. 总体发展情况

近年来，河南企业逐步加快"走出去"的步伐，各项工作都取得了显著成绩。"十一五"期间对外承包工程完成营业额71.8亿美元，是"十五"的5.7倍，年均增长36%。对外承包工程获权企业达到95家。境外投资迅猛发展，投资转向兼并、参股、设立贸易区等多种方式，累计完成12.8亿美元，是"十五"的16.4倍，年均增长71.7%。累计外派劳务20.1万人次，是"十五"的6.2倍，年均增长41.9%。2010年，全省对外承包工程劳务合作新签合同额25.3亿美元，增长48.6%；完成营业额23.2亿美元，增长29.8%；外派劳务6万人次，增长22.6%；新核准设立对外直接投资企业92家，中方协议出资金额5.3亿美元，增长44.3%，各项指标均居中西部前列。

2010年，河南省有钢铁、水泥、纺织、火电和轻工建材等过剩产能产业的20家龙头企业积极走出去，已在境外设立相关企业37家，中方协议投资2.1亿美元，在国外建设了近20个火电、钢铁及建材项目，带动了成套设备出口，有效缓解了河南省淘汰落后产能带来的压力。积极开展境外资源开发，建立了促进境外矿产资源开发联席会议制度和境外直接投资重点联系县制度，确定巩义、灵宝等10个县（市）为河南省第一批境外直接投资重点联系县（市）。目前河南省企业在境外已取得探矿权170个，采矿权16个，部分矿产品已回运河南省。壮大外经队伍，新增对外承包工程企业 26 家，对外投资企业 67 家，对外劳务合作企业 8 家。抓好对外劳务合作，加强经营公司、培训中心和基地建设，整顿对外劳务经营秩序。积极承接援外项目，河南工业大学承办的粮食储藏技术培训班成为我国援外培训品牌之一。

进入"十二五"以后，由于全省发展开放型经济的工作力度进一步加大，2011 年，"走出去"也显现出一些新的特点，主要表现在两个方面：

（1）大企业、大项目的带动作用进一步增强，境外资源开发和地质勘探业成为对外投资的热点。从对外承包工程方面看，2011 年，全省对外承包工程和劳务合作新签合同额在 2000 万美元以上的项目共 41 个，合同额 16.95 亿美元，占到合同总额的 57.8%。对外承包工程的推进主要是依靠中原石油勘探局、河南国际合作集团、中铁十五局、中铁七局等大企业支撑。从外派劳务方面看，2011 年全省外派劳务达到 68609 人次，主要是依靠河南国际合作集团、中原石油勘探局、八方人才等大企业带动。从对外投资方面看，2011 年全省全年共核准资源开发和地质勘探类境外企业 32 家（含增资），中方企业协议出资 2.81 亿美元，占中方对外投资协议总额 9.38 亿美元的 30%，境外资源开发和地质勘探业成为对外投资的热点。

（2）对外投资形式趋于多元化。从对外投资的形式方面看，河南企业 2011 年的对外投资除了传统的新设企业、参股合资等形式外，直接收购境外企业、通过在境外投资设立的企业再收购境外企业、境外企业再投资等形式明显增多。

2. 内部发展不平衡的问题比较突出

从河南对外经济技术合作的构成方面看，发展不平衡的问题还比较突出，集中表现为非金融类对外投资的规模还比较小。

截至 2011 年底，河南经商务部核准在境外设立的非金融类企业（含机构）609 家，中方协议投资 23.2 亿美元，其中 2/3 的投资集中在亚洲和非洲。从投资主体的所有制结构看，以民营企业为主。相比较国有企业，民营企业"走出去"的意识和愿望更强，境外设立企业的数量和投资额都超过了国有企业。从境外企业的类型看，涉及建材、纺织、机械、矿产勘探和开采、房地产开发、物流、工业园区等流域，投资规模比较大的主要是地质勘探、资源开发类（7.33 亿美元，占中方协议投资总额的 32%），制造业（4.75 亿美元），批发和零售业（4.44 亿美元），其他行业（2.56 亿美元），房地产（1.766 亿美元），交通运输、物流（8500 万美元），农林牧渔业（7800 万美元）。据不完全统计，2011 年河南省境外企业实现销售收入 10.75 亿美元，为东道国缴纳税金 2100 万美元，安排当地就业

5560 人。回运国内铁矿 20 吨、棉纱 814 吨、成品革 273.4 万平方尺、葡萄酒 55.6 吨、奶粉 1200 吨。

依据国家商务部网站公布的数据，2011 年河南对外承包工程完成营业额、本省外经公司外派劳务人次在全国的排序位次分别是第 8 位和第 3 位。但是，从非金融类对外投资的情况看，河南目前还处于初步发展阶段。2011 年，河南非金融类对外直接投资只有 30171 万美元，在全国仅排在第 21 位。同年，其他一些具有可比性的省份的非金融类对外直接投资规模及其在全国的排序分别是湖北省 69009 万美元，排第 10 位；湖南省 80483 万美元，排第 8 位；重庆市 41857 万美元，排第 17 位。

从利用外资与对外投资二者之间的比例关系也可以看出河南非金融类对外投资存在的不足。2011 年全国实际利用外商直接投资金额为 1160 亿美元，全年非金融类对外直接投资额的规模是 601 亿美元，二者之间的比例为 2：1，同年河南非金融类对外直接投资额 30171 万美元（商务部公布数据），河南自己公布的全年实际利用外资规模是 100.8 亿美元，二者之间的比例关系为 33：1，远远落后于全国平均水平。

第三节　河南企业"走出去"的主要制约因素

在国际金融危机之前和金融危机之后，中国企业海外投资面对的挑战有所变化，大体可以分为三个方面：一是从自身角度来看，中国企业战略管理的水平还不高。在全球化时代，企业必须走出去打造一个全球的产业链。现在中国企业的全球化程度普遍不高。不高就意味着经验不足，中国企业要想出去，首先从全球战略的制定到实施上就要面临经验不足的困难。二是我们的组织管理水平较低。企业"走出去"需要复合型人才，既要懂技术，又要懂外语、懂当地的文化，还要善于管理。目前，这种复合型人才国内普遍短缺。三是我国企业"走出去"面临全球企业管理理念发生大变革的挑战。近年来，全球企业的管理理念正在发生变革。过去，企业普遍强调股东价值的最大化，现在已经从强调股东价值最大化转变为一种全面的责任，包括社会责任、环境责任、经济责任等。

从战略管理到组织管理再到理念调整，国内企业都存在较大的差距。只有在这三个方面都有所突破，企业"走出去"以后才能够适应外部环境，才能够成功。河南企业在这些方面的差距更大，面临的挑战也更加严峻。

具体分析，制约河南企业"走出去"的因素主要有以下几个方面：

一、整体竞争力不强，特别是高素质复合型人才严重缺乏

目前河南省境外企业的投资规模普遍偏小，90%以上的企业投资规模在100万美元以下。境外投资项目无论在数量、规模上，还是质量、效益上都低于全国平均水平。在对外承包工程领域，河南省多数企业尚不具备承揽总承包项目的能力，大部分企业在资金、人才和有效的激励机制等方面都比较缺乏。在劳务输出方面，河南省外派劳务结构单一、层次较低，主要以渔工、缝纫工和日、韩研修生为主，缺少护士、海员、管理人员等高技术含量人才的派出与储备。目前河南省获外经业务经营权企业已达到82家，但实际开展对外承包工程、劳务合作业务的只有33家，在这33家企业中，能直接对外签约的只有17家，其中骨干企业不到10家。其他16家只能分包其他企业的工程或间接经营劳务合作项目。影响河南省外经企业竞争力的因素固然是多方面的，但高素质复合型人才的缺乏，目前已经成为制约企业"走出去"发展和提高企业竞争力的主要瓶颈。

二、企业制度改革滞后

"走出去"的主体是企业。企业要顺利"走出去"，并在国外站得住脚，一定要有完善的企业制度作为保障。与全国的情况类似，目前河南省"走出去"的企业大部分是国有企业。这些国有企业在"走出去"之后暴露出许多问题。如对海外投资环境缺乏考察，盲目投资，不能扬长避短；好大喜功、官僚作风，激励机制不健全；缺乏适应当地市场的经营管理人才，经营管理不能完全市场化；分配不公，监督机制不完善；恶意转移国家资产；经营管理者缺乏企业家精神等。

存在这些问题的最根本的原因，仍然是国有企业产权制度不明晰，现代企业制度不健全。大多数"走出去"的国有企业，其投资基本上属于政府鼓励型投资，不少企业还是纯粹的窗口或接待单位。由于产权制度不明晰，对国有资产的保值增值缺乏必要的约束，对驻外企业的管理人员缺乏有效的监督手段和方法，国外企业的经营活动以及资产的运营透明度极差。由于行政干预过多，驻外企业的用人机制也极不合理。有关调查显示：驻外企业的工作人员平均2~3年调换一次。这些派出去的工作人员基本上都是第一年学外语，第二年适应生活和工作环境，第三年才真正开展业务，往往是刚刚胜任工作就被调换回国。

三、政府和主管部门的管理协调职能有待进一步发挥

放开经营并不是不要管理，相反，要形成和扩大河南外经企业的优势，政府和有关部门应该很好地发挥管理协调职能。一方面，可以有效防止、制止外经企业鱼龙混杂和市场经营秩序混乱的情况发生，特别是有利于扶持龙头企业的快速发展。扶大、扶优、扶强不仅是形成外经企业品牌、提高外经企业竞争力的需要，也是适应当今国际市场竞争的需要。目前，国外的工程承包项目对竞标企业的资质有十分严格的要求，十分重视企业在当地市场的以往业绩，重视经理人员的经验等。一些国内的工程单位虽然在技术、人员、设备等方面实力可能比较强，但过去长期没有获得对外承包工程权，在国外的资质和经验比较差，即使参与投标，中标率也很低。而河南省一些知名的外经企业这方面的优势就比较突出。因此，加大对优势企业的支持力度，尽快形成河南的拳头企业或集团公司是十分明智的选择。另一方面，有利于整合外经力量，推进企业之间的联合，提高全省外经企业的一体化经营水平。河南省外经企业一体化经营水平低主要表现为缺乏有效衔接各个行业和各家企业、衔接企业跨国经营各环节的管理机构和运行机制。以对外承包工程为例，国外公司搞承包工程一般都是设计、咨询、施工整体承包、一体化运行，各种专业设备和专业人才也可以得到充分的使用。而国内企业对外承包工程的连贯性和一体性一般比较差，设计、咨询、施工各环节之间是相互脱节的，河南外经企业这方面的问题尤其突出。

四、少数国有独资企业注册资金不到位

如河南省某知名外经集团公司是一家国有独资公司，成立20多年来为全省外经事业的发展做出了很大的贡献。但该企业存在一个十分突出的问题，即注册资金长期不到位。该企业的注册资金为2亿元，可实际上政府根本就没有资金投入。由于注册资金长期不到位，对企业的经营活动造成了多方面的影响。首先是企业正常经营过程中流动资金缺乏，贷款比例过大，造成企业债务负担重。其次，影响企业承揽大型工程项目的实力。长期以来该公司主要是承揽世界银行、亚洲银行、西非发展银行投资的工程项目和日本海外基金援助项目，对带资承包项目企业根本就不敢问津，甚至也很少涉及政府投资类项目。再次，使企业正常的经营活动面临多方面的威胁。由于注册资金不到位，每当办理工商年检、办理工商营业执照时都很不顺利，都需要政府部门做大量的协调工作，这种情况实际上已经违反了国家关于企业注册资金方面的有关法律规定。

五、合法的涉外劳务输出渠道不畅

近年来，我国连续发生了一系列对外劳务输出事件，其中最突出的问题是非法劳务中介猖獗，造成输出人员的权益难以保障，形成非常严重的后果。这些事件的发生，使得境外劳务输出监管方面存在的问题一再引起人们的关注。非法劳务猖獗的主要原因是合法的涉外劳务输出渠道不畅，给非法劳务中介提供了空间。一些非法劳务中介在绕开国内监管的同时，往往也绕开了劳务输入国的监管。在暴利的诱惑下，这些黑中介与北京、广州、上海等地的蛇头联合，以旅游、探亲等各种名义获取签证，组织劳务人员转道第三国出境打工。而这些游离于输出国和输入国双方正常劳务管理体制之外的非法劳务，一旦落入非法经营的黑心业主之手，他们的正常权益、合法收入甚至生命安全都很难保障。要解决这一类问题，首先要疏通正常、合法的劳务输出渠道，同时加强对劳务输出公司及各类中介机构的监管，关闭非法中介机构。

六、投资结构尚待完善

在投资区域分布上，河南企业跨国经营的地理选择以周边发展中国家和地区为主。尽管随着改革开放的深入和对外交流的增多，河南企业境外投资的区域分布越来越广，但总体上仍相对集中在东南亚、中亚、东欧、非洲等国家和地区。

在产业结构上，河南企业的对外投资领域已从初期的以贸易为主，发展到资源开发、生产加工、交通运输、工程承包、劳务输出、农业和农产品开发、境外专业市场、旅游餐饮和咨询服务等更广的领域；投资涉及的行业以机械电子、建材、化工等河南省具有比较优势的产业为主。但总体上看，河南企业的对外投资存在过分偏重于对加工、制造等初级产品产业投资的倾向，对高新技术产业的投资偏少。

在规模结构上，随着非公有制经济不断壮大，河南民营企业的境外投资额已超过国有企业，形成了国有企业、民营企业和混合所有制企业多元投资主体并存的格局。相对而言，河南大型企业对外投资发展较为缓慢，这种状况导致河南企业的境外投资规模普遍偏小，其中90%的企业投资规模在100万美元以下。而且，在境外投资企业中，正常经营的企业仅占一半，致使境外企业无论在数量、规模上，还是质量、效益上都低于全国平均水平，缺乏应有的市场竞争力。

七、企业发展战略存在偏差

在国际化发展战略上，河南企业存在着两种倾向。一方面，不少企业观念陈旧，开放意识差，存在着重"引进来"、轻"走出去"，重国内市场、轻国外市场，重进出口贸易、轻对外投资办厂的倾向。特别是多数企业对于"走出去"所具有的战略意义缺乏清醒认识，企业海外发展的战略目标不明确。另一方面，许多河南企业向海外扩张还没有形成一个清晰的战略重点，一些企业的投资决策往往是随机行事，投资的随意性较大，甚至带有浓厚的机会主义色彩。从战略目标来看，不少企业追求的是一时的荣誉和名声，而不是可持续发展，少有企业把成为跨国公司、超越竞争对手作为企业发展战略目标。

第四节　河南企业实施"走出去"战略的对策建议

基于实施"走出去"战略的重要意义和河南企业"走出去"发展及存在的问题，采取各种措施扩大河南企业"走出去"的规模，提高"走出去"的质量势在必行。

一、提倡自主、理性、渐进的"走出去"模式

实施"走出去"战略的主体是企业，客体是"成熟技术"、"成熟设备"和"成熟产品"。企业要不要"走出去"，怎么"走出去"，应该由企业自主、理性地做出判断和选择。依据河南企业的实际情况，采用渐进式"走出去"的模式比较可行。

该模式有三个特点：①在地理扩张上要由近及远。比如先到越南、菲律宾等周边国家拓展市场，因为这些地方的文化毕竟属于东方文化，比西方文化更具有一致性和包容性，企业的适应性会更强一些。另外这些地方的经济发展水平也更适合河南省企业的发展，因为这些地方对于中低端产品有更多的需求。②在经营风险选择方面要由小到大。相比较而言，贸易方式的风险最小，投资规模也比较小，中小企业和大部分制造业企业一般都是从贸易方式开始国际化经营的。当贸易方式发展到一定阶段，在进口国占据一定市场份额时，再考虑在进口国当地建

厂，这是一个普遍的规律。③要让有竞争力的公司先"走出去"，积累经验，发挥示范带动作用。

二、在"走出去"之前要做好克服困难的心理准备

企业"走出去"到国外发展可能要比在国内发展面对更多的困难，企业必须有充分的思想准备。安阳电池厂"走出去"的经历可以给其他企业提供借鉴。1993 年安阳电池厂派销售人员进入肯尼亚销售国内企业的产品，1998 年在当地租用场地加工组装，2002 年自己建设的新厂房投产，可谓一步一个脚印。1993 年业务人员孟书田单枪匹马进入肯尼亚首都内罗毕，厂里没有给他任何市场启动资金，只是发过去一个集装箱的电池。孟书田初到内罗毕时，连属于自己的住宿和办公地点都没有。他背着产品走过一个个街区，认真了解市场情况，以一口流利的英语，苦口婆心地做用户的工作，并采取让客户试用、赊销等方式。通过提供优质的产品和诚信的服务，使当地客户从认识金钟电池，到接受并主动选择金钟电池，终于使金钟电池有了一定的市场份额和影响力。

三、在全省具有优势的行业和领域寻找"走出去"的切入点

从河南省的产业发展基础以及企业的竞争力状况出发，顺利"走出去"的一个关键就是找准切入点。有以下切入点可供选择：

河南省轻工业整体生产能力过剩，技术性能和产品质量也比较稳定，适合国际市场需求。可供选择的行业主要包括皮革及皮革加工、五金工具、日用化工、电池、塑料制品、纸浆、自行车、塑编袋等。

河南省一些纺织企业经过多年的技术改造，设备性能好，产品质量高，有较强的新产品开发能力，在针织品、纱、布等纺织品生产、服装制造和纺织设备及技术输出方面有一定的优势。

机械工业方面，农机具、拖拉机、柴油机、摩托车、金属制品、家用机械等行业在境外设立组装厂也是可行的选择。

在电器和电子工业方面，河南省有竞争力的企业主要是生产电冰箱、玻壳、收音机、电视机等产品的企业，具有成熟技术和低成本优势，拥有较大的国际市场拓展空间。同时，拥有小规模生产技术或特色传统技术的食品加工企业，在东南亚、非洲、中亚等一些经济欠发达的国家和地区有较大市场。

其他产能过剩的行业，如河南铝加工、火电、水泥等行业的产能过剩情况都比较突出., 通过实施"走出去"战略，积极为过剩产能寻找出路，对防止设备闲

置和投资浪费，优化产业结构和产品结构都十分重要。

四、做好"走出去"的四项基础工作

首先要选择好项目。选好项目的关键在于事先要进行科学的项目可行性分析和论证，包括市场可行性分析、技术可行性分析、财务可行性分析、国别风险分析以及投资环境论证等。特别要注意两点：一是分析论证过程中切忌不科学、不深入、不细致和主观臆断。二是对那些企业不熟悉或与现有业务不相干的领域，不要轻易、盲目进入。

其次要配备好"班子"。一定要为境外企业选派政治素质好、事业心强、熟悉国际市场、懂经营、会管理、乐于奉献、清正廉洁的经营管理人员，特别是要配备真正懂得跨国经营的人才，组成实施项目的强有力的经营管理"班子"。

再次要选择好合作伙伴。国内许多知名企业都有过因合作伙伴选择不当而使跨国经营受挫的教训。应选择那些经济实力较强、在当地有一定影响力、信誉度较高的企业开展合作，并从各个方面充分发挥合作伙伴的作用。

最后要建立好信誉。"走出去"的企业要自觉遵守所在国的法律法规，重合同、守信用，严格履行有关项目合同与融资合同，依法经营，树立诚实守信的良好形象。

五、科学选择"走出去"的策略

根据河南省企业的实际情况，结合国内企业"走出去"的经验，河南企业实施"走出去"战略主要可选择以下策略：

1. 比较优势策略

按照比较优势理论，各国、各地区应分工生产各自在劳动生产率或成本方面具有相对优势的产品，从而可以获得比较利益。河南省劳动力成本相对较低，大力发展劳动密集型产业，以价廉物美的劳动密集型产品作为企业"走出去"的第一步是一个现实的选择。

2. 贴牌策略

贴牌经营就是为国外著名品牌进行加工，这是河南省一些企业在国际化经营初期以及扩张时期扩大出口的有效措施。今后，大量的中小企业继续采用贴牌经营策略也不失为一种良策。

3. 创牌策略

河南企业要真正在国际市场上闯出一片新天地，就必须创造出具有市场号召力的自己的品牌。实施创牌策略的重要措施就是要增强企业的技术开发能力，提升产品的科技含量，完善营销体系。

4. 避实击虚策略

河南企业与跨国公司在国际市场竞争中的实力对比是相差悬殊的，应该想办法发挥自己的优势，避实击虚，选择对手比较薄弱的产品和地区切入。

5. 打时间差策略

河南企业的整体实力远远低于发达国家的企业，但也高于其他一些发展中国家的企业，如果充分利用这种时间差，就能取得良好的"走出去"效果。

六、科学选择"走出去"的方式

选择跨国并购方式具有进入迅速、可以利用被收购企业的销售渠道以扩大市场份额、利用被收购企业的先进技术以增强企业竞争力等优点，但也要注意一些问题。首钢秘鲁铁矿股份有限公司给国内企业提供的教训主要是在公司创建之初，在不了解有关法律的情况下，同当地工会签订了多达35项的福利条款，给以后的经营和管理工作带来了困难。设立独资企业既有利于母公司推行全球战略，实现整体利益最大化，也有利于国内企业以机器设备、原材料等非货币要素作为投入资本，有利于母公司对分公司的监管和控制，还可以防止技术外传，防止产生新的竞争对手等。但是，设立独资公司耗时长，难以简捷快速地进入国外市场，而且容易增加母公司的融资压力、抗风险压力和营销难度，还容易激发东道国的民族排外情绪。实施战略联盟一般以契约协议的方式实现，常见的类型有研究开发战略联盟、生产制造联盟、联合销售战略联盟、合资企业战略联盟等。实施战略联盟的优势在于可以降低成本、减少竞争、分散风险，而且适应性强，但如果规模控制不当，管理成本、协调成本和经营成本将大幅度增加。

七、找准投资方向

非洲是一块古老的土地，如今正成为全球投资的热土。在大好的历史机遇面前，河南企业应乘势而上，有所作为。

国际货币基金组织公布的《世界经济展望》报告指出，在20世纪的后20年，整个非洲吸引外国直接投资每年不过几十亿美元，而到了2005年则增加到300亿美元。以外国直接投资占GDP的比重计，目前非洲已经成为全球吸引外资最多的地区之一。之所以会有如此浩大的资本流入，主要是因为非洲国家宏观经济政策的改善和宏观商业环境的改良。具体表现为，经济已进入稳步增长阶段；非洲国家联合自强、谋求发展的愿望很强烈；政府管理水平得到一定改善。

从中国政府的态度看，中国与非洲各国的友谊和经济合作历史悠久。中国改革开放以来，中非之间的经济合作更加积极，主要表现在两个方面：一是高度重视中非关系。2006 年，中国政府发表了《中国对非洲政策文件》，该文件是 1949 年新中国成立以来，第一份完整阐述中国政府对非政策的文件，充分表明中国政府珍视中非传统友谊，希望通过增加对非洲的经济援助、投资和贸易促进非洲经济发展，实现中非经贸合作持久健康地发展。二是对投资非洲的企业支持力度加大。2006 年 11 月，在"中非合作论坛"北京峰会期间，胡锦涛同志宣布的加强同非洲务实合作的 8 项举措以及温家宝同志提出的 5 项建议，除《中国对非洲政策文件》提到的有关鼓励政策措施外，还提出设立 50 亿美元中非发展基金，并提供专项资金，在有条件的非洲国家建立经济贸易合作区，将中国设立开发区的经验移植到非洲国家，既促进了非洲国家经济发展，又解决了中国企业开拓非洲市场缺乏经验，单打独斗面临较多困难，当地无法提供较好投资环境等问题。为了鼓励中国企业到非洲投资兴业，近年来，中国政府已经相继出台一系列政策和措施，如《关于境外投资开办企业核准事项的规定》、《对外经济技术合作专项资金管理办法》、《对外投资国别产业导向目录》等，此外还建立了企业境外投资意向信息平台、境外投资项目招商信息平台和境外投资中介服务机构信息平台，以及《国别投资经营障碍报告制度》等，放宽对境外投资的管制，简化投资程序，搭建信息平台，推进投资便利化，并为企业在境外经营过程中遇到的障碍和问题提供协调解决机制，通过多双边机制维护中国企业在国际市场的合法权益。

第五节　促进河南企业"走出去"的政策建议

河南企业实施"走出去"战略不仅要求企业在模式切入点、策略、方式选择等方面积极而稳妥，同时还需要政府部门进一步为政策环境提供必要的支持和引导等。

一、着力构建促进企业"走出去"的社会氛围和政策环境

1. 要进一步提高对"走出去"工作重要性的认识

实施"走出去"战略是党中央审时度势、高瞻远瞩做出的事关我国长远发展

的重大抉择，是我国对外开放的新境界、新层次。鼓励企业"走出去"开展对外投资合作，对进一步提升河南省对外开放水平，充分利用国内外两个市场、两种资源，实现中原崛起具有重要而深远的意义。实践证明，认识上存在的不足对工作开展具有重要的制约作用。以发展对外直接投资为例，过去，各级政府和部门的主要精力都放在招商引资方面，这一块也容易看见成绩，但对"走出去"投资的重要性认识不到位，重视不够，扶持力度也不够。有许多人，包括一些领导在内，都认为就河南目前的经济发展水平而言还不具备走出去对外投资的条件。实际上，这种认识是错误的。国际上有一个公认的规律，即一国或一地区所处的投资阶段与人均 GDP 密切相关，当其人均 GDP 达到 3000~4000 美元时，就进入了对外投资的高速增长期。从河南的实际情况看，2009 年河南人均 GDP 首次突破3000 美元大关，达到 3014 美元，2011 年河南的人均 GDP 已经达到 4487 美元，已经进入了对外投资的快速增长期。因此，河南应抓住世界经济特别是主要发达国家经济低迷的这个时期，积极发展对外直接投资，争取进入国外的相关产业。

2. 要尽快建立完善本省本地区外经政策促进体系

目前国家已出台了一系列鼓励企业"走出去"的政策措施，许多省市也出台了地方性鼓励意见，提供专项资金支持。2011 年 10 月河南省人民政府已经公布了《关于实施对外开放"走出去"的指导意见》，提出了一系列的支持措施，包括采取各种便利化措施、提供金融保险支持、健全风险防范机制等。

3. 要切实加强"走出去"的信息服务体系建设

加强与驻外使领馆、境外投资促进机构和河南省已有境外企业的沟通，建立河南省外经企业库、国际工程承包市场信息库、对外直接投资企业库、对外直接投资意向库、各国招商引资项目库，依托"走出去"网站，加强项目信息的收集、整理和发布。

4. 要建立省直各部门间的联合促进机制

主要应注意三个方面：首先，进一步完善河南省政府部门促进境外矿产资源开发联席会议制度。研究出台鼓励国有大型企业和民营企业"走出去"的意见。其次，要与开发银行等金融机构研究出台融资支持政策，提高企业带资承包、总承包和投资能力。再次，要与信用社研究出台支持对外劳务合作扶持政策，减轻劳务人员出国负担。最后，要加强商务系统内部各部门间的联合，将对外投资、承包工程带动出口和资源回运作为河南省进出口新的增长点予以促进，力争使河南省外经业务等带动出口占全省比重达到 10% 以上。

5. 要发挥舆论媒体的宣传导向作用，营造全社会支持"走出去"的舆论氛围

以专题片、纪录片或电视剧等方式对"走出去"典型企业和个人进行宣传报道，营造良好的社会舆论氛围。采取"走出去"推介和"请进来"招商等方式，充分利用中国中部投资贸易博览会、厦门国际投资贸易洽谈会、中国—东盟博览会"走出去"专题活动搭建的平台，推动企业与外商直接沟通洽谈，开拓国际市场。

二、着力促进承包工程企业强强联合、强弱联合，扩大市场份额

1. 要推动企业强强联合，实施大项目拉动

鼓励本省龙头企业强强联合，有条件的可以兼并重组或引进战略投资者，形成 $1+1>2$ 的合力，提高融资和抗风险能力。加强与中央企业联合，借船出海。选择重点行业重点推进。推动境外投资与工程相结合，鼓励境外投资企业申报承包工程经营权，大型投资项目自主施工，要同时成为服务的提供者、资本的拥有者和运营者。

2. 推动企业强弱联合，以老带新，拓展市场领域

要在利益共享、风险同担的原则下，鼓励中小企业主动与龙头企业联合，通过以老带新，解决资金短缺、信息不畅、业务发展不平衡的现象。积极做好承包工程经营权申报工作，壮大主体队伍，提高河南省企业开拓海外市场的整体能力。

三、着力创新对外投资合作模式

根据国务院《关于鼓励和规范企业对外投资合作的意见》，结合河南省实际，创新合作模式，围绕"六个重点"开展工作。一是积极推动企业开发境外资源，缓解资源紧缺的制约；二是积极推动企业开展境外加工贸易业务，实现原产地多元化，减少贸易摩擦；三是推动在境外设立集聚区，为企业在境外投资搭建平台；四是鼓励有条件的企业到海外投资研发中心，推动自主创新；五是鼓励企业并购国外知名品牌、销售服务网络，培育具有国际品牌的跨国企业；六是推动饱和行业的企业将其成熟的生产能力向发展中国家转移，推动产业结构升级。

创新对外投资合作模式重点要注意以下三个方面的问题：

1. 要构建资源开发业、制造业、服务业"三驾马车"拉动的投资模式

重点鼓励矿产资源开发企业、装备制造企业和大型流通企业到国外投资，形成资源开发业、制造业、服务业三驾马车拉动的境外投资发展模式。结合河南省产业结构调整，加快制造业过剩产能"走出去"的步伐，重点推动轻工建材、纺

织服装、食品等河南省优势产品到发展中国家开展加工贸易，通过梯度转移，实现原产地的多元化。

2. 要推动河南的特色和优势产业"走出去"

充分发挥河南省农业劳动力、生产技术、农机装备等优势，采取购买土地兴办农场、承包或租赁农场等形式，开拓农副产品境外市场；依托优势技术，开展农业技术试验示范，支持河南省农业企业、科研单位及科技人员的技术输出。利用河南省文化资源丰富的优势，以少林武术、太极拳等河南武术品牌"走出去"，带动河南省文化产业"走出去"，弘扬中原文化，提升文化软实力，加快文化资源大省向文化强省跨越。鼓励企业在境外设立研发中心，利用国际科技资源，优化资源配置，拓宽发展空间。依靠科技型企业"走出去"，带动河南省高新技术产品、关键设备、技术、劳务和技术服务的出口，利用国际科技资源，增强企业自主创新能力。

3. 要重点鼓励非公有制企业"走出去"

非公有制企业参与对外投资，有利于充分发挥其产权、机制、成本和创业精神等方面的优势，更好地参与国际市场竞争，提升以中小企业为主的产业集群在国际产业链中的地位。

四、着力抓好两个援助工作

积极承接援外项目，努力争取多、双边援助。一是继续为符合条件的企业申报援外资质，扩大援外队伍；二是认真做好已执行的多双边援助项目的管理工作，搞好示范项目的建设。

五、着力抓好外经队伍自身建设

切实改进工作作风，克服无所作为思想和畏难情绪，增强工作的主动性和能动性，为"走出去"业务摇旗呐喊，尽心尽力。通过鼓动、发动、推动，使大家了解、理解、支持、参与"走出去"各项工作，使外经业务成为地方经济可持续发展的源动力，从而引起各级政府领导的重视，引起商务部门一把手和企业一把手的重视，使"走出去"战略成为"一把手工程"。同时抓好基层外经队伍建设，建立科学全面的"走出去"工作评价指标体系。

第十二章 河南对外劳务输出与外出务工人员返乡创业

发展对外劳务输出也是实施"走出去"战略的重要内容之一。考虑到河南作为人口大省和劳务输出大省的特殊性，这里把河南对外劳务输出单独拿出来作为一章的内容。对外劳务输出包括对国内其他省份的劳务输出和对国外的劳务输出两种形式。基于对国外输出劳务在增加劳务人员收入、提高劳务人员素质、增强劳务人员返乡创业能力等方面的显著作用，这一章把对国外的劳务输出及相应的外出务工人员返乡创业作为研究对象。

第一节 河南发展对外劳务输出的成就及意义

20世纪80年代以来，河南利用自身的劳动力优势，广开渠道，大力发展对外劳务输出，完善对外劳务合作体系，对促进全省经济社会发展做出了积极贡献。

一、对外劳务输出概述

对外劳务输出是指一国（或一地区）的企业或个人通过某种形式向另一国（或地区）的企业或个人提供各类劳务，并按合同要求进行的一种经济合作形式，是劳动力生产要素跨国流动的具体表现。

对外劳务输出一般是指中短期的国际劳动力流动。从严格的意义上讲，对外劳务输出是劳务合作的一种形式。劳务合作是多个国家（或地区）之间的劳动力要素的相互流动，其中既包括劳动力的流入，也包括劳动力的流出，流动方向具有双向性。而对外劳务输出特指劳动力流出的形式，只具有单向性。对外劳务输出也属于国际服务贸易的范畴，按照 GATS 界定的范围，在国际服务贸易的四个模式中，商业存在（指一成员国允许任何其他成员国的经济实体到本国来开业，提供服务，包括投资设立合资、合作、独资企业或分支机构，如开设饭店、律师事务所等）和自然人流动（指一成员国的自然人在其他国境内提供服务）都与对外劳务输出有密切关系。

对外劳务输出与对外承包工程也有密切的关系。从本质上看，对外承包工程具有对外劳务合作的性质，是指经本国政府许可的法人或其他经济组织按照国际通行做法，通过投（议）标及协商等途径，在国（境）外承揽和实施各类工程项目的经济活动，包括在国（境）外从事工程的咨询、勘察、设计、监理、设备采购、施工、安装调试、工程管理、人员培训及提供相关服务等。对外承包工程历来在我国外经业务营业额中占有相当大的比重，是中国对外经济合作的主要业务形式之一，在带动劳务输出方面具有重要作用。

二、河南发展对外劳务输出的成就

河南的境外劳务输出开始于 20 世纪 80 年代，90 年代开始规模逐年扩大，进入"十一五"之后，获得了较快的发展，主要体现在以下三个方面。

1. 对外劳务输出的规模增长较快

2006 年全省对外输出劳务只有 24699 人次，到 2010 年增加到 60394 人次，其中，通过本省外经公司直接外派 32350 人次，通过外省外经公司间接外派 28044 人次。"十一五"期间外派劳务年均增长 40.9%（见表 12-1）。

表 12-1　2006~2010 年全省外派劳务

单位：人次

年　份	2006	2007	2008	2009	2010
对外劳务输出	24699	32671	43366	49247	60394

资料来源：国家商务部网站。2010 年数据来自河南省商务厅商务运行分析报告。各年数据系全口径（包括省内、省外关系派出）统计数字。

2. 对外劳务合作体系建设取得显著成效

2010 年河南省新批对外劳务获权合作企业 8 家，新批外派劳务培训中心 9 家，新批省级外派劳务基地县 2 个。截至 2010 年底，河南省外派劳务公司已经达到 58 家，国家级行业外派劳务基地 4 个，省级外派劳务基地县 33 个，专业劳务基地 11 个，外派劳务培训中心 48 个，形成了系统分工合作、良性发展的对外劳务合作体系。在此基础上，又认真开展清理整顿外派劳务市场秩序专项行动，保护劳务人员合法权益。

3. 劳务输出方式多元化

目前，河南的劳务输出主要有以下几种方式：对外承包工程带动劳务输出，境内企业法人与国外雇主签订劳务合同派出劳务人员，在境外兴办企业派出劳务人员，通过设备、技术出口带动外派劳务，民间劳务输出等。

三、河南发展对外劳务输出的意义

河南对外劳务输出是河南经济发展和对外经济合作的重要部分，对全省经济和社会的发展产生了重要积极影响，具体表现在以下几个方面：

1. 发展对外劳务输出有利于缓解河南的就业压力

河南作为全国第一人口大省，又是农业大省，剩余劳动力数量巨大，就业压力大是河南面临的重要社会问题。从整体上看，河南对外劳务输出在目前获得了较快的发展，但与河南人口大省和河南面临的就业压力相比，河南对外劳务输出的规模还比较小，对外劳务输出仍然是河南劳务输出产业的薄弱环节，尚有巨大的发展潜力。

2. 发展对外劳务输出有利于劳务人员增加收入，提高技能

劳务输出是一项投资少、风险小、见效快的事业。根据我国专家估算，我国每增加 1.22 个劳务输出岗位，就可以增加 1 万元总产值。发展劳务输出不仅可以增加劳务人员的收入，更加重要的是有利于他们开阔视野，学习国外先进的生产技术和管理经验，使劳务人员的素质得到全面提升。很多外出务工者都是在对外劳务输出人员素质培训中，得到了包括专业技能、职业道德、法律知识、语言能力等方面的培养，再加上在国外工作过程中学习到国外先进的管理经验和先进技术，使其自身的劳动力价值得以"增值"。

3. 发展对外劳务输出有利于全面提升劳务人员素质，培养和造就新型劳动者和创业者

一方面，发展对外劳务输出，务工人员到国外走南闯北，接受现代文明的熏陶，接受市场经济洗礼，更新观念，提高素质，可以使他们的精神世界得到有效的改造，促使他们脱离小农经济的生产生活方式，培养和造就新型劳动者。不少外出务工者告别过去保守、狭隘的落后思想，一举成为先进文化的传播者和精神文明建设的带头人。另一方面，发展对外劳务输出，可以培养和造就大批创业者。务工人员通过海外劳务的锻炼，不仅自身素质得到明显提高，经济条件得到改善，还具备了创业的能力。河南新县许多外出务工人员都经历了"一年土、二年洋、三年回家办工厂"的过程，成为带领家乡群众共同致富的能手。截至

2010 年底，新县累计外派劳务 1.6 万人次，年输出规模在 1500 人左右，常年在国外的劳务人员为 5000 人左右，占青壮年劳力的 1/8，年创汇 6200 万美元左右，占农民人均纯收入的 27.2%。特别是由于这些输出劳务在国外工作期间学到了技能和管理经验，初步积累了资金，开阔了视野，返乡创业能力大大增强。截至 2010 年底，新县有 1/5 的务工返乡人员成功创业，累计投入创业资金 6 亿多元，创办房地产、建筑建材、装潢、酒店、农家饭庄等 3270 余家，从业人员 25600 多人。还发展大棚蔬菜 3000 亩、花卉苗木基地 32 个、农业生态园区 25 个、规模养殖场 68 个，带动了 15310 多名农村劳动力就业。

第二节　河南发展对外劳务输出存在的
突出问题及对策建议

近年来，河南对外劳务输出发展较快，2011 年全省外派劳务已经达到 68609 人次，在全国排第 3 位，取得了显著的经济社会效益。但同时也存在一些突出的问题，亟待研究解决。

一、河南对外劳务输出存在的突出问题

1. 国际金融危机对河南的对外劳务输出影响明显

国际金融危机造成输入国就业需求萎缩，招募外国劳务人员名额锐减，而且输入国纷纷采取就业保护政策，致使向该类国家输出劳务的困难陡增。同时，由于多年来中国与输入国签订的劳务人员最低工资标准未变，受美元、日元、韩币等外币持续贬值和人民币日益升值的双重影响，劳务人员人均收入普遍缩水。以河南新县为例。1998 年，受亚洲金融风暴冲击，河南新县在外劳务人员提前回国或派遣合同取消，直接导致当年外派劳务收入缩水 40%。2008 年以来，受国际金融危机的影响，韩国雇佣制项目启动以来，新县原来签订的 10 余个派遣项目因国外企业停产、倒闭而取消，年外派人数较 2007 年同期减少 1/3；同时，赴日、韩等主要输入国劳务人员工作量明显减少，收入也大幅下降。

2. 地区战争和冲突对河南对外劳务输出也有影响

近年来，我国相继与韩国、日本、英国、加拿大等发达国家签订劳务输出合作协议，为河南发展对外劳务合作创造了良好的国际环境。但是，对外劳务合作

也是一项脆弱的国际经济合作形式，容易受国际关系、地区战争和冲突、恐怖活动等外部环境影响。海湾战争爆发以来，河南新县与伊拉克、沙特阿拉伯等中东国家的劳务合作业务被迫停止。

3. "同质"竞争日益加剧

首先是面临国际上的激烈竞争。一些发达国家、许多发展中国家尤其是对外劳务输出大国，近年来纷纷重视发展对外劳务输出，导致国际劳务供方市场竞争日益加剧，如越南、菲律宾、蒙古国等发展中国家采取降低劳务人员收入、减少福利待遇等方式进行恶性竞争，抢夺国际劳务市场份额，对中国包括河南在内的对外劳务输出造成巨大冲击。其次，还面临着国内的激烈竞争。全国在商务部注册从事劳务输出业务的外经公司有2000多家，主要输出地涉及山东、江苏等20多个省市。因各省市日益重视发展对外劳务输出，导致中国对外劳务输出在国内的供方市场快速膨胀，规模增加，竞争加剧。与国内其他劳务输出大省相比，河南既没有如山东、江苏、浙江等省份所具有的经济发达、对外经济联系密切的优势，也没有吉林等省对朝韩劳务输出的语言优势。这些因素都在一定程度上制约了河南对外劳务输出事业的发展。

4. 欧美等发达国家劳务输入门槛不断提高

21世纪以来，出于缓解本国内就业压力、稳定本国社会秩序，以及产业结构和移民政策调整等原因，一些国家尤其是发达国家，在开放本国劳务输入市场的同时，对普通劳务输入均采取了非常严格的限入措施。比如，从数量或行业领域方面均对普通劳务人员的输入进行严格限制，对劳务人员的引进订立了较高的准入条件，如英国对来自中国的护士，要求英语水平达到雅思6分或6.5分以上；对劳务的输入进行配额或数量限制，如以色列、毛里求斯近年来大幅削减对中国劳务人员签发工作签证，致使我国赴这两国工作的人数锐减；一些国家在向我国劳务人员签发工作签证时，不仅索要很高的签证费，而且还要求提供很多不合理的文件，如加拿大等国要求提供一定数额（人民币3万元以上）的银行存款证明；在申请欧美发达国家的工作许可过程中，输入国往往以中国在教育体制等方面没有完全与国际接轨等为借口，普遍不承认中国的教育学历和职业资格，导致中国公民往往不能获得市场准入机会，即便是得到了工作签证，往往也只能高职低就等。这些情况对河南发展对外劳务输出都造成了严重的影响。

5. 国内的相关法律法规不健全

目前，国家尚未制定对外劳务输出的专门法律，没有形成一套健全的对外劳务输出的法律体系，缺乏处理相关问题的法律依据。1994年颁行、2004年修订的《对外贸易法》，其中有关国际服务贸易、对外贸易的调查、救济、促进等相关规定过于粗略，不足以解决对外劳务输出中的实际问题。2007 年 6 月通过、2008 年 1 月施行的《劳动合同法》虽然在第五章第二节中通过 11 个条文对"劳务派遣"做了专门规定，但远不能满足解决对外劳务输出中出现的各种纠纷和问题的需要。2007 年 12 月通过、2008 年 5 月施行的《劳动争议调解仲裁法》，从其适用范围看，也可以作为处理对外劳务派遣仲裁纠纷的法律依据，但显然欠缺解决对外劳务输出仲裁的特殊制度安排。在行政法规和行政规章方面，主要有以劳动与社会保障部于 1992 年发布的《关于做好劳务输出、境外就业劳动管理工作的通知》和于 2002 年发布的《境外就业中介管理规定》、原外经贸部于 1990 年制定的《关于我国对外承包工程和劳务合作的管理规定》和于 1993 年颁布的《对外劳务合作管理暂行办法》，商务部于 2003 年发布的《对外劳务合作经营资格管理办法》等为代表的一系列规章、政策，但因数量少、位阶低、不统一、操作性不强，还不能用来解决当前出现的许多具体问题。如因少数出国务工人员跳槽、非法滞留等违约行为，导致外经公司对用人企业失信而损害多年的合作关系，但外经企业缺乏制止劳务人员违约的法律依据，追究违约责任的难度也很大。在追究违约人法律责任时，派遣公司和国外用人单位无法追究其本人责任，而且因需驻外大使馆认证及认证手续烦琐，追究成本很高。

6. 国家对外劳务国际合作的广度和深度不够

在过去较长一个时期内，由于中国政府并没有把对外劳务输出作为一项重要的战略任务来抓，没有将其作为一项产业对待，没有把它提高到与商品贸易同等的地位，因而在体制上也没有相应的政策措施来保证、鼓励和促进对外劳务输出事业的发展，加之缺乏经验和有效的方法、措施，中国对外劳务输出的发展潜力远没有得到发挥，市场占有率也比较低。

7. 国内政策支持的力度不够

国内政策支持方面存在的问题主要表现在三个方面：

（1）对外经企业在税收政策上优惠不够。外经企业税负重，影响企业的发展和竞争力，导致出国务工人员的成本增加，制约了外派劳务规模的扩大。依现行政策规定，各外派劳务企业需缴纳主营收入 5% 的营业税、非主营收入 3% 的营业税、33% 的企业所得税，税负明显过重。如河南新县的吉星公司缴纳的税费约占税前利润的 43%。

（2）与国际通行的做法相比较，现行的外汇政策、信贷担保政策、保险政策都不适宜外经企业发展的需要，也没有形成完善的对外劳务输出支持服务体系。

财政部、商务部于 2005 年出台的《对外经济技术合作专项资金管理办法》加强了对外劳务输出与有关银行、保险机构的协调，但支持力度还不够大。

（3）出国务工渠道不畅，手续难办。大部分对外劳务输出是由官方主导的外经公司输出的，通过民办或私人途径出国务工渠道少，手续难办，成功率低，由此引发不少偷渡出国打黑工的现象。

8. 劳务输出经营主体单一，输出地区过分集中，而且劳务输出渠道窄，信息缺乏，竞争力不强，缺乏活力

河南的涉外劳务公司规模一般比较小，无法直接与国外相关部门建立联系，从事的都是二手、三手业务，很少有获得涉外劳动和社会保障部批准的县级中介机构，输出渠道较窄。且河南的对外劳务合作企业竞争力低下，对市场信息了解不够及时，对有些劳务输出项目不甚了解，从业人员不够专业，导致河南省劳务输出竞争力不强，缺乏活力。河南的劳务输出渠道狭窄，选择劳务输出主要集中在少数几个国家，经营方式单一，使河南的劳务输出受到很大限制。

9. 输出劳务人员的素质相对较低，与国外客户的要求存在一定的差距

国际劳务市场当前需求大量的智能型、技能型人才，并要求外派劳务人员既要懂外语，又要有一技之长。但因为河南尚未建立适应国际劳务市场需求的职业教育体系，因而出现了一系列的问题。如有专业技术的人不懂外语，而懂外语的人绝大部分没有专业技能，且多数懂的是英语；仅靠出国前的短期培训不能造就高素质的技术工人，长期培训若不能颁发国外普遍认可的相关证书，则很难招收到学生；劳务人员绝大多数来源于农村劳动力，许多劳务人员虽具有吃苦耐劳精神，但时间观念、履约意识、卫生习惯、身体素质等方面与国外雇主要求差距较大。

二、发展河南对外劳务输出的主要对策建议

1. 完善对外劳务输出立法，健全管理制度

完善国内对外劳务输出活动的立法、健全输出管理制度，有利于规范国内对外劳务输出的市场秩序，打击恶性竞争、非法中介和非法出国务工等违法行为，有利于对外劳务输出违约事件的解决，同时也是保护出国务工人员权益的迫切需要。

建议国家有关部门加快推进对外劳务输出方面的立法进程，制定系统的规范劳务输出的法律，完善相应的配套措施，构建完善的法律体系。其中重要的是要学习菲律宾和印度的对外劳务输出立法，制定与菲律宾《劳工法令》和印度《移

民法》类似的国家对外劳务输出的统一、专门的法律法规。菲律宾政府于 1974 年颁布的《劳工法令》，把对外劳务输出当做转移国内剩余劳动力的主要策略，并通过该法令完善了菲律宾对外劳务输出的管理机构，形成了鼓励对外劳务输出的制度和措施，由此推动了菲律宾对外劳务输出产业的飞速发展。印度的《移民法》在 1983 年被修改完善后，也起到了推动印度对外劳务输出快速发展的重要作用。

通过完善法律法规，准确界定经营公司和劳务人员法律关系的性质，依法保护劳务人员权益，提高依法管理对外劳务合作的水平，使对外劳务合作"有法可依，有章可循"；尽快统一对外劳务输出的管理机制，统一对外劳务输出管理的行政主管部门，形成中央和地方、国内与国外、政府与行业组织共同参与、密切配合、共促发展的局面；完善对外劳务输出契约制度，加强劳务人员出境后管理，明确各方当事人的权利义务、行政主管部门以及违约者的法律责任、责任追究等方面的问题，使解决对外劳务输出纠纷有法可依；强化对出国务工人员权益的保护，严厉打击侵犯出国务工人员合法权益的行为，为权益受侵害的出国务工人员提供法律援助，建立对外劳务输出风险的保障制度，设置对外劳务输出人员共同风险基金，用于处理突发事件和善后工作。此外，在借鉴菲律宾等劳务输出大国的经验，改革对外劳务输出体制，在发挥"官方"主导对外输出市场的情况下，适当给予民营企业、经济实体对外劳务输出的机会，多渠道推进对外劳务输出，这对于适当调整对外劳务输出固有格局，做大做强对外劳务输出产业意义重大。

2. 加快对外劳务输出的支持服务体系建设

建立对外劳务输出的支持与服务体系是劳务输出大国的普遍做法。中央政府及地方各级政府部门应向一些有影响的劳务输出国学习，尤其要学习一些对外劳务输出发展较好的国家的经验和做法，如菲律宾 1995 年通过的《8042 共和法案》加强对其海外劳工的保护。该法案规定，只向承认和保护菲律宾劳动权利的国家派遣菲律宾劳工，这些国家必须有保护外国劳工利益的相关法律，而且是劳工保护的多边或双边协定的签字国；设立了菲律宾海外就业管理局为该法律的具体执行机构；规定应在劳动力接收国家建立移民劳工和海外菲律宾人力资源中心，向海外劳工提供各种服务，包括咨询和法律服务等帮助。再如，积极实施福利援助计划，鼓励工人在海外就业，帮助改善他们及其家属的福利待遇。菲律宾的援助计划包括：为其海外工人提供家庭服务；为其伤、残、病海外工人的子女提供奖学金；帮助工人遣返和由总统向杰出工人颁奖等；建立专门为海外劳工和家属服务的医院，在体检和治病方面提供优惠。1998 年开始，菲律宾政府还规定海外劳工免缴个人所得税（税率 30%），在每年圣诞节期间，总统府专门开设免费国际长途电话，供海外劳工家属通话，所有机场均为回国度假劳工提供免费市内交通服务等。此外，对归国劳工实行积极的重新安置就业计划，吸引他们合同期满后回国，并将他们的资金和技术用于国内经济的发展。要做到这些，就需要强化政府的服务观念，为外派劳务的正常流动提供必要的服务和社会后备保障，并实行针对外派劳务人员的优惠政策和措施，以消除其后顾之忧。

当然，建立对外劳务输出的支持服务体系是一项系统工程。既要求国家出台法律法规及政策措施，营造发展对外劳务输出的有利环境，也需要各级地方政府在力所能及的范围内采取措施，扶持外经企业发展壮大，在对外劳务输出产业链的各相关环节提供完备的支持和服务。如在财政、税收、金融等领域给予政策倾斜、支持；对外经企业给予财政、信贷扶持及税收优惠，提高其市场开发能力和抗风险能力，促进该行业健康发展；对出国务工人员进行培训，给予信贷帮扶或经济担保服务，提供医疗和养老保险等社会保障服务；为归国劳务人员的重新安置就业提供帮助和扶持；设立专门的咨询机构为劳务人员提供法律、心理和业务咨询等。

3. 加大投入，强化培训

鉴于国际劳务市场需要大量智能型、技能型人才，而且对普通劳务的市场准入限制越来越严格的现实，今后一个时期，河南省应该把发展中高端劳务和境外投资、承包工程带动劳务作为主要的发展方向，在巩固日本、韩国、新加坡等市场，做好传统劳务的基础上，进一步拓展欧美发达国家的劳务市场。为此，要加强外派劳务与职业技术教育相结合的力度，切实加强对务工人员的培训、教育，提高出国务工群体的个人素质和职业技能。一方面，要打破行业界线，整合培训资源，进一步加大投入，强化对外劳务输出培训机构和对外劳务培训基地建设，以及培训教师队伍建设，充分利用河南现有的培训资源，发挥出国前短期培训的优势，根据学员文化程度、专长和从业意愿，按照宜农则农、宜工则工的原则，有计划、有步骤地实行分类培训，争取为国际劳务输入市场提供高品质、高素质的优秀劳务人员。另一方面，要强化市场导向，根据市场需要强化技能培训。一是要实行订单培训，做到市场需要什么样的人才我们就培训什么样的人才。二是要瞄准市场动态，把握用工走向，开展就业前的储备培训，超前培训一批市场紧缺的高素质劳动者，做到培训一批、转移一批、储备一批。

4. 加强外派劳务基地建设

鼓励外派劳务经营公司和基地县、专业基地一起到境外考察、开拓国际市场，争取多拿第一手合同，依靠国际市场这个龙头，带动劳务基地与专业基地建设。鼓励有条件的劳务公司与基地县联合在国外设立办事处，畅通派出渠道。

第三节　发展对外劳务输出与鼓励外出务工人员返乡创业互动机制研究

发展对外劳务输出是实施"走出去"战略的一个重要内容，对作为人口大省、农业大省而且经济欠发达的河南而言，把这项工作进一步延伸，就是将对外劳务输出与返乡创业统筹考虑，一体化管理，形成发展对外劳务输出与鼓励外出务工人员返乡创业的互动机制。河南新县在这个方面做得比较好。这里主要对河南新县涉外劳务农民工返乡创业的成功因素及政府主导型农民工返乡创业机制的构建进行分析和总结。

一、新县涉外劳务农民工返乡创业的成功因素分析

学术界已有研究表明，影响农民工创业投资决策的影响因素主要有两个方面：一是微观层面的影响因素，即农民工个人禀赋，如年龄、教育水平、家庭财富状况、个人经历、创业意识等因素所产生的影响；二是宏观层面的影响因素，如基础设施、产业结构、产业政策、经济发展水平、劳动力市场的发育程度等外部创业环境因素所产生的影响。新县的实践表明，涉外劳务农民工之所以能够返乡创业成功，其要诀也体现在以上两大方面。具体如下：

1. 打工经历提供了必要的创业资本

创业研究表明，80%的创业者是基于原先的经验和知识积累进行创业。农民工返乡创业也必然与自身打工经历有密切联系。在新县接受调查和访谈的30多位创业者都一致表示，在很大程度上是打工的经历影响了他们的创业行为。外出打工为他们提供了必要的创业资本（物质资本和人力资本）积累，包括资金、技术、信息、阅历、企业家精神等，是他们成功创业的决定因素。例如，新县县城周大生珠宝行经理杨志贵表示，是在韩国务工的经历培养了他吃苦耐劳的创业精神和追求完美的敬业精神，更重要的是，经过三年的国外打工挣到了人生的第一桶金，回国后经过认真考察，带着在韩国树立的品牌意识在县城步行街开了一家奥伦皮鞋专卖店，不到一年时间又新开了一间意尔康皮鞋品牌店，积累了更多的

资金，2009 年又投资 200 余万元，开办了周大生珠宝行；优秀研修生曹之刚在日本研修农业期间熟练掌握了大棚规划及先进的蔬菜种植技术，回国后投资 100万元创办了四方绿色农场，建成蔬菜大棚 52 个、鱼塘 2 口、猪舍 120 间；胡元奎和刘和智出国开阔了视野，增长了见识，带回了资金，分别创办了农村资金互助社和种植、加工、销售一条龙的木材厂；等等。其他还有很多农村青年，都是利用国外学到的知识和技术以及挣回的资金进行创业，并成为当地创业致富能手。

2. 政府鼓励创业并优化了创业环境

为鼓励青年农民工返乡创业，新县县委、县政府先后出台了《关于进一步加强涉外劳务输出管理工作的意见》、《关于支持回国劳务人员创业的若干意见》等一系列鼓励回国劳务人员返乡创业的优惠政策，对回国人员在家乡办经济实体、从事山场开发、种植养殖等，要求县直各部门在资金、场地等方面给予支持，在子女入学、就业等方面提供便利，降低进城门槛，为回国创业人员提供广阔的空间。例如，对创业中一次性流转土地 100 亩以上的，县财政给予 20 元/亩的奖励；对于规模以上种养户，县财政每年拿出 100 万元给予奖励或生产性贷款贴息。2007 年，赴日研修生曹之刚在创办四方绿色农场的初期就获得了财政贴息贷款 60 万元，当地乡政府还免除其 5 年土地租金。在政府扶持下，该农场稳步发展，并且成为新县赴日研修生农业种植实习基地。此外，还建立了由县招商、商务、劳务、国土、公安、工商、金融等部门组成的回国劳务人员创业联席会议制度，开通了回国劳务人员创业"绿色通道"，积极帮助解决回国劳务人员创业贷款、用地、证件办理等方面的问题，基本实现了"一站式"审批、"一条龙"服务。成立创业者协会，不定期发布热门创业项目，引导回国劳务人员创业。同时，加强与国内新县籍外出成功创业人员的沟通联系，鼓励各方能人返乡"抱团"创业等。在这种环境下，近年来越来越多的外出成功人士表达了返乡创业的愿望。

3. 职业与技能培训增强了创业者素质

在组织外派劳务和支持返乡创业两个重要环节，新县都非常重视人员的技能培训和素质教育。2002 年专门成立了对外劳务合作管理局，牵头负责全县外派劳务人员的招收、培训、派遣和后期管理工作。目前，新县投资 2700 多万元建成了全新的涉外劳务培训中心，年培训规模在 5000 人次以上，并在此基础上兴办了专科层次的信阳涉外职业技术学院。在出国前的培训中，他们根据劳务人员的年龄、文化程度、专长、从业意愿等，有计划地实行分类培训，同时还强化语言、专业技术、法律法规等方面的培训，逐渐让青年农民树立服务意识，强化规范意识，增强履约意识，使之逐步成为合格的涉外劳务人员；在支持农民工返乡创业中，县劳务局根据回国人员专业技能、从业意愿、年龄等分类登记，定期邀请成功人士举办创业培训班，激发他们的创业热情，为创业人员提供行业指导，使之清楚地认识到自身的创业素质、条件和能力。这样，许多回国返乡青年农民逐渐增强了创业意愿，从潜在创业者成为一名真正的创业者。

4. 创业致富示范提供了激励和模仿样板

为增强回国人员返乡创业的积极性，新县政府积极引导，充分利用报刊、广播、电视、网站等多种形式，广泛宣传各类创业先进典型。在每年年初的全县工作会议上，县委、县政府都要大张旗鼓地表彰一批优秀回国创业典型。回国返乡创业的青年农民胡元奎就是在众多创业者的成功激励下，创办了新县浒湾塿鑫源农村资金互助社，并积极为新县农民工出国研修或创业提供快捷、便利、优惠的资金支持和热情周到的创业指导等服务。在互助社成立一年多的时间内就为 13 名出国研修生提供了资金支持，引导农民工创业 3 家；回国青年郭秀文也是在看到其他朋友在家乡创业致富后，在当地政府的鼓励下，放弃海外企业的优厚待遇，投资 200 多万元，创办了荣潜养猪场，年存栏 2000 余头，年创产值 1200 多万元。目前，新县已经形成良好的创业致富示范效应，许多农村青年积极报考外派劳务招工培训，争取外派"打洋工"、学技术，再回国返乡创业。

二、基于创业能力逐步提升的政府主导型农民工返乡创业机制构建

创业理论研究表明，创业是具有企业家精神的个体与有价值的商业机会的结合，是机会识别与开发的过程，其活动成功的本质是创业者能够把握机会，创造性地整合资源，并获取创业租金。这说明，要促成创业活动的成功，一方面是要让一般劳动者成为创业者，另一方面是社会要为创业者提供更多的机会和资源。而要成为一名创业者，首先个人必须具有创业意愿和创业技能。因此，从这个意义上说，要使农民工返乡成功创业，就应首先让他们具有在当地创业的意愿和能力，同时要为他们营造一个良好的创业环境，提供必要的创业机会和资源。

农民工特别是一个刚成年的青年农民，其一般的初始特征是学历低、缺技能、没见识，外出打工的层次低，收入也低。所以，农民工在国内打工收入积累往往非常缓慢，其收入往往也只能维持较低的生活水平，加上缺乏良好的经济和政策环境，更谈不上去创业。因此，结合河南新县的发展实践，要有效促进农民工返乡创业，提高其创业成功率，就必须针对农民工自身特征（比较弱势），由政府主导，结合市场机制，构建一个良好的扶持农民工返乡创业长效机制，在逐

步提升其创业能力的基础上促进其成功创业。基于创业理论，在结合新县成功经验基础上，本文初步构建了一个基于创业能力逐步提升的政府主导型农民工返乡创业机制（见图 12-1），以期更好地揭示培育和扶持农民工返乡成功创业的机理。

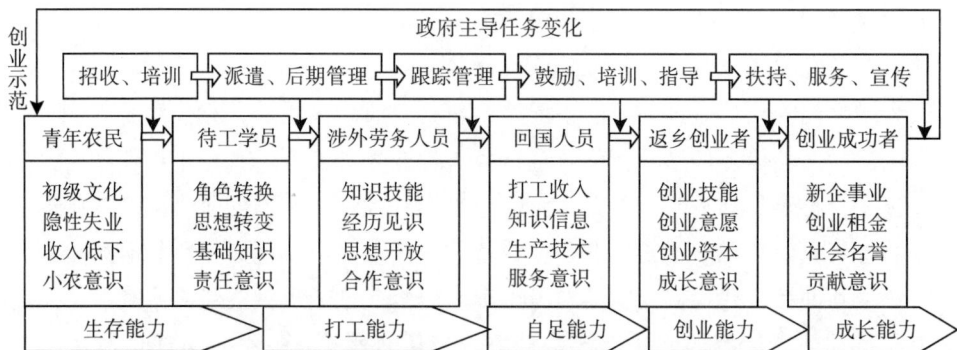

图 12-1　基于创业能力逐步提升的政府主导型农民工返乡创业机制框架

在这个机制框架中，政府始终处于主导地位，是导演角色，农民工及其返乡创业者处于主体地位，是主演角色。基于河南新县的实践，它所描绘的剧情和主线是许多农民工不断由丑小鸭（打工者）变成了白天鹅（创业成功者），其暗含的剧情逻辑是，在创业能力逐步提升的基础上，农民工的角色顺次发生转换，而农民工创业能力逐步提升并返乡创业正是政府精心"导演"的结果。

1. 在政府主导和帮助下更多的青年农民成为合格打工者

打工是创业的前提和"孵化器"，它促进了创业者人力资本的提高，为创业者积累了职业经历，提供了技术、信息、市场和资金等必要条件。现实中，青年农民大多文化层次低，往往处于隐性失业状态，收入来源少且水平低，缺乏工作技能，属于弱势群体。这时，政府应该主动帮助他们，通过教育培训提高其素质和技能，想方设法为他们找出路。最有效的方法就是使之尽快地成为一名合格的打工者，走出去谋收入学技术。河南新县政府更是另辟蹊径，创出一条有特色的外派劳务路子，使越来越多的农村青年成为国际打工者。在这个过程中，青年农民知识和技能逐步增长，阅历和视野逐渐拓展，思想观念逐渐开放，逐步由生存能力较差的青年农民转变为有责任意识和合作意识的合格打工者。较强的打工能力又使其能够获得一份较高的打工收入。这也实现了欠发达地区政府发展劳务经济，提升农民收入的初衷。

2. 在政府扶持和引导下更多的打工者成为返乡创业者

从资源和能力角度出发，创业是基于企业家资源禀赋的机会驱动行为过程。农民工要由打工者变成创业者，这需要较多的条件和基础，毕竟创业不但需要机会，也充满了艰辛和风险。因此，政府必须给予及时、充分的指导和帮助，特别是要吸引农民工返乡创业，就必须制定切实可行的政策和措施，积极创造条件，使潜在创业者具有更强的创业意愿和能力，并投身到创业实践中。在河南新县，许多务工回国人员在带回一笔打工收入的同时还掌握了必要的知识信息和生产技术，也具有一定的服务意识和成长意识，他们自足能力和创业能力较强，渴望过上更好的生活。此时，当地政府及时给予鼓励、引导和扶持，包括创业培训、创业指导、资金协调、土地供给、证件办理、税费优惠、子女教育和户籍照顾等，营造了宽松的创业环境，这样，较多的打工者就纷纷结合当地资源条件进行创业，既繁荣了当地经济，又促进了产业结构的调整和优化。这正是新县政府谋划的变"打工经济"为"创业经济"的第一步。

3. 在政府援助和服务下更多的返乡创业者成功创业

创业理论认为，创业的成功不但包括创业者成功创建新企（事）业，还包括新企（事）业的生存与成长。因此，为了提高农民工创建企业的竞争力，政府还应该为他们提供技术上的援助；农民工创业初期面临的困难之一就是市场的开拓力度欠缺，为此，政府有关部门还应该通过经常性地举行项目推广会等形式，加大农民工创业项目的推广力度，帮助农民工进行市场开拓；信息的获取也是创业成功的关键因素之一，为了提高农民工获取信息的效率，政府应该实施各种优惠政策以促进市场中介组织的发展。正因如此，在返乡农民工创办企业后，河南新县政府部门继续加强与他们的联系，成立创业者协会，建立由政府多个部门组成的联席会议制度，及时提供各种援助和服务，尽可能地解决农民工新创企业成长过程中遇到的资金、土地、技术和市场难题，使之获得稳步积累并逐渐成长壮大。这正是新县政府谋划的变"打工经济"为"创业经济"的第二步。

4. 在政府宣传和鼓励下返乡创业成功者得到更多的社会认可和模仿

领先型创业者在该地区的成功创业会成为一个典型的示范事件，模仿型创业者可以借助某种渠道受到示范事件的影响，并通过创业认知即观察学习，在创业动机的刺激下实施创业决策行为。农民工返乡创业大多也是模仿型创业，创新性和技术含量不高，也容易被模仿。他们的成功包括新企事业、迅速增长的财富和社会荣誉等具有很大示范效应，对其他具有相似经历和条件的农民工具有很大吸引力。正是基于这一点，河南新县政府广泛宣传各类创业先进典型，奖励成功标兵，充分放大示范效应，使返乡创业成功者得到了更多的社会认可和模仿。许多农村青年踊跃报名涉外劳务培训，打工回国人员又积极投身创业，在新县形成了"学技能＋打洋工＋创家业"的成熟范式。这正是新县政府发展"创业经济"实现的理性结果。

以上环节相互联系，着眼于农民工返乡成功创业，落脚于农民工创业能力的逐步提升，充分发挥政府主导作用，积极引导和调动农民工不断从外出打工到返乡创业，形成欠发达地区（内陆县域）经济良性循环发展。

总之，促进和扶持农民工返乡创业是一项系统工程。需要政府和农民工等各方主体的共同参与，尤其是欠发达地区经济条件差，创业环境不优，农民收入和创业能力低，地方政府必须发挥主导作用，从农民工自身状况出发，制定各种切实可行的办法，从逐步提高农民工创业能力开始，把眼光放长聚焦，不急于求成，细致营造良好创业环境，通过经济体制改革和产业调整创造更多创业机会，逐步引导和帮助农民工返乡创业，并努力形成良性循环机制。这样，才能有效提高农民工返乡创业率和创业成功率。

第四节　河南新县外出务工人员返乡创业成功典型

新县以涉外劳务输出产业的发展为基础，积极鼓励外出务工人员返乡创业，目前已经涌现出一大批返乡创业成功典型。

一、创业典型杨志贵：韩国务工学知识，品牌意识促发展

周大生珠宝行是位于新县中心商贸区红星街的一家珠宝商店。经理是新县泗店乡范店村人。1998 年，杨志贵通过新县外派劳务培训中心培训派往韩国务工，3 年期满归国后自主创业，2010 年已拥有皮鞋专卖店 2 家、珠宝行 1 家，资产达300 余万元。

在韩国，他是在一家经营铜制产品的会社工作，老板是一位 60 多岁的老人，只要有闲暇时间老板都和工人一样下车间，与工人同吃同干，敬业精神让人钦佩，严谨认真的工作态度、勤俭节约的生活品质和强烈的品牌意识更是让杨志贵感触颇深。一次老板进入车间，发现地下有一个 2 厘米左右长的铜线头，认真捡

起后送进回收箱，同时及时教育员工要勤俭节约，最大限度地降低生产成本，尽可能的让利给消费者，消费者才会选择我们，我们的事业才能越做越大。会社老板还要求他们要树立品牌意识，每一道工序都要精益求精，因此当同类型产品销售业绩平平时，他们的产品却总是供不应求。杨志贵是个有心人，在韩国务工期间不仅勤奋刻苦，而且注重学习，国外务工经历培养了他吃苦耐劳的创业精神和追求完美的敬业精神。

杨志贵在3年务工期满挣到了人生的第一桶金后，带着在韩国树立的品牌意识回到家乡，经过认真考察，在县城步行街开了一家奥伦皮鞋专卖店。由于他善于经营，懂得让利给消费者，所以生意十分兴隆，不到一年时间又新开了一间意尔康皮鞋品牌店，积累了更多的资金，2002年在县城最繁华的商贸城买下两间门面和一套住房。2009年，杨志贵又投资200余万元，在新县红星城开了间周大生珠宝行。如今杨志贵已拥有2家专卖店，1家珠宝行，年收入100多万元，解决了56人的就业问题。每当问起他的成功秘诀时，他总是自豪地说："出国的第一桶金让我有了生意资本，国外的品牌意识让我的事业越做越大。"

二、创业典型刘和智：挣回资金搞创业，喜成致富带头人

刘和智，男，1980年10月生，新县新集镇董店村人。2002年6月在新县外派劳务中心培训后，顺利赴日研修，他也是中智公司在新县招收的首批赴日研修生之一。在日本三年，从事大棚蔬菜种植。刘和智所在会社的社长脾气有些古怪，对研修生要求严格甚至有些苛刻。研修期间，刘和智始终牢记新县外派劳务培训中心"诚信、知足、主动、礼让"的培训理念，工作中不怕苦、不嫌累，生活中以诚待人、团结工友，树立了新县研修生的良好形象。一天，他因冒雨抢修大棚，负了伤，到医院处理伤口后，没有休息，主动带伤工作，社长让他休息养伤，他说："棚里的菜快要收获了，如果遭雨淋就会给会社造成重大损失，现在人手紧缺，我这点小伤不碍事。"社长听了十分感动。更难能可贵的是他宽容大度，有一次一位工友工作不慎犯了错，社长开始以为是他造成的，批评了他，刘和智没有辩解，并主动承担了责任。事后社长知道了，表扬了刘和智，也没有追究当事人责任，刘和智的勤奋刻苦和宽容大度，不仅赢得了全体工友的尊重，也让社长对他更加信任。3年期间，他不仅挣回了30多万元，社长还亲手教他学会了汽车驾驶技术。

回国之后，刘和智接手父亲的一个木材加工店，投资60万元，建厂房、买设备，扩大规模，3年时间使木材加工厂占地2000多平方米，固定资产260多

万元，年收入近 120 万元，拥有 82 名工人，工厂效益很好，是当地发展势头较为强劲的民营企业之一。

刘和智说："木材加工是毁林，现在提倡人人爱护环境，保护环境，所以，我还要造林。"2008 年，他在自己村里承包了 3000 多亩荒山，承包期 30 年，现已植树 32 万株，前期投资 35 万元，按 15 年林木成材的话，一期预计收入达 1000 万元，另外，有国家退耕还林的补贴政策，树苗费和平时的维护费用基本不用自己掏钱。2009 年 2 月，刘和智又投资 100 余万元在县城繁华地段买下 300 余平方米的店面，专门销售自己生产的实木产品，生意十分火爆。

通过加工木材，承包荒山，购买店面，刘和智的木材生意实现了从种植、加工到销售的"一条龙"，个人的事业越做越大，同时他的事业发展带动本县 150 余人就业，年上缴利税近百万元。村民们说，刘和智的加工厂让我们收入增加了，我们很高兴，但更让我们感激的是，他能让几千亩荒山一年内全都披上了绿装，村边环境大变样，这更是利在当代、功在千秋的大好事啊！

三、创业典型胡元奎：研修归来不忘本，集资办社报乡人

胡元奎是新县浒湾乡农民，10 年前是一个钢筋工，2000 年到日本务工，挣了人生的第一桶金，回乡后没有创业，而是在县城买了一套住房，后来想创业的时候没有资金，失去了很多机会，后悔不已。2005 年又到新县外派劳务培训中心报名参加韩国三星公司的建筑工考试，再次以优异的成绩被三星公司录取，由于有一定的韩语基础，再加上出色的组织能力，更突出的是他具有创新的思想意识，他被众研修生推选为 200 多人的领队。

在韩国三星公司工作期间，他一边学习韩国的先进技术，一边号召大家学习韩国人的吃苦和敬业精神。期满回国后，他发现这些兄弟们虽然很快都在国内找到了好工作，而且工资都比出国以前高，但一些兄弟手头有很多闲散资金没有发挥作用，另一些兄弟们想创业却资金不足。恰逢信阳市出台农村改革发展实验区的鼓励政策，允许个人在乡镇设立农村资金互助社，当年因为欠缺资金而失去很多创业机会的胡元奎，积极响应政府号召，邀请 5 位在三星公司工作后归国的研修生为股东，募集资金 150 万元作为注册资金，成立了新县浒湾堃鑫源农村资金互助社，为新县农民工出国研修或创业提供快捷、便利、优惠的资金支持和热情周到的创业指导等服务。

新县浒湾堃鑫源农村资金互助社成立后的一年多时间内就为 13 名出国研修生提供了资金支持，引导农民工创业 3 家。为新县涉外劳务事业和新农村建设作

出了积极贡献。当媒体问他筹办互助社的目的时，他动情地说："当年我因没有资金失去很多机会，现在我有这样的机会能为农民出点力，我感到很欣慰。"

四、创业典型曹之刚：出国务工学技术，回国创业显身手

新县四方绿色农场，位于新县浒湾乡游围孜村，距离新县县城 12 公里，2007 年 10 月由曹之刚等 4 名赴日回国的农业研修生投资 100 万元创办，场区占地面积 80 亩。目前已建成蔬菜大棚 52 个、鱼塘 2 口，猪舍 120 间。大棚以种植辣椒为主，现日产辣椒 4000 斤左右，鱼塘主要养殖草鱼和鳙鱼，放养 3.2 万尾鱼苗，养猪场现存 60 公斤左右淮南猪 310 头，农场现有固定资产 200 余万元，年收入 100 万元。

曹之刚，家住农村，大专毕业后，因为一直找不到合适的工作，选择了出国务工。在日本研修农业期间，他虚心向老板学习，刻苦钻研先进的蔬菜种植技术，由于文化程度较高，接受新技术的过程较快，研修期间熟练掌握了大棚的规划及建造、蔬菜种植与病虫害防治、农药配比和用法、土壤改良与消毒等种植技术。

2006 年 11 月，他圆满完成 3 年农业研修后回到家乡。他经过一番考察之后，邀请了 3 名日本研修回乡的工友在新县浒湾乡游围孜村租地 80 亩，按照日本种植蔬菜的模式建起蔬菜大棚 50 个，新挖鱼塘 2 个，养鱼和灌溉两不误。县委、县政府对其创业给予大力支持，协调财政贴息贷款 60 万元，浒湾乡政府也免除其 5 年土地租金。2008 年 5 月，他们又在种植基地旁边兴建养猪场 1 个，占地 2500 平方米，专门饲养淮南猪，年出栏成猪 500 头。

四方绿色农场现已发展成为养殖、种植互相促进、共同发展的现代农业生态园，直接带动 60 人就业，为新农村建设提供了榜样。2010 年秋又新建钢管大棚 80 个，种植日本草莓、日本甜瓜等水果，丰富种植品种。同时，他还计划开农家饭庄，走集生产、休闲娱乐、旅游观光于一体的多种经营的道路。他们还借鉴日本农协模式筹建农民协会，为农业生产提供产、供、销一条龙服务。在他们带动下，许多从日本、韩国回乡的农业研修生纷纷在浒湾、箭厂河、泗店等乡镇建蔬菜大棚。

五、创业典型邱永久：乘土地流转东风，做当代新型农民

邱永久是新县吴陈河镇马鞍村人，原来是一个靠天吃饭、土里刨食的普通农民。通过出国务工，如今他虽仍以种田放牛为生，但已不是过去那种牛拉人推、

手刨肩挑的传统耕作模式了，他利用在国外学到的技术和挣回的资金，建起了一个现代化的新农场，实现了种田机械化，养牛科学化，成为当地小有名气的农场主。

家境贫寒的邱永久经过新县外派劳务培训中心 6 个月的出国劳务培训后顺利通过了初试和实际操作，出国到日本研修农业。到日本研修期间，日本农业生产的高度机械化、现代化，特别是农田水利基础设施的完善程度让他感触很深。

2007 年 7 月，邱永久顺利完成研修回国，看到村里荒田很多，许多良田没人耕种，感觉十分可惜，他就利用带回国的资金承包水田 120 亩，承包荒山 1300 亩。2008 年，他利用国家农机下乡补贴的政策扶持，再次投资 15 万元购进联合收割机、旋耕机各一台。2009 年又扩包稻田 170 亩，水稻种植面积达 290 亩。另兴建养牛场一个，饲养本地黄牛 50 头，在当地政府的指导下成立了黄牛养殖合作社，另引进法国品种肉牛——利木赞和西门塔尔牛 42 头。2009 年 11 月，邱永久又收购了一个养猪场，现有存栏 300 斤以上的肥猪 70 多头，母猪 7 头，小猪崽 28 头，并从国营 52 农场购进二元母猪 20 头，2010 年出栏肥猪达 500 多头。农场不仅聘请了 5 位农业大学毕业生做技术指导，同时还吸收 75 位贫困青年就业。2010 年 5 月 1 日，由邱永久牵头成立的吴陈河养殖合作社饲料加工厂正式投产，也将提供 200 多个就业岗位。他的目标是在两年内完成从粮食生产—饲料加工—猪、牛养殖—肉产品加工等连锁经营，成立一个现代化的农产品生产集团。

第十三章 打造内陆开放高地
构筑中原经济区建设的战略支撑

加快形成全方位、多层次、宽领域的对外开放格局，努力把河南打造成最具竞争力、最富吸引力、最有活力的内陆开放高地是"十二五"时期河南开放型经济发展的重要目标，也是加快中原经济区建设的重要战略支撑。建设内陆开放高地作为河南发展开放型经济的一个新阶段和新目标，目前，在理论和实践方面都还有许多问题需要进行研究和探索。

第一节 内陆开放高地建设的由来及
国家的宏观管理现状

了解河南内陆开放高地建议的由来以及国家的宏观管理现状有助于正确理解建设内陆开放高地对河南开放型经济发展的意义，更好地把握河南建设内陆开放高地的宏观环境。

一、内陆开放高地建设的由来

我国对外开放是采取梯度推进的战略，中西部地区作为后开放地区，对外开放水平低已经成为制约经济社会发展的瓶颈。近年来，为了进一步完善我国的对外开放格局，全面提高我国对外开放水平，推进区域协调发展，我国对外开放的重心开始由沿海向内地转移。在这一背景下，最早是重庆市于 2008 年开始进行部署，提出要在 2012 年把重庆市建成西部的内陆开放高地，之后其他一些内陆地区相继跟进。目前，包括河南在内的一批内陆地区都在大力推进这项工作。

河南不靠海，不沿边，是典型的内陆地区。河南省委省政府于 1994 年提出要实施开放带动战略，2003 年把开放带动战略提升为河南经济社会发展的"主战略"。"十一五"时期，重视开放型经济发展，重视发挥开放带动"主战略"的作用是河南省委省政府推动全省经济发展的重要举措，并且取得了显著的成效。在总结自身经验并借鉴其他省份做法的基础上，河南省委省政府及相关部门于2010年底形成了要更加积极主动地实施开放带动主战略，努力打造"内陆对外开放高地"的战略决策——这一决策在《河南省国际经济和社会发展第十二个五年规划纲要》、《中原经济区建设纲要（试行）》和之后各年《省政府工作报告》、《河南建设中原经济区纲要（2012)》以及省委省政府主要领导的历次讲话里都有清晰的表述，并提出了明确的要求。打造内陆对外开放高地已经成为"十二五"时期河南省委省政府进一步推动河南开放型经济发展的战略指导思想和开放型经济发展的阶段性目标。

二、国家对内陆开放高地建设的态度及国家宏观管理的现状

目前，建设内陆开放高地的实践已经得到国务院以及国家有关部委的认可和支持，如《国务院关于推进重庆市统筹城乡改革和发展的意见》（国务院2009年3号文件）要求把重庆建设成我国内陆开放高地，国家商务部、海关总署、国家质检总局、国务院侨务办公室、中国银行都已经先后与重庆市政府签署了支持重庆市建设内陆开放高地的合作文件，已经形成共建机制。2010年12月全国商务工作会议上，商务部对江西、湖南、四川、重庆、河南、吉林等地内陆开放高地建设取得的成绩给予了肯定。《国务院关于支持河南省加快建设中原经济区的指导意见》（国发〔2011〕32号）在第四十二条用将近300字的篇幅，就河南建设内陆开放高地的工作提出了一系列指导意见："打造对外开放平台，营造与国内外市场接轨的制度环境，完善涉外公共管理和服务体系，加快形成全方位、多层次、宽领域的开放格局。支持郑州建设内陆开放型经济示范区，加快郑州新郑综合保税区建设，推进'一站式'通关和电子口岸建设，创新监管模式。支持符合条件的省级开发区升级为国家级开发区，支持具备条件的地区申报建设海关特殊监管区域，鼓励与东部地区合作承接沿海加工贸易梯度转移。支持符合条件的城市申报服务外包示范城市。统筹规划，合理布局海关、出入境检验检疫机构。加强与沿海港口口岸的战略合作。依托现有园区，加强与港澳台经济技术和贸易投资领域的合作。"

但从整体上看，目前中央政府对内陆开放高地建设还缺乏整体上的规划、指导和政策设计，对内陆开放高地建设的宏观管理目前还处于探索和起步阶段。这种状况既为地方政府预留了较大的自由发挥的空间，同时也增加了区域管理上的

难度和由此带来的风险。

第二节 内陆开放高地建设的目标及其
对中原经济区建设的重要意义

明确内陆开放高地建设的科学目标对内陆开放高地建设的健康推进、保证内陆开放高地建设的质量具有重要意义。

一、从内陆开放高地的内涵看河南内陆开放高地建设的目标

河南建设内陆开放高地的目标是什么？这是许多人关心的问题。这个问题可以从内陆开放高地的内涵进行解读。

1. 内陆开放高地是一个综合概念，但在现阶段主要是一个开放经济概念

建设内陆开放高地就是为了全面提高一个区域的整体对外开放水平，更好地发挥扩大开放对经济社会发展全局的综合带动作用。作为内陆开放高地，其对外开放应该是全方位、多层次、宽领域的，应该涉及经济、社会、文化等各个领域，但从现阶段河南经济社会发展的实际出发，努力提高经济领域的对外开放水平，建设内陆经济开放高地是这项工作的核心和重点。因此，现阶段河南建设内陆开放高地的主要目标就是要以扩大开放型经济的发展规模为基础，重点提高开放度相对指标的水平，提高开放型经济发展的质量和效益。

2. 内陆开放高地是一个比较概念

内陆开放高地是在内陆地区范围内的一个比较概念，内陆开放高地不是一个而是一批，因此，只要在内陆范围内某个或某些地区的开放型经济发展规模相对较大，经济开放度相对较高，发展的质量和效益相对较好，领先地位比较突出，就可以认定为内陆开放高地。当然，内陆开放高地不是一厢情愿的自我评价，也不可能是官方的命名，而是内陆地区之间竞争的结果，是开放型经济发展各项指标纵向、横向比较的结果。因此，现阶段河南建设内陆开放高地的主要目标的确定，不仅要考虑自身的发展需要与可能性，还要从横向比较的角度多一些考虑，确保各项经济指标在内陆地区处于领先地位。

3. 内陆开放高地是一个区域经济概念，也是一个产业（或领域）概念，可以对总目标进行分解，形成若干个"子高地"支撑

地理学把海拔 500 米以上，与周围地区相比地势相对隆起的丘陵、山地统称为高地。内陆开放高地不是一个地理概念，而是一个区域经济概念，是指某一个开放型经济发展水平相对较高的内陆地区。同时，内陆开放高地也可以是一个产业或领域概念，是指内陆地区对外开放水平较高的行业或领域。认识这一点，对河南内陆开放高地建设很重要。由于经济发展不平衡规律，任何一个地区，其三个内部的发展都不会是齐头并进的。广东省整体对外开放水平很高，但粤东、西、北三个地区相对也比较落后。河南的情况更是如此，把河南建设成内陆开放高地是一个总目标，这个总目标可以分解为若干个子目标，在省内形成若干个"子高地"。因此，在建设内陆开放高地的过程中，应从各地市、各产业、各领域的实际情况出发，顺应经济发展不平衡规律以及国家主体功能区规划的相关要求，实施差异化管理措施，培育一批强有力的"子高地"作为支撑点。这些"子高地"可以是开放型经济发展状况比较好的中心城市、城市群、省辖市，可以是发展势头强劲的重要的国家级高新技术开发区、经济技术开发区或省级产业集聚区，可以是产业链比较完善、优势比较突出、发展前景较好的某个或某些产业，也可以是某一个作用突出、发展水平又亟待提高的领域如城市规划与城市基础设施建设领域、中高等职业技术教育领域等。

4. 建设"内陆开放高地"的目标具有阶段性

建设"内陆对外开放高地"的目标不是固定的，而是具有阶段性的特点。在初级阶段，其目标主要是与周边地区相比，发展速度更快，更具吸引力，更具竞争力，更具活力，整体发展规模、发展的质量和效益居领先地位（2015 年以前的目标）。在后期阶段（2015 年以后），就应该达到更高的目标，比如对周边地区开放型经济的发展要发挥示范带动作用，具有辐射功能等。企业能进一步辐射带动周边地区，促进整体对外开放水平的提高，这也是国家支持内陆开放高地建设的更深一层的用意。

二、建设内陆开放高地对中原经济区建设的意义

加快建设一批内陆开放高地，是顺应经济全球化发展趋势，应对国际金融危机冲击的战略选择；是我国对外开放梯度推进，对外开放重心由沿海向内地转移的一个重要战略步骤；是进一步完善我国对外开放格局，提升中西部地区对外开放水平，实现我国区域协调发展的重要战略举措。

建设内陆开放高地对建设中原经济区也具有重要意义。

前一个阶段，关于河南的经济社会发展已经形成了一个共识，即开放型经济规模偏小、层次偏低，开放型经济发展的质量和效益也不太理想，开放带动主战略的作用发挥得不够已经成为河南经济社会发展过程中的一个重要瓶颈。同样的道理，如果开放型经济发展水平低的问题不能尽快解决，也必然会成为中原经济区建设的一个瓶颈。

中原经济区是以河南为主体、延及周边，支撑中部的一个跨省区域合作。2012 年 4 月 2 日时任省长郭庚茂同志在博鳌亚洲论坛午餐会上向世界推介中原经济区时，对中原经济区做了如下概括性的介绍：中原经济区东承长三角，西连大关东，北依京津冀，南接长江中游地区，涉及中国五个省份、近 1.6 亿人口、28 万平方公里，涵盖人口数量和空间范围在中国目前同一层次的经济区中首屈一指。从实际情况看，中原经济区本身就是一个开放的区域经济合作概念，既包括区域内原有的小区域合作（如中原经济协作区、黄淮经济协作区和黄河金三角经济协作区），也包括中原经济区与相邻省份、国内其他经济区及与国外的合作。

在市场经济条件下，合作与竞争是并存的，自身的经济实力和竞争力对发展区域合作至关重要。如果河南开放型经济发展的主要指标不能够达到在内陆地区居于前列的水平，不能够形成名副其实的"内陆对外开放高地"，河南作为中原经济区的主体对内不能够形成足够强的凝聚力，对外不能够形成足够强的吸引力、带动力和辐射力，中原经济区建设的目标就很难实现。所以，《河南建设中原经济区纲要（草案）》把"构建内外互动的开放型经济支撑体系"作为建设中原经济区的十大战略支撑体系之一，要求"全面开放、带动全局，不断拓展新的开放领域和空间，以开放促改革、促发展、促创新，构筑内陆开放新高地"。

第三节 河南打造内陆开放高地的有利条件

目前，河南建设内陆开放高地的工作已经形成了许多有利条件：对外开放上升为基本省策促进了全省开放体制的形成；《国务院关于支持河南加快建设中原经济区的指导意见》提出的一系列支持河南建设内陆开放高地的政策目标和方向，进一步优化了建设内陆开放高地的外部政策环境；近年来特别是 2011 年以来全省开放型经济发展取得的成绩也使我们进一步坚定了建设内陆开放高地的信心。

总体分析，河南打造内陆开放高地的有利条件主要有以下几个方面。

一、河南开放型经济已经进入快速发展阶段

近年来，河南开放型经济已经进入快速发展阶段，即使在遭受金融危机影响、全国开放型经济主要指标增速放缓的情况下，河南的相关指标仍然表现出不俗的增长势头。2005~2010年，全省进出口、实际利用外资、实际利用省外资金、完成对外直接投资、劳务承包营业额、外派劳务人次6项指标年均增长速度分别达到18.1%、38.4%、40.3%、21.5%、36%和40.9%。2011年，全省进出口、实际利用外资、实际利用省外资金、完成对外直接投资、劳务承包营业额、外派劳务人次6项指标分别比2010年增长了83.1%、98.6%、61.4%、46.4%、74.7%和37.7%。从横向比较的情况看，2011年，河南进出口、实际利用外资、实际利用省外资金、完成对外直接投资、劳务承包营业额、外派劳务人次6项指标的绝对值在中部六省中的排序分别是第一、第一、第二、第二、第一和第四，整体状况也比较好（见表13-1）。河南开放型经济近年来的快速发展为打造内陆开放高地奠定了坚实的物质基础。

表 13-1　2011 年中部六省开放型经济主要指标比较

	河南	湖北	湖南	安徽	江西	山西
进出口（亿美元）	356.10	336.70	201.60	303.50	280.90	162.40
实际利用外资（亿美元）	100.82	46.50	61.50	66.30	60.59	23.00
实际利用省外资金（亿元人民币）	4016.30	3377.00	2086.00	4181.20	2579.15	2800.00
对外承包工程完成营业额（亿美元）	29.10	40.67	14.59	23.67	15.85	6.96
外派劳务人次	38664.00	17386.00	9624.00	13574.00	3517.00	2447.00
非金融类对外直接投资（亿美元）	3.02	6.90	8.05	5.09	2.81	1.50

资料来源：进出口、对外承包工程完成营业额、外派劳务人次、非金融类对外直接投资数字来自中国海关统计；实际利用外资、实际利用省外资金来自各省公布的数字。

二、形成了一套发展开放型经济的工作方法和工作运行机制

"十一五"以来，河南省委省政府坚持把优化工作方法、运行机制作为扩大对外开放的重要途径。

1. 发展开放型经济的工作方法

主要有两条经验。

（1）强化政策引导，突出工作重点，提高行政效率。"十一五"以来，为了加快开放型经济发展，河南在不同的领域都采取了行之有效的措施和办法。在对外

贸易方面，工作推进的重点是大力引进出口型项目，培育壮大对外贸易主体，通过实施科技兴贸战略和机电产品出口推进计划促进出口商品结构的优化，加大对国际市场开拓的力度。2011 年，河南省商务厅通过强化重点联系机制，重点跟踪 56 个出口型项目，其中的 30 个已经实现了出口。许昌发制品出口基地已经被国家命名为外贸转型升级示范基地。在招商引资方面，主要是进一步简化审批程序，规范审批行为，建立招商引资全程服务平台，健全一站式服务，全面推行外商投资项目无偿代理制和限时办结制，实行重大投诉案件直报制和领导包案制。为了更好地应对国际金融危机的影响，省政府在全省推广"五个三"招商方法，即招商方式坚持"三突出"，突出请进来招商，突出产业集聚区招商，突出专业对口小分队招商；招商主体坚持"三为主"，即招商谈判以企业为主、联络渠道以民间和商（协）会为主、引导服务以省辖市、县（市、区）为主；境外招商坚持"三为先"，即境外招商亚洲为先、亚洲招商中国港台为先、各类客商华商为先；对内招商坚持"三重点"，即加快承接产业转移、加强与央企合作、搞好技术和人才引进；工作推进实行省、市、县"三级抓"，充分发挥省辖市、县（市、区）的积极性。各市县也大胆实践，勇于创新，积极探索各具特色、富有成效的开放招商路子。特别是一大批对全省经济社会发展具有重要支撑作用的大项目、大企业的引进，说明河南前一阶段的招商工作思路和方法是富有成效的。在对外经济技术合作方面，重点是实施了新的境外投资管理办法和对外承包资格管理办法，大幅减少审批事项，不断下放审批权限，积极开展清理整顿外派劳务市场秩序专项行动，规范对外经济合作业务的发展。

（2）"快半拍"成为取得工作成效的主要法宝。过去，一些领导干部思想不解放，怕负责任，不敢拍板，观望多，行动滞后，凡事"慢半拍"，成为制约河南经济社会发展的痼疾，导致河南错过了许多经济社会发展的机遇。总结经验教训，"十五"、"十一五"以来，在国家政策允许的范围内、在符合政策发展变化趋势的前提下争取"快半拍"，成为一些职能管理部门追求的目标。包括率先降低企业获得进出口经营权的门槛，率先取消一般性利用外资项目的可行性研究报告审批、积极举办在国内外有影响的大型招商引资活动、积极推动跨境贸易以人民币结算工作的开展、率先建立对外劳务合作平台（河南已经成为继山东和江苏之后我国第三个设立对外劳务合作平台的省份）、率先聘请招商顾问（2012 年 3月 23 日，在第七届中国河南国际投资贸易洽谈会期间，河南省正式聘请北京河南商会会长姜明、广东河南商会会长许家印等 31 位河南省驻外和外商驻豫商会会长成为河南省"招商顾问"）以及建立部门合作机制等事例已不胜枚举，"快半拍"的思想观念已经变得越来越坚实，在实践中的号召力越来越强，已经成为推动各项工作的重要法宝。

2. 发展开放型经济的工作运行机制

在这方面，除了在省市县实施开放带动"一把手"工程，实行对外开放工作目标责任制以外，紧紧围绕"一个载体，三个体系"完善招商引资重大项目推进工作机制，把推进大型招商活动与推动区域招商、产业对接、战略合作密切结合之外，还不断强化对内、对外两种形式的协作联动机制，形成了扩大对外开放的强大合力。对内，主要是强化部门之间的合作。对外，主要是培育合作渠道，完善合作机制，加强与产业转出地的合作，加强与国内外大企业、大集团的战略合作，加强与各类投资促进机构、中介机构的合作，为承接产业转移、促进项目落地创造先机。

三、产业结构优化升级为打造内陆开放高地提供了产业支撑

最近几年，河南在推进结构调整和产业优化方面也做了大量的工作，特别是通过招商引资，加大科技投入力度，积极破解传统产业改造升级和先导产业发展的技术瓶颈，效果显著。产业集聚区作为招商引资、承接产业转移的载体和主平台，引进了一批大项目、好项目，已经成为转型升级的突破口。2011 年，全省产业集聚区固定资产投资突破 7000 亿元，占全省比重 40%左右；利用省外资金 2400 亿元左右，占全省比重近 60%；规模以上工业企业从业人员 240 多万人，占全省比重 40%以上。六大高成长性产业（汽车、电子信息、装备制造、食品、轻工、建材）对工业增长贡献率接近 70%，其中电子信息产业成倍增长，汽车整车产量实现翻番。四大传统优势产业（化工、有色、钢铁、纺织服装）精深加工和终端产品比重稳步提高；四大先导产业（新能源汽车、生物制药、新能源、新材料）形成了一批具有较强竞争力的龙头企业、知名品牌和优势产品；四大现代服务业（现代物流、金融、旅游、文化）加快发展，旅游业接待海内外游客 3.07 亿人次，增长 19%。大企业集团培育取得新成效。15 家企业进入中国企业 500 强，河南煤业化工集团跻身世界企业 500 强。

产业结构调整、产业升级的效果在出口方面有突出的表现。2011 年，全省机电产品出口 84.09 亿美元，同比增长 226.8%；高新技术产品出口 57.09 亿美元，同比增长 830.0%。

从企业方面看，一大批优势企业脱颖而出，已经成为河南产业结构调整中的亮点。以宇通客车股份有限公司为例，该企业目前已发展成为世界规模最大、工

艺技术条件最先进的大中型公路客车、公交客车、旅游客车、班车、校车等客车生产基地，是国内客车行业第一家上市公司（1997 年在上海证券交易所上市），在国内客车行业同时拥有"中国名牌"、"中国驰名商标"两项殊荣。2006 年 8 月，宇通被国家商务部、国家发改委授予"国家汽车整车出口基地企业"称号，并通过国家质量检验检疫总局的专项审查，在汽车行业第一家获得"进出口商品免验"证书，2009 年顺利通过出口商品免验续延审查，续延了出口免验资格。2002 年、2005 年、2006 年、2010 年，宇通蝉联世界客车联盟 BAAV 颁布的"年度 BAAV 最佳客车制造商"。2008 年，宇通成为国家科技部、国务院国资委和中华全国总工会联合授予的国家首批"创新型企业"之一，是客车行业唯一入选企业。在 2010 中国年度品牌发布会上，宇通成为行业唯一摘得"中国骄傲"荣誉称号的品牌。不断创造具有质量、服务和成本综合优势的产品是宇通竞争优势的源泉。如今，宇通客车已经成为中国客车第一品牌和中国校车第一品牌，产品远销古巴、俄罗斯、伊朗、沙特阿拉伯以及中国香港、中国澳门等市场，并已取得欧盟 WVTA 整车认证，开始正式进军欧洲市场。

四、多重优势形成的吸引力

在内陆地区争相发展开放型经济，建设内陆开放高地的背景下，一个地区仅仅依靠某一个方面的单一优势已经远远不够了，需要对多种优势进行整合，不断培育出新的优势。河南已经具备多种优势，主要有以下几个方面。

1. 立体的河南新形象已经基本形成，经济发展环境明显改善

近年来，为改善河南形象，全省上下齐心协力，共同努力。如今，立体的河南新形象已经基本形成。

首先是领导率先垂范，推进"务实河南"建设。为了真正落实科学发展观，加快经济发展方式转变，推进务实河南，卢展工同志向全省领导干部提出明确要求："讲发展方式转变，首先要从党委、政府和领导干部转变开始。我们都要思考自己怎么转、怎么做，把风气搞正，把工作做实，切实用领导方式转变加快发展方式转变。"由于各级领导率先垂范，如今，不动摇、不懈怠、不"刮风"、不"呼隆"、不折腾已成为河南广大干部群众的共识和行动，建设"务实河南"已经成为全省上下的共识和努力方向。

其次是职能部门强化服务意识，提高行政效率。改善河南形象，加快河南开放型经济发展，涉及所有的行业和部门，各个部门的服务意识和工作效率如何，相互之间能否通力协作，对各项工作都会产生直接的影响。由于政府职能部门的

努力，河南的经济发展环境得到了明显的改善。这一点，在引进富士康项目的过程中受到了一次彻底的检验。富士康项目从奠基到投产，用了 6 个月。从合作谈成，到 50 栋厂房、90 栋现代化公寓落成，只用了一年时间。综保区的审批，从提案到封关，只用了 100 天。如企业办理海关注册手续，按行政许可方面的规定，要求在 15 天内办结，但是 2010 年的 7 月 6 号富士康去海关注册，10 道手续，涉及 4 个部门，海关只用了一个小时。这些数据缔造了令人瞩目、诧异、惊奇的"郑州速度"。"郑州速度"的背后反映的是郑州市政府各个部门高效率的工作业绩，反映的是郑州市经济发展环境的改善，说明政府部门已经具有了很好的行政执行力、行政服务力，具备了为企业服务、与企业配合的能力。"郑州速度"从本质上看反映的是"河南速度"。富士康项目落户郑州，并在很短的时间内形成生产能力，是全省共同努力的结果，是各部门全力配合的结果。省委卢书记、省政府郭省长都亲自过问，省直各个部门共同参与，做了大量的工作。各个省辖市都给予了积极的支持。郭省长和几位副省长每个月都要开几次富士康项目的专题研究会，来解决富士康项目建设过程当中的各种各样的问题。所以，"河南速度"反映的是全省经济发展环境的改善。同时，包括富士康等一批大项目的引进也进一步提升了河南的经济发展环境。以富士康项目为例，引进富士康不仅改变了郑州的产业结构，形成了雁阵效应，带动与之配套的上下游企业进入郑州，进入河南；同时，该项目的引进将郑州市的对外开放水平提高到了一个新的层次。该项目的引进，是与国际知名品牌企业打交道的一次成功演练，对干部的眼界、思维都产生了积极影响，而且还促成了郑州新郑综合保税区的设立，进一步完善了河南的对外开放平台，对河南进一步扩大对外开放，招商引资将产生良好的效果。

再次，由普通人群体凝练的"三平精神"。"三平精神"即"平凡之中的伟大追求、平静之中的满腔热血、平常之中的极强烈责任感"。"三平精神"是原河南省委书记卢展工同志对中原文化精神的理论表述，是对中原人群体性格的精练概括，是对改革开放 30 多年来河南先进典型人物的群体描述。从不跪的河南人到见义勇为的河南人、道德模范河南人、优秀进京务工河南人、爱岗敬业河南人、热爱家乡河南人等，无不是对"三平精神"的诠释。近年来，一批普普通通的河南人，用他们朴实的言行让外来投资者深受感动，为优化河南投资环境作出了突出贡献。

典型事例1 2010 年 3 月，厦门启轩集团董事长艾友泽一行考察投资环境时在河南省平舆县城迷路，出现逆行违章。交警朱留勇了解情况后只提出警告而没有罚款，还热情指路，欢迎对方来平舆投资、做客。平舆交警两个标准的敬礼，一张没有开出的罚单，让闽商看到了平舆招商引资的诚意，进而把 24 亿元资金投向平舆。

典型事例 2 2009 年 6 月，中国粮油进出口（集团）有限公司投资 3 亿多元在新乡建立中粮（新乡）现代化粮食产业基地项目。项目副总丁贤玉初到新乡时，有一次乘坐出租车，出租车司机得知乘客是来新乡做项目的，坚持不收车费，给丁总留下了难忘的印象，感受到来自新乡普通市民对投资者的热情。丁总当晚就拨通了新乡市市长的电话，分享内心的感动。

从省领导、职能管理部门到普普通通的河南人，勤劳朴实、昂扬向上的立体的河南新形象跃然纸上，令人起敬。

2. 对文化资源优势的挖掘和利用取得了初步的成效

如黄帝故里拜祖大典作为国务院批准的国家级非物质文化遗产，已经被郑州市打造成为传承中华文化的载体和平台，成为河南传统文化优势的重要组成部分，产生了巨大的影响力、辐射力和凝聚力。借助拜祖大典这一平台，郑州每年都要签订一批经济效益好、带动能力强的投资合作项目。2006~2011 年，郑州市在拜祖大典期间签约项目总金额近 800 亿元。2012 年，主办方更是匠心独运，将第七届河南国际投资贸易洽谈会纳入大典系列活动，安排在大典期间举办，实现了大典文化活动与经贸活动的资源共享、文贸互动、互利双赢。据悉，本届洽谈会共有 415 个项目签约，总投资 3006 亿元。其中外资项目 87 个，总投资 101.7 亿美元，合同外资 97.1 亿美元；内资项目 328 个，总投资 2362 亿元，合同省外资金 2251 亿元。作为全国四大名会之一的洛阳牡丹花会始于 1983 年，已经成功举办 30 届。2010 年 11 月，经文化部正式批准，洛阳牡丹花会升格为国家级节会，更名为"中国洛阳牡丹文化节"，由文化部和河南省人民政府主办。于 2012 年 4 月 5 日至 5 月 5 日举办的第 30 届中国洛阳牡丹文化节以"洛阳牡丹、富贵天下"为主题，以"以人为本、牡丹为媒、文化为魂、扩大交流合作、推动科学发展"为宗旨，致力打造"中国最具国际影响力的文化节会品牌，中原经济区标志性节会，牡丹的盛会、百姓的节日、产业的新天地"。第 30 届中国洛阳牡丹文化节有 117 个对外经济技术合作项目集中签约，投资总额达 1007.3 亿元。其中世界 500 强企业 5 家，日本三井物产株式会社、瑞典山特维克公司等世界 500 强企业首次投资洛阳。

3. 河南在市场、劳动力、矿产资源、交通运输、旅游等方面的优势也是打造内陆开放高地的有利条件

河南地处中原，交通发达，区位优势特殊，矿产资源和旅游资源丰富，基础设施日臻完善，要素成本优势明显，内需市场广阔，发展潜力巨大；河南在经济、教育、科技、基础设施建设等方面有了相当的基础和水平；河南作为我国第一人口大省，丰富的人力资源、人才资源优势日益凸显；河南是农业大省，农业和粮食优势十分突出。这些优势对河南打造内陆开放高地，特别是承接产业转移已经产生了明显的效果。在河南开放型经济发展过程中，如果能够把资源、劳动力成本、交通、市场需求等优势进行整合，发挥政府对相关专业市场、行业的规划引导作用，提升要素的质量和层次，对河南打造内陆开放高地将会发挥更加积极的作用。

4. 中原经济区建设上升为国家战略也给河南带来了巨大的优势，极大地增强了河南的影响力和吸引力

《国务院关于支持河南省加快建设中原经济区的指导意见》（国发〔2011〕32号）提出了一系列支持河南加快中原经济区建设的指导意见和政策措施，给河南带来了极大的发展机遇。如何变发展机遇为发展优势，这里有很多文章可做。如2012年4月2日时任河南省省长的郭庚茂同志在博鳌亚洲论坛午餐会上发表了《让世界共享中原经济区发展机遇》的主题演讲，向世界推介中原经济区。郭庚茂同志在演讲中指出，国际金融危机并未改变经济全球化大趋势，产业布局在世界范围内分工调整的态势不可逆转；随着中国沿海地区劳动力、资源等要素成本的上升，国际国内产业向中国内陆地区加快转移的势头不可逆转，国际环境对河南发展总体有利。目前已有25个国家部委与河南省签订了战略合作协议，对中原经济区建设给予具体政策扶持。而且从河南自身优势看，经过多年发展积累，河南综合竞争优势进一步凸显。主要表现在市场潜力巨大、交通区位优越、人力资源丰富、支撑条件完备、后发优势明显。基于这些优势和条件，国际金融危机以来，河南对外开放逆势飘红，呈现出前所未有的良好态势。这充分表明，河南高水平承接产业转移的时机已经成熟，中原大地已经成为海内外客商投资兴业的热土。郭庚茂同志的演讲让全球再一次感受到河南扩大开放的诚意。博鳌亚洲论坛秘书长周文重在致辞中说，秉天时、地利、人和之势，河南正着力打造全国"三化"协调发展示范区、全国综合交通枢纽和物流中心、华夏历史文明传承创新区，发展后劲很大，有望成为继长三角、珠三角、滨海新区之后新的经济增长极，广大客商到河南开展投资合作前景非常广阔。目前，河南已吸引世界500强

企业 73 家、国内 500 强 128 家，并与 44 家央企签订了战略合作协议，河南正在步入我国对外开放的前沿。

5. 国家支持提振了河南建设内陆开放高地的信心

2011 年 10 月公布的国发〔2011〕32 号文件《关于支持河南省加快建设中原经济区的指导意见》第四十二条提出的一系列支持河南建设内陆开放高地的政策和措施为河南建设内陆开放高地明确了政策目标和方向，提供了有利的宏观政策环境。《郑州航空港经济综合试验区发展规划（2013~2025）》于 2013 年 3 月 7 日获得国务院批复，为河南建设内陆开放高地提供了国家战略层面的支持，通过在航空港区建设国际航空物流中心，形成航空经济为引领的现代制造业和现代服务业基地，必将在内陆开放高地建设形成巨大的推动力。

第四节 河南打造内陆开放高地的主要制约因素

近年来，河南开放型经济获得了较快的发展，但从整体上看，各项主要指标的绝对值和相对值都还不太理想，对全省经济发展的贡献率也比较低，河南建设内陆开放高地的基础和条件还不是十分扎实。究其原因，主要存在以下制约因素：

一、保粮食生产目标与发展开放型经济之间的矛盾

长期以来，河南作为全国的粮食生产大省，为保障国家粮食安全做出了突出的贡献，但保粮食生产目标与发展开放型经济之间存在矛盾。《全国主体功能区规划》按开发方式将我国国土空间分为四大主体功能区：优化开发区域、重点开发区域、限制开发区域和禁止开发区域。其中，将河南省以郑州为中心的中原城市群的部分地区划入重点开发区域，功能定位是：全国重要的高新技术产业、先进制造业和现代服务业基地，能源原材料基地、综合交通枢纽和物流中心，区域性的科技创新中心，中部地区人口和经济密集区。河南属于黄淮海平原的地区被划入限制开发区域，属于农产品主产区，功能定位是：保障农产品供给安全的重要区域，农村居民安居乐业的美好家园，社会主义新农村建设的示范区。农产品主产区应着力保护耕地，稳定粮食生产，发展现代农业，增强农业综合生产能力，增加农民收入，保障农产品供给，确保国家粮食安全和食物安全，限制进行大规模高强度工业化城镇化开发。

一方面，种粮的经济效益不理想是不争的事实；另一方面，为了保粮食生产，特别是要达到粮食生产在生态、安全、品质方面的要求，农产品主产区必须加大对耕地的保护力度，必须限制进行大规模高强度工业化城镇化开发，工业更加应该集聚发展，产业集聚区里的项目也要加强选择，主要是引导国家支持的农产品新品种研究、农业生产技术推广、农产品加工、流通、储运企业向主产区聚集，对发展工业的要求提高了。这一点，河南一些地区在招商引资方面过去是"地等项目"，目前已经出现"项目等地"现象，就是这种矛盾的体现。

二、对自身比较优势的认识和利用存在误区

过去一个时期，在河南开放型经济发展过程中，各地都十分注重发挥自身的比较优势。比较优势包括静态比较优势和动态比较优势两个概念。静态比较优势是指现时已经存在的比较优势，如资源优势或者劳动力优势，即一些学者讲的传统比较优势。动态比较优势则是指转换中的比较优势，是指经过有意识的培育在未来某一时点可能形成的比较优势。而河南省在以往工作中存在的明显误区恰好是片面强调发挥自身的静态比较优势，眼睛老是盯着静态比较优势，盯着现有的劳动力优势和资源优势，而对培育动态比较优势和竞争优势重视不够。片面强调发挥自身静态比较优势的做法是十分危险的，试图靠某个或某些方面的比较优势长期支撑本地经济发展的想法也是极其错误的。

以河南的劳动力资源优势为例，一方面，劳动力资源优势具有阶段性特点。按照国内经济学家的分析，"刘易斯转折点"在 2016 年就会到来，之后，工业部门要继续吸纳农业部门的劳动力就必须大幅度提高工资。另一方面，河南的劳动力优势主要体现在低层次劳动力方面，而低层次劳动力的优势（竞争力）是有限的。河南在初级劳动力资源比较丰富的同时，人力资本短缺是不争的事实。从表13-2 可以看出，2003 年以来，河南纺织品和服装出口占全省出口总额的比重呈明显下降趋势，从 2003 年的 20.2%下降到 2011 年的 8.78%，这与企业的劳动力素质、研发能力、品牌建设等方面的状况都有密切的联系。要引进高层次的项目，要实现产业升级，必须进一步加大培养高层次劳动力的力度。

再以对自然资源优势的利用为例。河南得大自然恩赐，在某些方面自然资源优势比较突出，近年来还不断有一些新的勘探发现。但是资源总是有限的，许多资源都是不可再生的，而且在资源开采加工过程中还会形成对环境的严重破坏，因此，对各类资源粗放、无节制的开发利用等做法不能再继续了。同样，河南资源型特征突出的产业结构也不能再继续了。这是保护资源环境的要求，也是广大

表 13-2　2003~2011 年河南纺织品、服装出口情况

单位：亿美元

年　份	纺织品出口	服装出口	二者合计出口	占全省出口比（%）
2003	3.94	2.09	6.03	20.20
2004	4.14	2.15	6.29	15.10
2005	4.57	2.69	7.26	14.20
2006	5.37	3.26	8.63	12.90
2007	5.73	3.76	9.49	11.30
2008	6.46	4.45	10.91	10.20
2009	5.41	3.63	9.04	12.30
2010	7.39	4.78	12.17	11.55
2011	10.10	6.80	16.90	8.78

资料来源：采用河南省商务厅公布的海关数字。

群众的呼声。基于保护自然资源和实现经济可持续发展的需要，近年来省内许多地区也都在探索产业结构转型升级的途径。如具有"中国钼都"称号的洛阳栾川县 2008 年以来逐步形成了包括"生态立县"、"工矿强县"、"旅游兴县"在内的科学发展"战略体系"，以经济、社会、生态效益最大化为追求，不断探索转变经济发展方式的路径，着力走出了一条由"黑色经济"向"绿色经济"转型提升的道路。如今的栾川，县域经济综合实力位居全省前列，集"中国钼都"、"全国卫生县城"、"全国文明县城"、"全国生态建设示范县"、"全国科技进步考核先进县"、"中国旅游强县"、"中国人居环境五十优"等 50 余个国家和省级荣誉称号于一身。

三、产业结构调整不到位，产业升级缓慢

河南产业结构的突出特点是劳动密集、资源密集类产业占比重较大，处于一般加工制造环节的企业比较多，装备制造业、高新技术产业发展滞后。产业支撑不牢固已经成为河南打造内陆开放高地过程中面对的主要制约因素。这种情况在产品出口结构方面有突出的反映。近年来，随着产业结构的不断优化，河南的出口结构也在逐年改善，但劳动、资源密集类产品在出口产品结构中占据的突出位置依然没有改变。从单项产品出口创汇的排名看，2007 年排前六位的是钢材、发制品、铜及铜材、服装及衣着附件、铝材、轮胎，出口额合计占全省总出口额的 47.8%；2010 年排前六位的是发制品、轮胎、服装及衣着附件、钢材、未锻造的铝及铝材、未锻造的铜及铜材，出口额合计占全省总出口额的 52.2%；2011 年排前六位的是电话机、发制品、服装及衣着附件、铝材、轮胎、钢材，出口额合计占全省总出口额的 45.3%。从表 13-3 也可以看出，尽管近年来河南机电产品

和高新技术产品出口增长较快，但出口占比仍然落后于全国平均水平。由于富士康的出口带动，从 2012 年开始，河南出口商品结构发生了巨大变化，但这种变化更多是数字上的，河南机电产业、高新技术产业的整体竞争力变化并不很大。

表 13-3　2011 年河南两大类产品出口与全国比较

	全　国		河　南	
	出口额（亿美元）	占比（%）	出口额（亿美元）	占比（%）
机电产品	10856	57.2	85.09	44.2
高新技术产品	5488	28.9	29.46	15.3

四、开放型经济发展自身存在的问题

河南开放型经济发展自身存在的问题主要有以下几个方面。

1. 经济开放度的水平还较低

尽管近年来河南开放型经济主要规模指标都有较快的增长，但与河南巨大的经济总量相比，经济开放度指标仍然比较低。从表 13-4 可知，2011 年河南的对外贸易依存度只有 8.44%，在中部六省排第 5 位；利用外资依存度只有 2.39%，在中部六省排第 3 位；对外经济合作依存度只有 0.69%，在中部六省排第 4 位。

表 13-4　2011 年开放型经济主要指标比较

单位：%

	河南	湖北	湖南	安徽	江西	山西
贸易依存度	8.44	11.10	6.63	12.97	15.66	9.45
利用外资依存度	2.39	1.53	2.02	2.83	3.38	1.29
对外经济合作依存度	0.69	1.34	0.48	1.01	0.88	0.40

资料来源：用进出口、实际利用外资、对外承包工程完成营业额三项指标与生产总值计算而来。外币折算采用 2011 年年均汇率。

2. 开放型经济各个领域发展不平衡

近年来随着大招商工作在全省的推行，招商引资水平提高较快，大项目的数量显著增多，招商引资对全省经济社会发展的推进作用显著增强。进出口、对外承包工程完成营业额、外派劳务人次等指标在全国的排序也都比较靠前。依据国家商务部网站公布的数据，2011 年河南的进出口额、对外承包工程完成营业额和在本省外经公司外派劳务人次在全国的排序位次分别是第 12 位、第 8 位和第 3 位。但是，从非金融类对外投资的情况看，河南目前还处于初步发展阶段。河南也有一些企业对外投资的积极性很高，适应能力也较强。如新乡的金龙精密铜管集团股份有限公司，作为一家民营企业，在美国对中国出口精密铜管反倾销的背景下，先是利用北美自由贸易协议在墨西哥投资 1 亿美元生产铜管（空调、电冰箱里的散热器部件），2010 年投产，主要做法是利用国内的技术人员和当地的员工，从南美进口铜，产品销往美国，追求的目标是缩短原料进口和产品销售的距离。随着美国对墨西哥出口铜管也相继实施反倾销（金龙在墨西哥的企业投产的当天，美国就宣布对墨西哥的企业也要反倾销）之后，这家企业又随即做出了直接到美国去投资的决策。但是，从总体上看，河南非金融类对外投资的规模还比较小。

3. 企业整体出口能力不强

近年来，河南企业通过产业结构调整和产业升级，企业适应市场需求的能力大幅提高，2011 年有出口实绩的企业已经达到 3222 家，产品出口能力快速增强，但从整体上看，出口型企业所占比例还比较小，与全国平均水平相比，河南企业的出口能力还有待进一步提高。以外商投资企业为例，随着大招商活动的推进，河南各地的招商引资积极性都比较高。2011 年通过举办河南省承接产业和技术转移合作交流洽谈会、河南—港澳地区经贸交流活动、中原经济区合作之旅—走进中国台湾经贸合作交流活动、中国（河南）—东盟合作交流洽谈会、中国（河南）—韩国合作交流洽谈会以及豫京津、豫沪、豫粤经济合作交流会等一系列重点招商引资活动，共签约 900 多个项目，合同金额超过 7000 亿元。组团参加第六届中国中部投资贸易博览会、第十五届中国国际投资贸易洽谈会、首届中国—亚欧博览会等活动也取得了一定成效。近年来，河南通过各种招商引资活动确实引进了一批出口能力比较强的企业，但从表 13-5 可以看出，河南外商投资企业的出口能力整体还比较弱，外商投资企业出口占全省出口总规模的比例长期落后于全国平均水平。这种情况在一定程度上反映出过去一个时期河南企业利

表 13-5　2005~2011 年外商投资企业出口占比河南与全国比较

年　份	全　国		河　南	
	出口额（亿美元）	占比（%）	出口额（亿美元）	占比（%）
2005	4442	58.30	8.30	16.60
2006	5638	58.20	11.00	16.40
2007	6955	57.10	14.40	17.20
2008	7906	55.30	17.20	16.00
2009	6722	55.90	18.30	24.80
2010	8623	54.65	25.56	24.30
2011	9953	52.40	83.70	43.50

用两类资源、两个市场的能力还不是很强，适应国际市场的能力还比较弱，招商引资的质量也不是很好。

4. 出口增长过度依赖少数企业

近年来，河南的进出口增长较快，但过度依赖个别企业的现象十分严重。2011 年，富士康投产初年，实现进出口就达到近百亿美元，占全省进出口增量的 60%。2012 年第一季度，全省进出口累计达到 114.29 亿美元，同比增长 111.8%，其中出口 70.05 亿美元，同比增长 135.5%。在全国对外贸易增速趋缓的情况下，进出口、出口仍然保持三位数增长，外商投资企业、加工贸易和机电产品出口均占全省出口的 60% 以上，郑州市的进出口、出口均占全省的 70% 左右，河南省对欧盟、美国和日本的出口也大幅增长，这些主要是依赖富士康的进出口和出口带动。富士康在第一季度的进出口达到 60.68 亿美元，其中出口 37.93 亿美元，进口 22.75 亿美元。如果剔除富士康的因素，2012 年一季度河南省的进出口和出口增幅分别只有 3.33% 和 7.96%。进口方面的情况也类似，2012 年一季度，全省进口 44.23 亿美元，同比增长 82.6%，如果剔除富士康的进口因素，全省的进口不仅没有增长，反而同比下降 2.9%。全省的进出口高度依赖一家加工贸易企业，这种情况实在让人担心。可见在加大力度引进一批出口龙头企业的同时，提高本土企业的出口能力仍然是一件刻不容缓的大事。

五、国内外竞争环境比较复杂

与前些年相比，近年来的国内外竞争环境更加复杂，这也是河南打造内陆开放高地的不利条件。

1. 发达国家重新重视招商引资

过去 60 年，美国凭借市场、资源、人才和制度等优势，成为外国资本青睐的投资东道国。不管是联邦政府还是地方州政府都不用特别努力，到美国投资的外国企业就络绎不绝。美国政府经济官员对利用外资的态度是：敞开大门，坐等投资客上门，愿意来就来，不去主动争取投资客。金融危机发生后美国人也进行多方面的反思，他们发现，美国的国家招商引资行动已经落后于世界很多国家，特别是没有跟上新兴国家资本扩张的步伐。美国已经成为世界上最晚启动国家招商引资的国家之一，其后果也十分严重。比如，中国对外投资进入快速增长期以来，美国吸引这些投资的成绩始终赶不上欧洲、日本和俄罗斯。2010 年美国吸引中国投资增长 40%，同年中国对欧盟投资增长 101%，对日本投资增长 302%。

基于创造、就业和恢复经济的强烈需求和外部竞争压力，美国这个最崇尚市场经济的国家也参与到国家招商引资的游戏中来。2011 年 6 月，奥巴马公开表示："商业投资不论来自本地还是外国都是美国经济增长和创造就业的重要动力，我的政府将致力增强美国对全球资本流动的竞争力。"奥巴马随即发布总统令，宣布打造一个横跨 23 个部委的招商引资工作组——"选择美国"办公室，并建设一个名叫"选择美国"的门户网站，网站还罗列了近百项投资优惠政策。奥巴马的具体做法是由美国商务部牵头，横向打造涵盖 23 个部委的招商引资工作组，纵向建设选择美国网站，链接各州招商办网页，从而形成一个立体的"招商引资"政府，该举措被业内人士视作美国版的国家投资促进局。这是美国历史上首次将招商引资工作提到总统令的高度，也是首次建立具有行政约束力的跨部委、跨州吸引海外投资工作小组。"选择美国"的成立标志着美国政府全面招商引资行动的启动，也意味着美国政府对国家招商引资工作的重大变革，表明了美国加入分享全球新资本盛宴的决心。

奥巴马总统在"选择美国"行动启动一周后，发表了一篇寄望通过外国投资扩大美国就业的演讲。这是过去 30 年来民主党总统中作此表态的第一人。白宫预算办公室紧随其后，推出外国直接投资对美国就业贡献的报告，为总统的行动提供理论依据。接着，美国政府官员也纷纷出席他们并不熟悉的"招商引资"领域的活动。现任美国驻华大使骆家辉称他的工作重点之一就是要围绕招商引资、为美国创造就业。2011 年 10 月 13 日骆家辉在上海演讲时，也特别为"选择美国"（Select USA）项目做宣传。目前已经至少 30 个美国州政府在中国设有代表处，发挥招商引资作用。骆家辉称，该计划将整合美国政府过去为吸引投资而出台的鼓励措施，帮助各州应对不利于吸引本国及外国公司在美投资的各种联邦政策。这些措施包括企业协调各级审批部门以保证在美投资免遭无理障碍，向企业提供各种吸引投资的联邦项目和服务等。

2. 我国沿海发达地区扩大开放的势头不减，省内产业转移方兴未艾

近年来，我国沿海发达地区进一步优化开放招商环境，招引名商名企，对内陆地区引进国外投资形成竞争关系。同时，东部欠发达的地区，与东部沿海发达地区的政治、经济、文化、地理等方面的联系密切，使其在承接本区域发达地区产业转移上具有先天优势，特别是沿海发达省份的各级政府在产业省内转移过程中发挥的推动和协调作用是其他外围地区不可比拟的。各地区从促进本地区区域经济协调发展的角度出发，出台的支持产业转移的政策也更有针对性和成效。这种情况也对内陆省份引进省外资金形成了极为不利的影响。

广东省积极推进"双转移"，实现珠三角产业升级。广东省是我国对外开放

的前沿阵地，但广东省内部也存在严重的经济发展不平衡现象，东西两翼和粤北山区的发展问题就一直没有很好的解决。随着珠三角的产业发展面临饱和，进一步推进产业升级的压力越来越大，"腾笼换鸟"就成为一件紧迫的任务。2008 年开始，广东省委省政府积极推进"双转移"，即珠三角已经不具备竞争优势的企业向东西两翼和粤北山区转移，同时东西两翼和粤北山区的高素质劳动力向珠三角转移。为了鼓励企业在省内转移，广东省政府先后出台了《关于我省山区及东西两翼与珠江三角洲联手推进产业转移的意见（试行）》、《广东省产业转移工业园认定办法》、《关于支持产业转移工业园用地的若干意见（试行）》、《广东省产业转移工业园外部基础设施建设省财政补助资金使用管理办法》、《关于加快产业转移工业园建设的若干意见》等政策。广东省财政 5 年内要拿出 500 亿元作为双转移的补贴，每个省级示范性产业转移园都可以获得 5 亿元的扶持资金，"产业转移园"产生的 GDP 和税收双方一般 5：5 分成，互惠互利。通过土地、税收、资金、项目等方面的倾斜和扶持，鼓励发达地区与欠发达地区共建产业转移工业园，不仅吸引了广东发达地区企业的入驻，还吸引了大量的省外企业入驻。如今，在广东省的东西两翼和粤北山区，已经设立了一大批省内产业转移园区，带动了东西两翼和粤北山区的发展。

福建省大力推动"山海协作联动、产业南北转移"。福建省东南沿海地区经济发达，作为中国最著名的"侨乡"和沿海开放地区，优越的地理环境为福建沿海地区发展外向型经济提供了得天独厚的条件，沿海开放地区成为福建经济的顶梁柱，其经济总量占全省 80% 以上，厦门、漳州、泉州在全国居于发达地区行列。同时，虽然福建沿海的开发区发展较快，但产业聚集度较低、发展空间受限、发展后劲不足等问题也越来越突出，至 2008 年，一大批国家开发区核定的规划面积已经开发完成，一些好的大的新项目却难以落地，可持续发展受到威胁。福建西北内陆地区的丘陵、山地占福建全省总面积达到 90% 以上，经济发展比较滞后。为促进区域内部经济协调发展，福建省在发展沿海地区经济的同时，重视内陆地区的经济发展，既在"海"上做文章，也在"山"上做文章，实现"山海联动"。主要措施是在内陆地区设立山海协作示范园区，引导东南沿海的开发区产业向西北地区的山区开发区、山海协作示范园区转移，"腾笼换鸟"，为产业升级腾出空间。

江苏省推进苏南产业向苏中和苏北转移。由于苏南的昆山、苏州、无锡、常州、南京等地企业饱和，土地、劳动力成本上升等原因，经济继续发展受到制约。为了推进区域均衡发展，同时促使苏南地区产业升级，江苏省政府先是鼓励苏南企业逐步向苏中的扬州、泰州、南通拓展，近年来进一步鼓励企业向苏北的淮安、连云港、盐城、宿迁等地转移。

沿海发达省份的这种做法使得其内部经济相对落后的地区成为内陆地区招商引资的强有力的竞争对象，内陆地区利用省外资金，承接国内发达地区产业转移的难度加大。

3. 中西部省份招商引资力度持续加大

如重庆为建设内陆开放高地，提出"打造西部一流开放环境"的目标，形成了"共推开放"的多部门合作机制，近年来招商引资工作取得成效十分显著。2011年，重庆GDP同比增长16.4%，增速全国第一。实际利用外资105亿美元，总量居中西部第一，增速全国第一。进出口总额达到358亿美元，增幅全国第十。新增海外投资项目50亿美元。内陆开放高地基本建成。重庆市被评为全国最安全城市和最具幸福感城市之一。英国《金融时报》将重庆评为"亚洲未来城市"；美国《外交政策》杂志将重庆评为"全球最具影响力城市之一"；《财富》杂志将重庆评为"全球15个新兴商务环境最佳城市"。其他一些省份，如四川、广西、湖北、湖南、安徽等省份也都进行了一些卓有成效的工作，从而进一步加大了内陆各省份之间在扩大出口、招商引资、发展对外经济技术合作等方面的竞争。

以上因素使得河南作为内陆省份扩大开放、招商引资、打造内陆开放高地的难度进一步加大。在激烈的竞争中，河南要成为名副其实的内陆开放高地需要做出更多的努力。

第十四章 国内其他省份发展开放型经济的经验借鉴

学习和借鉴国内其他省份发展开放型经济的经验，不仅是河南加快开放型经济发展的客观需要，也是构建开放型经济体系的应有之意。这里选择湖北、山东、广东、江苏四省为典型，对他们发展开放型经济的好做法和成功经验进行总结分析。

第一节 湖北省发展开放型经济的经验借鉴

湖北省位于长江中游、洞庭湖之北，现有 12 个省辖市、1 个自治州、38 个市辖区、24 个县级市（其中 3 个直管市）、38 个县、2 个自治县、1 个林区。全省面积 18 万多平方千米，第六次全国人口普查的常住人口为 5723 万人。2010年，全省完成生产总值 15806.09 亿元，按可比价格计算，比 2009 年增长 14.8%，连续 7 年保持两位数增长。

2010 年，湖北省全年实现外贸进出口总额 259.06 亿美元，比 2009 年增长50.2%，其中：出口 144.41 亿美元，增长 44.7%；进口 114.65 亿美元，增长57.7%。新批外商直接投资项目 306 个。全年外商直接投资 40.50 亿美元，增长10.7%。对外经济合作业务完成营业额 32.70 亿美元，新签合同额 33.83 亿美元，分别增长 24.2% 和 12.8%。

"十一五"以来，湖北省大力实施"开放先导"战略，累计实际使用外资达到 155.9 亿美元，是"十五"时期的 1.5 倍；外贸出口不断扩大，出口额持续保持中部第一位。

湖北省发展开放型经济的如下做法值得河南学习借鉴。

一、全面优化开放软环境

湖北省把优化软环境作为促进开放型经济发展的一个关键措施，主要做法包括：

1. 切实转变政府职能，加强对改善投资软环境工作的领导

主要是从体制上、机制上、制度上逐步解决政府管理中存在的"越位"、"缺位"、"错位"以及政府"不作为"和"乱作为"的问题，加强对权力运行的监督。同时成立了由省委省政府领导同志和相关部门负责同志参加的省改善投资软环境领导小组，定期研究、协调、检查、推进改善投资软环境的工作，加大外商投诉案件的协调处理和督查力度。按照标本兼治、重在治本的方针和突出重点、以点带面的工作思路，在坚持开展市场专项整治的同时，积极探索建立改善市场环境的长效监管机制，建立健全全省外商投诉网络和督办机制，组建了省政府领导和相关部门负责人参加的外商投诉协调领导小组，成立省外商投诉中心。

2. 深入推进行政审批制度改革

包括全面清理现有行政许可规定和行政审批事项，全面清理现有行政许可设定依据和实施主体；加大审批方式改革力度，主要实施了后置审批、并联审批、限时审批；进一步清理省政府各部门行政事业性收费项目和收费标准。

3. 进一步改善法制环境和政策环境

主要是以贯彻实施《行政许可法》和国务院印发的《全面推进依法行政实施纲要》为契机，切实推进依法行政。包括加强立法工作，坚持"立、改、废"并举，不断提高立法质量；积极探索新的执法方式和执法手段，强化执法监督；制定了湖北省外商投资产业指导目录，在保持政策稳定性和连续性的前提下，新出台一批吸引外来投资者的政策措施；研究制定鼓励跨国公司和外商投资研发机构在鄂投资或设立地区总部的优惠政策，制定了外资并购国有企业的有关政策意见；研究制定了鼓励外商投资农业的办法。在政策上力争做到对各类所有制企业一视同仁，为各类经营主体营造公平竞争的政策环境。

4. 建立健全政府信息公开制度

确立了政府信息以公开为原则、不公开为例外的指导思想，除国家秘密、商业秘密和法律法规规定免予公开的信息外，政府信息一律向社会公开，让所有在鄂投资者和经营者公平、充分地享有信息资源。

5. 深化财政四项管理制度改革，着力建设信用制度体系

在财政管理制度改革方面主要是加大了部门预算、国库集中收付、政府采购和收支两条线管理等财政管理制度改革，从根本上破除部门利益。在信用制度体系建设方面，主要是按照政府主导、部门联动、社会参与、统一规划、分步实施的原则，推进全省信用体系建设。制定了全省的信用体系建设规划、披露企业信用信息办法等。

二、全面推进"大通关"建设

"大通关"是服务对外贸易快速发展的迫切需要，加强"大通关"建设就是要通过优化配置口岸资源，运用现代管理、信息化和高科技手段，对单证流、资金流、货物流、信息流进行整合，使之合理、规范、畅通，以最短的时间、最低的成本为企业提供最好的物流服务。

湖北省把加快"大通关"建设、改善口岸环境作为改善投资环境的一项重要工作来抓，致力于把完善的口岸综合服务体系，服务湖北，辐射中部，形成以长江为主轴、干支直达、水陆空铁联运配套的现代口岸运输服务网络作为"大通关"建设的目标。为此主要做了以下几个方面的工作：

1. 强化部门合作，提高工作效率

要求口岸各部门、各单位加强协作，相互配合，对查验模式、管理方式、监管体制、运行机制、作业流程等进行积极的改革和创新，简化查验流程，创新通关模式。武汉海关积极推广了关区内"属地申报，口岸验放"的通关模式，推广使用"提前报关"、"担保验放"、"网上支付"、"电子账册"以及"集中接单、集中审单、多点放行"等便捷通关措施，扩大运用"直通式转关"、"绿色通道"等试点企业的范围，使通关速度得到进一步提高。

2. 外汇管理部门改进核销方式

如对业务量大的企业实行"报盘核销"，对信誉良好的企业实行"集中核销"，对偏远的企业实行"定点核销"，积极试行贸易进口付汇电子化核销，以中国电子口岸的进出口报关单底账取代纸质报关单进行核销等。

3. 实现口岸信息共享

通过建设湖北电子口岸信息平台为企业提供信息查询、业务咨询、单证处理等优质快捷的服务和网上订仓、提箱、运输、仓储等"一条龙"服务。实现与武汉经济技术开发、东湖高新技术开发区、东西湖台商投资区和湖北武汉保税物流园区（B型）等重点区域之间的联网互通。海关、检验检疫、边检、海事等部门要加强联网协作，开发、试行报关报检联网核查等项目。

4.加强收费管理,降低企业通关成本

主要措施是公开收费项目,严格执行国家和省定收费标准。政府定价的经营服务性收费项目和标准,要报价格主管部门重新审核并向社会公布;已经由市场形成的经营服务性收费项目,要实行明码标价,公布执行。对进出境集装箱(货物)熏蒸消毒收费,有关单位要严格执行国家确定的收费项目和收费标准,国家未定标准的,由省物价部门根据熏蒸服务的成本与湖北出入境检验检疫局按照从低原则协商另行核定收费标准。海关、检验检疫、海事部门对进出口集装箱实行"一次开箱、一次查验"制度,避免重复检验、重复收费。

三、坚持把招商引资作为扩大开放的重中之重

湖北省主要是围绕优势产业、战略性新兴产业的战略布局,重点加强与世界500强企业、行业排头兵的对接,推进战略合作。同时,扎实做好引资的前期准备工作,加大招商项目推介力度,构建社会化、市场化、专业化招商网络,创新引资方式,注意不断提高引资效果。为此,湖北省在用地政策、金融政策、税费政策、奖励政策、协调服务等方面都采取了一些行之有效的措施。以下是湖北省某市做出的相关规定。

1.用地方面的政策规定

投资强度不低于每亩100万元,服从园区规划安排的招商引资项目可在经济开发区工业园内落户;凡入园投资者应依法通过招标、拍卖、挂牌出让的方式取得土地使用权,并对经济开发区、工业园项目的土地出让最低价做出严格规定。招商引资项目从土地交付之日起,必须在以下工期内建成投产,否则市政府将取消该项目享受的各项优惠,并按国家规定补缴土地出让金。对征用土地后6个月内不启动项目建设,或私自改变土地用途的,国土管理部门将采取依法收回土地等法律措施。对不同投资规模的项目的工期规定是:固定资产投资2000万元以上,5000万元以下的生产性项目,建设工期12个月;固定资产投资5000万元以上,1亿元以下的生产性项目,建设工期18个月;固定资产投资1亿元以上的生产性项目,建设工期24个月。在乡镇、街办投资且投资强度不低于每亩50万元的生产性项目,鼓励使用存量土地并按当地最低供地价格,依法通过招标、拍卖、挂牌出让的方式取得土地使用权。各乡镇、街办可比照奖励幅度,另行制定项目用地奖励办法,报市政府审批后执行。乡镇、街办项目用地奖励资金由乡镇、街办承担。

对生产性项目、房地产建设项目、基础设施建设项目、矿产资源开发和矿产

品粗加工项目的用地分别有如下规定：投资符合产业要求的生产性项目享受相配套的优惠政策，一次性固定资产投资在 1 亿元以上的招商引资生产性项目，根据投资者申请，结合本市城市规划和供地计划，该企业按照国家土地政策，可依法优先取得一宗土地（按 100 亩/亿元标准）的房地产开发使用权；在市区新增土地用于房地产开发的项目，必须在市经济开发区城西北工业园引进一个固定资产投资不低于 5000 万元的生产性项目或在市区内配套建设一个相当规模的公共设施项目；在本市新办矿产资源开发或矿产品粗加工项目，必须同时引进或投资一个固定资产相当的，符合我市产业发展要求的生产性项目；上述配套投资的生产性项目必须先于房地产建设项目和矿产资源开发以及矿产品粗加工项目实施，基础设施建设项目与房地产项目同步实施；世界或国内 500 强企业、上市公司、外向型企业、省级以上农业龙头企业和高科技企业及高附加值企业、劳动密集型企业落户本市的，采取"一事一议、一企一策"的办法，可享受更加灵活优惠的政策。

2. 税费方面的政策规定

对一次性固定资产投资 1 亿元以上的工业项目，享受"2 免 6 减半"的扶持政策。即从投入生产起 2 年内，市政府按其所缴纳的企业所得税地方留存部分，由市政府当年全额返还该企业用于扩大再生产或实施技术改造；第 3 至第 8 年，市政府按其所缴纳的所得税地方留存部分，由市政府按 50%返还该企业用于扩大再生产或实施技术改造。对一次性固定资产投资 5000 万元以上，1 亿元以下的工业项目，享受"2 免 4 减半"的扶持政策；对一次性固定资产投资 2000 万元以上，5000 万元以下的工业项目，享受"2 免 2 减半"的扶持政策。鼓励乡镇、街办引进投资者在市经济开发区兴办固定资产投资 2000 万元以上的符合我市产业要求的企业。乡镇、街办引进兴办的企业的市级税收留成收益全部返还给引资的乡镇、街办。户籍在本市以外的投资者首次在本市购买住房居住，先征收契税然后由市政府按总额的 50%返还。

招商引资项目生产设施以及厂区内的办公和公共设施建设的城市配套费、人防异地建设费、菜地开发基金、副食品调节基金、新墙体开发基金、散装水泥基金、噪声污染费、水土保持设施补偿费、水土流失防治费、异地绿化费等基金及地方性行政事业性规费免收；各类地方服务性收费按标准征收，并由市行政服务中心的"一个口子"收取和分解。

3. 金融方面的政策规定

凡符合本地产业发展要求的招商引资项目，市政府财经办协调金融部门为企业在开户、结算、现金、融资产品等方面给予全方位支持。主要包括：对高科技并具有一定规模且产品适应市场的企业，金融部门给予信贷支持，实行基准利率不浮动；根据国家的有关政策，在积极增值信用等级方面金融部门给予重点指导，争取在最短的时间内给予企业授信，随要随贷，支持企业快速发展；在具备条件的基础上，市中小企业担保公司提供信贷担保；对具有一定规模、科技含量较高、带动农民致富的农业龙头企业，市政府相关部门积极为其申报国家或省级农业综合开发项目，农业发展银行给予重点贷款支持，财政实行适当贴息。

4. 奖励政策规定

凡一次性固定资产投资在 2000 万元以上、5000 万元以下落户经济开发区、工业园内的生产性项目，市政府将一次性奖励项目建设启动资金 3 万元/亩。5000 万元以上、1 亿元以下的市政府将一次性奖励项目建设启动资金 4 万元/亩和项目扶持资金 100 万元。一次性固定资产投资在 1 亿元以上的，市政府将一次性奖励项目建设启动资金 5 万元/亩和项目扶持资金 180 万元。市政府奖励的项目建设启动资金和扶持资金，待项目全部固定资产投资到位、竣工投产、经验资核定达到规定的投资额和投资强度后一次性给予奖励。凡成功引进固定资产投资超过 1000 万元的招商引资项目，根据项目的科技含量，在企业投产后按实际固定资产投入总额的 1‰~5‰对中介组织（人）予以奖励（奖金最高不超过人民币50 万元），奖励资金由项目引进单位在招商引资专项经费中列支。

引进的"三资"企业，除享受上述优惠外，市政府还将按外商投资部分实际到资额每 100 万美元（以黄石外汇管理局数据为准）奖励人民币 5 万元的标准，奖励该企业法人代表；对外贸出口创汇型企业，市政府按企业直接出口 100 万美元（以黄石海关数据为准）奖励人民币 5 万元的标准，奖励该企业法人代表，奖金最高不超过人民币 100 万元。

凡来本地自主创业，具有自主知识产权的博士生（法定代表人），市政府将奖励安家费 30 万元；硕士生（法定代表人），市政府将奖励安家费 20 万元，上述安家费分三年支付。外来投资者（法定代表人）子女在本市入学、入托可就近择校就读，义务教育阶段免收学杂费。

5. 协调服务方面的要求

对招商引资项目实行与周边村民和相关部门相隔离的保护措施，即项目征地以及建设过程中，企业不与周边村民及市相关部门直接发生关系，建设期涉及的周边关系由所在地乡镇、街道办政府负责协调处理，所需的各类手续由市行政服务中心协助项目引资责任单位实行"一站式"服务、全程代办、限期办结；重点招商引资项目的各类证照年检（审）由外商投资服务中心牵头，会同相关部门单位实行集中审验。环保、国土资源、规划建设等部门对符合我市产业发展要求的投资项目要全力做好协调服务工作，严格按照规定时限要求，帮助、协调完成或提前完成环境影响评价、地质灾害评价、土地评估、厂区规划建设等手续。

招商引资项目的各类审计、评估、评价，投资商可选择任何有资质的单位进行，任何部门不得干涉或重复收取费用。市政府对固定资产投资 5000 万元以上、年纳税 200 万元以上的工业企业和固定资产投资 2000 万元以上、年纳税 100 万元以上的商贸企业及年纳税 10 万元以上、安排就业人员 200 人以上的农业深加工企业实行"三制"挂牌保护。

为了确保招商引资、项目建设、外来投资企业有关问题得到及时解决，市分管领导每 10 天主持召开一次协调会，研究解决招商引资、项目建设、外来投资企业的相关问题；市主要领导每月主持召开一次联合办公会，研究解决招商引资、项目建设、外来投资企业的重大问题，协调会的组织、准备、督办落实由市项目建设协调办公室负责。

执法部门对外来投资者实行"绿卡"保护，涉及对"三制"挂牌保护重点企业实施经济处罚、扣押财物、冻结账户等措施时要事先征求市委、市政府分管本部门领导的意见。

第二节　山东省发展开放型经济的经验借鉴

山东省位于中国东部沿海，黄河下游，陆地总面积 15.71 万平方公里，近海域面积 17 万平方公里。2010 年第六次人口普查的常住人口为 9579 万人，排全国第二位。辖 17 个市 140 个县（市、区）。山东农业发达，工业体系完备，国民经济位于全国前列。2010 年全省实现生产总值（GDP）39416.2 亿元，按可比价格计算，比 2009 年增长 12.5%。

2010 年，山东省全年进出口总额 1889.5 亿美元，比 2009 年增长 35.9%。其中，出口 1042.5 亿美元，增长 31.1%；进口 847 亿美元，增长 42.2%。出口商品结构不断优化，机电产品出口额占全省出口总额的 43.2%，高新技术产品出口额占 16.9%。全年新批外商直接投资项目 1632 个，比 2009 年增长 11.2%；合同外资 136.3 亿美元，增长 56.5%；实际到账外资 91.7 亿美元，增长 14.5%。新批世界 500 强企业投资项目 36 个，增长 9.1%；新批总投资 3000 万美元以上大项目 242 个，增长 65.8%。服务业利用外资增长较快，合同外资和实际到账外资分别增长 67.7% 和 25.9%。新核准设立境外企业（机构）360 家，比 2009 年增长 20.4%；协议投资总额 22.2 亿美元，增长 62.7%，其中，中方投资 18.5 亿美元，增长 64.5%；核准设立境外资源开发项目 43 个，增长 30.3%。对外承包工程和劳务合作稳定增长。对外承包劳务工程新签合同额 109.3 亿美元，增长 17.2%；完成营业额 60.2 亿美元，增长 18.3%；外派各类劳务人员 47300 人，增长 2.2%。

近年来，山东省为了进一步提升开放型经济水平，努力创新对外开放工作思路，扩大开放领域，优化开放结构，提高开放质量，形成了参与国际经济合作和竞争的新优势。在利用外资方面，坚持"深化日韩、提升东盟、突破欧美、拓展非洲"的全面开放战略，积极推进与世界 500 强企业的合作，鼓励跨国公司兴办研发中心、地区总部和高端产业。在对外贸易方面，建设了一批技术含量高的出口创新基地，进一步优化了出口产品结构，推动了加工贸易的转型升级。在对外经济技术合作方面，把"引进来"和"走出去"有机结合起来，支持有条件的企业开展跨国经营，在境外建立战略资源基地和生产加工基地，加强工程企业的境内联合与境外合作，争取到了更多的国际承包工程份额。

山东省在推进开放型经济发展的过程中，以下做法值得河南学习和借鉴。

一、坚持制造业和服务业并重

制造业是山东利用外资的重要产业，在山东对外开放中具有举足轻重的地位。扩大服务业利用外资并不是要削弱制造业利用外资在山东开放型经济发展中的地位，恰恰相反，服务业扩大吸收外商投资与制造业利用外资的发展是相辅相成、相互推动的。这是由于随着社会分工的深化和信息技术的发展，制造业和服务业正在呈现出强烈的相互依赖、相依相存的特征。制造业服务化和服务业机械化、自动化是两大产业在信息化条件下相互渗透的必然结果。一方面，在信息技术的推动下，企业的生产模式和业务流程发生了巨大变化，从大规模生产发展到定制生产，再到大规模定制，生产环节和业务单元的模块化和外包化趋势逐渐增强。这一趋势加强了从中间产品需求方面对服务产业的刺激。另一方面，服务产业在争取提高质量的过程中实行硬件技术化，这将给制造业以诱发生产的刺激，同时也刺激着制造业进行技术革新，研制出符合服务产业需求的产品。服务业和制造业在利用外资中相辅相成、相互推动的关系正是两大产业相互依存、相互渗透这一趋势在国际产业转移中的体现。制造业的国际产业转移带动了与企业业务相关的服务企业一同转移，而服务业的国际产业转移的发展不仅提升了国际产业转移的层次，而且也为制造业国际产业转移的实现创造了更加有利的外部环境。半岛制造业基地的发展离不开服务业水平的提高，服务业承接国际产业转移应当围绕半岛制造业基地建设的需要。基于以上认识，在加入世界贸易组织后的过渡期内，山东省将服务业利用外资与制造业利用外资通盘考虑，协调发展，着眼于提升山东半岛制造业基地核心竞争力的要求，努力形成现代服务业与半岛制造业联动发展的局面。

二、坚持以科学发展观指导开放型经济的发展

服务业扩大利用外资的意义，不仅要从经济增长的角度理解，更重要的是要从有利于促进科学发展观的实现、有利于实现山东经济协调发展的角度来理解。也就是说，服务业承接国际产业转移要着眼于满足社会需求、扩大社会需求和创造社会需求，促进生产和消费的协调发展；要着眼于通过利用外部资源弥补山东发展相对滞后的服务业这条国民经济中的"短腿"，促进社会经济协调发展；要着眼于发挥东部沿海地区经济增长潜力和增强鲁西经济特色的需要，促进山东各地区间错位发展、协调发展的格局；要着眼于满足农村地区服务需求不断增长的趋势，促进山东城乡协调发展的需要；还要着眼于提高知识型服务业、环保型服务业在山东服务业中比重的需要，促进山东产业结构、行业结构的不断优化，增强山东可持续发展的能力。为此，在服务业招商引资中，山东省主要突出了以下重点：把引进资金、新型业态同先进管理技术、先进管理模式、高级管理人才结合起来，增强企业产品的创新能力，积极打造自有服务品牌；适应山东人多、地少、相对资源贫乏的现状，积极引进广泛采用绿色技术、能耗较少的服务产业，推动循环经济发展，并且对项目的建设开工情况进行监督，防止以往在招商引资中出现的"圈地"现象在服务业招商引资中重现；采取差异化的区域引资政策，结合区域发展实际，对各地区服务业发展的目标、重点做出明确而又实事求是的界定，并以此为基础，推动各地区不同发展特色和产业集群的形成；在强调扩大服务业利用外资规模的同时，要更加强调利用外资的质量，变"招商引资"为"招商选资"，提高关联效应强、市场容量大、综合效益高的外资在山东利用外资中的比例。

三、坚持经济安全的原则

服务业与制造业相比，更具复杂性和特殊性。其中相当一部分行业都与现代

高科技有着直接的联系，外资的涌入很容易对一国的经济安全产生消极影响。这些影响主要包括两方面：一是对东道国的服务供给形成价格垄断。由于历史因素的影响，山东目前的服务企业在资金、技术、人才、经营理念等诸多方面与大型跨国公司相比存在着较大的差距。在市场迅速开放、外资大规模涌入的情况下，如果东道国原有的行政垄断被打破，而本土企业难以迅速成长填补其中的市场空白，则很容易形成外资的垄断，这在具有较强规模经济性和自然垄断特点的公用事业领域表现得更为明显。一旦市场被外资垄断，厂家往往会利用其垄断力量提升产品价格。二是控制公用事业后，进一步控制其他产业，或者间接影响其他产业的发展。例如，在阿根廷私有化过程中，外资控制电力、供水部门后，不断向政府施压要求开放更多的领域甚至直接干预政治生活。所以，对外商投资本国服务业，即使是在西方发达国家也采取较为谨慎的态度。世界贸易组织的《服务贸易总协定》也对国家安全原则予以承认，允许成员方以此原则采取必要的措施。基于此，山东省在服务业扩大利用外资的过程中，制定和实施了中外企业共同发展的政策措施，特别是坚持对关键企业的对外合作模式进行指导。

四、始终坚持以人为本这个核心，努力实现全面协调可持续发展

以人为本是科学发展观的核心，只有坚持以人为本，才能充分调动广大员工的积极性、创造性。而实现全面协调可持续发展是坚持科学发展观的重要目标。始终坚持以人为本这个核心，努力实现全面协调可持续发展，是青岛市发展开放型经济的主要做法和经验，尤其以青岛保税区最为典型。

为了实现员工与保税区共同发展，青岛保税区大力倡导"文化立区"、"文化立企"，引导企业重视人的精神需求，丰富员工生活，凝聚员工士气，增强员工归属感，促进劳资双方在责、权、利等方面互相认同，对构建新型劳动关系发挥了重要作用。他们选择以保障员工各项权益和促进人的全面发展为工作突破口。青岛保税区建立了完善的企业劳动保障和用工诚信制度，对企业实行诚信 ABC 三级管理。开通"110"24 小时服务热线和"姐妹心声"热线，实现政府与企业、与员工的沟通无障碍；设立"外来女工维权保障基金"和"西海岸国际仲裁中心保税区仲裁庭"，实现政府救助、企业和员工权益保护无障碍。为了促进人的全面发展，青岛保税区全面推行人才发展战略，实行每周一次领导工作讲评、每月一次专家讲座、半年一次合理化建议评比、每年一次军政培训，并定期深入企业开展专题讲座，选派优秀人才到国外深造。区内企业也越来越重视员工的发展需求和工作技能的提升。

为了实现全面协调可持续发展，青岛保税区主要坚持了以下三点：一是坚持速度和结构质量效益相统一。青岛保税区针对区域土地资源紧缺的状况，着力在优化产业结构、推动产业升级、提高经济质量和效益方面做文章，培育一批高科技、高效益、低能耗的高新技术企业。大力发展总部经济、虚拟经济、高端经济，建成国内首家"美元挂牌、保税交易"模式的青岛国际橡胶交易市场、华东地区第一家棉花交易市场、国内唯一的矿产矿权交易市场。二是坚持可持续发展。青岛保税区加强土地集约节约利用，全区土地投资强度达到每亩431万元，土地产出率每亩788万元，使有限的土地资源创造出最大的经济效益。对区内项目严格进行环保、效益、前景评估。同时，着力打造优美环境，荣获"山东省园林绿化优质工程奖"。三是坚持统筹兼顾。保税区经济成分多样化、管理理念国际化、文化观念多样化，这就更加需要统筹兼顾，用博大的胸怀和开放的心态协调好各方面关系。几年来，青岛保税区积极搭建内外联动、互利共赢的开放型经济平台，努力将保税区建设成为先进生产力发展基地、先进文化传播基地、优秀人才培养基地、高新技术辐射基地、环境建设示范基地。

五、强化基础设施对接、产业对接、科技和人才对接

强化基础设施对接、产业对接，强化科技和人才对接是山东威海市发展开放型经济的成功经验。

1. 强化基础设施对接

威海市的主要做法是：加强交通网络规划和重大项目建设的协调衔接，构筑海陆空区域协调发展的运输体系，实现与青岛、烟台、潍坊等城市的交通联网。在铁路方面，重点推进"青烟威荣"城际铁路项目，形成半岛城市群"同城"效应，使"青烟威"成为"1小时经济圈"；在公路方面，重点推进"荣乌"高速公路荣文段项目，加速打通半岛城市公路主干线。在机场方面，重点推进威海机场三期扩建工程，使现有机场规模扩大一倍，旅客接纳能力达到280万人，构建半岛城"国际空港"。在港口方面，重点推进威海港国际客运中心搬迁及港区扩建项目，加速半岛港口资源整合，实现分工协作、优势互补、共同发展。

2. 强化产业对接

按照"互补共建、配套发展、错位竞争"的原则，威海市加强产业分工合作，积极搞好配套服务和产业衔接，实现产业接轨、借力发展。在工业方面，围绕青岛的电子家电、石油化工、运输设备、纺织服装等优势产业，引导威海企业以上游产品配套、下游产品深度开发为主要形式，大力发展配套生产，实现借梯

登高，成为半岛产业链条的重要一环。在旅游业方面，搞好旅游资源、旅游线路的整合、对接和延伸，加强与青岛、烟台在旅游领域的合作，联手打造青烟威黄金旅游线，推动半岛地区的"无障碍旅游区"建设。在物流方面，依托威海港与青岛港合资经营的威海港集装箱码头项目，实现两港之间的强强联合，推进威海市临港物流业的发展，加速与周边临海城市物流网络对接。

3. 强化科技和人才对接

威海市主要是加强了与山东大学、中国海洋大学等周边高校的联合，签订产学研战略联盟合作协议，积极推动企业与省内外高校院所的产学研合作。主要做法有：利用济南、青岛等地的高校资源优势，建立高层次人才智力共享机制、人才培养合作机制和人才服务合作机制，同时坚持柔性引才机制，认真落实各项人才优惠政策，加快引进半岛周边高校人才，以此为基础加大联合攻关、委托攻关、引进成果力度；利用威海市的独特区位优势，把海洋优势与开放优势相结合，科学开发海洋，深化开放领域，优化经济结构，全力提高开放型经济的层次和水平，构建全方位、宽领域、高水平的开放新格局；加强与国内环渤海、长三角、珠三角的交流与合作，探索与周边功能区和内陆腹地之间的联动机制，形成优势互补、共同发展的局面；重点突破与韩国西海岸地区及城市之间的海上和跨海域合作，在海洋资源开发与产业发展、滨海区域经济开发、国际产业转移与交流等方面进行沟通。

第三节　广东省发展开放型经济的经验借鉴

广东省地处中国大陆最南部。东邻福建，北接江西、湖南，西连广西，南临南海，珠江口东西两侧分别与香港、澳门特别行政区接壤，西南部雷州半岛隔琼州海峡与海南省相望。全省陆地面积为 17.98 万平方公里，约占全国陆地面积的 1.87%；省内辖 19 个地级市和 2 个副省级城市（广州、深圳），省会广州。2010 年第六次全国人口普查的常住人口为 1.043 亿人，排全国第一位。2010 年全省生产总值（GDP）45472.83 亿元，比 2009 年增长 12.2%。

广东对外交往历史悠久，是中国最早和最重要的对外通商口岸之一，是历史上著名的"海上丝绸之路"的起点。唐代时广州已成为著名对外贸易港口。广东是中国著名的侨乡，祖籍广东的港澳同胞、华侨、华人 3000 多万人，遍布世界

100 多个国家和地区。1978 年，广东在中国率先实行"特殊政策，灵活措施"，成为中国改革开放的先行省、实验区、前沿地。

广东积极依靠毗邻港澳的地缘优势，积极发展外向型经济，形成了以加工制造业和第三产业为主的经济结构，是全国经济最为发达的省份。2010 年广东省全年进出口总额 7846.63 亿美元，比 2009 年增长 28.4%。其中，出口 4531.99 亿美元，增长 26.3%；进口 3314.64 亿美元，增长 31.5%；顺差 1217.35 亿美元，比 2009 年增加 149.20 亿美元。全年新签外商直接投资项目 5641 个，合同外资金额 246.01 亿美元，分别比 2009 年增长 29.8% 和 40.1%。实际使用外商直接投资金额 202.61 亿美元，增长 3.7%，其中制造业占 56.1%，房地产业占 16.2%，租赁和商务服务业占 4.5%，批发和零售业占 9.8%，科学研究、技术服务和地质勘查业占 2.1%，交通运输、仓储和邮政业占 2.8%。全年经核准境外投资协议金额 22.78 亿美元；对外承包工程完成营业额 82.08 亿美元，比 2009 年增长 8.2%；对外劳务合作完成营业额 5.84 亿美元，下降 1.8%；承包工程和劳务合作年末在外人员共 3.85 万人。

近年来，广东省在提高开放型经济发展质量上做了一些行之有效的工作，他们的以下做法值得河南学习和借鉴。

一、以推进产业转型促进外贸进出口结构的优化

近年来，广东省对进出口结构的优化提出了明确的要求，主要是鼓励出口转向高端制造业、高技术产业、现代服务业、节能环保等领域，提高出口质量和水平，提升出口产品竞争力；促进服务外包、物流服务等现代生产性服务出口；发展绿色环保出口产业，促进绿色、环保、低碳型产品出口。为了实现这些目标，他们采取了以下措施：

1. 五个转型并重

主要内容是：采取措施促进从规模速度向质量效益转型，从国际市场为主向国内外市场并重转型，从招商引资为主向招商引资、招商选资、招才引技并重转型，从珠三角为主向珠三角与粤东西北地区联动发展转型，从"引进来"为主向"引进来"与"走出去"并重转型。

2. 建设出口基地，提高出口产品附加值

主要是依托产业集聚区和开发区、保税区等，建设一批优势产品出口基地；通过培育品牌、自主营销等方式，提升传统轻工、纺织、服装产业的出口附加价值。

3. 推进加工贸易转型升级

主要做法是：鼓励企业自主创新、创立品牌，加大研发力度，优化加工贸易产业的区域布局，延伸加工贸易产业链，建立和完善市场营销体系；重点推进全国加工贸易转型升级示范区建设，加快推动来料加工企业不停产转型，扶持有条件的加工贸易企业向自主生产、自主研发、自主品牌转型；扩大深加工结转业务，提升前后关联产业配套能力，引导和推动加工贸易企业集群发展；积极吸引跨国公司设立地区总部、研发中心、采购中心。

二、稳定外资规模，提高外资质量

为了提高利用外资的质量，广东省主要做了以下几个方面的工作：

1. 进一步加大改革创新力度，提高便利化程度，创造更加开放、更加优化的投资环境

工作重点有四个方面：一是深化外商投资管理体制改革，调整审批内容，简化审批手段，增强审批透明度。二是规范和促进开发区发展，充分发挥开发区在体制创新、科技引领、产业聚集、土地集约方面的载体和平台作用。三是加强投资促进，针对重点国家和地区、重点行业加大引资推介力度，广泛宣传我国利用外资政策。四是积极参与多、双边投资合作，推动跨国投资政策环境不断改善。

2. 注重发挥外资在调整产业结构中的积极作用

主要做法是把利用外资同提升产业结构、提升技术水平结合起来，在引资的同时把技术、管理和市场引进来；围绕加快转变经济发展方式和推动产业结构优化升级的需要，引导外资更多地投向高端制造、高新技术产业、新能源、节能环保和现代服务业等领域，参与重点产业调整和振兴；鼓励外资企业开展技术创新，增强配套能力，延伸产业链；注重提高生产制造层次，并积极向研究开发、现代流通等领域拓展，充分发挥集聚和带动效应。

3. 鼓励中外企业加强研发合作、共同拓展市场

主要做法是支持符合条件的外商投资企业与内资企业及研究机构合作申请国家科技开发项目、创新能力建设项目等；鼓励跨国公司在广东设立地区总部、研发中心、采购中心、财务管理中心、结算中心、成本和利润核算中心等功能性机构，鼓励中外企业加强研发合作，鼓励内外资企业积极承接境外研发外包业务；创新对外投资和合作方式，培育本土的跨国公司和国际知名品牌。

三、积极培育本土的跨国公司

为了实现这一目标，广东省主要采取了以下措施：

1. 完善招商引资政策，创新招商引资方式

将招商引资的重点放在引进龙头型和基地型外资项目，争取更多世界 500 强企业、行业龙头企业和中央企业、大型民营企业到该省设立地区总部，引导资金投向该省重点发展的战略性支柱产业。

2. 完善境外投资促进体系

主要是鼓励企业"走出去"开展境外加工生产、营销网络构建及工程承包，支持有条件的本地企业开展跨国并购，扩大境外能源资源开发合作。

四、以深化粤、港、澳、台合作为重点发展区域经贸合作

重点是推动金融、旅游、创意、文化、教育等领域合作。主要措施是：加快推进港珠澳大桥、广深港铁路客运专线等跨界基础设施建设，进一步推进深圳前后海地区和深港河套地区开发，共建共享优质生活圈；落实《横琴总体发展规划》，配合做好澳门大学迁址横琴新区的相关工作，联合港澳加快推进横琴岛的开发建设；完善粤港、粤澳高层会晤机制，加强粤港澳民间交流；加强对台经贸合作，加强与泛珠兄弟省区交通、经贸等领域的合作；完善与东盟国家的交流合作机制，积极布局东盟市场，引导企业到东盟投资发展。

第四节　江苏省发展开放型经济的经验借鉴

江苏地处中国大陆沿海中部和长江、淮河下游，东临黄海，北接山东、河南，西连安徽，东南与上海、浙江接壤，是长江三角洲地区的重要组成部分。江苏是中国人口密度最高的省份之一，总面积 10.67 万平方公里，2010 年全国第六次人口普查的常住人口为 7866 万人。2010 年江苏省全省实现生产总值 40903.3 亿元，比 2009 年增长 12.6%。改革开放以来，江苏的经济社会发展在中国一直名列前茅。

近年来江苏省积极把握国际国内和江苏本省所具备的开放型经济发展的一系列重大机遇，从全局和战略的高度，把开放型经济摆上更加突出的战略位置，牢

牢把握开放型经济发展的主动权，在攻坚克难中提升开放型经济水平。江苏省委提出的开放型经济发展目标主要包括四个方面的内容：①以市场需求为导向，拓展开放型经济发展新空间。加快调整出口产品结构，增强市场竞争力；全力开拓市场，扩大国际市场占有率；加快"走出去"步伐，在更大范围内整合资源要素。②以产业优化升级为重点，打造开放型经济发展新高地。不断提高利用外资水平，大力发展先进制造业；增加服务业利用外资比重，加快建设国内领先的服务外包基地；扩大对外开放领域，提升产业开放水平。③以沿海开发为契机，构建开放型经济发展新格局。努力放大沿海开发开放效应，使沿海地区成为国际资本竞相涌入、优势产业大规模转移的开放型经济高地；统筹推进开放型经济区域协调发展，全省各地要加强区域合作，优化资源配置，找准开发定位；全面提高开发区建设水平，大力推进集约发展。④以自主创新为支撑，增强开放型经济发展新动力。大力培育自主知识产权和自主品牌，以创新优势赢得竞争优势；加快集聚高层次创新创业人才，实现从主要引进外资向引进资金、人才、技术、管理并重转变。增创开放型经济新优势，必须着力营造更有竞争力的发展环境。要切实加强组织领导，着力创新体制机制，深入落实政策措施，努力提高服务水平，以综合环境优势保障开放型经济又好又快发展。

2010 年江苏省全年进出口总额 4657.9 亿美元，比 2009 年增长 37.5%。其中，出口 2705.5 亿美元，增长 35.8%；进口 1952.4 亿美元，增长 39.9%。机电产品、高新技术产品出口额为 1883.4 亿美元和 1256.9 亿美元，分别占出口总额的 69.6%和 46.5%。外商投资企业出口 1923.2 亿美元，增长 31.1%，占出口总额的 71.1%。私营企业出口额为 483.4 亿美元，增长 55.0%，占出口总额的 17.9%。

2010 年江苏省吸引外资规模继续保持全国第一，利用外资结构不断改善。全年新批外商投资企业 4661 家，新批协议外资 568.3 亿美元；实际到账外资 285.0 亿美元，比 2009 年增长 12.5%。新批及净增 3000 万美元以上的大项目 660 个。全年服务业新批外商直接投资企业 1490 家，协议外资 140.7 亿美元；实际到账外资 81.5 亿美元，增长 22.8%。开发区建设取得新进展。全省开发区完成进出口总额 3585.9 亿美元，其中出口总额 2027.3 亿美元，分别增长 37.1%和 36.2%，占全省总量的 77.0%和 74.9%；实际到账外资 222.3 亿美元，增长 16.6%，占全省总量的 77.9%。

2010 年江苏省"走出去"势头迅猛。全年新批境外投资项目 408 个，比 2009 年增长 22.9%，中方协议投资 21.8 亿美元，增长 104.6%。全年新签对外承包工程和劳务合作合同额 62.1 亿美元，增长 23.3%；完成营业额 59.7 亿美元，增长 17.5%。

近年来，江苏省发展开放型经济的以下做法值得河南学习借鉴。

一、不断调整外贸结构，构建外贸新优势

改革开放以来，江苏省的对外贸易结构经历了数次改革与调整，目前形成了以省级大型外贸企业为龙头的企业结构、以纺织服装为代表的初级产品为主的商品结构、以欧美为主要目的地的国别结构。近年来，江苏省正在着力推进新一轮外贸结构调整。他们主要采取了以下措施：

1. 调整外贸企业结构，打造优势品牌

主要采取了整合资源，形成优势品牌，建立行业协会，加强行业自律等措施。适度的竞争是经济发展的推动力，过度竞争则会对资源造成浪费、对市场造成损害。针对现有 6 家省级外贸企业（苏豪、海企、弘业、舜天、开元和汇鸿）存在的总体规模不大，主营业务雷同，投资方向分散、产业层次不高等问题，由省政府牵头，组成专门班子，对企业进行重组整合，改变主营业务雷同状况，避免过度竞争挤压合理的利润空间。同时建立外贸行业协会，加强监督，进行质量引导，实行价格同盟，形成行业自律。

2. 优化外贸产品结构，加强外贸发展对先进制造业的助推作用

江苏作为一个制造业大省，为了更好地发挥外贸企业"买进来"、"卖出去"方面的功能，加大江苏制造业产品的出口贸易比例，加强江苏外贸在全球采购中的份额，他们主要是从两个方面加大工作力度。一是加大开拓先进制造产品贸易市场的力度。江苏的新兴产业比重逐年提高，新材料、新能源、光伏、风电等已经具有一定的产业基础，为了更好地开拓国际市场，他们主要是加强了产、学、研联合，瞄准新技术加大研发投资，加快新产业的培育。二是参与省内制造业企业的全球采购。主要是利用外贸企业在人、财、物、渠道、信息等方面的优势，与省内制造业知名企业强强联合，成为制造业企业的贸易管家，为国内企业的全球采购提供服务平台。

3. 拓展外贸国别结构，扩大全球贸易范围

多年来，江苏省产品出口的主要目的地为欧洲、美国、日本、韩国。总体来看，国别（地区）相对集中，对外贸易风险较大。为了进一步扩充市场容量，规避市场集中造成的"反倾销"风险，增加贸易国家的梯度结构，增加出口商品的技术层次，江苏省近年来在继续保持欧、美、日、韩的市场份额的同时，进一步加大了开拓东南亚市场、非洲市场和南美市场的工作力度，遍布全球的国际贸易

国别结构正在逐步形成。

二、加快开放型经济转型升级，进一步做强开放经济的主阵地

近年来，江苏省传统的"外资、外贸、外经"保持了稳健发展的态势，同时"外包、外智"异军突起，"五外"齐升赋予了江苏开放型经济更多内涵，同时也推进了开放型经济的转型升级。他们主要是着力做了以下几个方面的工作：

1. 着力培育服务外包优势

服务外包是国际产业分工进入产品化阶段的必然选择，跨国公司的非核心业务外包正成为趋势。江苏省早在几年前就开始超前培育服务外包产业，既强化了国际先进制造业基地的地位，更引领开放型经济向第三产业延伸。2009 年，在金融危机的严重冲击下，江苏省外包执行金额达 42 亿美元，企业登记数达 2500 家，从业人员 30 万人。南京、苏州、无锡三市跻身"中国服务外包示范城市"行列，总数居全国第一。目前已经初步形成了以软件外包、动漫创意、工业设计、医药研发、供应链管理、金融后台服务等为特色的产业集群。

2. 着力提高利用外资的质量

近年来，江苏下大力气提升外资项目的质量，不仅提升了江苏开放型经济发展的层次和水平，而且形成了全方位、多层次、宽领域的对外开放格局，成功地带动了全省经济的快速发展。苏南是江苏开放型经济的领跑者，全球金融危机中，苏南外资项目不仅实现了"个头"变大，而且"身体"更强。2009 年，苏州位于全省出口前两名的台资企业仁宝与纬创均设立了研发中心，研发人员分别达到 1500 人和 1000 人。苏南电子电气、专用设备、生物医药等新兴产业占制造业到账外资比重的一半，服务业引进外资所占比重超过 1/4。苏中地区以南通为重要节点的开放区域带正在迎头追赶苏南。南通市继续保持强劲的增长势头，成为长三角利用外资仅次于上海、苏州的城市。在苏北经济基础最为薄弱的宿迁市，近年来招商引资增幅明显快于苏南。利用外资逐步实现了从制造业到服务业、从苏南到苏中、苏北的纵深发展。

3. 着力推进主题园区和重点开发区建设，实现开发区转型升级，完善开发区总体布局

改革开放以来，江苏开放型经济的发展经历了三个阶段：第一个阶段是"异军突起"、大力发展乡镇企业；第二个阶段是由乡镇企业初期的"村村点火、户户冒烟"向工业集中区集聚；第三个阶段是由工业集中区向现代意义的开发区升华。开发区经济已成为江苏开放型经济的主要阵地和江苏经济与社会发展的主要

亮点。江苏目前累计批准设立的各种类型开发区 130 多个，其中国家级开发区 13 个。2008 年，各类开发区完成进出口总额 2774.2 亿美元，占全省总量的 70.7%；实际到账注册外资额 193.3 亿美元，占全省的 77.0%。近年来，江苏省适应进一步提升开放型经济发展水平的要求，着力推进六种形态的园区建设：①通过创新型园区建设提升创新水平。②通过特色园区建设提升产业发展水平。③通过特殊功能区建设完善开发区功能。④通过生态园区建设实现工业与环境协调发展。⑤通过南北共建园区建设实现区域共同发展。⑥通过新城区建设提升城市化水平。同时，江苏省还通过加强处于重要交通节点上的开发区建设，实现开发区与综合交通运输体系的互动发展。主要是加强重点县域的开发区建设，为特色产业提供发展的新动力；在城镇化水平较低地区，主要是苏北地区，适当发展经济开发区，以提高城镇化水平。

4. 整合创新要素，构建综合服务体系，促进开发区发展环境全面提升

主要做法是促进民营企业成为自主创新的生力军；鼓励有创新能力的大型企业集团与跨国公司建设国际科技合作体；加快创新基地建设；增强开发区的科技创新能力；全球范围内引进创新型人才，同时加强发展平台建设；推进管理体制创新；完善考核体系；加大政策扶持力度。

三、建设环保产业高地，发挥环保产业在调结构、促转型中的战略作用

江苏省环保产业起步于 20 世纪 70 年代，经过 30 多年的发展，江苏省已成为国家最重要的环保产品生产和技术研发基地之一，在全国保持领先地位。早在 2006 年，全省环保产业实现年收入总额就达到 1016.55 亿元，约占当年全国环境保护产品产值的四分之一强，为我国的环境保护事业做出了重要贡献。面对全球金融危机的新形势，江苏省进一步把建设环保产业高地作为促进结构调整和产业转型的一项重要战略举措。他们主要是采取了以下几个方面的措施：

1. 创新环保产业发展理念，全面提升环保产业的国际化进程

江苏省采取的具体措施主要有三个方面：一是采取"低环嵌入，链节提升"的模式加入全球价值链，在融入全球价值链体系的过程中，促进大型环保企业技术革新以形成技术上的比较优势。在完成产品升级的基础上，培育企业的核心竞争力，形成真正具有国际市场竞争能力的自主品牌。二是加快环保产业标准化建设。面对"技术专利化，专利标准化，标准全球化"趋势，江苏省大力实施知识产权战略，以知识产权能力建设促进标准化建设，积极争取将企业标准上升为国

家或行业标准。同时，积极采用国际标准或国外标准，主动顺应全球经济化的发展方向，加快同国内外先进水平的接轨。三是加强环境技术研发与科技成果产业化。通过国际贸易中环保产品和环保技术的国际流动和交流，加强对国际先进技术和产品的引进、消化和吸收，并在此基础上进行创新，形成适应国内环保市场需要的新产品。在实现二次研发和自主研发中，推动科技成果的快速产业化，形成企业的核心竞争力。

2. 科学配置全省环保产业资源，加强环保产业高地建设

江苏省的环保产业已经经历了 30 多年的发展，目前在无锡、苏州、南京等地都已经形成了较为明显的环保产业优势。近年来，盐城、泰州、连云港等地环保产业发展规模也日渐扩大，全省环保产业在空间布局上呈现出遍地开花的局面，空间布局不合理的问题越来越突出，因此有效整合产业资源已经成为当务之急。对此，江苏省主要采取了以下措施：①做出了把宜兴建设为全省环保产业高地的决定，通过优势企业带动几条上下游关联、产品互补、资源互补、功能互补的产业链，通过产业链集聚企业，在全省范围内形成具有现代意义的环保产业集群，提升环保产业的国际竞争能力。②充分发挥国家级环保科技工业园的龙头作用。中国宜兴环保科技工业园经过十几年的发展，并未对全省环保产业发展发挥国家级环科园应有的引导和促进作用。对此，江苏省确定了创新行政组织架构的决定，目标是对环保产业发展进行统筹规划，建成规模化、国际化、专业化、信息化程度很高的环保产品制造中心、采购中心和环保技术研发中心。③建设环保现代服务业集聚区。以信息化和公共服务平台的建设为基础，以金融业、现代物流业为重点，抓住企业、人才两个关键，提升环保现代服务业的层次、规模，形成总部经济平台、研发设计平台、创新孵化平台和综合服务平台，打造集聚和辐射能力强的中心城区。④培育具有国际竞争能力的大企业或企业集团。主要措施是创新环保产业相关资质审批制度，使具有强大工程技术、项目管理、资本运作能力的环保工程公司能够迅速成长起来，有能力应对国际环保巨头的挑战，形成环保产业国际品牌。

3. 制定扶持性政策，促进环保产业可持续发展

按国家产业政策和可持续发展要求，制定优于国家总体水平的地方性扶持环保产业的鼓励及优惠政策。主要有三个方面的内容：①加强财政政策的调控作用。保证技改项目的环保投资力度，通过财政补贴、贴息的方式促进大型环保设备的生产，对环保设备实行加速折旧，实行环保投资退税，加强环保产品和服务的政府采购工作。②加大税收激励力度。增值税方面，允许高科技企业新增用于

生产所需的机器、设备、交通运输工具等固定资产以及厂房、实验室等生产用建筑的投资分期分批抵扣增值税；对于企业购入的专利、特许权等无形资产，允许按合同的一定比例进入当期增值税的进项税额，以加大企业技术改造创新的力度；对企业治理污染所需的机器、设备等固定资产以及所用建筑的投资分期分批抵扣增值税，以鼓励企业更新设备，加大环保投入，拉动环保产品的市场需求。所得税方面，扩大环保产业的优惠范围将环保产品的生产与经营及环境服务业也纳入减免范围，可在五年内减征或免征所得税，并且可适当增加减免期限，以利于起步阶段的环境保护企业尽快发展壮大，形成规模。③推动排污交易制度建设。排污交易是环境经济政策中最有效的一项政策，目前正在广泛应用于区域环境污染治理和全球环境政策领域中。江苏省也在积极探讨、制定和实施排污交易的政策措施。

四、建设苏北现代化综合交通，拓展江苏开放型经济发展空间

改革开放以来，江苏交通基础设施建设取得了巨大的进步，已初步形成了铁路、公路、水路、航空、管道等五种运输方式初具规模的综合运输网络，较好的交通基础设施建设和交通运输生产为开放型经济发展创造了良好的外部环境。近年来，江苏省为了强化交通优势，以更大的力度拓展开放型经济的发展空间，主要采取了以下措施：

1. 抢抓沿海开发机遇，建设以连云港为龙头的江苏沿海三大港口群

2009 年 6 月 12 日，时任国务院总理的温家宝同志主持召开国务院常务会议，原则上通过了《江苏沿海地区发展规划》，这标志着江苏沿海开发战略终于上升到国家战略层面，这给江苏的发展带来了新的机遇。《规划》明确指出加快连云港、盐城和南通三个中心城市建设，集中布局临港产业，形成功能清晰的沿海产业和城镇带。同时重点加强沿海港口群、水利、交通和能源电网等重大基础设施建设。加强海域滩涂资源开发，并优先用于发展现代农业、耕地占补平衡和生态保护与建设。积极发展以风电和核电为主体的新能源产业。从 20 世纪 80 年代苏南崛起到目前沿海发展，江苏逐步承接了内河经济到江河经济的转变，现在正借助沿海开发和江海联动迈向海洋经济，走向世界，使江苏的新一轮发展更上一层楼。

2. 完善"四大（准）都市圈"，强化城市群对开放型经济的服务功能

目前江苏已经形成南京、苏锡常和徐州三大都市圈，如何根据实际情况的变化，在原有"三大都市圈"建设的基础上，对城市化战略做适当调整，更加突出

开放型经济对全省经济社会发展的推动作用，是近年来江苏省要着力解决的一个问题。基于对相关都市圈建设进行的调查研究，江苏省初步形成了一个新的理念，即积极培育江苏淮安都市圈。淮安由于其所处的重要区位，加上已有的交通基础条件优势，以及未来的经济社会发展趋势，淮安将成为苏北地区辐射周边2000 万人左右人口的中心城市，并且形成有区域特色的江苏第四大都市圈。

五、发展开放型现代服务业，推进区域性金融中心和石化期货交易平台建设

现代服务业具有"高增值、强辐射、广就业"的特点，发展现代服务业是优化产业结构、转变经济发展方式的主要着力点。金融是现代经济的核心，区域金融市场的快速发展和区域金融体系的完善对开放型经济的稳定、持续发展起到重要的基础性作用，对开放型经济结构调整、产业升级也起到非常关键的推动作用。近年来，江苏省在发展现代服务业方面做了许多工作，尤其是重点抓了以下两件事情：

1. 完善金融服务体系，建立南京区域性金融中心

在中国东部产业布局中，南京市承东启西，是南方与北方发展的交融区。近年来，南京市不断强化位于秦淮河西侧地区的金融中心的集聚，计划用 5 年时间把南京建设成为与上海国际金融中心互补的区域金融中心城市，形成区域金融中心的基本框架。到 2020 年前后，以发展功能性金融市场为核心，形成金融市场扩大、金融创新活跃、金融辐射能力强的华东地区重要区域性金融中心。

2. 建立石化期货交易所，提升沿江重装备产业带国际化程度和风险防范能力

中国期货市场交易品种非常少，期货产品创新度不高，许多制造业企业难以通过期货市场规避风险，因而受到大宗商品价格波动的强烈冲击。张家港具有建立石化期货交易所的可行性。2002 年，张家港保税区化工品交易市场注册成立，填补了国内乃至亚太地区专业石化期货交易所的空白。目前主要化工交易品有甲苯等十二个品种，市场已经覆盖华东、华南、华北、华中等经济热点地区和化工品主要集散地。张家港石化期货交易所全部建成营运后，日沉淀保证金将达到80 亿元，年交易额将达到 10 万亿~15 万亿元，是目前江苏 GDP 的 3~5 倍，长三角 GDP 的 1~2 倍，形成金融和金融衍生品交易的高端市场，发展成为长三角区域一体化的新亮点。

六、建立长效合作机制，发展开放型国际化老年事业

江苏省从 1986 年进入老龄社会，比全国总体水平提早了 13 年，老龄化问题不断加剧。2008 年，江苏 65 岁及以上老年人占到 11.4%，高于国际标准值 4.4 个百分点，高于全国平均水平 3.1 个百分点，是全国老龄化最高的省份，养老事业的重构与完善面临巨大的挑战。在养老事业发展和养老保障体系建设方面，江苏省注重发挥政府的职能，在政府努力保障基本养老需求的基础上，放开和培育老年市场，采取政府、民间、企业并举的方针，建立起官、商、民三方合作推动养老事业发展的长效机制，推动投资主体多元化和经营管理社会化，发展开放型国际化老年事业。他们主要采取了以下措施：

1. 加大政府投入，推动养老事业健康发展

为了加快养老事业的发展，江苏省将养老产业纳入政府产业发展规划体系，加大公共财政资助力度，完善城乡社会养老保障制度。在经济欠发达地区，特别是广大的农村地区，通过发挥政府投入的作用，加大对公共产品的投入力度，基本建立了覆盖农村的养老保障体系。

2. 发展民间机构，补充和强化政府职能

推动养老事业健康发展，仅靠政府投入是远远不够的，江苏省注重发挥民间团体资源广、信息渠道多、运营形式灵活等特点，充分发挥其对社会福利事业的推动作用以及对政府功能的补充作用。主要做法是注重为养老事业发展提供社会融资平台，注重发挥社区养老服务的载体功能，注重发挥行业协会的功能。

参 考 文 献

［1］张锐，林宪斋，等.河南改革开放 30 年 ［M］.郑州：河南人民出版社，2008.

［2］曾海鹰.欠发达地区开放型经济发展动力研究 ［M］.北京：经济管理出版社，2008.

［3］赵保佑，等.河南开放型经济 ［M］.北京：社会科学文献出版社，2009.

［4］刘永奇，刘世德，等.河南统计年鉴：2009 ［M］.北京：中国统计出版社，2009.

［5］古筝.开放大河南 迎接大发展 ［N］.经济视点报，2008-06-12.

［6］王小萍.助力河南旅游迈向世界 ［N］.河南日报，2010-06-11.

［7］宋国卿.对外开放引领河南经济跨越式发展 ［J］.中国经贸，2008（4）.

［8］中国百科大辞典：第七卷 ［M］.北京：中国大百科全书出版社，1999.

［9］厉以宁.市场经济大辞典 ［M］.北京：新华出版社，1993.

［10］张敦富.中国投资环境 ［M］.北京：化学工业出版社，1993.

［11］郭信昌，刘恩专.投资环境分析·评价·优化 ［M］.北京：中国物价出版社，1993.

［12］戴园晨.投资环境及其评价体系 ［J］.中国社会科学，1994（1）.

［13］邓宏兵.投资环境评价原理与方法 ［M］.北京：中国地质大学出版社，2000.

［14］白重恩，等.投资环境对外资企业效益的影响［J］.经济研究，2004（9）.

［15］崔宏楷.中国区域投资环境评价研究 ［D］.东北林业大学博士学位论文，2007.

［16］戴园晨.投资环境及其评价体系［J］.中国社会科学，1994（1）.

［17］冯德显，张震宇，荆海军，等.河南投资环境 ［M］.北京：地震出版社，1993.

［18］付晓东，胡铁成.区域融资与投资环境评价 ［M］.北京：商务印书馆，

2004.

　　[19] 上海财经大学投资研究所. 中国投资发展报告：2005 [R]. 上海：上海财经大学出版社，2005.

　　[20] 刘跃生. 国际直接投资与中国利用外资 [M]. 北京：中国发展出版社，1999.

　　[21] 吴天明. 中国企业对外直接投资论 [M]. 北京：经济科学出版社，2003.

　　[22] 赵春明. 任重道远：中国对外直接投资的现状和发展前景 [J]. 世界经济，2004（3）.

　　[23] 别传武，宋玉华. 文化的经济学阐释 [J]. 科学学与科学技术管理，2002（4）.

　　[24] 吴克明，孟大虎. 教育经济功能的新制度经济学分析 [J]. 青海师范大学学报：哲学社会科学版，2005（3）.

　　[25] 王晓杰. 人文环境因素对吉林省社会经济发展的影响剖析 [J]. 社会科学战线，2005（6）.

　　[26] 宁俊社. 制约西部地区经济发展的人文环境解析 [J]. 安康师专学报，2004（4）.

　　[27] 胡艳霞. 重庆市外商投资法制环境分析与建议 [J]. 重庆社会科学，2003(4).

　　[28] 王威. 西部开发与重庆经济发展法制环境构建 [J]. 现代法学，2005（6）.

　　[29] 贾石红. 完善西部招商引资法制环境建设 [J]. 陕西省经济管理干部学院学报，2005（8）.

　　[30] 陈蛇，史本山，项志芬. 规范要素市场，转变政府职能 [J]. 经济体制改革，2001（1）.

　　[31] 张卫国，何伟. 中国地级城市投资环境评价 [J]. 管理学报，2006（6）.

　　[32] 邓田生，刘慷豪. 中部主要城市投资环境评价 [J]. 决策参考，2006（8）.

　　[33] 乔华，刘文太，乔新民. 河南省直辖城市投资环境评价报告 [J]. 决策探索，2006（12）.

　　[34] 邓宏兵. 区域投资环境研究 [M]. 北京：中国地质大学出版社，2001.

　　[35] 罗伯特·B.登哈特，珍妮特·V.登哈特. 新公共服务：服务而非掌舵 [J]. 中国行政管理，2002（10）.

　　[36] 玛颖，张佛全. 电子政务促进政府职能转变 [J]. 铜陵社会科学，2005（1）.

［37］刘志生. 论我国政府经济职能的定位及实现途径 ［J］. 上海经济研究，2008（2）.

［38］林幼平，罗知，贾勤，等. 经济全球化背景下中国政府经济职能问题研究综述 ［J］. 经济评论，2003（6）.

后 记

经过前期艰苦的工作,《河南构建开放型经济体系研究》一书终于成稿。本书是为推动河南开放型经济发展,进一步为中原经济区建设提供战略支撑的需要而编写的。本书在论述了开放型经济发展基础理论的同时,系统回顾了河南开放型经济发展的意义、历史、现状与问题,提出了河南发展开放型经济的战略选择和支撑保障体系建设思路,大部分内容成稿后,又增加了第九章、第十二章和第十三章,从而弥补了本书在内容结构上存在的不足,同时也反映了河南开放型经济发展的最新情况,这一点让本书的编写者感到一些安慰。

本书由中共河南省委党校梁丹、黄河科技学院薛桂芝担任主编,黄河科技学院郭军峰、河南省社会科学院赵然担任副主编,参加撰稿人员如下:第一章、第二章,王军胜、赵然;第三章,郭军峰;第四章,王先菊;第五章,梁丹、王巧玲;第六章,梁丹、宋圣学;第七章、第八章,薛桂芝;第九章,梁丹、赵然;第十章,梁丹、薛桂芝;第十一章,梁丹、王先菊;第十二章、第十三章,梁丹、赵然;第十四章,薛桂芝。初稿形成后,梁丹、薛桂芝修改审定了全部书稿,郭军峰、赵然参与全书修改工作。

限于作者的水平,书中不妥之处在所难免,恳请读者指正。

作 者

2015 年 11 月

"区域经济研究丛书"立足于系统梳理河南推进区域发展的历史嬗变和演进脉络，深入剖析河南谋划区域发展中面临的主要矛盾和现实挑战，尝试提出河南探索区域发展的路径选择和对策建议，以期为实现中部崛起、河南振兴，更好地服务全国大局和推动河南发展献智献力。

本册从制约因素分析、战略模式架构、制度环境保障等切入，提出了构建开放型经济体系的总体思路和工作重点，并为河南加快构建开放型经济体系、提升对外开放层次和水平都提出了诸多有益的意见和建议。

区域经济研究丛书

◎ 河南区域经济协调发展研究

◎ 中原崛起与中原经济区建设研究

◎ 河南经济发展方式转变研究

◎ 河南构建开放型经济体系研究

◎ 河南生态文明建设研究

◎ 河南人力资源开发战略研究

责任编辑：谢　进　申桂萍

装帧设计：文　丰

经济管理出版社网址：www.E-mp.com.cn

ISBN 978-7-5096-2106-6

9 787509 621066 >

定价：498.00元（共六册）

区域经济研究丛书

河南生态文明建设研究

STUDY ON
ECOLOGICAL CIVILIZATION CONSTRUCTION IN
HENAN PROVINCE

主　编/王玲杰　马红芳
副主编/武迎春　冯少茹

经济管理出版社
ECONOMY & MANAGEMENT PUBLISHING HOUSE

区域经济研究丛书

STUDY ON
ECOLOGICAL CIVILIZATION CONSTRUCTION IN
HENAN PROVINCE

主 编/王玲杰 马红芳
副主编/武迎春 冯少茹

经济管理出版社
ECONOMY & MANAGEMENT PUBLISHING HOUSE

图书在版编目（CIP）数据

河南生态文明建设研究/王玲杰，马红芳主编. —北京：经济管理出版社，2015.12
ISBN 978-7-5096-2106-6
区域经济研究丛书

Ⅰ.①中…　Ⅱ.①王…　②马…　Ⅲ.①区域经济发展—研究—河南省　　Ⅳ.①F127.61

中国版本图书馆 CIP 数据核字（2012）第 240459 号

组稿编辑：申桂萍
责任编辑：张巧梅　申桂萍
责任印制：黄章平
责任校对：陈　颖

出版发行：经济管理出版社
　　　　　（北京市海淀区北蜂窝 8 号中雅大厦 A 座 11 层　　100038）
网　　址：www. E-mp. com. cn
电　　话：（010）51915602
印　　刷：北京晨旭印刷厂
经　　销：新华书店
开　　本：720mm×1000mm/16
印　　张：105（共六册）
字　　数：1762 千字（共六册）
版　　次：2015 年 12 月第 1 版　　2015 年 12 月第 1 次印刷
书　　号：ISBN 978-7-5096-2106-6
定　　价：498.00 元（共六册）

"区域经济研究丛书"
编撰人员名单

丛 书 顾 问：胡大白

丛书编委会主任：杨雪梅

丛书编委会成员：喻新安　完世伟　周纪昌　罗　煜　杨富堂
　　　　　　　　蔡　森　柏程豫　刘晓慧　宋　歌　孙常辉
　　　　　　　　梁　丹　郭军峰　赵　然　王玲杰　马红芳
　　　　　　　　马　欣　冯少茹　武迎春　薛桂芝　张　舰
　　　　　　　　陈明星　张怡辉　胡翠平

丛 书 总 编：喻新安　杨雪梅

"区域经济研究丛书"总序

当前，我国区域经济发展进入了新的历史时期和发展阶段。由东向西，由沿海向内地，经济区、城市群等跨行政区划的发展板块已经成为区域经济发展的重要支撑，协调发展、联动发展、开放发展成为区域经济发展的主要思路，各地均在积极谋划布局区域发展战略，长三角、珠三角、京津冀等先行经济区力促新一轮腾飞，长江中游、中原经济区等新兴经济区聚力蓄势全面崛起。融入区域经济发展大势，增创区域经济发展优势，抢占区域经济发展高地，成为增强区域发展实力和综合竞争力的现实要求。与此同时，区域经济发展中也面临日益突出的难题和挑战。如何缩小区域发展差距并实现不同经济板块之间的良性互动、梯度发展，如何促进稳增长、调结构、转方式与区域经济发展提质增效升级互促并进，如何培育区域经济协调发展的基础支撑保障体系，如何推进区域协调发展体制机制创新，如何增强区域经济发展的协调性和可持续性，等等，成为区域经济研究中备受关注、亟需思考、有待破解的现实难题。

河南是人口大省、农业大省和新兴工业大省，也是中国的缩影和写照。作为国家重要的战略基地和经济腹地，已经从"中部凹陷"走向"中部崛起"的核心区域，河南推进区域协调发展的路径探索事关全国经济社会发展全局和全面建设小康社会目标的实现。尤其河南肩负着实施国家粮食生产核心区、中原经济区和郑州航空港经济综合实验区三大国家战略规划的重大使命，承担了多领域的先行先试改革创新任务，在新时期探索区域经济协调发展道路中具有破题意义和示范效应。如何加快推动河南发展、融入新的区域经济格局，是具有重大理论和实践意义的研究课题。

这套"区域经济研究丛书"，由黄河科技学院省级重点学科建设基金重点支持，以该校省级重点学科——区域经济学学科团队为主要力量，邀请河南省社科院、华侨大学、中原工学院、河南教育学院、安徽建筑工业学院、郑州航空工业管理学院、郑州师范学院、河南省国有资产控股运营有限公司的专家学者参与，

是协同创新的学术力作。丛书立足于系统梳理河南推进区域发展的历史嬗变和演进脉络，深入剖析河南谋划区域发展中面临的主要矛盾和现实挑战，尝试提出河南探索区域发展的路径选择和对策建议，以期为实现中部崛起河南振兴，更好地服务全国大局和推动河南发展献智献力。

全部书稿撰写历时超过两年，期间经过数次讨论、修改与完善。目前呈现在大家面前的丛书共包括六册、近200万字，其中，《河南区域经济协调发展研究》从区域经济协调发展的理论分析着手，对长期困扰河南区域协调发展的主要问题进行了深入剖析和综合评价，重点研究和探讨了中原经济区、中原城市群、产业集聚区、县域经济发展、主体功能区等区域发展重大战略问题，为河南推动区域经济协调发展提出了路径规划和实施建议；《中原崛起与中原经济区建设研究》系统梳理了中原崛起的发展历程，深入研究如何推进中原经济区建设、加快中原崛起河南振兴这一关乎亿万中原人民福祉的宏伟事业，以期为理论研究和实践探索有所裨益；《河南经济发展方式转变研究》在进程回顾和问题总结的基础上，提出了河南转变经济发展方式的总体思路和实施框架，谋划了推动发展方式转变的体制机制创新路径，为河南省加快经济发展方式转变提供科学参考和决策依据；《河南构建开放型经济体系研究》从制约因素分析、战略模式架构、制度环境保障等切入，提出了构建开放型经济体系的总体思路和工作重点，并为河南加快构建开放型经济体系、提升对外开放层次和水平都提出了诸多有益的意见和建议；《河南生态文明建设研究》从多领域、多层次、多角度展开河南生态文明建设的系统分析和研究，并提出相应的解决策略和应对机制，为河南破解生态环境瓶颈制约，实现科学发展、可持续发展提供参考；《河南人力资源开发战略研究》系统考察了河南人力资源的历史嬗变、发展现状及难题，探讨了加快人力资源开发、实现从人口资源大省向人力资源强省迈进的路径和对策建议。

随着全球一体化进程不断推进，区域经济发展相关问题研究已经成为热点中的焦点问题，同时，也因其突出的复杂性、系统性、综合性特征，给相关理论研究和实践创新提出了诸多难题挑战。我们期望以这套"区域经济研究丛书"为开端，吸引更多的专家学者共同谋划献策，助力中原崛起，探索区域协调发展新路，打造区域经济研究的"升级版"。

喻新安

2015 年 11 月

目 录

第一章 生态文明概论

生态文明是当今世界的共同性话题，生态文明建设是事关人类可持续发展的共同关切和重大命题，也是我国在经济社会快速发展过程中迫切需要解决的现实问题。党的十七大第一次明确提出了建设生态文明的目标，生态文明建设也已经被提高到发展战略的高度，要求到 2020 年全面建设小康社会目标实现之时，把我国建设成为生态环境良好的国家。生态文明，是我国可持续发展道路的必然选择。

第一节 生态文明的内涵与基本特征

生态文明的提出源于人们切身感受到的生态危机。20 世纪 70 年代初，以罗马俱乐部为代表，敲响了人类社会"增长极限"的警钟。人们通过反思意识到，只有建设一种新的文明形态才能实现经济社会的可持续发展。80 年代以来，关于走出工业文明的困境、探寻新的文明形态——"生态文明"的努力开始在全球范围内出现，推动了全球生态文明的探索。

一、生态文明的内涵

（一）生态文明的定义

人们对生态文明的理解有广义和狭义之分，狭义的生态文明与物质文明、精神文明、政治文明等相并列，主要指的是生态建设和环境保护；广义的生态文明是指人类遵循人、自然、社会和谐发展这一客观规律而取得的物质与精神成果的总和，是对传统工业文明的反思和超越，是体现人与自然以及人与人之间和谐相处、人类迄今最高级的文明形态。

国内诸多学者纷纷给出了对于生态文明的阐释，其中，刘宗超是最先使用生态文明这个词的学者，他在著作《全球生态文明观》中指出："通过在对传统工业文明剖析和反思的基础上提出确立全球生态文明观乃当务之急。人类与地球表层共存就是生态文明，威胁它生存的就是愚昧。"任恢忠和刘月生在《生态文明论纲》中指出："生态文明是指人类在改造自然界的同时又主动保护自然界，积极改善和优化人与自然的关系，建设良好的生态环境所取得的物质成果、精神成果和制度成果的总和。它是生态生产发展水平及其积极成果的体现，是社会文明在人类赖以生存的自然环境领域的扩展和延伸，是社会文明的生态化表现。"

还有一些学者虽未给生态文明下一个较为规范的定义，但依然提出了生态文明的主要内涵。李鹏鸽在《简论生态文明》中认为，生态文明就是人类通过破除自我中心论而实现的人与人、人与自然的和谐发展与共存共荣，或者说是人类与自然环境的共同进化、与地球表层的共存，是地球生态系统中的社会生态系统的良性运行。从现代科学技术的整体性出发，人类应形成一种"自然—经济—社会"的整体价值观和生态经济价值观，从而使人类的一切活动既能满足人与自然的协调发展，又能满足人的物质需求、精神需求和生态需求，实现资源增值和信息增值。

《光明日报》2004年4月30日刊登的《论生态文明》一文指出："文明作为人类的发展方式和生活样式，往往因其核心产业的不同而区分为不同的类型或阶段。"国家环保局副局长潘岳在《社会主义生态文明》中将"生态文明"定义为："生态文明是指人们在改造客观物质世界的同时，不断克服改造过程中的负面效应，积极改善和优化人与自然、人与人的关系，建设有序的生态运行机制和良好的生态环境所取得的物质、精神、制度成果的总和。"

对生态文明的定义有很多，其中表述较为完整的有："生态文明是由生态和文明两个概念复合而成的复合概念。"这里的"生态"是包括人类、动植物和自然物共同生存和发展的生态空间。"文明"一词用法很多，这里主要指人类社会的开放程度和进步状态。还有的定义是："生态文明，是指人类遵循人、自然、社会和谐发展这一客观规律而取得的物质与精神成果的总和，是指以人与自然、人与人、人与社会和谐共生、良性循环、全面发展、持续繁荣为基本宗旨的文化伦理形态。"这是通常意义上国内大多数人理解和广泛使用的生态文明的概念，是一个生态文明的哲学辨析意义上的概念。

学者诸大建在《生态文明与绿色发展》中指出："生态经济，从无限增长的经济到关注生态成本的经济变革，政体从技术组合主义，转变到公众参与决策的开放民主的政治组织形式；生态伦理，由人类中心主义向生物中心主义的转变；生态教育,从培育社会合作者到社会挑战者的变革。"

(二)生态文明的内涵

通过对生态文明理念的深入研讨可以发现,生态文明是对人类长期以来主导人类社会的物质文明的反思,是对人与自然关系历史的总结和升华。其内涵具体包括以下几个方面:第一,生态文明是一种人与自然和谐的新的文化价值观。树立符合自然生态法则的文化价值需求,休悟自然是人类生命的依托,自然的消亡必然导致人类生命系统的消亡,尊重生命、爱护生命并不是人类对其他生命存在物的施舍,而是人类自身进步的需要。第二,生态文明是生态系统可持续前提下的新的生产观。遵循生态系统是有限的、有弹性的和不可完全预测的原则,人类的生产劳动要节约和综合利用自然资源,形成生态化的产业体系,使生态产业成为经济增长的主要源泉。第三,生态文明是满足自身需要又不损害自然的新的消费观。人们的追求不再是对物质财富的过度享受,而是一种既满足自身需要、又不损害自然,既满足当代人的需要、又不损害后代人需要的生活。

二、生态文明的基本特征

回顾人类文明进步的大趋势,人类社会已经经历了 5000 多年的农业文明时代,又经历了 300 多年的工业文明时代。那么,未来将向什么新文明时代演进?未来学家们从不同的角度进行了研究,20 世纪 60 年代以后发表了大量研究成果。有"后工业社会"说(丹尼尔·贝尔),有"信息社会"说(约翰·奈斯比特),有"第三次浪潮"说(阿尔温·托夫勒)。"后工业社会"说、"信息社会"说、"第三次浪潮"说都只反映了未来社会某些方面的新特征,只有"生态文明"说才能反映未来人类社会的本质要求和本质特征。而且,人类社会可持续发展的根本出路,就在于实现传统工业文明向生态文明的转型。生态文明不是一种局部的社会经济现象,不是一般意义上的"生态环境"、"生态产业"的概念,也不是一般说的"精神文明、物质文明"概念,而是相对于农业文明、工业文明的一种社会经济形态。

生态文明要求人们形成"人—自然"的整体价值观和生态经济方法论。人来自于自然,又存在于自然,人对自然界有着根本的依赖性,因而人的一切活动都要充分尊重自然规律。这种价值观能够从全局出发,在不破坏生态系统恢复力的前提下有效地满足人类需求,使整个生态系统始终保持动态平衡,越来越有序。统观生态文明,其包含四个主要特征:较强的环保意识、可持续性、和谐的社会秩序以及共同性。

（一）较强的环保意识

工业文明认为，自然是取之不尽、用之不竭的能源仓库，把经济活动建立在对不可再生资源和能源的高消耗上，不考虑能源的节约与增值问题；同时，还把大自然的自净能力看成是无限的，为减低成本、实现高经济增长，将废水、废气、废渣不做任何处理直接排放到大自然，导致了今天的能源枯竭、环境恶化和耕地减少等危机，使原本生机盎然的地球出现了温室效应、土地沙漠化、水土流失、森林锐减、臭氧层空洞、淡水不足、空气污染、酸雨日增以及生物物种加速灭绝等现象。

从现实国情出发，我国要实现生态文明，首先要求人们必须解放思想，需要经历彻底的观念和行为的双重变革，不仅在伦理思想上提高环境保护意识，而且要使之成为全社会的一种科学、进步文化。到目前为止，地球是唯一适合人类生存的星球，大自然孕育了人类，"皮之不存，毛将焉附"！人类要牢固树立生态第一的思想，要高度重视和做好环保工作，从自我做起，珍惜地球上的各种自然资源，减少环境污染，减少生态灾难的发生，为子孙后代造福。只有具备较强的环保意识，才能从思想深处真正理解人与自然界的关系，善待自然就是关爱人类自己。才能处理好人与自然、人与社会等多种复杂的相互依存的关系，进而促进生态文明社会的建立。可见，一个社会是否具备较强的环保意识、生态观念成为生态文明社会的主要特征之一。

（二）可持续性

资源环境是人类生存与发展的基础和条件，离开了资源环境，人类的生存与发展就无从谈起。资源的持续利用和生态系统的可持续性的保持是人类社会发展的首要条件。生态文明要求根据可持续性的条件调整自己的生活方式，在生态可能的范围内确定自己的消耗标准，绝不能超越资源与环境的承载能力。

正当工业文明给充满绿色和希望的地球带来灾难的时候，1987年世界环境与发展委员会在《我们共同的未来》报告中，正式提出了可持续发展的理念，并将"可持续发展"定义为：既满足当代人的需要，又不对后代人满足其需要的能力构成危害的发展。可持续发展是人类在经过人与自然之间矛盾冲突的教训后做出的全新选择，为当今和未来人类发展提供了处理和把握好经济建设与人口资源、环境发展的指导思想和战略方针。

生态文明是人类社会与自然环境的和谐统一，可持续性经济发展的模式是指经济发展要合乎生态发展的规律，能很好地协调与自然关系的行为，以此保证可持续发展道路的畅通。经济增长应尽量体现公平与效率的统一，必须严格计算环境成本，力求以最小的环境代价换取最大的经济效益。而即使是最小的环境代价，也不能以牺牲子孙后代的生态换取今天的经济增长。在经济发展中，不仅应倡导"低耗高效"的经济增长模式，而且要注重对可再生资源的循环使用，从而为后代经济发展积累或留下持续发展的宝贵资源，不断促进社会的科学发展、可持续发展，这也是生态文明的主要特征之一。

（三）和谐性

工业文明过分强调人类中心主义，却忽视了人与自然的和谐发展。生态文明强调人是自然的一部分，人类应当珍重自然，爱护自然，把自己当做自然的一部分。人类要在自然面前保持一种理智的谦卑态度，不是力求对自然的控制，而是力图与自然和谐相处，科学技术不仅是人类征服自然的工具，更是维护人与自然和谐的助手。

生态文明社会是由生态系统人类社会文明成果的总和构成的。生态文明主要包括人与自然、人与社会两个子系统。因此，和谐性是指这两个子系统以及由此所组成的生态大系统是否和谐、有序地可持续发展。在系统发展过程中，应处理好公平和互利、整体与部分、眼前与长远、现代与未来利益关系的有机统一与协调，从而构建起和谐、有序、科学发展的运作秩序和机制。

（四）共同性

生态文明作为全球发展的总目标，所体现的公平性和可持续性是共同的。要实现这一目标，必须采取全球共同的联合行动，自然界的资源和环境是属于全人类的，任何国家和地区都不能为了维持其经济发展而浪费资源、污染环境、破坏生态，牺牲其他国家和地区的利益。进一步发展共同的认识和共同的责任感，是当今世界十分需要的。

第二节　生态文明思想的理论基础

生态文明思想从产生到发展的过程，也是一个不断吸收、不断创新、不断完善的过程。从生态文明思想的理论基础来看，应该说是受到了包括传统与现代、国内与国际等因素的综合影响。在中国特色社会主义建设的道路上，中国共产党已经提出了物质文明、精神文明和政治文明的口号及其完整构想。从我国社会主义文明的整体结构来看，生态文明的提出使社会主义文明的内涵更加充实、完整。

一、中国传统文化中的生态文明思想

中国古代传统文化思想体系含有最为丰富而深刻的、朴素的生态哲学思想，历来为古今中外学者们所推崇，建立人和自然、社会发展和自然生态系统的关系问题，自古就为我们祖先所关注。可以说，中国古代就有了丰富的、有特色的生态文明思想。中国传统文化的生态思想主要集中在儒家、道家和佛家的哲学思想中。

中国儒家主张"天人合一"，其本质是"主客合一"，肯定人与自然界的统一。儒家肯定天地万物的内在价值，主张以仁爱之心对待自然，体现了以人为本的价值取向和人文精神。孔子说："仁者，人也，亲亲为大。""孝之放，爱天下之民。"孟子说："亲亲而仁民，仁民而爱物。"这就是说，孔孟所主张的"仁"，是以"亲亲"（父慈子孝、兄友弟恭）为原点，推己及人，向外延伸到对天下广大民众的爱（泛爱众），再扩展到对所有生物的爱。儒家的仁爱思想包含有强烈的生态伦理意识，是从亲亲、爱人扩展到爱天地万物。人与天地万物一体的观念，不是把自然界看做与人相对立的机械物理世界，而是把自然界中的万物都看做与人一样的生命体，强调所有的生命都是平等的，都应该受到尊重，得到保护。从天人同体的生态伦理观念出发，儒家主张人与自然和谐相处。

中国道家提出"道法自然"，强调人要以尊重自然规律为最高准则，以崇尚自然、效法天地作为人生行为的基本皈依；强调人必须顺应自然，达到"天地与我并生，而万物与我为一"的境界。中国道家哲学的核心是其生命观念，道家生命观具有鲜明的个性特征，即倡导生命本位，强调自然关怀。这一生命观念蕴涵着丰富的生态学思想，在生态环境日益恶化的今天具有重要的生态学意义。道家的生命本位观奠基于老子，老子生命本位观的基本内容是其贵德、重身、珍生意识。贵德意识所反映的是老子对人的生命力及生命内在特质的珍视。在老子思想中，"德"是指万物，尤其是人得之于"道"的生命力及由此而形成的生命内在特质。由于这样的"德"对于万物的存在起决定作用，故老子说："万物莫不尊道而贵德，道之尊，德之贵，夫莫之命而常自然。"道家诸子无不深具生命本位观念，无不将生命价值看得高于一切身外之物。道家从人与自然的联系中来确立人在宇宙中的地位，确立人的生命价值，这就决定了道家所弘扬的不仅是生命本身的固有价值，而且决定了道家的生命观必然同时具有另一个显著特征，即深具自然关怀，提倡生命自然观。

另外，中国佛家认为，万物是佛性的统一，众生平等，万物皆有生存的权利。

中国历朝历代都有生态保护的相关律令。不少国外的学者给予中国古代生态文明思想高度评价，如当代生态伦理学权威、国际环境协会主席科罗拉多教授认为，建立生态伦理学的契机和出路在中国传统哲学思想中；现代生态伦理学的创始人之一、法国著名思想家施韦兹对中国的"天人合一"表示由衷的赞许与钦佩；美国著名历史学家、生态学家林恩·瓦特认为，中国文化中关于"人—自然"相互协调的观念，值得西方人借鉴。

二、马克思主义中的生态文明思想

马克思、恩格斯所处的工业文明时代，生态环境问题并没有像今天这样突出，对于生态问题他们没有进行专门的系统研究和论述，生态文明这一概念在其著作中也就没有明确使用过。但是，在他们的理论体系中却蕴涵着丰富而深刻的生态文明思想，这些思想对当代的生态文明建设有着重要的理论意义和实践意义。

马克思、恩格斯主义中生态文明思想的形成和发展过程其实就是他们在不断探索自然界—社会—人三个方面辩证关系的结果。马克思、恩格斯的生态文明观念不仅强调自然的优先地位，而且更强调人类社会与自然界的辩证关系。

（一）人与自然的辩证统一

人与自然的辩证关系是马克思、恩格斯生态文明思想的核心内容，首先，马克思主义认为人是自然界长期进化的产物，是自然界的一部分。人既然置身于自然中，不管他的理性有多么深邃，精神境界有多么高，能动性多么巨大，都不能摆脱受其他自然物的制约。马克思说："人作为自然存在物，而且作为有生命的自然存在物，一方面具有自然力、生命力，是能动的自然存在物；这些力量作为天赋和才能、作为欲望存在于人身上；另一方面，人作为自然的、肉体的、感性的、对象性的存在物，和动植物一样，是受动的、受制约的和受限制的存在物。"

其次，人依赖于自然界。离开自然，人就失去了获得物质生活资料以及人与自然之间进行物质、能量、信息变换的可能性。"没有自然界，没有外部的感性世界，劳动者就什么也不能创造。自然界、外部的感性世界是劳动者用来实现他的劳动，在其中展开他的劳动活动，用它并借助于它来进行生产的材料。"自然界不仅给人类提供生活和生产的物质资料，而且还给人类提供了丰富的精神食粮。"从理论领域来说，植物、动物、石头、空气、光等，一方面作为自然科学的对象，一方面作为艺术对象，都是人的意识的一部分，是人的精神的无机界，是人必须事先进行加工以便享用和消化的精神食粮；同样，从实践领域来说，这些东西也是人的生活和人的活动的一部分。"正是在这一意义上，马克思强调指出：

"自然界，就它本身不是人的身体而言，是人的无机身体。人靠自然界生活。这就是说，自然界是人为了不致死亡而必须与之不断交往的人的身体。"

因此，马克思主义生态文明思想认为，人类与自然界的关系，不是征服与被征服的关系，而是休戚相关、生死与共、互利共生、和谐共存的有机整体，所以人只能与自然平等和谐相处。

（二）马克思、恩格斯的实践观

马克思主义认为，实践是人所特有的活动，是人类的生存方式。实践内在地包含了人与自然、人与社会以及人的意识与自然、社会的关系。从本质上看，马克思、恩格斯的实践观具有深刻的生态文明思想内涵。劳动实践是联结人与自然之间的纽带，是人类生存的最基本条件。人为了满足自身的需要，就必然以自身的活动直接或间接地作用于外部自然界，从而实现人自身的自然与外部自然之间的物质、能量和信息变换，使人的生命得以维持和延续。在劳动实践中，人们要自觉调整和控制人与自然界之间的物质变换，通过对人与自然之间物质变换的调节，实现自然系统的良性循环、资源再生、持续进化、人与自然的和谐发展。具体地说，就是人与自然进行物质变换的过程，是一个能动的活动过程。马克思认为："动物只是按照它所属的那个物种的尺度和需要来塑造，而人却懂得按照任何物种的尺度来进行生产，并且随时随地都能用内在固有的尺度来衡量对象，所以，人也按照美的规律来塑造。"

为此，必须清楚地认识到，人在认识和改造自然界的过程中所表现出来的任何一种特定的能动性，都必然以某种特定的受动性为依据，否则不仅达不到预期目标，实现物质变换，反而会破坏生态系统，遭到自然的报复和惩罚。正如恩格斯早就告诫人们的："我们不要过分陶醉于我们对自然界的胜利。对于每一次这样的胜利，自然界都报复了我们。每一次胜利，在第一步都确实取得了我们预期的结果，但是在第二步和第三步却有了完全不同的、出乎预料的影响，常常把第一个结果又取消了。""因此，我们必须时时记住：我们统治自然界，决不像征服者统治异民族一样，决不像站在自然界以外的人一样；相反地，我们连同我们的肉、血和头脑都是属于自然界，存在于自然界的。我们对自然界的整个统治，是在于我们比其他动物强，能够认识和正确运用自然规律。"

所以，在实践中，人们要尊重自然规律，正确认识自然规律、利用自然规律，化受动性为能动性。只有这样，人类才能在认识和改造自然中不断扩大自己的生存空间，在自然界中取得越来越大的自由，真正实现人与自然的和谐。

（三）马克思、恩格斯的"绿色生产力"思想

传统上人们把生产力作为与生产关系相对应的一个概念，理解为"人们改造自然的能力"，这种定义使人们往往从人与自然的单边角度去理解，结果人成为征服者，自然成为被征服者，人与自然的关系成为严重的对立关系。其实，按照马克思、恩格斯的本意，应该将生产力置于人与自然的双边关系中理解，马克思说，"劳动首先是人与自然之间的过程，是以人自身的活动引起、调整和控制人与自然之间的物质交换过程"。恩格斯也指出，"劳动和自然界在一起才是一切财富的源泉，自然界为劳动提供材料，劳动把材料转变为财富"。从"人与自然"关系的视野中看生产力的标准，生产力不仅是"人对自然"的关系，也表现为"自然对人"的关系，人与自然在生产力系统中是互相依存、互相制约、互相作用的辩证统一关系。

（四）循环消费和循环经济的理念

马克思、恩格斯一直很重视科学技术在社会发展中的作用，在他们看来，科学技术是"历史上的有力杠杆"，是"最高意义上的革命力量"。然而，科学技术是一把"双刃剑"，它既能通过促进经济和社会发展以造福于人类，同时也可能在一定条件下给人类的生存和发展带来消极后果。

如何克服科学技术带来的消极后果，马克思认为一方面要把科学技术的发展同社会关系的进步联系在一起，因为只有在先进的社会制度中，科学技术才能得到合理利用。另一方面就是要进一步发展科学技术，尽量减少废弃物的排放，减轻对生态环境的压力。马克思指出："机器的改良，使那些在原有形式上本来不能利用的物质，获得一种在新的生产中可以利用的形式；科学的进步，特别是化学的进步，发现了那些废物的有用性质。""化学的每一个进步不仅增加有用物质的数量和已知物质的用途，从而随着资本的增长扩大投资领域。同时，它还教人们把生产过程和消费过程中的废料投回到再生产过程的循环中去，从而无需预先支出资本，就能创造新的资本材料。"在这里，马克思实质上已经提出了用科学技术的生态化来促进产业的生态化理念。同时，马克思还论证了对资源的循环利用，"生产废物再转为一个产业部门或另一个产业部门的新的生产要素"，"通过这个过程，这种所谓的排泄物就再回到生产从而消费（生产消费和个人消费）的循环中"，使"这种废物本身重新成为商业的对象，从而成为新的生产要素"。这些思想对于当前的经济建设来讲，就是要发展循环经济，促进可持续发展。

三、西方后现代文化中的生态文明思想

后现代主义之"后"的真正意义是指它提供了一种对现代性的反思与批判的思维方式而非时间意义上的"先后"。它要挑战的是支撑现代世界观的同一性、理性和普遍性的根本假设，对现代主义所尊奉的科技霸权、理性独断、事实与价值的分离、人与自然的疏隔进行了无情地剖析与强有力地反驳。20世纪60年代，随着西方社会现代化的发展，人与自然之间的关系日益恶化，自然变成了人类肆无忌惮掠夺的对象，而自然也无情地报复了人类，人类陷入了生存危机之中，譬如，"人口问题"、"粮食问题"、"能源问题"、"环境问题"、"生态危机"以及"核危机"等。后现代主义文化思潮就是在这样的背景下产生的，起初只涉及建筑、文学、绘画等艺术创作领域，后来广及解释学、哲学、社会学、语言学、心理学、精神分析学、美学、文化学、经济学、历史学、教育学、神话学、人类学、政治学、电影、音乐、高科技等多领域。因此，后现代主义文化认为要批判现代性，反对理性主义，反对工业文明的经济增长方式，建立绿色经济观，重建人与自然的和谐关系。

（一）后现代主义对人与自然关系的新认识

后现代主义认为，当代生存危机是人的不合理实践活动造成的，是只注重人的利益和价值的实现而造成的，是只关心自己而不关心自然以及与自然的关系造成的，其实质是人与自然关系的危机。人类应该树立一种后现代理念，即人类与自然彼此相互依存的意识。当人类在考虑自身的发展时，要把对人的福祉的特别关注与对生态的考虑融为一体。

（二）后现代主义的环境伦理学

后现代主义的环境伦理学是研究自然的价值以及人对自然的责任或义务的新伦理学，它一般持有"非人类中心主义"的观点。后现代主义的环境伦理学被称为20世纪人类最重要的思想成果，这种环境伦理学打破了传统价值的道德思想体系，扩大了伦理道德关怀的范围，为人类生态文明的发展提供了伦理支持。它的主要观点是一种生态整体主义的思想，主张生态系统的整体利益是人类应当追求的最高价值。

（三）生态后现代主义

生态后现代主义认为世界上的万事万物都是有内在联系的有机体，整个世界是一个生命的整体。整体和部分之间的区别是相对的，而相互联系才是基本的；整体性质是首要的，部分是次要的。所有事物都有自身的利益，主张人类和非人

类的各种正当利益在一个动态平衡的系统中相互作用，要求人通过创造性的劳动建立人与自然的和谐关系，既充分有效利用生态资源，同时又要善待自然生态系统，只有世界整体的和谐发展，人类才能生存下去，才能更好地发展。

四、中国共产党关于生态文明的理论创新

进入 21 世纪，随着中国经济的持续增长，对资源的利用、能源的消耗和废弃物的排放也在同步增长，资源环境问题相当严峻。对此我们党有着清醒的认识，并不断进行生态文明建设的理论创新，努力实现人与自然和谐发展，实现经济、社会、生态的共赢。

（一）环境保护基本国策

新中国成立后很长一段时间里，环境保护并没有在中国这个发展中国家占有应有的位置。

20 世纪 70 年代以来，随着中国人口的增长、经济发展和人民消费水平的不断提高，中国本来就已短缺的资源和脆弱的环境面临着越来越大的压力。中国的环境污染日益突出，若不采取措施遏制这种趋势，必然给经济建设、改革开放和人民生活带来严重不利的影响。在这种情况下，确立了环境保护为我国的基本国策，规定"三同步、三统一"的方针，即经济建设、城乡建设和环境建设要同步规划、同步实施、同步发展，实现经济效益、社会效益和环境效益的统一。

（二）"三个文明"与可持续发展

从 20 世纪 80 年代开始，邓小平提出"两手抓，两手都要硬"，物质文明与精神文明建设一起抓，强调抓好思想道德、党风廉政、社会风气，把精神文明建设放到特别重要的位置。随着改革开放的深入，人们逐渐感到仅有"两个文明"还不足以促进社会的全面发展。到了 90 年代，政治体制存在的弊端日益突显，党的十六大及时提出第三种文明形态——"政治文明"。

20 世纪 90 年代中期，中国政府开始关注经济、社会与环境的协调发展问题，相继通过了一系列相关重要文件，如《中国 21 世纪议程——中国人口、资源、环境发展白皮书》（1994 年）、《全国生态环境保护纲要》（2000 年）、《可持续发展科技纲要》（2000 年）等。1995 年 9 月，党的十四届五中全会庄重地将可持续发展战略纳入"九五"计划和 2010 年中长期国民经济和社会发展计划，明确提出"必须把社会全面发展放在重要战略地位，实现经济与社会相互协调和可持续发展"。

（三）建设资源节约型、环境友好型社会

进入新世纪阶段，中国处在资源消耗强度较高的工业化快速发展阶段，中国 GDP 成本长期居于世界前列，单位 GDP 能耗和物耗远远高于世界先进水平，如不改变，发展将难以持续。针对现实情况，中国共产党明确提出人与自然和谐发展的思想，在建设生态文明的道路上认识更加深化。

2004 年 9 月，党的十六届四中全会首次提出了"社会主义和谐社会"的科学理念。2005 年 2 月 19 日，中共中央举办的省部级主要领导干部提高构建社会主义和谐社会能力专题研讨班在中央党校开班。胡锦涛同志在开班式上发表重要讲话。在谈到社会主义和谐社会建设时，胡锦涛指出："我们所要建设的社会主义和谐社会，应该是民主法治、公平正义、诚信友爱、充满活力、安定有序、人与自然和谐相处的社会。""人与自然和谐相处，就是生产发展，生活富裕，生态良好。"随着全面建设小康社会进程的开始，我国经济建设的规模进一步扩大，工业化和城市化进程进一步加快，资源供需矛盾和压力变得越来越大，主要资源消费的增加量占世界总增加量的比例不断攀升，中国成为世界上能源消耗和污染排放大国。针对现实情况，2006 年中共十六届六中全会提出了构建社会主义和谐社会、建设资源节约型社会和环境友好型社会的战略主张，规定"必须大力发展循环经济，按照'减量化、再利用、资源化'的原则，采取各种有效措施，以尽可能少的资源消耗和尽可能小的环境代价，取得最大的经济产出和最少的废物排放，实现经济、环境和社会的效益相统一，建设资源节约型、环境友好型社会"。

（四）建设生态文明

2007 年 10 月，胡锦涛在十七大报告中指出："建设生态文明，基本形成能源资源和保护生态环境的产业结构、增长方式、消费方式。循环经济形成较大规模，可再生资源比重显著上升。主要污染物排放得到有效控制，生态环境质量明显改善。生态文明观念在全社会牢固树立。"党中央首次把"建设生态文明"写入党代会的政治报告，把"建设生态文明"提到了发展战略的高度，要求到 2020 年全面建设小康社会目标实现之时，使我国成为生态环境良好的国家，这充分显示了我国对生态建设的高度重视。科学发展观的提出把对生态文明的认识提高到一个崭新的高度，为我国生态保护和生态建设指引了正确的方向。

随着建设中国特色社会主义实践的发展，人们对客观规律的认识也在不断地深化。依据历史唯物主义原理，按照中国特色社会主义的总体布局，从经济、政治、文化三位一体的建设扩展为经济、政治、文化、社会四位一体的现代化建设，从物质文明与精神文明建设，发展为物质文明、政治文明、精神文明、社会

文明、生态文明五位一体的社会文明发展道路，不仅体现了中国共产党人对三大规律认识的深化，也体现了中国共产党人对自然规律的认识和尊重。把建设生态文明作为实现全面建设小康社会的奋斗目标之一，并把它定为基本国策，在马克思主义思想史上尚属首次。这是中国共产党人对唯物史观和科学社会主义的丰富和发展。建设生态文明是我们党发展理念在理论上的升华，是对全面建设小康社会目标的深化和提出的更高要求，是全面建设小康社会目标中"人与自然和谐"的具体体现。建设生态文明与科学发展观的思想和建设社会主义和谐社会的理念是一致的，都强调以人为本、强调人与自然的和谐。生态文明作为一种新的文明形态，正是科学发展观的落实，是建设社会主义和谐社会理念在生态与经济发展方面的升华。这一理论创新进一步丰富了中国特色社会主义理论体系的内涵。

第三节　生态文明建设的主要构成

生态文明是人类在改造客观世界的同时改善和优化人与自然的关系，建设科学有序的生态运行机制，体现了人类尊重、利用和保护自然，与自然和谐相处的文明理念。建设生态文明、树立生态文明观念，是推动科学发展、促进社会和谐的必然要求。从生态文明的基本构成要素以及各要素之间的相互关系的角度进行分析，生态文明建设应当包括以下五个基本构成要素：经济发展模式，生态文化体系，绿色政治制度，人的全面发展，资源节约、环境友好的生态环境。

一、经济发展模式

经济发展模式的优劣直接影响着社会发展形态的性质和方向。传统的经济发展模式是以对自然资源的过度索取和以牺牲环境容量为代价来获得财富数量的增长，表现出典型的高消耗、低效益和高污染排放特征。转变传统的粗放型经济增长模式，构建又好又快经济发展模式是建设生态文明的核心。进入 21 世纪以来，工业化进程的加快、高速的经济增长以及消费结构的变化，中国资源环境压力将持续增加，若不转变经济发展模式，中国社会经济的持续发展将难以为继。因此，又好又快的经济发展模式的首要任务是实现低资源能源消耗、低污染排放和生态环境破坏、高经济效益。

循环经济是又好又快的经济发展模式的具体体现，建设生态文明，大力发展循环经济，建设节约型社会，努力形成有利于节约资源、减少污染的生产模式、产业结构和消费方式。必须以提高资源利用率、降低单位产值污染物排放强度为目标，大力调整优化工业产业结构，继续淘汰和关闭浪费资源、污染环境的落后工艺、设备和企业，发展废物回收再利用产业和环保产业，提高资源生产率和循环利用率，用清洁生产技术改造能耗高、污染重的传统产业，鼓励发展节能、降耗、减污的高新技术产业，走一条科技含量高、经济效益好、资源消耗低、环境污染少、人力资源优势得到充分发挥的新型工业化路子，加快转变不可持续的生产和消费方式。

坚持以科学发展观指导经济建设、发展循环经济，在经济发展中实现生态保护。从长远发展来看，良性循环的社会应从发展阶段开始塑造才不会走弯路，才会得到更快、更好的发展。中国的消费体系仍在形成阶段，建立一个资源环境低负荷的社会消费体系、走循环经济之路，已成为中国社会经济发展模式的必然选择。转变经济发展方式，通过科技进步和创新，在优化结构、提高效益和降低能耗、保护环境的基础上，实现包括速度质量效益相协调、投资消费出口相协调、人口资源环境相协调、经济发展和社会发展相协调在内的全面协调，真正做到又好又快的发展。转变经济发展方式在发展理念上，要正确处理快与好的关系，不仅要继续保持国民经济快速发展，而且要更加注重推进经济结构战略性调整，努力提高经济发展的质量和效益。在发展道路上，要根本改变依靠高投入、高消耗、高污染来支持经济增长，坚持走科技含量高、经济效益好、资源消耗低、环境污染少、人力资源优势得到充分发挥的中国特色新型工业化道路，实现可持续发展。

生态文明与循环经济二者的内涵是一致的。循环经济符合自然生态的和谐性、可持续性与稳定性的基本规律，本质上是一种生态经济。而且循环经济是实现生态文明的具体措施。实施循环经济可以为生态文明的建设提供经济和物质基础。可以通过拓展循环经济的应用领域，从循环经济的角度建设生态文明。另外，发展循环经济也是建设生态文明的必然要求。发展循环经济可以从根本上解决经济发展中经济增长需求与资源之间的矛盾，可以协调经济发展与环境资源的关系。因此，发展循环经济与建设生态文明，二者是密不可分的。

二、生态文化体系

生态文化是指一切文化活动，包括指导我们进行生态环境创造的一切思想、方法、组织、规划等意识和行为都必须符合生态文明建设的要求。

首先，要树立生态文化意识。进行生态教育，提高人们对生态文化的认同，增强人们对自然生态环境行为的自律，牢固树立生态文化意识。其次，注重生态道德教育。此外，科学技术是现代知识系统的经典形式，属于文化的范围。人类科技发展史充满了对抗自然和征服自然的思维，生态文明建设需要突破传统的科技进步逻辑思维方式，着眼和立足于人与自然和谐共生，而不是对抗和征服。传统工业文明科技指向了稀缺、污染、不可持续的资源范围，而生态科技应该是指向丰裕、清洁、可持续利用的资源范围。生态文明的建设要以绿色科技为支撑，大力发展和运用生态科学技术，努力提高环境技术自主创新能力，把环保产业作为国民经济的支柱产业。同时，要集中精力推进生态科技难题的解决，如绿色国民经济核算技术系统、保障人体健康的污染防治技术、大面积生态退化的修复技术、区域污染治理的综合技术、生态监测预警科技系统等。

通过生态文化建设，培养善待生命、善待自然的伦理观，树立环境是资源、环境是资本、环境是资产的价值观，确立保护和改善环境就是保护和发展生产力、走新型工业化道路的发展观，倡导节约资源、文明健康的生活方式，逐步形成崇尚自然、保护环境、循环利用、减量排放、厉行节约、反对浪费和保护历史文化遗产的行为规范，创造全社会关心、支持生态文明建设的文化氛围。

三、绿色政治制度

自20世纪70年代始，一场以环保为理念的"绿色政治"思潮在欧洲兴起并逐渐蔓延到世界各地，极大地改变了各国的政治发展理念。"绿色政治"，将生态原则作为出发点，批判既存经济体制对生态环境的破坏，并提出政治体制上的改革方案，力求建立起公正、平等、和谐的生态社会新秩序。

生态文明建设的主要责任在政府，政府有责任选择正确的社会发展道路带领人民摆脱生态环境危机，政府的决策应符合生态规律，政府可以通过对市场体制和行政干预进行政治经济分析以利于生态环境保护。因此，绿色政治是解决生态环境问题、生态文明建设的重要内容和保障条件。绿色政治主要包括绿色政治价值观、绿色政治行为和绿色政治制度三个方面。

（一）绿色政治价值观

绿色政治价值观是绿色政治文明的灵魂与核心，追求发展的合理性、人文性和可持续性。发展的合理性除了要充分考虑发展对人类的有益性外，还要充分考虑发展对生态环境的有益性；发展的人文性体现在发展是以人的全面进步为本的发展；发展的可持续性揭示通过从有限的环境中吸取或积累物质而达到的经济规模的数量性增加是不可持续的，而质量性改进和潜力的实现则可使发展永远持续下去。

（二）绿色政治行为

绿色政治行为是从生态政治学的视野规范和优化政治行为，包括可见的绿色政治活动，如政府的绿色政治管理、公众的绿色政治参与等行为，还包括不可见的绿色政治心理。政府的绿色管理，是从生态政治学的角度进行的管理活动，是以政治的眼光看待环境保护并将它作为推进点展开的管理实践。

（三）绿色政治制度

制度作为规约人们行为的基本框架，是保证社会有序性、稳定性和公正性的一种定型化和规范化的社会关系。绿色政治制度建设的重点是将生态环境建设纳入法制化的轨道：一是要建立健全有关资源节约和环境保护的法律法规体系；二是要建立和完善经济激励与行政规范相结合的政策体系，完善有利于实现社会公平的环境资源分配与责任承担政策体系；三是要树立正确的政绩观，建立和完善环境与发展综合决策制度。

四、人的全面发展

2003 年 10 月，党的十六届三中全会明确提出："坚持以人为本，树立全面、协调、可持续的发展观，促进经济、社会和人的全面发展。"

首先，实现人的全面发展是我国生态文明建设的根本目标。生活质量不仅有物质方面的，同时还有精神方面和生态方面的。生态文明把对物质的追求放在了一个适当的位置，把人们对物质享受、精神追求和良好生态环境的要求相互协调起来，为实现经济社会的全面、协调发展提供可持续的保障，为子孙后代的生存和发展留下良好的生态基础，实现不断促进人的全面发展的最终目标。

其次，人的全面发展的程度影响着生态文明建设的进程。作为物质生产实践主体的同时也是生态文明建设的主体，人的全面发展的程度直接影响着生态文明建设的进程。人的全面发展包括人的社会关系的发展、人的需求的发展和人的能力的发展，这些方面的发展都影响着生态文明建设的程度和水平。

五、资源节约、环境友好的生态环境

自然环境对人类社会的存在和发展有着非常重要的意义：首先，自然环境是人类存在的经常和必要的条件，人类所需的物质资料必须由自然界提供。其次，自然环境对社会经济发展有重大影响，一般情况下，自然条件比较优越的地区，社会经济发展较快、发展水平较高；反之则社会发展水平较低、发展速度较慢。再次，自然环境往往会对社会的政治制度、结构和观念等产生重大影响，对文化式样的形成和发展也产生影响。生态文明建设就是要从根本上摒弃"人类中心主义"的发展模式，要以生态环境资源承载力为基础、以自然规律为准则，在全社会采取有利于维护良好生态环境的生产、生活和消费方式，从而形成良性循环，即人类社会经济活动维护良好的生态环境，而良好的生态环境又进一步促进人类社会经济的发展。因此，资源节约、环境友好的生态环境是生态文明建设的空间前提，是生态文明的根本标志，同时也是生态文明建设的直接目标，从而进一步实现人与自然和谐共生的最终目标。

第二章 河南生态文明的建设与发展

新时期、新阶段，河南在中原经济区建设、加速中原崛起河南振兴的进程中面临着越来越大的资源环境压力。生态文明作为建设中原经济区的重要标志之一，成为河南在今后发展战略中贯彻落实科学发展观、实现可持续发展的主题。河南省委、省政府已于 2010 年启动了生态省建设，并于 2011 年出台《生态省建设规划纲要》，全面推进生态省建设。本章首先对河南生态文明建设的背景从国际环境、国内环境和河南省情这三个层面展开环境分析，明确河南生态文明建设面临的机遇与挑战，进而梳理河南生态文明的建设历程和发展脉络，总结河南生态文明建设取得的主要成绩，剖析河南生态文明建设面临的主要难题，进而提出河南生态文明建设的主要发展目标，并在这些研究基础上进行河南生态文明建设的重点难点分析。

第一节 河南生态文明建设的背景分析

在人类昂首阔步跨入新千年的门槛之时，全球性人口爆炸、资源短缺、环境恶化、生态危机等一系列世界性难题已凸现在人类的面前，它们越来越大地威胁地球的自然环境，越来越大地威胁人类的生存与发展。日益严峻的各种生态危机呼唤着生态文明建设，成为全球共同关注的影响人类发展的重大挑战。进入新时期新阶段，中国提出要以科学发展为主题，以加快转变经济发展方式为主线，统筹协调经济、社会和生态建设。河南作为中部农业大省，工业化与城镇化加速发展的同时，环境污染、资源消耗都持续较快增长，资源短缺、环境恶化成为加快推进中部崛起、河南振兴面临的最大"瓶颈"，如何把节约资源和保护环境作为推进河南经济转型的重要抓手，进一步巩固和提高生态文明建设成果，成为摆在河南面前的一项重要战略任务。

一、国际环境

从农业文明走向工业文明，再从工业文明迈向生态文明，人类不断进步、不断发展的历程，也伴随着文明不断进步、不断发展的历程。工业文明取代农业文明后，短短 20~30 年生产出来的物质成果比几千年人类的生产总和还要多，对人类进步功不可没。但是同时工业文明也是一把"双刃剑"，以开发廉价化石能源和工业技术装备为特征的工业文明，只有 200 多年的历史，给人类带来了前所未有的物质财富的增长，同时也给人类自身的生存和发展带来了巨大的威胁。随着科学技术的突飞猛进，人类对大自然展开了空前规模的征服运动，以掠夺方式开发利用自然资源，在物质生产极大丰富的同时，带来的却是资源的加速耗竭与环境的极大破坏。据有关统计资料，整个 20 世纪，人类消耗了约 1420 亿吨石油、2650 亿吨煤、380 亿吨铁、7.6 亿吨铝、4.8 亿吨铜。占世界人口 15%的工业发达国家，消耗了世界 56%的石油和 60%以上的天然气、50%以上的重要矿产资源，从而带来了严重的生态、环境问题。世界资源研究所的研究表明，在过去的 100 年中，占世界人口 1/5 的工业发达国家制造了全球 60%促使气候变暖的碳氧化合物。美国是全世界工业化和城市化程度最高的国家之一，这个只占世界总人口不到 6%的国家要耗费掉全世界近 1/3 的能源。工业革命对于人类财富的积累和生活水平的提高是一次巨大的进步，而对于人类的生存环境却是一次灾难。自 20 世纪初期开始，工业化国家环境重污染的"公害事件"层出不穷。特别是轰动一时的"世界八大公害事件"（比利时马斯河谷污染事件、美国多诺拉污染事件、英国伦敦的烟雾事件、美国洛杉矶光化学烟雾事件、日本的水俣病事件以及富山、四日米糠油等有害气体与毒物公害事件），向全球敲响了危害千百万公众生命与健康的生存危机警钟。世界危机和突如其来的社会问题引起了人们广泛的恐慌和思考，人类开始了对生存与发展的深刻反思和艰难探索，不少学者开始反思工业文明的功过是非，"生态安全"、"生态发展"、"生态文化"、"生态意识"、"生态技术"等问题引起了人们的关注，生态向度逐步进入全球学界的视域，生态文明应运而生。

1962 年，美国生物学家 Carson 发表了一部引起广泛关注的环境科普著作《寂静的春天》，书中通过诸多实例详细介绍了由于农业种植过程中大量施用化肥和农药对土地、水源和生态环境造成的恶劣影响，生动描绘了一幅可怕的景象，告诫人们如此下去，人类将失去明媚的春天。美国前副总统戈尔在再版序言中说，《寂静的春天》犹如旷野中的一声呐喊，用它深切的感受、全面的研究和雄辩的论点改变了历史的进程"。10 年后，美国著名学者巴巴拉·沃德和雷内·杜博斯的著作《只有一个地球》问世，把人类生存与环境的认识推向可持续发展的新境界。

20 世纪 70 年代初，"罗马俱乐部"的成员经过充分的调查研究之后，向全世界提交了他们的第一份研究报告——《增长的极限》。这份报告深刻分析了人类文明的演变进程，并得出结论："如果目前世界人口、工业化、资源消耗、环境污染、粮食生产的趋势继续不变，下一个百年的某个时刻，就会达到这个行星增长的极限——出现不可控制的灾变。"虽然其结论是悲观的，但却尖锐地提出了一个关系到人类生死存亡的"全球概念"。不言而喻，工业文明在推动人类社会高速发展的同时产生的负面效应是巨大的，过度的工业化不仅严重破坏了人类赖以生存的自然环境，也使人类自身的社会环境受到了伤害和冲击。这种异化现象的产生，深刻地暴露出了以工业为主体的社会产业经济发展模式与人类的环境要求之间的矛盾，它以一种后现代的方式把人与环境的关系问题尖锐地提交给了全人类。

1972 年，联合国在斯德哥尔摩召开了人类环境会议，通过了著名的《人类环境宣言》，指出人既是环境的产污者，又是环境的塑造者，人类在计划行动时必须审视可能造成的环境影响。这次会议是第一次在世界范围内从各国政府的层面提醒人们必须改变那种习以为常的"世界实际是无限的"概念，因而这次会议被认为是人类社会开始深刻思考环境与发展之间关系的一个重要的标志性会议。

20 世纪 80 年代后，可持续发展观念被越来越多的国家和组织接受。1987年，由挪威前首相布伦特兰夫人领导的"世界环境与发展委员会"发表了《我们共同的未来》，第一次对可持续发展的概念进行科学阐释："可持续发展是既满足当代人的需求，又不对后代人满足其需求的能力造成损害。"这个概念的正式提出，说明各国科学家、政治家对生态与环境问题形成了强烈的危机感和拯救地球的紧迫感，要解决人类面临的各种危机，只有改变传统的发展方式，实施"可持续发展战略"才是出路。

1992 年，联合国在巴西里约热内卢召开了"联合国环境与发展大会"，会议通过了包括《里约热内卢环境与发展宣言》、《联合国气候变化框架公约》等几个重要文件，把可持续发展由理论和概念推向行动，制定了实现可持续发展的行动纲领《21 世纪议程》，提出了人类社会发展和改善环境所要达到的目标，使得这次大会成为人类社会转变传统发展模式和生活方式，走可持续发展道路的一个里程碑。自此，可持续发展作为一种通向未来的新的发展观，得到了世界范围内的普遍共识，并在各个国家未来的发展规划中被广泛采纳。

世界文明不但没有放慢它的前进步伐，而且在以更快的速度向前发展。进入 21 世纪，无论到来的是什么样的革命，没有合理的人与自然之间的平衡，没有公正的人与自然之间的和谐，人类必将会遇到史无前例的挑战与灾难。人类不得不冷静地思考：地球的文明究竟如何维系？人类必须反躬自问：能否寻求一条理性的途径使得人类文明得以健康地发展？在工业文明所带来的生态环境与人口增长、经济社会发展之间的矛盾面前，在人类社会转向后金融危机时代、后化石燃料时代以及后工业化时代的过程中，加强环境保护、走可持续发展之路，逐渐成为人类的共识，人类社会必须向人口、资源、环境、生态相互协调共生的生态文明方向发展，建立起一个能够超越农业文明和工业文明的新的文明模式，这也是人类实现可持续发展的必然选择。从目前来看，随着全球气候变化对人类生存发展的挑战日益严峻，以低碳经济为主的新的发展模式成为未来经济发展的主要导向，无论是对经济发展方式还是能源消费方式、人类生活方式都带来深刻变革。在哥本哈根气候变化峰会上，中国作为经济总量大国和碳排放大国更是负责任地提出了未来十年单位 GDP 减排 40%~45% 的目标，而这一目标的实现必然要求围绕生态文明建设，统筹解决中国加快经济增长、社会进步与生态建设、资源节约、环境保护的同步协调推进。

二、国内环境

(一) 中国生态文明建设的战略探索

随着生态环境问题的日益凸显，党和政府高度重视并展开了一系列战略调整与部署。1994 年，中国率先制定并出台《中国 21 世纪议程——中国人口、资源、环境发展白皮书》。1996 年，全国人大八届四次会议批准的《国民经济和社会发展"九五"计划和 2010 年远景目标纲要》中，提出了转变经济增长方式、实施可持续发展战略的主张。2002 年，十六大报告明确提出，"到本世纪中叶基本实现现代化，其目标之一是：可持续发展能力不断增强，生态环境得到改善，资源利用效率显著提高，促进人与自然的和谐，推动整个社会走上生产发展、生活富裕、生态良好的文明发展道路"。在此基础上，2003 年，中共中央十六届三中全会正式提出了要"以人为本"，树立全面、协调、可持续的科学发展观，显示了党和政府对传统发展模式修正的决心。2005 年 12 月 3 日，国务院发布了《关于落实科学发展观加强环境保护的决定》，对中华民族未来 15 年乃至更长时期的环境与发展问题作出了战略性规划。2007 年，胡锦涛同志在党的十七大报告中指出："建设生态文明，基本形成节约能源资源和保护生态环境的产业结构、增长方式、消费模式。循环经济形成较大规模，可再生资源比重显著上升，主要污染物排放得到有效控制，生态环境质量明显改善。生态文明观念在全社会牢固树立。"建设生态文明是科学发展观的必然要求，这是在党的正式文献中第一次提出生态文明的概念，把生态环境的重要性提高到了"文明"的高度。党的十八大强调了要大力推进生态文明建设，指出"建设生态文明，是关系人民福祉、关乎民族未来的长远大计。"这既是对人类文明进入转型期的规律性的把握，也是对当代中国科学发展理论的实践性提升，充分表明了党的执政和发展理念的升华，说明了党对生态文明的认识越来越深入，体现了党对改善生态环境和人民生活的高度重视。2015 年，中共中央发布《关于加快推进生态文明建设的意见》，这是首项由中共中央国务院专门就生态文明建设作出的全面部署。

（二）中国生态文明建设的现状分析

新中国成立以来，中国对生态环境建设十分重视，先后完成了"三北"防护林、长江中上游防护林、沿海防护林、"林业生态计划"等一系列重点工程，黄河、长江等七大流域水土流失综合治理计划也正在进行之中。据初步测算，2010年全国化学需氧量排放量较 2005 年下降 12% 左右，二氧化硫下降 14% 左右，双双超额完成减排任务。"十一五"时期，我国在经济增速和能源消费总量均超过规划预期的情况下，二氧化硫减排目标提前一年实现，化学需氧量减排目标提前半年实现，环境质量持续好转。

（1）重点流域污染防治力度不断加大。我国深入推进让江河湖泊休养生息，全面建立了重点流域省界断面水质考核制度，成为重点流域水污染防治的关键抓手。截至 2009 年底，列入规划的治污项目完成 64.9%，80.1% 的断面水质达标。各地重点流域污染防治成效显著。经过黑龙江、吉林、内蒙古三省（区）的团结奋战，松花江流域综合整治取得明显进展。河北省在全省七大水系 201 个断面实行水质考核，并建立全流域生态补偿机制。江苏省率先实行"河长制"，太湖水质有所改善。山东省采取"治、用、保"方式，省控重点污染河流全部恢复鱼类生长。同时，我国把保障群众饮水安全作为首要任务，开展了全国县级及以上城市和乡镇的饮用水水源地环境状况调查，组织评估环保重点城市 226 个集中式饮用水水源环境状况，督促落实环保要求。我国还编制发布《全国城市饮用水水源地环境保护规划（2008~2020 年）》，提出到 2015 年，水质达标的饮用水水源地比例不低于 90%，到 2020 年达到并稳定在 95% 以上。此外，我国水体污染控制与治理科技重大专项进入攻坚阶段，已启动 32 个项目、230 个课题，部分项目和课题取得阶段性成果，攻克了大中型浅水湖泊富营养化控制理念与成套关键技术、城市污水深度处理关键技术和设备、流域水生态功能分区技术体系等一批难题。2011年，我国全面落实《全国城市饮用水水源地环境保护规划（2008~2020年）》，开展地级以上城市饮用水水源地评估工作，建立重点湖库流域生态安全评估的技术和管理体系，启动地下水污染防治工程示范。同时，坚持陆海统筹、河海兼顾，系统防控对海洋环境的污染损害和生态破坏。

（2）污染减排任务超额完成。"十一五"期间，我国强化结构减排、工程减排和管理减排措施，严格考核问责，形成了上下联动、左右协同的污染减排工作模式。在环境基础设施建设上，累计建成运行5亿千瓦的燃煤电厂脱硫设施，全国火电脱硫机组比例从2005年的12%提高到80%；新增污水处理能力超过5000万吨/日，全国城市污水处理率由2005年的52%提高到75%以上。

（3）落后产能淘汰力度空前。"十一五"期间，我国累计关停小火电机组7000多万千瓦，提前一年半完成关闭5000万千瓦的任务；淘汰落后炼铁产能1.1亿吨、炼钢6860万吨、水泥3.3亿吨、焦炭9300万吨、造纸720万吨、酒精180万吨、味精30万吨、玻璃3800万重量箱。

（4）项目审核严格把关。2006年以来，环境保护部对不符合要求的813个项目环评文件作出不予受理、不予审批或暂缓审批等决定，涉及投资2.9万多亿元，给"两高一资"、低水平重复建设和产能过剩项目设置了不可逾越的"防火墙"。在工程建设领域突出环保问题的专项治理工作中，各级环保部门共组织排查了11.8万个建设项目，发现问题1.6万个，已整改1.04万多个。

（5）环境质量持续改善。2009年，全国地表水国控断面高锰酸盐指数平均浓度比2005年下降29%，七大水系国控断面好于Ⅲ类水质的比例由2005年的41%提高到57%。全国城市空气环境二氧化硫年均浓度比2005年下降17%；环保重点城市空气二氧化硫年平均浓度比2005年下降24.6%。地级以上城市达到或优于空气质量二级标准的比例明显提升，达到79.6%。

（三）中国生态文明建设面临的严峻挑战

总体上看，改革开放以来，中国的物质文明建设成就卓著，人民生活水平快速提高，城乡面貌显著改变，但是由于发展付出的资源、环境代价过大，各种深层次的不平衡、不全面、不协调的矛盾突出，中国生态退化、环境恶化、资源耗竭的矛盾也正在日益凸显，虽然已经在增长方式转变、产业结构调整、消费模式更新等方面采取了各种措施来促进资源节约、环境治理和生态改善，但是生态环境问题已经成为引发社会矛盾、影响社会稳定的公害，严重制约了现代化宏伟目标的顺利实现。尤其目前，中国正面临着保持经济增长、实现快速工业化和城市化与加快转变经济发展方式、深入推进结构调整的两难选择。国家环境保护部部长周生贤在2011年全国环境保护工作会议上指出，"十二五"时期，我国将坚持以人为本和环保优先，全面体现生态文明建设和探索环保新道路的要求，统筹协调总量削减、质量改善与风险防范的关系，以解决影响可持续发展和损害群众健康的突出环境问题为重点，以环境保护优化经济发展，进一步保障改善民生。"十二五"是我国环境保护工作攻坚克难的关键时期，中国生态文明建设的压力将继续加大：

（1）加快现代化进程带来的压力进一步加大。我国目前已经进入加速推进现代化进程的关键阶段，要求工业化与城镇化同时并举。从加速工业化来看，由于我国目前正处在工业化中期，重化工业加速发展，给资源环境带来巨大压力，并且先期实现工业化的英、美等发达国家走过的都是一条高消耗高污染高排放、先污染后治理的路子，在这种情况下，中国必须克服资源能源双重压力，走出一条资源节约型、环境友好型的新型工业化道路。从加速城镇化来看，"十二五"期间，我国GDP总量将超过50亿元，城镇化率提高到50%，城镇化进程加快意味着城市人口的迅速增加，基础设施规模迅速加大，消费结构不断提升，导致人均生活能源消费量迅速增长，进而导致能源消费强度迅速上升、生态环境压力迅速加大。

（2）污染持续减排的压力进一步加大。据测算，"十二五"期间，我国煤炭消费量将达到40亿吨，煤化工用煤增长2亿吨，煤电装机容量增长2.5亿千瓦，钢铁产量增加1.1亿吨，汽车保有量增加1亿辆，石油消费量增加1亿吨，由此带来主要污染物的产生量也将持续快速增长，主要污染物的新增排放量压力将比"十一五"更加突出，在采取严格的污染控制措施下，"十二五"仍将新增二氧化硫、氮氧化物排放量260万吨和360万吨，新增化学需氧量和氨氮排放量分别为430万吨和54万吨，污染减排消化增量的任务十分艰巨。

（3）实现提速增效目标的压力进一步加大。作为人口大国，中国资源总量非常可观的同时也面临着严重的人均资源匮乏问题。以往靠拼资源加快经济增长速度，以致资源过度开发、浪费严重、高耗低效、污染环境等不良现象屡禁不止。这种认识和行为，既有悖于我国的基本国情，又有悖于生态文明理念。贯彻落实科学发展观，必然要求统筹协调、同步提升提速与增效、质量与效益。然而目前我国的资源产出效率偏低，每吨标准煤的产出效率只相当于美国的28.6%、欧盟的16.8%、日本的10.3%。我国第二产业的劳动生产率，只相当于美国的1/30、日本的 1/18、法国的 1/16、德国的 1/12 和韩国的 1/7，如何克服效率效益偏低问题，是我国生态文明建设过程中面临的重点问题。

（4）改善环境质量的压力进一步加大。目前，重金属污染已经对我国的生态环境、食品安全以及居民健康构成了严重威胁。重金属污染一旦形成，彻底解决并非易事，虽经强力治理，但问题仍然突出。对受重金属污染的土壤和水体进行修复、净化则更是难上加难。与常规污染物不同，持久性有机污染物（POPs）由于在自然环境中滞留时间长，极难降解，毒性极强，对人类健康和自然环境的危害更大，甚至能导致全球性的传播。土壤污染除导致土壤质量下降、农作物产量和品质下降外，更为严重的是土壤对污染物具有富集作用，一些毒性大的污染物，如汞、镉等富集到作物果实中，使人或牲畜食用后发生中毒。显然，治理重金属污染、持久性有机污染物和土壤污染等问题叠加都使得改善环境质量的压力增大，并且由于长期粗放型发展方式积累的环境污染欠账尚未还清，污染减排依然任重道远。同时，随着经济快速发展，新的污染问题又不断出现，一些过去被忽略的环境污染在长期积累后呈现集中爆发状态，新旧环境污染的交织进一步加大了治理污染、改善环境质量的压力。

（5）解决新环境问题的压力进一步加大。化学工业的迅速发展，为人类社会的物质文明作出了巨大贡献，但某些化工制品也给人类的生命安全和自然界的生态平衡带来了潜在威胁。有毒、有害的化学物品在生产、贮存、经营、运输过程中不注意安全防护引起的泄漏、污染甚至爆炸，则可造成人民生命财产的严重损害、影响社会安定。一些突发的自然灾害如强烈地震、海啸、火山爆发、洪涝、泥石流、山体滑坡、龙卷风等都可能造成化工企业设施破坏，引起燃烧、爆炸，从而造成有毒、有害的化学物质外泄。化学品生产、贮存、经营、使用不当可严重污染环境，所有这些都会影响其周围的环境安全及人群的生命安全。同时，由于环境违法行为时有发生，突发环境事件呈高发势头，自然灾害引发的次生环境问题不容忽视，保障环境安全的不确定因素增多。

（6）应对国际竞争的压力进一步加大。我国的发展成本高于世界平均水平，严重影响了国家竞争力。特别是我国加入世界贸易组织以后，国际上各式各样严格的法规和标准接踵而来，如何在日趋激烈的国际竞争中占有一席之地是急需探讨的重大问题。资源环境因素在国际贸易中的作用日益突显，形成了事实上的贸易壁垒，这种"绿色壁垒"成为我国扩大出口面临最多也是最难突破的问题，有的已对我国产品在国际市场的竞争力造成了严重影响。不仅如此，由于气候变化和生物多样性等全球性环境问题已经成为各国利益博弈的焦点，随着我国二氧化碳、二氧化硫等排放量居世界前列，也将带来更多国际压力。

三、省情分析

（一）河南经济社会发展的基本情况

河南地处华夏腹地，历史悠久，文化灿烂，具有突出的发展优势和特点：第一，人口众多。河南省是我国人口最为稠密和劳动力资源最为富集的地区之一，也是全国首个过亿的人口大省，自然资源和人力资源丰富，消费潜力巨大。第二，区位优越。河南地处我国内陆腹地，承东启西、连南贯北，是全国重要的交通通信枢纽和人流、物流、信息流中心，战略地位非常突出。第三，农业领先。河南省是全国重要的粮食主产区，也是全国第一农业大省、第一粮食生产大省、第一粮食转化加工大省，粮食产量占全国1/10，小麦产量占1/4以上。第四，文化灿烂。中原地区是中华民族和华夏文明的重要发祥地，历史文化资源极其丰富。

改革开放以来，特别是近年来，河南经济社会发展有了长足进步。"十一五"时期，河南深入贯彻落实科学发展观，围绕加快中原崛起，坚持"重在持续、重在提升、重在统筹、重在为民"的实践要领，大力实施开放带动、科教兴豫、可持续发展战略，以产业集聚区为载体，加快构建现代产业体系、现代城镇体系，积极发展现代农业，成功实现了由传统农业大省向全国重要的经济大省、新兴工业大省和有影响的文化大省的历史性转变。2010年，全省生产总值达到2.29万亿元，"十一五"年均增长12.8%；财政总收入达到2293亿元，年均增长18.8%；粮食产量连续五年稳定在1000亿斤以上，每年向省外输出粮食及制成品400亿斤；城镇化率达到39.5%，比"十五"末提高近9%；高速公路突破5000公里，发电装机突破5000万千瓦；农民人均纯收入和城镇居民人均可支配收入分别实际增长10%和9.6%，经济社会发展呈现出良好的态势、趋势和气势，奠定了较为坚实的发展基础。

但是也要看到，河南作为中国的缩影，人口多、底子薄、基础弱、发展不平衡的基本省情没有根本改变，可以概括为"一个欠发达、四个尚未根本改变"。"一个欠发达"就是河南省仍然是生产力水平较低的欠发达省份，主要表现在人均水平低、地方财力弱、居民收入低、工业化和城镇化水平低等方面；"四个尚未根本改变"就是河南发展方式粗放、综合竞争力不强、城乡二元结构突出、公共服务水平低等问题尚未根本改变，突出表现在农业基础不稳固、产业结构不合理、自主创新能力弱、对外开放水平低、资源环境约束加剧、改善民生任务重等方面。实现中原崛起、河南振兴和全面建成小康社会的目标，还有很长的路要走。

（二）河南能源资源的基本情况

河南省作为国家重要的能源原材料基地，有多种矿产资源储量居全国前列，现有矿产资源 158 种，已探明储量的有 8 种居全国首位、20 种居全国前三位，石油、煤炭、天然气储量丰富且开发强度居于全国前列，电力装机规模居全国第 5 位，发达的能源输送管道和专线提升了能源保障能力。钼、钨、镓、铝土矿、天然碱等矿产资源储量位居全国前三，金、银、硅石、水泥灰岩、玻璃用砂等矿产储量也居于全国前列，氧化铝、电解铝、铅、钼、镁等产品产量均居全国首位，甲醇、纯碱、烧碱等化工产品产量均位居全国前列，粗钢、水泥、玻璃以及耐火材料等产业在全国有较强的竞争优势。但是同时河南作为中部经济欠发达省份，人口总量大，人均占有资源少，人均矿产资源占有量仅为全国平均水平的 1/4，在已探明的矿产资源储量中，石油已消耗 67%，天然气已消耗 53%，铝土矿仅能满足 14~17 年的开发需求。河南水资源较为短缺，多年平均当地水资源总量为 403 亿立方米，全省人均水资源量仅 407 立方米，不足全国平均水平的 1/5、世界平均水平的 1/20，水资源短缺日益成为制约河南省经济社会发展的重要因素之一。同时，河南以煤为主的能源结构短期内难以根本改变，资源约束日益加剧，已从煤炭净调出省转变成为煤炭净调入省，一次能源对外依存度不断加大，能源利用效率还有待提高，能源消费强度高于全国平均水平。

（三）构筑国家生态屏障的重要任务

河南地跨海河、淮河、黄河、长江四大流域，是淮河的源头和南水北调中线工程的水源地之一，关系着下游省份尤其是京津地区的饮水安全，并将对全国水、气环境质量的整体改善起到巨大的推动作用。河南地处南北气候过渡带，区域生态系统类型和生物多样性十分丰富，伏牛山、大别山—桐柏山、太行山三大山脉和黄河湿地对于涵养生态、调节气候、保护生物多样性具有非常重要的作用。仅河南境内的高等植物就占全国总数的 12.2%，脊椎动物种类占全国总数的 23.9%，昆虫种类占全国总数的 2/3。由于河南所具有的特殊的地理位置和生态功能，加强生态建设与环境保护，有利于统筹和加强区域生态保护与环境治理，为维护全国生态稳定和平衡提供重要支撑，为广大下游地区生态环境改善提供重要保障。因此，河南必须着力构筑坚强生态屏障，强化区域生态保护与环境治理，提高生态涵养水平，才能为维护全国生态安全提供重要支撑。

（四）推进转型发展的重要目标

发展是党执政兴国的第一要务，科学发展观的第一要义是发展，但这种发展绝不仅仅是经济总量的增加。目前，在经济发展中不稳定、不协调、不全面、不可持续的问题，一定程度上就是简单地把增长当做发展、把增长作为第一位的追求。"增长方式"主要是就增长过程中资源、劳动、资本等投入的效率而言的。而发展方式则不仅包括了经济效益的提高、资源消耗的降低，也包含了经济结构的优化、生态环境的改善、发展成果的合理分配等内容。传统"高投入、高消耗、高排放、不协调、难循环、低效率"的经济增长方式在新世纪已走到难以为继的地步，支撑经济增长的生产要素低成本优势开始减弱、资源环境能力接近极限，转型发展势在必行。河南由于受发展基础、发展阶段等多种因素制约，经济发展方式总体上仍然粗放，人均资源占有水平相对不足的同时，资源利用效率偏低，经济发展与人口、资源、环境的矛盾日益突出。由于能源资源消耗大，环境问题日益突出，2005年以来河南单位GDP能耗均高出全国平均水平10%以上，单位GDP二氧化硫排放量是全国平均水平的1.1倍。在资源环境约束日益加剧的背景下，再靠过去那种以过度消耗资源和牺牲环境为代价来推动经济增长的方式已难以为继。转型发展作为新时期河南的重要战略导向，是实现科学发展的重要路径选择，通过不断提高科技进步和自主创新能力，加快建设资源节约型、环境友好型社会，从而努力实现经济、社会与资源、环境协调发展的跨越式发展目标。

第二节　河南生态文明建设的现状分析

"十一五"以来，河南省委、省政府围绕科学发展主题，把生态文明建设作为转变发展方式、提高发展质量、加快中原崛起河南振兴的重要抓手，在生态建设、环境保护、资源节约等方面采取了一系列的政策举措，生态文明建设取得了明显成效，但是同时也面临着更为复杂的问题和挑战。

一、河南生态文明建设取得的主要成绩

河南省以改善环境质量为目标，以污染减排为主线，以解决危害群众健康和影响可持续发展的突出环境问题为重点，省委、省政府坚持将环境综合整治作为"十项民生工程"的内容之一，同时加强对重点流域区域进行综合整治。强力推进工程减排、结构减排、监管减排各项措施的落实，进一步强化污染减排动态管理制度，加强主要污染物总量减排监测体系建设，对存在问题及时提出减排预警，通过强化措施，狠抓落实，充分发挥环境保护在调整产业结构、转变发展方

式中的重要作用，努力做到在发展中保护、在保护中发展。

（一）水环境

河南省强力推进重点流域水污染防治规划考核，坚持规划环评先行，对敏感区域的涉水项目开展水环境承载能力专题分析，严格审查，合理引导。在全省重点河流、饮用水源地、重点废水污染源和城市污水处理厂建成自动监控系统，对水环境质量和主要污染物实施在线自动监控，定期通报监控情况。建立河南省地表水水质监控预警机制，实行全流域水环境生态补偿，有效改善水环境质量。2010 年，全省工业和城镇生活废水排放量为 35.87 亿吨。其中，工业废水排放量为 15.04 亿吨，占废水排放的 42%；城镇生活废水排放量为 20.83 亿吨，占废水排放量的 58%；主要污染物化学需氧量排放量为 61.97 万吨，比上年减少 0.65 万吨。与上年相比，2010 年全省地表水总体污染程度有所减轻，省辖四大流域污染程度由重到轻依次是：海河流域、淮河流域、黄河流域和长江流域。全省监控河段总长度为 7979.4 公里，其中 I ~ III 类水质河段占监控河段总长度的 60.3%，比上年增加 7.0 个百分点；IV 类水质河段占 11.3%，比上年减少 1.9 个百分点；V 类水质河段占 6.6%，比上年减少 1.4 个百分点；劣 V 类水质河段占 21.8%，比上年减少 3.7 个百分点。

（二）大气环境

河南省加强对燃煤电厂脱硫改造，强化非电企业脱硫工程建设。2010 年对 33 台燃煤机组进行了提高综合脱硫效率改造，58 家非电企业建成脱硫设施。加大结构调整力度，关闭了 92 台小火电机组，淘汰了 482 家企业落后产能。推进大气污染联防联控，完成耐火材料、陶瓷、净水剂清洁能源替代。暂停审批扩大产能的钢铁、水泥、平板玻璃、多晶硅、煤化工等产能过剩行业的建设项目，有效抑制大气污染严重行业的发展。在全省县级以上城市、环境综合整治重点区域和废气污染源建成自动监控系统，对空气质量和废气主要污染物排放实施在线自动监控，定期通报监控情况。2010 年，全省工业废气排放量为 22709 亿标立方米，主要污染物二氧化硫排放量为 133.87 万吨，烟尘排放量为 54.6 万吨，工业粉尘排放量为 22.7 万吨，分别比上年减少排放 1.63 万吨、5.1 万吨和 2.2 万吨，全省 18 个省辖市城市环境空气质量级别均为良。

（三）固体废物

河南省组织开展了危险废物经营单位危险废物管理达标率专项检查、医疗废物处置设施运营管理年活动、危险废物集中处置观摩督导活动；积极推进医疗废物和危险废物集中处置中心建设。2010 年，投入运行的医疗废物处置中心有 9

座，试运行的医疗废物处置中心有 6 座。全省共建有生活垃圾处理场 124 座，建成总规模为日处理生活垃圾 3.3 万吨。2010 年，全省工业固体废物产生量 10713.79 万吨，其中危险废物产生量 18.64 万吨，工业固体废物综合利用量 8380.44 万吨（含综合利用往年贮存量）、贮存量 721.66 万吨、处置量 1770.42 万吨、排放量 0.22 万吨；累计处理生活垃圾约 1200 万吨。对新建项目中有固体废物产生的单位，要求建设单位严格按照相关标准，建设有"三防"措施的固废处置设施，防止二次污染。

（四）生态环境

河南省大力开展生态省创建，省政府办公厅下发了省发改委、省环保厅联合制定的《河南生态省建设规划纲要编制工作实施方案》，开始编制《河南生态省建设规划纲要》。以生态示范创建为载体，以点带面，引导广大农民发展生态产业和绿色经济，推进区域生态环境改善。严格控制农村面源污染，完成全省土壤污染状况调查，加大对生态环境影响类建设项目的环境管理力度。抓好粮食核心区环保措施的落实，健全"以奖代补"、"以奖促治"机制。2010 年，全省水土流失得到一定控制，造林绿化成绩显著，农村环保工作得到加强，全省生态环境状况趋向好转，局部地区生态环境质量有所改善，生态保护和建设取得了一定成效。通过强化林业生态省建设，加强全省植树造林工程，全年共落实年度林业生态省建设资金 96.42 亿元，较上年增长 22%；义务植树 5144 万人次，完成人工造林合格面积 27.71 万公顷，森林抚育和改造面积 1.66 万公顷，义务植树 20914 万株，完成 8370 个村的绿化任务，全省已有 102 个县（市、区）达到林业生态县建设标准，现有林业资源每年吸收固定二氧化碳 7984 万吨。截至 2010 年底，全省 18 个省辖市城市园林绿地总面积达到 4.94 万公顷，公园绿地面积达 1.37 万公顷，绿地率、绿化覆盖率和人均公园绿地面积分别达到了 33%、38% 和 9 平方米。全省湿地总面积 110 万公顷（含水稻田 44 万公顷），占全省国土总面积的 6.6%。已建立湿地类型自然保护区 17 处，其中国家级 3 处。湿地保护区总面积 26.81 万公顷，占全省湿地总面积（不含水稻田）的 4.03%。在生态示范建设与农村环保方面，2010 年，全省创建完成 2 个省级生态县、100 个省级生态乡镇、450 个省级生态村；完成 142 个县（市、区）畜禽禁养区划定工作；对 77 个村庄实施农村环境连片综合整治，深入推进农村环保工作。规范林木流转秩序，建立林权交易机构；严格征占用林地定额管理和森林采伐限额管理制度；强化各项应急措施落实，切实搞好野生动植物保护和自然保护区工程建设，对保护区的建设管理进行检查评估，制定湿地保护工程实施规划，不断提高自然资源保护能力。

二、河南生态文明建设面临的主要难题

（一）如何探索走出一条不以牺牲生态和环境为代价的"三化"协调、"四化"同步发展新路子

建设中原经济区，核心是"三化"协调、"四化"同步。持续探索走出一条不以牺牲农业和粮食、生态和环境为代价的"三化"协调、"四化"同步的科学发展路子，赋予了中原经济区建设丰富的内涵，凸显了中原经济区在全国发展大局中的地位和作用。走好这条路子，是中原经济区建设的核心所在、希望所在，也是中原经济区上升为国家战略的价值所在、优势所在。改革开放以来，河南的干部群众一直在努力探索这样一条出路。尤其河南是一个人均资源占有量十分匮乏的地区，特别是随着工业化城镇化进程的加快，河南经济社会迅速发展，城乡面貌发生巨大变化，人民生活水平显著提高，但也付出了较大的资源环境代价，结构性污染问题仍将长期存在，污染物排放量呈刚性增长，污染减排形势更加严峻，环境监管任务日益繁重，资源保障和环境容量的压力越来越大，生态和环境已经成为河南加快推动科学发展急需破解的重大战略问题和"瓶颈"。

（二）如何持续增强区域生态系统生态功能

河南省区域生态系统类型和生物多样性十分丰富，对于涵养生态、调节气候、保护生物多样性具有非常重要的作用，但是同时河南也是生态脆弱区分布面积较大、生态脆弱性表现较为明显的区域，尤其是生态问题突出的区域，大多也是经济相对落后、人民生活较为贫困的地区，而且河南省森林覆盖率低，人均森林覆盖率仅为全国平均水平的1/4，森林生态系统生态功能较弱，还面临水土流失面积较大、自然灾害频发、湿地调蓄功能下降等问题。如何加强生态脆弱区保护，增强生态环境监管力度，强化区域生态保护与环境治理，促进生态脆弱区发展，提高生态涵养水平，维护生态系统的完整性，从而持续增强区域生态系统生态功能，是河南推进人与自然和谐发展、构筑坚强生态屏障所面临的重大挑战。

（三）如何深入推进资源节约型、环境友好型社会建设

从资源禀赋来看，河南虽然矿产资源总量丰富，但人均资源占有水平相对不足，土地供需矛盾进一步加剧，人均耕地面积比全国平均水平少 0.16 亩，人均水资源占有量仅为全国平均水平的 1/5。目前，河南工业能源消费占全省能源消费总量的 81.6%，高于全国平均水平 10 个百分点；由于资源消耗过快，铝矾土只够开采 14~17 年，煤也只够开采几十年。随着重化工业阶段的经济快速增长和消费结构的升级，河南经济增长中"三高二低"（高投资、高消耗、高污染、低

水平、低效益）的问题依然严重，节能减排任务十分艰巨。由于过度依赖能源资源的高消耗和高投入，在钢铁、水泥、电解铝、平板玻璃等部分行业产能过剩和资源环境约束不断加大的条件下，河南面临着保增长、调结构、促转型的现实任务，必须切实解决危害人民群众身体健康和影响经济社会发展的突出环境问题，集约利用能源、土地、淡水和矿产等各种资源，大力强化资源节约和管理，这些问题如果不能很好地解决，河南生态文明建设目标将难以实现，经济的持续快速增长将难以为继。

（四）如何破解农村生态环境问题

改革开放以来，河南省农村经济快速发展，已成为全国第一农业大省、第一产粮大省、第一粮食转化加工大省和畜牧业大省。在农村经济快速发展、农民收入大幅提高的同时，由于广大农村地区基础设施建设投入不足，村庄建设缺乏规划，环境管理滞后，人畜粪便、生活垃圾和生活污水等废弃物大部分没有得到有效处理，农村环境"脏、乱、差"问题突出；农业生产废弃物综合利用率低，面源污染日益加剧；农业生产中过量使用化肥、农药、农膜以及污水灌溉造成土壤污染，已不同程度地影响到农产品质量的提高，甚至威胁到食品安全；随着工业化、城镇化进程的加快以及城市人口规模的扩大，城镇工业废水、生活污水和垃圾向农村地区转移问题日益突出；环境监测和环境监察工作尚未覆盖广大农村地区，农村环保监管能力薄弱；农村地区环境状况日益恶化，环境质量明显下降，不仅影响广大农民群众的生存环境与身体健康，也制约着农村经济的可持续发展。

（五）如何破解资源重点开发区的生态破坏及其修复问题

由于河南的工业以重工业为主导，以大量消耗能源为特征，经济发展一直没有摆脱高消耗、高排放、高污染的粗放型增长模式，单位 GDP 能耗、单位工业增加值能耗均高于全国平均水平，巨大的资源环境压力，已经成为河南经济平稳较快发展的重要制约因素。不仅如此，河南的工业经济中，资源性产业比重较高，且处于产业链前端和价值链的低端，对煤、铝、铁、金、钼、钒等矿藏的强力开采，是许多地方增加经济收入的主要途径。但多数地方资源开发未进行统一规划和环境影响评价，无序、不规范地开发导致地表植被破坏、水土流失、景观被破坏等严重生态问题，由此引发的各种自然灾害时有发生。在此严峻形势下，不尽快破解资源重点开发区域的生态破坏及其修复问题，资源难以为继、环境难以为继、民生难以为继、发展难以为继。

三、河南生态文明建设的主要发展目标

围绕探索走出一条不以牺牲生态和环境为代价的"三化"协调、"四化"同步发展路子这一核心,以国家重要的生态屏障、探索环保新道路的先行区、水环境改善的重点区域、农村环境保护的示范区、全国资源循环利用示范基地为发展定位,适应建设生态文明新要求,坚持生态省建设方略,不断加强生态建设和环境保护,树立绿色、低碳发展理念,大力发展循环经济,推进节能减排,构建资源节约型、环境友好型社会,持续增强并发挥助推器、控制阀和调节闸的作用,让生态文明建设成为河南省经济社会可持续发展的重要组成部分和重要战略支撑。具体目标主要包括:

(1)构建以"四区两带"为重点的生态功能格局。结合实施全国主体功能区规划,以山脉、丘陵、水系为骨干,依托山、林、河、田等资源要素,推进建设桐柏—大别山地生态区、伏牛山地生态区、太行生态区、平原生态涵养区,构建横跨东西的黄河滩区生态涵养带和纵贯南北的"南水北调"中线生态走廊,形成"四区两带"的区域生态格局,为保障生态安全提供重要支撑。

(2)建设人水和谐的水资源保障体系。坚持兴利除害并重,统筹协调区域水利基础设施建设,形成由南水北调干渠和受水配套工程、水库、河道及城市生态水系组成的水网体系。加强河南丹江口库区和淮河、黄河、海河、长江等重点流域的水污染防治,推动污水处理设施建设和升级改造、重金属污染防治,建设由南水北调干渠和受水配套工程、水库、河道及城市生态水系组成的友好生态水系。实施黄河小浪底枢纽至南水北调中线工程干渠贯通工程,增强流域调节能力。

(3)加强资源节约和环境保护。坚持节约优先,提高资源利用效率和保障水平,强化污染防治,增强可持续发展能力。加强矿产资源地质勘查、保护和合理开发,深入推进资源整合。加大工业、交通、建筑等领域节能力度,推进重点节能工程建设。合理高效配置土地资源,增强土地保障能力。加快循环经济试点省建设,建设一批循环经济重点工程、示范城市、园区和企业,建成全国工农业复合型循环经济示范区。支持开展废弃物综合利用试点,建设全国农业废弃物综合利用和全国废金属再生利用示范基地。以"生态乡镇、生态村创建"为主要抓手,开展农村环境综合整治,提高农村环境质量。

(4)创新环保机制。开展水权改革试点,设立黄河及南水北调中线工程沿线等水权交易中心,推进水资源的梯级利用和循环利用。支持建设区域性排污权、碳排放交易中心,探索建立区域排污权有偿使用和排污权、碳排放交易机制。加

大对重要生态功能区生态补偿均衡性财政转移支付力度，扩大支持范围，建立丹江口库区（调水干渠沿线）、淮河源头生态补偿机制。

第三节 河南生态文明建设的要点分析

在河南生态文明建设过程中，必须充分认识省委、省政府提出的不以牺牲生态和环境为代价实现"三化"协调、"四化"同步科学发展的意见，坚持把生态环保工作摆在经济、社会发展全局的重要位置，认清难点、突出重点、把握关键、集中攻关，确保科学、合理、高效地推进生态文明建设。

一、加强规划引导

科学、合理、高效地制定规划并实施规划。

第一，要坚持规划先行。加快出台主体功能区划和环境功能区划，优化产业布局，明确不同区域的功能定位，实现分区管理为指导。

第二，要注重规划衔接。制定生态文明建设规划要注意国家、省、市以至县村等各个层次之间的内部联系性，要明确优先发展、重点发展的区域或类型，并及时指导这类地区及早编制相应的生态文明建设规划。同时，规划还要做到与当地国民经济与社会发展规划相衔接，与相关部门的行业规划相衔接，把各项生态文明建设规划融入河南省乃至中原经济区经济社会发展大局中去。

第三，要完善规划体系。在编制实施《河南生态省建设规划纲要编制工作实施方案》、《河南生态省建设规划纲要》等的同时，积极完善资源、环境保护、生态建设等相关主题的各种规划，增强规划指导能力，满足发展需求。

第四，要加强规划指导。通过科学规划，科学决策，并组织力量实施，充分发挥规划的指导和促进作用，在更高起点上实现又好又快的发展。

第五，要确保规划落实。要充分发挥本地优势，突出地方特色。把建设生态文明作为一项战略任务，列入议事日程，由主要领导同志亲自抓，定期讨论，总结检查，交流经验，具体指导。加强综合协调、督促检查和跟踪分析，重大问题及时向各级相关部门报告。从自身职能出发，落实工作责任，抓紧制定具体政策措施。

二、突出建设重点

明确生态文明建设的重点区域、重点目标、重点工程，并以之作为推进生态文明建设的关键点和着力点，进一步建立、完善并实施"重点项目分片包干"、"产业集聚区联系点"、"定期走访企业"等长效机制。对重大项目，坚持上门走访、跟踪服务，建立"直通车"制度。扎实推进重大项目联审联批工作。深入推进资源节约型、环境友好型社会建设，大力发展循环经济、低碳经济，努力改善农村生态环境，加大生态建设力度，积极构建生态屏障。进一步做好长江流域、淮河流域和黄河中游地区的防护林工程，以及天然林保护，并在重大基础设施功能建设当中，加强生物多样性保护工作，维护生态安全。其中，在产业集聚区环境管理中要坚持实施《关于进一步支持产业集聚区发展的意见》和《关于深化产业集聚区环境管理和服务的若干意见》等政策措施；创新环评管理机制，制定并大力推进产业集聚区环境服务与管理平台建设。在环境科研与管理中，要加强政策倾斜、加大资金扶持力度，力争在生态环境保护技术和管理"瓶颈"方面取得突破。在环境标准方面，着力加强污染物排放地方环境标准的调研、制定工作。

三、构筑支撑体系

（一）构筑科技支撑体系

要解决环境污染、资源耗竭、气候异常、水土流失等严峻的生态问题，实现生态文明建设目标，最终仍然要依靠科学技术的力量。必须开发循环经济技术、清洁生产技术、能源再生与替代技术等先进生产技术，以科学的管理技术、监测技术作支撑，加强环保科技创新研究，积极开展生态环保咨询服务和监督管理，加快环保科研成果的应用转化和推广。

（二）构筑人才支撑体系

着力培养人才，创新科技，为建设中原经济区提供人才保障。生态文明建设的深入推进，主要依靠智力开发、科学知识应用和技术进步，而这些工作都需要人才作为支撑和保障。要研究制定各种优惠政策，加强人才资源开发，搭建集聚平台，完善激励保障，促进合理流动。积极培养和引进优秀科技人才，逐步形成一支高素质的生态环保科技人员队伍。各级政府和相关单位要抽调专门技术人员，对实施过程中遇到的重大技术问题联合攻关，及时予以解决。

（三）构筑产业支撑体系

通过推行产业生态化，依据生态经济学原理，运用生态、经济规律和系统工程的方法来经营和管理传统产业，将生态设计、清洁生产、资源综合利用、绿色包装、绿色营销等融为一体，实现废物减量化、资源化、无害化，减轻环境压力，维护生态平衡。通过加快发展环保产业和循环经济，加快推动产业结构的优化升级，大力开发和推广节约、替代、循环利用和治理污染的先进适用技术，发展节能、降耗、减污的高新技术产业和环保产业。

（四）构筑资金支撑体系

河南省要推进生态文明建设，必须破解"钱从哪里来"的"瓶颈"约束，政府应把环境保护的投入作为公共财政支出的重点，要保证环保投入幅度高于经济增长速度，加大对污染防治、生态保护、环保试点示范和环保监管能力建设的资金投入。在环境公共物品领域，由于存在着市场失灵现象，政府理应成为其投资主体。特别是当一些生态项目超出了企业或地区直接投资的能力和责任范围的时候，还必须由中央政府和地方政府共同充当投资主体。随着市场经济的发展，政府还应倡导和鼓励私人部门积极参与城乡环境保护基础设施和有关工作的投入，鼓励社会资金、外国资金参加环保建设，形成多元化的环保投入结构。

（五）构筑文化支撑体系

长期以来，生态环境出现问题都与人们生态环保文化知识缺失或不足密切相关。随着党的生态文明理念和国家可持续发展战略的宣传、实施，人们的环保意识和生态道德观念明显提高，但生态文明道德文化还远没有在全体公民中间普及、扎根。应当通过宣传、教育、政策、法制等多种渠道和方式，狠抓生态道德文化建设，把认识和行动真正统一到科学发展观和生态文明理念上来。

四、优化政策环境

加快完善生态文明建设相关政策体系，进一步加强生态补偿、排污权交易等环境经济政策的创新完善，建立长效机制，优化政策环境，在规划布局、项目审批、资金安排、资源配置等方面给予倾斜支持。积极申请制定资源型城市可持续发展的转移支付政策、资源型城市发展接续替代产业的支持政策、在南水北调中线工程涉及的水源保护地区财政补助政策、公益性生态环保基础设施项目建设扶持政策等一系列相关政策，助推河南生态文明建设与发展。

五、健全体制机制

转变观念、平衡利益、创新体制机制和激励各利益相关方的共同参与，进一步建立健全环境影响评价制度、排污收费制度、"三同时"制度、排污权交易制度、环境资源产权制度、限期治理制度、生态恢复补偿制度等，形成完整的生态文明建设相关制度系统，并努力增强制度执行的可操作性。按照"谁开发谁保护、谁受益谁补偿"的原则，建立完善的跨流域、跨行政区域的区域污染联防联控机制、跨界污染防治的协调处理机制和生态补偿机制。完善主要污染物排放总量控制机制，建立多层次的生态补偿机制，完善黄河、淮河等流域上下游生态补偿办法，加大对重要生态功能区的生态补偿力度。建立区域排污权和碳排放权交易中心，探索建立区域污染物排放指标有偿使用和排污权、碳排放权交易机制。

六、激活建设主体

生态环境治理需要多元主体的参与和合作。随着社会的转型和体制的变革，国家和社会的关系开始发生变化，由原来政府垄断供给环境公共物品的模式开始向多元主体供给模式发展，市场和公民社会的力量在逐步发展壮大并日益发挥更重要的作用。由于生态环境问题的综合性、复杂性，再加上其根源的人为性，因此，生态环境的治理相比其他治理更加依赖于多元主体的积极参与，也更能发挥其各自在治理过程中的核心优势。河南在生态文明建设过程中的重点难点就是要激活包括政府、企业、公民个体和环境非政府组织这四类主体的积极性、主动性、互补性与合作性。

七、加强试点示范工作

由于河南在生态文明建设方面所面临问题的多样性和复杂性，加强生态省建设，设立循环经济试点，进而在可持续发展战略和能力建设上进行探索和创新并进而展开示范和推广就成为行之有效的重要方法。从提高生态省和循环经济试点省建设推进的科学性、有效性来看，按照"试点先行、示范带动、以点带面、逐步推进"的思路，在深入调查、认真研究的基础上，选取不同资源环境、不同生态特色同时具有一定生态建设基础的地区进行先行先试，带头解决生态建设和循环经济发展中的重点难点问题，培育典型、总结经验，从而探索出具有普遍意义和规律性的生态发展或循环经济发展路径，带动河南生态文明建设向全局深入推进。

第三章 循环经济与生态文明建设

建设生态文明，必然要求通过创新发展模式来破解发展难题。循环经济作为一种新的发展模式，有利于促进发展方式的转变、经济结构的调整和产业层次的提升，达到物质文明与生态文明的共赢，实现生产发展、生活富裕、生态良好目标的统一。

第一节 循环经济概述

循环经济（Recycle Economy）是在资源节约、环境保护的基础上实现可持续发展的经济增长方式，能够以较小的资源和环境代价获得尽可能大的经济效益和社会效益。因此，要大力发展循环经济实现经济社会的可持续发展，首先应明确循环经济的内涵、循环经济的特征和运行模式，在此基础上才能更好地探索符合河南实际省情的循环经济发展设计，加快转变经济发展方式和调整经济结构，保持经济平稳较快增长的目标。

一、循环经济的内涵

循环经济目前有以下几种表述：一是认为循环经济作为一种新的生产方式，是在生态环境成为经济增长制约要素，成为一种公共财富阶段的一种新的技术经济模式，是建立在人类生存条件和福利平等基础上的以全体社会成员生活福利最大化为目标的一种新的经济形态。"资源消费—产品—再生资源"闭环型物质流动模式，资源消耗的减量化、再利用和资源再生化都仅仅是其技术经济范式的表征，其本质是对人类生产关系进行调整，其目标是追求可持续发展。二是认为循环经济是指模拟自然生态系统的运行方式和规律要求，实现特定资源的可持续利用和总体资源的永续利用，实现经济活动的生态化，其实质是生态经济。三是认为循环经济是对物质闭环流动型经济的简称，把物质、能量进行梯次和闭路循环使用，在环境方面表现为低污染排放、甚至零污染排放的一种经济运行模式。

《中华人民共和国循环经济促进法》中明确提出循环经济是指在生产、流通和消费等过程中进行的减量化、再利用、资源化活动的总称。减量化，是指在生产、流通和消费等过程中减少资源消耗和废物产生；再利用，是指将废物直接作为产品或者经修复、翻新、再制造后继续作为产品使用，或者将废物的全部或者部分作为其他产品的部件予以使用；资源化，是指将废物直接作为原料进行利用或者对废物进行再生利用。

循环经济本质上是一种生态经济，是对传统线性经济的革命，可从以下角度理解其内涵：

（1）生态经济角度。循环经济是运用生态学理论来指导人类社会的经济活动，倡导与环境和谐的经济发展模式。它要求把经济活动组织成一个"资源—产品—再生资源"的反馈式流程，其特征是低开采、高利用、低排放。所有的物质和能源在这个不断进行的经济循环中均能得到合理和持久的利用，以把经济活动对自然环境的影响降低到尽可能小的程度，使经济系统和谐地纳入到自然生态系统的物质循环过程中，实现经济活动的生态化。

（2）资源经济角度。循环经济倡导在物质不断循环利用的基础上发展经济，建立起充分利用自然资源的循环机制，使人类的生产活动融入到自然循环中去，最大限度地利用进入系统的物质和能量，提高资源利用率和经济发展质量。

（3）环境经济角度。循环经济是环境和经济密切结合的产物，倡导的是经济与环境和谐发展，以解决经济增长与环境之间长期存在的矛盾，最终实现经济与环境"双赢"的最佳发展。

（4）物质流动角度。从物质流动的方向看，传统工业社会的经济是一种单向流动的线性经济，物质流动体现为"资源→产品→废物"的单向流动特征；循环经济把经济活动组织成一个"资源→产品→再生资源"的资源开发、回收和循环再利用反馈式流程，实现"低开采、高利用、低排放"，提高资源利用率、经济运行质量和效益。

（5）技术经济角度。循环经济以现代科学技术为基础，通过技术上的组合与集成，使一定区域内的不同企业、不同产业、不同城市之间有机地连接起来，形成相互依存的产业链和产业网络，实现企业、产业、城市之间的资源互补和有效的循环利用，最终形成闭环式经济发展模式。

（6）系统发展经济角度。循环经济是把企业生产经营、原料供给、市场消费以及相关方面组成生态化的链式经济体，建立一个闭环的循环物质和经济发展系统。循环经济发展思路不仅可以体现在工业、农业、商业等生产和消费领域，还可体现在人口控制、城市建设、防灾抗灾等社会管理领域，最终实现社会的可持续发展。

循环经济的理念和思路萌生于战后在发达国家兴起的环境保护运动，但它突破了环境保护末端治理的传统思路，视野不再局限于对经济活动造成的生态后果的治理，而是向前延伸到经济运行机制的层面，是对传统经济发展理念和理论的重要突破。循环经济把自然资源、生态环境纳入经济系统和政府管理的范围，是物质反复循环流动的经济。循环经济是一种生态型的闭环经济，其流程如图3-1所示。

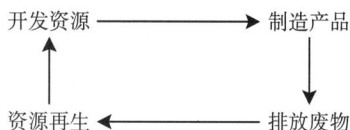

图 3-1 循环经济的闭环循环

总之，循环经济通过把"资源—产品—废物"的单向直线流动过程转变为"资源—产品—再生资源"的反馈式循环流动过程，在资源投入、企业生产、产品消费、再生利用和废弃物最终处理的各个环节都奉行"环境友好"和"对环境无害化"的理念，形成"低投入、高产出、低消耗、少排放、能循环、可持续"的经济发展方式，不断提高资源的利用效率，以尽可能少的资源消耗和尽可能小的环境成本，获取尽可能大的经济效益和社会效益。循环经济是对传统经济发展观念和模式的一次革命，它强调自始至终减少资源消耗、高效利用资源、保护环境，减少污染物排放，追求物质循环的往复利用。在社会生产和消费过程中，谋求在成本既定的情况下实现社会经济和环境效益最大化，为人类社会自工业化以来的传统经济模式转向可持续发展的经济模式提供了战略性的理论范式。

二、循环经济的特征

循环经济的特征主要表现为：

(一) 观念先行性

循环经济的发展以人类的观念转变为前提。人类只有对传统的生存与发展模式不断反思，充分认识到传统生存与发展模式的局限性，从广义和狭义两个角度对循环经济这一新的生存与发展模式的内涵加以深入理解，深刻意识到人类生存与发展中面临的资源与环境困境，切实领会发展循环经济对于人类生存与发展的战略意义，才能转变行为方式，以更加积极的心态主动参与到发展循环经济的实践中来。在人类的传统观念没有彻底转变的情况下，人类的行为方式就难以改变，日常生活、技术创新、制度设计、经济发展等活动就难以摆脱传统模式的束缚，循环经济的发展也将举步维艰。

（二）技术先导性

循环经济的发展以科技进步为先决条件。在循环经济发展的资源开采、资源消耗、产品生产、废弃物预防与控制、产品消费、资源再生、无害化处理等环节无不需要先进技术的支持，没有先进技术的支持，循环经济的发展只能是水中月、镜中花。人类唯有积极推动技术创新，及时研发循环经济发展中急需的科学技术，利用高新技术破解循环经济发展中的一系列技术难题，才能切实促进循环经济发展。因此，在循环经济发展中，需要构建由清洁生产技术、替代技术、减量化技术、再利用技术、资源化技术、无害化技术、系统化技术、环境检测技术等共同构成的技术体系，为循环经济发展提供技术支持。

（三）物质循环性

循环经济要求把地球系统内的各类资源在一定的观念、技术、制度等条件的支持下，组织成为一个"资源—产品—再生资源"的物质反复循环流动的过程，使各类资源在经济系统、社会系统、生态系统内部及其系统之间实现高效循环利用，同时使废弃物排放最小化，从而实现人与自然的和谐发展。

（四）主体多元性

循环经济作为一种新的人类生存与发展模式，其参与主体必然涉及人类个体及由人类个体组成的任何组织，具体来讲，包括政府、企业、高等院校与科研机构、中介组织、公众等。而且，在循环经济发展的不同阶段，各参与主体发挥的作用是不同的，所处的主体地位也是不同的。

（五）效益综合性

循环经济不仅仅是经济发展的问题，其追求的效益也不仅仅是经济效益和生态效益。循环经济追求生态系统、经济系统和社会系统的和谐统一，因此其追求的是经济效益和社会效益的综合与统一。关系是辩证统一的，它们互为条件，相互影响。

三、循环经济的运行模式

循环经济的运行模式指的是各类资源在生态系统、经济系统和社会系统内部及系统之间的循环流动模式，通过资源的合理高效流动，实现各系统内部及系统之间的和谐统一、人类的长远发展。循环经济的运行模式如图3-2所示。

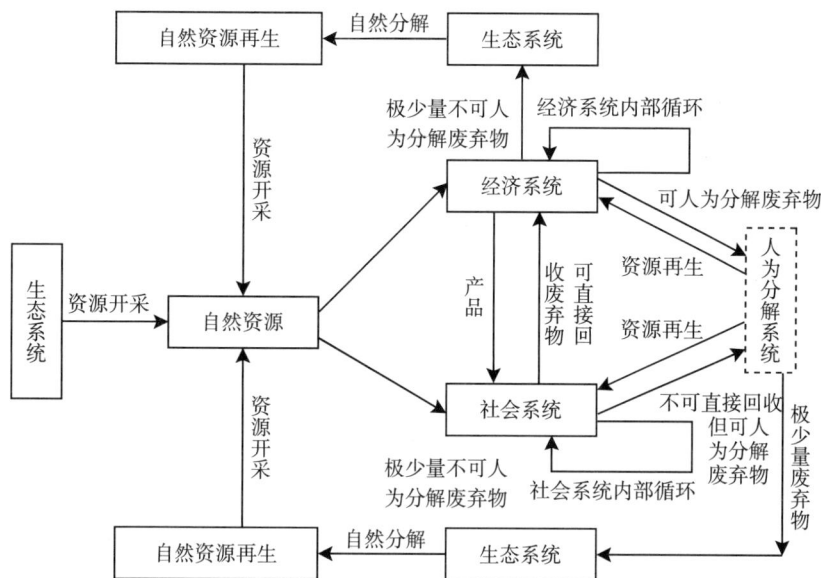

图3-2 循环经济的运行模式

在图3-2中，人类借助于必要的技术和设备，从生态系统中开采所需资源，一部分资源投入到了经济系统，通过经济系统内部的循环利用，生产出人类生活所需要的产品，投入到社会系统供人类享用并在社会系统中循环利用；另一部分资源直接投入到社会系统，供人类直接享用。各类资源通过经济系统内部的循环流动后，不仅生产出人类所需的产品进入社会系统循环利用，而且还产生了一些对人类生存环境有害的废弃物。这些废弃物可以分为两类：一类是可人为分解废弃物，这类废弃物进入到人为分解系统（人为分解系统是相对于自然分解而言的附属于经济系统和社会系统的一个虚拟系统），经过人为分解后实现了部分资源再生，重新回流到经济系统继续循环利用，同时将极少量废弃物经过适当的无害化处理后直接排放到生态系统，由生态系统自然分解后实现自然资源再生，供人类重新使用；另一类是极少量不可人为分解的废弃物，这类废弃物经过适当的无害化处理后直接排放到生态系统，由生态系统自然分解后实现自然资源再生，供人类重新使用。进入社会系统的各类资源和产品通过社会系统内部的循环流动后，在实现社会效益最大化的同时，产生了三类废弃物：第一类是可直接回收的废弃物，这类废弃物重新回流到经济系统继续循环利用；第二类是不可直接回收但可人为分解的废弃物，这类废弃物进入到人为分解系统，经过人为分解后实现部分资源再生，重新回流到社会系统或经济系统继续循环利用，同时将极少量废弃物经过适当的无害化处理后直接排放到生态系统，由生态系统自然分解后实现自然资源再生，供人类重新使用；第三类是极少量的既不可直接回收利用又不可人为分解的废弃物，这类废弃物经过适当的无害化处理后直接排放到生态系统，由生态系统自然分解后实现自然资源再生，供人类重新使用。

第二节　河南发展循环经济的机遇与挑战

河南省人口总量大，资源相对短缺，环境容量有限，增长方式粗放，经济发展对资源环境的依赖性较强。特别是在当前工业化和城镇化加速发展阶段，经济社会发展与资源环境之间的矛盾越来越尖锐。如继续沿用传统的经济发展方式，资源将难以为继，环境将不堪重负。因此，河南各地、各部门高度重视循环经济工作，抓住河南发展循环经济的机遇，紧密结合本地、本部门实际，迎接发展循环经济的挑战，加快推进生态文明建设。

一、河南发展循环经济面临的机遇

(一) 科学发展观指明了方向

党的十六大以来，我国积极倡导以人为本，全面、协调、可持续的科学发展观，并将大力发展循环经济作为实施可持续发展战略的一项重大举措。2007 年，党的十七大提出在新的发展阶段要继续深入贯彻落实科学发展观，实现经济社会永续发展。在科学发展观的指导下，在河南实际省情的背景下，发展循环经济成为河南转变经济发展方式的有效途径，成为缓解资源约束矛盾的根本出路，成为促进人与自然和谐发展的战略选择，也是河南省落实科学发展观的最重要载体。党和国家要求深入贯彻落实科学发展观，为河南省推进循环经济发展奠定了良好的社会氛围和政策环境，使河南省全面推进循环经济发展面临着重大机遇。

(二) "中部崛起"战略激发了活力

党的十六届四中全会提出实施"中部崛起"战略，国家出台了《中共中央国务院关于促进中部地区崛起的若干意见》，将在产业优化发展、工业结构调整、资金投入、重大基础设施建设等方面加大对中部地区的支持力度，给河南省带来了前所未有的发展机遇。"中部崛起"战略提出中部要加快建设全国重要粮食生产基地，推进工业结构优化升级，加强资源节约、生态建设和环境保护，并提出要支持工业污染防治、节能节水改造、资源综合利用，发展循环经济。随着促进中部地区崛起战略的实施、各项措施的推进，河南省正在进入全面提升产业层次、加快经济社会转型、促进统筹协调发展的新阶段，将推动河南加快产业结构优化升级，加强推进资源能源的可持续利用，激发全面发展循环经济的活力。

（三）国家宏观政策提供了有力支持

近年来，在我国经济快速增长带来的资源环境压力及国际环保新思潮的影响下，国家将发展循环经济作为实现全面建设小康社会的战略目标的一个重要举措，并开展了循环经济试点建设，出台了《国务院关于加快发展循环经济的若干意见》、《循环经济省（市）评价指标体系》等一系列支持循环经济发展的政策措施。目前，我国正在加强对循环经济发展的宏观指导，完善发展循环经济法律法规体系、政策支持体系、体制与技术创新体系和激励约束机制，预示着一个以循环经济为重要内容的新的发展时期即将来临。因此，现阶段我国正处于加快发展循环经济的大背景下，国家鼓励发展循环经济，并为各地推进循环经济提供了有力的支持，使河南省循环经济的发展处于极为有利的机遇期。

（四）循环经济试点增添了动力

国家高度重视发展循环经济以促进经济发展方式的转变，为通过试点示范带动循环经济的发展，全国范围内的循环经济试点工作已经启动，河南省整体被列入国家循环经济第二批试点省份，2010年国家发展与改革委员会原则上同意河南循环经济试点实施方案。随着试点工作的开展，国家将从资金、项目、政策等方面对河南省循环经济的发展给予有力的支持，从工作开展方面对河南提出更高的要求，必将促进河南省以积极的姿态推进循环经济发展，形成发展循环经济的良好氛围，全省更多地区、园区和企业发展循环经济的积极性、主动性将不断提高，全面融入积极发展循环经济的行列。因此，河南省成为国家循环经济试点，必将有力推动全省掀起发展循环经济的高潮，使河南省循环经济的发展面临着新的历史机遇。

二、河南发展循环经济面临的挑战

（一）产业结构升级和发展方式转变难以较快实现

经过多年的快速发展，河南省经济社会发展已进入新的阶段，但经济发展仍存在不少矛盾和问题，产业层次总体不高，工业结构不合理，资源主导型、粗放型增长的工业经济特征还比较明显。2009 年，全省单位 GDP 能耗高于全国平均水平 7.9%，多数主要产品能耗高于全国平均水平，资源利用效率偏低，矿产资源综合利用率不高，产业集聚度较低，资源共享程度较低。由于经济发展的基础、惯性、技术和管理水平等原因，河南省短期内实现产业结构升级和集约型发展模式难度较大。如部分地区高能耗、高污染、资源初级加工产业仍然在快速发展，传统产业和重点行业仍然较多地延续粗放式的发展模式，煤炭、冶金、化工、电力等重要产业技术装备水平总体不高，造成生产过程中资源综合利用率低，部分工业集聚区建设模式不利于区域性循环经济发展，仍普遍存在"重开发，轻管理"的现象，忽视生态环境管理，没有加强污染物的集中治理和上下游产业的合理衔接。

（二）资源能源难以为继

以减量化、再利用、资源化为特征的循环经济理念还没有真正贯穿到经济社会发展的全过程，资源能源利用水平总体不高。从主要资源消耗看，与国内外先进水平相比，河南省资源利用效率差距很大，2000~2009 年十年间，能源消费弹性系数平均高达 0.867，高于全国同期 0.787 的平均水平。土地负载量是全国平均水平的四倍以上，且粗放式利用土地较为普遍。水资源总体较为贫乏，而节约利用水资源方式仍远没有形成。在资源开发中，一些地方没有长期科学的规划，部分矿山企业开发水平不高，矿产资源综合利用率不高，省内一些主要矿产资源的保有量已大幅度下降，供给形势相当严峻。由于受产业发展水平和发展态势的限制，短期内扭转粗放型资源能源利用方式难度较大。

（三）生态环境难以承受

河南经济的资源型特征对区域内生态环境的影响较大，经济总量的扩张使得发展与环境保护的矛盾更为突出，污染物排放量大相对于有限的环境容量的矛盾凸显。作为人口和工业大省，河南污染物排放量较大，区域性和行业性污染问题较为突出。近年来，全省各行业污染物排放呈现出向煤炭、有色金属、化工、电力、钢铁、建材等产业集中的态势，高能耗、高污染产业区域集中趋势更加明显。全省所辖四大水系中，符合集中式生活饮用水源标准的Ⅰ~Ⅲ类水质河段仅占 50%左右；工业固体废弃物产生量大，生活垃圾无害化处理率低，畜禽粪便、水产养殖污染较为严重，农药化肥施用不合理，使农村环境问题严重；水土流失加剧，森林生态系统质量下降，生物多样性锐减，生态安全受到严重影响。

（四）循环经济技术难以支撑

发展循环经济，科技是最主要的支撑因素。河南省技术装备水平总体较低，尤其发展循环经济最关键的资源循环综合利用、节能降耗、污染物减排、再生资源回收利用等技术装备水平不高，成为循环经济推进过程中的"瓶颈"因素。现有从事循环经济技术研究和开发的机构力量较为分散，不能形成较强的自主开发能力，缺乏系列化、配套化的循环经济技术体系，一些循环经济新技术、新产品难以迅速得到推广应用。

第三节　河南省发展循环经济的成效、问题、设计

近年来，河南省积极推动循环经济发展，并取得了较为明显的成效，但从总体上来看，全省的循环经济发展仍处于试验、示范阶段，开展面小、深度不够、质量不高，还存在着一些不容忽视的问题。2009 年 12 月 31 日，国家发展与改革委员会批准了《河南省循环经济试点实施方案》，河南省开始了循环经济试点省建设，在现有的基础上，提出进一步发展循环经济的总体要求、主要任务和重点工作。

一、河南发展循环经济的成效

近年来，河南省委、省政府高度重视循环经济发展，把大力发展循环经济作为破解资源环境约束的重要举措，依托企业、园区和区域三个层次，围绕重点企业、重点行业和重点领域积极探索循环经济发展的有效模式，已取得了较为明显的成效，具体表现在以下几个方面：

(一) 强化对循环经济的宏观指导和政策支持

为了促进循环经济的发展，河南省政府加强了对循环经济的宏观指导，加大了政策支持力度，出台了一系列循环经济法规标准及优惠政策，为循环经济的发展奠定了良好的体制基础和政策环境。

1. 加强对循环经济的宏观指导

2006 年以来，河南省政府相继印发了《关于加快节约型社会建设的通知》、《关于加快发展循环经济的实施意见》、《贯彻国务院关于加强节能工作决定的实施意见》、《关于落实科学发展观加强环境保护决定的实施意见》、《关于促进产业结构调整的实施意见》、《关于印发河南省节能减排实施方案的通知》、《关于印发河南省重点耗能行业"3515 节能行动计划"的通知》等政策文件，明确了"十一

五"期间调整产业结构、发展循环经济、建设节约型社会的总体思路；印发了《河南省"十一五"煤化工发展规划等七个产业发展规划的通知》、《关于治理整顿黏土砖瓦窑厂加快发展新型墙体材料的通知》、《关于进一步加强河南省小火电机组关停工作的通知》等规范性文件，提出了一系列具体政策措施，为全省循环经济工作顺利推进提供了保障。建立了能源消耗统计公报制度，实行节能、节水和清洁生产目标责任制，强化了对循环经济的目标考核和监测。

2. 不断强化循环经济法律标准体系建设

2006年，河南省人大常委会出台了《关于加快发展循环经济的决定》，是全国第二个专门为循环经济立法的省份。近年来，河南省还相继颁布了《河南省节约能源条例》、《河南省节约用水管理条例》，发布了《河南省用水定额》、《河南省资源节约与综合利用审核方法》、《河南省企业能源审计方法》、《河南省建筑节能设计标准》等一系列地方标准，不断完善循环经济的标准体系框架。

3. 加大对发展循环经济的政策支持力度

近年来，河南省加大了发展循环经济的资金投入。2004年以来，省工业结构调整资金、新型墙体材料专项基金等重点向节约资源效果明显、综合利用水平高的项目倾斜，支持了一批循环经济项目建设；积极争取国家资金补贴8.4亿元，支持了137个循环经济项目建设。各试点单位也加强了对发展循环经济的资金支持，如鹤壁市每年从市财政拿出1500万元，用于循环经济项目贷款贴息，郑州市、焦作市政府也给予了一定的财政资金支持。落实财税优惠政策。对利用废弃物的企业和项目、热电联产企业以及使用国产节能设备（产品）的企业，及时办理税收减免或返还。充分发挥价格调节作用。通过调整峰谷电价、制定分类电价等措施，促进节能降耗；规范污水、垃圾处理费的征收标准；大幅提高自备水资源费的征收标准，加强对洗浴、洗车、水上娱乐等特殊行业的用水监督管理。

（二）大力推进产业结构调整

近年来，河南省通过大力调整优化产业结构，加快企业技术改造和加强管理，使全省资源利用效率有了较大提高，重点行业能耗水平有一定下降，为河南省发展循环经济奠定了良好的产业基础。

1. 加快淘汰高耗能、重污染的落后产能

近年来，河南省通过强力推进资源整合，加快产业结构调整，大力淘汰落后生产能力和工艺，取得了明显成效。2006年，全省规模以上工业单位增加值能耗下降6%，2007年，全省规模以上工业单位增加值能耗下降7%，2008年，全省规模以上工业单位增加值能耗下降11%，2009年，全省规模以上工业单位增加值能耗下降 12%；2006 年，能源产出率达到 66.6%，2007 年，能源产出率达到 66.22%，2008 年，能源产出率达到 65.96%，2009 年，能源产出率达到 70.15%。

（1）电力行业。在全国率先提出关停小火电，通过试行优化发电调度、大机组补偿小机组、发电权交易等措施促进"上大压小"，被国家称为"河南模式"在全国推广。2006 年，全省基本淘汰了 5 万千瓦及以下凝汽式机组。2007 年，全省又关停小火电机组 200 万千瓦，关停容量位居全国前五位，2008 年又关停了总容量最大的小火力发电机组河南省新乡市的新中益发电厂。截至 2009 年底，河南省已累计关停小火电机组 848 万千瓦，超额完成了省政府与国家签订的"十一五"期间关停 350 万千瓦小火电机组的责任目标。通过淘汰小火电机组，优化了电源结构，提高了发电效率。

（2）水泥行业。2005 年，全部淘汰窑径 2.8 米以下的普通机立窑和中空窑生产线，2006 年关闭了 219 条不符合国家产业政策、污染严重的窑径在 2.8 米以上的机立窑生产线，2007 年又关闭了其余 172 条机立窑水泥生产线，在全国率先全部关闭普通机立窑，提前实现国家提出的水泥行业产业结构调整目标，累计关闭机立窑生产线 510 条，淘汰落后产能 5500 万吨。关闭淘汰落后水泥产能，为大型干法水泥发展提供了契机。2009 年底，全省新型干法水泥产能比重达到 95%。

（3）铝工业。河南省在全国率先提出对铝土矿资源实施整合，推动铝土矿资源向重点氧化铝企业集中，提高资源利用率。截至 2009 年底，小铝土矿由 144 个减少到 52 个，减少了 65%。提高电解铝行业准入门槛，在全国率先全部淘汰了 80 千安以下的电解铝预焙槽，并严格限制 10 万吨以下电解铝企业的发展。目前，全省电解铝行业整体装备水平处于全国领先地位，单厂平均产能是全国平均水平的 2.2 倍，300 千安以上预焙槽占 80% 左右，每吨铝综合电耗低于全国平均水平 269 千瓦时。

（4）煤炭行业。2004 年，河南省在全国率先开展煤炭资源整合工作，促进煤炭资源优化配置和合理开采利用。截至 2009 年底，全省小煤矿由整合前的 1569 个减少到 510 个，减少了 67%；国有重点煤炭企业对资源的控制能力显著增强，全省煤炭安全、环境保护及矿山秩序明显好转。

（5）造纸行业。自 2003 年起，关闭了省内所有石灰法草类制浆生产线，出台了严于国家标准的造纸行业地方污染物排放标准，截至 2009 年底，全省造纸企业由 1360 家减少到 300 家。

（6）化工行业。全面淘汰了石墨阳极隔膜法工艺，基本淘汰了低压链条炉、老式粉煤灰炉、2.6米及以下造气炉等造气工艺，实施了"三废混燃炉"、醇烃化代替铜洗、背压发电等工程。重点对56家不能稳定达标排放或不符合总量控制要求的化工（化肥）企业实施停产治理或限期治理。

此外，河南省还通过大力开展重点区域、重点流域专项整治，淘汰了大量的钢铁、焦炭、耐火材料、电石、铁合金、酒精等落后产能。如在2007年国家财政安排的20亿元淘汰落后产能奖励资金中，河南省得到7.68亿元，占全部奖励资金的38.4%。

2. 严格对建设项目的准入条件

河南省政府成立了由省长担任组长、三位副省长任副组长的省工业经济结构调整专门机构，依据国家相关的产业政策并结合河南实际，先后出台了氧化铝、电解铝、水泥、煤化工等重点耗能行业结构调整的规划和政策措施，加强了对高耗能、高污染产业的准入管理。省政府明确提出水泥行业必须达到日产4500吨以上、采用新型干法工艺，并配套建设余热发电装置，新建造纸项目必须达到年产10万吨以上，铝工业行业只支持7家重点电解铝和5家氧化铝生产企业等。

3. 大力发展服务业和高新技术产业

河南省委、省政府明确提出要举全省之力发展服务业，编制并实施了文化、旅游、金融、现代物流等产业发展规划，出台了加快服务业发展指导意见，在资金引导、政策扶持等方面采取了一系列针对性措施，推动服务业发展规模和总体水平不断提高。"十一五"以来，全省服务业增加值一直以高于10%的速度稳定增长，其中2007年达到14.1%，为近10年以来最高，年均增长速度12.2%，比"十五"时期的10.7%高出1.5个百分点，2009年服务业增加值5700.91亿元，比上年同期增长11.1%。1978~2009年的32年间，服务业增加值年均增幅13.2%。省政府组织召开了全省加快企业战略重组和高新技术产业发展工作会议，建立了全省企业研发中心建设联席办公会议制度，着力推进企业研发中心建设。

（三）促进能源、资源的节约和综合利用

近年来，河南省高度重视能源、水、土地等资源的节约利用工作，采取了一系列有效措施，节约型社会建设初见成效。同时大力开展资源整合、节约利用和综合利用，使得大量废弃资源得到回收和再利用，减少了环境污染，提高了经济效益。

1. 大力开展节能工作

一是突出抓了百户重点企业节能降耗工作。省政府制定了《河南省重点用能单位节能管理办法》，在重点耗能行业实施了"3515"节能行动计划（即在河南省钢铁、有色、煤炭、电力、石油石化、化工、建材、纺织、造纸等能源消费量较大的行业中，通过抓好300家左右、年综合能耗5万吨标准煤以上企业的节能工作，实现"十一五"节能1500万吨标准煤的目标）。二是积极推动建筑节能，严格执行新的设计节能标准，使河南省成为继北京、天津后第三个实行65%设计节能标准的地区，走在全国建筑节能工作的前列。三是大力开展农村节能，近年以沼气为重点的农村节能工作成效显著，全省现有的238万户农村沼气每年节标煤达300余万吨。四是加快节约型机关建设。省政府办公厅印发了《关于加快建设节约型机关的通知》，在政府采购中率先推广使用节约、环保的产品、设备，加快既有建筑节能改造，带头厉行节约。五是落实节能责任制。省政府与18个省辖市政府签订了节能目标责任书。

2. 高度重视节水、节地工作

（1）高度重视节水工作。一是高度重视工业节水，重点抓好火电、化工、造纸、冶金等高耗水企业节水改造示范工程，大力推进煤矿矿井水资源化利用。二是把第一用水大户农业作为节水重点，积极推广节水设备和节水灌溉技术，发展高效节水农业。2009年，全省农业用水量占全省总用水量的比例为59%。三是推进城市节水工作，全面实施计划用水管理，全省城市计划用水管理率达到70%以上，同时积极开展节水型城市创建活动。

（2）积极推动节地工作。从2005年开始，河南省开始实施治理整顿黏土砖瓦窑厂专项行动，省政府印发了《关于进一步推进墙体材料革新和推广节能建筑的通知》等指导性文件，建立了联席办公会议制度，成立专门机构，并定期组织专项检查。截至2007年底，全省累计拆除实心黏土砖瓦窑厂7720个，占全省各类黏土砖瓦窑厂总量的88%，整理复垦土地20.4万亩。黏土砖瓦窑厂专项整治促进了工业固体废弃物的综合利用，2007年，全省新型墙体材料产量达到260亿块标砖，占墙材总量比例达到71%，应用比例达到78%。

3. 鼓励和引导开展资源综合利用

为摆脱资源利用粗放、优势产业链条过短的局面，河南省近年来大力促进资源产业的循环经济发展，积极用好国家鼓励资源综合利用的各项优惠政策，加强共伴生矿、工业"三废"等资源回收再利用。2004年以来，全省共认定资源综合利用及热电联产企业455家，累计综合利用固体废弃物1.01亿吨；在广大农村，以农作物秸秆和畜禽粪便的资源化、减量化、无害化利用为重点，大力发展农村户用沼气和秸秆养殖、气化，到2007年底全省共有238万户农户用上沼气，

2008 年全省又新增农村户用沼气 59.5 万户。通过开展资源节约利用和综合利用，大量废弃资源得到回收和再生利用，减少了环境污染，提高了经济效益。

(四) 加强生态环境保护与治理

近年来，河南省不断加大生态环境保护与治理工作力度，开展了一系列卓有成效的工作，环境质量总体保持稳定，部分区域的环境质量有所改善。

1. 环境质量明显改善

近年来，河南省实行严格的水污染防治目标责任制，深入开展重点流域区域环境综合整治，继续加大对化肥、造纸、皮革等重点行业企业的规范建设与治理设施完善，加快城市环保基础设施建设，环境质量得到进一步改善。2009 年，在全省 7979.4 公里监控河段总长度中，劣 V 类水质河段长 2043.0 公里，比 2008 年减少 13.3%；全省城市集中式饮用水源地取水水质达标率达到 100%。全省城市环境空气质量优良天数比例为 90.8%，与上年持平；18 个省辖市城市环境空气质量级别均为良，与上年持平。无中、重污染的城市。

2. 主要污染物排放总量进一步削减

一是省政府分别与各省辖市政府签订了分年度及"十一五"二氧化硫、化学需氧量总量削减目标，对削减目标进行分解。二是对确定的 6 个污染较重流域和 5 个局部环境问题突出区域进行重点综合整治。2009 年，全省主要污染物化学需氧量排放量比 2008 年削减了 3.9%，二氧化硫排放量比 2008 年削减 7.15%，全省工业固体废弃物综合利用率为 73.7%。三是加大城市环保基础设施建设。2009 年底，全省城市环境基础设施投资总额 579110 万元，比 2008 年增长了 16.1%。2007 年底，河南省率先实现了县县建成污水处理厂和垃圾处理场的目标。截至 2009 年底，全省已投入运行 140 座城市污水处理厂，建成总规模 599.05 万吨/日，基本实现稳定运行、达标排放；建成垃圾处理场 123 个，日处理规模能力达到 3.2 万吨。

3. 生态环境保护工作稳步推进

近年来，河南省生态环境保护工作稳步推进，全省开展了生态环境现状调查，编制了生态环境保护规划和生态环境功能区划，启动了农村生态环境保护工作。2009 年全年共造林 419.85 千公顷，其中，人工造林 386.25 千公顷。全省参加义务植树 5000 万人次，完成义务植树 2.07 亿株。到 2009 年年末共有国家级生态示范区 28 个；自然保护区 35 个，面积为 734.8 千公顷，其中，国家级自然保护区 11 个。森林公园 98 个，其中，国家级森林公园 30 个，森林覆盖率达到 20.16%。

（五）推行清洁生产

1. 初步建立清洁生产管理体系

《清洁生产促进法》实施以来，河南省不断探索推动清洁生产的模式和方法，制定了《河南省清洁生产审核实施细则》、《河南省清洁生产审核考核及评估办法》等 7 个规范性文件，初步建立起清洁生产管理体系。

2. 加强企业清洁生产审核

2005~2007 年，省政府确定对 192 家重点排污企业开展清洁生产审核，行业涉及火电、造纸、皮革、印染、化工、酿造、冶金、建材等重污染行业，并列入与各省辖市政府签订的环保责任目标。3 年来，在 192 家企业的清洁生产审核中，共提出清洁生产方案 6237 个，其中，无低费方案 5018 个，已全部实施；中高费方案 1219 个，实施了 853 个；总投资达 74300 万元。实现节水 3650 万吨、节电 15645 万度、节煤 23 万吨；减少废水排放量 4180 万吨、削减 COD3481 吨、削减 $SO_2$16831 吨，创经济效益 3.86 亿元。由此可以看出，企业通过开展清洁生产达到了节能、降耗、减污、增效之目的，促进了节能减排，对河南省完成节能减排目标起到了较好的作用。

（六）推动循环经济技术进步

近几年来，河南省结合本省实际，有重点地组织开发和推广有关循环经济的技术，为资源高效利用、循环利用和减少废物排放提供了技术支撑。

1. 重点支持发展循环经济的关键和通用技术

把发展循环经济的关键和通用技术列入各级重点技术创新和科技攻关计划，重点支持资源节约、综合利用新技术、新工艺、新材料、新设备的研究开发，目前全省已拥有一批具有自主知识产权的核心技术。如中铝中州分公司的"强化烧结法生成氧化铝新工艺"获 2006 年国家技术发明二等奖、"选矿拜尔法技术"与国内外同类工艺相比较，每吨可降低能耗 300 公斤标准煤。豫光金铅公司开发的富氧底吹氧化—鼓风炉还原熔炼技术，较彻底地解决了铅冶炼中二氧化硫难以充分回收利用、环保效果差等问题。天冠集团燃料乙醇项目的开发，首开国内先河，为综合解决我国石油短缺、环境污染严重等问题开辟了一条新路。洛阳中信重机公司的新型干法水泥窑余热发电技术，不仅技术先进，而且在推广应用中取得了显著的经济和社会效益。运用发布技术目录、举办展览和技术交流等形式，加快循环经济相关新技术、新产品的推广应用。注重发挥行业协会、技术服务中心和科研机构等单位的作用，向社会提供循环经济技术、管理和政策等方面的信息服务，加强服务体系建设。

2. 推动技术的推广应用

加大资金和政策支持力度，促使企业加快利用高新技术和先进适用技术对传统生产工艺的改造，从源头上降低污染物排放。运用发布技术目录、举办展览和技术交流等形式，加快循环经济相关新技术、新产品的推广应用。注重发挥行业协会、技术服务中心和科研机构等单位的作用，向社会提供循环经济技术、管理和政策等方面的信息服务，加强服务体系建设。

（七）开展循环经济试点

1. 第一批试点成效显著

河南省是全国较早开展循环经济试点的省份之一，2005 年 7 月，河南省印发了第一批《关于开展循环经济试点工作的通知》，选择了 20 家循环经济试点单位，包括 4 个城市、4 个园区和 12 家企业，基本涵盖资源型城市和资源枯竭型城市，农业园区和工业园区以及冶金、有色、煤炭、化工、食品等河南省重点行业，其中，中国铝业中州分公司、商电铝业集团、豫光金铅集团、平煤集团、天冠集团 5 个单位成为国家循环经济第一批试点。2005 年以来，河南省第一批循环经济试点单位认真贯彻国家和省工作部署，制定了详细的实施方案，采取切实可行的措施，积极探索符合本地区、本企业特点的循环经济发展模式，取得了明显成效。

（1）试点城市。第一批试点确定了鹤壁市、义马市、焦作（市区）、荥阳市 4 个城市，其中鹤壁市为国家级试点，通过循环经济试点取得了明显成效。

（2）试点园区。第一批试点确定了安阳高新技术产业开发区、三门峡湖滨农副产品加工园区、登封工业园区和原阳县桥北乡马庄奶牛养殖小区 4 个园区，通过循环经济试点取得了明显成效。

安阳高新技术产业开发区通过构建完善区内废物循环体系、物质能量优化利用体系和水生态基础设施，提高资源利用效率和效益，以创新集成来实现高新区"农转工"、"内转外"、"散转聚"和"低转高"的转型，推动高新区的二次创业，实现经济增长方式和区域发展模式的转变，提升园区整体的综合竞争力和生态化水平。

三门峡湖滨农副产品加工园区以"构建和延长产业链、实现资源综合利用"为目标，初步构建了"水果—果汁、果酱—饮料、果类产品"、"原料—板材—装饰材料、板式家具"、"农作物、农副产品—酶制剂、纤维素"三大循环经济产业链条。园区循环体系架构如图 3-3 所示。

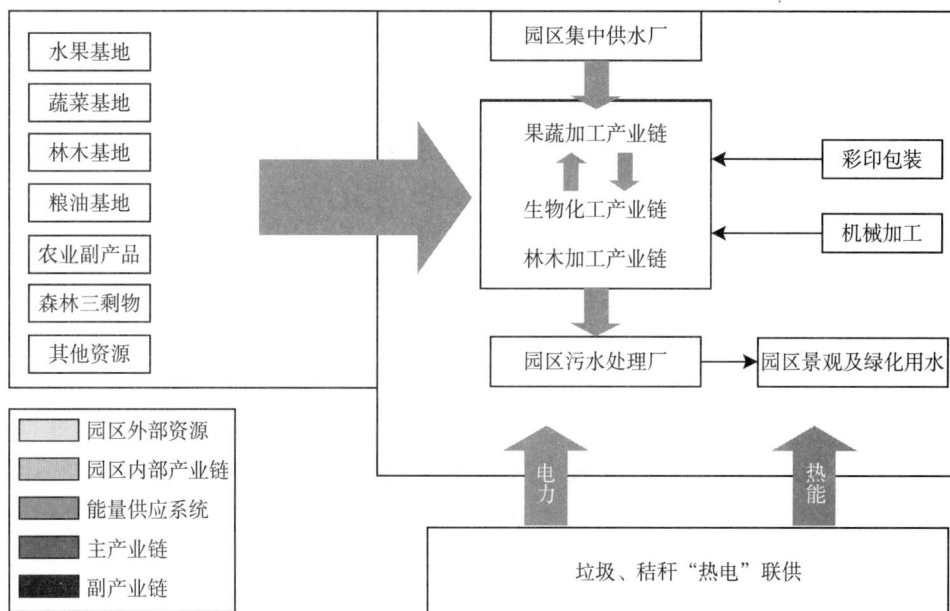

图 3-3 三门峡湖滨农业生态园区循环经济体系构架

通过实施循环经济，三门峡湖滨农副产品加工园区"水果—果汁、果酱—饮料、果类产品"生产用水可循环利用，产生的果渣全部用于生产果渣饲料；"原料—板材—装饰材料、板式家具"生产过程中主要原料利用可基本达到100%；"农作物、农副产品—酶制剂、纤维素"生产过程中基本无"三废"物质排放。

（3）试点企业。第一批试点确定了平顶山煤业集团公司、河南神火集团、驻马店市热电厂、安阳钢铁集团公司、商丘商电铝业集团、河南豫光金铅集团公司、安阳化学工业集团公司、驻马店豫龙同力水泥有限公司、新乡新亚集团、南阳天冠企业集团、河南金丹乳酸有限公司、信阳华英集团公司12家企业，其中平顶山煤业集团公司、南阳天冠企业集团、中国铝业中州分公司、商丘商电铝业集团、河南豫光金铅集团公司为国家级试点，通过循环经济试点取得了明显成效。

平顶山煤业集团公司以独立项目或矿点为基础，形成遍布矿区的资源综合利用"点循环"，以相关产品或产业链延伸为主体，形成资源梯次开发利用的"线循环"，以循环经济工业园建设为平台，形成产业集群、布局合理的"面循环"。通过实施瓦斯发电，利用煤矸石、粉煤灰发展新型建材，矿井水综合利用等项目，使得集团瓦斯的利用率达到10%、煤矸石的利用率达到63%、粉煤灰利用率达到75%、矿井水的复用率达到78%；目前，该公司万元产值综合能耗从3.03吨标准煤下降到1.21吨标准煤，万吨综合能耗从175.92吨标准煤下降到

152.62 吨标准煤。

南阳天冠企业集团公司通过实施循环经济发展战略，形成了以燃料乙醇和沼气为核心的物质和能量循环。正在实施的利用二氧化碳生产全降解塑料的专有技术项目，在实现废物综合利用、从源头减少二氧化碳排放的同时，解决"白色污染"问题；年产 5000 吨纤维乙醇项目为秸秆综合利用提供了一条重要途径。

2. 第二批试点积极推进

通过第一批循环经济试点单位的示范带动作用，全省更多地区、园区和企业发展循环经济的积极性、主动性不断提高，更多的单位融入了积极发展循环经济、争相开展循环试点、创建示范单位的行列，同时 2007 年河南省整体也被国家列入循环经济试点省份之一。为促进河南省循环经济又好又快发展，2007 年，河南省启动二批试点工作，选择了 38 家循环经济试点单位。试点单位包括 2 个城市、8 个园区、26 家企业和 2 个领域，涵盖资源型城市，工农业园区以及煤炭、电力、冶金、化工、建材、制药、造纸、农产品加工等行业，污水净化和社区两个领域。其中，沈丘县付井镇、大周镇再生金属回收加工区两个单位成为国家循环经济第二批试点。

河南省国家级和省级一、二批循环经济试点单位名单见表 3-1。

表 3-1　河南省国家级和省级一、二批循环经济试点单位名单

试点类型	行业	试点单位			
		一批		二批	
		国家级	省级	国家级	省级
城市		鹤壁市	焦作（市区）、鹤壁市、义马市、荥阳市		三门峡市、巩义市
园区			三门峡湖滨农副产品加工园区、安阳高新技术产业开发区、登封工业园区、原阳县桥北乡马庄奶牛养殖小区	沈丘付井镇、大周镇再生金属回收加工区	沈丘付井镇、大周镇再生金属回收加工区、淇县畜禽产业园区、上街区铝工业园区、新郑市煤炭综合开发区、鹤壁市山城区牟山工业集中区、桐柏碱硝化工产业园区、新乡（七里营）纸制品工业园
企业	煤炭	平顶山煤业集团公司	平顶山煤业集团公司、河南神火集团		鹤壁煤业（集团）有限责任公司、永城煤电集团有限责任公司永夏矿区、河南超越企业集团
	电力		驻马店市热电厂		郑州裕中能源有限责任公司
	冶金	中国铝业中州分公司、商丘商电铝业集团、河南豫光金铅集团公司	安阳钢铁集团公司、商丘商电铝业集团、河南豫光金铅集团公司		伊川电力集团总公司、济源市金马焦化有限公司、河南济源钢铁（集团）有限公司、灵宝市金源矿业有限责任公司、灵宝豫赣多金属综合回收有限公司

续表

试点类型	行业	试点单位			
		一批		二批	
		国家级	省级	国家级	省级
企业	化工		安阳化学工业集团公司		中国神马集团有限责任公司、河南省中原大化集团有限责任公司、河南骏化发展股份有限公司、河南金鼎化工有限公司、河南省世纪金源化工有限责任公司
	建材		驻马店豫龙同力水泥有限公司		郑州新登企业集团有限公司
	制药				辅仁药业集团有限公司、河南天方药业股份有限公司、开封制药（集团）有限公司
	造纸		新乡新亚集团		漯河银鸽实业集团有限公司
	农产品加工	南阳天冠企业集团	南阳天冠企业集团、河南金丹乳酸有限公司、信阳华英集团公司		河南漯河双汇实业集团有限公司、北徐集团有限责任公司
	农业				河南省内乡县牧原养殖有限公司、河南省黄泛区实业集团（农业）、河南省花花牛集团、河南恒友牧业有限责任公司、灵宝市生源农业有限责任公司
领域					郑州市污水净化有限公司、安阳龙悦湾玉花苑小区

3. 第三批试点组织开展

为进一步壮大循环经济发展规模，提升循环经济发展质量，加快推进循环经济试点省建设，根据《河南省人民政府关于加快发展循环经济实施意见》（豫政〔2006〕38 号和《河南省人民政府关于加快循环经济试点省建设的通知》（豫政〔2010〕27 号）要求，省发展与改革委员会同有关部门组织开展全省第三批循环经济试点工作，确定了第三批试点名单，见表 3-2。

二、拟解决的关键问题

（一）转变发展方式和调整产业结构

河南省产业结构不合理，总体上是资源型、初加工型和原材料工业占据主导地位，资源主导型、粗放型增长的工业经济特征还比较明显。因此，河南循环经济发展就是要推动发展方式转变，即由传统的主要依靠增加资源投入带动向主要

表 3-2　河南省循环经济试点单位（第三批）

一、区域		新乡市、洛阳市、漯河市、平顶山市、安阳市、济源市、邓州市、固始县、民权县孙六镇、宝丰县商酒务镇
二、园区（产业集聚区）		宜阳产业集聚区、伊川县产业集聚区、新安县产业集聚区、洛宁县产业集聚区、潢川县产业集聚区、河南省平顶山高新技术产业开发、平顶山市石龙区产业集聚区、舞钢市产业聚集区、叶县产业集聚区、汝州市产业集聚区、卫辉市产业集聚区、武陟县产业集聚区、汤阴县产业集聚区、安阳县产业集聚区、鹤壁市宝山循环经济产业集聚区、开封市精细化工产业集聚区、尉氏产业集聚区、商丘市睢阳产业集聚区、夏邑县产业集聚区、三门峡产业集聚区、南乐县产业集聚区、西峡县产业集聚区、鹿邑县产业集聚区、泌阳县产业集聚区、襄城县煤焦化循环经济产业园、安阳市安西循环经济试验区
三、重点行业	（一）循环农业	郑州昌源乳业有限公司、天园农业生态循环有限公司、河南信阳万林种猪有限公司、兰考县河地农业生态园有限公司、焦作多尔克司示范乳业有限公司、泌阳上佳农业生态循环发展有限公司、河南恒立佳泰农业有限公司、河南春天牧业科技发展有限公司、洛阳福达美农业生产有限公司、河南旗鹰农牧发展有限责任公司、科尔沁牛业南阳有限公司、河南省国营浚县农场
	（二）农副产品加工	河南大用实业有限公司、河南永昌飞天淀粉糖有限公司、河南黄国粮业有限公司、郑州市三泰饲料有限公司、河南莲花味精股份有限公司、河南景源果业有限责任公司
	（三）冶金	河南豫联能源集团有限责任公司、安阳市岷山有色金属有限责任公司、洛阳新安电力集团有限公司、河南有色汇源铝业有限公司、河南龙成集团有限公司、河南省西保冶材集团有限公司、安阳市豫北金铅有限责任公司
	（四）化工	新乡化纤股份有限公司、河南中鸿集团煤化有限公司、河南顺成集团煤焦有限公司、河南鑫磊煤化集团、开封晋开化工投资控股集团有限公司、宏业生化股份有限公司、河南财鑫集团有限公司、多氟多化工股份有限公司
	（五）医药	河南宛西制药股份有限公司、河南福森药业有限公司、河南太龙药业股份有限公司
	（六）电力	永城煤电控股集团有限公司、新密市昌源集团电力有限公司
	（七）造纸	濮阳龙丰纸业有限公司
	（八）建材	天瑞集团有限公司
	（九）再生资源利用	中再生洛阳投资开发有限公司、河南中钢再生资源有限公司

依靠提高资源利用效率带动转变，同时通过产业结构的调整，有效地提高资源利用率，降低全省能耗和污染物排放。

（二）优化产业布局和促进产业耦合

河南省产业集群和特色产业园区发展不足，产业集聚区内上下游产业耦合性差，资源共享程度低，产品生产配套能力不强，上下游和外围服务企业配套性较弱。应围绕煤炭、铝土矿、非金属矿产、农产品等河南省的优势资源，合理优化河南省产业布局，引导产业向集约化和园区化方向发展，提高资源共享程度，加强上下游产业的耦合，打造循环型园区和循环型产业链条。

（三）促进重点行业和区域节能减排

河南省高耗能、高排放重点行业集中在火电、建材、有色、钢铁、煤炭、化工、造纸等行业，能耗和工业污染物排放强度大的区域集中分布在豫北和豫西地区的安阳、鹤壁、新乡、焦作、济源、洛阳、平顶山、三门峡等地市，应加强以上重点行业和区域的节能减排工作，促进河南省节能减排工作，推动河南省循环经济的发展。

（四）完善再生资源回收利用体系

河南省尚未建立系统的再生资源回收体系，自发形成的废旧物资回收站点和经营方式目前存在着布局不合理、管理不规范、经营脏乱差等诸多问题。应在充分利用、规范和整合现有再生资源回收站点和渠道的基础上，对回收体系进行统一规划、合理布局、规范建设，形成以城市社区回收站点为基础，集散市场为核心，加工利用为目的，点面结合、三位一体的再生资源回收网络体系。

三、河南省进一步发展循环经济的设计

（一）总体要求

紧紧围绕省委、省政府"一个载体、三个体系"的战略部署，从省情出发，立足当前，着眼长远，把发展循环经济与优化产业结构、促进节能减排、加快经济转型有机结合，突出工农业复合型循环经济特色，积极开发利用低碳技术，着力培育五大循环产业链，大力发展循环经济新兴产业，促进发展方式由粗放型向集约型转变，由高碳型向减碳、低碳型转变，努力把河南省建设成为全国循环经济发展示范省。

（二）主要任务和重点工作

1. 积极围绕河南省优势资源，打造五大循环产业链

依托有色、煤炭、非金属矿、农业和再生资源等河南省优势资源，以提高资源利用效率为核心，重点打造"铝土矿开采—氧化铝—电解铝（合金）—铝材（深加工）—赤泥、尾矿等资源化利用"循环产业链、"煤炭开采—煤化工（火电）—综合利用"循环产业链、"非金属矿产开发—加工—综合利用"循环产业链、"种植（养殖）—食品加工—废弃物利用"循环产业链和"社会消费—再生资源回收—再制造（再生）产品"循环产业链。

2. 加快发展工业循环经济，提升传统支柱产业

依托产业园区、集聚区和大型企业集团，以有色金属、煤炭、火电、食品、化工、建材、造纸、医药八大高耗能、高排放行业为重点，延长产业链条，加强

清洁生产，提高废弃物综合利用率。

3. 大力发展农业循环经济，提高农业现代化水平

围绕建设国家粮食战略工程河南核心区，以提高土地资源环境承载力为核心，采用具有广泛适应性的发展方式，抓好农业节水、节地、节肥、节药、节能，推进畜禽粪便、农作物秸秆和林业剩余物的资源化利用，推广畜禽集中养殖、生态观光农业两类特色园区发展模式。

4. 积极推进重点工程建设，提升循环经济发展水平

围绕打造循环产业链，实施重点行业节能降耗、流域污染治理、生活污水和垃圾综合利用、农产品加工废弃物资源化利用、农村沼气建设、工业固废资源化利用、尾矿和共伴生矿综合利用、"城市矿产"综合开发利用八大循环经济重点工程。

5. 着力培育新兴产业，壮大循环经济规模

重点培育再生资源利用产业、机电再制造业、节能环保产业和新能源产业等循环经济新兴产业，积极发展低碳经济、绿色经济，壮大全省循环经济规模。

6. 抓好重点领域和关键环节，构建循环型社会体系

以基础设施建设为重点，加强生活污水、垃圾处理及综合利用，建立以清洁能源为主体的城市能源体系，加快发展城市绿色交通体系，全面推广建筑节能，积极创建绿色社区，在全社会倡导绿色消费、低碳消费和节约型消费模式，建设资源、环境协调发展的循环型社会。

第四节　加快河南省循环经济发展的对策措施

发展循环经济，实现传统经济发展模式向循环经济发展模式的转变，必须充分运用市场化的手段以及非市场的行政力量，通过制定法律法规，建立以政府为主导、以企业为主体、社会广泛参与、充分发挥市场机制基础性作用的行之有效的保障体系、推动、调控和引导循环经济市场化，形成发展循环经济的长效机制。

一、加强对循环经济发展的领导及组织协调

发展循环经济，是一项政策性强、涉及面广、工作量大的系统工程，也是长期的战略任务。加强对循环经济发展的领导及组织协调，充分发挥政府对循环经

济发展的综合协调能力，解决地方保护、部门职能交叉造成的政出多门、责任不落实、执法不统一等问题，是推进全省循环经济发展的有力保证。因此，应尽快成立河南省循环经济发展领导小组，指导全省循环经济发展组织和实施，及时解决循环经济发展过程中的重大问题，并对重大事项进行科学决策、统一部署，领导小组下设办公室，负责全省循环经济规划落实、检查、重点链接项目及各项日常工作的组织、实施和协调。各地区、各有关部门也要加强对循环经济发展工作的组织领导，确定专门机构和专人负责，做到层层有责任、逐级抓落实。地方各级政府和有关部门组织制订本地区、本行业、本部门的循环经济推进计划，把循环经济发展目标分解为具体的年度目标，纳入政府政绩及主要领导干部任期责任考核体系，实行年度考核。

二、健全循环经济发展的法律法规体系

健全的法律法规是循环经济健康发展的制度保障。为推动河南省循环经济良性、有序发展，需要进一步加强循环经济的法律法规体系建设，用立法手段对企业、政府和公众的行为进行强制性约束，杜绝短期行为和急功近利，使循环经济的发展得到保障，做到有法可依，有章可循。首先，加强循环经济法律体系建设。配合《中华人民共和国循环经济法》的颁布实施，研究拟定循环经济综合法规，尽快制定与《中华人民共和国清洁生产促进法》和《中华人民共和国可再生能源法》配套的地方性法规，逐步形成有利于循环经济发展的法规体系。其次，加大依法监督管理力度。认真贯彻实施《中华人民共和国节约能源法》、《河南省节约能源条例》、《河南省节约用水管理条例》等法律法规，加强执法检查，严厉查处各类违法行为，严格执法程序，切实做到有法必依、执法必严、违法必究，将河南省循环经济的建设纳入法制化轨道。再次，加快循环经济相关标准体系建设，研究制定涉及循环经济的质量、技术和安全标准，形成一整套完善的环保、安全、能效、质量和技术等市场准入标准体系。积极开展节能、节水、环保产品和环境管理体系认证。

三、完善促进循环经济发展的政策与机制

促进循环经济发展，离不开有利的体制条件和政策环境。综合运用财税、投资、信贷、价格等政策手段，调节和影响市场主体的行为，鼓励节能、节水、节地、节材，倡导和推动市场经济的运行规则向着有利于循环经济的方向发展。一是制定符合循环经济发展的产业政策，编制并发布河南省鼓励类和限制类产业发

展项目目录，引导社会生产要素向有利于发展循环经济的方向流动，结合国家功能区划分对河南省的定位，确定循环经济发展政策的重点；结合河南功能区划分情况，有重点、有选择地制定不同功能区域的循环经济发展政策。二是结合投资体制改革，调整和落实投资政策，加大对循环经济发展资金、税收的支持力度，把发展循环经济作为政府投资的重点领域，对一些重大项目进行直接投资或资金补助、贷款贴息的支持，并发挥好政府投资对社会投资的引导作用，鼓励金融机构加大对循环经济项目的信贷支持。三是制定并落实促进循环经济发展的价格政策，发挥价格杠杆对促进循环经济发展的作用。制定和实施环保型价格政策，通过价格调控和收费手段，建立排污者交费、治污者受益的机制，推动环保设施建设和运营的产业化、市场化以及投资主体的多元化。

四、构建循环经济发展的技术支撑体系

发展循环经济，必须依靠先进技术作支撑。针对河南省循环经济发展的特点和要求，以发展高新技术为基础，开发研究一批支撑循环经济发展的关键技术，以降低原材料和能源的消耗，实现少投入、高产出、低污染，尽可能把污染排放和环境损害消除在生产过程之中。首先，建立循环经济技术创新体系。加大科技投入力度，支持与循环经济相关的共性和关键技术的研究开发，提高循环经济的技术支撑能力和创新能力。其次，积极支持建立循环经济信息系统和技术咨询服务体系。及时向社会发布有关循环经济的技术、管理和政策等方面的信息，开展信息咨询、技术推广、宣传培训等，为全省循环经济的发展提供信息与技术服务。再次，发布循环经济技术导向目录。制定发布发展循环经济技术、工艺和设备导向目录，并不断加以补充和完善，引导社会推广应用先进适用的循环经济技术、工艺和设备。制定发布节能、节水、资源综合利用和环保产业等产品（设备）政府采购目录。凡列入目录的产品或设备，在同等条件下优先采购。

五、加强发展循环经济的舆论宣传和培训教育

发展循环经济涉及的是全体公民的利益，必须要有公众的自觉参与，才能把循环经济的法制规范转化为普通的道德准则和广泛的社会行动。因此，要加强社会宣传和教育，提高全民循环经济意识和公众参与水平。各级政府和有关部门要将发展循环经济的科学知识和法律常识纳入宣传教育计划，充分利用各种媒体广泛开展多层次、多形式的舆论宣传和科普教育；鼓励社会团体和公民积极参与全省循环经济建设，引导非政府组织参与循环经济政策研究和技术推广，充分发挥

中介机构在循环经济建设中的作用；加强对各级领导干部和公务员的培训，不断提高公务员发展循环经济重要性和紧迫性的认识，牢固树立循环经济理念、科学发展观和正确政绩观；组织开展相关管理和技术人员的知识培训，增强意识，掌握相关知识和技能；编写消费行为导则和资源节约公约，引导合理消费，规范消费行为，开展多种形式的实践活动，逐步形成节约资源、保护环境的消费方式。

六、构建河南省循环经济空间发展体系

河南省以中原城市群、豫北地区、豫西豫西南地区和黄淮地区四个经济区作为产业发展单元，各经济区由于资源条件、发展基础和经济结构的差异，形成了各自的发展特色。构建河南省的循环经济空间发展体系，要建立在各经济区的发展特色基础上，在更高的区域循环经济层面推进省内各地区之间的经济活动的融合，从生产和消费源头严格控制废弃物的产生，形成一个完善的避免废弃物产生的机制和对废弃物的循环利用机制，用自下而上的方式推进河南省循环经济的发展。

中原城市群循环经济体系构建。中原城市群由郑州、洛阳、开封、新乡、焦作、许昌、平顶山、漯河、济源九个省辖市组成，区位优势明显、资源丰富、工业门类齐全，经济增速快。随着产业的发展，这一区域的高能耗、高污染问题也逐渐凸显。由于本区域为城市密集区，完善城市基础设施，集约利用能源，加大对污水、生活废弃物等的综合处理及循环利用，建设循环型社会也是本区域循环经济发展的要求。

豫北地区循环经济体系构建。豫北地区包括安阳、鹤壁、濮阳三个省辖市，依托本区域丰富的油气、煤炭资源快速发展，本地区的产业特点带来了地区性的高能耗问题。加强对资源的综合利用、降低能耗是本区域发展循环经济、实现经济可持续发展的主要工作。

豫西豫西南地区循环经济体系构建。豫西豫西南地区包括三门峡和南阳两个省辖市。煤炭、有色金属资源比较丰富，其循环经济发展方向主要为提高资源综合利用效率、解决资源开发中对环境产生的污染。此外，豫西山区作为河南省的生态屏障，生态建设将是该地区发展应着重考虑的方向，改变传统旅游经营策略、开展生态旅游不仅是该地区经济发展的增长点，更是河南省开展旅游循环经济的重点区域。

黄淮地区农业循环经济体系构建。黄淮地区包括驻马店、商丘、周口和信阳四个省辖市。本区域农业发展条件优越，但矿产资源比较匮乏，产业结构围绕农

产品种植及深加工发展。此外，由于农业产业化进程的加快，逐步加强对农产品加工行业的管理、控制污染、实现资源综合利用也是本地区循环经济发展需要强化的环节。

七、搞好示范推广工作

在重点行业、重点领域、工业园区、城市和农村积极开展循环经济试点工作。结合河南省产业结构特点，注重发现和培养各种类型的先进典型，大力进行宣传引导和示范推广，积极鼓励企业循环式生产，推动产业循环式组合，倡导社会循环式消费。如 2008 年初，河南省高技术产业化示范工程永煤集团和新亚纸业集团入选国家循环经济发展。永煤集团的高技术产业化项目，主要建设煤粉加压气化装置以及配套系统，采用先进的航天煤粉加压气化技术，使生产成本大大降低。项目的实施对促进中国煤化工行业节约发展意义重大。项目建成后将年新增销售收入 4.1 亿元，利税 1.3 亿元。新乡新亚纸业集团的高技术产业化项目，采用超滤膜技术，实现了对造纸白水和中段水进行深度处理的循环利用，项目建成后将形成日处理 4 万吨白水回用、2.5 万吨中水回用的能力，年新增销售收入 1.6 亿元，利税 1400 万元。项目的产业化，将对中国整个造纸产业的白水处理回用起到示范性指导作用。

第四章　生态省与生态文明建设

生态省建设与生态文明建设的内在要求是一致的。河南生态省建设起步相对较晚，近几年河南林业生态省建设虽然取得了一定成绩，但在继续推进生态省建设的进程中依然面临诸多问题与挑战。对河南而言，生态省建设作为现阶段推进生态文明建设的有效载体，并不是仅仅追求绿化率、空气质量等少数几个指标，而是要使全省的经济、社会建设朝着有利于环境保护的方向发展。

第一节　生态省建设概述

1992 年联合国里约环境与发展大会之后，世界各国为贯彻落实可持续发展战略，纷纷提出各自的对策，其中一些国家把生态示范区建设看做是实施可持续发展战略的重要措施。1995 年，我国国务院研究批准设立 50 个县一级生态示范区，到 2004 年 6 月，国家环保总局先后九批共批准 528 个国家级生态示范区试点。生态示范区建设的影响越来越大，层次越来越高，最终上升到省一级。

1999 年 3 月，国家环保总局批准海南省为全国第一个生态省试点。吉林省、黑龙江省、福建省相继被批准为生态省建设试点。2003 年是中国生态省建设重要的一年，国家环保总局共批准浙江、山东、安徽三个省开展生态省建设试点。截至 2006 年底，中国已有海南、吉林、黑龙江、福建、江苏、浙江、山东、广西、安徽、四川等 15 个省区开展生态省建设，150 多个市（县、区）开展了生态市（县、区）创建工作。2007 年，河南省委、河南省人民政府提出了建设林业生态省的战略部署，并于 2010 年全面启动河南生态省建设。

一、生态省建设的内涵

2000 年，国务院颁发的《全国生态环境保护纲要》中明确提出，大力推进生态省、生态市、生态县和环境优美乡镇的建设，即以区域可持续发展为目标，把区域经济发展、社会进步、环境保护三者有机结合起来，总体规划，合理布局，统一推进。被列为"生态省（市、县）"的地区不仅要加强环境保护与生态建设，提高人们的生态环境意识，保护和改善生态环境，而且要大力培育生态产业，发展生态经济，增强经济实力，提高人民的生活质量。

自我国开展生态省建设以来，就有专家、学者对生态省和生态省建设的内涵进行了研究：

朱孔来教授认为，"生态省"就是生态环境与社会经济实现了协调发展、各个领域达到了当代可持续发展目标要求的省份。何文博先生在《关于实施生态省建设的思考》中指出生态省以一个省的行政管辖区域为空间范围，在这个范围内生命系统与环境系统之间，通过不断的物质循环、能量流动与信息传递，建立起一个相互联系、相互影响、相互作用、相互依存的统一整体，从而实现平衡、协调与可持续发展。生态省的内涵主要体现在三个方面：一是维护生态平衡，全省生态系统在结构上、功能上和能量输出输入保持动态平衡；二是发展生态经济，经济发展要以保护资源、环境为前提，以实现协调发展为目标，强调局部发展不影响整体发展，当前发展不损害今后发展；三是树立正确的自然观，倡导生态文明，要在全社会逐步树立人是自然界有机组成的意识，明确人类与自然是和谐共存的关系，而非征服与被征服的关系。

祝光耀先生认为，生态省建设是以生态学和生态经济学原理为指导，以区域可持续发展为目标，以创建工作为手段，把区域（省、市、县）经济发展、社会进步和环境保护三者有机结合起来，总体规划，合理布局，统一推进，努力消除现阶段条块分割，部门职能交叉，相互掣肘的管理体制弊端，将区域（省、市、县）可持续发展的阶段性目标时限化、具体化和责任化，把区域小康社会建设的宏伟目标转化为实实在在的社会行动。通过行政、经济、法律和教育等手段，在省域范围内保护生态环境、发展生态产业、建设生态人居和生态文化，使经济和社会建设朝着有利于环境保护的方向发展。

总的来说，生态省建设的基本内涵是指运用可持续发展理论和生态学、生态经济学原理以及循环经济理念和系统工程方法等，以促进经济增长方式转变和环境质量改善为前提，以经济结构战略性调整为主线，充分发挥区域生态与资源的优势，统筹规划和实施环境保护、社会发展与经济建设，最终成为经济社会与人口、资源和环境协调发展，各个领域基本符合可持续发展要求的省级行政区域。生态省建设是妥善解决经济发展与生态保护的矛盾，谋求经济、社会、生态效益最大化。为实现这一基本诉求，生态省建设的主要任务是建设优质的生态环境、发展良好的生态产业、建设和谐的生态人居和建设先进的生态文化。

二、走生态文明之路的生态省建设

生态省建设是一个长期、渐进的过程，应以科学发展观为指导，服从和服务于中国特色社会主义建设大局，促进人与自然和谐，是国民经济和社会发展全局赋予环境保护最重要、最根本的时代重任，也是推进环境保护历史性转变的出发点和根本目标。生态省建设要以人为本、推进生态文明建设和发展，是指导新时期环境保护工作的灵魂。生态省建设应以社会主义和谐社会和生态文明建设为契机，汲取西方发达国家先进的科学技术和进步的发展理念，弘扬祖国优秀的传统文化、发挥政府职能作用、加强科技创新的基础作用、实施重点突破战略、构建生态创新体系、引导公众广泛参与、强化城乡融合建设，开辟出一条既非传统又非完全西化的、具有浓郁"中国特色"的生态省建设与发展之路。

十几年来，各地的生态省建设虽然取得了一定成绩，但也存在一些需要重视的问题。一是总体推动力度不够。一些地方对生态省建设的真正内涵理解不够全面，没有把建设工作与落实科学发展观和生态文明建设、社会主义新农村建设、"两型"社会建设等有机结合起来，缺乏总体谋划，综合推动力度不够完善。二是生态省建设中缺乏法制保障，机制、制度还不完善，考核激励不规范，有的地方缺乏实实在在的工作。三是国家层面缺乏统一协调，在管理、运行经费等方面也缺少必要的支持和激励。所以，在生态省建设过程中要不断开拓创新，进一步落实科学发展观，大力推进生态文明建设。

（一）要大力发展生态经济，强化生态文明建设的产业支撑体系

要将环境准入作为经济调节的重要手段，实行严格的环境保护制度，淘汰落后的生产能力，加快推进产业升级。将发展循环经济作为转变经济发展方式的重要措施，坚持走新型工业化道路，促进具有循环特征，特别是原材料使用具有上下游关系的产业进行集聚，形成生态产业群；大力实施清洁生产，积极发展生态农业、绿色和有机食品产业。加快发展现代服务业，推进生态旅游业和环保产业的发展。

（二）继续加强生态环境保护和建设，构建生态文明建设的环境安全体系

要继续加强节能减排工作力度，严格环境监管，下大力气解决影响群众生产生活的突出环境问题。农村生态文明建设是生态省建设的重点，党的十七届三中全会着重研究推进农村改革发展等问题，其中对农村环境保护工作提出了新的要

求，要结合社会主义新农村建设，继续加强环境优美乡镇、生态村等细胞工程建设，在发展农村经济、提高农民收入的同时，切实改善农村环境质量。

（三）要促进人与自然和谐，倡导生态文明的生活方式和消费模式

要倡导人与自然和谐相处，亲近自然的生活理念，培养广大公众的绿色环保理念，培育环境健康文明的生活习惯，提倡环境友好的消费方式，实行环境标识、环境认证和政府绿色采购制度，大力推进和完善再生资源回收利用体系。

（四）要健全长效机制，完善生态文明建设的保障措施

要不断完善生态省建设的推进机制，在党委领导、人大、政协监督和参与，政府组织实施，部门分工协作等方面不断探索机制的完善和制度的创新，为生态省建设提供制度保障。鼓励有条件的省份率先起步，加快建立绿色国民经济核算制度，完善生态产业、循环经济发展政策，完善生态省建设目标责任考核及监测、监督制度，适时修订、完善生态省建设指标体系。

（五）要广泛宣传发动，建立生态文明的道德文化体系

在生态省建设过程中要建立有利于推进生态文明建设的法规体系，把生态文明建设纳入法制轨道。从社会公德、职业道德和家庭美德等不同层面，制定和实施推进生态文明建设的道德规范，使人们更加自觉地保护生态环境。要发动全社会，加强科学发展观、生态伦理道德观、环境保护知识的普及和教育。严肃查处环境违法案件，鼓励公众参与，营造全社会共同参与生态文明建设的良好氛围。

建设生态文明是建设中国特色社会主义的客观要求和必然选择，在生态文明思想指导下的生态省建设必将推进中国社会走上健康、和谐、稳定、快速发展的可持续发展轨道，必将对中国经济社会全面、协调、可持续发展产生深刻的影响。

三、生态林业与河南生态省建设

林业不仅要提供生态产品，还要提供物质产品和生态文化产品，肩负着林业保护和培育、湿地保护和恢复、防沙治沙、治理水土流失、野生动植物保护和自然保护区建设以及林业产业发展和生态文化建设的重任。生态林是以发挥生态效益为主的森林，主导利用森林的生态功能。党的十七大明确提出建设生态文明的奋斗目标，对林业建设提出了更新、更高的要求。

由于林业本身的生态属性和产业属性，决定了林业在生态省建设中的特有贡献。长期以来，河南省始终把林业生态建设摆在十分重要的位置。特别是近几年提出建设林业生态省，是林业地位、作用和任务发生重大转折和变化的重要时期。河南省委、省政府高度重视林业建设，全社会对林业的认识显著提高，林业发展迎来了前所未有的机遇。加快林业发展已列入河南各级地方政府的重要议事日程。

（一）发展林业是生态建设的主体

生态建设是生态省建设的根本和切入点。生态省建设的核心是人与自然协调发展。森林是陆地生态系统的主体，是维系人与自然和谐发展的关键和纽带，而林业为建设生态提供环境基础。林业为建设生态省提供物质保障。林木资源是一种可再生资源，可以降解，而且人类所需要的大部分药材、果类、纤维、木材等都来源于林业发展与建设，林业的发展与建设在促进生态环境改善的同时，还为人们提供了众多林副产品，奠定了生态省建设的基础。林业在可持续发展中居于重要地位，对治理土地沙化、水土流失、洪涝灾害及维护物种安全具有不可替代的作用，在全面建设小康社会的进程中，必须加快林业发展，充分发挥林业的多种功能。

林业承担着提供生态产品、物质产品和生态文化产品的光荣使命。在建设生态省的过程中，林业既要承担起生态建设的重任，又要当好生态文化的建设者。林业的发展在为人类提供物质产品的同时，还在维护生态系统平衡中发挥重要作用。一些生态灾难和自然灾害都与林业建设密切相关，通过林业建设与发展，可以减轻自然灾害，保护人类赖以生存的自然环境。森林是地球物质交换与能量流通的载体，是维护生态平衡，促进生态与社会经济协调发展的枢纽。因此，林业建设为建设生态省提供了生态环境基础。

对河南而言，林业是生态建设的主体，没有林业建设事业的发展，就不可能满足人们对林木产品的需求，不能更好地为生态环境建设服务，就更谈不上建设生态省。生态良好是人类走向富裕的基础和前提，没有良好的生态环境，就不可能有高度的物质享受，也不可能有高度的精神享受。

（二）林业是经济社会可持续发展的基础

长期以来，林业被认为是单一的产业部门。随着人们对林业地位和作用认识的深化，逐步揭示出对林业定位的规律性认识，即林业是经济社会可持续发展的基础。人类的生态需求是全面的：一方面，人类的生态需求是要在生态环境系统中获取物质和能量；另一方面，则是满足人类自身的生理、生活和精神消费的生态需求。各级政府不再将林业看做单纯的生产木材的产业，而是将林业看做维系生态安全、保障经济社会可持续发展的重要基础性产业和公益性事业。

林业，不只是一项产业，更是一项综合性、全局性和长远性的基础事业。河南省内各级政府实行一把手负总责、分管领导亲自抓、业务部门具体抓，形成了坚强的组织领导体系。各级林业部门在开展创建绿色家园、共建生态文明村、绿化活动以及全省浆纸林造林工作中发挥了重要作用。

(三) 林业在河南生态省建设全局中具有重要的战略地位

河南林业的综合效益包括森林的综合效益和湿地综合效益两部分,据测算,河南省森林资源及湿地系统每年的综合效益达 3894.07 亿元,其中森林资源年综合效益 3035.61 亿元 (包括生态效益 2313.62 亿元、经济效益 395.21 亿元、社会效益 326.78 亿元),湿地年生态效益 858.46 亿元。

(1) 生态效益。主要有蓄水净水作用、固土保肥作用、吸碳放氧作用、净化环境作用、庇护农田作用等。

(2) 经济效益。有力地支持了全省经济建设和社会事业的发展;改善了人们的膳食结构,提高了生活质量;为省内药、果、茶等加工企业提供了主要原材料,拓宽了农民增收渠道。

(3) 社会效益。据测算,全省 6000 多万亩集体林地和分布各地的 1.3 万家林产加工经营企业每年可为农村劳动力提供 272.32 万个就业岗位,其中生态建设与保护工程可提供 36.68 万个、林业第一产业 149.30 万个、林业第二产业 76.00 万个、林业第三产业 10.34 万个,效益价值 326.78 亿元。林业已成为农村产业结构调整、促进农民增收、推进新农村建设的重要产业。

因此,要实现河南生态、经济与社会协调发展,必须特别重视林业建设。同时,林业是一项投资大、周期长、见效慢的社会事业。林业与河南社会日益增长的多种需求的差距甚大,已明显地成为生态省建设进程中的薄弱环节。由于薄弱又十分重要,就必须予以大力加强。

第二节　生态省建设的理论基础

生态省建设是实施可持续发展战略的重要组成部分,是一项复杂的系统工程。整个建设实践是在有关理论的指导下开展的。自从 1999 年开始进行生态省建设试点,提出"生态省"概念之后,有关生态省建设的理论问题一直在探讨之中,全国环境保护部门的管理者和实践者、专家学者都在进行积极的思考,探索和研究利用什么理论和如何利用这些理论来指导生态省建设的实践问题。从国家有关部门制定的政策文件以及各试点省份的规划纲要来看,生态省建设的理论基础如下:

一、全面协调可持续的科学发展观

党的十六届三中全会提出全党要树立全面、协调和可持续发展的科学发展观。科学发展观的第一要义是发展，核心是以人为本，基本要求是全面协调可持续，根本方法是统筹兼顾。这是中国共产党多年改革开放实践的经验总结，是推进全面建设小康社会的迫切要求，科学的发展观要求我们在实践工作中学会如何正确处理资源与发展的关系、环境与发展的关系、经济增长方式与发展和环境的关系。树立全面协调可持续的科学发展观是搞好环境保护的前提，成为生态省建设的核心。

科学发展观中的全面、协调具有丰富的含义。在协调经济与生态的关系上，所谓全面，就是克服过于强调经济或过于强调生态这两种片面性，既要看到经济发展需要依赖于生态环境的一面，也要看到生态环境保护、建设和恢复要依赖于经济发展的一面；所谓协调，就是妥善处理经济与生态的关系，搞好"五个统筹"，而不是简单地将经济中心论转向生态中心论。30 年前，在许涤新等老一辈经济学家倡导下，中国开始形成经济和生态协调发展的理念。生态省的建设要充分在全面协调的科学发展观的指导下进行。

生态省的建设同时体现着科学发展观的可持续发展。坚持可持续发展的指导性是科学发展观的内在要求。其含义是：实现经济社会与环境的双向良性互动，一方面全社会都要努力采取有利于生态环境保护的生产方式、消费方式和生活方式，构建人与环境之间的和谐；另一方面要用良好的生态环境来促进生产发展，改善人民生活，保障社会和谐。也就是说，用科学的发展观指导生态省建设，就是要把人类自身置于地球生态链之中，面对生态危机自觉调整行为，力求正确认识自然，并通过与自然界相互依赖，互惠互利，达到共同发展，建立起一个生态文明的和谐社会。为实现这一任务，需要观念、增长方式、生活方式等方面的创新。生态省建设正是科学发展观持续性发展在国家发展理念上的一个深化和升华。由此，建设生态省无疑是落实科学发展观，走可持续发展道路的最佳选择。

二、生态学原理

生态学的基本观点和核心是维持生态系统平衡，维护生态系统的协调性，保持生态系统的良性发展。只有生态环境和谐并保持生态系统良性发展，才能满足人类经济发展和社会进步的需要。

（一）社会—经济—自然复合生态系统理论

生态系统就是在一定空间中共同栖居着的所有生物与其环境之间由于不断地进行物质循环和能量流动过程而形成的统一整体。生态系统具有整体性，整体性是指系统的有机整体，其存在的方式、目标、功能都表现出统一的整体性。任何一个生态系统都是由多个要素按照一定规律组织起来的具有综合功能的相互联系和制约的有机整体，而不是各要素的简单相加。

生态省可以看成是一个以人为主体，包括自然、经济、社会组成的复合生态系统。它的结构应包括以下几个方面：①自然生态子系统。自然生态子系统应包括人类赖以生存的基本物质环境，如空气、水资源、森林、土壤、动物，微生物、矿藏以及自然景观等。②经济生态子系统。经济生态子系统主要包括生产、分配、流通与消费各个环节。如工业、农业、交通运输、科技、金融、贸易等。③社会生态子系统。社会生态子系统主要包括人民及其物质生活与精神生活的诸方面，社会生态子系统是指人类在自身活动中产生的非物质性的环境，它主要存在于人与人的关系上，存在于意识形态之中。生态省复合生态系统中社会系统、经济系统和自然系统之间相互影响、相互制约，各个子系统内部要素之间也是有机联系的。因此，生态省建设是以整体性原理为指导的，不仅仅对其中的某一个子系统进行建设，而是将经济和社会子系统的发展建立在保护人类赖以生存的自然子系统之上。

（二）生态平衡原理

从生态学的角度看，平衡就是某个主题与其环境的综合协调。因此，生命的各个层次都涉及生态平衡的问题。所谓生态平衡是指一个生态系统在特定时间内的状态，在这种状态下，其结构和功能相对稳定，物质和能量输入输出接近平衡，在外来干扰下，通过自我调控能恢复到最初的稳定状态。生态平衡首先应理解为动态平衡，生态系统对于外部冲击的调节能力是有限的，如果人类活动引起的冲击过于突然、过于激烈，又很不规则，生态系统就难以适应而产生剧烈波动，当外界压力（自然的或人为的）超过生态系统自身调节能力或代谢补偿功能时，生态平衡便遭到破坏。另外，生态平衡的表述应该反映不同层次、不同发育期的区别。各类生态系统都应把机构、机制、功能的稳定，自控能力和进化趋势作为衡量平衡与否的基础。

生态系统是一个开放系统，维持系统的平衡需要能量，污染和收获都会减少系统维持平衡所需的能量。我们愈向自然索取，自然可供维持平衡的能量就愈少，只有不断地输入物质和能量，不断地排出，系统才能维持一种稳定的平衡状态。

建设生态省，是以生态平衡原理为理论基础的。生态省作为一个复合生态系统，当外界施加的压力超过了其自身调节能力后，都将造成其系统内部破坏，功能受阻，正常的生态关系被打乱以及反馈自控能力下降等，造成生态平衡失调。在传统的粗放型经济增长方式下，对资源的掠夺性消耗以及向环境无节制地排放污染物，破坏了生态系统的自我调节能力。如农业生产为防治害虫而使用了大量农药、工厂在产品生产的同时排放了大量的各类污染物、森林大面积开采、牧业发展带来的过度放牧导致的草场退化等。如果继续沿用粗放的增长方式，将会破坏生态系统的平衡状态。创建生态省就是要转变经济增长方式，协调省域内经济发展与环境保护的关系，维持生态系统的稳定性，维护生态系统平衡和良性发展，将区域经济发展建立在生态系统平衡的基础之上。

（三）生态服务功能

生态服务功能是指生态系统服务与生态系统功能的综合，指生态系统与生态过程所形成及所维持的人类赖以生存的自然环境条件与效用。自从 20 世纪 70 年代以来，生态服务功能开始成为一个科学术语及生态学与生态经济学研究的分支。国际科学联合会环境委员会于 1991 年举行会议，主要讨论了怎样开展生物多样性的定量研究，促进了生物多样性与生态服务功能关系的研究，并使这一课题逐渐成为生态学研究的新热点。美国生态学会组织了以 Gretchen Daily 负责的研究小组，对生态服务功能进行了系统的研究。1997 年 Costanza R 等将全球生态系统服务功能划分为 17 类。

生态系统在一定的时空范围内为人类社会提供的产出构成生态服务功效，生态服务功能的强弱取决于人类活动对生态系统的胁迫效应和生态建设效果的大小，并通过生态服务功效和生态反馈机制作用于人类活动。随着工业化的进程，人们干预自然的能力不断加强，森林采伐、湿地开发、生物资源的开发利用以及土地利用方式的改变，全球生态系统的格局发生了极大的变化，自然生态系统面积减少，受人控制的生态系统面积迅速增加。同时，大量环境污染物进入生态系统，大大超过生态系统的承载容量，进而破坏生态系统的结构与功能，生态服务功能受到损害。区域生态环境问题与危机的实质就是其生态服务功能的损害与削弱，从而阻碍区域的社会经济发展。

生态省建设首先要对一个省域的生态服务功能和生态安全性进行评估，判断其生态服务功能是否健全，是否足够强大，其生态环境是否都安全，以确保其对社会经济发展的支撑。在评估基础上，根据分析结果来确定生态省建设方向。如果省域的生态服务功能已受到严重损坏，生态安全受到威胁，那么生态省建设首要任务就是偿还历史环境欠债，恢复治理环境，并及时转变发展方式；如果生态服务功能健全、强大、生态环境良好，生态安全得以保障，存在的主要问题是环境的优势没有转化为经济的优势，那么生态省建设的主导方向就应是解决发展不足的问题，以及确保继续保育其生态服务功能，保持生态环境质量良好。

三、生态经济学理论

我国著名生态经济学家、中国社会科学院王松霈研究员强调用生态经济学理论指导生态省建设，以实现发达的经济、良好的生态和文明的社会为基本内容的生态经济建设工作。于光远先生在提出生态省这一概念之初，就指出"一是要把生态学原理用于积极提高经济效益上，要把生态研究和经济效益研究统一起来。二是要有人为这种统一进行设计，根据各种具体的情况，提出具体的方案和计划。不做这种设计工作，就会把按生态原理进行建设停留在口头上，不能在实际生活中实现生态和经济的统一"。实现生态省建设生态和经济的统一，生态经济学原理是生态省建设的理论基础之一。

生态经济学是生态学与经济学交叉发展起来的一门科学。它是研究使社会物质资料生产得以进行的经济系统和自然界的生态系统之间的对立统一关系的学科，是既从生态学的角度研究经济活动的影响，又从经济学角度研究生态系统和经济系统相结合形成的更高层次的复杂系统即生态经济系统的结构、功能及其规律的学科。生态经济学的目的，是根据生态学和经济学的原理，从生态规律和经济规律的结合上来研究人类经济活动与自然生态环境的关系。生态经济学研究的核心是生态与经济的关系问题，主要任务就是研究经济活动符合生态规律和经济规律的要求，以最小的环境代价实现经济发展的途径。

建设生态省的实质就是发展生态经济，在生态省创建过程中也必然要受经济规律和生态平衡自然规律两种客观规律的制约。生态省建设的一切经济活动都应在生态系统和经济系统共同组成的生态经济系统中进行。经济系统和生态系统都是客观存在的。过去长期以来，人们将经济系统与生态系统割裂开来，片面地认为经济活动只受经济规律的制约，而忽视生态系统的存在和生态平衡规律的制约，是产生各种生态环境问题的根源。

这并不意味着生态省建设只能被动地服从于生态系统的既定供给能力。我们在生态省创建中可以通过遵循生态规律，技术创新，调整生态、经济结构，在经济活动中提高资源、能源的利用率，减少污染物的排放数量和浓度，从而提高生态系统的供给能力，保障生态系统的稳定性。生态省建设还可通过制度创新约束和激励人们改变生产方式、消费方式、生活方式，减少经济活动对资源的消耗与浪费，减小环境承载的压力，尽可能实现生态效益、经济效益"双赢"。在生态省建设的过程中既要遵循经济规律，也要遵循生态规律，把生态与经济的协调作为生态省建设的核心任务，把追求生态效益和经济效益的统一作为目标。

第三节 河南生态省建设成效分析

中国提出生态省建设的理念以来，全国各地的生态省建设工作都正在不断推进、不断深入之中。河南生态省建设以科学发展为主题，以改善环境质量为出发点，统筹城乡发展，促进人与自然和谐，推动整个区域走上生产发展、生活富裕、生态良好的文明发展道路。

一、河南生态省建设的背景分析

河南省位于中国中东部，国土总面积 16.7 万平方公里，居全国第 17 位。是我国经济由东向西推进梯次发展的中间地带，呈承东启西、连南贯北之势，区位优势明显。河南省既是全国人口第一大省，也是全国重要的商品粮基地。河南正处于工业化和城镇化加快发展的阶段，生态环境建设取得了很大的成就。但是随着城市的扩张、工业规模的扩大，环境与发展的矛盾日益突出，自然灾害频繁、水资源匮乏、土壤质量下降等一系列生态环境问题，已成为制约全省经济社会快速发展的重要因素。

目前，河南省已进入全面建设小康社会、实现中原崛起的关键时期，在生态省的建设过程中，主要遇到以下问题：一是森林资源总量不足，质量不高，生态系统的整体功能仍很脆弱；二是全省经济发展已进入一个新的阶段，工业化、城镇化进程明显加快，环境容量和直接减排的空间十分有限；三是随着河南生态省全面建设小康社会的步伐加快，城乡居民对生态产品和木材等林产品的需求越来越大，供需矛盾日益突出；四是河南省作为一个拥有过亿人口的发展中大省，人口增长、经济发展与资源和生态环境的矛盾日渐突出；五是河南省近年来经济实力不断增强，具备了加大林业投入的条件。河南省副省长张大卫说："我省地处中原，是人口大省、农业大省，经济基础非常薄弱，自然禀赋较差，环境承载能力有限，又处于工业化、城镇化加速发展的阶段，生态建设、环境保护的任务十分艰巨。"

生态省的建设对林业提出了新的更高要求。实现林业又好又快地发展，是一项必要而紧迫的任务，这就要求河南省必须加快林业发展，进一步提高生态建设标准和质量。河南省委、省政府从全省经济社会长远发展和人民群众切身利益出发、从全局和战略高度出发做出了重大决策。2007年11月，中共河南省委、省政府以党的十七大精神为指导，深入贯彻落实科学发展观，以豫政〔2007〕81号文件印发了《河南省林业生态省建设规划》。林业生态省是指以林业为生态建设的主体，建成高效益的农业生产生态防护体系、城乡宜居的森林生态环境体系、持续稳定的国土生态安全体系，使生态承载能力满足经济社会可持续发展要求的生态文明社会。建设林业生态省对河南省实现经济、社会、生态环境良性循环和协调发展，构建和谐中原，具有重大的现实意义和深远的历史意义。

二、河南林业生态省建设的总体规划

（一）指导思想

以党的十七大精神为指导，深入贯彻落实科学发展观，认真落实《中共中央国务院关于加快林业发展的决定》，坚持以生态建设为主的林业发展战略，以创建林业生态县为载体，全力推进现代林业建设，充分利用现有的土地空间，加快造林绿化步伐，大力培育、保护和合理利用森林资源，发挥森林资源在物质、精神、社会及生态文明中的重要作用，为促进人与自然和谐，建设秀美河南，实现中原崛起作出新的贡献。

（二）基本原则

1.合理利用土地资源，尽量少占用耕地

新增有林地全部安排在宜林荒山荒地（即国土部门控制的荒草地、沙地）和未利用土地中的部分滩涂地、盐碱地、裸土地及建设用地中的废弃矿山上。生态能源林、水源涵养林、水土保持林全部规划在宜林荒山荒地等未利用土地上；矿区生态修复工程安排在废弃工矿用地等建设用地上；生态移民工程需恢复植被的，主要在移民废弃宅基地和废弃道路、晒谷场等其他农用地上安排造林，均不占用耕地。农田防护林网、防沙治沙工程根据农田防护和沙化土地治理技术规程进行规划，不多占用耕地。环城防护林、围村林、生态廊道工程遇到耕地地段时，按标准下限进行规划，尽量少占用耕地，且这些工程只安排造林规模，不改变土地地类，其林木生长所占用土地仍按耕地管理。合理利用土地资源，维持全省耕地总量的动态平衡。

2. 相互协调，整体推进

充分吸纳和利用相关规划成果。城市（含县城）建成区绿化采用城建部门的规划；山区水土保持林和水源涵养林规划在吸收水利部门水保规划的基础上进行了完善；廊道绿化依据铁路、交通、水利、河务、南水北调等部门已建和规划的工程，工程建设到哪里，林业生态建设规划就跟进到哪里。参考环保部门的生态功能区划成果划分生态功能区，并利用国土部门的土地分类成果控制全省的造林规模。

3. 因地制宜，注重实效

山区、丘陵区坚持生态效益优先，重点营造水源涵养林、水土保持林、名特优经济林和生态能源林。平原农区重点建设高效的农田防护林体系，以保障农业生产能力，同时大力发展工业原料林。生态廊道中的景区道路、南水北调干渠两侧、高速公路出入口等重要地段，实行乔灌、花草相结合，扩大常绿树种比例，提高绿化美化标准和景观效果。

4. 注重质量，提高效益

在全省所有适宜种树的地方，全部高标准绿化，对已经初步绿化但质量效益不高的中幼林，采用抚育和改造等方式，进一步完善提高，高质量绿化中原大地，维护全省生态安全；同时适应现阶段经济技术条件，不规划在裸岩、重石砾地等造林难度大、成本高的地段上安排造林，增强经济可行性。

5. 政府主导，市场调节

重点林业生态工程建设实行政府主导，投资纳入各级政府财政支持体系；林业产业工程建设遵循市场规律，投资实行市场化运作；生态与经济兼顾的生态能源林等建设，注重吸引社会投资，实行政府主导下的政策性引导、扶持机制。

（三）建设目标

经过 5 年（2008~2012 年）的奋斗，巩固和完善高效益的农业生产生态防护体系，基本建成城乡宜居的森林生态环境体系，初步建成持续稳定的国土生态安全体系，使全省的生态环境显著改善，经济社会发展的生态承载能力明显提高，初步建成林业生态省。

1. 总体目标

到 2012 年，全省新增有林地 1129.79 万亩，达到 5468.43 万亩；森林覆盖率增长 4.51 个百分点，达到 21.84%（林木覆盖率达到 28.29%），其中，山区森林覆盖率达到 50% 以上（太行山区 40% 以上），丘陵区森林覆盖率达到 25% 以上，平原风沙区林木覆盖率达到 20% 以上，一般平原农区林木覆盖率达到 18% 以上。林业年产值达到 760 亿元，林业资源综合效益价值达到 5100.53 亿元。80%的县（市）实现林业生态县。

2. 具体目标

（1）916.21 万亩宜林荒山荒地、41.54 万亩宜林沙荒得到绿化；现有 802.38 万亩沙化耕地全面得到治理，941.44 万亩的低质低效林基本得到改造。

（2）平原农区防护林网、农林间作控制率 95% 以上，沟、河、路（铁路、国道、高速公路、省道、景区公路、县乡道、村道等）、渠绿化率达 95% 以上，城镇建成区绿化覆盖率达 35% 以上，平原村庄林木覆盖率达 40% 以上。

（3）自然保护区占国土面积比例达到 4.7%（其中林业系统 3.2%）；森林公园占国土面积的比例达到 2.1%；珍稀濒危动植物物种保护率达到 100%。

（4）新增用材林和工业原料林 130.84 万亩，达到 878.24 万亩：新造生态能源林 361.37 万亩，改造 144.74 万亩，达到 506.11 万亩；新增名优特新经济林基地 76.42 万亩，达到 1376.42 万亩；新增园林绿化苗木花卉基地 116.67 万亩，达到 196.67 万亩。

（5）新增森林和湿地资源年固定二氧化碳能力 2084.45 万吨，达到 8598.10 万吨。

到"十二五"末，全省森林覆盖率达到 24% 以上（林木覆盖率达到 30% 以上），林业年产值达到 1000 亿元，林业资源综合效益价值达到 5736.18 亿元。所有的县（市、区）实现林业生态县，建成林业生态省。

（四）总体布局

根据河南省的地形地貌、气候、植被、土壤等自然区域特征及决定区域分异的主导因素、林业建设现状及其主导功能差异，参照全国及河南省生态功能区划结果，规划以"两区"（山地丘陵生态区和平原农业生态区）、"两点"（城市和村镇）、"一网络"（生态廊道网络）构筑点线面相结合的综合林业生态体系。

三、河南林业生态省建设取得的主要成效

"十一五"以来，在省委、省政府的正确领导下，河南认真贯彻落实《中共中央国务院关于加快林业发展的决定》和省委、省政府《关于加快林业改革发展的意见》，以实施《河南林业生态省建设规划》为载体，以林业生态建设为重点，以深化改革为动力，统筹抓好林业产业和资源保护，扎实推进林业生态省建设，各项林业工作都取得了显著成效。

"十一五"期间，河南省完成造林面积 151.68 万公顷（2275.22 万亩），其中林业重点工程完成造林面积 120.24 万公顷（1803.6 万亩），为"十五"期间工程造林面积的 2.1 倍。特别是实施《河南林业生态省建设规划》3 年来，全省共完成工程造林 100.57 万公顷（1508.6 万亩），为前三年工程造林面积的 3.3 倍。全民义务植树不断深入，全省参加义务植树人数达 2.4 亿人次，完成义务植树 10.02 亿株。林业投入大幅度增加，共到位各类建设资金 273.08 亿元（其中，近三年达到 236.72 亿元），是"十五"投资总和的 4.8 倍。

表 4-1　河南林业"十一五"规划主要指标实现情况

指　标	2005 年	"十一五"目标	2010 年
森林覆盖率（%）	17.77	20	22.19
森林蓄积量（亿立方米）	1.02	—	1.29
林业自然保护区面积占国土面积（%）	2.87	3	3
国家级公益林保护面积（万公顷）	—	58	89
建成林业生态县（个）	—	47	102
林业产业总产值（亿元）	288	600	752

（一）森林资源持续增长

据调查，2010 年河南全省森林面积达 370.57 万公顷（5558.6 万亩），森林覆盖率 22.19%，森林蓄积量 1.29 亿立方米，提前完成"十一五"规划目标。一是森林面积、蓄积持续增长。森林面积净增 73.81 万公顷（1107.21 万亩）；全省森林覆盖率由 17.77% 提高到 22.19%，上升了 4.42 个百分点；森林蓄积量净增 2700 万立方米，继续呈现长大于消的良好态势。二是天然林面积、蓄积量明显增加。天然林面积净增 10.01 万公顷（150.15 万亩），天然林蓄积量净增 1088.73 万立方米。三是人工林资源快速增长。人工林面积达到 251.37 万公顷（3770.55 万亩），净增 63.8 万公顷（957 万亩），人工林蓄积量达到 7480 万立方米，净增 2051 万立方米。四是森林质量有所提高。乔木林每公顷蓄积量增加 3.14 立方米，每公顷年均生长量增加 2.06 立方米，每公顷株数增加 34 株，混交林比例上升 2 个百分点。

（二）生态建设成效显著

河南林业生态省建设以来，组织实施了天然林保护、退耕还林、重点地区防护林建设等国家林业重点工程，启动了山区生态体系、生态廊道网络建设、环城防护林和村镇绿化等一批省级林业重点生态工程。

林业重点工程完成造林面积 120.24 万公顷（1803.6 万亩），全省已有 102 个县（市、区）达到林业生态县建设标准。平原地区网、带、点、片相结合的综合防护林体系基本形成，农田林网、农林间作面积 566.7 万公顷（8500.5 万亩），控制率达 90% 以上；94 个平原半平原县（市、区）全部达到平原绿化高级标准，有效抑制了干热风等自然灾害的危害，呈现了林茂粮丰的新景象，为河南省连续 7 年粮食增产提供了生态屏障，为维护国家和河南省粮食安全作出了积极贡献。全省 16 万公里的路、渠、沟、河等通道得到绿化，初步形成了森林景观。同时，全省沙化土地面积逐年减少，山区森林植被逐步得到恢复，丹江口库区、小浪底库区、淮河源头等重点生态区水土流失面积逐步减小，强度减轻，地质灾害明显减少。

（三）间接减排效果明显

林业生态功能不断增强，从发挥防风固沙、水土保持等作用向森林固碳、节能减排等新领域延伸。《2009 年河南省林业生态效益公报》表明，2009 年全省林业生态效益总价值为 4376.83 亿元，全省现有林业资源年吸收固定二氧化碳 7984 万吨，相当于全省工业用燃煤二氧化碳排放量的 25.56%，有效减缓了温室效应，实现了间接减排，扩大环境容量，提高了经济社会发展的环境承载能力。

（四）林业产业稳步发展

河南省经济林面积达到 86.7 万公顷（1300.5 万亩），花卉和绿化苗木种植面积达到 11 万公顷（165 万亩），全省速生丰产用材林和工业原料林面积达到 58.9 万公顷（884 万亩，含片林和四旁林折合片林），林产品加工企业 1.4 万多家，形成了一批人造板及林产品加工集聚区，年产人造板 1420 万立方米、家具 90 万套、编织品 4000 万件。全省已建成 3 个林纸一体化生产基地，年木浆生产能力达到 36 万吨。信阳的茶叶、南阳的山茱萸、濮阳的林下经济、济源的薄皮核桃、鄢陵的绿化苗木和花卉等，已成为当地农民增收的重要来源。大力发展森林生态旅游，2010 年全省森林公园和自然保护区旅游共接待游客 2670 万人次，直接旅游收入达到 6.2 亿元。2010 年全省林业总产值达到 752 亿元，"十一五"以来，林业总产值年增速超过 15%。林业已成为一些地方调整农业结构、增加农民收入的支柱产业，林业在农民增收中的比重不断增加，2010 年全省每个农民来自林业的收入平均达到 918 元，占农民人均纯收入的 17.4%。

（五）生态文化建设进展顺利

林业生态省建设以来，河南建设了一批以森林公园等为依托的生态文明教育基地，开展了创建全国绿化模范城市、国家森林城市和生态文明企业（村）评选等活动，4 个市获得了"全国绿化模范城市"称号，3 个市获得了"国家森林城市"称号。举办了第二届绿博会、多届鄢陵花博会等在全国有影响力的活动，传播了各具特色的生态文化。充分利用报纸、广播、电视等传统媒体和网络、手机等现代媒体广泛地宣传林业，通过植树节、爱鸟周、世界湿地日、荒漠化日等活动，进一步扩大了生态文化影响力。

（六）森林保护体系不断完善

一是森林防火工作得到进一步加强，森林消防队伍稳步推进，装备和基础设施明显改善。建成了省森林防火指挥中心，省森林航空消防站，森林火灾综合防控能力显著提高，森林火灾受害率控制在 0.02‰以下。二是森林公安编制经费问题取得重大突破，装备和基础设施建设显著增强。开展了"绿盾"、"飞鹰"等一系列严打整治行动，开展涉林案件专项打击活动 20 余次，共查处各类破坏森林和野生动植物资源案件 48504 起，森林公安执法能力进一步提升。三是林业有害生物防治工作取得长足进展，林业有害生物灾害防治率达到 82.92%，林业有害生物灾害成灾率控制在 4‰以下。

（七）支撑保障能力得到加强

林业科技支撑不断强化，建成 1 个省级重点实验室、3 个厅级重点实验室、4 个国家级生态定位观测站、6 个省级生态定位站、1 个国家级林产品质量检验检测中心，取得科技成果 140 项，其中获得国家级科技成果进步奖 2 项，获得省级科技进步奖 50 项。全省林业科技成果转化率达 56%，科技进步贡献率达 45%。林木种苗建设得到加强。林业立法不断完善，执法体系逐步加强，林业案件查处率大幅提高，林业生态环境监测体系建设顺利开展，林业信息化建设全面推进。

四、河南推进生态省建设的阶段目标

2010 年 6 月，河南省正式启动生态省建设，并抓紧编制《河南生态省建设规划纲要》。按照《河南生态省建设规划纲要编制工作实施方案》要求：力争通过 20 年的努力，建立高效低耗低排放的现代生态经济体系、山川秀美的自然生态体系、自然和谐的人居环境体系、支撑可持续发展的环境安全体系、支撑生态文明的社会体系。到 2030 年，把河南建设成为民富省强、生态文明、环境友好、文化繁荣、社会和谐的生态省。

河南生态省建设将分三个阶段：第一阶段是 2010~2015 年，重点推进生态省建设，有序推进环境保护和生态建设重点工程，80%的省辖市、80%的县（市）启动生态市、县建设；建成 500 个生态乡镇；局部生态环境恶化趋势得到有效遏制，为全面开展生态省建设奠定基础。第二阶段是 2015~2020 年，全面推进生态省建设，建成一批环境保护和生态建设重点工程；50%的省辖市、50%的县（市）建成国家生态市、生态县；生态环境恶化趋势得以扭转，生态省建设目标和任务初步实现。第三阶段是 2020~2030 年，各项指标达到国家生态省建设要求，基本形成可持续发展的经济增长方式，经济社会与人口、资源、环境协调发展，生态省建设的主要任务和目标全面完成。

第四节　推进河南生态省建设的对策研究

河南省人民政府于 2011 年 1 月 23 日印发了《河南省国民经济和社会发展第十二个五年规划纲要》（以下简称"规划"），规划对"十一五"期间的工作给予充分肯定，同时又提出河南省发展面临的机遇和挑战。规划中提出，要"建设中原经济区，加快中原崛起和河南振兴；加强资源节约和环境保护，加快生态省建设。"同时，要提高中原经济区生态文明水平。要推进循环经济试点省建设，大力发展循环经济，以提高资源产出效率为目标，在资源开采、生产消耗、废物产生、最终消费等环节，逐步建立覆盖全社会的资源循环利用体系。要扎实推进生态省建设，坚持保护优先和自然恢复为主，从源头上扭转生态环境恶化趋势，保护和修复太行山、伏牛山、大别山以及河流、湖泊等功能区的生态功能，建设沿黄河生态涵养带和南水北调中线生态走廊。河南省环境保护厅厅长李庆瑞指出，"生态省建设是一项跨行政区划、跨部门、跨行业的综合性系统工程，需要经济社会各个领域进行改革创新"。2011 年 6 月 4 日，在"探索环境保护新道路、推动河南生态省建设"高峰论坛上，河南省副省长张大卫表示，今年将启动生态省建设规划编制工作，开展生态省建设。

我国已有近半省份开展了生态省的创建活动，经过几年的建设实践，各试点省在环境保护、经济发展等方面都取得了显著成效，也为河南生态省建设提供了许多经验启示。针对目前河南生态建设的现状和"十二五"规划的总体要求，对于推进河南生态省建设提出如下几点建议：

一、建设生态经济体系

河南省人口总量大，资源相对短缺，环境容量有限，增长方式粗放，经济发展对资源环境的依赖性较强。特别是在当前工业化和城镇化加速发展阶段，经济社会发展与资源环境之间的矛盾越来越尖锐。如继续沿用传统的经济发展方式，资源将难以为继，环境将不堪重负。

循环经济是在资源节约、环境保护的基础上实现可持续发展的经济增长方式，能够以较小的资源和环境代价获得尽可能大的经济效益和社会效益。通过大力发展循环经济，建立以循环经济为核心的生态经济体系，探索符合河南省实际的循环经济发展模式，对加快生态省建设、转变经济发展方式和调整经济结构，保持经济平稳较快增长具有重要意义。

紧紧围绕河南省委、省政府"一个载体、三个体系"的战略部署，从省情出发，立足当前，着眼长远，把发展循环经济与优化产业结构、促进节能减排、加快经济转型有机结合，突出工农业复合型循环经济特色，积极开发利用低碳技术，着力培育五大循环产业链，大力发展循环经济新兴产业，促进发展方式由粗放型向集约型转变，由高碳型向减碳、低碳型转变，使生态产业在国民经济中逐步占据主导地位，形成具有河南特色的生态经济格局。争取到 2015 年建成 100 个循环经济示范企业、20 个示范园区和 10 个示范城镇，建设安阳安西、鹤壁宝山、郑州等一批特色循环经济试验区。

（一）打造五大循环产业链

依托有色金属、煤炭、非金属矿、农业和再生资源等河南省优势资源，以提高资源利用效率为核心，重点打造"铝土矿开采—氧化铝—电解铝（合金）—铝材（深加工）—赤泥、尾矿等资源化利用"循环产业链、"煤炭开采—煤化工（火电）—综合利用"循环产业链、"非金属矿产开发—加工—综合利用"循环产业链、"种植（养殖）—食品加工—废弃物利用"循环产业链和"社会消费—再生资源回收—再制造（再生）产品"循环产业链。

（二）发展生态工业

依托产业园区、集聚区和大型企业集团，以有色金属、煤炭、火电、食品、化工、建材、造纸、医药八大高耗能、高排放行业为重点，延长产业链条，积极推行清洁生产。认真贯彻实施《中华人民共和国清洁生产促进法》，从源头上削减污染，节约和合理利用自然资源，提高废弃物综合利用率。发展清洁能源和可再生能源，使能源结构逐步适应生态经济体系建设的需要。

（三）发展生态农业

围绕建设国家粮食战略工程河南核心区，以提高土地资源环境承载力为核心，采用具有广泛适应性的发展方式，抓好农业节水、节地、节肥、节药、节能，推进畜禽粪便、农作物秸秆和林业剩余物的资源化利用，推广畜禽集中养殖、生态观光农业两类特色园区的发展模式。积极推广以沼气为纽带的生态农业开发模式、以农田为重点的粮经作物轮作模式、以减少以面源污染为核心的农药、化肥、地膜科学使用模式。应用农业地质调查成果，优化农业区域布局。建设若干高产、优质、低耗和防治污染、综合开发的生态农业示范园区。在水网平原，加强防洪排涝工程和河道整治，发展以粮、畜、渔为基础，蔬菜、瓜果等经济作物相结合的生态农业。在丘陵盆地，积极开展小流域综合治理和开发，发展立体种植、农牧渔相结合的生态农业。在山地丘陵，发展以名茶、名果、笋竹、药材、高山蔬菜等作物立体种植为主体的生态农业。

（四）推进重点工程建设

河南省"十二五"规划中围绕打造循环产业链、实施重点行业节能降耗、流域污染治理、生活污水和垃圾综合利用、农产品加工废弃物资源化利用、农村沼气建设、工业固废资源化利用、尾矿和共伴生矿综合利用、"城市矿产"综合开发利用八大循环经济重点工程，如表 4-2 所示。

表 4-2　河南省"十二五"规划循环经济重点工程

循环经济重点工程	目　标
尾矿、共伴生矿综合利用	依托大型矿业集团，建设尾矿、中低品位矿、共伴生矿、难选冶矿、煤层气、油页岩及其他稀贵伴生资源的综合利用项目，到 2015 年，矿产资源总回收率达到 35% 以上
工业固废资源化利用	以大宗工业废弃物综合利用为重点，利用粉煤灰、煤矸石、脱硫石膏、电石渣、冶金废渣、化工废渣等生产新型建材产品，到 2015 年，工业固体废弃物综合利用率达到 75% 以上
"城市矿产"综合开发利用	建设 30 个废旧电子电器、废旧办公设备、废金属、废塑料等处理基地和 20 个报废汽车、大型机电设备回收拆解中心。支持长葛市大周镇、博爱县产业集聚区等创建国家级"城市矿产"示范基地
再制造示范	重点支持汽车发动机、变速箱、发电机、汽车轮毂等零部件再制造，建设 2~3 个汽车零部件再制造基地。开展工程机械、机床、矿山机械和办公用品等再制造试点
农业废弃物资源化利用	重点支持利用秸秆生产饲料、肥料，依托畜禽养殖集中区和大型养殖基地建设大中型沼气和有机肥工程，到 2015 年，秸秆综合利用率达到 85% 以上，畜禽粪便资源化率达到 95% 以上
循环型服务业示范	在宾馆、餐饮、旅游、物流等领域开展循环型服务业试点，建设一批再利用、资源化示范项目
产业园区循环化改造	依托产业集聚区，创建 50 个以上绿色生态循环型产业园区
重大循环经济技术示范	依托采掘、工业、农业、建筑等领域重点工程和重点项目，开展大宗固废、生活垃圾、建筑垃圾、污泥、农林废弃物等综合利用技术开发和示范，建设一批服务平台

（五）发展生态旅游

挖掘和整合河南省生态旅游资源，规划、设计并推出一批生态旅游产品。坚持旅游开发与生态环境建设、历史文化遗产保护同步规划、同步实施，以森林、农业、江河溪流等生态环境资源为载体，把生态观念和生态文化融入旅游的各个环节。

建设若干主题型生态旅游区，使生态旅游成为河南省的重要品牌，带动全省旅游业整体水平的旅游业。推动文化和旅游融合发展，实施大板块、大品牌、大集团战略，整合旅游资源，着力构建新型旅游产业链。突出培育文化体验、都市休闲、山地度假和乡村游憩四大旅游产品板块，加快建设世界知名、全国一流的旅游目的地。整合提升洛阳、开封、安阳、郑州古都大遗址群和根亲、功夫、禅修等文化体验功能，打造文化河南旅游品牌和新型文化体验游产业链。结合城市新区建设、旧城改造、企业搬迁，开发建设集购物、美食、娱乐、健身等功能于一体的城市综合体和特色街区，建成一批城市休闲旅游功能区，建设宜居宜游城市。

依托南太行、伏牛山、桐柏—大别山等山水资源，积极引进战略投资者，开展产品开发、品牌塑造、市场营销、管理运营等方面的深度合作，建设一批山地休闲度假区。实施"百村万户"旅游富民工程，突出特色，一村一品，大力发展乡村生活体验、生态农业观光游。积极发展红色旅游、黄河文化生态游，着力培育自助游、商务游、养生游等旅游新业态。加强旅游基础设施和公共服务体系建设，完善主要景区旅游通道，建设航空、高铁、高速公路与主要景区高效对接的旅游交通网络，提升景区通行、停车、住宿、餐饮、娱乐、购物等综合服务能力。建成省旅游服务中心。加强与国内外龙头旅游企业的战略合作，强化优势互补，推进区域合作，建设覆盖全国、连接海外的旅游营销网络。积极培育大型旅游企业集团，支持骨干旅游企业上市融资。力争到2015年全省接待海内外游客人数突破4亿人次，旅游业总收入翻一番。

（六）构建生态经济体系

以基础设施建设为重点，加强生活污水、垃圾处理及综合利用，建立以清洁能源为主体的城市能源体系，加快发展城市绿色交通体系，全面推广建筑节能，积极创建绿色社区，在全社会倡导绿色消费、低碳消费和节约型消费模式，建设资源、环境协调发展的循环型社会。

二、环境保护和生态建设

良好的自然生态环境以及对自然资源实行合理的开发利用和保护，是实现经济社会健康发展和生态省建设目标的基础和条件，生态环境无法承载，生态省就是一句空话。一个省份成为生态省，必须要具备良好的生态环境质量。优化和保护生态环境应该是生态省建设的重要任务，也是生态省实现社会、经济与生态协调发展的最明显的外在特征。坚持环境保护和生态建设并重的方针，突出抓好重点区域和重点领域的生态环境，使环境质量满足功能区要求，生物多样性得到充分保护，抗灾减灾能力明显增强，经济社会发展的环境支撑能力不断提高。

(一) 加强环境保护

切实保护生态环境，努力保障发展需求，实现环境容量高效利用。以解决饮用水不安全和空气、土壤污染等损害群众健康的突出环境问题为重点，严格主要污染物总量控制，严格环境执法、管理，推进环境友好型社会建设。

(1) 实施工业污染全防全治。健全工业污染源头预防、过程控制、末端治理、回收利用的全防全治体系，推进重点排污企业深度治理，全面推行清洁生产。建立更加严格的环境准入制度和重污染企业退出机制，对造纸、皮革、发酵、化工等重点行业实行污染物排放总量控制。以区域大气污染防治和高污染行业为重点，推进大气污染联防联治。

(2) 加强城市污染防治。优先保护集中式饮用水源地，确保群众饮水安全。加强城区内工业企业环境监管，对环境影响较大的企业实施关停、搬迁或转产。推进城市大气污染综合整治，提高城市建成区内工业烟尘、粉尘的排放控制标准，全面实施国家第四阶段机动车排放标准，积极防治城市灰霾污染，确保省辖市空气质量好于Ⅱ级标准天数在 292 天以上。加强城市声光污染治理。推进城市餐饮业厨余垃圾的安全处理。

(3) 加强农村农业环境保护。以"生态乡镇、生态村"创建为主要抓手，开展农村环境综合整治，提高农村环境质量。加快重点乡镇污水处理设施建设，积极推进农村分散式污水处理设施建设。加快推进农村生活垃圾"户分类、村收集、乡运输、县处理"，因地制宜建设农村垃圾处理设施。规模化畜禽养殖企业全部配套建设污染治理设施。开展农村环境监测试点工作，初步建立农村环境监测体系。实施农业面源污染治理示范工程。全面推广测土配方施肥。严禁焚烧秸秆。

(4) 严格环境管理。落实环境目标责任，严格环境目标考核。健全环境法规和标准体系。严格环境执法，加大环境违法违规成本约束和处罚力度，严厉打击各类环境违法行为。完善全省环境自动监控系统，建立健全环境应急监管体系，完成环境监管标准化建设。全面推行排污许可证制度，开展排污权有偿使用和交易。健全水环境断面考核制度。加大污水处理费、垃圾处理费征收力度，提高城市污水垃圾处理设施运行效率。实施差别电价、差别水价，提高重污染落后产能企业信贷风险等级。加强环境宣传教育。

河南省"十二五"规划针对于环境保护制定了七个方面的工程目标，如表4-3所示。

表4-3　河南省"十二五"规划环境保护工程

环境保护工程	实施目标
水污染深度治理	重点实施213家企业废水深度治理、中水回用、清洁生产等工程建设
大气污染防治	重点实施41家现役燃煤机组脱硫脱硝除尘改造，57家燃煤电厂脱硝除尘改造，113家冶金、焦化、水泥、建材重点企业废气脱硫脱硝除尘改造
固体废弃物污染防治	重点对47家企业工业固废污染治理及资源化综合利用，续建驻马店市、扩建安阳市、新建固始县医疗废物集中处置中心
重金属污染防治	重点实施重金属污染防治项目128个，开展废水综合治理、废气烟尘净化、废渣无害化处置和重金属污染土壤植物修复
土壤污染防治和修复	重点实施9个土壤修复治理试点工程
千里河道治理	实施贾鲁河、双洎河、惠济河、涡河、清潩河、黑河、沁河、伊河、洛河等16条河流河道清淤、截污、人工湿地、河道生态净化、生态修复等综合整治工程
农村环境综合整治	重点实施2000个村庄环境综合整治、3000个生态文明村创建、500个省级生态乡镇创建等

(二)加强生态建设

继续坚持以生态建设为主的林业发展战略，建设结构合理、功能齐全、持续高效的林业生态防护体系，提高森林覆盖率，增加森林蓄积量，全面增强森林的"碳汇"功能，提高河南省工业发展的环境承载能力，扩大全省经济社会发展的环境容量，为中原经济区建设构筑生态安全屏障。

"十二五"河南省林业发展目标是：完成造林86.67万公顷，森林抚育经营（含低效林改造）154.27万公顷，全民义务植树9亿株，森林覆盖率达到24%以上，森林蓄积量达到1.35亿立方米以上；林业资源综合效益价值达到5740亿元，所有的县（市）建成林业生态县；林业产业总产值达到1300亿元，林业产业集群初步建立；生态文化体系初步构成，生态文明观念广泛传播，加快建设生态省，推进桐柏—大别山地生态区、伏牛山地生态区、太行生态区、平原生态涵养区建设，构建沿黄河、南水北调中线生态走廊，形成"四区两带"的区域生态格局。

积极推进南水北调渠首生态经济示范区建设，加强丹江口库区水污染防治和水土保持工作，确保南水北调中线输水水质。加强淮河源头、大别山等重要生态功能区保护和管理，增强涵养水源、保持水土能力。实施千里河道治理工程，推进贾鲁河郑州段、惠济河开封段、卫河河南段、北汝河平顶山许昌段等重点河段的综合治理。统筹水资源利用与生态环境保护，保证河流生态基流，促进水环境休养生息。实施湿地保护工程，开展退耕还泽，恢复湿地植被和水禽栖息地。加强各类自然保护区生态保护和建设，保护生物多样性。深入推进林业生态省建设，巩固天然林保护、退耕还林等成果，严格林地保护管理，全面加快山区生态体系、农田防护林体系、防沙治沙、生态廊道、森林抚育改造等省级重点生态工程建设，五年新增森林 730 万亩，森林覆盖率达到 23.61%。实施矿区生态恢复治理工程，推进矿区农田复耕、新村建设、生态恢复同步。加快建立生态补偿机制，加大重要生态功能区生态补偿财政转移支付力度。

河南省"十二五"规划针对于生态建设制定了几个方面的工程目标，如表 4-4 所示。

表 4-4 河南省"十二五"规划生态建设工程

生态建设工程	实施目标
林业生态	实施天然林保护、退耕还林、长江防护林、太行山绿化等国家和省级林业重点工程，造林 1300 万亩，实施森林抚育改造 1600 万亩，新增固定二氧化碳能力 723 万吨
黄河生态涵养带建设	全面实施沿黄滩地生态修复保护，逐步实施退耕、退牧，扩大湿地保护面积，构建沿黄生态涵养带
矿区生态环境恢复治理	实施矿区损毁土地农田复耕、矿区新村规划建设、生态重建"三位一体"综合治理工程 32 个，整治规模 15000 公顷
水土保持和生态修复	实施淮河上游、漳卫河上游、伊洛河两岸、丹江口库区等重点水土流失防治区的水土保持工程，完成坡耕地改造 29.3 万亩、生态修复 1600 平方公里

三、创建生态示范区

国家环保局在《全国生态示范区建设纲要》中下的定义：所谓生态示范区是以生态学和经济学原理为指导，以协调经济、社会发展和环境保护为主要对象，统一规划，综合建设，生态良性循环，社会经济全面、健康、持续发展的一定行政区域。生态示范区建设是生态省、生态县（市、区）、生态乡镇、生态村的统称，生态乡镇是生态县的基础，生态村又是生态乡镇的基础，生态县、生态乡镇和生态村是生态省的细胞工程，生态示范建设系列相互支撑，相互影响。

生态市、县建设应当是实施生态省建设过程中的系列创建活动，是生态省建设的组成部分。生态省建设需从基层抓起，夯实基础。"生态省创建要求80%的地市达到生态市建设指标并获命名，而生态市又要求80%的县达到生态县建设指标并获命名。"时任河南环保局长李庆瑞认为，基础性创建工作已成为制约河南生态省建设的一大"瓶颈"。"十一五"以来，在全国已初步形成了生态省—生态市—生态县—环境优美乡镇—生态村的生态示范系列创建体系，海南、河北、黑龙江、山东、安徽等省都在大力推进生态示范区的建设。

河南省按照"探索经验、典型引路、以点带面"的思路，在全省开展生态示范区系列创建活动。自2002年在全省开展以来，至2010年底，共创建了159个省级生态乡镇、1036个省级生态村、24个国家级生态乡镇、7个国家级生态村。在生态示范区创建的基础上，开展了生态县的创建工作。其中，洛阳栾川、信阳新县创建成效显著，2010年被省环境保护委员会命名为省级生态县。生态示范建设工作呈现出蓬勃发展的态势。为巩固生态省建设的各项细胞工程，扎实推动生态省建设，落实《河南省人民政府关于加强农村环境保护工作的意见》，河南省环境保护厅出台了《关于做好2011年生态示范建设工作的通知》，继续加强生态示范区创建工作。

河南省生态示范区建设工作要与社会主义新农村建设和落实科学发展观结合起来。当前，农业、农村和农民"三农"问题成为影响经济社会全面、协调、可持续发展的重大问题。由于长期以来形成的落后生产生活方式，农村公共基础设施欠账较多，城镇盲目扩大建设，功能布局混乱，土地资源浪费，环境脏、乱、差问题突出，经济社会发展与生态环境保护不相协调。这些问题已成为制约农村全面建设小康社会的"瓶颈"。河南省是农业大省，全面建设生态省、小康社会和加快奋力崛起的重点在县城和农村，难点也在县城和农村。

河南省在推进生态示范区创建进程中，2011年的工作目标是：全面谋划最近一个时期的生态示范建设工作，制订各层次创建计划；重点完成2011年政府环保责任目标中的生态示范建设目标，全省创建84个省级生态乡镇，456个省级生态村；巩固提升生态乡镇、生态村创建成果；强力推进生态县建设，26个县（市、区）开展省级生态县建设，力争实现国家级生态县的突破，大力推动各地生态省建设。

四、完善法制体系

从当前我国生态省建设的实践来看，大多试点省在创建生态省的过程中，十分注重环境法制对生态省建设的保障作用，比如，不断完善立法以适应生态省建设的需要、进行制度创新和执法检查等。为保障河南生态省建设的顺利进行，应进一步完善生态省的法制建设。

在"十一五"期间，河南省稳步推进法制建设，系统加强平安建设，强力推进司法为民各项举措，全省法制体系进一步完善，人民群众的安全感逐年增强，对政法工作的满意率也逐年提高。在生态省建设方面，河南省在执行国家制定的《中华人民共和国环境保护法》、《中华人民共和国清洁生产法》等法律法规的同时，制定了一系列具有河南特色的地方性环保法规规章。

2007 年《河南林业生态省建设规划》的实施，迈出了生态省建设的步伐。其中，2009 年《河南省城市生活垃圾处理管理办法》、《河南省人民政府关于加强农村生活垃圾收集处理工作的意见》针对河南省城市、农村生活垃圾环境防治中面临的重点、难点问题作出了一些创新性的制度规定，进一步强化了政府责任。河南省政府还颁布实施了《河南省南水北调受水区供水配套工程规划》、《河南省节能监察办法》、《河南省森林资源流转管理办法》、《河南省突发环境事件应急预案》、《河南省人民政府关于推进城乡建设加快城镇化进程的指导意见》、《河南省持久性有机污染物"十二五"污染防治规划》、《河南省环境监察办法》、《2011 年河南省环境综合整治实施方案》、《2011 年河南省加快产业产品结构调整专项工作方案》、《河南省监察厅河南省环境保护局关于违反环境保护规定行政责任追究暂行办法》，这一系列法规规章和规范性文件出台，初步完善了环境保护管理体制，细化了环保执法手段，增强了环保执法刚性，赋予了环保部门及其监察机构现场行政强制措施权，强化了生态建设和环境保护的法规政策保障。2009 年 12 月 31 日，国家发展与改革委员会批准了《河南省循环经济试点实施方案》，为推进循环经济发展，河南省政府下发了《河南省人民政府关于全面推进循环经济加快发展的实施意见》。

为了进一步完善河南省生态省法制建设，应制定出台一系列具有权威和可操作性的有关生态省建设的法规规章和规范性文件，将生态省建设的政策、规划和行为法定化和制度化，逐步建立起生态省建设的法治秩序，保证生态省建设依法推进。《河南生态省建设规划纲要》应以地方立法的形式确定生态省建设战略规划的长期性和稳定性。还应制定专门的生态省建设综合性法规，比如，制定一部《生态省建设条例》，将促进生态省建设的各项方针、政策以立法的形式确定下来，并根据各省特点对本省生态省建设的原则、目标、管理体制等问题作出综合规定，同时，明确消费者、企业、各级政府在保护资源、建设生态环境方面的责任和义务，建立违法的惩治措施及监督体系，树立起依法建设生态省的权威。

另外，河南省还应该在以下几个方面加强生态省的法制建设：

（一）制定循环经济的立法

我国已经制定了《中华人民共和国清洁生产促进法》，但是在生态省建设中，各省的资源状况不同、产业结构不同、污染物排放情况也不尽相同。因此，河南省应根据本省实际需要，以《中华人民共和国清洁生产促进法》为指导，制定发展循环经济、促进清洁生产、清洁能源、再生资源回收利用等方面的地方性法规，鼓励充分合理利用生态资源发展相应的特色工业，以解决环境保护与工业污染之间的矛盾。

（二）制定完善生态农业方面的法规

河南省应立足于本省现状，制定和完善发展生态农业的地方法规。一是要制定和完善发展生态农业的法规条例，规定生态农业发展的基本原则、方向，鼓励传统农业向生态农业转变的优惠政策，包括对生态农业所需的耕地、森林、草地、水源和种子资源等方面的优惠措施，鼓励发展污染小或无污染的生态型农业。二是制定和完善有关发展无公害、绿色、有机食品的法规。河南省应积极制定和完善规范农产品质量安全、鼓励生态型高效农业基地建设、无公害产品生产基地管理等方面的立法。

（三）制定保护和鼓励发展生态旅游的法规

生态旅游也是河南省积极发展的生态产业之一，如度假休闲游、动植物观赏游等生态型旅游。为使生态旅游业沿着法制化轨道深入开展，应制定有关生态旅游区保护、生态旅游景区服务、旅游风景区管理等方面的生态旅游法规。有关生态旅游的法规，首先，应以旅游区的生态环境容量为依据，科学确定旅游区的游客数量、开放周期，使旅游基础设施的建设及其旅游区的开发管理要与旅游区的生态环境容量相适应；其次，应坚持旅游开发、生态环境保护和建设同步规划、同步实施的原则，确保旅游设施建设与自然景观相协调；再次，应建立生态旅游管理机制与经营理念，把生态保护、生态文化、生态教育等融入旅游的各个环节，通过规范生态旅游活动，发挥生态旅游的引导示范作用，提升公众的生态环境保护意识。

（四）完善环境保护法规体系

完善的环境保护法规体系应包括以下几个方面：以防治环境污染为主要内容的污染防治法规；以合理开发、利用和管理自然资源为主要内容的自然资源法规；以节约和合理开发利用能源为主要内容的能源法规；以保护生物多样性、防止生物入侵等为主要内容的生态保护法；以水土保持、荒漠化防治等为主要内容的环境退化防治法。所以，河南省应在现有环境保护法律、法规基础上，进一步加大力度，完善环境保护方面的法律法规、建立健全相关的技术标准和制度；建立健全环境保护管理体制，结合国情与省情，建立和完善有利于环境保护的管理制度，并随着形势的发展、变化，不断地探索、完善。

五、生态文化与能力建设

（一）生态文化建设

所谓生态文化，是指人们在同自然共同发展的关系中所形成的人对自然生态系统本质的思想认识成果的总和，它所形成的价值取向、思想观念约束和支配着人类的行为。生态文化包括生产、生活、流通、还原和调控领域对"天人"关系的认知、对生产经营方式的组织、对人类行为的规范、对社会经济关系的调控以及有关"天人"关系的物态和心态产品等。

建设生态省要创造一种尊重自然、敬慕自然、与自然和谐相处的生态文化。这是生态省建设的灵魂，其成熟程度决定着生态省建设的方向、内容、模式和质量。一些生态省建设试点省的规划纲要中也将生态文化建设作为生态省建设的一项主要任务：山东省要建设体现现代文明的生态文化体系，提出生态文化是先进文化的重要组成部分。《海南生态省建设规划纲要》明确指出："生态文化是生态省建设的重要组成部分。"针对海南生态省建设取得的显著成效，有专家认为，如果没有先进的生态文化引导，海南的生态省建设就有可能成效不大。

河南省生态文化建设应包括以下领域：

（1）体制文化建设。加速生态省建设决策、经营和管理体制的改革，健全生态建设和可持续发展的法规政策，加大政府各职能部门、厂矿企业生产经营部门的综合决策、系统调和公民参与的力度、培育可持续发展的政治文明运行机制，实现生态省规划、建设和管理的系统化、科学化和生态化。

（2）认知文化建设。加强生态哲学、生态科学和生态美学的教育和宣传，普及生态知识，培育生态理念，强化生态意识，推进生态文明。

（3）心态文化建设。诱导和促进全社会精神文明建设，是整体、协同、循环、自生的生态哲理，温饱、功利、道德、信仰和悟觉五类境界协同的价值取向深入人心，倡导健康文明的生产方式、消费行为和社会风尚。

（4）物态文化建设。通过法制的、行政的、经济的、技术的手段，切实加强河南历史文化遗产的政治和保护，景观标识性和多样性的建设，促进传统河南文化和现代科技文化的结合，塑造一种新型的建筑文化、景观文化、商品文化和鉴赏文化。

生态省建设理念作为生态文化的一种形式，必须根植于人的理念中，使生态省的理念深入人心。需要动员全社会的广泛参与，并依赖于广大人民群众的总体素质和综合素质的提高。所以就要加大生态文化宣传教育，引导公众参与生态省建设。在河南建设生态省的过程中，要用可持续发展新思想、新方式、新知识、新观念改变传统的思维方式、消费观念与生产方式，建立起一整套全新的生态文化。

（二）生态省的能力建设

生态省能力就是可持续发展能力，联合国环境与发展大会（里约大会）1992年通过的《21世纪议程》里有过表述："一个区域的可持续发展能力，在很大程度上取决于该区域的生态状况与地理条件下的人们与体制的能力，具体说，能力建设指的是一个区域在人力、科学、技术、组织、机构和资源方面的能力的培养与增强。"河南生态省建设能力在很大程度上依赖于河南省人民政府和人民通过技术的、观念的、体制的因素表现出来的能力。河南生态省的能力建设要着眼于河南省情以及在河南的生态基础、自然状况和地理条件下，如何认识河南的发展成本，如何选择发展道路和进行制度建设。河南生态省能力建设主要集中在：

（1）管理体制能力。应该每年都在年末研究下年度生态省建设工作，滚动式地制定年度生态省建设工作意见，明确年度的重点任务、具体工作和目标，并分解下达到各市县政府和有关部门。生态省建设工作成效要与市县和部门领导政绩挂钩。要把加强领导体制建设作为生态省建设的核心环节，加强对工作机制、考核机制和监督机制的建设。

（2）综合决策能力。在宏观层面上要统揽全局，在中观层面上要联动各方，在微观层面上要各个击破。河南生态省建设综合决策机制建设是要充分考虑几方面的内容：①在制定全省经济和社会发展中长期规划、产业政策、产业结构调整和生产力布局规划时，要充分考虑生态环境的承载能力和建设要求，进行必要的环境影响评估。②各个部门在制定和实施经济、社会、环境政策时，要相互协调配合，提倡在考虑全面信息基础上的综合决策。③生态省的建设目标要纳入各级政府的国民经济和社会发展中长期规划和年度计划，每年在政府工作报告中部署工作目标和建设任务。

（3）科技能力建设。科技能力建设是生态省建设的重中之重，建立生态科技研究开发体系和技术中介服务体系；研发污染监控、资源循环利用等高新技术；

加快环保科研成果、清洁生产技术和循环经济新技术的推广应用。

另外，生态省建设还要增强监测能力，完善生态环境动态监测网络；增强监察能力，加强执法队伍和标准化建设，提升监管能力；增强应急能力，建立突发事件应急响应系统以及与之适应的紧急救援体系；还要抓紧人力资源开发能力建设，重点抓培养，引进相应的人才，充实专业人才队伍。

第五章　循环型城市与生态文明建设

中国有着上下五千年的璀璨文化，在古代时，中国思想家就有着"天人合一"、"仁爱万物"的前瞻性思想，一语道出了古人生动鲜明的生态伦理理念。这些理念不仅仅是对生态环境的深刻思考，也是早期生态环境和循环型城市的萌芽思想。当前，能源短缺、环境污染、气候变化已成为全球关注的焦点，低碳经济、循环经济和绿色经济将引领世界经济转型。构建循环型城市，推进生态文明建设将是实现可持续发展的必然选择。

第一节　循环型城市概述

城市是人类文明、社会进步的象征和生产力的空间载体，是一定地域内经济集聚实体和纵横交错经济网络的枢纽。统观全球经济态势，经济重心主要集中在城镇集聚区，可以认为只有城市的可持续发展，才会有区域的可持续发展、国家的可持续发展乃至全球的可持续发展。构建循环型城市应在充分理解其内涵、一般模式基础上深入开展。

一、循环型城市的内涵

对"循环型城市"的理解主要有以下三种观点：一是环境说，这种观点是将生态城市进行单向化、简单化和现实化理解，认为所谓循环型城市不过是绿化覆盖率高、环保工作做得好、环境清洁优美的花园式城市。"循环型城市"的概念出现之初，这种观点占主要地位，目前则主要存在于实际工作部门，其可操作性和现实性较强，但毕竟有其片面性和局限性。二是理想说，这种观点是将"循环型城市"完美化和理想化，认为"循环型城市"是人类的一种理想，是一种乌托邦式的虚幻的东西，因此只能作为一种学术观点进行探讨而不具有现实的可操作性。即使持这种观点者本人并不怀疑自己所说的"循环型城市"的现实性，认为其通过各方面努力是可以实现的，但他们的观点仍然受到大多数人的质疑。由于这一城市发展模式过于超现实和理想化，因此提出以后并未引起很大的反响。由于理想说含有过多的理想化的成分，缺乏足够的可操作性，因此往往成了"循环型城市"质疑者和反对者攻击的目标。三是系统说，即从分析城市系统着手，认为只要实现系统（包括自然、经济、社会等各个方面）良性运行的城市就是循环型城市。这种观点既立足现实，兼顾了城市的各种生态要素，又有一个明确的目标，还有其丰富的、深厚的理论基础，因此这种观点已经为多数人所接受。这种观点实际上是以上两种观点的结合。

从其内涵上讲，循环型城市是一个包括经济、环境和社会的综合性概念，本质上是一种生态型城市。它不只涉及城市的经济系统，也不是狭义的环境保护，而是一个以人为主导、以自然环境系统为依托、以资源流动为命脉的经济、社会、环境协调统一的复合系统。循环型城市不仅要有良好的自然环境，而且要创造和谐的人文环境，人们生活安逸富足。循环型城市的价值取向（目标）是实现人与人、人与自然的和谐。其中，人与自然的和谐是基础和条件，人与人的和谐才是循环型城市的目的和根本所在，即循环型城市不仅要保护自然，而且要满足人类自身进化、发展的需要。可见，循环型城市建设是一条城市可持续发展之路。

二、循环型城市的特征

人与自然的和谐，自然与自然的和谐，人与资源的统一，资源与资源的统一，人与人之间的和睦相处，这些都是建设循环城市的内在因素。循环型城市作为人类理想的居住场所，就要求我们要达到一定的要求，自身的要求和外在环境的要求，更加明确、更加具体、更加深刻、更全面地体现城市的本质，适合人类居住、生存和发展，人类在这种新建的系统下，无拘无束地、自由自在地生活，并得到充分的关怀，更加充分的发挥自身的优势，有足够的机会来实现个人的发展，来体现建设循环型城市的必要性。循环型城市的基本特征具体表现在以下五个方面：

（一）和谐性

和谐性包括经济、社会与自然环境三者之间的和谐统一，不能为了经济的提高，而忽视了环境的保护；不能为了社会的发展，而忽视了资源的分配，这其中也包括人与自然之间的和谐，人与资源的统一，经济与资源的协调，同时还包括人与人之间的和谐。只有在循环型城市中，在经济不断提高、社会不断发展的同时，环境能得到有效保护，资源也能得到合理的分配，社会关系才可以良性运作。

（二）物质循环性

循环型城市要改变现有城市高耗能、非循环的运行机制，提高一切资源的利用效率，真正实现物尽其用，人尽其才，使各行业、各部门之间达到共生和谐。

（三）持续性

城市的发展需要可持续的发展，需要连续性和可持续性，不能为了城市的发展就不顾资源的开采和利用，不能为了经济的提高就不再注意保护自然环境，不能丢了西瓜捡芝麻，要尽可能多地使用可再生资源和能源代替不可再生资源和能源，要保证可再生资源和能源的自我更新能力和生长周期，尽可能地减少生产不能够循环使用的产品，譬如一次性物品，我们要保持生态环境的多样性，保证资源本身的自然性，可再生性。要做到城市的可持续发展，就要保证自然资源的持续性，保证环境在可以继续的情况下，做到循环型城市的建设。

（四）系统性

循环型城市是一个整体的建设结构，所包含的内容不是单方面的，是顾全大局的整体设计，要兼顾经济、社会和环境三者的整体效益。在循环型城市建设中，不仅要追求环境的优美并且还要兼顾经济的提高，不能只追求循环经济的建设而不考虑经济的发展，也不能只考虑经济的发展，而忽视环境的发展，社会的建设，一定要做到经济、社会和环境三者的整体效益，使三者能够很好的协调，在这种整体协调的新秩序下寻求新发展。所以，单方面的循环不是建设循环型城市的根本，整体的循环才能称为循环型城市。

（五）全球性

循环型城市的建设已经不是某个国家的建设方向，而是全球的共同目标。现在的地球处于危险的状态，全球在慢慢地变暖，更多的自然灾害正在侵害着人类，譬如沙尘暴、洪水、飓风、台风等恶性的自然现象，使得我们无所适从，人类在大自然面前显得那么的渺小，出现了这些情况，人类才意识到环境的重要性，大自然给我们的生存空间是那么可贵，我们要生存就要珍惜我们身边的万物，珍惜那些我们无法创造的资源，享受大自然带给我们的无限风光，所以循环型城市要促进人与自然、人与环境、人与资源，同时还包括人与人之间的和谐，保护人类生活的自然环境及维持自身的生存和发展空间。全球必须加强合作，共享科学技术与自然资源。建设循环型城市是具有全人类意义的共同财富，是全世界人民的共同目标。

三、循环型城市的一般模式

(一)"点状"0维循环型城市

该模式是以"点状"发展的0维循环城市为基础来发展循环经济的（见图5-1）。如我国的苏州和贵阳就是采用这种模式。

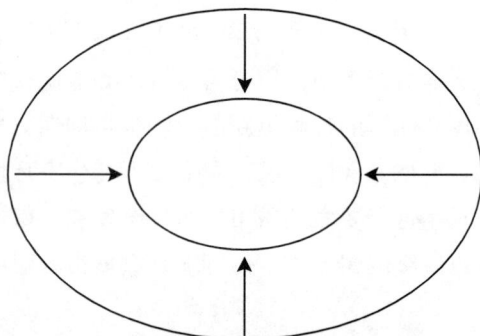

图5-1 "点状"发展的0维循环型城市

这种模式可以让城市的企业、居民和资源相对集中，空间也相应地缩小，这对聚集经济效益带来了很大的效果，城市聚集经济效益主要包括有规模的经济圈、消费群体、生活居民相对集中等方面，空间的缩小和相对的集中可以给经济带来高的效益，无论是城市还是居民生产和生活成本都会有所节约。这种模式容易产生"城市病"，这就需要发展循环经济，建设循环型城市，即"点状"发展的0维循环型城市。

(二)"线状"1维循环型城市带

在人口向城市集中的情况下，越来越多的城市因工业区位等原因在靠河海和铁路沿线等交通方便的地方，并呈现一条条带状分布的不同城市。随着规模扩大而增大了的集聚经济效果，将不断推动城市规模的进一步扩大。但由于存在规模不经济，一方面限制了城市自身的持续集聚，另一方面又促使集聚向更高一层次形态即城市带这一形态发展或升级。"点状"发展的0维循环型城市达到"线状"发展的1维循环型城市带（见图5-2），如日本太平洋沿岸的大都市带。

(三)"面状"2维循环型城市群

随着社会的发展、经济的提高，对于城市化要求也越来越高，城市的自身发展不再展现为城市数量的迅速增加，也不再是城市自身的不断膨胀，各个城市也不再是独自发展经济，更多的是相互间的扶持和共同发展，具体表现为着重围绕

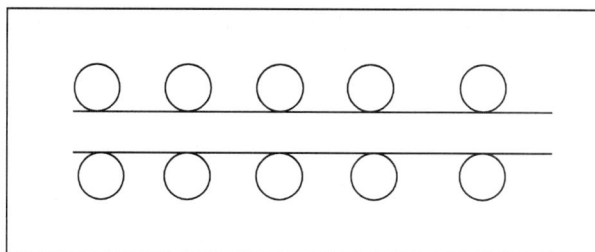

图 5-2　城市带（1 维循环型）

城市结构的完善和城市质量的提高，譬如郑州市就是一个这样的类型，由于郑州和开封是不同规模的城市，但是它们是在一定地域范围之内，两个城市依托交通的便利，加上通信网络的发达，各个环节都做了非常配套的组合，这就是中心城市来带动周边城市，主要的影响就是带动作用，有利于共享基础设施、共同治理环境污染、资源合理开发与共享等，这可以减少资源的浪费，有助于合理的运用和共享，在这个前提下达到共同发展经济，共同求得和谐发展，形成发展循环经济的统一化，即循环型城市群（见图 5-3）。如我国辽宁省的区域循环经济发展模式。

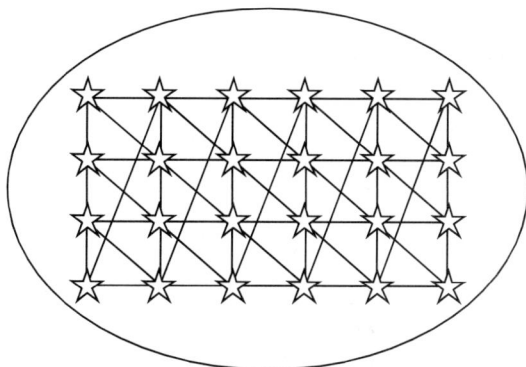

图 5-3　城市群（2 维循环型）

（四）"体状" 3 维的组团式循环型城市群

作为城市可持续发展的一个新的阶段，在循环型城市群的基础上，提出了组团式循环型城市群（见图 5-4）这一概念，以区域一体化的协调为主导的"体状"发展——3 维的组团式循环型城市群，更进一步强调"自然—社会—经济"复杂系统所负担的协调发展、全面发展和可持续发展的功能。组团式循环型城市群更注重区域整合和跨区域合作。在循环型城市群发展的基础上，城市之间在水平意义上的区域整合和等级性的有序联系越来越强。这种城市群甚至可以跨区域的更大范围内实现资源优化配置，体现出越来越明显的经济、社会和生态的一体化特性，如"大北京计划"。

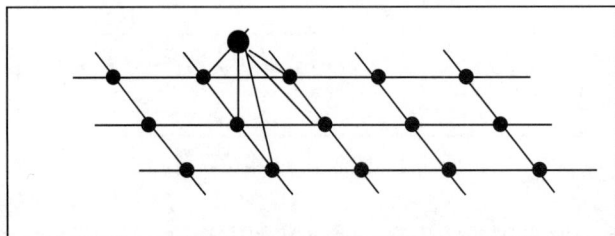

图 5-4　组团式城市群（3 维循环型）

（五）循环型城市的战略发展阶段

根据满意度水平和可持续发展能力，将循环型城市分为循序渐进、向上发展的五个阶段（见图 5-5）。

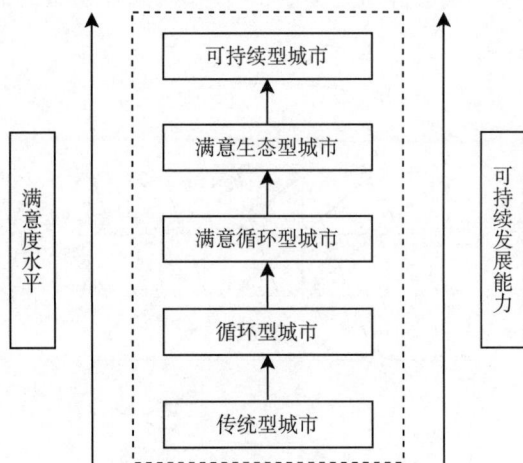

图 5-5　循环型城市五个战略发展阶段

（六）循环型城市发展矩阵

根据循环型城市发展战略的四种模式和五个战略阶段建立了循环型发展矩阵（见图 5-6）。

高度				
可持续型	点状可持续型	线状可持续型	面状可持续型	体状可持续型
满意生态型	点状满意生态型	线状满意生态型	面状满意生态型	体状满意生态型
满意循环型	点状满意循环型	线状满意循环型	面状满意循环型	体状满意循环型
循环型	点状循环型	线状循环型	面状循环型	体状循环型
传统型	点状传统型	线状传统型	面状传统型	体状传统型
	点状	线状	面状	体状

图 5-6　循环型城市发展矩阵

第二节　河南省循环型城市的建设

多年来，河南一直致力于生态立省。循环型城市建设是生态省建设的重要组成部分。在循环型城市建设的实践中涌现出了一批成绩显著的典型城市，积累了大量的经验，为河南省乃至全国建设循环型城市做了有益的探索。但是，要理性的看待目前的成绩，深入挖掘可能存在的问题，为推进全省生态文明建设开辟新思路。

一、河南省循环型城市建设的实践

（一）建立循环型城市试点

河南省是全国较早开展循环经济试点的省份之一，2005 年 7 月，河南省印发了第一批《关于开展循环经济试点工作的通知》，选择了 20 家循环经济试点单位，包括 4 个城市、4 个园区和 12 家企业，基本涵盖了资源型城市和资源枯竭型城市，农业园区和工业园区以及冶金、有色、煤炭、化工、食品等河南省重点行业。第一批试点确定了鹤壁市、义马市、焦作（市区）、荥阳市 4 个城市，其中鹤壁市为国家级试点。

2007 年，河南省启动第二批试点工作，选择了 38 家循环经济试点单位。试点单位包括 2 个城市、8 个园区、26 家企业和 2 个领域，涵盖资源型城市，工农业园区以及煤炭、电力、冶金、化工、建材、制药、造纸、农产品加工等行业，污水净化和社区两个领域。其中，三门峡市、巩义市确立为省级循环经济试点城市。

为了进一步壮大循环经济发展规模，提升循环经济发展质量，加快推进循环经济试点省建设，2010 年省发展与改革委员会同有关部门组织开展全省第三批循环经济试点工作，确定了第三批试点名单。其中，区域城市包括新乡市、洛阳市、漯河市、平顶山市、安阳市、济源市、邓州市、固始县、民权县孙六镇、宝丰县商酒务镇。

（二）循环型城市试点成效

1. 鹤壁市

鹤壁市是依煤而建的资源型城市，主要矿产资源有煤炭、石灰岩等。长期高开采、高消耗、高污染、低效益的粗放型经济发展，不仅造成资源浪费，而且阻碍可持续发展和生态环境改善。近年来，鹤壁市深入贯彻落实科学发展观，确立统筹经济与生态发展的思路，采取一系列有效措施，促进经济社会发展与生态环境改善双赢。鹤壁市把发展循环经济作为走新型工业化道路、转变经济增长方式的重要战略举措，积极打造煤电、建材、金属镁、食品加工等循环产业链。鹤壁市循环经济建设体系如图 5-7 所示。

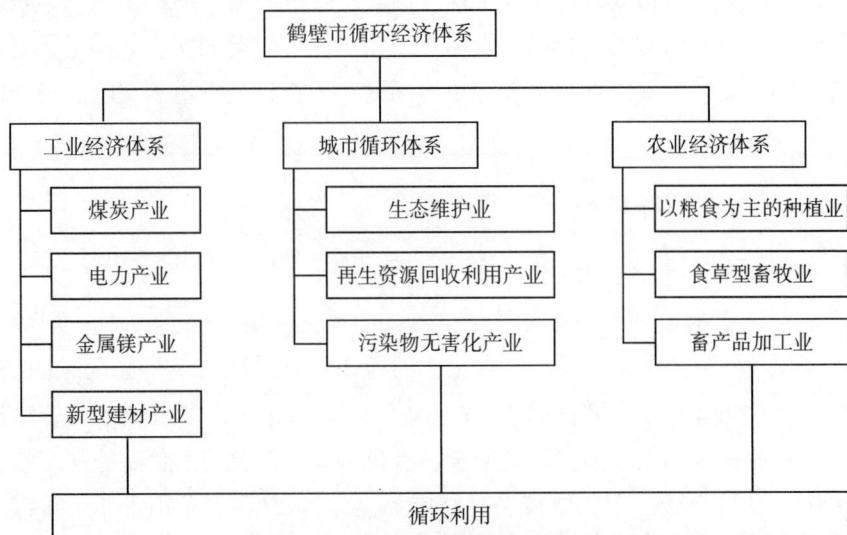

图 5-7　鹤壁市循环经济建设体系

国家发改委 2011 年初决定，将鹤壁市循环经济发展模式作为典型向全国推介，并称之为"鹤壁模式"。中国社会科学院城市与竞争力研究中心于 2011 年 5 月 6 日发布的一项有关城市竞争力的报告称，在全国 294 个城市中，鹤壁市幸福感竞争力指数为 0.930，全国排名第七。据悉，这是中国城市竞争力报告首次尝试对 294 个城市进行"幸福感指数"的调查和排名。可见，河南省循环型城市的建设取得了显著成效。

鹤壁市的经验可以总结为以下三个方面：

（1）科学谋划发展思路。针对发展中存在的问题，鹤壁市委、市政府明确提出了统筹经济与生态发展的思路，即加快转变经济发展方式，牢固树立生态文明理念，努力建设资源节约型、环境友好型社会，切实把循环经济理念贯穿产业发展全过程，狠抓节能减排和生态城市建设，努力让人民群众在充分享受工业文明成果的同时享受生态文明成果。

（2）调整优化产业结构。鹤壁市把调整优化产业结构作为统筹经济与生态发展的重要途径。比如，在发展现代农业方面，把粮食生产作为头等大事来抓，实施种子和高效农业工程；发展现代畜牧业，培育优质农畜产品生产加工基地；打造农业产业化龙头企业集群，提高农业产业化水平；加强新型农业科技推广体系建设和新型农村社区建设，大力发展循环农业、生态农业。在发展现代工业方面，重点发展煤电化材一体化、食品加工、机械制造三大战略支撑产业和金属镁深加工、电子信息、光伏等新兴先导产业，同时淘汰落后产能，关停高耗能、高污染、高排放企业。在发展服务业方面，高标准编制服务业发展总体规划，培育大型商业连锁企业，发展文化产业、商贸物流、科技服务等特色服务业。

（3）多举措建设资源节约型、环境友好型社会。一是大力发展循环经济。用高新技术改造和提升传统产业。在工业经济体系中，以资源高效利用为重点，构建循环型工业体系；在农业经济体系中，建设循环型生态农业，发展绿色无公害种植养殖、农畜产品精深加工与综合利用及农业废弃物再利用。二是强力推进节能减排。采取强化政府和企业责任、制定责任追究和奖励办法、推广使用绿色建材、引进推广节能技术和工艺等措施，重点抓好工业、交通、建筑等领域节能减排工作，严格实行主要污染物总量控制，严把环保准入关。三是加大保护生态环境力度。以建设生态城市为抓手，大力发展生态林业，实施城郊绿化、村镇绿化、建设生态能源林等绿化工程。实施城镇生活垃圾和污水资源化利用工程，提高资源利用效率，防止环境污染。对已造成生态环境破坏的矿山限期恢复，对已停止采矿区及时做好土地恢复和复垦。通过优化肥料结构、采用科学施肥方法、推广综合防治农作物病虫害技术等措施，减少化肥、农药对环境的污染。

2. 义马市

义马市通过围绕废弃资源的综合利用、水资源的循环利用、建设循环型工业、建设循环型城市、建设循环型农业发展循环经济，构建义马市循环经济体系，如图5-8所示。

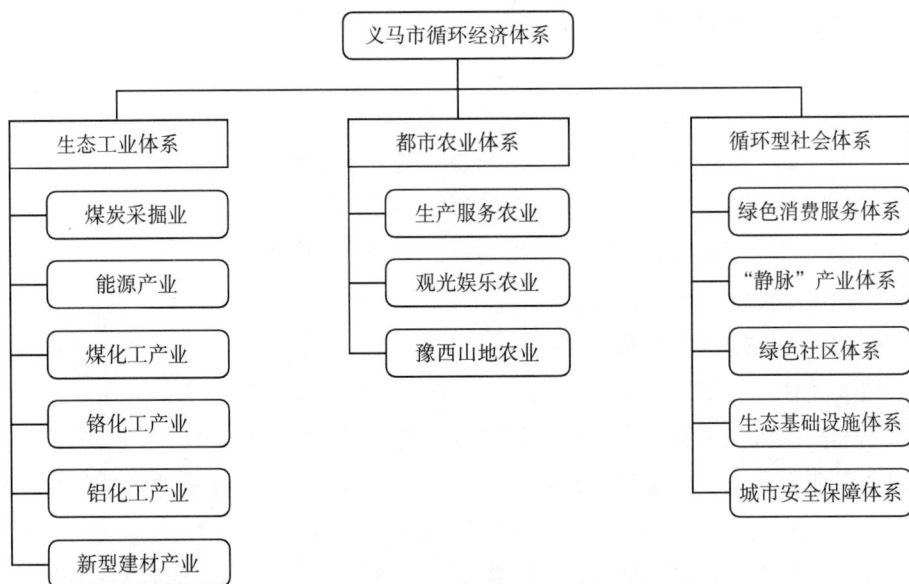

图 5-8 义马市循环经济建设体系

2011 年，第三届中国和谐城市可持续发展高层论坛在北京举行，义马市入选中国十佳和谐可持续发展中小城市，是河南省唯一入选的城市。同时它荣获"2010 年度中国中小城市科学发展百强"、"2010 年度中国最具投资潜力中小城市百强"称号。

近年来，义马市坚持科学利用资源，拉长产业链条，加快结构调整和产业升级，先后实施工业重点项目 79 个，总投资达 285 亿元，逐步形成了能源、电力、煤化工、铬化工、新型建材等主导产业，实现了产业的"涅槃"。其中煤化工产业更是异军突起，迅速成为该市的支柱产业。在煤化工产业发展上，该市坚持"发展高端产品、拉长产业链条、做好精细加工"，大力发展甲醇延伸加工、煤制烯烃、精细加工三大煤化工主导产业链，逐步形成"煤—气—化工原料—化工产品"产业链条和气化—副产品延伸加工产业集群、甲醇深加工产业集群、新型煤化工产业集群 3 大煤化工产业集群，建成规模以上煤化工企业 16 家。目前，义马市已经形成电力装机容量达到 80 万千瓦，日产煤气 300 万标立方，年产原煤 2000 万吨、标砖 10 亿块、甲醇 60 万吨、醋酸 30 万吨、二甲醚 40 万吨、5 万吨 1，4-丁二醇、10000 吨液氧、6000 吨粗酚精制的产能。多元化的产业发展格局完成了义马市的产业升级，提升了产业档次，为义马市发展注入了强大活力。

2003 年初，义马市邀请中科院专家制定了《义马市循环经济示范区建设规划》，开始着手发展循环经济。经过几年实践，该市已经在企业、产业、社会三个层面构建了循环经济基本框架，初步建成了固废利用体系、中水回用体系、清洁生产体系、大气治理体系、生态建设体系、环境监管体系六大循环经济体系。循环经济为义马经济的可持续发展奠定了坚实基础，不但最大化地利用了煤炭资源，也发挥了煤矸石、粉煤灰、煤泥等"废弃物"的作用，推生了能源、煤化工、铬盐、新型建材等一批主导产业，走出了一条资源型城市科学发展的新路子。2010 年，该市万元生产总值能耗下降了 29%，化学需氧量和二氧化硫排放量分别削减了 633 吨和 9043 吨，实现了效益提升和节能降耗的双赢。2003 年，义马市被列为全国循环经济示范创建城市，2006 年、2007 年被评为"全国十佳节约型中小城市"。

科学技术是第一生产力。义马市在经济发展中，坚持发挥科技第一生产力和人才第一资源的作用，不断增强企业自主创新能力，着力建设创新型城市。"十一五"期间，该市共投入财政科技经费 5259 万元，争取上级科技部门科技经费 1600 万元，实施各类科技计划项目 130 项，累计申请各类专利 220 项，专利授权 169 项，科技进步对经济增长的贡献率达到 60%。在科技人才的培养和引进方面，累计建设了拥有各类专业技术人员 6620 人的科技人才库，并与中科院、河南省农科院、郑州果树研究所等科研机构建立了密切的联系，引进了以张懿院士、齐涛博士等十余人组成的铬盐清洁生产研究团队，建起了铬化学开发研究中心这个国家级研发中心，还组建了义煤集团博士后工作站、河南省煤气集团义马气化厂煤化工省级工程技术研究中心、中蓝义马铬化学有限公司"铬化学研究"省级院士工作站等一批科技服务体系。该市也三次获得全国科技进步考核先进市。

2010 年河南省公布的第一批 25 个新型工业化产业示范基地名单中，义马市生态型煤化工产业集聚区成功入围。近年来，义马市要求所有工业项目必须入驻生态型煤化工产业集聚区，并加大基础设施投入，全力加快集聚区建设，最大限度地发挥其集聚效应和规模效应。目前，义马市生态型煤化工产业集聚区总面积 10.55 平方千米，已经入驻企业 41 家，其中规模以上工业企业 21 家。截至 2010 年 11 月底，集聚区完成营业收入 130 亿元，实现利税 13.5 亿元，成为了义马市工业经济的重要建设平台和孵化器。

二、河南省循环型城市建设中存在的问题

（一）理念与意识欠缺，全民参与度不够

当前，河南省公众参与循环型城市建设的状况尚不尽如人意。在河南省循环型城市建设中，由于受年龄、职业、文化程度等影响，有相当大比例的群众对各

市的环境和循环型城市建设不够满意。例如，在河南省某市有调查显示对于环境噪声扰民行为的制止，被调查者中只有27%的人表示会立即制止，47%的人虽然不满但是却不会采取行动制止。在政策实施方面，经常向政府反映环境问题的只有4%。由以上数据可以看出，河南省循环型城市建设的全民参与度是很低的。河南省公众参与循环型城市建设的主要形式大都属于政府倡导下的参与，参与生态城市建设的层次不高，政治层面的参与不足；河南省公众参与生态建设的内容主要集中在参与宣传教育方面等。

(二) 生态规划仍比较落后，规划实施缺乏保障

河南省在建设循环型城市的过程中，城市生态规划还处于比较落后的水平，存在诸多问题，比如，很多地市只是将生态规划列为附属型的规划，包含在城市总体规划中，而没有专门的城市生态规划；生态规划缺乏根据河南省实际情况因地制宜的标准，只是拿些空泛的和原则性的要求，缺乏定量的和可操作性的生态建设性状指标来建立评价体系等问题。同时，河南省城市生态规划普遍存在缺少必要的保障措施，如相关的政策法规保障、行政管理保障、资金筹措和投资保障、人才和技术保障等。

(三) "奢侈化"和"急进化"问题

构建循环型城市、开展城市生态建设是一个循序渐进的过程，但是好多城市为了在短时期内出政绩，在城市绿化和其他建设过程中出现了大量的"造假"现象，导致了一些"面子工程"的出现。比如，"草坪风"忽视在自然生态系统中占主导地位的树木，从而影响了城市绿地综合生态效益的发挥。还有一些城市的建设者和管理者没有结合城市本身的实际情况和区域特点，而去效仿别的城市的建设项目，把大量的物力和财力投入到城市形象的塑造上，造成了城市景观的"奢侈化"。

(四) 片面追求整齐划一、观赏效应，缺少特色

目前，河南省许多城市在构建循环型城市建设生态文明的过程中盲目地模仿成功典型城市，而忽视了本地城市的地方特色和民族特色。

三、河南省循环型城市建设的原则与思路

(一) 河南省循环型城市建设的原则

1. 坚持以人为本的原则

城市是人群高度集中的地方，城市建设必须代表最广大人民群众的根本利益，注重城市经济和社会的协调发展，注重城市的可持续发展，满足人们对生

活、工作、休闲的要求，建设良好的人居环境。城市生态建设要实现人与自然的和谐，人类社会与经济发展的协调。

2. 坚持统筹发展的原则

城市不是一个孤立的系统，而是由自然、社会、经济组合成的一个复合体。因此城市生态建设时要考虑综合因素，协调自然、社会、经济三者之间的关系，追求在一定背景条件下有一定匹配关系的整体最优。要从区域和时间尺度上，统筹发展城市，兼顾不同地区、不同代际间的发展，兼顾当前利益和长远利益，使城市走可持续发展道路，走经济建设和生态保护双赢之路。

3. 坚持因地制宜的原则

各个城市所处的地理位置不同导致不同城市的自然条件和经济发展水平存在许多差异。因此，在构建循环型城市促进生态文明建设时就要从当地的实际情况出发，因地制宜地建设各具特色的城市风貌。一方面，生态建设要考虑到城市的现在水平，合理的制定符合城市的建设内容和目标；另一方面，生态建设要考虑到城市现有的空间布局、人文基础及资源特征，然后制定能够体现城市特色的生态规划方案。

4. 坚持规模差异的原则

除了考虑城市的地域性差异，同时还要考虑同一城市在不同的省情下，或者，是同一省情的不同发展阶段下采取不同的循环型城市建设的措施和途径。比如，循环型城市生态建设和城市的规模有很大的关联，而不同城市或同一城市在不同时期规模是不一样的，特大、大、中、小城市所采取的具体途径也是完全不同的。根据各个城市所在规模等级，制定不同的循环型城市生态建设规划。

（二）河南省循环型城市建设的思路

1. 建设开放的城市循环生态网络体系

城市是一个开放的系统，时时与外界进行着物质、能量、信息的交换。城市生态环境的调节不是能在短期，也不是仅靠城市自身的努力就能得到根本性改变，它是与城市所处的整个大区域的环境息息相关的。不能只关注城市内部各组成部分之间的联系，还要注意城市与周边地区的功能、结构的联系，以及相互之间的物质、能量、信息等流动的联系。通过城市与外部形成便捷的交通和通信网络，建立起开放的城市循环生态网络体系。河南省可以首先构建一个开放的、互相联系的中原城市群城市网络体系，再依托核心城市向周边辐射，带动周边城市形成一个全省的循环生态城市网络体系。

2. 建设高效的物质生产系统

循环型城市的一个显著特点就是具有高效性。因此，河南省构建循环型城市促进生态文明建设要处处渗透循环经济的观念，物质生产时要遵循"3R"原则。高效的物质循环系统可以从三个层面来构建：①企业层面：构建微观生态城市物质生产体系。②产业层面：通过产业的合理组织，形成循环型产业集群。③社会层面：构建包括生产和生活的整个生态城市的高效物质生产及循环系统。

3. 建设舒适宜人的自然生态环境

在住房、交通、生态以及公共服务等方面建设时要加强人居环境建设，最大限度地满足居民身心健康的基本需求和交流、学习、健身、娱乐、美学及文化教育等社会需求。鼓励河南省城市实施碧水蓝天、青山绿地工程，建设适宜的人居环境城市。

4. 建设城市的社会文明环境

循环型生态城市必定有一个文明祥和的社会环境。文明的社会环境要求具备两个方面：①要具有高素质的人，要求树立全社会的文明风尚，通过加强宣传和教育引导培养高素质人才。②要有独具特色的城市文化，譬如城市的优秀的历史建筑、文化传统以及城市意象等。在河南省的循环型生态城市建设中就要注意这两方面的人才培养和文化体现，如洛阳的河洛文化、安阳的殷墟文化、开封的大宋文化等。

第三节　河南省构建循环型城市的对策措施

循环型城市的发展是经济系统、社会系统和环境系统间的协调发展，因此，建设循环型城市需要以战略性的发展眼光和发展思路作为指导。建设循环型城市政府是主导，企业是主力军，社区是发展平台，公众是重要的参与者。建设循环型城市对促进河南城市经济实力的增强、社会发展水平的提高以及城市的可持续发展具有重要的意义。

一、实施循环型城市建设的三大战略

（一）实施循环型城市的经济发展战略

城市生产系统功能的发挥取决于生产系统的存在结构。因此，必须形成从微观到宏观的城市生产体系，以促进城市经济生产系统中各要素之间的相互协调与作用。

1. 微观层面——企业的发展

从微观层面上来看，企业不仅是建设循环型城市的主力军，也是循环型城市经济生产系统发展的重要基础。

首先，企业应在相关法规和政策的指导下，规范和调整企业的行为，制定企业的环保政策、标准和规章，主动实现资源的减量化、再使用与资源化生产。目前，河南省确立了多家经济效益和社会效益都比较好，在企业内部实行清洁生产和进行环境保护取得一定成效的企业作为试点。但是试点所期望的效果能否实现仍取决于企业的发展。因此，企业必须形成系统内部的小循环，通过系统内部的小循环实现企业的可持续发展。

其次，企业的目标系统、研发系统、生产系统、销售系统和自处理系统应成为清洁企业发展的前提和保障。

目标系统确立企业的发展目标，是企业发展战略的体现，以循环经济理念为指导的企业，在"3R"原则的指导下以尽可能多地从源头减少资源的利用和在中端和末端实现废弃物的"零排放"为目标。

生产系统应按照循环经济的要求，通过改革企业的管理模式，推行清洁生产，进行ISO14001环境管理体系的认证。

研发系统企业加大对循环经济所要求的科学技术的自主创新力度，使企业具备一定的企业核心竞争力，这就需要企业具有一支高素质的科研队伍，企业还需要具备一定的原始创新能力、跟随创新能力和集成创新能力。

销售系统要求企业树立绿色营销观念，在充分了解产品特征的前提下制定相应的营销方案，向社会传递"绿色"理念。影响和改变消费者的消费观念和消费行为，增加消费者对循环经济的认同感，使消费者对绿色产品、生态产品的需求增加，绿色购买行为成为主流。具体体现在企业应在循环经济"3R"原则的要求下建立企业的绿色价值创造模式。首先，应在纵向层面上将企业的生产链条延伸至废旧产品的回收处理和再生利用。其次，根据以追求绿色消费作为购买者的行为标准，选择绿色需求市场，对市场进行细分，充分挖掘这一类市场的市场需求和市场潜力。在向消费者提供产品的绿色价值时，应在产品的开发中导入"3R"理念，设计出符合"3R"理念的产品和服务。企业还应加大宣传绿色理念的力度，积极参与环保事业，在产品推广和产品营销中突出产品的绿色价值。

自处理系统是企业对生产过程中产生的废弃物进行自我消化的系统，它不仅要完成循环经济理念所要求的对废弃物的处理，同时，还需要与其他企业产生联系，实现企业间资源的循环。可见，在企业系统中，企业必须具备明确的以循环经济理念为指导的发展目标，而企业的发展目标正是决定了企业的研发、生产、销售以及最终的废弃物处理的发展情况。研发系统、生产系统、销售系统和企业的自处理系统的正常运转是企业得以持续发展的重要支撑。

2. 中观层面——生态工业园区的发展

首先，要重点培育和发展生态工业园区中的重点企业。"关键种"在生态学的概念里"是指一些珍稀、特有、庞大的、对其他物种具有不成比例影响的物种，它们在维护生物多样性和生态系统稳定方面起着重要的作用"。"关键种"企业作为生态工业园区的核心，能够使用和传输最多的物质资源，能够进行最大规模的信息和能量的流动和交换，能够带动和牵制其他企业和行业的发展，在构筑生态工业园区的企业共同体中发挥着重要的保持稳定的作用。

其次，生态工业园区的建设一改传统的工业生产方式，鼓励企业之间的交流与合作。通过企业的清洁生产、企业之间副产品的交换、污染防治、合作培训、共同参与以及技术创新使园区内能够最大限度地利用资源，从而产生最小的环境代价。生态工业园区通过信息技术、生态技术、重复利用和替代技术、清洁生产技术、网络运输技术，采用生态化的管理模式，将企业与周围的环境一体化，使整个区域的信息、物质、能量、基础设施等资源得到充分的利用，从整体上实现资源的最优配置，以达到整体的经济、环境、社会效益的最优。因此，重点建设符合循环经济发展模式的生态工业园区对推进循环经济的发展和循环型城市的建设具有重要的意义。

目前，河南省已经确定安阳高新技术产业开发区、三门峡湖滨农副产品加工园区、登封工业园区和原阳县桥北乡马庄奶牛养殖小区等试点建设园区。结合河南省的特点发展生态工业园区主要应做好以下几个方面的工作：

（1）依据相关法规制定相应的准入制度，通过评估提高入园企业的质量。

（2）对原材料、产品以及废弃物进行生命周期管理，最大限度降低产品对环境的不利影响。

（3）鼓励园区内企业对高新技术的使用，鼓励改造传统工艺，开发新产品。

（4）加强对园区的规划以及基础设施建设。

（5）促进园区内企业的集群化、规模化，以及生态链的形成。

3. 宏观层面——促进城市产业的发展

产业作为城市的子系统，它与城市系统中其他子系统之间存在着物流、能量流、信息流、资金流、技术流的联系,产业因此也不能单独地进行,它的发展必须建立在与其他系统的有效配合和相互依存、支撑的基础之上。

一是要加大对传统产业的改造力度,促进产业之间的关联度。就是要建立起产业的循环链。以涉及农工业、二产、三产的生态产业间链网建设为重点,把农产品初加工业、深加工业以及农产品贸易服务业和制造企业、消费领域的生态产业链网建设作为促进循环经济理念指导下产业间关联度的突破口。运用循环经济理念,使相关的产业链交织成网,注重产业的一体化,提高产业的整体效应。因此,必须加大对各行业的信息化建设,以信息为平台进行连接式传输和管理,实现各相关部门对生产的循环过程进行及时的控制。

二是要大力发展新兴产业,促进新兴产业对经济的贡献力度。日本围绕循环经济大力发展"静脉"产业,即环保产业取得了较高的收益。加快河南省资源环境产业的发展力度更是当务之急,应做到以下几个方面:

(1)应加大回收的力度,扩大回收废旧物资的范围,将再生资源回收与废弃物的资源化相结合。

(2)建立河南省城市资源再生回收体系,实现收购网点的合理布局。

(3)提高再生资源开发利用的能力,运用先进的科学技术,加大对开发利用的科技投入,扩充研究和开发再生资源的利用项目和利用途径。同时,采取先进的加工手段和措施,避免在再生资源的回收、加工、利用过程中造成二次污染。

(4)逐步实现再生资源产业化,整合现有的经营资源,培育一批有实力、有市场竞争力的龙头企业。

(5)借鉴国外城市发展中的先进经验,提高河南省城市在废旧物资管理和应用上的水平。

(二) 实施循环型城市的社会生活发展战略

社区是建设和发展循环型城市社会生活系统的实践平台。我国社区的两大发展趋势使循环型社区成为推动循环型城市发展的重要基地。建设和发展循环型社区就是要在住宅和配套设施建造过程中尽可能地节约资源,建成后能够在对居民生活中的废弃物资源实现充分有效的回收方面发挥积极的作用。

1.硬件设施建设

(1)要遵循循环型城市的发展理念,全面采用能够体现最新科技水平的可以节省资源的新设计、新材料、新能源和新工艺等。主要体现在以下几个方面:

一是要采用资源节约型的建筑材料。推进住宅墙体材料的革命。广泛推广使用粉煤灰砖,要在减少墙砖使用的同时,使用节约型的建筑材料。

二是要推广使用新能源。新能源的使用不仅是保护资源的需要，同时也是居民的共同愿望。虽然现在河南省城市社区，尤其是绿色社区中已经完全普及了电力、煤气、液化气的使用，一些社区还实现了使用天然气这样的清洁能源，但是从资源节约的角度来看，仍需要进一步改进，比如，太阳能的使用就应得到广泛的提倡。此外，新能源的利用往往会受到社区住宅设计的影响。比如，太阳能的使用往往会受到社区中房屋构造的限制，有时社区中的物业管理会以影响社区的整体美观，而不让居民安装太阳能热水器。因此，开发商在进行住宅设计时应注意预留相应的设备和配套设施，给城市居民使用清洁能源提供便捷。

（2）要形成资源回收利用的社区系统。目前，社区对城市生活垃圾和废弃物的回收和再利用的方式较为单一。因此，需形成社区资源回收利用的社区系统，在政府相关政策法规的作用下，将资源回收和社区建设、物业管理、社区服务和再就业有机地结合起来。具体的做法主要体现在以下几个方面：

一是废弃物除生活垃圾以外均按照市场所形成的价格进行有偿回收。

二是实行居民家庭分类处置废弃物。在居民家庭中放置两个垃圾桶，一个用于存放生活垃圾，另一个用于存放除生活垃圾和玻璃以外的其他废弃物，实现居民在家中进行废弃物的初次分类。

三是在社区内设置相关的设施和收购点。针对目前社区内设置垃圾回收桶，以及社区在废弃物回收上存在方式单一的不足，建议在每座居民楼下放置两个较大的垃圾桶，一个用于存放居民家庭当天的生活垃圾，做到日产日清；另一个用于集中存放除生活垃圾和玻璃以外的废弃物，这里的废弃物是无偿的。每个小区设一个废弃物收购点，规定时间专门有偿收购居民家中各种除垃圾以外的废弃物。从事收购的人员可以是物业管理人员，也可以是收购企业人员。

四是对社区内废弃物进行外运和后续处理。回收企业应根据适度规模的原则在若干个社区的范围内设立收购站和生活垃圾中转站。社区内的生活垃圾运到垃圾中转站以后，再集中运到垃圾处理场，其他废弃物运到收购站，从中获得的差价作为社区收购人员的报酬。

2. 社区的软件建设

针对目前建设循环型社区过程中出现的，社区对循环型城市中生活理念的宣传力度不够、宣传方式单一、居民参与度不高、社区内中介组织发挥作用不够的问题，需要通过充分发挥社区组织的管理职能得以解决，主要体现在创新社区组织的管理模式上。在政府导向型社区管理模式的基础上，还应充分发挥市场和社会的导向作用，大力发展以社区居民为核心，联合社区内各种中介组织、社会团体、机构、驻区单位、居民共同参与社区事务管理的模式。在建设循环型社区的具体实践中应从以下几方面发挥社区组织的管理职能：

（1）发展社区志愿者队伍。社区志愿者队伍的建设应按照"源于民众、服务民众、自愿参加、志在奉献"的原则进行组织。一方面，社区志愿者队伍要改变以往服务于社会的目的，将服务的理念转移到为百姓做实事、做好事的目标上来，结合循环型社区和循环型城市建设的需要，以专业的技术为依托解决百姓生活中或社区发展中关于如何节能环保、循环利用物资的问题。组织带动社区居民广泛参与环保实践；举办环境保护和资源循环利用的公益讲座、报告，开设环境污染案例听证会，加强环境案件的社会影响；做好舆论宣传，强化环境意识。另一方面，也要形成确保社区志愿者队伍持续发展的相应制度，即要对社区志愿者队伍和志愿者进行注册登记。通过这项制度形成以注册志愿者为骨干，有技术专长，能长期从事社区服务的志愿者主体，并逐步形成劳务类、技术类、应急类等相应类型的，能够满足社区居民不同需要的志愿者队伍。

（2）发展和培育社区中介组织。中介组织具有正规性、民间性、非营利性、自治性、志愿性以及公益性六大特点。社区中介组织是发展社区服务，实现社区管理自治的重要手段，也是社区居民参与自治的重要体现。今后，社区自治在社区管理中发挥的职能将会变得越来越明显。在循环型社区中发展和培育中介组织应从三个方面入手：首先，要支持社区居民自发形成各种组织或协会，如环保协会、废弃物科学处理协会等，在组织和协会相关制度的制约下形成广大居民所自觉遵守的准则。其次，要进一步规范中介组织在运作过程中的规范性，加强进行自我约束、自我管理的意识，树立服务于市场、服务于社区居民的思想，使中介组织在不断地完善和服务中得到进一步的发展。再次，要实现中介组织对社区资源的有效整合，充分发挥社区内和社区间不同组织和协会之间的合作，通过现代通信技术手段的使用，如网络等为实现循环型社区建设中经验的进一步交流与推广发挥更大的作用。

（3）培育循环型社区的社区文化。"社区文化是社区组织、管理者和全体居民在长期的生活和发展中培育形成并共同遵守的最高目标、价值标准、基本信念及行为规范"。培育循环型社区的社区文化应从社区的精神文明建设、行为文化建设、制度文化建设和物质文化建设这四个方面入手。首先，从精神文明建设方面来看，要在社区中形成共同的价值观，即循环型社区的建设应以社区居民的工作性质、职业特点为基础，突破循环型社区建设中行政命令的影响，将环境保护作为社区居民的普遍共识，使绿色消费的理念和绿色的生活方式被社区居民所广泛接受，并内化为认同感。其次，要加强社区中行为文化的建设，以在社区居民中间倡导的绿色消费理念和绿色生活方式作为进行行为规范的标准，促使社区居民在举止和言行方面都能够形成习惯，如自觉抵制一次性用品、泡沫塑料和过度包装的产品，减少塑料袋的使用，尽量使用具有绿色认证或环境标识的产品。倡导使用清洁能源、新能源，减少消费过程中能源的消耗和对环境产生的污染等，并沿着社区期望和规划的方向发展。同时，也要大力发挥绿色家庭在培育循环型社区文化中的表率作用，从而突出行为文化在循环型社区社区文化的导向作用和约束的作用。再次，在制度文化方面，"循环"应成为社区发展的理念，应成为社区管理的特色所在。制度文化的建设应突出"以人为本"，充分发挥制度文化在社区文化建设中的凝聚作用和激励作用。最后，在物质文化建设方面，要加大循环型社区中基础设施的建设力度。在形成良好社区环境的基础上，一方面，要建设循环型社区的资源回收利用系统，对社区范围内的诸如包装物、纸张（报纸、废纸等）、碎玻璃、废金属、塑料、废旧电池、旧家电、旧衣服等生活废弃物的回收；另一方面，要加强社区文化传播网络的设计，除运用如宣传栏宣传的方式以外，还可以通过社区报纸宣传、文化展览、社区广播、社区教育以及利用现代通信手段等各种方式，实现对绿色消费、绿色生活方式宣传的多元化。

（三）实施循环型城市生态处理发展战略

循环型城市生态处理系统是城市得以可持续、循环发展的"最后一道防线"。对于循环型城市生态处理系统的构建应从三个方面入手：第一，生活垃圾或废弃物处理系统的建立与完善；第二，工业废弃物处理系统的建立与完善；第三，生态自净能力的提高。新兴的资源再利用产业的发展推动了工业废弃物处理系统的建立、发展和完善，在前述实施循环型城市的经济发展战略中，已经对工业废弃物处理系统的建立进行了详细地阐述，因此，下面将从生活垃圾处理系统的建立和完善、生态环境两方面进行阐述。

1. 生活垃圾处理系统的建立和完善

（1）积极推进生活垃圾减量化。全面推广生活垃圾的分类收集，在生产、流通、消费、处置领域控制生活垃圾量的增加，限制过度包装，对已产生的垃圾通过回收利用等多种手段减少其清运量，运用经济手段促进生活垃圾的减量化。

（2）加快实施生活垃圾资源化利用。以生活垃圾分类收集为基础，配合市经委继续推进社区废旧物资回收网点和回收分拣场的建设，建立分拣、回收的完整网络，收购可回收物资，提高回收利用量；通过对生活垃圾分拣、焚烧、生化处理、再生利用实现资源化。

（3）全面实施生活垃圾处置无害化。提高生活垃圾填埋技术、应用高标准焚烧技术、推进生化处理技术，持续提升生活垃圾处理水平，形成回收利用、填埋、焚烧和生化处理等多种方式合理配置的生活垃圾综合处置系统。

第一，完善生活垃圾收运体系。实施城市生活垃圾收集系统的全覆盖，强化城市生活垃圾源头管理，推行分类收集，提高回收利用率；建立农村生活垃圾收集系统，提高收集覆盖率；完善生活垃圾管理体制和运行机制，加快培育和规范生活垃圾收运市场，完善生活垃圾小型压缩站（综合处理站）收运系统，优化规划布局，提高生活垃圾的压缩收集覆盖率，控制生活垃圾收集环节的环境污染。加快生活垃圾收运车辆的更新、改造，完善装备技术规范，加快淘汰落后产品，促进行业装备的升级换代。

第二，加快生活垃圾中转、处理设施建设。加快生活垃圾处理设施建设，基本建成处置有序、配置合理、技术可靠、环保达标、管理高效的生活垃圾处理系统。根据生活垃圾物流去向，规划应按实际需要合理配备与生活垃圾中转量、流向相适应的中转设施。

第三，加快生活垃圾收运处置的市场化。坚持以市场为导向，深化生活垃圾管理体制，完善生活垃圾管理运行机制，打破垄断，鼓励竞争，实行政府扶持、市场运作，全面提高环卫作业的服务质量和效率。实现市容环卫政事、政企、事企、管理与作业服务的彻底分离，推动市场运作机制和多元竞争格局的建立。

2. 生态环境

提高生态环境的自净能力。在水环境综合整治上，一是要加大综合整治流域水环境的力度，继续实施主城水环境的综合整治。二是要加快污水集中处理系统的建设，建设和完善主城污水集中处理系统，特别要建设和完善工业园区的污水集中处理系统。三是要加快污染企业的搬迁，全面实施主城工业企业"退城进区"的目标。四是要控制水污染物的排放总量，加大对有害物质的监测和治理力度。

在大气环境综合治理方面，一是要严格控制大气污染物的排放和酸雨的污染；二是要控制工业烟尘和粉尘的排放量；三是要调优大气环境功能区划。在声环境综合整治方面，要重点解决交通噪声、施工噪声扰民的现象，优化城市道路的走向，建设完善的城市交通路网和交通组织指挥系统，优化城区的交通秩序。从源头上有效控制噪声影响范围。

二、以政府为核心构建循环型城市建设中的五大支撑体系

建设循环型城市是全面贯彻落实科学发展观，建设资源节约型、环境友好型社会的重要实践，同时也是转变城市经济增长方式，实现全面建设小康社会的目标和实现城市经济社会可持续发展的必然选择。政府作为城市的组织者和管理者，在推动建设循环型城市、发展循环经济的过程中具有不可推卸的责任，政府将充分发挥其主导性的作用。目前，循环型城市的建设尚处于起步阶段，无论是企业还是城市居民个体对循环型城市的提法，以及循环型城市的发展经营理念知之甚少，因此，城市中就需要更多的组织和个人能够理解并主动实施这一发展战略理念。如何把这一具有前瞻性和长远性的发展理念向社会推广？最为有效的方法就是通过政府的大力倡导，构建起循环型城市建设的五大支撑体系。

（一）培育循环型城市的观念支撑体系

观念的支撑体系主要体现在对循环型城市的价值观念、生活方式和消费行为的培育上。一是政府要通过学校教育、理论宣传、媒体等传播手段向全社会宣传建设循环型城市对于可持续发展的意义，以及先进理念的内容、实现的途径、先进典型和成功经验等，使循环型城市的发展理念逐渐深入人心。二是政府应该身体力行，成为实践循环型城市发展理念的典范。主要体现在应加大绿色采购的力度并逐步推进绿色消费计划，成为节约、循环使用物质资源的倡导者，因此，必须在消费领域起到示范和导向的作用。政府部门应率先采购或无条件采购节约资源型产品，带有循环标志的再循环产品，如再生打印纸、低污染办公车、节能型复印机、节能型的电脑、节能型的电视机、环保手机等，带头实行垃圾的分类处理和回收，带头自觉遵守一切相关的法律法规。通过政府机关和事业单位所起到的表率作用，逐步影响到每个家庭，从而在全社会形成良好的节约和循环使用资源的风气。

（二）制定循环型城市发展的规划体系

政府应以循环型城市的发展理念作为依据，制定城市的发展规划和城市的建设规划。城市的发展理念不是凭空的想象，必须通过城市的发展规划和建设规划得以实现。

在城市的经济发展规划中，要注重发展资源节约型的产业，要对环保型产业和资源产业优先规划，推动高新技术产业和第三产业的发展和升级。要限制发展资源消耗大、污染严重的产业进入规划体系，尤其是要拒绝国外资源消耗和环境污染产业向城市的转移。在产业布局和调整规划中，运用高新技术和先进适用技

术，改造传统产业和推动产业结构升级，以淘汰高污染、高排放、高消耗的落后生产工艺，形成以"节能减耗"为中心的"资源节约型"、"清洁生产型"、"环境友好型"的产业体系。

在城市总体规划中，要对城市的空间布局进行总体规划，要集中规划工业园区，规划要能够满足城市需要的废水、污水、垃圾处理基础设施，以及有利于资源充分回收的设施，此外，对城市的交通发展体系也需要进行长远的规划。

要制定城市发展的专项规划，将循环型城市的发展理念落实到城市建设的方方面面。这些专项规划包括阶段性规划、生态建设规划、环境保护规划以及制定涵盖循环型城市发展的各项实施项目的制定等。

（三）完善循环型城市建设的管理体系

要转变传统城市政府的职能，明确政府各部门的职责，强化政府在循环型城市建设中的协调能力，建立和完善政府领导、部门分工、环保监管、市场引导、舆论监督、公众参与的管理机制，形成社会团体和公民积极参与循环型社会建设的良好氛围。为避免多个部门共同对循环型城市建设进行管理带来的政出多门的麻烦，最好能够在某一政府机构的带动下成立一个组织对城市管理进行决策和协调，因此，要建立起与循环型城市建设相配套的新型管理体制。如建议在各县级以上城市的政府中设立循环经济与社会发展局，专门对生产、消费和废弃物的回收利用等各环节进行统一的、综合性的规划、规范、协调、组织和监管，根本改变生产部门只管生产，流通、商业部门只管消费，环境卫生部门只管垃圾清运、污水排放，物资回收部门只管收购的传统的管理体制和模式。在循环经济与社会发展局下设置行政主管机构、业务经办机构、基金运营机构以及社会监督机构，确保循环型城市的可持续发展。

（四）形成与循环型城市发展相适应的法律法规体系

循环型城市建设需要以完善的法律法规体系作为保障。

（1）要提高法律法规体系建设的层次性。以国家制定的《中华人民共和国清洁生产促进法》、《中华人民共和国固体废物污染法环境防治法》作为制定相关法律的依据，制定综合性的地方性法律法规，并健全已有地方性法规的制定。在遵循国家相关法律法规的前提下，加快地方法规的立法进程，制定地方性的法规和政策，努力将循环型城市的建设纳入法制的轨道。要优先制定专门性的法规，以及对相关法规进行补充和修订。

（2）要促进法规体系中各类法律法规间的相互协调。要针对现有法规中存在的不足，及时对现有法规进行修订，或在新法制定的过程中对旧法中未涉及的内容进行补充。要根据循环型城市在发展过程中出现的新动向，及时进行分析和预见，及时将新的理念加入到法规的制定中，以达到法规与法规之间的衔接连贯和相互协调。

（3）要建立循环型城市的约束和激励机制，促进循环型城市的发展。这些政策包括：

第一，产业政策。确立环保产业和资源产业在城市经济发展中的重要地位；制定循环产业的行业技术标准和规范，对非循环产业的产品征收"资源税"或政府价格补贴的方法，促进环保和资源产业的发展，使废弃物资源化成为盈利性的产业。

第二，科研扶持政策。政府部门要积极扶持各类研发活动，加大科技投入，着力打造"绿色技术"的支撑体系，包括制定引进科技投入、大力发展信息技术、生物技术，以及环境无害化技术、替代技术、再利用技术、系统化技术等技术的相关政策。要充分发挥高等院校、科研院所的优势，与企业的合作，加快科研成果转化的步伐，共建环境保护和资源循环利用的技术创新体系。同时，要依法保护研发机构科研成果的知识产权，使研发机构获取合理的经济效益，逐步使各类研发机构步入自负盈亏、自主研发、自我发展的轨道，为循环型城市"无污染、低能耗"的生产体系和生活体系提供技术支撑。

第三，环境税收政策。要通过环境税收减少生产者对原生资源的使用，促成废弃物的回收，鼓励和引导人们节约使用资源，通过税收得来的资金用于循环型城市中环保产业和资源化产业的发展。

第四，消费税收政策。包括对消费诸如一次性产品、轮胎、实木地板等产品进行征税。通过征收消费税对鼓励人们节约资源，形成绿色的消费观念具有积极的作用。

（五）实现对循环型城市建设进程的监督和评估

（1）要建立和完善循环型城市的信息管理系统。首先，全面系统地收集、分析循环型城市建设的信息以及国内外的发展动态，实现信息资源的高度集成与共享，为循环型城市的物质流动、能量流动、信息流动和人才流动提供实时服务，为政府决策和管理提供科学依据。其次，依托生态环境监测网络，应用遥感、地理信息系统、卫星定位系统等技术，提高对环境污染的监测能力，建立和完善生态环境预警系统和快速反应体系，强化环境质量的及时报告，避免和减少各类污染造成的损失。

（2）要充分发挥广大人民群众的力量，实行群众监督。一方面，要设立舆情接受渠道，完善群众和政府相关部门的沟通机制，可以通过专门的网站、电视节目、广播报纸等公开举报电话、电子信箱（领导信箱），也可以通过公共基础设施建设，使这些联系方式为居民群众所熟识；另一方面，建立联系政府部门和居民群众的中介组织，使群众身边的环境事件得到准确及时的反映和处理。

（3）要建立一套评估循环型社会的指标体系用于监测和推动循环型城市的建设。具体的指标可以包括万元 GDP 能耗、万元 GDP 用水量、城镇生活耗水率、绿色能源比重、城市人均生活垃圾产生量、城市污水处理率、家用节能灯使用比例、生活污水中水回用比例、废旧物质回收率、生活垃圾回收利用率、城市生活垃圾无害化处理率、环保产业产值占 GDP 的比重、绿色标志商品率、中小学环境教育普及率、公众循环型社会意识等，同时根据"减量化—再使用—再循环"的递进关系，确立各个具体指标所对应的"3R"体系的实践环节，赋予具体的权重。

三、实现建设循环型城市的三大目标

（一）促进城市居民生活质量的提高

2010 年 10 月 29 日，由中国人民对外友好协会、北京 CBD 国际商务节组委会主办，北京国际城市论坛基金会、北京国际城市发展研究院承办的国际城市论坛 2010 年年会在北京隆重开幕。论坛以"全球化的中国：新城市、新价值"为主题，发布北京国际城市发展研究院最新研究成果——《2006~2010 中国城市价值报告》。该报告通过对"十一五"期间中国城市发展的跟踪研究，全面把脉"十一五"我国城市发展价值，同时为"十二五"中国城市的发展道路指明了方向。城市价值链理论是北京国际城市发展研究院（IUD）于 2002 年在国内首次提出的。城市价值链理论确定了城市价值的基本内涵，把检验城市价值定位在生活质量、品牌价值、综合竞争力三个维度上，从一切"为人的发展"理念出发，揭示出"生活质量是检验城市价值的唯一标准"的全新导向。五大趋势预示中国城市新价值：一是城市化将成为转变经济发展方式的最基本的推动力量；二是生活质量是城市内涵式发展和包容性增长的核心；三是文化软实力成为提升城市综合竞争力的重要标志；四是"大城市病"给中国城市发展带来风险和挑战；五是构建以社会公平正义为核心的现代社会治理模式是城市社会服务管理创新的关键。城市已经不仅仅是一种经济现象，而是经济、社会和人的全面、综合、协调发展的过程。城市生活质量概念的提出是对传统的城市发展理念的反思，是城市发展和建设的创新。

提高城市居民的生活质量是建设循环型城市最根本的目标。生活质量的提高也是探讨循环型城市建设的社会学目的之所在，社会学的研究目的就在于通过研究的城市发展，探讨怎样才能提高人类的生活品质。因此，循环型城市的建设对于提高城市居民的生活质量具有非常现实的意义。

循环型城市是注重经济发展高效率的城市；

循环型城市是注重城市发展生态化的城市；

循环型城市是注重资源节约使用和回收利用的城市；

循环型城市是注重人与人之间和谐相处的城市；

循环型城市还是注重具备良好人居环境的城市。

因此，循环型城市以实现城市居民生活质量的提高为目标具有充分的可行性和现实性。

（二）促进城市综合竞争力的提高

经济学理论认为竞争力的提高源于市场性竞争力、体制性竞争力和有特色的竞争力三个方面的提高。其中，市场性的竞争力是竞争的最根本层面，它是在资源禀赋的绝对成本优势和相对成本优势的基础上建立起来的。因此，产品成本的高低是企业、城市、区域在竞争中能否占据优势的决定性因素。体制性是竞争力研究的更深层层面，它包括政府的管理、金融体制、公共设施、科学技术、企业管理、服务水平等各个方面。著名管理学家熊彼特认为有特色的竞争力源自技术的创新和组织的创新；波特在强调技术创新重要的同时，更注重经济资源和要素分工的体系化和协调；而诺思认为，竞争力的提高在于通过制度创新来营造促进技术进步和发挥经济潜力的环境。可见，竞争力的提高正是建立在技术创新、组织创新和制度创新的基础之上的，对研究城市综合竞争力也具有较高的借鉴作用。中国社会科学院的倪鹏飞先生认为，城市综合竞争力是硬分力和软分力的函数。其中，硬分力包括资本力、劳动力、科技力、设施力、区位力、环境力和聚集力；软分力包括文化力、制度力、管理力、开放力和秩序力。而建设循环型城市是以全方位提高城市竞争力为目标，以现有的文化、制度为载体，以提升科技创新能力、管理创新能力为主要手段，实现资本集聚能力、基础设施建设能力、环境可持续发展能力、对外开放与交流能力以及城市发展秩序化能力的提高。因此，建设循环型城市是促进城市综合竞争力全面提高的重要战略方式。

（三）促进先进文化的形成

先进的社会文化是科学的、民族的、大众的文化，是面向现代化、面向世界、面向未来的文化。它具有丰富的民族内涵，它是对社会发展历史的积淀和传承，在推动现代城市建设的进程中具有重要的作用，它将影响现代人的思想观念和生活方式。随着时代的发展，社会文化也在不断的变迁，而"先进文化的发展之源在于创新"。对先进文化的培育源于城市发展变化的现实。循环型城市的建设需要先进的社会文化的推动，需要有新理念的指导。同时，循环型城市的建设又将促进和推动先进社会文化的形成和发展。无论是在经济领域还是在社会生活领域，循环型城市的建设都需要企业和居民转变以往的生产、生活观念，从片面狭隘的观念中解放出来，以更新、更广阔的视角和态度对待有限资源和能源的使用以及循环型城市所倡导的资源清洁利用和循环利用的主题。要从城市的不同层面培养先进的社会文化：在企业层面提倡生态企业文化；在政府层面倡导生态化的办公文化、生态化的管理文化和生态化的行为文化；在校园层面培养生态化的观念、生态化的教学理念、生态化的管理文化以及生态化的行为文化；在社区层面加强社区的生态建设，包括社区的形象、社区道德、社区文化设施的建设、社区教育的发展以及社区文体活动的开展等；在家庭层面，生态文化的营造主要表现在要转变生活观念、消费观念和人与人之间的交往观念上。真正地实现文化与现代经济、社会发展之间的相互适应，被大众广泛接受。

第六章　农村面源污染与生态文明建设

中共中央第十七届五中全会通过的《关于制定国民经济和社会发展第十二个五年规划的建议》指出："推进农业科技创新，健全公益性农业技术推广体系，发展现代种植业，加快农业机械化。完善现代农业产业体系，发展高产、优质、高效、生态、安全农业，促进园艺产品、畜产品、水产品规模种养，加快发展设施农业和农产品加工业、流通业，促进农业生产经营专业化、标准化、规模化、集约化。推进现代农业示范区建设。发展节水农业。推广清洁环保生产方式，治理农业面源污染。""十二五规划"在论述加快发展现代农业时，明确提出了治理农业面源污染的目标要求，对于全面贯彻落实党中央提出的科学发展观，确保农村和农业的可持续发展、确保人与自然的和谐发展，具有十分重大的现实意义和深远的历史意义。

第一节　农村面源污染概述

经济快速增长中出现的面源污染问题，不仅在诸多大中城市比较严重，而且在广大农村也普遍存在，农村的面源污染已经呈现出越来越严重的趋势。把农村的面源污染治理提到重要议事日程，并提出了明确的目标要求，体现了党和政府对广大人民群众永久健康、幸福生活的高度负责。

一、农村面源污染的内涵

面源污染是指溶解的和固体的污染物从非特定的地点，在降水和融雪的冲刷作用下，通过地表径流而汇入受纳水体，包括河流、湖泊、水库和海湾等，并引起水体的富营养化或其他形式的污染。农村面源污染是指农村生活和农业生产活动中溶解的或固体的污染物，如农田中的土粒、氮素、磷素、农药、重金属、农村畜禽粪便与生活垃圾等有机或无机物质，从特定的地域，在降水和径流冲刷作用下，通过农田地表径流、农田排水和地下渗漏，使大量污染物进入受纳水体所引起的污染。

二、我国农村面源污染的概况

(一) 农村面源污染的现状

目前，农村面源污染已经严重威胁到了我国湖泊、河流的整体水环境。无论是经济发达的沿海省份，还是经济欠发达的中西部地区，都遭受着面源污染的困扰。如素有"鱼米之乡"之称的太湖流域，渔歌"太湖美"人们大都耳熟能详，优美的"太湖美，美就美在太湖水……"歌声，道出了江南人民说不尽的自豪，唱出了江南河山的优美风光。但是，近年来随着太湖地区城乡经济的快速发展，农村面源污染相当严重，历史上太湖水的美丽风光已大为逊色。

太湖流域的水污染防治工作一直是国家和江苏省环保工作的重中之重。多年来，在国家有关部门和江苏省委、省政府的正确领导下，通过流域各地的共同努力，太湖水污染治理也取得了一些阶段性成果，但太湖水污染治理仍然滞后于流域经济增长，太湖流域水污染严重的状况尚未从根本上得到改变。目前，太湖流域农村面源污染主要包括：农田过量施用化肥造成氮、磷物质的流失；广大农村"楼上楼下、居住现代化"所产生的生活污水，未经处理直接向河道排放；农村生活垃圾随意堆放，降雨时产生的径流污染以及农村养殖废弃物污染等。其中，大量生活污水排放和农田化肥流失是太湖流域农村面源污染的主要"贡献者"。专家通过对江苏省宜兴市的跟踪调查发现，在农村生活废水中，约有24%直接排入河中，50%排入屋后及地表渗入地下，还有25%排入沟渠。另外，太湖流域农村施用的化肥普遍较高，亩均施用量大都在50~75千克。多种多样的面源污染源严重地污染了太湖水，导致水环境和土壤环境质量下降，使位于太湖之滨的江苏省无锡市的饮用水遇到了很大的困难。太湖水历来是无锡人的水缸，但因为太湖有的地段的湖水变黑发臭、湖泊富营养化，以致近年来以太湖水为源的无锡市的自来水出现有异味甚至发臭的现象，严重影响了无锡及周边城乡居民的生存环境和身体健康。

重庆市的农村生态环境形势也较为严峻。以农业面源污染、畜禽养殖污染、农村饮用水源污染、水土流失等为主要特征的农村环境问题也一直未能从根本上得到有效控制，在有些地区已成为制约当地经济发展、影响社会稳定、威胁人民健康的重要因素。畜禽养殖污染是重庆水环境污染的主要来源。进入21世纪以来，重庆市畜牧业发展快速，畜禽养殖带来的环境问题也随之日益突出。目前，重庆市畜禽养殖存栏规模换算成生猪当量约 3570 万头，畜禽粪便年产生量达9500 多万吨，年排入环境的 COD（化学需氧量是水中有机物消耗氧的含量，是反应废水污染程度的重要指标之一，是水质监测的重中之重）量达 28.5 万吨，已超过工业、生活排放的 COD 总和，占 COD 排放总量的 51.9%。另外，由于农药、化肥的不合理施用，土壤受重金属污染的影响范围已由过去的城郊区域扩展到农村地区，农产品中农药残留、重金属超标等现象影响到饮水、蔬菜等食品安全，威胁到库区水环境安全和群众身体健康。近年来，重庆市氮肥、磷肥施用量达 64 万多吨，每公顷施用量达 300 多公斤，农药施用量约 2 万吨。在党中央提出科学发展观以来，重庆市虽然也一直加强对工业污染、城市生活污染的整治力度，使得"三江"重庆段水质均保持在Ⅲ类，但与农村水环境、农村饮用水源密切相关的次级河流等水体的水质却不容乐观。三峡工程蓄水后，库区水位抬高，水流减慢，自净能力降低，库区回水区和一级支流水质较差，出现了富营养化，总氮、总磷超标，并有加重的趋势。在重庆全市 58 条主要次级河流 122 个监测断面中，有 27.9% 的监测断面不能满足水域功能要求，超标污染指标以有机污染为主。专家认为，次级河流污染对库区已经构成威胁，库区城市岸边污染有加重趋势，上游河水中的淤泥沉积在库区，缓慢氧化分解，将会形成库区内源污染，时间一长就会逐步显示出来。

同样，拥有 3200 万农村人口和 1669.47 万公顷耕地面积的农业大省——江西，面临的面源污染问题也很严重。影响江西省农村生态环境的因素主要有：一是农用化学品的施用日益增多，妨碍了农村环境的自然净化。据调查统计，进入21 世纪后，该省年农药施用总量约为 51400 多吨，化肥（含氮肥、磷肥、钾肥及复合肥）施用总量为 3433800 多吨，农膜的用量为 28600 多吨，这些农用化学品的不合理使用影响了农村的生态环境。二是集约化畜禽养殖废弃物排放对农业环境造成的污染。目前该省牛、羊等牲畜存栏总数为 1700 多万头，生猪存栏数为 1470 多万头，全年牲畜粪便尿产生总量为 6190 多万吨。这些牲畜粪便，一方面为农业生产提供了肥料，另一方面也污染了农村环境。三是水土流失严重，全省水土流失面积为 350 多万公顷，占土地总面积的 21% 多，农田水土的流失严重影响了农业生产。全省土壤侵蚀量达 1.67 亿吨，相当于 5 万余公顷 20 厘米厚的耕作层。四是一些矿产的开发、工业及生活污染也影响了农业生态环境。

总之，农村的面源污染，无论是在东部沿海发达地区，还是在经济发展水平相对较低的中西部地区，情况都不容乐观，有些地方污染的危害程度呈日趋严重之势，给经济的可持续发展和人民群众的身体健康带来了严重的影响；给全面建设小康社会和社会主义和谐社会的进程带来了严重影响；给人与自然、经济与社会的协调和谐发展带来了严重影响。

（二）农村面源污染的源头

我国农村的地域极为辽阔，目前全国 13 亿多人口中的大部分生活在农村，广大农村人口的生产、生活，形成了日益严重的农村面源污染源，主要有以下几方面：

1. 化肥农药的污染

导致农业面源污染原因是多方面的，其中最主要的原因是过多的施用化肥（特别是氮肥）和农药，以及不合理的施用方法导致肥料和农药的利用效率低下。目前，我国是世界上最大的农药施用国，农药施用量每年基本稳定在 130 多万吨左右，是世界平均水平的 2.5 倍，受农药污染的耕地土壤面积达 1.36 亿多亩。已注册登记投入使用的农药品种约 600 多种。我国农药的过量施用在水稻生产中约达 40%，在棉花生产中超过了 50%。我国使用的农药主要以杀虫剂为主，其中高毒农药品种仍然占有相当高的比例。在一些地方，许多被禁止的农药依然在生产和使用，这不仅损害了环境，而且导致了在食品中的有害残留。

此外，我国又是世界上化肥施用量最大的国家。我国的耕地面积不到世界的 1/10，但氮肥的施用量却占世界的 1/3。据中国农业科学院土壤肥料研究所的调查显示，现在氮肥的施用量已远远超过粮食作物的需求量，全国已有 17 个省氮肥平均施用量超过国际公认 225 千克/公顷的上限。广东省化肥施用量每亩高达 240 多千克，导致该省很多地方水发绿，全部富营养化。

由于施用方法不科学，我国农药、化肥的效率普遍不高，真正被农作物吸收、利用的仅为 30%~35%，剩余部分中约有一半未被利用的化肥、农药通过地表径流流入江河、湖海。

化肥、农药的过多和不合理施用，对水体、土壤、空气等造成了严重污染。首先，累积于饮用水源和土壤中的化肥和农药对沿海省份的广大居民健康构成了巨大的威胁。目前处于高风险区的省份已增加到十多个，其中华北地区的污染尤为严重。其次，引起湖泊、河流、浅海水域生态系统的富营养化，水藻疯长，鱼类等水生动物因氧数量减少而得病甚至死亡。再次，氮肥气态损失的成分（氧化亚氮）也是对全球气候变化产生影响的温室气体之一，它破坏了臭氧层。

化肥和农药投入及伴随的劳力成本，也是我国粮食生产成本的主要组成部分，它导致我国农产品的生产成本日益增高，使农田净收益减少 10%~30%。农药残留还使农产品质量下降，不仅影响了我国农产品的出口，也给自身的食品安全带来了严重的危害。

2. 畜禽养殖及农业生产废弃物的污染

畜禽养殖及农业生产废弃物也是导致我国面源污染的重要源头。目前，我国畜禽养殖面广量大，且不断增长、呈规模化之势，由此带来了大量的畜禽粪便。据报道，2009 年全国畜禽日产粪便量为 1123 万吨，年排放量超过 40 亿吨，是工业有机污染物的 4.1 倍。在我国，畜禽粪便大多未经处理就直接施用或排放，对农业环境带来极大威胁。另外，全国各地每年产生的 6.5 亿吨各类农作物秸秆，其中有 20%以上未被综合利用，被焚烧或者堆积于河湖沟渠或道路两侧。每年秋收后，在田间地头、道路两侧，到处是星星之火，烟雾弥漫，既严重污染了空气，还影响了交通，因焚烧秸秆产生浓烟而酿成交通事故的案例时有发生。

在发展现代农业中，用地膜栽培农作物越来越广泛。地膜对于发展农业确实起了十分重要的作用，它在一定程度上解决了季节、气候对农作物的生长要求，可以反季节地开展农作物栽培，提高了土地的收益，同时丰富了人们的菜篮子，改善了广大人民群众的生活。然而大量地膜破损后，没有得到很好的回收处理，大都被遗弃在田间地头。据有关部门估计，现每年遗弃的地膜高达 63 万吨，这些不易降解的地膜对土壤污染十分严重。另外，农业生产过程中产生的其他大量废弃物，也大都未经任何处理就直接排入环境中。这些废弃物大大超过了环境本身的自净能力，结果必然导致广大城乡的环境质量恶化。

3. 农村工矿污染

改革开放以后，人们在认识到无农不稳的同时，也深刻懂得了无工不富的道理，各地大力发展各种中小工业，于是乡镇企业如雨后春笋般地到处涌现。但这些乡镇企业通常规模较小，布局分散，生产工艺大都比较落后，绝大部分没有或缺乏污染治理设施，生产过程中产生的大量废渣、污水、有害气体未经任何处理就直接排放。于是，乡镇企业的快速发展，虽然使许多地方经济增长了，老百姓的生活水平有了较大的提高，但同时也带来了严重的环境污染，给人民群众的生命安全带来了极大的危害，导致一些地区因环境污染引发的疾病呈快速增长之势，因污染引发的上访、纠纷事件俯拾皆是。

4. 农村对矿产资源的掠夺式开采

矿产资源是自然界留给人类的大都不能再生的宝贵财富。许多地方的农民为了实现快速致富，采用各种方法和手段对有限的矿产资源进行开发，但他们大都没有现代的科学知识、缺乏现代的技术装备，在缺乏科学勘探、充分论证的条件下盲目开采，他们往往只是考虑眼前的个人或小团体的利益，采用掠夺式的方法采石开矿、挖河取沙、毁田取土、毁林开荒，致使许多地方被挖得百孔千疮，一片狼藉，使本来和谐平衡的生态系统功能遭到了极其严重的损害。

5. 城市工业污染"上山下乡"

改革开放以来，我国原有的城市规模和人口快速发展，新兴的小城镇大量涌现，工业化程度不断加快。城市在繁荣发展的同时，工业污染物也日益增加，但这些污染物中有相当大部分是没有经过处理的有害物质，它们几乎无例外地"上山下乡"，被转移到了城郊或农村，不仅占用了大量的农田，而且还造成了大量的农村面源污染。

（三）农村面源污染的特点

1. 污染源的分散性

与城市不同，我国农村的居民居住相对分散，因而导致农村的面源污染具有分散性的特点。就拿生活污水来说，城市生活污水主要是通过统一排污口集中排放，这样有利于污水经处理后排入环境，减轻了对环境的污染。而农村生活污水则主要通过各家宅前屋后分散排放，排入环境中的生活污水基本都没有经过任何处理。

2. 污染过程的复杂性

随着科学技术在我国广大农村的普及和推广，过去零星的、易降解的农业污染已被现代化所带来的大批量的、难以降解的污染物所取代。规模化养殖技术带来的大量的畜禽粪便，严重污染了当地农村的生活环境。农村大量的不易溶解的和固体的污染物，在没有经过任何处理就排放在江河湖海等环境中。这些污染物的产生是源源不断的，而自然界自身的净化能力却是非常有限的，它无法承受越来越多的污染物。各种污染物在降水和融雪的冲刷作用下，必然会通过地表径流而汇入受纳的水体。在这个过程中，各种各样的污染物可通过物理、化学、生物等作用，产生更为复杂的污染物，对环境造成二次污染，甚至多次污染。

3. 污染范围的广泛性

农村面源污染的分散性加上在降水和融雪的冲刷作用下，将会流向土地、水体等，造成污染的范围之广是难以估测的。据报道，我国目前近4万个建制镇和集镇绝大部分没有集中的污水处理设施，300多万个村庄的生活污水大部分未经处理。据有关专家调研的结果显示，西部一些省区乡镇生活垃圾无害化处理率不到5%；淮河流域及南水北调沿线区域的15个市农村生活垃圾处理率也不足40%，生活污水处理率还不到20%；即使在经济较发达的江、浙地区，建设垃圾转运站的乡镇也很有限。可见，我国农村的面源污染范围及由此带来的后果具有广泛性。

4. 防治污染的难度大

由于农村面源污染具有以上三个特点，加上农村人口科学文化素质相对较低，对于面源污染给自己及子孙后代带来的严重危害及对加强防治重要性、必要性缺乏应有的认识，同时农村治理面源污染的资金、设施、人才也都严重不足，这些给农村面源污染的防治工作带来重重困难。

三、河南农村面源污染的现状

（一）河南农村面源污染的概况

全国第六次人口普查资料介绍，河南全省常住人口 9400 多万，居全国第三，加上流出人口，河南仍是人口第一大省。河南省是农业、农村人口比重较大的省，现有农村人口超过总人口的 50%。近年来，围绕加快农村经济社会发展，河南省不断加强农村环境保护工作，通过采取推进林业生态省建设、实施农村饮水安全和测土配方施肥工程、建设农村乡镇垃圾转运设施、推进农村规模化养殖、发展农用沼气、引导农民改厨改厕改圈等一系列措施，有效遏制了农业面源污染进一步加重的趋势。河南省还建设了一批循环农业试点和生态示范村，改善了部分地区农业生产条件和农村人居环境，全省农村环境保护工作取得了明显成效。但河南省随着工业化、城镇化进程的加快和农村经济社会的快速发展，部分城市污染工业项目特别是重污染工业项目逐渐向农村转移，"十五小"（即小造纸、小制革、小染料、小土焦、小土硫磺、小电镀、小漂染、小农药、小选金、小炼油、小炼铅、小石棉、小放射、小炼汞、小炼砷）和"新五小"（即大电网覆盖范围内、单机容量在 10 万千瓦及以下的常规燃煤火电机组、小炼油厂、小水泥厂、小玻璃厂、小钢铁厂）企业在个别地方死灰复燃。农村经济结构调整带动农副产品加工业快速发展，由此造成新的污染日益突出。河南省粮食生产核心区建设中化肥、农药以及新的化学品用量居高不下，直接危及农产品安全。农村环境基础设施建设滞后，人居环境"脏、乱、差"现象还比较普遍，农村生活污水、垃圾排放增多，畜禽粪污以及秸秆等处理率低，农村面源污染加剧。此外，农村环境保护政策不尽完善、环境监管相对缺失、农村环保投入严重不足的问题也普遍存在。目前，河南省农村环境呈现点源污染与面源污染共存、生活污染和工业污染叠加的局面，形势十分严峻。前几年，河南省对省辖市开展了土壤安全调查。调查结果是：全省农村面源污染问题不容乐观，土壤、水体、大气的污染，农村的脏、乱、差问题与前几年比，呈上升趋势。调查结果是污染所带来的危害虽然没有超过"农产品安全"这条红线，土壤有机质含量在安全系数以下有所降低，但土壤中个别重金属污染在安全系数以下的现象却有所上升。通过环保部门的检测，在一些大企业，诸如化工、冶炼以及一些大的养殖业，如双汇、华英、大用公司周边的土壤、水体污染有加重趋势；城市的工业企业通过河流排放污水，这些重污染河流沿边的农田土壤污染也呈现加重的趋势。如新乡市卫河沿河两边群众的饮用水不达标，农田土壤污染加重，地表水污染严重，河流水质为劣Ⅴ类。沈丘县黄孟营村被称为"癌症村"，这个村有 3 个几米深的大坑，坑里是一潭死水，村民生活污水、粪便、垃圾都往坑里倒，导致坑下 40 多米处的地下水大肠杆菌超过正常标准 20 多倍。

(二) 河南农村面源污染的源头

1. 化肥的大量和不合理施用

为了提高农产品产量，河南省过量施用化肥、不当施用农药以及不科学的污水灌溉等问题依然严重。省农业厅的一项调查表明，全省每年施用的化肥达 300 多万吨。过量施用氮肥和磷肥、钾肥施用不足与区域地区间分配不平衡，从而导致土壤板结、耕作质量差，肥料利用率低，土壤和肥料养分易流失，造成对地表水、地下水的污染，湖泊富营养化。据河南省农村环境状况调研报告的统计资料介绍，2007 年化肥施用量：驻马店市为 62.44 万吨，南阳市为 75.97 万吨，周口市为 130 万吨。河南省农村化肥施用不仅数量偏高，而且比例失衡，氮肥过高，磷肥不足，钾肥偏低。氮肥、磷肥、钾肥的平均使用比例为 1：0.4：0.2（合理的氮、磷、钾平均比例为 1：0.5：0.5），土壤钾的供求已经出现严重的不平衡状态。同时，重化肥、轻有机肥的现象普遍存在，有机态养分所占比例明显偏低。

2. 农药的过量和不科学的施用

为提高农产品产量，各地过量使用、不当施用农药的问题也比较突出。据统计，2007 年农药使用量是：驻马店市 1753 吨，南阳市 17534 吨，商丘市 4002 吨（其中高毒农药使用量 1917 吨，占 48%），周口市平均单位耕地面积农药用量为 1.0 公斤/亩，其他城市也都在逐年增高。各地使用的农药，不仅数量过大，而且产品结构也不合理，杀虫剂用量过大、剂型不配套，加上施药配套技术和器械不完备，大多数农民不按照操作规程使用农药，不仅造成农用化学药品大量浪费，并在土壤中残留量大，通过地表径流下渗造成水体污染。而且，农药的不当或不合理施用，也影响农产品的品质和安全，成为影响环境质量和人体健康的潜在因素。

3. 集约化养殖场的污染

建设"菜篮子工程"以来，河南省城乡畜牧业规模发展迅速，各地在城镇郊区附近建立了一大批养殖场，由原来农村的分散养殖变成了集中养殖，由此而带来了畜禽粪便废弃物的处理和污染问题，农村畜禽养殖污染成为影响农村生存环境质量的重要因素之一。据河南省环保联合会关于河南省农村环境状况调研报告介绍：2007 年南阳市畜禽养殖废水排放量 879.19 万立方米/年，COD 排放量为 3706 吨/年，氨氮排放量为 1597.36 吨/年，规模化养殖场畜禽粪便产生量为 92.5 万吨/年。驻马店市规模化养猪场出栏量大于 500 头养殖场有 2007 个，有污染防治设施的仅 306 个，占养猪场的 15.25%；全市规模化养牛场出栏量大于 100 头养殖场有 48 个，有污染防治设施的仅 20 个，占养牛场的 41.67%；全市规模化养羊场出栏量大于 100 只养殖场有 195 个，有污染防治设施的 50 个，占养羊场 25.64%；全市规模化养禽场存栏量大于 5000 只养殖场有 322 个，有污染防治设施的 123 个，占养禽场的 38.20%。濮阳市每年出栏 2000 只（头）以上规模养殖场 180 个，有治污设施的不足 40%。安阳市大型规模养殖企业有治污设施的占 50%。目前，在全省达到国家规模标准的近 6000 多家养殖场中，没有进行环评、没有上标准污染防治设施、随意排放污染物的占 95%。畜禽养殖企业大都不能与当地农业生产有机结合，形不成资源有效利用的循环农业链条，粪肥存施不当，不但影响农村环境卫生，而且随地表径流入河，对地表水造成较大污染威胁。可以说，畜禽养殖已成为河南省最大的农业污染源，也是影响农村环境质量的主要因素之一。

4. 秸秆对水体和环境空气的污染

河南省是农业大省，每年农作物秸秆产生量巨大，除部分作为饲料、工业原料、直接还田利用外，其余的堆放于田间地头、道路及河道两侧，造成河道堵塞及水体污染；有些在田间直接焚烧，造成大气污染。如濮阳市 2007 年总种植面积 729.3 万亩，产生秸秆 354.6 万吨，能有效利用的仅 107 万吨，有效利用率为 48%；驻马店市 2007 年主要作物秸秆产生量为 956.3 万吨，南阳市为 958.9 万吨。有效利用率都不到 50%。农业秸秆利用层次比较低甚至被遗弃在田边地头，造成了新的农业面源污染。

5. 乡镇工业企业对农村环境的污染

近年来，随着环保力度的加大，河南省各地乡镇工业企业污染呈减缓趋势，关、停、并、转了一批"十五小"和"新五小"等重污染企业，从源头上控制了部分新污染源的产生。但是，随着工业化、城镇化进程的加快以及城市人口规模的扩大，城镇工业废水、生活污水和垃圾向农村地区转移的问题仍然非常突出，一些城郊地区已成为城市生活垃圾及工业废渣的堆放地，农田被城市垃圾占用和毁损，因污染引发的民事纠纷事件也呈上升趋势，环保纠纷已成为继征地、拆迁之后又一影响和谐社会建设的新问题。由于产业梯级转移和生产力布局调整的加速，一些重污染工业项目从城市向农村转移，加上许多乡镇布局分散、点多面广，规划中没有进行功能区划分，企业布局不尽合理、装备落后、工艺水平低、管理粗放、污染治理设施不完善或不能正常运转，企业废水、废气、废渣超标排放已成为影响农村地区环境质量的主要因素，也是引发农村面源污染事故和面源污染纠纷的主要原因之一。

（三）河南农村面源污染的原因

导致河南面源污染严重的原因是多方面的，主要有以下几个方面：

1. 思想认识不到位

目前，河南农村一些地方和部门的领导和广大群众，对农村环境保护的重要性认识不足，没有把它摆上重要议事日程。另外，城乡二元结构的长期存在，导致重城市、轻农村，重工业、轻农业，环保法律法规和政策在农村没有真正得到贯彻落实。加上部分领导存在重经济、轻环保思想，为保一方经济利益，对出现的面源污染问题或者睁一只眼闭一只眼，或者遮遮掩掩、欺下瞒上。

2. 资金投入不充足

农村的面源污染治理，离不开必要的资金保障，但长期以来，各级政府和相关部门在城市和工业环境保护方面的投入相对较大，而在农村环境保护，特别是农村环境基础设施方面的投入却十分有限，而且这些有限的资金又分散于各个部门，缺乏有效的农村环境保护、公共服务、投融资机制和政策。由于投入不足，县级环保机构缺乏监测设备，缺少工作必需的车辆、通信等，形不成有效的监测监管能力；由于投入不足，农村治污基础设施建设严重滞后，甚至没有治污设施。

3. 体制机制不健全

"体制"是指国家机关、企事业单位在机制设置、领导隶属关系和管理权限划分等方面的体系、制度、方法、形式等的总称；"机制"原指机器的构造和运作原理，借指事物的内在工作方式，包括有关组成部分的相互关系以及各种变化的相互联系。由于受体制、机制影响，目前河南省大部分县级以下政府没有设置环保专门机构，乡镇、村级没有专职环保工作人员，造成分工不清，责任不明，管理混乱，监管不力。

4. 运用现代科技不足

在建设生态文明、治理面源污染过程中，必须充分依靠和积极发挥科技创新的作用，运用现代科技发展成果治理农村的面源"污染"，是一个投入少、见效快的很好途径，但目前河南农村在这方面还是个"短板"，大部分地区在治理面源污染中，除沼气的生产和利用技术较为成熟，推广工作也很有成效外，对于农村生活污水和生活垃圾处理、秸秆综合利用等方面，虽然技术项目很多，实验、试点工作也都做了不少，但适合在农村大面积推广的节能减排实用技术还比较缺乏。

5. 法制建设滞后

要有效地治理面源污染，加强生态文明建设，当前第一要务是要建立健全生态法律制度体系。健全的生态法律制度不仅是生态文明的标志，而且是生态保护的最后屏障。目前，当务之急是要严格落实环境责任追究制度，尤其是刑事责任的追究制度，加大对违法超标排污企业的处罚力度，严惩环境违法行为。同时，要尽快补充修订相关环境保护法律法规，明确界定环境产权，并建立独立的不受行政区划限制的专门环境资源管理机构，克服生态治理中的"地方保护主义"行为。要加快建立健全生态法律制度体系，以制度规范人与自然的和谐关系，从而实现经济社会的可持续发展。目前，河南农村环保工作主要还是通过行政手段去推进，针对农村环保的法律法规不健全，养殖业污染治理、农村生活污染治理、化肥农药农膜污染防治、土壤污染防治等工作，既存在有法不依也存在无法可依的现象。

第二节　农村面源污染与生态文明建设的关系

建设生态文明，实质就是要建设以资源环境承载力为基础、以自然规律为准则、以可持续发展为目标的资源节约型、环境友好型社会，实现人与自然和谐相处、协调发展。显然，生态文明建设涉及污染治理的诸多因素、诸多方面，其中，农村面源污染及其治理是我国生态文明建设过程中需要解决的一个突出的重点和难点问题。

一、面源污染治理与生态文明建设密切相关

农村的面源污染与生态文明之间的关系是对立统一的关系。即两者是互相影响、互相制约、互相作用的。

首先，面源污染与生态文明是对立的。面源污染是生态文明的大敌，在面源污染严重的地方，是不可能有真正的生态文明的，即使曾经是生态文明的地区，一旦面源污染泛滥，或者不能对面源污染实行切实可行的治理，那么生态文明的良好环境必然会受到破坏；同样，生态文明受到破坏，或者不注意加强生态文明建设，那么面源污染的状况必然会加剧。

其次，面源污染与生态文明建设又是统一的。面源污染的状况及其治理，虽然不是能否实现生态文明的唯一因素，但肯定是其中的主要因素之一。面源污染能得到有效的治理，生态文明的建设就能够顺利的开展，生态文明建设目标的实现就有了重要的前提；而生态文明的建设有序的进行，必然会提高人们对面源污染治理的自觉性，必然会促进面源污染治理工作的顺利推进，从而使面源污染的治理快速、高效地展开，逐步消除面源污染给人类和生态带来的严重危害。

二、农村面源污染影响制约了生态文明建设

党的十七大首次将"生态文明"写进报告，从而使"生态文明"成为社会主义文明体系的基础。在社会主义文明体系中，生态文明的地位和作用十分重要，因为物质文明、政治文明和精神文明都离不开生态文明，没有良好的生态条件，人不可能有高度的物质享受、政治享受和精神享受。没有生态安全，人类自身就会陷入不可逆转的生存危机。所以说生态文明是物质文明、政治文明和精神文明的前提。目前，中国农村的面源污染十分严重，70%以上的河流与湖泊已遭到污染，严重地制约着生态文明建设的进程。人类赖以生存的生态环境变得日趋恶劣，生物的生存面临严峻的考验，人类的健康受到了严重的挑战，我国每年有数以十万计的人因污染而早亡。与全国许多地方一样，河南省的面源污染也非常严重，它严重地制约了河南省生态文明建设的发展步伐，要改变这种现状，使党中央关于建设生态文明的战略在河南省得以贯彻落实，就必须要加大对面源污染的治理力度，使面源污染的范围、危害程度得到有效控制，控制在自然界自身可以净化的幅度之内，还人们一个蓝天白云、社会与自然和谐的生产、生活环境。

三、面源污染治理与生态文明建设应同步进行

"青山绿水"是对人类赖以生存发展的一切资源环境的形象描述，是实现经济社会可持续发展的重要基础，是人与自然和谐发展的重要标志。回溯人类文明进步的历程，不难发现：人类文明的发端、繁荣总是与青山绿水相伴，一些文明的衰落、消亡也常常与山穷水尽相随。在建设社会主义和谐社会中，有效控制面源污染固然是进行生态文明建设主题中的应有之义，但生态文明建设也不是完全消极被动的，不能期望在面源污染得到有效控制后，才进行生态文明建设。必须看到，控制面源污染和生态文明建设是互相作用、互相支持的。加强生态文明建设可以促进面源污染的控制和治理。只要人们对加强生态文明建设的重要性和必要性有了充分的认识，加强生态文明建设的措施切实可行并落到实处，那么人们就会在思想上、行动上自觉地去防止、抵制面源污染的发生，就会自觉地同各种导致面源污染的现象和行为作不懈的斗争，就会自觉地投身到对已经存在的各种面源污染的积极治理的活动中去。总之，加强农村生态文明建设是有效控制面源污染的可靠保证。河南全省上下也必须把生态文明建设和面源污染的治理看成是一个车子的两个轮子，把它放到同等重要的地位，协调好两者之间的关系，同步开展农村面源污染治理与加强生态文明建设，使河南省的面源污染治理与生态文明建设同步发展，走在全国的前列。

第三节　控制农村面源污染，搞好生态文明建设的对策

控制农村面源污染，搞好生态文明建设，不仅是一项十分艰巨的任务，更是一个十分复杂的系统工程。要全面落实党的十八大和我国"十二五"规划提出的关于治理面源污染、搞好生态文明建设的目标，就需要河南各级政府和全省人民的共同努力。

一、切实加强领导，健全完善组织机构

（一）加强组织领导

各级政府要把加强农村环境保护、加强农村面源污染治理的工作纳入重要议

事日程，深入研究部署农村环保工作任务，组织编制和实施农村环境保护相关规划，制订工作方案，检查落实情况，及时解决问题。各级环保、发展改革委、农业、建设、卫生、水利、国土、林业等部门应加强协调配合，形成工作合力。坚持以城带乡，将农村环境保护和面源污染的治理工作纳入城乡统筹范畴，逐步实现城乡环保一体化。在加强组织领导方面，河南省政府在《河南省人民政府关于加强农村环境保护工作的意见》中提出了明确的要求："各级政府要依法依规认真履行农村环境保护责任，将农村环境保护工作纳入经济社会发展评价和领导干部考核体系，建立政府统一领导、环保部门统筹协调、有关部门分工负责、全社会共同参与的工作机制。环保部门负责农村环境保护工作的统一监管和指导协调。发展改革部门负责综合协调农村环境保护工程建设规划编制、项目审批等工作。工业和信息化部门负责淘汰污染严重和落后的工业生产项目、工艺和设备。财政部门负责筹措农村环境保护资金，加强对资金使用的监督管理。国土资源部门负责矿产资源勘察、开采过程中矿山地质环境保护的监督管理，组织开展矿山地质环境治理。住房城乡建设部门负责组织实施农村清洁工程，抓好农村生活污水、垃圾处理设施建设和运营监管。水利部门负责组织实施农村饮水安全工程，组织开展农村水系整治、水土保持、水生态保护与修复。农业部门负责指导农业面源污染防治，推广秸秆综合利用、测土配方施肥技术。畜牧部门负责指导规模化畜禽养殖污染防治工作。林业部门负责森林资源培育和保护管理工作，突出抓好国家级和省级重点林业生态工程，做好林业有害生物防治工作。科技部门负责农村生态环境保护和资源转化利用的先进适用技术的开发和推广。卫生部门负责农村环境卫生工作，开展农村饮用水卫生监测，对农村改厕予以技术指导。气象部门负责加强农用天气预报，指导在适宜天气条件下施肥、灌溉和喷药。"可见，河南省对这项工作的重视程度是非常高的，为各级政府与政府相关部门明确规定了职责，这对于加强面源污染的治理和生态文明的建设必将起到极其重要的作用。

（二）健全完善组织机构

长期以来，我国农村环境监管和面源污染防治组织不够健全，专业队伍数量不足、具有高素质的专业技术人员更是缺乏，无法正常开展农村环境监测、监察和面源污染的治理工作。要使目前农村面源污染的状况从根本上得到好转，各省、市、区级环保部门应有专人负责农村环境保护和面源污染防治的工作，做到职能到位、人员到位、基本工作条件到位。县级环保部门要加强对辖区内村镇环境保护和面源污染的监管能力建设。在健全生态文明建设和环境污染治理组织机构方面，河南省政府也给予了高度重视，在《河南省人民政府关于加强农村环境保护工作的意见》关于加强措施的第 17 条中明确指出："加强农村环境保护能力建设。进一步加强农村环保队伍建设，乡镇政府要明确一名班子成员分管环保工作，逐步配备环保专职人员，建立完善乡镇环保监管制度，在重点村设立环保专干，形成县、乡、村三级环境监管体系，切实加强基层环保力量建设。按照《河南省水污染防治条例》要求，乡镇政府要做好辖区内饮用水安全、农业和农村水污染防治、环境基础设施建设等相关工作。建立完善农村环境监测体系，重点加强县级环境监测站硬件设施、技术手段和人员队伍建设，强化对农村饮用水水源地、基本农田等重点区域的环境监测，建立较为完善的农村环境质量预警监控体系。"组织机构的健全、专业人员的足额配齐，是控制农村面源污染，搞好生态文明建设的重要保证之一。

二、加大教育力度，增强全民环保意识

思想是行动的先导，只有树立了科学的环保意识，才能自觉投身治理面源污染、保护环境的活动中去。在加大农村环保宣传教育力度方面，河南省人民政府关于加强农村环境保护工作的意见中也提出了具体的要求：要"充分利用广播、电视、报刊、网络等媒体，大力开展多层次、多形式的生态文明理念和农村环境保护法律法规、方针政策的宣传教育，增强农民的环境意识，倡导健康文明的生产、生活方式。制定村规民约，从搞好庭院卫生做起，引导广大农民形成良好的环境卫生习惯。尊重农民的环境知情权、参与权和监督权，切实维护农民的环境权益。认真抓好农村环境保护知识和技能培训工作，提高农民参与农村环境保护的能力"。各级政府要认真按照省政府的要求，运用新闻媒体对群众深入进行环保政策、环保知识的宣传教育，在电视、电台节目中设立环保专题节目，在互联网上开辟地方环境保护网站，并通过这些媒体对地方环境违法行为予以曝光，剖析这些环境违法行为导致的严重后果，让公众能够亲眼看见、亲耳听见，从而自觉地用行动去治理面源污染、保护好生态环境。各类学校教育应实行"幼儿—小学—中学—大学—终生的环保宣传教育"；社会应该做好涉及每个人的生活和工作环境的宣传教育，即"学校—家庭—社会环境宣传教育"，并且要经常通过"正规—非正规环境宣传教育"，提高广大人民群众的环境保护意识。

三、加强依法治理，不断完善法律规章

由于我国地域辽阔，各省市自治区的环境、地理状况相差甚远，要制定适用于全国各地统一的管理农村面源污染的法律是相当困难的。各省、市、自治区的

政府及有关部门要根据《中华人民共和国环境保护法》、《中华人民共和国水污染防治法》及有关法律、法规的规定，结合当地实际，建立健全相关实践操作性强的管理农村面源污染的规定。完善农村环境保护的政策、法规、标准体系。要抓紧研究、完善有关土壤污染防治、畜禽养殖污染防治、饮用水水源地污染防治、秸秆禁烧和综合利用、外来有害入侵物种环境安全管理等农村环境保护方面的法律法规。按照地域特点，研究制定村镇生活污水、垃圾处理及设施建设的政策、标准和规范，逐步建立农村生活污染治理设施的投入和运行机制。对北方农业生产高度集约化地区、重要饮用水水源地、南水北调沿线、重要湖泊水域和南方河网地区等水环境敏感地区，制定并颁布污染物排放及治理技术标准。加快制定农村环境质量监测、评价标准和方法。要按照"谁开发谁保护、谁破坏谁恢复、谁受益谁补偿"的原则，研究制定农村区域间、城乡间的生态补偿政策。建立农村污染治理的财政补贴机制，加快村镇污染治理能力建设。制定促进企业污染治理，农业废弃物综合利用，安全农产品生产，有机肥推广使用的税收、价格、信贷等优惠政策。在完善法律法规方面，河南省在严格贯彻国家的法律法规的基础上，结合河南自身的特点，制定了治理面源污染、搞好河南生态文明建设的一些地方性法规。在生态文明的建设中，广大人民群众一定要提高法治观念、法治意识，自觉地依法办事，做遵纪守法的模范。

四、坚持科技先导，建立防治长效机制

农村面源污染的防治，必须依靠现代科技的力量支撑。各级政府和相关部门以及各类生产企业，要不断加大对环保科技的资金投入，整合和利用现有科技资源，建立完善农村环境保护科技支撑体系。鼓励高效、实用的垃圾、秸秆、粪便的综合利用以及农用化学品减量化、农村污染综合防治等环保技术的研究开发，加快科研成果转化，通过试点示范、教育培训等方式，大力推广应用经济、适用、安全的农村环境保护技术。

各地在充分整合和利用现有科技资源的基础上，要尽快建立以农村饮用水水源地污染防治、村镇生活污水和垃圾处理、农业废弃物综合利用、农村面源污染控制等为主体的农村环保科技支撑体系。大力研究、开发和推广低成本、操作简便、高效的农村环保适用技术。加强农村环境污染治理技术的培训、指导和试点示范。建立农村环保适用技术发布制度。加强农村环境保护重大课题的研究与科技攻关，包括农村城镇化进程中的环境保护、农村区域水环境安全保障等，加快科研成果转化和实际应用。推广应用农村污染防治适用技术。在运用现代科技成

果，建立长效机制方面，河南省政府在加强农村环境保护工作的意见措施的第18条中强调指出："要增强科技支撑作用。加大对环保科技的资金投入，整合和利用现有科技资源，建立完善农村环境保护科技支撑体系。鼓励高效、实用的垃圾、秸秆、粪便的综合利用以及农用化学品减量化、农村污染综合防治等环保技术的研究开发，加快科研成果转化，通过试点示范、教育培训等方式，大力推广应用经济、适用、安全的农村环境保护技术。"只要真正把这些工作落到实处，那么河南省农村的面源污染治理和生态文明建设就一定能够迈上新的台阶。

五、运用多种渠道，确保防治资金投入

面源污染的治理，离不开必要的物质条件，离不开必需的资金保障。但长期以来，我国农村环境保护方面的投入十分有限，缺乏投融资机制和政策，村镇生活污水、垃圾处理设施严重缺乏。恢复保证金等专项资金要向农村地区倾斜。同时，按照谁投资、谁受益的原则，运用市场机制，吸引社会资金参与农村环境保护基础设施建设。采取多种方式，发动农民自愿筹资筹劳，参与农村环境综合整治。在资金投入方面，河南省政府在加强农村环境保护工作的意见中，也有明确的要求："加大农村环境保护投入。各级政府要逐步建立政府资金主导、社会资金参与、农民自主投入的多渠道筹资机制，积极落实'以奖代补'、'以奖促治'政策，加大农村环境保护投入，尤其要加大农村环境监测和农村水环境保护投入，安排资金支持农村饮用水安全工程建设。政府资金实行奖励和补助相结合的投入方式，对创建成功的国家级、省级生态县（市）、乡镇、村给予适当奖励。农业、水利、林业等部门农村基础设施建设资金、环保部门的排污费专项资金、国土资源部门的矿山生态环境治理恢复保证金等专项资金要向农村地区倾斜。同时，按照谁投资、谁受益的原则，运用市场机制，吸引社会资金参与农村环境保护基础设施建设。采取多种方式，发动农民自愿筹资筹劳，参与农村环境综合整治。"只要真正按照省政府的要求，不断地加大对农村环境治理的投入，完善基础建设，那么，河南在农村面源污染治理和生态文明建设方面完全可以走在全国的前列。

六、抓好生态建设，及时推广典型示范

和任何工作一样，抓好生态文明建设、有效治理农村的面源污染，离不开典型的引导，通过典型示范，是全面展开生态文明建设、科学治理面源污染的有效途径。"十五"以来，在党中央和国务院的正确领导下，我国逐步形成了生态省—

生态市—生态县—环境优美乡镇—生态村的生态示范创建体系。全国建成了一批生态市（县、区）、"国家级生态示范区"和"全国环境优美乡镇"。河北、河南、黑龙江、吉林、辽宁、湖北、湖南、江苏、江西、内蒙古、山东、四川、安徽等我国粮食主产区及水污染治理重点流域和区域，开展了农村面源污染综合治理的试点示范。在示范区内，开展小流域综合治理，控制水土流失；根据农业发展总体布局，依据不同地区的污染特征和经济条件，探索作物秸秆、废弃农膜等的资源化利用途径；发展节水农业和生态农业，促进农业资源节约，发展农业循环经济；对面源污染防治最佳可行技术进行示范。

广西在自治区党委和政府的领导下，十分重视生态文明示范区的建设，他们对生态文明建设具有十分清醒的认识，指出："所谓建设生态文明示范区，就是以科学发展观为统领，遵循环保优先原则，充分发挥后发优势，着眼于构建资源节约型、环境友好型社会，保持广西山清水秀生态美的优势和品牌，把广西建设成为全国最优美、最宜居的生态省区。努力把生态优势转化为发展优势，全面推进广西科学发展、和谐发展、跨越发展。"

目前，广西多项生态建设的关键指标走在全国前列。截至2009年，全区建成22个国家级生态示范区、78个自然保护区，初步形成了科学合理的自然保护区网络；全区森林覆盖面积为1.93亿亩，覆盖率达54.2%；万元地区生产总值能源消耗同比下降3.97%，规模以上工业万元增加值综合能源消耗同比下降10.35%；污水集中处理率提高8.2%，生活垃圾无害化处理率提高8.4%。如今的八桂大地，碧海蓝天，环境优美，生态宜人，受到了国内外人士的普遍好评。2009年岁末，《国务院关于进一步促进广西经济社会发展的若干意见》特别提到，要始终把生态保护、环境建设摆在重要的位置，使八桂大地山清水秀、海碧天蓝、生态优良、环境优美，可持续发展能力显著增强。这充分体现了党中央、国务院对广西的亲切关怀和极大支持，使广西各族人民深受鼓舞、备感振奋。良好的生态环境已成为广西发展的重要核心竞争力。

作为全国循环经济试点省，浙江通过打造一条条"生态产业链"，使全省一座座"化工园"变身为"生态园"。"十二五"初期，浙江已有70%左右的省级开发区（工业园区）完成生态化改造，全省共有3393家企业完成了新一轮清洁生产审核，资源综合利用工业企业产值达到220亿元。从2010年开始，浙江又启动了25个循环经济试点基地和100项循环经济重点项目建设。

进入全国第一个化工新材料园区——嘉兴港区化工园区，4.5平方公里的景象，令人耳目一新。这里完全不见传统化工园区"家家建锅炉，户户立烟囱"，不见工业老园区人来车往、货车隆隆，取而代之的是一条长达 7000 米的封闭管道廊，把园区内 23 家化工企业连接成环环相扣的循环经济产业链。

高效生态农业，生态旅游业，使浙江处处见绿色。现在该省又出台了《浙江省生态旅游发展纲要》，全省已建成生态旅游示范区 20 个。

浙江还建设了一批绿色菜篮子基地，园林观赏游基地，农业科技园基地。全省现累计发展国家级无公害、绿色、有机农产品 344 个，建立标准化农业示范基地 72 个。供应上海农产品占全省供沪农产品总额的 24.5%，成为长三角地区重要的生态"菜篮子"。

江苏省按照中央建设生态文明的要求，将生态文明建设作为重要任务，以生态示范建设为抓手，在更高起点上推进生态文明建设，加快生态文明建设的步伐。从 2006 年 3 月开始，该省常州市的武进区区委、区政府发出了"百万人民齐动员，誓把武进换新颜"的动员令。武进从此驶上了生态创建的快车道，"全国生态示范区"、"国际花园城市"和"国家生态区"创建实现了"三级跳"，"全国环境优美镇"创建实现了"满堂红"，各类"绿色细胞"创建实现了"花满园"。从 2006 年到 2009 年，武进全区累计投入生态建设资金达 109.6 亿元，2009 年环保投资占 GDP 比例达到 3.5%。武进强力推进"污水处理、废物处置、废气控制、节能减排、城乡绿化、生态修复"六大工程建设，16 座城镇污水处理厂和 100 个村污水集中处理点先后建成投运，固体废弃物处置平台初步搭建，废气专项整治工作全面完成；新增绿化面积近 10 万亩，为前 20 年的总和；大力实施了城乡环境整治，中心城区"五河整治"、"千企联百村、共建新农村"、"镇村环境综合整治"、"128 环境综合整治"、"五化三有"、"三清一绿"等创建工作深入开展，城乡环境水平得到了全面提升；重点开展了水环境整治，三条主要入太河流主要污染物指标基本达到四类水标准，其中漕桥河水质提前三年达到省入太河流水质目标；四年共清理太湖淤泥 3.8 平方公里、86 万立方米；西太湖整治保护利用工程全面展开，退田还湖工作按照规划加快推进，湖面清淤 4.8 平方公里、150 万立方米，拆除围网 5.4 万亩，西太湖水域的生态环境得到了有效修复。累计共清理河道 528 条、951 公里，清理村庄河塘 10457 处；积极开展了绿色细胞建设活动，2/3 的行政村成为"生态村"，超过一半的社区成为"绿色社区"，129 所学校成为"绿色学校"，144 家企业成为"环境友好企业"，560 家企业通过环境质量体系认证，一个个"绿色细胞"在武进大地生根发芽、绿意盎然。

武进的生态示范区建设是江苏的一个缩影，目前该省的省委、省政府强调要将建设生态文明作为江苏经济社会发展的重要任务，坚持率先发展、科学发展、和谐发展，狠抓太湖治理、节能减排、结构调整，在"推动科学发展，建设美好江苏"的道路上迈出了坚实的步伐。省委、省政府召开生态省建设大会，并与国家环保部联合主办第六届生态省建设论坛，着手出台加快推进生态文明建设的文件，进一步推进全省环保社会的全面发展，加速推进全省生态文明建设。

在培养推广生态建设的典型方面，河南省虽然也做了许多工作，也取得了一定的成效，但与先进省区相比，还存在着一定的差距，还没有在全国叫得响的生态建设典型。因此，在这方面要加大工作的力度，大力培养和运用典型推动生态示范区建设，把创建环境优美乡镇、生态村作为加强农村环境保护工作的重要载体和有力抓手，不断深化生态示范创建工作。把创建工作与农村经济社会发展有机结合起来，发展生态经济，弘扬生态文明，改善人居环境。对已经获得"环境优美乡镇"、"生态村"称号的村镇，要不断深化创建内涵，建立农村环境保护长效机制。推广生态示范创建的典型成功经验，发挥以点带面的示范效应。

第七章 "三高"产业与生态文明建设

"进行生态文明建设，形成节约能源资源和保护生态环境的产业结构、增长方式、消费模式，建设资源节约型、环境友好型国家"是对我国传统工业化发展道路经验教训的总结，也吸取了西方发达国家工业化过程中的经验教训。在我国传统工业化发展和西方发达国家工业化进程中，高污染、高能耗、高排放的"三高"产业是国家经济增长的主要推手，为 GDP 的增长做出了巨大贡献，但也对自然资源、生态环境造成了极大的损害。今天，中国已经步入一个新的历史发展阶段，对自然资源、生态环境有更高要求的生态文明建设已经提上日程。因此，河南要进行生态文明建设，就必须有效控制"三高"产业的发展，依靠科技创新推动"三高"产业转型升级。

第一节 "三高"产业概述

据统计，中国每年消耗了世界 35% 的煤、50% 的水泥、38% 的铝、35% 的钢、33% 的玻璃、30% 的化肥，石油需求量也在不断提高。显然，可持续发展形势严峻，节能降耗减排势在必行。无论是资源节约环境友好型社会建设，还是推进生态文明建设，高污染、高能耗、高排放的"三高"产业都是产业结构调整和发展方式转变的重中之重。

一、"三高"产业的概念

在十六大提出新型工业化道路后，"三高"产业的提法在国内开始普遍使用。党的十六大提出全面建设小康社会的目标之一是："可持续发展能力不断增强，生态环境得到改善，资源利用效率显著提高，促进人与自然的和谐，推动整个社会走上生产发展、生活富裕、生态良好的文明发展道路。"为了实现小康社会的目标在经济建设和经济体制改革中又提出："走出一条科技含量高、经济效益好、资源消耗低、环境污染少、人力资源优势得到充分发挥的新型工业化路子。"自十六大提出新型工业化道路以来，学界开始反思我国传统工业化道路的弊端，一致认为传统的工业化发展道路是中国以巨大的能源成本和沉痛的环境代价长期维持了高速的经济增长率。规模庞大的能源消耗带来了相当数量的污染排放，使我国的自然环境遭到严重破坏。因此，把高能耗、高污染、高排放的产业称为"三高"产业。

根据国家统计局的能耗统计样本指标及相关学者的研究，一般认为钢铁、有色金属、煤炭、化工等产业属于"三高"产业。欧盟委员会（2006）以及国家财政部、发改委、商务部等相关部门，将单位产值能耗、单位产值污染物排放量均高于同期全部产业平均水平的产业定义为高能耗、高污染产业，代表性产品包括石油制品、焦炭、钢铁、电解铝、铜合金、水泥、陶瓷、纸制品、化学制品等。

二、"三高"产业产生的根源分析

（一）政治因素

新中国成立初期，毛泽东同志继承并发展马克思主义，创造性地提出了"社会主义改造"总路线，在短短的7年时间内使得国民经济得以快速恢复。但是，在中国经济实现了"高速度、高数量"增长的同时也为之付出了惨痛的代价。

1958年，"大跃进"运动提出了急于求成的高指标，使钢铁产业提升到前所未有的高度。当时提出的高指标集中体现在对钢产量的要求上，认为钢铁是元帅，只要钢铁升涨，就能带动其他生产以及各项事业都跟上去。1958年2月第一届人大五次会议批准的《1958年国民经济计划》上规定钢产量为624.8万吨，比1957年钢产量535万吨增长了19.2%。在同月举行的中共成都会议上，又认为这一指标很落后，规定1958年钢产量为700万吨。在1958年5月中共八大二次会议上，又修改了这一指标，提出了钢产量要超过710万吨。在随后召开的中央政治局会议上，又决定将1958年钢产量提高到800万~850万吨。6月份，经济计划部门提出钢产量翻一番，即1000万吨；6月19日，毛泽东又亲自决定将钢产量翻一番，即1100万吨；到了7月份考虑到时间问题，1958年钢产量更改为1070万吨。整体上看，钢产量在1958年一年的时间内竟变动了七次之多。

"文化大革命"时期，在所有制关系上，离开了中国生产力水平低，发展又不平衡的实际。搞"穷过渡"，"割资本主义尾巴"，使所有制形式和经营方式日益单一化，在很大程度上窒息了社会生产力的发展；在经济建设中，背离价值规律的要求，批判经济核算、利润指标，致使经济效益越来越低；在产业政策方面，强调"以钢为纲"，片面发展重工业，忽视了平衡增长，优先发展了钢铁产业，致使产业结构畸形发展；"以钢为纲"大炼钢铁运动使钢铁产业以牺牲环境和损耗资源为代价迅速发展，中国环境出现全面恶化。

　　1978 年 12 月，党的十一届三中全会召开。为了迎接社会主义现代化建设的伟大任务，会议回顾了新中国成立以来经济建设的经验教训，指出"实践证明，保持必要的社会政治安定，按照客观经济规律办事，国民经济就高速度地、稳定地向前发展，反之，国民经济就发展缓慢甚至停滞倒退。"1981 年底，在全国人大五届四次会议上的《政府工作报告》中，中央首次提出"经济效益"问题，指出："真正从我国实际情况出发，走出一条速度比较实在、经济效益比较好、人民可以得到更多实惠的新路子。"1987 年 10 月，党的十三大进一步将"效益"放到经济发展战略中，指出："必须坚定不移地贯彻执行注重效益、提高质量、协调发展、稳定增长的战略。这个战略的基本要求是，努力提高产品质量，讲求产品适销对路，降低物质消耗和劳动消耗，实现生产要素合理配置，提高资金使用效益和资源利用效率，归根到底，就是要从粗放经营为主逐步转上集约经营为主的轨道。"1992 年初，邓小平在南方视察工作时强调指出："现在，周边一些国家和地区经济发展比我们快，如果我们不发展或发展太慢，老百姓一比较就有问题了。""中国国内条件具备，国际环境有利，再加上发挥社会主义制度能够集中力量办大事的优势，在今后的现代化建设过程中，出现若干个发展速度比较快、效益比较好的阶段，是必要的，也是能够办到的。"随后，1992 年 10 月，党的十四大在确立社会主义市场经济体制改革目标的同时，提出"走出一条既有较高速度又有较好效益的国民经济发展路子"。1997 年 9 月，党的十五大重申"发展速度比较快、效益比较好"，同时加进了"整体素质不断提高"的要求。为了给"又快又好"这种经济发展方式扫清障碍、提供动力和保障，必须要进行思想解放，把经济发展中不应该掺杂的强烈的意识形态色彩剔除，同时进行体制改革，为实现"又快又好"发展提供制度保证。为此，提出了"三个有利于"标准，回避了姓"资"姓"社"的争论。这一时期，新一代领导人将生产力提到了前所未有的高度，强调"发展是硬道理"。一方面，将生产力标准上升到社会主义本质的高度，它暗示中国可以采取与资本主义国家相同的手段，能采用一切先进发达国家的知识、经验与技术，包括一些先进的发展体制来服务于中国的现代化建设，从而解决了长期困扰我国经济发展微观动力不足的问题。另一方面，将经济发展速度提高到直接关系到中国共产党领导地位的大问题上。受此影响，各级政府纷纷把能否领导经济快速发展作为执政业绩的重要评价标准和考核、提拔干部的重要依据。这种干部业绩观和考核观，导致了经济发展的短视行为，使各级政府紧盯 GDP，不顾经济结构和生态环境，大力发展钢铁、水泥、铝业等生产成本低见效快的"三高"行业。

(二) 经济因素

目前，我国经济正处于从传统的计划经济向市场经济转轨的时期，同时也是我国经济高速增长的时期。市场经济发展所追求的是高额利润，是相对少数人的利益，而环境保护则是多数人的利益。在我国目前的转轨时期，我国的经济体制改革是对社会生产力的极大解放。这种解放刺激了国民经济的高速增长，而目前我国与市场经济体制相配套的法律法规还有待完善，市场还不规范。因此，少数人或企业为了自身经济利益，只关注于经济增长的数字，却往往忽略了其背后所付出的沉重代价，以很低的生产技术大肆开挖矿产资源，牺牲生态环境，从事高能耗、高污染、高排放的生产，对资源的掠夺式开发造成环境的极大破坏。在环保审批上搞"先上车，后买票"的手脚，有的甚至是国家明令淘汰、污染严重的项目。此外，地方政府为了增加财政收入，片面追求经济指标，把单纯的经济增长等同于经济发展监管松散，对"三高"行业的准入降低标准，对部分"三高"企业的掠夺式开发行为采取中立态度，以罚代管。而且我国规模较大的"三高"企业多数属于国有企业，当经济利益与环境保护冲突时，政府既是冲突调解者，又常成为冲突的一方（地方利益），违法阵营庞大，法律执行的难度极大。

(三) 人文社会因素

中国是世界上最大的发展中国家，人口多、底子薄、耕地少、资源缺乏，新中国成立后贫困一直是一个很大的社会问题，为了摆脱贫困，我国以开发自然资源、破坏环境为代价，扶持了一批高污染、高能耗、高排放的企业。改革开放后，我国经济状况有了较大改善，但仍然没有完全摆脱贫困，庞大的人口数量的增长引发了一系列的社会经济问题，我国的人口问题在短时期内很难扭转，加上住房改革等一些其他社会因素，民众的环保意识也没有跟上来，一些群众仍然认为是先解决了温饱问题才能谈得上环境保护，造成公众环保意识普遍较差。

"所谓环保意识，是指人们在认知环境状况和了解环保规则的基础上，根据自己的基本价值观念而发生的参与环境保护的自觉性，它最终体现在有利于环境保护的行为上。"目前国内大多数人对于环境问题的客观状况缺乏一个清醒的认识，据调查，国民对于环境状况的判断大多是态度中庸，无敏感性，对许多根本性的环境问题缺少了解，甚至是根本不了解，而且还有相当一部分的社会公众不愿意主动地去获取环境知识。国家环境保护总局和教育部曾联合做了一个全国公众环境意识的调查，结果报告显示，我国公众的环境意识和知识水平还都处于较低的水平，环境道德较弱，我国公众环境意识中具有很强的依赖政府型的特征，政府对于强化公众环境意识具有决定性的作用。

三、控制"三高"产业对生态文明建设的意义

（一）有利于社会可持续发展、满足生态文明建设需要

生态文明是指人们在改造客观物质世界的同时，不断克服改造过程中的负面效应，积极改善和优化人与自然、人与人的关系，建设有序的生态运行机制和良好的生态环境所取得的物质、精神、制度方面成果的总和。以尊重和维护自然为前提，以人、自然、社会和谐共生为宗旨，以建立可持续的生产方式和消费方式为内涵，引导人们走上可持续发展道路。生态文明同样强调发展生产力，提高物质生活，但它更强调尊重自然。它是人类历经了原始文明、农业文明和工业文明之后所要建立的新型的人类文明形态。并且，与工业文明相比，生态文明所体现的是一种更广泛、更具有深远意义的平等，即人与自然的平等、当代人之间的平等、当代人与后代人之间的平等。生态文明是对既往文明特别是工业文明的反思。农业文明和工业文明是在人类与自然力量对比处于劣势下发展起来的，它们具有物质、感性与进攻性的特征。与之不同，生态文明是在人类具有强大改造自然的能力之后，思考如何合理运用自己能力的文明，强调理性、平衡、协调与稳定，强调尊重和保护环境，强调人类在改造自然的同时必须尊重和爱护自然，因此，环境保护是生态文明建设的基础。强调发展的可持续性是生态文明的一个突出特征。可持续发展离不开可持续的生态环境和可持续的社会环境。为了能够将一个可持续的生态环境留给子孙后代，就应把经济系统的运行控制在生态系统的承载范围之内，实现经济系统与生态系统的良性互动与协调发展。因此，控制高能耗、高污染、高排放的"三高"产业，是建设生态文明的必然选择。

要依法淘汰严重污染环境、严重破坏区域生态、严重浪费资源能源的产业，要依法关闭破坏资源、污染环境和损害生态系统功能的企业。2007年环保部副部长吴晓青指出，我国将在生态功能保护区重点开展合理引导产业发展，积极发展生态农业、林业和旅游业，限制"三高"产业的发展、保护和恢复生态功能，改善和提高区域环境质量和强化生态环境监管三方面的工作。

（二）有利于节能减排、保证生态文明建设

党的十七大报告中指出："建设生态文明，基本形成节约能源资源和保护生

态环境的产业结构、增长方式、消费模式。"这表明，建设生态文明、实现产业结构调整升级的两个方向就是节能降耗与环保。我国进行生态文明建设面临着两大难题：一是人均资源不足，人均耕地、淡水、森林分别仅占世界平均水平的32%、27.4%和12.8%，石油、天然气、铁矿石等资源的人均拥有储量也明显低于世界平均水平；二是由于长期实行主要依赖投资和增加物质投入的粗放型经济增长方式，能源和其他资源的消耗增长很快，生态环境恶化问题日益突出。因此，进行生态文明建设的首要任务就是以节能降耗为目标，坚决落实节约资源的基本国策。

控制"三高"产业，加快淘汰落后生产能力，降低高耗能产业比重是节能降耗最关键、最重要的举措，也是推进产业结构优化升级的有效途径。下决心坚决关停淘汰不符合产业政策的高耗能行业，着力调整产业结构，做大做强大企业大集团，优化产业布局。花大力气用现代技术改造提升现有煤焦钢铁传统产业，广泛推广新技术、新工艺，提高能源综合产出率，推进传统产业新型化。培育壮大能耗低、产品附加值高的新技术产业，推进新型产业规模化。严格控制新开工高耗能项目，把能耗标准作为项目核准和备案的强制措施，严格执行国家产业、土地、环保、资源综合利用等政策，提高准入门槛，抑制高耗能行业过快增长，以保证生态文明建设。

（三）有利于环保产业发展、促进生态文明建设

环保产业就是专业化从事污染治理、环境保护、生态修复、废弃物循环利用的逆向产业。在控制"三高"产业方面，除了控制其发展规模外，最有效的控制方法还是利用科技创新，对"三高"产业进行改造，例如，对工业废水、废弃物等进行科学处理，降低能源消耗，提高资源利用率等。因此，提倡控制"三高"产业将有利于提高污染治理、环境保护等方面的技术，加快环境科技创新，提升环保技术水平；推动以企业为主体、市场为导向、产学研相结合的技术创新体系建设；加快开发与国外先进水平差距较大或国内空白的急需的环保技术和产品；积极发展有一定比较优势、有出口创汇能力的环保技术和产品；依法淘汰设计不合理、性能落后、高耗低效、市场供大于求的生产技术、工艺和产品；加大各级政府对环保产业的投资力度，加快环保投融资体制改革，拓宽投资渠道，调动全社会投资环保产业的积极性，加快环保产业的发展。因此，在对传统产业进行以节能降耗为基础的生态转型的基础上，以环保产业为主体的逆向产业体系将逐步形成。逆向产业是指为人口再生产和环境再生产服务的产业。以环保产业为基础的生态文明产业结构也随之形成，以促进生态文明建设。

（四）有利于协调产业结构、推动生态文明建设

生态文明建设包括经济层面、政治层面、文化层面和社会层面四个层面。从经济层面来考察，生态文明要求所有的经济活动都必须符合人与自然和谐的要求。首先，第一、第二、第三产业及其内部诸产业之间结构协调。在经济持续高速增长的推动下，我国三大产业的比例失衡的倾向日益严重，造成了经济发展与资源、环境矛盾的不断加大。一方面，以工业为主体的第二产业比重仍然较大。2011年，在我国国内生产总值构成中，第二产业占46.6%，其中工业占39.8%，尤其是近几年一些消耗资源多、污染大的行业发展过快。比如，钢铁、水泥、电解铝、煤炭等行业还出现产能过剩。另一方面，消耗资源较少、污染较轻的第三产业比重明显偏低，发展较慢。2011年第三产业产值仅占国内生产总值的43.4%，只比2001年提高2.9个百分点。而我国的"三高"产业基本上属于第二产业。因此，有效控制以钢铁、水泥为代表的"三高"产业将有利于调整第二产业比重，推动第二产业转型升级，优化第二产业内部结构，促进第三产业发展，提高其比重和水平，推动生态文明建设。

（五）生态文明建设必将带来"三高"产业的一次革命

生态文明建设理念强调，坚持以大自然生态圈整体运行规律的宏观视角，全面审视人类社会的发展问题。生态文明认为人类的一切活动都必须放在自然界的大格局中考量，按自然生态规律行事。经济社会发展，既要考虑人类生存与繁衍的需要，又必须顾及生态、资源、环境的承载力，以实现人与自然和谐，发展与环境同步、双赢。可以看出，生态文明理念的实质是认定生态、环境是人类发展的基础，一切经济社会发展都要依托这个基础，从这个基础承载力的实际出发，任何超出这个基础承载力的发展，都将带来不良以至得不偿失的后果。强调发展必须坚持"自然生态优先原则"，即"量体裁衣"、"量入为出"、"索取适度"，而不可"急功近利"、"竭泽而渔"，与自然规律、生态法则相违背。

传统工业化的完成主要依靠高投入（资金、资源、环境、民生），催生出了所谓的"三高"产业，在创造巨额财富的同时，付出了过大的资源环境代价，难以为继。而生态文明时代的经济发展，则主要靠智力开发、科学知识和技术进步。人类已经进入知识经济时代，各种新知识、新技术、新工艺、新材料、新模式雨后春笋般地迅猛发展，特别是信息技术、生物技术的突破，正在从根本上改变人们的思维方式、生产方式和生活方式。科学技术真正变为"第一生产力"，人才资源成为"第一资源"，并转化为人力资本。这种大趋势把智力开发、技术进步推上了主导发展的"帅位"。随着时代的发展变化，人才、智力在生产力构

成中的作用是大不相同的，其重要性在不断升级：在农业经济时代是"加数效应"，在工业经济时代是"倍数效应"，在生态与知识经济时代是"指数效应"。生态文明作为一种继工业文明之后又一次全新文明形态，对人类提出了新的挑战与机遇。以新能源革命、低碳经济为主要内容的新经济革命，正在超出传统工业文明的范畴，孕育并催生出生态文明这一崭新的文明形态。生态经济并不是简单排除工业化，而是在正在进行的工业化进程中，导入生态化、智能化、低碳化的新解决方案，使传统工业化成为一种低能耗、低排放、可持续发展的工业化，势必会使传统工业化孕育出的"三高"产业产生一次革命性的转变。

第二节　控制"三高"产业存在的机遇和挑战

河南省目前已经进入"十二五"中原经济区建设的关键时期，高能耗、高污染、高排放的"三高"产业既面临着结构调整、优化转型等的重大机遇，也面临着区域竞争、产业升级等的严峻挑战。

一、河南"三高"产业发展现状

(一)"三高"产业发展状况

1. 钢铁产业

河南省现有钢铁企业 31 家。其中，钢铁联合企业 12 家，独立炼铁厂 8 家，独立轧钢厂 11 家。2008 年，河南省生产生铁、粗钢和钢材分别为 1716 万吨、2188 万吨和 2571 万吨，粗钢产量居国内第 6 位。规模以上钢铁企业完成工业增加值 545.6 亿元，实现销售收入 2001.6 亿元、利润 103 亿元。近年来，河南钢铁产业进入快速发展的时期，2008 年粗钢产量和钢材产量分别是 2003 年的 2.6 倍和 3.5 倍，销售收入和利润分别是 2003 年的 6.2 倍和 6.8 倍。

2. 化工产业

近年来，河南发挥比较优势，化学工业实现了快速发展。2008 年，河南省规模以上石油和化学工业企业 1176 家，实现销售收入 2627.7 亿元，完成工业增加值 780.5 亿元，占全省工业比重达到 10.7%；其中，化工企业 1067 家，实现销售收入 1578 亿元，完成工业增加值 469 亿元，居全国第 6 位。甲醇、尿素、纯碱、烧碱、聚氯乙烯和尼龙 66 盐等主要产品产量分别为 167.7 万吨、306.2 万吨

（折纯）、226.5万吨、118万吨、71.9万吨和13.6万吨，分别居全国第1、第2、第3、第4、第4、第1位。大型煤制甲醇及醋酸、节能型尿素、联碱、高压法三聚氰胺、尼龙化工等产品技术水平国内领先。河南煤化、中平能化、洛阳石化等大型企业集团具有相当产业规模，心连心化肥、安棚碱矿、昊华宇航等行业骨干企业规模和竞争力明显提高，为河南化工产业进一步发展奠定了良好基础。

3. 有色金属产业

河南是我国重要的有色金属产业大省，铝、铅锌、钼等有色金属产业在国内外占有重要地位，铜、镁等深加工产业也在国内外具有重要影响，钛及有色金属再生利用产业正在迅速崛起。2008年，河南省有色金属产业完成增加值697.6亿元，实现销售收入2733.4亿元，同比分别增长24.5%和24.3%。十种有色金属产量475万吨，连续8年居全国第1位；氧化铝产量857万吨、电解铝328万吨，分别占国内产量的37.9%和24.9%，均居国内第1位；铝加工产量达到271万吨，居国内第2位；铅产量109.6万吨，钼精矿折含量8.8万吨，均居国内第1位；镁金属及镁产品产量13.7万吨，居国内前列。铝工业是河南省有色金属行业的主导产业，目前已经形成以铝土矿、氧化铝、电解铝和铝加工为主线，发电、碳素、氟化盐等辅助产业配套齐全的完整产业链，郑洛工业走廊形成了国内最大的铝工业集聚区；鹤壁已经成为全球最大的镁粉、镁粒生产中心，占据了世界70%以上的市场份额；济源铅锌产业在设备、工艺、技术等方面都处于国内领先地位，已成为亚洲最大的铅冶炼生产基地；洛阳地区钼产业正在把资源优势转化为产业优势和经济优势；长葛市初步形成了再生金属回收利用产业群。

（二）"三高"产业存在的问题

1. 钢铁产业

受金融危机影响，河南钢铁产业受到严重冲击，充分暴露出河南省钢铁产业的深层次问题。一是企业规模偏小。全省31家钢铁企业中，除安钢集团产能达到千万吨级外，其余钢铁企业产能均较小，没有形成在全国具有重要影响力的钢铁企业集团。二是整体技术装备水平低。全省48条轧钢生产线中，达到国内先进水平的仅有4条1000立方米以上高炉炼铁产能和120吨及以上转炉炼钢产能，分别仅占全省的38.6%和34.3%。三是产品开发创新能力弱。多数企业不具备自主研发能力，在国内同行业具有领先水平的关键技术和高端产品较少。主要产品中，除舞钢、安钢的中厚板外，绝大多数附加值较低。四是节能减排压力较大。全省吨钢综合能耗647千克标准煤，比全国重点统计钢铁企业平均水平高17.1千克标准煤。五是铁矿石供应对外依存度高。省内铁矿资源禀赋较差，自给率仅为 18% 左右。

2. 化工产业

河南化工产业在快速发展的同时，也积累了一些深层次的问题。一是企业规模偏小，产业结构不尽合理。氮肥、纯碱和烧碱等传统化工产品比重较大，石油化工及高端石化产品比重不足 30%。氮肥企业平均产能不足 10 万吨，生产成本高，竞争力弱。二是结构性供需矛盾突出，部分产品产能过剩严重。目前河南炼油企业每年提供的成品油仅 360 多万吨，供应缺口超过 500 万吨。三是创新能力弱，总体技术装备水平较低。企业研发投入少、基础差，缺乏自主开发的核心技术，关键工艺技术主要依靠引进。企业普遍缺乏成套技术开发能力，大部分产品的生产和装备技术长期落后于发达国家。四是环境影响严重，节能减排压力加大。河南化工行业的平均能耗较高，"三废"排放比例在 6% 以上，其中废水排放量比例高达 14.4%，对生态环境的影响突出。

3. 有色金属产业

国际金融危机的爆发，使河南省有色金属产业在快速发展过程中积累的一些深层次的矛盾突发，结构性矛盾凸显。一是发展模式粗放，整体处于产业链低端环节。产业发展主要依靠资源消耗，精深加工水平较低，缺少具有竞争力的高端产品，进一步发展的空间受到挤压。二是资源保障程度低，产业持续发展面临挑战。按目前开采规模，河南省铝土矿仅能维持 6~7 年正常生产需要，铅锌矿资源匮乏，远不能保证需要。三是缺少行业领军企业，难以适应经济全球化进程。目前河南省还没有一家对行业发展具有较强影响力和带动力的大型有色金属企业，参与国际竞争的能力较弱。

二、控制"三高"产业面临的机遇

（一）十八大报告指明方向

党的十八大报告明确指出，"面对资源约束趋紧、环境污染严重、生态系统退化的严峻形势"，"必须把生态文明建设放在突出地位"，"坚持节约资源和保护环境的基本国策"，"着力推进绿色发展、循环发展、低碳发展，形成节约资源和保护环境的空间格局、产业结构、生产方式、生活方式。"十八大报告明确说明了我国进行生态文明建设的主要内容，显示了我国控制高能耗、高污染产业的决心。今后，科技创新进行产品升级，提高效率节能减排将是高耗能、高污染企业唯一的出路和发展方向。在十八大报告的指导下，依据河南省的实际情况，河南省"三高"行业的控制已经初见成效，"十一五"时期累计关停小火电 978 万千瓦，淘汰水泥、电解铝、钢铁、铁合金等落后产能分别为 5833 万吨、37 万吨、620 万吨、22 万吨，一批节能减排重点工程建成运行，累计新增节能能力 1300 万吨标准煤。万元生产总值能耗累计下降 20%，化学需氧量和二氧化硫排放总量分别下降 13.8% 和 17.6%，全面完成国家下达河南省的任务。焦化行业生产工艺和技术装备有了大幅度改进和提高，其中，安钢公司焦化厂建成河南省第一座 6m×55 孔焦炉并配套建设煤气脱硫脱氰、装煤推焦地面除尘站及酚氰废水处理等环保设施；济源金马焦化公司、河南利源焦化公司等建成炭化室高度为 4.3m 焦炉，并配套建设煤气脱硫脱氰、装煤推焦除尘及酚氰废水处理等环保设施，大型焦化企业主要生产工艺装备水平基本能够满足国家产业政策和环保政策要求。

（二）"十二五"规划总体部署

我国《国民经济和社会发展十二五规划纲要》中明确指出：坚持市场化运作，发挥企业主体作用，完善配套政策，消除制度障碍，以汽车、钢铁、水泥、机械制造、电解铝、稀土、电子信息、医药等行业为重点，推动优势企业实施强强联合、跨地区兼并重组，提高产业集中度。推动自主品牌建设，提升品牌价值和效应，加快发展拥有国际知名品牌和核心竞争力的大型企业。按照区域主体功能定位，综合考虑能源资源、环境容量、市场空间等因素，优化重点产业生产力布局。主要依托国内能源和矿产资源的重大项目，优先在中西部资源地布局；主要利用进口资源的重大项目，优先在沿海沿边地区布局。有序推进城市钢铁、有色、化工企业环保搬迁。优化原油加工能力布局，促进上下游一体化发展。引导生产要素集聚，依托国家重点工程，打造一批具有国际竞争能力的先进制造业基地。以产业链条为纽带，以产业园区为载体，发展一批专业特色鲜明、品牌形象突出、服务平台完备的现代产业集群。制定支持企业技术改造的政策，加快应用新技术、新材料、新工艺、新装备改造提升传统产业，提高市场竞争能力。支持企业提高装备水平、优化生产流程，加快淘汰落后工艺技术和设备，提高能源资源综合利用水平。鼓励企业增强新产品开发能力，提高产品技术含量和附加值，加快产品升级换代。推动研发设计、生产流通、企业管理等环节信息化改造升级，推行先进质量管理，促进企业管理创新。推动一批产业技术创新服务平台建设。为河南省有效控制钢铁、水泥、电解铝等"三高"行业做了总体部署，也为今后"三高"企业的发展指明了努力的方向。

（三）国家政策提供支持

近年来，由于我国钢铁、水泥等传统产业发展过热，不少领域产能过剩、盲目发展重复建设现象严重，国家发布了《关于制止钢铁工业盲目发展若干规定的通知》、《关于加快电石行业结构调整有关意见的通知》、《焦化行业准入条件（2008年修订）》等一系列政策措施，对"三高"行业加强政策引导、严格市场准入、加强土地管理和改进银行信贷等多方面对钢铁、水泥、有色金属等产业投资过热进行抑制，推动"三高"产业进行结构调整和产业升级，提高产业整体素质。国家发改委表示，中国将进一步研究控制高耗能、高污染、资源性产品出口的相关政策措施，逐步调减出口税率，进一步降低初级加工产品的出口退税率。此外，还实行差别电价抑制高耗能产业盲目发展。工信部日前下发《关于做好当前工业领域电力需求侧管理工作的紧急通知》，要求各地严格执行国家产业政策，坚决抑制高电耗产业过快增长，限制产能过剩行业的用电需求。商务部在关于2007年全国吸收外商投资工作指导性意见中表示，我国应充分利用境外资源发展资本市场，但严格限制外商投资房地产。环保总局使用"区域限批"遏制高耗能高污染产业。

（四）产业集聚区建设提供基础

产业集聚区是优化经济结构、转变发展方式、实现集约化发展的载体，有利于提升主导产品生产能力，增强企业科技创新能力，增加产业关联度，推动产业链纵向延伸，提高加工深度和产品附加值。2008年以来，河南省积极推进产业集聚区建设，为优势产业集聚化发展创造条件。河南目前已确立发展河南四大产业带：郑汴洛产业带、新郑漯产业带、新焦济产业带以及洛平漯产业带。其中，新焦济产业带以能源、原材料工业和重化工业为主，初步形成煤炭、电力、铝工业、化工、汽车零部件、铅锌加工六大产业基地。洛平漯产业带以原材料工业和重化工业为主，重点布局能源、煤化工、钢铁、盐化工、建材产业，初步形成煤化工、盐化工、建材等产业集群。为河南"三高"产业中众多中小企业提高科技创新和节能减排能力，实现产业转型升级奠定了基础。

（五）河南"三高"产业的优势地位

河南省拥有丰富的煤炭、有色金属等矿产资源。煤炭、有色、水泥、电力、化工等资源开发型产业均是河南省的优势产业，也是河南省发展经济的支柱产业。能源、原材料工业占工业经济总量的60%左右，初级加工和中间产品比重大。2009年12月份行业数据显示，工业加速增长仍是资源开发行业推动的结果。其中，贡献率超过5个百分点以上的行业分别是煤炭开采和洗选业、非金属矿物制品业、黑色金属冶炼及压延加工业、通用设备制造业、电力热力的生产和供应业。

《河南省煤炭资源潜力评价、资源远景圈定和优选成果报告》显示，河南省

2000米以浅煤炭资源总量约1270亿吨，2008年煤炭产量突破2亿吨。煤炭主业与煤化工、煤层气、煤电铝、煤建材、煤机制造五大非煤产业煤化工产业经过新中国成立以来的建设，特别是近年来的发展，已具备相当规模和一定基础。目前全省煤化工产业实现销售收入和利税仅次于山东，居国内第二位。甲醇产能居全国第一位；合成氨、化肥产量均居全国第二位；三聚氰胺、甲胺、焦油深加工等下游产品总量也居国内前列。河南省有色金属产业总体实力居国内首位，在国际上也占有重要地位。全省铝土矿探明资源储量4.35亿吨，居全国第二位；钼矿资源丰富，查明储量占全国总量的32.1%；白云石矿资源已探明储量达10亿吨，居全国第3位，且品质良好。2008年，河南省有色金属产业完成增加值占全国的12.1%，10种有色金属产量占全国的18.7%，其中氧化铝、电解铝产量分别占全球的9.9%和8.2%，铅、钼、镁加工分别占全国的24.6%、47.5%和60%，精密铜板带、铜管加工规模居国内领先位置。国内有色金属企业30强中，河南占了7家，数量上居第一位，整体优势突出。从全球范围看，我国的铝产量和消费量增速已是全球第一。河南已成为中国乃至全球最大的氧化铝现货买方市场，亚洲最大的电解铝生产地，河南铝工业的一举一动被业界看做中国铝工业的"晴雨表"。

三、控制"三高"产业面临的挑战

(一) 技术水平低

目前，河南省"三高"产业技术水平较低难以很快实现产业升级，彻底完成发展方式的转变。与先进省份相比，河南省新能源、光伏产业、节能环保装备等低碳产业发展相对落后，核心技术和专业人才缺乏，差距明显。技术和人才是"三高"产业转型升级的重要方面，河南省能源资源综合利用、节能环保和新能源产业等领域技术储备不足，一些核心技术难以突破，外部技术引进困难大，技术水平总体偏低，创新不足。高层次研发人才缺乏，管理型人才相对不足。在有色金属产业中，有色金属材料技术要求高、用量少，合金化趋势明显，高端技术还主要掌握在发达国家手中。河南省精深加工技术与国际先进水平差距较大。河南省钢铁产业整体装备水平不高，技术研发能力较弱，具有领先水平的关键技术和高端产品少，安钢、舞钢、济钢等企业生产消耗水平虽处于国内行业先进行列，但优势并不明显。河南在大型煤制甲醇及醋酸、传统煤盐化工、尼龙化工等方面技术水平国内领先，但在石油替代的现代煤化工关键技术上尚未取得突破。要实行与石油替代产品战略相适应的技术领先战略，千方百计打造技术优势，加快推进有资源优势、技术成熟、成本低的甲醇制烯烃、煤制乙二醇等产业化，鼓励开发现代煤化工新产品，加快抢占产业发展主动权和技术制高点还需要一定的时间。从整体来看，河南省目前"三高"产业粗放式发展方式仍很明显。

（二）资源价格过低

"三高"产业难以控制的一个原因在于中国资源价格过低，不能反映市场供求关系，引导适度投资。为了实现经济增长和保持社会稳定，政府长期以来通过降低资源税和控制价格变动，尤其是控制价格上涨，人为地压低资源价格。低价格增强了中国产品的竞争力，同时也鼓励了资源的过度消费。例如，2010 年钢材出口 4256 万吨，同比增 73%。钢铁是高耗能产业，如果钢的出口能反映出本国的资源稀缺性，并且在环境影响可控的情况下还能盈利，当然有利于中国。然而，低资源价格和忽视环境治理使钢铁的出口"过度"，并导致钢铁工业"过度"扩张。

（三）环境成本低

控制"三高"产业面临的另一大挑战是我国环境成本过低。根据中国现行《环保法》规定，企业违法排污，环保部门最多罚款 10 万元，并且每月只能罚款一次。这样一来，即使每月都罚，一年也不过 120 万元，违法成本过低。如此低的违法成本，让一些违法企业钻法律的空子。由于法定罚款上限低，不足以震慑、制裁和遏制环境违法，导致一些企业片面追求经济利益，而忽视承担环境责任。一些企业宁愿选择违法排污并缴纳罚款，导致恶意偷排、故意不正常运转污染防治设施、长期超标排放等持续性环境违法行为大量存在。

发达国家的高耗能产业则面临着巨大的环境成本。高耗能、高污染、高排放企业除了必须支付高额的环境治理费用之外，还面临因环境污染而被惩罚的威胁。在这一点上，中国企业优势明显，尤其是国有企业。国家发改委和国家环保总局经常因环保问题叫停一些项目，但是不久，这些项目经过整改就会重新上马。这些因素的存在都使"三高"产业的控制成为一个难题。

（四）河南清洁能源资源匮乏

在河南省能源结构中，煤炭及火力发电的生产和利用占绝对主导，达到 90%以上。河南省清洁能源资源匮乏，没有海洋能资源，风能和太阳能资源也不具有明显优势。只有水能和生物质能资源及少量的煤层气有一定的开发利用，太阳能在工业领域的开发利用还没有起步，清洁能源资源不足在一定程度上制约了河南省"三高"产业的转型升级。

从以上可以看出，河南省发展"三高"产业有基础、有优势，对河南省 GDP

的增长也具有举足轻重的作用，作出了很大的贡献，同时也是实现中原崛起的重要经济支柱。因此，河南省控制"三高"产业的发展还牵涉到如何平衡其对河南经济增长的作用，由于政绩观的存在，这将成为河南控制"三高"产业发展的重要障碍。

第三节　控制"三高"产业的对策

建设生态文明，控制"三高"产业需要政府和相关企业共同努力，建立长效机制。政府必须发挥宏观调控作用，严格制定有针对性的相关法律法规引导"三高"产业进行转型升级；同时"三高"企业内部要优化管理、科技创新、更新技术工艺进行产品升级，降低能耗、减少污染和排放。

一、转变经济发展方式推动产业升级

以科学发展观为指导，转变以高污染、高能耗、高耗费为代价的粗放型经济增长方式，坚持走新型工业化道路，按照高端、高质、高效的方向，着眼于抢占未来制高点与增强产业竞争力，突出自主创新、承接转移、集约集聚、改造提升和龙头带动，抓增量、调结构、增后劲，发展壮大高成长型产业，改造提升传统优势产业，积极培育先导产业，建设现代装备制造业和消费品工业主导地位更加突出、原材料工业竞争力显著提高的全国重要的先进制造业基地。加快调整产业结构，依靠科技创新推动产业升级。面向国内、国际两个市场，发挥科技创新对产业结构优化升级的驱动作用，加快国家创新体系建设，强化企业在技术创新中的主体地位，引导资金、人才、技术等创新资源向企业聚集，推进产学研战略联盟，提升产业核心竞争力，推动三次产业在更高水平上协同发展。

二、提高"三高"产业准入门槛并严格把关

"三高"产业既要消耗大量的资源，又会产生比较大的污染，必须在政策上进行引导和规范，在技术上进行提高和升级。所谓的"准入"必须使用"许可证"制度，在进入这个产业的时候要经过"环境影响评估报告"，在生产前要取得"生产许可证"，在生产中要进行"环境监测"。实施"听证"和"舆论"监督机制，使企业置于社会和公众的监督之下。对生产某些产品和进入某些产业实施

"许可证制度"是工业发达国家惯用的宏观调控政策，它对鼓励或限制某些产业的发展起到了非常重要的作用。我国从改革开放后在部分行业开始实行该制度，对保证这些行业的健康发展起到了积极的作用。河南"三高"产业的生产技术从整体上讲还不是先进的，许多高耗能产品技术门坎不高，需要的投资不多，使用的是优质原料，生产的是低端产品，对环境的破坏是相当严重的。要保证"三高"产业按照新型工业化的要求健康发展，有必要提高进入该产业的门坎，实施"生产许可证"制度，制度的要求包括生产技术、规模、质量、安全、环保等内容，并且对企业实施动态监察，严格把关。要进入就必须达到"许可证"的要求，要维护社会公众利益，满足可持续发展的基本条件，减少或者杜绝高耗能产业发展过程中的"外部不经济"现象的发生。企业在取得"许可证"后也不能为所欲为，还要置于社会和公众的监督之下，使这个产业按照生态文明建设的新要求健康、有序的发展。

三、完善环保立法，依法监督管理

加强生态法制和社会监督体系的建设，创造适合生态文明建设的法治环境。一是进一步健全完善我国关于生态环境保护的法律法规。二是建立良好的监督处罚机制，不能让地方和企业以牺牲环境为代价所获得的经济效益高于因法律制裁所付出的经济成本。三是建立社会监督体系。通过环境保护组织的途径把社会公众有效地组织起来，在环境保护的决策、立法、监督、宣传、教育中发挥积极作用。

近几年，我国加大了环境法制的建设力度。到目前为止，我国已先后制定了20多部环境资源保护相关法律。国务院、相关部委相应制定了环境与资源保护方面的行政法规、规章，地方人大和政府也结合本地区的实际情况，制定了大量相配套的地方性法规和规章。可以说，我国已经基本上形成了以宪法为核心，以《环境保护法》为基本法，以环境与资源保护的有关法律、法规为主要内容的比较完备的环境与资源法律体系，从法律层面上为我国的生态文明建设做好了铺垫。首先，建议把生态文明写进宪法，作为我国环境保护的根本目标。用国家根本大法《宪法》确立其法律地位，以此作为指导各项环境立法的准则，为生态环境保护提供根本的法律保证。其次，建立健全我国环境法律体系。以循环经济理念为先导，以可持续发展为核心，以保护生态环境维护生态平衡为目标，以生态文明建设为宗旨，对我国环境法律体系进行修改和完善，使生态环境保护的各个环节做到有法可依、有章可循。有关部门要根据时代发展和地域特征，对现行有关法规进一步量化，增强法条的可操作性。要加大环境执法力度以及对破坏生态环境行为的惩罚力度，对违反环境保护法律、污染环境的违法行为严惩不贷，严格落实环境责任追究制度，尤其是刑事责任追究制度。最后，加强法律监督。完备的法律体系不仅仅包含完备的立法、严格的执法，还包括完善的法律监督。没有完善的监督体系，再好的法规也会偏失方向，达不到立法的预期效果。要对资源开发和破坏生态环境等经济活动加强执法监督，切实做到执法必严、违法必究，使已经制定的环境保护法律得到贯彻落实，人们能够严格依照环境法规办事。要通过法律监督给我国生态文明建设提供坚实的法律保障。

四、引导"三高"产业协会或企业联盟与节能减排专业企业合作

为了提高"三高"产业节能减排效果，降低成本，政府可以引导相关企业与专业节能减排企业合作。与发达国家相比，中国高能耗、高污染产业中，企业为数众多但大多规模较小、生产集中度较低，产业的组织化程度较低。以钢铁行业为例，2005 年欧盟 15 国前 7 家钢产量占欧盟钢总产量 87.46%；美国前 4 家钢产量占美国钢总产量 54.50%；日本前 4 家钢产量占日本钢总产量 74.29%；而我国前 15 家钢产量才占我国钢总产量的 45%。如果众多中小企业逐个与节能减排专业化企业进行个案交易，将在信息搜寻、谈判、履约等过程中产生较高的交易成本。此外，中小企业在清洁生产领域的技术往往也较为落后。例如，中小型钢铁生产设备的单位能耗通常比大型设备高 10%~15%，物耗高 7%~10%，水耗高约 1 倍，SO_2 排放则高 3 倍以上。而且他们往往不明确自身所需的清洁生产技术，这一信息不对称可能导致较高的交易风险和成本。因此，中国"三高"产业可以组成行业协会或企业联盟与节能减排专业化主体进行分工合作。

五、"三高"企业自身优化环境管理

首先，企业管理人员要进一步增强环境意识和法制观念。建立现代企业制度的企业，其决策层、管理层和监督层的企业管理人员必须熟悉我国持续发展战略、环境保护法规和环境管理知识，以保证决策的正确性、管理的科学性和监督的有效性。其次，建立和健全企业环境管理机构。企业应该从自身做起，建立健全环境管理机构，专人管理，定期对企业能耗、污染问题进行调查，向领导汇报，加紧治理。在建立现代企业制度、实行公司制的企业中，要根据企业的性质和规模设置相应的环境管理机构，并建立一支合格的环境管理队伍。再次，调整企业结构，制定发展规划。企业及时调整生产结构，生产能耗低、污染低的产

品，制订相应的产品规划。另外，推行清洁生产，实行全过程控制。企业应对生产全过程进行控制，对各个环节严密监控，避免污染环境，推行清洁型生产模式，降低能耗。强化环境管理，推行清洁生产，实行全过程控制。实际上，清洁生产与生产过程控制都属于环境管理的范畴。企业要通过科学管理，实现自主经营、自我发展。最后，提高技术水平，增强治污能力。"科学技术是第一生产力"，企业应加强研发，提高生产技术水平，改善产品生产模式，进而提高治理污染的能力。

六、政府和相关企业坚持国际合作的原则性

整个世界作为一个环境系统，任何一个国家的生态文明建设都需要世界各国相互帮助，协力推进，共同呵护人类赖以生存的地球家园。在经济全球化和综合国力及国际地位不断提升的新形势下，中国必须体现出作为发展中大国负责任的积极态度和国际形象。同时，无论是资金方面还是技术方面，中国都需要与国际社会的合作。国外环境保护方面的许多新举措，都值得中国借鉴。目前，我国总体上还处于国际分工价值链的低端，要前瞻性地把握比较优势转移的趋势，抓住新技术革命深入发展的有利时机，积极参与国际产业分工。承接国际产业转移要认真选择，防止发达国家把高耗能、高污染产业转移到我国，同时减少高耗能产品的生产和出口。此外，还要建立健全相关法律法规，通过立法或制定严格的强制性技术法规，对国外商品进行准入限制的贸易壁垒。

第八章　清洁生产与生态文明建设

目前，中国的经济发展正越来越受到资源短缺和环境污染的困扰。传统的发展模式不仅造成了生态环境的极大破坏，而且浪费了大量的资源，加速了自然资源的耗竭，使发展难以持久。同时以末端治理为主的工业污染控制忽视了全过程的污染控制，不能从根本上消除污染。解决的方法只有摒弃过去那种高消耗、高投入的发展模式，走清洁生产之路，以实现社会、经济和环境的协调发展。

第一节　清洁生产概述

清洁生产是生态产业和生态工程中的一类生产方式，重点将综合预防的环境保护策略持续应用于生产过程和产品中，以期减少对人类和环境的风险。

一、清洁生产的定义

清洁生产这一名词术语最早由联合国环境规划署在 1989 年提出使用，并于 1990 年将其作为一种环境战略正式推出，得到了国际社会的普遍认可和接受，而对其定义，不同的国家有不同的表述，中国也在不同时期分别从环境保护角度和生产角度对清洁生产进行了定义。

1994 年，《中国 21 世纪议程》将清洁生产定义为：清洁生产是指既可满足人们的需要，又可合理使用自然资源和能源，并保护环境的生产方式和措施，其实质是一种物料和能源消费最小的人类活动的规划和管理，将废物减量化、资源化和无害化，或消灭于生产过程之中。

2003 年开始实施的《中华人民共和国清洁生产促进法》将清洁生产定义为：清洁生产是指不断采取改进设计、使用清洁的能源和原料、采用先进的工艺技术与设备、改善管理、综合利用等措施，从源头削减污染，提高资源利用效率，减少或者避免生产、服务和产品使用过程中污染物的产生和排放，以减轻或者消除对人类健康和环境的危害。

虽然上述定义是从不同角度对清洁生产进行了不同的表述，但其内涵是一致的，都体现了四大原则并行、整体预防的环境策略。

(一) 四个原则

减量化原则：资源消耗最少、污染物产生和排放最小。

资源化原则：废水废气废渣最大限度地转化为产品。

再利用原则：产生的废弃物作为再生资源充分回收利用。

无害化原则：减少有害物料的使用和有害物质的排放。

(二) 整体预防

清洁生产着眼的不是消除污染引起的后果，而是消除造成污染的根源。它借助于各种相关理论和技术，在产品整个生命周期的各环节采取"预防"措施，以实现最小的环境影响、最少的资源消耗和能源使用、最佳的管理模式、最优化的经济增长水平，从而最终实现经济效益、环境效益和社会效益的统一。

二、清洁生产的主要内容

清洁生产包括三方面的内容：清洁的能源和原料、清洁的生产过程以及清洁的产品。

(一) 清洁的能源和原料

1. 清洁的能源和原料

清洁的能源是指对环境无污染或较少有污染的能源，有狭义和广义之分。狭义的清洁能源是指可再生的能源，如风能、太阳能、水能、地热能等；广义的清洁能源，除上述狭义能源外，还包括用技术加工处理过的非再生能源，如天然气、洁净煤等。

清洁的原料是指产品生产过程中能被充分利用而极少产生废物和污染的原辅材料。原料必须要满足两个要求才能被称为清洁的原料：一是可以在生产中被充分利用，即原材料纯度较高，杂质少，转换率高，废物排放少。二是不含有或不产生有毒、有害物质。如果原料中含有有毒有害物质，在生产过程中或在使用过程中就会产生有毒有害物质的释放，对环境造成污染。

2. 清洁能源和原料的利用

清洁能源和原料的利用是在资源利用和生产过程中要坚持使用上述能源和原料，包括常规能源的清洁利用、可再生能源的利用、新能源的开发以及各种节能技术的开发和利用、新材料的研发和利用、替代品的寻求以及节材技术的研发等。如清洁利用矿物化石燃料；加速开发水能资源，优先发展水力发电；积极发展核能发电；开发利用太阳能、海洋能、生物质能、风能等；加速以节能为重点的技术进步和技术改造，提高能源利用率等。

（二）清洁的生产过程

清洁的生产过程，是指在生产中选用一定的技术工艺，将废物减量化、资源化、无害化，直至最终消灭废物。废物减量化是指通过改善生产技术和工艺，采用先进设备，提高原料利用率，使原材料尽可能转化为产品，从而使废物达到最小量；废物资源化是将生产环节中的废物综合利用，转化为进一步生产的资源，变废为宝；废物无害化是指减少或消除将要离开生产过程的废物的毒性，使之不危害环境和人类。

生产过程的清洁化是清洁生产的中间环节，处于清洁生产的核心部位，涉及生产过程中许多具体、复杂的细节。一般包括以下几方面：改进生产工艺和流程，选用无废或少废的工艺；更新改造设备，尽可能使用高效率的生产设备；合理调整生产配方，少用或不用有毒的原料，保证中间产品的无毒无害性；进行厂内外物料的再循环；减少生产过程中的各种危险因素，如高温、高压、低温、低压、易燃易爆、强噪声、强振动等；采用可靠、规范的生产操作和控制方法；提高生产自动化水平，强化和完善管理，使生产过程处于无泄漏、无浪费和最安全的状态等。

（三）清洁的产品

清洁的产品是指生产和使用绿色产品，提供绿色服务，并对产生的废物进行综合治理。清洁产品又叫生态产品、绿色产品、环境友好产品、可持续产品等。

清洁的产品虽是清洁生产的末端环节，但却要在产品生命周期的前端做好清洁化，即在产品设计阶段应对产品开发进行绿色设计。具体包括：考虑节约原材料和能源，少用或不用昂贵和稀缺的原料，利用二次资源作原料；产品应具有合理的包装、合理的使用功能和合理的使用寿命；产品报废后易处理和降解，不对环境造成污染等。绿色服务是指在产品的售后服务过程中，通过维护、保修、更换等环节减少对环境的影响。在产品报废后的处理过程中，也应具有环保意识，完善废品回收系统，提高废物的回收利用率，实现生产、消费、环境的友好协调。

从上述清洁生产的内容可以看出，要实施和推行清洁生产，必须要求两个"全过程"控制。一是产品的生命周期全过程控制。即从原材料加工、提炼到产品产出、产品使用直到报废处置的各个环节采取必要的措施，实现产品整个生命周期资源和能源消耗的最小化。二是生产的全过程控制。即从产品开发、规划、设计、建设、生产到运营管理的全过程，采取措施，提高效率，防止生态破坏和污染的发生。

清洁生产是一个相对的、动态的概念，所谓清洁的能源、清洁的生产过程、清洁的产品都是和现有的能源、生产技术和产品相比较而言的。因此，清洁生产是一个持续进步、不断创新的过程，随着社会经济发展和科学技术的进步，需要适时地提出新的目标，完善和丰富新的内容，在更高的水平上不断推进清洁生产。

三、清洁生产的实施途径

企业是实施清洁生产的主体，企业性质不同，所用资源和生产过程就会千差万别，生产工艺也繁简不一。因此，企业应结合实际，立足于行业特点，充分挖掘清洁生产的机会和潜力，实施清洁生产。国内外的实践证明，综合利用资源、实施绿色设计、改革工艺和设备、强化管理、必要的末端治理是实施清洁生产的有效途径。

（一）综合利用资源

对资源进行综合利用，是推行清洁生产的首要方向。它包括对未转化为废料的物料进行综合利用和对已形成的废物进行综合利用两层含义。首先，企业应该充分调研生产所用的原料，包括特点、开发方案、加工工艺、所在地交通等，熟悉原料的所有组分并列出清单，明确目前有用和将来有用的组分并制定利用方案。其次，在生产过程中，要通过各种措施最大限度地节约能源和降低原辅材料的消耗，做到物尽其用，尽可能使物料中的所有成分都转化为有用的产品，从而减少污染物的产生，减轻对环境的压力。最后，对形成的废水、废气、废渣还要大力开展回收利用和重复利用，以达到节约资源、减少排污的目的。

（二）实施绿色设计

实施绿色设计，生产绿色产品，提供绿色服务，是实施清洁生产的重要手段。在产品设计时，不仅要考虑产品的功能、质量和成本，更要考虑能源资源的合理利用，以及生产过程中和产品报废后形成的废物对环境的影响，将环境因素纳入产品开发的全过程，努力寻求资源、环境和经济的协调统一。

（三）改革工艺和设备

生产工艺和生产设备是实现原料到产品的软硬件，也是实施清洁生产的重要保障。先进的生产工艺通常流程简单、原辅材料消耗少、无或少废物排出、能耗低、设备简单、安全可靠，而先进的设备又可以减少泄漏、减少能耗、提高生产效率。因此，企业应大力开发和采用少废或无废的工艺和设备来替代落后的工艺和设备，如物料的闭路循环、废水的净化循环利用、装备的大型化、工艺条件的优化调整以及共生资源的分解利用等，提高原材料利用率和生产效率，减少生产过程中的危险因素，消除或减少污染物的排放。

（四）强化管理

我国企业与发达国家企业相比，普遍存在技术落后、管理更落后的状况，目前的工业污染约有 30% 以上是由于生产过程中管理不善造成的，所以清洁生产不仅仅着眼于技术改进，更要重视生产过程中的科学管理。只要加强科学管理，不需要花费很大的成本，便可获得明显的节能减排效果，给企业带来经济效益和环境效益的双赢。为此，企业应建立一套科学的环境管理体系，使环境管理落实到企业的各个层次，分解到生产过程的各个环节，与企业的其他专业管理有机结合，实现能源资源的节约和污染物排放的减少。

（五）必要的末端治理

必要的末端治理是实施清洁生产、进行污染控制的有效补充。多年的清洁生产实践证明，在目前的技术水平和经济发展水平下，完全彻底的无废生产还是不能实现的，即使采用了源头、生产过程控制，生产中产生的废物仍难以达到国家或地方规定的排放标准，为了减少对环境的危害和回收有用的资源，有必要对这些废弃物进行末端处理和处置。值得一提的是，此处所指的末端治理不再像过去一样处于优先考虑的位置，生产过程产生的废物也不再被单纯视为要处理的污染，而是视为一种可利用的资源，在处理过程中更重视废弃物的资源化利用。因此，在采取控制措施方面，不仅有源头、生产过程控制、废物综合利用，还包括了末端治理和污染物的达标排放等内涵。在这个意义上说，中国实行的其实是广义的清洁生产。

第二节　推行清洁生产是建设生态文明的必由之路

中国环境保护多年来的历程表明，只对生产终端进行污染控制不仅无法从根本上解决现存的环境问题，而且经济损失将逐步增加，治理成本不断升高，社会难以持续发展。因此，只有在全社会推行清洁生产战略，发展清洁技术，生产绿色产品，进行生产全过程的控制，降低能耗、物耗和污染物排放量，提倡绿色消费，才能够建设生态文明，基本形成节约能源资源和保护生态环境的产业结构、增长方式和消费模式，也才能够建立节能、降耗、节水、节地的资源节约型社会，最终实现人与自然的和谐发展。

一、推行清洁生产是可持续发展战略的具体体现和必然选择

可持续发展的核心思想是经济发展、保护资源和保护生态环境协调一致，让子孙后代能够享受充分的资源和良好的环境。可持续发展所追求的目标是既要使人类的各种需要得到满足，个人得到充分发展，又要保护资源和生态环境，不对后代人的生存和发展构成威胁。而可持续发展战略是指实现可持续发展的行动计划和纲领，是多个领域实现可持续发展的总称。可持续发展战略要求人与自然和谐相处，要根据我国国情，选择有利于节约资源和保护环境的产业结构和消费方式，坚持资源开发和节约并举，把节约放在首位，克服各种浪费现象，提高资源利用效率，同时要综合利用资源，加强污染治理，改善生态环境。

通过实施清洁生产，不仅可以减少甚至消除污染物的排放，而且能够节约大量能源和原材料、降低废物处理和处置费用，具有明显的环境、资源和经济效益。由此可见，清洁生产是实现可持续发展的具体体现。清洁生产的实质是一个持续发展和改善的过程，又被称为"Cleaner Production"，对一些企业而言，由于企业经济实力有限，不可能对生产全过程有关设备全部进行改造，也不可能全部采用新的生产工艺，而是对生产过程中产生污染量最大、消耗能源与资源最多的某个或几个工序和工段作为审核重点进行审核，提出管理和技术方面的改进措施，降低污染物产生量，提高利用率，在该工序或工段的问题解决后再进行下一个，这一点也符合可持续发展战略实施的规划。

推行清洁生产是世界各国实现经济、社会可持续发展的必然选择，清洁生产能够为企业带来经济效益、环境效益和社会效益三重效益。在人口与经济快速增长的形势下，人类只能在资源持续利用和环境保护的前提下，寻求发展的合理代价与适度的承受能力的动态平衡。发达国家可持续发展追求的目标，主要是通过清洁生产等方式提高经济增长的质量，改变消费模式，减少单位产值中资源和能源的消耗以及污染物的排放量，进一步提高生活质量和关心全球环境问题。而发展中国家在今后相当长一段时间内的主要任务就是发展经济，基于对全球环境变化的共识，众多的发展中国家认识到不能再走"先发展、后治理"的老路。如果按照原有的发展模式，在人口多、资源有限、技术水平低和经济基础薄弱的条件下不可能达到可持续发展的战略目标。而转变生产方式、开展清洁生产才是发展

的唯一出路。所以清洁生产对于发达国家和发展中国家的可持续发展是同等重要的选择。

二、中国环境污染严峻形势决定了必须大力推行清洁生产

自 20 世纪 70 年代末实施改革开放以来，中国经济发展进入了崭新阶段。随着经济的迅速发展，我国人民的生活水平得到了极大改善和提高，但是在创造出工业化成果的同时，因牺牲环境付出了沉重的代价。目前，我国的工业污染和农业污染日趋严峻，原因分析如下：

（1）产业结构不合理，重污染行业所占的比重较大，"结构性污染"严重。我国的燃料结构仍以煤为主，化厂、冶炼等重化工行业在工业结构中仍占有很大比例，这种粗放型增长方式不可避免地导致严重的工业污染。2000 年，我国万元国内生产总值二氧化硫排放量 1995 万吨，居世界第一，酸雨覆盖面积约占国土面积的 30%；烟尘排放总量 1165 万吨；工业粉尘排放量 1092 万吨；工业城市废水中的化学需氧量 COD 为 1389 万吨，虽然近几年的二氧化硫排放量、烟尘排放量不断下降，但在全球均处于高位。

（2）工业布局不合理，大中型企业 80% 集中在大中城市，而且不少工业企业建在居民区、文教区、水源区、风景区，这就加重了工业和城市污染的危害。在水污染方面，中国水资源约为世界人均水平的 1/4，严重的水污染使缺水状况"雪上加霜"，78% 的城市河段不适宜作饮用水源，50% 的城市地下水受到污染。在噪声污染方面，多数城市的噪声污染处于中等水平，重点城市的区域噪声处于轻度或中度污染水平，生活噪声影响呈扩大趋势。在固体废弃物方面，城市生活垃圾每年以 10% 的速率增长，"白色污染"问题越来越严重。工业固体废物历年贮存量已达 6.49 亿吨，占地面积 5.17 万公顷。

（3）现有工业的技术水平还比较落后，原料加工深度不够，资源能源的利用率不高，单位产品的能耗和原材料损耗大大高于发达国家。我国创造 1 万美元 GDP 的能耗比发达国家高 4~5 倍，水耗高 8~20 倍，全员劳动生产率仅为发达国家平均水平的 2%~3%。高投入、低产出、高能耗、低效率的粗放型的生产方式严重影响了我国的工业生产率，制约着企业走可持续工业的发展道路。

（4）农业面源污染和农村环境问题突出，由于传统的粗放型生产方式，导致农业环境质量下降。农药化肥过量施用，农田污水灌溉面积比 20 世纪 80 年代增加了 1.6 倍。土壤问题成为潜在的环境问题。生活污水直接排放，导致水体受到严重污染。乡镇企业工业水平低、设备简陋、管理水平低，对农业生态环境造成

了极大破坏。

造成我国环境污染的重要根源在于人们不合理的经济行为——低效、过度利用稀缺环境资源。与其说我国的环境问题是因为人口太多，不如说是因为以低效和滥用方式在生产和消费中使用环境资源的人太多；与其说我国的环境问题是因为经济的长足发展，不如说是因为发展过程中的浪费太大。因而，要摆脱环境困境的关键在于改变人们不合理的经济行为，摒弃过去那种高消耗、高投入的发展模式，走清洁生产之路，以保持我国经济持续、快速发展态势，并改善我们的生存环境。

三、清洁生产是发展循环经济和建设生态工业园的前提与基础

江泽民同志指出："只有走以最有效利用资源和保护环境为基础的循环经济之路，可持续发展才能得到实现。"胡锦涛、温家宝等领导人也指出，要树立和落实科学发展观，必须"大力发展循环经济，在经济建设中充分利用资源，提高资源利用效率，减少环境污染"。

实现生态文明和循环经济的前提和基础是清洁生产，这一论点的理论基础是生态效率。生态效率追求物质和能源利用效率的最大化和废物产量的最小化，不必要的再用意味着上游过程物质和能源的利用效率未达到最大化，而废物的再用和循环往往要消耗其他资源，且废物一旦产生即构成对环境的威胁。

清洁生产强调的是源削减，即削减的是废物的产生量，而不是废物的排放量。循环经济"减量、再用、循环"的排列顺序充分体现了清洁生产源削减的精神。即循环经济的第一法则是减少进入生产和消费过程的物质量，或称减物质化：对于生产和消费过程而言，不是进入什么东西就再用什么东西，也不是进入多少就再用多少。相反，循环经济遵循清洁生产源削减精神，要求输入这一过程的物质量越少越好。生态工业也是如此，上游企业不能因为还有下游企业可利用其废物而不必要的多排污。在形成生态工业的"食物链"和"食物网"中首先要减降上游企业的废物，尤其是有害物质，必须在其生产的全过程进行源削减。换言之，系统中每一环都要进行源削减，做到清洁生产。清洁生产在企业层次上将环境保护延伸到企业的一切有关领域，生态工业在企业群落层次上将环境保护延伸到企业群落一切有关领域，循环经济将环境保护延伸到国民经济的一切有关领域。所以说，清洁生产是循环经济和生态工业的基础和前提，只有做好清洁生产，才能真正实现循环经济和生态工业。

四、清洁生产是防治工业污染的必然选择和最佳模式

在粗放型的生产方式中，我国社会需要的最终产品仅占原材料总投入量的20%~30%，70%~80%的资源最终成为进入环境的废物，造成环境污染和生态破坏。人们形成了发展生产必然造成环境污染的传统观点，也形成了"先污染，后治理"为基本特征的环境保护模式。末端治理在解决我国环境污染问题方面取得了一定成效，但是，随着时间的推移，特别是工业化进程加快和可持续发展战略的实施，末端治理的局限性更加显现。其弊端主要表现在：

（1）末端治理设施的基建投资大、运行费用昂贵、操作和管理要求高。"六五"期间我国用于工业污染防治和环境保护相关的城市基础设施建设费用占同期国民生产总值的0.5%，"七五"期间增加至0.7%，"八五"期间为0.8%，"九五"期间为1.5%，"十五"期间达到1.8%。从经济效益分析，末端处理给企业增加了额外的经济负担，增加了生产成本，降低了经济效益，影响企业保护环境的积极性。

（2）末端治理没有从根本上消除环境污染，只是使污染物在不同的环境介质中进行转移，还会造成二次污染和残留污染物。对废气采用末端脱硫和除尘，增加了大量废渣；对废水的集中处理产生大量污泥。

（3）末端治理未能改善自然资源有效合理利用，继续造成自然资源的巨大浪费。

（4）末端治理只注重对排放污染物的控制，忽略了污染物的产生，只能治标不能治本。

（5）从环境污染物排放数量分析，工业污染物排放量占总排放量的70%。随着我国工业的迅速扩大和发展，如不采取其他先进的环境污染控制技术，必将继续加大末端处理的投入，使国家背上更沉重的经济负担。显然，末端处理在解决环境污染问题上存在严重的局限性。

（6）传统的末端治理偏重于处置末端产生的废弃物，往往处理难度与任务都很大，增加企业的负担，企业并不是自愿去实施，而是迫于环保部门的压力，有很多企业钻政策法规的空子，偷排偷放，造成了生态环境的进一步恶化。末端治理一定程度上加剧了外部不经济性。弱化外部不经济性的重要手段就是推行清洁生产。企业能在降低污染的同时带来经济效益，提高企业治污积极性，弱化外部不经济性。

但是，现代生产还无法完全避免污染的产生，即使最先进的生产工艺也无法

完全避免污染物的产生，包括那些使用过的产品的最终处理、处置。因此，清洁生产和末端治理将在相当长的时期内并存，只有二者共同努力，实施"生产全过程预防"和"末端治理"的双控制才能保证环境目标的实现，满足生态经济和循环经济的要求。

清洁生产的核心就是在确保产品满足人类物质文化需要的前提下，通过不断改进管理和推进技术进步等措施，达到提高资源利用率、减少乃至消除污染物的产生，使其生产过程和产品对人类和环境危害最小的目的。可见，清洁生产就是要扬弃末端治理弊端，把污染物消除在生产过程中，从而在源头上预防和削减污染，给企业带来经济效益的同时取得良好的环境效益。因此，清洁生产开创了环境保护史上"预防污染"的新阶段，必将具有强大的生命力，成为21世纪工业污染防治的最佳模式。特别是在我国要避免走"先污染，后治理"的弯路，实现跳跃式的环境保护发展模式的大背景下，清洁生产是必由之路。

五、清洁生产有助于全面提升企业竞争力

清洁生产以系统的观点看待整个企业的环境污染问题，把资源的无效、低效使用与浪费也当做环境污染，并且使环境改善与竞争力合二为一，具体来说，有以下几个方面：

(一) 降低企业的整体运营成本，增加收益

由于节能、降耗、减污，必然降低包括废弃物处理费用在内的产品成本，做到增产、增效不增污，同时在废弃物处理、处置设施上会取得相应的剩余容量，从而减少新增设施的投资和运行费用；全员的预防意识、完好的预防设施、严密的制度和严格管理，可以减少突发性重大污染事故发生，避免或减少对末端治理的冲击，从而节约企业的运营成本。

(二) 改善产品品质，提高产品竞争力

质量好、成本低、服务佳是产品竞争的基础。清洁生产能够发现并尽量消除隐藏于产品工艺流程、产品设计、产品功能、材料背后的技术缺陷或产品功能弱点，生产出符合国际标准的环境友好产品，从而大大提高产品的市场占有率。

(三) 提升企业形象，传播先进的企业管理理念和价值观念

企业形象是企业竞争力的一个重要构成部分。企业推行清洁生产，能够做到环境好、无污染、不扰民，从而有助于企业的声誉和企业品牌的构筑与传播，进而提升企业的竞争力。此外，全员、全方位、全过程整体预防，能够有效改善员工的生产操作乃至生活环境，强化员工的集体荣誉感，培养员工的归属度与满意

度，提高员工的忠诚度，促进企业管理水平和全体职工素质的提高。

（四）提高企业的创新能力

创新是一种非常复杂的活动，并非简单的知识生产，它涉及研究开发、技术管理、组织、工程、制造、营销、用户参与以及管理制度业务等。清洁生产创新即符合这种广义上的创新，不仅包括新技术的引入，新产品的开发，购买相应治理污染的设备，还包括一切能节约原材料、提高生产率的新方法，包括管理方法，材料的减量化，尽量与顾客保持密切联系，消除不必要的广告浪费和包装费用，为顾客提供更加绿色的服务。当然，这些创新就其本身而言，短期内并不能从根本上提升企业的技术革新和创新能力，但一旦这种细小的革新积累起来，就可能孕育着工艺上的重大创新。更为重要的是，清洁生产在员工心中撒下创新的种子，易于形成创新文化、创新环境，从而为企业的持续创新打下坚实的基础。

（五）促进企业绿色认证和推动以 ISO14000 标准为核心的企业环境管理体系的建立

"绿色认证是指有关政府部门或权威机构对那些从事开发、生产、使用寿命以及回收的整个过程都符合特定的环保要求，对生态无害或危害极小，并有利于资源的再生与回收的产品给予的具有权威性的认证证书。"ISO14000 标准是国际标准化组织第 207 技术委员会组织编制的环境管理体系标准，其标准号从140001-141000 共 100 个标准号。它顺应国际环境保护的发展，是依据国际经济与贸易发展的需要而制定的。ISO14000 不仅有利于环境卫生问题的解决，而且有利于降低成本。所以，绿色认证和 ISO14000 关系到企业产品在国际市场上的声誉和竞争力，关系到企业的生存与发展。清洁生产的目标是通过完善科学的管理和标准推行清洁生产技术，提高资源利用率，减少污染，改善环境，使企业成为环境友好企业，这与 ISO14000 的目标是完全一致的。推行清洁生产会使企业更接近 ISO14000 及绿色认证的要求，为取得认证打基础。

六、清洁生产能够有效避免绿色壁垒对中国的不利影响

在当前的国际贸易中，与环境相关的绿色壁垒已经成为一个重要的非关税贸易壁垒。按照 WTO 有关例外措施的规定，进口国可以以保护人体健康、动植物健康和环境为由，制定一系列相关的环境标准或技术措施，限制或禁止外国产品进口，从而达到保护本国产品和市场的目的。发达国家设置了一些发展中国家目前难以达到的资源环境技术标准，不仅要求产品符合环保要求，而且规定从产品开发、生产、包装、运输、使用、回收等环节都要符合环保要求。而中国有不少

产品因达不到其要求而被拒之门外，据调查表明：2008 年中国有 71% 的出口企业，39% 的出口产品受到国外绿色壁垒的影响，造成直接损失和间接损失约 170 亿美元。其中，受影响最严重的是农产品与食品，农产品和食品出口占出口总额的比重呈逐年下降趋势，从 1980 年的 23.92% 降到 2008 年的 3.01%。主要原因是我国环境污染加剧，造成农产品和加工食品的品质难以提高，其技术标准达不到发达国家的要求。

所以，必须改变原有发展模式，在工业、农业、服务业、建筑业、矿产资源勘查开采中全面推行清洁生产。开展清洁生产有利于改善环境质量及产品性能，提供符合环境标准的"清洁产品"，增加国际市场准入的可能性，减少绿色壁垒的不利影响，才能在国际市场竞争中处于不败之地。

第三节　河南推行清洁生产的发展现状及对策

近年来，环境问题已引起河南省有关部门的高度重视，先后发布了很多有关清洁生产的政策和文件，在推行清洁生产方面进行了积极探索和实践。特别是自 2003 年《中华人民共和国清洁生产促进法》正式施行以来，河南省将依法推行清洁生产作为一项重要工作，狠抓政策法规建设，规范清洁生产审核，推进清洁生产试点，加强清洁生产关键技术研究，进一步推动了清洁生产的广泛开展，并取得了一定的工作成效。

一、河南省清洁生产的发展现状

(一) 河南省推进清洁生产的主要措施

1. 加强政策法规建设

制定清洁生产规范性文件，为清洁生产的深入开展提供政策依据。河南省环保厅在全国较早提出《关于贯彻落实〈清洁生产促进法〉在全省推行清洁生产试点的实施意见》，先后制定了《河南省清洁生产审核管理办法 (暂行)》、《河南省清洁生产审核机构备案管理规定 (暂行)》、《河南省清洁生产审核验收办法 (暂行)》、《河南省环保厅关于开展强制性清洁生产工作的意见》和《河南省清洁生产审核机构管理规定 (暂行)》、《关于加强重点企业清洁生产审核管理工作的通知》等文件，并与河南省发改委联合建立了"河南省清洁生产专家库"以及联合下发了《河南省清洁生产审核实施细则》、《河南省环保厅加快推进重点企业清洁生产工作方案》等文件，为清洁生产的实施提供了政策依据，保证了清洁生产审核工作健康有序地开展。2010年，为加强河南省工业清洁生产促进工作，推动工业节能、降耗、减排、增效，河南省工业和信息化厅根据工业和信息化部《关于加强工业和通信业清洁生产促进工作的通知》（工信部节〔2009〕461号）的精神，制定颁布了《河南省工业和信息化厅关于加强工业清洁生产促进工作的指导意见》，对工业清洁生产的重点工作和主要措施进行了详细的规定，使全省范围内各工业企业进一步提高了对开展清洁生产重要意义的认识，充分认识到加快推进清洁生产工作的重要性，对加大工作力度，创新工作模式，加快推进工业实施清洁生产，促进产业结构优化升级等方面起到了积极的促进作用。

2. 大力开展宣传培训，建立清洁生产技术保障体系

河南省环保厅一方面认真宣传《清洁生产促进法》，普及清洁生产知识；另一方面还积极与国家清洁生产中心联合举办多期清洁生产审核员培训班，并多次派人参加国家组织的清洁生产培训，已有数百人获得国家清洁生产中心颁发的证书。同时，还积极支持和组织环保、科研院所、协会等建立清洁生产审核机构，为清洁生产提供技术咨询服务，已有20余家单位获得了《河南省清洁生产审核资质证书》。2010年，省环保厅对申请备案的清洁生产审核咨询机构进行审查，筛选确定了14家为河南省重点企业清洁生产审核咨询机构，以进一步规范并加强河南省重点企业的清洁生产审核工作，发挥清洁生产在污染物减排中的重要作用，保证清洁生产审核的质量。至此，基本建立了河南省的清洁生产技术保障体系。

在积极构建审核机构的同时，不忘加强审核队伍的建设，提高清洁生产审核机构的业务素质。如参加清洁生产审核的人员必须经过国家清洁生产审核中心的业务培训；成立清洁生产审核机构的单位，必须要有7名以上具有国家清洁生产审核中心颁发的专职清洁生产审核人员组成，其中要求两人应具有高级职称；审核机构在审核工作中要以为企业服务为主，使企业通过开展清洁生产审核，达到减污增效的目标等。这样既加强了审核队伍的建设，又提高了企业自愿开展清洁生产审核的积极性，有效地推动了清洁生产工作的开展。

3. 选择重点行业，开展清洁生产试点

为做好清洁生产推行工作，河南省大力组织开展清洁生产试点工作，河南省是全国较早提出在全省推行清洁生产试点实施意见的省份之一。在《清洁生产促进法》颁布后，及时选择了造纸、化工、医药等污染较重行业作为清洁生产审核

试点行业，并筛选了 44 家企业作为第一批自愿性清洁生产审核试点单位，并多次组织召开全省清洁生产试点工作现场会，由试点单位分别介绍开展清洁生产工作的经验，进一步理清了清洁生产的思路。同时省环保厅积极支持和鼓励各级环保部门在排污收费中，安排一定数额的资金用于支持试点企业的清洁生产审核工作，促进了审核工作的有效进行。

4. 筛选重点企业，推进强制性清洁生产审核

2005 年以来，河南省将国控和省控重点污染企业作为开展清洁生产审核的重点，围绕造纸、酿造、煤炭、制革、化工、火电、建材、冶金（含重金属污染企业）等资源消耗大、污染比较严重的行业，筛选确定强制审核企业。这是促进全省污染防治由末端治理向源头和全过程转变的重大举措。为全面推动此项工作的开展，河南省人民政府与 18 个省辖市政府签订了环保目标责任书，其中明确了各省辖市重点企业清洁生产审核的工作任务，要求在今后三年中要对省、市重点监控的 194 家排污企业依法开展强制性清洁生产审核。省环保厅也及时下发了《关于开展强制性清洁生产工作的意见》，就审核任务进行了明确和部署，对工作的进度和质量、督查和指导等提出了具体要求，确保审核工作积极有序的开展。截至 2009 年底，河南省有 348 家企业开展了清洁生产审核，占全省规模以上工业企业总量的 1.87%，占全国开展清洁生产审核企业数的 2.49%；截至 2009 年，河南省共向社会公布 288 家强制实施清洁生产审核企业，其中有 267 家企业通过了清洁生产审核验收。2010 年制定了《河南省环保厅加快推进重点企业清洁生产工作方案》，全面部署对 5 个重金属污染防治重点防控行业、7 个产能过剩主要行业为主的重点企业清洁生产审核工作，全年对 146 家重点企业开展清洁生产审核，其中 111 家企业已通过验收。企业通过开展清洁生产审核，实施部分清洁生产方案，取得了较大的环境效益、经济效益和社会效益，达到了节能、降耗、减污、增效的目的。

为了进一步推进清洁生产审核工作，省环保厅采取了多种举措，督促企业持续开展清洁生产审核和落实清洁生产方案，促进节能减排。如举办了河南省重点企业清洁生产内部审核员培训班，加强对重点企业清洁生产审核内部审核员的管理，提高内审员的审核水平，满足企业开展持续清洁生产审核的需要；为保证不走过场，省环保厅定期或不定期地对有关企业进行督促检查，对积极开展清洁生产工作、成效显著的企业进行表彰和奖励；对不按规定实施清洁生产审核，或者未如实报告审核结果的企业，由县级以上环保部门依法进行查处。对重点企业的清洁生产审核持续性工作计划的实施情况和中高费清洁生产审核方案的落实进行

了全面检查，确保审核工作落到实处。

5. 推进关键技术，助力清洁生产

"十一五"期间，河南还围绕清洁生产方面的关键和共性技术问题，安排专项资金，着力支持大型骨干企业和科研机构，形成了铝工业行业强化烧结法生产氧化铝、选矿拜耳法和后加矿增浓溶出等关键技术，以及水泥行业纯低温余热发电等核心技术。目前，河南省电解铝行业整体技术水平处于全国领先地位，吨铝综合电耗低于全国平均水平 269 千瓦时。

"十二五"时期，河南进一步加强清洁生产关键技术的研发，针对一些重点用能行业和重点排污行业，组织开展重大环境问题解析和技术研发工作，研究推广先进实用的清洁生产技术、工艺和装备，努力通过技术进步解决重点行业发展的环境制约问题。同时加强清洁生产标准的研究和制定，通过制定、实施更加严格的地方标准，全面提升工业企业污染治理和清洁生产的水平，促进减排目标任务的完成。

（二）河南省推进清洁生产取得的成效

通过以上多措施并举，河南省的清洁生产工作有了很大的进展，也已初步建立起了清洁生产管理体系，河南省的能源、资源利用效率不断提高，单位产出的污染物排放量也明显降低。据河南省统计及环境状况公报数据显示，2005~2010年，河南省全部工业增加值从 4923.00 亿元增加到 11950.82 亿元，提高了142.8%，单位工业增加值能耗从 4.02 吨标准煤 / 万元下降到 2.708 吨标准煤 / 万元（2009 年数据），下降了 32.6%；工业废水排放总量从 12.35 亿吨提高到 15.04亿吨，提高了 21.78%，化学需氧量从 72.08 万吨下降到 61.97 吨，降低了14.03%；工业固体废物产生量从 6178.2 万吨增加到 10713.79 万吨，提高了73.41%；工业固体废物综合利用量从 4243.5 万吨增加到 8380.44 万吨，提高97.49%；工业废气排放总量从 15498 亿标立方米增加到 22709 亿标立方米，提高46.53%，工业废气中二氧化硫和粉尘排放量分别从 162.45 万吨、70.43 万吨降低到 133.87 万吨、22.7 万吨，分别降低了 17.59%、67.77%。

2010 年，全年对 146 家重点企业开展清洁生产审核，其中 111 家企业已通过验收。通过实施清洁生产方案，企业年节能折合 32.3 万吨标煤，减少废水排放量 1356.94 万吨，削减化学需氧量 1365.6 吨、二氧化硫 2293.81 吨。

企业通过开展清洁生产审核，推动了企业的技术进步，提高了污染治理设施运行的稳定性，取得了较好的经济效益和环境效益。如中铝河南分公司运输部把推行清洁生产作为提升企业综合竞争力的基础来抓，深化管理创新，打造清洁生产管理平台，仅实施无/低费方案，节能降耗，使企业年节约资金达 410 余万元，年节约用水 31 万吨，年削减 COD 排放总量 11.4 吨；漯河银鸽纸业股份有限公司本着节能、降耗、减污、增效的原则，通过开展清洁生产，年创经济效益 2177 万元，年削减 COD 总排放量 585 吨，年减少废水排放 115 立方米；2009~2010 年，国投新登郑州水泥公司采用石灰石采矿废渣、砂岩采矿废渣、硫酸渣和粉煤灰等固体废弃物为原料生产水泥，大力实施资源综合利用工作，综合利用以上 4 种固体工业废渣共计 185.65 万吨，占生产原料总量的 34.62%，实现了资源和能源利用的合理化、经济效益的最大化和对人居环境危害的最小化。另外，该公司投资 6500 万元建设了装机容量 9MW 的纯低温余热电站，年可发电 6000 万度，节约标煤 2 万吨，减少成本开支 2000 万元。在完成以上工作的同时，该公司还积极开展技术改造和节能减排活动，先后完成了大功率电机变频改造、脱硫石膏应用等技改项目，在节能减排、综合利用、降低生产成本等方面取得了显著成绩。

综上所述，河南省结合具体实际，通过推行清洁生产，使企业在降低原材料和能源消耗的同时，又减少了污染物的排放，提高了经济效益，实现了环境保护和经济发展的"双赢"。

二、河南省推进清洁生产面临的主要问题分析

近年来，河南省认真贯彻落实《清洁生产促进法》，采取了有效措施，积极推进清洁生产工作，工业能源资源消耗量和污染物排放量得到有效控制，取得了明显效果，但总体上看，在推行清洁生产过程中尚存在一些问题。主要表现在：

（一）企业推行清洁生产的积极性不高

企业是实施清洁生产的主体，但从开展清洁生产的情况来看，企业积极性不高，表现在自愿进行清洁生产审核的企业所占比例较少，进行强制性审核的企业通过验收后，未能有效开展持续性清洁生产。分析原因，主要有以下几方面：

1. 企业思想认识不到位，管理理念落后

企业作为生产经营者，对清洁生产缺乏认识。一些企业特别是中小型企业的领导及决策者对清洁生产的认识仍停留在模糊阶段，把清洁生产看做只是保护环境的手段，产生的只会是环境效益而没有明显的经济效益。因此，生产过程中未能贯穿预防污染的思想，没有把清洁生产作为提高企业整体素质和增强企业竞争力的举措来看待。有些企业把开展清洁生产审核看做是上级布置的任务，为了通过年末综合验收而不得不去做。而一旦通过验收，便不再注意也不关心有关清洁

生产的新技术信息，我行我素，甚至部分企业更是没有相应的管理制度和管理部门实施，清洁生产审核提出的各种方案往往被束之高阁。即便是在生产过程中有明显的清洁生产机遇亦熟视无睹，只满足于走常规路，使清洁生产不能持续有效开展。

2. 政府调动不足，激励政策和资金支持或显乏力

认识清洁生产的重要性对企业积极进行清洁生产固然重要，但政府的调动性也不可忽视，除了大力宣传教育外，还应有明确的清洁生产鼓励政策和资金支持。目前，河南省虽然制定了多个推进清洁生产的法规文件，但关于促进企业清洁生产各项政策、措施的力度不够，在环境行政控制、环境经济手段、环境信息手段、清洁生产启动资金计划等方面缺乏激励政策。如现行的经济手段排污收费制度没有发挥其应有的作用，目前的排污收费远低于企业的治污成本，导致企业宁愿花钱排污，也不愿积极治理污染，更不用说主动地进行污染预防了；对符合清洁生产要求的企业所得税、增值税的优惠政策以及节能、节水等税收优惠政策尚未落实，对开展自愿清洁生产并通过审核验收的企业进行适当的奖励，以及给予一定的审核费用补贴等政策还未有效实施，影响了企业开展清洁生产的积极性和主动性。

清洁生产方案的实施需要大量的资金作为后盾。目前，政府还缺乏对清洁生产引导性资金的支持，清洁生产资金投入不足，没有清洁生产专项资金。虽然省环保厅积极支持和鼓励各级环保部门在排污收费中，安排一定数额的资金用于支持试点企业的清洁生产审核工作，但是资金短缺问题仍然很突出。清洁生产潜力大的企业，多数是生产工艺技术相对落后、资源利用率不高、污染比较严重的企业，而这些企业中不乏生产经营比较困难，融资渠道有限的中小型企业，由于缺乏改造工艺和更新设备的实力，同时不具备规模化处理和循环利用废弃物的经济可行性，因此企业缺乏主动开展清洁生产的积极性。有的企业虽然进行了清洁生产审核，但由于资金原因不按审核意见实施，倾向于选择投资小的无费和低费方案，不愿投入资金实施效果更好的中费和高费方案，影响了清洁生产审核的效果，使清洁生产的经济效益不凸显，对企业吸引力不足，也在一定程度上影响了企业实施清洁生产的积极性。

3. 公众参与度低

清洁生产离不开公众的支持，特别是公众消费习惯的转变。公众的环境保护意识、消费安全意识不足，企业改变生产方式必然缺乏生产动力和压力，阻碍清洁生产的推进。同时，公众参与不足，导致对企业清洁生产监督不到位，企业市

场压力不够，仅靠政府有关部门监督，往往成本高昂，收效受到限制。

（二）清洁生产技术咨询服务体系不完善

技术不足是企业推行清洁生产的"瓶颈"障碍。河南省工业企业中，除少数大型企业达到国际或国内同行业先进水平外，其他各类中小企业还处在一般技术水平，个别企业甚至还在使用国家淘汰的工艺或设备，这就加大了企业开展清洁生产的难度。在陈旧的设备上"朽木雕花"是企业清洁生产遇到的技术障碍，也是困扰企业进行清洁生产投资的棘手问题，实践中更多的企业选择重视技术改造。可是，对于大多数中小企业来说，自主开发能力和采用高新技术的能力很弱，在现有的技术经济条件下，又缺乏实用的清洁生产技术。尽管河南省有不少高校和科研机构具有一定的科技优势，也研究开发出一批清洁生产的先进工艺和技术成果，但因大专院校、科研机构与生产企业间的沟通联系不够，导致这些成果产业化进程慢，与生产环节衔接效果不明显，为生产企业提供有效技术支持的作用不够。由于河南省的清洁生产还没有形成成熟的清洁生产市场。虽然已基本形成了一支从事清洁生产审核的专家队伍，但尚没有建立完善的清洁生产技术咨询服务体系，进而又使得企业难以获得清洁生产的技术服务信息，影响了清洁生产工作的开展。

（三）与其他环境管理制度结合不够

清洁生产目前大部分停留在审核阶段，而清洁生产审核只是一种管理手段，不能保证企业持续开展清洁生产和实施清洁生产方案，一些企业在进行了一轮清洁生产审核后，部分清洁生产方案不能得到实施，便不再开展这项工作，而政府又没有完善的机制去督促企业加强管理和污染预防工作的运行，使部分清洁生产审核流于形式，清洁生产不能持续，既定的目标难以实现。

河南省规定，凡实施排污许可证管理的地区，要把企业进行清洁生产审核的结果和采用清洁生产工艺的情况作为核发该单位排污许可证的依据；对于生产工艺落后、违背国家环保产业政策的，要坚决予以淘汰和取缔；在新建、改建、扩建项目的环境影响评价中，建设单位也应实施清洁生产，并把清洁生产措施落实情况作为项目竣工后环保验收的内容；对于不能做到稳定达标排放或超总量排放的企业，通过清洁生产审核，查找存在的问题，确保稳定达标排放。尽管在清洁生产的推行中，河南省尝试将清洁生产和上述环境管理制度相结合，但因多种因素并存，实施效果还有待加强。

（四）推行清洁生产，着重于"线"、"点"上多，"面"上少

1. 开展清洁生产的行业单一

河南是农业大省，也是中国重要的农畜产品生产基地。然而，长期的高强度生产使河南农业面临环境污染、生态破坏、资源耗竭等问题，迫切需要转变发展模式，走高产、高质、高效、循环、再生的清洁生产方式。同时，第三产业在河南省国民经济中所占的地位和比重也呈上升趋势。2008 年第三产业增加值5271.06 亿元，增长 10.2%，三次产业结构为 14.5:56.9:28.6；2009 年，第三产业增加值 5629.66 亿元，增长 10.9%，三次产业结构为 14.3:56.6:29.1；2010 年，第三产业增加值 6452.64 亿元，增长 10.5%，三次产业结构为 14.2:57.7:28.1。第三产业的持续发展带来了经济的增长、就业人口的增加，同时也带来了能源消耗的增加和生态环境的污染与破坏。

河南省制定的一些法规中虽然针对农业、商业服务业提出了节能和环保的要求，并推动和组织了一些农业、建筑业、服务业的企业开展清洁生产审核，取得了一些初步的成绩和经验，但是由于一直以来工业企业，尤其是重点行业企业是能源消耗的大户和污染排放的主要来源，所以河南省清洁生产的重点主要放在了工业领域，而对农业、服务业领域的清洁生产工作推动不够。

2. 着力于大中型企业多，关注中小型企业少

近年来，中小企业的发展速度明显加快，对国民经济增长的贡献不断增加，已成为促进社会发展和推动和谐社会建设的重要力量。但同时也应该看到，中小企业由于自身条件所限，不可避免地存在某些方面的不足。比如自我发展能力弱，做大做强的欲望不强，追求短期利润，从而给资源、能源及周围环境带来严重的负担，而且随着时间的推移和逐步的成长，这些问题越来越凸现。因此，要保证中小企业能够健康发展，必须突破传统的高投入、高消耗、低产出的经济增长方式，走清洁生产的可持续发展道路。

目前，国家和河南省有关清洁生产的法规中都有关于中小企业清洁生产的相关条文，但在清洁生产的推行中，清洁生产的理论研究和实践多局限于经济效益较好的大中型企业，对中小型企业尚未建立健全清洁生产的支持系统，对中小企业清洁生产技术创新支持力度也不足，尚未形成大多数企业通行的生产模式，在一定程度上阻碍了中小型企业推行清洁生产的进展。

3. 重视单个行业或企业多，考虑互利共生企业群落少

河南省清洁生产在具体实施中重视某个行业或企业的多，考虑跨行业、跨地域构建互利共生的企业群落的少。随着清洁生产的推进，在单个企业内实现清洁

生产，资源循环利用和减排的能力越发显得有限，不能达到经济效益和环境效益的最大化。而生态工业园可以通过企业间副产品和废物的交换、基础设施和其他设施的共享，形成物质和能源的最优利用和高效产出，减少废物排放，并最终建立可持续的经济系统。因此，突破单个企业的范围，走企业集群之路，建立生态工业园，实现区域层次上的清洁生产是河南企业清洁生产的发展趋势之一。

目前，河南省生态工业园建设属于起步阶段，2010 年 5 月 19 日，郑州经济技术开发区国家生态工业示范园区通过了规划论证，这是河南省提出创建国家生态工业示范园区的第一家开发区，将对河南开展国家生态工业示范园区创建工作有重要的引导和示范作用。

三、河南省推行清洁生产的对策建议

河南省工业企业的资源能源消耗高于全国平均水平，工业结构性环境污染十分突出。同时，农业高强度生产带来大量的资源浪费和面源污染、第三产业持续增长导致的能源消耗和环境污染也呈现加剧趋势，而从河南工农业的生产、管理水平以及过去的清洁生产实践来看，河南省实施清洁生产的潜力很大。

为推动河南省的清洁生产工作，政府部门要加强宣传，制定相应的激励政策充分调动企业的积极性，使企业自觉自愿开展清洁生产。同时，还要建立完善技术咨询服务体系，强化执法监督力度，使清洁生产审核制度和其他环境管理制度有效结合，使河南省的清洁生产能以点带面全方位深化。为此，建议采取以下促进对策：

（一）加强宣传，提高认识

清洁生产是一项涉及面广、牵涉面宽的系统工程，任何环节出现问题都将阻碍清洁生产的顺利进行，充分认识清洁生产是实现清洁生产最根本的先决条件。河南省对清洁生产的宣传还应加强，要充分利用电视、报纸、电台等各种宣传工具和新闻媒体，采取研讨会、交流会、现场会、推广会等多重形式，广泛开展宣传活动，大力宣传清洁生产的成绩与经验及其取得的经济效益、社会效益和环境效益，在思想上打开清洁生产屏障缺口。

首先，应提高各级领导与职工群众对清洁生产的认识，形成有利于推行清洁生产的良好社会氛围，增强企业实施清洁生产的自觉性和主动性。在此基础上加强对企业的主管领导、技术人员和管理人员的培训工作，正确组织实施清洁生产。

其次，应加大农业清洁生产宣传力度。一方面，要向农民进行环境保护知识、生态知识及农业可持续发展知识的普及宣传工作，使他们认识到环境保护的

重要性及农业环境污染的危害性，增强公众对农业清洁生产的认识和了解；另一方面，要向他们讲授科学种田的方式，在清洁生产的同时减少投入成本，增加经济效益，以提高农民生产的积极性。

再次，还应加大对服务业清洁生产的宣传力度。通过各种形式和途径提高服务行业对清洁生产内容和措施的认识，使其在服务社会的同时，养成清洁服务的好习惯。例如，在政府服务过程中，尽可能使用节能、节水产品，对办公用品进行重复利用，以减少资源和能源的消耗，减少服务活动对环境的影响。具体可以从日常小事入手，比如减少保温瓶中开水的浪费、复印纸的正反面使用及回收、随手关灯、减少办公设备的待机消耗能源等，通过政府的垂范，引导全社会的清洁生产，促进经济发展与资源环境的协调。

最后，提高公众对清洁生产的关注度、参与性，实质上是在改变公众长期形成的消费习惯。为实现这个改变，一方面需要加强舆论宣传培训，另一方面需要革新方式。可以借鉴美国的经验做法，在全省范围内确定清洁生产日或清洁产品消费日等宣传日，通过一定的组织、协会向公众宣传清洁生产，使公众建立起清洁生产、清洁产品消费观念。

（二）进一步完善激励机制，加大资金支持

《清洁生产促进法》对实施清洁生产的企业规定了表彰奖励、资金支持、减免增值税等措施，明确了实施清洁生产者可以从多方面获益，同时要对少数应当采取但拒不采取清洁生产措施的企业给予处罚。因此，省政府有关部门应根据法律的相关要求，进一步完善制定相应的激励机制和资金支持政策，鼓励生产经营者把清洁生产自愿地纳入日常生产管理中去。如加强与银行等金融机构的沟通和衔接，力争将企业清洁生产中的高费项目列入绿色信贷支持计划，对通过清洁生产审核评估的企业优先发放贷款；省工业和信息化厅在安排申报中央财政清洁生产、中小企业发展、技术改造等专项资金项目时，优先推荐通过审核评估的中高费清洁生产项目，引导企业积极实施清洁生产；为促进企业对清洁生产的投入，可以考虑对企业实施清洁生产的固定资产投资实行加速折旧；环保部门在排污费的安排使用上，要向企业通过审核的清洁生产方案倾斜，尤其是中、高费用方案倾斜，也可以采取设立专项资金、清洁生产奖惩办法等多种措施加大对清洁生产的支持力度。

（三）建立完善的清洁生产技术咨询、信息服务体系

河南省有不少企业在技术方面设备陈旧、技术工艺落后、自主开发能力差；在信息方面存在障碍，无法全面了解有关清洁生产技术、清洁产品和废物供求信

息。这就需要政府加大科技投入，加强环境保护科学技术研究，建立一套完善的清洁生产技术咨询服务体系，为企业提供相关信息、技术及人力资源支撑。河南省开展清洁生产多年，已形成了一支较成熟的从事清洁生产审核的专家队伍，但为适应清洁生产市场的需要，在依托现有科技力量的基础上，各级政府的经济贸易、环境保护、科学技术、农业等行政主管部门需要通过相关产业政策，积极扶持和发展技术服务中介机构，形成市场条件下推进清洁生产工作的技术咨询服务体系。

清洁生产是个系统工程，除技术外还涉及管理、政策等相关信息，能否获得信息或信息的实效性是推进清洁生产成功的关键。因此，管理部门有必要通过网络平台、定期或不定期刊物建立起并维护好畅通的清洁生产信息渠道，在技术供需之间搭建有效平台，促进清洁生产的推行。其功能包括清洁生产信息交流、信息反馈、专家咨询等。

（四）强化执法监督，加大与其他环境管理制度的结合度

实施清洁生产，应与现有的"环境影响评价"、"三同时"、"排污许可证"、"污染物总量控制"等环境管理制度有机结合起来，并加大执法监督力度，才能使企业持续地开展清洁生产审核和实施清洁生产方案，不断地改进环境绩效。

对建设项目进行环境影响评价时，要把清洁生产作为重要内容，从清洁生产角度对原料使用、资源消耗、综合利用及污染物产生和处置等方面进行分析论证，优先选用资源利用率高、污染物产生量小的清洁生产技术工艺和设备，对使用限期淘汰的落后工艺和设备的建设项目，不得批准其环境影响评价报告书，项目审批部门不批准立项，环保部门不批准环境评价，金融机构不予贷款；对严重污染环境、被责令治理的重点企业，不采用清洁生产工艺、技术进行结构调整和技术改造的，主管部门不得批准其恢复生产。在执行"三同时"制度时，应把企业落实清洁生产情况作为重要内容，没有落实清洁生产的，不予进行环境保护竣工验收，以此推动清洁生产的实施。

将清洁生产审核纳入排污许可证的发放程序。在排污申报登记的基础上，对重点排污企业和进行总量控制的企业规定必须要有清洁生产审核报告和实施清洁生产进展报告，否则不发给排污许可证；对已获排污许可证的企业，在规定期限内必须完成清洁生产审核，否则吊销企业排污许可证。在对企业发放排污许可证时，应按照企业实行清洁生产之后的排污量发放，企业若要扩大生产规模，相应增加的污染物排放量要从本企业实施清洁生产节省出来的排污量取得，并通过排污权交易获得。对于处于重点流域或区域的新建企业，其排污量要从整个流域或

区域污染排放总量中获得，并通过排污权交易进行调剂，切实做到增产不增污。

（五）加快推行农业清洁生产

河南省是农业大省，是中国重要的农畜产品生产基地。由于在农业生产过程中大量施用各种化学品，如农药、化肥、地膜等，加上集约化畜禽养殖的粪便利用率不高，用水浪费严重等，造成农业生态环境污染，已经影响到农业的可持续发展，影响到农产品的安全生产。由于农业污染以面源污染为主，很难采用工业中的末端治理方式进行治理，因此，农业生产更应强调从源头抓起，预防为主，积极实施清洁生产，实现农业经济与环境保护双赢。

为推进农业清洁生产，相关部门应加快制定农业清洁生产的认证、评价指标体系，组织编制农业清洁生产技术指南和审核指南，组织开展节能、节水、废物再生利用等产品标志认证，并制定相应的标准。积极制定促进农业清洁生产的相关政策法规，加快建立农业清洁生产的技术体系，如以生态农业技术为基础，提炼创新无公害农产品及绿色食品生产技术，以及综合应用节水、节肥、节药、节地等可持续农业技术等。以现有农业技术推广站为依托，建立起河南省农村地区的农业清洁生产技术推广中心，拓展农业技术信息的传播途径，在农业生产发达的豫北、豫中、豫东等地区，以乡或村为基本单元，推进农田有毒有害废弃物处理设施建设。

（六）大力发展第三产业清洁生产

随着河南省第三产业的迅速发展，各地兴建了大量的宾馆、饭店、餐厅、歌舞厅、游乐场、音像放映厅、洗染店等饮食、娱乐、服务设施，在繁荣城乡经济、丰富人民物质、文化、生活方面发挥了积极的作用。但是，一些饮食业的污水油烟、异味和燃煤锅炉的烟尘，娱乐业产生的噪声，食品加工业产生的振动、噪声，饭店业和商业等产生的空调噪声和热污染等，严重影响了周围居民的正常生活、工作和学习，使城市生态环境质量下降。因此，在积极推行工农业清洁生产的基础上，还应大力发展第三产业的清洁生产。

目前，河南省第三产业清洁生产推行面甚小，应当尽快在一些重点行业全面推行，比如交通运输、医院、餐饮业（宾馆、酒店等）、旅游、娱乐、公共建筑等资源消耗多、污染重的行业大力推行。为此，相关部门应结合河南省省情，尽快制定第三产业清洁生产地方标准，同时应加强企业管理，第三产业是服务性行业，一般直接面对消费者，加之企业众多，类型各异，中小企业占相当大比例，服务产品复杂多样，生产方法不固定、不规范、无统一的标准，更需要加强管理，提高员工思想素质，以推进企业积极进行清洁生产。

(七) 积极推进中小企业清洁生产

中小企业在发展过程中由于技术、信息、咨询等不足，常常会带来能源、资源的大量浪费和严重的环境污染。在河南省的企业中，中小企业占有较大的比重，积极扶持中小企业的清洁生产，有助于清洁生产的全面推进。为此，相关部门应建立健全面向中小企业的清洁生产支持系统，制定行业清洁生产指南，提高企业的节约资源和环保意识，积极引导企业开展清洁技术、工艺、设备和产品的推广，引导企业优先实施无费、低费清洁生产方案，加大对中小企业清洁生产技术创新支持力度，加强企业内部资源回收利用和能源高效利用，全面推进中小企业的清洁生产。同时，把大中型企业清洁生产的试点、示范与加快中小企业清洁生产的推行、实施结合起来，使清洁生产工作尽快由点到面形成气候，科学规划，分步实施，明确政府、企业、社会的责任，确保河南省清洁生产健康、有序、快速向前发展。

(八) 建立生态工业园，实现区域层次上的清洁生产

建立工业生态园区是区域清洁生产的一种形式，通过把废弃物和其他资源相互作用的各个企业结合在一起，在最大限度地提高资源利用效率的同时，从工业结构的源头上将污染物排放量减至最小。为此，河南省在全面推进清洁生产的过程中，应把企业实施清洁生产与建设生态工业园区结合起来，使清洁生产工作由企业层次上升到工业园区乃至一个城市或更大区域，由构建循环企业向企业群落互利共生、技术集成、资源集成、环境集成以及信息共享的循环经济发展，逐步实现企业、社会与环境的和谐发展。在生态工业园中，中小企业或者形成产业链综合利用资源，或者共享基础资源，或者共同集中处理污染物质。这样的运行模式优化合理地配置了经济资源，同时也减小了对环境的污染广度和深度。

第九章　节能减排与生态文明建设

中国经过几十年的改革开放，经济获得迅速增长，但经济发展过程中过分依赖化石能源资源的消耗，导致环境污染日益加重，已经严重影响到经济发展的可持续性。近年来，珠江三角洲、长江三角洲等发达地区频频遭遇"电荒"、"油荒"、"地荒"，也充分说明了这种建立在资源驱动之下的高增长难以为继。高能耗、高污染、高生态成本的经济发展模式，必将使得资源短缺、生态恶化、环境污染等问题转变成人类发展的生存压力，成为经济发展的重要制约因素、人民群众关心的热点、建设和谐社会的难点。因此，要实现可持续发展，就必须要转变旧的经济增长模式，全面推动节能减排工作，坚持节约发展、清洁发展、安全发展。

第一节　节能减排概述

中国快速增长的能源消耗、过高的石油对外依存度以及越来越严重的环境污染促使政府在 2006 年初就提出：到 2010 年，单位 GDP 能耗比 2005 年降低 20%、主要污染物排放减少 10%。这两个指标结合在一起，构成了我们所说的"节能减排"。

一、节能减排的涵义

节能减排指的是节约能源和减少排放。节能除包括节约能源外，还包括节约物质资源和提高能源资源使用效率，以降低对能源资源的消耗。减少排放指的是减少废水、废气和固体废弃物的排放，以减轻对环境的危害。前者是能源资源问题，后者是环境保护问题，因此，节能减排是与能源资源利用和环境保护紧密相连的重要概念。

可以看出，节能减排蕴涵着发展理念、发展道路、发展模式的创新和提升，是应对资源紧缺和环境承载能力有限的挑战做出的必然选择，是遵循人类社会的发展规律和顺应时代发展潮流的战略举措，是党中央、国务院作出的重大战略部署，是转变经济发展方式、实现我国经济社会又好又快发展的必由之路。

二、中国节能减排的发展历程

中国提出并实施节能减排战略由来已久，20 世纪 80 年代初期，能源供应处于"瓶颈"状态，为实现到 20 世纪末国内生产总值翻两番的战略目标，中国政府明确提出"开发与节约并重，近期把节约放在优先地位"的能源总方针。20 世纪 90 年代，《中华人民共和国节约能源法》颁布实施，进一步强调了能源节约的重要性和长期性，把节能工作上升到法律高度。进入 21 世纪，伴随着建设资源节约型和环境友好型社会的提出，我国实施节能减排的战略更加坚定不移。2006 年发布实施的《中华人民共和国国民经济和社会发展第十一个五年规划》提出了节能减排的具体目标，正式把以节能为重要内容的资源节约提升到基本国策的战略高度。2007 年 3 月，在十届全国人大五次会议上，温家宝强调了"十一五"规划中提出的节能和减排两个约束性指标是一件十分严肃的事情，不能改变，必须坚定不移的去实现，充分体现了国家对于节能减排的决心，一场"节能减排"的环保风暴在中国呼之欲出。

"十一五"期间，全国上下加强了节能减排工作，成立了国务院节能减排工作领导小组，由时任总理温家宝任组长，时任副总理曾培炎任副组长。之后，国务院发布了节能减排综合性工作方案，作出了加强节能工作的决定，制定了包括强化目标责任、调整产业结构、实施重点工程、推动技术进步、强化政策激励、加强监督管理、开展全民行动等一系列的促进节能减排的政策措施，各地区也相继做出了工作部署，加强了重点行业、重点企业和重点工程的节能工作，积极推进循环经济试点，加大重点流域和区域水污染防治力度，节能减排工作取得了积极进展。

2010 年 5 月，为确保实现"十一五"节能减排目标，国务院发布了《国务院关于进一步加大工作力度确保实现"十一五"节能减排目标的通知》，通知要求各地区、各部门要把节能减排放在更加突出的位置，切实加强组织领导，地方各级人民政府对本行政区域节能减排负总责，发展改革委、环境保护部、统计局等有关部门在各自的职责范围内做好节能减排工作，加强对各地区贯彻落实本通知精神的督促检查，确保实现"十一五"节能减排目标。

经过全国近 5 年的努力，"十一五"期间，全国单位 GDP 能耗下降 19.1%，全国二氧化硫排放量减少 14.29%，全国化学需氧量排放量减少 12.45%。我国基本完成或超额完成"十一五"单位国内生产总值能耗降低 20% 左右、主要污染物排放总量减少 10% 的约束性指标。

随着国民经济的快速发展，节能减排的迫切性和重要性日益突出，为实现社会、经济和环境可持续发展，节能减排在国民经济中的地位还将不断提高。

三、实施节能减排对生态文明建设的意义

生态文明理念指的是人类在改造客观世界的同时，又主动保护客观世界，积极改善和优化人与自然的关系。它包括人与自然和谐的价值观、人与人和谐的消费观以及在全社会形成生态化产业体系的生产观。生态文明建设是一项日益迫切的重大任务，科学发展观是生态文明建设的方向保障，生态产业和生态技术是生态文明建设的物质基础，人与自然和谐、人与人和谐的文明价值观是生态文明建设的动力。

（一）实施节能减排是深入贯彻落实科学发展观的内在要求

科学发展观的核心是以人为本，强调发展的根本目的是不断满足人民群众各方面的需求，提高人民生活质量和水平，促进人的全面发展，实现经济发展与人口资源环境相协调。如果不实施节能减排，不转变经济增长方式，资源就会支撑不住，环境也将容纳不下，社会即将承受不起，经济发展终究难以为继，最终导致人们的生活环境恶化，生活质量下降，这就背离了科学发展观的内在要求。

（二）实施节能减排是构建生态产业体系的重要保障

生态产业的核心是指物质产品的生产，从原料开采、制造、使用到废弃的整个生命周期中，对资源和能源的消耗最少，对环境的影响最小，再生循环利用率最高。而实施节能减排，就是要通过遏制高耗能高排放行业过快增长、加大淘汰落后产能力度来调整不合理的经济结构，以及通过循环经济和清洁生产等途径实现较小的资源能源消耗、较小的环境影响、较大的经济效益。由此可见，实施节能减排的方式和途径有利于推进生态产业的形成，是构建生态产业体系的重要保障。

（三）实施节能减排有助于促进全社会的和谐发展

和谐社会包括人与人和谐、人与社会和谐、人与自然和谐等内涵。生态文明是和谐社会的生态条件，与物质文明、政治文明、精神文明一起构成了和谐社会不可缺少的组成部分。如果在社会生产和社会消费过程中，没有节能减排的理

念，不采取节能减排的行为，对自然资源过度索取，对生态环境肆意破坏，就会遭到大自然的报复，导致人与自然关系的紧张。人与自然关系的紧张，反过来又会破坏人与人、人与社会之间的和谐。近年来温室效应的加剧、臭氧层空洞的加大、酸雨的肆虐，以及一些地方出现的环境污染带来的群体性事件等，都充分证明了这一点。因此，要实现全社会的和谐发展，必须大力发展循环经济，实施清洁生产，全面推进节能减排。

（四）实施节能减排有助于推进全面建设小康社会的进程

在目前的资源能源和环境形势下，全面建设小康社会始终面临着资源短缺和生态环境容量限制两大约束。如果不改变经济增长方式，继续沿袭高投入、高能耗、高排放、低效率的粗放型增长模式，就会出现资源难以为继、环境难以承载的尴尬局面，全面建设小康社会的目标将难以完成。

综上所述，实施节能减排，有利于保障生态文明建设的科学方向，有利于夯实生态文明建设的物质基础，有助于形成全社会建设生态文明的强大动力，符合生态文明建设的本质要求，实施节能减排对生态文明建设具有重要的战略意义和现实意义。

第二节　节能减排的规划目标与政策演进

目标是组织所指向的终点，有了目标才能确定每个成员的工作，才能激发成员工作的动力，所以组织的使命或任务必须转化为目标，才容易被执行而得以顺利完成。如果某个领域没有目标，这个领域的工作就不能有条不紊地开展，使命或任务就不能被完成。因此，国家的节能减排工作也需要政府对一定历史时期的目标进行规划确定，然后通过目标管理的形式，确定国家、地方、行业、企业等上下级的责任和分目标，并把分目标作为考核、评估和奖励各单元贡献的标准。只要每个分目标能完成，国家的整个节能减排目标就会顺利完成。

政策是党和国家为实现一定历史时期的任务规定的行为准则，是一个国家经济、法律、行政手段的综合运用，对于为完成任务所做的工作具有重要的推进作用。因此，为实现一定时期节能减排的目标，中国需要而且已经制定相关的节能减排政策，助推节能减排工作的深入开展。

一、节能减排的规划目标

为加快建设资源节约型、环境友好型社会，促进节能减排的深入开展，在国民经济与社会发展规划中，国家对节能减排工作提出了具体目标。

《"十一五"规划纲要》明确规定，到2010年，中国单位GDP能耗与"十五"末期相比要降低20%，主要污染物排放总量要减少10%左右。这是新中国成立以来，已经实施的十个五年规划中从未有过的两个约束性指标。经过五年的多层面、多方面、多措施的积极投入，这个目标已经基本或超额完成。

"十二五"时期是全面建设小康社会的关键时期，是深化改革开放、加快转变经济发展方式的攻坚时期，国家坚持把建设资源节约型、环境友好型社会作为加快转变经济发展方式的重要着力点，深入贯彻节约资源和保护环境基本国策，节约能源，降低温室气体排放强度，这一点在规划目标中得到集中体现。《"十二五"规划纲要》明确提到，到2015年，非化石能源占一次能源消费比重达到11.4%，单位国内生产总值能源消耗降低16%，单位国内生产总值二氧化碳排放降低17%。主要污染物排放总量显著减少，化学需氧量、二氧化硫排放分别减少8%，氨氮、氮氧化物排放分别减少10%。相比"十一五"规划，"十二五"规划对节能减排的约束性指标在量和质上进行了拔高。12个约束性指标，比"十一五"规划多了4个，其中2个多在节能减排方面，分别是"非化石能源占一次能源消费比重达到11.4%"和"单位国内生产总值二氧化碳排放降低17%"。同时，"十二五"规划还丰富了主要污染物排放指标的内容，增加了氨氮、氮氧化物的控制指标。指标的设置体现规划的意图和重点，规划目标质和量的提高充分说明"十二五"时期，节能减排是国民经济和社会发展过程中的重要着力点，要大力推进，深入开展，确保规划目标的实现。

节能减排目标的提出，意味着中国在继续保持经济持续发展的同时，要大力促进经济增长方式的转变，以减轻能源消费增长带来的资源和环境压力。同时，目标的提出推动了中国经济从数量扩张向质量提高的转变，是解决中国能源供需矛盾、保障能源安全，实现环境友好的具体措施和重要途径，也是中国应对全球气候变化、减缓温室气体排放速度、实现可持续发展的郑重承诺，对中国的经济发展和国际形象具有重要的意义。

二、促进节能减排的法制建设和政策演进

随着能源危机和环境危机的加剧，人们开始寻找新的环境管理手段，发展循

环经济、改善经济结构、实施节能减排就是在此背景下确定的发展策略。中国节能减排的提出是"内忧"、"外患"交织的结果，能源资源短缺和环境承载力脆弱的"内忧"是提出节能减排的基本动因，而来自国际社会要求减少排放温室气体的"外患"进一步把节能减排"逼"上了国家最高决策层的议事日程。经历了一系列不同时期法律法规和政策措施的调整，中国的节能减排政策日趋明朗，并以约束性指标向国人展示着它的严肃魅力。

（一）促进节能的法制建设和政策演进

节能是节约资源基本国策的重要内容，我国历来十分重视资源节约工作。

1982 年，中国能源研究会的专家在中国能源政策研究报告中首次提出制定节能法的建议。1984 年，原国家计委、经贸委正式提出《节能法》大纲的设想方案。1986 年，国务院在此基础上进行修订，发布了《节约能源管理暂行条例》，这是我国第一部节约能源的行政法规，在《节约能源法》出台前的 12 年间，一直是我国开展节能工作的法律依据。

1997 年 11 月，在历经 11 年的讨论和修改之后，《节约能源法》正式通过了八届全国人大常委会第二十八次会议，并在 1998 年 1 月 1 日正式实施。其中规定了能源节约与能源开发并举，把能源节约放在首位的方针，以法律形式确定了节约能源的基本原则、制度和规范。它的颁布实施具有划时代的意义，标志着我国节能工作上升到法律高度。之后，国家陆续颁发了相关的配套法规，如《重点用能单位节能管理办法》、《节约用电管理办法》，与各地出台的地方性节能法规一起有力推动了节能工作的深入开展。

2004 年 4 月，国务院办公厅发出《关于开展资源节约活动的通知》，要求 2004~2006 年在全国范围内开展节约资源的活动。2004 年 11 月，国家发改委发布《节能中长期专项规划》，全面规划了"十一五"期间能源节约的目标和重点。2006 年 1 月，《可再生能源法》颁布实施，对于促进可再生能源的开发利用，增加能源供应，改善能源结构，保护环境具有重要的作用。2006 年 3 月，全国人大十届四次会议通过了国家《"十一五"规划纲要》，将节约资源和保护环境一起写入了"十一五"规划，标志着节约资源作为我国的基本国策被正式确立下来。2006 年 8 月，国务院颁布了《国务院关于加强节能工作的决定》，进一步强调了把节能工作作为当前的紧迫任务。2006 年 12 月，国家发改委、科技部联合发布了《中国节能技术政策大纲（2006)》，规范了工业节能、建筑节能、交通节能、城市与民用节能、农业与农村节能、可再生能源利用等节能技术政策。2008 年 4 月，新修订的《节约能源法》颁布实施，与 1998 年的《节约能源法》相比，内容更全面，可操作性更强。2008 年 8 月，国务院颁布了《公共机构节能条例》和《民用建筑节能条例》，作为《节约能源法》的重要配套法规实施。

从上述演进过程可以看出，中国政府一贯坚持"资源开发与节约并举，并把节约放在首位"的资源能源方针。进入 21 世纪后，在节能领域法律法规和政策数量远远大于 20 世纪 80 年代、90 年代，而且内容上更加具体更加细化，已经基本形成有利于节约能源资源的法律政策体系。以上政策和法规的实施，为节能工作营造了良好的政策环境和法制环境。

（二）促进减排的法制建设和政策演进

减排是环境保护基本国策的重要内容，改革开放 30 年来，我国政府一直非常重视环境保护工作，并在减排方面颁布实施了诸多法律法规及政策。

1973 年，在周恩来总理的倡议下，国务院主持召开了第一次全国环境保护会议，制定了《关于保护和改善环境的若干规定（试行草案）》。1974 年，国务院及其有关部门陆续颁布和批转了《中华人民共和国防止沿海区域污染的暂行规定》、《关于防止食品污染问题的报告》、《中华人民共和国工业设计卫生标准》等文件。1978 年，全国五届人大一次会议通过的《中华人民共和国宪法》明确规定，国家保护环境和自然资源，防止污染和其他公害，为我国环境保护走向法制化提供了法律依据。1979 年，我国第一部环境保护法律即《中华人民共和国环境保护法（试行）》颁布，确定了我国保护环境的基本方针和"谁污染，谁治理"的政策，标志着我国环境保护工作开始走上法制轨道。

1981 年，国务院颁布《关于在国民经济调整时期加强环境保护工作的决议》，将生产建设和保护环境之间的失调问题作为调整的一项重要内容。1982 年，五届人大五次会议通过了《国民经济和社会发展第六个五年计划》，把保护和改善环境作为经济社会发展的十大基本任务之一。1983 年召开的第二次全国环境保护会议提出了到 20 世纪末我国环境保护工作的战略目标、重点、步骤和具体措施，并正式把保护环境确定为我国的一项重大基本国策。1983~1989 年，先后颁布实施了《海洋环境保护法》、《水污染防治法》、《大气污染防治法》、《水法》、《水污染防治实施细则》、《环境噪声污染防治条例》，对污水、废气和噪声排放进行了相关规定。1989 年 4 月，召开的第三次全国环境保护会议出台了《环境保护目标责任制》、《城市环境综合整治定量考核制度》、《排放污染物许可证制度》、《污染物集中控制制度》和《污染限期治理制度》。1989 年 12 月，七届人大十一次会议通过了《中华人民共和国环境保护法》。该法的颁布把环境保护工作中相关的制度和措施以法律形式固定下来，形成了中国环境保护的法律法规体系。

1991 年，国家环境保护部颁布实施了《大气污染防治实施细则》，对大气污染防治工作进行具体细化，作为《大气污染防治法》配套法规实行。1992 年，联合国环境与发展大会通过了《21 世纪议程》，中国政府做出了履行《21 世纪议程》的庄严承诺，同年 8 月，国务院批转了《中国环境与发展十大对策》这个环境保护领域重要的纲领性文件。为实施《21 世纪议程》，落实《中国环境与发展十大对策》，国家环境保护部在 1994 年制定了《中国环境保护 21 世纪议程》等文件。1995 年建设部颁布实施了《城市生活垃圾管理规定》，1996 年国家颁布实施了修正后的《水污染防治法》，1997 年又颁布实施了《噪声污染防治法》，以上法律法规对减少污染物的排放起了积极作用。

2000 年，国家环境保护部发布了《水污染防治实施细则》，作为《水污染防治法》的配套法规实施。2000 年和 2008 年，为适应新的环境保护形势，国家分别颁布实施了修正后的《海洋环境保护法》、《大气污染防治法》和《水污染防治法》，并在 2005 年颁布实施了《固体废物污染环境防治法》。2006 年，《防治海洋工程建设项目污染损害海洋环境管理条例》正式施行，这是《海洋环境保护法》新修订后出台的首个配套条例。2006 年，《"十一五"规划纲要》中重申了保护环境的基本国策，并丰富了政策措施。2007 年，国务院发布了《国务院关于印发国家环境保护"十一五"规划的通知》，明确要求地方各级政府要把环境保护目标、任务、措施和重点工程项目纳入本地区经济和社会发展规划，做到责任到位、措施到位、投资到位和监管到位。2008 年，国家环境保护部和国家发改委联合发布了《国家酸雨和二氧化硫污染防治"十一五"规划》，系统规划了"十一五"期间全国酸雨和二氧化硫污染防治工作。由此可见，进入 21 世纪，中国在环境保护和污染防治方面可谓是力度之大，举措之多，保护环境、减少污染排放的法律法规政策体系逐步完善。

（三）促进节能减排的法制建设和政策演进

为促进清洁生产，提高资源利用效率，减少和避免污染物的产生，2003 年，国家颁布实施了《清洁生产促进法》。2005 年，国务院发布《国务院关于加快发展循环经济的若干意见》，意见提出必须大力发展循环经济，采取各种有效措施，以尽可能少的资源消耗和尽可能小的环境代价，取得最大的经济产出和最少的废物排放。

2007 年是节能减排攻坚年，中央出台了一系列的政策措施。2007 年 1 月，财政部、国家发改委、海关总署和国家税务总局联合发布《关于落实国务院加快振兴装备制造业的若干意见有关进口税收政策的通知》，从产品装备实现"高加工度化"方面促进节能减排。同月，国务院批转发改委、能源办《关于加快关停小火电机组的若干意见》，要求认真贯彻执行。2007 年 3 月，商务部公布《商务部关于 2007 年全国吸收外商投资工作指导性意见》，从严格限制外商投资高耗能、高污染、低水平产业方面促进节能减排；国务院办公厅公布《国务院关于加快发展服务业的若干意见》，从实现经济结构向以服务业为主的转变方面促进节能减排。2007 年 6 月，国务院发布了《节能减排综合性工作方案》，从明确目标、优化结构、加大投入、创新模式、依靠科技、强化责任、健全法制、完善政策、加强宣传、政府带头十个方面对节能减排工作进行了设计，成为我国开展节能减排工作重要的指导文件之一。2007 年 11 月，为贯彻落实节能减排工作方案，发改委、统计局和环保部分别会同有关部门制定了《单位 GDP 能耗统计指标体系实施方案》、《单位 GDP 能耗监测体系实施方案》、《单位 GDP 能耗考核体系实施方案》和《主要污染物总量减排统计办法》、《主要污染物总量减排监测办法》、《主要污染物总量减排考核办法》，对节能减排的实施进行了具体规定。2007 年 6 月，国务院同时发布了《中国应对气候变化国家方案》，明确提出到 2010 年我国应对气候变化的具体目标、基本原则、重点领域和政策措施。

2008 年 8 月，十一届人大第四次会议通过了《中华人民共和国循环经济促进法》，它的实施对促进生产、流通和消费过程中能源资源的减量化和资源化具有重要的指导作用。2008 年 10 月，国务院新闻办公室发布了《中国应对气候变化的政策与行动》白皮书，向世界阐明中国对气候变化问题的原则立场和基本政策。可以看出，从 2007 年至今，国家在节能减排方面的政策力度之大和频率之高都是空前的，充分说明节能减排的重要性和迫切性日益突出，节能减排在社会经济发展中的地位有了明显提高。

三、节能减排政策演进的特征分析

从上述节能减排的政策演变过程可以看出，中国节能减排具有如下特征：

（一）认识深化，地位提高

随着国民经济的发展，节能减排的认知度不断深化，在社会发展中的地位不断提高。进入 21 世纪，国家在资源节约和环境保护方面出台的法律法规、政策、措施等在量上明显增多，质上显著提高，先后对《节约能源法》、《水污染防治法》、《大气污染防治法》、《固体废物污染环境防治法》等进行了修订，并颁布了一些与之配套的实施细则或条例。特别是 2007 年，这一年颁布或实施的节能减排政策措施更是空前丰富，部门上涉及财政部、海关总署、商务部、税务总局、发改委以及环境保护部多个部门，方式上包括产品装备促进减排、投资促进减排、结构方式转变促进减排以及技术创新促进减排等，政策措施的相继出台说明对这项工作的认识有了很大深化，节能减排在国民经济中的地位有了明显提高。

(二) 重点突出，力度加大

2003 年、2005 年颁布的政策法规主要从循环经济、清洁生产角度对各行业强调节能减排的重要性。而 2007 年以来公布的节能减排政策，较大一部分是针对过快增长的电力、钢铁、有色、建材、石油加工、化工等高耗能高污染行业。这些高耗能高污染行业占了全社会能源消耗和污染排放的大头，是当前节能减排工作的重点。为此，有关部委出台了一系列政策措施，这些措施力度比以往任何时候都大。如国务院批转发改委、能源办的《关于加快关停小火电机组的若干意见》，商务部公布的《商务部关于 2007 年全国吸收外商投资工作指导性意见》等都是在高耗能、高污染、低水平产业方面推进节能减排工作。

(三) 节能减排手段从单一走向综合

改革开放初期，节能减排政策大多以行政指令的形式发布。如 1986 年发布的《节约能源管理暂行条例》，是我国第一部节能方面的行政法规，之后又陆续颁发了《重点用能单位节能管理办法》、《节约用电管理办法》等配套法规，这些都是从企业能源定额管理、加强企业管理和技术改造、开展节能宣传等方面来推进节能减排工作。随着市场经济体制的建立与完善，节能减排的手段也逐渐转向行政、经济、法律等相结合的综合手段上来。如在污染减排方面的《环境保护目标责任制》、《城市环境综合整治定量考核制度》、《排放污染物许可证制度》、《区域限批》等就采用了行政考核与经济激励相结合、法律规范与政策文件相结合的促进机制。2007 年发布的《节能减排综合性工作方案》明确规定，将节能指标纳入到干部政绩考核，实施单位 GDP 能耗指标季度核算和年度公告制度，制定和完善鼓励节能减排的税收政策等。这些都说明我国推进节能减排的手段从单一逐步走向综合。

(四) 部门逐步配套，协调力增强

节能减排初期，一些相关政策措施的制定主要由国务院、发改委和环境保护部完成，其他部门较少参与。"十一五"以后，特别是 2007 年以来出台的节能减排政策措施，涵盖面广，多部门、多领域、多行业、多环节、多手段协调配合，合力推进。国务院主要制定总的思路和要求，国家发改委、国家环保部分别抓节能降耗和减排目标任务的分解落实，并组织实施和指导监督，及时研究解决存在的问题，其他工业和信息化部门、能源规划建设部门等有关部门制定相关的具体

政策措施和落实意见，各地区、各中央企业按照国务院的部署和要求，结合地方实际情况，制定切实可行的落实方案，各方努力履行职责，逐步形成工作合力。

（五）完善立法，促进长效机制建设

近年来，中国在节能减排方面的法律法规逐步完善，如《循环经济法》、《清洁生产促进法》、《节约能源法》、《可再生能源法》以及《水污染防治法》、《大气污染防治法》等。与此同时，我国制定了《民用建筑节能条例》、《公共机构节能条例》等行政法规以及《关于加强节能工作的决定》、《节能减排综合性方案》等规范性文件。一些地方政府也在积极制定节能减排方面的规章制度，并在节能改造的激励政策、促进可再生能源的推广应用等方面进行了尝试。这些在节能减排领域的立法工作，标志着中国已将资源节约、污染减排、环境友好纳入到国家宏观调控的轨道上来，相关法律法规为节能减排长效机制的建设奠定了基础。

第三节　河南省节能减排的发展现状及面临问题

近年来，河南省经济发展较快，各项建设取得较好成绩，但是也付出了巨大的资源代价和环境代价，经济发展和资源环境的矛盾日趋尖锐，群众对环境污染问题反映强烈。针对河南的现状，结合国家对节能减排的政策要求，河南省委、省政府要求，各级、各部门要充分认识节能减排的重要性和紧迫性，真正把思想和行动统一到科学发展观上来，统一到省委、省政府的决策部署上来，正确处理经济增长速度和节能减排的关系，把节能减排作为硬任务，扎扎实实做好，使经济增长建立在节约能源资源和保护环境的基础上，实现经济又快又好地发展。

一、河南省实施节能减排的必要性和紧迫性

河南是人口大省，虽然资源总量较大，但人均占有量较少，资源有限。按照煤炭、石油、天然气、水四种常规能源资源的探明储量折合标准煤计算，全省人均能源占有量仅为全国人均的1/3、世界人均水平的1/6；总耕地面积居全国第6位，但人均耕地面积仅为700平方米，位居全国第22位；水资源总量居全国第19位，人均水资源占有量仅为全国人均水平的1/5、世界平均水平的1/20；人均矿产资源占有量不及全国人均的1/4，人均保有矿产资源潜在总值为1.83万元，仅为全国人均水平的1/7。可见，河南省的资源能源相对贫乏。

据河南省环境保护厅发布的《2010年河南省环境状况公报》（以下简称公报）显示，虽然与上年相比，2010年全省地表水总体污染程度有所减轻，加权平均综合污染指数由0.34降至0.32，但省辖的海河、淮河、黄河和长江四大流域中，Ⅴ类水质河段长522.5公里，占6.6%，劣Ⅴ类水质河段长1740.8公里，占21.8%，Ⅴ类和劣Ⅴ类水质河段长度仍旧占到整个河段长度的28.4%。其中，污染程度较重的是海河流域，主要污染物为五日生化需氧量、氨氮和高锰酸盐指数，Ⅴ类和劣Ⅴ类水质河段长度占到整个河段长度的74%。在所辖的河流中，还有较多的河流处于重污染状态，如淮河流域的清潩河、贾鲁河、双洎河、黑河、惠济河、包河；海河流域的卫河、共产主义渠、马颊河；黄河流域的蟒河、金堤河等。2010年虽然城市环境空气质量良好，但全省省辖城市降水平均pH值下降0.23，酸雨平均发生率上升0.1个百分点，济源、周口、南阳3个城市酸雨发生率分别上升2.5、4.5和1.4个百分点。由此可见，河南省的环境形势依然严峻。

《河南省国民经济和社会发展第十二个五年规划纲要》指出，"十二五"期间，全省经济发展要努力实现的主要目标是生产总值年均增长9%以上、人均生产总值达到38000元，与全国平均水平的差距进一步缩小。单位生产总值能耗、二氧化碳排放量、主要污染物排放量控制在国家下达的指标内。据规划统计，"十二五"期间，河南重点实施"3422"产业转型升级工程，即着力提升高成长性产业、传统优势产业和先导产业竞争优势，规划4000个左右1亿元以上重大项目，总投资超过2.5万亿元，着力培育20类高加工度产品，引领支撑工业强省建设。在传统优势产业，规划建设800个重大项目，重点发展甲醇制烯烃和乙二醇、石油深加工、聚氯乙烯深加工、高端石化产品、高效化肥、有色金属深加工、优钢特材、品牌服装和精品面料，新增200万吨煤制烯烃和乙二醇、1000万吨炼油、100万吨乙烯、100万吨聚氯乙烯及加工、300万吨中高端铝加工、7亿件品牌服装等生产能力。

保持经济持续快速增长，资源消费和污染物排放的增加需求是难以避免的，而且河南经济发展对资源的依赖性比较大，资源型、深加工型和粗放型工业占主导地位。在河南资源紧张和严峻的环境形势下，如果继续沿袭传统的发展模式，以资源的大量消耗和污染物的大量排放实现经济的快速增长，这种增长难以为继，是不可持续的。为了减轻经济增长对资源供给和环境容量的压力，必须要走节约发展、清洁发展、安全发展的路子，促进资源的高效利用和循环利用。因此，实施节能减排是河南省实现可持续发展的必然选择。

同时，从河南"十二五"规划可以看出，一方面要求单位生产总值能源消耗量要降低，主要污染物的排放量要减少，环境质量要改善；另一方面"生产总值年均增长9%以上"的经济发展目标对能源需求和污染物排放量还在增加。这种建立在存量加增量基础上的指标，要完成相当艰巨。特别是河南目前的经济发展现状，存在着结构性矛盾突出、工业结构中能源原材料工业比重过大的特点，经济增长方式比较粗放的现状还没有得到根本改善，单位生产总值能耗高于全国平均水平的10%以上，化学需氧量、二氧化硫年排放总量居全国第五位和第二位，经济增长的质量和效益不高。在河南资源和环境"瓶颈"制约加剧的形势下，要实现全省"十二五"规划目标，必须要下大力气，采取强有力的措施推进节能减排工作的开展。

二、河南节能减排的发展现状

河南省委省政府高度重视节能减排工作，全省关于节能减排的部署和安排已经比较全面。河南省政府早已成立了节能减排和淘汰落后产能工作领导小组，部署和监督全省节能减排工作，协调解决工作中的重大问题。2010年3月又成立了环境保护委员会，各地也成立了相应机构。但是，节能减排是系统工程，单靠政府调控远远不够，还需要依靠企业、社会团体、个人积极参与和配合，需要依靠合理的制度及多方面的政策进行激励。对此，河南省已经进行了卓有成效的探索。

（一）河南实施节能减排措施现状

1. 制定并发布了关于节能减排的相关法规文件

2006年3月，《河南省节约能源条例》经河南省第十届人民代表大会常务委员会第二十三次会议审议通过，自2006年6月1日起施行。2007年6月，为加快推进节能减排工作，确保实现"十一五"期间节能减排目标任务，省政府制定了《河南省节能减排实施方案》，对节能减排工作进行部署。2007年11月，河南省科技厅、发改委和环保厅联合下发了《河南省节能减排科技工程实施要点》。2008年8月，为进一步推动河南省节能减排科技工程的顺利实施，规范和加强节能减排科技创新示范企业的建设，促进全省企业依靠科技创新，提高能源资源利用效率，减少污染物的排放，省科技厅联合省发改委、省环保厅制定出台了《河南省节能减排科技创新示范企业认定和管理办法》。2010年1月，河南省政府公布了《河南省节能监察办法》，并在3月实施。2010年3月，为落实河南省工业经济工作会议精神和工业与信息化部节能减排工作部署，河南省工业和信息化厅发文《关于实施工业节能减排攻坚计划的通知》。2010年4月，为推进工业节能减排工作的深入，省工业和信息化厅发布了《河南省工业和信息化厅关于加强工业节能减排工作的意见》。2010 年 5 月，省发改委和省事务管理局印发了《河南省公共机构完成"2010 年节能减排目标"的实施方案》。2010 年 5 月，河南省政府还颁布实施《河南省公共机构节能管理办法》，以加强公共机构的节能减排工作。2010 年 5 月，河南省政府批转了省发改委《关于抑制我省部分行业产能过剩和重复建设引导产业健康发展实施意见的通知》。2010 年 5 月，为了促进产业结构调整和优化升级，省政府批转了省工业和信息化厅制定的《河南省淘汰落后产能工作实施意见》。2010 年 6 月，为确保"十一五"节能减排目标的实现，省政府发文《关于打好节能减排攻坚战确保实现"十一五"节能减排目标的意见》。2010 年 9 月 13 日，河南省政府再次发文，以一份《关于加强节能目标预警调控工作的通知》，重点要求进一步细化预警调控方案。2010 年河南省环保厅下发了《关于加大工作力度确保实现"十一五"污染减排目标的通知》，出台了《河南省污染减排档案管理标准化建设方案》，规范减排档案管理，为减排核查核算提供坚实的支撑。上述系列文件的发布实施，充分说明河南省在节能减排方面的动员和部署力度不断加大。

2. 多措施并举推进工业领域节能减排

（1）淘汰高耗能落后产能，加快节能技术创新。在煤炭、电力、钢铁、有色、水泥、焦炭、电石、建材、造纸、味精、制革、淀粉、柠檬酸等行业积极实施淘汰落后产能计划，加大高耗能落后产能淘汰力度。如截至 2007 年底，全省共关闭淘汰小火电、水泥机立窑、铁合金、棕刚玉、耐火材料等落后产能 375 家企业（其中燃煤发电机组 36 台），特别是全部关闭剩余的 102 家 171 条水泥机械化立窑生产线，提前实现了水泥行业结构调整目标。2009 年，关停小火电 300 万千瓦，关闭其他不符合产业政策、废气排放不达标企业 174 家。2010 年一年关闭了 92 台小火电机组，淘汰了 482 家企业落后产能。同时积极组织推广重点节能技术和产品，提高企业节能技术水平。如组织实施钢铁企业烧结余热发电技术、钢铁企业干式 TRT 发电技术、钢铁企业和焦化企业干熄焦技术、新型干法水泥窑纯低温余热发电技术等技术推广，实施一批节能示范项目。

（2）加强工业固定资产投资项目节能评估工作，遏制高耗能行业过快增长。通过加强钢铁、水泥、平板玻璃、煤化工、多晶硅、电解铝、氧化铝、铁合金、电石、焦炭、合成氨、氯碱等产能过剩或"两高"行业扩大产能类的固定资产投资项目节能评估和审查工作，把好能耗准入关，从源头控制能源浪费和盲目发展。如河南许昌经济开发区设立能耗门槛，未能通过节能审查的项目一律不得审批核准，在评估的 30 个项目中，有 10 个项目已经被淘汰了，有 7 个项目是因为能耗过高已经被一票否决。

（3）加强企业用能管理。在煤炭、电力、钢铁、有色、化工、建材、纺织、造纸 8 个高耗能行业，突出抓好 300 家高耗能企业的节能降耗工作，通过开展能源审计、制订节能规划等措施给 300 家高耗能企业对症下药，并要求落实不利的企业暂停新上项目的审批核准和备案。在钢铁、有色、建材、化工等行业开展能效水平对标活动，树立行业先进标杆和典型，积极推广行业节能减排先进技术和先进经验。加强电力需求侧管理，对列入关停范围的企业停止供电，在确保城乡居民生活用电和重点单位用电的同时，用电指标向节能降耗、污染减排成绩显著的企业倾斜。

（4）实施工业节能减排重点工程。积极组织实施工业锅炉（窑炉）改造、余热余压利用、系统节能改造、电机系统节能、节约代用石油等节能工程。如截至 2007 年底，全省已有现役燃煤电厂 1466 万千瓦装机容量完成了脱硫治理工程，形成年减排二氧化硫能力约 35 万吨；2009 年推进非电行业脱硫工程建设，58 家二氧化硫排放量较大的氧化铝、焦化、化工、碳素、铅（锌）冶炼、黄金冶炼企业建设了脱硫工程；2010 年加强对燃煤电厂脱硫改造，强化非电企业脱硫工程建设，对 33 台燃煤机组进行了提高综合脱硫效率改造，58 家非电企业建成脱硫设施。

（5）积极融合其他环境管理制度，多部门联动协作。节能减排工作由省工业和信息化厅牵头，发改委、环保厅、国土资源以及监察部门等配合联动，确保淘汰落后产能工作顺利进行。对按期未完成淘汰落后产能任务的、单位生产总值能耗和主要污染物排放不降反升的、多次违规批准新上高耗能高排放项目和产能过剩项目的地区，实行项目区域限批，停止该区域除民生和节能减排以外项目的环评审批等；对未按期淘汰落后产能的企业，依法收回排污许可证、生产许可证等；对未按期关停的小火电机组，不再换发排污许可证。对造纸、皮革、印染、化工等水污染严重行业的建设项目提高环境准入标准，坚持规划环评先行。如 2007 年严格燃煤电站项目环境准入，认真落实"以新带老"措施，通过环评审批促进小发电机组的关停，推进现有老电厂烟气脱硫工程的建设，最大限度地削减二氧化硫排放量。2008 年，对火电、水泥、焦炭、电石、铁合金等以排放大气污染物为主的项目强化环评审批管理，防止盲目投资和重复建设。2009 年，暂停审批拟扩大产能的钢铁、水泥、平板玻璃、多晶硅、煤化工等产能过剩行业建设项目的环境影响评价文件，有效抑制大气污染严重行业盲目扩大产能。2010

年，暂停审批扩大产能的钢铁、水泥、平板玻璃、多晶硅、煤化工等产能过剩行业的建设项目，有效抑制了大气污染严重行业的发展。

3. 积极推进其他领域节能减排

（1）加强建筑领域节能。通过加强新建建筑节能监管，严把规划许可、施工图审查、竣工验收备案等关键环节，对达不到节能强制性标准的建筑，不允许开工建设，不得竣工验收，不得销售，不得投入使用，使全省城镇新建建筑执行节能强制性标准的比例达到95%以上。同时，积极做好既有建筑节能改造，完成下达河南省的360万平方米的既有居住建筑供热计量和节能改造任务。此外，还积极推广绿色建筑、低能耗建筑，扩大太阳能、浅层地热能等可再生能源在建筑上的规模化应用；开展新农村建设建筑节能试点工作。

（2）做好交通运输领域的节能减排。对将要新进入道路运输市场的车辆进行参数核查，禁止超过燃料消耗量限值标准的车辆进入道路运输市场。对拟新增线路、班次和运力进行营运效率调查和测算，对实载率低于70%的线路不得投放新的运力。积极推广乙醇汽油、煤层气、天然气等清洁燃料的应用。河南在交通运输领域取得诸多成绩，比如，"河南物流信息系统——八挂来网"和"太阳能供电技术在连霍高速公路郑州至洛阳段道路全程监控系统中的应用"项目分别被确定为全国交通运输行业第二批和第三批节能减排示范项目；"连霍高速公路河南境巩义段隧道群 LED 改造工程"被国家发改委、住建部、交通运输部确定为半导体隧道照明灯应用示范工程项目；省交通运输厅被交通运输部授予"节能减排千家企业行动先进集体"；等等。

（3）推进公共领域节能减排。严格控制室内空调温度，所有公共建筑，除特定用途外，夏季室内空调温度设置不低于26℃，冬季室内空调温度设置不高于20℃；加强公务用车用油管理，明确量化指标；加强城市照明管理，除重大节日和庆祝活动外，全省公用设施和大型建筑物一律关闭装饰性景观照明；推进全省公共机构锅炉、中央空调、水泵、电梯、电开水器、燃气灶等节能改造。

（4）进一步加强污水垃圾处理设施建设和运营管理。加快城市污水垃圾处理项目建设，加强运营管理。如2007年，加快城市污水处理厂建设，在全国率先实现了"县县建成污水处理厂"的目标。2009年，在全省开展"污染防治设施运行管理年"活动，加强对污水处理厂等国控和省控重点污染源的环境监管，确保污染防治设施稳定运行。2010年，组织开展对99家污水处理厂提标改造、管网配套，100家涉水企业深度治理。截至2010年底，全省已建成城市污水处理厂146座，建成总规模为641.55万吨/日，实现稳定运行、达标排放。建成乡镇污水处理厂27座，日处理能力23万吨。在全省重点废水污染源和城市污水处理厂建成自动监控系统，对主要污染物实施在线自动监控，定期通报监控情况。2010年积极推进医疗废物和危险废物集中处置中心建设。目前，投入运行的医疗废物处置中心9座，试运行的医疗废物处置中心6座。全省共建有生活垃圾处理场124座，建成总规模为日处理生活垃圾3.3万吨。2010年累计处理生活垃圾约1200万吨。对新建项目中有固体废物产生的单位，要求建设单位严格按照相关标准，建设有"三防"措施的固废处置设施，防止二次污染。

4. 建立健全节能减排激励约束机制

（1）推进资源性产品价格改革。如利用电价杠杆促进小火电关停，严格执行燃煤机组脱硫电价政策，加大污水处理费征收力度，按照补偿治理成本原则，提高排污单位排污费征收标准，积极推进排污权交易试点工作。

（2）积极落实国家节能减排税收优惠政策。如对企业符合税法规定购置用于环境保护、节能、节水等专用设备的投资额，及时办理所得税的抵免手续，并加速折旧等。

5. 积极查处违法违规行为

（1）完善节能减排监管体系。各行政区根据节能工作实际需要，充实节能管理力量，强化本行政区节能工作的监督管理和日常监察工作，对重点污染源、地表水责任目标断面、城市环境空气质量实施实时监控。如2010年，在全省县级以上城市、环境综合整治重点区域和废气污染源建成自动监控系统，对空气质量和废气主要污染物排放实施在线自动监控，定期通报监控情况。已有210台装机容量4265万千瓦燃煤（含垃圾发电）机组的脱硫设施及在线监测装置，与省环保厅、省电力公司联网。

（2）加大监督检查力度。如2008年，重点督察了全省28家投产未验收及在建电站项目的"三同时"落实情况；2009年，加强对燃煤电厂脱硫设施等国控和省控重点污染源的环境监管，确保污染防治设施稳定运行；2010年9月，省发改委、环保厅、工业和信息化厅、监察厅等部门组成督察队奔赴河南14个省辖市，开展节能减排专项督察。重点督察节能工作部署落实情况、淘汰落后产能情况、煤炭企业兼并重组和关闭小煤矿及煤炭生产情况、电力行业关停以及电力消耗情况四个方面内容。在督查地区的选择上，不同区域也各有侧重，包括郑州、洛阳、安阳、新乡、焦作、三门峡在内的重点地区，将全方位进行督查。

（二）河南实施节能减排的成效

通过以上措施实施，"十一五"期间河南节能减排取得一定成效，累计关停小火电 978 万千瓦，淘汰水泥、电解铝、钢铁、铁合金等落后产能分别为 5833 万吨、37 万吨、620 万吨、22 万吨，一批节能减排重点工程建成运行，累计新增节能能力 1300 万吨标准煤。万元生产总值能耗累计下降 20%，化学需氧量和二氧化硫排放总量分别下降 13.8% 和 17.6%，全面完成国家下达河南省的节能减排目标。特别是 2007 年，在全省经济社会快速发展情况下，两项主要污染物排放总量首次实现"双下降"；2008 年，在全省生产总值比上年增长 12.1% 的情况下，主要污染物化学需氧量和二氧化硫排放量分别较上年减少 6.2% 和 7.17%，超额完成年度减排任务；全省地表水总体污染程度有所减轻，加权平均综合污染指数从 2007 年的 0.52 降低至 2010 年 0.32，环境质量持续得到改善。从 2005 年至 2010 年，河南省工业领域三废排放、资源综合利用、能源消耗和工业产值增加值变化趋势如图 9-1 所示。

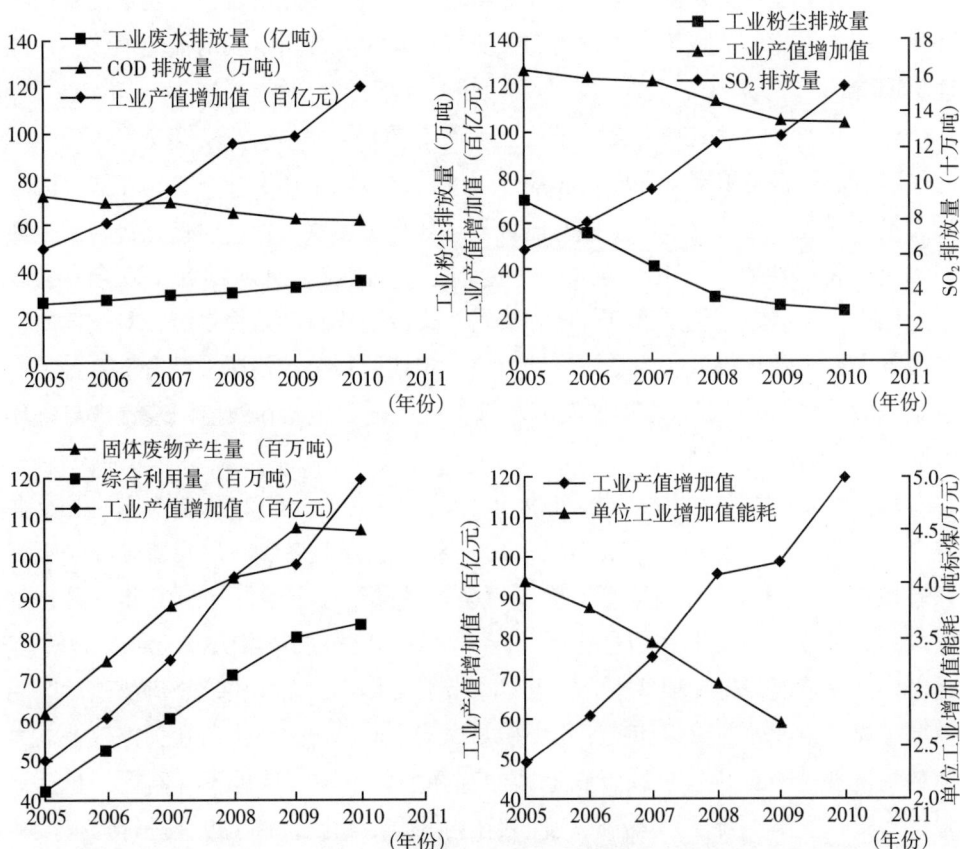

图9-1　河南省"三废"排放、资源综合利用、能源消耗和工业产值增加值变化趋势图

从图 9-1 可直观看出，几年来，通过落实诸多节能减排措施，河南省的工业产值不断提高，单位工业增加值能耗、污染物排放呈下降趋势，固体废弃物综合利用程度逐步提高，工业领域节能减排取得较好的效果。

三、河南推进节能减排面临的主要问题及原因分析

近些年，虽然河南在节能减排方面的部署和安排已经非常全面，节能减排工作也取得了一定成绩，但是在全国范围内，河南省的节能减排工作仍处于中下水平，在国家发改委关于 2010 年各地区节能目标完成情况的六次预警上，河南省五次被列入红色的一级预警，一次被列入黄色的二级预警。河南推进节能减排还面临着一些问题，主要表现在：

（一）能耗高、排放强、资源环境压力大

2005 年至 2010 年 6 月，河南省和全国在单位 GDP 能耗指标方面的比较情况如表 9-1 所示，2005~2010 年的污染物排放情况如表 9-2 所示。

表 9-1 2005~2010 年河南和全国单位 GDP 能耗指标

单位：吨标准煤/万元

	2005 年	2006 年	2007 年	2008 年	2009 年	2010 年（1~6 月）同比下降率（%）
全国	1.276	1.241	1.179	1.118	1.077	0.09
河南	1.38	1.285	1.340	1.219	1.156	−0.85

表 9-2 2005~2010 年河南省的污染物排放情况

年 份	废 水		工业废气			固体废物	
	排放量（亿吨）	COD（万吨）	排放量（亿标立方米）	SO_2（万吨）	工业粉尘（万吨）	产生量（万吨）	综合利用量（万吨）
2005	26.26	72.08	15498.00	162.45	70.43	6178.20	4243.50
2006	27.80	69.33	16770.00	158.88	56.39	7463.62	5268.15
2007	29.64	69.39	18890.00	156.39	41.49	8850.58	6048.43
2008	30.91	65.09	20264.09	145.20	28.67	9556.67	7123.80
2009	33.40	62.62	22185.00	135.50	24.90	10785.82	8064.29
2010	35.87	61.97	22709.00	133.87	22.70	10713.79	8380.44

从表 9-1、表 9-2 可以明显看出，虽然河南省这几年来，单位 GDP 能耗指标呈下降趋势，但与全国的能耗指标相比，2005~2009 年五年期间指标值都高于全国平均水平，能源消耗相对于全国整体偏高。在污染物排放方面，尽管河南省的化学需氧量、二氧化硫两个约束性指标呈下降趋势，也完成了国家下达的"十

一五"目标任务，但是不难看出，废水、工业废气和固体废弃物的排放量呈现上升态势。河南是资源能源相对贫乏的省份，环境质量特别是水环境也不容乐观。由此可见，能源消耗高、污染排放强、资源环境压力大的问题在河南仍很突出。分析原因，主要有以下几方面：

1. 三产结构不尽合理，第三产业比重明显偏低

河南产业结构不尽合理。2010年，河南省全年生产总值22942.68亿元，增长12.2%。第一产业增加值3263.20亿元，增长4.5%；第二产业增加值13226.84亿元，增长14.8%，其中工业增加值实现11950.82亿元，增长15.4%；第三产业增加值6452.64亿元，增长10.5%。可以看出，河南经济增长在相当程度上还是依赖于第二产业的增长，第二产业对GDP增长贡献率57.7%，其中第二产业中工业增长对GDP增长贡献较大。2010年，三次产业比例为14.2:57.7:28.1，第三产业在国民经济中所占比重低于全国平均水平。就世界范围来看，各国第二产业占比平均不到30%，第三产业占比平均超过66%，发达国家第三产业占比则超过70%，因此，河南三产比重明显偏低。

2. 工业结构有待优化，高新技术产业规模偏小

从产业驱动上看，目前河南经济增长仍以工业拉动为主，且拉动经济增长的主要靠煤炭、电力、冶金、建材等能源和原材料工业，这些工业处于产业链前端和价值链的低端，经济增长的质量和效益不高。高新技术产业虽已成为河南省新的经济增长点和最具活力的新兴产业，但从整体上看，高新技术产业在全部工业中的比重仍较低。特别是自2009年下半年以来，受各种因素的影响制约，河南能源、原材料工业生产大幅回升，全省规模以上工业能源消费强势增长，节能减排、降耗压力越来越大，河南省工业节能减排形势异常严峻。

3. 粗放的经济增长方式尚未得到根本改善

2010年，河南全年全社会固定资产投资16585.85亿元，占生产总值的比重为72.3%，河南经济增长方式相当程度上还靠高资本投入支撑。河南不少行业、企业和产品的物耗、能耗水平居高不下，污染物的排放量与经济同步增长。如万元GDP所耗能源大约是我国平均能耗的1.2倍，是日本的19倍。万元GDP用水量是世界平均水平的4倍。而千美元GDP排放二氧化硫，发达国家为2.0千克，河南却高达15.2千克。

（二）思想认识不到位，相关措施不落实

河南省委、省政府非常重视节能减排工作，对此也进行了全面的部署和安排，但是不可否认，在具体工作中，一些地方政府还存在思想认识不到位，依然

把 GDP 增长作为硬任务，把节能减排作为软指标，一些企业过度重视经济利益，没有落实节能减排措施等问题，使得节能减排流于形式。如淇县庙口镇因石料生产企业云集，严重污染大气，区域大气污染整治被列为 2011 全省环境综合整治重点项目，并明确规定了工作责任和完成时限。但在 2011 年环保世纪行活动中，督察组发现这些企业在本该关停的情况下还在如火如荼进行生产，面对督察组的询问，县政府的回答是考虑经济建设暂未关停。开封市区已被省环保专项行动联席会议办公室挂牌督办的河南晋开化工投资控股集团有限责任公司，因超标排放废水，该公司被要求限期整改 3 个月，确保污染物稳定达标排放。但是，在省环保厅督察过程中却发现，该厂被挂牌督办后，依然连续 168 个小时持续超标排放。开封尉氏县大营乡新尉工业园，聚集着五六家小化工厂，大多生产农药原料，设备简陋、异味浓重，有的甚至连厂名都没挂。其中，开封鸿皓化工有限公司，虽然没有环评手续，可该厂也挂着开封市政府去年 3 月颁发的"重点服务企业"牌匾。上述事实说明了一些地方政府或企业没有充分认识到节能减排的重要性和紧迫性，在具体工作中，存在违规批准新上一些高耗能高排放项目或新上产能过剩项目，或对淘汰的生产线和设备没有实施关闭和拆除，或对经济效益好但污染严重的企业进行地方保护等现象。

（三）环境执法、监管不到位

近年来，河南环保厅加大环境监管工作力度，严厉查处环境违法行为，坚决整治违法排污，组织了多次大规模环境执法检查，如 2007 年的"整治环境违法企业一号行动"、2008 年的"整治违法排污企业保障群众健康环保专项行动"、2010 年的"对节能减排措施落实情况的全省大督察"等。督察过程中，发现一些地方政府和环保部门存在着监管不到位、监管失职等现象。如周口地区 500 多人的印染大厂和产量翻一番的微粉厂，两家企业在没有环评的情况下，未批先建，擅自扩大规模，当地政府和环保部门不但没有对企业违法搬迁、扩建进行阻止和处罚，而且允许其投入生产，企业环境违法并长期存在的背后，凸显的是当地政府监管责任的缺失。

综上所述，当前河南节能减排工作必须正视的现实是粗放型产业结构和投入型增长模式仍然存在，能耗高、污染大与资源环境的矛盾依然突出。同时，一些地方或企业对节能减排重要性和紧迫性认识不足、落实节能减排措施不力、环境监管和执法不到位等也是阻碍河南大力推进节能减排面临的问题。

第四节　河南大力推进节能减排的对策措施

为了加快推进河南省节能减排工作，贯彻落实《国务院关于印发节能减排综合性工作方案的通知》，省政府制定了《河南省节能减排实施方案》，对节能工作进行部署和安排。纵观几年来的节能减排实践，可以看出河南的节能减排工作目标明确，重点突出，通过加大投入、强化责任、完善措施、加强联动等多种举措的实施，也取得了明显成绩。但是不可否认的是，河南在推进节能减排的进程中仍存在着一些问题，如粗放型增长方式还没有根本转变，产业结构不尽合理，能耗高、污染大与资源环境的矛盾日益突出等困境。因此，河南要大力推进节能减排，必须要面对和正视问题，通过多种措施优化产业结构，强化环境监管，齐抓共管，切实把省委省政府关于节能减排的部署和安排落实到实处，确保完成河南省"十二五"时期节能减排目标。

一、以结构调整促进节能减排

长期以来，高投入、高消耗、高污染、低效益的产业结构主导的粗放增长方式，虽然推动了河南经济快速增长，但在资源环境方面也付出了很大代价。因此，要大力推进节能减排，产业结构优化升级是关键，河南可从以下几方面加快节能型产业体系的构建：

（一）要大力发展服务业，改善三次产业比重

与工业的高能耗高污染特征相比，服务业具有知识密集、附加值高、拉动能力强、能耗低、排放少等特点。据测算，每万元增加值，服务业用电量仅为工业的15%，造成的烟尘排放量、二氧化硫排放量分别不到制造业的6%和7%。因此，过高的工业和相对落后的服务业直接影响着河南的能源消费和污染排放状况。河南要推进节能减排，就要加快发展服务业，充分发挥服务业能耗低的优势，通过提高服务业在国民经济中的比重，降低整个能耗水平。为此，一方面，要加快发展科技研发、现代物流、信息服务、金融服务、中介服务等生产性服务业；另一方面，要大力发展医疗卫生、文化教育、社区服务等民生性服务业，切实实现经济增长由主要依靠第二产业带动向依靠第一、第二、第三产业协同带动转变。

（二）要着力调整工业内部结构，加快发展高新技术产业

如前所述，煤炭、电力、冶金、建材等高耗能高污染行业增长过快给河南省节能减排带来了巨大压力。据测算，按照目前的工业结构，如果高技术产业增加值比重提高 1 个百分点，而冶金、建材等高耗能行业比重相应下降 1 个百分点，万元 GDP 能耗可相应降低 1.3 个百分点，由此可带来明显的节能减排效果。因此，河南应采取多项措施积极优化工业内部结构。首先，着力推进部分产能过剩行业的结构调整，加速淘汰落后产能；其次，优先发展能耗低、带动作用大的高新技术产业，不断提高高新技术在河南工业中的比重。可通过加快发展河南具有一定优势的电子信息、生物技术、新材料等方面的高技术、高附加值产品，扩大市场占有率，提高高新技术产业增加值占全省的比重；大力发展装备制造业，提高装备制造业对财政收入的贡献率；进一步加强园区建设，特别是国家级和省级高新区的建设，加大核心技术研发力度，提高产品附加值，做大做强企业规模，发展壮大优势产业，形成河南高新技术产业增长极，把产业结构提升到新的水平。

（三）稳定第一产业，加快发展生态农业

河南应该加快生态农业的发展，使农业常规技术与生物技术、信息技术相结合，实现农业资源更高层次、更高效益的开发；重点强化名、特、优、新和鲜活农副产品生产，并逐步向高档精细和无公害的方向发展，使高效农业和高科技农业成为新的经济增长点。同时，加强农业生产污染防治，推广高效、低毒、低残留农药和测土施肥，并做好秸秆综合利用，支持开发适合各种秸秆特点的固化、气化技术，稳步推进秸秆发电试点工作。

（四）多管齐下，促进结构优化升级

（1）从源头严把高耗能、高污染行业准入关。继续贯彻落实国家关于加强和改善宏观调控的一系列政策措施，严禁投资新建或扩改建违反国家产业政策的高耗能项目以及缺乏能源和环境支撑条件的高耗能项目。在项目审批、核准时，设立能耗门槛，把能耗标准作为强制性标准，严把能耗增长的源头关，遏制高耗能行业过快增长。同时，环境影响评价作为项目核准、审批和开工建设的前置性条件，暂停审批拟扩大产能的钢铁、水泥、平板玻璃、多晶硅、煤化工等产能过剩行业建设项目的环境影响评价文件，以控制产能过剩行业快速发展。

（2）依法淘汰落后产能，让能耗高的进不来的同时，把高能耗的请出去。河南省各级政府应建立淘汰落后产能公布制度，明确淘汰内容、进度和主要责任单位，在当地主要媒体上公布淘汰落后企业或生产线名单等信息，接受公众监督。同时，积极研究制定对淘汰落后产能的支持政策和措施，完善差别电量计划和发电计划指标交易政策，鼓励落后产能提前退出，要加快建立淘汰落后产能部门联动机制，密切配合，形成合力，促进落后产能的淘汰。

（3）做强做大优势产业。按照市场原则，在电力、钢铁、水泥、煤炭等高耗能行业加快推进企业重组，支持优势企业做强做大，提高整体技术水平和行业集中度。

（4）实施区域限批。新上高耗能、高污染行业项目要与区域污染物总量控制、淘汰落后产能等完成情况相挂钩，对超过污染物总量控制指标及未完成淘汰落后产能的地区实行区域限批，对其新建项目严格实施限制性措施。

二、以技术创新提升节能减排

技术节能减排是节能减排三大手段之一，随着节能减排工作的推进，结构节能和管理节能突破有限，技术节能则越来越扮演着重要的角色，越来越成为节能减排目标的主力支撑。只有通过实施技术创新战略，才能以最少的资源、最低的成本、最微的排放，生产出最大量的高质量产品，最终实现节能减排目标。

（一）河南实施技术节能的必要性

河南产业结构中，传统产业占有相当大的比重，在大力发展第三产业和高新技术产业的同时，利用高新技术对传统产业优化升级是河南产业结构调整进程中不可忽视的重要组成部分。而且，目前河南还有许多企业在节能、节水、降耗以及采用清洁工艺、减少排放和生产更清洁产品方面技术水平相对偏低，还有待于很大程度的提高。因此，河南在节能减排工作中，应积极创新节能减排技术，积极发展先进适用技术改造和提升传统产业，这是河南利用"后发优势"缩小与发达省区差距，实现跨越式发展的重要途径。

（二）河南应发展的节能减排技术和发展途径

结合河南的省情，河南应该大力发展先进制造技术、新材料技术、新能源技术、生物技术、清洁生产技术、污染治理技术、废物回收利用技术、环境监测技术等"绿色高新技术"，充分发挥科学技术是第一生产力的作用，有效利用高新技术对传统产业进行改造和提升，开发出高效率、高质量、节能、环保的新型技术和产品，提升河南企业和产品的国内国际竞争力。为此，可以通过以下途径发展新技术和技术创新：

一是大力发展拥有自主知识产权的高新技术产业，加快培育新兴的战略产业。

二是大力引进先进适用技术。鼓励企业购入国外先进的生产制造技术、专利实施许可、技术设备许可、软件使用许可等知识产权，按政策规定给予支持。

三是引进技术要与技术的消化吸收和创新紧密结合。大幅度提高消化吸收再创新的人力物力投入，在引进的基础上进行强力开发，开发具有自主知识产权的新产品、新技术；对消化吸收再创新形成的产品和技术，应纳入政府优先采购的范围。

（三）河南应用节能减排技术的主要途径

运用技术进行节能减排时，应拉长产业链条，重点抓好高耗能、高污染行业和重大工程项目的污染防治，尤其要抓好钢铁、有色、煤炭、电力、化工、建材等行业"三废"的综合利用，变废为宝。同时，在企业中要广泛推广利用清洁生产技术，及时淘汰落后的工艺技术设备，提高企业技术水平和资源能源的利用效率，从源头上减少污染物的产生和排放。

三、以完善政策制度强化节能减排

推进节能减排必须从完善政策和制度入手，运用政府调控和市场调节两只手，建立健全有利于节能减排的激励约束机制。

（一）应尽快建立完善节能减排相关法规和标准

根据《中华人民共和国节约能源法》和河南省 2011 年 6 月 1 日起实施的《河南省节约能源条例》，抓紧编制河南省煤炭、电力、建材、有色、冶金、化工等行业的节能专项规划，并认真组织实施，使河南省这些高耗能行业的节能工作进入法制化轨道。同时，要加快健全节能减排统计、监测和考核三大体系，抓紧完善节能减排的相关法规和标准，提高处罚标准，切实解决"违法成本低、守法成本高"的问题。

（二）创新体制机制，促进节能减排

首先，应健全价格引导机制，对限制类和淘汰类企业实施惩罚性差别电价、水价，落实有利于烟气脱硫的电价政策，并及时发布更新执行差别电价政策的企业名单；加大污水处理费征收力度，按照补偿治理成本原则，提高排污单位排污费征收标准；全面落实水环境生态补偿办法，积极推进排污权交易工作。其次，要完善环保投入机制，进一步加大财政投入，增加专项资金，采用补助、以奖代补、奖励等多种方式，支持节能减排重点工程建设、技术开发、管理能力体系建设等，并规范节能减排专项资金的使用管理，提高资金使用效益。最后，应建立要素联动机制，把污染减排与政府掌控的资金、土地等有机结合起来，形成要素供给倒逼机制。如鼓励提前和超标准淘汰落后产能，对提前完成淘汰任务的地方和企业，在资金奖励、新上项目、土地供应、环境容量、信贷等方面给予优先支

持等。此外，有关部门还要积极实行和完善绿色信贷、绿色证券等制度，通过多种途径强化环保的硬性约束。

四、发展循环经济，转变增长方式

发展循环经济是解决拉长产业链条问题的需要。目前，河南省包括农业、工业在内很多产业链条都很短，而且很多都是断的，上游产品多，下游产品少；初级产品多，终端产品少；低效益的产品多，高附加值的产品少。发展循环经济不仅能够拉长产业链，而且还能形成一个系统，实现资源的循环使用，实现效益的最大化。因此，河南省应继续加大循环经济的步伐，以此推动节能减排工作的深入开展。

在大力发展循环经济方面，河南可采用加强环境教育和宣传、积极推进清洁生产和生态工业园区建设、加大科技投入，为循环经济发展提供科学技术支持以及建立循环经济的保障体系等方面采取措施。发展循环经济，政府应积极而科学地介入，发挥主导作用，引导产业发展方向。

之前确定的国家和省级循环经济试点单位，基本涵盖了河南省冶金、有色、煤炭、化工、食品等重点行业，废旧物资再生利用领域，资源型城市和资源枯竭型城市以及工业园区和农业园区。目前这些试点单位均取得了明显的成效，要在进一步归纳总结经验的基础上，尽快在全省推广它们的成功经验和做法。

五、加大执法力度，强化环境监管

河南省在节能减排方面的部署和安排已经很全面，但是由于一些地方政府和有关部门没有履行或没有很好地履行监督执法，环境监管缺失，使节能减排各项措施在一些地区流于形式，没有很好地发挥有效作用，在一定程度上也抵减了河南省节能减排的效果。因此，河南应加大执法力度，强化环境监管，严厉打击偷排和超标排污的违法行为；认真开展污染防治设施运行管理检查，把污染防治设施运行管理的各项制度落实到位；充分发挥环境自动监控系统的作用，并切实加强运营管理，为环境监管和减排核算提供坚实的技术保障；严格实施环保责任目标、区域限批、挂牌督办、后督查、节假日环境监管、定期分片督导、责任追究等长效机制；严肃查处违规乱上"两高"项目，淘汰落后产能进展滞后、减排设施不正常运行及严重污染环境等问题，发现一起，查处一起；对重点案件挂牌督办，对有关责任人严肃追究责任等，通过以上途径来狠抓执法，强化监管，保障河南节能减排的各项部署和措施能有效落实，实现河南"十二五"节能减排的目标。

第十章 环境影响评价与生态文明建设

建设生态文明是一个系统工程，有赖于一套科学、得力的制度体系，既要建立一批新制度，也要利用好已有制度。环境影响评价制度与生态文明建设在多项要求及目标上是一致的，在过去30多年的经济快速发展过程中，环境影响评价制度在保护生态环境、有效利用资源，促进节能减排、促进区域和行业发展合理布局、调整结构、优化规模等方面起到了至关重要的作用。实施环境影响评价制度是建设生态文明的有效工具和手段。

第一节 环境影响评价概述

环境影响评价作为一个重大的战略措施，主要是用环境保护和发展"双赢"的眼光，从根本上、从全局上、从发展的源头上注重环境影响、控制污染、保护生态环境，及时采取措施，减少后患。

一、环境影响评价

环境影响评价也称环境质量预断评价，有狭义和广义之分。狭义的环境影响评价是指在一定区域内进行某项开发建设活动，事先对拟建设项目可能对周围环境造成的影响进行调查、预测和评定，并提出防治对策和措施，为项目决策提供科学依据。简单的说，就是分析项目建成投产后可能对环境产生的影响，并提出污染防治对策和措施。广义的环境影响评价也称宏观活动的环境影响评价，又称战略性环境影响评价，是指进行某项重大活动（如经济发展政策、规划、重大经济开发计划等）之前，事先对该项活动可能给环境造成的影响进行评价。环境影响评价的根本目的是鼓励在规划和决策中考虑环境因素，最终达到更具环境相容性的人类活动。

环境影响评价具有预测性、客观性和综合性三个特点。具有预测性，是因为环境影响评价是指对拟建项目可能对环境造成什么影响进行预测和评价，是一种预测性的工作，目的是为了防患于未然。具有客观性，是因为环境影响评价强调必须从客观实际出发，遵循客观规律，深入细致地调查建设项目周围地区的环境质量现状，进行必要的环境监测，然后做出科学的预测和评价。具有综合性，是因为环境影响评价是一项综合性的科学技术工作，涉及生态学、环境科学、法学等多种学科，需要由持有《建设项目环境影响评价资格证书》的设计、科研等单位互相协作，共同完成评价任务。环境影响评价根据开发建设活动的不同，可以分为建设项目环境影响评价、规划环境影响评价、区域环境影响评价三种类型。

二、环境影响评价制度及发展

(一) 环境影响评价制度

环境影响评价制度也叫环境影响报告书（表）制度，是指有关环境影响评价的范围、内容，编（填）报和审批环境影响报告书、报告表、登记表的程序等方面所作的规定的总称。《中华人民共和国环境影响评价法》规定：环境影响评价是指对规划和建设项目实施后可能造成的环境影响进行分析、预测和评估，提出预防或者减轻不良环境影响的对策和措施，进行跟踪监测的方法与制度。通俗说就是分析项目建成投产后可能对环境产生的影响，并提出污染防治对策和措施的制度。

(二) 环境影响评价制度的发展

中国环境影响评价制度是在建设项目环境管理实践中不断发展起来的，经历了从无到有，从起步到逐步形成、完善的过程，大体上可分为三个阶段：

第一阶段：规范建设阶段（1979~1989 年）。1979 年《环境保护法（试行）》确立了环境影响评价制度，在以后颁布的各种环境保护法律、法规中，不断对环境影响评价进行规范，通过行政规章，逐步规范环境影响评价的内容、范围、程序，环境影响评价的技术方法也不断完善。

这个阶段，在环境影响评价技术方法上也进行了广泛研究和探讨，取得了明显进展。环境影响评价覆盖范围越来越大，"六五"期间（1980~1985 年），全国完成大中型建设项目环境影响报告书 445 项，其中有 4 项否定了原选址方案。"七五"期间（1986~1990 年），全国共完成大中型项目环境影响评价 2592 个，其中有 84 个项目的环境影响评价指导和优化了项目选址。1979~1989 年的十年是环境影响评价制度在中国形成规范和建设发展的阶段。

第二阶段：强化和完善阶段（1990~1998 年）。从 1989 年 12 月 26 日通过《中华人民共和国环境保护法》到 1998 年 11 月 29 日国务院发布《建设项目环境保护管理条例》，是建设项目环境影响评价强化和完善的阶段。"八五"期间，由于加强了环境影响评价制度的执行力度，全国环境评价执行率从 1992 年的 61%提高到 1995 年的 81%。国家加大了对评价队伍的管理，进行了环境影响评价人员的持证上岗培训。全国有甲级评价证书单位 264 个，乙级评价证书单位 455个，评价队伍达 11000 余人，至 1998 年底共培训了 7100 余人，提高了环境影响评价人员的业务素质。这期间加强了环境影响评价的技术规范的制定工作，在已有工作的基础上，1993 年原国家环保局发布了《环境影响评价技术导则（总纲、大气环境、地面水环境)》；1996 年发布《辐射环境保护管理导则、电磁辐射环境影响评价方法与标准》、《环境影响评价技术导则（声环境)》；1998 年发布《环境影响评价技术导则（非污染生态影响)》；1996 年原国家环保局、电力部联合发布《火电厂建设项目环境影响报告书编制规范》。此外，地下水、环境工程分析及固体废物的环境影响评价技术导则正在编制。1990~1998 年，是中国环境影响评价制度不断强化和完善的阶段。

第三阶段：提高发展阶段（1999 年至今）。1998 年 11 月 29 日国务院 253 号令发布实施《建设项目环境保护管理条例》，这是建设项目环境管理的第一个行政法规，环境影响评价作为《条例》中的一章，有着详细明确的规定。

1999 年 1 月，在北京召开了第三次全国建设项目环境保护管理工作会议，认真研究贯彻《条例》，把中国的环境影响评价制度推向了一个新的时期。

1999 年 4 月和 6 月又分别下发《关于重新申领〈建设项目环境影响评价资格证书（甲级)〉的通知》（环办［1999］41 号）和《关于重新申领〈建设项目环境影响评价资格证书（乙级)〉的通知》（环办［1999］59 号），对原持证单位重新考核。1999 年 7 月，原国家环保总局第一批《建设项目环境影响评价资格证书（甲级）持证单位的公告》（环发［1999］168 号）中公布了 122 个单位的甲级评价证书资格，10 月又公布了第二批 68 个单位的甲级评价证书资格（环发［1999］236 号），并对全国环境影响评价人员开展了大规模持证上岗培训。仅1999 年 9 月，全国就培训 800 余人，促进了环境影响评价队伍的健康发展。到2003 年《中华人民共和国环境影响评价法》的颁布实施及 2009 年 10 月 1 日起正式实施的《规划环境影响评价条例》，则使我国的环境影响评价从建设项目扩展到规划环境影响评价，环境影响评价进入了完善、提高阶段。与此同时，2004 年 2月国家人事部和环保总局在全国建立环境影响评价工程师职业资格制度，对从事环境影响评价工作人员进行了规范化管理。

三、环境影响评价的分类

按照环境影响评价层次和性质的不同，可以分为战略性环境影响评价、区域环境影响评价和建设项目环境影响评价三类。

战略性环境影响评价是指一个国家或地区在拟定立法议案、重大方针、战略发展规划和采取战略行动前开展的环境影响评价。

区域环境影响评价是指对一个区域进行规划、开发、建设前开展的环境影响评价。所指的区域范围比国家和地区小。以区域为单元进行整体性规划和开发是近代世界各国发展的重要方式，在一个区域内，将容纳许多建设项目。要协调好区域发展与建设和环境保护的关系，必须按照一定的发展战略制定全面的环境规划，而区域环境规划的基础工作是区域环境影响评价。近年来，区域环境影响评价已在我国普遍开展。

建设项目的环境影响评价是指为建设项目的合理布局和选址、确定生产类型和规模、拟采取的环保措施等决策进行评价。这类环境影响评价的种类最多、数量最大。

四、环境影响评价程序

（一）环境影响评价管理程序

1. 环境影响评价的分级、分类管理

凡新建、改建或扩建工程，要根据原国家环境保护总局《关于建设项目分类管理名录》确定应编制的环境影响报告书、环境影响报告表或填报环境影响登记表。

（1）编写环境影响报告书的项目：新建或扩建工程对环境可能造成重大的不利影响，这些影响可能是敏感的、不可逆的、综合的或以往尚未有过的，这类项目需要编写环境影响报告书。

（2）编写环境影响报告表的项目：新建或扩建工程对环境可能产生有限的不利影响，这些较小的或者减缓影响的补救措施是很容易找到的，通过规定控制或补救措施可以减缓对环境的影响。这类项目可直接编写环境影响报告表，对其中个别环境要素或污染因子需要进一步分析的，可附单项环境影响专题报告。

（3）填报环境影响登记表的项目：对环境不产生不利影响或影响极小的建设项目，只填报环境影响登记表。

建设项目环境影响评价分类管理，体现了管理的科学性，既保证批准建设的新项目不对环境产生重大不利影响，又加快了项目前期工作进度，简化了手续，促进经济建设，补充规划环境影响评价。

2. 环境影响评价大纲的审查

评价大纲是环境影响报告书的总体设计，应在开展评价工作之前编制。评价大纲由建设单位向负责审批的环境保护部门申报，并抄送行业主管部门，环境保护部门根据情况确定评审方式，提出审查意见。

3. 环境影响评价报告书的审批

评价单位编制的环境影响报告书由建设单位负责报主管部门预审，主管部门提出预审意见，后转报负责审批的环境保护部门，环保部门一般组织专家对报告书进行评审，审查通过后的环境影响报告书经环保部门批准后实施。

各级主管部门和环保部门在审批环境报告书时应贯彻下述原则：

（1）是否符合经济效益、社会效益和环境效益相统一的原则。

（2）是否贯彻了"预防为主"、"谁污染谁治理、谁开发谁保护、谁利用谁补偿"的原则，特别是贯彻"污染者承担"和"环境成本内部化"的原则应是审查的重中之重。

（3）是否符合区域或城市环境功能区划和区域或城市总体发展规划。

（4）是否贯彻了在污染控制上从单一浓度控制逐步过渡到"总量控制"，在污染治理上，从单纯的末端治理逐步过渡到对生产全过程的管理，在城市污染治理上，要把单一污染源治理与集中治理或综合整治结合起来。

（5）应重视景观生态、产业生态、人文生态等在规划布局、结构功能、运行机制等诸多方面是否符合物能良性循环和新型工业化的原则，应着眼于实现循环经济，以促进可持续发展。

（二）环境影响评价工作程序

环境影响评价工作大体分为三个阶段：

第一阶段为准备阶段，主要工作为研究有关文件，进行初步的工程分析和环境现状调查，筛选重点评价项目，确定各单项环境影响评价的工作等级，编制评价工作大纲。

第二阶段为正式工作阶段，主要工作为工程分析和环境现状调查，并进行环境影响预测和评价环境影响。

第三阶段为报告编制阶段，主要工作为汇总、分析第二阶段工作所得到的各种资料、数据，得出结论，完成环境影响报告书的编制。

1. 环境影响评价工作等级的确定

环境影响评价工作的等级是指环境影响评价和各专题工作深度的划分，各单项环境影响评价划分为三个工作等级。一级评价最详细，二级次之，三级较简略。各单项影响评价工作等级划分的详细规定，可参阅相应导则。工作等级的划分依据如下：建设项目的工程特点；项目的所在地区的环境特征；国家或地方政府所颁布的有关法规。

对于某一具体建设项目，在划分各评价项目的工作等级时，根据建设项目对环境影响、所在地区的环境特征或当地对环境的特殊要求情况可做适当调整。

2. 环境影响评价大纲的编写

环境影响评价大纲是环境影响评价工作的总体设计和行动指南。评价大纲应在开展评价工作之前编制，它是具体指导环境影响评价的技术文件，也是检查报告书内容和质量的主要依据。该大纲应在充分研读有关文件、进行初步的工程分析和环境现状调查后形成。评价大纲一般包括以下内容：总则；建设项目概况；拟建设项目地区环境简况；建设项目工程分析的内容与方法；环境现状调查；环境影响预测与评价建设项目的环境影响；评价工作成果清单；评价工作组织、计划安排；经费概算。

3. 环境影响报告书的编制

环境影响报告书是环境影响评价工作成果的集中体现，是环境影响评价承担单位向其委托单位即工程建设单位或其主管单位提交的工作文件。

经环境保护主管部门审查批准的环境影响报告书，是计划部门和建设项目主管部门审批建设项目可行性研究报告或设计任务书的重要依据，是领导部门对建设项目作出正确决策的主要依据的技术文件之一，是对设计单位进行环境保护设计的重要参考文件，并具有一定的指导意义。它对于建设单位在工程竣工后进行环境管理有重要的指导作用。因此，必须认真编制环境影响报告书。

（1）环境影响报告书的编制原则。环境影响报告书是环境影响评价程序和内容的书面表现形式之一，是环境影响评价项目的重要技术文件，在编制时应遵循以下原则：一是环境影响报告书应该全面、科学、客观、公正，概括地反映环境影响评价的全部工作；二是文字简洁、准确，图表要清晰，论点要明确。

（2）环境影响报告书编制的基本要求。环境影响报告书的编制要满足以下基本要求：一是环境影响报告书总体编排结构应符合《建设项目环境保护管理条例》的要求，科学客观、内容全面、重点突出，实用性强；二是基础数据可靠；三是预测模式及参数选择合理；四是结论观点明确、客观可信；五是语句通顺、条理清楚、文字简练、篇幅不宜过长；六是环境影响报告书中应有评价资格证书。

（3）环境影响报告书的编制要点。建设项目的类型不同，对环境的影响差别很大，环境影响报告书的编制内容也就不同。尽管如此，但其基本格式、基本要点相差不大。以下是典型的报告书编排格式：

1）总论；

2）建设项目概况；

3）环境现状（背景）调查；

4）污染源调查与评价；

5）环境影响预测与评价；

6）环保措施的可行性分析及建议；

7）环境影响经济损益简要分析；

8）结论及建议；

9）附件、附图及参考文献。

第二节　环境影响评价在生态文明建设中的作用

环境影响评价制度体现了可持续发展的基本理念，能够起到"预防为主"，把环境污染和生态破坏控制在决策源头的作用。因此，正确实施环境影响评价制度，对于有效开展生态文明建设，促进人与自然、人与社会和谐共生和良性循环具有十分重要的意义。

一、实施环境影响评价制度有利于人与自然的和谐发展

近几十年来，在调整人与自然关系方面，中国做了大量工作，取得了较为明显的成效。首先，自20世纪70年代初开展的人口计划生育工作，使中国的人口出生率大幅度下降，人口快速膨胀势头得到有效遏制，人口生育行为基本上进入有计划状态；教育、体育事业的普及和发展，使中国人口的文化素质、身体素质有了明显提升。这一切，均为中国经济、社会的持续发展争取了相对宽松、良好的人口环境。其次，资源环境保护工作已列入党和国家重要议事日程，可持续发展和科学发展观的相继提出，表明人口、资源、环境问题正成为国家发展战略的重大课题；《水法》、《矿产资源法》、《森林法》、《草原法》、《土地管理法》、《环境

保护法》、《大气污染防治法》、《水污染防治法》等一大批法律法规相继出台，基本扭转了资源、环境保护无法可依的局面；媒体的广泛宣传和发展实践的教育，公众的资源环境意识正在觉醒，珍惜、节约自然资源，关爱、保护生态环境，正逐步引起越来越多社会公众的关注和重视。这同样为中国经济、社会持续发展提供了相对良好的环境条件。

但是，中国人与自然关系中仍存在一系列不和谐因素。主要表现在三个方面：

(一) 人口问题比较突出

1. 人口规模过大，年均增长量过高

以河南为例，根据国家统计局发布的第六次全国人口普查数据，河南省2010年人口为 9400 万人，与 2000 年第五次全国人口普查相比，十年增加人口 147 万人，增长 1.58%。如此庞大的人口规模和相对较高的增长量，一方面形成了对资源的过度需求，加剧了对资源、环境的破坏和污染；另一方面，就业压力日益沉重。全国农村现有富余劳动力接近 2 亿人；城市就业难已成为普遍现象，大学毕业生初次就业率只在 70% 左右。"城镇每年新增劳动力 1000 万人，加上上年结转的 1400 万失业和下岗人员，需要安排就业的达 2400 万人。按经济增长 8%~9% 计算，每年可新增 900 多万就业岗位，加上补充自然减员，共可实现就业 1100 万人，年度劳动力供求缺口仍在 1300 万人左右"。在未来可预见的时期内，中国的就业压力将与日俱增。

2. 人口素质偏低

就文化、科学素养来看，根据公布的第六次全国人口普查数据，作为人口大省的河南，文盲率为 4.25%，高于全国平均水平（4.08%）0.17 个百分点，每 10 万人中具有大学文化程度为 6398 人，仍然低于全国平均水平（8930 人）。从人口的整体素质上看，河南省低于全国平均水平。同时，根据 2010 年 11 月 25 日发布的中国第八次公民科学素养调查结果显示，2010 年中国具备基本科学素养的公民比例为 3.27%，比 2005 年的 1.60% 提高了 1.67 个百分点，比 2007 年的 2.25% 提高了 1.02 个百分点。但与其他地区和国家相比，仅相当于日本 1991 年的水平、加拿大 1989 年的水平、欧盟 1992 年的水平。

3. 人口结构存在问题

一是城乡人口结构欠佳。第六次全国人口普查结果显示，我国现有城镇人口 6.65 亿人，占 49.68%；农村人口 6.74 亿人，占 50.32%。基本达到了世界平均水平，但与美国、日本等国相比，城镇人口所占比例低 20 个百分点。二是出生婴儿性别比失调。自然情况下，出生人口性别比正常范围在 100：103~100：107。

根据公安、卫生、人口计生部门公布的数据，河南省 2008 年这一比例为 100：115 左右。根据国家统计局 2010 年公布的数据，我国 2009 年这一比例为 100：119.45。尽管与 2008 年相比，下降了 1.11 个百分点，但性别比仍然严重失衡，影响未来人口婚配和社会安定。三是人口老龄化趋势迅猛。1999 年我国即已进入老龄化国家，第六次全国人口普查数据显示，河南省现有 65 岁及以上人口的比重为 8.36%，略低于全国平均水平（8.87%），国际上通常把 65 岁以上的人口占总人口的 7% 作为人口老龄化的起点，按照这个标准，河南省人口已经进入"老年型"人口。老龄化来势迅猛，且在未富之前变老，将对经济、社会带来严峻挑战。总体来看，我国人口规模、增速、素质、结构不利于人的全面发展以及人与自然的和谐发展。

（二）资源日渐短缺

到 2009 年底，河南省耕地面积 11887.95 万亩，人均 1.2 亩，低于全国平均水平人均 1.4 亩，不及世界人均 5.5 亩的 1/4；水资源总量居全国第 19 位，地表径流量居全国第 21 位，人均水资源占有量和耕地亩均水资源占有量分别相当于全国的 1/5 和 1/6。河南省人均淡水 440 立方米，低于联合国确定的 1700 立方米用水"紧张线"，只及世界人均的 1/20，且分布不均，主要集中在西北、西部及南部山区。加之水体污染日益加剧，水资源紧张正式向我们亮出"黄牌"。从整体上来看，河南省的矿产资源总量比较丰富，但富矿少，贫矿多；尤其是主要矿产开采强度大，保有资源储量的保障年限较低。其中，石油、铜、铅、萤石等资源保障不足 5 年，资源严重危机；金、银、天然气、铝土矿、铁等资源保障不足 10 年，属中度危机；而富铁矿、磷矿、钾盐矿、锰矿、铬矿及铂族元素等矿产则需进口解决。截至 2008 年，河南省林地面积 5049 万亩，活立木蓄积 1.805 亿立方米，分别是新中国成立初期的 2.87 倍和 14.12 倍，森林覆盖率从新中国成立初期的 7.81% 提高到 20.16%。林地主要分布在北部的太行山、西部的伏牛山及南部的桐柏山和大别山等。尽管森林覆盖率比较高，但仍然与大规模经济建设和环境保护对森林资源的需求很不适应。全省天然草地面积 443.3 万公顷，占全省土地面积的 27%，约占全国草地面积的 1.2%，可利用草地面积 404.3 万公顷，人均草地拥有量低于全国的平均水平。总体上看，资源不足正成为制约河南省人与自然和谐发展的一个"瓶颈"。

（三）环境形势不容乐观

一方面，环境破坏导致生态失衡。首先，土地沙化、盐碱化呈发展趋势，水土流失日益严重。由于水土流失，全省山丘每年流失土壤 1.2 亿吨，土壤中流失氮、磷、钾、肥约 100 万吨，比山丘每年使用化肥的总量还大，河南省淮河流域山丘岗区流失肥沃的表土 5350.4 万吨，年均土地沙化面积 2519.4 公顷，年均土地石漠化面积 806 公顷，年均水冲沙压农田 2362.18 公顷。其次，许多河流流量减少，水源减少。另一方面，环境污染形势依然严峻。据《2010 年河南环境状况公报》，省辖四大流域污染程度由重到轻依次是：海河流域、淮河流域、黄河流域和长江流域。河南河段中主要污染物是氨氮，其次是五日生化需氧量、高锰酸盐指数。目前，全省监控河段总长度为 7979.4 公里，其中 V 类水质河段长 522.5 公里，占 6.6%，劣 V 类水质河段长 1740.8 公里，占 21.8%，V 类和劣 V 类水质河段长度仍旧占到整个河段长度的 28.4%。《公报》还显示，2010 年虽然城市环境空气质量良好，但全省省辖城市降水平均 pH 值下降 0.23，酸雨平均发生率上升 0.1 个百分点，济源、周口、南阳 3 个城市酸雨发生率分别上升 2.5、4.5 和 1.4 个百分点。种种迹象表明，我们在提高生活水平的同时，又不同程度地损害了人与自然的和谐关系，导致生存环境质量下降。

在传统建设项目决策时，考虑最多的因素是经济效益和经济增长速度，很少考虑对周围环境的影响，结果导致经济发展和环境保护的尖锐对立。实施环境影响评价制度以后，就可以在建设项目决策时，不仅只注重经济效益，还会考虑建设项目对周围环境的影响，并且可以对影响起到反馈作用，从而采取必要的防范措施，促进环境与发展的综合决策，真正把经济效益和环境效益统一起来，把经济发展和环境保护协调起来。

通过环境影响评价工作，对建设项目评价可能带来的不利环境影响，指出应该采取的防治办法，尽可能做到环境保护与生产发展统一协调，对环境保护措施做出环境经济效益分析，通过"先评价，后建设"，推进了产业合理布局和企业优化选址，使建设单位对新建项目是否存在环境污染问题，存在的问题应如何解决、采取什么样的技术措施做到了心中有数，对于落实环境保护基本国策和实施可持续发展战略意义深远。

二、实施环境影响评价制度有利于生态文明建设的加强

环境影响评价制度对生态文明建设具有促进作用。环境影响评价制度在我国经过近 30 年的缓慢发展，逐步形成了与之相对应的行政管理体系、法律法规体系、技术支持体系和环境影响评价资格资质管理体系。特别是 2003 年颁布的《环境影响评价法》，将我国的环境影响评价制度从项目环评推进到规划环评，标志着我国在较低层次上实现了战略环评。从 2005 年初的环评风暴到 2009 年 10 月

1 日起正式实施的《规划环境影响评价条例》，无不说明环境影响评价制度在我国环境保护和经济社会可持续发展中的重要意义及对优化我国工农业生产布局、预防和减轻环境污染破坏所起的重要作用。环境影响评价制度与生态文明建设在多项要求和目标上是一致的。在过去 20 多年的经济快速发展过程中，环境影响评价制度在生态环境保护、资源有效利用、促进节能减排等方面起了重要作用，有效遏制了全国环境质量的持续恶化；环境影响评价制度还通过对环境资源承载能力的综合分析，从保证环境安全和资源可持续利用的角度，指导区域或行业合理确定发展定位、布局、结构和规模等方面，促进了建设项目选址和布局的环境合理性；在严格控制新污染的基础上，通过以老带新、上大关小等措施，实现污染物总量控制；在生产工艺的改革和达标技术的采用上，通过环境友好型新技术、新工艺的实施，促进循环经济的发展。如今，环境影响评价制度作为规划制定和项目建设必须履行的前置性法律手续，可以准确判断经济运行的总体形势，以便采取对策，大大增强了国家宏观调控的主动性和预见性，成为国家宏观调控的重要手段。因此，要实现"主要污染物排放得到有效控制，生态环境质量明显改善"的生态文明建设目标，环境影响评价成为不可缺少的首要制度，必将在生态文明建设中起到不可估量的作用。

三、实施环境影响评价制度有利于全面落实科学发展观

为推进改革和发展，党的十六届三中全会在强调"五个统筹"（即统筹城乡发展、统筹区域发展、统筹经济社会发展、统筹人与自然和谐发展、统筹国内发展和对外开放）的同时，明确提出"坚持以人为本，树立全面、协调、可持续的发展观，促进经济社会和人的全面发展"。科学发展观的本质与核心是"以人为本"。而"坚持以人为本，就是要以实现人的全面发展为目标，从人民群众的根本利益出发谋发展、促发展，不断满足人民群众日益增长的物质文化需要，切实保障人民群众的经济、政治和文化权益，让发展的成果惠及全体人民。全面发展，就是要以经济建设为中心，全面推进经济、政治、文化建设，实现经济发展和社会全面进步"。科学发展观的实质是谋求经济社会更快更好的发展，离开了发展，就无所谓发展观。但是，科学发展观在强调其核心为"发展"的同时，强调发展的模式，强调发展的指导思想，其根本要求是"统筹兼顾"，这是协调环境与发展关系的政治态度。虽然环境与发展的关系已不再受到挑战，但是，如何正确处理环境与发展的关系，仍然是当今世界各国共同面临的重要难题。国家对经济社会持续发展的高度重视，充分证明国家有效保护生态环境和实现资源持续

利用的决心。

环境影响评价制度是贯彻"预防为主"和合理布局原则的一项重要的环境保护基本制度，是指在实施对环境可能有重大影响的活动之前，就该活动所产生的环境影响进行调查、分析与评价，在此基础上提出回避、减轻重大环境影响的措施与方案，在综合考虑各项结果后判断是否实施该活动的一系列程序的总称。事实上，每一个重大的发展规划或者是很小的建设项目都可能会带来不良的环境影响；而环境影响评价的目的在于努力找出任何情况下在环境方面和社会经济方面都是最佳的选择方案。2003 年，我国首次提出了科学发展观，更加注重经济、政治、社会、文化和环境发展上的统筹兼顾。《环境影响评价法》和环境影响评价制度因在预防、控制环境问题方面的重要作用，成为贯彻落实科学发展观的重要法律和制度支撑。党的十七大将科学发展观写入了党章，要求在坚持发展是第一要义的同时，提出以人为本、全面协调可持续发展，真正实现马克思所说的"人的全面发展"。实现这样的发展，需要具体的制度支撑，而环境影响评价制度正适应了这一需要。环境影响评价制度是对传统的以牺牲环境与浪费资源的经济发展模式的重大改革，是可持续发展模式的重要管理手段。它标志着人类的环境保护已从末端治理向"源头控制"的转变。实行环境影响评价制度，无论是对经济快速发展，还是环境保护都有着十分重要的意义，是真正实现"又好又快"发展的内在需要。

首先，环境影响评价制度体现了可持续发展的基本理念。环境影响评价制度要求人类决策时必须考虑环境因素，考虑活动本身对周围环境的影响，以及这种影响的反馈作用，并采取必要的防范措施，这样就真正把经济效益与环境效益统一起来，把经济发展与环境保护协调起来。通过环境影响评价制度的有效实施，可以促进环境与发展的综合决策，实现经济、社会和环境的协调发展，体现了可持续发展模式的基本精神，实现发展和保护的统筹兼顾。

其次，环境影响评价制度的有效实施，能够起到"预防为主"，把环境污染和破坏控制在决策源头的作用。"预防为主"是环境法的基本原则，要求在环境保护方面要坚持预防为主、防治结合、综合整治，即要求国家在积极治理已经造成的环境污染和破坏的同时，采取各种环境保护预防措施，防止开发和建设活动中产生新的环境污染和破坏。这主要是由环境问题的滞后性、不可逆性决定的。环境影响评价制度打破了传统的"先污染后治理"的观念和做法，要求以"预防为主"把环境污染和破坏控制在决策的源头，防止产生环境问题，即便出现了新的环境问题，也可以控制在一定的限度内，做到标本兼治。

最后，环境影响评价制度的有效实施有助于提高行政决策的质量。在以"条块分割"为典型特征的传统计划经济决策模式下，难以兼顾全局和部门、地方利益，统筹发展和保护的关系，决策缺乏民主性、科学性，进而影响决策的执行性。环境影响评价是在公众参与下，协调部门之间、地方之间与全局的关系，优选出无论在环境保护方面还是发展经济方面都是最佳的方案。这样做，增加了行政决策的透明度，有利于做到公开、公正，有助于提高行政决策的民主性和科学性，促进行政决策的实施执行。

第三节　河南环境影响评价制度的发展及优化

近年来，随着社会进步和公众环境意识的不断提高，河南省所辖的各地区在经济社会快速发展的同时，普遍将环境保护工作摆在重要的位置。特别是《环境影响评价法》颁布实施以来，各地环保部门加大了环境影响评价管理力度，使全省的环评工作不断深入，有效促进了河南的社会经济发展。但是在实施环境影响评价制度方面，还存在意识不强、重审批轻监管、队伍能力较弱、执法能力有待提高等不足，还需要在环评工作中不断优化，以推动环境影响评价工作在河南的有效实施和发展。

一、河南环境影响评价制度的实施现状

河南各地政府能结合地方实际，在推进环境影响评价制度建设、开展规划环评、严格环评准入、严查环境违法行为、督促问题项目整改等方面不断深化。"十一五"期间，全省各地环保部门严格执行环境影响评价制度，表现在以下几方面：

（一）不断强化建设项目环保评价审批

全省各级环保部门按照"把住源头、不欠新账、多还旧账、控制总量"的工作思路，坚持区别对待、有保有限、支持先进、制止落后，积极服务符合政策要求和环境准入条件的项目，严格控制高耗能、高污染、产能过剩和低水平重复建设项目。2006~2010 年，全省审批各类建设项目环评文件分别为 9109 个、10049 个、9710 个、11060 个、14929 个，切实发挥了"控制闸、调节器、杀手锏"的作用。2010 年下放部分建设项目环评审批权，强化了省级环保部门的宏观管理职能和市县环保部门的具体监管责任。

（二）积极推进规划（区域）环评工作的开展

全省认真贯彻实施《规划环境影响评价条例》，积极推动规划环境影响评价，2006~2008 年分别完成了各类规划环评 17 项、11 项、67 项。2008 年全省规划环评和战略环评取得突破性进展。组织对河南省粮食核心区规划开展了环境影响评价，并积极组织对煤化工、电力两个重点行业开展规划环评。与此同时，积极推动"产业集聚区"规划环评和重点行业规划环评的开展。2009~2010 年，分别完成了 180 个、178 个产业集聚区环评审查工作，并对郑东新区、郑汴产业带、郑州航空港区 3 个重点开发区域开展了规划环评；组织完成了全省煤化工、电力行业 2 个专项规划的环境影响评价。

（三）逐步完善环评制度建设

为了规范建设项目环境影响评价文件审批，提高审批效率，根据《中华人民共和国环境影响评价法》、《建设项目环境保护管理条例》、《河南省建设项目环境保护条例》，2009 年修订完善了《河南省建设项目环境影响评价文件分级审批规定》，2010 年 5 月 15 日开始施行。该规定进一步明确省、市、县三级环保部门在环评管理工作中的权限和责任，为提高环评审批效率提供了制度保证。2010 年建立了审批项目跟踪调度制度，对"十一五"期间省级审批的建设项目进行全面清理，以便掌握项目的进展情况。

（四）深入开展环评制度执行情况检查

2006 年，全省对 780 个项目的环评执行情况进行了清理，依法停建两批 37 个违法违规项目，使纳入清理范围项目的环评执行率明显提高。2008 年 7 月，河南省人大常委会启动了环评法实施情况执法检查工作，主要检查环评法在全省的执行情况；各类工业园区工业发展和能源发展规划以及对大气环境和水环境有重大影响的环境影响评价文件的编制、审批、执行和调整情况；城市污水处理设施的建设运营情况；《河南省建设项目环境保护条例》实施以来对环境有重大影响的项目环评、"三同时"执行情况和建设项目环境违法查处情况等，全省各地随即开始了环评执行情况的大检查。2009 年 4 月，郑州市环保局在全市范围内开展建设项目环保执法检查活动。对列入省百户重点企业、50 户高成长性企业，特别是列入 2009 年度省重点项目名单的建设项目执行"环评"制度和环保"三同时"制度的情况进行检查。2010 年，桐柏县人大常委会组成执法检查组，通过听取汇报、实地察看、查阅材料、召开座谈会等形式，检查了桐柏县《环评法》贯彻实施情况。2010 年，河南省对"十一五"期间省级审批的建设项目进行全面清理，掌握了 1071 个项目的进展情况，对"三同时"管理中发现的 32 个严重环境违法项目下达责令停产、罚款通知，对 60 个在试生产及验收过程中存在问题的项目下达整改通知，专人督促整改情况的落实，对 3760 个建设项目实施了竣工环保验收。

通过以上环境影响评价制度的多方位实施和推进，河南环境影响评价法律法规逐步完善，环境影响评价工作在调整产业结构、优化生产力布局、加强生态环境保护、推进主要污染物总量减排等方面发挥了重要作用。

二、河南实施环境影响评价制度中面临的问题

虽然在项目环评、规划环评、区域环评、制度建设等方面取得了一定成效，有力地促进了河南经济、社会和环境的全面协调发展，但是河南在环境影响评价制度实施过程中，还面临以下问题：

（一）环评意识有待增强

一是部分地方政府和有关部门环评意识不强，不能正确处理发展与环保的关系，重发展轻环保。二是部分企业或业主守法意识不强，把环评看做一种形式，"边建边评、先建后评、已建不评"的现象还一定程度存在。这些现象导致河南建设项目环评执行率偏低，建设项目环境保护竣工验收难度大。

就整体来看，存在着大型建设项目环评执行较好，小型建设项目环评执行较差的现象。如桐柏县在 2010 年环评执行检查中就发现，水利、交通、餐饮娱乐业和畜禽养殖业等行业的建设项目，其项目前期办理环境影响评价审批手续的几乎没有。检查中了解到，桐柏县 2007 年以来，发改委立项备案工业项目 59 个，环评执行率约为 65% 左右，距离环评执行率达到 100% 的要求还有较大距离。

个别企业在项目建设中，对环保设施建设没有完全按环评要求落实，造成项目迟迟达不到验收要求。如河南佛教学院建设项目主体工程已基本完工，但与该主体工程配套建设的污水排水管道尚未开工建设。环保部门要求的"食堂废水经隔油处理后与生活污水一起经奥德曼化粪池处理达标，并通过排污管道进入桐柏县市政管网，最终进入桐柏县污水处理厂处理"的"三同时"规定未落实，甚至还有个别企业以试生产为名故意久拖不验的现象也有存在。

（二）重审批结果、轻监管过程

从目前的实施情况来看，环保部门和业主都存在着只重视环评审批结果、相对忽视跟踪监管的现象。许多建设单位委托环评单位编制环评文件的目的仅仅是为了取得环保主管部门的批文，为建设项目上马扫清障碍，对环境影响评价文件的内容漠不关心，甚至根本不清楚。由于监管不严，有的环保部门甚至对不符合

产业政策、厂址选择明显错误的项目也予以审批。建设项目全过程跟踪和后评估工作机制尚未健全，有关部门在建设项目审批工作中，沟通、衔接、配合还不到位，导致一些建设项目没有环评照样能开工建设。建设项目的环评管理工作还存在较大漏洞。

（三）环评队伍能力不足

队伍能力不足是影响河南开展环评工作的一个重要因素。就环评单位来说，人员紧缺、超负荷工作已经成为普遍现象，再加上环评一般涉及行业较多，现有人员很难对每个行业的特点都有深入了解。因此，编制的环评文件时常会出现错误，提出的环保措施也比较笼统，难以执行。而对于评审专家来说，评审会时间较短，很难在短时间内对环评文件质量把关，评审质量也难以保证。环保审批部门由于事务性工作较多，更不可能对每个项目的情况做深入分析。这些因素大大削弱了环评制度的作用。

（四）执法能力有待提高

由于缺少必要的环境检测设备和专业人员，环保部门执法力量依然薄弱，对已通过环评的在建项目跟踪检查难以到位，这也是导致建设项目违法问题比较突出，存在未批先建、批建不符、不执行"三同时"和不落实环评提出措施的主要原因。

（五）公众参与不强

尽管国家早已将公众参与纳入了环境影响评价程序，并且环境保护部还专门发布了《环境影响评价公众参与暂行办法》来规范这一行为。但从目前河南实施情况来看，公众参与在很大程度上仍流于形式，没有起到实质性作用。主要原因可能有：河南还缺乏强有力的、独立于政府的民间环保组织来参与环保博弈；直接受到建设项目影响的公众往往素质不高，很难提出合理的建议；公众获取信息的方式不畅，很多情况下并不知道项目需要或正在进行环境影响评价，也不知道需要公众的共同参与，且缺乏有效的参与途径；政府对于许多事务具有主导权，使公众缺乏参与热情。

三、河南推进环境影响评价制度的优化建议

结合以上存在问题，建议河南推行环境影响评价制度在以下方面完善优化：

（一）大力宣传，强化环评意识

首先，要充分利用广播、电视、网络、印发资料等多种形式宣传环评法及相关法律法规，提高大家对环评法的了解。其次，要将环评法纳入到普法学习内容

中，组织广大干部特别是各级领导干部认真学习，增强其环评意识，以便能正确处理发展与环保关系。同时，还要对企业法人和业主进行《环评法》的宣传教育，增强其环评法律意识，以提高遵守和执行环评的自觉性和主动性。最后，新闻媒体还要对违反环评法的人和事加大曝光力度，利用媒体力量督促落实环评相关规定。

（二）加强跟踪监管和后评价

由于只重视是否通过了环评审批，而不关注跟踪监管，导致许多环评文件提出的环境保护对策、措施成为"纸上谈兵"，没有落实。因此，应加强规划和建设项目实施后的环境监管，包括环境质量、资源供需、环评及审批文件提出的环保对策和措施的执行情况。一旦发现有不符合环评文件的情况出现，应及时进行环境影响后评价，针对新的情况进行分析，提出新的环保对策、措施，把不利环境影响尽可能降低到最低。

（三）严格落实环评工作机制

地方政府要进一步加强实施环评法的领导和协调工作，严把环评准入关，对不符合产业发展和环保要求的项目要坚决否决。环保、发改、规划和建设、工商等部门要按照环评法及相关要求，对未进行环境影响评价的项目，不得批准立项，不得同意开工建设和办理有关证照。各相关职能部门要加强配合，信息共享，形成良好的环评工作协调机制。

（四）加强队伍建设，提高环评质量

为加强队伍建设，提高环评质量，环境保护部近年来已建立和实施了环境影响评价工程师职业资格制度，每年举行一次。从业人员考试合格并按专业类别登记后，才能以环境影响评价工程师的名义从事环境影响评价工作，并对其承担的环评文件负责。该制度的实施在很大程度上提高了环评从业人员的素质，相信以后还会不断提升。在这样的大环境下，省及地方环境管理部门应严格环评文件的审查，加强对环评机构的日常考核，切实促进此项事业的发展。

（五）积极推动公众参与

通过广泛宣传和普及环评法，提高公众参与环评意识和参与能力，并在可能被公众知晓的渠道发布有关环境影响评价公众参与的公示，使公众及时了解到有关项目的情况。通过合理的组织形式收集公众意见，并对合理意见进行有效采纳，提高公众参与环评的积极性和有效性。

（六）强化执法监管，确保环评有效实施

要进一步加大执法力度，加强对环评执行情况的日常监管，严厉打击"先上

车，后买票"、"上了车，不补票"、不执行"三同时"、不环保验收就投入生产等各类违反《环评法》的行为。同时，要加强环保部门自身建设，切实提高执法监管能力。各地方政府要在资金投入、设备配置和人员配置上为环保部门提供有力支持；地方环保部门要进一步强化执法人员的技术培训，全面提高环境执法人员的业务素质和执法水平，为《环评法》的贯彻实施提供坚强的保障。

第十一章　生态补偿机制与生态文明建设

生态补偿是生态文明建设的一项具体实践。中国可持续发展战略的根本点是实现经济社会发展与人口、资源、环境相协调，核心是实现生态环境与经济社会的协调发展。在市场经济条件下，建立生态环境补偿机制是运用经济手段保护生态环境的重要措施，是实施可持续发展的战略需要。

第一节　生态补偿机制概述

国内外学者从不同的角度和不同的侧重点对生态补偿的含义进行了探讨。《环境科学大辞典》对自然生态补偿给出了生态学意义上的定义，即自然生物有机体、种群、群落或生态系统受到干扰时，所表现出来的缓和干扰、调节自身状态，使生存得以维持的能力，这一定义从生态学角度揭示了生态系统通过调节机制平衡外界扰动，实现系统自我补偿的机制，这是生态系统维持稳定结构和功能的最基本机能。

一、生态补偿

根据研究角度的不同，国内外学者们对生态补偿的含义有不同的见解。

国际上对生态补偿有一个比较典型的定义为："对在发展中对生态功能和质量所造成损害的一种补助，这些补偿的目的是为了提高受损地区的环境质量或者用于创建新的具有相似生态功能和环境质量的区域。"

中国著名生态学家李文华认为，生态补偿是以保护和可持续利用生态系统服务为目的，以经济手段为主调节相关者利益关系的制度安排。广义的生态补偿应该包括环境污染和生态服务功能两个方面的内容，也就是说不仅包括由生态系统服务受益者向生态系统服务提供者提供因保护生态环境所造成损失的补偿，还包括由生态环境破坏者向生态环境破坏受害者的赔偿。

任勇等认为，生态补偿机制是为改善、维护和恢复生态系统服务功能，调整相关利益者因保护或破坏生态环境活动产生的环境利益及其经济利益分配关系，以内化相关活动产生的外部成本为原则的一种具有经济激励特征的制度。

环境保护部宗建树认为，广义的生态补偿包括污染环境的补偿和生态功能的补偿，即包括对损害资源环境的行为进行收费或对保护资源环境的行为进行补偿，狭义的生态补偿仅指对生态功能的补偿，通过制度手段解决好生态投资者的合理回报，激励人们从事生态保护从而为社会提供生态效益。

北京师范大学毛显强教授将生态补偿定义为：通过对损害（或保护）资源环境的行为进行收费（或补偿），提高该行为的成本（或收益），从而激励损害（或保护）行为的主体减少（或增加）因其行为带来的外部不经济性（或外部经济性），达到保护资源的目的。

综上所述，生态补偿是使生态影响的责任者承担破坏环境的经济损失；对生态环境保护、建设者和生态环境质量降低的受害者进行补偿的一种生态经济机制。对生态补偿的理解有广义和狭义之分：广义的生态补偿既包括对生态系统和自然资源保护所获得效益的奖励或破坏生态系统和自然资源所造成损失的赔偿，也包括对造成环境污染者的收费。狭义的生态补偿则主要是指前者。从目前我国的实际情况来看，由于在排污收费方面已经有了一套比较完善的法规，急需建立的是基于生态系统服务的生态补偿机制，所以在本书中采用了狭义的概念。

二、生态补偿机制的内涵与外延

（一）生态补偿机制的内涵

生态补偿机制是以保护生态环境、促进人与自然和谐为目的，根据生态系统服务价值、生态保护成本、发展机会成本，综合运用行政和市场手段，调整生态环境保护和建设相关各方之间利益关系的环境经济政策。主要针对区域性生态保护和环境污染防治领域，是一项具有经济激励作用、与"污染者付费"原则并存、基于"受益者付费和破坏者付费"原则的环境经济政策。

（二）生态补偿机制的外延

生态补偿机制的外延主要涉及四个相关的重要特征：一是时间性，即生态补偿的时间维度；二是区域性，即生态补偿的空间维度；三是涉及的责任（利益）主体；四是生态补偿目标、行为和效果。生态补偿概念的外延主要表现为不同时空条件下，不同补偿主体、补偿目标、补偿效果、补偿途径等对应的不同生态补偿实现形式。

通过对生态补偿内涵和外延的分析，生态补偿要实现对生态系统自身机能的恢复以及对经济社会系统各主体生态环境利益平衡两个功能，必须借助于一系列法律、经济、政策手段的运用及相应制度的安排。生态补偿机制要以人类社会可持续发展为目标，以调整人与自然关系及社会主体之间利益关系为核心，以相关法律、政策和制度为规范、引导和激励手段，由生态补偿主体、客体、方式、标准等要素构成具有稳定结构，并能有效发挥补偿功能的运作机制。

三、生态补偿的理论基础

生态补偿的出现是源于人们对经济投资回报的思考，理论基础主要有：生态环境价值理论、外部性理论和公共产品理论。

（一）生态环境价值论

长期以来，资源无限、环境无价的观念根深蒂固地存在于人们的思维中，也渗透在社会和经济活动的体制和政策中。随着生态环境破坏的加剧和生态系统服务功能的研究，使人们更为深入地认识到生态环境的价值，并成为反映生态系统市场价值、建立生态补偿机制的重要基础。联合国千年生态系统评估（MA）的研究在这方面起到了划时代的作用。生态系统服务功能是指人类从生态系统获得的效益，生态系统除了为人类提供直接的产品以外，所提供的其他各种效益，包括供给功能、调节功能、文化功能以及支持功能等可能更为巨大。因此，人类在进行与生态系统管理有关的决策时，既要考虑人类福祉，同时也要考虑生态系统的内在价值。生态补偿是促进生态环境保护的一种经济手段，而对于生态环境特征与价值的科学界定，则是实施生态补偿的理论依据。

（二）外部性理论

外部性理论是生态经济学和环境经济学的基础理论之一，也是生态环境经济政策的重要理论依据。环境资源的生产和消费过程中产生的外部性，主要反映在两个方面：一是资源开发造成生态环境破坏所形成的外部成本；二是生态环境保护所产生的外部效益。由于这些成本或效益没有在生产或经营活动中得到很好的体现，从而导致了破坏生态环境没有得到应有的惩罚，保护生态环境产生的生态效益被他人无偿享用，使得生态环境保护领域难以达到帕累托最优。

庇古认为，当社会边际成本收益与私人边际成本收益相背离时，不能靠在合约中规定补偿的办法予以解决。这时市场机制无法发挥作用，即出现市场失灵，而必须依靠外部力量，即政府干预加以解决。当它们不相等时，政府可以通过税收与补贴等经济干预手段使边际税率（边际补贴）等于外部边际成本（边际外部收益），使外部性"内部化"。构建这种外部性内部化的制度，就是生态补偿政策制定的核心目标。

（三）公共物品理论

人们普遍认为，自然生态系统及其所提供的生态服务具有公共物品属性。纯粹的公共物品具有非排他性和消费上的非竞争性两个本质特征。这两个特性意味着公共物品如果由市场提供，每个消费者都不会自愿掏钱去购买，而是等着他人去购买，而自己顺便享用它所带来的利益，这就是"搭便车"问题。如果所有社会成员都意图免费搭车，那么最终结果是没人能够享受到公共物品，因为"搭便车"问题会导致公共物品的供给不足。

但是，公共物品并不等同于公共所有的资源。共有资源是有竞争性但无排他性的物品。在消费上具有竞争性，但是却无法有效地排他，如公共渔场、牧场等，则容易产生"公地悲剧"问题。即如果一种资源无法有效地排他，那么就会导致这种资源的过度使用，最终导致全体成员的利益受损。

生态环境由于其整体性、区域性和外部性等特征，很难改变公共物品的基本属性，需要从公共服务的角度，进行有效的管理，重要的是强调主体责任、公平的管理原则和公共支出的支持。从生态环境保护方面，基于公平性的原则，区域之间、人与人之间应该享有平等的公共服务，享有平等的生态环境福利，这是制定区域生态补偿政策必须考虑的问题。

四、生态补偿机制与生态文明建设的关系

建立和完善生态补偿机制，有助于推动环境保护工作实现从以行政手段为主向以行政、经济、法律等综合手段为主转变，有助于推动生态文明建设，有助于推动资源节约型、环境友好型社会建设。

（一）建立生态补偿机制对生态文明建设的影响

生态文明是人类在改造客观世界的同时，改善和优化人与自然的关系，建设科学有序的生态运行机制，体现了人类尊重自然、利用自然、保护自然、与自然和谐相处的文明理念。建设生态文明，树立生态文明观念，是推动科学发展、促进社会和谐的必然要求。它有助于唤醒全民族的生态忧患意识，认清生态环境问题的复杂性、长期性和艰巨性，持之以恒地重视生态环境保护工作，尽最大可能地节约能源资源、保护生态环境。

我国经济增长方式粗放问题十分突出，资源环境面临的压力越来越大。2010年我国GDP总量397983亿元，较上年增长10.3%。然而，资源能源消耗约占世界能源消耗的15%左右，钢材消耗量约占世界钢材消耗的30%，水泥消耗约占世界水泥消耗量的54%。与此同时，我国的资源总量和人均资源严重不足。我国人均45种主要矿产资源，为世界平均水平的1/2，人均耕地、草地资源为1/3，人均水资源为1/4，人均森林资源为1/5，人均石油占有量仅为1/10。这说明，我国的资源已难以支撑中国由传统工业向现代工业的持续发展。

时至今日，我国环境污染状况形势严峻，我国1.9亿人的饮用水有害物质含量超标；约1/3的城市人口暴露在超标的空气环境中；1.5亿亩的耕地因为污染而退化。这些数据来源于2011年4月21日发布的中国环境宏观战略研究报告。报告中仔细分析了水、空气、土壤、生物物种、噪音、固体废物、核与辐射等与人类生活息息相关的环境要素的现状。目前我国的环境形势可以概括为这样四句话：局部有所改善，总体尚未遏制，形势依然严峻，压力继续加大。近50年来，我国东部地区的能见度下降了约10千米，西部地区则大概是东部地区的一半，区域性阴霾问题越来越严重。全国十大流域中，除了珠江流域污染较轻之外，其他九个流域支流都受到不同程度的污染，湖泊富营养化呈迅速增长趋势，近岸海域的环境质量下降。土地也正在变得越来越贫瘠，土壤污染量大、面广、持久、毒性大，因为污染而退化的耕地数量已经达到1.5亿亩。

河南省也面临巨大的环境压力。河南省"两高一资"产业占比过高。其中，第二产业比例高于全国近10个百分点，电力、煤化工、电解铝、食品等行业比例占第二产业的69.3%，而造纸、制革、酿造、化工行业的水污染物排放量占全省工业排放量的70%以上。

（二）生态文明建设促进生态补偿机制的科学完善

人类社会发展到今天，生态文明观念已经超越原始文明、农业文明和工业文明，成为一种普世的价值观。生态文明应成为社会主义文明体系的基础。物质文明、政治文明和精神文明离不开生态文明，没有良好的生态条件，人不可能有高度的物质享受、政治享受和精神享受。没有生态安全，人类自身就会陷入不可逆转的生存危机。生态文明是物质文明、政治文明和精神文明的前提。党的十七大首次提出建设生态文明，胡锦涛同志指出："大量事实表明，人与自然的关系不和谐，往往会影响人与人的关系、人与社会的关系。如果生态环境受到严重破坏、人们的生活环境恶化，如果资源能源供应紧张、经济发展与资源能源矛盾尖锐，人与人的和谐、人与社会的和谐是难以实现的。"人与自然是共存、共生、共荣的关系。随着经济的发展，人们越来越清醒地认识到以污染环境和破坏生态换取一时的经济繁荣的危害性，把生态建设上升到文明的高度，是我们党对中国特色社会主义、经济社会发展规律和人类文明趋势认识的不断深化。建设生态文明，不仅对于贯彻落实科学发展观、继续推进中国特色社会主义伟大事业和全面建设小康社会具有重大的现实意义，而且对于维护全球生态安全、推动人类文明进步和可持续发展具有深远的历史意义。因此，要牢固树立生态文明观念，积极推进生态文明建设。

(三) 生态补偿机制对河南省生态文明建设的重要意义

1. 生态补偿机制是实现生态文明、追求人与自然和谐发展的具体体现

自古以来中华民族就有勤俭节约的优良传统和"天人合一"最朴素的人与自然和谐相处的思想理念。河南省近几年加大了发展力度，但面临着能源、资源、环境的新问题和新挑战，因此在经济发展、人民富裕基础上进一步实现生态文明、追求人与自然的和谐发展是下个阶段最迫切的目标。建立生态补偿机制就是要把生态环境建设和保护提升到管理层面，规范每一个社会个体、团体共同遵守生态保护准则、分享生态保护权益、维护生态保护环境。

2. 建立生态补偿机制是落实新时期环保工作任务的迫切要求

党中央、国务院对建立生态补偿机制提出了明确要求，并将其作为加强环境保护的重要内容。《国务院关于落实科学发展观加强环境保护的决定》要求："要完善生态补偿政策，尽快建立生态补偿机制。中央和地方财政转移支付应考虑生态补偿因素，国家和地方可分别开展生态补偿试点。"国家《节能减排综合性工作方案》也明确要求改进和完善资源开发生态补偿机制，开展跨流域生态补偿试点工作。

为探索建立生态补偿机制，河南省积极开展工作，研究制定了一些政策，取得了一定成效。但是，生态补偿涉及复杂的利益关系调整，目前对生态补偿原理性探讨较多，针对具体地区、流域的实践探索较少，尤其是缺乏经过实践检验的生态补偿技术方法与政策体系。因此，有必要通过在重点领域开展试点工作，探索建立生态补偿标准体系，以及生态补偿的资金来源、补偿渠道、补偿方式和保障体系，为全面建立生态补偿机制提供方法和经验。

3. 建立生态补偿机制是河南省生态环境保护与建设的关键所在

建立完善的生态补偿机制，为生态保护和建设提供强有力的政策支持和稳定的资金渠道，是"在发展中保护，在保护中发展"思想得以长期、稳定实施的重要手段。

4. 建立生态补偿机制是生态环境管理规范化、市场化的制度保障

目前，河南省已经建立了一些初步的生态补偿资金和渠道，但由于机制不完善，补偿不能完全依理、依法进行，部门利益导致补偿受益者与需要补偿者相脱节。所以，河南省需要建立完善、统一的生态补偿机制，确保在公平、合理、高效的原则下，实现生态环境保护与建设投入的制度。

第二节　河南省生态补偿机制的现状分析

随着河南省生态文明建设的不断深入，河南生态补偿机制也在不断健全、完善之中。

一、河南省生态补偿机制补偿原则

（一）生态效益原则

在生态环境的补偿和建设中，效益原则要求经济效益、生态效益与社会效益的统一。每一生态要素和生态资源不仅有经济价值、生态价值，也具有社会服务价值，甚至其生态价值远远高于经济价值。有专家预算，我国长江流域森林资源的经济价值为 0.197 万亿元，而其生态价值则高达 2.1 万亿元，两者之比为 1:11。生态利益一般包括个人生态利益、社会生态利益和生态自身利益三方面。在生态效益原则下，针对这三种不同的生态利益采用不同的补偿方式，实现不同的效益目标：对于社会生态利益与生态自身利益，由于其社会价值与生态价值的不可交换性，需采用政府管制机制给予补偿；对于个人生态利益，利用市场机制给予经济补偿，实现其经济效益。

（二）谁破坏、谁恢复，谁受益、谁补偿的责任原则

温家宝同志在 2006 年 4 月 17 日召开的第六次全国环境保护大会上提出，环境保护要加快实现"三个历史性转变"，并明确指示："要按照'谁开发谁保护、谁破坏谁恢复、谁受益谁补偿、谁排污谁付费'的原则，完善生态补偿政策，建立生态补偿机制。"《中华人民共和国国民经济和社会发展第十一个五年规划纲要》要求，按照谁开发谁保护、谁受益谁补偿的原则，建立生态补偿机制。

建立生态环境补偿机制必须坚持"谁污染谁治理，谁破坏谁恢复，谁受益谁付费"的原则。环境污染造成的是环境公害，污染者不但要为污染行为付出代

价，而且有责任和义务对自己污染环境造成的损失作出赔偿。同样，环境受益者也有责任和义务对为此付出努力的地区和人民提供适当的补偿，用于生态环境资源的保护、恢复、更新，以保证资源的持续利用。按照谁受益谁付费的市场经济原则，作为自然资源保护的直接受益者，我国长江中下游省区应以税收或其他方式为上游支付一定数量的资源维护费。收取资源维护费不仅理论上能成立，实际操作上也是可行性的。但迄今还没有一个协调机构和机制来保证受益方和损失方的利益获得平衡，所以应参照国际惯例，尽快制定发达地区的生态补偿机制，保证欠发达地区生态保护的积极性。

河南省退耕还林还草工程中暴露出的补偿主体不明确现象，从很大程度上阻碍了整个地区的生态补偿机制行为的有效性。建立生态环境补偿机制应当遵循谁利用谁补偿，谁受益或者谁损害谁付费和满足需要与现实可行相结合的原则。建立健全生态环境补偿机制，既是社会经济工作贯彻落实科学发展观、坚持走可持续发展道路的具体体现，也是加强河南省生态环境建设的重要环节。

（三）公平、公正的分配原则

生态补偿是社会资本和财富的再分配和分布过程，受益地区和群体将部分财富和资本补偿给保护区群众，改善保护区群众生活条件和生产条件，提高保护区群众生活水平，增强保护区地区的发展能力和实力，促进保护区的经济发展，缩小地区差距，促进社会公平，促进区域间协调发展，抑制和消除因生态保护引发的社会摩擦冲突，缓解区域间紧张关系。人们的环境权应该是平等的，发展权也应该是平等的。但地处源头区的人民不得不在产业发展时受到许多限制和遭遇不公平待遇。流域上下游之间是有机联系的、不可分割的整体，上游地区污染，上游就要对下游地区赔偿；反之，如果上游地区提供给下游的是经过治理后的，优于标准的水质，下游地区就应该对上游地区所做的贡献给予适当的补偿。

（四）政府主导、市场推进的组织原则

生态保护建设属于公共事业，由于生态建设的经济外部性及公共产品的存在，加之市场条件不完善，必然会出现市场失灵，这就需要政府在建设中起到主导的作用。发达国家"经济靠市场，环保靠政府"的经验也证明了这一点。政府主要依靠法律手段、经济手段和必要的行政手段发挥在环境保护中的作用，科学地界定生态建设者和破坏者的权利和义务，制定相关法律法规，规范生态补偿的形式与标准，筹集生态补偿所需要的人、财、物和技术等，科学合理地分配到生态建设各领域，完善生态建设补偿网络，提高运行效率，实施有效监督。同时生态补偿存在着利益机制，所以应当积极发挥市场机制在调节各种利益行为的作

用，使得各种资源得到有效的配置，提高生态补偿的效率，实现生态环境的价值，增加生态建设的融资渠道，促进生态建设补偿的产业化发展。

（五）因地制宜、分区补偿的实施原则

河南省自然历史条件复杂，区域差异明显，无论从水平地带性还是垂直地带性上来看，其生态环境都有较大的差异，所以不同的区域就面临着不同的生态环境问题，因此，应把需要生态建设补偿的地区按生态环境的现状和问题进行规划分区，划分出不同的补偿类型区，因地制宜，实行分区补偿。

（六）循序渐进、有效性的补偿原则

河南省生态补偿机制的建立主要应从规范并推广补偿费的征收入手，合理收费，并逐步总结经验，循序推行。损害、受益明显的，采用先定性后定量，先少后加的方法进行补偿。一些生态补偿规划之所以没有被采纳，是因为操作成本过高，从长期来看，甚至影响社会和经济的发展。因此，生态补偿机制要将长期效应和短期效应结合起来，保证生态补偿的有效性。

二、河南省生态补偿机制成效分析

（一）水环境生态补偿机制

根据新华网河南频道报道的资料，河南省 2010 年在省辖长江、淮河、黄河和海河四大流域实行地表水水环境生态补偿制度，全年共扣缴生态补偿金 4638.2 万元，扣缴的资金用于流域内的水污染治理。所谓水环境生态补偿机制，是指如果流经该市的水经过治理，水质得到改善，并达到了环保的各项要求，就给予奖励；如果在该市区域内，水质不仅没有得到改善，反比上游水质还糟糕，就得拿出相应资金给予补偿，用钱来买"排污权"。

此办法适用于河南省行政区域内长江、淮河、黄河和海河四大流域 18 个省辖市的地表水水环境生态补偿。南水北调中线河南段水环境生态补偿办法另行制定。按照"谁污染、谁补偿"和"谁保护、谁受益"的原则，上游省辖市出境断面水质污染物超标的，必须给下游省辖市予以经济补偿，并由省财政主管部门负责生态补偿金扣缴及资金转移支付。按照水污染防治要求和治理成本，河南省把生态补偿标准确定为：化学需氧量每吨 2500 元，氨氮每吨 1 万元。生态补偿金主要用于上下游生态补偿、水污染防治，以及对水环境责任目标完成情况较好省辖市的奖励等。这项制度去年曾在河南省辖沙颍河流域和海河流域试行，并取得良好效果。2009 年上半年，沙颍河流域郑州、开封、许昌、漯河、平顶山和周口等 6 个省辖市共扣缴补偿金 6500 多万元，下半年则明显下降到 1800 多万元。

与此同时，沙颍河流域内水环境质量明显改善，13个断面化学需氧量、氨氮平均达标率同比分别提高19%和22%。

环保厅有关负责人表示，在全省实施水环境生态补偿制度，通过经济手段，促进了地方政府水污染防治的力度和进度，各省辖市继续加快环保基础设施建设，深化重点企业污染治理，削减水污染物排放总量，促进了全省地表水环境质量的明显改善。目前，河南已在洛阳、平顶山、焦作、三门峡四市试点推行排污权交易，开始了从无偿分配排污权到有偿购买排污权的转变。

南水北调中线工程干渠全长1246公里，其中河南境内干渠长731.02公里，占全部干渠长度的59%。干渠沿线涉及河南省南阳、平顶山、许昌、郑州、焦作、新乡、鹤壁、安阳8市34个县（市、区）。该区多为山前平原，森林资源少，生态环境脆弱，"人地矛盾"突出，水质污染的潜在威胁很大，以后要加大南水北调中线工程的水环境生态补偿机制的建设。

（二）矿产资源生态补偿机制

河南是一个资源大省，矿产资源的开发利用为河南的国民经济发展做出了较大贡献，同时，也要看到，在开发利用矿产资源过程中，也产生了不少矿山环境问题。比如，占用和破坏大量土地，引发地质灾害和安全隐患；矿区水资源条件遭受破坏，产生各种水环境问题；废气、粉尘、废渣排放导致大气污染和酸雨。矿区生态环境的修复和建立矿产资源生态补偿机制已成为河南省当前一项十分重要的任务。目前，河南各级政府重视程度明显提高，矿山企业生态环境恢复的意识有所增强，在矿山生态恢复和实施生态补偿方面做了许多工作，取得了一定的成效。

（1）加强了矿山环境生态恢复经济补偿机制和制度建设。2007年8月，由河南省财政厅、河南省国土资源厅、河南省环境保护局联合下发了《河南省矿山环境治理恢复保证金管理（暂行）办法》，要求从2007年1月1日起实施。南阳市的南召县、三门峡的灵宝市于2005年在全省率先实行了矿山地质环境治理保证金制度，济源市也已开始实施。省国土资源厅下发了《河南省矿产资源补偿费使用管理暂行规定》，省内重点矿区强化征收措施，从严征收，取得了较好效果。如矿产大县栾川县2008年上半年共追缴上年欠缴矿产资源补偿费200余万元，上缴入库3020万元，同比增长51%。

（2）政府和企业加大了治理投资力度。省政府从2004年起，从"探矿权采矿权使用费和价款"中安排矿山地质环境恢复治理项目240多个合5亿多元；支持地方对因采矿造成的地面塌陷、地裂缝、矸石山等进行综合治理。2008年省政府安排 3 亿元资金，专项用于全省矿山尾矿库治理。部分矿山企业也拿出一部分资金用于矿山环境恢复。

（3）矿山环境治理成效明显。2005~2008 年，全省共治理崩塌 101 处，滑坡 36 处，泥石流 46 处，地面塌陷 319 处，地裂缝 342 处，矸石山 220 座，尾矿库 71 座，恢复土地面积 7514.3 公顷（112715 亩），其中耕地 4399 公顷（65985亩），建设用地 1183 公顷（17746 亩），搬迁村庄 151 个 19780 户 60822 人。

（三）森林资源生态补偿机制

河南省区划界定公益林面积 158.万公顷，占全省林业用地面积的 34.6%。涉及 16 个省辖市、85 个县级单位。按事权等级分：国家级重点生态公益林面积 126 万公顷，省级生态公益林面积 32 万公顷。按权属分：非国有林 118 万公顷（其中集体权属 86 万公顷，个体权属 32 万公顷），占公益林总面积的 75%。国有林 40 万公顷，只占公益林总面积的 25%。

从 2004 年开始，河南省的国家级公益林和省级公益林逐步得到了补偿，2010 年补偿面积已达 121 万公顷（其中国家级公益林 89 万公顷，省级公益林 32万公顷）。补偿标准为：中央财政对集体和个人权属的公益林 150 元/公顷·年，国有林 75 元/公顷·年；省级财政不分国有林和集体林补偿标准为 75 元/公顷·年。

目前，河南省生态公益林主要以保护为主。对所有类型的生态公益林都采取统一的禁伐和限伐保护措施。生态公益林的管护形式以选聘护林员管护为主，目前国有和集体权属的公益林主要采取聘请护林员进行集中管护，管护人员按 45~60 元/公顷·年补助。个体权属的公益林主要采取以下三种管护形式：一是分户管护。即由林农个人承担管护责任，71.25 元/公顷·年的森林生态效益补偿基金全部发放给林农个人。二是集中管护。对个体公益林全部实行护林员集中管护。71.25 元/公顷·年补偿资金中的 3 元用作专职护林员的劳务报酬，其余作为森林防火、病虫害防治费用由县或乡镇统一使用。三是集中管护与分户管护相结合的管护形式。对个体公益林实行护林员集中管护和林农个人承包管护相结合。在71.25 元/公顷·年的补偿资金中，1 元用作专职护林员的管护报酬，3 元用作林农个人的补偿。

河南省应该进一步完善森林生态效益补偿基金制度，扩大省级森林生态效益补偿实施范围，并随着财力的增长逐步提高补偿标准。开展湿地生态补偿，开展中央财政造林补贴、森林抚育补贴、林木良种补贴、生物防治补贴、林业改革补贴等。加大农民林业专业合作社、产权交易中心、林改工作经费等投入力度。进一步争取中央财政和金融机构加大对林业建设的贴息贷款投入力度，建立和完善财政支持下的森林保险机制。建立面向林农的小额贷款和林业中小企业贷款扶持机制，适当放宽贷款条件，降低贷款利率，简化贷款手续，积极开展包括林权抵押贷款在内的符合林业产业特点的多种信贷融资业务。同时，完善林业税费扶持政策，降低育林基金征收标准，减轻农民和企业负担。对林业综合利用产品实行优惠税收政策，对劳动密集型和高附加值林产品提高出口退税标准，推动低碳经济和劳动密集型企业发展。

三、河南省生态补偿机制存在的问题

(一) 生态补偿机制不健全

长期以来，河南省的社会生产部门凭借对自然资源的无偿或低价占有获得超额利润，享用着自然资源提供的各种生态服务，资源开发生态补偿基本上全靠省财政的有限拨款，资源的生态价值损失没有得到全面有效的补偿。另外，生态补偿的法律法规不健全或缺失，已制定的政策规定尚未全面实施。如矿山生态补偿和环境恢复治理是专业技术性很强的工作，缺少现行的行政管理体系、技术标准、预算定额、项目管理、资金管理等制度措施，监测监督管理无法到位。《河南省矿山环境治理恢复保证金管理（暂行）办法》虽已下发，但缺少配套的实施细则及具体的操作程序、管理措施和手段等，如保证金账户怎么建，钱怎么缴和怎么管，除煤炭外其他矿山企业保证金缴纳标准，省财政、国土、环保等部门具体的管理职能和责任等均需进一步明确。2007 年省财政部门虽草拟了实施细则，但仍未全面实施。

(二) 生态补偿资金来源严重不足

虽然国家提出要建立并完善有偿使用和恢复自然资源的经济补偿机制，但在实际执行中，由于资源恢复和环境保护治理资金不足，机制难以落实。受经济利益的驱动，"重开发、轻保护"的思想意识普遍存在，对科学发展战略认识不足。比如河南省在对矿山生态补偿和环境恢复在当今及未来对经济社会发展和人民生活环境改善方面的作用和地位认识不够，以至于在研究立项、经费保障上严重滞后。各级政府财力有限不能大量投资，矿山企业恢复治理矿山环境的自觉性不强，所以遗留下来的矿山环境破坏欠账得不到有效偿还，新的矿山环境破坏现象又在加重，恶性循环，积重难返。

(三) 生态服务功能难以全面实现

受资金等因素的制约，一些生态服务的专项设施难以建设，致使生态环境继续恶化。比如，由于我国过去长期实行的是计划经济，矿山多以国有投资为主

体，生产利润全部上交国家，又由于当时缺乏矿山环境保护意识和法律、政策的约束，企业不可能进行矿山环境恢复治理。同时，一段时间受"有水快流"的影响，小矿山数量众多，实行掠夺式开采，拣富弃贫，乱采滥挖，根本不进行矿山环境恢复，现在好多矿山已经闭坑或废弃，矿业主灭失，遗留下来的矿山环境破坏问题严重。

（四）生态服务输出区域社会经济发展受到限制

保护生态的需要使提供生态服务区域的产业结构受到限制，致使其投资多为静态投资，限制了提供生态服务区域社会经济的发展。

第三节　河南省健全生态补偿机制的建议

河南要建立健全生态补偿机制，需要从政策体系、评价和核算体系、政绩考核体系、优化调控体系以及生态补偿投入机制、监督管理约束机制和研究与试点工作等多层面、多角度着手，不断完善相关政策措施，确保生态补偿工作科学、高效推进。

一、完善有关法律政策

温家宝同志在 4 月 17 日召开的第六次全国环境保护大会上提出："从主要用行政办法转变为综合运用法律、经济、技术和必要的行政办法解决环境问题。"其经济办法主要就是市场经济体制下的生态补偿政策和机制。时任河南省环境保护厅厅长李庆瑞指出，"生态省建设是一项跨行政区划、跨部门、跨行业的综合性系统工程，需要经济社会各个领域进行改革创新"。

生态环境补偿是一个近年来才获得国家和社会各界关注支持的生态环境管理领域，许多新的管理和补偿模式迫切需要法律法规给予肯定和支持。从法律的角度看，生态环境补偿是多个利益主体（利益相关者）之间的一种权利、义务、责任的重新平衡过程，实施补偿首先要明确各利益主体之间的身份和角色，并明确其相应的权利、义务和责任内容。

加强自然资源合理利用和保护立法，为建立生态环境补偿机制提供法律依据，这是建立和完善河南省生态环境补偿机制的根本保证。河南省目前涉及生态环境保护与建设的法律法规，大都没有对利益主体做出明确的界定和规定，导致各利益相关者（补偿的主体和补偿的受体）无从根据法律界定自己在生态环境保护方面的责、权、利关系，更无从依据相关法律和其他利益相关者进行交涉，争取自己的正当权益。在某些利益主体已经确立的法律法规中，往往对于生态环境补偿的依据和标准未作出明确规定，给生态环境补偿工作带来一些不确定因素，为此，迫切需要建立和完善生态环境补偿法律法规体系。加强法律、法规制度建设是贯彻生态环境补偿机制的重要保证。

随着河南省政府对生态补偿工作的深入开展和理论界对生态补偿机制研究的日益深入，立法就显得十分关键。一方面，立法可以为生态补偿机制提供法律依据，保障其顺利、有效实施；另一方面，也可以规制生态补偿机制实施中的各种不规范行为，避免不规范实施带来的不利后果。一套完整的生态补偿法律体系应当包括如下内容：①明确界定生态补偿的范围；②生态补偿的基本原则；③生态补偿主体、客体；④生态补偿的方式；⑤生态补偿标准的界定；⑥生态补偿的救济途径。

二、加强研究与试点工作

《国务院关于落实科学发展观加强环境保护的决定》中要求，"要完善生态补偿政策，尽快建立生态补偿机制；中央和地方财政转移支付应考虑生态补偿因素，国家和地方可分别开展生态补偿试点"。例如，2006 年国家发展改革委员会就规划了北京密云水库上游的水权分配试点。试点的补偿方式首先明确初始水权，上下游通过协商对水权进行有偿转让，上游的农业灌溉用水转让给下游成为工业用水和生活用水后，上游农民即能够以这种方式取得经济补偿并调整产业结构。

目前，我国在生态环境补偿方面的研究基础薄弱，需要深化认识，如生态环境服务功能评估技术方法、生态环境税费政策的制定与实践、生态环境保护的公共财政体制、生态环境保护的市场化政策和产业化政策、流域生态环境补偿机制和政策、重要生态功能区的保护与建设、生态环境补偿机制、自然资源核算和绿色 GDP 核算等。又如生态价值是一个相对的概念，难以用货币来进行衡量，而且补偿对象有时很难准确界定；如何科学准确地界定农业和农村生态环境补偿标准和对象，都成为制约农业和农村生态环境补偿机制全面实施的重要因素。

为此，河南省应开展生态环境保护研究，为建立生态环境补偿机制提供法律依据；根据河南省生态环境污染和生态破坏的实际情况，科学确定不同地区的补偿标准、补偿方式和补偿对象；突出重点，针对群众反映突出、严重影响生产生活和需要实行抢救性保护的区域，如退耕还林还草区、自然保护区、饮用水源保护区、受野生动物危害人类难以生存地区开展生态环境补偿试点；在财政支付能力有限、政府控制力不足的条件下，加强产权改革制度的研究，调动民间参与污染治理和生态建设的积极性，将政府主导型生态治理模式逐步转变为民间主导型治理模式；积极推动环保行业开展生态环境补偿制度的试点工作，为完善生态环境补偿机制积累经验。

三、科学构建生态补偿标准的评价和核算体系

对于生态补偿标准的确定，首先要明确的一点就是生态补偿是有限性的补偿。生态效益补偿的有限性主要受以下几个方面因素的制约：一是人们对环境的生态功能认识和利用的有限性；二是经济社会发展和人们生活水平的有限性；三是由于生态赤字的存在，生态效益补偿既要偿还"历史欠账"，又要保证将当代的开发利用活动控制在生态平衡的限度内，不向未来世代"举债"，当代人的生态环境保护面临着双重的压力。所以，一定时期内，补偿数额上是无法实现完全充分补偿的。

生态补偿标准的确定是生态补偿能否顺利实施的关键问题。自然生态环境千变万化，人们的利益需求也是多种多样，因此，现阶段很难确定一个具体的生态补偿标准。但是众多学者的研究表明，在确定补偿数额的时候要更多的考虑到间接成本，即发展机会成本的因素。制定科学生态补偿标准有如下两个思路：一是根据某一生态系统所提供的生态服务来定价；二是根据生态系统类型转换的机会成本（或恢复成本）来确定。从目前来看，根据机会成本（或恢复成本）来确定补偿标准的可操作性较强。但是，从公平性来讲，根据生态服务价值来确定补偿标准更合理。下面利用机会成本法进行初步测算，测算结果为生态补偿总额，既包括政府需要补偿的，也包括市场行为进行补偿的。

于是，可以得到一个补偿数额的公式：

生态补偿数额＝建设成本（恢复成本＋优化成本）＋保护成本＋发展机会成本

参照上述公式，综合河南省的实际情况，特别是经济发展水平和生态破坏情况，通过协商和博弈确定当前的补偿标准，最后还要考虑到生态保护和经济社会发展的阶段性特征，与时俱进，进行适当的动态调整。

然后，在牢固树立"自然资源和生态环境具有市场价值"理念的基础上，研究建立对自然资源和生态环境的价值进行评价的科学体系，在建立资源环境价值

评估体系的基础上，结合各项指标，建立科学的生态补偿标准体系。

四、建设以政府为主体、多方参与的生态补偿投入机制

政府作为生态补偿的投入主体具有以下优点：首先，政府具有强大的资金实力。生态补偿所需要的资金量大，单凭个人或者企业难以承担巨额的支出，但是政府具有这方面的优势，政府可以集中资金投入到生态补偿上来。其次，政府具有宣传、组织、协调等优势。生态补偿涉及不同的补偿对象，主要包括生态建设地区的农牧民、地方政府、相关企业等，这些不同的补偿对象所追求的目标是不相同的，因此他们对生态补偿的要求也不同，但是政府可以发挥自身的优势，将补偿政策向补偿对象进行广泛宣传，协调不同的补偿对象，促进生态补偿的顺利开展。再次，政府具有宏观组织管理优势。生态补偿的根本目的就是促进生态环境的改善，生态环境改善是一个复杂的系统工程，各个地区之间的生态建设必须协调，这样可以实现更大区域内生态环境的协同发展。因此，政府应该成为生态补偿的主体。

近年来，各试点省结合自身的特点和需要，在生态补偿资金领域进行了一些有益的探索和尝试，已经初步形成一些政策措施。总结起来，主要的经验启示有：省级财政调整和优化生态环保资金的支出结构，不断加大对生态补偿的支持力度；省、市财政设立专项资金用于环境保护和生态建设；结合政府调控与市场化运作，努力建立多元化的筹资渠道。随着经济社会的发展，河南省生态补偿的力度还需进一步加大，生态补偿机制还要进一步制度化、规范化。

（一）完善财政转移支付制度

财政转移支付指以各级政府之间存在的财政能力差异为基础，以实现各地公共服务均等化为主旨而实行的一种财政资金或财政平衡制度。由于不属于当前中国财政转移支付的十个重要因素，如经济发展程度、都市化程度、少数民族人口比例等，生态补偿并没有成为财政转移支付的重点。尽管如此，财政转移支付还是当前中国主要的生态补偿途径。

在建设生态省过程中实施生态补偿机制，河南省应采取灵活的财政转移支付政策，激励生态保护和生态省建设。比如，2004年浙江省提出建立《浙江省生态建设财政激励机制暂行办法》，将财力补贴政策、环境整治与保护补助政策、生态公益林补助政策和生态省建设目标责任考核奖励政策等作为主要激励手段。该办法将生态建设作为财政补偿和激励的重点，将重要生态功能区作为补助的重点地区，明确各项生态建设项目和工程的补偿支持力度，并与生态建设责任目标考

核相结合，将生态补偿、政府绩效和生态建设联系起来。

财政转移支付作为生态补偿的一个重要途径，河南省应不断加以完善有利于生态保护的财政转移支付制度。其一，在确保实现当年财政收支平衡、完成生态环境保护和建设目标任务的前提下，对重要的生态功能区和自然保护区所在地区、生态保护良好的地区以及完成国家生态环境保护目标和生态保护成绩显著地区，给予财政转移支付补助和奖励，形成激励机制。同时，生态补偿要与生态省建设绩效考核挂钩，生态环境建设与保护目标责任考核合格的给予全额返还，不合格的上缴财政，纳入生态省建设专项资金。其二，建立基于主体功能区的生态补偿政策。按照四大主体功能区的功能分工，制定系统的生态补偿政策，增强对限制开发区和禁止开发区的补偿功能：

（1）增加对限制开发区、禁止开发区的财政转移支付，逐步使当地居民在教育、医疗、社会保障、公共管理、生态保护与建设等方面享有均等化的基本公共服务。

（2）加大对限制开发区和禁止开发区生态环境保护项目的投资力度，在国家安排的国债资金建设项目优先用于限制开发区和禁止开发区的公共服务基础设施建设和生态环境保护，国家财政对这两类项目建设银行贷款给予财政贴息。

（3）限制开发区和禁止开发区实施生态优先的政绩考核体系，对限制开发区域，要突出生态环境保护的评价，弱化经济增长、城镇化水平的评价；对禁止开发区域，主要评价生态环境保护的绩效。

（4）以限制开发区为平台整合现有的生态建设项目，建立生态功能保护区建设协调机制，在各级政府的组织下，农、林、水、土、环保等部门各司其职，各项生态建设工程优先在生态功能保护区开展。

（二）设立生态补偿专项基金

专项基金是部门开展生态补偿的重要形式。为实行生态补偿的目标和任务，国土、林业、水利、环保、农业等部门会制定和实施一系列的项目和工程，建立专项基金有利于生态保护和建设的行为进行资金补贴和技术扶持，如农村新能源建设、生态公益林补偿、水土保持补贴和农田保护等。

（三）支持鼓励社会资金参与生态建设

实行生态补偿除了政府加大财政投入外，还应积极采取各种政策，支持鼓励社会资金参与生态建设。鼓励企业自筹资金，采取各项优惠政策鼓励私人参与到环境保护和生态建设中，制定优惠政策鼓励环保产业的发展，积极利用国债资金、开发性贷款，以及国际组织和外国政府的贷款或赠款，努力形成多元化的资金格局。

五、完善领导干部政绩考核体系

我国多年来的经济持续高速增长，造成了一种单纯依靠地方 GDP 增长量考核官员政绩的现象。这样的考核标准促使大小政府官员的唯 GDP 增长率思想高涨，只要是能够发展地方经济，只要能够获得 GDP 的高增长，任何高利润的产业都可以引进发展，而不管这种发展是否是可持续的，是否会对生态环境造成无法弥补的损害，是否会危及子孙后代的生存，甚至威胁到了社会的整体和谐。

现在，河南省要着手改变这种现状，摒弃唯经济增长论，以可持续的科学发展观来引导官员施政，使他们更加关注民生、更加关注生态型社会的建设，重视绿色 GDP 的增长。因此，建议进一步研究修订科学完善的领导班子和领导干部考核标准，把生态建设的有关指标纳入干部考核体系。其中，城市污染指数成为领导班子的重要考察指标之一，将环境质量与经济社会发展、群众生活水平、社会稳定等方面一同纳入对党政领导班子经常性考察范围。落实生态建设目标责任制，加强监督考核，把经济增长指标同人文、资源、环境和社会发展指标有机地结合起来实施年度考核，把建设生态的实绩作为评价班子和干部的重要依据，奖优罚劣。引导和激励广大干部关注生态建设，积极参与生态建设。在调整、配备领导班子时，充分考虑相关理论知识和专业能力，积极配备符合生态建设要求的干部。

六、加强市场机制的调控作用

河南省现有的生态补偿主要是以政府为主导，采用财政转移支付、财政补贴的方式进行，在生态补偿发展的初期，对已严重污染或破坏的生态环境的治理恢复的效果是十分显著的，但是随着环境污染与破坏的严重化，过分依赖政府补偿逐渐显示出很多弊端，出现了"政府失灵"的情况。面对经济发展与环境发展的矛盾日益尖锐的现实，单靠政府主导的生态补偿是远远不够的。

市场机制的优势就在于能够优化资源配置、减少交易成本和提高利益相关者的积极性。生态补偿主要是以经济补偿为主，这就需要最大化的发挥有限资金的作用，充分地使用到生态补偿上，市场机制就可以把有限的资金利用起来，减少中间环节，直接补偿到最需要补偿的地方，充分降低交易成本，最大程度地发挥生态补偿的作用。最后，市场的交易过程本身就是一个交易双方利益协调的过程，依靠的是交易双方的"自愿"。这种协调过程与生态补偿的运行过程是基本一致的，因此市场机制可以充分顾及生态补偿双方的利益需要，从而激发补偿者和被补偿者的积极主动性，调动他们保护环境资源获取利益的积极性。

河南省需要进一步完善水、土地、矿产、森林、环境等各种资源费的征收使用管理，加大各项资源费支出中用于生态补偿的比重。按标准足额征收水资源费，调整优化使用结构，加大对重要生态功能区、水系源头地区的水环境保护资金投入；加快推进水价改革，全面开征城镇污水处理费，尽快将污水处理费征收标准调整到合理水平，为城镇污水处理厂建设顺利进行和保本微利、正常运营创造条件；积极开征固体（危险）废物处理处置费，并根据经济发展水平适时提高收费标准；矿业权出让所得资金要重点支持矿山生态环境治理和恢复；进一步规范排污费的征收、使用和管理，在确保重点污染源防治资金需要的同时，加大对区域性、流域性污染防治的支持力度。另外，还要积极探索排污权交易机制和水权制度建设。

七、完善监督管理约束机制

目前，河南省生态补偿机制缺少有力度的监督管理机制，使得资金不能到位，出现补偿者和受益者相互脱节，使得生态补偿机制不能在强有力的管理机制中运行。在生态环境建设领域开展监理制是从 1998 年我国制定生态环境建设长远规划开始的。根据国务院国办发〔1999〕16 号《国务院办公厅关于加强基础设施工程质量管理的通知》，基础设施项目必须实行监理制，生态环境建设项目是国家重点建设项目，属国家基本建设投资，必须严格执行国家基本建设程序，建立和完善质量管理和监督体系。

自 1999 年引入监理制以后，各项生态建设项目实施建设计划和建设合同，有效地控制了工程投资、工期、质量，提高了生态工程建设管理水平。实行建设监理制以后，监理单位严格按照业主下达的工程建设计划和工程施工设计进行投资控制，从而为计划管理者提供可靠依据，有效堵塞了建设资金管理方面的漏洞，最大限度地发挥工程投资效益。由此可见，生态环境综合治理工程，是多行业综合治理工程，具有规模大，投资多，周期长，涉及部门多，涉及区域广的特点，仅仅依靠政府管理比较困难，需要有监理机构来进行协调管理。实行生态环境综合治理的建设监理制，对项目资金、质量、进度的全方位管理，改变了以往在生态环境建设中粗放式管理模式和条块分割状况，是搞好生态环境综合治理的有效途径，对改善生态环境有重要的现实意义。

第十二章　生态安全评价

生态文明是人类对传统工业文明所带来的一系列危机进行深刻反思的产物，生态安全不仅事关国家安全，也是人类面临的具有全球性的共同问题。从国内发展来看，生态文明建设是党的十八大明确提出的一项重大战略任务，关系着国家经济社会发展，也关系着中华民族的生存安全，是实现可持续发展面临的一个重大问题。对生态安全展开评价分析，可以为生态环境管理与决策调控提供科学依据，对促进经济社会发展和资源节约、环境友好和生态保护起着至关重要的作用。

第一节　生态安全评价

与生态安全相对应的概念就是生态危机或生态风险，因此，生态安全研究的一个重点就是准确、科学地进行风险评估和危机测度，而这些都是生态安全评价的主要内容。生态安全评价的核心是要把握生态安全状况、衡量生态安全程度以及及时捕捉生态安全变化走势及其影响因素，由此生态安全评价需要解决的主要问题就是指标体系科学性问题、数据支持问题、算法模型的建立等方面内容。

一、生态安全

（一）生态安全的由来

安全是一个广泛的、复杂的概念，而且是一个相对的概念。安全一词的含义，从汉语字面上看，是"无危则安，无损则全"，安全意识也就是一种居安思危的忧患意识。吉登斯认为，安全可以定义为一种情境，在这种情境下，一系列特定的危险或者被消除或者被降到最低限度。安全经验通常建立在信任或可接受的风险之间的平衡之上。简单地说，安全指的是事物生存免于威胁或危险的状态，安全是以获得的价值被破坏的可能性处于一种较低的水平。从安全观的发展变化来看，从人类发展初期由针对自然对生存的威胁而提出的原始生存安全观，到人类了解自然驾驭自然的能力不断提高后，开始发展成为针对国家、政治、军事威胁而提出的传统安全观，进而发展到"二战"以及"冷战"时期结束后转而重视能源安全、生态安全、信息安全等的非传统安全观。对安全理论的发展来说，这是一个安全观的既包括内涵也包括外延不断扩展的发展过程，也是生态安全提出并成为关注重点的过程。

近几十年来，随着全球性生态环境问题日益凸显，如温室效应、臭氧层破坏、全球性气候变化、酸雨以及森林锐减、海洋污染等，生态系统遭到严重破坏，而且速度和强度历史罕见，一系列全球性危机给人类的安全生存和发展带来严峻挑战，生态安全问题成为广受关注的热点。随着环境污染的日趋加重，特别是西方工业发达国家环境污染事件造成的公害事件的不断发生，引起了从主要发达国家到国际社会对人类生存环境与国家利益之间关系的普遍关注，使得人们对自身的安全和威胁的认识有了很大改变，人类开始反思现代工业文明在带来巨大财富的同时带来的巨大的经济增长的负效应对人类生存安全的影响。

1948 年，联合国教科文组织的 8 名社会科学家共同发表《社会科学家争取和平的呼吁书》，提出以国际合作为前提，在全球范围内进行实际的科学调查研究，解决现代若干重大问题，这被认为是现代国际环境安全研究的先声。其后，美国世界观察研究所所长 R.布朗进一步发展了他们的观点，从生态环境安全的角度对国家安全进行了重新定义。20 世纪 80 年代，联合国世界环境与发展委员会提交了《我们共同的未来》的报告，该报告在系统分析了人类面临着的一系列重大经济、社会和环境问题之后，提出了"可持续发展"的概念，并在报告中首先正式使用了"环境安全"一词，深刻指出：在过去的经济发展模式中，人们关心的是经济发展对生态及环境带来的影响，而现在，人类还迫切地感受到生态的压力对经济发展所带来的重大影响与存在的安全性问题。1989 年，国际应用系统分析研究所（IASA）在提出建立优化的全球生态安全监测系统时，首次提出了生态安全（Eeologiealseeuriyt）的概念。生态安全概念于 1996 年得到国际社会较为广泛的接受，即《地球公约》中的《面对全球生态安全的市民公约》，约有 100 多个国家的 200 多万人签字，缔约建立在生态安全、可持续发展和生态责任的基础之上，各成员国和各团体组织互相协调利益，履行责任和义务。1998 年发表的《生态安全与联合国体系》中，各国专家和代表在联合国重大会议及著名高校关于生态安全的概念、不安全的成因、影响和发展趋势发表了不同的看法。中国也及时加入对生态安全的关注和研究中，2000 年 12 月国务院发布的《全国生态环境保护纲要》中，首次在我国明确提出了"维护国家生态环境安全"的目标。此后，一系列相关研究和政策调控措施在我国连续展开。

（二）生态安全的内涵

生态安全是近些年提出的概念，国内外众多学者对生态安全的定义也有着许多不同的认识，1989年国际应用系统研究所在提出建立优化的全球生态安全检测系统时首次使用生态安全这一概念，当时，生态安全被定义为：人的生存、健康、安乐、基本权利、生活保障来源、必要的资源、社会秩序和人类适应环境变化的能力等方面不受威胁的状态，是包括自然生态安全、经济生态安全和社会生态安全组成的一个复合人工系统。从国内研究来看，曲格平认为生态安全包括两层基本含义：一是防止由于生态环境的退化对经济基础构成威胁，主要指环境质量状况低劣和自然资源的减少和退化削弱了经济可持续发展的支撑能力；二是防止由于环境破坏和自然资源短缺引发人民群众的不满，特别是环境难民的大量产生，从而导致国家的动荡，并指出我国生态环境问题逐步上升发展成为生态安全问题，已成为国家安全的一个重要方面，需要建立必要的预警、预防和应急措施。杨京平认为生态安全是围绕人类社会的可持续发展，促进经济、社会和生态三者之间和谐统一，由生物安全、生态环境安全和生态系统安全组成的安全体系。陈国阶认为生态安全是指人类赖以生存和发展的生态环境处于健康和可持续发展状态。肖笃宁等将生态安全与保障程度相联系，把生态安全定义为人类在生产、生活和健康等方面不受生态破坏与环境污染等影响的保障程度，包括引用水与食物安全、空气质量与绿色环境等基本要素。不同的学者从不同的研究视角对生态安全的内涵给出了不同的阐释，但总的来看，生态安全主要包括两个方面的含义：一是生态系统自身是否安全，即其自身结构和功能是否保持完整和正常；二是生态系统对于人类是否安全，即生态系统提供给人类生存所需的资源和服务是否持续、稳定，两方面相互交叉，不可分割。生态系统保持本身的健康与活力是其为人类提供持续、稳定资源与服务的前提，而人类所需的资源和服务本身也体现了生态系统结构和功能状态。

（三）生态安全的特点

生态安全的特点主要包括：

（1）全球性。和平与发展已经成为当今世界发展的主流。正如全球经济一体化意味着世界各国的经济安全密切相关一样，生态安全也具有鲜明的全球性。目前世界各国已经同样同时面临着各种全球性生态环境问题，一个区域一个国家的生态灾难很可能会跨国界跨区域影响到其他地区的生态安全。在生态安全上，各国面临着相同的风险挑战，也具有广泛的共同利益。显然，世界各国只有通过国际间的生态环境合作，以求得全球性生态问题的解决，进而获得共同的生态安全利益。

（2）动态性。安全的动态性特点是指安全作为一种状态，是处于动态变化之中的。由于影响生态安全的主体、客体以及生态安全的诸多影响因素都是处在不断地发展变化之中，因此生态安全也具有动态变化的特点，可以从不安全到安全，从非常安全到濒临危险。

（3）滞后性。生态安全问题很多都是由于人类的社会经济活动，使得大气、水、土壤等受到污染进而产生的，但是这种危害及其严重性通常并不是立即显现的，而是具有滞后性，经过长时间的逐渐积累，土地受到侵蚀，沙漠化、荒漠化和土地退化慢慢地出现，森林慢慢地消失，包括水俣病事件、马斯河谷事件、骨痛病事件等公害事件都是水污染、大气污染和生物污染经过很长时间的逐渐积累，当它造成大批死亡和伤痛等严重后果后，才为人们所发现，这种滞后性也使得人类在应对生态安全问题时面临更大的挑战性。

（4）模糊性。安全是一个相对的概念，当风险能够被把握或是被化解，就是安全的，而风险具有很大的不确定性，风险刻画的是"安全与毁坏之间的一种特有的、中间的状态"。因此，从生态安全的概念到对生态安全的衡量以及对生态安全的预测都充满了模糊性。同时，从生态安全的产生来看，通常是由多因素的综合作用所引起，包括影响因子、影响路径、影响效应都具有不确定性。

（5）相对性。生态安全是一个相对的概念。生态安全的相对性有三方面含义：第一个是指人类防范威胁的完全能力并不存在，完全没有威胁的情境也不存在。因此，没有绝对的生态安全，只有相对的生态安全，人类没有办法说达到了永远的生态安全，只可以做到暂时的生态安全。第二个是指不同的主体对生态安全的主观认同度是不同的，对某一群体而言的生态安全，对另一群体可能就相对是不安全的。第三个是指生态安全是一定时间一定空间条件下的生态安全，此时空下的不安全可能是彼时空下的安全，尤其是随着人类科学技术发展和认识水平的深入，许多历史上曾经严重影响人类生存发展的不安全因素，现在已经不再对人类构成威胁。

（6）外部性。从生态安全成因和受益或是危害的角度来看，生态安全具有明显的外部性。某个主体在资源利用、废弃物排放的活动中获得财富收益，但是这种活动造成的环境污染和生态破坏所影响的区域可能远远超出这个主体的活动范围，类似蝴蝶效应，甚至危及国家甚至全球的生态安全。同样的，生态环境的保护和治理活动也具有明显的外部性，一个典型的例子是被称为"地球之肺"的热带雨林，保护它的完整性可以使全球乃至未来世代获益；反之则危及全球。

二、生态安全对生态文明建设的作用及意义

（一）生态安全是推进生态文明建设的重要前提

建设生态文明是贯彻落实科学发展观的必然要求。党的十七大报告中指出："建设生态文明，基本形成节约能源资源和保护生态环境的产业结构、增长方式、消费模式。循环经济形成较大规模，可再生资源比重显著上升，主要污染物排放得到有效控制，生态环境质量明显改善。生态文明观念在全社会牢固树立。"党的十八大报告明确提出，要"从源头上扭转生态环境恶化趋势，不人民创造良好生产生活环境，为全球生态安全作出贡献。"随着工业化、城镇化进程的不断加快，生态、资源与环境对经济社会发展的瓶颈制约影响越来越严重。生态文明建设首先就必须要克服经济发展与环境容量、资源开发与保护之间的突出矛盾，逐步消除生态环境风险因素，提升生态安全水平，进而才能推动经济、社会发展与生态、环境、资源之间的均衡、协调。显然，生态安全已经成为影响国家安全的重大问题，也是推进生态文明建设的重要前提。

（二）生态安全是促进生态系统可持续发展的有效保障

安全是人类最基本的需求之一，生态安全是指一个国家或地区生存和发展的生态环境处于不受或少受破坏与威胁的状态，它是整个生态经济系统和可持续发展的生态保障，是国家安全和生态文明建设的载体和基础。实现生态安全要求维护自然生态系统的健康和完整，意味着保有良好的生态结构、健全的生命保障系统，丰富的自然资源，这些都是人类健康生活、持续生存和发展的重要条件，是人类社会、政治、经济和文化发展的自然基础，其良好状态标志着人类的生态安全性。生态安全要求维护自然生态系统的健康和完整，要求人类生存发展需求与生态系统的承载能力均衡一致。生态安全是可持续发展的目标，同时它又是实现可持续发展的保障，没有生态安全，生态系统也不可能实现可持续发展。

（三）生态安全是建设国家生态屏障的基本要求

建设中原经济区的战略任务之一就是要建设全国生态屏障，尤其是河南存在加快推进工业化、城镇化的同时面对着实现经济增长、社会发展和解决人口众多、资源紧缺、环境脆弱、发展基础薄弱等许多问题和矛盾，生态安全就具有更为重要的作用和意义。保障生态安全，必然要求降低生态环境风险，改善生态系统的脆弱性，在生态系统的承载能力下，加强环境治理和保护，合理使用能源资

源，保护生物多样性，实现自然—社会—经济复合生态系统整体结构的协调优化。只有生态安全得到保障，才能实现构筑区域生态安全体系的目标，才能形成经济发达、水清天蓝、山川秀美的生态区域，而这些也都是建设国家生态屏障，为维护全国生态稳定和平衡提高重要支撑，为广大下游地区生态环境改善和京津地区的供水安全提供重要保障的基本要求。

（四）生态安全是增强粮食核心区农业竞争力的必要支撑

随着现代化进程的不断推进，怎样保护好18亿亩耕地、怎样增强农业的可持续发展能力、怎样保障国家粮食安全等问题都变得越来越突出和重要，加上人口的逐步增加和居民消费水平的不断提高，对农产品也提出更多更高的要求。作为全国重要的粮食主产区和"三农"问题最突出的区域，河南必须坚持走不以牺牲农业和粮食为代价的"三化"协调、"四化"同步发展道路，必须克服人口、资源、生态、市场等诸多沉重压力，通过加快农业发展方式转变，不断增强生态安全发展水平，避免在农业生产中对农业自然资源掠夺式、耗竭式的经营和使用，防止因破坏生态平衡而导致资源衰退和农业恶性循环，确保生态资源对农业生产的基础保障，才能持续增强粮食核心区的农业竞争力和综合实力。

三、生态安全评价

生态安全评价就是采用一系列体现生态安全状态的相关指标，根据既定价值标准，建立适当的模型，对一定时空范围内的生态安全状态进行衡量和评估。生态安全状态可以用生态安全度进行总体性的描述和衡量，因而生态安全评价就是测算生态安全度的过程。

从衡量安全程度的角度来看，无伤害、无损失、无事故灾害发生，这些都只是安全的表征。而安全的本质在于：预测、分析危险，并控制、消除危险。不能预测、控制或消除危险的"平安无事"是虚假的、不可靠的安全，仅凭人们自我感觉的安全是危险的安全。通过生态安全评价从而对生态安全机理、生态安全诱因等展开深入分析，这样才能防范风险，确保安全。尤其是许多生态安全问题都具有潜在性的、累积性的特点，还有不少生态安全风险是只能逐步缓解而不能消除的，因此，进行生态安全评价是必要的。

生态安全评价涉及森林、海洋、草原和农田四大生命系统，以及大气、水、和能源三大环境系统，涵盖了水安全评价、大气安全评价、国土安全评价、森林和植被安全评价、生物物种安全评价和湿地生态系统安全评价等多个方面内容，而且受到自然环境以及社会发展、经济增长和政治文化因素等的综合影响，因此，生态安全评价需要以系统论作为方法论，从自然—经济—社会复合生态系统的高度全面而系统地展开。

第二节 河南生态安全评价指标体系

指标体系是指为完成一定研究目的而由若干相互联系的指标组成的指标集合。指标体系的建立不仅要确定指标体系由哪些指标构成，还要确定指标体系的结构，体现指标之间的相互关系。在进行生态安全评价过程中，建立指标体系是首先需要解决的问题。

一、生态安全评价指标体系的功能分析和构建原则

生态安全评价指标体系的功能主要包括：①描述的功能，即生态安全指标体系要能够对生态安全的实际状况加以定量的描述，使人们对生态安全实际状况的认识条理化、精确化；②解释的功能，即通过生态安全指标体系可以分析生态安全系统中的复杂相互关系，解释生态安全系统中存在的主要矛盾问题和协调问题产生的原因，为制定生态安全发展目标和调控政策提供客观的依据；③评价的功能，即通过指标体系可以对生态安全发展状况进行评价，进而为生态环境保护与调控并制订相应政策提供量化依据；④监测的功能，即通过建立生态安全指标体系对生态安全状况的动态变化进行监测，提醒人们及时采取对策；⑤预测的功能，是指生态安全指标体系作为进行趋势预测的重要工具的功能。

在构建生态安全指标体系时，不仅应该满足指标体系的各项功能要求，如能够描述和表征出某一时刻生态安全的各方面发展现状、变化趋势以及协调程度等，还应满足以下原则：

(一) 科学性原则

科学性原则是建立指标体系的基本原则。其中，科学性包含两方面含义：一个是指导理论的科学性；另一个是体系结构关系的科学性。生态安全评价指标体系的构建要符合生态安全系统的特点、性质和系统关系，以系统理论作为建立指标体系的认识论和方法论，要能够客观、真实地反映生态安全的内在机理和发展变化趋势，体系内部逻辑合理、易于理解。这既是建立生态安全评价指标体系的基本出发点，也是所构建的指标体系能够客观地反映区域生态安全状况的关键。

(二) 系统性原则

生态安全系统是一个复杂系统,是由多层次、多要素组成的,系统之间、要素之间存在物质、能量、信息交换,各子系统之间既相互联系、相互依赖、相互制约,又相互独立,生态安全评价指标体系要能体现系统性特点。同时,根据生态安全系统的复杂特性,对生态安全评价指标体系也要分解为若干梯阶层次结构。

(三) 全面性原则

全面性原则是一个需要辩证地理解的构建指标体系的原则。这一原则的含义包括:在构建指标体系时,既不必包罗万象,也不能顾此失彼;既要考虑整体一致,也要考虑局部特点;既要能反映当前现状,也要能体现未来趋势;既要以定量指标为主,也不能忽略定性指标。生态安全指标体系涵盖范围很广,涉及人口、资源、环境以及社会、经济的各个方面及其相互协调状况,建立生态安全指标体系也要对这些要素及其复杂关系进行全面和客观的反映,定性指标定量指标相结合,宏观指标微观指标相结合,数量指标质量指标相结合。但是,在注重全面性的同时也要注重突出重点,把握生态安全的主要矛盾、主要特性,在能够确保达到指标体系的整体功能最优的基础上,尽可能以较少的指标构建成一个合理的指标体系。

(四) 开放性原则

由于针对生态安全指标体系的研究正处于起步阶段,而相关数据库建设也还正在完善,不少指标还有待增补或改进。此外,生态安全风险千变万化,新问题、新形势层出不穷。因此,对于生态安全指标体系的设计就应该在保持稳定基础的同时,还含有一定的调节部分。也就是说,在构建生态安全指标体系过程中,既要构建具有良好可操作性、可比性的核心指标体系,也要前瞻性的设计备选指标集合以待日后发展完善。

(五) 可比性原则

构建指标体系的可比性原则是指从体系构成到指标选择都应尽量采用国际、国内公认的名称、概念和结构关系,特定条件下的特殊问题及其不确定性影响可以不必体现在指标体系主框架内,以便于国际间或是国内区域间比较。

二、生态安全评价指标体系的指标选取和数据采集

指标是对事物的特征或属性的定量表达,具有特定的量纲。指标通常是由某一参数或某些参数导出的值,是一种可以评估发展、确认挑战和需求、监督实施和评价结果的有效工具,可以显示与某个重要目标或动机相联系的某种事物的发

展情况。在实际操作中，选取生态安全评价指标主要遵循以下原则：

（一）目标导向性原则

不同的研究目标对于指标的需求也存在差异。生态安全指标主要需要纳入能够体现生态、资源、环境变化特点与趋势、突出矛盾与问题的相关指标，进而在此基础上对生态安全发展状态进行准确反映。

（二）科学性原则

科学性原则主要是指在选取生态安全指标时需要解决全面性与简约性之间的矛盾，要走出指标多而全才是好的误区。指标并不是越多越好，选取指标多，当然可以较为全面地反映研究对象的各方面特性，但是如果指标选取过多，反而难以突出研究主题，失去重点，因此应该根据研究需要，有重点地筛选指标，而不是面面俱到。对此，还可以考虑在选取指标时纳入集成度较高的指标，如相对数指标、指数型指标等。此外，还应当以注重质量和稳定的指标来取代注重数量和增长的指标。

（三）可获得性原则

可获得性原则是选取指标时一个重要的限制性原则。如果相应指标的数据可获得性极低，理论不能结合实践也就失去意义。可获得性原则包括：支持指标的数据应当是已经可得或者是可以通过一个合理的费用效益比来获得；统计数据的样本数量足够大，也就是要有较长的时间序列，以满足生态安全评价、预测、预警的需要；以可行的步骤定期更新。尤其在生态安全评价这种针对复杂系统，涉及社会科学、自然科学多学科交叉研究的指标体系中，通过调查问卷或是试验获得指标数据都具有相当大的难度，往往是不可行的，因此，应该尽量选取由专业部门进行长期连续统计与发布的比较常见的指标。

（四）可靠性原则

可靠性原则是指指标数据所应该具有的准确性和灵敏性，这里说的准确灵敏一方面是指相应指标的统计数据应该是通过准确可靠的方法测定的，误差满足要求；另一方面，指标数据应该能够对生态安全系统的发展变化具有准确灵敏的反应，能够及时获得，并提供准确灵敏的变化信息。

（五）可比性原则

生态安全系统指标体系涉及人口、社会、经济、资源、环境多个系统，这每个子系统各自均为复杂系统，数据来源纷杂，而建立指标体系的主要目的就是进行系统评价与系统预测等工作，因此要求指标具备一定的可比性，既要满足区域间对比的需要，也要满足同一研究对象不同时期对比的需要。其中，满足可比性原则的基本条件就是要保持指标数据统计口径、计算口径的一致性。

(六) 直观性原则

直观性原则是指所选取的指标应该是简明、易于理解的，能够清楚地显示出指标随时间变化的趋势。

生态安全评价的目的是通过测度研究区内的生态安全发展状态及水平，为生态安全及管理战略提供理论依据和方法基础。因此，在确定生态安全评价指标体系之后面临的一项非常重要而且是基础性的关键任务就是按照指标体系所确定的指标进行数据采集。由于生态安全指标体系中的指标涵盖人口、资源、环境、社会、经济各个系统，各种指标也有着不同的统计单元，所以它的数据采集是一项庞大而复杂的工作。所收集的数据要求能够表达现象的时间、空间与性质，具有明确的空间精度、时间精度和性质精度。

从数据采集的种类来看，包括直接获得的数据，即自行通过调查、实验等方法获得的数据；二手数据，即他人通过调查或实验所获得的已有数据结果。

直接数据主要依靠研究主体通过调查或实验等手段获得，调查方法主要包括普查、随即抽样调查、判断抽样调查、任意抽样调查、配额抽样调查等，从方式上常采用问卷调查、电话调查、网上调查等，计算机技术的发展以及各种统计分析软件的广泛应用给调查中数据的汇总、整理、分析都带来极大便利。访谈虽然也是进行调查的重要手段之一，但由于访谈获得的信息通常只能进行定性分析，因此在生态安全评价的数据采集中极少采用。实验方法需要借助一定的仪器设备，按照一定的实验方案对实际情况进行模拟或量测分析来获取相关数据，这种方法技术要求高，在进行生态安全评价中，尤其是涉及环境污染方面的直接数据都需要通过实验获得。

二手数据的采集主要来自公开出版物或公开报道，来源主要包括书籍、期刊、科学报告、专利文献、报纸、政府出版物、文摘等。随着互联网的迅速发展，数字资源尤其是来自网络的数字资源已经成为二手数据的最重要来源。通过网络资源进行数据采集具有经济、便捷的特点，并且实时性较好，数据量大。生态安全评价的数据采集中，网络资源数据也占了较大比例。其中，涉及人口、社会或经济系统的数据主要依靠相关统计部门公布的统计年鉴、公报等获得；有关环境、资源状况和压力的数据主要来自环境保护部门。

三、河南生态安全评价指标体系构成

根据"压力—状态—响应"框架模型和指标体系构建及指标选取的原则，结合河南生态系统的实际，从生态环境压力、生态环境质量和生态环境保护整治及建设能力等方面来考虑，构建河南生态安全评价指标体系如表 12-1 所示。

表 12-1 河南生态安全评价指标体系

目标层	准则层	指标层
生态安全评价指标体系	系统状态指标	地表起伏度
		地表破碎度
		平均降水量
		年>10℃积温
		水域面积率
		水资源质量
		森林覆盖率
		乔灌木种类
		土壤侵蚀模数
	系统压力指标	人均耕地面积
		人均水资源量
		人均活立木蓄积量
		单位面积化肥负荷
		单位面积农药负荷
		工业废水排放密度
		工业固废排放密度
		工业废气排放密度
		工业 SO_2 排放密度
		工业烟尘排放密度
		水土流失面积占区域面积比例
		成灾面积占受灾面积比例
		区域开发指数
		经济密度
		人口密度
		城镇密度
	系统响应指标	工业废水达标排放率
		工业废气处理率
		固体废物综合利用率
		环保治理投资占 GDP 比例
		建设项目"三同时"执行率
		自然保护区占国土比例
		人均 GDP
		第三产业占国民经济比重
		千人拥有卫生科技人员数
		每万人从事科技活动人数
		每十万人中大专及以上人数

第三节　河南生态安全评价模型

生态安全评价需要根据明确的评价指标、结构和系统属性，用有效的标准测定出生态安全的性质和状态，而完成这些工作并获得最终结果必然需要建立适当的评价模型，才能展开生态安全状态的衡量和评估。

一、生态安全评价模型概述

从目前生态安全评价模型的研究进展来看，主要采用的模型包括计算智能评价模型、生态模型、景观生态模型和数字地面模型等。其中，在解决复杂系统评价问题时，计算智能是个极为有效的工具。计算智能包括演化算法（如遗传算法、演化策略、遗传程序设计等）、人工神经网络（如 BP 型、竞争型、自适应共振型等）、模糊系统等。其中，模糊综合法、人工神经网络法等方法可以直接用来进行生态安全评价，而遗传算法等方法不能直接单独用于进行评价，只是一种优化算法。这些优化算法一般用于对特定的评价公式（或模式）中的待定参数进行优化，得出优化好的评价模型，然后将待评价对象的指标值代入优化好的模型中，根据计算结果，结合判定准则就可以得出最终评价结果。此类算法除遗传算法外，还有蚁群算法、鱼群算法、禁忌搜索算法等。在这些方法中，优化过程都比较复杂，但一旦优化好之后，得到的评价模型具有较好的普适性，适用范围较广，而模糊法、神经网络法等方法虽然可以直接用于评价分析，但是针对不同的研究对象需要分别建立模型计算、分析。生态足迹法评价模型基于资源环境承载力基础，将生态学理论与数学原理相结合来直接分析某地区在给定时间所占用的地球生物生产率的数量，并通过地区的资源与能源消费同自己所拥有的资源与能源的比较，判断一个国家或地区的发展是否处于生态承载力范围内，从而完成生态系统持续性及安全性评价。景观生态安全格局法主要是通过建立反映物种空间运动趋势阻力面来判别生物物种的空间安全格局，景观空间邻接度法则通过构造一关于空间邻接度比、空间邻接数目比及空间邻接面积比的函数来分析各景观类型（如耕地、草、林地）的受胁迫程度，在此基础上得出生态安全度计算公式。数字生态安全模型是遥感信息提取技术与计算机建模软硬件设施技术相结合的产物，它能充分利用遥感技术提供快速更新的、从微观到宏观的各种形式数据的信息优势与 GIS 强大的数据管理与空间分析功能，将区域各因素系统化，构成一完整的分析体系来进行区域生态环境系统安全的综合评价。表 12-2 是对常用的可以进行生态安全系统评价的模型作汇总介绍。

表 12-2　生态安全评价模型介绍

模　型		模型机理	优　点	缺　点
计算智能 评价模型	层次分析法 评价模型	层次分析法的主要思路是将复杂问题按支配关系分组，形成有序的递阶层次结构，通过两两比较得出各因素的相对重要性，根据研究者的判断决定各因素相对重要性的综合排序，进而进行评价	定性与定量相结合，分解与综合相结合，系统性强，清晰简明	评价结果过多地依赖主观判断，客观一致性较差
	主成分分析法 评价模型	主成分分析法是一种多元统计分析方法，它的主要思路是通过将多个指标线性组合，转化为个数较原指标数少、互不相关，并且能够承载原有较多指标所包含的主要信息的少量的综合指标	既基本上保留了原有指标体系的主要信息，又合理消除了原指标之间的相关性，并使模型简化	分析计算过程较复杂，借助计算机可使工作量大为减少
	模糊综合法 评价模型	模糊综合评价法通过构造各评价指标对评价分级标准的隶属函数，计算其隶属度，利用模糊变换公式即可得出评价结果	较好地解决了系统评价过程中评价指标、评价标准、指标之间关系等方面的模糊性问题，清晰简明	隶属函数的选择比较主观随意，最大隶属度原则容易造成信息丢失
	集对分析法 评价模型	集对分析法是一种将定性分析与定量分析、确定性分析与不确定性分析相结合的集成分析方法，把不确定性和确定性作为一个同、异、反三个方面统一的系统进行分析处理	方法简明清晰，联系度计算简便	联系度函数的构造没有规范形式
	物元可拓法 评价模型	物元可拓法通过物元变换把不相容问题转化为相容问题，用可拓集合的关联函数计算关联度，进而得出各个特征参数与研究对象的从属关系	能够解决不相容问题，计算简便，并能够反映系统动态性趋势	关联函数的构造没有规范形式
	BP 人工神经 网络评价模型	BP 人工神经网络主要包括输入层、隐含层和输出层，实际输出与期望输出的误差信号通过隐含层向输入层反向传递，通过不断进行信号的正传和误差的反传进行权值调整和训练，直到误差减小到可接受值为止，利用训练好的网络即可进行评价	具有自组织、自学习、自适应和容错性能力，以及很强的非线性映射能力	收敛速度慢，存在过拟合现象，由于采用梯度下降法，因此易陷入局部极小，得不到全局最优
	投影寻踪法 评价模型	通过审视数据—计算机模拟—预测判断的建模思路，利用计算机技术把高维数据投影到低维子空间，并通过极小化某个投影指标值，寻找能反映高维数据结构和特征的投影，以达到分析处理高维数据的目的	可以处理高维、非线性、非正态的观测数据，并且不对模型作任何假定，只对数据结构进行分析	运算量大，并且本身只能用于建模，需要与其他优化算法相结合才能用于评价

续表

模　型		模型机理	优　点	缺　点
生态模型	生态足迹法评价模型	将生态学理论与数学原理相结合，基于资源环境承载力基础评估，判断生态安全状态	概念与原理简单、明确，并大大简化了评价因子	存在过于简单化与静态化的缺陷
景观生态模型	景观生态安全格局法评价模型	建立反映物种空间运动趋势阻力面模型来判别空间安全格局	从空间尺度上适应生态安全评价需求，可以从生态系统结构出发综合评估各种潜在生态影响类型	现有研究主要集中在生物物种等的生态安全评价，实例较少
	景观空间邻接度法评价模型	构造空间邻接度函数来计算生态安全度		
数字地面模型	数字生态安全法评价模型	借助3S技术来进行区域生态环境系统安全的综合评价	信息丰富，运算功能强大	对数据获取及数据分析技术要求较高

二、生态安全评价方法分析

(一) 单指标评价

在多指标综合评价工作中，指标体系中的各个单指标实际值作用类型一致、量纲一致并且具有同质性，可以直接进行加权合成，进而得到最终评价值的案例很少。尤其诸如生态安全评价这种涉及人口、社会、经济、资源、环境等多系统多指标的综合评价中，在将指标体系中的各个单指标实际值转化为可综合的单指标评价值的过程中，大多都需要进行指标作用类型一致化处理和指标无量纲化处理。

应该说，单指标实际值转化为单指标评价值这一步骤是单指标评价值进一步合成为综合评价值的基础和前提，前一工作所得结果的科学性、合理性直接影响着后一工作所得结果的科学性、合理性，如果是失真的单指标评价值，那么无论选用多精密的多指标合成方法都只能得到无效的综合评价值。但是，目前在多指标综合评价的相关研究中，工作重心大多都放在如何将多指标评价值转化为综合评价值的合成方法上，在将单指标实际值转化为具有可综合性的单指标评价值这一重要工作中，有的是将指标作用类型一致化处理和指标无量纲化处理统称为指标无量纲化，有的是将类型一致化和无量纲化分开，而将单指标实际值无量纲化过程归入多指标综合评价之中一并分析。然而指标作用类型一致化处理和指标无量纲化处理既相互联系、相互影响，又因为分别具有各自的特点和功用而有所区别，所以将指标作用类型一致化和指标无量纲化过程统称为指标无量纲化处理并不合理。另外，对指标进行一致化处理、无量纲化处理这几个步骤的共同出发点都是针对单指标实际值的同质性转化，共同目的都是将单指标实际值转化为具有可综合性的单指标评价值，以便为下一步的多指标综合提供条件，因此将这几个步骤拆开而不是归并分析也不合理。可以说，在现有的研究中还极少针对将单指标实际值转化为单指标评价值这一重要过程中所包含的几个主要步骤进行系统地整合并给出相应的定义。

单指标评价就是研究主体在一定的研究目的下，根据指标实际值所反映的属性特征及表现形式，通过一定的函数关系将指标体系中各个指标的实际值转化为同质的、可综合的单指标评价值的过程。单指标评价需要解决的问题主要包括三部分：具有不同作用趋势指标的一致性处理；不同量纲指标的无量纲化处理；没有量纲但是不同质的相对数指标的一致性处理。经过单指标评价所得到的结果是一个相对数，它表明从该评价指标的评价值着眼，被评价对象的相对地位。

由前述对于单指标评价的分析中可以了解到，单指标评价就是研究主体在一定的研究目的下根据指标所反映的属性特征及表现形式，通过一定的函数关系将指标体系中各个指标的实际值转化为同质的、可综合的单指标评价值的过程。指标是用来表征事物的各种性质的工具，不同的特性往往对应着不同的量纲、不同的变化趋势，因此在多指标综合评价过程中，在确定指标体系并采集数据之后，如何将这些不同质的单指标实际值转化为可综合的单指标评价值，也就是如何进行单指标评价就是下一步需要解决的问题。

单指标评价主要包括对于不同作用趋势指标的一致性处理和对不同量纲指标的无量纲化处理，此外还应注意到一些无量纲的相对数指标的一致性处理问题。通常在单指标评价过程中，如果所选取的评价指标都是正指标（或都是逆指标），则在一次综合评价中对所有指标应采取同一种无量纲化公式。如果在评价中既有正向指标，又有逆向指标，应该首先进行指标作用类型一致化处理，统一为正向指标或是逆向指标。如果不专门做逆向指标的转化处理的话，则应对正、逆向指标分别采取两种相互对应的无量纲化公式。

在进行综合评价过程中，如果指标体系中同时具有极大型、极小型、区间型或是居中型的指标时，就无法直接利用指标实际值进行综合，若是按指标值的大小进行加权综合评价，则无法判断综合评价指标值是越大越好、越小越好还是越居中越好。并且对于不同作用趋势的指标如果在不进行一致性处理的情况下采用同样的无量纲化方法进行无量纲化处理，那么在这种非同态映射下所得的函数值也是不同质的，不具有可综合性。对于不同作用趋势指标进行一致化处理的方法主要有两种：一种是先进行一致化处理再进行无量纲化处理；另一种是在无量纲化处理时直接针对具有不同作用趋势的指标选用相应的无量纲化公式，将一致性处理和无量纲化处理一并完成。以统一为极大型指标为例，假设待处理指标为 x，一致性处理后得到 x^*。

对于极小型指标 x：

$$x^* = M - X$$

$$或 x^* = \frac{1}{x}, \quad (x > 0)$$

M 表示指标 x 的允许上界。

对于居中型指标 x：

$$x^* = \begin{cases} \dfrac{2(x-m)}{M-m} & m \leqslant x \leqslant \dfrac{M+m}{2} \\ \dfrac{2(M-x)}{M-m} & \dfrac{M+m}{2} \leqslant x \leqslant M \end{cases}$$

M 表示指标 x 的允许上界，m 表示指标 x 的允许下界。

对于区间型指标 x：

$$x^* = \begin{cases} 1.0 - \dfrac{q_1 - x}{max \{q_1 - m, \ M - q_2\}} & x < q_1 \\ 1.0 & x \in [q_1, q_2] \\ 1.0 - \dfrac{x - q_2}{max \{q_1 - m, \ M - q_2\}} & x > q_2 \end{cases}$$

式中，$[q_1, q_2]$ 为区间型指标 x 的最佳区间，M、m 分别为 x 的允许上、下界。

通过上面的公式，极小型指标、居中型指标、区间型指标都可以转换为极大型指标，以便进行下一步的分析处理。

(二) 评价标准

对生态安全状况，通常划分为五个等级：很不安全（恶劣）、较不安全（较差）、安全（一般）、较安全（良好）、很安全（优良）。生态安全评价标准的确定主要依据国家、行业和地方标准，研究区域的背景值等方面内容，对于社会经济类指标可以以发达地区相应水平作为类比依据。针对前述研究中所构建的生态安全评价指标体系，确定生态安全评价等级及标准如表12-3所示。

三、河南生态安全动态评价模型

模糊综合评价法是以模糊数学为基础，应用模糊关系合成的原理，将一些边界不清、不易定量的因素定量化，进行综合评价的一种方法。在进行生态安全评价过程中，一个重要问题就是如何科学、客观地将多个待评价指标综合成一个单

表12-3　生态安全评价等级及标准

指标 \ 标准	很不安全	较不安全	安全	较安全	很安全
地表起伏度（比值）	[0.8,1]	[0.5,0.8]	[0.3,0.5]	[0.1,0.3]	[0,0.1]
地表破碎度（河网密度 km/km²）	>0.3	[0.2,0.3]	[0.1,0.2]	[0.02,0.1]	[0,0.02]
行政分区多年平均降水量（mm）	<600	[600,800]	[800,1000]	[1000,1250]	[1250,1500]
年>10℃积温（℃）	[0,1800]	[1800,2800]	[2800,4000]	[4000,5600]	[5600,7600]
水域面积率（%）	[0,5]	[5,10]	[10,20]	[20,25]	≥25
水资源质量（规划功能区达标率%）	[0,30]	[30,50]	[50,70]	[70,90]	[90,100]
森林覆盖率（%）	[0,10]	[10,15]	[15,20]	[20,30]	≥30
生物多样性指数（乔灌木数）	[0,200]	[200,400]	[400,500]	[500,700]	≥700
土壤侵蚀模数（t/km²·a）	>2500	[1000,2500]	[500,1000]	[100,500]	[0,100]
人均耕地面积（亩）	[0,0.6]	[0.6,0.8]	[0.8,1.0]	[1.0,1.2]	≥1.2
人均水资源量（m³）	[0,1000]	[1000,1700]	[1700,2300]	[2300,3000]	≥3000
人均活立木蓄积（m³）	[0,0.5]	[0.5,2.5]	[2.5,4.0]	[4.0,7.5]	≥7.5
单位面积化肥负荷（t/hm²）	>0.6	[0.5,0.6]	[0.4,0.5]	[0.2,0.4]	[0,0.2]
单位面积农药负荷（kg/hm²）	>40	[30,40]	[20,30]	[10,20]	[0,10]
工业废水排放密度（t/km²）	>4000	[3000,4000]	[2000,3000]	[1000,2000]	[0,1000]
工业固废排放密度（t/km²）	>2000	[1000,2000]	[200,1000]	[100,200]	[0,100]
工业废气排放密度（万标 m³/km²）	>300	[150,300]	[100,150]	[50,100]	[0,50]
工业 SO₂ 排放密度（t/km²）	>4	[2.5,4]	[1.5,2.5]	[1,1.5]	[0,1]
工业烟尘排放密度（t/km²）	>5	[2.5,5]	[1.5,2.5]	[0.5,1.5]	[0,0.5]
水土流失面积占区域面积比例（%）	[20,100]	[15,20]	[10,15]	[5,10]	[0,5]
成灾面积占受灾面积比例（%）	[80,100]	[60,80]	[40,60]	[20,40]	[0,20]
区域开发指数（%）	[85,100]	[60,85]	[45,60]	[30,45]	[0,30]
经济密度（元/km²）	[0,100]	[100,300]	[300,400]	[400,600]	≥600
人口密度（人/km²）	[0,100]	[100,200]	[200,350]	[350,500]	≥500
城镇密度（个/百 km²）	≥12	[6,12]	[3,6]	[1,3]	[0,1]
工业废水达标排放率（%）	[0,60]	[60,70]	[70,80]	[80,90]	[90,100]
工业废气处理率（%）	[0,60]	[60,80]	[80,90]	[90,95]	[95,100]
固体废物综合利用率（%）	[0,50]	[50,70]	[70,80]	[80,90]	[90,100]
环保治理投资占 GDP 比例（%）	[0,0.1]	[0.1,0.4]	[0.4,0.6]	[0.6,1]	≥1
建设项目"三同时"执行率（%）	[0,80]	[80,90]	[90,95]	[95,98]	[98,100]
自然保护区占国土比例（%）	[0,1]	[1,3]	[3,6]	[6,9]	≥9
人均 GDP（万元）	[0,0.1]	[0.1,0.4]	[0.4,0.6]	[0.6,0.8]	≥0.8
第三产业占国民经济比重（%）	[0,30]	[30,50]	[50,64]	[64,80]	[80,100]
千人拥有卫生科技人员数（人）	[0,10]	[10,20]	[20,30]	[30,40]	≥40
每万人从事科技活动人数（人）	[0,10]	[10,30]	[30,60]	[60,90]	≥90
每十万人中大专及以上人数（人）	[0,2000]	[2000,3000]	[3000,4500]	[4500,6000]	≥6000

指标的形式，进而在一维空间内实现综合评价。对生态安全系统而言，系统中存在大量的复杂现象和多因素的相互耦合作用。在对生态安全进行综合评价过程中，从评价指标、评价标准、影响因素、作用方式等许多方面都存在大量的模糊现象和模糊概念，存在很大程度上的中介过渡现象。因此，通过模糊综合评价法，把待评价事物的变化区间作出划分，又对事物属于各个等级的程度作出模糊判断，避免了非此即彼式的评价带来的信息丢失或是期望中的精确描述反而对于事物的描述并不深入和客观，使得最终评价结果与实际不符的问题。

（一）模糊综合评价模型

模糊综合评价模型是通过构造等级模糊子集，把反映被评事物的模糊指标进行量化，在确定隶属度后，利用模糊变换原理对各指标进行综合，一般需要如下步骤：

（1）确定评价对象的因素论域，也就是评价指标集，即：

P 个评价指标，则 $u=\{u_1, u_2, \cdots, u_i\}$，其中，$i=1, 2, \cdots, p$。

（2）确定评语等级论域，对 m 个评价等级而言，即：

$v=\{v_1, v_2, \cdots, v_j\}$，其中，$j=1, 2, \cdots, m$。

（3）建立从 u 到 v 的模糊关系矩阵 R：

$$R = \begin{bmatrix} R\,|u_1 \\ R\,|u_2 \\ \cdots \\ R\,|u_p \end{bmatrix} = \begin{bmatrix} r_{11} & r_{12} & \cdots & r_{1m} \\ r_{21} & r_{12} & \cdots & r_{2m} \\ \cdots & & & \\ r_{p1} & r_{p2} & \cdots & r_{pm} \end{bmatrix}_{p \times m}$$

其中，r_{ij} 表示某个被评价对象从因素 u_i 来看对 v_j 等级模糊子集的隶属程度。在模糊综合评价法中，一个被评事物在某个因素 u_i 方面的表现是通过模糊向量 $(R\,|u_i)=(r_{i1}, r_{i2}, \cdots, r_{im})$ 来刻画的，而在其他评价方法中多是通过一个指标实际值来刻画的，因此，从这个角度来看，模糊综合评价法可以包含更多的信息。

矩阵 R 是通过隶属度函数，以各单要素评价向量为基础构造的。隶属函数的确定有多种方式，通常选用升（降）半梯形分布，以偏小型分布为例，其隶属函数为：

$$u_{i,1} = \begin{cases} 1 & x \leqslant x_{i,2} \\ (x_{i,2}-x)/(x_{i,2}-x_{i,1}) & x_{i,1} < x < x_{i,2} \\ 0 & x \geqslant x_{i,2} \end{cases}$$

$$u_{i,j}(x) = \begin{cases} (x - x_{i,j})/(x_{i,j+1} - x_{i,j}) & x_{i,j} \leqslant x < x_{i,j+1} \\ (x_{i,j} - x)/(x_{i,j} - x_{i,j-1}) & x_{i,j-1} < x < x_{i,j} \\ 0 & x \leqslant x_{i,j-1},\ x \geqslant x_{i,j+1} \end{cases}$$

$$u_{i,n}(x) = \begin{cases} 1 & x \geqslant x_{i,n} \\ (x - x_{i,n-1})/(x_{i,n} - x_{i,n-1}) & x_{i,n-1} < x < x_{i,n} \\ 0 & x \leqslant x_{i,n-1} \end{cases}$$

（4）确定评价因素的模糊权向量 A：

$$A = (a_1,\ a_2,\ \cdots,\ a_p),\ \text{其中} 0 \leqslant a_i \leqslant 1,\ \sum_{i=1}^{p} a_i = 1,\ i = 1,\ 2,\ \cdots,\ p_\circ$$

在模糊综合评价中，a_i 是因素 u_i 对模糊子集（对被评事物重要性）的隶属度，本书采用各指标实际值与标准值之间的关系，根据实际值与标准阈值差异越大对评价结果影响越大来确定模糊权向量 A。

（5）利用模糊矩阵的复合运算可以得出模糊综合评价的初始模糊综合评价结果向量 B：

$$B = A \cdot R = (b_1,\ b_2,\ \cdots,\ b_m)$$

（二）多层次模糊综合评价模型

通过对因素层的分层划分，可以将初始模型扩展为多层次模糊综合评价模型，即把下一层的评价结果作为上一层评价的输入，直到最上层为止。例如，二层次模糊综合评价模型为：

$$B = A \cdot R = A \cdot \begin{vmatrix} A_1 \cdot R_1 \\ A_2 \cdot R_2 \\ \vdots \\ A_n \cdot R_n \end{vmatrix}$$

第十三章　环境管理与生态文明建设

建设生态文明，实现人与自然的和谐发展，使整个社会步入"生产发展、生活富裕、生态良好"的良性发展轨道，是加快推进可持续发展所面临的重大战略目标之一。为完成上述战略任务，应该积极落实党中央提出的科学发展观，采取一系列配套措施，积极推进河南生态文明建设，如大力发展循环经济、努力建设生态省和循环型城市、控制农村面源污染、严格控制"三高"产业、全面推行清洁生产和节能减排、建立健全生态补偿机制、开展环境影响评价和生态安全评价等。在上述措施的实施过程中，由于众多因素的存在，不可避免会出现一些环境问题。为了预防和减少环境问题的产生，需要在上述各环节中不断加强环境管理，提高措施的实施效果，努力把河南建设成为经济发展、社会和谐、环境优美的中原强省。

第一节　环境管理概述

环境管理既是环境科学的一个重要分支，又是环境保护工作的重要组成部分。随着环境保护的实践，环境管理的概念和内涵也在不断丰富完善。

一、环境管理的概念

1974 年，联合国环境规划署和联合国贸易与发展会议（UNCTAD）在墨西哥联合召开了"资源利用、环境与发展战略方针"专题讨论会，提出协调环境与发展的方法就是环境管理，环境管理的概念首次被正式提出。

20 世纪 70~80 年代，人们把环境管理狭义地理解为环境保护部门采取各种有效措施和手段控制污染的行为。这种理解仅仅停留在微观层次上，把环境保护部门视为环境管理的主体，把污染源作为环境管理的对象，没有站在宏观角度，站在转变发展战略的制高点上开展环境管理。环保部门的管理也属于"修修补补"的工作,整天跟在污染源后面跑,等环境问题出现以后再去解决。进入20世纪90年代,随着环境问题的不断发展,传统的理解越来越限制了环境管理理论与实践的发展,也越来越无力于环境问题的解决。人们逐渐认识到,要从根本上解决问题,环境管理只有微观部分是远远不够的,必须要站在宏观角度,从经济、社会发展的战略高度采取对策和控制措施,继而形成了广义的环境管理,即通过全面规划,协调发展与环境的关系,运用经济、法律、技术、行政、教育等手段,限制人类损害环境质量的活动,达到既发展经济又不超出环境的容许极限。

综上所述,环境管理是指依据国家的环境政策、环境法律、法规和标准,坚持宏观决策与微观执法监督相结合,从环境与发展综合决策入手,运用各种有效管理手段,调控人类的各种行为,协调经济社会发展同环境保护之间的关系,限制人类损害环境质量的活动以维护区域正常的环境秩序和环境安全,实现区域社会可持续发展的行为总体。其中,管理手段包括法律、经济、行政、技术和教育五种手段;人类行为包括政府行为、企业行为和公众行为三种基本行为。这一概念将环境管理的理论与实践衔接为一个整体,既反映了环境管理思想的转变过程,又概括了环境管理的实践内容。同时,透过概念的变化反映出了人们对环境保护规律认识的深化程度。

二、环境管理的内容

环境管理的内容比较广泛,涉及多种环境要素和多个部门,具有高度的综合性,可从环境管理的范围和性质两方面划分。

(一)根据环境管理的范围划分

根据环境管理的范围划分,环境管理包括资源环境管理、区域环境管理和专业环境管理三部分内容。

(1)资源环境管理。资源环境管理又称生态环境管理,是指人类管理自己对自然资源的开发、保护、利用和恢复行为。其重点是对自然环境要素的管理,包括土地利用规划、水资源管理、矿产资源管理、生物资源管理等内容。

(2)区域环境管理。区域环境管理是指根据区域自然资源、社会和经济的发展情况,选择有利于环境的发展模式,建立可持续发展的经济、社会、生态环境系统。其主要内容包括城市环境管理、流域环境管理、海洋环境管理等。

(3)专业环境管理。专业环境管理又称部门环境管理,是指根据行业和污染因素特点,调整经济结构和生产布局,开展清洁生产和生产绿色产品,推广有利于环境的实用技术，提高污染防治和生态恢复工程及设施的技术水平，加强和改善专业管理。其包括工业环境管理、农业环境管理、交通运输环境管理、能源环境管理、企业环境管理、商业和医疗等部门环境管理。

（二）根据环境管理的性质划分

根据环境管理的性质划分，环境管理包括环境规划管理、环境质量管理和环境技术管理三部分内容。

（1）环境规划管理。环境规划是环境管理的首要职能，分为国家的环境规划、区域或水系的环境规划、城市环境规划等。环境规划管理包括进行总体环境规划、对环境规划的实施情况进行检查和监督，以及根据实际情况检查和调整环境规划等内容。

（2）环境质量管理。环境质量管理是环境管理的核心内容，是为保证人类生存和健康所必需的环境质量而进行的各项管理工作。具体内容包括环境标准的制定、环境质量及污染源的监控、环境质量评价等内容。主要实施手段包括环境调查、监测、研究、信息交流、检查和评价等。

（3）环境技术管理。环境技术管理是指通过制定环境技术政策、技术标准和技术规程，以调整产业结构，规范企业的生产行为，促进企业的技术改革与创新。具体内容包括环境法规标准的建立和完善、环境监测与信息管理系统的建立、环境科技支撑能力的建设、环境教育的深化和普及、国际环境科技的交流与合作等内容。环境技术管理具有比较强的程序性、规范性和可操作性。

上述从管理范围和管理性质对环境管理内容进行分类，是为了便于对环境管理开展较为细致的研究。但在实际工作中，各类环境管理的内容是相互交叉，相互渗透的。如城市环境管理是区域环境管理的组成部分，但其又包括了环境质量管理、环境技术管理和环境规划管理。

三、环境管理的目的

环境管理是为解决环境问题而产生的，并伴随着环境问题的发展而发展。环境问题产生的根源在于人们自然观上的错误，以及在此基础上形成的基本思想观念的扭曲，最终导致社会行为的失当，使自然环境受到干扰和破坏。也就是说，环境问题的产生有思想观念和社会行为观念两个层次的原因。基于这种思考，人们认识到必须要对自身的行为进行管理，以尽可能快的速度逐步恢复被损害的环境，并减少或消除人的新活动对环境结构、环境状态、环境功能造成新的危害，保证人类与环境能够和谐发展，这就是环境管理的目的。

因此，环境管理的目的就是通过对可持续发展思想的传播，使人类社会组织形式、运行机制、管理部门和生产部门的决策及计划、个人的日常生活等各种活动符合人与自然和谐共进的要求，并以规章制度、法律法规、社会体制和思想观念的形式体现出来。即环境管理的目的就是创建一种新的生产方式、新的消费方式、新的社会行为规则和新的发展方式。

四、强化环境管理是生态文明建设的重要保障

党的十七大报告中指出，"坚持生产发展、生活富裕、生态良好的文明发展道路，建设资源节约型、环境友好型社会，实现速度和结构质量效益相统一，经济发展与人口资源环境相协调，使人民在良好生态环境中生产生活，实现经济社会永续发展"。党的十八大强调要"加强生态文明制度建设"，"保护生态环境必须依靠制度"。可见，中国生态文明的内涵是不断提高人的生活质量，建立资源节约型和环境友好型社会，不断增强社会的可持续发展能力。

要建设这样的生态文明，就必须通过转变经济发展方式、大力发展循环经济、实施清洁生产、综合治理环境、努力建设生态环境等相关政策措施的有效实施，才能实现社会、经济和环境的可持续协调发展。可是具体实施过程中，在经济利益的驱动下，常常会出现一些只顾眼前利益而忽视长远发展、只考虑局部利益而忽视整体利益、只重视经济效益而忽视环境建设的短浅行为，甚至以牺牲环境换取经济增长的地方和企业也不乏所见，导致相关政策措施在实施过程中流于形式，没有很好地落实，生态文明的建设因此也受到极大的阻碍。分析原因，主要有：

（1）环境法律法规的自我实施性差。中国有大量的环境立法，已经形成了较完备的体系，是世界上环境立法最多的国家之一。在正式立法之外还存在着大量的"事实规则"，如排污收费协商化、环境监管形式化等，这些"事实规则"不同于法律法规中的正式规则，有时候比正式规则更有效，说明了环境法律法规自我实施性差的特点。

（2）信息和权力的不对称性。污染排放及其对环境质量影响、资源利用及其对资源承载力影响的信息很难准确掌握，信息不对称程度越高，企业污染环境、人们对资源不合理开发利用的机会和可能性就越高。同时，公众与政府、排污企业权力的不对称性，环境保护部门与地方政府权力的不对称性导致环境管理中的各方利益不平衡，造成环境监管无力。而且中国政府的机构层次较多，层次越多，信息扭曲失真、信息不完全性就越明显，以块为主的管理体制又增加了权力

的不对称，成为环境监管无力的根源之一。

环境管理正是运用科学的方法，通过对人们自身思想观念和行为进行调整，利用行政、经济、法律、教育和科技等手段来约束规范人们的行为，限制人类损害环境质量的活动以维护区域正常的环境秩序和环境安全，以实现区域社会的可持续发展。而强化环境管理可以提高他人约束能力，加大规范力度，增加信息的通畅性，可以有效抵减目前权力的不对称性带来的利益不平衡，保障各项政策措施的有效落实，继而实现生态文明建设的良性发展。另外，环境保护工作与各行各业紧密相连，关系到千家万户的切身利益，要想把诸多方面有机地组织起来，从各自不同角度，为共同的环境目标一起努力，就必须有一个统一周密的管理计划来指导。制定环境管理计划，应通过科学的系统分析和经济分析，优先给出技术上合理、经济上可行的计划方案。然后通过各项计划指标，把与环境有关的各项工作和各个部门组织起来，使相关方都有明确的奋斗目标，实现环境目标才有切实的保障。因此，强化环境管理是生态文明建设的重要保障。

第二节　中国现行的环境管理体制

环境管理体制是规定中央、地方、部门、企业在环境保护方面的管理范围、权限职责、利益及其相互关系的准则。一般包括环境管理组织体系、环境管理制度以及环境管理制度的实施机制。环境管理体制直接影响到管理的效率和效能，在整个环境管理中起着决定性作用。为使环境管理能在环境保护中发挥更大的作用，有必要对我国现行的环境管理体制进行全面梳理，深入了解其机构组成、制度和实施机制。

一、环境管理组织体系

环境管理组织体系是指环境管理的组织机构，也是环境管理的执行主体。从中国现行的环境管理广义内涵来看，包括政府、企业和公众。

（一）政府

各级政府是实施环境政策的主体。在政府主体中，除行政管理机构外，还包括立法和监督机构以及司法机构。政府通过三类行政机构实现职能：一是环境保护部门，对环境保护工作实施统一的监督管理；二是发展和改革委员会这样的综合经济管理部门，设有环境保护相关机构；三是行业主管部门，如铁道、交通、海洋等部门对行业环境污染防治实施部分监督管理，以及农业、林业、水利等部门对资源保护实施监督管理。

目前，我国的环境管理行政机构包括国家、省、市、县、乡（镇）五级。如环境保护部是国家一级环境管理行政机构，该部设办公厅（宣传教育司）、规划与财务司、政策法规司、行政体制与人事司、科技标准司、污染控制司、自然生态保护司、核安全与辐射环境管理司、环境影响评价司、环境监察司、国际合作司11个职能机构。各省、自治区、直辖市环境保护行政主管部门的机构设置与国家环境保护部基本对应，地、市级和县级环境保护行政主管部门的内设机构简化，乡镇级常下设环保办公室。

现行的环境管理立法机构是全国人民代表大会环境与资源保护委员会。该委员会是全国人大在环境和资源保护方面行使职权的常设工作机构，受全国人民代表大会领导，负责提出、拟定、审议环境资源方面的法律草案和有关的其他议案，并协助全国人大常委会进行资源与环境方面法律执行的监督。

由法律所规定的环境保护权力，有一部分通过司法途径实现，主要依靠法院和检察院实施审判权和监督权。目前，司法机构主要在以下四方面保障环境法律的实施：一是审理民事案件，保障环境纠纷及时得到解决；二是审理环境行政案件，保障环境管理机关依法行政；三是审理环境犯罪案件，保障社会的环境安全；四是对环境行政处罚决定进行强制执行，保障环境法的正常实施。

（二）企业

企业是环境影响评价制度、"三同时"制度、污染申报登记制度等制度的执行主体。在环境管理组织体系中，企业在当地环保行政主管部门的指导下，根据当地环境功能所规定的质量要求，通过企业内部行之有效的管理，使各污染物尽可能降至最低限度，实现达标排放和总量控制。企业的环境管理对实现经济与环境的协调持续发展具有重要意义。企业在建设和运营过程中，不可避免会给环境带来不利影响，为了将不利影响控制在最小限度，除了执行"三同时"制度给工程本身配套的污染防治措施外，企业环境管理则是控制污染物排放和保证污染治理设施正常运转的有力措施，也是满足环境保护目标的基本保障。因此，企业应积极并主动地预防和治理污染，将环境管理工作纳入正常的生产管理计划，提高员工的环境意识，避免因管理不善而可能产生的环境风险。

（三）公众

公众包括个人和各种社会群体，后者也称非政府组织或非营利组织。公众参与是指具有共同利益、兴趣的社会群体对政府的涉及公共利益事务决策的介入，或者提出意见与建议的活动。在我国环境政策的实施过程中，公众参与尚处于萌芽阶段，但是越来越被认为是环境政策启动、实施和完善的一个重要组成部分。在我国的环境保护法律、法规和条例中，有不少关于公众参与部分的条文。如《环境保护法》第六条规定，一切单位和个人都有环境保护的义务，并有权对污染和破坏环境的单位和个人进行检举和控告。《国务院关于环境保护若干问题的决定》中也有关于公众参与的规定：建立公众参与机制，发挥社会团体的作用，鼓励公众参与环境保护工作，检举和揭发各种违反环境保护法律法规的行为。在环境影响评价方面，已经有比较明确的关于公众参与的制度规定。如《环境影响评价公众参与暂行办法》具体规定了政府、企业公开环境信息的细则、公众参与环境影响评价的范围、形式和程序，为中国公众参与环境管理开辟了首条规范性通道，并以环境影响评价领域为突破口，建立一套各领域、各层次的环境信息公开体系，用更加具体的制度和更加可行的程序来保证公众对环境管理事务的有效参与。

二、环境管理制度

20 世纪 70 年代以来，中国在环境保护实践中逐步形成了一套符合国情，又能为强化环境管理提高保障的环境管理制度。这些制度包括"老三项"制度、"新五项"制度以及 20 世纪 90 年代中后期制定的三个环境管理制度。尽管这些制度还有待进一步的发展和完善，但它们在控制污染和保护自然生态方面已发挥了重要的积极作用。

（一）20 世纪 70 年代的"老三项"制度

1973 年 8 月召开的第一次全国环境保护会议，是中国环境保护事业的里程碑，标志着环境保护在我国被提到了正式的议事日程上来。会议批转的《关于保护和改善环境的若干规定》，是中国第一个综合性的环境保护行政法规，同时也是中国环境保护基本法的雏形。其中规定：一切新建、扩建和改建的企业，防治污染项目必须和主体工程同时设计、同时施工、同时投产使用。1979 年《环境保护法（试行）》用法律的形式对"三同时"作了明确的规定，使其成为一项环境保护法律制度。之后在此基础上，又相继制定和实施了环境影响评价制度和排污收费制度。

（1）"三同时"制度。是指一切新建、改建和扩建的基本建设项目、技术改造项目、自然开发项目以及可能对环境造成损害的其他工程项目，其防治污染及其他公害的设施必须与主体工程同时设计、同时施工、同时投产。"三同时"制度为我国首创，它来自 20 世纪 70 年代初防治污染工作的实践。

（2）环境影响评价制度。环境影响评价制度是环境管理中贯彻预防为主的一项基本原则，也是防止新污染、保护生态环境的一项重要法律制度。《环境影响评价法》第二条规定，本法所称环境影响评价是指对规划和建设项目实施后可能造成的环境影响进行分析、预测和评估，提出预防或者减轻不良环境影响的对策和措施，进行跟踪监测的方法与制度。中国是世界上最早实施建设项目环境影响评价制度的国家之一。1979 年的《环境保护法（试行)》确定了该制度的法律地位，经过 20 多年的实践，这一制度不断完善，已经成为一项较为健全的法律。

（3）排污收费制度。是指向环境排放污染物或超过规定的标准排放污染物的排污者，依照国家法律和有关规定按标准交纳费用的制度。这是一项贯彻"谁污染、谁治理"的管理思想，以经济手段保护环境的管理制度。

上述三项管理制度共同组成了中国的"老三项"环境管理制度，也曾被称为中国环境管理的"三大法宝"。

（二）20 世纪 80 年代中后期的"新五项"制度

随着中国改革开放的不断深入，新的环境问题不断出现，人们对环境管理工作的认识也不断深入，环境管理思想也逐步走向成熟。在此背景下，1989 年召开的第三次全国环境保护会议集中出台了环境保护目标责任制、城市环境综合整治定量考核制度、排污许可证制度、污染集中控制制度和限期治理制度五项管理制度。这五项管理制度的制定和实施体现了环境保护工作的重点由治理转向管理、以管促治、强化环境管理的思想。

（1）环境保护目标责任制度。环境保护目标责任制是中国环境体制中的一项重大举措。它是通过签订责任书的形式，具体落实到地方各级人民政府和有污染的单位对环境质量负责的行政管理制度。这一制度明确了一个区域、一个部门乃至一个单位环境保护主要责任者和责任范围，运用了目标化、定量化、制度化的管理方法，把贯彻执行环境保护这一基本国策作为各级领导的行业规范，以行政制约为机制，把责任、权力、利益和义务有机地结合在一起，从而使改善环境质量的任务能够得到层层分解落实，达到既定的环境目标。

（2）城市环境综合整治定量考核制度。城市环境综合整治定量考核制度是城市环境保护目标管理的重要手段，也是推动城市环境综合整治的有效措施。它以城市环境综合整治规划为依据，在城市政府的统一领导下，通过科学的、定量化的城市环境综合整治指标体系，把城市各行各业、各个部门组织起来，开展以环境、社会、经济效益统一为目标的环境建设、城市建设、经济建设，使城市环境综合整治定量化。这是一项解决城市环境污染和提高城市环境质量的制度。

（3）排污许可证制度。排污许可证制度是一项环境管理的规范化制度，它是以改善环境质量为目标，以污染物排放总量控制为基础，通过颁发排污许可证对排污者排放污染物的种类、数量、浓度、时限、排放方式等作出规定，对排污者的排污行为加以严格控制，也是实施污染物排放定量管理的重要手段。

（4）污染集中控制制度。污染集中控制制度是指在不减轻污染源单位防治责任的前提下，将同类污染源排放的污染物集中预防和治理的措施。该制度是用尽可能小的投入获取尽可能大的环境、经济和社会效益，从而使整体环境治理得到改善。这种制度实行时间虽不长，但已显示出强大生命力。实行污染集中控制有利于集中人力、物力、财力解决重点污染问题；有利于采用新技术，提高污染治理效果；有利于提高资源利用率，加速有害废物资源化；有利于节省防治污染的总投入；有利于改善和提高环境质量。

（5）限期治理污染制度。限期治理污染制度是强化环境管理的一项重要制度。是以污染源调查、评价为基础，以环境保护规划为依据，突出重点，分期分批地对污染危害严重，群众反映强烈的污染物、污染源、污染区域采取的限定治理时间、治理内容及治理效果的强制性措施，是人民政府为了保护人民的利益对排污单位和个人采取的法律手段。被限期的企业事业单位必须依法完成限期治理任务。

上述"新五项"环境管理制度的推行，是强化环境管理的客观要求，也是中国环境管理进入定量化和优化管理的标志，为控制和改善环境质量找到了新的综合动力。更重要的是推行"新五项"环境管理制度，为开拓和建立有中国特色的环境管理模式和道路提供了新的框架和基础。

（三）20 世纪 90 年代中后期的管理制度

（1）环境预审制度。环境预审制度是指根据国家的环境保护产业政策、行业政策、技术政策、规划布局和建设项目的生产工艺，在项目立项阶段进行审批的一项政策法规型管理制度。

（2）污染强制淘汰制度。污染强制淘汰制度是指国家以调整产业结构、促进经济增长方式转变防止环境污染为目的，定期公布严重污染环境的工艺、设备、产品或者项目名录，并通过行政和法律的强制措施，限期禁止其生产、销售、进口、使用或者转让的一种管理制度。

（3）环境与发展综合决策制度。环境与发展综合决策制度是指将政府的重大决策行为和决策过程看做一个系统整体，而将环境和资源承载力看做是决策问题中与经济问题对等的两个重要方向，进行综合考虑和综合平衡。

到目前为止，中国已经建立宏观和微观两个层次的 11 项管理制度，这些制度共同组成了包括不同管理层次、不同管理内容的制度体系。

三、环境管理制度的实施机制

环境问题的复杂性、广泛性和潜在性决定了环境管理必须是系统化、规范化、多元化的管理模式。中国的环境管理经历了环境执法、环境规制，发展到目前的环境治理。从管理主体方面来看，也从最初的以政府环保部门为主，发展到包括各级政府、企业在内的多方利益群体，直至现在包括非政府、非营利组织在内的公众参与的逐渐兴起。可见，中国现行的环境管理主要有政府为主体的环境监管、企业为主体的自我管理和个人和社会群体为主体的公众参与三种实施机制。

(一) 政府为主体的环境监管

政府环境监管，又称为环境规制或管制，是市场经济条件下政府为实现环境目标，对企业等经济主体进行的规范与制约。环境问题的外部性属性决定了环境问题不可能完全依靠市场解决，必须进行适当的政府干预。政府监管，对环境污染治理这一公共领域，政府作为社会公共利益的主要代表者，政府公权力是必须涉入的，运用政府公权力对环境污染进行监管，具有天然的成本优势。企业因缺乏外部约束，在经济利益驱动下未必能自觉采取环境保护行动，因此，政府实施环境监管十分必要。

一直以来，世界上所有国家的环境管理都主要采取政府为主体的命令控制性模式，中国也把加强政府环境监管作为有效解决环境问题的根本手段，相继建立和强化了环境行政管理的专门机构，规定了相应的职责，建立了系统的管理制度和规章，并通过设定环境质量指标、立法、行政等刚性手段和经济、技术、教育等软性措施对各种影响环境的活动进行规划、调整和监督，在污染治理和生态保护方面发挥了不可替代的积极作用。

但是，面对复杂的环境问题，如果政府孤军作战，再强大、准备再充分的政府也难免顾此失彼。市场经济的确立，环境关系已由单一的政府与企业之间的关系演变为政府、企业、社会共同参与的复杂体系，在这种多元化的环境体系中，政府行为并不总是能代表着社会公共利益一方，有可能背离社会公共利益，在资源的分配以及环境监管的过程中有可能出现权力的异化。政府主导是必要的，但政府主导并不意味着对环境监管权的垄断，不意味着从环境政策的制定和法律的具体实施包括环境执法等环节都由政府一手独揽。相反，一些可以通过第三部门和行业性自律组织就能起到有效监管作用的领域可以通过立法和授权的形式赋予其适当的环境监管权。

（二）企业为主体的自我管理

企业自我管理是以环境资源的直接使用者为主体的自组织、自管理。在我国目前的基本条件下，要解决好资源使用和污染问题，需要政府对企业加强监管，但同时企业也需要强化自我管理。原因在于一方面我国目前财力有限，不可能完全靠增加环境保护投资来治理污染；另一方面我国的大部分企业目前还普遍存在着资源、能源浪费以及利用率低的现象。随着我国环保法规的完善和执法力度的加大，企业环境污染问题将大大影响企业的生存和发展。因此，企业加强环境管理，不仅关系到自身的可持续长远发展，对实现整个社会经济和环境的协调持续发展也具有重要意义。强化企业环境管理在中国的环境管理体系中越来越受到重视。

企业环境管理是以管理工程和环境科学的理论为基础，运用技术、经济、法律、行政和教育手段，对损害环境质量的生产经营活动加以限制，协调发展和生产与保护环境的关系，使生产目标与环境目标统一起来，经济效益与环境效益统一起来。目前，有许多企业已结合生产管理建立了环境管理体系，进行了规范化的环境管理工作，如建立企业环境管理组织机构、制订环境管理计划与方案、建立和完善企业内部环境管理制度、建立健全企业环境管理台账和资料以及在企业生产全过程严格执行环境管理制度等，有效提高了能源和资源的利用效率，减少了污染物的排放。但是，不可否认，企业环境管理是否能有效实施在很大程度上还依赖于外部力量的监督，包括政府监管和公众监督等。

（三）个人和社会群体为主体的公众参与

公众参与是指个人或社会群体以某种方式介入到某种社会活动，并对该活动的计划、决策、实施和结果产生一定影响的行为。而环境管理中的公众参与是指个人或社会团体参与环境管理制度的设计、监督、实施等相关活动，以确保公众参与并维护其正当的环境权益，尊重公众在公共环境管理领域的话语权，并促进政府和企业增加环境信息的透明度和公开度。

公众参与对环境管理十分必要，首先，公众参与是确定环境资源价值的重要方法，一些类似自然景观、生物多样性价值等难以用市场价格直接衡量，通过公众直接参与，了解公众支付意愿或选择愿望对公共资源、享受性资源进行价值估算和影响费用效益分析。其次，公众的环境意识直接影响环境政策的实施效果，通过公众参与，可使公众接受环境教育，提高其环境意识，增进公众对环境管理制度措施的理解和支持，促进环境管理制度的顺利、有效实施。最后，通过公众参与，还可以及时、全面、客观、准确掌握环境信息，提高环境管理措施的可行性和适用性。因此，公众参与在中国的环境管理体系中逐渐被关注。

在中国已有公众参与环境管理的法律基础，如《环境影响评价法》、《国务院关于环境保护若干问题的决定》、《环境影响评价公众参与暂行办法》等都有对公众参与进行相关规定，以保障公众参与的实施。我国环保部门从率先发布环境质量状况公报到实行重点城市环境质量日报和预报、主要水系重点断面水环境质量周报和月报，以及环境法律法规的制定、环境规划的编制、行政处罚等都对外公开，一直在努力探索公众参与的方式，把公众参与作为环境管理的重要环节。公众参与可通过座谈会、论证会、听证会等会议形式、问卷调查和社会调查等调查形式、信息公示、顾问、投票表决、投诉、举报等形式参与环境管理。通过公众参与环境管理可以在公众、企业、政府之间传递交流环境信息，也可以监督政府与企业的环境行为，使政府的环境监管、企业的环境管理都能有效运作，确保环境管理制度的落实实施。

综上所述，政府、企业和公众在环境管理体系中，各司其职，又相互联系。政府承担着制定环境保护法律、对环境保护工作实施监督管理以及保障环境政策执行中的公正性；企业在环境管理中演绎着执行环境保护法律、自律和承担部分社会责任的角色；公众进行舆论监督和环境诉讼，以促进环境政策的实现。在未来很长的时间内，中国环境管理模式仍以政府环境监管模式为主线，继续发挥政府环境监管的重要作用。

第三节　河南环境管理的现状及问题

近年来，河南环境保护事业虽取得了很大进展，但环境污染时有发生，环境形势依然十分严峻。在环境管理方面，河南虽然重视环境法制建设，采取加强环境管理的策略。但环境保护中有法不依、执法不严、违法不究的现象还有一定程度的存在，环境违法处罚力度不足以及违法成本低、守法成本高等问题也较严重，有些地方甚至还存在着严重的地方保护主义。因此，需要对河南环境管理制度执行现状进行深入研究，分析环境管理中尚存在的问题及原因，以便及时进行完善和改进，充分发挥环境管理在各项工作的重要作用。

一、河南强化环境管理的必要性

近年来，河南省的经济有了长足的发展，"十一五"期间，连续五年保持了较高的增长速度和增长质量，主要经济指标年均增速均高于全国平均水平。据统计，2010 年全省生产总值达到 22700 亿元，比"十五"末翻了一番，五年年均增长 12.8%；人均生产总值由 1000 美元增加到 3500 美元，高于中部地区平均水平。河南省的综合经济实力跨上新台阶。

河南是资源能源相对缺乏的省份，但是河南经济发展过程中，结构性矛盾突出，工业结构中能源原材料工业比重过大，资源能源利用效率低，污染物排放大，随着经济的快速发展，河南资源供需矛盾越发突出。

河南的环境状况也不容乐观。据河南省环境保护厅发布的《2010 年河南省环境状况公报》显示，省辖的海河、淮河、黄河和长江四大流域中，V 类和劣 V 类水质河段长度占到整个河段长度的 28.4%。其中海河流域污染程度较重，V 类和劣 V 类水质河段长度占到整个河段长度的 74%。在所辖的河流中，还有较多的河流处于重污染状态，比如，淮河流域的清潩河、贾鲁河、双泊河、黑河、惠济河、包河；海河流域的卫河、共产主义渠、马颊河；黄河流域的蟒河、金堤河；等等。2010 年全省省辖城市降水平均 pH 值下降 0.23，酸雨平均发生率上升 0.1 个百分点，济源、周口、南阳 3 个城市酸雨发生率分别上升 2.5、4.5 和 1.4 个百分点。

同时，在经济发展过程中，河南还存在部分开发区、工业园区环评、"三同时"执行率低，企业违法排污以及地方政府环境监管不力等，导致人民群众反映强烈的水污染、烟尘污染、噪声污染等环境问题也越来越凸显。

上述环境问题广泛复杂，对其处置需要大量的人力财力，已经成为制约河南经济社会可持续发展的"瓶颈"。而环境管理作为运用计划、组织、协调、控制、监督等手段，为达到预期环境目标而进行的一项综合性活动，可以很好地预防环境问题的发生并对已有环境问题进行处理，在环境保护中起着举足轻重的作用。因此，完善河南的环境管理体系，提高环境管理水平已经成为河南经济社会可持续发展的迫切需要。

二、河南环境管理制度实施现状

近年来，随着社会进步和公众环境意识的不断提高，河南省所辖的各地区在经济社会快速发展的同时，普遍将环境保护工作摆在重要的位置。各地环保部门能结合地区实际不断加大环境管理工作力度，贯彻落实各项环境管理制度。如积极加强源头防控，全面开展规划环评，以严格环评准入促进产业结构调整；对企业强化过程监管，深入现场检查"三同时"制度执行情况，严查环境违法行为，并督促问题项目进行整改；严格执行排污收费制度，推动环境管理工作不断深化。各项环境管理制度的有效实施在调整产业结构、优化生产力布局、加强生态环境保护、推进主要污染物总量减排等方面发挥了重要作用。

"十一五"期间，河南省各地进行了多次环境管理制度执行情况的专项检查，也发布了促进环境管理制度实施的相关文件。如2006年，郑州市为了加强建设项目环境保护管理工作，制定了《建设项目环境保护"三同时"检查和验收工作实施方案》。2008年7月，河南省人大常委会启动了环评法实施情况执法检查工作。2008年7月，省人大常委会副主任储亚平带领部分全国人大代表和省人大常委对三门峡市进行了《环评法》执法检查。2009年4月，郑州市环保局下发了《郑州市建设项目环保执法检查活动实施方案》，在全市范围内开展建设项目环保执法检查活动。2009年6月，濮阳市人大深入濮阳市西水坡饮用水保护区、濮阳市第三濮清南、濮阳市污水处理厂等地进行执法检查。2010年4月，河南省环境保护厅为加快全省化工企业环保专项整治进度，发布了《关于进一步加快全省化工企业环保专项整治进度的通知》（豫环明电〔2010〕30号）。2010年8月，为切实加强建设项目动态管理，严厉打击建设项目环境违法行为，省环保厅在全省组织开展了建设项目环保"三同时"专项检查活动，目的是清查和纠正建设项目中各类环境违法行为，重点查处"建非所批"、未经批准擅自投入试生产和以试生产为名久拖不验收等环境违法案件。

从上述执法检查和暗访调查的情况来看，全省各级政府能高度重视各项环境管理制度的实施，把建设项目环评管理列入政府环保责任目标考核的重要内容，从不同角度对宣传贯彻环评法提出了明确要求，作出了总体安排。同时，环境管理制度的实施能突出重点、严格把关、积极服务于重点工业项目。严厉查处了建设项目环境违法行为，对未批先建、建非所批、不执行"三同时"的项目，如灵宝志成铅业、陕县惠能电厂等，实施了"挂牌督办"等措施。2009年桐柏县在全县化工企业进行全面排查的基础上，对安达碱业有限公司、兴源化工有限公司、郑大服业有限公司、福泰化工有限公司等化工项目下发《环境违法限期改正通知书》，执行行政处罚10万元，并向各企业派驻执法人员监督其停止建设和生产，通过一系列专项整治行动切实维护了法律的严肃性。从各地执行情况来看，各项环境管理制度在河南实施良好。但是，也存在一些问题需要改进。比如，部分地方政府行政干预影响环评法实施效果，环评承诺兑现难；环境执法软，一些地区存在着未批先建、排污收费协商化；部分业主守法意识不强，受利益驱动和"违法成本低"思想的影响，污染防治设施不运转、超标排放、偷排、不进行环保验收就生产等环境违法现象还一定程度的存在。因此，各级政府应根据各项环保制度在本地的贯彻执行情况，积极采取针对性措施，保障各项环境管理制度的有效落实。

三、河南环境管理面临的困境分析

中国已有大量的环境立法，已经形成了较完备的体系，是世界上环境立法最多的国家之一。另外，河南省也根据省情，制定发布了多项地方性法规，以指导河南环境保护工作的实施。但是在历年来的环境保护实践中，河南还存在着一些不足之处，如一些企业违规建设、违法排污、不落实"三同时"、久拖不验、拖欠排污费、环境监管不力等现象，导致河南出现一些水污染、烟尘污染、噪声污染等环境问题，给社会和经济发展带来了一定影响。上述问题的出现，并不是河南省没有环境保护意识，也不是国家对河南没有行使监督，而是因为在环境管理方面，河南还存在和面临着某些困境，导致国家相关的环境法律法规和管理制度在一些地方没有有效落实。

（一）地方政府的监管困境

近年来，河南省环保厅及相关部门进行了多次环境整治专项检查，并结合"中原环保世纪行"活动进行了调查暗访。调查和检查中暴露了一些问题。如2009年11月2日出版的《河南法制报》第5版法治关注栏刊登的《企业环境违法拷问政府监管》，报道了周口地区500多人的印染大厂竟然是未批先建，产量翻一番的微粉厂，明显是扩建却说成是改建。虽然没有环评许可这一建设项目的"准生证"，两家企业不仅平安出生，而且顺利投入生产。2011年的中原环保世纪行系列报道也曾报道了"淇县庙口镇青山被开膛，灰尘漫天扬"一事，本该停产整顿的石渣厂却依然生产，导致灰尘漫天扬，面对督查组的询问，一位副县长给了"为了不影响经济建设，尚未停产……"的答复。有的地方甚至给没有环评手续的企业颁发了"重点服务企业"牌匾等。企业环境违法并长期存在的背后，凸显的是当地政府和环保部门监管责任的缺失，对企业的环境行为监管无力，使环境管理制度没有有效落实。分析原因有：

（1）地方政府监管动力不足。一方面，目前，中国社会发展走的是"中央政府—地方政府—企业—市场"的发展模式和道路，在保证中央政府政治权威和经济实力的前提下，鼓励各省发挥能动性，在经济发展上广泛竞争，对地方政绩的考评指标也凸显了"发展是硬道理"。在这样的大背景下，各省在经济发展上也是鼓励地方政府发挥主观能动性，以竞争求活力、以竞争求发展，这种模式强化了自上而下绩效评估产生的暗含着"GDP至上"的激励体制。另一方面，相对于地方政府承担的公共服务责任所需要的财政支出来说，其财政收入有限。为了改善财政紧张的局面，加上政绩考核，地方政府不得不求之于能给当地带来经济发展的企业，希望企业数量越多越好，产值高、利税高的企业越多越好，而这些企业往往又多是污染重的重工业企业。因此，地方政府更愿意支持和保护这些污染企业，而不是对其污染行为进行环境监管。为了争夺更多的纳税财源，地方政府不惜放松环境监管，承接高污染企业向本地区转移，污染企业"扎堆"的地方，地方政府也因此"财源滚滚"。对地方环境保护机构来说，因为环保投资实现效益周期长、见效慢。在财政不宽裕的情况下，地方政府也不愿投入更多的环保资金，使得地方环保部门的人力、物力、财力普遍不足。在这样的情况下，环保机构要运转，也要寻求收入来源，征收排污费是一个主要选择。于是在一些地方就出现了怪现象，环保机构并不希望企业少排污，而是希望排污越多越好，排污越多，收取的排污费就会越多。

（2）环境监管执行能力不足。由于环境监管动力远远低于经济发展动力，加上财政紧张，地方政府在环境保护方面的投资很有限，导致履行环境监管的人员、设备和日常运转经费等不足，在乡镇一级该问题表现得更是突出。与之相反的是产生污染的企业却量大、面广、分散，单凭政府很难对其实施有效的监管，环境监管不到位的情况时常发生也就不足为奇了。

（3）环境监管制度设计欠科学。地方环保局的环境监管工作受环境保护厅直管，但其人事、经费受当地政府的管理和控制，其资金很大一部分来自于地方政府的支持。地方环境保护部门虽有监管权，但在地方政府与环境保护部门发生利益冲突的情况下，地方政府很容易和企业形成"统一战线"，成为污染企业的"保护伞"，使环境保护监管部门束手无策，无法行使环境监管，使环境保护监管目标落空。

（4）对地方政府的环境监管缺乏监督。如前所述，地方政府为追求经济利益常常保护污染企业。由于地方政府监管的部分失灵，地方政府就有向省政府隐瞒污染源排放信息的利益驱动，而省政府对地方政府的部分失灵认识还不足。因此，基本没有对地方政府的环保执法实施有效的监督，地方政府是否严格环境监管，没有来自上级部门的压力，难以保证环境监管的效果和效率。

（二）企业的守法困境

在河南组织的执法大检查和暗访调查中，发现了一些企业违法生产的现象。如延津县城关镇化工厂多次在被关停的情况下又多次偷偷生产，白天不见动静晚上大干生产，排出的刺鼻气味使周围的居民不敢打开窗户睡觉；开封尉氏县大营乡新尉工业园的五六家小化工厂，大多生产农药原料，设备简陋、异味浓重，有的甚至连厂名都没挂。个别企业还涉嫌以试生产之名长期进行违法生产，从2009年搬过来至今，已两年有余，这些厂却依然在试生产，根本没有申请验收。开封市区，已被省环保专项行动联席会议办公室挂牌督办的河南晋开化工投资控股集团有限责任公司，因超标排放废水被要求限期整改3个月，确保污染物稳定达标排放。但是在被挂牌督办后，依然连续168个小时持续超标排放，类似违法事件在河南的其他地方也有不少。这些问题的出现集中反映了企业在遵守环境保护方面的法律法规和制度时的困境。分析原因有：

（1）守法成本高。按照"谁污染，谁治理"的环境政策，排污收费制度在我国已经实施，企业排污就必须要缴纳排污费，在全社会已经被理解和认可。但是对企业征收排污费的标准低于治理污染的费用，违背了价值规律。如纺织印染行业，二氧化硫征收排污费标准为：排放1公斤二氧化硫征收0.63元排污费，治理1公斤二氧化硫需要12元；排放1公斤COD征收0.70元排污费，治理1公斤COD则需2.5~3.0元。这样就导致了缴纳排污费比治理污染更经济，企业选择排污而不选择治理也就不难理解。

（2）违法成本低。企业的违法成本，一般由可能承担的行政责任、民事责任和刑事责任决定。但是，我国对环境违法者的责任追究，主要通过追究其行政责任，也就是说主要进行行政处罚，对民事责任和刑事责任的追究不重视。而且，行政处罚数额较低，通常是10万元或20万元以下，特大事故不过100万元，如《河南省水污染防治条例》规定，无排污许可证排放污水的，根据排污量可处2万元以上20万元以下的罚款。这种罚款数额对环境违法企业的震慑非常有限，很多企业不怕违法，不怕罚款，也常常会选择以牺牲环境为代价的经济发展。因此，法律对企业违法行为的处罚，直接决定企业的违法成本，进而影响企业守法意愿和违法倾向。

（3）环保部门对违法企业只能罚款，不能关停。企业不怕罚款，但很怕关停。因为关停处罚、停产治理、限期改正将使污染企业付出巨大的代价。虽然关停处罚能树立环境监管的权威，但是关停处罚权不在地方环保机构，而在地方政府。如前述，地方政府在监管困境之下又往往难以下手，不愿处罚。因此，关停处罚在具体实施中有很大的难度。这在一定程度上增加了违法成本低的负面效应。

上述原因交织在一起，使企业处于守法困境之中，环境监管也难以树立权威，难以达到最优社会成本收益，致使环境监管预期严重落空。

（三）公众参与的困境

公众一般以两种形式参与环境管理：一是作为利益相关方参与到环境保护、环境决策以及环境影响评价等活动中来；二是作为环境信息的提供者如环境举报参与到环境保护中来。在河南现实的环境管理中，公众参与特别是第二种参与形式（环境举报）或多或少存在着公众参与的困境。如商丘市梁园区双八镇政府招商引资引来污染严重的新艺皮革厂。多年来，厂里排放的污水渗透到地下水层，造成该村 1000 多个村民长期饮用"毒水"。该皮革厂在村里 11 年了，只要一生产就不断地往外排放污水，刺鼻的味道和变质的水让村民难以忍受。虽然也曾到有关部门反映过多次，相关部门也派人来检查过，还带走了污水样本化验，但一直没有挡住该厂生产和排放污水。又如，商丘市柘城县城关镇南环路的伊科皮革厂 1999 年规划时建在居民区中间。皮革厂的建成生产对周边居民生活和身体健康造成了灾难性的影响。周边小区居民曾多次针对此问题向柘城县和商丘市政府主管部门、环保部门以及新闻部门进行反映，但最后都不了了之，甚至有的部门直接对反映问题居民进行"三拒"（拒之门外、拒接电话、拒绝回复），周边居民没有反映问题的渠道，只能整天生活在皮革厂污染的阴影下提心吊胆地过日子。后经网民在人民网投诉后，河南省环境保护厅转批商丘市环境保护局处理，主管副局长带领局信访办和有关科室负责人到现场调查处理，问题才被解决。上述实例也反映了河南在公众参与环境保护管理时还存在着以下困境：

1. 公众参与不足

中国法律对公民在环境保护中的责任义务虽有规定但并不明确，也缺乏实际可操作性，这样就使公民或民间环保组织在行使参与权时缺乏法律依据。公众参与在很大程度上取决于政府提供的环境信息。地方政府提供的环境信息少且不透明导致了公众对很多环境问题不知道、不明确，造成公众无法参与环境问题，或者不能及时参与环境问题。如地方政府在招商污染严重的新艺皮革厂时，居民并不知情有关污染的信息；将皮革厂规划在居民区时，居民也不知情等，这些都造成了公众参与无法行使，也导致了老百姓深受环境污染的危害。除此之外，资金短缺也是影响公众参与环境保护的重要因素，环保非政府组织一般缺乏筹集资金的渠道，难以获得一定资金用于参与环保。

2. 公众参与缺乏有效性

中国环境管理中有许多关于公众参与的条文规则，但这种规则在现实中难以发挥效力。我国拥有各种环保组织上万家，还有大量社会民众，但是真正能够发挥公众参与作用的很少，往往就算能够参与到环境保护的过程中，最终公众意见又有多少能被采用不得而知。当出现环境问题，公众举报或投诉时，也很难得到重视，难以实现公众参与的目标和效果，原因在于我国"上对下"的问责体制极大地削弱了公众参与的效力。相反，当公众参与产生的社会反应形成了巨大的舆论，并传播到高层领导时，这种自上而下的压力会因为领导的重视变成自上而下的力量，环境问题的解决就有可能变成现实，如伊科皮革厂环境污染事件的解决充分说明了这一点。但这种效率低下的参与过程会使大部分公众放弃这种既费时又费力的行为，挫伤了公众参与的积极性。

第四节　河南强化环境管理的对策建议

基于河南的环境、资源状况和在环境管理中存在的问题，结合经济高速增长的事实，从长期来看，解决河南环境问题的根本途径仍然是调整生产结构，促进产业升级，发展循环经济，实现可持续发展。然而，就目前来看，考虑到河南经济发展阶段和环境保护的实际，强化环境管理仍然是河南环境保护最有利和最有效的政策工具，同时也是促进产业结构升级和生产技术进步的有力保证。因此，需要对河南环境管理中所存问题进行进一步的完善和改进。

一、建立激励和约束机制，强化政府环境监管

（一）完善现行政绩考核体系

政绩考核指标对地方官员行为具有极强的导向作用。河南省与全国其他地区一样，目前的领导干部政绩考核体系过于依赖 GDP 增长，而 GDP 增长的数量大小不能代表经济增长的质量，盲目追求 GDP 增长会引发一些地方不顾及资源环境成本的破坏式经济发展。建议政绩考核不再考核 GDP，应将环保指标也纳入到考核体系中。国务院发布的《"十一五"主要污染物总量减排考核办法》，将地方官员的政绩考核与减排指标直接挂钩，使完善政绩考核体系有了一个良好的开端。但是在政绩考核中具体加入一个什么样的环境保护指标值得斟酌。除此之

外，还得考虑其科学性、可测性和可控性三方面的要求。科学性是指标的设立要有可信的技术基础；可测性要求指标容易测度，这是对官员构成强激励的条件；可控性是指标要能与地方政府官员的努力存在足够大的关联。目前正在试行绿色GDP作为考核指标，但准确计算其值还有一定难度，应尽快在技术上有所突破。

（二）保证环境管理资金来源

政策、制度是否能落实，资金的配套是关键。因此，地方政府应在财政建立专项预算，保证环境管理资金来源，特别是应保证基层政府环境行政管理部门环保工作的经费需要，包括设备投资、环境管理和执法经费等。专项资金的保证可以减少地方政府对环境影响较大的企业的财政依赖，也有助于削弱基层环保机构依赖排污收费的动机，并提升其环境监管的能力。同时，上级环保部门应对基层监管人员进行系统的培训，提高环境监管人员的专业素质，选派政治素质高、业务能力强的干部充实环境监管队伍，并通过提供具体的监管技术规范和模板简化、规范基层环境监管工作。

（三）建立环境垂直监管体系

地方环境监管机构受当地政府的直接领导，这种体制使地方环境监管机构在实施行政行为过程中容易受到地方政府不作为和地方保护主义的影响。因此，应建立环境垂直管理的监管体系，增强上级环保机构对下级环保机构管理权限。在这种体系中，下级环保机构是上级环保部门的派出机构，其人事、经费预算等直接由上级环保部门负责，地方政府协助只是协助当地环保部门做好环境保护工作。这种监管体系大大削弱了地方政府与地方环保机构之间的关系，可以有效地避免地方政府为了追求经济发展而干预环境监管工作。

（四）完善对地方政府环境执法的监督

为加强对地方政府环境执法的监督，建议采用以下方式：省政府对地方政府的监管应能直接监管到污染源，也就是说通过对污染源排放情况的核查，对地方的环境监管效果进行稽核和评估；强化乡镇人大代表监督，监察机关行政监察，落实县政府环境保护问责制；加强舆论监督，完善公众举报制度，实施重点企业环境行为定期公布制度；继续推动和组织部门联合执法，完善执法部门信息通报、联合办案、案件移交移送等制度。同时应完善法律规定，对环境问题不尽责的地方政府要有一套适当的并且足够严厉的处罚措施。

二、利用市场机制，强化企业环境管理

（一）多措施并举，引导企业环境管理

首先，地方政府应加大对企业的宣传力度，使企业决策者和员工能充分认识到企业污染所带来的负面影响，增强和提高企业的环保意识，使其积极主动强化环境管理。其次，鼓励企业积极获得 ISO14000 环境管理系列标准认证，并按此标准实行清洁生产，生产绿色产品，并实现产品定价绿色化。最后，还应对全民进行环保教育，增强全社会的环境意识，并引导消费者树立绿色消费观念，营造绿色消费时尚，促使企业进一步增强环保意识，实施环境管理。

（二）增加违法成本，调动企业守法积极性

针对企业违法成本小于环境治理成本的问题，可以采用以下方式增加违法成本：一是采取"污染者负担"的原则增加企业的违法成本。二是把对企业的处罚措施和标准明确在企业的守法文件上，科学设计处罚的标准，结合监督性监测方案的设计，提高企业对违法成本的预期，从而督促企业严格遵守守法文件的要求。三是对违法企业进行行政处罚时，还要结合民事和刑事处罚手段，提高处罚的威慑性。四是提高排污收费标准，当企业因为排污所缴纳的排污费远远高于治理成本时，就会选择积极治理污染，从而达到减少排放的目标。

（三）完善相关法规法制

通过完善河南环保部门规章的立法工作，赋予地方环保机构必要的行政强制权。比如，赋予地方环保机构对重点违法排污企业的限期治理权，赋予地方环保机构对拒不执行行政处罚决定的企业行使关停、查封、扣押关键设施等强制执行权等等，以解决"违法成本低、守法成本高"的问题。

（四）推广实施企业环境监督员制度

企业环境监督员制度是借鉴日本"公害防治管理员制度"的经验而开展的。企业环境监督员制度是指在特定企业设置负责环境保护的企业环境管理总负责人和具有掌握环境基本法律和污染控制基本技术的企业环境监督员，规范企业内部环境管理机构和制度建设，通过建立企业环境管理组织架构和规范企业环境管理制度，全面提高企业的自主环境管理水平，推动企业主动承担环境保护社会责任。实践证明，企业环境监督员制度是市场经济条件下一项重要的环境管理体制创新，是提高企业环境管理人员素质、加强企业环境监管、推动公众参与环保的一项新举措。因此，河南也应大力推广该制度的广泛实施。

三、建立健全相关制度，推动公众参与

（一）建立环境管理公众参与机制

随着市场经济的发展，国家环境政策的发展方向是政府直控型环境政策逐步转变为社会参与型环境政策。在这样的大背景下，政府不是环境管理的"独揽者"，河南同样也需要大量社会公众与实体来从事环境监督和制约工作。但是，目前环境法律法规在这方面还存在着缺陷。因此，应尽快制定相关政策法规，强调公民应该承担环境保护责任的同时，扩大他们享有的知情权、监督权、索赔权、议事权等环境权益，通过责权利的规定来激励调动公众参与环境管理的积极性。具体可从以下方面建立公众参与机制：①建立健全政府和企业环境资源信息公开制度，如政府提供环境质量状态数据、政府和企业公开环评信息等；②引导环境中介组织的健康发展，将部分政府做不好、做不了的职能转交给各类环保组织，确保政府能够真正将主要精力用于环境生态监管，实现政府与民间社团组织的良性互动，提高环境管理效能；③建立健全环境公益诉讼制度，明确环境公益诉讼的范围，拓宽公益诉讼的原告范围，并推出一系列行之有效的保障措施。

（二）完善有奖举报，推进公众参与

目前，地方环保机构的人员、设备配备不足和资金缺乏的现象普遍存在，而产生污染的企业量大、面广、分散，因此单凭政府对其实施有效的监督，不仅执法成本高，而且难以监督到位。推进公众参与、发动群众监督，举报企业环保违法行为，是环保部门降低执法成本、提高执法效率的重要方法。但是现实环境管理中，一些地方政府或环保机构对群众的举报采取置之不理或"三拒"态度，导致群众举报无果、投诉无门，在很大程度上影响公众的积极参与，也放纵了企业继续污染环境的行为。因此，当前应从完善环保热线、"有奖举报制度"等入手，具体可参照公安和电视台的做法，根据提供信息的内容、真实性和环境监管的价值，以稿费形式付给信息酬金，建议地方出台政策，完善环保资金管理体系。同时，要加强举报、投诉受理和协调工作以及公示问题处理情况，以提高公众参与的积极性。

参 考 文 献

［1］胡锦涛. 高举中国特色社会主义伟大旗帜为夺取全面建设小康社会新胜利而奋斗——在中国共产党第十七次全国代表大会上的报告［M］. 北京：人民出版社，2007.

［2］刘宗超. 全球生态文明观［M］. 北京：人民出版社，1993.

［3］申曙光. 21 世纪——生态文明的世纪［M］. 北京：华夏出版社，2007.

［4］李红卫. 生态文明——人类文明发展的必由之路［J］. 社会主义研究，2004（6）.

［5］中国社会科学院邓小平理论和"三个代表"重要思想研究中心，论生态文明［N］. 光明日报，2004-04-30（1）.

［6］潘岳. 社会主义生态文明［N］. 学习时报，2008-05-16.

［7］曹国正. 博弈圣经［M］. 新加坡：新加坡希望出版社，2007.

［8］诸大建. 生态文明与绿色发展［M］. 上海：人民出版社，2008.

［9］张维庆. 关于建设生态文明的思考［J］. 人口研究，2009（5）.

［10］丹尼尔·贝尔. 后工业社会［M］. 北京：三联书店，1983.

［11］阿尔温·托夫勒. 第三次浪潮［M］. 北京：三联书店，1983.

［12］卡逊. 寂静的春天［M］. 北京：科学出版社，1979.

［13］丹尼斯·米都斯等. 增长的极限——罗马俱乐部关于人类困境的报告［M］. 李宝恒译. 长春：吉林人民出版社，1997.

［14］廖才茂. 论生态文明的基本特征［J］. 当代财经，2004（9）.

［15］庞昌伟. 树立生态文明观——中国特色社会主义理论体系的伟大创举［EB/OL］. 新华网，2007-10-25.

［16］李良美. 生态文明的科学内涵及理论意义［J］. 毛泽东邓小平理论研究，2005（2）.

［17］李晓. 儒家"天人合一"的生态伦理思想［J］. 青海师范大学学报，2004（2）.

[18] 老聃. 老子 [M]. 北京：中华书局，2000.

[19] 张连国. 后现代生态世界观的形成及其意义 [J]. 山东理工大学学报，2004（3）.

[20] 鄯爱红. 佛教的生态伦理思想与可持续发展 [J]. 齐鲁学刊，2007（3）.

[21] 维克多·奥辛延斯基. 未来启示录：苏美思想家谈未来 [M]. 上海：上海译文出版社，1988.

[22] 马克思. 1844 年经济学—哲学手稿 [M]. 北京：人民出版社，1972.

[23] 詹姆斯·奥康纳. 自然的理由——生态学马克思主义研究 [M]. 唐正东等译. 南京：南京大学出版社，2003.

[24] 马克思恩格斯选集（第 3 卷）[M]. 北京：人民出版社，1972.

[25] Hurrell. Internationl PolitiCal Theory and the Global Environment. in Ken Booth and Steve Smith，eds. International Relations Theory Today. The Pennsy Lvniastate University Press，1995.

[26] 唐纳德·沃斯特. 自然的经济体系——生态思想史 [M]. 北京：商务印书馆，1999.

[27] 马克思恩格斯全集（第 25 卷）[M]. 北京：人民出版社，1974.

[28] 卢彪. 生态哲学：马克思人与自然和谐发展的智慧之光 [J]. 生态经济，2008（5）.

[29] 辛格. 所有动物都是平等的 [J]. 哲学译丛，1994（5）.

[30] 托马斯·库恩. 科学革命的结构 [M]. 金吾伦等译. 北京：北京大学出版社，2004.

[31] 袁霞. 析马克思恩格斯的生态文明思想及现代启示 [J]. 求实，2009（7）.

[32] 汤因比等. 展望二十一世纪——汤因比与池田大作对话录 [M]. 苟春生等译. 北京：北京国际文化出版公司，1997.

[33] 杜宇. 生态文明建设评价指标体系研究 [D]. 北京林业大学硕士论文，2009.

[34] 世界环境与发展委员会. 我们共同的未来 [M]. 王之佳等译. 长春：吉林人民出版社，1997.

[35] 袁霞. 科学发展观视野中的生态文明建设 [J]. 生态经济，2008（6）.

[36] 张勇. 西方绿色政治理念对我国生态文明建设的启示 [J]. 北京林业大学学报，2010（2）.

[37] 弗朗西斯科·布埃. 评福斯特的《马克思生态学》[N]. 参考消息，2004-

10–13.

[38] 黄志斌. 论人与自然和谐的超循环本质 [J]. 科学技术与辩证法，2007（4）.

[39] 大卫·格里芬. 后现代精神 [M]. 王成兵译. 北京：中央编译出版社，1998.

[40] 河南省农村小康环保行动计划 [EB/OL]. http：//www.henan.gov.cn/zwgk/system/2007/06/06/010032378.shtml，2007–05–21.

[41] 河南省社会科学院编. 河南改革开放 30 年 [M]. 郑州：河南人民出版社，2008.

[42] 马凯. 树立和落实科学发展观推进经济增长方式的根本性转变 [J]. 宏观经济管理，2004（6）.

[43] 王一鸣. 转变经济增长方式与体制创新 [J]. 经济与管理研究，2007（8）.

[44] 郭庚茂. 关于加快转变经济发展方式促进河南经济社会又好又快发展的调研报告 [N]. 河南日报，2009–01–09.

[45] 林宪斋主编. 推动河南经济发展方式转变的政策研究 [M]. 郑州：河南人民出版社，2010.

[46] 胡锦涛. 携手应对气候变化挑战——在联合国气候变化峰会开幕式上的讲话 [N]. 人民日报，2009–09–23.

[47] 木可平. 可持续发展——中国 21 世纪发展战略的主旋律 [J]. 中国图书评论，2000（6）.

[48] Meadows D.H.，Meadows D.L.，Randers J.. The Limits to Growth：A Report for the Club of Rome's Project on the Predicament of Mankind [M]. 1972，London：Earth Island Ltd.

[49] Word Commission on Environment and Development （WCED）：Our Common Future [M]. 1987，New York：Oxford University Press.

[50] 郑锋. 产业经济发展与人类社会文明——论生态文明的历史必然性 [J]. 新东方，2002（5）.

[51] 许冬梅. 党的生态文明理念和国家可持续发展战略探索——访中共中央政治局原委员、九届全国人大常委会副委员长姜春云 [J]. 中共中央党校学报，2010（4）.

[52] 冯之浚. 科学发展与生态文明 [J]. 中国软科学，2008（8）.

[53] 高德明. 可持续发展与生态文明 [J]. 求是，2003（18）.

[54] 亦东. 生态文明：21 世纪中国发展战略的必然选择 [J]. 攀登，2008（1）.

[55] 王玲杰. 区域人口安全系统评价与调控分析 [D]. 厦门大学博士论文，2008.

[56] 周生贤. "十二五" 我国环境保护面临四大挑战 [EB/OL]. http：//news. cntv.cn/china/20110120/104879.shtml，2011-01-13.

[57] 谢晶莹. 建设生态文明：经济社会全面发展的重要选择 [J]. 环渤海经济瞭望，2007（11）.

[58] 范俊玉. 政治学视阈中的生态环境治理研究——以昆山为个案 [D]. 苏州大学博士论文，2010.

[59] 杨立新，王丽，赵含宇. 生态文明建设指向的资源发展问题 [J]. 环渤海经济瞭望，2008（1）.

[60] 中国的人均生态足迹 50 年内增长两倍 [EB/OL]. 中国环境与发展国际合作委员会网站，http：//www.china.com.cn/tech/zhuanti/wyh/2008-06/11/content_15737451.htm，2008-06-11.

[61] 史蒂文斯主编. 环境保护的公共政策 [M]. 穆贤清，方志伟译.上海：上海人民出版社，2004.

[62] 陈赛，杨勇杰，温雪峰等. 深刻认清形势　改善环境质量 [N]. 中国环境报，2011-02-17.

[63] 喻新安主编. 中原经济区研究 [M]. 郑州：河南人民出版社，2010.

[64] 喻新安，顾永东主编. 中原经济区策论 [M]. 北京：经济管理出版社，2011.

[65] 2010 年河南省环境状况公报 [EB/OL]. http：//cn.chinagate.cn/infocus/2011-06/14/content_22783216_7.htm，2011-06-14.

[66] 杨立新，屠凤娜，夏华生. 生态文明建设指向的产业发展问题 [J]. 环渤海经济瞭望，2008（2）.

[67] 杨立新，张新宇，郭俊华. 生态文明建设指向的科技发展问题 [J]. 环渤海经济瞭望，2008（3）.

[68] 厚朴. 循环经济简论 [EB/OL]. http：//www. dwzx. net/system/2003/08/28/000019853. shtml.

[69] Joshua Singer. Does the UK Government's target to recycle 25% of household waste by the year 2000 represent an economic approach to recycling? A case study of plastic. Resources，Conservation and Recycling 1995，14.

[70] Robert U. Ayres. On the life cycle metaphor：where ecology and economics

diverge. Ecological Economics. 2004，48.

[71] 张坤. 循环经济理论与实践 [M]. 北京：中国环境科学出版社，2003.

[72] 解振华. 树立新的发展观大力推动循环经济 [J]. 环境经济，2004（1）.

[73] 曲格平. 中国加入 WTO 所面临的机遇与挑战 [J]. 中国环保产业，2001（6）.

[74] 夏青. 面向循环经济的矿业发展之路 [J]. 中国地质矿产经济，2003（2）.

[75] 曹凤中. 循环经济是经济与环境兼而有之的双赢经济 [J]. 环境科学与技术，1999（4）.

[76] 章川，孙光. 循环经济大有作为 [N]. 长城在线，2003-08-05.

[77] 季昆森. 循环经济原理与应用 [M]. 合肥：安徽科学技术出版社，2004.

[78] 朱明峰. 循环经济与资源型城市发展研究 [M]. 北京：中国大地出版社，2005.

[79] 刘兴利. 当前我国循环经济发展的主要特点 [J]. 改革纵横，2009（10）.

[80] 李平，赵柯霞. 对循环经济模式的思考 [J]. 绿色中国，2007（1）.

[81] 王良忠，史美方. 我国循环经济发展模式及机制研究 [J]. 生产力研究，2009（11）.

[82] 喻新安. 中原崛起的实践与探索 [M]. 郑州：河南人民出版社，2009.

[83] 中原经济区上升为国家战略引起社会各界强烈反响 [EB/OL]. 新华网，http：//www. xinhuanet.com/chinanews，2011-03-08.

[84] 河南省循环经济试点实施方案（2008-2012）[EB/OL]. http：//wenku. baidu.com/view.

[85] 郭小燕. 河南省循环经济的发展现状分析及对策研究 [J]. 河南工程学院学报（社会科学版），2008（2）.

[86] 吕迎，徐栋. 河南省循环经济空间发展体系研究 [J]. 河南科技，2009（5）.

[87] 发改办环资〔2010〕3311 号. 国家发展改革委办公厅关于印发《循环经济发展规划编制指南》的通知.

[88] 发改环资〔2007〕1815 号. 关于印发循环经济评价指标体系的通知.

[89] 豫政〔2010〕27 号. 河南省人民政府关于加快循环经济试点省建设的通知.

[90] 河南建设生态文明发展循环经济 [N]. 经济日报，2007-11-19（2）.

[91] 河南统计年鉴（2007~2010）. http：//www.ha.stats.gov.cn.

[92] 田贵生. 河南省循环经济发展状况的评价及建议 [J]. 科技信息，2010（5）.

[93] 张云云，朱玉利. 中国生态省建设研究及思考 [J]. 经济研究导刊，2009（16）.

[94] 朱孔来. 对生态省建设有关问题的思考 [J]. 世界标准化与质量管理，2006（9）.

[95] 何文博. 关于实施生态省建设的思考 [J].中国环境管理，1999（6）.

[96] 祝光耀. 生态省建设是区域可持续发展的有益探索与实践 [J]. 中国生态农业学报，2004（4）.

[97] 吴晓青. 以生态省为载体大力推进生态文明建设 [J]. 环境保护，2008（12）.

[98] 杨朝兴. 科学发展观引领下的河南林业生态省的建设 [J]. 林业经济，2009（8）.

[99] 曹庭珠. 河南林业生态省建设工程的投资与管理创新 [J]. 经验交流，2009（10）.

[100] 杨晗. 科学发展观与黑龙江生态省建设 [J]. 科技与管理，2006（6）.

[101] 奥德姆 EP 著. 生态学基础 [M]. 孙儒泳，钱国桢，林浩然等译. 北京：人民教育出版社，1982.

[102] 程胜高，罗泽娇，曾克峰. 环境生态学 [M]. 北京：化学工业出版社，2003.

[103] 戈峰. 现代生态学 [M]. 北京：科学出版社，2005.

[104] 张永春. 关于生态省建设的理论探讨 [J]. 农村生态环境，2003.

[105] 王如松，林顺坤，欧阳志云. 海南生态省建设的理论与实践 [M]. 北京：化学工业出版社，2004.

[106] 于书霞，尚金城，郭怀成. 生态系统服务功能及其价值核算 [J]. 中国人口·资源与环境，2004（5）.

[107] Gretchen Daily G. C., S. Alexander, P. R. Ehrlich, et al.. Ecosystem Services: Benefits Supplied to Human Societies by Natural Ecosystems. Issues in Ecology. 1997, 2, the Ecological Accountancy, Society of America.

[108] Costana R., D. Argr R., de Groot R., et al.. The value of the world secosystem services and natural capital [J]. Nature, 1997, 387.

[109] 王松霈. 生态经济学为可持续发展提供理论基础 [J]. 中国人口·资源与

环境，2003（2）.

[110] Costanza R., King J.. The First Decade of Ecological Economics [J]. Ecological Economics，1999，28（1）.

[111] Costanza R.. What is Ecological Economics [J]. Ecological Economics，1989，1（1）.

[112] Costanza R., Daly H. E., Bartholomew J. A. Goals, agenda and policy recom mendations for ecological economics [A]. In：Costanza R. ed. Ecological Economics：the Science and Management of Sustainability [C]. New York：Columbia University Press，1991.

[113] 刘新宜. 生态省建设的基本诉求评析 [J]. 环境保护，2001（8）.

[114] 王万山. 生态经济理论与生态经济发展趋势探讨 [J]. 生态经济，2001（2）.

[115] 王玉庆. 环境经济学 [M]. 北京：中国环境科学出版社，2002.

[116] 林卿，林国华等. 生态系统保护是生态省建设的关键 [J]. 福建农林大学学报（哲学社会科学版），2003（2）.

[117] 王松霈. 跨进 21 世纪的城市生态经济管理 [J]. 环境保护，1998（1）.

[118] 河南省林业厅. 河南林业生态省建设规划. 2007.

[119] 河南省林业厅. 2009 年河南林业生态省建设实施意见. 2009.

[120] 河南省人民政府.《河南省人民政府关于加快循环经济试点省建设的通知》豫政〔2010〕27 号 [EB/OL]. 河南省政府门户网站，http：//www.henan.gov.cn，2010-03-05.

[121] 国家发展改革委. 河南省循环经济试点实施方案 [EB/OL]. 河南省政府门户网站，http：//www.henan.gov.cn，2009-12-31.

[122] 河南省环保厅，河南省省发展改革委等. 2010 年河南省环境综合整治实施方案 [Z]. 2010.

[123] 河南省环保厅. 河南省环境保护"十一五"规划 [EB/OL]. http：//www.hnep.gov.cn/tabid/75/InfoID/891/Default.aspx.

[124] 河南省林业厅. 河南省"十二五"林业发展规划 [Z]. 2011.

[125] 国家环保局. 全国生态示范区建设规划纲要（1996~2050）. 1995.

[126] 黄晓林. 生态省建设的法制保障 [J]. 理论学刊，2004（4）.

[127] 山东省环保厅. 山东生态省建设规划纲要 [Z]. 2003.

[128] 资克平，黄正夫. 中国生态省建设实践与理论探索 [J]. 学会月刊，

2004（6）.

[129] 李文华. 对生态省建设的几点思考 [J]. 环境保护，2007（5）.

[130] 王明初，陈为毅. 经济发展与生态保护的两难选择 [J]. 当代经济研究，2005（12）.

[131] 赵丽，邓峰. 建循环经济型城市 走可持续发展之路 [J]. 辽宁城乡环境科技，2003，23（1）.

[132] 石磊，陈吉宁，张天柱. 循环经济型生态城市规划框架研究——以贵阳市为例 [J]. 中国人口·资源与环境，2004（3）.

[133] 汪晓红. 建设循环型城市的思考 [J]. 南方经济，2005（3）.

[134] 许志晖，林岚，丁登山. 循环型城市建设的测度方法与案例研究 [J]. 亚太经济，2007（1）.

[135] 张鸿雁. 循环型城市社会发展模式 [J]. 社会科学，2006（11）.

[136] 张小思，韩增林. 大连构建循环型城市探讨 [J]. 区域经济，2009（5）.

[137] 邓小云. 河南省公众参与生态城市建设的现状、影响因素与对策分析——基于 H 市的调查 [J]. 河南社会科学，2010（11）.

[138] 姚丽，陈常优. 河南省城市生态建设的问题与对策 [J]. 华北水利水电学院学报，2010（6）.

[139] 房建胜. 义马：工业强市 一马当先 [N]. 经济视点报，2008-06-12.

[140] 三门峡市委宣传部. 河南义马：走出和谐可持续发展的新模式 [EB/OL]. http：//www.tianjinwe.com/rollnews.

[141] 蒋钮佩. 循环型城市建设的理论与实践——以南京市为例 [D]. 南京师范大学，2006（5）.

[142] 董智勇. 中国循环型城市发展探讨 [D]. 内蒙古工业大学，2005（5）.

[143] 石美玲. 郑州市循环经济发展问题研究 [D]. 郑州大学，2007（5）.

[144] 国家环境保护总局. 全国农村环境污染防治规划纲要（2007~2020）[EB/OL]. http：//www.gzhb.gov.cn/Item/634.aspx.

[145] 河南省人民政府关于加强农村环境保护工作的意见 [EB/OL]. http：//henan.china.com/zh_cn/green/control/11084575/20100803/16059705.html，2010-07-05.

[146] 任杰，贾涛，吕迎. 河南省低碳经济发展研究 [J]. 河南科学，2011（2）.

[147] 河南省统计局. 河南省统计年鉴 [M]. 北京：中国统计出版社，2001~2009.

[148] 郝拴元. 我省率先摸清煤炭资源"家底"[N]. 河南日报，2009-11-03.

[149] 林莎，金盛红. 生态文明的经济发展方式：生态文明建设理论的一个重要命题 [J]. 南京林业大学学报（人文社会科学版），2008（9）.

[150] 张小蒂，罗堃. 中国高能耗、高污染产业节能减排的可持续性——兼论新型清洁发展机制 [J]. 学术月刊，2008（11）.

[151] 徐志懿. 浅析新型工业化道路与产业结构调整 [J]. 经济研究导刊，2011（3）.

[152] 张孝德. 十二五"时期推动生态经济建设战略思路与对策 [J]. 国家行政学院学报，2010（3）.

[153] 张孝德. 生态文明与中国经济转型的新思路〔EB/OL〕. 中国共产党新闻网，http：//cpc.people.com.cn/GB/68742/162854/162856/12073946.html，2010-07-07.

[154] 姜智红. 特区实践与理论 [J]. 工业化与生态文明研究，2010（11）.

[155] 河南省发展和改革委员会. 河南省十大产业调整振兴规划. 2009.

[156] 曹英耀，曹曙，李志坚编著. 清洁生产理论与实务 [M]. 广州：中山大学出版社，2009.

[157] 金适主编. 清洁生产与循环经济 [M]. 北京：气象出版社，2007.

[158] 王新，沈欣军主编. 资源与环境保护概论 [M]. 北京：化学工业出版社，2009.

[159] 李海红，吴长春，同帜. 清洁生产概论 [M]. 西安：西北工业大学出版社，2009.

[160] 李景龙，马云主编 清洁生产审核与节能减排实践 [M]. 北京：中国建材工业出版社，2009.

[161] 魏飞，李淑民. "污染预防"、"清洁生产"、"循环经济"等不同理念的关系 [J]. 中国环境管理干部学院学报，2005（3）.

[162] 吴云，谢贤政. 安徽省清洁生产现状及促进对策 [J]. 安徽教育学院学报，2002（6）.

[163] 陈雪昌，邹海明. 蚌埠市清洁生产发展现状、存在问题及对策 [J]. 安徽科技学院学报，2010（4）.

[164] 汪琴. 北京市清洁生产的历史回顾、现状及前景展望 [J]. 北京化工大学学报（社会科学版），2008（3）.

[165] 张建锋. 推进重庆清洁生产实施的制度创新问题探析 [J]. 西南农业大学学报（社会科学版），2007（1）.

［166］文春波，闫雷，闫立林等.河南省农业循环经济发展研究［J］.经济研究导刊，2009（24）.

［167］河南省环境保护厅.河南省环境状况公报（2005，2006，2007，2008，2009，2010）［EB/OL］. http：//www.hnep.gov.cn/.

［168］河南省统计局.河南省国民经济和社会发展统计公报（2006，2007，2008，2009，2010）［EB/OL］. http：//www.ha.stats.gov.cn/hntj/index.htm.

［169］河南省工业和信息化厅文件.河南省工业和信息化厅关于加强工业清洁生产促进工作的指导意见（豫工信〔2010〕103号）［EB/OL］. http：//www.iitha.gov.cn/news.asp? pageNo=8&typeNumber=00020001，2010-03-19.

［170］国家统计局.各省、自治区、直辖市单位GDP能耗等指标公告（2005，2006，2007，2008，2009，2010）［EB/OL］. http：//www.stats.gov.cn/.

［171］万融.商品学概论［M］.北京：中国人民大学出版社，2010.

［172］国家环保局.国外清洁生产实施与启迪［M］.北京：学苑出版社，2002.

［173］中华人民共和国国民经济和社会发展第十一个五年规划纲要［EB/OL］. http：//ip.people.com.cn/GB/136672/136683/209484/13467487. html，2010-12-13.

［174］胡彩峰.加强节能减排发展循环经济［J］.辽宁行政学院学报，2008（6）.

［175］韩珺.循环经济与节能减排解析［J］.中国人口资源与环境，2008（3）.

［176］梁广华.河南省节能减排的现状与对策［J］.区域经济，2008（8）.

［177］张力.节能减排的可持续发展模式研究［J］.资源开发与市场，2010（9）.

［178］黄国勤著.生态文明建设的实践与探索［M］.北京：中国环境科学出版社，2009.

［179］赵英奎著.节能减排的理论与实践［M］.济南：山东大学出版社，2009.

［180］吴国华著.中国节能减排战略研究［M］.北京：经济科学出版社，2009.

［181］河南省国民经济和社会发展第十二个五年规划纲要［EB/OL］. http：//www.henan.gov.cn/zwgk/system/2011/04/29/010241505.shtml，2011-04-29.

［182］河南省统计局.河南省国民经济和社会发展统计公报（2006，2007，2008，2009，2010）［EB/OL］. http：//www.ha.stats.gov.cn/hntj/index.htm.

［183］国家统计局.各省、自治区、直辖市单位GDP能耗等指标公告

（2005，2006，2007，2008，2009，2010）[EB/OL]. http：//www.stats.gov.cn/.

[184] 禹晋卿. 河南产业结构调整优化策略研究 [J]. 河南社会科学，2008（4）.

[185] 安伟，刘海云. 论节能减排型产业体系的构建 [J]. 中州学刊，2008（5）.

[186] 郑云. 改革开放以来河南省产业结构演进的特征与现实问题 [J]. 河南师范大学学报（哲学社会科学版），2010（2）.

[187] 赵水根. 发展循环经济转变河南经济增长方式 [J]. 中国市场，2008（1）.

[188] 河南省人民政府文件. 河南省人民政府关于打好节能减排攻坚战确保实现"十一五"节能减排目标的意见（豫政〔2010〕57 号）[EB/OL]. http：//www.henan.gov.cn/10ztzl/system/2010/10/27/010217712.shtml，2010–10–27.

[189] 蔡艳荣. 环境影响评价 [M]. 北京：中国环境科学出版社，2004.

[190] 夏海芳. 构建"两型"社会视角下的环境影响评价 [J]. 化学工程与装备，2008（9）.

[191] 田子贵. 环境影响评价 [M]. 北京：化学工业出版社，2004.

[192] 周国强. 环境影响评价 [M]. 武汉：武汉理工大学出版社，2009.

[193] 陈学民. 环境评价概论 [M]. 北京：化学工业出版社，2011.

[194] 耿海清. 中国环境影响评价管理的现状、问题及展望 [J]. 环境科学与管理，2008（11）.

[195] 朱坦，汲奕君. 建设生态文明的重要工具和手段——环境影响评价 [J]. 南开学报（哲学社会科学版），2008（5）.

[196] 付鹏，张镀光，胡强强等. 论生态文明目标下环境影响评价制度的发展方向 [J]. 环境污染与防治，2008（6）.

[197] 朱坦. 建设环境友好型社会的重要工具和手段——环境影响评价 [J]. 环境保护，2006（16）.

[198] 河南省环境保护厅. 河南省环境状况公报（2006，2007，2008，2009，2010）[EB/OL]. http：//www.hnep.gov.cn/.

[199] 胡宝清，严志强，廖赤眉. 区域生态经济学理论、方法与实践 [M]. 北京：中国环境科学出版社，2005.

[200] 牛述芳，李长亮. 浅析西部生态补偿的问题及对策 [J]. 西北民族大学学报，2011（1）.

[201] 李艳丽，李丽军. 中外环境补偿制度比较分析 [J]. 河北经贸大学学报，2011（1）.

[202] 俞海，任勇. 生态补偿的理论基础：一个分析形框架 [J]. 城市环境与

城市生态，2007（2）.

［203］王龚博，王让会. 生态补偿机制及模式研究进展［J］. 环境科学与管理，2010（12）.

［204］中国生态补偿机制与政策研究课题组. 中国生态补偿机制与政策研究［M］. 北京：科学出版社，2007.

［205］杜继丰，刘小玲. 对生态补偿长效机制的思考［J］. 生态经济，2010（1）.

［206］杨丽蕴，甄霖. 我国生态补偿主客体界定与标准核算方法分［J］. 生态经济，2010（1）.

［207］汪洁，马友华. 美国农业面源污染控制生态补偿机制与政策措施［J］. 生态经济，2010（2）.

［208］2010 年我国 GDP 总量 397983 亿元 较上年增长 10.3%［EB/OL］. 人民网—经济频道，2011-01-20.

［209］我国环境污染状况形势严峻［N］. 京江晚报，2011-04-23.

［210］毛亚林. 我国生态补偿机制有关问题的研究及思考［J］. 神华科技，2009（5）.

［211］李克国. 中国的生态补偿政策［C］. 生态补偿机制与政策设计论文集. 北京：中国环境科学出版社，2006.

［212］河南省去年扣缴生态补偿金 4600 多万元［EB/OL］. 新华网河南频道，http：//news.cntv.cn/20110216/100471.shtml，2011-02-16.

［213］河南省人民政府. 河南省水环境生态补偿暂行办法［Z］. 2010.

［214］河南全面实行水环境生态补偿机制［EB/OL］. 新华网，http：//www.chinanews.com/ny/news/2010/02-10/2119164.shtml，2010-02-10.

［215］朱桂香. 构建河南矿产资源开发生态补偿机制研究［J］. 河南科技，2009（5）.

［216］冯俐丽. 河南省生态公益林经营管理模式探讨［J］. 河南林业科技，2010（3）.

［217］刘夏茹，姚梅. 河南省生态补偿研究［J］. 河南科技，2009（10）.

［218］中国环境与发展国家合作委员会. 生态补偿机制与政策研究［EB/OL］http：//www.china.com.cn/tech/zhuanti/wyh/2008-02/13/content_9673552.htm.

［219］国家环保总局. 关于开展生态补偿试点工作的指导意见［Z］. 2007.

［220］祝光耀. 建立生态补偿机制推动生态保护与社会和谐发展［J］. 环境保护，2006（19）：9-10.

[221] 孟庆瑜，李慧. 生态补偿立法问题简论 [C]. 资源节约型、环境友好型社会建设与环境资源法的热点问题研究——2006 年全国环境资源法学研讨会论文集（四）. 北京：中国环境科学出版社，2006.

[222] 毛显强，钟瑜. 生态补偿的经济博弈分析 [C]. 生态补偿机制与政策设计国际研讨会论文集. 北京：中国环境科学出版社，2006.

[223] 王金南. 中国生态补偿政策评估与框架初探 [C]. 中国生态补偿机制与政策设计国际研讨会论文集. 北京：中国环境科学出版社，2005.

[224] 王金南. 关于我国生态补偿机制与政策的几点认识 [J]. 环境保护，2006（19）.

[225] 吴开亚，金菊良，王玲杰. 区域生态安全评价的 BP 神经网络方法 [J]. 长江流域资源与环境，2008（2）.

[226] 吴开亚. 生态安全理论形成的背景探析 [J]. 合肥工业大学（社会科学版），2003（5）.

[227] 邹长新，沈渭寿. 生态安全研究进展 [J]. 农村生态环境，2003（19）.

[228] 崔胜辉，洪华生，黄云凤等. 生态安全研究进展 [J]. 生态学报，2005（4）.

[229] 杨京平. 生态安全的系统分析 [M]. 北京：化学工业出版社，2002.

[230] 陈国阶. 论生态安全 [J]. 重庆环境科学，2002（3）.

[231] 曲格平. 关注生态安全之一：生态环境问题已经成为国家安全的热门话题 [J]. 环境保护，2002（5）.

[232] 肖笃宁，陈文波，郭福良. 论生态安全的基本概念和研究内容 [J]. 应用生态学报，2002（3）.

[233] 蔡崇玺，陈燕. 生态安全的研究进展与展望 [J]. 环境科学与管理，2010（2）.

[234] 尹晓波. 区域可持续发展的生态安全评价 [J]. 数量经济技术经济研究，2003（7）.

[235] 高长波，陈新庚，韦朝海等. 区域生态安全：概念及评价理论基础 [J]. 生态环境，2006（1）.

[236] 尹晓波. 我国生态安全问题初探 [J]. 经济问题探索，2003（3）.

[237] 吕君，陈田，刘丽梅. 区域旅游发展的生态安全系统分析——以内蒙古自治区四子王旗为例 [J]. 地理科学进展，2008（2）.

[238] 吴开亚. 主成分投影法在区域生态安全评价中的应用 [J]. 中国软科学，

2003（9）.

[239] 余谋昌. 论生态安全的概念及其主要特点 [J]. 清华大学学报（哲社版），2004（2）.

[240] 吴克烈，吴书舟. 关于构建国家生态安全总指数的思考 [J]. 浙江理工大学学报，2008（4）.

[241] 刘红，王慧，刘康. 我国生态安全评价方法研究述评 [J]. 环境保护，2005（8）.

[242] 和春兰，饶辉，赵筱青. 中国生态安全评价研究进展 [J]. 云南地理环境研究，2010（3）.

[243] 王朝科. 建立生态安全评价指标体系的几个理论问题 [J]. 统计研究，2003（9）.

[244] 周鸿. 人类生态学 [M]. 北京：高等教育出版社，2001.

[245] 俞孔坚. 生物保护的景观生态安全格局 [J]. 生态学报，1999（1）.

[246] 郭中伟. 建设国家生态安全预警系统与维护体系 [J]. 科技导报，2001（1）.

[247] 王让会，叶新. 中国西部干旱区开发中的生态环境建设方略 [J]. 干旱区地理，2001（2）.

[248] 史捍民. 区域开发活动环境影响评价技术指南 [M]. 北京：化学工业出版社，1999.

[249] 左伟等. 区域生态安全评价指标与标准研究 [J]. 地理学与国土研究，2002（1）.

[250] 吕君. 草原旅游发展的生态安全研究 [D]. 华东师范大学博士学位论文，2006.

[251] 陆忠伟. 非传统安全论 [M]. 北京：时事出版社，2003.

[252] 乌尔里希·贝克. 世界风险社会 [M]. 吴英姿，孙淑敏译. 南京：南京大学出版社，2004.

[253] 张兴容，李世嘉编著. 安全科学原理 [M]. 北京：中国劳动社会保障出版社，2004.

[254] 安东尼·吉登斯. 现代性的后果 [M]. 田禾译. 南京：译林出版社，2002.

[255] 朱庆芳. 社会指标的应用 [M]. 北京：中国统计出版社，1993.

[256] 中国 21 世纪议程管理中心，中国科学院地理科学与资源研究所编译.

可持续发展指标体系的理论与实践 [M].北京：社会科学文献出版社，2004.

[257] 科尔曼.梅俊杰译.生态政治：建设一个绿色社会 [M].上海：上海译文出版社，2002.

[258] 张尧庭.指标量化、序化的理论和方法 [M].北京：科学出版社，1999.

[259] 邱东.多指标综合评价方法的系统分析 [M].北京：中国统计出版社，1991.

[260] 胡永宏，贺思辉.综合评价方法 [M].北京：科学出版社，2000.

[261] 王玲杰，孙世群，田丰.不确定性数学分析方法在河流水质评价中的应用 [J].合肥工业大学学报（自然科学版），2004（11）.

[262] 萨蒂.层次分析法 [M].许树柏等译.北京：煤炭工业出版社，1988.

[263] 冯德益.模糊数学方法与应用 [M].北京：地震出版社，1983.

[264] 赵克勤.集对分析及其初步应用 [M].杭州：浙江科学技术出版社，2000.

[265] 蔡文.物元模型及其应用 [M].北京：科学技术文献出版社，1994.

[266] 付强，赵小勇.投影寻踪模型原理及其应用 [M].北京：科学出版社，2006.

[267] 张立明.人工神经网络的模型及其应用 [M].上海：复旦大学出版社，1993.

[268] Zadeh L A. Fuzzy Sets [J]. Information and Control，1965（8）.

[269] 刘铁民，张兴凯，刘功智.安全评价方法应用指南 [M].北京：化学工业出版社，2005.

[270] 潘峰，付强，梁川.模糊综合评价在水环境质量综合评价中的应用研究 [J].环境工程，2002（2）.

[271] 尚金城主编.环境规划与管理 [M].北京：科学出版社，2009.

[272] 白志鹏，王珺.环境管理学 [M].北京：化学工业出版社，2007.

[273] 齐晔.中国环境监管体制研究 [M].上海：上海三联书店，2008.

[274] 沈红艳.环境管理学 [M].北京：清华大学出版社，2010.

[275] 钱易，唐孝炎.环境保护与可持续发展 [M].北京：高等教育出版社，2010.

[276] 黄锡生，曹飞.中国环境监管模式的反思与重构 [J].环境保护，2009（4）.

［277］李猛.地方政府在环境监管中的扭曲行为［J］.环境保护，2010（13）.

［278］吕忠梅.监管环境监管者：立法缺失及制度构建［J］.法商研究，2009（5）.

［279］王莉，徐本鑫，陶世祥.环境监管模式的困境与对策［J］.环境保护，2010（10）.

［280］钱翌，刘峥延.我国环境监管体系存在的问题及改善建议［J］.青岛科技大学学报（社会科学版），2009（3）.

［281］廖世林.加强我国环境管理的对策［J］.决策与信息（下旬刊），2009（8）.

［282］张凌云，齐晔.地方环境监管困境解释——政治激励与财政约束假说［J］.中国行政管理，2010（3）.

［283］顾晓彬，沈德富.市级环境监管机制现状分析与对策研究［J］.环境与可持续发展，2008（5）.

后 记

树立生态文明观念、加强生态文明建设，是我国的一项重大发展战略，是推动科学发展、促进社会和谐的必然要求，是应对生态危机、实现持续发展的必然选择。

河南作为中部农业大省，具有人口多、底子薄、基础弱、发展不平衡的基本省情，加快中原经济区建设、实现中原崛起河南振兴是河南新时期新阶段肩负的重要任务。随着河南经济社会迅速发展，城乡面貌发生巨大变化，人民生活水平显著提高，但是同时也付出了较大的资源环境代价，环境污染、资源短缺、生态退化的压力越来越大，不平衡、不全面、不协调的矛盾日益突出。如何加快推进工业化和城镇化，保增长、保民生，与如何加快转变发展方式，调结构、促转型，成为河南在贯彻落实科学发展观、实现可持续发展中面临的两难选择。

目前，河南已经进入科学发展、转型发展、跨越发展的关键时期，同时也是实现资源节约、环境保护、生态建设工作目标的关键时期，生态文明建设的压力与阻力都将继续加大。如何探索走出一条不以牺牲生态和环境为代价的"三化"协调、"四化"同步科学发展新路子，是事关中原经济区建设与发展全局的关键问题，是摆在河南全省人民面前的严峻挑战。河南省"十二五"规划明确提出，要从源头上扭转生态环境恶化趋势，加强资源节约和环境保护，加快生态省建设，提高中原经济区生态文明水平。

河南生态文明建设坚持以科学发展为主题，以国家重要的生态屏障、探索环保新道路的先行区、水环境改善的重点区域、农村环境保护的示范区、全国资源循环利用示范基地为定位，统筹城乡发展，促进人与自然和谐，全面构建资源节约型、环境友好型社会，让生态文明建设成为河南省经济社会可持续发展的重要组成部分和重要战略支撑。

本书由河南省社会科学院王玲杰、华侨大学马红芳担任主编，黄河科技学院武迎春、安徽建筑工业学院冯少茹担任副主编，参加撰稿人员如下：第一章，冯少茹、张怡辉；第二章，王玲杰、喻晓雯；第三章，武迎春、喻晓雯；第四章，冯少茹、董学良；第五章，武迎春、杨丽君；第六章，武迎春、张志娟；第七章，叶亚丽、孙常辉；第八章，马红芳（第一节、第三节），薛桂芝（第二节）；第九章，马红芳、王先菊；第十章，马红芳（第一节、第三节）、李红欣（第一节、第二节）；第十一章，冯少茹（第一节、第二节、第三节），姚雁雁（第一节）；第十二章，喻晓雯、王玲杰；第十三章，马红芳。王玲杰、马红芳对全书内容做了统稿、修改和审定。

我们希望，本书能够引发社会各界对河南生态文明建设与发展的更多关注与投入。当然，由于水平所限，本书错漏不足之处在所难免，敬请广大读者批评指正。

作　者

2015 年 11 月

"区域经济研究丛书"立足于系统梳理河南推进区域发展的历史嬗变和演进脉络,深入剖析河南谋划区域发展中面临的主要矛盾和现实挑战,尝试提出河南探索区域发展的路径选择和对策建议,以期为实现中部崛起、河南振兴,更好地服务全国大局和推动河南发展献智献力。

本册从多领域、多层次、多角度展开河南生态文明建设的系统分析和研究，并提出相应的解决策略和应对机制，为河南破解生态环境瓶颈制约，实现科学发展、可持续发展提供参考。

区域经济研究丛书

◎ 河南区域经济协调发展研究

◎ 中原崛起与中原经济区建设研究

◎ 河南经济发展方式转变研究

◎ 河南构建开放型经济体系研究

◎ 河南生态文明建设研究

◎ 河南人力资源开发战略研究

ISBN 978-7-5096-2106-6

责任编辑：张巧梅　申桂萍
装帧设计：文　丰

经济管理出版社网址：www.E-mp.com.cn

9 787509 621066 >

定价：498.00元（共六册）

区域经济研究丛书

河南人力资源开发战略研究

THE STRATEGY OF
HUMAN RESOURCES DEVELOPMENT OF

HENAN PROVINCE

主 编/陈明星 张 舰
副主编/胡翠平 马 欣

经济管理出版社
ECONOMY & MANAGEMENT PUBLISHING HOUSE

图书在版编目（CIP）数据

河南人力资源开发战略研究/陈明星，张舰主编. —北京：经济管理出版社，2015.12
ISBN 978-7-5096-2106-6
区域经济研究丛书

Ⅰ.①河…　Ⅱ.①陈…　②张…　Ⅲ.①区域经济发展—研究—河南省　Ⅳ.①F127.61

中国版本图书馆 CIP 数据核字（2012）第 240459 号

组稿编辑：申桂萍
责任编辑：孙　宇
责任印制：黄章平
责任校对：陈　颖

出版发行：经济管理出版社
　　　　　（北京市海淀区北蜂窝 8 号中雅大厦 A 座 11 层　100038）
网　　址：www. E-mp. com. cn
电　　话：(010) 51915602
印　　刷：北京晨旭印刷厂
经　　销：新华书店
开　　本：720mm×1000mm/16
印　　张：105（共六册）
字　　数：1762（共六册）
版　　次：2015 年 12 月第 1 版　2015 年 12 月第 1 次印刷
书　　号：ISBN 978-7-5096-2106-6
定　　价：498.00 元（共六册）

"区域经济研究丛书"
编撰人员名单

"区域经济研究丛书"总序

　　当前，我国区域经济发展进入了新的历史时期和发展阶段。由东向西，由沿海向内地，经济区、城市群等跨行政区划的发展板块已经成为区域经济发展的重要支撑，协调发展、联动发展、开放发展成为区域经济发展的主要思路，各地均在积极谋划布局区域发展战略，长三角、珠三角、京津冀等先行经济区力促新一轮腾飞，长江中游、中原经济区等新兴经济区聚力蓄势全面崛起。融入区域经济发展大势，增创区域经济发展优势，抢占区域经济发展高地，成为增强区域发展实力和综合竞争力的现实要求。与此同时，区域经济发展中也面临日益突出的难题和挑战。如何缩小区域发展差距并实现不同经济板块之间的良性互动、梯度发展，如何促进稳增长、调结构、转方式与区域经济发展提质增效升级互促并进，如何培育区域经济协调发展的基础支撑保障体系，如何推进区域协调发展体制机制创新，如何增强区域经济发展的协调性和可持续性，等等，成为区域经济研究中备受关注、亟需思考、有待破解的现实难题。

　　河南是人口大省、农业大省和新兴工业大省，也是中国的缩影和写照。作为国家重要的战略基地和经济腹地，已经从"中部凹陷"走向"中部崛起"的核心区域，河南推进区域协调发展的路径探索事关全国经济社会发展全局和全面建设小康社会目标的实现。尤其河南肩负着实施国家粮食生产核心区、中原经济区和郑州航空港经济综合实验区三大国家战略规划的重大使命，承担了多领域的先行先试改革创新任务，在新时期探索区域经济协调发展道路中具有破题意义和示范效应。如何加快推动河南发展、融入新的区域经济格局，是具有重大理论和实践意义的研究课题。

　　这套"区域经济研究丛书"，由黄河科技学院省级重点学科建设基金重点支持，以该校省级重点学科——区域经济学学科团队为主要力量，邀请河南省社科院、华侨大学、中原工学院、河南教育学院、安徽建筑工业学院、郑州航空工业管理学院、郑州师范学院、河南省国有资产控股运营有限公司的专家学者参与，

是协同创新的学术力作。丛书立足于系统梳理河南推进区域发展的历史嬗变和演进脉络，深入剖析河南谋划区域发展中面临的主要矛盾和现实挑战，尝试提出河南探索区域发展的路径选择和对策建议，以期为实现中部崛起河南振兴，更好地服务全国大局和推动河南发展献智献力。

全部书稿撰写历时超过两年，期间经过数次讨论、修改与完善。目前呈现在大家面前的丛书共包括六册、近200万字，其中，《河南区域经济协调发展研究》从区域经济协调发展的理论分析着手，对长期困扰河南区域协调发展的主要问题进行了深入剖析和综合评价，重点研究和探讨了中原经济区、中原城市群、产业集聚区、县域经济发展、主体功能区等区域发展重大战略问题，为河南推动区域经济协调发展提出了路径规划和实施建议；《中原崛起与中原经济区建设研究》系统梳理了中原崛起的发展历程，深入研究如何推进中原经济区建设、加快中原崛起河南振兴这一关乎亿万中原人民福祉的宏伟事业，以期为理论研究和实践探索有所裨益；《河南经济发展方式转变研究》在进程回顾和问题总结的基础上，提出了河南转变经济发展方式的总体思路和实施框架，谋划了推动发展方式转变的体制机制创新路径，为河南省加快经济发展方式转变提供科学参考和决策依据；《河南构建开放型经济体系研究》从制约因素分析、战略模式架构、制度环境保障等切入，提出了构建开放型经济体系的总体思路和工作重点，并为河南加快构建开放型经济体系、提升对外开放层次和水平都提出了诸多有益的意见和建议；《河南生态文明建设研究》从多领域、多层次、多角度展开河南生态文明建设的系统分析和研究，并提出相应的解决策略和应对机制，为河南破解生态环境瓶颈制约，实现科学发展、可持续发展提供参考；《河南人力资源开发战略研究》系统考察河南人力资源的历史嬗变、发展现状及难题，探讨了加快人力资源开发、实现从人口资源大省向人力资源强省迈进的路径和对策建议。

随着全球一体化进程不断推进，区域经济发展相关问题研究已经成为热点中的焦点问题，同时，也因其突出的复杂性、系统性、综合性特征，给相关理论研究和实践创新提出了诸多难题挑战。我们期望以这套"区域经济研究丛书"为开端，吸引更多的专家学者共同谋划献策，助力中原崛起，探索区域协调发展新路，打造区域经济研究的"升级版"。

喻新安

2015 年 11 月

目 录

第一章　人力资源概论

物质资源和人力资源都是形成社会物质财富的重要资源，但是在传统经济逐步为新兴的知识经济所取代的 21 世纪，人力资源的重要性更加凸显，经济发展主要取决于人力资源的占有和使用。土地、厂房、机器、资金等已不再是国家、地区和企业发展的主要力量，只有人力资源才是国家、地区和企业生存之根本。由于人力资源是生产力诸因素中最积极、最活跃且具有能动性作用的因素，加之随着现代科学技术高度发展，人类智慧在产品上的附加值越来越高，因此人力资源成为不断推动经济增长和社会发展的第一资源、核心资源。那么，一个国家、地区和企业的经济实力和发展速度就取决于它对人力资源的拥有量和对人力资源的开发程度。谁能拥有大量的、高素质的人力资源，并能有效地管理与开发这些人力资源，谁就能在激烈的竞争中获得生存的主动权并保持持久竞争力。

第一节　人力资源基本范畴

人力资源属于资源这一大的范畴，是资源的一种具体形式。而"资源"在《辞海》中解释为"资财的来源"。资源是人类赖以生存的物质基础，从经济学的角度来看，资源是指能给人们带来新的使用价值和价值的客观存在物，它泛指社会财富的源泉。自人类出现以来，财富的来源无外乎有两类：一类是来自自然界的物质，可以称为自然资源，如森林、矿藏、河流、草地等；另一类就是来自人类自身的知识和体力，可以称为人力资源。在相当长的时期里，自然资源一直是财富形成的主要来源，但是随着科学技术的突飞猛进，人力资源对财富形成的贡献越来越大，并逐渐占据了主导地位。研究表明，实物资本的收益现在只有人力资本收益的 1/4，科技进步对经济增长的贡献率从 20 世纪初的 5%~20% 提高到了 21 世纪的 80% 以上。

从财富创造的角度来看，资源是指为了创造物质财富而投入生产过程的一切要素。马克思认为，生产要素包括劳动对象、劳动资料和劳动者，而劳动对象和劳动资料又构成了生产资料，因此，"不论生产的社会形式如何，劳动者和生产资料始终是生产的要素"。而著名的经济学家熊彼特认为，除了土地、劳动、资本这三种要素之外，还应该加上企业家精神。随着社会的发展，信息技术的应用越来越广泛，作用也越来越大，现在很多经济学家认为生产要素中还应该再加上信息。目前，伴随着知识经济的兴起，知识在价值创造中的作用日益凸显，因此也有人认为应该把知识作为一种生产要素单独加以看待。所以，可以看出，无论如何划分，劳动及具备劳动能力的人力资源都是财富创造中一项不可或缺的重要资源。

一、人力资源的含义

人力资源概念是 1954 年由管理大师彼得·德鲁克在其名著《管理实践》中首先正式提出并加以明确界定的。他认为，人力资源和其他所有资源相比，唯一的区别就是它是人，并且是具有"专用性资产"的资源。德鲁克认为，人力资源拥有当前其他资源所没有的素质，即"协调能力、融合能力、判断能力和想象力"。他认为，与其他资源相比，人力资源是一种特殊的资源，它必须通过有效的激励机制才能开发利用，并为社会和企业带来可见的经济价值。

在我国，最早使用"人力资源"概念的文献是毛泽东于 1956 年为《中国农村的社会主义高潮》所写的按语。在按语中，他写道："中国的妇女是一种伟大的人力资源，必须发掘这种资源，为建设一个伟大的社会主义国家而奋斗。"

20 世纪 60 年代以后，美国经济学家舒尔茨和加里·贝克尔提出了现代人力资本理论，认为人力资本是体现在具有劳动能力（现实或潜在）的人身上的、以劳动者的数量和质量（知识、技能、经验、体质与健康）所表示的资本，它是通过投资而形成的。人力资本理论的提出，使人力资源的概念更加广泛地深入人心。英国经济学家哈比森在《作为国民财富的人力资源》中写道："人力资源是国民财富的最终基础。资本和自然资源是被动的生产要素，人是积累资本，开发自然资源，建立社会、经济和政治并推动国家向前发展的主动力量。显而易见，一个国家如果不能发展人们的知识和技能，就不能发展任何新的东西。"从此，对人力资源的研究越来越多。到目前为止，对于人力资源的含义，学者给出了多种不同的解释。根据研究的角度不同，可以将这些定义分为两大类：

第一类主要是从能力的角度出发来解释人力资源的含义，持这种观点的人占了较大的比例。例如：

（1）所谓人力资源，是指能够推动整个经济和社会发展的劳动者的能力，即处在劳动年龄的已直接投入建设和尚未投入建设的人口的能力。

（2）人力资源是人类可用于生产产品或提供各种服务的活力、技能和知识。

（3）所谓人力资源，是指包含在人体内的一种生产能力，它是表现在劳动者的身上、以劳动者的数量和质量表示的资源，对经济起着生产性的作用，并且是企业经营中最活跃、最积极的生产要素。

（4）人力资源是指社会组织内部全部劳动人口中蕴涵的劳动能力的总和。

（5）所谓人力资源，是指劳动过程中可以直接投入的体力、智力、心力总和及其形成的基础素质，包括知识、技能、经验、品性与态度等身心素质。

（6）人力资源是指企业员工所天然拥有并自主支配使用的协调能力、融合能力、判断能力和想象力。

（7）人力资源是指能推动整个经济和社会发展的劳动者的能力，即处在劳动年龄的、已直接投入建设和尚未投入建设的人口的能力。

第二类主要是从人的角度出发来解释人力资源的含义。例如：

（1）人力资源是指一定社会区域内所有具有劳动能力的适龄劳动人口和超过劳动年龄的人口的总和。

（2）人力资源是企业内部成员及外部的顾客等人员，即可以为企业提供直接或潜在服务及有利于企业实现预期经营效益的人员的总和。

（3）人力资源是指能够推动社会和经济发展的具有智力和体力劳动能力的人的总称。

（4）人力资源是指存在于人体的智力资源，是指人类进行生产或提供服务，推动整个经济和社会发展的劳动者的各种能力的总称。

（5）人力资源是指人拥有的知识、技能、经验、健康等"共性化"要素和个性、兴趣、价值观、团队意识等"个性化"要素以及态度、努力、情感等"情绪化"要素的有机结合。

总之，从能力的角度出发来理解人力资源的含义更接近于它的本质。前面已经指出，资源是指社会财富的源泉，人对财富形成能起贡献作用的不是别的方面，而是人所具有的知识、经验、技能、体能等能力，在这个意义上说，人力资源的本质就是能力，人只不过是一个载体而已。

因此，所谓人力资源，就是指人所具有的对价值创造起贡献作用并且能够被组织所利用的体力和脑力的总和。这个解释包括以下几个要点：

（1）人力资源的本质是人所具有的脑力和体力的总和，可以统称为劳动能力。

（2）这一能力要能对财富的创造起贡献作用，成为社会财富的源泉。

（3）这一能力还要能够被组织所利用，这里的"组织"可以大到一个国家或地区，也可以小到一个企业或作坊。

二、人力资源及相关概念

在现实经济生活中，人们常常把人口资源、劳动力资源、人才资源这些与人力资源既有联系又有区别的概念相混淆。为了准确把握人力资源的内涵，有必要了解与人力资源相关的这些概念。

（一）人口资源

人口资源是指一个国家或地区的人口总体的数量，即全部的自然人。人口资源主要突出的是数量概念，它是人力资源、劳动力资源、人才资源的基础。一个人从出生到死亡的整个生命时期都可以看做人口资源的组成部分。

（二）劳动力资源

劳动力资源是指一个国家或地区具有劳动能力并在法定劳动年龄范围之内的人口总和。劳动力资源一般是指18~60周岁处于离休、退休之前具有劳动能力的人口数量。因此，劳动力资源从数量关系上来看小于人口资源和人力资源。

（三）人才资源

人才资源是指一个国家或地区具有的能够为社会创造财富的，具有较强的管理能力、研究能力、创造能力和专门技术能力的人们的总和。人才资源强调的是人力资源中较杰出、较优秀的那一部分。它表明了一个国家和地区所拥有的人力资源的质量。进入知识经济时代，人才在经济社会发展和综合国力竞争中的地位和作用显得日益突出，人才已成为国家第一位的战略资源。因此，人才资源成为一个国家或地区最为宝贵的社会财富。

从人力资源的定义和对与人力资源相关的几个概念的界定中可以看出，人口资源和劳动力资源突出的是人口的数量和劳动者的数量特征。人口资源是人力资源的基础，而劳动力资源是人力资源中处于法定劳动年龄范围之内的那部分。人才资源则侧重考虑的是人的质量，是人力资源中突出的、优秀的那部分。人力资源则是对人的数量和质量的统一，既强调人所具有的能够从事体力或脑力劳动、为社会创造财富的能力的质的方面，又强调人力资源不仅包括一个国家和地区有劳动能力并在法定劳动年龄范围之内的人口总和，而且包括虽已离退休但仍从事工作的具有较高素质的劳动者的量的方面。由于人力资源的内涵过于丰富，所以无论从哪一个角度来理解都无法全面把握，而且随着时代的发展以及技术的进步，人力资源的内涵会更加丰富与多样化。

三、人力资源与人力资本

工业化时期的企业管理理论和实践认为，对劳动力的教育和培训的支出是一种成本。当人们认识到劳动力也是一种资源时，其管理理念发生了转变，从人力资源成本观转向人力资源投资效益观。人们不再把劳动者当做与一般资本一样的、必须尽快收回的经营成本，而是把它当做为企业带来长期收益的资源。劳动者不再仅仅通过劳动能力转让获得回报，而且可以通过劳动能力投资获得效益，当劳动力价值被劳动者投入生产经营，用以获取超过原有价值的更大收益时，人力资源就转化为了人力资本。随着管理理念的转变，人们加大了对劳动者的教育和培训支出，劳动者已经被当做一种重要的资源，在企业发挥着价值创造的作用，劳动者与企业的关系也变成一种长期合作的契约关系，尤其是一些核心员工已经成为企业不可替代的独特资源。

从 20 世纪 50 年代末到 60 年代，西方的人力资本理论开始形成，并获得较大的发展。人力资本理论的创始人是美国芝加哥大学教授舒尔茨，他在 1960 年出任美国经济学会会长时，发表了题为"人力资本投资"的就职演说，该演说精辟地阐述了人力资本的观点。舒尔茨认为，人力资本是通过对人力资源投资而体现在劳动者身上的体力、智力和技能，是另一种形态的资本，与物质资本共同构成了国民财富，而这种资本的有形形态就是人力资源。舒尔茨在其《人力资本投资》一书中把人力资本投资范围与内容归纳为五个方面：一是卫生设施和服务，包括影响人的预期寿命、体力和耐力、精力和活动的全部开支；二是在职培训，包括企业的学徒式的传、帮、带；三是正规的学历教育，如从小学、中学到大学的教育；四是不定期地由企业组织的成人教育计划；五是个人与家庭进行迁移，以适应不断变化的就业机会。其中前四项可以增加一个人的人力资本存量，后一项涉及的是最有效的生产率与最能获利的利用一个人的人力资本问题。对上述人力资本的投资带来了多种形式的投资结果，如对卫生和营养的投资可以改善人的健康状况；对个人进行培训可以提高一个人的技能；接受正规教育可以提高人的认知能力并有助于学习能力的增强；而对研究和开发的投资可通过外部的效果来提高个人的技术水平等。人力资本理论突破了只有厂房、机器等物质资源才是资本的概念，把国家、地区和企业在教育、保健、人口、迁移等方面投资形成的人的能力的提高和生命周期的延长也看做资本的一种形态。在早期的经济学理论中，经济学家普遍强调的是物质资本的作用，认为物质资本存量的规模尤其是积累的快慢是促进或限制经济增长的主要因素。而人力资本理论探讨了人在推动技术进步和经济发展中的特殊作用，认为土地、厂房、机器、资金等已经不再是国家、地区和企业致富的唯一源泉，提高人力资本水平才是刺激经济增长、缩小收入差距、实现社会富裕的根本。不同的时代都有自己的核心经济资源。农业经济时代，土地是核心经济资源；工业经济时代，物质资本是核心经济资源；知识经济时代，人力资本是核心经济资源。在知识经济时代，知识成为价值的主要源泉，于是社会财富的分配将以知识为轴心。作为社会的主体，人的因素从来都是经济运行和发展的动力。但只有到了知识经济时代，以智力和知识为主的人力资本才成为经济运行的根本基础和发展动力。

对人力资源进行投资有几个基本假设：一是效用最大化假设。在人力资源投资中，总是假设投资主体有能力作出审慎的、有目的的投资决策，这些投资将为投资者在未来市场上带来高的市场收益。二是经济人假设。每个从事经济活动和进行经济决策的个人都是以效用最大化为目标，个人投资于人力资源的决策是基于个人经济利益最大化目标的追求。三是劳动力市场收入决定假设。人力资本是通过劳动力市场实现其价值，因而人力资本投资是以劳动力市场未来预期取得的报酬作为补偿的，因而劳动力市场收入分配必须能够基本反映个人投资决策，并且是公正、有效的。

人力资源与人力资本就内容和形式上看，具有一定的相似之处，但就其内涵和本质上看，两者具有明显的区别。人力资源是针对经济管理和经济运营来说的，而人力资本是针对经济增值和经济贡献来说的。人力资源是劳动者将作为自己拥有的能力投入劳动生产过程，并以此产生出一定的工作能力，创造出一定的工作成果，而人力资本是劳动者将作为自己拥有的无形资产投入企业经营活动，并以此索取一定的劳动报酬与经济利益。具体地说，人力资源与人力资本有三点区别：第一，概念的范围不同。人力资源包括自然性人力资源和资本性人力资源。自然性人力资源是指未经任何开发的遗传素质与个体；资本性人力资源是指经过教育、培训、健康与迁移等投资而形成的人力资源。人力资本是指所投入的物质资本在人身上所凝结的人力资源，是可以投入经济活动并带来新价值的资本性人力资源。人力资本存在于人力资源之中。第二，关注的焦点不同。人力资本关注的是通过投资形成的以一定人力存量存在于人体中的资本形式，强调以某种代价所获得的能力或技能的价值；投资的代价可在提高生产过程中以更大的收益收回；人力资源关注的是经过开发而形成的具有一定体力、智力和技能的生产要素在生产过程中的生产能力。第三，研究的角度不同。作为人力资本理论，它揭示由人力投资所形成的资本的再生、增值能力，可进行人力开发的经济分析和人力投入产出研究，是从投入与收益的关系来研究人的问题。而人力资源理论，不仅包括了对人力投资的效益分析，而且作为生产要素，其经济学内容更为广泛和丰富。

四、人力资源的性质

人力资源与物质资源、信息资源共同构成了现代社会的三大资源，其中人力资源是最为重要的资源，它对一个国家、地区和企业的发展起到了至关重要的作用。Wright（1992）就曾试图证明人力资源具有形成企业持续竞争优势的资源所必须具备的价值性、稀缺性、难以模仿性和不可替代性这四个特性。①价值性。人力资源的价值性表现在高素质人员队伍往往是企业利润的直接来源。正是因为人力资源的价值性，所以市场中对于人才的竞争从来没有停止过。Schmidt、Hunter 和 Pearlman（1979）曾证明，公司如果既有需要不同技能的各种工作岗位，又拥有与岗位技能要求相适应的员工，那么就能在竞争市场中表现出较高的绩效水平。②稀缺性。企业人力资源的稀缺性主要表现在知识型员工超出市场平均水平的智力与能力。这里的知识型员工包括企业家、高级管理型人员、高级工程技术人员及一般高技能操作人员。由于知识型员工形成的周期长，企业很难通过短期的培训或购买获得，所以哪个企业拥有他们就意味着拥有竞争对手短期内无法比拟的竞争优势。因此，企业应通过精心规划的招聘、培训、激励、薪酬设计等人力资源手段组合吸引、留住这些人才，建立持续的竞争优势。③难以模仿性。人力资源的难以模仿性主要是由于人力资源形成的路径依赖性造成的。人力资源的某些具体做法、操作工具或技巧可以通过学习而模仿，但人力资源管理中最核心的价值观却因为其形成的特殊历史条件、社会发展阶段、企业文化等原因，很难被模仿。④不可替代性。物质资源可能会由于技术进步等原因表现出一定的生命发展周期，从而很容易被新产品所替代。而人力资源由于劳动者与劳动力的不可分性，并且只有当人力资源与物质资本相结合时才能形成生产力，因此很难被替代。

人力资源作为一种特殊形态的资源，既具有任何资源都有的共性，又有着诸多不同于物质资源、信息资源的特性。分析人力资源的性质便于更深入地理解人力资源的内涵。人力资源的性质主要表现在以下几个方面：

(一) 能动性

人力资源是劳动者所具有的能力，而人总是有目的、有计划地在使用自己的脑力和体力，这也是人和其他动物的本质区别。所以人类在各项活动中能够发挥创造性的作用，不仅能适应社会历史条件和环境的变化，而且能革除旧的思维方式，创新观念，提出新的方法，赋予社会发展以新的活力。正因为如此，在价值创造过程中，人力资源总是处于主动的地位，是劳动过程中最积极、最活跃的因素。人作为人力资源的载体，和自然资源一样是价值创造的客体，但同时它还是价值创造的主体。它的能动性表现为主体，即人，能够自我强化、选择职业、积极劳动等。自然资源则相反，它在价值创造过程中总是被动的，总是处于被利用、被改造的地位，自然资源服从于人力资源。

(二) 时效性

人力资源是以人为载体，表现为人的脑力和体力，因此它与人的生命周期是紧密相连的。人的生命周期一般可以分为发育成长期、成年期、老年期三个大的阶段，在人的发育成长期 (我国规定为 16 岁之前)，体力和脑力还处在一个不断增强和积累的过程中，这时人的脑力和体力还不足以用来进行价值创造，因此还不能称为人力资源。人进入成年期以后，体力和脑力的发展都达到了可以从事劳动的程度，可以对财富的创造做出贡献，因而也就形成了现实的人力资源。人进入老年期以后，其体力和脑力都不断衰退，越来越不适合进行劳动，也就不能再称为人力资源了。生命周期和人力资源的这种倒 "U" 形关系决定了人力资源的时效性，必须在人的成年期对其进行开发和利用，否则就浪费了宝贵的人力资源。人力资源的这种时效性，说明了人力资源无法储存。如果现在不及时利用人力资源，就不能实现人力资源的价值，同时也不能保留人力资源以待日后使用，社会知识、技术的飞速发展使得 "闲置" 的人力资源逐渐流失其价值与特性。因此，闲置的人力资源是对人力资源的巨大浪费，唯有前瞻性、有计划并适时地运用人力资源，才能发挥人力资源的作用。自然资源则不同，自然界的物质资源如果不能被开发利用，它还会长久地存在，不会出现 "过期作废" 的现象，对自然资源而言，只存在开发利用的程度问题。

(三) 增值性

与自然资源相比，人力资源具有明显的增值性。一般来说，自然资源是不会增值的，它只会因为不断地消耗而逐渐 "贬值"。人力资源则不同，人力资源是人所具有的脑力和体力，对单个人来说，他的体力不会因为使用而消失，只会因为使用而不断增强，当然这种增强是有一个限度的；他的知识、经验和技能也不会因为使用而消失，相反会因为不断地使用而更有价值。也就是说，在一定的范围内，人力资源是不断增值的，创造的价值会越来越多。美国经济学家舒尔茨说："土地本身并不是使人贫穷的主要因素，而人的能力和素质却是决定贫富的关键。旨在提高人口质量的投资能够极大地有助于经济繁荣和增加穷人的福利。"他测算出美国1929~1957年经济增长中人力资源投资的贡献度高达33%。

（四）社会性

每一个人都是在一定的社会和组织中生活的，人类劳动也是群体性劳动，其思想和行为就必然要受到社会和所在群体的政治、经济、历史和文化氛围的影响。而且同时在社会发展中发挥着作用。每一个时代包括政治的、经济的、教育的、文化因素在内的社会状况，都会影响和制约在这个时代中发展起来的人力资源，培养出一代或几代人力资源特定的价值观、道德观和认知方式等。所以每个人的价值观和行为准则等都不一样，并有可能与特定的组织文化所倡导的行为准则相矛盾。自然资源具有完全的自然属性，它不会因为所处的时代、社会不同而有所变化，例如，古代的黄金和现代的黄金是一样的，中国的黄金和南非的黄金也没有什么本质的区别。人力资源则不同，人所具有的体力和脑力明显受到时代和社会因素的影响，从而具有社会属性。社会政治、经济和文化的不同，必将导致人力资源质量的不同。例如，古代整体的人力资源质量就远远低于现代，发达国家整体的人力资源质量也明显高于发展中国家。

（五）可变性

人力资源和自然资源不同，在使用过程中它发挥作用的程度可能会有所变动，从而具有一定的可变性。人力资源是人所具有的脑力和体力，它必须以人为载体，因此，人力资源的使用就表现为人的劳动过程，而人在劳动过程中又会因为自身心理状态不同从而影响到劳动的效果。例如，当人受到有效的激励时，就会主动进行工作，尽可能发挥自身的能力，人力资源的价值就能得到充分发挥；相反，当人不愿意进行工作时，其脑力和体力就不会发挥应有的作用。所以，人力资源作用的发挥具有一定的可变性，在相同的外部条件下，人力资源创造的价值大小可能会不同；人力资源的可变性还表现为人力资源生成的可控性。有教育家曾说过，如果给我1000个儿童，我可以把他们培养成乞丐，也可以把他们培养成天才。人力资源的生成不是自然而然的过程，需要人们有组织、有计划地培养与开发。自然资源则不同，在相同的外部条件下，它的价值大小一般不会发生变化。

(六) 可开发性

与自然资源一样，人力资源具有可开发性。但人力资源开发的途径和方式、方法均与自然资源不同。而人力资源开发使用之后可以继续开发，教育和培训是人力资源开发的主要手段，也是人力资源管理的重要职能。传统观点认为，人在学校毕业之后进入工作阶段，就处于人力资源的使用阶段，而停止了对人力资源的继续开发。现代人力资源理论强调，人力资源身上具有多种潜在的素质，更多的能力由于缺乏适当的使用环境而被压抑。因此，组织可以通过各种渠道和方式，促使人力资源不断地被开发出来。当人力资源经过一次新的开发后，其自身素质能够积蓄起来，以往开发出来的素质也会在新的开发中附加地发挥作用。这就要求人力资源的开发与管理要注重终身教育，加强后期的培训与开发，不断提高其知识和技能水平。此外，人力资源开发具有投入少、产出大的特点。正如舒尔茨所说，人力资源是效益最高的投资领域。人力资源因其再生性而具有无限开发的潜能与价值。人力资源的使用过程也是开发过程，可以连续不断地开发与发展。

第二节 人力资源的分布与结构

人力资源的分布和结构主要表现为人力资源载体的分布和结构，对国家和地区而言，是指劳动力人口的分布和结构；对企业而言，则是指员工的分布和结构。通过对人力资源的分布和结构进行分析，可以更加深入和具体地把握国家和地区以及组织的人力资源状况和特点，从而有针对性地进行人力资源的开发和管理，实现人力资源的有效利用。

一、数量和质量结构

作为一种资源，人力资源同样也具有量的规定性和质的规定性。由于人力资源是依附于人身上的劳动能力，和劳动者是密不可分的，因此可以用劳动者的数量和质量来反映人力资源的数量和质量。

对于一个国家和地区而言，人力资源的数量可以从现实人力资源数量和潜在人力资源数量两个方面来计量。对于国家潜在人力资源的数量，可依据具有劳动能力的人口数量加以计量。为此，各国都根据其国情对人口进行劳动年龄的划分，我国现行的劳动年龄规定是：男性 16~60 岁，女性 16~55 岁。在劳动年龄上下限之间的人口称为"劳动适龄人口"。小于劳动年龄下限的称为"未成年人口"，大于劳动年龄上限的称为"老年人口"，一般认为这两类人口不具有劳动能力。

但是在现实中，劳动适龄人口内部存在一些丧失劳动能力的病残人口。此外，还存在一些因为各种原因暂时不能参加社会劳动的人口，如在校就读的学生。在劳动适龄人口之外，也存在一些具有劳动能力，正在从事社会劳动的人口，如我们经常看到的退休返聘人员。在计量人力资源时，对上述两种情况都应当加以考虑，这也是划分现实人力资源与潜在人力资源的依据。

由上面的分析可以看出，人力资源的数量受到很多因素的影响，概括起来主要有以下几个方面：

（1）人口的总量。人力资源属于人口的一部分，因此人口的总量会影响到人力资源的数量。人口的总量由人口基数和自然增长率两个因素决定，自然增长率又取决于出生率和死亡率，用公式表示如下：

人口总量 = 人口基数 × [1 +（出生率 − 死亡率）]

（2）人口的年龄结构。人口的年龄结构也会对人力资源的数量产生影响，相同的人口总量下，不同的年龄结构会使人力资源的数量有所不同。劳动适龄人口在人口总量中所占的比重比较大时，人力资源的数量相对会比较多；相反，人力资源的数量相对会比较少。

（3）人力资源的质量。人力资源是人所具有的脑力和体力，因此劳动者的素质就直接决定了人力资源的质量。人力资源质量的最直观表现是人力资源或劳动要素的体质水平、文化水平、专业技术水平以及心理素质的高低、道德情操水平等。此外，也可以用每百万人口中接受高等教育的人数、小学教育普及率、中学教育普及率、专业人员占全体劳动者比重等经济社会统计常用指标来表示。

劳动者的素质由体能素质和智能素质构成。就劳动者的体能素质而言，又有先天的体质和后天的体质之分；智能素质包括经验知识和科技知识两个方面，而科技知识又可分为通用知识和专业知识两个部分，此外，劳动者的积极性和心理素质是劳动者发挥其体力和脑力的重要条件。

人类社会的发展历史表明，在人力资源对经济发展的贡献中，智能因素的作用越来越大，体能因素的作用逐渐降低；智能因素中，科技知识的作用不断上升，经验知识的作用相对下降。就现代专业科学知识和技术能力而言，存在着"老化"与"更新"速度不断加快的规律性。

与这一趋势相适应，劳动者的类型大致发生如下变化：第一类劳动者全凭体力去劳动；第二类劳动者具有一些文化，但劳动还是以体力劳动为主；第三类劳动者具有较高的一般文化，劳动已不再是以体力为主，他们主要是通过机械技术相联系；第四类劳动者以专业技术为主，基本上摆脱了体力劳动，他们是与当代和将来的自动化技术联系在一起的。

与人力资源的数量相比，其质量方面更重要。人力资源的数量能反映出可以推动物质资源的人的规模，人力资源的质量则反映可以推动哪种类型、哪种复杂程度和多大数量的物质资源。一般来说，复杂的劳动只能由高质量的人力资源来从事，简单劳动则可以由低质量的人力资源从事。经济越发展，技术越现代化，对于人力资源的质量要求越高，现代化的生产体系要求人力资源具有极高的质量水平。

从人力资源内部替代性的角度，也可以看出其质量的重要性。一般来说，人力资源质量对数量的替代性较强，而数量对质量的替代性较差，甚至不能代替。

二、年龄结构

年龄结构指各年龄段的劳动人口在整个劳动人口中所占的比重。我国的人口构成可作如下的划分：

潜在的人力资源由六个部分构成，即适龄就业人口、未成年就业人口、老年就业人口、失业人口、暂时不能参加社会劳动的人口和其他人口。而现实的人力资源则由三个部分构成，即未成年就业人口、适龄就业人口、老年就业人口。

我国人力资源的年龄构成基本还是比较合理的，适龄劳动人口在整个潜在人力资源中居于主体地位，有70%多的劳动人口都处于15~64岁；但是同时也存在着一个不容忽视的问题，那就是未成年劳动人口的比例过大，在整个潜在人力资源中，有1/4弱是未成年人。

三、产业分布

产业分布指第一、二、三产业的劳动人口在整个劳动人口中所占的比例。劳动人口在不同产业之间的分布状况，从一个侧面可以反映出一个国家的产业结构特点。西方发达国家中，由于第一产业在整个国民经济中所占的比重较低，第二产业和第三产业所占的比重相对较大，因此从事第一产业的劳动人口比重也相对较低，大部分劳动人口都分布在第二产业和第三产业。早在1985年，美国三次产业的就业比重就已分别达到3.1%、28.3%和68.6%；英国分别为2.6%、32.4%和

65.0%；法国分别为 7.9%、33.9% 和 59.2%；日本分别为 9.1%、34.6% 和 56.3%。但是，我国的产业结构与发达国家在 20 世纪 80 年代中期的水平还是存在着较大的差距，有 44.8% 劳动人口都在从事农业，第三产业的劳动人口只占到 31.4%。

此外，国家的人力资源分布和结构还有地区分布、行业分布、学历构成等多种指标，这里就不再一一列举了。

第三节　人力资源的作用

人力资源概念虽然是在知识经济时代产生的新概念，但早在古典政治经济学就有了对人力资源重要性的认识和研究。重农主义的代表人物魁奈是最早研究人的素质的经济学家，他认为人是创造财富的第一因素。英国古典经济学家的鼻祖威廉·配第首先提出了"劳动创造价值"的观点，他指出"土地是财富之母，劳动是财富之父"。亚当·斯密发展了劳动创造价值的思想，并在其代表作《国民财富的性质和起因的研究》中谈到了人力资本投资，认为一国国民所有后天所获得的有用能力是资本的重要组成部分，因而获得能力需要花费费用，所以它可以被看做每个人身上固定的、已经实现了的资本，当这种能力成为个人能力的一部分时，也就成为社会财富的一部分。大卫·李嘉图同样进一步发展了劳动创造价值的理论，明确地提出劳动是创造价值以及价值增值的源泉，并比较细致地分析了人们的简单劳动和复杂劳动的差别。

人力资源是生产活动中最为活跃的因素，在生产活动中居主导地位，它发起、使用、操纵、控制着其他资源，使其他资源得到合理、有效的开发、配置和利用。社会经济的发展依赖于人力资源量的增长和质的提升，随着社会经济的发展以及科学技术的迅速进步，人力资源对经济社会的发展和对企业保持长久竞争力的作用越来越大，已成为社会经济发展的最重要的资源。

一、人力资源是社会财富形成的根本资源

支撑社会经济发展的资源共包括四大类：物质资源、资本资源、信息资源以及人力资源。其中前三类资源是被动的"死"资源，它们的效用必须通过第四类资源——人力资源的驱动才能发挥出来。因此，在这些支撑社会经济发展的资源中，人力资源是首要的战略发展资源。作为唯一能动性资源的人力资源具有思维

和意识，能够根据自己的需要，事先计划，通过一定的方法和手段对其他三类资源进行有效、合理的使用与配置，从而使各类社会资源能够以最佳的组合方式在社会经济发展中创造出最大的价值。通过人力资源的创新作用，还可以提升其他非人力资源的资源效能和使用效率，促进各类其他资源的更新与发展。在社会经济发展所需要的资源种类中，其他资源都是被动的、被支配与被使用的"死"资源，只有通过人力资源的加工和创造才会产生价值，才能对社会经济发展发挥作用。人力资源在所有资源中的主导作用是任何其他资源所无法替代的。在社会经济发展中，各种资源需要有效配置、有效利用，人力资源掌握着配置与利用这些资源的主导权，决定着社会经济发展所需要的资源使用方向以及使用力度。另外，自然物质资源的原始形态只有经过人力资源的加工和创造才能转换为社会经济发展所需要的物质资本，没有人力资源的作用，其他物质资源的累计和更新就无法实现，从而也无法形成社会经济发展所需要的物资资源、资本资源和信息资源。由此可见，人力资源是其他资源产生和创造的根本，是社会经济发展的根本性资源。

二、人力资源是社会经济发展的主要力量

现代经济理论认为，经济增长主要取决于四个方面的因素：新的资本资源的投入；新的可利用的自然资源的发现；劳动者的平均技术水平和劳动效率的提高；科学的、技术的和社会的知识储备的增加。后两项因素均与人力资源密切相关。对于现代社会经济来说，社会已经拥有了大量的物质资本以及资本资源，新资本资源对社会经济发展的边际贡献率越来越低，依靠新资本资源投入的增加促进社会经济发展的成本很高昂。在现代科技条件下，地球上的自然物质资源基本上已经纳入或者全部纳入社会经济发展过程中，新的可利用自然物质资源已经很少，大量的自然物质资源已经为人们所充分利用。在现代技术条件下，增加新的资本资源以及开发新的自然物质资源的难度和成本越来越大，而且还依赖于科学技术的发展和人力资源质量的提高。由此可见，劳动者平均技术水平和劳动效率的提高，科学的、技术的和社会的知识储备的增加是经济增长的关键。而这两个因素与人力资源的质量呈正相关关系。

社会经济的发展离不开各种资源，而社会经济发展所需要的资源总是稀缺的，正是这种资源的有限性与稀缺性决定着社会经济发展的程度与速度，也决定着社会经济在一定历史时期发展的边界。在历史发展的早期，可获得的并不丰富的自然资源维持着人类的生产、发展，因此自然物质资源在早期历史的发展中作

用突出。工业革命使得生产力得到巨大的发展，社会得以快速地进步，机器设备的投资以及技术改造等需要大量的资本资源，在这段历史时期，资本资源变得尤为重要。随着社会经济和技术的发展，人们对人力资源的作用有了新的认识。特别是第二次世界大战后，很多经济学家以及社会学家等对生产要素在社会经济发展中的贡献进行了量化分析，在发达国家中呈现出自然资源和资本资源的经济收益逐日下降的趋势，而人力资源的收益率却日益提高。第三次技术革命是一场高新技术革命，信息技术、新能源技术、海洋技术等全面崛起，人们对人力资源的认识更加深化，人力资源使劳动者自我丰富、发展，使得人们对自然物质资源以及资本资源利用的力度大大加强，从而加快社会经济发展所需要的物质资本的利用程度。由此认为，社会经济的发展对人力资源的依赖程度越来越高，高质量的人力资源是现代社会经济发展的主要力量。

三、人力资源是企业生存发展的首要资源

美国钢铁大王卡内基曾经说过："将我所有的工厂、设备、市场、资金全部拿去，但只要保留我组织中的人，4年以后，我将仍是一个钢铁大王。"可见，人力资源在企业发展中的重要作用。人力资源是企业的首要资源，对企业的生存和发展意义重大。企业要想正常运转，就必须投入各种资源，而在企业投入的各种资源中，人力资源是第一位，是首要的资源；人力资源的存在和有效利用能够充分激活其他物化资源，从而实现企业的目标。

随着社会经济的发展和市场竞争的日益激烈，人力资源在企业中的地位和作用越来越重要，现代企业的管理理念和管理方式也因此相应发生变化，人们通过不同的方式与手段不断激活企业中人力资源的价值创造作用。人力资源不再是企业的负担，而是企业发展所需要的一种重要资产，是决定企业其他资产能否有效利用的关键资源。企业中的人力资源是企业的其他生产要素获得有效利用的能动力量，推动这些资源为企业发展做出贡献。人力资源把这些物质资本资源连接起来，通过对这些物质与资本资源的支配、利用以及促进其累积、发展，使企业中的这些"死"资源能够有效运动起来，达到人力资源价值创造的目的。在人力资源价值创造过程中，通过两个方面使物质资源与资本资源发挥作用：一是在人力资源要素的推动作用下，使物质资源与资本资源转移旧价值，从而使企业的产品、服务等能够满足社会的需要，为企业带来新价值；二是人力资源通过对各类物质资源、资本资源的整合与有效使用，使物质资源与资本资源、信息资源成为企业价值创造的有用之物。

四、人力资源是企业形成核心竞争力的源泉

由于自然物质资源、资本资源和信息资源都是可以通过市场运作方式和手段获得的资源，对任何企业来说都不是独特的，所以这三类资源不具有构成企业核心能力的特征，也就无法成为企业形成核心竞争能力的源泉。

Wright 等人首先区分了企业的人力资源和人力资源实践，指出企业的人力资源是企业的人力资本集合，而企业的人力资源实践是用来管理人力资本集合的人力资源工具。由于能够为企业赢得持续竞争优势的资源必须具备有价值的、稀缺的、不可替代的和难以模仿的四个特性，而一些单个人力资源实践很容易被竞争对手所复制，所以他们认为人力资源实践不能作为持续竞争优势的源泉。美国康奈尔大学 Snell 教授在其《通过知识获得竞争力：人力资本管理艺术》一书中认为，企业核心能力来源于企业的智力资本，包括人力资本、社会资本和组织资本。人力资本、社会资本和组织资本是来源于组织中的知识、技术、关系和客户四个方面的资源，其中知识主要包括顾客知识、技术知识、运营知识与管理知识。以上四个方面任何一个都无法单独形成企业的核心能力，必须通过相互整合共同形成企业的核心能力，支撑企业的持续竞争优势。从本质上说，上述四个方面的内容都是与人力资源紧密联系，是通过人力资源性的投资形成组织中的人力资本，通过组织中人力资本的作用而使组织具有良好的知识、技术、关系和客户，从而获得丰富的社会资本与组织资本，所以人力资源是形成企业核心竞争力的源泉。

总之，无论是对社会还是对企业而言，人力资源都发挥着极其重要的作用，因此我们必须对人力资源引起足够的重视，创造各种有利的条件以保证其作用的充分发挥，从而实现财富的不断增加、经济的不断发展和企业的不断壮大。

第二章　河南人力资源历史与现状

河南地处中原，属于典型的农业人口大省。新中国成立前，河南人口变迁与经济社会发展在总体上呈现不协调和非适应的状态。其主要表现为人口基数过大、人口素质普遍偏低、人口构成和人口分布很不合理等。新中国成立以来，尤其是改革开放以来，河南省人口和计划生育事业取得了辉煌成就，过去那种人口变迁与经济社会发展不协调和非适应的状态有了很大改观。进入新世纪，在新的经济社会发展背景下，河南在人口发展中又面临着新情况和新问题。

第一节　河南人力资源的历史嬗变

河南省的计划生育工作经过 20 世纪 50 年代的宣传引导以及 70 年代的普遍推行，尤其是党的十一届三中全会以来的深入发展，取得了显著成效，使全省的人口发展步入了良性发展轨道。

一、从数量膨胀到质量优化

新中国成立以前，由于饱受社会战乱和自然灾害的侵扰和摧残，河南人的生存与发展环境十分恶劣。国民党在河南留下的是一个一穷二白的烂摊子，当时人们曾用"水旱蝗汤"来讥讽其无能和腐败。1949 年底，河南省人口总数虽已达 4174 万人，但综合素质较低，其主要表现为身体素质、平均预期寿命、文化素质等都较低。新中国成立前，河南人口预期寿命仅为 32 岁，1938 年全省婴儿死亡率高达 167.7‰，1935 年全省老年人口的长寿水平（80 岁以上人口与 60 岁以上人口之比）为 4.43%；1935 年全省平均每百人口中的识字人口为 12 人，不识字人口为 88 人；1949 年全省小学在校学生人数为 161 万人，普通中学在校学生人数为 4.09 万人，中等专业学校在校学生人数为 8376 人，高等学校在校学生人数仅为 804 人；1949 年，全省仅有自然科学技术人员 21.12 万人。

新中国成立以后，在中国共产党的正确领导下，通过发展经济和科教文卫事业以及贯彻落实计划生育基本国策，使河南全省人口素质有了较大幅度的提高。新中国成立以后，1981 年河南人口预期寿命为 69.7 岁，1981 年全省婴儿死亡率为 20.0‰，1987 年全省老年人口的长寿水平（80 岁以上人口与 60 岁以上人口之比）为 7.47%；1981 年全省小学在校学生人数为 1111 万人，普通中学在校学生人数为 412 万人，中等专业学校在校学生人数为 5.5 万人，高等学校在校学生人数为 4.78 万人；1982 年，全省每一万居民中，拥有各种文化程度人数为：大学 25 人，高中 632 人，初中 1917 人，小学 3120 人；1987 年，全省仅全民所有制事业单位就有自然科学技术人员 40.6 万人。凡此种种，均比新中国成立前有着突飞猛进的提高。

尤其是从 1990 年河南第五次党代会提出"团结奋进、振兴河南"的宏伟目标以来，全省全面实施"科教兴豫"、"人才强省"的发展战略，优先发展教育事业，加大教育投资，加强基础教育、大力发展职业教育、稳步发展高等教育、积极发展民办教育，使全省人民的整体受教育水平得到显著提高。2000 年，全省文盲率由 1982 年的 26.20% 降至 2000 年的 5.87%；2009 年，河南人口平均受教育年限由第五次人口普查时的不足 8 年提高到 8.4 年，全省新增教育经费的 80% 用于农村；小学适龄儿童入学率保持在 99.6% 以上，初中学龄人口入学率保持在 98% 以上；全省青壮年非文盲率达 99% 以上，普通高等学校在校学生人数从 1990 年的 8.04 万人增至 136.88 万人。

与此同时，经济社会的快速发展促进了医疗卫生、疾病预防以及生活环境等各方面条件的明显好转，人民物质、文化生活水平得以提高，城乡居民的营养和健康状况得到改善和增强，居民的预期寿命也越来越长、身体素质明显提高。综合反映人口身体素质的人口平均预期寿命由改革开放初期 1981 年的 69.68 岁延长到 1990 年的 70.15 岁和 2000 年的 71.54 岁，突破了人们常说的"人到七十古来稀"的观念。2009 年，每万人口拥有医生数从 1978 年的 6.2 人增至 14.0 人，每万人口拥有卫生机构床位数从 1978 年的 14.4 张增至 30.3 张。

在思想道德素质方面，中原自古多英杰，这里有铁面无私的包拯、精忠报国的岳飞、献身科学的张衡、医德高尚的张仲景等。新中国成立以后，在这块很早就孕育着大禹治水精神、愚公移山精神的古老土地上又形成了充满新时代特征的焦裕禄精神、红旗渠精神、刘庄精神等。改革开放以来，伴随河南发展的步子越来越大，实力越来越强，亮点越来越多，环境越来越优，人气越来越旺，影响越来越好，河南人民也逐步树立起"吃苦耐劳、诚实守信、见义勇为、乐于助人、大度包容、开放创新、忠诚爱国、奋发进取"的思想道德新形象。进入新世纪以后，在全国范围内评选的"年度感动中国十大人物"评选每年都有河南人的入选。这些"感动中国十大人物"的先后涌现和他们感人事迹的广泛传播，树立了河南人的良好形象，促进了全省思想道德建设的健康发展和公民思想道德素质的提高，成为奋力实现中原崛起的强大的精神动力。

二、人口大省的流动大潮

河南地处中原，自古以来农耕经济就颇为发达，是中国人口稠密的地区之一。由于封闭的内陆型农耕经济的长期影响，以往时代的河南人的思想观念较为保守，具有安土重迁、固守家园的恋土情结。新中国成立以来，在计划经济条件下城乡分割的两元社会结构的禁锢和钳制下，河南这一农业人口大省的经济社会发展长期处于欠发达状态，曾被人们称为"古、土、穷、朴、慢"。就在30多年前，河南还是一个粮食尚不能自给的农业大省，在国人的眼中不过是一只经济文化落后的"丑小鸭"，并且干什么事都要左顾右盼，比别人慢半拍。然而，自改革开放的春风吹拂中原大地之后，河南人民开拓进取，发奋图强，在短短的30年间就实现了经济社会发展方面的彻底改观，一跃成为全国的第一农业大省、重要的工业大省、经济大省以及有影响的文化大省。

在河南省实现经济社会发展彻底改观的奋进过程中，劳务经济作出了巨大贡献。作为全国第一人口大省和第一劳动力资源大省，多年来河南劳动力转移总量稳居全国首位。2010年全省农村劳动力转移就业总量达到2363万人，实现劳务收入1980亿元。目前，河南籍农民工遍及全国各地及世界40多个国家和地区，并且经过多年的历练，河南知名劳务品牌不断增多，农村劳动力的转移竞争力显著增强。目前，外出务工已成为河南农村家庭的主要收入来源和农民增收的重要途径，外出务工收入约占农民人均纯收入的一半以上。发达的劳务输出经济，为河南农村的改革和发展乃至全省的经济社会发展打下了坚实的基础。在波澜壮阔的人口流动大潮中，河南农民工收获的不仅是物质财富，他们同时还在市场经济这所大学校里锤炼了自身素质，获得了技术、能力、经验以及现代文明的熏陶。

河南农村劳动力转移大致上经历了四个阶段：

一是起步阶段。这时的劳动力转移以农民的自发性外出为主，其中许多为亲朋好友、同学老乡的牵线搭桥或是道听途说的信息，因而具有一定的无序性和盲目性。

二是引导阶段。全省许多地方均成立了由党委、政府牵头，扶贫、劳动等部门参加的劳务输出管理机构，并且各级劳动部门陆续开办了职业介绍机构，有些地方的劳动部门甚至设立了乡镇劳务站并在村庄里设有劳务输出联络员；这一阶段的劳务输出已走上规范化且带有一定的前瞻性和目的性，比如，河南"林州建筑"、"长垣厨师"、"唐河保安"、"遂平保姆"等劳务品牌的形成，较大规模地组织农村富余劳动力前往新疆摘棉花，等等。

三是发展壮大阶段。全省许多地方纷纷在外出务工人员较多的劳务输入地建立办事机构，为他们提供职业技能培训、社会保险、权益维护、计划生育、承包土地流转等多方面的服务；这一阶段的劳务输出由于劳务输出地所提供的全方位的优质服务而趋向良性运行和稳固、长足的发展。

四是提升阶段。全省许多地方不仅将劳务输出作为一项支柱产业来抓，而且将其作为发展区域经济的战略重点之一来抓紧抓好；这一阶段劳务输出的特点就是更加关注农民工综合素质的提高、农民工生存与发展质量的提升以及农民工党组织建设的加强。

近年来，全省各级党委、政府不断加强对农村富余劳动力转移的规范、引导和支持。首先，省政府在劳动和社会保障厅成立劳务输出服务处，并且全省各级地方政府在各地的劳动部门也相应地成立了劳动力转移就业服务和管理的机构。其次，河南现有直接和间接为农民工服务的各类职业介绍机构 1270 个，乡镇劳动服务站 600 多个，全省形成了 60 个劳务输出基地县，68 个县（市）建立了劳务输出服务网络，87%的乡镇建立了农村劳动力资源数据库。再次，据不完全统计，2005 年河南全省从事农村劳动力转移的各类教育培训机构共有 1205 个，其中公办的 791 个，占 65.6%；民办的 414 个，占 34.4%。最后，不断强化法律保障，2005 年河南出台全国首部专门保护农民工权益的地方性法规即《河南省进城务工人员权益保护办法》。

正是在以上得力举措的强力推动下，河南农村外出务工人员综合素质不断提高，转移就业的竞争力明显增强，就业稳定性逐步提高，务工收入呈上升趋势，就业行业层次逐渐攀升。而且，河南较早外出务工的一些农民已经初步完成资本积累，他们带着资金、技术、管理经验和市场信息返乡创业，而全省各地政府则规定农民工返乡投资和外商一样，享受用电、用地、信贷、税收等政策优惠，并在户籍管理、社会保险、子女入学等方面，为回乡创业者提供优质服务。据不完全统计，到 2010 年底，全省返乡创业人数已达 66 万多人，其中创办企业 15.3 万多个，年产值 600 多亿元，带动 280 多万农村劳动力常年就近就业。

总之，自改革开放以来兴起的这一河南有史以来最为波澜壮阔的人口流动大潮，乃是中原崛起进程中最为壮丽的一道景观。它标志着河南人早已从过去那种在战乱和灾荒的驱迫下生存型的离乡背井，飞跃而质变为在现代化驱动下发展型的走南闯北。这种类型的人口流动和转移无疑是一种巨大的历史进步，它体现了河南人的坚韧性、创造性，预示着河南人更加美好和幸福的明天。

第二节　河南人力资源发展现状及难题

新中国成立以来，河南人口发展已经历或正经历加速、超速、减速、均速、高速发展、持续性低增长、低生育水平和高增长量并存七个阶段，呈现出颇为曲折和复杂的发展特征。

一、河南人力资源发展的基本特征

河南省自然环境优越、土地肥沃、资源富足，十分适宜人类的繁衍和发展。从殷商直至唐宋时期，作为华夏文明发源地之一的河南，其经济、政治、文化曾长期领先于全国，成为中国主体民族——汉民族所居住的人口稠密的中心区域。北宋灭亡之后，失去全国经济政治文化中心地位的河南逐渐落后于东部沿海地区的发展。河南虽然具有丰富的矿产资源、水资源、土地资源、动植物资源，但是在历史上由于社会生产力较为落后、传统文化影响深远、长期的战乱、多发的自然灾害、人口的无序增长、"左倾"思潮的作祟、传统发展观等消极因素的影响，加之长期以来河南人口基数过大、人口素质普遍偏低、人口构成和人口分布不尽合理，以致其资源没有得到有效开发和合理利用，人口发展与资源环境的关系一直处于不协调和非适应的状态。

就发展阶段看，1949~1958 年是人口加速发展时期，年均增加 85 万人，形成了新中国成立以来河南人口出生的第一次高峰；1962~1973 年是人口超速发展阶段，形成了人口出生的第二次高峰，年均增加 143 万人，年均自然增长率为27.65‰；1974~1977 年是人口减速发展阶段，年均增加 110 万人；1979~1985 年是人口匀速发展阶段，年均增加 111 万人，年均自然增长率为 14.17‰；1986~1992 年是人口高速发展阶段，尽管这一时期我国人口和计划生育工作已经全面推开，仍年均增加 160 万人，年均自然增长率达 19.33‰，形成了人口出生的第三次高峰；1993~2004 年是持续性低增长阶段，年均增加 68.5 万人，年均自然增长率为 7.37‰。目前，河南省第四次人口出生高峰已提前到来且表现为跨度长、峰值高和增量大，预计这次人口出生高峰将从 2005 年到 2017 年，历经 12 年左右时间，峰值年将出现在 2012 年，预计出生人口将在 151 万~165 万人，这次人口出生高峰表现为低生育水平和高增长量并存。

现阶段，作为人口大省的河南，基本特点是经济底子薄和发展基础差，人口总量大，低增长率与高增长量并存，人均资源占有量和人均收入较少，人口素质普遍较低，人口性别结构和年龄结构失衡，省内人口非均衡分布和人口发展呈较大区域性差异，等等。

人口总量大是河南的突出特征。在中国古代较长时期内，河南人口数量一直在全国名列前茅。从北宋灭亡至明末清初，由于社会战乱、自然灾害等原因，河南人口数量在全国总人口中所占比例有所下降。到了康乾盛世，河南人口数量又有较大幅度的回升，直至民国初年全省人口总量已达 2851 万多人。1949 年新中国成立时，河南全省人口总量为 4174 万人，1958 年末为 4943 万人，1987 年末为 7969 万人，1997 年达到 9243 万人，自此河南成为全国第一人口大省。2005 年末，河南全省总人口 9768 万人，人口密度每平方公里达到 585 人，比全国平均水平多 444 人。2009 年末，全省总人口已达 9967 万人。2010 年 7 月，河南人口突破 1 亿大关。除中国外，世界上只有 9 个国家（印度、美国、印度尼西亚、巴西、巴基斯坦、俄罗斯、日本、孟加拉国、尼日利亚）人口过亿；德国、英国、法国、意大利等国土面积比河南省大得多，总人口都不超过河南省；加拿大的国土面积比中国还大，人口仅是河南的 1/3。

河南省有丰富的土地资源、水热资源、矿产资源及动植物资源；全省已发现 102 种矿产，并探明 74 种储量矿产占全国的一半以上，26 种矿产居全国前 8 位，12 种居前 3 位，钼、铝土、金、银是河南四大优势金属矿产。然而，对这些资源的人均占有量多在全国平均水平以下。近些年来，河南城镇居民的年人均可支配收入和农村居民的年人均纯收入虽比过去有了较大幅度的提高，但与同时期的发达省份相比，依然存在着较大的差距。目前，河南人口的整体文化素质依然不高，高等教育落后，女性文化程度明显低于男性，城乡之间文化差异较大，地区之间发展不平衡，文盲、半文盲群体较大，新文盲不断产生，科技人员占全省总人口比重较少且流失较多。河南人口密度大，分布不平衡，同级行政区人口数量相差悬殊，西部稀疏，东部稠密，城镇人口比重较低。

二、河南人力资源开发的主要难题

人是经济活动的主体，是经济实力的承载者，是经济竞争的承担者，是经济活动和经济竞争结果的所有者。人口因素，是经济竞争的基础因素和核心因素，它包括人口的数量、质量和结构。河南从 1997 年起成为全国第一人口大省，并在 2010 年 7 月人口总量突破 1 亿人，人口众多给经济社会发展带来了诸多问题和压力。

（一）人口基数过大对资源环境造成了巨大的压力

河南以占全国 1.74% 的土地养育着占全国超过 7.5% 的人口，过大的人口基数导致了人均占有各种资源的不足，资源相对紧张。尽管河南资源总量很大，但人均水平偏低：目前，全省人均土地资源仅有 0.07 公顷，不及全国平均水平的 1/4；人均水资源占有量是全国平均水平的 16%；人均能源占有量是全国平均水平的 14%；人均占有林地面积是全国平均水平的 1/6。土地是人生存的根本，水是人生命的源泉，植物和动物资源是人生存的命脉，矿物资源蕴涵人自身发展的潜能，人均占有各种资源的不足必然会影响到河南全省人均 GDP 水平的提高。2010 年，全省地区生产总值 22942.68 亿元，位居全国第 5，但人均生产总值仅有 2 万多元，居全国第 21 位。可见，由人口过多所导致的人均水平低已成为影响中原崛起的重要因素。

据测算，假设河南是封闭区域时，耕地的最大人口承载量为 1.1 亿~1.4 亿人，淡水资源的人口容量在 1 亿人左右，一次能源的人口承载量应不超过 1 亿人，综合起来河南自然资源和环境的人口容量应在 1.1 亿人。综合河南的自然环境、资源条件及经济、社会和人口现有基础后，河南比较适宜的人口规模限度应在 1.2 人亿以内。目前，全省已有信阳、南阳、开封、洛阳、平顶山、济源、郑州、三门峡 8 个省辖市（占总人口的 45.19%）在资源承载力方面已超载，人口发展与资源、环境的矛盾日益凸显。因此，无论从现实自然资源所能承载的人口总量的角度，还是从能适应经济社会协调发展和良性运行的适度人口数量的角度，在较长一段历史时期内，控制人口数量及稳定低生育水平，均是河南人口发展中重中之重的任务。

过大的人口基数有可能与急于求成的粗放型增长方式并存，造成现有资源的超量开发和过早枯竭，并且带来人为性的环境污染，以致干扰可持续发展的实现。衣食住行及医疗保健是维持人类生存的基本需求，而接受教育及学习科学文化知识则是人类发展自身的必备条件。满足这些基本需求和必备条件，需要充足的衣物、食品、药品、住宅、文化用品以及需要建立各种医院、学校、工厂、交通设施、体育设施、医疗卫生保健设施等。这就需要耗费大量的资源，而这些资源当中有些属于稀缺资源，如土地、淡水，有些属于不可再生的资源，如各种矿产。威廉·福格特认为，土地对人口的负载能力，即环境容量，是有一定限度的，它取决于生物圈为人类提供能源、衣着、食物的能力和人类社会条件及生产技术方式。在河南，全省 2.5 亿亩国土面积中已有 40%多被垦为耕地，垦殖率为全国平均水平的 4 倍，但人均耕地不足 1.3 亩，低于全国平均水平；耕地已缺乏后备资源，且不可能再生出新的耕地；全省的林地、牧坡、草滩和水域，几乎所有可以利用的国土资源均已被开发。

随着工业化、城镇化进程的加快，河南省人口总量大、人均占有资源少、环境承载能力弱、"两高一低"项目所占比重大的劣势更加明显，经济发展与资源环境的矛盾日益突出。目前，河南省能源消耗总量高居全国第五位，化学需氧量排放总量居全国第七位，二氧化硫排放总量居全国第二位，4 类以上水质河段达50%左右。显然，由于资源和环境对于人口承载力的一定限度，靠大量消耗资源、牺牲环境换取经济增长的老路已经行不通，而转变增长方式和发展适度人口已成为中原崛起的题中应有之义。

（二）整体人口素质偏低

人口资源环境的全面协调、可持续发展不仅与人口数量有关，而且与人口质量有关。由于在人口发展中较长时期的求量不求质，河南的人口素质从总体来看，依然不能适应合理开发、利用资源以及保护环境的社会发展需求。

一是河南大多数劳动力的科学文化水平及职业技能还停留在与粗放型经济增长方式同步的层次，难以适应培育与科学发展相一致的技能型和智能型劳动者的时代要求。在社会生产力愈来愈依靠科技进步的时代，河南较低的整体人口素质已成为使资源的开发利用从粗放型向集约型转变的巨大障碍。由于河南的高等教育和职业教育均相对滞后，不仅全省的"高精尖"特殊型人才奇缺，而且"多面手"实用型人才在全省人口总量中所占比例也较小。相反，大量的缺乏科学素养和较高职业技能的农民工服务于建立在落后技术基础上的县域粗放型经营行业，如采矿、制砖、造纸、电镀、印染等。此种状况决定了河南不可能在短期内完全摆脱高投入、低产出、高污染的传统生产模式，这就必然会加大经济增长方式转变的难度，并且不利于缓解人口资源之间的既有矛盾。

二是河南的总体人口素质较低，也势必会对人们良好环境意识的形成造成较大干扰。一般来说，环境意识与人口素质息息相通。那些在科学文化、思想品位、道德情操、审美能力等方面综合素质较高的人由于具有较强的认知能力、较宽广的视野和较高的境界，他们的环境意识也就较浓厚，而那些综合素质较低的人，他们容易受到落后观念及传统习惯的影响而使自身环境意识淡薄。

三是全省总体人口素质较低，不利于环境科学技术的发展和运用。环境科学技术的发展和运用需要人的参与，即高素质的科技人员、工程技术人员、环境管理人员、熟练技术工人的研发、推广、管理和服务，而这类人员对河南一亿人口的大省来说，简直是太少了。

（三）人口总量偏大与人口总体质量较低的反差十分明显

河南人口的显著特点是人口基数大，人口总量增长快。目前，虽然河南人口出生率和自然增长率均低于全国平均水平，但由于人口基数过大的惯性作用，全年依然净增人口 49 万人左右。在较长的一个时期内，河南人口总量将继续保持强劲增长势头，尤其是伴随着 20 世纪 80 年代河南第三次人口出生高峰时出生的婴儿陆续地进入婚育期，全省第四次人口出生高峰期已经来临，这意味着全省出生人口将出现一定程度的结构性回升。由于历史的和现实的各种复杂原因，在河南总人口中，文化层次较高的人口所占比重较小。根据第六次全国人口普查结果，全省 9402 万常住人口中，具有大学（指大专以上）文化程度的人口占 6.4%，远低于 8.9% 的全国平均水平；具有小学和初中文化程度的人口占 6.7%，高于 6.5% 的全国平均水平；同时，全省还有 399 万文盲人口，粗文盲率为 4.25%。由此可见，河南虽是一个人口资源大省，但距离人力资源强省的目标还有相当差距。人口总量偏大与人口总体素质较低的矛盾已成为制约河南经济社会发展的"瓶颈"因素。

（四）人均教育投入不足导致人力资源质量提高的速度相对缓慢

科学文化素质的高低是人力资源质量的决定性因素，而教育则是提高科学文化素质的基本途径。美国经济学家西奥多·舒尔茨采用收益法测算了人力资本投资中最主要的教育投资对美国 1929~1957 年经济增长的贡献，其比例高达 33%。美国经济学家爱德华·丹尼森通过精确的分解计算，论证出 1929~1957 年美国的经济增长中，有 23% 的份额要归因于美国教育的发展。由于河南经济基础差、底子薄、人口多，因此人均教育投入不足。例如，小学预算内生均公用经费支出河南为 151.01 元/人，仅为上海（2114.13 元/人）的 1/14；初中预算内生均公用经费支出河南为 98.20 元/人，仅为上海（1865.7 元/人）的 1/19。如此状况，自然会使得人力资源质量提高的速度相对缓慢。

（五）农村人口比重过大且文化素质及发展水平偏低

河南是一个农业大省。近些年来，虽然城镇化程度不断提高，但农村人口仍在全省人口中占有较大比重。由于复杂的历史因素和长期城乡分割的两元社会体制的影响和作用，农村人口与城市人口在文化素质及发展水平上具有较大差距。2000 年，河南省 15 岁及以上人口中有 535 万文盲人口，乡村文盲人口占 15 岁及以上人口的 9.0%，城市文盲人口占 15 岁及以上人口的 4.7%，乡村比城市高 4.3 个百分点。2007 年，在河南农村居民每百个就业劳动力中具有小学文化程度的占 16.6%，具有高中文化程度的占 12.3%，具有大专及以上文化程度的占 1.1%，不识字或识字很少的占 5.9%。此外，在河南农村居民每百个就业劳动力中主要就业地点在乡内的占 77.4%，在县内乡外的占 2.6%，在省内县外的占 5.0%，在国内省外的占 15.0%。显然，大部分具有较低文化水平和职业技能的河南农村劳动力还是在乡域经济圈内从事着以体能型为主的较低层次的简单劳动。2010 年，河南农村居民人均纯收入为 5524 元，低于全国平均水平（5919 元），与全省城镇居民人均可支配收入之比仍高达 1：2.88。这种收入上的城乡差距固然与不尽合理的两元社会体制存在内在关联，但也与以上所述的河南农村劳动力整体素质的偏低不无关系。河南也是中国第一劳务输出大省，2010 年全省农村劳动力转移人数达到 2363 万人，而这些人大都是来自农村的富余劳动人口。由于在外出务工的农民工群体中男性占近 70%，由此而带来农村"留守妇女"、"留守儿童"的问题。此类"留守人口"问题对农村居民整体素质及发展水平的提高构成重大障碍，并且不利于河南农村社会的和谐与稳定。

（六）人口构成的不尽合理影响经济发展和社会建设

从人口职业构成来看，1980 年以前，河南人口产业结构变化十分缓慢。1952 年，全省从业人员总数为 1683 万人，第一产业从业人员 1511 万人（占总数的 89.8%），第二产业从业人员 74 万人（占总数的 4.4%），第三产业从业人员 98 万人（占总数的 5.8%）；1980 年，全省从业人员总数为 2929 万人，第一产业从业人员 2378 万人（占总数的 81.2%），第二产业从业人员 304 万人（占总数的 10.4%），第三产业从业人员 247 万人（占总数的 8.4%）。从 1952~1980 年，第一产业从业人口比重仅下降 8.6 个百分点，第二产业从业人口比重仅上升 6 个百分点，第三产业从业人口比重仅上升 2.6 个百分点。在 1980 年之后，人口产业结构变化较快。2009 年，全省从业人员总数为 5949 万人，第一产业从业人员 2765 万人（占总数的 46.5%），第二产业从业人员 1675 万人（占总数的 28.2%），第三产业从业人员 1509 万人（占总数的 25.4%）。1980~2009 年，第一产业从业人口比重下降 34.7 个百分点,第二产业从业人口比重上升 17.8 个百分点,第三产业从业人口比重上升 16.9 个百分点。尽管如此,目前河南人口产业结构按现代化标准来看依然不尽合理,并且与全国平均水平相比依然存在着差距。2009 年,河南第一产业从业人口比重高于全国平均水平(38.1%)8.4 个百分点,第二产业从业人员比重高于全国平均水平(27.8%)0.4 个百分点,第三产业从业人口比重低于全国平均水平(34.1%)8.7 个百分点。

从人口性别构成来看,新中国成立以来,河南省总人口、男女性别比(以下均称性别比)一直属于正常范围,而出生人口性别比却从正常走向了失衡。1953 年全国第一次人口普查,全省总人口性别比为 103.9;1964 年全国第二次人口普查,全省性别比为 102.6;1982 年全国第三次人口普查,全省总人口性别比为 104.1;1990 年全国第四次人口普查,全省总人口性别比为 105.5;2000 年全国第五次人口普查,全省总人口性别比为 106.6;2009 年,全省总人口性别比为 102.6。从新中国成立到 1980 年以前,河南出生人口性别比一直属于正常范围内,从 1980 年起开始处于失衡状态。1953 年全国第一次人口普查,河南出生人口性别比为 105.3;1964 年全国第二次人口普查,河南出生人口性别比为 102.2;1980 年,河南出生人口性别比为 114.6;1982 年全国第三次人口普查,河南出生人口性别比为 109.9;1987 年,河南出生人口性别比为 115.7;1990 年全国第四次人口普查,河南出生人口性别比为 116.64;2000 年全国第五次人口普查,河南出生人口性别比为 118.46;2005 年 1% 人口抽样调查,河南出生人口性别比为 115.39。虽然河南总人口性别比一直处于正常范围,但必须看到,自 1982 年全国第三次人口普查以来,伴随河南出生人口性别比的不断攀高且居高不下的状态,河南总人口性别比也在呈逐步上升的态势。也就是说,长期的出生人口性别比失衡状态,必将对总人口性别比产生消极的影响。

从人口年龄构成来看,20 世纪 50 年代初至 60 年代末,河南人口年龄结构趋于年轻化,1953 年与 1964 年相比,50 岁以上人口占总人口比重分别为 16.7% 和 14.4%,而 0~14 岁人口占总人口比重分别为 35.7% 和 39.8%,表明少年儿童比例在上升,老年人口系数在下降。20 世纪 70 年代起,随着计划生育的开展,河南的人口出生率开始下降,全省人口年龄结构被重新建构,逐渐从年轻型朝成年型转化。1982~2009 年,河南 0~14 岁人口占总人口的比重由 34.9% 降至 19.3%,而 65 岁及以上人口占总人口的比重由 5.2% 升至 8.8%,老少比为 39.1%,少年儿童抚养系数为 26.8%,老年抚养系数为 12.3%。按国际通用标准,老年人口在总人口中所占比重达 7% 即进入老年型社会。河南老年人口在总人口中所占比重从

1982 年的 5.2% 上升为 2000 年的 7.1%，也就是人口年龄结构从成年型进入老年型仅用了 19 年，而完成同类转变法国用了 118 年。河南的老龄化具有"未富先老"的典型特征，即在人均国内生产总值较低，社会保险、社会保障等制度还不健全的情况下提前进入老龄化社会。1953 年全省劳动年龄人口（男 16~59 岁，女 16~54 岁）为 2289.7 万人，2000 年为 5600.9 万人，2009 年为 5949 万人。由于劳动年龄人口占常住人口的比例高达 68%，可以说目前河南正处于劳动力资源供给颇为丰富的"人口红利"时期，应当充分利用这一时期的劳动力资源来发展经济，为今后应对不断发展的老龄化进程打下坚实的物质基础。

第三节　从人口资源大省向人力资源强省迈进

由于人口基数大，总量增长快，河南在较长的一段时期内依然面临着数量方面的压力。因此，迅速、全面地提高河南人口的素质是实现未来全省人口健康发展的关键性因素，也是促进河南由人口资源大省向人力资源强省转变的基本途径。

未来 20~50 年，将是河南人口发展的重大变革时期：一是人口发展先后迎来四个高峰——出生人口高峰、总人口高峰、劳动年龄人口高峰和老年人口高峰；二是经济社会发展迎来了人才需求旺盛期；三是迎来农村富余劳动力转移质的飞跃期；四是进入城市化进程的快速发展期；五是进入劳动人口负担系数较低的"红利期"。面对这一关键时期，必须明确河南未来人口发展的总体思路：坚持以人为本，牢固树立和落实科学发展观，围绕全面建设小康社会、奋力实现中原崛起的目标，采取综合人口政策，推进制度创新，维护区域人口安全，优先投资于人的全面发展；稳定低生育水平，控制人口总量，提高人口素质，优化人口结构，积极应对人口老龄化；引导人口合理流动、科学分布，加快农村富余劳动力转移，搞好人力资源的开发利用，促进人口大省向人力资本强省的转变，实现人口与经济、社会、资源、环境的协调和可持续发展，为构建和谐河南创造良好的人口环境。

要明确未来河南人口发展的总体目标，即实现"六个转变"：一是人口再生产类型由外部强制型向内部自主型转变；二是人口受教育程度由普及九年义务教育向普及高中教育转变；三是人口就业由以第一产业为主向以第二、三产业为主转变；四是人口分布由以乡村为主向以城镇为主转变；五是由人口资源大省向人力资本强省转变；六是由人口对资源环境造成巨大压力向人与自然和谐发展转变。

一、稳定低生育水平

据统计，目前河南省每天出生 3200 多人，每年出生人口近 120 万人，净增约 50 万人，相当于一个中等县的人口。据资料显示，在全国大多数省份人口出生率很有可能继续下降的情况下，河南却面临着第四次人口生育高峰。这次高峰从 2005 年开始，到 2017 年结束，人口出生率会逐年回升，即使育龄妇女的总和生育率保持 1.65 的水平不变，2012 年人口出生最高峰时，河南会出生 151 万人。目前，尽管河南的经济总量、财政收入等指标都位居全国前列，但是这一发展的硕果只要除以 1 亿人口，就会变成一个不太起眼的数字。相反，推动河南发展的投入，只要乘以 1 亿人口，就会变成一个难以承受的大数字。由此可见，在河南人口的低生育水平面临反弹的现实风险的严峻挑战下，继续稳定低生育水平以有效地缓解人口对资源、环境的压力，乃是河南人口发展中的唯一正确的选择。

河南是中国第一人口大省，人口问题尤其是人口数量偏多的问题始终是制约全省全面可持续发展的重大问题，是影响人口与社会经济发展的关键因素。当前或未来一段时期，河南正在或将要面临着四大人口高峰，即总人口高峰、出生人口高峰、劳动年龄人口高峰和流动人口高峰，与之相对应的则是"入学难"、"就业难"、"养老难"、"管理难"、"社会融合难"等问题。中共中央、国务院在《关于加强人口与计划生育工作，稳定低生育水平的决定》中强调指出："任何政策的偏差、工作的失误以及外部环境的不利影响，都可能导致生育率的回升。目前还有相当一部分同志对人口多是我国社会主义初级阶段最基本、最重要的国情认识不足。对可持续发展战略中人口问题是关键认识不足，对社会主义市场经济条件下人口与计划生育工作的长期性、艰巨性、复杂性认识不足，切实转变观念，解决这些认识问题，克服盲目乐观、麻痹松懈情绪，是当务之急。"在河南，虽然全省已进入低生育水平时期，但人们依然要清醒地意识到：人口多、底子薄、人均资源相对不足的基本省情没有根本改变；计划生育作为基本国策的地位没有根本改变；严格的生育政策与群众生育意愿之间的矛盾没有根本改变；计划生育作为"天下第一难"的工作性质没有根本改变。

显而易见，人口数量控制依然是现阶段河南人口与计划生育工作所面临的头等重要的任务，它直接关系到全省全面建设小康社会预定目标的能否顺利实现，对其来不得丝毫的盲目乐观和麻痹松懈。河南省要求的人口目标是：2020年控制在1.07亿人以内。因此，为了稳定低生育水平，人们务必要做到以下四个方面：一是必须坚持现行生育政策不动摇；二是必须坚持党政领导对人口与计划生育工作亲自抓、负总责，继续实行目标管理责任制，坚决落实"一票否决"制度；三是必须加强计划生育宣传教育，形成浓郁的舆论氛围和强大的舆论力量，引导群众转变婚育观念；四是必须转变工作思路和方法，由以往仅就计划生育问题抓计划生育向与经济社会发展紧密结合和采取综合措施解决人口问题转变，并且由以社会制约为主向逐步建立利益导向与社会制约相结合，宣传教育、综合服务、科学管理相统一的机制转变。

二、优化人口结构

人口老龄化逐渐加重和出生性别比居高不下是河南人口结构不合理的两大主要表现；前者使社会保障面临空前压力，后者给社会稳定带来巨大隐患。在河南，老年人口在总人口中所占比重从1982年的5.23%上升为2000年的7.10%，也就是人口年龄结构从成年型进入老年型仅用了19年，而完成同类转变法国用了118年。此外，河南老年人口在全省总人口中所占比重又从2000年的7.10%上升为2009年的8.8%，全省老年抚养系数也从1990年的8.99%上升为2009年的12.3%。尤其是由于大量青壮年人口流向城市所导致的农村人口老龄化的加速，老年负担系数的上升幅度农村大于城市。河南省"六普"数据显示，65岁及以上人口为7858799人，占8.36%，同2000年第五次全国人口普查相比，65岁及以上人口的比重上升1.4个百分点。同时，数据显示，我国65岁及以上人口已有27个省份超过了百万，比"五普"时增加了2个，其中，河南与另三个人口大省山东、四川、江苏一起位列前四。与全国其他省、市相比，河南的人口老龄化具有老年人口总量大、老龄化速度快、老龄化在地区之间和城乡之间的差异大、老龄化与0~14岁的年轻人口在总人口中所占比重的下降同时出现、老龄化超前于工业化、现代化和健全的社会保障制度而早早降临的特征。据推测，到2025年，65岁及以上老年人口占全省总人口的比重将从目前的7%左右上升为12.6l%，人口的年龄结构将高度老化。

这就是说，伴随着短暂的人口红利期的终结，河南人口老龄化速度快、突发性强、超前于工业化和现代化等特征，势必将对未来的社会保障与公共服务体系产生较大的压力。应对老龄化的挑战一是要应该尽快建立健全社会保障体系。要加大各级财政对养老保险的支持力度，建立稳定、可靠的养老保险基金筹措机制；建立包含多层次、多种形式的覆盖全社会的养老保障体系，积极发展社会供养，巩固家庭养老，组织老年再就业自养，逐步形成社会、家庭、个人相互补充的养老保障体系；尽快在全省推广新型农村合作医疗制度，建立由国家、集体和个人共同承担的养老金储备制度，推进农村养老保障；实施健康老龄化战略，鼓励老年人参与社会发展，营造老有所为、老有所乐的良好环境。二是要建立利益导向机制，保障计划生育家庭的优先发展。设立"节育奖"，对只有一个子女或两个女孩而采取绝育措施的夫妻给予奖励；建立救助制度，独生子女意外伤残丧失劳动能力或者死亡，夫妻不再生育或收养子女的，给予救助；实行农村独生子女免费纳入农村合作医疗制度；认真落实对实行计划生育家庭的奖励和优惠政策，在分配集体经济收入、享受集体福利、划分宅基地、承包土地、培训、就医、住房、子女入托等方面给予照顾。

在出生性别比方面，自 1982 年以来，河南的出生性别比一直处于失衡状态，例如，全省的出生性别比 1982 年为 109.90，1992 年为 109.72，1996 年为 117.60，2000 年第五次全国人口普查时升至 118.46，属于全国严重偏高的省份之一，2005 年虽降至 115.39，低于同年全国平均水平 5 个多百分点，但依然超出正常值 8 个多百分点。出生婴儿性别比偏高是一个涉及经济背景、政治决策、文化传统、生活习俗、性别结构和性别关系等多方面因素的综合性社会问题。它有可能带来男性婚配困难、性犯罪增多、人口再生产障碍、妇女社会边缘化程度加重等严重阻碍社会发展的负面效应。以"男孩偏好"为核心要素的传统生育文化，是造成全省出生婴儿性别比偏高的根本思想原因；欠发达的经济发展水平以及较低的社会保障水平，是造成全省出生婴儿性别比偏高的重要经济原因；非法鉴定胎儿性别及选择性生育，是造成全省出生性别比偏高的直接原因；对政策内二孩生育中性别选择行为的监管不力，是造成全省出生婴儿性别比偏高的间接原因。由于产生出生性别比偏高的原因的多样性，因此社会强调对其治理的综合性。强调对其治理的综合性，在现阶段固然具有一定的合理意义，然而，鉴于出生性别比偏高问题的本质属性是直接关涉妇女的出生权、生命权、发展权的人权问题，还需有对其治理的主导性来与对其治理的综合性相配套。这种主导性也还需要兼顾观念与现实两个方面，即将改造和消解落后的传统意识与改变和消除现实生活中的性别不平等和性别不公正现象有机地结合起来。此外，在农村已基本告别贫困和愚昧的现时代，出生性别比失衡虽在某种程度上依然与人们的生存状态具有一定的联系，但它主要是由于物质文明与精神文明建设的脱节所致。例如，一些人的"男孩偏好"传统观念在他们解决了温饱之后不仅没有淡化，反而更加强烈，一些富人和名人的竞相超生使出生性别比失衡问题变得更为严重，等等。

这些事实表明：如今的出生性别比失衡与以往的出生性别比失衡已有所不同。在全省范围内已基本实现小康的河南，出生性别比偏高问题已经不是单纯生存型的社会问题，而是发展中出现的社会问题，需要通过把科学发展观贯穿于发展的全过程，在实现经济社会又好又快发展的基础上予以解决。首先，全省人民应深入学习实践科学发展观，推动综合治理出生性别比偏高工作更上一层楼；要将学习实践科学发展观具体落实到科学思维、努力创新人口与计划生育的工作思路及方式等方面，并且积极动员全社会力量来建设先进的性别文化及生育文化，从源头上防范出生性别比失衡。其次，通过加快经济发展步伐和建立健全社会保障体系，来大力削弱传统生育观念赖以生存的经济基础；在新农村建设中，要着力于增加农民尤其是女性农民收入，大幅度地提高农村社会养老保障水平，为农民生育观念的转变奠定强大物质基础。再次，运用社会公共政策来影响人们生育观念的转变，其中包括将性别平等意识纳入地方政府决策主流、完善各项计划生育和医务管理制度、合理运用政策法规、完善利益导向机制等制度化手段，在农村广泛宣传并大力推行招赘婚、取消分性别的生育及生育间隔、加大对农村"独女户"家庭奖扶的力度和对"五保户"的集中供养程度、将"关爱女孩"行动从一般性的社会活动层面提升至政府主流决策层面等。最后，对相关法律法规进行修改，加大威慑和打击的力度；修改刑法第三百三十六条，将非法行医且造成严重社会后果的人员纳入刑事责任主体予以追究责任；在《中华人民共和国刑法》中增加禁止非医学需要的胎儿性别鉴定和选择性别的人工终止妊娠行为的条款，依照扰乱社会秩序罪加以惩处；在刑法上可以考虑增设相应的犯罪条款对非法的"两非"行为进行打击。

三、提高人口素质

人口素质，通俗地说，就是人在德、智、体、美方面的发展程度。换句话说，人口素质就是人的身体素质、科学文化素质和思想道德素质的总和。人口素质以一定水平的生产力发展为前提，又反过来促进或制约社会生产力的发展。当人口素质与社会生产力相适应时，就起促进作用；反之，就会制约和阻碍社会生产力的发展。随着生产现代化水平的不断提高，人口素质对社会生产力的作用就越来越大，成为提高社会劳动生产率、促进经济和社会全面发展的主要因素。人口的身体素质是发展社会生产力的前提条件；人口的科学文化素质是社会生产力高速发展的强大动力；人口的思想道德素质是社会生产力正常运行的重要保证。一方面，生产力的发展对人口素质提出了更高的要求，刺激和推动了人口素质的提高；另一方面，生产力的发展又为人口质量的提高提供了物质条件和社会条件。例如，一种新的生产工具出现，就要求劳动者掌握运用这种生产工具的技术，从而引起这种技术的普及，人口的劳动技能也就随之提高。社会生产力发生了变革，就要求并推进整个人口科学文化水平的提高。第二次世界大战以后，发生了波及整个资本主义世界的科学技术革命，许多新的产业纷纷兴起，结果导致了中等教育的普及和高等教育的发展，使人口的科学文化水平迅速提高。同时，生产力的发展，促进了人们生活水平的提高和医疗卫生事业的发展，从而使人口的身体素质也随之提高。因此，人口素质的提高和社会生产的发展是相辅相成的。生产越是现代化，越是要求人口质量不断提高。有了先进的设备，倘若缺乏智力、体力、科学文化、技术技能等方面都合乎需要的劳动力人口，就不可能发挥这些设备的效能，不可能提高劳动生产率，而素质高的劳动力来自质量高的人口。

　　新中国成立以来尤其是改革开放以来，河南人口素质虽说已比过去有了大幅度的提高，但与全国一些发达省、市相比，仍然存在着较大的差距。坦率地说，目前河南人口数量偏大与人口素质较低的矛盾依旧是河南人口发展中面临的主要矛盾，并且依旧是制约河南经济社会发展的"瓶颈"因素。"五普"数据显示：河南平均每万人中普通高校在校生人数为 27.9 人，比全国少 13 人，15 岁以上人口中的文盲率为 7.91%，各类残疾人约占全省总人口的 5.50%，有出生缺陷的婴儿总数约占每年出生人口的 7%，5 岁以下儿童中高度营养不良患病率为 6.08%。此外，农村人口与城镇人口在身体和文化素质方面存在较大差异，全省农村具有大专以上文化程度的人口在 25 岁及 25 岁以上人口中所占比例仅为 0.40%，文盲和半文盲人口占 25 岁及 25 岁以上人口的 14%；尤其是在一些偏僻、落后、贫困的农村地区，多生现象较为普遍，甚至于在个别乡村部分村民因采血而感染上艾滋病。

　　河南省人口总体素质较低的状况直接影响到全民劳动新技能的提高、农村劳动力转移层次的提升以及全省整体社会生产力水平的提高，以至于成为实施中原崛起战略的巨大障碍。从天然人口资源向富有创造力的人力资本转化，教育乃是核心媒介，因此要把优先发展教育作为促进人的全面发展和提升人力资源质量的根本举措。这就要求在全省范围内加快优化教育结构的步伐，加大财政性教育经费投入力度，以进一步提高人均受教育年限和有效地解决农村义务教育问题。

人口健康状况尤其是出生人口健康状况是衡量全省人口总体素质的一项重要指标。截至 2005 年 10 月底，虽然全省居民中男性平均寿命已提高到 71.78 岁，女性平均寿命已提高到 76.65 岁，但脑血管病、恶性肿瘤和心脏病等十种疾病从 2000~2004 年在全省共夺去近 26 万人的生命，已成为对全省居民生命安全的最大威胁；此外，伴随着婚前检查不再强制进行（2009 年全省婚前医学检查率仅为 5.2%），全省出生人口素质也有所下降（2007 年全省出生缺陷人数为 81/10000）。

为了进一步全面提高人口健康素质，全省普及健康知识和倡导文明、健康的生活方式，加强婚前医学检查和出生缺陷干预，以及建立和健全以预防为主的城乡公共卫生服务体系等，势在必行。实施出生缺陷干预工程，努力提高出生人口素质。进入新世纪以来，河南人口与计划生育工作的重点已转向稳定低生育水平、提高出生人口素质上来。但河南的人口出生质量不容乐观，每年有 5 万~8 万个新生儿带有各种出生缺陷，存活下来的出生缺陷儿日后的健康状况往往受到很大影响，这些都成为影响全省人口素质的潜在因素。出生缺陷是指胚胎或胎儿在发育过程中发生解剖学和功能上的异常。出生人口质量对未来人口健康，包括儿童、成年人、老年人的健康都会产生非常重要的影响，由人口出生素质导致的人口素质问题的严重性不亚于人口数量的压力。因此，推广实施出生缺陷干预工程是提高河南人口素质的重要战略决策。出生缺陷干预技术的选择总体上可概括为健康促进、人群出生缺陷筛查和监测、出生缺陷高危人群的技术干预和诊断、准出生缺陷个体的早期治疗等。

目前对出生缺陷可能有干预效果的技术包括健康行为干预、营养素干预、疫苗干预、药物干预等。出生缺陷干预的关键是预防。为此，世界卫生组织提出了预防出生缺陷的"三级预防"策略。一级预防是指防止出生缺陷儿的出生，包括婚前检查、遗传咨询、选择最佳的生育年龄、孕早期保健，包括合理营养、预防感染、谨慎用药、戒烟戒酒、避免接触放射线和有毒有害物质、避免接触高温环境等；二级预防是指减少出生缺陷儿的出生，主要是在孕期通过早发现、早诊断和早采取措施，以减少出生缺陷儿的出生；三级预防是指对出生缺陷的治疗。

人口早期教育和独生子女培养与每个婴幼儿及独生子女的健康成长、每个家庭的和睦幸福密切相关，是实施人才强省战略的基础，是从根本上提高河南人口素质的需要。婴幼儿时期，不但是人的智力开发的奠基时期，而且是身体素质和思想素质的奠基时期。早期教育是对婴幼儿进行的以开发大脑潜能为主要环节，以开展游戏活动为主要形式，以致力于提高婴幼儿智能、加强其体能、健全其人格、提高人口综合素质为主要目标的保育与教育有机结合的家庭教育、幼儿园教育和社会教育。

科学研究表明，人刚出生时脑重 400 克，是成人脑重的 25%，6 个月时是成人脑重的 50%，1 岁时是 66%，2 岁时是 75%，3 岁时的脑重已经达到成人脑重的 80%。可见，出生后的前 3 年是人的智力发展最为迅速的时期。如果不及时进行科学的早期教育，人的潜能就得不到充分开发，就会贻误人生发展的最佳时机。通过及时、科学的早期教育，使婴幼儿在德、智、体、美诸方面获得全面发展，即通过组织健康、社会、语言、科学、艺术等几大范畴的学习活动，使婴幼儿的知识、技能、能力、情感态度诸方面获得良好发展。因此，推行少生优生、优育优教和提高人口素质，必须注重河南人口的早期教育。

思想道德素质是人口素质的核心要素，提高全省人民的思想道德素质不仅能为中原崛起提供精神动力，而且能为建设人力资源强省营造良好的社会氛围。在当前和今后一个时期，把社会主义核心价值体系的内在要求与人们的现实渴求有效对接，并且将对社会主义核心价值体系的宣传教育融入整个国民教育体系、媒体传播、文艺创作以及日常生活之中，将成为河南思想道德建设的中心任务。加强青少年思想道德教育，建立和健全与和谐社会相适应的伦理道德规范和社会信用体系，也将成为全省思想道德建设的重要任务。

四、促进人口的有序流动

新中国成立之后直到改革开放前，河南人民经历了全党全民大办农业时期的农业合作化、大跃进、农业学大寨等重大事件，由于在"左"倾思想主宰下对市场机制和科学技术的双重排斥以及对于"以粮为纲"的片面强调，尽管河南人吃苦耐劳且搞得轰轰烈烈，但却收效甚微，以致辛辛苦苦几十年，在全省农村的许多地方依然没有能够解决农民群众的温饱问题，相反倒滋长了他们"等靠要"的惰性心态。

改革开放以来，在党的十一届三中全会精神的指引下，通过大刀阔斧的农村改革，全省广大农民的生产积极性被充分调动起来，他们经过努力奋斗基本上解决了自身的温饱问题。然而，在从满足生存性需求迈向创造性发展的过程中，河南农村、农业、农民的发展又面临着新的挑战，其中就包括如何为大量富余的农业劳动力寻求出路的巨大压力。本来，在改革开放后的一段时期内，河南的乡镇企业发展迅猛，它在给农村经济发展注入新的活力的同时，也为农村富余劳动力向非农产业的转移创造出大量就业的机会，一度成为全省农村富余劳动力转移的主要渠道。

然而，20 世纪 90 年代以来，伴随着河南乡镇企业的式微，其吸纳富余农村劳动力的能力逐渐减弱，并且其在转移农村富余劳动力过程中的一些后遗症也逐渐显露。一是它造成为数庞大的"离土不离乡、进厂不进城"之类的兼做农副业的特殊性就业人口群体，这些依然拥有土地承包权的人的就业转移算不上完全意义上的劳动力转移，只能被称为兼业性转移；二是它局限于第二产业，使第三产业的发展严重滞后，并且不利于集中财力和物力投入城镇基础设施和公共设施建设，以至于最终造成城镇化发育迟缓，直接影响到农村富余劳动力转移的可持续性；三是它的空间布局分散，难以发挥自身的聚集效应和整合效应，从而不利于农村富余劳动力更大规模的转移。河南的农村劳动力转移发端于 20 世纪 80 年代，蓬勃发展在 20 世纪 90 年代，目前仍方兴未艾，正处于其鼎盛期。据统计，2005 年河南省外出打工人数达到 1557 万人，占全国劳务输出总量的 1/8，其中近 1000 万人是到省外务工，而常年在外务工的多达 600 多万人；全省农民外出务工的收入为 730 亿元，占全省农民总收入的 40%，劳务经济已占农村经济的相当比重。2010 年全省农村劳动力转移就业总量达到 2363 万人，全年实现劳务收入 1980 亿元，人均年劳务收入 8380 元，比 2005 年全省农民外出务工的收入翻了一番还要多。伴随此种前所未有的农村人口的外出流动，河南的城镇化比率也从 1982 年的 16% 飙升至 2010 年的 39.2%。

此外，人口流动不仅是与生产方式和消费方式变更时时相伴的经济现象，而且是与思维方式和交往方式变革紧密相连的文化现象。通过走南闯北的打工活动的磨练，那些走出黄土地的河南农民开阔了眼界，增长了见识，转变了观念，树立了与传统农民截然不同的社会思想文化观念和日常生活价值观念。随着与现代市场经济相适应的财富观、竞争观、平等观、知识观、人才观、劳动观、婚恋观、生活观等新观念被他们逐渐地接受，他们头脑中原有的传统宗法观念及封闭、保守、落后的生产和生活观念在不断地经受时代潮流的冲击和先进文化的洗礼后，也逐步地被他们自己所抛弃。积累了资金、掌握了技术、熟悉了市场、磨砺出意志和品行的他们身上所具有的这些"活的财富"必然会在家乡引起强烈的反响，起到任何东西所无法替代的、巨大的典型示范效应和榜样感召的作用。

虽然目前河南向省外流动的农村富余劳动力人数已占整个流动总数的 2/3，但这只是在全省经济社会发展欠发达状况驱迫下为获得发展资金、技术和人才而进行的大规模"候鸟"式流动的特定现象。从长远来看，伴随着中原的逐渐崛起，大多数农村富余劳动力仍然要通过向省内中小城市和小城镇集聚的方式才能获得更为合理的、更为完全意义上的转移。当然，眼下人们还是应当将省外流动与省内流动有机地结合起来，并且充分发挥省外流动所具有的独特的经验示范和价值导向的作用。此外，近十几年来，伴随河南省就业指标的下滑趋势、劳动密集型产业向资本和技术密集型产业的转变态势以及当前全球金融危机的严重干扰，全省剩余劳动力转移的难度不断加大。这就要求把富余农村劳动力转移提升至事关河南经济社会发展全局的战略高度来充分地加以认识，不仅要较快、较大规模地转移农村富余劳动力，而且要审时度势、扬长避短，在农村劳动力外出务工过程中力求做到合理、有序、较高层次地流动。

（一）以新农村建设为契机，促进城镇化建设

城镇化健康发展是扩大内需、转变经济发展方式的重要支撑，是合理开发利用国土空间、实现可持续发展的战略基础，是改善民生、促进人的全面发展的必由之路，日趋活跃的人口流动迁移和持续快速发展的城镇化，必将对我国经济社会发展产生重大影响。

首先，城镇化健康发展是扩大内需、转变经济发展方式的重要支撑。城镇化不仅是人口由乡村向城镇流动迁移的过程，也是人口就业结构转化、人口整体素质提高、居民收入和消费能力增长的综合性经济社会发展过程，其健康发展将为调整经济结构、促进产业升级开拓广阔空间。其次，城镇化健康发展是合理开发利用国土空间、实现可持续发展的战略基础。城镇化是人口在国土空间上收缩聚集、土地集约使用，人口分布与资源环境、产业布局相适应、相协调的发展过程。当前，迫切需要制定与人口发展相适应的国土空间开发规划，形成科学的城镇布局体系，引导人口有序流动迁移。再次，人口城镇化健康发展是改善民生、促进人的全面发展的必由之路。对于我国而言，城镇化不仅是城镇人口比重不断增加的过程，也是转变发展方式、破除二元结构、缩小城乡差距、促进全体人民共享改革发展成果的过程。促进农村人口逐步在城镇安居就业，可以有效地改善他们的生活质量和生存环境，同时也为农业现代化和农村发展提供空间。

（二）逐步实现现代化人口管理

要推进城乡、区域一体化户籍制度改革，逐步剥离附着于户籍上的各种社会权利，探索建立全国统一的居民登记管理制度，完善信息化、网络化的人口信息系统。河南推进城镇化健康发展面临挑战：一是人口永久性迁移不充分；二是流动劳动力素质整体不高；三是城镇化推进方式粗放，城市综合承载力亟待提高；四是城市公共服务供需矛盾凸显；五是引导人口有序流动、合理分布的政策制度不健全，流动人口服务管理体制创新有待破题。这些问题的解决是一个循序渐进的过程，需要通过流动人口的政策制度创新来实现。

根据国家人口计生委 2009 年对城市流动人口的监测调查，流动人口携眷迁移比例在提高，同时由季节性流动向在流入地长期定居发展。流动人口与配偶或子女在流入地一起居住的比例达到 67.4%；劳动年龄人口平均在现居住地停留时间为 5.3 年。然而，流动人口虽然实现了就业的非农化，却没有实现身份的市民化。现行户籍制度把大多数农村流动人口排斥在城市公共服务体系之外，城与城之间的流动人口也难以均等地享有居住地的公共服务。根据国家人口计生委的推算，以城镇常住人口为基数的城镇化率在"十二五"期间可以超过 50%，但城镇人口的市民化率要到 2033 年才能过半。

流动人口"流而不迁"，使人口聚集的投资、消费需求的正向积累效应受阻。因此，国家人口计生委在引导我国人口有序流动、合理分布的战略举措和政策建议中指出，要推进城乡、区域一体化户籍制度改革，在小城镇实施更加灵活的户籍迁移政策，使中小城镇有合法居所、稳定收入的农民及与其共同居住生活的直系亲属，可根据本人意愿办理城镇常住户口；在适当时机将小城镇落户条件完全放开。稳步推进大中城市户籍制度改革，进一步放宽引进人才户口迁移的限制，逐步剥离附着于户籍上的各种社会权利，探索建立全国统一的居民登记管理制度，完善信息化、网络化的人口信息系统，逐步走向现代化的人口管理。

（三）提升中小城镇综合承载力

为达到"十二五"期末城镇化率达到 52% 以上，到 2020 年全国城镇人口市民化率超过 50%，到 2050 年城镇化率与城镇人口市民化率均达到 77% 左右的目标，国家人口计生委建议启动"十百千"推进工程，即以人口发展功能区为基础，依据各地自然禀赋、宜居条件、人文积累及人口空间分布状况，逐步形成以都市圈为骨架，以西部为中心、次中心城市为支撑，以县域城镇为据点的城镇结构体系，打造 10 余个城市群、100 多个中心城市和 1000 多个县域小城市，作为未来吸纳迁移人口的重点地。

"十"、"百"、"千"不同城市类型应采取不同的城镇化模式，具体是：城市群要走组团式、集约化发展道路，增强大都市的辐射能力，把周边的小城镇纳入块状的城市圈范围；中心城市要采取空间适度扩张和人口聚集并举的城镇化战略，走据点式、集约化发展道路；对于资源和土地等综合条件较好、发展潜力较大县域城市和中心镇，要通过政策扶持，增强其产业和人口聚集能力，发挥就近、就地吸纳农村迁移人口的优势。

从河南实际情况出发，应继续发挥中原城市群的重要支撑作用，推进中原城市群一体化进程，推动区域内空间结构与产业分工合理化，培育一批核心增长极与特色产业带，不断提高中原城市群在全国区域竞争格局中的地位。加快形成中原城市群"一极两圈三层"发展格局，形成以城带乡、以工促农的城乡发展新局面，促进城乡均衡发展。

河南作为全国第一人口大省，第一农村人口大省，也是全国第一劳务输出大省，常年农民外出务工人数达1500多万人，劳务收入占农民纯收入的比重达30%，但近年来农民收入增长相对缓慢，表明了解决这个农村富余劳动力与有限的城镇吸纳力之间的矛盾，既要从农村入手，也要从城市来着手，建立一种以城带乡、以工促农、良性互动的城乡关系。可以说，实行以城带乡、以工促农战略，强化城市对农村的辐射带动，增强农村城镇化动力，是提高城镇化水平的客观要求，也是后危机时代主动调整、积极应对的战略选择。

一要更加重视农业在产业结构中的"小比例"和在城乡可持续发展中的"大功能"。尽管在城镇化进程中，农业的相对比例变小了，但农业仍然是经济社会可持续发展的重要一环，它所具有的社会安全功能、生态屏障功能、绿色产品基地功能以及观光旅游景点开发功能等，都是二、三产业无法替代的。因此，一定要在统筹城乡发展中把营造城乡发展相融同保留城乡特点统一起来，在统筹城乡产业布局时，把发展农业列为统筹优化产业结构和生态环境、促成城市—区域经济社会全面协调可持续发展的重要组成部分，在近郊区和都市圈大力发展"高效、外向、生态、观光"为主要特征的现代农业，促进农业发展方式转变，提高农村产业层次。

二要更加重视城市对农村的"农外输血"功能和农村由此产生的"农内造血"功能。近些年，河南农民人均纯收入中的增长部分大多来源于工资性收入、经营性收入，而真正来自务农所得的收入未有明显增长。传统农业发展的制约因素加大，农业生产效率和效益的低下，抑制了农民收入的增长，限制了农民进城定居的经济条件，反映出城乡统筹单靠加强"农外"推进，还是远远不够的，必须进一步把工业反哺农业、城市支持农村的活动深化到"农内"去。只有既做好"农外"文章，又激发"农内"活力，使"输血"与"造血"相互配合，产生复合效应，才能夯实农村城镇化的经济基础。

三要更加重视产业集聚区对农村城镇化的带动作用。没有产业集聚的城镇，人口就很难充分就业，也就没有足够的收入，就难以刺激消费，无法形成再生产，城镇就成为一个缺乏造血功能、没有发展动力的城镇。而通过产业向园区集中、园区向城镇集中、人口向城镇或中心村集中，在促进产业规模集聚的同时，拓展了城镇发展空间，有效推动了城镇生产与生活功能的分离，铺平了工业进园区、居住进小区、农村变城市、农民变市民的城镇化道路。

四要更加重视社会公平和防范"逆城镇化"问题。河南城镇化进程不断加快，中心城市的集聚功能越来越强，但有两点必须高度重视：第一，统筹城乡发展，保证城乡居民享有均等公共服务的机会，维系社会公平。第二，尊重极化倒转规律，把握分散战略时机，做到未雨绸缪。

第三章 河南建设人力资源强省的
目标和意义

"十二五"期间乃至更长时期，是河南经济发展的重大战略机遇期，是社会发展的重要转型期，如何从人口生产的现状出发，充分考虑人口带来的压力，利用人口资源的比较优势，把人口压力逐步转化为人力资源优势，实现由人口大省向人力资源强省的转变，更快、更好、更协调地发展，尽快建设好惠及众多人口的全面小康社会，成为河南发展最大的挑战，也是摆在全体河南人民面前的重大课题。

第一节 河南建设人力资源强省的
指导方针与总体要求

当前和今后一段时期，河南要建设人力资源强省，必须以邓小平理论和"三个代表"重要思想为指导，深入贯彻落实科学发展观，大力发展教育，增强科技创新，加快产业结构调整，提高制度创新，培育社会环境。

一、人力资源强省的内涵

建设人力资源强省的核心是"人才兴省"。国家兴盛，人才为本，中原崛起，人才为本。依靠人才兴省，走人才强省之路，大力提升河南综合实力，是人才强省的核心要义，也是河南建设人力资源强省的核心要义。

人才强省的工作重心是建设"人才资源强省"，充分发挥人才的作用。全面建设小康社会和实现中原崛起，都必须有"人才资源强省"作支撑，充分发挥人才的作用。因此，大力实施人才强省的工作重心应当落在"人才资源强省"的建设和充分发挥人才的作用上，要调动各方面的积极性，通过各种途径，大力开发人才资源，加快河南从人口大省向人才资源强省转变的进程，努力造就一支规模宏大、素质优良、结构合理、活力旺盛，既能满足河南经济社会发展需要，又能贡献中原崛起，为实现新世纪我国经济社会发展的宏伟目标提供坚强有力的人才保证。

科学发展观给人力资源开发提出了新要求，全面建设小康社会赋予人力资源开发以历史重任，知识经济迫切要求配置与之相适应的优质人力资源。面对新的发展机遇，要紧紧围绕全面建设小康社会和中原崛起的战略目标，努力造就数以万计的高素质的劳动者，不断强化人力资本投资，提高人力资源能力素质，全面建设学习型、创新型河南，使河南省人力资源总量更加充足、结构更加合理、质量更加提高、体系更加完善，全民学习能力和就业能力更加和谐。

人力资源丰富，劳动成本低，将是增强河南竞争优势、加速资本与财富积累的重要条件。同时，1亿人口的消费和需求也是巨大的市场，有着发展市场经济的天然优势，只要坚持以人为本，推进制度创新，优先投资于人的全面发展，提高人口素质，优化人口结构，引导人口合理分布，加快农村富余劳动力转移，搞好人力资源开发，实现人口大省向人力资本强省的转变，就能变人口压力为动力，实现人口与经济、社会、资源、环境的协调和可持续发展，为构建和谐河南创造良好的人口环境。

河南作为我国第一人口大省，也是人力资源大省，人力资源开发得好，人口包袱就会变为人力资源财富，人口压力就会变为人力资源优势，人口阻力就会变为人口动力。因此，我们必须把充分开发人力资源、充分发挥每个人的素质潜力和劳动创造能力作为一项根本性的战略任务抓紧抓好。立足现在，谋划未来，科学规划，整体推进。通过加大投入、强化培育、不断开发，推动全省人力资源建设的整体发展。

二、河南建设人力资源强省的指导方针

为使我国顺利完成从人力资源大国向人力资源强国的转变，《国家中长期人才发展规划纲要（2010~2020年）》提出，我国人才发展的指导方针是"服务发展、人才优先，以用为本、创新机制，高端引领、整体开发"。这24字方针主要体现了我国人才发展的战略定位、战略重点和主要任务。

"服务发展"，是人才工作的出发点和落脚点；"人才优先"，确立了人才发展在经济社会发展中优先发展的战略地位。服务发展，就是要把服务科学发展作为人才工作的根本出发点和落脚点，围绕科学发展目标确定人才队伍建设任务，根

据科学发展需要制定人才政策措施，用科学发展成果检验人才工作成效。人才优先，确立了人才发展在经济社会发展中的战略布局，充分发挥人才的基础性、战略性作用，做到人才资源优先开发、人才结构优先调整、人才投资优先保证、人才制度优先创新，促进经济发展方式向主要依靠科技进步、劳动者素质提高、管理创新转变。

"以用为本"，强调人才工作的根本任务是发挥人才作用；"创新机制"，是发挥人才作用的基本要求和重要保障。以用为本，就是要围绕用好用活人才来培养人才、引进人才，积极为各类人才干事创业和实现价值提供机会和条件，使全社会创新智慧竞相迸发。创新机制，是为了最大限度地激发人才的创造活力，要求把深化改革作为推动人才发展的根本动力，坚决破除束缚人才发展的思想观念和制度障碍，构建与社会主义市场经济体制相适应、有利于科学发展的人才发展体制机制。

"高端引领"，突出了高层次人才在整个人才队伍建设中的引领作用；"整体开发"，明确了要统筹推进各类人才队伍建设的任务。高端引领，突出强调要培养造就善于治国理政的政治家、优秀企业家、世界一流科学家、科技领军人才和高水平的理论家、文学家、教育家等，充分发挥高层次人才在经济社会发展和人才队伍建设中的引领作用。整体开发，要求促进人的全面发展，要注重理想信念教育和职业道德建设，培育拼搏奉献、艰苦创业、诚实守信、团结协作精神；要人人都能成才、行行出"状元"；要统筹国内国际两个市场，推进城乡、区域、产业、行业和不同所有制人才资源开发，实现各类人才队伍协调发展。

河南建设人力资源强省，就是要在《国家中长期人才发展规划纲要》指导方针的指引下，高举中国特色社会主义伟大旗帜，以邓小平理论和"三个代表"重要思想为指导，深入贯彻落实科学发展观，尊重劳动、尊重知识、尊重人才、尊重创造，更好实施人才强省，坚持党管人才原则，遵循社会主义市场经济规律和人才成长规律，加快人才发展体制机制改革和政策创新，解放思想，开发利用省内省外多种人才资源，以高层次人才、高技能人才为重点统筹推进各类人才队伍建设，为实现中原崛起、河南振兴以及实现全面建设小康社会奋斗目标，提供坚强的人才保证和广泛的智力支持。

三、河南建设人力资源强省的总体要求

（一）优先发展教育

建设人力资源强省，教育担负着重大使命，要完成三个方面战略性任务：一

是要建立更加完善的现代国民教育体系，建设一个全民学习、终身学习的学习型社会，使广大人民群众都享有接受良好教育的机会。二是全面贯彻党的教育方针，全面推进素质教育，切实提高各级各类教育的质量，培养数以千万计的高素质劳动者、数以百万计的专门人才和一大批拔尖创新人才，培养一代又一代德智体美全面发展的社会主义建设者和接班人。三是全民受教育程度和创新人才培养水平明显提高。

为此，要高举中国特色社会主义伟大旗帜，以邓小平理论和"三个代表"重要思想为指导，深入贯彻落实科学发展观，实施科教兴豫战略和人才强省战略，优先发展教育，完善中国特色社会主义现代教育体系，办好人民满意的教育，建设人力资源强省。

（二）加快推进科技创新

河南是一个农业大省，经济发展的比较优势很大程度上立足于劳动力、工农业资源的低价格，主要以消耗资源等为代价换来不相称的发展收益，处于产业链分工的低端地位，缺乏自主品牌和知名品牌，产业结构不合理，经济比较效益较低。而且这种经济发展模式，当前正面临各种生产要素和资源性产品的价格上涨趋势，经济发展面临新的挑战，保持经济平稳较快增长的难度加大，实现河南跨越式下发展的任务艰巨。因此实现全面建设小康社会的目标，奋力实现中原崛起，比以往任何时候都更加需要强有力的科技支撑。经济和社会发展要依靠科技，科技进步要依靠创新，科技创新要依靠人才，因此，必须发挥科学技术的重要作用，注重依靠科技进步和提高劳动者素质来改善经济增长的质量和效益，提高自主创新能力，优化经济结构，提升产业层次，为实现经济社会的全面、协调、可持续发展提供强有力的科技支撑。

（三）深入推进产业结构调整

产业结构调整决定人力资源需求结构，进而影响人力资源经济方向与水平。产业结构的快速调整与升级可以为经济发展培植新兴的高增长型支柱行业，为区域经济持续增长提供新的增长点和竞争点，带动整个国民经济的快速增长。产业结构调整升级的速度决定了经济增长速度，经济增长的速度决定了人力资源结构优化的速度，产业结构的调整升级势必引起人力资源结构进行互动的调整和升级。首先，产业结构调整优化必然要求人力资源结构做相应的调整，以提供充分的智力和技术支持，也就是说产业结构调整与优化决定了人力资源开发的方向，人要转行就必须学习新的知识与技能以适应工作的需要。其次，人力资源开发的效果将直接影响产业结构的调整优化。人力资源开发不利则会拖产业结构调整的后腿；如果能在确保人力资源总量充足的条件下，不断调整人力资源的结构，把人力资源结构的优化和产业结构调整优化结合起来，那么它将有效促进产业结构调整优化。

人力资源结构的调整要视产业结构的高级化而定，人力资源结构的发展要与产业结构的变动相适应。产业结构的调整和高级化，已不仅是传统意义上的生产要素在各产业部门中的比例变化，而更多地体现在高新技术对传统产业的影响、融合的力度，以及引起产业结构变化的能力的加强。只有建立较为合理的人力资源结构，才能有效地为国民经济各个部门和各类型企业培养和输送质量合格、数量庞大、层次合理、种类齐全、各类专门人力资源，才能对经济发展起促进作用。因此，人力资源结构要适应产业结构的调整趋势，个体的知识结构就要符合产业技术结构的要求，人力资源素质、人力资源能级要与产业的发展水平相匹配。

（四）深化制度创新

制度创新是指在人们现有的生产和生活环境条件下，通过创设新的、更能有效激励人们行为的制度、规范体系来实现社会的持续发展和变革的创新。所有创新活动都有赖于制度创新的积淀和持续激励，通过制度创新得以固化，并以制度化的方式持续发挥着自己的作用，这是制度创新的积极意义所在。

实施人才强省战略是一项长期而又涉及各个方面的系统工程，必须以创新的精神进行理论创新、体制创新、思想创新和工作方式创新。要进一步解放思想，牢固树立人才资源是第一资源的新观念，教育广大干部群众特别是各级党政领导干部充分认识到，在科技日益加速发展和激烈的市场竞争中，人才对经济社会发展的突出作用。紧紧抓住培养、吸引和使用人才三个环节，着力建设党政人才、企业经营人才和专业技术人才三支队伍，重点培养一批适应现代化建设和改革开放要求的高层次人才。特别要加大人事、劳动管理体制改革力度，努力营造各类人才脱颖而出、人才荟萃、人尽其才的良好社会环境。常言说，栽上梧桐树，引得凤凰来，只有营造有利于人才成长发展、人才干事创业的良好社会环境，才能广泛聚集各类人才，充分发挥人才的才能和作用，原来没有人才，也会尽快培养人才，吸引外地人才。否则，没有人才成长和创业的良好环境，原有人才也会埋没掉、流失走。为此，一是要改革人事、劳动制度，促进人才自由流动，变伯乐相马为赛马中选马，在公开、公平、公正的竞争中选拔人才，企业经营人才尤其要在激烈的市场竞争中脱颖而出。二是要为各类人才提供尽可能舒适的生活条件和干事创业的工作平台，使他们安心工作，来得了，留得住，干出成就，创出业绩。高层次人才特别是高科技人才对干事创业的工作平台更为看重，他们到一个地方的主要目的是成就一番事业，如果没有干事创业的条件，诸如一定的职权、必需的科研设备，再好的生活待遇也吸引不来他们，即使吸引来了，也不可能长久留住。

（五）积极营造良好的社会环境

建设人力资源强省，培养良好的政治环境、经济环境、法制环境、文化环境等。通常，一个地区的人力资源战略与其所处的环境有着很大的联系，这个环境不仅仅包括自然环境，还涉及人文环境。假如说一个地方的污染很严重，人们连住在那里都不会舒服，怎么还会有人愿意去投资、去工作呢？此外，人文环境也很重要，不管是一个国家或是一个地区，都要深刻认识尊重知识和人才的重要性。

依托高等院校、高新技术产业、重点学科、重点实验室、工程研究中心等较好的工作条件，为各类人才提供良好的锻炼、成长环境；促进产业结构调整和升级，提高经济社会对技术和人才的需求程度，形成以业聚才、以才兴业的良性循环，优化人才使用环境；改进人才管理方式，营造良好的服务环境；尊重人才成长规律，创造心情舒畅的创新创业社会环境；建立健全人力资源开发的政策法规体系，创造良好的政策环境。

人才环境在人才工作中具有长期性、根本性的作用。目前，河南省在一定程度上还存在高端人才引进困难、人才外流趋势增强、人才作用得不到充分发挥等现象。我们必须进一步营造人才发展的良好环境，用感情留人、用事业留人、用待遇留人，推动人才优先发展。

一要营造良好的人才服务环境。完善人才公共服务体系，建立完善人事代理、社会保险代理、人事档案管理等公共服务平台；制定和完善针对不同人才群体的服务政策，为人才提供多样化的服务；关心人才的学习和生活，努力改善他们在学习培训、医疗保健、子女教育、生活居住等方面的条件，使各类人才无后顾之忧。

二要营造良好的人才成长环境。积极营造尊重劳动、尊重知识、尊重人才、尊重创造的社会氛围；建立和完善民主、公开、竞争、择优的人才使用机制，坚持唯才是举、机会均等；认真做到"五重五不简单"：重群众公认，但不简单以票取人；重"四化"方针，但不简单以年龄、文凭取人；重德才标准，但不简单以求全取人；重公开选拔，但不简单以考试取人；重干部资历，但不简单以任职年限取人。

三要完善人才激励机制。建立健全规范、有效的人才奖励制度，对高层次、紧缺型专业人才发放特殊津贴，对有突出贡献的人才给予重奖，让人才获得与贡献相匹配的荣誉、地位和实惠。充分调动激发各类人才的创造活力，努力把中原大地建设成为吸引八方英才的沃土和人才干事创业的基地，把人力资源大省建设成为人才资源强省。

第二节　河南建设人力资源强省的主要目标

实现从人口大省到人力资源强省的跨越，离不开教育、科技、人才等方面的关键支撑作用，因此，建设人力资源强省必须在这些方面予以更多关注。

一、教育方面

温家宝曾指出，办好各级各类教育，必须全面实施素质教育，积极推进教育改革创新。李克强总理指出要促进教育优先发展、公平发展。河南要把沉重的人口压力转化为人力资源优势，实现人口大省向人力资源强省的跨越，加快中原崛起步伐，必须优先发展教育，积极推进教育改革创新。

教育是基础，教育是未来，教育是民生。国运兴衰，系于教育；振兴教育，全民有责。在党和政府工作全局中，必须始终坚持把教育摆在优先发展的位置。按照面向现代化、面向世界、面向未来的要求，坚持以人为本，以改革创新为动力，以促进公平为重点，以提高质量为核心，全面实施素质教育，认真破解"钱从哪里来，人往哪里去，质量怎么保，学校怎么办"的难题，推进教育事业在新的历史起点上科学发展，加快河南从教育大省向教育强省、从人力资源大省向人力资源强省迈进，为实现中原崛起、河南振兴做出更大贡献。

当前，河南正处于全面建设小康社会、实现中原崛起和河南振兴的关键时期。经过30多年的改革、开放、发展，河南成功实现了由经济落后省份向全国重要经济大省、由温饱不足的省份向全国第一粮食生产大省、由传统农业省份向新兴工业大省、由文化资源大省向全国有影响的文化大省的历史性转变。面对全面建设小康社会的新要求、国内外发展的新形势、人民群众对教育的新期盼，必须清醒地认识到，河南教育发展还不能很好地适应经济社会发展和人民群众接受良好教育的要求。对教育的认识还有待进一步深化；教育质量有待进一步提升；

素质教育推进困难，优质教育资源供给不足；学生适应社会和就业创业能力不强，创新型、实用型、复合型人才紧缺；教育体制、机制还不够完善，学校办学活力不足；教育结构和布局不尽合理，城乡、区域教育发展不平衡；教育投入还不能很好地适应教育事业改革发展的需要，多渠道筹措教育经费的机制还没有形成；教师队伍建设有待加强。接受良好教育成为人民群众强烈期盼，深化教育改革成为全社会共同心声。

《国家中长期教育发展纲要》指出，要在 2020 年基本普及学前教育；巩固提高九年义务教育水平；普及高中阶段教育，毛入学率达到 90%；高等教育大众化水平进一步提高，毛入学率达到 40%；扫除青壮年文盲。新增劳动力平均受教育年限从 12.4 年提高到 13.5 年；主要劳动年龄人口平均受教育年限从 9.5 年提高到 11.2 年，其中受过高等教育的比例达到 20%，具有高等教育文化程度的人数比 2009 年翻一番。

基于河南基本省情，要按照优先发展、育人为本、改革创新、促进公平、提高质量的工作方针，坚持教育公益性质，落实教育优先发展的战略地位，健全以政府投入为主、多渠道筹集教育经费的体制，推动全省教育事业科学发展。实施素质教育，实现学生全面发展。高质量普及义务教育，建立城乡一体化的义务教育长效机制。大力发展职业教育，推动职业教育向规模化、集团化、品牌化方向发展，将河南建设成为全国重要的职教基地。提高高等教育质量和大众化水平，进一步优化学科专业结构，推进高水平大学和重点学科建设。重视发展高中阶段教育、学前教育和特殊教育。积极发展远程教育、继续教育、社区教育，建设全面学习、终身学习的学习型社会。

《河南省中长期教育改革和发展规划纲要》（2010~2020 年）提出了到 2020 年的战略目标，即基本实现教育现代化，基本形成学习型社会，进入人力资源强省行列。实现更高水平的普及教育。基本普及学前教育，学前三年毛入园率达到 72%。巩固提高九年义务教育水平，巩固率达到 97%。加快普及高中阶段教育，毛入学率达到 92%。高等教育大众化水平进一步提高，毛入学率达到 41%。扫除青壮年文盲。主要劳动年龄人口中受过高等教育的比例达到 20%，具有高等教育文化程度的人数比 2009 年翻一番。为此，河南建设人力资源强省要达到以下几个目标：

第一，形成惠及全民的公平教育。坚持教育的公益性和普惠性，保障公民依法享有接受良好教育的机会。建成覆盖城乡的基本公共教育服务体系，逐步实现基本公共教育服务均等化，缩小区域差距。办好每一所学校，教好每一个学生，促进学生全面发展。切实解决好进城务工人员子女平等接受义务教育问题。加大资助力度，不让一个学生因家庭经济困难而失学。保障残疾人受教育权利。

第二，提供更加丰富的优质资源。教育质量整体提升，教育现代化水平明显提高。优质教育资源总量不断扩大，更好满足人民群众接受高质量教育的需求。学生思想道德素质、科学文化素质和健康素质明显提高。各类人才服务国家、服务人民和参与国内外竞争能力显著增强。

第三，构建体系完备的终身教育。学历教育和非学历教育协调发展，职业教育和普通教育相互沟通，职前教育和职后教育有效衔接。继续教育参与率大幅提升，从业人员继续教育年参与率达到50%。现代远程教育网络遍布城乡。现代国民教育体系更加完善，终身教育体系基本形成，促进全体人民学有所教、学有所成、学有所用。

第四，健全充满活力的教育体制。进一步解放思想，更新观念，深化改革，提高教育开放水平，全面形成与社会主义市场经济体制和全面建设小康社会目标相适应的充满活力、富有效率、更加开放、有利于科学发展的教育体制机制，办出高水平的现代教育。

二、科技方面

随着当代世界科技的飞速发展，科技作为第一生产力的作用日益突出。在国与国、地区与地区的经济实力竞争中，主要取决于科技水平和科技创新能力的竞争，谁拥有雄厚的科技人才特别是高尖端的科技人才，掌握了高新技术的核心技术，谁就占据经济竞争的主动权。河南是发展中大省，要超常规快速发展，缩小与先进地区的差距，完成全面建设小康社会的各项任务，必须如《纲要》中所强调的那样，"充分发挥科学技术作为第一生产力的重要作用，大力推进科技进步与创新"。

改革开放以来特别是近几年，河南各级党委、政府深入实施科教兴豫战略，不断深化科技体制改革，持续增加科技投入，积极培养、吸引和用好人才，壮大科技队伍，加速科技进步，优化科技资源配置，提高科技综合实力，有力促进了经济社会的发展。但与发达地区相比还有不小的差距，科技进步对全省经济社会发展的动力还不足，作用发挥还不够，必须大幅度提高河南的科技水平，充分发挥科学技术的重要作用。

省委、省政府已经充分认识到这一问题，在《纲要》中针对河南省的实际情况提出了相应的得力措施。一是要以高新技术和先进实用技术改造传统产业；二是大力发展高新技术产业，集中力量攻克关键和共性技术难题，开发出尽可能多的具有自主知识产权的产品；三是积极推动企业成为科技投入、创新、开发和产业化的主体，使其增强科技投入和科技创新的自觉性和积极性；四是大力发展民营科技企业、科技市场和各类科技中介机构，引导它们提高水平，扩大规模，在全面建设小康社会中发挥更大的作用。为此，河南建设人力资源强省，要达到以下几个目标：

第一，"以人为本"，建设高素质的科技创新人才队伍。创新力是科学技术产生、改进、引进、转化和扩散的综合能力，是经济空间中诸多因素共同耦合的结构，是一个地区经济社会持续快速发展的主导力量。提升区域创新能力，实施正确的人才战略是关键。人才是科技与知识的载体，是先进生产力的开拓者，也是科技发展的关键。落实科学发展观，就是要"以人为本"，坚持"尊重知识、尊重人才、尊重创造"的方针，建设一支能够满足全省社会、经济发展需要的高素质科技人才队伍。加快建立有利于发现、培养、凝聚科技人才的激励机制，需要政府部门、企业及社会互动，携手努力确保"引才"、"引智"、"引资"工程建设方面有大的突破；创新工作方式，以高新技术产业开发区、成果转化基地、技术创新中心、重大科技项目为载体，不断拓宽科技合作领域，优化科技创新环境，发挥优势，培优扶强，重点突破，加快科技成果和专利技术向现实生产力转化实现科技人才资源向人才资本、人才资本向经济资本的转化。

第二，明确企业在科技创新中的主体地位。企业能否成为科技创新的主体，是科技创新工作成败的关键。在市场经济条件下，企业是市场经济的主体，企业离市场最近，科技创新是增强其活力、实力、竞争力，推动其健康发展的动力和源泉。因此，企业对科技创新最敏感、最需要、最有力量，也最有条件，只有企业才能承担科技创新主体的职能。要实现经济结构优化和产业结构调整，必须切实加强企业在科技创新中的地位，促使企业把科技创新放在发展的突出位置，并尽快成为科技创新的主体。要做好科技政策和经济政策的相互协调，引导企业成为研究开发投入的主体、科技创新活动的主体、创新成果集成应用的主体，通过多管齐下的政策措施构建河南企业科技创新的催化系统。

第三，创新体制促进自主创新，建设创新型河南。企业要成为科技创新的主体，就要成为科技投入、成果转化和产业化的主力，要在机制和政策上调动企业科技创新的积极性，大力推进科教兴豫战略，着力加强自主创新能力建设，按照自主创新、重点突破、构建平台、整合资源、促进转化、支撑发展的工作思路，确立科技创新体系的基本框架。使全省科技实力明显增强，科技创新能力，科技对经济和社会发展的支撑服务能力大幅度提升。

三、人才方面

《国家中长期人才发展规划纲要（2010~2020年)》的战略目标到2020年，我国人才发展的总体目标是：培养和造就规模宏大、结构优化、布局合理、素质优良的人才队伍，确立国家人才竞争比较优势，进入世界人才强国行列，为在21世纪中叶基本实现社会主义现代化奠定人才基础。在此框架下，为全面建设小康社会、实现中原崛起和河南振兴，河南必须树立人才资源是第一资源的理念，加快建设人力资源强省，确立人才优先发展的战略布局，构建强有力的人才资源支撑。

一要坚持人才资源优先开发。加大人才培养力度，大力发展继续教育，构筑人才智力高地；加强职业教育，提高全民创业、就业能力。二要坚持人才结构优先调整。积极发挥市场在人才资源配置中基础性作用，促进人才合理流动；根据社会发展需要调整人才结构，使人才结构调整与工业化、城镇化、农业现代化的发展相协调。应通过政策引导，就业机制、工资机制和社会保障机制等全方位调整，鼓励人才资源更多流向二、三产业，加快完成全省人才资源配置由传统向现代的转型。人才资源的优化配置，就是将优秀的人才资源集中到最有前景的现代产业和行业，加快经济发展方式的转变和自主创新能力的提高。三要坚持人才投资优先保证。建立财政优先保障机制，优先保证人才开发、培养和引进，对重点人才进行重点保障；实施优惠的税收政策，发挥企业和社会力量的作用，建立政府为导向、全社会广泛参与的多元化人才投入机制。四要坚持人才制度优先创新。立足河南实际，创新人才政策，构建优先保障产业发展的人才培养模式；建立与市场经济体制相适应的用人机制；创新人才引进模式，积极引进各类急需人才。

加快中原崛起、河南振兴，建设创新型河南，要求我们必须紧紧围绕河南经济社会发展和经济、产业结构调整，坚持高端引领，以提升自主创新能力为核心，以高层次人才和紧缺人才为重点，大力培养一支规模宏大的高素质的专业技术人才队伍。为此，我们要积极实施四大人才工程：

一是实施"高层次创新型科技人才队伍建设工程"。力争到2020年，培养造就一批院士群体、院士后备人才为主的"中原学者"、科技创新杰出人才和科技创新杰出青年人才，建设一支高端的科技领军人才队伍；培养造就一批科技领军人才带领的创新型科技团队和创新科技人才骨干。

二是实施"产业集聚区人才开发工程"。建立产业聚集区博士后研发基地，多渠道发挥博士、博士后人员在科技研发和产业发展中的主力军作用。采取鼓励产业集聚区引进高层次人才、鼓励海外留学人才到产业聚集区创业和工作、帮助产业集聚区企业引进国外智力等政策措施，为产业集聚区大力引进各类急需人才，促进产业集聚区又好又快发展。

三是实施"粮食核心区建设人才支持工程"。培养引进一批国家级农业科学家，培养一批农业技术推广人才队伍，培养一批"土专家"、"田秀才"，形成从科研开发、技术推广到田间种植的多层次人才队伍，不断提升粮食保障能力，进一步巩固该省粮食核心区战略地位。

四是实施"中原崛起千百万海外人才引进工程"。围绕主导产业、新兴产业和高新技术产业，力争用5~10年时间引进120名左右海外高层次创新创业人才，引进3500名左右具有全日制博士、硕士学位的海外留学人才，引进5万人次海外专家智力。以国家海外高层次人才创新创业基地为龙头，到2020年建设20个左右省级海外高层次人才创新创业基地。建立完善涵盖各类各层次的海外人才信息库，入库规模6万人左右。建立河南海外人才市场，依托有关职能部门建立海外高层次创新创业人才联系窗口、专门服务窗口，为引进人才来豫工作提供优质服务。通过高层次人才带动，全面提升人才竞争力和创新能力，推动整个专业技术人才队伍建设，建设中原人才高地。

同时，走新型工业化道路和产业结构优化升级，必须以提升职业素质和职业技能为核心，以高技能人才为重点，加强技能人才队伍建设。按照《人力资源和社会保障部、河南省人民政府共同推进河南全民技能振兴工程备忘录》的要求，坚持示范带动，推进全民技能振兴。

一是全面推进技能振兴工程示范基地建设。重点抓好中部地区农村劳动力转移技能培训示范基地、高技能人才培养示范基地、国家级创业培训服务示范基地和技能人才公共实训鉴定示范基地等工程建设项目。建立省、市、县三级共同重视推进项目建设的机制，加大引导资金投入，打造一批技能人才培训的高端平台。

二是积极探索技工院校改革示范区建设。推进技工教育集团化改革，加强校企合作，开展"百校千企"校企合作对接活动，积极探索技工院校招生、培养、鉴定和就业"四位一体"服务产业调整和集聚区发展的新途径。实施技工院校师资"双百双向"计划，从国内外和企业每年引进100名技工教育师资，选派100名优秀技工院校教师赴国内外和企业学习深造，加快技工院校"一体化"教师队伍建设。

三是合作共建农村劳动力就业技能培训示范市。积极开展"农村劳动力技能就业计划"、"阳光工程"、"雨露计划"、"百日培训"等农村劳动力技能培训工作，力争每年培训农村劳动力200万人。推动技工院校与县区技能培训对接，培育一批劳务培训品牌，选择一批省辖市与省厅合作共建农村劳动力培训示范市，发挥示范带动作用，全面推动农村劳动力转移就业。

四是发挥高技能人才评价体系的示范带动作用。完善高技能人才、农村实用人才与高层次专家选拔培养的衔接机制，打破身份等各种界限，探索建立各类人才交叉评价新机制。对特别优秀和作出突出贡献的高技能人才、农村实用人才可推荐参加国务院特殊津贴专家、河南省优秀专家的评选。完善激励机制，以政府奖励为导向，企业奖励为主体，辅以必要的社会奖励，对作出突出贡献的高技能人才进行表彰奖励。鼓励企业开展企业首席技师、首席员工等符合企业内部发展需要的奖励活动。提高高技能人才的收入和待遇水平，增强其职业荣誉感。通过完善对高技能人才的选拔培养和评价激励措施，带动整个技能人才队伍建设，推进全民技能振兴。

第三节 河南建设人力资源强省的意义

强国必先强教，兴豫必先兴教。继党的十七大提出优先发展教育、建设人力资源强国的目标之后，2010年7月，党中央、国务院又召开了全国教育工作会议，颁布了《国家中长期教育改革和发展规划纲要》，提出"推动教育事业在新的历史起点上科学发展，加快从教育大国向教育强国、从人力资源大国向人力资源强国迈进"的目标。党的十八大进一步提出的2020年进入人才强国和人力资源强国、教育现代化基本实现的奋斗目标。在举国向着这一目标迈进的行程中，把河南由人口大省建成人力资源强省，对推进人力资源强国、人才强国目标的实现，对落实科学发展观，推动经济社会又好又快发展，对加快中原崛起和河南振兴、全面建设小康社会和实现社会和谐等都具有重要意义。

一、有利于加速"中部崛起"的步伐

促进中部地区崛起，是党中央、国务院继作出鼓励东部地区率先发展、实施西部大开发、振兴东北地区等老工业基地战略后，从我国现代化建设全局出发作出的又一重大决策，是落实促进区域协调发展总体战略的重大任务。中部六省包括我国的湖南、湖北、河南、山西、安徽、江西六个省份，六省总面积为 102 万平方公里，将近 10 个韩国的面积，占全国面积的 10.7%；总人口为 3.61 亿，占全国的 28.1%；生产总值占全国的 10.7%；粮食产量占全国总产量的 40% 左右。实施中部崛起战略对于推动国民经济持续增长，促进各地区经济协调发展，维护社会稳定具有十分重要的意义。

改革开放以来，在科学技术是第一生产力的思想指导下，中部地区经济的科技进步取得了显著进展。然而，由于诸多原因，中部地区经济的整体科技水平及国民经济的整体素质还不高，以粗放经营为主的经济增长方式严重制约着整个中部地区经济的进一步发展，产品结构、产业结构不合理等经济发展中的深层次问题亟待解决，发展工农业、搞好国有企业、提高经济效益等任务十分艰巨，中部地区人口、自然资源、生态环境等对可持续发展的压力不断增大。中部地区经济发展的这些薄弱环节，归根结底还是科技含量低、科技对经济的贡献率不高和推动力不强的问题，而解决这些问题必须依靠科技进步，科技进步必须依靠人才。因此，建立先进的科技进步体系，加快推进信息化建设工程，推动中部地区走新型工业化、农业产业化的发展道路，是全面提升中部地区经济增长质量和效益的关键环节，也是提高中部地区经济整体竞争力，实现中部崛起的决定性因素。而要实现中部地区的科技进步，推动中部崛起进程，归根结底需要依靠科技创新的主体——人力资源。

"世间万物，人是最宝贵的。人力资源是第一资源。实现科技进步，实现经济和社会发展，关键都是人。"[1] 当今世界，不管是国家还是地区间的竞争，人才和人的能力建设已然成为越来越重要的武器，经济和社会的进步，不但需要物质资源作基础，更需要人的知识和能力作支撑。随着经济全球化的深入和中国加入世界贸易组织，人才的竞争愈演愈烈，人才在社会经济发展中的作用日益突出，无论是国家还是地区间的竞争越来越表现为人才的竞争。在人类社会发展到今天，人们逐步认识到，社会经济活动中的一切竞争，归根结底是人力资源特别是人才的竞争。经济增长的源泉和动力，应归结为人力资本内在的积累与增长，人力资源成为第一资源。地处中部地区的山西、河南、湖北、湖南、江西、安徽六省，要想实现中部崛起的美好蓝图，关键在人。为此，河南提出建设人力资源强省，为中部崛起服务，无疑具有重要的意义。

---

[1] 摘自江泽民同志 2000 年 11 月 16 日在亚太经合组织第八次领导人非正式会议上的讲话。

中部地区是我国人力资源最丰富的地区。人力资源是第一战略资源。要使中部崛起，就必须充分利用中部地区的人力资源，依靠科学技术进步，依靠高素质的劳动者。只有人才加科学，才能确保中部地区的可持续发展。而目前中部地区的整体人口素质不高，就业压力大，人才流失严重，这是中部崛起所面临的巨大挑战，改变这种局面的关键是立足巩固和培养一支规模宏大的人才队伍，通过全社会的努力，进一步优化和合理配置人力资源，使得各类人才为中部地区的经济建设、社会进步贡献力量。总而言之，人才支撑发展，发展孕育人才。实施中部崛起的战略，为各类人才加速成长、施展才华提供了难得的机遇、广阔的舞台。展望未来，相信一个奋进的中部定能不负众望，甩掉"塌陷"的帽子，为国家的经济发展起到承东启西、纵南贯北的连接作用，必将让中国经济挺直腰杆，迈出更加稳健、更加协调的步伐。

中部崛起，人才是关键。人力资源开发是以发掘、培养、发展和利用人力资源为主要内容的一系列的活动和过程。搞好人力资源开发，既是中部崛起的重要内容，也是其根本保证。由于历史、地理和文化等诸多因素的制约，中部地区的人力资源开发水平相对较低，人口基数大，人们的整体文化素质较发达地区低，人力资源的结构性矛盾比较突出，人才的利用效率不太高，这些已影响着中部崛起战略的顺利实施。中部地区的人力资源开发，就是提高中部地区人民的素质，挖掘他们的潜力，合理配置和使用人力资源，通过家庭养育、教育培训和医疗保健，以及市场调研、政府调控等活动，有效提高劳动者的健康水平，大大提高劳动者的科学技术知识水平、文化素养和劳动技能，帮助劳动者树立正确的价值观、劳动态度和社会文化观念，高效率地配置和使用各类专业技术人才。河南建设人力资源强省，有利于促进中部的人力资源开发进一步坚持科学发展观，以观念更新为先导，以教育培训为基础，以全面提高中部人的综合素质为核心，以引进和用好人才为主线，把沉重的人口负担转化为强大的人力资源。

二、有利于加快"人力资源强国"的实现

人才强国战略的制定和实施，是从当代世界和中国深刻变化着的实际出发作出的重大决策。作为一项国家的重大战略，人才强国战略有着丰富而深刻的科学内涵。人才强国战略的提出和实施，解决了中国人才资源发展的指导思想、方针原则、战略目标与重大问题，为中国人力资源开发提供了思想保证、组织保证和制度保证，是改革开放30多年来中国经济社会科学发展鸿篇巨制中的一个壮丽篇章。

加快实现建设人力资源强国、人才强国的目标必然要求全国各省都能建设成人力资源强省、人才强省，特别是全国第一人口大省河南。如此众多的人口，若素质低，就是沉重的包袱和负担；素质高，就是巨大的人力资源优势和人才优势。而从实际情况看，河南还不是人力资源强省，更不是人才强省，民众科学文化素质总体水平还不够高，现有的人才总量、规模、结构和素质还远远不能满足经济社会发展的需求，若不加快人力资源强省建设，就会影响人力资源强国、人才强国整体目标的实现。加快实现建设人力资源强国、人才强国的目标离不开各省人力资源队伍建设、人才队伍建设，包括河南在内的各省建设成人力资源强省、人才强省本身就是对建设人力资源强国、人才强国的重要贡献。

三、有利于实现河南经济的跨越式发展

中原崛起是河南响应国家提出的中部崛起战略、"实现河南经济又好又快发展，在中部崛起中走在前列"的具体计划。实现中原崛起，达到"农业先进、工业发达、文化繁荣、环境优美、社会和谐、人民富裕"的目标，需要更多的优秀人才投身到河南经济社会发展中来，而建设人力资源强省，则可以加快实现中原崛起。从经济发展过程看，尽管近年来河南经济发展比较迅速，但仍然面临着产业结构不合理、高能耗高污染高排放企业数量众多、城镇化水平不高、人口数量众多、质量较低、具有自主创新能力的企业数量较少等现状，这些现状严重制约了河南经济实现可持续发展和跨越式发展。要摆脱目前现状，建设人力资源强省势在必行。任何发展，离开了人才，都会变得举步维艰，要发展，关键在人才，只有具备了人才，才能提高创新能力，实现经济发展方式的根本转变，才能实现河南经济可持续发展和跨越式发展。

四、有利于推动全面小康社会建设

从国内看，确保到2020年实现全面建设小康社会的奋斗目标，必须加快转变经济发展方式，注重提高自主创新能力，提高节能环保水平，实现经济发展方式由主要依靠物质资本投入的粗放型增长转到依靠科技进步、依靠人力资本、加快实施人才强国战略上来，都离不开人力资源的保证，特别是要实现人均国内生产总值到2020年比2000年翻两番，基本实现工业化目标，更离不开人力资源作后盾。从国外看，当今世界经济的竞争主要是科技的竞争，而科技的竞争又主要是人才特别是高层次人才的竞争。人才作为经济社会发展的领导者、组织者，高新技术的创造者、发明者、传播者和使用者，已经成为当代科技进步和经济社会

发展的最重要资源。因此，把坚持科教兴豫和实施人才强省一起作为全面建设小康社会的战略举措，正是顺应了当代世界经济科技发展的趋势，抓住了全面建设小康社会的关键环节。

近几年，我国各地尤其是北京、上海、广州、深圳等发达地区都在纷纷出台优惠政策，全力构建人才高地，抢夺人才特别是高层次人才。河南是全国第一人口大省，但人才资源相对不足，特别是高层次的人才缺乏，已经成为制约河南经济社会快速发展、实现全面建设小康社会目标的一大"瓶颈"。总体看，当前河南人口科技文化素质相对较低，与全面建设小康社会目标的要求尚有很大距离。主要表现为：科学素养低、整体受教育程度低、科技进步贡献率低、教育资源供给总量短缺。就经费投入看，虽然政府投入总量一直在增长，却仍然没有达到教育经费占 GDP 总量 4%的比例，各类教育资源特别是优质教育资源供给依然紧张。教育资源供给不足、人口整体素质较低的现状已严重制约了河南农业增效、农民增收和农村发展，提高人口素质、建设人力资源强省、人才强省已成为河南一个紧迫而现实的问题。为此，要大力实施人才强省战略，进一步开发人才资源，为全面建设小康社会提供强有力的人才智力支撑。

如何从河南现状出发，充分考虑人口增长带来的压力，利用人口资源的比较优势，把人口压力逐步转化为人力资源优势，实现由人口大省向人力资源强省的转变，成为河南人口发展最大的挑战，也是摆在河南面前的重大课题。人力资源丰富，劳动成本低，将是增强河南竞争优势，加速资本与财富积累的重要条件。同时，近 1 亿人口的消费和需求也是巨大的市场，有着发展市场经济的天然优势，只要坚持以人为本，推进制度创新，优先投资于人的全面发展，提高人口素质，优化人口结构，引导人口合理分布，加快农村富余劳动力转移，搞好人力资源开发，实现人口大省向人力资本强省的转变，就能变人口压力为动力，实现人口与经济、社会、资源、环境的协调和可持续发展，为构建和谐河南创造良好的人口环境。

实施人才强省战略，是全面建设小康社会的内在要求和重要保证。"十二五"时期，必须坚持以人为本，人才先行，坚持人才资源开发与经济社会发展相协调，倍加重视人才资源开发，把人才开发纳入国民经济和社会发展总体规划，加快人才资源的整体性开发，把人口大国变为人才强国，把人力资源优势转化为产业优势，转化为现实的生产力。

第四章　教育发展与建设人力资源强省

新中国成立60多年来，河南教育事业发生了翻天覆地的变化，取得了令人瞩目的成就。特别是改革开放以来，全省坚持实施"科教兴豫"和"人才强省"战略，切实把教育摆在优先发展的战略地位，解放思想，深化改革，优化结构，狠抓质量，努力办好人民满意的教育，教育事业全面进步，教育对经济社会发展的推动作用进一步增强，河南的教育事业已经站在了新的历史起点上，迈向新的发展阶段。

第一节　河南教育发展的历史进程

新中国成立以前，河南的教育事业十分落后，文盲、半文盲率高达80%。新中国成立以后，河南的教育事业从小到大，蓬勃发展。从1956年到党的十一届三中全会召开以前，全省教育事业与国家同步，经历了前所未有的办学热潮和调整压缩的过程，在"文革"期间遭受重创。改革开放以来，在历届省委、省政府的正确领导和全社会的共同努力下，经过教育系统广大师生员工的不懈奋斗，全省教育事业取得了令人瞩目的成就，形成了比较完整的现代国民教育体系。[①]

一、新中国成立初期的恢复、调整与发展（1949~1966年）

1949年，河南全省各级各类学校18853所，在校学生数166.46万人，仅占全省总人口的4%左右，小学学龄儿童入学率仅在20%左右。全省人口的80%为文盲。新成立的人民政府在领导人民医治战争创伤、恢复发展生产工作十分繁重的情况下，仍把改造和发展全省教育事业摆上了重要位置，揭开全省教育现代化

---

① 苏林主编. 河南社会发展与变迁 [M]. 河南人民出版社，2009：35-46.

的序幕。从 1949 年到 1966 年，河南教育事业历经院系调整、社会主义改造、反右派斗争、1958 年"教育革命"和 1961~1965 年调整充实等阶段，大起大落，曲折发展。

河南省的小学教育，在 20 世纪 60 年代初期，出现一批办得比较好的"小宝塔"完全小学和高级小学。到 1964 年，全省小学达到 30807 所，提高了适龄儿童的入学率，在校学生发展到 820.95 万人。1965 年，全省幼儿教育事业出现新的发展形势，全省幼儿园达到 481 所，多集中在城市，入园儿童 51541 人，是 1955 年的 4.4 倍。

1965 年，全省初级中学 1137 所，在校学生 39.05 万人；全省高级中学 173 所，在校学生 6.03 万人。全省农业职业中学和其他职业中学发展到 5115 所，在校学生 31.58 万人。全省各类职业技术中学在校学生人数占整个高中阶段在校学生的 43%。全省中等专业学校 153 所，在校学生 3.31 万人。这一时期，民族中学教育得到加强，全省有回民中学 4 所，在校学生 7343 人。1965 年，全省民办中学 303 所，在校学生达到 51873 人。至此，河南省基本形成一个层次比较适当、结构比较合理的中等教育体系。

1957~1966 年的河南高等教育，经历了教育革命的大发展和调整、充实等阶段。到 1965 年，全省普通高等院校有 12 所，在校生 14038 人。从 1949~1965 年，河南省普通高等院校共培养 39528 名毕业生。其中绝大部分已经成为河南省政治、经济、文化教育等事业的骨干力量。

二、在探索中前进（1978~1984 年）

拨乱反正期间，河南省教育战线贯彻"调整、改革、整顿、提高"的方针，各级各类教育事业得到较快的恢复。为了尽快把教育、科技搞上去，1977 年 10 月，河南省委召开解决教育和科学问题的重要会议。1978 年 6 月，河南省委召开常委会，听取教育方面的汇报，决定在加强领导、落实政策、经费、师资等方面为学校解决困难。

（一）普通中小学的调整、整顿与发展

1979 年，全省小学开始调整。省教育厅提出，对于农村过于分散的教学班，凡有条件的同本村或附近的学校合并办学。城市小学统一集中，由市或辖区直接领导。1981 年，省教育厅组织了一次对全省小学情况的调查。调查结果显示，农村小学戴上初中帽子，影响了小学的教育质量，削弱了基础教育。因此，要下决心把中学的帽子摘下来，把小学和中学分开，集中力量把小学办好。到 1983

年，大部分农村小学摘掉了初中帽子，教师从中学调回小学任教的有 1.83 万人，民办和代课教师从中学回到小学的有 3.47 万人。小学校舍增加 8.1 万间，课桌凳 24.2 万套，教学设备 1.81 万件。全省社队集体和农民群众集资办学的积极性空前高涨，农村小学面貌得到改观，为小学教育的发展和普及奠定了基础。

（二）中等教育结构的调整

"文化大革命"以前，河南已初步形成了一个较为合理的中等教育结构体系；"文化大革命"中，普通中学教育盲目发展，职业技术教育遭到严重摧残，导致中等教育结构失衡。1979 年，全省高中在校生 114 万人，其中普通高中学生 105 万人，这 100 多万高中毕业生能升入大学的只占 2%，形成了"千军万马过独木桥"的局面。更重要的是，这种单一的教育结构不能适应社会经济发展的需要，造成教育资源的极大浪费。1978 年 9 月，省革委会召开工交、财贸、农、林、水和科教系统有关局委负责人会议，专门研究恢复和发展中等专业学校的问题。这次会议揭开了中等教育结构调整、改革的序幕。1980 年，河南省首批将 58 所普通中学改为职业学校，并开始在一些普通中学设立职业班。1982 年和 1983 年，省政府为发展职业技术教育拨出 700 多万元专款，重点用于职业学校的师资培训、校舍维修，添置教学、生产、实习及必要的生活设施和图书仪器等。1985 年，中等专业学校工科类学生占招生总数的比例达 16.6%，财经类 15.6%，政法类 5.6%。由于中等专业学校发展较快，高等学校和中专学校（含中师）招生人数、毕业生人数和在校生的比例已分别提高到 1∶1.54，1∶1.36，1∶1.20，初步扭转了高等教育和中等专业教育比例失调的局面。

（三）高等教育的改革与发展

普通高等教育快速发展。"文化大革命"以后，河南高等教育获得了较快发展。1978 年 12 月，经国务院批准，河南省增设郑州畜牧兽医专科学校、豫西农业专科学校、洛阳医学专科学校、开封医学专科学校、信阳师范学院、安阳师范专科学校、南阳师范专科学校、许昌师范专科学校、洛阳师范专科学校等普通高等学校。同年郑州粮食学院恢复并开始招生。1979 年，轻工业部在郑州创办的郑州轻工业学院开始招生。当年，航空工业部将郑州航空工业学校改建为郑州航空工业专科学校。1980 年 5 月，经国务院批准在原中专的基础上，建立了郑州纺织机电专科学校。1981 年，开始筹建河南财经学院。1982 年，分别在商丘、周口师范大专班的基础上建起了商丘师范专科学校和周口师范专科学校。至 1985 年底，全省普通高等学校发展到 43 所，在校学生猛增到 6.85 万人，比 1978 年在校生 2.73 万人增长 1.5 倍，成为全省高等教育事业发展最快的一个历史时期。

研究生教育的建立和发展。1985 年，全省省属及部属 13 所高等学校、11 个科研机构面向全国招收研究生 666 名，在校研究生发展到 1013 人，比 1978 年增加了 9 倍多。为加强研究生工作的管理，1983 年 3 月，省教育厅制定《研究生各级管理机构与人员的职责（试行）》，在领导管理、招生、培养、学籍管理、思想政治工作等方面对研究生教育作了若干规定。这一文件的制定，是河南省研究生教育及管理工作日臻完善的重要标志。按照上级的有关规定，各高校普遍制定了"研究生工作条例"、"学位授予条例"、"学籍管理办法"等规章制度和专业培养方案，研究生培养工作走上了制度化、规范化的发展轨道。1982 年 2 月，河南省教育厅批准河南医科大学、河南中医学院、河南大学、郑州大学、河南农业大学、河南师范大学 6 校成立学位评定委员会，负责各校的研究生学位授予工作。1981~1985 年全省共毕业研究生 510 名。鉴于高校教师的急需，这些毕业研究生绝大多数被充实到高校师资中，逐步成为高校教学科研的骨干力量。

高校专业结构得到调整。为使高等教育适应新时期经济建设和社会发展在结构、层次上对人才的不同需要，新时期省教育厅对高等学校的专业设置和科类层次作了充实调整。1977 年，全省高等学校 12 所，到 1985 年已发展到 43 所。在新增的 31 所学校中，本科 5 所，专科 26 所，新增专业 153 个，一些基础性专业得到加强，短线专业有所发展，空白专业得以填补，初步形成了学科门类较为齐全的高等教育体系。到 1985 年，高等教育文科学生比例过低的现象得到基本改变。1980 年文科学生招生数和在校生数占整个高校学生总数的比例分别是 2.9% 和 3.6%，1985 年分别上升到 10.4% 和 9.5%。财经、政法专业人才匮乏的局面得到改观。1980 年财经类学生招生数占招生总数的 3.3%，在校生数占 2.4%，1985 年分别上升到 12.5% 和 8.2%；同期政法类学生由 0.36% 和 0.1% 上升到 1.1% 和 1.0%。本、专科比例严重失调的状况也得到改变。1980 年本专科招生比例是 1：0.9，1985 年提高到 1：1.92。

三、改革全面展开时期（1985~1992 年）

从本省实际出发，河南提出"科教兴豫，教育为本"的战略指导思想，坚持把发展教育事业作为振兴河南的基础，逐步把教育摆到经济、社会发展的突出位置，增加教育投资，积极改善办学条件。通过制订一些具体的落实方案和实施办法，使教育逐步成为与各地经济和社会发展并驾齐驱、协调发展的事业。整个"七五"期间，省级财政安排教育事业费 53.8 亿元，实际共投入 61 亿元，比

"六五"期间增长60.1%，占同期财政支出总额的15.7%，年均增长率达到12.02个百分点，高于财政收入增长率2个百分点。

（一）基础教育在改革中持续发展

《河南省义务教育实施办法》（以下简称《实施办法》）在广泛征求意见的基础上，于1986年8月经河南省六届人大常委会第二十二次会议审议通过。《实施办法》规定：除因疾病或特殊原因经有关部门批准者外，所有适龄儿童、少年都必须按时入学并受完规定年限的义务教育；国家、社会、学校和家庭必须保证儿童、少年接受义务教育的权利；对于不履行法定义务、违反本法规定的行为，要承担相应的法律责任。河南省实施九年制义务教育的步骤是：全省在1990年以前普及初等教育；城市和有条件的郊区，以及经济、文化较发达的县、乡（镇）1990年以前普及初级中等教育；经济、文化中等发达程度的县、乡（镇）1995年以前普及初级中等教育；经济、文化不发达的县、乡（镇）2000年以前普及初级中等教育；少数经济特别困难的地方，可以适当推迟普及初级中等教育的年限。作为重要的地方性教育法规，它与《义务教育法》相配套，标志着河南教育特别是基础教育的发展，开始步入依法治教的新时期。

（二）中等教育结构优化

社会主义现代化建设不仅需要高级科技专家，也迫切需要千百万受过良好职业技术教育的各类中、初级人才。特别是河南这样一个农业大省，劳动者素质普遍较低，要在落后的生产力基础上实现现代化，把先进的科学技术和设备吸收转化为现实的生产力，必须采取有效措施普及基础教育，并下大力气改变职业技术教育薄弱的现状，把调整中等教育结构、大力发展职业技术教育作为推进教育体制改革的突破口。1986年，全省职业高中发展到284所，在校学生8.8万人；各级各类中等职业技术学校（不含技工学校）在校学生数为19.9万人，占高中阶段在校学生总数的30%，初步打破了全省中等教育结构单一化的局面；城市职业技术教育的发展尤为突出，郑州、新乡、安阳等市区各类职业技术学校招生数已达到高中阶段招生总数的50%，提前5年达到了国家要求。1987年，招工招干主要从职业学校毕业生中录取，不足部分再从社会上招收，这一规定极大地推动了全省职业技术教育的发展。

（三）积极推进高等教育体制改革

扩大高等学校办学自主权。1988年，河南省教委在深入调查研究的基础上，就进一步落实和扩大高等学校办学自主权进行专题研究，进一步扩大了高校在财务、人事、招生、毕业生分配以及专业设置等方面的自主权。全省各高校也以人事、分配制度为主要内容深化改革。人事制度改革主要是健全定编和聘任制度，分配制度改革主要是实行国家工资与校内津贴相结合，校内津贴同个人职责和工作业绩挂钩。

改革招生和毕业生分配制度。河南省从 1985 年开始实行国家任务计划与地方调节性计划相结合的高等学校招生改革。在招收委托培养和自费生上；招收用人单位委托培养学生是从 1985 年开始的，当年招收学生 1168 人。从 1986 年开始，河南省实行招收自费生，由学生个人交纳培养费用，毕业后国家不包分配，自主择业，当年招收学生 1068 人。由于这两种招生方式有利于发挥高等学校的办学潜力，也能够增强社会上用人单位培养人才的积极性，并使人才培养更好地适应了社会经济发展的客观需要，因而逐年递增，发展较快，到 1992 年，委托培养和自费招生分别达到 4682 人和 6337 人。在毕业分配上；为创造公开、公平的竞争环境，为毕业生就业提供便利条件，实行毕业生与用人单位"双向选择"的办法。河南省从 1988 年开始进行试点学校部分专业毕业生分配"双向选择"，即根据毕业生思想素质、学业成绩、能力和身体状况，分层次向用人单位推荐，使毕业生与用人单位充分了解，相互选择，一旦双方满意，即签订录用协议。试点取得成功后，这一做法逐步推开，成为重要的毕业生就业途径。

（四）成人教育的迅猛发展

随着经济体制改革的深化和教育体制改革逐步提到议事日程上来，河南省的成人教育也进入了一个新的发展时期。围绕调整产业结构、发展商品经济、提高经济效益、促进社会进步、造就大批专门人才的方针，培养有文化、有技术、懂经营、善管理的高素质的城乡干部、专业技术队伍和普通劳动者队伍，是经济体制改革能否顺利进行和能否取得经济、社会持续稳定发展的关键。

扫除文盲教育。河南省的文盲，虽在新中国成立后的 30 多年的时间里得到了大面积扫除，在人口中所占比例已大幅度降低；但由于人口多，文盲、半文盲人数仍然很大。文盲现象既是贫穷落后的表现，又是贫穷落后的根源。就本省的实际情况来看，越是贫穷落后的地区文盲率越高；在成年妇女人群中，文盲现象更为严重。因此，要改变农村的贫穷落后面貌，实现脱贫致富，就必须进一步扫除文盲，并且把扫盲工作的重点放在贫困地区和扫除妇女文盲方面。1990 年是国际扫盲年，河南省不失时机地开展了国际扫盲年宣传活动，全省城乡因地制宜采取多种形式加强扫盲工作的宣传发动。省电视台播放了省教委录制的《中原扫盲巡礼》电视专题片，省报和许多地市报刊编发了扫盲专版，省政府还对扫盲先进单位和个人进行了表彰。在建立政府负责的扫盲工作体制的基础上，当年全省还多渠道筹措扫盲经费 2436 万元，建立健全了一支专、兼职结合的扫盲教师队伍。为加强扫盲验收工作，保证扫盲质量，结合全国人口普查，各地对现有文盲、半文盲重新建档立卡，以行政村为单位消灭空白点。经过全省上下的共同努力，扫盲数达 41.6 万人，超额完成了省政府下达的 30 万人的扫盲任务，文盲、半文盲占总人口的比率下降到 16.15%。

职工教育与农民实用技术培训。随着生产的发展，特别是生产过程中科技含量的增加，对职工教育的要求也越来越高。1985 年以后，在基本完成青壮年职工文化、技术补课任务的基础上，全省职工教育的重点开始转移到大力开展工人、干部、专业技术人员的技术业务培训和岗位职务培训上，根据工作需要、生产需要，对不同职务、岗位、工种的职工进行以提高实际能力为目的的定向培训。1991 年 9 月，省教委转发了国家教委《关于加强岗位培训管理工作的意见》，进一步明确了各部门、各单位的工作职责。省教委先后两次召开部分行业岗位培训座谈会，就岗位培训总体规划及实施等问题交换意见，在全省范围内对岗位培训、考核发证等问题进行调查研究，并会同劳动厅等部门表彰洛阳玻璃厂等 22 个全省职工教育先进单位。当年全省参加各级各类培训的职工有 241 万多人，全员培训率达 41%。其中参加岗位培训的有 213 万多人，占培训总人数的 88%。从培训的规模和增长趋势来看，职工教育的重点更进一步转向岗位培训。

成人中专和成人高等教育的发展。1989 年 7 月，经省政府批准，省教委将西华县、西峡县、内黄县、新郑县、永城县、商丘市等 16 个县（市）的农民中专统一改名为成人中等专业学校，并要求这些学校积极增设新专业，发展联合办学，拓宽办学面，把学校办成教学、科研、生产示范相结合的成人教育培训中心。当年全省独立设置的成人中专学校达到 145 所，开设专业 140 个，累计毕业 40877 人。另外，为发展农业广播电视教育，省政府批准建立河南省农业广播电视学校，当年即有 53 个市（地）、县（区）经批准建立了河南省农业广播电视学校分校，原中央农业广播电视学校河南分校开始纳入河南省中等专业教育的管理体系，接受各级教育行政部门的管理和监督，为广大农村培养了一大批懂技术、善管理的科技骨干。

四、快速发展时期（1993~2001 年）

（一）夯实"两基"

作为一个内陆农业大省、人口大省，适应经济结构调整、产品升级换代的客观需要，把沉重的人口负担转化为人力资源优势，提高人口的整体素质，为全省经济、社会发展奠定比较坚实的基础，是摆在河南各级有关部门和广大教育工作者面前的一项光荣而艰巨的任务。河南省始终坚持把"基本普及九年义务教育"和"基本扫除青壮年文盲"作为教育工作的重点，按照"实事求是、积极进取"的方针，分类指导，逐年推进，使"两基"工作在20世纪的最后几年上了一个新的台阶，全面推进素质教育也取得较好的成绩。

基本普及九年制义务教育。到20世纪末基本普及九年义务教育，是国家的一项重大战略决策，是提高民族素质的奠基工程，是整个教育工作的"重中之重"。河南省委、省政府根据河南的实际情况，明确了"普九"的目标和任务，即到2000年，在占全省人口85%以上的地区基本普及九年义务教育，使全省小学学龄人口入学率达到99%以上，初中学龄人口入学率达到85%以上。河南作为人口大省，义务教育规模居全国各省、市、区第一位，但经济和教育基础却比较薄弱，特别是还有不少贫困县。即使没有列入贫困县的地区，经济条件也大都不是很好。因此，到2000年在全省实现"普九"，达到全国的平均水平，困难很多。另外，从1994年开始，河南省进入义务教育适龄人口高峰期，小学在校生平均每年将增加40万~50万人，初中在校生每年将增加30万人。而国家又把河南划为"二片普九"省份。要求到1998年基本"普九"，这就比原定规划提前两年，"普九"任务更显艰巨。截至1996年，全省已实现"普九"的县（市、区）79个，人口覆盖率只有34.2%，远低于50%的全国平均水平。综合各种情况看，困难和不利因素是比较多的，"普九"形势相当严峻。

基本扫除青壮年文盲。为完成扫除青壮年文盲的历史任务，河南省把扫除文盲、提高劳动者素质作为"科教兴豫"发展战略的重要举措，纳入经济和社会发展规划。省、市（地）政府统筹协调，有关部门分工负责，社会各界广泛参与、齐抓共管。省政府在郑州召开了扫除文盲的专题工作会议，对全省扫除文盲工作的规划目标和必须采取的措施作了部署。随后在1994年又验收通过45个县（市、区）达到扫除青壮年文盲单位标准，这样基本无盲县（市、区）占全省县（市、区）总数的36%，其人口占全省人口的24%；脱盲47.2万人，并有66万名脱盲人员接受了不同形式的扫盲后继续教育，全省扫盲工作取得重大进展。

（二）中等教育在调整改革中稳步发展

20世纪最后8年，河南省在中等教育结构调整的基础上，巩固中等职业教育成果，努力满足经济社会发展的需要和广大人民群众对高质量高水平教育的需求。到"九五"末，全省高中阶段在校生增加到180万人，比"八五"末增长61%，在省辖市市区基本普及了高中阶段教育。普通高中得到较快发展，在校生达到 75 万人，比"八五"末增加 75%。中等职业教育在发展中巩固提高，建成了一批骨干职业学校，为经济建设培养了大批高素质的劳动者和中初级实用技术人才。普通高中与中等职业教育协调发展，中等教育结构明显改善，日趋合理。发展职业教育是河南经济社会发展的迫切要求，也是教育改革和发展的突破口。1990 年以后，河南中等教育结构进一步得到调整，职业教育总体上发展比较快。在各级党委、政府和全社会的高度重视下，各地从本地区的实际出发，创造出一些发展职业教育的好办法，如压缩长线专业，增设短线专业，注意发挥示范性职业学校的骨干作用，深化改革，增强适应市场经济的能力等。截至 1994 年底，全省各类中等职业学校已经发展到 1088 所（普通中专、中师 182 所，职业中专 188 所，职业高中 532 所，技工学校 186 所），在校生已达 58.5 万人，占全省高中阶段在校生总数的 58%。但是，各地职业教育发展还很不平衡，特别是农村职教还比较薄弱，全省发展中等职业教育的任务还很重。

（三）积极发展高等教育，增强办学活力

在 20 世纪的最后 8 年和 21 世纪初，河南省积极调整高等教育布局，优化结构，深化教育教学改革，取得了显著成绩。到 2001 年底，全省普通高等学校发展到 64 所，其中普通本科院校 21 所，专科学校 43 所，校均规模达 5767 人；普通高校和一些研究机构在学研究生达 4656 人；普通高校在校学生 36.91 万人，专任教师 2.46 万人，生师比为 18：1。全省 18~22 周岁人口的高等教育毛入学率达 12%。郑州大学正式被列入国家"211 工程"建设项目，重点学科、重点实验室建设取得重大进展，高等教育的结构布局进一步优化，高等学校的办学质量和效益也有明显提高，成为在经济社会发展中举足轻重的力量。

五、教育质量全面提升时期（2002 年至今）

这一时期，基础教育改革的核心是酝酿和实施新一轮基础教育课程改革。2001 年《基础教育课程改革纲要（试行）》颁布，2005 年已在全国推行。基础教育管理体制继续推进"以政府办学为主，积极鼓励社会力量办学"的办学体制改革。2002 年《民办教育促进法》颁布后，对基础教育的社会力量办学起到了积极的作用。农村义务教育改革也是这一时期基础教育改革的重点，农村义务教育实行"在国务院领导下，由地方政府负责，分级管理，以县为主"的体制，实施"国家贫困地区义务教育工程"，推进山区、牧区和边境地区等农村义务教育普及实施和质量提高工作。为减轻农民教育负担和控制一些地方和学校的乱收费现象，先试行农村"一费制"改革，在此基础上试行农村义务教育"两免一补"政策，并于 2008 年逐步在全省范围内推行，极大地促进了义务教育阶段的公平性，推进教育公平事业取得突出成就。

这一时期，职业技术教育改革的重点是积极发展高等职业技术教育，高等教育扩招的"增量将主要用于地方发展高等职业教育"。原有的职业大学、独立设置的成人高校和部分高等专科学校要通过改革、改组和改制，逐步调整为职业技术学院。同时积极发展中等职业技术教育保持中等职业教育与普通高中教育的比例大体相当，"从 2006 年起，城市教育费附加安排用于职业教育比例，一般地区不低于 20%，已经普及九年义务教育的地区不低于 30%"。

高等教育改革的重点是招生和考试制度改革。从 1999 年起，高等教育开始大规模扩招。经过连续的扩招，高等教育毛入学率现已进入世界公认的高等教育大众化阶段。与此同时，高考制度也在进行相应改革，首先是逐步废除了全国统一考试，逐步实行各省统一命题或联合命题；其次是为了减轻学生负担，考试科目逐步实行"3+X"方案。在高等教育体制改革方面，继续实行"共建、调整、合作、合并"方针，在国家宏观政策指导下，以省级政府统筹为主的条块有机结合的新体制。

第二节 河南教育发展的主要成绩与基本经验

新中国成立以来，河南教育发展实现了由适应计划经济到适应市场经济的转变。教育体系逐步建立并完善，初步形成了相互沟通、相互衔接、基本适应河南经济社会发展的现代国民教育体系。教育管理体制改革不断深入，基础教育实现了由县、乡、村三级办学，县、乡两级管理向"由地方政府负责、分级管理、以县为主"的管理体制变革；职业教育建立起分级管理、以省辖市为主、政府统筹、社会参与的管理体制；高等教育形成了中央、省和省辖市三级办学，省和省辖市两级管理，以省为主的管理体制。以政府投入为主，多渠道筹措教育经费的体制逐步完善。中等职业教育和高等教育逐步建立起"学生缴纳部分培养费用、毕业生自主择业"的机制，为全省经济社会发展作出了突出贡献。①

---

① 苏林主编. 河南社会发展与变迁 [M]. 河南人民出版社，2009：46-53.

一、新中国成立以来河南教育发展的主要成绩

(一) 义务教育实现了由人民办到政府办的跨越

60 多年来，河南坚持把"两基"作为提高人口素质、推动经济社会全面协调可持续发展的奠基工程。1982 年，河南全省文盲率高达 36.96%。到 2007 年12 月，"两基"(基本普及九年义务教育、基本扫除青壮年文盲) 顺利通过国家验收。全省小学、初中阶段适龄人口入学率分别达到 99.94%和 98.79%，残疾儿童少年入学率达到 85%以上，青壮年文盲率控制在 1%以下。这个变化对于我们这样一个全国第一人口大省来说，是一个非常了不起的成就。"两基"目标的实现，在河南教育发展史上具有里程碑的意义。从 2002 年起，河南以加强和发展农村教育为重点，每年新增教育经费的 80%用于农村教育；2003 年以来，河南省委、省政府实施了一系列改善农村学校条件、提高办学水平的重大工程，如农村中小学危房改造工程、课桌凳更新配套工程、教学仪器设备配置工程、现代远程教育工程、农村薄弱学校改造工程、农村教师培训工程等，都取得了明显的效果。逐步建立并完善了义务教育经费保障新机制，农村义务教育经费由中央、省和地方分项目、按比例分担，义务教育全面纳入公共财政保障范围。农村中小学面貌发生了根本性变化，目前在河南农村最好的房子是校舍，最美的环境在校园里。普通高中、幼儿和特殊教育也快速健康发展。

(二) 职业教育实现了由低谷徘徊到集团化快速发展的跨越

新中国成立 60 多年来，河南中等职业学校培养了 614.49 万名毕业生，职教的战略地位逐步提高。2008 年，全省有各类中等职业学校 1173 所，在校生171.75 万人，分别是 1978 年的 2.85 倍和 27.13 倍，占高中阶段在校生的比例由1978 年的 4.8%提高到 45.32%。进入 21 世纪以来，河南职业教育"以服务为宗旨，以就业为导向"，坚持"校企合作，工学结合"，着力培养学生的职业技能和就业能力；实施了"河南省农村骨干中等职业学校和示范性乡 (镇) 成人学校建设工程"等，改善了办学条件。紧紧围绕岗位培训、再就业、农村劳动力转移做文章，2003 年以来，全省中职学校和乡镇成人学校就完成各类职业技术培训3000 多万人次，开展农村劳动力转移培训 2000 万人次，开展城镇再就业培训750 万人次。自 2004 年以来，着力于组建职教集团，提升综合实力，全省现已成立 20 个职教集团，共吸收职业学校、企业、行业协会、科研机构等成员单位753 家，吸纳社会资金 1.3 亿元。职教集团把学校与企业、行业，城镇学校与农村学校、中部地区学校与东西部地区学校、用人单位与培养人单位等联合起来，

有力地促进了职教的快速发展。

（三）高等教育实现了由精英教育到大众化教育的跨越

改革开放前，河南高等教育非常薄弱，1978年，全省仅有高校24所，在校生2.73万人。2008年，全省普通高校发展到84所，较1978年增加60所，总规模达215.25万人，其中普通本、专科在校生125.02万人，较1978年增长27.3倍；在学研究生达到2.36万人，较1978年的138人增长169.72倍；校均规模由1978年的892人，发展到2008年的1.31万人，高等教育毛入学率提高到20.5%。实现了由精英教育向大众化教育的跨越。新中国成立60多年来，河南高等教育为各行各业输送了156.12万本、专科毕业生和研究生，大大提升了劳动人口的知识层次。教育教学改革逐步深化，教育质量不断提高，"人才强校工程"、"教育教学质量工程"大见成效。郑州大学被列入国家"211工程"，郑州大学、河南大学相继实现省部共建。重点学科、重点实验室、学位点建设取得重大突破。"无博士点、无博士后流动站、无国家重点学科、无重点实验室、无本土培养院士"，这个曾压在河南教育人心头多年的阴霾早已一扫而光。以博士点建设为例，1981年，河南高校仅有2个博士、28个硕士学位授权点，2005年第10次评审时，分别增加到107个、845个。在河南高校工作的博士4000多人、特聘教授69人。1978年，河南高校在学研究生只有138人，而2007年已达2.36万人。河南高校的科研实力在增强，仅2002~2007年，全省高校共获得各类科技成果奖822项，全省高校参与技术成果转让、技术服务合作的科研人员达到9000人次，共承担横向课题4643项，争取经费9.26亿元。通过技术转让、技术入股、技术服务等方式与国内外企业签订转化项目3777项，转让合同金额10.41亿元，合作企业年产值突破2313.2亿元，实现利税95.3亿元。高校已经成为河南科技创新特别是基础研究领域的主力军。

（四）社会力量办学健康发展

由于历史的原因，河南的教育资源特别是优质教育资源不足。省委、省政府明确提出，要充分利用国内外优质教育资源发展河南教育，广泛动员大力支持民办教育和社会力量办学。改革开放30多年来，除了以各级政府为办学主体的公办高校的办学模式外，还出现了完全市场化的各类民办高校的办学模式以及政府、高校和市场相结合的混合型高校的办学模式等新的高等院校类型（如独立学院）。作为教育发展新的增长力量，河南的民办教育、社会力量办学和中外合作办学迅速发展，成为河南教育体系中的重要组成部分。到2008年，全省各级各类民办学校发展到6149所，在校生达到239.08万人；民办普通高校发展到11

所，本专科在校生达到 20.29 万人，占全省普通高校在校生的比例提高到 16.23%。河南省中外合作办学项目（机构）达到 180 个，在校生 6 万余人，世界 500 强高校中有 12 所与河南省开展合作办学。全省资产规模在千万元以上的民办学校有 50 多所，其中学校资产超亿元的 10 所。民办黄河科技学院是全国第一所民办普通本科高校。开封县一些民营企业家共同投资，办起了从幼儿园到小学、初中、高中，到职业学校的民办教育园区，投资达到了 2 亿元以上。中外（境外）合作办学也取得了新突破，郑大升达经贸管理学院已有固定资产 3 亿元左右，是当时全国最大的合作办学机构。同时，河南省还探索出了民办教育发展以黄河科技学院为代表的以学养学、滚动发展的模式，以中原职业技术学院为代表的校企结合、相互促进发展的模式，以郑大升达经贸管理学院为代表的引资办学模式，初步形成了适应社会主义市场经济需要的灵活运行机制。

（五）教学方式和评价标准实现了由升学为主要目标到全面实施素质教育的转变

河南各级党委、政府和学校全面贯彻党的教育方针，坚持育人为本、德育为先，中小学德育和高校思想政治工作成效显著。新一轮基础教育课程改革、评价制度改革取得了突破性进展。学校体育、美育、劳动观念、健康教育及心理健康教育切实加强。全省小学、初中、高中专任教师学历合格率，分别由 1978 年的 42.97%、45.55%、38.81%，提高到 2008 年的 99.54%、97.68%、90.8%；高校副高级以上职务教师占专任教师的比例，从 1978 年的 1.73% 增加到 2008 年的 33.11%。职业教育"双师型"教师建设取得新进展，师德建设不断加强，教师待遇和社会地位不断提高。

新中国成立以来，河南教育的发展不仅仅是规模增长、质量提升，更在教育思想、战略规划、结构、体制、内容和评价等方面发生了根本变革。教育功能从强调教育的单一属性，转变为基于社会全面进步和人的全面发展与权利的综合考虑，逐步确立了教育优先发展的战略地位；教育结构从相对单一的教育体系向适时分流、多梯度的教育架构转变，促进了教育与河南经济社会发展紧密结合；人才培养模式从知识本位向注重提高素质、育人为本的教育转型，全面实施素质教育；教育发展战略从非均衡发展到逐步均衡协调发展，分区规划、分类指导，共同发展；教育体系从封闭半封闭走向全方位开放，积极开展教育的国际国内合作与交流。教育发展呈现出勃勃生机。

二、新中国成立以来河南教育发展的基本经验

60多年来，河南教育事业走过了不平凡的历程，特别是改革开放以来，全省教育事业发展取得了辉煌的成就，积累了宝贵的经验。

（一）坚持实施"科教兴豫"战略，优先发展教育

多年来，河南省委、省政府坚持实施"科教兴豫"和"人才强省"战略，坚持把教育摆在优先发展的战略地位，从全局和战略的高度，深刻认识教育在推进中原崛起中的先导性、基础性、全局性地位和作用，始终把教育放在优先发展的位置。

一是以科学发展观统领教育工作全局，不断提高教育事业科学发展的能力和水平。坚持以人为本，办好人民满意的教育。以育人为本，以学生为主体，围绕育人目标，培养有理想、有道德、有文化、有纪律、全面发展的社会主义事业建设者和接班人。以人才为本，以教师为主体，高度重视教师队伍建设。要按照全面协调可持续发展的要求，处理好教育事业发展与经济发展的关系，坚持教育公平原则，优化教育资源配置，推动教育发展方式转变。抓好突出矛盾和薄弱环节，通过巩固提高基础教育水平、大力发展职业教育、提升高等教育综合竞争力等途径，实现各级各类教育又好又快发展。

二是坚持改革创新，为教育实现科学发展提供体制机制保障。坚持用改革办法解决前进中的问题，以更大的勇气和胆量推进教育改革。推进办学体制改革，树立正确的办学导向，深化学校内部管理体制改革，鼓励体制机制创新，进一步扩大教育开放程度，加快形成有利于教育事业全面协调可持续发展的体制机制。

三是大力推进素质教育，全面提高人才培养质量。要全面贯彻党的教育方针，切实加强德育工作；积极推进以课程改革为核心的教育改革，全面提高教育教学质量；以能力培养为核心，努力培养创新型人才。

四是大力弘扬尊师重教风气，充分调动教师的积极性和创造性。努力创造有利于广大教师教书育人的良好政策环境、工作环境和生活环境，使广大教师创业有机会、干事有舞台、发展有空间。满腔热情地关心、诚心诚意地依靠教师，让人民群众都能尊重教师的劳动和创造，使教师成为社会上最受尊敬的职业、成为太阳底下最光辉的职业。

（二）整合政府财力，确保优先投入

强化明确政府对教育的投入责任，加大财政性教育经费投入。建立与公共财政体制相适应的教育财政制度，将教育列入公共财政支出的重点领域，逐步提高

教育经费的支出比例，形成与社会主义市场经济体制相适应、满足公共教育实际需求、稳定并持续增长的教育投入机制。依法落实教育经费的"三个增长"和"两个比例"，全省财政性教育经费支出占 GDP 的比例逐年增加。各级财政每年超收部分和预算外收入，都重点用于教育事业的发展。落实农村义务教育经费保障机制，加大各级政府对农村义务教育的财政支持力度，确保财政对教育经费新增部分主要用于农村义务教育。完善非义务教育办学成本分担机制，合理确定非义务教育阶段学费占教育成本的比例，科学制定成本合理分担职业教育经费办法。各级政府加大对职业教育的支持力度，制定高等职业院校经费投入指导标准，设立并逐年增加职业教育专项经费，增加公共财政对职业教育的投入。省、市政府要逐步增加对高等教育的投入，同时，积极协调银行加大对高校的贷款力度，努力调整和优化高等教育的贷款结构。

（三）提高教师的师德和业务水平，优化教师资源配置

提高教师队伍素质是保障教育质量的关键。必须把教师队伍建设作为实施义务教育的一项长期战略来抓。一是加强师德建设。教师的职业道德素养是重要的教育力量，义务教育阶段教师对学生的影响尤其深远。要加强教师职业道德教育，引导教师以德育人。在提高教师收入水平，改善教师工作、学习和生活条件的同时，严格规章制度，优化学校风气，用制度和环境促进良好师德的形成。二是抓好教师培训。各级教育行政部门加强教师培训，有计划、有组织、有步骤地开展培训工作，并提供政策支持和条件保障。教师培训工作坚持理论联系实际，学以致用。紧紧围绕全面实施素质教育的需要这个中心，创新培训内容，改进培训方式，整合培训资源，优化培训队伍，不断增强培训的针对性和实效性。三是深化中小学教师人事制度改革。配合编制部门合理调整农村中小学教师编制标准，实行动态管理，并向农村尤其是偏远山区倾斜；严把教师队伍入口关，完善教师资格制度。对中小学校补充的新教师，实行公开招聘，并优先满足农村学校的需要；实行城镇中小学教师到农村任教服务期制度，积极鼓励并组织落实高校毕业生支援农村教育工作。进一步健全和完善教师职务聘任制度。对农村中小学校教师职务结构比例实行倾斜，适当提高乡村中小学中、高级教师岗位比例。

（四）深化教育改革，创新教育体制机制

创新办学理念和模式，优化课程结构，更新教学内容，改进教学方法，注重学生的全面发展，进一步加强对学生创新精神和实践能力的培养。深化义务教育课程改革，启动实施普通高中课程改革，全面开展中等职业学校、高等学校精品

课程建设，全面实施高等学校思想政治理论课新方案。坚持健康第一的指导思想，加强和改进学校体育卫生工作，开足、上好体育课并保证学生每天锻炼一小时，加强学生的心理健康教育和珍爱生命教育，切实提高学生的健康水平。重视和改进学校美育工作，提高学生审美素养。倡导和组织学生参加生产劳动和社会实践活动。改革教学评价制度，坚决纠正单纯以升学率评价学校教育质量、以分数评价学生的倾向。改革考试内容、形式和方式，逐步建立符合实施素质教育要求、适应课程改革要求、促进学校发展、师生共同进步的考试评价体系。积极探索建立教育质量监测和督导评估体系，形成多元化的学校评价新机制。完善推进素质教育的政策措施，改善学校实施素质教育的条件，不断提升教师实施素质教育的能力，培育一批素质教育示范区（校）。加强学校、家庭和社会教育的融合，在全社会形成共同推进素质教育的强大合力和良好环境。

第三节　河南教育发展与建设人力资源强省的差距

《国家中长期教育改革和发展规划纲要（2010~2020 年）》指出，"国运兴衰，系于教育；教育振兴，全民有责"。在党和国家工作全局中，必须始终坚持把教育摆在优先发展的位置。按照面向现代化、面向世界、面向未来的要求，适应全面建设小康社会、建设创新型国家的需要，坚持育人为本，以改革创新为动力，以促进公平为重点，以提高质量为核心，全面实施素质教育，推动教育事业在新的历史起点上科学发展，加快从教育大国向教育强国、从人力资源大国向人力资源强国迈进，为中华民族伟大复兴和人类文明进步作出更大贡献。

当前，河南教育事业在面临大好发展机遇的同时，也存在着一些矛盾和问题，主要表现在以下几个方面：

一、教育需求尚未得到充分满足

从总体上来看，全省教育发展的水平，人才培养的质量、数量、规模和结构等，还不能满足现代化建设和人民群众对教育的需求，教育服务经济社会发展的能力迫切需要进一步加强。创新型人才特别是拔尖创新人才培养严重不足，学校的知识贡献力度有待进一步增强。以高等教育为例，尽管河南高校数量、在校生人数已进入全国前列，但目前全省教育的基本矛盾仍然是广大人民群众日益增长的需求与现有教育资源尤其是优质教育资源不足的矛盾。河南作为全国第一人口大省，高等教育毛入学率虽然达到 17.02%，但仍然远远低于全国高等教育毛入学率，同时，河南作为农业大省和新兴工业大省，全省加快工业化、城镇化、农业现代化进程；转变经济发展方式，建立节约型社会；增强自主创新能力，发展自主知识产权等一系列战略措施的实施，迫切需要高等教育提供强有力的人才保障和智力支持。

二、公共教育资源投入不足

河南是全国第一教育人口大省，也是经济正在发展中的省份，经济基础薄弱，教育经费困难，公共教育投入不足，资源总量性短缺，教育经费短缺严重困扰着河南教育事业的发展，各级各类教育仍然不同程度地面临着经费不足的问题。教育优先发展体制机制有待完善。这一问题在高等教育领域表现得较为突出。由于河南省财力不足，财政上对高等教育的投入远远不能满足高等教育快速发展的要求，加之受国家宏观经济政策的影响，高校举债发展出现了许多新情况、新问题。高等教育投入将面临偿还过去贷款和未来继续加快发展的双重压力。1999 年扩招以来，河南省高校在校生人数急剧增加，实现了高等教育由精英教育向大众教育的跨越。但是许多学校的基础设施条件和师资力量还不能适应教育教学的需要。普通高校数量不足，优质高等资源尤为短缺。高等教育毛入学率偏低，研究生教育发展滞后。部属普通高等院校在河南招生计划低于全国平均水平。河南的全国部属院校招生计划占有量低于全国平均水平。

三、教育改革仍面临一定困难和阻力，教育体制改革需要深化

各级政府管理和发展教育的职责有待进一步明确，教育行政管理方式还不适应教育改革发展和转变政府职能的要求：学校内部管理存在行政化倾向，办学自主权尚未完全落实到位，自我发展、自我约束的机制有待进一步完善，公办教育和民办教育共同发展的制度环境尚未形成。人才培养的质量迫切需要进一步提高。各级各类教育迫切需要进一步提高质量，推进素质教育仍面临很大的困难和阻力，片面追求升学率的倾向还很严重，中小学学生课业负担过重的现象仍普遍存在，学生身心健康状况令人担忧，德育的实效性有待进一步增强，教师素质特别是农村教师的素质亟待提高。

四、教育均衡和公平发展仍存在诸多问题

促进教育均衡和公平发展是建设和谐中原的必然要求，也是广大人民群众的热切期盼。当前，全省城乡之间、区域之间教育发展还不协调，义务教育发展不均衡问题比较突出，主要表现为：农村教育仍然基础薄弱，办学条件亟待改善；义务教育阶段择校和收费问题群众意见比较大；进城务工人员子女接受义务教育、农村留守儿童、大学生就业、幼儿教育收费、学校安全等方面还有不少问题需要认真加以解决。

第四节 大力发展教育促进人力资源强省建设的对策

《国家中长期教育改革和发展规划纲要（2010~2020年）》指出，要在2020年基本普及学前教育；巩固提高九年义务教育水平；普及高中阶段教育，毛入学率达到90%；高等教育大众化水平进一步提高，毛入学率达到40%；扫除青壮年文盲。新增劳动力平均受教育年限从12.4年提高到13.5年；主要劳动年龄人口平均受教育年限从9.5年提高到11.2年，其中受过高等教育的比例达到20%，具有高等教育文化程度的人数比2009年翻一番。

基于河南基本省情，我们应当按照优先发展、育人为本、改革创新、促进公平、提高质量的工作方针，坚持教育公益性质，落实教育优先发展的战略地位，健全以政府投入为主、多渠道筹集教育经费的体制，推动河南教育事业科学发展。实施素质教育，实现学生全面发展。高质量普及义务教育，建立城乡一体化的义务教育长效机制。大力发展职业教育，推动职业教育向规模化、集团化、品牌化方向发展，将河南建设成为全国重要的职教基地。提高高等教育质量和大众化水平，进一步优化学科专业结构，推进高水平大学和重点学科建设。重视发展高中阶段教育、学前教育和特殊教育。积极发展远程教育、继续教育、社区教育，建设全面学习、终身学习的学习型社会。

一、加大基础教育投资，实现基础教育全覆盖

根据国际惯例，教育投资的重点应该是基础教育，应优先保证基础教育投

资。但是由于长期以来我国的教育体制更加侧重于高等教育，基础教育一直比较薄弱，再加上由于河南经济发展落后的原因，基础教育投入相对不足。特别是在农村基础教育方面，普遍存在师资匮乏、教育设施落后、儿童辍学现象存在等问题。这就要求政府加大对基础教育的投入。尽快完成城乡普及九年义务教育和扫除青壮年文盲的目标，实现基础教育的全面覆盖。

一要积极发展学前教育。到 2020 年，普及学前一年教育，基本普及学前两年教育，有条件的地区普及学前三年教育。重视 0~3 岁婴幼儿教育。把发展学前教育纳入城镇、社会主义新农村建设规划。建立政府主导、社会参与、公办民办并举的办园体制。大力发展公办幼儿园，积极扶持民办幼儿园。加大政府投入，完善成本合理分担机制，对家庭经济困难幼儿入园给予补助。加强学前教育管理，规范办园行为。制定学前教育办园标准，建立幼儿园准入制度。完善幼儿园收费管理办法。严格执行幼儿教师资格标准，切实加强幼儿教师培养培训，提高幼儿教师队伍整体素质，依法落实幼儿教师地位和待遇。教育行政部门加强对学前教育的宏观指导和管理，相关部门履行各自职责，充分调动各方面力量发展学前教育。重点发展农村学前教育。努力提高农村学前教育普及程度。着力保证留守儿童入园。采取多种形式扩大农村学前教育资源，改扩建、新建幼儿园，充分利用中小学布局调整富余的校舍和教师举办幼儿园（班）。发挥乡镇中心幼儿园对村幼儿园的示范指导作用。支持贫困地区发展学前教育。

二要推进义务教育均衡发展。均衡发展是义务教育的战略性任务。建立健全义务教育均衡发展保障机制。推进义务教育学校标准化建设，均衡配置教师、设备、图书、校舍等资源。切实缩小校际差距，着力解决择校问题。加快薄弱学校改造，着力提高师资水平。实行县（区）域内教师、校长交流制度。实行优质普通高中和优质中等职业学校招生名额合理分配到区域内初中的办法。义务教育阶段不得设置重点学校和重点班。在保障适龄儿童少年就近进入公办学校的前提下，发展民办教育，提供选择机会。

三要加快缩小城乡差距。建立城乡一体化义务教育发展机制，在财政拨款、学校建设、教师配置等方面向农村倾斜。率先在县（区）域内实现城乡均衡发展，逐步在更大范围内推进。

四要努力缩小区域差距。加大对革命老区、民族地区、边疆地区、贫困地区义务教育的转移支付力度。鼓励发达地区支援欠发达地区。

五要减轻中小学生课业负担。过重的课业负担严重损害儿童少年身心健康。减轻学生课业负担是全社会的共同责任，政府、学校、家庭、社会必须共同努力，标本兼治，综合治理。把减负落实到中小学教育全过程，促进学生生动活泼学习、健康快乐成长。率先实现小学生减负。

二、进一步健全高等教育的培养体制

近些年，我国对高等教育的投资增长比较快，这对培养各类型、各层次人才起到了很大的作用。但是由于高等教育的发展超过了经济发展的需要，同时高等教育的培养结构一直与经济发展的需求结构存在偏差。造成目前人力资源的培养与经济发展的需求不相适应。一方面，大量的大学毕业生涌入市场，找不到工作，造成人力资源投资的低效率，人才的极大浪费，而且对基础教育的投入起到非常不好的引导作用。另一方面，企业急需的高端经营管理人才、专业技术人才严重短缺，无法满足企业发展的需要。因此，要进一步深化高等教育培养体制的改革，根据社会经济发展的需要定位高等教育，搞好对高等专业教育总量规模和专业培养方向的引导。

一要全面提高高等教育质量。高等教育承担着培养高级专门人才、发展科学技术文化、促进社会主义现代化建设的重大任务。提高质量是高等教育发展的核心任务，是建设高等教育强国的基本要求。到2020年，高等教育结构更加合理，特色更加鲜明，人才培养、科学研究和社会服务整体水平全面提升，加快实施郑州大学"211"三期工程，推进河南大学省部共建。

二要提高人才培养质量。牢固确立人才培养在高校工作中的中心地位，着力培养信念执著、品德优良、知识丰富、本领过硬的高素质专门人才和拔尖创新人才。加大教学投入。把教学作为教师考核的首要内容，把教授为低年级学生授课作为重要制度。加强实验室、校内外实习基地、课程教材等基本建设。深化教学改革。推进和完善学分制，实行弹性学制，促进文理交融。支持学生参与科学研究，强化实践教学环节。加强就业创业教育和就业指导服务。创立高校与科研院所、行业、企业联合培养人才的新机制。全面实施"高等学校本科教学质量与教学改革工程"。严格教学管理，健全教学质量保障体系，改进高校教学评估。充分调动学生学习积极性和主动性，激励学生刻苦学习，增强诚信意识，养成良好学风。

三要大力推进研究生培养机制改革。建立以科学与工程技术研究为主导的导师责任制和导师项目资助制，推行产学研联合培养研究生的"双导师制"。实施"研究生教育创新计划"。加强管理，不断提高研究生特别是博士生培养质量。

四要提升科学研究水平。充分发挥高校在国家创新体系中的重要作用，鼓励高校在知识创新、技术创新、国防科技创新和区域创新中作出贡献。大力开展自然科学、技术科学、哲学社会科学研究。坚持服务国家目标与鼓励自由探索相结合，加强基础研究；以重大现实问题为主攻方向，加强应用研究。促进高校、科研院所、企业科技教育资源共享，推动高校创新组织模式，培育跨学科、跨领域的科研与教学相结合的团队。促进科研与教学互动、与创新人才培养相结合。充分发挥研究生在科学研究中的作用。加强高校重点科研创新基地与科技创新平台建设。完善以创新和质量为导向的科研评价机制。积极参与马克思主义理论研究和建设工程。深入实施"高等学校哲学社会科学繁荣计划"。

五要增强社会服务能力。高校要牢固树立主动为社会服务的意识，全方位开展服务。推进产学研用结合，加快科技成果转化，规范校办产业发展。为社会成员提供继续教育服务。开展科学普及工作，提高公众科学素质和人文素质。积极推进文化传播，弘扬优秀传统文化，发展先进文化。积极参与决策咨询，主动开展前瞻性、对策性研究，充分发挥智囊团、思想库作用。鼓励师生开展志愿服务。

六要优化结构办出特色。适应国家和区域经济社会发展需要，建立动态调整机制，不断优化高等教育结构。优化学科专业、类型、层次结构，促进多学科交叉和融合。重点扩大应用型、复合型、技能型人才培养规模。加快发展专业学位研究生教育。优化区域布局结构。设立支持地方高等教育专项资金，实施中西部高等教育振兴计划。新增招生计划向中西部高等教育资源短缺地区倾斜，扩大东部高校在中西部地区招生规模，加大东部高校对西部高校对口支援力度。鼓励东部地区高等教育率先发展。建立完善军民结合、寓军于民的军队人才培养体系。

七要促进高校办出特色。建立高校分类体系，实行分类管理。发挥政策指导和资源配置的作用，引导高校合理定位，克服同质化倾向，形成各自的办学理念和风格，在不同层次、不同领域办出特色，争创一流。

三、大力开展职业教育和技能培训

突出抓好职业教育和各类培训，加快建设国家职业教育改革试验区，抓好50个左右中等职业教育基础能力建设项目，支持20个职业教育集团建设公共实训基地，加快发展农村职业教育并逐步实行免费职业教育和技能培训是提高劳动力就业能力的重要手段。

一要紧密结合市场需求。要以劳动者在劳动力市场上的求职和就业前景为中心，引导劳动者向经济发展和社会需要的各个职业领域全面发展，达到教育培训的优质化和实用化，改变人力资源结构不合理、各类技能人才严重短缺的状况，从而缓解经济发展的结构性矛盾。发展职业教育是推动经济发展、促进就业、改善民生、解决"三农"问题的重要途径，是缓解劳动力供求结构矛盾的关键环节，必须摆在更加突出的位置。职业教育要面向人人、面向社会，着力培养学生的职业道德、职业技能和就业创业能力。到2020年，形成适应经济发展方式转变和产业结构调整要求、体现终身教育理念、中等和高等职业教育协调发展的现代职业教育体系，满足人民群众接受职业教育的需求，满足经济社会对高素质劳动者和技能型人才的需要。

二要切实履行发展职业教育的职责。把职业教育纳入经济社会发展和产业发展规划，促使职业教育规模、专业设置与经济社会发展需求相适应。统筹中等职业教育与高等职业教育发展。健全多渠道投入机制，加大职业教育投入。

三要把提高质量作为重点。以服务为宗旨，以就业为导向，推进教育教学改革。实行工学结合、校企合作、顶岗实习的人才培养模式。坚持学校教育与职业培训并举，全日制与非全日制并重。制定职业学校基本办学标准。加强"双师型"教师队伍和实训基地建设，提升职业教育基础能力。建立健全技能型人才到职业学校从教的制度。完善符合职业教育特点的教师资格标准和专业技术职务（职称）评聘办法。建立健全职业教育质量保障体系，吸收企业参加教育质量评估。开展职业技能竞赛。

四要调动行业企业的积极性。建立健全政府主导、行业指导、企业参与的办学机制，制定促进校企合作办学法规，推进校企合作制度化。鼓励行业组织、企业举办职业学校，鼓励委托职业学校进行职工培训。制定优惠政策，鼓励企业接收学生实习实训和教师实践，鼓励企业加大对职业教育的投入。

五要加快发展面向农村的职业教育。把加强职业教育作为服务社会主义新农村建设的重要内容。加强基础教育、职业教育和成人教育统筹，促进农科教结合。强化省、市（地）级政府发展农村职业教育的责任，扩大农村职业教育培训覆盖面，根据需要办好县级职教中心。强化职业教育资源的统筹协调和综合利用，推进城乡、区域合作，增强服务"三农"能力。加强涉农专业建设，加大培养适应农业和农村发展需要的专业人才力度。支持各级各类学校积极参与培养有文化、懂技术、会经营的新型农民，开展进城务工人员、农村劳动力转移培训。逐步实施农村新成长劳动力免费劳动预备制培训。

六要增强职业教育吸引力。完善职业教育支持政策。逐步实行中等职业教育免费制度，完善家庭经济困难学生资助政策。改革招生和教学模式。积极推进学历证书和职业资格证书"双证书"制度，推进职业学校专业课程内容和职业标准相衔接。完善就业准入制度，执行"先培训，后就业"、"先培训，后上岗"的规定。制订退役士兵接受职业教育培训的办法。建立健全职业教育课程衔接体系。鼓励毕业生在职继续学习，完善职业学校毕业生直接升学制度，拓宽毕业生继续学习渠道。提高技能型人才的社会地位和待遇。加大对有突出贡献高技能人才的宣传表彰力度，形成行行出状元的良好社会氛围。

四、进一步加强师资队伍建设

推进义务教育均衡发展、普及高中阶段教育、提升高等教育发展水平，都迫切要求牢固树立教师资源是教育第一资源的理念，全面加强教师队伍建设，提高教师队伍素质。这是建设教育强省和人力资源强省的重大战略问题。

一要把农村教师队伍建设作为提高基础教育质量的优先领域和战略重点，在政策倾斜、资金支持和机制创新等方面积极推进。要不断改善农村中小学教师的工作生活条件，加快实现农村教师收入与当地公务员收入持平、农村教师收入与当地城镇教师收入持平并适度向农村教师倾斜，落实教师社会保障制度。要建立健全农村教师补充新机制，鼓励和吸引高校毕业生到欠发达地区和农村从事教师职业，把高校毕业生到农村从教上岗退费的政策实施好，健全城镇教师支援农村教育和城乡教师双向交流制度。要加大教师继续教育经费投入力度，继续实施基础教育"百千万人才工程"，分期分批、有计划有重点地培养中青年骨干教师，锻造基础教育名教师名校长。

二要加快壮大既有较好专业理论基础又有较强专业技能的"双师型"教师队伍。充分利用高校专业硕士学位资源，在职业院校中选拔中青年骨干教师进行高层次的专业理论、专业技能和创新精神、实践能力培养，形成一批高素质的技术师资团队；建立校企合作培养机制，鼓励有能力的教师到企业参与合作项目的开发，提升教师的技术开发能力和实践水平；向各行各业公开招聘专、兼职教师。

三要以全面提升高校创新能力引领高校教师队伍建设。各高校要把更多资源投放到教师队伍建设上，遵循学术和人才成长规律，建立充满生机与活力的人才管理制度，大力加强学科带头人和学术骨干的培养和引进。要精心组织实施高校科研创新团队项目，把科研创新与创新团队建设结合起来；继续实施高校"千百十工程"，注重发挥一线创新人才的作用，努力造就国内外知名的科学家和科技领军人才，形成新的人才集聚效应，打造高端人才队伍。

四要在全省教育系统建立健全大学、中学、小学、幼儿园教师培养体系，从根本上解决教师队伍数量和素质问题。要加强师范院校和有师范专业的高校建设，与教育改革发展和推进素质教育有机结合起来，降低师范院校的非师范专业比重，提高师范培养能力。

五、大力发展民办教育

民办教育是社会主义教育的组成部分。随着知识经济时代与信息社会的到来，它在推进河南由人口大省走向人力资源强省和现代化建设的进程中，对于加快提高全省国民科技文化素质，加快建设人力资源强省；对于满足人民日益增长的多样化教育需求，更多更好地培养现代化建设人才；对于贯彻落实科学发展观，促进教育事业科学发展、持续发展、又好又快发展等都具有重要意义。基于此，我们党和政府一再强调优先发展教育事业，多次重申"鼓励社会力量兴办教育"。

一要充分认识发展民办教育的重要性。改革开放以来，我国民办教育在聚合教育资源、扩大教育总量，满足广大人民群众不同层次、不同形态的多样化教育需求，建设人力资源强国和培养现代化建设人才等方面作出了重要贡献。因而，要充分认识其重要地位和作用，切实转变忽视、轻视、歧视或漠视民办教育的种种观念和行为。树立科学发展理念，要求用科学发展观统领民办教育发展，坚持用改革的办法解决前进中的问题，不断推进办学理念、办学体制、管理机制和教学的改革与创新，充分激发民办教育的发展生机与活力，推动民办学校又好又快发展。

二要积极引导、促进各类民办教育均衡、协调、健康持续发展。各级政府和教育行政部门要从实际出发，将民办教育纳入本区长远发展规划、教育整体发展规划，切实做好各行政区域内民办教育的综合协调和宏观管理工作；实行政策倾斜，多方位支持弱势地区的民办教育，逐步建立规模大小适度、数量疏密有致的民办学校，统筹兼顾地区间、城乡间的均衡发展；加强现有民办教育资源的整合，提升学校特别是民办职业学校竞争力，促进校际平衡发展。保持适当比例，统筹公、民办教育协调发展。提高质量，凸显特色，促进民办教育健康持续发展。着力建设一支素质优良、特色鲜明的高水平师资队伍，这是提高办学质量、办出学校特色的关键；进一步发挥民办教育机制灵活的优势，引导民办学校走特色创新之路；实施品牌战略，在教育教学上有新思维、新突破、新创造，管理上有新机制，在培养目标、育人模式上有新优势，切实做到以特色求生存，以质量求发展，以创新展现活力，不断增强民办学校的竞争力、吸引力和持续发展的后劲。

三要完善法规，规范办学行为，引导社会的广泛认同和支持，优化民办教育发展环境要完善法规，依法优化民办教育发展的法制环境。对民办教育法规实际实施过程中不明确、不易操作的若干相应问题作出明确规定。同时，要从实际出发，制定能够促进民办教育发展的相应配套政策和具体办法，为民办教育发展提供可操作的法律准绳和有力保障。规范民办学校内部管理和办学行为。针对一些民办学校运转不规范、实施家族式管理、社会评价低等情况，要促进与规范并举，逐步完善民办学校内部管理体制，建立健全学校董事会、理事会等决策机构，正确处理决策机构与校长的关系；建立奖惩制度，引导民办学校遵纪守法，加强自律，诚信办学，保障民办学校健康发展。加强宣传，优化社会环境。媒体和宣传机构要大力宣传民办教育在加快教育发展、建设人力资源强省、推进现代化建设中的重要作用，引导人们正确认识民办教育。同时，大力宣传民办学校兴学的成功案例、典型事迹，展示各类特色民办学校办学产生的社会效益，努力营造有利于民办教育发展的舆论环境，引导、激发并逐步提高社会各界民众对民办教育的广泛认同感和重视程度；不断提高社会办学吸引力，形成全社会支持民办教育发展的良好氛围。

四要进一步健全和完善各项能够促进民办教育发展的相关政策。在资金上给予扶持。在鼓励社会向民办学校捐资的同时，要切实加大公共财政和金融对民办教育的扶持力度。各级政府要在教育事业经费之外，设立民办教育专项发展基金和专项奖励经费，且专项资金应随同级财政收入的增长而逐年增加。金融机构要积极开发适应民办学校发展的信贷服务项目和信贷品种，增加民办学校的融资方式和渠道，为民办学校改善办学条件和扩大办学规模提供资金支持。在学校设置和招生上给予优惠扶持。要依法落实民办学校办学自主权，支持民办学校在专业设置、招生考试等方面实行更加灵活的方式。在师资上给予扶持。如制定保障民办教师各方面不低于公办教师待遇的政策；鼓励大学生到民办学校任教；探索实行公、民办学校教师交流制度等，以此稳定师资队伍。对投资办学者给予税收政策上的优惠。如对出资人不要求合理回报的，免征所得税等，为其发展创造有利的政策环境。

五要深化改革民办教育办学体制，创新民办教育发展模式要深化改革办学体制，创新民办教育发展模式，大力支持社会力量与国内外、省内外组织、单位、集团、机构联办的多种形式的联合办学。如积极支持社会力量与国内外名牌学校合作办学以及吸引省外组织、集团和个人依法在省内直接投资办学，创造条件促进民办职业学校与企业进行产学研合作等。在联合办学和吸引省外人士办学方面，河南已有直接经验。北大附中河南分校成功兴办的实践证明，鼓励引进优质教育资源，公办民助，支持社会力量与国内外名牌校合作办学是发展民办教育的一条有效途径。在吸引省外人士办学方面，自 2004 年以来，来自江苏沭阳区的客商已分别在河南周口、南阳、许昌等不同县投资民办学校达 11 所，为合力打造特色教育品牌，建了一个跨区域教育集团，联合打造了民办教育的"集体名片"。这种走集团化发展的尝试既是对民办教育发展模式的丰富，也是对民办教育制度创新的探索。

六、推进政校分开、管办分离

适应省情和时代要求，建设依法办学、自主管理、民主监督、社会参与的现代学校制度，构建政府、学校、社会之间新型关系。适应国家行政管理体制改革要求，明确政府管理权限和职责，明确各级各类学校办学权利和责任。探索适应不同类型教育和人才成长的学校管理体制与办学模式，避免千校一面。完善学校目标管理和绩效管理机制。健全校务公开制度，接受师生员工和社会的监督。随着国家事业单位分类改革推进，探索建立符合学校特点的管理制度和配套政策，克服行政化倾向，取消实际存在的行政级别和行政化管理模式。

一要落实和扩大学校办学自主权。政府及其部门要树立服务意识，改进管理方式，完善监管机制，减少和规范对学校的行政审批事项，依法保障学校充分行使办学自主权和承担相应责任。高等学校按照国家法律法规和宏观政策，自主开展教学活动、科学研究、技术开发和社会服务，自主设置和调整学科、专业，自主制定学校规划并组织实施，自主设置教学、科研、行政管理机构，自主确定内部收入分配，自主管理和使用人才，自主管理和使用学校财产和经费。扩大普通高中及中等职业学校在办学模式、育人方式、资源配置、人事管理、合作办学、社区服务等方面的自主权。

二要完善中国特色现代大学制度。完善治理结构。公办高等学校要坚持和完善党委领导下的校长负责制。健全议事规则与决策程序，依法落实党委、校长职权。完善大学校长选拔任用办法。充分发挥学术委员会在学科建设、学术评价、学术发展中的重要作用。探索教授治学的有效途径，充分发挥教授在教学、学术研究和学校管理中的作用。加强教职工代表大会、学生代表大会建设，发挥群众团体的作用。扩大社会合作。探索建立高等学校理事会或董事会，健全社会支持和监督学校发展的长效机制。探索高等学校与行业、企业密切合作共建的模式，推进高等学校与科研院所、社会团体的资源共享，形成协调合作的有效机制，提高服务经济建设和社会发展的能力。推进高校后勤社会化改革。推进专业评价。鼓励专门机构和社会中介机构对高等学校学科、专业、课程等水平和质量进行评估。建立科学、规范的评估制度。探索与国际高水平教育评价机构合作，形成中国特色学校评价模式。建立高等学校质量年度报告发布制度。

三要完善中小学学校管理制度。完善普通中小学和中等职业学校校长负责制。完善校长任职条件和任用办法。实行校务会议等管理制度，建立健全教职工代表大会制度，不断完善科学民主决策机制。扩大中等职业学校专业设置自主权。建立中小学家长委员会。引导社区和有关专业人士参与学校管理和监督。发挥企业参与中等职业学校发展的作用。建立中等职业学校与行业、企业合作机制。

七、加大教育投入

教育投入是支撑国家长远发展的基础性、战略性投资，是教育事业的物质基础，是公共财政的重要职能。要健全以政府投入为主、多渠道筹集教育经费的体制，大幅度增加教育投入。

一要把教育作为财政支出重点领域予以优先保障。要优化财政支出结构，统筹各项收入，把教育作为财政支出重点领域予以优先保障。严格按照教育法律法规规定，年初预算和预算执行中的超收入分配都要体现法定增长要求，保证教育财政拨款增长明显高于财政经常性收入增长，并使按在校学生人数平均的教育费用逐步增长，保证教师工资和学生人均公用经费逐步增长。按增值税、营业税、消费税的 3% 足额征收教育费附加，专项用于教育事业。提高国家财政性教育经费支出占国内生产总值比例，2012 年达到 4%。社会投入是教育投入的重要组成部分。充分调动全社会办教育的积极性，扩大社会资源进入教育途径，多渠道增加教育投入。完善财政、税收、金融和土地等优惠政策，鼓励和引导社会力量捐资、出资办学。完善非义务教育培养成本分担机制，根据经济发展状况、培养成本和群众承受能力，调整学费标准。完善捐赠教育激励机制，落实个人教育公益性捐赠支出在所得税税前扣除规定。

二要完善投入机制。进一步明确各级政府提供公共教育服务职责，完善各级教育经费投入机制，保障学校办学经费的稳定来源和增长。各地根据国家办学条件基本标准和教育教学基本需要，制定并逐步提高区域内各级学校学生人均经费基本标准和学生人均财政拨款基本标准。义务教育全面纳入财政保障范围，实行国务院和地方各级人民政府根据职责共同负担，省、自治区、直辖市人民政府负责统筹落实的投入体制。进一步完善中央财政和地方财政分项目、按比例分担的农村义务教育经费保障机制，提高保障水平。尽快化解农村义务教育学校债务。非义务教育实行以政府投入为主、受教育者合理分担、其他多种渠道筹措经费的投入机制。学前教育建立政府投入、社会举办者投入、家庭合理负担的投入机制。普通高中实行以财政投入为主，其他渠道筹措经费为辅的机制。中等职业教育实行政府、行业、企业及其他社会力量依法筹集经费的机制。高等教育实行以举办者投入为主、受教育者合理分担培养成本、学校设立基金接受社会捐赠等筹措经费的机制。进一步加大农村、边远贫困地区、民族地区教育投入。中央财政通过加大转移支付，支持农村欠发达地区和民族地区教育事业发展，加强关键领域和薄弱环节，解决突出问题。健全国家资助政策体系。各地根据学前教育普及程度和发展情况，逐步对农村家庭经济困难和城镇低保家庭子女接受学前教育予以资助。提高农村义务教育家庭经济困难寄宿生生活补助标准，改善中小学生营养状况。建立普通高中家庭经济困难学生国家资助制度。完善普通本科高校、高等职业学校和中等职业学校家庭经济困难学生资助政策体系。完善助学贷款体制机制。推进生源地信用助学贷款。建立健全研究生教育收费制度，完善资助政策，设立研究生国家奖学金。根据经济发展水平和财力状况，建立国家奖助学金标准动态调整机制。

三要加强经费管理。坚持依法理财，严格执行国家财政资金管理法律制度和财经纪律。建立科学化、精细化预算管理机制，科学编制预算，提高预算执行效率。设立高等教育拨款咨询委员会，增强经费分配的科学性。加强学校财务会计制度建设，完善经费使用内部稽核和内部控制制度。完善教育经费监管机构职能，在高等学校试行设立总会计师职务，提升经费使用和资产管理专业化水平。公办高等学校总会计师由政府委派。加强经费使用监督，强化重大项目建设和经费使用全过程审计，确保经费使用规范、安全、有效。建立并不断完善教育经费基础信息库，提升经费管理信息化水平。防范学校财务风险。建立经费使用绩效评价制度，加强重大项目经费使用考评。加强学校国有资产管理，建立健全学校国有资产配置、使用、处置管理制度，防止国有资产流失，提高使用效益。完善学校收费管理办法，规范学校收费行为和收费资金使用管理。坚持勤俭办学，严禁铺张浪费，建设节约型学校。

　　总之，要实现中原崛起，建设人力资源强省，加快河南教育事业跨越式发展，把人口压力转化成人力资源优势，必须优先发展教育，坚持科学发展观，以国家中长期教育发展纲要为指导，结合河南实际情况，坚持优先发展、育人为本、改革创新、促进公平、提高质量的工作方针，坚持教育公益性质，落实教育优先发展的战略地位，健全以政府投入为主、多渠道筹集教育经费的体制，推动全省教育事业科学发展。实施素质教育，实现学生全面发展。高质量普及义务教育，建立城乡一体化的义务教育长效机制。大力发展职业教育，推动职业教育向规模化、集团化、品牌化方向发展，将河南建设成为全国重要的职教基地。提高高等教育质量和大众化水平，进一步优化学科专业结构，推进高水平大学和重点学科建设。重视发展高中阶段教育、学前教育和特殊教育。积极发展远程教育、继续教育、社区教育，建设全面学习、终身学习的学习型社会。

第五章　科技创新与建设人力资源强省

当前，科技浪潮席卷全球，世界高新技术发展日新月异，对知识或智力资源的占有、配置、生产和运用，已经成为各国经济发展的重要依托。一个国家和地区综合实力的竞争及发展后劲，越来越多地体现在科技自主创新能力的较量上。科技进步的核心和实质就是科技创新，进而提升自主创新能力，从这个意义上讲，科技创新已成为发展现代生产力的主要动因，成为人类文明和进步的强大动力，也是建设人力资源强省的必由之路。

第一节　科技创新对建设人力资源强省的影响和作用

在这个瞬息万变、竞争激烈的时代，创新是社会发展之源，是区域经济和企业生存发展的原动力。科技创新是实现自主创新的重要内容，对于河南经济发展而言，科技创新是实现中原崛起的重要选择。不搞科技创新，不掌握自主创新的核心竞争力，就难以在国际和地区竞争中取胜。

一、科技创新是建设人力资源强省的重要选择

当提到创新时，人们往往首先想到的是新产品、新工艺、新业务、新项目等。科技创新是原创性科学研究和技术创新的总称，是指创造和应用新知识和新技术、新工艺，采用新的生产方式和经营管理模式，开发新产品，提高产品质量，提供新服务的过程。

我国政府的政策与文件明确地将科技创新界定为：科技创新是指应用创新的知识和新技术、新工艺，采用新的生产方式和经营管理模式，提高产品质量，开发生产新的产品，提供新的服务，占据市场并实现市场价值。科技创新可以被分成三种类型：知识创新、技术创新和现代科技引领的管理创新。

由此可见，科技创新是一种经济行为，其特征在于从技术到市场的跳跃，是以技术手段创造新的商业价值为标志的。其目的是增强产品的竞争能力，从而获得更多的生存空间与发展机会。

河南是一个农业大省，经济发展的比较优势在很大程度上立足于劳动力、工农业资源的低价格，主要以消耗资源等为代价换来不相称的发展收益，处于产业链分工的低端地位，缺乏自主品牌和知名品牌，产业结构不合理，经济比较效益较低。而且这种经济发展模式，当前正面临各种生产要素和资源性产品的价格上涨趋势，经济发展面临新的挑战，保持经济平稳较快增长的难度加大，实现河南跨越式发展的任务艰巨。因此实现全面建设小康社会的目标，奋力实现中原崛起，比以往任何时候都更加需要强有力的科技支撑。经济和社会发展要依靠科技，科技进步要依靠创新，科技创新要依靠人才，因此，必须发挥科学技术的重要作用，注重依靠科技进步和提高劳动者素质来改善经济增长的质量和效益，提高自主创新能力，优化经济结构，提升产业层次，为实现经济社会的全面、协调、可持续发展提供强有力的科技支撑。

在技术创新中，企业是主体，而人是企业中最根本的要素。21世纪，人力资源将成为第一资源，因此能够拥有一支知识结构合理、创新能力强的科技人才队伍是企业技术创新成败以及能否持续发展的关键。高建、傅家骥（1996）对我国1051家企业的技术创新进行调查，分析指出影响中国企业技术创新的关键因素中前六位分别为：缺乏创新资金、缺乏人才、研究开发支出少、缺乏技术信息、创新风险大、缺乏市场信息。可见，人才是技术创新的重要因素之一，人才因素对企业技术创新的促进和影响作用无法忽略，人才是技术创新的核心，缺乏人才，技术创新将无从谈起。

世界经济发展的历程表明，技术创新是人类财富之源，人力资源开发是技术创新之本，是企业存在与发展的重要保证，也是推动经济发展的动力。无论是区域经济还是企业之间的竞争，归根结底是科学技术与人才的竞争，一切都取决于人才培养的数量与质量。科技人力资源是区域经济发展最宝贵的资源之一，因此，地区要富强，就必须加大科技投入，在人力资源开发利用上不断创新，彻底改变科技人力资源的落后状况，实现科技人力资源的大发展，这是建设人力资源强省的一条重要途径。

二、科技创新要求开发人力资源

人力资源是生产力的主体，掌握一定知识和劳动技能的人是生产力诸因素中最为积极、最为活跃的因素。随着经济社会的发展，科学技术已经成为当今社会发展和进步的第一生产力，科技创新成为当今社会生产力解放和发展的重要基础。谁最先有创新意识、创新观念，谁就可能在包括科技创新的一切创新活动中占有主动地位。任何经济活动都需要劳动者的积极参与才能进行，任何区域经济发展也首先必须具有一定数量的劳动力，一个区域劳动力资源丰富与否直接关系着经济的增长。因此，我们要大力培养科学技术及管理人才，全面增强科技创新能力。

（一）科技创新的主体

知识经济的核心是经济，关键是人才，基础是教育。竞争归根结底都是人才的竞争，人才是创新的主体，是科技创新、发展生产力的最根本的力量，没有了人，创新就无法实现。只有具有创新意识和创新能力的人才，才能把创新从理论转为现实，使创新成为确实的存在。因此，创新要以人为本，开发和利用好人力资源才是科技进步和创新的关键，才能推动国民经济持续、快速、健康的发展。

知识经济时代，人才争夺成为全球竞争的焦点，若是要迎接经济全球化的挑战，把握住经济全球化的机遇，说到底还是要靠科技、靠人才的竞争。人力资源已经变得越来越重要，而人力资源又是十分普通的资源，在众多的资源中曾经有被人忽视过。现在科学事业的发展、科技创新的关键就是培养、造就科技人才。人才在信息社会相比于工业社会就显得更加重要，在工业社会中，一个最好的、最有效率的技术工人，或许比普通工人能多生产20%~30%的产品，但是，在信息社会中，一个最好的软件开发人员，能够比一个一般的人员多作出500%甚至1000%的工作。知识经济是在以信息技术为代表的高技术基础之上成长和发展起来的，创新是知识经济的动力，当然创新首要条件就要有人才，在知识经济时代，人才对社会经济的发展所起的作用是以往任何时代都无法比拟的。人才是创新的根本，是知识经济时代的最重要并且是相对短缺的资源。一个区域知识经济的发展与否，高新技术的应用如何，能否做好科技创新，与技术投资和基础设施建设有重要关系，但关键还在人才，在于人力资源是否成为知识经济发展的有力后盾。

（二）科技创新的要求

科技创新是经济发展和社会进步的推动力，随着知识经济时代的来临，科技创新对人才提出了新的要求。在科技发展中，人起着主导作用，人的素质对科技进步起着制约作用，要推动科技进步，就必须大力开发人力资源，提高人力资源的基本素质和创新能力，促进科技进步。要加快科学技术的发展，在激烈的国际竞争中处于有利地位，培养优秀、合格的人才是当务之急。

知识经济时代是创新的时代，必然会出现大批的有着极强的创新意识、创新能力的创造性人才。为了适应时代的要求，在人才竞争、科技竞争中保持优势，我们绝不能忽视人才的培养与开发。其中，青年科技人才的培养对提高科技水平尤为重要，青年人才受的教育越高，人力资本的积累就会越大，对于社会的贡献与科技进步的作用也就越大，促进科技进步。要充分认识青年人才对科技进步的重要性，青年人才劳动生产率对技术进步率的贡献率高，在科技进步、科技创新的过程中，青年人力资本的作用是其他资本所不能比拟的。所以，要加大教育的投入力度，在普及义务教育的同时要注重高级青年人才的英才教育，高级青年人力资本对于技术进步的贡献十分显著。

有些技术创新既要求掌握专业技术基础理论，又要求丰富的实践经验，这就需要技能型人才和技术型人才的合作。例如，航天技术中的技术创新，所制作的太阳能电池板要求在升空后顺利展开，这既要依靠技术型人才使能发出的控制信号完全正确，又要依靠技能型人才使动作部位灵活可靠，这种技术创新必须建立在复合基础之上。技术创新所提出的这种复合基础要求，促使复合型人才的出现。既接受职业教育，又接受技术教育的复合型人才往往是技术创新能手，应当重视培养这种复合型人才。

在知识经济时代，各种形式的竞争归根到底是人才的竞争，高科技人才越来越成为科技发展的先决条件。人才的短缺主要表现在高新技术领域，世界各国都在采取各种措施，大力培养人才，大力吸引人才。美国除了加强自身培养人才外还不断大量吸引国外人才，美国国会曾多次修改《移民法》，大力吸引来自亚洲、欧洲等地的优秀科技人才到美国从事研究开发。法国除调整提高科技人员待遇，大力发展理工科教育外，还不惜支付 25 万美元的个人年薪，在全球范围内广招贤才。日本政府采取的措施之一，是用很大的资金来支持全世界优秀的人才来日本做研究和攻读学位。韩国则采取每年派遣 2000 名博士后研究生到国外研修，同时从外国招聘 500 名高级人才来韩国工作，使万名人口中的科技人员达到 400 名的发达国家标准。

人力资源能力主要体现在体能、技能和智能三个层面。通常，社会对此三个层面的投入比为 1：3：9，但它们对社会财富的贡献却是 1：10：100。可见，高素质的人才是一个地区发展的真正动力。从目前情况看，河南省的人才状况还是不容乐观：专业技术队伍在数量上和质量上与发达地区还有很大的差距，河南省从业人员中专业技术人员比例还不到 4%；人才结构不合理，高层次复合型人才、高新技术人才、高层次管理人才、年轻创新人才严重短缺，专业技术人员中，高级、中级、初级比率结构不合理；人才地区分布不合理，专业技术人员主要集中在郑州、洛阳等地。河南省资源禀赋不足，人均资源占有量低，唯有人力资源是永不枯竭的资源，唯有人才优势是最可靠的优势。这决定了河南的后发赶超，要立足现实，充分发挥人力资源丰富的优势，加快由人力资源大省向人才强省转变，把劳动力优势转换为发展优势，推动经济增长由主要依靠物质资源消耗向主要依靠科技进步、劳动者素质提高和管理创新转变。

三、人力资源开发促进科技创新

人力资源的开发和利用问题，已经不仅仅是企业的问题，还是增强综合国力的问题。因为，提高综合国力、促进经济发展的第一资源是人力资源，并且其他一切资源的开发和利用，都要靠人力资源来推动，都是以人作为依托来完成的。马克思主义也说，人力资源是所有资源中最重要、最宝贵的资源。人类社会中所有的生产活动都要依靠人来完成，人是社会活动中最基本、最主要、最积极活跃的要素。人力资源素质指人力资源具有的体质、智力、知识和技能的总和。一个地区的人力资源素质的提高对经济发展具有重要影响，较高素质的人力资源对经济发展的贡献主要体现其具有较强的创新能力，从而提高产出，同时较高素质的人力资源能较快接受新技术，适应新的生产工具，转化为生产力，从而增加产出。

（一）人力资源与人力资源开发

人力简单来说就是人的力量的缩写，而人的力量是由智力和体力两种因素组成的。智力是人的一种内在的软性因素，它具有非常大的弹性，虽说智力具有先天性，但是智力开发也是非常重要的，不能忽视。体力是人的一种外在的硬性因素，智力与体力的结合就产生了能量，能量通过实施运作转化体现为能力。所谓人力资源是一个宏观的概括性的范畴，强调的是劳动者的数量和健康情况，简单来说人力资源就是指包含在人体内的一种生产能力，这种能力是表现在劳动者身上的，它以劳动者的数量和质量来表示。人力资源开发的基本定义是组织提供给员工的一个教育或学习的计划来帮助员工提高技能，并改变他们的态度和行为，这个过程使个人和组织都得到提升。

（二）人力资源开发促进科技创新

随着世界经济全球化时代的到来，我们更应该注重人力资源的深度开发，以缩短我们与发达国家之间的技术、经济上的差距。科技创新的主体说到底是人才，那么人才从何而来？当然是教育培养，开发人力资源，努力做到经济增长动态化、长期化，这才是经济发展的长远动力。我们一定要充分利用作为人口大省的优势，重视人力资源的开发，使河南成为人力资源强省，并逐步变成具有人才资源优势的强省。只有有了优秀的人才，有了创新的意识，科技创新才能成为现实。

科学技术的日益进步对科技创新提出了新的要求，科技创新又为人力资源的开发与发展提供了强大动力，有力地提高了人力资源精神素质。科技进步、科技创新极大改善了人力资源的现状，反过来人力资源的素质又推动或制约着科技进步。因此，根据科技创新与人力资源开发的这种互相促进与制约的关系，我们必须大力开发人力资源，提高人力资源的基本素质以及创新能力和人文素质，进而推动科技进步，加快科技创新。同时，要以科技创新的快速发展，加强对人力资源的开发。科技创新的主体是人才，所以无论是在其深度还是广度上，都要加大人力资源的开发的力度。开发人力资源，促使一大批拥有高科技知识的人才产生，这样又会促进科技创新的进程。科技创新与人力资源的开发是一种互动的关系，因此坚持科技创新与人力资源开发相结合的政策，造就一批德才兼备、具有国际竞争能力的科技创新人才是加快河南经济发展的重要内容。

第二节　河南科技创新的现状与不足

"十一五"期间，在国家科技奖励总数没有增加的情况下，河南省获奖数量和质量五年中4次创造历史新高。同时，专利申请和授权数量不断增加，累计申请专利达90283件，累计授权专利达49340件，且质量明显提高。这些都有力地证明了河南省科技实力的迅速崛起，但是河南科技创新和科技人才在全国各省市中仍然存在较大差距。

一、创新人才缺乏致使科技创新乏力

河南是人口大省，却不是人才大省。全省人才的缺乏主要表现在企业家、科技人才和管理人才这三种人才的缺乏。企业家是创新的主体，是将科技创新发明引入经济系统的人。真正的企业家必须具有高度的社会责任感和良好的职业道德品质，具有审时度势、果断决策和运筹帷幄、协调组织的能力等。目前，河南省有乡及乡以上独立核算工、企业 3 万多家，大中型工业企业有 1134 家。但在这么多企业里，真正能称得上企业家的人寥寥无几。同时，科技人才是高新技术创新及产业化发展的决定性力量，他们的技术熟练与否、人数的多少是保证产品质量、保持竞争能力、赚取最大利润的关键。世界知名企业的研究开发人员一般占企业员工的 10%左右，而河南省大中型企业在不同岗位上从事技术开发的人员占职工总数的比例不到 4%。而且一些企业技术创新活动的组织程度不高，技术开发人员的活动没能合理地组织起来。一些企业没有专门的研究与开发机构，使得原本数量已很少的研究与开发人员分散在不同的职能部门或岗位，从而难以组织和引导其活动，不能使其朝着一个目标和方向努力。此外，管理人才对技术创新的成败作用至关重要，企业从事研究开发和技术创新，不但要对经济、市场状况及其变化趋势进行调整，还要在经营战略、观念、组织、管理等方面进行变革和创新，对企业的生产要素、生产组织等进行调整，而所有这一切都依赖于企业的管理人才。而目前河南很多企业紧缺大量真正的具有技术进步意识的管理人员。

近年来，河南省科技力量日益壮大，已拥有一支近 140 万人的专业技术大军，并培养出一支有较高学术水平和专业素养的科技创新顶尖人才及其后备队伍。这支队伍带动了科技经济的发展，是河南科技水平的代表。但从总体上讲，无论数量还是质量都存在一些突出问题，与兄弟省市相比差距明显，这与其人口大省的地位极不相称。

全省整体创新能力不强，拥有自主知识产权的原创性成果少。首先，目前虽然河南省科技活动人员的人力资源存量有 17 万多人，总量在中部地区位列第一，但是，其中科学家和工程师比重偏低，每万人拥有科学家和工程师仅为 11 人，高层次技术人员的缺乏将严重制约河南省科技创新水平的提高。其次，从事科技活动人员主要分布在高等院校、省市科研机构、行业科研机构、民营科研机构和企业科技中心，隶属部门的不同使得彼此之间的合作难以开展，甚至造成人员、信息方面的封锁和设施设备重复建设。

此外，科技成果转化人才和科技企业家紧缺。河南每年的科技成果专利数量并不少，在全国居中上游。但是，由于缺乏既懂技术又懂市场运作、善于经营的复合型科技人才，没有一支专门从事科技成果转化的人才队伍，使科技成果能商品化产业化的比例、技术市场成交合同数长期处于全国下游水平，与北京、天津、上海、广东等省市相比，差距很大。有自主创新成果专利转化无经济效益，是全省一些有巨大市场前景的自主创新成果专利的极大遗憾。例如，由河南省域内专家研发的 04 型数字程控交换机技术是国家级重大科研成果，具有上百亿的巨大市场前景，却由于种种原因，在河南未形成大产业和大效益，这是河南科技界和企业界永远该记取的一个教训。

二、企业尚未成为科技创新的主体

企业是科技成果由技术转化为产品的关键，应该既是市场经济运行的主体，也是技术创新的主体。作为科技创新的主体，企业必须是科技创新决策的主体、投资的主体、研究开发的主体、利益和分配的主体、风险承担的主体。分析国内外的成功经验，都不难看出，企业是创新活动最直接的发动者和最终的受益者。河南省大多数企业，特别是一些大中型企业，生产设备陈旧，生产工艺落后，产品单一，不重视科技创新，从而在市场竞争中被淘汰。河南省企业技术创新得到较大发展，2013 年拥有省级以上企业技术中心 933 家。其中国家级 69 家，是推动河南省创新发展的重要力量，但企业仍未真正确立科技创新的主体地位。

（一）企业决策者对科技创新的认识不够

企业技术进步表现在管理上就是强烈的科技意识。对于一个企业的决策者来说，做好创新工作，首先要在思想上创新，必须具有超前的科技带动企业发展的意识。在科技日新月异的知识经济时代，科技创新决定着企业的生存发展。但河南一些企业的决策者对科技创新的认识不够或有些认识而没有落到实处，没有明确的资金导向，从而造成企业经营状态不佳、濒临倒闭或已经倒闭。自主创新意识不强，导致企业自主创新动力不足，并由此出现一系列不利于企业自主创新的连锁现象：有市场无能力——有能力无创新——有创新无专利——有专利无转化——有转化无效益。

（二）企业科技人才匮乏，研发投入不足

在国际经济正朝着一体化方向发展的今天，企业在激烈的市场竞争中的生存和发展实质上是技术和人才的竞争。一个现代化的企业必须有一支适应现代化生产需要的员工队伍。科技人才是第一生产力的开拓者，科技人才数量和质量的高低，不仅是科技进步的直接影响因素，也是科技进步的重要标志之一。河南省企业经济发展中存在的一个突出问题就是科技力量弱，具有新产品研制开发能力的企业少，拥有自主知识产权的产品更少。

河南 70 万个工业企业绝大多数是低水平粗放型小企业，技术开发能力薄弱，尚未成为技术创新的主体；科技创新中介服务系统尚不健全。企业的研究与开发投入是实现企业科技创新的必要条件，是加速企业技术进步的基本保证。在全省

科技研究开发总经费中，企业所占的比重太小，远远低于发达国家70%左右的水平，河南省企业研究开发投入只占全省总投入的39%。企业研发经费投入不足，而且经费的相当大部分不是直接投向企业。相比全省国内生产总值，河南省研发强度有较大提升，从2006年的0.64%上升至2013年的1.11%，但这些数据在衡量区域创新地位时仅相当于落后国家的水平，与发达国家仍相距甚远。此外，河南科技资源也较落后，即便高级科技人员最密集的大型企业国家级企业技术中心，博士、硕士高学历技术人员也很缺乏，生产一线高级技师比例很小。并且河南高等院校数量少，层次较低，培养的科技活动人员有限。因此，河南科技创新水平整体处于全国中下游水平。在2003年全国科技进步统计监测及综合评价结果报告中，河南科技综合评价排名仅在第26名，被列为第五类地区。

在研发经费的投入上，2009年大中型工业企业新产品开发支出和R&D经费支出占产品销售收入的比重均不到1%，投入强度的偏低使得企业自主研究能力和新产品开发能力不足。2009年企业用于自主创新的R&D活动的经费投入为122亿元，占总投入的55.5%，而且在经费使用上有50%以上的投入用在了成熟技术的转化和应用。R&D活动是科技活动的核心，只有R&D投入强度（研究与试验发展经费支出与销售收入之比）达到5%以上的企业才具有足够的市场竞争力。虽然近几年企业创新强度有所增强，研发投入有所加大，但整体上仍然与国家平均水平相去甚远。低水平的R&D投入强度，导致河南省多数工业企业无力进行核心技术和前瞻性技术的战略研究，重复性和后期开发性研究居多，无力形成长期竞争优势。

（三）企业缺乏与社会其他科技创新机构的有效结合

科技创新工作很重要的一点就是要把区域的新体系建立起来，使当地的企业和科研机构、高等院校、中介机构形成一个有机的科技创新网络，创造有利于科技创新的环境。在我国长期的传统观念影响下，科研机构与企业是分开的，科研机构研究来的成果不能转化为现实的产品，企业也仅仅靠自身的技术水平生产产品，两者之间缺乏结合。在美国，80.8%的科技人才分布在企业，而我国科研开发人员只有35%分布在企业，河南省的这个比例更小。因此，河南省企业自身科技创新能力弱，与社会其他科技创新机构结合得不够。科技资源发挥不出其最大的效益，同时也不利于科技力量自身的发展壮大。

三、企业自主创新水平仍待提高

自主创新是一个国家和地区持续发展的主要驱动力，也是衡量科技创新质量和发展潜力的重要指标。只有拥有强大的科技创新能力，拥有自主的知识产权，才能提高国际竞争力。为此国家和各省都把增强自主创新能力，建设创新型国家和地区列为各级政府宏观战略。近年来，按照省委、省政府"创新型河南"的战略部署，各级积极推出各项促进创新的政策和措施，全社会自主创新的意识和能力得到了较大提升和增强。

（一）自主创新经费投入情况

2013 年，全省 R&D 经费投入快速增长，全年达到 355.3 亿元，保持快速增长态势，比上年增长 14.3%。自主创新经费占全社会科技投入的比重进一步扩大，显示出近年来全省对自主创新的重视程度正在提高。自主创新投入幅度加大，明显高于全社会科技投入的增长水平，自 2003 年全省 R&D 投入增幅首次超过全社会科技投入以来，全省 R&D 投入的增幅每年均高于全社会科技投入，自主创新的投入力度不断增强。R&D 投入强度（即 R&D 投入占国民生产总值的比重）是反映一个国家（地区）科技发展水平和创新能力的重要评价指标。2013 年全省 R&D 投入强度达到 1.11%，摆脱多年徘徊局面，达到历史最高水平。R&D 经费增幅提高，发展加速，为加快提升自主创新水平打下了基础。

自主创新投入强度严重不足。尽管全省 R&D 投入强度达到 0.90% 的历史最高水平，但仍远低于 1.47% 的全国平均水平。当前的技术研发投入和引进状况如不尽快改变，河南产业将难以摆脱在国内和国际分工中的低技术、低附加值层次，掌握不了核心技术，就难以形成核心竞争力。为此，首先是地方政府和企业必须高度重视 R&D 投入，并在投入结构上做进一步调整。在投入总量方面，R&D 经费投入要继续保持其高的增长率，进一步提高其在 GDP 中的比重。但在加强投入的同时，必须更加注重投入的效率。在投入结构方面，要进一步提高 R&D 经费与技术引进经费的比率，特别是提高消化吸收经费与技术引进经费的比率。河南科技还相对落后，两者的提高必须建立在技术引进经费不断增长的基础上。另外，要建立有利于加强消化吸收的体制与机制，着重加强对技术的消化吸收，提高二次创新能力。

河南企业自主创新活动开展较为广泛，但规模小、层次低。企业单位活动规模小，单位企业投入少，创新活动效益低（创新费用占销售收入的比重仅为 0.96%，是该地区最低的）。企业科技活动经费内部支出占销售收入的比例是判断地区和企业科研创新能力的国际通用指标。按照国际 OECD 标准，应达到 5% 的基本要求，中部六省均有较大差距，河南差距更大。随着国际经济一体化的步伐不断加快，科研创新竞争更加激烈，作为技术创新主体的企业将面临非常现实的挑战。为此，河南地方政府必须进一步加大对具有自主创新能力的大中型企业的科研投入力度，加大对国家认定企业技术中心自主创新活动和创新基础设施建设支持，充分发挥大企业在技术创新活动中的引领作用和组织作用，大力培育具有较强自主创新能力和国际竞争力的大企业，鼓励企业广泛建立自主创新联盟，将河南企业自主创新产业做大做强。按照联合国经济合作与发展组织（OECD）的标准，R&D 投入强度达到 2.5%，地区才具有科技竞争能力，2004 年研发总量居世界第一的美国，其研发强度为 2.68%，日本为 3.13%，瑞士和芬兰超过 3%。参照这一标准，河南在加大科技投入方面任重道远。

自主创新投入地区分布不均衡。R&D 从业科技人员、科技经费投入、科技机构数、科技产出方面，全省科技资源主要集中在郑州、洛阳、新乡、焦作、平顶山、南阳等市；黄淮四市因产业结构、经济发展水平等因素制约科技发展相对比较落后，造成全省区域科技发展水平极不平衡，对全省提升科技发展能力，提高全省经济发展水平不利。郑州作为省会城市，资源聚集优势比较集中，各种资源占全省总量的 1/3；以郑州为首的中原城市群，人口占全省 40%，却拥有占全省 80% 左右的科技资源。人口占全省 35.9% 的黄淮四市科技资源不到全省的 7%，特别是创新经费投入仅占全省总量的 4.1%。科技资源的地区分布不平衡，直接影响到全省整体的科技进步水平和和谐社会的发展进程。

（二）基础研究薄弱

中央提出促进中部崛起战略以来，为河南发展注入了活力。作为中部经济大省和工业强省，全省科技水平日益增强，许多科技资源总量位居前列，为加快经济结构调整，提高经济运行质量，推进经济跨越发展确立了基础。按活动类型，研发活动可分为基础研究、应用研究和试验发展三类，其中基础研究是新知识、新发明的产生和创造的源泉，是保障国家科技长期发展和国家竞争力不断提升的重要基础。在美国，2004 年用于基础研究的投入占全部研发费用的 18.7%；在日本，2003 年用于基础研究的投入占 13.3%；瑞士、法国、意大利、澳大利亚等国的基础研究投入更是占到了 20% 以上。2006 年我国基础研究比重为 4.5%，而全省仅为 2.1%。基础研究的投入处于较低水平，说明全省用于原创性和具有长远意义的研发活动的投入明显不足，对科技储备和长远竞争极其不利。

（三）自主创新产出能力落后于发达省份

2013 年，河南省专利申请受理量 55920 件，分别为江苏、广东、浙江的 11.1%、21.2% 和 19.0%；专利授权量 29482 件，仅为江苏、广东、浙江的 12.3%、17.3% 和 14.6%。拥有比较少的发明专利，影响着全省区域竞争中的实力和发展后劲。随着新科技革命的迅猛发展，科技进步与创新已经成为经济社会发展的决定性因素，成为一个国家和地区综合竞争力的根本所在。河南要完成全面建设小康社会的历史性任务，实现中原崛起，必须从战略高度充分认识实施自主创新跨越发展战略，增强自主创新能力，建设创新型河南的重大意义，自觉地把自主创新作为重大战略基点，作为调整产业结构、转变增长方式、实现科学发展的中心环节，摆在全部经济和科技工作的突出位置，贯穿于现代化建设的各个方面，真正把经济社会发展转移到依靠自主创新、科技进步和提高劳动者素质的轨道上来。目前，河南经济总量已突破 2 万亿元，具备了加速发展的基础和条件，但仍面临着经济增长方式粗放、产业技术层次低、科技创新能力不强、资源和环境约束加剧等突出矛盾和问题，经济社会发展比以往任何时候都更加迫切需要科技进步与创新作为支撑。只有大幅度提升自主创新能力，通过科技创新的新突破带动经济社会发展的新跨越，才能全面落实科学发展观，促进中原崛起。

第三节　加快推进科技创新建设人力资源强省的对策

当今时代是知识经济的时代，竞争的实质在很大程度上取决于人才的竞争。河南省只有站在时代发展的高度，以优化创新创业的环境为前提，以提升产业竞争力为核心，加快建立以企业为主体、市场为导向、产学研相结合的技术创新体系，在更广的领域加强国际科学技术交流与合作，在更高的起点上推进自主创新，努力提升科技创新能力，实现科技创新工作的跨越式发展，才能促进人力资源强省建设，快速实现中原崛起。

一、以人为本建设高素质的科技创新人才队伍

创新力是科学技术产生、改进、引进、转化和扩散的综合能力，是经济空间中诸多因素共同耦合的结构，是一个地区经济社会持续快速发展的主导力量。提升区域创新能力，实施正确的人才战略是关键。人才是科技与知识的载体，是先进生产力的开拓者，也是科技发展的关键。落实科学发展观，就是要"以人为本"，坚持"尊重知识、尊重人才、尊重创造"的方针，建设一支能够满足全省社会、经济发展需要的高素质科技人才队伍。加快建立有利于发现、培养、凝聚科技人才的激励机制，需要政府部门、企业及社会互动，携手努力确保"引才"、

"引智"、"引资"工程建设方面有大的突破；创新工作方式，以高新技术产业开发区、成果转化基地、技术创新中心、重大科技项目为载体，不断拓宽科技合作领域，优化科技创新环境，发挥优势，培优扶强，重点突破，加快科技成果和专利技术向现实生产力转化实现科技人才资源向人才资本、人才资本向经济资本的转化。

（一）大力实施人才强省战略

加大河南省科技创新水平，必须大力实施人才强省战略，造就一支门类齐全、梯次合理、素质优良、规模宏大的创新人才队伍。2008年以来，河南省加强与中国工程院、中国科学院的合作，吸引更多的高层次科技人才和科技项目落户。同时做好院士遴选和推荐工作，认真组织实施创新型科技人才工程，争取形成一支以"两院"院士、"中原学者"、科技创新杰出人才和科技创新杰出青年人才为首的科技领军人才队伍，形成一支由科技领军人才带领的100多个杰出科技创新团队；形成一批以国家级重大项目、省重大科技专项、重大项目、工程技术研究中心、重点实验室等为支撑的两万人左右的创新型科技人才骨干队伍。

为引进重点产业、重点学科、重大项目建设急需的高层次人才，河南还鼓励省属高校、省级科研院所、企业和社会组织聘请国内外高层次领军人才，大力引进河南省急需的紧缺人才，重点从专家、留学人员、博士后三项高层次人才引进，力争全年引进硕士以上高层次留学人才。按照全省人才发展计划，将重点围绕优质粮食和优质畜产品生产加工基地建设、产业结构优化升级，现代装备制造业、汽车及零部件制造业、节能减排和环境保护、提高自主创新能力、发展区域经济等重点项目，引进800名硕士以上学历高层次留学人才。

2009年底，河南省海外高层次人才创新创业基地在郑州高新区正式挂牌成立。重点引进电子信息、生物医药等新兴产业急需的海外高层次人才，并为他们携带项入区创业提供资金和场地支持。该基地启动实施了引进海外高层次人才"百人计划"，用5~10年时间引进百名左右海外高层次创新创业人才，增强河南自主创新能力的新要求。据了解，目前，中央已批准67个国家级海外高层次人才创新创业基地，其中大部分集中在北京、上海等大城市和沿海发达地区，郑州成立国家级海外高层次人才创新创业基地，充分体现了国家对中部省份人才政策的倾斜。

在立足依托本地人才的基础上，建立开放式的人才观，放眼大区域，积极利用区位优势和后发优势，通过各种渠道，有效链接大区域人才资源网乃至全国和国际人才资源网络，通过搭建平台，动态管理，实现人才供给和需求的有效对接，有效防止信息不对称带来的人才资源的巨大耗费，为社会经济发展提供系统、快捷、全面的人才支持。

（二）实施科技人才聚集战略

实施科技人才培养促进工程。当前，河南省科技人才总量不足特别是高层次科技人才缺乏，在全面统筹河南省科技人才队伍整体发展的同时，应该把培养社会经济发展急需的高层次的外向型、创造型、复合型科技人才放在优先发展的位置，确保河南省能聚集一大批科技产业人才。建立科技人才培养跨国战略联盟，定期选送优秀中青年科技人才"走出去"，赴全国各地和海外进行深造或进修。坚持"产学研"相结合培养科技人才，推进校、研、企联手组建跨学科、跨系统、跨行业的科技人才培养"航母"，实现校、研、企三方优势互补、资源共享，联合培养科技人才。政府要加大对高等院校、科研院所和各种形式的研发机构的财政支持，积极鼓励和引导民间资本，以各种形式投资创新人才培育实体，加大吸引跨国公司研发投资，努力从方方面面改善条件，提升区域创新能力。同时，吸引专业培训机构对企业各类专业技术人员和管理人员进行创新思维模式的培训，引进先进的创新管理方法和理念。

以科学发展观为指导，树立创新人才的思想，实施正确的区域人才战略，就要树立系统的人才创新观。不仅要注重科技创新人才的培育，同时也要注重管理人才的创新和培育；不仅要关注知识分子、政府及事业单位各种人才的培育和提升，还要注重全区域民众创新观念的培育和创新能力的提升；不仅要注重当前的人才培养和创新能力提升，还要全力为将来创新能力的提升、竞争力的增强打好基础。区域创新的首要资源是创新人才，要努力形成具有开拓进取、灵活驾驭知识的社会适应能力、终身学习的能力以及团队合作精神的人才队伍，营造区域创新的广泛的社会基础，才能真正取得提升区域创新能力的主动权。

实施高层次科技人才引进计划。河南高层次科技人才和院士较少，需要建设科技人才集聚的长效机制，吸引海内外各类优秀的科技人才来豫创业。着眼区域社会经济发展需要，实施开放人才战略。要充分把握市场经济条件下人才流向的规律，即人才向资金、设备、环境、待遇等条件优越的地方流动。因此，要积极利用区位优势和后发优势，通过提高待遇、提升研发条件等各种方式，吸引更大范围内的人才，为区域社会经济发展提供更多的人才支持。

一是建立科技人才专门服务系统。通过重点项目、重点学科、重点实验室等，搭建科技人才参与河南经济建设的平台。鼓励大中型企业和国际知名公司在豫建立或合作建立研发中心，引进国际先进科研、管理团队，实施项目聚才，广纳海内外优秀科技人才。进一步加强留学人才创业园区和创业孵化基地建设；以留学人员创业园区建设为载体，积极完善创业园区的相关政策，为留学人员回国创业、工作提供快捷服务。通过多种渠道，锁定一批河南战略产业和重点项目急需的外国专家和留学人才，不断推动科技人才信息库建设，运用市场化的运作方式搜寻和网罗一批高层次科技人才，逐步形成科技人才和智力引进的长效机制。

二是加强大学科技园建设，促进科技成果转化。中关村科技园区管委会盖城先生曾说：科技教育优势如何转换为产业和经济优势，大学科技园区是一个很好的范例，通过大学科技园，科技和教育资源能够得到充分利用，实现产学研的良性循环，进一步加强大学科技园的公共服务能力和高技术企业孵化能力建设。河南应抓住机遇，促使大学科技园的建设再上新台阶，使其成为高新技术企业化基地、创新创业人才聚集基地、高新技术产业辐射基地和高新技术创新基地。

（三）优化创新环境，加强配套资源建设

大力推进科技创新，着力培育和发展创新网络要积极面向市场配置科技资源。推进科技管理制度改革，建立灵活有效的激励机制推进以机构体制、人事制度和分配制度改革为重点的科技管理制度改革，形成有利于调动人员积极性，有利于创新资源优化配置的新格局。全面推行聘用制，推行固定岗位和流动岗位相结合的用人制度，实行专业技术职务聘任与岗位聘用并轨。实行岗位责任制管理，对考核不合格人员和合同到期后未续聘人员按照国家有关规定解除合约。建立灵活有效的激励分配机制，科研机构自主决定内部分配，实行按岗、按任务、按业绩定酬的分配制度，拉开收入档次。继续推进奖励制度改革，突出技术创新和科技产业化导向。根据各种科技活动的不同特点，实行相应的评价标准和方法，强化职称评聘中的科研导向。全面实行课题制，坚持课题负责人负责制，使课题负责人在批准的计划任务和预算范围内享有充分的自主权，减少管理环节与管理层次。

与此同时，区域内的科研院所也要充分发挥创新网络结点的技术扩散作用。市场经济为大学和院所及企业提供了相互交流的界面，企业直接对大学和科研院所提出技术需求，研究机构的横向经费大幅度增加，并已大于纵向经费，需求拉动显著增加。双向互补的需求，使创新资源的流量加大，创新机会大大增加。政府和企业还应通过各种途径和形式，努力实现与区域外部高等院校和科研院所的人才链接，从而为企业发展和区域经济发展提供更加广泛的价值规律支持和技术支持。

进一步优化和提升创新环境，完善相关机制，积极构建并深入完善创新人才培育体系。一方面要实行多层次、多元化办学模式，促进高等教育、职业教育的多元化发展，以适应区域经济发展对创新人才培养的需求；另一方面要注重建立创新人才的继续教育基地，结合科研项目研究进行开发培养和竞争锻炼培养，使之适应区域社会经济发展和专业领域学科发展的需要。创新人才培育机制，完善相关政策、制度，进一步更新创新环境，用环境凝聚人才、用机制激励人才、用法制保护人才。注重建立优秀人才选择机制，在工作上压担子，待遇上给予倾斜，使他们在科研和经营管理中发挥应有的作用。进一步完善人才业绩考核制度。在德才兼备的前提下，以品德、知识、能力、业绩为考核标准。同时积极建立科技成果转化平台，进一步完善风险投资机制。

二、明确企业在科技创新中的主体地位

在市场经济条件下，企业是市场经济的主体，是科技与经济的接合部，是经济质量和市场竞争力的体现。企业离市场最近，科技创新是增强其活力、实力、竞争力，推动其健康发展的动力和源泉。企业能否成为科技创新的主体，是科技创新工作成败的关键。因此，企业对科技创新最敏感、最需要、最有力量，也最有条件，只有企业才能承担科技创新主体的职能。要做好科技政策和经济政策的相互协调，引导企业成为研究开发投入的主体、科技创新活动的主体、创新成果集成应用的主体，通过多管齐下的政策措施，构建河南企业科技创新的催化系统。

（一）提高企业家的素质和创新管理理念

所谓企业家素质，是指企业家应具备的各种个人条件在质量上的一种综合，由智力素质、个人品质、知识素质、经验素质、身体素质和心理素质这六大要素组成。企业家是科技创新主体的核心。企业家自身创新素质和领导参与方式是企业创新能否兴起的关键。只有乐于创新和善于创新的企业家才有能力组织和完成某种科技创新活动，促进企业蓬勃发展。

河南省企业管理竞争力落后，规范化管理的普及程度低，现代企业管理方法和技术的普及程度低，激励和约束绩效有待提高，产品和服务质量亟待加强。良好的创新环境需要良好的创新管理制度和管理方法，尤其需要企业管理者具有较强的容错能力，不以结果作为科技创新的唯一评价标准。因为创新过程中各未知因素往往难以预测，其努力的结果普遍呈现出随机现象，再加上未来市场的不确定性，给创新及其商业化带来了极大的风险。国外统计资料表明，科技创新通常

只有 2/3 的成功率。科技创新尤其是自主创新有很多的风险因素，如因技术积累不足造成的技术开发难度过大，关键技术难以突破的技术风险；市场定位不准，营销策略失误的市场风险；国家或地方政府的环保政策、能源政策、科技政策和外贸外交政策的改变等政策风险。

首先，企业需要成立高质量的风险评估机构，成员由技术人员、财务人员、管理人员等共同组成，通过集体决策对创新项目进行全方位的评价，提高自主创新成功率。其次，企业管理者对于项目创新进行成果评价时，也需要根据实际情况进行奖惩，不能仅仅根据科技创新成果而定。对于科技创新成果需要加强转化应用，企业有能力进行直接转化的直接应用到商业领域；对于资金或者技术能力达不到者可以鼓励内部员工进行内部创业，由企业提供一定的创业风险资金支持，企业与员工共同承担风险，共享利润。再次，以人为中心，重塑和形成有助于人才脱颖而出的企业管理理念，注重培养大批高质量的经营管理人才。从企业管理理念的变化来看，越来越多的企业认识到，作为人力资本载体的员工构成了现代企业最重要的资产，企业的价值将主要体现在企业所拥有的人力资本上面；寻求那些具有较高知识素质和创新能力的专门人才与企业经营活动的结合，把他们的才能转化为企业的人力资本和盈利能力，将成为现代企业管理的核心理念。因此，要确立将人视为管理的主要对象的人本管理理念，重视以内部职工为主体和第一要素来发展企业，无论在企业职位结构、人才结构、薪酬结构的战略设计上，还是在开发、利用、培养人才的规章制度上，都应以员工为核心，最大限度地进行人力资源开发，发挥企业的人才优势。

（二）加大企业科技创新投入，建设企业研发中心

科技创新，企业发展，扩大生产，都必须有足够的资金支持。在科技创新的每个阶段都能够获得及时和足够的资金，是企业科技创新顺利进行的保障，也是企业所面临的最大挑战。首先，企业要加大对科技创新的投入，承担起投资主体责任。国外一些高科技企业 R&D 投入占销售收入的比例已达到 10% 以上。为提高全省企业的市场竞争力，必须督促企业落实增加科技投入的要求，企业的技术开发经费要占年销售收入的 15% 以上，高新技术企业要达到 5% 以上。企业增加科技投入是其在激烈的市场竞争中生存和发展的需要。其次，要加大政府支持力度。用扶持重点项目、贴息贷款、税收优惠等方式，增加企业科技创新的资金支持。再次，要加快风险投资机制的建设，发展风险投资基金，规范风险投资行为，以充分利用国际和国内的资本市场。

（三）大力开发企业科技人才资源

企业创新要靠人才，只有人才才能创新。对于一个企业来说，需要五种人才：一是科技开发人才，他们的主要职责是从事研究开发，瞄准市场的发展趋势，做到使产品"生产一代，研制一代，开发一代"。二是制造技术和制造工艺方面的人才，以不断提高生产效率为自己的主要职责，为生产服务。三是经营管理人才，运用高新科技的管理手段，提高经营管理人员的素质，减少经营管理人员的比例。四是市场营销人才和公共策划人才，随着市场经济的发展，市场营销和公共策划的人员比例大大增加，他们在很大程度上决定创新成果产品化的市场需求和销售状况。五是企业的生产技术人才，对于企业开发特别是高新技术产业开发而言，技术工人没有一定的文化水平，没有相当的操作技术，是很难保证产品质量和提高生产效率的。这五种人才构成了企业的人才系统，大力开发这五种人才资源，可以提高企业的竞争力。企业应抓好人才的教育和培养并制定激励人才创新的政策，使企业拥有大量的结构合理的人才。

（四）提高企业的联合开发能力

企业要与科研院所、大专院校建立长期稳定的合作关系，共建技术开发实体，以项目或课题为纽带，对重大技术难题进行联合技术攻关，或联合开展技术引进、技术改造和产品开发等。从而共担风险，共享创新成果，增加创新成功的几率。加强企业与高等院校、科研机构合作，完善产学研紧密结合机制积极推动多种形式的产学研结合，促进科技成果的转化。推动企业与高等院校、科研机构开展技术转让、技术入股、联合开发、共建科技实体等多种形式的合作，建立产学研各方优势互补、利益共享、风险共担的产学研合作机制。支持、引导和规范院校或科研机构科技人才到企业研发中心兼职。高等院校要积极调整学科建设和科研方向，加快科技成果转化和科技产业发展，实现高校科技链与产业链的有效对接。

三、优化创新体制，建设创新型河南

增强自主创新能力、建设创新型国家，是党中央在新的历史时期，落实科学发展观、开创社会主义现代化建设新局面的重大战略举措。河南省各级领导深刻认识到增强自主创新能力、建设创新型省市的重要性和紧迫性，增强自主创新能力、创建创新型河南，有利于发挥科技对经济增长的先导作用，促进经济结构优化和增长方式转变，增强经济增长的动力；有利于强化城市集聚和辐射功能，促进资源节约型、环境友好型社会建设，增强城市综合竞争力。近年来，河南省委、省政府大力推进科教兴豫战略，着力加强自主创新能力建设，按照自主创新、重点突破、构建平台、整合资源、促进转化、支撑发展的工作思路，初步确立了科技创新体系的基本框架。使全省科技实力明显增强，科技创新能力、科技对经济和社会发展的支撑服务能力大幅度提升。

（一）建立有利于自主创新的激励机制

首先，要创造人尽其才的企业内部环境，充分发挥现有人员的作用，从不同角度、不同类型、不同层次和不同空间，锻炼其参与科技创新活动的能力。加快技术开发类科研机构企业化转制和产权制度改革，推动社会公益及农业类科研机构分类改革，分别向企业、非营利科研机构和非营利科技服务机构转制。对从事应用性基础研究、前沿技术研究和社会公益研究的科研机构，财政给予相对稳定支持。新建立的非营利科研机构，要提高人均事业经费标准。支持需要长期积累的学科建设、基础性工作和队伍建设。一些科研院所和军工科研机构自主创新能力和综合实力强，改革进展快，要充分发挥他们对全省经济社会发展、自主创新和科技体制改革的支持和带动作用。把培养创新人才作为科技活动的重要目标，进一步破除科学研究中的论资排辈和急功近利现象，改进和完善职称制度、政府特殊津贴制度、省优秀专家制度、省学术技术带头人制度，进一步形成培养选拔创新型人才的制度体系。依托重大科研和建设项目、重点学科和科研基地，加大学科带头人、创新团队、人才梯队的培养力度，注重发现和培养一批科技领军人才。发挥企业家在企业自主创新中的重要作用，培养形成一支创新型企业家人才队伍。鼓励企业引进和培养优秀科技人才，允许国有高新技术企业对技术骨干和管理骨干实施期权等激励政策，探索建立知识、技术、管理等要素参与分配的具体办法。引进海外高层次留学人员回国工作，不受用人单位编制、增长指标、工资总额和出国前户籍所在地限制。鼓励和支持民间人才在自主创新中发挥应有的作用。

其次，要建立正确的评价标准以及公正的利益分配与奖励标准，对参与创新的技术人员和管理人员采取诸如技术入股、按利润分成、奖励股份、一次性奖励等多种奖励形式，充分调动企业员工自主创新的积极性。人才资源开发是一项系统工程，包括选人、用人、育人、留人各个环节，每个环节都举足轻重。作为企业怎样培养选拔又能留住一些有真才实学、有一技专长、有创新能力的专业技术人才，尽量减少人才流失，应是企业人才资源的战略重点。企业应制定优惠政策，建立有利于拔尖人才脱颖而出的竞争激励机制和科学的人才评价体系，重奖在科技创新中有突出贡献的专业技术人才，激发其积极性、创造性，为企业的发展再做贡献。除为所需人才提供高额薪水、住房和生活补贴以外，还应进一步拓宽人才的受惠面，如建立技术入股制度、科技人员持股经营制度，对高科技人才实行优惠税收政策；为创业者提供风险投资或专项资金支持，提供创业所需的高品质、低租金的经营场地；允许根据企业的经济效益决定企业经营者的劳动报酬等。

(二) 营造政策环境激励自主创新

建立健全鼓励自主创新的政策法规，在税收、金融和财政等方面给予必要支持，以降低自主创新风险，激励企业开展自主创新活动。企业自主创新政策和法规包括很多方面的内容，如科技政策和法规、投资政策和法规、金融政策和法规、税收政策和法规、产业政策和法规、产权保护和交易政策与法规、技术引进政策和法规等，以保护企业 R&D 活动的成果。企业自主创新需要投入大量的人力、物力、财力，耗费长时间进行 R&D 活动，最终得到的成果如不能得到有力的保护，就很容易被"搭便车"者模仿、盗用。当违法成本小于违法收益时，违法者就从事违法活动；而当违法成本大于违法收益时，违法者就会停止违法活动。对于别的企业 R&D 成果的盗用行为也符合上述规律。因此，在制定和完善知识产权相关法律法规时，应增加违法者的违法成本，以达到减少违法行为，保护从事 R&D 活动企业利益的目的，同时，加强与知识产权制度相配套的法律环境和市场环境建设。

一要建立财政性科技投入稳定增长机制。各级政府把科技投入作为预算保障的重点，年初预算编制和预算执行中的超收分配，都要体现法定增长的要求。"十一五"期间，财政科技投入增幅明显高于财政经常性收入增幅，财政科技投入实现大幅度增长，财政科学技术支出占财政支出的比例逐年提高，市、县财政科技投入也要按照国家和省的有关规定实现增长。同时，要引导企业和社会资金投向科学研究与技术开发，形成多元化、多渠道的科技投入体系，使全社会研发投入占生产总值的比例逐年明显提高。

二要实施激励自主创新的税收政策。严格落实国家扶持自主创新的各项税收政策，加大对企业技术开发投入的所得税前抵扣力度。允许企业按当年实际发生的技术开发费用的150%抵扣当年应纳税所得额，实际发生的技术开发费用当年抵扣不足部分，可按税法规定在 5 年内结转抵扣。允许企业加速研究开发仪器设备折旧，企业用于研究开发的仪器和设备，单位价值在 30 万元以下的，可一次或分次摊入管理费，其中达到固定资产标准的应单独管理，但不提取折旧；单位价值在 30 万元以上的，可采取适当缩短固定资产折旧年限或加速折旧的政策。

完善促进高新技术企业发展的税收政策，推进高新技术企业增值税转型改革。郑州、洛阳两个国家高新技术产业开发区内新创办的高新技术企业经严格认定后，按国家规定，自获利年度起两年内免征所得税，两年后减按15%的税率征收企业所得税。落实鼓励高新技术产品出口的税收政策和高新技术企业计税工资所得税前扣除政策。

对符合国家规定条件的企业技术中心、国家工程（技术研究）中心等，进口规定范围内的科学研究和技术开发用品，免征进口关税和进口环节增值税。对承担国家重大科技专项、国家科技计划重点项目、国家重点技术装备研究开发项目和重大引进技术消化吸收再创新项目的企业进口国内不能生产的关键设备、原材料及零部件免征进口关税和进口环节增值税。对整体或部分企业化转制科研机构免征企业所得税、科研开发自用土地、房产的城镇土地使用税、房产税的政策到期后，根据实际需要加以完善，以增强其自主创新能力。

支持科技中介服务机构。对符合条件的科技企业孵化器、国家大学科技园自认定之日起，在一定期限内免征营业税、所得税、房产税和城镇土地使用税。对其他符合条件的科技中介机构开展技术咨询和技术服务，研究制定必要的税收扶持政策。支持创业风险投资企业的发展。对主要投资于中小高新技术企业的创业风险投资企业，实行投资收益税收减免或投资额按比例抵扣应纳税所得额等优惠政策。鼓励社会资金捐赠创新活动，企事业单位社会团体和个人，通过公益性社会团体和国家机关向省科技型中小企业科技创新资金和经国务院批准设立的其他激励企业自主创新的基金的捐赠，可按国家有关规定，在缴纳企业所得税和个人所得税时予以扣除。

三要实施支持自主创新的金融政策。金融机构要贯彻落实国家的相关政策，加大对企业自主创新的支持力度。鼓励金融机构对重大科技产业化项目、科技成果转化项目等给予优惠的信贷支持。建立健全鼓励中小企业科技创新的知识产权信用担保制度和其他信用担保制度。建立和完善创业风险投资机制，拓宽创业风险投资的退出渠道，促进更多的社会资本进入创业风险投资市场。支持现有创业投资机构整合、重组，形成一批骨干创业风险投资公司。要建立完善技术产权交易市场，支持省技术产权交易所创新交易模式和运作机制，为河南具有成长性的科技型企业的产权交易提供服务。适时启动郑州、洛阳两个国家高新技术产业开发区内未上市高新技术企业进入代办系统进行股份转让。支持符合条件的高新技术企业发行公司债券。

四要制定实施激励自主创新的知识产权政策。制定实施激励各类创新主体创造、使用、保护自主知识产权的政策，引导以形成自主知识产权为目标开展研发活动。实施省定百户重点企业、50户高成长性高新技术企业知识产权专项行动，培育知识产权优势企业。编制并发布应掌握自主知识产权的关键技术和重要产品目录，省各类计划要对列入目录或已获发明专利授权的技术和产品，给予优先支持。把知识产权创造、应用和保护的成效作为职称评审和科技奖励的重要条件之一。要建立重大经济活动的知识产权特别审查机制，加强知识产权保护队伍建设，完善知识产权保护体系，加大对侵犯知识产权行为的打击力度。

（三）加强组织领导，促进自主创新

进一步加强对自主创新工作的领导。各级党委和政府需要高度重视科技工作，切实履行推动自主创新和科技进步的政治责任，紧密结合实际，研究制定本地区的科技发展规划和政策措施，每年要定期研究本地区自主创新和科技进步工作，解决工作中的重大问题。进一步加强高新技术产业开发（园）区和经济技术开发区的领导，赋予省级以上开发区省辖市级经济管理权限。

健全自主创新的工作机制。要把提高自主创新能力的成效作为落实科学发展观和正确政绩观的重要内容。全面推行市、县党政领导科技进步目标责任制，进一步完善目标考核指标体系，把科技投入、自主创新能力建设和扶持自主创新有关优惠政策落实情况等指标纳入各级党委、政府目标管理，把考核结果作为选拔使用干部的重要依据。要建立科技进步统计评价指标体系和发布制度。省直有关部门要紧密配合，协调一致，共同推动《规划纲要》的实施，全面贯彻落实扶持自主创新的各项政策。各级科技管理部门要加强统筹协调，认真组织实施《规划纲要》，推动自主创新能力建设。省财政、科技、税务等部门要抓紧研究制定落实国家和省配套政策的具体实施办法。

大力培育创新文化。要把现代科学知识和创新教育作为各级党校、行政学院等干部学校干部教育培训的重要内容。对青少年学生进行创新意识、创新兴趣和创新精神的培养和教育。为农民和城镇居民提供科普和创新教育培训机会。实施全民科学素质行动计划，进一步加强科普工作，大力开展科普进村户、进校园、进企业、进社区、进机关活动。规划建设科学教育与培训、科普资源形成与共享，大众传媒科技传播能力建设和科普基础设施等公民科学素质基础工程。充分发挥图书馆、科技馆、博物馆等公共设施的科普功能。建立高等院校、科研院所定期向社会公众开放制度。制定重大科普作品选题规划，繁荣科普创作，打造优秀科普品牌。各级政府、部门、社会团体、大型企业等各方面要集成优势，加强协作，形成科普事业的多元化投入机制。通过强化创新的团队意识和开放意识，大力提倡团结协作、开放包容、博采众长、兼容并蓄的精神。重奖在实施自主创新跨越发展战略、建设创新型河南中作出突出贡献的组织和个人，大力宣传在自主创新中涌现出来的先进典型，广泛开展群众性的发明创造活动，使一切有利于社会进步的创造愿望得到尊重，创造活动得到鼓励，创造才能得到发挥，创造成果得到肯定，使自主创新成为全社会的自觉行动。

推进科技创新基地和科技基础条件平台建设。加快高新技术产业开发区、经济技术开发区、农业科技园区、民营科技园区、可持续发展实验区建设步伐，引导创新资源向各类园区聚集，发展特色支柱产业和产业集群。省定百户重点企业、50 户高成长性高新技术企业及其他骨干企业要加快建立企业技术中心或其他研发机构。政府加大力度支持依托企业技术中心、研究院所和高等院校建设工程（技术研究）中心、重点实验室、博士后科研流动站和工作站。引入市场机制，加强绩效考核，实施动态管理。加强科技基础设施建设。加快建设大型科学仪器设备协作共享平台、研究实验基地共享平台、自然种质资源共享平台、科技文献资源共享服务平台、科学数据共享平台、科技成果转化公共服务平台六大科技基础条件平台。

（四）提高企业自主创新意识和动力，创建良好的管理创新氛围

科技创新的主体是企业，创新要从理念、技术、管理、机制等方面全方位开展。企业决策者必须转变传统的生产观念和工作范围，树立科技创新意识。要从长期的高投入、高消费、低效益的旋涡中跳出来，走出一条依靠科技创新"少投入、低消耗、高效益"的路来。同时，企业决策者要正确选择科技创新的战略和模式，善于整合和应用社会的相关资源，使科技创新与管理创新、流程创新同步进行。企业必须转变传统的生产观念，牢固树立创新意识，正确选择科技创新战略和模式。

企业是自主创新的主体，需要充分发挥企业的科技创新作用，尤其要培养企业家的创新意识，构建良好的创新环境。企业需要增强创新主体意识，加强创新能力建设，强化创新激励机制，培育企业创新文化，整合利用外部技术资源。对企业而言，创新不仅意味着大量投入，而且要承受巨大风险。自主创新意味着率先寻求核心的技术突破和商业应用，是企业技术创新的最高境界，是企业成为技术领先者和市场领袖的根本标志。创新技术或产品的扩散使用，使技术的通用性增强，围绕该技术形成的外围技术和工艺将会形成大规模的创新集群。周围相关企业通过模仿和引进，使该产业规模越来越大，新的产业群快速形成。创新是一个系统工程，涉及企业生产经营的各个环节和过程，很多时候不是一个单独的企业能够完成的，通常情况下需要与其他企业进行合作，企业可以通过合作创新形成技术创新联盟，可以通过彼此优势共享取得以下独特优势：①分担技术、财务等方面的风险；②加强合作者之间的技术交流，使他们在各自独立的市场上保持竞争优势；③与竞争对手结成联盟，可以避免双方投入大量资金展开两败俱伤的竞争，同时对其他地区第三方竞争对手产生震慑；④信息共享，使他们对于新技术变革能够做出更快速的调整和适应。只要战略联盟管理有方，合作双方将比单方自行研发具有更广阔的战略灵活性，最终可以达到"双赢"（Win-Win），形成产业集群和地区优势产业，促进进入集群的企业能够以更高的效率从事创新活动。

同时，各级政府要加强创新制度建设和营造良好的财税、金融政策环境，为企业科技创新提供有效的制度基础和激励机制，以此来激发企业自主创新的积极性。企业自身也需要学习创新的意义，培养员工的创新热情，鼓励内部员工创新和创业，营造企业创新环境。对于员工创新项目和创新成果进行奖励，并为其提供良好的内部创业环境，鼓励员工将创新成果转化为商业应用。同时，应注重员工培训和轮岗，促进他们对各部门的了解，加强沟通，提高自主创新成功率。

在良好的工作氛围下，人们思想活跃，创新思想产生得多而快。良好的创新氛围培养注意以下几点：一是培养员工主人翁精神，使其与企业共荣衰。很多企业通过员工持股计划使员工与企业共同成长，员工具有更强的责任意识。二是要树立崇高的企业目标，使企业成员在更高的层次上达成一致，为创新提供一个强大而恒久的动力源。三是建立宽松方便的沟通环境，尤其是非正式沟通和跨部门、跨级别沟通。企业成员中大量的信息以及各种思想的碰撞，是产生创新意识的条件和重要手段，而人与人中有效的沟通特别是强烈的非正式沟通尤其能产生创新意识。跨部门、跨级别的沟通可以提高创新的成功率，使创新者考虑更全面，从而规避很多风险。

科技创新具有时间价值，速度和时机是创新的关键。一般来说一项创新成果成功后，通常会拥有先发优势，通过申请专利等受到法律保护，具有一定时期的垄断权，别人需要经过授权才能采用。在跟随者或者模仿者推出类似产品或技术之前，首家创新者可以获得高额垄断利润，并能利用先发优势获得良好的市场声誉。在后来者采取类似创新成果时，先发者可以通过学习效应等扩大规模、降低成本，继续获得超过竞争者的经济利益。因此，企业对于创新成果需要加强法律保护意识，对于复杂程度低、容易复制模仿的成果需要借助于专利保护制度获得法律上的保护，及时申请专利、商标，并用法律手段解决侵权问题。企业技术成果转化转让优先选择本土企业，以利于形成区域产业集群，扩大产业优势。

第六章 产业结构调整与建设 人力资源强省

产业结构是指国民生产总值中各产业所占的比重及产业间相互关系，产业结构代表了三次产业发达程度和区域发展的模式。人们通常将产业结构调整的决定因素归因于体制因素、产业政策、产权关系所决定的资源配置，认为只要通过体制的变革、产业政策的倾斜、产权关系的变化就能促使产业结构调整，但忽略了人力资源在产业结构调整中的重要内在作用。代表生产力诸要素中最活跃因素的人力资源和人力资本的质量的发展水平和数量的结构状况，决定着产业结构能否顺利调整和升级。产业结构的调整、演变和升级，不能超越经济的发展水平和阶段，也就是不能脱离科技的发展水平和人力资源的数量结构和质量的状况，产业结构的调整和升级，将以人力资源和人力资本作为基础，人力资源开发的质和量也要适应产业结构调整和升级的需要。

第一节 产业结构调整与人力资源结构优化

产业结构调整与优化就是实现各产业间的合理的比例关系，并在此基础上寻求各产业向更高的层次升级，从而达到产业的高生产率化、高加工度化、高附加值化和高新技术化。人力资源结构是指一定时间一定区域人力资源数量结构和质量结构、产业分布结构、区域分布结构等，人力资源结构在很大程度上决定了一个地区的人力资源整体素质水平。产业结构与人力资源结构是经济结构的核心内容，在社会经济运行中，产业结构调整与人力资源结构调整互为基础、互为条件，在彼此的调整与升级中相互制约、相互促进。人力资源结构调整是经济发展和产业调整的根本要求，人力资源结构的调整的速度与效率制约着产业结构的调整与升级。

一、产业结构调整需要相匹配的人力资源支撑

经过持续的人力资源开发，人力资本的水平日益提高，人力资源的数量结构与产业结构的更加配合，高素质人力资源的广发使用，人力资源中的知识、智力、创造力正以直接生产要素的身份进入生产活动，使劳动生产率大幅度提高，新兴产业迅速增加，传统产业焕发生机，呈现出知识经济的特征。而知识经济时代的核心竞争力就是对人力资源竞争力的竞争，人力资源结构对产业结构调整的制约与促进作用变得更加明显和直接，产业结构与人力资源结构的关系更加密切。人力资源结构的调整与升级可以提高产业的劳动生产率，提高产业的经济增长率，为产业结构升级创造良好的经济发展基础，为经济持续增长提供重要的人力资本竞争力，人力资源结构是产业结构调整的条件和基础，人力资源结构的调整与升级必然带动产业结构调整与升级。

（一）低素质的人力资源是制约产业结构优化的主要因素

人力资源的整体素质低下将会导致三大产业升级动力不足。第一产业的高素质人力资源匮乏使农业生产技术得不到大的改进，农业生产率低下，从而导致优质高效农业发展缓慢，农业的规模化经营难以展开，农产品的附加值过低。而工业结构升级的关键是技术创新，技术创新是结构调整的灵魂。无论对传统产业的改造升级，还是发展高新技术产业，必须加强技术创新。由于工业从业人员中缺乏高素质人力资源，很多企业技术改造主要依靠进口，进口设备的高昂价格，抑制了企业技术进步，致使工业结构不能由资源依附化、初级加工化阶段向技术集约化阶段快速转变。第三产业的结构优化目标是，传统服务业的比重下降，新兴服务业的比重上升，劳动密集型服务业比重下降，资本、技术和知识密集型服务业的比重上升。新兴的服务业一般对从业人员的要求较高，需要一定的工作经验、专门的劳动技能或较高的综合能力等。河南省劳动者素质普遍还不高，不少人只能选择就业门槛较低的行业，若能提高第三产业人力资源的素质，则会大幅度提高新兴服务业的发展水平，从而促进第三产业优化升级。

（二）产业结构的优化和升级需要相适应的人力资源结构

人力资源结构是产业结构调整的基础。人力资源是生产力诸要素中最活跃的因素，一切生产过程都必须有人的参与，都必须有人的体力和脑力的付出，生产资料必须与劳动力按适当的比例配合，才能使生产正常进行，任何一种要素的不适当增加，只会使其闲置，造成生产率的下降。合理的人力资源结构，能提高物质资本、资金和技术投入的使用效率，并引起投放到不同产业、行业和企业的各

种要素的流动，使各产业、行业和企业的人力资源配置更加合理。在生产力水平比较低的情况下，人力资源的数量产生的作用比较大，人力资源数量的充足可以弥补物质资本的不足，形成产业中的劳动密集型产业。当人的知识、技术、智力物化为物质资本中技术资本的量越来越多，人力资源的数量的作用开始下降，质量的水平开始发挥越来越重要的作用，生产结构也开始从劳动密集型产业向资本密集型和技术资本密集型产业转移。人力资源的数量结构和质量水平是产业结构整合升级的重要基础，在产业结构的演变中，人力资源总是处于积极主动的地位。没有一定的人力资源作基础，仅仅依靠体制改革、产业政策倾斜、产权关系的调整很难带来生产要素与资源的优化配置，产业结构的合理化和高级化也难以实现。

区域人力资源状况是区域产业结构调整的决定性因素。在现代技术条件下，资源的流动性已大大加强，货币资金在几分钟之内可以零成本地从一个地区流向另一个地区；不同地区间技术的扩散和转移速度也大大加快；随着现代物流业的发展，货物在全球范围内的流动更为便利。然而，在现行的户籍制度和档案制度下，人口大规模的跨省迁移不可能发生，较发达的地区将在相当长时间内拥有优于落后省份的高素质人力资源。人力资源的难以流动性及不同地区人力资源的差异性，决定了全国范围的产业布局将以不同质量和数量的人力资源分布为基础，人力资源将主导一般性资源的流动。

高素质的人力资源是催生高技术以及高技术产业的关键。高素质的人力资源不仅有助于提高经济系统的产出，而且有助于催生高技术及高技术产业，引导一般性资源流向高技术产业，促进高技术产业的成长。发达地区一方面凭借其高质量的人力资源大力推进高技术产业的发展；另一方面向落后地区转移传统产业，推动着产业结构的转换和国民经济的发展。发落后的省市在发展本地经济时，也需要不断吸收发达省市的先进科学技术，并在此基础上实现产业结构的转换，而本地区拥有的人力资源质量则决定了对科学技术的吸收能力以及在吸收基础上的二次创新能力。经济发展历史证明，人力资源开发的深化，科学技术和生产力的发展，推动着产业结构的不断调整和升级。

二、产业结构调整促进人力资源培育和人力资源结构优化

产业结构调整决定人力资源需求结构，进而影响人力资源发展的方向与水平。一方面，产业结构的快速调整与升级可以为经济发展培植新兴的高增长型支柱行业，为区域经济持续增长提供新的增长点和竞争点，带动整个国民经济的快

速增长。另一方面，产业结构调整升级的速度决定了经济增长速度，经济增长的速度决定了人力资源结构优化的速度，产业结构的调整升级势必引起人力资源结构进行互动的调整和升级。首先，产业结构调整优化必然要求人力资源结构做相应的调整，以提供充分的智力和技术支持，也就是说，产业结构调整与优化决定了人力资源开发的方向，人要转行就必须学习新的知识与技能以适应工作的需要。其次，人力资源开发的效果将直接影响产业结构的调整优化。人力资源开发不利则会拖产业结构调整的后腿；如果能在确保人力资源总量充足的条件下，不断调整人力资源的结构，把人力资源结构的优化和产业结构调整优化结合起来，那么它将有效促进产业结构调整优化。

（一）产业结构调整促进人力资源结构的相应调整

产业结构整体优化，需要人力资源通过教育和培训提升自身素质。新兴产业基本上都是建立在高科技基础上的产业，因此产业结构变动中新成长起来的产业，首先需要掌握先进科学知识技能的劳动力，不论这些劳动力是新加入到劳动力市场的劳动力流量，还是其他行业转移过来的劳动力存量，都需要通过教育来完成新兴行业对劳动力需求的任务。在产业结构整体升级的情况下，原有的行业也会因技术和管理的进步而对劳动力提出更高的要求，因此也需要教育和培训来完成这个任务。从劳动密集型产业向物质资本密集型产业过渡，资本有机构成提高，物质资本的使用增加，简单劳动的使用量相应减少，技术工人的使用量增加；从物质资本密集型产业向技术资本密集型产业过渡，物质资本含量逐步减少，技术资本的含量不断增加，对高级人力资源的需要量增加；从技术密集型产业向知识密集型产业转换，人力资源的创新能力是重要的因素。知识作为要素直接投入生产过程，人的创造力和智力在生产过程中直接物化在产品中，形成高额的附加值，人力资源的质量水平是决定这个转化得以成功的关键，人力资源的开发应着重于人的知识、智力、创新能力的开发。

三次产业结构的变化，促进人力资源的就业结构调整。劳动力的就业结构是指劳动力的各产业部门之间的构成。随着经济的发展，人均国民收入的提高，劳动力首先由第一产业向第二产业移动；当人均国民收入提高到一定程度时，劳动力便从第一产业和第二产业中向第三产业移动。劳动力在产业间的分布状况为：第一产业将逐步减少，第二、三产业将逐步增加。经济发展中各产业间出现收入的相对差异是造成劳动力从第一产业转向第二、三产业的根本原因。一般来说，从事第二、三产业所取得的收入较从事第一产业所取得的收入要大得多。当人均收入水平很低时，劳动力多是集中在第一产业，从事第一产业的劳动力若在80%

以上,属于最不发达的状态;随着收入水平和经济发展水平的不断提高,从事第一产业劳动力所占比重逐渐下降,若下降到10%以下时,属于最发达的状态。从事第二产业劳动力所占比重的变化,是先随着经济发展水平的提高而不断提高,当经济发展水平提高到一定程度后,又不断降低,劳动力不断向第三产业转移;而从事第三产业劳动力所占比重的变化则呈不断上升的趋势。从西方国家经济发展的道路来看,一个国家在比较充分地完成工业化之后都会出现所谓的"服务型经济结构",即第三产业在国民经济中的比重超过第一、二产业。随着经济的进一步发展,第一产业在国民经济中的比重会更加收缩,但其目前就业的劳动力必须转移到第二产业和第三产业中去,而第二产业对劳动力的吸收能力比不上第三产业,从目前河南的情况来看,只能通过城镇化就业和第三产业的发展来吸收充足的人力资源,否则将不可能真正建立起现代产业体系。

(二) 合理的人力资源知识结构能够适应产业结构调整的需要

适应产业融合和升级的个体知识结构,应与产业结构的调整相适应,个体的知识结构的构成模式应适合产业发展的状况。为适合产业结构调整的需要,个体知识结构应该是"T"型的知识结构模式。"T"型人力资源知识结构模式包括纵向和横向两种,"纵向"代表一个人在某一专业领域知识的深度与水平,体现个人在所处行业中的专业知识水平的高低;"横向"代表一个人一般文化知识的广博程度、相关或边缘知识的获取程度等,在一定程度上可以体现出个人从一个行业转向其他行业的适应能力。显然,产业结构的调整、优化和升级,促使个体的知识结构也要不断地调整和优化,适应性强的人力资源个体应该是一专多能的"复杂人"。

从适应产业结构的调整看知识结构的优化,个体知识结构应适应产业结构动态调整的要求。首先,应正确处理知识内容与产业发展需求的关系,个体的知识结构应该服务于最能发挥效益的产业,个体知识结构必须具备对产业结构调整、优化和升级的应变能力。其次,不论纵向的专业知识,还是横向的相关知识,都有一个深化、强化与拓展的问题,应从自身学习能力的强弱和产业调整、升级的需要出发优化自己的知识结构。这是一个较为复杂的调控过程,所以应对个体知识结构进行不断的调整。再次,合理的个体知识结构没有明确的标准和定式,因人、因时和因个体所处环境而异,构建和优化个体知识结构,不仅要考虑到产业结构调整的要求,同时还要考虑到个体知识结构在群体人力资源结构中的互补效益和协调效益。

优化人力资源群体结构,发挥人力资源的规模效益和协调效益。产业结构调整，不仅需要优化的人力资源个体知识结构，而且需要合理的人力资源群体知识结构。人力资源群体知识结构不是个体人力资源知识结构的简单累加和多种要素的机械重叠，其整体功能的大小，主要取决于群体知识结构的优化程度，其中包括人力资源的群体规模及其协同互补性。因此，发挥企业和政府对人力资源群体知识结构的主体和辅助效用，是构建适合产业结构调整的人力资源群体知识结构的关键。

总之，人力资源结构的调整要视产业结构的高级化而定，人力资源结构的发展要与产业结构的变动相适应。产业结构的调整和高级化，已不仅是传统意义上的生产要素在各产业部门中的比例变化，而更多地体现在高新技术对传统产业的影响、融合的力度，以及引起产业结构变化的能力的加强。只有建立较为合理的人力资源结构，才能有效地为国民经济各个部门和各类型企业培养和输送质量合格、数量庞大、层次合理、种类齐全各类专门人力资源，才能对经济发展起促进作用。因此，人力资源结构要适应产业结构的调整趋势，个体的知识结构就要符合产业技术结构的要求，人力资源素质、人力资源能级要与产业的发展水平相匹配。

第二节　河南产业结构与人力资源现状分析

加快转变经济发展方式，推动产业结构优化升级，是关系国民经济全局紧迫而重大的战略任务。近年来，河南产业结构调整有了重大进展，人力资源的产业分布也趋向合理，但总体而言还存在一些突出矛盾和问题。

人力资源层次低、分布不均，人力资源流失及老化现象严重。首先，技术人力资源总量仍然偏少，高层次人力资源严重不足。2010 年，全省城镇从业人员中技能劳动者仅占 40%，而取得高级工以上职业资格的从业人员占技能人才总数不足 20%；在全省 4800 多万农村劳动力中，高中及中专文化程度以上的劳动力仅占 10.1%，大专及以上的仅占 0.93%。全省每万人中拥有的人力资源数和专业技术人数分别为 360 人和 140 人，分别低于全国 500 人和 220 人的平均水平，分别居全国第 27 位和第 31 位。其次，人力资源分布严重不均。从产业分布来看，2009 年第一产业从业人员数是 2765 万人，占全部从业人员的 46.5%。而在全省 220 万人的专业技术人员中，第一产业却不到 2 万人，所占比例不到 1%；从地区分布来看，高层次人力资源基本集中在郑州、洛阳等城市，而且这些人力资源的80%左右都集中在高校、机关和事业单位，企业尤其是民营企业人力资源严重缺乏。再次，引进人力资源难度大，人力资源流失现象仍不同程度地存在。受经济条件制约的经济欠发达地区人力资源引进工作难度逐年增大，"经济落后难以吸收人力资源，人力资源缺乏制约经济发展"的恶性循环链依然存在。最后，人力资源队伍年龄普遍偏大，成为影响河南省经济和社会发展的潜在因素。河南省现有2101名政府特殊津贴专家中有65%的专家已退休，加紧培养年轻的高层次专业技术人力资源已成为当务之急。

从产业分布角度看，人力资源的产业构成趋向合理，但进程缓慢。世界经济发展的历程证明，随着经济社会的发展和产业结构的优化调整，实现人力资源从第一产业向其他产业转移是必然的趋势。人力资源的产业结构也会由第一产业为主逐步转向以第二、第三产业为主。近些年，河南人力资源的产业构成有了一定的优化，从历年按三次产业分的从业人数可以看出，全省第一产业的从业人数占总从业人数比重呈逐年下降态势，但是进程明显缓慢。

全省具体产业结构及其人力资源状况如下：

一、第一产业大而不强，从业人员整体水平较低

农业结构农业是国民经济的基础，不仅提供人们必需的粮食和其他农产品，而且为第二产业和第三产业提供重要的原材料和广阔的市场。河南省虽然是农业大省，但农业大而不强。农产品批量小、标准化水平低、商品率低，不能很好地适应市场经济要求。2010年河南第一产业生产总值3263亿元，仅占全省生产总值的14.2%。由于农业耕种传统习惯的束缚，政府也没能及时地指导农民调整农业生产，河南省主要农产品的价格都在下降。统计表明，2008年9月以来，国际主要农产品价格前高后低，至2010年又有所反弹，波幅高达30%以上，同时农业生产成本不断上升，农产品价格的大幅度变化对河南省农业收入增加造成了很强的抑制影响。河南作为人口大省和农业大省，农业的基础地位只能加强，不能削弱。改革开放以来，河南省农业内部结构的变化特征主要有：种植业比重虽不断减小，但仍居主导地位；畜牧业比重得到稳步的提升；渔业和林业的比重低，且变化甚微。今后河南省的农业产业结构的调整应进一步降低种植业比重，在稳步发展畜牧业的同时，大力发展渔业和林业，以优化农业结构，提高农业经济效益，增加农民收入，促进农业各部门协调发展。

河南是全国第一人口大省，但是人力资源状况是大而不强，尤其是农业人口

众多，整体技能水平较低。截至 2009 年底，全省总人口 9967 万人，其中城镇人口 3758 万人，乡村人口 6209 万人。由于各地经济结构调整及小城镇建设的长足发展，河南乡村从业人员结构快速调整，农林牧渔业从业人员以每年 70 多万人的速度转向工业、建筑业等非农产业部门。

另外，农民工返乡就业压力加大，与农业结构调整压力并存。而最近几年来，连续六个中央"一号文件"的支农惠农政策在河南都得到了很好贯彻，2004 年后实行"两减免、三补贴"政策，2005 年取消农业税，并以新农村建设为契机，全面落实支农惠农政策，让公共财政的阳光普照农村，让农民越来越多地分享改革发展的成果，大大提高了农民种粮的积极性，使粮食产量和农业发展连年迈上新台阶。尤其是在免除农业税之后，财政开始对农民进行种粮直补，财政支农金额逐年提高，有较多的农业补贴，许多原来放弃农业的专业打工户现在也开始重新树立了对农业种植的信心。再加上东南沿海和各大城市用工成本的增加，许多大中型企业开始进行产业转移，导致这些地方用工紧张，许多内地务工人员开始返乡，实行边种植边就近打工的新务工模式。但是河南省在集约节约用地、节能减排等方面进行产业机构调整，许多小企业关、停、转，短时期内加剧了农村劳动力就业的形势。

河南省农业和从业人员状况总体呈现以下几个特征：

（一）农村人力资源数量庞大与质量低下并存

农业部课题组运用劳动力合理负担耕地法来计算种植业所需劳动力数量，其结论是现阶段农业部门剩余劳动力数量约为 1.52 亿人。如果再考虑技术进步和信息化速度加快使农业生产效率提高等因素，农业剩余劳动力将有 1.8 亿人左右。河南作为农业大省，农业剩余劳动力更是高于全国水平。2009 年河南乡村劳动力资源总数 4882 万人，农业从业人员 2765 万人，农村人力资源剩余总量 2117 万人。近年河南省的劳务输出所取得的成绩在全国是有目共睹的，截至 2010 年底，河南农村劳动力转移就业总量已达 2363 万人，全年实现劳务收入 1980 亿元，约占全省农民年人均纯收入的一半以上，输出规模和收入都稳居全国第一，并创造了林州建筑、禹州电子等 11 个"河南省知名劳务品牌"和 20 个"河南省优秀劳务品牌"。虽然总量可观，但事实上经过培训后输出的劳动力只有 30%左右，没有经过技能培训的农业剩余劳动力主要分布在基础工业和建筑业，他们只能从事最简单的粗加工职位或者靠出卖体力，在具有较高技术需要的信息传输、计算机服务和软件业，农村从业人员仅有 18 万人，仅占农村人力资源的 0.37%。

（二）农业人力资本浪费严重

人力资本是由于通过投资形成凝结在人身体内的知识、技能、健康等所构成能够物化于商品和服务，增加商品和服务的效应，并以此获得收益的价值。因此，人力资本的积累对于农村经济的发展及带动农民收入增加有着积极的作用。但是，由于我国以前对农村地区工作不够重视，农村的建设资金投入不到位，导致农村基层和生产第一线工作条件太差，农业技术人员地位低，得不到重视，使得农业科技人员大量流失，下不去，留不住。农业院校培养的专业农业技术人才仅有不到10%留在农村第一线，人力资源的浪费十分惊人。大部分的农业技术人员只是在城市从事科研、教学等工作，每年仅抽出有限的时间开展农业生产科技咨询服务。如2010年河南省继续开展万名科技人员包万村服务粮食生产科技行动，1万多名省、市、县（市、区）农业技术推广部门、科研单位、大中专院校农业科技人员将分包全省4.8万个行政村，实行技术承包责任制，全面开展粮食生产科技服务工作。省级专家分市包县，市级技术骨干包县到村，县乡两级科技人员分片包干、责任到村、服务到户，每个科技人员具体负责5个行政村的技术指导和技术培训。这些措施虽然可以大大改善农业技术水平，但与农业第一大省的人才需求仍相去甚远。

（三）创新、创业意识不强

农民传统的自给自足、小富即安、因循守旧的观念仍然存在，他们不愿意冒风险去接受新事物，只关心眼前的经济利益，缺乏进取心，缺乏现代化的经营意识、经营知识和经营本领，无法适应现代化经营管理，致使河南农业仍然在小规模、低层次上运转。农业生产经营成本高、效益差，农产品价格和国际市场价格相比居高不下，并且由于农产品污染严重，品质低劣，在国内市场上已无法让消费者满意，在国际市场上已无竞争力。由此可见，表面看农产品市场竞争力不强是由于结构不优造成的，但实际是由于劳动者素质低而形成的。为加快农村产业结构调整步伐，促进农村经济发展，应消除劳动者素质对农村产业结构调整的"瓶颈"效应，加快农村人力资源开发，优化劳动者素质。

二、第二产业资源依赖性较强，技术水平较低

第二产业包括工业和建筑业，其中工业是拉动经济增长的主导力量，工业内部的结构特征在很大程度上反映着该地区的产业结构水平。由于河南省资源禀赋好，自然资源相对丰富，采掘业在工业中所占比重高于全国平均水平9.14个百分点，资源型工业的特征相对比较明显，占比78.17%，而制造业则相对比较薄

弱，低于全国平均水平 8.15 个百分点，工业中的公用事业也低于全国平均水平 0.18 个百分点。就轻重工业来看，虽然重工业所占比重与全国接近但在重工业内部主要还是采掘工业和原材料工业，而加工工业则低于全国 5.15 个百分点。产业结构演进的一般规律是向高加工度化方向发展，即加工工业的比重应随着产业的发展而不断上升，而河南省显然与此相悖逆，反映出产业结构的不合理。在轻工业中以农产品为原料的占 83.18%，农副产品加工工业占据着重要地位，相应地，以非农产品为材料的轻工业仅占 16.12%，远低于全国平均水平。产业结构演变的一般规律是，随着工业化进程的深入，轻工业中以农产品为原料的轻工业比重会不断降低，而以非农业产品为原料的比重会上升，而河南省的轻工业内部结构变化显然与此相悖。

具体而言，河南省第二产业结构和从业人员结构特征如下：

（一）轻重工业基本协调发展，重工业结构缓慢改进

重工业比重上升，轻工业比重下降，轻重工业基本协调发展。随着工业化进程的深入，重工业在工业总产值的比重表现为上升的趋势，即所谓重工业化。轻工业内部构成中，以农产品为原料占据主导地位，并且比重不断上升。产业结构演变的一般规律是，随着工业化进程的深入，轻工业中以农产品为原料的轻工业比重会不断降低，而以非农业产品为原料的比重会上升。而河南省的轻工业内部结构变化显然与此相悖逆，对农业资源的依赖性较强，这与河南省是农业大省的省情相吻合，但是也说明河南轻工业仅是在农业基础上的初步加工，其附加值仍然偏低，深加工技术较落后。重工业内部结构变化表现为采掘工业和加工工业比重的降低，原料工业比重的升高。产业结构演进的一般规律是向高加工度化方向发展，即加工工业的比重应随着产业的发展而不断上升。河南省显然与此相悖逆，加工工业的比重不升反降，反映出产业结构的不合理，但近年情况有所好转。

（二）资源依赖程度高，从业人员创新性受限

长期以来，河南地理区位优势和资源优势明显，河南省经济的快速增长主要依赖于生产资料的高投入和资源的高消耗。2009 年，河南规模以上工业 39 个大类中，增加值居前 10 位的行业为：非金属矿物制品业 536.63 亿元；农副食品加工业 319.82 亿元；通用设备制造业 185.97 亿元；煤炭开采和洗选业 164.51 亿元；纺织业 163.68 亿元；化学原料及化学制品制造业 158.84 亿元；黑色金属冶炼及压延加工业 133.63 亿元；专用设备制造业 119.22 亿元；有色金属冶炼及压延加工业 102.36 亿元；造纸及纸制品业 98.09 亿元。可以看出，前 10 大工业部门中，资源类产业占 7 个，增加值占 46.0%。因此，河南在工业发展上长期以国家能源、原材料基地著称，特色比较鲜明，问题也非常突出。过去在全中国长期处于短缺经济时代，河南在大宗物资方面基础稳固。但是当我国经济发展进入市场化阶段和买方市场阶段以后，能源、原材料市场可以同时拥有国内、国际两种选择的条件下，河南这样的工业结构就越来越表现出明显的受制于人的局面。

资源消耗浪费严重。从能源消费分布看，河南省轻、重工业增加值之比为 38.9∶61.1；同期轻、重工业能源消耗量之比为 13∶87，这一比例远高于经济发达省份，属于重型、高耗能型经济结构。2009 年，全国每万元工业增加值的能源消耗是 2.04 万吨标准煤，河南是 2.71 万吨标准煤，高出全国平均水平 32.8%。同时采掘、原材料工业比重偏大，加工工业比重过低不利于工业总体效益的提高，是工业结构还处于较低发展水平的表现。近年来，全省矿产资源的开发强度不断加大，资源开发强度升级。目前，河南几大氧化铝生产企业氧化铝的产量是 500 多万吨，意味着每年要消耗掉 2500 万吨的铝矾土。据有关部门测算，全省探明的石油储量已消耗 67.1%，天然气已消耗 53.4%，煤矿的储采比已远低于全国平均水平。

资源的开采回收率和综合利用率低。在矿产资源开发中，存在乱采滥挖、采富弃贫、采厚弃薄、采易弃难等问题，造成了资源浪费与破坏。全世界钢产量的 1/3、铜产量的 1/2、纸制品的 1/3 来自循环使用。而河南资源的回收利用率相当低，许多可以利用或再利用的资源却成了废弃物。河南省工业用水的重复利用率还不足 45%，2009 年河南工业固体废物综合利用率仅有 73.7%。

废弃物排放量大，污染严重。全省增加单位 GDP 所产生的废水排放量比发达国家高 4 倍；单位工业产值产生的固体废弃物比发达国家高 10 倍；二氧化硫排放量是发达国家的 7 倍多，是江苏省的 1.26 倍、广东省的 1.27 倍、浙江省的 1.93 倍。污染物大量排放造成全省水环境形势严峻，大气质量恶化，固体废物污染问题日益突出。

此种资源依赖式的粗放式的工业发展模式，造成了全省资源的大量浪费，也不利于科技人才的培养。河南劳动力数量巨大但素质普遍较低，难以适应集约型经济增长的需要。河南人口质量与数量形成了强烈反差，尤其是农民受教育不足，而农民又成为河南第二产业中矿业、基础农产品加工、建筑业的主要生产力量。全省人才严重缺乏，每 10 万人口中科学家和工程师人数为 84 人，不足全国的一半，与日本、美国、俄罗斯、韩国等国家相差 5~10 倍；每万人中专业技术人才 140 人，居全国第 27 位。较低的人口素质不仅影响了全省的创新能力，也影响了科技成果的转化与应用。

三、第三产业构成低，增长速度慢

当经济发展到一定阶段，第三产业的发展速度将超过第一产业和第二产业，并对整个国民经济和社会发展起到明显的促进作用。目前，世界发达国家和中等发达国家大都经过了产业结构从"一、二、三"到"二、一、三"，再到"二、三、一"，最终达到"三、二、一"的过程。1991~2010年，全省第三产业呈现出总量迅速增加但比重停滞不前的状态。从纵向看，1991~2010年，三次产业增加值结构由30.9:51:18.1变为14.2:57.7:28.1。第三产业平稳发展，其就业吸纳能力逐渐得到体现。与第二产业相比，第三产业具有更高的就业弹性。第三产业是改革开放以来特别是20世纪90年代以来全省吸纳就业的主渠道之一。2009年与1995年相比，第三产业就业人数从766万人增加到了1509万人。2009年全省三次产业劳动生产率分别为9868元/人/年、67995元/人/年、38869元/人/年。但整体来看，河南仍长期处于"二、三、一"的结构状态，与相关省份第三产业发展水平相比，河南的服务业发展水平较为落后。当然，从"一、二、三"转变为"二、三、一"这一趋势，已充分表明河南三次产业就业结构进一步优化。

随着河南第三产业的较快发展，第三产业发展领域迅速扩展，但现阶段仍以传统行业为主导产业。目前，河南省仍以传统的交通运输仓储邮电通信业、批发零售贸易餐饮业等行业为主，占据整个第三产业的半壁江山。金融保险业、现代物流、网络信息和知识产业等新兴服务业尽管近年来有了较快发展，但由于基础差、规模小、比重低，总体上仍处于较低水平。2004年河南交通运输仓储邮电通信业、批发零售贸易餐饮业两大传统行业增加值占第三产业增加值的46.6%；金融保险业占8.8%；房地产业占10.9%；教育、文化、卫生、体育和社会福利业比重为13.6%。这种不合理的行业结构，造成了第三产业发展的不平衡，制约了新兴服务业的发展。

目前，河南第三产业从业人员的素质远不能适应经济社会发展的需要，人才特别是高层次的人才短缺已成为制约河南第三产业发展的"瓶颈"，第三产业从业人员的素质有待提高。新兴服务业人才缺乏，传统服务业对人才的吸引力不强，其从业人员不少是下岗工人、原无业人员和进程农民，文化程度偏低，整体素质不高。随着新兴服务业的进一步发展，人才缺乏已成为全省第三产业进一步发展的关键制约因素。

第三节 推动产业结构调整促进人力资源转型升级的战略取向

河南人口多，底子薄，工业能源依赖性强，生态环境脆弱，客观现实要求我们必须走科技含量高、经济效益好、资源消耗低、环境污染少、人力资源优势得到充分发挥的新型工业化道路，坚决把经济发展方式转移到依靠科技进步和提高劳动者素质上来。只有大力开发人才资源，加快推进人才强省战略，才能为加快中原崛起和河南振兴、全面建设小康社会提供坚强的人才保证和智力支持。

一、产业结构调整要以人力资源能力建设为重点

"十二五"时期是全面建设小康社会的关键时期，实现"十二五"时期经济社会发展各项目标任务，推进产业结构优化升级，转变经济发展方式，提高自主创新能力，不断提高现代化水平，对人力资源的结构和素质提出了新的更高的要求。为此，我们要积极采取措施，把河南的巨大人口压力转化为人力资源优势，加快推进人才强省战略，努力建设高素质人才队伍。

（一）产业结构调整对人力资源的要求

产业结构优化要求人力资源开发必须高度重视教育和培训的作用，不断提高人力资源质量。新兴产业基本上都是建立在高科技基础上的产业，因此，产业结构变动中新成长起来的产业，首先需要掌握先进科学知识技能的劳动力，不论这些劳动力是新加入到劳动力市场的劳动力流量，还是其他行业转移过来的劳动力存量，都需要通过教育来满足新兴行业对人力资源的需求。在产业结构整体升级的情况下，原有的行业也会因技术和管理的进步而对劳动力提出更高的要求，因此也需要教育和培训来完成这个任务。从劳动密集型产业向物质资本密集型产业过渡，资本有机构成提高，物质资本的使用增加，简单劳动的使用量相应减少，技术工人的使用量增加；从物质资本密集型产业向技术资本密集型产业过渡，物质资本含量逐步减少，技术资本的含量不断增加，对高级人力资源的需要量增加；从技术密集型产业向知识密集型产业转换，人力资源的创新能力是重要的因素。知识作为要素直接投入生产过程，人的创造力和智力在生产过程中直接物化在产品中，形成高额的附加值，人力资源的质量水平是决定这个转化得以成功的

关键，人力资源的开发应着重于人的知识、智力、创新能力的开发。

产业结构的变化，要求人力资源的就业结构及时作出相应的调整。劳动力的就业结构是指劳动力的各产业部门之间的构成。经济发展中各产业间出现收入的相对差异是造成劳动力从第一产业转向第二、第三产业的根本原因。一般来说，从事第二、第三产业所取得的收入较从事第一产业所取得的收入要大得多。当人均收入水平很低时，劳动力多是集中在第一产业，从事第一产业的劳动力若在80%以上，属于最不发达的状态；随着收入水平和经济发展水平的不断提高，从事第一产业劳动力所占比重逐渐下降，若下降到10%以下时，属于最发达的状态。从事第二产业劳动力所占比重的变化，是先随着经济发展水平的提高而不断提高，当经济发展水平提高到一定程度后，又不断降低，劳动力不断向第三产业转移；而从事第三产业劳动力所占比重的变化则呈不断上升的趋势。随着经济的进一步发展，第一产业在国民经济中的比重会更加收缩，但其目前就业的劳动力必须转移到第二、第三产业中去，而第二产业对劳动力的吸收能力比不上第三产业，从目前的情况来看，只能通过城镇化就业和第三产业的发展来吸收充足的人力资源，否则将不可能真正建立起现代化的经济体系。

产业结构的地区性差异，要求重视地区性的人力资源开发和人力资源合理流动机制的构建。从国际上产业结构调整的过程来看，具有产业传递性的特点。从动态上看，由于各地区经济发展水平及所处的阶段不同，各地的产业结构会随着经济的发展而出现传递和变动的情况，从而各地区的产业结构会出现动态的非一致性。因此，一方面，要求各地区根据本地区的产业特点，对人力资源进行统一规划、合理开发，提高质量，使产业发展立足于本地人力资源的基础之上；另一方面，要建立人力资源的合理流动机制，促进人力资源跨地区合理流动，在综合考虑本地的人力资源需求和供给的基础上，合理在全国甚至全球范围内与其他地区进行人力资源开发合作，积极引进高科技人力资源资源，不断提升产业竞争力。

（二）以产业结构调整为导向进行人力资源开发

产业结构对经济发展具有双重作用，既可以极大地促进经济增长，又可能严重地阻碍经济发展。那么怎样才能发挥促进作用、规避阻碍作用呢？唯一的途径就是按照产业结构演变的规律进行产业结构调整。因此，人力资源开发应牢牢抓住产业结构调整的主线。

河南产业结构调整的基本方向是推进产业结构优化升级，形成以高新技术产业为先导、基础产业和制造业为支撑、服务业全面发展的产业格局。优先发展信息产业,在经济和社会领域广泛应用信息技术,积极发展对经济增长有突破性重大带动作用的高新技术产业。用高新技术和先进适用技术改造传统产业,大力振兴装备制造业,继续加强基础设施建设,加快发展现代服务业,提高第三产业在国民经济中的比重。人力资源的开发,应重视与产业结构调整的适配性,应根据产业发展的需要培养专业技术人力资源。根据河南省产业结构调整的方向,当前对第一产业的就业人员应加强培训,提高其素质,同时转移一部分到第二、第三产业中去,尤其是第三产业;第二产业应培养一批高、精、尖人力资源,使该产业进一步优化升级换代;第三产业要培养符合现代服务业要求的人力资源,重点培养信息、通信、金融、保险及法律专业的人力资源。

(三)优化人力资源配置,使现有人力资源发挥最大效用

人力资源的优化配置,就是将优秀的人力资源集中到最有前景的现代产业和行业,加快经济发展方式的转变和自主创新能力提高。广东、上海等省份在行业的自主创新和新兴行业的快速拓展中都非常重视人力资源的配置尤其是科研队伍的快速跟进,从而能迅速抢占行业制高点,带来较高的产出效益。从河南省目前的情况来看,大专及以上文化程度就业者滞留在党政机关和教育行业过多,活跃在二、三产业的过少。这一格局没有做到人尽其才,应通过政策引导,就业机制、工资机制和社会保障机制等全方位调整,鼓励人力资源资源更多流向二、三产业,特别是鼓励人力资源流向基层、农村、企业和艰苦地区等社会最需要的地方,从而加快完成全省人力资源资源配置由传统向现代的转型。另外,还要建立一套人力资源评价、奖励机制。善于发现、培养、宣传高素质、高层次的人力资源,让他们成为新时期河南人的形象代表,起到激励的作用。

二、坚持人力资源优先发展战略

随着经济全球化、知识化趋势的不断加强,人力资源能力建设日益成为现代经济发展的重要因素,人才和人的能力建设在综合国力竞争中越来越具有决定性的意义,人类有着无限的智慧和创造力,这是文明进步不竭的动力源泉。开发人力资源,加强人力资源能力建设,已成为关系当今各国和各地区发展的重大问题。改革开放以来,河南省的经济社会发展取得了巨大成就,但人力资源开发还不适应经济社会发展的要求,与国内外先进水平相比还有很大差距。河南省正在积极实施人才战略,坚持人力资源优先发展战略,大力开发人才资源,全面提高劳动者素质,努力形成人力资源优势,推动全省经济社会的可持续发展。

（一）优先发展教育

人力资源资本的核心是提高人口的质量，而教育投资是人力资源投资的主要部分。人的能力在很大程度上是后天获得的，即通过家庭与学校接受非正式和正式的教育，通过培训、经历以及人力资源市场上的流动而开发出来的。教育是人力资源能力建设的基础，学习是提高人的能力的基本途径。加快教育发展，是把河南巨大人口压力转化为人力资源优势的根本途径。教育为经济社会发展提供了有力的人才支撑和知识贡献，教育的快速发展使河南省人力资源开发水平明显提升。较高素质的劳动力成为吸引外资和产业转移的重要因素，有力地支撑了经济社会的持续快速发展。当前，要全面实施素质教育，加快教育结构调整，促进教育全面协调发展。在具体人才培养方面，要根据经济发展、社会进步和科技进步的发展要求，把培养创新精神，开发创新能力，作为人力资源能力建设的重要任务，积极加以推进。自主创新的实现最终要落脚于人的创新活动之中，要造就一大批创造先进生产力的知识分子群体和拔尖创新人才，培养数以亿计的素质优良的劳动者、数以千万计的高级专门人才，建设规模宏大、结构合理、素质较高的人才队伍，开创人才辈出的良好局面。要下大力气做好人才的培养、吸引和使用工作，建立有效的激励机制和公正公平的竞争秩序，为人才的成长创造良好环境。努力造就一支数量充足、结构合理、素质较高的人才大军，形成人力资源优势，为改革开放和现代化建设提供强大支持。

河南省农业人口占总人口大半部分，农民素质的高低无疑决定了产业结构调整的速度。农民受教育程度的提高，一方面，促使其更新观念、开阔视野，使其更易掌握、运用新型技术，更易获取市场信息，以推进第一产业结构调整和优化升级；另一方面，高素质的农村人力资源无论是进入乡镇企业，还是作为剩余劳动力进入城镇，都能促使第二、第三产业结构更快调整到位。所以，必须加大财政教育投入并改善教育投入结构失衡的状况，加强对农村的教育投入；由于财政资金的有限性，应该拓宽非财政教育投入的渠道，鼓励企、事业单位、社会团体和公民个人投资教育。围绕建设农村劳动力转移就业技能培训示范基地，河南启动了 19 个农村劳动力转移技能培训示范基地建设项目，有效解决农村劳动力转移就业技能培训能力不足、质量不高等问题，使全省农村劳动力转移就业技能培训年培训能力达 200 万人以上。

（二）加强职业教育发展

河南省每万人中拥有的人力资源数和专业技术人数分别为 360 人和 140 人，低于全国 500 人和 220 人的平均水平，分别居全国第 27 位和第 31 位。河南人力资源产业分布来看，2009 年第一产业从业人员数是 2765 万人，占全部从业人员的 46.5%。而在全省 220 万人的专业技术人员中，第一产业却不到 2 万人，所占比例不到 1%。从以上数据可以看出，低素质的农村人力资源过度集中于第一产业。当然，第二产业和第三产业劳动力的素质目前也普遍较低。职业教育是增加劳动者的知识和技能，使潜在的劳动力转变为现实劳动力的有效途径。所以，必须加强河南人力资源尤其是农村人力资源的职业教育，以促进产业的升级和缩小产业结构的偏差。

首先，要调整学校的课程设置。在九年义务教育基础上，可以在农村普通中学增加与现代农业有关的课程，在城镇普通中学开设与现代工业和第三产业相关的课程，而普通高校肩负着为高新技术产业培养大批复合型人力资源的使命，其课程设置更应紧随产业结构的调整而不断调整。此外，还应进行职业学校的课程改革。总之，要使学生所学的知识和技能符合产业结构调整的需要。其次，要提高师资队伍的水平。这里的水平不仅仅指理论水平，更重要的是指实践水平。要拥有大量的双师型教师，以教给学生真正有价值的知识和技能。针对新成长劳动力，实施劳动预备制培训计划，根据产业结构升级、加快城镇化进程和促进青年就业及成才的需要，引导技工院校扩大招生规模，重点对城乡不能继续升学的"两后生"开展劳动预备制培训。同时，积极鼓励当年退役并有就业愿望的退役士兵和有需求的大中专院校毕业生参加相关职业技能培训，提高其就业能力。

（三）创新人才培养机制

经济社会发展呼唤技能人才，也为河南"人力资源素质提升行动计划"的实施带来了契机和广阔发展空间。河南省各级人力资源和社会保障部门需要坚持与时俱进，创造性地开展工作，创新工作机制、培养模式、评价方式、激励办法。一是在创新技能人才培养投入机制方面，要按照"引凤入巢"、"借船行舟"原则，采取通过借款、吸纳企业、个人等社会力量资金参与支持等措施，多方筹措全民技能振兴工程项目资金，提高各类培训机构的培养能力。二是在创新技能人才评价机制方面，河南省进一步突破年龄、资历、身份和比例限制，确定全省各类技能竞赛的优胜者、技术革新、创新带头人和为企业与社会发展带来显著效益的关键岗位首席员工、绝招绝活传承者均可破格晋升技师或高级技师职业资格。同时，改革企业技能人才评价机制，加强农村转移劳动力的技能鉴定等。三是在创新技能人才激励机制方面，要积极开展技能人才表彰奖励活动，对做出突出贡献的高技能人才进行表彰奖励，同时建立河南省优秀农民工奖励制度，纳入政府奖励序列；建立全省创业带头人奖励制度等，促进优秀技能人才脱颖而出。四是在创新急需紧缺高技能人才培养机制方面，要适应产业调整振兴规划和产业集聚区的发展需要，通过支持地方政府购买高技能人才培训成果的办法，促进企业、院校及社会各类培训机构加快培养一批社会紧缺、企业急需的高技能人才，逐步建立政府、企业、劳动者三方共同投入的高技能人才培养机制，加大重点领域急需紧缺高技能人才的培养力度。

（四）确立企业自主创新主体地位

企业是创新成果的主要使用者，因此需要进一步确立企业技术创新的主体地位，建立以企业为主体，市场为导向，产学研结合的创新体系，全面培养创新人才。

加强学企联姻。通过积极采取措施，引导企业加大投资力度，使其成为研究开发投入的主体。加强学企联姻，简单地说就是建立高校和企业的合作关系，例如在高校内成立促进科技成果转化的中介机构，高校向企业提供如技术、培训、咨询、信息、管理等多种形式的服务；组织高新技术企业培养高校在读学生，与在读研究生挂钩，签订毕业后合作、服务、工作的合同等。通过学企双方的合作以加强人力资源、知识、技术、信息的交流，取得"整体大于局部之和"的效果，实现学企"双赢"。通过加强企业研究开发机构建设，加强国家认证企业技术中心、行业工程技术研究中心、博士后科研工作站建设，使企业真正成为技术创新活动的主体。政府要支持大中心企业建立健全技术中心和研究机构，给予相关优惠政策，鼓励优秀企业建立或共建省级或国家级工程技术研究中心或重点实验室。加快建立和完善产学研各方优势互补、风险共担、利益共享、协同发展的良性机制，体生产学合作层次，丰富合作领域，从而在企业和高校形成若干优势学科领域、研究基地和优秀人才队伍。

建立企业内部的学习型组织。必须引导企业把目光放得更远一些，增强自身的风险意识，培养自身的学习兴趣。而培养学习兴趣的关键是要建立教育培训与考核使用相结合的制度，增强职工对企业的依恋感、归属感和忠诚感，坚持通过不断的学习、终身的学习来强化自己的竞争实力。针对企业职工，实施企业职工培训计划，围绕河南产业结构调整和经济发展方式转变的需要，以企业为主体，以市场为导向，以提升岗位职业技能为重点，大力开展企业全员培训，并重点提升一线员工的标准化、规范化生产操作能力、掌握新技能的能力等。

第四节 推动产业结构调整促进人力资源转型升级的对策

劳动者素质偏低和高技能人才紧缺，已成为制约河南经济增长的"瓶颈"，着力提升人力资源素质，培养现代产业急需的技术技能型、复合技能型及知识技能型人才，是建设人力资源强省、化人口压力为发展优势的必由之路。

一、农业结构内部优化促进农业人力资源培养

河南作为传统农区的人口大省，最大的资源是人力资源，关键是要将其转化为人力资本。河南在社会主义新农村建设中，首要的是利用好人力资源这个最大的优势，将人力资源作为社会资源的一部分，和整体的社会资源一起转化为社会资本，从而发挥更大的作用。新农村建设内涵的一个重要机制就是把社会资源启动起来，转化为社会资本，调动方方面面的力量支持农村建设。应把人力资源作为社会资源来开发利用，当务之急是要充分利用人力资源优势，把农村的群众骨干、农民骨干挖掘出来，把农村有利于新农村建设的有利因素挖掘出来。单干的小农很难解决科技投入、水利投入等问题，所以农民需要组织、合作。现实的办法是帮助农民了解合作和互助的好处，探索具体做法，把农村富余的劳动力组织起来。通过劳动力的合作，把人力资源转变为社会资本，从而最终实现小康，全面建设社会主义新农村。

（一）加快农业结构优化升级，大力发展农产品深加工

河南作为传统的农业大省，巩固加强农业基础地位是促进农村经济全面发展的前提。政府要加大对农业的支持力度，保证农业在提高整体素质和效益的基础上持续稳定发展。根据河南实际，应在保持现有粮食生产能力的前提下，以市场为导向，以加快林、牧、渔业发展和大力调整农产品品种结构为重点，继续夯实农业的基础地位。大力发展优质高效经济作物和优质专用粮食作物，调整优化种植业结构。加快发展畜牧养殖业，调整优化农业结构。根据市场需要努力增加适销对路产品的生产，大力发展优质、高效作物品种，建立优质农产品基地，整体提高种植业产品的技术含量和附加价值。抓好畜牧业的品种改良，发展优质高效型畜牧业新品种，要建立优质饲料基地，健全畜牧兽医体系，提高饲养技术和疫

病防治水平，积极扩大畜产品的出口创汇能力。水产养殖业要重点抓好名特优新品种养殖，积极发展高效生态型水产养殖和高科技化工厂养殖，同时大力发展水产品的精加工、深加工和综合利用，努力提高水产品质量和经济效益。此外，加快发展集约化农业、精细农业，增加农业就业岗位，促进农村剩余劳动力在农业内部转移。目前，河南农业正处在调整期，我们应以农业结构调整为契机，通过发展集约化农业、精细农业，增加农业的科技含量、资本含量及劳动密集程度，提高农产品附加值，促进农村剩余劳动力在农业内部就业，是一种成本较低的消化方式。

农业科技是粮食增产的不竭动力，依靠科技进步、不断提高粮食生产的科技含量，是确保粮食稳定生产的关键措施。只有科技投入到位、政策措施得力，才能促进新技术的研发与应用，提升产品的质量与档次，优化企业的产品结构，提升产品附加值，增加产品种类，拉长产业链条，才能提高资源的综合利用效率，促使传统农业大省实现由"卖原料"到"卖产品"的深刻变革。要保证粮食增产的潜力，还需要继续加大农业技术创新和推广力度，不断提高农业单产水平、防灾抗灾能力和粮食加工能力。而要从根本上促进农业稳定发展、保证粮食安全，还必须注重农业生产制度创新和农业科技创新的"双轮驱动"，走规模化、产业化路子。

（二）实施引导农村富余劳动力转移战略

2014 年，河南三次产业结构为 11.9：51.2：36.9，与全国平均水平相比，第一产业比重过高、第三产业比重过低，其中，第一产业高出全国 2.7 个百分点，第二产业高于全国 8.6 个百分点，第三产业比重河南省产业结构需要大力向第三产业转型。另外就业结构偏离产业结构的问题比较突出。按一般规律，GDP 在 2000 美元左右时，其相对应的就业结构大致为 38.1：25.6：36.3，而目前河南人均 GDP 已超越 3000 美元，2009 年，河南三次产业相对应的就业结构为 46.5：28.2：25.4，与三次产业结构错位较大，第三产业就业明显不足。根据区域经济发展的客观规律，产业结构优化的一个必然结果就是实现劳动力在各产业部门之间的转移，最终使产业结构的发展与就业结构相适应。农村富余劳动力转移从形式上看主要有三种：产业转移、区域转移和身份转换。鉴于现有体制和制度因素，对大多数农民来说，在较短时期内要实现从农民到市民角色的转换是非常困难的事情。所以，农村富余劳动力转移概念是指超过农业需要的劳动力向非农业部门实行就地或异地转移，即前两种形式的转移。

河南是一个人口大省和农业大省，具有坚实的人力资源优势和农业基础优势，但同时也制约其产业结构的优化升级和经济发展，实施引导农村剩余劳动力转移是河南经济发展的必然趋势。一是以农业产业结构调整为契机，大力发展精细农业充分发挥河南农村劳动力资源优势，并将现代化信息高新技术与作物栽培管理辅助决策支持技术、农学、农业工程装备技术集成应用于现代农业，大力发展精品水果、优质蔬菜、高营养水稻、瘦肉型猪、优质奶牛等单位附加值高的产品。二是以龙头企业为主导，续推进农业产业化发展为农村劳动力转移提供载体，将农民转移到农产品加工、销售和服务等行业，有利于实现农村劳动力在农业内部的转移。积极引导"双汇"、"三全"、"思念"、"华英"、"大用"、"莲花"等农产品加工龙头企业投资农业，充分发挥龙头企业在经济、科技、信息、人力资源等方面的优势，优化、整合农业资源，发展现代设施农业、优质高效农业、绿色生态农业、旅游观光农业。三是以第三产业为重点，加快农村劳动力向服务业转移。第三产业的持续发展，不仅能够多方面地满足人民生活的需要，而且还能提供广阔的就业门路，并以其特有的服务职能促进第一、第二产业的发展。第三产业比重的逐年提高既能对 GDP 的总体增长产生明显的拉动作用，又能成为吸收劳动力就业的主要渠道积极引导剩余劳动力向第三产业转移，有利于就业结构的改善、产业结构的优化、产业结构与就业结构的协调发展。

（三）引导农村劳动力转移及回流，增强农村自我发展的能力

由于农业比较效益低，在比较利益的推动下，劳动力就不断地从报酬比较低的地方或行业向报酬比较高的城镇和非农产业转移。一方面，外出务工收入主要靠从农业生产部门分离出来而未完全脱离农村的劳动力创造的，他们获得了高于农业生产部门的报酬收入，从而提高了农民的整体收入。打工者带回的收入，对不同地区起着不同的作用。很多贫困地区，是"输出一人，脱贫一户，输出百人，脱贫一村"。对温饱解决的地区，注入了生活消费、盖房建屋、活跃市场、发展经济的资金。多数农民的打工收入成为子女上学、医疗等不可或缺的经济来源。

另一方面，河南作为一个经济大省、农业大省、人口大省以及劳动力资源大省，农村富余劳动力转移的数量、速度、成效，以及农村劳动力就业的多元化程度，对农业发展和新农村建设都有直接和间接的影响。大规模农村劳动者跨区域务工经商，给社会带来更多的是进步，他们以廉价的劳务支援了流入地区的经济建设，并把获取的信息、劳务收入和学到的致富技能带回家乡，有力促进了农村的经济发展。近年来，外出务工人员陆续带着技术、项目、资金返回家乡创业，成为推动地方经济发展的生力军。外出务工人员回乡创业创造了财富，为当地提供了就业岗位，繁荣了地方经济。

回乡创业主要有两种模式：一是依靠技术回乡创业；二是依靠资金回乡创业。回乡创业是回乡创业者对输出地和输入地投资成本和效益比较后的一种理性选择。外出务工人员回乡创业是安排劳动力就地转移，吸引人力资源回归的重要途径，也是劳务输出的最终目的。"回归"工程近年来已成为河南劳务经济的突出特色，但随着劳务经济发展的需要，更需宽松环境建立更为完善的服务机制，积极引导务工人员回乡创业。政府要积极推动以创业带动就业的工作，为回流劳动力创业创造更好的条件。要加快完善支持创业的财税、金融、工商、场地等政策体系，降低进入门槛，改善创业环境。同时强化创业培训，加强创业服务，提高创业的成功性和稳定性。在经济危机背景下，更多农民工回到家乡，政府应把农民工返乡作为调整产业结构、推进经济发展的难得机遇，大力实施承接产业转移、承接农民工返乡就业创业的"双承接"工程，将有力促进工业化、城镇化和城乡一体化发展，因而也将成为推动中部农区崛起，实现城乡协调发展的新的支撑点。

（四）加大农村劳动力技能培训力度

2010 年 7 月，河南总人口达到 1 亿人，其中农村人口超过 6500 万人。随着人口数量的增加，人均耕地的减少，农村存在大量的剩余劳动力，如何安排这些剩余劳动力是河南省面临的一个非常严峻的社会问题。针对这一问题，河南围绕帮助农村劳动者异地流动就业、就地就近就业和返乡创业三个主要就业渠道，组织各类就业服务机构和培训机构，为农村劳动者提供政策咨询、岗位信息、就业服务和技能培训、权益维护等服务，帮助返乡农民工尽快返岗就业和促进农村劳动力实现转移就业。

当前，要加强协调、统筹安排，加大培训力度、扩大培训规模、提高培训质量，通过实施"农村劳动力技能就业计划"、"阳光工程"、"雨露计划"，以及发挥各类社会力量办学机构作用，在搞好引导性短期培训的同时，重点抓好中长期培训，增强贫困农民自我发展能力，提高就业率，稳定就业收入，促进脱贫致富。围绕农村经济发展和新农村建设的需要，结合国家在农业领域和农村地区实施的工程项目，大力开展农村劳动力就地就近转移就业培训、农村带头人培训，引导农民转变就业观念，重点开展高技能工种人力资源培训，积极开展农村产业技能人力资源培训。要深入开展技能培训对接活动，利用农民工返乡和农闲时机，充分调动各级各类培训机构的积极性，分类别、分专业对农村劳动力开展集中短期职业技能培训，提高其技能水平和就业竞争能力。要大力开展特色劳务培训，结合当地劳务输出特色，有计划、有组织地对外出务工人员开展专业化、特色化培训，打造河南在全国乃至国外有竞争力的劳务品牌，推动河南劳务经济上规模、上水平。要着力通过推进农民工和技能人力资源职称评定工作，提高农民工创新积极性。人力资源社会保障部门要积极探索农村实用人力资源和高技能人力资源评定专业技术职务、职称的机制，在农业、机械、电气、建设、交通等领域开展农民和技术工人职称评定，开辟技能人力资源成长空间。统筹高技能人力资源、农村实用人力资源与高层次专家选拔培养，可推荐特别优秀和做出突出贡献的高技能人力资源、农村实用人力资源参加国务院特殊津贴专家、河南省优秀专家的评选。同时，开展省职业教育教学专家的评选工作，探索建立相应的表彰机制。

二、工业产业高端化升级，促进人力资源的"深加工"

河南基础工业特别是能源依赖性的加工、供热部门以及化工工业，对全省的产业发展有着重要的作用，同时，基础产业的现代化改造对整个产业结构的优化至关重要。然而，基础产业长期投入不足、增长无力，一直是制约河南经济增长的"瓶颈"，成为产业结构调整的薄弱环节。这种状态，大大降低了产业结构的配置效率，也阻碍了产业结构的高级化，不利于经济整体素质的提高。因此，产业结构优化的关键当从基础做起，努力打开基础产业的"瓶颈"，加强对基础产业的高技术改造和投资力度，为国民经济营造一个良好的运行环境。近年来，河南省六大支柱产业（能源、机械、纺织、食品、矿物开采及加工和化工）发展迅速，对全省经济的快速增长发挥了重要的支撑和拉动作用。但是，从支柱产业的产业结构上看，原材料、初级加工工业比重大，产业链条短，拉动经济增长主要靠煤炭、电力、建材等能源和原材料工业，高新技术产业占全部工业的比重较低。因此，在产业结构中要以支柱产业为突破口，大力发展支柱产业。对于那些市场前景好的支柱产业加大投资力度，对那些虽然优势明显但技术落后的传统支柱产业（如煤炭）加大科技投入，提高这些产业产品的技术含量和附加值，促进这些产业技术升级。培育和壮大主导产业，坚持工业结构战略性调整，发挥产业特色优势。

要加快河南的工业化进程，必须培育和壮大主导产业，着力发展特色经济，寻求新的增长空间，加快产业结构升级。走新型工业化道路，必须合理整合劳动力、资金、技术等资源，充分发挥人力资源优势，大力发展劳动密集型产业。要为劳动密集型企业，主要是非公企业和中小企业，提供自由贸易和公平竞争的环境，在税收、审批和管理制度上进一步放宽限制。要制定符合企业实际的法规和政策，颁布有关行业的技术标准，发布行业发展趋势信息，引导劳动密集型企业及时进入或退出有关市场和领域，加强对劳动密集型企业的资金支持，促进劳动密集型企业的发展。

（一）优化传统工业结构，加快工业结构调整优化升级

金融危机给河南工业结构调整提供了一次大好时机。新时期河南工业结构调整和优化升级的目标就是全面构建河南现代工业体系，这就要大力促进资源依赖型、初加工型产业向资源节约型、深加工型产业转型升级，从初级加工为主向深加工和精加工转变升级，从单层次加工生产向循环经济产业链多层次加工转变升级，从低技术含量、低附加值产品向高技术含量、高附加值产品转变升级，从高消耗、高排污向低消耗、低排污转变升级，推动河南省经济发展方式的根本性转变。重点是适当控制采掘工业和以此为基础的原材料工业的规模，加快发展加工工业，提高加工深度，增加加工工业比重，大力发展高新技术产业，尤其要加快电子科技企业等信息产业的发展，加大用信息化技术改造传统产业的步伐。充分发挥农产品资源丰富、劳动力源富裕、交通四通八达的优势，培育壮大优势产业、积极改造提升传统产业；培育兴先导产业，发展高新技术产业；大力发展产业集群，建设新型产业带，走新型工业道路，实现河南工业结构的优化升级。

对于传统的优势产业需要综合比较，有发展前景的或者在全国范围占有优势仍然需要重点扶持，否则就要忍痛进行调整和整改。如有色金属中的铝工业已成为河南省名副其实的支柱产业，中铝河南分公司已成为亚洲最大的氧化铝厂。河南已成为中国乃至全球最大的氧化铝现货买方市场，亚洲最大的电解铝生产地，河南铝工业的一举一动被业界看作中国铝工业的"晴雨表"。因此对于该产业仍然需要加大科研投资，促使其进一步发展。河南省食品工业名优企业已经达到数十家，形成了"思念"、"三全"等有影响的国内知名品牌。汽车工业发展迅速，近年来，涌现出了宇通、少林等一批名优企业。

在区域内中循环层面，河南需要积极完善工业链条。全省第二产业中煤、电、铝关联度较高、资源优势明显，汽车工业有一定规模，装备制造业、纺织业、化工有一定基础，食品有潜在的市场，电子信息、生物医药有良好前景。今后对于传统优势行业（主导产业或支柱产业）如有色金属、煤、电等行业技术创新重点放在降低能耗上来，走低投入高产出，低消耗无污染，可持续发展的道路，提高能源利用效率，降低污染排放。同时，有选择地积极推进重点行业技术创新体系建设，2007 年河南选定六大主导产业领域，以支撑投资增长，包括电力、冶金、建材、化工、汽车及零部件、轻工。对于这些重点产业，每个行业至少建设一个面向行业服务的国家或省级以上企业技术中心或工程技术研究中心，攻克、解决一些制约行业发展的关键技术，开发一批具有自主知识产权的行业领先水平的新产品，增强行业发展后劲。把这些传统支柱产业做强、做大，扩大市场占有率，形成自我强化效应以带动其他工业共同发展。

（二）加大优势产业集群，提升自主创新能力

近年来，河南产业集群发展迅速，对经济增长的拉动作用日益凸显，成为推动区域经济发展的重要力量之一。河南产业集群内部企业产业链不完整，上下游企业衔接不紧密。全省大部分地区产业集群的核心产业不完整、产业链条过短，供应链的各个环节衔接不紧密，产品生产配套能力不强，产业集中度较低，市场销售较为分散，主导产业和名牌产品较少，上下游和外围服务企业配套不紧密，整体市场竞争优势不突出。而且，企业之间行业关联度不高，群内企业之间的创新与合作意识淡漠。产业集群文化层次较低，信用状况较差，违约现象屡见不鲜。产业氛围淡薄，企业家精神缺乏，知识共享和相互学习的机制不健全。特色产业是一个地区长期发展形成的具有一定比较优势的产业，产业集群的发展也往往得益于特色产业。因此，要结合河南省实际，选择最具本地比较优势的产业和产业集群加以重点发展，尽快形成竞争优势。根据当前实际，河南省应重点发展农副食品加工业、煤炭开采和洗选业、金属矿采选业、食品制造业等产业的集群。以这些优势产业为带动力量，加大创新，提升自主创新能力。通过重视培育和提高产业集群的自主创新能力，在各种产业集群中主动引入自主创新机制，大力提高原始创新能力、关键技术创新能力和系统集成能力，尽快拥有大批的专有技术和大批的自主知识产权，使其在国内外产业分工和经济发展格局中占据战略制高点。为此，必须切实做好以下几个方面工作：一是必须加快以产业集群为主体的技术创新体系建设；二是必须坚持先进技术引进和消化、吸收、创新相结合；三是必须制定和进一步完善鼓励自主创新的各种政策；四是必须大力发展具有核心竞争力的优势产品和品牌。

要重视国内外优秀人力资源的引入，吸引留学归国人员进行创业投资是促进自主创新的重要动力之一，因为留学归国人员经过国外一段时间的学习和工作，掌握了最新的技术、信息以及先进的管理经验，在他们中间可以诞生一大批具有创新能力而且思维具有前瞻性的企业家，他们的存在会使高新技术企业的技术创新能力、管理水平再上一个台阶。另外，政府还应该采取一些有针对性的政策措施，吸引国内其他地方的优势人力资源，提升自主创新的人力资源基础条件。

要通过大力培育以大学科技园为核心的集群模式，促进产、学、研紧密结合，加速集群产品产业化。增强企业技术创新能力，引导企业加大技术改造投入，积极引进国际先进设备，淘汰落后设备；积极跟踪世界先进技术，不断提高产业技术水平。同时，企业要充分利用当地研究机构和企业研发力量，发挥当地的专业性人力资本的优势，加强自主创新，掌握产业核心技术，发展技术含量高的新兴产业，使企业群获得技术含量的提升，把产业集群不仅建成产品加工基地，更要建成产品创新基地。

（三）适当接收劳动密集型产业转移，促进就业

产业转移是指资源禀赋结构或市场需求环境发生变化后，某些产业从一个地区或国家转移到另一地区或国家的一种经济过程、常常表现为同属于某一产业或若干产业的多数企业通过空间转换，寻求利益最大化的意愿和行为。经济要素的趋利性（具体表现为市场的扩大，成本的最小化，收益最大化）使得区际产业转移成为经济发展过程中的一种必然现象。区际产业转移的基础是地区之间存在的产业梯度，我国与发达国家和地区之间，国内东、中、西部三大经济区域之间都客观存在产业梯度差异。产业的适时转移不仅是高梯度发达地区产业结构调整、产业升级的需要，而且随着资金、技术等生产要素的转移，也促进了后进地区产业结构升级，增加就业机会，提高人民收入，加快经济发展，特别是后进地区如果能够适时合理地承接符合自身发展的相关产业，充分发挥后发优势，将为本地区经济起飞和实现跨越式发展创造契机和条件。

河南作为中部地区人口大省和农业大省，经过近年的加快发展已经成为经济大省和新兴工业大省，但产业层次较低，就业压力较大，人民生活水平不高，加快发展特别是实现跨越式发展的任务十分繁重，因此，积极承接国际和发达地区产业转移对河南来说具有尤为重要的意义。为解决众多劳动力的就业问题，发展劳动密集型产业在比较长的时期内仍要作为发展的重点之一，应积极地承接东部地区转移出的劳动密集型产业。

粮食加工业、畜禽加工业、铝工业是河南的优势产业，河南要下工夫把这些产业搞好把这些产业作为优势主导产业的作用充分发挥出来，为承接产业转移奠定产业基础。同时，承接产业转移从配套入手，围绕优势产业的主导产品及其上下游产品来承接产业转移，扩展产业链、延长产业链、完善产业链。以经济发展与环境保护并重为指导，因地制宜，因时制宜，选择产业转移项目。近年来，河南大力实施产业集聚区建设工程，出台并实施了一系列加快产业集聚区发展的扶持政策，加快基础设施和配套服务设施建设，为产业转移创造了条件。

　　当然，在承接产业转移时要"有所为有所不为"，首先，要通过政策导向，在承接发达地区的产业转移时防止简单的、低层次的转移，不能因单纯追求短时间的经济利益而饥不择食，盲目引进污染严重的企业。其次，对于有污染但不得不发展的产业，承接同时应加快技术进步和设备更新的步伐，将负效应降低到最低限度。再次，在承接以优势资源为依托的产业时，应改变某些不适当的开发方式，提高资源的综合利用率。

三、加快服务业发展，优化人力资源发展环境

　　服务业由于就业范围广泛，就业门槛相对较低，比较适合河南人口多、人力资源素质整体不高的实际情况。大力发展服务业，有利于广大得不到充分利用的农业从业人员转移出来，有利于河南城镇化、现代化的发展，也符合社会经济发展的规律。当前，河南第三产业的发展水平还比较低，其中两个重要原因是市场需求分析不足和城市化水平低。为此，要坚持市场导向，加强对市场的分析和预测。同时，要采取适当和强有力措施促进河南城市化进程。既要围绕经济和社会发展的需求，大力发展传统服务业；还要不断调整服务业的结构，提升服务业的水平和档次，大力发展现代服务业。

　　服务业的优化升级发展，应从实际出发，以优化结构、拓展领域、扩大总量、提高层次为重点，在继续搞好商品流通、交通运输、邮电通信、房地产、餐饮娱乐、仓储服务等传统产业升级换代的同时，重点发展与现代制造业紧密相关的新兴生产性服务业。一要尽快制定、完善相关政策法规，放开生产性服务业投资领域，加速市场化进程，大力发展资本服务、会计服务、信息服务、经营服务、技术研发、人力资源、法律服务七大类为代表的生产性服务业，培育服务外包提供商龙头企业与品牌，构筑与先进制造业紧密融合的完整产业链条，推动河南先进制造业与现代服务业的共赢发展。二要以河南承东启西、连接南北的区位优势和铁路、公路、航空、水运、管道等相结合的综合交通运输体系为依托，加快郑州中原国际物流园区重大物流工程建设，形成以郑州为中心，以开封、洛阳、安阳、鹤壁等城市为支点现代物流网络体系。三要大力发展旅游业，实施精品名牌战略，着力打造嵩山少林寺、龙门石窟、安阳殷墟、开封宋都古城、云台山、宝天曼等特色文化旅游景区和白云山、龙峪湾、石人山、鸡公山、云梦山、嶂峡山等特色生态旅游景区，推动生态旅游与文化旅游的融合。

　　河南服务业内部结构也亟待加快优化升级的步伐。加快发展知识型服务业或"生产型"服务业，致力于服务业的结构升级和增强服务业的竞争力，作为调整

产业结构的突破口。要从转变经济增长方式和进一步增强国际竞争力的高度，明确服务业发展在今后时期的战略定位，制定现代服务业的发展规划。要把握住服务业国际转移的新机遇，将我国"入世"承诺开放服务贸易作为发展现代服务业的加速器，把承接服务业转移作为对外开放政策的重要内容，消除服务业当中仍大量存在的政策障碍和体制障碍，宽领域地开放服务业市场，进一步推进事业单位改革，积极发展非公有制服务企业。

四、大力发展高新技术产业，培养创新型人力资源

当前，高技术产业已经成为影响世界经济、政治格局变化的重要因素，是世界大国争夺的战略制高点。大力发展高新技术产业，不仅能吸引高层次人力资源，带动人力资源整体素质的提高，而且能为高层次人力资源的成长创造一个好的平台。从河南省产业结构的现状来看，产业的加工度低、产业链条短、产业的附加价值不高等都暴露出技术平低是河南省产业结构不合理和产业结构处于低水平的关键制约因素。因此，大力发展高新技术业，推动技术进步，是实现产业结构调整和升级的战略选择。

高新技术产业是国民经济和社会发展的战略性、先导性产业。作为核心竞争力和综合国力的集中体现，高新技术产业已成为跨世纪竞争的制高点和经济增长及社会进步的主要推动力。新中国成立以来，尤其是近年来，河南省不失时机地大力发展以电子信息、生物医药、新材料和新能源为重点的高新技术产业，这些战略性新兴产业发展的提速，对河南经济发展的贡献更加突出，成为未来推动河南实现可持续发展的重要后续支撑产业。

(一) 河南高新技术产业及人力资源状况

总体来看，高新技术产业总量较快增长，高新技术产业集聚效应初步显现，高新区发展速度加快，高新技术企业队伍不断壮大，重大高新技术成果不断涌现，企业创新能力进一步提高，产业规模稳步扩大。目前，已培育了以电子信息、生物医药和新材料为代表的郑州高技术产业基地，以电子信息材料和先进制造业为代表的洛阳高新技术产业基地，以新乡、洛阳、安阳为代表的电源产业和光伏产业，安阳、南阳、鹤壁电子元器件产业基地，以生物医药为代表的新乡高技术产业基地，等等。优势领域初步形成，整体竞争力不断提升。河南已成为全国重要的彩电玻壳、新型电池、血液制品、抗生素原料药和超硬材料生产基地。超硬材料、高档耐火材料和新型电源材料领域，分别占全国市场份额的50%、30%和15%以上。"十一五"以来，在重大疾病防治疫苗、新药、下一代互联网

核心路由器、超高压继电保护装置、数控机床、高精度铝材、食品安全、大豆纤维、生物技术育种等领域，河南实现了关键技术突破，科技支撑发展的能力进一步增强。

"十一五"期间，河南大力实施人力资源强省战略，围绕培养、吸引、使用人力资源三个关键环节，不断完善政策，创新工作机制，全面加强人力资源队伍建设。2014 年，全年研究与试验发展（R&D）人员 23 万人，经费支出 400 亿元，比上年增长 12%。年末拥有省级以上企业技术中心 1021 个，其中国家级 74 个；国家工程技术研究中心 10 个，省级工程技术研究中心 779 个；省重点实验室 89 个。年末共有国家级创新型试点企业 18 家，省级创新型试点企业 424 家。全年共取得省级重大科技专项 40 项，获得国家科技奖励 19 项，省级科技进步奖 346 项；申请专利 62434 件，授权专利 333666 件，分别增长 11.6% 和 13.2%；签订技术合同 2958 项，成交金额 41.64 亿元。

但与此同时，河南高新技术产业人力资源支撑体系仍存在一些突出的矛盾和问题：

一是在吸引人力资源方面政策措施相对滞后。河南地处内陆，社会经济发展相对落后，对于人力资源尤其是高新技术人力资源的吸引力与沿海城市相比是很弱的。而政府在吸引人力资源方面的政策也远远落后于沿海城市。比如在几年前沿海城市引进高新技术人力资源高学历人力资源时，所给的费用和现在河南省所给的费用一样，这是资金方面；还有政府的人事官方网站对于河南吸引人力资源的优惠政策对外宣传的力度不够。

二是高新技术产业从业人员中科技人员占比例过小。目前河南省高新技术产业从业人数 23 万人，其中科技人员仅为 7.6 万人。河南省共有大、中型高新技术企业 1000 多家，但占总数 35% 左右的企业没有技术开发机构或科研机构，企业的开发机构不健全。此外，企业从事研究开发的科技人员比例小，企业科研人员只占企业从业人员总数的 5% 左右，而在发达国家或我国沿海发达地区，这一比例在 10%~20%。

三是科技人力资源流失导致科技成果流失。近年来，河南高新技术人力资源流失，带来高新技术成果的流失。人力资源流失的外部原因是其他企业提供的优厚条件，工资高、保险福利好、能看见自己发展的机会；内部因素是企业奖励、分配不合理、承诺不对现，缺乏有效的激励机制，管理制度不健全，没有营造拴心留人的环境，没有精神方面的凝聚力。资金投入不足，这里的资金包括科研费用、培养科技专业人力资源的费用以及引进人力资源所用的费用，河南省在这方面投入都很有限，使得一些人力资源流失。

（二）创建良好的企业创新氛围，培养创新型人才

企业是自主创新的主体，因此需要充分发挥企业的技术创新作用，尤其要培养企业家的创新意识，构建良好的创新环境。企业需要增强创新主体意识，加强创新能力建设，强化创新激励机制，培育企业创新文化，整合利用外部技术资源。对企业而言，创新不仅意味着大量投入，而且要承受巨大风险。各级政府要加强创新制度建设和营造良好的财税、金融政策环境，为企业技术创新提供有效的制度基础和激励机制，以此来激发企业自主创新的积极性。企业自身也需要学习创新的意义，培养员工的创新热情，鼓励内部员工创新和创业，营造企业创新环境。对于员工创新项目和创新成果进行奖励，并为其提供良好的内部创业环境，鼓励员工将创新成果转化为商业应用。同时，应注重员工培训和轮岗，促进他们对各部门的了解，加强沟通，提高自主创新的成功率。

在良好的工作氛围下，人们思想活跃，创新思想产生得多而快。良好的创新氛围培养要注意以下几点：一是要培养员工主人翁精神，使其与企业共荣衰。很多企业通过员工持股计划使员工与企业共同成长，员工具有更强的责任意识。二是要树立崇高的企业目标，使企业成员在更高的层次上达成一致，为创新提供一个强大而恒久的动力源。三是建立宽松方便的沟通环境，尤其是非正式沟通和跨部门、跨级别沟通。企业成员中大量的信息以及各种思想的碰撞，是产生创新意识的条件和重要手段，而人与人中有效的沟通特别是强烈的非正式沟通尤其能产生创新意识。跨部门、跨级别的沟通可以提高创新的成功率，使创新者考虑更全面，从而规避很多风险。

此外，有条件的企业可以实施期股、期权激励和创新型员工持股计划等。与此同时，企业要更注重对职工精神上的激励。要在高层次人力资源和特殊人力资源的工资收入分配中逐步引入市场机制。对重点项目的基础研究人力资源、高科技人力资源和尖端技术研究等特殊人力资源，要实行待遇优惠政策，对到特殊岗位工作的人员在工资政策上要给予适当的倾斜。

（三）构建促进高新技术产业发展的人力资源支撑体系

建立合理机制多渠道吸引各类人才。正确发挥政府的主导作用，打破现存的不适应高新技术产业发展的一切障碍，拆除人力资源流动的"围墙"。河南省在引进高层次和紧缺人力资源上，采取团队引进、核心人力资源带动引进等方式，方式不够灵活。昆明在20世纪90年代末就赴京、津、沪，赴美国招聘高级人力资源，积极参加国家、省市政府组织的各类国内外人力资源招聘活动，利用一切

机会把急需人力资源招聘进来。因此，河南不仅要吸引高级人力资源来参加竞聘，还要积极主动的实施"走出去"战略去寻求所需的高级人才。

为高新技术产业从业人员创造良好环境。目前，河南省有"中国河南留学人员创业园"和"郑州留学人员创业园"两个留学生创业园，在吸引海外人力资源方面发挥了重要作用。通过创造良好的科研、工作和生活条件，吸引国内、外科技人力资源来河南工作，创办留学生创业园，以优惠政策吸引海外学子来河南创办高新技术企业，鼓励海外专家留学人员来河南从事高新技术产品开发、生产。

建立完善人力资源竞争机制和激励机制。积极推行分配结构和分配方式改革，用股权、期权等手段留住一批一流的人力资源和关键人力资源，充分发挥每个科技人力资源的作用，只有这样才能使高新技术企业快速发展。要继续发挥各类科技基金的作用，更好地促进人力资源的引进、培养和使用。要创新人力资源培养机制，改进和完善职称制度、政府特殊津贴制度、省优秀专家制度、省学术技术带头人制度，进一步形成培养选拔创新型人力资源的机制。

做好科技人力资源队伍的培养工作。要依托重大科研和建设项目、重点学科和科研基地，加大学科带头人、创新团队、人力资源梯队的培养力度，注重发现和培养一批科技领军人力资源。要紧紧抓住培养、引进、使用三个环节，着力聚集一批取得重大科学成就的国内外知名学者，培养一支促进产业结构调整和优化升级的先进适用技术人力资源队伍，建设规模宏大、结构合理、素质较高的人力资源梯队。

第七章　创新型人才与建设
人力资源强省

人才资源是发展的根本性资源，加快培养创新型人才是河南建设人力资源强省的核心要求。近年来，虽然全省人才工作取得了显著成绩，但与经济社会发展的需要还有很大差距，人才特别是高层次人才、精尖人才的数量和整体质量以及引进人才、留住人才的条件和体制机制，都与发达地区相比还有很大差距。面对新形势、新任务，面对全省人才队伍建设的现状，要缩小差距，在较短的时间里使全省人才工作取得突破性进展，就必须坚持以改革创新精神来推进全省人才工作。要紧紧围绕解决影响和制约全省人才队伍建设的突出问题，坚持解放思想、实事求是、与时俱进的思想路线，推进全省人才队伍建设的观念创新、方式创新、机制创新，大力营造人才充分涌现、才智充分涌流、才华充分施展的良好环境。

第一节　创新型人才是建设人力资源强省的关键

当今世界，国家实力的竞争力其实就是人才实力的竞争。小康大业，人才为本。建设人力资源强省是河南作出的一项极富战略眼光的重大决策，对加快河南经济结构的优化升级，实现全省经济新一轮的腾飞，具有决定性的意义。而大力集聚和培养创新型人才，则是建设人力资源强省的重中之重。

一、创新型人才的内涵

关于创新型人才的含义，国内外学者各有不同的看法。日本学者恩田彰指出，创新型人才就是能够构思和创造有价值的东西，具备创造能力的人。美国心理学家吉尔福特则认为，创新型人才就是人体才智体现为发展的完整性、健全性与非压抑性的优秀人才。从国内研究看，钟秉林认为创新型人才是具有创新精神、创新意识、创新思维、创新能力并且能够取得创新成果的人才。张信刚认为创新型人才必须是发现了别人所没有发现的自然规律或社会规律，或者是利用原有的技术进行新的组合和应用。纪宝成则认为，"创新"的内涵应该大大拓展，即人们在实践中通过研究事物的新过程、新本质、新规律而得出新认识，并且依靠新认识来发明新的实用技术或者新的实践方法，来创造新的事物或开拓新的局面的过程。创新最重要的特征就是创造性思维。创新并非高不可攀、神秘莫测，更不只是少数精英的专利，从理论上讲，人人皆可以创新、创造，要以更加开阔的视野认识创新人才的内在含义。不论从事任何工作，只要能够创造性地开展工作，创造性地解决问题，开拓工作新局面的人才，都是创新型人才。

总之，通过以上的论述，可以把创新型人才定义为具有创新意识、创新思维、创新能力、创新品质，并取得创新成果的人。

二、创新型人才应具备的素质

创新是人的一种素质和品质，是主客体之间一种对象性的活动，其结果是新思想、新技术、新产品的问世。创新意味着突破，象征着革新，标志着进步。因此，创新型人才有其独特的品质。

1996 年，世界 21 世纪教育委员会提出了创新型人才的 7 条标准：第一，有积极进取开拓精神；第二，有崇高的道德品质和对人类的责任感；第三，在急剧变化的竞争中，有较强的适应能力和创造能力；第四，有宽厚扎实的基础知识，有广泛联系实际和解决实际问题的能力；第五，有终身学习的本领，适应科学技术综合化的发展趋势；第六，有丰富多彩的个性；第七，具有和他人协调及进行国际交往的能力。朱清时认为，创新型人才应具备四大素质：好奇心和兴趣；品位、直觉和洞察力；勤奋刻苦和集中注意的能力；人文素质和文化传统。王英杰、刘宝存指出创新型人才应具备以下智能和非智能的基本特征：①具有宽厚的文化积淀和人文精神；②健康的心理，强健的体魄；③富于探索精神和探究能力，旺盛的求知欲，强烈的好奇心；④清晰的思维，很强的判断力和敏捷性；⑤丰富多样的实践经验和团队合作意识；⑥扎实的科技创新和解决实际问题的能力。

因此，创新型人才应该是包含有创新意识、创新能力和创新人格三方面素质的人才。创新人格指的是敢于冒险、大胆怀疑、具有个性、具有责任感、具有合作精神、会不断自主学习的人格。创新型人才应当具备创造性、个性、自主学习的意识和能力，具有沟通能力、合作能力；勇于冒险，能够跳出框框想问题，不断提出新点子，突破已有假设和"瓶颈"。即创新型人才应当在知识、能力、人格三方面协调地发展。

三、创新型人才是河南建设人力资源强省的关键

国以才兴，业以才旺。人才的质量、数量、结构和作用的发挥，关乎国家、地区和企事业的发展，关乎河南省全面建设人力资源强省的奋斗目标。从2003年发布的"十五"规划首次将人才战略确立为国家战略，到2010年《国家中长期人才发展规划纲要（2010~2020年)》的发布，"创新型人才"已然成为全社会广泛关注和热议的高频词。按照"十二五"规划，加快发展方式转变，我们需要更多的创新型人才。

（一）建设人力资源强省需要创新型人才

建设人力资源强省的目的就是要加快调整全省的产业结构、转变经济发展方式，把过去主要依靠物质资本投入的粗放型增长，转到依靠科技进步，依靠人力资本，加快实施人才强省战略上来。而自主创新能力是调整产业结构、转变经济发展方式的中心环节，因此需要提高河南人力资源的创新能力。

全球化的今天，人类社会正经历着深刻的变革，经济的发展已经转变成主要以知识经济发展为主的时代，而知识经济时代最需要的就是创新型人才。因为没有创新型人才，就没有知识的创新与应用，也就没有经济效益和社会财富的创造。创新型人才是发展科学技术的基础，是提高国际竞争力的关键。当今世界，谁拥有人力资源优势，特别是创新型人才优势，谁就拥有了综合的竞争优势。创新型人才，特别是创新型科技人才，对于推动河南经济社会全面协调可持续发展具有重要而深远的作用。建设人力资源强省，实现河南跨越式发展，必须有创新型人才做保证。

（二）建设人力资源强省需要培养创新型人才

人力资源强省的一个重要指标就是要有大量的质量优等的人力资源。人力资源有层次之分，低层次的人力资源主要是体力劳动者，掌握一些最基本的知识和技能就能完成工作任务；中层次的人力资源主要是大学毕业生和技能型员工，掌握较多的知识、具备较强的理解和接受能力，能够完成既定的、规范性的任务；高层次的人力资源则指创新型人才，不但掌握丰富的知识和技能，而且能够创造性地应用和发挥，超额高效地完成任务。建设人力资源强省就要尽量多地培养中高层次的人力资源，特别是创新型人才。

近年来，河南对人才工作做出了一系列重大部署，在实施人才强省战略方面进行了积极有益的探索，并取得了一定成效。2010 年研究与试验发展（R&D）人员 14.5 万人，经费支出 220 亿元，比上年增长 25.9%。年末拥有科学研究与技术开发机构 1900 个；国家工程技术研究中心 9 个，省工程技术研究中心 330 个；国家工程中心 2 个；国家级企业技术中心 44 个，省级企业技术中心 630 个，省重点实验室 75 个。年末共有国家级创新型试点企业 16 家，省级创新型试点企业 173 家。全年共取得重大科技专项 18 项，国家科技进步奖 22 项，省级科技进步奖 349 项；申请专利 25149 件，授权专利 16539 件，分别增长 28.4% 和 44.7%；签订技术合同 4617 项，成交金额 27.69 亿元。经过几年的努力，人才资源强省战略的实施以及党管人才原则的贯彻，使河南人才工作进入了一个新的发展阶段，政策法制环境、工作创业环境、生活学习环境和人际学术环境正在形成，尤其是围绕中原经济区战略的实施，大力促进了区域人才的开发和合作。

但相对于人力资源总量而言，全省科技人才的相对数量还明显不足，高层次人才匮乏，科技成果的整体水平还不高，产业研发仍比较薄弱，人才流失比较严重，高层次人才引进困难，适应市场经济的人才制度尚未完全建立。全国第六次人口普查显示，河南常住人口 9402 万人，如果加上流动人口河南省仍是全国第一人口大省。如何把河南巨大的人口包袱转变为人才优势，特别是创新型人才优势，是河南建设人力资源强省最重要的一项任务。因此，培养造就大批创新型人才是河南建设人力资源强省的一项重要而紧迫的任务。

第二节 创新型人才培养途径

新型人才的培养是建设人才强省的关键，是实施人力资源强省战略的重要内容。创新型人才的培养，有其内在的规律。只有准确把握创新型人才培养的规律性特征，才能选准创新型人才培养路径。

一、创新型人才的发展规律

（一）要尊重创新型人才成才规律

第一，创新型人才的培养需要贯穿于教育的全过程。虽然大学阶段对于创新人才的培养是非常关键的，起着某种决定性的作用，但是创新型人才培养绝不只是大学阶段的事情，也不能从大学阶段才开始培养。幼儿园、小学、中学和大学在培养创新型人才方面都肩负着重要的责任，发挥着积极的作用。特别是随着时代的发展，基础教育阶段对于创新型人才培养的重要性日益增强，国务委员刘延东曾指出：当前创新型人才培养的竞争已经前移到基础教育领域。许多国家尤其是发达国家，都纷纷把改革基础教育课程教材作为增强国力、积蓄未来国际竞争力战略措施。《国家中长期教育改革和发展规划纲要（2010~2020年）》也明确指出，高中阶段教育是学生个性形成、自主发展的关键时期，对提高国民素质和培养创新人才具有特殊意义；还明确要求普通高中要"推进培养模式多样化，满足不同潜质学生的发展需要。探索发现和培养创新人才的途径"。

第二，创新型人才培养是需要学校、社会和政府共同努力的系统工程。培养创新人才不是一蹴而就的，而是一个循序渐进的、具有长期性和复杂性的系统工程。经过小学一直到大学的教育，也只为培养和造就创新型人才打下了基础，大学毕业生只是创新型人才的"毛坯"，真正成为创新型人才还要有赖于社会环境有利于他们在生产和社会实践中去运用创造性思维、发挥创造力，锻造成为创新型人才。因此，在全社会形成一种有利于创新型人才成长成才的价值导向、社会氛围和制度环境，对于培养创新型人才非常重要。如果社会中物欲横流，金钱至上的氛围很浓而缺少崇尚学术、追求真理的氛围，人们都乐于挤向见效快、薪酬好的热门专业和工作领域，而将所谓的冷门学科和基础研究冷落一边；如果社会中急功近利，浮躁虚进，而缺乏板凳甘坐十年冷、实事求是、潜心钻研的科学精神和自主创新的志气；如果社会中"官本位"思想严重，仅仅以行政级别衡量人才的价值，而缺少多元化的评价标准和用人机制；如果社会中法制缺失，道德丧失，不能保护创造发明的专利等知识产权，而致抄袭、剽窃、仿冒盛行等，这样的社会环境和社会氛围是很难利于创新型人才的成长成才的。要想为创新型人才创造丰厚的土壤，搭建宽广的舞台，就必须在体制、机制和社会环境上下工夫，真正形成尊重劳动、尊重知识、尊重人才、尊重创造的社会氛围；营造鼓励人才能干事、敢干事、干成事的社会环境。形成有利于创新人才学有所用、脱颖而出、人尽其才的体制机制，包括薪酬体系、用人机制、评价制度、激励机制等。只有这样，才能真正发挥创新型人才的主动性、积极性和创造性，激发他们创新的潜能和激情。

（二）要建立科学的创新型人才选拔机制

选拔和培养创新型人才，在任何一个教育阶段都不能忽视。联合国教科文组织在《学会生存》的报告中就提出了令人深思的警告：教育具有开发创造精神和窒息创造精神的双重力量。选拔机制就是这样一种具有"双刃剑"性质的力量。如果选拔机制不全面、不科学，就很可能压抑学生的创造性思维，从而阻碍创新人才的培养。选拔机制最主要的包括两个方面：评价制度和考试制度。现有的评价制度和考试制度过于整齐划一，单调粗糙，形式重于内容。在教育领域最集中的表现恐怕就是高考制度日益强调分数至上、分数绝对化，分数成了学生的"命根儿"。这表面上看似是公平的，实际上隐藏着深层次的不公平，因为它完全抹杀了分数的科目结构差别，抹杀了学生在操行品德、社会活动、兴趣特长等综合素质的差别。因此，建立科学的创新人才选拔机制，教育系统当前最急迫的就是科学地进行高考招生制度改革。"纲要"明确提出，要以考试招生制度改革为突破口，克服"一考定终身"的弊端，推进素质教育实施和创新人才培养。按照有利于科学选拔人才、促进学生健康发展、维护社会公平的原则，探索招生与考试相对分离的办法，政府宏观管理。专业机构组织实施，学校依法自主招生，学生多次选择，逐步形成分类考试、综合评价、多元录取的考试招生制度。

因此，应该在政府的宏观管理下，由社会专门机构统一组织实施考试，由高校综合考虑报考学生的考试总分、分数的科目结构、平时成绩以及操行品德、社会服务、兴趣特长等多方面的因素来决定是否录取。当然，在现阶段，统一考试的分数还是最基本的依据，只有达到一定分数之上，才纳入高校招生自主录取的范围。这符合高等学校人才培养的学术需要，符合素质教育的要求，也符合创新型人才脱颖而出、成长成才的规律。

（三）要注重创新型人才的创新人格培养

学校要注重创新型人才的创新人格培养，培养学生的学术兴趣和创造性思维，要进行启发式教学，要进行扎实的知识基础和专业训练，将教学与研究相结合，要重视学生的社会实践和第二课堂等。除了要特别关注培养学生多学科的知识基础和可持续的学习能力（这对于创新型人才的成长是非常重要的），还要注重创新型人才的创新人格培养。创新人格是人的非智力因素的有机结合和高度发展，是创新型人才表现出的整体的精神风貌。如果欠缺健全的创新人格，人的创新活动终会陷入困境。创新人格的培养，应从以下几点做起：一要培养学生高度的社会责任感和追求真理、献身科学的品质。要进行知识、能力和社会责任感相统一的素质教育，这符合实践和认识的辩证规律。崇尚科学、追求真理、富有高度的社会责任感是创新的根本动力。二要培养学生关注现实、关注前沿的学术品格，使之关注学术的发展，使之体验实践的呼唤，感知时代的脉搏。三要培养学生严谨勤奋的学风、坚韧不拔的毅力和追求创造的兴趣。四要培养学生善于同他人团结合作的协作精神。

（四）要形成创新文化的氛围

创新文化是一种尊重创新、鼓励创新，有利于创新思维发展和创新精神形成的一系列思想、观念、价值取向、行为方式、外部环境的综合体。创新文化潜移默化地影响着人们的创新意识和创新活动。创新文化孕育创新事业，创新事业激励创新文化。一个企业、一所学校乃至一个国家都应该努力发展并形成创新文化，这是培养持续创新能力和创新事业持续发展的重要基础。培育创新文化，不但要学习借鉴西方文化的有益成果，更要继承和弘扬传统文化的优秀因素。胡锦涛同志强调，中华文化历来包含鼓励创新的丰富内涵，强调推陈出新、革故鼎新，强调"天行健，君子以自强不息"。建设人力资源强省，必须发扬中华文化的优良传统，增强全民族的自强自尊精神，增强全社会的创造活力。

二、通过学校教育培养创新型人才

提高自主创新能力，建设创新型国家，是国家发展战略的核心，是提高综合国力的关键。钱学森曾说："现在中国没有全面发展起来，一个重要原因是没有一所大学能够照科学技术发明创造人才的模式去办学，没有自己独特创新的东西，老是'冒'不出杰出人才，这是很大的问题。"因此，河南要加快教育改革的步伐，特别加大高等教育改革的力度，这是培养大批具有创精神和创新能力的高素质人才的关键。当前在培创新型人才，推进创新型教育工作中应着力解决以下几个方面的问题：

（一）创新型人才培养的基本体系架构

在创新型人才培养的教育实践中，对创新型人才培养的基本体系可构建为：

以创新能力培养为核心。根据以创新能力培养为核心这一核心制定多方向、多模块的专业教学体系，使创新能力培养始终贯穿整个培养过程。加强应用型学科建设，合理调整专业结构，建立社会、经济发展建设所急需的应用型专业和专业方向。以高新技术为内涵，通过学科之间相互渗透、交叉，发展一批新型的工程技术学科和交叉学科，不断开辟培养不同学科、不同层次、不同类型的应用型人才新的方向。

建立健全理论教学和实践教学体系。随着社会经济的发展，各行各业对人才的需要呈现出多样化的特点，对应用型创新人才的渴求也显得十分迫切。因此，构建应用型创新人才培养理论与实践相结合的教学体系与教学内涵，以培养更多能满足社会经济发展需要的这类人才十分必要。学校的定位在建立教学体系中起着统帅与主导作用，因为不同学校的不同定位必然导致不同的教学体系的构建。在实践中应有三层内涵：首先，明确本科教育教学的基本要求；其次，着力改变轻实践、轻应用能力培养的教学模式，做到既要坚持理论教学，又要强化理论指导下的实践应用能力训练；再次，要求创立各专业的特色。因此，教学体系的内涵必须面向国民经济主战场、面向企业，特别要注意面向高新技术和支柱产业，所培养的人才应该基础扎实、知识面广、实践能力强、富有创新精神，并有较强的科学技术运用、推广、转化能力，以充分体现应用型创新人才的培养规格。

坚持"基础性、应用性、实践性"原则。基础性是指强化基础，拓宽知识面。坚实的基础理论、基础知识以及宽广的知识面是创新的"基石"。因此，应根据应用型创新人才的知识结构与能力的要求，建立应用型创新人才培养的课程体系，即设置公共基础课程，加强对英语、高等数学、大学物理等基础课程的学习；坚持以学科群组织专业教学，设置专业理论基础课程，加强学科内容的系统性和内在的联系，促使学生打下坚实宽厚的基础；在关键技术类课程设置方面，着重培养学生应用研究、应用开发和应用设计能力。强调应用性，理论教学和实践教学的侧重点突出"学以致用"；在教学模式上采另外，设置相当数量的专业选修课、人文类选修课，鼓励学生交叉选课，构建有特色的知识结构。应用性是指在课程设置、教学过程中取强化基础、加强应用，着重培养学生的创造能力、创新能力和开发能力。实践性是指在专业的培养目标、规格以及课程设置上强调实践性，在培养过程中突出实践性。注重专业实践能力的训练。因此，在教学实验室建设上，按应用性创新能力模块规划实验、实习教学基地；与企业进行广泛联系，建立校企教学实践基地，形成校内外协作、资源共享的实践教学体系。

构建四大运作模式。一是以创新能力培养为核心，构建课程教学体系。以创新能力培养为核心的课程体系，既包括常规意义上的理论课程，也包括为培养目标服务的实践教学体系以及有组织的课外活动和社会实践活动。所有这些课程最终都着力于学生的应用性创新能力的提高，体现在发展学生的创新能力上。建立理论与实践教学相结合的现代教学体系，是实现应用型人才培养目标的基础，其中实践教学体系包括了课程设计、实验课、实训、专业实践、毕业设计等教学环节。实践教学体系改革应当将理论与实践、知识传授与能力培养相结合，使创新能力培养贯穿于实践教学的全过程。二是突出"教师为主导、学生为主体"的教学理念，培养协作学习的能力。在教学中，以教师为主导。开展提问式、启发式、讨论式等以学生思维训练为主的教学方法，调动学生的学习积极性。改革教学手段，充分利用多媒体技术、计算机网络优势，建设、开发多种类课程的计算机辅助教学课件，建立起双向交互式的现代教育技术平台，全方位、立体化、多渠道实施教学活动，提高教育教学效率和质量。积极营造交流与共享知识的环境，大力培养协作学习的能力。三是以基本教学质量为保证，全面提高学生素质。针对学生入校时思想素质不一、基础知识参差不齐的现状，在构建理论教学体系时，开设思想品德、文书写作及其他任选课或讲座；同时，开展有关就业指导、法律知识等讲座，以提高学生的思想道德素质、独立生活能力、语言表达能力等，以实现学生全面素质的提高。同时，通过团、学工作，鼓励学生参加课外创新科技小组及各种协会组织。鼓励学生利用假期参加社会实践。为提高德育工作的时代性、针对性、主动性和实效性，体现德育的人本思想，构建由课程教育、生活教育、环境教育组成的高校德育体系，切实提高德育实效，符合时代要求，全面提高学生的思想道德素质。四是加强学生可持续发展能力和创新能力的培养。随着社会经济和科技的发展，学生无论是在学校，还是步入社会，都必须坚持自主学习，提倡终生学习，学习新思想、新技术、新知识、新工艺。学生在校期间不仅要学好技术，掌握知识，更重要的是学会学习新知识的方法，以及培养自学、创新能力。因此，构建教学体系时应加强基础课、专业基础课的教学，使学生具有较强的后劲，即具有可持续发展能力。建立学生创新基地实验室，学生以研发项目为中心组成课外科技小组，专门资助经费并配备指导教师，开展丰富多彩的课外科技活动；建立创新实践基地，通过实践教学环节，培养学生的创新意识，突出创新能力及创造能力的培养，营造浓厚的创新氛围。

（二）通过学校教育培养创新型人才的对策

一要端正办学思想。这是培养创新型人才的前提。首先，要转变教育观念，树立以人为本的理念。我国传统社会形成的教育思想是一种整齐划一的标准。在这种教育思想的指导下，各学校的教学内容相同，人才培养规格和培养模式没有差异。听话的孩子就是好学生，能背书能得高分就是尖子生，抹杀了人的个性，阻碍了学生特长的发挥，扼杀了学生的创造性。作为培养高端人才的高等学校，在人才培养过程中，要坚持以人的全面发展为本，理解、尊重、信任学生。树立学术自由的理念，把人们从陈旧的思想中解放出来。尊重学生的个性和主观能动性。鼓励学生"胡思乱想"，发表自己的观点，提出自己的想法。创造宽松、和谐、民主的学术氛围，让人们的聪明才智竞相迸发出来。其次，端正办学思想，克服教育功利化倾向。教育的功利化首先表现在学校的办学之中。个别高校为了多挣钱，超出自己的办学能力无节制地扩招，为了提高层次，忙着升格，争取硕士点、博士点。为了好招生、好就业，时不时地更换专业名称，什么时髦叫什么。教学中实行短、平、快，整个教学完全市场化，专业教育成了万金油。个别学校的主要精力不再研究如何办好学，教好学生，培养学生的创新能力，出现媚上、媚商、媚俗的现象，教育的功利化使个别高校大学精神在逐渐丧失。教育的功利化也表现在教师身上。在功利主义思想驱使下，个别大学教师不再潜心做学问，而是热衷于给企业代言、当顾问，到处讲课、做报告，换取讲课费，出现了教授不教，讲师不讲的现象。功利化倾向在学生及其家长身上也有充分的体现。填报高考志愿时看哪个专业就业前景好，哪个专业将来钱挣得多，出国机会多，就填报哪个专业。大学生为了捞取就业资本，掀起了考证热，甚至逃课参加考证培训班，而忽视基础知识的学习和基本技能的培养。在功利主义的驱使下，一些人不再脚踏实地地学知识做学问，不再把道德境界的崇尚，科学知识的追求，批判精神的培养作为自己的理想，不再仰望星空，只是为钱和权着想，使教育的本质迷失，教育发展的后劲不足，严重阻碍着创新型人才的培养。因此，学校必须克服功利思想，短视行为，按照教育规律办学。要把教育当成一项关乎祖国前途命运的大事来办，潜心研究教育中存在的问题，研究如何培养一批又一批适应国际竞争，具有创新意识和能力的优秀毕业生。再次，克服教育的行政化倾向，建立现代大学制度。当前，在我国一些高校中存在着教育行政化的倾向。突出表现在学校同政府机构一样有行政级别，把学校划分成副部级、市地级、副市地级，校内的院系处室也被赋予处级、副处级等，连学校的学术委员会，教学指导委员会等学术组织也行政化，其成员大多数由行政领导组成。行政化的后果是重权力轻学术，专家教授在学校中得不到应有的重视。致使部分教师的兴趣发生转移，不再青睐学术，而是眷恋权力。在行政化体制下，学术自由公正被大大伤害，创新人才很难涌现。因此，必须彻底转变观念，要进一步扩大高校办学的自主权，为学校更好地培养人才提供政策上的支持和物质上的帮助，解决制约高校发展的"瓶颈"问题。高校本身要建立现代大学制度，坚持专家治校、教授治学的办学思想，让广大师生参与到学校办学中来，所有高校都要树立学术光荣、专家至上的理念，营造一种人人想学术、个个做学问的氛围。

二要创新课堂教学。这是培养创新型人才的基础。课堂教学中要坚持以学生为本，无论是教学内容、教学形式、教学方法还是教学手段都要有利于学生的全面发展。要创新教学内容。教学内容新不新直接影响人才培养水平的高低，以往在教学内容上多而杂，课本越讲越厚，知识面越讲越窄，把学生几乎整日捆在课堂上，引入了旧知识、死知识的死胡同。教师在教学过程中必须抛弃陈旧的知识内容，把最新的科研成果引入课堂，哪怕这些新东西还不太成熟和完善。可以教育学生去甄别、去完善、去发展，而这恰恰可以调动学生学习的热情，激发学生的求知欲和创造力。多开设开发学生思维，培养学生想象力和创造力的课程，如实践能力课、科研能力课、创新能力课和人际交往课等。压缩专业课，增加人文社会科学知识。压缩总的课时，给学生自由学习和参加社会活动、社会实践的时间和空间。创新教学形式。目前在一些高校中，几十人甚至过百人的大班型教学屡见不鲜，这种教学形式使师生之间无法沟通互动，更难以进行个性化教学，因此必须改变。全面实施小班化教学，每个班级 20~30 人，有利于学生向老师提出问题，互相沟通。积极探索新型教学形式，把学生带到工厂车间、田间地头，在全真的环境中进行教学，培养学生的动手能力和解决实际问题的能力，做到理论联系实际。创新教学方法。改变目前仍普遍存在的满堂灌、填鸭式的教学方式，把书本和要学的内容交给学生，让学生到图书馆、资料室查找资料，到实验室亲自做实验，自主学习。教师在整个教学环节中只是组织者、指导者，把学习的自主权、主动权还给学生，彻底改变学生被动的学习地位。坚持以学生为中心，加强教学过程中的师生互动，开展平等交流和讨论。积极开展分层次教学和研究性学习，充分发挥学生学习的主观能动性，鼓励学生独立自主地提出问题，并努力地寻找解决问题的办法。创新教学手段。坚决抛弃一本书、一支粉笔、一张嘴的传统教学手段。大力推广应用现代教育技术，开展数字化、网络化、多媒体化及远程教学等，实现教学手段现代化。

三要强化实践教学。这是培养创新型人才的关键。《中华人民共和国高等教育法》明确规定"高等教育的任务是培养具有创新精神和实践能力的高级专门人才"。培养学生的动手能力，将学到的知识转化为技能，是高等学校教育教学工作的重中之重，是人才培养的中心工作。坚持"走出去，请进来"的原则，调动校内外各方面的力量，参与到实践教学之中。实行校企、校事合作，学校与用人单位共同研究课程设置、专业能力标准、技能考核办法等，并与用人单位共同实施培养计划。请用人单位的专家和技术骨干来学校讲学，支持学生到用人单位见习、顶岗实习。完善校内实验实训设施，实验（实训）室随时对全体学生开放。加强实验实训课程建设，选派有责任心，动手能力强，理论功底深的优秀教师担任学生的实验实训指导教师。鼓励大学生下工厂、到农村、进社区，了解社会、体验生活，把学到的知识奉献给社会，在实践中学知识长才干。加强实践基地建设。有针对性地建立学生专业实践基地。一是选择自然条件好，设备先进，技术水平高，技术力强的企业作为学生的实践基础。二是搞好校内实践基地建设，让学生在全仿真的实际环境中开展学习，培养动手能力。积极创造条件，鼓励学生参与科学研究。建立创新实验室，选拔优秀学生在大学一、二年级就进入专业研究室进行科学研究。鼓励学生参与教师的科研课题的研究工作，也可以根据自己的兴趣爱好选取某一个问题开展研究。对学生研究成果不完善的地方，不要求全备，而应鼓励其不断地完善。对优秀研究成果要给予奖励，并在广大师生中大力宣传和表彰，使大学生在大学阶段就养成探究问题的习惯。创造条件支持学生参加全国乃至国际数学、物理、化学、生物、计算机等学科的比赛，以及软件设计比赛、机器人设计大赛、航模比赛等。在校内举办各种知识技能比赛，让学生在比赛中提高能力。开展校园社团活动，第二课堂活动，在丰富多彩的业余活动中培养学生创新能力。

四要改革人才培养模式。这是培养创新型人才的重点。首先，要改革招生办法，拓宽人才培养口径。以往我国高校专业分得过细，学生在高考时稀里糊涂地被分到一个专业里，有的同学对这一专业一点都不感兴趣，并且一学就是四年，学习比较单一，只掌握单一的技能，而且毕业后还未见得就从事这一专业，而从事其他专业则一窍不通，很难适应工作岗位，当然也就很难有所建树。改变这一状况的有效办法是按学科门类招生。学生入校后前 1~2 年按学科门类上课，学习相关的基础知识，培养作为一名大学生应具备的基本技能。经过近两年的学习之后，再按照不同专业进行分叉，进入专业学习。这种招生的好处在于：学生经过近两年的学习，对学校、对专业、对自己的兴趣爱好有了明确的认识，学生可以凭着自己的兴趣和爱好选择自己喜欢的专业，学习起来劲更足。即使将来不从事所学习的专业，由于有了扎实的基础知识，也会很快地适应其他工作。学校也可以根据社会的发展变化在很短的时间内调整专业，使自己的办学更好地适应社会需要。社会也能在最短的时间内找到自己需要的人才，并且有利于用人单位对新产品的开发、新技术的创造。当然学校按学科大类招生并不是简单地将具体专业合并，而是要认真研究大类招生的特点，按照打好基础、专业宽泛、个性发展的原则，构建学科大类知识体系、课程设置、能力要求等，教学方式方法要灵活多样。其次，要加强通识教育。20 世纪 90 年代以来，一些高等教育工作者深切体会到过细的专业教育对学生未来的发展很不利，纷纷提出实施通识教育，但对通识教育理解有偏颇。通识教育绝不仅仅是在文科各专业中开设一些自然科学的课程，在理工各专业中开设一些人文知识的课程，搞一些课外活动就可以了。通识教育应该是在围绕学生未来发展的基础上，根据人的全面发展和专业发展的需要开展教育。其目的是提高大学生的综合素质，以及认识问题、分析问题和解决问题的能力。即使将来不从事自己所学的专业，也能在很短的时间内实现专业转向。因此，通识教育不是学生掌握了某一个方面的知识和技能，而是掌握了认识事物的方法。在通识课程的建设上，应该考虑以下两方面：一是适当开设一些具有开发人的智力潜能和提高分析问题、解决问题能力的课程，使学生从不同角度认识事物，培养学生的多样性思维；二是挖掘现有课程，拓宽现有课程的知识面，使现有课程具有多维性、综合性。总之，经过通识教育，培养全面发展的人。再次，要积极开展个性化教育。学生的个性品质是有差异的，如果用整齐划一的标准去教育学生，势必限制学生的全面发展和创造力的发挥。为此，我们的教育必须适应每一个学生的需要，我们的教育理念、学生的管理模式、课程的设置、教学的方法、学生的评价方式都应多元化，以适应不同学生的需要。我们的教育应该成为每个学生发展的助推器，而不能成为学生发展的绊脚石。让学生在个性化教育中舒展自己的思想，放飞自己的理想，锻炼自己的能力，按照自己的意愿发展自己，使每个学生都成为全面发展的有鲜明个性的人。

五要充分发挥艺术教育在创新型人才培养中的作用。艺术修养在创新型人才培养中有巨大的作用。心理学研究表明，人的大脑左右两个半球在人的思维中是有分工的，左脑主要负责逻辑思维，右脑主要负责形象思维。而艺术有利于开发人的右脑，增强人的想象力、观察力、创造力和形象思维能力，可以使人充满幻想，萌生创造意识。人的创造力很多时候来源于人的情感、兴趣、爱好和需要等非智力因素。创新型人才的重要特征是想象力丰富，形象思维能力和创造能力强，而艺术是培养形象思维能力和创造能力的有效途径。为此，高校应该适当地开设艺术欣赏课，普及艺术知识，提高大学生的艺术欣赏能力。举办校园文化艺术节，支持高雅艺术走进校园，在大学生中组建艺术团、文学社、诗社、画社等社团，开展丰富多彩的文娱活动。鼓励学生走出去，深入企业、机关、部队、学校、社区、乡村等，开展艺术下基层活动，在活动中锻炼自己的聪明才智。

六要改革对学生的评价方式。对学生如何评价影响着学生的成长。评价的科学合理能促进学生发展，否则将阻碍学生的成长和发展。以往我们在评价学生时存在评价的主体、评价的内容、评价的形式、评价的标准机械单一的问题。评价结果有时不全面、不公正，挫伤了学生的积极性，限制了学生个性的发展。因此，对学生的评价必须改革，建立有利于学生健康成长，有利于培养学生创新意识和创造力的评价机制。坚持评价主体的多元化。以往我们评价学生时，总是老师给学生打分，学生是被动的接受者，无话语权、无主动性。要让学生参与到评价中来，使学生在评价中看到自己的优点、发现自己的不足，明确努力的方向。可以让学生互评，看别的同学对问题是如何分析的，从中借鉴他人分析问题的方法。还可以让企事业单位参与评价，从顾客的角度，用人单位的角度评价学生，使学生从中找到差距。坚持评价内容多元化。不仅有知识的考查，还应有技能的考核，不仅看学习效果还要看学习态度，不仅看个人成绩，还要看团队精神和合作意识，不仅看知识掌握情况，还要看沟通能力，继续学习的能力，以及自我教育的能力。考核中，不仅要看答出的要点是否与标准答案相同，还要看是否有自己的见解，是否有新思想、新方法。坚持评价方式的多元化。不仅有书面的还有口头的，不仅闭卷考试还有开卷考试。不仅考理论，还要考实际操作。考试中尽量减少客观的、纯知识性的试题，而要考能表现学生认知水平和分析、判断解决实际问题能力的试题。评价结果的多元化。要淡化考试的区分功能，强化考试的创造功能。坚持定性评价与定量评价相结合的原则，少使用分数评价，多些纪实性、分析性的评价。学校和老师对学生的评价不以考试分数论英雄，而要看谁有创造性，谁有发展的潜力。要多发现些偏才怪才，为偏才怪才的成长创造宽松的环境。

三、通过企业培训培养创新型人才

创新型人才不是天上掉下来的，当前河南企业对创新型人才大量的缺口，仅靠教育的培养是远远不够的，况且创新型人才要有的不仅是理论的支撑，还必须深入实践，具备能够将知识转化为能力、文凭转化为水平的实践能力。另外，企业需要什么样的创新型人才，只有企业最了解、最熟悉。企业大量的工作岗位与新的技术装备为创新型人才提供了广阔的发展空间和舞台。在培养创新型人才方面，企业有自己独特的优势。发达国家的经验证明，创新型人才是在技术创新实践中培养锻炼成长起来的。培养创新型人才特别是拔尖创新型人才，是实现河南从人力资源大省向人力资源强省转变的要求。对创新型人才的培养不仅仅是听听讲座、研究几个案例等常规的培训方式，这种方式已经很难满足创新型人才的需求，他们最需要的是实战中的提高和增长才干的环境。

（一）企业要充分认识对创新型人才培养的意义

对创新人才培养的重要性与紧迫性。目前，河南省在专利技术申请数量和把专利技术转化为成果方面，与发达地区相比仍很落后，我们还没有足够重视技术创新是企业发展的生命线，是中原崛起的关键。专利技术申请和专利技术成果转化关键在人才，加强技术创新人才队伍建设是企业增强自主创新、突破技术壁垒、提升技术改造能力的战略举措，是构建企业技术创新体系、增强核心竞争力的内在要求。只有把造就和吸引大批技术创新人才作为企业发展的战略重点，最大限度地集聚人力、物力、财力加强对核心技术和关键技术、共性技术、前瞻性技术的研发攻关，才能突破资源、能源、环境等不利因素的制约，促进产业产品结构升级和经济增长方式转变，保证工业经济在高基数上实现新的跨越式发展。

近年来，工业系统加强创新人才队伍建设工作取得了一定成效，但是与客观需求相比，还存在很大差距。一些企业没有自己的专利技术，创新人才层次也不高，创新团队的领军人才更是短缺。当今，河南企业较少具有国际国内领先水平、能够引领带动产业技术升级和更新换代的产品，技术专利申请意识和专利成果转化意识不强，引才借智的机制不够活，培养、培训创新技术人才的渠道不够多，还没有完全从战略高度形成鼓励人才创新创造的良好环境和氛围。加强技术创新人才队伍建设，迫切需要从注重一般性招聘尽快转变到以柔性虚拟机制集聚一流技术研发人才和智力资源，从注重一般性的培训教育尽快转变到通过搭建好研发平台在创新实践中培养和打造创新技术人才和创新团队，从注重一般性日常管理尽快转变到采用先进的人力资源管理理论、方法，建立科学高效人才绩效评价体系，形成创新人才脱颖而出的良好环境。

创新型人才的特点决定了培养的必要性。创新型人才由于受教育程度较高，他们是人力资源的战略"高地"，吸引并留住这些高端人才就需要我们要善于培养他们，给他们提供良好的发展空间。创新型人才正因为知识层次较高，其在个人特质、心理需求、价值观念等方面有自己的特点。

特点之一是有强烈的个性及对权势的漠视。创新型人才不仅富于才智，精通专业，而且大多数个性突出，他们往往会因为对知识的探索和对真理的追求而漠视任何权威，因此传统组织中的职位权威对他们不具有绝对的控制力和约束力。

特点之二是具有较高的创造性和自主性。在企业中，创新型人才主要从事创造性工作，他们凭借自身拥有的专业知识和技能，运用智慧进行创造性思维，并不断形成新的知识成果，因此，他们在工作中也往往表现出较高工作自主需要。

特点之三是具有实现自我价值的强烈欲望。与金钱等物质需求相比，创新型人才可能更注重自我价值的实现。创新型人才更加重视能够促进他们不断发展、有挑战性的工作，他们对知识、对个体和事业的成长有着持续不断的追求。创新型人才的满意度来自工作本身，包括挑战性的工作和高质量地完成工作。

创新人才以上的特点，是企业创新优势，他们是生产活动中的最重要的元素和力量，但是，如果引导管理不当，这些优势也可能变成创新的强大阻力。对创新人才的培养，要注重帮助他们融入企业、融入市场，既保持饱满的创新激情，又与周围环境和谐相处，使创新人才和企业共同健康地发展。

（二）以企业技术研发中心为依托培养创新人才

建立企业技术研发中心。以企业技术研发中心为培养平台，对创新人才进行项目开发实战培训，以提高创新人才的开发水平。企业要瞄准国际同行业或同领域先进水平建设企业技术研发中心，用一流的技术研发中心吸引一流的创新人才，使技术研发中心成为高新技术的孵化器、创新人才的聚集地。企业技术研发中心应具有较高层次研究水平和超前研究开发能力，广泛吸纳国内外技术资源，整合国内外先进技术，有勇气赶超世界先进水平，抢占同行业技术制高点，形成具有自主知识产权的核心技术及标准体系。河南企业宇通客车在这方面，就积累了丰富的经验并取得了骄人的战果，宇通客车已经成为亚洲客车第一品牌和世界客车著名品牌，宇通客车国家级技术研发中心功不可没。

企业技术研发中心要具备为创新人才提供技术情报功能。应在企业技术研发中心设立专门机构或指定专人负责技术情报搜集管理工作，依靠和利用技术专家以及海内外的关系，建立技术情报采集点，构建技术情报收集体系。

企业技术研发中心要具备为创新人才搭建研发平台功能。依托企业技术研发中心，了解国内外的研发机构、知名大学、跨国公司、科研院所和实验室等发展现状，加强技术交流与合作，寻求技术支撑；或引才借智共同搭建企业技术创新研发平台；或全权委托攻克技术"瓶颈"虚拟企业研发平台。

企业技术研发中心要具备技术资源综合集成功能。综合集成技术资源，利用世界先进技术和最新成果进行应用开发、延伸开发。增强企业消化吸收再创新的能力，遴选企业现有的创新人才，吸引世界范围的创新人才，利用企业自主创新优势建立拥有自主知识产权的设备、工艺、技术、产品、检验和质量等标准体系，提升企业的综合竞争实力。

河南企业技术研发中心要借助技术研发平台和拔尖人才培养创新团队。一是依靠技术领军人带出创新团队。在选聘高层次领军人才从事企业技术中心课题攻关的同时，通过优选技术尖子人才为其当助手、配备精干的专项技术人才群体，培养造就企业自己的技术创新团队。二是遴选优秀人才攻读名师研究生培养领军人。根据企业重点发展方向、重大技术改造和重要科研课题攻关需要，对具有较高学历层次和技术创新成果的拔尖人才。选送到国内外学科发展领先的院校跟随名师攻读硕士博士学位，或进行专题研修，为企业培养技术领军人才。三是用足产学研优势培养锻炼创新人才。通过与高校、科研院所进行联合开发，选派专业技术人才全面参与课题的策划研究，深入开展技术交流，提升技术攻关能力、改造能力和创新素质，在出创新成果的同时出创新人才。四是选送技术骨干到先进企业学习深造。通过实岗培养锻炼，加速企业创新人才的成长成才。

（三）营造有利于创新人才成长的浓厚氛围

设立"创新人才特区"。在特区内，实行一事一议、一人一策、特事特办等灵活多样的办法。可在企业技术研发中心、课题组等研发平台设立"创新人才特区"。在政策环境、体制建设、机制运行、资金投入、环境营造和工作内容、工作模式等方面享有优先性和特殊性。进入特区的具有领军作用的两院院士、学科带头人以及掌握产品核心技术、具有自主研发能力的高级创新人才应特事特办。采用现代人力资源管理技术和工作模式，提供全方位、个性化、专业化的服务保障。

制定鼓励人才创新、创造的政策措施。河南企业应充分激发创新人才的创造积极性。健全对创新人才鼓励政策，完善激励办法。对专业技术水平高、研发创新能力强、承担重大科研攻关任务的领军人才和技术带头人，对掌握核心技术、具有自主研发能力的拔尖人才，对持有专利技术和创造成果的创新人才，对有突出贡献的研发课题策划人、技术发明人、技改技革领头人，可以实行首席专家制、内部专家授衔制、课题承包制。要采用技术参股、期权期股、利润分成、专家津贴、一次性奖励等多种办法进行激励。对海外创新人才合法提供的新产品、新工艺、新技术，要给予一次性成果转让费或其他奖励。

营造有利于人才创新创造的环境氛围。实行创新人才职业生涯设计制度，为创新人才提升专业水平和创新能力搭建事业发展平台；搭建企业技术人才的培养平台，定期选送学习相关专业的新知识新技术，在资金上支持，安排上优先，为创新人才的深造学习创造更多的机会。建立创新人才表彰奖励制度，对在企业技术创新和技术改造攻关中作出突出贡献的创新人才，通过选树典型，大力宣传先进事迹，积极营造有利于创新人才成长成才的环境氛围。

（四）发挥创新型人才的作用

坚持"用人德为先"的原则选好人才。《资治通鉴》以"德"为标准，把世人分为四类：德才兼备者为圣人，有德无才者为大人，有才无德者为小人，德才全无者为愚人。重视道德培养和教育是历朝历代政治家、教育家的传统。由此可见，古人把培养人的良好道德放在了首要地位。意大利伟大诗人但丁说过"一个知识不足的人可以用道德来弥补，而一个道德不全的人难以用知识去弥补"。可见，德在西方做人的标准上也是摆在首位的。以德为先，具有高尚情操是做人的首要条件。随着改革的不断深入，深层次的矛盾逐渐暴露出来，市场竞争加剧，诸多社会因素日异复杂，培养忠实于事业、忠实于企业、忠实于职业的优秀人才，显得尤为重要。为此，企业必须立足实际，采取各种得力有效的措施，在"用人德为先"的原则下，选好人才。对人不求全责备，但要体现做人的根本，应当是与老百姓有感情的人，是有责任感的人、严于律己的人、忠于操守的人、乐于办实事的人。只有这样，大批甘与企业同呼吸共命运的人才就会源源不断地涌现出来，为企业的发展贡献自己的聪明才智。

重视培育工作育好人才。伴随企业的发展，我们应当把企业人才培育视为一项战略性任务，现在，许多企业面临的生存压力很大，往往把工作重心放在业务扩展和资本积累上，而忽视了对人才的培育，导致这些企业出现了员工素质低、储备不足、凝聚力差、工作效率低等现象，影响了企业的发展后劲。人才培养应贯穿于企业生产经营管理的始终，它为企业的发展奠定了扎实的基石。一要高度重视对人才的培育，既要有长期人才培育战略，又要有人才中期培育计划和短期人才培育目标，根据人才需要的缓急，制订出合理的培育方案，并付诸实施。二要通过各种适合企业自身条件的培训途径，提高员工素质，适应企业发展要求。造就一代又一代企业新型人才是现代技术革命及其新的社会变革的内在要求。人才的培育和培训，必须始终与企业的发展紧紧连在一起。三要下大力气整合企业资源，放大企业优势，促进人力资源的优化配置。随着企业向更高层次的发展，企业要下大力气引进高级管理人才、高级经济分析人才和高端技术人才，以增强企业在市场中的竞争实力，推动企业健康和谐发展，实现优秀人才振兴企业的目标。

建立良好举荐人才机制。企业领导人要甘当"伯乐"，会相马，善选才，积极将人才举荐到适当的岗位，让他们有更大的发展空间。要使优秀人才脱颖而出，得到重用，必须有一种良好的选人、用人机制。为此，一要解放思想，大胆创新，敢于破除传统观念的束缚，与时俱进、抗击风险、不拘一格用人才。二要出于公心，任人唯贤，以企业利益为重，不掺杂个人的私心杂念，营造公平、公正、竞争、择优的用人环境。三要排除干扰，顶住各种说情风、关系网，用好作风选出好人才。四要阳光作业，摒弃用人上的弊端，用民主推荐，民主选举的办法，依靠广大群众推荐出各类优秀人才来。

创造条件成就人才。企业领导干部和人才管理部门要重视人才理论的学习和研究，掌握与自己工作密切相关的知识，如"人才学"、"教育学"等，使自己"鸣之通其意、食之尽其材、策之以其道"，娴熟掌握人才工作艺术。企业领导要有博大的胸怀，要为那些有胆有识的创新才创造平台，给予重任；要为那些本质很好，但在枝节有小毛病的人才给予机会，克服缺点，增长才干；要让那些才华横溢，但有时锋芒毕露的人才发挥特长，扬长避短；还要让那些有独特见解，有时与领导认识不一致的人才有发挥的空间，鼓励他们为企业出谋划策，人尽其才，得以重用。总之，企业领导要有识才的慧眼、用才的气魄、爱才的感情、聚才的方法，充分地为企业广纳群贤。若此，企业的兴旺和发展就是择日可待之事了。

四、通过引才聚才培养创新型人才

（一）大力优化聚才环境，积极引导创新型人才来河南发展

大力集聚创新型人才队伍需要切实关注并解决好两个问题：一是如何形成有利于创新型人才集聚的价值导向环境，吸引更多的创新型人才到河南工作；二是如何解决各类经济组织愿意投入人才开发和人才愿意并有能力自我开发的问题，即如何促进两个主体自我开发并投入机制形成的问题。因此，要大力实施人才优先开发战略，促进各类人才向河南集聚。为此，要站在战略的高度，正确认识并处理好集聚创新型人才中的三大关系，重新审视并不断破解影响和制约创新型人才集聚中存在的深层次矛盾。

首先，要处理好人才工作与人事工作的关系。人才竞争和人才创新的不断涌现，取决于良好的体制和制度创新。各类创新主体的创新本能，要由与创新相关的制度和体制来催生和保障，创新活力不足，往往是制度没能有效引导创新主体投入到创新之中，可见，集聚创新型人才不仅仅是人才工作，更是触及体制性问题的人事制度的变革。结合河南人力资源强省建设的阶段性任务，要通过人事制度的创新来引领创新型人才建设，当前重点要解决好体制性方面的两个关键点：一是要着力引导人才由体制内向体制外流动，促进人才面向企业创新创业，大胆探索并实施人才在不同性质单位之间的流动机制，使人才在企业、事业、机关各个职位上的流通渠道畅通，彻底解脱束缚人才放开手脚创新创业的体制性障碍。二是加大科技教育现有运行体制改革，理顺创新主体之间的关系，打破人才培养、科研、产品开发和生产系统彼此隔离的局面，建立以企业为核心、各环节主体紧密联系的创新体制，使科技更好地面向市场，提供充足的人才流带动技术流、资金流，形成以企业为主体、市场为导向的一体化区域创新系统。

其次，要处理好政府与市场的关系。在市场经济中，资源具有很强的流动性，其流动所遵循的规律是流向使其价值状态增高的方向。但目前人才却是大量向机关事业单位的强力倒流，企业实际拥有人才总量不到50%（发达国家或地区拥有70%以上），人才在企业和非生产主体单位的配置严重失衡，从中反映出人

才配置的市场机制还很不成熟。因此，要把创新型人才合理引导并配置到各类经济组织中去，政府除了相关政策性导向外，更要把主要精力放在健全市场、促进人才流动的市价、信息、供求、竞争等市场机制的完善上来。通过市场化的手段和措施，以市场机制驱动并集聚创新型人才，增强市场对科学城经济组织和创新型人才的有力激励，提高人才对创新活动的预期。同时，要充分运用财政、税收、金融等宏观政策杠杆，研究并制定科学城人才开发投入的税收减免或返还的倾斜性政策，引导和鼓励科学城各类经济组织加大对创新型人才集聚投入。一方面，形成有利于创新型人才创业价值导向机制，吸引更多的创新型人才到河南进行高水平的研发；另一方面，使各经济组织有强烈意愿开发创新型人才，从而增强各类经济组织中创新型人才队伍的相对稳定性。

再次，要处理好培养少数领军人才与整体性人才队伍开发的关系。在人力资源强省建设过程中，重点是面向经济自主创新研发路径中的人才智力的支持，需要一大批拥有竞争力的经济组织和一大批具有创新能力的人才队伍。长期以来，我们重视了对少数重点人才的选拔、培养和使用，资金、项目等科研资源，荣誉、奖励等激励措施更多地向少数重点人才倾斜。实践证明，领军人才的形成不是推荐选拔的结果，而是在人才队伍整体素质提高的基础上，由竞争产生的激励和引领的结果。可见，要全面提升现有人才队伍的创新能力和整体创新水平，关键在于经济组织和人才两个主体的自我开发机制。因此，要随着经济的增长和企业的发展，相应增加人才的收入，建立有力调控人才工资福利水平随经济发展同步快速增长的机制，使人才愿意并有能力进行自我开发，从而加速人才资本的积累，促进人才队伍整体素质的提高。

（二）努力优化聚才政策，建立健全有利于创新型人才发展的体制机制

一是要进一步完善集聚创新型人才队伍的体制。在新形势下谋求创新型人才的集聚，要突出"引"才，进一步完善引才的"绿色通道"，不断创新引才的优惠政策。紧紧围绕人力资源强省建设和发展的要求，依托重点工程和重大项目，引进和储备一大批掌握核心技术、关键技术和共性技术的高端人才，重点是两院院士、高级专家、留学归国人员、省级学术技术带头人。与此同时，要善于"借"智，大力借用国内外专家智力为我所用，着力提升现有人才队伍创新能力和水平。实践证明，从外地引"才"借"智"是快速集聚创新型人才最经济、最有效的办法。二是要进一步建立健全培养现有人才创新能力的机制。要依托国家和省人才培养计划、重点学科、国际学术交流，积极推进创新型团队建设，努力培养一批创新型人才队伍。要建立健全一套有针对性的管理制度和方法，坚持在公平竞争中识别人才、发现人才、培育人才，全面关注和充分满足创新型人才的各种合理需求，使创新型人才既能在生活待遇、研究经费、设备条件、学术交流等方面获得妥善安排，又能在精神上获得应有的荣誉和尊重。同时，要进一步消除体制内人才流动中的障碍，从制度和政策层面引导和实现人才社会所有，打破人才身份、户籍、行政区域等限制，推动现有人才队伍进入市场，以最效益的方法迅速促进和形成人才流动，进而带动知识流、思维流，最终实现创新型人才和团队的快速生长和集成。三是要进一步创新人才队伍的激励机制。要在现有分配制度的基础上，创造性地完善工资分配制度，发布企业创新型人才收入指导性价位，将部分创新型人才的收入与实际贡献直接挂钩，鼓励他们以知识、技术、专利、管理等要素投资创业，以无形资产作价入股。同时，要建立市场化企业人才价值实现机制，逐步实现人才岗位工资由市场供求关系决定，总体报酬与实际业绩挂钩的市场化分配体系。进一步健全研究制定创新型人才成果奖励办法等，从而迅速促成现有人才队伍的创新热情和成就事业的激情，强烈吸引各类人才集聚。

（三）着力优化聚才办法，积极创建有利于集聚创新型人才的载体和平台

一是积极创建集聚创新型人才的有效载体。以建设人力资源强省为指导，以具有科技创新的行业为依托，既要有有关部门批准设立的企业技术创新中心、研发中心，又要有博士后科研工作站、留学人员创业园区等。既要有创新基地、培训基地、试验基地，还要有支柱产业的总部集聚，更要有能迅速促成各类经济组织生成发展的独立中介组织。与此同时，要大力发展院校和科研院所，重点加强科研、教学和培训，积极与国内外名牌大学、科研院所合作，以扩大高层次创新型人才、智力的集聚和吸纳。还应建设高新技术人才智力创新创业园区，完善设施，加强配套服务和投入，努力促进有利于创新型人才集聚的相对优势。加快扶持和发展上规模、上档次的各类企业，以产业集聚创新型人才，并积极争取部分龙头企业做大做强乃至海内外上市，以扩大影响。

二是努力营造集聚创新型人才的工作平台。针对河南经济技术创新转型升级的需要，通过重点扶助、跟踪重大项目等平台，培育扶持一批科研创新团队；造就培养一批具有自主创新和研发成果的杰出工程师、高级技师。同时，在相关单位设立一批"创新研发工作站"，并经常性开展课题论证、技术创新、项目交流等活动，加快集聚创新型人才智力，省人才专项资金给予一定经费支持，以带动全省经济持续升级和跨越式发展。在此基础上，选择部分经济组织开展"创新型人才集聚特区"试点工作，开展创新型人才小高地建设。

第三节 培养创新型人才建设人力资源强省的对策

人才资源是战略性资源,培养创新型人才不仅对建设人力资源强省有巨大作用,而且对河南建设人力资源强省更是至关重要。大力实施人才强省战略,不断加强人才队伍建设,全省人才工作取得了显著成绩,但是,河南省人才工作和人才队伍建设与经济社会发展的需要还有很大差距,人才特别是高层次人才、精尖人才的数量和整体质量与发达地区相比还有很大差距,引进人才、留住人才的条件和体制机制与发达地区相比还有很大差距。因此,必须加强创新型人才队伍建设。

一、要高度重视创新型人才队伍建设

以高层次人才队伍和高技能人才队伍建设为重点,统筹抓好企业经营管理人才队伍、农村实用人才队伍和社会工作人才队伍等人才队伍建设。坚持以人为本,坚持"用事业留人、用感情留人、用适当的待遇留人"的原则,鼓励创新、支持创新、爱护创新、宽容创新失误,努力营造鼓励创新创业的良好环境。坚持党管人才原则,牢固树立科学技术是第一生产力、创新是第一竞争力的思想,进一步强化抓科技就是抓经济、抓创新就是抓发展的观念,认真落实"一把手"抓第一生产力的工作责任,切实加强对创新型人才队伍建设的领导。要坚持以改革创新精神推进全省人才工作,还要注意同抓好落实结合起来,把改革创新的成果付诸实践、取得实效,不断开创人才工作新局面。

一要抓宏观,创新人才管理新格局。加强组织领导,健全工作机构,成立由省直单位组成的省人才和知识分子工作领导小组,加强对全省人才工作和人才队伍建设的宏观指导和综合协调。省辖市成立人才办,一些企业和高等院校设立专门的人才工作机构。制定人才规划,加强政策统筹和指导。

二要抓引进,努力形成"筑巢引凤"好局面。要把引进人才作为迅速缓解河南人才短缺的重要手段和人才工作的重要内容,加大引进高层次人才、紧缺人才和海外人才的工作力度。首先,开辟"绿色通道",大规模接收全日制博士、硕士。其次,提高高层次人才待遇。再次,加大柔性引进力度,通过兼职、技术转让、技术入股、合作研究、培训讲学等柔性方式引才引智。最后,加大投入,利用优惠的政策，带来良好的引进效果。

三要抓重点，加快推进人才队伍建设步伐。首先，加大高层次人才选拔培养力度。实施"骨干人才工程"；实施创新型科技人才队伍建设工程，推进创新型河南建设；实施"人才强校工程"。其次，加强高技能人才队伍建设。再次，大力推进社会工作人才队伍建设工作。最后，加强农村实用人才队伍建设和农村人力资源开发工作。

四要抓合作，统筹区域内外人才资源开发。首先，放眼世界，举办"中国中部崛起人才论坛"，以探讨河南创新型人才发展路径，吸引全球范围的创新型人才来河南工作。其次，积极推进院地、院企合作，以"院地合作"、"院企合作"等形式，吸引高校、科研院所和中央驻豫单位人才参与地方经济建设。

二、把提升创新能力作为人才队伍建设的重点

加强人才队伍创新能力培养的迫切性。随着世界经济一体化进程的不断加快，国际间的竞争日趋激烈，国家、企业对人才培养和科研的投入不断加大，一批批原创性、具有自主知识产权的科技成果不断涌现。但与先进企业相比，河南大多数企业仍存在不小差距，原创性的研究、技术和产品较少，企业整体竞争实力还不够强，具有创新能力的高素质人才相对匮乏。近年来，许多企业，尤其是国有企业，对人才队伍培养的投入逐年增加，人才队伍得到较快发展，但长期以来，受培养理念、培训模式等因素的影响，人才队伍远不能适应企业竞争对人才伍素质的要求，因此，加强创新型高层次人才的培养，必须加强对人才队伍创新能力的培养。

加强高层次人才队伍创新能力培养的重点。加强高层次人才培养，要着力培养具有创造性思维和创造性人格品质的创新型人才，重点培养人才的四种创新能力：一是人才的批判思考能力，即培养人才善于发现当前现状中存在的主要问题及其症结所在，并能够积极地寻找科学合理的改进措施的能力。不能发现问题，就会安于现状，就不能进行创造和创新。二是人才的顽强意志能力，即培养人才对意志目标的坚定信心，不达目标誓不罢休的决心。遇到困难就退缩的人是不可能成为人才的。三是人才的沟通协调能力，即培养人才善于适应环境并能迅速调整自我状态的能力，要善于与别人分享自己的观点，善于倾听别人的意见和建议，善于让别人了解自己的目的和意图。四是人才把握时机的能力，即培养人才善于预见在创新过程中所遇到的各种困难，善于把握克服困难的关键点，人才不仅要善于与环境交流，更要敏于观察形势发展变化，变被动为主动。

三、营造有利于创新型人才成长的环境和氛围

加强企业人才工作管理队伍建设。加强企业人才工作管理队伍建设是提高人才队伍创新能力，培养创新型人才的前提。人才工作管理者是人才培养的主要责任人，是企业人才培养战略的具体执行者，没有高素质的人才工作管理队伍，人才培养就会事倍功半。因此，企业要充分利用社会人力资源和科研机构，聘请具有丰富经验的人力资源研究人员和机构，共建创新实践基地，实现优势互补，建立一支品德高尚、工作严谨、勇于创新的人才工作管理队伍，为创新型人才队伍培养工作提供保障。

努力营造尊重创新、鼓励创新的浓厚氛围。企业应该积极创造条件、搭建平台，为提高人才创新能力营造氛围。一是举办各类创新与科研方法讲座，让人才领悟创新的灵感和内涵，汲取经验、吸取教训；二是充分利用企业内部各种学习交流平台，举办各种科技创新和管理创新活动，为人才提供系统的相互学习、相互交流的机会，集思广益，相互启发；三是邀请国内外、研究机构专家针对某一领域某一主题做学术报告，让人才与专家面对面进行交流和座谈；四是增强企业内部网络的实用性，开设创造式、开放式的网上交流平台，增进企业管理者与人才、人才与人才间的交流与沟通，实现资源共享；五是要尊重创新、宽容失败，营造创新不分大小、创新允许失败、解决问题就是创新、问题就是资源的创新意识和创新环境，减少行政管理对创新的束缚，形成百花齐放、百家争鸣的学术氛围。

四、建立有利于提高人才创新能力的教育培训模式

进一步转变人才的教育培训模式。随着知识与科学技术的发展进步，传统的以知识传授为中心的培训方式已经不能满足创新型人才队伍和企业发展的需要，因此，企业培训重点必须加快从知识掌握的量向知识掌握能力与知识应用能力的转变。要努力推进学习型企业、创新型企业创建，积极应用先进教育理念和成果，着力培养各类人才的终身学习能力，持续提升人才的创新能力、知识获取与应用能力、交流能力和团队协作能力；要积极创新人才培训模式，着力培养人才"知、思、做"的综合素质，使知识积累转化为能力提升。

建立创新型人才团队，实现人才效应的倍增放大。当今是知识经济时代和信息化社会，任何人都不可能依靠自身知识和努力取得成功，都离不开周围环境和他人的支持。河南的发展现状，决定了我们要追赶和超过别的先进地区，必须要找到"弯道超车"的捷径，那就是要利用河南丰富的人力资源，在创新型人才的

引领下像大雁一样强势起飞。大雁在飞行时呈"人"字形飞行，前面的大雁在飞行过程中，为后面的大雁创造了有利的上升气流，使整个团队的飞行效率提升了70%。因此，要加强创新型人才团队的建设，注重发挥人才团队的力量，实现人才效应的倍增放大。

五、建立创新型人才脱颖而出的激励机制

建立人才创新实践的保障机制。一是划拨专项经费，支持人才队伍管理部门和人才队伍开展各类创新实践活动；二是大力开展各种形式的创新活动评比表彰，如技术进步创新、现代化管理创新、合理化建议创新、群众性技术经济创新、五小成果展评、先进操作法创造等；三是建立创新活动考核评估机制，将创新活动进行量化，纳入单位和人才队伍绩效考核中，作为单位业绩和人才培训、使用、晋升的重要依据。

建立创新型人才选拔使用机制。进一步深化改革人才队伍管理机制，形成人才与用人单位双向选择、人才与课题项目挂钩的人才市场，通过公开选拔等办法，大胆启用创新型人才，实现人才资源的优化配置，有效发挥人才的作用。积极建立创新型人才有序流动机制，企业应该鼓励并积极地促进人才的合理的、有序流动，只有人才"活"起来了，真正流动起来，才能更好地发挥人才的作用，创造更大的效益。只有人才资源成为一种共享的资源，企业"人才队伍建设"才有新的空间和新的渠道。

第八章　制度创新与建设人力资源强省

建设人力资源强省是一项庞大的系统工程，涉及人力资源的发展、合理配置等方面，涉及发展战略选择、观念更新、制度变革等因素。在人力资源强省建设过程中，应该对制约河南省建设人力资源强省的人力资源管理制度进行改革，不断完善人力资源的培养机制，健全市场化的人力资源流动机制，以提高人力资源素质，激发人们的创造活力和创业热情，从而保证河南省建设人力资源强省目标的实现。

第一节　制度创新是建设人力资源强省的强有力保证

河南建设人力资源强省需要提高河南整体人口的素质，把巨大的人口劣势变成人力资源优势，这就需要相关的制度作保证。因此，建设人力资源强省，要进行制度创新，通过制度创新为人才的成长和发展提供良好的环境。

一、制度的内涵及制度创新的内容

（一）制度的内涵

根据诺斯对制度的定义，制度是一系列建立生产、交换与分配基础的政治、社会和法律基础规则。制度决定着一种经济的激励结构、决策结构、信息结构及其运行方式，从而决定着经济变化的走向，同时，制度也约束着人们的行为和社会和谐的有序推进。一般来说，进行制度创新可以从非正式制度（由社会认可的非正式约束）、正式制度（国家规定的正式约束）和运行机制三个方面进行制度的构建、支撑和保障，这是制度构成的基本要素，也是进行制度创新的要求。

非正式制度。非正式制度是指人们在长期的社会生活中逐步形成的习惯习俗、伦理道德、文化传统、价值观念、意识形态等对人们行为产生非正式约束的规则，是与法律等正式制度相对的概念。新制度经济学认为，非正式制度是减少其他制度安排服务的最重要的制度安排，可以节约社会运行成本、决策成本、认知和协调成本。事实上，日常生活中，行为约束更多地来自软制度，即非正式制度。

正式制度。正式制度又称正式规则和硬制度，具有强制性特征，是人们有意识建立起来的并以正式方式确定的各种制度安排，他们和非正式制度一起共同约束或者引导着人们的行动。

运行机制。诺斯认为，制度提供的一系列规则由社会认可的非正式约束（制度）、国家规定的正式约束（制度）和实施机制所构成，这三个部分就是制度构成的基本要素。其中，制度构成的第三个部分是实施机制，在现实中，制度的实施几乎总是由第三方进行的，离开了实施机制，任何制度尤其是非正式规则就形同虚设。加强人力资源强省的建设，必须有推进以人为本观念的运行机制。

非正式制度创新、正式制度创新、运行机制创新共同构成了制度创新的体系和框架，是河南建设人力资源强省的实践需要和基本制度安排。

（二）制度创新的内容

制度创新是指在人们现有的生产和生活环境条件下，通过创设新的、更能有效激励人们行为的制度、规范体系来实现社会的持续发展和变革的创新。所有创新活动都有赖于制度创新的积淀和持续激励，通过制度创新得以固化，并以制度化的方式持续发挥着自己的作用，这是制度创新的积极意义所在。

制度创新的核心内容是社会政治、经济和管理等制度的革新，是支配人们行为和相互关系的规则的变更，是组织与其外部环境相互关系的变更，其直接结果是激发人们的创造性和积极性，促使不断创造新的知识和社会资源的合理配置及社会财富源源不断的涌现，最终推动社会的进步。

二、制度创新的意义

在全球一体化的进程中，国家和地区的竞争力源于人才的竞争力，而人才的建设从根本上来看，是取决于人才管理机制与制度的建设。国内有学者在总结了当今时代国际竞争的特点后认为，全球化直接导致了"制度（体制）的竞争"，并使各国政府也在不同程度上直接参与到国际竞争之中。制度系统由于影响到经济发展的成本水平，从而成为决定竞争结果的重要因素，并认为，"当我们分析比如说东亚国家与非洲经济间的增长经历可以如此大相径庭时，制度的关键作用是确凿无疑的。"

在与全球化有关的制度创新中，人力资源管理制度的创新至关重要。因为，制度作为人类相互交往的规则，其核心内容是对利益的分配和协调。其中，包括物质利益、精神需求、政治权益、社会地位等方面的分配规则。而这些都与人力资源管理制度密不可分，是人力资源管理制度所必然包含的重要内容。人力资源管理制度创新虽然仅仅是全部制度创新的一个部分，但由于它涉及社会成员的切身利益因而影响深远。在全球化条件下，人力资源管理制度创新的实践意义主要表现在：

首先，当代全球化的国际竞争是国家创新能力的竞争，只有加强人力资源管理制度的创新，才能提升全民族的创新能力使国家充满活力。当代全球化的一个重要特点是，全球化与知识化相辅相成，知识化为全球化提供了动力和契机。知识化以科学技术的高速发展为基础，包括经济和技术的信息化、数字化、网络化等，它为全球商品、资本的流动提供了物质条件如远洋运输技术与航空货运技术的进步大大降低了国际货物运输与信息交流的成本，为经济全球化提供了有力的保障。知识化对全球化的推动作用是毋庸置疑的，但是，知识化仅仅是为全球化提供了物质的基础和条件，它是全球化的硬件；而全球化还需要通过制度创新扫除发展中的人为障碍，为之提供软件条件。现代制度创新所以能够刺激技术的创新，就在于通过现代产权制度的改革和对知识产权的保护，使私人发明的个人收益率不断提高，从而大大激发了人类创新的积极性，使技术创新从古代个人的、零星的、凭兴趣进行的行为，发展成为全社会的、有组织、有意识的行为。诺斯说："闲暇时的好奇和实践产生我们在人类历史上所见到的某些技术变化。但是，就像我们在现代世界所见，改进技术的持续努力只有通过提高私人收益率才会出现。"而私人收益率的提高，就是要建立有效的社会激励机制。这只有通过人力资源管理制度创新才能实现。

其次，全球化过程中的国际竞争同时也是人才的竞争，只有通过人力资源管理制度的创新，才能创造人才脱颖而出的制度机制，为参与全球竞争提供有力的人才保障。当今时代，人才是最宝贵的资源，当今和未来的国际竞争，从根本上看是人才的竞争。而要造就一大批适应现代化建设需要、具有国际水平的人才队伍，就必须通过人力资源管理制度的创新，改革传统的人力资源管理体制和管理方式，打破束缚人才成长的条条框框，以市场为基础配置人才资源，促进人才市场机制的形成，维护人才的合法权益，为经济发展和社会进步提供人才基础。

再次，加强人力资源管理制度的创新是全面提高劳动者素质，增强中国在国际人才和劳动力市场竞争能力的需要。在全球化过程中，每一个劳动者都面临着国际人才、劳动力市场的激烈竞争，他们的工作机会、福利保障等受到国际人才和劳动力市场的冲击和影响。正如时任联合国秘书长安南所言："全球化对许多人意味着更容易受到不熟悉和无法预测的力量的伤害，这些力量有时以迅雷不及掩耳的速度造成经济不稳和社会失调。甚至在最强大的国家，人们不知道谁是主宰，为自己的工作而担忧，并担心他们的呼声会被全球化的声浪淹没。"由于担心全球化会使发达国家部分低素质劳动者的收入及就业机会减少的原因，在发达国家，反全球化的运动不断高涨。然而，作为一个不可逆转的历史进程，全球化的趋势是不可阻挡的。要应对全球化挑战，与其怨天尤人，不如修炼自身。我们要通过人力资源管理制度的创新，建立人才培养和培训的终身教育体系，完善人力投资、配置、评价的各项制度，提高全体劳动者的素质，以抵御国际人才、劳动力市场可能存在的风险。

总之，人力资源是第一资源，是财富和资本，企业人力资源管理制度更成为其兴旺发达，保持恒久竞争力的关键。在企业人力资源管理制度模式的选择和形成上，要继承以"天下主义"为精髓的大中华优良文化传统，基于河南人口丰富但人力资本贫乏的现实情况和转型期渐进式制度改革的特殊逻辑，同时总结汲取属于全人类的人力资源管理方面的文明成果为我所用，从而走出自己的人力资源管理制度成功之路。在深刻理解人力资源管理制度创新理念的同时，积极探索、创造蕴含现代前沿理念而又适合中国实际情况的人力资源管理制度，加快河南人力资源强省建设进程。

三、制度创新是建设人力资源强省的一项紧迫任务

（一）制度创新是河南从人口大省到人力资源强省的必由之路

建设人力资源强省是河南提出的战略目标和奋斗目标。河南地处中原，有1亿多人口，在中原经济区建设中占据重要的地位。河南经济的发展直接影响到中原经济区的建设进程，进而影响我国整个经济的发展。尽管河南经济欠发达有诸多因素的影响，但人力资源开发不到位则是一个较为关键的因素。一方面，经济落后影响人力资源的开发；另一方面，人力资源开发较差进而又制约着经济的发展。因此，河南要在大力发展经济的同时，大力推进人力资源制度创新。

（二）制度创新可以改变河南人才短缺和人才流失严重的现状

健全人才体制是建设人力资源强省的现实要求。我们的改革，不应以物为本，特别不应以 GDP 为本，而应以人为本。以一亿人口为本的改革观，即改革有助于一亿民众获得更多的发展机会，提高其发展能力，挖掘其潜力，享有发展

的成果。全省一亿人口的全面发展既是制度改革的出发点，又是制度改革的归宿。人才管理与使用的制度不合理，在一定程度上制约着河南经济的发展和人才的引进与流动。要加强人力资源开发，必须进行制度创新。

（三）制度创新可以改变目前社会利益分配不均衡现状

目前社会利益分配极不均衡，造成了人才的不公平感。要改变这种现状，需要在不同的人才层次上建立相应的分配制度，在促成社会公平的同时，加大对人才的培养，创新人才资源开发制度，使其自己增加自己的收入，从而留住人才，变"输血"为"造血"，培养其自身的造血功能。

四、河南建设人力资源强省要重视制度创新

邓小平同志说："改革是中国的第二次革命。"改革不是细枝末节的修剪，而是对原有制度、体制的根本性变革，改革主要是改制度。根本性变革必然要求以制度创新作为最高形式，改革的过程归根结底是制度创新的过程。我们现在所要做的，就是针对影响河南建设人力资源强省的全局的深层次矛盾和问题，以及在河南建设人力资源强省中存在的结构性和机制性问题，努力建立一个既能够发挥市场配置资源的基础性作用，又能够提升全省在科技领域的有效动员能力，既能够激发创新行为主体自身活力，又能够实现系统各部分有效整合的人力资源体系，突出以人为本，建立起激励人才创新、优秀人才脱颖而出的创新机制，营造出一个鼓励人才创新的文化和社会环境，以保持经济长期平稳较快发展，提高全省的竞争力和抗风险能力。通过人力资源的制度安排与政策设计，充分发挥各类人才（政府、大学和科研院所、内资企业的人才）在知识的创造、扩散、使用过程中的协调与协同，寻求资源的最优配置以产生创新性技术，并使之产业化且获得商业利益的能力。

（一）重视非正式制度创新

要实现未来经济发展目标，关键要在加快转变经济发展方式——由主要依靠增加物质资源消耗向主要依靠科技进步、劳动者素质提高、管理创新转变。这就要求我们必须从重经济增长轻环境保护转变为保护环境与经济增长并重，遵循"以人为本"的科学发展战略，走人力资本密集化的发展道路，以此引导政策层面的调整。因此，我们进行人力资源强省的建设，首先需要转变发展观念，从思想和文化入手。真正把以人为本作为指导全省建设人力资源强省的根本方针，构建促进人才培养与发展的非正式制度，同时加强人才观方面的宣传和教育，使得以人为本的理念深入每一个人的心灵，成为每一个人的自觉行动。这也是贯彻执

行人力资源强省建设全民参与的一种机制保障。

(二) 重视正式制度创新

正式制度的根本是立法。河南在建设人力资源强省过程中，要遵循尊重人才、重视人才等原则，构建覆盖人才引进和使人力资源得到培养、发展和有效利用的各个方面的法规和执行标准，把保护和使用人才逐步纳入法制轨道。同时，要在国家政策和总体规划指导下，相应地建立一套适合于自己的正式制度体系，包括人才引进制度、人才培养制度、人才评价制度、人才使用制度等。毋庸置疑，与建设人力资源强省相适应的正式制度体系的建立，将为河南由人口大省到人力资源强省跨越发挥保驾护航作用，是我们建设人力资源强省的核心制度。

(三) 重视运行机制创新

河南建设人力资源强省，需要的实施机制主要包括：一是人才引进和人才发展机制，通过对高层次人才的引进及全省人力资源素质的提高，加快产业结构调整升级，促进经济发展方式的转变和循环经济的发展。二是户籍制度的开放机制，通过逐步放开户籍制度，加快城乡统筹和区域一体化，把工业和农业、城市和农村、核心区和辐射区等作为一个整体，谋求统筹和谐发展。三是人力资源高效市场配置机制，人力资源强省建设中起根本调配作用的是完善的市场运行机制，应充分发挥人力资源的配置作用和建立相关的激励机制。四是服务型的行政管理机制。首先，要建立一个建设人力资源强省的领导机制，成立专门的领导小组；其次，要建立行政执法责任制，建立完备的环境执法监督体系，包括法规制度、执法机构、业务管理、技术装备和人才保障等，这是破解政策执行效率低和目标任务保障不力等难题的有效举措；最后，要加强政府服务功能建设，充分调动各级政府部门为人才服务的积极性，服务于全省人力资源强省建设工作。总之，人力资源强省建设需要相关的运行机制，来推动政策的实施和制度效能的提高。

第二节　河南人力资源制度建设现状

为了保证河南建设人力资源强省的目标实现，河南在人力资源管理制度方面进行了大量卓有成效的改革，但仍存在一些有待改进的方面，如引进过程中的盲目性、人才流动渠道不畅等。因此，还需要不断完善和改进人力资源制度建设。

一、河南人力资源制度建设的成效

经济社会发展呼唤技能人才，也为河南"人力资源素质提升行动计划"的实施带来了契机和广阔发展空间。全省各级人力资源和社会保障部门坚持与时俱进，创造性地开展工作，创新工作机制、培养模式、评价方式、激励办法，各项工作均有新突破。

在创新技能人才培养投入机制方面，河南按照"引凤入巢"、"借船行舟"原则，采取通过借款、吸纳企业、个人等社会力量资金参与支持等措施，多方筹措全民技能振兴工程项目资金，有力提高了各类培训机构的培养能力。自2009年8月以来，支持补助全民技能振兴工程各类项目建设资金共计9460万元，带动了项目多元化筹措建设资金6亿多元。

在创新技能人才评价机制方面，河南进一步突破年龄、资历、身份和比例限制，确定全省各类技能竞赛的优胜者、技术革新、创新带头人和为企业与社会发展带来显著效益的关键岗位首席员工、绝招绝活传承者均可破格晋升技师或高级技师职业资格。同时改革企业技能人才评价机制，加强农村转移劳动力的技能鉴定等，均取得良好成效。

在创新技能人才激励机制方面，河南积极开展技能人才表彰奖励活动，对作出突出贡献的高技能人才进行表彰奖励，同时建立河南省优秀农民工奖励制度，纳入政府奖励序列；建立河南省创业带头人奖励制度等，促进优秀技能人才脱颖而出。

在创新急需紧缺高技能人才培养机制方面，适应河南产业调整振兴规划和产业集聚区的发展需要，通过支持地方政府购买高技能人才培训成果的办法，促进企业、院校及社会各类培训机构加快培养一批社会紧缺、企业急需的高技能人才，逐步建立政府、企业、劳动者三方共同投入的高技能人才培养机制，加大重点领域急需紧缺高技能人才的培养力度。

二、河南人力资源制度建设中存在的问题

目前，河南虽然在人力资源强省建设方面取得了一定的成就，但在制度和机制建设方面还不完善。具体来说：

（一）在引进过程中盲目追求高学历人才的引进

目前，各地各部门都把人力资源作为战略性资源，尤其是全国人才工作会议以后，各地区及企业都在制定人才发展与战略规划，但值得关注的是，有些部门

和企业的人才战略、目标不是依据社会发展战略，或企业发展战略的需求，而是依据政绩的需求，搞人才政绩工程。如此导致一些部门和企业在进行人力资源规划时，追求所谓的"知识高地"、"学历高地"、"职称高地"，即不是根据实际发展的需求、根据区域社会经济的产业特点，确定需要什么样的人才，而是单一在追求引进多少博士、硕士，引进多少教授或院士。一些地区通过特殊的待遇政策，如提供别墅和高薪，盲目引进高端人才，而忽视了科学研究及发挥才能的基本条件，造成人才资源的浪费。

（二）没有以市场为导向来合理配置人才

目前，机制健全、运行规范、服务良好的人才市场体系尚未形成，对人才市场的限制仍然不同程度的存在，人力资源环境建设滞后，良好工作氛围还不够浓。河南劳动密集型企业居多，具有自主研发能力的企业较少，企业研发中心发展滞后，研发基础薄弱，科研承载力不强。职能部门同步规划、同步部署、同步实施的整体性人才开发机制尚未形成，人才服务水平有待进一步提升。

（三）人才中介服务机构的专业化水平与能力不高

目前，河南大部分人才中介机构由政府主导，这些政府主导的人才服务中心收入来源中很大程度上依靠人事档案挂靠收费，而不是依靠提供中介服务产品获取收益。没有垄断性的资源，这些中介服务机构就难以生存。靠垄断性资源就不可能让人才中介机构研究和开发出适应人才需要的人力资源资源产品与服务，导致目前人才中介服务机构产品单一化、同质化，不能形成差异化优势，只能导致打价格战。其结果是人才中介服务机构难以加大产品服务的研发投入，难以提高服务意识、提供高质量的服务产品。

（四）人才概念单一，人才激励不到位

目前，对人才的界定仍然单一模糊，主要是一个以学历、职称为核心的统计概念。这种人才概念显然难以适应全球化的要求。亟待创新人才概念，建立以能力、价值创造和社会贡献为基准的人才概念，一个人只要付出劳动，为社会做出贡献、创造价值，就是人才，而不能简单地以学历、职称、资历、身份等作为标准，要把能力业绩作为人才的核心标准，树立人人可以成才的大人才观。同时，政策机制欠缺，人才创新激励不够。与周边发达地区相比，河南人才集聚、作用发挥的政策吸引力不强，缺乏一套完善的行之有效的优惠政策体系和激励机制。政策针对性不强，人才智力引进和开发培养办法比较笼统，没有针对不同学科、不同水平、不同层次的人才量身定制的优惠政策。政策落实力不强，用人单位尤其是企业对河南人才政策不了解，各部门对人才政策认识不到位，政策执行打折扣。

总之，河南在建设人力资源强省中所面临的问题，既有政府管理体制的，也有具体的政策方面的；既涉及国家层面的制度安排，也包括河南地方层面的制度安排；既有制度缺失的问题，也有政策执行的问题。

第三节　树立先进的人力资源理念

理念问题任何时候都起先导作用，多一分理论就多一分清醒。没有理论指导的人力资源管理工作，是盲目的、不自觉的、不清醒的，也是上不了台阶上不了层次的，只能是低水平地循环往复。人力资源理念创新要切实体现尊重市场主体，体现尊重规律，体现尊重知识、尊重人才、尊重劳动、尊重创造。要切实发挥人力资源在人力资源强省建设和中原经济区建设中的作用，必须牢牢确立以下重要理念：

一、从管理人过渡到开发人

近 20 年来，世界范围内的人事管理正在进行一场根本性的变革，变革的基本趋势是：告别传统的人事管理，取而代之的是现代人力资源开发。中国的情况也是如此，我们正在顺应这种趋势，推动这场变革。在这样的国际国内背景下，人力资源管理工作者需要确立的第一个理念就是自觉实现"从管理人到开发人"的转变，必须从思想上搞清楚什么是传统人事管理？什么又是现代人力资源开发？两者之间有哪些区别？根据笔者的研究发现，传统人事管理与现代人力资源开发两者之间存在着九大区别：

一是视角不同。传统的人事管理视人力为成本，只看到我国人口众多、社会成本过大等负面影响的一面，看不到人的资源性一面；而现代人力资源开发则视人力为资源，认为人力资源是第一资源，是世界上一切资源中最宝贵的资源，经过开发了的人力资源可以升值增值，能够给人类带来巨大的利润。前者视角有误、态度消极；后者视角正确、态度积极。不同的视角差异，将会带来两种截然不同的结果。

二是类型不同。传统的人事管理属于被动反应型，人事部门整日忙于具体事务，对许多事情通常都是被动地作出反应，工作自主性很小；而现代人力资源开发属于主动开发型，人力资源部门可以根据组织发展战略的要求自主实施对人的开发，诸如制定人才规划、实施人才培训、引导人才流动等事项，人力资源部门都可以自主进行，工作的自主性较大。

三是层次不同。传统的人事管理始终处于执行层，一切按领导的意图行事，很少参与决策；而现代人力资源开发则逐步进入了决策层，人力资源部门的地位显著提升。当然，人力资源工作进入组织决策层需要有个过程。我们曾经考察过欧洲的一些大型企业，发现这些企业的人力资源部门已经普遍进入了决策层。例如，德国西门子公司的各级人事主管都已成为本级董事会的成员。就总体而言，这一变革大致经历了四个阶段：第一个阶段是 1945~1955 年的 10 年间，由于战争的原因，造成产品极度匮乏，在此期间普遍注意在生产和设计人员中选拔企业高层主管；第二个阶段是 1955~1965 年的 10 年间，由于生产过剩，产品积压，在此期间企业选拔高层主管的注意力开始转向营销人员；第三个阶段是 1965~1975 年的 10 年间，由于跨国经营的出现，跨国公司里的内外财政问题日益突出起来，在此期间选拔企业高层主管的注意力又开始转向财务人员；第四个阶段是 1975 年以来，由于经济全球化导致竞争加剧，对人的素质要求越来越高，人力资源开发问题被提上了重要议事日程，此时此刻选拔企业高层主管的注意力才开始转向人力资源管理者，于是人力资源管理便逐步进入了决策过程。中国目前企业人力资源部门的地位不尽一致，处在哪个阶段的都有，但其总的发展趋势或早或晚都要进入决策层，这是历史的必然。

四是焦点不同。传统的人事管理以事为中心，通常是因事择人，重管理轻开发、重物轻人、见物不见人，是传统人事管理的突出特征；而现代人力资源开发则是以人为中心，强调的是以人为本、因人择事，始终坚持把对人的开发放在第一位，努力促进人与社会的协调发展。如今，人力资源开发的一个新的理念——"员工与企业同步成长"，正在西方企业界得到广泛认同，这就是现代人力资源开发的突出特征。

五是广度不同。传统的人事管理强调管好用好自有人员，眼睛只向内不向外，工作领域相对很狭小；而现代人力资源开发则不仅关注内部管理，更重要的是积极倡导面向国内外的人才市场引才借智。"引才借智"已成为当今社会的一种时尚，正在受到全社会的普遍推崇。传统的梦长君"用才必养"的人才观正在被逐步打破，"非我养之才也能为我所用"、"不求所有，不求所在，但求所用"等新的人才观正在逐步形成和确立之中。

六是深度不同。传统的人事管理只关注人的显能开发，强调用好员工的已有知识，做到学用一致即可；而现代人力资源开发则关注人的潜能开发，强调要把开发员工的创造潜能作为现代人力资源开发的重点，使每一个人潜在的巨大能量都能得到充分的释放，使每一个人的创造才能得到尽情的施展。有研究成果表明，迄今为止，人类的潜能至少还有 80%处在沉睡状态，有待于我们去开发利用。

七是形态不同。传统的人事管理表现为个体的和静态的管理，喜欢在一种常态情况下思考问题、进行工作，其工作状态呈个别的、零散的、不系统的和非连续性的；而现代人力资源管理开发则强调实施整体的和动态的管理，要求各级人事部门和广大人力资源管理工作者要学会在大局下行动，对整个人力资源管理工作的近期打算和远期设想都要通盘考虑、整体谋划、全面安排，而且要充分考虑到各种不确定的动态因素。

八是方法不同。传统的人事管理方法机械单一，更多使用的是行政调遣的方法，而且对各类人才的管理方法雷同，模式单一，千篇一律，效果极差；而现代人力资源开发则迫切需要理念创新、方式创新和方法创新。所谓理念创新，就是要在全社会逐渐确立起人是资源、人才资源是第一资源、人力资本投入优先、人与社会协调发展、引才借智、人才智慧社会拥有、人才配置市场化、人才管理法制化、人才评价社会化等新的人才理念。所谓方式创新是指要继续推进人事工作的"两个调整"，尽快实现由传统的人事管理向整体性人才资源开发的战略性转移。所谓方法创新，是指要勇于探索，大胆尝试，在实践中不断创新人力资源管理和人才开发的新方法。

九是部门性质不同。传统的人事管理部门包括企业的人事部门在内全都属于非生产和非效益部门，不讲投入产出，成本意识淡薄，资源浪费严重；而现代人力资源开发部门则应逐渐转变为生产部门和效益部门，必须讲求投入和产出。生产的产品就是合格人才，追求的效益包括人才效益、经济效益和社会效益的统一，还包括近期效益和远期效益的统一。

在以上分析的基础上，还可以作出两种概括：第一种概括为 40 个字，即把传统人事管理概括为"抄抄写写，调调配配，进进出出，上上下下"16 个字，把现代人力资源开发概括为"坚持以人为本，注重潜能开发，讲求投入产出，进入决策过程"24 个字。第二种概括为 6 个字，即把传统的人事管理概括为"管理人"3 个字，把现代人力资源开发概括为"开发人"3 个字。中国的人力资源问题，第一是开发，第二才是管理。

二、从管理人过渡到服务人

我国传统的人事管理是一种全方位的垄断性管理。重管理，轻服务是它的重要特征之一。现如今，人力资源管理已经由过去单一的管理转化为多元化、多层次、全方位的服务。"管理就是服务"已经成为共识。这些年来，人力资源管理工作的服务功能在日益拓展，各地的人才市场、人事代理、人才租赁等服务业务日趋成熟。满足人才需求、保障人才权益、促进人才发展等提上了重要日程。

三、从管理人过渡到影响人

教育者应该首先受教育，开发者必须首先被开发。打铁先要自身硬。从某种意义上讲，一个地区、一个单位，人力资源开发的水平取决于开发者自身的开发水平。人力资源管理工作者要率先成为复合型人才。什么样的人可称为复合型人才呢？即知识复合、能力复合、智商与情商的复合。知识复合又必须符合三条要求：一是知识面宽；二是在一两个领域有深度；三是能把大量零散的知识整合起来，做到融会贯通、应用自如。能力复合就是要做到一专多能、身兼数职，一个人会做几种工作。智商与情商的复合，则是指既会做事、更会做人。智商讲的是如何做事，情商讲的是怎样做人。智商开发要解决知识武装问题，情商开发要解决心理调整问题。"靠智商得到录用，靠情商得到提升"的观点正在得到国际社会的广泛认同。

四、从行为管理过渡到心理管理

刚性管理的时代即将结束，柔性管理的时代已经来临。未来的管理是：刚柔相济、以柔为主、柔中带刚、以柔克刚。现代管理者必须懂得：人事两柄，一奖一惩；以奖为主，以惩为辅。多一点激励，多一点沟通，多一点理解，多一点关爱。要善于运用心理学和行为科学的方法，研究员工的心理现象，了解员工的心理需求，把握员工的心理规律。

五、从行政管理过渡到盟约管理

人力资源管理大致要经历过三个不同的发展阶段，即从行政管理阶段到契约管理阶段，再发展到盟约管理阶段。传统的人事管理叫人事行政管理，管理的两大主体权力地位是不平等的，个人从来都是依附于组织的。叫你往东别往西，叫你打狗千万不要去追鸡。我是革命的一块砖，东西南北任你搬。如今，中国的人力资源管理正在进行根本性的变革，其趋势之一就是废除终身雇佣制度推行聘用合同制度。按需设岗，按岗聘用，以岗定酬，合同管理。管理的两大主体权力地位逐渐趋向平等。当然，目前还没有实现完全意义上的平等，组织依旧是强者，个人仍然是弱者。人力资源管理进一步发展，将要过渡到盟约管理阶段，到那个时候，加盟的各方权力地位才能实现完全平等，我打你通的时代将宣告结束。

六、从事本管理过渡到人本管理

传统的人事管理以事为中心，重物轻人，见物不见人，把人只是当作劳动的工具。现代人力资源开发则是强调以人为中心，要促进两个发展相统一，即既要促进经济社会的健康持续发展，又要促进人自身的全面发展。马克思主义的最高命题是什么？中央党校的一位教授讲得很精辟，"为了一切人自由而全面的发展"。这既是马克思主义的最高命题，也是现代人力资源管理工作者的最高命题。以人为本、人本管理、最大限度地满足人的发展需求，应该作为现代人力资源工作者的重要理念。

七、从传统管理过渡到现代管理

管理理论发展大致经历了六个阶段：泰勒的经济人阶段；梅奥的社会人阶段；马斯洛的自我人阶段；戴维斯的组织人阶段；公司文化兴起时期的文化人阶段；彼得·圣吉的学习人阶段。现代管理理论是 1911 年泰勒先生提出来的，这一理论的提出使企业管理从无序管理转入有序管理，从而使企业的管理效益倍增。泰勒主张把人看成是"经济人"，这是现代管理理论的第一阶段；第二阶段的代表人物是梅奥，他主张把人看成是"社会人"，认为人不仅能具有经济属性，同时还具有社会属性，比泰勒进了一步；第三阶段的代表人物是马斯洛，他主张把人的需求由低到高分为五个不同层次，其中得到社会认可、实现自身价值是人的最高需求；第四阶段的代表人物是戴维斯，他通过对组织文化的研究，提出要把人看成是"组织中的人"，任何人都应该在一定的组织里生活；第五阶段是 20 世纪 80 年代公司文化兴起后把企业人看成是"文化人"；第六阶段即 20 世纪 90 年代彼德·圣吉提出的学习型组织理论，提倡系统思考、自我超越、努力改善心智模式、积极参与组织的学习，主张把人看成是"学习人"。在共同愿景下努力发展自己，不仅把学习看作人的天性，而且把学习看作生命的源泉。彼得·圣吉先生的学习型组织理论有三个核心内容：第一，它强调的是团体的学习，而不是个人的学习；第二，它强调的是持续的学习，而不是一时的学习；第三，它强调的是改变人们心智模式的学习，而不是一般知识和技能的学习。

八、从一元目标过渡到两元目标

现代人力资源开发必须坚持两元目标。第一个目标是提高人的智力，让我们的员工一个比一个聪明，个个都聪明绝顶；第二个目标是激发人的活力，让我们的员工一个比一个积极，人人都是拼命三郎，没白没黑、废寝忘食。什么叫激发员工的活力呢？笔者认为，具体应包括六个要素，即调整人的心态、变革人的思维、转化人的观念、激发人的热情、提高人的情绪商、开发人的创造力。

九、从传统人才观过渡到科学人才观

2003 年，党中央国务院召开了全国首次人才工作会议，第一次提出了科学人才观的论断。如何理解、怎样确立科学的人才观呢？首先，必须了解新中国人才观的历史演变；其次，必须把握科学人才观的三项核心内容；再次，必须深刻理解科学人才观的全面内涵。

把新中国的人才观分成三个不同的阶段：第一阶段从新中国成立后至"文革"时期。第二阶段从"文革"以后至中央人才工作会议召开之前。第三阶段即中央人才工作会议召开之后。第一阶段的人才观政策导向是"出身＋门第"。当时的人才标准是"根红苗正老茧多"。这在当时是符合中国实际的，因为在那个时期我们国家的知识分子为数甚少，大学生简直是凤毛麟角、寥若晨星，一个高小毕业的人在当时就能堪称为小知识分子。1957 年，毛泽东在《关于正确处理人民内部矛盾》一文中讲到，我们国家有 500 万知识分子。经查证，当时界定范围是初中毕业以上的人。所以，在当时特定的历史背景下，人才观的内涵更多强调的是家庭出身和门第。从一切权力归农会过渡到工人阶级领导一切。只要出身好，苦大仇深，就能得到重用。一时间，"老子英雄儿好汉，老子反动儿混蛋"、"越穷越革命，越穷越光荣"、"宁要社会主义的草，也不要资本主义的苗"等口号在社会上十分盛行。第二阶段的人才观政策导向是"文凭＋职称"，具体标准是"中专以上学历、初级以上职称"。1982 年，国务院 149 号文件规定：中专以上学历或技术员以上职称的，即可统计在人才之列。当时的本意是特指专门人才而言的，后来人们渐渐地把它演绎成全社会的人才标准，直至人才工作会议召开。把学历和职称作为全社会各类人才的统一标准，显然不合适。第三阶段即中央人才工作会议召开之后。现时的人才观政策导向是"能力＋业绩"。科学人才观淡化出身门第，弱化文凭职称，强化能力业绩。

要贯彻落实好科学人才观，必须把握它的三项核心内容——"三条标准"、"四个要素"、"四个不唯"。"三条标准"就是具有一定的知识和技能、能够从事创造性工作、能为经济社会建设作出积极贡献，符合这三条即是人才。"四个要素"即品德、知识、能力、业绩，这是衡量人才的主要标准。"四个不唯"即不唯学历、不唯职称、不唯资历、不唯身份，这"四个不唯"不是"四个不讲"，更不是"四个不要"，而是既强调大量培养有丰富实践经验和有一技之长的高技能人才、实用型人才，同时也强调要高度重视培养造就和引进高层次人才，并以此带动整个人才队伍建设。过分强调事物的一个方面，而忽视另一个方面，事物就容易走向反面。既要注意那些有学历、有能力的人，又要注意那些学历不高、能力很大、先天聪颖、后天勤奋、才能杰出、贡献非凡的人。

要贯彻落实好科学人才观，必须全面把握科学人才观的深刻内涵。科学人才观博大精深，内涵丰富，至少蕴含着 12 个重要观点，具体是：人才存在的广泛性、人才类型的多样性、人才本质的创造性、人才标准的时代性、人才资源的稀缺性、人才本体的相对性、人才发现的潜显观、人才鉴别的实践观、人才使用的时空观、人才培训的投资观、人才评价的分类观、人才开发的多维观。

第四节　完善人力资源制度创新的运行机制

在建设人力资源强省的过程中，不仅要有先进的人力资源理念，而更重要的是如何将这些理念落实到机制、制度和流程建设上来。

一、成立省级人力资源开发决策审议机构

人力资源开发涉及多个部门和机构，在战略规划、决策制定、审议实施等方面需要更多地统筹协调与整合，为确保"第一目标"的实现，可以成立人力资源开发决策审议委员会。该委员会行使人力资源开发决策审议委员会的职能。该委员会应充分利用专家和专门研究机构的力量，使河南人力资源开发决策科学化、程序化、制度化。

人力资源开发决策审议委员会的主要职责和任务：

（1）加强人力资源的宏观管理，统筹协调教育、科技、农业、人事、劳动与就业、财政、计划、税收等部门的关系，制定国家教育与人力资源开发中长期战

略与发展规划，并监管其实施；

（2）保证人力资源开发的战略性投资布局的调整到位，科学确定各领域的投资支出重点，保证经费的稳定性和可持续增长；

（3）确定政府各相应职能和分工合作的权责，建立为人力资源开发统筹服务的运行机构和法律保障机制；

（4）制定指导人力资源开发的标准和实施保障规范。

二、实行省级政府统筹为主的人力资源开发管理体制

为实现人力资源强省的宏大目标，根据河南实际，建议加大改革力度，对河南现有教育管理体制作出重大调整，实现各级各类教育以省级统筹管理为主，确立基础教育特别是义务教育经费保障机制和均衡发展机制的建立，建立健全河南人力资源开发体制。在增加地方财政税收基数的基础上，实行由省统筹管理教育体制，保障九年义务教育和普及高中阶段教育，支持国家重大攻关项目和涉及国家战略、国防安全、科技创新以及基础研究等领域的投资。

创造条件进行教育管理综合改革试点工作，试点工作包括成立省级人力资源开发决策审议机构、以省为主统筹各级各类人力资源开发、非财政性教育融资机制等重大公共治理与公共财政体制改革，并逐步总结经验，理顺关系，分步实施，全面推开。

三、实施以能力建设为本的就业培训制度

21世纪是知识经济社会，知识要素、能力要素正成为经济发展与社会进步最关键的要素。当今社会，人们越来越意识到学习能力、就业能力、工作转换能力和创业能力是一个人生存发展的立身之本、幸福之源。提高河南人力资源的发展能力，保证他们的充分就业和自主创业，贯穿以人为本和就业导向原则，努力实现从学历本位到能力本位的转变，建立与市场经济体制相适应的人才培养、选拔、评价、竞争、激励机制，是河南人力资源开发的必然选择和客观要求。

一要建立和完善各种培训与人力资源开发保障制度，全面提升河南人力资源的学习能力、就业能力、工作转换能力和创业能力。以市场需求为导向，积极创造就业机会和实现充分就业，保障丰富的劳动力资源得到充分合理的利用，成为新时期的当务之急，而建立和完善各类培训制度更是刻不容缓。在劳动和社会保障部、教育部等国家有关部门现有制度框架基础上，必须突出重点，加大力度，切实解决当前和今后一段时期人力资源开发与就业的突出问题。

二要大力推行职业资格证书制度，完善就业准入制度。对城镇不能升学的初、高中毕业生，以及农村未能继续升学并准备从事非农产业工作或进城务工的初、高中毕业生，普遍建立和实行劳动预备制度，与农村转移人口教育培训相衔接，在就业前必须接受1~3年的高中阶段的高中文化程度与职业培训教育。劳动预备制人员培训或学习期满，取得相应证书后，方可就业。从事一般职业（工种）的，必须取得相应的职业学校毕业证书或职业培训合格证书。从事国家和地方政府以及行业有特殊规定职业（工种）的，在取得职业学校毕业证书或职业培训合格证书的同时，还必须取得相应的职业资格证书。

三要强化失业、转岗人员培训制度。要在当地政府的组织领导下，充分利用现有教育资源，针对下岗失业人员大力进行转岗、再就业和创业培训。在教学管理上，实施学分制和弹性学制，实行全日制学习与部分时间制学习并举，以部分时间制和业余学习为主。要采取集中学习和分散学习相结合的办法，特别注意利用晚间和节假日等业余时间，尽可能方便他们顺利完成学业。在培训方式上应坚持用工单位培训和社区培训并举；培训内容要以职业技能培训为重点，切实增强培训的针对性和实用性。在培训费用上，下岗失业人员可以通过在劳动部门登记注册，领取政府补贴一定数额的培训凭证，根据自己的意愿，到政府认定的培训机构接受培训。

四要继续实施"农村转移人口教育培训工程"。为了对全省人力资源进行开发，在积极推进户籍制度改革的同时，在接收农村转移人口较多的城市设立专门面向农村转移进城人员的、灵活多样的、具有较强针对性普及高中阶段教育和实用性的教育培训项目（包括中等、高等职业教育与技能培训），为农村转移进城人员（主要是初中和高中阶段）提供学习和培训机会，有效提高他们的学习能力、就业能力、工作转换能力和创业能力，为他们在城市的生存和发展创造条件，使农村转移进城的初中文化以上程度人员拥有与城市人口相对平等的发展机会和受教育水平。要贯彻学历教育与非学历教育并举、学历证书和职业资格证书并重的原则，推动劳动预备制度和职业资格证书制度的实施。根据务工人员的需要，开设通用的高中文化程度的模块课程和职业技术模块课程，利用学分制分阶段完成学业。学完课程的发给相应程度的高中毕业证书和全国通用的"教育培训护照"，"护照"将记录转移人员学习情况，并在全国通用。接受农村初中转移人口的企业部门有义务按照国家普及高中教育的要求，提供并保证转移人员的学习时间和学习场地。农村转移进城人员教育培训工程的实施，采取先行试点、逐步推开、以市为主的做法，先在经济相对发达的地区进行试点，以后逐步扩大到其他地方。

五要建立从业人员带薪学习假制度。当前，劳动者和专业人员的知识、技术和技能更新速度越来越快，对于教育培训的依赖程度越来越强，其素质的提高已成为经济增长的内在动力之一。为了不断提高从业人员的业务素质，满足个人多样化的学习要求，要保证政府机关干部、国有大中型企业职工、公司职员以及各级各类学校教师每人每年有不少于 2 周的带薪培训，企业、用人单位要将培训费用打入个人工资预算，由个人选择培训时间和培训机构接受培训，允许企业将职工培训费用列入成本，培训项目根据个人的意愿而定。

四、整合现有科学研究体系，建立大学与科研院所一体化的创新体系

关于创新体系，目前国际上基本形成了国家技术创新系统理论、国家创新系统理论、国家知识创新系统理论三种模式：

一是国家技术创新系统理论。以日本和东亚经济发展经验为基础。在工业经济时代，国家技术创新系统对日本等国家的经济起飞，起了重要作用。但是，随着世界经济向知识经济转移，这种理论模式已经显露出其弊端。20 世纪 90 年代亚洲经济危机给国家技术创新系统理论敲响了警钟。人们注意到，"后发优势"失灵。随着知识和经济的全球化，知识、技术、人才的全球流动加快。新知识的市场价值很快被知识生产者所获取，留给知识学习者或模仿者的价值很少。我们不具备日本和韩国的国际条件，不少国家对我国的高技术出口仍存在许多限制；不少关键战略高技术，想买都买不到。而且，中国是一个 12 亿人口的大国，中国不能成为任何国家的"技术附庸国"，更不能成为"知识附庸国"，中国不可能，也不应该成为别国的"文化附庸国"。

二是国家创新系统理论。它是在比较研究了日本和欧美国家创新系统的基础上提出来的。它在强调技术创新的同时，突出知识生产、传播和应用。把技术创新与知识创新结合起来，重视人力资本和知识资本在经济发展中的作用。国家创新系统理论，比较适合于从工业经济向知识经济过渡时期的国家。随着知识时代的到来，科技进步进一步加快，技术及产品的市场生命周期大大缩短，经济增长的可持续性更加依赖于知识和技术进步的持续推动，知识经济将更加强调知识创新与技术创新并举。面向知识时代的国家创新体系，知识和技术的生产、传播与利用将具有同样的重要意义。

三是国家知识创新系统理论。它是基于对知识经济发展的一种理论预测提出

来的。在知识经济占主导地位的时代，知识创新和新知识高效应用成为经济增长的动力和源泉。国家创新系统，将围绕知识创新、新知识传播和新知识应用来展开。目前，处于知识文明发展阶段的国家，如美国等的国家创新系统，正在向国家知识创新系统过渡。

河南应该走系统理论模式，即知识创新和技术创新并重。为此，必须以世界科技发展、世界经济走向为参照，着眼于全面创建学习型社会，迅速构建一个完整的创新体系。在目前的整个知识体系中，高等学校和科研院所的科研体系存在各自为战、重复设置、缺乏协调的现象，形成教学与研究割裂二元体制。这样的体制一方面浪费了全省的有限宝贵资源，降低了使用效率；另一方面浪费了研究人员、教师和学生的智力，阻碍了知识的传播和创新。因此，为了全面提升全省的创新能力，为全面创建学习型社会奠定坚实基础，重组创新体系势在必行。

为进一步整合高技术创新人才资源，应逐步创造条件将各部门的科研院所与大学统筹合并，开展整合现有科学研究体系与大学科研机构的试点。从事应用研究和开发的院所应与企业结合（包括合并或结盟），有条件的可成为公司性质的私立研究所，使研究与开发一开始就面向市场，尽快实现科技成果的产业化和商品化。强化科学研究基金会对科研项目的管理。建立完善的科研项目评估、立项、监督指标体系，采取公开招标形式确定项目承担者；全面实行课题制和课题负责人负责制，并赋予课题负责人更大的自主权。

五、提高人力资源开发国际化程度

全面创建学习型社会，必须进一步扩大对外开放，在我国履行 WTO 教育服务贸易承诺、制定出台新的中外合作办学法规的前提下，坚持"请进来"和"走出去"相结合的方针，大力引进国外优质教育资源和智力，不断提高河南人力资源开发的国际化程度。

一要加大专项基金投入，提高公派留学的实效性和回归率。要加大投入，扩大规模，做好国家留学基金资助选派留学人员工作，提高公派人员的质量和待遇。加强高层次人才的培养，加大人才的培养力度。合理调整留学人员类别，进一步提高国家留学基金的效益。

二要积极创造条件，扩大宣传，扩大来华留学规模。要深刻认识国际人才争夺战的激烈性，设立专项资金，简化来华手续，合理制订培养成本，制订外国留学生勤工助学政策，支持、鼓励高层次外国留学生来华从事高水平研究工作。

三要继续实施"请进来"战略，吸引海外优秀专家学者特别是华人专家以各种方式为国服务。鼓励海外优秀人员在国内高校、科研院所、国家重点（开放）实验室、工程技术研究中心及各类企业、事业单位受聘兼职和工作。鼓励他们利用先进科学技术、设备和资金等条件，与国内高等学校、科研院所、企业单位进行多种形式的合作研究。鼓励他们在国内转化成果、创办企业、自主投资、开展服务。

四要加大"走出去"步伐，积极拓展国际劳动力市场和教育市场。在实施上述"请进来"战略的同时，要努力打好国际劳动力市场和教育市场的"中国牌"。要进一步在全球推广汉语教学，培养我国社会主义现代化建设的海外关注者、支持者甚至建设者，牢固树立中国在国际事务中应有的主导地位。支持具备条件的高等学校和其他教育机构走出国门，赴境外办学。要通过加大国内培训的力度，积极开展国际劳务输出，特别是在医药、教育、建筑等行业要造就进军国际市场、抢占市场份额的先遣部队。

五要积极稳妥地推进中外合作办学，吸纳国际优质教育资源。为尽快提高急需人才的培养水平，并建立适应经济建设发展和入世需要的人才培养计划，特别要鼓励我国高等学校和国外高水平的大学多种形式开展高层次的合作办学（如建立中外合作办学的研究生院），迅速培养能够适应国际竞争的管理、金融、法律、高新技术等前沿研究领域的紧缺人才。抓住"入世"后知识流动和知识共享障碍减少的契机，加强国际合作研究和交流，充分利用发达国家的知识、信息资源，缩小中外教育与人力资源开发之间的差距。

六、以教育信息化推动人力资源跨越式发展

教育信息化是建立学习型社会的重要手段，对河南这样一个人口大省尤其具有重要现实意义。河南必须抓住世界信息化发展的机遇，加强信息技术基础设施建设，利用广播电视和计算机网络的优势，不断扩大远程学习和培训的领域，推动人力资源开发的跨越式发展。

一要推进信息技术应用，使其成为人力资源开发的主要手段。加快实施"校校通"工程。河南全部高校和大部分中等学校要接入中国教育科研网；河南贫困地区的县和县以下的中学及乡镇中心小学与中国教育卫星宽带网联通。不具备上网条件的少数中小学校要配备多媒体教学设备和教育教学资源。积极推进信息技术与学校教学整合。全省所有中学以及城市和经济比较发达地区的小学将逐步开设信息技术必修课，并争取尽早扩展到全省，在高校要普及多媒体教学。积极支持和进一步规范网上教育的办学行为。着眼于提高全省民众学习能力、就业能

力、工作转换能力和创业能力，鼓励高等学校以及其他各类办学机构投资创办网络学习、教育、培训机构，并根据学习者的需求开发适应学历和非学历教育需求的网络课程资源，不断满足学习者多样化的随时随地学习需求。

二要建立网络学习和在校学习相互沟通的体制，实现网络学习成绩的校际互认。首先，逐步在每一所学校中建立网络学习和在校学习的同一质量和考核标准，淡化网络教育和在校学生身份的区别，允许网络学习者可以根据自己生活、工作的安排，选择最合适的学习方式——在校、在家或其他场地通过网络学习。其次，为满足社会成员多样化的学习需要，网络教育实行弹性学制，并借鉴韩国"学分银行"的做法，建立多元化的学业评价和选择机制，实现各个学校之间的学分互认。

三要广泛利用现有教育资源，建立网络教育与正规、非正规教育相互沟通的体制，建立和完善社区学习服务体系。要以大专院校、广播电视大学、各级各类中小学及职业学校、成人文化技术中心为依托，在所有农村乡镇、城市街道普遍建立网络学习中心，形式可以多种多样，可根据当地的实际决定。如农科教基地、家长学校、老年学校、周末学校、夜间学校等，把远程教育与正规、非正规教育相互结合起来，使之成为能够满足人们多样化学习需求的学习型社区文化教育服务中心。各地政府要为社区文化教育服务中心配备合格的专兼职教师（或协调员）。学习者以网络学习为主，还可以采取辅导教师走出去上门服务或把特殊需要的学习者请进来的办法，保证网络教学的质量，同时可以大大地改善对不利人群的教育。

七、积极探索创建学习型社会有效途径

创建学习型社会，是我们为之奋斗的一个宏大目标，必须采取多种形式，积极开展学习型社会创建活动，不断推动这项工作朝既定目标迈进。广泛开展学习型政党、学习型政府、学习型城市、学习型机关、学习型企业、学习型社区、学习型家庭创建活动，与实现全面小康目标同步，建成完善的学习型社会。

八、构建人力资源发展指标体系平台

将人力资源能力建设纳入建立学习型社会的整体规划之中，建立一套科学的具有指导实践意义的人力资源发展指标，并进行长期、动态、延续的监控研究，努力促进河南人力资源开发持续健康发展。人力资源发展指标既要反映不断发展变化的国情，也要在更为广阔的视野中更多地了解人力资源开发的总体趋势及最

新动态，并为各级政府部门制订战略发展目标、行动计划提供有价值的信息、思路、经验和对策，为进一步的监控研究奠定系统的信息基础。

构建人力资源发展指标信息资源平台，将有助于提高政府科学决策与管理职能效益，有助于政府部门运用经济、法律等管理手段，对人力资源开发进行宏观管理与战略调控；有利于地方政府依据本地区实际情况确定未来发展的目标与对策；有利于满足社会经济行业、企业信息咨询等多方面的需求；有利于与国际组织、学术机构进行交流和合作。

主要目标。争取用人力资源研究领域最有基础的机构，建成能确立国家品牌、具有权威性、国际上有一定影响力，旨在推广应用、为政府宏观决策和社会经济部门提供咨询服务的教育与人力资源测评项目工程，形成政府宏观管理决策的支持服务系统。

具体目标。构建国家级、与国际接轨的、开放的、内容不断丰富和更新的综合性的教育与人力资源数据信息库，在此基础上，逐步形成数据、指标、分析为一体的人力资源发展水平及其与经济社会发展协调的指标体系；为政府人力资源开发提供决策和政策的信息支持；为推动人力资源发展研究国际合作与交流提供信息基础；为社会和个人提供教育与人力资源信息服务。

主要功能。通过指标特有的功能，构建全省的综合性人力资源发展信息平台，并进行长期、动态、延续的追踪研究。一是发挥信息体系的导向功能和预警功能，为河南制定人力资源开发目标、行动计划提供强大的信息支持和可靠的决策依据；为政府科学测量、监控各地区的人力资源发展状况，进行分类指导提供信息支持和检测工具。二是科学、系统、全面地反映国际、国内人力资源开发现状及最新动向、变化趋势，为人力资源学术和实证研究提供国际、国内比较背景以及大量的实际经验教训。三是充分运用现代网络技术传播项目成果提供公共服务，推进信息的社会传播和实现电子政府的高校管理，积极满足社会经济行业、企业、个人对人力资源开发的信息咨询的多方面需求。

第五节　推进制度创新建设人力资源强省的对策

按照建设人力资源强省的战略目标和战略构想，为解决河南人力资源开发的紧迫问题，需要采取有效举措，积极推进人力资源开发的制度创新。

一、重构人力资源开发公共治理结构

制度创新的首要任务，就是要重建人力资源开发的公共治理结构，使之能够适应社会主义市场经济进程中人力资源开发的新情况、新任务，规范、保障、激励学习型社会中不同参与主体的行为。这一制度创新是涉及全局、影响长远的重大问题，也是迫在眉睫、需要认真着手研究的关键问题。重建人力资源开发公共治理结构的核心是明确政府的定位，解决政府宏观管理的原则、范围、权责、程序等问题。围绕用好用活人才，完善政府宏观管理、市场有效配置、单位自主用人、人才自主择业的人才管理体制。改进宏观调控，推动政府人才管理职能向创造良好发展环境、提供优质公共服务转变，运行机制和管理方式向规范有序、公开透明、便捷高效转变。健全人才市场体系，发挥市场配置人才资源的基础性作用。遵循放开搞活、分类指导和科学规范的原则，深化国有企业和事业单位人事制度改革，创新管理体制，转换用人机制，扩大和落实单位用人自主权。发挥用人单位在人才培养、吸引和使用中的主体作用。

完善政府人才公共服务体系，建立一体化的服务网络。健全人事代理、社会保险代理、企业用工登记、劳动人事争议调解仲裁、人事档案管理、就业服务等公共服务平台，满足人才多样化需求。创新政府提供人才公共服务的方式，建立政府购买公共服务制度，为各类人才平衡工作和家庭责任创造条件。加强对人才公共服务产品的标准化管理，大力开发公共服务产品。

要按照政府行政管理体制改革的总体部署，完善人才管理运行机制。规范行政行为，推动人才管理部门进一步简政放权，减少和规范人才评价、流动等环节中的行政审批和收费事项。分类推进事业单位人事制度改革，逐步建立起权责清晰、分类科学、机制灵活、监管有力的事业单位人事管理制度。克服人才管理中存在的行政化、"官本位"倾向，取消科研院所、学校、医院等事业单位实际存在的行政级别和行政化管理模式。在科研、医疗等事业单位探索建立理事会、董事会等形式的法人治理结构。建立与现代科研院所制度、现代大学制度和公共医疗卫生制度相适应的人才管理制度。完善国有企业领导人员管理体制，健全符合现代企业制度要求的企业人事制度。鼓励地方和行业结合自身实际建立与国际人才管理体系接轨的人才管理改革试验区。

二、构建公共教育财政制度

随着社会主义市场经济条件下新的政府公共治理结构和公共财政体制的建

立，公共教育财政制度相应也要构建，这是实现从计划经济体制下教育财政制度模式向市场经济体制下新教育财政模式的转换。重构公共教育财政制度的根本目的是扩大政府对公共领域和公共事务的投入，提高有限资源的配置与使用效益，在加强省级政府统筹管理的体制下，力争做大"蛋糕"，加大对河南经济不发达地区的财政转移支付力度，保证在有限资源下实现社会公平的最大化。

各级政府优先保证对人才发展的投入，确保国家教育、科技支出增长幅度高于财政经常性收入增长幅度，卫生投入增长幅度高于财政经常性支出增长幅度。逐步改善经济社会发展的要素投入结构，较大幅度增加人力资本投资比重，提高投资效益。进一步加大人才发展资金投入力度，保障人才发展重大项目的实施。鼓励和支持企业和社会组织建立人才发展基金。在重大建设和科研项目经费中，应安排部分经费用于人才培训。适当调整财政税收政策，提高企业职工培训经费的提取比例。通过税收、贴息等优惠政策，鼓励和引导社会、用人单位、个人投资人才资源开发。

三、健全人力资源开发法律法规保障体系

改革开放以后，我国逐步颁布了一系列教育方面的法律法规，尝试建立保障教育发展和人力资源开发的法律环境。但是，面对急剧的社会转型，特别是市场逐步介入教育领域，现行的法律法规很难为教育发展和人力资源开发提供良好的制度环境，因此，健全法律法规保障体系在当今显得尤为迫切。

坚持用法制保障人才，推进人才管理工作科学化、制度化、规范化，形成有利于人才发展的法制环境。加强立法工作，建立健全涵盖国家人才安全保障、人才权益保护、人才市场管理和人才培养、吸引、使用等人才资源开发管理各个环节的人才法律法规。

要研究制定人才开发促进法和终身学习、工资管理、事业单位人事管理、专业技术人才继续教育、职业资格管理、人力资源市场管理、外国专家来华工作等方面的法律法规。完善保护人才和用人主体合法权益的法律法规。

四、建立现代学校制度

在建立公共治理结构、公共财政制度以及法律法规体系的基础上，建立现代学校制度，确立学校法人地位，其目的在于增强学校自我约束、自我完善、自我发展的能力，使学校面向社会和市场自主办学，主动满足社会经济发展和人民群众对教育的需求。

要坚持以国家发展需要和社会需求为导向，以提高思想道德素质和创新能力为核心，完善现代国民教育和终身教育体系，注重在实践中发现、培养、造就人才，构建人人能够成才、人人得到发展的人才培养开发机制。坚持面向现代化、面向世界、面向未来，充分发挥教育在人才培养中的基础性作用，立足培养全面发展的人才，突出培养创新型人才，注重培养应用型人才，深化教育改革，促进教育公平，提高教育质量。统筹规划继续教育，基本形成学习型社会。

要把社会主义核心价值体系教育贯穿人才培养开发全过程，不断提高各类人才的思想道德水平。建立人才培养结构与经济社会发展需求相适应的动态调控机制，优化教育学科专业、类型、层次结构和区域布局。创新人才培养模式，全面推进素质教育。坚持因材施教，建立高等学校拔尖学生重点培养制度，实行特殊人才特殊培养。改革高等学校招生考试制度，建立健全多元招生录取机制，提高人才培养质量。建立社会参与的人才培养质量评价机制。完善发展职业教育的保障机制，改革职业教育模式。完善在职人员继续教育制度，分类制定在职人员定期培训办法，倡导干中学。构建网络化、开放式、自主性终身教育体系，大力发展现代远程教育，支持发展各类专业化培训机构。支持建立军民结合、寓军于民的军队人才培养体系。

五、培育社会参与和市场机制导向制度

改革开放以来，社会主义市场经济体制不断建立完善，以市场机制配置社会资源的基础性作用正在不断增强，政府管理的职能和方式逐步转变，社会力量介入教育等公共事务的步伐加快。社会参与和市场机制导向的制度安排，有助于制衡政府权力，发挥社会各个方面的积极性，提高资源配置的效益。

根据完善社会主义市场经济体制的要求，推进人才市场体系建设，完善市场服务功能，畅通人才流动渠道，建立政府部门宏观调控、市场主体公平竞争、中介组织提供服务、人才自主择业的人才流动配置机制。健全人才市场供求、价格、竞争机制，进一步促进人才供求主体到位。大力发展人才服务业。加强政府对人才流动的政策引导和监督，推动产业、区域人才协调发展，促进人才资源有效配置。

在建立统一规范、更加开放的人力资源市场基础上，发展专业性、行业性人才市场。健全专业化、信息化、产业化、国际化的人才市场服务体系。积极培育专业化人才服务机构，注重发挥人才服务行业协会作用。进一步破除人才流动的体制性障碍，制定发挥市场配置人才资源基础性作用的政策措施。推进政府所属

人才服务机构管理体制改革，实现政事分开、管办分离。逐步建立城乡统一的户口登记制度，调整户口迁移政策，使之有利于引进人才。加快建立社会化的人才档案公共管理服务系统。完善社会保险关系转移接续办法。建立人才需求信息定期发布制度。完善劳动合同、人事争议仲裁、人才竞业避止等制度，维护各类人才和用人单位的合法权益。

六、建设学习型社会保障制度

建设人力资源强省就是要创建学习型社会，因此，要完善现代国民教育体系，发展继续教育，构建终身教育体系，实现人人学习、时时学习、处处学习、灵活学习。倡导支持全社会在创建学习型社会中积极探索，构建一系列旨在促进学习型社会发展的制度保障。

要坚持以国家发展需要和社会需求为导向，以提高思想道德素质和创新能力为核心，完善现代国民教育和终身教育体系，注重在实践中发现、培养、造就人才，构建人人能够成才、人人得到发展的人才培养开发机制。坚持面向现代化、面向世界、面向未来，充分发挥教育在人才培养中的基础性作用，立足培养全面发展的人才，突出培养创新型人才，注重培养应用型人才，深化教育改革，促进教育公平，提高教育质量。统筹规划继续教育，基本形成学习型社会。

要把社会主义核心价值体系教育贯穿人才培养开发全过程，不断提高各类人才的思想道德水平。建立人才培养结构与经济社会发展需求相适应的动态调控机制，优化教育学科专业、类型、层次结构和区域布局。创新人才培养模式，全面推进素质教育。坚持因材施教，建立高等学校拔尖学生重点培养制度，实行特殊人才特殊培养。改革高等学校招生考试制度，建立健全多元招生录取机制，提高人才培养质量。建立社会参与的人才培养质量评价机制。完善发展职业教育的保障机制，改革职业教育模式。完善在职人员继续教育制度，分类制定在职人员定期培训办法，倡导干中学。构建网络化、开放式、自主性终身教育体系，大力发展现代远程教育，支持发展各类专业化培训机构。

第九章　完善人力资源强省建设的政策体系

随着经济全球化的深入发展和国际国内产业梯度转移的加速，河南面临着围绕人才建设和知识竞争而展开的全方位的经济、科技的竞争，面临着既要加快发展又要加快转型的双重任务。实现这一历史任务的基础，在于加强人力资源的开发建设。而人力资源强省的建设，需要各级政府的支持和相关政策的扶持及法律的保障。

第一节　加强人力资源强省建设的政府支持

实施人才强省战略，建设人力资源强省，是实现中原崛起的战略选择，是建设经济强省的根本要求。要实现这一宏伟目标，继续发挥人力资源在经济社会中第一资源的作用，进一步充分发挥和提升人力资源优势是根本保证。

一、国家关于建设人力资源强国的方针政策

（一）将建设人力资源强国作为一项重大战略

建设人力资源强国是党中央的重大战略抉择，是全面建设小康社会、实现社会主义现代化的长期战略选择，也是我国教育与人力资源开发面临的新任务和新使命。人力资源强国思想将人力资源理论与强国思想相结合，创造了一个经济全球化背景下通过人类自身资源与能力开发谋求和平发展的新理念。人力资源强国思想是对马克思主义关于人口和教育发展思想的继承、发展和创新，是中国特色社会主义理论的重要组成部分，是科学发展观和和平发展思想的具体体现。

早在 1985 年，邓小平指出："一个十亿人口的大国，教育搞上去了，人才资源的巨大优势是任何国家比不了的。" 2000 年，江泽民在亚太经济合作组织

（APEC）文莱年会上提出了人力资源是第一资源的思想和加强人力资源能力建设的主张。2005年10月，胡锦涛在党的十六届五中全会上的讲话中指出，"要推进人力资源能力建设，提高劳动者整体素质，使我国从人口大国转变到人力资源强国"，第一次代表党中央明确提出人力资源强国的思想。2006年8月29日，胡锦涛在中共中央政治局第三十四次集体学习时指出，"必须坚定不移地实施科教兴国战略和人才强国战略，切实把教育摆在优先发展的战略地位，推动我国教育事业全面协调可持续发展，努力把我国建设成为人力资源强国，为全面建设小康社会、实现中华民族的伟大复兴提供强有力的人才和人力资源保证"。坚持把教育摆在优先发展的战略地位、建设人力资源强国是我们党提出的一项重大方针，也是发挥我国人力资源优势、建设创新型国家、加快推进社会主义现代化的必然选择。

2013年9月25日，习近平总书记在联合国"教育第一"全球倡议行动一周年纪念活动上发表视频贺词指出，"中国将坚定实施科教兴国战略，始终把教育摆在优先发展的战略位置，不断扩大投入，努力发展全民教育、终身教育，建设学习型社会，努力让每个孩子享有受教育的机会，努力让13亿人民享有更好更公平的教育，获得发展自身、奉献社会、造福人民的能力。中国将加强同世界各国的教育交流，扩大教育对外开放，积极支持发展中国家教育事业发展，同各国人民一道努力，推动人类迈向更加美好的明天"。

党的十七大确立了实现全面建设小康社会奋斗目标的新要求，党的十八大提出"两个一百年"的奋斗目标，这些都需要强大的人力资源作支撑。确保到2020年实现全面建成小康社会的奋斗目标，在未来一段时期，转变经济发展方式，由主要依靠物质资本投入的粗放型增长，转到依靠科技进步，依靠人力资本，加快实施人才强国战略上来。同时，国家更注重提高自主创新能力、提高节能环保水平、提高经济整体素质和国际竞争力，这些任务的完成，都离不开人力资源的保证。特别是要实现人均国内生产总值到2020年比2000年翻两番、基本实现工业化目标更离不开人力资源作后盾。

（二）确立教育优先发展的战略地位

党的十六届六中全会通过的《中共中央关于构建社会主义和谐社会若干重大问题的决定》中将坚持教育优先发展、促进教育公平摆在突出位置，提出了新形势下教育改革和发展的指导方针和重大举措，对于推进全国教育改革和发展具有特殊而重要的指导意义。2007年8月31日，胡锦涛同志在教师座谈会上明确指出："必须坚定不移地实施科教兴国战略和人才强国战略，切实把教育摆在优先发展的战略地位，推动我国教育事业全面协调可持续发展，努力把我国建设成为人力资源强国，为全面建设小康社会、实现中华民族伟大复兴提供强有力的人才和人力资源保证。"同时要求"以更大的决心、更多的财力支持教育事业，经济社会发展规划要优先安排教育发展，财政资金要优先保障教育投入，公共资源要优先满足教育和人力资源开发需要"。党的十七大报告第八部分关于加快推进以改善民生为重点的社会建设中，首先提出了"优先发展教育，建设人力资源强国"，进一步确立了教育优先发展的战略地位。党的十八大报告确立了建设人才强国和人力资源强国、教育现代化基本实现的目标。

（三）全面实施素质教育是教育改革发展的战略主题

2010 年通过的《国家中长期教育改革和发展规划纲要（2010~2020 年）》明确提出，要坚持以人为本、全面实施素质教育，是教育改革发展的战略主题。这是贯彻党的教育方针的时代要求，是人的全面发展的要求，核心是解决好培养什么人和怎样培养人的重大问题，重点是面向全体学生、促进学生全面发展，着力提高学生服务国家服务人民的社会责任感、勇于探索的创新精神、善于解决问题的实践能力。

党和国家始终高度重视素质教育，全面实施素质教育是党和国家作出的一项重大战略决策。1999 年，中共中央、国务院发布了《关于深化教育改革全面推进素质教育的决定》，并以素质教育为主题召开改革开放以来我国第三次全国教育工作会议，对实施素质教育进行全面部署。2006 年 8 月 29 日，胡锦涛同志在主持中共中央政治局第 34 次集体学习时强调："全面实施素质教育，核心是要解决好培养什么人、怎样培养人的重大问题，这应该成为教育工作的主题。"不但明确了素质教育的重大问题，而且把素质教育提到了教育工作主题的高度。党的十七大报告也强调指出："要全面贯彻党的教育方针，坚持育人为本、德育为先，实施素质教育，提高教育现代化水平，培养德智体美全面发展的社会主义建设者和接班人，办好人民满意的教育。"教育规划纲要将素质教育思想一以贯之，并强调指出，坚持以人为本、全面实施素质教育是教育改革发展的战略主题。明确这一主题对于教育改革和发展具有深远意义。党的十八大报告指出，要坚持教育优先发展，全面贯彻党的教育方针，坚持教育为社会主义现代化服务，为人民服务，把立德树人作为教育的根本任务，培养德智体全面发展的社会主义建设者和接班人。十八届三中全会进一步就深化教育领域综合改革进行了战略部署。

要实现建设人力资源强国的目标，《规划纲要》中提出了下列保障性措施：一是要继续巩固九年义务教育的成果，巩固扫除青壮年文盲的成果，使青壮年文盲率降低到 1%以下。二是以就业为主导，大力发展职业教育，使中等职业教育和普通高中的比例大体相当，对劳动技能型人才的培养达到更高的水平。三是积极稳妥地发展高等教育，到 2020 年高等教育的毛入学率达到 40%。四是大力发展继续教育和终身教育。也就是说，在实施人力资源开发的过程中，要坚持"两轮驱动"：使在校的学生或者新增的就业人员达到较高的受教育水平，新增劳动力受教育年限达到 12~13 年；继续教育和终身教育，使现在受教育比较低的劳动者通过继续教育和终身教育不断提高其技能水平、科技水平。五是要抓住城乡间教育不均衡的问题，进一步推进教育公平，实现城乡教育一体化，使农村和城市的基本教育公共服务更均衡。六是加大教育投入力度，预计在 2012 年时财政性教育投入的总额至少占全国 GDP 的 4%，2020 年投入的水平达到更高的层次。七是加强师资队伍建设，因为教师水平的高低直接关系到教育发展的水平，要高度重视教师的培养和继续教育问题。

二、河南关于建设人力资源强省的战略部署

（一）将建设人力资源强省作为实现中原崛起、河南振兴的战略选择

国家大力实施促进中部地区崛起战略，2006 年出台了《关于促进中部地区崛起的若干意见》，2010 年又制定了《促进中部地区崛起规划》，支持中部地区创新体制机制、完善政策环境，不断增强经济发展的动力和活力；金融危机使区域经济竞争格局面临重新调整，国际国内产业加快向中西部地区转移趋势更加明显；国家坚持扩大内需特别是消费需求的方针，着力拓展内陆地区发展空间。这些都为中原经济区发挥人口众多、市场广阔等综合比较优势，加快发展提供了难得的机遇。按照胡锦涛同志要求河南"实现跨越式发展，在促进中部地区崛起中发挥更大作用、走在中部地区前列"和温家宝同志要求河南"把握省情，发挥优势，实现更大规模、更高水平的发展"的指示精神，根据国家《促进中部地区崛起规划》要求，围绕实现中原崛起、河南振兴总战略，河南提出以河南为主体、连接周边，建设中原经济区，并纳入国家总体发展战略，形成全国经济发展的重要增长极，以在支撑中部崛起，密切东、中、西部联系，服务全国大局中发挥更大作用。建设人力资源强省是加快建设中原经济区、实现中原崛起和河南振兴的战略选择，是进一步充分发挥和提升人力资源优势、建设经济强省的根本要求。

（二）继续把教育和人力资源开发放在优先发展的战略地位

2010 年 10 月召开的全省教育工作会议贯彻落实全国教育工作会议精神和教育规划纲要，公布了《河南省中长期教育改革和发展规划纲要（2010~2020 年）》

（讨论稿），全面部署河南今后一个时期教育改革和发展工作，《纲要》着力强调了科教兴豫战略和大力推进人才强省，继续把教育和人力资源开发放在优先发展的战略地位，构建完善的国民教育体系和终身教育体系，变人口压力为人力资源优势；加强自主创新和引进消化吸收再创新，集中攻克一批关键核心技术，加快科技成果向现实生产力转化，推动经济进入由主要依靠物质能源消耗向依靠技术进步、劳动者素质提高和管理创新转变。

河南省教育规划《纲要》明确了未来 10 年全省教育改革发展的总体战略和目标任务，提出了"优先发展、公平发展、协调发展、创新发展、开放发展"的基本原则，明确了到 2020 年要实现"两强"、"五化"、"一全体"、"一率先"的战略目标，即围绕建设教育强省和人力资源强省，加快实现义务教育均衡化、学前教育到高等教育普及化、终身教育全民化、教育服务多元化和教育合作国际化，使全体人民学有所教，在全国率先基本实现教育现代化。各级党委、政府要围绕国家教育规划纲要和河南省教育规划纲要提出的新思想、新思路和新举措，加强舆论引导，凝聚社会共识，组织开展形式多样的学习宣传活动，在全社会营造尊师重教和积极参与、关心支持教育改革发展的浓厚氛围。

（三）着力实施人才强省战略

多年来，河南坚持实施"科教兴豫"和"人才强省"战略，坚持把教育摆在优先发展的战略地位，从全局和战略的高度，深刻认识教育在推进中原崛起中的先导性、基础性、全局性地位和作用，把着力实施人才强省战略作为一项重要的战略任务，提出"打造中原人才高地"的明确要求，努力把沉重的人口压力转化为人力资源优势，实现人口大省向人力资源强省的跨越。

以科学发展观统领教育工作全局，不断提高教育事业科学发展的能力和水平。坚持以人为本，办好人民满意的教育。以育人为本，以学生为主体，围绕育人目标，培养有理想、有道德、有文化、有纪律、全面发展的社会主义事业建设者和接班人。以人才为本，以教师为主体，高度重视教师队伍建设。要按照全面协调可持续发展的要求，处理好教育事业发展与经济发展的关系，坚持教育公平原则，优化教育资源配置，推动教育发展方式转变。抓好突出矛盾和薄弱环节，通过巩固提高基础教育水平、大力发展职业教育、提升高等教育综合竞争力等途径，实现各级各类教育又好又快发展。

坚持改革创新，为实现教育科学发展提供体制机制保障。坚持用改革办法解决前进中的问题，以更大的勇气和胆量推进教育改革。推进办学体制改革，树立正确的办学导向，深化学校内部管理体制改革，鼓励体制机制创新，进一步扩大教育开放程度，加快形成有利于教育事业全面协调可持续发展的体制机制。

大力推进素质教育，全面提高人才培养质量。要全面贯彻党的教育方针，切实加强德育工作；积极推进以课程改革为核心的教育改革，全面提高教育教学质量；以能力培养为核心，努力培养创新型人才。

大力弘扬尊师重教风气，充分调动教师的积极性和创造性。努力创造有利于广大教师教书育人的良好政策环境、工作环境和生活环境，使广大教师创业有机会、干事有舞台、发展有空间。满腔热情地关心、诚心诚意地依靠教师，让人民群众都能尊重教师的劳动和创造，使教师成为社会上最受尊敬的职业、成为太阳底下最光辉的职业。

（四）高度重视和切实加强教师队伍建设

提高教师队伍素质是保障教育质量的关键。多年来，河南把教师队伍建设作为实施义务教育的一项长期战略来抓，不断提高教师的政治地位、社会地位、职业地位，注重吸引优秀人才当教师，鼓励优秀人才长期从教、终身从教，让教师成为社会上最受尊重的职业，形成尊师重教的良好社会风气。

加强师德建设。教师的职业道德素养是重要的教育力量，义务教育阶段教师对学生的影响尤其深远。实现规划目标的关键，在于建设一支师德高尚、业务精湛、数量充足、充满活力的教师队伍。为此，河南加强教师职业理想和职业道德教育，深入开展崇教厚德、为人师表主题教育活动，促进广大教师关爱学生、严谨治学、淡泊名利、自尊自律，做学生健康成长的指导者和引路人。在提高教师收入水平，改善教师工作、学习和生活条件的同时，严格规章制度，优化学校风气，用制度和环境促进良好师德的形成。

抓好教师培训。完善教师培养培训体系，积极调整优化师范院校及教育类专业设置，进一步完善优惠政策，吸引优秀生源报读师范类专业，满足各级各类教育师资需求。加强教师培训体系建设，健全教师培训网络，建立教师继续教育和终身学习机制。加快提高学前教育师资素质和特殊教育师资培养培训，补充高中阶段教育教师，着力完善职业教育"双师型"教师培养培训制度。与此同时，切实提高教师地位待遇，重视培养引进名师名教，关心、帮助教师解除后顾之忧，在全社会营造尊师重教的良好风尚。促进城乡师资均衡配置，加快解决中小学代课人员问题，保证中小学教师队伍稳定。积极参与国家"千人计划"和长江学者奖励计划，推进河南高等学校创新人才培养引进和创新团队建设。加强教师培训，坚持理论联系实际，学以致用，有计划、有组织、有步骤地开展培训工作，紧紧围绕全面实施素质教育的需要这个中心，创新培训内容、改进培训方式、整合培训资源、优化培训队伍、不断增强培训的针对性和实效性，并提供政策支持和条件保障。

深化中小学教师人事制度改革。配合编制部门合理调整农村中小学教师编制标准，实行动态管理，并向农村尤其是偏远山区倾斜；严把教师队伍入口关，完善教师资格制度。对中小学校补充的新教师，实行公开招聘，并优先满足农村学校的需要；实行城镇中小学教师到农村任教服务期制度，积极鼓励并组织落实高校毕业生支援农村教育工作。进一步健全和完善教师职务聘任制度。对农村中小学校教师职务结构比例实行倾斜，适当提高乡村中小学中、高级教师岗位比例。

进一步加强农村教师队伍建设。坚持教育公益性，促进教育公平，努力使全体人民"学有所教"，全面实施素质教育，把立德树人作为各类教育的根本任务，优化教育结构，提高教育质量。促进各级各类教育协调发展、高度重视和切实加强教师队伍建设，重点提高农村教师素质，实现全省教育事业又好又快发展，提高人力资源强省建设的自觉性、主动性。同时，不断提高广大干部依法行政、科学管理教育的能力，校长办学治校的能力和广大教师教书育人的能力，为全面建设小康社会、奋力实现中原崛起提供更加有力的智力支持和人才保障。

（五）提升素质、培养人才，保障人力资源强省建设

目前，全省城镇从业人员中技能劳动者仅占40%，而取得高级工以上职业资格的从业人员占技能人才总数不足20%。在全省4800多万农村劳动力中，高中及中专文化程度以上的劳动力仅占10.1%，大专及以上的仅占0.93%。劳动者素质偏低和高技能人才紧缺已成为制约全省经济增长的"瓶颈"。着力提升人力资源素质，培养现代产业急需的技术技能型、复合技能型及知识技能型人才，建设人力资源强省，是破解人往哪里去的难题、也是变人口压力为发展优势的必由之路。

深入开展"六项培训计划"。针对农村劳动力、企业职工、失业人员、新成长劳动力、有创业意愿的人员、高技能人才，分别结合实际情况，制订各项培训计划，有针对性地提升各个层次的劳动力的素质。针对农村劳动力，实施"一人一技"培训计划，全面开展就业技能培训，合力做好"农村劳动力技能就业计划"、"阳光工程"、"雨露计划"等农村劳动力技能培训工作，确保每个参加培训的农村劳动力至少掌握一门技能，促进其稳定转移就业。针对企业职工，实施企业职工培训计划，围绕河南产业结构调整和经济发展方式转变的需要，以企业为主体，以市场为导向，以提升岗位职业技能为重点，大力开展企业全员培训，并重点提升一线员工的标准化、规范化生产操作能力、掌握新技能的能力。针对失业人员，实施失业人员技能再就业计划，对年轻的失业人员，鼓励参加中、高级职业资格培训或新职业培训；对大龄就业困难群体，与实施再就业援助送岗位同步，组织其参加岗位适应性培训，努力帮助他们实现再就业。针对新成长劳动力，实施劳动预备制培训计划，根据产业结构升级、加快城镇化进程和促进青年就业及成才的需要，引导技工院校扩大招生规模，重点对城乡不能继续升学的"两后生"开展劳动预备制培训。同时，积极鼓励当年退役并有就业愿望的退役士兵和有需求的大中专院校毕业生参加相关职业技能培训，提高其就业能力。针对有创业意愿的人员，实施能力促创业计划，通过实施创业培训补贴等办法，组织失业人员、返乡农民工、大学生等参加创业培训，充分发挥创业促进就业倍增效应。针对高技能人才，实施高技能人才振兴计划，充分发挥企业行业的主体作用，结合企业生产急需，有计划地开展高技能人才培养，组织企业开展高技能人才评价试点并逐步扩大试点范围，通过试点带动、广泛动员和多部门联动，加大包括农民工在内的新技师培养力度，实施高端带动，推动全省技能人才队伍梯次发展。

扎实推进"六大示范基地"建设。围绕建设农村劳动力转移就业技能培训示范基地，启动农村劳动力转移技能培训示范基地建设项目，有效解决农村劳动力转移就业技能培训能力不足、质量不高等问题。围绕建设高技能人才培养示范基地和研修平台，重点支持技师学院和高级技工学校完善办学条件，创新培养模式，提高培训质量。同时选择大型骨干企业或职业院校，由高技能人才等领办或创办，建设以技能大师工作室为载体的高技能人才研修平台，推动优秀高技能人才的实践经验和技术技能革新创新成果实现传承和推广。围绕建设省级技能人才公共实训鉴定示范基地，按照"统筹规划、合理布局、技术先进、资源共享"的原则开展工作，为技能人才培养提供专业化、社会化、规范化的公共技能实训和鉴定服务。围绕建设国家级创业培训服务示范基地，在建筑物改造、服务设施和信息网络三个方面加大资金和政策扶持力度，加快建设许昌、鹤壁国家级创业培训服务示范基地。围绕建设创业带动就业孵化基地，重点支持建设创业带动就业孵化基地，推动建成全省创业带动就业培训服务网络。围绕建设技工院校师资培养培训基地工程，加快推动特色技工院校师资培养培训基地建设，不断满足技工院校、民办职业培训机构对新工艺、新技术师资的需求，解决技能人才师资培养的"瓶颈"问题。

创新"四大机制"开辟技能人才成长通道。创新技能人才培养投入机制，按照"引凤入巢"、"借船行舟"的原则，采取通过借款、吸纳企业、个人等社会力量资金参与支持等措施，多方筹措全民技能振兴工程项目资金，提高各类培训机构的培养能力。创新技能人才评价机制，河南省进一步突破年龄、资历、身份和比例限制，确定全省各类技能竞赛的优胜者、技术革新、创新带头人和为企业与社会发展带来显著效益的关键岗位首席员工、绝招绝活传承者均可破格晋升技师或高级技师职业资格。同时，改革企业技能人才评价机制，加强农村转移劳动力的技能鉴定等，均取得良好成效。创新技能人才激励机制，积极开展技能人才表彰奖励活动，对做出突出贡献的高技能人才进行表彰奖励，同时建立全省优秀农民工奖励制度，纳入政府奖励序列；建立河南省创业带头人奖励制度等，促进优秀技能人才脱颖而出。创新急需紧缺高技能人才培养机制，适应全省产业调整振兴规划和产业集聚区的发展需要，通过支持地方政府购买高技能人才培训成果的办法，促进企业、院校及社会各类培训机构加快培养一批社会紧缺、企业急需的高技能人才，逐步建立政府、企业、劳动者三方共同投入的高技能人才培养机制，加大重点领域急需紧缺高技能人才的培养力度。

第二节　强化人力资源强省建设的政策保障

河南人力资源强省建设要突出河南省特色，发挥人力资源开发机制的优势，制定科学的战略规划，从人力资源相关法律体系的制定，到人力资源结构调整的有效引导，通过人口数量控制、文化教育、社会保障、环境优化、制度创新等措施进行人力资源开发建设，建立人力资源开发战略体系。

一、稳定人口生育政策，控制人口数量，提高人口素质

要稳定现行的人口生育政策，保持低生育水平。实现人口再生产类型的根本性转变，这是河南建设人力资源强省的基本要求。近年来，河南人口自然增长率尽管已经降到了较低的水平，但由于人口基数大，人口总量在今后相当长的一段时期内仍将继续保持增长的势头，而且河南目前所形成的低生育水平状况也不是十分稳定，再加之经济发展水平较低，人口素质不高，人们的生育观念并未根本转变。在这种情况下，仍需继续稳定现行的人口生育政策，通过经济、行政及宣传教育等多种措施，降低人口出生率，严格控制人口增长，坚持少生优生，为河南人口素质的改善和质量的提高创造良好的基础，防止可能出现的人口生育率的反弹和人口数量的继续膨胀。

二、强化教育对人力资源强省建设的支撑功能

在人口管理工作中，仅仅控制人口总量是远远不够的，还必须重视人口科技、文化、教育质量的提高。对于河南省来说，如何将"人口"转化为"人才"，将"人口包袱"转化为"人才财富"，是今后相当长一段时间内面临的重大课题。教育发展应着眼于长远，从战略的角度，通过进一步加强基础教育，推进素质教育，积极发展职业教育，大力发展高等教育，全面提高全省人口的文化素质，大量培养适应市场经济要求的各类专业人才，为河南经济、社会、环境的可持续发展奠定坚实的人才基础，全面提升河南在全国的教育水平。

（一）抓教师队伍建设，增强人力资源强省建设的能力

加强教师队伍建设，既是人力资源强省建设的重要组成部分，又是人力资源强省建设的重要推动力量。当前，河南教育已由快速发展进入质量提升的新阶段，要实现全省教育事业又好又快发展，关键在于提升广大教师教书育人的能力与水平。在建设人力资源强省中，在教师队伍建设上要着力做好五个方面的工作：

一要以农村教师队伍建设为重点，进一步加强中小学教师队伍建设。在农村学校继续实施教师素质提高工程，培训一批能在素质教育中起骨干和带头作用的教师，启动中小学教师教育技术能力建设计划，加大推进教师教育网络联盟计划的力度，有计划地组织城镇教师支援农村教育，坚持以新理念、新课程、新技术为重点，推进新一轮中小学教师全员培训，全面提高教师实施素质教育的能力。

二要以教师进修院校为基础，实施"区域教师学习与资源中心"建设。在县级教师进修学校的基础上，整合教研、教科研、电教等资源，形成多功能的"区域教师学习与资源中心"。要把中心办成教师接受现代远程教育的工作站和教学点，使之成为教师继续教育的重要阵地和联系纽带，为教师终身学习提供优质服务。

三要以敬业奉献精神为重点，加强师德建没。把师德建设放在教师队伍建设的首位，要认真研究、探索新形势下加强和改进师德建设的有效途径和方法，倡导"用爱和责任办好教育"，倡导"学为人师、行为世范"，大力宣传优秀教师先进事迹，全面提高教师职业道德水平。

四要以实施"教学名师工程"和"人才强校工程"为重点，打造教育攻坚的"铁军"。加大对青年教师的培养培训力度，提高他们的学历层次、专业能力、创新水平和职业道德素养，继续推动"新世纪优秀人才支持计划"的实施，重点培

养一批高素质的青年骨干教师。加强高层次人才队伍建设，着力培养一批带动学科发展的领军人物。

五要积极引进人才。在加大人才培养力度的同时，着力营造宽松环境，设立专项基金，重点引进学科带头人和院士、博士、留学归国人员等高层次人才以及具有专门技能的特殊人才，为河南省的经济、社会、环境持续发展不断注入新的活力。

（二）全面实施素质教育，为人力资源强省建设奠定坚实基础

从全局和战略高度统一认识，全面推进素质教育。坚持以人为本，转变教育观念，尊重学生身心发展规律和教育规律，重视培养学生的创新精神和实践能力，为学生全面发展和终身发展奠定基础。

要明确和强化政府在全面推进素质教育中的责任和作用。各级政府要采取切实措施，努力建设推进素质教育的长效机制，形成全面推进素质教育的合力。要通过制度建设，明确规定各级政府以及教育行政部门和学校校长在推进素质教育中的责任。建立咨询和听证制度，形成各方面积极参与全面推进素质教育的有效机制。加强对教育观念、教育体制、教育结构、人才培养模式、教师队伍建设、教育内容和教学方法等关键问题的调查研究，增强教育政策制定的科学性、系统性和针对性。

全面推进素质教育，要紧紧抓住几个关键环节。一要全面贯彻党的教育方针，坚持育人为本，培养德、智、体、美全面发展的社会主义建设者和接班人，努力实现学生主动且生动活泼地健康成长。二要以德育为先，从根本上改变重智育、轻德、体、美育的倾向。全面加强和改进中小学生思想道德建设和大学生思想政治教育，拓展新形势下中小学思想道德建设和大学生思想政治教育的有效途径，增强针对性、实效性和吸引力、感染力。三要适应新时代的要求，进一步端正教育思想，转变教育观念，全面推进基础教育课程改革，改革人才培养模式、教育内容和教学方法，全面提高教育教学质量，减轻学生过重的课业负担，克服片面追求升学率的错误倾向。要进一步加强和改进学校体育与美育，倡导和组织学生参加各种有益的生产劳动、社会实践和公益活动，开展丰富多彩的校园文化活动。开展群众性青春健身运动，普及学生每天锻炼一小时活动。四要切实提高学校和广大教师实施素质教育的能力和水平。五要改革和完善考试评价制度，着力建立符合素质教育要求的学生学习和成长、学校教育质量和教学效果的评价体系，积极探索中考、高考招生制度的改革，严格执行义务教育阶段免试就近入学政策。六要加强学校教育、家庭教育和社会教育的融合，推动全社会形成共同推进素质教育的强大合力和良好环境。

（三）推动义务教育均衡发展，着力促进教育公平

着眼于办好让人民满意的教育，推进和谐社会建设，大力发展各级各类教育，努力满足人民群众的教育需求，推进教育的公平、公正。把发展农村义务教育摆在突出地位，努力推进区域义务教育的均衡发展，大力推进薄弱学校的改造，积极发展高等教育，促进人民群众受教育的机会成倍增长，这是符合最广大人民群众的根本利益的。教育公平是社会公平的重要基础。坚持教育的公益性和普惠性，把促进公平作为基本教育政策，是促进社会公平的重要任务。

要采取一系列措施，下大力气解决好关系人民群众切身利益的教育热点问题。一是切实做好贫困家庭学生资助工作。采取各种措施，全力推进国家助学贷款按新政策、新机制运行。二是坚决治理教育乱收费。在义务教育阶段学校推行了"一费制"收费办法，切实减轻了人民群众的经济负担。教育乱收费蔓延的势头得到有效遏制，学校收费行为逐步规范，群众满意度不断提高，投诉率明显减少。三是切实解决高校招生中存在的突出问题。2005年在高校招生工作中实施了"阳光工程"，建立和完善了更加公开透明的招生工作体系，接受群众和舆论的监督，招生乱收费、违规录取和中介诈骗现象大幅减少，得到了社会的好评。四是认真做好中小学幼儿园安全工作，努力为广大中小学生创造安全健康的成长环境。五是切实做好高校毕业生就业工作。近年来，高校毕业生总量大、增幅高，面对艰巨的任务，要积极采取有效措施促进高校毕业生就业工作总体进展顺利。

（四）积极推进职业教育改革，构建技能型人才培养体系

河南是人口大省，大力发展职业教育是将巨大的人口压力转化为人力资源的重要一环，也是改善民生的有效途径。近年来，国务院作出了关于大力发展职业教育的决定，再度召开了全国职业教育工作会议，提出要把职业教育作为经济社会发展的重要基础和教育工作的战略重点，进一步明确了职业教育改革发展的指导思想、目标任务和政策措施，对我国职业教育的改革发展将产生重大影响，成为我国职业教育发展史上新的里程碑。河南也把发展职业教育摆在突出的位置，不断明确职业教育改革发展的思路，出台了一系列旨在通过改革加快职业教育发展的政策措施。今后，要进一步转变职业教育办学思想，明确"以服务为宗旨、以就业为导向"的办学方针，实现从计划培养向市场驱动、从政府直接管理向宏观引导、从传统的以升学为导向向以就业为导向的转变。要紧密围绕走新型工业化道路和解决"三农"问题的需要，大力实施"职业院校制造业与现代服务业技能型紧缺人才培养培训计划"和"农村劳动力转移培训计划"，进一步优化职业

教育资源配置和布局结构。要进一步明确职业教育管理体制，形成分级管理、地方为主、政府统筹、社会参与的职业教育管理新体制。各级职业学校要根据市场和社会需要，切实转变教育观念和办学模式，密切与企业、人才、劳务市场的合作，不断更新教学内容，改进教学方法，调整专业结构，积极开展订单培养，加快培养新兴产业和现代服务业急需的各类人才。

（五）切实提高高等教育质量，培养高层次创新人才

一是全面实施教学质量与教学改革工程，促使高等教育教学改革不断深化。坚持以评促建、以评促改和以评促管，通过广泛开展高等院校教学水平评估，确保教育教学质量的不断提高。二是走产学研结合发展之路，高等教育更加适应经济社会发展的需要。高等学校充分发挥学科综合、人才汇聚的优势，紧密结合中原经济区建设和发展的需要，不断创新参与产学研结合的实践模式，为构建国家创新体系和建设创新型国家服务。三是继续加强重点学科和高水平大学建设，提升高等教育的国际竞争力。培育和发展重点高校，扩大适应现代化建设要求的专业实用人才培养规模，提高毛入学率；以强力推进重点学科、重点实验室建设为突破口，提高高层次人才培养能力；根据市场需求调整专业设置，近期抓紧培养高层次信息、金融、外经贸、法律和现代管理、现代科技等急需的专业人才。四是积极开展与国外、国内一流高校的联合办学，鼓励和吸引国内外名牌大学到河南省设立分校。五是支持研究型大学和高校科技创新平台的建设，引导高校参与国家创新体系建设。要增强高校科技创新能力，以学科交叉和技术集成为突破口，推动高等教育与科研创新和经济建设、文化繁荣、社会进步紧密结合，积极开展科学研究和社会服务，加速科技成果向现实生产力转化，为经济社会发展提供更好的服务，使高等学校实实在在地成为基础研究的主力军、应用研究的生力军、高科技产业化的重要方面军。

三、完善促进人力资源强省建设的社会保障体系

社会保障制度是社会的"稳定器"和"安全网"。20世纪60年代初，舒尔茨在其"人力资本"的概念中，不仅把教育投资看做人力资本形成的有效手段，同时也把健康投资视为人力资本积累的重要途径。那么，对于河南来说，建设人力资源强省，在既要注重改善教育培训状况，提高人口素质及劳动力知识技能水平的同时，也要注重人口与劳动力医疗保健条件的改善，增加健康投资，提高医疗服务水平，特别是要提高农村基层的医疗服务水平，构建覆盖城乡的医疗保障制度，不断增强全民疾病防控能力，提高人口的健康水平和平均预期寿命。

党的十六届六中全会通过的《中共中央关于构建社会主义和谐社会若干重大问题的决定》提出，适应人口老龄化、城镇化、就业方式多样化，逐步建立社会保险、社会救助、社会福利、慈善事业相衔接的覆盖城乡居民的社会保障体系。这为新时期进一步完善社会保障体系指明了方向。完善的社会保障体系是构建社会主义和谐社会的重要内容和重要保障。只有逐步建立覆盖城乡居民的社会保障体系，才能有效应对我国人口老龄化、城镇化和就业日益多样化提出的要求，推动经济社会全面协调可持续发展；才能切实实现好、维护好、发展好最广大人民的根本利益，做到发展为了人民、发展依靠人民、发展成果由人民共享，促进社会和谐。

河南要着力完善社会保障体系，要在已有工作的基础上继续完善好社会保险制度、社会救助制度，发展以扶老、助残、救孤、济困为重点的社会福利和慈善事业，不断完善优抚安置政策。增加财政的社会保障投入，多渠道筹措社会保障资金，发挥商业保险在健全社会保障体系中的重要作用，拓宽资金筹集渠道，拓宽保险服务领域。积极完善企业职工基本养老金计发办法，强化保险基金统筹部分征缴，逐步做实个人账户，建立健全参保缴费的激励约束机制。加快机关事业单位养老保险制度改革。建立失业保险与促进就业联动机制，完善失业保险制度。扩大基本医疗保险覆盖范围，健全多层次的医疗保障体系。完善和落实工伤保险标准，推进各类用人单位依法参加工伤保险。建立健全生育保险制度。完善城市居民最低生活保障制度，逐步提高保障标准。建立城乡医疗救助制度，将城市居民最低生活保障对象、农村特困户和五保供养对象纳入救助范围。发展以扶老、助残、救孤、济困为重点的社会福利。推进无障碍设施建设，加强残疾人康复、贫困残疾人脱贫、残疾少年儿童义务教育、残疾人就业服务和社会保障等工作，创造残疾人平等参与社会生活的条件。发展慈善事业，加强慈善队伍建设，加强慈善组织的能力建设，增强全社会慈善意识。还要积极探索解决进城务工人员的社会保障等问题。根据农民工的社会保障需求，着力解决工伤保险和大病医疗保障问题，逐步解决养老保障问题，认真贯彻落实《工伤保险条例》，依法将农民工纳入工伤保险范围。

四、深化促进人力资源强省建设的制度创新

创新就是要不断解放思想、实事求是、与时俱进。实现教育与人力资源开发的战略构想，制度创新至关重要；有效解决教育与人力资源开发所面临的尖锐矛盾与突出问题，制度创新至关重要。教育如何为实现全面小康提供源源不断的人才保证和智力支持？如何从一个人口大国成长为人力资源强国？对此，教育部组

织的中国教育与人力资源问题研究课题组提出，制度创新至关重要。该课题组进一步提出制度创新的六大方向，即重构教育和人力资源开发公共治理结构、构建公共教育财政制度、健全教育与人力资源开发法律法规保障体系、培育社会参与和市场机制导向制度、建立现代学校制度、建设学习型社会保障制度。近年来，河南在优化人力资源配置的制度改革方面进行了许多探索，取得了一定的成效，但相对于人力资源强省建设及经济社会发展需要，也还存在着一些体制机制性的障碍。对此，河南还需要进一步的改革和创新，建立高效、灵活的体制机制，以夯实河南建设人力资源强省的制度保障基础。

五、科学制定促进人力资源强省建设的人才政策

（一）树立正确的人才观念

目前，"人才资源是第一资源"的观念正深入人心。为了发挥河南人力资源强省的优势，在人力资源问题的决策上，不仅要充分利用本省现有的人才资源，而且还要大力培养和吸引一大批具有创业精神和领导能力的党政干部、企业家、高级管理人才和技术人才，充分发挥各类人力资源的作用，努力营造使各类人才脱颖而出的良好环境，加快构筑人才高地。政府要把人才问题提到坚持正确的组织路线的高度，提到为构建社会主义和谐社会做组织保障的战略地位来认识，树立人力资源就是财富、就是效益、就是竞争力的观念，努力为人力资源强省建设提供广阔的平台。

（二）建立科学的选人用人机制

要树立民主化的理念，建立在民主之上的选人用人制，才能代表民意，才能更有效率。因此要把扩大民主作为选人用人的基本趋势。在选人用人时积极倾听大众的声音，充分尊重民意。要不断建立健全机制和程序，以公开、公平、竞争、择优为导向，以科学、符合实际的人才标准为基础，尽可能弱化人为及其他因素的影响，建立真正有助于优秀人才脱颖而出的选拔任用机制和程序。要树立人性化理念，选人用人要坚持以人为核心，重视人、了解人，在人力资源使用上，应有效配置，做到人尽其才、才尽其用。

（三）采取妥善的人才稳定措施

采取切实可行的措施用好并稳定现有人才。要切实提高专家和各类优秀人才的生活待遇，改善他们的住房和工作条件，设立高薪特聘教授岗位。各级党政部门尤其是相关领域干部要把河南省人力资源强省路线精神落到实处，要营造良好的社会氛围。通过良好的工作环境、和谐的人际环境、宽松的学术环境和舒适的

生活环境，使高层次人才安心工作，为河南人才强省奉献聪明才智。

（四）制定科学的人才政策

要制定符合河南省实际情况的人才培养规划。加大宣传、落实政策的力度，特别是加强科技人才队伍建设、实施人才共享等方面的政策。要突破长期以来人事管理体制内与体制外的明显界限，调整和废止束缚人才发展的政策规定。通过建立适应人才创业的机制，借鉴发达省市先进经验，开辟人力资源引进的绿色通道，探索推出人力资源"柔性"流动、来去自由的有效办法。要进一步改革和创新人才管理机制，建立和完善人才竞争、激励和选拔机制，创造优秀人才脱颖而出的政策环境。

第十章　建设人力资源强省的社会环境

人力资源开发在一定的社会环境中进行，同时，人力资源开发又广泛作用于社会的各层次、各组成部分。因此，要积极通过法律手段、行政手段、经济手段等，促进外部环境的优化和改善，营造有利于人力资源强省建设的社会环境。

第一节　社会环境在建设人力资源强省中的作用

社会环境包括政治环境、经济环境、法律环境、科学技术环境、文化因素等多个层面的内容，它在一定程度上制约或促进人力资源强省建设。

一、社会环境的含义

社会环境是指人类生存及活动范围内的社会物质、精神条件的总和，是在自然环境的基础上，人类通过长期有意识的社会劳动，加工和改造的自然物质，创造的物质生产体系，积累的物质文化等所形成的环境体系，是与自然环境相对的概念。社会环境一方面是人类精神文明和物质文明发展的标志，另一方面又随着人类文明的演进而不断的丰富和发展，所以也有人把社会环境称为文化—社会环境。广义的社会环境包括整个社会经济文化体系，如生产力、生产关系、社会制度、社会意识和社会文化。狭义的社会环境仅指人类生活的直接环境，如家庭、劳动组织、学习条件和其他集体性社团等。社会环境对人的形成和发展进化起着重要作用，同时，人类活动给予社会环境以深刻的影响，而人类本身在适应改造社会环境的过程中也在不断变化。

社会环境的构成因素是众多而复杂的，对传播活动的影响来说，它主要有四个因素：政治因素、经济因素、文化因素、信息因素。①政治因素包括政治制度及政治状况，如政局稳定情况、公民参政状况、法制建设情况、决策透明度、言论自由度、媒介受控度等；②经济因素关系到经济制度和经济状况，如实行市场经济的程度、媒介产业化进程、经济发展速度、物质丰富程度、人民生活状况、广告活动情况等；③文化因素是指教育、科技、文艺、道德、宗教、价值观念、风俗习惯等；④信息因素包括信息来源和传输情况，信息的真实公正程度、信息爆炸和污染状况等。如果上述因素呈现出良好的适宜和稳定状态，那么就会对大众传播活动起着促进、推动的作用；相反，就会产生消极的作用。

二、社会环境的分类

社会环境主要是指能够对社会活动产生影响的各种因素。众所周知，世界上任何事物的存在不可能是孤立的，会受到各种因素的影响，有其生存的环境条件，当然这种环境条件并非都是自然环境，社会环境也在其列。社会同样如此，它的存在和发展也受到了诸多因素的影响，因此资源管理的研究应当将这种环境因素纳入进来，对环境条件的明确有助于资源管理活动与环境的和谐统一。同样标准，可以将社会的环境划分为不同的类别。例如，按其状态可以划分为静态环境和动态环境；按照环境与社会的关系可以划分为直接环境和间接环境，有时也将直接环境称作具体环境或一般环境；按照环境的内容，可以划分为物理环境和非物理环境。

从系统的角度来看，按照系统管理学派的观点，社会环境是由相互联系、相互影响的各个子系统所组成的要达到一定目标的开放系统。一方面要不断地与外部环境进行交流，另一方面还要不断地调整系统之间的关系，以维持整个系统的稳定和正常运转。而社会是构成企业系统的一个子系统，因此它同样会受到企业外部因素的影响。因此，从系统的观点出发，可以将社会的环境划分为内部环境和外部环境两种。这种划分是以企业系统为边界的，企业系统外部的因素构成了社会的外部环境，企业系统内部的因素则构成了社会的内部环境。社会的外部环境和内部环境分别包括很多具体的内容。就宏观环境而言，政治体制、经济体制、法律制度、经济发展状况、社会价值观念、技术发展水平等因素，都会对社会活动产生影响。

三、社会环境的辨认

正因为社会环境是由多种因素构成的，所以对社会环境的分析和评价就显得非常有必要，只有对环境状况做出了正确的认识和评价，才能相应地实施具有针对性的社会活动。

对社会环境的辨认，即对社会环境的分析和评价主要考虑两个方面的要素：一个是环境的复杂性，也就是说要辨认对社会活动产生影响的因素的数量是多还是少，以及这些因素在不同时期的相似程度是高还是低；另一个是环境的稳定性，也就是说要辨认对社会活动产生影响的因素的变化是大还是小。如果将这两个要素中的一个看做是横轴，另一个看做是纵轴，就会形成一个四象限的交叉图。

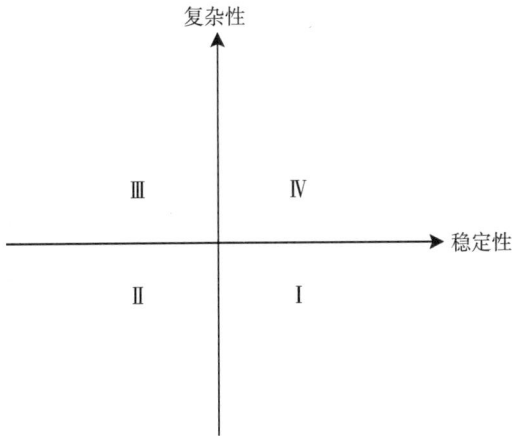

图 10-1　社会环境分析评价示意图

可以看出，遵循这种思路进行分析，对社会环境的辨认就会出现四种情况：第一种是低度不确定性的环境。在这种环境中，影响社会的环境因素数量较少、相似程度较高而且变化程度也较小，这是最简单也是最容易把握的一种情况。在这种环境中，社会的活动也是最简单的，它完全可以根据以往的经验和惯例做出确定的决策。第二种是中低不确定性的环境。在这种环境中，影响社会的环境因素数量较多而且相似程度也较低，但是这些因素的变化却比较小。对于这种环境，由于影响因素的变化程度不大，因此进行社会活动的关键是确认到底是哪些因素在起影响作用，只要能够确认这些影响因素，就可以做出比较确定的决策。第三种是中高不确定性的环境。在这种环境下进行社会活动，难度要大于第二种情况，这是因为虽然影响社会的环境因素在数量上少于上一种情况而且相似程度更高，但是它们的变化程度却比较大，因此需要进行分析判断，需要对影响社会活动的因素的变化做出预测，而这也正是存在难度的地方。第四种是高度不确定性的环境，也是最复杂的一种情况。在这种环境中，影响社会的因素不但数量较多，相似程度较低，而且变化程度也较大，这样就不仅需要对影响的因素进行确认，还要对它们的变化做出预测，因此社会的难度是最大的，往往需要做出很多新的决策，制订很多新的方案。

四、社会环境在建设人力资源强省中的作用

（一）政治环境

这里所讲的政治因素主要包括一个国家或地区的政治环境、政府的管理方式以及政府的方针政策等内容。政治环境主要是指政治局面的稳定性，政府的管理方式指政府对企业的管理方式，而政府的方针政策则是指政府制定的与企业有关的方针政策，不同的政治环境对人力资源管理的作用方式是不同的。

政治环境的影响对于单个企业来说，一般并不能直接作用于其内部的人力资源管理活动，但是能够影响到整个企业系统，进而影响到作为企业子系统的人力资源管理系统。政治环境对于在一个国家或地区内进行经营的企业来说是非常重要的外部环境，政治局面的稳定虽然不是企业发展壮大的充分条件，却是企业生存发展的必要条件，动荡的政治环境必然会导致企业无法正常地运转，进而危及企业的生存。从目前的国际形势来看也是如此，凡是政局混乱或者战乱不断的国家，企业的状况都非常糟糕。企业的发展状况会影响到其自身的人力资源管理，从企业系统的内部来看，有效的人力资源管理是企业正常运转的前提之一，它的逆命题也同样是成立的：发展良好的企业可以给人力资源管理活动提供相对较大的空间和较多的支持，而状况不佳的企业在进行人力资源管理活动时就会受到很多制约。

与政治环境相比，政府管理方式和方针政策的作用方式相对就要直接一些，因为它们都是针对企业而言的，能够直接影响甚至决定企业人力资源管理的很多活动。对于它们的影响，可以从纵向和横向两个角度来进行分析。

纵向的影响主要体现在政府管理方式和方针政策的连贯性和延续性方面，与政治环境的影响一样，连贯的政府管理方式和方针政策虽然不是企业人力资源管理活动保持稳定的充分条件，却是它的必要条件，如果政府的管理方式和方针政策经常发生变化，那么企业的人力资源管理也必须相应地经常变动，这就会造成企业内部人力资源管理活动的波动，而人力资源管理政策的频繁变动，不仅会影响人力资源管理的效果，而且也不利于企业的经营发展。例如，政府如果经常对社会保险的缴费比例进行改动，企业就必须相应地经常调整自己的其他支出以保证社会保险费用的足额缴纳，这样就会影响企业整体经营规划的实施。同时，由于社会保险关系到每个员工的切身利益，经常变动会影响员工的满意度。

横向的影响主要体现在政府管理方式和方针政策的具体内容给企业人力资源管理的影响。由于政府是国家政权的行使者，在其中居于主导的地位，因此，政府对企业的管理方式直接决定了企业进行管理活动的空间。如果政府对企业控制过严，就会削弱企业的自主资源管理的活动空间，相应就比较狭窄；反之，企业就会拥有较大的资源管理活动空间。关于这一点，我国国有企业人才流失现象就是一个很好的例证。由于国家在很大程度上直接控制国有企业，对其工资分配、人员招聘等各项人力资源管理制度都做出了明确规定，使得国有企业根本没有空间和余地来根据自己的实际情况对人力资源管理政策做出调整，再加上其他方面的种种原因，造成国有企业激励机制和约束机制严重缺位；而与此同时，民营、"三资"等企业大量兴起，相比国有企业，国家对它们的管理要宽松许多，这些企业在人力资源管理等方面也拥有更多的自主，可以给优秀人才提供具有竞争力的薪酬待遇以及其他条件，在这种情况下，国有企业的人才大量流失，流向了其他所有制的企业。在政府与企业的互动关系中，政府可以说是拥有相对支配权的，因此它所制定的与企业有关的方针政策对企业的人力资源管理活动就具有一定的引导性和支配性。比如，改革开放以来，随着经济体制改革的不断深入，国家出台了一系列企业劳动人事制度改革的政策，这些政策对企业特别是国有企业人力资源管理工作的科学化和规范化提出了指导性的意见，有力地推动了企业人事改革的不断深化。

（二）经济环境

影响企业人力资源管理的经济环境主要包括经济体制、经济发展状况以及劳动力市场状况等要素，作为经济活动实体，企业本身就是一个经济性的组织，因此与政治环境相比，经济环境的影响更加直接。

经济体制的影响。简单地说，经济体制是指一个国家经济运行的具体方式，它集中体现为资源的配置方式，经济体制主要有两种形式：一种是计划经济体制，另一种是市场经济体制，两种体制下资源配置的方式是完全不同的。在各种资源的配置中，人力资源是很重要的一种，因此经济体制的不同，会造成人力资源管理方式的不同。在计划经济体制下，资源的配置是通过政府有计划地直接调配来实现的，企业基本上没有什么决定权和控制权，要完全按照政府的指令行事；人力资源同样如此，人力资源管理的很多决策都是由政府做出的，包括人员的进出、薪酬的水平等，企业更多的是在执行政府的政策，与此相适应，企业人力资源管理方式也相对比较简单，只需要按照统一的规定进行事务性的操作即可。市场经济体制则不同，在这种体制下，市场成为资源配置的主体，价格杠杆发挥着重要的调节作用，企业拥有了相对独立的自主权，政府只从宏观上进行调控，并不直接干预企业的决策；相应地，人力资源管理的方式也发生了变化，政府不再统一制定各种具体的制度和规定，不再对人力资源进行统一的配置，企业要根据内外部的各种环境来自行做出决策，职能性和战略性的工作成为人力资源管理的主体。

经济发展状况和劳动力市场状况的影响。如果说经济体制是企业人力资源管理的外生变量，那么经济发展状况和劳动力市场状况就是内生的，人力资源管理很多职能活动的实施往往需要引入这些变量。比如，企业的人力资源规划，就是要对人力资源的需求和供给做出预测。在预测需求时需要考虑很多因素，其中很重要的一项就是企业未来的前景，如果预测企业会不断发展壮大的话，那么人力资源的需求就要相应增加，相反就要相应减少；而企业未来的前景是与整个经济的发展状况紧密联系在一起的，两者具有很强的正相关关系。经济形势繁荣，企业的前景也会看好；经济形势低迷，企业的发展也会受到影响，因此在进行人力资源的需求预测时，必须考虑到这一变量的影响，否则预测的结果就会出现较大的偏差。人力资源供给的预测，则要考虑内部、外部两个渠道，外部劳动力市场状况直接决定着外部的供给，劳动力市场状况紧张时，外部供给就会减少；反之，外部供给就会增多。而外部供给的情况又会影响到供需平衡的决策，在需求一定的情况下，如果外部供给不能满足需求，就必须调整人力资源管理的相关政策，通过职位的重新设计、工作时间的调整以及员工培训等手段从质的方面来增加内部的供给。再比如薪酬管理。外部劳动力市场的状况也是影响企业各个职位具体薪酬水平的重要因素，当相关职位的劳动力供给小于需求时，这些职位的薪酬水平就会增加；相反，当供给大于需求时，薪酬水平相应地就会降低。近几年来，我国技术工人特别是高级技术工人工资水平的不断上涨，就是一个很好的例子。由于技工的相对短缺，企业为了招聘到所需的人员，就必须支付相对较高的工资。

此外，在进行招聘录用、辞退解雇等其他人力资源管理的职能活动时，也要考虑到经济发展以及劳动力市场的状况。例如，在经济快速增长的时期，一般来说劳动力市场会比较紧张，招聘录用新员工的难度相应会有所增加，这时如果企业解雇辞退员工，空缺职位就不容易填补，会影响到企业的正常运转，因此在这种情况下，企业进行辞退或解雇时就应当比较谨慎。

（三）法律环境

任何一个社会中，人们的行为都必须受到一定的约束，否则整个社会的秩序就会发生混乱。在现代社会中，对人们行为的约束主要是通过法律形式来实现的。法律，其实质就是对个人或者组织的行为规范及其相互关系所做的一种规定，它通常是由国家的立法机关通过法定的程序制定，以国家政权的力量作为后盾来强制实行的，法律一经颁布实施，任何个人和组织都必须遵守。从我国目前的情况来看，能起到强制性行为约束作用的，除了立法机关颁布的法律外，还有国务院及其各部门所制定的具有法律效力的法规、规定、条例等。

企业作为社会组织的一种重要存在形式，在日常的经营活动中也必须遵守国家有关的法律法规，因此，法律对企业人力资源管理活动的影响就主要体现在它的约束和规范作用上。但需要强调的是，法律的这种规范和约束只是一种底线。也就是说，企业在进行人力资源管理时绝对不能低于这些标准，但在标准之上，法律是不能进行干涉的。

目前，世界上大多数国家都制定了相关的法律来对本国的人力资源管理进行最基本的行为规范。例如在美国，企业开展人力资源管理活动时就要遵守《职业安全与健康法案》、《就业年龄歧视法案》、《员工测谎保护法》、《公平劳动标准法案》等一系列法律规定；在我国，影响企业人力资源管理活动的法律也有很多，其主体是《劳动法》，此外还有与《劳动法》相配套的其他法规、条例，如《失业保险条例》等。《劳动法》于1994年7月5日颁布，次年1月1日生效，共有13章，内容几乎涉及人力资源管理的各个方面，如招聘录用、工资报酬、辞退解雇、劳动安全卫生、社会保险和福利、劳动争议等，均作出了规定。

(四) 科技环境

科技环境是对组织的管理有着极为重要影响的因素之一。科学技术的发展，一方面为管理理论的发展提供了强有力的支持，另一方面又为管理技术的更新提供了新的工具。

管理从经验走向科学，科学技术的发展起了极大的推动作用。例如，行为科学的发展为管理者分析员工的行为特点，以及运用合适的管理方法进行管理提供了重要的理论基础；而运筹学的出现，为人们在有限的资源下实现最优的目标提供了决策的依据。以经验为主的生产方式需要的是经验性的管理，而以机器大工业和按照科学的原理进行的生产方式需要的是科学的管理。

技术环境的变化给组织的管理方式带来了新的革命。技术环境的变化对组织机构、管理思想、合作方式等都产生了直接的影响，随着技术革命速度的加快，这种影响将越来越突出。组织要提高活动的效率，保持自身的竞争力，就必须关注技术环境的变化，以及时采取应对措施。

科学技术环境对企业的技术竞争创新起着重要的影响作用。第一，企业技术竞争创新表现为企业对科技成果的发现、采用、开发的过程。如果面对长足而丰富的科技成果，则会大大刺激企业将其运用到生产经营过程中去，以期带来更大的经济利益回报。企业发展史和科技发展史表明，当科学技术不发达时，企业利用技术的竞争则表现不明显，随着科技的日渐发达，企业利用技术并将科学技术产业化的竞争则更加激烈起来。在当代，科学技术水平空前提高，每天都有大量的科学技术成果问世，一国的企业之间，国际的企业之间的技术竞争，越来越表现为科技成果及其应用水平的竞争，并且日趋激烈。第二，随着科学技术的不断发展，科学技术渗透到国民经济的各个行业。作为国民经济细胞的企业，其素质高低常常以科技水平含量来衡量，国民经济的素质及其企业的内在科技含量日益促进着企业你追我赶应用科学技术。谁想在市场中占据竞争的主动地位，谁就必须大量地进行技术创新。科学技术的发达为这种创新性的技术竞争提供了广阔的空间。第三，当今世界各国，都把发展科学技术当作促进国民经济的基础手段，从而使企业之间的技术竞争表现为应用科技成果能力的竞争。生产同一类产品，不同档次科技水平的应用，工艺技术含量的差异，都会造成经济成果的差异。企业越来越要求具备良好的科学技术环境。

（五）文化环境

"文化"这一概念，可以从广义和狭义两个层次来理解。广义的文化是相对于自然而言的，指人们在社会实践过程中所创造的各种事物的总和，既包括物质的也包括精神的；狭义的文化则侧重于精神方面，主要指人们的观念形态，包括价值观念、伦理道德、风俗习惯、宗教信仰等。这里所讲的文化主要是从狭义角度来理解的文化。对于整个社会而言，文化具有重要的社会整合和社会导向作用，它内在地影响着人们的思维方式和行为方式，而且这种影响具有相对的持久性，在短时期内不会发生改变。同时，对于不同的国家来说，由于其历史传统、地域环境、经济发展水平等都存在一定的差异，因此不同国家的文化也存在一定的区别。这使得在不同国家中，文化的社会整合和社会导向作用在内容上也各不相同。

由于文化能够影响到人们的思维方式和行为方式，因此它会对人力资源管理产生重要的影响。在不同的文化传统下，人力资源管理的模式也是不同的。在这方面，日裔美国学者威廉·G.大内的研究最具代表性，他从1973年开始对美国企业和日本企业的管理方式进行深入的比较研究，在此基础上总结出了两国企业管理模式，特别是人力资源管理模式的特点。大内将美国的企业称为 A 型组织，将日本的企业称为 J 型组织，并且从七个维度对比了两种组织在管理方面的差异。大内认为，两国企业在管理方面的不同主要是由文化的差异造成的，美国由于国家的历史较短，没有经过封建社会就直接进入了资本主义社会，再加上人口以移民为主，相互的关系比较松散，人们多是依靠自己的努力而生存下来的，因此整个国家的个人主义文化色彩比较浓重，崇尚奋斗，注重结果。与此相反，日本由于民族单一、经历了长期封建社会的洗礼，人们的血缘、人情意识根深蒂固，加之国家的地域狭小、资源匮乏，必须依靠集体的互助才能生存，这就形成了以集体主义为主导的文化传统。

第二节　积极营造促进人力资源强省建设的社会环境

无论对于一个国家的整体竞争力来讲，还是一个劳动者的职业生涯来讲，成功都取决于能力和环境两个条件，有能力而没有发挥能力的环境也不可能成功，我国计划经济体制下生产力被束缚就是典型案例。同样，有环境而缺乏能力也不可能成功，我国改革开放以来在高科技领域与发达国家的差距就是说明。政府在提高人力资源能力和改善人力资源成长环境方面都可以有所作为，但是相比而言，政府在创造人力资源成功发展的环境方面作用更大。因此，政府应积极通过法律手段、行政手段、经济手段等，促进外部环境的优化和改善。

一、优化外部环境，注重人才公平发展

人力资源管理是组织的内部运行机制，这一阶段政府的作用主要体现在建立相应的外部环境方面。外部环境主要包括公平环境、公正环境、和谐环境、可持续发展环境四个方面。

公平环境是指维护市场竞争的公平性，消除劳动力市场上的各种歧视，特别是制度性歧视。需要指出的是，这里所讲的歧视不仅指外部劳动力市场歧视，也包括内部劳动力市场中的歧视。公平环境有利于人力资源更好地发挥其能力。对于我国这样一个转轨中的发展中国家来讲，劳动力市场上的制度性歧视仍很突出，如户籍制度等，消除劳动力市场中的歧视仍然任重道远。

公正环境是指对劳动者权益的保护，如劳动安全的保护、工作条件的保护、工资收入的保护、社会保障待遇的保护等。特别是对劳动安全的保护，劳动者往往处于不知情，或信息不充分的境地，政府有责任发现危害、预防危害、制止危害。

和谐环境是指对人力资源管理中产生的争议和纠纷的处理机制。在管理中被管理者与管理者发生争议和纠纷是正常的，处理争议和纠纷的机制既要在组织内部建立，也要在组织外部建立。在组织内部双方无法解决的争议和纠纷就需要外部力量的干预，政府可以起到相应的作用。

可持续发展环境是指员工与组织之间利益的协调机制。在现代社会中，企业和员工的关系更多的应当是"双赢"的关系而不是对立的关系。"双赢"应当建立在双方长期利益和短期利益相互协调的基础上。政府应当通过政策鼓励双方建立这种可持续发展的环境，例如，通过政策鼓励企业建立员工利润分享机制，并且对建立这一机制的企业给予税收优惠。企业与员工之间稳定的劳动关系不仅对企业和员工有利，而且有利于提升国家的创新力和人力资本的竞争力。

二、发展特色经济，培育人才集群优势

经济环境与人才环境密切联系。经济环境为改善人才环境提供物质条件、生活待遇和创业舞台，人才环境又反作用于经济环境，为经济发展提供精神动力和智力支持。在优化生活条件，给予相应的薪酬福利等经济待遇，为人才创造良好的生活环境的基础上，为人才提供良好的工作条件和创新环境是十分重要的。对于高素质人才而言，待遇并不是第一位的，关键是要有一个让他施展才能、实现价值的舞台。为此，政府部门要通过发展经济，改善经济环境，为各类人才创业干事业提供更多更好的外部条件，以吸引人才和发挥人才的作用。一要实行招商引资与招才引智相结合。整顿和规范市场秩序，营造良好的投资环境，积极吸引外资，培育和发展更多的大企业、大集团、研发中心、中试基地、创业园以及民营科技企业。二要加大科技投入，不断改善人才的工作条件。三要抓紧研究以市场为基础，以企业为主体，建设集聚优秀人才的创业载体的措施和办法，发挥高等院校和高新技术园区等基地作用，使其成为集聚优秀人才的重要载体，探索建立以项目和课题研究为主的研究体制，发挥其集聚人才的作用，实现人才发展与经济发展互动的良性循环机制。

发展特色优势产业，建设人才发展职业平台。根据本研究选择的代表人才发展职业平台的第二、第三产业的两个指标的评价结果，河南在全国处于居中的位置，虽然全省第二、第三产业的企业数不少，但在容纳的就业人员数方面仍存在劣势。因此，河南仍需大力发展特色优势产业，增加企业数量，壮大企业规模，为人才发展提供更多更好的职业平台。河南已确定了食品工业、有色金属工业、化学工业、汽车及零配件工业、装备制造业、纺织服装业六大优势产业，今后要

继续努力将这些产业做大做强，促进这些优势产业向高水平、宽领域、纵深化方向发展，提高这些优势产业的综合实力。要通过实施"集团发展，上市经营"战略，扶持重点龙头企业发展。要强化产业之间的关联效应，拉长产业链条，推进产业内部关联聚集，推进产业集群发展。同时，中原文化是中国传统文化的体现和缩影，要了解中国文化之源，必须来河南，河南历史文化的独特优势是其他地区无法替代的。要充分利用文化资源优势，加大文化资源开发的人力资源建设力度，将文化产业作为特色优势产业做大做强，通过将文化产业与旅游业结合起来，努力实现从文化资源大省向文化产业强省的跨越。

三、改良人文环境，发挥人才价值

人文环境包括社会大环境和人际环境，它对人才的招聘、保留和发展有着极大的影响。实践证明，人的才、智、能的发挥与所处的人文环境密切相关。在领导公正廉明、人文和谐的人际关系中，一个人不仅能有效地发挥现有能力，而且他的潜在能力也能得到充分展现。在人才待遇还不高、创业环境还不够理想的现实情况下，营造良好的人文环境显得更为重要和紧迫。

重视人才价值，是营造良好人文环境的核心。按照马斯洛需求层次理论，高层次人才的需求在获得尊重和实现自我价值的层面上，都希望发挥潜能以实现自己的愿望。所以，一要在整个社会倡导"人的价值高于一切"的观念，高度重视人的价值。在传统体制下，"权力"、"等级"高于人的价值，这就导致体制和制度设计压抑了人的个性，抑制了人的内在创造力。市场经济的建立，迫使现有的人事管理体制进行变革，新的制度设计要更多地遵从自然法则、尊重人的内在需求，创造一个具有活力的、充分弘扬人的个性、尊重人的价值的社会人文环境。二要注重保护知识产权。知识产权是人才价值的体现，保护知识产权是维护人才价值实现和市场秩序的基础。没有一个健全的知识产权保护法律与技术体系，没有全民自觉的知识产权保护意识，人才价值得不到真正的体现，不可能促使创新人才脱颖而出。在一个知识产权得不到保护的人才环境中，人才没有动力创新也不敢创新。因此，我们要在健全知识产权法律体系，提高全民知识产权保护意识的同时，加大对知识产权的保护和技术开发的投入，使我国知识产权的权益得到有效的自我保护。三要加大对有突出贡献的优秀人才的奖励力度。在奖励政策方面，可视其科技成果、科研水平、对社会贡献程度等情况，参照国际惯例实行特殊的奖励办法，实现奖励项目多元化、奖励形式多样化，并形成规范化的奖励制度。

培育人才管理文化。随着更多跨国公司进入我国市场，其人才价值观等管理文化将给我们提出严峻的挑战。培育具有我国特色的人才管理文化势在必行。一要将"以人为本"的人才价值观转化为管理者的日常行为，在实践中塑造以尊重人、关心人、信任人、培养人为核心的组织文化。对各类人才特别是高层次人才做到知之以心、纳之以诚、待之以礼、动之以情、赋之以任、用之以长。二要加强横向联系和纵向沟通，建立人与人相互尊重、相互理解、相互帮助的组织文化，改善人际关系。三要确实为人才办实事，适时适情采取倾斜政策，对人才个体的实际困难给予有效的帮助，使其感受到组织大家庭的温暖。四要建立多样化的、易于运用的渠道，使各类人才有机会表达他们对某些事情的看法和关注，并使他们能够很方便地得到对其所关心的问题的解答，加强人才的思想政治工作，解决思想问题，增强其工作信心。五要营造崇尚贤能的社会氛围，在全社会营造崇尚科学、尊重知识、尊重人才、尊重劳动、尊重创造的风气。鼓励竞争，包容失败；支持人才干事业、干成事业；强化知识、人才在社会进步和经济发展中的突出贡献和重要作用，学习优秀人才建功立业的精神风貌，引导人们树立人才是第一资源和人才资本优先投入的新观念，形成有利于人才乐于创新、甘于奉献的社会氛围。

四、改善生态环境，建设宜居河南

党的十七大报告强调把建设资源节约型、环境友好型社会的要求落实到每个单位，十八大报告提出把生态文明放在突出地位，融入经济建设、政治建设、文化建设、社会建设各方面和全过程，这理所当然地包括企业在内。实际上，企业在生产产品、创造社会财富的同时，必然要消耗一定的能源资源，而且也会造成一定程度的环境污染。因此，要加强能源资源节约和生态环境保护，增强可持续发展能力，必须把建设资源节约型、环境友好型社会的要求落实到每个企业，这既是当前形势的迫切需要，也是现代企业的发展方向。随着时代的进步，绿色生产、节约生产已成为企业竞争力的重要标志。要本着对河南乃至全国资源环境高度负责的精神，加大节能、节材和环保方面的投入，完善有关设施，生产绿色产品，承担相关社会责任。要积极开发应用有利于节约能源资源、保护生态环境和促进循环经济发展的技术和产品，加快节能降耗技术改造，严格执行环境法律法规和污染排放标准，完善和落实突发环境事件的应急预案，努力建设资源节约型、环境友好型企业。

面对生态文明建设提出的更高要求，河南除了继续加大节能减排工作力度外，还大力推进制造业转型与升级。采取多项措施增强人们的环保意识，使发展节约资源、对环境友好的制造理念逐渐成为人们的共识，使新型制造业成为彻底解决环境问题的根本途径和方法，从而实现 21 世纪制造业的可持续发展。从源头开始，推行清洁生产，致力于减少物质投入、控制污染和废弃物的发生，改变以往传统产业的末端治理的被动模式，努力实行经济效益和社会效益的"双赢"目标。

（一）促进旅游业的发展，改善人民生活

生态旅游是当今世界旅游业发展的一个新潮流，发展生态旅游，可以有效地促进旅游资源生态、经济和社会效益的全面发挥和可持续利用。南水北调中线工程在河南省境内绵延数百公里，沿线旅游资源十分丰富，不仅有伏牛山、太行山等众多雄伟壮丽的自然生态景观，而且还有黄帝故里、龙门石窟、安阳殷墟等举世闻名的历史文化遗产，完全可以成为一条亮丽的绿色旅游线。届时，河南有望形成沿黄"三点一线"历史文化旅游线横贯东西、南水北调中线人文生态旅游线纵贯南北的"十字"形黄金旅游架构，这样既扩大了旅游业开发，优化了旅游投资环境，又改善了旅游产品结构，形成新的旅游热点，使旅游行业成为实施开发带动主战略的先行部队，为进一步提升河南省旅游业的整体形象和竞争力，促进河南经济社会快速协调可持续发展做出了积极的贡献。大力发展旅游产业。把旅游产业作为扩大消费、调整结构的重要内容，着力培育新的经济增长点。加快旅游产业发展。推动景区资源整合，深入推进与知名旅游企业战略合作，促进旅游业转型升级。着力打造少林寺、龙门石窟、安阳殷墟、开封宋文化、云台山、红旗渠、尧山、鸡公山等旅游精品景区。完善旅游基础设施体系，加快省旅游服务中心建设，提升旅游服务水平。

（二）保护与治理并重，加强生态环境建设

推进生态环境建设的重点包括造林绿化、生态功能区保护与污染治理。其一，提高全省森林覆盖率，充分发挥森林的巨大生态价值。森林不仅能涵养水源，保证物种多样性生存，而且可以吸碳固碳，释放氧气，因此，森林具有巨大的生态价值。从当前实践来看，通过大力植树造林，提高森林覆盖率是河南实现节能减排的重要途径之一。节能降耗的重要途径之一，就是发展替代能源。森林是发展替代能源的重要资源库。林业生物质能源完全可以满足这一要求，它是通过各种技术手段，将森林生物质转化为液态（燃料乙醇、生物柴油）、固态（成型燃料）、气态（沼气等可燃气体）以及直接燃烧的热能和电能。与矿物质能源相比，林业生物质能源具有清洁、安全、可再生、低成本等显著优点。此外，森林的另一个重要作用是减排。实行减排有两种办法：一个是直接减排，即对现有的工业企业加大技术改造，限制、改造高污染、高耗能的企业；另一个是间接减排，就是大力实行植树造林，增加森林面积，提高森林的吸碳固碳能力。森林是地球上最大的固碳库。全球森林面积尽管只占全球陆地总面积的1/3，但每年吸收的二氧化碳却占生物固碳总量的4/5；1公顷的阔叶林在生长季节中，每天可以吸收1吨的二氧化碳；森林每生长1立方米木材，就能吸收1.83吨二氧化碳，同时释放1.62吨氧气。通过发展林业、增加森林来间接实现节能减排，不仅成本低、可持续、基本无污染，而且还能为社会提供丰富的林产品和多样化的生态、文化产品，可谓一举多得。

其二，加强生态功能区保护。生态功能区保护包括森林、湿地和野生动植物保护。河南森林生态系统、湿地生态系统和野生动植物资源主要分布在太行山、伏牛山、大别山、桐柏山四大山系，以及黄河、淮河、长江干支流区域。由于生态功能区对于维护生态平衡，保持生态容量起着至关重要的作用，因此生态功能区的管护工作非常重要：目前管护资金主要来自中央主管部门投资和地方财政拨款，由于河南重要生态功能区主要分布在欠发达地区（如南阳的桐柏县、信阳的多数县市），这些地方财政困难，造成地方投入不足，管护工作不力，一些地方甚至因为资金困难无法在保护区打界桩。因此，应尝试将生态补偿资金用于生态功能区管护，以减轻地方财政压力。生态功能区往往是自然景观优美的地区。近年来随着生态旅游观念的兴起，一些生态功能区的政府官员开始打着生态旅游的旗号进行旅游资源开发。但是由于违背生态规律，开发的过程也成为破坏的过程，从而在保护与开发之间出现尖锐的矛盾。针对这种情况，应转变发展观念，反对把生态功能区的自然资源当作旅游资源来经营的做法，坚持保护第一、适度开发的原则，同时在开放旅游时加强对旅游者行为的约束。

其三，加强环境污染治理。一要加强农村污染治理。河南是人口大省，农业人口占总人口比重的60%以上。目前，河南农业面源污染严重，一些地方已经到了严重影响人民群众生命安全的地步，亟须进行污染治理。农村面源污染治理要因地制宜，推行乡镇工业小区污染集中控制，建设乡镇污水垃圾处理设施。加强监管，防止重污染企业和落后生产能力向农村转移。开展土壤污染现状调查，推行测土施肥，控制农药、化肥过量施用。大力推广农村沼气，对规模化畜禽养殖企业限期达标排放。加快区域生态示范区建设，创建环境优美小城镇和生态文明村，改善农村人居环境。二要加强河流污染治理。河水是生产生活用水的重要来源，由于目前对制止污染严重的企业向河流排污还缺乏切实有效的办法，因此河流污染问题严重。河流污染治理的重点是：关闭水源区内直接排污口，严禁可能对饮用水水源地造成直接污染的活动，确保饮用水水源安全，建设好城市备用水源。继续实施重点流域环境综合整治，完善流域治理机制，落实省辖淮河、海河、黄河重点流域水污染防治规划所确定的各项任务，抓好南水北调中线工程水源地丹江口水库的水质保护工作。推进排污企业的深化治理，鼓励城镇开展污水深度处理和兴建中水回用设施，加快城镇污水处理厂建设。三要消除生态型贫困。生态型贫困是指由于一定区域的人口向当地自然生态系统的索取超出自然生态系统的缓冲与恢复能力，导致生态系统恶化，自然生产力下降，最终使居民赖以生存的资源减少所造成的贫困，要积极稳妥地实行生态移民，同时控制人口的过快增长。

五、优化文化环境，培育中原人才沃土

加快文化强省建设步伐，大力发展文化事业和文化产业，加快文化体制改革，提升文化软实力，为中原崛起提供强大思想文化保障。

（一）繁荣发展文化事业

加强文艺精品创作，推出一批精品力作。加快基层文化设施建设，建成一批乡镇文化站、农家书屋和村广播电视"村村通"工程，建成一批文化信息资源共享工程县级支中心、村级服务点。建成省广播电视发射塔。抓好市县两级公共图书馆、文化馆、博物馆建设。继续做好舞台艺术送农民、农村电影公益放映等工作。强化网络文化建设与管理。加强重点文物和非物质文化遗产保护。

（二）创新文化发展模式，迅速提高河南文化的影响力

在文化经济中，文化资源是重要的生产资料。厚重的传统文化资源是河南发展文化产业得天独厚的优势。但是传统文化资源只是潜在的文化生产力，要把它变成现实的生产力，还需要根据时代特点和人民群众的文化需求，对历史文化资源进行创新开发。近年来，河南发挥传统文化资源优势，结合现代人的审美需求，进行文化创新开发，创作出了既有厚重文化内涵又有现代气息、符合人民群众审美需要的高品位文化精品。如根据传统的"少林禅武文化"开发出的《禅宗少林音乐大典》、《风中少林》、《大宋东京梦华》等演艺类文化产品，根据北宋文化开发的《清明上河园》等文化旅游产品，都是利用传统文化资源进行文化创新的成功案例。影响日益扩大的寻根文化与黄帝故里拜祖大典、已经冲出国门走向世界的少林武术等，更是对历史传统文化资源进行现代开发的经典之作，使新郑和登封成为世界知名旅游热点。此外，由中原出版传媒集团和中州古籍出版社策划

出版的"中原文化大典"系列丛书，全面系统地对悠久的中原文化，在中原出版史上树起了一座丰碑，对中原文化研究学科的建立具有开创性意义。

第一，创新文化传播手段。河南省积极把握、主动顺应国际文化产业发展的新特点和新趋势，在继续发挥广播电视、报纸杂志、电影、游戏、各种演出等传统文化传播方式的基础上，积极发展网络、移动电视、手机电视、电子商务等新型文化传播方式，不断创新文化传播手段。在全国首创网上采风活动，连续举办了六届"网上看河南"采风活动，加强网上宣传力度，取得了良好效果。大河网创办"焦点网谈"栏目，把宣传党的方针政策和反映社情民意有机结合起来，在引导网络舆论、维护河南形象方面发挥了重要作用，荣获了中国新闻奖一等奖，成为中国网络界目前唯一的中国新闻奖名专栏。

第二，创新文化营销方式。河南举办的"黄帝故里拜祖大典"以拜祖为中心，以黄帝文化为主线，聚焦了海内外数亿炎黄子孙的目光。精心打造了"中原文化沿海行"品牌活动，在北京、上海、天津、广东、港澳和台湾等地组织大型文化宣传活动，大大提升了河南形象，扩大了中原文化的对外影响力。此外，河南还组织了数批国内媒体对河南文化进行密集报道，"走进中国河南"外国电视记者采访活动、"感受开放中原"香港记者集中采访活动、"中部崛起看河南"澳门记者集中采访活动、"世界旅游小姐游河南"外国主流媒体采访活动和洛阳牡丹花会的境外记者集中采访活动等，加强对中原文化的宣传与营销。此外，河南还注意利用名人效应提高河南文化的知名度，先后邀请了美国前总统克林顿、俄罗斯总统普京、国民党前主席连战等访问河南，扩大了河南文化在国外的影响力。

第三，创新文化产业开发经营模式。积极探索"文化＋旅游"、"文化＋媒体"和"文化＋社会资本"的"3＋1"模式。"文化＋旅游"，就是通过文化与旅游相结合，充分挖掘河南文化旅游资源。文化是旅游的灵魂，旅游是文化的载体。河南把"生态游"、"山水游"与"文化游"紧密结合起来，构建了以古都、寻根、功夫、红色等为主要内容，融人文与自然于一体的特色旅游区块和精品旅游线路，改变了河南旅游"白天看庙，晚上睡觉"的文化匮乏状况。"文化＋媒体"，就是通过文化与媒体的结合，充分展示河南的文化资源及产品。河南的"梨园春"和"武林风"这一文一武两个精品栏目，就是河南文化与传媒结合最为成功的例子。"文化＋社会资本"，则是通过文化与"社会资本"、民间资本的结合，广泛吸纳社会资本投资文化领域，探索"社会文化社会办"的路子，迅速做大做强文化产业。

（三）改革体制，激发文化发展

一要积极推进文化单位体制创新。近年来，河南把加快文化产业发展和文化体制改革摆上了省委省政府的重要议事日程，省政府专门出台《关于经营性文化事业单位转企改制中若干配套政策的意见》和《关于省直经营性文化事业单位转企改制中人员分流安置和劳动保障有关问题的意见》；明确了对改革试点单位和转企改制的文化单位免征 3 年企业所得税；对政府鼓励的新办文化企业，自工商注册登记之日起免征 3 年企业所得税等，从财政支持、税收优惠、资产处置、人员分流安置、养老保险等 13 个方面解决了经营性文化事业单位转企改制中的迫切问题，扫清文化改革和发展的体制性障碍，推动文化单位体制机制创新，实现了经营性文化单位由面向政府、面向奖台向面向市场、面向群众的转变，提高了文化单位的内部活力和市场竞争力。

二要扩大市场准入。在河南省文化产业快速发展的进程中，民营文化产业正成为一个崭新的亮点。民营资本的强力介入，不但是河南省文化产业发展的一个亮点，而且给河南省文化产业发展带来了新的生机和活力。要进一步放宽投资领域，鼓励、支持和引导社会资本、非公有资本进入非特殊性文化领域，形成各种市场主体平等竞争、相互促进的新格局。实行投资主体多元化，广泛利用社会资本。

三要通过企业重组，实现文化产业的集约化、规模化经营。河南电影电视制作集团、河南文化影视集团、河南杂技集团等一批新兴文化产业集团相继成立，标志着河南省文化企业向集约化、规模化、现代化迈进。

（四）强力推进文化体制改革

全面启动国有文艺院团转企改制，完成省直院团、市级和文化体制改革试点市的市、县两级国有院团转企改制任务。加快推进经营性报纸、期刊、出版单位转企改制。全面推进电台、电视台制播分离。完成县级以上国有电影发行、放映单位转企改制任务。推动大型文化企业并购重组、上市融资。鼓励组建综合性文化行政管理部门，完成市县文化市场综合执法改革任务。与此同时，切实加强精神文明建设。广泛开展中国特色社会主义理论体系宣传普及活动，深入开展社会主义核心价值体系学习教育活动，大力弘扬焦裕禄精神、红旗渠精神和愚公移山精神。加强社会公德、职业道德、家庭美德、个人品德建设，深化大学生思想政治教育和未成年人思想道德建设。大力推进志愿者服务工作。深入开展"扫黄打非"。推动文明城市、文明村镇、文明单位等群众性精神文明创建活动蓬勃开展，不断提高公民文明素质和城乡文明程度，维护和提升河南形象。

六、促进就业创业，激发人才活力

改革开放以来，全民就业问题历来受到政府和全社会的高度重视，从统包统配到逐步打破"铁饭碗"，从自谋职业、自主择业到市场化就业为主，再到鼓励支持全民创业，政府一直在积极探索促进就业的方式。从改革开放初期到20世纪90年代中后期，积极探索促进就业的方式主要是通过加快经济发展提高就业总量。就业总量得到大幅度提升，农村劳动力得到显著性转移。到90年代中期，调整了产业结构，出现了大量工人下岗现象，积极探索促进就业的方式是开发岗位，扩大就业增量。显著特征是开发"公益性"岗位、关注"4050"工程和帮助贫困人口就业。

新世纪新阶段，继党的十六大提出"千方百计扩大就业"之后，党的十七大提出"实施扩大就业的发展战略，促进以创业带动就业"。2008年政府工作报告也要求"落实以创业带动就业的方针"。党的十八大提出要"推动实现更高质量的就业"。《就业促进法》规定"国家倡导劳动者树立正确的择业观念，提高就业能力和创业能力；鼓励劳动者自主创业、自谋职业"；《国务院关于做好促进就业工作的通知》明确提出了促进创业带动就业的扶持措施和工作要求，将鼓励全民创业、支持全民创业摆到就业工作更加突出的位置。促进全民创业带动就业，就是政府通过政策支持和服务保障，营造良好的创业环境，调动劳动者创业的积极性和主动性，通过自找项目、自筹资金、自主经营、自负盈亏、自主创办的生产和服务项目或企业，在实现自身就业的同时，带动更多的劳动者就业。

无论目前还是将来若干年之间，河南就业形势依然十分严峻。其特征是，城镇新增劳动力就业人数较大、失业下岗人员增多，"新生代"劳动者增量迅猛、大专以上毕业生和中专、高中、初中学生进入劳动就业、农村仍有大量富余劳动力需要转移、"啃老族"要自食其力等。河南全省城镇每年需要就业再就业的人员总量达200万人以上，而当前所能提供的新增就业岗位仅有100万个左右，巨大就业压力盖过往年。

河南提出"促进全民创业带动就业"，着力实现由被动就业向主动就业的发展战略转变，是从单方面强调劳动者就业保护的"就业抑制"战略，开始转向鼓励创业精神、促进全民创业、激活创业主体、以创业为就业的激励战略推进。近年来，全省培训下岗失业人员5万多名，其中60%的人创办了自己的小企业，吸纳安置就业再就业人员11万人；发放小额担保贷款帮助和扶持近10万名下岗职工实现自主创业、自谋职业，带动就业再就业30万人。许多外出务工经商的农民工陆续带着信息、技术、资金、项目等返回家乡创业，成为河南省县域经济和劳务经济新的增长点。到 2010 年底，全省返乡创业人数已达 66 万多人，其中创办企业 15.3 万多个，年产值 600 多亿元，带动 280 多万农村劳动力常年就近就业。全民创业带就业的效果非常明显，也充分表明，全民创业是富民之本。解决民生问题，出路在全民就业，关键在全民创业。全民创业不仅是创业者自己实现就业，还可以通过发展多元化创业主体和多种创业形式，发挥创业带动就业的倍增效应，提供更多的就业岗位，是人民群众增加收入、走向富裕的根本途径。只有创业社会化，才能就业最大化。因此，促进全民创业带动就业，有利于激发劳动者的创业精神，是市场就业的主要措施，是促进就业工作中最活跃、最根本、最有效的战略。

七、优化人才环境，促进人才发展

人才环境是人才所处的各种环境的综合，可以从多角度的衡量。在社会大环境的变化下，人才环境需要及时的创新和变化，制度环境、人文环境和经济环境创新是形成人才环境创新的重要条件。构建一个能够具有鼓励人才竞争、开放包容、利于人才成长的制度；倡导崇尚科学、尊重知识、尊重人才的社会氛围；提供良好生活条件和工作环境的社会机制，人才环境将会在创新中得到极大的改善，人才对经济和社会发展的推动作用将得到充分的体现。

大力贯彻落实科教兴豫战略和人才强省战略。当今世界，综合实力的竞争，焦点在科技，关键在人才，基础在教育。联合国开发设计署《1996 年度人力资源开发报告》指出，一个国家国民生产总值的 3/4 是靠人力资源，1/4 是靠资本资源。国家之间的竞争，是知识与技术的竞争，实质上是人才的竞争。对河南省来说，21 世纪头 20 年是一个必须紧紧抓住的重要战略机遇期。用好这个战略机遇期，力争有所作为，就必须把发展科技教育和壮大人才队伍放在更加重要、更加突出的位置上，扎扎实实推进科教兴豫战略和人才强省战略，促使河南经济发展方式切实转移到依靠科技进步、依靠人力资源开发的轨道上来。

树立人力资源开发管理新的思维方式。人力资源开发管理既是国际国内经济发展规律的客观要求，也是 21 世纪人类社会发展的必然趋势。在人力资源开发管理中，必须树立新的理念。一是既要重视人力资源的组织价值，又不能忽视人力资源的个体要求；二是既要重视人力资源的总体数量，又不能忽视人力资源的层次结构；三是既要重视人力资源的眼前学历，又不能忽视人力资源的继续教育、终身教育；四是既要重视人力资源的内部良性运作，又不能忽视人力资源的社会配置；五是既要重视人力资源的一般使用，又不能忽视人力资源的开发管理；六是既要重视人力资源的数量稳定，又不能忽视人力资源的合理流动；七是既要重视人力资源的个体素质要求，更要强调人力资源整体的提高；八是既要重视人力资源的学历水平，更要强调人力资源的实践能力，应从过去主要依靠掌握知识的多少来衡量质量，转向从能力和素质的角度来衡量质量；九是既要重视人力资源的实践能力，更要注重人力资源的创新能力。

实施继续教育和终身教育。现代科学技术的发展和不断革新以及它在生产和社会生活中的应用，使得一个人在传统正规教育中所获得的知识已经不能满足一生的工作生活需要，只有继续不断地学习和终身学习，才能确保自己的生存和发展。尤其是知识经济时代，继续学习和终身学习更加重要，因此，必须实施继续教育和终身教育。现在许多国家都把终身教育纳入政府和企业管理的范畴，并成为政府行政领导和企业管理的重要内容。目前在法国，政府在这方面支付的经费约为全国教育经费的 25%，而企业在这方面的开支则为职工工资总额的 10% 左右。美国每年接受继续教育的工程师人数约占工程师总人数的 15%，工程师人均教育费用每年超过 3000 美元。现在不少国家还以法律形式确保终身教育的实施和发展。例如，加拿大的教育法规定，受过大学教育的科技人员的知识在不长时间内会产生落伍现象。有关企业必须制定教育方案，报国家教育部审批。该法案还明确指出，参加继续学习每年可免 50 个工作日，离职学习进修期间企业仍照常支付工资。河南是人力资源大省，要把人力资源大省转变为人力资源强省，也应把继续教育和终身教育纳入整个教育体系中，予以充分的重视。

建立和完善人才激励机制。人才是科技进步和社会发展的重要资源，要充分发挥人才在科技创新中的积极作用，必须建立一整套有利于人才培养和使用的激励机制。人才队伍建设是一项复杂的系统工程。它不仅是认识问题，更重要的是实践问题，目前必须首先破除陈旧的思想观念和僵化的用人机制以及滞后的教育体制，始终坚持以人为本的教育理念，努力营造一个尊重知识、尊重人才的和谐、愉快、进取的良好社会氛围，使每个人都能有归属感和成就感。尊重知识的社会，人才辈出；忽视知识的社会，人才枯竭。前者是发达国家成功的秘诀，后者是落后国家失误的原因。河南是经济大省，要实现向经济强省转变，必须充分调动科技人才创新的积极性、主动性和创造性，努力为人才引进、培养、使用创造一个良好的社会环境。

以市场为导向，搞好人力资源的开发和利用。人才资源是社会资源中最重要的资源，是生产发展的诸要素中最为关键的要素。当前，河南经济社会发展面临的现实是，物质资源相对不足，建设资金严重短缺，人力资源极为丰富。由这种格局所决定，河南的资源开发战略，既不能以物质资源开发为重心，也不能以财力资源开发为重心，河南只能抓住人力资源丰富和开发潜力巨大这一点做文章，走大力开发人力资源的路子，把人力资源转化为人才资源，以市场为导向，建立完善的人才培养机制，为人才的成长创造宽松和谐的环境，为科教兴豫战略和人才强省战略提供充分的保障。

第三节　建设人力资源强省的法律保障

在我国建设人力资源强国的战略背景下，河南由于既是人口大省，也是欠发达地区，对此，河南必须开发和配置好人力资源，建设人力资源强省，充分发挥人力资源是经济社会发展中第一资源的作用。而要保障人力资源强的建设，就必须重视相关的法律法规的建设，使相关法律法规的建设成为建设人力资源强省的重要保障。因为，法律具有系统强制性、稳定性和公开性等特点，在河南人才发展机制中居于重要地位，并且随着人才事业的发展和社会管理方式的转变而愈加重要。

一、健全教育及人力资源开发法律法规保障体系

改革开放以来，我国逐步颁布了一系列教育方面的法律法规，尝试建立保障教育发展和人力资源开发的法律环境，在保证教育优先发展的战略地位、规范教育行政部门的管理行为、保障学校的办学自主权、保护受教育者的合法权益等重要方面都已经有法可依。对教育改革与发展中出现的热点、难点问题，正在逐步建立法治化、规范化的解决办法。可以说，教育法制工作已具备了坚实的基础，教育领域正在按照依法治国方略的要求，全面推动依法治教的进程。但是，面对急剧的社会转型，特别是市场逐步介入教育领域，现行的法律法规很难为教育发展和人力资源开发提供良好的制度环境，因此健全法律法规保障体系在当今显得尤为迫切。

（一）逐步完善教育法律体系，从政府行政主导型的管理制度转变成依法治教、依法行政的管理制度

中国长期以来的教育管理制度，是政府主导型的行政管理制度，即政府主导

整个教育运行。要改变政府主导型的管理体制，首先政府的管理要建立在法制的基础上，行政权力的行使应该在法律框架下，以法律为依据，以法律为手段，受法律的保护，同时又受法律的制约，没有超越法律的权力。这是完善法律体系、公共治理结构创新的一个基本出发点。在这个前提下，完善法律法规，包括制定和修订两个方面，现阶段需要制定《教育投资法》、《学校法》、《终身教育法》等，修订《义务教育法》和《教育法》的有关内容。同时，完善程序法和法律救济制度，使本体法得以按程序实施，教育领域出现的各种问题，用法律救济方式解决，更有利于完善建立依法治教的相关制度。

（二）逐步建立现代学校制度

由于尚未建立现代学校制度，学校依法自主办学机制缺失，尚未与公平、公正、透明的政府规制以及市场竞争机制形成一个有效率的制度环境。公办学校法人资格并没有使学校办学自主权获得有效的释放，从法人财产权利的角度来看，公办学校还面临着市场行为准入问题。法律对民办学校法人治理机制的规定比较笼统。民办学校法人属于民办非企业单位法人，但民办学校在经营过程中存在一定的风险，甚至可能破产。其法人治理结构的滞后，会对受教育者造成极大损害，不利于保护学生、家长和社会的利益，也不利于保护投资人的利益。

（三）完善高等教育法制，推进体制和机制创新

落实高等学校办学自主权，促进高等学校完善内部治理结构，建立面向社会自主办学、自我发展和自我约束的机制。进一步深化高校办学体制改革，积极促进民办高等教育与公办高等教育协调发展。推进高考制度改革，注重对学生的全面考核，进一步建立以统一考试为主、多元化考试和多样化选拔录取相结合，学校自我约束、政府宏观指导、社会有效监督的高等学校招生制度。实施"促进毕业生就业工程"，健全毕业生就业工作的领导体制、运行机制、政策体系和服务体系。加强大学生的理想信念教育、爱国主义教育、思想道德教育和文化素质教育，进一步推进校风、学风和制度建设，促进学生健康成长和校园和谐，培养大学生自强不息、勤奋学习、诚实守信、遵纪守法、勇于探索的精神。

（四）进一步推进教育立法工作

努力推进"四修五立"：修改《义务教育法》、《教育法》、《高等教育法》、《教师法》等现行的教育法律，制定《学位法》、《考试法》、《学校法》、《终身学习法》、《教育投入法》。要健全教育法律责任体系和责任追究制度，建立法治化的教育行政决策、执行和监督机制。大力推进依法治校，健全学校自我管理、自我约束的机制。要改革完善教育督导制度，建立健全对地方各级政府履行教育职责的监督评价体系，建立完善对学校科学有效的督导评估体系，逐步建立对教育实施状况的质量评价和监控体系。

二、加强社会保障的法制基础

（一）《社会保险法》的实施与完善

目前，我国社保体系已初步建立，但各项社会保险分别通过单项法规或政策进行规范，缺乏综合性统一法律；社会保险强制性偏弱，一些用人单位拒不参加法定社保，或长期拖欠保费；城乡之间、地区之间，机关、事业单位、企业之间社保制度缺乏衔接。劳动和社会保障部部长田成平作社会保险法草案说明时指出，社会保险制度是完善社会主义市场经济体制、构建社会主义和谐社会和全面建设小康社会的重要支柱性制度，社会各界对制定社会保险法的呼声越来越高。因此，"广覆盖、保基本、多层次、可持续"被草案确定为社会保险制度的方针，以适应我国经济社会发展水平。

《社会保险法》于 2010 年 10 月 28 日第十一届全国人民代表大会常务委员会第十七次会议通过，自 2011 年 7 月 1 日起施行。这是最高国家立法机关首次就社保制度进行立法。中国首次就社保制度进行立法，历经三年四次审议获得通过，社保体系将覆盖城乡。此次通过的社保法以国家立法形式将转移接续上升为法律，法律还同时规定了基本医疗保险的转移接续问题。刚刚出台的社会保险法强化了用人单位缴纳职工社会保险费的义务，并规定了对用人单位不缴纳可以采取的强制措施。新出台的社会保险法充分吸收委员、代表的意见，就社保基金监管作出原则性规定：国家对社会保险基金实行严格监管；国务院和省、自治区、直辖市人民政府建立健全社会保险基金监督管理制度，保障社会保险基金安全、有效运行；鼓励和支持社会各方面参与社会保险基金的监督。要在实施《社会保险法》的过程中，严格监察执法，加强社会保障宣传，提高各级政府依法行政水平，提高用人单位依法参保缴费的自觉性，提高劳动者依法维权的意识，及时发现和解决实施中存在的问题，以使法律不断完善。

（二）加强农村社会保障法制建设

20 世纪 80 年代以来，河南农村经济、社会结构发生了深刻变化，农民面临着巨大的生存风险，需要建立健全农村社会保障体系以化解风险。而由于受城乡二元体制制约，社会保障制度主要面向城市居民，适应新变化的农村社会保障体系迟迟未能建立。在全面贯彻科学发展观，构建和谐社会，推进新农村建设的新形势下，加快推进农村社会保障体系建设，是政府和社会的共同责任，对于调节贫富差距、促进社会公平，扩大内需、拉动经济增长，解决"三农"问题，降低社会风险、维护社会稳定，应对人口老龄化挑战，推动计划生育基本国策的落实等都具有重大的现实意义和深远的历史意义。

根据河南实际，坚持法治原则，完善农村社会保障法规、规章，依法调节社会保障关系；制定《农村社会养老保险条例》、《农村社会救助条例》、《农村社会福利条例》、《农村五保供养工作办法》、《农村居民最低社会保障办法》、《灾害救助办法》等农村社会保障法规、规章，依法调节农村社会保障关系，强化对政府社会保障行为的治理。

三、加强人才法制建设

实施人才强省战略，离不开人才法制的保障。人才法制建设在实施人才强省战略中的重要作用，主要体现在通过立法来落实人才强省战略的各项措施，使人才强省战略能够具体化和制度化，将国家的人才政策转化为实践中可以具体指导和规范人才工作的行为准则，为人才的选拔、培养、使用、评价等提供制度保障，为人才充分发挥作用和人才资源有效配置提供法律机制与法治环境；用法律规定政府在人才工作中的权限与职责，充分发挥政府在人才强省战略实施过程中的引导、调控和规制等作用；构建公正高效的纠纷解决机制和权利保障机制，妥善解决人才工作中出现的各种矛盾和纠纷，有效保护各类人才的合法权益。人才法律法规体系作为人才法制的制度基础，可以为实施人才强省战略提供系统全面的法律依据，使实施人才强省战略的各项工作有法可依，确保人才强省战略顺利实现。在全省实施人才强省战略和人才事业发展的过程中，人才立法在人才制度构建、人力资源配置、人才机制运行和人才政策实施等方面，都起到了积极而重要的作用。

在人才的法制建设方面，尤其要加强科技人才保障体系建设。具有较大规模和较高素质的科技人才队伍是中原经济区创新体系有效发挥作用的基础和前提。因此应十分重视科技人才保障体系建设。加快培养和造就优秀学术、技术带头人。统筹规划学术、技术带头人培养工作，依托国家、省重点实验室和重大科研项目，聚集和培养人才。加大科研经费投入，完善知识产权保护的法律法规，鼓励创新创业，营造有利于学术、技术带头人成长的良好环境和氛围，全面提高专业技术人才的科学素养和创新能力。重点培养一批急需的金融、财会、外贸、法律以及信息、生物等高新技术方面的专门人才，特别是要抓紧培养精通世界贸易组织规则的专业人才。

此外，还要加强化科技创新的政策法规体系建设。深化人才管理体制和运行机制的配套改革，建立良好的人才培养、吸纳、使用和激励的政策环境，特别是推进高层次科技人才的培养与集聚。加快建立与完善扶持科技型中小企业快速成长的分配机制、资金扶持、激励创新等相关政策，完善知识产权保护和科技成果转化的地方立法，营造良好的创新、创业环境。

参考文献

［1］白小美. 科技创新与人力资源开发的互动关系［J］. 汕头科技，2007（1）：35~40.

［2］曹海洲. 浅议如何在制度创新中营造优秀企业文化［J］. 现代企业文化，2010，166（18）：15~16.

［3］车雪琴. 制度创新理论与高等教育制度创新［J］. 高教高职研究，2010（5）：158~159.

［4］陈翠，王永保. 河南省建设人力资源强省的现状分析［J］. 经济论坛，2009（15）：97~99.

［5］程增建，张东玲，王晓. 区域协调互动中的地方政府路径依赖与制度创新［J］. 辽宁工业大学学报（社会科学版），2010（3）：34~37.

［6］邓伯军. 中部崛起的人力资源开发战略［J］. 商场现代化，2006（25）：238~239.

［7］丁辉. 浅析创新型人才的含义与特征［J］. 管理研究，2010（5）：89~90.

［8］丁惠炯. 浅论职业教育在建设人力资源强国中的作用［J］. 中等职业教育，2010（5）：12~13.

［9］董新伟. 关于落实教育优先发展战略地位建设人力资源强省的思考［J］. 辽宁教育研究，2008（1）：5~7.

［10］樊华，周庆贵，刘平昌. 应用型创新人才培养目标与途径［J］. 辽宁教育研究，2006（10）：55~58.

［11］傅家骥，全允桓. 工业技术经济学［M］. 清华大学出版社，1996.

［12］傅家骥. 技术创新学［M］. 清华大学出版社，1998.

［13］高建华，于爱水. 河南人口的分析预测与教育发展对策研究［J］. 人力资源开发，2005（4）：45~46.

［14］耿玉娟. 河南省农村社会保障体系建设问题研究［J］. 河南省政法管理干部学院学报，2010（3）：158~163.

［15］郭凤典，吴菊华.技术创新：资源型产业走出困境的必由之路［J］.理论月刊，2000（7）：46~48.

［16］郭建辉.城乡差距、制度创新与统筹发展［J］.广东农业科学，2010（6）：328~330.

［17］郭俊民，高勇.变人口压力为人力资源优势，加快河南人力资源强省建设［J］.人才资源开发，2010（8）：11~13.

［18］河南省人力资源和社会保障厅.提升素质培养人才，建设人力资源强省［N］.河南日报，2010-09-17.

［19］河南省统计局.河南改革开放30年［M］.中国统计出版社，2008.

［20］胡国艳.智力经济时代呼唤创新型人才［J］.科技情报开发与经济，2010，20（11）：163~164.

［21］湖州市吴兴区委人才办.加强创新型人才队伍建设的对策建议［J］.浙江人力资源社会保障，2010（2）：32~33.

［22］黄爱华.中国共产党执政兴国的重要方略——党管人才问题研究［M］.湖南人民出版社，2009.

［23］纪宝成.以更加开阔的视野认识创新人才的选拔和培养［J］.中国高等教育，2010（12）：16~17.

［24］加里·贝克尔.人力资本理论［M］.中信出版社，2007.

［25］蒋笃运.关于优先发展教育建设人力资源强省的战略思考［J］.河南大学学报（社会科学版），2008（11）：129~134.

［26］蒋笃运.关于优先发展教育建设人力资源强省的战略思考［J］.河南大学学报，2008，48（6）：130~131.

［27］蒋兴勇.中部崛起人力资源开发开发的对策建议［J］.人才资源开发，2006（12）：5~6.

［28］康达华.刍议武汉城市圈"两型社会"制度建设［J］.经济师，2010（3）：17~19.

［29］课题组.变人口压力为人力资源优势加快河南人力资源强省建设［J］.人才资源开发，2010（8）：14~16.

［30］课题组.从人口大国迈向人力资源强国［M］.高等教育出版社，2003.

［31］李红见.河南人力资源开发的问题及对策［J］.人才资源开发，2009（6）：21~22.

［32］李旭兵.河南省发布第二次全国残疾人抽样调查结果［N］.河南日报，

2006–12–31.

[33] 李学智. 加强企业创新型人才培养的几点思考 [J]. 工会论坛，2010，16（3）：99~100.

[34] 李娅娜，王东升. 创新型人才培养模式研究 [J]. 山东社会科学，2010，176（4）：174~176.

[35] 李志强. 促进城乡义务教育均衡发展的几点思考 [J]. 现代教育科学，2010（2）：74~75.

[36] 刘星. 以就业为导向的高技能人才培养模式改革——以辽宁高等职业教育为例 [J]. 现代教育管理，2009（6）：90~92.

[37] 刘永奇. 河南省情研究 [M]. 河南人民出版社，2008.

[38] 吕臣. 西部欠发达地区人力资源开发的制度创新 [J]. 中国就业，2006（4）：47~48.

[39] 罗伟其. 坚持优先发展教育打造人力资源强省 [J]. 广东教育，2008（9）：5~6.

[40] 石为中，龚登攀. 人力资源管理制度创新问题研究 [J]. 现代商业，107~108.

[41] 苏可为，杨欣. 实施中部地区人力资源开发战略促进中部地区崛起 [J]. 郑州航空工业管理学院学报（社会科学版），2007（2）：174~176.

[42] 苏林. 河南社会发展与变迁 [M]. 河南人民出版社，2009.

[43] 孙志强. 浅论我国政府制度创新 [J]. 经济师，2010（6）：32~32.

[44] 田永峰. 再论制度变迁中的创新精神 [J]. 现代经济探讨，2010（6）：13~16.

[45] 王春选，周立. 关于推进河南科技创新的思考 [J]. 河南科技，2006（6）：4~5.

[46] 王建国. 加快发展河南优势产业的着力点和综合措施 [J]. 企业活力，2005（12）：34~36.

[47] 王菊梅. 中原崛起进程中的河南人口发展战略 [J]. 领导科学，2006（11）：5~6.

[48] 王献芝. 河南人口素质与社会经济发展 [J]. 河南教育学院学报（哲学社会科学版），2007，26（1）：104~105.

[49] 王泽强. 建设人力资源强省的安徽人口发展战略 [J]. 安徽广播电视大学学报，2010（1）：50~53，57.

[50] 王泽强.建设人力资源强省的安徽人口发展战略［J］.安徽广播电视大学学报，2010（1）：52~53.

[51] 肖建中，刘翔明.2010年：河南总人口将达到1亿［N］.河南日报，2009-01-23.

[52] 肖芸.建设河南人力资源强省之路径思考［J］.魅力中国，2010（24）.

[53] 肖芸.民办教育发展路径的新思考［J］.教学与管理，2010（7）：56~57.

[54] 谢爱莲.中部地区崛起中人才资源开发战略研究［D］.南京航空航天大学，2007.

[55] 殷杰兰.河南科技人力资源现状及其结构分析［J］.人才资源开发，2008（10）：74~75.

[56] 喻新安.中部崛起的实践与探索［M］.河南人民出版社，2009.

[57] 喻新安等.工农业协调发展的河南模式［M］.河南人民出版社，2009.

[58] 张纯记.河南省产业结构调整研究［J］.平原大学学报，2005（2）：32~36.

[59] 张丰河.中部崛起视角下的河南高等教育发展实证研究［J］.河南职业技术师范学院学报（职业教育版），2007（2）：20.

[60] 张静.教育公平视角下的城乡义务教育均衡发展研究［J］.河南职业技术师范学院学报（职业教育版），2009（6）：13~15.

[61] 张克之.河南人口、资源、环境可持续发展研究［J］.河南社会科学2008（3）：154~156.

[62] 张奇林.推动加快完善社会保障体系的创新之作［J］.思想理论教育导刊，2008（2）：95.

[63] 张瑞林.河南科技人力资源发展路径选择［J］.人才资源开发，2008（11）：15~17.

[64] 赵光辉.人才结构与产业结构互动的一般规律研究［J］.商业研究，2008（2）：34~39.

[65] 赵海东.资源型产业集群：概念与形成机理［J］.广播电视大学学报（哲学社会科学版），2006（4）：90~93.

[66] 赵砚雯.构建适应产业结构调整的人才结构模式［J］.经济论坛，2005（24）：90~91.

[67] 中国科学院可持续发展研究组.中国可持续发展战略报告［M］.科学出

版社，2002：95，155~154.

　　[68] 周福林. 河南省第五次人口普查数据的经济学分析 [J]. 河南财政税务高等专科学校学报，2004，18（5）：45~46.

　　[69] 朱庆宝. 创新型人才培养的思考 [J]. 现代教育管理，2010（5）：69~72.

　　[70] 朱涛. 河南省产业结构调整及其政策选择 [J]. 中州大学学报，2008（4）：1~4.

　　[71] Prahalad, C.K., Hamel, G. The Core Competence of the Corporation. Harvard Business Review, May–June, 1990, pp.75–79.

后 记

随着经济发展方式转变的加速尤其是经济结构调整的深入，人力资源的重要性益发凸显。尤其是随着我国经济发展步入新的发展阶段，尽管理论界对于"刘易斯拐点"究竟是否到来尚存争议，但有一点是毋庸置疑的，即"人口红利"不可能无限期延续，这意味着过分依赖廉价劳动力优势的发展方式必须转变。最近几年沿海地区频频出现的"用工荒"，已在一定程度上说明了这点。

而令历史吊诡的是，原本一直以劳动力资源丰富为优势的内地，有些地区也不同程度地出现了"用工荒"，高级技工更是成为稀缺的代名词。因此，人力资源开发已成为迫在眉睫的重大课题，关乎经济社会发展大局，关乎能否把握住重要战略机遇期、实现持续稳定健康发展。

本书以作为全国第一人口大省和第一农村人口大省的河南省为研究对象，考察河南人力资源的历史嬗变、发展现状及难题，阐释河南建设人力资源强省的总体要求、主要目标和重大意义，并从教育、科技创新、产业结构调整、创新型人才、制度创新、政策体系、社会环境等方面探讨了加快人力资源开发、实现从人口资源大省向人力资源强省迈进的路径和对策建议。

本书由黄河科技学院陈明星、河南省社科院张舰担任主编，黄河科技学院胡翠平、河南省国有资产控股运营有限公司马欣担任副主编，参加撰稿人员如下：第一章，张舰、马欣；第二章、第四章，陈明星、张舰、张怡辉；第三章，张莎；第五章、第六章，胡翠平、马欣；第七章、第八章，张舰、张怡辉；第九章，陈慧仙；第十章，张红玉、陈慧仙。陈明星、张舰修改审定了全部书稿。

在中原经济区建设发展全面展开的重要时期，我们期待着本书能为更好地开发人力资源、建设人力资源强省提供有益的参考。但由于水平所限，书中的不周之处、浅薄粗陋之处在所难免，敬请各位读者批评指正。

作 者

2015 年 11 月